Oxford Wordpower

Słownik angielsko–polski z indeksem polsko–angielskim

OXFORD
UNIVERSITY PRESS

Great Clarendon Street, Oxford OX2 6DP

Oxford University Press is a department of the University of Oxford.
It furthers the University's objective of excellence in research, scholarship, and education by publishing worldwide in

Oxford New York

Auckland Bangkok Buenos Aires Cape Town Chennai
Dar es Salaam Delhi Hong Kong Istanbul Karachi Kolkata
Kuala Lumpur Madrid Melbourne Mexico City Mumbai Nairobi
São Paulo Shanghai Singapore Taipei Tokyo Toronto

with an associated company in Berlin

First published 1997 (8 impressions)
Second edition 2002

The British National Corpus is a collaborative project involving Oxford University Press, Longman, Chambers, the Universities of Oxford and Lancaster and the British Library

ISBN 0 19 431 547 9

Illustrations by: A Biggs, Anna Brookes, Dave Burroughs, Martin Cox, David Eaton, Angelika Elsebach, Gay Galsworthy, Karen Hiscock, Margaret Jones, Richard Lewington, Vanessa Luff, Kevin Maddison, Coral Mula, Martin Shovel, Mick Stubbs, Technical Graphics Dept, OUP, Harry Venning, Graham White, Michael Woods

Maps © Oxford University Press

Designed by Peter Burgess
Cover design by Richard Morris, Stonesfield Design
Text capture and processing by Oxford University Press
Typesetting of Slownik angielsko - polski by Tradespools Typesetting Ltd, Frome
Printed in Spain by Unigraf, s.l.

Spis treści

Przedmowa

Oto przed Państwem drugie wydanie polskiej wersji cieszącego się dużym powodzeniem słownika *Oxford Wordpower*. Uzupełniono je o setki nowych słów i zwrotów, w tym o czasowniki złożone (*phrasal verbs*) oraz idiomy, pozostawiając jednak zasadnicze cechy wydania pierwszego: połączenie zalet słownika jednojęzycznego (definicje wraz z przykładami są podawane w języku angielskim) i dwujęzycznego (do wszystkich słów i wyrażeń podano polskie odpowiedniki oraz po polsku podano wszelkie uwagi dotyczące ich stosowania).

Słownik przeznaczony jest przede wszystkim dla osób uczących się języka angielskiego na poziomie średnio zaawansowanym. Indeks polsko-angielski ułatwia znalezienie angielskich odpowiedników polskich wyrazów.
W słowniku pozostawiono ulubione strony poświęcone wybranym zagadnieniom (*study pages*), takim jak słowa o podobnym brzmieniu a różnych znaczeniach (*false friends*), ale dodano także cały nowy dział umożliwiający poszerzenie zasobu słownictwa w określonych zakresach tematycznych.

Osobą odpowiedzialną za skrupulatne przygotowanie większości nowego materiału tłumaczeniowego do niniejszego wydania słownika jest Maria Sosna. Dziękuję jej bardzo za doskonałą pracę. Wdzięczna jestem także Rosemary Hunt za pomoc w redagowaniu słownika, Mirandzie Steel za napisanie działu „Użyteczne słowa i zwroty" oraz Aldonie Zwierzyńskiej-Coldicott za przetłumaczenie nowych dodatkowych fragmentów tekstu.

W tłumaczeniu i redagowaniu pierwszego wydania słownika, z którego znaczną część przeniesiono do wydania drugiego, wzięli udział: Anna Hodgson, Dorota Jeziorska-Parsons, Małgorzata Markowska, Zofia Milczach-Ashmore, Hanna Mrozowska, Fiona Prendergast, Iwona Rybak, Ewa Sidorenko, Maria Sosna, Nina Taylor-Terlecka, Elizabeth Turek, Aldona Zwierzyńska-Coldicott i Dariusz A. Zwierzyński.

Janet Phillips
Redaktor
Oxford, 2002

Jak korzystać ze słownika

Jak znaleźć hasła

ważne słowa oznaczono gwiazdką

★**again** /ə'gen; ə'geɪn/ adv. **1** once more; another time: *Could you say that again* (powtórzyć), *please?* ○ *I'll phone again later.* ○ *Don't ever do that again!* Nigdy więcej tego nie rób! ❶ Cza-

pisownię alternatywną podano w nawiasach

★**organize** (also **-ise**) /'ɔːgənaɪz/ verb **1** [T] to plan or arrange an event, an activity, etc.: *The school organizes trips to various places of interest.*

Homonimy są często umieszczone w postaci osobnych haseł, oznaczonych małymi numerami umieszczonymi nad linią wiersza, natomiast poszczególne znaczenia haseł oznaczono numerami na linii wiersza.

bark[1] /bɑːk/ noun [U] the hard outer covering of a tree ▶ **kora**

★**bark**[2] /bɑːk/ verb **1** [I] **bark (at sb/sth)** (used about dogs) to make a loud, short noise or noises: *Their dog always barks at everyone.* ➲ Por. **woof.** ▶ **szczekać** **2** [I,T] **bark (sth)**

pisownia amerykańska

★**centre** (US **center**) /'sentə(r)/ noun **1** [C, usually sing.] the middle point or part of sth: *There was a vase of flowers in the centre of the table.* ○ *I*

Słowa i wyrażenia odnoszące się do głównego hasła

idiomy oznaczono symbolem IDIOMS

(Strzałka wskazuje hasło, przy którym należy szukać wyjaśnienia znaczenia danego idiomu).

IDIOMS **(at) first hand** (used about information that you have received) from sb who was directly/not directly involved: *Did you get this information first hand?* ➲ Por. **second-hand.** ▶ (*o informacji*) **z pierwszej ręki** | **(close/near) at hand** (formal) near in space or time: *Help is close at hand.* ▶ **blisko** | **be an old hand (at sth)** → OLD | **by hand** **1** done by a

czasowniki złożone (phrasal verbs) oznaczono symbolem PHRASAL VERBS

(Opis użycia czasowników złożonych znajduje się na str. 876).

PHRASAL VERBS **take sb aback** to surprise or shock sb ▶ **zaskakiwać**

take after sb to look or behave like an older member of your family ▶ **być podobnym (do kogoś w rodzinie)**

take sth apart to separate sth into the different parts it is made of: *I'll have to take the bell apart to mend it.* ▶ **rozkładać na części**

wyrazy pochodne (**derivatives**) oznaczono symbolem □

Wyrazy pochodne to takie, które: 1) mają tę samą pisownię, ale stanowią różne części mowy; 2) zostały utworzone przez dodanie przyrostka (np. *-ly*, *-ness*) do głównego wyrazu (hasła).

awe /ɔː/ noun [U] a feeling of respect and either fear or admiration: *We watched in awe as the rocket took off into space.* ○ *As a young boy he was very much in awe of his uncle.* ▶ **szacunek połączony z lękiem lub podziwem**
□ **awesome** /-səm/ adj. **1** impressive and rather frightening: *an awesome task* ▶ **wzbudzający jednocześnie podziw i lęk** **2** (US, slang) very good; excellent ▶ **super**
■ **'awe-inspiring** adj. causing a feeling of respect and fear or admiration ▶ **wzbudzający jednocześnie szacunek i lęk lub podziw**

wyrazy złożone (**compounds**) oznaczono symbolem ■

Wyrazy złożone to takie, które składają się z kilku słów. Mogą być pisane razem (jako jeden wyraz), połączone kreseczkami lub pisane oddzielnie.

Znaczenie

Definicje słów są napisane przystępną i jasną angielszczyzną. Jeżeli dany wyraz ma kilka znaczeń, to każde z nich jest oznaczone kolejnym numerem.

banger /'bæŋə(r)/ noun [C] (Brit., informal) **1** a sausage ▶ **kiełbasa** **2** an old car that is in very bad condition ▶ **gruchot** **3** a small firework that explodes with a short loud noise ▶ **petarda**

Zdania przykładowe pomagają zrozumieć dane słowo i ilustrują jego poprawne użycie.

★**below** /bɪ'ləʊ/ prep. at or to a lower position or level than sb/sth: *Do not write below this line.* ○ *It hurts here – just below my knee.* ○ *The temperature fell below freezing* (poniżej zera). ○ *Her marks were below average.* ○ *All of the beaches are below European standards.* ○ *A sergeant in the police force is below an inspector.* ➲ Zob. uwaga przy **under**. Ilustr. na str. 874. ▶ **pod, poniżej**

wyraz mający to **samo znaczenie**

discontent /ˌdɪskən'tent/ (also **discontentment** /ˌdɪskən'tentmənt/) noun [U] the state of being unhappy or not satisfied with sth ▶ **niezadowolenie, rozczarowanie**

przenośne użycie wyrazu

dog² /dɒg; US dɔːg/ verb [T] (**dogging**; **dogged**) to follow closely: *A shadowy figure was dogging their every move* (figurative). *Bad luck and illness have dogged her career from the start.* ▶ **śledzić; towarzyszyć**

wyraz o tym samym znaczeniu, używany w **angielszczyźnie amerykańskiej**

nappy /'næpi/ noun [C] (pl. **nappies**) (US **diaper**) a piece of soft thick cloth or paper that a baby or very young child wears around its bottom and between its legs: *Does her nappy need changing?* ○ *disposable* (jednorazowe) *nappies* ▶ **pieluszka**

Gramatyka

część mowy

bellow /'beləʊ/ verb **1** [I] to make a deep low sound, like a bull ▶ **ryczeć** **2** [I, T] to shout in a loud deep voice ▶ **ryczeć**
□ **bellow** noun [C] ▶ **ryk; wrzask**

[C] = **countable noun**
rzeczownik policzalny, tj. taki, od którego można utworzyć liczbę mnogą

[U] = **uncountable noun**
rzeczownik niepoliczalny, tj. taki, od którego nie można utworzyć liczby mnogiej

sing. = **singular noun**
Rzeczownik występuje tylko w liczbie pojedynczej.

★**shadow** /ˈʃædəʊ/ noun **1** [C] a dark shape on a surface that is caused by sth being between light and that surface: *The dog was chasing its own shadow.* ○ *The shadows lengthened as the sun went down.* ○ (figurative) *He has always lived in the shadow of his older brother.* ○ (figurative) *News of the tragedy cast a shadow over the day.* ▶ **cień** **2** [U] an area that is dark because sth prevents direct light from reaching it: *His face was in shadow.* ▶ **cień** ➲ Zob. uwaga przy **shade**. Ilustr. do **shade**. **3** [sing.] a very small amount: *There isn't a shadow of doubt that he's lying.* ▶ **cień**

pl. = **plural noun**
Rzeczownik występuje tylko w liczbie mnogiej.

premises /ˈpremɪsɪz/ noun [pl.] (formal) a building and the land that surrounds it: *The company is moving to larger premises.* ○ *Smoking is not allowed on the premises.* ▶ **budynek z przylegającym terenem**

with sing. or pl. verb
Rzeczownik może występować z czasownikiem w liczbie pojedynczej lub mnogiej.

★**committee** /kəˈmɪti/ noun [C, with sing. or pl. verb] a group of people who have been chosen to discuss sth or decide on sth: *They have set up a committee to look into ways of reducing traffic*

nieregularna liczba mnoga

★**tomato** /təˈmɑːtəʊ; US təˈmeɪtəʊ/ noun [C] (pl. **tomatoes**) a soft red fruit that is often eaten raw in salads or cooked as a vegetable: *tomato juice* ▶ **pomidor**

[T] = **transitive verb**
czasownik przechodni – występuje z dopełnieniem

[I] = **intransitive verb**
czasownik nieprzechodni – nigdy nie występuje z dopełnieniem

★**hide**[1] /haɪd/ verb (pt **hid** /hɪd/; pp **hidden** /ˈhɪdn/) **1** [T] to put or keep sb/sth in a place where he/she/it cannot be seen: *Where shall I hide the money?* ○ *You couldn't see Bill in the photo – he was hidden behind John.* ○ *The trees hid the house from view.* ▶ **chować, ukrywać** **2** [I] to be or get in a place where you cannot be seen or found: *Quick, run and hide!* ○ *The child was hiding under the bed.* ▶ **chować się, ukrywać się** **3** [T] **hide sth** (**from sb**) to keep sth secret so that other people do not know about it: *She tried to hide her disappointment from them.* ▶ **skrywać**

nieregularne formy czasownika

★**take** /teɪk/ verb [T] (pt **took** /tʊk/; pp **taken** /ˈteɪkən/) **1** to carry sb/sth or to go with sb from one place to another: *Take your coat with*

Ostatnią literę czasownika **podwaja się** przed *-ed* lub *-ing*.

hum /hʌm/ verb (**humming**; **hummed**) **1** [I] to make a continuous low noise like the noise bees make: (figurative) *The classroom was humming with activity.* W klasie wrzała praca.

stopień wyższy (**comparative**) i najwyższy (**superlative**) przymiotnika

(Podane są tylko formy nieregularne).

★**happy** /ˈhæpi/ adj. (**happier**; **happiest**) **1** feeling, showing or giving pleasure or satisfaction:

★**good**[1] /gʊd/ adj. (**better** /ˈbetə(r)/, **best** /best/) **1** of a high quality or standard: *a good book/*

Użycie słów

sb = **somebody** (ktoś)
sth = **something** (coś)

uwagi dotyczące stosowania słów w zdaniach, wyboru przyimków i odpowiednich form czasownika oraz użycia w odniesieniu do osób i/lub rzeczy

★**consider** /kən'sɪdə(r)/ verb [T] **1 consider sb/sth (for/as sth); consider doing sth** to think about sb/sth, often before making a decision:

dependent /dɪ'pendənt/ adj. **1 dependent (on sb/sth)** needing sb/sth to support you: *The industry is heavily dependent on government funding.* ○ *dependent children* ▶ **zależny, na utrzymaniu 2 dependent on sb/sth** influ-

Przymiotnik nie występuje przed rzeczownikiem. Można go użyć jedynie po czasowniku typu *be, seem*.

★**asleep** /ə'sli:p/ adj. (not before a noun) not awake; sleeping: *The baby is asleep.* ○ *to be sound/fast asleep* spać twardo (jak zabity) ○ *to fall asleep* zasnąć ➲ Zob. uwaga przy **sleep**. ▶ **śpiąc, we śnie**

Przymiotnik występuje tylko przed rzeczownikiem.

lone /ləʊn/ adj. (only before a noun) **1** without any other people; alone: *a lone swimmer on the beach* ▶ **samotny, jedyny 2** (used about a parent) single; without a partner ▶ **samotny** ➲ Por. **lonely**.

Oznaczenie słów używanych w określonych sytuacjach

Słowa mogą być oznaczone jako **formal**, tj. używane w formalnej, pisanej angielszczyźnie, **informal**, tj. stosowane w nieformalnych rozmowach i tekstach, **slang**, tj. wyrazy żargonowe albo wulgaryzmy, **written**, tj. spotykane tylko w języku pisanym, **spoken**, tj. używane tylko w języku mówionym lub **old-fashioned**, tj. przestarzałe.

beast /bi:st/ noun [C] **1** (formal) an animal, especially a large one: *a wild beast* ▶ **bestia, zwierzę 2** (informal) an unpleasant or cruel person ▶ **bestia**

Przekład

Wszystkie słowa i wyrażenia zostały przetłumaczone na język polski. Odpowiedniki polskie umieszczono po podaniu znaczenia w języku angielskim.

★**bag**[1] /bæg/ noun [C] **1** a container made of paper, plastic, cloth or leather that is open at the top, often with handles, in which you can carry things: *a paper/plastic bag* ○ *a string bag* siaka ○ *a carrier bag* torba-reklamówka ○ *a shopping bag* ○ *a handbag* torebka (damska) ○ *a shoulder bag* ○ *a toilet bag* kosmetyczka ○ *a sports bag* ▶ **torba, torebka 2** a container made of paper or plastic that is closed at the top; a packet: *a bag of crisps* ➲ Ilustr. także do **container**. ▶ **torebka, opakowanie 3** a thing that looks like a bag: *bags under the eyes* worki pod oczami ▶ **torba, torebka 4** (slang) an unpleasant woman ▶ **małpa 5** (**bags**) [pl.] (Brit.) **bags** (**of sth**) a lot (of sth); plenty (of sth): *We've got bags of time.* ▶ **mnóstwo**

Najczęściej zdania przykładowe nie są tłumaczone. Jeżeli jednak zawierają one wyrażenia idiomatyczne trudne do zrozumienia, wówczas podane są ich pełne lub częściowe przekłady.

★**think**[2] /θɪŋk/ noun [sing.] an act of thinking: *I'm not sure. I'll have to have a think about it.* Będę musiał to sobie przemyśleć. ▶ **rozważanie**

★**off**[1] /ɒf/ adv., prep. ❶ **Off** występuje w czasownikach złożonych, np. **go off**. ➲ Zob. hasła odpowiednich czasowników. **1** down or away from a place: *He fell off* (spadł z) *the ladder.* ○ *We got off* (wysiedliśmy z) *the bus.* ○ *I shouted to him but he just walked off* (odszedł). ○ *I must be off.* (Muszę iść.) *It's getting late.* ○ *When are you off* (wyjeżdżacie) *to Spain?* ○ (figurative) *We've got off* (zeszliśmy z) *the subject.* ▶ **z** **2** (used with

Z uwagi na ograniczenie miejsca, dokonując przekładu czasowników angielskich, w słowniku podano ich odpowiedniki polskie tylko w formie niedokonanej. Formy dokonane podano jedynie tam, gdzie nie stosuje się form niedokonanych.

★**establish** /ɪˈstæblɪʃ/ verb [T] **1** to start sth (especially an organization or institution): *The school was established in 1875.* ▶ **zakładać** **2** to make sth exist: *We must establish good relations with the local newspaper.* ▶ **ustanawiać, tworzyć** **3 establish sb/sth (as sth)** to place sb/

★**convince** /kənˈvɪns/ verb [T] **1 convince sb (of sth/that...)** to succeed in making sb believe sth: *She convinced him of the need to go back.* ○ *I couldn't convince her that I was right.* ➲ Por. **persuade**. ▶ **przekonać** **2 convince sb (to do**

Rzeczowniki angielskie często występują w znaczeniu przymiotników. Przy hasłach nie podano tłumaczeń odpowiadających im form przymiotnikowych. Natomiast indeks zawiera polskie przymiotniki, które tłumaczy się za pomocą rzeczowników angielskich.

strawberry /ˈstrɔːbəri; US -beri/ noun [C] (pl. **strawberries**) a soft red fruit with small yellow seeds in it: *strawberries and cream* ○ *strawberry jam* ○ *a wild strawberry* poziomka ▶ **truskawka**

truskawkowy strawberry

Uwagi dotyczące użycia słów

W słowniku są różne rodzaje uwag: uwagi dotyczące gramatyki, uwagi wyjaśniające różnice w użyciu słów o podobnym znaczeniu, informujące o kontekście kulturowym, o słowach pokrewnych itp.

Shade to zacienione miejsce lub obszar, gdzie można schować się przed słońcem. **A shadow** (rzeczownik policzalny) to cień przedmiotu lub osoby utworzony przez odbite światło. **Shadow** (rzeczownik niepoliczalny) oznacza półmrok lub ciemność, w których trudno odróżnić kształty i przedmioty.

★**grateful** /ˈɡreɪtfl/ adj. **grateful (to sb) (for sth)**; **grateful (that...)** feeling or showing thanks (to sb): *We are very grateful to you for all the help you have given us.* ○ *He was very grateful that you did as he asked.* ○ *I would be grateful if you could send me a copy of your brochure.* ❶ Antonim: **ungrateful**. Rzeczownik: **gratitude**. ▶ **wdzięczny**

★**pool**[1] /puːl/ noun [C] **1** a small shallow area of water: *rock pools* ➲ Por. **puddle**. ▶ **sadzawka**,

Uwagi po angielsku umieszczone w ramkach podają typowe związki wyrazowe i pokrewne słownictwo.

You rent a flat from a **landlord** / **landlady**. The landlord/lady **lets** the flat to you, the **tenant**. The money you have to pay is called **rent**. Your flat may be **furnished** or **unfurnished**. A person who shares the flat with you is your **flatmate**.

Wymowa

Wymowa każdego słowa podana jest za pomocą symboli fonetycznych stosowanych przez Międzynarodowe Stowarzyszenie Fonetyczne (IPA). Podane są różnice między wymową brytyjską i amerykańską.

★**leisure** /ˈleʒə(r); US ˈliːʒər/ noun [U] the time when you do not have to work; spare time:

ˈ poprzedza sylabę, na którą pada **akcent główny**

ˌ poprzedza sylabę, na którą pada **akcent poboczny**

■ **ˌgrass ˈroots** noun [pl.] the ordinary people in an organization and not those who make decisions ▶ **zwykli członkowie**

Indeks polsko-angielski

Indeks zawiera wyrazy polskie i podaje ich angielskie odpowiedniki. W celu sprawdzenia poprawności użycia słów angielskich, należy je odszukać pod odpowiednimi hasłami w słowniku.

cień shadow; shade; **~ń do powiek** eyeshadow; **gabinet ~ni** the Shadow Cabinet; **pozostawać w ~niu** take a back seat[2]; **usuwać w ~ń** offset; **usuwać kogoś w ~ń** overshadow; **iść za kimś jak ~ń** tag along; **rzucać ~ń, kłaść się ~niem** cast a shadow (across/over sth)

Numery w indeksie odpowiadają numeracji **homonimów** w słowniku.

budzić/obudzić wake[1], get sb up, awake[1], waken, awaken, rouse; **~ na nowo** (*np. pragnienie, zainteresowanie*) revive; **~ wstręt** repel □ **budzić/obudzić się** wake[1], awake[1], waken, awaken; (*o pragnieniu, zainteresowaniu*) **~ na nowo** revive

Czasowników polskich należy szukać pod ich **formą niedokonaną**.

brać/wziąć take; **~ lekarstwo** take medicine, dose yourself with medicine, etc.; (*za kogoś/coś*) mistake[2]; (*za kogoś/coś innego*) mix sb/sth up (with sb/sth); (*o chorobie*) **~ kogoś** come down with sth, come on; **~ coś na siebie** take care of sth, take sth on □ **brać/wziąć się**: (*do czegoś*) settle down to sth;

wziąć (się) → BRAĆ (SIĘ)

Słownik angielsko–polski

Aa

A, a /eɪ/ noun [C] (pl. **A's; a's** /eɪz/) **1** the first letter of the English alphabet: *'Andy' begins with (an) 'A'.* ▶ **litera** *a* **2** the highest grade given for an exam or piece of work: *I got an 'A' for my essay.* ▶ **celujący** **3** (used about music) the sixth note in the series of notes called the scale of C major: *A major* A-dur ○ *A minor* a-moll ○ *A flat* As, as ○ *A sharp* Ais, ais ▶ **A/a**
■ **'A-road** noun [C] (Brit.) a major road, usually not as wide as a motorway ▶ **droga pierwszej kategorii**

★**a** /ə; strong form eɪ/ (also **an** /ən; strong form æn/) indefinite article ❶ **A** to przedimek nieokreślony, używany przed rzeczownikami policzalnymi w lp. Często nie tłumaczy się go na polski. Forma **an** występuje przed wyrazami zaczynającymi się na samogłoskę (w wymowie, nie w pisowni!, np. *an uncle,* ale *a university*). **1** one: *A cup of coffee, please.* ○ *an apple and a pear* ▶ **jeden** **2** (used when you are talking about sth in general, not one particular example of it): *A lion is a dangerous animal.* **3** (used with sb's name to show that the speaker does not know the person): *There's a Ms Mills to see you.* Jakaś pani Mills chce się z tobą zobaczyć. ▶ **jakiś** **4** (used for showing that sb/sth is a member of a group, class or profession): *He's a doctor.* ○ *She's a Muslim.* ○ *Their car's a Metro.* **5** (used with some expressions of quantity): *a lot of money* ○ *a few cars* **6** (used with prices, rates, measurements) each: *They cost 50p a pound.* ○ *twice a week* ○ *He was travelling at 80 miles an hour.* ▶ **za, w, na**

A2 (level) /ˌeɪ 'tu: levl/ noun [C,U] an exam that schoolchildren in England, Wales and Northern Ireland take in Year 13 of school or college (the final year) when they are 18. Students must first have studied a subject at AS level before they can take an A2 exam. Together with AS exams, A2 level exams form A levels, which are needed for entrance to universities: *He's doing an A2 (level) in German.* ➲ Por. **A level** i **AS (level)**. ▶ **egzamin maturalny**

AA /ˌeɪ 'eɪ/ abbr. (Brit.) the Automobile Association; an organization for drivers. If you are a member of the AA and your car breaks down, they will send someone to help you. ▶ **odpowiednik PZM-otu i Automobilklubu**

aback /ə'bæk/ adv.
PHRASAL VERB **take sb aback** → TAKE

★**abandon** /ə'bændən/ verb [T] **1** to leave sb/sth that you are responsible for, usually permanently: *an abandoned car* ▶ **opuszczać, porzucać** **2** to stop doing sth without finishing it or without achieving what you wanted to do: *The search for the missing sailors was abandoned after two days.* ▶ **zaniechać, rezygnować**
□ **abandonment** noun [U] ▶ **opuszczenie; zaniechanie**

abashed /ə'bæʃt/ adj. ashamed and embarrassed because of having done sth bad ▶ **zawstydzony**

abattoir /'æbətwɑ:(r)/ noun [C] = SLAUGHTERHOUSE

abbess /'æbes/ noun [C] a woman who is the head of a religious community for nuns ▶ **matka przełożona**

abbey /'æbi/ noun [C] a building where monks or nuns live or used to live ❶ Zwróć uwagę, że jeden z najsłynniejszych kościołów w Londynie nazywa się **Westminster Abbey**. ▶ **opactwo**

abbot /'æbət/ noun [C] a man who is the head of a religious community for monks ▶ **opat**

abbreviate /ə'bri:vieɪt/ verb [T] to make a word or phrase shorter by leaving out some letters ▶ **skracać**
□ **abbreviation** /əˌbri:vi'eɪʃn/ noun [C] a short form of a word or phrase: *In this dictionary 'sth' is the abbreviation for 'something'.* ▶ **skrót**

ABC /ˌeɪ bi: 'si:/ noun [sing.] **1** the alphabet; the letters of English from A to Z ▶ **alfabet** **2** the simple facts about sth: *the ABC of Gardening* ▶ **abecadło**

abdicate /'æbdɪkeɪt/ verb **1** [I] to give up being King or Queen ▶ **abdykować** **2** [T] to give sth up, especially power or a position: *to abdicate responsibility* ▶ **zrzekać się**
□ **abdication** /ˌæbdɪ'keɪʃn/ noun [C,U] ▶ **abdykacja; zrzeczenie się**

abdomen /'æbdəmən/ noun [C] a part of the body below the chest, in which the stomach is contained ▶ **brzuch**
□ **abdominal** /æb'dɒmɪnl/ adj. ▶ **brzuszny**

abduct /æb'dʌkt/ verb [T] to take hold of sb and take them away illegally: *He has been abducted by a terrorist group.* ▶ **uprowadzać**
□ **abduction** /æb'dʌkʃn/ noun [C,U] ▶ **uprowadzenie**

abet /ə'bet/ verb [T] (**abetting; abetted**)
IDIOM **aid and abet** → AID

abhor /əb'hɔ:(r)/ verb [T] (**abhorring; abhorred**) to hate sth very much: *All civilized people abhor the use of torture.* ▶ **żywić wstręt**
□ **abhorrence** /əb'hɒrəns/ noun [U] ▶ **wstręt** | **abhorrent** /əb'hɒrənt/ adj. ▶ **odrażający**

abide /ə'baɪd/ verb
IDIOM **can't/couldn't abide sb/sth/doing sth** to dislike sb/sth very much ▶ **nie cierpieć kogoś/czegoś**
PHRASAL VERB **abide by sth** to obey a law, etc.; to do what you have agreed or decided: *You must abide by the rules of the game.* ▶ **dotrzymywać/przestrzegać czegoś**

★**ability** /ə'bɪləti/ noun [C,U] (pl. **abilities**) the mental or physical power or skill that makes it possible to do sth: *an ability to make decisions* ○ *A* *person of his ability will have no difficulty getting a job.* ▶ **umiejętność, zdolność**

ablaze /ə'bleɪz/ adj. (not before a noun) burning strongly; completely on fire ▶ **w płomieniach**

★**able¹** /'eɪbl/ adj. **be able to do sth** (used as a modal verb) to have the ability, power, opportunity, time, etc. to do sth: *Will you be able to come to a meeting next week?* ○ *I was able to* (byłem w stanie) *solve the problem quickly.* ❶ W stronie biernej zamiast **be able** używa się **can/could**: *The arrangement can't be changed.* ➲ Zob. uwaga przy **can¹**. ▶ **móc**

able² /'eɪbl/ adj. clever; doing your job well: *one of the ablest students in the class* ○ *an able politician* ▶ **zdolny, utalentowany**

□ **ably** adv. ▶ **zręcznie, skutecznie**

■ ˌ**able-'bodied** adj. physically healthy and strong; having full use of your body ▶ **zdrowy (fizycznie)**

abnormal /æb'nɔːml/ adj. different from what is normal or usual, in a way that worries you or that is unpleasant: *I don't want to have children. Is that abnormal?* ○ *abnormal weather conditions* anomalie pogodowe ▶ **anormalny**

□ **abnormality** /ˌæbnɔː'mæləti/ noun [C,U] (pl. **abnormalities**) ▶ **nieprawidłowość** | **abnormally** /æb'nɔːməli/ adv. ▶ **niezwykle, w sposób odbiegający od normy**

aboard /ə'bɔːd/ adv., prep. on or into a train, ship, aircraft or bus: *We went aboard the boat.* Weszliśmy na pokład statku. ○ *Welcome aboard this flight to Caracas.* ▶ **w, na**

abode /ə'bəʊd/ noun [sing.] (formal) the place where you live: *They have the right of abode* (prawo stałego pobytu) *in Hong Kong.* ▶ **miejsce zamieszkania**

IDIOM **(of) no fixed abode/address** → FIXED

abolish /ə'bɒlɪʃ/ verb [T] to put an end to or stop a law or system officially: *When was capital punishment abolished here?* ▶ **znosić**

□ **abolition** /ˌæbə'lɪʃn/ noun [U] ▶ **zniesienie**

abominable /ə'bɒmɪnəbl/ adj. very unpleasant; very bad: *abominable weather* ○ *abominable behaviour* karygodne zachowanie ▶ **ohydny**

□ **abominably** /ə'bɒmɪnəbli/ adv. ▶ **okropnie, karygodnie**

Aborigine /ˌæbə'rɪdʒəni/ (also **Aboriginal** /ˌæbə'rɪdʒənl/) noun [C] a member of the race of people who were the original inhabitants of Australia ▶ **aborygen**

□ **Aboriginal** adj.: *Aboriginal traditions* ▶ **tubylczy**

abort /ə'bɔːt/ verb [I,T] **1** to end a pregnancy intentionally and cause the baby inside to die ▶ **przerwać ciążę** **2** to end sth before it is complete ▶ **zaniechać**

abortion /ə'bɔːʃn/ noun [C,U] an operation to end a pregnancy intentionally, causing the baby inside to die: *to have an abortion* ○ *Abortion is illegal in that country.* ▶ **przerywanie ciąży, aborcja**

abortive /ə'bɔːtɪv/ adj. not completed successfully: *an abortive attempt* ▶ **nieudany**

abound /ə'baʊnd/ verb [I] **1** to exist in large numbers: *Restaurants abound* (jest wiele restauracji) *in this part of the city.* ▶ **występować w dużej ilości** **2 abound with sth** to contain large numbers of sth ▶ **obfitować**

★**about¹** /ə'baʊt/ adv. **1** (especially US **around**) a little more or less than; approximately: *It's about three miles from here to the city centre.* ○ *I got home at about half past seven.* ▶ **około, mniej więcej** **2** (informal) almost; nearly: *Dinner's just about ready.* ▶ **prawie** **3** (also **around**) in many directions or places: *I could hear people moving about upstairs.* ▶ **tam i z powrotem** **4** (also **around**) here and there, in different positions: *clothes lying about all over the floor* ▶ **tu i tam, po** **5** (also **around**) (used after certain verbs) without doing anything in particular: *People were standing about in the street.* ▶ **bez celu, tak sobie** **6** (also **around**) present in a place; existing: *It was very late and there were few people about.* ▶ **obecny**

IDIOM **be about to do sth** to be going to do sth very soon: *The film's about to start.* Film zaraz się zacznie. ○ *I was just about to explain when she interrupted me.* ▶ **właśnie mieć zamiar coś zrobić**

■ **aˌbout-'turn** (US **aˌbout-'face**) noun [C] a turn in the opposite direction; a change of opinion ▶ **zwrot o 180°**

★**about²** /ə'baʊt/ prep. **1** on the subject of: *a book about Spain* ○ *I don't like it, but there's nothing I can do about it* (ale nic nie mogę zrobić). ▶ **o** **2** (also **around**) in many directions or places; in different parts of sth: *We wandered about the town for an hour or two.* ▶ **po** (*np. mieście*) **3** in the character of sb: *There's something about him* (jest w nim coś, co sprawia) *that I don't quite trust.* ▶ **w (kimś)**

IDIOM **how/what about...?** **1** (used when asking for information about sb/sth or for sb's opinion or wish): *How about Ruth? Have you heard from her lately?* ○ *I'm going to have chicken. What about you?* ▶ **a co słychać u...?; a (ty, on itp.) ?** **2** (used when making a suggestion): *What about going to a film tonight?* A może poszlibyśmy dziś wieczorem do kina? ➲ Por. **let¹**(5) i **why not**.

★**above** /ə'bʌv/ adv., prep. **1** in a higher place: *The people in the flat above* (z mieszkania nad nami) *make a lot of noise.* ○ *He looked up at the sky above.* Popatrzył na niebo. ➲ Ilustr. na str. 874. ▶ **nad, ponad** **2** in an earlier part (of sth written): *When replying, quote the reference number above.* ▶ **wyżej wymieniony** **3** more than a number, amount, price, etc.: *children aged 11 and above* ○ *You must get above 50% to pass.* ○ *above average temperatures* ▶ **powyżej, ponad** **4** too good, etc. to do sth: *She's not above telling a few lies* (pozwala sobie skłamać), *if it makes life easier.* ▶ **(być) ponad coś** **5** with a higher rank: *The person above me is the department manager.* ▶ **na wyższym stanowisku**

IDIOMS **above all** most importantly: *Above all, stay calm!* ▶ **przede wszystkim** | **(be) above board** (used especially about a business deal, etc.) honest and open ▶ **legalny, czysty**

abrasive /ə'breɪsɪv/ adj. **1** rough and likely to scratch: *Do not use abrasive cleaners on the bath.* ▶ **ostry, ścierny 2** (used about a person) rude and rather aggressive ▶ **szorstki, opryskliwy**

abreast /ə'brest/ adv. **abreast (of sb/sth)** next to or level with and going in the same direction: *The soldiers marched two abreast.* ▶ **w jednym rzędzie, ramię w ramię**

IDIOM **be/keep abreast of sth** to have all the most recent information about sth ▶ **być na bieżąco**

abridged /ə'brɪdʒd/ adj. (used about a book, etc.) shortened by removing parts of it: *an abridged version of a novel* ▶ **skrócony**

□ **abridgement** (also **abridgment**) noun [C,U] ▶ **wersja skrócona**

★**abroad** /ə'brɔːd/ adv. in or to another country or countries: *My mother has never been abroad.* ○ *to live abroad* ▶ **za granic-ą/ę**

abrupt /ə'brʌpt/ adj. **1** sudden and unexpected: *an abrupt change of plan* ▶ **nagły 2** (used about a person's behaviour) rather rude and unfriendly ▶ **szorstki, obcesowy**

□ **abruptly** adv. ▶ **nagle; obcesowo** | **abruptness** noun [U] ▶ **nagłość; obcesowość**

abscess /'æbses/ noun [C] a swelling on or in the body, containing pus ▶ **ropień**

abscond /əb'skɒnd/ verb [I] (formal) to run away from a place where you should stay, sometimes with sth that you should not take: *She absconded with all the company's money.* ▶ **zbiec**

abseil /'æbseɪl/ (US **rappel**) verb [I] to go down a steep cliff or rock while you are fastened to a rope, pushing against the rock with your feet ▶ **spuszczać się po linie**

★**absence** /'æbsəns/ noun **1** [C,U] a time when sb is away from somewhere; the fact of being away from somewhere: *Frequent absences due to illness meant he was behind with his work.* ▶ **nieobecność 2** [U] the fact of sth not being there; lack: *The first thing I noticed about the place was the absence of noise* (kompletna cisza). ▶ **nieobecność, brak**

★**absent** /'æbsənt/ adj. **1** not present somewhere: *He was absent from work because of illness.* ○ *absent friends* ▶ **nieobecny 2** thinking about sth else, and so not paying attention: *an absent stare* ▶ **bezmyślny**

□ **absently** adv. ▶ **bezmyślnie**

■ ˌ**absent-'minded** adj. often forgetting or not noticing things, because you are thinking about sth else ▶ **roztargniony** | ˌ**absent-'mindedly** adv. ▶ **w roztargnieniu** | ˌ**absent-'mindedness** noun [U] ▶ **roztargnienie**

absentee /ˌæbsən'tiː/ noun [C] a person who is absent and should be present ▶ **nieobecn-y/a**

□ **absenteeism** noun [U] the problem of workers or students often not going to work or school ▶ **absencja**

★**absolute** /'æbsəluːt/ adj. **1** complete; total: *an absolute disaster* ○ *We are aiming at absolute perfection!* ○ *None of the parties had an absolute majority* (bezwzględnej większości głosów). ▶ **całkowity, zupełny 2** not measured in comparison with sth else: *Spending on the Health Service has increased in absolute terms.* Wydatki brutto na służbę zdrowia wzrosły. ▶ **mierzony w bezwzględnych kategoriach**

★**absolutely** adv. **1** /ˌæbsə'luːtli; 'æbsəluːtli/ completely; totally: *What you're saying is absolutely wrong.* ○ *I absolutely refuse to believe that.* W żadnym wypadku nie uwierzę w to. ▶ **całkowicie, zupełnie 2** /ˌæbsə'luːtli/ (used when you are agreeing with sb) yes; certainly: *'It is a good idea, isn't it?' 'Oh, absolutely!'* ▶ **oczywiście, naturalnie**

absolve /əb'zɒlv/ verb [T] **absolve sb (from/of sth)** to state formally that sb is free from guilt or blame: *The driver was absolved from any responsibility for the train crash.* ▶ **oczyszczać** (*np. z winy*)

absorb /əb'sɔːb/ verb [T] **1** to take in and hold sth (a liquid, heat, etc.): *a drug that is quickly absorbed into the bloodstream* ▶ **wchłaniać 2** to take sth into the mind and understand it: *I found it impossible to absorb so much information so quickly.* ▶ **przyswajać sobie 3** to take sth into sth larger, so that it becomes part of it: *Over the years many villages have been absorbed into the city.* ▶ **wchłaniać 4** to hold sb's attention completely or interest sb greatly: *History is a subject that absorbs her.* ▶ **pochłaniać, pasjonować 5** to reduce the effect of a sudden violent knock, hit, etc.: *The front of the car is designed to absorb most of the impact of the crash.* ▶ **przyjmować**

□ **absorbed** adj. with sb's attention completely held: *He was absorbed in his work and didn't hear me come in.* ▶ **pochłonięty** | **absorbent** /-ənt/ adj. able to take in and hold liquid: *an absorbent cloth* ▶ **(dobrze) wchłaniający płyn** | **absorbing** adj. holding the attention completely: *an absorbing story* ▶ **pasjonujący** | **absorption** /əb'sɔːpʃn/ noun [U] ▶ **wchłanianie; przyswajanie; pochłonięcie**

abstain /əb'steɪn/ verb [I] **abstain (from sth)** **1** to stop yourself from doing sth that you enjoy: *to abstain from eating fattening food* ℹ Rzeczownik: **abstinence**. ▶ **powstrzymywać się (od czegoś) 2** (in a vote) to say that you are not voting either for or against sth: *Two people voted in favour, two voted against and one abstained.* ℹ Rzeczownik: **abstention**. ▶ **wstrzymywać się** (*od głosu*)

abstention /əb'stenʃn/ noun [C,U] the act of not voting either for or against sth ▶ **wstrzymanie się** (*od głosu*)

abstinence /'æbstɪnəns/ noun [U] stopping yourself from having or doing sth that you enjoy: *The doctor advised total abstinence from alcohol.* ▶ **powstrzymanie się (od czegoś), abstynencja**

abstract[1] /'æbstrækt/ adj. **1** existing only as an idea, not as a physical or real thing: *I find it hard to think about abstract ideas like the meaning of life.* ▶ **abstrakcyjny 2** (used about art) not showing things as they really look: *an abstract painting* ▶ **abstrakcyjny**

abstract[2] /'æbstrækt/ noun [C] **1** an example of

abstract art: *an exhibition of abstracts by Braque* ▶ **dzieło sztuki abstrakcyjnej** **2** a short piece of writing that tells you the main contents of a book, speech, etc. ▶ **abstrakt, streszczenie**

IDIOM **in the abstract** without mentioning particular people, objects, etc.: *I find it hard to think about the problem in the abstract.* ▶ **teoretycznie**

absurd /əb'sɜːd/ adj. that should be laughed at; ridiculous; not seeming sensible: *You look absurd* (wyglądasz idiotycznie) *in that hat.* ○ *Don't be absurd* (nie bądź śmieszny)*! I can't possibly do all this work in one day.* ▶ **absurdalny**

□ **absurdity** noun [C,U] (pl. **absurdities**) ▶ **absurd, niedorzeczność** | **absurdly** adv.: *The rules of the game are absurdly complicated.* ▶ **niedorzecznie**

abundance /ə'bʌndəns/ noun [U, sing.] a very large quantity of sth ▶ **obfitość**

abundant /ə'bʌndənt/ adj. existing in very large quantities; more than enough: *abundant supplies of food* ▶ **obfity**

□ **abundantly** adv. ▶ **obficie**

abuse[1] /ə'bjuːz/ verb [T] **1** to use sth in the wrong way, e.g. dishonestly: *He was accused of abusing* (oskarżony o nadużywanie) *his position for personal gain.* ▶ **nadużywać** **2** to say rude things to sb ▶ **obrzucać kogoś obelgami** **3** to treat sb badly, often violently: *The girl had been sexually abused by her father.* ▶ **krzywdzić**

Uwaga! Rzeczownik **abuse** ma inną wymowę niż czasownik. Końcową spółgłoskę czasownika wymawia się dźwięcznie /z/– rzeczownika bezdźwięcznie /s/.

abuse[2] /ə'bjuːs/ noun **1** [C,U] using sth in the wrong way: *an abuse of power* ○ *the dangers of drug abuse* ▶ **nadużywanie** **2** [U] rude words, used to insult another person: *The other driver leaned out of the car and hurled abuse at me.* ▶ **obelgi** **3** [U, C] bad, usually violent treatment of sb: *human rights abuses* naruszanie praw człowieka ○ *child abuse* ▶ **krzywdzenie**

abusive /ə'bjuːsɪv/ adj. using rude language to insult sb: *an abusive remark* ▶ **obelżywy**

abysmal /ə'bɪzməl/ adj. very bad; of very poor quality ▶ **beznadziejny, denny**

□ **abysmally** adv. ▶ **beznadziejnie**

abyss /ə'bɪs/ noun [C] a very deep hole that seems to have no bottom ▶ **przepaść, otchłań**

academic /ˌækə'demɪk/ adj. **1** connected with the educational activities of schools, colleges and universities: *The academic year begins in September.* ▶ **akademicki** **2** connected with subjects of interest to the mind rather than technical or practical subjects: *academic subjects such as History* ▶ **akademicki, naukowy** **3** not connected with reality; not affecting the facts of a situation: *It's academic which one I prefer because I can't have either of them.* ▶ **nieistotny, (czysto) teoretyczny**

□ **academic** noun [C] a person who teaches and/or does research at a university or college ▶ **pracownik naukowy** | **academically** /-kli/ adv. ▶ **naukowo**

academy /ə'kædəmi/ noun [C] (pl. **academies**) **1** a school for special training: *a military academy* ▶ **szkoła, akademia** **2** (also **Academy**) a society of people who are important in art, science or literature: *the Royal Academy of Arts* ▶ **akademia**

★**accelerate** /ək'seləreɪt/ verb [I,T] to go faster; to make sth go faster or happen more quickly: *I accelerated and left the other cars behind.* ▶ **przyśpieszać**

□ **acceleration** /əkˌselə'reɪʃn/ noun [U] ▶ **przyśpieszenie**

accelerator /ək'seləreɪtə(r)/ noun [C] the pedal in a car, etc. that you press in order to increase speed ▶ **pedał gazu**

★**accent** /'æksent; -sənt/ noun **1** [C,U] a particular way of pronouncing words that is connected with the country, area or social class that you come from: *a strong Scottish accent* ▶ **akcent** **2** [C] the act of emphasizing a word or part of a word by pronouncing it with greater force: *In the word 'because' the accent is on the second syllable.* ▶ **akcent** (*wyrazowy*) **3** [C] (in writing) a mark, usually above a letter, that shows that it has to be pronounced in a certain way ▶ **znak diakrytyczny** **4** [C, usually sing.] the particular importance that is given to sth: *In all our products the accent is on quality.* ▶ **nacisk**

accentuate /ək'sentʃueɪt/ verb [T] to make sth easier to notice ▶ **podkreślać, uwypuklać**

★**accept** /ək'sept/ verb **1** [I,T] to take sth willingly that sb offers you: *Please accept this small gift.* ○ *Will you accept a cheque?* ○ *Why won't you accept my advice?* ▶ **przyjmować** **2** [I,T] to say yes to sth or to agree to sth: *Thank you for your invitation. I am happy to accept* (przyjmuję z wielką przyjemnością). ○ *He asked her to marry him and she accepted him.* ○ *I'd be pleased to accept* (z przyjemnością przyjmę) *your offer.* ▶ **przyjmować** **3** [T] to admit or recognize that sth unpleasant is true: *They refused to accept responsibility for the accident.* ▶ **uznawać** **4** [T] to recognize that sth cannot be changed: *It is hard to accept the death of a child.* ▶ **godzić się (z czymś)** **5** [T] to believe sth: *I'm afraid I don't accept that.* ○ *She didn't accept that I was telling the truth.* ▶ **przyjmować do wiadomości, wierzyć** **6** [T] to decide that sb/sth is suitable: *I had a letter from the university saying that I had been accepted on the course.* ▶ **przyjmować**

acceptable /ək'septəbl/ adj. **1** allowed, often by people in general: *One or two mistakes are acceptable but no more than that.* ▶ **do przyjęcia** **2** satisfactory; good enough: *We hope that you will consider our offer acceptable.* ▶ **do przyjęcia** ❶ Antonim: **unacceptable**.

□ **acceptability** /əkˌseptə'bɪləti/ noun [U]: *They questioned the acceptability of the scheme.* ▶ **możliwość przyjęcia,** (*sytuacja*) **do zaakceptowania** | **acceptably** /-bli/ adv. ▶ **do przyjęcia**

acceptance /ək'septəns/ noun [C,U] the act of accepting or being accepted: *a letter of acceptance from the university* ○ *the acceptance of a difficult situation* ○ *He quickly gained acceptance in* *the group.* ▶ **przyjęcie, pogodzenie się, akceptacja**

access[1] /'ækses/ noun [U] **1 access (to sth)** a way of entering or reaching a place: *Access to the garden is through the kitchen.* ▶ **wejście 2 access (to sth)** the chance or right to use or have sth: *Do you have access to a personal computer?* ▶ **dostęp 3 access (to sb)** permission, especially legal or official, to see sb: *They are divorced, but he has regular access to the children.* ▶ **widzenie**

access[2] /'ækses/ verb [T] to open a computer file in order to get or add information: *Click on the icon to access the file.* ▶ **otwierać** (*plik komputerowy*)

accessible /ək'sesəbl/ adj. **1** possible to be reached or entered: *Because of the snow, the village was not accessible by car.* ▶ **dostępny 2** easy to get, use or understand ▶ **przystępny** ❶ Antonim: **inaccessible**.

□ **accessibility** /ək,sesə'bɪləti/ noun [U] ▶ **dostęp, dojazd; przystępność**

accession /æk'seʃn/ noun [U] the act of taking a very high position or rank, especially as ruler of a country or head of sth: *the accession of Queen Elizabeth to the throne in 1952* ▶ **wstąpienie** (*na tron*), **objęcie** (*urzędu*)

accessory /ək'sesəri/ noun [C] (pl. **accessories**) **1** an extra item that is added to sth and is useful or attractive but not essential: *The car has accessories such as an electronic alarm.* ▶ **akcesoria 2** [usually pl.] a small item that is worn or carried with the main items of clothing (e.g. shoes, a bag, etc.) ▶ **dodatki 3 accessory (to sth)** (in law) a person who helps sb to do sth illegal ▶ **współsprawca** (*np. zbrodni*)

⋆**accident** /'æksɪdənt/ noun [C] an unpleasant event that happens unexpectedly and causes damage, injury or death: *to have an accident* ○ *a car/fatal accident* ○ *I didn't mean to kick you – it was an accident* (to było niechcący). ▶ **wypadek**

IDIOM by accident by chance; without being planned: *We met each other again completely by accident.* ▶ **przypadkiem**

■ **'accident-prone** adj. frequently having accidents, and therefore more likely to have them than other people ▶ **często ulegający wypadkom**

accidental /,æksɪ'dentl/ adj. happening by chance; not having been planned ▶ **przypadkowy**

□ **accidentally** /-təli/ adv. ▶ **przypadkowo, nieumyślnie**

acclaim /ə'kleɪm/ verb [T] to praise sb/sth greatly: *The novel has been acclaimed as a modern classic.* Powieść została obwołana dziełem współczesnej klasyki. ▶ **przyjmować z uznaniem**

□ **acclaim** noun [U]: *The film received widespread critical acclaim.* ▶ **uznanie** (*krytyki*)

acclimatize (also **acclimatise**) /ə'klaɪmətaɪz/ verb [I,T] **acclimatize (yourself/sb/sth) (to sth)** to get used to a new climate, a new situation, etc. so that it is not a problem any more: *It took me a long time to get acclimatized to the heat.* ▶ **aklimatyzować (się)**

□ **acclimatization** (also **acclimatisation**) /ə,klaɪmətaɪ'zeɪʃn; US -tə'z-/ noun [U] ▶ **aklimatyzacja**

accolade /'ækəleɪd/ noun [C] a comment, prize, etc. that you receive that shows people's high opinion of sth you have done ▶ **dowód/wyrazy uznania**

accommodate /ə'kɒmədeɪt/ verb [T] **1** to have enough space for sb/sth (especially a certain number of people): *Each apartment can accommodate up to six people.* ▶ **mieścić 2** to provide sb with a place to stay, live or work: *During the conference, you will be accommodated in a nearby hotel.* ▶ **zakwaterowywać 3** to do or provide what sb wants or needs: *Should you have any special requirements, our staff will do their best to accommodate you.* ▶ **zaspokajać** (*czyjeś życzenia*)

□ **accommodating** adj. (used about a person) willing to do or provide what sb wants ▶ **usłużny, uprzejmy**

⋆**accommodation** /ə,kɒmə'deɪʃn/ noun [U] a place for sb to live or stay: *We live in rented accommodation.* ○ *The price of the holiday includes flights and accommodation.* ❶ **Accommodation** jest rzeczownikiem niepoliczalnym. Nie można powiedzieć ~~*I will help you to find an accommodation.*~~ Wówczas mówi się: *I will help you to find somewhere to live.* ▶ **dom, mieszkanie, nocleg**

accompaniment /ə'kʌmpənimənt/ noun **1** [C] something that naturally or pleasantly goes with sth else (especially food or drink): *He only drinks wine as an accompaniment to a meal.* ▶ **dodatek 2** [C,U] music that is played with singing or the main instrument: *a violin piece with a piano accompaniment* ▶ **akompaniament**

⋆**accompany** /ə'kʌmpəni/ verb [T] (pres. part. **accompanying**; 3rd pers. sing. pres. **accompanies**; pt, pp **accompanied**) **1** to go with sb to a place: *Children must be accompanied by an adult* (pod opieką osoby dorosłej). ▶ **towarzyszyć 2** to happen or exist at the same time as, or because of, sth: *Massive publicity accompanied the film's release.* ▶ **towarzyszyć 3** to give or send sth together with sth else, in addition to it: *The letter was accompanied by a cheque for £50.* ▶ **załączać 4** to play music for a singer or another instrument: *She accompanied him on the guitar.* ▶ **akompaniować**

accomplice /ə'kʌmplɪs; US ə'kɒm-/ noun [C] a person who helps sb to do sth bad, especially a crime ▶ **współsprawca**

accomplish /ə'kʌmplɪʃ; US ə'kɒm-/ verb [T] to succeed in doing sth requiring effort and/or skill; to achieve: *Very little was accomplished in the meeting.* ▶ **osiągać, dokonywać**

□ **accomplished** adj. skilled: *an accomplished pianist* ▶ **znakomity, utalentowany**

accomplishment /ə'kʌmplɪʃmənt; US ə'kɒm-/ noun **1** [U] the act of completing sth successfully ▶ **osiągnięcie, dokonanie 2** [C] something impressive that sb has achieved; a skill that sb has ▶ **osiągnięcie; uzdolnienie**

accord[1] /əˈkɔːd/ noun [C] an agreement, e.g. between countries: *the Helsinki accords on human rights* ▶ **porozumienie**

IDIOMS **in accord** in agreement about sth ▶ **zgodny (z czymś)** | **of your own accord** without being forced or asked: *He wasn't sacked – he left of his own accord.* ▶ **z własnej woli**

accord[2] /əˈkɔːd/ verb **1** [T] to give sth to sb: *The diplomats were accorded every respect during their visit* (zostali podjęci z wszelkimi należnymi im honorami). ▶ **udzielać, zgotować 2** [I] (formal) to match; to agree with: *The information did not accord* (nie była zgodna) *with what I had been told previously.* ▶ **zgadzać się (z czymś)**

accordance /əˈkɔːdns/ noun

IDIOM **in accordance with sth** in a way that follows or obeys sth: *to act in accordance with instructions* ▶ **zgodnie z czymś**

accordingly /əˈkɔːdɪŋli/ adv. **1** in a way that is suitable after what has happened: *I realized that I was in danger and acted accordingly.* ▶ **odpowiednio 2** (formal) therefore; for that reason: *We accept that the mistake was ours and, accordingly, have pleasure in refunding your money.* ▶ **zatem, dlatego (też)**

★**according to** /əˈkɔːdɪŋ tə / prep. **1** as stated by sb; as shown by sth: *According to Mick, it's a brilliant film.* ○ *More people now have a high standard of living, according to the statistics* (z danych statystycznych wynika). ▶ **według 2** in a way that matches, follows or depends on sth: *Everything went off according to plan.* ○ *The salary will be fixed according to age and experience.* ▶ **zgodnie z czymś, stosownie do czegoś**

accordion /əˈkɔːdiən/ noun [C] a musical instrument that you hold in both hands and play by pulling the two sides apart and then pushing them together, while pressing the keys with your fingers ➲ Por. **concertina**. ▶ **akordeon**

accost /əˈkɒst/ verb [T] to approach and talk to a stranger in a way that is considered unpleasant or frightening ▶ **zaczepiać (kogoś)**

★**account**[1] /əˈkaʊnt/ noun [C] **1** a report or description of sth that has happened: *She gave the police a full account of the robbery.* ▶ **relacja 2** the arrangement by which a bank looks after your money for you: *to open/close an account* ○ *an account with Barclays* ○ *My salary is paid into my bank account.* ○ *How much have I got in my account?* ○ *Can I withdraw £500 from my account?* ▶ **konto**

> We use a **current** account to pay for things with a **cheque**. We can save money in a **deposit** or **savings** account.

3 [usually pl.] a record of all the money that a person or business has received or paid out: *She keeps the accounts* (prowadzi rachunki). ▶ **rachunek 4** an arrangement with a shop, etc. that allows you to pay for goods or services at a later date: *Could you charge that to my account?* Proszę to zapisać na mój rachunek. ▶ **kredyt, rachunek**

IDIOMS **by all accounts** according to what everyone says: *By all accounts, she's a very good doctor.* ▶ **wszyscy mówią, że** | **by your own account** according to what you say yourself: *By his own account, Peter was not very good at his job.* ▶ **według czyichś własnych słów** | **on account of** because of: *Our flight was delayed on account of bad weather.* ▶ **z powodu** | **on no account**; **not on any account** not for any reason: *On no account should you walk home by yourself.* ▶ **pod żadnym pozorem** | **take account of sth**; **take sth into account** to consider sth, especially when deciding or judging sth: *We'll take account of your comments.* ▶ **brać pod uwagę**

account[2] /əˈkaʊnt/ verb

PHRASAL VERB **account for sth 1** to explain or give a reason for sth: *How can we account for these changes?* ○ *I was asked to account for all the money* (wyliczyć się z wszystkich pieniędzy) *I had spent.* ▶ **wyjaśniać, tłumaczyć 2** to supply the amount that is mentioned: *Sales to Europe accounted for 80% of our total sales last year.* ▶ **stanowić**

accountable /əˈkaʊntəbl/ adj. expected to give an explanation of your actions, etc.; responsible: *She is too young to be held accountable for what she did.* ▶ **odpowiedzialny (przed kimś, za coś)**

□ **accountability** /əˌkaʊntəˈbɪləti/ noun [U]: *The new law requires greater accountability from the police.* ▶ **odpowiedzialność**

accountant /əˈkaʊntənt/ noun [C] a person whose job is to keep or examine the financial accounts of a business, etc. ▶ **księgow-y/a**

□ **accountancy** /əˈkaʊntənsi/ noun [U] the profession of an accountant: *a career in accountancy* ▶ **księgowość**

accumulate /əˈkjuːmjəleɪt/ verb **1** [T] to collect a number or quantity of sth over a period of time: *Over the years, I've accumulated hundreds of records.* ▶ **gromadzić 2** [I] to increase over a period of time: *Dust soon accumulates if you don't clean the house for a week or so.* ▶ **gromadzić się, zbierać się**

□ **accumulation** /əˌkjuːmjəˈleɪʃn/ noun [C,U] ▶ **nagromadzenie, zbieranie**

accuracy /ˈækjərəsi/ noun [U] the quality of being exact and correct ❶ Antonim: **inaccuracy**. ▶ **dokładność**

★**accurate** /ˈækjərət/ adj. careful and exact; without mistakes: *an accurate description of the house* ○ *That clock isn't very accurate.* ❶ Antonim: **inaccurate**. ▶ **dokładny**

□ **accurately** adv. ▶ **dokładnie**

accusation /ˌækjuˈzeɪʃn/ noun [C,U] a statement that says that sb has done sth wrong: *He said that a false accusation had been made against him.* ○ *There was a note of accusation in her voice.* W jej głosie brzmiał wyrzut. ▶ **oskarżenie**

★**accuse** /əˈkjuːz/ verb [T] **accuse sb (of sth)** to say that sb has done wrong or broken the law: *He was accused of murder.* ▶ **oskarżać**

□ **the accused** noun [C] (pl. **the accused**) (used in a court of law) the person who is said to have broken a law: *Will the accused please stand.* ▶ **oskarżon-y/a; oskarżeni** | **accusing** /əˈkjuːzɪŋ/ adj. that shows that you think sb has done sth wrong: *He gave me an accusing look.* ▶ **oskarżycielski** | **accusingly** /əˈkjuːzɪŋli/ adv. ▶ **oskarżycielsko**

accustom /əˈkʌstəm/ verb [T] **accustom yourself/sb to sth** to make yourself/sb get used to sth: *It took me a while to accustom myself to working nights.* ▶ **przyzwyczaić się/kogoś do czegoś**

□ **accustomed** adj. **1 accustomed to sth** if you are accustomed to sth, you are used to it and it is not strange for you: *She's accustomed to travelling a lot in her job.* ○ *It took a while for my eyes to get accustomed* (aż moje oczy przyzwyczaiły się) *to the dark room.* ▶ **przyzwyczajony 2** (formal) usual; regular: *He took his accustomed walk after lunch.* ▶ **zwyczajowy**

ace /eɪs/ noun [C] **1** a playing card which has a single shape on it. An ace has either the lowest or the highest value in a game of cards: *the ace of spades* ➲ Zob. uwaga przy **card**. ▶ **as 2** (in tennis) a serve that the person playing against you cannot hit back ▶ **as serwisowy**

⋆**ache** /eɪk/ noun [C,U] a pain that lasts for a long time: *to have toothache/earache/stomach ache* ❶ **Ache** często występuje w rzeczownikach złożonych, w Br. ang. zwykle bez przedimków **a** lub **an**: *I've got toothache.* (Boli mnie ząb.) Natomiast ze słowem **headache** zawsze używa się przedimka **a**: *I've got a headache.* (Boli mnie głowa.) W Amer. ang. **ache** zwykle używa się z przedimkiem **a** lub **an**, zwł. gdy chodzi o pewien określony atak dolegliwości: *I have an awful toothache.* (Strasznie boli mnie ząb.) ➲ Zob. uwaga przy **pain**. ▶ **ból**

□ **ache** verb [I] to feel a continuous pain: *His legs ached after playing football for two hours.* Po dwugodzinnej grze w piłkę nożną bolały go nogi. ○ *She was aching all over.* Wszystko ją bolało. ▶ **boleć**

⋆**achieve** /əˈtʃiːv/ verb [T] **1** to gain sth, usually by effort or skill: *You have achieved the success you deserve.* ▶ **osiągać 2** to get sth done; to complete: *They have achieved a lot in a short time.* ▶ **osiągać**

□ **achievement** noun **1** [C] something that is done successfully, especially through hard work or skill: *She felt that the book was her greatest achievement.* ▶ **osiągnięcie 2** [U] the act of finishing sth successfully; the feeling that you get when you have finished sth successfully: *Climbing the mountain gave him a sense of achievement.* ▶ **osiągnięcie**

Achilles' heel /əˌkɪliːz ˈhiːl/ noun [C] a weak point or fault in sb/sth ▶ **pięta Achillesa**

⋆**acid** /ˈæsɪd/ noun [C,U] (in chemistry) a liquid substance that can dissolve metal and may burn your skin or clothes: *sulphuric acid* kwas siarkowy ❶ Antonim: **alkali**. ▶ **kwas**

□ **acid** adj. **1** (used about a fruit, etc.) with a sharp, sour taste ▶ **kwaśny 2** (also **acidic**) containing an acid: *an acid solution* roztwór kwaśny ❶ Antonim: **alkaline**. ▶ **kwaśny** | **acidity** /əˈsɪdəti/ noun [U] the quality of being acid ❶ Antonim: **alkalinity**. ▶ **kwasowość**

■ ˌ**acid ˈrain** noun [U] rain that is polluted by acid substances from the chimneys of factories and that causes damage to trees, buildings and rivers ▶ **kwaśny deszcz**

⋆**acknowledge** /əkˈnɒlɪdʒ/ verb [T] **1** to accept or admit that sth is true or exists: *He acknowledged the fact that he had been wrong.* ○ *to acknowledge defeat* ○ *It is acknowledged that he is the country's greatest writer./He is acknowledged to be the country's greatest writer.* On jest uznawany za najwybitniejszego pisarza w kraju. ▶ **przyznawać, uznawać 2** to show that you have seen sb by raising your hand, smiling, etc.: *She refused to acknowledge him.* ▶ **odwzajemniać pozdrowienie, odkłaniać się**

> Zwróć uwagę, że rodzimi użytkownicy języka angielskiego zazwyczaj nie stosują ukłonu jako formy pozdrowienia.

3 to say that you have received a letter, etc. ▶ **potwierdzać odbiór 4** to show or say that you are grateful for sth ▶ **wyrażać uznanie za coś**

□ **acknowledgement** (also **acknowledgment**) noun **1** [U] the act of acknowledging: *I have received no acknowledgement for all the work I did.* ▶ **uznanie 2** [C] a letter, etc. stating that sth has been received ▶ **potwierdzenie odbioru 3** [C, usually pl.] a few words of thanks that an author writes at the beginning or end of a book to the people who have helped them ▶ **podziękowani-e/a**

acne /ˈækni/ noun [U] a type of skin disease, usually affecting young people, that causes a lot of spots on the face and neck ▶ **trądzik**

acorn /ˈeɪkɔːn/ noun [C] a small nut that is the fruit of the oak tree ▶ **żołądź**

acoustic /əˈkuːstɪk/ adj. **1** connected with sound or the sense of hearing ▶ **akustyczny 2** (of a musical instrument) not electric: *an acoustic guitar* ▶ **akustyczny**

□ **acoustics** noun [pl.] **1** the qualities of a room, etc. that make it good or bad for you to hear music, etc.: *The theatre has excellent acoustics.* ▶ **akustyka, warunki akustyczne 2** [with sing. verb] the scientific study of sound ▶ **akustyka** ❶ W pierwszym znaczeniu rzeczownik **acoustics** łączy się z czasownikiem w lm: *The acoustics in this room are very good.* W znaczeniu dyscypliny naukowej – z czasownikiem w lp: *Acoustics is the scientific study of sound.*

acquaintance /əˈkweɪntəns/ noun **1** [C] a person that you know but who is not a close friend ➲ Zob. uwaga przy **friend**. ▶ **znajom-y/a 2** [U] **acquaintance with sb/sth** a slight knowledge of sb/sth: *I made his acquaintance at a party in London.* Zawarłem z nim znajomość na przyjęciu w Londynie. ▶ **znajomość powierzchowna**

acquainted /əˈkweɪntɪd/ adj. (formal) **1 acquainted with sth** knowing sth: *Are you acquainted with the facts?* ▶ **zapoznany**

2 acquainted (with sb) knowing sb, but usually not very closely: *The two women had been acquainted since they were children.* ▶ **zaznajomiony**

acquiesce /ˌækwiˈes/ verb [I] (formal) to accept sth without argument, although you may not agree with it: *They refused to acquiesce in the use of force.* ▶ **przyzwalać (na coś)**
□ **acquiescence** /ˌækwiˈesns/ noun [U] ▶ **przyzwolenie**

★**acquire** /əˈkwaɪə(r)/ verb [T] (formal) to get or obtain sth: *The company has acquired shares in a rival business.* ○ *Children do not automatically acquire* (nie otrzymują automatycznie) *British citizenship if they are born in this country.* ○ *She has acquired an American accent.* ○ *He's acquired a reputation for being difficult to work with.* Wyrobił sobie opinię człowieka, z którym trudno pracować. ▶ **nabywać**

acquisition /ˌækwɪˈzɪʃn/ noun **1** [C] something that you have obtained or bought, especially sth you are pleased with: *This painting is my latest acquisition.* ▶ **nabytek 2** [U] the act of obtaining sth: *the acquisition of wealth* ▶ **nabywanie**

acquit /əˈkwɪt/ verb [T] (**acquitting**; **acquitted**) **1 acquit sb (of sth)** to declare formally that a person is not guilty of a crime: *The jury acquitted her of murder.* ❶ Antonim: **convict**. ▶ **uniewinniać 2 acquit yourself...** (formal) to behave in the way that is mentioned: *He acquitted himself quite well in his first match as a professional.* ▶ **spisywać się**
□ **acquittal** /əˈkwɪtl/ noun [C,U] ▶ **uniewinnienie**

acre /ˈeɪkə(r)/ noun [C] a measure of land; 0·405 of a hectare: *a farm of 20 acres/a 20-acre farm* ➲ Zob. Dodatek 3. ▶ **akr**

acrobat /ˈækrəbæt/ noun [C] a person who performs difficult movements of the body or difficult balancing acts (e.g. walking on a wire), especially in a circus ▶ **akrobat-a/ka**
□ **acrobatic** /ˌækrəˈbætɪk/ adj. ▶ **akrobatyczny** | **acrobatics** noun [U] (the art of performing) acrobatic acts ❶ W połączeniu z czasownikiem w lm rzeczownik **acrobatics** oznacza „wyczyny akrobatyczne": *His acrobatics were complicated and dangerous.* W połączeniu z czasownikiem w lp odnosi się do dyscypliny: *He's learning acrobatics.* ▶ **akrobatyka**

acronym /ˈækrənɪm/ noun [C] a short word that is made from the first letters of a group of words: *TEFL is an acronym for Teaching English as a Foreign Language.* ▶ **skrótowiec**

★**across** /əˈkrɒs; US əˈkrɔːs/ adv., prep. **1** from one side of sth to the other: *The stream was too wide to jump across.* Strumień był zbyt szeroki, żeby go przeskoczyć. ○ *He walked across the field.* Przeszedł przez pole. ○ *I drew a line across the page.* Narysowałem kreskę w poprzek strony. ○ *A smile spread across his face.* Uśmiech rozjaśnił mu twarz. ▶ **z jednej strony na drugą, przez 2** on the other side of sth: *There's a bank just across the road.* ▶ **po drugiej stronie**

> W znaczeniu **on** lub **to the other side** można użyć **across** lub **over**: *I ran across/over the road.* (Przebiegłem przez ulicę.) Jeśli zaś chodzi o pokonywanie wysokiej przeszkody, wówczas używa się **over**: *I can't climb over that wall.* (Nie mogę przejść przez mur.) Ze słowem **room** zwykle stosuje się **across**: *I walked across the room to the door.* (Przeszedłem przez pokój do drzwi.)

3 measuring from side to side: *The river was about 20 metres across.* Rzeka miała 20 metrów szerokości. ▶ **wszerz, od jednej krawędzi do drugiej**

IDIOM **across the board** involving or affecting all groups, members, cases, etc.: *a 10% pay increase across the board* 10-procentowa podwyżka grupowa ▶ **grupowo**

acrylic /əˈkrɪlɪk/ adj. of a material that is made artificially by a chemical process and used in making sweaters and other clothes ▶ **akrylowy**

★**act**[1] /ækt/ verb **1** [I] to do sth; to take action: *There's no time to lose – you must act now.* ○ *The government were slow to act over the problem.* ○ *He acted as our guide.* Pełnił funkcję naszego przewodnika. ▶ **działać 2** [I] to behave in the manner stated: *Don't act like a fool.* Nie udawaj głupiego. ▶ **zachowywać się (jak) 3** [I,T] to perform or have a part in a play or film: *I've never acted before.* ○ *He's always wanted to act the part of Hamlet.* ▶ **grać**
□ **acting** noun [U] the art or profession of performing in plays or films ▶ **gra**; **sztuka aktorska**

★**act**[2] /ækt/ noun **1** [C] a thing that you do: *In a typical act of generosity* (z typową dla nich wielkodusznością) *they refused to accept any money.* ▶ **uczynek**

> **Act** i **action** mogą oznaczać to samo: *It was a brave act/action.* **Act**, ale nie **action**, może łączyć się z przyimkiem **of**: *It was an act of bravery.* (Był to czyn bohaterski.) **Activity** odnosi się do czynności wykonywanych regularnie: *I like outdoor activities* (zajęcia na świeżym powietrzu) *such as walking and gardening.* **Deed** to słowo formalne i nieco przestarzałe; często odnosi się do ważnych wydarzeń: *Robin Hood was famous for his brave deeds.* (Robin Hood słynął ze swych bohaterskich czynów.) Zwykle łączy się z **good**: *I wanted to pay back the good deed he had done.* (Chciałem mu się zrewanżować za ten dobry uczynek.)

2 (often **Act**) [C] one of the main divisions of a play or opera: *How many scenes are there in Act 4?* ▶ **akt 3** [C] a short piece of entertainment that is usually part of a show or circus: *Ladies and gentlemen, please welcome our next act, the Roncalli brothers.* ▶ **punkt programu, numer 4** (often **Act**) [C] a law made by a government: *the Prevention of Terrorism Act* ▶ **akt** (*prawny*), **ustawa 5** [C] (informal) a piece of behaviour that hides your true feelings: *She seems very happy but she's just putting on an act* (udaje). ▶ **gra, udawanie**

IDIOMS be/get in on the act (informal) to become involved in an activity that is becoming popular ▶ **zaangażować się w działalność, która jest modna, przynosi zyski itp.** | **get your act together** to get organized so that you can do sth properly ▶ **brać się w garść** | **a hard act to follow** → HARD[1] | **in the act (of doing sth)** while doing sth, especially sth wrong: *He was looking through the papers on her desk and she caught him in the act.* ▶ **w trakcie; na gorącym uczynku**

acting adj. doing the job mentioned for a short time: *She will be the acting director while he is away.* ▶ **pełniący obowiązki**

★**action** /ˈækʃn/ noun **1** [U] doing things, often for a particular purpose: *Now is the time for action.* ○ *I didn't like the film, there wasn't much action in it.* ▶ **działanie**, **2** [C] something that you do: *The doctor's quick action saved the child's life.* ○ *They should be judged by their actions, not by what they say.* ➲ Zob. uwaga przy **act[2]**. ▶ **działanie 3** [sing.] the most important events in a story or play: *The action is set in London during the Second World War.* ▶ **akcja 4** [U] exciting things that happen: *a film with lots of action* (film akcji) ○ *an action-packed film* film z wartką akcją ○ *There's not much action* (nie ma życia) *in this boring town.* ▶ **akcja 5** [U] fighting that takes place in a war: *Their son was killed in action.* ▶ **walka, bitwa 6** [sing.] the effect that one substance has on another: *They're studying the action of alcohol on the brain.* ▶ **działanie 7** [C,U] the process of settling an argument in a court of law: *He is going to take legal action* (wytoczyć proces) *against the hospital.* ▶ **proces sądowy**

IDIOMS course of action → COURSE | **in action** in operation; while working or doing sth: *We shall have a chance to see their new team in action next week.* ▶ **w akcji, podczas działania** | **into action** into operation: *We'll put the plan into action immediately.* ▶ (*zastosowywać*) **w praktyce** | **out of action** not working; unable to function as normal: *The coffee machine's out of action again.* ▶ **nieczynny** | **take action** to do sth, in order to solve a problem, etc.: *The government must take action over unemployment.* ▶ **działać**

activate /ˈæktɪveɪt/ verb [T] to make sth start working: *A slight movement can activate the car alarm.* ▶ **uruchamiać, powodować włączenie się**

★**active** /ˈæktɪv/ adj. **1** able and willing to do things; energetic: *My grandfather is very active* (pełen wigoru) *for his age.* ○ *Students should take an active part* (brać czynny udział) *in college life.* ○ *He was on active service* (w służbie czynnej) *during the war.* ▶ **czynny 2** that produces an effect; that is in operation: *What is the active ingredient in this medicine?* ○ *an active volcano* ▶ **czynny 3** (used about the form of a verb or a sentence when the subject of the sentence performs the action of the verb): *In the sentence 'The dog bit him', the verb is active.* ❶ Można też powiedzieć: *The verb is in the active.* ➲ Por. **passive**. ▶ **w stronie czynnej**

activist /ˈæktɪvɪst/ noun [C] a person who takes action to cause political or social change, usually as a member of a group: *a protest by environmental activists* ▶ **aktywista, działacz**

★**activity** /ækˈtɪvəti/ noun (pl. **activities**) **1** [U] a situation in which there is a lot of action or movement: *The house was full of activity on the morning of the wedding.* ❶ Antonim: **inactivity**. ▶ **ruch, ożywienie 2** [C, usually pl.] something that you do, usually regularly and for enjoyment: *The hotel offers a range of leisure activities.* ➲ Zob. uwaga przy **act[2]**. ▶ **zajęcia** (*zazw. rekreacyjne*) **3** [C, usually pl.] an action or occupation: *He was involved in paramilitary activities.* ○ *criminal activity* ▶ **działalność, czynność**

★**actor** /ˈæktə(r)/ noun [C] a person whose job is to act in a play, film or television programme ▶ **aktor**

★**actress** /ˈæktrəs/ noun [C] a woman whose job is to act in a play, film or television programme ▶ **aktorka**

★**actual** /ˈæktʃuəl/ adj. real; that happened, etc. in fact: *The actual damage to the car was not as great as we had feared.* ○ *They seemed to be friends but in actual fact they hated each other.* ▶ **rzeczywisty, faktyczny**

□ **actually** /ˈæktʃuəli/ adv. **1** really; in fact: *You don't actually believe her, do you?* ○ *I can't believe that I'm actually going to America!* ▶ **naprawdę 2** although it may seem strange: *He actually expected me to cook his meal for him!* ❶ **Actually** często używa się w rozmowie, aby przyciągnąć czyjąś uwagę lub grzecznie poprawić czyjś błąd: *Actually, I wanted to show you something. Have you got a minute?* ▶ **faktycznie, prawdę powiedziawszy**

> **Actual** i **actually** nie oznaczają, wbrew pozorom, „aktualny"/„aktualnie". W tym znaczeniu stosuje się **currently** lub **at present**.

acupuncture /ˈækjupʌŋktʃə(r)/ noun [U] a way of treating an illness or stopping pain by putting thin needles into parts of the body ▶ **akupunktura**

acute /əˈkjuːt/ adj. **1** severe; very great: *an acute shortage of food* ○ *acute pain* ▶ **dotkliwy 2** (used about an illness) reaching a dangerous stage quickly: *acute appendicitis* ❶ Antonim: **chronic**. ▶ **ostry 3** (used about feelings or the senses) very strong: *Dogs have an acute sense of smell.* ▶ **silny, wyczulony 4** showing that you are able to understand things easily: *The report contains some acute observations on the situation.* ▶ **wnikliwy**

□ **acutely** adv.: *They are acutely aware of the problem.* ▶ **dotkliwie; boleśnie; wnikliwie**

■ **aˌcute ˈangle** noun [C] an angle of less than 90° ▶ **kąt ostry**

AD /ˌeɪ ˈdiː/ abbr. anno domini; used in dates for showing the number of years after the time when Christians believed Jesus Christ was born: *AD 44* ▶ **n.e.**

ad /æd/ noun (informal) = ADVERTISEMENT: *I saw*

your ad in the local paper. ▶ **ogłoszenie, reklama**

adage /ˈædɪdʒ/ noun [C] a well-known phrase expressing sth that is always true about people or the world ▶ **powiedzenie, przysłowie**

adamant /ˈædəmənt/ adj. (formal) (used about a person) very sure; not willing to change your mind: *He was adamant that he had not made a mistake.* ▶ **nieugięty**
□ **adamantly** adv. ▶ **niewzruszenie**

★**adapt** /əˈdæpt/ verb **1** [I] **adapt (to sth)** to change your behaviour because the situation you are in has changed: *He was quick to adapt to the new system.* ▶ **przystosowywać się 2** [T] **adapt sth (for sth)** to change sth so that you can use it in a different situation: *The car was adapted for use as a taxi.* ▶ **przystosowywać (coś do czegoś), przerabiać (coś na coś) 3** [T] to change a book, etc. so that it can be shown as a film, etc. ▶ **adaptować**
□ **adapted** adj. having all the necessary qualities to do sth: *Chickens are poorly adapted for flight.* ▶ **przystosowany** | **adaptable** adj. able and willing to change to suit new conditions: *You have to be adaptable if you want to live in a foreign country.* ▶ **łatwo przystosowujący się** | **adaptation** /ˌædæpˈteɪʃn/ noun [C] **1** a play or film that is based on a novel, etc.: *a television adaptation of 'Wuthering Heights'* ▶ **adaptacja 2** the state or process of adapting: *a period of adaptation* ▶ **adaptacja, przystosowanie** | **adaptor** (also **adapter**) noun **1** [C] a device that allows more than one plug to be connected to a socket ▶ **rozgałęziacz 2** [U] a device that fits on an electrical plug and allows you to use a piece of electrical equipment with a different type of socket: *You'll need an adaptor to use your hair drier in Spain.* ▶ **nasadka na wtyczkę, dopasowana do innego typu gniazdka**

★**add** /æd/ verb **1** [I,T] **add (sth) (to sth)** to put sth together with sth else, so that you increase the size, number, value, etc.: *They had invited an entertainer to the party, just to add to the fun.* ▶ **dodawać 2** [T] to put numbers or amounts together so that you get a total: *If you add 3 and 3 together, you get 6.* ○ *Add £8 to the total.* ❶ Antonim: **subtract**. Przy dodawaniu dwóch liczb często używa się słowa **plus**: *2 plus 2 is 4.* ▶ **dodawać 3** [T] to say sth more: *'Don't forget to write to us,' she added.* ▶ **dodawać**
IDIOM **added to this...**; **add to this...** (used to introduce another fact that helps to emphasize a point you have already made): *Add to this the excellent service and you can see why this is the most popular hotel on the island.* ▶ **jeśli dodać do tego, i w dodatku**
PHRASAL VERBS **add sth on (to sth)** to include: *10% will be added on to your bill* (zostanie wliczone do waszego rachunku) *as a service charge.* ▶ **dodawać** | **add up** to seem as if it could be true: *I'm sorry, but your story just doesn't add up* (coś tu nie gra). ▶ **zgadzać się** | **add (sth) up** to find the total of several numbers: *The waiter hadn't added up the bill correctly.* ▶ **podliczać** | **add up to sth** to have as a total: *The bill should add up to about £40.* ▶ *(o sumie)* **wynosić**

□ **added** adj. in addition to what is usual; extra: *milk with added* (z dodatkiem) *vitamins* ▶ **dodatkowy**

adder /ˈædə(r)/ noun [C] a small poisonous snake ▶ **żmija**

addict /ˈædɪkt/ noun [C] a person who cannot stop taking or doing sth harmful: *a drug addict* narkoman/ka ▶ **nałogowiec**
□ **addicted** /əˈdɪktɪd/ adj. **addicted (to sth)** unable to stop taking or doing sth harmful: *He is addicted to heroin.* ○ *He's addicted to football.* On jest nałogowym fanem piłki nożnej. ▶ **uzależniony, w nałogu** | **addiction** /əˈdɪkʃn/ noun [C,U]: *the problem of teenage drug addiction* ▶ **nałóg** | **addictive** /əˈdɪktɪv/ adj.: *addictive drugs* ▶ **powodujący uzależnienie**

★**addition** /əˈdɪʃn/ noun **1** [U] the process of adding sth, especially of adding up two or more numbers ❶ Antonim: **subtraction**. ▶ **dodawanie 2** [C] **addition (to sth)** a person or thing that is added to sth: *They've got a new addition to the family.* Powiększyła im się rodzina. ▶ **dodatek**
IDIOM **in addition (to sth)** as well as: *She speaks five foreign languages in addition to English.* ▶ **w dodatku (do czegoś), ponadto, oprócz**
□ **additional** /-ʃənl/ adj. added; extra: *a small additional charge for the use of the swimming pool* ▶ **dodatkowy** | **additionally** /-ʃənəli/ adv. ▶ **dodatkowo, ponadto**

additive /ˈædətɪv/ noun [C] a substance that is added in small amounts for a special purpose: *food additives* substancje dodawane do produktów spożywczych (*np. aromaty, barwnik*) ▶ **dodatek**

★**address**¹ /əˈdres; US ˈædres/ noun [C] **1** the number of the house and the name of the street and town, where you live or work: *Let me give you my home/business address.* ○ *She no longer lives at this address.* ○ *a change of address* ○ *an address book* ▶ **adres 2** a series of words and/or numbers that tells you where you can find sb/sth using a computer: *What's your email address?* ▶ **adres e-mail 3** a formal speech that is given to an audience ▶ **przemówienie, odezwa**

address² /əˈdres/ verb [T] **1 address sth (to sb/sth)** to write (on a letter, etc.) the name and address of the person you are sending it to: *The parcel was returned because it had been wrongly addressed.* ▶ **adresować 2** to make an important or formal speech to a crowd or audience ▶ **wygłosić przemówienie 3 address sth to sb** (formal) make a remark, etc. to sb: *Would you kindly address any complaints you have to the manager.* ▶ **kierować (do kogoś) 4** to talk or write to sb using a particular name or title: *She prefers to be addressed as 'Ms'.* ▶ **tytułować 5 address yourself to sth** (formal) to try to deal with a problem, etc.: *He had to address himself to the task of finding a new job.* ▶ **przykładać się (do czegoś)**

adept /əˈdept/ adj. **adept (at sth)** very good or skilful at sth ❶ W zasadzie nie używa się **adept** przed rzeczownikiem. ▶ **biegły (w czymś)**

★**adequate** /ˈædɪkwət/ adj. **1** enough for what

you need: *The food they eat is barely adequate to keep them alive.* ▶ **wystarczający 2** good enough; acceptable: *Your work is adequate but I'm sure you could do better.* ▶ **wystarczający, dostateczny** ❶ Antonim: **inadequate**.

□ **adequacy** /ˈædɪkwəsi/ noun [U] ▶ **stosowność; adekwatność** | **adequately** adv.: *The work has been done adequately, but not well.* ○ *The mystery has never been adequately explained.* ▶ **wystarczająco; dostatecznie**

adhere /ədˈhɪə(r)/ verb [I] (formal) **1 adhere (to sth)** to stick firmly: *Make sure that the paper adheres firmly to the wall.* ▶ **przylegać (do czegoś) 2 adhere to sth** to continue to support an idea, etc.; to follow a rule: *This rule has never been strictly adhered to by members of staff.* ▶ **stosować się (do czegoś); trzymać się (czegoś)**

□ **adherent** noun [C] somebody who supports a particular idea ▶ **stronni-k/czka** | **adherence** noun [U]: *His adherence to his principles cost him his job.* ▶ **stosowanie się; trzymanie się** (*np. zasad, reguł*)

adhesive /ədˈhiːsɪv/ noun [C] a substance that makes things stick together: *a fast-drying adhesive* ▶ **środek klejący, przylepiec**

□ **adhesive** adj. that can stick, or can cause two things to stick together: *He sealed the parcel with adhesive tape.* ▶ **przylepny**

ad hoc /ˌæd ˈhɒk/ adj. made or formed for a particular purpose: *They set up an ad hoc committee to discuss the matter.* ▶ **powołany specjalnie do jednego zadania**

adjacent /əˈdʒeɪsnt/ adj. situated next to or close to sth: *She works in the office adjacent to mine.* ○ *a fire in the adjacent building* ▶ **sąsiedni**

★**adjective** /ˈædʒɪktɪv/ noun [C] a word used with a noun that tells you more about it: *The adjective 'hot' can come either before or after a noun, i.e. you can say 'that is hot soup' or 'that soup is hot'.* ▶ **przymiotnik**

□ **adjectival** /ˌædʒekˈtaɪvl/ adj. that contains or is used like an adjective: *an adjectival phrase* ▶ **przymiotnikowy**

adjoining /əˈdʒɔɪnɪŋ/ adj. joining sth or situated next to sth: *A scream came from the adjoining room.* ▶ **przyległy**

adjourn /əˈdʒɜːn/ verb [I,T] to stop sth (a meeting, a trial, etc.) for a short period of time and start it again later: *This court will adjourn until tomorrow.* ▶ **odraczać**

□ **adjournment** noun [C]: *The lawyers asked for an adjournment.* ▶ **odroczenie**

adjudicate /əˈdʒuːdɪkeɪt/ verb [I,T] (formal) to act as an official judge in a competition or to decide who is right when two sides disagree about sth ▶ **rozstrzygać**

□ **adjudicator** noun [C] a person who acts as a judge, especially in a competition ▶ **sędzia, juror**

★**adjust** /əˈdʒʌst/ verb **1** [T] to change sth slightly, especially because it is not in the right position: *The brakes on the car need adjusting.* ○ *The figures have been adjusted to take account of inflation.* ▶ **dostosowywać, regulować 2** [I] **adjust (to sth)** to get used to new conditions or a new situation: *She found it hard to adjust to working at night.* ▶ **przystosowywać się, przyzwyczajać się**

□ **adjustable** adj. that can be adjusted: *an adjustable mirror* ▶ **ruchomy; taki, który można dostosować/dostroić/wyregulować itp.** | **adjustment** noun [C,U] ▶ **poprawka, dostosowanie (się), dostrojenie**

ad lib /ˌæd ˈlɪb/ adj., adv. done or spoken without preparation: *She had to speak ad lib* (improwizować) *because she couldn't find her notes.* ▶ **za/improwizowany; bez przygotowania, z głowy**

□ **ad lib** verb [I] (**ad libbing; ad libbed**) ▶ **improwizować**

admin = ADMINISTRATION

administer /ədˈmɪnɪstə(r)/ verb [T] **1** to control or manage sth: *The system is difficult to administer.* ▶ **zarządzać 2** (formal) to make sb take sth (especially medicine): *The doctor administered a pain-killing drug.* ▶ **podawać**

administration /ədˌmɪnɪˈstreɪʃn/ noun **1** [U] the control or management of sth (e.g. a system, an organization or a business): *The administration of a large project like this is very complicated.* ▶ **administracja, zarządzanie 2** [sing.] the group of people who organize or control sth: *the hospital administration* ▶ **administracja, zarząd 3** (often **the Administration**) [C] the government of a country, especially the USA: *the Clinton Administration* ▶ **rząd**

□ **administrative** /ədˈmɪnɪstrətɪv; US -streɪtɪv/ adj. connected with the organization and management of a country or business, etc.: *London is still the most important administrative centre.* ○ *an administrative assistant* ▶ **administracyjny** | **administrator** /ədˈmɪnɪstreɪtə(r)/ noun [C] a person whose job is to organize or manage a system, a business, etc. ▶ **zarządca**

admirable /ˈædmərəbl/ adj. deserving admiration or praise: *an admirable example of good planning* ▶ **godny podziwu, wspaniały**

□ **admirably** /-əbli/ adv.: *She dealt with the problem admirably.* ▶ **wspaniale, doskonale**

admiral /ˈædmərəl/ noun [C] an officer of very high rank in the navy who commands a group (fleet) of ships ▶ **admirał**

★**admiration** /ˌædməˈreɪʃn/ noun [U] a feeling that you have when you like and respect sb/sth very much: *I have great admiration for his work.* Żywię głęboki podziw dla jego pracy. ▶ **podziw**

★**admire** /ədˈmaɪə(r)/ verb [T] to respect or like sb/sth very much; to look at sb/sth with pleasure: *Everyone admired the way he dealt with the problem.* ○ *I've always admired her for being such a wonderful mother.* ○ *We walked along the coast, admiring the view.* ▶ **podziwiać**

□ **admirer** noun [C] a person who admires sb/sth ▶ **wielbiciel/ka** | **admiring** adj. feeling or expressing admiration: *an admiring look* ▶ **pełen podziwu** | **admiringly** adv. ▶ **z podziwem**

★**admission** /ədˈmɪʃn/ noun **1** [C,U] permission

to enter a school, club, public place, etc.: *They were refused admission to the club.* ○ *Admissions to British universities have increased by 15% this year.* ▶ **wstęp, dostęp** **2** [U] the amount of money that you pay to enter a place: *The museum charges £3 admission.* ▶ **wstęp, bilet wstępu** **3** [C] a statement that something, usually unpleasant, is true: *I viewed her silence as an admission of guilt.* ▶ **przyznanie się**

★**admit** /əd'mɪt/ verb (**admitting**; **admitted**) **1** [I,T] **admit to sth/doing sth**; **admit (that...)** to agree, often without wanting to, that sth is true: *He refused to admit to the theft.* ○ *You should admit your mistake.* ○ *I have to admit that I was wrong.* ▶ **przyznawać się; przyznawać, że** **2** [T] **admit sb/sth (into/to sth)** to allow sb/sth to enter; to take sb into a place: *I have a ticket that admits a member plus one guest to the gardens.* ○ *He was admitted to hospital with suspected appendicitis.* ▶ **przyjmować, dopuszczać, umożliwiać wstęp**

□ **admittedly** adv. it must be admitted (that): *The work is very interesting. Admittedly, I do get rather tired.* ▶ **trzeba przyznać, że**

admittance /əd'mɪtns/ noun [U] being allowed to enter a place (especially a private one); the right to enter: *The journalist tried to gain admittance to the minister's office.* ○ *No admittance.* Wstęp wzbroniony. ▶ **wstęp**

adolescence /ˌædə'lesns/ noun [U] the period of a person's life between being a child and becoming an adult, i.e. between the ages of about 13 and 17 ▶ **wiek dojrzewania**

□ **adolescent** /ˌædə'lesnt/ noun [C] a young person who is no longer a child and not yet an adult: *the problems of adolescents* ○ *an adolescent daughter* ➲ Por. **teenager**. ▶ **młodzieniec, dziewczyna**

★**adopt** /ə'dɒpt/ verb **1** [I,T] to take a child into your family and treat them as your own child by law ➲ Por. **foster**. ▶ **adoptować** **2** [T] to take and use sth: *She didn't adopt her husband's name when she got married.* ○ *All his suggestions have been adopted.* ▶ **przyjmować**

□ **adopted** adj.: *an adopted child* ▶ **adoptowany** | **adoption** noun [C,U]: *The party is considering the adoption of a new transport policy.* ○ *We can't have children so we're interested in adoption.* ○ *The number of adoptions has risen in the past year.* ▶ **adopcja; przyjęcie** | **adoptive** (used about parents) having legally taken a child to live with them as part of their family: *the baby's adoptive parents* ▶ (*o rodzicach*) **przybrany**

adorable /ə'dɔːrəbl/ adj. (used for expressing affection for a child or an animal) very attractive ▶ **rozkoszny, uroczy**

adore /ə'dɔː(r)/ verb [T] **1** to love and admire sb/sth very much: *Kim adores her older sister.* ▶ **uwielbiać** **2** (informal) to like sth very much: *I adore strawberries.* ▶ **uwielbiać**

□ **adoration** /ˌædə'reɪʃn/ noun [U] ▶ **adoracja, uwielbienie** | **adoring** adj.: *his adoring fans* uwielbiający go kibice ▶ **uwielbiający (kogoś)**

adorn /ə'dɔːn/ verb [T] to add sth in order to make a thing or person more attractive or beautiful: *a building adorned with flags* ▶ **ozdabiać**

adrenalin /ə'drenəlɪn/ noun [U] a substance that your body produces when you are very angry, frightened or excited and that makes your heart beat faster ▶ **adrenalina**

adrift /ə'drɪft/ adj. (not before a noun) (used about a boat) not tied to anything or controlled by anybody ▶ **unoszony na fali**

★**adult** /'ædʌlt; ə'dʌlt/ noun [C] a person or an animal that is fully grown: *This film is suitable for both adults and children.* ▶ **dorosł-y/a**

□ **adult** adj.: *She was born here but has spent her adult life in Chile.* ▶ **dorosły** | **adulthood** /'ædʌlthʊd; ə'dʌlt-/ noun [U] ▶ **dorosłość**

adultery /ə'dʌltəri/ noun [U] sexual relations between a person who is married and sb who is not that person's wife/husband ▶ **cudzołóstwo**

★**advance**[1] /əd'vɑːns; US -'væns/ verb **1** [I] to move forward: *The army advanced towards the city.* ➲ Por. **retreat**. ▶ **posuwać się naprzód** **2** [I,T] to make progress or help sth make progress: *Our research has not advanced much recently.* ▶ **posuwać (się) naprzód**

□ **advanced** adj. **1** of a high level: *an advanced English class* ▶ **zaawansowany** **2** highly developed: *a country that is not very advanced industrially* ▶ **rozwinięty**

■ **Ad'vanced level** = A LEVEL

★**advance**[2] /əd'vɑːns; US -'væns/ noun **1** [C, usually sing.] forward movement: *the army's advance towards the border* ▶ **posuwanie się naprzód, natarcie** **2** [C,U] progress in sth: *advances in computer technology* ▶ **postęp** **3** [C] an amount of money that is paid to sb before the time when it is usually paid ▶ **zaliczka**

IDIOM **in advance (of sth)** before a particular time or event: *You should book tickets for the concert well in advance.* ▶ **z góry**

★**advantage** /əd'vɑːntɪdʒ; US -'væn-/ noun **1** [C] **an advantage (over sb)** something that may help you to do better than other people: *Her experience gave her an advantage over the other people applying for the job.* ○ *Our team had the advantage of playing at our home ground.* ▶ **przewaga** **2** [C,U] something that helps you or that will bring you a good result: *the advantages and disadvantages of a plan* ❶ Antonim: **disadvantage**. ▶ **korzyść**

IDIOMS **take advantage of sb/sth** to make unfair use of sb or of sb's kindness, etc. in order to get what you want: *You shouldn't let him take advantage of you like this.* ▶ **wykorzystywać** | **take advantage of sth** to make good or full use of sth: *We should take full advantage of these low prices while they last.* ▶ **skorzystać**

□ **advantageous** /ˌædvən'teɪdʒəs/ adj. that will help you or bring you a good result ▶ **korzystny**

advent /'ædvent/ noun [sing.] **1** (formal) the arrival or coming of sb/sth: *This area was very isolated before the advent of the railway* (przed nastaniem epoki kolei). ▶ **nastanie** **2** (**Advent**) (in the Christian year) the four weeks before Christmas ▶ **adwent**

★**adventure** /əd'ventʃə(r)/ noun [C,U] an experience or event that is very unusual, exciting or dangerous: *She left home to travel, hoping for excitement and adventure.* ○ *an adventure story* ▶ **przygoda**
□ **adventurous** adj. **1** (used about a person) liking to try new things or have adventures ▶ **śmiały, lubiący ryzyko 2** involving adventure: *For a more adventurous holiday try mountain climbing.* ▶ **pełen przygód**

★**adverb** /'ædvɜ:b/ noun [C] a word that adds information to a verb, adjective, phrase or another adverb: *In the sentence 'Please speak slowly', 'slowly' is an adverb.* ○ *'Happily', 'well', 'always', 'very' and 'too' are all adverbs.* ▶ **przysłówek**
□ **adverbial** /æd'vɜ:biəl/ adj. used like an adverb: *'In the afternoon' is an adverbial phrase.* ▶ **przysłówkowy**

adversary /'ædvəsəri; US -vərseri/ noun [C] (pl. **adversaries**) (formal) an enemy, or an opponent in a competition ▶ **przeciwni-k/czka**

adverse /'ædvɜ:s/ adj. (formal) making sth difficult for sb; not favourable: *Our flight was cancelled because of adverse weather conditions.* ▶ **nie sprzyjający**
□ **adversely** adv. ▶ **niesprzyjająco** | **adversity** /əd'vɜ:səti/ noun [C,U] (pl. **adversities**) (formal) difficulties or problems: *to show strength in the face of adversity* ▶ **przeciwność** (*losu*)

advert /'ædvɜ:t/ noun [C] (Brit., informal) = ADVERTISEMENT

★**advertise** /'ædvətaɪz/ verb **1** [I,T] to put information in a newspaper, on television, on a poster, etc. in order to persuade people to buy sth, apply for a job, etc.: *a poster advertising a new type of biscuit* ○ *The job was advertised in the local newspapers.* ▶ **reklamować, ogłaszać 2** [I] **advertise for sb/sth** to say publicly in a newspaper, on a notice board, etc. that you need sb to do a particular job, want to buy sth, etc.: *The shop is advertising for a part-time sales assistant.* ▶ **ogłaszać, że się poszukuje**
□ **advertisement** /əd'vɜ:tɪsmənt; US ˌædvər'taɪz-/ noun [C] (also **advert**; **ad**) a piece of information in a newspaper, on television, on a poster, etc. that tries to persuade people to buy sth, apply for a job, etc.: *I put an advertisement in the local paper.* ○ *a television advert for washing powder* ▶ **reklama, ogłoszenie** | **advertising** noun [U]: *The magazine gets a lot of money from advertising.* ○ *an advertising agency* ○ *an advertising campaign* ▶ **reklama, reklamowanie**

★**advice** /əd'vaɪs/ noun [U] an opinion that you give sb about what they should do or how they should behave: *She took her doctor's advice and gave up smoking.* ○ *You should get some legal advice.* ○ *Let me give you some advice…* ❶ **Advice** jest rzeczownikiem niepoliczalnym, dlatego nie można powiedzieć ~~an advice~~ ani ~~some advices~~. Można natomiast powiedzieć **a piece of advice** oraz **a lot of advice**. ▶ **rada, porada**

advisable /əd'vaɪzəbl/ adj. (formal) that sb would recommend you to do; sensible: *It is advisable to reserve a seat.* ▶ **wskazany, rozsądny**

★**advise** /əd'vaɪz/ verb **1** [I,T] **advise (sb) (to do sth)**; **advise (sb) (against sth/against doing sth)** to tell sb what you think they should do: *I would strongly advise you to take the job.* ○ *He did what the doctor advised.* ○ *She advises the Government on economic affairs.* ▶ **radzić, doradzać 2** [T] (formal) to inform sb: *We would like to advise you that the goods are now ready for collection.* ▶ **informować**
□ **adviser** (US **advisor**) noun [C] a person who gives advice to a company, government, etc.: *an adviser on economic affairs* ▶ **doradca** | **advisory** /əd'vaɪzəri/ adj. giving advice only; not having the power to make decisions: *an advisory committee* ▶ **doradczy**

advocate /'ædvəkeɪt/ verb [T] (formal) to recommend or say that you support a particular plan or action: *The Minister advocated a reform of the tax system.* ▶ **zalecać**
□ **advocate** /'ædvəkət/ noun [C] **1 advocate (of sth)** a person who supports a particular plan or action, especially in public: *an advocate of nuclear disarmament* ▶ **zwolenni-k/czka 2** a lawyer who defends sb in a court of law ❶ Zwróć uwagę, że o adwokacie najczęściej mówi się **lawyer**. ▶ **adwokat**

aerial[1] /'eəriəl/ (US **antenna**) noun [C] a long metal stick on a building, car, etc. that receives radio or television signals ▶ **antena**

aerial[2] /'eəriəl/ adj. **1** from or in the air: *an aerial attack on the city* ○ *aerial warfare* ▶ **powietrzny 2** taken from an aircraft: *an aerial photograph of the village* ▶ **lotniczy**

aerobics /eə'rəʊbɪks/ noun [U] energetic physical exercises that increase the amount of oxygen in your blood. Aerobics is often done to music: *to do aerobics* chodzić na aerobik ▶ **aerobik**

aerodynamics /ˌeərəʊdaɪ'næmɪks/ noun [pl., with sing. verb] the scientific study of the way that things move through the air ▶ **aerodynamika**
□ **aerodynamic** adj. ▶ **aerodynamiczny**

★**aeroplane** /'eərəpleɪn/ (also **plane**; US **airplane**) noun [C] a vehicle with wings and one or more engines that can fly through the air: *the noise of an aeroplane flying overhead* ○ *I went to Berlin by plane.* ▶ **samolot**

aerosol /'eərəsɒl; US -sɔ:l/ noun [C] a container in which a liquid substance is kept under pressure. When you press a button the liquid comes out in a fine spray: *an aerosol deodorant* ▶ **aerozol**

aesthetic /i:s'θetɪk/ (US also **esthetic** /es'θetɪk/) adj. involving people's sense of beauty: *The columns are there for purely aesthetic reasons.* ▶ **estetyczny**
□ **aesthetically** (US also **esthetically**) /-kli/ adv.: *to be aesthetically pleasing* ▶ **estetycznie**

afar /ə'fɑ:(r)/ adv. (formal)
IDIOM from afar from a long distance away: *The lights of the city were visible from afar.* ▶ **z dala**

★**affair** /ə'feə(r)/ noun **1** [C] an event or situation:

The wedding was a very grand affair. ○ *The whole affair has been extremely unpleasant.* ▶ **wydarzenie, sprawa 2** (**affairs**) [pl.] important personal, business, national, etc. matters: *the organization's financial affairs* ○ *the Irish minister for foreign affairs* ○ *current affairs* wydarzenia bieżące ▶ **sprawy 3** [sing.] something private that you do not want other people to know about: *What happened between us is my affair.* ▶ **sprawa 4** [C] a sexual relationship between two people who are not married to each other: *He's having an affair with his boss.* ▶ **romans**

IDIOM **state of affairs** → STATE[1]

★**affect** /əˈfekt/ verb [T] **1** to influence or cause sb/sth to change in a particular way: *Her personal problems seem to be affecting her work.* ○ *Loud music can affect your hearing.* ➲ Zob. uwaga przy **influence**. ▶ **oddziaływać na kogoś/coś 2** to cause sb to feel very sad, angry, etc.: *The whole community was affected by the terrible tragedy.* ▶ **dotykać, poruszać**

> Zwróć uwagę, że **affect** to czasownik, zaś **effect** – rzeczownik: *Smoking can affect your health.* ○ *Smoking can have a bad effect on your health.*

affected /əˈfektɪd/ adj. (used about a person or a person's behaviour) not natural or sincere ▶ **sztuczny, afektowany**

□ **affectation** /ˌæfekˈteɪʃn/ noun [C,U] ▶ **sztuczność, afektacja**

★**affection** /əˈfekʃn/ noun [U] **affection (for/towards sb/sth)** a feeling of loving or liking sb/sth: *Mark felt great affection for his sister.* ▶ **przywiązanie, uczucie**

□ **affectionate** /əˈfekʃənət/ adj. showing that you love or like sb very much: *a very affectionate child* ▶ **czuły, kochający** | **affectionately** adv.: *He looked at her affectionately.* ▶ **czule**

affiliate /əˈfɪlieɪt/ verb [T] (usually passive) **affiliate sth (to sth)** to connect an organization to a larger organization: *Our local club is affiliated to the national association.* ▶ **stowarzyszać**

□ **affiliated** adj.: *the NUJ and other affiliated unions* ▶ **stowarzyszony** | **affiliation** /əˌfɪliˈeɪʃn/ noun [C,U] a connection made by affiliating: *The group has affiliations with the Conservative Party.* ▶ **powiązanie**

affinity /əˈfɪnəti/ noun [C,U] (pl. **affinities**) **1 affinity (for/with sb/sth)** a strong feeling that you like and understand sb/sth, usually because you feel similar to them in some way: *He had always had an affinity for wild and lonely places.* ▶ **sentyment, bliskość** (*duchowa*) **2 affinity (with sb/sth)**; **affinity (between A and B)** a similar quality in two or more people or things: *His music has certain affinities with Brahms.* ▶ **podobieństwo**

affirm /əˈfɜːm/ verb [T] (formal) **1** to say clearly that you hold a particular belief: *The people affirmed their country's right to independence.* ▶ **twierdzić, stwierdzać 2** to say that sth is a fact: *She affirmed that he would resign.* ▶ **potwierdzać, oświadczać**

□ **affirmation** /ˌæfəˈmeɪʃn/ noun [C,U] ▶ **potwierdzenie; oświadczenie**

affirmative /əˈfɜːmətɪv/ adj. (formal) meaning 'yes': *an affirmative answer* ❶ Można też powiedzieć **an answer in the affirmative**. Antonim: **negative**. ▶ **twierdzący**

afflict /əˈflɪkt/ verb [T] (usually passive) (formal) to cause sb/sth to suffer pain, sadness, etc.: *He has been afflicted with a serious illness* (cierpi na poważną chorobę) *since childhood.* ▶ **dotykać**

□ **affliction** /əˈflɪkʃn/ noun [C,U] a thing that causes suffering: *Poor sight and hearing are common afflictions of old age.* ▶ **cierpienie, nieszczęście**

affluent /ˈæfluənt/ adj. having a lot of money ▶ **zamożny**

□ **affluence** noun [U] ▶ **zamożność**

★**afford** /əˈfɔːd/ verb [T] **1** (usually after *can, could* or *be able to*) to have enough money or time to be able to do sth: *We can't afford a car.* ○ *We can't afford to waste any time.* ▶ **stać (kogoś na coś); pozwalać (sobie na coś) 2** (**can't/couldn't afford**) to not be able to do sth or let sth happen because it would have a bad result for you: *We can't afford to lose this contract.* ▶ **nie móc (sobie) pozwolić (na coś)**

□ **affordable** adj.: *affordable prices* ▶ (*o cenach*) **niewygórowany,** (*o produktach*) **niedrogi**

affront /əˈfrʌnt/ noun [C] something that you say or do that is insulting to another person or thing ▶ **obraza**

afield /əˈfiːld/ adv.

IDIOM **far afield** → FAR[2]

afloat /əˈfləʊt/ adj. (not before a noun) **1** on the surface of the water; not sinking ▶ **na wodzie 2** (used about a business, an economy, etc.) having enough money to survive: *We will need to borrow ten million pounds to keep the company afloat.* ▶ **w dobrej formie**

afoot /əˈfʊt/ adj. (not before a noun) being planned or prepared: *There was a plan afoot to build a new theatre.* ▶ **rozważany, w toku**

afraid /əˈfreɪd/ adj. (not before a noun) **1 be afraid (of sb/sth)**; **be afraid (of doing sth/to do sth)** to have or show fear; to be frightened: *He's afraid of spiders.* ○ *Sue is afraid of going out after dark.* ▶ **bać się 2 be afraid (that...)**; **be afraid (of doing sth)** to be worried about sth: *We were afraid that you would be angry.* ○ *to be afraid of offending people* ▶ **obawiać się 3 be afraid for sb/sth** to be worried that sb/sth will be harmed, lost, etc.: *When I saw the gun I was afraid for my life.* ▶ **lękać się o kogoś/coś**

IDIOM **I'm afraid (that...)** (used for saying politely that you are sorry about sth): *I'm afraid I can't come on Sunday.* ▶ **obawiam się (że)**

> Por. **afraid** z **frightened**. **Afraid** występuje tylko po rzeczowniku, podczas gdy **frightened** może występować zarówno przed rzeczownikiem, jak i po nim: *a frightened animal* ○ *The animal was afraid/frightened.*

afresh /əˈfreʃ/ adv. (formal) again, in a new way: *to start afresh* ▶ **od nowa**

African American /ˌæfrɪkən əˈmerɪkən/ noun [C] an American citizen whose family was originally from Africa ▶ **Afro-Amerykan-in/ka**
□ **African American** adj. ▶ **afro-amerykański**

Afro-Caribbean /ˌæfrəʊ kærɪˈbiːən; US -kəˈrɪbiən/ noun [C] **1** a person from the Caribbean whose family was originally from Africa ▶ **Afro-Karaib/ka 2** a person from a different country whose family was originally Afro-Caribbean(1) ▶ **osoba afro-karaibskiego pochodzenia**
□ **Afro-Caribbean** adj.: *the Afro-Caribbean community in West London* ▶ **afro-karaibski**

★**after**[1] /ˈɑːftə(r); US ˈæf-/ prep. **1** later than sth: *the week after next* ○ *We spent a day in Devon and after that we went to Cornwall.* ○ *After doing my homework, I went out for a walk.* ▶ **po, potem 2 ...after...** repeated many times or continuing for a long time: *day after day of hot weather* ○ *I've told the children time after time* (tyle razy dzieciom powtarzam) *not to do that.* ▶ **za 3** following or behind sb/sth: *Shut the door after you.* ○ *The dog ran after its master.* ○ *After you.* (w przejściu, puszczając kogoś przodem) Proszę bardzo. ▶ **za 4 be after sb/sth** to be looking for or trying to catch or get sb/sth: *The police are after him.* ○ *He is after a job in advertising.* ▶ **poszukiwać, ścigać, gonić 5** following in order: *C comes after B in the alphabet.* ▶ **po 6** because of sth: *After the way he behaved I won't invite him here again.* ▶ **po 7** (used when sb/sth is given the name of another person or thing): *The street is called Wellington Street, after the famous general.* ▶ **po, (nazwany) imieniem**
IDIOM **after all 1** (used when sth happens that you did not expect to happen, or when you discover that sth that you thought was not true is, in fact, true): *So you decided to come after all!* ○ *Maybe he's not so stupid after all.* ▶ **w końcu, jednak 2** (used for reminding sb of a certain fact): *She can't understand. After all, she's only two.* ▶ **w końcu**

★**after**[2] /ˈɑːftə(r); US ˈæf-/ conj. at a time later than sth: *They arrived at the station after the train had left.* ▶ **po**

★**after**[3] /ˈɑːftə(r); US ˈæf-/ adv. at a later time: *That was in 1986. Soon after, I heard that he was ill.* ○ *They lived happily ever after.* Żyli długo i szczęśliwie. ❶ Na końcu zdania zwykle używa się słowa **afterwards**, a nie **after**: *We played tennis and then went to Angela's house afterwards.* ▶ **potem**
■ ˈ**after-effect** noun [C] an unpleasant result of sth that comes some time later ➲ Por. **effect** i **side effect**. ▶ **następstwo** (*nieprzyjemne*)

aftermath /ˈɑːftəmæθ; US ˈæf-/ noun [sing.] a situation that is the result of an important or unpleasant event: *the aftermath of a war* ▶ **następstwo**

★**afternoon** /ˌɑːftəˈnuːn; US ˌæf-/ noun [C,U] the part of a day between midday and about six o'clock: *I'll see you tomorrow afternoon.* ○ *We sat in the garden all afternoon.* ○ *He goes swimming every afternoon.* ○ *She arrived at four o'clock in the afternoon.* ○ *Tom works two afternoons a week.* ○ *Are you busy on Friday afternoon?* ○ *afternoon tea* podwieczorek ○ *Where were you on the afternoon of February 26th?* ❶ Mówiąc o konkretnym popołudniu używa się formy **on Monday**, **Tuesday** itp. **afternoon**, zaś mówiąc ogólnie o porze dnia – **in the afternoon**. ▶ **popołudnie**
IDIOM **good afternoon** (used when you see sb for the first time in the afternoon) ❶ Często mówi się tylko **Afternoon**: *'Good afternoon, Mrs Davies.' 'Afternoon, Jack.'* ➲ Zob. uwaga przy **morning**. ▶ **dzień dobry**

aftershave /ˈɑːftəʃeɪv; US ˈæf-/ noun [C,U] a liquid with a pleasant smell that men put on their faces after shaving ▶ **płyn po goleniu**

afterthought /ˈɑːftəθɔːt; US ˈæf-/ noun [C, usually sing.] something that you think of or add to sth else at a later time: *He did the shopping, and then bought some flowers on the way home as an afterthought* (po namyśle). ▶ **namysł, refleksja**

★**afterwards** /ˈɑːftəwədz; US ˈæf-/ (US also **afterward**) adv. at a later time: *I met her at a party and saw her again soon afterwards.* ○ *Afterwards, Nick said he hadn't enjoyed the film.* ▶ **później, potem**

★**again** /əˈgen; əˈgeɪn/ adv. **1** once more; another time: *Could you say that again* (powtórzyć), *please?* ○ *I'll phone again later.* ○ *Don't ever do that again!* Nigdy więcej tego nie rób! ❶ Czasownik, po którym występuje **again** często tłumaczy się czasownikiem z przedrostkiem „prze-", który wówczas oznacza powtórzenie czynności: *Write the letter out again.* (Przepisz list.) ▶ **jeszcze raz,** (*w zakazie*) **więcej 2** in the place or condition that sb/sth was in before: *It's great to be home again.* ○ *I hope you'll soon be well again.* ▶ **znowu 4** in addition: *'Is that enough?' 'No, I'd like half as much again* (jeszcze połowę), *please'.* ▶ **jeszcze**
IDIOMS **again and again** many times: *He said he was sorry again and again.* ▶ **wielokrotnie** | **(but) then/there (again)** → THEN | **yet again** → YET

★**against** /əˈgenst; əˈgeɪnst/ prep. **1** touching or leaning on sb/sth for support: *Put the cupboard over there against the wall.* ➲ Ilustr. na str. 874. ▶ **przy; o 2** in the opposite direction to sth: *We had to cycle against the wind* (pod wiatr). ▶ **przeciw, 3** opposing sb/sth in a game, competition, war, etc.: *Leeds are playing against Everton on Saturday.* ▶ **z, przeciw 4** not agreeing with or supporting sb/sth: *Are you for or against the plan?* ○ *She felt that everybody was against her.* ▶ **przeciw 5** what a law, rule, etc. says you must not do: *It's against the law to buy cigarettes before you are sixteen.* ▶ **wbrew 6** to protect yourself from sb/sth: *Take these pills as a precaution against malaria.* ▶ **przeciw, na**

★**age**[1] /eɪdʒ/ noun **1** [C,U] the length of time that sb has lived or that sth has existed: *Nigel is seventeen years of age.* Nigel ma siedemnaście lat. ○ *She left school at the age of sixteen.* ○ *When I was your age I never did anything like that!* ○ *He needs some friends of his own age.* ▶ **wiek**

Pytając o czyjś wiek, zazwyczaj mówimy: *How old is she?* Odpowiedź może brzmieć: *She's eighteen* albo: *She's eighteen years old*, (ale nie ~~*She's eighteen years*~~). Oto kilka przykładów mówienia o wieku: *I'm nearly nineteen.* ○ *a girl of nineteen* ○ *an eighteen-year-old girl* ○ *The girl, aged 18, said she came from Perth.*

2 [U] one of the periods of sb's life: *a problem that often develops in middle age* ▶ **wiek 3** [U] the state of being old: *a face lined with age* ▶ **wiek, starość 4** [C] a particular period of history: *We are now living in the computer age.* ○ *the Bronze/Ice/Iron/Stone Age* ○ *the history of art through the ages* ▶ **wiek, era 5** (**ages**) [pl.] (informal) a very long time: *We had to wait ages at the hospital.* ▶ **(strasznie) długo**

IDIOMS **the age of consent** the age at which sb can legally agree to have sex ▶ **pełnoletność** (*prawna do rozpoczęcia współżycia seksualnego*) | **come of age** to become an adult in law: *My father gave me a watch when I came of age.* ▶ **osiągnąć pełnoletność** | **feel your age** → FEEL[1] | **under age** not old enough by law to do sth ▶ **nieletni/a**

□ **ageism** (US also **agism**) noun [U] unfair treatment of people because they are considered too old: *ageism in job advertisements* ▶ **dyskryminacja z powodu wieku** | **ageist** adj.: *ageist and sexist remarks* ○ *ageist attitudes about life after 40* ▶ **dyskryminujący kogoś z powodu wieku**

■ **'age group** noun [C] people of a particular age(1): *This club is very popular with the 20-30 age group.* ▶ **przedział wieku, grupa wiekowa**

★**age**[2] /eɪdʒ/ verb [I,T] (pres. part. **ageing** or **aging**; pt, pp **aged** /eɪdʒd/) to become or look old; to cause sb to look old: *My father seems to have aged a lot recently.* ▶ **starzeć się; postarzać (kogoś)**

□ **aged** /eɪdʒd/ adj. (not before a noun) of a particular age(1): *The woman, aged 26, was last seen at Victoria Station.* ▶ **w wieku** | **the aged** /'eɪdʒɪd/ noun [pl.] old people ▶ **starsi ludzie**

★**agency** /'eɪdʒənsi/ noun [C] (pl. **agencies**) **1** a business that provides a particular service: *an advertising agency* ▶ **agencja 2** (US) a government department: *the Central Intelligence Agency* ▶ **agencja**

agenda /ə'dʒendə/ noun [C] a list of all the subjects that are to be discussed at a meeting ▶ **porządek dzienny**

★**agent** /'eɪdʒənt/ noun [C] **1** a person whose job is to do business for a company or for another person: *Our company's agent in Rio will meet you at the airport.* ○ *Most actors and musicians have their own agents.* ○ *a travel agent* ○ *an estate agent* ▶ **agent/ka, przedstawiciel/ka 2** = SECRET AGENT

aggravate /'ægrəveɪt/ verb [T] **1** to make sth worse or more serious: *The country's food problems were aggravated by the hot dry summer.* ▶ **pogarszać 2** (informal) to make sb angry or annoyed ▶ **denerwować, jątrzyć**

□ **aggravation** /ˌægrə'veɪʃn/ noun [C,U] ▶ **pogorszenie; rozjątrzenie**

aggregate /'ægrɪgət/ noun

IDIOM **on aggregate** in total: *Our team won 3-1 on aggregate.* ▶ **w sumie**

aggression /ə'greʃn/ noun [U] **1** the act of starting a fight or war without reasonable cause: *This is an intolerable act of aggression against my country.* ▶ **agresja 2** angry feelings or behaviour that make you want to attack other people: *People often react to this kind of situation with fear or aggression.* ▶ **agresja**

□ **aggressor** /ə'gresə(r)/ noun [C] a person or country that attacks sb/sth or starts fighting first ▶ **agresor, napastnik**

★**aggressive** /ə'gresɪv/ adj. **1** ready or likely to fight or argue: *an aggressive dog* ○ *Some people get aggressive after drinking alcohol.* ▶ **agresywny 2** using or showing force or pressure in order to succeed: *an aggressive salesman* ▶ **natarczywy, energiczny**

□ **aggressively** adv. ▶ **agresywnie; natarczywie**

aggrieved /ə'gri:vd/ adj. (formal) upset or angry ▶ **dotknięty**

agile /'ædʒaɪl; US 'ædʒl/ adj. able to move quickly and easily ▶ **zwinny, ruchliwy**

□ **agility** /ə'dʒɪləti/ noun [U] ▶ **zwinność**

agitate /'ædʒɪteɪt/ verb [I] **agitate (for/against sth)** to make other people feel very strongly about sth so that they want to do sth to help you achieve it: *to agitate for reform* ▶ **agitować**

□ **agitated** adj. worried or excited: *She became more and more agitated when her son did not appear.* ▶ **zdenerwowany** | **agitation** /ˌædʒɪ'teɪʃn/ noun [U] ▶ **agitacja; zdenerwowanie**

AGM /ˌeɪ dʒi: 'em/ (especially Brit.) abbr. Annual General Meeting ▶ **doroczne walne zgromadzenie**

agnostic /æg'nɒstɪk/ noun [C] a person who believes that you cannot know whether or not God exists ▶ **agnostyk**

★**ago** /ə'gəʊ/ adv. in the past; back in time from now: *She left ten minutes ago.* ○ *That was a long time ago.* ○ *How long ago* (jak dawno temu) *did this happen?* ▶ (*w okolicznikach czasu*) **temu**

Ago występuje w zdaniach w czasie *simple past*, a nie w *present perfect*: *I arrived in Britain three months ago.* Por. **ago** z **before**. **Ago** znaczy „temu", a **before** „przedtem" (tj. przed konkretnym momentem w przeszłości): *She married him a year ago.* ○ *She had left her first husband six years before.* Zob. też uwaga przy **since**.

agonize (also **-ise**) /'ægənaɪz/ verb [I] to worry or think about sth for a long time: *to agonize over a difficult decision* ▶ **trapić się, dręczyć się**

□ **agonized** (also **-ised**) adj. showing extreme pain or worry: *an agonized cry* ▶ **pełen boleści/zmartwienia** | **agonizing** (also **-ising**) adj. causing extreme worry or pain: *an agonizing choice* ○ *an agonizing headache* ▶ **dręczący, rozdzierający**

agony /'ægəni/ noun [C,U] (pl. **agonies**) great pain or suffering: *to scream in agony* ▶ **męczarnia, agonia**

■ **'agony aunt** noun [C] (Brit., informal) (US **ad'vice columnist**) a person who replies to letters about people's personal problems sent to and printed in a magazine ▶ **osoba odpowiadająca na listy czytelników**

agoraphobia /ˌægərəˈfəʊbiə/ noun [U] fear of being in public places where there are a lot of people ▶ **chorobliwy lęk przestrzeni**
□ **agoraphobic** adj. ▶ **cierpiący na chorobliwy lęk przestrzeni**

★**agree** /əˈgriː/ verb **1** [I,T] **agree (with sb/sth); agree (that...)** to have the same opinion as sb/sth: *'I think we should talk to the manager about this.' 'Yes, I agree.'* ○ *I agree with Paul.* ○ *Do you agree that we should travel by train?* ○ *I'm afraid I don't agree.* ❶ Antonim: **disagree.** ▶ **zgadzać się** **2** [I] **agree (to sth)** to say yes to sth: *I asked if I could go home early and she agreed.* ○ *Andrew has agreed to lend me his car for the weekend.* ❶ Antonim: **refuse.** ▶ **wyrażać zgodę** **3** [I,T] **agree (to do sth); agree (on) (sth)** to make an arrangement or agreement with sb: *They agreed to meet again the following day.* ○ *Can we agree on a price?* ○ *We agreed a price of £500.* ▶ **umawiać się, zgadzać się** **4** [I] **agree with sth** to think that sth is right: *I don't agree with experiments on animals.* ▶ **zgadzać się (na coś), popierać** **5** [I] to be the same as sth: *The two accounts of the accident do not agree.* ▶ **wykazywać zgodność**
IDIOM **not agree with sb** (used about food) to make sb feel ill: *Red wine doesn't agree with me.* ▶ (*o jedzeniu*) **zaszkodzić**

agreeable /əˈgriːəbl/ adj. pleasant; nice ❶ Antonim: **disagreeable.** ▶ **miły, sympatyczny**
IDIOM **be agreeable** (formal) to be ready to agree: *If you are agreeable, we would like to visit your offices on 21 May.* ▶ **zgadzać się**
□ **agreeably** /-əbli/ adv. ▶ **przyjemnie; mile**

★**agreement** /əˈgriːmənt/ noun **1** [C] a contract or decision that two or more people have made together: *Please sign the agreement and return it to us.* ○ *The leaders reached an agreement after five days of talks.* ▶ **porozumienie, umowa** **2** [U] the state of agreeing with sb/sth: *She nodded her head in agreement.* ❶ Antonim: **niezgoda.** ▶ **zgoda**

★**agriculture** /ˈægrɪkʌltʃə(r)/ noun [U] keeping animals and growing crops for food; farming: *the Minister of Agriculture* ▶ **rolnictwo**
□ **agricultural** /ˌægrɪˈkʌltʃərəl/ adj.: *agricultural land* ▶ **rolniczy**

ah /ɑː/ interj. (used for expressing surprise, pleasure, sympathy, etc.): *Ah, there you are.* ○ *Ah well, never mind.* ▶ **ach!**

aha /ɑːˈhɑː/ interj. (used when you suddenly find or understand sth): *Aha! Now I understand.* ▶ **aha!**

★**ahead** /əˈhed/ adv., adj. **ahead (of sb/sth)** **1** in front of sb/sth: *I could see the other car about half a mile ahead of us.* ○ *The path ahead looked narrow and steep.* ○ *Look straight ahead and don't turn round!* ▶ **przed, z/do przodu** **2** before or in advance of sb/sth: *She arrived a few minutes ahead of us.* ○ *London is about five hours ahead of New York.* ▶ **przed, do przodu** **3** into the future: *He's got a difficult time ahead of him.* ○ *We must think ahead and make a plan.* ▶ **przed; naprzód** **4** doing better than another person or team in a game, competition, etc.: *The third goal put Italy ahead.* ▶ **na czołową pozycję, na prowadzenie** **5** more advanced than sb/sth else: *The Japanese are way ahead of us* (prześcignęli nas) *in their research.* ▶ **mający przewagę**
IDIOMS **ahead of your time** so modern that people do not understand you ▶ **wyprzedzający swoją epokę, zbyt awangardowy** | **streets ahead** → STREET

aid /eɪd/ noun **1** [U] help: *to walk with the aid of a stick* ○ *to go to sb's aid* przychodzić komuś z pomocą ➲ Por. **first aid.** ▶ **pomoc** **2** [C] a person or thing that helps you: *a hearing aid* aparat słuchowy ▶ **pomoc; pomocni-k/ca** **3** [U] money, food, etc. that is sent to a country or people in order to help them: *aid to the Third World* ○ *Oxfam and other aid agencies* ▶ **pomoc**
IDIOM **in aid of sb/sth** in order to raise money for sb/sth: *a concert in aid of Children in Need* ▶ **na rzecz**
□ **aid** verb [T] (formal) to help sb ▶ **pomagać**
IDIOM **aid and abet** to help sb to do sth that is against the law ▶ **współuczestniczyć** (*w przestępstwie*)

aide /eɪd/ noun [C] a person who is an assistant to sb important in the government, etc. ▶ **doradca**

Aids (also **AIDS**) /eɪdz/ noun [U] an illness which destroys the body's ability to fight infection: *an AIDS victim* ○ *Thousands of people have died of Aids.* ❶ AIDS to skrótowiec powstały z angielskich słów **Acquired Immune Deficiency Syndrome.** ▶ **AIDS**

ailing /ˈeɪlɪŋ/ adj. not in good health; weak: (figurative) *an ailing economy* ▶ **chory; kulejący**

ailment /ˈeɪlmənt/ noun [C] (formal) an illness (that is not very serious) ▶ **choroba**

★**aim**[1] /eɪm/ noun **1** [C] something that you intend to do or achieve: *Our aim is to open an office in Warsaw this year.* ○ *His only aim in life is to make money.* ▶ **cel** **2** [U] the act of pointing sth at sb/sth before trying to hit them/it with it: *Take aim* (wyceluj) *– fire!* ○ *Her aim was good and she hit the target.* ▶ **cel**
□ **aimless** adj. having no purpose: *an aimless discussion* ▶ **bezcelowy** | **aimlessly** adv. ▶ **bezcelowo**

★**aim**[2] /eɪm/ verb **1** [I] **aim to do sth; aim at/for sth** to intend to do or achieve sth: *We aim to leave after breakfast.* ○ *The company is aiming at a 25% increase in profit.* ○ *to aim for perfection* ▶ **zamierzać, dążyć** **2** [T] **aim sth at sb/sth** to direct sth at a particular person or group: *The advertising campaign is aimed at young people.* ▶ **kierować do** **3** [I,T] **aim (sth) (at sb/sth)** to point sth at sb/sth before trying to hit them/it with it: *She picked up the gun, aimed, and fired.* ▶ **celować**
IDIOM **be aimed at sth/doing sth** to be intended to achieve sth: *The new laws are aimed at reducing heavy traffic in cities.* ▶ **mieć coś na celu**

ain't /eɪnt/ (informal) short for AM NOT, IS NOT, ARE NOT, HAS NOT, HAVE NOT ❶ Wyrażenie **ain't** uważane jest za niepoprawne.

★**air**[1] /eə(r)/ noun **1** [U] the mixture of gases that surrounds the earth and that people, animals and plants breathe: *the pure mountain air* ○ *The air was polluted by smoke from the factory.* ▶ **powietrze 2** [U] the space around and above things: *to throw a ball high into the air* ○ *in the open air* (na wolnym powietrzu) ▶ **powietrze 3** [U] travel or transport in an aircraft: *to travel by air* (samolotem) ○ *an air ticket* bilet lotniczy ▶ **droga powietrzna, lot 4** [C] **an air (of sth)** the impression that sb gives or the impression you get of a place, event, etc.: *a confident air* ○ *There was a general air of confusion outside the President's palace.* ▶ **wrażenie; atmosfera**

IDIOMS **be in the air** to be likely to happen soon: *A feeling of change was in the air.* ▶ **zanosić się na, wisieć w powietrzu** | **be on (the) air** to broadcast on the radio or television: *This radio station is on the air 24 hours a day.* ▶ **nadawać** | **a breath of fresh air** → BREATH | **in the open air** → OPEN[1] | **vanish, etc. into thin air** → THIN

■ **'air bag** noun [C] a safety device in a car that fills with air if there is an accident. It protects the people sitting in the front. ▶ **poduszka powietrzna** | **'airbase** noun [C] an airport for military aeroplanes ▶ **baza lotnicza** | **'air bed** (Brit.) (also **'air mattress**) noun [C] a large plastic or rubber bag that can be filled with air and used as a bed ▶ **materac nadmuchiwany** | **'air-conditioned** adj. having air-conditioning: *air-conditioned offices* ▶ **klimatyzowany** | **'air conditioning** noun [U] the system that keeps the air in a room, building, etc. cool and dry ▶ **klimatyzacja** | **'airfield** noun [C] an area of land where aeroplanes can land or take off. An airfield is smaller than an airport. ▶ **lądowisko** | **'air force** noun [C, with sing. or pl. verb] the part of a country's military organization that fights in the air ▶ **lotnictwo** | **'air hostess** (also **hostess**) noun [C] a woman who looks after the passengers on an aeroplane ▶ **stewardesa** | **'airline** noun [C] a company that provides regular flights for people or goods in aeroplanes: *an airline pilot* ▶ **linia lotnicza** | **'airliner** noun [C] a large aeroplane that carries passengers ▶ **samolot pasażerski** | **'airmail** noun [U] the system for sending letters, parcels, etc. by aeroplane ▶ **poczta lotnicza** | **'airplane** noun [C] (US) = AEROPLANE | **'airport** noun [C] a place where aircraft can land and take off and that has buildings for passengers to wait in ▶ **lotnisko, dworzec lotniczy** | **'air raid** noun [C] an attack by military aeroplanes ▶ **nalot** | **'airsick** adj. feeling sick or vomiting as a result of travelling on a plane ➲ Por. **carsick**, **seasick** i **travelsick**. ▶ (*o osobie podróżującej samolotem*) **cierpiący na chorobę lokomocyjną** | **'airspace** noun [U] the part of the sky that is above a country and that belongs to that country by law ▶ **przestrzeń powietrzna** | **'air steward** noun [C] a man who looks after the passengers on a plane ➲ Por. **air hostess**. ▶ (*w samolocie*) **steward** | **'airstrip** (also **'landing strip**) noun [C] a narrow piece of land where aircraft can take off and land ▶ **pas startowy/do lądowania** | **'airtight** adj. that air cannot get into or out of ▶ **szczelny** | ˌ**air ˌtraffic 'controller** noun [C] a person whose job is to organize routes for aircraft, and to tell pilots by radio when they can land and take off ▶ **kontroler ruchu powietrznego**

air[2] /eə(r)/ verb **1** [I,T] to put clothes, etc. in a warm place or outside in the fresh air to make sure they are completely dry; to be put in this place: *Put the sleeping bag on the washing-line to air.* ❶ Czasownik ten jest bliższy znaczeniowo czasownikowi „suszyć (się)", choć łączy w sobie proces wietrzenia i suszenia. ▶ **wietrzyć, suszyć (się) 2** [I,T] to make a room, etc. fresh by letting air into it; to become fresh in this way: *Open the window to air the room.* ▶ **wietrzyć (się) 3** [T] to tell people what you think about sth: *The discussion gave people a chance to air their views.* ▶ **wypowiadać (publicznie), przewentylować** (*np. kwestię*)

■ **'airing cupboard** noun [C] a warm cupboard that you use for airing(1) clothes in ➲ Zob. uwaga przy **air**[2](1). ▶ **szafka do wietrzenia i suszenia odzieży**

airborne /'eəbɔːn/ adj. flying in the air: *airborne missiles* ▶ **lotniczy, powietrzny**

★**aircraft** /'eəkrɑːft/ noun [C] (pl. **aircraft**) any vehicle that can fly in the air, e.g. an aeroplane, a helicopter, etc. ▶ **samolot**

■ **'aircraft carrier** noun [C] a ship that carries military aircraft and that has a long flat area where they can take off and land ▶ **lotniskowiec**

airless /'eələs/ adj. not having enough fresh air: *The room was hot and airless.* ▶ **duszny**

airy /'eəri/ adj. (**airier**; **airiest**) having a lot of fresh air: *a light and airy room* ▶ **przewiewny**

aisle /aɪl/ noun [C] a passage between the rows of seats in a church, theatre, etc. ▶ **przejście między rzędami krzeseł/ławek**

ajar /ə'dʒɑː(r)/ adj. (not before a noun) (used about a door) slightly open ▶ **uchylony**

akin /ə'kɪn/ adj. **akin to sth** similar to or like sth ▶ **pokrewny**

à la carte /ˌɑː lɑː 'kɑːt/ adj., adv. (used about a meal in a restaurant) where each dish on the menu has a separate price and there is not a fixed price for a complete meal ▶ (*o wybieraniu potraw*) **z jadłospisu**

★**alarm** /ə'lɑːm/ noun **1** [U] a sudden feeling of fear or worry: *She jumped up in alarm.* ▶ **przerażenie 2** [sing.] a warning of danger: *A small boy saw the smoke and raised the alarm.* ▶ **alarm, sygnał ostrzegawczy 3** [C] a machine that warns you of danger, e.g. by ringing a loud bell: *a burglar alarm* alarm antywłamaniowy ○ *a fire alarm* alarm przeciwpożarowy ▶ **urządzenie alarmowe 4** [C] = ALARM CLOCK

IDIOM **a false alarm** → FALSE

□ **alarm** verb [T] to make sb/sth feel suddenly frightened or worried ▶ **trwożyć** | **alarmed** adj. **alarmed (at/by sth)** frightened or worried: *The government is alarmed at the rise in* *unemployment.* ▶ **zatrwożony** | **alarming** adj. that makes you frightened or worried: *The population of the world is growing at an alarming rate.* ▶ **zatrważający** | **alarmingly** adv. ▶ **zatrważająco**

■ **a'larm clock** (also **alarm**) noun [C] a clock that you can set to make a noise at a particular time to wake you up: *She set the alarm clock for half past six.* ○ *My alarm clock goes off at seven o'clock.* ▶ **budzik**

alas /ə'læs/ interj. (formal) (used for expressing sadness about sth) ▶ **niestety**

albeit /ˌɔːl'biːɪt/ conj. (formal) although: *He finally agreed to come, albeit unwillingly.* ▶ **chociaż**

albino /æl'biːnəʊ; US -'baɪ-/ noun [C] (pl. **albinos**) a person or an animal with very white skin, white hair and pink eyes ▶ **albinos/ka**

album /'ælbəm/ noun [C] **1** a record that has about 25 minutes of music or speech on each side ⮌ Por. **single**. ▶ **płyta/kaseta** (*zawierająca nagrania jednego artysty*) **2** a book in which you can keep stamps, photographs, etc. that you have collected ▶ **klaser; album**

★**alcohol** /'ælkəhɒl/ noun [U] **1** the colourless liquid in drinks such as beer, whisky and wine that can make you drunk ▶ **alkohol 2** the drinks (e.g. beer, whisky, wine) that contain alcohol ▶ **napój alkoholowy**

□ **alcoholic** /ˌælkə'hɒlɪk/ adj.: *alcoholic drinks* ❶ Antonim: **non-alcoholic**. Napoje bezalkoholowe nazywają się też **soft drinks**. ▶ **alkoholowy** | **alcoholic** noun [C] a person who is dependent on alcohol and drinks a large amount of it every day ❶ Abstynent/ka to **teetotaller**. ▶ **alkoholi-k/czka** | **alcoholism** /-ɪzəm/ noun [U] the medical condition that is caused by regularly drinking a large amount of alcohol ▶ **alkoholizm**

alcove /'ælkəʊv/ noun [C] a small area in a room where one part of the wall is further back than the rest of the wall ▶ **alkowa**

ale /eɪl/ noun **1** [U, C] a type of beer, usually sold in bottles or cans: *brown/pale ale* ⮌ Zob. uwaga przy **beer**. ▶ **rodzaj piwa 2** [U] (old-fashioned) beer generally ▶ **piwo**

alert /ə'lɜːt/ adj. **alert (to sth)** watching, listening, etc. for sth with full attention: *Security guards must be alert at all times.* ○ *to be alert to possible changes* ▶ **czujny, wyczulony (na coś)**

□ **alert** noun [C] a warning of possible danger: *a bomb alert* ▶ **alarm, pogotowie**

IDIOM **be on the alert (for sth)** to be ready or prepared for danger or an attack: *The public were warned to be on the alert for possible terrorist attacks.* ▶ **być w gotowości, mieć się na baczności**

alert verb [T] **alert sb (to sth)** to warn sb of danger or a problem ▶ **ostrzegać (przed czymś)**

A level /'eɪ levl/ (formal **Advanced level**) noun [C,U] an examination that schoolchildren in England, Wales and Northern Ireland take when they are about eighteen. You usually take A levels in two or three subjects and you need good grades if you want to go to university: *How many A levels have you got?* ○ *I'm doing my A levels this summer.* ⮌ Por. **AS (level)**, **A2 (level)** i **GCSE**. ▶ **końcowy egzamin przedmiotowy w szkole średniej** (*odpowiednik matury z określonego przedmiotu*)

> W Szkocji istnieje inny system egzaminacyjny. Młodzież szkolna w wieku siedemnastu lat przystępuje do egzaminu zwanego **Scottish Certificate of Education (SCE)**, a w wieku osiemnastu lat do egzaminu **Certificate of Sixth Year Studies (CSYS)**.

algae /'ældʒiː; 'ælgiː/ noun [pl., with sing. or pl. verb] very simple plants that grow mainly in water: *During the hot summer algae spread to levels which made it impossible to swim at some beaches.* ▶ **alga**

algebra /'ældʒɪbrə/ noun [U] a type of mathematics in which letters and symbols are used to represent numbers ▶ **algebra**

alias /'eɪliəs/ noun [C] a false name, e.g. one that is used by a criminal ▶ **pseudonim**

□ **alias** adv. (used for giving sb's false name): *Mrs Phillips, alias Maria Jones* ▶ **inaczej (zwany)**

alibi /'æləbaɪ/ noun [C] (pl. **alibis**) a statement by sb that says you were in a different place at the time of a crime and so cannot be guilty of the crime: *He had a good alibi for the night of the robbery.* ▶ **alibi**

alien /'eɪliən/ noun [C] **1** (formal) a person who comes from another country ▶ **cudzoziem-iec/ka 2** a creature that comes from another planet: *aliens from outer space* ▶ **przybysz z innej planety**

□ **alien** adj. **1** of another country; foreign: *an alien land* ▶ **obcy 2** very strange and completely different from your normal experience: *The idea of eating meat was alien to her.* ▶ **obcy (komuś)**

alienate /'eɪliəneɪt/ verb [T] **1** to make people feel that they cannot share your opinions any more: *The Prime Minister's new policies on defence have alienated many of his supporters.* ▶ **zrażać 2 alienate sb (from sb/sth)** to make sb feel that they do not belong somewhere or is not part of sth: *Many young unemployed people feel completely alienated from the rest of society.* ▶ **wyobcowywać**

□ **alienation** /ˌeɪliə'neɪʃn/ noun [U] ▶ **wyobcowanie**

alight[1] /ə'laɪt/ adj. on fire; burning: *The petrol had been set alight* (zapaliła się) *by a cigarette.* ❶ **Alight** może występować tylko po rzeczowniku, ale **burning** można postawić przed rzeczownikiem: *The whole building was alight.* ○ *a burning building* ▶ **zapalony, płonący**

alight[2] /ə'laɪt/ verb [I] (formal) **alight (from sth)** to get off a bus, train, etc. ▶ **wysiadać**

align /ə'laɪn/ verb [T] **1 align sth (with sth)** to arrange things in a straight line or so that they are parallel to sth else: *to align the wheels of a car* ustawiać zbieżność kół ▶ **wyrównywać, ustawiać w szeregu 2 align yourself with sb** to say that you support the opinions of a particular group, country, etc.: *The Green Party* *has aligned itself with the Socialists over this issue.* ➲ Por. **non-aligned**. ▶ **przyjmować zbieżne stanowisko** (*z czyimś stanowiskiem*)

□ **alignment** /ə'laɪnmənt/ noun **1** [U] arrangement in a straight line or parallel to sth else ▶ **wyrównanie**, **zbieżność** (*kół*) **2** [C,U] an agreement between political parties, countries, etc. to support the same thing: *the alignment of Japan with the West* ▶ **zbieżność stanowisk**

★**alike** /ə'laɪk/ adj. like one another; the same: *The two children are very alike.* ▶ **podobny**; **jednakowy**

> **Alike** może występować tylko po rzeczowniku, ale **similar-looking** można postawić przed rzeczownikiem: *The houses in this street are all alike.* ○ *a street of similar-looking houses.*

□ **alike** adv. in the same way: *We treat women and men alike in this company.* ○ *The film was a success with adults and children alike.* ▶ **jednakowo**

alimony /'ælɪməni; US -məʊni/ noun [U] money that you have to pay by law to your former wife or husband after a divorce ▶ **alimenty**

★**alive** /ə'laɪv/ adj. **1** not dead; living: *The young woman was still alive when the ambulance reached the hospital.* ○ *He kept the little cat alive* (utrzymywał kotka przy życiu) *by feeding it warm milk.* ▶ **żywy**, **żyjący**

> **Alive** może występować tylko po rzeczowniku, ale **living** można postawić przed rzeczownikiem: *Are her parents still alive?* ○ *Does she have any living relatives?*

2 full of life: *In the evening the town really comes alive* (ożywa). ▶ **ożywiony** **3** continuing to exist: *Many old traditions are very much alive in this area of Britain.* ▶ **żywy**

alkali /'ælkəlaɪ/ noun [C,U] any of the chemical substances with a pH value of more than 7 ❶ Antonim: **acid**. ▶ **zasada**

□ **alkaline** adj. ▶ **zasadowy**

★**all**[1] /ɔːl/ det., pron. **1** the whole of a thing: *All (of) the food* (całe jedzenie) *has gone.* ○ *They've eaten all of it* (wszystko). ○ *They've eaten it all* (to wszystko). ○ *This money is all yours.* Te wszystkie pieniądze są twoje. ○ *All of it is yours.* ▶ **wszystko**, **cały** **2** the whole of the period of time: *It rained all day.* ○ *all week/month/year* ○ *He worked hard all his life.* ▶ **cały** **3** every one of a group: *All cats are animals but not all animals are cats.* ○ *All (of) my children can swim.* ○ *My children can all swim.* ○ *She's read all (of) these books.* ○ *She's read them all.* ○ *They all voted against the plan.* ○ *All of them voted against the plan.* ▶ **wszyscy**, **wszystkie**, **każdy** **4** everything that; the only thing that: *I wrote down all I could remember.* ○ *All I've eaten is a slice of toast.* ▶ **wszystko**

IDIOMS **above all** → ABOVE | **after all** → AFTER[1] | **in all** in total: *There were ten of us in all.* ▶ **w sumie** | **not all that...** not very: *The film wasn't all that good.* ▶ **nie (tak/za) bardzo** | **(not) at all** in any way: *I didn't enjoy it at all.*

❶ Można też powiedzieć **not at all** (proszę bardzo) w odpowiedzi na czyjeś podziękowanie. ▶ **wcale (nie)**

★**all**[2] /ɔːl/ adv. **1** completely; very: *He has lived all alone since his wife died.* ○ *I didn't watch that programme – I forgot all about it.* ○ *They got all excited about it.* ▶ **całkiem**, **zupełnie**, **bardzo** **2** (in sport) for each side: *The score was two all.* ▶ **dla każdego/każdej ze stron**

IDIOMS **all along** from the beginning: *He was joking all along.* ▶ **od początku** | **all the better, harder, etc.** even better, harder, etc. than before: *It will be all the more difficult with two people missing.* ▶ **jeszcze** (*np. lepiej, trudniej*)

■ **the ˌall-'clear** noun [sing.] a signal telling you that danger is over: *The doctor gave her the all-clear* (powiedział, że niebezpieczeństwo minęło i może) *to start skiing again three months after the operation.* ▶ **odwołanie alarmu**, **pozwolenie** | **ˌall-'in** adj. including everything: *an all-in price* ▶ **całościowy** | **'all out** adj., adv. using all your strength, etc.: *We're going all out for the Cup.* Idziemy na całego w walce o mistrzostwo. ○ *an all-out effort* ▶ **całkowity** | **ˌall-'round** adj. (only *before* a noun) able to do many different things well; good in many different ways: *a superb all-round athlete* ○ *The school aims at the all-round development of the child.* ▶ **wszechstronny** | **ˌall-'rounder** noun [C] a person who can do many different things well ▶ **osoba o wszechstronnych umiejętnościach**

Allah /'ælə/ the Muslim name for God ▶ **Allach**

allay /ə'leɪ/ verb [T] (formal) to make sth less strong: *to allay sb's fears* ▶ **łagodzić**

allege /ə'ledʒ/ verb [T] (formal) to say that sb has done sth wrong, but without proving that this is true: *She alleged that he had attacked her.* ▶ **zarzucać**

□ **allegation** /ˌælə'geɪʃn/ noun [C]: *to make allegations of police corruption* ▶ **zarzut** | **alleged** /ə'ledʒd/ adj.: *the alleged criminal* ▶ **domniemany** | **allegedly** /ə'ledʒɪdli/ adv.: *The man was allegedly shot while trying to escape.* ▶ **przypuszczalnie**

allegiance /ə'liːdʒəns/ noun [U] (formal) support for or loyalty towards a leader, government, belief, etc.: *to swear your allegiance to the Queen* ▶ **wierność**, **posłuszeństwo**

allergy /'ælədʒi/ noun [C] (pl. **allergies**) **an allergy (to sth)** a medical condition that makes you ill when you eat, touch or breathe sth that does not normally make other people ill: *an allergy to cats/shellfish/pollen* ▶ **uczulenie**, **alergia**

□ **allergic** /ə'lɜːdʒɪk/ adj. **1 allergic (to sth)** having an allergy: *I can't drink cow's milk. I'm allergic to it.* ▶ **uczulony** **2** caused by an allergy: *an allergic reaction to house dust*

alleviate /ə'liːvieɪt/ verb [T] to make sth less strong or bad: *The doctor gave me an injection to alleviate the pain.* ▶ **ulżyć**

□ **alleviation** /əˌliːvi'eɪʃn/ noun [U] ▶ **ulga**

alley /'æli/ (also **'alleyway**) noun [C] a narrow passage between buildings ▶ **wąskie przejście**, **wąska uliczka**

alliance /ə'laɪəns/ noun [C] an agreement between people, groups, countries, etc. to work together and support each other: *the country's military alliance with France* ➲ Por. **ally**. ▸ **sojusz**

allied → ALLY

alligator /'ælɪgeɪtə(r)/ noun [C] a large animal with a long body and sharp teeth that lives in the lakes and rivers of the southern United States and China. An alligator is similar to a crocodile. ▸ **aligator**

allocate /'æləkeɪt/ verb [T] **allocate sth (to sb/sth)** to give sth to sb as their share or to decide to use sth for a particular purpose: *6 000 seats for next Saturday's football match have been allocated to Liverpool supporters.* ▸ **przydzielać**

□ **allocation** /ˌælə'keɪʃn/ noun [C,U] giving sth for a particular purpose; the amount that is given: *the allocation of resources for health care* ▸ **przydział**

allot /ə'lɒt/ verb [T] (**allo<u>tt</u>ing**; **allo<u>tt</u>ed**) **allot sth (to sb/sth)** to give sb money, a piece of work, etc. as their share or to decide to allow a certain amount of time for sth: *Different tasks were allotted to each member of the class.* ○ *We all finished the exam in the allotted time.* ▸ **przydzielać**

allotment /ə'lɒtmənt/ noun [C] (Brit.) a small area of land in a town that you can rent for growing vegetables on ▸ **ogródek działkowy**

★**allow** /ə'laʊ/ verb [T] **1 allow sb/sth to do sth**; **allow sth** to give permission for sb/sth to do sth or for sth to happen: *Children under eighteen are not allowed to buy alcohol.* ○ *Photography is not allowed* (nie wolno fotografować) *inside the cathedral.* ▸ **pozwalać**

> Por. **allow**, **permit** i **let**. **Allow** można używać w formalnej i nieformalnej angielszczyźnie. Bardzo często używana jest zwłaszcza strona bierna **to be allowed to**. **Permit** jest słowem oficjalnym, zwykle stosowanym tylko w pisanej angielszczyźnie. **Let** często spotyka się w codziennej, mówionej angielszczyźnie. Mówi się **to allow sb to do sth**, a **to let sb do sth**. **Let** nie występuje w stronie biernej: *Visitors are not allowed/permitted to smoke in this area.* ○ *Smoking is not allowed/permitted.* ○ *I'm not allowed to smoke in my bedroom.* ○ *My Dad won't let me smoke in my bedroom.*

2 to give permission for sb/sth to be or go somewhere: *No dogs allowed.* Zabrania się wprowadzania psów. ○ *I'm only allowed out* (wolno mi wychodzić tylko) *on Friday and Saturday nights.* ▸ **pozwalać 3 allow sb sth** to let sb have sth: *My contract allows me four weeks' holiday a year.* ▸ **przyznawać 4 allow sb/sth to do sth** to make it possible for sb/sth to do sth: *Working part-time would allow me* (pozwoliłoby mi) *to spend more time with my family.* ▸ **pozwalać 5 allow sth (for sb/sth)** to provide money, time, etc. for sb/sth: *You should allow about 30 minutes for each examination question.* ▸ **przeznaczać**

PHRASAL VERB **allow for sb/sth** to think about possible problems when you are planning sth and include extra time, money, etc. for them: *The journey should take about two hours, allowing for heavy traffic.* ▸ **uwzględniać**

allowance /ə'laʊəns/ noun [C] **1** an amount of sth that you are allowed: *Most flights have a 20 kg baggage allowance.* ▸ **przydział**, **dozwolona ilość 2** an amount of money that you receive regularly to help you pay for sth that you need ▸ **zasiłek**, **dodatek** (*do pensji*)

IDIOM **make allowances for sb/sth** to judge a person or a person's actions more kindly because they have a particular problem or disadvantage: *You really should make allowances for her. She's very inexperienced.* ▸ **uwzględniać coś** (*np. brak doświadczenia*)

alloy /'ælɔɪ/ noun [C,U] a metal made by mixing two types of metal together: *Brass is an alloy of copper and zinc.* ▸ **stop**

★**all right** /ˌɔːl 'raɪt/ (informal **alright**) interj., adv., adj. (not before a noun) **1** good enough; OK: *Is everything all right?* ▸ **w porządku 2** safe; not hurt; well: *I hope the children are all right.* ○ *Do you feel all right?* ▸ **bezpieczny**; **nie skrzywdzony**; **zdrowy 3** (showing you agree to do what sb has asked) OK: *'Can you get me some stamps?' 'Yes, all right.'* ▸ **zgoda**

> Wyrażenia **That's all right** używa się w odpowiedzi na czyjeś podziękowanie (wówczas tłumaczy się je „Proszę bardzo") lub w odpowiedzi na czyjeś przeprosiny (odpowiednik polski „Nic nie szkodzi"): *'Thanks for the lift home.' 'That's (quite) all right.'* ○ *'I'm so sorry I'm late.' 'That's all right.'*

allude /ə'luːd/ verb [I] **allude to sb/sth** (formal) to speak about sb/sth in an indirect way: *He mentioned no names but we all knew who he was alluding to.* ▸ **napomykać**

□ **allusion** /ə'luːʒn/ noun [C,U] an act of speaking about sth indirectly: *The play is full of allusions to classical mythology.* ▸ **napomknięcie**

ally /'ælaɪ/ noun [C] (pl. **allies**) **1** a country that has an agreement to support another country, especially in a war: *France and its European allies* ➲ Por. **alliance**. ▸ **sojusznik 2** a person who helps and supports you, especially when other people are against you: *the Prime Minister's political allies* ▸ **sprzymierzeniec**

□ **allied** /ə'laɪd; 'ælaɪd/ adj. **1** (used about organizations, countries, etc.) having an agreement to work together and support each other: *allied forces* ○ *Allied Irish Banks* ▸ **sprzymierzony**, **połączony** (*np. umową*) **2 allied (to sth)** connected with; similar: *coal mining and allied industries* ▸ **połączony**; **pokrewny**

almighty /ɔːl'maɪti/ adj. **1** having the power to do anything: *Almighty God* ▸ **wszechmogący 2** (only before a noun) (informal) very great: *Suddenly we heard the most almighty crash.* ▸ **przeogromny**

almond /'ɑːmənd/ noun [C] an oval nut that is often used in cooking ▸ **migdał**

★**almost** /'ɔːlməʊst/ adv. not quite; very nearly:

Almost everybody has arrived. ○ *I almost fell into the water!* ○ *The film has almost finished.* ○ *There's almost nothing left.* ▶ **prawie (że), niemal(że)**

★**alone** /əˈləʊn/ adj., adv. **1** without any other person: *The old man lives alone.* ○ *I don't like walking home alone after dark.* ▶ **sam, samotnie**

> Obydwa słowa **alone** i **lonely** oznaczają przede wszystkim, że nie jest się w towarzystwie innych ludzi. **Lonely** (US **lonesome**) może też oznaczać dokuczliwą samotność, czego **alone** zwykle nie sugeruje. **Alone** nie występuje przed rzeczownikiem. W znaczeniu **alone** można też stosować zwroty **on your own** i **by yourself**. Wyrażenia te są mniej formalne i częściej używa się ich w mówionej angielszczyźnie.

2 (after a noun or pronoun) only: *You alone can help us.* ○ *The food alone cost £40. The wine was extra.* ▶ **tylko (sam)**

IDIOMS **go it alone** to start working on your own without the usual help ▶ **zacząć pracować samodzielnie, na własny rachunek** | **leave sb/sth alone** → LEAVE[1] | **let alone** → LET[1]

★**along** /əˈlɒŋ; US əˈlɔːŋ/ prep. **1** from one end to or towards the other end of sth: *I walked slowly along the road* (tą ulicą). ○ *David looked along the corridor* (popatrzył na koniec korytarza) *to see if anyone was coming.* ▶ **po** (*np. ulicy, drodze*), **wzdłuż 2** in a line that follows the side of sth long: *Wild flowers grew along both sides of the river.* ▶ **wzdłuż 3** at a particular point on or beside sth long: *Our house is about halfway along* (jest mniej więcej w połowie) *Hope Street.* ▶ **na, przy**

□ **along** adv. **1** forward: *We moved along slowly with the crowd.* ▶ **naprzód 2** (informal) with sb: *We're going to the pub. Why don't you come along too?* ▶ **(razem) z (kimś)**

IDIOMS **all along** → ALL[2] | **along with sb/sth** together with sb/sth: *Along with hundreds of others, she lost her job when the factory closed.* ▶ **razem z kimś/czymś** | **go along with sb/sth** to agree with sb's ideas or plans ▶ **zgadzać się z kimś/czyimś pomysłem/planem**

■ **alongside** /əˌlɒŋˈsaɪd:; US əˌlɔːŋ-/ adv., prep. **1** next to or along the side of sth: *a garden with a small river running alongside* ○ *The boat moored alongside the quay.* ▶ **obok, wzdłuż 2** together with sb/sth: *the opportunity to work alongside experienced musicians* ▶ **(razem) z**

aloof /əˈluːf/ adj. **1** not friendly or open to other people; distant ▶ **wyniosły 2** not involved in sth; apart: *The President can no longer remain aloof from the problem.* ▶ **nie zajmujący się (czymś); z daleka od kogoś/czegoś**

★**aloud** /əˈlaʊd/ (also **out loud**) adv. in a normal speaking voice that other people can hear; not silently: *to read aloud from a book* ▶ **głośno, na głos**

★**alphabet** /ˈælfəbet/ noun [C] the set of letters that you use when you are writing a particular language, especially when they are arranged in a fixed order: *There are 26 letters in the English alphabet.* ▶ **alfabet**

□ **alphabetical** /ˌælfəˈbetɪkl/ adj. arranged in the same order as the letters of the alphabet: *The poems are listed in alphabetical order.* ▶ **alfabetyczny** | **alphabetically** /-kli/ adv. ▶ **alfabetycznie**

alpine /ˈælpaɪn/ adj. of or found in high mountains: *alpine flowers* ▶ **alpejski**

★**already** /ɔːlˈredi/ adv. **1** (used for talking about sth that has happened before now or before a particular time in the past, especially if it happened earlier than you expected): *'Would you like some lunch?' 'No, I've already eaten, thanks.'* ○ *We got there at 6.30 but he had already left.* ▶ **już 2** (used in negative sentences and questions for expressing surprise) so early; as soon as this: *Have you finished already?* ○ *Surely you're not going already!* ▶ **już**

alright /ɔːlˈraɪt/ adv. (informal) = ALL RIGHT

Alsatian /ælˈseɪʃn/ noun [C] (US **German shepherd**) a large dog with smooth hair, that is often trained to help the police or as a guard dog ▶ **owczarek niemiecki**

★**also** /ˈɔːlsəʊ/ adv. (not with negative verbs) in addition; too: *Please bring some paper, a pen and also a calculator.* ○ *The food is wonderful, and also very cheap.* ▶ **też, także**

> **Too** i **as well** są mniej formalne niż **also** i bardzo często stosowane w mówionej angielszczyźnie. **Also** zwykle występuje przed głównym czasownikiem lub po **is**, **are**, **were** itp.: *He also enjoys reading* ○ *He has also been to Australia.* ○ *He is also intelligent.* **Too** i **as well** zwykle stawia się na końcu zwrotu lub zdania: *I really love this song, and I liked the first one too/as well.*

IDIOM **not only...but also** → ONLY[2]

altar /ˈɔːltə(r)/ noun [C] the holy table in a church or temple ▶ **ołtarz**

★**alter** /ˈɔːltə(r)/ verb [I,T] to make sth different in some way, but without changing it completely; to become different: *They've altered the plan for the new building.* ○ *This does not alter the fact that the company is in serious financial difficulty.* ○ *to alter a skirt* ○ *The village seems to have altered very little in the last twenty years.* ▶ **przerabiać, zmieniać (się)**

□ **alteration** /ˌɔːltəˈreɪʃn/ noun [C,U] a change in sb/sth: *We want to make a few alterations to the house before we move in.* ○ *The travel company will inform you of any alteration in the time of departure.* ▶ **(drobna) zmiana**

alternate[1] /ɔːlˈtɜːnət; US ˈɔːltərnət/ adj. **1** (used about two types of events, things, etc.) happening or following regularly one after the other: *Helen and Nick take the children to school on alternate days.* ▶ **przemienny 2** one of every two: *He works alternate weeks.* ▶ **co drugi**

□ **alternately** adv. ▶ **przemiennie**

alternate[2] /ˈɔːltəneɪt/ verb **1** [I] **alternate with sth; alternate between A and B** (used about two types of events, things, etc.) to happen or follow regularly one after the other: *It's exciting music. Quiet violin passages alternate with sudden bursts of trumpet sound.* ○ *She seemed to*

alternate between hating him and loving him. ▶ **występować itp. na zmianę, oscylować** **2** [T] **alternate A with B** to cause two types of events or things to happen or follow regularly one after the other: *He alternated periods of work with periods of rest.* ▶ **zmieniać kolejno**
□ **alternation** /ˌɔːltəˈneɪʃn/ noun [C,U] ▶ **przemienne występowanie, oscylowanie**

★**alternative** /ɔːlˈtɜːnətɪv/ adj. (only before a noun) that you can use, do, etc. instead of sth else: *There is heavy traffic on the A34. Drivers are advised to find an alternative route.* ▶ **inny**
□ **alternative** noun [C] one of two things that you can choose between: *The Minister suggested community service as an alternative to imprisonment.* ❶ Obecnie często używa się słowa **alternative** w odniesieniu do więcej niż dwóch rzeczy: *There are several alternatives open to us at the moment.* ▶ **alternatywa** | **alternatively** adv.: *Trains leave London Paddington every half hour. Alternatively, there is a regular coach service from Victoria Coach Station.* ▶ **alternatywnie**

★**although** /ɔːlˈðəʊ/ conj. **1** (used for introducing a statement that makes the main statement in a sentence seem surprising): *Although she was tired, she stayed up to watch the late night film on television.* ▶ **chociaż** **2** (used for introducing a statement that modifies the main statement) and yet; but: *There will be heavy rain in many parts of Britain tonight, although it is unlikely to reach the South West until morning.* ▶ **aczkolwiek; ale**

> Można też użyć **though**, które jest mniej formalne niż **although**. **Even** można użyć razem z **though** (ale nie z **although** w celu nadania emfazy): *She didn't want to go to the party, although/though/even though she knew all her friends would be there.* **Though**, ale nie **although**, może występować na końcu zdania: *She knew all her friends would be there. She didn't want to go, though.*

altitude /ˈæltɪtjuːd; US -tuːd/ noun **1** [sing.] the height of sth above sea level: *The plane climbed to an altitude of 10 000 metres.* ▶ **wysokość** **2** [usually pl.] a place that is high above sea level: *You need to carry oxygen when you are climbing at high altitudes* (na dużych wysokościach). ▶ **wysokość**

alto /ˈæltəʊ/ noun [C] (pl. **altos**) the lowest normal singing voice for a woman, the highest for a man; a woman or man with this voice ▶ **kontralt, alt**

altogether /ˌɔːltəˈgeðə(r)/ adv. **1** completely: *I don't altogether agree with you.* ○ *At the age of 55 he stopped working altogether.* ▶ **całkowicie** **2** including everything: *We've got about £65 altogether.* ▶ **razem** **3** when you consider everything; generally: *Altogether, Oxford is a pleasant place to live.* ▶ **wszystko razem wziąwszy, ogólnie**

> **Altogether** nie znaczy to samo co **all together**. **All together** oznacza „wszystko/wszyscy razem": *Put your books all together on the table.* ○ *Let's sing. All together now!*

aluminium /ˌæljəˈmɪniəm; ˌælə-/ (US **aluminum** /əˈluːmɪnəm/) (symbol **Al**) noun [U] a light silver-coloured metal that is used for making cooking equipment, etc.: *aluminium foil* ▶ **aluminium**

★**always** /ˈɔːlweɪz/ adv. **1** at all times; regularly: *We almost always go to Scotland for our holidays.* ○ *Why is the train always late when I'm in a hurry?* ▶ **zawsze; ciągle** **2** all through the past until now: *Tom has always been shy.* ○ *I've always liked music.* ▶ **zawsze, od dawna** **3** for ever: *I shall always remember this moment.* ▶ **(na) zawsze** **4** (with continuous tenses) again and again, usually in an annoying way: *She's always complaining about something.* ▶ **stale** **5** (used with 'can' or 'could' for suggesting sth that sb could do, especially if nothing else is possible): *If you haven't got enough money, I could always lend you some.* ▶ **zawsze**

> Słowo **always** zwykle nie występuje na początku zdania. Zazwyczaj stawia się je przed głównym czasownikiem lub po **is**, **are**, **were** itp.: *He always wears those shoes* ○ *I have always wanted to visit Egypt.* ○ *Fiona is always late.* Można jednak postawić **always** na początku zdania, które jest w formie polecenia: *Always stop and look before you cross the road.*

Alzheimer's disease /ˈæltshaɪməz dɪziːz/ noun [sing.] a disease that affects the brain and makes you become more and more confused as you get older ▶ **choroba Alzheimera**

a.m.[2] /ˌeɪ ˈem/ (US **A.M.**) abbr. before midday: *10 a.m. (= 10 o'clock in the morning)* ▶ **przed południem**

am[1] → BE

amalgamate /əˈmælgəmeɪt/ verb [I,T] (used especially about organizations, groups, etc.) to join together to form a single organization, group, etc.: *If the two unions amalgamated, they would be much more powerful.* ▶ **łączyć (się)**
□ **amalgamation** /əˌmælgəˈmeɪʃn/ noun [C,U] ▶ **połączenie**

amass /əˈmæs/ verb [T] to gather together a large quantity of sth: *We've amassed a lot of information on the subject.* ▶ **gromadzić** (*dużą ilość*)

amateur /ˈæmətə(r)/ noun [C] **1** a person who takes part in a sport or an activity for pleasure, not for money as a job ▶ **amator/ka** **2** (usually used when being critical) a person who does not have skill or experience when doing sth: *The repair work on this house was clearly done by a bunch of amateurs.* ▶ **amator/ka**
□ **amateur** adj. **1** done, or doing sth, for pleasure (not for money as a job): *an amateur photographer* fotograf amator ▶ **amatorski** **2** (also **amateurish**) done without skill or experience: *His speech was rather amateur.* ▶ **dyletancki**

★**amaze** /əˈmeɪz/ verb [T] to surprise sb very much; to seem incredible to sb: *Sometimes your behaviour amazes me!* ○ *It amazes me* (nie mogę uwierzyć) *that anyone could be so stupid!* ▶ **zdumiewać, zaskakiwać**

□ **amazed** adj. extremely surprised; feeling that you cannot believe sth: *I was amazed by the change in his attitude.* ▶ **zdumiony, zaskoczony** | **amazement** noun [U]: *He looked at me in amazement.* ○ *To my amazement, I passed the test easily.* ▶ **zdumienie, zaskoczenie** | **amazing** adj. causing you to be very surprised: *She has shown amazing courage.* ○ *I've got an amazing story to tell you.* ▶ **zdumiewający, zaskakujący** | **amazingly** adv.: *It's an amazingly expensive country to visit.* ▶ **zdumiewająco, zaskakująco**

ambassador /æm'bæsədə(r)/ noun [C] a diplomat of high rank who represents their country in a foreign country: *the Spanish Ambassador to Britain* ▶ **ambasador/ka**

amber /'æmbə(r)/ noun [U] **1** a hard clear yellow-brown substance used for making jewellery or ornaments ▶ **bursztyn 2** a yellow-brown colour: *The three colours in traffic lights are red, amber* (żółty) *and green.* ▶ **bursztynowy kolor**

□ **amber** adj. ▶ **bursztynowy**

ambiguity /,æmbɪ'gju:əti/ noun [C,U] (pl. **ambiguities**) the possibility of being understood in more than one way; sth that can be understood in more than one way ▶ **dwuznaczność, wieloznaczność**

ambiguous /æm'bɪgjuəs/ adj. having more than one possible meaning: *That's a rather ambiguous remark – what exactly do you mean?* ▶ **dwuznaczny, wieloznaczny**

□ **ambiguously** adv. ▶ **dwuznacznie, wieloznacznie**

★**ambition** /æm'bɪʃn/ noun **1 ambition (to be/do sth)** [U] strong desire to be successful, to have power, etc.: *One problem of young people today is their lack of ambition.* ▶ **ambicja 2** [C] something that you very much want to have or do: *It has always been her ambition to travel the world.* ▶ **ambicja**

★**ambitious** /æm'bɪʃəs/ adj. **1 ambitious (to be/do sth)** having a strong desire to be successful, to have power, etc.: *I'm not particularly ambitious – I'm content with my life the way it is.* ▶ **ambitny 2** difficult to achieve or do because it takes a lot of work or effort: *The company have announced ambitious plans for expansion.* ▶ **ambitny**

ambivalent /æm'bɪvələnt/ adj. having or showing a mixture of feelings or opinions about sth or sb: *I have always felt rather ambivalent about having children.* ▶ **mający mieszane uczucia, ambiwalentny**

□ **ambivalence** noun [U] ▶ **mieszane uczucia, ambiwalencja**

★**ambulance** /'æmbjələns/ noun [C] a special motor vehicle for taking ill or injured people to and from hospital ▶ **karetka pogotowia**

ambush /'æmbʊʃ/ noun [C] a surprise attack from a hidden position ▶ **atak z zasadzki**

□ **ambush** verb [T] ▶ **napadać z zasadzki**

amen /ɑ:'men; eɪ'men/ interj. (used at the end of a prayer by Christians) let this be so: *In the name of the Father, the Son and the Holy Spirit. Amen.* ▶ **amen**

amenable /ə'mi:nəbl/ adj. willing to accept sth; willing to be guided: *I'm amenable to any suggestions you may have.* ▶ **chętny; uległy**

amend /ə'mend/ verb [T] to change sth slightly, often in order to make it better: *The law needs to be amended.* ▶ **wnosić poprawki**

□ **amendment** noun **1** [C] a part that is added or a small change that is made to a piece of writing, especially to a law ▶ **poprawka 2** [U] an act of amending: *The bill was passed without amendment.* ▶ **poprawka**

amends /ə'mendz/ noun [pl.]

IDIOM **make amends** to do sth for sb, that shows that you are sorry for sth bad that you have done before: *I bought her a present to make amends for the horrible things I had said to her.* ▶ **wynagradzać szkodę**

amenity /ə'mi:nəti; US ə'menəti/ noun [C] (pl. **amenities**) something in a place that helps to make living there pleasant or easy: *Among the town's amenities are two cinemas and a sports centre.* ➲ Por. **service**(2). ▶ **udogodnienia**

★**American** /ə'merɪkən/ adj. from or connected with the USA: *He's American.* ○ *an American accent* ○ *American English* ▶ **amerykański**

□ **American** noun [C] a person who comes from the USA: *His wife is an American.* ▶ **Amerykan-in/ka**

■ **A,merican 'football** (US **football**) noun [U] a form of football played in the USA with an oval-shaped ball. The players wear helmets and other protective clothing and are allowed to pick up and carry, as well as kick, the ball. ▶ **futbol amerykański** | **A,merican 'Indian** = NATIVE AMERICAN

amiable /'eɪmiəbl/ adj. friendly and pleasant ▶ **sympatyczny, miły**

□ **amiably** adv. ▶ **sympatycznie, miło**

amicable /'æmɪkəbl/ adj. made or done in a friendly way, without argument: *I'm sure we can find an amicable way of settling the dispute.* ▶ **polubowny, przyjazny**

□ **amicably** adv. ▶ **polubownie, przyjaźnie**

amid /ə'mɪd/ (also **amidst** /ə'mɪdst/) prep. (formal) in the middle of; among: *Amid all the confusion, the thieves got away.* ▶ **pośród, wśród**

amiss /ə'mɪs/ adj., adv. wrong; not as it should be: *When I walked into the room I could sense that something was amiss.* ▶ **nie w porządku, nie tak**

IDIOMS **not come/go amiss** to be welcome: *Things are fine, although a bit more money wouldn't come amiss.* ○ *An apology wouldn't go amiss.* ▶ **przydawać się, być nie od rzeczy** | **take sth amiss** to be upset by sth, perhaps because you have understood it in the wrong way: *Please don't take my remarks amiss.* ▶ **brać za złe**

ammunition /,æmju'nɪʃn/ noun [U] **1** the supply of bullets, etc. that you need to fire from a weapon ▶ **amunicja 2** (figurative) facts or information that can be used against sb/sth ▶ **broń**

amnesia /æm'ni:ziə/ noun [U] loss of memory ▶ **amnezja, utrata pamięci**

amnesty /'æmnəsti/ noun [C] (pl. **amnesties**) **1** a time when a government forgives political crimes ▶ **amnestia 2** a time when people can give in illegal weapons ▶ **amnestia**

★**among** /ə'mʌŋ/ (also **amongst** /ə'mʌŋst/) prep. **1** surrounded by; in the middle of: *I often feel nervous when I'm among strangers.* ○ *The modern block looks wrong among all the old buildings.* ○ *I found the missing letter amongst a heap of old newspapers.* ➲ Ilustr. do **between**. ▶ **między, pomiędzy, wśród, pośród 2** included in the group of things or people: *She is among the nicest people* (ona jest jedną z najmilszych osób) *I have ever met.* ○ *Among the city's attractions are its museums and art galleries.* ▶ **wśród 3** to each one (of a group): *On his death, his money will be divided among his children.* ▶ **pomiędzy, wśród 4** inside (a group): *Discuss it amongst yourselves and let me know your decision.* ▶ **między, wśród** ➲ Zob. uwaga przy **between**.

amoral /,eɪ'mɒrəl/ adj. (used about people or their behaviour) not following any moral rules; not caring about right or wrong ➲ Por. **moral** i **immoral**. ▶ **amoralny**

★**amount** /ə'maʊnt/ noun [C] **1** the amount of sth is how much of it there is; quantity: *I spent an enormous amount of time preparing for the exam.* ○ *I have a certain amount of sympathy with her.* Mam dla niej trochę współczucia. ▶ **ilość 2** total or sum of money: *You are requested to pay the full amount within seven days.* ▶ **kwota, suma**

□ **amount** verb [I] **amount to sth 1** to add up to; to total: *The cost of the repairs amounted to £5 000.* ▶ (*o sumie*) **wynosić 2** to be the same as: *Whether I tell her today or tomorrow, it amounts to the same thing* (będzie tak samo). ▶ **być równoznacznym**

amp /æmp/ (formal **ampere** /'æmpeə(r); US 'æmpɪər/) noun [C] a unit for measuring electric current ▶ **amper**

amphibian /æm'fɪbiən/ noun [C] an animal that can live both on land and in water ▶ **płaz**

amphitheatre (Brit.) (US **-ter**) /'æmfɪθɪətə(r); US -θi:ə-/ noun a circular building without a roof and with rows of seats that rise in steps around an open space. Amphitheatres were used especially in ancient Greece and Rome for public entertainments. ▶ **amfiteatr**

ample /'æmpl/ adj. **1** enough or more than enough: *We've got ample time to make a decision.* ○ *I should think £500 will be ample.* ▶ **wystarczający, aż nadto 2** large; having a great deal of space: *There is space for an ample car park.* ▶ **przestronny, obszerny**

□ **amply** /'æmpli/ adv.: *The report makes it amply clear whose mistake it was.* ▶ **wystarczająco**

amplify /'æmplɪfaɪ/ verb [T] (pres. part. **amplifying**; 3rd pers. sing. pres. **amplifies**; pt, pp **amplified**) **1** to increase the strength of a sound, using electrical equipment ▶ **wzmacniać** (*dźwięk*) **2** to add details to sth in order to explain it more fully: *Would you like to amplify your recent comments, Minister?* ▶ **rozwijać** (*np. komentarz*)

□ **amplification** /,æmplɪfɪ'keɪʃn/ noun [U]: *These comments need further amplification.* ▶ **rozwinięcie** (*np. komentarza*), **wzmocnienie** (*dźwięku*) | **amplifier** noun [C] a piece of electrical equipment for making sounds louder or signals stronger ▶ **wzmacniacz**

amputate /'æmpjuteɪt/ verb [I,T] to cut off a person's arm or leg (or part of it) for medical reasons ▶ **amputować**

□ **amputation** /,æmpju'teɪʃn/ noun [C,U] ▶ **amputacja**

★**amuse** /ə'mju:z/ verb [T] **1** to make sb laugh or smile; to seem funny to sb: *Everybody laughed but I couldn't understand what had amused them.* ▶ **rozbawiać, rozśmieszać 2** to make time pass pleasantly for sb; to stop sb from getting bored: *I did some crosswords to amuse myself on the journey.* ○ *I've brought a few toys to amuse the children.* ▶ **rozrywać, zabawiać**

□ **amused** adj. if you are amused, you think that sth is funny and it makes you want to laugh or smile: *You may think it's funny, but I'm not amused* (ale mnie to nie bawi). ○ *I was amused to hear his account* (rozbawiła mnie jego relacja) *of what happened.* ▶ **rozbawiony, rozśmieszony**

IDIOM **keep sb/yourself amused** to do sth in order to pass time pleasantly and stop sb/yourself getting bored ▶ **bawić się, dobrze się bawić; bawić kogoś**

amusement noun **1** [U] the feeling caused by sth that makes you laugh or smile, or by sth that entertains you and that stops you from being bored: *There was a look of amusement on his face.* ○ *Much to the pupils' amusement* (ku wielkiemu rozbawieniu uczniów), *the teacher fell off his chair.* ▶ **rozbawienie, rozweselenie 2** [C] something that makes time pass pleasantly; an entertainment: *The holiday centre offers a wide range of amusements, including golf and tennis.* ▶ **rozrywka, zabawa** | **amusing** adj. causing you to laugh or smile: *He's a very amusing person and he makes me laugh a lot.* ○ *an amusing story* ▶ **śmieszny, zabawny**

■ **a'musement arcade** = ARCADE(2)

an → A²

anaemia (US **anemia**) /ə'ni:miə/ noun [U] a medical condition in which there are not enough red cells in the blood ▶ **anemia**

□ **anaemic** (US **anemic**) /ə'ni:mɪk/ adj. suffering from anaemia ▶ **anemiczny**

anaesthetic (US **anesthetic**) /,ænəs'θetɪk/ noun [C,U] a substance that stops you feeling pain, e.g. when a doctor is performing an operation on you: *to be under anaesthetic* ○ *a local anaesthetic* ○ *a general anaesthetic* ▶ **środek znieczulający, znieczulenie**

□ **anaesthetist** (US **anesthetist**) /ə'ni:sθətɪst/ noun [C] a person who is qualified to give anaesthetics to patients ▶ **anestezjolog** | **anaesthetize** (also **-ise**; US **anesthetize**) /ə'ni:sθətaɪz/

verb [T] to give an anaesthetic to sb ▶ **znieczulać**

anagram /ˈænəgræm/ noun [C] a word or phrase that is made by arranging the letters of another word or phrase in a different order: *'Worth' is an anagram of 'throw'.* ▶ **anagram**

analogous /əˈnæləgəs/ adj. (formal) **analogous (to/with sth)** similar in some way; that you can compare ▶ **analogiczny**

analogy /əˈnælədʒi/ noun [C] (pl. **analogies**) **an analogy (between sth and sth)** a comparison between two things that shows a way in which they are similar: *You could make an analogy between the human body and a car engine.* ▶ **analogia**

IDIOM **by analogy** If you explain sth by analogy to sth else you compare it to the other thing and show how it is similar. ▶ **przez analogię**

★**analyse** (US **analyze**) /ˈænəlaɪz/ verb [T] to look at or think about the different parts or details of sth carefully in order to understand or explain it: *The water samples are now being analysed in a laboratory.* ○ *to analyse statistics/a situation* ▶ **analizować**

★**analysis** /əˈnæləsɪs/ noun (pl. **analyses** /-əsiːz/) **1** [C,U] the careful examination of the different parts or details of sth: *Some samples of the water were sent to a laboratory for analysis.* ○ *They carried out an analysis of the causes of the problem.* ▶ **analiza 2** [C] the result of such an examination: *Your analysis of the situation is different from mine.* ▶ **analiza**

□ **analytical** /ˌænəˈlɪtɪkl/ (also **analytic**) adj. looking carefully at the different parts of sth in order to understand or explain it: *analytic techniques* ▶ **analityczny**

analyst /ˈænəlɪst/ noun [C] a person whose job is to analyse things as an expert: *a food analyst* ▶ **analityk**

anarchy /ˈænəki/ noun [U] a situation in which people do not obey rules and laws; a situation in which there is no government in a country: *While the civil war went on, the country was in a state of anarchy.* ▶ **anarchia**

□ **anarchic** /əˈnɑːkɪk/ adj. without rules or laws ▶ **anarchiczny** | **anarchism** /ˈænəkɪzəm/ noun [U] the political theory that there should be no government or laws in a country ▶ **anarchizm** | **anarchist** noun [C] a person who believes in this theory, especially one who takes action to achieve it ▶ **anarchist-a/ka**

anatomy /əˈnætəmi/ noun (pl. **anatomies**) **1** [U] the scientific study of the structure of human or animal bodies ▶ **anatomia 2** [C] the structure of a living thing: *the anatomy of the frog* ▶ **anatomia**

□ **anatomical** /ˌænəˈtɒmɪkl/ adj. ▶ **anatomiczny**

ancestor /ˈænsestə(r)/ noun [C] a person in your family who lived a long time before you, from whom you are descended: *My ancestors settled in this country a hundred years ago.* ➲ Por. **descendant**. ▶ **przodek**

□ **ancestry** /ˈænsestri/ noun [C,U] (pl. **ancestries**) all of a person's ancestors, when you think of them as a group: *He was of Irish ancestry.* ▶ **przodkowie, ród**

anchor /ˈæŋkə(r)/ noun [C] a heavy metal object at the end of a chain that you drop into the water from a boat in order to keep the boat in one place ▶ **kotwica**

□ **anchor** verb **1** [I,T] to drop an anchor; to stop a boat moving by using an anchor: *We anchored the boat in the harbour and went ashore.* ▶ **kotwiczyć 2** [T] to fix sth firmly so that it is held in a place and cannot move: *They anchored the tent with strong ropes.* ▶ **umocowywać, kotwiczyć**

anchovy /ˈæntʃəvi/ noun [C,U] (pl. **-ies**) a small fish with a strong salty flavour ▶ **anchois**

★**ancient** /ˈeɪnʃənt/ adj. **1** belonging to or connected with the distant past: *ancient civilizations* ▶ **starożytny, starodawny 2** having existed for a long time: *The annual festival is one of the ancient traditions of the region.* ▶ **starodawny 3** (informal) very old: *I can't believe he's only 30 – he looks ancient* (wygląda bardzo staro)*!* ▶ **bardzo stary**

★**and** /ənd; ən also n; strong form ænd/ conj. **1** (used to connect words or parts of sentences) also; in addition to: *a boy and a girl* ○ *bread and butter* ○ *Do it slowly and carefully.* ❶ Jeśli wymieniane rzeczy są blisko ze sobą związane, nie trzeba powtarzać przedimka **a** itp.: *a knife and fork* ○ *my father and mother.* ▶ **i 2** (used when you are saying numbers) plus: *Twelve and six is eighteen.* ○ *It cost me a hundred and sixty pounds.* ❶ Przy słownym podawaniu dużych liczb używa się **and** po słowie **hundred**: *We say 2 264 as two thousand, two hundred and sixty-four.* ▶ **i 3** then; following this or that: *Come in and sit down.* ▶ **i 4** as a result of this or that; because of this or that: *It was a terrible shock and he was very upset.* ○ *Say that again and I'll lose my temper.* ▶ **i, a 5** (used between repeated words to show that sth is increasing or continuing): *The situation is getting worse and worse.* ▶ **coraz, i 6** (used between repeated words for saying that there are important differences between things of the same kind): *City life can be very exciting but there are cities and cities.* ▶ **i 7** (used instead of 'to' after certain verbs e.g. 'go', 'come', 'try'): *Go and answer the door for me, will you?* ○ *I'll try and find out* (postaram się dowiedzieć) *what's going on.* ▶ **i**

anecdote /ˈænɪkdəʊt/ noun [C] a short interesting story about a real person or event ▶ **anegdota**

anemia, anemic (US) = ANAEMIA, ANAEMIC

anesthetic (US) = ANAESTHETIC

anew /əˈnjuː; US əˈnuː/ adv. (formal) again; in a new or different way: *I wish I could start my life anew!* ▶ **znowu; na nowo, od nowa**

angel /ˈeɪndʒl/ noun [C] **1** a servant of God: *In pictures angels are usually dressed in white, with wings.* ▶ **anioł 2** a person who is very kind: *Be an angel and wash these clothes for me, will you?* ▶ **anioł**

□ **angelic** /ænˈdʒelɪk/ adj. looking or acting like an angel ▶ **anielski** | **angelically** adv. ▶ **anielsko**

★**anger** /ˈæŋɡə(r)/ noun [U] the strong feeling that you have when sth has happened or sb has done sth that you do not like: *He could not hide his anger at the news.* ○ *She was shaking with anger.* ❶ Przymiotnik: **angry**. ▶ **gniew**
□ **anger** verb [T] to cause sb to become angry: *It angers me that such things can be allowed to happen.* ▶ **złościć**

★**angle**[1] /ˈæŋɡl/ noun [C] **1** the space between two lines or surfaces that meet, measured in degrees: *a right angle* kąt prosty ○ *an acute/obtuse angle* kąt ostry/rozwarty ○ *at an angle of 40°* ○ *The three angles of a triangle add up to 180°.* ▶ **kąt** **2** the direction from which you look at sth: *Viewed from this angle* (patrząc pod tym kątem), *the building looks bigger than it really is.* ○ *If we look at the problem from another angle, it might be easier to solve it.* ▶ **kąt/punkt** (*np. widzenia*)
IDIOM **at an angle** not straight: *This hat is meant to be worn at an angle* (na bakier). ▶ **pod (jakimś) kątem**

angle[2] /ˈæŋɡl/ verb **1** [I,T] to put sth in a position that is not straight; to be in this position: *Angle the lamp towards the desk.* **2** [T] **angle sth (at/to/towards sb)** to present sth from a particular point of view; to aim sth at a particular person: *The new magazine is angled at young professional people.* ▶ **przedstawiać coś z jakiegoś punktu widzenia; kierować (do kogoś)**
PHRASAL VERB **angle for sth** to try and make sb give you sth, without asking for it in a direct way: *She was angling for a free ticket to the match.* ▶ **polować na coś**

angler /ˈæŋɡlə(r)/ noun [C] a person who catches fish as a hobby ▶ **wędka-rz/rka**
□ **angling** noun [U] the sport of fishing as a hobby: *He goes angling at weekends.* ▶ **wędkarstwo**

Anglican /ˈæŋɡlɪkən/ noun [C] a member of the Church of England, or of a related church in another English-speaking country ▶ **wyznawca anglikanizmu**
□ **Anglican** adj. ▶ **anglikański**

Anglo- /ˈæŋɡləʊ/ (in compounds) English or British; connected with England or Britain (and another country or countries): *Anglo-American relations* ▶ **angielsko-, brytyjsko-**

Anglo-Saxon /ˌæŋɡləʊ ˈsæksn/ noun **1** [C] a person whose ancestors were English ▶ **osoba angielskiego pochodzenia** **2** [C] an English person who lived in the period before the Norman Conquest ▶ **Anglosas/ka** **3** (also **Old English**) [U] the English language before about 1150 ▶ **język anglosaski**
□ **Anglo-Saxon** adj. ▶ **anglosaski**

★**angry** /ˈæŋɡri/ adj. (**angrier**; **angriest**) **angry (with sb) (at/about sth)** feeling or showing anger: *There's no need to get angry* (nie trzeba się złościć). ○ *My parents will be angry with me if I get home late.* ○ *He's always getting angry about something.* ❶ Rzeczownik: **anger**. ➲ Por. **cross**[3]. ▶ **zły, gniewny**
□ **angrily** /-əli/ adv. ▶ **gniewnie**

anguish /ˈæŋɡwɪʃ/ noun [U] great pain or suffering, especially of a mental kind: *The newspaper told of the mother's anguish at the death of her son.* ▶ **udręka, boleść**
□ **anguished** adj.: *There was an anguished expression in his eyes.* ▶ **udręczony, cierpiący**

angular /ˈæŋɡjələ(r)/ adj. with sharp points or corners: *an angular face* ▶ **kanciasty, kościsty**

★**animal** /ˈænɪml/ noun [C] **1** a living creature that is not a plant: *the animal kingdom* ○ *Man is a social animal* (zwierzęciem stadnym). ▶ **zwierzę** **2** a living creature of this kind, but not including humans: *She thinks that zoos are cruel to animals.* ▶ **zwierzę** **3** a living creature that is not a human, bird, fish, insect or reptile: *He studied the animals and birds of Southern Africa.* ○ *domestic animals* ▶ **zwierzę** (*ssak, z wyjątkiem człowieka*)

animated /ˈænɪmeɪtɪd/ adj. **1** lively and interesting: *an animated discussion* ▶ **ożywiony** **2** (used about films) using a technique by which drawings appear to move: *an animated cartoon* ▶ **rysunkowy**
□ **animation** /ˌænɪˈmeɪʃn/ noun [U] **1** the state of being lively: *She spoke with great animation on the subject.* ▶ **ożywienie** **2** the technique of making films, videos and computer games with drawings that appear to move ▶ **animacja filmowa**

★**ankle** /ˈæŋkl/ noun [C] the part of the body where the foot joins the leg: *an ankle chain* ○ *I tripped and sprained my ankle.* ▶ **kostka** (*u nogi*)

annex /əˈneks/ verb [T] to take possession and control of another country or region: *Many people feel that the dictator plans to annex the two neighbouring countries.* ▶ **zawładnąć, anektować**
□ **annexation** /ˌænekˈseɪʃn/ noun [C,U]: *the annexation of Austria* ▶ **aneksja**

annexe (especially US **annex**) /ˈæneks/ noun [C] a building that is joined to or near a larger one ▶ **przybudówka**

annihilate /əˈnaɪəleɪt/ verb [T] to destroy or defeat sb/sth completely: *The army was annihilated in the battle.* ○ *They weren't just beaten in the match, they were annihilated.* ▶ **unicestwiać, zniszczyć, zmiażdżyć**
□ **annihilation** /əˌnaɪəˈleɪʃn/ noun [U]: *Modern weapons have placed mankind in danger of annihilation.* ▶ **unicestwienie**

anniversary /ˌænɪˈvɜːsəri/ noun [C] (pl. **anniversaries**) a day that is exactly a year or a number of years after a special or important event: *the hundredth anniversary of the country's independence* ○ *a twenty-fifth wedding anniversary* ▶ **rocznica, jubileusz**

annotated /ˈænəteɪtɪd/ adj. (used about a book, etc.) with notes added to it that explain and give extra information about the contents ▶ **zaopatrzony w przypisy**

★**announce** /əˈnaʊns/ verb [T] **1** to make sth known publicly, in an official way: *We are pleased to announce the opening of our new department store.* ○ *The winners will be announced in next week's paper.* ▶ **ogłaszać**

2 to say sth in a loud voice or in an aggressive way: *She stormed into my office and announced that she was leaving.* ▶ **oznajmiać** (*podniesionym głosem*)

□ **announcement** noun **1** [sing.] an act of telling people about sth: *The announcement of the election results takes place at the Town Hall.* ▶ **ogłoszenie 2** [C] a statement that tells people about sth: *Ladies and gentlemen, may I have your attention. I have an important announcement to make.* ▶ **ogłoszenie** | **announcer** noun [C] a person who introduces or gives information about programmes on radio or television ▶ **spiker/ka**

★**annoy** /əˈnɔɪ/ verb [T] to make sb quite angry: *It really annoys me when you act so selfishly.* ○ *Close the door if the noise is annoying you.* ▶ **irytować**

□ **annoyance** /-əns/ noun **1** [U] the feeling of being annoyed: *Much to my annoyance, the train had just left when I got to the station.* ▶ **irytacja 2** [C] something that annoys: *Low-flying planes are an annoyance in this area.* ▶ **utrapienie** | **annoyed** adj. angry or fairly angry: *I shall be extremely annoyed if he turns up late again.* ○ *She's annoyed with herself for making such a stupid mistake.* ▶ **zirytowany, zły** | **annoying** adj. making you feel rather angry: *Oh, how annoying! I've left my money at home.* ▶ **irytujący**

★**annual** /ˈænjuəl/ adj. **1** happening or done once a year or every year: *the company's annual report* ○ *an annual festival* ▶ **roczny, coroczny 2** for the period of one year: *Her annual income is £20 000.* ○ *the annual sales figures* ▶ **roczny**

□ **annual** noun [C] a book or magazine that is published once a year, with the same title but different contents: *the 1993 Football Annual* ▶ **rocznik** | **annually** adv.: *Payment will be made annually.* ○ *China produces about 60 tonnes of gold annually.* ▶ **co roku, rocznie**

annunciation (**the Annunciation**) /əˌnʌnsiˈeɪʃn/ noun [sing.] (in Christianity) the announcement to Mary that she was to be the mother of Christ, celebrated on 25 March ▶ **Zwiastowanie**

anomaly /əˈnɒməli/ noun [C] (pl. **anomalies**) something that is different from what is normal or usual: *We discovered an anomaly in the sales figures for August.* ▶ **anomalia, nieprawidłowość**

□ **anomalous** /əˈnɒmələs/ adj.: *In a few anomalous cases, these drugs have made people ill.* ▶ **nieprawidłowy, odbiegający od normy**

anon. /əˈnɒn/ abbr. (used to show that we do not know who the author of a piece of writing is) anonymous ▶ **anonimowy**

anonymity /ˌænəˈnɪməti/ noun [U] the situation where a person's name is not known ▶ **anonimowość**

anonymous /əˈnɒnɪməs/ adj. **1** (used about a person) with a name that is not known or made public: *An anonymous caller told the police that the robbery was going to take place.* ❶ Skrót: **anon.** ▶ **anonimowy 2** done, written, given, etc. by sb whose name is not known or made public: *He received an anonymous letter.* ▶ **anonimowy**

□ **anonymously** adv. ▶ **anonimowo**

anorak /ˈænəræk/ noun [C] (Brit.) **1** a short coat with a hood that protects you from rain, wind and cold ▶ **skafander 2** (slang) a person who enjoys learning boring facts: *He's a real anorak – he can name every player in the World Cup.* ▶ **kowal**

anorexia /ˌænəˈreksiə/ (also **anorexia nervosa** /ˌænəreksiə nɜːˈvəʊsə/) noun [U] an illness, especially affecting young women. It makes them afraid of being fat and so they do not eat. ▶ **anoreksja**

□ **anorexic** adj., noun [C] ▶ **chory na anoreksję**

★**another** /əˈnʌðə(r)/ det., pron. **1** one more; an additional thing or person: *Would you like another drink?* ○ *'Have you finished yet?' 'No, I've still got another three questions to do.'* ○ *They've got three children already and they're having another.* ▶ **jeszcze jeden 2** a different thing or person: *I'm afraid I can't see you tomorrow – could we arrange another day?* ○ *She discovered that he was having an affair with another woman.* ▶ **(jakiś) inny**

IDIOMS **one after another/the other** → ONE[1] | **one another** → ONE[3] | **yet another** → YET

★**answer**[1] /ˈɑːnsə(r); US ˈænsər/ verb [I,T] **1** to say or write sth back to sb who has asked you sth: *I asked her what the matter was but she didn't answer.* ○ *Please answer me!* ○ *Answer all the questions on the form.* ▶ **odpowiadać**

> **Answer** i **reply** to najczęściej używane czasowniki w sytuacjach, gdy odpowiada się na pytania, listy itp.: *I asked him a question but he didn't answer.* ○ *I sent my application but they haven't replied yet.* Zwróć uwagę, że **answer** używa się bez przyimka: *answer a person, a question or a letter*; a **reply** z przyimkiem **to**: *reply to a letter.* **Respond** jest słowem rzadziej używanym i ma bardziej formalny charakter: *Applicants must respond within seven days.* Częściej używa się go w znaczeniu „reagować w pożądany sposób": *Despite all the doctor's efforts the patient did not respond to treatment.*

2 to do sth as a reply: *Can you answer the phone for me, please?* ○ *I rang their doorbell but nobody answered.* ○ *He hasn't answered my letter yet.* ▶ **odbierać** (*telefon*), **otwierać** (*drzwi*), **odpowiadać**

PHRASAL VERBS **answer back** to defend yourself against sth bad that has been written or said about you: *It's wrong to write things like that about people who can't answer back.* ▶ **bronić się słowami** | **answer (sb) back** to reply rudely to sb ▶ **odpowiadać niegrzecznie** | **answer for sb/sth 1** to accept responsibility or blame for sb/sth: *Somebody will have to answer for all the damage that has been caused.* ▶ **odpowiadać za kogoś/coś 2** to speak in support of sb/sth: *I can certainly answer for her honesty.* ▶ **ręczyć za kogoś/coś** | **answer to sb (for sth)** to have to explain your actions or decisions to sb: *All sales clerks answer to the* *store manager.* ▶ **odpowiadać przed kimś (za coś)**

□ **answerable** /ˈɑːnsərəbl/ **answerable to sb (for sth)** having to explain and give good reasons for your actions to sb; responsible to sb ▶ **odpowiedzialny przed kimś (za coś)**

★**answer**[2] /ˈɑːnsə(r); US ˈænsər/ noun [C] **answer (to sb/sth) 1** something that you say, write or do as a reply: *the answer to a question* ○ *They've made me an offer and I have to give them an answer by Friday.* ○ *I knocked on the door but there was no answer.* ▶ **odpowiedź 2** a solution to a problem: *I didn't have any money so the only answer was to borrow some.* ▶ **rozwiązanie 3** a reply to a question in a test or exam; the correct reply to a question in a test or exam: *How many answers did you get right?* ○ *What was the answer to question 4?* ▶ **(poprawna) odpowiedź**

IDIOMS **in answer (to sth)** as a reply (to sth): *They sent me some leaflets in answer to my request for information.* ▶ **w odpowiedzi (na coś)** | **the short answer is...** → SHORT[1]

answering machine /ˈɑːnsərɪŋ məʃiːn/ noun [C] (Brit. also **answerphone** /ˈɑːnsəfəʊn/) a machine that answers the telephone and records messages from callers: *I rang him and left a message on his answering machine.* ▶ **automatyczna sekretarka**

ant /ænt/ noun [C] a very small insect that lives in large groups and works very hard: *an army of ants* ▶ **mrówka**

antagonism /ænˈtæɡənɪzəm/ noun [U] **antagonism (towards sb/sth)**; **antagonism (between A and B)** a feeling of hate and of being opposed to sb/sth ▶ **antagonizm**

□ **antagonistic** /ænˌtæɡəˈnɪstɪk/ adj. ▶ **wrogi, nieprzyjazny**

antagonize (also **-ise**) /ænˈtæɡənaɪz/ verb [T] to make sb angry or to annoy sb: *She tends to antagonize people with her outspoken remarks.* ▶ **zrażać, antagonizować**

Antarctic /ænˈtɑːktɪk/ adj. connected with the coldest, most southern parts of the world: *the Antarctic Circle* koło podbiegunowe południowe ○ *an Antarctic expedition* ▶ **antarktyczny**

□ **the Antarctic** noun [sing.] the most southern part of the world ▶ **Antarktyka**

antelope /ˈæntɪləʊp/ noun [C] (pl. **antelope** or **antelopes**) an animal with horns that has long, thin legs, looks like a deer and can run very fast. ▶ **antylopa**

antenatal /ˌæntiˈneɪtl/ adj. happening or existing before birth: *an antenatal clinic* ▶ **prenatalny**

antenna /ænˈtenə/ noun [C] **1** (pl. **antennae** /-niː/) one of the two long thin parts on the heads of insects and some animals that live in shells. It is used for feeling things with. ▶ **czułek 2** (pl. **antennas**) (US) = AERIAL[1]

anthem /ˈænθəm/ noun [C] a song, especially one that is sung in church or on special occasions: *The British national anthem is 'God Save the Queen'.* ▶ **hymn**

anthology /ænˈθɒlədʒi/ noun [C] (pl. **anthologies**) a book that contains pieces of written work or poems, often on the same subject, by different authors: *an anthology of love poetry* ▶ **antologia**

anthropology /ˌænθrəˈpɒlədʒi/ noun [U] the study of human beings, especially of their origin, development, customs and beliefs ▶ **antropologia**

□ **anthropological** /ˌænθrəpəˈlɒdʒɪkl/ adj. ▶ **antropologiczny**

antibiotic /ˌæntibaɪˈɒtɪk/ noun [C] a medicine which is used for destroying bacteria and curing infections: *The doctor gave me some antibiotics for a chest infection.* ▶ **antybiotyk**

antibody /ˈæntibɒdi/ noun [C] (pl. **antibodies**) a substance that the body produces to fight disease ▶ **przeciwciało**

anticipate /ænˈtɪsɪpeɪt/ verb [T] to expect sth to happen (and to prepare for it): *to anticipate a problem* ○ *I anticipate that the situation will get worse.* ▶ **przewidywać, oczekiwać**

anticipation /ænˌtɪsɪˈpeɪʃn/ noun [U] **1** the state of expecting sth to happen (and preparing for it): *The government has reduced tax in anticipation of an early general election.* ▶ **oczekiwanie, przewidywanie 2** the state of feeling excited about sth that is going to happen: *They queued outside the cinema in excited anticipation.* ▶ **oczekiwanie**

anticlimax /ˌæntiˈklaɪmæks/ noun [C,U] an event, etc. that is less exciting than you had expected or than what has already happened: *a mood/feeling of anticlimax* ○ *The ending of the film was a dreadful anticlimax.* ▶ **rozczarowanie, zawód**

anticlockwise /ˌæntiˈklɒkwaɪz/ (US ˌ**counter-ˈclockwise**) adv., adj. in the opposite direction to the movement of the hands of a clock: *Turn the lid anticlockwise/in an anticlockwise direction.* ▶ **przeciw-nie/ny do ruchu wskazówek zegara**

antics /ˈæntɪks/ noun [pl.] funny, strange or silly ways of behaving: *The children roared with laughter at the clown's antics.* ▶ **popisy, błazeństwa**

antidote /ˈæntidəʊt/ noun [C] **1** a medical substance that is used to prevent a poison or a disease from having an effect: *an antidote to snake bites* ▶ **odtrutka 2** anything that helps you to deal with sth unpleasant: *Many people find music a marvellous antidote to stress.* ▶ **antidotum**

antipathy /ænˈtɪpəθi/ noun [U] **antipathy (to/towards sb/sth)** (a strong feeling of) dislike: *I experienced a feeling of antipathy towards the speaker.* ▶ **niechęć, antypatia**

antiperspirant /ˌæntiˈpɜːspərənt/ noun [C,U] a liquid, cream, etc. that you use to reduce sweating, especially under the arms ▶ **dezodorant antyperspiracyjny**

antiquated /ˈæntɪkweɪtɪd/ adj. old fashioned and not suitable for the modern world ▶ **przestarzały**

antique /ænˈtiːk/ adj. very old and therefore unusual and valuable: *an antique vase/table*

○ *antique furniture/jewellery* ▶ **zabytkowy, antyczny**

□ **antique** noun [C] an old and valuable object, e.g. a piece of furniture: *He collects antiques.* ○ *an antique shop* sklep z antykami ▶ **antyk**

> **Antique** (adj.) i **antique** (noun) używa się w odniesieniu do przedmiotów (zwykle mebli), które powstały ponad sto lat temu. Zabytek pochodzący z epoki starożytnej określa się mianem **antiquity**. Por. też **ancient**.

antiquity /æn'tɪkwəti/ noun (pl. **antiquities**) **1** [U] ancient times, especially those of the Egyptians, Greeks and Romans: *myths and legends from antiquity* ▶ **starożytność** **2** [C, usually pl.] a building, work of art or other object that remains from ancient times: *Greek and Roman antiquities* ▶ **starożytności, antyk** **3** [U] great age: *priceless objects of great antiquity* bezcenne przedmioty pochodzące ze starożytnych czasów ▶ **starość**

anti-Semitism /ˌænti 'semətɪzəm/ noun [U] prejudice against Jewish people ▶ **antysemityzm**

□ **anti-Semitic** /ˌænti sə'mɪtɪk/ ▶ **antysemicki**

antiseptic /ˌænti'septɪk/ noun [C,U] a liquid or cream that prevents a cut, etc. from becoming infected: *Put an antiseptic/some antiseptic on that scratch.* ▶ **środek antyseptyczny**

□ **antiseptic** adj.: *antiseptic cream* ▶ **antyseptyczny**

antisocial /ˌænti'səʊʃl/ adj. **1** not willing to be with other people; unfriendly ▶ **nietowarzyski** **2** not considered acceptable by other people or the rest of society: *antisocial behaviour/activities* ○ *Some people regard smoking as antisocial.* ▶ **aspołeczny**

antithesis /æn'tɪθəsɪs/ noun [C,U] (pl. **antitheses** /æn'tɪθəsi:z/) (formal) the opposite of sth: *Love is the antithesis of hate.* ▶ **antyteza, przeciwieństwo**

antler /'æntlə(r)/ noun [C, usually pl.] a horn on the head of a male deer: *a pair of antlers* poroże ▶ **róg jelenia**

antonym /'æntənɪm/ noun [C] a word that means the opposite of another word ▶ **antonim**

anus /'eɪnəs/ noun [C] (pl. **anuses**) the hole through which solid waste substances leave the body ▶ **odbyt**

★**anxiety** /æŋ'zaɪəti/ noun [C,U] (pl. **anxieties**) a feeling of worry or fear, especially about the future: *a feeling/a state of anxiety* ○ *There are anxieties over the effects of unemployment.* ▶ **niepokój, lęk**

★**anxious** /'æŋkʃəs/ adj. **1 anxious (about/for sb/sth)** worried and afraid: *I began to get anxious when they still hadn't arrived at 9 o'clock.* ○ *an anxious look/expression* ❶ **Be/get anxious** często tłumaczy się „niepokoić się". ▶ **niespokojny, zaniepokojony** **2** causing worry and fear: *For a few anxious moments we thought we'd missed the train.* ▶ **niespokojny** **3 anxious to do sth** wanting sth very much; eager for sth: *Police are anxious to find* (policji bardzo zależy na odnalezieniu) *the owner of the white car.* ▶ **palący się do czegoś**

□ **anxiously** adv. ▶ **z zaniepokojeniem**

★**any** /'eni/ det., pron. ❶ W znaczeniach 1-3 **any** często nie tłumaczy się. ➲ Zob. uwaga przy **some**. **1** (in negative statements) some: *We didn't have any lunch.* Nie jedliśmy obiadu. ○ *I speak hardly any Spanish.* Prawie wcale nie mówię po hiszpańsku. ○ *I don't know any Canadians.* Nie znam żadnych Kanadyjczyków. ○ *I wanted chips but there aren't any.* Chciałem frytki, ale ich nie ma. ○ *I don't like any of his books.* Nie lubię żadnej z jego książek. ▶ **żaden** **2** (in questions) some: *Have you got any children?* Czy masz dzieci? ○ *Are there any apples?* Czy są jabłka? ○ *Do you know any French?* Czy znasz język francuski? ▶ **jakiś** **3** (after *if/whether*) some: *He asked if we had any questions.* Zapytał, czy mamy jakieś pytania. ▶ **jakiś** **4** (used for saying that it does not matter which thing or person you choose): *Take any book you want.* ○ *Any teacher would say the same.* ▶ **jakikolwiek, którykolwiek, każdy**

IDIOM **any moment / second / minute / day (now)** very soon: *She should be home any minute now.* ▶ **lada chwila/minuta/dzień**

□ **any** adv. at all; to any degree (used in negative sentences and questions): *I can't run any faster.* ○ *Is your father any better?* Czy twój ojciec czuję się trochę lepiej? ▶ **ani trochę; do pewnego stopnia**

★**anybody** /'enibɒdi/ (also **anyone**) pron. **1** any person (usually in questions or negative statements): *I didn't know anybody at the party.* ○ *Is there anybody here who can speak Japanese?* ○ *Would anybody else* (ktoś jeszcze) *like to come with me?* ❶ Różnica między **somebody** i **anybody** jest taka sama jak między **some** i **any**. ➲ Zob. uwaga przy **some** i **somebody**. ▶ **nikt, ktoś** **2** any person, it does not matter who: *Anybody can learn to swim.* ○ *Can anybody come? Or are there special invitations?* ▶ **każdy, ktokolwiek**

★**anyhow** /'enihaʊ/ adv. **1** (also **anyway**) (used to add an extra point or reason) in any case: *Spain will be terribly hot in August and anyhow we can't afford a holiday abroad.* ▶ **tak czy owak** **2** (also **anyway**) (used when saying or writing something which contrasts in some way with what has gone before) however: *It's a very difficult exam but it's worth trying anyhow.* ○ *I'm afraid I can't come to your party, but thanks anyway* (niemniej, dziękuję). ▶ **jednak, w każdym razie** **3** (also **anyway**) (used for correcting something you have just said and making it more accurate) at least: *Everybody wants to be rich – well, most people anyhow.* ▶ **przynajmniej** **4** (also **anyway**) (used after a pause in order to change the subject or go back to a subject being discussed before): *Anyway, that's enough about my problems. How are you?* ▶ **w każdym razie** **5** in a careless way; with no order: *She threw her clothes on anyhow and dashed out of the door.* ▶ **byle jak**

★**anyone** /'eniwʌn/ pron. = ANYBODY

anyplace (US) = ANYWHERE

★**anything** /'eniθɪŋ/ pron. **1** (usually in negative statements or questions) one thing (of any kind): *The fog was so thick that I couldn't see anything at all.* ○ *There isn't anything interesting in the newspaper today.* ○ *Did you buy anything?* ○ *'I'd like a pound of apples please.' 'Anything else?'* ▶ **(zupełnie) nic; coś** ❶ Różnica między **something** i **anything** jest taka sama jak między **some** i **any**. ➲ Zob. uwaga przy **some**. **2** any thing or things: it does not matter what: *I'm starving. I'll eat anything.* ○ *I'll do anything you say.* ▶ **cokolwiek, obojętnie co**

IDIOMS **anything but** not at all: *Their explanation was anything but clear.* ▶ **bynajmniej nie** | **anything like sb/sth** at all similar to sb/sth; nearly: *She isn't anything like her sister, is she?* ○ *This car isn't anything like* (jest daleki od tego, żeby być) *as fast as mine.* ▶ **wcale, bynajmniej nie** | **as happy, quick, etc. as anything** (spoken) very happy, quick, etc. ▶ **bardzo szczęśliwy, itd.** | **like anything** → LIKE² | **not come to anything** → COME

★**anyway** /'eniweɪ/ adv. = ANYHOW

★**anywhere** /'eniweə(r)/ (US **anyplace**) adv. **1** (usually in questions or negative statements) in, at or to any place: *Is there a post office anywhere near here?* ○ *I can't find my keys anywhere.* ○ *You can't buy the book anywhere else* (nigdzie indziej). ▶ **gdzieś, nigdzie, gdziekolwiek** ❶ Różnica między **somewhere** i **anywhere** jest taka sama jak między **some** i **any**. ➲ Zob. uwaga przy **some**. **2** any place; it does not matter where: *'Where shall we go to eat?' 'Oh, anywhere will do.'* ▶ **gdziekolwiek, obojętnie gdzie**

★**apart** /ə'pɑːt/ adv. **1** away from sb/sth or each other; not together: *The doors slowly slid apart.* Drzwi wolno otworzyły się. ○ *They always quarrel so it's best to keep them apart.* ▶ **od siebie; osobno** **2** away from each other by the distance mentioned: *Plant the potatoes two feet apart.* Sadź ziemniaki co dwie stopy. ○ *I'm afraid our ideas are too far apart.* ▶ **oddalony** **3** into pieces: *to fall apart* ○ *The material was so old that it just fell/came apart in my hands* (po prostu rozsypał się). ○ *Their relationship was clearly falling apart.* Ich związek najwyraźniej rozlatywał się. ▶ **na części/kawałki**

IDIOMS **take sth apart** to separate sth into pieces: *He took the whole bicycle apart.* ▶ **rozkładać na części/kawałki** | **tell A and B apart** to see the difference between A and B: *It's very difficult to tell the twins apart.* ▶ **odróżniać (od siebie)**

■ **a'part from** (especially US **aside from**) prep. **1** except for: *I've finished my homework apart from some reading we have to do.* ○ *There's nobody here apart from me.* ▶ **oprócz** **2** as well as; in addition to: *Apart from their house in the country they've got a flat in London.* ○ *Apart from anything* (pomijając inne sprawy) *else you're my brother.* ▶ **oprócz**

apartheid /ə'pɑːthaɪt; -heɪt/ noun [U] the former official government policy in South Africa of separating people of different races and making them live apart ▶ **apartheid**

apartment /ə'pɑːtmənt/ noun [C] **1** (especially US) = FLAT¹ **2** [usually pl.] one of a number of rooms in a large house, used by an important person: *the Duke's private apartments* ▶ **apartament**

■ **a'partment block** noun [C] (especially US) a large building containing several apartments ▶ **blok mieszkalny**

apathy /'æpəθi/ noun [U] a lack of interest in things or of a desire to do anything ▶ **apatia**

□ **apathetic** /ˌæpə'θetɪk/ adj. lacking interest or a desire to act: *Don't be so apathetic!* ▶ **apatyczny**

ape /eɪp/ noun [C] a type of animal like a large monkey with no tail or only a very short tail: *Chimpanzees and gorillas are apes.* ▶ **małpa bezogonowa**

□ **ape** verb [T] to copy sb/sth ▶ **małpować**

aperitif /əˌperə'tiːf/ noun [C] a drink of alcohol that you have before a meal ▶ **aperitif**

apiece /ə'piːs/ adv. each: *He gave the children £1 apiece.* ▶ **każdemu, po** (*złotówce itp.*)

apolitical /ˌeɪpə'lɪtɪkl/ adj. **1** (used about a person) not interested in politics; not thinking politics are important ▶ **apolityczny** **2** not connected with a political party: *an apolitical organization* ▶ **apolityczny**

apologetic /əˌpɒlə'dʒetɪk/ adj. feeling or showing that you are sorry for sth you have done: *I wrote him an apologetic letter.* ○ *He was most apologetic about it.* ▶ **przepraszający, skruszony**

□ **apologetically** /-kli/ adv. ▶ **przepraszająco, ze skruchą**

★**apologize** (also **apologise**) /ə'pɒlədʒaɪz/ verb [I] **apologize (to sb) (for sth)** to say that you are sorry for sth you have done: *I do apologize for taking so long to reply to your letter.* ○ *You'll have to apologize to your teacher.* ❶ Przepraszając za coś, używa się słów **I'm sorry**. ➲ Por. **regret²**(2). Tego czasownika używa się w języku formalnym. ▶ **przepraszać**

★**apology** /ə'pɒlədʒi/ noun [C,U] (pl. **apologies**) **apology (to sb) (for sth)** a spoken or written statement that you are sorry for sth you have done, etc.: *Please accept our apologies for the problems you experienced during your stay in the hotel.* ○ *He was full of apology for having missed my birthday.* ▶ **przeprosiny**

apostle /ə'pɒsl/ noun [C] one of the twelve men chosen by Christ to spread his teaching ▶ **apostoł**

apostrophe /ə'pɒstrəfi/ noun [C] **1** the sign (') used for showing that you have left a letter or number out of a word (as in 'I'm', 'can't', 'we'll', etc.) ▶ **apostrof** **2** the sign (') used for showing who or what sth belongs or relates to as in 'John's chair', 'the boy's room' or 'the book's title'. ▶ **apostrof**

appal (US **appall**) /ə'pɔːl/ verb [T] (**appalling**; **appalled**) (usually passive) to shock sb deeply: *We were appalled by the poverty and starvation we saw everywhere.* ▶ **wstrząsać, przerażać**

□ **appalling** adj. shocking or terrible: *appalling cruelty* ○ *The food is appalling.* ▶ **wstrząsający,** przerażający | **appallingly** adv. ▶ **wstrząsająco, przerażająco**

★**apparatus** /ˌæpəˈreɪtəs; US -ˈrætəs/ noun [U] a set of tools, instruments or equipment used for doing a job or an activity: *the scientific apparatus necessary for carrying out experiments* ▶ **sprzęt**

★**apparent** /əˈpærənt/ adj. **1** (only before a noun) perhaps not true or real although seeming to be so: *His apparent interest in the proposal didn't last very long.* ▶ **pozorny 2 apparent to sb** clear; easy to see: *It was apparent to everyone that he could not be trusted.* ○ *For no apparent reason she suddenly burst into tears.* ▶ **oczywisty, widoczny**

□ **apparently** adv. **1** according to what people say (but perhaps not true): *Apparently, he's already been married twice.* ▶ **podobno, najwyraźniej, najwidoczniej 2** according to how sth seems or appears (but perhaps not true): *He was apparently undisturbed by the news.* ▶ **pozornie**

★**appeal** /əˈpiːl/ verb [I] **1 appeal to sb (for sth); appeal for sth** to make a serious request for sth you need or want very much: *Relief workers in the disaster area are appealing for more help and supplies.* ○ *She appeared on television to appeal to the men for her child's safe return.* ▶ **zwracać się** (*o pomoc itp.*), **wzywać (kogoś do zrobienia czegoś) 2 appeal (to sb)** to be attractive or interesting (to sb): *The idea of living in the country doesn't appeal to me at all.* ▶ **podobać się,** (*o pomyśle*) **przemawiać (do kogoś) 3 appeal to sth** to influence sb's feelings or thoughts so that they will do sth you want: *to appeal to sb's honour/sense of justice* ○ *We aim to appeal to people's generosity.* ▶ **odwoływać się (do czegoś) 4 appeal (to sb) (for/against sth)** to ask sb in authority to change a decision: *He decided to appeal against his conviction.* ▶ **wnosić apelację**

□ **appeal** noun **1** [C] a serious request for sth you need or want very much: *The police have made an urgent appeal for witnesses to come forward.* ○ *a television/radio appeal* ▶ **apel, wezwanie 2** [C] **appeal to sth** a written or spoken statement that tries to influence sb's feelings or thoughts so that they will do what you want: *a powerful appeal to our sense of loyalty* ▶ **apel, wezwanie 3** [C] a formal request to sb in authority to change a decision: *The judge turned down the defendant's appeal.* ▶ **apelacja 4** [U] attraction or interest: *I can't understand the appeal of stamp collecting.* ▶ **urok, pociąg (do czegoś)** | **appealing** adj. **1** attractive or interesting: *The idea of a Greek holiday sounds very appealing!* ▶ **pociągający 2** showing that you need help, etc.: *an appealing glance in my direction* ▶ **błagalny** | **appealingly** adv. ▶ **pociągająco; błagalnie**

★**appear** /əˈpɪə(r)/ verb [I] **1** linking verb to be seen; to come into sight: *The bus appeared round the corner.* ▶ **pojawiać się 2** to begin to exist: *The disease is thought to have appeared in Africa.* ▶ **pojawiać się 3** to be published or printed: *The article appeared in the 'Daily Mail' on Friday.* ▶ **ukazywać się 4** to present yourself in public to speak, perform, act, etc.: *to appear on television* ○ *I've been asked to appear in court.* ○ *She is currently appearing in 'Macbeth'.* ▶ **pojawiać się, występować 5** to seem: *She appears* (zdaje się, że ona) *to be very happy in her job.* ○ *It appears* (zdaje mi się, że) *that you were given the wrong information.* ○ *'Do you think there will be an election?' 'It appears so/not* (zdaje się, że tak/nie). ▶ **zdawać się**

★**appearance** /əˈpɪərəns/ noun **1** [sing.] the arrival of sb/sth: *I was surprised by her unexpected appearance at the party.* ▶ **pojawienie się, przybycie 2** [sing.] the beginning (of sth never seen or used before): *the appearance of television in the home in the 1950s* ▶ **pojawienie się, początek 3** [C] an act of appearing in public, especially on stage, television, etc.: *His last appearance before his death was as 'Julius Caesar'.* ▶ **występ 4** [U] the way that sb/sth looks: *A different hairstyle can completely change your appearance.* ○ *He gives the appearance of being extremely confident.* ▶ **wygląd**

appendicitis /əˌpendəˈsaɪtɪs/ noun [U] an illness in which your appendix becomes extremely painful and usually has to be removed ▶ **zapalenie wyrostka robaczkowego**

appendix /əˈpendɪks/ noun [C] **1** (pl. **appendixes**) a small tube inside your body which is attached to the intestine ▶ **wyrostek robaczkowy 2** (pl. **appendices** /-dɪsiːz/) a section at the end of a book, etc. that gives extra information ▶ **dodatek**

appetite /ˈæpɪtaɪt/ noun [C,U] **1** the desire for food: *a good/healthy appetite* ○ *Some fresh air and exercise should give you an appetite* (powinny ci poprawić apetyt). ○ *a loss of appetite* ▶ **apetyt 2** a natural desire: *She has a great appetite for work/life.* ○ *sexual appetites* ▶ **żądza**
IDIOM whet sb's appetite → WHET

appetizer (also **appetiser**) /ˈæpɪtaɪzə(r)/ (especially US) = STARTER

appetizing (also **-ising**) /ˈæpɪtaɪzɪŋ/ adj. (used about food, etc.) attractive and tempting: *an appetizing smell* ▶ **apetyczny, smakowity**

applaud /əˈplɔːd/ verb **1** [I,T] to clap your hands in order to show that you like sb/sth: *The audience applauded loudly.* ○ *The team was applauded as it left the field.* ▶ **oklaskiwać 2** [T] (usually passive) to praise sb/sth: *The decision was applauded* (uzyskała poklask) *by everybody.* ▶ **przyklaskiwać**

★**applause** /əˈplɔːz/ noun [U] the pleasure and approval of a group of people, shown by them clapping their hands: *The performance got terrific applause from the audience.* ○ *The actor was greeted by a round of applause.* ▶ **oklaski**

★**apple** /ˈæpl/ noun [C] a hard, round fruit with a smooth green, red or yellow skin: *cooking/eating apples* ○ *an apple tree* jabłoń ▶ **jabłko**

appliance /əˈplaɪəns/ noun [C] a piece of equipment for a particular purpose in the house: *electrical appliances* ▶ **urządzenie, przyrząd**

applicable /ə'plɪkəbl; 'æplɪkəbl/ adj. (not before a noun) **applicable (to sb/sth)** that concerns or relates to: *This part of the form is only applicable to married women.* ▶ **odnoszący się, dotyczący**

★**applicant** /'æplɪkənt/ noun [C] a person who applies for sth, especially a job ▶ **kandydat/ka**

★**application** /ˌæplɪ'keɪʃn/ noun **1** [C,U] **application (to sb) (for sth)** a formal written request, especially for a job or a place in a school, club, etc.: *Applications for the job should be made to the Personnel Manager.* ○ *an application form* ▶ **podanie 2** [C,U] a/the practical use (of sth): *The lecture was about the application of educational theory to the classroom.* ▶ **zastosowanie, użytek 3** [U] hard work; effort ▶ **przykładanie się 4** [C] a computer program that is used for a specific purpose: *a word-processing application* ▶ **program użytkowy do komputera**

★**apply** /ə'plaɪ/ verb (pres. part. **applying**; 3rd pers. sing. pres. **applies**; pt, pp **applied**) **1** [I] **apply (to sb) (for sth)** to ask for sth in writing: *I'm going to apply for that job they advertised.* ▶ **składać podanie 2** [T] **apply yourself/sth (to sth/to doing sth)** to make yourself concentrate on sth: *to apply your mind to sth* ○ *He applied himself to his studies.* ▶ **skupiać się nad, przykładać się 3** [I] **apply (to sb/sth)** to concern or relate (to sb/sth): *This information applies to all children born after 1983.* ▶ **odnosić się, dotyczyć 4** [T] **apply sth (to sth)** to make practical use of sth: *new technology which can be applied to solving problems in industry* ▶ **stosować 5** [T] (usually passive) to use a word, a name, etc. to refer to sb/sth: *I don't think the word 'antique' can be applied to this old table, do you?* ▶ **stosować, odnosić się 6** [T] **apply sth (to sth)** to put or spread sth (onto sth): *Apply the cream to the infected area twice a day.* ▶ **przykładać, smarować**

□ **applied** adj. (used about a subject) having a practical use: *applied mathematics* ▶ **stosowany**

★**appoint** /ə'pɔɪnt/ verb [T] **1 appoint sb (to sth)** to choose sb for a job, etc.: *The committee have appointed a new chairperson.* ○ *He's been appointed (as) Assistant Secretary to the Minister of Education.* ▶ **mianować 2 appoint sth (for sth)** (formal) to arrange or decide on sth: *the date appointed for the next meeting* ▶ **wyznaczać**

★**appointment** /ə'pɔɪntmənt/ noun **1** [C,U] **appointment (with sb)** an arrangement to see sb at a particular time: *a doctor's/dentist's/hairdresser's appointment* ○ *I'd like to make an appointment to see the manager.* Chciałbym się umówić na spotkanie z kierownikiem. ○ *I'm afraid I won't be able to keep our appointment* (dotrzymać terminu naszego spotkania) *on Monday.* ○ *to cancel an appointment* ○ *Visits are by appointment only.* Tylko umówione wizyty. ▶ **umówione spotkanie 2** [C] a job or position of responsibility: *a temporary/permanent appointment* ▶ **posada, stanowisko 3** [U] **appointment (to sth)** the act of choosing sb for a job: *Many people criticized the appointment of such a young man to the post.* ▶ **mianowanie**

appraise /ə'preɪz/ verb [T] to form an opinion about the value or quality of sb/sth ▶ **oceniać, oszacowywać**

□ **appraisal** /ə'preɪzl/ noun [C,U] an opinion about the value or quality of sb/sth; a judgement ▶ **ocena, oszacowanie**

appreciable /ə'priːʃəbl/ adj. noticeable or important: *There has been an appreciable drop in the rate of inflation.* ▶ **zauważalny, znaczny**

★**appreciate** /ə'priːʃieɪt/ verb **1** [T] to enjoy sth or to understand the value of sth: *The art of Van Gogh was not appreciated during his own lifetime.* ▶ **doceniać 2** [T] to understand sth (a problem, situation, etc.): *I don't think you appreciate how serious this situation is.* ▶ **zdawać sobie sprawę 3** [T] to be grateful for sth: *Thanks for your help. We did appreciate it.* ▶ **doceniać 4** [I] to increase in value: *Houses in this area have appreciated faster than elsewhere.* ▶ **podrożeć**

□ **appreciative** /ə'priːʃətɪv/ adj. **1** feeling or showing pleasure or admiration: *'You look lovely,' he said, with an appreciative smile.* ▶ **pochwalny 2 appreciative (of sth)** grateful for sth: *He was very appreciative of our efforts to help.* ▶ **wdzięczny**

appreciation /əˌpriːʃi'eɪʃn/ noun [U] **1** understanding and enjoyment (of the value of sth): *I'm afraid I have little appreciation of modern architecture.* ▶ **zrozumienie, znajdowanie (w czymś) przyjemności 2** the feeling of being grateful for sth: *We bought him a present to show our appreciation for all the work he had done.* ▶ **wdzięczność 3** understanding of what sth involves: *None of us had the slightest appreciation of the seriousness of the situation.* ▶ **pojęcie, zrozumienie 4** increase in value: *the appreciation of antiques and works of art* ▶ **wzrost wartości**

apprehension /ˌæprɪ'henʃn/ noun [C,U] (formal) worry or fear about sth in the future: *feelings of apprehension* ▶ **obawa**

apprehensive /ˌæprɪ'hensɪv/ adj. worried or afraid: *to be/feel apprehensive* obawiać się ○ *The students were apprehensive about their forthcoming exams.* ▶ **obawiający się**

apprentice /ə'prentɪs/ noun [C] a person who works for sb for low wages, in order to learn an occupation or skill: *an apprentice electrician* ▶ **terminator/ka, ucze-ń/nnica**

□ **apprenticeship** /-tɪʃɪp/ noun [C,U] the state or time of being an apprentice ▶ **termin** (*nauka rzemiosła*)

★**approach** /ə'prəʊtʃ/ verb **1** [I,T] to come near or nearer to sb/sth: *The day of her wedding approached.* ○ *When you approach the village you will see a garage on your left.* ○ *And now as we approach a new century…* ▶ **zbliżać się, podchodzić (do kogoś/czegoś) 2** [T] to speak to sb usually in order to ask for sth: *I'm going to approach my bank manager about a loan.* ▶ **zwracać się (do kogoś) 3** [T] to begin to deal with sth (a problem, a situation, etc.): *What is the best way to approach this problem?*

▶ **podchodzić (do czegoś)** **4** [T] to almost reach sth (a certain standard, level, etc.): *at a depth approaching 50 feet under water* ▶ **zbliżać się (do czegoś)**

□ **approach** noun **1** [sing.] the act of coming nearer (to sb/sth): *The children stopped talking at the teacher's approach.* ▶ **zbliżanie się, podejście** **2** [C] a discussion about getting sth; a request for sth: *The company has made an approach to us for financial assistance.* ▶ **zwracanie się** **3** [C] a road or path, etc. leading to sth: *the approach to the village* ▶ **dostęp** **4** [C] a way of dealing with sb/sth: *Parents don't always know what approach to take with teenage children.* ▶ **podejście** | **approachable** adj. **1** friendly and easy to talk to: *She's nice but her husband's not very approachable.* ❶ Antonim: **unapproachable**. ▶ **dostępny, przystępny** **2** (not before a noun) able to be reached: *The area was easily approachable by bus.* ▶ **dostępny**

★**appropriate**[1] /ə'prəʊpriət/ adj. **appropriate (for/to sth)** suitable or right: *The matter will be dealt with by the appropriate authorities.* ○ *appropriate for the occasion* ○ *Please take whatever action you think is appropriate.* ❶ Antonim: **inappropriate**. ▶ **odpowiedni**

□ **appropriately** adv. ▶ **odpowiednio**

★**appropriate**[2] /ə'prəʊprieɪt/ verb [T] (written) to take sth to use for yourself, usually without permission ▶ **przywłaszczyć sobie**

★**approval** /ə'pru:vl/ noun [U] feeling, showing or saying that you think sth is good; agreement: *Everybody gave their approval to the proposal.* ○ *I'm afraid I can't sign these papers without my partner's approval.* ○ *She was always anxious to win her mother's approval.* ▶ **zgoda, pochwała**

★**approve** /ə'pru:v/ verb **1** [I] **approve (of sb/sth)** to be pleased about sth; to like sb/sth: *His father didn't approve of his leaving school at 16.* ❶ Antonim: **disapprove**. ▶ **aprobować, pochwalać** **2** [T] to agree to sth or to accept sth as correct: *We need to get an accountant to approve these figures.* ▶ **zatwierdzać**

□ **approving** adj. showing support or admiration for sth: *'I agree entirely,' he said with an approving smile.* ▶ **aprobujący, pochwalny** | **approvingly** adv. ▶ **aprobująco, pochwalnie**

approx abbr. approximately; approximate ▶ **ok.; przybliżony**

★**approximate** /ə'prɒksɪmət/ adj. almost correct but not completely accurate: *The approximate time of arrival is 3 o'clock* ○ *an approximate idea of the cost* ▶ **przybliżony, zbliżony**

□ **approximately** adv. about: *It's approximately fifty miles from here.* ▶ **około** | **approximation** /əˌprɒksɪ'meɪʃn/ noun [C] a number, answer, etc. which is nearly, but not exactly, right ▶ **przybliżona** (*np. liczba, odpowiedź*)

Apr. abbr. April: *2 Apr. 1993* ▶ **kwiecień**

apricot /'eɪprɪkɒt/ noun [C] a small, round, yellow or orange fruit with soft flesh and a stone inside: *an apricot tree* ▶ **morela**

★**April** /'eɪprəl/ noun [C,U] (abbr. **Apr.**) the fourth month of the year, coming before May ➲ Zob. przykł. użycia nazw miesięcy w zdaniach przy January. ▶ **kwiecień**

■ ˌ**April 'Fool** noun [C] a person who has a joke or trick played on them on 1 April ▶ **ofiara żartu primaaprilisowego** | ˌ**April 'Fool's Day** noun [sing.] 1 April ▶ **prima aprilis**

apron /'eɪprən/ noun [C] a piece of clothing worn over the front of the body, from the chest or the waist down, and tied around the waist. Aprons are worn over other clothes to keep them clean, e.g. when you are cooking. ▶ **fartuch**

apt /æpt/ adj. **1** suitable: *a very apt reply* ▶ **trafny** **2 apt to do sth** having a tendency to do sth; likely: *You'd better remind me. I'm rather apt to forget* (często zapominam). ▶ **skłonny, mający tendencję** (*np. do zapominania*)

□ **aptly** adv. suitably: *The house was aptly named 'Sea View'.* ▶ **trafnie**

aptitude /'æptɪtju:d; US -tu:d/ noun [C,U] **aptitude (for sth/for doing sth)** (a) natural ability: *She has an aptitude for learning languages.* ○ *He's shown no aptitude for music.* ▶ **uzdolnienie**

aquarium /ə'kweəriəm/ noun [C] (pl. **aquariums** or **aquaria** /-riə/) **1** a glass container filled with water, in which fish and water animals are kept ▶ **akwarium** **2** a building, often in a zoo, where fish and water animals are kept ▶ **akwarium**

Aquarius /ə'kweəriəs/ noun [C,U] the eleventh sign of the zodiac, the Water Carrier; a person who was born under this sign ▶ **Wodnik; zodiakalny Wodnik**

aquatic /ə'kwætɪk/ adj. **1** (used about an animal or a plant) living in water ▶ **wodny** **2** (used about a sport) performed on or in water ▶ **wodny**

aqueduct /'ækwɪdʌkt/ noun [C] a structure for carrying water, usually one built like a bridge across a valley or low ground ▶ **akwedukt**

★**Arab** /'ærəb/ noun [C] a member of a people who lived originally in Arabia and who now live in many parts of the Middle East and North Africa ▶ **Arab**

□ **Arab** adj.: *Arab countries* ▶ **arabski**

Arabic /'ærəbɪk/ noun [sing.] the language that is spoken by Arab people; the religious language of Islam ▶ **język arabski**

arable /'ærəbl/ adj. (in farming) connected with growing crops for sale, not keeping animals ▶ **orny**

arbitrary /'ɑ:bɪtrəri; US 'ɑ:rbɪtreri/ adj. not based on any principle or reason; not thinking about the wishes of the other people involved: *The choice he made seemed completely arbitrary. I couldn't see any reason for it, anyway.* ▶ **arbitralny**

□ **arbitrarily** adv. ▶ **arbitralnie**

arbitrate /'ɑ:bɪtreɪt/ verb [I,T] to settle an argument between two people or groups by finding a solution that both can accept ▶ **rozsądzać, rozstrzygać** (*polubownie*)

arbitration /ˌɑ:bɪ'treɪʃn/ noun [U] the process of settling an argument between two people or

arch

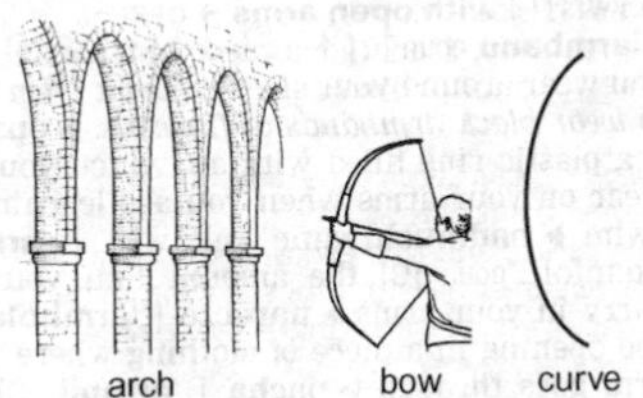

groups by a third person (who has been chosen by them): *The union and the management decided to go to arbitration* (zdać się na arbitraż). ▶ **arbitraż**

arc /ɑːk/ noun [C] a curved line, part of a circle ▶ **łuk**

arcade /ɑːˈkeɪd/ noun [C] **1** a large covered passage or area with shops along one or both sides; a passage with arches: *a shopping arcade* ▶ **arkada 2** (also **amusement arcade**) a large room with machines and games that you put coins into to play: *arcade games* gry komputerowe ▶ **salon gier**

arch /ɑːtʃ/ noun [C] **1** a structure made with two columns joined over the top in a curve. An arch may support a bridge or the roof of a large building or it may be above a door or a window. ➲ Por. **archway**. ▶ **łuk 2** a monument in the shape of an arch: *Marble Arch in London* ▶ **łuk 3** the middle part of the inside of your foot ▶ **podbicie**
□ **arch** verb [I,T] to make a curve: *The cat arched its back and hissed.* ▶ **wyginać (się) w łuk**

archaeology (especially US **archeology**) /ˌɑːkiˈɒlədʒi/ noun [U] the study of ancient civilizations, based on objects or parts of buildings that are found in the ground ▶ **archeologia**
□ **archaeological** (especially US **archeological**) adj. connected with archaeology ▶ **archeologiczny** | **archaeologist** (especially US **archeologist**) noun [C] an expert in archaeology ▶ **archeolog**

archaic /ɑːˈkeɪɪk/ adj. old-fashioned; no longer in common use ▶ **archaiczny**

archbishop /ˌɑːtʃˈbɪʃəp/ noun [C] a priest in some branches of the Christian church who is in charge of all the bishops, priests and churches in a large area of a country: *the Archbishop of Canterbury* ▶ **arcybiskup**

archer /ˈɑːtʃə(r)/ noun [C] a person who shoots with a bow and arrow ▶ **łucznik**
□ **archery** noun [U] the sport of shooting with a bow and arrow ▶ **łucznictwo**

⋆**architect** /ˈɑːkɪtekt/ noun [C] a person whose job is to design buildings ▶ **architekt**

architecture /ˈɑːkɪtektʃə(r)/ noun [U] **1** the study of how buildings are planned and constructed ▶ **architektura 2** the style or design of a building or buildings: *the architecture of the fifteenth century* ○ *modern architecture* ▶ **architektura**
□ **architectural** /ˌɑːkɪˈtektʃərəl/ adj. connected with the design of buildings ▶ **architektoniczny**

archives /ˈɑːkaɪvz/ noun [pl.] (also **archive** /ˈɑːkaɪv/ noun [C]) a collection of historical documents, etc. which record the history of a place or an organization; the place where they are kept: *the city archives* ○ *archive material* (materiały archiwalne) *on the First World War* ▶ **archiw-um/a**

archway /ˈɑːtʃweɪ/ noun [C] a passage or entrance with an arch over it ▶ **sklepione przejście**

Arctic /ˈɑːktɪk/ adj. **1** connected with the region round the North Pole (the most northern point of the world) ▶ **arktyczny 2** (**arctic**) very cold: *The mountaineers faced arctic conditions near the top of the mountain.* ▶ **arktyczny**
□ **the Arctic** noun [sing.] the area round the North Pole ▶ **Arktyka**
■ **the ˌArctic ˈCircle** noun [sing.] the line of latitude 66° 30′N ▶ **koło podbiegunowe północne**

ardent /ˈɑːdnt/ adj. showing strong feelings, especially a strong liking for sb/sth: *He was an ardent supporter of the Government.* ▶ **żarliwy**
□ **ardently** adv. ▶ **żarliwie**

arduous /ˈɑːdjuəs; US -dʒu-/ adj. full of difficulties; needing a lot of effort: *an arduous journey* ▶ **uciążliwy**

are → BE

⋆**area** /ˈeəriə/ noun **1** [C] a part of a town, a country or the world: *Housing is very expensive in the London area.* ○ *Do not sound your horn in a built-up area* (na obszarze zabudowanym). ○ *The high winds scattered litter over a wide area.* Silne wiatry rozniosły śmieci na znaczną odległość. ➲ Zob. uwaga przy **district**. ▶ **obszar, teren 2** [C,U] the size of a surface, that you can calculate by multiplying the length by the width: *The area of the office is 35 square metres.* ○ *The office is 35 square metres in area.* ▶ **powierzchnia 3** [C] a space used for a particular activity: *The restaurant has a non-smoking area.* W tej restauracji jest miejsce dla niepalących. ○ *the penalty area* pole karne ▶ **rejon, strefa 4** [C] a particular part of a subject or activity: *Training is one area of the business that we could improve.* ▶ **dziedzina**

arena /əˈriːnə/ noun [C] **1** an area with seats around it where public entertainments (sporting events, concerts, etc.) are held ▶ **arena 2** where a particular activity happens: *The Foreign Secretary was well respected in the international political arena.* ▶ **scena**

aren't short for ARE NOT

arguable /ˈɑːgjuəbl/ adj. **1** that can be argued; probably true: *It is arguable that* (można powiedzieć, że) *no one should have to pay for hospital treatment.* ▶ **dyskusyjny, prawdopodobny 2** not certain; that you do not accept without question: *Whether it is a good idea to invest so much money is highly arguable.* ▶ **dyskusyjny, sporny**
□ **arguably** adv. probably; you can argue that: *'King Lear' is arguably Shakespeare's best play.*

„King Lear" jest bodajże najlepszą sztuką Szekspira. ▶ **prawdopodobnie**

★**argue** /ˈɑːgjuː/ verb **1** [I] **argue (with sb) (about/over sth)** to say things (often angrily) that show that you do not agree with sb about sth: *They are always arguing.* ○ *I never argue with my husband about money.* ▶ **sprzeczać się** **2** [I,T] **argue that**; **argue (for/against sth)** to give reasons that support your opinion about sth: *John argued that buying a new computer was a waste of money.* ○ *He argued against buying a new computer.* ▶ **dowodzić, że; argumentować**

★**argument** /ˈɑːgjumənt/ noun **1** [C,U] **argument (with sb) (about/over sth)** an angry discussion between two or more people who disagree with each other: *Sue had an argument with her father about politics.* Sue posprzeczała się z ojcem na temat polityki. ○ *He accepted the decision without argument* (bez dyskusji). ❶ **Quarrel** dotyczy zazw. mniej poważnych kwestii. ▶ **sprzeczka, spór** **2** [C] the reason(s) that you give to support your opinion about sth: *His argument was that* (twierdził, że) *if they bought a smaller car, they would save money.* ▶ **argument**

argumentative /ˌɑːgjuˈmentətɪv/ adj. often involved in or enjoying arguments ▶ **lubiący dyskutować**

arid /ˈærɪd/ adj. (used about land or climate) very dry; with little or no rain ▶ **suchy, jałowy**

Aries /ˈeəriːz/ noun [C,U] the first sign of the zodiac, the Ram; a person who was born under this sign ▶ **Baran; zodiakalny Baran**

★**arise** /əˈraɪz/ verb [I] (pt **arose**; pp /əˈrəʊz/, **arisen** /əˈrɪzn/) to begin to exist; to appear: *If any problems arise, let me know.* ▶ **pojawiać się**

aristocracy /ˌærɪˈstɒkrəsi/ noun [C, with sing. or pl. verb] (pl. **aristocracies**) the people of the highest social class who often have special titles ▶ **arystokracja**

aristocrat /ˈærɪstəkræt; US əˈrɪst-/ noun [C] a member of the highest social class, often with a special title ▶ **arystokrata**
□ **aristocratic** adj. ▶ **arystokratyczny**

★**arithmetic** /əˈrɪθmətɪk/ noun [U] the branch of mathematics which involves counting with numbers (adding, subtracting, multiplying and dividing): *mental arithmetic* liczenie w pamięci ▶ **arytmetyka, rachunki**

★**arm**[1] /ɑːm/ noun [C] **1** the limb at each side of the human body from the shoulder to the hand: *I put my arm round her and tried to comfort her.* ○ *He was carrying a newspaper under his arm.* ➲ Por. **hand**. ▶ **ramię, ręka** **2** the part of a piece of clothing that covers your arm; a sleeve: *He had a hole in the arm of his jumper.* ▶ **rękaw** **3** something shaped like an arm: *the arm of a chair* ▶ **poręcz; odnoga; korba**
IDIOMS **arm in arm** with your arm linked together with sb else's arm: *The two friends walked arm in arm.* ▶ **pod rękę** | **cross/fold your arms** to cross your arms in front of your chest: *She folded her arms and waited.* ○ *James was sitting with his arms crossed* (z założonymi rękami). ▶ **założyć ręce** | **twist sb's arm** → TWIST[1] | **with open arms** → OPEN[1]
■ **'armband** noun [C] **1** a piece of material that you wear around your sleeve: *People often used to wear black armbands at funerals.* ▶ **opaska** **2** a plastic ring filled with air which you can wear on your arms when you are learning to swim ▶ **nadmuchiwane rękawki** | **'armful** /ˈɑːmfʊl/ noun [C] the amount that you can carry in your arms ▶ **naręcze** | **'armhole** [C] the opening in a piece of clothing where your arm goes through ▶ **pacha** | **'armpit** [C] the part of the body under the arm at the point where it joins the shoulder ▶ **pacha**

arm[2] /ɑːm/ verb [I,T] to prepare sb/yourself to fight by supplying weapons: *The country is beginning to arm itself for war.* ➲ Por. **armed** i **arms**. ▶ **zbroić (się)**

armadillo /ˌɑːməˈdɪləʊ/ noun [C] (pl. **-os**) an American animal with a hard shell made of pieces of bone, that eats insects and rolls into a ball if sth attacks it ▶ **pancernik**

armaments /ˈɑːməmənts/ noun [pl.] weapons and military equipment ▶ **zbrojenia, uzbrojenie**

armchair /ˈɑːmtʃeə(r)/ noun [C] a soft comfortable chair with sides which support your arms ▶ **fotel**

★**armed** /ɑːmd/ adj. carrying a gun or other weapon; involving weapons: *All the terrorists were armed.* ○ *armed robbery* napad z bronią w ręku ○ *the armed forces* siły zbrojne (figurative): *They came to the meeting armed with all the latest information.* ▶ **uzbrojony, zbrojny**

armistice /ˈɑːmɪstɪs/ noun [C] an agreement between two countries who are at war that they will stop fighting ▶ **zawieszenie broni**

armour (US **armor**) /ˈɑːmə(r)/ noun [U] clothing, often made of metal, that soldiers wore in earlier times to protect themselves: *a suit of armour* ▶ **zbroja**
□ **armoured** (US **armored**) adj. (used about a vehicle) covered with metal to protect it in an attack ▶ **opancerzony**

★**arms** /ɑːmz/ noun [pl.] **1** weapons, especially those that are used in war: *a reduction in nuclear arms* ▶ **broń** **2** = COAT OF ARMS
IDIOM **be up in arms** to be very angry; to protest about sth: *The workers were up in arms over the news that* (byli wzburzeni na wieść o tym, że) *the factory was going to close.* ▶ **zażarcie protestować; być rozjuszonym**

★**army** /ˈɑːmi/ noun [C, with sing. or pl. verb] (pl. **armies**) **1** the military forces of a country which are trained to fight on land; a large group of soldiers: *the British Army* ○ *She joined the army* (wstąpiła do wojska) *at the age of eighteen.* ○ *He's a sergeant in the army.* ○ *an army officer* ▶ **wojsko**; **armia** **2** a large number of people, especially when involved in an activity together ▶ **armia**

aroma /əˈrəʊmə/ noun [C] a smell (usually one that is pleasant) ➲ Zob. uwaga przy **smell**[1]. ▶ **zapach, aromat**

arose pt of ARISE

★**around**[1] /əˈraʊnd/ adv. **1** (also **about**) in or to various places or directions: *We walked around for hours looking for a café.* ○ *I'm just looking around* (tylko oglądam). ○ *Tom will show you around* (Tom was oprowadzi). ▶ **tu i tam 2** moving so as to face in the opposite direction: *Turn around* (odwróć się) *and go back the way you came.* ▶ **w drugą stronę 3** on all sides; forming a circle: *The garden is very nice with a wall all around* (otoczony murem). ○ *Gather around* (zbierzcie się wokoło) *so that you can all see.* ▶ **wokoło** ❶ W znaczeniach 1-3 zamiast **around** można użyć **round**. **4** (also **about**) present or available: *I went to the house but there was nobody around.* Poszedłem do domu, ale nikogo nie zastałem. ○ *That isn't a new book. It's been around for ages.* ▶ **obecny**; **dostępny 5** (also **about**) (used for activities with no real purpose): *'What are you doing?' 'Nothing, just lazing around* (leniuchuję).*'* ○ *John likes messing around with cars.* John lubi dłubać przy samochodach. ○ *I found this pen lying around on the floor* (poniewierające się po podłodze).

★**around**[2] /əˈraʊnd/ prep. **1** in various directions inside an area; in different places in a particular area: *They wandered around the town, looking at the shops.* ▶ **po** (*np. mieście*) **2** in a circle or following a curving path: *We sat down around the table.* ○ *Go around the corner* (skręć za rogiem) *and it's the first house on the left.* ○ *She had a bandage around her leg.* Miała zabandażowaną nogę. ○ (figurative) *There doesn't seem to be any way around the problem.* ▶ **dookoła, wokoło 3** near a place: *Is there a bank around here?* ▶ **w pobliżu** ❶ W znaczeniach 1-3 można też użyć **round**. **4** (also **about**) (at) approximately: *It's around three hours' drive from here.* ○ *I'll see you around seven.* ▶ **około**

arouse /əˈraʊz/ verb [T] to cause a particular reaction in people: *His actions have aroused a lot of criticism.* ▶ **wzbudzać**

□ **arousal** noun [U] ▶ **pobudzenie**

arr. abbr. arrives: *arr. York 07.15* ▶ **przyj.**

★**arrange** /əˈreɪndʒ/ verb [T] **1** to put sth in order or in a particular pattern: *The books were arranged in alphabetical order.* ○ *Arrange the chairs in a circle.* ▶ **układać**, **ustawiać 2** to make plans and preparations so that sth can happen in the future: *They arranged a big party for her eighteenth birthday.* ○ *He arranged for Peter to stay with friends in France.* ○ *She arranged to meet Stuart after work.* ○ *an arranged marriage* małżeństwo kontraktowe ▶ **planować, organizować**

★**arrangement** /əˈreɪndʒmənt/ noun **1** [C, usually pl.] plans or preparations for sth that will happen in the future: *We're just making the final arrangements for the concert.* ▶ **przygotowanie 2** [C,U] something that you have agreed or settled with sb else; the act of doing this: *They made an arrangement* (uzgodnili, że) *to share the cost of the food.* ○ *Under the new arrangement* (według nowej umowy) *it will be possible to pay monthly instead of weekly.* ○ *by special arrangement only* ▶ **uzgodnienie, umowa 3** [C] a group of things that have been placed in a particular pattern: *a flower arrangement* ▶ **kompozycja, ułożenie**

array /əˈreɪ/ noun [C] a large collection of things, especially one that is impressive and is seen by other people: *There was a colourful array of vegetables on the market stall.* ▶ **ekspozycja, wystawa**

arrears /əˈrɪəz/ noun [pl.] money that sb owes that should have been paid earlier ▶ **zaległości**

IDIOMS **be in arrears**; **fall/get into arrears** to be late in paying money that you owe: *I'm in arrears with the rent.* ▶ **mieć zaległości** | **be paid in arrears** to be paid for work after you have done the work: *You will be paid monthly in arrears.* ▶ **być opłacanym z dołu**

★**arrest** /əˈrest/ verb [T] when the police arrest sb they take them prisoner in order to question them about a crime ▶ **aresztować**

□ **arrest** noun [C] the act of arresting sb: *The police made ten arrests after the riot.* ○ *house arrest* ▶ **areszt**

IDIOM **under arrest**: *He was under arrest for murder.* ▶ **aresztowany**

★**arrival** /əˈraɪvl/ noun **1** [U] the act of reaching the place to which you were travelling: *On our arrival we were told that our rooms had not been reserved.* ○ *British Rail apologizes for the late arrival of this train.* ▶ **przybycie, przyjazd 2** [C] people or things that have arrived: *We brought in extra chairs for the late arrivals.* ○ *I'll look on the arrivals board* (na tablicę przyjazdów) *to see when the train gets in.* ▶ **nowo przybyły**

★**arrive** /əˈraɪv/ verb [I] **1** to reach the place to which you were travelling: *We arrived home at about midnight.* ○ *What time does the train arrive in Newcastle?* ○ *They arrived at the station ten minutes late.* ○ *Has my letter arrived yet?* ▶ **przybywać, przychodzić, przyjeżdżać**

> Uwaga! Mówiąc o mieście, kraju itp. używa się **arrive in**, zaś mówiąc o jakimś miejscu, budynku itp. stosuje się **arrive at**.

2 to come or happen: *The day of the wedding had finally arrived.* ○ *Paula's baby arrived two weeks late.* ▶ **nadchodzić**, **przychodzić na świat**

PHRASAL VERB **arrive at** to reach sth: *After months of discussions they finally arrived at a decision* (podjęli decyzję). ▶ **dochodzić** (*do wniosku itp.*)

arrogant /ˈærəgənt/ adj. thinking that you are better and more important than other people and not caring about their feelings; proud ▶ **arogancki**

□ **arrogance** /ˈærəgəns/ noun [U] ▶ **arogancja** | **arrogantly** adv. ▶ **arogancko**

arrow /ˈærəʊ/ noun [C] **1** a thin piece of wood or metal, with one pointed end and feathers at the other end, that is shot from a bow: *The Indians fired on the cowboys with bows and arrows.* ▶ **strzała 2** the sign (→) which is used to show direction: *The arrow is pointing left.* ▶ **strzałka**

arsenic /ˈɑːsnɪk/ noun [U] a type of very strong poison ▶ **arszenik**

arson /ˈɑːsn/ noun [U] the crime of setting fire to

a building on purpose ▶ **podpalenie**
□ **arsonist** noun [C] ▶ **podpalacz**

★**art** /ɑːt/ noun **1** [U] the producing of beautiful things such as paintings, drawings, etc.; the objects that are produced: *an art class* zajęcia plastyczne ○ *She studied History of Art at university.* ○ *the art of the Italian Renaissance* ○ *modern art* ○ *an art gallery* ➲ Por. **work of art**. ▶ **sztuka 2** [C, usually sing.] a skill or sth that requires skill: *There's an art to writing a good letter.* Napisanie dobrego listu wymaga umiejętności. ▶ **umiejętność, sztuka 3** (**the arts**) [pl.] activities such as painting, writing literature or writing and performing music: *The government has agreed to spend £2 million extra on the arts next year.* ○ *fine art(s)* sztuki piękne ▶ **kultura i sztuka 4** (**arts**) [pl.] subjects such as history or languages that you study at school or university: *the arts faculty* wydział humanistyczny ○ *an arts degree* dyplom nauk humanistycznych ❶ **Arts** (lub **arts subjects**) zazw. przeciwstawia się **sciences** (lub **science subjects**). ▶ **przedmioty/nauki humanistyczne**
□ **arty** adj. (informal) pretending or wanting to be very artistic or interested in the arts; very artistic, often in a pretentious way: *She hangs about with the arty types she met at college.* ▶ **artystyczny** (*często w sposób pretensjonalny*)
■ **'artwork** noun **1** [U] photographs, drawings, etc. that have been prepared for a book or magazine: *a piece of artwork* ▶ **oprawa plastyczna** (*książki, czasopisma*) **2** [C] a work of art, especially one in a museum or an exhibition ▶ **dzieło sztuki**

artefact /ˈɑːtɪfækt/ noun [C] an object that is made by a person: *historical artefacts* ▶ **wytwór działalności człowieka**

artery /ˈɑːtəri/ noun [C] (pl. **arteries**) one of the tubes which take blood from the heart to other parts of the body ➲ Por. **vein**. ▶ **tętnica**

artful /ˈɑːtfl/ adj. clever at getting what you want, perhaps by deceiving people ▶ **przebiegły, pomysłowy**

arthritis /ɑːˈθraɪtɪs/ noun [U] a disease which causes swelling and pain in the joints of your body (where you bend your arms, fingers, etc.) ▶ **artretyzm**

artichoke /ˈɑːtɪtʃəʊk/ (also **globe 'artichoke**) noun [C] a plant whose flower looks like pointed leaves. The bottoms of the leaves and the centre of the flower can be eaten as a vegetable. ▶ **karczoch**

★**article** /ˈɑːtɪkl/ noun [C] **1** a thing or object, especially one of a set: *Articles of clothing* (części garderoby) *were lying all over the room.* ▶ **przedmiot 2** a piece of writing in a newspaper or magazine: *There's an article about cycling holidays in today's paper.* ▶ **artykuł 3** the words 'a/an' (the indefinite article) or 'the' (the definite article) ▶ **przedimek** (*nieokreślony/ określony*)

articulate[1] /ɑːˈtɪkjələt/ adj. good at expressing your ideas clearly ▶ **umiejący dobrze się wysławiać**

articulate[2] /ɑːˈtɪkjuleɪt/ verb [I,T] to say sth clearly or to express your ideas or feelings ▶ **wyraźnie wymawiać; wypowiadać**

articulated /ɑːˈtɪkjuleɪtɪd/ adj. (used about a vehicle such as a lorry) made of two sections which are connected in a special way so that the lorry can turn corners easily ▶ **przegubowy**

★**artificial** /ˌɑːtɪˈfɪʃl/ adj. not genuine or natural but made by people to seem like something natural: *artificial flowers* ○ *an artificial lake* ▶ **sztuczny**
□ **artificially** adv.: *This drug cannot be produced artificially.* ▶ **sztucznie**
■ **ˌartificial insemiˈnation** noun [U] a scientific technique to introduce male seed into a female, so that babies or young can be produced without sex ▶ **sztuczne zapłodnienie** | **ˌartificial inˈtelligence** noun [U] (the study of) the way in which computers can be made to imitate human thought ▶ **sztuczna inteligencja**

artillery /ɑːˈtɪləri/ noun [U] a number of large guns on wheels; the part of the army which uses them ▶ **artyleria**

★**artist** /ˈɑːtɪst/ noun [C] somebody who produces art, especially paintings or drawings: *an exhibition of paintings by the English artist, Constable* ▶ **artysta, twórca**

artistic /ɑːˈtɪstɪk/ adj. **1** connected with art: *the artistic director of the theatre* ▶ **artystyczny 2** showing a skill in art: *Helen is very artistic – her drawings are excellent.* ▶ **uzdolniony artystycznie**
□ **artistically** /-kli/ adv.: *The garden was laid out very artistically.* ▶ **artystycznie**

artistry /ˈɑːtɪstri/ noun [U] the skill of an artist ▶ **sztuka, mistrzostwo**

★**as** /əz; strong form æz/ conj., prep., adv. **1** while sth else is happening: *The phone rang just as I was leaving the house.* Telefon zadzwonił właśnie kiedy wychodziłem z domu. ○ *As she walked along the road, she thought about her father.* ▶ **kiedy, gdy, jak 2** (**as... as**) (used for comparing people or things): *Tom's almost as tall as me/as I am.* ○ *It's not as cold as it was yesterday.* ○ *I'd like an appointment as soon as possible* (jak najszybciej). ▶ **tak...jak... 3** (**as... as**) (used with 'much' or 'many' for comparing people or things): *She earns twice as much as her husband.* Ona zarabia dwa razy tyle, co jej mąż. ○ *I haven't got as many books as you have.* Nie mam tylu książek, co ty. ▶ **tyle...co... 4** (used for talking about sb's job): *He works as a train driver for British Rail.* ▶ **jako 5** (used for describing sb/sth's role): *Think of me as your friend, not as your boss.* ▶ **jak 6** (used for describing sb/sth in an unusual role or function): *I went to the party dressed as a policeman.* ○ *You could use this white sheet as a tablecloth.* ▶ **za; jako 7** in a particular way, state, etc.: *Please do as I tell you.* ○ *Leave the room as it is. Don't move anything.* ▶ **tak jak 8** (used at the beginning of a comment about what you are saying): *As you know, I've decided to leave at the end of the month.* ▶ **jak 9** because: *I didn't buy the dress, as I decided it was too expensive.* ▶ **ponieważ**

IDIOMS **as for** (used when you are starting to talk about a different person or thing): *Jane's in Paris at the moment. As for Andrew, I've no idea where he is.* ▶ **co się tyczy, co do** | **as if; as though** (used for saying how sb/sth appears): *She looks as if she's just got out of bed.* Ona wygląda, jak gdyby właśnie wstała z łóżka. ○ *He behaved as though nothing had happened.* On zachowywał się jak gdyby nic się nie stało. ▶ **jak gdyby** | **as it were** (used for saying that sth is only true in a certain way): *She felt, as it were* (do pewnego stopnia), *a stranger in her own house.* ▶ **niejako** | **as of; as from** starting from a particular time: *As from next week, Tim Shaw will be managing this department.* ▶ **od** | **as to** about a particular thing: *I was given no instructions as to how to begin.* ▶ **jak**

ASA /ˌeɪ es ˈeɪ/ abbr. American Standards Association; used for indicating the speed of a camera film: *100 ASA* ▶ **Amerykański Komitet Normalizacyjny**

asap /ˌeɪ es eɪ ˈpiː/ abbr. as soon as possible ▶ **jak najszybciej**

asbestos /æsˈbestəs/ noun [U] a soft grey material which does not burn and which is used to protect against heat ▶ **azbest**

ascend /əˈsend/ verb [I,T] (formal) to go or come up ➲ Antonim: **descend.** ▶ **wznosić się; iść w górę**

□ **ascending** adj.: *The questions are arranged in ascending order of difficulty* (według wzrastającego stopnia trudności). ▶ **zwiększający się**

Ascension Day /əˈsenʃn deɪ/ the day forty days after Easter when Christians remember Christ leaving the earth and going to heaven ▶ **Wniebowstąpienie**

ascent /əˈsent/ noun [C] **1** the act of climbing or going up: *Their aim was the ascent* (zdobycie szczytu) *of the highest mountains in the Himalayas.* ▶ **wspinanie się** **2** a path or slope leading upwards: *There was a steep ascent before the path became flat again.* ▶ **wzniesienie** (*terenu*)

ascertain /ˌæsəˈteɪn/ verb [T] (formal) to find out: *It was difficult to ascertain who was telling the truth.* ▶ **stwierdzać, upewniać się (co do czegoś)**

ascribe /əˈskraɪb/ verb [T] **ascribe sth to sb/sth** to say that sth was written by or belonged to sb, or that sth was caused by sth: *This piece of music was ascribed to Bach, although we now believe it was written by another composer.* ○ *He ascribed his forgetfulness to old age.* ▶ **przypisywać (coś komuś)**

ash[1] /æʃ/ noun [C] a type of tree that is found in British forests ▶ **jesion**

★**ash**[2] /æʃ/ noun **1** [U] (also **ashes** [pl.]) the grey or black powder which is left after sth has burned: *cigarette ash* ○ *They found the ring in the ashes of the fire.* ▶ **popiół** **2** (**ashes**) [pl.] what remains after a human body has been burned ▶ **prochy**

■ **ˈashtray** noun [C] a small dish for cigarette ash ▶ **popielniczka**

★**ashamed** /əˈʃeɪmd/ adj. **be ashamed (of sth/sb/yourself); be ashamed (that...); be ashamed (to...)** to feel sorry or embarrassed about sb/sth or about yourself or sth you have done: *She was ashamed of her old clothes.* ○ *He was ashamed of himself for* (było mu wstyd, że) *having made such an unkind remark.* ○ *How could you be so rude? I'm ashamed of you* (wstyd mi za ciebie)*!* ○ *She felt ashamed* (było jej wstyd) *that she hadn't visited her aunt more often.* ○ *He was ashamed to admit his mistake.* ▶ **wstydzić się**

ashore /əˈʃɔː(r)/ adv. onto the land: *The passengers went ashore for an hour while the ship was in port.* ▶ **na brzeg, na ląd**

★**Asian** /ˈeɪʃn; ˈeɪʒn/ noun [C] a person from Asia or whose family was originally from Asia: *British Asians* ▶ **Azjat-a/ka**

□ **Asian** adj.: *the Asian community in Birmingham* ▶ **azjatycki**

★**aside** /əˈsaɪd/ adv. **1** on or to one side; out of the way: *She took Richard aside to tell him her secret.* ▶ **na stronę** **2** to be kept separately, for a special purpose: *They are setting aside £50 a month for their summer holiday.* ▶ **(odkładać) na bok**

□ **aside** noun [C] something which a character in a play says to the audience, but which the other characters on stage do not hear ▶ **kwestia wypowiadana na stronie**

■ **aˈside from** prep. (especially US) = APART FROM

★**ask** /ɑːsk/ verb **1** [I,T] **ask (sb) (about sb/sth)** to put a question to sb in order to find out some information: *We need to ask about the price.* ○ *'What's the time?' he asked.* ○ *He asked what the time was.* ○ *He asked me the time.* Zapytał mnie o godzinę. ○ *She asked the little boy his name.* Zapytała chłopczyka, jak się nazywa. ○ *I got lost coming here and I had to ask somebody the way* (zapytać kogoś o drogę). ▶ **pytać** **2** [I,T] **ask (sb) for sth; ask sth (of sb); ask sb to do sth** to request that sb gives you sth or does sth for you: *She sat down at the table and asked for a cup of coffee.* ○ *Don't ask John for money – he hasn't got any.* ○ *You are asking too much of him* (zbyt wiele od niego wymagasz). ○ *Ring this number and ask for Mrs Smith.* Zadzwoń pod ten numer i poproś panią Smith. ○ *I asked him if he would drive me home./I asked him to drive me home.* Poprosiłem go o podwiezienie mnie do domu. ▶ **pytać; wymagać; prosić, żeby ktoś coś zrobił** **3** [T] to say the price that you want for sth: *They're asking £2 000 for their car.* ▶ **życzyć sobie** (*pewnej ceny*) **4** [I,T] to request permission to do sth: *I'm sure she'll let you go if you ask.* ○ *He asked to use our phone.* ○ *We asked permission to go early.* ○ *We asked if we could go home early.* ▶ **prosić (o pozwolenie)** **5** [T] **ask sb (to sth)** to invite sb: *They asked six friends to dinner.* ○ *He's asked Eileen out on Saturday.* Umówił się z Eileen na randkę w sobotę. ▶ **zapraszać**

IDIOMS **ask for trouble/it** to behave in a way that will almost certainly cause trouble: *Not wearing a seat belt is just asking for trouble.* ▶ **szukać nieszczęścia** | **if you ask me** if you want my opinion: *If you ask me, she's too young* *to travel alone.* ▶ **moim zdaniem**

PHRASAL VERBS **ask after sb** to inquire about sb's health or to ask for news of sb: *I saw Miss Black today. She asked after you.* ▶ **pytać o kogoś** | **ask sb out** to invite sb to go out with you, especially as a way of starting a romantic relationship: *He's too shy to ask her out.* ▶ **zaprosić kogoś na randkę**

askew /ə'skju:/ adv., adj. (not before a noun) not in a straight or level position ▶ **krzywo; przekrzywiony**

★**asleep** /ə'sli:p/ adj. (not before a noun) not awake; sleeping: *The baby is asleep.* ○ *to be sound/fast asleep* spać twardo (jak zabity) ○ *to fall asleep* zasnąć ➲ Zob. uwaga przy **sleep**. ▶ **śpiąc, we śnie**

> Zwróć uwagę, że **asleep** można użyć tylko po rzeczowniku. **Sleeping** może występować zarówno przed, jak i po rzeczowniku. **Be asleep** często tłumaczy się czasownikiem „spać".

AS (level) /ˌeɪ 'es levl/ (formal **Advanced Subsidiary (level)**) noun [C,U] an exam that schoolchildren in England, Wales and Northern Ireland take in Year 12 of school or college (the year before the final year) when they are about 17. Together with A2 exams, AS levels form A levels, which are needed for entrance to universities: *She's doing an AS (level) in French.* ➲ Por. **A level** i **A2 (level)**. ▶ **rodzaj egzaminu maturalnego**

asparagus /ə'spærəgəs/ noun [U] a plant with long green stems that you can cook and eat as a vegetable ▶ **szparag**

★**aspect** /'æspekt/ noun [C] one of the qualities or parts of a situation, idea, problem, etc.: *information about many aspects of British life* ▶ **aspekt, strona**

asphalt /'æsfælt; US -fɔ:lt/ noun [U] a thick black substance that is used for making the surface of roads, etc. ▶ **asfalt**

asphyxiate /əs'fɪksieɪt/ verb [T] (usually passive) (used about gas, smoke, etc.) to cause sb to be unable to breathe: *He was asphyxiated by the smoke while he was asleep.* ▶ **dusić**

□ **asphyxiation** /əsˌfɪksi'eɪʃn/ noun [U] ▶ **uduszenie (się)**

aspic /'æspɪk/ noun [U] a clear jelly made from meat juices and served with or around meat, fish, eggs, etc.: *chicken in aspic* ▶ **galareta**

aspiration /ˌæspə'reɪʃn/ noun [C,U] (often plural) a strong desire to have or do sth: *She has aspirations to become an opera singer.* ▶ **dążenie, aspiracja**

aspire /ə'spaɪə(r)/ verb [I] **aspire to sth/to do sth** (formal) to have a strong desire to have or do sth: *She aspired to become managing director.* ○ *an aspiring ballet dancer* tance-rz/rka o wysokich aspiracjach ▶ **dążyć, mieć aspiracje (do czegoś)**

aspirin /'æsprɪn; 'æspərɪn/ noun [C,U] a type of medicine that reduces pain and fever: *I've taken two aspirin.* ▶ **aspiryna**

ass /æs/ noun [C] **1** = DONKEY **2** (informal) a stupid person ▶ **osioł**

assailant /ə'seɪlənt/ noun [C] a person who attacks sb ▶ **napastni-k/czka**

assassin /ə'sæsɪn; US -sn/ noun [C] a person who kills a famous or important person for money or for political reasons ▶ **zamachowiec**

assassinate /ə'sæsɪneɪt; US -sən-/ verb [T] to kill a famous or important person for money or for political reasons ➲ Zob. uwaga przy **kill**. ▶ **dokonywać zamachu (na kogoś)**

□ **assassination** /əˌsæsɪ'neɪʃn; US əˌsæsə'neɪʃn/ noun [C,U]: *an assassination attempt* ▶ **zamach**

assault /ə'sɔ:lt/ noun [C,U] **assault (on sb/sth)** a sudden attack on sb/sth: *Assaults on the police are becoming more common.* ▶ **napaść**

□ **assault** verb [T] to attack sb violently, especially when this is a crime: *a prison sentence for assaulting a police officer* (czynne znieważenie policjanta) ▶ **napadać na kogoś, atakować**

assemble /ə'sembl/ verb **1** [I,T] to come together in a group; to gather or collect: *The leaders assembled in Strasbourg for the summit meeting* (spotkanie na szczycie). ○ *I've assembled all the information I need for my essay.* ▶ **zbierać (się), gromadzić (się)** **2** [T] to fit the parts of sth together: *We spent all day trying to assemble our new bookshelves.* ▶ **montować, składać**

assembly /ə'sembli/ noun (pl. **assemblies**) **1** [C,U] a large group of people who come together for a particular purpose: *The regional assembly has the power to raise local taxes.* ○ *The headmaster announced the winners at assembly.* ▶ **zgromadzenie, apel** (*w szkole*) **2** [U] the act of fitting the parts of sth together: *the assembly of cars by robots* ▶ **montaż**

■ **as'sembly line** noun [C] a line of people and machines in a factory that fit the parts of sth together in a fixed order: *the assembly line workers at the Toyota car plant* ▶ **taśma montażowa**

assent /ə'sent/ noun [U] (formal) agreement: *The committee gave their assent to the proposed changes.* ▶ **zgoda**

□ **assent** verb [I] **assent (to sth)** to say that you agree to sth ▶ **wyrażać zgodę**

assert /ə'sɜ:t/ verb [T] **1** to say sth clearly and firmly: *He asserted that the allegations were untrue.* ▶ **twierdzić (stanowczo), zapewniać (o czymś)** **2** to behave in a way that makes other people listen to you and take notice of you: *You ought to assert yourself more.* ○ *to assert your authority* domagać się należnego szacunku ▶ **zachowywać się z pewnością siebie**

assertion /ə'sɜ:ʃn/ noun **1** [U] the act of asserting sth/yourself: *the assertion of power* demonstracja siły ▶ **zapewnienie** **2** [C] something that you say firmly and clearly: *his confident assertion that he would win* ▶ **zapewnienie, (stanowcze) stwierdzenie**

assertive /ə'sɜ:tɪv/ adj. expressing your opin-

ion clearly and firmly so that people listen to you and take notice of you: *to speak in an assertive manner* ▶ **stanowczy**
□ **assertively** adv. ▶ **stanowczo** | **assertiveness** noun [U] ▶ **pewność siebie, stanowczość**

assess /ə'ses/ verb [T] **1** to estimate or decide the amount or value of sth: *The value of the house was assessed at £75 000.* ○ *to assess the cost of repairs* ▶ **szacować 2** to judge or form an opinion about sth: *It's too early to assess the effects of the price rises.* ▶ **szacować**
□ **assessment** noun [C,U] the act of judging or forming an opinion about sb/sth: *Students' marks are based on continuous assessment* (na systematycznej ocenie) *of their work.* ○ *to make a careful assessment of a situation* ▶ **ocenianie, oszacowanie** | **assessor** noun [C] a person who judges how well sb has done in an exam, a competition, etc.: *He acted as an external assessor of the exam results.* ▶ **juror**

asset /'æset/ noun [C] **1 an asset (to sb/sth)** a person or thing that is useful to sb/sth: *She's a great asset to the organization.* ○ *It's an asset to be able to drive.* ▶ **cenny nabytek, cenna umiejętność 2** [usually pl.] something of value that a person, company, etc. owns: *The company is having to sell its assets.* ▶ **aktywa**

assign /ə'saɪn/ verb [T] **1 assign sth to sb** to give sth to sb for them to use or do ▶ **wyznaczać, zadawać 2 assign sb to sth** to give sb a particular job or type of work to do: *A detective was assigned to the case.* ▶ **przydzielać, wyznaczać**
□ **assignment** noun [C] a job or type of work that you are given to do: *Kate is on an assignment in Iraq for the BBC.* ○ *to give pupils an assignment to do during the holidays* ▶ **zadanie**

assimilate /ə'sɪməleɪt/ verb **1** [I,T] (to allow sb/sth) to become part of a country or social group: *Many immigrants have difficulty in assimilating.* ▶ **asymilować 2** [T] to learn and understand sth: *to assimilate new facts/information/ideas* ▶ **przyswajać sobie**
□ **assimilation** /əˌsɪmə'leɪʃn/ noun [U] ▶ **asymilacja; przyswojenie sobie**

★**assist** /ə'sɪst/ verb [I,T] **assist (sb) in/with sth; assist (sb) in doing sth** (formal) to help: *A man is assisting the police with their inquiries.* ▶ **pomagać**
□ **assistance** noun [U] (formal) help: *Can I be of any assistance?* Czym mogę służyć? ○ *financial assistance for poorer families* ▶ **pomoc** | **assistant** noun [C] **1** a person who helps sb of higher rank: *the assistant manager* wicedyrektor ▶ **asystent/ka 2** a person who sells things to people in a shop: *a shop/sales assistant* ▶ **ekspedient/ka**

Assoc. (also **assoc.**) abbr. association ▶ **stow., związek**

associate[1] /ə'səʊʃiət/ adj. (only before a noun) of a slightly lower rank or status: *associate members of the organization* ▶ **szeregowy**
□ **associate** noun [C] a person that you meet and get to know through your work: *a business associate* ▶ **współpracowni-k/czka**

★**associate**[2] /ə'səʊʃieɪt/ verb **1** [T] **associate sb/sth (with sb/sth)** to connect sb/sth with sb/sth else (in your mind): *lung cancer and other illnesses associated with smoking* ○ *Somehow, I don't associate Sweden with skiing.* ▶ **kojarzyć 2** [I] **associate with sb** to spend time with sb: *I prefer not to associate with colleagues outside work.* ▶ **obcować 3** [T] **associate yourself with sth** to say that you support sth or agree with sth: *I do not wish to associate myself with any organization that promotes violence.* ▶ **współdziałać, przyłączać się**

association /əˌsəʊsi'eɪʃn/ noun **1** [U] the act of joining or working with another person or group: *We work in association* (współpracujemy) *with our New York office.* ▶ **współpraca 2** [C] a group of people or organizations who join or work together for a particular purpose: *a housing association* ○ *the British Medical Association* ○ *the Football Association* ▶ **stowarzyszenie, związek 3** [C,U] the act of connecting sb/sth to sb/sth else in your mind ▶ **skojarzenie, połączenie**

assorted /ə'sɔːtɪd/ adj. of different types; mixed: *a packet of assorted sweets* ▶ **różnorodny**
□ **assortment** /ə'sɔːtmənt/ noun [C] a group of different things or of different types of the same thing; a mixture: *You'll find a wide assortment of different gifts in our shop.* ▶ **wybór, mieszanka**

Asst (also **asst**) abbr. assistant ▶ **asystent, pomocnik**

★**assume** /ə'sjuːm; US ə'suːm/ verb [T] **1** to accept or believe that sth is true even though you have no proof; to expect sth to be true: *I assume that you have the necessary documents.* ○ *Everyone assumed Ralph was guilty.* ○ *Everyone assumed Ralph to be guilty.* ▶ **przypuszczać, zakładać (że) 2** to falsely pretend to have or be sb/sth: *to assume a false name* ▶ **przybierać** (*np. nazwisko, tożsamość*) **3** to begin to use power or to have a powerful position: *to assume control of sth* ○ *to assume political power* ○ *to assume a position of responsibility* ▶ **obejmować**

assumption /ə'sʌmpʃn/ noun **1** [C] something that you accept is true even though you have no proof: *Our figures are based on the assumption that the rate of inflation will be 5% by the end of the year.* ○ *a reasonable/false assumption* ▶ **przypuszczenie 2** [U] **assumption of sth** the act of taking power or of starting an important job: *the assumption of power by the army* ▶ **objęcie, przyjęcie**

assurance /ə'ʃʊərəns; Brit. also -ʃɔːr-/ noun **1** (also **self-assurance**) [U] the belief that you can do or succeed at sth; confidence: *He spoke with assurance.* ○ *the calm assurance that comes from being rich* ▶ **pewność siebie 2** [C] a promise that sth will certainly happen or be true: *They gave me an assurance that the work would be finished by Friday.* ▶ **zapewnienie**

assure /ə'ʃʊə(r); Brit. also -'ʃɔː(r)/ verb [T] **1** to promise sb that sth will certainly happen or be true, especially if they are worried: *I assure you that it is perfectly safe.* ○ *Let me assure you* *of my full support.* ▶ **zapewniać, gwarantować** **2** to make sth sure or certain: *The survival of the species is assured.* ▶ **zapewniać** ➲ Por. **ensure**.

□ **assured** (also **self-assured**) adj. believing that you can do sth or succeed at sth; confident: *a calm and self-assured young woman* ▶ **pewny siebie**

asterisk /ˈæstərɪsk/ noun [C] the sign (*) that you use to call attention to sth in a piece of writing ▶ **gwiazdka, odsyłacz**

asthma /ˈæsmə; US ˈæzmə/ noun [U] a medical condition that causes difficulty in breathing ▶ **astma**

□ **asthmatic** noun [C] a person who suffers from asthma ▶ **astmaty-k/czka**

★**astonish** /əˈstɒnɪʃ/ verb [T] to cause sb to be very surprised: *She astonished everybody by announcing her engagement.* ▶ **dziwić, zadziwiać**

□ **astonished** adj.: *He was said to be astonished by the decision.* ▶ **zdziwiony** | **astonishing** adj.: *astonishing news* ▶ **zadziwiający** | **astonishingly** adv.: *an astonishingly high price* ▶ **zadziwiająco** | **astonishment** noun [U] very great surprise: *To my absolute astonishment the scheme was a huge success.* ○ *A look of astonishment crossed her face.* ○ *He dropped his book in astonishment.* ▶ **zdumienie**

astound /əˈstaʊnd/ verb [T] (usually passive) to cause sb to be very surprised: *His rudeness astounded her.* ▶ **zdumiewać**

□ **astounded** adj. feeling or showing great surprise: *an astounded expression* ○ *We sat in astounded silence.* ○ *She was astounded by his arrogance.* ▶ **zdumiony** | **astounding** adj. very surprising: *an astounding success* ▶ **zdumiewający**

astray /əˈstreɪ/ adv.

IDIOMS **go astray** to become lost: *My new pen seems to have gone astray.* ▶ **gubić się, ginąć** | **lead sb astray** to make sb start behaving or thinking in the wrong way: *Jack's parents thought the other boys might lead him astray.* ▶ **zwieść kogoś na manowce**

astride /əˈstraɪd/ adv., prep. with one leg on each side of sth: *to sit astride a horse* ▶ **okrakiem**

astrology /əˈstrɒlədʒi/ noun [U] the study of the positions and movements of the stars and planets and the way that they are supposed to affect people and events ▶ **astrologia**

□ **astrologer** /-ədʒə(r)/ noun [C] a person who is an expert in astrology ▶ **astrolog**

astronaut /ˈæstrənɔːt/ noun [C] a person who travels in a spaceship ▶ **astronauta**

astronomy /əˈstrɒnəmi/ noun [U] the scientific study of the sun, moon, stars, etc. ▶ **astronomia**

□ **astronomer** /-nəmə(r)/ noun [C] a person who studies or is an expert in astronomy ▶ **astronom** | **astronomical** /ˌæstrəˈnɒmɪkl/ adj. **1** connected with astronomy ▶ **astronomiczny** **2** very large, often too large (describing a price, number, amount, etc.): *astronomical house prices* ▶ **astronomiczny**

astute /əˈstjuːt; US əˈstuːt/ adj. very clever ▶ **bystry, wnikliwy**

asylum /əˈsaɪləm/ noun **1** [U] protection that a government gives to people who have left their own country for political reasons: *The leaders of the coup were given political asylum by the US.* ▶ **azyl polityczny** **2** [C] an old-fashioned word for a hospital for people who are mentally ill ▶ **zakład dla obłąkanych**

★**at** /ət; strong form æt/ prep. **1** (showing the position of sth or where sth happens): *at the bottom of the page* ○ *He was standing at the door.* ○ *Change trains at Didcot.* ○ *We were at home all weekend.* ○ *at the theatre* ○ *'Where's Peter?' 'He's at Sue's.'* ▶ **przy, na, u, w** **2** (showing when sth happens): *I start work at 9 o'clock.* ○ *at the weekend* ○ *at night* ○ *at Christmas* ○ *She got married at 18* (w wieku 18 lat). ▶ **o, w** **3** in the direction of sb/sth: *What are you looking at?* ○ *He pointed a gun at the policeman.* ○ *Don't shout at me!* ▶ **na, do, w** **4** because of: *I was surprised at her behaviour.* Byłem zdziwiony jej zachowaniem. ○ *We laughed at his jokes.* ▶ **z** **5** (showing what sb is doing or what is happening): *They were hard at work.* ○ *The two countries were at war* (w stanie wojny). ▶ **przy** **6** (showing the price, rate, speed, etc. of sth): *What price are you selling at?* ○ *We were travelling at about 50 miles per hour.* ▶ **po, z** **7** (used with adjectives that show how well sb/sth does sth): *She's not very good at French.* ▶ **w**

ate pt of EAT

atheism /ˈeɪθiɪzəm/ noun [U] the belief that there is no God ▶ **ateizm**

□ **atheist** /ˈeɪθiɪst/ noun [C] a person who believes that there is no God ▶ **ateist-a/ka**

athlete /ˈæθliːt/ noun [C] a person who can run, jump, etc. very well, especially one who takes part in sports competitions, etc. ▶ **sportowiec, sportsmenka**

athletic /æθˈletɪk/ adj. **1** connected with athletes or athletics ▶ **sportowy** **2** (used about a person) having a fit, strong, and healthy body ▶ **wysportowany, dobrze zbudowany**

athletics /æθˈletɪks/ noun [U] sports such as running, jumping, throwing, etc.: *an athletics meeting/track* ▶ **lekkoatletyka**

atishoo /əˈtɪʃuː/ interj. (used for expressing the sound that you make when you sneeze) ▶ **a psik!**

atlas /ˈætləs/ noun [C] (pl. **atlases**) a book of maps ➲ Por. **map**. ▶ **atlas**

★**atmosphere** /ˈætməsfɪə(r)/ noun **1** [C, usually sing.] (**the atmosphere**) the mixture of gases that surrounds the earth or any other star, planet, etc.: *the earth's atmosphere* ▶ **atmosfera** **2** [sing.] the air in a place: *a smoky atmosphere* ▶ **atmosfera, otoczenie** **3** the mood or feeling of a place or situation: *There was a tense atmosphere during the final minutes of the game.* ▶ **atmosfera, nastrój**

atmospheric /ˌætməsˈferɪk/ adj. **1** connected with the earth's atmosphere(1): *atmospheric* *pressure* ▶ **atmosferyczny 2** creating an exciting or emotional mood: *atmospheric music* ▶ **nastrojowy**

★**atom** /ˈætəm/ noun [C] the smallest part into which an element can be divided (figurative): *She hasn't got an atom of common sense.* ▶ **atom; odrobina**

atomic /əˈtɒmɪk/ adj. of or concerning an atom or atoms: *atomic physics* ➲ Por. **nuclear**. ▶ **atomowy, jądrowy**

■ **aˌtomic ˈbomb** (also **atom bomb**) noun [C] a bomb that explodes using the energy that is produced when an atom or atoms are split ▶ **bomba atomowa** | **aˌtomic ˈenergy** noun [U] the energy that is produced when an atom or atoms are split. Atomic energy can be used to produce electricity. ▶ **energia jądrowa**

atrocious /əˈtrəʊʃəs/ adj. very bad or cruel: *What atrocious weather!* ▶ **okropny, ohydny**

□ **atrociously** adv.: *The children behaved atrociously.* ▶ **okropnie**

atrocity /əˈtrɒsəti/ noun [C,U] (pl. **atrocities**) (an act of) great cruelty: *Both sides were guilty of dreadful atrocities during the war.* ▶ **okrucieństwo, nieludzkie czyny**

★**attach** /əˈtætʃ/ verb [T] **1 attach sth (to sth)** to fasten or join sth to sth: *A note was attached to the document with a paper clip.* ▶ **przymocowywać 2 attach yourself to sb/sth; attach sb to sb/sth** to join another person or group; to make sb do this: *Tom will be attached to the finance department for the next six months.* ▶ **przyłączać się; przydzielać (kogoś do czegoś) 3 attach sth to sb/sth** to think that sth has a particular quality: *Don't attach too much importance to what they say.* ○ *No blame was attached to him.* ▶ **przywiązywać**

IDIOM **(with) no strings attached; without strings** → STRING[1]

□ **attached** adj. **attached to sb/sth** liking sb/sth very much: *He's become very attached to you.* ▶ **przywiązany do** | **attachment** noun **1** [C] something that can be fitted on sth else: *a bath with a shower attachment* wanna z prysznicem ▶ **przyrząd do przymocowania 2** [C,U] **attachment (to/for sb/sth)** the feeling of liking sb/sth very much: *an emotional attachment* ○ *I feel a strong attachment to* (jestem głęboko przywiązany do) *this house.* ▶ **przywiązanie (do kogós/czegoś)**

★**attack** /əˈtæk/ noun **1** [C,U] **an attack (on sb/sth)** an act of trying to hurt or defeat sb/sth by using force: *The rebel forces launched an attack on the capital.* ○ *to be under attack* być atakowanym ▶ **atak, szturm 2** [C,U] **attack (on sb/sth)** an act of saying strongly that you do not like or agree with sb/sth: *an outspoken attack on government policy* ▶ **atak 3** [C] a short period when you suffer badly from a disease, medical condition, etc.: *an attack of asthma/flu* ▶ **atak, napad 4** [C,U] an act of trying to score a point in a game of sport: *England made several strong attacks but failed to score a goal.* ○ *The home team went on the attack again.* ▶ **atak**

□ **attack** verb **1** [I,T] to try to hurt or defeat sb/sth by using force: *The enemy attacked at night.* ○ *to be attacked by a wild animal* ▶ **atakować 2** [T] to say strongly that you do not like or agree with sb/sth: *The minister attacked the press for misleading the public.* ▶ **atakować 3** [T] to damage or harm sb/sth: *a virus that attacks the nervous system* ▶ **atakować 4** [I,T] to try to score a point in a game of sport ▶ **atakować** | **attacker** noun [C] a person who attacks sb/sth ▶ **napastni-k/czka**

attain /əˈteɪn/ verb [T] to succeed in getting or achieving sth, especially after great effort: *to attain a goal* ▶ **osiągać, dochodzić do czegoś**

□ **attainable** adj. that can be attained ▶ **osiągalny** | **attainment** noun **1** [U] the act of achieving sth: *the attainment of the government's objectives* ▶ **osiągnięcie 2** [C] a skill or achievement: *students with few academic attainments* ▶ **osiągnięcie**

★**attempt** /əˈtempt/ verb [T] to try to do sth that is difficult: *The prisoner was shot while attempting to escape.* ○ *She was accused of attempted murder.* ○ *Don't attempt to argue with him.* ▶ **usiłować, próbować**

□ **attempt** noun [C] **1 an attempt (to do sth/at doing sth)** an act of trying to do sth: *He hit the target at the first attempt.* ○ *They failed in their attempt to reach the North Pole.* ▶ **usiłowanie, próba 2 an attempt (on sb/sth)** an act of trying to attack or beat sb/sth: *She hopes to make an attempt on* (spróbuje pobić) *the world record in tomorrow's race.* ○ *an attempt on sb's life* próba zamachu ▶ **próba, atak na kogoś/coś**

IDIOM **a last-ditch attempt** → LAST[1]

★**attend** /əˈtend/ verb **1** [T] to go to or be present at a place: *Do you attend church regularly?* ▶ **chodzić (do czegoś/na coś); być (na/w czymś) 2** [I] **attend to sb/sth** (formal) to give your care, thought or attention to sb/sth or look after sb/sth: *Please attend to this matter immediately.* ▶ **zajmować się kimś/czymś**

attendance /əˈtendəns/ noun **1** [U] being present somewhere: *Attendance at lectures is not compulsory.* ▶ **obecność 2** [C,U] the number of people who go to or are present at a place: *There was a large attendance at the meeting.* ○ *Attendance has decreased in recent months.* ▶ **frekwencja**

attendant /əˈtendənt/ noun [C] **1** a person who looks after a public place: *a swimming pool attendant* ▶ **członek obsługi, dozorca 2** a person who looks after an important person: *the Queen's attendants* ▶ **członek świty**

□ **attendant** adj. (only before a noun) (formal) that goes with or results from sth: *unemployment and all its attendant social problems* ▶ **towarzyszący**

★**attention** /əˈtenʃn/ noun [U] **1** the act of watching, listening to or thinking about sb/sth carefully: *Please pay attention to* (zwróć uwagę na) *what I am about to say.* ○ *to call/draw sb's attention to sth* ○ *She is always the centre of attention.* ○ *to attract sb's attention* ○ *to hold sb's attention* przyciągać/skupiać czyjąś uwagę ▶ **uwaga 2** special care or action: *The hole in the roof needs urgent attention.* ○ *to require medical attention* ▶ **uwaga, opieka 3** a position in which a soldier stands up straight and still: *to come/stand to attention* ▶ **baczność**

IDIOMS **catch sb's attention/eye** → CATCH[1] | **draw (sb's) attention to sth** → DRAW[2] | **pay attention** → PAY[2]

□ **attention** interj. (used for asking people to listen to sth carefully): *Attention, please! The boat will be leaving in five minutes.* ▶ **uwaga!**

attentive /əˈtentɪv/ adj. watching, listening to or thinking about sb/sth carefully: *The staff at the hotel were very attentive.* ○ *an attentive audience* ▶ **uważny, troskliwy, uprzejmy**

□ **attentively** adv.: *to listen attentively to sth* ▶ **uważnie**

attic /ˈætɪk/ noun [C] the space or room under the roof of a house ➲ Por. **loft**. ▶ **poddasze**

★**attitude** /ˈætɪtjuːd; US -tuːd/ noun [C] **attitude (to/towards sb/sth)** the way that you think, feel or behave: *social attitudes and beliefs* ○ *She shows a very positive attitude to her work.* ▶ **stosunek, nastawienie**

attorney /əˈtɜːni/ noun [C] (pl. **attorneys**) (US) a lawyer ▶ **prawnik**

★**attract** /əˈtrækt/ verb [T] **1** to cause sb/sth to go to or give attention to sth: *to attract sb's attention* ○ *Moths are attracted to light.* ○ *to attract a lot of publicity* ▶ **przyciągać, wabić 2** to cause sb to like sb/sth: *She's attracted to* (ma słabość do) *older men.* ▶ **przyciągać**

attraction /əˈtrækʃn/ noun **1** [U] attracting or being attracted: *I can't understand the attraction of fishing.* ○ *sexual attraction* ▶ **atrakcja, powab, pociąg 2** [C] something that attracts sb/sth: *Blackpool offers all kinds of tourist attractions.* ○ *One of the attractions of the job is having a company car.* ▶ **atrakcja**

★**attractive** /əˈtræktɪv/ adj. **1** that pleases or interests you; that you like: *an attractive idea* ▶ **interesujący, atrakcyjny 2** pretty, beautiful or handsome: *an attractive room* ○ *an attractive man/woman* ▶ **ładny, przystojny**

□ **attractively** adv. ▶ **atrakcyjnie** | **attractiveness** noun [U] ▶ **atrakcyjność**

attribute[1] /əˈtrɪbjuːt/ verb [T] **attribute sth to sb/sth** to believe that sth was caused or done by sb/sth: *He attributes his success to hard work.* ○ *a poem attributed to Shakespeare* ▶ **przypisywać**

attribute[2] /ˈætrɪbjuːt/ noun [C] a quality or feature of sb/sth: *physical attributes* cechy zewnętrzne ▶ **cecha**

attributive /əˈtrɪbjətɪv/ adj. (used about an adjective) used before a noun to describe it: *In 'the blue sky', 'blue' is an attributive adjective.* ❶ Por. **predicative**. ▶ **przydawkowy**

□ **attributively** adv.: *Some adjectives can only be used attributively.* ▶ **przydawkowo**

atypical /ˌeɪˈtɪpɪkl/ adj. (formal) not typical of a particular type, group, etc.: *atypical behaviour* ➲ Por. **untypical**. ▶ **nietypowy**

aubergine /ˈəʊbəʒiːn/ (US **eggplant**) noun [C,U] a long vegetable with dark purple skin ▶ **bakłażan, oberżyna**

auburn /ˈɔːbən/ adj. (usually used about a person's hair) reddish-brown ➲ Zob. uwaga przy **hair**. Por. **chestnut** i **maroon**. ▶ **kasztanowy**

auction /ˈɔːkʃn/ noun [C,U] a public sale at which items are sold to the person who offers to pay the most money: *The house will be sold by auction.* ▶ **aukcja, licytacja**

□ **auction** verb [T] to sell sth at an auction ▶ **wystawiać coś na licytację** | **auctioneer** /ˌɔːkʃəˈnɪə(r)/ noun [C] a person who organizes the selling at an auction ▶ **licytator, aukcjoner**

audible /ˈɔːdəbl/ adj. that can be heard: *Her speech was only just audible* (ledwo słyszalne). ➲ Antonim: **inaudible**. ▶ **słyszalny**

□ **audibly** adv.: *to sigh audibly* ▶ **słyszalnie**

★**audience** /ˈɔːdiəns/ noun [C] **1** [with sing. or pl. verb] the group of people who are watching or listening to a play, concert, speech, the television, etc.: *The audience was/were wild with excitement.* ○ *There were only about 200 people in the audience.* ▶ **widownia, publiczność 2** a formal meeting with a very important person: *an audience with the Pope* ▶ **audiencja**

audio /ˈɔːdiəʊ/ adj. connected with the recording of sound: *audio equipment* ○ *audio tape* ▶ **dźwiękowy**

audio-visual /ˌɔːdiəʊˈvɪʒu(ə)l/ adj. using both sound and pictures ▶ **audiowizualny**

audit /ˈɔːdɪt/ noun [C] an official examination of the present state of sth, especially of a company's financial records: *to carry out an audit* ▶ **kontrola** (*np. ksiąg rachunkowych*), **rewizja**

□ **auditor** noun [C] ▶ **rewident**

audition /ɔːˈdɪʃn/ noun [C] a short performance by a singer, actor, musician, etc. to find out if they are good enough to be in a play, show, concert, etc. ▶ **przesłuchanie**

□ **audition** /ɔːˈdɪʃn/ verb [I,T] **audition (sb) (for sth)** to do or to watch sb do an audition ▶ **przeprowadzać przesłuchanie; uczestniczyć w przesłuchaniu**

auditorium /ˌɔːdɪˈtɔːriəm/ noun [C] (pl. **auditoriums** or **auditoria**) the part of a theatre, etc. where the audience sits ▶ **widownia, audytorium**

Aug. abbr. August: *10 Aug. 1957* ▶ **sierpień**

augur /ˈɔːgə(r)/ verb

IDIOM **augur well/ill for sb/sth** (formal) to be a good/bad sign of what will happen in the future: *The opinion polls augur well for the government.* ▶ **być dobrą/złą wróżbą**

★**August** /ˈɔːgəst/ noun [C,U] (abbr. **Aug.**) the eighth month of the year, coming before September ➲ Zob. przykł. użycia nazw miesięcy w zdaniach przy **January**. ▶ **sierpień**

★**aunt** /ɑːnt; US ænt/ (informal **auntie**; **aunty** /ˈɑːnti; US ænti/) noun [C] the sister of your father or mother; the wife of your uncle ▶ **ciotka**

au pair /ˌəʊ ˈpeə(r)/ noun [C] a person, usually a girl, from another country who comes to live with a family in order to learn the language. An au pair helps with the housework and looking after the children. ▶ **dziewczyna do pomocy w domu i opieki nad dziećmi**

aura /ˈɔːrə/ noun [C] (formal) the quality that sb/sth seems to have: *The village had an aura of peace and tranquillity.* ▶ **atmosfera**

aural /ˈɔːrəl/ adj. of or concerning the ear or hearing: *an aural comprehension test* test rozumienia ze słuchu ➲ Por. **oral**. ▶ **słuchowy**

auspices /ˈɔːspɪsɪz/ noun [pl.]

IDIOM **under the auspices of sb/sth** with the help and support of sb/sth: *The visit was arranged under the auspices of the local church.* ▶ **pod auspicjami, pod patronatem**

auspicious /ɔːˈspɪʃəs/ adj. that seems likely to succeed or be pleasant in the future ▶ **pomyślny**

austere /ɒˈstɪə(r)/ adj. **1** very plain and simple; without decoration ▶ **prosty, surowy 2** (used about a person) very strict and serious ▶ **surowy 3** not having pleasures or luxuries: *The nuns lead simple and austere lives.* ▶ **ascetyczny, surowy**

□ **austerity** /ɒˈsterəti/ noun [U] the quality of being austere ▶ **surowość, prostota**

authentic /ɔːˈθentɪk/ adj. **1** that you know is real or genuine: *an authentic Van Gogh painting* ▶ **autentyczny 2** true and accurate: *an authentic account of life in the desert* ▶ **prawdziwy 3** made to be exactly the same as the original: *an authentic model of the ancient town* ▶ **dokładny**

□ **authenticity** /ˌɔːθenˈtɪsəti/ noun [U]: *to check the authenticity of a document* ▶ **autentyczność**

★**author** /ˈɔːθə(r)/ noun [C] a person who writes a book, play, etc. ▶ **autor/ka**

□ **authorship** noun [U]: *The authorship of the play is unknown.* ▶ **autorstwo**

authoritarian /ɔːˌθɒrɪˈteəriən/ adj. not allowing people the freedom to decide things for themselves: *an authoritarian government* ○ *authoritarian parents* ▶ **apodyktyczny, despotyczny**

authoritative /ɔːˈθɒrətətɪv; US -teɪtɪv/ adj. **1** having authority; demanding or expecting that people obey you: *an authoritative tone of voice* ▶ **autorytatywny, rozkazujący 2** that you can trust because it/they has/have a lot of knowledge and information: *They will be able to give you authoritative advice on the problem.* ▶ **wiarygodny, miarodajny**

★**authority** /ɔːˈθɒrəti/ noun (pl. **authorities**) **1** [C] (often plural) a person, group or government department that has the power to give orders, make official decisions, etc.: *The French authorities refused permission for the hijacked plane to land.* ○ *Cases of the illness must be reported to the health authority.* ▶ **władza, zarząd 2** [U] the power and right to give orders and make others obey: *Children often question their parents' authority.* ○ *You must get this signed by a person in authority.* ▶ **autorytet, władza 3** [U] **authority (to do sth)** the right to act in a particular way: *The police have the authority to question anyone they wish.* ▶ **upoważnienie, prawo 4** [U] a quality that sb has which makes it possible to influence and control other people: *He spoke with authority and everybody listened.* ▶ **autorytet 5** [C] a person with special knowledge: *He's an authority on ancient Egypt.* ▶ **autorytet**

authorize (also **-ise**) /ˈɔːθəraɪz/ verb [T] to give official permission for sth or for sb to do sth: *Any new buildings have to be authorized by the planning department.* ○ *He authorized his secretary to sign letters in his absence.* ▶ **aprobować, upoważniać**

□ **authorization** (also **-isation**) /ˌɔːθəraɪˈzeɪʃn; US -rəˈz-/ noun [U] official permission for sth: *You need authorization from the manager.* ▶ **upoważnienie**

autism /ˈɔːtɪzəm/ noun [U] a mental condition in which a person finds it difficult to communicate or form relationships with other people ▶ **autyzm**

□ **autistic** /ɔːˈtɪstɪk/ adj.: *autistic behaviour/children* ▶ **autystyczny**

autobiography /ˌɔːtəbaɪˈɒɡrəfi/ noun [C,U] (pl. **autobiographies**) the story of a person's life written by that person ▶ **autobiografia**

□ **autobiographical** /ˌɔːtəˌbaɪəˈɡræfɪkl/ adj. ▶ **autobiograficzny**

autograph /ˈɔːtəɡrɑːf; US -ɡræf/ noun [C] the signature of a famous person ▶ **autograf**

□ **autograph** verb [T] to put your signature on or in sth: *a painting autographed by the artist* ▶ **podpisywać** (*własne dzieło*), **składać autograf**

automate /ˈɔːtəmeɪt/ verb [T] (usually passive) to make sth operate by machine, without needing people: *The system in the factory has been fully automated.* ▶ **automatyzować**

★**automatic** /ˌɔːtəˈmætɪk/ adj. **1** (used about a machine) that can work by itself without direct human control: *an automatic washing machine* ▶ **automatyczny 2** (used about actions) done without thinking or like a machine; unconscious: *Practise this exercise until it becomes automatic.* ▶ **automatyczny 3** certain to happen because it is part of a normal process: *Not everyone with a British passport has the automatic right to live in Britain.* ▶ **automatyczny**

□ **automatic** noun [C] an automatic machine, gun or car: *This car is an automatic.* ▶ **samochód z automatyczną skrzynią biegów; urządzenie automatyczne; broń maszynowa** | **automatically** /-kli/ adv.: *The lights will come on automatically when it gets dark.* ○ *You will automatically receive a reminder when your next payment is due.* ▶ **automatycznie**

automation /ˌɔːtəˈmeɪʃn/ noun [U] the use of machines, instead of people, to do work: *Unemployment is rising because of increased automation.* ▶ **automatyzacja**

automobile /ˈɔːtəməbiːl/ noun [C] (especially US) = CAR(1)

autonomous /ɔːˈtɒnəməs/ adj. having the right to govern or control its own affairs: *The people in this region want to be completely autonomous.* ▶ **autonomiczny**

□ **autonomy** /ɔːˈtɒnəmi/ noun [U] the right of an

organization, a region, etc. to govern or control its own affairs ▶ **autonomia**

autopsy /ˈɔːtɒpsi/ noun [C] (pl. **autopsies**) an examination of a dead body to find out the cause of death ▶ **sekcja zwłok**

★**autumn** /ˈɔːtəm/ (US usually **fall**) noun [C,U] the season of the year that comes between summer and winter ▶ **jesień**

□ **autumnal** /ɔːˈtʌmnəl/ adj. ▶ **jesienny**

auxiliary /ɔːɡˈzɪliəri/ adj. (only before a noun) giving extra help: *auxiliary nurses/troops* ○ *auxiliary equipment* ▶ **pomocniczy, wspomagający**

■ **auˌxiliary ˈverb** noun [C] a verb (e.g. *be, do* or *have*) that is used with a main verb to show tense, etc. or to form questions ▶ **czasownik posiłkowy**

avail /əˈveɪl/ noun [U]

IDIOMS **of little/no avail** not helpful or effective: *All our efforts to persuade her were of little avail.* ▶ **daremny** | **to little/no avail** without success: *They had searched everywhere, but to no avail.* ▶ **daremnie**

★**available** /əˈveɪləbl/ adj. **1** (used about things) that you can get, buy, use, etc.: *Do you know if there are any flats available* (do wynajęcia/na sprzedaż) *in this area?* ○ *This information is easily available to everyone at the local library.* ○ *Refreshments are available at the snack bar.* ▶ **dostępny, osiągalny 2** (used about people) free to be seen, talked to, etc.: *The minister was not available for comment.* ▶ **dostępny, osiągalny**

□ **availability** /əˌveɪləˈbɪləti/ noun [U] the state of being available: *You will receive the colour you order, subject to availability* (jeżeli będzie dostępny). ▶ **dostępność**

avalanche /ˈævəlɑːnʃ; US -læntʃ/ noun [C] a very large amount of snow that slides quickly down the side of a mountain: *Two skiers are still missing after yesterday's avalanche.* ○ (figurative) *The company received an avalanche of complaints.* ▶ **lawina**

avant-garde /ˌævɒŋˈɡɑːd/ noun [sing.] (**the avant-garde**) extremely modern works of art, music or literature, or the artists who create these ▶ **awangarda**

□ **avant-garde** adj. ▶ **awangardowy**

Ave. abbr. Avenue: *26 Elm Ave.* ▶ **al.**

avenge /əˈvendʒ/ verb [T] **avenge sth**; **avenge yourself on sb** to punish sb for hurting you, your family, etc. in some way: *He wanted to avenge his father's murder.* ○ *He wanted to avenge himself on his father's murderer.* ➲ Por. **revenge**. ▶ **mścić (się)**

avenue /ˈævənjuː; US -nuː/ noun [C] **1** (abbr. **Ave.**) a wide street, especially one with trees or tall buildings on each side: *I live at 12 Tennyson Avenue.* ○ *Fifth Avenue, New York* ▶ **aleja, ulica 2** a way of doing or getting sth: *We must explore every avenue open to us.* ▶ **możliwość, ścieżka**

★**average** /ˈævərɪdʒ/ noun **1** [C] the number you get when you add two or more figures together and then divide the total by the number of figures you added ▶ **średnia 2** [sing., U] the normal standard, amount or quality: *Only 60% of the students passed the exam. That's well below the national average.* ▶ **średnia, przeciętna**

□ **average** adj. **1** (only before a noun) (used about a number) found by calculating the average(1): *What's the average age of your students?* ▶ **średni, przeciętny 2** normal or typical: *average incomes* ○ *children of above/below average intelligence* ▶ **przeciętny** | **average** verb [T] to do, get, etc. a certain amount as an average: *If we average 50 miles an hour we should arrive at about 4 o'clock.* ▶ **osiągać średnio**

PHRASAL VERB **average out (at sth)** to result in an average (of sth): *The meal averaged out at about £20 each.* ▶ **wynosić średnio**

averse /əˈvɜːs/ adj. **averse to sth** (formal) (often with a negative) against or opposed to sth: *He is not averse to trying out new ideas.* ▶ **przeciwko**

aversion /əˈvɜːʃn; US əˈvɜːrʒn/ noun [C] **1** [usually sing.] **an aversion (to sb/sth)** a feeling of great dislike: *Some people have an aversion to telephones.* ▶ **awersja, niechęć 2** a thing that you greatly dislike: *Mathematics was always one of my particular aversions.* ▶ **przedmiot niechęci/odrazy**

avert /əˈvɜːt/ verb [T] to prevent sth unpleasant; to avoid: *The accident could have been averted.* ▶ **zapobiegać, unikać**

aviary /ˈeɪviəri; US -vieri/ noun [C] (pl. **aviaries**) a large cage or area in which birds are kept ▶ **ptaszarnia**

aviation /ˌeɪviˈeɪʃn/ noun [U] the flying or building of aircraft ▶ **lotnictwo**

avid /ˈævɪd/ adj. (only before a noun) keen and eager; greedy: *an avid collector of antiques* ○ *The people crowded round the radio, avid for news.* ▶ **zapalony, żądny**

□ **avidly** adv.: *He read avidly as a child.* ▶ **z zapałem**

avocado /ˌævəˈkɑːdəʊ/ noun [C] (pl. **avocados**) a fruit shaped like a pear with a tough dark green skin and a large stone inside ▶ **awokado**

★**avoid** /əˈvɔɪd/ verb [T] **1 avoid (doing sth)** to prevent sth happening: *He always tried to avoid an argument if possible.* ○ *We managed to avoid being seen.* ○ *She has to avoid eating fatty food.* ▶ **unikać 2** to keep away from (sb/sth): *I leave home at 7 o'clock in order to avoid the rush-hour.* ○ *Jane is trying to avoid her boyfriend at the moment.* ▶ **unikać**

□ **avoidable** adj. that can be prevented; unnecessary: *We have been asked to cut down on any avoidable expense* (o zredukowanie zbytecznych wydatków). ❶ Antonim: **unavoidable**. ▶ **możliwy do uniknięcia** | **avoidance** noun [U] ▶ **unikanie**

await /əˈweɪt/ verb [T] (formal) **1** (used about people) to wait for sb/sth: *Please await further instructions.* ▶ **czekać, oczekiwać 2** (used about things or events) to be ready or waiting for sb/sth: *We were unaware of the danger that awaited us.* ▶ **czekać, oczekiwać**

awake[1] /əˈweɪk/ verb (pt **awoke** /əˈwəʊk/; pp **awoken** /əˈwəʊkən/) **1** [I,T] to wake up; to make sb/sth wake up: *I awoke to find that it* *was already 9 o'clock.* ○ *A sudden loud noise awoke us all.* ❶ Częściej używa się czasownika **wake up**. ▶ **budzić (się) 2** [T] to make sb have a particular feeling, attitude, etc.: *His words awoke fear and hatred in the boy.* ▶ **wzbudzać**

★**awake²** /ə'weɪk/ adj. **be/keep awake** to not be sleeping: *I was awake most of the night.* ○ *The children are always wide awake* (zupełnie rozbudzone) *at 6 o'clock in the morning.* ○ *They found it difficult to keep awake.* ❶ Antonim: **asleep**. ▶ **nie spać**

awaken /ə'weɪkən/ verb **1** [I,T] (formal) to wake up; to make sb/sth wake up: *I awakened to find the others already up.* ○ *We were awakened by a loud knock at the door.* ❶ Znacznie częściej używa się czasownika **wake up**. ▶ **budzić (się) 2** [T] (formal) to produce a particular feeling, attitude, etc. in sb: *The film awakened memories of her childhood.* ▶ **wzbudzać, budzić**

PHRASAL VERB **awaken sb to sth** to make sb become aware of sth: *The letter awakened me to the seriousness of the situation.* ▶ **uświadamiać komuś/sobie, że**

□ **awakening** /ə'weɪkənɪŋ/ noun [sing.] **1** the start (of a feeling, etc.): *the awakening of an interest in the opposite sex* ▶ **budzenie (się)** (*np. uczuć*) **2** an act of realizing: *It was a rude awakening* (gorzkie rozczarowanie) *when I suddenly found that I was unemployed.* ▶ **przebudzenie**

★**award** /ə'wɔːd/ verb [T] **award sth (to sb)** to give sth to sb as a prize, payment, etc.: *She was awarded first prize in the gymnastics competition.* ○ *The novel was awarded the Booker Prize.* ○ *The court awarded £10 000 each to the workers injured in the factory accident.* ▶ **przyznawać**

□ **award** noun [C] **1** a prize, etc. that sb gets for doing sth well ▶ **nagroda 2** an amount of money given to sb as the result of a court decision: *She received an award of £5 000 for damages.* ▶ **odszkodowanie**

★**aware** /ə'weə(r)/ adj. **1 aware (of sb/sth); aware (that)** knowing about or realizing sth; conscious of sb/sth: *I am aware of the difficulties you face.* ○ *I suddenly felt aware of somebody watching me.* ○ *There is no other entrance, as far as I am aware.* ❶ Antonim: **unaware**. ▶ **świadomy 2** interested and informed: *to be politically aware* ▶ **zorientowany**

□ **awareness** noun [U] knowledge, consciousness or interest: *People's awareness of healthy eating has increased in recent years.* ▶ **świadomość**

awash /ə'wɒʃ/ adj. (not before a noun) covered with water; flooded: *The bathroom was awash because the bath had overflowed.* ○ (figurative) *The city was awash with rumours.* W mieście było pełno plotek. ▶ **zalany wodą**

★**away** /ə'weɪ/ adj., adv. ❶ **Away** występuje w czasownikach złożonych. ➲ Zob. np. **give away**, **take away**. **1 away (from sb/sth)** to a different place or in a different direction: *Go away* (odejdź)*! I'm busy!* ○ *I asked him a question, but he just looked away* (odwrócił wzrok). **2** at a distance from a place: *My parents live five miles away.* ○ *The village is two miles away from the sea.* ▶ **w odległości, stąd 3 away (from sth)** (used about people) not present; absent: *My neighbours are away on holiday at the moment.* ○ *Tom was away from school for two weeks with measles.* ○ *She's away on business.* ▶ **nieobecny, poza domem, w terenie 4 away (from sth)** in the future: *Our summer holiday is only three weeks away.* ▶ **w przyszłości, za 5** into a safe place: *Put your books away now.* ○ *They cleared the dishes away.* Sprzątnęli naczynia ze stołu. ➲ Por. **throw sth away** (wyrzucać do kosza). ▶ (*odkładać*) **na swoje miejsce 6** (used about a football, etc. team) on the other team's ground: *Our team's playing away on Saturday.* ○ *an away match/game* ▶ (*występować/grać*) **gościnnie**; (*o meczu*) **wyjazdowy 7** until it disappears completely: *The crash of thunder slowly died away* (powoli ucichł). ○ *The writing has almost faded away* (prawie wyblakło). **8** continuously, without stopping: *They chatted away for hours.* Gadali całymi godzinami. ○ *They worked away* (pracowali zawzięcie) *for two days to get the job finished.*

IDIOMS **do away with sb/sth** to get rid of sb/sth: *The government are going to do away with the tax on fuel.* ▶ **pozbywać się kogoś/czegoś** | **right/straight away** immediately; without any delay: *I'll phone the doctor right away.* ○ *I understood straight away what she wanted me to do.* ▶ **natychmiast**

awe /ɔː/ noun [U] a feeling of respect and either fear or admiration: *We watched in awe as the rocket took off into space.* ○ *As a young boy he was very much in awe of his uncle.* ▶ **szacunek połączony z lękiem lub podziwem**

□ **awesome** /-səm/ adj. **1** impressive and rather frightening: *an awesome task* ▶ **wzbudzający jednocześnie podziw i lęk 2** (US, slang) very good; excellent ▶ **super**

■ **'awe-inspiring** adj. causing a feeling of respect and fear or admiration ▶ **wzbudzający jednocześnie szacunek i lęk lub podziw**

★**awful** /'ɔːfl/ adj. **1** very bad or unpleasant: *We had an awful holiday.* ○ *What an awful thing to say!* ▶ **okropny, straszny 2** terrible; very serious: *I'm afraid there's been some awful news.* ▶ **okropny, straszny 3** (only before a noun) (informal) very great: *I'm in an awful hurry. See you later.* ○ *We've got an awful lot of work to do.* ▶ **straszny**

□ **awfully** /'ɔːfli/ adv. (informal) very; very much: *I'm awfully sorry.* ▶ **strasznie**

awkward /'ɔːkwəd/ adj. **1** not convenient, difficult: *My mother always phones at an awkward time.* ○ *You've put me in an awkward position.* ○ *That's an awkward question.* ○ *It's awkward for her to get home by bus.* ○ *This tin opener is very awkward to clean.* ▶ **niedogodny, kłopotliwy, niewygodny 2** (used about people) causing difficulties; unreasonable: *He's just being awkward.* ▶ **trudny, grymaśny 3** embarrassed; not relaxed: *an awkward silence* ▶ **zażenowany, krępujący 4** without grace or skill: *an awkward gesture* ▶ **niezgrabny, niezdarny**

□ **awkwardly** adv. ▶ **niezręcznie** | **awkwardness** noun [U] ▶ **niezdarność, skrępowanie**

awoke pt of AWAKE[1]

awoken pp of AWAKE[1]

awry /əˈraɪ/ adv. wrong, not in the way that was planned: *Our plans went awry.* ▶ **krzywo, na opak**

□ **awry** adj. (not before a noun) untidy; in the wrong position: *Her hair was all awry.* ▶ **w nieładzie**

axe (especially US **ax**) /æks/ noun [C] a tool with a wooden handle and a metal blade used for cutting wood, etc. ➲ Ilustr. do **garden**. ▶ **siekiera**

□ **axe** (especially US **ax**) verb [T] **1** to remove or end sth: *Hundreds of jobs have been axed.* ▶ **obcinać, redukować 2** to reduce sth greatly: *School budgets are to be axed.* ▶ **obcinać, redukować** ❶ Czasownika **axe** używa się głównie w języku prasowym.

axis /ˈæksɪs/ noun [C] (pl. **axes** /ˈæksiːz/) **1** an imaginary line through the middle of an object that turns: *The earth rotates on its axis.* ▶ **oś 2** a fixed line used for marking measurements on a graph: *the horizontal/vertical axis* ▶ **oś**

axle /ˈæksl/ noun [C] a bar that connects a pair of wheels on a vehicle ▶ **oś**

Bb

B, b /biː/ noun [C] (pl. **B's; b's**) **1** the second letter of the English alphabet ▶ **litera *b* 2** (used about music) the seventh note in the series of notes called the scale of C major: *B major* H-dur ○ *B minor* h-moll ○ *B flat* B/b ○ *B sharp* His/his ○ *a symphony in B* ▶ **H/h, B/b**

■ **ˈB-road** noun [C] (in Britain) a road that is not as wide or important as a motorway or an A-road: *Turn right onto the B427.* ▶ **droga drugiej kategorii**

b. abbr. born: *J.S.Bach, b. 1685* ▶ **ur.**

BA /ˌbiː ˈeɪ/ abbr. Bachelor of Arts ▶ **bakałarz nauk humanistycznych**

baa /bɑː/ noun [C] the sound that a sheep or lamb makes ▶ **beczenie, bek**

babble /ˈbæbl/ verb [I] **1** to talk quickly or in a way that is difficult to understand ▶ **paplać 2** to make the sound of water running over stones ▶ **szemrać**

□ **babble** noun [U] **1** the sound of many voices talking at the same time: *a babble of voices* ▶ **paplanina 2** the sound of water running over stones ▶ **szemranie**

babe /beɪb/ noun [C] **1** (especially US, slang) (used when talking to sb, especially a girl or young woman) ▶ **dziecinka 2** (slang) an attractive young woman ▶ **laska 3** (old-fashioned) a baby ▶ **niemowlę**

★**baby** /ˈbeɪbi/ noun [C] (pl. **babies**) **1** a very young child: *I'm going to have a baby.* ○ *She's expecting a baby early next year.* ○ *When's the baby due?* ○ *a baby boy/girl* chłopczyk/dziewczynka ▶ **niemowlę, dziecko 2** a very young animal or bird: *a baby rabbit* ▶ **młode 3** (US, slang) a person, especially a girl or young woman that you are fond of ▶ **mała**

□ **babyish** adj. like or suitable for a baby: *Don't be so babyish – stop crying.* ○ *This book is a bit too babyish for Tom now.* ❶ Por. **childish**. ▶ **dziecinny**

■ **ˈbaby boom** noun [usually sing.] a time when more babies are born than usual, for example after a war ▶ **wyż demograficzny** | **ˈbaby boomer** noun [C] a person born during a baby boom ▶ **osoba urodzona w okresie wyżu demograficznego** | **ˈbaby carriage** noun [C] (US) = PRAM | **ˈbabysit** verb [I] (**babysitting**; pt, pp **babysat**) to look after a child for a short time while the parents are out ▶ **opiekować się dzieckiem** | **ˈbabysitter** noun [C]: *We can't come this evening. We couldn't find a babysitter.* ❶ Również mężczyzna może pracować jako **babysitter**. ▶ **(dochodząca) opiekunka do dziecka**

bachelor /ˈbætʃələ(r)/ noun [C] **1** a man who has not yet married ❶ Obecnie mówiąc o nieżonatym mężczyźnie lub niezamężnej kobiecie najczęściej używa się słowa **single**: *a single man/woman*. ▶ **kawaler 2** a person who has a first university degree: *a Bachelor of Arts (BA)/Science (BSc)/Education (BEd)* ➲ Por. **graduate**. Zob. uwaga przy **degree**. ▶ **osoba legitymująca się dyplomem wyższej uczelni** (*po trzy-/czteroletnich studiach dyplomowych*)

★**back**[1] /bæk/ noun [C] **1** the part of a person's or animal's body between the neck and the bottom: *She was standing with her back to me.* ○ *He swung himself up onto the horse's back.* ▶ **plecy, grzbiet 2** the part or side of sth that is furthest from the front: *I like sitting at the back of the class.* ○ *Jane sat next to the driver and Anne and I sat in the back of the car.* ○ *The back of the house is much prettier than the front.* ○ *There's some information about the author at the back of the book.* ▶ **tył, koniec 3** the part of a chair that you lean against when you sit down: *Don't climb on the back of the sofa, children!* ▶ **oparcie**

back to front

back to front

inside out

upside down

IDIOMS **at/in the back of your mind** if sth is at the back of your mind, it is in your thoughts but is not the main thing that you are thinking about: *With next week's exam at the back of my mind* (myśląc podświadomie o egzaminie w przyszłym tygodniu), *I couldn't relax and enjoy the film.* ▶ **w podświadomości** | **back to front** with the back where the front should be: *You've got your jumper on back to front.* ▶ **tył na przód, na odwrót** | **behind sb's back** without sb's knowledge or agreement: *They criticized her behind her back.* ▶ **za czyimiś plecami** | **get off sb's back** (informal) to stop bothering or annoying sb: *I wish she'd get off my back!* ▶ **dawać komuś spokój** | **know sth like the back of your hand** → KNOW | **a pat on the back** → PAT[1] | **turn your back on sb/sth** to refuse to be involved with sb/sth: *He turned his back on his career and went to live in the country.* ▶ **odwracać się od kogoś, porzucać coś**

■ **'backbone** noun **1** [C] the line of bones down the back of your body ❶ Synonim: **spine**. ▶ **kręgosłup 2** [sing.] the main strength or support: *Volunteer workers are the backbone of the organization.* ▶ **ostoja** | **'backstroke** noun [U] a style of swimming that you do on your back: *Can you do backstroke?* ▶ **styl grzbietowy**

★**back[2]** /bæk/ adj. **1** (only before a noun) furthest from the front: *the back door* ○ *the back row of the theatre* ○ *back teeth* ▶ **tylny 2** owed for a time in the past: *back pay* ▶ **zaległy**

IDIOM **take a back seat** to allow sb to play a more important or active role than yourself in a particular situation ▶ **pozostawać w cieniu, usuwać się na dalszy plan**

■ **ˌback 'bench** noun [C, usually pl.] (Brit.) a seat in the House of Commons for an ordinary member of Parliament: *to sit on the back benches* ▶ **tylna ławka w Izbie Gmin** (*miejsca, które zajmują zwykli posłowie*) | **ˌback-'bencher** noun [C] (Brit.) a member of Parliament who does not have an important position in a political party ▶ **szeregowy poseł** | **'backcloth** = BACKDROP | **'backdrop** /'bækdrɒp/ (also **backcloth**) noun [C] a painted piece of material that is hung behind the stage in a theatre as part of the scenery ▶ (*w teatrze*) **zasłona dekoracyjna w głębi sceny** | **'backhand** noun [sing.] a stroke in tennis, etc. that is made with the back of your hand facing forward ▶ **bekhend** | **'backlog** noun [C, usually sing.] an amount of work, etc. that has not yet been done and should have been done: *Because I've been off sick, I've got a backlog of work to catch up on.* ▶ **zaległości** | **'backside** noun [C] (informal) the part of the body that you sit on; your bottom ▶ **tyłek** | **'backstage** adv. in the part of a theatre where the actors get dressed, wait to perform, etc.: *I was taken backstage to meet the actors.* ▶ **za kulis-y/ami** | **'backwater** noun [C] a place that is away from where most things happen and so is not affected by new ideas or outside events ▶ **cichy zakątek** | **'backyard** noun [C] **1** (Brit.) an area behind a house, usually of concrete or stone, with a wall or fence around it ▶ **podwórko** (*za domem*) **2** (US) the whole area behind the house including the grass area and the garden ▶ **teren/ogród z tyłu domu**

★**back[3]** /bæk/ adv. ❶ **Back** występuje w czasownikach złożonych. ➲ Zob. np. **keep back**. **1** in or to a place or state that sb/sth was in before: *I'll be back* (wrócę) *about 6 o'clock.* ○ *When is he coming back* (wraca) *from Australia?* ○ *Go back to sleep.* Śpij dalej. ○ *Could I have my pen back, please?* Czy możesz mi oddać pióro? **2** away from the direction you are facing or moving in: *She walked away without looking back* (nie oglądając się za siebie). ○ *Could everyone move back* (cofnąć się) *a bit, please?* **3** in return or in reply: *He said he'd phone me back* (oddzwoni). **4** in or into the past; ago: *I met him a few years back, in Madrid.* ○ *Think back* (sięgnij myślą wstecz) *to your first day at school.* ▶ **w przeszłości, temu**

IDIOM **back and forth** from one place to another and back again, all the time: *Travelling back and forth to work takes up quite a bit of time.* ▶ **tam i z powrotem**

■ **ˌback'date** verb [T] to make a document, cheque or payment take effect from an earlier date: *The pay rise will be backdated to 1 April.* ▶ **obowiązywać z wcześniejszą datą** | **ˌback'fire** verb [I] **1** to have an unexpected and unwanted result, often the opposite of what was intended ▶ **osiągać rezultat odwrotny od zamierzonego 2** (used about an engine or a vehicle) to make a sudden noise like an explosion ▶ (*o gaźniku*) **strzelać** | **'backlash** noun [sing.] a strong reaction against a political or social event or development ▶ **(silna) reakcja** | **'backtrack** verb [I] **1** to go back the same way you came: *We got lost in the wood and had to backtrack.* ▶ **wracać tą samą drogą 2 backtrack (on sth)** to change your mind about a plan, promise, etc. that you have made: *Unions forced the company to backtrack on its plans to close the factory.* ▶ **zmienić zdanie/decyzję, wycofywać się**

★**back[4]** /bæk/ verb **1** [I,T] to move backwards or to make sth move backwards: *I'll have to back into that parking space.* ○ *He backed the car into the parking space.* ▶ **cofać (się) 2** [I] to face sth at the back: *Many of the colleges back onto the river.* ▶ (*o tyłach np. budynku*) **sąsiadować, graniczyć 3** [T] to give help or support to sb/sth: *We can go ahead with the scheme if the bank will agree to back us.* ▶ **popierać, wspierać 4** [T] to bet money that a particular horse, team, etc. will win in a race or game: *Which horse are you backing in the 2 o'clock race?* ▶ **stawiać na kogoś/coś**

PHRASAL VERBS **back away (from sb/sth)** to move backwards because you are afraid, shocked, etc.: *He began to back slowly away from the snake.* ▶ **cofać się** | **back down** to stop insisting that you are right: *I think you are right to demand an apology. Don't back down now.* ▶ **wycofywać się** | **back out (of sth)** to decide not to do sth that you had promised to do: *You promised you would come with me. You can't back out of it now!* ▶ **wycofywać się, wykręcać się** | **back sb/sth up** to support sb; to say or show that sth is true: *I'm going to say exactly* *what I think at the meeting. Will you back me up?* ○ *All the evidence backed up what the woman had said.* ▶ **popierać**, **potwierdzać** | **back (sth) up** to move backwards, especially in a vehicle: *Back up a little so that the other cars can get past.* ▶ **cofać (się)** | **back sth up** to make a copy of a computer program, etc. in case the original one is lost or damaged: *to back up a file* ▶ **robić zapasową kopię**

□ **backer** noun [C] a person who gives support or money to another person, a scheme, etc. ▶ **osoba udzielająca poparcia**, **sponsor** | **backing** noun [U] help or support to do sth, often in the form of money: *financial backing* ▶ **poparcie**, **wsparcie**

■ **'back-up** noun **1** [U] extra help or support ▶ **poparcie**, **pomoc** **2** [C] a copy of a computer disk that you can use if the original one is lost or damaged: *Always make a back-up of your files.* ▶ **zapasowa kopia**

★background /'bækgraʊnd/ noun **1** [C] the type of family and social class you come from and the education and experience you have: *We get on very well together in spite of our different backgrounds.* ○ *a working-class background* ▶ **pochodzenie (społeczne)** **2** [sing., U] the facts or events that are connected with a situation: *The talks are taking place against a background of increasing tension.* ○ *background information* dodatkowe informacje ▶ **tło** **3** [sing.] the part of a view, scene, picture, etc. which is furthest away from the person looking at it: *You can see the mountains in the background of the photo.* ➲ Por. **foreground**. ▶ **tło** **4** [sing.] a position where sb/sth can be seen/heard, etc. but is not the centre of attention: *The film star's husband prefers to stay in the background.* ○ *I could hear a child crying in the background.* ○ *background music* ▶ **tło**

backpack /'bækpæk/ noun [C] a large bag, often on a metal frame, that you carry on your back when travelling ➲ Ilustr. do **bag**. ❶ Synonim: **rucksack**. ▶ **plecak**

□ **backpack** verb [I] to go walking or travelling with your clothes, etc. in a backpack ❶ Zwróć uwagę na wyrażenie **go backpacking**: *We went backpacking round Europe last summer.* ▶ **uprawiać turystykę pieszą z plecakiem** | **backpacker** noun [C] ▶ **turysta uprawiający wędrówkę z plecakiem**

★backward /'bækwəd/ adj. **1** (only before a noun) directed towards the back: *a backward step* krok do tyłu ○ *a backward glance* spojrzenie za siebie ▶ **w tył**, **wstecz** **2** slow to learn or develop: *Considerable modernization is needed in the more backward areas of the country.* ▶ **zacofany**

□ **backwards** (also **backward**) adv. **1** away from the front; towards the back: *Could everybody take a step backwards?* ○ *He fell backwards and hit the back of his head.* ○ *We seem to be going backwards, not forwards.* ▶ **w tył**, **do tyłu** **2** the opposite way to usual; with the end first: *It was a very easy code. All the words were written backwards.* ▶ **odwrotnie** **3** towards an earlier time: *The film was about some people who travelled backwards in time.* ▶ **w przeszłość**

IDIOM **backward(s) and forward(s)** first in one direction and then in the other, all the time: *The dog ran backwards and forwards, barking loudly.* ▶ **tam i z powrotem**

bacon /'beɪkən/ noun [U] thin pieces of salted or smoked meat from the back or sides of a pig ➲ Zob. uwaga przy **meat**. ▶ **bekon**

bacteria /bæk'tɪəriə/ noun [pl.] very small living things that can only be seen with a microscope. Bacteria exist in large numbers in air, water, soil, plants and the bodies of people and animals. Some bacteria cause disease. ➲ Por. **virus** i **germ**. ▶ **bakterie**

★bad /bæd/ adj. (**worse** /wɜːs/, **worst** /wɜːst/) **1** not good or pleasant: *Our family's had rather a bad time recently.* ○ *The weather forecast for the weekend is very bad.* ▶ **zły**, **niedobry** **2** severe or serious: *The traffic was extremely bad on the way to work.* ○ *a bad headache/mistake* ▶ **okropny**, **silny**, **poważny** **3** of poor quality; of a low standard: *Many accidents are caused by bad driving.* ○ *Some of the company's problems are the result of bad management.* ▶ **zły**, **kiepski** **4** **bad (at sth/at doing sth)** not able to do sth well or easily; not skilful or reliable: *a bad teacher/driver/cook* ○ *I've always been bad at sport.* ▶ **kiepski (w czymś)** **5** (used about food) not fresh or fit to eat; rotten: *Smell this meat – I think it's gone bad.* ▶ **zepsuty** **6** (used about parts of the body) not healthy; painful: *He's always had a bad heart.* ▶ **chory**, **bolący** **7** (used about a person or behaviour) not good; morally wrong ▶ **zły** **8** (not before a noun) **bad for sb/sth** likely to damage or hurt sb/sth: *Too many sweets are bad for you* (może ci zaszkodzić). ▶ **szkodliwy** **9** **bad (for sth/to do sth)** difficult or unsuitable: *This is a bad time to phone – everyone's out to lunch.* ▶ **nieodpowiedni**, **niewygodny**

IDIOMS **not bad** (informal) quite good: *'What was the lecture like?' 'Not bad.'* ○ *He earned £100 – not bad* (nieźle) *for four hours' work!* ▶ **niezły** | **too bad** (informal) (used to show that nothing can be done to change a situation): *'I'd much rather stay at home.' 'Well that's just too bad. We've said we'll go.'* ▶ **wielka szkoda!**, **jak nie, to nie**

□ **baddy** noun [C] (pl. **baddies**) (informal) a bad person in a film, book, etc. ❶ Antonim: **goody**. ▶ **czarny charakter**

■ **ˌbad 'language** noun [U] words that are used for swearing: *to use bad language* ▶ **brzydkie słowa** | **ˌbad-'tempered** adj. often angry or impatient ▶ **wybuchowy**, **skory do gniewu**

★badge /bædʒ/ noun [C] a small piece of metal or cloth with a design or words on it which you pin or sew onto your clothing. A badge can show position, rank, membership of a club, etc., or express a message: *The players all have jackets with the club badge on them.* ▶ **odznaka**

badger /'bædʒə(r)/ noun [C] an animal with black and white stripes on its head that lives in holes in the ground and comes out at night ▶ **borsuk**

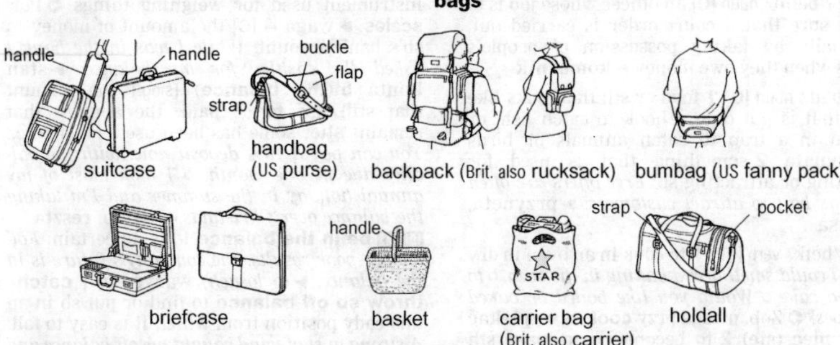

badly /'bædli/ adv. (**worse**; **worst**) **1** in a way that is not satisfactory; not well: *I speak French very badly.* ○ *Some modern houses are very badly built.* ○ *She did badly in the exams.* ▶ **źle** **2** greatly or severely: *He was badly hurt* (ciężko ranny) *in the accident.* ▶ **poważnie**, **dotkliwie** **3** very much: *He badly needed a holiday.* ▶ **bardzo** (*np. chcieć, potrzebować*)

IDIOM **badly off** poor; not having enough of sth: *They don't seem too badly off.* ❶ Antonim: **well off**. ▶ **źle sytuowany, niezamożny**

badminton /'bædmɪntən/ noun [U] a game for two or four people in which players hit a shuttlecock over a high net, using rackets: *to play badminton* ▶ **badminton**

baffle /'bæfl/ verb [T] to be impossible for sb to understand; to confuse greatly: *His illness baffled the doctors.* ▶ **wprawiać w zakłopotanie**
□ **baffled** adj. very confused; unable to understand ▶ **wprawiony w zakłopotanie** | **baffling** adj.: *I find English a baffling language.* ▶ **trudny do zrozumienia/rozwiązania**

★**bag**[1] /bæg/ noun [C] **1** a container made of paper, plastic, cloth or leather that is open at the top, often with handles, in which you can carry things: *a paper/plastic bag* ○ *a string bag* siatka ○ *a carrier bag* torba-reklamówka ○ *a shopping bag* ○ *a handbag* torebka (damska) ○ *a shoulder bag* ○ *a toilet bag* kosmetyczka ○ *a sports bag* ▶ **torba, torebka** **2** a container made of paper or plastic that is closed at the top; a packet: *a bag of crisps* ➲ Ilustr. także do **container**. ▶ **torebka, opakowanie** **3** a thing that looks like a bag: *bags under the eyes* worki pod oczami ▶ **torba, torebka** **4** (slang) an unpleasant woman ▶ **małpa** **5** (**bags**) [pl.] (Brit.) **bags (of sth)** a lot (of sth); plenty (of sth): *We've got bags of time.* ▶ **mnóstwo**
■ **'bag lunch** noun [C] (US) = PACKED LUNCH

bag[2] /bæg/ verb [T] (**bagging**; **bagged**) (informal) to try to reserve sth for yourself so that other people cannot have it: *Somebody's bagged the seats by the pool!* ❶ Aby zaznaczyć, że chce się coś zrobić lub bardzo ma się na coś ochotę, często używa się **bags**: *Bags I go first!* Idę pierwszy! Zamawiam! ▶ **zaklepywać**

bagel /'beɪgl/ noun [C] a type of bread roll in the shape of a ring ➲ Ilustr. do **bread**. ▶ **pieczywo w formie obwarzanka, bajgiel**

★**baggage** /'bægɪdʒ/ noun [U] bags, suitcases, etc. used for carrying a person's clothes and things on a journey: *We loaded our baggage into the car.* ○ *Baggage should be checked in* (odprawiony) *at least an hour before the flight.* ○ *excess baggage* nadbagaż ❶ Synonim: **luggage**. ▶ **bagaż**

baggy /'bægi/ adj. (used about a piece of clothing) hanging loosely on the body: *a baggy pullover* ▶ **luźny, workowaty**

bagpipes /'bægpaɪps/ (also **pipes**) noun [pl.] a musical instrument, popular in Scotland, that is played by blowing air through a pipe into a bag and then pressing the bag so that the air comes out of other pipes ▶ **dudy**

baguette /bæ'get/ noun [C] **1** (also **French loaf**; **French stick**) a loaf of white bread in the shape of a long thick stick that is crisp on the outside and soft inside ➲ Ilustr. do **bread**. ▶ **bagietka** **2** a small baguette or part of one that is filled with food and eaten as a sandwich: *a cheese baguette* ▶ **kanapka z części bagietki lub małej podłużnej bułki**

bail /beɪl/ noun [U] **1** money that is handed over to a court so that a person accused of a crime can be free until the trial: *She was released on bail* (zwolniona za kaucją) *of £2 000.* ○ *The judge set bail* (wyznaczył kaucję) *at £10 000.* ▶ **kaucja** **2** permission for sb who is accused of a crime to be free until the trial if a sum of money is handed over to the court: *The judge refused him bail.* ○ *She was granted bail.* ▶ **zwolnienie za kaucją**
□ **bail** verb

PHRASAL VERB **bail sb out 1** to obtain sb's freedom by paying their bail(1): *After she had been charged, her parents bailed her out.* ▶ **uzyskać zwolnienie kogoś z więzienia poprzez złożenie kaucji** **2** to rescue sb or sth from a difficult situation (especially by providing money) ▶ **wybawiać kogoś z kłopotu**

bailiff /'beɪlɪf/ noun [C] an officer whose job is to make sure that a court order is carried out, especially by taking possession of people's goods when they owe money ▶ **komornik**

bait /beɪt/ noun [U] **1** food or sth that looks like food that is put onto a hook to catch fish, or placed in a trap to catch animals or birds ▶ **przynęta** **2** something that is used for tempting or attracting sb: *Free offers are often used as bait to attract customers.* ▶ **przynęta, pokusa**

★**bake** /beɪk/ verb [I,T] **1** to cook in an oven in dry heat: *I could smell bread baking in the oven.* ○ *to bake a cake* ○ *Would you like boiled or baked potatoes?* ➲ Zob. uwaga przy **cook**. ▶ **wypiekać (się), piec (się)** **2** to become or to make sth hard by heating it: *The hot sun baked the earth.* ▶ **prażyć, spalać (się)**

□ **baking** adj. (informal) very hot: *The office is baking in summer.* ▶ **piekielny**

★**baker** /'beɪkə(r)/ noun [C] a person who bakes and sells bread, cakes, etc.: *Get a loaf at the baker's.* ❶ Zwróć uwagę, że **the baker** to osoba, która piecze lub sprzedaje pieczywo, a **the baker's** to sklep z pieczywem. ➲ Zob. uwaga przy **chemist**. ▶ **piekarz**

□ **bakery** /'beɪkəri/ noun [C] (pl. **bakeries**) a place where bread, cakes, etc. are baked to be sold ▶ **piekarnia**

★**balance**[1] /'bæləns/ verb **1** [I,T] to be or to put sb/sth in a steady position in which weight is evenly spread ▶ **utrzymywać równowagę/coś w równowadze** **2** [I,T] to have equal totals of money spent and money received: *The accounts don't balance.* ○ *She is careful to balance her weekly budget.* ▶ **bilansować (się)** **3** [T] **balance sth (out) (with sth)** to have or give sth equal value, importance, etc. in relation to other parts: *It's difficult to balance the demands* (pogodzić wymagania) *of a career with caring for an elderly relative.* ○ *The loss in the first half of the year was balanced out by the profit in the second half.* ▶ **równoważyć** **4** [T] **balance sth against sth** to consider and compare one matter in relation to another: *We have to balance the benefit to motorists against the damage to the environment.* ▶ **rozważać, brać pod uwagę**

□ **balanced** adj. **1** including all different sides, opinions, etc. equally; fair: *This newspaper gives a balanced view.* ▶ **wyważony, sprawiedliwy** **2** consisting of parts that are in the correct or pleasing proportions: *A balanced diet plays an important part in good health.* ▶ **wyważony**

★**balance**[2] /'bæləns/ noun **1** [U] the state of being in a steady position in which weight is evenly spread: *You need a good sense of balance to ride a motorbike.* ▶ **równowaga** **2** [sing.] **(a) balance (between A and B)** a situation in which different or opposite things are of equal importance, size, etc. or are in the correct proportions: *The course provides a good balance between academic and practical work.* ○ *Man has upset the environmental balance of the world.* ▶ **równowaga** **3** [C] an instrument used for weighing things ➲ Por. **scales**. ▶ **waga** **4** [C] the amount of money in sb's bank account: *While I was in the bank I asked the cashier for my balance.* ▶ **stan konta** **5** (**the balance**) [sing.] the amount that still has to be paid; the amount that remains after some has been used, taken, etc.: *You can pay a 10% deposit now, with the balance due in one month.* ○ *I took most of my annual holiday in the summer and I'm taking the balance over Christmas.* ▶ **saldo; reszta**

IDIOMS **be in the balance** to be uncertain: *Following poor results, the company's future is in the balance.* ▶ (*o losach*) **ważyć się** | **catch/throw sb off balance** to find or put sb in an unsteady position from which it is easy to fall: *A strong gust of wind caught me off balance and I nearly fell over.* ▶ **sprawiać, że ktoś traci równowagę** | **keep/lose your balance** to remain/not to remain steady and upright ▶ **utrzymywać/tracić równowagę** | **on balance** having taken all sides, facts, etc. into consideration: *On balance, I've had a pretty good year.* ▶ **wziąwszy wszystko pod uwagę** | **strike a balance** → STRIKE[2]

■ ˌ**balance of 'payments** noun [sing.] the difference between the amount of money one country receives from other countries from exports, etc. and the amount it pays to them for imports, etc. ▶ **bilans płatniczy** | ˌ**balance of 'power** noun [sing.] **1** a situation in which power is evenly divided among the various sides, parties, groups, etc. involved ▶ **równowaga sił** **2** the power that a smaller political party has when the larger parties need its support because they do not have enough votes on their own ▶ **języczek u wagi** | '**balance sheet** noun [C] a written record of money received and money paid out, showing the difference between the totals of each ▶ **zestawienie bilansowe**

★**balcony** /'bælkəni/ noun [C] (pl. **balconies**) **1** a platform built on an upstairs outside wall of a building, with a wall or rail around it ▶ **balkon** **2** the rows of seats high up and near the back of a theatre ➲ Por. **circle**(4). ▶ **balkon**

★**bald** /bɔːld/ adj. **1** (used about people) having little or no hair on the head: *He went bald* (wyłysiał) *when he was only 30.* ○ *He has a bald patch on the top of his head.* ➲ Ilustr. do **hair**. ▶ **łysy** **2** (used about sth that is said) simple; without extra words: *the bald truth* naga prawda ▶ **prosty**

□ **balding** adj. becoming bald: *a balding man in his fifties* ▶ **łysiejący**

bale /beɪl/ noun [C] a large quantity of sth (paper, hay, cloth, etc.) tied together in a bundle so that it can be transported ▶ **bela**

balk = BAULK

★**ball**[1] /bɔːl/ noun [C] **1** a round object that you hit, kick, throw, etc. in games and sports: *a tennis/golf ball* ○ *a football* ○ *The children were playing with a ball in the garden.* ○ *The ball bounced over the fence.* ▶ **piłka** **2** any object that has this shape or has been formed into this shape: *a ball of wool* ○ *The cat curled up into a ball.* ○ *a snowball* ○ *We had meatballs* (pulpety) *for dinner.* ▶ **kula, gałka 3** one throw, kick, etc. of the ball in some sports: *That was a great ball from the defender.* ▶ **rzut, wykop 4** (slang) one of the two roundish male sex organs that produce sperm ▶ **jajo**

IDIOMS on the ball (informal) aware of what is happening and able to react to or deal with it quickly: *With so many changes, you really have to be on the ball.* ▶ **zorientowany, bystry** | **set/start the ball rolling** to start sth (an activity, conversation, etc.) that involves or is done by a group: *I made the first contribution to the collection to set the ball rolling.* ▶ **zaczynać, dawać przykład na dobry początek**

■ ˌ**ball 'bearing** noun [C] one of a number of metal balls put between parts of a machine to make them move smoothly ▶ **łożysko kulkowe** | **'ball game** noun **1** [C] any game played with a ball: *Tennis, football, golf – he's good at all ball games.* ▶ **gra, w której używa się piłki 2** [C] (US) a baseball match ▶ **mecz baseballowy 3** [sing.] (informal) a situation; a set of circumstances: *After living in a village for so long, living in the big city is a whole new ball game for me.* ▶ **(nowa) sytuacja** | **'ballpark** noun [C] (especially US) a place where baseball is played ▶ **boisko baseballowe**

IDIOMS a ballpark figure/estimate a number, amount, etc. that is approximately correct: *We asked the builders for a ballpark figure, to give us an idea of the cost.* ▶ **przybliżona/orientacyjna suma/liczba itp.** | **in the ballpark** (informal) (used about figures or amounts) that are within the same limits: *All the bids for the contract were in the same ballpark.* ▶ **tego samego rzędu wielkości**

'ballpoint (also ˌ**ballpoint 'pen**) noun [C] a pen with a very small metal ball at the end that rolls ink onto paper ➲ Por. **Biro**. ▶ **długopis**

ball² /bɔːl/ noun [C] a large formal party at which people dance ▶ **bal**

■ **'ballroom** noun [C] a large room used for dancing on formal occasions ▶ **sala balowa** | ˌ**ballroom 'dancing** noun [U] a formal type of dance in which couples dance together using particular steps and movements ▶ **tradycyjny taniec towarzyski**

ballad /'bæləd/ noun [C] a long song or poem in simple language, telling a story ▶ **ballada**

ballerina /ˌbælə'riːnə/ noun [C] a woman who dances in ballets ▶ **balerina**

ballet /'bæleɪ/ noun **1** [U] a style of dancing that tells a story with music but without words: *I like opera but I'm not keen on ballet.* ▶ **balet 2** [C] a performance or work that consists of this type of dancing: *They went to see Tchaikovsky's ballet 'The Nutcracker'.* ▶ **balet**

■ **'ballet dancer** noun [C] a person who dances in ballets ▶ **tance-rz/rka baletu**

balloon /bə'luːn/ noun [C] **1** a small coloured rubber bag that you blow air into and use as a toy or for decoration: *to blow up a balloon* ○ *to burst/pop a balloon* ○ *The child's balloon burst.* ▶ **balonik 2** (also **hot-'air balloon**) a large bag that is filled with gas or hot air so that it can rise into and fly through the air, carrying people in a basket attached below it: *They crossed the Atlantic in a balloon.* ▶ **balon**

ballot /'bælət/ noun [C,U] a secret written vote: *A ballot will be held to elect a new chairman.* ○ *to vote in a ballot* ○ *a ballot paper* karta do głosowania ○ *The committee are elected by ballot every year.* ▶ **tajne głosowanie**

□ **ballot** verb [T] **ballot sb (about/on sth)** to ask sb to vote in a ballot; to arrange and hold a ballot: *The union is balloting its members on strike action.* ▶ **zapraszać do udziału w tajnym głosowaniu; organizować tajne głosowanie**

■ **'ballot box** noun **1** [C] the box into which people put the piece of paper with their vote on ▶ **urna wyborcza 2 (the ballot box)** [sing.] the system of voting in an election: *People will express their opinion through the ballot box.* ▶ **wybory**

baloney /bə'ləʊni/ noun [U] (US, spoken) nonsense; lies: *Don't give me that baloney!* ▶ **bzdury**

Baltic /'bɔːltɪk; 'bɒl-/ adj. connected with the Baltic Sea, or the area around it in Northern Europe: *the Baltic States* Republiki Bałtyckie ▶ **bałtycki**

bamboo /ˌbæm'buː/ noun [C,U] a tall tropical plant of the grass family. Young bamboo shoots can be eaten; the hard, hollow stems are used for making furniture, etc.: *a bamboo chair* ▶ **bambus**

★**ban** /bæn/ verb (**banning; banned**) [T] **1** to forbid officially, often by law: *The government has banned the import of products from that country.* ▶ **zakazywać 2 ban sb (from sth/from doing sth)** to officially forbid sb to do sth, often by law: *He was convicted of drunken driving and banned for a year.* ▶ **zakazywać**

□ **ban** noun [C] **a ban (on sth/sb)**: *There is a ban on smoking in this office.* ▶ **zakaz**

banal /bə'nɑːl; US also 'beɪnl/ adj. not original or interesting: *a banal comment* ▶ **banalny**

★**banana** /bə'nɑːnə; US bə'nænə/ noun [C] a long curved fruit that has a yellow skin and that can be eaten: *a bunch of bananas* ○ *a banana skin* ○ *a banana milkshake* ▶ **banan**

★**band** /'bænd; bænd/ noun [C] **1** a thin, flat, narrow piece of material used for fastening sth, or put round sth, often to hold it together: *She put an elastic band round the papers.* ○ *The cards were held together by a rubber band.* ○ *a hat with a black band round it* ▶ **opaska, gumka, taśma, wstążka 2** a line of a colour or design that is different from the one on either side of it: *a red pullover with a green band across the middle* ▶ **pas, pasek 3** [with sing. or pl. verb] a group of people who have joined together with a common purpose: *The attack was made by a small band of rebels.* ▶ **banda 4** a group of musicians: *a brass band* orkiestra dęta ○ *a jazz/rock band* ➲ Por. **group**(2). ▶ **zespół, grupa 5** = WAVEBAND

■ **'bandwagon** noun

IDIOM climb/jump on the bandwagon to copy what other people are doing because it is fashionable or successful ▶ **małpować, naśladować**

bandage /ˈbændɪdʒ/ noun [C] a long piece of soft white material that is wrapped round a wound or injury ▶ **bandaż**

□ **bandage** verb [T] **bandage sth/sb (up)**: *She played the game with a bandaged knee.* ▶ **bandażować**

'Band-Aid™ noun [C] (US) = PLASTER

B and B /ˌbiː ən ˈbiː/ abbr. = BED AND BREAKFAST

bandit /ˈbændɪt/ noun [C] an armed robber, usually in a wild place ▶ **bandyta**

★**bang**[1] /bæŋ/ verb [I,T] **1** to make a loud noise by hitting sth hard, closing sth, or putting sth down: *The people downstairs banged on their ceiling to complain about the noise.* ○ *Somewhere in the house, I heard a door bang.* ○ *She stormed out of the room, banging the door behind her.* ○ *He banged his fist on the table* (uderzył pięścią w stół) *and started shouting.* ▶ **trzaskać, stukać, łomotać 2** to knock against sth by accident: *As I was crossing the room in the dark I banged into a table.* ○ *Be careful not to bang your head on the ceiling.* ▶ **wpadać na coś, uderzać o/w coś**

PHRASAL VERB **bang about/around** to move around a place making loud noises: *I could hear him banging about in the kitchen.* ▶ **hałasować**

★**bang**[2] /bæŋ/ noun [C] **1** a sudden, short, very loud noise: *There was an enormous bang when the bomb exploded.* ○ *The balloon burst with a bang.* ▶ **huk 2** a short, strong knock or blow, especially one that causes pain and injury: *He received a nasty bang on the head and was unconscious for ten minutes.* ▶ **uderzenie, cios**

IDIOM **with a bang** in a successful or exciting way: *Our team's season started with a bang when we won our first five matches.* ▶ (*przen.*) **z wielkim hukiem**

□ **bang** interj. (used to sound like the noise of a gun, etc.) ▶ **pif-paf!**

bang[3] /bæŋ/ adv. (informal) exactly; directly; right: *She phoned bang in the middle of dinner.* ○ *The shot was bang on target.* ▶ **właśnie, dokładnie, w samym (środku)**

IDIOM **bang goes sth** (informal) (used for expressing the idea that sth is now impossible): *'It's raining!' 'Ah well, bang goes our picnic* (i po pikniku)*!'* ▶ **i już po**

banger /ˈbæŋə(r)/ noun [C] (Brit., informal) **1** a sausage ▶ **kiełbasa 2** an old car that is in very bad condition ▶ **gruchot 3** a small firework that explodes with a short loud noise ▶ **petarda**

bangle /ˈbæŋgl/ noun [C] a large bracelet or metal band that is worn round the arm for decoration ➲ Ilustr. do **jewellery**. ▶ **bransoleta**

bangs /bæŋz/ noun [pl.] (US) = FRINGE(1)

banish /ˈbænɪʃ/ verb [T] **1** to send sb away (especially out of the country), usually as a punishment: *They were banished from the country for demonstrating against the government.* ○ *The children were banished to the garden for making too much noise in the house.* ▶ **skazywać na banicję, wypędzać 2** to remove sth completely; to force out: *She banished all hope of winning from her mind.* ▶ **odganiać** (*myśli*), **odpędzać**

banister (also **bannister**) /ˈbænɪstə(r)/ noun [C] (especially Brit. **banisters** [pl.]) the posts and rail that are fixed at the side of a staircase: *children sliding down the banister(s)* (po poręczy) ▶ **balustrada**

banjo /ˈbændʒəʊ/ noun [C] (pl. **banjos**) a musical instrument with a long thin neck, a round body and four or more strings, played with the fingers ▶ **banjo**

★**bank**[1] /bæŋk/ noun [C] **1** an organization which keeps money safely for its customers; the office or building of such an organization. You can take money out, save, borrow or exchange money at a bank: *He went to the bank and got some money out of his account.* ○ *She got a loan from the bank to buy a new car.* ○ *a bank manager/robber* ▶ **bank 2** a store of things, which you keep to use later: *a data bank* ○ *a blood bank in a hospital* ▶ **bank**

□ **banker** noun [C] a person who owns or has an important job in a bank ▶ **bankier** | **banking** noun [U] the type of business done by banks: *a career in banking* ▶ **bankowość**

■ ˌ**bank 'holiday** noun [C] a public holiday (not a Saturday or Sunday) when banks are officially closed ▶ **święto zwyczajowe, kiedy banki są zamknięte** | **'banknote** noun [C] = NOTE[1](4) | **'bank statement** (also **statement**) noun [C] a printed list of all the money going into or out of a bank account during a certain period ▶ **wyciąg z konta**

★**bank**[2] /bæŋk/ noun [C] **1** the ground along the side of a river or canal: *People were fishing along the banks of the river.* ▶ **brzeg 2** any area of sloping ground: *There were grassy banks on either side of the road.* ▶ **nasyp, wał 3** (used about certain features of weather) a mass of sth: *a bank of cloud* ▶ **wał, zaspa**

bank[3] /bæŋk/ verb

PHRASAL VERB **bank on sb/sth** to expect and trust sb to do sth, or sth to happen: *I suppose you might be lucky but I wouldn't bank on it.* ○ *We haven't booked a hotel – we're banking on finding somewhere to stay when we get there.* ▶ **liczyć na kogoś/coś**

★**bankrupt** /ˈbæŋkrʌpt/ adj. not having enough money to pay your debts: *The company went bankrupt* (zbankrutowało) *owing thousands of pounds.* ▶ **zbankrutowany**

□ **bankrupt** verb [T] to cause sb/sth to become bankrupt ▶ **doprowadzać do bankructwa** | **bankruptcy** /ˈbæŋkrʌptsi/ noun [C,U] (pl. **bankruptcies**) the state when a person or an organization is bankrupt: *During this period of economic difficulty, bankruptcies are becoming common.* ○ *Competition from larger companies drove them to bankruptcy* (doprowadziła ich do bankructwa). ▶ **bankructwo**

banner /ˈbænə(r)/ noun [C] a long piece of cloth with words or signs on it, which can be hung up or carried through the streets on two poles: *The demonstrators carried banners saying 'Stop the War'.* ▶ **transparent**

banquet /ˈbæŋkwɪt/ noun [C] a formal dinner

for a large number of people, usually as a special event at which speeches are made ▶ **bankiet**

banter /ˈbæntə(r)/ noun [U] friendly comments and jokes ▶ **przekomarzanie się**

□ **banter** verb [I] ▶ **przekomarzać się**

baptism /ˈbæptɪzəm/ noun [C,U] a ceremony in which a person becomes a member of the Christian Church by being placed briefly under water or having drops of water put onto their head. Often they are also formally given a name. ➲ Por. **christening**. ▶ **chrzest**

□ **baptize** (also **baptise**) /bæpˈtaɪz/ verb [T] to perform the ceremony of baptism: *He was baptized 'George David'.* ▶ **chrzcić**

Baptist /ˈbæptɪst/ noun, adj. (a member) of a Protestant Church that believes that baptism should only be for people who are old enough to understand the meaning of the ceremony and should be done by placing the person fully under water ▶ **baptyst-a/ka**; **baptystów**

★**bar**[1] /bɑː(r)/ noun [C] **1** a place where you can buy and drink (especially alcoholic) drinks and sometimes have sth to eat: *They had a drink in the bar.* ○ *a wine/coffee/snack bar* ▶ **bar**

> W Wlk. Br. **bar**, w którym sprzedaje się napoje alkoholowe, nie jest osobnym budynkiem (z wyjątkiem **wine bar**) ale zazwyczaj stanowi część pubu, hotelu, restauracji itp. W pubie mogą znajdować się dwa rodzaje barów. **Lounge bar** jest bardziej elegancki (i często droższy) niż **public bar**.

2 a long, narrow, high table or counter where drinks are served: *She went to the bar and ordered a drink* ○ *We sat on stools at the bar.* ○ *He works behind the bar in the local pub.* ▶ **bar** **3** a long, thin, straight piece of metal, often placed across a window or door, etc. to make it strong or to prevent people from passing through it: *To open the emergency exit door, push the bar.* ▶ **drążek**, **krata**, **sztaba** **4** a small block of solid material, longer than it is wide: *a bar of soap/chocolate* ▶ **tabliczka**, **kostka**, **baton** **5** a thing that prevents you from doing sth: *Lack of education is not always a bar to success in business.* ▶ **przeszkoda** **6** one of the short, equal units of time into which music is divided: *If you sing a few bars of the song I might recognize it.* ▶ **takt**

IDIOM **behind bars** (informal) in prison: *The murderer is now safely behind bars.* ▶ **za kratami**

■ ˈ**bar chart** noun [C] a diagram which uses narrow bands of different heights to show different amounts, so that they can be compared ▶ **histogram, wykres kolumnowy** | ˈ**bar code** noun [C] a pattern of thick and thin lines that is printed on things you buy. It contains information that a computer can read. ▶ **kod kreskowy** | ˈ**barmaid** noun [C] a woman who serves drinks from behind a bar in a pub, etc. ▶ **barmanka** | ˈ**barman** /-mən/ noun [C] (pl. **barmen** /-mən/) (US **bartender**) a man who serves drinks from behind a bar in a pub, etc. ▶ **barman** | ˈ**barstaff** noun [U, with pl. verb] the people who serve drinks from behind a bar in a pub, etc. ➲ Por. **barmaid** i **barman**. ▶ (*w barze itp.*) **obsługa**

bar[2] /bɑː(r)/ verb [T] (**barring**; **barred**) **1** to fasten with a bar (3) or bars: *The heavy door was barred and bolted* (zaryglowane). ▶ **zamykać na zasuwę** **2** to stop sb going through or into a place: *A line of police barred the entrance to the embassy.* ▶ **zagradzać** (*drogę*) **3 bar sb from sth/from doing sth** to forbid sb officially to do, use or enter sth: *She was barred from the club for bad behaviour.* ▶ **zabraniać**

bar[3] /bɑː(r)/ prep. except: *All the seats were taken, bar one.* ▶ **oprócz**

barbarian /bɑːˈbeəriən/ noun [C] a wild, uncivilized person ▶ **barbarzyńca**

barbaric /bɑːˈbærɪk/ (also **barbarous**) adj. very cruel and violent: *barbaric punishments/treatment of prisoners* ▶ **barbarzyński**

□ **barbarism** /ˈbɑːbərɪzəm/ noun [U]: *acts of barbarism committed in war* ▶ **barbarzyństwo**

barbarous /ˈbɑːbərəs/ adj. **1** = BARBARIC **2** uncivilized; without culture: *a barbarous society* ▶ **barbarzyński**

barbecue /ˈbɑːbɪkjuː/ noun [C] **1** a metal frame on which food is cooked over an open fire outdoors ▶ **rożen** **2** an outdoor party at which food is cooked in this way: *Let's have a barbecue.* ▶ **przyjęcie na świeżym powietrzu, na którym serwuje się kiełbaski, hamburgery itp. pieczone na rożnie**

□ **barbecue** verb [T]: *barbecued steak* ➲ Zob. uwaga przy **cook**. ▶ **opiekać na rożnie**

barbed wire /ˌbɑːbd ˈwaɪə(r)/ noun [U] strong wire with sharp points on it: *a barbed wire fence* ▶ **drut kolczasty**

barber /ˈbɑːbə(r)/ noun [C] a man who cuts men's hair ❶ Zwróć uwagę, że **the barber** to fryzjer, a **the barber's** – zakład fryzjerski męski. ➲ Zob. uwaga przy **chemist**. ▶ **fryzjer (męski)**

★**bare** /beə(r)/ adj. **1** (used about part of the body) not covered by clothing: *bare arms* ➲ Por. **naked** i **nude**. ▶ **nagi, goły** **2** without anything covering it: *They had taken the painting down, so the walls were all bare.* ▶ **goły** **3** empty; without its usual contents: *I looked for some food but the cupboards were bare.* ▶ **pusty** **4** minimum, basic and no more: *We were so poor that we didn't even have the bare necessities of life.* ○ *Just give me the bare facts* (suche fakty). ▶ **podstawowy, główny**

IDIOM **with your bare hands** without weapons or tools: *She killed him with her bare hands.* ▶ **gołymi rękami**

□ **barely** adv. only just; hardly; almost not: *You've barely eaten anything – are you feeling all right?* ○ *She's barely older than you.* ▶ **ledwie**

■ ˈ**bareback** adj., adv. on a horse without a saddle: *bareback riders in the circus* ○ *She likes riding bareback.* ▶ **na oklep** | ˈ**barefoot** adj., adv. with nothing (e.g. shoes, socks, etc.) on the feet: *I was barefoot because my shoes and socks had got wet.* ○ *We walked barefoot along the beach.* ▶ **bosy; boso**

bargain /'bɑːgən/ noun [C] **1** an agreement between people or groups about what each of them will do for the other or others: *'You wash and I'll dry up.' 'Okay, it's a bargain* (umowa stoi).*'* ○ *I hope he keeps his side of the bargain* (dotrzyma słowa). ▶ **umowa 2** something that is cheaper or at a lower price than usual: *At that price, it's an absolute bargain!* ○ *I found a lot of bargains in the sale.* ▶ **okazja**

IDIOMS **into the bargain** (used for emphasizing sth) as well; in addition; also: *They gave me a free meal into the bargain.* ○ *She's a good manager and a nice person into the bargain.* ▶ **na dodatek** | **strike a bargain** → STRIKE[2]

□ **bargain** verb [I] **bargain (with sb) (about/over/for sth)** to discuss the form of an agreement, a price, etc.: *I'm sure that if you bargain with him, he'll drop the price.* ○ *They bargained over the price.* ▶ **targować się**

PHRASAL VERB **bargain for/on sth** to expect sth or to be prepared for sth: *When I agreed to help him I didn't bargain for how much it would cost me.* ▶ **oczekiwać czegoś, liczyć na coś**

bargaining noun [U] discussion about the form of an agreement, the price for a sale, etc., in which people are trying to get a result that is to their own advantage: *Hours of bargaining did not produce an agreement.* ▶ **targowanie się**

barge[1] /bɑːdʒ/ noun [C] a long narrow boat with a flat bottom that is used for transporting goods or people on a canal or river ▶ **barka**

barge[2] /bɑːdʒ/ verb [I,T] to push people out of the way in order to get past them: *He barged (his way) through the crowd.* ▶ **przepychać się**

baritone /'bærɪtəʊn/ noun [C] a singing voice that is fairly low, between tenor and bass ▶ **baryton**

bark[1] /bɑːk/ noun [U] the hard outer covering of a tree ▶ **kora**

★**bark[2]** /bɑːk/ verb **1** [I] **bark (at sb/sth)** (used about dogs) to make a loud, short noise or noises: *Their dog always barks at everyone.* ➲ Por. **woof**. ▶ **szczekać 2** [I,T] **bark (sth) (out) (at sb)** to speak to sb in a loud voice with an angry or aggressive tone: *The boss came in, barked some orders and left again.* ▶ **wykrzykiwać**

□ **bark** noun [C]: *The dog next door has a very loud bark.* ▶ **szczekanie**

barley /'bɑːli/ noun [U] a plant similar to grass that produces grain that is used for food or for making beer and other drinks; the grain produced by this plant ▶ **jęczmień**

bar mitzvah /ˌbɑː 'mɪtsvə/ noun [C] a ceremony in the Jewish religion for a boy who is about 13 years old. After the ceremony, he is considered an adult. ❶ Ta sama ceremonia dla trzynastoletniej żydowskiej dziewczynki nazywa się **bat mitzvah**. ▶ (*w religii żydowskiej*) **obrządek inicjacji chłopca do dorosłości**

barn /bɑːn/ noun [C] a large building on a farm in which crops or animals are kept ▶ **stodoła; stajnia**

barometer /bə'rɒmɪtə(r)/ noun [C] **1** an instrument that measures air pressure and indicates changes in weather ▶ **barometr 2** something that indicates the state of sth (a situation, a feeling, etc.): *Results of local elections are often a barometer of the government's popularity.* ▶ **barometr**

baron /'bærən/ noun [C] **1** a man who belongs to the lowest rank of the aristocracy ▶ **baron 2** a person who controls a large part of a particular industry or type of business: *an oil baron* ▶ **magnat**

baroness /'bærənəs/ noun [C] a woman who is of the same rank as a baron or is the wife of a baron ▶ **baronowa**

baroque /bə'rɒk; US bə'rəʊk/ adj. having the highly decorated and elaborate style that was fashionable in the arts, especially architecture, in Europe in the 17th and 18th centuries ▶ **barokowy**

barracks /'bærəks/ noun [C, with sing. or pl. verb] (pl. **barracks**) a building or group of buildings in which soldiers live: *Guards were on duty at the gate of the barracks.* ▶ **koszary**

barrage /'bærɑːʒ; US bə'rɑːʒ/ noun [C] **1** a continuous attack with a large number of guns in a particular direction ▶ **ogień zaporowy 2** a large number of questions, remarks, etc., aimed at a person very quickly: *The minister faced a barrage of questions from reporters.* ▶ **ogień, nawał**

barrel /'bærəl/ noun [C] **1** a large, round, often wooden container for liquids, that has a flat top and bottom and is wider in the middle: *a barrel of wine* ○ *The price of oil is usually given per barrel.* ▶ **beczka, baryłka 2** the long metal tube of a gun, through which the bullet passes when it is fired ▶ **lufa**

barren /'bærən/ adj. (used about land) not good enough to grow crops on; (used about trees or plants) not producing fruit or seeds ▶ **jałowy, nieurodzajny**

barricade /ˌbærɪ'keɪd/ noun [C] an object or line of objects that is placed (usually quickly) across a road, entrance, etc. to stop people getting through: *The demonstrators put up barricades.* ▶ **barykada**

□ **barricade** verb [T] to block sth with a barricade: *Rioters barricaded the road with cars.* ▶ **barykadować**

PHRASAL VERB **barricade yourself in** to defend yourself by putting up a barricade: *Demonstrators took over the building and barricaded themselves in.* ▶ **barykadować się**

★**barrier** /'bæriə(r)/ noun [C] **1** an object that keeps people or things apart or prevents them moving from one place to another: *The police put up barriers along the pavement to stop the crowd getting on to the road.* ○ *You must show your ticket at the barrier.* ▶ **bariera 2** something that causes problems or makes it impossible for sth to happen: *Old-fashioned attitudes are a barrier to progress.* ○ *When you live in a foreign country, the language barrier is often a serious problem.* ○ *trade barriers* ▶ **bariera**

barring /'bɑːrɪŋ/ prep. **1** except for: *Barring one or two small problems, everything's fine at the* *moment.* ▶ **oprócz** **2** if there is/are not: *Barring any unforeseen problems* (o ile nie zdarzy się coś nieprzewidzianego), *we'll be moving house in a month.* ▶ **o ile nie zdarzy się**

barrister /ˈbærɪstə(r)/ noun [C] (in English law) a lawyer who is qualified to speak in the higher courts ➲ Zob. uwaga przy **lawyer**. ▶ **adwokat**

barrow /ˈbærəʊ/ noun [C] **1** = WHEELBARROW **2** a small cart on which fruit, vegetables, etc. are moved or sold in the street, especially in markets ▶ **wózek** (*handlarza*)

barter /ˈbɑːtə(r)/ verb [I,T] **barter sth (for sth)** to exchange goods for other goods, not for money: *I bartered my watch for a guitar with a man in the street.* ▶ **prowadzić handel wymienny, wymieniać**

□ **barter** noun [U] the exchange of goods for other goods, not for money: *Spices were used for barter many years ago.* ▶ **handel wymienny**

★**base**[1] /beɪs/ noun [C] **1** the lowest part of sth, especially the part on which it stands or at which it is attached to sth: *I felt a terrible pain at the base of my spine.* ▶ **podstawa** **2** a starting point from which sth develops or is made: *With these ingredients as a base, you can create all sorts of interesting dishes.* ▶ **podstawa** **3** a strong foundation on which sth is built or maintained: *The country needs a strong economic base.* ▶ **baza** **4** a place used as a centre from which activities are done or controlled: *This hotel is an ideal base for touring the region.* ○ *Taxi drivers are in contact with their base so that they know where to go to next.* ▶ **baza** **5** a military centre from which forces operate: *an army/an air/a naval base* ▶ **baza** **6** (in baseball) one of the four points that a runner must touch ▶ **baza, meta**

★**base**[2] /beɪs/ verb [T] **1 base sth on sth** to form or develop sth from a particular starting point or source: *This film is based on a true story.* ▶ **opierać** (*np. na faktach*) **2** (usually passive) **base sb/sth in…** to make one place the centre from which sb/sth can work or move around: *I'm based* (mam siedzibę) *in New York, although I travel a lot.* ▶ **zakładać bazę**

baseball /ˈbeɪsbɔːl/ noun [U] a team game that is popular in the USA in which players hit the ball with a bat and run round four points (called bases). They have to touch all four bases in order to score a run: *a baseball cap* ▶ **baseball**

basement /ˈbeɪsmənt/ noun [C] the lowest room or rooms of a building which are partly or completely below ground level: *The toy department is in the basement of the store.* ○ *a basement flat* ➲ Por. **cellar**. ▶ **suterena**

bases pl. of BASIS

bash /bæʃ/ verb (informal) **1** [T] to hit sb/sth very hard ▶ **walić kogoś/w coś/o coś** **2** [I] **bash against/into sb/sth** to crash into sb/sth ▶ **wpadać na kogoś/coś, zderzać się z kimś/czymś** **3** [T] to criticize sb/sth strongly: *The candidate continued to bash her opponent's policies.* ▶ **mocno krytykować**

□ **bash** noun [C] (informal) **1** a hard blow ▶ **mocny cios** **2** a large party or celebration: *Are you going to Gary's birthday bash?* ▶ **impreza, raut**

IDIOM **have a bash (at sth/doing sth)** (Brit., spoken) to try: *I'll have a bash at mending the light.* ▶ **próbować (coś robić)**

bashful /ˈbæʃfl/ adj. shy and embarrassed ▶ **nieśmiały, wstydliwy**

★**basic** /ˈbeɪsɪk/ adj. **1** forming a starting point or basis on which other ideas rest: *The basic question is, can we afford it?* ▶ **podstawowy** **2** simplest or most elementary; including only what is most necessary: *This course teaches basic skills in First Aid.* ○ *The basic pay is £100 a week – with extra for overtime.* ○ *The rooms in the cheapest hotels are very basic* (bez wygód) *– they have no bathrooms.* ▶ **podstawowy**

□ **basically** /-kli/ adv. looking at what is most important or basic in a person or an object or in a particular situation: *She seemed to me to be basically a very nice person.* ○ *Basically, all I want is to be left alone.* ▶ **w zasadzie** | **basics** noun [pl.] the things that you need most or that are the most important: *You can get all the basics at the local shop.* ▶ **podstawowe produkty/zasady itp.**

basil /ˈbæzl/ noun [U] a sweet-smelling herb that is used in cooking ▶ **bazylia**

★**basin** /ˈbeɪsn/ noun [C] **1** = WASHBASIN: *a shower room with bidet, basin and WC* ▶ **umywalka** **2** a round open bowl often used for mixing or cooking food: *a pudding basin* ▶ **misa** **3** an area of land from which water flows into a river: *the Congo Basin* ▶ **basen**

★**basis** /ˈbeɪsɪs/ noun [C] (pl. **bases** /ˈbeɪsiːz/) **1** the way sth is done or organized: *They meet on a regular basis* (regularnie). ○ *The changes have been introduced on a voluntary basis* (dobrowolnie) *this year but will become compulsory next year.* ▶ **zasada** **2** the principle or reason which lies behind sth: *We made our decision on the basis of the reports which you sent us.* ▶ **podstawa** **3** a starting point, from which sth can develop: *Her diaries formed the basis of the book she later wrote.* ▶ **podstawa**

bask /bɑːsk; US bæsk/ verb [I] **bask (in sth)** **1** to sit or lie in a place where you can enjoy the warmth: *The snake basked in the sunshine on the rock.* ▶ **wylegiwać się** **2** to enjoy the good feelings you have when other people admire you, give you a lot of attention, etc.: *The team was still basking in the glory of winning the cup.* ▶ **rozkoszować się czymś**

★**basket** /ˈbɑːskɪt; US ˈbæskɪt/ noun [C] **1** a container for carrying or holding things, made of strips of light material such as cane or wire that are woven together: *a waste-paper basket* ○ *a shopping basket* kosz/yk na zakupy ○ *a basket of shopping* koszyk pełen zakupów ➲ Ilustr. do **bag**. ▶ **kosz, koszyk** **2** a net that hangs from a metal ring high up at each end of a basketball court ▶ **kosz** **3** a score of one, two or three points in basketball, made by throwing the ball through one of the nets ▶ **kosz**

IDIOM **put all your eggs in one basket** → EGG[1]

basketball /ˈbɑːskɪtbɔːl; US ˈbæs-/ noun [U] a

game for two teams of five players. There is a net (called a basket) fixed to a metal ring high up at each end of the court and the players try to throw a ball through the other team's net in order to score points (called baskets). ▶ **koszykówka**

bass /bæs; beɪs/ noun **1** [C] the lowest male singing voice; a singer with this kind of voice ▶ **bas 2** [U] the lowest part in music ▶ **bas 3** [C] = DOUBLE BASS **4** [C] (also **bass guitar**) an electric guitar which plays very low notes ▶ **gitara basowa**

□ **bass** adj. producing a deep sound; connected with the lowest part in music: *a bass drum* ○ *He sang the bass part.* ▶ **basowy**

bassoon /bəˈsuːn/ noun [C] a musical instrument of the woodwind family which makes a very deep sound ➲ Zob. uwaga przy **piano**. ▶ **fagot**

bastard /ˈbɑːstəd; US ˈbæs-/ noun [C] **1** a child whose parents were not married to each other when they were born ❶ Słowo to może być uznane za obraźliwe. Bardziej neutralne wyrażenie to **an illegitimate child**. ▶ **bękart 2** (slang) (used as an insult) an unpleasant or cruel person ▶ **cham, bydlak, sukinsyn**

bat[1] /bæt/ noun [C] a small animal, like a mouse with wings, which comes out and flies around at night ▶ **nietoperz**

bat[2] /bæt/ noun [C] a piece of wood for hitting the ball in sports such as table tennis, cricket or baseball: *a cricket bat* ➲ Por. **club**[2](2), **racket**[1] i **stick**[1](3). ▶ **rakietka** (*do tenisa stołowego*), **kij** (*baseballowy lub do krykieta*)

IDIOM **off your own bat** without anyone asking you or helping you ▶ **z własnej inicjatywy**

□ **bat** verb [I] (**batting**; **batted**) (used about one player or a whole team) to have a turn hitting the ball in sports such as cricket or baseball ▶ **wybijać piłkę**

■ **ˈbatsman** /ˈbætsmən/ noun [C] (pl. **-men** /-mən/) (in cricket) one of the two players who hit the ball to score points (called runs) ▶ (*w krykiecie*) **gracz, który uderza piłkę**

bat[3] /bæt/ verb (**batting**; **batted**)

IDIOM **not bat an eyelid** (US)**not bat an eye** to show no surprise or embarrassment when sth unusual happens ▶ **nie mrugnąć okiem**

batch /bætʃ/ noun [C] a number of things or people which belong together as a group: *The bus returned to the airport for the next batch of tourists.* ▶ **grupa, partia**

bated /ˈbeɪtɪd/ adj.

IDIOM **with bated breath** excited or afraid, because you are waiting for sth to happen ▶ **z zapartym tchem**

⋆**bath** /bɑːθ; US bæθ/ noun (pl. **baths** /bɑːðz; US bæðz/) **1** [C] (especially US **ˈbathtub**) a large container for water in which you sit to wash your body: *Can you answer the phone? I'm in the bath!* ▶ **wanna 2** [sing.] an act of washing the whole of your body when you sit or lie in a bath filled with water: *to have/take a bath* kąpać się ○ *bath oil* ▶ **kąpiel 3** (**baths**) [pl.] (Brit.) an indoor public swimming pool or a building where you can take a bath ▶ **basen** (*kryty*), **łaźnia**

□ **bath** verb **1** [T] to give sb a bath: *bath the baby* ▶ **kąpać 2** [I] to have a bath: *I prefer to bath in the mornings.* ▶ **kąpać się** (*w wannie*)

■ **ˈbathrobe** noun [C] = DRESSING GOWN | **ˈbathroom** noun [C] **1** a room where there is a bath and usually a washbasin (and sometimes a toilet) ▶ **łazienka 2** (US) a room with a toilet ➲ Zob. uwaga przy **toilet**. ▶ **toaleta, ubikacja** | **ˈbathtub** noun [C] = BATH(1)

bathe /beɪð/ verb **1** [I] to swim in the sea or in a lake or river ▶ **kąpać się** (*np. w morzu, rzece*) **2** [T] to wash or put part of the body in water, often for medical reasons: *She bathed the wound with antiseptic.* ▶ **przemywać**

□ **bathed** adj. (not before a noun) covered with or surrounded by sth: *The room was bathed in light.* ▶ **skąpany, w potokach** (*światła*) | **bathing** noun [U] the act of swimming in the sea, etc. (not in a swimming pool): *Bathing is possible at a number of beaches.* ▶ **kąpiel**

baton /ˈbætɒn; US bəˈtɒn/ noun [C] **1** a short thin stick used by the conductor of an orchestra ▶ **batuta 2** = TRUNCHEON **3** a stick which a runner in a relay race passes to the next person in the team ▶ **pałeczka sztafetowa 4** a plastic or rubber bullet ▶ **kula, pocisk**

battalion /bəˈtæliən/ noun [C] a large unit of soldiers forming part of another larger unit in the army ▶ **batalion**

batter[1] /ˈbætə(r)/ verb [I,T] to hit sb/sth hard, many times: *The wind battered against the window* (łomotał oknem). ○ *He battered the door down.* Staranował drzwi. ○ *High winds battered* (nękały) *Britain again yesterday.* ○ *The parents were accused of battering the child.* ▶ **walić, maltretować** (*fizycznie*)

□ **battered** adj. no longer looking new; damaged or out of shape: *a battered old hat* ▶ **zniszczony, zniekształcony**

batter[2] /ˈbætə(r)/ noun [U] a mixture of flour, eggs and milk used to make pancakes, etc. or to cover food such as fish before frying ▶ **ciasto naleśnikowe**

⋆**battery** noun (pl. **batteries**) **1** /ˈbætri/ [C] a device which provides electricity for a torch, radio, car, etc.: *He couldn't start the car because the battery was flat.* ○ *The battery needs recharging.* ▶ **bateria, akumulator 2** /ˈbætri/ [C] (Brit.) a large number of very small cages in which hens are kept: *a battery chicken* ➲ Por. **free-range**. ▶ **bateria 3** /ˈbætəri/ [U] the crime of attacking sb physically: *He was charged with assault and battery.* ▶ **pobicie**

⋆**battle** /ˈbætl/ noun **1** [C,U] a fight, especially between armies in a war: *the battle of Trafalgar* ○ *They won the first battle but still they lost the war.* ○ *to die/be killed in battle* ▶ **bitwa, walka 2** [C] a struggle of any kind: *After three years she lost her battle against cancer.* ○ *the battle against inflation* ▶ **walka**

IDIOM **a losing battle** → LOSE

□ **battle** verb [I] **battle (with/against sb/sth) (for sth)**; **battle (on)** to fight hard; to struggle: *Mark is battling with his homework.* ○ *The little* *boat battled against the wind.* ○ *The brothers were battling for control of the family business.* ○ *Life is hard at the moment but we're battling on* (ale my się nie dajemy). ▶ **walczyć**

■ **'battlefield**; **'battleground** noun [C] the place where a battle is fought ▶ **pole bitwy** | **'battleship** noun [C] the largest type of ship used in war ▶ **pancernik**

bauble /'bɔːbl/ noun [C] **1** a piece of cheap jewellery ▶ **błyskotka 2** a decoration in the shape of a ball that is hung on a Christmas tree ▶ **bombka** (*na choinkę*)

baulk (also **balk**) /bɔːk/ verb [I] **baulk (at sth)** to be unwilling to do or agree to sth because it seems difficult, dangerous or unpleasant: *She liked the flat but she baulked at paying* (ale nie miała zamiaru płacić) *so much for it.* ▶ **wahać się (przed czymś), sprzeciwiać się**

bawl /bɔːl/ verb [I,T] to shout or cry loudly ▶ **wykrzykiwać, wrzeszczeć**

★**bay**[1] /beɪ/ noun [C] a part of the sea, or of a large lake, enclosed by a wide curve of the shore: *the Bay of Bengal* ○ *The harbour was in a sheltered bay.* ➲ Por. **gulf**. ▶ **zatoka**

bay[2] /beɪ/ noun [C] a part of a building, aircraft or area which has a particular purpose: *the loading bay* (ładownia) *of the factory* ▶ **część** (*np. budynku lub samolotu o specjalnym przeznaczeniu*), **zatoka**

■ ˌ**bay 'window** noun [C] a window in a part of a room that sticks out from the wall of a house ▶ **okno wykuszowe**

bay[3] /beɪ/ noun [C]

IDIOM **hold/keep sb at bay** to stop sb who is chasing you from coming near; to stop sb/sth reaching you ▶ **trzymać kogoś z dala**

bayonet /'beɪənət/ noun [C] a knife which can be fixed to the end of a gun ▶ **bagnet**

bazaar /bə'zɑː(r)/ noun [C] **1** (in Eastern countries) a market ▶ **bazar 2** a sale where the money that is made goes to charity: *a church bazaar* ▶ **wenta**

BBC /ˌbiː biː 'siː/ abbr. the British Broadcasting Corporation; one of the national radio and television companies in Britain: *a BBC documentary* ○ *to watch a programme on BBC1/2* ▶ **brytyjska państwowa sieć radia i telewizji**

BBQ abbr. = BARBECUE

BC /ˌbiː 'siː/ abbr. before Christ; used in dates to show the number of years before the time when Christians believe Jesus Christ was born: *300 BC* ▶ **p.n.e.**

★**be**[1] /bi; strong form biː/ auxiliary verb **1** (used to form the continuous tense of verbs): *You're sitting on my book.* Siedzisz na mojej książce. (teraz, w tej chwili) ○ *We were chatting* (rozmawialiśmy) *when he arrived.* ○ *Is he coming?* Czy on przyjdzie? (za chwilę lub w ogóle przy tej okazji) ○ *How long have we been waiting?* Jak długo już czekamy? (od jakiegoś momentu w przeszłości do chwili obecnej) **2** (used to form the passive): *This cheese is made in France.* ○ *We were taken to the police station.* ○ *The car has been repaired.* ▶ **być**, **zostać 3** (used to show that sth must happen or that sth has been arranged): *You are to leave* (masz wyjść) *here by 10 o'clock.* ○ *They are to be married* (mają się pobrać) *in June.* ▶ **mieć (koniecznie coś robić) 4** (used to show that sth is possible but not very likely): *If they were to offer me* (gdyby mi zaproponowali) *the job, I'd probably take it.*

be

present tense	*past tense*
I **am** (I'**m**)	I **was**
you **are** (you'**re**)	you **were**
he/she/it **is** (he'**s**/she'**s**/it'**s**)	he/she/it **was**
we **are** (we'**re**)	we **were**
you **are** (you'**re**)	you **were**
they **are** (they'**re**)	they **were**
past participle	**been**
present participle	**being**
negative short forms	**aren't, isn't, wasn't, weren't**

★**be**[2] /bi; strong form biː/ verb **1** linking verb (used with *there* to say that sb/sth exists or is in a particular place): *Is there a God?* Czy Bóg istnieje? ○ *I tried phoning them but there was no answer* (ale nie było odpowiedzi). ○ *There are some people outside.* Jest kilka osób na zewnątrz. ○ *There are a lot of trees in our garden.* W naszym ogrodzie rośnie wiele drzew. ▶ **być**, **istnieć**, **znajdować się 2** linking verb (used when you are naming people or things, describing them or giving more information about them): *That's Jane over there.* ○ *I'm Alan.* ○ *He's Italian. He's from Milan.* ○ *He's a doctor.* ○ *What's that?* ○ *A lion is a mammal.* ○ *Where are the scissors?* ○ *'What colour is your car* (jakiego koloru jest twój samochód)*?' 'It's green.* (Zielony.)*'* ○ *It's 6 o'clock.* ○ *It was Tuesday yesterday.* ○ *How much was your ticket?* Ile kosztował twój bilet? ❶ Zwróć uwagę, że w jęz. ang. określając czyjś wiek używa się czasownika **be**: *Sue is 18.* Sue ma 18 lat. ▶ **być 3** (only used in the perfect tenses) to go to a place (and return): *Have you ever been to Japan?* Czy byłeś kiedyś w Japonii? ❶ Por. **has/have been** z **has/have gone**: *Julia's gone to the doctor's.* Julia poszła do lekarza (i jeszcze nie wróciła). ○ *Julia's been to the doctor's today.* Julia była dzisiaj u lekarza (i już wróciła). ▶ **pójść/pojechać dokądś i wrócić**

IDIOMS **be yourself** to act naturally: *Just be yourself and the interview will be fine.* ▶ **być sobą, zachowywać się naturalnie** | **-to-be** (in compounds) future: *his wife-to-be* ▶ **przyszły**

★**beach** /biːtʃ/ noun [C] the piece of sandy or rocky land next to the sea: *a nice sandy beach* ▶ **plaża**

beacon /'biːkən/ noun [C] a fire or light on a hill, a tower or near the coast, which is used as a signal ▶ **światło ostrzegawcze**

bead /biːd/ noun [C] **1** a small ball of wood, glass or plastic with a hole in the middle for threading a string through ▶ **koralik**, **paciorek 2** (**beads**) [pl.] a necklace made of beads ▶ **korale 3** a drop of liquid: *There were beads of sweat on his forehead.* ▶ **kropla**, **kropelka**

★**beak** /bi:k/ noun [C] the hard pointed part of a bird's mouth ▶ **dziób**

beaker /ˈbi:kə(r)/ noun [C] **1** a tall cup for drinks, sometimes without a handle ▶ **wysoki kubek bez ucha 2** a glass container used in laboratories for pouring liquids ▶ **zlewka**

beam /bi:m/ noun [C] **1** a long piece of wood, metal, concrete, etc. that is used to support weight, e.g. in the floor or ceiling of a building ▶ **belka 2** a line of light: *the beam of a car's headlights* ○ *a laser beam* ▶ **snop** (*światła*), **wiązka** (*promieni*) **3** a happy smile ▶ **promienny uśmiech**

□ **beam** verb **1** [I] to send out light and warmth: *The sun beamed down on them.* ▶ **promieniować, wysyłać promienie 2** [I] to smile happily: *Beaming with pleasure* (rozpromieniona) *she stepped forward to receive her prize.* ▶ **uśmiechać się promiennie 3** [T] to broadcast a signal: *The programme was beamed live by satellite to many different countries.* ▶ **transmitować**

★**bean** /bi:n/ noun [C] **1** the seeds or pods from a climbing plant which are eaten as vegetables: *broad beans* bób ○ *runner beans* fasola wielokwiatowa ○ *haricot beans* fasola zwyczajna ○ *French beans* fasola szparagowa ○ *kidney beans* fasola typu Jaś ○ *soya beans* soja ○ *a tin of baked beans* fasolka w sosie pomidorowym ❶ Zwróć uwagę, że słowo **bean** jest policzalne. ▶ **fasola 2** similar seeds from other plants: *coffee beans* ▶ **ziarnko**

IDIOM **full of beans/life** → FULL

★**bear¹** /beə(r)/ noun [C] a large, heavy wild animal with thick fur: *a brown/polar bear* ➲ Por. **teddy bear**. ▶ **niedźwiedź**

★**bear²** /beə(r)/ verb [T] (pt **bore** /bɔ:(r)/; pp **borne** /bɔ:n/) **1** to support the weight of sth: *Twelve pillars bear the weight of the roof.* ▶ **dźwigać, utrzymywać 2** (formal) to carry sth: *The waiters came in bearing trays of food.* ○ (figurative) *In her position as Minister she bears a great responsibility.* ○ (figurative) *Customers will bear the full cost of the improvements.* ▶ **nosić**; **ponosić 3** to suffer sth without complaining or giving in: *She bore her illness bravely.* ○ *These figures won't bear close examination* (nie wytrzymają dokładnej kontroli). ▶ **wytrzymywać, znosić 4** (with *can/could* in negative sentences or in questions) to dislike strongly; to hate: *I can't bear spiders.* ○ *She can't bear* (nienawidzi) *waiting for people/to wait for people.* ▶ **znosić, cierpieć 5** (formal) to give birth to children: *She bore four children.* ❶ Częściej używa się wyrażenia **She has had four children**. ➲ Por. **born**. ▶ **rodzić 6** to produce flowers or fruit: *The tree in our garden bears more apples than we can eat.* ○ (figurative) *Our plan is beginning to bear fruit.* ▶ **rodzić**; **przynosić** (*owoce*) **7** to show the mark of sth: *The coins bear* (na monetach wybita jest) *the date and the Queen's head on them.* ○ *He still bears the scars* (nadal ma blizny) *of his accident.* ○ *She bears a strong resemblance to* (jest bardzo podobna do) *her mother.* ▶ **nosić ślad czegoś, być naznaczonym 8** (formal) to have a feeling: *I offended him once and he bore me a grudge for years.* ▶ **żywić** (*uczucia*) **9** to turn or go in the direction that is mentioned: *At the crossroads, bear left.* ▶ **skręcać**

IDIOMS **bear the brunt of sth** to suffer the main force of sth: *The west bore the brunt of the storm.* ▶ **najbardziej ucierpieć od czegoś/z powodu czegoś, skrupiać się na czymś** | **bear in mind that** to remember that…: *Have something to eat now but bear in mind that there'll be a big meal later.* ▶ **pamiętać, że** | **bear/keep sb/sth in mind** → MIND¹ | **bear witness (to sth)** to show evidence of sth: *The burning buildings bore witness to the attack.* ▶ **być świadectwem (czegoś), świadczyć (o czymś)**

PHRASAL VERBS **bear down (on sb/sth) 1** to move closer to sb/sth in a frightening way: *We could see the hurricane bearing down on the town.* ▶ (*o czymś strasznym*) **zbliżać się 2** to push down hard on sb/sth ▶ **naciskać** | **bear sb/sth out** to show that sb is right or that sth is true: *The figures bear him out/bear out what he says.* ▶ **potwierdzać czyjeś słowa/zdanie** | **bear up** to be strong enough to continue at a difficult time: *How is he bearing up after his accident?* ▶ **radzić sobie** | **bear with sb/sth** to be patient with: *Bear with me – I won't be much longer.* ▶ **czekać cierpliwie**

bearable /ˈbeərəbl/ adj. that you can bear(2): *It was extremely hot but the breeze made it more bearable.* ❶ Antonim: **unbearable**. ▶ **znośny**

★**beard** /bɪəd/ noun [C,U] the hair which grows on a man's cheeks and chin: *He's got a beard.* ○ *He's growing a beard.* ○ *He's had his beard shaved off.* ○ *a week's growth of beard* ➲ Ilustr. do **hair**. ▶ **broda**

□ **bearded** adj. with a beard ▶ **brodaty**

bearer /ˈbeərə(r)/ noun [C] a person who carries or brings sth: *a cheque payable to the bearer* ▶ **okaziciel/ka, właściciel/ka**

bearing /ˈbeərɪŋ/ noun **1** [U] **bearing on sth** relation or connection to the subject being discussed: *Her comments had no bearing on our decision.* ▶ **związek z czymś 2** [C] a direction measured by a compass ▶ **położenie**

IDIOMS **get/find your bearings** to become familiar with where you are ▶ **nabierać orientacji, zaznajomić się z sytuacją** | **lose your bearings** to become confused about where you are ▶ **tracić orientację, gubić się**

beast /bi:st/ noun [C] **1** (formal) an animal, especially a large one: *a wild beast* ▶ **bestia, zwierzę 2** (informal) an unpleasant or cruel person ▶ **bestia**

□ **beastly** adj. (informal) very unpleasant ▶ **wstrętny**

★**beat¹** /bi:t/ verb (pt **beat**; pp **beaten**) **1** [I,T] to hit many times, usually very hard: *The man was beating the donkey with a stick.* ○ *The rain was beating on the roof of the car.* ➲ Zob. uwaga przy **hit¹**. ▶ **uderzać, bić 2** [T] to mix quickly with a fork, etc.: *Beat the eggs and sugar together.* ▶ **ubijać 3** [I,T] to make a regular sound or movement: *Her heart beat faster as she ran.* ○ *We could hear the drums beating* (dudnienie bębnów) *as the band marched towards us.* ○ *The bird beat its wings and tried to fly away.* ▶ **bić, brzmieć, trzepotać 4** [T] to defeat sb; to be better than sth: *He always beats me at tennis.* ○ *to beat a world record* ○ *You can't beat* (nie ma nic lepszego niż) *a nice cup of tea.* ○ (informal) *This question beats me.* Tego pytania zupełnie nie rozumiem. ▶ **bić, pokonywać**

IDIOMS **beat about the bush** to talk about sth without mentioning the main point ▶ **owijać w bawełnę** | **beat time (to sth)** to move sth (a stick, your foot or your hand) following the rhythm of a piece of music ▶ **wybijać takt** | **(it) beats me** (spoken) I do not know: *It beats me where he's gone.* ○ *'Why is she angry?' 'Beats me!'* ▶ **nie mam pojęcia** | **off the beaten track** in a place where people do not often go ▶ **na uboczu**

PHRASAL VERBS **beat sb/sth off** to fight until sb/sth goes away: *The thieves tried to take his wallet but he beat them off.* ▶ **odpierać kogoś/coś** | **beat sb to sth** to get somewhere or do sth before sb else: *She beat me back to the house.* ○ *I wanted to ring him first but Sheila beat me to it.* ▶ **ubiegać/wyprzedzać kogoś** | **beat sb up** to attack sb by hitting or kicking ▶ **pobić kogoś**

□ **beating** noun [C] **1** a punishment that you give to sb by hitting them: *The boys got a beating when they were caught stealing.* ▶ **bicie, lanie 2** a defeat ▶ **porażka**

IDIOM **take a lot of/some beating** to be so good that it would be difficult to find sth better: *Mary's cooking takes some beating.* Długo byś szukał lepszej kucharki. ▶ **być wyjątkowym**

beat² /bi:t/ noun **1** [C] a single hit on sth such as a drum, or the movement of sth, such as your heart; the sound that this makes: *Her heart skipped a beat* (przestało na moment bić) *when she saw him.* ▶ **bicie, uderzenie 2** [sing.] a series of regular hits on sth such as a drum, or of movements of sth; the sound that this makes: *a heartbeat* ○ *the beat of the drums* ▶ **bicie 3** [sing.] the strong rhythm that a piece of (especially pop) music has ▶ **takt 3** [sing.] the route along which a policeman or woman regularly walks: *Having more policemen on the beat* (patrolujących ulice) *helps reduce crime.* ▶ **obwód**

beautician /bju:'tɪʃn/ noun [C] a person whose job is to improve the way people look, e.g. with beauty treatments and make-up ▶ **kosmetyczka**

***beautiful** /'bju:tɪfl/ adj. lovely; attractive; giving pleasure to the senses: *The view was really beautiful.* ○ *What a beautiful day!* ○ *a beautiful women/voice/perfume* ▶ **piękny**

> **Beautiful** (piękna) odnosi się zazw. do kobiet i dziewczynek, podobnie jak **pretty** (ładna). Mówiąc o mężczyznach używa się **handsome** (przystojny). **Good-looking** (atrakcyjn-y/a) można użyć zarówno w odniesieniu do mężczyzn, jak i kobiet.

□ **beautifully** /-fli/ adv.: *He plays the piano beautifully.* ○ *beautifully dressed* ▶ **pięknie**

***beauty** /'bju:ti/ noun (pl. **beauties**) **1** [U] the quality which gives pleasure to the senses; the state of being beautiful: *Thousands of tourists are attracted to Cornwall by the beauty of its coast.* ○ *Chopin wrote music of great beauty.* ▶ **piękno 2** [C] a beautiful woman: *She grew up to be a beauty.* ▶ **piękność, ślicznotka 3** [C] a particularly good example of sth: *Look at this tomato – it's a beauty!* ▶ **cudo**

■ **'beauty spot** noun [C] a place which is famous for its attractive scenery ▶ **uroczy zakątek**

beaver /'bi:və(r)/ noun [C] an animal with brown fur, a long, broad tail and sharp teeth, with which it cuts branches to make dams across rivers ▶ **bóbr**

became pt of BECOME

***because** /bɪ'kɒz; -'kəz; US -kɔ:z; -'kʌz/ conj. for the reason that: *They didn't go for a walk because it was raining.* ❶ W języku nieformalnym często opuszcza się pierwszą sylabę **because**. Tak skrócone słowo wymawia się /kɒz; US kəz/, a pisze **'cause, cos** lub **coz.** ▶ **ponieważ**

□ **be'cause of** prep. as a result of; on account of: *He stayed at home because of the rain.* ➲ Zob. uwaga przy **due¹**. ▶ **z powodu**

beck /bek/ noun

IDIOM **at sb's beck and call** always ready to obey sb's orders ▶ **na każde skinienie**

beckon /'bekən/ verb [I,T] to show sb (often with a movement of your finger or hand) that you want them to come closer: *She beckoned me over to speak to her.* ▶ **skinąć (na kogoś)**

***become** /bɪ'kʌm/ linking verb [I] (pt **became** /bɪ'keɪm/; pp **become**) to begin to be sth: *Blair became Prime Minister in 1997.* ○ *She wants to become a pilot.* ○ *They became friends.* Zaprzyjaźnili się. ○ *She became nervous as the exam date came closer.* ○ *He is becoming more like you every day.* Z każdym dniem staje się coraz bardziej do ciebie podobny. ○ *It became clear that she wanted to stay.* ▶ **stawać się, zostawać (kimś)**

> W tym znaczeniu używa się też często **get**, (zwł. w języku mówionym): *She got nervous as the exam date came closer.* ○ *He's getting more like you every day.*

PHRASAL VERB **become of sb/sth** to happen to sb/sth: *What became of* (co się stało z) *Eileen? – I haven't seen her for years!* ▶ **przytrafiać się komuś; stać się z czymś**

BEd /ˌbi: 'ed/ abbr. Bachelor of Education ▶ **bakałarz nauk pedagogicznych**

***bed¹** /bed/ noun **1** [C,U] a piece of furniture that you lie on when you sleep: *a single/double bed* ○ *twin beds* dwa jednoosobowe łóżka (w jednym pokoju) ○ *The children sleep in bunk beds* (w piętrowych łóżkach). ○ *to make a bed* słać łóżko ○ *What time do you usually go to bed?* ○ *When he rang I was already in bed.* ○ *It's late. It's time for bed.* ○ *to get into/out of bed* ▶ **łóżko 2** [C] the ground at the bottom of a river or the sea: *the seabed* ▶ **koryto; dno 3** = FLOWER BED

IDIOMS **ˌbed and 'breakfast; B & B** accommodation in a house or small hotel that consists of a room for the night and breakfast; a place that provides this: *Bed and breakfast costs £23 per night.* ○ *We stayed in a nice bed and breakfast.* ▶ **(mały hotel, który oferuje) nocleg ze śniadaniem** | **go to bed with sb** (informal) to have sex with sb ▶ **iść z kimś do łóżka**

beds

■ **'bedclothes** (Brit. also **'bedcovers**) noun [pl.] the sheets, covers, etc. that you put on a bed ▶ **pościel** | **'bedridden** adj. being too old or ill to get out of bed ▶ **przykuty do łóżka** | **'bedroom** noun [C] a room which is used for sleeping in: *a spare bedroom* ○ *a three-bedroom house* ▶ **sypialnia** | **'bedside** noun [sing.] the area that is next to a bed: *She sat at his bedside* (przy jego łóżku) *all night.* ○ *a bedside table* szafka nocna ▶ **miejsce przy łóżku** | **'bedsit** (also **bed'sitter**) noun [C] (Brit.) a rented room which is used for both living and sleeping in ▶ **wynajęty pokój, używany jako salon i sypialnia** | **'bedspread** noun [C] an attractive cover for a bed that you put on top of the sheets and blankets ➲ Ilustr. do **bed**. ▶ **narzuta** | **'bedtime** noun [C,U] the time that you normally go to bed ▶ **pora snu**

bed² /bed/ verb [T] to place sth firmly in or on sth ▶ **osadzać**

PHRASAL VERB **bed down** to make yourself comfortable and sleep somewhere: *We bedded down for the night in the back of the van.* ▶ **znaleźć sobie miejsce do spania, przespać się gdzieś**

□ **-bedded** (in compounds) having the stated type or number of beds: *a twin-bedded room* pokój z dwoma jednoosobowymi łóżkami ○ *a three-bedded room* ▶ (*określa liczbę łóżek*) | **bedding** noun [U] the sheets, etc. that are used on a bed, sometimes including the mattress ▶ **pościel**

bedraggled /bɪ'drægld/ adj. made wet, dirty or untidy by rain, mud, etc.: *bedraggled hair* ▶ **przemoczony, ubłocony, zaszargany**

⋆**bee** /biː/ noun [C] a black and yellow striped insect that lives in large groups and that makes honey: *a swarm of bees* ○ *a bumblebee* trzmiel ▶ **pszczoła**

> Bees **buzz** or **hum**. They may **sting** if they are angry.

■ **'beehive** (also **hive**) noun [C] a type of box that people use for keeping bees in ▶ **ul** | **'beekeeper** noun [C] a person who owns and takes care of bees ▶ **pszczelarz** | **'bee-keeping** noun [U] ▶ **pszczelarstwo**

beech /biːtʃ/ (also **'beech tree**) noun [C,U] a large tree with a smooth trunk that has small three-sided nuts ▶ **buk**

⋆**beef** /biːf/ noun [U] the meat of a cow: *a slice of roast beef* ➲ Zob. uwaga przy **meat**. ▶ **wołowina**

■ **beefburger** /'biːfbɜːgə(r)/ noun [C] minced beef in a flat round shape ➲ Por. **hamburger**. ▶ **kotlet mielony wołowy**

beefy /'biːfi/ adj. having a strong body with big muscles ▶ **dobrze zbudowany, umięśniony**

⋆**been** /biːn/ pp of BE²(3), GO¹(1) ▶ **był**

> **Been** jest używane jako *past participle* czasowników **be** i **go**: *I've never been seriously ill.* Nigdy nie byłem ciężko chory. ○ *I've never been to Rome.* Nigdy nie byłem w Rzymie. (= Nigdy nie pojechałem do Rzymu.) **Gone** jest również *past participle* czasownika **go**. Zwróć uwagę na różnicę w znaczeniu: *They've been to the cinema.* Oni byli w kinie. (= Poszli do kina i wrócili.) ○ *They've gone to the cinema.* Oni poszli do kina. (= Poszli do kina i jeszcze nie wrócili.)

beep /biːp/ noun [C] (**beep 'beep**) a short high noise, e.g. made by the horn of a car ▶ **krótki charakterystyczny dźwięk, dźwięk klaksonu**

□ **beep** verb [I] to make a beep ▶ **wydać krótki charakterystyczny dźwięk, trąbić** (*klaksonem*) | **beeper** (US) → BLEEPER

⋆**beer** /bɪə(r)/ noun **1** [U] a type of alcoholic drink that is made from grain ▶ **piwo 2** [C] a type or glass of beer: *This pub serves a wide range of beers.* ▶ **piwo**

> **Lager** to rodzaj jasnego piwa. **Ale** to gatunek mocnego, ciemnego piwa. **Shandy** to piwo zmieszane z lemoniadą.

beet /biːt/ noun [U, C] a type of plant with a root which is used for feeding animals or for making sugar ➲ Por. **beetroot** i **sugar beet**. ▶ **burak pastewny/cukrowy**

beetle /'biːtl/ noun [C] an insect that has hard coverings for its wings and often a black shiny body. There are many different types of beetle. ▶ **chrząszcz**

beetroot /'biːtruːt/ (US **beet**) noun [C,U] a dark red vegetable which is the root of a plant. Beetroot is cooked and can be eaten hot or cold. ▶ **burak**

befall /bɪˈfɔːl/ verb [I,T] (pt **befell** /bɪˈfel/; pp **befallen** /bɪˈfɔːlən/) (formal) (used about sth bad) to happen to sb ▶ **przytrafiać się**

★**before**[1] /bɪˈfɔː(r)/ prep. **1** earlier than sb/sth: *You can call me any time* (o każdej porze) *before 10 o'clock.* ○ *the week before last* przedostatni tydzień ○ *Ellen worked in Liverpool before moving here.* ○ *They should be here before long* (niedługo). ▶ **przed 2** in front/ahead of sb/sth (in an order): *'H' comes before 'N' in the alphabet.* ○ (figurative) *A very difficult task lies before us.* ○ (figurative) ○ *a company that puts profit before safety* ▶ **przed**; **nad 3** when sb is present: *You will appear before the court in the morning.* ▶ **przed 4** (formal) in a position in front of sb/sth: *They knelt before the throne.* ▶ **przed**

★**before**[2] /bɪˈfɔː(r)/ conj. **1** earlier than the time that: *Turn the lights off before you leave* (przed wyjściem). ▶ **zanim 2** (formal) rather than: *I'd die before I apologized to him!* Prędzej bym umarł niż go przeprosił. ▶ **niż**

★**before**[3] /bɪˈfɔː(r)/ adv. at an earlier time: *We've met somewhere before.* ○ *It was fine yesterday but it rained the day before* (przedwczoraj). ➲ Zob. uwaga przy **ago**. ▶ **przedtem**

beforehand /bɪˈfɔːhænd/ adv. at an earlier time than sth: *We prepared most of the food for the party beforehand.* ▶ **przedtem**

befriend /bɪˈfrend/ verb [T] (formal) to act as a friend to sb; to be kind to sb ▶ **okazywać przyjaźń/życzliwość**

beg /beg/ verb [I,T] (**begging**; **begged**) **1 beg (for) sth (from/of sb)** to ask sb for food, money, etc., e.g. because you are very poor: *There are people begging for food in the streets.* ○ *She begged some money for her children.* ▶ **żebrać, błagać o coś 2 beg sth (of sb)**; **beg (sb) for sth** to ask sb for sth strongly, or with great emotion: *to beg for forgiveness* ○ *We begged him to let the children go free.* ○ *Can I beg a favour of you?* Czy mogę cię prosić o przysługę? ▶ **błagać**

IDIOM **I beg your pardon 1** I'm sorry: *I beg your pardon. I picked up your bag by mistake.* ▶ **przepraszam 2** (used for asking sb to repeat sth because you did not hear it properly) ▶ **słucham?**

began pt of BEGIN

beggar /ˈbegə(r)/ noun [C] a person who lives by asking people for money, food, etc. on the streets ▶ **żebra-k/czka**

★**begin** /bɪˈgɪn/ verb (pres. part. **beginning**; pt **began** /bɪˈgæn/; pp **begun** /bɪˈgʌn/) **1** [I] to take place from a particular time; to start: *What time does the concert begin?* ▶ **zaczynać się**

> **Begin** i **start** mają podobne znaczenie, ale **start** częściej używa się w języku codziennym. Po obydwu może występować bezokolicznik z **to** albo forma *-ing* czasownika: *The baby began/started to cry/crying.* Kiedy jednak **begin** albo **start** same występują w formie z końcówką *-ing*, wówczas po nich trzeba użyć bezokolicznika z **to**: *The baby was just beginning/starting to cry.* W niektórych kontekstach używa się jedynie **start**: *I couldn't start the car.* ○ *We'll have to start* (wyruszyć) *early if we want to be in Dover by 8 o'clock.* **Commence** jest słowem o wiele bardziej formalnym niż **begin** i **start** i na ogół nie występuje w języku mówionym.

2 [I,T] to do or make a start on the first part of sth; to start: *Shall I begin or will you?* ○ *Please begin at page 10.* ○ *I began this novel last month and I still haven't finished it.* ○ *When did he begin his speech?* ○ *He began to speak at 11 o'clock.* ○ *When do you begin work?* ○ *Children usually begin school at 9 o'clock.* ○ *Oh no, it's beginning to rain.* ○ *We began writing to each other in 1970.* ○ *The paint is beginning to get dirty.* ○ *I should like to begin by thanking everybody for coming.* ▶ **zaczynać 3** [I] to form the first part of sth: *My name begins with 'W' not 'V'.* ○ *This is where our garden begins.* ▶ **zaczynać się**

IDIOM **to begin with 1** (used for giving your first reason for sth): *We can't possibly go. To begin with it's too far and we can't afford it either.* ▶ **po pierwsze 2** at first: *To begin with they were very happy.* ▶ **z początku, najpierw**

□ **beginner** noun [C] a person who has just begun learning sth ▶ **początkując-y/a** | **beginning** noun [C,U] the first part of sth; the time when or place where sth starts: *The beginning of the book is quite interesting.* ○ *I've read the article from beginning to end.* ○ *at the beginning of the school holidays* ▶ **początek**

begonia /bɪˈgəʊniə/ noun [C] a garden plant with brightly coloured leaves and flowers ▶ **begonia**

begrudge /bɪˈgrʌdʒ/ verb [T] **begrudge (sb) sth 1** to feel angry or upset because sb has sth that you think that they do not deserve: *He's worked hard. I don't begrudge him his success.* ▶ **żałować komuś czegoś 2** to be unwilling to give sb sth ▶ **żałować komuś czegoś**

★**behalf** /bɪˈhɑːf; US -ˈhæf/ noun

IDIOM **on behalf of sb**; **on sb's behalf** for sb; as the representative of sb: *Mary couldn't be present so her husband accepted the prize on her behalf.* ○ *I should like to thank you all on behalf of my colleagues and myself.* ▶ **w imieniu kogoś, na rzecz kogoś**

★**behave** /bɪˈheɪv/ verb **1** [I] **behave well, badly, etc. (towards sb)** to act in a particular way: *to behave strangely* ○ *You behaved very badly towards your father.* ○ *He behaves as if he was the boss.* ▶ **zachowywać się 2** [I,T] **behave (yourself)** to act in the correct or proper way: *The children behaved themselves very well while we were out.* ▶ **zachowywać się**

□ **-behaved** (in compounds) behaving in a particular way: *a well-behaved child* dobrze wychowane dziecko ▶ (*określa zachowanie*)

★**behaviour** (US **behavior**) /bɪˈheɪvjə(r)/ noun [U] the way that you act or behave: *Her behaviour has been very strange recently.* ○ *'I will not tolerate this sort of behaviour', said the teacher.* ▶ **zachowanie**

★**behind**[1] /bɪˈhaɪnd/ prep. **1** in, at or to the back of sb/sth: *I was sitting behind a very tall woman and I couldn't see anything.* ○ *There's a small garden behind the house.* ○ *The sun went behind a cloud.* ○ *Look behind you* (obejrzyj się) *before you drive off.* ○ (figurative) *It's time you put your problems behind you* (zapomnieć o swoich problemach). ➲ Ilustr. na str. 874. ▶ **za 2** later or less good than sb/sth: *The train is twenty minutes behind schedule.* Pociąg spóźnia się o dwadzieścia minut. ○ *Jane is behind the rest of the class in maths.* ▶ **za 3** supporting or agreeing with sb/sth: *Most people are behind the President.* ▶ **za 4** causing or starting sth: *What is the reason behind his sudden change of opinion?* Jaki jest powód jego nagłej zmiany zdania? **5** (used to say that sth is in sb's past): *It's time you put your problems behind you.* To wszystko już minęło.

★**behind**[2] /bɪˈhaɪnd/ adv. **1** in, at or to the back of sb/sth: *You go on ahead. I'll follow on behind.* Pójdę za wami. ○ *Try not to look behind.* Spróbuj nie oglądać się za siebie. ○ *He ran off but the police were close behind.* ▶ **za 2 behind (in/with sth)** later or less good than sb/sth: *We are a month behind with the rent.* ○ *Arsenal were behind at half-time.* W połowie meczu Arsenal przegrywał. ▶ **spóźniony**

behind[3] /bɪˈhaɪnd/ noun [C] (informal) the part of your body that you sit on ➲ Por. **bottom** i **buttocks**. ▶ **tyłek**

beige /beɪʒ/ adj., noun [U] (of) a light yellowish-brown colour ▶ **beżowy; beż**

being /ˈbiːɪŋ; biːɪŋ/ noun **1** [U] the state of existing: *When did the organization come into being?* Kiedy powstała ta organizacja? ▶ **istnienie 2** [C] a living person or thing: *a human being* ○ *a strange being from another planet* ▶ **istota, stworzenie**

belated /bɪˈleɪtɪd/ adj. coming late: *a belated apology* ▶ **spóźniony**

□ **belatedly** adv.: *They have realized, rather belatedly, that they have made a big mistake.* ▶ **za późno, poniewczasie**

belch /beltʃ/ verb **1** [I] to let gas out from your stomach through your mouth with a sudden noise, e.g. because you have eaten a lot: *He belched.* Odbiło mu się. ▶ **odbijać się (komuś) 2** [T] to send out smoke, etc.: *The volcano belched smoke and ashes.* ▶ **miotać**

□ **belch** noun [C]: *Julia gave a loud belch* (głośno beknęła). ▶ **beknięcie**

belie /bɪˈlaɪ/ verb [T] (pres. part. **belying**; 3rd pers. sing. pres. **belies**; pt, pp **belied**) to give a false or untrue idea of sth: *His smiling face belied his true feelings.* ▶ **zadawać kłam**

★**belief** /bɪˈliːf/ noun (pl. **beliefs**) **1** [sing., U] **belief (in sb/sth)** a feeling that sb/sth is true, good or right, or that sb/sth really exists: *She has lost her belief in God.* ○ *The amount of money we spend has increased beyond belief* (nieprawdopodobnie). ➲ Por. **disbelief**. ▶ **wiara 2** [sing., U] **belief (that...)** (formal) something you accept as true; what you believe: *It's my belief* (jestem przekonany) *that people are basically good.* ○ *There is a general belief that things will soon get better.* ○ *The man was killed in the mistaken belief that he was a terrorist.* Mężczyzna został zabity, ponieważ omyłkowo uznano go za terrorystę. ○ *Contrary to popular belief* (wbrew powszechnej opinii) *the North is not poorer than the South.* ▶ **przekonanie, opinia 3** [C] an idea about religion, politics, etc.: *Divorce is contrary to their religious beliefs.* ▶ **przekonanie**

★**believe** /bɪˈliːv/ verb ❶ Czasownika **believe** nie używa się w czasach *continuous*. Natomiast często spotyka się go w *present participle* (formie *-ing*): *Believing the house to be empty, she quietly let herself in.* **1** [T] to feel sure that sth is true or that sb is telling the truth: *He said he hadn't taken any money but I didn't believe him.* ○ *Nobody believes a word she says.* Nikt nie wierzy w to, co ona mówi. ○ *When they said they were getting married, I just couldn't believe it.* ▶ **wierzyć 2** [T] **believe (that)...** to think or suppose: *I believe they've moved to Oxford.* ○ *Ian has joined the army, I believe.* ○ *The escaped prisoner is believed to be in this area.* Sądzi się, że zbieg przebywa w tej okolicy. ▶ **wydawać się (komuś), przypuszczać 3** [I] to have religious faith ▶ **wierzyć**

IDIOMS **believe it or not** it may be surprising but it is true: *Believe it or not, English food can be good.* ▶ **choć trudno w to uwierzyć** | **give sb to believe/understand (that)** → GIVE[1]

PHRASAL VERBS **believe in sb/sth** to be sure that sb/sth exists: *Do you believe in God?* ○ *Most young children believe in Father Christmas.* ▶ **wierzyć w kogoś/coś** | **believe in sb/sth; believe in doing sth** to think that sb/sth is good or right: *I believe in the value of a good education.* ○ *He doesn't believe in going by car* (nie jest zwolennikiem jazdy samochodem) *if he can walk.* ▶ **wierzyć w kogoś/coś, popierać kogoś/coś**

□ **believable** /-əbl/ adj. that can be believed ➲ Por. **unbelievable**. ▶ **wiarygodny** | **believer** noun [C] a person who has religious faith ▶ **wierząc-y/a**

IDIOM **be a (great/firm) believer in sth** to think that sth is good or right: *He is a great believer in getting things done on time.* ▶ **być (wielk-im/ą) zwolenni-kiem/czką czegoś**

belittle /bɪˈlɪtl/ verb [T] to make sb/sth seem unimportant or not very good ▶ **umniejszać**

★**bell** /bel/ noun [C] **1** a hollow metal object, usually shaped like a cup, that makes a ringing sound when it is hit: *the sound of church bells* ▶ **dzwon 2** an object that makes a ringing sound; the sound that it makes, often used as a signal: *a bicycle bell* ○ *a doorbell* ○ *Ring the bell and see if they're in.* ○ *There's the bell for the end of the lesson.* ▶ **dzwonek**

IDIOM **ring a bell** → RING[2]

bellow /ˈbeləʊ/ verb **1** [I] to make a deep low sound, like a bull ▶ **ryczeć 2** [I,T] to shout in a loud deep voice ▶ **ryczeć**

□ **bellow** noun [C] ▶ **ryk; wrzask**

belly /ˈbeli/ noun [C] (pl. **bellies**) the stomach or the part of the body between the chest and the

legs: *a full/empty belly* ▶ **brzuch**
■ **'belly button** (informal) = NAVEL

★**belong** /bɪ'lɒŋ; US -lɔːŋ/ verb [I] **1 belong to sb** to be owned by sb: *Who does this pen belong to?* ○ *Don't take anything that doesn't belong to you.* ▶ **należeć 2 belong to sth** to be a member of a group or an organization: *Do you belong to any political party?* ▶ **należeć 3** to have a proper or usual place: *The plates belong in the cupboard over there.* ○ *I don't think this paragraph really belongs here.* Myślę, że ten akapit tu nie pasuje. ○ *It took quite a long time before we felt we belonged in the village* (zanim poczuliśmy się u siebie). ▶ **mieć swoje miejsce**
□ **belongings** noun [pl.] the things that you own that can be moved, i.e. not land and buildings: *The tourists lost all their belongings in the hotel fire.* ▶ **ruchomości, rzeczy**

beloved /bɪ'lʌvd; bɪ'lʌvɪd/ adj. (formal) much loved: *He was a man who was beloved by all who knew him.* ○ *They had always intended to return to their beloved Ireland.* ❶ Kiedy **beloved** występuje przed rzeczownikiem, wymawia się /bɪ'lʌvɪd/. ▶ **u/kochany**

★**below** /bɪ'ləʊ/ prep. at or to a lower position or level than sb/sth: *Do not write below this line.* ○ *It hurts here – just below my knee.* ○ *The temperature fell below freezing* (poniżej zera). ○ *Her marks were below average.* ○ *All of the beaches are below European standards.* ○ *A sergeant in the police force is below an inspector.* ➲ Zob. uwaga przy **under**. Ilustr. na str. 874. ▶ **pod, poniżej**
□ **below** adv. at or to a lower position or level: *I don't live on the top floor – I live on the floor below* (na przedostatnim). ○ *For further explanation of this point, please see below.* ○ *temperatures of 30° and below* ▶ **poniżej**

★**belt¹** /belt/ noun [C] **1** a thin piece of cloth, leather, etc. that you wear around your waist: *I need a belt to keep these trousers up.* ○ *to do up/undo a belt* ➲ Por. **safety belt** i **seat belt**. ▶ **pas(ek) 2** a long strip of rubber, etc. in a circle, that is used for carrying things or for making parts of a machine move: *a conveyor belt* ○ *the fan belt of a car* ▶ **pas, taśma 3** an area of land that has a particular quality: *the Green Belt around London* (teren, gdzie nie wolno budować) ▶ **pas, strefa**
IDIOMS **below the belt** (informal) unkind or not fair: *That remark was rather below the belt.* ▶ **poniżej pasa** | **tighten your belt** → TIGHTEN | **under your belt** (informal) that you have already done or achieved: *He has got four tournament wins under his belt.* ▶ *(mieć)* **na swoim koncie**

belt² verb (informal) **1** [T] to hit sb hard ▶ **łoić skórę pasem 2** [I] to run or move very fast ▶ **pruć**
PHRASAL VERBS **belt sth out** to sing, shout or play sth loudly: *In the restaurant, loudspeakers were belting out Spanish pop music.* ▶ *(przen.)* **ryczeć, bębnić** *(np. na fortepianie)* | **belt up 1** to fasten your seat belt in a car ▶ **zapinać pasy 2** (informal) to be quiet: *Belt up! I can't think with all this noise.* ▶ **siedzieć cicho**

bemused /bɪ'mjuːzd/ adj. not knowing what to think or do; confused or puzzled ▶ **zakłopotany, zmieszany**

★**bench** /bentʃ/ noun [C] **1** a long wooden or metal seat for two or more people, often outdoors: *a park bench* ▶ **ławka 2** (Brit.) (in the British parliament) the seats where a particular group of Members of Parliament sit: *the Government front bench* ○ *the Labour benches* ▶ **ława 3** a long narrow table that people work at, e.g. in a factory or laboratory: *a carpenter's bench* ▶ **stół**

benchmark /'bentʃmɑːk/ noun [C] a standard that other things can be compared to: *These new safety features set a benchmark for other manufacturers to follow.* ▶ **wzór, standard**

★**bend¹** /bend/ verb (pt, pp **bent** /bent/) **1** [T] to make sth that was straight into a curved shape; to make sth that was upright lean forward: *Bend your legs when you pick up something heavy.* ○ *to bend a piece of wire into an S shape* ○ *She sat with her head bent forward, thinking.* ▶ **zginać 2** [I] to be or become curved: *The road bends to the left here.* ▶ **skręcać 3** [I] to move your body forwards and downwards: *He bent down to tie up his shoelaces.* ○ *She had to bend forward to hear what the child was saying.* ▶ **pochylać się**
IDIOM **bend the rules** to change the rules a little in order to allow sth for a particular reason ▶ **naginać przepisy**

★**bend²** /bend/ noun [C] a curve or turn, e.g. in a road: *a sharp bend in the road* ▶ **zakręt, wygięcie**
IDIOM **round the bend** (informal) mad; crazy: *His behaviour is driving me round the bend* (doprowadza mnie do szaleństwa). ▶ **zwariowany**

★**beneath** /bɪ'niːθ/ prep. **1** in, at or to a lower position than sb/sth; under: *The ship disappeared beneath the waves.* ○ *I love to feel the grass beneath my feet again.* ○ *He seemed a nice person but there was a lot of anger beneath the surface.* Pozornie wydawał się sympatyczny, lecz w środku pienił się ze złości. ➲ Zob. uwaga przy **under**. ▶ **poniżej, pod 2** not good enough for sb: *She felt that washing up for other people was beneath her* (uwłacza jej godności). ▶ **poniżej**
□ **beneath** adv. (formal) in, at or to a lower position: *From the top of the tower we gazed down on the city beneath.* ▶ **poniżej**

benefactor /'benɪfæktə(r)/ noun [C] a person who helps or gives money to a person or an organization ▶ **dobroczyńca**

beneficial /ˌbenɪ'fɪʃl/ adj. **beneficial (to sb/sth)** having a good or useful effect: *a beneficial effect/influence on sb/sth* ▶ **korzystny**

★**benefit** /'benɪfɪt/ noun **1** [U] the advantage or good or useful effect of sth: *Most parents want to give their children the benefit of a good education* (korzyści płynące z dobrego wykształcenia). ○ *A change in the law would be to everyone's benefit* (wszystkim przyniosłaby korzyści). ○ *I can't see the benefit of doing it this way.* ○ *the benefits of technology* ▶ **korzyść 2** [C, usually pl.] the advantages that you get from your company in addition to the money you earn: *a* *company car and other benefits* ▶ **świadczenie, korzyść** **3** [U] money that the government gives to people who are ill, poor, unemployed, etc.: *I'm not entitled to unemployment benefit.* ▶ **zasiłek**

IDIOMS **for sb's benefit** especially to help, please, etc. sb: *For the benefit of the newcomers, I will explain again what we are planning to do.* ▶ **specjalnie dla kogoś** | **give sb the benefit of the doubt** to believe that what sb says is true because there is no clear proof that it is not ▶ **uwierzyć komuś z braku dowodów, że jest inaczej (niż mówi)**

□ **benefit** verb (pt, pp **benefited**; US also **benefitted**) **1** [T] to have a good or useful effect: *The new tax laws will benefit the poor.* ▶ **przynosić korzyść** **2 benefit (from sth)** [I] to receive an advantage from sth: *We've certainly benefited from the changes.* ▶ **korzystać**

benevolent /bə'nevələnt/ adj. (formal) kind, friendly and helpful to others ▶ **łaskawy, życzliwy**

□ **benevolence** /bə'nevələns/ noun [U] ▶ **łaskawość, życzliwość**

benign /bɪ'naɪn/ adj. **1** (used about people) kind or gentle ▶ **łagodny, dobrotliwy** **2** (used about a disease, etc.) not causing death: *a benign tumour* ➲ Antonim: **malignant**. ▶ **łagodny**

bent[1] pt, pp of BEND[1]

bent[2] /bent/ adj. **1** (slang) not honest: *a bent policeman* ▶ **nieuczciwy** **2** (used about a person) with a body that is not straight: *The old lady was bent with age.* ▶ **przygarbiony** **3 be bent on sth/on doing sth** to want to do sth very much; to be determined: *They seem bent on moving house.* ▶ **koniecznie chcieć coś zrobić**

bent[3] /bent/ noun [C, usually sing.] **a bent for sth/doing sth** a natural skill at sth or interest in sth: *She has a bent for music.* ▶ **talent**

bequeath /bɪ'kwi:ð/ verb [T] (formal) **bequeath sth (to sb)** to arrange for sth to be given to sb after you have died: *He bequeathed £1 000 to his favourite charity.* ❶ **Leave** jest częściej używane. ▶ **zapisywać** (*w testamencie*)

bequest /bɪ'kwest/ noun [C] (formal) something that you arrange to be given to sb after you have died: *He left a bequest to each of his grandchildren.* Zapisał coś każdemu z wnuków. ▶ **zapis** (*w testamencie*)

bereaved /bɪ'ri:vd/ adj. having had a relative or close friend die ▶ **dotknięty śmiercią bliskiej osoby**

□ **the bereaved** noun [C] a person whose relative or close friend has died recently ❶ W lm mówi się również **the bereaved**. ▶ **osoba pogrążona w żałobie** | **bereavement** noun (formal) **1** [U] the state of being bereaved ▶ **żałoba** **2** [C] the death of a relative or close friend: *There has been a bereavement in the family.* ▶ **utrata bliskiej osoby**

beret /'bereɪ; US bə'reɪ/ noun [C] a soft flat round hat ▶ **beret**

★**berry** /'beri/ noun [C] (pl. **berries**) a small soft fruit with seeds: *Those berries are poisonous.* ○ *a raspberry* malina ▶ **jagoda**

berserk /bə'zɜ:k/ adj. (not before a noun) very angry; crazy: *to go berserk* wpaść w szał ▶ **wściekły**

berth /bɜ:θ/ noun [C] **1** a place for sleeping on a ship or train: *a cabin with four berths* ▶ **koja; miejsce sypialne** **2** a place where a ship can be tied up in a harbour ▶ **miejsce postoju** (*dla statku*)

beset /bɪ'set/ (pres. part. **besetting**; pt, pp **beset**) verb [T] (written) to affect sb/sth in a bad way: *The team has been beset by injuries all season.* ▶ (*o nieszczęściach*) **prześladować**

★**beside** /bɪ'saɪd/ prep. at the side of, or next to sb/sth: *Come and sit beside me.* ○ *He kept his bag close beside him at all times.* ➲ Ilustr. na str. 874. ▶ **obok**

IDIOM **be beside yourself (with sth)** to be unable to control yourself because of a very strong emotion: *Emily was almost beside herself with grief.* ▶ **nie posiadać się** (*np. z radości*)

besides /bɪ'saɪdz/ prep. in addition to or as well as sb/sth: *There will be six people coming, besides you and David.* ▶ **oprócz, poza**

□ **besides** adv. in addition; also: *I thought the hotel was too expensive. Besides, it was very close to the main road.* ▶ **poza tym**

besiege /bɪ'si:dʒ/ verb [T] to surround a place with an army: (figurative) *The pop singer was besieged by fans and reporters.* ▶ **oblegać**

besotted /bɪ'sɒtɪd/ adj. (not before a noun) **besotted (with/by sb/sth)** so much in love with sb/sth that you cannot think or behave normally ▶ **ogłupiały** (*z miłości*)

★**best**[1] /best/ adj. (the superlative of *good*) of the highest quality or level; most suitable: *Who's your best friend?* ○ *His latest book is by far his best.* ○ *It's best* (najlepiej) *to arrive early.* ○ *Who is best at maths?* ○ *What's the best way* (jak najlepiej) *to get to York from here?* ○ *The best thing to do is to forget all about it.* Najlepiej o tym zupełnie zapomnieć. ▶ **najlepszy**

IDIOMS **your best bet** (informal) the best thing for you to do in a particular situation: *There's nowhere to park in the city centre. Your best bet is to go by bus.* ▶ **najlepsze, co można zrobić** to | **the best/better part of sth** → PART[1]

■ ˌ**best 'man** noun [C] a man who helps and supports the bridegroom at his wedding ➲ Zob. uwaga przy **wedding**. ▶ **drużba**

★**best**[2] /best/ adv. (the superlative of *well*) **1** in the most excellent way: *He works best in the morning.* ▶ **najlepiej** **2** to the greatest degree; most: *Which of these dresses do you like best?* ○ *one of Britain's best-loved TV stars* ○ *Next week would suit me best.* ○ *Ask Peter. He'll know best what to do.* ▶ **najlepiej, najbardziej**

IDIOM **as best you can** as well as you can even if it is not perfectly ▶ **jak najlepiej**

■ ˌ**best-'seller** noun [C] a book or other product that has been bought by large numbers of people ▶ **best-seller** | ˌ**best-'selling** adj. very popular: *a best-selling novel* ▶ **cieszący się olbrzymim popytem**

★**best**[3] /best/ noun [sing.] **1** something that is of the highest quality or level: *When you pay that much for a meal you expect the best* (najwyższej jakości). ○ *I'm not in the best of health.* Nie czuję się najlepiej. ○ *They are the best of friends.* ○ *The best we can hope for is that the situation doesn't get any worse.* ➲ Por. **second-best**. ► **najlepszy 2** (**the best**) [with sing. or pl. verb] a person that is best: *Even the best of us make mistakes sometimes.* ► **najlepszy**

IDIOMS **all the best** (informal) (used when you are saying goodbye to sb and wishing them success) ► **wszystkiego najlepszego!** | **at best** if everything is as favourable as possible; taking the most hopeful view: *We can't arrive before Friday at best.* ► **w najlepszym razie** | **at its/your best** in its/your best state or condition: *This is an example of Beckett's work at its best.* ○ *No one is at their best first thing in the morning.* ► **u szczytu formy** | **be (all) for the best** to be good in the end even if it does not seem good at first: *He didn't go to London after all, but as it turned out it was all for the best.* ► **wyjść na dobre** | **bring out the best/worst in sb** to show sb's best/worst qualities: *The crisis really brought out the best in Tony.* ► **wyzwalać najlepsze/najgorsze** | **do/try your best** to do all or the most that you can: *It doesn't matter whether you win or not. The important thing is doing your best.* ► **dokładać wszelkich starań** | **look your best** to look as beautiful or attractive as possible ► **wyglądać jak najlepiej** | **make the best of sth/a bad job** to accept a difficult situation and try to be as happy as possible ► **zrobić jak najlepszy użytek z czegoś**

★**bet** /bet/ verb [I,T] (pres. part. **betting**; pt, pp **bet** or **betted**) **bet (sth) (on sth)** to risk some money on the result of sth (e.g. a horse race). If you are wrong about the result, you have to pay some money: *I bet him £10 he couldn't stop smoking for a week.* ○ *Which horse did you bet on?* ► **zakładać się; stawiać**

IDIOMS **I bet (that)...** (informal) I'm sure that...: *I bet he arrives late – he always does.* ► **założę się** | **you bet** (informal) a way of saying, 'Yes, of course!': *'Are you coming?' 'You bet.'* ► **a pewnie!**

□ **bet** noun [C] **1** an act of betting: *Did you have a bet on that race?* ○ *to win/lose a bet* ► **zakład 2** an opinion: *My bet is that* (moim zdaniem) *he's missed the train.* ► **opinia**

IDIOMS **your best bet** → BEST[1] | **hedge your bets** → HEDGE

■ '**betting shop** /'betɪŋʃɒp/ noun [C] a shop where you can go to place a bet on a horse race, etc. ► **miejsce, gdzie przyjmowane są zakłady**

betide /bɪ'taɪd/ verb

IDIOM **woe betide sb** → WOE

betray /bɪ'treɪ/ verb [T] **1** to be disloyal to a person or thing; to harm a person or an organization that trusts you: *By taking the money he had betrayed the trust that she had put in him.* ○ *When parents get divorced the children often feel betrayed.* ○ *to betray your country* ► **zdradzać 2** to make facts about sb/sth known to an enemy; to make a secret known: *She betrayed him to the secret police.* ○ *He refused to betray the information.* ► **zdradzać 3** to show a feeling or quality that you would like to keep hidden: *Her steady voice did not betray the emotion she was feeling.* ► **zdradzać**

□ **betrayal** /bɪ'treɪəl/ noun [C,U] the act of betraying sb/sth ► **zdrada**

★**better**[1] /'betə(r)/ adj. **1** (the comparative of *good*) **better than sth** of a higher quality or level or more suitable: *I think her second novel was much better than her first.* ○ *He's better at Chemistry than Physics.* ○ *It's a long way to drive. It would be better* (lepiej) *to take the train.* ○ *You'd be better getting the train* (byłoby lepiej, gdybyś pojechał pociągiem) *than driving.* ► **lepszy 2** less ill or fully recovered from an illness: *I feel a bit better* (lepiej) *today.* ○ *You can't go swimming until you're better* (dopóki nie wyzdrowiejesz). ► **zdrowszy**

★**better**[2] /'betə(r)/ adv. (the comparative of *well*) in a better way; to a greater or higher degree: *I think you could have done this better.* ○ *Sylvie speaks English better than I do.* ○ *She is much better known than her sister.* ► **lepiej**

IDIOMS **be better off 1** to be in a more pleasant or suitable situation: *You look terrible. You'd be better off at home in bed.* ► **być w korzystniejszych warunkach 2** with more money: *We're much better off now I go out to work.* ► **(być) dobrze sytuowanym** | **the best/better part of sth** → PART[1] | **you, etc. had better** you should; you would be wise to: *I think we'd better go before it gets dark.* ► **powinien** | **know better** → KNOW | **think better of (doing) sth** → THINK[1]

★**better**[3] /'betə(r)/ noun [sing.] something that is of higher quality: *The hotel wasn't very good. I must say we'd expected better.* ► **coś lepszego**

IDIOM **get the better of sb/sth** to defeat or be stronger than sb/sth: *When we have an argument she always gets the better of me.* ► **wygrać, przewyższyć kogoś**

★**between** /bɪ'twiːn/ prep. **1** in the space that separates two things, people, etc.; somewhere in the middle: *I was sitting between Anne and Derek.* ○ *a village between Leeds and York* ► **między 2** from one place to another and back again: *There aren't any direct trains between here and London.* ○ *the journey between home and the office* ► **między 3** involving or linking two people, groups or things: *There's some sort of disagreement between them.* ○ *There may be a connection between the two crimes.* ► **pomiędzy, między 4** (used about two amounts, distances, ages, times, etc.) at a point that is greater or later than the first and smaller or earlier than the second; somewhere in the middle: *She must be between thirty and thirty-five.* ○ *between 4 and 5 o'clock* ○ *a cost of between £200 and £300* ► **między 5** choosing one and not the other (of two things): *to choose between two jobs* ○ *What's the difference between 'some' and 'any'?* ► **pomiędzy, między 6** by putting together the actions, efforts, etc. of two or more people: *We've got over a thousand pounds saved up between us* (razem). ► **między**

between/among

a plant growing between the slabs

a plant growing among the rocks

7 giving each person a share: *The money was divided equally between the children.* ○ *We ate all the sweets between us.* ▶ **między, do spółki**

Between zazw. używa się w odniesieniu do dwóch osób lub rzeczy: *sitting between her mother and father* ○ *between the ages of 12 and 14.* Jednak czasem można użyć **between** mówiąc o więcej niż dwóch osobach lub rzeczach, zwłaszcza gdy traktuje się je indywidualnie, jak np. w znaczeniu numer 7 powyżej: *We drank a bottle of wine between the three of us.* **Among** zawsze używa się w odniesieniu do więcej niż dwóch osób lub rzeczy, traktowanych raczej grupowo niż indywidualnie: *You're among* (wśród) *friends here.*

□ **between** (also **in between**) adv. in the space or period of time that separates two things, points, people, times, etc.: *We can't get to the beach this way. There's a railway line in between.* ○ *I've got a meeting at 10 and one at 11 but I should manage to see you in between.* ▶ **w środ-ek/ku, między jednym a drugim**

beverage /ˈbevərɪdʒ/ noun [C] (formal) (used especially on menus) a drink ▶ **napój**

beware /bɪˈweə(r)/ verb [I] (only in the imperative or infinitive) **beware (of sb/sth)** (used for giving a warning) to be careful: *Beware of the dog!* Uwaga, zły pies! ○ *We were told to beware of strong currents in the sea.* ▶ **wystrzegać się, mieć się na baczności**

bewilder /bɪˈwɪldə(r)/ verb [T] to confuse: *I was completely bewildered by his sudden change of mood.* ▶ **dezorientować**

□ **bewildered** adj.: *He seemed bewildered by all the fuss.* ▶ **zdezorientowany** | **bewildering** /bɪˈwɪldərɪŋ/ adj. ▶ **dezorientujący** | **bewilderment** noun [U]: *to stare at sb in bewilderment* ▶ **dezorientacja, osłupienie**

bewitch /bɪˈwɪtʃ/ verb [T] to fascinate sb and be very attractive to them ▶ **oczarowywać**

★**beyond** /bɪˈjɒnd/ prep. **1** on the other side of: *beyond the distant mountains* ▶ **za, poza** **2** further than; later than: *Does the motorway continue beyond Birmingham?* ○ *Most people don't go on working beyond the age of 65.* ▶ **poza, po przekroczeniu** **3** out of the range or reach of sth (so that sth is not possible): *The house was far beyond what I could afford* (poza zasięgiem moich możliwości). ○ *The car was completely beyond repair* (nie do naprawienia). ○ *His success was beyond all our expectations* (przekroczył wszelkie nasze oczekiwania). ○ *The fact that she is guilty is beyond doubt* (niewątpliwy). ▶ **poza, nie do** (*zrobienia czegoś*) **4** except for or apart from: *I haven't heard anything beyond a few rumours.* ▶ **poza, oprócz**

IDIOM **be beyond sb** (informal) to be impossible for sb to understand or imagine: *Why she wants to go and live there is quite beyond me.* ▶ **przechodzić wszelkie/czyjeś pojęcie/wyobrażenie**

□ **beyond** adv. on the other side or further on: *We could see the mountains and the sea beyond.* ▶ **(położony) dalej, za**

bias /ˈbaɪəs/ noun [usually sing.] (pl. **biases**) **1** [C] an opinion, feeling or attitude that is not fair and not based on facts: *a bias against women drivers* ▶ **uprzedzenie** **2** [C,U] giving one side in an argument an advantage over the other; not being neutral: *The BBC has been accused of political bias.* ▶ **stronniczość**

□ **bias** verb [T] (**biasing**; **biased** or **biassing**; **biassed**) to influence sb/sth, especially unfairly; to give an advantage to one group, etc.: *Good newspapers should not be biased towards a particular point of view.* ▶ **przychylnie/nieprzychylnie nastawiać** | **biased** adj.: *a biased report* ▶ **stronniczy**

bib /bɪb/ noun [C] a piece of cloth or plastic that a baby or small child wears under the chin to protect its clothes while it is eating ▶ **śliniak**

★**bible** /ˈbaɪbl/ (also **the Bible**) noun [C] the holy book of the Christian and Jewish people ▶ **Biblia**

□ **biblical** /ˈbɪblɪkl/ adj. ▶ **biblijny**

bibliography /ˌbɪbliˈɒgrəfi/ noun [C] (pl. **bibliographies**) **1** a list of the books and articles that a writer used when they were writing a particular book ▶ **bibliografia** **2** a list of books on a particular subject ▶ **bibliografia**

bicentenary /ˌbaɪsenˈtiːnəri; US -ˈten-/ (US **bicentennial** /ˌbaɪsenˈteniəl/) noun [C] (pl. **bicentenaries**) the day or year two hundred years after sth happened or began ▶ **dwusetna rocznica**

biceps /ˈbaɪseps/ noun [C] (pl. **biceps**) the large muscle at the front of the top part of your arms ▶ **biceps**

bicker /ˈbɪkə(r)/ verb [I] to quarrel about unimportant things: *The boys were bickering about whose turn it was to play with the train.* ▶ **kłócić się o drobiazgi**

★**bicycle** /ˈbaɪsɪkl/ (informal **bike**) noun [C] a vehicle with two wheels, which you sit on and ride by moving your legs: *to ride a bicycle* ○ *to go somewhere by bicycle* ➲ Por. **cycle**. **Cycle** zazw. występuje w funkcji czasownika. Powszechnie używany rzeczownik: **cyclist**. ▶ **rower**

bid[1] /bɪd/ verb (**bidding**; pt, pp **bid** or, in sense 2, pt **bade** /bæd/, pp **bidden** /ˈbɪdn/) **1** [I,T] **bid (sth) (for sth)** to offer a sum of money in order to buy sth: *to bid for sth at an auction* ○ *Somebody bid £5 000 for the painting.* ▶ **licytować, składać ofertę** **2** [T] (old-fashioned, formal) to say as a greeting: *He bade us good-day and got up to leave.* ▶ **życzyć**

□ **bidder** noun [C] a person who offers a sum of money in order to buy sth: *The house was sold to the highest bidder* (osobie, która złożyła największą ofertę). ▶ **licytujący, osoba składająca ofertę**

bid² /bɪd/ noun [C] **1** an attempt to do, obtain, etc. sth: *a bid to prevent accidents* ○ *her bid to win the championship* ○ *His bid for power had failed.* ▶ **pokuszenie się o coś, usiłowanie 2** an offer of a sum of money in order to buy sth: *We made a bid of £100 for the chair.* ▶ **oferta 3** (especially US) = TENDER²

bide /baɪd/ verb

IDIOM **bide your time** to wait for a good opportunity: *I'll bide my time until the situation improves.* ▶ **uzbrajać się w cierpliwość, czekać stosownego momentu**

bidet /ˈbiːdeɪ; US bɪˈdeɪ/ noun [C] a small bath that you can sit on in order to wash your bottom ▶ **bidet**

biennial /baɪˈeniəl/ adj. happening once every two years ▶ **dwuletni, dwuroczny**

bifocals /ˌbaɪˈfəʊklz/ noun [pl.] a pair of glasses with each lens made in two parts. The top part is for looking at things at a distance, and the bottom part is for reading or for looking at things close to you. ▶ **okulary dwuogniskowe**

★**big** /bɪg/ adj. (**bigger**; **biggest**) **1** large; not small: *a big house/town/salary* ○ *This dress is too big for me.* ▶ **duży 2** great or important: *a big argument/decision* ○ *some of the big names in Hollywood* ▶ **wielki 3** (only before noun) (informal) older: *a big brother/sister* ▶ **starszy**

W odniesieniu do rozmiarów i liczb można użyć zarówno **big**, jak i **large**. **Large** ma znaczenie bardziej formalne i zazw. nie używa się go w odniesieniu do ludzi: *a big/large house* ○ *a big boy*. **Great** najczęściej stosuje się, mówiąc o ważności lub jakości danej osoby, rzeczy lub wydarzenia: *a great occasion/musician*. Można go też spotkać w zestawieniu z rzeczownikiem niepoliczalnym, w znaczeniu **a lot of**: *great happiness/care*. Stosuje się go również w celu podkreślenia innego przymiotnika określającego rozmiar, ilość itp. Por. **great**(4).

IDIOMS **Big deal!** (informal) (used to say that you think sth is not important or interesting): *'Look at my new bike!' 'Big deal! It's not as nice as mine.'* ▶ **też (mi) coś!, wielka (mi) rzecz!** | **a big deal/no big deal** (informal) something that is (not) very important or exciting: *Birthday celebrations are a big deal in our family.* ○ *A 2% pay increase is no big deal.* ▶ **wielkie/małe wydarzenie, coś (nic) ważnego** | **give sb/get a big hand** to clap sb/to be clapped loudly: *The audience gave the girl a big hand when she finished.* ▶ **głośno oklaskiwać; być głośno oklaskiwanym** | **in a big/small way** → WAY¹

□ **big** adv. (slang) in a grand or ambitious way: *You have to think big if you want to be successful.* ▶ **z rozmachem, na wielką skalę**

■ ˌ**big** ˈ**business** noun [U] **1** large companies which have a lot of power and influence, considered as a group: *links between politics and big business* ▶ **wielki biznes 2** something that has become important because people are willing to spend a lot of money on it: *Fitness has become big business.* ▶ **dobry interes** | ˈ**bighead** (informal) noun [C] a person who thinks they are very important or clever because of sth they have done ▶ **ważniak** | ˌ**big-ˈheaded** adj. ▶ (*ironicznie*) **ważny, przemądrzały** | ˈ**big mouth** (informal) noun [C] a person who talks too much and cannot keep a secret ▶ **gaduła i plociuch** | ˈ**big time** noun [sing.] (informal) (**the** ˈ**big time**) success; fame: *an actor who finally made/hit the big time* (zrobił wielką karierę) ▶ **wielki sukces, sława** | ˈ**big time** adv. (especially US, slang) very much: *You screwed up big time!* ▶ **okropnie, straszliwie** | ˈ**big-time** (only before a noun) (informal) important or famous: *a big-time drug dealer/politician* ▶ **ważny; słynny**

bigamy /ˈbɪgəmi/ noun [U] the crime of being married to two people at the same time ▶ **bigamia**

□ **bigamist** noun [C] ▶ **bigamist-a/ka**

bigot /ˈbɪgət/ noun [C] a person who has very strong, unreasonable beliefs or opinions about race, religion or politics and who will not listen to or accept the opinions of anyone who disagrees: *a religious/racial bigot* ➲ Por. **fanatic**. ▶ **fanatyk**

□ **bigoted** adj. ▶ **fanatyczny, nietolerancyjny** | **bigotry** /ˈbɪgətri/ noun [U] ▶ **fanatyzm**

★**bike** /baɪk/ noun [C] (informal) a bicycle or a motorcycle: *to ride a bike* ❶ Mówiąc o jeździe rowerem, używa się zwrotów **go on a/your bike** lub **go by bike**. Można też użyć czasowników **ride** i **cycle**. ▶ **rower; motor**

bikini /bɪˈkiːni/ noun [C] a piece of clothing, in two pieces, that women wear for swimming and lying in the sun ▶ **bikini**

bilberry /ˈbɪlbəri; US -beri/ [C] (pl. **bilberries**) noun a small dark blue berry that grows on low bushes in Northern Europe ➲ Por. **blueberry**. ▶ **borówka czarna**

bilingual /ˌbaɪˈlɪŋgwəl/ adj. having or using two languages; able to speak two languages equally well: *a bilingual dictionary* ○ *Our children are bilingual in English and Polish.* ▶ **dwujęzyczny**

★**bill**¹ /bɪl/ noun **1** [C] (US **check**) a piece of paper that shows how much money you owe for goods or services: *an electricity bill* ○ *Can I have the bill, please?* ○ *to pay a bill* ▶ **rachunek 2** [C] (US) = NOTE¹(4): *a ten-dollar bill* ▶ **banknot 3** [C] a plan for a possible new law: *The bill was discussed in Parliament.* ○ *The bill was passed/defeated.* ▶ **projekt ustawy 4** [sing.] the programme of entertainment offered in a show, concert, etc.: *Frank Sinatra headed the bill.* ○ *a double bill* (dwa przedstawienia) *of 'Swan Lake' and 'The Nutcracker'* ▶ **program, afisz**

IDIOM **foot the bill** → FOOT²

□ **bill** verb [T] to announce to the public with an advertisement, etc.: *The show is billed as a musical comedy.* ▶ **reklamować**

■ ˈ**billboard** noun [C] (US) = HOARDING | ˈ**billfold** noun [C] (US) = WALLET

bill² /bɪl/ noun [C] a bird's beak ▶ **dziób**

billiards /ˈbɪliədz/ noun [U] a game played on a big table covered with cloth. You use a long stick called a cue to hit balls into pockets at the corners and sides of the table: *to play billiards* ○ *to have a game of billiards* ➲ Por. **pool** i **snooker**. ▶ **bilard**
□ **billiard-** /ˈbɪliəd/ (in compounds) used for billiards: *a billiard-table* ▶ **używany do bilarda**

⋆**billion** /ˈbɪljən/ number 1 000 000 000; one thousand million: *billions of dollars* ▶ **miliard**

> Zwróć uwagę, że mówiac o konkretnych liczbach używa się słowa **billion** bez **s**: *nine billion pounds.*
>
> Dawniej słowo **billion** znaczyło „milion milionów". Obecnie w tym znaczeniu używa się słowa **trillion**. Zob. Dodatek 3.

billow /ˈbɪləʊ/ verb [I] **1** to rise or move slowly in the wind, like waves: *curtains billowing in the breeze* ▶ **wydymać się, falować 2** to move in large clouds through the air: *Smoke billowed from the chimneys.* ▶ **kłębić się**

bin /bɪn/ noun [C] **1** a container that you put rubbish in: *to throw sth in the bin* ○ *a litter bin* ○ *to empty a bin* ▶ **pojemnik na śmieci 2** a container, usually with a lid, for storing bread, flour, etc.: *a bread bin* ▶ **pojemnik z przykrywką do przechowywania produktów żywnościowych**

binary /ˈbaɪnəri/ adj. **1** using only 0 and 1 as a system of numbers: *the binary system* ○ *binary arithmetic* ▶ **dwójkowy 2** based on only two numbers; consisting of two parts ▶ **dwuczłonowy, dwuskładnikowy**
□ **binary** noun [U]: *The computer performs calculations in binary.* ▶ **system dwójkowy**

bind /baɪnd/ verb [T] (pt, pp **bound** /baʊnd/) **1 bind A (to B)**; **bind A and B (together)** to tie or fasten with string or rope: *They bound the prisoner's hands behind his back.* ○ (figurative) *They were bound together* (byli zjednoczeni) *by the strength of their beliefs.* ▶ **wiązać, przywiązywać 2 bind sb/yourself (to sth)** to cause or force sb to do sth: *to be bound by a law/an agreement* ○ *The contract binds you to completion of the work within two years.* ▶ **zobowiązywać 3** (usually passive) to fasten sheets of paper into a cover to form a book: *The book was bound in leather.* ▶ **oprawiać**
□ **bind** noun [sing.] (informal) something that you find boring or annoying; a nuisance: *I find housework a real bind.* ▶ **coś nieprzyjemnego/nudnego itp., ciężar** | **binder** noun [C] a hard cover for holding loose sheets of paper together ▶ **segregator** | **binding** noun **1** [C] a cover that holds the pages of a book together ▶ **oprawa 2** [U] material that you use for making the edge of sth stronger or more attractive ▶ **obszycie, lamówka 3** [usually pl.] (used in skiing) a device that fastens a ski boot to a ski ▶ **wiązanie** | **binding** adj. making it necessary for sb to do sth they have promised or to obey a law, etc.: *This contract is legally binding.* ▶ **wiążący, obowiązujący**

binge¹ /bɪndʒ/ noun [C] (informal) a period of eating or drinking too much: *to go on a binge* ▶ **obżarstwo, pijatyka**

binge² /bɪndʒ/ verb [I] (pres. part. **bingeing** or **binging**) (informal) **binge (on sth)** to eat or drink too much, especially without being able to control yourself: *to binge on chocolate* ▶ **objadać/opijać się (czymś)**

bingo /ˈbɪŋɡəʊ/ noun [U] a game in which each player has a different card with numbers on it. The person in charge of the game calls numbers out and the winner is the first player to have all the numbers on their card called out: *a bingo hall* ▶ **bingo**

binoculars /bɪˈnɒkjələz/ noun [pl.] an instrument with two lenses which you look through in order to make distant objects seem nearer: *a pair of binoculars* ▶ **lornetka**

biochemistry /ˌbaɪəʊˈkemɪstri/ noun [U] the study of the chemistry of living things ▶ **biochemia**

biodegradable /ˌbaɪəʊdɪˈɡreɪdəbl/ adj. that can decay naturally: *Most plastic packaging is not biodegradable* (nie ulega rozkładowi). ▶ **rozkładający się naturalnie**

biodiversity /ˌbaɪəʊdaɪˈvɜːsəti/ noun [U] the existence of a number of different kinds of animals and plants which together make a good and healthy environment ▶ **różnorodność w przyrodzie**

biogas /ˈbaɪə(ʊ)ɡæs/ noun [U] gas produced by natural waste, that can be used as fuel ▶ **gaz biologiczny**

biography /baɪˈɒɡrəfi/ noun [C,U] (pl. **biographies**) the story of a person's life written by sb else: *a biography of Napoleon* ○ *I enjoy reading history and biography.* ▶ **biografia**
□ **biographer** /baɪˈɒɡrəfə(r)/ noun [C] a person who writes a story of sb else's life ▶ **biograf** | **biographical** /ˌbaɪəˈɡræfɪkl/ adj. containing information about sb's life: *interesting biographical details* ▶ **biograficzny**

biological /ˌbaɪəˈlɒdʒɪkl/ adj. **1** connected with the scientific study of animals, plants and other living things: *biological research* ▶ **biologiczny**

2 involving the use of living things to destroy or damage other living things: *biological weapons* ○ *a biological detergent* ▶ **biologiczny**

biology /baɪˈɒlədʒi/ noun [U] the scientific study of living things ▶ **biologia**
□ **biologist** /-dʒɪst/ noun [C] a person who studies or is an expert in biology ▶ **biolog**

birch /bɜːtʃ/ noun [C,U] a type of tree with a smooth trunk and thin branches: *a birch forest* ▶ **brzoza**

⋆**bird** /bɜːd/ noun [C] **1** a creature with feathers and wings which can (usually) fly ▶ **ptak**

Birds **fly** and **sing**. They build **nests** and **lay eggs**.

2 (Brit., slang) a word used by men to refer to a young woman or girl: *a gorgeous blonde bird* ❶ Wiele kobiet nie lubi tego określenia. ▶ **lala**
IDIOM **kill two birds with one stone** → KILL
■ ˌ**bird of** ˈ**prey** noun [C] a bird that kills and eats other animals and birds ▶ **ptak drapieżny** | ˈ**birdwatcher** noun [C] a person who studies birds in their natural surroundings ❶ Naukowiec zajmujący się ptakami to **ornithologist**. ▶ **ktoś, kto obserwuje ptaki jako hobby** | ˈ**birdwatching** noun [U] ▶ **obserwowanie ptaków**

Biro™ /ˈbaɪrəʊ/ noun [C] (pl. **Biros**) a type of pen in which ink comes out of a small metal ball at the end ➲ Por. **ballpoint**. ▶ **rodzaj długopisu**

⋆**birth** /bɜːθ/ noun **1** [C,U] being born; coming out of a mother's body: *The baby weighed six pounds at birth.* ○ *a difficult birth* ○ *She's been slightly deaf since birth.* ○ *What's your date of birth?* Kiedy się urodziłeś? ▶ **poród, narodziny** **2** [U] your nationality or your place of birth: *She's German by birth.* Ona jest Niemką z urodzenia. ▶ **urodzenie** **3** [sing.] the beginning of sth: *the birth of an idea* ▶ **narodziny, początek**
IDIOM **give birth (to sb)** to produce a baby: *She gave birth to her second child at home.* ▶ **rodzić**
■ ˈ**birth certificate** noun [C] an official piece of paper that states the date and place of a person's birth ▶ **świadectwo urodzenia** | ˈ**birth control** noun [U] ways of controlling or limiting the number of children you have ➲ Por. **contraception**. ▶ **kontrola urodzeń** | ˈ**birthmark** noun [C] a red or brown mark on a person's body that has been there since they were born ▶ **znamię** | ˈ**birthplace** noun **1** [C] the house or area where a person was born ▶ **miejsce urodzenia** **2** [sing.] the place where sth began: *Greece is the birthplace of the Olympic Games.* ▶ **miejsce, z którego wywodzi się pewna tradycja** | ˈ**birth rate** noun [C] the number of babies born in a particular group of people during a particular period of time: *The birth rate is falling/rising.* ▶ **liczba urodzeń**

⋆**birthday** /ˈbɜːθdeɪ/ noun [C] the day in each year which is the same date as the one when you were born: *My birthday's (on) November 15th.* ○ *my eighteenth birthday* ○ *a birthday card/present* ▶ **urodziny**

Kiedy ktoś obchodzi urodziny, wówczas składa mu się życzenia słowami **Happy Birthday!** lub **Many happy returns!**.

⋆**biscuit** /ˈbɪskɪt/ noun [C] (US **cookie**) a type of small cake that is thin, hard and usually sweet: *a chocolate biscuit* ○ *a packet of biscuits* ➲ Ilustr. do **cake**. ▶ **herbatnik**

bisexual /ˌbaɪˈsekʃuəl/ adj. sexually attracted to both men and women ▶ **biseksualny**

bishop /ˈbɪʃəp/ noun [C] a senior person in the Christian Church, who is in charge of the churches in a city or a district: *the Bishop of Durham* ▶ **biskup**

bison /ˈbaɪsn/ noun (pl. **bison**) either of two types of large hairy wild cattle from North America or parts of Europe ▶ **bizon; żubr**

⋆**bit**[1] /bɪt/ noun **1** [C] a small piece or amount of sth: *bits of broken glass* ○ *I think these strawberries need a bit more sugar.* ○ *Could you give me a bit of advice* (doradzić)? ▶ **kawałek, odrobina, trochę** **2** [sing.] (especially with *quite*) (informal) a lot: *It must have rained quite a bit.* Musiało nieźle padać. ▶ **sporo**
IDIOMS **a bit 1** slightly; rather: *I'm afraid I'll be a bit late tonight.* ○ *I was a bit annoyed with him.* ▶ **trochę** **2** a short time or distance: *Could you move forward a bit?* ▶ **trochę** | **bit by bit** slowly or a little at a time: *Bit by bit we managed to get the information we needed.* ▶ **stopniowo, po trochu** | **a bit much** (informal) annoying or unpleasant: *It's a bit much expecting me to work on Sundays.* ▶ **tego już za wiele!** | **a bit of a** (informal) rather a: *I've got a bit of a problem…* ○ *He's a bit of a tyrant, isn't he?* ▶ **niewielki, mały** | **bits and pieces** (informal) small things of different kinds: *I've finished packing except for a few bits and pieces.* ▶ **drobiazgi** | **do your bit** (informal) to do your share of sth; to help with sth: *It won't take long if we all do our bit.* ▶ **robić to, co do kogoś należy** | **not a bit** not at all: *The holiday was not a bit what we had expected.* ▶ **ani trochę, wcale nie** | **to bits 1** into small pieces: *She tore the letter to bits.* ▶ **na kawałki, na strzępy** **2** very; very much: *I was thrilled to bits when I won.* ▶ **strasznie**
□ **bitty** adj. made up of lots of parts which do not seem to be connected: *a bitty letter* ▶ **fragmentaryczny**

bit[2] /bɪt/ noun [C] a metal bar that you put in a horse's mouth when you ride it ▶ **wędzidło**

bit[3] /bɪt/ noun [C] the smallest unit of information that is stored in a computer's memory, represented by the numbers 0 or 1 ▶ **bit**

bit[4] pt of BITE[1]

bitch /bɪtʃ/ noun [C] **1** a female dog ▶ **suka** **2** (slang) a very unpleasant woman: *She's a real bitch.* ○ *You bitch!* ▶ **jędza, dziwka**
□ **bitchy** adj. (usually used about women or their behaviour) tending to talk about other people in an unkind way: *a bitchy remark* ▶ **złośliwy, jędzowaty**

⋆**bite**[1] /baɪt/ verb (pt **bit** /bɪt/; pp **bitten** /ˈbɪtn/) **1** [I,T] **bite (into sth); bite sb/sth** to cut or attack with the teeth: *The dog bit me.* ○ *He bit into the bread hungrily.* ▶ **gryźć** **2** [T] (used about insects or snakes) to prick your skin and cause pain: *He was bitten by a snake.* ➲ Por. **sting**. ▶ **gryźć, żądlić** **3** [I] to begin to have an effect, usually in an unpleasant way: *The job losses are starting to bite.* ▶ **dawać się we znaki**

IDIOM **bite sb's head off** to answer sb in a very angry way ▶ **odpysknąć/odwarknąć komuś**

★**bite²** /baɪt/ noun **1** [C] a piece of food that you can put into your mouth: *She took a big bite of the apple.* ▶ **kęs** **2** [C] a painful place on the skin made by an insect, snake, dog, etc.: *a mosquito bite* ▶ **ukąszenie, ugryzienie** (*i ślad po nim*) **3** [sing.] (informal) some food: *Would you like a bite to eat* (coś na ząb)*?* ▶ **coś do jedzenia**

bitten pt of BITE¹

★**bitter** /ˈbɪtə(r)/ adj. **1** (used about a person) very unhappy or angry about sth that has happened; disappointed: *She was very bitter about losing her job.* ▶ **zgorzkniały, rozczarowany** **2** causing unhappiness or anger for a long time; difficult to accept: *His son has been a bitter disappointment to him.* ▶ **gorzki, przykry** **3** caused by anger or hatred: *a bitter quarrel* ▶ **zażarty, zawzięty** **4** (used about the weather) very cold: *a bitter wind* lodowaty wiatr ▶ **ostry** **5** having a sharp, unpleasant taste; not sweet: *bitter coffee* ▶ **gorzki**

□ **bitter** noun [U] (Brit.) a type of dark beer with a bitter taste ▶ **ciemne piwo gorzkie** | **bitterly** adv. **1** (used for describing strong negative feelings or cold weather) extremely : *bitterly disappointed* ○ *a bitterly cold winter* ▶ **szalenie** **2** in a bitter(1) way: *'I've lost everything,' he said bitterly.* ▶ **z goryczą** | **bitterness** noun [U] anger and unhappiness as a result of sth bad happening ▶ **gorycz**

bizarre /bɪˈzɑː(r)/ adj. very strange: *The story had a most bizarre ending.* ▶ **dziwaczny**

★**black¹** /blæk/ adj. **1** of the darkest colour possible, the colour of the night sky ▶ **czarny** **2** belonging to a race of people with dark skins: *the black population of Britain* ▶ **czarny, czarnoskóry** **3** (used about coffee or tea) without milk or cream: *black coffee with sugar* ▶ **czarny** **4** (used about a situation) without hope; depressing: *The economic outlook year is rather black.* ▶ **przygnębiający** **5** funny in a cruel or unpleasant way: *The film was a black comedy.* ▶ **czarny** **6** very angry: *a black mood* wisielczy nastrój ○ *to give sb a black look* ▶ **ponury, gniewny**

IDIOMS **black and blue** covered with bruises ▶ **posiniaczony** | **black and white** (used about television, photographs, etc.) showing no colours except black, white and grey: *a black-and-white television* ▶ **czarno-biały**

□ **blacken** /ˈblækən/ verb [T] **1** to make sth black: *The soldiers had to blacken their faces at night.* ▶ **czernić** **2** to make sth seem bad, by saying unpleasant things about it: *to blacken sb's name* ▶ **oczerniać** | **blackness** noun [U] ▶ **czerń, ciemność**

■ **blackberry** /ˈblækbəri; US -beri/ noun [C] (pl. **blackberries**) a small black fruit that grows wild on bushes ▶ **jeżyna** | ˈ**blackbird** noun [C] a common European bird. The male is black with a yellow beak and the female is brown. ▶ **kos** | ˈ**blackboard** (US **chalkboard**) noun [C] a piece of dark board used for writing on with chalk, which is used in a class ▶ **tablica szkolna** | ˌ**black**ˈ**currant** noun [C] a small round black fruit that grows in bunches on bushes ▶ **czarna porzeczka** | ˌ**black** ˈ**eye** noun [C] an area of dark-coloured skin around sb's eye where they have been hit: *He got a black eye in the fight.* ▶ **podbite oko** | ˈ**blackhead** noun [C] a small spot on the skin with a black centre ▶ **wągier** | ˌ**black** ˈ**magic** noun [U] a type of magic that is used for evil purposes ▶ **czarna magia** | ˌ**black** ˈ**market** noun [C] the buying and selling of goods or foreign money in a way that is not legal: *to buy/sell sth on the black market* ▶ **czarny rynek** | ˈ**blackout** noun [C] **1** a period of time during a war, when all lights must be turned off or covered so that the enemy cannot see them ▶ **zaciemnienie** **2** a period when you lose consciousness for a short time: *to have a blackout* tracić przytomność ▶ **chwilowa utrata przytomności**

★**black²** /blæk/ noun **1** [U] the darkest colour, like the night sky: *People usually wear black at funerals.* ▶ **kolor czarny, czerń** **2** (usually **Black**) [C] a person who belongs to a race of people with dark skins ➲ Por. **African-American**. ▶ **Murzyn/ka**

IDIOMS **be in the black** to have some money in the bank ❶ Antonim: **in the red**. ▶ **mieć pieniądze na koncie** | **in black and white** in writing or in print: *I won't believe we've got the contract till I see it in black and white.* ▶ **czarno na białym**

black³ /blæk/ verb

PHRASAL VERB **black out** to lose consciousness for a short time: *I remember losing control of the car and then I blacked out.* ▶ **mdleć, tracić przytomność**

blacklist /ˈblæklɪst/ noun [C] a list of people who are considered bad or dangerous: *to be on sb's blacklist* ▶ **czarna lista**

□ **blacklist** verb [T] ▶ **umieszczać na czarnej liście**

blackmail /ˈblækmeɪl/ noun [U] the crime of forcing a person to give you money or do sth for you, usually by threatening to make known sth which they want to keep secret ▶ **szantaż**

□ **blackmail** verb [T]: *He was blackmailed into paying them.* ▶ **szantażować** | **blackmailer** noun [C] ▶ **szantażyst-a/ka**

blacksmith /ˈblæksmɪθ/ noun [C] a person whose job is to make and repair things made of metal, especially horses' shoes ▶ **kowal**

bladder /ˈblædə(r)/ noun [C] the part of the body where urine collects before leaving the body ▶ **pęcherz moczowy**

★**blade** /bleɪd/ noun [C] **1** the flat, sharp part of a knife, sword, etc. ➲ Ilustr. do **garden**. ▶ **ostrze, klinga** **2** one of the flat, wide parts that spin round on an aeroplane, helicopter, etc. ▶ **łopatka** (*śmigła*) **3** a long, thin leaf of grass, wheat, etc.: *a blade of grass* ▶ **źdźbło**

★**blame** /bleɪm/ verb [T] **1 blame sb (for sth)**;

blame sth on sb to think or say that a certain person or thing is responsible for sth bad that has happened: *The teacher blamed me for the accident.* ○ *Some people blame the changes in the climate on pollution.* ▶ **winić 2 not blame sb (for sth)** to think that sb is not wrong to do sth: *'I'd like to leave school and get a job.' 'I don't blame you* (nie dziwię ci się).*'* ○ *I don't blame you for feeling fed up.* ▶ **nie mieć komuś za złe**
IDIOM be to blame (for sth) to be responsible for sth bad: *The police say that careless driving was to blame for the accident.* ▶ **być winnym, ponosić odpowiedzialność**
□ **blame** noun [U] **blame (for sth)** responsibility for sth bad: *to take the blame for sth* ○ *The report puts the blame on rising prices.* ▶ **wina**
IDIOM shift the blame/responsibility (for sth) (onto sb) → SHIFT[1]
blameless adj. deserving no blame; not guilty: *He insisted that his wife was blameless and hadn't known about his activities.* ▶ **niewinny**

bland /blænd/ adj. **1** showing no strong feelings; calm ▶ **obojętny, zdawkowy 2** (used about food) mild or lacking in taste ▶ **bez smaku, mdły, łagodny 3** ordinary or uninteresting: *a rather bland style of writing* ▶ **szary, nijaki**
□ **blandly** adv. ▶ **zdawkowo; bezbarwnie**

★**blank** /blæŋk/ adj. **1** without writing or anything else on it: *a blank cassette/wall/piece of paper* ▶ **czysty, nie zapisany 2** without feelings, understanding or interest: *a blank expression on his face* ○ *My mind went blank* (poczułem zaćmienie umysłu) *when I saw the exam questions.* ▶ **obojętny, pusty**
□ **blank** noun [C] an empty space: *Fill in the blanks.* ○ (figurative) *I couldn't remember his name – my mind was a complete blank* (jego imię wyleciało mi z głowy). ▶ **wolne miejsce, luka**
IDIOM draw a blank → DRAW[2]
blankly adv. with a blank expression ▶ **obojętnie, bez wyrazu**
■ ˌ**blank 'cheque** noun [C] a cheque that has been signed but that has an empty space so that the amount to be paid can be filled in later ▶ **czek in blanco** | ˌ**blank 'verse** noun [U] poetry that does not rhyme ▶ **biały wiersz**

★**blanket** /'blæŋkɪt/ noun [C] a cover made of wool, etc. that is put on beds to keep people warm ➲ Ilustr. do **bed**. ▶ **koc**
IDIOM a wet blanket → WET
□ **blanket** adj. affecting everybody or everything: *a blanket ban on journalists reporting the case* ▶ **dotyczący wszystkich lub każdej ewentualności** | **blanket** verb [T] to cover sth completely: *The countryside was blanketed in snow.* ▶ **przykrywać**

blare /bleə(r)/ verb [I,T] **blare (sth) (out)** to make a loud, unpleasant noise: *The radio was blaring in the next room.* ○ *The loudspeaker blared out a warning.* ▶ **wyć, wydzierać się**
□ **blare** noun [U]: *the blare of a siren* ▶ **wycie**

blasphemy /'blæsfəmi/ noun [U] writing or speaking about God in a way that shows a lack of respect ▶ **bluźnierstwo**
□ **blasphemous** /'blæsfəməs/ adj. ▶ **bluźnierczy**

blast[1] /blɑːst; US blæst/ noun [C] **1** an explosion, especially one caused by a bomb: *The windows were shattered in the blast.* ▶ **wybuch 2** a sudden strong rush of air: *a blast of cold air* ▶ **podmuch powietrza/wiatru 3** a loud sound made by a musical instrument such as a horn: *a blast on his trumpet* ▶ **zadęcie**

blast[2] /blɑːst; US blæst/ verb [T] **1** to make a hole, a tunnel, etc. in sth with an explosion: *They had to blast their way through the mountainside.* ▶ **wysadzać** (*w powietrze*) **2** to criticize sth very strongly: *Union leaders blasted the government's proposals.* ▶ **zjechać**
PHRASAL VERB blast off (used about a spacecraft) to leave the ground; to take off ▶ **odpalać**
□ **blast** interj. a mild swear word, used to show that you are angry: *Blast! I've cut my finger.* ▶ **o kurczę!** | **blasted** adj. (informal) very annoying: *Can you turn that blasted music down?* ▶ **piekielny, przeklęty**
■ '**blast-off** noun [U] the time when a spacecraft leaves the ground ▶ **odpalenie**

blatant /'bleɪtnt/ adj. very clear or obvious: *their blatant dislike for each other* ○ *a blatant lie* ❶ Słowa tego używa się do wyrażania opinii krytycznej. ▶ **jawny, uderzający**
□ **blatantly** adv. ▶ **jawnie, uderzająco**

blaze[1] /bleɪz/ noun **1** [C] a large and often dangerous fire: *It took firemen four hours to put out the blaze.* ▶ **płomień, pożar 2** [sing.] **a blaze of sth** a very bright display of light or colour: *In the summer the garden was a blaze of colour* (mienił się kolorami). ○ (figurative) *The new theatre was opened in a blaze of publicity.* ▶ **blask**

blaze[2] /bleɪz/ verb [I] **1** to burn with bright strong flames: *a blazing log fire* ▶ **buchać płomieniem 2 blaze (with sth)** to be extremely bright; to shine brightly: *I woke up to find that the room was blazing with sunshine.* ○ (figurative) *'Get out!' she shouted, her eyes blazing with anger.* ▶ **błyszczeć**

blazer /'bleɪzə(r)/ noun [C] a jacket, especially one that has the colours or badge of a school, club, team, etc. on it; usually worn by men, or by schoolchildren as part of their uniform: *a school blazer* ▶ **blezer**

bleach /bliːtʃ/ verb [T] to make sth white or lighter in colour (by using a chemical or by leaving it in the sun): *Her hair had been bleached by the sun.* Słońce rozjaśniło jej włosy. ▶ **wybielać, rozjaśniać**
□ **bleach** noun [C,U] a strong chemical substance used for making clothes, etc. whiter or for cleaning things ▶ **wybielacz**

bleak /bliːk/ adj. **1** (used about a situation) bad; not encouraging or hopeful: *a bleak future for the next generation* ▶ **niewesoły 2** (used about a place) cold, bare and grey: *the bleak Yorkshire Moors* ▶ **ponury 3** (used about the weather) cold and grey: *a bleak winter's day* ▶ **ponury**
□ **bleakly** adv. ▶ **ponuro** | **bleakness** noun [U] ▶ **ponurość**

bleary /'blɪəri/ adj. (used about the eyes) red,

tired and unable to see clearly: *We were all bleary-eyed after the journey.* ▶ **kaprawy, mętny**

□ **blearily** adv.: *'What's the time?' he said blearily, switching on the light.* ▶ **niewyraźnie**

bleat /bli:t/ verb **1** [I] to make the sound of a sheep or goat ▶ (*o owcy, kozie*) **beczeć 2** [I,T] to speak in a weak, uncertain way ▶ **bąkać**

□ **bleat** noun [C] ▶ **bek; bąknięcie**

★**bleed** /bli:d/ verb [I] (pt, pp **bled** /bled/) to lose blood: *He was bleeding badly from a cut on his head.* ○ *Is your finger bleeding?* ▶ **krwawić**

□ **bleeding** noun [U] blood flowing from a cut, etc.: *He wrapped a scarf around his arm to try to stop the bleeding.* ▶ **krwawienie**

bleep /bli:p/ noun [C] a short, high sound made by an electronic machine ▶ **krótki, wysoki dźwięk wydawany przez urządzenie elektroniczne**

□ **bleep** verb **1** [I] (used about machines) to make a short high sound: *Why is the computer bleeping?* ▶ (*o urządzeniu elektronicznym*) **wydawać wysoki dźwięk 2** [T] to attract a person's attention using a bleeper ▶ **przywołać kogoś za pomocą brzęczyka** | **bleeper** noun [C] a small piece of equipment that makes bleeps to let a person (e.g. a doctor) know when sb is trying to contact them ▶ **brzęczyk, pager**

blemish /'blemɪʃ/ noun [C] a mark that spoils the way sth looks ▶ **skaza, plama, wyprysk** (*na skórze*)

□ **blemish** verb [T] to spoil sth ▶ **psuć, szpecić**

blend /blend/ verb **1** [T] **blend A with B**; **blend A and B (together)** to mix: *First blend the flour and the melted butter together.* ▶ **zmieszać 2** [I] **blend with sth** to look or sound good with sth else: *new buildings which don't blend with their surroundings* ▶ **pasować 3** [I] **blend (into sth)** to be difficult to tell apart from sth else: *animals' ability to blend into their surroundings* ▶ **zlewać się w jedno, wpasowywać**

PHRASAL VERB **blend in (with sth)** to look or sound good with sth else because the two things are similar: *The new room blends in with the rest of the house.* ▶ **pasować, współgrać**

□ **blend** noun [C] a mixture: *a blend of China and Indian tea* ○ *He had the right blend of enthusiasm and experience.* ▶ **mieszanka**

blender /'blendə(r)/ noun [C] = LIQUIDIZER

bless /bles/ verb [T] (pt, pp **blessed** /blest/) to ask for God's help and protection for sb/sth: *At the end of the marriage service, the vicar will bless the young couple.* ▶ **błogosławić**

IDIOMS **be blessed with sth/sb** to be lucky enough to have sth/sb: *The West of Ireland is blessed with many fine beaches.* ▶ **być obdarzonym czymś/kimś** | **Bless you!** (what you say to a person who has just sneezed) ▶ **na zdrowie!**

blessed /'blesɪd/ adj. **1** (in religious language) holy: *the Blessed Virgin Mary* ▶ **błogosławiony, święty 2** (in religious language) lucky; fortunate: *Blessed are the pure in heart.* ▶ **błogosławiony, szczęśliwy 3** giving great pleasure: *The cool breeze brought blessed relief from the heat.* ▶ **błogi 4** (used for expressing anger or surprise): *Where's the blessed train?* ▶ **niemożliwy, przeklęty**

blessing /'blesɪŋ/ noun [C] **1** a thing that you are grateful for or that brings happiness: *It's a great blessing that we have two healthy children.* ○ *a blessing in disguise* niespodziewana korzyść ○ *to count your blessings* być zadowolonym z tego, co się ma ▶ **szczęście, dobrodziejstwo 2** [usually sing.] approval or support: *They got married without their parents' blessing.* ▶ **błogosławieństwo 3** [usually sing.] (a prayer asking for) God's help and protection: *to ask for God's blessing* ○ *The priest said a blessing.* ▶ **błogosławieństwo**

blew pt of BLOW[1]

blimey /'blaɪmi/ (also **cor blimey** /ˌkɔ: 'blaɪmi/) exclam. (Brit., slang) used to express surprise or anger: *Blimey, it's hot today.* ▶ **(o) kurczę!**

★**blind**[1] /blaɪnd/ adj. **1** unable to see: *a blind person* ○ *to be completely/partially blind* ❶ Mówiąc o osobie niewidomej, lepiej jest użyć zwrotu **visually handicapped**. ▶ **niewidomy, ślepy 2 blind (to sth)** not willing to notice or understand sth: *He was completely blind to her faults.* ▶ **być ślepym (na coś) 3** without reason or thought: *her blind acceptance of fate* ○ *He drove down the motorway in a blind panic.* ▶ **ślepy, całkowity 4** impossible to see round: *You should never overtake on a blind corner.* ▶ **niewidoczny**

IDIOM **turn a blind eye (to sth)** to pretend not to notice sth ▶ **przymykać oczy**

□ **the blind** noun [pl.] people who are blind: *ways of making homes safer for the blind* ▶ **niewidomi** | **blindly** adv. ▶ **(na) ślepo** | **blindness** noun [U] ▶ **ślepota**

■ ˌ**blind** '**date** noun [C] an arranged meeting between a man and a woman who have never met before to see if they like each other enough to begin a romantic relationship ▶ **randka w ciemno** | '**blind spot** noun [C] **1** if you have a blind spot about sth, you cannot understand or accept it ▶ **czyjaś słaba strona 2** the part of the road that you cannot see when driving a car, i.e. the part which is just behind you ▶ **martwy punkt** (*podczas jazdy samochodem*)

blind[2] /blaɪnd/ verb [T] **1** to make sb unable to see: *Her grandfather had been blinded in an accident.* ○ *I was blinded by the lights of the oncoming car.* ▶ **oślepiać 2 blind sb (to sth)** to prevent sb from being aware of sth ▶ **oślepiać**

blind[3] /blaɪnd/ noun [C] a piece of cloth or other material that you pull down to cover a window ▶ **roleta, żaluzja**

blinders /'blaɪndəz/ noun [pl.] (US) = BLINKERS

blindfold /'blaɪndfəʊld/ verb [T] to cover a person's eyes with a piece of cloth, etc. so that they cannot see ▶ **zawiązać komuś oczy**

□ **blindfold** noun [C] a piece of cloth, etc. that is used for covering sb's eyes ▶ **opaska na oczy**

blink /blɪŋk/ verb **1** [I,T] to shut your eyes and open them again very quickly ➲ Por. **wink**. ▶ **mrugać oczami 2** [I] (used about a light) to come on and go off again quickly ▶ **migotać**

□ **blink** noun [C] ▶ **mruganie oczami; migotanie**

blinkers /ˈblɪŋkəz/ (US **blinders**) noun [pl.] pieces of leather fixed beside a horse's eyes so that it can only look straight in front ▶ **klapki** (*na oczy*)

blip /blɪp/ noun [C] **1** a short sound made by an electronic machine ▶ **krótki dźwięk wydawany przez urządzenie elektroniczne 2** a small point of light on a screen ▶ **punkt świetlny na ekranie 3** a small problem that does not last for long ▶ **potknięcie**

bliss /blɪs/ noun [U] perfect happiness: *fifteen years of domestic bliss with his wife Mary* ▶ **rozkosz, błogość**

□ **blissful** /-fl/ adj. ▶ **błogi** | **blissfully** /-fəli/ adv. ▶ **błogo**

blister /ˈblɪstə(r)/ noun [C] a small painful area of skin that looks like a bubble and contains clear liquid. Blisters are usually caused by rubbing or burning: *These shoes give me blisters.* ▶ **pęcherz, bąbel**

□ **blister** verb [I,T] **1** to get or cause blisters ▶ **pokrywać (się) bąblami 2** to swell and crack or to cause sth to do this: *The paint is starting to blister.* ▶ **odpryskiwać; sprawiać, że coś odpryskuje** | **blistering** /ˈblɪstərɪŋ/ adj. **1** very great or severe: *the blistering midday heat* ▶ **intensywny 2** showing great anger: *a blistering attack on his political enemies* ▶ **zażarty**

blitz /blɪts/ noun [C] **1** a sudden heavy military attack, especially from the air ▶ **nalot 2 a blitz (on sth)** [sing.] (informal) a sudden great effort: *I had a blitz on the garden* (ostro zabrałem się do pracy w ogrodzie) *and it's looking quite nice now.* ▶ **nagły przypływ energii**

blizzard /ˈblɪzəd/ noun [C] a very bad snowstorm with strong winds ➲ Zob. uwaga przy **storm**. ▶ **zamieć**

bloated /ˈbləʊtɪd/ adj. unusually or uncomfortably large and full because of liquid, food or gas inside: *I felt a bit bloated after all that food.* ▶ **opuchnięty**

blob /blɒb/ noun [C] a small piece of a thick liquid: *a blob of paint/cream* ▶ **kropelka** (*gęstej cieczy*)

bloc /blɒk/ noun [C, with sing. or pl. verb] a group of countries, political parties, etc. who have similar political ideas and who act together: *the Eastern bloc* ▶ **blok**

★**block**[1] /blɒk/ noun [C] **1** a large, heavy piece of sth, usually with flat sides: *a block of wood* ○ *huge concrete blocks* ▶ **blok, kloc 2** a large building that is divided into separate flats or offices: *a block of flats* ○ *an office block* ▶ **blok 3** a group of buildings in a town which has streets on four sides: *I went for a walk around the block.* ▶ **ciąg budynków w mieście otoczony z czterech stron ulicami 4** a quantity of sth or an amount of time that is considered as a single unit: *The class is divided into two blocks of fifty minutes.* ▶ **blok 5** [usually sing.] a thing that makes movement or progress difficult or impossible: *a block to further progress in the talks* ▶ **przeszkoda**

IDIOM **have a block (about sth)** to be unable to think or understand sth properly: *I had a complete mental block. I just couldn't remember his name.* ▶ **poczuć zaćmienie umysłu**

■ ˌ**block ˈcapital** (also ˌ**block ˈletter**) noun [C, usually pl.] a big letter such as 'A': *Please write your name in block capitals.* ▶ **duża litera**

★**block**[2] /blɒk/ verb [T] **1 block sth (up)** to make it difficult or impossible for anything or anybody to pass: *Many roads are completely blocked by snow.* ○ *I'm afraid the sink's blocked up.* ▶ **blokować, zapychać 2** to prevent sth from being done: *The management tried to block the deal.* ▶ **uniemożliwiać 3** to prevent sth from being seen by sb: *Get out of the way, you're blocking the view!* ▶ **zasłaniać**

PHRASAL VERBS **block sth off** to separate one area from another with sth solid: *This section of the motorway has been blocked off.* ▶ **blokować, zagradzać** | **block sth out** to try not to think about sth unpleasant: *She tried to block out the memory of the crash.* ▶ **wymazać z pamięci**

□ **blockage** /ˈblɒkɪdʒ/ noun [C] a thing that is blocking sth; the state of being blocked: *a blockage in the drainpipe* ○ *blockages on some major roads* ▶ **zatkanie, zator**

blockade /blɒˈkeɪd/ noun [C] a situation in which a place is surrounded by soldiers or ships in order to prevent goods or people from reaching it ▶ **blokada**

□ **blockade** verb [T] ▶ **blokować**

blockbuster /ˈblɒkbʌstə(r)/ noun [C] a book or film with an exciting story which is very successful and popular: *the latest Hollywood blockbuster* ➲ Por. **hit**. ▶ **przebój**

bloke /bləʊk/ noun [C] (Brit., informal) a man: *a nice bloke* ▶ **facet**

blonde (also **blond**) /blɒnd/ noun [C], adj. (a person) with fair or yellow hair: *Most of our family have blond hair.* ❶ Do opisywania kobiet używa się pisowni **blonde**: *She's tall, slim and blonde.* Ponieważ rzeczownika tego używa się zazwyczaj mówiąc o kobietach, stąd najczęściej spotykana pisownia to **blonde**: *She's a blonde.* ▶ **blondyn/ka**

★**blood** /blʌd/ noun [U] the red liquid that flows through the body: *Blood was pouring from a cut on his knee.* ○ *The heart pumps blood around the body.* ▶ **krew**

IDIOMS **in your blood** a strong part of your character: *A love of the countryside was in his blood.* ▶ **we krwi** | **in cold blood** → COLD[1] | **your (own) flesh and blood** → FLESH

■ ˈ**bloodbath** noun [C] an act of violently killing many people ▶ **rozlew krwi** | ˈ**blood-curdling** adj. horrible and frightening: *a blood-curdling scream* ▶ **mrożący krew w żyłach** | ˈ**blood donor** noun [C] a person who gives their blood for use in medical operations ▶ **krwiodawca** | ˈ**blood group** (also ˈ**blood type**) noun [C] any of several different types of human blood: *Which blood group do you belong to?* ▶ **grupa krwi** | ˈ**blood pressure** noun [U] the force with which the blood travels round the body: *to have high/low blood pressure* ▶ **ciśnienie krwi** | ˈ**bloodshed** noun [U] the killing or wounding of people: *Both sides in the war want to avoid further* *bloodshed.* ▶ **rozlew krwi** | **'bloodshot** adj. (used about the white part of the eyes) full of red lines, e.g. when sb is tired ▶ **nabiegły krwią** | **'blood sport** noun [C] a sport such as fox-hunting, in which animals are killed ▶ **polowanie** | **'bloodstain** noun [C] a mark or spot of blood on sth ▶ **krwawa plama** | **'bloodstained** adj. having marks of blood on it ▶ **zakrwawiony, krwawy** | **'bloodstream** noun [sing.] the blood as it flows through the body: *drugs injected into the bloodstream* ▶ **układ naczyniowy** | **'blood transfusion** noun [C] an injection of blood into a person's body: *to have a blood transfusion* ▶ **transfuzja krwi** | **'blood vessel** noun [C] any of the tubes in the body which blood flows through ▶ **naczynie krwionośne**

bloodless /'blʌdləs/ adj. **1** (used about a part of the body) very pale ▶ **blady** **2** without killing or violence: *a bloodless coup* ▶ **bezkrwawy**

bloodthirsty /'blʌdθɜːsti/ adj. eager to use violence or to watch scenes of violence ▶ **krwiożerczy**

bloody[1] /'blʌdi/ adj. (**bloodier**; **bloodiest**) **1** involving a lot of violence and killing: *a bloody war* ▶ **krwawy** **2** covered with blood: *a bloody knife* ▶ **zakrwawiony**

bloody[2] /'blʌdi/ adj., adv. (Brit., informal) (used for emphasizing anger, annoyance or just an opinion): *The bloody train was late again this morning.* ○ *What a bloody* (cholernie) *stupid idea!* ○ *We had a bloody* (cholernie) *good time.* ❶ Uwaga! Używanie tego słowa może być uznawane za niegrzeczne. ▶ **cholerny**

■ **ˌbloody-'minded** adj. (Brit., informal) difficult and unhelpful, often on purpose ▶ **zatwardziały** | **ˌbloody-'mindedness** noun [U] ▶ **zatwardziałość**

bloom /bluːm/ noun [C] a flower ▶ **kwiat**

IDIOM **in bloom** with its flowers open: *All the wild plants are in bloom.* ▶ **kwitnący**

□ **bloom** verb [I] to produce flowers: *This shrub blooms in May.* ○ (figurative) *The children had bloomed during their stay on the farm.* ▶ **kwitnąć**

blossom /'blɒsəm/ noun [C,U] a flower or a mass of flowers, especially on a fruit tree: *The apple tree is covered in blossom.* ▶ **kwiat/y** (*drzew owocowych*)

□ **blossom** verb [I] **1** (used especially about trees) to produce flowers ▶ **kwitnąć** **2 blossom (out) (into sth)** to develop well: *She had blossomed (out) into a lovely young girl.* ▶ **rozkwitać**

blot[1] /blɒt/ noun [C] **1** a spot or stain, especially one made by ink on paper ▶ **kleks** **2 a blot on sth** a thing that spoils sb's reputation, character, future, etc. ▶ **plama**

blot[2] /blɒt/ verb [T] (**blotting**; **blotted**) **1** to make a spot or stain on sth, especially one of ink on paper ▶ **plamić** **2** to dry spots of liquid on sth by pressing it with soft paper or cloth ▶ **osuszać** (*bibułą*)

PHRASAL VERB **blot sth out** to cover or hide: *Heavy fog blotted out the view.* ○ *She tried to blot out her memories.* ▶ **zakrywać, wymazywać**

■ **'blotting paper** noun [U] soft paper that you use for drying wet ink on writing paper, etc. ▶ **bibuła**

blotch /blɒtʃ/ noun [C] a mark or an area of different colour, especially on sb's skin: *She had blotches on her face.* ▶ **plama**

□ **blotchy** (also **blotched**) adj. covered in blotches ▶ **poplamiony**

★**blouse** /blaʊz; US blaʊs/ noun [C] a piece of clothing like a shirt, that women wear ▶ **bluzka**

★**blow**[1] /bləʊ/ verb (pt **blew** /bluː/; pp **blown** /bləʊn/) **1** [I] (used about wind, air, etc.) to move: *A gentle breeze was blowing.* ▶ **wiać** **2** [I] to send air out of the mouth: *Take a deep breath and then blow.* ▶ **dmuchać** **3** [T] to make or shape sth by blowing air out of your mouth: *to blow bubbles* ▶ **wydmuchiwać** **4** [I,T] to produce sound from a musical instrument, whistle, etc. by means of air: *I heard the guard's whistle blow* (usłyszałem gwizdek) *as I ran up the station steps.* ○ *He blew a few notes on the trumpet.* ○ *All the drivers were blowing their horns* (trąbili klaksonami). ▶ **grać na instrumencie dętym; wydawać dźwięk** **5** [T] (informal) to waste an opportunity of succeeding in sth: *I've blown my chances of promotion.* ▶ **marnować okazję** **6** [T] **blow sth (on sth)** (informal) to spend or waste a lot of money on sth: *She blew all her savings on a trip to China.* ▶ **przepuścić** (*pieniądze*) **7** [I,T] (informal) (used for expressing anger, annoyance or the fact that you do not care about sth): *Oh, blow! It's raining.* ○ *'What will the neighbours think?' 'Oh blow the neighbours!'* ▶ **niech to diabli wezmą!, do diabła!** **8** [I,T] (used about an electric fuse) to stop working suddenly because the electric current is too strong; to make sth do this: *A fuse has blown.* ○ *I think the kettle's blown a fuse.* ▶ **przepalać (się)**

IDIOM **blow your nose** to clear your nose by blowing strongly through it into a handkerchief, etc. ▶ **wycierać nos**

PHRASAL VERBS **blow (sb/sth) down, off, over, etc.** to move or make sth move through the air in the direction mentioned, because of the wind, etc.: *My papers blew all over the garden.* Wiatr porozwiewał moje papiery po ogrodzie. ○ *The balloons blew away* (odleciały) *into the sky.* ○ *The wind suddenly blew my hat off.* ▶ **zdmuchiwać; zostać zdmuchniętym** | **blow sth out** to make sth stop burning by blowing air at it: *to blow out the candles on a birthday cake* ▶ **zdmuchiwać** | **blow over** to pass away; to end: *Those black clouds will soon blow over.* ○ *We often have arguments but they usually blow over quickly.* ▶ **przemijać** | **blow up 1** to explode or to be destroyed in an explosion: *The car blew up when the door was opened.* ▶ **wybuchać** **2** to start suddenly and strongly: *A storm blew up in the night.* ○ *An argument blew up about money.* ▶ **rozszaleć się, wybuchać** **3** (informal) to become very angry: *The teacher blew up when I said I'd forgotten my homework.* ▶ **wybuchać gniewem** | **blow sth up 1** to make sth explode or to destroy sth in an explosion: *The terrorists tried to blow up the plane.*

▶ **wysadzać** (*w powietrze*) **2** to fill sth with air or gas: *to blow up a balloon* ▶ **nadmuchiwać 3** to make a photograph bigger ▶ **powiększać** (*fotografię*)

□ **blow** noun [C] an act of blowing: *Give your nose a blow!* Wytrzyj nos! ▶ **dmuchnięcie**

■ **'blow-dry** verb [T] (pt, pp **blow-dried**) to dry and shape sb's hair using a hairdrier that you hold and a brush ▶ **wymodelować włosy** | **'blow-dry** noun [sing.]: *a cut and blow-dry* ▶ **modelowanie** (*włosów*)

★**blow²** /bləʊ/ noun [C] **1** a hard knock from your hand, a weapon, etc. that hits or is intended to hit sb/sth: *She aimed a blow at me.* ○ *a blow on the back of his head* ▶ **cios 2 a blow (to sb/ sth)** a sudden shock or disappointment: *It was rather a blow when I heard that I hadn't won.* ▶ **cios**

IDIOMS a blow-by-blow account, description, etc. (of sth) an account, etc. of an event that gives all the exact details of it: *a blow-by-blow account of his travels in Asia* ▶ **szczegółowe sprawozdanie** | **come to blows (with sb) (over sth)** to start fighting or arguing (about sth): *We always come to blows over where to go for our holiday.* ▶ **posunąć się do rękoczynów; zaczynać kłótnię** | **deal sb/sth a blow**; **deal a blow to sb/sth** → DEAL²

blown pp of BLOW¹

'blow-out /'bləʊaʊt/ noun [C] (informal) **1** a burst tyre; a puncture: *We had a blow-out* (złapaliśmy gumę) *on the motorway.* ▶ **przebicie/pęknięcie opony 2** a very large meal at which people eat too much; a large party or social event ▶ **wyżerka; wielkie przyjęcie**

★**blue¹** /blu:/ adj. **1** having the colour of a clear sky on a sunny day: *His eyes were bright blue.* ○ *light/dark blue* ▶ **niebieski 2** (informal) (often used in popular songs) sad ▶ **smutny 3** (used about jokes, films, etc.) connected with sex ▶ **pornograficzny, erotyczny**

IDIOM black and blue → BLACK¹

■ **ˌblue-'collar** adj. doing or involving physical work with the hands rather than office work ➲ Por. **white-collar**. ▶ **dot. pracy fizycznej**

★**blue²** /blu:/ noun **1** [C,U] the colour of a clear sky on a sunny day: *I'd like some curtains with some blue in them.* ○ *dressed in blue* ▶ **kolor niebieski 2** (informal) (often used in songs) sad ▶ **smętny 3** (**the blues**) [pl., with sing. or pl. verb] a type of slow sad music similar to jazz: *a blues singer* ▶ **blues 4** (**the blues**) [pl.] (informal) the state of feeling sad or depressed: *to have the blues* ▶ **chandra**

IDIOMS once in a blue moon → ONCE | **out of the blue** suddenly; without being expected: *I didn't hear from him for years and then this letter came out of the blue.* ▶ **znienacka, nieoczekiwanie**

bluebell /'blu:bel/ noun [C] a plant with blue or white flowers shaped like bells ▶ **dzwonek**

blueberry /'blu:bəri; US -beri/ noun a small dark blue berry that grows on low bushes in North America ➲ Por. **bilberry**. ▶ **borówka amerykańska**

blueprint /'blu:prɪnt/ noun [C] a plan or description of how to make, build or achieve sth ▶ **podstawy projektu**

bluff /blʌf/ verb [I,T] to try to convince people of sth that is not really true, usually by appearing very confident: *Don't take any notice of him – he's just bluffing.* ○ *They tried to bluff their parents into believing there was no school that day.* ▶ **blefować**

IDIOM bluff your way in, out, through, etc. sth to trick sb in order to get into, out of a place, etc.: *We managed to bluff our way into the stadium by saying we were journalists.* ▶ **dostać się/wydostać się podstępem**

□ **bluff** noun [C,U]: *John keeps threatening to leave home but I'm sure it's only bluff!* ▶ **blef**

IDIOM call sb's bluff → CALL²

bluish /'blu:ɪʃ/ adj. (informal) slightly blue: *bluish green* ▶ **niebieskawy**

blunder /'blʌndə(r)/ noun [C] a silly mistake: *I'm afraid I've made a terrible blunder.* ▶ **gafa**

□ **blunder** verb [I] to make a blunder ▶ **popełnić gafę**

PHRASAL VERB blunder about, around, etc. to move in an uncertain or careless way, as if blind: *We blundered about in the dark, trying to find the light switch.* ▶ **poruszać się niezdarnie** (*jak po omacku*)

blunt /blʌnt/ adj. **1** (used about a person, remark, etc.) saying exactly what you think in a not very polite way ▶ **(mówiący) bez ogródek, nietaktowny 2** (used about a knife, pencil, tool, etc.) not sharp ▶ **tępy**

□ **blunt** verb [T] to make sth less sharp or less strong ▶ **stępiać** | **bluntly** adv. ▶ **bez ogródek, nietaktownie** | **bluntness** noun [U] ▶ **otwartość, nietakt**

blur /blɜ:(r)/ noun [C, usually sing.] something that you cannot see or remember clearly: *Through the window of the train the countryside was just a blur.* ▶ **mgliste zarysy/wspomnienia itp.**

□ **blur** verb [I,T] (**blurring**; **blurred**) to become unclear; to make sth less clear: *The words on the page blurred as tears filled her eyes.* ▶ **zamglić (się), zamazywać (się)** | **blurred** adj.: *His thoughts were blurred and confused.* ▶ **zamazany,** (*o wzroku, oczach*) **zamglony**

blurt /blɜ:t/ verb

PHRASAL VERB blurt sth out to say sth suddenly or without thinking: *We didn't want to tell Mum but Ann blurted the whole thing out.* ▶ **wypaplać, wygadać się**

blush /blʌʃ/ verb [I] to become red in the face, especially because of shame or embarrassment: *She blushed with embarrassment.* ▶ **rumienić się**

□ **blush** noun [C, usually sing.]: *She admitted, with a blush, that she had been lying.* ▶ **rumieniec** | **blusher** noun [U, C] a coloured cream or powder that some people put on their cheeks to give them more colour ▶ **róż**

blustery /'blʌstəri/ adj. (used to describe the weather) with strong winds: *The day was cold and blustery.* ▶ **bardzo wietrzny**

BO /ˌbi: 'əʊ/ abbr. body odour ▶ **zapach potu**

boa /'bəʊə/ (also **'boa constrictor**) noun [C] a

large snake that kills animals by squeezing them ▶ **boa**

boar /bɔː(r)/ noun [C] (pl. **boar** or **boars**) **1** a male pig ▶ **knur 2** a wild pig ➲ Zob. uwaga przy **pig**. ▶ **dzik**

★**board**[1] /bɔːd/ noun **1** [C] a long, thin, flat piece of wood used for making floors, walls, etc.: *floorboards* ▶ **deska 2** [C] a thin flat piece of wood, etc. used for a particular purpose: *an ironing/diving board* ○ *a blackboard* ○ *a surfboard* ▶ **deska, tablica 3** [C] a flat and usually square piece of wood, cardboard, etc. that you play certain games on: *a chessboard* szachownica ○ *board games* ▶ **plansza 4** [C, with sing. or pl. verb] a group of people who control an organization, a company, etc.: *the board of directors* ○ *the Irish Tourist Board* ▶ **zarząd 5** [U] the meals that are provided when you stay in a hotel, etc.: *The prices are for a double room and full board.* ▶ **wyżywienie**

IDIOMS **above board** → ABOVE | **across the board** → ACROSS | **on board** on a ship or aeroplane: *All the passengers were safely on board.* ▶ **na pokładzie**

board[2] /bɔːd/ verb **1** [T] to get on a plane, ship, bus, etc.: *We said goodbye and boarded the train.* ○ *Lufthansa flight LH120 to Hamburg is now boarding at Gate 27.* Pasażerowie odlatujący lotem LH120 do Hamburga proszeni są do wyjścia 27. ▶ **wsiadać do czegoś/na coś 2** [I] to live and take meals in sb's home, in return for payment ▶ **mieszkać i stołować się u kogoś, mieć u kogoś utrzymanie 3** [I] to live at school during the term ▶ **mieszkać w internacie**

PHRASAL VERB **board sth up** to cover with boards[1](1): *Nobody lives there now – it's all boarded up.* ▶ **zabijać deskami**

□ **boarder** noun [C] **1** a person who pays to live at sb's house ▶ **sublokator/ka 2** a pupil who lives at a school during term-time ▶ **mieszkaniec internatu**

■ **'boarding card** noun [C] a card that you must show in order to board a plane or ship: *Could passengers please have their boarding cards ready for inspection?* ▶ **karta pokładowa** | **'boarding house** noun [C] a private house where you can pay to stay and have meals for a period of time ▶ **pensjonat** | **'boarding school** noun [C] a school that pupils live at during term-time: *I was sent to a boarding school when I was ten.* ▶ **szkoła z internatem**

boardroom /ˈbɔːdruːm; -rʊm/ noun [C] the room where a company's board of directors meets ▶ **sala konferencyjna**

boast /bəʊst/ verb **1** [I,T] to talk with too much pride about sth that you have or can do: *I wish she wouldn't boast about her family.* ○ *He's always boasting that he's the fastest runner in the school.* ▶ **chwalić się 2** [T] (used about a place) to have sth that it can be proud of: *The town boasts over a dozen restaurants.* ▶ **szczycić się**

□ **boast** noun **1** [C] something you say that is too proud: *I didn't believe his boasts about how well he played.* ▶ **przechwałka 2** [sing.] a thing that you are proud of: *The cathedral is the boast of the town.* ▶ **duma, chluba** | **boastful** /-fl/ adj. (used about a person or the things that they say) showing too much pride ▶ **chełpliwy**

★**boat** /bəʊt/ noun [C] a small vehicle that is used for travelling across water: *The cave can only be reached by boat/in a boat.* ○ *a rowing/fishing/motor boat* ❶ Zazw. **boat** oznacza małą łódź, ale może być również użyte w odniesieniu do dużego statku, zwł. pasażerskiego: *When does the next boat to France sail?* ➲ Zob. uwaga przy **ship**. ▶ **łódź, statek**

IDIOM **rock the boat** → ROCK[2]

bob /bɒb/ verb (**bobbing**; **bobbed**) [I,T] to move quickly up and down; to make sth do this: *The boats in the harbour were bobbing up and down in the water* (huśtały się na wodzie). ○ *She bobbed her head around the door.* Zajrzała do pokoju. ▶ **podskakiwać (jak korek)**

PHRASAL VERB **bob up** to appear suddenly: *He disappeared and then bobbed up again on the other side of the pool.* ▶ **nagle się pojawiać**

bobby /ˈbɒbi/ noun [C] (pl. **bobbies**) (old-fashioned, Brit., informal) a policeman: *We need more bobbies on the beat* (policji na ulicach). ▶ **policjant**

bobsleigh /ˈbɒbsleɪ/ (US **bobsled** /ˈbɒbsled/) noun [C] a racing vehicle for two or more people that slides over snow along a track ➲ Por. **sleigh**, **sledge** i **toboggan**. ▶ **bobslej**

bode /bəʊd/ verb

IDIOM **bode well/ill (for sb/sth)** to be a good/bad sign for sb/sth ▶ **wróżyć dobrze/źle**

bodily /ˈbɒdɪli/ adj. of the human body; physical: *First we must attend to their bodily needs.* ▶ **fizyczny, cielesny**

□ **bodily** adv. by taking hold of the body: *She picked up the child and carried him bodily* (wyniosła je) *from the room.* ▶ **trzymając kogoś** (*np. w ramionach*)

★**body** /ˈbɒdi/ noun (pl. **bodies**) **1** [C] the whole physical form of a person or an animal: *the human body* ▶ **ciało 2** [C] the body apart from the legs, arms and head: *She had injuries to her head and body.* ▶ **tułów 3** [C] a dead human body: *The police have found a body in the canal.* ▶ **zwłoki 4** [sing.] the main part of sth: *The main body of the guests will arrive at about 7 o'clock.* ▶ **główna część 5** [C, with sing. or pl. verb] a group of people who work or act together, especially in an official way: *The governing body of the college meets/meet once a month.* ▶ **ciało, grupa 6** [C] an object: *to remove a foreign body from a wound* ▶ **ciało, przedmiot**

IDIOM **in a body** all together: *The students went in a body to complain.* ▶ **jako grupa**

■ **'bodybuilder** noun [C] ▶ **kulturyst-a/ka** | **'bodybuilding** noun [U] making the muscles of the body stronger and larger by exercise ▶ **kulturystyka** | **'body language** noun [U] showing how you feel by the way you move, stand, sit, etc., rather than by what you say ▶ **mowa ciała** | **'body odour** noun [U] (abbr. **BO**) the unpleasant smell of a person's body when it is sweating ▶ **zapach potu**

bodyguard /ˈbɒdigɑːd/ noun [C] a person or group of people whose job is to protect sb ℹ Gdy słowo **bodyguard** oznacza grupę ludzi, wówczas może występować w lp lub lm: *His bodyguard is/are armed.* ▶ **ochroniarz, ochrona**

bodywork /ˈbɒdiwɜːk/ noun [U] the main outside structure of a vehicle, usually made of painted metal ▶ **nadwozie, karoseria**

bog /bɒg; US bɔːg/ noun **1** [C,U] an area of ground that is very soft and wet: *the peat bogs of Ireland* ▶ **bagno 2** [C] (Brit., slang) a toilet ▶ **kibel**
□ ˌ**bogged** ˈ**down** adj. **1** if a vehicle is bogged down, it has sunk into mud, etc. and cannot move ▶ **ugrzęzły 2** if a person is bogged down in sth, they cannot make any progress: *We got bogged down* (utknęliśmy) *in a long discussion.* | **boggy** /ˈbɒgi; US bɔːgi/ adj. (used about land) soft and wet, so that your feet sink into it ▶ **bagnisty**

bogey /ˈbəʊgi/ noun [C] **1** something that causes fear, often without reason ▶ **straszydło 2** (informal) a piece of mucus that forms inside your nose ➲ Por. **snot**. ▶ **smark**

boggle /ˈbɒgl; US ˈbɔːgl/ verb [I] to be very surprised at sth, or to find it difficult to imagine; *Bob Brown as headteacher? The mind boggles!* Zdumiewające! ▶ **zdumiewać się**

bogus /ˈbəʊgəs/ adj. pretending to be sth that it is not; not genuine: *He made a bogus claim to the insurance company.* ▶ **podrobiony, fałszywy**

★**boil**[1] /bɔɪl/ verb **1** [I] (used about a liquid) to reach a high temperature where bubbles rise to the surface and the liquid changes to a gas: *Water boils at 100°C.* ○ *The kettle's boiling.* Woda się gotuje. ▶ **gotować się 2** [T] to heat a liquid until it boils and let it keep boiling: *Boil all drinking water for five minutes.* ➲ Zob. uwaga przy **cook**. ▶ **gotować 3** [I,T] to cook in boiling water: *Put the potatoes on to boil, please.* ○ *to boil an egg* ▶ **gotować (się) 4** [I] (used about a person) to feel very angry: *She was boiling with rage.* ▶ **kipieć** (*np. ze złości*)
PHRASAL VERBS **boil down to sth** to have sth as the most important point: *What it all boils down to is that you don't want to spend too much money.* ▶ **sprowadzać się do czegoś** | **boil over 1** (used about a liquid) to boil and flow over the sides of a pan: *You let the soup boil over.* ▶ **wykipieć 2** (used about an argument or sb's feelings) to become more serious or angry ▶ **wykipieć, unosić się**
□ **boil** noun [sing.] an act or period of boiling ▶ **gotowanie**
IDIOMS **bring sth to the boil** to heat sth until it boils: *Bring the soup to the boil, then allow to simmer for five minutes.* ▶ **doprowadzać do wrzenia** | **come to the boil** to begin to boil ▶ **zagotować się, wrzeć**
boiling (also **boiling** ˈ**hot**) adj. (informal) very hot: *It's boiling hot in here.* Można się tu ugotować. ○ *I'm boiling.* Strasznie mi gorąco. ▶ **wrzący**
■ ˈ**boiling point** noun [C] the temperature at which a liquid starts to boil ▶ **temperatura wrzenia**

boil[2] /bɔɪl/ noun [C] a painful swelling under your skin, like a large spot: *The boil on my neck has burst.* ▶ **czyrak**

boiler /ˈbɔɪlə(r)/ noun [C] **1** a metal container used for providing hot water in a house ▶ **bojler 2** a large metal container used for producing steam in an engine ▶ **kocioł parowy**
■ ˈ**boiler suit** noun [C] a piece of clothing that covers your body, arms and legs, worn especially for dirty work ▶ **kombinezon**

boisterous /ˈbɔɪstərəs/ adj. (used about a person or their behaviour) noisy and full of energy: *Their children are very nice but they can get a bit too boisterous.* ▶ **hałaśliwy, żywy**
□ **boisterously** adv. ▶ **hałaśliwie, żywo**

★**bold** /bəʊld/ adj. **1** (used about a person or their behaviour) brave and confident; not afraid: *Not many people are bold enough to say exactly what they think.* ○ *We need somebody with bold new ideas.* ▶ **śmiały 2** that you can see clearly: *bold, bright colours* ▶ **wyraźny, jaskrawy 3** (used about printed letters) in thick, dark type: *The title was written in bold type.* ▶ **tłusty**
□ **bold** noun [U]: *The important words are highlighted in bold.* ▶ **tłusty druk** | **boldly** adv. ▶ **śmiało** | **boldness** noun [U] ▶ **śmiałość**

bollard /ˈbɒlɑːd/ noun [C] a short thick concrete post in the middle or at the side of a road. Bollards divide the two sides of the road, or they are used to stop cars passing or parking. ▶ **słupek drogowy**

bolshie (also **bolshy**) /ˈbɒlʃi/ adj. (Brit., informal) (used about a person) creating difficulties or arguments deliberately, and refusing to be helpful ▶ **trudny, prowokacyjny, buntowniczy**

bolster /ˈbəʊlstə(r)/ verb [T] **bolster sb/sth (up)** to support or encourage sb/sth; to make sth stronger: *His remarks did nothing to bolster my confidence.* ▶ **wzmacniać, podpierać**

bolt[1] /bəʊlt/ noun [C] **1** a small piece of metal shaped like a screw without a point that is used with another piece of metal (a nut) for fastening things together. The nut screws onto the bolt. ▶ **sworzeń 2** a bar of metal that you can slide across the inside of the door in order to fasten it ▶ **rygiel**
□ **bolt** verb [T] **1** to fasten one thing to another using a bolt: *All the tables have been bolted to the floor.* ▶ **umacniać sworzniem 2** to fasten a door, etc. with a bolt: *Make sure that the door is locked and bolted.* ▶ **ryglować**

bolt[2] /bəʊlt/ verb **1** [I] (used especially about a horse) to run away very suddenly, usually in fear: *The noise of the explosion made the horses bolt.* ▶ **wyrywać się 2** [T] **bolt sth (down)** to eat sth very quickly: *She bolted down a sandwich.* ▶ **połykać jedzenie (bardzo szybko)**

bolt[3] /bəʊlt/ adv.
IDIOM **bolt upright** (sitting or standing) very straight ▶ **jakby kij połknął**

★**bomb** /bɒm/ noun **1** [C] a container that is filled with material that will explode when it is thrown or dropped, or when a device inside it sets it off: *There are reports that a bomb has gone off at the station.* ○ *The terrorists planted the bomb in a waste bin.* ○ *Several tons of bombs were dropped on the city.* ▶ **bomba 2** (**the bomb**) [sing.] nuclear weapons: *How many* *countries have the bomb now?* ▶ **broń jądrowa** **3** (**a bomb**) [sing.] (informal) a lot of money: *That coat must have cost you a bomb* (musiał kosztować fortunę)*!* ▶ **dużo pieniędzy**

□ **bomb** verb [T] to attack a city, etc. with bombs: *Enemy forces have bombed the bridge.* ➲ Por. **bombard**. ▶ **bombardować**

PHRASAL VERB **bomb along, down, up, etc.** (Brit., informal) to move along very fast in the direction mentioned, especially in a vehicle: *He was bombing along at 90 miles an hour when the police stopped him.* ▶ **smarować, pruć**

■ **'bomb disposal** noun [U] the removing or exploding of bombs in order to make an area safe: *a bomb disposal expert* ▶ **usuwanie lub kontrolowane eksplodowanie bomb**

bombard /bɒm'bɑːd/ verb [T] to attack a place with bombs or guns: *to bombard a city* ○ (figurative) *The reporters bombarded the minister with questions.* ➲ Por. **bomb**. ▶ **bombardować**

□ **bombardment** /bɒm'bɑːdmnt/ noun [C,U] an attack with bombs or guns: *The main radio station has come under enemy bombardment.* ▶ **bombardowanie**

bomber /'bɒmə(r)/ noun [C] **1** a type of aeroplane that drops bombs ▶ **bombowiec** **2** a person who throws bombs or leaves them to explode in a public place ▶ **terrorysta**

bombshell /'bɒmʃel/ noun [C, usually sing.] an unexpected piece of news, usually about sth unpleasant: *And then he dropped the bombshell* (bomba pękła) – *he told us he was leaving.* ▶ **bomba**

bona fide /ˌbəʊnə 'faɪdi/ adj., adv. real or genuine: *This car park is for the use of bona fide customers only.* ▶ **prawdziwy, autentyczny**

bon appétit /ˌbɒn æpə'tiː/ (used to wish sb an enjoyable meal) ❶ Zwrot rzadko stosowany. Najczęściej przed jedzeniem nie mówi się nic. ▶ **smacznego!**

bond /bɒnd/ noun **1** [C] (often plural) something that links two or more people or groups of people together, such as a feeling of friendship: *Our two countries are united by bonds of friendship.* ▶ **więź** **2** [C] a certificate that you can buy from a government or company that promises to pay you interest on the money you have lent: *National Savings Bonds* ▶ **obligacja**

★**bone** /bəʊn/ noun **1** [C] one of the hard parts inside the body of a person or an animal that are covered with flesh and skin: *He's broken a bone in his hand.* ○ *This fish has got a lot of bones in it.* ○ *a hip bone* ○ *a funny bone* czułe miejsce w łokciu ▶ **kość, ość** **2** [U] the substance that bones are made of ▶ **tkanka kostna**

IDIOMS **have a bone to pick with sb** to have sth that you want to complain to sb about ▶ **mieć z kimś na pieńku** | **make no bones about (doing) sth** to do sth without hesitating or feeling worried about it: *She made no bones about telling him* (powiedziała mu prosto z mostu) *exactly what she thought about him.* ▶ **nie wahać się czegoś zrobić**

□ **bone** verb [T] to take the bones out of sth: *to bone a fish/chicken* ▶ **obierać mięso z kości/rybę z ości**

■ ˌ**bone 'dry** adj. completely dry: *Give that plant some water – it's bone dry.* ▶ **suchy jak pieprz** | **'bone marrow** (also **marrow**) noun [U] the soft substance that is inside the bones of a person or an animal ▶ **szpik kostny**

bonfire /'bɒnfaɪə(r)/ noun [C] a large fire that you build outside to burn rubbish, etc. ▶ **ognisko**

■ **'Bonfire Night** noun [C] the night of 5 November. On this day people in Britain light bonfires and fireworks to celebrate the failure of Guy Fawkes to blow up the Houses of Parliament in the seventeenth century. ➲ Por. **guy**(2). ▶ **piątego listopada** (*dzień, w którym Brytyjczycy świętują rocznicę nieudanej próby wysadzenia w powietrze Parlamentu przez Guya Fawkesa*)

bonkers /'bɒŋkəz/ adj. (not before a noun) (slang) mad; crazy ▶ **świrnięty**

bonnet /'bɒnɪt/ noun [C] **1** (US **hood**) the front part of a car that covers the engine ▶ **maska samochodu** **2** a type of hat which covers the sides of the face and is fastened with strings under the chin ▶ **czepek**

bonus /'bəʊnəs/ noun (pl. **bonuses**) [C] **1** a payment that is added to what is usual: *a Christmas bonus* ▶ **premia** **2** something good that you get in addition to what you expect: *As a special bonus, all our holidays will include use of a car for a week.* ▶ **dodatek**

bony /'bəʊni/ adj. (**bonier**; **boniest**) so thin that you can see the shape of the bones: *long bony fingers* ▶ **kościsty**

boo /buː/ interj., noun [C] (pl. **boos**) **1** a sound you make to show that you do not like sb/sth: *The minister's speech was met with boos from the audience.* ▶ **buczenie publiczności** (*na znak dezaprobaty*), **wygwizdanie** **2** a sound you make to frighten or surprise sb: *He jumped out from behind the door and said 'boo'* (i huknął). ▶ **huknięcie**

□ **boo** verb [I,T] ▶ **buczeć** (*na znak dezaprobaty*), **wygwizdywać**

boob[1] /buːb/ noun [C] (informal) a silly mistake: *to make a boob* ▶ **byk, gafa**

□ **boob** verb [I]: *I'm afraid I've boobed again.* ▶ **strzelić byka**

boob[2] /buːb/ noun [C, usually pl.] (slang) a woman's breast ▶ **cycek**

booby prize /'buːbi praɪz/ (also **wooden spoon**) noun [C] a prize that is given as a joke to the person who is last in a competition ▶ **nagroda pocieszenia**

booby trap /'buːbi træp/ noun [C] a device that will kill, injure or surprise sb when they touch the object that it is connected to ▶ **bomba-pułapka, zasadzka**

□ **'booby-trap** verb [T]: *The car was booby-trapped.* ▶ **urządzać zasadzkę, podkładać bombę**

boogie /'buːgi/ (also **boogie-woogie** /-'wuːgi/) noun [U] a type of blues music played on the piano, with a fast strong rhythm ▶ **muzyka boogie-woogie**

□ **boogie** verb [I] (informal) to dance to fast pop music ▶ **tańczyć w rytmie boogie**

★**book**[1] /bʊk/ noun **1** [C] a number of sheets of paper, fastened together inside a cover, with words printed on them for people to read: *I'm reading a book on astrology.* ○ *She's writing a book about her life abroad.* ○ *Do you have any books by Naipaul?* ○ *to publish a book* ○ *a library/cookery book* ▶ **książka 2** [C] a number of pieces of paper, fastened together inside a cover, for people to write on: *an exercise book* ▶ **zeszyt 3** [C] a small number of things fastened together in the form of a book: *a book of stamps* ▶ **karnet**, **bloczek 4** (**books**) [pl.] the records that a company, etc., keeps of the amount of money it spends or receives: *We employ an accountant to keep the books.* ▶ **księgi rachunkowe**

IDIOMS **be in sb's good/bad books** (informal) to have someone pleased/angry with you: *He's been in his girlfriend's bad books since he forgot her birthday.* ▶ **mieć plus/krechę u kogoś** | **(be) on sb's books** (to be) on the list of an organization: *The employment agency has hundreds of qualified secretaries on its books.* ▶ **być w rejestrze** (*organizacji*) | **by the book** exactly according to the rules: *A policeman must always do things by the book.* ▶ **zgodnie z regulaminem**

■ **'bookcase** noun [C] a piece of furniture with shelves to keep books on ▶ **regał** | **'bookkeeping** noun [U] keeping the accounts of the money that a company, etc., spends or receives ▶ **rachunkowość** | **'bookmaker** (informal **bookie**) noun **1** [C] a person whose job is to take bets on horse races, etc. ▶ **bukmacher 2** (**bookmaker's**) [sing.] a shop, etc. where you can bet money on a race or an event ➲ Por. **betting shop**. ▶ **punkt bukmacherski, biuro bukmacherskie** | **'bookmark** noun [C] **1** a narrow piece of card, etc. that you put between the pages of a book so that you can find the same place again easily ▶ **zakładka 2** a record of the address of a file, a page on the Internet, etc. that enables you to find it quickly ▶ (*w komputerze*) **zakładka** | **'bookseller** noun [C] a person whose job is selling books ▶ **księgarz** | **'bookshop** (US **'bookstore**) noun [C] a shop that sells books ▶ **księgarnia** | **'bookstall** (US **'newsstand**) noun [C] a type of small shop, which is open at the front, selling newspapers, magazines and books, e.g. on a station ▶ **kiosk** | **'bookworm** noun [C] a person who likes reading books very much ▶ **mól książkowy**

★**book**[2] /bʊk/ verb **1** [I,T] to arrange to have or do sth at a particular time: *You must book weeks in advance if you want to travel at Christmas.* ○ *to book a table* ○ *to book a seat on a plane/train/bus* ○ *I've booked a hotel room for you/I've booked you a hotel room.* ○ *I'm sorry, but this evening's performance is fully booked.* ▶ **rezerwować 2** [T] to write the name of a person who has done sth wrong in a book: *The police booked her for dangerous driving.* ○ *The player was booked* (otrzymał żółtą kartkę) *twice during the match and sent off.* ▶ **notować nazwisko**

PHRASAL VERBS **book in** to say that you have arrived at a hotel, etc. (and sign your name on a list) ▶ **meldować się** (*w hotelu*) | **book sb in** to arrange a room for sb at a hotel, etc. in advance: *I've booked you in at the George Hotel.* ▶ **rezerwować komuś pokój**

□ **booking** noun [C,U] the arrangement you make in advance to have a hotel room, a seat on a plane, etc.: *to make a booking* ○ *Booking for the new musical does not start until May.* ▶ **rezerwacja**

■ **'booking office** noun [C] an office where you buy tickets ▶ **kasa biletowa**

bookie /'bʊki/ noun [C] (informal) = BOOKMAKER

booklet /'bʊklət/ noun [C] a small thin book, usually with a soft cover, that gives information about sth ▶ **broszura, książeczka**

boom[1] /bu:m/ noun [C] a period in which sth increases or develops very quickly: *There was a boom in car sales in the 1980s.* ○ *a boom year for exports* ▶ **boom** (*np. gospodarczy*)

□ **boom** verb [I] to grow very quickly in size or value: *Business is booming in the car industry.* ▶ **dobrze prosperować, rozwijać się pomyślnie**

boom[2] /bu:m/ verb [I,T] **boom (sth) (out)** to make a loud, deep, hollow sound: *guns booming in the distance* ○ *The loudspeaker boomed out instructions to the crowd.* ▶ **grzmieć**

boomerang /'bu:məræŋ/ noun [C] a curved piece of wood that returns to you when you throw it in the right way, used for hunting by the first people who lived in Australia ▶ **bumerang**

boon /bu:n/ noun [C] a thing that is very helpful and that you are grateful for ▶ **łaska, dar**

boost /bu:st/ verb [T] to increase sth in number, value or strength: *If we lower the price, that should boost sales.* ○ *The good exam result boosted her confidence.* ▶ **zwiększać, zasilać**

□ **boost** noun [C] an increase; sth that encourages people: *The fall in the value of the pound has led to a boost in exports.* ○ *The president's visit gave a boost to the soldiers' morale.* ▶ **wzrost; wzmocnienie**

★**boot**[1] /bu:t/ noun [C] **1** a type of shoe that covers your foot and ankle and sometimes part of your leg: *a pair of boots* ○ *walking/climbing/football/ski boots* ➲ Ilustr. do **shoe**. ▶ **but z cholewą, botek 2** (US **trunk**) the part of a car where you put luggage, usually at the back ▶ **bagażnik**

boot[2] verb **1** [T] to kick sth/sb hard: *He booted the ball over the fence.* ▶ **kopać (mocno) 2** [I,T] to make a computer ready for use when it is first switched on ▶ **uruchamiać**

PHRASAL VERB **boot sb/sth out** to force sb/sth to leave a place: *The boys were booted out of the club for fighting.* ▶ **wyrzucać**

booth /bu:ð; US bu:θ/ noun [C] a small enclosed place with thin walls that divide it from the rest of the room or area: *a public phone booth* ○ *a ticket booth* ○ *a polling booth* kabina do tajnego głosowania ▶ **budka**

booty /'bu:ti/ noun [U] things that are taken by thieves or captured by soldiers in war ▶ **łup**

booze /bu:z/ verb [I] (informal) to drink a lot of alcohol: *He went out boozing.* ▶ **chlać**

□ **booze** noun [U] (informal): *You had too much*

booze last night. ► **gorzała, coś mocniejszego**
■ **'booze-up** noun [C] (Brit., informal) an occasion when people drink a lot of alcohol: *We had a bit of a booze-up after work.* ► **popijawa**

★**border** /'bɔːdə(r)/ noun [C] **1** a line that divides two countries, etc.; the land close to this line: *The refugees escaped across/over the border.* ○ *We crossed the border into Switzerland.* ○ *the Swiss border* ○ *the border between France and Italy* ○ *Italy's border with France* ► **granica**

> **Border** i **frontier** używane są w odniesieniu do linii dzielącej państwa i stany. **Border** zwykle używa się, mówiąc o granicy naturalnej: *The river forms the border between the two countries.* **Boundary** zwykle używa się w odniesieniu do linii dzielącej mniejsze obszary: *the county boundary.*

2 a band or strip around the edge of sth, often for decoration: *a white tablecloth with a blue border* ► **brzeg, obramowanie**
□ **border** verb [T] to be a border to an area; to be on the border of an area: *Which English counties border Scotland?* ○ *The road was bordered* (obsadzona) *with trees.* ► **graniczyć**
PHRASAL VERB **border on sth 1** to be next to sth: *Our garden borders on the railway line.* ► **stykać się z czymś 2** to be almost the same as sth: *The dictator's ideas bordered on madness.* ► **graniczyć z czymś**
■ **'borderline** noun [sing.] the line that marks a division between two different cases, conditions, etc.: *The novel is on the borderline between fiction and non-fiction.* ○ *He's a borderline case* (jest na pograniczu) *– he may pass the exam or he may fail.* ► **pogranicze**

★**bore**[1] /bɔː(r)/ verb [T] to make sb tired and uninterested ► **nudzić**
□ **bore** noun **1** [C] a person who talks or behaves in an uninteresting way: *Her husband is such a bore.* ► **nudzia-rz/ra 2** [sing.] (informal) something that you have to do that you find uninteresting: *It's such a bore having to learn these lists of irregular verbs.* ► **nuda** | **bored** adj. feeling uninterested and tired because sth is not exciting or because you do not have anything to do: *I'm bored.* ○ *to get bored* ○ *He gave a bored yawn* (ziewnął ze znudzenia). ○ *We were bored stiff* (śmiertelnie znudzeni). ❶ **Be/get bored** często tłumaczy się „nudzić się". ► **znudzony** | **boredom** /-dəm/ noun [U] the state of being bored: *People say that many young people turn to crime out of boredom.* ► **nuda** | **boring** /'bɔːrɪŋ/ adj. uninteresting; dull ► **nudny**

bore[2] /bɔː(r)/ verb [I,T] to make a round hole or passage through sth: *The drill can bore through solid rock.* ► **wiercić**

bore[3] /bɔː(r)/ pt of BEAR[2]

★**born** /bɔːn/ verb (**be born**) to come into the world by birth; to start existing: *Where were you born?* ○ *My parents were born in Wales.* ○ *Peter Jones, born 1932, died 1992.* ○ *He was born in Bonn, of Italian parents.* ○ *I'm going to give up work after the baby is born.* ○ *Their baby was born deaf.* ○ *The idea of free education for all was born* (pojawiła się) *in the nineteenth century.* ○ *His unhappiness was born out of a feeling of frustration.* ► **rodzić się**
□ **born** adj. having a natural ability to do the task mentioned: *She's a born leader.* ► **urodzony, prawdziwy** | **-born** (in compounds) born in the place or state mentioned: *Samuel Beckett, the Irish-born writer* (z pochodzenia Irlandczyk), *lived in Paris most of his life.* ► **urodzony gdzieś**
■ **,born-a'gain** adj. having found new, strong faith in a religion (especially evangelical Christianity): *a born-again Christian* ► **odrodzony**

borrow/lend

She's lending her son some money. He's borrowing some money from his mother.

-borne[2] /bɔːn/ adj. (used to form compound adjectives) carried by the thing mentioned: *water-borne diseases* ► **przenoszony za pośrednictwem czegoś**

borne[1] /bɔːn/ pp of BEAR[2]

borough /'bʌrə; US 'bɜːrəʊ/ noun [C] a town, or an area within a large town, that has some form of local government: *the London Borough of Lambeth* ► **miasto; dzielnica**

★**borrow** /'bɒrəʊ/ verb [I,T] **borrow (sth) (from sb/sth) 1** to take or receive sth from sb/sth that you intend to give back, usually after a short time: *to borrow money from the bank* ○ *Could I borrow your pen for a minute?* ○ *Can I borrow £10? I'll pay you back next week.* ○ *I borrowed a book from the library.* ► **pożyczać (od kogoś)**

> Uwaga! Nie mylić **borrow** z **lend** (pożyczać komuś): *The bank lent me a thousand pounds.* ○ *I borrowed a thousand pounds from the bank.*

2 to take sth and use it as your own; to copy: *That idea is borrowed from another book.* ► **zapożyczać**
□ **borrower** noun [C] a person who borrows ► **pożyczając-y/a (od kogoś), dłużnik**

bosom /'bʊzəm/ noun **1** (formal) [sing.] a person's chest, especially a woman's breasts: *She clutched the child to her bosom.* ► **pierś 2** [C] a woman's breast ► **pierś**
IDIOM **in the bosom of sth** close to; with the protection of: *He was glad to be back in the bosom of his family.* ► **na łonie**
■ **,bosom 'friend** noun [C] a very close friend ► **serdeczny przyjaciel**

★**boss** /bɒs; US bɔːs/ noun [C] (informal) a person whose job is to give orders to others at work;

an employer; a manager: *Who's in charge when the boss is away?* ○ *OK. You're the boss.* Dobrze, ty decyduj. ▶ **szef/owa**

□ **boss** verb [T] **boss sb (about/around)** to give orders to sb, especially in an annoying way: *I wish you'd stop bossing me around.* ▶ **rządzić kimś, narzucać swoją wolę** | **bossy** adj. (**bossier**; **bossiest**) liking to give orders to other people, often in an annoying way: *His mother was a strong, bossy woman.* ▶ **narzucający swoją wolę** | **bossily** adv. ▶ **apodyktycznie** | **bossiness** noun [U] ▶ **apodyktyczność**

botany /ˈbɒtəni/ noun [U] the scientific study of plants ▶ **botanika**

□ **botanical** /bəˈtænɪkl/ adj.: *botanical gardens* ▶ **botaniczny** | **botanist** /ˈbɒtənɪst/ noun [C] a person who studies plants ▶ **botanik**

botch /bɒtʃ/ verb [T] **botch sth (up)** to do or repair sth badly because you are not very skilful: *I've made rather a botched job of this typing, I'm afraid.* ▶ **partaczyć**

★**both¹** /bəʊθ/ det., pron. the two; the one as well as the other: *Both women were French.* ○ *Both the women were French.* ○ *Both of the women were French.* ○ *I talked to the women. Both of them were French/They were both French.* ○ *I liked them both.* ○ *We were both very tired.* ○ *Both of us were tired.* ○ *They have both seen the film.* ○ *I've got two sisters. They both live in London/Both of them live in London.* ○ *Both of my sisters live in London.* ○ *'Would you like cream or ice-cream?' 'A bit of both, please.'* ○ *I've read both his books.* ❶ Uwaga! Nie można powiedzieć ~~*the both women*~~ ani ~~*my both sisters*~~. ▶ **obaj, oba**

★**both²** /bəʊθ/ adv. **both… and…** not only… but also…: *I like both him and his wife.* ○ *They were both hungry and thirsty.* ▶ **zarówno…, jak i…; i…, i…**

★**bother** /ˈbɒðə(r)/ verb **1** [T] to disturb or annoy sb: *I'm sorry to bother you, but could I speak to you for a moment?* ○ *Don't bother Sue with that now.* Nie zawracaj Sue teraz tym głowy. ▶ **niepokoić, naprzykrzać się 2** [T] to worry sb: *You don't look very happy. Is something bothering you?* ▶ **martwić 3** [I,T] **bother (to do sth)**; **bother about sth** (usually negative) to make the effort to do sth: *'Shall I make you something to eat?' 'No, don't bother – I'm not hungry.'* ○ *He didn't even bother* (nawet nie raczył) *to say thank you.* ○ *Don't bother about the washing-up. I'll do it later.* ○ *Don't bother waiting for me.* ▶ **fatygować się**

□ **bother** noun [U] trouble or difficulty: *Thanks for all your help. It's saved me a lot of bother.* ▶ **kłopot** | **bother** interj. (used when you are annoyed): *Oh bother! I've left my keys in the car!* ▶ **a niech to…!, o kurczę!** | **bothered** adj. worried: *Sam doesn't seem bothered about losing his job.* ❶ **Be bothered** często tłumaczy się zwrotem „martwić się". ▶ **zmartwiony**

IDIOMS **can't be bothered (to do sth)** If sb can't be bothered to do sth, they do not want to make the effort and is not going to do it: *I can't be bothered to do my homework now.* ▶ **nie chcieć zawracać sobie czymś głowy** | **I'm not bothered** I don't mind: *'What would you like to do?' 'I'm not bothered really.'* ▶ **jest mi to obojętne**

★**bottle¹** /ˈbɒtl/ noun [C] **1** a glass or plastic container with a narrow neck for keeping liquids in: *a beer bottle* ➲ Ilustr. do **container**. ▶ **butelka 2** the amount of liquid in a bottle: *a bottle of beer* ▶ **butelka**

■ ˈ**bottle bank** noun [C] a large container in a public place where people can leave their empty bottles so that the glass can be recycled ▶ **kontener na butelki do zwrotu** | ˈ**bottleneck** noun [C] **1** a narrow piece of road that causes traffic to slow down or stop ▶ **zwężenie jezdni powodujące korek 2** something that slows down progress, especially in business or industry ▶ **wąskie gardło** | ˈ**bottle-opener** noun [C] a metal device for opening bottles of beer, etc. ➲ Ilustr. do **kitchen**. ▶ **otwieracz do butelek**

bottle² verb [T] to put sth into bottles ▶ **rozlewać do butelek, butelkować**

PHRASAL VERB **bottle sth up** to not allow yourself to express strong emotions: *You'll make yourself ill if you keep your feelings bottled up.* ▶ **dusić coś w sobie**

□ **bottled** adj. that you can buy in bottles: *bottled water* ▶ **w butelkach**

★**bottom** /ˈbɒtəm/ noun **1** [C, usually sing.] the lowest part of sth: *The house is at the bottom* (u podnóża) *of a hill.* ○ *the picture at the bottom of page 23* ○ *I think I've got a pen in the bottom of my bag.* ▶ **spód, dół, dno 2** [C] the flat surface on the outside of an object, on which it stands: *There's a label on the bottom of the box.* ▶ **spód 3** [sing.] the far end of sth: *The bus stop is at the bottom of the road.* ▶ **koniec 4** [sing.] the least important position in relation to other people: *She started at the bottom and now she's the boss.* ▶ **dół 5** [sing.] the ground under the sea, a river, a swimming pool, etc.: *The water was so clear that we could see the bottom.* ▶ **dno 6** [C] the part of your body that you sit on: *He fell over and landed on his bottom.* ▶ **siedzenie 7** (**bottoms**) [pl.] the lower part of a piece of clothing that is in two parts: *pyjama bottoms* ○ *track suit bottoms* ▶ **spodnie**

IDIOMS **be at the bottom of sth** to be the real cause of sth: *I'm sure she is at the bottom of all this* (stoi za tym wszystkim). ▶ **być przyczyną czegoś** | **from the (bottom of your) heart** → HEART | **get to the bottom of sth** to find out the real cause of sth ▶ **dochodzić do sedna sprawy**

□ **bottom** adj. in the lowest position: *the bottom shelf* ○ *I live on the bottom floor* (na parterze) *of a block of flats.* ▶ **dolny** | **bottomless** adj. very deep; without limit ▶ **bezdenny, niezgłębiony**

■ ˌ**bottom** ˈ**line** noun [sing.] **1** (**the bottom line**) the most important point when sth must be decided: *If you don't make a profit, you go out of business: that's the bottom line.* ▶ **sedno sprawy, najważniejszy argument 2** the final profit or loss that a company has made in a particular period of time ▶ **zysk całkowity, strata całkowita 3** the lowest price that sb will accept for sth ▶ **cena minimalna**

bough /baʊ/ noun [C] one of the main branches of a tree ▶ **konar, gałąź**

bought /bɔːt/ pt, pp of BUY

boulder /ˈbəʊldə(r)/ noun [C] a very large rock ▶ **głaz**

boulevard /ˈbuːləvɑːd; US ˈbʊl-/ noun [C] a wide street in a city with trees on each side ▶ **bulwar, aleja**

bounce /baʊns/ verb **1** [I,T] (used about a ball, etc.) to move away quickly after it has hit a hard surface; to make a ball do this: *The ball bounced twice before he hit it.* ○ *The stone bounced off the wall and hit her.* ○ *A small boy came down the street, bouncing a ball.* ➲ Ilustr. do **hop**. ▶ **odbijać (się) 2** [I] to jump up and down continuously: *The children were bouncing on their beds.* ▶ **skakać, podskakiwać 3** [I] (used about a cheque) to be returned by a bank without payment because there is not enough money in the account ▶ **okazać się bez pokrycia**

PHRASAL VERB **bounce back** to recover from a failure, disappointment, etc. and return quickly to your normal life with the same energy as before ▶ **pozbierać się, wracać do normy**

□ **bounce** noun [C]: *I couldn't reach the ball before the second bounce.* ▶ **odbicie (się)** | **bouncy** adj. **1** that bounces well or that can make things bounce: *a bouncy ball/surface* ▶ **dobrze odbijający (się) 2** (used about a person) full of energy; lively ▶ **pełen werwy, energiczny**

bound¹ /baʊnd/ adj. **1 bound to do sth** certain to do sth: *You've done so much work that you're bound to pass the exam* (na pewno zdasz). ○ *There are bound to be problems* (na pewno będą problemy) *in a situation like this.* ▶ **z pewnością 2** (not before a noun) having a legal or moral duty to do sth: *The company is bound by* (podlega) *UK employment law.* ○ *She felt bound to refuse the offer.* ▶ **zobowiązany, zmuszony**

IDIOM **bound up with sth** very closely connected with sth ▶ **związany z czymś**

bound² /baʊnd/ adj. **bound (for...)** travelling to a particular place: *a ship bound for Australia* ▶ **będący w drodze dokądś**

bound³ /baʊnd/ verb [I] to run quickly with jumping movements: *She bounded up the stairs in a state of great excitement.* ▶ **biec susami**

□ **bound** noun [C]: *With a couple of bounds he had crossed the room.* ▶ **sus**

bound⁴ pt, pp of BIND

★**boundary** /ˈbaʊndri/ noun [C] (pl. **boundaries**) **1** a line that marks the limits of a place and divides it from other places: *The main road is the boundary between the two districts.* ➲ Zob. uwaga przy **border**. ▶ **granica 2** the farthest limit of sth: *Scientists continue to push back the boundaries of human knowledge.* ▶ **granica**

boundless /ˈbaʊndləs/ adj. having no limit: *boundless energy* ▶ **nieograniczony, bezgraniczny**

bounds /baʊndz/ noun [pl.] limits that cannot or should not be passed: *Price rises must be kept within reasonable bounds.* ▶ **granice**

IDIOM **out of bounds** forbidden; not to be entered by sb: *This area is out of bounds to all staff.* Zabrania się wstępu na ten teren wszystkim pracownikom. ▶ **zabroniony**

bouquet /buˈkeɪ/ noun [C] a bunch of flowers that is arranged in an attractive way: *a bouquet of roses* ▶ **bukiet, wiązanka**

bourbon /ˈbɜːbən/ noun [C,U] a type of whisky that is made mainly in the USA ▶ **rodzaj whisky, burbon**

bourgeois /ˈbʊəʒwɑː/ adj. typical of fairly rich middle-class people: *bourgeois attitudes/ideas/values* ▶ **mieszczański**

□ **bourgeoisie** /ˌbʊəʒwɑːˈziː/ noun [sing., with sing. or pl. verb] a class of people in society who are interested mainly in having more money and a higher social position ▶ **mieszczaństwo**

bout /baʊt/ noun [C] **1** a short period of great activity: *a bout of hard work* ▶ **czas** (*poświęcony czemuś*) **2** a period of illness: *I'm just recovering from a bout of flu.* ▶ **atak**

boutique /buːˈtiːk/ noun [C] a small shop that sells fashionable clothes, etc. ▶ **butik**

bovine /ˈbəʊvaɪn/ adj. connected with cows: *bovine diseases* ▶ **bydlęcy, wołowy**

★**bow¹** /baʊ/ verb **1** [I,T] to bend your head or the upper part of your body forward and down, as a sign of respect: *At the end of the play all the actors bowed.* ○ *He bowed his head respectfully.* ▶ **kłaniać się, skłaniać 2 bow to sb/sth** [I] to accept sth: *The unions should not bow to pressure from the Government.* ▶ **uginać się przed kimś/czymś**

PHRASAL VERB **bow out (of sth/as sth)** to leave an important position or stop taking part in sth: *He finally bowed out as chairman after ten years.* ▶ **żegnać się (z czymś)**

□ **bow** noun [C] an act of bowing(1): *The audience were still clapping so the actors came back for another bow.* ▶ **ukłon**

bow² /bəʊ/ noun [C] **1** a knot with two loops and two loose ends that you use when you are tying shoes, ribbons, etc.: *He tied the ribbon into a bow.* ○ *She had a black bow in her hair.* ▶ **kokarda 2** a weapon for shooting arrows. A bow is a curved piece of wood that is held in shape by a tight string. ➲ Ilustr. do **arch**. ▶ **łuk 3** a long thin piece of wood with horsehair stretched along it that you use for playing a violin, etc. ▶ **smyczek**

■ **ˌbow ˈtie** noun [C] a tie in the shape of a bow(1), that is worn by men, especially on formal occasions ▶ **muszka**

bow³ /baʊ/ noun [C] the front part of a ship ➲ Por. **stern**. ▶ **dziób**

★**bowel** /ˈbaʊəl/ noun [C, usually pl.] one of the tubes that takes waste food from the stomach so that it can pass out of the body ▶ **jelito, kiszka**

★**bowl¹** /bəʊl/ noun [C] **1** a deep round dish without a lid that is used for holding food or liquid: *a sugar bowl* cukiernica ○ *a mixing bowl* misa do mieszania ○ *a salad bowl* salaterka ▶ **miska 2** the amount of sth that is in a bowl: *I usually have a bowl of cereal for breakfast.* ▶ **miska 3** a large plastic container that is used for washing up, washing clothes, etc. ▶ **miska, miednica**

bowl² /bəʊl/ verb [I,T] (in cricket) to throw the ball in the direction of the batsman ▶ **serwować**

PHRASAL VERB **bowl sb over 1** to knock sb down when you are moving quickly ▶ **wywracać 2** to astonish sb in a pleasant way: *I was absolutely bowled over by the beautiful scenery.* ▶ **zadziwiać, wprawiać w podziw**

bow legs /ˌbəʊ ˈlegz/ noun [pl.] legs that curve out at the knees ▶ **kabłąkowate nogi**

□ **bow-legged** /ˈbəʊˈlegɪd; ˈbəʊˈlegd/ adj. ▶ **o kabłąkowatych nogach**

bowler /ˈbəʊlə(r)/ (also ˌ**bowler** ˈ**hat**) (US **derby**) noun [C] **1** a round hard black hat, usually worn by men ▶ **melonik 2** (in cricket) the player who throws the ball in the direction of the person with the bat ▶ *(w krykiecie)* **gracz serwujący piłkę**

bowling /ˈbəʊlɪŋ/ noun [U] a game in which you roll a ball towards a group of wooden objects and try to knock down as many of them as you can: *tenpin bowling* ○ *a bowling alley* kręgielnia ➲ Por. **skittles**. ▶ **gra w kręgle**

bowls /bəʊlz/ noun [U] a game in which you try to roll large wooden balls as near as possible to a smaller ball ▶ **gra w kule**

★**box¹** /bɒks/ noun **1** [C] a square or rectangular container for solid objects; a box(1) and the things inside it: *We opened the lid and looked inside the box.* ○ *a shoebox* ○ *a box of chocolates* ➲ Ilustr. do **container**. ▶ **pudło, pudełko 2** [C] an empty square or rectangle on a form in which you have to write sth: *Write your full name in the box below.* ▶ **ramka 3** [C] an enclosed area that is used for a particular purpose: *a telephone* ○ *a witness box* miejsce w sądzie dla świadków obrony lub oskarżenia ▶ **budka 4** [C] an enclosed area in a theatre in which a small group of people can sit and watch the play ▶ **loża 5** (**the box**) [sing.] (Brit., informal) television: *What's on the box tonight?* ▶ **telewizor, telewizja**

□ **box** verb [T] to put into a box: *a boxed set* (zestaw) *of CDs* ▶ **pakować do pudełka**

PHRASAL VERB **box sb/sth in** to prevent sb from getting out of a small space: *Someone parked behind us and boxed us in.* ▶ **zablokować**

■ ˈ**box number** noun [C] a number that is given in a newspaper advertisement as part of the address to which replies should be sent ▶ **numer przydzielany ogłoszeniodawcy, na który osoby zainteresowane mogą przysyłać oferty** | ˈ**box office** noun [C] the place in a cinema, theatre, etc. where the tickets are sold ▶ **kasa biletowa**

★**box²** /bɒks/ verb [I,T] to fight in the sport of boxing ▶ **boksować**

□ **boxer** noun [C] a person who boxes as a sport, often professionally ▶ **bokser/ka** | **boxing** noun [U] a sport in which two people fight by hitting each other with their hands inside large gloves: *the world middleweight boxing champion* ○ *boxing gloves* ▶ **boks** | ˈ**boxer shorts** (also **boxers**) noun [pl.] men's underpants that are similar to shorts ▶ **bokserki**

★**Boxing Day** /ˈbɒksɪŋ deɪ/ noun [U] the day after Christmas Day; 26 December ❶ W Anglii i Walii **Boxing Day** jest dniem wolnym od pracy. ▶ **drugi dzień Świąt Bożego Narodzenia**

★**boy¹** /bɔɪ/ noun **1** [C] a male child: *They've got three children – two boys and a girl.* ▶ **chłopiec 2** (**the boys**) [pl.] (informal) a group of male friends ▶ **chłopcy, chłopaki**

□ **boyhood** noun [U] the time of being a boy: *his boyhood memories* ▶ **chłopięce lata** | **boyish** adj. like a boy: *a boyish smile* ▶ **chłopięcy**

■ ˈ**boyfriend** noun [C] a man or boy with whom a person has a romantic and/or sexual relationship ▶ **chłopak, sympatia** | ˌ**Boy** ˈ**Scout** = SCOUT(2)

boy² /bɔɪ/ exclam. (informal, especially US) (used for expressing a strong feeling): *Boy, it's hot today!* ▶ **ojej!**

boycott /ˈbɔɪkɒt/ verb [T] to refuse to buy things from a particular company, take part in an event, etc. because you strongly disapprove of it ▶ **bojkotować**

□ **boycott** noun [C] ▶ **bojkot**

★**bra** /brɑː/ (formal **brassière**) noun [C] a piece of clothing that women wear under their other clothes to support their breasts ▶ **biustonosz**

brace¹ /breɪs/ noun **1** [C] a metal frame that is attached to a child's teeth in order to make them straight ▶ **aparat ortodontyczny 2** (**braces**) (US **suspenders**) [pl.] a pair of straps for holding your trousers up. You put the braces over your shoulders and attach them to the top of your trousers at the front and back. ▶ **szelki**

brace² /breɪs/ verb [T] **1 brace yourself** to make your body stiff or press it against sth in order to prepare yourself, e.g. if sth is going to hit you, or to stop yourself from falling: *He braced himself as the big man came towards him.* ▶ **zbierać się w sobie 2 brace yourself (for sth)** to prepare yourself for sth difficult or unpleasant: *You'd better brace yourself for some bad news.* ▶ **przygotowywać się (na coś)**

□ **bracing** adj. (used about a type of air, etc.) making you feel healthy and lively: *bracing sea air* ▶ **orzeźwiający, ożywczy**

★**bracelet** /ˈbreɪslət/ noun [C] a piece of jewellery (e.g. a metal chain or band) that you wear around your wrist or arm ➲ Ilustr. do **jewellery**. ▶ **bransoletka**

bracken /ˈbrækən/ noun [U] a plant with long leaves like feathers that grows thickly on hills and in woods. In autumn it turns brown. ▶ **orlica** *(paproć)*

bracket /ˈbrækɪt/ noun [C] **1** [usually pl.] (especially US **parenthesis**) one of two marks, () or [ ], that you put round extra information in a piece of writing ▶ **nawias 2** a piece of metal or wood that is attached to a wall and used as a support for a shelf, lamp, etc. ▶ **podpórka, klamra 3** a group of people whose ages, incomes, etc. are between two limits: *to be in a high income bracket* ○ *The magazine is aimed at*

people in the 30-40 age bracket (w przedziale wiekowym 30-40 lat). ▶ **grupa**
□ **bracket** verb [T] **1** to put brackets(1) round a word, number, etc. ▶ **brać w nawias 2 bracket A and B (together)**; **bracket A with B** to think of two or more people or things as similar in some way ▶ **łączyć, grupować**

brag /bræg/ verb [I] (**bragging**; **bragged**) to talk too proudly about sth: *She's always bragging about how clever she is.* ▶ **przechwalać się**

braid /breɪd/ noun **1** [U] a narrow piece of material that is used to decorate clothes, curtains, etc.: *a uniform with gold braid on it* ▶ **galon 2** [C] (US) = PLAIT: *You look nice with your hair in braids.* ▶ **warkocz**

Braille /breɪl/ noun [U] a way of printing for blind people, using raised dots that they read by touching them with their fingers ▶ **alfabet Braille'a**

★**brain** /breɪn/ noun **1** [C] the part of the body inside the head that controls your thoughts, feelings and movements: *to suffer brain damage* ○ *a brain surgeon* ▶ **mózg 2** [C,U] the ability to think clearly; intelligence: *She has a very quick brain.* ○ *He hasn't got the brains to be a doctor.* ○ *It doesn't take much brain to understand this.* ▶ **umysł, rozum, głowa 3** [C] (informal) a very clever person: *He's one of the best brains in the country.* ○ *attempts to stop the brain drain* (drenaż mózgów) *to the US* ▶ **tęga głowa 4** (**the brains**) [sing.] the person who plans or organizes sth: *She's the real brains in the organization.* ▶ **mózg**
IDIOMS **have sth on the brain** (informal) to think about sth all the time: *I've had that song on the brain all day.* Ta piosenka chodzi mi po głowie cały dzień. ▶ **chodzić komuś po głowie** | **rack your brains** → RACK²
□ **brainless** adj. very silly ▶ **głupi** | **brainy** adj. (**brainier**; **brainiest**) (informal) clever ▶ **rozgarnięty**
■ **'brainchild** noun [sing.] the idea or invention of a particular person: *The music festival was the brainchild of a young teacher.* ▶ **(genialny) pomysł, wynalazek** | **'brain-dead** adj. **1** having serious brain damage and needing a machine to stay alive ▶ **w stanie śmierci mózgowej 2** (informal) unable to think clearly; stupid: *He's brain-dead from watching too much TV.* ▶ (*przen.*) **ogłupiały, głupi** | **'brainpower** noun [U] the ability to think; intelligence: *Most humans only use a fraction of their total useful brainpower.* ▶ **inteligencja**

brainstorm /'breɪnstɔːm/ verb [I,T] to solve problems or make decisions by asking all the members of a group to think of as many ideas as possible ▶ **przeprowadzać burzę mózgów, dyskutować**
□ **brainstorm** noun [C] **1** (Brit.) a moment of confusion: *I had a brainstorm in the exam and couldn't answer any questions.* ▶ **zaćmienie umysłu 2** (US) = BRAINWAVE

brainwash /'breɪnwɒʃ/ verb [T] to force sb to believe sth by using strong mental pressure: *Television advertisements try to brainwash people into buying things that they don't need.* ▶ **ogłupiać, mącić komuś w głowie**
□ **brainwashing** noun [U] ▶ **ogłupianie, pranie mózgu**

brainwave /'breɪnweɪv/ (US **brainstorm**) noun [C] (informal) a sudden clever idea ▶ **natchnienie, genialny pomysł**

braise /breɪz/ verb [T] to cook meat or vegetables slowly in a little liquid in a covered dish ➲ Zob. uwaga przy **cook**. ▶ **dusić**

★**brake** /breɪk/ noun [C] **1** the part of a vehicle that makes it go slower or stop: *She put her foot on the brake and stopped.* ○ *a brake light* światło stopu ▶ **hamulec 2** something that makes sth else slow down or stop: *The Government must try to put a brake on inflation.* ▶ **hamulec**
□ **brake** verb [I] to make a vehicle go slower or stop by using the brakes: *If the driver hadn't braked in time, the car would have hit me.* ▶ **hamować**

bramble /'bræmbl/ noun [C] (especially Brit.) a wild bush with sharp thorns and red or black berries; a blackberry bush ▶ **jeżyna**

bran /bræn/ noun [U] the brown outer parts of wheat grains that have been separated from the flour ▶ **otręby pszenne**

★**branch** /brɑːntʃ; US bræntʃ/ noun [C] **1** one of the main parts of a tree that grows from its trunk and often has leaves, flowers or fruit on it ▶ **gałąź 2** an office, shop, etc. that is part of a larger organization: *The company has branches in Paris and New York.* ○ *the High Street branch of Barclays Bank* ▶ **oddział, filia 3** a part of an academic subject: *Psychology is a branch of medicine.* ▶ **gałąź, dziedzina**
□ **branch** verb
PHRASAL VERBS **branch off** (used about a road) to leave a larger road and go off in another direction: *A bit further on, the road branches off to the left.* ▶ **rozgałęziać się, rozwidlać się** | **branch out (into sth)** to start doing sth new and different from the things you usually do: *The company sells televisions and has recently branched out into computers.* ▶ **poszerzać działalność**

★**brand** /brænd/ noun [C] **1** the name of a product that is made by a particular company: *a brand name* ▶ **znak firmowy, gatunek 2** a particular type of sth: *a strange brand of humour* ▶ **rodzaj, gatunek**
□ **brand** verb [T] **1** to mark an animal with a hot iron to show who owns it ▶ **piętnować 2 brand sb (as sth)** to say that sb has a bad character so that people have a bad opinion of them: *She was branded as a troublemaker* (została określona mianem podżegaczki) *after she complained about her long working hours.* ▶ **piętnować**
■ **,brand-'new** adj. completely new ▶ **nowiuteńki**

brandish /'brændɪʃ/ verb [T] to wave sth in the air in an aggressive or excited way: *The attacker stood in front of me, brandishing a knife.* ▶ **wymachiwać, potrząsać**

brandy /'brændi/ noun [C,U] a strong alcoholic drink that is made from wine ➲ Por. **cognac**. ▶ **koniak**

brash /bræʃ/ adj. too confident and direct: *Her brash manner makes her unpopular with strangers.* ▶ **zuchwały**
□ **brashness** noun [U] ▶ **zuchwałość**

brass /brɑːs; US bræs/ noun **1** [U] a yellow metal that is a mixture of copper and zinc: *brass buttons on a uniform* ▶ **mosiądz 2** [sing., with sing. or pl. verb] the group of musical instruments that are made of brass, e.g. the trumpet, the trombone: *the brass section in an orchestra* ○ *a brass band* orkiestra dęta ▶ **instrumenty blaszane**

brassière /ˈbræziə(r); US brəˈzɪr/ noun [C] (formal) = BRA

brat /bræt/ noun [C] a child who behaves badly and annoys you ▶ **bachor**

bravado /brəˈvɑːdəʊ/ noun [U] behaviour that makes you appear to be brave and confident when you are not, in order to impress people ▶ **brawura**

★**brave** /breɪv/ adj. ready to do things that are dangerous or difficult without showing fear: *a brave soldier* ○ *'This may hurt a little, so try and be brave,' said the dentist.* ▶ **odważny**
□ **brave** verb [T] to face sth dangerous or difficult without showing fear: *She braved the rain and went out into the street.* Nie bacząc na deszcz wyszła na ulicę. ▶ **stawiać czoło** | **bravely** adv.: *The men bravely defended the town for three days.* ○ *She smiled bravely and continued walking.* ▶ **odważnie** | **bravery** /ˈbreɪvəri/ noun [U]: *After the war he received a medal for bravery.* ▶ **odwaga**

bravo /ˌbrɑːˈvəʊ/ interj. a word that you shout to show that you like sth that sb has done, e.g. an actor's performance in a play ▶ **brawo**

brawl /brɔːl/ noun [C] a noisy fight among a group of people, usually in a public place: *a drunken brawl outside a pub* ▶ **burda, bijatyka**
□ **brawl** verb [I]: *We saw some football fans brawling in the street.* ▶ **awanturować się**

brawn /brɔːn/ noun [U] physical strength: *To do this kind of job you need more brawn than brain.* ▶ **krzepa, tężyzna**
□ **brawny** adj.: *He folded his brawny arms across his chest.* ▶ **muskularny**

brazen /ˈbreɪzn/ adj. without embarrassment, especially in a way which shocks people: *She's a brazen liar!* ▶ **bezwstydny, bezczelny**
□ **brazenly** adv.: *He brazenly admitted he'd been having an affair.* ▶ **bezwstydnie, bezczelnie**

braˈzil nut noun [C] a nut that we eat with a very hard shell ▶ **orzech brazylijski**

breach /briːtʃ/ noun **1** [C,U] an act that breaks an agreement, a law, etc.: *Giving private information about clients is a breach of confidence* (nadużycie zaufania). ○ *She was dismissed from the company for breach of contract* (naruszenie warunków umowy). ▶ **naruszenie 2** [C] a break in friendly relations between people, groups, etc.: *a breach between two countries* ▶ **zerwanie stosunków 3** [C] an opening in a wall, etc. that defends or protects sb/sth: *The waves made a breach in the sea wall.* ▶ **wyłom, wyrwa**
□ **breach** verb [T] **1** to break an agreement, a law, etc.: *to breach international law* ▶ **naruszać, gwałcić 2** to make an opening in a wall, etc. that defends or protects sb/sth ▶ **robić wyłom/wyrwę**

★**bread** /bred/ noun [U] a type of food. To make bread you mix together flour and water (and yeast if you want the bread to rise) and bake the mixture in an oven: *a piece/slice of bread* ○ *We had bread and cheese for lunch.* ○ *Would you like some bread and butter?* ○ *a loaf of bread* ○ *wholemeal bread* ○ *granary bread* chleb pełnoziarnisty ▶ **chleb**
■ **ˈbreadcrumbs** noun [pl.] very small bits of bread that are used in cooking ▶ **bułka tarta**

★**breadth** /bredθ/ noun **1** [C,U] the distance between the two sides of sth: *We measured the length and breadth of the garden.* ▶ **szerokość 2** [U] the wide range of sth: *I was amazed by the breadth of her knowledge* (jej rozległą wiedzą). ▶ **szerokość, zasięg** ❶ Przymiotnik: **broad.**
IDIOM **the length and breadth of sth** → LENGTH

breadwinner /ˈbredwɪnə(r)/ noun [C, usually sing.] the person who earns the money that their family needs ▶ **żywiciel/ka rodziny**

★**break¹** /breɪk/ verb (pt **broke** /brəʊk/; pp **broken** /ˈbrəʊkən/) **1** [I,T] to separate, or make sth separate, into two or more pieces: *She dropped the vase onto the floor and it broke.* ○ *He broke his leg.* ▶ **łamać (się), rozbijać (się) 2** [I,T] (used about a machine, etc.) to stop working; to stop a machine, etc. working: *The photocopier has broken.* ○ *Be careful with my camera – I don't want you to break it.* ▶ **psuć (się) 3** [T] to do sth that is against the law, or against what has been agreed or promised: *to break the law* ○ *Slow down! You're breaking* (przekraczasz) *the speed limit.* ○ *to break a contract/promise* ▶ **łamać; nie dotrzymywać, zrywać 4** [T] **break a record** to do sth better or faster than anyone has ever done before: *She broke the world record for the 100 metres.* ▶ **bić rekord 5** [I,T] to stop doing sth for a short time: *Let's break for coffee now.* ○ *We decided to break the journey by stopping for lunch.* ▶ **przerywać, robić przerwę 6** [T] to interrupt sth so that it ends suddenly: *Suddenly, the silence was broken by the sound of a bird singing.* ▶ **przerywać 7** [T] to make sth end by force or strong action: *It's very difficult to break the habit of smoking.* ○ *Two days of talks failed to break the deadlock* *between the two countries.* ▶ **zrywać (z czymś), przełamywać** **8** [I] (used about a day or the dawn) to begin: *Dawn was breaking as I walked home after the party.* ▶ **świtać** **9** [I] (used about a storm) to begin suddenly: *We ran indoors when the storm broke.* ▶ **rozpętywać się** **10** [I] (used about a wave) to curl over and fall: *I watched the waves breaking on the rocks.* ▶ **rozbijać się** **11** [I] (used about a piece of news) to become known: *When the story broke in the newspapers* (kiedy wiadomość ukazała się w gazetach)*, nobody could believe it.* ▶ **zostawać rozpowszechnionym** **12** [I] (used about a boy's voice) to become permanently deeper, usually at about the age of 13 or 14 ▶ **przechodzić mutację** ❶ **Break** występuje w idiomach, np. **break even**. ➲ Zob. hasła odpowiednich rzeczowników, przymiotników itp.

PHRASAL VERBS **break away (from sb/sth)** **1** to escape suddenly from sb who is holding you: *The prisoner broke away from his guards.* ▶ **wyzwalać się, uciekać** **2** to leave a political party, state, etc. in order to form a new one: *Several politicians broke away from the Labour Party and formed the SDP.* ▶ **wyłamywać się, odłączać się**

break down **1** (used about a vehicle or machine) to stop working ▶ **psuć się** **2** (used about a system, discussion, etc.) to fail: *Talks between the two countries have completely broken down.* ▶ **załamywać się, kończyć się niepowodzeniem** **3** to lose control of your feelings and start crying: *He broke down in tears when he heard the news.* ▶ **załamywać się** | **break sth down** **1** to destroy sth by using force: *to break down a door* ▶ **wyłamywać** **2** to make a substance separate into parts or change into a different form in a chemical process: *Food is broken down in our bodies by the digestive system.* ▶ **rozkładać coś na czynniki**

break in **1** to enter a building by force, usually in order to steal sth ▶ **włamywać się** **2** to interrupt when sb else is speaking: *'But that's not true!' she broke in angrily.* ▶ **wtrącać (się)** | **break in (on sth)** to interrupt when sb else is speaking: *The waiter broke in on our conversation to tell me I had a phone call.* ▶ **wtrącać się** (*np. do rozmowy*)

break into sth **1** to enter a building by force, usually in order to steal sth ▶ **włamywać się** **2** to start doing sth suddenly: *He broke into a smile* (nagle uśmiechnął się) *when he heard the good news.* ○ *She broke into a run.* Nagle zaczęła biec. ▶ **nagle zaczynać coś robić**

break off to suddenly stop doing or saying sth: *He started speaking and then broke off in the middle of a sentence.* ▶ **zatrzymywać się** | **break (sth) off** to remove a part of sth by force; to come off in this way: *Could you break off another bit of chocolate for me?* ○ *Oh no, part of my tooth has broken off!* ▶ **przełamywać coś, odłamywać (się)** | **break sth off** to end a relationship suddenly: *They broke off their engagement after a bad argument.* ○ *to break off diplomatic relations with another country* ▶ **zrywać coś**

break out (used about fighting, wars, fires, etc.) to start suddenly: *The Second World War broke out after the invasion of Poland.* ▶ **wybuchać** | **break out (of sth)** to escape from a prison, etc. ▶ **uciekać** | **break out in sth** to suddenly become covered in sth: *My face broke out in spots.* ○ *I broke out in a rash.* Dostałam wysypki na całym ciele. ○ *He broke out in a cold sweat.* Oblał go zimny pot. ▶ (*o skórze, twarzy itp.*) **pokryć się czymś**

break through (sth) to manage to get past sth that is stopping you: *The protesters were trying to break through the line of police.* ▶ **przedrzeć się**

break up **1** (used about events that involve a group of people) to come to an end: *The meeting broke up just before lunch.* ▶ **zakończyć się** **2** (Brit.) to start school holidays at the end of a term: *When do you break up for the holidays?* ▶ **kończyć naukę przed feriami lub wakacjami** | **break up (with sb)** to end a relationship with a wife, husband, girlfriend or boyfriend: *My marriage broke up when I was 25.* ○ *She's broken up with her boyfriend.* ▶ **rozpadać się, zrywać z kimś** | **break (sth) up** to separate into parts: *The ship broke up on the rocks.* ▶ **rozbijać (się)** | **break sth up** to end an event by separating the people who are involved in it: *The police arrived and broke up* (przerwali) *the fight.* ▶ **rozpraszać** (*tłum*)

break with sb/sth to end a relationship or connection with sb/sth: *to break with tradition/the past* ▶ **zrywać z kimś/czymś**

★**break**[2] /breɪk/ noun [C] **1** a place where sth has been broken: *a break in a pipe* ▶ **złamanie, stłuczenie, pęknięcie** **2** an opening or space in sth: *Wait for a break in the traffic before you cross.* ○ *a break in the clouds* ▶ **przerwa, luka** **3** a short period of rest: *to take a break* zrobić sobie przerwę ○ *a tea/coffee break* ➲ Zob. uwaga przy **interval**. ▶ **przerwa** **4** **break (in sth); break (with sb/sth)** a change from what usually happens or an end to sth: *a break with tradition* ○ *She wanted to make a complete break with the past.* ○ *a break in diplomatic relations* ▶ **wyłom, zerwanie** **5** (informal) a piece of good luck: *to give sb a break* ▶ **szansa, okazja**

IDIOMS **break of day** the time when light first appears in the morning; dawn ▶ **brzask, świt** | **give sb a break** **1** (used to tell sb to stop saying things that are annoying or not true): *Give me a break and stop nagging, OK!* ▶ **zostawiać kogoś w spokoju** **2** (especially US) to be fair to sb ▶ **dać komuś szansę**

breakage /ˈbreɪkɪdʒ/ noun [C, usually pl.] something that has been broken: *Customers must pay for any breakages.* ▶ **stłuczka, rozbicie**

breakaway /ˈbreɪkəweɪ/ adj. (only before a noun) (used about a political group, an organization, or a part of a country) that has separated from a larger group or country ▶ **oderwany**
□ **breakaway** noun [sing.] **1** ▶ **wyjście** (*z partii itp.*) **2** ▶ **odejście** (*od stylu, przyzwyczajeń itp.*)

breakdown /ˈbreɪkdaʊn/ noun [C] **1** a time when a vehicle, machine, etc. stops working: *We had a breakdown on the motorway.*

▶ **awaria 2** the failure or end of sth: *the breakdown of the talks* ▶ **załamanie się, niepowodzenie 3** = NERVOUS BREAKDOWN **4** a list of all the details of sth: *I would like a full breakdown of how the money was spent.* ▶ **lista, analiza**

★**breakfast** /'brekfəst/ noun [C,U] the meal which you have when you get up in the morning: *to have breakfast* jeść śniadanie ➲ Zob. uwaga przy **meal**. ▶ **śniadanie**

W hotelowym lub restauracyjnym jadłospisie **English breakfast** oznacza płatki zbożowe, jajka sadzone, bekon, parówki, pomidory, grzanki itp. **Continental breakfast** oznacza natomiast pieczywo, dżem i kawę.

IDIOM **bed and breakfast** → BED[1]

break-in /'breɪk ɪn/ noun [C] the act of entering a building by force, especially in order to steal sth: *The police say there have been several break-ins in this area.* ▶ **włamanie**

breakneck /'breɪknek/ adj. (only before a noun) very fast and dangerous: *He drove her to the hospital at breakneck speed* (na złamanie karku). ▶ **zawrotny**

breakthrough /'breɪkθru:/ noun [C] an important discovery or development: *Scientists have made a major breakthrough in cancer research.* ○ *a breakthrough in relations between the two countries* ▶ **przełom**

break-up /'breɪk ʌp/ noun [C] **1** the end of a relationship between two people: *the break-up of a marriage* ▶ **rozpad 2** the separation of a group or an organization into smaller parts: *the break-up of the Soviet Union* ▶ **rozpad, rozłam**

★**breast** /brest/ noun [C] **1** one of the two soft round parts of a woman's body that can produce milk ➲ Por. **chest**. ▶ **pierś 2** a word used especially in literature for the upper part of the front of your body: *to clasp sb to your breast* ▶ **pierś 3** the front part of the body of a bird ▶ **pierś**

■ **'breastfeed** verb [I,T] (pt, pp **'breastfed**) to feed a baby with milk from the breast ▶ **karmić piersią** | **'breaststroke** noun [U] a style of swimming on your front in which you start with your hands together, push both arms forward and then pull them outwards and back through the water: *to do (the) breaststroke* ▶ **styl klasyczny**

★**breath** /breθ/ noun **1** [U] the air that you take into and blow out of your lungs: *to have bad breath* (nieprzyjemny zapach z ust) ▶ **oddech, dech 2** [C] an act of taking air into or blowing air out of your lungs: *Take a deep breath.* ▶ **wdech, wydech**

IDIOMS **a breath of fresh air** the clean air which you breathe outside, especially when compared to the air inside a room or building: *Let's go for a walk. I need a breath of fresh air* (muszę się przewietrzyć). ○ (figurative) *Her happy face is like a breath of fresh air in that miserable place.* ▶ **świeże powietrze; powiew świeżego powietrza** | **catch your breath** → CATCH[1] | **get your breath (again/back)** to rest after physical exercise so that your breathing returns to normal ▶ **odsapnąć, wytchnąć** | **hold your breath** to stop breathing for a period of time, e.g. when swimming underwater or because of fear or excitement: *We all held our breath as we waited for her reply.* Czekaliśmy z zapartym tchem na jej odpowiedź. ▶ **wstrzymywać oddech** | **out of/short of breath** breathing very quickly, e.g. after physical exercise ▶ **zadyszany** | **say sth, speak, etc. under your breath** to say sth very quietly, usually because you do not want people to hear what you are saying ▶ **mówić szeptem/półgłosem** | **take your breath away** to surprise sb very much: *The spectacular view took our breath away.* ❶ Przymiotnik: **breathtaking**. ▶ **zapierać dech w piersiach** | **take a deep breath** → DEEP[1] | **with bated breath** → BATED

■ **'breath test** noun [C] a test by the police on the breath of a driver to measure how much alcohol they have drunk ▶ **kontrola trzeźwości kierowcy za pomocą alkoholometru**

breathalyse /'breθəlaɪz/ verb [T] (used about a police officer) to test the breath of a driver with a special machine called a breathalyser to measure how much alcohol they have drunk ▶ **badać trzeźwość kierowcy alkoholometrem**

★**breathe** /bri:ð/ verb [I,T] to take air, etc. into your lungs and blow it out again: *She was unconscious but still breathing.* ○ *to breathe in/out* wdychać/wydychać ○ *I hate sitting in restaurants breathing in* (wdychając) *other people's cigarette smoke.* ▶ **oddychać**

IDIOM **not breathe a word (of/about sth) (to sb)** to not tell sb about sth that is secret: *Don't breathe a word* (nie piśnij ani słowa) *of this to my mother!* ▶ **nie puszczać pary z ust**

□ **breathing** noun [U]: *heavy/irregular breathing* ▶ **oddech, oddychanie**

breather /'bri:ðə(r)/ noun [C] (informal) a short rest: *to have/take* (zrobić sobie) *a breather* ▶ **przerwa, chwila wytchnienia**

breathless /'breθləs/ adj. **1** breathing quickly or with difficulty, e.g. after physical exercise ▶ **zadyszany 2** not able to breathe because you are so excited, frightened, etc.: *She was breathless with excitement* (zamarła z wrażenia). ▶ **zamierający** (*np. ze strachu*)

□ **breathlessly** adv. ▶ **z zadyszką; z zapartym tchem**

breathtaking /'breθteɪkɪŋ/ adj. very exciting, beautiful, etc.: *breathtaking mountain scenery* ▶ **zapierający dech w piersiach**

breed /bri:d/ verb (pt, pp **bred** /bred/) **1** [I] (used about animals or plants) to produce young animals or plants: *Many animals won't breed in zoos.* ▶ **rozmnażać się 2** [T] to keep animals or plants in order to produce young from them: *cattle which are bred to produce high yields of milk* ▶ **hodować 3** [T] to cause sth: *This kind of thinking breeds intolerance and violence.* ▶ **wywoływać, powodować**

□ **breed** noun [C] a type of animal: *a breed of cattle* ▶ **rasa** | **breeder** noun [C] a person who breeds animals or plants: *a dog breeder* ▶ **hodowca** | **breeding** noun [U] the act of producing young plants or animals: *The breeding of fighting dogs has been banned.* ▶ **hodowla**

■ **'breeding ground** noun [C] **1** a place where wild animals go to breed ▶ **miejsce godów dzikich zwierząt 2** a place where sth can develop: *a breeding ground for crime* ▶ **siedlisko, wylęgarnia**

breeze /bri:z/ noun [C] a light wind: *A warm breeze was blowing.* ▶ **wietrzyk**

□ **breeze** verb

PHRASAL VERB **breeze along, in, out, etc.** (informal) to move in a cheerful relaxed way, even when this is not suitable behaviour: *He just breezed in twenty minutes late without a word of apology.* ▶ **w(y)padać, przemykać**

breezy adj. (**breezier**; **breeziest**) **1** a little windy ▶ **wietrzny 2** cheerful and relaxed: *You're bright and breezy this morning!* ▶ **energiczny, pełen werwy/animuszu**

brevity /'brevəti/ noun [U] the state of being short or quick ❶ Przymiotnik: **brief**. ▶ **krótkotrwałość, zwięzłość**

brew /bru:/ verb **1** [T] to make beer ▶ **warzyć** (*piwo*) **2** [T] to make a drink of tea or coffee by adding hot water: *to brew a pot of tea* ▶ **zaparzać 3** [I] (used about tea) to stand in hot water before it is ready to drink: *Leave it to brew for a few minutes.* ▶ **naciągać**

IDIOM **be brewing** (used about sth bad) to develop or grow: *There's trouble brewing.* ▶ **wisieć w powietrzu**

□ **brewery** /'bru:əri/ noun [C] (pl. **breweries**) a place where beer is made ▶ **browar**

bribe /braɪb/ noun [C] money, etc. that is given to sb such as an official to persuade them to do sth to help you, especially when you want them to do sth dishonest: *to offer a bribe to sb* ○ *to accept/take bribes* ▶ **łapówka**

□ **bribe** verb [T] **bribe sb (with sth)**: *They got a visa by bribing an official.* ▶ **przekupywać, dawać łapówkę** | **bribery** /'braɪbəri/ noun [U] ▶ **łapownictwo**

bric-a-brac /'brɪk ə bræk/ noun [U] ornaments, small items of furniture and other objects of little value: *market stalls selling an array of cheap bric-a-brac* ▶ **starocie**

★**brick** /brɪk/ noun [C,U] a hard block of baked clay that is used for building houses, etc.: *a house built of red brick* ▶ **cegła**

■ **'bricklayer** noun [C] a person whose job is to build walls with bricks ▶ **murarz** | **'brickwork** noun [U] the part of a building that is made of bricks ▶ **część budowli, wykonana z cegły**

bridal /'braɪdl/ adj. (only before a noun) connected with a bride or a wedding: *the bridal suite* (apartament dla nowożeńców) *in a hotel* ▶ **weselny, ślubny**

★**bride** /braɪd/ noun [C] a woman on or just before her wedding day: *the bride and groom* ➲ Zob. uwaga przy **wedding**. ▶ **panna młoda**

★**bridegroom** /'braɪdgru:m/ (also **groom**) noun [C] a man on or just before his wedding day ➲ Zob. uwaga przy **wedding**. ▶ **pan młody**

bridesmaid /'braɪdzmeɪd/ noun [C] a woman or girl who helps the bride at her wedding ➲ Zob. uwaga przy **wedding**. ▶ **druhna**

★**bridge**[1] /brɪdʒ/ noun [C] **1** a structure that carries a road or railway, across a river, valley, road or railway: *a bridge over the River Thames* ○ *a motorway bridge* ○ *a footbridge* kładka ▶ **most 2** the high part of a ship where the captain and the people who control the ship stand ▶ **mostek kapitański**

□ **bridge** verb [T] to build a bridge over sth ▶ **budować most**

IDIOM **bridge a/the gap** to fill a space between two people, groups or things or to bring them closer together ▶ **zbliżać**

bridge[2] /brɪdʒ/ noun [U] a card game for four people ▶ **brydż**

bridle /'braɪdl/ noun [C] the leather straps that you put over a horse's head so that you can control it when you are riding it ▶ **uzda**

★**brief**[1] /bri:f/ adj. short or quick: *a brief description/phone call* ○ *Please be brief. We don't have much time.* ❶ Rzeczownik: **brevity**. ▶ **krótki, zwięzły**

IDIOM **in brief** using only a few words: *Now the rest of the news in brief.* ▶ **w skrócie**

□ **briefly** adv. **1** for a short time; quickly: *She glanced briefly at her mother.* ○ *We met briefly in London yesterday.* ▶ **krótko, na krótko 2** using only a few words: *I'd like to comment very briefly on that last statement.* ▶ **krótko, zwięźle**

brief[2] /bri:f/ noun [C] a job or task that is given to sb: *He was given the brief of improving the image of the company.* ▶ **zadanie, obowiązek**

□ **brief** verb [T] to give sb information or instructions about sth: *The minister has been fully briefed on what to say.* ▶ **informować, instruować** | **briefing** noun [C,U] instructions or information that you are given before sth happens: *a press/news briefing* ▶ **briefing**

briefcase /'bri:fkeɪs/ noun [C] a leather or plastic rectangular container with a handle for carrying books and documents ➲ Ilustr. do **bag**. ▶ **aktówka, teczka**

briefs /bri:fs/ noun [pl.] pants for men or women: *a pair of briefs* ▶ **majtki**

brigade /brɪ'geɪd/ noun [C] **1** a unit of soldiers in the army ▶ **brygada 2** a group of people who work together for a particular purpose: *the fire brigade* straż pożarna ▶ **brygada**

□ **brigadier** /ˌbrɪgə'dɪə(r)/ noun [C] an officer of high rank in the army ▶ **generał brygady**

★**bright** /braɪt/ adj. **1** having a lot of light: *a bright* (pogodny), *sunny day* ○ *eyes bright with happiness* ▶ **jasny, błyszczący 2** (used about a colour) strong: *a bright yellow jumper* ▶ **jaskrawy, jasny 3** clever, or able to learn things quickly: *a bright child* ○ *a bright idea* świetny pomysł ▶ **inteligentny, błyskotliwy 4** likely to be pleasant or successful: *The future looks bright.* ▶ **świetlany, pomyślny 5** cheerful, happy: *You seem very bright and cheerful today.* ▶ **ożywiony, pełen werwy/animuszu**

IDIOM **look on the bright side** → LOOK[1]

□ **brighten** /'braɪtn/ verb [I,T] **brighten (sth)**

(up) to become brighter or happier; to make sth brighter: *His face brightened when he saw her.* ○ *to brighten up sb's day* ▶ **rozjaśniać (się)** | **brightly** adv.: *brightly-coloured clothes* ▶ **jaskrawo** | **brightness** noun [U] ▶ **blask; żywość; jaskrawość**

★**brilliant** /ˈbrɪliənt/ adj. **1** having a lot of light; very bright: *brilliant sunshine* ▶ **błyszczący, olśniewający** **2** very clever or intelligent: *a brilliant young scientist* ▶ **błyskotliwy, genialny** **3** very good: *a brilliant performance by Pavarotti* ▶ **znakomity, świetny**
□ **brilliance** /ˈbrɪliəns/ noun [U] ▶ **jasność; znakomitość** | **brilliantly** adv. ▶ **błyszcząco; wspaniale**

brim /brɪm/ noun [C] **1** the top edge of a cup, glass, etc.: *The cup was full to the brim.* ▶ **brzeg** **2** the bottom part of a hat, that is wider than the rest ▶ **rondo**
□ **brim** verb [I] (**brimming**; **brimmed**) **brim (with sth)** to be full of sth: *His eyes were brimming with tears.* ▶ **napełniać się**
PHRASAL VERB **brim over (with sth)** (used about a cup, glass, etc.) to have more liquid than it can hold: *The bowl was brimming over with water.* ○ (figurative) *to be brimming over with health/happiness* ▶ **przepełniać się; tryskać**

★**bring** /brɪŋ/ verb [T] (pt, pp **brought** /brɔːt/) **1** to carry or take sb/sth to a place with you: *Bring some sandwiches with you.* ○ *Is it all right if I bring a friend to the party?* ○ *Bring me two coffees, please.* ○ *The prisoner was brought* (został doprowadzony) *into the court by two policewomen.* ○ (figurative) *He will bring valuable skills and experience to the team.* ▶ **przynosić, przywozić; wnosić** **2** to cause or result in sth: *The sight of her brought a smile to his face.* Na jej widok uśmiech zagościł na jego twarzy. ○ *Money doesn't always bring happiness.* Pieniądze szczęścia nie dają. ▶ **powodować, przynosić** **3** to cause sb/sth to be in a certain place or condition: *Their screams brought people running* (na ich krzyki zbiegli się ludzie) *from all directions.* ○ *Add water to the mixture and bring it to the boil.* ○ *What brings you here? Business or pleasure?* ○ *to bring sth to an end* ▶ **doprowadzać, sprowadzać** **4** to force yourself to do sth: *The film was so horrible that I couldn't bring myself to watch it.* ▶ **zmuszać się** ❶ **Bring** występuje w idiomach, np. **bring charges (against sb)** ➲ Zob. hasła odpowiednich rzeczowników, przymiotników itp.
PHRASAL VERBS **bring sth about** to cause sth to happen: *to bring about changes in people's lives* ▶ **powodować/wywoływać coś**
bring sb/sth back to return sb/sth: *You can borrow the video if you bring it back tomorrow morning.* ▶ **oddawać kogoś/coś; przywozić kogoś/coś z powrotem** | **bring sth back** **1** to cause sth that existed before to be introduced again: *Nobody wants to bring back* (nikt nie chce powrotu do) *the days of child labour.* ▶ **przywracać coś** **2** to cause sb to remember sth: *The photographs brought back memories of his childhood.* ▶ **przywodzić coś na myśl** | **bring sb back sth** to return with sth for sb: *My sister went to Fiji and brought me back a T-shirt.* ▶ **przywozić coś** (*wracając z podróży*)

bring/fetch/take

Bring the newspaper.

Fetch the newspaper.

Take the newspaper.

bring sb/sth down to cause sb/sth to be defeated or to lose a position of power: *to bring down a government* ▶ **obalać kogoś/coś** | **bring sth down** to make sth lower in level: *to bring down the price of sth* ▶ **obniżać coś**
bring sth forward **1** to move sth to an earlier time: *The date of the wedding has been brought forward by two weeks.* ▶ **przekładać coś na wcześniejszy termin, przybliżać coś** **2** to suggest sth for discussion ▶ **przedkładać coś**
bring sb in to ask or appoint sb to do a particular job: *A specialist was brought in to set up the new computer system.* ▶ **sprowadzać/zatrudniać kogoś** | **bring sth in** to introduce sth: *The government have brought in a law on dangerous dogs.* ▶ **wprowadzać coś**
bring sth off (informal) to manage to do sth difficult: *The team brought off an amazing victory.* Drużynie udało się odnieść zdumiewające zwycięstwo. ▶ **zdołać coś zrobić**
bring sth on to cause sth: *Her headaches are usually brought on by stress.* ▶ **powodować coś**
bring sth out to produce or cause sth to appear: *When is the company bringing out its next new model?* ○ *A crisis can sometimes bring out the best in people* (wyzwolić to, co w ludziach najlepsze). ▶ **wydawać** (*np. książkę*), **wprowadzać coś w świat**
bring sb round to cause sb to become conscious again ▶ **cucić kogoś** | **bring sb round (to sth)** to persuade sb to agree with your opinion: *After a lot of discussion we finally brought them round to our point of view.* ▶ **przekonywać kogoś** | **bring sth round to sth** to direct a conversation to a particular subject: *I finally*

brought the conversation round to the subject of money. ▸ **kierować rozmowę na jakiś temat**

bring sb up to look after a child until they are adult and to teach them how to behave: *After her parents were killed the child was brought up by her uncle.* ○ *a well brought up child* dobrze wychowane dziecko ▸ **wychowywać kogoś** | **bring sth up 1** to be sick so that food that you have swallowed comes back out of your mouth; to vomit ▸ **wymiotować/zwracać coś 2** to introduce sth into a discussion or conversation: *I intend to bring the matter up at the meeting.* ▸ **poruszać coś**

brink /brɪŋk/ noun [sing.] the edge at the top of a high place: (figurative) *The firm was close to disaster but the new director brought it back from the brink.* ▸ **skraj** (*np. przepaści*)

IDIOM **be on the brink (of sth/of doing sth)** to be about to do or experience sth exciting or dangerous: *She was on the brink of tears.* Była bliska płaczu. ▸ **być o krok od czegoś**

brisk /brɪsk/ adj. **1** quick or using a lot of energy; busy: *They set off at a brisk pace.* ○ *Trading has been brisk today.* ▸ **żwawy, ożywiony 2** confident and efficient; wanting to do things quickly: *a brisk manner* ▸ **energiczny, oschły**

□ **briskly** adv. ▸ **energicznie, oschle** | **briskness** noun [U] ▸ **żwawość; oschłość**

bristle /ˈbrɪsl/ noun [C] **1** a short thick hair on a person or an animal ➲ Ilustr. do **hair**. ▸ **szczecina, sierść 2** one of the short thick hairs of a brush ▸ **włosie**

□ **bristle** verb [I] **1** (used about hair or an animal's fur) to stand up straight because of fear, anger, cold, etc. ▸ **jeżyć się 2 bristle (with sth)** to show that you are angry ▸ **pienić się** (*ze złości*)

PHRASAL VERB **bristle with sth** to be full of sth ▸ **być najeżonym (czymś)**

Brit /brɪt/ noun [C] (informal) a British person ▸ **Brytyj-czyk/ka**

★**Britain** /ˈbrɪtn/ = GREAT BRITAIN ➲ Zob. uwaga przy **United Kingdom**.

★**British** /ˈbrɪtɪʃ/ adj. of the United Kingdom, i.e. Great Britain and Northern Ireland: *British industry* ○ *to hold a British passport* ▸ **brytyjski**

□ **the British** noun [pl.] the people of the United Kingdom ▸ **Brytyjczycy** | **Britisher** noun [C] (US) a person who comes from Great Britain ▸ **Brytyj-czyk/ka**

■ **the ˌBritish ˈIsles** noun [pl.] Great Britain and Ireland with all the islands that are near their coasts. The British Isles are a geographical but not a political unit. ➲ Por. **United Kingdom**. ▸ **Wyspy Brytyjskie**

Briton /ˈbrɪtn/ noun [C] a person who comes from Great Britain ❶ Wyraz ten jest zazw. używany w prasie lub w odniesieniu do plemienia zamieszkującego niegdyś Wyspy Brytyjskie: *Three Britons killed in air crash.* ○ *the Ancient Britons.* W pozostałych kontekstach stosuje się **a British man** lub **a British woman**. ▸ **Brytyjczyk/ka, obywatel/ka brytyjsk-i/a**

brittle /ˈbrɪtl/ adj. hard but easily broken: *brittle fingernails* ▸ **łamliwy, kruchy**

broach /brəʊtʃ/ verb [T] to start talking about a particular subject, especially one which is difficult or embarrassing: *Have you broached the subject of the money he owes us?* ▸ **poruszać** (*delikatny temat*)

★**broad** /brɔːd/ adj. **1** large in size from one side to the other; wide: *a broad river valley* ○ *the broad boulevards of the capital* ❶ Rzeczownik: **breadth**. Antonim: **narrow**. ▸ **szeroki**

> Mówiąc o odległości między jedną krawędzią a drugą częściej używa się **wide** niż **broad**: *The gate is four metres wide.* ○ *The table is too wide to go through the door.* **Broad** jest często używane w typowo geograficznych opisach: *a broad expanse of desert* oraz w pewnych utartych wyrażeniach: *broad shoulders*.

2 easily noticeable; very clear: *a broad Somerset accent* ▸ **silny, wyraźny 3** without a lot of detail; general: *Just give me a broad outline of your plan.* ▸ **ogólny, ogólnikowy 4** felt or believed by a lot of people: *There seems to be broad support for stronger anti-pollution laws.* ▸ **masowy**

IDIOM **(in) broad daylight** during the day, i.e. not at night: *He was attacked in broad daylight.* ▸ **(w) biały dzień**

□ **broaden** /ˈbrɔːdn/ verb [I,T] **broaden (sth) (out)** to become broader; to make sth broader: *The river broadens out beyond the bridge.* ○ (figurative) *Travel broadens the mind.* Podróże kształcą. ▸ **poszerzać (się)** | **broadly** adv. **1** (used to describe a way of smiling): *to smile broadly* ▸ **od ucha do ucha 2** generally: *Broadly speaking* (ogólnie rzecz biorąc), *the scheme will work as follows…* ▸ **ogólnie**

■ **ˌbroad ˈbean** noun [C] a type of large flat green bean that can be cooked and eaten as a vegetable ▸ **bób** | **ˌbroad-ˈminded** adj. willing to listen to and accept beliefs and ways of life that are different from your own; tolerant: *They're very broad-minded about sex.* ❶ Antonim: **narrow-minded** ▸ **tolerancyjny** | **ˈbroadsheet** noun [C] **1** a newspaper printed on a large size of paper, generally considered more serious than smaller newspapers ▸ **gazeta wielkoformatowa 2** a large piece of paper printed on one side only with information or an advertisement ▸ **plakat**

★**broadcast** /ˈbrɔːdkɑːst; US -kæst/ verb (pt, pp **broadcast**) **1** [I,T] to send out radio or television programmes: *The BBC World Service broadcasts to many countries.* ○ *The Olympics are broadcast live by satellite.* ▸ **transmitować, nadawać 2** [I] to speak or appear on radio or on television: *The President broadcasts to the nation at times of crisis.* ▸ **występować w radiu/telewizji**

□ **broadcast** noun [C] something that is sent out by radio or television: *a news broadcast* ▸ **audycja, program** | **broadcaster** noun [C] a person who speaks on serious subjects on the radio or on television ▸ **komentator radiowy lub telewizyjny, ekspert**

broccoli /ˈbrɒkəli/ noun [U] a plant with green or purple flower heads that can be cooked and eaten as a vegetable ▶ **brokuły**

brochure /ˈbrəʊʃə(r); US brəʊˈʃʊr/ noun [C] a small book with pictures in it that gives you information about sth: *a holiday brochure* ▶ **prospekt**, **broszura reklamowa**

broil /brɔɪl/ verb [T] (especially US) = GRILL

broke[1] pt of BREAK[1]

broke[2] /brəʊk/ adj. (not before a noun) (informal) having no money: *I can't come out tonight. I'm absolutely broke.* ▶ **spłukany**

broken[1] pp of BREAK[1]

⋆**broken**[2] /ˈbrəʊkən/ adj. **1** damaged or in pieces; not working: *The toy's broken.* ○ *There's broken glass on the floor.* ○ *a broken leg* ▶ **zepsuty**, **potłuczony**, **rozbity**, **złamany** **2** not continuous; interrupted: *a broken line* ○ *a broken night's sleep* ▶ **przerywany** **3** not kept: *a broken promise* ▶ **nie dotrzymany** **4** (used about a foreign language) spoken slowly with a lot of mistakes: *to speak in broken English* ▶ **łamany**

■ ˌ**broken-ˈdown** adj. **1** in a very bad condition: *a broken-down old shed* ▶ **uszkodzony**, **rozlatujący się** **2** (used about a vehicle) not working ▶ **zepsuty** | ˌ**broken-ˈhearted** adj. = HEARTBROKEN | ˌ**broken ˈhome** noun [C] a family in which the parents do not live together, e.g. because they are separated or divorced: *Many of the children came from broken homes.* ▶ **rozbity dom** | ˌ**broken ˈmarriage** noun [C] a marriage that has ended because the partners have got divorced ▶ **rozbite małżeństwo**

broker /ˈbrəʊkə(r)/ noun [C] **1** a person who buys and sells things (e.g. shares in a business) for other people: *an insurance broker* ▶ **akwizytor**, **makler** **2** = STOCKBROKER

brolly /ˈbrɒli/ noun [C] (pl. **brollies**) (Brit., informal) = UMBRELLA

bronchitis /brɒŋˈkaɪtɪs/ noun [U] an illness of the bronchial tubes that causes a very bad cough ▶ **zapalenie oskrzeli**

bronze /brɒnz/ noun **1** [U] a brown-coloured metal that is made from copper and tin ▶ **brąz** **2** [U] the colour of bronze ▶ **kolor brązu** **3** [C] = BRONZE MEDAL

□ **bronze** adj. of the colour of bronze ▶ **brązowy**, **brunatny** | **bronzed** /brɒnzd/ adj. having skin that has been turned brown, in an attractive way, by the sun ▶ **opalony**

■ ˌ**bronze ˈmedal** noun [C] a round piece of bronze that you get as a prize for coming third in a race or a competition ▶ **brązowy medal**

brooch /brəʊtʃ/ noun [C] a piece of jewellery with a pin at the back that women wear on a dress, blouse or jacket ▶ **brosza**, **broszka**

brood /bruːd/ noun [C] all the young birds that belong to one mother ▶ **stad(k)o piskląt**

□ **brood** verb [I] **1** (used about a female bird) to sit on her eggs ▶ **wysiadywać jaja** **2** **brood (on/over sth)** to worry, or to think a lot about sth that makes you sad: *to brood on a failure* ▶ **dumać**, **rozmyślać** | **broody** adj. **1** (used about a female bird) ready to have or sit on eggs: *a broody hen* ▶ **kwocząca** (*kura*) **2** (used about a woman) wanting to have a baby ▶ **z rozbudzonym instynktem macierzyńskim**

brook /brʊk/ noun [C] a small stream ▶ **strumyk**

broom /bruːm/ noun [C] a brush with a long handle that you use for sweeping the floor ➲ Ilustr. do **brush**. ▶ **miotła**

■ ˈ**broomstick** noun [C] the handle of a broom ▶ **kij od miotły**

Bros abbr. (used in the name of companies) Brothers: *Wentworth Bros Ltd* ▶ **bracia**

broth /brɒθ; US brɔːθ/ noun [U] thick soup: *chicken broth* ▶ **gęsta zupa**

brothel /ˈbrɒθl/ noun [C] a place where men can go and pay to have sex with a woman (a prostitute) ▶ **burdel**

⋆**brother** /ˈbrʌðə(r)/ noun [C] **1** a man or boy who has the same parents as another person: *Michael and Jim are brothers.* ○ *Michael is Jim's brother.* ○ *a younger/older brother* ○ *a twin brother* ➲ Por. **half-brother** i **step-brother**. ❶ Zwróć uwagę, że słowo **sibling** (rodzeństwo) jest używane rzadko i tylko w języku formalnym. Najczęściej używa się zwrotu **brothers and sisters**: *Have you got any brothers and sisters?* ▶ **brat** **2** a man who is a member of a Christian religious community: *Brother John* ▶ **brat**

□ **brotherhood** /-hʊd/ noun **1** [U] a feeling of great friendship and loyalty between people: *the brotherhood of Man* braterstwo narodów ▶ **braterstwo** **2** [C, with sing. or pl. verb] a organization which is formed for a particular, often religious, purpose ▶ **bractwo** | **brotherly** adv. of or like a brother: *brotherly love* ▶ **braterski**

■ **brother-in-law** /ˈbrʌðər ɪn lɔː/ noun [C] (pl. **brothers-in-law**) **1** the brother of your husband or wife ▶ **szwagier** **2** the husband of your sister ▶ **szwagier**

brought pt, pp of BRING

brow /braʊ/ noun [C] **1** [usually pl.] = EYEBROW **2** = FOREHEAD: *Sweat was pouring from his brow.* ▶ **czoło** **3** the top part of a hill or slope: *A car came over the brow of the hill.* ▶ **szczyt**

⋆**brown** /braʊn/ adj. **1** having the colour of soil or wood: *brown shoes* ○ *brown eyes/hair* ▶ **brązowy** **2** having skin of this colour: *They were very brown when they got back from their holiday.* ▶ **opalony**

□ **brown** noun [C,U] the colour brown: *You don't look nice in brown.* ▶ **brąz** | **brown** verb [I,T] to become or cause sth to become brown ➲ Zob. uwaga przy **cook**. ▶ **brązowieć**, (*o kotletach itp.*) **rumienić (się)**, **opalać (się)** | **brownish** adj. slightly or fairly brown: *She has brownish eyes.* ▶ **brązowawy**, (*o oczach*) **piwny**

■ ˌ**brown ˈpaper** noun [U] strong, thick paper used for wrapping parcels, etc. ▶ **papier pakowy**

brownie /ˈbraʊni/ noun [C] **1** (**Brownie**) a young girl who is a member of the junior part of the Girl Guides organization ▶ **członkini skautowskiej drużyny dla dziewcząt** **2** a type of heavy chocolate cake that often contains nuts ▶ **rodzaj ciastka czekoladowego**

browse /braʊz/ verb **1** [I] to spend time pleasantly, looking round a shop, without a clear idea of what you are looking for: *I spent hours browsing in the local bookshop.* ▶ **rozglądać się, oglądać (towar) 2** [I] **browse through sth** to look through a book or magazine without reading every part or studying it carefully: *I enjoyed browsing through the catalogue but I didn't order anything.* ▶ **przeglądać, wertować 3** [I,T] to look for and read information on a computer: *I've been browsing the Internet for information on Iceland.* ▶ **przeglądać, wyszukiwać, szperać**

□ **browse** noun [sing.]: *I had a browse through the newspapers* (przejrzałem gazety) *on the plane.* ▶ **wertowanie, przeglądanie** | **browser** noun [C] a computer program that lets you look at words and pictures from other computer systems by receiving information through telephone wires: *an Internet browser* ▶ **przeglądarka**

★**bruise** /bru:z/ noun [C] a dark mark on the skin caused by a blow that injures but does not break the skin: *He suffered cuts and bruises to his face.* ➲ Por. **black eye**. ▶ **siniak**

□ **bruise** verb **1** [T] to cause a bruise or bruises: *I bruised my arm.* ○ *She had a badly bruised face.* ○ *Handle the fruit carefully or you'll bruise it.* ▶ **posiniaczyć, obijać 2** [I] to get a bruise or bruises: *skin that bruises easily* (podatną na siniaki) ▶ **nabijać sobie siniaka**

brunch /brʌntʃ/ noun [C,U] (informal) a meal that you eat in the late morning as a combination of breakfast and lunch ▶ **połączenie śniadania z lunchem**

brunette /bru:'net/ noun [C] a white woman with dark brown hair ▶ **szatynka**

brunt /brʌnt/ noun

IDIOM **bear the brunt of sth** → BEAR[2]

★**brush[1]** /brʌʃ/ noun **1** [C] an object that is used for cleaning things, painting, tidying your hair, etc.: *a clothes brush* ○ *a toothbrush* ○ *a hairbrush* ○ *a paintbrush* ▶ **szczotka, pędzel, miotła 2** [sing.] an act of sweeping, cleaning, tidying the hair, etc. with a brush: *Your coat needs a brush.* ▶ **czyszczenie (szczotką) 3** [C] **a brush with sb** a short argument or fight with sb ▶ **utarczka**

★**brush[2]** /brʌʃ/ verb **1** [T] to clean, tidy, sweep, etc. with a brush: *to brush your teeth/hair* ➲ Zob. uwaga przy **clean[2]**. ▶ **szczotkować, czyścić (szczotką) 2** [I,T] to touch sb/sth lightly when passing: *Her hand brushed his cheek.* ○ *Leaves brushed against the car as we drove along the narrow road.* ▶ **muskać, (lekko) ocierać się o coś**

PHRASAL VERBS **brush sb/sth aside 1** to refuse to pay attention to sb/sth: *She brushed aside the protests and continued with the meeting.* ▶ **ignorować, pomijać milczeniem 2** to get past sb/sth: *He brushed aside the reporters who tried to stop him.* ▶ **odsuwać na bok** | **brush sth away**; **brush sth off (sth)** to remove sth with a brush or with the hand, as if using a brush: *I brushed the dust off my jacket.* ▶ **strzepywać, czyścić (szczotką)** | **brush sth up/brush up on sth** to study or practise sth in order to get back knowledge or skill that you had before and have lost: *She took a course to brush up her Spanish.* ▶ **odświeżać** (*wiedzę*)

brushes

■ **'brush-off** noun [C] (informal) an act of refusing to be friendly to sb: *He asked her to go out with him but she gave him the brush-off* (odprawiła go z kwitkiem). ▶ **odmowa, odprawa**

brusque /bru:sk; US brʌsk/ adj. not taking time to be polite when you are dealing with people: *He gave a brusque 'No comment!' and walked off.* ▶ **opryskliwy, obcesowy**

□ **brusquely** adv. ▶ **opryskliwie, obcesowo**

Brussels sprout /ˌbrʌslz 'spraʊt/ (also **sprout**) noun [C, usually pl.] a green vegetable that looks like a very small cabbage ▶ **brukselka**

brutal /'bru:tl/ adj. very cruel and violent; without pity: *a brutal murder* ○ *brutal treatment of prisoners* ○ *a brutal dictatorship* ▶ **brutalny**

□ **brutality** /bru:'tæləti/ noun [C,U] (pl. **brutalities**) very cruel and violent behaviour; acts that show no pity: *police brutality* ▶ **brutalność** | **brutally** adv.: *The girl had been brutally attacked.* ○ *He was brutally honest and told her that he didn't love her.* ▶ **brutalnie**

brute /bru:t/ noun [C] **1** a large animal: *That dog of theirs is an absolute brute.* ▶ **bestia 2** a cruel, violent man ▶ **brutal**

□ **brute** adj. without the use of thought; using a violent method: *I think you'll have to use brute force to get this window open* (będziesz musiał użyć siły, żeby otworzyć to okno). ▶ **brutalny, zwierzęcy**

BSc /ˌbi: es 'si:/ abbr. Bachelor of Science ▶ **bakałarz nauk ścisłych**

BSE /ˌbi: es 'i:/ (informal **mad 'cow disease**) noun [U] bovine spongiform encephalopathy; a disease of cows which affects their brains and usually kills them ➲ Por. **CJD**. ▶ **gąbczaste zwyrodnienie mózgu**

BST /ˌbi: es 'ti:/ abbr. British Summer Time; the system used in Britain between March and October, when clocks are put one hour ahead of Greenwich Mean Time ▶ **brytyjski czas letni**

BTEC /'bi:tek/ (Brit.) abbr. Business and Technology Education Council; an organization which offers qualifications for young people who have left secondary school and want to train in commercial or technical subjects ▶ **Rada Oświaty Handlowo-Technicznej**

★**bubble** /ˈbʌbl/ noun [C] a hollow ball containing air or gas, in liquid or floating in the air: *the bubbles in a glass of champagne ○ The children were blowing bubbles with washing-up liquid.* ▶ **bąbel/ek, bańka**

□ **bubble** verb [I] **1** to produce bubbles or to rise with bubbles: *Cook the pizza until the cheese starts to bubble. ○ The clear water bubbled up out of the ground.* ▶ **bulgotać, kipieć, musować** **2 bubble (over) (with sth)** to be full of happy feelings ▶ **tryskać** (*np. entuzjazmem*) | **bubbly** /ˈbʌbli/ adj. **1** full of bubbles: *a bubbly drink* ▶ **gazowany, musujący** **2** (used about a person) lively and happy: *She has a naturally bubbly personality.* ▶ **ożywiony, radosny**

■ ˈ**bubble bath** noun [U] a liquid that you can add to the water in a bath to produce a mass of white bubbles ▶ **płyn do kąpieli** | ˈ**bubblegum** noun [U] chewing gum that can be blown into bubbles out of the mouth ▶ **guma balonowa**

buck[1] /bʌk/ noun [C] (US, informal) a US dollar: *Could you lend me a few bucks?* ▶ **zielony**

buck[2] /bʌk/ noun [C] (pl. **buck** or **bucks**) a male deer or rabbit ➲ Zob. uwaga przy **deer**. ▶ **samiec jelenia/królika**

buck[3] /bʌk/ noun

IDIOM **pass the buck** → PASS[2]

buck[4] /bʌk/ verb [I] (used about a horse) to jump into the air with all four feet off the ground: *His horse suddenly bucked and he fell off.* ▶ **wierzgać**

PHRASAL VERB **buck (sb) up** (informal) to become or to make sb more cheerful or less unhappy: *Buck up! It's not the end of the world.* ▶ **nabierać otuchy, odzyskiwać werwę; podnosić kogoś na duchu**

★**bucket** /ˈbʌkɪt/ noun [C] **1** a round, open container, usually made of metal or plastic, with a handle, that is used for carrying or holding liquids or sand ▶ **wiadro** **2** (also ˈ**bucketful**) the amount that a bucket contains: *a bucket of cement* ▶ **wiadro**

IDIOM **a drop in the bucket** → DROP[2]

buckle /ˈbʌkl/ noun [C] a piece of metal or plastic at the end of a belt or strap that is used for fastening it ➲ Ilustr. do **bag** i **shoe**. ▶ **klamra, sprzączka, zapinka**

□ **buckle** verb [I,T] **1** to fasten or be fastened with a buckle ▶ **zapinać (się), spinać (się)** **2** to become crushed or bent under a weight or force; to crush or bend sth in this way: *Some railway lines buckled in the heat.* ▶ **wykrzywiać (się)**

bud /bʌd/ noun [C] a small lump on a tree or plant that opens and develops into a flower or leaf: *rosebuds ○ The trees are in bud.* ▶ **pąk**

IDIOM **nip sth in the bud** → NIP

□ **budding** adj. wanting or starting to develop and be successful: *Have you got any tips for budding young photographers?* ▶ **obiecujący, dobrze się zapowiadający**

Buddhism /ˈbʊdɪzəm/ noun [U] an Asian religion that was founded in India by Buddha ▶ **buddyzm**

□ **Buddhist** /ˈbʊdɪst/ noun [C] a person whose religion is Buddhism ▶ **buddyst-a/ka** | **Buddhist** adj.: *a Buddhist temple* ▶ **buddyjski**

buddy /ˈbʌdi/ noun [C] (pl. **buddies**) (informal) a friend, especially a male friend of a man ▶ **kumpel**

budge /bʌdʒ/ verb [I,T] **1** to move or cause sth to move a little: *I tried as hard as I could to loosen the screw but it simply wouldn't budge* (nawet nie drgnęła). ○ *We just couldn't budge the car* (nie mogliśmy ruszyć samochodu z miejsca) *when it got stuck in the mud.* ▶ **drgnąć, przesuwać (się)** **2** to change or cause sb to change a firm opinion: *Neither side is prepared to budge. ○ Once he's made up his mind, nothing will budge him* (pozostaje nieugięty). ▶ **ustępować; zmieniać czyjeś zdanie**

budgerigar /ˈbʌdʒərigɑː(r)/ (informal **budgie**) noun [C] a small, brightly-coloured bird that people often keep as a pet in a cage ▶ **papużka falista**

★**budget** /ˈbʌdʒɪt/ noun [C] **1** a plan of how to spend an amount of money over a particular period of time; the amount of money that is mentioned: *What's your monthly budget for food? ○ cuts in the defence budget ○ The product was launched with an advertising budget of £2 million.* ▶ **budżet** **2** (also **Budget**) a statement by a government saying how much money it plans to spend on particular things in the next year and how it plans to collect money: *Do you think taxes will go up in the budget?* ▶ **budżet**

□ **budget** verb [I,T] **budget (sth) (for sth)** to plan carefully how much money to spend on sth: *Don't forget to budget for possible increased costs. ○ Costs for the building are already greater than the £10 million originally budgeted.* ▶ **asygnować fundusze, przewidywać wydatki** | **budget** adj. (informal) (used in advertisements) very cheap ▶ **na każdą kieszeń**

budgie /ˈbʌdʒi/ noun [C] (informal) = BUDGERIGAR

buff /bʌf/ noun [C] (informal) a person who knows a lot about a particular subject and is very interested in it: *a film/opera/wine buff* ▶ **miłośnik, wielbiciel**

buffalo /ˈbʌfələʊ/ noun [C] (pl. **buffalo** or **buffaloes**) a large wild animal that looks like a cow with long curved horns: *a herd of buffalo* ▶ **bawół**

buffer /ˈbʌfə(r)/ noun [C] **1** a flat round piece of metal with a spring behind it that is put on the front or back of a train or at the end of a railway track. Buffers reduce the shock when sth hits them. ▶ **bufor** **2** a thing or person that reduces the unpleasant effects of sth ▶ **bufor, zderzak**

buffet[1] /ˈbʊfeɪ; ˈbʌfeɪ; US bəˈfeɪ/ noun [C] **1** a counter where passengers can buy food and drinks on a train; a café at a station: *The buffet car is situated at the rear of the train.* ▶ **bufet** **2** a meal (usually at a party or a special occasion) at which food is placed on a long table and people serve themselves: *Lunch was a cold buffet.* ○ *a buffet lunch* ▶ **bufet**

buffet² /ˈbʌfɪt/ verb [T] to knock or push sth in a rough way from side to side: *The boat was buffeted by the rough sea.* ▶ **miotać, poniewierać**

bug /bʌg/ noun **1** [C] a small insect, especially one that causes damage or is found in dirty places ▶ **pluskwa, insekt 2** [C] an illness that is not very serious and that people get from each other: *I think I've got the bug that's going round.* ▶ **wirus, zaraza 3** (usually **the bug**) [sing.] (informal) a sudden interest in sth: *They've been bitten by the golf bug.* Zarazili się bakcylem golfa. ▶ **namiętne zainteresowanie (czymś) 4** [C] a tiny hidden microphone that secretly records people's conversations ▶ **pluskwa 5** [C] something wrong in a system or machine, especially a computer: *There's a bug in the software.* ▶ **problem, wirus**

□ **bug** verb [T] (**bugging**; **bugged**) **1** to hide a tiny microphone somewhere so that people's conversations can be recorded secretly: *Be careful what you say. This room is bugged* (jest na podsłuchu). ▶ **podłożyć pluskwę 2** (informal) to annoy or worry sb: *It bugs him that* (on się gryzie, bo) *he's not as successful as his brother.* ▶ **denerwować**

buggy /ˈbʌgi/ noun [C] (pl. **buggies**) (Brit.) = PUSHCHAIR

⋆**build** /bɪld/ verb (pt, pp **built** /bɪlt/) **1** [T] to make sth by putting pieces, materials, etc. together: *How long ago was your house built?* ○ *to build a bridge* ○ *The house is built of stone.* ▶ **budować 2** [I] to use land for building on: *There's plenty of land to build on around here.* ▶ **budować 3** [T] to develop or increase sth: *The government is trying to build a more just society.* ○ *This book claims to help people to build self-confidence.* ▶ **budować, rozwijać**

PHRASAL VERBS **build sth in/on; build sth into/onto sth 1** to fix furniture into a wall so that it cannot be moved: *We're going to have new cupboards built in.* ▶ **wbudować/zabudować/wmurować coś 2** to make sth a part of sth else: *They've made sure that a large number of checks are built into the system.* ▶ **wmontować coś, ustanawiać coś częścią czegoś** | **build on sth** to use sth as a base from which you can make further progress: *Now that we're beginning to make a profit, we must build on this success.* ▶ **budować na czymś** | **build sth on sth** to base sth on sth: *a society built on the principle of freedom and democracy* ▶ **budować coś** (*np. na bazie*) | **build up** to become greater in amount or number; to increase: *The traffic starts to build up at this time of day.* ▶ **wzrastać, wzmagać się** | **build sth up (to sth) 1** to make sth seem more important or greater than it really is: *I don't think it's a very serious matter, it's just been built up in the newspapers.* ▶ **rozdmuchiwać coś 2** to increase or develop sth over a period: *You'll need to build up your strength* (będziesz musiał odzyskać siły) *again after the operation.* ▶ **rozwijać/wzmacniać coś**

□ **build** noun [C,U] the shape and size of sb's body: *She has a very athletic build.* ○ *Police are looking for a young man of slim build.* ▶ **budowa** (*ciała*)

> Por. **build** z **figure**. **Build** zazwyczaj odnosi się do wzrostu, budowy ciała, umięśnienia i siły zarówno kobiet, jak i mężczyzn. **Figure** zazwyczaj opisuje kształt, a szczególnie jego atrakcyjność lub jej brak. Zazwyczaj odnosi się tylko do kobiet.

| **builder** noun [C] a person whose job is to build houses and other buildings ▶ **budowniczy** | **built** (in compounds) having a body with a particular shape and size: *a tall well-built man* ▶ **zbudowany**

■ **ˈbuild-up** noun [C, usually sing.] **1 a build-up (of sth)** an increase of sth over a period: *The build-up of tension in the area has made war seem more likely.* ▶ **narastanie 2 a build-up (to sth)** a period of preparation or excitement before an event: *The players started to get nervous in the build-up to the big game.* ▶ **przygotowania, końcowe odliczenie** (*przed ważnym wydarzeniem*) | ˌ**built-ˈin** adj. **1** (used about furniture) built so it is fixed into a wall and cannot be moved: *built-in cupboards* ▶ **wmurowany, wbudowany 2** made a part of sth else: *There is built-in unfairness in the system.* ▶ **wrodzony, naturalny** | ˌ**built-ˈup** adj. covered with buildings: *a built-up area* ▶ **zabudowany**

⋆**building** /ˈbɪldɪŋ/ noun **1** [C] a structure, such as a house, church or school, that has a roof and walls ▶ **budynek 2** [U] the process or business of making buildings: *building materials* ○ *the building industry* ▶ **budownictwo**

■ **ˈbuilding site** noun [C] an area of land on which a building is being built ▶ **plac budowy** | **ˈbuilding society** noun [C] (Brit.) an organization rather like a bank with which people can save money and get interest on it and which lends money to people who want to buy houses or flats ▶ **kasa oszczędnościowa udzielająca pożyczek hipotecznych**

bulb /bʌlb/ noun [C] **1** (also **ˈlight bulb**) the glass part of an electric lamp that gives out light: *The bulb's gone* (żarówka się przepaliła) – *I'll have to put a new one in.* ○ *a 60-watt light bulb* ▶ **żarówka 2** the round root of certain plants: *a tulip bulb* ▶ **cebulka**

bulbous /ˈbʌlbəs/ adj. fat, round and ugly: *a bulbous red nose* ▶ **bulwiasty,** (*o nosie*) **kartofelkowaty**

bulge /bʌldʒ/ noun [C] an outward curve or lump on sth that is usually flat ▶ **wypukłość**

□ **bulge** verb [I] **1** to stick out from sth that is usually flat; to swell outwards: *My stomach is starting to bulge. I must get more exercise.* ▶ **wystawać, wybrzuszać (się) 2 bulge with sth** to be full of sth: *a bag bulging with presents* ▶ **być wypchanym** | **bulging** adj. **1** sticking out: *He had a thin face and rather bulging eyes* (wyłupiaste oczy). ▶ **wypukły, wybrzuszony 2** very full: *a bulging bag* ▶ **wypchany**

bulk /bʌlk/ noun **1** [U] the large size or amount of sth: *The cupboard isn't especially heavy – it's its bulk that makes it hard to move.* ▶ **masa,**

duży rozmiar **2** [C] a very large body: *He slowly lifted his vast bulk out of the chair.* ▶ **cielsko 3 (the bulk (of sth))** [sing.] the main part of sth; most of sth: *The bulk of the work has been done.* ▶ **ogromna większość**

IDIOM **in bulk** in large quantities: *If you buy in bulk, it is 10% cheaper.* ▶ **hurtowo**

□ **bulky** adj. (**bulkier**; **bulkiest**) large and heavy and therefore difficult to move or carry: *a bulky parcel* ▶ **nieporęczny, zajmujący dużo miejsca**

bull /bʊl/ noun [C] **1** an adult male of the cow family ▶ **byk 2** the male of certain other animals, e.g. the elephant and the whale ▶ **samiec**

■ **'bullfight** noun [C] a traditional public entertainment, especially in Spain, Portugal and Latin America, in which sb makes a bull angry, fights it and often kills it ▶ **walka byków** | **'bullfighter** noun [C] a man who takes part in a bullfight ▶ **toreador** | **'bullfighting** noun [U] the public entertainment in which men fight bulls in a special stadium (a bullring) ▶ **walka byków**

bulldog /'bʊldɒg; US -dɔ:g/ noun [C] a strong dog with short legs, a large head and a short, thick neck ▶ **buldog**

bulldoze /'bʊldəʊz/ verb [T] to make ground flat or knock down a building with a bulldozer: *The old buildings were bulldozed and new ones were built.* ▶ **równać spychaczem**

□ **bulldozer** /'bʊldəʊzə(r)/ noun [C] a large, powerful tractor with a broad piece of metal at the front, used for clearing ground or knocking down buildings ▶ **spychacz, buldożer**

★**bullet** /'bʊlɪt/ noun [C] a small rounded piece of metal with a pointed end that is fired from a gun: *The bullet hit her in the arm.* ○ *a bullet wound* ○ *There were bullet holes in the window.* ▶ **kula, pocisk**

■ **'bulletproof** adj. made of a strong material that stops bullets from passing through it ▶ **kuloodporny**

bulletin /'bʊlətɪn/ noun [C] **1** a short news report on TV or radio; an official statement about a situation: *a news bulletin* ○ *There were regular bulletins on the Prince's progress while he was in hospital.* ▶ **serwis informacyjny, komunikat 2** a short newspaper that a club or an organization produces ▶ **biuletyn, gazetka**

■ **'bulletin board** noun [C] (US) = NOTICEBOARD

bullion /'bʊliən/ noun [U] bars of gold or silver: *The dollar price of gold bullion has risen by more than 10%.* ▶ **sztaba złota/srebra**

bullseye /'bʊlz aɪ/ noun [C] **1** the centre of a target that you aim at when you are shooting or throwing sth ▶ **środek tarczy 2** a shot that hits this target ▶ **strzał w dziesiątkę**

bully /'bʊli/ noun [C] (pl. **bullies**) a person who uses their greater strength or power to hurt or frighten people who are weaker ▶ **tyran, osoba znęcająca się nad słabszymi**

□ **bully** verb [T] (pres. part. **bullying**; 3rd pers. sing. pres. **bullies**; pt, pp **bullied**) to use your strength or power to hurt or frighten sb who is weaker: *He was bullied at school.* ▶ **znęcać się nad słabszym**

PHRASAL VERB **bully sb into doing sth** to force sb to do sth by frightening them ▶ **zmuszać kogoś do czegoś**

bullying noun [U]: *Bullying is a serious problem in many schools.* ▶ **znęcanie się nad słabszymi**

bulrush /'bʊlrʌʃ/ noun [C] a type of tall plant like a reed that grows in or near water ▶ **sitowie**

bum[1] /bʌm/ noun [C] (informal, Brit.) the part of the body on which you sit; bottom ▶ **pupa**

■ **'bumbag** /'bʌmbæg/ (US **'fanny pack**) noun [C] (informal) a small bag worn around the waist to keep money, etc. in ➲ Ilustr. do **bag**. ▶ **mała torebka noszona przy talii**

bum[2] /bʌm/ noun [C] (informal, especially US) **1** a person who moves from place to place and lives by begging ▶ **włóczęga, żebrak 2** a lazy or useless person ▶ **próżniak**

bump /bʌmp/ verb **1** [I] **bump against/into sb/sth** to hit sth solid by accident when you are moving: *She bumped into a lamp post.* ▶ **zderzać się, uderzać się o coś 2** [T] **bump sth (against/on sth)** to hit sth against or on sth by accident when moving it: *I bumped my knee on the edge of the table.* ▶ **uderzać czymś o coś 3** [I] to move in an uneven way as if going over bumps ▶ **iść po wyboistej drodze**

PHRASAL VERBS **bump into sb** to meet sb by chance: *I bumped into an old friend today.* ▶ **wpadać na kogoś** | **bump sb off** (slang) to kill or murder sb ▶ **załatwiać kogoś, ukatrupić** | **bump sth up** (informal) to increase or make sth go up: *All this publicity will bump up sales.* ▶ **spowodować gwałtowny wzrost**

□ **bump** noun [C] **1** a sudden strong blow caused by sth hard hitting sth else; the sound of such a blow: *She fell and hit the ground with a bump.* ○ *We heard a loud bump from upstairs.* ▶ **uderzenie; łoskot 2** a lump on the body, often caused by a blow ▶ **guz 3** a part of a flat surface that is raised above the rest of it: *There are a lot of bumps in the road, so drive carefully.* ▶ **wybój** | **bumpy** adj. (**bumpier**; **bumpiest**) **1** (used about a surface) having a lot of bumps(3): *a bumpy road* ▶ **wyboisty 2** (used about a journey) rough and uncomfortable; not smooth: *Because of the stormy weather, it was a bumpy flight* (samolot się kołysał). ▶ **niewygodny, uciążliwy**

bumper[1] /'bʌmpə(r)/ noun [C] the bar fixed to the front and back of a motor vehicle to reduce the effect if it hits sth ▶ **zderzak**

bumper[2] /'bʌmpə(r)/ adj. larger than usual: *a bumper harvest* ▶ **rekordowy**

bun /bʌn/ noun [C] **1** a small round sweet cake: *a currant bun* ▶ **słodka bułeczka 2** a small soft bread roll: *a hamburger bun* ▶ **rodzaj bułki 3** hair fastened tightly into a round shape at the back of the head: *She wears her hair in a bun.* ➲ Ilustr. do **hair**. ▶ **kok**

bunch /bʌntʃ/ noun **1** [C] a number of things, usually of the same type, fastened or growing together: *a bunch of keys* ○ *a bunch of bananas/grapes* ○ *She picked me a bunch of flowers.* ▶ **bukiet, kiść, pęk 2** (**bunches**) [pl.] long hair that is tied on each side of the head ➲ Ilustr. do **hair**.

▶ **kucyki** 3 [C, with sing. or pl. verb] (informal) a group of people: *My colleagues are the best bunch of people I've ever worked with.* ▶ **paczka**
□ **bunch** verb [I,T] **bunch (sth/sb) (up/together)** to stay together in a group; to form sth into a group or bunch: *The athletes bunched up as they came round the final bend.* ○ *He kept his papers bunched together in his hand.* ▶ **skupiać się, ścieśniać się; wiązać**

bundle /ˈbʌndl/ noun [C] a number of things tied or wrapped together: *a bundle of letters with an elastic band round them* ▶ **wiązka, plik**
□ **bundle** verb [T] **1 bundle sth (up)** to make or tie sth into a bundle or bundles: *I bundled up the old newspapers and threw them away.* ▶ **z(a)wiązywać** **2** to put or push sb or sth quickly and in a rough way in a particular direction: *He was arrested and bundled into a police car.* ▶ **w/wy-pychać, ciskać**

bung /bʌŋ/ noun [C] a round piece of wood or rubber that is used for closing the hole in certain containers e.g. a barrel, a jar, etc. ▶ **szpunt, zatyczka**
□ **bung** verb [T] (Brit., informal) to put or throw sth somewhere in a rough or careless way: *We bunged the suitcases into the car and drove away.* ▶ **wrzucać** | **bunged up** adj. blocked, so that nothing can get through: *I've got a cold and my nose is all bunged up.* ▶ **zablokowany**

bungalow /ˈbʌŋɡələʊ/ noun [C] a house that is all on one level, without an upstairs ▶ **dom parterowy**

bungee jumping /ˈbʌndʒi dʒʌmpɪŋ/ noun [U] a sport in which you jump from a high place, for example a bridge, with a thick elastic rope tied round your feet ▶ **skok na linie gumowej**

bungle /ˈbʌŋɡl/ verb [I,T] to do sth badly: *The men fled after bungling a raid on a bank* (po nieudanym skoku na bank). ▶ **partaczyć**

bunk[1] /bʌŋk/ noun [C] **1** a bed that is fixed to a wall (e.g. on a ship or train) ▶ **koja** **2** (also ˈ**bunk bed**) one of a pair of single beds built as a unit with one above the other ➲ Ilustr. do **bed**. ▶ **łóżko piętrowe**

bunk[2] /bʌŋk/ noun
IDIOM **do a bunk** (Brit., informal) to run away or escape; to leave without telling anyone ▶ **zwiewać**

bunker /ˈbʌŋkə(r)/ noun [C] **1** a strongly built underground shelter that gives protection in a war ▶ **bunkier** **2** an area of sand on a golf course, where it is difficult to hit the ball ▶ **piaszczysta przeszkoda**

bunny /ˈbʌni/ noun [C] (used by and to small children) a rabbit ▶ **króliczek**

buoy /bɔɪ/ noun [C] a floating object, fastened to the bottom of the sea or a river, that shows ships and boats where dangerous places are ▶ **boja**
□ **buoy** verb [T] **buoy sb/sth (up) 1** to keep sb cheerful: *His encouragement buoyed her up during that difficult period.* ▶ **podtrzymywać na duchu** **2** to keep sth high by supporting it: *Share prices were buoyed by news of a takeover.* ▶ **podtrzymywać, utrzymywać** (*np. na wysokim poziomie*)

buoyant /ˈbɔɪənt/ adj. **1** (used about a material) floating or able to float ▶ **pławny, mogący utrzymywać się na powierzchni wody** **2** happy and cheerful: *The team were in buoyant mood after their win.* ▶ **wesoły** **3** (used about economic and business life) successful, with a lot of activity: *The property market remains buoyant.* ▶ **prężny** **4** (used about prices) rising or keeping at a high level ▶ **utrzymujący się na wysokim poziomie; wzrastający**
□ **buoyancy** /-ənsi/ noun [U]: *a buoyancy aid* pławik ○ *the buoyancy of the German economy* ▶ **pływalność; prężność**

★**burden** /ˈbɜːdn/ noun [C] **1** a heavy load that is difficult to carry ▶ **ciężar** **2** a responsibility or difficult task that causes a lot of work or worry: *Having to make all the decisions is a terrible burden for me.* ○ *I don't want to be a burden to my children when I'm old.* ▶ **ciężar, brzemię**
□ **burden** verb [T] **burden sb/yourself (with sth)** to give sb/yourself a responsibility or task that causes a lot of work or worry: *If I were you, I wouldn't burden myself with other people's problems.* ▶ **obciążać, obarczać**

bureau /ˈbjʊərəʊ/ noun [C] (pl. **bureaux** or **bureaus** /-rəʊz/) **1** (Brit.) a writing desk with drawers and a lid ▶ **sekretarzyk** **2** (US) = CHEST OF DRAWERS **3** (especially US) one of certain government departments: *the Federal Bureau of Investigation* ▶ **biuro** **4** an organization that provides information: *a tourist information bureau* ▶ **biuro**
■ **bureau de change** /ˌbjʊərəʊ də ˈʃɒ̃ʒ/ noun [C] (pl. **bureaux de change**) (Brit.) an office at an airport, in a hotel, etc. where you can change the money of one country to the money of another country ▶ **punkt wymiany walut, kantor**

bureaucracy /bjʊəˈrɒkrəsi/ noun (pl. **bureaucracies**) **1** [C,U] a system of government by a large number of officials in various departments ▶ **biurokracja** **2** [U] (often used in a critical way) the system of official rules that an organization has for doing sth, that people often think are too complicated: *With all the bureaucracy involved, it takes ages to get a visa.* ▶ **biurokracja, formalności**
□ **bureaucrat** /ˈbjʊərəkræt/ noun [C] (often used in a critical way) an official in an organization or government department ▶ **biurokrat-a/ka** | **bureaucratic** /ˌbjʊərəˈkrætɪk/ adj. connected with a bureaucracy, especially when it follows official rules too closely ▶ **biurokratyczny, zbiurokratyzowany, urzędowy**

burger /ˈbɜːɡə(r)/ noun [C] = HAMBURGER
□ **-burger** (in compounds) **1** a hamburger with sth else on top: *a cheeseburger* ▶ **hamburger** (*różnych rodzajów*) **2** something that is cooked like and looks like a hamburger, but is made of sth else: *a fish burger* hamburger rybny ▶ **potrawa w formie hamburgera**

burglar /ˈbɜːɡlə(r)/ noun [C] a person who enters a building illegally in order to steal: *The burglars broke in by smashing a window.* ➲ Zob.

uwaga przy **thief**. ▶ **włamywacz/ka**

□ **burglary** /ˈbɜːɡləri/ noun [C,U] (pl. **burglaries**) the crime of entering a building illegally in order to steal: *There was a burglary at the house next door last week.* ○ *He is in prison for burglary.* ▶ **kradzież z włamaniem**

■ **ˈburglar alarm** noun [C] a piece of equipment, usually fixed on a wall, that makes a loud noise if a thief enters a building ▶ **alarm przeciwwłamaniowy**

burgle /ˈbɜːɡl/ verb [I,T] to enter a building illegally in order to steal from it: *Our flat was burgled while we were out.* ○ *Lock all doors and windows or you might get burgled.* ▶ **włamywać się, okradać**

burial /ˈberiəl/ noun [C,U] the ceremony when a dead body is buried: *The victims of the disaster were flown home for burial.* ➲ Zob. uwaga przy **funeral**. ▶ **pogrzeb**

burly /ˈbɜːli/ adj. (used about a person or sb's body) strong and heavy ▶ **krzepki, tęgi**

★**burn** /bɜːn/ verb (pt, pp **burnt** /bɜːnt/or **burned** /bɜːnd/) **1** [T] to destroy, damage or injure sb/sth with fire or heat: *The whole building was burnt to the ground.* ○ *The water was so hot that I burned my hands.* ○ *If you get too close to the fire, you'll burn yourself.* ○ *The people inside the building were all burnt to death.* ▶ **palić, parzyć** **2** [I] to be destroyed, damaged or injured by fire or heat: *If you leave the cake in the oven for much longer, it will burn.* ○ *I can't spend too much time in the sun because I burn easily.* ○ *They were trapped by the flames and they burned to death.* ▶ **palić się, przypalać się, parzyć się** **3** [T] to produce a hole or mark in or on sth by burning: *He dropped his cigarette and it burned a hole in the carpet.* ▶ **wypalać** (*np. dziurę*) **4** [I] to be on fire: *Firemen raced to the burning building.* ▶ **płonąć** **5** [T] to use sth as fuel: *an oil-burning lamp* lampa olejowa **6** [I] to produce light: *I don't think he went to bed at all – I could see his light burning all night.* ▶ (*o świetle itp.*) **palić się** **7** [I] to feel unpleasantly hot: *You must have a temperature – your forehead's burning.* ▶ **być gorącym, odczuwać gorąco** **8** [I] **burn (with sth)** to be filled with a very strong feeling: *She was burning with indignation.* ▶ **płonąć** (*uczuciem*)

IDIOM **sb's ears are burning** → EAR[1]

PHRASAL VERBS **burn (sth) down** (used about a building) to destroy or be destroyed completely by fire: *The school burned down.* ○ *The house was burnt down in a fire.* ▶ **spalić (się) (doszczętnie)** | **burn (sth) off** to remove sth or to be removed by burning ▶ **spalać/wypalać coś** | **burn sth out** (usually passive) to completely destroy sth by burning: *the burnt-out wreck of a car* ▶ **wypalać, spalać** | **burn yourself out** (usually passive) to work, etc., until you have no more energy or strength: *I've been studying so hard I feel completely burned out.* ▶ (*przen. o osobie*) **wypalić się** | **burn (sth) up** to destroy or be destroyed by fire or strong heat: *The space capsule burnt up on its re-entry into the earth's atmosphere.* ▶ **spalać (się) doszczętnie** | **burn sth up** to destroy sth by fire: *When all the rubbish had been burnt up I put out the fire.* ▶ **spalać doszczętnie**

□ **burn** noun [C] an injury or piece of damage caused by fire or heat: *He has been treated for burns to his face and hands.* ○ *the burns unit of a hospital* ▶ **poparzenie, oparzenie** | **burning** /ˈbɜːnɪŋ/ adj. (only before a noun) **1** (used about a feeling) extremely strong: *a burning ambition/desire* ▶ (*o uczuciach*) **palący** **2** very important or urgent: *a burning issue/question* ▶ (*o problemach itp.*) **palący** **3** feeling very hot: *the burning sun* ▶ **palący**

Burns Night /ˈbɜːnz naɪt/ noun [C] the night of 25 January, when celebrations are held in honour of the Scottish poet Robert Burns, who was born on that day ▶ **święto z okazji urodzin szkockiego poety Roberta Burnsa**

burp /bɜːp/ verb [I] to make a noise with the mouth when air rises from the stomach and is forced out: *He sat back when he had finished his meal and burped loudly.* ▶ **odbijać się, bekać**

□ **burp** noun [C]: *a loud burp* ▶ **odbicie się** (*po jedzeniu*), **beknięcie**

burrow /ˈbʌrəʊ/ noun [C] a hole in the ground made by certain animals (e.g. rabbits) in which they live ▶ **nora, jama**

□ **burrow** verb **1** [I,T] to dig a hole in the ground ▶ **ryć, kopać** (*np. norę*) **2** [I] to search for sth, using your hands as if you were digging: *She burrowed in her handbag for her keys.* ▶ **myszkować, szukać**

bursar /ˈbɜːsə(r)/ noun [C] the person who manages the financial matters of a school, college or university ▶ **kwestor**

□ **bursary** /ˈbɜːsəri/ noun [C] (pl. **bursaries**) a sum of money given to a specially chosen student to pay for their studies at a college or university ▶ **stypendium**

★**burst**[1] /bɜːst/ verb (pt, pp **burst**) [I,T] to break open suddenly and violently, usually because there is too much pressure inside; to cause this to happen: *My shopping bag burst as I was leaving the supermarket.* ○ *You'll burst that balloon if you blow it up any more.* ○ *The balloon burst with a loud bang.* ○ (figurative) *'Would you like some more to eat?' 'No, thanks. If I have any more I'll burst!'* ○ *If it rains much more, the river will burst its banks.* ▶ **pękać, rozsadzać, rozerwać (się), wylewać**

IDIOMS **be bursting (with sth)** to be very full of sth: *I packed so many clothes that my suitcase was bursting.* ○ (figurative) *He was bursting with happiness* (nie posiadał się ze szczęścia) *on his wedding day.* ▶ **pękać (od/z czegoś); tryskać** (*np. radością*) | **be bursting to do sth** to want to do sth very much: *I'm bursting to tell someone the news but it's a secret.* ▶ **korcić kogoś do czegoś** | **burst (sth) open** to open or make sth open suddenly or violently: *Suddenly the doors burst open and five police officers rushed in.* ▶ **gwałtownie (się) otworzyć**

PHRASAL VERBS **burst in on sb/sth** to interrupt sb/sth by arriving suddenly: *I'm sorry to burst in on you like this but there's an urgent phone call.* ▶ **wpadać (gdzieś), wtargnąć** | **burst into sth** to start doing sth suddenly: *On hearing the* *news she burst into tears.* ○ *The lorry hit a wall and burst into flames* (stanęła w płomieniach). ▶ **wybuchać** (*np. płaczem*) | **burst into, out of, through, etc.** to move suddenly in a particular direction, often using force: *She burst into the manager's office and demanded to speak to him.* ▶ **wdzierać się gdzieś, wybiegać (nagle), przedzierać się** | **burst out 1** to start doing sth suddenly: *to burst out laughing* ▶ **wybuchać 2** to say sth suddenly and with strong feeling: *Finally she burst out, 'I can't stand it any more!'* ▶ **wykrzykiwać**

burst² /bɜːst/ noun [C] **1** an occasion when sth bursts or explodes; a crack caused by an explosion: *a burst in a water pipe* ▶ **pęknięcie 2** a short period of a particular activity, that often starts suddenly: *With a burst of speed, she left the other runners behind.* ○ *He prefers to work in short bursts.* ○ *a burst of applause* ▶ **wybuch** (*np. entuzjazmu*), **przypływ** (*np. sił*), **zryw**

★**bury** /ˈberi/ verb [T] (pres. part. **burying**; 3rd pers. sing. pres. **buries**; pt, pp **buried**) **1** to put a dead body in a grave: *She wants to be buried in the village graveyard.* ○ *Anne Brontë is buried in Scarborough.* ▶ **grzebać 2** to put sth in a hole in the ground to cover it up: *Our dog always buries its bones in the garden.* ○ *buried treasure* ▶ **zakopywać 3** (usually passive) to cover or hide: *At last I found the photograph, buried at the bottom of a drawer.* ○ *After the earthquake, hundreds of people were buried under the rubble.* ○ (figurative) *Sally didn't hear us come in. She was buried in a book.* ▶ **przykrywać**; **zatapiać**

★**bus** /bʌs/ noun [C] (pl. **buses**; US also **busses**) a big public vehicle which takes passengers from one stopping place to another along a fixed route: *to get on/off a bus* ○ *to catch/get/take a bus* ○ *to go somewhere by bus* ❶ Zwróć uwagę, że mówi się **by bus**. Można też powiedzieć **on the bus**: *'How do you get to work?' 'On the bus.'* ▶ **autobus**

> The **bus driver** may take your **fare** and give you your **ticket**, or there may be a **conductor** who collects the fares. You can get on or off at a **bus stop** and the central point where most buses start is the **bus station**.

■ **bus stop** noun [C] a place where a bus regularly stops, usually marked by a sign ▶ **przystanek autobusowy**

★**bush** /bʊʃ/ noun **1** [C] a plant like a small, thick tree with many low branches: *a rose bush* ▶ **krzak 2** (often **the bush**) [U, sing.] wild land that is not cultivated, especially in Africa and Australia ▶ **busz**

IDIOM **beat about the bush** → BEAT¹

□ **bushy** (**bushier**; **bushiest**) adj. growing thickly: *bushy hair/eyebrows* ▶ **gęsty, krzaczasty**

busier, busiest, busily → BUSY

★**business** /ˈbɪznəs/ noun **1** [U] buying and selling as a way of earning money; commerce: *She has set up in business as a hairdresser.* ○ *They are very easy to do business with.* ○ *He teaches English for Business.* ▶ **biznes 2** [U] the work that you do as your job: *The manager will be away on business* (w podróży służbowej) *next week.* ○ *a business trip* ▶ **praca 3** [U] the amount of trade done: *Business has been good for the time of year.* ▶ **ruch w interesie 4** [C] a firm, a shop, a factory, etc. which produces or sells goods or provides a service: *a business executive/partner* ○ *She started an antique business of her own.* ○ *Small businesses are finding it hard to survive.* ▶ **interes, firma 5** [U] something that concerns a particular person: *The friends I choose are my business.* ○ *Our business is to collect the information, not to comment on it.* Do nas należy zbieranie informacji, a nie komentowanie. ○ *'How much did it cost?' 'It's none of your business!'* ▶ **(czyjaś) sprawa 6** [U] important matters that need to be dealt with or discussed: *First we have some unfinished business to deal with.* ▶ **sprawy 7** [sing.] a situation or an event: *The divorce was an awful business.* ○ *I found the whole business very depressing.* ▶ **sprawa**

IDIOMS **get down to business** to start the work that must be done: *Let's have a cup of tea before we get down to business.* ▶ **zabierać się do roboty** | **go out of business** to have to close because there is no more money available: *The shop went out of business because it couldn't compete with the new supermarket.* ▶ **zwijać interes** | **have no business to do sth/doing sth** to have no right to do sth: *You have no business to read/reading my letters without asking me.* ▶ **nie mieć prawa** | **mind your own business** → MIND² | **monkey business** → MONKEY

■ ˈ**business card** noun [C] a small card on which sb's name and details of their job and company are printed ▶ **wizytówka** | ˈ**businesslike** adj. efficient and practical: *She has a very businesslike manner.* ▶ **praktyczny, rzeczowy, solidny** | ˈ**businessman**; ˈ**businesswoman** noun [C] (pl. **businessmen**; **businesswomen**) **1** a person who works in business(1), especially in a top position ▶ **biznesmen, kobieta interesu 2** a person who is skilful at dealing with money: *My brother can advise you on your investments – he's a better businessman than I am.* ▶ **człowiek, który ma dobrą głowę do interesów** | ˈ**business studies** noun [U] the study of how to control and manage a business(4) ▶ **zarządzanie i administracja, studia menedżerskie**

busk /bʌsk/ verb [I] to sing or play music in the street so that people will stop and give you money ▶ **muzykować na ulicy**

□ **busker** noun [C] a street musician ▶ **grajek uliczny**

bust¹ /bʌst/ noun [C] **1** a model in stone, etc. of a person's head, shoulders and chest ▶ **popiersie 2** a woman's breasts; the measurement round a woman's chest: *Have you got this jumper in a 36 inch bust?* ▶ **biust 3** (informal) an unexpected visit by the police in order to arrest people for doing sth illegal: *a drugs bust* ▶ **nalot**

bust² /bʌst/ verb [T] (pt, pp **bust** or **busted**) (informal) **1** to break or damage sth so that it cannot be used ▶ **rozwalać 2** to arrest sb: *He was busted for possession of heroin.* ▶ **przymknąć**

□ **bust** adj. (not before a noun) (informal) broken or

not working: *The zip on these trousers is bust.* ▶ **rozwalony**

IDIOM **go bust** (informal) (used about a business) to have to close because it has lost so much money: *During the recession thousands of businesses went bust.* ▶ **plajtować**

■ **'bust-up** noun [C] (informal) a serious quarrel ▶ **draka**

bustle /'bʌsl/ verb **1** [I,T] to move in a busy, noisy or excited way; to make sb move somewhere quickly: *He bustled about the kitchen.* ○ *They bustled her out of the room before she could see the body.* ▶ **krzątać się; popędzać (kogoś)** **2 bustle (with sth)** [I] to be full of sth (people, noise, activity, etc.): *The streets were bustling with shoppers.* ▶ **szumieć, roić się**

□ **bustle** noun [U] excited and noisy activity: *She loved the bustle of city life.* ▶ **zgiełk, bieganina**

★**busy** /'bɪzi/ adj. (**busier**; **busiest**) **1 busy (at/with sth)**; **busy (doing sth)** having a lot of work or tasks to do; not free; working on sth: *Mr Smith is busy until 4 o'clock.* ○ *Don't disturb him. He's busy.* ○ *She's busy with her preparations for the party.* ○ *We're busy decorating the spare room.* ▶ **zajęty** **2** (used about a period of time) full of activity and things to do: *I've had rather a busy week.* ▶ **zapracowany** **3** (used about a place) full of people, movement and activity ▶ **ruchliwy** **4** (US) = ENGAGED(2): *The line's busy at the moment. I'll try again later.* ▶ **zajęty**

IDIOM **get busy** start working: *We'll have to get busy if we're going to be ready in time.* ▶ **zabierać się do roboty**

□ **busy** verb [T] (pres. part. **busying**; 3rd pers. sing. pres. **busies**; pt, pp **busied**) **busy yourself with sth**; **busy yourself doing sth** to keep yourself busy; to find sth to do ▶ **zajmować się** | **busily** adv.: *When I came in she was busily writing something at her desk.* ▶ **pracowicie**

busybody /'bɪzibɒdi/ noun [C] (pl. **busybodies**) a person who is too interested in other people's affairs ▶ **wścibsk-i/a**

★**but**[1] /bət; strong form bʌt/ conj. **1** (used for introducing an idea which contrasts with or is different from what has just been said): *The weather will be sunny but cold.* ○ *Theirs is not the first but the second house on the left.* ○ *James hasn't got a car but his sister has.* ▶ **ale, a** **2** however; and yet: *She's been learning Italian for five years but she doesn't speak it very well.* ○ *I'd love to come but I can't make it till 8 o'clock.* ▶ **ale (jednak)** **3** (used with an apology): *Excuse me, but is your name Peter Watkins?* ○ *I'm sorry, but I can't stay any longer.* ▶ **ale** **4** (used for introducing a statement that shows that you are surprised or annoyed or that you disagree): *'Here's the money I owe you.' 'But that's not right – it was only £6.'* ▶ **ale, jednak**

IDIOM **but then** however; on the other hand: *We could go swimming. But then perhaps it's too cold.* ○ *He's brilliant at the piano. But then so was his father.* ▶ **zresztą**

★**but**[2] /bət; strong form bʌt/ prep. except: *I've told no one but you about this.* ○ *We've had nothing but trouble* (mamy same kłopoty) *with this washing machine!* ▶ **oprócz**

IDIOM **but for sb/sth** except for or without sb/sth: *We wouldn't have managed but for your help.* ▶ **gdyby nie ktoś/coś**

★**butcher** /'bʊtʃə(r)/ noun [C] **1** a person who sells meat: *The butcher cut me four lamb chops.* ○ *She went to the butcher's for some sausages.* ❶ Zwróć uwagę, że **the butcher** to osoba prowadząca sklep, a **the butcher's** to sklep. ➲ Zob. uwaga przy **chemist**. ▶ **rzeźnik** **2** a person who kills many people in a cruel way ▶ **morder-ca/czyni**

□ **butcher** verb [T] to kill a lot of people in a cruel way ▶ **dokonywać rzezi** | **butchery** noun [U] unnecessary or cruel killing ▶ **rzeź**

butler /'bʌtlə(r)/ noun [C] the most important male servant in a big house ▶ **przełożony służby domowej**

butt[1] /bʌt/ noun [C] **1** the thicker, heavier end of a weapon or tool: *the butt of a rifle* ▶ **grubszy koniec** (*broni lub narzędzia*) **2** a short piece of a cigarette or cigar which is left when it has been smoked ▶ **niedopałek** **3** (especially US, informal) your bottom: *Get up off your butt and do some work!* ▶ **tyłek**

butt[2] /bʌt/ noun [C] a person who is often laughed at or talked about unpleasantly: *Fat children are often the butt of other children's jokes.* ▶ **ofiara** (*np. żartu*)

butt[3] /bʌt/ verb [T] to hit or push sb/sth with the head ▶ **uderzać głową**

PHRASAL VERB **butt in (on sb/sth)** to interrupt sb/sth or to join in sth without being asked: *I'm sorry to butt in but could I speak to you urgently for a minute?* ▶ **wtrącać się** (*np. do rozmowy*)

★**butter** /'bʌtə(r)/ noun [U] a soft yellow fat that is made from cream and used for spreading on bread, etc. or in cooking: *First, melt a little butter in the pan.* ▶ **masło**

□ **butter** verb [T] to spread butter on bread, etc.: *I'll cut the bread and you butter it.* ○ *hot buttered toast* ▶ **smarować masłem**

■ **'buttermilk** noun [U] the liquid that is left when butter has been separated from milk ▶ **maślanka**

buttercup /'bʌtəkʌp/ noun [C] a wild plant with bright yellow flowers shaped like small cups ▶ **jaskier**

butterfly /'bʌtəflaɪ/ noun **1** [C] (pl. **butterflies**) an insect with a long, thin body and four brightly coloured wings: *Caterpillars develop into butterflies.* ▶ **motyl** **2** [sing.] a style of swimming in which both arms are brought over the head at the same time, and the legs move up and down together ▶ **styl motylkowy**

IDIOM **have butterflies (in your stomach)** (informal) to feel very nervous before doing sth ▶ **mieć tremę**

buttock /'bʌtək/ noun [C, usually pl.] the part of the body which you sit on ▶ **pośladek**

★**button** /'bʌtn/ noun [C] **1** a small, often round, piece of plastic, wood or metal that you use for fastening your clothes: *One of the buttons on my jacket has come off.* ○ *a shirt button* ○ *to do up/undo your buttons* ▶ **guzik** **2** a type of small switch on a machine, etc. that you press in order to operate sth: *Press this button to ring the bell.* ○ *the buttons on a telephone* ○ *the fire button on a computer joystick* ➲ Ilustr. do **handle**. ▶ **guzik**

■ **'buttonhole** noun [C] **1** a hole in a piece of clothing that you push a button through in order to fasten it ▶ **dziurka 2** (Brit.) a flower that you pin to your coat or jacket or push through your buttonhole ▶ **kwiatek** | **'buttonhole** verb [T] to make sb stop and listen to what you want to say: *I'll try to buttonhole the headmaster before he goes home.* ▶ **zatrzymywać na rozmowę**

buttress /'bʌtrəs/ noun [C] a stone or brick structure that supports a wall or makes it stronger: *Stone buttresses support the walls of the church.* ▶ **przypora**

★**buy** /baɪ/ verb [T] (pt, pp **bought** /bɔːt/) to get sth by paying money for it: *He bought the car from a friend.* ○ *Can I buy you a coffee?* ○ *Did you buy this sofa new?* ▶ **kupować**

IDIOM **buy time** to do sth in order to delay an event, a decision, etc.: *He took a few days' holiday in order to buy some time before giving them his final decision.* ▶ **zyskiwać na czasie**

PHRASAL VERBS **buy sb off** (informal) to pay sb money, especially dishonestly, to stop them from doing sth you do not want them to do: *The construction company tried to buy off the opposition by offering them discounts on the properties they were planning to build.* ▶ **pozyskiwać/kupić kogoś** | **buy sb out** to pay sb for their share in a house, business, etc. in order to get full control of it yourself: *After the divorce, she bought him out and kept the house for herself.* ▶ **spłacać kogoś**

□ **buy** noun [C] an act of buying sth or a thing that you can buy: *I think your house was a very good buy.* ▶ **zakup** | **buyer** noun [C] **1** a person who is buying sth or may buy sth: *I think we've found a buyer for our house!* ▶ **kupując-y/a 2** a person whose job is to choose and buy goods to be sold in a large shop ▶ **pracowni-k/czka działu zakupów**

■ **'buyout** /'baɪaʊt/ noun [C] the act of buying enough or all of the shares in a company in order to get control of it ▶ **wykup** (*akcji przedsiębiorstwa*)

buzz /bʌz/ verb **1** [I] to make the sound that bees, etc. make when flying: *A large fly was buzzing against the window pane.* ▶ **bzyczeć, brzęczeć 2** [I] **buzz (with sth)** to be full of (talk, thoughts, etc.): *Her head was buzzing with questions that she wanted to ask.* ○ *The office was buzzing with rumours about the proposed changes.* ▶ **szumieć 3** [I,T] to call sb by using an electric bell, etc.: *The doctor will buzz for you when he's ready.* ▶ **dzwonić**

□ **buzz** noun [sing.] **1** the sound that a bee, etc. makes when flying: *the buzz of insects* ▶ **bzyk, bzyczenie 2** the low sound made by many people talking at the same time: *I could hear the buzz of conversation in the next room.* ▶ **gwar 3** (informal) a strong feeling of excitement or pleasure: *a buzz of expectation* ○ *Flying in a helicopter gave him a real buzz.* ○ *She gets a buzz out of shopping for clothes.* ▶ **odlot**

IDIOM **give sb a buzz** (informal) to telephone sb ▶ **dzwonić do kogoś**

buzzer noun [C] a piece of equipment that makes a buzzing sound: *You'll hear the buzzer on the cooker when the meal's ready.* ▶ **brzęczyk**

buzzword /'bʌzwɜːd/ noun [C] a word or phrase, especially one connected with a particular subject, that has become fashionable and popular: *Self-organization is the current buzzword.* ▶ **modne słowo**

★**by**[1] /baɪ/ adv. past: *We stopped to let the ambulance get by* (przepuścić karetkę). ○ *If we sit here we can watch the boats sail by* (jak łodzie przepływają). ○ *Time seemed to be going by very slowly.* Wydawało się, że czas mija bardzo powoli. ❶ Często odpowiada polskiemu przedrostkowi, zwł. „prze-".

IDIOMS **by and large** → LARGE | **by the way** → WAY[1] | **close by** → CLOSE[2]

★**by**[2] /baɪ/ prep. **1** beside; very near: *Come and sit by me.* ○ *We stayed in a cottage by the sea* (nad morzem). ▶ **obok, przy 2** past: *He walked straight by me* (przeszedł tuż koło mnie) *without speaking.* ▶ **obok, koło 3** not later than; before: *I'll be home by 7 o'clock.* ○ *He should have telephoned by now/by this time.* ○ *By this time tomorrow you'll be married!* ▶ **do 4** (usually without *the*) during a period of time; in particular circumstances: *By day we covered about thirty miles and by night we rested.* ○ *The electricity went off so we had to work by candlelight.* ▶ **w ciągu, w; przy 5** (after a passive verb) (used for showing who or what did or caused sth): *She was knocked down by a car.* ○ *The event was organized by local people.* ○ *I was deeply shocked by the news* (wiadomościami). ○ *The building was designed by Stirling.* ○ *Who was the book written by?/Who is the book by?* ▶ **przez 6** through doing sth: *You can get hold of me by phoning this number.* ▶ **przez (zrobienie czegoś) 7** using sth: *Will you be paying by cheque* (czekiem)*?* ○ *The house is heated by electricity* (elektrycznością). ○ *'How do you go to work?' 'By train* (pociągiem)*, usually.'* ○ *by bus/car/plane/bicycle* autobusem/samochodem/samolotem/rowerem ❶ **By** + rzeczownik tłumaczy się rzeczownikiem w narzędniku. **8** as a result of; due to: *I got on the wrong bus by mistake/accident* (przez pomyłkę). ○ *I met an old friend by chance* (przypadkowo). ❶ **By** + rzeczownik często tłumaczy się rzeczownikiem w narzędniku lub przysłówkiem. ▶ **przez 9** according to: *It's 8 o'clock by my watch.* ○ *By law you have to attend school from the age of five.* ▶ **według 10** (used for multiplying or dividing): *4 multiplied by 5 is 20.* ○ *6 divided by 2 is 3.* ▶ **przez 11** (used for showing the measurements of an area): *The table is six feet by three feet.* ▶ **na 12** (with *the*) in quantities or periods of: *We buy material by the metre.* ○ *You can rent a car by the day or the week.* ○ *Copies of the book have sold by the million.* ▶ **na, w 13** in groups or units of: *They came in one by one* (jeden za drugim). ○ *Bit by bit I began to understand.* ○ *Day by day she was getting better.* ▶ **po, za 14** to the amount of: *Prices have gone up by 10 per cent.* ○ *I missed the bus by a few minutes.* ▶ **o** **15** (used with a part of the body or an article of clothing) holding: *He grabbed me by the arm.* ▶ **za** **16** with regard to: *She's French by birth.* ○ *He's a doctor by profession.* ○ *By nature she's a very gentle person.* ▶ **z**

bye /baɪ/ (also **bye-bye** /ˌbaɪˈbaɪ/) interj. (informal) goodbye: *Bye! See you tomorrow.* ▶ **cześć!, pa!**

by-election /ˈbaɪ ɪlekʃn/ noun [C] an election to choose a new Member of Parliament for a particular town or area (a constituency). It is held when the previous member has resigned or died. ➲ Por. **general election**. ▶ **wybory dodatkowe**

bygone /ˈbaɪɡɒn/ adj. (only before a noun) that happened a long time ago: *a bygone era* ▶ **miniony**

□ **bygones** noun [pl.]

IDIOM **let bygones be bygones** to decide to forget disagreements or arguments that happened in the past ▶ **puścić w niepamięć dawne urazy**

bypass /ˈbaɪpɑːs; US -pæs/ noun [C] **1** a road which traffic can use to go round a town, instead of through it ▶ **obwodnica** **2** an operation on the heart to send blood along a different route so that it does not go through a part which is damaged or blocked: *a triple bypass operation* ○ *heart bypass surgery* operacja wszczepienia bypassów ▶ **pomostowanie aortalno-wieńcowe, bypass**

□ **bypass** verb [T] to go around or to avoid sth using a bypass: *Let's try to bypass the city centre.* ○ (figurative) *It's no good trying to bypass the problem.* ▶ **objeżdżać; omijać**

by-product /ˈbaɪ prɒdʌkt/ noun [C] **1** something that is formed during the making of sth else ▶ **produkt uboczny** **2** something that happens as the result of sth else: *An increase in crime is one of the by-products of unemployment.* ▶ **skutek uboczny**

bystander /ˈbaɪstændə(r)/ noun [C] a person who is standing near and sees sth that happens, without being involved in it: *Several innocent bystanders were hurt.* ▶ **przypadkowy świadek**

byte /baɪt/ noun [C] a unit of information that can represent one item, such as a letter or a number. A byte is usually made up of a series of eight smaller units called bits. ▶ **bajt**

byword /ˈbaɪwɜːd/ noun [usually sing.] **1** a **byword for sth** a person or a thing that is a typical or well-known example of a particular quality: *A limousine is a byword for luxury.* ▶ **synonim/symbol czegoś** **2** (especially US) a word or phrase that is often used ▶ **powiedzenie**

Cc

C, c /siː/ noun [C] (pl. **C's; c's**) **1** the third letter of the English alphabet ▶ **litera** *c* **2** (used about music) the first note in the series of notes called the scale of C major: *C major* C-dur ○ *C minor* c-moll ○ *C sharp* Cis, cis ○ *C flat* Ces, ces ○ *The aria finished on a high C.* ▶ **C/c**

C abbr. Celsius; centigrade: *Water freezes at 0°C* ▶ **C°**

c abbr. (before dates) about, approximately: *c 1770* ▶ **ca.**

cab /kæb/ noun [C] **1** (especially US) = TAXI[1]: *Let's take a cab/go by cab.* ▶ **taksówka** **2** the part of a lorry, train, bus, etc. where the driver sits ▶ **szoferka**

■ **'cab stand** (US) = TAXI RANK

cabaret /ˈkæbəreɪ; US ˌkæbəˈreɪ/ noun [C,U] an entertainment with singing, dancing, etc. in a restaurant or nightclub ▶ **kabaret**

★**cabbage** /ˈkæbɪdʒ/ noun [C,U] a large round vegetable with thick green, or sometimes dark red leaves, often eaten cooked: *We've planted cabbages in the garden.* ○ *Shall we have cabbage with the sausages?* ▶ **kapusta**

cabin /ˈkæbɪn/ noun [C] **1** a small room in a ship or boat, where a passenger sleeps: *We've booked a cabin on the ferry as we'll be travelling overnight.* ▶ **kajuta** **2** one of the parts of an aeroplane, at the front or where the passengers sit: *I prefer to have a seat at the front of the cabin.* ○ *the pilot's cabin* ▶ **kabina** **3** a small wooden house or hut: *We stayed in a log cabin in Sweden.* ▶ **chata**

■ **'cabin cruiser** noun [C] = CRUISER(2)

cabinet /ˈkæbɪnət/ noun [C] **1** a cupboard with shelves or drawers, used for storing things: *a medicine cabinet* ○ *a filing cabinet* ▶ **szafka, gablotka** **2** (also **the Cabinet**) [with sing. or pl. verb] the most important ministers in a government, who have regular meetings with the Prime Minister: *The Cabinet is/are meeting today to discuss the crisis.* ○ *a cabinet meeting/minister* ▶ **gabinet, rada ministrów**

cable /ˈkeɪbl/ noun **1** [C] a very strong, thick rope or chain, etc. ▶ **lina** **2** [C,U] a set of wires covered with plastic, etc., for carrying electricity or signals: *an underground electrical cable* ○ *a telephone cable* ○ *fibre-optic cable* ▶ **kabel** **3** [C] (old-fashioned) = TELEGRAM **4** [U] = CABLE TELEVISION

■ **'cable car** noun [C] a carriage that hangs on a moving cable(1) and carries passengers up and down a mountain ▶ **wagonik kolejki linowej** | **cable 'television** (also ˌ**cable T'V**) noun [U] a system of broadcasting television programmes by cable(2) instead of by radio signals ▶ **telewizja kablowa**

cackle /'kækl/ noun [C] **1** the loud sound that a hen makes after laying an egg ▶ **gdakanie 2** a loud, unpleasant laugh ▶ **rechot**
□ **cackle** verb [I] ▶ **gdakać, rechotać**

cactus /'kæktəs/ noun [C] (pl. **cactuses** or **cacti** /'kæktaɪ/) a type of plant that grows in hot, dry areas, especially deserts. A cactus has a thick stem and prickles but no leaves. ▶ **kaktus**

cadet /kə'det/ noun [C] a young person who is training to be in the army, navy, air force or police ▶ **kadet**

cadge /kædʒ/ verb [I,T] **cadge (sth) (from/off sb)** (informal) to try to persuade sb to give or lend you sth: *He's always cadging meals from people without repaying them!* ○ *Could I cadge a lift with you?* ▶ **wysępić, wyłudzać**

Caesarean (US also **cesarean**) /si'zeəriən/ noun [C] an operation to remove a baby from its mother's body when a normal birth would be impossible or dangerous ❶ Używa się też określenia **Caesarean section** lub (w Amer. ang.) **C-section**. ▶ **cesarskie cięcie**

★**cafe** /'kæfeɪ; US kæ'feɪ/ noun [C] a small restaurant that serves drinks and light meals ❶ W Wlk. Br. w **café** na ogół nie podaje się napojów alkoholowych, które dostępne są w pubie. **Café** oferuje kawę poranną, lekkie obiady, podwieczorki, herbatę. Zazwyczaj jest zamykana około 18.00. ▶ **kawiarnia, herbaciarnia**

cafeteria /ˌkæfə'tɪəriə/ noun [C] a restaurant, especially one for staff or workers, where people collect their meals on trays and carry them to their tables ➲ Por. **canteen**. ▶ **stołówka**

cafetière /ˌkæfə'tjeə(r)/ noun [C] a special glass container for making coffee with a metal filter that you push down ▶ **szklane naczynie z tłokiem do parzenia kawy**

caffeine /'kæfiːn/ noun [U] the substance found in coffee and tea which makes you feel more awake and lively ➲ Por. **decaffeinated**. ▶ **kofeina**

★**cage** /keɪdʒ/ noun [C] a box made of bars or wire, or a space surrounded by wire or metal bars, in which a bird or an animal is kept so that it cannot escape: *The tiger paced up and down its cage.* ○ *The parrot has escaped from its cage.* ▶ **klatka**
□ **caged** /keɪdʒd/ adj.: *He felt like a caged animal in the tiny office.* ▶ **(trzymany) w klatce**

cagey /'keɪdʒi/ adj. **cagey (about sth)** (informal) not wanting to give information or to talk about sth ❶ Bardziej formalne jest słowo **secretive**. ▶ **tajemniczy, robiący uniki**

cagoule /kə'guːl/ noun [C] a long waterproof jacket with a hood ▶ **długa kurtka przeciwdeszczowa z kapturem**

★**cake** /keɪk/ noun **1** [C,U] a sweet food made by mixing flour, eggs, butter, sugar, etc. together and baking the mixture in the oven: *a birthday/wedding/chocolate/fruit/sponge cake* ○ *The bride and bridegroom cut the cake.* ○ *Would you like some more cake?* ○ *a piece of birthday cake* ▶ **ciast-o/ko**

After **making** or **baking** a cake, you often **ice** or (US) **frost** the top and sides of it.

2 [C] a mixture of other food, cooked in a round, flat shape: *fish cakes* ○ *potato cakes* ▶ **placek**

IDIOMS **have your cake and eat it** to enjoy the advantages of sth without its disadvantages; to have both things that are available: *You can't go out every night and save for your holiday. You can't have your cake and eat it.* Nie możesz mieć wszystkiego naraz. ▶ **i wilk syty, i owca cała** | **a piece of cake** → PIECE[1]
□ **cake** verb [T] (usually passive) to cover sth thickly with a substance that becomes hard when it dries: *boots caked in/with mud* ▶ **oblepiać**

calamity /kə'læməti/ noun [C,U] (pl. **calamities**) a terrible event that causes a lot of damage or harm ▶ **katastrofa, klęska**

calcium /'kælsiəm/ noun [U] (symbol **Ca**) a chemical element. Calcium is found in bones, teeth and chalk. ▶ **wapno**

★**calculate** /'kælkjuleɪt/ verb [T] **1** to find sth out by using mathematics: *I've been calculating the costs involved and it's too expensive.* ○ *It's difficult to calculate how long the project will take.* ▶ **obliczać 2** to consider or expect sth: *We calculated that the advantages would be greater than the disadvantages.* ▶ **kalkulować**

IDIOM **calculated to do sth** intended or designed to do sth: *His remark was clearly calculated to annoy me.* ▶ **powiedziany/zrobiony naumyślnie, żeby**
□ **calculating** adj. planning things in a very careful and selfish way in order to achieve exactly what you want: *Her cold, calculating approach made her many enemies.* ▶ **wyrachowany** | **calculation** /ˌkælkju'leɪʃn/ noun **1** [C,U] finding an answer by using mathematics: *Several of his calculations are wrong.* ○ *Calculation of the exact cost is impossible.* ▶ **obliczenie 2** [U] (formal) careful thought and planning in order to achieve your own, selfish aims: *His actions were clearly the result of deliberate calculation.* ▶ **wyrachowanie**

calculator /'kælkjuleɪtə(r)/ noun [C] a small electronic machine used for calculating figures: *a pocket calculator* ▶ **kalkulator**

caldron (especially US) = CAULDRON

★**calendar** /ˈkælɪndə(r)/ noun [C] **1** a list that shows the days, weeks and months of a particular year: *She had ringed the important dates on her calendar in red.* ○ *There was a calendar hanging on the back of the door.* ⓘ **Calendar** zazwyczaj wisi na ścianie, ma oddzielną stronę na każdy miesiąc i często jest ilustrowany. ➲ Por. **diary**. ▶ **kalendarz 2** a system for dividing time into fixed periods and for marking the beginning and end of a year: *the Muslim calendar* ▶ **kalendarz 3** a list of dates and events in a year that are important in a particular area of activity: *Wimbledon is a major event in the sporting calendar.* ▶ **kalendarz**

■ ˌ**calendar ˈmonth** noun [C] = MONTH(1,2) | ˌ**calendar ˈyear** noun [C] = YEAR(2)

calf¹ /kɑːf; US kæf/ noun [C] (pl. **calves** /kɑːvz; US kævz/) **1** a young cow ➲ Zob. uwaga przy **meat** i **cow**. ▶ **cielę**

The meat from a calf is called **veal**.

2 the young of some other animals, e.g. elephants ▶ **młode**

calf² /kɑːf; US kæf/ noun [C] (pl. **calves** /kɑːvz; US kævz/) the back of your leg, below your knee ▶ **łydka**

calibre (US **caliber**) /ˈkælɪbə(r)/ noun [sing., U] the quality or ability of a person or thing: *The company's employees are of the highest calibre.* ▶ **kaliber**

CALL /kæl/ abbr. computer-assisted language learning ▶ **nauka języka wspomagana komputerowo**

★**call¹** /kɔːl/ noun **1** [C] a loud sound that is made to attract attention; a shout: *a call for help* ○ *That bird's call is easy to recognize.* ▶ **wołanie, krzyk, śpiew 2** (also ˈ**phone call**) [C] an act of telephoning or a conversation on the telephone: *Were there any calls for me while I was out?* ○ *I'll give you a call at the weekend.* ○ *The manager is on the line. Will you take the call?* ○ *a local call* ○ *a long-distance call* ▶ **rozmowa telefoniczna 3** [C] a short visit, especially to sb's house: *We could pay a call on Dave on our way home.* ○ *The doctor has several calls to make this morning.* ▶ **wizyta 4** [C] a request, demand for sth: *There have been calls for the President to resign.* ▶ **żądanie 5** [C,U] **call for sth** a need for sth: *The doctor said there was no call for concern.* ▶ **powód do czegoś**

IDIOMS **at sb's beck and call** → BECK | **(be) on call** to be ready to work if necessary: *Dr Young will be on call this weekend.* ▶ **na dyżurze, w pogotowiu**

■ ˈ**call box** noun [C] = TELEPHONE BOX | ˈ**call-in** (US) = PHONE-IN

★**call²** /kɔːl/ verb **1** [I,T] **call (out) to sb; call (sth) (out)** to say sth loudly or to shout in order to attract attention: *'Hello, is anybody there?' she called.* ○ *I could hear a voice calling for help.* ○ *He called out the names and the winners stepped forward.* ○ *Call the children. Breakfast is ready.* ▶ **wołać, krzyczeć 2** [I,T] (especially US) = RING²(1): *Who's calling, please?* ○ *Thank you for calling.* Dziękuję za telefon. ○ *I'll call you tomorrow.* ○ *We're just in the middle of dinner. Can I call you back later?* ▶ **dzwonić 3** (**be called**) to have as your name: *What's your wife called?* ○ *What was that village called?* ▶ **nazywać się 4** [T] to name or describe a person or thing in a certain way: *They called the baby Martin.* ○ *My name is Elizabeth but I'm often called Liz.* ○ *Can you really call this picture 'art'?* ○ *It was very rude to call her fat.* ○ *Are you calling me a liar?* ▶ **nazywać 5** [T] to order or ask sb to come to a certain place: *Can you call everybody in for lunch?* ○ *The President called his advisers to the White House.* ○ *I think we had better call the doctor.* ▶ **wzywać 6** [T] to arrange for sth to take place at a certain time: *to call a meeting/an election/a strike* ▶ **ogłaszać 7** [I] **call (in/round) (on sb/at…)** to make a short visit to a person or place: *Can I call in/round after supper?* ○ *We called at his house but there was nobody in.* ▶ **zaglądać (do kogoś) 8** [I] **call at…** (used about a train, etc.) to stop at: *This is the Intercity service to Poole, calling at Reading and Southampton.* ▶ **zatrzymywać się** (*w jakimś miejscu/na jakiejś stacji*)

IDIOMS **call sb's bluff** to tell sb to actually do what they are threatening to do (believing that they will not risk doing it) ▶ **sprawdzać kogoś** (*np. czy nie blefuje*) | **call it a day** (informal) to decide to stop doing sth: *Let's call it a day* (wystarczy na dzisiaj). *I'm exhausted.* ▶ **skończyć coś robić** | **call/bring sb/sth to mind** → MIND¹ | **call sb names** to use insulting words about sb ▶ **wymyślać komuś, wyzywać kogoś** | **call the shots/tune** (informal) to be in a position to control a situation and make decisions about what should be done ▶ **nadawać ton,** (*przen.*) **dyrygować (kimś)**

PHRASAL VERBS **call by** (informal) to make a short visit to a place or person as you pass: *I'll call by to pick up the book on my way to work.* ▶ **zaglądać/wpadać (do kogoś)** | **call for sb** (Brit.) to collect sb in order to go somewhere together: *I'll call for you when it's time to go.* ▶ **przychodzić/przyjeżdżać po** | **call for sth** to demand or need: *The opposition is calling for an early general election.* ○ *The crisis calls for immediate action.* ○ *This calls for a celebration!* To trzeba uczcić. ○ *Their rudeness was not called for.* Ich nieuprzejmość była zupełnie nie na miejscu. ▶ **wymagać, wzywać** | **call sth off** to cancel sth: *The football match was called off because of the bad weather.* ▶ **odwoływać** | **call sb out** to ask or tell sb to go somewhere: *We had to call out the doctor in the middle of the night.* ○ *The police were called out to control the riot.* ▶ **wzywać** | **call sb up 1** (especially US) to telephone sb: *He called me up to tell me the good news.* ▶ **zadzwonić 2** to order sb to join the army, navy or air force: *All the men between the ages of 18 and 25 were called up.* ▶ **powoływać** (*np. do wojska*) | **call sth up** to get sth that is stored in a computer up on the screen so that you can look at it: *The bank clerk called up my account details on screen.* ▶ **przeglądać** (*dane w komputerze*)

□ **caller** noun [C] a person who telephones or

visits sb: *I don't know who the caller was. He rang off without giving his name.* ▶ **telefonując-y/a; odwiedzający-y/a**

callous /ˈkæləs/ adj. not caring about the suffering of other people ▶ **nieczuły, bezduszny**

★**calm** /kɑːm; US kɑːlm/ adj. **1** not worried or angry; quiet: *Try to keep calm* (uspokoić się) – *there's no need to panic.* ○ *She spoke in a calm voice.* ○ *The city is calm again after last night's riots.* ▶ **spokojny, opanowany 2** without big waves: *a calm sea* ▶ **spokojny 3** without much wind: *calm weather* ▶ **bezwietrzny**
□ **calm** noun [U] a period of time or a state when everything is peaceful: *After living in the city, I enjoyed the calm of country life.* ▶ **spokój** | **calm** verb [I,T] **calm (sb/sth) (down)** to become or to make sb quiet or calm: *Calm down! Shouting at everybody won't help.* ○ *She calmed the horses by talking quietly to them.* ○ *He read the children a story to calm them down.* ▶ **uspokajać (się)** | **calmly** adv.: *Len told the police very calmly exactly what he had seen.* ▶ **spokojnie** | **calmness** noun [U] ▶ **spokój**

Calor gas™ /ˈkælə gæs/ noun [U] gas that is kept in special bottles and used for cooking, heating, etc. ▶ **gaz propan butan**

calorie /ˈkæləri/ noun [C] **1** a unit for measuring the energy that a certain amount of food will produce ▶ **kaloria 2** a unit for measuring heat ▶ **kaloria**

calves pl. of CALF[1,2]

camcorder /ˈkæmkɔːdə(r)/ noun [C] a camera that you can carry with you and use for recording pictures and sound on a video cassette ▶ **kamera wideo**

came pt of COME

★**camel** /ˈkæml/ noun [C] an animal that lives in the desert and has a long neck and either one or two humps on its back. It is used for carrying people and goods. ▶ **wielbłąd**

camellia /kəˈmiːliə/ noun [C] a bush, originally from China and Japan, with shiny leaves and white, red or pink flowers ▶ **kamelia**

cameo /ˈkæmiəʊ/ noun [C] (pl. **cameos**) **1** a small part in a film or play that is usually played by a famous actor: *Sean Connery plays a cameo role as the dying king.* ▶ **mała rola grana przez słynnego aktora 2** a piece of jewellery that has a design in one colour and a background in a different colour ▶ **kamea**

★**camera** /ˈkæmərə/ noun [C] a piece of equipment that you use for taking photographs or moving pictures: *I need a new film for my camera.* ○ *a television/video camera* ▶ **aparat fotograficzny, kamera filmowa**
■ **cameraman** /ˈkæmrəmən/ noun [C] (pl. **cameramen**) a person whose job is to operate a camera for a film or a television company ▶ **kamerzyst-a/ka**

camomile (also **chamomile**) /ˈkæməmaɪl/ noun [U] a sweet-smelling plant with small white and yellow flowers whose leaves and flowers are used in medicine, etc.: *camomile tea* ○ *camomile shampoo* ▶ **rumianek**

camouflage /ˈkæməflɑːʒ/ noun [U] materials or colours that soldiers use to make themselves and their equipment less easy to see ▶ **kamuflaż**
□ **camouflage** verb [T] to make sb/sth difficult to see in a particular place ▶ **kamuflować**

★**camp** /kæmp/ noun [C,U] a place where people live in tents or huts for a short time: *a scout camp* ○ *a holiday camp* ○ *a training camp* (dla żołnierzy) ○ *We returned to camp tired after our long hike.* ○ *The climbers set up camp* (rozbili obóz) *at the foot of the mountain.* ▶ **obóz**
□ **camp** verb [I] **camp (out)** to put up a tent and sleep in it: *Where shall we camp tonight?* ○ *The children like to camp out in summer.* ❶ W rozmowie o biwakowaniu/kempingowaniu dla przyjemności używa się zwrotu **go camping**: *They went camping in France last year.* ▶ **biwakować, spać pod namiotem** | **camper** noun [C] **1** a person who camps ▶ **biwakowicz 2** (also **camper van**) a motor vehicle in which you can sleep, cook, etc. while on holiday ▶ **samochód kempingowy 3** (US) = CARAVAN | **camping** noun [U] sleeping or spending a holiday in a tent: *Camping is cheaper than staying in hotels.* ○ *a camping holiday* ▶ **biwakowanie, spanie w namiocie**
■ **ˈcamp bed** (US **cot**) noun [C] a light, narrow bed that you can fold up and carry easily ➲ Ilustr. do **bed**. ▶ **łóżko turystyczne/składane** | **ˈcampsite** (also **ˈcamping site**) noun [C] a place where you can camp ▶ **kemping**

★**campaign** /kæmˈpeɪn/ noun [C] **1** a plan to do a number of things in order to achieve a special aim: *an advertising campaign* ▶ **kampania 2** a planned series of attacks in a war ▶ **kampania**
□ **campaign** verb [I] **campaign (for/against sb/sth)** to take part in a campaign(1) in order to make sth happen or to prevent sth ▶ **uczestniczyć w kampanii, przeprowadzać kampanię** | **campaigner** noun [C]: *a campaigner for equal rights for women* ▶ **uczestni-k/czka kampanii**

campus /ˈkæmpəs/ noun [C,U] (pl. **campuses**) the area of land where the main buildings of a college or university are: *the college campus* ○ *About half the students live on campus – the other half rent rooms in the town.* ▶ **teren** (*uczelni*)

★**can**[1] /kən; strong form kæn/ modal verb (negative **cannot** /ˈkænɒt/, short form **can't** /kɑːnt; US kænt/; pt **could** /kəd/, strong form /kʊd/; negative **could not**, short form **couldn't** /ˈkʊdnt/) **1** (used for showing that it is possible for sb/sth to do sth or that sb/sth has the ability to do sth): *I can catch a bus from here.* ○ *Can you ride a bike?* ○ *He can't speak French.* ○ *She couldn't answer the question.* ▶ **móc; umieć**

> **Can** nie występuje w bezokoliczniku ani w formach imiesłowowych. Aby wyrazić czas przyszły lub formy dokonane używa się **be able to**: *One day people will be able to travel to Mars.* ○ *He's been able to swim for almost a year.*
> **Could have** używa się, aby powiedzieć, że ktoś miał możliwość coś zrobić, ale tego nie

zrobił: *She could have passed the exam but she didn't really try.*

2 (asking or giving permission): *Can I have a drink, please?* ○ *He asked if he could have a drink.* ○ *You can't go swimming today.* ▶ **móc**

Aby wyrazić ogólne pozwolenie w przeszłości, używa się **could**: *I could do anything I wanted when I stayed with my grandma.* Kiedy mówi się o jednej konkretnej sytuacji, wtedy nie używa się **could**: *They were allowed to visit him in hospital yesterday.*

3 (asking sb to do sth): *Can you help me carry these books?* ▶ **móc** **4** (offering to do sth): *Can I help at all?* ▶ **móc** **5** (talking about sb's typical behaviour or of a typical effect): *You can* (potrafisz) *be very annoying.* ○ *Wasp stings can be very painful.* ▶ **móc** **6** (used in the negative for saying that you are sure sth is not true): *That can't be Mary – she's in London.* ○ *Surely you can't be hungry. You've only just had lunch.* ▶ **móc** **7** (used with the verbs 'feel', 'hear', 'see', 'smell', 'taste')

Wyżej wymienionych czasowników (i innych oznaczających postrzeganie za pomocą zmysłów) nie używa się w czasach *continuous*. W sytuacjach, w których wymagane jest użycie tego czasu, zamiast niego często stosuje się **can** + bezokolicznik: *I can smell something burning.* Czuję, że coś się pali.

⋆**can**[2] /kæn/ noun [C] **1** a metal or plastic container that is used for holding or carrying liquid: *an oil can* ○ *a can of oil* ○ *a watering can* konewka ▶ **puszka** **2** a metal container for food that is sealed so that the food stays fresh: *a can of sardines* ○ *a can of beer* ❶ W Br. ang. częściej używa się słowa **tin**. **Can** używane jest do napojów. ➲ Ilustr. do **container**. ▶ **puszka**
□ **can** verb [T] (**canning**; **canned**) to put food, drink, etc. into a can in order to keep it fresh for a long time: *canned fruit* owoce w puszkach/z puszki ▶ **puszkować**

⋆**canal** /kə'næl/ noun [C] **1** a channel that is cut through land so that boats or ships can travel along it or so that water can flow to an area where it is needed: *the Suez Canal* ▶ **kanał** **2** one of the tubes in the body through which food, air, etc. passes ▶ **przewód**

canary /kə'neəri/ noun [C] (pl. **canaries**) a small yellow bird that sings and is often kept in a cage as a pet ▶ **kanarek**

⋆**cancel** /'kænsl/ verb [T] (**cancelling**; **cancelled**; US **canceling**; **canceled**) **1** to decide that sth that had been planned or arranged will not happen: *Because of the bad weather the picnic was cancelled.* ➲ Por. **postpone**. ▶ **odwoływać** **2** to stop sth that you asked for or agreed to: *We shall have to cancel the reservation.* ○ *I wish to cancel my order for these books.* ▶ **odwoływać, unieważnić**
PHRASAL VERB **cancel (sth) out** to be equal or have an equal effect: *What I owe you is the same as what you owe me, so our debts cancel each other out.* ▶ **wyrównywać się, znosić się wzajemnie**
□ **cancellation** /ˌkænsə'leɪʃn/ noun [C,U] the act of cancelling sth: *We've had several cancellations for this evening's concert.* ○ *The cancellation of the match was a great disappointment.* ▶ **odwołanie**

Cancer[1] /'kænsə(r)/ noun [C,U] the fourth sign of the zodiac, the Crab; a person who was born under this sign ▶ **Rak; zodiakalny Rak**

cancer[2] /'kænsə(r)/ noun [C,U] a very serious disease in which lumps grow in the body in an uncontrolled way: *She has lung cancer.* ○ *He died of cancer.* ▶ **rak**
□ **cancerous** adj.: *a cancerous growth* ○ *cancerous cells* ▶ **nowotworowy, rakowy**

candid /'kændɪd/ adj. honest and frank; saying exactly what you think ❶ Rzeczownik: **candour**. ▶ **otwarty, bezpośredni**
□ **candidly** adv. ▶ **otwarcie, bezpośrednio**

⋆**candidate** /'kændɪdət; -deɪt/ noun [C] **1** a person who applies for a job or wants to be elected to a particular position: *We have some very good candidates for the post.* ▶ **kandydat/ka** **2** a person who is taking an examination ▶ **kandydat/ka**
□ **candidacy** /'kændɪdəsi/ noun [U] being a candidate ▶ **kandydatura**

⋆**candle** /'kændl/ noun [C] a round stick of wax with a wick through the middle that you can burn to give light: *to light/blow out a candle* ▶ **świeca**
■ **'candlelight** noun [U] the light that a candle produces: *They had dinner by candlelight* (przy świecach). ▶ **światło świec** | **'candlestick** noun [C] a holder for a candle or candles ▶ **świecznik**

candour (US **candor**) /'kændə(r)/ noun [U] the quality of being honest; saying exactly what you think ❶ Przymiotnik: **candid**. ▶ **otwartość, bezpośredniość**

candy /'kændi/ noun [C,U] (pl. **candies**) (US) = SWEET[2](1): *You eat too much candy.* ▶ **cukierki**

cane /keɪn/ noun **1** [C,U] the long, hollow stem of certain plants, such as the sugar plant ▶ **trzcina** **2** [C] a stick, for example a walking stick or a stick used to hit sb with ▶ **laska, kij**
□ **cane** verb [T] to punish sb by hitting them with a cane(2) ▶ **chłostać**

canine /'keɪnaɪn/ adj. connected with dogs or like a dog ▶ **psi**

canister /'kænɪstə(r)/ noun [C] a small metal container ▶ **kanister, puszka metalowa**

cannabis /'kænəbɪs/ noun [U] a drug made from the hemp plant that some people smoke for pleasure, but which is illegal in many countries ▶ **marihuana**

cannibal /'kænɪbl/ noun [C] a person who eats other people ▶ **kanibal**
□ **cannibalism** /'kænɪbəlɪzəm/ noun [U] ▶ **kanibalizm**

cannon /'kænən/ noun [C] (pl. **cannon** or **cannons**) **1** a large old-fashioned gun that was used for firing stone or metal balls called cannonballs ▶ **armata 2** a large modern gun on a ship, tank, aeroplane, etc. ▶ **armata**

cannot /ˈkænɒt/ = CANNOT

canoe /kəˈnuː/ noun [C] a light, narrow boat for one or two people that you can move through the water using a paddle ➲ Por. **kayak**. ▶ **kajak, kanoe**

□ **canoe** verb [I] (pres. part. **canoeing**; 3rd pers. sing. pres. **canoes**; pt, pp **canoed**) to travel in a canoe ❶ Można powiedzieć **He is learning to canoe** lub **They canoed down the river**, ale kiedy mówi się o spędzaniu pewnego czasu w kajaku, wtedy częściej używa się zwrotu **go canoeing**: *We're going canoeing on the Thames tomorrow.* ▶ **pływać kajakiem**

canon /ˈkænən/ noun [C] a Christian priest who works in a cathedral ▶ **kanonik**

canopy /ˈkænəpi/ noun [C] (pl. **canopies**) a cover, often a piece of cloth, that hangs above sth: *a throne with a purple silk canopy over it* ▶ **baldachim**

can't short for CANNOT

canteen /kænˈtiːn/ noun [C] the place in a school, factory, office, etc. where the people who work there can get meals: *the staff canteen* ➲ Por. **cafeteria**. ▶ **stołówka**

canter /ˈkæntə(r)/ verb [I] (used about a horse and its rider) to run fairly fast but not very: *We cantered along the beach.* ❶ Czasownik **canter** oznacza szybszy bieg niż **trot**, ale wolniejszy niż **gallop**. ▶ (*o koniu, jeźdźcu*) **galopować**

□ **canter** noun [sing.] ▶ **galop**

canvas /ˈkænvəs/ noun **1** [U] a type of strong cloth that is used for making tents, sails, bags, etc. ▶ **płótno 2** [C] a piece of canvas for painting a picture on; the painting itself ▶ **płótno**

canvass /ˈkænvəs/ verb **1** [I,T] to go around an area trying to persuade people to vote for a particular person or political party in an election: *He's canvassing for the Conservative Party.* ▶ **zabiegać (o głosy wyborców) 2** [T] to find out what people's opinions are about sth ▶ **badać opinie**

canyon /ˈkænjən/ noun [C] a deep valley with very steep sides: *the Grand Canyon, Arizona* ▶ **kanion**

⋆**cap** /kæp/ noun [C] **1** a soft flat hat that is usually worn by men or boys ▶ **czapka 2** a hat that is worn for a particular purpose: *a shower cap* ▶ **czapka, czepek 3** a covering for the end or top of sth: *Please put the cap back on the bottle.* ○ *Take the lens cap off before you take the photo!* ➲ Por. **lid** i **top**. Ilustr. do **container**. ▶ **nakrętka, kapsel, nasadka**

□ **cap** verb [T] (**capping**; **capped**) **1** to cover the top of sth: *mountains capped with snow* ▶ **pokrywać 2** to follow sth with sth bigger or better ▶ **uwieńczyć**

IDIOM **to cap it all** as a final piece of bad luck: *What a holiday! The plane was delayed for 24 hours, they lost their luggage and to cap it all he broke his leg skiing.* ▶ **na domiar złego**

capability /ˌkeɪpəˈbɪləti/ noun [C,U] (pl. **capabilities**) the quality of being able to do sth: *How many countries have nuclear capability* (mają broń jądrową)*?* ○ *People are often not aware of their own capabilities.* ▶ **umiejętność, możliwość, zdolność**

⋆**capable** /ˈkeɪpəbl/ adj. **1** having a lot of skill; good at doing sth: *She's a very capable teacher.* ○ *We need a capable person to organize the concert.* ▶ **zdolny, uzdolniony 2 capable of (doing) sth** able to do sth; having the power to do sth: *He's capable of passing the exam if he tries harder.* ○ *That car is capable of 180 miles per hour.* ○ *I do not believe that she's capable of stealing.* ❶ Antonim: **incapable**. ▶ **w stanie (coś zrobić), zdolny do**

□ **capably** adv. ▶ **zdolnie**

capacity /kəˈpæsəti/ noun (pl. **capacities**) **1** [sing., U] the greatest amount that a container or space can hold: *The tank has a capacity of 1 000 litres.* ○ *The stadium was filled to capacity.* ▶ **pojemność 2** [sing., U] the amount that a factory or machine can produce: *The power station is working at full capacity.* ▶ **wydajność 3** [sing.] **capacity (for sth)** the ability to understand or do sth: *That book is beyond the capacity of children who are still learning to read.* ▶ **zdolność (do czegoś), pojętność 4** [C] the official position that a person has: *In his capacity as chairman of the council…* ▶ **pozycja, stanowisko**

cape[1] /keɪp/ noun [C] a piece of clothing with no sleeves that hangs from your shoulders ❶ **Cape** jest okryciem krótszym niż **cloak**. ▶ **peleryna**

cape[2] /keɪp/ noun [C] a piece of land that sticks out into the sea: *the Cape of Good Hope* ▶ **przylądek**

⋆**capital**[1] /ˈkæpɪtl/ noun [C] **1** (also **capital city**) the town or city where the government of a country is: *Madrid is the capital of Spain.* ▶ **stolica 2** a place that is well-known for a particular thing: *Niagara Falls is the honeymoon capital of the world.* ▶ **stolica 3** (also **capital letter**) the large form of a letter that is used at the beginning of a name or sentence: *Write your name in (block) capitals.* ▶ **duża litera**

□ **capital** adj. (only before a noun) written in the large form that we use at the beginning of a name, a sentence, etc.: *'David' begins with a capital 'D'.* ▶ **duży**

capital[2] /ˈkæpɪtl/ adj. connected with punishment by death: *a capital offence* ○ *capital punishment* kara śmierci ▶ **główny, najwyższy**

⋆**capital**[3] /ˈkæpɪtl/ noun [U] an amount of money that you use to start a business or to invest so that you earn more money (interest) on it: *When she had enough capital, she bought a shop.* ○ *The firm has been trying to raise extra capital.* ▶ **kapitał**

IDIOM **make capital (out) of sth** to use a situation to your own advantage ▶ **obracać coś na swoją korzyść**

■ **capital inˈvestment** noun [U] money that a business spends on buildings, equipment, etc. ▶ **inwestycja kapitałowa**

capitalism /ˈkæpɪtəlɪzəm/ noun [U] the economic system in which businesses are owned and run for profit by individuals and not by the state ▶ **kapitalizm**

□ **capitalist** noun [C], adj. ▶ **kapitalist-a/ka; kapitalistyczny**

capitalize (also **-ise**) /'kæpɪtəlaɪz/ verb
PHRASAL VERB **capitalize on sth** to use sth to your advantage: *We can capitalize on the mistakes that our rivals have made.* ▶ **wykorzystywać**

capitulate /kə'pɪtʃuleɪt/ verb [I] (formal) to stop fighting and say that you have lost; to give in to sb and do what they want ▶ **kapitulować**
□ **capitulation** /kə,pɪtʃu'leɪʃn/ noun [C,U] ▶ **kapitulacja**

capricious /kə'prɪʃəs/ adj. changing behaviour suddenly in a way that is difficult to predict: *a capricious actor* ▶ **kapryśny**

Capricorn /'kæprɪkɔ:n/ noun [C,U] the tenth sign of the zodiac, the Goat; a person who was born under this sign ▶ **Koziorożec; zodiakalny Koziorożec**

capsize /kæp'saɪz; US 'kæpsaɪz/ verb [I,T] (used about boats) to turn over in the water: *The yacht capsized.* ○ *She capsized the yacht.* ▶ **wywracać (się)**

capsule /'kæpsju:l; US 'kæpsl/ noun [C] **1** a very small tube containing medicine that you swallow whole ▶ **kapsułka 2** the part of a spaceship in which the crew live and work ▶ **kapsuła**

Capt. abbr. Captain ▶ **kpt.**

★**captain** /'kæptɪn/ noun [C] (abbr. **Capt.**) **1** the person who is in command of a ship or an aeroplane ▶ **kapitan 2** an officer of middle rank in the Army or Navy ▶ **kapitan 3** a person who is the leader of a group or team: *Who's (the) captain of the French team?* ▶ **kapitan**
□ **captain** verb [T] to be the captain of a group or team ▶ **dowodzić**

caption /'kæpʃn/ noun [C] the words that are written above or below a picture, cartoon, etc. to explain what it is about ▶ **podpis pod obrazkiem**

captivate /'kæptɪveɪt/ verb [T] to attract and hold sb's attention ▶ **oczarowywać**
□ **captivating** adj. ▶ **czarujący**

captive /'kæptɪv/ noun [C] a prisoner ▶ **jeniec**
□ **captive** adj. kept as a prisoner; (of animals) kept in a cage, zoo, etc. ▶ **uwięziony; trzymany w klatce**
IDIOMS **hold sb captive** to keep sb as a prisoner and not allow them to escape ▶ **trzymać w niewoli** | **take sb captive** to catch sb and hold them as your prisoner ▶ **brać do niewoli**
🛈 Można powiedzieć zarówno **hold sb prisoner** jak i **take sb prisoner**
captivity /kæp'tɪvəti/ noun [U] the state of being kept as a captive: *Wild animals are often unhappy in captivity.* ▶ **niewola**

captor /'kæptə(r)/ noun [C] a person who takes or keeps a person as a prisoner ▶ **zdobywca; porywacz**

capture /'kæptʃə(r)/ verb [T] **1** to take a person or an animal prisoner: ▶ **brać do niewoli, pojmać 2** to take or win sth from your enemy by force: *The town has been captured by the rebels.* ▶ **zdobywać 3** to make sb interested in sth: *The story captured the children's imagination/interest/attention* (zafascynowało dzieci). ▶ **4** to succeed in representing sth in words, pictures, etc.: *This poem captures the atmosphere of the carnival.* ▶ **(dobrze) oddawać**
□ **capture** noun [U] a time when a person, an animal or a thing is captured ▶ **pojmanie, zdobycie**

★**car** /kɑ:(r)/ noun [C] **1** (also **motor car**) (especially US **automobile**) a vehicle with an engine and four wheels that can carry a small number of passengers: *a new/second-hand car* ○ *Where can I park the car?* ○ *He's having the car serviced tomorrow.* ○ *They had a car crash.* ○ *She gave me a lift in her car.* ○ *to get into/out of a car* ○ *an estate car* samochód kombi ○ *a car pound* parking do odholowywania nieprawidłowo zaparkowanych samochodów 🛈 Zwróć uwagę, że mówi się **by car**. Można również powiedzieć **in the car**: *Do you prefer going on holiday by coach or by car?* ○ *I come to work in the car.* ▶ **samochód 2** a railway carriage that is used for a particular purpose: *a dining/sleeping car* ▶ **wagon**
■ **,car 'boot sale** noun [C] a sale in an outdoor place where people sell things they do not want from the back of their cars ➲ Por. **jumble sale**. ▶ **rodzaj sprzedaży rzeczy używanych** | **'car park** (US **parking lot**) noun [C] an area or building where you can leave your car: *a multi-storey car park* ▶ **parking** | **'car phone** noun [C] a radio telephone that you can use in a car ▶ **telefon komórkowy w samochodzie** | **'carsick** adj. feeling sick or vomiting as a result of travelling in a car: *to get/feel/be carsick* ➲ Por. **airsick**, **seasick** i **travel-sick**. ▶ (*o osobie podróżującej samochodem*) **cierpiący na chorobę lokomocyjną**

carafe /kə'ræf/ noun [C] a glass container like a bottle with a wide neck, in which wine or water is served ▶ **karafka**

caramel /'kærəmel/ noun **1** [U] sugar that has been burned so that it is dark brown. It is used in food because of its colour and taste ▶ **karmel 2** [C,U] a type of sticky sweet that is made from boiled sugar ▶ **karmelek**

carat /'kærət/ noun [C] a unit of measurement used to describe how pure gold is or how heavy jewels are: *a 20-carat gold ring* ▶ **karat**

★**caravan** /'kærəvæn/ noun [C] **1** (US **trailer**) a large vehicle that can be pulled by a car or horse. You can sleep, cook, etc. in a caravan when you are travelling or on holiday: *They're touring in Wales with a caravan.* ○ *a caravan holiday* 🛈 Kiedy mowa o podróży w **caravan** używa się zwrotu **go caravanning**: *We're going caravanning in Scotland this summer.* ▶ **przyczepa kempingowa 2** a group of people and animals that travel together, e.g. across a desert ▶ **karawana**

caraway /'kærəweɪ/ noun [C, U] a plant with seeds that have a strong taste and are used for giving flavour to bread, cakes, etc.: *caraway seeds* ➲ Por. **cumin**. ▶ **kminek**

carbohydrate /,kɑ:bəʊ'haɪdreɪt/ noun [C,U] one of the substances in food, e.g. sugar, that gives your body energy: *Athletes need a diet that is high in carbohydrate and low in fat.* ○

Bread, potatoes and rice all contain carbohydrates. ▶ **węglowodan**

carbon /ˈkɑːbən/ noun [U] (symbol **C**) a chemical substance that is found in all living things, for example in a pure form in diamonds and in an impure form in coal ▶ **węgiel** (*chemiczny*)
■ **ˌcarbon ˈcopy** noun [C] (pl. **carbon copies**) **1** a copy of a letter, etc. that was made by using carbon paper ▶ **kopia przez kalkę 2** an exact copy of sth ▶ **kopia, replika** | **ˌcarbon diˈoxide** noun [U] (symbol CO_2) a gas that has no colour or smell that people and animals breathe out of their lungs ▶ **dwutlenek węgla** | **ˌcarbon monˈoxide** noun [U] (symbol **CO**) the poisonous gas that is produced when carbon is burned in a small amount of air. Motor vehicles produce a lot of carbon monoxide. ▶ **tlenek węgla** | **ˈcarbon paper** noun [U] thin paper with a dark substance on one side that you put between two pieces of paper. When you write or type on the top piece of paper a copy is produced on the second piece. ▶ **kalka**

carburettor /ˌkɑːbəˈretə(r)/ (US **carburetor** /ˈkɑːrbəreɪtər/) noun [C] the piece of equipment in a car's engine that mixes petrol and air ▶ **gaźnik**

carcass /ˈkɑːkəs/ noun [C] the dead body of an animal ➲ Por. **corpse**. ▶ **padlina**

carcinogenic /ˌkɑːsɪnəˈdʒenɪk/ adj. likely to cause cancer ▶ **rakotwórczy**

★**card** /kɑːd/ noun **1** [U] thick paper that does not bend easily ▶ **karton 2** [C] a piece of card or plastic that has information on it: *a business card* wizytówka ○ *a membership card* legitymacja ○ *an identity card* dowód tożsamości ○ *a credit card* ▶ **karta 3** [C] a piece of card with a picture on it that you use for sending greetings or a message to sb: *a Christmas card* ○ *a birthday card* ○ *a get-well card* ○ *We've had a (post)card from Diana in Portugal.* ▶ **karta, pocztówka 4** (also **playing card**) [C] one of a set of 52 small pieces of card with shapes or pictures on them that are used for playing games such as bridge or poker: *a pack of cards* ▶ **karta 5** (**cards**) [pl.] games that are played with cards: *Let's play cards.* ○ *Let's have a game of cards.* ○ *I never win at cards!* ○ *a pack of cards* talia kart ▶ **karty**

> A **pack** of cards is divided into four **suits**, two red (**hearts** and **diamonds**) and two black (**clubs** and **spades**). Each suit has an **ace**, a **king**, a **queen**, a **jack** and nine other cards, numbered from 2 to 10. Before we play cards we **shuffle**, **cut** and **deal** the cards.

IDIOM **on the cards**; US **in the cards** (informal) likely to happen: *Their marriage break-up has been on the cards for some time now.* ▶ **prawdopodobny**
■ **ˈcard index** noun [C] → INDEX(2)

★**cardboard** /ˈkɑːdbɔːd/ noun [U] very thick paper that is used for making boxes, etc.: *The groceries were delivered in large cardboard boxes.* ▶ **tektura**

cardiac /ˈkɑːdiæk/ adj. connected with the heart: *a cardiac arrest* zatrzymanie pracy serca ▶ **sercowy**

cardigan /ˈkɑːdɪgən/ noun [C] a piece of clothing for the top part of the body, often made from wool, that has long sleeves and buttons at the front ➲ Zob. uwaga przy **sweater**. ▶ **sweter rozpinany**

cardinal[1] /ˈkɑːdɪnl/ noun [C] a priest of high rank in the Roman Catholic church ▶ **kardynał**

cardinal[2] (also **ˌcardinal ˈnumber**) noun [C] a whole number, e.g. 1, 2, 3 that shows quantity ➲ Por. **ordinal**. ▶ **liczebnik główny**

★**care**[1] /keə(r)/ verb **1** [I,T] **care (about sth)** to be worried about or interested in sth; to mind: *I shall be late and my mother will be cross, but I don't care.* ○ *Money is the thing that she cares about most.* ○ *I don't care what you do.* ▶ **dbać, (kogoś) obchodzić 2** [I] **care for sth**; **care to do sth** (formal) to like or want: *Would you care for a drink?* ○ *Would you care to leave a message, sir?* ❶ W tym znaczeniu **care for** występuje w pytaniach i zawsze z **would**. ▶ **mieć (na coś) ochotę, życzyć sobie 3** [I] **care for sb/sth** to like sb/sth: *I don't care for that colour very much.* ○ *Do you think she still cares for him although he married someone else?* ▶ **lubić**
IDIOMS **I, etc. couldn't care less** (informal) it does not matter to me, etc. at all: *I couldn't care less what Barry thinks.* ▶ **nic mnie (ciebie itp.) to nie obchodzi** | **who cares?** (informal) nobody is interested; it is not important to anyone: *'I wonder who'll win the match.' 'Who cares?'* ▶ **kogo to obchodzi?**
PHRASAL VERB **care for sb** to look after sb: *Who cared for her while she was ill?* ▶ **opiekować się**
□ **carer** (US **ˈcaregiver**) noun [C] a person who regularly looks after sb who is unable to look after themself because of age, illness, etc. ▶ **opiekun/ka** | **caring** /ˈkeərɪŋ/ adj. showing that you care about other people: *We must work towards a more caring society.* ▶ **opiekuńczy**

★**care**[2] /keə(r)/ noun **1** [U] **care (over sth/in doing sth)** thinking about what you are doing so that you do it well or do not have an accident: *You should take more care over your homework.* ○ *This box contains glasses – please handle it with care.* ▶ **staranność, ostrożność 2** [U] **care (for sb)** looking after people so that they have things they need; responsibility for sb/sth: *All the children in their care were healthy and happy.* ○ *health care* ○ *medical care* ○ *She's in intensive care* (na oddziale intensywnej terapii). ❶ Dzieci, które są **in care**, mieszkają w domu zorganizowanym przez rząd lub władze lokalne. ▶ **opieka 3** [C,U] worry, anxiety: *She went on holiday to try to forget all her cares.* ○ *It was a happy life, free from care.* ▶ **troska**
IDIOMS **care of sb** (abbr. **c/o**) words used on an envelope when you are writing to sb at another person's address: *Mary Jenkins, c/o Mrs Brown, 10 Riverside Way, Oxford.* ○ *You can write to the author, care of his publisher.* ▶ **z listami kogoś, za pośrednictwem kogoś** | **take care (that.../to do sth)** to be careful: *Goodbye and take care!* ○ *Take care that you don't spill*

your tea. ○ *He took care not to arrive too early.* ▶ **uważać, trzymać się** | **take care of sb/sth** to deal with sb/sth; to organize or arrange sth: *I'll take care of the food for the party.* ▶ **brać coś na siebie** | **take care of yourself/sb/sth** to keep yourself/sb/sth safe from injury, illness, damage, etc.: *You should take more care of yourself. You look tired.* ○ *Could you take care of the cat while we are away on holiday?* ○ *She always takes great care of her books.* ▶ **uważać na siebie, opiekować się, dbać**

■ **'carefree** adj. happy because you have no problems or worries ▶ **beztroski**

★**career**[1] /kəˈrɪə(r)/ noun [C] **1** a job or profession for which you are trained and which you do for a long time, often with the chance to move to a higher position: *Sarah is considering a career in engineering.* ○ *His career was always more important to him than his family.* ○ *a successful career in politics* ▶ **kariera, zawód 2** your working life: *She spent most of her career working in India.* ▶ **życie zawodowe, kariera**

career[2] /kəˈrɪə(r)/ verb [I] to move quickly and dangerously: *The car careered off the road and crashed into a wall.* ▶ **pędzić**

★**careful** /ˈkeəfl/ adj. **1 careful (of/with sth)** thinking about what you are doing so that you do not have an accident or make mistakes, etc.: *Be careful! There's a car coming.* ○ *Be careful of that knife – it's very sharp.* ○ *Please be very careful with those glasses.* ○ *That ladder doesn't look very safe. Be careful you don't fall.* Uważaj, żebyś nie spadł. ○ *I was careful not to say* (uważałem, żeby nie powiedzieć) *anything about the money.* ○ *Don't worry – she's a careful driver.* ▶ **ostrożny, uważny 2** showing care and attention to details: *I'll need to give this matter some careful thought.* Będę musiał tę sprawę dokładnie przemyśleć. ▶ **dokładny, staranny**

□ **carefully** /ˈkeəfəli/ adv.: *Please listen carefully. It's important that you remember all this.* ▶ **uważnie; dokładnie** | **carefulness** noun [U] ▶ **ostrożność; dokładność**

★**careless** /ˈkeələs/ adj. not thinking enough about what you are doing so that you make mistakes; resulting from a lack of thought or attention to detail: *It was careless of you to go out without locking the door.* ○ *Don't be so careless about/with spelling.* ○ *careless driving* ○ *a careless mistake* ▶ **nieostrożny, nierozważny, niedbały**

□ **carelessly** adv.: *She threw her coat carelessly on the chair.* ▶ **byle jak, niedbale** | **carelessness** noun [U] ▶ **nieostrożność, brak rozwagi, niedbalstwo**

caress /kəˈres/ verb [T] to stroke sb in a gentle and loving way: *He caressed her hand and looked deep into her eyes.* ▶ **pieścić, gładzić**

□ **caress** noun [C] ▶ **pieszczota**

caretaker /ˈkeəteɪkə(r)/ (US **janitor**) noun [C] a person whose job is to look after a large building (e.g. a school or a block of flats) and to do small repairs and other services ▶ **dozor-ca/czyni**

★**cargo** /ˈkɑːɡəʊ/ noun [C,U] (pl. **cargoes**; US also **cargos**) the goods that are carried in a ship or aircraft: *The ship was carrying a cargo of wheat.* ▶ **ładunek**

Caribbean /ˌkærɪˈbiːən; especially US kəˈrɪbiən/ noun [sing.] (**the Caribbean**) the area in the Caribbean Sea where the group of islands called the West Indies are situated ▶ **Karaiby**

□ **Caribbean** adj.: *the Caribbean islands* ▶ **karaibski**

caricature /ˈkærɪkətʃʊə(r)/ noun [C] a picture or description of sb that makes their appearance or behaviour funnier and more extreme than it really is: *She drew a very funny caricature of the Prime Minister.* ○ *Many of the people in the book are caricatures of the author's friends.* ▶ **karykatura**

carnation /kɑːˈneɪʃn/ noun [C] a white, pink or red flower with a pleasant smell ▶ **goździk**

carnival /ˈkɑːnɪvl/ noun [C] a public festival that takes place outdoors, during which there is a procession in the streets with music and dancing: *the carnival in Rio* ▶ **karnawał**

carnivore /ˈkɑːnɪvɔː(r)/ noun [C] any animal that eats meat ▶ **zwierzę mięsożerne** ➲ Por. **herbivore** i **omnivore**.

□ **carnivorous** /kɑːˈnɪvərəs/ adj.: *Lions are carnivorous animals.* ▶ **mięsożerny**

carol /ˈkærəl/ noun [C] a Christian religious song that people sing at Christmas: *carol singers* kolędnicy ▶ **kolęda**

carousel /ˌkærəˈsel/ noun [C] **1** (US) = ROUNDABOUT[2](2) **2** (at an airport) a moving belt that carries luggage for passengers to collect ▶ **taśma do bagaży**

carp /kɑːp/ noun (pl. **carp**) a large fish that you can eat that lives in rivers, lakes, etc. ▶ **karp**

★**carpenter** /ˈkɑːpəntə(r)/ noun [C] a person whose job is to make and repair wooden objects ▶ **stolarz**

□ **carpentry** /-tri/ noun [U] the skill or work of a carpenter ▶ **stolarka**

★**carpet** /ˈkɑːpɪt/ noun **1** [C,U] (a piece of) thick, flat material that is used for covering floors and stairs: *We need a new carpet in the bedroom.* ○ *a fitted carpet* wykładzina dywanowa ➲ Por. **rug** i **mat**. ▶ **dywan 2** [C] a thick layer of sth that covers the ground: *The fields were under a carpet of snow.* ▶ **pokrywa, kobierzec**

□ **carpeted** adj.: *All the rooms are carpeted.* ▶ **wyłożony dywanami**

★**carriage** /ˈkærɪdʒ/ noun **1** [C] (also **coach**) a vehicle with wheels that is pulled by horses ▶ **powóz, kareta 2** [C] (also **coach**) (US **car**) one of the separate parts of a train where people sit: *a first-class carriage* ▶ **wagon 3** [U] the cost of transporting goods from one place to another: *Carriage must be paid by the receiver.* ▶ **przewóz, transport**

■ **'carriageway** noun [C] one of the two sides of a motorway or major road on which vehicles travel in one direction only: *the southbound carriageway of the motorway* ➲ Por. **dual carriageway**. ▶ **pas ruchu**

carrier /ˈkæriə(r)/ noun [C] **1** (in business) a company that transports people or goods: *the Dutch carrier, KLM* ▶ **przewoźnik 2** a military vehicle or ship that is used for transporting soldiers, planes, weapons, etc.: *an armoured personnel carrier* ○ *an aircraft carrier* ▶ **transportowiec 3** a person or an animal that can give an infectious disease to others but does not show the signs of the disease: *Some insects are carriers of tropical diseases.* ▶ **nosiciel**

■ **'carrier bag** (Brit. also **carrier**) noun [C] a plastic or paper bag for carrying shopping ➲ Ilustr. do **bag**. ▶ **reklamówka**

★**carrot** /'kærət/ noun **1** [C,U] a long thin orange vegetable that grows under the ground: *A pound of carrots, please.* ○ *grated carrot* ▶ **marchew 2** [C] something attractive that is offered to sb in order to persuade them to do sth: *The management have offered them the carrot of a £500 bonus if they agree to work extra hours.* ▶ **zachęta**

★**carry** /'kæri/ verb (pres. part. **carrying**; 3rd pers. sing. pres. **carries**; pt, pp **carried**) **1** [T] to hold sb/sth in your hand, arms or on your back while you are moving from one place to another: *Could you carry this bag for me? It's terribly heavy.* ○ *She was carrying a rucksack on her back.* ❶ W znaczeniu „mieć coś na sobie", np. o odzieży, biżuterii itp. używa się **wear**, a nie **carry**: *He was wearing a black jacket.* ▶ **nosić 2** [T] to have with you as you go from place to place: *I never carry much money with me when I go to London.* ○ *Do the police carry guns in your country?* ▶ **nosić, mieć przy sobie 3** [T] to transport sb/sth from one place to another: *A train carrying hundreds of passengers crashed yesterday.* ○ *The waves carried the boat to the shore.* ▶ **przewozić, przenosić 4** [T] to have an infectious disease that can be given to others, usually without showing any signs of the disease yourself: *Rats carry all sorts of diseases.* ▶ **przenosić 5** [T] (usually passive) to accept a proposal in a meeting because a majority of people vote for it: *The motion was carried by 12 votes to 9.* ▶ **przyjmować (w głosowaniu) 6** [I] (used about a sound) to reach a long distance: *You'll have to speak louder if you want your voice to carry to the back of the room.* ▶ **docierać**

IDIOMS **be/get carried away** to be so excited that you forget what you are doing: *I got so carried away watching the race that I forgot how late it was.* ▶ **dawać się ponieść** (*uczuciom*) | **carry weight** to have great influence on the opinion of sb else: *Nick's views carry a lot of weight with our manager.* ▶ **mieć znaczenie, liczyć się**

PHRASAL VERBS **carry it/sth off** to succeed in doing sth difficult: *He felt nervous before he started his speech but he carried it off very well.* ▶ **dobrze się spisywać** | **carry on (with sth/doing sth); carry sth on** to continue: *How long did the party carry on after I left?* ○ *Carry on. What happened next?* ○ *They ignored me and carried on with their conversation.* ○ *She intends to carry on studying after the course has finished.* ○ *Carry on the good work!* ▶ **kontynuować** | **carry on sth** to do an activity: *to carry on a conversation/a business* ▶ **prowadzić** | **carry sth out 1** to do sth that you have been ordered to do: *The soldiers carried out their orders without question.* ▶ **wypełniać, wywiązywać się 2** to do or perform sth, e.g. a test, repair, etc.: *I think we should wait until more tests have been carried out.* ○ *The owner is responsible for carrying out repairs to the building.* ▶ **wykonywać**

■ **'carryall** noun [C] (US) = HOLDALL | **'carrycot** noun [C] a small bed, like a box with handles, that you can carry a baby in ➲ Ilustr. do **pram**. ▶ **przenośny kosz dla niemowląt** | **'carry-on** noun [C] (especially US) a small piece of luggage that you can take onto a plane with you ▶ **torba/walizka kabinowa**

cart /kɑːt/ noun [C] a wooden vehicle with wheels that is used for transporting things: *a horse and cart* ▶ **wóz, fura**

□ **cart** verb [T] (informal) to take or carry sth somewhere, often with difficulty: *We left our luggage at the station because we didn't want to cart it around all day.* ○ *Six of the women were carted off* (odwieźli sześć kobiet) *to the police station.* ▶ **taszczyć, nosić**

cartilage /'kɑːtɪlɪdʒ/ noun [C,U] a strong substance that surrounds the places where your bones join ▶ **chrząstka**

carton /'kɑːtn/ noun [C] a small container made of cardboard or plastic: *a carton of milk/orange juice* ➲ Ilustr. do **container**. ▶ **karton, opakowanie**

cartoon /kɑː'tuːn/ noun [C] **1** a funny drawing, especially one in a newspaper or magazine that makes a joke about a current event ▶ **rysunek, karykatura 2** a film that tells a story by using moving drawings instead of real people and places: *a Donald Duck cartoon* ▶ **film animowany**

□ **cartoonist** noun [C] a person who draws cartoons ▶ **rysownik, karykaturzysta**

cartridge /'kɑːtrɪdʒ/ noun [C] **1** a small tube that contains explosive powder and a bullet. You put a cartridge into a gun when you want to fire it. ▶ **nabój 2** a closed container that holds camera film, typewriter ribbon, ink for a pen, etc. It is easy to change a cartridge when you want to put in a new one. ▶ **nabój, wkład, kaseta**

carve /kɑːv/ verb [I,T] **1 carve sth (out of sth)** to cut wood or stone in order to make an object or to put a pattern or writing on it: *The statue had been carved out of marble.* ○ *He carved his name on the desk.* ▶ **rzeźbić, wycinać 2** to cut a piece of cooked meat into slices: *Can you carve while I serve the vegetables?* ○ *to carve a chicken* ▶ **krajać**

□ **carving** noun [C,U] an object or design that has been carved: *There are ancient carvings on the walls of the cave.* ▶ **płaskorzeźba, rzeźba**

cascade /kæ'skeɪd/ noun [C] **1** a waterfall ▶ **kaskada 2** something that hangs or falls in a way that seems similar to a waterfall: *The wall of the villa was covered in a cascade of flowers.* ▶ **kaskada**

□ **cascade** verb [I] ▶ **opadać kaskadowo**

★**case**[1] /keɪs/ noun **1** [C] a particular situation or a situation of a particular type: *In some cases, people have had to wait two weeks for a doctor's* *appointment.* ○ *Most of us travel to work by tube – or, in Susie's case, by train and tube.* ▶ **przypadek, sprawa 2 (the case)** [sing.] the true situation: *The man said he worked in Cardiff, but we discovered later that this was not the case* (tak nie było). ▶ **stan faktyczny 3** [C] an example of an illness; a person who is suffering from an illness: *Cases of the disease are very unusual in this country.* ○ *The most serious cases were taken to hospital immediately.* ▶ **przypadek 4** [C] a crime that is being investigated by the police: *a murder case* ▶ **sprawa 5** [C] something that is decided in a court of law; a trial: *The case will come to court in a few months.* ▶ **sprawa, proces 6** [C, usually sing.] the facts and reasons that support one side in a discussion or legal matter: *She made a case for shorter working hours, but the others disagreed.* ▶ **argumenty**

IDIOMS **as the case may be** (used when you are not sure which of two or more possibilities will be true in a particular situation): *The money will be received by the husband or wife, as the case may be.* ▶ **zależnie od okoliczności** | **(be) a case of sth/doing sth** a situation in which sth is needed: *There's no secret to success in this business. It's just a case of hard work.* ▶ **tu trzeba czegoś, to kwestia czegoś** | **in any case 1** whatever happens or has happened: *We've decided to go in any case.* ▶ **mimo wszystko, w każdym razie 2** anyway: *He didn't say anything about it at the meeting and in any case it's too late now.* ▶ **w każdym razie** | **in case** because sth might happen: *I think I'll take an umbrella in case it rains.* ○ *Take my number in case you need to phone me.* ○ *I wasn't intending to buy anything but I took my cheque book just in case.* ▶ **na wypadek/w razie czegoś, na wszelki wypadek** | **in case of sth** if sth happens: *In case of fire, break this glass.* ▶ **w razie/wypadku czegoś** | **in that case** if that is the situation: *'I'm busy on Tuesday.' 'Oh well, in that case we'll have to meet another day.'* ▶ **w takim razie** | **prove your/the case/point** → PROVE

■ **'case study** noun [C] a study of the development of a person or group of people, especially in social research ▶ **studium przypadku**

case² /keɪs/ noun [C] **1** (especially in compounds) a container or cover for sth: *a pencil case* piórnik ○ *a pillowcase* poszewka na poduszkę ○ *a bookcase* biblioteczka ○ *She put her glasses back in the case.* ○ *He took his violin out of its case.* ▶ **futerał, pudełko 2** = SUITCASE: *Would you like me to carry your case?* ▶ **walizka**

★**cash** /kæʃ/ noun [U] **1** money in the form of coins or notes and not cheques, credit cards, etc.: *Would you prefer me to pay in cash or by cheque?* ○ *How much cash have you got with you?* ○ *petty cash* kasa podręczna ▶ **gotówka 2** (informal) money in any form: *I'm a bit short of cash this month so I can't afford to go out much.* ▶ **pieniądze**

□ **cash** verb [T] to exchange a cheque, traveller's cheque, etc. for coins and notes: *I'm just going to the bank to cash a cheque.* ▶ **realizować**

PHRASAL VERB **cash in (on sth)** to take advantage of a situation ▶ **korzystać z sytuacji**

■ **'cashback** noun [U] **1** an offer of money as a present that is made by some banks, companies selling cars, etc. in order to persuade customers to do business with them ▶ **promocyjny zwrot pieniędzy 2** a system in some supermarkets, which allows the customer to take money out of their bank account at the same time as paying for the goods with a cash card ▶ **wypłata pieniędzy z konta przy okazji zakupu przy użyciu karty kredytowej** (*w supermarketach*) | **'cash card** (US **ATM card**) noun [C] a plastic card given by a bank to its customers so that they can get money from a cash machine in or outside a bank ➲ Por. **cheque card.** ▶ **karta do bankomatu** | **'cash desk** noun [C] the place in a large shop where you pay for things ▶ **kasa** | **'cash flow** noun [C,U] the movement of money into and out of a business as goods are bought and sold: *a healthy cash flow situation* ▶ **przepływ gotówki** | **'cash machine** (also **'cash dispenser**; **'cashpoint**) noun [C] a machine inside or outside a bank from which you can get money at any time of day by putting in a special card ▶ **bankomat**

cashew /ˈkæʃuː; kæˈʃuː/ (also **'cashew nut**) noun [C] a small nut with a curved shape that you can eat ▶ **orzech nerkowca**

cashier /kæˈʃɪə(r)/ noun [C] the person in a bank, shop, etc. that customers pay money to or get money from ▶ **kasjer/ka**

cashmere /ˌkæʃˈmɪə(r)/ noun [U] a type of wool that is very fine and soft ▶ **kaszmir**

casino /kəˈsiːnəʊ/ noun [C] (pl. **casinos**) a place where people play roulette and other games in which you can win or lose money ▶ **kasyno gry**

cask /kɑːsk; US kæsk/ noun [C] a large wooden container in which alcoholic drinks, etc. are stored; barrel ▶ **beczka, beczułka**

casserole /ˈkæsərəʊl/ noun **1** [C,U] a type of food that you make by cooking meat and vegetables in liquid for a long time in the oven: *chicken casserole* ▶ **potrawka 2** [C] a large dish with a lid for cooking casseroles in ➲ Ilustr. do **pan.** ▶ **garnek żaroodporny** (*z pokrywką*)

★**cassette** /kəˈset/ noun [C] a flat case with magnetic tape inside that you use for recording and playing music and other sounds: *to put on/play/listen to a cassette* ○ *Radiohead's new album is available on cassette and CD.* ❶ Inne słowo oznaczające **cassette** to **tape.** ➲ Por. **video.** ▶ **kaseta**

■ **cas'sette recorder** (also **cas'sette player**) noun [C] a machine that you use for recording and playing cassettes ▶ **magnetofon kasetowy**

cast¹ /kɑːst; US kæst/ noun [C, with sing. or pl. verb] all the actors in a play, film, etc.: *The film has an excellent cast.* ▶ **obsada**

cast² /kɑːst; US kæst/ verb [T] (pt, pp **cast**) **1** (often passive) to choose an actor for a particular role in a play, film, etc.: *She always seems to be cast in the same sort of role.* ▶ **obsadzać** (*w roli*) **2** to make an object by pouring hot liquid metal into a mould: *a statue cast in gold* ▶ **odle-**

wać **3** to throw a fishing line or net into the water ▶ **zarzucać** **4** (old-fashioned) to throw sth: *She cast a stone into the river.* ▶ **ciskać**

IDIOMS **cast doubt on sth** to make people unsure about sth: *The newspaper report casts doubt on the truth of the Prime Minister's statement.* ▶ **podawać coś w wątpliwość** | **cast an eye/your eye(s) over sb/sth** to look at sth quickly ▶ **rzucać okiem** | **cast light on sth** to help to explain sth: *I'd be grateful if you could cast any light on the problem.* ▶ **rzucać (nowe) światło na coś** | **cast your mind back** to make yourself remember sth: *She cast her mind back to the day she met her husband.* ▶ **wspominać, wracać myślami do przeszłości** | **cast a shadow (across/over sth)** to cause a shadow to appear somewhere: *The tree cast a long shadow across the garden.* ○ (figurative) *The accident cast a shadow over the rest of the holiday.* ▶ **rzucać cień; kłaść się cieniem** | **cast a/your vote** to vote: *The MPs will cast their votes in the leadership election tomorrow.* ▶ **oddawać głos**

PHRASAL VERBS **cast around/about for sth** to try to find sth: *Jack cast around desperately for a solution to the problem.* ▶ **szukać czegoś** | **cast sb/sth off** to remove or make yourself free of sb/sth: *He cast off the stress of city life and went to live in the country.* ▶ **porzucać**

■ **'castaway** noun [C] a person who is left in a place far from civilization after a shipwreck ▶ **rozbitek** | **,cast 'iron** noun [U] a hard type of iron ▶ **żeliwo** | **,cast-'iron** adj. made of cast iron: (figurative) *a cast-iron alibi* ▶ **żeliwny; żelazny** | **'cast-off** noun [C, usually pl.] a piece of clothing that you no longer want and that you give to sb else or throw away: *When I was little I had to wear my sister's cast-offs* (musiałam nosić rzeczy po siostrze). ▶ **niepotrzebna część garderoby**

caste /kɑːst; US kæst/ noun **1** [C] one of the social classes into which Hindus are divided ▶ **kasta** **2** [U] the system of dividing people in this way ▶ **system kastowy**

★**castle** /'kɑːsl; US 'kæsl/ noun [C] a large building with high walls and towers that was built in the past to defend people against attack: *a medieval castle* ○ *Edinburgh Castle* ▶ **zamek**

castrate /kæ'streɪt; US 'kæstreɪt/ verb [T] to remove part of the sexual organs of a male animal or person ▶ **kastrować**

□ **castration** /kæ'streɪʃn/ noun [U] ▶ **kastracja**

casual /'kæʒuəl/ adj. **1** relaxed and not worried; not showing great effort or interest: *She tried to appear casual as he walked towards her.* ○ *The manager is not happy about your casual attitude to your work.* ○ *It was only a casual remark so I don't know why he got so angry.* ▶ **obojętny, niedbały, na luzie** **2** (used about clothes) not formal: *The party is informal, so come in casual clothes.* ○ *smart casual wear* ▶ **codzienny, zwyczajny** **3** (used about work) done only for a short period; not regular or permanent: *Most of the building work was done by casual labour.* ○ *She had a number of casual jobs during the university holidays.* ○ *He's employed on a casual basis.* ▶ **dorywczy, sezonowy**

□ **casually** /'kæʒuəli/ adv.: *She walked in casually and said, 'I'm not late, am I?'* ○ *Dress casually – it won't be a formal party.* ▶ **nonszalancko, niedbale; (ubrany) zwyczajnie**

casualty /'kæʒuəlti/ noun (pl. **casualties**) **1** [C] a person who is killed or injured in a war or an accident: *After the accident the casualties were taken to hospital.* ○ *The army retreated after suffering heavy casualties.* ▶ **ofiara** **2** [C] a person or thing that suffers as a result of sth else: *Many small companies have been casualties of the country's economic problems.* ▶ **ofiara** **3** [U] (also **'casualty department**; **,accident and e'mergency**) (US **emergency room**) the part of a hospital where people who have been injured in accidents are taken for immediate treatment: *The victims were rushed to casualty in an ambulance.* ▶ **izba przyjęć**

★**cat** /kæt/ noun [C] **1** a small furry animal with four legs and a tail. People often keep cats as pets. ▶ **kot**

> A young cat is called a **kitten**. A male cat is called a **tom**. A cat **purrs** and **miaows**.

2 any larger wild animal that is related to a cat, e.g. a lion or tiger: *We went to the zoo to see the big cats.* ▶ **kot**

■ **Catseye**™ noun [C] (Brit.) any one of a line of small mirrors in the centre or at the edge of a road as a guide to traffic when it is dark ▶ **światła odblaskowe wzdłuż osi i/lub pobocza szosy**

catalogue (US **catalog**) /'kætəlɒg/ noun [C] **1** a list of all the things that you can buy from a company, all the books in a library, all the paintings in an art exhibition, etc. ▶ **katalog** **2** a series, especially of bad things: *a catalogue of disasters* ▶ **seria**

□ **catalogue** verb [T] to list things in a catalogue: *She started to catalogue all the new library books.* ▶ **katalogować**

catalyst /'kætəlɪst/ noun [C] **1 a catalyst (for sth)** a person or a thing that causes change: *The scandal was the catalyst for the President's election defeat.* ▶ (*przen.*) **katalizator** (*np. przemian*) **2** a substance that makes a chemical reaction happen faster ▶ **katalizator**

catalytic converter /ˌkætəˌlɪtɪk kən'vɜːtə(r)/ noun a device used in motor vehicles to reduce the damage caused to the environment by poisonous gases ▶ **katalizator**

catapult /'kætəpʌlt/ noun [C] a Y-shaped stick with a piece of elastic attached to each side that is used by children for shooting stones ▶ **proca**

□ **catapult** verb [T] **1** to shoot sth from a catapult ▶ **strzelać z procy** **2** to throw sb/sth suddenly and with great force: *When the train crashed, several people were catapulted through the windows.* ○ (figurative) *The success of his first film catapulted him to fame.* ▶ **gwałtownie wyrzucać; wynosić kogoś** (*na wysoką pozycję, np. gwiazdy filmowej*)

cataract /'kætərækt/ noun [C] a diseased area

that can grow on a person's eye and cause difficulty in seeing ▶ **katarakta**

catarrh /kə'tɑː(r)/ noun [U] a thick liquid that forms in the nose and throat when you have a cold ▶ **wydzielina z nosa** (*spowodowana katarem*)

catastrophe /kə'tæstrəfi/ noun [C] a sudden event that causes great suffering or damage; disaster: *Major catastrophes like floods and earthquakes happen regularly in that part of the world.* ○ *a financial catastrophe* ▶ **katastrofa**

□ **catastrophic** /ˌkætə'strɒfɪk/ adj.: *The war had a catastrophic effect on the whole country.* ▶ **katastrofalny**

★**catch**[1] /kætʃ/ verb (pt, pp **caught** /kɔːt/) **1** [T] to take hold of sth that is moving, usually with your hand or hands: *She threw the ball and he caught it in one hand.* ○ *The dog caught the ball in its mouth.* ▶ **łapać 2** [T] to capture sb/sth that you have been chasing or looking for : *Two policemen ran after the thief and caught him at the end of the street.* ○ *The murderer still hasn't been caught.* ○ *to catch a fish* ▶ **łapać, chwytać 3** [T] to discover sb who is doing sth bad: *I caught her taking money from my purse.* ▶ **łapać (kogoś na czymś) 4** [T] to get on a form of public transport: *I caught the bus into town.* ○ *to catch a train/plane* ▶ **zdążać (na coś) 5** [T] to be in time for sth; not to miss sb/sth: *If I take the letter now, I should catch the post.* ○ *We arrived just in time to catch the beginning of the film.* ○ *I'll phone her now. I might just catch her before she leaves the office.* ▶ **zdążać** (*na czas*), **łapać 6** [T] to hear or understand sth that sb says: *I'm sorry, I didn't quite catch what you said. Could you repeat it?* ▶ **dosłyszeć, zrozumieć 7** [I,T] to become or cause sth to become accidentally attached to or trapped in sth: *His jacket caught on a nail.* ○ *I caught my finger* (przyciąłem sobie palec) *in the drawer as I shut it.* ○ *I'm sorry I'm late. I got caught in the traffic* (utknąłem w korku). ▶ **zahaczać, zaczepiać 8** [T] to hit sb/sth: *The branch caught him on the head.* ▶ **uderzać, trafić w kogoś/coś 9** [T] to get an illness: *I've got a terrible cold. I must have caught it from someone at work.* ▶ **nabawić się**

IDIOMS **catch sb's attention/eye** to make sb notice sth: *I tried to catch the waiter's eye so that I could get the bill.* ▶ **zwrócić czyjąś uwagę** | **catch your breath 1** to rest after physical exercise so that your breathing returns to normal: *I had to sit down at the top of the hill to catch my breath.* ▶ **złapać oddech 2** to breathe in suddenly because you are surprised ▶ **zapierać dech/zaniemówić** (*ze zdumienia*) | **catch your death (of cold)** to get very cold: *Don't go out without a coat – you'll catch your death!* ▶ **zmarznąć na kość,** (*przen.*) **zamarznąć na śmierć** | **catch fire** to start burning, often accidentally: *Nobody knows how the building caught fire.* ▶ **zapalać się** | **catch sb red-handed** to find sb just as they are doing sth wrong: *A policeman noticed the ladder at the window and caught the burglars red-handed.* ▶ **łapać kogoś na gorącym uczynku** | **catch sight/a glimpse of sb/sth** to see sb/sth for a moment: *I caught sight of the man at the end of the street.* ○ *We waited outside the theatre, hoping to catch a glimpse of the actress.* ▶ **dostrzegać, zobaczyć** | **catch the sun 1** to shine brightly in the sunlight: *The panes of glass flashed as they caught the sun.* ▶ **błyszczeć w słońcu 2** to become burned or tanned by the sun: *Your face looks red. You've really caught the sun, haven't you?* ▶ **przypiekać się (na słońcu)** | **catch/take sb unawares** → UNAWARES

PHRASAL VERBS **catch on** (informal) **1** to understand or realize sth: *She's sometimes a bit slow to catch on.* ▶ **chwytać, pojmować 2** to become popular or fashionable: *The idea has never really caught on in this country.* ▶ **przyjmować się** | **catch sb out** to cause sb to make a mistake by asking a clever question: *Ask me anything you like – you won't catch me out.* ▶ **zaginać** | **catch up (with sb); catch sb up 1** to reach sb/sth who is ahead of you: *Jackie was walking very fast and I had to run to catch up with her.* ○ *I'll just finish this letter. You go on and I'll catch you up in a minute.* ▶ **doganiać 2** to reach the same level as sb/sth else: *Our economy is developing fast and we should soon catch up with other countries in the western world.* ▶ **doganiać** | **catch up on sth** to spend time doing sth that you have not been able to do until now: *I'll have to go into the office at the weekend to catch up on my work.* ▶ **nadrabiać zaległości** | **be/get caught up in sth** to be or get involved in sth, usually without intending to: *I seem to have got caught up in a rather complicated situation.* ▶ **być/zostać zamieszanym w coś**

catch[2] /kætʃ/ noun [C] **1** an act of taking hold of sth that is moving, usually with your hand or hands ▶ **chwyt, złapanie 2** the amount of fish that sb has caught: *The fishermen brought their catch to the harbour.* ▶ **połów 3** a device for fastening sth and keeping it closed: *I can't close my suitcase – the catch is broken.* ○ *a window catch* ▶ **zamek, zatrzask, zacisk 4** a hidden disadvantage to sth that seems attractive: *It looks like a good offer but I'm sure there must be a catch in it.* ▶ **haczyk, pułapka**

catchment area /'kætʃmənt eəriə/ noun [C] the area from which a school gets its pupils, a hospital gets its patients, etc. ▶ **rejon** (*np. szkolny*)

catchphrase /'kætʃfreɪz/ noun [C] a phrase that becomes famous for a while because it is used by a famous person ▶ **powiedzenie, slogan**

catchy /'kætʃi/ adj. (**catchier**; **catchiest**) (used about a tune or song) easy to remember ▶ **wpadający w ucho, chwytliwy**

catechism /'kætəkɪzəm/ noun [C] a summary of the main ideas and beliefs of a religion in the form of questions and answers, used for teaching about the religion ▶ **katechizm**

categorical /ˌkætə'gɒrɪkl; US -'gɔːr-/ adj. completely definite: *The answer was a categorical 'no'.* ▶ **kategoryczny**

□ **categorically** /-kli/ adv.: *The Minister categorically denied the rumour.* ▶ **kategorycznie**

category /'kætəgəri; US -gɔ:ri/ noun [C] (pl. **categories**) a group of people or things that are similar to each other: *There were two categories in the competition: children under 5 and 6-8 year-olds.* ○ *These books are divided into categories according to subject.* ▶ **kategoria**

□ **categorize** (also **-ise**) /'kætəgəraɪz/ verb [T] to divide people or things into groups; or to say that sb/sth belongs to a particular group ▶ **klasyfikować**

cater /'keɪtə(r)/ verb [I] **1 cater for sb/sth; cater to sth** to provide what sb/sth needs or wants: *We need a hotel that caters for small children.* ○ *a newspaper that caters to people's love of sex scandals* ▶ **troszczyć się o, zaspokajać** (*potrzeby*), **zadowalać** (*gusta*) **2 cater (for sb/sth)** to provide and serve food and drink for a social event: *the firm that catered at our wedding* ▶ **zaopatrywać w żywność**

□ **caterer** noun [C] a person or business that provides food and drink for social events ▶ **dostawca artykułów żywnościowych** | **catering** noun [U] the activity or business of providing food and drink for social events: *the hotel and catering industry* (gastronomia) ▶ **dostarczanie artykułów żywnościowych**

caterpillar /'kætəpɪlə(r)/ noun [C] an animal like a small hairy worm with legs, which changes into a butterfly or moth ▶ **gąsienica**

cathedral /kə'θi:drəl/ noun [C] a large church that is the most important one in a district ▶ **katedra**

★**Catholic** /'kæθlɪk/ noun [C], adj. = ROMAN CATHOLIC

□ **Catholicism** /kə'θɒləsɪzəm/ noun [U] = ROMAN CATHOLICISM

cattle /'kætl/ noun [pl.] male and female cows, e.g. on a farm: *a herd of cattle* ➲ Zob. uwaga przy **cow**. ▶ **bydło**

Caucasian /kɔ:'keɪʒn; kɔ:'keɪziən/ noun [C], adj. (of) a member of the race of people who have white or light-coloured skin ▶ **biały człowiek; białej rasy**

caught pt, pp of CATCH[1]

cauldron (also **caldron**) /'kɔ:ldrən/ noun [C] a large, deep, metal pot that is used for cooking things over a fire ▶ **kocioł**

cauliflower /'kɒliflaʊə(r)/ noun [C,U] a large vegetable with green leaves and a round white centre that you eat when it is cooked ▶ **kalafior**

★**cause** /kɔ:z/ noun **1** [C] a thing or person that makes sth happen: *the cause of the accident* ○ *Smoking is one of the causes of heart disease.* ▶ **przyczyna 2** [U] **cause (for sth)** reason: *I don't think you have any real cause for complaint.* ▶ **powód 3** [C] an aim or principle that a group of people believe in and support: *We are all committed to the cause of racial equality.* ○ *I don't mind giving money to a good cause.* ▶ **sprawa**

IDIOMS **be for/in a good cause** to be worth doing because it will help other people ▶ **być (zorganizowanym itp.) w szlachetnym celu** | **a lost cause** → LOST[2]

□ **cause** verb [T] to make sth happen: *The fire was caused by an electrical fault.* ○ *High winds caused many trees to fall* (silne wiatry powaliły wiele drzew) *during the night.* ○ *Is your leg causing you any pain?* ▶ **powodować, sprawiać**

'cause = BECAUSE

caustic /'kɔ:stɪk/ adj. **1** (used about a substance) able to burn or destroy things by chemical action ▶ **kaustyczny 2** (used about a comment or type of humour) cruel and unpleasant ▶ **zjadliwy, kostyczny**

caution /'kɔ:ʃn/ noun **1** [U] great care, because of possible danger: *The road sign said 'Caution! Falling rocks'!* ▶ **uwaga, ostrożność 2** [C] a spoken warning that a judge or policeman gives to sb who has committed a small crime ▶ **przestroga**

□ **caution** verb [I,T] to warn sb about sth: *He cautioned me not to believe everything I heard.* ○ *The President's advisers have cautioned against calling an election too early.* ○ *Dixon was cautioned twice by the referee for dangerous tackling.* ▶ **przestrzegać, ostrzegać** | **cautionary** /'kɔ:ʃənəri; US -neri/ adj. giving a warning: *a cautionary tale* ▶ **ostrzegawczy**

★**cautious** /'kɔ:ʃəs/ adj. taking great care to avoid possible danger: *I'm very cautious about expressing my opinions in public.* ▶ **ostrożny**

□ **cautiously** adv. ▶ **ostrożnie**

cavalry /'kævlri/ noun [sing., with sing. or pl. verb] **1** the part of the army which fights in fast, heavily protected vehicles ▶ **kawaleria 2** the group of soldiers who fought on horses in the past ▶ **kawaleria, konnica**

★**cave** /keɪv/ noun [C] a large hole in the side of a cliff or hill, or under the ground: *When it started to rain, we ran to shelter in a cave.* ○ *a caveman/cavewoman* jaskiniowiec ▶ **jaskinia**

□ **cave** verb

PHRASAL VERB **cave in 1** to fall in: *The roof of the tunnel had caved in and we could go no further.* ▶ **zapadać się 2** to suddenly stop arguing or opposing sth: *He finally caved in and agreed to the plan.* ▶ **poddawać się** (*np. w sporze*)

caving noun [U] the sport or activity of going into caves under the ground: *He had always wanted to go caving.* ▶ **chodzenie po jaskiniach** (*dla sportu*)

cavern /'kævən/ noun [C] a large, deep cave ▶ **pieczara, jaskinia**

caviar (also **caviare**) /'kævia:(r)/ noun [U] the eggs of a sturgeon that are eaten as food ▶ **kawior**

cavity /'kævəti/ noun [C] (pl. **cavities**) **1** an empty space inside sth solid: *a wall cavity* ▶ **wydrążenie, dziura 2** a hole in a tooth ▶ **ubytek**

CBI /,si: bi: 'aɪ/ abbr. Confederation of British Industry; the employers' association ▶ **Konfederacja Brytyjskiego Przemysłu**

cc /,si: 'si:/ abbr. cubic centimetre(s): *a 1200cc engine* ▶ **cc**

CCTV /ˌsiː siː tiː ˈviː/ abbr. closed-circuit television ▶ **telewizja przemysłowa**

CD /ˌsiː ˈdiː/ abbr. compact disc ▶ **płyta kompaktowa**

□ **CD player** /ˌsiː ˈdiː pleɪə(r)/ noun [C] a machine that you use for playing CDs ▶ **odtwarzacz płyt kompaktowych**

CD-ROM /ˌsiː diː ˈrɒm/ abbr. compact disc read-only memory; a compact disc on which large amounts of information, sound and pictures can be stored, for use on a computer: *a CD-ROM drive* napęd/stacja CD-ROM ▶ **CD-ROM**

cease /siːs/ verb [I,T] (formal) to stop or end: *Fighting in the area has now ceased.* ○ *That organization has ceased to exist.* ○ *500 people lost their jobs when the company ceased trading.* ▶ **zaprzestawać**

□ **ceaseless** adj. continuing for a long time without stopping ▶ **nieustanny, nieprzerwany** | **ceaselessly** adv. ▶ **nieustannie, nieprzerwanie**

■ **ˌcease'fire** noun [C] an agreement between two groups to stop fighting each other ➲ Por. **truce**. ▶ **zawieszenie broni**

cedar /ˈsiːdə(r)/ noun **1** [C] a type of large tree that never loses its leaves and has wide spreading branches ▶ **cedr 2** (also **cedarwood** /ˈsiːdəwʊd/) [U] the hard red wood of the cedar tree ▶ **drewno cedrowe**

cede /siːd/ verb [T] (formal) to give land or control of sth to another country or person ▶ **cedować**

★**ceiling** /ˈsiːlɪŋ/ noun [C] **1** the top surface of the inside of a room: *a room with a high/low ceiling* ▶ **sufit 2** a top limit on wages, prices, etc.: *The Government has put a 10% ceiling on wage increases.* ▶ **pułap**

★**celebrate** /ˈselɪbreɪt/ verb **1** [I,T] to do sth special and enjoyable on an important day or because of an important event: *When I got the job we celebrated by opening a bottle of champagne.* ○ *Mrs Halford celebrated her 80th birthday yesterday.* ▶ **świętować, obchodzić (uroczyście) 2** [T] (used about a priest) to lead a religious ceremony: *to celebrate Mass* ▶ **celebrować**

□ **celebration** /ˌselɪˈbreɪʃn/ noun [C,U] the act or occasion of doing sth enjoyable because sth good has happened or because it is a special day: *Christmas celebrations* ○ *I think this is an occasion for celebration!* ▶ **uroczystość, uczczenie** | **celebratory** /ˌseləˈbreɪtəri/ adj.: *We went out for a celebratory meal after the match.* Aby uczcić zwycięstwo, po meczu poszliśmy na uroczysty obiad. ▶ **dla uczczenia, z okazji**

celebrated /ˈselɪbreɪtɪd/ adj. (formal) famous: *a celebrated poet* ▶ **sławny**

celebrity /səˈlebrəti/ noun [C] (pl. **celebrities**) a famous person ▶ **sława, osobistość**

celery /ˈseləri/ noun [U] a vegetable with long green stems that is eaten raw in salads and sometimes used in cooking: *a stick of celery* ○ *celery soup* ▶ **seler**

celibate /ˈselɪbət/ adj. (formal) remaining unmarried or never having sexual relations, often because of religious beliefs ▶ **żyjący w celibacie**

□ **celibacy** /ˈselɪbəsi/ noun [U] ▶ **celibat**

cell /sel/ noun [C] **1** the smallest living part of an animal or a plant body: *The human body consists of millions of cells.* ○ *red blood cells* ▶ **komórka 2** a small room in a prison or police station in which a prisoner is locked ▶ **cela**

cellar /ˈselə(r)/ noun [C] an underground room that is used for storing things: *a wine cellar* ➲ Por. **basement**. ▶ **piwnica**

cello /ˈtʃeləʊ/ noun [C] (pl. **cellos**) a musical instrument like a large violin. You sit down to play it and hold it between your knees. ➲ Zob. uwaga przy **piano**: *a cello bow/case/string* ▶ **wiolonczela**

□ **cellist** /ˈtʃelɪst/ noun [C] a person who plays the cello ▶ **wiolonczelist-a/ka**

Cellophane™ /ˈseləfeɪn/ noun [U] thin transparent material that is used for wrapping things ▶ **celofan**

cellphone /ˈselfəʊn/ noun (especially US) = MOBILE PHONE

cellular /ˈseljələ(r)/ adj. consisting of cells(1): *cellular tissue* ▶ **komórkowy**

■ **ˌcellular 'phone** (especially US) = MOBILE PHONE

★**Celsius** /ˈselsiəs/ (also **Centigrade**) adj. (abbr. **C**) the name of a scale for measuring temperatures, in which water freezes at 0° and boils at 100°: *The temperature tonight will fall to 7°C (seven degrees Celsius).* ➲ Por. **Fahrenheit**. ▶ **skala Celsjusza**

Celtic /ˈkeltɪk; ˈseltɪk/ adj. connected with the Celts who lived in Wales, Scotland, Ireland and Brittany in ancient times, or with their culture ▶ **celtycki**

cement /sɪˈment/ noun [U] **1** a grey powder, that becomes hard after it is mixed with water and left to dry. It is used in building for sticking bricks or stones together or for making very hard surfaces. ▶ **cement 2** a type of glue: *tile cement* ▶ **rodzaj kleju**

□ **cement** verb [T] **1** to cover sth with cement ▶ **cementować 2** to stick things together ▶ **spajać** (*klejem*) **3** to make a relationship very strong: *This agreement has cemented the relationship between our two companies.* ▶ **utrwalać**

cemetery /ˈsemətri; US ˈseməteri/ noun [C] (pl. **cemeteries**) a place where dead people are buried (that does not belong to a church) ➲ Por. **graveyard**. ▶ **cmentarz**

censor /ˈsensə(r)/ noun [C] an official who examines books, films, plays, etc. and removes any parts that might offend people, or who examines letters, newspaper reports, etc. and removes any parts which contain secret information: *All films have to be examined by the British Board of Film Censors.* ▶ **cenzor**

□ **censor** verb [T] ▶ **cenzurować** | **censorship** noun [U]: *state censorship of television programmes* ▶ **cenzura**

censure /ˈsenʃə(r)/ verb [T] (formal) to tell sb, in a strong and formal way, that they have done sth wrong: *The minister was censured for not* *revealing the information earlier.* ▶ **krytykować, karcić**

□ **censure** noun [U]: *a vote of censure* (wotum nieufności) *in parliament* ▶ **dezaprobata**

census /ˈsensəs/ noun [C] (pl. **censuses**) an official count of the people who live in a country, including information about their ages, jobs, etc. ▶ **spis ludności**

★**cent** /sent/ noun [C] (abbr. **c, ct**) a unit of money that is worth 100th part of a US dollar or of the main unit of money in some other countries ➲ Por. **per cent**. ▶ **cent**

centenary /senˈtiːnəri; US ˈtenəri/ noun [C] (pl. **centenaries**) (US also **centennial** /senˈteniəl/) the year that comes exactly one hundred years after an important event or the beginning of sth: *1982 was the centenary of Darwin's death.* ▶ **setna rocznica**

center /ˈsentə(r)/ noun [C] (US) = CENTRE

centigrade /ˈsentɪgreɪd/ adj. (abbr. **C**) = CELSIUS

★**centimetre** (US **centimeter**) /ˈsentɪmiːtə(r)/ noun [C] (abbr. **cm**) a measure of length. There are 100 centimetres in a metre: *The insect was about two centimetres long.* ▶ **centymetr**

★**central** /ˈsentrəl/ adj. **1** in the centre of sth: *a map of central Europe* ○ *The flat is in Edgware Road, which is very central* (w śródmieściu). ▶ **centralny, środkowy 2** (only before a noun) (used about an office, group, etc.) having control of all other parts of an organization: *central government* ○ *the Conservative Central Office* ▶ **centralny 3** most important; main: *The film's central character is a fifteen-year-old girl.* ▶ **główny**

□ **centralize** (also **-ise**) /ˈsentrəlaɪz/ verb [T] (usually passive) to make sth come under central control: *Our educational system is becoming increasingly centralized.* ▶ **centralizować** | **centralization** (also **-isation**) /ˌsentrəlaɪˈzeɪʃn; US -ləˈz-/ noun [U] ▶ **centralizacja** | **centrally** /ˈsentrəli/ adv. in or from the centre: *a centrally located hotel* hotel położony w śródmieściu ○ *a centrally heated house* ▶ **centralnie**

■ ˌ**central ˈheating** noun [U] a system for heating a building from one main point: *The house has gas central heating.* ▶ **centralne ogrzewanie**

★**centre** (US **center**) /ˈsentə(r)/ noun **1** [C, usually sing.] the middle point or part of sth: *There was a vase of flowers in the centre of the table.* ○ *I work in the centre of London.* ○ *the town centre* ➲ Zob. uwaga przy **middle**. ▶ **środek, centrum 2** [C] a building or place where a particular activity or service is based: *a sports/leisure/arts/shopping centre* ○ *a job/information/health centre* ▶ **centrum, ośrodek 3** [C, usually sing.] a person or thing that receives a lot of attention: *She always likes to be the centre of attention.* ▶ **centrum (uwagi) 4** (**the centre**) [sing., with sing. or pl. verb] a political position that is not extreme: *the centre parties* ▶ **centrum**

□ **centre** verb

PHRASAL VERB **centre on/around sb/sth** to have sb/sth as its centre: *The life of the village centres on the church, the school and the pub.* ▶ **skupiać się na kimś/czymś**

-centric /ˈsentrɪk/ (used in compounds) concentrating on or interested in the thing mentioned: *eurocentric policies* ▶ **-centryczny**

★**century** /ˈsentʃəri/ noun [C] (pl. **centuries**) a particular period of 100 years that is used for giving dates; any period of 100 years: *We live in the 20th century.* ○ *People have been making wine in this area for centuries.* ▶ **stulecie, wiek**

ceramic /səˈræmɪk/ adj. made of clay that has been baked: *ceramic tiles* ▶ **ceramiczny**

□ **ceramic** noun [C] a pot or other object made of clay: *an exhibition of ceramics by Picasso* ▶ **ceramika** | **ceramics** noun [with sing. verb] the art of making and decorating clay pots, etc. ▶ **ceramika**

★**cereal** /ˈsɪəriəl/ noun [C,U] **1** a plant such as wheat, rice, etc. that is grown to produce grain: *These fields are usually planted with cereals.* ○ *cereal crops* ▶ **zboże 2** food that is made from the grain of cereals: *10 different varieties of breakfast cereal* ▶ **płatki zbożowe**

cerebral /ˈserəbrəl; US səˈriːbrəl/ adj. connected with the brain: *He died of a cerebral haemorrhage* (na wylew krwi do mózgu). ▶ **mózgowy**

■ ˌ**cerebral ˈpalsy** noun [U] a medical condition, usually caused by brain damage before or at birth, that causes the loss of control of the arms and legs ▶ **porażenie mózgowe**

ceremonial /ˌserɪˈməʊniəl/ adj. relating to a ceremony: *a ceremonial occasion* ▶ **uroczysty, ceremonialny**

□ **ceremonially** /-niəli/ adv. ▶ **uroczyście, ceremonialnie**

★**ceremony** /ˈserəməni; US -məʊni/ noun (pl. **ceremonies**) **1** [C] a formal public or religious event: *the opening ceremony of the Olympic Games* ○ *a wedding ceremony* ▶ **ceremonia, uroczystość 2** [U] formal behaviour, speech, actions, etc. that are expected on special occasions: *The Queen was welcomed with great ceremony* (z wszelkimi honorami). ▶ **ceremonia**

★**certain**[1] /ˈsɜːtn/ adj. **1** (not before a noun) **certain (that...)**; **certain (of sth)** completely sure; without any doubts: *She's absolutely certain that there was somebody outside her window.* ○ *I think this is the man, but I can't be certain.* ○ *We're not quite certain what time the train leaves.* ○ *I'm certain of one thing – he didn't take the money.* ▶ **pewny, przekonany 2 certain (that...)**; **certain (to do sth)** sure to happen or to do sth; definite: *It is almost certain that unemployment will increase this year.* ○ *The Director is certain to agree* (na pewno się zgodzi). ○ *Nothing is certain at the moment. Wait and see.* ○ *We must rescue them today, or they will face certain death.* ➲ Zob. uwaga przy **sure**. ▶ **pewny**

IDIOMS **for certain** without doubt: *I don't know for certain* (nie jestem pewny) *what time we'll arrive.* ▶ **na pewno** | **make certain (that...)** **1** to do sth in order to be sure that sth else happens: *They're doing everything they can to make certain that they win.* ▶ **zapewniać (sobie) 2** to do sth in order to be sure that sth is true: *We'd better phone Akram before we go to make certain he's expecting us.* ▶ **upewniać się**

□ **certainly** adv. **1** without doubt; definitely: *The number of students will certainly increase after 1995.* ○ *It certainly was a very good party.* ○ *I certainly don't think you should tell him now.* Jestem pewna, że nie należy mu o tym mówić teraz. ▶ **na pewno, zdecydowanie 2** (used in answer to questions) of course: *'Do you think I could borrow your notes?' 'Certainly.'* ○ *'Can I take your car to France?' 'Certainly not!'* ▶ **oczywiście, zdecydowanie** | **certainty** /ˈsɜːtnti/ noun (pl. **certainties**) **1** [U] the state of being completely sure about sth: *We can't say with certainty that there is life on other planets.* ❶ Antonim: **uncertainty**. ▶ **pewność 2** [C] something that is sure to happen: *It's now almost a certainty that Italy will reach the World Cup Final.* ▶ **rzecz pewna**

★**certain²** /ˈsɜːtn/ adj. (only before a noun) **1** (used for talking about a particular thing or person without naming them): *You can only contact me at certain times of the day.* ○ *There are certain reasons why I'd prefer not to meet him again.* ▶ **pewien 2** (only before a noun) some, but not very much: *I suppose I have a certain amount of respect for Mr Law.* ▶ **pewien 3** noticeable but difficult to describe: *There was a certain feeling of autumn in the air.* ▶ **pewien, jakiś 4** (used before a person's name to show that you do not know them): *I received a letter from a certain Mrs Berry.* ▶ **pewien, jakiś**

□ **certain** pron. **certain of...** (formal) (used for talking about some members of a group of people without giving their names): *Certain of our hotels are only open in the summer months.* ▶ **pewien, niektóry**

★**certificate** /səˈtɪfɪkət/ noun [C] an official piece of paper that says that sth is true or correct: *a birth certificate* ▶ **świadectwo, metryka**

certify /ˈsɜːtɪfaɪ/ verb [T] (pres. part. **certifying**; 3rd pers. sing. pres. **certifies**; pt, pp **certified**) to say formally that sth is true or correct: *We need someone to certify that this is her signature.* ▶ **poświadczać**

□ **certified** adj. having a certificate to show that they have successfully completed a course of training for a particular profession: *certified accountant* ▶ **wykwalifikowany**

cervix /ˈsɜːvɪks/ noun [C] (pl. **cervices** /-vɪsiːz/) the narrow passage at the opening of the uterus ▶ **szyjka macicy**

□ **cervical** /ˈsɜːvɪkl, səˈvaɪkl/ adj. ▶ **szyjny, szyjkowy**

cesarean (US) = CAESAREAN

cf. /ˌsiː ˈef/ abbr. compare ▶ **por.**

CFC /ˌsiː ef ˈsiː/ noun [C,U] chlorofluorocarbon; a type of gas found, for example, in cans of spray which is harmful to the earth's atmosphere ▶ **CFC**

★**chain** /tʃeɪn/ noun **1** [C,U] a line of metal rings that are joined together: ○ *She was wearing a silver chain round her neck.* ○ *a bicycle chain* ○ *a length of chain* ▶ **łańcuch, łańcuszek 2** [C] a number of things in a line: *a chain of mountains/a mountain chain* ▶ **łańcuch 3** [C] a group of shops, hotels, etc. that are owned by the same person or company: *a chain of supermarkets/a supermarket chain* ▶ **sieć 4** [C] a number of connected events that happen one after another: *The book examines the complex chain of events that led to the Russian Revolution.* ○ *a chain reaction* reakcja łańcuchowa ▶ **szereg**

□ **chain** verb [T] **chain sb/sth (to sth)**; **chain sb/sth (up)** to fasten sb/sth to sth else with a chain: *The prisoners had been chained to the walls.* ▶ **przykuwać łańcuchem**

■ **ˈchain-smoke** verb [I] to smoke continuously, lighting one cigarette after another ▶ **palić nałogowo** (*jednego papierosa za drugim*) | **ˈchain-smoker** noun [C] ▶ **nałogowy palacz** (*palący jednego papierosa za drugim*) | **ˈchain store** noun [C] one of a number of similar shops that are owned by the same company ▶ **sklep danej sieci**

★**chair** /tʃeə(r)/ noun **1** [C] a piece of furniture for one person to sit on. It has a seat, a back and usually four legs. It sometimes has two arms: *a kitchen chair* ○ *an armchair* fotel ○ *a wheelchair* wózek inwalidzki ▶ **krzesło 2** [sing.] the person who is controlling a meeting: *Please address your questions to the chair.* ▶ **przewodniczący/a 3** [C] the position of a university professor: *the chair of economics at London University* ▶ **katedra**

□ **chair** verb [T] to be the chairman or chairwoman of a meeting: *Who's chairing the meeting this evening?* ▶ **przewodniczyć**

★**chairman** /ˈtʃeəmən/ noun [C] (pl. **chairmen**) **1** the head of a committee, company or other organization: *the Chairman of IBM* ▶ **prezes 2** a person who controls a meeting ▶ **przewodniczący/a**

□ **chairmanship** /ˈtʃeəmənʃɪp/ noun [sing.] being the chairman of sth; the time during which sb is chairman of sth ▶ **prezesura; przewodnictwo**

chairperson /ˈtʃeəpɜːsn/ noun [C] (pl. **chairpersons**) a person who controls a meeting ▶ **przewodniczący/a**

chairwoman /ˈtʃeəwʊmən/ (pl. **chairwomen**) noun [C] a woman who controls a meeting ▶ **przewodnicząca**

chalet /ˈʃæleɪ/ noun [C] a house or hut that is made of wood, especially in a mountain area or holiday camp ▶ **dom/ek letniskowy, domek kempingowy**

★**chalk** /tʃɔːk/ noun **1** [U] a soft, white rock: *chalk cliffs* ▶ **kreda 2** [C,U] a small stick of this that is used for writing or drawing on a blackboard: *a piece of chalk* ▶ **kreda**

□ **chalk** verb [I,T] to write or draw sth with a piece of chalk: *Somebody had chalked a message on the wall.* ▶ **pisać kredą**

PHRASAL VERB **chalk sth up** to succeed in getting sth: *The team has chalked up five wins this summer.* ▶ **dorobić się**

■ **ˈchalkboard** noun [C] (US) = BLACKBOARD

★**challenge¹** /ˈtʃælɪndʒ/ noun **1** [C,U] something new and difficult that forces you to make a lot of effort: *I'm finding my new job an exciting challenge.* ○ *Reducing unemployment will be the main challenge for the new government.* ▶ **wyzwanie, zadanie** (*wymagające wysiłku*) **2** [C] **a challenge (to sb) (to do sth)** an invitation from sb to fight, play, argue, etc. against them: *The Prime Minister should accept our challenge and call a new election now.* ▶ **wyzwanie**

★**challenge**[2] /ˈtʃælɪndʒ/ verb [T] **1 challenge sb (to sth)** to invite sb to fight, play, argue, etc. against you: *They've challenged us to a football match this Saturday.* ▶ **rzucać wyzwanie 2** to question whether sth is true or right: *She hates anyone challenging her authority.* ▶ **kwestionować**

□ **challenger** noun [C] a person who invites you to take part in a competition, because they want to win a title or position that you already have: *the official challenger for the world championship title* ▶ **rywal/ka, pretendent/ka (do stanowiska)** | **challenging** adj. forcing you to make a lot of effort: *a challenging job* ▶ **stanowiący wyzwanie, wymagający**

chamber /ˈtʃeɪmbə(r)/ noun [C] **1** a large room that is used for formal meetings: *a council chamber* ▶ **sala 2** a closed space in the body, a machine, etc.: *the four chambers of the heart* ▶ **komora 2** a room that is used for a particular purpose: *a torture chamber* ▶ **sala, izba**

■ ˈ**chambermaid** noun [C] a woman whose job is to clean and tidy hotel bedrooms ▶ **pokojówka** | ˈ**chamber music** noun [U] music that is written for a small group of instruments ▶ **muzyka kameralna**

champagne /ʃæmˈpeɪn/ noun [U] a French white wine which has a lot of bubbles in it and is often very expensive ▶ **szampan**

★**champion** /ˈtʃæmpiən/ noun [C] **1** a person, team, etc. that has won a competition: *a world champion* ○ *a champion swimmer* ▶ **mistrz/yni 2** a person who speaks and fights for a particular group, idea, etc.: *a champion of free speech* ▶ **orędowni-k/czka**

□ **champion** verb [T] to support or fight for a particular group or idea: *to champion the cause of human rights* ▶ **być orędownikiem** | **championship** noun [C] **1** (often plural) a competition or series of competitions to find the best player or team in a sport or game: *to win the world championship* ○ *the World Hockey Championships* ▶ **mistrzostwo 2** the position or title of a champion(1) ▶ **mistrzostwo**

★**chance**[1] /tʃɑːns; US tʃæns/ noun **1** [C,U] **chance of (doing) sth**; **chance (that...)** (a) possibility: *The plan didn't really have a chance of succeeding.* ○ *I think there's a good chance* (duże prawdopodobieństwo) *that she'll be the next Prime Minister.* ○ *I'm afraid he has very little chance of winning.* ○ *Is there any chance of getting tickets for tonight's concert?* ▶ **szansa 2** [C] **chance (of doing sth/to do sth)** an opportunity: *If you get the chance of going to America, you should take it!* ○ *Be quiet and give her a chance to explain.* ○ *I think you should tell him now. You may not get another chance.* ➲ Zob. uwaga przy **occasion**. ▶ **okazja 3** [C] a risk: *We may lose some money but that's a chance we'll have to take.* ▶ **ryzyko 4** [U] luck or fortune (= sth that you cannot control): *I don't know what will happen – we'll have to leave it to chance.* ○ *We met by chance as I was walking down the street.* ▶ **traf, przypadek**

IDIOMS **by any chance** (used for asking sth politely) perhaps or possibly: *Are you, by any chance, going into town this afternoon?* ▶ **przypadkiem** | **the chances are (that)...** (informal) it is probable that...: *The chances are that it will rain tomorrow.* ▶ **wygląda na to, że** | **no chance** (informal) there is no possibility of that happening: *'Perhaps your mother will give you the money.' 'No chance!'* ▶ **wykluczone** | **on the off chance** in the hope that sth might happen, although it is not very likely: *I didn't think you'd be at home, but I just called in on the off chance.* ▶ **na wszelki wypadek, na wypadek czegoś** | **stand a chance (of sth/of doing sth)** to have a possibility of achieving sth: *I think she stands a good chance of winning the competition.* ▶ **mieć szanse**

chance[2] /tʃɑːns; US tʃæns/ verb **1** [T] (informal) to risk sth: *Shall we take umbrellas or shall we chance it?* ▶ **ryzykować 2** [I] (formal) to do sth without planning or trying to do it: *I chanced to see the letter on his desk.* ▶ **zrobić coś przypadkowo**

chancellor /ˈtʃɑːnsələ(r); US ˈtʃæns-/ noun [C] **1** the head of government in some countries: *the German chancellor* ▶ **kanclerz 2** (also ˌ**Chancellor of the Exˈchequer**) (Brit.) the government minister who makes decisions about taxes and government spending ▶ **minister finansów/skarbu**

chandelier /ˌʃændəˈlɪə(r)/ noun [C] a large light that hangs from the ceiling and that has many light bulbs or candles ▶ **żyrandol**

★**change**[1] /tʃeɪndʒ/ verb **1** [I,T] to become different or to make sb/sth different: *This town has changed a lot since I was young.* ○ *Our plans have changed. We leave in the morning.* ○ *His fame has not changed him at all.* ▶ **zmieniać (się) 2** [I,T] **change (sb/sth) to/into sth**; **change (from sth)** to become sth different; to make sb/sth take a different form: *to change from a caterpillar to a butterfly* ○ *to change water into ice* ▶ **przemieniać (się), zmieniać (się) 3** [T] **change sth (for sth)** to take, have or use sth instead of sth else: *Could I change this blouse for a larger size?* ○ *to change jobs* ○ *to change a light bulb* ○ *to change direction* ○ *Can I change my appointment from Wednesday to Thursday?* ▶ **wymieniać, zamieniać 4** [I,T] to get out of one bus, train, etc. and get into another: *Does this bus go through to the airport or do we have to change?* ○ *She has to change trains at Reading and Didcot.* ▶ **przesiadać się 5** [I,T] **change (out of sth) (into sth)** to take off your clothes and put different ones on: *He's changed his shirt.* ○ *I'm going straight to the party from work, so I'll change when I get there.* ○ *She changed out of her gardening clothes and into a clean dress.* ❶ **Get changed** jest często używanym zwrotem, który oznacza „przebierać się": *You can get changed in the bedroom.* ▶ **przebierać się (w coś)** **6** [T] to put clean things onto sb/sth: *to change the bed* ○ *It's time to change the baby's nappy.* ▶ **zmieniać** **7** [T] **change sth (for/into sth)** to give sb money and receive the same amount back in money of a different type: *Can you change a ten-pound note?* ○ *I'd like to change fifty pounds into Swiss francs.* ▶ **rozmieniać, wymieniać**

> Miejsce, gdzie można wymienić pieniądze to **bureau de change**. Rzadko używa się tego zwrotu w języku mówionym. O drogę do kantoru wymiany walut pyta się: *Where can I change money?*

IDIOMS **change hands** to pass from one owner to another ▶ **przechodzić z rąk do rąk** | **change your mind** to change your decision or opinion: *I'll have the green one. No, I've changed my mind. I want the red one.* ▶ **zmieniać zdanie** | **change/swap places (with sb)** → PLACE[1] | **change the subject** to start talking about sth different ▶ **zmieniać temat** | **change your tune** (informal) to change your opinion or feelings about sth ▶ **zmieniać front** | **change your ways** to start to live or behave in a different and better way from before ▶ **zmienić się na lepsze** | **chop and change** → CHOP[3]

PHRASAL VERB **change over (from sth) (to sth)** to stop doing or using one thing and start doing or using sth else: *The theatre has changed over to a computerized booking system.* ▶ **zmieniać**

□ **changeable** /ˈtʃeɪndʒəbl/ adj. likely to change; often changing: *English weather is very changeable.* ▶ **zmienny**

■ ˈ**changeover** noun [C] a change from one system to another ▶ **zmiana** | ˈ**changing room** noun [C] a room for changing clothes in, for example before or after playing sport ▶ **szatnia, przebieralnia**

★**change**[2] /tʃeɪndʒ/ noun **1** [C,U] **change (in/to sth)** the process of becoming or making sth different: *There was little change in the patient's condition overnight.* ○ *After two hot summers, people were talking about a change in the climate.* ▶ **zmiana** **2** [C] **change (of sth)** something that you take, have or use instead of sth else: *We must notify the bank of our change of address.* ▶ **zmiana** **3** [U] coins or notes of lower value that together make up the same value as a larger coin or note: *Have you got change for a pound?* ▶ **drobne** **4** [U] coins of low value: *He needs some change for the phone.* ▶ **drobne** **5** [U] the money that you get back if you pay more than the amount sth costs: *If a cake costs 40p and you pay with a 50p piece, you will get 10p change.* ▶ **reszta**

IDIOMS **a change for the better/worse** a person, thing or situation that is better/worse than the one before ▶ **zmiana na lepsze/gorsze** | **a change of heart** a change in your opinion or the way that you feel ▶ **zmiana w sposobie myślenia/patrzenia** | **for a change** in order to do sth different from usual: *We always spend our holidays by the sea. Let's go to the mountains for a change this year.* ▶ **dla odmiany** | **make a change** to be enjoyable or pleasant because it is different from what you usually do ▶ **stanowić miłą odmianę**

★**channel** /ˈtʃænl/ noun [C] **1** a television or radio station. Each channel broadcasts on its own frequency or wavelength: *There's an interesting programme on Channel 4 tonight.* ○ *Can I switch over to the other channel?* ▶ **kanał** **2** a narrow area of water between two seas ▶ **kanał** **3 (the Channel)** = THE ENGLISH CHANNEL **4** an open passage along which liquids can flow: *a drainage channel* ▶ **kanał** **5** the part of a river, etc. which is deep enough for boats to pass along ▶ **kanał** **6** a way or route along which news, information, etc. is sent: *a channel of communication* ▶ **kanał**

□ **channel** verb [T] (**channelling**; **channelled**; US also **channeling**; **channeled**) to make sth move along a particular path or route: *Water is channelled from the river to the fields.* ○ (figurative) *You should channel your energies into something constructive.* ▶ **nakierowywać**

■ **the ˌChannel ˈTunnel** noun [sing.] the tunnel under the sea that connects England and France ▶ **tunel pod Kanałem La Manche**

chant /tʃɑːnt; US tʃænt/ noun **1** [C] a word or phrase that is sung or shouted many times: *A chant of 'we are the champions' went round the stadium.* ▶ **rytmicznie powtarzane hasło (wykrzykiwane lub śpiewane)** **2** [C,U] a usually religious song with only a few notes that are repeated many times ▶ **pieśń**

□ **chant** verb [I,T] to sing or shout a word or phrase many times: *The protesters marched by, chanting slogans.* ▶ **wykrzykiwać lub śpiewać rytmicznie**

chaos /ˈkeɪɒs/ noun [U] a state of great disorder; confusion: *The meeting ended in chaos when demonstrators threw tomatoes at the speakers.* ○ *The accident has caused chaos on the M25 motorway.* ▶ **chaos**

□ **chaotic** /keɪˈɒtɪk/ adj. in a state of chaos: *With no one in charge the situation became chaotic.* ▶ **chaotyczny**

chap /tʃæp/ noun [C] (especially Brit., informal) a man or boy ▶ **facet**

chap. abbr. chapter ▶ **rozdz.**

chapel /ˈtʃæpl/ noun **1** [C] a small part of a large church that can be used for private prayer ▶ **kaplica** **2** [C] a small building or room in a prison, hospital, school, etc. that is used as a church ▶ **kaplica** **3** [C,U] (Brit.) a church for some Protestant groups: *a Methodist chapel* ▶ **kościół, dom modlitwy**

chaperone (Brit. also **chaperon**) /ˈʃæpərəʊn/ noun [C] an older person, usually a woman, who goes to public places with a young unmarried woman to look after her and to make sure that she behaves correctly ▶ **przyzwoitka**

□ **chaperone** (Brit. also **chaperon**) verb [T] ▶ **towarzyszyć jako przyzwoitka**

chaplain /ˈtʃæplɪn/ noun [C] a priest who works in a hospital, school, prison, army, etc. ▶ **kapelan**

★**chapter** /ˈtʃæptə(r)/ noun [C] one of the parts into which a book is divided: *Please read Chap-*

ter 2 for homework. ○ *In the opening chapter, the author sets the scene of the novel.* ▶ **rozdział**

★**character** /ˈkærəktə(r)/ noun **1** [C,U, sing.] the quality that makes sb/sth different from other people or things; the nature of sb/sth: *Although they are twins, their characters are quite different.* ○ *The introduction of more practical work has completely changed the character of the science course.* ○ *Modern houses often seem to lack character.* ▶ **charakter 2** [U] a person's inner strength: *The match developed into a test of character rather than just physical strength.* ○ *Military service is said to be character-building.* ▶ **charakter 3** [C] (informal) a person: *There was a suspicious-looking character hanging around outside so I phoned the police.* ▶ **osobnik 4** [C] a person who is very interesting or amusing: *Neil's quite a character.* ▶ **(ciekawa) postać, dziwa-k/czka 5** [C] a person in a book, story, etc.: *The main character* (bohater) *in the book is a boy who meets an alien.* ▶ **postać 6** [U] the good opinion that people have of you: *The article was a vicious attack on the President's character.* ▶ **dobre imię 6** [C] a letter or sign that you use when you are writing or printing: *Chinese characters* ▶ **znak**

IDIOM **in/out of character** typical/not typical of sb/sth ▶ **typowy; nietypowy**

characteristic /ˌkærəktəˈrɪstɪk/ noun [C] a quality that is typical of sb/sth and that makes them/it different from other people or things: *The chief characteristic of reptiles is that they are cold-blooded.* ▶ **cecha**

□ **characteristic** adj.: *Thatched cottages are characteristic of this part of England.* ❶ Antonim: **uncharacteristic**. ▶ **charakterystyczny** | **characteristically** /-kli/ adv.: *'No,' he said, in his characteristically direct manner.* ▶ **charakterystycznie**

characterize (also **-ise**) /ˈkærəktəraɪz/ verb [T] **1** (often passive) to be typical of sb/sth: *The 1980s were characterized by the pursuit of money.* ▶ **charakteryzować 2 characterize sb/sth as sth** to describe the nature of sb/sth or to show a person's character in a particular way: *The President characterized the meeting as friendly and positive.* ▶ **charakteryzować, opisywać**

charade /ʃəˈrɑːd; US ʃəˈreɪd/ noun **1** (**charades**) [U] a game that is played at a party, etc. in which one person or team acts out a word for others to guess ▶ **kalambury 2** [C] a situation or event that is clearly false but in which people pretend to do or be sth: *They pretend to be friends but it's all a charade. Everyone knows they hate each other.* ▶ **gra** (*pozorów*)

charcoal /ˈtʃɑːkəʊl/ noun [U] a black substance that is produced when you burn wood in an oven with very little air. Charcoal can be used for drawing with or as a fuel. ▶ **węgiel drzewny**

★**charge**[1] /tʃɑːdʒ/ noun **1** [C,U] the price that you must pay for sth: *There is no charge for calls to the operator.* ○ *We deliver free of charge.* ○ *A small charge is made for admission.* ➲ Zob. uwaga przy **price**. ▶ **opłata 2** [C] an official statement that says that sb has done sth which is against the law: *He was arrested on a charge of theft.* ▶ **oskarżenie, zarzut 3** [C] a sudden attack where sb/sth runs directly at sb/sth else: *a cavalry charge* ▶ **szarża 4** [C] the amount of electricity that is put into a battery or carried by a substance: *a positive/negative charge* ▶ **ładunek**

IDIOMS **be in charge (of sb/sth)** to be in control or command (of sb/sth): *Who is in charge of the office while Alan's away?* Kto jest odpowiedzialny za biuro podczas nieobecności Alana? ○ *I'd like to speak to the person in charge.* ▶ **sprawować nadzór** | **bring/press charges (against sb)** to formally accuse sb of a crime so that there can be a trial in a court of law ▶ **wnosić oskarżenie** | **reverse the charges** → REVERSE[3] | **take charge (of sth)** to take control of or responsibility for sth ▶ **przejąć kontrolę/odpowiedzialność**

charge[2] /tʃɑːdʒ/ verb **1** [I,T] **charge (sb/sth) for sth** to ask sb to pay a particular amount of money: *Do you charge for postage and packing?* ○ *We charge £25 per night for a single room.* ○ *He charged me 30 pence for the onions.* ▶ **pobierać** (*opłatę*), **policzyć komuś 2** [T] **charge sb (with sth)** to accuse sb officially of doing sth which is against the law: *Six men are to be charged with attempted robbery.* ▶ **oskarżać 3** [I,T] to attack sb/sth by running directly at them/it: *The bull put its head down and charged.* ○ (figurative) *The children charged down the stairs and into the garden.* ▶ **szarżować; galopować 4** [T] to put electricity into sth: *to charge a battery* ▶ **ładować**

chariot /ˈtʃæriət/ noun [C] an open vehicle with two wheels, that was pulled by a horse or horses in ancient times ▶ **rydwan**

charisma /kəˈrɪzmə/ noun [U] the power that some people have to attract and influence people ▶ **charyzma**

□ **charismatic** /ˌkærɪzˈmætɪk/ adj.: *a charismatic politician* ▶ **charyzmatyczny**

charitable /ˈtʃærətəbl/ adj. **1** kind; generous: *Some people accused him of lying, but a more charitable explanation was that he had made a mistake.* ❶ Antonim: **uncharitable**. ▶ **życzliwy 2** connected with a charity(1) ▶ **charytatywny**

★**charity** /ˈtʃærəti/ noun (pl. **charities**) **1** [C,U] an organization that collects money to help people who are poor, sick, etc. or to do work that will be of benefit to society: *We went on a sponsored walk to raise money for charity* (na cele dobroczynne). ○ *He supports a charity that helps the handicapped.* ▶ **organizacja charytatywna 2** [U] kindness towards other people: *to act out of charity* ▶ **życzliwość, miłosierdzie**

■ **ˈcharity shop** noun [C] a shop that sells clothes, books, etc. given by people to make money for charity ▶ **sklep z tanimi, zwykle używanymi, artykułami** (*na cele dobroczynne*)

★**charm**[1] /tʃɑːm/ noun **1** [C,U] the quality of being pleasant or attractive: *The charm of the island lies in its unspoilt beauty.* ○ *One of his charms was his ability to talk amusingly on any topic.*

▸ **urok** **2** [C] something that you wear because you believe it will bring you good luck: *a necklace with a lucky charm on it* ▸ **talizman**

★**charm²** /tʃɑːm/ verb [T] **1** to please sb; to influence people by your power to attract them: *Her drawings have charmed children all over the world.* ▸ **zachwycać** **2** to protect sb/sth as if by magic: *He has led a charmed life, surviving serious illness and a plane crash.* ▸ **zaczarować**

□ **charming** adj. very pleasing or attractive: *Everyone enjoyed talking to them because they're such a charming couple.* ○ *What a charming little cottage!* ▸ **uroczy** | **charmingly** adv.: *She smiled charmingly.* ▸ **uroczo**

charred /tʃɑːd/ adj. black and partly burnt by fire ▸ **zwęglony**

chart /tʃɑːt/ noun **1** [C] a drawing which shows information in the form of a diagram, etc.: *a temperature chart* ○ *a bar chart* ▸ **wykres** **2** [C] a map of the sea or the sky: *navigation charts* ▸ **mapa morska (lub nieba)** **3** (**the charts**) [pl.] an official list of the most popular records of pop songs ▸ **lista przebojów**

□ **chart** verb [T] **1** to make a map of one area of the sea or sky: *an uncharted coastline* ▸ **sporządzać mapę morską (lub nieba)** **2** to follow or record sth carefully and in detail: *This television series charts the history of the country since independence.* ▸ **prześledzić, notować**

charter /ˈtʃɑːtə(r)/ noun [C,U] **1** an official written statement of the rights, beliefs and purposes of an organization or a particular group of people: *The club's charter does not permit women to become members.* ▸ **statut** **2** the hiring of a ship, aeroplane, etc. for a particular purpose or for a particular group of people: *a charter airline* ▸ **czarter**

□ **charter** verb [T] **1** to hire a ship, aeroplane, etc. for a particular purpose or for a particular group of people ▸ **czarterować** **2** to give a charter(1) to an organization or a particular group of people ▸ **wydawać licencję, nadawać patent** | **chartered** /ˈtʃɑːtəd/ adj. (only before a noun) (used about people in certain professions) fully qualified: *He's training to be a chartered accountant.* ▸ **dyplomowany**

■ **ˈcharter flight** noun [C] a flight in a chartered(1) aeroplane ▸ **lot czarterowy**

★**chase¹** /tʃeɪs/ verb **1** [T] to run after sb/sth in order to catch them/it: *The dog chased the cat up a tree.* ○ *The police car chased the stolen van along the motorway.* ▸ **gonić** **2** [I] to run somewhere fast: *The kids were chasing around the park.* ▸ **pędzić**

★**chase²** /tʃeɪs/ noun [C] the act of following sb/sth in order to catch them/it; chasing or being chased: *an exciting car chase* ▸ **pogoń**

IDIOM **give chase** to begin to run after sb/sth in order to try to catch them/it: *The robber ran off and the policeman gave chase.* ▸ **rzucić się w pogoń**

chasm /ˈkæzəm/ noun [C] **1** a long deep hole in the ground ▸ **przepaść** **2** (figurative) a wide difference of feelings, interests, etc. ▸ **przepaść**

chassis /ˈʃæsi/ noun [C] (pl. **chassis** /ˈʃæsiz/) the metal frame of a vehicle onto which the other parts fit ▸ **podwozie**

chaste /tʃeɪst/ adj. **1** never having had a sexual relationship, or only with your husband/wife ▸ **czysty (moralnie), cnotliwy** **2** not involving thoughts and feelings about sex ▸ **czysty (moralnie), cnotliwy**

□ **chastity** /ˈtʃæstəti/ noun [U]: *The nuns took a vow of chastity.* ▸ **czystość (moralna), cnota**

chat /tʃæt/ noun [C,U] a friendly informal conversation: *Why don't you come in for a cup of coffee and a chat?* ▸ **pogawędka**

□ **chat** verb [I] (**chatting**; **chatted**) to talk to sb in a friendly, informal way: *The two grandmothers sat chatting about the old days.* ▸ **porozmawiać**

PHRASAL VERB **chat sb up** (Brit., informal) to talk to sb in a friendly way because you are sexually attracted to them ▸ **zalecać się, podrywać**

chatty adj. (**chattier**; **chattiest**) **1** fond of talking: *My neighbour's very chatty – she tells me all the news.* ▸ **gadatliwy** **2** in an informal style: *a chatty letter* ▸ **gawędziarski**

■ **ˈchat show** noun [C] a television or radio programme on which well-known people are interviewed ▸ **telewizyjny/radiowy wywiad ze znanymi ludźmi**

chatter /ˈtʃætə(r)/ verb [I] **1** to talk quickly or for a long time about sth unimportant: *The children chattered away continuously.* ▸ **trajkotać** **2** (used about your teeth) to knock together because you are cold or frightened ▸ **szczękać** (*zębami*)

□ **chatter** noun [U]: *Stop that chatter and get on with your work.* ▸ **trajkotanie**

chauffeur /ˈʃəʊfə(r); US ʃəʊˈfɜːr/ noun [C] a person whose job is to drive a car for sb else: *a chauffeur-driven limousine* ▸ **szofer**

□ **chauffeur** verb [T] ▸ **wozić (zawodowo) samochodem**

chauvinism /ˈʃəʊvɪnɪzəm/ noun [U] **1** a strong belief that your country is better and more important than all others ▸ **szowinizm** **2** = MALE CHAUVINISM

□ **chauvinist** /ˈʃəʊvɪnɪst/ noun [C] a person who believes in or shows chauvinism ▸ **szowinist-a/ka** | **chauvinist**, **chauvinistic** /ˌʃəʊvɪˈnɪstɪk/ adj. believing in or showing chauvinism ▸ **szowinistyczny**

★**cheap** /tʃiːp/ adj. **1** low in price, costing little money: *Oranges are cheap at the moment.* ○ *It's cheaper to buy a return ticket than two singles.* ❶ Antonim: **expensive**. ▸ **tani** **2** charging low prices: *We are looking for a cheap hotel for the night.* ▸ **tani** **3** low in price and quality: *The clothes in that shop look cheap.* ▸ **tandetny**

IDIOM **dirt cheap** → DIRT

□ **cheap** adv. (informal) for a low price: *I got this coat cheap in the sales.* ▸ **tanio**

IDIOM **go cheap** (informal) to sell at a low price: *They've got strawberries going cheap at the market.* Na targu są tanie truskawki. ▸ **mieć niską cenę**

cheaply adv. for a low price: *You can travel quickly and cheaply all over the town by bus.* ▸ **tanio**

★**cheat** /tʃiːt/ verb **1** [T] to trick sb, especially

when that person trusts you; to deceive sb: *The shopkeeper cheated the customers by giving them too little change.* ▶ **oszukiwać** **2** [I] **cheat (at sth)** to act in a dishonest or unfair way in order to get an advantage for yourself: *Len was caught cheating in the exam.* ○ *to cheat at cards* ▶ **oszukiwać** **3** [I] **cheat (on sb)** to not be faithful to your husband, wife or regular partner by having a secret sexual relationship with sb else ▶ **zdradzać**

PHRASAL VERB **cheat sb (out) of sth** to take sth from sb in a dishonest or unfair way: *They tried to cheat the old lady out of her savings.* ▶ **wyłudzać**

□ **cheat** noun [C] a person who cheats ▶ **oszust/ka**

★**check**[1] /tʃek/ verb **1** [I,T] **check (sth) (up)** to examine sth in order to make sure that it is safe, correct, in good condition, etc.: *She looked in her diary to check what time her appointment was.* ○ *I expect they're coming by car but I'll ring them and check up.* ○ *Check your work through for mistakes before you hand it in.* ▶ **sprawdzać** **2** [T] to stop or go more slowly; to make sb/sth stop or go more slowly: *A tight bandage should check the flow of blood from a wound.* ▶ **powstrzymywać** **3** [T] (US) to write a mark on a form, etc., to show your choice: *Check the box next to the right answer.* ➲ Por. **tick**. ▶ **zakreślać**

PHRASAL VERBS **check in (at...)**; **check into...** to go to a hotel/airline desk and say that you have arrived: *Passengers should check in two hours before their departure time.* ▶ **meldować się, przechodzić odprawę** | **check sth off** to mark names or items on a list: *The boxes were all checked off as they were unloaded.* ▶ **zaznaczać** (*pozycje w spisie*) | **check on sb/sth** to make sure that there is nothing wrong with sb/sth: *I'll just go and check on the children.* ▶ **sprawdzać kogoś/coś** | **check on sth** to find out if sth is true or correct: *I need to check on a few things before I decide.* ▶ **sprawdzać coś** | **check out (of...)** to pay your bill and leave a hotel ▶ **opłacać rachunek hotelowy i wyprowadzać się** | **check sth out 1** to find out if sth is correct, true or acceptable ▶ **sprawdzać coś** **2** (informal) to look at or examine sth that seems interesting or attractive: *Check out the prices at our new store!* ▶ **popatrzeć na coś** | **check up on sb** to make sure that sb is doing what they should be doing: *My parents are always checking up on me.* ▶ **sprawdzać kogoś**

■ **'check-in** noun [C] **1** the act of checking in at an airport: *Our check-in time is 10.30 am.* ▶ **odprawa** **2** the place where you check in at an airport: *the check-in desk* ▶ **stanowisko odprawy pasażerów** | **'checklist** noun [C] a list of things that you must do or have ▶ **lista rzeczy** (*do załatwienia*) | **'checkout** noun [C] the place in a supermarket where you pay for the things you have bought ▶ **kasa** | **'checkpoint** noun [C] a place where all people and vehicles must stop and be checked: *an army checkpoint* ▶ **punkt kontrolny** | **'check-up** noun [C] a general medical examination to find out whether you are healthy: *to go for a check-up* ▶ **badanie lekarskie**

★**check**[2] /tʃek/ noun **1** [C] **a check (on sth)** a close look at sth to make sure that it is safe, correct, in good condition, etc.: *We do regular checks on our products.* ○ *a security check* ▶ **sprawdzian** **2** [C] an act of going more slowly or stopping or of making sb/sth go more slowly or stop ▶ **zahamowanie** **3** [sing.] (in the game of chess) the situation in which a player must move to protect their king ➲ Por. **checkmate**. ▶ **szach** **4** [C,U] (US) = CHEQUE **5** [C] (US) = BILL[1](1) **6** [C] (US) = TICK[1](3)

IDIOM **hold/keep sth in check** to stop sth from advancing or increasing too quickly: *government measures to keep inflation in check* ▶ **powstrzymywać**

■ **'checkbook** noun [C] (US) = CHEQUEBOOK | **'checking account** noun [C] (US) = CURRENT ACCOUNT

check[3] /tʃek/ noun [C,U] a pattern of squares, often of different colours: *a check jacket* ○ *a pattern of blue and red checks* ▶ **krata, kratka**

□ **checked** /tʃekt/ adj. with a pattern of squares: *a red and white checked tablecloth* ▶ **w kratę/kratkę, kraciasty**

checkers /'tʃekəz/ noun [U] (US) = DRAUGHTS

checkmate /ˌtʃek'meɪt/ (also **mate**) noun [sing.] (in the game of chess) the situation in which you cannot protect your king and so have lost the game ➲ Por. **check**. ▶ **szach i mat**

Cheddar /'tʃedə(r)/ noun [U] a type of hard yellow cheese that can be eaten cooked or raw ▶ **gatunek angielskiego sera**

★**cheek** /tʃi:k/ noun **1** [C] one of the two parts of your face that are on each side of your nose and mouth and below your eyes: *Tears rolled down her cheeks.* ▶ **policzek** **2** [U, sing.] (informal) rude or impolite behaviour; lack of respect: *What (a) cheek! Asking for my help after saying such horrible things about me.* ▶ **bezczelność**

IDIOM **(with) tongue in cheek** → TONGUE

□ **cheeky** adj. (**cheekier**; **cheekiest**) impolite; not showing respect: *Don't be so cheeky! Of course I'm not fat!* ▶ **bezczelny** | **cheekily** adv. ▶ **bezczelnie**

■ **'cheekbone** noun [C] the bone that is below your eye ▶ **kość policzkowa**

★**cheer**[1] /tʃɪə(r)/ verb **1** [I,T] to shout to show that you like sth or to encourage sb who is taking part in competition, sport, etc.: *The crowd clapped and cheered.* ○ *Everyone cheered the winner as he crossed the finishing line.* ▶ **wznosić okrzyki, wiwatować** **2** [T] to make sb happy or more hopeful: *They were all cheered by the good news.* ▶ **dodawać otuchy**

PHRASAL VERBS **cheer sb on** to cheer(1) sb in order to encourage them to do better: *As the runners started the last lap the crowd cheered them on.* ▶ **zachęcać** | **cheer (sb/sth) up** to become or to make sb happier; to make sth look more attractive: *Cheer up!* (Głowa do góry!) *Things aren't that bad.* ○ *A few pictures would cheer this room up a bit.* ▶ **rozweselać (się)**

■ **'cheerleader** noun [C] (especially in the US) one of a group of girls or women at a sports match who wear special uniforms and shout, dance, etc. in order to encourage people to support the players ▶ *(podczas imprez sportowych)* **członkini grupy zachęcającej publiczność do aplauzu**

★**cheer**[2] /tʃɪə(r)/ noun [C] a loud shout to show that you like sth or to encourage sb who is taking part in a competition, sport, etc.: *Three cheers for the winning team!* ▶ **okrzyk, wiwat**

★**cheerful** /ˈtʃɪəfl/ adj. happy: *Tom remained cheerful throughout his illness.* ○ *a cheerful smile* ▶ **pogodny**

□ **cheerfully** /-fəli/ adv. ▶ **pogodnie** | **cheerfulness** noun [U] ▶ **pogoda ducha**

cheerio /ˌtʃɪəriˈəʊ/ interj. (Brit., informal) goodbye ▶ **cześć!** *(na pożegnanie)*

cheers /tʃɪəz/ interj. (especially Brit., informal) **1** (used to express good wishes before you have an alcoholic drink): *'Cheers,' she said, raising her wine glass.* ▶ **na zdrowie! 2** goodbye ▶ **czołem! 3** thank you ▶ **dziękuję**

cheery /ˈtʃɪəri/ adj. happy and smiling: *a cheery remark/wave/smile* ▶ **wesoły**

□ **cheerily** adv. ▶ **wesoło**

★**cheese** /tʃiːz/ noun **1** [U] a type of solid food that is made from milk. Cheese is white or yellow in colour: *a simple lunch of bread and cheese* ○ *a cheese sandwich* ○ *Sprinkle the top of the pizza with grated cheese.* ▶ **ser 2** [C] a type of cheese: *a wide selection of cheeses* ▶ **gatunek sera**

cheesecake /ˈtʃiːzkeɪk/ noun [C,U] a type of cake that is made from soft cheese and sugar on a pastry or biscuit base ▶ **sernik**

cheetah /ˈtʃiːtə/ noun [C] a large wild animal of the cat family that comes from Africa and can run very fast ▶ **gepard**

chef /ʃef/ noun [C] a person who works as the chief cook in a hotel, restaurant, etc. ▶ **szef kuchni**

★**chemical** /ˈkemɪkl/ adj. connected with chemistry; produced by processes that involve changing the structure of a substance: *a chemical reaction* ○ *the chemical industry* ○ *Farmers are using too many chemical fertilizers.* ▶ **chemiczny**

□ **chemical** noun [C] a substance that is used or produced in a chemical process: *Sulphuric acid is a dangerous chemical.* ▶ **substancja chemiczna** | **chemically** /-kli/ adv. ▶ **chemicznie**

★**chemist** /ˈkemɪst/ noun [C] **1** (also **pharmacist**) (US **druggist**) a person who prepares and sells medicines: *I got my tablets from the chemist's.* Kupiłem tabletki w aptece. ○ *The doctor gave me a prescription to take to the chemist's.* ℹ W aptece sprzedaje się zarówno lekarstwa, jak i artykuły kosmetyczne, np. mydło, perfumy. ▶ **apteka-rz/rka**

> Przez dodanie **'s** do rzeczownika określającego sprzedawcę tworzy się nazwę odpowiedniego sklepu: *the chemist's* apteka ○ *the dry-cleaner's* pralnia chemiczna ○ *the grocer's* (mały) sklep spożywczy. Zob. też **doctor** i **dentist**.

2 a person who is a specialist in chemistry ▶ **chemik**

chemistry /ˈkemɪstri/ noun [U] **1** the scientific study of the structure of substances and what happens to them in different conditions or when mixed with each other: *We did an experiment in the chemistry lesson today.* ○ *a chemistry laboratory* ▶ **chemia 2** the structure of a particular substance and the way that it may change under different conditions ▶ **skład chemiczny**

★**cheque** (US **check**) /tʃek/ noun [C,U] a piece of paper printed by a bank that you can fill in, sign and use to pay for things: *She wrote out a cheque for £20.* ○ *I went to the bank to cash a cheque.* ○ *If there is no money in your account your cheque will bounce.* ○ *Can I pay by cheque?* ▶ **czek**

■ **ˈchequebook** (US **ˈcheckbook**) noun [C] a book of cheques ▶ **książeczka czekowa** | **ˈcheque card** noun [C] a small plastic card that you get from your bank. A cheque card guarantees that any cheques you write will be paid, up to a certain amount. ➲ Por. **cash card.** ▶ **karta gwarantująca czeki**

cherish /ˈtʃerɪʃ/ verb [T] **1** to love sb/sth: *The ring was her most cherished possession.* ▶ **ubóstwiać 2** to look after sb/sth carefully ▶ **pieścić 3** to keep a thought, feeling, etc. in your mind and think about it often: *a cherished ambition* ▶ **żywić**

cherry /ˈtʃeri/ noun [C] (pl. **cherries**) **1** a small round black or red fruit that has a stone inside it ▶ **wiśnia; czereśnia 2** (also **ˈcherry tree**) the tree that produces cherries: *a flowering cherry* ▶ **wiśnia; czereśnia**

cherub /ˈtʃerəb/ noun [C] a beautiful child often shown in religious paintings as having wings and a round face; a small angel ▶ **aniołek**

chess /tʃes/ noun [U] a game for two people that is played on a board with 64 black and white squares called a chessboard. Each player has sixteen pieces which can be moved according to fixed rules. ▶ **szachy**

★**chest** /tʃest/ noun [C] **1** a container, often a large strong one, that is used for storing or transporting things ▶ **skrzynia 2** the upper part of the front of your body: *What is your chest measurement?* ○ *This jacket is a 40-inch chest.* ○ *a hairy chest* ○ *chest pains* ➲ Por. **breast**. ▶ **pierś, klatka piersiowa**

IDIOM **get sth off your chest** (informal) to talk about sth that you have been thinking about or that has been worrying you ▶ **ulżyć sobie, zrzucić ciężar z serca**

■ **ˌchest of ˈdrawers** (US **bureau**) noun [C] a piece of furniture with drawers in it that is used for storing clothes, etc. ▶ **komoda**

chestnut /ˈtʃesnʌt/ noun [C] **1** (also **ˈchestnut tree**) a tree with large leaves that produces smooth reddish-brown nuts in prickly shells ▶ **kasztan 2** one of the nuts from the chestnut tree. You can eat some chestnuts: *roast chestnuts* ➲ Por. **conker**. ▶ **kasztan 3** a deep reddish-brown colour: *chestnut hair* ○ *a chestnut mare* ➲ Por. **auburn** i **maroon.** ▶ **kasztan**

★**chew** /tʃuː/ verb [I,T] **1** to break up food in your mouth with your teeth before you swallow it: *You should chew your food thoroughly.* ▶ **żuć** **2 chew (on) sth** to bite sth continuously with the back teeth: *The dog was chewing on a bone.* ▶ **obgryzać**
□ **chewy** adj. (used about food) difficult to break up with your teeth before it can be swallowed: *chewy meat/toffee* ▶ **trudny do przeżucia**
■ **'chewing gum** (also **gum**) noun [U] a sweet sticky substance that you chew in your mouth but do not swallow ▶ **guma do żucia**

chic /ʃiːk/ adj. fashionable; elegant ▶ **szykowny, elegancki**

chick /tʃɪk/ noun [C] a young bird, especially a young chicken ▶ **pisklę**

★**chicken** /'tʃɪkɪn/ noun **1** [C] a bird that people often keep for its eggs and its meat ▶ **kurczę, kurczak** **2** [U] the meat of this bird: *roast chicken* ○ *cold chicken and salad* ❶ Zwróć uwagę, że **chicken** używa się w odniesieniu do ptaka, niezależnie od płci ➲ Por. **cock**, **hen** i **chick**. ▶ **kurczę, kurczak**
IDIOM **don't count your chickens (before they're hatched)** → COUNT[1]
□ **chicken** verb
PHRASAL VERB **chicken out (of sth)** (informal) to decide not to do sth because you are afraid: *He wanted to swim across the river but he chickened out when he saw how far it was.* ▶ **tchórzyć**
■ **'chickenpox** /'tʃɪkɪnpɒks/ noun [U] a disease, especially of children. When you have chickenpox you have a temperature and get red spots on your skin that itch a lot. ▶ **ospa wietrzna**

chicory /'tʃɪkəri/ (US **endive**) noun [U] a plant with slightly bitter-tasting leaves that can be eaten in salads ▶ **cykoria**

★**chief** /tʃiːf/ noun [C] **1** the leader or ruler of a group of people: *African tribal chiefs* ○ *Indian chiefs* ▶ **wódz** (*plemienia*) **2** the person who has command or control over an organization: *the chief* (komendant) *of police* ▶ **szef, kierownik**
□ **chief** adj. (only before a noun) **1** most important; main: *One of the chief reasons for his decision was money.* ▶ **główny** **2** of the highest rank: *the chief executive of a company* ▶ **naczelny** | **chiefly** adv. mainly; mostly: *His success was due chiefly to hard work.* Swój sukces zawdzięczał przede wszystkim ciężkiej pracy. ▶ **głównie**

chieftain /'tʃiːftən/ noun [C] the leader of a tribe ▶ **wódz** (*plemienia*)

chiffon /'ʃɪfɒn/ noun [U] a very thin, transparent type of cloth used for making clothes, etc. ▶ **szyfon**

chilblain /'tʃɪlbleɪn/ noun [C] a painful red swelling on the hands or feet that is caused by cold or bad circulation of the blood ➲ Por. **frostbite**. ▶ **(lekkie) odmrożenie** (*palców rąk i nóg*)

★**child** /tʃaɪld/ noun [C] (pl. **children** /'tʃɪldrən/) **1** a boy or girl; a human who is not yet fully grown: *A group of children were playing in the park.* ○ *a six-year-old child* ▶ **dziecko** **2** a son or daughter of any age: *She has two children but both are married and have moved away.* ○ *He is married with three children.* ○ *an only child* jedyna-k/czka ○ *to adopt a child* ○ *a foster child* przybrane dziecko ▶ **dziecko**
□ **childhood** /'tʃaɪldhʊd/ noun [C,U] the time when you are a child: *Harriet had a very unhappy childhood.* ○ *childhood memories* wspomnienia z dzieciństwa ▶ **dzieciństwo** | **childless** adj. having no children: *a childless marriage* ▶ **bezdzietny**
■ **child 'benefit** noun [U] (Brit.) a sum of money that is paid every week by the government to parents for each child that they have ▶ **zasiłek na dziecko** | **'childbirth** noun [U] the act of giving birth to a baby: *His wife died in childbirth.* ▶ **poród** | **'childcare** noun [U] the job of looking after children, especially while the parents are at work: *Some employers provide childcare facilities.* ▶ **opieka nad dziećmi** | **'childlike** adj. like a child ➲ Zob. uwaga przy **childish**. ▶ **dziecięcy** | **'childminder** noun [C] (Brit.) a person whose job is to look after a child while their parents go out to work ▶ **opiekun/ka do dziecka, niania** | **'children's home** noun [C] an institution where children live whose parents cannot look after them ▶ **dom dziecka**

childish /'tʃaɪldɪʃ/ adj. like a child ➲ Por. **babyish**. ▶ **dziecinny**

> Określenie człowieka lub jego zachowania przymiotnikiem **childlike** podkreśla pozytywne cechy dziecka: *childlike innocence* ○ *His childlike enthusiasm delighted us all.* Natomiast przymiotnik **childish** ma znaczenie negatywne; używa się go, gdy mówca uważa, że dorosły człowiek zachowuje się po dziecinnemu: *Don't be so childish! You can't always have everything you want.*

□ **childishly** adv.: *to giggle childishly* ▶ **jak (małe) dziecko**

chili (US) = CHILLI

chill /tʃɪl/ noun **1** [sing.] an unpleasant coldness: *There's a chill in the air.* ○ (figurative) *A chill of fear went down my spine.* ▶ **chłód**; **dreszcz** **2** [C] an illness like a cold that is caused by being cold or damp: *to catch a chill* przeziębiać się ▶ **przeziębienie**
□ **chill** verb [I,T] to become or to make sb/sth colder: *It's better to chill white wine before you serve it.* ▶ **chłodzić (się)** | **chilling** /'tʃɪlɪŋ/ adj. frightening: *a chilling ghost story* ▶ **mrożący krew w żyłach** | **chilly** /'tʃɪli/ adj. (**chillier**; **chilliest**) unpleasantly cold: *It's a chilly morning. You need a coat on.* ○ (figurative) *a chilly reception* ▶ **zimny; oziębły**

chilli (US **chili**) /'tʃɪli/ noun [C,U] (pl. **chillies**; US **chilies**) a small green or red vegetable that has a very strong hot taste: *chilli powder* ▶ **papryka chilli**

chime /tʃaɪm/ verb **1** [I] (used about a bell) to ring ▶ **wydzwaniać** **2** [T] (used about a bell or a clock) to show the time by ringing: *The town hall clock chimed midnight.* ▶ **wybijać godziny**
PHRASAL VERB **chime in (with sth)** (informal) to interrupt a conversation and add your own comments ▶ **wtrącać się** (*do rozmowy*)

□ **chime** noun [C] the sound of a bell or a clock chiming ▶ **dzwonek, kurant**

★**chimney** /ˈtʃɪmni/ noun [C] (pl. **chimneys**) the passage through which smoke, etc. can get out of a building. A chimney in a house usually goes up from the fireplace, behind the walls and to a hole in the roof.: *The chimney is sooty and needs sweeping.* ○ *Smoke poured out of the factory chimneys.* ▶ **komin**

■ **ˈchimney sweep** (also **sweep**) noun [C] a person whose job is to clean chimneys by sweeping them with long brushes ▶ **kominiarz**

chimpanzee /ˌtʃɪmpænˈziː/ (informal **chimp**) noun [C] a type of small ape that lives in Africa ▶ **szympans**

★**chin** /tʃɪn/ noun [C] the part of your face that is below your mouth: *He sat listening, his chin resting on his hand.* ○ *a double chin* podwójny podbródek ▶ **podbródek, broda**

china /ˈtʃaɪnə/ noun [U] **1** the substance of which cups, plates, etc. can be made. China is made from fine white baked clay: *a china vase* ▶ **porcelana 2** cups, saucers, plates, etc. that are made from china: *We only use the best china when we have visitors.* ▶ **porcelana**

chink¹ /tʃɪŋk/ noun [C] a small narrow opening ▶ **szpara, szczelina**

chink² /tʃɪŋk/ verb [I,T] to make a light ringing sound; to cause this sound, e.g. by knocking two pieces of china or glass together gently ▶ **brzęczeć; pobrzękiwać**

□ **chink** noun [C] ▶ **brzęk**

chinos /ˈtʃiːnəʊz/ noun [pl.] informal trousers/pants made from strong woven cotton: *a pair of chinos* ▶ **rodzaj spodni**

chintz /tʃɪnts/ noun [U] a shiny cotton cloth with a printed design, usually of flowers, which is used for making curtains, covering furniture, etc. ▶ **perkal**

★**chip¹** /tʃɪp/ noun [C] **1** a small piece of wood, stone, glass, etc. that has broken off sth ▶ **drzazga, odłamek 2** a place where a piece has broken off sth: *This dish has a chip in it.* Ten talerz jest wyszczerbiony. ▶ **wyszczerbienie 3** (US **French fry**) [usually pl.] a thin piece of potato that is fried in hot fat or oil: *Would you like boiled potatoes or chips?* ○ *fish and chips* ▶ **frytki 4** (also **potato chip**) (US) = CRISP² **5** a flat round piece of plastic that you use instead of money when you are playing some games ▶ **żeton 6** = MICROCHIP

IDIOM **have a chip on your shoulder (about sth)** (informal) to be angry about sth for a long time, especially because you think you have been treated unfairly ▶ **mieć pretensje do całego świata**

■ **ˈchip shop** (also **chippy**) noun [C] (in Britain) a shop that cooks and sells fish and chips and other fried food to take away and eat ▶ **sklep z rybą i frytkami na wynos**

chip² /tʃɪp/ verb [I,T] (**chipping**; **chipped**) to lose or to knock a small piece off the edge or surface of sth: *They chipped the paint trying to get the table through the door.* ▶ **wyszczerbiać (się), odłupywać (się)**

PHRASAL VERB **chip in (with sth)** (informal) **1** to interrupt when sb else is talking ▶ **wtrącać się** (*do rozmowy*) **2** to give some money as part of the cost of sth: *We all chipped in and bought him a present when he left.* ▶ **składać się na, robić składkę**

chiropodist /kɪˈrɒpədɪst/ (US **podiatrist**) noun [C] a person whose job is to care for people's feet ▶ **pedikiurzyst-a/ka**

chirp /tʃɜːp/ noun [C] the short high sound that a small bird makes ▶ **szczebiot, ćwierkanie**

□ **chirp** verb [I] ▶ **szczebiotać, ćwierkać**

chisel /ˈtʃɪzl/ noun [C] a tool with a sharp end that is used for cutting or shaping wood, stone, etc. ➲ Ilustr. do **tool**. ▶ **dłuto**

chivalry /ˈʃɪvəlri/ noun [U] behaviour which shows particular respect, usually of men towards women ▶ **rycerskość, galanteria**

□ **chivalrous** /ˈʃɪvlrəs/ adj. ▶ **szarmancki**

chives /tʃaɪvz/ noun [pl.] a plant with purple flowers and long thin leaves that are used in cooking. Chives taste similar to onions. ▶ **szczypiorek**

chlorine /ˈklɔːriːn/ noun [U] (symbol **Cl**) a greenish-yellow gas with a strong smell, that is used for making water safe to drink or to swim in ▶ **chlor**

chock-a-block /ˌtʃɒk ə ˈblɒk/ adj. (not before a noun) completely full: *The High Street was chock-a-block with shoppers.* ▶ **pełny po brzegi, nabity**

chocoholic /ˌtʃɒkəˈhɒlɪk/ noun [C] a person who loves chocolate and eats a lot of it ▶ **osoba uwielbiająca czekoladę**

★**chocolate** /ˈtʃɒklət/ noun **1** [U] a sweet brown substance that you usually buy in the form of a hard block called a bar. Chocolate is made from cocoa beans: *milk chocolate* ○ *plain chocolate* ▶ **czekolada 2** [C] a small sweet that is made from chocolate with a nut or another sweet substance inside: *a box of chocolates* ▶ **czekoladka 3** [C,U] a drink made from powdered chocolate with hot milk or water: *a mug of hot chocolate* ▶ **czekolada**

□ **chocolate** adj. **1** made from or covered with chocolate: *chocolate cake* ○ *a chocolate biscuit* ▶ **czekoladowy 2** dark brown ▶ **czekoladowy**

★**choice** /tʃɔɪs/ noun **1** [C] **a choice (between A and B)** an act of choosing between two or more people or things: *to make the right/wrong choice* ○ *David faced a difficult choice between moving house and losing his job.* ○ *You can have first choice of all the cakes.* ▶ **wybór 2** [U] the right or chance to choose: *There was a rail strike so we had no choice but to stay on in Paris.* ○ *to have freedom of choice* ▶ **wybór 3** [C,U] two or more things from which you can or must choose: *This cinema offers a choice of six different films every night.* ○ *You get more choice of vegetables at the market.* ▶ **wybór 4** [C] a person or thing that has been chosen: *What is your choice of colour?* Jaki kolor byś wybrał? ▶ **wybór**

IDIOM **out of/from choice** because you want to; of your own free will: *I wouldn't have gone to*

America out of choice. I was sent there on business. ▶ **z (własnego) wyboru**

□ **choice** adj. of very good quality: *choice beef* ▶ **wyborowy**

choir /ˈkwaɪə(r)/ noun [C, with sing. or pl. verb] a group of people who sing together: *Dennis sings in the church choir.* ○ *The choir meets/meet on Thursday to rehearse.* ▶ **chór**

★**choke** /tʃəʊk/ verb **1** [I,T] to be or to make sb unable to breathe because sth is stopping air getting into the lungs: *The child swallowed a pen top and choked to death.* ○ *The smoke choked us.* ▶ **dławić (się) 2** [T] (usually passive) **choke sth (up) (with sth)** to fill a passage, space, etc., so that nothing can pass through: *The roads to the coast were choked with traffic.* ▶ **wypełniać, zatykać**

PHRASAL VERB **choke sth back** to hide or control a strong emotion: *to choke back tears* ▶ **dławić** (*np. łzy*), **dusić w sobie** (*np. emocje*)

□ **choke** noun [C] **1** an act or a sound of choking(1) ▶ **dławienie (się) 2** the piece of equipment in a car, etc. that controls the amount of air going into the engine ▶ **ssanie**

cholera /ˈkɒlərə/ noun [U] a serious disease that causes diarrhoea and vomiting ▶ **cholera**

cholesterol /kəˈlestərɒl; US -rɔːl/ noun [U] a substance that is found in the bodies of people and animals, and that helps to carry fats: *a high/low level of cholesterol* ▶ **cholesterol**

★**choose** /tʃuːz/ verb [I,T] (pt **chose** /tʃəʊz/; pp **chosen** /ˈtʃəʊzn/) **1 choose (between A and/or B); choose (A) (from B); choose sb/sth as sth** to pick or select the person or thing that you prefer: *Choose carefully before you make a final decision.* ○ *Amy had to choose between getting a job or going to college.* ○ *You can choose three questions from the five on the exam paper.* ○ *The viewers chose this programme as their favourite.* ▶ **wybierać 2** to decide or prefer to do sth: *You are free to leave whenever you choose* (kiedy tylko zechcesz). ○ *They chose to resign rather than work for the new manager.* ▶ **decydować się, woleć**

IDIOM **pick and choose** → PICK[1]

choosy /ˈtʃuːzi/ adj. (**choosier**; **choosiest**) (informal) careful in choosing; difficult to please ▶ **grymaśny, wybredny**

★**chop[1]** /tʃɒp/ verb [T] (**chopping**; **chopped**) **chop sth (up) (into sth)** to cut sth into pieces with an axe or knife: *They chopped the logs up.* ○ *finely chopped herbs* ○ *Chop the onions up into small pieces.* ▶ **rąbać, siekać**

IDIOM **chop and change** to change your plans or opinions several times ▶ **często zmieniać zdanie**

PHRASAL VERBS **chop sth down** to cut a tree, etc. at the bottom so that it falls down ▶ **ścinać** | **chop sth off (sth)** to remove sth from sth by cutting it with an axe or knife: *to chop a branch off a tree* ▶ **odcinać, odrąbywać**

■ **ˈchopping board** noun [C] a piece of wood or plastic used for cutting meat or vegetables on ➲ Ilustr. do **kitchen**. ▶ **deska do krojenia**

chop[2] /tʃɒp/ noun [C] **1** an act of chopping sth ▶ **rąbanie, ścięcie 2** a thick slice of meat with a piece of bone in it ➲ Por. **steak**. ▶ **kotlet** (*z kostką*)

chopper /ˈtʃɒpə(r)/ noun [C] **1** a heavy tool that is used for cutting wood, meat, etc. ▶ **tasak 2** (informal) = HELICOPTER

choppy /ˈtʃɒpi/ adj. (**choppier**; **choppiest**) (used about the sea) having a lot of small waves, slightly rough ▶ **lekko wzburzony**

chopstick /ˈtʃɒpstɪk/ noun [C] either of a pair of thin sticks that are used for eating with, especially in some Asian countries ▶ **pałeczka**

choral /ˈkɔːrəl/ adj. written for or involving a choir ▶ **chóralny**

chord /kɔːd/ noun [C] two or more musical notes that are played at the same time ▶ **akord**

IDIOM **strike a chord** → STRIKE[2]

chore /tʃɔː(r)/ noun [C] a job that is not interesting but that you must do: *household chores* prace domowe ▶ **robota**

choreograph /ˈkɒriəɡrɑːf; -ɡræf; US ˈkɔːriəɡræf/ verb [T] to design and arrange the movements of a dance ▶ **układać choreografię**

□ **choreographer** /ˌkɒriˈɒɡrəfə(r); US ˌkɔːri-/ noun [C] a person whose job is to plan the movements for a dance ▶ **choreograf** | **choreography** /ˌkɒriˈɒɡrəfi; US ˌkɔːri-/ noun [U] the arrangement of movements for a dance, especially ballet ▶ **choreografia**

chorus /ˈkɔːrəs/ noun [C] **1** [with sing. or pl. verb] a large group of people who sing together ▶ **chór 2** the part of a song that is repeated at the end of each verse: *The audience joined in with the choruses.* ▶ **refren 3** a piece of music for a large group to sing ▶ **utwór chóralny 4** something that a lot of people say together: *a chorus of cheers/boos/criticism* ▶ **chór 5** [with sing. or pl. verb] a group of singers and dancers in a show: *She was always in the chorus, never a star.* ▶ **chór, chórek**

□ **chorus** verb [T] (used about a group of people) to sing or say sth together: *'That's not fair!' the children chorused.* ▶ **mówić lub śpiewać chórem**

chose pt of CHOOSE

chosen pp of CHOOSE

Christ /kraɪst/ (also **Jesus**; **Jesus Christ** /ˌdʒiːzəs ˈkraɪst/) the man who Christians believe is the son of God and who established the Christian religion ▶ **Chrystus**

christen /ˈkrɪsn/ verb [T] **1** to give a person, often a child, a name during a Christian ceremony in which they are made a member of the Church: *The baby was christened Simon Mark.* ➲ Por. **baptize**. ▶ **chrzcić 2** to give sb/sth a name: *People drive so dangerously on this stretch of road that they've christened it 'The Mad Mile'.* ▶ **chrzcić, nadawać imię**

□ **christening** /ˈkrɪsnɪŋ/ noun [C] the church ceremony in which a baby is given a name ▶ **chrzciny**

★**Christian** /ˈkrɪstʃən/ noun [C] a person whose religion is Christianity: *Christians all over the* *world will join in prayers for peace today.* ▶ **chrześcijan-in/ka**

□ **Christian** adj.: *the Christian Church/faith/religion* ▶ **chrześcijański** | **Christianity** /ˌkrɪstiˈænəti/ noun [U] the religion that is based on the teachings of Jesus Christ: *to be converted to Christianity* ▶ **chrześcijaństwo**

■ ˈ**Christian name** (especially US ˈ**given name**) noun [C] the name given to a child when they are born; first name ➲ Zob. uwaga przy **name**. ▶ **imię**

★**Christmas** /ˈkrɪsməs/ (informal **Xmas**) noun [C,U] the period of time before and after Christmas Day: *We wish you a merry Christmas.* ○ *Where are you spending Christmas this year?* ○ *the Christmas holidays* ▶ **Boże Narodzenie**

■ ˈ**Christmas card** noun [C] a card with a picture on the front and a greeting inside that people send to their friends and relatives at Christmas ▶ **kartka świąteczna** (*z okazji Bożego Narodzenia*) | ˌ**Christmas** ˈ**carol** = CAROL | ˌ**Christmas** ˈ**cracker** noun [C] = CRACKER(2) | ˌ**Christmas** ˈ**Day** noun [C] the day on which Christians celebrate the birth of Christ each year. For most Christians Christmas Day is 25 December. ▶ **dzień Bożego Narodzenia** | ˌ**Christmas** ˈ**dinner** noun [C] the traditional meal eaten on Christmas Day, often with roast turkey as the main dish, followed by Christmas pudding ▶ **tradycyjny bożonarodzeniowy obiad** | ˌ**Christmas** ˈ**Eve** noun [C] the day before Christmas Day, 24 December ▶ **Wigilia** | ˌ**Christmas** ˈ**pudding** noun [C] a sweet made from dried fruit and eaten hot with sauce at Christmas dinner ▶ **tradycyjny bożonarodzeniowy deser** | ˈ**Christmas tree** noun [C] a tree such as a fir, or an artificial tree, which people bring into their homes and decorate with bright lights and coloured balls ▶ **choinka**

chrome /krəʊm/ (also **chromium** /ˈkrəʊmiəm/) noun [U] a hard shiny metal that is used for covering other metals: *chrome-plated taps* ▶ **chrom**

chromosome /ˈkrəʊməsəʊm/ noun [C] the part of the cells of living things that contains the genes ▶ **chromosom**

chronic /ˈkrɒnɪk/ adj. (used about a disease or a problem) that continues for a long time: *chronic bronchitis* ○ *There is a chronic shortage of housing in the city.* ▶ **przewlekły**

□ **chronically** /ˈkrɒnɪkli/ adv. ▶ **przewlekle**

chronicle /ˈkrɒnɪkl/ noun [C] (often plural) a record of events that happened in the past ▶ **kronika**

chronological /ˌkrɒnəˈlɒdʒɪkl/ adj. arranged in the order in which the events happened: *This book describes the main events in his life in chronological order.* ▶ **chronologiczny**

□ **chronologically** /-kli/ adv. ▶ **chronologicznie**

chrysalis /ˈkrɪsəlɪs/ (pl. **chrysalises**) noun [C] the form of an insect, especially a butterfly or moth, while it is changing into an adult inside a hard case, also called a chrysalis ▶ **poczwarka**

chrysanthemum /krɪˈsænθəməm; krɪˈzæ-/ noun [C] a garden plant with brightly coloured flowers ▶ **chryzantema, złocień**

chubby /ˈtʃʌbi/ adj. (**chubbier**; **chubbiest**) rather fat; round: *chubby cheeks* ▶ **pucołowaty**

chuck /tʃʌk/ verb [T] (informal) **1** to throw sth in a careless way: *Chuck that magazine over here.* ○ *You can chuck those old shoes in the bin.* ▶ **rzucać, wyrzucać** **2 chuck sth (in)** to give sth up: *He's chucked his job in because he was fed up.* ▶ **rzucać**

PHRASAL VERB **chuck sb out (of sth)** to force sb to leave a place: *They were chucked out of the cinema for making too much noise.* ▶ **wyrzucać kogoś (z czegoś)**

chuckle /ˈtʃʌkl/ verb [I] to laugh quietly: *Bruce chuckled to himself as he read the letter.* ▶ **chichotać**

□ **chuckle** noun [C]: *He put down the phone with a chuckle.* ▶ **chichot, zduszony śmiech** ➲ Por. **giggle**.

chug /tʃʌg/ verb [I] (**chugging**; **chugged**) (used about a machine or engine) to make short repeated knocking sounds while it is working or moving slowly ▶ **sapać, stukać**

PHRASAL VERB **chug along, down, up, etc.** to move in a particular direction making this sound: *The train chugged out of the station.* ▶ **toczyć się posapując**

chum /tʃʌm/ noun [C] (informal, old-fashioned) a friend ▶ **kumpel**

chunk /tʃʌŋk/ noun [C] a large or thick piece of sth: *chunks of bread and cheese* ▶ **kawałek, kawał**

chunky /ˈtʃʌŋki/ adj. (**chunkier**; **chunkiest**) **1** thick and heavy: *chunky jewellery* ○ *a chunky sweater* ▶ **grudkowaty, gruby** **2** (used about a person) short and strong ▶ **przysadzisty** **3** (used about food) containing thick pieces: *chunky banana milk shake* ▶ **z kawałkami** (*np. owoców*)

★**church** /tʃɜːtʃ/ noun **1** [C,U] a building where Christians go to pray: *Services are held in this church every Sunday morning at 10.* ○ *They are getting married in the village church.* ○ *the church tower* ○ *Do you go to church regularly?* ❶ Zwróć uwagę, że w jęz. ang. mówiąc o chodzeniu do kościoła w celu uczestniczenia w praktykach religijnych nie stosuje się żadnego przedimka – **in church**, **to church**, **at church**, (US) **in church**: *Was Mrs Stevens at church today?* ▶ **kościół** **2** (**Church**) [C] a particular group of Christians: *the Anglican/Catholic/Methodist Church* ▶ **Kościół** **3** (**(the) Church**) [sing.] the ministers of the Christian religion; the institution of the Christian religion: *the conflict between Church and State* ▶ **Kościół**

■ ˈ**churchgoer** noun [C] a person who goes to church regularly ▶ **osoba religijna/praktykująca** | **the** ˌ**Church of** ˈ**England** noun [sing.] the Protestant Church which is the official church in England ➲ Por. **Anglican**. ▶ **Kościół anglikański** | ˈ**churchyard** noun [C] the area of land that is around a church ➲ Por. **cemetery** i **graveyard**. ▶ **dziedziniec kościelny**

churn /tʃɜːn/ verb **1** [T] to beat milk or cream so

that it turns into butter ▶ **ubijać masło** **2** [I,T] **churn (sth) (up)** to move, or to make sth move with great force: *The motor boat churned up the water of the lake.* ▶ **wzburzać (się)** **3** [I,T] if your stomach churns or sth makes it churn, you feel sick because you are disgusted or nervous: *Reading about the murder in the paper made my stomach churn* (robiło mi się niedobrze). ▶ **mdlić; przyprawiać o mdłości**

PHRASAL VERB **churn sth out** (informal) to produce large numbers of sth very quickly: *Modern factories can churn out cars at an amazing speed.* ▶ **produkować szybko i w dużych ilościach**

chute /ʃuːt/ noun [C] a passage down which you can drop or slide things, so that you do not have to carry them: *a laundry chute* ▶ **zsyp, rynna**

chutney /ˈtʃʌtni/ noun [U] a hot-tasting food that is made from fruit or vegetables with sugar, vinegar and spices. You eat chutney cold with cheese or meat. ▶ **ostry sos korzenny**

CIA /ˌsiː aɪ ˈeɪ/ (US) abbr. Central Intelligence Agency; the US government organization that tries to discover secret political and military information about other countries ▶ **Centralna Agencja Wywiadowcza**

ciabatta /tʃəˈbɑːtə/ noun [U, C] a type of heavy Italian bread; a whole loaf of this ▶ **rodzaj włoskiego pieczywa**

cider /ˈsaɪdə(r)/ noun [U] an alcoholic drink that is made from apples ▶ **jabłecznik**

cigar /sɪˈɡɑː(r)/ noun [C] a roll of dried tobacco leaves that people smoke. Cigars are larger and more expensive than cigarettes: *cigar smoke* ▶ **cygaro**

★**cigarette** /ˌsɪɡəˈret; US ˈsɪɡəret/ noun [C] a roll of tobacco in a tube of thin white paper that people smoke: *a packet of cigarettes* ○ *to smoke a cigarette* ○ *She lit another cigarette.* ○ *John put out his cigarette.* ▶ **papieros**

■ **cigaˈrette lighter** (also **lighter**) noun [C] an object which produces a small flame for lighting cigarettes and cigars ▶ **zapalniczka**

cinder /ˈsɪndə(r)/ noun [C] a very small piece of coal, wood, etc. that has been burning and may still be hot ▶ **żużel**

★**cinema** /ˈsɪnəmə/ noun (US also **the movies**) **1** [C] a place where you go to see a film: *Let's go to the cinema this evening.* ○ *What's on at the cinema this week?* ▶ **kino**

> W Amer. ang. **movie theater** oznacza budynek, w którym wyświetlane są filmy: *There are five movie theaters in this town.* **The movies** oznacza miejsce, do którego się idzie, aby obejrzeć film: *Let's go to the movies this evening.*

2 [U] films in general: *Are you interested in cinema?* ▶ **film, kino**

cinnamon /ˈsɪnəmən/ noun [U] a brown powder that is used for giving flavour to sweet food ▶ **cynamon**

circa /ˈsɜːkə/ prep. (abbr. **c**) (formal) (used with dates) about: *The vase was made circa 600 AD.* ▶ **około**

★**circle** /ˈsɜːkl/ noun **1** [C] a line which curves round to form the shape of a ring. Every point on the line is the same distance from the centre: *The children were drawing circles and squares on a piece of paper.* ○ *We all stood in a circle and held hands.* ▶ **koło, krąg** **2** [C] a flat, round area: *She cut out a circle of paper.* ▶ **koło** **3** [C] a group of people who are friends, or who have the same interest or profession: *He has a large circle of friends.* ○ *Her name was well known in artistic circles.* ▶ **koło** **4** [sing.] an area of seats that is upstairs in a cinema, theatre, etc.: *seats in the front row of the circle* ○ *the dress circle* ➲ Por. **balcony**, który znajduje się wyżej niż **circle**. ▶ **balkon**

IDIOM **a vicious circle** → VICIOUS

□ **circle** verb **1** [I,T] to move, or to move round sth, in a circle, especially in the air: *The plane circled the town several times before it landed.* ▶ **krążyć** **2** [T] to draw a circle round sth, e.g. on an examination paper: *There are three possible answers to each question. Please circle the correct one.* ▶ **zakreślać**

circuit /ˈsɜːkɪt/ noun [C] **1** a complete circular path that an electric current can flow around ▶ **obwód** **2** a number of competitions or other events that take place every year in a particular sport. People often take part in all the events, moving round from place to place: *She's one of the best players on the tennis circuit.* ▶ **arena sportowa** **3** a circular journey round sth: *The cars have to complete ten circuits of the track.* ▶ **okrążenie**

★**circular** /ˈsɜːkjələ(r)/ adj. **1** round and flat; shaped like a circle: *a circular table* ▶ **okrągły** **2** (used about a journey, etc.) going round in a circle: *The bus will take you on a circular tour of Oxford.* ▶ **okrężny**

□ **circular** noun [C] a printed letter, notice or advertisement that is sent to a large number of people: *'Is there any post?' 'Nothing interesting – just a few circulars.'* ▶ **okólnik**

circulate /ˈsɜːkjəleɪt/ verb [I,T] **1** to go from one person to another; to pass information from one person to another: *Stories were circulating about the Minister's private life.* ○ *We've circulated a copy of the report to each department.* ▶ **krążyć; puszczać w obieg** **2** (used about a substance) to move or make sth move round continuously: *Blood circulates round the body.* ▶ **krążyć**

circulation /ˌsɜːkjəˈleɪʃn/ noun **1** [U] the passing of sth from one person or place to another: *the circulation of news/information/rumours* ○ *Old five pence coins are no longer in circulation.* ▶ **obieg** **2** [C] the number of copies of a newspaper, magazine, etc. that are sold each time it is produced: *This newspaper has a circulation of over a million.* ▶ **nakład; obieg** **3** [sing.] the movement of blood around the body: *If you have bad circulation, your hands and feet get cold easily.* ▶ **krążenie krwi**

circumcise /ˈsɜːkəmsaɪz/ verb [T] to cut off the skin at the end of a man's penis or a woman's clitoris, for religious or (in the case of a man) medical reasons ▶ **obrzezywać**

□ **circumcision** /ˌsɜːkəmˈsɪʒn/ noun [C,U] ▶ **obrzezanie**

circumference /səˈkʌmfərəns/ noun [C,U] the distance round a circle or sth circular: *The circumference of the Earth is about 40 000 kilometres.* ○ *The Earth is about 40 000 kilometres in circumference.* ▶ **obwód**

★**circumstance** /ˈsɜːkəmstəns/ noun **1** [C, usually pl.] the facts and events that affect what happens in a particular situation: *We need to know the exact circumstances surrounding the accident.* ○ *In normal circumstances I would not have accepted the job, but at that time I had very little money.* ▶ **okoliczność 2** (**circumstances**) [pl.] (formal) the amount of money that you have: *The company has promised to repay the money when its financial circumstances improve.* ▶ **położenie**

IDIOMS **in/under no circumstances** never, for any reason: *You must in no circumstances mention this subject again.* ▶ **w żadnym wypadku** | **in/under the circumstances** as the result of a particular situation: *My father was very ill at that time, so under the circumstances I decided not to apply for the job.* ○ *Well, it's not an ideal solution, but it's the best we can do in the circumstances.* ▶ **w tych okolicznościach**

□ **circumstantial** /ˌsɜːkəmˈstænʃl/ adj. (used in connection with the law) containing details and information that strongly suggest sth is true but are not actual proof of it: *circumstantial evidence* dowód poszlakowy ▶ **pośredni**

★**circus** /ˈsɜːkəs/ noun [C] a show performed in a large tent by a company of people and animals ▶ **cyrk**

CIS /ˌsiː aɪ ˈes/ abbr. the Commonwealth of Independent States ▶ **Wspólnota Niepodległych Państw**

cistern /ˈsɪstən/ noun [C] a tank for water, especially one that is connected to a toilet ▶ **zbiornik** (*na wodę*), **rezerwuar klozetowy**

citadel /ˈsɪtədəl/ noun [C] (in past times) a castle on high ground in or near a city where people could go when the city was being attacked: (figurative) *citadels of private economic power* ▶ **cytadela**

cite /saɪt/ verb [T] (formal) to mention sth as an example to support what you are saying: *She cited the high unemployment figures as an example of the Government's bad management.* ▶ **cytować**

★**citizen** /ˈsɪtɪzn/ noun [C] **1** a person who is legally accepted as a member of a particular country: *a British citizen* ○ *She was born in Japan, but became an American citizen in 1981.* ▶ **obywatel/ka 2** a person who lives in a town or city: *Many of the citizens of Paris leave the town for the seaside during the summer.* ➲ Por. **senior citizen**. ▶ **mieszkaniec miasta**

□ **citizenship** noun [U] the state of being a citizen of a particular country: *After living in Spain for twenty years, he decided to apply for Spanish citizenship.* ▶ **obywatelstwo**

citrus fruit /ˈsɪtrəs fruːt/ noun [C,U] a fruit such as an orange or lemon ▶ **owoc cytrusowy**

★**city** /ˈsɪti/ noun (pl. **cities**) **1** [C] a large and important town: *Venice is one of the most beautiful cities in the world.* ○ *Tokyo is the capital city of Japan.* ○ *Many people are worried about housing conditions in Britain's inner cities* (w centralnych dzielnicach brytyjskich miast, które często są siedliskiem problemów społecznych). ○ *the city centre* ▶ **miasto 2** (**the City**) [sing.] the oldest part of London, which is now Britain's financial centre: *She works in a bank in the City.* ▶ **centrum finansowe Londynu**

civic /ˈsɪvɪk/ adj. of a city or town: *civic pride* patriotyzm lokalny ○ *Guildford Civic Centre* Urząd Miejski w Guildford ℹ W **civic centre** często znajduje się biblioteka, sala teatralna itp. ▶ **miejski, obywatelski**

civil[1] /ˈsɪvl/ adj. polite, but not very friendly: *I know you don't like the director, but do try and be civil to him.* ▶ **poprawny, uprzejmy**

□ **civilly** /ˈsɪvəli/ adv. ▶ **uprzejmie**

civil[2] /ˈsɪvl/ adj. **1** (only before a noun) connected with the people who live in a country: *civil disorder* ▶ **społeczny 2** (only before a noun) connected with the state, not with the army or the Church: *civil aviation* ○ *civil engineering* inżynieria lądowa ○ *a civil wedding* ▶ **cywilny 3** (in law) relating to the rights of ordinary people, and not criminal offences: *civil courts* ▶ **cywilny**

■ **ˌcivil ˈrights** (also **ˌcivil ˈliberties**) noun [pl.] a citizen's legal right to freedom and equality whatever their sex, race or religion ▶ **prawa obywatelskie** | **ˌcivil ˈservant** noun [C] a person who works in the Civil Service ▶ **urzędnik państwowy** | **the ˌcivil ˈservice** noun [sing.] all the government departments (except for the armed forces) and all the people who work in them ▶ **administracja państwowa**; **służba państwowa** | **ˌcivil ˈwar** noun [C,U] a war between different groups of people who live in the same country ▶ **wojna domowa**

civilian /səˈvɪliən/ noun [C] a person who is not in the army, navy, air force or police force: *Two soldiers and one civilian were killed when the bomb exploded.* ○ *He left the army and returned to civilian life.* ▶ **cywil**

★**civilization** (also **civilisation**) /ˌsɪvəlaɪˈzeɪʃn; US -ləˈz-/ noun **1** [C,U] a society which has its own highly developed culture and way of life: *the civilizations of ancient Greece and Rome* ○ *Western civilization* ▶ **cywilizacja 2** [U] an advanced state of social and cultural development, or the process of reaching this state: *China had reached a higher level of civilization than Europe at that time.* ○ *The civilization of the human race has taken thousands of years.* ▶ **cywilizacja 3** [U] all the people in the world and the societies they live in considered as a whole ▶ **ludzkość**

civilize (also **civilise**) /ˈsɪvəlaɪz/ verb [T] to make people or a society develop from a low social and cultural level to a more advanced one ▶ **cywilizować**

□ **civilized** (also **civilised**) /ˈsɪvəlaɪzd/ adj. **1** (used about a society) having a high level of social and cultural development: *In a civilized* *society there should not be people sleeping on the streets.* ▶ **cywilizowany 2** polite and reasonable: *a civilized conversation* ▶ **cywilizowany**

CJD /ˌsiː dʒeɪ ˈdiː/ abbr. Creutzfeldt-Jakob disease; a disease of the brain caused by eating infected meat ➲ Por. **BSE**. ▶ **choroba Creutzfeldta-Jakoba**

cl abbr. centilitre(s) ▶ **cl**

clad /klæd/ adj. (not before a noun) (old-fashioned, formal) dressed: *The children were warmly clad in coats, hats and scarves.* ▶ **odziany**

★**claim[1]** /kleɪm/ verb **1** [T] to say that sth is true, without having any proof: *The bus driver claimed that she had not seen the cyclist.* ○ *Colin claims the book belongs to him.* ○ *The woman claims to be the oldest person in Britain.* ○ *No one has claimed responsibility for the bomb attack.* ▶ **twierdzić 2** [I,T] **claim (for sth)** to ask for sth because you think you should have it or that it belongs to you: *The police are keeping the animal until somebody claims it.* ○ *If you are disabled you can claim a special allowance from the Government.* ○ *Don't forget to claim for your travel expenses when you get back.* ▶ **występować o coś, domagać się czegoś 3** [T] (formal) to cause death: *The earthquake claimed thousands of lives.* ▶ **pochłaniać** (*ofiary*)

★**claim[2]** /kleɪm/ noun [C] **1** a statement that sth is true, that does not have any proof: *I do not believe the Government's claim that they can reduce unemployment by the end of the year.* ▶ **twierdzenie 2 claim (for sth)** a demand for sth that you think you have a right to: *to make an insurance claim* wysunąć roszczenie o ubezpieczenie ○ *After the accident he decided to put in a claim for compensation* (wystąpić z roszczeniem o odszkodowanie). ○ *a pay claim* wystąpienie o podwyżkę ▶ **roszczenie, wystąpienie o coś 3 claim (to sth)** the right to have sth: *You will have to prove your claim to the property in a court of law.* ▶ **roszczenie, prawo (do czegoś)**
IDIOM **stake a/your claim** → STAKE[1]

claimant /ˈkleɪmənt/ noun [C] a person who believes they have the right to have sth: *The insurance company refused to pay the claimant any money.* ▶ **osoba zgłaszająca roszczenia**

clairvoyant /kleəˈvɔɪənt/ noun [C] a person who some people believe has special mental powers and can see what will happen in the future ▶ **jasnowidz/ąca**

clam[1] /klæm/ noun [C] a type of shellfish ▶ **małż**

clam[2] /klæm/ verb (**cla**<u>**m**</u>**ming**; **cla**<u>**m**</u>**med**)
PHRASAL VERB **clam up (on sb)** (informal) to stop talking and refuse to speak: *She always clams up (on me) when I ask her about her past.* ▶ **zamykać się w sobie, przestawać mówić**

clamber /ˈklæmbə(r)/ verb [I] to climb with difficulty, usually using both your hands and feet: *She managed to clamber up the hillside.* ▶ **wdrapywać się**

clammy /ˈklæmi/ adj. damp and sticky: *clammy hands* ▶ **wilgotny**

clamour (US **clamor**) /ˈklæmə(r)/ verb [I] **clamour for sth** to demand sth in a loud or angry way: *The public are clamouring for an answer to all these questions.* ▶ **podnosić wrzask, domagać się**

□ **clamour** (US **clamor** /ˈklæmə(r)/) noun [sing.]: *We could hear the clamour of angry voices.* ▶ **wrzawa**

clamp /klæmp/ noun [C] **1** a tool that you use for holding two things together very tightly ▶ **klamra 2** (also **wheel clamp**) (Brit.) a metal object that is fixed to the wheel of a car that has been parked illegally, so that it cannot drive away ▶ **blokada** (*na koła*)

□ **clamp** verb [T] **1** to fasten two things together with a clamp: *The metal rods were clamped together.* ○ *Clamp the wood to the table so that it doesn't move.* ▶ **spinać klamrą 2** to put or hold sth very firmly in a particular place: *He kept his pipe clamped between his teeth.* ▶ **ściskać 3** to fix a metal object to the wheel of a vehicle that has been parked illegally, so that it cannot move: *Oh no! My car's been clamped.* ▶ **nakładać blokadę kół**
PHRASAL VERB **clamp down on sb/sth** (informal) to take strong action against sb/sth in order to stop or control sth: *The police are clamping down on people who drink and drive.* ▶ **brać się za kogoś/do czegoś**

■ **ˈclampdown** noun [C]: *a clampdown on tax evasion* ▶ **wzięcie się do czegoś**

clan /klæn/ noun [C, with sing. or pl. verb] a group of families who are related to each other, especially in Scotland ▶ **klan**

clandestine /klænˈdestɪn/ adj. (formal) secret and often not legal ▶ **podziemny, potajemny**

clang /klæŋ/ noun [C] a loud ringing sound that is made when a metal object hits sth: *The huge metal door closed with a clang.* ▶ **brzęk**

□ **clang** verb [I,T] to make or cause sth to make this sound ▶ **brzęczeć; pobrzękiwać**

clank /klæŋk/ noun [C] a loud sound that is made when a metal object (e.g. a heavy chain) hits sth ▶ **szczęk**

□ **clank** verb [I,T] to make or cause sth to make this sound ▶ **szczękać; pobrzękiwać**

★**clap** /klæp/ verb (**cla**<u>**p**</u>**ping**; **cla**<u>**p**</u>**ped**) **1** [I,T] to put your hands together quickly in order to make a loud sound, usually to show that you like sth: *The audience clapped as soon as the singer walked onto the stage.* ○ *Everybody was clapping their hands in time to the music.* ▶ **klaskać 2** [T] to put sth onto sth quickly and firmly: *'Oh no, I shouldn't have said that,' she said, clapping a hand over her mouth.* ▶ **szybko nakładać**

□ **clap** noun [C] **1** an act of clapping: *Let's have a big clap for our next performer!* ▶ **oklaski 2** a sudden loud noise of thunder: *a clap of thunder* ▶ **huk**

clarify /ˈklærəfaɪ/ verb [T] (pres. part. **clarifying**; 3rd pers. sing. pres. **clarifies**; pt, pp **clarified**) to make sth become clear and easier to understand: *I hope that what I say will clarify the situation.* ▶ **wyjaśniać**

□ **clarification** /ˌklærəfɪˈkeɪʃn/ noun [U]: *We'd like some clarification of exactly what your company intends to do.* ▶ **wyjaśnienie**

clarinet /ˌklærəˈnet/ noun [C] a musical instrument that is made of wood. You play a clarinet by blowing through it. ➲ Zob. uwaga przy **piano**. ▶ **klarnet**

clarity /ˈklærəti/ noun [U] the quality of being clear and easy to understand: *clarity of expression* ▶ **jasność**

clash /klæʃ/ verb **1** [I] **clash (with sb) (over sth)** to fight or disagree seriously about sth: *A group of demonstrators clashed with police outside the Town Hall.* ○ *Conservative and Labour politicians have clashed again over defence cuts.* ▶ **ścierać się 2** [I] **clash (with sth)** (used about two events) to happen at the same time: *It's a pity the two concerts clash. I wanted to go to both of them.* ▶ **kolidować 3** [I] **clash (with sth)** (used about colours, etc.) not to match or look nice together: *I don't think you should wear that tie – it clashes with your shirt.* ▶ **gryźć się 4** [I,T] (used about two metal objects) to hit together with a loud noise; to cause two metal objects to do this: *Their swords clashed.* ▶ **zderzać (się), dźwięczeć**

□ **clash** noun [C] **1** a fight or serious disagreement: *a clash between police and demonstrators* ▶ **starcie 2** a big difference: *a clash of opinions* ○ *There was a personality clash between the two men.* ▶ **sprzeczność, konflikt 3** a loud noise, made by two metal objects hitting each other: *the clash of cymbals* ▶ **brzęk**

clasp[1] /klɑːsp; US klæsp/ noun [C] an object, usually of metal, which fastens or holds sth together: *the clasp on a necklace/brooch/handbag* ▶ **zameczek, zapinka**

clasp[2] /klɑːsp; US klæsp/ verb [T] to hold sb/sth tightly: *She was clasping a knife.* ○ *Kevin clasped the child in his arms.* ▶ **ściskać**

⋆**class** /klɑːs; US klæs/ noun **1** [C] a group of pupils or students who are taught together: *Jane and I are in the same class at school.* ❶ W lp **class** może występować z czasownikiem w lp lub lm: *The whole class is/are going to the theatre tonight.* ▶ **klasa 2** [C,U] a lesson: *Classes begin at 9 o'clock in the morning.* ○ *I go to evening classes in local history on Wednesdays.* ○ *We watched an interesting video in class yesterday.* ▶ **lekcja 3** [U] the way people are divided into social groups: *The idea of class still divides British society.* ○ *class differences* ▶ **klasa 4** [C,U] a group of people who are at the same social and economic level: *the working/middle/upper class* ❶ W lp **class** może występować z czasownikiem w lp lub lm. ▶ **klasa 5** [C] a group of things of a similar type: *There are several different classes of insects.* ▶ **klasa 6** [U] (informal) high quality or style: *Owen is a player of great class.* ▶ **klasa 7** [C] (especially in compounds) a certain level of quality or comfort: *a first-class compartment on a train* ▶ **klasa 8** [C] (Brit.) (especially in compounds) a grade that you get when you pass your final university examination: *a first-/second-/third-class degree* ▶ **stopień końcowy na studiach**

□ **class** verb [T] **class sb/sth (as sth)** to put sb/sth in a particular group or type: *The house has recently been classed as a 'historic building'.* ▶ **klasyfikować** | **classy** /ˈklɑːsi; US ˈklæsi/ adj. (**classier**; **classiest**) (informal) of high quality or style; expensive: *She took me to a classy restaurant in Soho.* ▶ **wytworny**

■ **ˈclassmate** noun [C] a person who is in the same class as you at school or college ▶ **kolega/żanka z klasy** | **ˈclassroom** noun [C] a room in a school, college, etc. where classes are taught ▶ **klasa**

classic /ˈklæsɪk/ adj. **1** typical: *This painting is a classic example of the French Impressionist style.* ○ *It was a classic case of bad management.* ▶ **klasyczny 2** (used about a book, play, etc.) important and having a value that will last: *the classic film 'Gone With The Wind'* ▶ **klasyczny**

□ **classic** noun **1** [C] a famous book, play, etc. which has a value that will last: *All of Charles Dickens' novels are classics.* ▶ **dzieło klasyki 2** (**Classics**) [U] the study of ancient Greek and Roman language and literature ▶ **filologia klasyczna**

classical /ˈklæsɪkl/ adj. **1** (used about music) serious and having a value that lasts: *classical music* ▶ **poważny 2** traditional, not modern: *classical ballet* ○ *classical scientific methods* ▶ **klasyczny 3** relating to ancient Greece or Rome: *classical architecture* ▶ **klasyczny**

□ **classically** /ˈklæsɪkli/ adv. ▶ **klasycznie**

classify /ˈklæsɪfaɪ/ verb [T] (pres. part. **classifying**; 3rd pers. sing. pres. **classifies**; pt, pp **classified**) **classify sb/sth (as sth)** to put sb/sth into a group with other people or things of a similar type: *The books in a library are usually classified according to subject.* ▶ **klasyfikować**

□ **classification** /ˌklæsɪfɪˈkeɪʃn/ noun [C,U]: *His job involves the classification of the different species of butterfly.* ▶ **klasyfikacja** | **classified** adj. officially secret: *classified information* ▶ **zastrzeżony, tajny**

■ **ˌclassified adˈvertisements** (Brit., informal **ˌclassified ˈads**; **small ˈads**) noun [pl.] small advertisements that you put in a newspaper if you want to buy or sell sth, employ sb, find a flat, etc. ▶ **ogłoszenia drobne**

clatter /ˈklætə(r)/ noun [sing.] a series of short loud repeated sounds that is made when hard objects hit against each other: *the clatter of knives and forks* ▶ **stukot, łoskot**

□ **clatter** verb [I,T] to make or cause sth to make this noise: *The horses clattered down the street.* ▶ **stukotać; pobrzękiwać**

clause /klɔːz/ noun [C] **1** a paragraph in a legal document ▶ **klauzula 2** a group of words that includes a subject and a verb. A clause is usually only part of a sentence: *The sentence 'After we had finished eating, we watched a video' contains two clauses.* ○ *the main clause* ○ *a subordinate clause* ▶ **zdanie**

claustrophobia /ˌklɔːstrəˈfəʊbiə/ noun [U] great fear of being in a small or closed space ▶ **klaustrofobia**

□ **claustrophobic** /ˌklɔːstrəˈfəʊbɪk/ adj. **1** afraid in this way: *I always feel claustrophobic in lifts.* ▶ **cierpiący na klaustrofobię 2** (used about sth that makes you feel afraid in this way): *a claustrophobic little room* ▶ **klaustrofobiczny**

claw¹ /klɔː/ noun [C] **1** one of the pointed nails on the feet of some animals and birds: *Cats have sharp claws.* ▶ **pazur** **2** the part of a leg on some types of insects and sea animals which they use for holding things ▶ **szpon**

claw² /klɔː/ verb [I,T] **claw (at) sb/sth** to scratch or tear sb/sth with claws or with your fingernails: *The cat was clawing at the furniture.* ▶ **drapać, wczepiać się w kogoś/coś** (*pazurami*)

clay /kleɪ/ noun [U] heavy earth that is soft when it is wet and becomes hard when it is baked or dried: *The students were modelling heads out of clay.* ○ *clay pots* ➲ Ilustr. do **pot**. ▶ **glina**

⋆**clean¹** /kliːn/ adj. **1** not dirty: *The whole house was beautifully clean.* ○ *Are your hands clean?* ○ *I think I'll change into some clean clothes.* ▶ **czysty** **2** (used about animals and people) having clean habits: *Cats are very clean animals.* ▶ **czysty** **3** (used about humour) not about sex, etc.; not dirty: *a clean joke* ▶ **przyzwoity** **4** having no record of offences: *a clean driving licence* prawo jazdy bez punktów karnych ▶ **nie karany**

IDIOM **a clean sweep** a complete victory in a sports competition, election, etc. that you get by winning all the different parts of it: *The Russians made a clean sweep of all the gymnastics events.* ▶ **całkowita wygrana**

□ **clean** adv. (informal) completely: *The lorry went clean through the wall.* ○ *I clean forgot it was your birthday.* ▶ **kompletnie, całkowicie** | **cleanly** adv. easily or smoothly: *The knife cut cleanly through the rope.* ▶ **czysto**

IDIOMS **come clean (with sb) (about sth)** (informal) to tell the truth about sth that you have been keeping secret: *She decided to come clean with Martin about her relationship with Tom.* ▶ **przyznawać się (do czegoś), wyrzucać coś z siebie** | **go clean out of your mind** to be completely forgotten ▶ **być zupełnie zapomnianym**

■ **ˌclean-ˈshaven** adj. (used about men) not having a beard or a moustache ▶ **ogolony**

⋆**clean²** /kliːn/ verb **1** [T] to remove dirt and marks from sth: *to clean the house/the windows/the kitchen floor* ○ *Don't forget to clean your teeth!* ○ *Oh dear, my shoes need cleaning.* ▶ **czyścić**

> **Clean** jest słowem ogólnym i oznacza wszelkie usuwanie brudu z czegoś. **Wash** oznacza czyszczenie za pomocą wody i (często) mydła. **Wipe** oznacza czyszczenie powierzchni przez pocieranie jej wilgotną szmatką; z kolei **dust** to czyszczenie przez pocieranie powierzchni suchą szmatką. Użycie **brush** oznacza, że brud usuwa się szczotką; zaś **sweep** stosuje się wówczas, gdy do czyszczenia używa się miotły (np. do zamiatania podłogi).

2 [I] to make the inside of a house, office, etc. free from dust and dirt: *Mr Burrows comes in to clean after office hours.* ▶ **sprzątać, czyścić**

PHRASAL VERBS **clean sth out** to clean the inside of sth thoroughly: *I'm going to clean out all the kitchen cupboards next week.* ▶ **wyczyścić** (*wnętrze czegoś*) | **clean (sth) up 1** to remove all the dirt from a place that is particularly dirty: *I'm going to clean up the kitchen before Mum and Dad get back.* ▶ **po/sprzątać** **2** to remove sth that has just been spilled: *Oh no, you've spilt coffee on the new carpet! Can you clean it up?* ▶ **wyczyścić**

cleaner /ˈkliːnə(r)/ noun **1** [C] a person whose job is to clean the rooms and furniture inside a house or other building: *an office cleaner* ▶ **sprzątacz/ka** **2** [C] a substance or an instrument that you use for cleaning sth: *liquid floor cleaners* ○ *a carpet cleaner* ➲ Por. **vacuum cleaner**. ▶ **substancja lub przyrząd do czyszczenia** **3** (**cleaner's**) = DRY-CLEANER'S: *Could you take my coat to the cleaner's?* ▶ **pralnia chemiczna**

cleanliness /ˈklenlinəs/ noun [U] being clean: *High standards of cleanliness are extremely important in a hotel kitchen.* ▶ **czystość**

cleanse /klenz/ verb [T] to make sth thoroughly clean: *to cleanse a cut* ▶ **oczyszczać**

□ **cleanser** noun [C] a substance that you use for cleaning sth, especially your skin ▶ **płyn do zmywania twarzy**

⋆**clear¹** /klɪə(r)/ adj. **1** easy to see through: *clear glass* ○ *The water was so clear that we could see the bottom of the lake.* ▶ **przejrzysty** **2** easy to see, hear or understand: *We get a very clear picture on our new television.* ○ *His voice wasn't very clear on the telephone.* ○ *She gave me clear directions on how to get there.* ▶ **jasny, wyraźny** **3** free from marks: *a clear sky* ○ *a clear skin* ▶ **czysty, bez skazy** **4** free from things that are blocking the way: *The police say that most roads are now clear of snow.* ▶ **wolny (od)** **5 clear (to sb)** easy to see; obvious: *There are clear advantages to the second plan.* ○ *It was clear to me that he was not telling the truth.* ○ *The answer to the problem is quite clear.* ▶ **jasny, oczywisty** **6 clear (about/on sth)** sure or definite; without any doubts: *I'm not quite clear about the arrangements for tomorrow.* ▶ **pewny** **7** not confused: *Clear thinking is very important in this job.* ○ *We need to get a clear understanding of the situation.* ▶ **jasny** **8** free from guilt: *It wasn't your fault. You can have a completely clear conscience.* ▶ **czysty**

IDIOM **make yourself clear**; **make sth clear/plain (to sb)** to speak so that there can be no doubt about what you mean: *'I do not want you to go to that concert,' said my mother. 'Do I make myself clear?'* ○ *He made it quite clear that he was not happy with the decision.* ▶ **wyrażać się jasno**

□ **clearly** adv. **1** in a way that is easy to see, hear or understand: *It was so foggy that we couldn't see the road clearly.* ▶ **wyraźnie** **2** in a way that is not confused: *I'm so tired that I can't think clearly.* ▶ **wyraźnie** **3** obviously; without doubt: *She clearly doesn't want to speak to you any more.* ▶ **wyraźnie**

■ **ˌclear-ˈheaded** adj. able to think clearly, especially if there is a problem ▶ **rozważny, roztropny** | **ˌclear-ˈsighted** adj. able to understand situations well and to see what might happen in the future ▶ **trzeźwo/jasno myślący**

★**clear²** /klɪə(r)/ adv. **1** = CLEARLY(1): *We can hear the telephone loud and clear from here.* ▶ **wyraźnie** **2 clear (of sth)** away from sth; not touching sth: *stand clear of the doors* nie opierać się o drzwi ▶ **z dala**

IDIOM **keep/stay/steer clear (of sb/sth)** to avoid sb/sth: *It's best to keep clear of the town centre during the rush hour.* ▶ **trzymać się z daleka**

■ **ˌclear-ˈcut** adj. definite and easy to see or understand: *It was a clear-cut case of police corruption.* ▶ **oczywisty**

★**clear³** /klɪə(r)/ verb **1** [T] to remove sth that is not wanted or needed : *to clear the roads of snow/to clear snow from the roads* ○ *It's your turn to clear the table.* ○ *Shall I help you clear away the plates?* ▶ **uprzątać, sprzątać** **2** [I] (used about fog, smoke, etc.) disappear: *The fog slowly cleared and the sun came out.* ▶ **rozwiewać się** **3** [I] (used about the sky, the weather or water) to become free of clouds, rain, or mud: *After a cloudy start, the weather will clear during the afternoon.* ▶ **przecierać się** **4** [T] to jump over or get past sth without touching it: *The horse cleared the first jump but knocked down the second.* ▶ **przeskakiwać** **5** [T] to give permission for sth to happen: *At last the plane was cleared for take-off.* ▶ **przepuszczać, zezwalać** **6** [T] **clear sth (with sb)** to get official approval for sth to be done: *I'll have to clear it with the manager.* ▶ **załatwiać** **7** [I,T] (used about a cheque) to put or go through the system that transfers money from one account to another: *It will take three days to clear the cheque.* ▶ **realizować** **7** [T] **clear sb (of sth)** to prove that sb is not guilty of a crime or mistake: *The man has finally been cleared of murder.* ▶ **oczyszczać** (*z zarzutów*)

IDIOMS **clear the air** to remove tension by talking openly about worries, doubts, etc.: *I'm sure if you discuss your feelings with her it will help to clear the air between you.* ▶ **oczyścić atmosferę** | **clear your throat** to cough slightly in order to make it easier to speak: *He cleared his throat and then began his speech.* ▶ **odchrząkiwać**

PHRASAL VERBS **clear off** (informal) (used especially as an order) to go away: *'Clear off,' shouted the farmer, 'you're on my land!'* ▶ **spływać** | **clear sth out** to tidy sth and throw away things that you do not want: *I really must clear out the kitchen cupboards.* ▶ **wysprzątać** | **clear up** (used about the weather or an illness) to get better: *We can go out for a walk if it clears up later on.* ○ *The doctor told him to stay at home until his cold cleared up.* ▶ **przecierać się; przechodzić** | **clear (sth) up** to make sth tidy: *Make sure you clear up properly before you leave.* ▶ **sprzątać** | **clear sth up** to find the solution to a problem, mystery, etc.: *There's been a slight misunderstanding but we've cleared it up now.* ▶ **rozwiązywać, wyjaśniać**

clearance /ˈklɪərəns/ noun [U] **1** the removing of sth that is old or not wanted: *slum clearance* ○ *The shop is having a clearance sale* (wyprzedaż). ▶ **oczyszczenie, usunięcie** **2** the distance between an object and something that is passing under or beside it, e.g. a ship or vehicle: *There was not enough clearance for the bus to pass under the bridge safely.* ▶ (*o miejscu*) **przejazd** **3** official permission for sb/sth to do sth: *clearance to work at the nuclear research establishment* ▶ **zezwolenie**

clearing /ˈklɪərɪŋ/ noun [C] a small area without trees in the middle of a wood or forest ❶ **Glade** ma podobne znaczenie. ▶ **polana**

cleavage /ˈkliːvɪdʒ/ noun [C,U] the space between a woman's breasts ▶ **miejsce między piersiami kobiety, dekolt**

clef /klef/ noun [C] (in music) a sign (𝄞, 𝄢) at the beginning of a line of written music that shows the range of the notes ▶ **klucz**

clematis /ˈklemətɪs/ noun [U, C] a climbing plant with white, purple or pink flowers ▶ **powojnik**

clementine /ˈkleməntiːn/ noun [C] a type of small orange with a loose skin ▶ **klementynka** (*gatunek mandarynki*)

clench /klentʃ/ verb [T] to close or hold tightly: *He clenched his teeth in pain.* ○ *She clenched her fists and looked as if she was about to hit him.* ▶ **zaciskać**

clergy /ˈklɜːdʒi/ noun [pl.] the people who perform religious ceremonies in the Christian church: *a member of the clergy* ▶ **duchowieństwo**

■ **clergyman** /ˈklɜːdʒimən/ **clergywoman** /ˈklɜːdʒiwʊmən/ noun (pl. **clergymen** /-mən/, **clergywomen** /-wɪmɪn/) a member of the clergy ➲ Zob. uwaga przy **priest**. ▶ **duchowny**

clerical /ˈklerɪkl/ adj. **1** connected with the work of a clerk in an office: *clerical work* ▶ **biurowy** **2** of or concerning the clergy ▶ **duchowny, klerykalny**

★**clerk** /klɜːrk; klɑːk; US klɜːrk/ noun [C] **1** a person whose job is to do written work or look after records or accounts in an office, bank, court of law, etc. ▶ **urzędni-k/czka** **2** (also **sales clerk**) (US) = SHOP ASSISTANT

★**clever** /ˈklevə(r)/ adj. **1** able to learn, understand or do sth quickly and easily; intelligent: *a clever student* ○ *How clever of you to mend my watch!* ○ *She's so clever with her hands – she makes all her own clothes.* ▶ **zdolny** **2** (used about things, ideas, etc.) showing skill or intelligence: *a clever device* ○ *a clever plan* ▶ **pomysłowy**

□ **cleverly** adv. ▶ **zręcznie; pomysłowo** | **cleverness** noun [U] ▶ **zręczność; pomysłowość**

cliché /ˈkliːʃeɪ; US kliːˈʃeɪ/ noun [C] a phrase or idea that has been used so many times that it no longer has any real meaning or interest: *the usual cliché of the middle-aged businessman leaving his wife for a twenty-year-old girl* ▶ **komunał, utarty zwrot**

click¹ /klɪk/ noun [C] **1** a short sharp sound: *I heard the click of a key in the lock.* ○ *the click of* *a switch* ▶ **trzask; pstryk 2** the act of pressing the button on a computer mouse ▶ **klik**

click² /klɪk/ verb **1** [I,T] to make a short sharp sound; to cause sth to do this: *The door clicked shut.* ○ *He clicked the switch.* ○ *To open a file, click on it.* ▶ **lekko trzaskać; pstrykać, klikać 2** [I] (Brit., informal) (used about two people) to become friendly immediately: *We met at a party and just clicked.* ▶ **zaprzyjaźnić się (szybko), dogadać się (od razu) 3** [I] (informal) (used about a problem, etc.) to become suddenly clear or understood: *Once I'd found the missing letter, everything clicked into place.* ▶ **kontaktować, zaskoczyć**

click

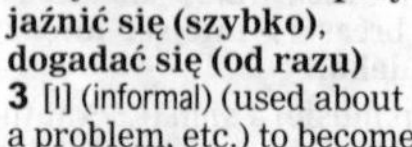

clicking his fingers

★**client** /'klaɪənt/ noun [C] **1** someone who receives a service from a professional person ▶ **klient/ka**

> Uwaga! Słowa **client** nie używa się, mówiąc o ludziach w sklepie czy w restauracji. Tacy ludzie to **customers**. **Clientele** to słowo o znaczeniu ogólnym, używane w języku formalnym. Znaczy zarówno **clients**, jak i **customers**.

2 one of a number of computers that is connected to a server that stores shared information ▶ **komputer przyłączony do serwera**

clientele /ˌkli:ən'tel; US ˌklaɪən'tel/ noun [U] the group of people who regularly go to a particular shop, hotel, etc. ➲ Zob. uwaga przy **client**. ▶ **klientela**

★**cliff** /klɪf/ noun [C] a high, very steep area of rock, especially one next to the sea: *the white cliffs of Dover* ▶ **klif**

★**climate** /'klaɪmət/ noun [C] **1** the normal weather conditions of a particular region: *a dry/humid/tropical climate* ○ *What are the effects of global warming on our climate?* ▶ **klimat 2** the general opinions, etc. that people have at a particular time: *What is the current climate of opinion regarding the death penalty?* ○ *the political climate* ▶ **atmosfera, nastrój**

□ **climatic** /klaɪ'mætɪk/ adj. of climate: *a conference to discuss climatic change* ▶ **klimatyczny**

climax /'klaɪmæks/ noun [C] the most important and exciting part of a book, play, piece of music, event, etc.: *the novel's climax in the final chapter* ○ *The election victory marked the climax of his political career.* ▶ **punkt kulminacyjny**

□ **climax** verb [I] to reach a climax ▶ **osiągać szczyt, szczytować**

★**climb** /klaɪm/ verb **1** [I,T] to move up to the top of sth: *The cat managed to climb to the top of the tree.* ○ *to climb a tree/mountain/rope* ○ *She climbed the stairs to bed.* ○ *to climb up a ladder* ▶ **wspinać się, wchodzić** (*na górę*) **2** [I] to move, with difficulty, in the direction mentioned: *I managed to climb out of the window.* ○ *Can you climb down from there?* ▶ **gramolić się, wdrapywać się 3** [I] to go up mountains, etc. as a sport ❶ **Go climbing** jest wyrażeniem często używanym do określenia wspinaczki dla przyjemności: *I go climbing in the Alps most summers.* ▶ **wspinać się 4** [I] to rise to a higher position: *The plane climbed steadily.* ○ *The road climbed steeply up the mountain.* ○ (figurative) *The value of the dollar against the pound has climbed to a record level.* ▶ **wspinać się, iść do góry**

IDIOM **climb/jump on the bandwagon** → BANDWAGON

PHRASAL VERB **climb down (over sth)** (informal) to admit that you have made a mistake; to change your opinion about sth ▶ **ustępować**

□ **climb** noun [C] an act of climbing or a journey made by climbing: *The monastery could only be reached by a three-hour climb.* ▶ **wspinanie się** | **climber** noun [C] a person who climbs mountains or rocks as a sport ▶ **alpinista**

■ **'climbdown** noun [C] an act of admitting you have been wrong: *a government climbdown* ▶ **przyznanie się do błędu**

clinch /klɪntʃ/ verb [T] (informal) to settle or decide sth finally, e.g. an argument or business agreement: *to clinch a deal* ▶ **dogadać się, ubić** (*interes*)

cling /klɪŋ/ verb [I] (pt, pp **clung** /klʌŋ/) **1 cling (on) to sb/sth; cling together** to hold on tightly to sb/sth: *to cling to a rope* ○ *They clung together for warmth.* ▶ **lgnąć 2** to continue to believe that sth is true, often when it is not reasonable to do so: *They were still clinging to the hope that the girl would be found alive.* ▶ **trwać przy czymś 3** to stick firmly to sth: *Her wet clothes clung to her.* ▶ **przylegać**

□ **clingy** adj.: *a clingy* (trzymające się rodziców) *child* ○ *a clingy* (obcisły) *sweater* ▶ **lgnący, przylegający**

■ **'cling film** noun [U] a thin transparent material used for covering food to keep it fresh ➲ Por. **foil¹**. ▶ **folia do żywności**

clinic /'klɪnɪk/ noun [C] **1** a small hospital or a part of a hospital where you go to receive special medical treatment: *He's being treated at a private clinic.* ○ *The antenatal clinic is part of the maternity department.* ▶ **klinika 2** a time when a doctor in a hospital sees patients and gives special treatment or advice: *Dr Greenall's clinic is from 2 to 4 on Mondays.* ▶ **godziny przyjęć lekarza**

clinical /'klɪnɪkl/ adj. **1** of or relating to the examination and treatment of patients at a clinic or hospital: *Clinical trials of the new drug have proved successful.* ▶ **kliniczny 2** (used about a person) cold and not emotional ▶ **chłodny**

□ **clinically** adv. **1** according to medical examination: *to be clinically dead* ▶ **klinicznie 2** in a clinical(2) way ▶ **klinicznie**

clink /klɪŋk/ noun [sing.] the short sharp sound that objects made of glass, metal, etc. make when they touch each other: ▶ **brzęk**

□ **clink** verb [I,T] ▶ **brzęczeć; pobrzękiwać**

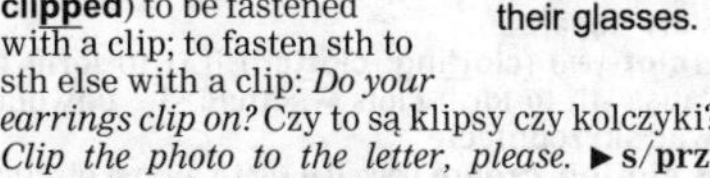

clink

They clinked their glasses.

clip¹ /klɪp/ noun [C] a small object, usually made of metal or plastic, used for holding things together: *a paper clip* ○ *a hair clip* ▶ **spinacz, spinka**

□ **clip** verb [I,T] (**clipping**; **clipped**) to be fastened with a clip; to fasten sth to sth else with a clip: *Do your earrings clip on?* Czy to są klipsy czy kolczyki? ○ *Clip the photo to the letter, please.* ▶ **s/przypinać (się)** (*spinaczem*)

■ **'clip art** noun [U] pictures and symbols that are often included in software packages so that computer users can add them to their documents ▶ **zestaw ilustracji dołączany do programów komputerowych**

clip² /klɪp/ verb [T] (**clipping**; **clipped**) to cut sth, especially by cutting small parts off: *The hedge needs clipping.* ▶ **przycinać**

□ **clip** noun [C] **1** an act of cutting sth ▶ **przycięcie 2** (informal) a short sharp blow: *She gave the boy a clip round the ear.* ▶ **kuksaniec, szturchaniec 3** a small section of a film that is shown separately so that people can see what the rest of the film is like ▶ **zwiastun** | **clipping** (US) noun [C] = CUTTING¹(1)

clipboard /'klɪpbɔ:d/ noun [C] a small board with a clip at the top for holding papers, so that you can write while you are standing or moving around ▶ **rodzaj twardego notatnika ze spinaczem u góry**

clippers /'klɪpəz/ noun [pl.] a small metal tool used for cutting things (e.g. hair or fingernails): *a pair of nail clippers* ▶ **obcinacz do paznokci, maszynka do strzyżenia**

clique /kli:k/ noun [C] a small group of people with the same interests who do not want others to join their group ▶ **klika**

clitoris /'klɪtərɪs/ noun [C] the small part of the female sex organs which becomes larger when a woman is sexually excited ▶ **łechtaczka**

cloak /kləʊk/ noun **1** [C] a type of loose coat without sleeves, more common in former times ➲ Por. **cape**. ▶ **peleryna 2** [sing.] (written) a thing that hides sth else: *They left under the cloak of darkness.* ▶ **maska**

cloakroom /'kləʊkru:m/ noun [C] **1** a room near the entrance to a theatre, school, club, etc. where you can leave your coat, bags, etc. ▶ **szatnia 2** (Brit.) a lavatory in a public building: *Excuse me. Where are the ladies' cloakrooms, please?* ▶ **ustęp publiczny**

clobber /'klɒbə(r)/ verb [T] (Brit., informal) to hit sb hard ▶ **po/bić (kogoś)**

★**clock¹** /klɒk/ noun [C] **1** an instrument that shows you what time it is, often found on the wall of a house or building: *an alarm clock* budzik ○ *The clock is five minutes slow* (spóźnia się pięć minut). ○ *The clock is five minutes fast* (śpieszy się pięć minut). ○ *The clock struck midnight.* ○ *a clock tower* ▶ **zegar 2** an instrument in a car that measures how far it has travelled: *My car has only 10 000 miles on the clock.* ▶ **licznik**

IDIOMS **against the clock** if you do something against the clock, you do it fast in order to finish before a certain time: *It was a race against the clock to get the building work finished on time.* ▶ **w wielkim pośpiechu, pod presją czasu** | **around/round the clock** all day and all night: *They are working round the clock to repair the bridge.* ▶ **całą dobę** | **put the clock/clocks forward/back** to change the time, usually by one hour, at the beginning/end of summer ▶ **przestawiać godzinę na zegarze**

□ **clockwise** adv., adj. in the same direction as the hands of a clock: *Turn the handle clockwise.* ○ *to move in a clockwise direction* ❶ Antonim: **anticlockwise**. ▶ **zgod-nie/ny z kierunkiem ruchu wskazówek zegara**

clock² /klɒk/ verb

PHRASAL VERBS **clock in/on**; **clock off** to record the time that you arrive at or leave work, especially by putting a card into a type of clock ▶ **rejestrować godzinę przyjścia do/wyjścia z pracy** | **clock sth up** to achieve a certain number or total: *Our car clocked up over 2 000 miles while we were on holiday.* ▶ **nabić, naliczyć**

clockwork /'klɒkwɜ:k/ noun [U] a type of machinery found in certain toys, etc. that you operate by winding a key: *a clockwork toy* ○ *The plan went like clockwork.* Poszło jak w zegarku. ▶ **mechanizm zegarowy**

clog¹ /klɒg/ noun [C] a type of shoe made completely of wood or with a thick wooden bottom: *a pair of clogs* ▶ **drewniak**

clog² /klɒg/ verb (**clogging**; **clogged**) [I,T] **clog (sth) (up) (with sth)** to block or become blocked: *The drain is clogged up with leaves.* ○ *You've clogged up the machine.* ○ *The roads were clogged with traffic.* ▶ **zapychać**

clone /kləʊn/ noun [C] an identical copy of a plant or an animal that is produced by artificial methods ▶ **klon**

□ **clone** verb [T] to cause sth to grow as a clone ▶ **klonować**

★**close¹** /kləʊs/ adj. **1** (not before a noun) **close (to sb/sth); close (together)** near: *Is our hotel close* (blisko) *to the beach?* ○ *It's close to midnight.* Zbliża się północ. ○ *The edges are quite close* (blisko) *together.* ▶ **bliski 2** (used about a friend, etc.) known very well and liked: *They invited only close friends to the wedding.* ▶ **bliski 3** near in a family relationship: *a close relative* ▶ **bliski 4** (used about a competition, etc.) only won by a small amount: *a close match* ▶ **z niewielką przewagą 5** careful; thorough: *On close examination, you could see that the banknote was a forgery.* ▶ **dokładny 6** (used about the weather, etc.) heavy and with little movement of air: *It's so close* (duszno) *today that there might be a storm.* ▶ **duszny**

IDIOMS **at close quarters** at or from a position that is very near ▶ **z bliska** | **a close shave/**

thing a bad thing that almost happened: *I wasn't injured, but it was a close shave.* ▶ **uniknięcie nieszczęścia o mały włos** | **close/near/dear to sb's heart** → HEART | **keep a close watch on sb/sth** to watch sb/sth very carefully: *The police kept a close watch on the gang.* ▶ **nie spuszczać z oka**

□ **closely** adv. in a close way: *to watch sb closely* ○ *The insect closely resembles a stick.* ▶ **uważnie, dokładnie** | **closeness** noun [U] the state of being close ▶ **bliskość**

★**close²** /kləʊs/ adv. near: *The child stood close to his mother.* ○ *to follow close behind someone* ○ *I held her close.* Przytuliłem ją do siebie. ▶ **blisko**

IDIOMS **close by (sb/sth)** at a short distance from sb/sth: *She lives close by.* ▶ **tuż obok** | **close on** nearly; almost: *He was born close on a hundred years ago.* ▶ **niemal** | **close up (to sb/sth)** at or from a very short distance to sb/sth: *You can't tell it's a forgery until you look at it close up.* ▶ **z bliska** | **come close (to sth/to doing sth)** to almost do sth: *We didn't win but we came close.* ▶ **być o włos (od czegoś/zrobienia czegoś)**

■ **'close-up** noun [C] a photograph or film of sb/sth that you take from a very short distance away: *Here's a close-up of our wedding cake.* ▶ **zbliżenie**

close³ /kləʊs/ noun [C] part of the name of a street, especially one that is closed off at one end: *5 Devon Close* ▶ **określenie ulicy** (*zwł. bez wylotu*)

★**close⁴** /kləʊz/ verb [I,T] **1** to shut: *The door closed quietly.* ○ *to close a door/window/cupboard* ○ *Close your eyes – I've got a surprise.* ▶ **zamykać (się) 2** to be, or to make sth, not open to the public: *What time do the shops close?* ○ *The police have closed the road to traffic.* ▶ **zamykać (się) 3** to come or bring sth to an end: *The meeting closed at 10pm.* ○ *Detectives have closed the case on the missing girl.* ▶ **kończyć (się), zamykać (się)**

PHRASAL VERBS **close (sth) down** to stop all business or work permanently, at a shop or factory: *The factory has had to close down because of the recession.* ○ *Health inspectors have closed the restaurant down.* ▶ **zamykać, kończyć działalność** | **close in (on sb/sth)** to come nearer and gradually surround sb/sth, especially in order to attack: *The army is closing in on the enemy troops.* ▶ **zbliżać się** | **close sth off** to prevent people from entering a place or an area: *The police closed off the city centre because of a bomb alert.* ▶ **zamykać**

■ **'closing time** noun [C] the time when a shop, etc. closes ▶ **godzina zamknięcia**

★**close⁵** /kləʊz/ noun [sing.] the end, especially of a period of time or an activity: *the close of trading on the stock market* ▶ **koniec**

IDIOM **bring sth/come/draw to a close** to end: *The chairman brought the meeting to a close.* ○ *The guests began to leave as the evening drew to a close.* ▶ **kończyć (się), zamykać (się)**

★**closed** /kləʊzd/ adj. not open; shut: *Keep your mouth closed.* ○ *with closed eyes* ▶ **zamknięty**

■ ˌ**closed-ˌcircuit 'television** noun [C,U] a type of television system used inside a building, e.g. to look for people who are trying to steal things ▶ **telewizja przemysłowa**

closet /'klɒzɪt/ noun [C] (US) a large cupboard that is built into a room ▶ **szafa w ścianie**

closure /'kləʊʒə(r)/ noun [C,U] the permanent closing, e.g. of a business: *Miners are protesting against pit closures.* ○ *The firm is threatened with closure.* ▶ **zamknięcie**

clot /klɒt/ noun [C] **1** a lump formed by blood as it dries ▶ **skrzep 2** (Brit., informal) a stupid person ▶ **tępak**

□ **clot** verb (**clotting**; **clotted**) [I,T] to form or cause sth to form clots ▶ **ścinać się; powodować skrzepnięcie**

■ ˌ**clotted 'cream** noun [U] (Brit.) a type of thick rich cream ▶ **rodzaj gęstej śmietanki**

★**cloth** /klɒθ; US klɔːθ/ noun (pl. **cloths** /klɒθs; US klɔːðz/) **1** [U] a material made of cotton, wool, etc. that you use for making clothes, curtains, etc.: *a metre of cloth* ▶ **materiał, tkanina 2** [C] a piece of cloth that you use for a particular purpose: *a tablecloth* ○ *Where can I find a cloth to wipe this up?* ▶ **obrus, ścierka**

clothe /kləʊð/ verb [T] to provide clothes for sb: *to feed and clothe a child* ▶ **ubierać**

□ **clothed** adj. **clothed (in sth)** dressed: *He was clothed in leather from head to foot.* ○ *Luckily I was fully clothed when they arrived.* ▶ **ubrany, odziany**

★**clothes** /kləʊðz; kləʊz/ noun [pl.] the things that you wear, e.g. trousers, shirts, dresses, coats, etc. (when thought of all together): *Take off those wet clothes.* ○ *She was wearing new clothes.* ❶ Pamiętaj, że **clothes** występuje tylko w lm. Do określenia pojedynczej części ubrania używa się **item/piece/article of clothing**: *A kilt is an item of clothing worn in Scotland.* ➲ Por. **garment**. ▶ **ubranie**

■ **'clothes-hanger** noun [C] = HANGER | **'clothes line** noun [C] a thin rope that you hang clothes on so that they can dry ▶ **sznur do suszenia bielizny** | **'clothes peg** (US **'clothes-pin**) noun [C] = PEG¹(3)

★**clothing** /'kləʊðɪŋ/ noun [U] the clothes that you wear: *You will need waterproof clothing.* ❶ **Clothing** jest bardziej formalne niż **clothes**. ▶ **odzież**

★**cloud¹** /klaʊd/ noun **1** [C,U] a mass of very small drops of water that floats in the sky and is often grey or white: *The sun disappeared behind a cloud.* ○ *A band of thick cloud is spreading from the west.* ▶ **chmura, obłok 2** [C] a mass of smoke, dust, sand, etc.: *Clouds of smoke were pouring from the burning building.* ▶ **kłąb, tuman**

IDIOMS **every cloud has a silver lining** even a very bad situation has a positive or hopeful side ▶ **każdy cień ma swoje blaski; nie ma tego złego, co by na dobre nie wyszło** | **under a cloud** with the disapproval of the people around you: *She left her job under a cloud because she'd been accused of stealing.* ▶ **w atmosferze dezaprobaty**

□ **cloudless** adj. (used about the sky, etc.) clear; without any clouds ▶ **bezchmurny** | **cloudy** adj. (**cloudier**; **cloudiest**) **1** (used about the sky, etc.) full of clouds ▶ **zachmurzony, pochmurny** **2** (used about liquids, etc.) not clear: *cloudy water* ▶ **mętny**

■ **'cloudburst** noun [C] a sudden heavy fall of rain ▶ **oberwanie chmury**

cloud[2] /klaʊd/ verb **1** [I,T] to become or make sth difficult to see through: *His eyes clouded with tears.* ▶ **mglić (się)** **2** [T] to make sth less clear or easy to understand ▶ **mglić** **3** [T] to make sth less enjoyable; to spoil: *Illness has clouded the last few years of his life.* ▶ **zaburzać; psuć**

PHRASAL VERB **cloud over 1** (used about the sky) to become full of clouds ▶ **zachmurzyć się** **2** (used about a person's face) to start to look sad ▶ **zachmurzać się**

clout /klaʊt/ noun (informal) **1** [C] a heavy blow, usually with the hand: *to give someone a clout* ▶ **kuksaniec** **2** [U] influence and power: *He's an important man – he has a lot of clout in the company.* ▶ **posłuch**

clove[1] /kləʊv/ noun [C] the small dried flower of a tropical plant, used to give a special flavour in cooking ▶ **goździk**

clove[2] /kləʊv/ noun [C] one of the small separate sections of a bulb of garlic ▶ **ząbek**

clover /'kləʊvə(r)/ noun [C] a small plant with pink or white flowers and leaves with three parts to them ❶ Znalezienie czterolistnej koniczyny uważane jest za dobry znak również w krajach anglojęzycznych. ▶ **koniczyna**

clown /klaʊn/ noun [C] a person who wears funny clothes and makes people laugh, especially in a circus ▶ **błazen**

□ **clown** verb [I] **clown (about/around)** to act in a funny or foolish way, like a clown: *Stop clowning around and get some work done!* ▶ **błaznować**

★**club**[1] /klʌb/ noun [C] **1** a group of people who meet to share an interest; the place where they meet: *to join a club* ○ *to be a member of a club* ○ *a social club* ○ *a tennis/football/golf club* ▶ **klub** **2** (also **nightclub**) a place where you can go to dance and drink late at night ▶ **nocny lokal**

□ **club** verb (**clubbing**; **clubbed**)

PHRASAL VERB **club together (to do sth)** to share the cost of sth, e.g. a present: *We clubbed together to buy him a leaving present.* ▶ **składać się** (*na kupno czegoś*)

club[2] /klʌb/ noun [C] **1** a heavy stick, usually with one end that is thicker than the other, used as a weapon ▶ **maczuga** **2** a long stick that is specially shaped at one end and used for hitting a ball when playing golf ➲ Por. **bat**[2], **racket**[1] i **stick**[1](3). ▶ **kij do golfa**

□ **club** verb (**clubbing**; **clubbed**) [T] to hit sb/sth hard with a heavy object, especially a club[2](1): *to club somebody to death* ▶ **walić ciężkim przedmiotem**

club[3] /klʌb/ noun **1** (**clubs**) [pl.] the suit of playing cards with black three-leafed shapes on them: *the two of clubs* ▶ **trefle** **2** [C] a playing card from this suit: *Haven't you got any clubs?* ▶ **trefl**

cluck /klʌk/ noun [C] the noise made by a hen ▶ **kwokanie**

□ **cluck** verb [I] ▶ **kwokać**

clue /klu:/ noun [C] a piece of information that helps you solve a problem, answer a question, etc.: *The police were looking for clues to his disappearance.* ○ *the clues for solving a crossword puzzle* ▶ **trop, wskazówka**

IDIOM **not have a clue** (informal) to know nothing; to be unable to help or understand: *I haven't a clue where you left your watch.* ▶ **nie mieć pojęcia**

□ **clued-up** /ˌklu:d 'ʌp/ (US also ˌ**clued-'in**) adj. **clued-up (on sth)** knowing a lot about sth: *I'm not really clued up on the technical details.* ▶ **obeznany, na bieżąco** | **clueless** adj. (informal) not able to understand; stupid: *I'm absolutely clueless about computers.* ▶ (*przen.*) **zielony, głupi**

clump /klʌmp/ noun [C] a small group of plants or trees, growing together ▶ **kępa**

clumsy /'klʌmzi/ adj. (**clumsier**; **clumsiest**) **1** (used about a person) careless or awkward and likely to drop things or do things badly: *I'm afraid I've broken the glass – it was very clumsy of me.* ○ *She undid the parcel with clumsy fingers.* ▶ **niezdarny** **2** (used about a remark, etc.) not showing enough understanding of the feelings of other people; likely to upset or offend people: *He made a clumsy apology.* ○ *her clumsy attempts at humour* ▶ **nietaktowny** **3** large, awkward to use, and not attractive in design: *a clumsy piece of furniture* ▶ **niezgrabny**

□ **clumsily** adv. ▶ **niezgrabnie** | **clumsiness** noun [U] ▶ **niezgrabność**

clung pt, pp of CLING

cluster /'klʌstə(r)/ noun [C] a group of people, plants or things that stand or grow close together: *a cluster of schoolchildren* ○ *a cluster of berries* ▶ **grono, kiść**

□ **cluster** verb

PHRASAL VERB **cluster round sb/sth** to form a group around sb/sth: *The tourists clustered around their guide.* ▶ **gromadzić się**

clutch /klʌtʃ/ verb [T] to hold sth tightly, especially because you are afraid or excited: *He clutched his mother's hand in fear.* ○ *The girl ran off, clutching her prize.* ▶ **trzymać kurczowo**

PHRASAL VERB **clutch at sth** to try to take hold of sth: *She clutched at the money but the wind blew it away.* ▶ **porwać się na coś**

□ **clutch** noun **1** [C] an act of seizing or clutching: *to make a clutch at sth* ▶ **porwanie się na coś** **2** (**clutches**) [pl.] the power or control of a person or group: *He fell into the enemy's clutches.* ▶ **szpony** **3** [C] the part of a car that you press with your foot before you change gear; the apparatus that it is connected to: *to press/release the clutch* ▶ **sprzęgło**

clutter /'klʌtə(r)/ noun [U] things that are where they are not wanted or needed and make a place untidy: *Who left all this clutter on the table?* ○ *My desk is in such a clutter that I can't find anything.* ▶ **rozgardiasz**

□ **clutter** verb [T] **clutter sth (up)** to cover or fill sth with lots of objects in an untidy way: *Don't leave those books there – they're cluttering up the table.* ▶ **zaśmiecać** | **cluttered** adj.: *a cluttered desk* ▶ **zaśmiecony**

cm abbr. centimetre(s) ▶ **cm**

Co. abbr. **1** company: *W Smith and Co.* ▶ **sp. 2** county: *Co. Down* ▶ **hrabstwo**

c/o /ˌsiː ˈəʊ/ abbr. (used for addressing a letter to somebody who is staying at another person's house) care of: *Mr Peter Boyes, c/o Mr and Mrs B. Jay* ▶ **przebywający u kogoś**

★**coach**[1] /kəʊtʃ/ noun [C] **1** a comfortable bus used for long journeys: *It's cheaper by coach than by train.* ○ *a coach trip* ▶ **autokar 2** = CARRIAGE **3** a large carriage with four wheels pulled by horses and used especially in former times: *the royal coach* ▶ **dyliżans**

★**coach**[2] /kəʊtʃ/ noun [C] a person who trains people to compete in certain sports: *a tennis coach* ▶ **trener**

□ **coach** verb [I,T] to train or teach sb, especially to compete in a sport or pass an examination: *She is coached by a former Olympic champion.* ▶ **trenować**

coagulate /kəʊˈægjuleɪt/ verb [I] (used about a liquid) to become thick and partly solid: *The blood was starting to coagulate inside the cut.* ▶ **krzepnąć**

□ **coagulation** /kəʊˌægjuˈleɪʃn/ noun [U] ▶ **krzepnięcie**

★**coal** /kəʊl/ noun **1** [U] a type of black mineral that is mined from the ground and is burned to give heat and energy: *a lump of coal* ○ *a coal fire* ▶ **węgle 2** (**coals**) [pl.] burning pieces of coal ▶ **węgle**

■ ˈ**coal mine** (also **pit**) noun [C] a place, usually underground, where coal is dug from the ground ➲ Por. **colliery**. ▶ **kopalnia węgla** | ˈ**coal miner** (also **miner**) noun [C] a person whose job is to dig coal in a coalmine ▶ **górnik** (*w kopalni węgla*)

coalition /ˌkəʊəˈlɪʃn/ noun [C, with sing. or pl. verb] the joining of two or more political parties, often for a temporary period, usually in order to form a government: *a coalition between the socialists and the Green Party* ○ *a coalition government* ▶ **koalicja**

coarse /kɔːs/ adj. **1** consisting of large, not fine pieces; rough, not smooth: *coarse salt* ○ *coarse cloth* ▶ **gruboziarnisty; szorstki, chropowaty 2** (used about a person or sb's behaviour) rude, likely to offend people; having bad manners: *His coarse remarks about women offended her.* ▶ **grubiański, prostacki**

□ **coarsely** adv.: *Coarsely chop the onion.* ○ *He laughed coarsely.* ▶ **grubo; grubiańsko** | **coarsen** /ˈkɔːsn/ verb [I,T] to become or to make sth coarse ▶ **chropowacieć; stawać się ordynarnym**

★**coast**[1] /kəʊst/ noun [C] the area of land that is next to or close to the sea: *After sailing for an hour we could finally see the coast.* ○ *We saw sharks just off the coast.* ○ *It was hot and the roads were full of people going to the coast.* ○ *Scarborough is on the east coast.* ▶ **wybrzeże, brzeg**

□ **coastal** adj. at or near a coast: *coastal areas* ○ *fishing in coastal waters* ▶ **przybrzeżny**

■ ˈ**coastguard** noun [C] a person or group of people whose job is to watch the sea near the coast in order to warn or help ships that are in danger or to stop illegal activities ▶ **służba ochrony wybrzeża** | ˈ**coastline** noun [C] the edge or shape of a coast: *a rocky coastline* ▶ **linia brzegowa**

coast[2] /kəʊst/ verb [I] **1** to move (especially down a hill) without using power ▶ **zjeżdżać** (*na wolnym biegu*) **2** to achieve sth without much effort: *They coasted to victory.* Zwycięstwo przyszło im bez trudu. ▶ **łatwo dochodzić (do czegoś)**

★**coat** /kəʊt/ noun [C] **1** a piece of clothing, usually with long sleeves, that you wear on top of other clothes to keep warm: *Put your coat on – it's cold outside.* ○ *Take off your coat and sit down.* ➲ Por. **overcoat** i **raincoat**. ▶ **płaszcz, palto 2** the fur or hair covering an animal's body: *a dog with a smooth coat* ▶ **sierść 3** a layer of sth covering a surface: *The walls will probably need two coats of paint.* ▶ **warstwa**

□ **coat** verb [T] **coat sth (with/in sth)** to cover sth with a layer of sth: *biscuits coated with milk chocolate* ▶ **pokrywać, powlekać** | **coating** noun [C] a thin layer of sth that covers sth else: *a coating of dust* ▶ **warstewka, powłoka**

■ ˈ**coat hanger** noun [C] = HANGER | ˌ**coat of** ˈ**arms** (also **arms**) noun [C] a design that is used as the symbol of a family, a town, a university, etc. ▶ **herb**

coax /kəʊks/ verb [T] to persuade sb gently: *The child wasn't hungry, but his mother coaxed him into eating a little.* ○ *They coaxed* (wywabili) *the cat out of the basket.* ▶ **wmówić** (*łagodną perswazją*), **nakłonić**

PHRASAL VERB **coax sth out of/from sb** to get sth from sb by gently persuading: *At last he coaxed a smile out of her.* ▶ **wymusić** (*przymilaniem się*), **wyłudzić coś od kogoś**

cobble[2] /ˈkɒbl/ verb

PHRASAL VERB **cobble sth together** to make sth or put sth together quickly and without much care ▶ **robić byle jak, klecić**

cobbler /ˈkɒblə(r)/ noun [C] a person who repairs shoes ▶ **szewc**

cobbles[1] /ˈkɒblz/ (also ˈ**cobblestones**) noun [pl.] small rounded stones used (in the past) for covering the surface of streets ▶ **kostki brukowe**

□ **cobbled** adj.: *cobbled streets* ▶ **brukowany**

cobra /ˈkəʊbrə/ noun [C] a poisonous snake found in Africa and Asia ▶ **kobra**

cobweb /ˈkɒbweb/ noun [C] a net of threads made by a spider in order to catch insects ▶ **pajęczyna**

Coca-Cola™ /ˌkəʊkə ˈkəʊlə/ (informal **Coke**™) noun [C,U] a brown, sweet, non-alcoholic drink ▶ **coca-cola**

cocaine /kəʊˈkeɪn/ noun [U] a drug that some people take for pleasure but to which they can become addicted ▶ **kokaina**

★**cock**[1] /kɒk/ noun [C] **1** (US **rooster**) an adult male chicken: *cocks crowing at dawn* ➲ Zob.

uwaga przy **chicken**. ▶ **kogut 2** an adult male bird of any type: *a cock sparrow* ▶ **samiec**

■ **cock-a-doodle-doo** /ˌkɒk ə ˌduːdl ˈduː/ interj. the noise made by a cock ▶ **kukuryku!**

cock[2] /kɒk/ verb [T] to raise or move part of the body: *The horse cocked its ears on hearing the noise.* ▶ **nastawiać**

PHRASAL VERB **cock sth up** (Brit., slang) to do something very badly and inefficiently; to spoil sth ▶ **knocić, partaczyć**

■ **'cock-up** noun [C] (slang): *What a cock-up! You'll have to start again.* ▶ **partanina**

cockerel /ˈkɒkərəl/ noun [C] a young male chicken ▶ **kogucik**

cockney /ˈkɒkni/ noun **1** [C] a person who was born and grew up in London, especially the East End ▶ **rodowity londyńczyk** (*zwł. z dzielnicy wschodniej*) **2** [U] the way of speaking English that is typical of cockneys ▶ **gwara mieszkańców dzielnicy wschodniej Londynu**

□ **cockney** adj.: *a cockney accent* ▶ **wschodniolondyński**

cockpit /ˈkɒkpɪt/ noun [C] **1** the part of an aircraft where the pilot sits ▶ **kabina pilota 2** the part of a racing car in which the driver sits ▶ **kabina**

cockroach /ˈkɒkrəʊtʃ/ (US **roach**) noun [C] a large dark brown insect, often found in dirty rooms or damp places ▶ **karaluch**

cocktail /ˈkɒkteɪl/ noun [C] **1** an alcoholic drink made from a mixture of drinks: *a cocktail party* ▶ **koktajl 2** a mixture of small pieces of food, usually served as the first part of a meal: *a prawn cocktail* ▶ **koktajl**

cocoa /ˈkəʊkəʊ/ noun **1** [U] a dark brown powder made from the seeds of a tropical tree and used in making chocolate ▶ **kakao 2** [C,U] a hot drink made from this powder mixed with milk or water ▶ **kakao**

coconut /ˈkəʊkənʌt/ noun [C,U] the large brown fruit of a tropical tree ▶ **kokos, orzech kokosowy**

cocoon /kəˈkuːn/ noun [C] a fine covering like silk threads made by an insect to protect itself during one stage of its development ▶ **kokon**

cod /kɒd/ noun [C,U] (pl. **cod**) a large sea fish that you can eat ▶ **dorsz**

code /kəʊd/ noun **1** [C,U] a system of words, letters, numbers, etc. used instead of other words, letters, etc. so that messages, information, etc. can be kept secret: *They succeeded in breaking/cracking the enemy code.* ○ *They wrote letters to each other in code.* ▶ **szyfr, kod 2** [C] a group of numbers, letters, etc. that is used for identifying sth: *What's the area code for Stockholm?* ○ *a bar code* ▶ **kod, numer 3** [C] a set of rules for behaviour: *a code of practice* kodeks postępowania ○ *the Highway Code* kodeks drogowy ▶ **kodeks**

□ **code** verb [T] **1** (also **encode**) to put or write sth in code(1): *coded messages* ❶ Antonim: **decode**. ▶ **kodować 2** to use a particular system for identifying things: *The files are colour-coded: blue for Europe, green for Africa.* ▶ **kodować**

co-educational /ˌkəʊ edʒuˈkeɪʃənl/ adj. (used about a school) with both boys and girls together in the same classes ▶ **koedukacyjny**

coerce /kəʊˈɜːs/ verb [T] (formal) to force sb to do sth, e.g. by threatening them ▶ **zmuszać**

□ **coercion** /kəʊˈɜːʃn; US -ʒn/ noun [U] ▶ **przymus, wymuszenie**

coexist /ˌkəʊɪɡˈzɪst/ verb [I] to exist together at the same time or in the same place: *Is it possible for these different ethnic groups to coexist peacefully?* ▶ **współistnieć**

□ **coexistence** noun [U] ▶ **współistnienie**

C. of E. /ˌsiː əv ˈiː/ abbr. Church of England ▶ **Kościół anglikański**

★**coffee** /ˈkɒfi/ noun **1** [U] the roasted seeds of a tropical bush, made into powder and used for making a drink: *Coffee is the country's biggest export.* ▶ **kawa 2** [U] a drink made by adding hot water to this: *Would you prefer tea or coffee?* ○ *a cup of coffee* ▶ **kawa 3** [C] a cup of this drink: *Two coffees please.* ○ *black/white coffee* ○ *strong/weak coffee* ○ *instant coffee* kawa rozpuszczalna ○ *decaffeinated coffee* kawa bezkofeinowa ▶ **kawa**

■ **'coffee bar** (also **'coffee shop**) noun [C] (Brit.) a place in a hotel, a large shop, etc., where simple food, coffee, tea and other drinks without alcohol are served ▶ **barek** | **'coffee break** noun [C] a short period of rest when you stop working and drink coffee ▶ **przerwa na kawę** | **'coffee pot** noun [C] a container in which coffee is made and served ▶ **dzbanek do kawy** | **'coffee-table** noun [C] a small low table, usually in a living-room ▶ **niski stolik, jamnik**

coffin /ˈkɒfɪn; US ˈkɔːfɪn/ noun [C] a box in which a dead body is buried ➲ Zob. uwaga przy **funeral**. ▶ **trumna**

cog /kɒɡ/ noun [C] one of the tooth-shaped parts on the edge of a wheel in a piece of machinery. The cogs fit into those on another wheel so that, as it moves, the other wheel moves too. ▶ **ząb**

cognac /ˈkɒnjæk/ noun **1** [U] a type of brandy (a strong alcoholic drink) made in France ▶ **koniak 2** [C] a glass of this brandy ▶ **koniak**

cohabit /kəʊˈhæbɪt/ verb [I] (formal) (used about an unmarried couple) to live together as if they were married ▶ **żyć w nieślubnym związku**

coherent /kəʊˈhɪərənt/ adj. connected in a way that makes sense; clear and easy to understand: *a coherent plan* ▶ **spójny, logiczny**

□ **coherence** noun [U] ▶ **spójność, logika (wewnętrzna)** | **coherently** adv. ▶ **spójnie, logicznie**

cohesion /kəʊˈhiːʒn/ noun [U] the ability to stay or fit together well: *What the team lacks is cohesion – all the players play as individuals.* ▶ **spójność, zgranie**

coil /kɔɪl/ verb [I,T] to wind (sth) into a round shape: *The snake coiled itself round a tree.* ○ *He coiled up the cable and put it into his tool bag.* ▶ **zwijać (się) w kłębek, okręcać się**

□ **coil** noun [C] **1** a length of rope, wire, etc. that has been wound into a round shape: *a coil of* *rope* ▶ **zwój 2** a small piece of plastic or metal that a woman can wear inside her body to prevent her becoming pregnant ▶ **spirala domaciczna**

★**coin** /kɔɪn/ noun [C] a piece of money made of metal: *a pound coin* ▶ **moneta**

□ **coin** verb [T] to invent a new word or phrase: *Who was it who coined the phrase 'a week is a long time in politics'?* ▶ **ukuć** | **coinage** noun [U] the system of coins used in a country: *decimal coinage* system dziesiętny ▶ **system monetarny**

coincide /ˌkəʊɪn'saɪd/ verb [I] **coincide (with sth) 1** (used about events) to happen at the same time as sth else: *The Queen's visit is timed to coincide with the country's centenary celebrations.* ▶ **zbiegać się 2** to be exactly the same or very similar: *Our views coincide completely.* ▶ **być zbieżnym, schodzić się**

coincidence /kəʊ'ɪnsɪdəns/ noun [C,U] the surprising fact of two or more similar things happening at the same time by chance; an occasion when this happens: *By an incredible coincidence I found myself sitting next to someone I hadn't seen for years.* ○ *We hadn't planned to meet, it was just coincidence.* ▶ **zbieg okoliczności**

coincidental /kəʊˌɪnsɪ'dentl/ adj. resulting from two similar or related events happening at the same time by chance ▶ **jednoczesny, równoczesny**

□ **coincidentally** adv. ▶ **jednocześnie, równocześnie**

Coke™ /kəʊk/ noun [C,U] = COCA-COLA

coke /kəʊk/ noun [U] a solid black substance produced from coal and used as a fuel ▶ **koks**

Col. abbr. Colonel ▶ **płk.**

cola /'kəʊlə/ noun [C,U] a brown, sweet non-alcoholic drink such as Coca-Cola or Pepsi-Cola; a glass, can, etc. of this ▶ **coca-cola** (*lub inny podobny napój*)

colander /'kʌləndə(r)/ noun [C] a metal or plastic bowl with a lot of small holes in it, used for draining water from food ➲ Ilustr. do **kitchen**. ▶ **durszlak, cedzak**

★**cold**[1] /kəʊld/ adj. **1** having a low temperature; not hot or warm: *If I were you, I'd put a coat on. It's cold outside* (na dworze jest zimno). ○ *I'm not going into the sea, the water's too cold.* ○ *Shall I put the heating on? I'm cold* (jest mi zimno). ▶ **zimny 2** (used about food or drink) not heated or cooked; having become cold after being heated or cooked: *I don't feel like coffee, I'd rather have a cold drink.* ○ *Have your soup before it gets cold.* ▶ **zimny 3** (used about a person or sb's behaviour) very unfriendly; not showing kindness, sympathy, etc.: *She gave him a cold, hard look.* ▶ **chłodny, oziębły**

IDIOMS **cold turkey** (used to describe a way of stopping taking a drug, etc.) suddenly and completely, without getting used to sth gradually: *I gave up smoking cold turkey.* ▶ **nagle i zdecydowanie** | **get/have cold feet** (informal) to become/be afraid to do sth: *She started to get cold feet as her wedding day approached.* ▶ **bać się** | **in cold blood** cruelly and without pity: *to kill sb in cold blood* ▶ **z zimną krwią** | **in a cold sweat** sweating and feeling cold at the same time, usually because of fear or shock: *I woke up in a cold sweat.* ▶ **oblany zimnym potem**

□ **coldly** adv. in an unfriendly way; in a way that shows no kindness or sympathy: *He looked at her coldly.* ▶ **chłodno, ozięble** | **coldness** noun [U] unfriendliness; a lack of kindness or sympathy ▶ **chłód, oziębłość**

■ ˌ**cold-'blooded** /-'blʌdɪd/ adj. **1** having a blood temperature that varies with the temperature of the surroundings: *Reptiles are cold-blooded.* ▶ **zimnokrwisty 2** cruel; having or showing no pity: *cold-blooded killers* ▶ **bezlitosny** | ˌ**cold-'hearted** /-'hɑːtɪd/ adj. unkind; showing no kindness, sympathy, etc. ▶ **zimny, nieczuły**

★**cold**[2] /kəʊld/ noun **1** [sing., U] lack of heat; low temperature; cold weather: *We walked home in the snow, shivering with cold.* ○ *He seldom wears a coat because he doesn't feel the cold.* ○ *Come on, let's get out of the cold and go indoors.* ▶ **zimno 2** [C,U] a common illness of the nose and throat. When you have a cold you sneeze a lot, you have a sore throat and often cannot breathe through your nose: *I think I'm getting a cold.* ○ *Wear some warm clothes when you go out or you'll catch cold* (przeziębisz się). ▶ **przeziębienie**

coleslaw /'kəʊlslɔː/ noun [U] raw cabbage and carrots, etc., chopped and mixed with mayonnaise and eaten as a salad ▶ **surówka z kapusty i marchwi z majonezem**

colic /'kɒlɪk/ noun [U] pain in the stomach area, which especially babies get ▶ **kolka**

collaborate /kə'læbəreɪt/ verb [I] **1 collaborate (with sb)(on sth)** to work together (with sb), especially to create or produce sth: *She collaborated with another author on the book.* ▶ **współpracować 2 collaborate (with sb)** to help the enemy forces who have taken control of your country ▶ **kolaborować**

□ **collaboration** /kəˌlæbə'reɪʃn/ noun [U] **1** working together to create or produce sth ▶ **współpraca 2** help given to enemy forces who have taken control of your country ▶ **kolaboracja** | **collaborator** /kə'læbəreɪtə(r)/ noun [C] **1** a person who works together with sb else, especially in order to create or produce sth ▶ **współpracownik 2** a person who helps the enemy forces who have taken control of their country ▶ **kolaborant**

collage /'kɒlɑːʒ; US kə'lɑːʒ/ noun **1** [C] a picture made by fixing pieces of paper, cloth, photographs, etc. onto a surface ▶ **kolaż 2** [U] the art of making these pictures ▶ **tworzenie kolaży**

★**collapse** /kə'læps/ verb [I] **1** to fall down or inwards suddenly: *A lot of buildings collapsed in the earthquake.* ▶ **zawalić się, runąć 2** (used about a person) to fall down and perhaps become unconscious: *The winner collapsed at the end of the race.* ▶ **padać** (*z wyczerpania*) **3** to fail or break down suddenly or completely: *The company collapsed, leaving hundreds of people out of work.* ▶ **upadać, bankrutować**

□ **collapse** noun **1** [sing., U] a sudden fall: *the collapse of the motorway bridge* ▶ **zawalenie się, runięcie 2** [sing., U] (used about a person) falling down and perhaps becoming unconscious: *After working for so many hours without a break, I was in a state of collapse.* ▶ **załamanie** (*fizyczne lub nerwowe*) **3** [C,U] sudden or complete failure: *economic collapse* ▶ **krach, upadek** | **collapsible** adj. able to be folded into a shape that makes it easy to store: *a collapsible chair* ▶ **składany**

⋆**collar** /ˈkɒlə(r)/ noun [C] **1** the part of a shirt, coat, dress, etc. that fits round the neck and is often folded over ▶ **kołnierz/yk 2** a band of leather that is put round an animal's neck (especially a dog or cat) ▶ **obroża**

□ **collar** verb [T] (informal) to catch and keep or hold sb: *She collared me during the party and asked me for advice on her problems.* ▶ **chwytać za kołnierz**

■ ˈ**collarbone** noun [C] one of the two bones that connect the chest bones to the shoulder ▶ **obojczyk**

collateral /kəˈlætərəl/ noun [C] property or sth valuable that you agree to give if you cannot pay back money that you have borrowed ▶ **zastaw, zabezpieczenie spłaty długu**

⋆**colleague** /ˈkɒliːɡ/ noun [C] a person that you work with in a job, especially in a profession ➲ Zob. uwaga przy **friend**. ▶ **kolega** (*z pracy*)

⋆**collect** /kəˈlekt/ verb **1** [T] **collect sth (up)** to bring a number of things together: *All the exam papers will be collected at the end.* ▶ **zbierać 2** [I] to come together; to gather: *A crowd collected to see what was going on.* ▶ **gromadzić się 3** [I,T] to ask for money from a number of people: *Hello, I'm collecting for a local charity. Would you like to make a contribution?* ○ *The landlord collects the rent at the end of each month.* ▶ **kwestować, pobierać opłaty 4** [T] to gather a number of objects of a particular type over a period of time as a hobby: *He used to collect stamps.* ▶ **zbierać, kolekcjonować 5** [T] to go and fetch sb/sth from a particular place: *My daughter's at a party and I have to collect her in half an hour.* ▶ **odbierać 6** [T] **collect yourself/sth** to get control of yourself, your feelings, thoughts, etc.: *She collected herself and went back into the room as if nothing had happened.* ○ *I tried to collect my thoughts* (pozbierać myśli) *before the exam.* ▶ **opanować się**

□ **collect** adj., adv. (US) (used about a telephone call) to be paid for by the person who receives the call: *a collect call* ○ *She called me collect because she hadn't any money.* ❶ W Br. ang. używa się w tym znaczeniu wyrażeń **make a reverse-charge call** lub **reverse the charges**. ▶ **na rachunek abonenta** | **collected** adj. in control of yourself, your feelings, thoughts, etc.; calm ▶ **opanowany, skupiony**

⋆**collection** /kəˈlekʃn/ noun **1** [C,U] the act of getting sth from a place or from people: *The repairs won't take long and your car will be ready for collection tomorrow.* ▶ **odbiór 2** [C] a group of objects of a particular type that sb has collected as a hobby: *a stamp collection* ▶ **kolekcja, zbiór 3** [C] a number of poems, stories, letters, articles, etc. published in one book: *a collection of modern poetry* ▶ **wybór, antologia 4** [C] the act of asking for money from a number of people (for charity, in church, etc.): *a collection for the poor* ○ *The staff had a collection to buy him a present when he retired.* ▶ **składka, zbiórka pieniędzy 5** [C] a group of people or things; a pile: *a large collection of papers on the desk* ▶ **stos, grupa 6** [C] a variety of new clothes or items for the home that are specially designed and sold at a particular time: *Armani's stunning new autumn collection* ▶ **kolekcja, zestaw**

collective /kəˈlektɪv/ adj. shared by a group of people together; not individual: *collective responsibility* ▶ **zbiorowy, grupowy**

□ **collective** noun [C, with sing. or pl. verb] an organization or a business that is owned and controlled by the people who work in it ▶ **spółdzielnia** | **collectively** adv.: *We took the decision collectively at a meeting.* ▶ **wspólnie, kolektywnie**

collector /kəˈlektə(r)/ noun [C] (often in compounds) a person who collects things: *a stamp collector* ○ *a ticket collector* kontroler biletów ▶ **zbieracz, kolekcjoner**

⋆**college** /ˈkɒlɪdʒ/ noun **1** [C,U] an institution where you can study after you leave school: *an art college* ○ *a college of education* ○ *He first got interested in politics when he was at college.* ▶ **szkoła wyższa, kolegium, uczelnia**

> Jeżeli ktoś uczęszcza do **college** jako student/ka, wówczas przed tym rzeczownikiem nie używa się **the**: *He's at college in York.* ○ *She's going to college in October.* Jeśli natomiast mowa o **college** jako instytucji czy budynku, wtedy używa się **the**: *I went to an art exhibition at the college last night.*

2 [C] (in Britain) one of the separate institutions into which certain universities are divided: *Kings College, London* ▶ **kolegium 3** [C] (in the US) a university, or part of one, where students can study for a degree ▶ **szkoła wyższa**

collide /kəˈlaɪd/ verb [I] **collide (with sb/sth)** to crash; to hit sb/sth very hard while moving: *He ran along the corridor and collided with his teacher.* ○ *The lorry collided with a coach but fortunately nobody was injured.* ▶ **zderzać się, wpadać (na kogoś/coś)**

collie /ˈkɒli/ noun [C] a dog with long hair and a long pointed nose. Collies are often used for guarding and looking after sheep. ▶ **owczarek szkocki**

colliery /ˈkɒliəri/ noun [C] (pl. **collieries**) (especially Brit.) a coal mine and its buildings ▶ **kopalnia**

collision /kəˈlɪʒn/ noun [C,U] a crash; an occasion when things or people collide: *It was a head-on collision and the driver was killed instantly.* ○ *The two planes were in collision with each other and exploded.* ▶ **zderzenie, kolizja**

IDIOM **be on a collision course (with sb/sth)** **1** to be in a situation which is certain to end in a disagreement or argument: *I'm not surprised they're arguing – they've been on a collision course over money all week.* ▶ **być na krawędzi kłótni 2** to be moving in a direction which is certain to cause a crash: *The ship was on a collision course with an iceberg.* ▶ **zmierzać nieuchronnie do katastrofy**

collocate /ˈkɒləkeɪt/ verb [I] **collocate (with sth)** (used about words) to be often used together in a language: *'Bitter' collocates with 'enemies' but 'sour' does not.* ▶ (*o wyrazach*) **występować razem**

□ **collocate** /ˈkɒləkət/ noun [C]: *'Bitter' and 'enemies' are collocates.* ▶ **kolokacja** | **collocation** /ˌkɒləˈkeɪʃn/ noun **1** [C] a combination of words in a language, that happens very often and more frequently than would happen by chance: *A 'resounding success' and a 'crying shame' are English collocations.* ▶ **kolokacja 2** [U] the fact of two or more words often being used together, in a way that happens more frequently than would happen by chance ▶ **związki wyrazowe**

colloquial /kəˈləʊkwiəl/ adj. (used about words, phrases, etc.) used in conversation, not in formal situations or formal writing ▶ **potoczny**

□ **colloquially** /-kwiəli/ adv. ▶ **potocznie**

collusion /kəˈluːʒn/ noun [U] (formal) secret agreement, especially in order to do sth dishonest: *The drugs were brought into the country with the collusion of customs officials.* ▶ **zmowa**

cologne /kəˈləʊn/ noun [U] = EAU DE COLOGNE

colon /ˈkəʊlən/ noun [C] a punctuation mark (:) used before a list, an explanation, an example, etc. ▶ **dwukropek**

colonel /ˈkɜːnl/ noun [C] an officer with a high rank in the army ▶ **pułkownik**

colonial /kəˈləʊniəl/ adj. connected with or owning a colony(1): *Spain used to be a major colonial power.* ▶ **kolonialny**

□ **colonialism** noun [U] the practice of keeping countries as colonies ▶ **kolonializm**

colonist /ˈkɒlənɪst/ noun [C] a person who goes to live in a colony(1) when it is first established as one ▶ **kolonizator**

colonize (also **colonise**) /ˈkɒlənaɪz/ verb [T] to take control of a place as a colony; to establish a colony in a place ▶ **kolonizować**

□ **colonization** (also **colonisation**) /kɒlənaɪˈzeɪʃn; US -nəˈz-/ noun [U]: *the colonization of South America by the Spanish* ▶ **kolonizacja**

colony /ˈkɒləni/ noun (pl. **colonies**) **1** [C] a country or area that is ruled by another, more powerful country: *Kenya used to be a British colony.* ▶ **kolonia 2** [C, with sing. or pl. verb] a group of people from the same country living in a foreign country or city; a group of people with the same interests, profession, etc. living together in the same place: *the English colony on the Spanish coast* ○ *an artists' colony* ▶ **kolonia 3** [C] a group of the same type of animals, insects or plants living or growing in the same place: *a colony of ants* ▶ **kolonia**

color (US) = COLOUR[1,2]

colossal /kəˈlɒsl/ adj. extremely large; huge: *a colossal building* ○ *a colossal amount* ▶ **kolosalny, olbrzymi**

★**colour**[1] (US **color**) /ˈkʌlə(r)/ noun **1** [C,U] the quality that makes sth red, green, yellow, etc.: *'What colour is your car?' 'Red.'* ○ *Brown isn't my favourite colour.* ○ *What colours do the Swedish team play in?* ○ *a dark/light/bright/deep/pale colour* ○ *Those flowers give the room a bit of colour.* ❶ W jęz. ang. opisując kolor jakiegoś przedmiotu używa się czasownika **be**, a nie **have**: *My car is red.* ▶ **kolor, barwa 2** [U] the use of all the colours, not just black and white: *All the pictures in the book are in colour.* ○ *a colour television* ▶ **kolor 3** [U, sing.] redness in your face, particularly showing how healthy you are: *You look much better now, you've got a bit more colour.* ▶ **rumieńce, kolory 4** [C,U] the colour of a person's skin, showing the person's race: *people of all colours and religions* ○ *Discrimination on the grounds of colour is illegal.* ▶ **kolor skóry, rasa 5** [U] interesting or exciting details: *It's a busy area, full of activity and colour.* ▶ **koloryt**

IDIOMS **off colour** ill: *I didn't go out because I was feeling a bit off colour.* ▶ (*czuć się*) **nieswojo, marnie** (*wyglądać*) | **with flying colours** → FLYING

□ **colourful** (US **colorful**) /-fl/ adj. **1** with bright colours; full of colour: *a colourful shirt* ▶ **barwny, kolorowy 2** full of interest or excitement: *a colourful story* ○ *He has a rather colourful past* (bujną przeszłość). ▶ **barwny** | **colourless** (US **colorless**) adj. **1** without colour: *a colourless liquid, like water* ▶ **bezbarwny 2** dull and uninteresting: *a colourless description* ▶ **bezbarwny, nudny**

■ ˈ**colour-blind** adj. unable to distinguish between certain colours, especially red and green: *She is colour-blind.* Ona jest daltonistką. ▶ **cierpiący na daltonizm** | ˈ**colour scheme** noun [C] the way in which colours are arranged, especially in a room ▶ **tonacja kolorystyczna**

★**colour**[2] (US **color**) /ˈkʌlə(r)/ verb [T] **1** to put colour on sth, e.g. by painting it: *Colour the picture with your crayons.* ▶ **kolorować, malować** (*na jakiś kolor*) **2** to influence thoughts, opinions, etc.: *You shouldn't let one bad experience colour your attitude to everything.* ▶ **wpływać na coś**

PHRASAL VERB **colour sth in** to fill a shape, a picture, etc. with colour using pencils, chalk, etc.: *The children were colouring in pictures of animals.* ▶ **kolorować**

□ **coloured** (US **colored**) adj. **1** having colour; a particular colour: *She always writes letters on coloured paper.* ○ *a coffee-coloured dress* sukienka w kolorze kawowym ○ *brightly-coloured lights* ▶ **kolorowy, barwny 2** (used about a person) belonging to a race that does not have white skin ❶ To słowo jest obecnie uważane za obraźliwe. ➲ Por. **black** i **Asian**, które są zwrotami neutralnymi. ▶ **kolorowy** | **colouring** (US **coloring**) noun **1** [U] the colour of a person's hair, skin, etc.: *People with such fair colouring get sunburnt easily.* ▶ **karnacja 2** [C,U] a substance that is used for giving a particular colour to sth, especially food ▶ **barwnik, farbka**

colt /kəʊlt/ noun [C] a young male horse ▶ **źrebak**

★**column** /ˈkɒləm/ noun [C] **1** a tall solid vertical post made of stone, supporting or decorating a building or standing alone ▶ **kolumna, filar, słup 2** something that has the shape of a column: *a column of smoke* ▶ **kolumna, słup 3** one of the vertical sections into which a printed page, especially in a newspaper, is divided ▶ **kolumna, szpalta 4** a series of numbers written one under the other: *to add up a column of figures* ▶ **kolumna 5** a piece of writing in a newspaper or magazine that is part of a regular series or written by the same writer: *the travel column* ▶ **felieton, rubryka 6** a long line of people, vehicles, etc., one following behind another: *a column of troops* ▶ **kolumna**

□ **columnist** /ˈkɒləmnɪst/ noun [C] a journalist who writes regular articles in a newspaper or magazine: *a gossip columnist* ○ *a political columnist* ▶ **felietonist-a/ka**

coma /ˈkəʊmə/ noun [C] a state of deep unconsciousness, often lasting for a long time and caused by serious illness or injury: *She went into a coma and a few days later she died.* ▶ **śpiączka**

comatose /ˈkəʊmətəʊs/ adj. **1** (informal) deeply asleep: *He had drunk a bottle of vodka and was comatose.* ▶ **śpiący jak zabity, zalany w trupa 2** deeply unconscious; in a coma ▶ **w stanie śpiączki**

★**comb** /kəʊm/ noun **1** [C] a piece of metal or plastic with a row of teeth that you use for making your hair tidy ▶ **grzebień 2** [C, usually sing.] an act of combing the hair: *Give your hair a comb* (uczesz się) *before you go out.* ▶ **czesanie (się)**

□ **comb** verb [T] **1** to make the hair tidy using a comb ▶ **czesać 2 comb (through) sth (for sb/sth)** to search thoroughly: *Police are combing the area for the escaped prisoners.* ▶ **przeczesywać**

combat /ˈkɒmbæt/ noun [C,U] a fight, especially in war: *unarmed combat* walka wręcz ○ *He got a medal for bravery in combat.* ▶ **walka**

□ **combat** verb [T] to fight against sth; to try to stop, reduce or defeat sth: *This government will do everything in its power to combat terrorism.* ▶ **walczyć przeciw, zwalczać** | **combatant** /ˈkɒmbətənt/ noun [C] a person who takes part in fighting, especially in war ▶ **żołnierz, bojownik**

★**combination** /ˌkɒmbɪˈneɪʃn/ noun [C,U] a number of people or things mixed or joined together; a mixture: *He left the job for a combination of reasons.* Odszedł z pracy z wielu różnych powodów. ○ *The team manager still hasn't found the right combination of players.* ○ *On this course, you may study French in combination with Spanish or Italian.* ▶ **kombinacja, połączenie**

★**combine**[1] /kəmˈbaɪn/ verb **1** [I,T] **combine (with sb/sth); combine A and B/A with B** to join or mix two or more things together: *The two organizations combined to form one company.* ○ *Bad planning, combined with bad luck, led to the company's collapse.* ▶ **łączyć (się) 2** [T] **combine A and B/A with B** to do two or more things at the same time or have two or more qualities at the same time: *to combine business with pleasure* ○ *This car combines speed and reliability.* ▶ **łączyć**

□ **combined** adj. done by a number of people joining together, resulting from the joining of two or more things: *The combined efforts of the emergency services prevented a major disaster.* ○ *I use that room as a spare bedroom and office combined* (jako pokoju gościnnego oraz biura). ▶ **połączony**

combine[2] /ˈkɒmbaɪn/ (also ˌ**combine** ˈ**harvester**) noun [C] an agricultural machine that both cuts corn and separates the seed from the stem ▶ **kombajn**

combustion /kəmˈbʌstʃən/ noun [U] the process of burning: *an internal combustion engine* silnik spalinowy ▶ **spalanie**

★**come** /kʌm/ verb [I] (pt **came** /keɪm/; pp **come**) **1** to move to or towards the person who is speaking or the place that sb is talking about: *Come here, please.* ○ *Come and see what I've found.* ○ *I hope you can come to my party.* ○ *They're coming to stay for a week.* ○ *The children came running* (przybiegły) *into the room.* ▶ **przychodzić, przyjeżdżać 2** to arrive or reach: *What time are you coming home?* ○ *Has the newspaper come yet?* ○ *The news came as a complete surprise.* ○ *The time has come to say goodbye.* ▶ **przychodzić, nadchodzić 3** to have a particular position: *March comes after February.* ○ *Charlie came second* (był drugi) *in the exam.* ▶ **zajmować określoną pozycję, przychodzić, nadchodzić 4** to be available: *This blouse comes in a choice of four colours.* ▶ **być dostępnym 5** to be produced by or from sth: *Wool comes from sheep.* ▶ **pochodzić z/od czegoś 6** to become: *Your blouse has come undone.* Rozpięła ci się bluzka. ▶ **stawać się 7 come to do sth** (used for talking about how, why or when sth happened): *How did you come to lose your passport?* ▶ **jak/dlaczego/kiedy (to się stało)? 8** (used with *to/into* and a noun) to reach a particular state: *We were all sorry when the holiday came to an end* (skończyły się). ○ *The military government came to power in a coup d'état.* ▶ **dochodzić do czegoś**

IDIOMS **come and go** to be present for a short time and then go away: *The pain in my ear comes and goes* (raz jest, raz go nie ma). ▶ **przychodzić i odchodzić** | **come easily, naturally, etc. to sb** to be easy, etc. for sb to do: *Apologizing does not come easily to her.* ▶ **łatwo przychodzić (komuś)** | **come to nothing**; **not come to anything** to be unsuccessful: *Unfortunately, all his efforts came to nothing.* ▶ **spełznąć na niczym** | **come what may** in spite of any problems or difficulties you may have: *He promised to support her come what may.* ▶ **mimo wszystko** | **how come...?** (informal) why or how: *How come you're back so early?* ○ *How come I didn't get one too?* ▶ **jak to się stało, że...?** | **to come** (used after a noun) in the future: *You'll regret it in years to come.* ▶ **w przyszłości** | **when it comes to sth/to doing sth** when it is a question of sth: *When it comes to* *value for money, these prices are hard to beat.* ▶ **gdy chodzi o coś/to** ❶ **Come** występuje w innych idiomach, np. **come to a head**. ➲ Zob. hasła odpowiednich rzeczowników, przymiotników itp.

PHRASAL VERBS **come about** to happen: *How did this situation come about?* ▶ **zdarzać się**

come across/over (as sth) to make an impression of a particular type: *Elizabeth comes across as being rather shy.* ▶ **sprawiać wrażenie** | **come across sb/sth** to meet or find sb/sth by chance: *I came across this book in a second-hand shop.* ▶ **natykać się na kogoś/coś, napotykać kogoś/coś**

come along 1 to arrive or appear: *An old man was coming along the road.* ▶ **pojawiać się, zbliżać się** (*np. ulicą*) **2** = COME ON(2) **3** = COME ON(3)

come apart to break into pieces: *This old coat is coming apart at the seams.* ▶ **rozpadać się, pruć się**

come away (from sth) to become loose or unfastened: *The cover of the book is coming away.* ▶ **odpadać, odrywać się** | **come away with sth** to leave a place with a particular opinion or feeling: *We came away with a very favourable impression of Cambridge.* ▶ **odchodzić/odjeżdżać** (*z określonymi wrażeniami*)

come back 1 to return: *I don't know what time I'll be coming back.* ▶ **wracać 2** to become popular or fashionable again: *Flared trousers are coming back again.* ▶ **wracać** | **come back (to sb)** to be remembered: *When I went to Italy again, my Italian started to come back.* ▶ **wracać, przypominać się**

come before sb/sth to be more important than sb/sth else: *Mark feels his family comes before his career.* ▶ **mieć pierwszeństwo, być ważniejszym (od czegoś)**

come between sb and sb to damage the relationship between two people: *Arguments over money came between the two brothers.* ▶ **poróżnić**

come by sth to get sth: *Fresh vegetables are hard to come by in the winter in many countries.* ▶ **zdobywać**

come down 1 to fall down: *The power lines came down in the storm.* ▶ **walić się, runąć 2** (used about an aeroplane, etc.) to land: *The helicopter came down in a field.* ▶ **lądować 3** to become lower: *The price of land has come down considerably in the past year.* ▶ **obniżać się** | **come down to sth/to doing sth** (informal) to have as the main feature or most important fact: *It all comes down to having the right qualifications.* ▶ **sprowadzać się do czegoś** | **come down to sth** to reach down to a particular point: *Her hair comes down considerably to her waist.* ▶ **sięgać (w dół) do czegoś** | **come down with sth** to become ill with sth: *I think I'm coming down with flu* (bierze mnie grypa). ▶ **zachorować na coś**

come forward to offer help: *The police are asking witnesses to come forward.* Policja prosi świadków o pomoc w dochodzeniu. ▶ **przychodzić z pomocą**

come from... to live in or have been born in a place: *Where do you come from originally?* ▶ **pochodzić skądś/z jakiegoś miejsca** | **come from (doing) sth** to be the result of sth: *'I'm tired.' 'That comes from all the late nights you've had.'* ▶ **wynikać z czegoś, być rezultatem czegoś**

come in 1 to enter a place ▶ **wchodzić** (*do środka*) **2** (used about the tide) to move towards the land: *The tide is coming in.* Nadchodzi przypływ. ▶ **zbliżać się 3** to become popular or fashionable: *Punk fashions came in in the seventies.* ▶ **przyjąć się 4** (used about news or information) to be received: *Reports are coming in of fighting in Beirut.* ▶ **przychodzić, nadchodzić** | **come in for sth** to receive blame, etc.: *The government came in for a lot of criticism.* ▶ **być poddanym czemuś, spotykać się** (*np. z ostrą krytyką*)

come of sth/of doing sth to be the result of sth: *We've written to several companies asking for help but nothing has come of it* (nic z tego nie wyszło) *yet.* ▶ **wynikać z czegoś**

come off 1 to be able to be removed: *Does the collar come off?* ▶ **być ruchomym, dawać się zdejmować 2** (informal) to be successful: *The deal seems unlikely to come off.* ▶ **udawać się, wychodzić 3** (informal) (followed by an adverb) to be in a good, bad, etc. situation as a result of sth: *Unfortunately, Dennis came off worst in the fight.* ▶ **wychodzić na czymś** (*dobrze lub źle*), **zyskiwać/tracić na czymś** | **come off (sth) 1** to fall off sth: *Kim came off her bicycle and broke her leg.* ▶ **spadać (z czegoś) 2** to become removed from sth: *One of the legs has come off this table.* ▶ **odpadać/odlatywać (z czegoś)** | **come off it** (informal) (used for showing that you do not believe sb/sth or that you strongly disagree with sb): *'I thought it was quite a good performance.' 'Oh, come off it – it was awful!'* ▶ **nie przesadzaj, no co ty!**

come on 1 to start to act, play in a game of sport, etc.: *The audience jeered every time the villain came on.* ○ *The substitute came on in the second half.* ▶ **pojawiać się, wychodzić** (*np. na scenę*) **2** (also **come along**) to make progress or to improve: *Your English is coming on nicely.* ▶ **postępować, posuwać się (naprzód) 3** (also **Come on!**; **Come along!**) (used for telling sb to hurry up, try harder, etc.): *Come on or we'll be late!* ○ *Come on! You can do better work than that.* ▶ **no dalej!, no wiesz! 4** to begin: *I think I've got a cold coming on.* ▶ (*o chorobie*) **brać kogoś**

come out 1 to appear: *The rain stopped and the sun came out.* ○ *The report came out in 1988.* ▶ **ukazywać się, wychodzić** (*zza chmur/drukiem*) **2** to become known: *It was only after his death that the truth came out.* ▶ **wychodzić na jaw 3** (used about a photograph, etc.) to be produced successfully: *Only one of our photos came out.* ▶ **wychodzić** (*dobrze/źle*) | **come out (of sth)** to be removed from sth: *Red wine stains don't come out easily.* ▶ **schodzić** | **come out against sth** to say in public that you do not like or agree with sth: *The Prime Minister came out against capital punishment.* ▶ **wypowiadać się przeciw** | **come out in sth** to become covered in spots, etc.: *Heat makes him come out in a rash.* ▶ **dostawać** | **come out with sth** to say sth: *The children came out with all kinds of stories.* ▶ **wyrywać się z czymś**

come over = COME ACROSS/OVER (AS STH) | **come over (to...) (from...)** to move from one place to another: *They've invited us to come over to Australia for a holiday.* ▶ **przychodzić, przyjeżdżać** | **come over sb** (used about a feeling) to affect sb: *A feeling of despair came over me.* ▶ **ogarniać**

come round 1 (used about an event that happens regularly) to happen: *The end of the holidays always comes round very quickly.* ▶ **nadchodzić 2** (also **come to**) to become conscious again: *Your mother hasn't yet come round from the anaesthetic.* ▶ **odzyskiwać przytomność** | **come round (to...)** to visit a person or place: *Why don't you come round to see us on Saturday?* ▶ **przychodzić** (*z wizytą*) | **come round (to sth)** to change your opinion so that you agree with sb/sth: *They finally came round to our way of thinking.* ▶ **przekonać się do czegoś**

come through (used about news, information, etc.) to arrive: *The football results are just coming through.* ▶ **nadchodzić** | **come through (sth)** to escape injury or death in a dangerous situation, illness, etc.: *to come through a heart attack* ▶ **wychodzić cało**

come to = COME ROUND | **come to sth 1** to equal or total a particular amount: *The bill for the meal came to £35.* ▶ **wynosić 2** to reach a bad situation: *We will sell the house to pay our debts if we have to but we hope it won't come to that* (ale mamy nadzieję, że do tego nie dojdzie). ▶ **dochodzić do czegoś**

come under to be included in a particular section, department, etc.: *Garages that sell cars come under 'car dealers' in the telephone book.* ▶ **należeć** (*do pewnej kategorii*)

come up 1 (used about a plant) to appear above the soil ▶ **wschodzić, wyrastać 2** (used about the sun and moon) to rise ▶ **wschodzić 3** to be about to happen in the future: *I have an important meeting coming up next week.* ▶ **zbliżać się 4** to be discussed: *The subject of religion came up.* ▶ **wypływać** (*np. w dyskusji*) | **come up against sb/sth** to find a problem or difficulty that you have to deal with: *The developers came up against a lot of opposition from the local residents.* ▶ **natrafiać na kogoś/coś** | **come up to sth 1** to reach up as far as a particular point: *The water in the pool came up to our knees.* ▶ **sięgać do czegoś 2** to be as good as usual or as necessary: *This piece of work does not come up to your usual standard.* ▶ **dorównywać** | **come up with sth** to find an answer or solution to sth: *Engineers have come up with new ways of saving energy.* ▶ **znaleźć**

■ **'comeback** noun [C] a return to a position of strength or importance that you had before: *The former world champion is hoping to make a comeback.* ▶ **powrót** (*np. na scenę*) | **'comedown** noun [C, usually sing.] (informal) a loss of importance or social position: *It's a bit of a comedown for her having to move to a smaller house.* ▶ **obniżenie się stopy życiowej, pogorszenie** (*sytuacji*)

comedian /kə'mi:diən/ (also **comic**) noun [C] a person whose job is to entertain people and make them laugh, e.g. by telling jokes ▶ **komik**

comedy /'kɒmədi/ noun (pl. **comedies**) **1** [C] an amusing play, film, etc. that has a happy ending ▶ **komedia 2** [U] the quality of being amusing or making people laugh: *There is a hint of comedy in all her novels.* ▶ **komizm, komedia**

comet /'kɒmɪt/ noun [C] an object that looks like a bright star and that moves around the sun ▶ **kometa**

★**comfort** /'kʌmfət/ noun **1** [U] the state of having everything your body needs, or of having a pleasant life: *Most people expect to live in comfort in their old age.* ○ *to travel in comfort* ▶ **komfort, wygoda 2** [U] the state of being relaxed: *This furniture is not designed for comfort.* ▶ **wygoda, komfort 3** [U] help or kindness to sb who is suffering: *I tried to offer a few words of comfort.* ▶ **pociecha, otucha 4** [sing.] a person or thing that helps you when you are very sad or worried: *You've been a real comfort to me.* ▶ **ostoja, pociecha 5** [C] something that makes your life easier or more pleasant: *After a week's camping we really appreciated the comforts of home.* ➲ Por. **discomfort**. ▶ **wygoda**

□ **comfort** verb [T] to try to make sb feel less worried or unhappy: *to comfort a crying child* ▶ **pocieszać, podnosić na duchu**

★**comfortable** /'kʌmftəbl; -fət-/ (informal **comfy**) adj. **1** allowing you to feel relaxed and providing you with everything your body needs: *Our hotel room was large and comfortable.* ○ *a comfortable temperature* ○ *Sit down and make yourselves comfortable.* ❶ Antonim: **uncomfortable**. ▶ **wygodny, komfortowy, przyjemny 2** not having or causing worry, pain, difficulty, etc.: *He did not feel comfortable* (czuł się nieswojo) *in the presence of so many women.* ▶ **wygodnie, przyjemnie 3** having or providing enough money for all your needs: *They are not wealthy but they're quite comfortable* (nieźle im się powodzi). ▶ **mający lub zapewniający życie bez problemów finansowych** ➲ Por. **convenient**.

□ **comfortably** /-təbli/ adv. in a comfortable way: *You can't live comfortably on such low wages.* ▶ **wygodnie; bezpiecznie**

comfy /'kʌmfi/ adj. (**comfier**; **comfiest**) (informal) comfortable(1): *a comfy chair* ▶ **wygodny**

comic /'kɒmɪk/ adj. that makes you laugh; funny: *a comic scene in a serious play* ▶ **śmieszny, komiczny**

□ **comic** noun [C] **1** = COMEDIAN **2** a magazine for children that tells stories through pictures ▶ **komiks** | **comical** /'kɒmɪkl/ adj. that makes you laugh ▶ **śmieszny, komiczny** | **comically** /-kli/ adv. ▶ **śmiesznie, komicznie**

■ **comic 'strip** (also **'strip cartoon**) noun [C] a series of pictures that tell a story, e.g. in a newspaper, etc. ▶ **historyjka obrazkowa**

coming /'kʌmɪŋ/ noun [C] the arrival of sth: *The*

coming of the computer meant the loss of many jobs. ▶ **przyjście, nadejście, nastanie**

comma /ˈkɒmə/ noun [C] the punctuation mark (,) used for dividing parts of a sentence or items in a list ▶ **przecinek**

★**command**[1] /kəˈmɑːnd; US -ˈmænd/ verb **1** [I,T] to tell or order sb to do sth: *The men did as their officer had commanded.* ○ *I command you to go!* (wypowiedziane przez król-a/ową) ▶ **rozkazywać** **2** [T] to control or be in charge of sb/sth: *to command a ship/regiment/army* ▶ **dowodzić** **3** [T] to deserve and get sth: *The old man commanded great respect.* ▶ **wzbudzać**

□ **commanding** adj. **1** (used about a person who commands(2) sb/sth): *Who is your commanding officer?* ▶ **dowodzący** **2** having or showing power or authority: *to speak in a commanding tone of voice* ▶ **władczy, imponujący** **3** strong: *The castle occupied a commanding position at the head of the valley.* ▶ **majestatyczny, dominujący**

★**command**[2] /kəˈmɑːnd; US -ˈmænd/ noun **1** [C] an order: *The captain's commands must be obeyed without question.* ▶ **rozkaz** **2** [U] control over sb/sth: *Who is in command* (kto dowodzi) *of the expedition?* ○ *to take command of a situation* zapanować nad sytuacją ▶ **dowództwo, władanie** **3** [sing.] the state of being able to do or use sth: *She has a good command of French.* Ona dobrze włada francuskim. ▶ **znajomość**

IDIOMS **at/by sb's command** (formal) because you were ordered by sb: *At the command of their officer the troops opened fire.* ▶ **na rozkaz** | **be at sb's command** to be ready to obey sb: *I'm completely at your command.* ▶ **być do czyjejś dyspozycji**

commandeer /ˌkɒmənˈdɪə(r)/ verb [T] to take control or possession of sth for military use ▶ **rekwirować**

commander /kəˈmɑːndə(r); US -ˈmæn-/ noun [C] **1** a person who controls or is in charge of sb/sth ▶ **dowódca** **2** (Brit.) an officer in the Navy ▶ **komandor**

commandment (also **Commandment**) /kəˈmɑːndmənt; US -ˈmænd-/ noun [C] (formal) one of the ten important laws that Christian people should obey ▶ **przykazanie**

commando /kəˈmɑːndəʊ; US -ˈmæn-/ noun [C] (pl. **commandos** or **commandoes**) one of a group of soldiers who are trained to make quick attacks in enemy areas ▶ **komandos**

commemorate /kəˈmeməreɪt/ verb [T] to keep a special event in people's memories; to exist in order to make people remember a special event: *a statue commemorating all the soldiers who died in the last war* ▶ **czcić; upamiętniać**

□ **commemoration** /kəˌmeməˈreɪʃn/ noun [C,U]: *The concerts were held in commemoration of the 200th anniversary of Mozart's death.* ▶ **obchód, uczczenie**

commence /kəˈmens/ verb [I,T] (formal) **commence sth/doing sth** to start or begin ➲ Zob. uwaga przy **begin**. ▶ **rozpoczynać**

□ **commencement** noun [C,U] ▶ **rozpoczęcie**

commend /kəˈmend/ verb [T] to say that sb/sth is very good: *Dean was commended for his excellent work.* ▶ **chwalić**

□ **commendable** /-əbl/ adj. that you must praise: *She acted with commendable honesty and fairness.* ▶ **chwalebny, godny polecenia**

★**comment** /ˈkɒment/ noun [C,U] **comment (on sth)** something that you say or write that gives your opinion or feeling about sth: *The chancellor was not available for comment.* ○ *I have heard both favourable and unfavourable comments about the film.* ▶ **uwaga, komentarz**

IDIOM **no comment** (used in reply to a question when you do not want to say anything at all): *'Mr President, how do you feel about these latest developments?' 'No comment.'* ▶ **bez komentarza**

□ **comment** verb [I,T] **comment (on sth)** to give your opinion or feeling about sth: *Several people commented on how lovely the garden looked.* ○ *Somebody commented that it didn't seem very fair.* ▶ **komentować, zwracać uwagę**

commentary /ˈkɒməntri; US -teri/ noun (pl. **commentaries**) **1** [C,U] a spoken description on the radio or television of sth as it is happening: *a sports commentary* ▶ **sprawozdanie, komentarz** **2** [C] a written explanation of sth: *a translation of Shakespeare's plays with a commentary* ▶ **komentarz** **3** [C,U] something that shows what sth is like: *The drug scandal is a sad commentary on the state of the sport.* ▶ **przykład**

commentate /ˈkɒmənteɪt/ verb [I] to give a spoken description on the radio or television of sth as it is happening ▶ **komentować**

□ **commentator** /ˈkɒmənteɪtə(r)/ noun [C] **1** a person who commentates on sth: *a sports commentator* ▶ **komentator** **2** a person who gives their opinion about sth on the radio, on television or in a newspaper: *a political commentator* ▶ **komentator, sprawozdawca**

commerce /ˈkɒmɜːs/ noun [U] the activities that are involved in buying and selling things: *the Minister for Industry and Commerce* ○ *the Chamber of Commerce* ➲ Por. **trade**. ▶ **handel**

★**commercial** /kəˈmɜːʃl/ adj. **1** connected with buying and selling goods: *a specialist in commercial law* ▶ **handlowy** **2** making a profit: *Although it won a lot of awards, the film was not a commercial success.* ▶ **komercyjny** **3** selling sth or sold in large quantities to the public: *commercial airlines/products* ▶ **komercyjny**

□ **commercial** noun [C] an advertisement on the radio or on television ▶ **reklama** | **commercialism** /kəˈmɜːʃəlɪzəm/ noun [U] the attitude that making a profit is more important than anything else ▶ **komercjalizm** | **commercialize** (also **-ise**) /kəˈmɜːʃəlaɪz/ verb [T] to try to make a profit out of sth, even if it means spoiling it: *Christmas has become very commercialized over recent years* (bardzo się ostatnio skomercjalizowało). ▶ **komercjalizować** | **commercially** /-ʃəli/ adv.: *The factory was closed down because it was no longer commercially viable* (nie była już opłacalna). ▶ **handlowo; komercyjnie**

commiserate /kə'mɪzəreɪt/ verb [I] **commiserate (with sb) (on/over sth)** (formal) to feel or show sympathy for sb who is very unhappy or in difficulty ▶ **wyrażać współczucie**

commission /kə'mɪʃn/ noun **1** (often **Commission**) [C, with sing. or pl. verb] an official group of people who are asked to find out about sth: *A Commission was appointed to investigate the causes of the accident.* ▶ **komisja 2** [C,U] money that you get for selling sth: *Agents get 10% commission on everything they sell.* ▶ **prowizja 3** [C,U] money that a bank, etc. charges for providing a particular service ▶ **prowizja 4** [C] an act of asking sb to do a piece of work for you: *He received a commission to write a play for the festival.* ▶ **zamówienie, zlecenie**

□ **commission** verb [T] to ask sb to do a piece of work: *to commission an architect to design a building* ▶ **zlecać, zamawiać** | **commissioner** /kə'mɪʃənə(r)/ noun [C] an official of high rank in an organization ▶ **pełnomocnik** (*np. rządu*), **komisarz**

★**commit** /kə'mɪt/ verb [T] (**committing**; **committed**) **1** to do sth bad or illegal: *to commit a crime* ○ *After years of mental illness Frank committed suicide.* ▶ **popełniać 2** (formal) to send sb to a prison, mental hospital, etc.: *He was committed to Broadmoor for five years.* ▶ **uwięzić; umieszczać 3 commit sb/yourself (to sth/ to doing sth)** to promise to do sth: *I can't commit myself to helping you tomorrow. I'm still not sure if I will be free.* ▶ **zobowiązywać się 4** to decide to use sth for a particular purpose ▶ **przeznaczać, poświęcać 5 commit yourself (on sth)** to say openly what you think or believe: *When asked for her opinion she refused to commit herself.* ➲ Por. **non-committal.** ▶ **deklarować się, angażować się**

□ **commitment** noun **1** [U] **commitment (to sth)** the state of giving a lot of your time and attention to sth because you believe it is right or important: *We are looking for a teacher with enthusiasm and commitment.* ○ *commitment to an ideal* ▶ **zaangażowanie, poświęcenie 2** [C] something that you have promised to do; a responsibility: *Marriage is a great commitment.* ○ *We usually have family commitments on Sunday.* ○ *Japan has made a commitment to respect the new agreement.* ▶ **zobowiązanie** | **committed** adj. giving a lot of your time and attention to sth because you believe it is right or important: *a committed Christian* ▶ **zaangażowany**

★**committee** /kə'mɪti/ noun [C, with sing. or pl. verb] a group of people who have been chosen to discuss sth or decide on sth: *They have set up a committee to look into ways of reducing traffic in the city centre.* ○ *to be/sit on a committee* ○ *The planning committee meets/meet twice a week.* ▶ **komisja, zarząd, komitet**

commodity /kə'mɒdəti/ noun [C] (pl. **commodities**) something that you buy or sell: *Salt was once a very valuable commodity.* ▶ **towar**

commodore /'kɒmədɔː(r)/ noun [C] an officer of middle rank in the Navy ▶ **komodor**

★**common**[1] /'kɒmən/ adj. **1** happening or found often or in many places; usual: *Nowadays it is quite common for people to go abroad* (wiele osób jeździ za granicę) *for their holidays.* ○ *The word is no longer in common use.* ○ *The daisy is a common wild flower.* ▶ **powszechny, pospolity 2 common (to sb/sth)** shared by or belonging to two or more people or groups, or by most or all people: *The Americans and the British share a common language.* ○ *This type of behaviour is common to most children of that age.* ○ *We have a common interest in gardening.* ▶ **wspólny 3** (only before a noun) not special; ordinary: *The officers had much better living conditions than the common soldiers.* ▶ **zwyczajny, pospolity 4** (informal) having or showing a lack of education: *Don't speak like that. It's common!* ▶ **pospolity, prostacki**

IDIOM be common/public knowledge → KNOWLEDGE

□ **commonly** adv. often; usually: *These insects are commonly known as midges.* ▶ **powszechnie, zwykle**

■ **ˌcommon ˈground** noun [U] beliefs, interests, etc. that two or more people or groups share: *They have very little common ground.* Oni mają bardzo niewiele wspólnego. ▶ **wspólne zainteresowania/poglądy itp.** | **ˌcommon ˈlaw** noun [U] laws in England that are based on decisions that judges have made, not laws that were made by Parliament ▶ **prawo zwyczajowe** | **ˌcommon-law ˈwife; ˌcommon-law ˈhusband** noun [C] a person who has been living with a person of the opposite sex for a long time but who is not married to them. A common-law wife/husband usually has the same rights as an official wife/ husband. ▶ **konkubina, konkubent** | **ˈcommon room** noun [C] a room in a school, university, etc. where students or teachers can go to relax when they are not in class ▶ **świetlica** (*dla studentów*), **pokój nauczycielski** | **ˌcommon ˈsense** noun [U] the ability to make good sensible decisions because of your experience of life, not because of what you have learnt at school or from books: *Safety precautions are basically just common sense.* ▶ **zdrowy rozsądek**

common[2] /'kɒmən/ noun [C] an area of open land where the public is free to walk: *cricket on the village common* ▶ **błonie** (*gminne*)

IDIOMS have sth in common (with sb/sth) to share sth with sb/sth else: *They seem to be good friends although they have few interests in common.* ○ *to have a lot in common with sb* ▶ **mieć coś wspólnego (z kimś/czymś)** | **in common with sb/sth** like sb/sth: *This company, in common with many others* (jak wiele innych), *is losing a lot of money.* ▶ **razem z kimś/czymś**

commoner /'kɒmənə(r)/ noun [C] an ordinary person, i.e. not a member of a noble or royal family ▶ **zwykły człowiek**

commonplace /'kɒmənpleɪs/ adj. not very exciting or unusual; ordinary: *Foreign travel has become commonplace* (spowszedniały) *in recent years.* ▶ **zwyczajny, prozaiczny**

Commons /'kɒmənz/ noun [pl.] (**the Commons**) (Brit.) = THE HOUSE OF COMMONS ➲ Zob. uwaga przy **Parliament**.

Commonwealth /'kɒmənwelθ/ noun [sing.] (**the Commonwealth**) the group of countries that once formed the British Empire and that try to work and to trade together in a friendly way: *Australia is a member of the Commonwealth.* ▶ **Wspólnota Brytyjska**

commotion /kə'məʊʃn/ noun [sing., U] great noise or excitement: *People looked out of their windows to see what all the commotion was about.* ▶ **zamieszanie, zgiełk**

communal /'kɒmjənl; kə'mju:nl/ adj. shared by a group of people: *four bedsits with a communal kitchen and bathroom* ▶ **wspólny** (*np. o pomieszczeniu*)

commune /'kɒmju:n/ noun [C, with sing. or pl. verb] a group of people, not from the same family, who live together and share their property and responsibilities ▶ **komuna**

★**communicate** /kə'mju:nɪkeɪt/ verb **1** [I,T] to make information or your opinions, feelings, etc. known to sb: *Parents often have difficulty communicating with their teenage children.* ○ *They communicate by sign language.* ○ *to communicate news by satellite* ▶ **porozumiewać się; przekazywać** (*np. wiadomości*) **2** [I] **communicate (with sth)** to be joined or connected with sth: *two rooms with a communicating door* dwa pokoje w amfiladzie ▶ **łączyć się ze sobą**

★**communication** /kə,mju:nɪ'keɪʃn/ noun **1** [U] the act of communicating: *There is little real communication between father and daughter.* ○ *verbal/non-verbal communication* ○ *Radio is the only means of communication in remote areas.* ▶ **komunikacja, kontakt, łączność 2** [C] (formal) a message: *a communication from our chairman* ▶ **wiadomość, komunikat 3** (**communications**) [pl.] the methods that are used for travelling to and from a place or for sending messages between places: *The telephone lines are down so communications are very difficult.* ▶ **łączność, komunikacja**

IDIOM **be in communication with sb/sth** (formal) to be in regular contact with: *The astronauts are in direct communication with the control centre in Houston.* ▶ **mieć łączność z kimś/czymś, być w kontakcie z kimś/czymś**

communicative /kə'mju:nɪkətɪv; US -keɪtɪv/ adj. willing to talk or give information: *She seems shy and not very communicative.* ❶ Antonim: **uncommunicative.** ▶ **rozmowny, komunikatywny**

communion /kə'mju:niən/ noun [U] **1** (**Communion**) (also **Holy Communion**) the ceremony in the Christian Church in which people share bread and wine as symbols of Christ's body and blood: *to take/go to Communion* ▶ **komunia 2** (formal) the sharing of thoughts or feelings: *Modern man is no longer in communion with nature.* ▶ **wspólnota, bliskość, łączność duchowa**

communiqué /kə'mju:nɪkeɪ; US kə,mju:nə'keɪ/ noun [C] an official statement, especially from a government, a political group, etc. ▶ **komunikat**

communism /'kɒmjunɪzəm/ noun [U] the political and economic system or theory in which the state owns and controls the means of production and in which everybody is supposed to be equal ▶ **komunizm**

□ **communist** /'kɒmjənɪst/ noun [C] a person who believes in or supports communism ▶ **komunist-a/ka** | **communist** adj.: *communist sympathies* ❶ Kiedy mówi się o konkretnym społeczeństwie lub partii politycznej opartej na zasadach komunizmu, wówczas **communism** i **communist** pisze się dużą literą: *He was a member of the Communist Party.* ▶ **komunistyczny**

★**community** /kə'mju:nəti/ noun (pl. **communities**) **1** (**the community**) [sing.] the group of people who live in a particular place, area or country: *She was given an award for her work with young people in the community.* ○ *community service* praca społeczna ○ *Recent increases in crime have disturbed the whole community.* ▶ **społeczność, środowisko 2** [C, with sing. or pl. verb] a group of people who have sth (e.g. nationality, interests, type of work, etc.) in common: *the Asian community in Britain* ○ *the business community* ▶ **społeczność 3** [U] the feeling of belonging to a group in the place where you live: *There is a strong sense of community in the neighbourhood.* ▶ **wspólnota**

■ **com'munity centre** noun [C] a building where local people can take part in classes, sports, etc. ▶ **ośrodek kultury**

commute /kə'mju:t/ verb [I] to travel a long distance from home to work every day: *A lot of people commute to London from nearby towns.* ▶ **dojeżdżać do pracy**

□ **commuter** noun [C]: *The trains are always full of commuters at this time of day.* ▶ **dojeżdżający/a do pracy**

compact /kəm'pækt/ adj. small, neat and taking up little space: *a compact camera* ○ *The compact design of the iron makes it ideal for travel.* ▶ **zajmujący mało miejsca**

■ **compact disc** /,kɒmpækt 'dɪsk/ noun [C] (abbr. **CD**) a small, round piece of hard plastic, like a record, on which sound is recorded or information stored. You play a compact disc on a compact disc player. ▶ **płyta kompaktowa**

companion /kəm'pæniən/ noun [C] a person or an animal with whom you spend a lot of time or go somewhere: *They were constant companions at school.* ○ *a travelling companion* ○ *His dog is his only companion.* ▶ **towarzysz/ka**

□ **companionship** noun [U] friendship or company: *A lot of people get married for companionship.* ▶ **towarzystwo**

★**company** /'kʌmpəni/ noun (pl. **companies**) **1** [C, with sing. or pl. verb] a business organization selling goods or services: *an engineering company* ○ *Is the telephone company here private or state-owned?* ○ *She applied to several companies for a job.* ○ *The company is/are planning to build a new factory in Derby.* ❶ Nazwy firm pisze się dużą literą. Skrót od **company** to **Co.**: *the Walt Disney Company* ○ *Milton & Co.* ▶ **przedsiębiorstwo, firma 2** [U] being with a person: *I always enjoy her company because she always has amusing stories to tell.* ○ *She was very good* *company and I thoroughly enjoyed our evening together.* ▶ **towarzystwo 3** [U] a visitor or visitors: *We were surprised when the doorbell rang because we weren't expecting company.* ▶ **goście 4** [C, with sing. or pl. verb] a group of actors, singers, dancers, etc.: *a ballet company* ○ *the Royal Shakespeare Company* ▶ **trupa teatralna**

IDIOMS **keep sb company** to go or be with sb so that they are not alone: *She was nervous so I went with her to keep her company.* ▶ **dotrzymywać towarzystwa** | **part company** → PART[2]

comparable /ˈkɒmpərəbl/ adj. **comparable (to/with sb/sth)** of a similar standard or size; that can be compared with sth: *A comparable flat in my country would be a lot cheaper.* ▶ **podobny, porównywalny**

comparative /kəmˈpærətɪv/ adj. **1** compared with sth else or with what is usual or normal: *He had problems with the written exam but passed the practical exam with comparative ease.* ▶ **względny 2** involving comparing things of the same kind: *a comparative study of systems of government* ▶ **porównawczy 3** (used about the form of an adjective or adverb) expressing a greater amount, quality, size, etc.: *'Hotter' is the comparative form of 'hot'.* ▶ **wyższy** (*stopień w gramatyce*)

□ **comparative** noun [C] the form of an adjective or adverb that expresses a greater amount, quality, size, etc.: *'Worse' is the comparative of 'bad'.* ▶ **stopień wyższy** (*przymiotnika, przysłówka*) | **comparatively** adv. as compared with sth else or with what is usual: *The disease is comparatively rare nowadays.* ○ *Most of the houses are old but this one was built comparatively recently.* ▶ **względnie, stosunkowo**

★**compare** /kəmˈpeə(r)/ verb **1** [T] **compare A and B**; **compare A with/to B** to consider people or things in order to find ways in which they are similar or different: *If you compare the old and the new models, you'll see the changes we've made.* ○ *When the police compared the two letters, they realized that they had been written by the same person.* ○ *Write an essay comparing Britain in the eighteenth century with Britain today.* ▶ **porównywać 2** [T] **compare A to B** to say that things or people are similar in a way or ways: *When it was built, people compared the cathedral to a huge tent.* ▶ **porównywać** (*w celu określenia podobieństwa*) **3** [I] **compare (with sb/sth)** to be of the same quality as sb/sth: *Her last film was brilliant but this one simply doesn't compare.* ○ *There is nothing to compare with the taste of bread fresh from the oven.* ▶ **równać się; dawać się porównać**

IDIOM **compare notes (with sb)** to discuss your opinions, ideas, experiences, etc. with sb else: *At the beginning of term we met and compared notes about the holidays.* ▶ **wymieniać** (*np. poglądy*)

□ **compared** adj. **compared to/with** in comparison with sb/sth; considered in relation to sb/sth: *I'm quite a patient person, compared with him.* ○ *Compared to the place where I grew up, this town is exciting.* ▶ **w porównaniu (z kimś/czymś)**

★**comparison** /kəmˈpærɪsn/ noun [C,U] an act of comparing; a statement in which people or things are compared: *Put the new one and the old one side by side, for comparison.* ○ *A comparison of this year's figures with last year's shows that the economy is improving.* ○ *It's hard to make comparisons between Ian's painting and Sheila's because he's been learning so much longer.* ▶ **porównanie**

IDIOMS **by/in comparison (with sb/sth)** when compared: *He's quite tall, by comparison with some of the older boys.* ○ *In comparison with many other people, they're quite well-off.* ○ *When she told me about her problems I realized that mine were small by comparison.* ▶ **w porównaniu (z kimś/czymś), w stosunku do kogoś/czegoś** | **draw a comparison/a parallel** → DRAW[2]

compartment /kəmˈpɑːtmənt/ noun [C] **1** one of the separate sections into which some railway carriages are divided: *a first-class compartment* ▶ **przedział 2** one of the separate sections into which certain containers are divided: *The drugs were discovered in a secret compartment in his suitcase.* ○ *the glove compartment* schowek w samochodzie (*np. na mapy*) ▶ **przegródka, schowek**

★**compass** /ˈkʌmpəs/ noun [C] **1** an instrument for finding direction, with a needle that always points north: *a ship's compass* ○ *They had to find their way back to the camp using a map and a compass.* ▶ **kompas 2** (**compasses**) [pl.] a V-shaped instrument that is used for drawing circles, etc.: *a pair of compasses* ▶ **cyrkiel**

compassion /kəmˈpæʃn/ noun [U] **compassion (for sb)** sympathy or pity for sb who is suffering ▶ **współczucie**

□ **compassionate** /kəmˈpæʃənət/ adj. having or showing sympathy or pity for sb who is suffering ▶ **współczujący**

compatible /kəmˈpætəbl/ adj. **compatible (with sb/sth)** suitable to live together or to be used together: *As a couple, they are simply not compatible.* ○ *Is my computer compatible with yours?* ❶ Antonim: **incompatible**. ▶ **dopasowany, kompatybilny**

□ **compatibility** /kəmˌpætəˈbɪləti/ noun [U] ▶ **zgodność, kompatybilność**

compatriot /kəmˈpætriət; US -ˈpeɪt-/ noun [C] a person who comes from the same country as another ▶ **roda-k/czka**

compel /kəmˈpel/ verb [T] (**compelling**; **compelled**) (formal) to force sb to do sth: *I felt compelled to tell her what I really thought of her.* ▶ **zmuszać**

□ **compelling** adj. **1** very exciting; holding your attention: *a compelling story* ▶ **zajmujący 2** forcing sb to do sth; convincing: *I felt that there was no compelling reason to stay, so I left.* ❶ Rzeczownik: **compulsion**. ▶ **przekonywający**

compensate /ˈkɒmpenseɪt/ verb **compensate (sb) for sth 1** [I,T] to pay sb money because you have injured them or lost or damaged their property: *To compensate for the loss of my luggage, the airline sent me a cheque.* ▶ **wynagra-**

dzać (*stratę*) **2** [I] to remove or reduce the bad effect of sth; to make up for sth: *His willingness to work hard compensates for his lack of skill.* ▶ **równoważyć**

□ **compensation** /ˌkɒmpenˈseɪʃn/ noun **compensation (for sth) 1** [U] money that you pay to sb because you have injured them or lost or damaged their property: *She claimed compensation from the company for the injury she suffered while working there.* ▶ **odszkodowanie 2** [C,U] a fact or an action that removes or reduces the bad effect of sth: *City life can be very tiring but there are compensations* (są dobre strony). ○ *He took the children to the zoo as compensation for not taking them on holiday.* ▶ **zadośćuczynienie, rekompensata**

compère /ˈkɒmpeə(r)/ noun [C] (Brit.) a person who introduces the different performers in a show at the theatre or on television ▶ **konferansjer**

□ **compère** verb [T] (Brit.) to act as a compère ▶ **prowadzić konferansjerkę**

⋆**compete** /kəmˈpiːt/ verb [I] **compete (against/with sb) (for sth)** to try to win or achieve sth, or to try to be better than sb else: *The world's best athletes compete in the Olympic Games.* ○ *The teams are competing for a silver trophy.* ○ *As children, they always used to compete with each other.* ○ *They had to compete against several larger companies to get the contract.* ○ *We can't compete with overseas firms unless we improve the quality of our goods.* ▶ **konkurować**

competent /ˈkɒmpɪtənt/ adj. **1** having the ability or skill needed for sth: *a highly competent player* ○ *She is competent at her job.* ○ *He is not competent to be a manager.* ❶ Antonim: **incompetent**. ▶ **kompetentny 2** satisfactory but not excellent: *a competent, but not particularly exciting, performance* ▶ **dostateczny**

□ **competence** /ˈkɒmpɪtəns/ noun [U] having the ability or skill that is needed: *She quickly proved her competence in her new position.* ❶ Antonim: **incompetence**. ▶ **kompetencja** | **competently** adv. ▶ **kompetentnie**

⋆**competition** /ˌkɒmpəˈtɪʃn/ noun **1** [C] an organized event in which people try to win sth: *She entered a competition in the newspaper and won a car.* ○ *They're holding a competition to find the best name for the new magazine.* ○ *He came second in an international piano competition.* ▶ **konkurs 2** [U] a situation where two or more people are trying to achieve the same thing or gain an advantage: *There was fierce competition among the players for places in the team.* ○ *He is in competition* (konkuruje) *with three other people for promotion.* ○ *Competition from the supermarkets means that many small shops have had to close.* ▶ **rywalizacja, konkurencja 3** (**the competition**) [sing., with sing. or pl. verb] the other people, companies, etc. who are trying to achieve the same as you: *If we are going to succeed, we must offer a better product than the competition.* ▶ **konkurencja**

competitive /kəmˈpetətɪv/ adj. **1** involving people competing against each other: *The travel industry is a highly competitive business.* ○ *competitive sports* ▶ **oparty na rywalizacji 2** able to be as successful as or more successful than those competing: *They are trying to make the company competitive in the international market.* ○ *Our prices are highly competitive.* ▶ **konkurencyjny 3** (used about people) eager to win or to be more successful than others: *She's a very competitive player.* ▶ **skory do rywalizacji, zacięty**

□ **competitively** adv. ▶ **wyczynowo; konkurencyjnie; z zacięciem** | **competitiveness** noun [U] (*o produktach*) ▶ **konkurencyjność** ▶ (*o osobie*) **chęć do współzawodnictwa/rywalizacji**

competitor /kəmˈpetɪtə(r)/ noun [C] a person, company, product, etc. that is competing with another or others: *All competitors must wear a number in the race.* ○ *Two local companies are our main competitors.* ▶ **konkurent**

compile /kəmˈpaɪl/ verb [T] to collect information and arrange it in a list, book, etc.: *to compile a list of addresses* ▶ **zbierać i porządkować** (*informacje*), **opracować** (*publikację*)

□ **compilation** /ˌkɒmpɪˈleɪʃn/ noun **1** [U] the act of compiling: *The compilation of the encyclopedia took many years.* ▶ **kompilowanie, opracowanie 2** [C] something that has been compiled: *The album is a compilation of the band's previous hits.* ▶ **kompilacja, składanka**

complacent /kəmˈpleɪsnt/ adj. feeling so satisfied with yourself or with the situation that you think (perhaps wrongly) that there is no need to worry: *He had won his matches so easily that he was in danger of becoming complacent.* ▶ **zadufany** (*we własne siły*), **beztroski**

□ **complacency** /kəmˈpleɪsnsi/ noun [U]: *We have achieved a high standard but there is no cause for complacency. We can still improve.* ▶ **zadowolenie z siebie, zadufanie** | **complacently** adv.: *We had complacently assumed that it was not our problem.* ▶ **z (bezpodstawnym) zadowoleniem**

⋆**complain** /kəmˈpleɪn/ verb **1** [I,T] **complain (about sth); complain (that...)** to say that you are not satisfied with or happy about sth: *I wish you wouldn't keep complaining.* ○ *People are always complaining about the weather.* ○ *We complained to the hotel manager that the room was too noisy.* ➲ Zob. uwagi przy **grumble** i **protest**. ▶ **po/skarżyć (się), narzekać 2** [I] **complain of sth** to say that you have a pain or illness: *He went to the doctor, complaining of chest pains.* ▶ **skarżyć się** (*np. na ból*)

⋆**complaint** /kəmˈpleɪnt/ noun **complaint (about sth); complaint (that...) 1** [U] an act or acts of complaining: *I wrote a letter of complaint to the manager about the service I had received.* ○ *a cause for complaint* ▶ **skarga, narzekanie 2** [C] a statement that you are not satisfied with sth: *You should make a complaint to the company that made the machine.* ▶ **zażalenie 3** [C] an illness or disease: *a heart complaint* ○ *minor complaints* ▶ **dolegliwość**

complement /ˈkɒmplɪmənt/ noun [C] **1** a thing that goes together well with sth else: *A cream* *sauce is the perfect complement to this dessert.* ▶ **uzupełnienie 2** the total number that makes a group complete: *Without a full complement of players, the team will not be able to take part in the match.* ▶ **komplet 3** a word or words, especially a noun or adjective, used after a verb such as 'be' or 'become' and describing the subject of that verb: *In 'He's friendly' and 'He's a fool', 'friendly' and 'fool' are complements.* ▶ **dopełnienie**

□ **complement** verb [T] to go together well with: *The colours of the furniture and the carpet complement each other.* ▶ **uzupełniać się** | **complementary** /ˌkɒmplɪˈmentri/ adj. going together well with sth; adding sth which the other thing does not have: *They work well together because their skills are complementary: he's practical and she's creative.* ▶ **uzupełniający się, dopełniający**

⋆**complete¹** /kəmˈpliːt/ adj. **1** having or including all parts; with nothing missing: *I gave a complete list of the stolen items to the police.* ○ *a complete set of Dickens' novels* ○ *The book explains the complete history of the place.* ▶ **pełny, cały 2** (not before a noun) finished or ended: *The repair work should be complete by Friday.* ▶ **zakończony 3 complete with sth** including sth extra; in addition to what is expected: *The computer comes complete with scanner and printer.* ▶ **łącznie z czymś 4** (only before a noun) as great as is possible; total; in every way: *the complete reorganization of the department* ○ *It was a complete waste of time.* ▶ **kompletny, całkowity**

□ **completely** adv. as much as is possible; totally; in every way: *The building was completely destroyed by fire.* ○ *We're trying a completely new method.* ▶ **zupełnie, w całości** | **completeness** noun [U] ▶ **całkowitość**

⋆**complete²** /kəmˈpliːt/ verb [T] **1** to make sth whole: *We need two more players to complete the team.* ○ *I finally managed to complete my collection.* ▶ **kompletować 2** to finish sth; to bring sth to an end: *When the building has been completed, it will look impressive.* ○ *He completed his teacher training course in June 1991.* ▶ **zakańczać 3** to fill in sth (e.g. a form): *Please complete the following in capital letters.* ○ *Completed application forms should be received by December 9th.* ▶ **wypełniać**

completion /kəmˈpliːʃn/ noun [U] the act of completing or the state of being complete: *The new motorway is due for completion within two years.* ▶ **zakończenie, zrealizowanie**

⋆**complex¹** /ˈkɒmpleks; US kəmˈpleks/ adj. made up of several connected parts and often difficult to understand; complicated: *a complex system of taxation* ○ *You can't expect to find a simple solution when the problem is so complex.* ○ *a complex wine* ▶ **złożony, skomplikowany**

□ **complexity** /kəmˈpleksəti/ noun (pl. **complexities**) **1** [U] the state of being complex: *an issue of great complexity* ▶ **złożoność 2** [C] one of the many details that make sth complicated: *I haven't time to explain the complexities of the chemical process now.* ▶ **szczegół, złożoność**

complex² /ˈkɒmpleks/ noun [C] **1** a group or set of things, especially buildings, designed for a particular purpose: *a shopping complex* ○ *a sports complex* ▶ **kompleks 2 a complex (about sth)** a mental problem that causes sb to worry or be upset about sth: *He's got a complex about his height.* ○ *an inferiority complex* ▶ **kompleks**

complexion /kəmˈplekʃn/ noun [C] **1** the natural colour and quality of the skin or the face: *a fair complexion* ○ *a healthy complexion* ▶ **cera 2** [usually sing.] the general nature or character of sth: *This news puts a completely different complexion on our situation.* Wiadomość ta stawia nas w zupełnie innym świetle. ▶ **istota (rzeczy)**

compliant /kəmˈplaɪənt/ adj. (formal) **compliant (with sth)** working or done in agreement with particular rules, orders, etc.: *All new products must be compliant with EU specifications.* ▶ **zgodny** (*np. z przepisami*)

□ **compliance** noun [U]: *A hard hat must be worn at all times in compliance with safety regulations.* ▶ **zgodność** (*np. z przepisami*)

⋆**complicate** /ˈkɒmplɪkeɪt/ verb [T] to make sth difficult to understand: *Let's not complicate things by adding too many details.* ▶ **komplikować**

□ **complicated** adj. difficult to understand; made up of many parts: *a novel with a very complicated plot* ○ *a complicated mathematical calculation* ○ *I can't tell you all the details now, it's too complicated.* ▶ **skomplikowany**

complication /ˌkɒmplɪˈkeɪʃn/ noun [C] **1** something that complicates sth: *Unless there are any unexpected complications, I'll be arriving next month.* ○ *The fact that she changed her mind was yet another complication.* ▶ **komplikacja 2** a new illness that you get when you are already ill ▶ **powikłanie, komplikacja**

complicity /kəmˈplɪsəti/ noun [U] being involved, with sb else, in a crime ▶ **współudział**

compliment /ˈkɒmplɪmənt/ noun **1** [C] **a compliment (on sth)** a statement or an action that praises or expresses admiration for sb: *People have often paid her compliments on her piano playing.* ▶ **komplement 2** (**compliments**) [pl.] (formal) greetings or good wishes given in a message: *Tea and coffee are provided with the compliments of the hotel management.* ▶ **wyrazy szacunku/pozdrowienia** (*przy posyłaniu/darowaniu czegoś w upominku*)

□ **compliment** /ˈkɒmplɪment/ verb [T] **compliment sb (on sth)** to praise or express admiration for sb: *She complimented them on their smart appearance.* ▶ **prawić komplementy**

complimentary /ˌkɒmplɪˈmentri/ adj. **1** praising or expressing admiration for sb: *He made several complimentary remarks about her work.* ▶ **pochlebny 2** given free of charge: *a complimentary theatre ticket* ▶ **gratisowy**

comply /kəmˈplaɪ/ verb [I] (pres. part. **complying**; 3rd pers. sing. pres. **complies**; pt, pp **complied**) **comply (with sth)** (formal) to obey an order or request: *All office buildings must comply with* *the fire and safety regulations.* ▶ **przestrzegać, spełniać**

component /kəm'pəʊnənt/ noun [C] one of the parts that together form sth, especially a machine: *car components* ○ *the components of a video recorder* ▶ **część składowa**

□ **component** adj. being one of the parts that together form sth: *the component parts of an engine* ▶ **składowy**

compose /kəm'pəʊz/ verb **1** [I,T] to write music: *Mozart composed forty-one symphonies.* ▶ **komponować 2** [T] to produce a piece of writing, using careful thought: *I sat down and composed a letter of reply.* ▶ **układać z namysłem, formułować** (*na piśmie*) **3** [T] to be the parts that form sth: *the parties that compose the coalition government* ▶ **tworzyć** (*całość*) **4** [T] **compose yourself/sth** to make yourself, your feelings, etc. become calm and under control: *The news came as such a shock that it took me a while to compose myself.* ○ *She tried to compose her thoughts and answer calmly.* ▶ **opanowywać się, porządkować** (*myśli*)

□ **composed** adj. **1 composed of sth** made up of sth; having as its parts: *The committee is composed of politicians from all parties.* ▶ **składający się z czegoś 2** calm, in control of your feelings: *Although he felt very nervous, he managed to appear composed.* ▶ **opanowany**

composer /kəm'pəʊzə(r)/ noun [C] a person who writes music professionally ▶ **kompozytor**

composite /'kɒmpəzɪt/ adj. consisting of different parts, substances or materials ▶ **złożony**

composition /ˌkɒmpə'zɪʃn/ noun **1** [C] a piece of music that has been written by sb: *'Finlandia' is probably Sibelius' best-known composition.* ▶ **kompozycja, utwór 2** [U] the act of composing a piece of music or writing ▶ **komponowanie 3** [U] the skill or technique of writing music: *She studied both musical theory and composition.* ▶ **kompozycja 4** [C] a short piece of writing done as part of an educational course or exam: *Write a composition of about 500 words on one of the following subjects.* ▶ **wypracowanie 5** [U] the parts that form sth: *the chemical composition of a substance* ○ *the composition of the population* ▶ **skład, budowa**

compost /'kɒmpɒst/ noun [U] a mixture of decaying substances, such as plants and waste material, that is added to soil to help plants to grow ▶ **kompost**

composure /kəm'pəʊʒə(r)/ noun [U] the state of being calm and having your feelings under control ▶ **opanowanie, spokój**

compote /'kɒmpɒt; US -pəʊt/ noun [C,U] fruit cooked with sugar ❶ W odróżnieniu od polskiego kompotu (napoju podawanego na deser), angielski **compote** nie jest napojem, lecz daniem. Podaje się go zwykle na zimno, często jako danie śniadaniowe w hotelach. ▶ **owoce gotowane z dodatkiem cukru**

compound[1] /'kɒmpaʊnd/ noun **1** something that consists of two or more things or substances combined: *a chemical compound* ▶ **związek** (*chemiczny*) **2** a word or phrase consisting of two or more parts that combine to make a single meaning: *'General election' and 'letter box' are compounds.* ▶ **wyraz złożony**

compound[2] /kəm'paʊnd/ verb [T] **1** to make sth (a problem, etc.) worse ▶ **pogarszać 2** (usually passive) to form by combining two or more things ▶ **tworzyć całość**

compound[3] /'kɒmpaʊnd/ noun [C] an area of land with a group of buildings on it, surrounded by a wall or fence ▶ **ogrodzony teren zabudowany**

comprehend /ˌkɒmprɪ'hend/ verb [T] (formal) to understand sth completely: *She's too young to comprehend what has happened.* ▶ **rozumieć, pojmować**

comprehensible /ˌkɒmprɪ'hensəbl/ adj. easy to understand: *The book is written in clear, comprehensible language.* ❶ Antonim: **incomprehensible**. ▶ **zrozumiały**

comprehension /ˌkɒmprɪ'henʃn/ noun **1** [U] the ability to understand or the act of understanding: *How such a peculiar thing could happen is beyond my comprehension.* Nie mogę pojąć, jak taka dziwna rzecz mogła się wydarzyć. ❶ Antonim: **incomprehension**. ▶ **zrozumienie, pojmowanie 2** [C,U] an exercise that tests how well you understand spoken or written language: *a listening comprehension* ○ *The first part of the exam is reading comprehension.* ▶ **sprawdzian**

comprehensive /ˌkɒmprɪ'hensɪv/ adj. **1** including everything or nearly everything that is connected with a particular subject: *a guide book giving comprehensive information on the area* ○ *The store offers a comprehensive range of kitchen equipment.* ▶ **wszechstronny, wyczerpujący 2** (Brit.) (used about education) educating pupils of all levels of ability in the same school: *a comprehensive education system* ▶ **ogólnokształcący**

□ **comprehensively** adv. thoroughly; completely ▶ **wszechstronnie, wyczerpująco**

■ **compre'hensive school** (also **comprehensive**) noun [C] (Brit.) a secondary school in which pupils of all levels of ability are educated: *I went to the local comprehensive.* ▶ **szkoła średnia ogólnokształcąca**

compress /kəm'pres/ verb [T] **compress sth (into sth) 1** to press sth together so that it takes up less space ▶ **ściskać, skupiać 2** to express sth briefly or in a shorter form ▶ **ujmować zwięźle, streszczać**

□ **compression** /kəm'preʃn/ noun [U] ▶ **sprężenie, kompresja; streszczenie**

comprise /kəm'praɪz/ verb [T] **1** to consist of; to have as parts or members: *The set comprises a pen, pencil, ruler and rubber.* ○ *a house comprising three bedrooms, kitchen, bathroom and a living-room* ▶ **składać się z 2** to be the parts or members that make up sth; to form: *Women comprise 62% of the staff.* ▶ **stanowić**

compromise /'kɒmprəmaɪz/ noun [C,U] **a compromise (between/on sth)** an agreement that is reached when each side allows the other side part of what it wanted: *Unless the union and the management can reach a compromise on pay, there will be a strike.* ○ *It's difficult to find a compromise between the protection of the countryside and the need for more housing.* ○ *'There can be no compromise on the subject of terrorism,' a government minister said.* ▶ **kompromis**

□ **compromise** verb **1** [I] **compromise (with sb) (on sth)** to reach an agreement by which each side gets sth it wants and allows the other side to have sth it wants ▶ **pójść na kompromis** **2** [T] **compromise yourself** to put yourself in a position in which other people can criticize you for not being honest: *He compromised himself by accepting money from them.* ▶ **kompromitować się** **3** [T] to do sth that is harmful to sth: *She refused to compromise her principles by signing the letter.* ▶ **postępować wbrew czemuś**

compulsion /kəm'pʌlʃn/ noun **1** [U] forcing sb to do sth or being forced to do sth: *There is no compulsion to take part. You can decide yourself.* ℹ Czasownik: **compel**. ▶ **przymus** **2** [C] a strong desire that you cannot control, often to do sth that you should not do ▶ **pokusa**

□ **compulsive** /kəm'pʌlsɪv/ adj. **1** (used about a bad or harmful habit) caused by a strong desire that you cannot control: *compulsive eating* ▶ **nałogowy**, **niepohamowany** **2** (used about a person) having a bad habit that they cannot control: *a compulsive gambler* ▶ **nałogowy** **3** so interesting or exciting that you cannot take your attention away from it: *This book makes compulsive reading.* Nie można się oderwać od tej książki. ▶ **pasjonujący** | **compulsively** adv. ▶ **w sposób niepohamowany, pasjonująco**

compulsory /kəm'pʌlsəri/ adj. that must be done, by law, rules, etc.: *Maths and English are compulsory subjects on this course; Art and Music are optional.* ○ *It is compulsory to wear a hard hat on the building site.* ➲ Por. **voluntary**. ▶ **obowiązkowy**

compute /kəm'pju:t/ verb [T] (formal) to calculate sth ▶ **obliczać**

★**computer** /kəm'pju:tə(r)/ noun [C] an electronic machine that can store and arrange information, make calculations and control other machinery: *The bills are all done by computer.* ○ *First of all, the details are fed into a computer.* ○ *a computer program* ○ *a computer programmer/engineer* ○ *a home/personal computer* ○ *computer software* ○ *computer animations* ○ *a computer game* ▶ **komputer**

□ **computerize** (also **-ise**) /-təraɪz/ verb [T] **1** to put computers in a place of work: *The whole factory has been computerized.* ▶ **komputeryzować** **2** to deal with sth by computer; to store information in a computer: *We have now computerized the library catalogue.* ▶ **komputeryzować** | **computerization** (also **-isation**) /kəm,pju:təraɪ'zeɪʃn; US -rə'z-/ noun [U] ▶ **komputeryzacja** | **computing** noun [U] the skill of using computers: *She did a course in computing.* ▶ **obsługa komputera**

■ **com,puter-'literate** adj. able to use a computer ▶ **znający obsługę komputera**

comrade /'kɒmreɪd; US -ræd/ noun [C] **1** (used by members of a union or of a socialist party when they talk about or to each other): *Comrades, we will fight against injustice!* ▶ **towarzysz/ka** **2** (formal) a friend or companion, especially one with whom you share a difficult experience: *an old army comrade* ▶ **towarzysz** (*np. broni*)

□ **comradeship** /'kɒmreɪdʃɪp/ noun [U]: *He enjoys the comradeship of the army.* ▶ **braterstwo, koleżeństwo**

Con (also **Cons**) abbr. Conservative ▶ (*w brytyjskiej polityce*) **konserwatywny; konserwatyst-a/ka**

con[1] /kɒn/ verb [T] (**conning**; **conned**) **con sb (into doing sth/out of sth)** (informal) to cheat sb, especially in order to get money: *He conned her into investing in a company that didn't really exist.* ▶ **nabierać kogoś**

□ **con** noun [C] (informal) a trick, especially in order to cheat sb out of some money: *I didn't sign anything because I suspected that the whole scheme was a con.* ▶ **oszustwo, naciąganie** (*na pieniądze*)

con[2] /kɒn/ noun

IDIOM **the pros and cons** → PRO[1]

concave /kɒn'keɪv/ adj. (used about a surface) curving inwards ➲ Por. **convex**. ▶ **wklęsły**

conceal /kən'si:l/ verb [T] **conceal sth/sb (from sb/sth)** to hide sb/sth; to prevent sb/sth from being seen or discovered: *She tried to conceal her anger from her friend.* ○ *The film was taken with a concealed camera.* ▶ **ukrywać, skrywać**

□ **concealment** noun [U]: *the concealment of the facts of the case* ▶ **ukrycie**

concede /kən'si:d/ verb [T] **1** to admit that sth is true, often unwillingly: *When it was clear that he would lose the election, he conceded defeat.* ○ *She conceded that the problem was mostly her fault.* ▶ **przyznawać, uznawać** **2 concede sth (to sb)** to allow sb to take sth, often unwillingly: *They lost the war and had to concede territory to their enemy.* ○ *Despite conceding* (pomimo utraty) *two late goals, they still won.* ▶ **ustępować, przyznawać (komuś prawo do czegoś)** ℹ Rzeczownik: **concession**.

conceit /kən'si:t/ noun [U] too much pride in yourself, too high an opinion of your abilities and importance: *She believed, without conceit, that not everyone could do the job.* ▶ **zarozumiałość**

□ **conceited** adj. too proud of yourself, your abilities, your importance, etc.: *He's so conceited – he thinks he's the best at everything!* ▶ **zarozumiały**

conceive /kən'si:v/ verb **1** [I,T] to become pregnant (with a baby): *Tests showed that she was unable to conceive* (nie mogła zajść w ciążę). ○ *Their first child was conceived soon after they got married.* ▶ **począć** (*dziecko*) **2** [T] to form or think of sth (an idea, plan, etc.); to imagine: *He conceived the idea for the novel during his journey through India.* ○ *I cannot conceive that she* *would lie to me.* ▶ **mieć pomysł, wyobrażać sobie** **3** [I] **conceive (of) sb/sth (as sth)** to think of sb/sth in a particular way: *He started to conceive of the world as a dangerous place.* ▶ **postrzegać** ❶ Rzeczownik: **conception**.

□ **conceivable** /-əbl/ adj. possible to imagine or believe: *I made every conceivable effort to succeed.* ❶ Antonim: **inconceivable**. ▶ **wyobrażalny** | **conceivably** /-əbli/ adv.: *She might just conceivably be telling the truth.* Nie wykluczone, że ona mówi prawdę. ▶ **możliwie**

★**concentrate** /'kɒnsntreɪt/ verb [I,T] **1 concentrate (sth) (on sth/doing sth)** to give all your attention or effort to sth: *How can you concentrate on your work with so much noise going on?* ○ *It is important to concentrate on the road when you are driving.* ○ *I tried to concentrate my thoughts on the problem.* ▶ **skupiać (się)** **2** to come together or to bring people or things together in one place: *The general concentrated most of his tanks on the border.* ▶ **skupiać, koncentrować**

□ **concentrated** adj. **1** aimed at one particular point: *With another concentrated attack we should break through the enemy's defences.* ▶ **skoncentrowany** **2** made stronger by the removal of some liquid: *concentrated orange juice* ▶ **skoncentrowany, stężony**

concentration /ˌkɒnsn'treɪʃn/ noun **1** [U] **concentration (on sth)** the act of giving all your attention or effort to sth: *This type of work requires total concentration.* ○ *She lost her concentration when she heard a door bang.* ▶ **skupienie** **2** [C] **concentration (of sth)** a large amount of people or things in one place: *There are high concentrations of nitrates in the drinking water here.* ▶ **stężenie, skupisko**

■ **concen'tration camp** noun [C] a prison (usually a number of buildings inside a high fence) where political prisoners are kept in very bad conditions: *Millions of Jews died in Nazi concentration camps.* ▶ **obóz koncentracyjny**

concentric /kən'sentrɪk/ adj. (used about circles) having the same centre ▶ **koncentryczny**

★**concept** /'kɒnsept/ noun [C] **concept (of sth/that...)** an idea; a basic principle: *The basic concepts of physics can be quite difficult to understand.* ○ *The concept that 'big is beautiful' is no longer as popular as it was.* ▶ **pojęcie, zasada**

□ **conceptual** /kən'septʃuəl/ adj. ▶ **pojęciowy**

conception /kən'sepʃn/ noun [C,U] **1** the beginning of a new life inside a female person or an animal: *an embryo 14 days after conception* ❶ Czasownik: **conceive**. ▶ **poczęcie** **2 (a) conception (of sth)** an understanding of how or what sth is: *We have no real conception of what people suffered during the war.* ▶ **koncepcja, pomysł** **3** the process of forming an idea or plan ▶ **koncepcja**

★**concern¹** /kən'sɜːn/ verb [T] **1** to affect or be of importance to sb: *The destruction of the world's forests concerns everybody in some way.* ○ *This does not concern you. Please go away.* ○ *The closure of the factory came as a shock to all those concerned* (dla wszystkich zainteresowanych). ○ *It is important that no risks are taken where safety is concerned.* ▶ **dotyczyć, odnosić się (do czegoś)** **2 concern yourself with sth** to give your attention to sth: *You needn't concern yourself with the hotel booking. The travel agent will take care of it.* ▶ **troszczyć się (o coś), zajmować się** **3** to worry sb: *What concerns the experts most is the increasing level of pollution in our cities.* ▶ **niepokoić**

IDIOMS **as/so far as sb/sth is concerned** → FAR² | **be concerned in sth** to have a connection with or be involved in sth: *She was concerned in a drugs case some years ago.* ▶ **być związanym z czymś, być wplątanym w coś** | **be concerned with sth** to be about sth: *Tonight's programme is concerned with the effects of the law on ordinary people.* ▶ **dotyczyć**

□ **concerned** adj. **concerned (about/for sth)**; **concerned (that...)** worried or anxious: *If you are concerned about your baby's health you should consult a doctor immediately.* ❶ Antonim: **unconcerned**. ▶ **zatroskany, zaniepokojony** | **concerning** prep. about; on the subject of: *She refused to answer questions concerning her private life.* ▶ **dotyczący**

concern² /kən'sɜːn/ noun **1** [U] **concern (for/about/over sb/sth)**; **concern (that...)** worry: *Following the accident there is growing concern over the safety of rail travel.* ○ *Don't worry. There is no cause for concern.* ▶ **obawa, troska** **2** [C,U] something that affects you or is of importance to you: *Edward's family problems are not my concern.* ○ *He showed great concern for the poor.* ▶ **troska, sprawa** **3** [C] a company or business: *a large industrial concern* ▶ **koncern**

IDIOM **a going concern** → GOING²

★**concert** /'kɒnsət/ noun [C] a performance of music: *a rock concert* ○ *a concert hall* ○ *The concert was held in the Albert Hall.* ○ *The orchestra is giving concerts in Liverpool, Glasgow and London.* ▶ **koncert**

IDIOM **in concert (with sb/sth)** (formal) working together with sb/sth ▶ **razem (z kimś/czymś)**

concerted /kən'sɜːtɪd/ adj. done by a group of people working together: *We must all make a concerted effort.* ▶ **wspólny, zbiorowy**

concertina /ˌkɒnsə'tiːnə/ noun [C] a musical instrument that you hold in your hands and play by pressing the ends together and pulling them apart, so that the material in the middle folds and unfolds ➲ Por. **accordion**. ▶ **koncertyna**

concerto /kən'tʃɜːtəʊ/ noun [C] (pl. **concertos**) a piece of music for an orchestra with one instrument playing a solo: *Tchaikovsky's piano concerto* ▶ **koncert**

concession /kən'seʃn/ noun **1** [C,U] **concession (to sb/sth)** something that you agree to do or give up in order to end an argument: *Employers have been forced to make concessions to the union.* ❶ Czasownik: **concede**. ▶ **ustępstwo** **2** [C] a lower price for certain groups of people: *Concessions are available for students and pensioners.* ▶ **zniżka** **3** [C] a special right to do sth that is given or sold to sb/sth: *mining concessions* ▶ **koncesja**

□ **concessionary** /kən'seʃənəri; US -neri/ adj. having a lower price for certain groups of people: *a concessionary fare* ▶ **zniżkowy**

conciliate /kən'sɪlieɪt/ verb [I,T] to try to end a disagreement between two groups ▶ **jednać, godzić; arbitrażować**

□ **conciliation** /kənˌsɪli'eɪʃn/ noun [U] the process of ending a disagreement: *All attempts at conciliation have failed and civil war seems inevitable.* ▶ **pojednanie** | **conciliatory** /kən'sɪliətəri; US -tɔːri/ adj.: *a conciliatory speech* ▶ **pojednawczy, rozjemczy**

concise /kən'saɪs/ adj. giving a lot of information in a few words; short: *He gave a clear and concise summary of what had happened.* ▶ **zwięzły, treściwy**

□ **concisely** adv. ▶ **zwięźle** | **conciseness** /kən'saɪsnəs/ (also **concision**) noun [U] ▶ **zwięzłość**

conclude /kən'kluːd/ verb **1** [I,T] (formal) to end or to bring sth to an end: *May I conclude by thanking* (na zakończenie chciałbym podziękować) *our guest speaker.* ○ *The Prince concluded his tour with a visit to a charity concert.* ▶ **zakończyć** **2** [T] **conclude sth from sth** to reach a belief or opinion as a result of thought or study: *From their studies the archaeologists concluded that the area was the site of an ancient temple.* ▶ **wnioskować** **3** [T] **conclude sth (with sb)** to arrange or agree to sth formally: *to conclude a treaty/business deal* ▶ **zawrzeć**

★**conclusion** /kən'kluːʒn/ noun **1** [C, usually sing.] the end: *The conclusion of the novel was quite unexpected.* ○ *to bring sth to a conclusion* ○ *The conclusion is just as important a part of your essay as the introduction.* ▶ **zakończenie** **2** [C] **the conclusion (that...)** a belief or opinion that you reach after considering sth carefully: *We came to the conclusion that he was right.* ○ *What conclusions can you draw from her remarks?* ○ *The jury reached the conclusion that the men were guilty.* ▶ **wniosek** **3** [U] an act of arranging or agreeing to sth formally: *The summit ended with the conclusion of an arms-reduction treaty.* ▶ **zawarcie**

IDIOMS **a foregone conclusion** → FOREGONE | **in conclusion** finally; lastly: *In conclusion, I would like to wish you continued success in the future.* ▶ **podsumowując, na zakończenie** | **jump to conclusions** → JUMP[1]

conclusive /kən'kluːsɪv/ adj. that shows sth is definitely true or real: *conclusive proof of sb's guilt* ❶ Antonim: **inconclusive**. ▶ **decydujący, rozstrzygający**

□ **conclusively** adv.: *Tests can now prove conclusively who is the father of a child.* ▶ **decydująco, autorytatywnie**

concoct /kən'kɒkt/ verb [T] **1** to make sth by mixing different things together ▶ **sporządzać, kombinować, pichcić** **2** to make up or invent sth (an excuse, a story, etc.) ▶ **wymyślać**

□ **concoction** /kən'kɒkʃn/ noun [C,U] ▶ **mikstura, sporządzanie; wymysł**

concourse /'kɒŋkɔːs/ noun [C] a large hall or space inside a building such as a station or an airport ▶ **hala** (*np. dworcowa*)

concrete[1] /'kɒŋkriːt/ adj. **1** that can be touched, felt, etc.; real: *a concrete object* ▶ **konkretny** **2** definite; particular: *Can you give me a concrete example of the behaviour you're complaining about?* ▶ **konkretny**

□ **concretely** adv. ▶ **konkretnie**

concrete[2] /'kɒŋkriːt/ noun [U] a hard substance made from cement mixed with sand, water, gravel, etc., that is used in building: *a modern office building of glass and concrete* ▶ **beton**

□ **concrete** verb [T] **concrete sth (over)** to cover sth with concrete ▶ **betonować**

concur /kən'kɜː(r)/ verb [I] (**concurring**; **concurred**) (formal) **concur (with sb/sth) (in sth)** to agree ▶ **podzielać czyjeś zdanie, zgadzać się**

concurrent /kən'kʌrənt/ adj. existing or happening at the same time as sth else ▶ **jednoczesny**

□ **concurrently** adv.: *He will study French and Spanish concurrently.* ▶ **jednocześnie**

concuss /kən'kʌs/ verb [T] (often passive) to injure sb's brain by hitting their head: *to be badly concussed* doznać wstrząsu mózgu ▶ **powodować wstrząs mózgu**

□ **concussion** /kən'kʌʃn/ noun [U] an injury to the brain that was caused by a blow to the head: *He was rushed to hospital suffering from concussion.* ▶ **wstrząs mózgu**

★**condemn** /kən'dem/ verb [T] **1 condemn sb/sth (for/as sth)** to say strongly that you think sb/sth is very bad or wrong: *A government spokesman condemned the bombing as a cowardly act of terrorism.* ▶ **potępiać** **2 condemn sth (as sth)** to say officially that sth is not good enough to use: *The building was condemned and had to be demolished.* ▶ **przeznaczać** (*np. do rozbiórki*) **3 condemn sb (to sth/to do sth)** to say what sb's punishment will be: *The murderer was condemned to death.* ○ (figurative) *Their poor education condemns them to a series of low-paid jobs.* ▶ **skazywać na**

□ **condemnation** /ˌkɒndem'neɪʃn/ noun [C,U] the act of condemning sth; a statement that condemns: *The bombing of the airport brought condemnation from all around the world.* ▶ **potępienie**

condensation /ˌkɒnden'seɪʃn/ noun [U] small drops of liquid that are formed when warm air touches a cold surface: *On cold mornings the windows are covered in condensation* (okna są zaparowane). ▶ **skroplenie**

condense /kən'dens/ verb **1** [I,T] to change from gas to liquid; to make a gas change to liquid: *Steam condenses into water when it touches a cold surface.* ➲ Por. **evaporate**. ▶ **skraplać (się)** **2** [I,T] to become or to make sth thicker: *condensed soup* ▶ **gęstnieć; zagęszczać** **3** [T] **condense sth (into sth)** to make a piece of writing shorter: *We'll have to condense these three chapters into one.* ▶ **skracać, kondensować**

condescend /ˌkɒndɪ'send/ verb [I] **1** to do sth that you believe is below your level of importance: *Celia only condescends to speak to me when she wants me to do something for her.*

▶ **raczyć (coś robić) 2 condescend (to sb)** to behave towards sb in a way that shows that you think you are better or more important than them: *The teacher must be able to explain things at the right level for the children without condescending to them.* ▶ **zniżać się** (*do czyjegoś poziomu*), **traktować (kogoś) protekcjonalnie**
□ **condescending** adj.: *a condescending smile* ▶ **protekcjonalny** | **condescendingly** adv. ▶ **protekcjonalnie** | **condescension** /ˌkɒndɪˈsenʃn/ noun [U] ▶ **protekcjonalność**

★**condition¹** /kənˈdɪʃn/ noun **1** [sing., U] the state that sb/sth is in: *The car is three years old but it is still in very good condition.* ○ *He looks really ill. He is certainly not in a condition to drive home.* ▶ **stan 2** [C] something that must happen so that sth else can happen or be possible: *One of the conditions of the job is that you agree to work on Sundays.* ○ *We agreed to the conditions that the landlord laid down.* ▶ **warunek 3 (conditions)** [pl.] a situation or circumstances: *The prisoners were kept in terrible conditions.* ○ *poor housing conditions* ○ *The weather conditions were very favourable for the expedition.* ▶ **warunki 4** [C] an illness: *to have a heart condition* chorować na serce ▶ **choroba**
IDIOMS **on condition (that...)** only if: *I agreed to help on condition that I got half the profit.* ▶ **pod warunkiem, że** | **on no condition** (formal) not at all; for no reason: *On no condition must the press find out about this.* ▶ **pod żadnym pozorem** | **out of condition** not very healthy; unfit: *I need to get more exercise. I'm really out of condition.* ▶ **nie w formie, w złym stanie**

condition² /kənˈdɪʃn/ verb [T] **1** to affect or control the way that sb/sth behaves: *Boys are conditioned to feel that they are stronger than girls.* ○ *to be conditioned by* (zależeć od) *your environment* ▶ **warunkować 2** to keep sth in a good condition: *a cream that moisturizes and conditions your skin* ▶ **utrzymywać w dobrym stanie**
□ **conditioner** /kənˈdɪʃənə(r)/ noun [C,U] a substance that keeps sth in a good condition: *hair conditioner* ▶ **odżywka**

★**conditional** /kənˈdɪʃənl/ adj. **1 conditional (on/upon sth)** if sth is conditional on sth else, it can only happen if this other thing happens first; the one thing depends on the other: *My university place is conditional on my getting good marks in the exams.* ▶ **zależny od 2** (used about a phrase or sentence) expressing a condition: *A conditional clause usually begins with 'if' or 'unless'.* ▶ **warunkowy**
□ **conditionally** /-ʃənəli/ adv. ▶ **warunkowo**

condolence /kənˈdəʊləns/ [C, usually pl., U] an expression of sympathy to sb whose relative or close friend has just died: *Please accept my condolences on your sister's death.* ▶ **wyrazy współczucia**

condom /ˈkɒndɒm/ (informal **rubber**) noun [C] a rubber covering that a man wears over his penis during sexual intercourse to prevent the woman from becoming pregnant or as protection against disease ▶ **prezerwatywa**

condominium /ˌkɒndəˈmɪniəm/ noun [C] (US) a flat or block of flats owned by the people who live in them ▶ **spółdzielcze mieszkanie własnościowe**

condone /kənˈdəʊn/ verb [T] to accept sth; not to consider sth to be wrong: *I can never condone violence – no matter what the circumstances are.* ▶ **aprobować**

conducive /kənˈdjuːsɪv; US -ˈduːs-/ adj. **conducive (to sth)** helping or making sth likely to happen: *This hot weather is not conducive to* (nie sprzyja) *hard work.* ▶ **sprzyjający**

conduct¹ /ˈkɒndʌkt/ noun [U] **1** a person's behaviour: *His conduct has always been of the highest possible standard.* ○ *a code of conduct* reguły dobrego zachowania ▶ **zachowanie 2 conduct of sth** the act of controlling or organizing sth: *She was criticized for her conduct of the bank's affairs.* ▶ **prowadzenie, kierowanie**

conduct² /kənˈdʌkt/ verb [T] **1** to lead or guide sb/sth: *a conducted tour* (zwiedzanie z przewodnikiem) *of the cathedral* ▶ **oprowadzać 2** to carry out or organize sth: *Tests are being conducted to find the cause of the accident.* ▶ **przeprowadzać 3** to stand in front of an orchestra and direct the musicians: *The orchestra was conducted by Karajan.* ▶ **dyrygować** (*orkiestrą*) **4 conduct yourself well, badly, etc.** (formal) to behave in a particular way ▶ **zachowywać się 5** to allow heat or electricity to pass along or through sth: *Rubber does not conduct electricity.* ▶ **przewodzić**

conductor /kənˈdʌktə(r)/ noun [C] **1** a person who stands in front of an orchestra and directs the musicians ▶ **dyrygent 2** (Brit.) a person who collects the fares on a bus ▶ **konduktor/ka 3** (US) = GUARD²(3) **4** a substance that allows heat or electricity to pass through or along it: *Water is a good conductor.* ▶ **przewodnik**

cone /kəʊn/ noun [C] **1** a solid shape that has a round base and gets narrower, making a point at the top ❶ Przymiotnik: **conical**. ▶ **stożek 2** an object of this shape: *Orange cones* (pomarańczowe pachołki) *marked off the area where the roadworks were.* ○ *an ice-cream cone* wafel (w kształcie stożka) ▶ **przedmiot w kształcie stożka 3** the hard fruit of a pine or a fir tree ▶ **szyszka**

confectionery /kənˈfekʃənəri; US -ʃəneri/ noun [U] sweets, cakes, chocolates, etc. ▶ **słodycze, wyroby cukiernicze**

confederation /kənˌfedəˈreɪʃn/ noun [C,U] an organization of smaller groups which have joined together: *a confederation of independent republics* ○ *The Confederation of British Industry represents employers.* ▶ **konfederacja**

confer /kənˈfɜː(r)/ verb (**conferring**; **conferred**) **1** [I] **confer (with sb) (on/about sth)** to discuss sth with sb before making a decision: *The President is conferring with his advisers.* ▶ **naradzać się 2** [T] **confer sth (on sb)** to give sb a special right or advantage: *Oxford University first conferred degrees on women in 1920.* ▶ **nadawać**

★**conference** /ˈkɒnfərəns/ noun [C] a meeting

for discussion, often one held every year where representatives of a particular profession, political party, etc. meet for several days to hear speeches and vote on the matters discussed: *The Conservative Party conference is held in the autumn.* ○ *an international conference on global warming* ○ *a press conference* ▶ **konferencja, zjazd**

★**confess** /kən'fes/ verb [I,T] **1 confess (to sth/ to doing sth); confess (sth) (to sb)** to say that you have done sth bad or wrong: *The young woman confessed to the murder of her boyfriend/to murdering her boyfriend.* ○ *Frank confessed that he had stolen the car.* ○ *They confessed to their mother that they had spent all the money.* ○ *I must confess I didn't understand a word of that talk!* ▶ **przyznawać się (do), wyznawać** **2 confess (sth) (to sb)** to tell a priest or God what you have done that is bad or wrong: *to confess a sin* ▶ **spowiadać się**

confession /kən'feʃn/ noun [C,U] an act of confessing sth: *The young man made a full confession to the police.* ○ *She goes to confession twice a year.* ▶ **przyznanie się (do czegoś), wyznanie; spowiedź**

confetti /kən'feti/ noun [U] small pieces of coloured paper that people throw at the bride and bridegroom after a wedding ▶ **konfetti**

confide /kən'faɪd/ verb [T] **confide sth to sb** to tell sb sth that is secret: *She did not confide her love to anyone – not even to her best friend.* ▶ **zwierzać się komuś z czegoś**

PHRASAL VERB **confide in sb** to talk to sb whom you trust about sth that is secret or private ▶ **zwierzać się komuś**

★**confidence** /'kɒnfɪdəns/ noun [U] **1 confidence (in sb/sth)** trust or strong belief in sb/ sth: *I have every confidence* (głęboko wierzę) *in Edith's ability to do the job.* ○ *They don't have much confidence in him.* ○ *The public is losing confidence in the government's ability to improve the economy.* ▶ **ufność, pewność, zaufanie** **2** the feeling that you are sure about your own abilities, opinion, etc.: *I didn't have the confidence* (nie ośmieliłem się) *to tell her I thought she was wrong.* ○ *to be full of confidence* ○ *'Of course we will win,' the team captain said with confidence.* ➲ Por. **self-confidence**. ▶ **pewność (siebie)** **3** a feeling of trust in sb to keep sth a secret: *It took a while to win/gain her confidence.* ○ *The information was given to me in strict confidence* (w największej tajemnicy). ▶ **zaufanie**

IDIOM **take sb into your confidence** to tell sb a secret ▶ **zwierzać się komuś**

■ **'confidence trick** noun [C] a way of getting money by cheating sb ▶ **oszustwo polegające na wykorzystaniu zdobytego wcześniej zaufania**

★**confident** /'kɒnfɪdənt/ adj. **confident (of sth/ that...)** feeling or showing that you are sure about your own abilities, opinions, etc.: *Kate feels confident of passing/that she can pass* (jest przekonana, że zda) *the exam.* ○ *to be confident of success* ○ *Donald has a very confident manner.* ➲ Por. **self-confident**. ▶ **pewny (siebie/czegoś)**

□ **confidently** adv.: *She stepped confidently onto the stage and began to sing.* ○ *We confidently expect an improvement in sales next year.* ▶ **pewnie; z pełnym zaufaniem**

confidential /,kɒnfɪ'denʃl/ adj. secret; not to be shown or told to other people: *The letter was marked 'private and confidential'.* ▶ **poufny, tajny**

□ **confidentiality** /,kɒnfɪ,denʃi'æləti/ noun [U] ▶ **poufność, poufny charakter** | **confidentially** /-ʃəli/ adv.: *We have been told confidentially that another hostage will be released soon.* ▶ **w sekrecie, w zaufaniu**

confine /kən'faɪn/ verb [T] **1 confine sb/sth (in/to sth)** to keep a person or an animal in a particular place, usually a small place: *The prisoners are confined to their cells for long periods at a time.* ▶ **ograniczać, zamykać (w czymś)** **2 confine sb/sth/yourself to sth** to stay within the limits of sth: *Please confine your questions and comments to the topic we are discussing.* ▶ **ograniczać (się), poprzestawać na czymś**

□ **confined** adj. (used about a space) very small: *Sailors on submarines must get used to living in confined spaces.* ▶ **ograniczony, ścieśniony** | **confinement** noun [U] being kept in a small space: *to be kept in solitary confinement* ▶ **odosobnienie, izolacja**

confines /'kɒnfaɪnz/ noun [pl.] (formal) the limits or outer edges of sth: *Patients are not allowed beyond the confines of the hospital grounds.* ▶ **obręb, granica**

★**confirm** /kən'fɜːm/ verb [T] **1** to say or show that sth is true; to make sth definite: *Please confirm your telephone booking in writing.* ○ *Seeing the two of them together confirmed our suspicions.* ○ *Can you confirm that you will be able to attend?* ▶ **potwierdzać** **2** to accept sb as a full member of a Christian Church: *He was baptized as a baby and confirmed at the age of thirteen.* ▶ **bierzmować, konfirmować**

□ **confirmation** /,kɒnfə'meɪʃn/ noun **1** [C,U] a statement that confirms sth: *We are waiting for confirmation of the report.* ○ *You will receive a written confirmation of your reservation.* ▶ **potwierdzenie** **2** [C] a religious service at which a person is confirmed(2) ▶ **bierzmowanie, konfirmacja** | **confirmed** adj. (only before a noun) fixed in a particular habit or way of life: *a confirmed bachelor* ▶ **zatwardziały, niewzruszony**

confiscate /'kɒnfɪskeɪt/ verb [T] to take sth away from sb as a punishment: *Any cigarettes found in school will be confiscated.* ▶ **konfiskować**

□ **confiscation** /,kɒnfɪ'skeɪʃn/ noun [C,U]: *the confiscation of all his land and property* ▶ **konfiskata**

★**conflict** /'kɒnflɪkt/ noun [C,U] **1** a fight or an argument: *an armed conflict* konflikt zbrojny ○ *The new laws have brought the Government into conflict with the unions.* ▶ **konflikt, walka** **2** a difference between two or more ideas, wishes, etc.: *When both my wife and father were taken ill, I had a serious conflict of loyalties.* ○

a conflict of interests ▶ **sprzeczność, konflikt**
□ **conflict** /kən'flɪkt/ verb [I] **A and B conflict**; **A conflicts with B** to disagree with or be different from sb/sth: *The statements of the two witnesses conflict.* ○ *John's statement conflicts with yours.* ○ *The two studies came up with conflicting results.* ▶ **być sprzecznym, kolidować**

conform /kən'fɔːm/ verb [I] **conform (to sth)** **1** to obey a rule or law; to come up to a particular standard: *This building does not conform to fire regulations.* ▶ **odpowiadać** (*np. normom, wymaganiom*) **2** to behave in the way that other people and society expect you to behave: *Children are under a lot of pressure to conform when they first start school.* ▶ **dostosowywać się (do czegoś)**
□ **conformist** /kən'fɔːmɪst/ noun [C] a person who behaves in the way that people are expected to behave by society ▶ **konformista** | **conformity** /kən'fɔːməti/ noun [U] (formal) behaviour which conforms to rules and customs ▶ **przestrzeganie** (*np. reguł*), **dostosowanie się**

confront /kən'frʌnt/ verb [T] **1 confront sth**; **confront sb with sb/sth** to think about, or to make sb think about, sth that is difficult or unpleasant: *to confront a problem/difficulty* ○ *When the police confronted him with the evidence* (kiedy policja przedstawiła mu dowody), *he confessed.* ▶ **konfrontować 2** to stand in front of sb, e.g. because you want to fight them: *The unarmed demonstrators were confronted by a row of soldiers.* ▶ **stawać twarzą w twarz (z kimś)**
□ **confrontation** /ˌkɒnfrʌn'teɪʃn/ noun [C,U] a fight or an argument ▶ **konfrontacja**

★**confuse** /kən'fjuːz/ verb [T] **1** (usually passive) to make sb unable to think clearly or to know what to do: *I'm a bit confused* (nie całkiem rozumiem). *Could you explain that again?* ○ *He confused everybody with his pages of facts and figures.* ▶ **mieszać (komuś) w głowie, wikłać 2 confuse A and/with B** to mistake sb/sth for sb/sth else: *I often confuse Lee with his brother. They look very much alike.* ○ *Don't confuse 'complement' with 'compliment'.* ▶ **mylić 3** to make sth unclear: *The situation is confused by the fact that so many organizations are involved.* ▶ **gmatwać, komplikować**
□ **confused** adj. **1** not able to think clearly: *When he regained consciousness he was dazed and confused* (nie mógł zebrać myśli). ▶ **zmieszany 2** difficult to understand: *The article is very confused – I don't know what the main point is.* ▶ **pogmatwany, poplątany** | **confusedly** /-ədli/ adv. ▶ **w stanie zamieszania, w zamieszaniu** | **confusing** adj. difficult to understand: *Her instructions were contradictory and confusing.* ▶ **niejasny, mylący** | **confusingly** adv. ▶ **niejasno, myląco**

★**confusion** /kən'fjuːʒn/ noun [U] **1** the state of not being able to think clearly or to know what to do: *He stared in confusion at the crowd of people in front of his house.* ▶ **zamieszanie 2** a state of disorder: *In the panic and confusion two people were trampled to death.* ○ *Their unexpected visit threw all our plans into confusion* (pogmatwała nasze plany). ▶ **zamieszanie, chaos 3** the act of mistaking sb/sth for sb/sth else: *To avoid confusion, all luggage should be labelled with your name and destination.* ▶ **zamieszanie, pomyłka 4** the state of being uncertain or unclear: *There is still a great deal of confusion as to the true facts.* ▶ **nieporozumienie, zamieszanie**

congeal /kən'dʒiːl/ verb [I,T] to become solid; to make a liquid solid: *congealed blood* ▶ **krzepnąć, ścinać (się)**

congenial /kən'dʒiːniəl/ adj. (formal) pleasant: *We spent an evening in congenial company.* ▶ **sympatyczny, przyjemny**

congenital /kən'dʒenɪtl/ adj. (used about a disease) beginning at and continuing since birth: *congenital brain damage* ▶ **wrodzony**

congested /kən'dʒestɪd/ adj. so full of sth that nothing can move: *The streets of London are congested with traffic.* ▶ **zatłoczony, przeciążony**

congestion /kən'dʒestʃən/ noun [U] the state of being very full of sth: *severe traffic congestion* ▶ **zatłoczenie, przeciążenie**

conglomerate /kən'glɒmərət/ noun [C] a large firm made up of several different companies ▶ **konglomerat**
□ **conglomeration** /kənˌglɒmə'reɪʃn/ noun [C] a group of many different things that have been gathered together ▶ **konglomeracja, zbiór, zlepek**

★**congratulate** /kən'grætʃuleɪt/ verb [T] **congratulate sb (on sth)** to praise sb or tell sb that you are pleased about sth they have done: *I congratulated Sue on passing her driving test.* ○ *They sent a card to congratulate the couple on their engagement.* ▶ **gratulować**

★**congratulations** /kənˌgrætʃu'leɪʃnz/ noun [pl.] (used for praising sb or telling sb that you are pleased about sth they have done): *Congratulations on* (gratulacje z okazji) *the birth of your baby boy!* ○ *Congratulations! Your painting has won first prize.* ▶ **gratulacje**

congregate /'kɒŋgrɪgeɪt/ verb [I] to come together in a crowd ▶ **gromadzić się, zbierać się**

congregation /ˌkɒŋgrɪ'geɪʃn/ noun [C, with sing. or pl. verb] a group of people who attend church ▶ **parafianie**

★**congress** /'kɒŋgres; US -grəs/ noun [C, with sing. or pl. verb] **1** a large formal meeting or series of meetings: *a medical congress* ○ *When is the Trades Union Congress held?* ▶ **kongres, zjazd 2** (**Congress**) the name in some countries (e.g. the USA) for the group of people who are elected to make the laws ❶ **The US Congress** to połączone izby parlamentu: **Senate** oraz **House of Representatives**. ▶ **Kongres**
□ **congressional** /kən'greʃənl/ adj. connected with a congress or Congress: *a congressional committee* ▶ **kongresu, kongresowy**

conical /'kɒnɪkl/ adj. having a round base and getting narrower towards a point at the top ❶ Rzeczownik: **cone**. ▶ **stożkowy, stożkowaty**

conifer /ˈkɒnɪfə(r); ˈkəʊn-/ noun [C] a tree with long, very thin leaves called needles that stay green all through the year and that has hard brown fruit called cones ▶ **drzewo iglaste**
□ **coniferous** /kəˈnɪfərəs/ adj. ▶ **iglasty, szpilkowy**

conjecture /kənˈdʒektʃə(r)/ verb [I,T] to guess about sth without real proof or evidence ▶ **domniemywać, snuć domysły**
□ **conjecture** noun [C,U] ▶ **domniemanie, domysł**

conjugate /ˈkɒndʒəgeɪt/ verb [T] to give the different forms of a verb ▶ **odmieniać czasownik**
□ **conjugation** /ˌkɒndʒuˈgeɪʃn/ noun [C,U] ▶ **odmiana czasownika**

conjunction /kənˈdʒʌŋkʃn/ noun [C] a word that is used for joining other words, phrases or sentences: *'And', 'but' and 'or' are conjunctions.* ▶ **spójnik**
IDIOM **in conjunction with sb/sth** together with sb/sth: *Various charities are working in conjunction with the United Nations to help the disaster victims.* ▶ **w połączeniu z czymś, razem z kimś/czymś**

conjure /ˈkʌndʒə(r)/ verb [I] to do tricks by clever, quick hand movements, that appear to be magic ▶ **robić sztuczki magiczne**
PHRASAL VERBS **conjure sth up** to cause a picture to appear in your mind: *Hawaiian music conjures up images of sunshine, flowers and sandy beaches.* ▶ **wyczarowywać, wywoływać** | **conjure sth up**; **conjure sth (up) from/out of sth** to make sth appear quickly or suddenly: *He conjured up a delicious meal out of a few leftovers.* ▶ **wyczarowywać**
□ **conjurer** (also **conjuror**) /ˈkʌndʒərə(r)/ noun [C] a person who does clever tricks that appear to be magic ➲ Por. **magician**. ▶ **iluzjonista** | **conjuring** /ˈkʌndʒərɪŋ/ noun [U]: *to perform conjuring tricks* ▶ **pokazywanie sztuczek magicznych; sztuczki magiczne**

conker /ˈkɒŋkə(r)/ (informal, Brit.) (also **horse chestnut**) noun [C] the seed of the horse chestnut tree, used in a popular children's game ➲ Por. **chestnut**. ▶ **kasztan** *(owoc)*

⋆**connect** /kəˈnekt/ verb **1** [I,T] **connect (sth) (up) (to/with sth)** to be joined or linked to sth; to join or link sth to sth else: *The tunnels connect (up) ten metres further on.* ○ *This pipe connects with the main drain outside the house.* ○ *The printer is connected to the computer.* ○ *This motorway connects Oxford with Birmingham.* ○ *The plumber hasn't connected the shower up yet.* ❶ Antonim: **disconnect**. ▶ **łączyć (się) z czymś, podłączać do czegoś** **2** [T] (usually passive) **connect sb/sth (with sb/sth)** to associate sb/sth with sb/sth; to consider sb/sth to be related to sb/sth else: *There was no evidence that she was connected with* (że była zamieszana w) *the crime.* ○ *Doctors believe that the increase in asthma is connected with* (jest związany z) *pollution levels.* ▶ **wiązać (z kimś/czymś), kojarzyć** **3** [I] **connect (with sth)** (used about a bus, train, plane, etc.) to arrive at a particular time so that passengers can change to another bus, train, plane, etc.: *This train connects with the ferry to Le Havre.* ▶ **mieć połączenie** **4** [T] **connect sb (with sb)** to link sb by telephone: *Hold the line, please. I'm just trying to connect you.* ▶ **łączyć**

⋆**connection** (Brit. also **connexion**) /kəˈnekʃn/ noun **1** [C,U] **connection between A and B**; **connection with/to sth** an association ro relationship between two or more people or things: *There is a clear connection between crime and alcoholism.* ○ *Is there any connection between the two organizations?* ○ *What is your connection with the school? Do you work here?* ▶ **związek** **2** [C] a place where two wires, pipes, etc. join together: *The radio doesn't work. There must be a loose connection somewhere.* ▶ **kontakt, złącze** **3** [C] a bus, train, plane, etc. that leaves soon after another arrives: *Our bus was late so we missed our connection.* ▶ **połączenie** **4** [C, usually pl.] a person that you know who is important or of high rank: *Chris got a good job because of his mother's connections.* ▶ **koneksja, znajomość**
IDIOMS **in connection with sb/sth** (formal) about or concerning: *I am writing to you in connection with your application.* ▶ **w związku z kimś/czymś, w sprawie** | **in this/that connection** (formal) about or concerning this/that ▶ **w związku z tym**

connive /kəˈnaɪv/ verb [I] **1 connive at sth** to do nothing to stop sth that is illegal or wrong ▶ **tolerować, patrzeć przez palce** **2 connive (with sb) (to do sth)** to work together with sb to do sth that is wrong ▶ **współdziałać** *(np. w zbrodni)*

connoisseur /ˌkɒnəˈsɜː(r)/ noun [C] a person who knows a lot about art, good food, music, etc.: *a connoisseur of modern art* ▶ **koneser/ka, znaw-ca/czyni**

connotation /ˌkɒnəˈteɪʃn/ noun [C] an impression that a word gives in addition to its meaning: *'Spinster' means a single woman but it has negative connotations.* ▶ **zabarwienie**

⋆**conquer** /ˈkɒŋkə(r)/ verb [T] **1** to take control of an area by winning a war: *Napoleon's ambition was to conquer Europe.* ○ (figurative) *The young singer conquered the hearts of audiences all over the world.* ▶ **podbić, zdobyć** **2** to defeat an enemy, an army, etc.; to overcome sth: *The Spanish conquered the Incas.* ○ *She's trying to conquer her fear of flying.* ▶ **pokonać, podbić**
□ **conqueror** /ˈkɒŋkərə(r)/ noun [C] a person who has conquered(1)sth ▶ **zdobywca**

conquest /ˈkɒŋkwest/ noun **1** [C, U] an act of conquering sth: *the Norman conquest* ○ *the conquest of Mount Everest* ○ *romantic conquests* podboje sercowe ▶ **podbój** **2** [C] an area of land that has been taken by war ▶ **podbity obszar**

conscience /ˈkɒnʃəns/ noun [C,U] your own feeling about whether what you are doing is right or wrong: *a clear/a guilty conscience* ▶ **sumienie**
IDIOM **have sth on your conscience** to feel guilty because of sth that you have done that was wrong ▶ **mieć coś na sumieniu**

conscientious /ˌkɒnʃiˈenʃəs/ adj. **1** (used about people) careful to do sth correctly and well: *He's a very conscientious worker.* ▶ **skrupulatny, sumienny** **2** (used about actions) done with great care and attention: *conscientious work* ▶ **skrupulatny, sumienny**

□ **conscientiously** adv. ▶ **skrupulatnie, sumiennie**

■ **ˌconscientious obˈjector** noun [C] a person who refuses to join the army, etc. because they believe it is morally wrong to kill other people ▶ **człowiek uchylający się od służby wojskowej ze względów moralnych lub religijnych, pacyfista**

★**conscious** /ˈkɒnʃəs/ adj. **1** able to see, hear, feel, etc. things; awake: *She was badly injured but conscious and able to tell the doctor what had happened.* ❶ Antonim: **unconscious**. ▶ **przytomny** **2 conscious of sth/that...** noticing or aware of sth: *He suddenly became conscious that someone was following him.* ○ *She didn't seem conscious of the danger.* ▶ **świadomy** **3** that you do on purpose or for a particular reason: *We made a conscious effort to treat both children fairly.* ➲ Por. **deliberate**. ❶ Antonim: **unconscious**. ▶ **świadomy** **4** being particularly interested in or aware of sth: *Young people today are very fashion-conscious.* ▶ **świadomy**

□ **consciously** adv.: *I have never consciously harmed another human being.* ▶ **świadomie**

★**consciousness** /ˈkɒnʃəsnəs/ noun **1** [U] the state of being conscious(1); being able to see, hear, feel, etc. things: *As he fell, he hit his head and lost consciousness.* ○ *She regained consciousness after two weeks in a coma.* ▶ **przytomność** **2** [U, sing.] the state of being aware of sth: *There is growing consciousness of the need to save energy.* ▶ **świadomość**

conscript /kənˈskrɪpt/ verb [T] to make sb join the army, navy or air force: *When war broke out all the young men were conscripted.* ▶ **powoływać do wojska**

□ **conscript** /ˈkɒnskrɪpt/ noun [C] a person who has been conscripted ▶ **poborowy, rekrut** | **conscription** /kənˈskrɪpʃn/ noun [U] the system of making sb join the army, etc. ▶ **pobór** (*do wojska*)

consecrate /ˈkɒnsɪkreɪt/ verb [T] to make a place or an object holy in a special ceremony: *The Bishop consecrated the new church.* ▶ **święcić**

□ **consecration** /ˌkɒnsɪˈkreɪʃn/ noun [C,U] ▶ **poświęcenie**

consecutive /kənˈsekjətɪv/ adj. coming or happening one after the other: *We have had three consecutive hot summers.* ▶ **kolejny, z rzędu**

□ **consecutively** adv. ▶ **kolejno, z rzędu**

consensus /kənˈsensəs/ noun [sing., U] agreement among a group of people: *to reach a consensus after a long discussion* ○ *There is no consensus among experts about the causes of global warming.* ▶ **jednomyślność, zgoda**

consent /kənˈsent/ verb [I] **consent (to sth)** to agree to sth; to allow sth to happen ▶ **zgadzać się, pozwalać**

IDIOM **the age of consent** → AGE[1]

□ **consent** noun [U] agreement; permission: *The child's parents had to give their consent to the operation.* ▶ **zgoda, pozwolenie**

★**consequence** /ˈkɒnsɪkwəns; US -kwens/ noun **1** [C] something that follows as a result or effect of sth else: *The power station was shown to be dangerous and, as a consequence, was closed down.* ○ *The error had tragic consequences.* ▶ **następstwo, konsekwencja, skutek** **2** [U] (formal) importance: *It is of no consequence.* ▶ **znaczenie**

consequent /ˈkɒnsɪkwənt/ adj. (formal) following as the result of sth else: *The lack of rain and consequent poor harvests have led to food shortages.* ▶ **wynikający, następujący**

□ **consequently** adv.: *She didn't work hard enough, and consequently failed the exam.* ▶ **w konsekwencji, wskutek (czegoś)**

conservation /ˌkɒnsəˈveɪʃn/ noun [U] **1** not allowing sth to be wasted, damaged or destroyed: *the conservation of energy* oszczędność energii ▶ **ochrona, konserwacja** **2** the protection of the natural world: *Conservation groups are protesting against the plan to build a road through the forest.* ❶ Czasownik: **conserve**. ▶ **ochrona środowiska, konserwacja**

□ **conservationist** /-ʃənɪst/ noun [C] a person who believes in conservation(2) ▶ **zwolenni-k/czka ochrony środowiska**

conservatism /kənˈsɜːvətɪzəm/ noun [U] **1** the dislike of new ideas and change ▶ **konserwatyzm** **2** (usually **Conservatism**) the beliefs of the Conservative Party ▶ **konserwatyzm**

★**conservative** /kənˈsɜːvətɪv/ adj. **1** not liking change; traditional: *They have very conservative tastes. This design is too modern for them.* ▶ **konserwatywny** **2** (**Conservative**) connected with the British Conservative Party: *Conservative voters* ▶ **dot. Partii Konserwatywnej** **3** (used about a guess, estimate, etc.) cautious, not extreme; rather low: *At a conservative estimate I would say the damage will cost about £4 000 to repair.* ▶ **ostrożny**

□ **conservative** noun [C] **1** a conservative(1) person ▶ **konserwatyst-a/ka** **2** (usually **Conservative**) a member of the British Conservative Party ▶ **człon-ek/kini Partii Konserwatywnej** | **conservatively** adv.: *We have estimated the costs conservatively.* ▶ **ostrożnie**

■ **Conˈservative Party** noun [C] one of the main British political parties, on the political right, which especially believes in free enterprise and that industry should be privately owned ➲ Por. **Labour Party** i **Liberal Democrats**. ▶ **Partia Konserwatywna**

conservatory /kənˈsɜːvətri; US -tɔːri/ noun [C] (pl. **conservatories**) a room with a glass roof and walls often built against the outside wall of a house ▶ **szklarnia, cieplarnia**

conserve /kənˈsɜːv/ verb [T] to avoid wasting sth: *Higher charges will encourage people to conserve* (oszczędzać) *water.* ❶ Rzeczownik: **conservation**. ▶ **chronić, konserwować**

★**consider** /kənˈsɪdə(r)/ verb [T] **1 consider sb/sth (for/as sth); consider doing sth** to think about sb/sth, often before making a decision:

We must consider the matter carefully before we make our choice. ○ *They are considering him for the part of Romeo.* ○ *She had never considered nursing as a career.* ○ *He is still considering what material to include in the book.* ○ *We're considering going to Spain for our holidays.* ▶ **rozważać, zastanawiać się (nad czymś) 2** to have sth as your opinion; to think about sb/sth in a particular way: *He considered that the risk was too great.* ○ *He considered the risk (to be) too great.* ▶ **sądzić, że 3** to remember or pay attention to sth: *I can't just move abroad. I have to consider my family.* ○ *Be tactful. Consider how other people feel.* ▶ **brać pod uwagę, mieć wzgląd na coś**

★**considerable** /kən'sɪdərəbl/ adj. great in amount or size: *We had considerable difficulty* (poważne trudności) *in getting tickets for the flights we wanted.* ○ *A considerable number of people preferred the old building to the new one.* ▶ **znaczny, niemały, spory**

□ **considerably** /-əbli/ adv.: *This flat is considerably larger than our last one.* ▶ **znacznie**

considerate /kən'sɪdərət/ adj. careful not to upset people; thinking of others: *It was very considerate of you* (bardzo ładnie z twojej strony) *to offer to drive me home.* ❶ Antonim: **inconsiderate**. ▶ **delikatny, troskliwy**

★**consideration** /kənˌsɪdə'reɪʃn/ noun **1** [U] (formal) an act of thinking about sth carefully or for a long time: *I have given some consideration to the idea but I don't think it would work.* ○ *After careful consideration, we regret that we cannot offer you the position.* ▶ **namysł, rozwaga 2** [U] **consideration (for sb/sth)** the quality of thinking about other people's wishes and feelings: *You should keep your music turned down low out of consideration for your neighbours.* ▶ **wzgląd** (*np. na czyjeś uczucia*) **3** [C] something that you think about when you are making a decision: *If he changes his job, the salary will be an important consideration.* ▶ **okoliczność, rola, wzgląd**

IDIOM **take sth into consideration** to think about sth when you are forming an opinion or making a decision ▶ **brać pod uwagę**

considering /kən'sɪdərɪŋ/ prep., conj. (used for introducing a surprising fact) when you think about or remember sth: *He coped with the long journey well, considering his age.* ○ *Considering you've only been studying for a year, you speak English very well.* ▶ **zważywszy (na coś)**

consign /kən'saɪn/ verb [T] (formal) **1** to put sb/sth in, or to send sb/sth to, a particular place ▶ **powierzać** (*np. coś czyjejś opiece*), **oddawać** (*np. coś w czyjeś ręce*) **2** to send goods to sb ▶ **wysyłać** (*towar*)

□ **consignment** noun **1** [U] sending sb/sth to a particular place ▶ **dostawa, wysyłka** (*towaru*) **2** [C] goods that are being sent to sb/sth: *We are expecting a new consignment of bicycles very soon.* ▶ **dostawa, partia** (*towaru*)

★**consist** /kən'sɪst/ verb ❶ Czasownika **consist** nie używa się w czasach *continuous*. Natomiast często spotyka się go w *present participle* (formie *-ing*): *It's a full-time course consisting of fourteen different modules.*

PHRASAL VERBS **consist in sth** to have sth as its main point or feature: *Her job consisted in welcoming the guests as they arrived.* ▶ **polegać na czymś** | **consist of sth** to be made up of sth: *Pastry consists of flour, fat and water.* ○ *The band consists of a singer, two guitarists and a drummer.* ▶ **składać się z czegoś**

consistency /kən'sɪstənsi/ noun (pl. **consistencies**) **1** [U] the quality of being consistent(1); always having the same standard, opinions, etc.: *Your work lacks consistency. Sometimes it's excellent but at other times it's full of mistakes.* ❶ Antonim: **inconsistency**. ▶ **konsekwencja, zgodność 2** [C, U] the degree of thickness or firmness that a liquid substance has: *The mixture should have a thick, sticky consistency.* ▶ **konsystencja, gęstość**

consistent /kən'sɪstənt/ adj. **1** always having the same opinions, standard, behaviour, etc.; not changing: *You must be consistent. If you punish Jason, you must punish Paul for doing the same thing.* ▶ **konsekwentny 2 consistent (with sth)** agreeing with or similar to sth: *I'm afraid your statement is not consistent with what the other witnesses said.* ▶ **zgodny (z czymś)**

□ **consistently** adv.: *We must try to maintain a consistently high standard.* ▶ **konsekwentnie, niezmiennie**

consolation /ˌkɒnsə'leɪʃn/ noun **1** [U] making sb feel better when they are sad: *It was some consolation to me to know that I wasn't the only one who had failed the exam.* ▶ **pocieszenie 2** [C] a person or thing that consoles you: *Having his children near him was a great consolation when his wife died.* ▶ **pociecha**

console /kən'səʊl/ verb [T] to make sb happier when they are very sad or disappointed; to comfort sb ▶ **pocieszać**

consolidate /kən'sɒlɪdeɪt/ verb [I,T] to become or to make sth firmer or stronger: *We're going to consolidate what we've learnt so far by doing some revision exercises today.* ▶ **konsolidować (się), wzmacniać (się)**

□ **consolidation** /kənˌsɒlɪ'deɪʃn/ noun [U] ▶ **konsolidacja, wzmocnienie**

consonant /'kɒnsənənt/ noun [C] **1** a sound that you make by partly stopping the air as it comes out through your mouth ▶ **spółgłoska 2** a letter that represents this sound: *The letters 't', 'm', 's' and 'b' are all consonants.* ▶ **spółgłoska**

consortium /kən'sɔːtiəm/ noun [C] (pl. **consortiums** or **consortia** /-tiə/) a group of companies that work closely together for a particular purpose ▶ **konsorcjum**

conspicuous /kən'spɪkjuəs/ adj. easily seen or noticed: *As a tall, blond American he was very conspicuous in China.* ❶ Antonim: **inconspicuous**. ▶ **rzucający się w oczy, zwracający uwagę**

□ **conspicuously** adv.: *She was conspicuously dressed in bright colours.* ▶ **w sposób rzucający się w oczy, w sposób zwracający uwagę**

conspiracy /kən'spɪrəsi/ noun (pl. **conspir-**

acies) 1 [U] planning sth, especially a crime, together with other people: *They were accused of conspiracy to murder.* ▶ **zbrodnicze knowania, spisek 2** [C] a secret plan to do sth bad or illegal: *Investigators have uncovered a conspiracy to defraud the bank of thousands of pounds.* ▶ **spisek**

conspire /kən'spaɪə(r)/ verb [I] **1** to plan sth, especially a crime, together with other people: *A group of terrorists were conspiring to blow up the plane.* ▶ **spiskować, konspirować 2 conspire (against sb/sth)** to work together to produce a particular, usually bad, result for sb/sth: *When we both lost our jobs in the same week, we felt that everything was conspiring against us.* ▶ **sprzysięgać się (przeciwko komuś/czemuś)**

□ **conspirator** /kən'spɪrətə(r)/ noun [C] a person who conspires(1) ▶ **spiskowiec**

constable /'kʌnstəbl; US 'kɒn-/ noun [C] = POLICE CONSTABLE

□ **constabulary** /kən'stæbjələri; US -leri/ noun [C] (pl. **constabularies**) the police force of a particular area: *the West Yorkshire Constabulary* ▶ **policja** (*danego okręgu*)

★**constant** /'kɒnstənt/ adj. **1** happening or existing all the time or again and again: *The constant noise gave me a headache.* ○ *Don't lock this door. It's in constant use.* ○ *There were constant interruptions* (ciągle nam przeszkadzano) *so we didn't get the work finished.* ▶ **ciągły, nieustanny, uporczywy 2** that does not change: *You use less petrol if you drive at a constant speed.* ▶ **stały, niezmienny**

□ **constantly** adv. always; again and again: *The situation is constantly changing.* ▶ **ciągle, stale**

constellation /ˌkɒnstə'leɪʃn/ noun [C] a number of stars that are considered as a group ▶ **gwiazdozbiór**

consternation /ˌkɒnstə'neɪʃn/ noun [U] surprise and worry or fear: *We stared at each other in consternation.* ▶ **konsternacja**

constipated /'kɒnstɪpeɪtɪd/ adj. not able to pass waste material easily from the bowels: *If you are constipated you should eat more fibre and fresh fruit.* ▶ **cierpiący na zaparcie**

□ **constipation** /ˌkɒnstɪ'peɪʃn/ noun [U] ▶ **zaparcie**

constituency /kən'stɪtjuənsi/ noun [C] (pl. **constituencies**) a district which has its own Member of Parliament ▶ **okręg wyborczy**

constituent /kən'stɪtjuənt/ noun [C] **1** a person who lives in the district for which a particular Member of Parliament is responsible ▶ **wyborca, mieszkaniec okręgu wyborczego 2** one of the parts of sth ▶ **składnik**

constitute /'kɒnstɪtju:t; US -tu:t/ verb, linking verb [T] (formal) to make up or form sth: *Women constitute a high proportion of part-time workers.* ○ *The presence of the troops constitutes a threat to peace.* ❶ Czasownika **constitute** nie używa się w czasach *continuous.* Natomiast często spotyka się go w *present participle* (formie *-ing*): *Management has to fix a maximum number of hours as constituting a day's work.* ▶ **stanowić, tworzyć**

constitution /ˌkɒnstɪ'tju:ʃn; US -'tu:ʃn/ noun **1** [C] the laws or rules of a country or an organization: *the United States constitution* ▶ **konstytucja 2** [C] (old-fashioned) the condition of your body; your health ▶ **organizm 3** [U] the way sth is put together ▶ **skład**

constitutional /ˌkɒnstɪ'tju:ʃənl; US -'tu:-/ adj. connected with a constitution(1) ▶ **konstytucyjny**

constrain /kən'streɪn/ verb [T] (formal) to set limits on sth, especially sb's freedom; to force sb to do sth: *The evidence was so compelling that he felt constrained to accept it.* ▶ **ograniczać, krępować; przymuszać**

constraint /kən'streɪnt/ noun [C,U] a limit on sth, or on your freedom to do sth: *There are always some financial constraints on a project like this.* ○ *He signed the document under constraint.* ▶ **ograniczenie, skrępowanie; przymus**

constrict /kən'strɪkt/ verb [T] **1** to make sth tighter or narrower; to reduce sth ▶ **ścieśniać, ograniczać, kurczyć 2** to limit a person's freedom to do sth ▶ **ograniczać**

□ **constriction** /kən'strɪkʃn/ noun [C,U] a reduction in the space or the range of possibilities available ▶ **skurczenie; ograniczenie**

construct /kən'strʌkt/ verb [T] to build or make sth: *Early houses were constructed out of mud and sticks.* ❶ **Construct** jest słowem bardziej formalnym niż **build.** ▶ **konstruować**

★**construction** /kən'strʌkʃn/ noun **1** [U] the act or method of building or making sth: *A new bridge is now under construction* (w budowie). ○ *He works in the construction industry* (w budownictwie). ▶ **budowa 2** [C] something that has been built or made: *The new pyramid was a construction of glass and steel.* ▶ **konstrukcja, budowla 3** [C] the way that words are used together in a phrase or sentence: *a complex sentence construction* ○ *Which construction is more common – 'to dress' or 'to get dressed'?* ▶ **konstrukcja**

constructive /kən'strʌktɪv/ adj. useful or helpful: *She made a number of constructive criticisms to help us to improve our work.* ▶ **konstruktywny**

□ **constructively** adv. ▶ **konstruktywnie, twórczo**

construe /kən'stru:/ verb [T] (formal) **construe sth (as sth)** to understand the meaning of sth in a particular way: *Her confident manner is often construed as* (jest często odbierany jako) *arrogance.* ➲ Por. **misconstrue**. ▶ **interpretować, rozumieć coś jako coś**

consul /'kɒnsl/ noun [C] an official who works in a foreign city helping people from their country who are living or visiting there ▶ **konsul**

□ **consular** /'kɒnsjələ(r); US -səl-/ adj. connected with a consul ▶ **konsularny** | **consulate** /'kɒnsjələt; US -səl-/ noun [C] the office of a consul ▶ **konsulat**

consult /kən'sʌlt/ verb **1** [T] **consult sb/sth**

(about sth) to ask sb or to look sth up in a book, etc. to get information or advice: *You should consult a doctor if the symptoms get worse.* ○ *He consulted the map to find the shortest route.* ▶ **radzić się, sprawdzać, zaglądać do czegoś** **2** [I] **consult with sb** to discuss sth with sb ▶ **naradzać się z kimś**

consultancy /kən'sʌltənsi/ noun **1** [C] a company that gives expert advice on a particular subject ▶ **firma konsultingowa** **2** [U] expert advice that sb is paid to provide on a particular subject ▶ **konsultacja**

consultant /kən'sʌltənt/ noun [C] **1** a person who gives advice to people on business, law, etc.: *a firm of management consultants* ▶ **konsultant/ka, dorad-ca/czyni** **2** (Brit.) a hospital doctor of high rank who is a specialist in a particular area of medicine ▶ **lekarz konsultant**

consultation /ˌkɒnsl'teɪʃn/ noun **1** [U] discussing sth or looking sth up in a book to get information or advice: *There is a large collection of texts available for consultation on-screen.* ▶ **naradzanie się; zaglądanie (do czegoś)** **2** [C,U] a meeting at which sth is discussed: *Diplomats met for consultations on the hostage crisis.* ○ *The measures were introduced without consultation.* ▶ **konsultacja, porada, narada**

consume /kən'sjuːm; US -'suːm/ verb [T] (formal) **1** to use sth: *The United States imports 45% of the oil it consumes.* ▶ **spożywać** **2** to eat or drink sth ▶ **konsumować, spożywać** **3** (used about fire) to destroy sth ▶ **trawić** **4** (used about an emotion) to affect sb very strongly: *She was consumed* (gryzła się) *by grief when her son was killed.* ▶ **trawić (kogoś)**
□ **consuming** adj. (only before a noun) that takes up a lot of your time and attention: *Sport is her consuming passion* (jest jej życiową pasją). ▶ **trawiący, pasjonujący**

★**consumer** /kən'sjuːmə(r); US -'suː-/ noun [C] a person who buys things or uses services: *Consumers should complain if they are not satisfied with the service they receive.* ○ *the rights of the consumer* ○ *Consumer spending has risen in the past few months.* ▶ **konsument/ka**

consummate[1] /kən'sʌmət; 'kɒnsəmət/ adj. (formal) (only before a noun) extremely skilled, a perfect example of sth: *a consummate performer* ▶ **doskonały**

consummate[2] /'kɒnsəmeɪt/ verb [T] (formal) to make a marriage legal or complete by having sexual intercourse ▶ **skonsumować**
□ **consummation** /ˌkɒnsə'meɪʃn/ noun [C,U] ▶ **skonsumowanie**

consumption /kən'sʌmpʃn/ noun [U] **1** the act of using, eating, etc. sth: *This fish is unfit for human consumption.* ▶ **konsumpcja, spożycie** **2** the amount of fuel, etc. that sth uses: *a car with low fuel consumption* ▶ **zużycie**

cont. (also **contd**) abbr. continued: *cont. on p 91* ▶ **c.d.**

★**contact** /'kɒntækt/ noun **1** [U,C] the state of touching sb/sth: *Don't let the wires come into contact with each other.* Nie pozwól, żeby przewody się stykały. ▶ **styczność** **2** [U] meeting, talking to or writing to sb else: *We are in close contact with our office in New York.* ○ *I've lost contact with most of my old school friends.* ○ *They are trying to make contact* (nawiązać kontakt) *with the kidnappers.* ○ *Tom has not been in contact since he moved to Edinburgh.* ○ *Tom broke off contact with his family after a quarrel.* ▶ **kontakt** **3** [C] a person that you know who may be able to help you: *I have some useful business contacts in Berlin.* ▶ **kontakt, znajomość**
□ **contact** /'kɒntækt/ verb [T] to telephone, write to, etc. sb: *Is there a phone number where I can contact you?* ▶ **kontaktować się z kimś**
■ **'contact lens** noun [C] a small piece of plastic that fits onto your eye to help you to see better ▶ **szkło kontaktowe**

contagious /kən'teɪdʒəs/ adj. (used about a disease) that you can catch by touching sb/sth: *Smallpox is a contagious disease.* ○ (figurative) *contagious laughter* ➲ Por. **infectious**. ▶ **zaraźliwy**
□ **contagion** /kən'teɪdʒən/ noun [U] ▶ **zakażenie, zaraza**

★**contain** /kən'teɪn/ verb [T] **1** to have sth inside (or as part of) itself: *Each box contains 24 tins.* ○ *petrol containing lead* ▶ **zawierać** **2** to keep sth within limits: *efforts to contain inflation* ○ *The children couldn't contain themselves – they burst out laughing.* ○ *She found it hard to contain her anger.* ▶ **powstrzymywać**

> Por. **contain** z **include**. **Contain** odnosi się do przedmiotów, w których znajdują się jakieś rzeczy: *a jar containing olives* ○ *The parcel contained six books.* **Include** używa się, gdy kilka przedmiotów tworzy pewną całość lub należy do pewnej grupy: *The price of the holiday includes* (w cenę wczasów wliczone jest) *accommodation and evening meals but not lunch.* ○ *a team of seven people including* (wliczając) *a cameraman and a doctor.*

★**container** /kən'teɪnə(r)/ noun [C] **1** a box, bottle, packet, etc. in which sth is kept: *a plastic container* ○ *a watertight container* ▶ **zbiornik, pojemnik, opakowanie** **2** a large metal box that is used for transporting goods by sea, road or rail: *a container lorry/ship* ▶ **kontener**

contaminate /kən'tæmɪneɪt/ verb [T] to add a substance which will make sth dirty, harmful or dangerous: *The town's drinking water was contaminated with poisonous chemicals.* ▶ **skazić, zanieczyszczać**
□ **contamination** /kənˌtæmɪ'neɪʃn/ noun [U]: *There was widespread radioactive contamination of farmland after the accident at the nuclear power station.* ▶ **skażenie, zanieczyszczenie**

contemplate /'kɒntəmpleɪt/ verb [T] **1** to think about sth or the possibility of doing sth: *The idea was too awful to contemplate.* ○ *Before her illness she had never contemplated retiring.* ▶ **zastanawiać się nad czymś, rozważać** **2** to look at sb/sth, often quietly or for a long time ▶ **kontemplować, przypatrywać się**

containers

□ **contemplation** /ˌkɒntəmˈpleɪʃn/ noun [U] **1** looking at sth quietly ▶ **przypatrywanie się** **2** thinking deeply about sth ▶ **rozmyślanie**

★**contemporary** /kənˈtemprəri; US -pəreri/ adj. **1** belonging to the same time as sb/sth else: *Samuel Pepys' diary gives us a contemporary account of the Great Fire of London in 1666.* ▶ **współczesny, ówczesny** **2** of the present time; modern: *contemporary music/art* ▶ **współczesny, dzisiejszy**
□ **contemporary** noun [C] (pl. **contemporaries**) a person who lived or did sth at the same time as sb else: *Telemann, a contemporary of Bach* ▶ **współczesn-y/a**

contempt /kənˈtempt/ noun [U] **contempt (for sb/sth)** the feeling that sb/sth does not deserve to be respected or is unimportant: *That country has shown contempt for human rights.* ▶ **pogarda**
□ **contemptuous** /kənˈtemptʃuəs/ adj. feeling or showing contempt for sb/sth: *She was contemptuous of his opinions.* ▶ **pogardliwy**

contend /kənˈtend/ verb **1** [I] **contend with/against sb/sth**; **contend for sth** to struggle to overcome sth or to win sth: *She's had a lot of problems to contend with.* ○ *Two athletes are contending for first place.* ▶ **walczyć, współzawodniczyć** **2** [T] (formal) to declare or argue that sth is true: *The man contended that he had never met the murdered girl.* ▶ **twierdzić, że**
□ **contender** noun [C] a person who takes part in a competition: *There were three contenders for the leadership.* ▶ **zawodni-k/czka, kandydat/ka, pretendent/ka**

★**content**[1] /kənˈtent/ adj. (not before a noun) **content (with sth)**; **content to do sth** satisfied with what you have: *She is quite content to stay at home looking after her children.* ▶ **zadowolony**
□ **content** noun [U] = CONTENTMENT
IDIOM **to your heart's content** → HEART
content verb [T] **content yourself with sth** to accept sth even though it was not exactly what you wanted: *The castle was closed, so we contented ourselves with a walk round the park.* ▶ **zadowalać się** | **contented** adj. happy or satisfied: *The baby gave a contented chuckle.* ▶ **zadowolony** | **contentedly** adv.: *The cat purred contentedly.* ▶ **z zadowoleniem** | **contentment** noun [U]: *a sigh of contentment* ▶ **zadowolenie**

★**content**[2] /ˈkɒntent/ noun **1** (**contents**) [pl.] the thing or things that are inside sth: *Add the contents of this packet to a pint of cold milk and mix well.* ○ *The contents page* (spis treści) *tells you what is inside a book.* ▶ **zawartość** **2** [sing.] the main subject, ideas, etc. of a book, article, television programme, etc.: *The content of the essay is good, but there are too many grammatical mistakes.* ▶ **treść, zawartość** **3** [sing.] the level or amount of a particular substance that sth contains: *Many processed foods have a high sugar content.* ▶ **zawartość**

contention /kənˈtenʃn/ noun **1** [U] the situation of competing for sth: *Four players are still in contention for the cup.* ▶ **walka, współ-**

zawodnictwo **2** [U] arguing; disagreement ▶ **spór, sprzeczka 3** [C] your opinion; sth that you declare to be true: *The government's contention is that unemployment will start to fall next year.* ▶ **argument, twierdzenie**

contentious /kən'tenʃəs/ adj. likely to cause argument: *a contentious issue* ▶ **sporny**

contest /kən'test/ verb [T] **1** to say that sth is wrong or that it was not done properly: *They contested the decision, saying that the judges had not been fair.* ▶ **kwestionować 2** to take part in a competition or try to win sth: *a hotly contested world championship fight* ▶ **walczyć o coś, ubiegać się o coś**

□ **contest** /'kɒntest/ noun [C] a competition to find out who is the best, strongest, most beautiful, etc.: *a boxing contest* ○ *a beauty contest* ○ *The by-election will be a contest* (walką) *between the two main parties.* ▶ **zawody, konkurs** | **contestant** /kən'testənt/ noun [C] a person who takes part in a contest: *Four contestants appear on the quiz show each week.* ▶ **zawodni-k/czka**

context /'kɒntekst/ noun [C,U] **1** the words that come before or after a word, phrase, sentence, etc. and that help you to understand its meaning: *You can often guess the meaning of a word from its context.* ○ *Taken out of context, his comment made no sense.* ▶ **kontekst 2** the situation in which sth happens or that caused sth to happen: *The rise in nationalism must be seen in the context of changing attitudes in Europe.* ▶ **kontekst**

★**continent** /'kɒntɪnənt/ noun **1** [C] one of the seven main areas of land on the Earth: *Asia, Africa and Antarctica are continents.* ▶ **kontynent 2 (the Continent)** [sing.] (Brit.) the main part of Europe, i.e. not the British Isles: *Hotels on the Continent are much cheaper than in Britain.* ▶ **Europa**

□ **continental** /ˌkɒntɪ'nentl/ adj. **1** connected with or typical of a continent: *Moscow has a continental climate: hot summers and cold winters.* ▶ **kontynentalny 2** (also **Continental**) (Brit.) connected with the main part of Europe: *continental holidays* wakacje w Europie ▶ **europejski**

■ **ˌcontinental 'breakfast** noun [C] a breakfast of bread and jam with coffee ➲ Por. **English breakfast**. ▶ **rodzaj lekkiego śniadania europejskiego**

contingency /kən'tɪndʒənsi/ noun [C] (pl. **contingencies**) a possible future situation or event: *contingency plans* plany na ewentualność wypadku itp. ▶ **ewentualność, nieprzewidziany wypadek**

contingent /kən'tɪndʒənt/ noun [C, with sing. or pl. verb] **1** a group of people from the same country, organization, etc. who are attending an event: *the Irish contingent at the conference* ▶ **delegacja 2** a group of armed forces forming part of a larger force ▶ **kontyngent wojsk**

continual /kən'tɪnjuəl/ adj. happening again and again : *His continual phone calls started to annoy her.* ▶ **ciągły, bezustanny**

> Por. **continuous**. **Continuous** używa się do opisania akcji lub stanu, który trwa bez przerwy: *There has been a continuous improvement in his work.* ○ *After climbing continuously for three hours we were exhausted.* **Continual** używa się do określenia czegoś, co się powtarza, zwłaszcza czegoś denerwującego: *They have had continual problems with the heating.*

□ **continually** adv.: *She continually criticizes his behaviour.* ▶ **ciągle, bezustannie**

continuation /kənˌtɪnju'eɪʃn/ noun **1** [sing., U] continuing to do sth without stopping; starting to do sth again after you have stopped ▶ **kontynuacja; ciąg dalszy 2** [sing.] something that continues sth else or makes it longer: *a continuation of recent trends* ○ *The track was a continuation of the road.* ▶ **utrzymywanie się, przedłużenie**

★**continue** /kən'tɪnju:/ verb **1** [I,T] **continue (doing/to do sth); continue (with sth)** to go on, or to make sth go on, happening or existing: *If the pain continues, see your doctor.* ○ *They ignored me and continued their conversation.* ○ *He continued working/to work late into the night.* ○ *I shall continue with the lessons after the exam.* ▶ **trwać, prowadzić (nadal), kontynuować 2** [I,T] to start or start sth again after stoppping for a time; to start speaking again after stopping: *The meeting will continue after lunch.* ○ *I'm sorry I interrupted. Please continue.* ○ *The next day we continued our journey.* ▶ **kontynuować, mówić dalej 3** [I,T] to go further or to make sth go further: *We continued along the path until we came to the river.* ▶ **iść/posuwać się dalej 4** [I] to remain in a particular situation or condition: *He will continue as headmaster until the end of term.* ▶ **pozostawać**

□ **continued** adj. going on without stopping: *There are reports of continued fighting near the border.* ▶ **ciągły, nieprzerwany**

continuity /ˌkɒntɪ'nju:əti; US -'nu:-/ noun [U] the state of continuing without interruption; linking one thing smoothly with the next: *The pupils will have the same teacher for two years to ensure continuity.* ▶ **ciągłość**

★**continuous** /kən'tɪnjuəs/ adj. happening or existing without stopping: *a period of continuous economic growth* ○ *a continuous process* ○ *a continuous line of cars* ➲ Zob. uwaga przy **continual**. ▶ **ciągły, nieprzerwany**

□ **continuously** adv.: *It has rained continuously here for three days.* ▶ **nieprzerwanie, ciągle**

■ **con'tinuous tense** (also **progressive tense**) noun [C] the form of a verb such as 'I am waiting' or 'It was raining' which is made from a part of 'be' and a verb ending in '-ing' and is used to describe an action that continues for a period of time ▶ **czas ciągły**

contort /kən'tɔ:t/ verb [I,T] to move or to make sth move into an unnatural shape: *His face contorted/was contorted with pain.* ▶ **wykrzywiać (się)**

□ **contortion** /kən'tɔ:ʃn/ noun [C] ▶ **wykrzywienie**

contour /ˈkɒntʊə(r)/ noun [C] **1** the outline or shape of the outer surface of sth: *I could just make out the contours of the house in the dark.* ▶ **zarys, kontur 2** (also **'contour line**) a line on a map joining places of equal height: *From the contour lines I could tell that there was a steep hill to climb.* ▶ **warstwica**

contraband /ˈkɒntrəbænd/ noun [U] goods that are taken into or out of a country illegally: *contraband cigarettes* ▶ **przemycany towar**

contraception /ˌkɒntrəˈsepʃn/ noun [U] the means of preventing a woman from becoming pregnant: *Your doctor will be happy to advise you about contraception.* ○ *a reliable form of contraception* ▶ **antykoncepcja**

□ **contraceptive** /ˌkɒntrəˈseptɪv/ noun [C] a pill or object that prevents a woman from becoming pregnant: *an oral contraceptive* ○ *a packet of contraceptives* ▶ **środek antykoncepcyjny** | **contraceptive** adj.: *a contraceptive pill* ▶ **antykoncepcyjny**

★**contract**[1] /ˈkɒntrækt/ noun [C] a written legal agreement: *They signed a three-year contract with a major record company.* ○ *The company has just won a contract to supply machinery to the government.* ○ *a temporary contract* ▶ **kontrakt**

PHRASAL VERB **contract sth out (to sb)** to arrange for work to be done by sb outside your own company ▶ **zlecać** (*pracę na zewnątrz*)

□ **contractual** /kənˈtræktʃuəl/ adj. connected with or included in a contract ▶ **kontraktowy, zawarty w kontrakcie**

contract[2] /kənˈtrækt/ verb [T] **1** to make a written legal agreement with sb to do sth or to have sb work for you: *His firm has been contracted to supply all the furniture for the new building.* ▶ **wynajmować kogoś** (*na podstawie umowy*) **2** to get an illness or disease: *She contracted pneumonia.* ▶ **nabawić się**

□ **contractor** noun [C] a person or company that does work, especially building work, by contract: *a building contractor* ▶ **wykonawca**

★**contract**[3] /kənˈtrækt/ verb [I,T] to become or to make sth smaller or shorter: *Metals contract as they cool.* ○ *'I'm' is the contracted form of 'I am.'* ➲ Por. **expand**. Jest przeciwieństwem czasownika w pierwszym przykładzie. ▶ **kurczyć (się), skracać**

□ **contraction** /kənˈtrækʃn/ noun **1** [U] the process of getting smaller or of making sth smaller ▶ **kurczenie (się)**; **zmniejszanie 2** [C] a contracted form of a word or words: *'Mustn't' is a contraction of 'must not.'* ▶ **skrót 3** [C] a strong tightening of muscles that happens to a woman as her baby is born ▶ **skurcz porodowy**

contradict /ˌkɒntrəˈdɪkt/ verb **1** [I,T] to say that sth is wrong or untrue; to say the opposite of sth: *I didn't dare contradict him, but I think he was wrong.* ▶ **zaprzeczać, sprzeciwiać się 2** [T] (used about a statement, fact, etc.) to be different from or opposite to sth: *These instructions seem to contradict previous ones.* ▶ **być sprzecznym**

□ **contradiction** /ˌkɒntrəˈdɪkʃn/ noun **1** [C] a statement or fact that is opposite to or different from another ▶ **sprzeczność 2** [C,U] **(a) contradiction (between sth and sth)** the fact of two things being opposite to or not matching each other: *There is a contradiction between his public and private personalities.* ○ *This letter is in complete contradiction to their previous one.* ▶ **sprzeczność, zaprzeczenie** | **contradictory** /ˌkɒntrəˈdɪktəri/ adj. being opposite to or not matching sth else: *Contradictory reports appeared in the newspapers.* ▶ **sprzeczny**

contraflow /ˈkɒntrəfləʊ/ noun [C] an arrangement where part of a wide road is closed, usually for repairs, and traffic going in both directions has to use one side of the road ▶ **ruch dwukierunkowy na zwężonym odcinku drogi**

contralto /kənˈtræltəʊ/ noun [C,U] the lowest female singing voice; a woman with this voice ▶ **kontralt**

contraption /kənˈtræpʃn/ noun [C] a strange or complicated piece of equipment ▶ **(nietypowe) urządzenie**

contrary[1] /ˈkɒntrəri; US -treri/ adj. completely different; opposite: *I thought it was possible but she took the contrary view.* ▶ **przeciwny**

□ **contrary to** prep. completely different from sth; against sth: *He's actually very nice, contrary to what people say about him.* ▶ **w przeciwieństwie do czegoś**

contrary[2] /ˈkɒntrəri; US -treri/ noun

IDIOMS **on the contrary** the opposite is true; certainly not: *'You look as if you're not enjoying yourself.' 'On the contrary – I'm having a great time.'* ▶ **wprost przeciwnie** | **to the contrary** saying the opposite: *Unless I hear anything to the contrary, I shall assume that the arrangements haven't changed.* ▶ **inaczej, odwrotnie**

★**contrast**[1] /kənˈtrɑːst; US -ˈtræst/ verb **1** [T] **contrast (A and/with B)** to compare people or things in order to show the differences between them: *The film contrasts his poor childhood with his later life as a millionaire.* ▶ **kontrastować, przeciwstawiać 2** [I] **contrast with sb/sth** to be clearly different when compared: *The red cushions contrast dramatically with the black sofa.* ○ *This comment contrasts sharply with his previous remarks.* ▶ **kontrastować, (silnie) odróżniać się**

★**contrast**[2] /ˈkɒntrɑːst; US -træst/ noun **contrast (to/with sb/sth); contrast (between A and B) 1** [U] comparison between two people or things that shows the differences between them: *In contrast to previous years, we've had a very successful summer.* ○ *He was friendly and talkative; she, by contrast, said nothing.* ▶ **przeciwieństwo, odróżnienie 2** [C,U] a clear difference between two things or people that is seen when they are compared: *There is a tremendous contrast between the climate in the valley and the climate in the hills.* ▶ **kontrast, zasadnicza różnica 3** [C] something that is clearly different from sth else when the two things are compared: *This house is quite a contrast* (ten dom jest całkiem inny) *to your old one!* ▶ **przeciwieństwo, odmiana**

contravene /ˌkɒntrəˈviːn/ verb [T] to break a

law or a rule ▶ **przekraczać, naruszać**
□ **contravention** /ˌkɒntrəˈvenʃn/ noun [C,U] ▶ **przekroczenie, naruszenie**

★**contribute** /kənˈtrɪbjuːt/ verb **1** [I,T] to give a part of the total, together with others: *Would you like to contribute towards our collection for famine relief?* ○ *He didn't contribute anything to the conversation.* ○ *We contributed £5 each towards a retirement present for her.* ▶ **dokładać (się), wnosić (wkład do czegoś) 2** [I] to help to produce sth; to play a part in sth: *Every member of the team contributed to the victory.* ▶ **wnosić swój udział 3** [I,T] to write articles for a magazine or newspaper ▶ **pisywać** (*np. artykuły do pisma*)
□ **contributor** noun [C] a person who contributes to sth ▶ **osoba przyczyniająca się, współpracowni-k/czka** (*np. pisma*)

contribution /ˌkɒntrɪˈbjuːʃn/ noun [C,U] something that you give or do together with others; the act of giving your share: *All contributions to the appeal will be gratefully received.* ○ *He made a significant contribution to the country's struggle for independence.* ▶ **wkład; udział**

contributory /kənˈtrɪbjətəri; US -tɔːri/ adj. helping to cause or produce sth: *a contributory factor* ▶ **przyczyniający się**

contrive /kənˈtraɪv/ verb [T] **1** to plan or invent sth clever and/or dishonest ▶ **wymyślać; kombinować 2** to manage to do or make sth, although there are difficulties ▶ **radzić sobie** (*z trudnym zadaniem*)
□ **contrived** adj. clearly artificial or invented, not natural: *The ending of the film seemed rather contrived.* ▶ **wymyślony, sztuczny**

★**control**[1] /kənˈtrəʊl/ noun **1** [U] **control (of/over sb/sth)** power over sth; the ability to organize, direct or guide sb/sth: *Rebels took control of the radio station.* ○ *He lost control of the car and crashed.* ○ *The problem is outside my control.* ○ *I was late because of circumstances beyond my control.* ▶ **panowanie nad czymś, wpływ 2** [C,U] **(a) control (on/over sth)** a limit on sth; a way of keeping sb/sth within certain limits: *price controls* ○ *crowd control* ▶ **regulacja; nadzór 3** (**controls**) [pl.] one of the parts of a machine that is used for operating it: *the controls of an aeroplane* ▶ **urządzenie sterownicze 4** [sing.] the place from which sth is operated or where sth is checked: *We went through passport control and then got onto the plane.* ▶ **sterownia, punkt kontroli, dyspozytornia**
IDIOMS **be in control (of sth)** to be in command of sth; to have the power or ability to deal with sth: *Who is in control of the project?* ▶ **kierować, być u steru** | **be/get out of control** to be/become impossible to deal with or guide: *The demonstration got out of control and fighting broke out.* ▶ **wymykać się spod kontroli** | **bring/keep under control** to deal with, direct or run successfully: *It took several hours to bring the fire under control.* ○ *She finds it difficult to keep her feelings under control.* ▶ **opanować**

★**control**[2] /kənˈtrəʊl/ verb [T] (**controlling**; **controlled**) **1** to have power over sb/sth or the ability to organize, direct or guide sb/sth: *One family controls the company.* ○ *Police struggled to control the crowd.* ○ *I couldn't control myself any longer and burst out laughing.* ▶ **mieć władzę nad kimś/czymś, panować nad kimś/czymś 2** to keep sth within certain limits: *measures to control price rises* ▶ **regulować, ograniczać**
□ **controller** noun [C] a person who directs sth: *air traffic controllers* ▶ **kontroler, zarządzający**

controversial /ˌkɒntrəˈvɜːʃl/ adj. causing public discussion and disagreement: *a controversial TV programme* ○ *a controversial new law* ▶ **kontrowersyjny**

controversy /ˈkɒntrəvɜːsi; kənˈtrɒvəsi/ noun [C,U] (pl. **controversies**) public discussion and disagreement about sth: *The plans for changing the city centre caused a great deal of controversy.* ▶ **kontrowersja**

conurbation /ˌkɒnɜːˈbeɪʃn/ noun [C] a group of towns that have grown and joined together ▶ **konurbacja**

convalesce /ˌkɒnvəˈles/ verb [I] to rest and recover from an illness over a period of time ▶ **powracać do zdrowia** (*np. w sanatorium*)
□ **convalescence** /ˌkɒnvəˈlesns/ noun [sing., U] ▶ **rekonwalescencja** | **convalescent** /ˌkɒnvəˈlesnt/ adj. connected with convalescence; in the process of convalescence ▶ **dla rekonwalescentów; powracający do zdrowia** | **convalescent** noun [C] ▶ **rekonwalescent/ka**

convene /kənˈviːn/ verb [I,T] to come together or to bring people together for a meeting, etc.: *to convene a meeting* ○ *The committee will convene at 11.30 next Monday.* ▶ **gromadzić się; zwoływać**

convenience /kənˈviːniəns/ noun **1** [U] the quality of being suitable or practical for a particular purpose: *a building designed for the convenience of disabled people* ○ *For convenience, you can pay for everything at once.* ▶ **wygoda 2** [C] something that is useful or suitable: *houses with all modern conveniences* ▶ **udogodnienie, wygoda 3** [C] (Brit.) a public toilet: *public conveniences* ➲ Zob. uwaga przy **toilet**. ▶ **toaleta publiczna**
■ **con'venience food** noun [C,U] food that you buy frozen or in a box or can, that you can prepare very quickly and easily ▶ (*o żywności*) **półprodukty**

★**convenient** /kənˈviːniənt/ adj. **1** suitable or practical for a particular purpose; not causing difficulty: *I'm willing to meet you on any day that's convenient for you.* ○ *It isn't convenient to talk at the moment.* ➲ Por. **comfortable**. ▶ **dogodny, wygodny 2** close to sth; in a useful position: *The hotel is convenient for the beach.* ❶ Antonim: **inconvenient**. ▶ **blisko/dogodnie usytuowany**
□ **conveniently** adv.: *Conveniently* (na szczęście), *a bus was waiting when I got there.* ○ *She had conveniently forgotten that she owed me some money.* ▶ **wygodnie**

convent /ˈkɒnvənt/ noun [C] a place where

nuns live ➲ Por. **monastery**. ▶ **klasztor (żeński)**

convention /kən'venʃn/ noun **1** [C] a large meeting or conference: *the Democratic Party Convention* ▶ **zjazd, kongres 2** [C,U] a traditional way of behaving or of doing sth: *A speech by the bride's father is one of the conventions of a wedding.* ○ *The film shows no respect for convention.* ▶ **zwyczaj, obyczaj 3** [C] a formal agreement, especially between nations: *the Geneva Convention* ▶ **układ, konwencja**

conventional /kən'venʃənl/ adj. following what is traditional or considered to be normal, sometimes too closely: *conventional attitudes* ○ *The house was built with conventional materials but in a totally new style.* ○ *He's so conventional.* ❶ Antonim: **unconventional**. ▶ **konwencjonalny, stereotypowy**

□ **conventionally** /-ʃənəli/ adv.: *He always dresses conventionally.* ▶ **konwencjonalnie, stereotypowo**

converge /kən'vɜːdʒ/ verb [I] **converge (on sb/sth)** to move towards or meet at the same point from different directions: *People from the surrounding areas converge on the village during the annual festival.* ○ *The paths converge at the bottom of the hill.* ▶ **skupiać się, zbiegać się**

conversant /kən'vɜːsnt/ adj. (formal) **conversant with sth** knowing about sth; familiar with sth: *All employees should be conversant with basic accounting.* ▶ **biegły/obeznany (w czymś)**

*__conversation__ /ˌkɒnvə'seɪʃn/ noun [C,U] informal talk: *I had a long conversation with her about her plans for the future.* ○ *His job is his only topic of conversation.* ○ *They sat in the corner, deep in conversation* (pogrążeni w rozmowie). ○ *She finds it difficult to make conversation.* Nie wie, co powiedzieć. ▶ **rozmowa, konwersacja**

converse /'kɒnvɜːs; kən'vɜːs/ verb [I] (formal) to talk informally; to have a conversation ▶ **rozmawiać**

conversely /'kɒnvɜːsli/ adv. (formal) in a way that is opposite to sth: *People who earn a lot of money have little time to spend it. Conversely, many people with limitless time do not have enough money to do what they want.* ▶ **przeciwnie, odwrotnie**

conversion /kən'vɜːʃn; US kən'vɜːrʒn/ noun **(a) conversion (from sth) (into/to sth)** [C,U] **1** change from one form, system or use to another: *a conversion table for miles and kilometres* ▶ **zamiana, przeliczenie 2** becoming a member of a new religion: *conversion to Catholicism* ▶ **nawrócenie**

convert[1] /kən'vɜːt/ verb [I,T] **1 convert (sth) (from sth) (into/to sth)** to change from one form, system or use to another: *a sofa that converts into a double bed* ○ *How do you convert pounds into kilos?* ○ *They're converting* (przebudowują) *the house into four flats.* ▶ **zamieniać (się), przeliczać 2 convert (sb) (from sth) (to sth)** to change to, or persuade sb to change to a new religion: *As a young man he converted to Islam.* ○ *to convert people to Christianity* ▶ **nawracać (się); przejść** (*na inną wiarę*)

convert[2] /'kɒnvɜːt/ noun [C] **a convert (to sth)** a person who has been persuaded to become a member of a particular religion ▶ **neofita, przechrzta**

convertible /kən'vɜːtəbl/ adj. able to be changed into another form: *a convertible sofa* ○ *convertible currencies* ▶ **rozkładany, wymienialny**

□ **convertible** noun [C] a car with a roof that can be folded down or taken off ▶ **kabriolet**

convex /'kɒnveks/ adj. having a surface that curves outwards: *a convex lens* ➲ Por. **concave**. ▶ **wypukły**

convey /kən'veɪ/ verb [T] **1** (formal) to transport sb/sth from one place to another ▶ **przewozić 2 convey sth (to sb)** to make ideas, thoughts, feelings, etc. known to sb; to communicate sth: *The film conveys a lot of information but in an entertaining manner.* ○ *Please convey my sympathy to her at this sad time.* ▶ **przekazywać**

■ **con'veyor belt** noun [C] a continuous moving belt that carries objects from one place to another, e.g. in a factory ▶ **transporter taśmowy**

convict /kən'vɪkt/ verb [T] **convict sb (of sth)** to declare in a court of law that sb is guilty of a crime: *He was convicted of armed robbery and sent to prison.* ○ *a convicted criminal* ❶ Antonim: **acquit**. ▶ **skazywać, zasądzać**

□ **convict** /'kɒnvɪkt/ (formal) noun [C] a person who has been found guilty of a crime and put in prison ▶ **skazan-y/a, więzień**

conviction /kən'vɪkʃn/ noun **1** [C,U] an occasion when sb is found guilty of a crime in a court of law; the act of finding sb guilty in this way: *He has several previous convictions for burglary.* ▶ **skazanie, wyrok 2** [C] very strong opinion or belief: *religious convictions* ▶ **przekonanie, przeświadczenie 3** [U] being certain and able to convince others about what you are doing: *He played without conviction and lost easily.* ▶ **przekonanie**

*__convince__ /kən'vɪns/ verb [T] **1 convince sb (of sth/that...)** to succeed in making sb believe sth: *She convinced him of the need to go back.* ○ *I couldn't convince her that I was right.* ➲ Por. **persuade**. ▶ **przekonać 2 convince sb (to do sth)** to persuade sb to do sth: *The salesman convinced them to buy it.* ❶ Niektórzy sądzą, że użycie **convince** w tym znaczeniu jest nieprawidłowe. ▶ **przekonać**

□ **convinced** adj. completely sure about sth: *He's convinced of his ability to win.* ○ *I'm convinced that she said it.* ▶ **przekonany** | **convincing** adj. **1** able to make sb believe sth: *Her explanation wasn't very convincing.* ▶ **przekonujący; trafiający do przekonania 2** (used about a victory) complete; clear: *a convincing win* ▶ **zdecydowany** | **convincingly** adv.: *to argue convincingly* ○ *He won the race convincingly.* ▶ **przekonująco; zdecydowanie**

convoy /'kɒnvɔɪ/ noun [C,U] a group of vehicles

or ships travelling together: *a convoy of lorries* ○ *warships travelling in convoy* ▶ **konwój**

convulse /kən'vʌls/ verb [I,T] to make sudden violent movements that you cannot control; to make sb move in this way: *to be convulsed with laughter* ▶ **wstrząsać (się), przyprawiać o konwulsje**

convulsion /kən'vʌlʃn/ noun [C, usually pl.] a sudden violent movement of the body that you cannot control: *Children sometimes have convulsions when their temperature goes up.* ▶ **konwulsja**

coo /ku:/ verb [I] **1** to make the sound that a dove or pigeon makes ▶ **gruchać 2** to speak in a soft, gentle voice: *He went to the cot and cooed over the baby.* ▶ **gruchać, gaworzyć**

***cook** /kʊk/ verb **1** [I,T] to prepare food for eating by heating it: *My mother taught me how to cook.* ○ *The sauce should be cooked on low heat for ten minutes.* ○ *He cooked us a meal.* ▶ **gotować 2** [I] (used about food) to be prepared for eating by being heated: *I could smell something cooking in the kitchen.* ▶ **gotować się**

Cook jest czasownikiem o znaczeniu ogólnym. Oprócz niego istnieją czasowniki określające różne sposoby gotowania. **Boil** znaczy gotować coś w wodzie (np. jajka, jarzyny, ryż), **steam** znaczy gotować na parze i odnosi się do jarzyn, ryb, deserów itp., natomiast **poach** znaczy gotować w małej ilości wody lub mleka (np. jajka bez skorupek, ryby). Czasownik **bake** znaczy piec na sucho (np. ciasta, ciasteczka, chleb, ziemniaki), **roast** – piec z dodatkiem tłuszczu (np. mięso, ziemniaki), a **toast** – opiekać w opiekaczu/tosterze (np. chleb, kanapki, ser). **Grill** znaczy opiekać na ruszcie lub pod opiekaczem w kuchence (np. mięso, rybę). Amerykański odpowiednik tego czasownika to **broil**. **Barbecue** znaczy opiekać nad ogniem (np. mięso, ryby, niektóre jarzyny), **on the spit** znaczy z rusztu, **brown** – rumienić, **fry** – smażyć, **stir-fry** – lekko smażyć na patelni używanej w kuchni chińskiej, a **sauté** smażyć w mniejszej ilości tłuszczu i na mniejszym ogniu. **Stew** znaczy dusić w sosie w garnku pod przykrywką, zaś **braise** – dusić powoli i w małej ilości sosu.

PHRASAL VERB **cook sth up** (informal) to invent sth that is not true: *She cooked up an excuse for not arriving on time.* ▶ **zmyślać coś**

□ **cook** noun [C] a person who cooks: *My sister is an excellent cook.* ○ *He works as a cook in a hotel restaurant.* ▶ **kucha-rz/rka** | **cooking** noun [U] **1** the preparation of food for eating: *Cooking is one of her hobbies.* ❶ Zamiast czasownika **cook** często używa się zwrotu **do the cooking**: *In our house, I do the cleaning and my husband does the cooking.* ▶ **gotowanie 2** food produced by cooking: *He missed his mother's cooking when he left home.* ▶ **gotowanie**

■ **'cookbook** noun [C] = COOKERY BOOK

***cooker** /'kʊkə(r)/ noun [C] a piece of kitchen equipment for cooking using gas or electricity, consisting of an oven, a flat top on which pans can be placed and often a grill ▶ **kuchenka**

cookery /'kʊkəri/ noun [U] the skill or methods of cooking: *My new recipe book is called 'Chinese Cookery for Beginners'.* ▶ **sztuka kulinarna, kuchnia**

■ **'cookery book** (also **cookbook**) noun [C] a book of recipes and instructions for cooking ▶ **książka kucharska**

cookie /'kʊki/ noun [C] (pl. **cookies**) (US) = BISCUIT

***cool**[1] /ku:l/ adj. **1** fairly cold; not hot or warm: *a cool evening* ○ *This product should be stored in a cool place.* ○ *What I'd like is a nice cool drink.* ➲ Zob. uwaga przy **cold**. ▶ **chłodny 2** calm; not excited or affected by strong emotions: *to remain cool under pressure* ▶ **opanowany, spokojny 3** unfriendly; not showing interest: *She is rather cool towards me.* ▶ **chłodny, oziębły; obojętny 4** (slang) excellent; impressive: *He had a really cool jacket on.* ▶ **odjazdowy, super**

□ **cool** noun [sing.] (**the cool**) a cool temperature or place; the quality of being cool: *We sat in the cool of a café, out of the sun.* ▶ **chłód, zimno**

IDIOM **keep/lose your cool** to remain calm/to stop being calm and become angry, nervous, etc. ▶ **zachowywać/tracić spokój**

coolly /'ku:lli/ adv. in a calm way; without showing much interest or excitement: *At first she was very angry; then she explained the problem coolly.* ○ *My offer was received rather coolly.* ▶ **spokojnie, z opanowaniem; chłodno, bez entuzjazmu** | **coolness** noun [U] the quality or state of being cool: *the coolness of the water* ○ *his coolness under stress* ○ *their coolness towards strangers* ▶ **chłód; spokój; rezerwa**

***cool**[2] /ku:l/ verb **1** [I,T] **cool (sth/sb) (down/off)** to lower the temperature of sth; to become cool(1): *Let the soup cool (down).* ○ *After the game we needed to cool off.* ○ *A nice cold drink will soon cool you down.* ▶ **stygnąć, chłodzić (się) 2** [I] (used about feelings) to become less strong ▶ **ochłonąć, studzić**

PHRASAL VERB **cool (sb) down/off** to become or make sb calmer ▶ **uspokajać (się), opanowywać (się)**

■ **,cooling-'off period** noun [C] a delay when sb is given time to think about sth ▶ **czas na ochłonięcie i przemyślenie czegoś**

coop /ku:p/ verb

PHRASAL VERB **coop sb/sth up (in sth)** to keep sb/sth inside a small space: *The children were cooped up indoors* (dzieci gnieździły się w domu) *all day because the weather was so bad.* ▶ **zamykać kogoś/zwierzęta w małym pomieszczeniu**

cooperate (also **co-operate**) /kəʊ'ɒpəreɪt/ verb [I] **1** to work with sb else to achieve sth: *Our company is cooperating with a Danish firm on this project.* ▶ **współpracować 2** to be helpful by doing what sb asks you to do: *If everyone cooperates by following the instructions, there will be no problem.* ○ *to cooperate with the police* ▶ **współpracować, współdziałać**

cooperation (also **co-operation**) /kəʊ,ɒpə'reɪʃn/ noun [U] **1 cooperation (with sb)** working together with sb else to achieve sth: *international cooperation to protect the ozone layer* ○ *Schools are working in close cooperation with parents to improve standards.* ▶ **współpraca** **2** willingness to be helpful by doing what sb asks you to do: *The police asked the public for their cooperation in the investigation.* ▶ **współpraca, kooperacja**

cooperative (also **co-operative**) /kəʊ'ɒpərətɪv/ adj. **1** done by people working together: *a cooperative business venture* ▶ **wspólny, spółdzielczy** **2** helpful; doing what sb asks you to do: *My firm were very cooperative and allowed me to have time off.* ❶ Antonim: **uncooperative**. ▶ **pomocny**

□ **cooperative** noun [C] a business or an organization that is owned and run by all of the people who work for it: *a workers' cooperative* ▶ **spółdzielnia**

coordinate¹ (also **co-ordinate**) /kəʊ'ɔːdɪnət/ noun [C] one of the two sets of numbers and/or letters that are used for finding the position of a point on a map ▶ **współrzędna**

coordinate² (also **co-ordinate**) /kəʊ'ɔːdɪneɪt/ verb [T] to organize different things or people so that they work together efficiently: *It is her job to coordinate the various departments.* ▶ **koordynować**

□ **coordination** /kəʊˌɔːdɪ'neɪʃn/ noun [U] **1** the organization of different things or people so that they work together efficiently ▶ **koordynacja, współdziałanie** **2** the ability to control the movements of your body properly: *You need good coordination between eye and hand to play badminton well.* ▶ **koordynacja** (*ruchów*) | **coordinator** noun [C] a person who is responsible for organizing different things or people so that they work together efficiently: *a project coordinator* ▶ **koordynator, prowadząc-y/a**

cop¹ /kɒp/ noun [C] (informal) a policeman or policewoman ▶ **glina**

cop² /kɒp/ verb (**copping**; **copped**) (informal)

PHRASAL VERB **cop out (of sth)** to avoid sth that you should do, because you are afraid or lazy: *She was going to help me with the cooking but she copped out at the last minute.* ▶ **wykręcić się (z czegoś)**

■ **'cop-out** noun [C] (informal) a way of avoiding sth that you should do: *I'm paying somebody to do the cooking for the party. It's a bit of a cop-out, I know.* ▶ **unik**

cope /kəʊp/ verb [I] **cope (with sb/sth)** to deal successfully with a difficult matter or situation: *She sometimes finds it difficult to cope with all the pressure at work.* ▶ **radzić sobie, podołać**

copious /'kəʊpiəs/ adj. in large amounts; plentiful: *She made copious notes at the lecture.* ▶ **obfity**

□ **copiously** adv. ▶ **obficie**

copper¹ /'kɒpə(r)/ noun **1** [U] a common red-dish-brown metal: *water pipes made of copper* ○ *copper wire* ▶ **miedź** **2** [C] a coin of low value made of brown metal: *I only had a few coppers left.* ▶ **miedziak**

copper² /'kɒpə(r)/ noun [C] (informal) a policeman or policewoman ▶ **glina**

co-produce /ˌkəʊprə'djuːs/ verb [T] to produce a film, television programme, play, etc. together with another person or company ▶ **koprodukować**

copse /kɒps/ noun [C] a small group of trees or bushes that are close together ▶ **zagajnik**

copulate /'kɒpjuleɪt/ verb [I] (formal) (used especially about animals) to have sexual intercourse ▶ **spółkować**

□ **copulation** /ˌkɒpju'leɪʃn/ noun [U] ▶ **spółkowanie**

★**copy¹** /'kɒpi/ noun [C] (pl. **copies**) **1** something that is made to look exactly like sth else: *I kept a copy of the letter I wrote.* ○ *The painting isn't an original, of course, it's only a copy.* ○ *the master copy* (oryginał) ○ *to make a copy of a computer file* ➲ Por. **photocopy**. ▶ **kopia** **2** a book, newspaper, record, etc. of which many have been printed or produced: *I managed to buy the last copy of the book left in the shop.* ▶ **egzemplarz**

★**copy²** /'kɒpi/ verb (pres. part. **copying**; 3rd pers. sing. pres. **copies**; pt, pp **copied**) **1** [T] **copy sth (down/out)** to write down sth exactly as it is written somewhere else: *The students copied what was written on the board.* ○ *I copied down the address on the brochure.* ○ *I copied out the letter more neatly.* ▶ **kopiować, przepisywać** **2** [T] to make a copy of a video, computer information, etc.: *It is illegal to copy videos.* ▶ **kopiować; reprodukować** **3** [T] = PHOTOCOPY **4** [T] to do or try to do the same as sb else; to imitate: *She copies everything her friends do.* ▶ **naśladować** **5** [I] **copy (from sb)** to cheat by writing what sb else has written: *He was caught copying from his neighbour in the exam.* ▶ **ściągać, odpisywać**

copyright /'kɒpiraɪt/ noun [C,U] the legal right to be the only person who may print, copy, perform, etc. a piece of original work, such as a book, a song or a computer program ▶ **prawo autorskie**

coral /'kɒrəl/ noun [U] a hard red, pink or white substance formed from the bones of very small sea animals, often used for making jewellery: *a coral reef* ○ *a coral necklace* ▶ **koral**

cord /kɔːd/ noun **1** [C,U] (a piece of) strong, thick string ▶ **sznur** **2** [C,U] (especially US) = FLEX¹ **3** (**cords**) [pl.] corduroy trousers ▶ **spodnie sztruksowe**

□ **cordless** /'kɔːdləs/ adj. without a cord(2): *a cordless phone* ▶ **bezprzewodowy**

cordial /'kɔːdiəl; US 'kɔːrdʒəl/ adj. friendly: *a cordial greeting* ○ *a cordial meeting* ▶ **serdeczny, życzliwy**

□ **cordially** /-diəli; US -dʒəli/ adv. ▶ **serdecznie, życzliwie**

cordon /'kɔːdn/ noun [C] a line or ring of police or soldiers that prevents people from entering or leaving an area ▶ **kordon**

□ **cordon** verb

PHRASAL VERB **cordon sth off** to close an area by surrounding it with a ring of police or soldiers:

The street where the bomb was discovered was quickly cordoned off. ▶ **otaczać i zamykać kordonem**

corduroy /ˈkɔːdərɔɪ/ noun [U] a thick soft cotton cloth with raised lines on it, used for making clothes: *a corduroy jacket* ▶ **sztruks**

core /kɔː(r)/ noun **1** [C] the hard centre of certain fruits, containing seeds: *an apple core* ▶ **środek owocu, ogryzek 2** [sing.] the central or most important part of sth: *the core curriculum* ○ *the core vocabulary of a language* ▶ **podstawa, rdzeń 3** [C] the central part of a planet: *the earth's core* ▶ **jądro** (*planety*)

IDIOM **to the core** completely; in every way: *The system is rotten to the core.* ○ *The news shook him to the core.* ▶ **do szpiku kości**

coriander /ˌkɒriˈændə(r); US ˌkɔːr-/ noun [U] a plant whose fresh leaves and dried seeds are used in cooking ▶ **kolendra**

cork /kɔːk/ noun **1** [U] a light but tough substance which comes from the outside of a type of tree. It floats on water: *cork floor tiles* ▶ **korek 2** [C] a round piece of cork that you push into the end of a bottle to close it, especially a bottle of wine ➲ Ilustr. do **container**. ▶ **korek**

■ ˈ**corkscrew** noun [C] a tool that you use for pulling corks out of bottles ➲ Ilustr. do **kitchen**. ▶ **korkociąg**

⋆**corn¹** /kɔːn/ noun [U] **1** (especially Brit.) a general word for grain crops such as wheat, or the seeds from these crops: *a field of corn* ○ *a corn field* ○ *sacks of corn* ▶ **zboże**; **ziarno 2** (US) = MAIZE

■ ˈ**cornflakes** noun [pl.] food made of small pieces of dried corn and eaten with milk for breakfast : *a bowl of cornflakes* ▶ **płatki kukurydziane** | ˈ**cornflour** noun [U] very fine flour often used for making puddings, sauces, etc. ▶ **mąka kukurydziana** | ˌ**corn on the** ˈ**cob** noun [U] the long round part of the maize plant with yellow grains on it that is cooked and eaten as a vegetable ▶ **kolba kukurydzy**

corn² /kɔːn/ noun [C] a small, painful area of hard skin on the toe ▶ **odcisk, nagniotek**

⋆**corner¹** /ˈkɔːnə(r)/ noun [C] **1** a place where two lines, edges, surfaces or roads meet: *in a corner of the room* ○ *Write your address in the top right-hand corner.* ○ *The pub is on the corner of Wall Street and Long Road.* ○ *He went round the corner* (wziął zakręt) *at top speed.* ▶ **kąt, róg 2** a quiet or secret place or area: *a remote corner of Scotland* ▶ **zakątek 3** a difficult situation which you cannot escape from: *to get yourself into a corner* ▶ **ślepy zaułek, sytuacja bez wyjścia 4** (also ˈ**corner kick**) (in football) a kick from the corner of a field ▶ **rzut rożny**

corner

The car is in the corner.

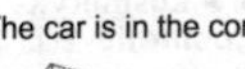

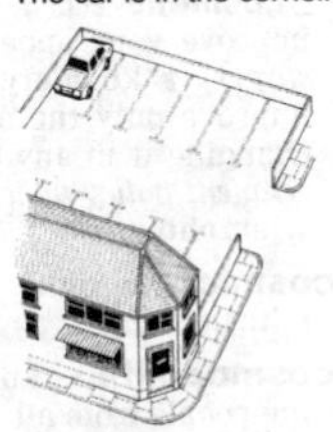

The shop is on the corner.

IDIOMS **cut corners** to do sth quickly and not as well as you should ▶ **robić coś szybko i niedbale** | **(just) round the corner** very near: *There's a phone box just round the corner.* ▶ **(zaraz) za rogiem**

⋆**corner²** /ˈkɔːnə(r)/ verb [T] **1** to get a person or an animal into a position from which it is difficult or impossible to escape : *He cornered me at the party and started telling me all his problems.* ▶ **osaczać, przypierać (kogoś) do muru 2** to get control in some area of business so that there is no room for anybody else to have any success: *That company's really cornered the market in health foods.* ▶ **opanowywać**

cornflower /ˈkɔːnflaʊə(r)/ noun [C] a small plant with blue flowers, that often grows wild ▶ **chaber, bławatek**

corny /ˈkɔːni/ adj. (**cornier**; **corniest**) (informal) too ordinary or familiar to be interesting or amusing: *a corny joke* ▶ **wytarty, wyświechtany**

coronary /ˈkɒrənri; US ˈkɔːrəneri/ adj. connected with the heart ▶ **wieńcowy**

□ **coronary** noun [C] (pl. **coronaries**) a type of heart attack in which the blood cannot flow to the heart because a tube (artery) is blocked. Coronaries can cause damage to the heart and death. ▶ **zawał serca**

coronation /ˌkɒrəˈneɪʃn; US ˌkɔːr-/ noun [C] a ceremony at which a king or queen is crowned ▶ **koronacja**

coroner /ˈkɒrənə(r); US ˈkɔːr-/ noun [C] an official whose job is to find out the causes of death of people who have died in violent or unusual ways ▶ **funkcjonariusz śledczy ustalający przyczyny śmierci nienaturalnej**

Corp. (US) abbr. Corporation: *West Coast Motor Corporation* ▶ **sp.**

corporal /ˈkɔːpərəl/ noun [C] a person of low rank in the army or air force ▶ **kapral**

■ ˌ**corporal** ˈ**punishment** noun [U] the punishment of people by hitting them, especially the punishment of children by parents or teachers ▶ **kara cielesna**

corporate /ˈkɔːpərət/ adj. of or shared by all the members of a group or an organization: *corporate responsibility* ▶ **zbiorowy, zespołowy**

corporation /ˌkɔːpəˈreɪʃn/ noun [C, with sing. or pl. verb] **1** (abbr. **Corp.**) a large business company: *the Nikon Corporation* ○ *multinational corporations* ○ *the British Broadcasting Corporation* ▶ **korporacja**, **spółka 2** a group of people elected to govern a particular town or city ▶ **zarząd miasta**

corps /kɔː(r)/ noun [C, with sing. or pl. verb] (pl. **corps** /kɔː(r)/) **1** a part of an army with special duties: *the medical corps* ▶ **korpus 2** a group of people involved in a special activity: *the diplomatic corps* ▶ **korpus**

corpse /kɔːps/ noun [C] a dead body, especially of a person ➲ Por. **carcass**. ▶ **zwłoki**

⋆**correct¹** /kəˈrekt/ adj. **1** with no mistakes;

right or true: *Well done! All your answers were correct.* ○ *Have you got the correct time, please?* ▶ **poprawny; prawidłowy 2** (used about behaviour, manners, dress, etc.) suitable according to normal customs and ideas: *What's the correct form of address for a vicar?* ▶ **właściwy, odpowiedni** ❶ Antonim w znaczeniach 1 i 2: **incorrect**.

□ **correctly** adv. ▶ **poprawnie, prawidłowo; właściwie, odpowiednio** | **correctness** noun [U] ▶ **poprawność, prawidłowość; właściwość, odpowiedność**

★**correct²** /kəˈrekt/ verb [T] **1** to make a mistake, fault, etc. right or better: *to correct a spelling mistake* ○ *to correct a test* ▶ **poprawiać 2** to point out the mistakes or faults of sb: *He's always correcting me when I'm talking to people.* ▶ **poprawiać**

correction /kəˈrekʃn/ noun [C,U] (an act of) making sth right or changing sth: *Can you do your corrections to the essay, please?* ○ *Some parts of the report needed correction.* ▶ **poprawka, skorygowanie**

corrective /kəˈrektɪv/ adj. intended to put right sth that is wrong: *to take corrective action* ▶ **korygujący, korekcyjny**

correlate /ˈkɒrəleɪt/ verb [I,T] to have or to show a relationship or connection: *The figures do not seem to correlate.* ▶ **być współzależnym, korelować**

□ **correlation** /ˌkɒrəˈleɪʃn/ noun [C,U]: *a correlation between diet and intelligence* ▶ **współzależność, korelacja**

correspond /ˌkɒrəˈspɒnd/ verb [I] **1 correspond (to sth)** to be similar or equal (to sth): *American High Schools correspond to British comprehensives.* ▶ **odpowiadać (czemuś) 2 correspond (with sth)** to be the same as; to match: *Does the name on the envelope correspond with the name inside the letter?* ▶ **zgadzać się (z czymś) 3 correspond (with sb)** to write letters to and receive them from sb: *They corresponded for a year before they got married.* ▶ **korespondować**

□ **corresponding** adj. (only before a noun) related or similar: *Sales are up 10% compared with the corresponding period last year.* ▶ **odpowiedni, analogiczny** | **correspondingly** adv. ▶ **odpowiednio**

correspondence /ˌkɒrəˈspɒndəns/ noun **1** [U] the act of writing letters; the letters themselves: *There hasn't been any correspondence between them for years.* ○ *Please address all correspondence to the Arts Editor.* ▶ **korespondencja 2** [C,U] a close connection or relationship: *There is no correspondence between the two sets of figures.* ▶ **zgodność, zbieżność**

correspondent /ˌkɒrəˈspɒndənt/ noun [C] **1** a person who provides news or writes articles for a newspaper, etc., especially from abroad: *our Middle East correspondent, Andy Jenkins* ▶ **(zagraniczn-y/a) korespondent/ka 2** a person who writes letters ▶ **korespondent/ka**

★**corridor** /ˈkɒrɪdɔː(r)/ noun [C] a long narrow passage in a building or train, with doors that open into rooms, etc.: *to walk along a corridor* ▶ **korytarz**

corroborate /kəˈrɒbəreɪt/ verb [T] (formal) to support a statement, idea, etc. by providing new evidence: *The witness corroborated Mr Patton's statement about the night of the murder.* ▶ **potwierdzać, poświadczać**

□ **corroboration** /kəˌrɒbəˈreɪʃn/ noun [U] ▶ **potwierdzenie, poświadczenie**

corrode /kəˈrəʊd/ verb [I,T] (used about metals) to become weak or to be destroyed by chemical action; to cause a metal to do this: *Parts of the car were corroded by rust.* ▶ **korodować**

□ **corrosion** /kəˈrəʊʒn/ noun [U] the process of being destroyed by chemical action; the damage caused when sth is corroded ▶ **korozja** | **corrosive** /kəˈrəʊsɪv/ adj. ▶ **żrący, powodujący korozję**

corrugated /ˈkɒrəgeɪtɪd/ adj. (used about metal or cardboard) shaped into folds; not smooth and flat: *corrugated iron* blacha falista ▶ **fałdowany, karbowany**

corrupt /kəˈrʌpt/ adj. not honest, moral or legal: *corrupt business practices* ○ *corrupt officials who accept bribes* ▶ **skorumpowany, przekupny**

□ **corrupt** verb [I,T] to cause sb/sth to become dishonest or to have lower moral standards: *Money corrupts.* ○ *Does television corrupt the minds of the young?* ▶ **korumpować, demoralizować** | **corruption** /kəˈrʌpʃn/ noun [U] **1** behaviour that is not honest or legal, especially by people in official positions: *There were accusations of corruption among senior police officers.* ▶ **korupcja, przekupstwo 2** the process of making sb/sth corrupt: *the corruption of an innocent young boy* ▶ **korupcja, demoralizacja**

corset /ˈkɔːsɪt/ noun [C] a tight piece of clothing worn by some women close to their skin in order to make themselves look thinner ▶ **gorset**

cos = BECAUSE

cosmetic /kɒzˈmetɪk/ noun [C, usually pl.] a substance that you put on your face or hair to make yourself look more attractive: *I only use cosmetics that are not tested on animals.* ➲ Por. **make-up**. ▶ **kosmetyk**

□ **cosmetic** adj. **1** used or done in order to improve your appearance: *cosmetic products/surgery* ▶ **kosmetyczny 2** done in order to improve only the appearance of sth, without changing it in any other way: *changes in government policy which are purely cosmetic* ▶ **powierzchowny**

cosmic /ˈkɒzmɪk/ adj. of the whole universe ▶ **kosmiczny**

cosmopolitan /ˌkɒzməˈpɒlɪtən/ adj. **1** containing people from all over the world: *a cosmopolitan city* ▶ **kosmopolityczny, wielonarodowy 2** having, or influenced by, wide experience of other countries and cultures: *the cosmopolitan atmosphere of the bars and cafés* ○ *a cosmopolitan and sophisticated young woman* ▶ **kosmopolityczny**

cosmos /ˈkɒzmɒs/ noun [sing.] (**the cosmos**) the universe ▶ **kosmos, wszechświat**

★**cost**[1] /kɒst; US kɔːst/ noun **1** [C,U] the money that you have to pay for sth: *The cost of petrol has gone up again.* ○ *the cost of living* koszty utrzymania ○ *The damage will have to be put right regardless of cost.* ○ *We made so little money at our school dance that we didn't even cover the cost of the band.* ➲ Zob. uwaga przy **price**. ▶ **koszt/y 2** [sing., U] what you have to give or lose in order to obtain sth else: *He achieved great success but only at the cost of a happy family life.* ▶ **cena, koszt 3** (**costs**) [pl.] the cost of settling sth in a court of law; the amount of money that the losing side has to pay to the winning side: *a £250 fine and £100 costs* ▶ **koszty sądowe**

IDIOMS **at all costs/at any cost** using whatever means are necessary to achieve sth: *We must win at all costs.* ▶ **za wszelką cenę** | **to your cost** in a way that is unpleasant or bad for you: *Life can be lonely at university, as I found out to my cost.* ▶ **na sobie, na własnej skórze**

★**cost**[2] /kɒst; US kɔːst/ verb [T] (pt, pp **cost**) **1** to have the price of: *These apples cost 40p a pound.* ○ *How much does it cost?* ○ *It cost me £10 to go by train.* ▶ **kosztować 2** to make you lose sth: *That one mistake cost him his job.* ▶ **kosztować 3** to estimate the price to be asked for some goods, a service, etc.: *Engineers costed the repairs at £2 million.* ❶ Czas przeszły i imiesłów czasu przeszłego czasownika **cost** w tym znaczeniu to **costed**. ▶ **wyceniać, szacować koszt**

IDIOM **cost the earth/a fortune** to be very expensive ▶ **kosztować fortunę**

co-star /ˈkəʊ stɑː(r)/ verb (**co-starring; co-starred**) **1** [T] (used of a film, play, etc.) to have two or more famous actors as its stars: *a film co-starring Michael Caine and Sean Connery* ▶ (*o filmie*) **przedstawiać dwie lub więcej gwiazd filmowych 2** [I] (used of actors) to be one of two or more stars in a film, play, etc.: *Michael Caine co-stars with Sean Connery in the film.* ▶ **występować wspólnie**

□ **co-star** noun [C] a famous actor or actress who has one of the most important parts in a film, play, etc. in which another famous actor or actress also appears: *His co-star was Marilyn Monroe.* ▶ **współwykonaw-ca/czyni głównych ról, odtwór-ca/czyni jednej z głównych ról**

costly /ˈkɒstli; US ˈkɔːst-/ adj. (**costlier; costliest**) **1** costing a lot of money; expensive: *a costly repair bill* ▶ **drogi, kosztowny 2** involving great loss of time, effort, etc.: *a costly mistake* ▶ **kosztowny**

costume /ˈkɒstjuːm; US -tuːm/ noun **1** [C,U] a set or style of clothes worn by people in a particular country or at a particular time: *She designs costumes for the theatre.* ○ *17th century costume* ○ *the Welsh national costume* ▶ **kostium, strój 2** [C] = SWIMSUIT

cosy /ˈkəʊzi/ adj. (**cosier; cosiest**) (US **cozy**) warm and comfortable: *The room looked cosy and inviting in the firelight.* ▶ **przytulny**

cot /kɒt/ (US **crib**) noun [C] a bed for a baby or young child, with high sides to stop it from falling out ➲ Ilustr. do **bed**. ▶ **łóżeczko dziecięce**

cottage /ˈkɒtɪdʒ/ noun [C] a small and usually old house, especially in the country: *a pretty village with little thatched cottages* ▶ **chata, chałupa**

■ ˌ**cottage ˈcheese** noun [U] a type of soft white cheese in small lumps ▶ **serek wiejski, twaróg** | ˌ**cottage ˈpie** noun [C] = SHEPHERD'S PIE

★**cotton**[1] /ˈkɒtn/ noun [U] **1** a natural cloth or thread; the tall tropical plant that produces it: *a reel of cotton* ○ *a cotton field* ▶ **bawełna, nić 2** (US) = COTTON WOOL

■ ˌ**cotton ˈwool** noun [U] soft, loose cotton in a mass, used for cleaning the skin ▶ **wata**

cotton[2] /ˈkɒtn/ verb

PHRASAL VERB **cotton on (to sth)** (informal) to understand sth: *It took me ages to cotton on.* ▶ **zaskoczyć, kapować**

couch[1] /kaʊtʃ/ noun [C] a long seat, often with a back and arms, for sitting or lying on: *They were sitting on the couch in the living-room.* ○ *a doctor's couch* ▶ **kanapa, leżanka**

■ ˈ**couch potato** noun (informal) a person who spends a lot of time sitting and watching television ▶ **telemaniak**

couch[2] /kaʊtʃ/ verb [T] (usually passive) (formal) to express a thought, idea, etc. (in the way mentioned): *His reply was couched in very polite terms.* ▶ **ubierać w słowa**

★**cough** /kɒf; US kɔːf/ verb **1** [I] to send air out of your throat and mouth with a sudden loud noise, especially when you have a cold, have sth in your throat, etc.: *I could hear him coughing all night.* ▶ **kaszleć 2** [T] **cough sth (up)** to send sth out of your throat and mouth with a sudden loud noise: *He was coughing blood.* Pluł krwią. ▶ **odkasznąć**

PHRASAL VERB **cough (sth) up** (informal) to give money or information unwillingly: *Come on, cough up what you owe me!* ▶ **wyduszać (z siebie), bulić**

□ **cough** noun [C] **1** an act or the sound of coughing: *He gave a nervous cough before he started to speak.* ▶ **kaszel 2** an illness or infection that makes you cough a lot: *She's had a cough for weeks.* ○ *cough medicine* ○ *coughs and colds* ▶ **kaszel**

★**could** /kəd; strong form kʊd/ modal verb (negative **could not**; short form **couldn't** /ˈkʊdnt/) **1** (used as the past form of 'can' when you report what sb says): *She said that she couldn't come* (że nie może przyjść). **2** (used for saying that sth is, will be, or was possible): *I could* (mogłabym/mogę) *do it now if you like.* ○ *She could* (może) *be famous one day.* ○ *Couldn't you* (czy nie mógłbyś) *come earlier?* ○ *He could have gone* (on mógł (był) pójść) *to university but he didn't want to.* ○ *I can't find my purse. I could have left it* (mogłam zostawić ją) *in the bank.* ○ *You could have said* (przecież mogłeś powiedzieć, że) *you were going to be late!* ➲ Zob. uwaga przy **can**[1](1).

Jeśli coś można było (udało się) wykonać w przeszłości, wówczas stosuje się **was/were**

able to: *The firemen were able to rescue the children.* W zdaniach przeczących można również stosować **could not**: *The firemen couldn't rescue the children.*

3 (used for saying that sb had the ability in the past to do sth): *I could run two miles without stopping* (mogłem przebiec dwie mile bez zatrzymywania) *when I was younger.* ○ *My mother could cook beautifully.* Moja matka świetnie gotowała. **4** (used for asking permission politely): *Could I possibly borrow your car?* ▶ **czy mógłbym, mogłabym itd. 5** (used for asking sb politely to do sth for you): *Could you open the door? My hands are full.* ▶ **czy mógłbyś, mogłabyś itd. 6** (**I could/could have**) I would like/have liked to: *I could scream, I'm so angry.* Jestem tak wściekły, że mógłbym wrzeszczeć. ○ *I was so angry I could have screamed.* Byłem taki wściekły, że mogłem wrzeszczeć. ▶ **mógłbym, mógłem 7** (used with the verbs 'feel', 'hear', 'see', 'smell', 'taste') ❶ Czasowniki **feel**, **hear**, **see**, **taste** nie występują w czasach *continuous*: *We could hear the birds singing* (a nie ~~*We were hearing…*~~) Słyszeliśmy śpiew ptaków.

***council** (also **Council**) /ˈkaʊnsl/ noun [C, with sing. or pl. verb] **1** a group of people who are elected to manage affairs for a town, city, county, etc.: *The county council has/have decided to build a new road.* ○ *a council decision* ○ *Oxford City Council* ○ *a council house* dom wybudowany przez miasto i będący jego własnością ➲ Zob. uwaga przy **local government**. ▶ **rada** (*miejska/państwowa*) **2** a group of people elected to give advice, manage affairs, etc. for a particular organization or area of activity: *a student council* ○ *the Arts Council* ▶ **rada, zarząd**

□ **councillor** /ˈkaʊnsələ(r)/ noun [C] a member of a council: *to elect new councillors* ▶ **radn-y/a**

■ ˈ**council tax** noun [sing.] a tax to pay for local services. Every adult in a particular area must pay at the same rate. ▶ **podatek komunalny**

counsel¹ /ˈkaʊnsl/ verb [T] (**counse<u>ll</u>ing; counse<u>ll</u>ed**; US **counse<u>l</u>ing; counse<u>l</u>ed**) **1** (formal) to advise or recommend: *Mr Dean's lawyers counselled him against* (odradzili mu) *making public statements.* ▶ **radzić, doradzać 2** to give professional advice to sb with a problem ▶ **radzić, doradzać**

□ **counselling** (US **counseling**) /-səlɪŋ/ noun [U] professional advice given to people with problems: *Many students come to us for counselling.* ○ *psychiatric counselling* ▶ **porada, forma psychoterapii** | **counsellor** (US **counselor**) /ˈkaʊnsələ(r)/ noun [C] a person whose job is to give advice: *a student counsellor* ▶ **(do)radca**

counsel² /ˈkaʊnsl/ noun **1** [U] (formal) advice ▶ **rada, porada 2** [C] (pl. **counsel**) a lawyer who speaks in a court of law: *the counsel for the defence/prosecution* ▶ **adwokat**

***count¹** /kaʊnt/ verb **1** [I] to say numbers one after another in order: *Close your eyes and count (up) to 20.* ○ *to count from 0 to 100* ▶ **liczyć 2** [T] **count sth (up)** to calculate the total number or amount of sth: *The teacher counted the children as they got on the bus.* ▶ **rachować, przeliczać 3** [I] **count (for sth)** to be important or valuable: *Your opinion really counts.* ▶ **liczyć się 4** [I] **count (as sth)** to be accepted: *'I won,' shouted Tom. 'But you cheated so it doesn't count,' replied Sarah.* ○ *Will my driving licence count as identification?* ▶ **liczyć się, być uznawanym 5** [T] to consider to be: *You should count yourself lucky to have a good job.* ▶ **uważać za coś 6** [T] to include sb/sth when you are calculating an amount or number: *The holiday costs about £1 000, not counting the flights.* ▶ **wliczać**

IDIOM **don't count your chickens (before they're hatched)** (used to say that you should not be too confident that sth will be successful because sth might still go wrong) ▶ **nie mów hop, dopóki nie przeskoczysz**

PHRASAL VERBS **count against sb** to be considered as a disadvantage: *Do you think my age will count against me?* ▶ **być uznawanym na czyjąś niekorzyść** | **count on sb/sth** to expect sth with confidence; to rely on sb/sth: *In England you can't count on good weather in May.* ○ *Can I count on you to help me?* ▶ **liczyć na kogoś/coś** | **count sb/sth out 1** to count things slowly, one by one: *She carefully counted out £100 in five-pound notes.* ▶ **odliczać 2** (informal) to not include sb/sth: *If you're going swimming, you can count me out!* ▶ **skreślać kogoś/coś, nie brać kogoś/czegoś pod uwagę**

□ **countable** adj. that can be counted ❶ Antonim: **uncountable**. ▶ **policzalny**

■ ˈ**countable noun** (also ˈ**count noun**) noun [C] a noun that can be used in the plural, and with words like 'a', 'many' and 'few': *Countable nouns are marked* [C] *in this dictionary.* ▶ **rzeczownik policzalny** | ˈ**countdown** noun [C] the act of saying numbers backwards to zero just before sth important happens: *the countdown to take-off* ▶ **odliczenie** (*np. czasu*)

count² /kaʊnt/ noun [C] **1** [usually sing.] an act of counting or a number that you get after counting: *At the latest count, there were nearly 2 million unemployed.* ▶ **obliczenie, rachunek 2** [usually pl.] a point that is made in a discussion, argument, etc.: *I proved her wrong on all counts* (pod każdym względem). ▶ **wzgląd**

IDIOM **keep/lose count (of sth)** to know/not know how many there are of sth: *I've lost count of the number of times he's told that joke!* ▶ **prowadzić rachunek czegoś; stracić rachubę**

count³ (also **Count**) /kaʊnt/ noun [C] a title for a man of noble birth in some European countries ▶ **hrabia**

counter¹ /ˈkaʊntə(r)/ noun [C] **1** a long, flat surface or table in a shop, bank, etc., where customers are served ▶ **lada 2** a small object (usually round and make of plastic) that is used in some games to show where a player is on the board ▶ **pionek 3** an electronic device for counting sth ▶ **licznik**

counter² /ˈkaʊntə(r)/ adv. **counter to sth** in the opposite direction to sth: *Events seemed to be going counter to our expectations.* ▶ **przeciwnie do czegoś, w kierunku odwrotnym**

counter³ /ˈkaʊntə(r)/ verb **1** [I,T] to answer or react to sb/sth with a different opinion or a return attack: *He countered our criticism with a powerful defence of his actions.* ▶ **odparowywać 2** [T] to try to reduce or prevent the bad effects of sth: *The shop has installed security cameras to counter theft.* ▶ **usiłować zapobiegać czemuś**

counteract /ˌkaʊntərˈækt/ verb [T] to reduce the effect of sth by acting against it: *measures to counteract traffic congestion* ▶ **przeciwdziałać**

counter-attack /ˈkaʊntər ətæk/ noun [C] an attack made in reaction to an enemy's attack ▶ **kontratak**

□ **counter-attack** verb [I,T] ▶ **kontratakować**

counterfeit /ˈkaʊntəfɪt/ adj. not genuine, but copied so that it looks like the real thing: *counterfeit money* ▶ **podrobiony, fałszywy**

counterfoil /ˈkaʊntəfɔɪl/ noun [C] the part of a cheque or receipt that you keep as a record ▶ **odcinek** (*np. czeku*)

counterpart /ˈkaʊntəpɑːt/ noun [C] a person or thing that has a similar position or function to sb/sth else: *She's my counterpart in our New York office.* ▶ **odpowiednik**

counterproductive /ˌkaʊntəprəˈdʌktɪv/ adj. having the opposite effect to the one you want ▶ **ze skutkiem odwrotnym (do oczekiwanego)**

counter-tenor /ˌkaʊntə ˈtenə/ noun [C] a man who is trained to sing with a very high voice ▶ **kontratenor**

countess /ˈkaʊntəs; -es/ noun [C] a woman who is married to a count or earl, or who has the same rank as one ▶ **hrabina**

countless /ˈkaʊntləs/ adj. (only before a noun) very many: *I've tried to telephone him countless times.* ▶ **niezliczony**

⋆**country** /ˈkʌntri/ noun (pl. **countries**) **1** [C, sing.] an area of land with its own people, government, etc.: *Poland and other European countries* ○ *There is snow over much of the country.* ▶ **kraj**

> **State** stosuje się do określenia kraju jako zorganizowanej społeczności politycznej pod kontrolą jednego rządu. Może również oznaczać sam rząd: *a politically independent state* ○ *the member states of the EU* ○ *You get a pension from the state when you retire.* ○ *state education.* **Land** jest określeniem bardziej formalnym i literackim: *Explorers who set out to discover new lands.*

2 (**the country**) [sing.] the people who live in a country: *a survey to find out what the country really thinks* ▶ **kraj 3** (**the country**) [sing.] land which is away from towns and cities: *Do you live in the town or the country?* ○ *country life* ▶ **wieś, prowincja**

> Słowo **country** jest używane w celu podkreślenia, że dany obszar znajduje się z dala od miast: *city workers who like to get out into the country at weekends.* Słowo **countryside** również dotyczy obszarów oddalonych od miast, ale podkreśla ich walory przyrodnicze, na przykład wzgórza, rzeki, drzewa itp.: *beautiful countryside* ○ *the destruction of the countryside by new roads.* **Landscape** dotyczy wszystkiego, co widzimy na danym obszarze, bez względu na to, czy jest to teren miejski, czy wiejski: *a dreary landscape of factories and chimneys* ○ *a landscape of forests and lakes.*

4 [U] an area of land (especially considering its physical features): *We looked down over miles of open country.* ○ *hilly country* ▶ **teren, krajobraz**

■ **ˌcountry-and-ˈwestern** noun [U] a type of popular music that comes from the southern and western USA ▶ **muzyka country** | **ˌcountry ˈhouse** noun [C] a large house in the country, usually owned by an important family and often with a lot of land ▶ **rezydencja wiejska**

countryman /ˈkʌntrimən/ noun [C] (pl. **countrymen**; fem. **countrywoman** /ˈkʌntriwʊmən/; pl. **countrywomen**) **1** a person from your own country ▶ **roda-k/czka 2** a person who lives in the country(3) ▶ **mieszkan-iec/ka wsi, wieśnia-k/czka**

countryside /ˈkʌntrisaɪd/ noun [U, sing.] (**the countryside**) land which is away from towns and cities, consisting of farms, woods, etc.: *the French countryside* ○ *The countryside near York is very beautiful.* ➲ Zob. uwaga przy **country**. ▶ **krajobraz wiejski, okolica**

county /ˈkaʊnti/ noun [C] (pl. **counties**) an area in Britain, Ireland or the USA which has its own local government: *the county of Kent* ▶ **hrabstwo**

coup /kuː/ noun [C] (pl. **coups** /kuːz/) **1** (also **coup d'état**) /ˌkuː deɪˈtɑː/ (pl. **coups d'état** /ˌkuː deɪˈtɑː/) a sudden and often violent change of government organized by a small group of people: *a coup to overthrow the President* ○ *an attempted coup* nieudany zamach stanu ▶ **zamach stanu 2** a clever and successful thing to do: *Getting that promotion was a real coup.* ▶ **wyczyn, mistrzowskie posunięcie**

⋆**couple¹** /ˈkʌpl/ noun [C, with sing. or pl. verb] two people who are married, living together, etc.: *A very nice couple have moved in next door.* ○ *a married couple* ▶ **para**

IDIOM **a couple of people/things 1** two people/things: *I need a couple of glasses.* ▶ **para 2** a few (not saying an exact number): *I last saw her a couple of months ago.* ▶ **kilka**

couple² /ˈkʌpl/ verb [T] (usually passive) to join or link sb/sth to sb/sth else: *The fog, coupled with the amount of traffic on the roads, made driving very difficult.* ▶ **łączyć, wiązać ze sobą**

coupon /ˈkuːpɒn/ noun [C] **1** a small piece of paper which you can use to buy goods at a lower price, or which you can collect and then exchange for goods: *a coupon worth £1 off your next purchase* ▶ **talon, kupon 2** a small form in a newspaper or magazine which you fill in with your name and address and send off, in order to get information or to enter a competition: *To* *place your order, simply fill in the coupon at the bottom of this page.* ▶ **kupon**

★**courage** /ˈkʌrɪdʒ/ noun [U] the ability to control fear in a situation that may be dangerous or unpleasant: *It took real courage to go back into the burning building.* ○ *She showed great courage all through her long illness.* ▶ **odwaga**

IDIOM **pluck up courage** → PLUCK

□ **courageous** /kəˈreɪdʒəs/ adj. having or showing courage; brave ▶ **odważny** | **courageously** adv. ▶ **odważnie**

courgette /kʊəˈʒet/ (especially US **zucchini**) noun [C] a long vegetable with a thick green skin that is usually eaten cooked. A courgette is a small marrow. ▶ **cukinia**

courier /ˈkʊriə(r)/ noun [C] **1** a person whose job is to look after a group of tourists ▶ **pilot/ka turystyczn-y/a** **2** a person whose job is to carry letters, important papers, etc., especially when they are urgent ▶ **kurier, goniec**

★**course** /kɔːs/ noun **1** [C] one of the parts of a meal: *a three-course lunch* ○ *I had chicken for the main course.* ➲ Por. **dish**[1](2). ▶ **danie** **2** [C] **a course (in/on sth)** a complete series of lessons or studies: *I've enrolled on an English course.* ○ *I'm taking a course in self-defence.* ○ *At some universities the course lasts for four years.* ○ *coursework* praca wykonana podczas całego kursu/semestru, za którą ocenę włącza się do oceny końcowej ucznia ▶ **kurs** **3** [C] an area where golf is played or where certain types of race take place: *a golf course* ○ *a racecourse* tor wyścigów konnych ○ *Several of the horses didn't complete the course.* ▶ **pole, tor wyścigowy** **4** [C] **a course (of sth)** a series of medical treatments: *The doctor put her on a course of tablets.* ▶ **seria, kuracja** **5** [C,U] the route or direction that sth, especially an aeroplane, ship or river, takes: *We changed course and sailed towards land.* ○ *to be on/off course* trzymać się kursu/zbaczać z kursu ○ *the course of the Rhine* ○ (figurative) *I'm on course* (jestem na dobrej drodze do) *to finish this work by the end of the week.* ▶ **kurs** **6** [sing.] the development of sth over a period of time: *events that changed the course of history* ○ *In the normal course of events* (w naturalnej kolei rzeczy) *such problems do not arise.* ▶ **bieg, tryb** **7** (also **course of action**) [C] a way of acting in or dealing with a particular situation: *In that situation resignation was the only course open to him.* ▶ **wyjście** (*z sytuacji*), **rozwiązanie**

IDIOMS **be on a collision course (with sb/sth)** → COLLISION | **in the course of sth** during sth: *He mentioned it in the course of conversation.* ▶ **w trakcie** | **in (the) course of time** eventually; when enough time has passed: *I'm sure that all these problems will be sorted out in the course of time.* ▶ **z czasem, z upływem czasu** | **in due course** → DUE[1] | **a matter of course** → MATTER[1] | **of course** naturally; certainly: *Of course, having children has changed their lives a lot.* ○ *Of course it can be repaired but I think it will be too expensive to do it.* ○ *'Can I use your phone?' 'Of course you can.'* ○ *'You're not annoyed with me, are you?' 'Of course not.'* ▶ **oczywiście, naturalnie**

■ **ˈcoursebook** /ˈkɔːsbʊk/ noun [C] a book for studying from that is used regularly in class ▶ **podręcznik**

★**court**[1] /kɔːt/ noun **1** [C,U] a place where trials take place in front of a judge or a jury, to decide whether a person has broken the law: *a magistrate's court* ○ *A man has been charged and will appear in court tomorrow.* ○ *a courtroom* sala sądowa ▶ **sąd** **2** (**the court**) [sing.] the people in a court, especially those taking part in the trial: *Please tell the court exactly what you saw.* ▶ **sąd** **3** (often **Court**) [C,U] the official home of a king or queen ▶ **dwór** **4** [C,U] an area where certain ball games are played: *a tennis/squash court* ○ *The players have been on court for nearly three hours.* ▶ **kort**

IDIOM **take sb to court** to take legal action against sb in a court of law: *She took the company to court for breaking the contract.* ▶ **pozwać kogoś do sądu**

■ **ˌcourt of ˈlaw** noun [C] = LAW COURT

court[2] /kɔːt/ verb **1** [T] to try to gain sb's support by paying special attention to them: *Politicians from all parties will be courting voters this week.* ▶ **zabiegać o czyjeś względy, nadskakiwać komuś** **2** [T] to do sth that might lead to sth unpleasant: *Britain is courting ecological disaster if it continues to dump waste in the North Sea.* ▶ **narażać się na coś, igrać (z czymś)** **3** [I] (used about two people) to spend time together in a relationship that may lead to marriage: *There were a lot of courting couples in the park.* ▶ **zalecać się, romansować**

□ **courtship** /ˈkɔːtʃɪp/ noun [C,U] the period or situation of having a relationship that leads or may lead to marriage: *They got married after a brief courtship.* ▶ **zaloty, narzeczeństwo**

courteous /ˈkɜːtiəs/ adj. polite and pleasant, showing respect for other people: *The assistant was courteous and helpful.* ❶ Antonim: **discourteous**. ▶ **uprzejmy, grzeczny**

□ **courteously** adv. ▶ **uprzejmie, grzecznie**

courtesy /ˈkɜːtəsi/ noun (pl. **courtesies**) **1** [U] polite and pleasant behaviour that shows respect for other people: *She didn't even have the courtesy to say that she was sorry.* ▶ **uprzejmość, kurtuazja** **2** [C] (formal) a polite action or remark: *The two presidents exchanged courtesies before their meeting.* ▶ **uprzejmość, kurtuazja**

IDIOM **(by) courtesy of sb** with the permission or because of the kindness of sb: *These pictures are being shown by courtesy of BBC TV.* ▶ **dzięki uprzejmości, ze zgodą**

courtier /ˈkɔːtiə(r)/ noun [C] (in the past) a companion of a king or queen at their court ▶ **dworzanin, dama dworu**

court martial /ˌkɔːt ˈmɑːʃl/ noun [C] (pl. **courts martial** or **court martials**) a military court that deals with matters of military law; a trial that takes place in such a court: *His case will be heard by a court martial.* ▶ **sąd wojskowy**

□ **court-martial** verb [T] (**court-martialling**; **court-martialled**; US **court-martialing**; **court-**

martialed) to try sb in a military court ▶ **oddawać kogoś pod sąd wojskowy**

courtyard /ˈkɔːtjɑːd/ noun [C] an area of ground, without a roof, that has walls or buildings around it, e.g. in a castle, or between houses or flats ▶ **dziedziniec, podwórze**

★**cousin** /ˈkʌzn/ (also ˌ**first** ˈ**cousin**) noun [C] the child of your aunt or uncle: *Have you met Lizzie? We're cousins.* ❶ Tym samym słowem określa się zarówno brata ciotecznego, jak i siostrę cioteczną. **Second cousin** to dziecko brata ciotecznego lub siostry ciotecznej. ▶ **brat/siostra cioteczn-y/a, brat/siostra stryjeczn-y/a**

cove /kəʊv/ noun [C] a small bay on the coast: *a sandy cove* ▶ **zatoczka**

★**cover**[1] /ˈkʌvə(r)/ verb [T] **1 cover sb/sth (up/over) (with sth)** to put sth on or in front of sth in order to hide or protect it: *Could you cover the food and put it in the fridge?* ○ *to cover your eyes* ○ *He covered her over with a blanket.* ○ *I covered the floor with newspaper before I started painting.* ▶ **przykrywać, okrywać 2** to be across or over the surface of sth: *Snow covered the ground.* ▶ **pokrywać 3 cover sb/sth in/with sth** to form a layer on sb/sth: *A car went through the puddle and covered me with mud.* ▶ **pokrywać 4** to fill or be spread over a certain area: *The smoke from the fire now covers about 15 000 square kilometres.* ▶ **pokrywać, zajmować 5** to include or to deal with sth: *Part-time workers are not covered by the law.* ○ *The course covered both British and European history.* ○ *I think we've covered everything. Now, does anyone have a question?* ▶ **obejmować, uwzględniać 6** to travel a certain distance: *We covered about 500 kilometres that day.* ▶ **przebywać, pokonywać 7** to be enough money for sth: *Will £20 cover your expenses?* ▶ **pokrywać 8** (used about the media) to report on or show sth: *All the papers covered the election in depth.* ▶ **relacjonować, donosić 9 cover sb/sth against/for sth** to protect sb/sth by insurance: *The insurance policy covers us for any damage to our property.* ○ *The policy even covers your garden furniture.* ▶ **ubezpieczać**

PHRASAL VERBS **cover (sth) up** to prevent people hearing about a mistake or sth bad: *The police have been accused of trying to cover up the facts of the case.* ▶ **ukrywać (coś)** | **cover up for sb** to hide a person's mistakes or crimes in order to protect them: *His wife covered up for him to the police.* ▶ **osłaniać kogoś** (*przed odpowiedzialnością*)

□ **covered** adj. **1 covered in/with sth** having a layer or a large amount of sth on sb/sth: *The victim was lying on the floor, covered in blood.* ○ *The whole room was covered in dust.* ▶ **pokryty, przykryty 2** having a cover, especially a roof: *a covered shopping centre* ▶ **pod dachem, zadaszony** | **covering** /ˈkʌvərɪŋ/ noun [C] something that covers the surface of sth: *A thick covering of snow lay on the ground.* ▶ **pokrywa**

■ ˌ**covering** ˈ**letter** noun [C] a letter that you send with a parcel, etc. explaining it or giving more information about it ▶ **list przewodni** | ˈ**cover-up** noun [C] an act of preventing sth bad or dishonest from becoming known: *Several newspapers have claimed that there has been a government cover-up.* ▶ **zatajenie, ukrycie prawdy**

★**cover**[2] /ˈkʌvə(r)/ noun **1** [C] something that is put on or over sth, especially in order to protect it: *a plastic cover for a computer* ○ *a duvet cover* poszwa na kołdrę ▶ **pokrywa, przykrycie, osłona 2** [C] the outside part of a book or magazine: *I can't remember the title of the book but I know it has a green cover.* ○ *I read the magazine from cover to cover* (od deski do deski). ▶ **okładka 3** (**the covers**) [pl.] the blankets, sheets, etc. that cover sb in bed: *She pulled the covers off him and said: 'Get up!'* ▶ **przykrycie 4** [U] **cover (against sth)** insurance against sth, so that if sth bad happens you get money or help in return: *The policy provides cover against theft.* ▶ **ubezpieczenie (od czegoś) 5** [U] shelter or protection from the weather, damage, etc.: *When the storm started we took cover in a shop doorway.* ○ *The soldiers had no cover and were easy targets.* ▶ **schronienie, osłona 6** [C, usually sing.] **a cover (for sth)** something that hides the real nature of sth, especially sth illegal: *The whole company was just a cover for all kinds of criminal activities.* ▶ **parawan, maska**

IDIOM **under (the) cover of sth** hidden by sth; not noticed because of sth: *They attacked under cover of darkness.* ▶ **pod osłoną czegoś**

■ ˈ**cover charge** noun [C] an amount of money that you pay in some restaurants in addition to the cost of each customer's food and drink ▶ **opłata za wstęp**

coverage /ˈkʌvərɪdʒ/ noun [U] **1** the act or amount of reporting on or showing an event in the media: *TV coverage of the Olympic Games was excellent.* ▶ **relacja, doniesienie 2** the amount or quality of information included in a book, magazine, etc.: *The grammar section provides coverage of all the most problematic areas.* ▶ **szczegółowe omówienie**

coveralls /ˈkʌvərɔːlz/ noun [pl.] (US) = OVERALLS

covert /ˈkʌvət; ˈkəʊvɜːt/ adj. done secretly, not openly: *a covert police operation* ▶ **tajny, zamaskowany**

□ **covertly** adv. ▶ **tajnie, ukradkiem**

covet /ˈkʌvət/ verb [T] to want very much to have sth (especially sth that belongs to sb else) ▶ **pożądać**

★**cow** /kaʊ/ noun [C] **1** a large female animal that is kept on farms to produce milk: *to milk a cow* ○ *a herd of cows* ➲ Zob. uwaga przy **meat**. ▶ **krowa** ➲ **Cow** często używa się do określenia zarówno samców, jak i samic rodziny **cattle**. Samiec krowy to **bull**. Cielę to **calf**. Grupę krów można określić słowem **cattle**. **2** the adult female of certain large animals, e.g. the elephant ▶ **samica 3** (slang) an insulting word for a woman: *She's a real cow!* ▶ **małpa, jędza**

coward /ˈkaʊəd/ noun [C] (used when disapproving) a person who has no courage and is afraid in dangerous or unpleasant situations: *I hate going to the dentist's because I'm a terrible* *coward.* ○ *I was too much of a coward to argue.* ▶ **tchórz**

□ **cowardice** /ˈkaʊədɪs/ noun [U] a lack of courage: *I was ashamed at the cowardice I showed in running away.* ▶ **tchórzostwo** | **cowardly** adj. ▶ **tchórzliwy**

cowboy /ˈkaʊbɔɪ/ noun [C] **1** a man whose job is to look after cows (usually on a horse) in certain parts of the USA: *a cowboy film* ▶ **kowboj, pastuch 2** (Brit., informal) a person in business who is not honest or who does work badly: *a cowboy builder* ▶ **partacz; naciągacz**

cower /ˈkaʊə(r)/ verb [I] to move back or into a low position because of fear: *The dog cowered under the table.* ▶ **kulić się (ze strachu)**

cowslip /ˈkaʊslɪp/ noun [C] a small wild plant with sweet-smelling yellow flowers ➲ Por. **primrose**. ▶ **pierwiosnek** (*Primula veris*)

coy /kɔɪ/ adj. **1** pretending to be shy or modest: *She lifted her head a little and gave him a coy smile.* ▶ **nieśmiały 2** unwilling to say sth directly or to give information: *Don't be coy – tell me* (powiedz mi bez ogródek) *how much you earn.* ▶ **nieskory, niechętny** (*np. do rozmowy*)

□ **coyly** adv. ▶ **wstydliwie, nieśmiało**

coz = BECAUSE

cozy (US) = COSY

crab /kræb/ noun [C] a sea animal with a flat body covered by a shell and five pairs of curved legs. The front two legs have long claws, called pincers, on them. Crabs move sideways. ▶ **krab**

***crack**[1] /kræk/ noun **1** [C] a line on the surface of sth where it has broken, but not into separate pieces: *a pane of glass with a crack in it* ▶ **pęknięcie, rysa 2** [C] a narrow opening: *The wind blew through the cracks in the roof.* ▶ **pęknięcie, szpara 3** [C] a sudden loud, sharp sound: *There was a crack and he realized that he had broken his leg.* ▶ **trzask 4** [C] a hard hit on a part of the body: *The golf ball gave him a nasty crack on the head.* ▶ **uderzenie 5** [C] an amusing, often critical, remark; a joke: *She made a crack about his clothes.* ▶ **kpina 6** (also ˌ**crack coˈcaine**) [U] a powerful, illegal drug that is a form of cocaine: *a crack addict* ▶ **rodzaj narkotyku** (*odmiana kokainy*)

IDIOMS **the crack of dawn** very early in the morning ▶ **blady świt, brzask** | **have a crack (at sth/at doing sth)** (informal) to try to do sth: *I'm not sure how to play but I'll have a crack at it.* ▶ **przymierzać się (do robienia czegoś), spróbować sił**

□ **crack** adj. (used especially about soldiers) very well-trained and skilful: *crack troops* ▶ **pierwszorzędny, świetny**

***crack**[2] /kræk/ verb **1** [I,T] to break so that a line appears, but without breaking into pieces; to make sth do this: *Don't put boiling water into that glass, it'll crack.* ○ *You can crack this sort of glass but you can't break it.* ○ *Oh no, this glass is cracked.* ▶ **pękać; spowodować pęknięcie 2** [T] to break sth open: *Crack two eggs into a bowl.* ▶ **rozbijać, rozłupywać 3** [I,T] to make a sudden loud, sharp sound; to cause sth to make this sound: *The lion tamer cracked his whip.* ▶ **trzaskać 4** [T] to hit a part of your body against sth: *She stood up and cracked her head on the cupboard door.* ▶ **trzaskać, walić 5** [I] to stop being able to deal with pressure and so lose control: *She cracked under the strain of all her problems.* ▶ **załamać się 6** [I] (used about sb's voice) to suddenly change in a way that is not controlled: *Her voice cracked as she spoke about her father's death.* ▶ **załamywać się 7** [T] (informal) to solve a problem: *I think I've cracked it!* ▶ **rozgryźć 8** [T] to tell or make a joke ▶ **zażartować**

IDIOM **get cracking** to start doing sth immediately: *I have to finish this job today so I'd better get cracking* (muszę się zabrać do roboty). ▶ **ruszać się**

PHRASAL VERBS **crack down (on sb/sth)** (used about people in authority) to start dealing severely with bad or illegal behaviour: *The police have started to crack down on drug dealers.* ▶ **stosować sankcje; brać się do kogoś** | **crack up 1** (informal) to be unable to deal with pressure and so lose control and become mentally ill: *He cracked up when his wife left him.* ▶ **załamać się 2** (slang) to suddenly start laughing, especially when you should be serious ▶ **parsknąć śmiechem**

■ ˈ**crackdown** noun [C] action to stop bad or illegal behaviour: *a police crack-down on street crime* ▶ **akcja specjalna (przeciw przestępczości), sankcje**

cracker /ˈkrækə(r)/ noun [C] **1** a thin flat dry biscuit that is often eaten with cheese ▶ **krakers 2** (also **Christmas cracker**) a cardboard tube wrapped in coloured paper and containing a small present. Crackers are pulled apart by two people, each holding one end, at Christmas parties. They make a loud sharp noise as they break. ▶ **atrakcja bożonarodzeniowa w kształcie cukierka 3** (Brit., informal) something that you think is very good, funny, etc.: *That story he told was a real cracker.* ▶ **coś wspaniałego/bardzo śmiesznego**

cracker

Christmas cracker

crackle /ˈkrækl/ verb [I] to make a series of short, sharp sounds: *The radio started to crackle and then it stopped working.* ▶ **trzeszczeć**

□ **crackle** noun [sing.]: *the crackle of dry wood burning* ▶ **trzaskanie**

cradle /ˈkreɪdl/ noun [C] a small bed for a baby. Cradles can often be moved from side to side. ➲ Ilustr. do **bed**. ▶ **kołyska**

□ **cradle** verb [T] to hold sb/sth carefully and gently in your arms: *He cradled her head in his arms until the ambulance came.* ▶ **trzymać coś ostrożnie, niańczyć**

craft[1] /krɑːft; US kræft/ noun [C] **1** a job or activity for which you need skill with your hands: *an arts and crafts exhibition* ○ *the craft of basket making* ○ *craft, design and technology (CDT)* (przedmiot nauczany w brytyjskich szkołach średnich) ➲ Por. **handicraft**. ▶ **rze-**

miosło **2** any job or activity for which you need skill: *He regards acting as a craft.* ▶ **sztuka, kunszt**

□ **craftsman** /ˈkrɑːftsmən; US ˈkræfts-/ noun [C] (pl. **craftsmen**) a person who makes things skilfully, especially with the hands: *All the furniture we sell is individually made by craftsmen.* ▶ **rzemieślnik** | **craftsmanship** noun [U] the skill used by sb to make sth of high quality with the hands ▶ **rzemiosło**

craft² /krɑːft; US kræft/ noun [C] (pl. **craft**) a boat, aircraft or spaceship: *There were a few sailing craft on the lake.* ▶ **statek, samolot**

crafty /ˈkrɑːfti; US ˈkræfti/ adj. (**craftier**; **craftiest**) clever at getting or achieving things by deceiving people or using indirect methods ▶ **przebiegły, chytry**

□ **craftily** adv. ▶ **przebiegle, chytrze**

crag /kræg/ noun [C] a steep, rough rock on a hill or mountain ▶ **turnia**

□ **craggy** adj. **1** having a lot of steep rough rock ▶ **skalisty, urwisty 2** (used about a man's face) strong and with deep lines, especially in an attractive way ▶ **poorany bruzdami/zmarszczkami** (*w sposób atrakcyjny*)

cram /kræm/ verb (**cramming**; **crammed**) **1** [T] to push people or things into a small space: *I managed to cram all my clothes into the bag but I couldn't zip it up.* ○ *How many more people can they cram onto this train?* ○ *We only spent two days in Rome but we managed to cram a lot of sightseeing in.* ▶ **wpychać, wciskać 2** [I] to move, with a lot of other people, into a small space: *He only had a small car but they all managed to cram in.* ▶ **wtłaczać się 3** [I] to study very hard and learn a lot in a short time before an examination: *She's cramming for her exams.* ▶ **wkuwać, kuć**

□ **crammed** adj. very or too full: *That book is crammed with useful information.* ○ *Athens is crammed with tourists at that time of year.* ▶ **napchany, zapchany**

cramp /kræmp/ noun [U] a sudden pain that you get in a muscle, that makes it difficult to move: *One of the swimmers got cramp and we had to pull him out of the water.* ▶ **skurcz**

cramped /kræmpt/ adj. not having enough space: *The flat was terribly cramped with so many of us living there.* ▶ **zatłoczony**

cranberry /ˈkrænbəri; US -beri/ noun [C] (pl. **cranberries**) a small red berry with a slightly sour taste ▶ **żurawina**

crane¹ /kreɪn/ noun [C] a large machine with a long metal arm that is used for moving or lifting heavy objects ▶ **dźwig, żuraw**

crane² /kreɪn/ verb [I,T] to stretch your neck forward in order to see or hear sth: *We all craned forward to get a better view.* ▶ **wyciągać szyję**

cranium /ˈkreɪniəm/ noun [sing.] (formal) the bone inside your head; the skull ▶ **czaszka**

□ **cranial** adj. ▶ **czaszkowy**

crank /kræŋk/ noun [C] a person with strange ideas or who behaves in a strange way: *Lots of cranks phoned the police confessing to the murder.* ▶ **dziwa-k/czka, maniak**

cranny /ˈkræni/ noun [C] (pl. **crannies**) a small opening in a wall, a rock, etc. ▶ **szczelina, szpara**

IDIOM **every nook and cranny** → NOOK

crap /kræp/ noun [U] (slang) a rude word meaning nonsense or rubbish ❶ Uwaga! Używanie tego słowa może być uznawane za niegrzeczne. ▶ **chłam**

□ **crappy** /ˈkræpi/ adj. (slang) (usually before a noun) of very bad quality: *a crappy novel* ▶ **chłamowaty**

★**crash¹** /kræʃ/ noun [C] **1** a sudden loud noise made by sth breaking, hitting sth, etc.: *I heard a crash and ran outside.* ▶ **trzask, łoskot 2** an accident when a car or other vehicle hits sth and is damaged: *She was injured in a serious car crash.* ○ *a plane crash with no survivors* ▶ **zderzenie, katastrofa** (*np. lotnicza*) **3** (used about money or business) a sudden fall in the price or value of sth: *the Stock Market crash of 1987* ▶ **krach na giełdzie 4** a sudden failure of a machine, especially a computer ▶ **awaria**

□ **crash** adj. done with a lot of effort in a short period of time: *She did a crash course in Spanish before going to work in Madrid.* ▶ **intensywny**

■ **ˈcrash barrier** noun [C] a fence that keeps people or vehicles apart, e.g. when there are large crowds, or between the two sides of the road ▶ **bariera** | **ˈcrash helmet** noun [C] a hard hat worn by motorcyclists, racing drivers, etc. to protect their heads in an accident ▶ **kask, hełm**

★**crash²** /kræʃ/ verb **1** [I] to fall or move suddenly, making a loud noise: *The tree crashed through the window.* ○ *The elephant went crashing through the jungle.* ▶ **zwalać się/przebijać się z trzaskiem 2** [I,T] to have an accident in a vehicle; to cause a vehicle to have an accident: *He braked too late and crashed into the car in front.* ○ *He crashed his father's car.* ▶ **zderzać się; rozbijać 3** [I] to make a loud noise: *I could hear thunder crashing outside.* ▶ **huczeć, łoskotać 4** [I] (used about a business or a financial organization) to fail suddenly ▶ **upadać, bankrutować 5** [I] (used about a computer) to stop working suddenly: *We lost the data when the computer crashed.* ▶ **zepsuć się, nawalić**

ˈcrash-land verb [I] to land a plane in a dangerous way in an emergency ▶ **lądować w trybie awaryjnym**

□ **ˌcrash ˈlanding** noun [C]: *to make a crash landing* ▶ **lądowanie awaryjne**

crass /kræs/ adj. **1** stupid, showing that you do not understand sth: *It was a crass comment to make when he knew how upset she was.* ▶ **beznadziejnie głupi, bezmyślny 2** extreme: *crass carelessness* ▶ **beznadziejny, bezdenny**

crate /kreɪt/ noun [C] a large box in which goods are transported or stored. Sometimes crates are divided into sections, for carrying bottles: *We had to pack everything into crates when we moved house.* ○ *a crate of beer* ▶ **paka, skrzynka**

crater /ˈkreɪtə(r)/ noun [C] **1** a large hole in the ground: *The bomb left a large crater.* ○ *craters* *on the moon* ▶ **krater** **2** the hole in the top of a volcano ▶ **krater**

cravat /krəˈvæt/ noun [C] a wide piece of cloth that men tie around their neck and wear inside the collar of their shirt ▶ **fular**

crave /kreɪv/ verb [I,T] **crave (for) sth** to want and need to have sth very much: *He craves attention from other people.* ▶ **pragnąć czegoś**
□ **craving** noun [C] a strong desire for sth: *When she was pregnant she had cravings for all sorts of peculiar food.* ▶ **pragnienie, pożądanie**

★**crawl** /krɔːl/ verb [I] **1** to move slowly with the body on or close to the ground, or on the hands and knees: *An insect crawled across the floor.* ○ *Their baby has just started to crawl.* ➲ Ilustr. do **kneel**. ▶ **pełzać, czołgać się** **2** (used about vehicles) to move very slowly: *The traffic crawls through the centre of town in the rush-hour.* ▶ **wlec się** **3 crawl (to sb)** (informal) to be too polite or pleasant to sb in order to be liked or to gain sth: *He only got promoted because he crawled to the manager.* ▶ **podlizywać się, płaszczyć się przed kimś**
IDIOM **be crawling with sb/sth** to be completely full of or covered with sb/sth that is moving and that is considered unpleasant: *The kitchen was crawling with insects.* ○ *The village is always crawling with tourists at this time of year.* ▶ **roić się od kogoś/czegoś**
□ **crawl** noun [sing.] **1** a very slow speed: *The traffic slowed to a crawl.* ▶ **wleczenie się, żółwie tempo** **2** (often **the crawl**) a style of swimming which you do on your front. When you do the crawl, you move first one arm and then the other over your head, turn your face to one side so that you can breathe and kick up and down with your legs. ▶ **kraul**

crayon /ˈkreɪən/ noun [C,U] a soft, thick, coloured pencil sometimes made of wax, used for drawing or writing, especially by children ▶ **kredka świecowa**
□ **crayon** verb [I,T] ▶ **malować/rysować kredką świecową**

craze /kreɪz/ noun [C] **a craze (for sth)** **1** a strong interest in sth, that usually only lasts for a short time: *There was a craze for that kind of music years ago.* ▶ **szaleństwo/szał (na punkcie czegoś)** **2** something that a lot of people are very interested in: *Texting is the latest craze among teenagers.* ▶ **szaleństwo/szał** *(na punkcie czegoś)*

★**crazy** /ˈkreɪzi/ adj. (**crazier**; **craziest**) (informal) **1** very silly or foolish: *I think that that's a crazy idea.* ○ *You must be crazy to turn down such a wonderful offer.* ▶ **szalony, zwariowany** **2** very angry: *She goes crazy* (wariuje) *when people criticize her.* ▶ **szalony, zwariowany** **3 crazy about sth** very interested in sth; liking sth very much: *He's always been crazy about horses.* ▶ **zwariowany na punkcie czegoś** **4 crazy about sb** very much in love with sb ▶ **zakochany do szaleństwa** **5** showing great excitement: *The fans went crazy* (oszaleli) *when their team scored the first goal.* ▶ **oszalały (z czegoś)**

□ **crazily** adv. ▶ **szaleńczo, dziko** | **craziness** noun [U] ▶ **szaleństwo, wariactwo**

creak /kriːk/ verb [I] to make the noise of wood bending or of sth not moving smoothly: *The floorboards creaked when I walked across the room.* ○ *The lift creaked to a halt.* ▶ **skrzypieć, zgrzytać**
□ **creak** noun [C] ▶ **skrzyp, zgrzyt** | **creaky** adj.: *creaky stairs* ▶ **skrzypiący, zgrzytliwy**

★**cream**[1] /kriːm/ noun **1** [U] the thick yellowish-white liquid that is the fatty part of milk and that rises to the top of it: *coffee with cream* ○ *strawberries and cream* ○ *whipped cream* bita śmietana ➲ Por. **sour cream**. ▶ **śmietan-a/ka** **2** [C,U] a substance that you rub into your skin to keep it soft or as a medical treatment ▶ **krem** **3** (**the cream**) [sing.] the best part of sth or the best people in a group ▶ **śmietanka towarzyska, elita**
□ **cream** adj. having a yellowish-white colour ▶ **kremowy** | **creamy** adj. (**creamier**; **creamiest**) **1** containing cream: *a creamy sauce* ▶ **śmietan-owy/kowy** **2** thick, smooth and soft; looking or feeling like cream: *Beat the mixture until it is creamy and light.* ▶ **gęsty, kremowy**
■ **cream ˈtea** noun [C] (Brit.) a meal taken in the afternoon consisting of tea with a scone that is eaten with jam and thick cream ▶ **tradycyjny podwieczorek**

cream[2] /kriːm/ verb
PHRASAL VERB **cream sb/sth off** to take away the best people or part from sth for a particular purpose: *The big clubs cream off the country's best young players.* ▶ **ściągać śmietankę (towarzyską itp.)**

crease /kriːs/ noun [C] **1** an untidy line on paper, material, a piece of clothing, etc. that is caused by not treating it carefully: *Your shirt needs ironing, it's full of creases* (jest cała pognieciona). ○ *When I unrolled the poster, there was a crease in it.* ▶ **zmarszczka, zagięcie** **2** a neat line that is put on paper, material, a piece of clothing, etc. intentionally: *He had a sharp crease in his trousers.* ▶ **kant, zagięcie**
□ **crease** verb [I,T] to get creases(1,2); to make sth get creases: *Hang up your jacket or it will crease.* ○ *I creased my skirt by sitting on the floor.* ➲ Ilustr. do **fold**. ▶ **gnieść (się), miąć (się)**

★**create** /kriˈeɪt/ verb [T] to cause sth new to happen or exist: *God created the world.* ○ *a plan to create new jobs in the area* ○ *All these changes will simply create confusion.* ○ *He created a bad impression at the interview.* ▶ **tworzyć, powodować**

creation /kriˈeɪʃn/ noun **1** [U] the act of causing sth new to happen or exist: *the creation of new independent states* ▶ **u/tworzenie, powołanie (czegoś) do życia, stworzenie** **2** (usually **the Creation**) [sing.] the act of making the whole universe, as described in the Bible ▶ **stworzenie świata** **3** [C] something that sb has made or produced, especially using skill or imagination: *This dish is a new creation, I didn't use a recipe.* ▶ **twór, wytwór**

creative /kri'eɪtɪv/ adj. **1** using skill or imagination to make or do new things: *She's a fantastic designer – she's so creative.* ○ *We need some creative thinking to solve this problem.* ▶ **twórczy, pomysłowy 2** connected with producing new things, especially works of art: *His creative life went on until he was well over 80.* ▶ **twórczy**
□ **creatively** adv.: *They haven't got a very big house but they use the space creatively.* ▶ **twórczo, pomysłowo** | **creativity** /ˌkriːeɪ'tɪvəti/ noun [U] the ability to make or produce new things, especially using skill or imagination: *We want teaching that encourages children's creativity.* ▶ **zdolności twórcze, pomysłowość**

creator /kri'eɪtə(r)/ noun **1** [C] a person who makes or produces sth new, especially using skill or imagination: *He was the creator of some of the best-known characters in literature.* ▶ **twórca 2 (the Creator)** [sing.] God ▶ **Stwórca**

⋆**creature** /'kriːtʃə(r)/ noun [C] a living thing such as an animal, a bird, a fish or an insect, but not a plant: *a living creature* ○ *a small black furry creature* ○ *creatures from other planets* ▶ **stworzenie, istota**

crèche /kreʃ/ noun [C] a place where small children are looked after while their parents are working ➲ Por. **nursery**. ▶ **żłobek**

credentials /krə'denʃlz/ noun [pl.] **1** something that shows that a person is qualified or suitable for sth: *He has perfect credentials for the top job.* ▶ **kwalifikacje, przygotowanie zawodowe 2** a document that proves that sb is who they claim to be, or that they are qualified to do sth ▶ **świadectwo, dyplom** (*zawodowy*)

credible /'kredəbl/ adj. **1** that you can believe: *It's hardly credible that such a thing could happen without him knowing it.* ❶ Antonim: **incredible**. ▶ **wiarygodny 2** that you can trust or take seriously: *We need to think of a credible alternative to nuclear energy.* ▶ **wiarygodny, rzetelny**
□ **credibility** /ˌkredə'bɪləti/ noun [U] the quality of being able to be believed or trusted and taken seriously: *The Prime Minister had lost all credibility and had to resign.* ▶ **wiarygodność, zaufanie**

credit[1] /'kredɪt/ noun **1** [U] the system of buying goods or services and not paying for them until later: *I bought the television on credit.* ○ *interest-free credit* kredyt bez oprocentowania ○ *Read the credit terms carefully before signing.* ▶ **kredyt 2** [U] having money in an account at a bank: *No bank charges are made if your account remains in credit.* ▶ **saldo dodatnie/kredytowe 3** [C] a payment made into an account at a bank ➲ Por. **debit**. ▶ **kredyt, wpłata 4** [C,U] a sum of money that a bank, etc. lends: *The company was not able to get any further credit and went bankrupt.* ▶ **kredyt, pożyczka 5** [U] praise for sth good that a person has done: *He got all the credit for the success of the project.* ○ *I can't take any credit; the others did all the work.* ○ *She didn't do very well but at least give her credit for trying.* ▶ **zasługa, uznanie 6 (credits)** [pl.] the list of the names of the people who made a film or TV programme, shown at the beginning or end of the film ▶ **napisy** (*po zakończeniu filmu*) **7** [sing.] **a credit to sb/sth** a person or thing that gives honour: *She is a lovely girl and a credit to her school.* ▶ **chluba, duma 8** [C] (US) a part of a course at a college or university, that a student has completed and that appears on their record ▶ **zaliczona część kursu akademickiego**
IDIOMS **do sb credit** to make sb deserve to be praised or respected: *His courage and optimism do him credit.* ▶ **przynosić komuś zaszczyt/chlubę** | **have sth to your credit** to have finished sth that is successful: *He has three best-selling novels to his credit.* ▶ **mieć coś na swoim koncie** | **(be) to sb's credit** (used for showing that you approve of sth that sb has done, although you have criticized sth else): *The company, to its credit* (firma, trzeba jej to przyznać), *apologized and refunded my money.*
■ **'credit card** noun [C] a small plastic card that allows sb to get goods or services without using money. You usually receive a bill once a month for what you have bought: *Can I pay by credit card?* ➲ Por. **debit card**. ▶ **karta kredytowa**

credit[2] /'kredɪt/ verb [T] **1 credit sb/sth with sth; credit sth to sb/sth** to accept or believe that sb/sth has a particular quality or is responsible for sth good or successful: *Of course I wouldn't do such a stupid thing – credit me with a bit more sense than that* (przyznasz chyba, że mam trochę więcej rozumu)*!* ○ *He credited his success to a lot of hard work.* ▶ **przypisywać; tłumaczyć czymś 2** to record that money has been added to an account: *Has the cheque been credited to my account* (wpłynął na moje konto) *yet?* ▶ **wpłacać 3** (especially in negative sentences and questions) to believe: *I simply cannot credit that he has made the same mistake again!* ▶ **uwierzyć, zrozumieć**

creditable /'kredɪtəbl/ adj. deserving to be praised or respected (even if it is not excellent): *It was a creditable result considering that three players were injured.* ▶ **chlubny, chwalebny**

creditor /'kredɪtə(r)/ noun [C] a person or company to whom money is owed ▶ **wierzyciel, kredytodawca**

creed /kriːd/ noun [C] a set of beliefs or principles (especially religious ones) that strongly influence sb's life ▶ **kredo, wyznanie**

creek /kriːk/ noun [C] **1** (Brit.) a narrow piece of water where the sea flows into the land ▶ **wąska zatoczka 2** (US) a small river or stream ▶ **strumyk**

creep[1] /kriːp/ verb [I] (pt, pp **crept** /krept/) **1** to move very quietly and carefully, often with the body in a low position, so that nobody will notice you: *The cat crept silently towards the bird.* ○ *She crept into the room so as not to wake him up.* ▶ **skradać się, zakradać się, pełzać 2** to move forward slowly: *His latest record has crept up to number 10 in the charts.* ▶ **posuwać się powoli**
IDIOM **make your flesh creep** → FLESH
PHRASAL VERB **creep in** to begin to appear: *All sorts*

of changes are beginning to creep into the education system. ▶ **pojawiać się, wkradać się**

creep[2] /kriːp/ noun [C] (informal) a person that you dislike because they try too hard to be liked by people in authority ▶ **lizus**

IDIOM **give sb the creeps** (informal) to give sb an unpleasant feeling; to make sb feel frightened: *There's something about the way he laughs that gives me the creeps* (że przechodzą mnie ciarki).

creeper /ˈkriːpə(r)/ noun [C] a plant that grows up trees or walls or along the ground ▶ **pnącze**

creepy /ˈkriːpi/ adj. (**creepier**; **creepiest**) (informal) that makes you feel rather nervous and frightened: *a creepy churchyard* ▶ **niesamowity, budzący niepokój**

cremate /krəˈmeɪt/ verb [T] to burn the body of a dead person as part of a funeral service ▶ **poddawać kremacji**

□ **cremation** /krəˈmeɪʃn/ noun [C,U] an act of cremating a dead person ➲ Zob. uwaga przy **funeral**. ▶ **kremacja** | **crematorium** /ˌkreməˈtɔːriəm/ noun [C] (pl. **crematoriums** or **crematoria** /-tɔːriə/) (US **crematory** /ˈkremətəri/ or /-tɔːri/) a place where dead people are cremated ▶ **krematorium**

Creole (also **creole**) /ˈkriːəʊl/ noun **1** [C] a person who was born in the Caribbean whose family originally came from Europe and Africa ▶ **kreol/ka** **2** [C] a person whose ancestors were among the first Europeans to live in the Caribbean and South America, or among the first French or Spanish people to live in the southern states of the US: *the Creole cooking of New Orleans* ▶ **Kreol/ka** **3** [C,U] a language that was originally a mixture of a European language and a local, especially African, language ▶ **język kreolski**

crept pt, pp of CREEP[1]

crescendo /krəˈʃendəʊ/ noun [C] (pl. **crescendos**) a gradual increase in how loudly a piece of music is played or sung; a gradual increase in noise ▶ **crescendo, wzmagający się hałas**

crescent /ˈkresnt/ noun [C] **1** the shape of the moon in its first and last stages; a curved shape that is pointed at both ends ▶ **sierp księżyca, rożek** **2** a street or row of houses that is curved ▶ **ulica w kształcie półkola**

cress /kres/ noun [U] a small plant with small green leaves that is eaten raw in salads ▶ **rzeżucha**

crest /krest/ noun [C] **1** a group of attractive feathers on the top of a bird's head ▶ **grzebień** **2** the top of a hill ▶ **szczyt** **3** the white part at the top of a wave ▶ **grzebień**

crestfallen /ˈkrestfɔːlən/ adj. sad or disappointed ▶ **przygnębiony, strapiony**

cretin /ˈkretɪn; US ˈkriːtn/ noun [C] (slang) a stupid person ▶ **kretyn/ka**

crevasse /krəˈvæs/ noun [C] a deep crack in thick ice ▶ **szczelina** (*w grubej warstwie lodu*)

crevice /ˈkrevɪs/ noun [C] a narrow crack in a rock, wall, etc. ▶ **szczelina, szpara**

★**crew** /kruː/ noun [C, with sing. or pl. verb] **1** all the people who work on a ship, aeroplane, etc.: *The captain and his crew hope you had a pleasant flight* ▶ **załoga** **2** a group of people who work together: *a camera crew* ▶ **ekipa, zespół**

■ **ˈcrew cut** noun [C] a very short hairstyle for men ▶ **strzyżenie na zapałkę** | **ˈcrewman** noun [C] a member of a crew(1): *Four crewmen were drowned.* ▶ **członek załogi**

crib[1] /krɪb/ noun [C] (especially US) = COT

crib[2] /krɪb/ verb [I,T] (**cribbing**; **cribbed**) **crib (sth) (from/off sb)** to copy sb else's work and pretend it is your own: *She cribbed some of the answers off her friend.* ▶ **odpisywać, ściągać (od kogoś)**

crick /krɪk/ noun [sing.] a pain in your neck, back, etc. that makes it difficult for you to move easily: *I've got a crick in my neck.* ▶ **kurcz**

□ **crick** verb [T]: *I've cricked my neck.* Mam bolesny kurcz w karku ▶ **chwytać**

cricket[1] /ˈkrɪkɪt/ noun [U] a game that is played with a bat and ball on a large area of grass by two teams of eleven players (usually boys or men) ▶ **krykiet**

> In cricket, the **bowler bowls** the ball to the **batsman** who tries to **hit** it with a **bat** and then **score a run** by running from one end of the **pitch** to the other.

□ **cricketer** noun [C] a person who plays cricket, especially as their job ▶ **gracz w krykieta**

cricket[2] /ˈkrɪkɪt/ noun [C] an insect that makes a loud noise by rubbing its wings together ▶ **świerszcz**

★**crime** /kraɪm/ noun **1** [C] something which is against the law and which people are punished for, e.g. by being sent to prison: *to commit a crime* ○ *serious crimes such as murder and armed robbery* ▶ **przestępstwo, zbrodnia** **2** [U] illegal behaviour in general: *There has been an increase in car crime recently.* ○ *to lead a life of crime* ○ *to fight crime* ○ *crime prevention measures* ▶ **przestępstwo, zbrodnia** **3** (usually **a crime**) [sing.] something that is morally wrong: *It is a crime to waste food when people are starving.* ▶ **skandal, czyn karygodny**

□ **criminal** /ˈkrɪmɪnl/ adj. **1** (only before a noun) connected with crime: *Deliberate damage to public property is a criminal offence* (przestępstwo). ○ *criminal law* ▶ **przestępczy, karny** **2** morally wrong: *a criminal waste of taxpayers' money* ▶ **skandaliczny** | **criminal** noun [C] a person who has committed a crime ▶ **przestępca/czyni, zbrodnia-rz/rka**

crimson /ˈkrɪmzn/ adj., noun [U] (of) a dark red colour ➲ Por. **maroon** i **scarlet**. ▶ **karmazynowy; karmazyn**

cringe /krɪndʒ/ verb [I] **1** to move away from sb/sth because you are frightened: *The dog cringed in terror when the man raised his arm.* ▶ **kurczyć się, kulić się** **2** to feel embarrassed: *awful family photographs which make you cringe in embarrassment* (wprawiają w zażenowanie) ▶ **odczuwać zażenowanie**

crinkle /ˈkrɪŋkl/ verb [I,T] **crinkle (sth) (up)** (to

cause sth) to have thin folds or lines in it: *He crinkled the silver paper up into a ball.* ➲ Ilustr. do **fold**. ▶ **miąć (się), marszczyć (się), fałdować (się)**
□ **crinkly** /ˈkrɪŋkli/ adj.: *a type of soft crinkly material* ▶ **marszczony, pofałdowany**

cripple /ˈkrɪpl/ noun [C] (old-fashioned) a person who cannot walk properly because their legs or back have been injured: (figurative) *an emotional cripple* ❶ Obecnie słowo to jest często uważane za obraźliwe. Zamiast niego lepiej używać **disabled person**. ▶ **kaleka, upośledzon-y/a**
□ **cripple** verb [T] **1** (usually passive) to cause sb to be a cripple: *He was crippled in a road accident.* ▶ **okaleczać 2** to damage sth badly: *The recession has crippled the motor industry.* ▶ **paraliżować, (poważnie) nadwerężać** | **crippling** adj. that causes very great damage; that has a very harmful effect: *They had crippling debts and had to sell their house.* ▶ **paraliżujący, ciężki**

crisis /ˈkraɪsɪs/ noun [C,U] (pl. **crises** /-siːz/) a time of great danger or difficulty; the moment when things change and either improve or get worse: *the international crisis caused by the invasion* ○ *Events reached a crisis during the summer of 1939.* ○ *a friend you can rely on in times of crisis* (w ciężkich czasach) ▶ **kryzys, przełom**

crisp[1] /krɪsp/ adj. **1** hard and dry: *Store the biscuits in a tin to keep them crisp.* ▶ **chrupiący, świeży 2** firm and fresh or new: *a crisp salad* ○ *a crisp apple* ○ *a crisp* (szeleszczący) *new £10 note* ○ *a crisp* (jak gdyby wykrochmalona) *cotton dress* ▶ **chrupiący, świeży, nowy 3** (used about the air or weather) cold and dry: *a crisp winter morning* ▶ **świeży, rześki 4** (used about the way sb speaks) quick, clear but not very friendly: *a crisp reply* ▶ **oschły, chips**
□ **crisply** adv. in a crisp[1](4) way: *'I disagree,' she said crisply.* ▶ **oschle, cierpko** | **crispy** adj. (**crispier**; **crispiest**) (informal) = CRISP[1](1,2): *fish in crispy batter* ▶ **chrupiący**

crisp[2] /krɪsp/ (also **poˌtato ˈcrisp**) (US **potato chip**; **chip**) noun [C] a very thin piece of potato that is fried in oil, dried and then sold in packets. Crisps usually have salt or another flavouring on them: *a packet of crisps* ▶ **chips**

crispbread /ˈkrɪspbred/ noun [C,U] a thin crisp biscuit that is usually made from rye and often eaten with cheese ▶ **pieczywo chrupkie**

criss-cross /ˈkrɪs krɒs; US -krɔːs/ adj. (only before a noun) with many lines that cross over each other: *a criss-cross pattern* ▶ **zygzakowaty, krzyżujący**
□ **criss-cross** verb [I,T]: *the footpaths which criss-cross the countryside* ▶ **(wielokrotnie) przecinać (się)**

criterion /kraɪˈtɪəriən/ noun [C] (pl. **criteria** /-riə/) the standard that you use when you make a decision or form an opinion about sb/sth: *What is the criterion for deciding who gets a place on the course?* ▶ **kryterium**

critic /ˈkrɪtɪk/ noun [C] **1** a person who says what they think is bad or wrong with sb/sth: *He is a long-standing critic of the council's transport policy.* ▶ **krytyk 2** a person whose job is to give their opinion about a play, film, book, work of art, etc.: *a film critic* ▶ **krytyk**

★**critical** /ˈkrɪtɪkl/ adj. **1 critical (of sb/sth)** saying what is wrong with sb/sth; disapproving: *The report was very critical of safety standards on the railways.* ○ *They made some critical remarks about our house.* ▶ **krytyczny** (*np. o uwadze lub w odniesieniu do kogoś/czegoś*) **2** (only before a noun) describing the good and bad points of a play, film, book, work of art, etc.: *a critical guide to this month's new films* ▶ **krytyczny 3** dangerous or serious: *The patient is in a critical condition.* ▶ **krytyczny 4** very important; at a time when things can suddenly become better or worse: *The talks between the two leaders have reached a critical stage.* ▶ **krytyczny**
□ **critically** /-ɪkli/ adv.: *a critically ill patient* ○ *a critically important decision* ▶ **krytycznie**

★**criticism** /ˈkrɪtɪsɪzəm/ noun **1** [C,U] (an expression of) what you think is bad about sb/sth: *The council has come in for severe criticism* (jest ostro krytykowany) *over the plans.* ○ *My main criticism* (głównym zarzutem) *is that it is too expensive.* ▶ **krytyka 2** [U] the act of describing the good and bad points of a play, film, book, work of art, etc.: *literary criticism* ▶ **krytyka**

★**criticize** (also **criticise**) /ˈkrɪtɪsaɪz/ verb [I,T] **criticize (sb/sth) (for sth)** to say what is bad or wrong with sb/sth: *The doctor was criticized for not sending the patient to hospital.* ○ *Stop criticizing!* ▶ **krytykować**

critique /krɪˈtiːk/ noun [C] a piece of writing that describes the good and bad points of sb/sth: *a feminist critique of Freud's theories* ▶ **krytyka, recenzja**

croak /krəʊk/ noun [C] a deep low sound, like the noise that a frog makes: *I had a sore throat and could only croak.* ▶ **rechot, chrypka**
□ **croak** verb [I,T] to make a noise like a croak, e.g. because you have a cold and are losing your voice ▶ **chrypieć**

crochet /ˈkrəʊʃeɪ; US krəʊˈʃeɪ/ noun [U] a way of making clothes, cloth, etc. by using wool or cotton and one needle with a hook at one end ▶ **szydełkowanie, robótka szydełkowa**
□ **crochet** verb [I,T] (pt, pp **crocheted** /ˈkrəʊʃeɪd; US krəʊˈʃeɪd/): *to crochet a shawl* ▶ **szydełkować**

crockery /ˈkrɒkəri/ noun [U] cups, plates and dishes ➲ Por. **cutlery**. ▶ **porcelana** (*stołowa i kuchenna*)

crocodile /ˈkrɒkədaɪl/ noun [C] **1** a large, long animal with hard skin that lives in rivers in hot countries. It is a reptile. ▶ **krokodyl 2** (Brit., informal) a line of children standing or walking in pairs ▶ **grupa dzieci ustawionych w szeregu lub idących parami**

crocus /ˈkrəʊkəs/ noun a small plant that produces yellow, purple or white flowers early in spring ▶ **krokus**

croissant /ˈkrwæsɒ̃; US krəˈsɑːnt/ noun [C] a type of light bread roll, shaped in a curve, that is eaten with butter at breakfast ➲ Ilustr. do **bread**. ▶ **rogalik**

crony /ˈkrəʊni/ noun [C] (pl. **cronies**) (informal) (often used in a critical way) a friend ▶ **koleś**

crook /krʊk/ noun [C] **1** (informal) a dishonest person; a criminal ▶ **oszust/ka, przestępca** **2** a bend or curve in sth: *the crook of your arm* zgięcie w łokciu ▶ **zagięcie, zgięcie**

crooked /ˈkrʊkɪd/ adj. **1** not straight or even: *That picture is crooked. I'll straighten it up for you.* ○ *crooked teeth* ▶ **krzywy, zagięty** **2** (informal) not honest: *a crooked accountant* ▶ **nieuczciwy, sprzedajny**

★**crop** /krɒp/ noun **1** [C] all the grain, fruit, vegetables, etc. that grow or are collected at one time or place: *a crop of apples* ○ *Another year of crop failure would mean starvation for many people.* ▶ **zbiór** **2** [C, usually pl.] plants that are grown on farms for food: *Rice and soya beans are the main crops here.* ▶ **zboże i inne uprawy** **3** [sing.] a number of people or things which have appeared at the same time: *a crop of spots on his face* ▶ **masa, stos**

□ **crop** verb (**cropping**; **cropped**) **1** [T] to cut sth very short: *cropped hair* ▶ **strzyc (na krótko), obcinać (bardzo krótko)** **2** [I] to produce a crop(1) ▶ **dawać plony**

PHRASAL VERB **crop up** to appear suddenly, when you are not expecting it: *Some problems have cropped up that we weren't expecting.* ▶ **pojawiać się**

cropper /ˈkrɒpə(r)/ noun

IDIOM **come a cropper** (informal) **1** to fall over ▶ **przewracać się, upadać** **2** to fail; to have an accident ▶ **kończyć się fiaskiem/zawodem itp.**

croquet /ˈkrəʊkeɪ; US krəʊˈkeɪ/ noun [U] a game that you play on grass. When you play croquet you use wooden sticks (mallets) to hit balls through metal arches (hoops). ▶ **krokiet**

★**cross**[1] /krɒs; US krɔːs/ noun **1** [C] a mark that you make by drawing one line across another (e.g. ×). The sign is used for showing the position of sth, for showing that sth is not correct, etc.: *The cross on the map shows where our house is.* ○ *Incorrect answers were marked with a cross.* ▶ **krzyż, krzyżyk** **2** (also **the Cross**) [sing.] the two pieces of wood in the shape of a cross on which people were killed as a punishment in former times: *Christ's death on the cross* ▶ **krzyż** **3** [C] something in the shape of the cross[1](2) that is used as a symbol of the Christian religion: *She wore a gold cross round her neck.* ○ *The priest made the sign of the cross.* ▶ **krzyż** **4** [C, usually sing.] **a cross (between A and B)** something (especially a plant or an animal) that is a mixture of two different types of thing: *a fruit which is a cross between a peach and an apple* ▶ **krzyżówka** **5** [C] (formal) something that makes you unhappy or worried or that makes your life more difficult: *We all have our own cross to bear.* ▶ **krzyż pański, utrapienie** **6** [C] (in sports such as football) a kick or hit of the ball that goes across the front of the goal ▶ **dośrodkowanie**

★**cross**[2] /krɒs; US krɔːs/ verb **1** [I,T] **cross (over) (from sth/to sth)** to go from one side of sth to the other: *to cross the road* ○ *You can't cross here, there's too much traffic.* ○ *Where did you cross the border?* ▶ **przechodzić (przez), przejeżdżać, przekraczać** (*np. granicę*) **2** [I] (used about lines, roads, etc.) to pass across each other: *The two roads cross just north of the village.* ○ (figurative) *Our letters crossed in the post.* ▶ **przecinać się; rozmijać się** **3** [T] to put sth across or over sth else: *to cross your arms* ▶ **zakładać** (*np. nogę na nogę, ręce na piersiach*) **4** [T] **cross yourself** to make the sign of a cross in front of your face and chest as a symbol of the Christian religion ▶ **przeżegnać się** **5** [T] to refuse to do what sb wants you to do; to oppose sb: *He's an important man. It could be dangerous to cross him.* ▶ **sprzeciwiać się komuś** **6** [T] **cross sth with sth** to produce a new type of plant or animal by mixing two different types: *If you cross a horse with a donkey you get a mule.* ▶ **krzyżować**

IDIOMS **cross your fingers** to hope that things will happen in the way that you want; to wish for good luck: *There's nothing more we can do now – just cross our fingers and hope for the best.* ▶ **trzymać kciuki**

> Mówi się także **(keep your) fingers crossed**. Odnośny gest różni się od polskiego tym, że palec środkowy zakłada się na wskazujący. Zwrotu tego używa się również bez wykonywania gestu.

cross my heart (and hope to die) (informal) (used for emphasizing that what you are saying is true) ▶ **jak Boga kocham!** | **cross your mind** (used about a thought, idea, etc.) to come into your mind: *It never once crossed my mind that she was lying.* ▶ **przychodzić do głowy/na myśl**

PHRASAL VERBS **cross sth off (sth)** to remove sth from a list, etc. by drawing a line through it: *Cross Dave's name off the guest list – he can't come.* ▶ **skreślać coś z czegoś** | **cross sth out** to draw a line through sth that you have written because you have made a mistake, etc.: *to cross out a spelling mistake* ▶ **skreślać**

cross[3] /krɒs; US krɔːs/ adj. **cross (with sb) (about sth)** (informal) angry or annoyed: *I was really cross with her for leaving me with all the work.* ○ *What are you so cross about?* ❶ **Cross** jest słowem bardziej potocznym niż **angry**. ▶ **zły (na kogoś)**

□ **crossly** adv.: *'Be quiet,' Dad said crossly.* ▶ **ze złością, z irytacją**

crossbar /ˈkrɒsbɑː(r); US ˈkrɔːs-/ noun [C] **1** the piece of wood over the top of a goal in football, etc. ▶ **poprzeczka** **2** the metal bar that joins the front and back of a bicycle ▶ **rama**

cross-country /ˌkrɒs ˈkʌntri; US ˌkrɔːs-/ adj., adv. across fields, etc.; not using main roads: *a cross-country run* ○ *cross-country skiing* ▶ **na przełaj, przełajowy**

cross-examine /ˌkrɒs ɪgˈzæmɪn; US ˌkrɔːs-/ verb [T] to ask sb a lot of questions (e.g. in a court) in order to find out the truth about sth: *to cross-examine a witness* ▶ **przesłuchiwać, brać w krzyżowy ogień pytań**

□ **cross-examination** /ˌkrɒs ɪɡˌzæmɪˈneɪʃn; US ˌkrɔːs-/ noun [C,U]: *He broke down under cross-examination.* ▶ **przesłuchanie** (*biorąc kogoś w krzyżowy ogień pytań*)

cross-eyed /ˈkrɒs aɪd; US ˈkrɔːs-/ adj. having one or both your eyes looking towards your nose ▶ **zezowaty**

crossfire /ˈkrɒsfaɪə(r); US ˈkrɔːs-/ noun [U] a situation in which guns are being fired from two or more different directions; *The journalist was killed in crossfire* (podczas strzelaniny). ○ (figurative) *When my parents argued, I sometimes got caught in the crossfire.* ▶ **ogień krzyżowy**

crossing /ˈkrɒsɪŋ; US ˈkrɔːs-/ noun [C] **1** a journey across water: *a rough sea crossing* ▶ **przeprawa, podróż morska 2** a place where roads or railway lines cross each other: *a level crossing* ▶ **przejazd** (*np. kolejowy*) **3** a place where you can cross over sth: *to cross the road at a pedestrian crossing* ○ *a border crossing* ▶ **przejście**

cross-legged /ˌkrɒs ˈleɡd; -ˈleɡɪd; US ˌkrɔːs-/ adj., adv. sitting on the floor with your legs pulled up in front of you and with one leg or foot over the other: *to sit cross-legged* ▶ (*siedzieć*) **po turecku**

cross purposes /ˌkrɒs ˈpɜːpəsɪz; US ˌkrɔːs-/ noun

IDIOM **be/talk at cross purposes** (used about more than one person) to be confused because you are talking about different things but think you are talking about the same thing: *I think we've been talking at cross purposes* (nie rozumiemy się). *You mean next Saturday but I'm talking about this one.* ▶ **nie rozumieć się nawzajem**

cross-reference /ˌkrɒs ˈrefrəns; US ˌkrɔːs-/ noun [C] a note in a book, etc. that tells you to look in another place in the book for more information ▶ **odnośnik, odsyłacz**

crossroads /ˈkrɒsrəʊdz; US ˈkrɔːs-/ noun [C] (pl. **crossroads**) a place where two or more roads cross each other: *When you come to the next crossroads turn right.* ▶ **skrzyżowanie**

cross section /ˌkrɒs ˈsekʃn; ˈkrɒs sekʃn; US ˌkrɔːs-/ noun [C] **1** a picture of what the inside of sth would look like if you cut through it: *a diagram of a cross section of the human brain* ▶ **przekrój 2** a group of people that are typical of a larger group: *a representative cross section of society* ▶ **przekrój**

crosswalk /ˈkrɒswɔːk; US ˈkrɔːs-/ noun [C] (US) = PEDESTRIAN CROSSING

★**crossword** /ˈkrɒswɜːd; US ˈkrɔːs-/ (also ˈ**crossword puzzle**) noun [C] a word game with black and white squares where you write the words in the white squares, either across or down. The correct words are the answers to special questions (clues): *to do a crossword* ▶ **krzyżówka**

crotch /krɒtʃ/ (also **crutch**) noun [C] the place where a person's legs, or trouser legs, join at the top ▶ **krocze**

crotchet /ˈkrɒtʃɪt/ (US ˈ**quarter note**) noun [C] (used in music) a type of note ▶ **ćwierćnuta**

Cała nuta to **semibreve**. Półnuta to **minim**, ósemka to **quaver**, a szesnastka to **semiquaver**.

crouch /kraʊtʃ/ verb [I] to bend down so that your body is close to the ground and lean forward slightly: *The cat crouched* (gotował się do skoku) *in front of the hole waiting for the mouse to appear.* ○ *He crouched down behind the sofa.* ➲ Ilustr. do **kneel**. ▶ **przykucać, przycupnąć**

crow[1] /krəʊ/ noun [C] a large black bird that makes a loud noise ▶ **wrona**

IDIOM **as the crow flies** (used for describing distances) in a straight line: *It's a kilometre as the crow flies but three kilometres by road.* ▶ **w linii powietrznej**

crow[2] /krəʊ/ verb [I] **1** to make a loud noise, such as a cock makes, e.g. early in the morning ▶ **piać 2** (informal) to speak very proudly about sth; to boast ▶ **tokować, przechwalać się**

crowbar /ˈkrəʊbɑː(r)/ noun [C] a long iron bar that is used for forcing sth open ▶ **łom**

★**crowd**[1] /kraʊd/ noun **1** [C, with sing. or pl. verb] a large number of people in one place: *The crowd was/were extremely noisy.* ○ *A large crowd gathered to hear the President speak.* ○ *He pushed his way through the crowd.* ○ *There were crowds of people waiting outside the cinema.* ▶ **tłum 2** (**the crowd**) [sing.] most people: *to follow the crowd* naśladować innych ▶ **tłum 3** [C, with sing. or pl. verb] (informal) a group of people who know each other: *John, Linda and Barry will be there – all the usual crowd.* ▶ **paczka**

★**crowd**[2] /kraʊd/ verb **1** [I] **crowd around/round (sb)** (used about a lot of people) to come together in one place: *Fans crowded round the singer hoping to get his autograph.* ▶ **tłoczyć się 2** [T] (used about a lot of people) to fill an area: *Groups of tourists crowded the main streets.* ▶ **wypełniać, przepełniać**

PHRASAL VERBS **crowd into sth**; **crowd in** to go into a small place and make it very full: *Somehow we all crowded into their small living-room.* ▶ **wciskać się, wpychać się** | **crowd sb/sth into sth**; **crowd sb/sth in** to put a lot of people into a small place: *Ten prisoners were crowded into one small cell.* ▶ **wciskać, wpychać** | **crowd sth out**; **crowd sb out (of sth)** to completely fill a place so that nobody else can enter: *Students crowd out the cafe at lunchtimes.* ○ *Smaller companies are being crowded out* (są wypierane) *of the market.* ▶ **zapełniać**

□ **crowded** adj. full of people: *The town was crowded with Christmas shoppers.* ○ *a crowded bus* ▶ **zatłoczony, przeludniony**

crown[1] /kraʊn/ noun **1** [C] a round ornament made of gold and jewels, that a king or queen wears on the head on official occasions: *the crown jewels* klejnoty koronne ▶ **korona 2** (**the crown**) [sing.] the state as represented by a king or queen: *an area of land belonging to the Crown* ▶ **Korona** (*tj. monarcha panujący*) **3** [sing.] the top of your head or of a hat ▶ **ciemię; denko** (*kapelusza*) **4** [sing.] the top of a hill ▶ **szczyt** (*góry*)

■ ˌ**Crown** ˈ**prince** (fem. ˌ**Crown prinˈcess**) noun

[C] the person who has the right to become the next king or queen ▶ **następ-ca/czyni tronu**

crown² /kraʊn/ verb [T] **1** to put a crown on the head of a new king or queen in an official ceremony: *Elizabeth was crowned in 1952.* ○ (figurative) *the newly crowned British champion* ▶ **koronować 2 crown sth (with sth)** (formal) to cover the top of sth: *The mountain was crowned with snow.* ▶ **wieńczyć 3** to be a good or successful end to sth: *years of hard work that were finally crowned with success* ▶ **wieńczyć**

IDIOM **to crown it all** to be the last in a number of lucky or unlucky events: *She failed her exam, her boyfriend left her and to crown it all her handbag was stolen.* ▶ **na dodatek, na domiar złego**

□ **crowning** adj. (only before a noun) the best or most important: *Winning the World Championship was the crowning moment of her career.* ▶ **szczytowy**

★**crucial** /ˈkruːʃl/ adj. **crucial (to/for sth)** very important: *Early diagnosis of the illness is crucial for successful treatment.* ▶ **decydujący, przełomowy**

□ **crucially** /-ʃəli/ adv.: *a crucially important decision/meeting* ▶ **decydująco, przełomowo**

crucifix /ˈkruːsəfɪks/ noun [C] a model of a cross with a figure of Jesus on it ▶ **krucyfiks**

crucifixion /ˌkruːsəˈfɪkʃn/ noun [C,U] the act of crucifying sb: *the Crucifixion of Christ* ▶ **ukrzyżowanie**

crucify /ˈkruːsɪfaɪ/ verb [T] (pres. part. **crucifying**; 3rd pers. sing. pres. **crucifies**; pt, pp **crucified**) to kill sb by nailing or tying them to a cross ▶ **ukrzyżować**

crude /kruːd/ adj. **1** in its natural state: *crude oil* ropa naftowa ▶ **surowy, nie oczyszczony 2** done or made in a simple way; not skilful: *The method was crude but very effective.* ▶ **prymitywny, toporny 3** rude, talking or acting in a way that would offend many people: *He's always telling crude jokes* (słone dowcipy). ▶ **grubiański, obraźliwy**

□ **crudely** adv. ▶ **prymitywnie; niedelikatnie**

★**cruel** /kruːəl/ adj. (**crueller**; **cruellest**) causing physical or mental pain or suffering to sb/sth; unkind: *I think it's cruel to keep animals in cages.* ○ *cruel words* ○ *Life can be cruel.* ○ *a cruel punishment* ▶ **okrutny, srogi**

□ **cruelly** /ˈkruːəli/ adv.: *The dog had been cruelly treated.* ▶ **okrutnie, z okrucieństwem**

★**cruelty** /ˈkruːəlti/ noun (pl. **cruelties**) **1** [U] **cruelty (to sb/sth)** cruel behaviour: *cruelty to children* ▶ **okrucieństwo (wobec kogoś) 2** [C, usually pl.] a cruel act: *the cruelties of war* ▶ **okrucieństwo**

cruise /kruːz/ verb [I] **1** to travel by boat, visiting a number of places, as a holiday: *to cruise around the Caribbean* ▶ **żeglować 2** to travel by car, plane, etc. staying at the same speed: *cruising at 70 miles an hour* ▶ **jechać z jednakową prędkością, krążyć**

□ **cruise** noun [C] a holiday in which you travel on a ship and visit a number of different places: *After they retired they went on a world cruise.* ○ *a luxury cruise ship* ➲ Zob. uwaga przy **journey**. ▶ **rejs, wycieczka morska** | **cruiser** /ˈkruːzə(r)/ noun [C] **1** a large warship ▶ **krążownik 2** (also **ˈcabin cruiser**) a motor boat which has room for people to sleep on it ▶ **łódź motorowa z kabiną**

crumb /krʌm/ noun [C] a very small piece of bread, cake or biscuit ▶ **okruch**

crumble /ˈkrʌmbl/ verb [I,T] **crumble (sth) (into/to sth)**; **crumble (sth) (up)** (to cause sth) to break into very small pieces: *to crumble bread/biscuits* ○ *The walls of the church are beginning to crumble.* ○ (figurative) *Support for the government is beginning to crumble.* ▶ **kruszyć (się), rozpadać się**

□ **crumbly** adj.: *This cheese has a crumbly texture* (rozsypuje się). ▶ **kruchy, rozpadający się**

crummy /ˈkrʌmi/ adj. (**crummier**; **crummiest**) (informal) bad or unpleasant: *a crummy little backstreet hotel* ▶ **lichy, tandetny**

crumpet /ˈkrʌmpɪt/ noun [C] (Brit.) a flat round type of small cake with holes in the top that you eat hot with butter on it ▶ **rodzaj naleśnika**

crumple /ˈkrʌmpl/ verb [I,T] **crumple (sth) (into sth)**; **crumple (sth) (up)** (to cause sth) to be folded or pressed in an untidy or irregular way: *The front of the car crumpled when it hit the wall.* ○ *to crumple a piece of paper into a ball* ➲ Ilustr. do **fold**. ▶ **miąć (się), gnieść (się)**

crunch /krʌntʃ/ verb **1** [I,T] **crunch sth (up)** to make a loud noise when you are eating sth hard: *to crunch an apple/a carrot* ▶ **chrupać 2** (also **scrunch**) [I] to make a loud noise like the sound of sth being walked on and crushed: *We crunched through the snow.* ○ *The snow made a crunching noise under our feet.* ▶ **chrzęścić, skrzypieć**

□ **crunch** noun [sing.] an act or noise of crunching: *the crunch of their boots on the snow* ▶ **chrzęst, skrzypienie**

IDIOM **if/when it comes to the crunch**; **if/when the crunch comes** if/when you are in a difficult situation and must make a difficult decision: *If it comes to the crunch, I'll stay and fight.* ▶ **jak przyjdzie co do czego**

crunchy adj. (**crunchier**; **crunchiest**) hard and crisp, so that it makes a noise when you eat it or step on it: *a crunchy apple* ▶ **chrupiący**

crusade /kruːˈseɪd/ noun [C] **1** (**Crusade**) one of the wars that European Christians fought with Muslims in the Middle Ages to win back land in the area that is now Israel ▶ **wojna krzyżowa 2** a fight for sth that you believe to be good or against sth that you believe to be bad: *a crusade against drugs* ▶ **krucjata**

□ **crusader** noun [C] a person who takes part in a crusade ▶ **krzyżowiec**

crush¹ /krʌʃ/ verb [T] **1** to press sb/sth hard so that they/it are/is broken, damaged or injured: *Don't pack the cakes at the bottom of the box or they'll get crushed.* ○ *to be crushed to death* ▶ **gnieść, miażdżyć 2 crush sth (up)** to break sth hard into very small pieces or a powder: *First crush the garlic and fry in olive oil.* ▶ **rozgniatać 3** to defeat sb/sth completely: *The* *army was sent in to crush the rebellion.* ▶ **tłumić, dławić**

PHRASAL VERB **crush (sb/sth) into, past, through, etc. sth** (to cause sb/sth) to move into, past, through, etc. a place by pushing or pressing: *Crowds of people crushed into the tiny church.* ▶ **wciskać kogoś/coś do czegoś; tłoczyć się do czegoś/w coś**

□ **crushing** adj. (only before a noun) that defeats sb/sth completely or upsets sb/sth a lot: *a crushing defeat* ○ *a crushing blow to the country's economy* ▶ **druzgocący, miażdżący**

crush² /krʌʃ/ noun **1** [sing.] a large group of people in a small space: *There was such a crush that I couldn't get near the bar.* ▶ **tłok, ścisk** **2** [C] **a crush (on sb)** (informal) a strong feeling of love and admiration for sb that does not usually last for a long time: *to have a crush on* (podkochiwać się w) *your teacher* ▶ **zakochanie (się)**

crust /krʌst/ noun **1** [C,U] the hard part on the outside of a loaf of bread, pie, etc.: *I cut the crusts off the bread.* ➲ Ilustr. do **bread**. ▶ **skórka** **2** [C] a hard layer on the outside of sth: *the Earth's crust* ▶ **skorupa**

crusty /ˈkrʌsti/ adj. (**crustier**; **crustiest**) **1** having a hard crust(1): *crusty bread* ▶ **chrupiący** **2** (informal) bad-tempered and impatient: *a crusty old professor* ▶ **zrzędny, gderliwy**

crutch /krʌtʃ/ noun [C] **1** a type of stick that you put under your arm to help you walk when you have hurt your leg or foot: *to be on crutches* ▶ **kula** **2** = CROTCH

crux /krʌks/ noun [sing.] the most important or difficult part of a problem: *Now we come to the crux of the problem.* ▶ **sedno**

★**cry¹** /kraɪ/ verb (pres. part. **crying**; 3rd pers. sing. pres. **cries**; pt, pp **cried**) [I,T] **1** to make a noise and produce tears in your eyes, e.g. because you are unhappy or have hurt yourself: *The baby never stops crying.* ○ *The child was crying for her mother.* ○ *to cry yourself to sleep* płakać, aż sen zmorzy ○ *They were crying with cold and hunger* (z zimna i głodu). ▶ **płakać** **2 cry (sth) (out)** to shout or make a loud noise: *'Look,' he cried, 'There they are.'* ○ *to cry out in pain* (z bólu) ▶ **krzyczeć**

IDIOMS **a shoulder to cry on** → SHOULDER | **cry your eyes out** to cry a lot for a long time ▶ **wypłakiwać oczy**

PHRASAL VERB **cry out for sth** to need sth very much: *London is crying out for a new transport system.* ▶ **(aż) się prosić o coś, domagać się czegoś**

★**cry²** /kraɪ/ noun (pl. **cries**) **1** [C] a shout or loud noise: *the cries of the children in the playground* ○ *the cry of a seagull* ○ *a cry of pain/fear/joy* ▶ **krzyk** **2** [sing.] an act of crying¹(1): *After a good cry* (jak się wypłakałam) *I felt much better.* ▶ **płacz**

IDIOM **a far cry from sth/from doing sth** → FAR¹

crying /ˈkraɪɪŋ/ adj. (only before a noun) very great (usually used when talking about a bad situation, etc.): *There's a crying need for more doctors.* ○ *It's a crying shame that so many young people can't find jobs.* ▶ **krzyczący, pilny, skandaliczny**

crypt /krɪpt/ noun [C] a room that is under a church, where dead people are sometimes buried ▶ **krypta**

cryptic /ˈkrɪptɪk/ adj. having a hidden meaning that is not easy to understand; mysterious: *a cryptic message/remark* ▶ **tajemniczy, zagadkowy**

□ **cryptically** /-kli/ adv. ▶ **tajemniczo, zagadkowo**

crystal /ˈkrɪstl/ noun **1** [U] a transparent rock or mineral ▶ **kryształ** **2** [U] very high-quality glass: *a crystal vase* ▶ **kryształ** **3** [C] a regular shape that some mineral substances form when they are solid: *salt crystals* ▶ **kryształ**

■ ˌ**crystal ˈball** noun [C] a glass ball in which some people believe you can see what is going to happen in the future ▶ **kula kryształowa** | ˌ**crystal ˈclear** adj. **1** (used about water, glass, etc.) that you can see through perfectly ▶ **krystalicznie czysty** **2** very easy to understand: *The meaning is crystal clear.* ▶ **jasny jak słońce**

crystallize /ˈkrɪstəlaɪz/ verb [I,T] **1** (used about thoughts, beliefs, plans, etc.) to become clear and fixed; to make thoughts, etc. become clear and fixed: *Our ideas gradually began to crystallize into a definite strategy.* ▶ (*przen.*) **krystalizować się** **2** to form or make sth form into crystals(1) ▶ **krystalizować się**

cu. abbr. cubic: *a volume of 3 cu ft* ▶ **sześcienny**

cub /kʌb/ noun [C] **1** a young fox, bear, lion, tiger or wolf ▶ **młode lisa/niedźwiedzia/lwa/tygrysa/wilka** **2** (**the Cubs**) [pl.] the part of the Boy Scout organization that is for younger boys ▶ **organizacja skautowska dla młodszych chłopców** (*podobna do zuchów*) **3** (**Cub**) (also **Cub Scout**) a member of the Cubs ▶ **zuch**

cube /kjuːb/ noun [C] **1** a solid shape that has six equal square sides ▶ **sześcian** **2** the number that you get if you multiply a number by itself twice: *the cube of 5* (5^3) *is 125.* ○ *The cube root* (pierwiastek trzeciego stopnia) *of 64 is 4.* ▶ **trzecia potęga** (*w matematyce*)

□ **cube** verb [T] (usually passive) to multiply a number by itself twice: *Four cubed* (4^3) *is 64.* ▶ **podnosić do trzeciej potęgi**

cubic /ˈkjuːbɪk/ adj. if a box is 2m long, 2m wide and 2m high, its volume is 8 cubic metres ▶ **sześcienny**

cubicle /ˈkjuːbɪkl/ noun [C] a small separate section of a larger room, e.g. for changing in at a swimming pool or trying on clothes in a shop ▶ **kabina**

cuckoo /ˈkʊkuː/ noun [C] a bird which makes a sound like its name and which lays its eggs in another bird's nest ▶ **kukułka**

cucumber /ˈkjuːkʌmbə(r)/ noun [C,U] a long, thin vegetable with a dark green skin and a soft white inside that is often used in salads ➲ Por. **gherkin** i **pickle**. Ilustr. do **salad**. ▶ **ogórek**

cuddle /ˈkʌdl/ verb [I,T] to hold (sb/sth/each other) closely in your arms as a sign of love:

She cuddled her baby until he fell asleep. ▶ **przytulać**

PHRASAL VERB **cuddle up (to/against sb/sth); cuddle up (together)** to move close to sb and sit or lie comfortably: *He cuddled up to his girlfriend on the sofa.* ○ *They cuddled up together for warmth.* ▶ **przytulać się**

□ **cuddle** noun [C]: *He gave the child a cuddle* (przytulił) *and kissed her goodnight.* ▶ **przytulenie** | **cuddly** /ˈkʌdli/ (**cuddlier**; **cuddliest**) adj. soft and pleasant to hold close to you: *a cuddly toy* ▶ **wywołujący chęć przytulenia**

cue[1] /kjuː/ noun [C] **1** a word or gesture that is the signal for sb else to say or do sth, especially in a play: *When Julia puts the tray on the table, that's your cue to come on stage.* ▶ **sygnał 2** an example of how to behave: *I wasn't sure how to behave at a Japanese wedding, so I took my cue from* (naśladowałem) *my hosts.* ▶ **przykład**

IDIOM **(right) on cue** at exactly the moment expected ▶ **jak na zawołanie**

cue[2] /kjuː/ noun [C] a long, thin wooden stick, used to hit the ball in games like snooker and billiards ▶ **kij** (*np. bilardowy*)

cuff[1] /kʌf/ noun [C] **1** the end part of a sleeve, which often fastens at the wrist ▶ **mankiet 2** (**cuffs**) [pl.] = HANDCUFFS **3** a light hit with the open hand ▶ **szturchaniec, trzepnięcie**

IDIOM **off the cuff** (used about a remark, etc.) without previous thought or preparation: *I haven't got the figures here, but, off the cuff, I'd say the rise is about 10%.* ▶ **z głowy, bez przygotowania**

■ ˈ**cufflink** noun [usually pl.] one of a pair of small objects used instead of a button to fasten a shirt sleeve together at the wrist ▶ **spinka do mankietów**

cuff[2] /kʌf/ verb [T] to hit sth (especially sb's head) lightly with your open hand ▶ **dać klapsa**

cuisine /kwɪˈziːn/ noun [U] a style of cooking: *Italian cuisine* ❶ Mniej formalne jest **cooking**. ▶ **kuchnia**

cul-de-sac /ˈkʌl də sæk/ noun [C] (pl. **cul-de-sacs**) a street that is closed at one end ▶ **ślepa uliczka**

culinary /ˈkʌlɪnəri; US -neri/ adj. connected with cooking ▶ **kulinarny**

cull /kʌl/ verb [T] **1** to reduce the size of a group of animals such as deer, by killing its weakest members ▶ **odstrzeliwać (selektywnie) 2** to gather or select information, ideas, etc., from different sources ▶ **zbierać; wybierać**

culminate /ˈkʌlmɪneɪt/ verb [I] (formal) **culminate in sth** to reach a final result or high point: *The team's efforts culminated in victory* (doprowadziły do zwycięstwa) *in the national championships.* ▶ **osiągnąć szczyt w czymś, kończyć się czymś**

□ **culmination** /ˌkʌlmɪˈneɪʃn/ noun [sing.]: *The joint space mission was the culmination of years of research.* ▶ **punkt kulminacyjny**

culpable /ˈkʌlpəbl/ adj. (formal) guilty; deserving blame ▶ **winny; karygodny**

culprit /ˈkʌlprɪt/ noun [C] a person who has done sth wrong ▶ **winowaj-ca/czyni**

cult /kʌlt/ noun [C] **1** a type of religion or religious group, especially one that is considered unusual ▶ **kult 2** a person or thing that has become popular with a particular group of people: *His books have become a cult among young people.* ▶ **przedmiot kultu**

cultivate /ˈkʌltɪveɪt/ verb [T] **1** to prepare and use land for growing crops: *to cultivate the soil* ▶ **uprawiać 2** to grow plants for food or to sell: *Olives have been cultivated for centuries in Mediterranean countries.* ▶ **uprawiać 3** to try hard to develop sth: *He cultivated links with colleagues abroad.* ▶ **pielęgnować 4** to try to form a friendship with sb who could be useful to you ▶ **zaskarbiać sobie czyjeś względy**

□ **cultivated** adj. **1** well educated, with good manners ▶ **kulturalny 2** (used about land) used for growing plants for food or to sell; (used about plants) grown on a farm, not wild ▶ **uprawny** | **cultivation** /ˌkʌltɪˈveɪʃn/ noun [U]: *land that is under cultivation* ▶ **uprawa; pielęgnowanie; zaskarbianie sobie względów**

★**cultural** /ˈkʌltʃərəl/ adj. **1** connected with the customs, ideas, art, etc. of a society: *cultural identities* ○ *The country's cultural diversity is a result of taking in immigrants from all over the world.* ▶ **kulturowy 2** connected with art, music, literature, etc.: *The city has a rich cultural life, with many theatres, concert halls and art galleries.* ▶ **kulturalny**

□ **culturally** /-rəli/ adv. ▶ **kulturowo; kulturalnie**

★**culture** /ˈkʌltʃə(r)/ noun **1** [C,U] the customs, ideas, civilization, etc. of a particular society or group of people: *the language and culture of the Aztecs* ○ *The international conference aims to bring together people from many different cultures.* ▶ **kultura 2** [U] achievement in or understanding of art, literature, ideas, etc.: *London has always been a centre of culture.* ○ *a man* (światły) *of culture* ▶ **kultura 3** [U] the growing of plants or the keeping of certain types of animals ▶ **uprawa, hodowla**

□ **cultured** adj. well-educated, showing a good knowledge of the arts, etc.: *a cultured manner/mind/person* ▶ **światły, wyszukany, wyrafinowany**

■ ˈ**culture shock** noun [U] a feeling of confusion, etc. that you may experience when you go to a country that is very different from your own ▶ **szok kulturowy**

cum /kʌm/ prep. (used for linking two nouns) also used as; as well as: *a bedroom-cum-study* sypialnio-gabinet ▶ **także używany jako coś; razem z czymś**

cumbersome /ˈkʌmbəsəm/ adj. **1** heavy and difficult to carry, use, wear, etc. ▶ **nieporęczny 2** (used about a system, etc.) slow; too complicated to be efficient: *Collection of the new tax proved cumbersome.* ▶ **uciążliwy**

cumin /ˈkʌmɪn/ noun [U] a plant whose seeds are used as a spice in cooking ➲ Por. **caraway**. ▶ **kmin**

cumulative /ˈkjuːmjələtɪv; US -leɪtɪv/ adj. increasing steadily in amount, degree, etc.: *a cumulative effect* ▶ **skumulowany, narastający**

cunning /ˈkʌnɪŋ/ adj. clever, especially at deceiving people: *a cunning liar* ○ *a cunning trick* ▶ **przebiegły, chytry**
□ **cunning** noun [U] cunning behaviour ▶ **przebiegłość, chytrość** | **cunningly** adv. ▶ **przebiegle, chytrze**

★**cup**[1] /kʌp/ noun [C] **1** a small deep container with a round base and usually a handle, used for drinking liquids: *a cup and saucer* ○ *a teacup* ○ *a cup of coffee* ▶ **filiżanka 2** (in sport) a large metal cup given as a prize; the competition for such a cup: *Our team won the cup in the basketball tournament.* ○ *Is Scotland in the World Cup?* ▶ **puchar 3** an object shaped like a cup: *an egg cup* kieliszek do jajek
IDIOM **not be sb's cup of tea** to not be what sb likes or is interested in: *Horror films aren't my cup of tea.* ▶ **nie być w czyimś guście**
■ **ˈcupful** noun [C] the amount that a cup will hold: *two cupfuls of water* ▶ **pełna filiżanka (czegoś)**

cup[2] /kʌp/ verb (**cupping**; **cupped**) [T] to form sth, especially your hands, into the shape of a cup; to hold sth with your hands shaped like a cup: *I cupped my hands to take a drink from the stream.* ○ *to cup your chin in your hands* opierać brodę na dłoniach ▶ **składać w kształt miseczki; ujmować** (*w dłoń*)

★**cupboard** /ˈkʌbəd/ noun [C] a piece of furniture, usually with shelves inside and a door or doors at the front, used for storing food, clothes, etc.: *a kitchen cupboard* ○ *built-in cupboards* ▶ **szafa**

curable /ˈkjʊərəbl/ adj. that can be cured: *a curable disease* ❶ Antonim: **incurable**. ▶ **uleczalny**

curate /ˈkjʊərət/ noun [C] a priest of the lowest rank in the Church of England, who helps the vicar of a church district (parish) ▶ **wikary**

curator /kjʊəˈreɪtə(r)/ noun [C] a person whose job is to look after the things that are kept in a museum, art gallery, etc. ▶ **kustosz/ka**

curb /kɜːb/ noun [C] **1 a curb (on sth)** something that controls or puts a limit on sth else: *a curb on local government spending* ▶ **hamulec, ograniczenie 2** (especially US) = KERB
□ **curb** verb [T] to control or set a limit on sth: *The law aims to curb pollution of rivers.* ▶ **hamować, ograniczać**

curd /kɜːd/ noun [U] (also **curds** [pl.]) a thick soft substance formed when milk turns sour, used in making cheese: *curds and whey* ▶ **twaróg, zsiadłe mleko**

curdle /ˈkɜːdl/ verb [I,T] to turn sour or to separate into different parts; to make something do this: *I've curdled the sauce.* Sos mi się zwarzył. ○ (figurative) *The scream made her blood curdle.* ➲ Por. **blood-curdling**. ▶ **warzyć się, zsiadać się; ścinać krew w żyłach**

★**cure**[1] /kjʊə(r)/ verb [T] **1 cure sb (of sth)** to make sb healthy again: *The treatment cured him of cancer.* ○ *The doctors couldn't cure her.* ▶ **wyleczyć, uzdrawiać 2** to make an illness, injury, etc. end or disappear: *It is still not possible to cure the common cold.* ○ (figurative) *The plumber cured* (rozwiązał) *the problem with the central heating.* ▶ **wyleczyć 3** to make certain types of food last longer by drying, smoking or salting them: *cured ham* ▶ **konserwować**

cure[2] /kjʊə(r)/ noun [C] **1** a medicine or treatment that can cure an illness, etc.: *There is no known cure for AIDS.* ▶ **lek 2** a return to good health; the process of being cured: *The new drug brought about a miraculous cure.* ▶ **wyleczenie, uzdrowienie**

curfew /ˈkɜːfjuː/ noun [C] **1** a time after which people are not allowed to go outside their homes, e.g. during a war: *The government imposed a curfew.* ▶ **godzina policyjna 2** (US) a time when children must arrive home in the evening: *She has a ten o'clock curfew.* ▶ **obowiązkowa godzina powrotu dzieci do domu**

curiosity /ˌkjʊəriˈɒsəti/ noun (pl. **curiosities**) **1** [U] a desire to know or learn: *I was full of curiosity about their plans.* ○ *Out of curiosity, he opened her letter.* ▶ **ciekawość, zaciekawienie 2** [C] an unusual and interesting person or thing: *As the only girl who played football for the school team, she was quite a curiosity.* ▶ **osobliwość, ciekawostka**

★**curious** /ˈkjʊəriəs/ adj. **1** eager to know or learn as much as you can: *He was curious to know how the machine worked.* ▶ **ciekawy, zaciekawiony 2** too interested in other people's affairs: *Don't be so curious – it's got nothing to do with you.* ▶ **ciekawski 3** unusual or strange: *As I was walking home, a curious thing happened.* ▶ **dziwny, osobliwy**
□ **curiously** adv.: *Curiously enough* (co ciekawe), *we discovered that we had exactly the same name.* ▶ **dziwnie, osobliwie**

curl[1] /kɜːl/ noun [C] **1** a piece of hair that curves round: *Her hair fell in curls round her face.* ▶ **lok 2** a thing that has a curved round shape: *a curl* (kłąb) *of blue smoke* ▶ **zwój, spirala**
□ **curly** adj. (**curlier**; **curliest**) full of curls; shaped like a curl: *curly hair* ➲ Ilustr. do **hair**. ❶ Antonim: **straight**. ▶ **kręcony, wijący się**

curl[2] /kɜːl/ verb **1** [I,T] to form or to make sth form into a curl or curls: *Does your hair curl naturally?* ○ *The pages had curled with age.* ○ *He curled his lip* (wykrzywił usta) *and laughed scornfully.* ▶ **kręcić (się), zawijać (się) 2** [I] to move round in a curve: *The snake curled around his arm.* ▶ **wić się**
PHRASAL VERB **curl up** to pull your arms, legs and head close to your body: *I like to curl up on the couch and watch TV.* ○ *The animal curled up into a ball to protect itself.* ▶ **zwijać się w kłębek**
□ **curler** noun [C] a small plastic or metal tube that you wrap hair around in order to make it curly ▶ **lokówka, papilot**

currant /ˈkʌrənt/ noun [C] **1** a very small dried grape used to make cakes, etc. ▶ **rodzynek 2** (often in compounds) one of several types of small soft fruit: *blackcurrants* ▶ **porzeczka**

currency /ˈkʌrənsi/ noun (pl. **currencies**) **1** [C,U] the system or type of money that a particular country uses: *The currency of Japan is the yen.* ○ *a major source of foreign currency* (dewiz) ○ *a weak/strong/stable currency* ▶ **waluta** **2** [U] the state of being believed, accepted or used by many people: *The new ideas soon gained currency* (szybko się przyjęły). ▶ **powszechny użytek, obieg**

★**current¹** /ˈkʌrənt/ adj. **1** of the present time; happening now: *current fashions* ○ *current events* ▶ **aktualny, bieżący** **2** generally accepted; in common use: *Is this word still current?* ▶ **powszechnie używany, obiegowy**

□ **currently** adv. at present: *He is currently working in Spain.* ▶ **obecnie, aktualnie**

■ ˈ**current account** (US ˈ**checking account**) noun [C] a bank account from which you can take out your money when you want, with a cheque book or cash card ▶ **konto bieżące** | **current afˈfairs** noun [pl.] important political or social events that are happening at the present time: *a current affairs programme* ▶ **aktualności**

current² /ˈkʌrənt/ noun **1** [C] a continuous flowing movement of water, air, etc.: *to swim against/with the current* ○ *You shouldn't swim in the river. There are dangerous currents.* ○ (figurative) *a current* (fala) *of anti-government feeling* ▶ **prąd** **2** [U] the flow of electricity through a wire, etc.: *Turn on the current.* ▶ **prąd**

curriculum /kəˈrɪkjələm/ noun [C] (pl. **curriculums** or **curricula** /-lə/) all the subjects that are taught in a school, college or university; the contents of a particular course of study: *Latin is not on the curriculum at our school.* ○ *The curriculum for foreign languages emphasizes communication skills.* ▶ **program nauczania**

■ **curriculum vitae** /kəˌrɪkjələm ˈviːtaɪ/ (abbr. **CV**) (US also **résumé** /ˌrezʊˈmeɪ/) noun [sing.] a short account of your education and work experience, often used when you are applying for a new job ▶ **życiorys**

curry /ˈkʌri/ noun [C,U] (pl. **curries**) a hot-tasting dish of meat, vegetables, etc. usually served with rice: *some Indian vegetable curry* ○ *a hot/mild curry* ▶ **curry**

□ **curried** adj. made into a curry: *curried chicken* ▶ **przyrządzony w sosie curry**

■ ˈ**curry powder** noun [C] a fine mixture of spices that is used to make curry ▶ **ostra przyprawa korzenna do przyrządzania curry**

curse¹ /kɜːs/ noun [C] **1** a word used for expressing anger; a swear word ▶ **przekleństwo** **2** a word or words expressing the wish that sth terrible will happen to sb: *The witch put a curse on him.* ○ *The family seemed to be under a curse* (przeklęta). ▶ **klątwa, urok** **3** something that causes great harm: *the curse of drug addiction* ▶ **przekleństwo, klątwa**

curse² /kɜːs/ verb **1** [I,T] to swear at sb/sth; to use rude language to express your anger: *He dropped the box, cursed, and began to pick up the contents.* ○ *They cursed the traffic, realizing they would be late.* ▶ **kląć (na kogoś/coś), przeklinać** **2** [T] to use a curse¹(2) against sb/sth: *She cursed his family.* ▶ **przeklinać, rzucać klątwę (na kogoś/coś)**

cursor /ˈkɜːsə(r)/ noun [C] a small sign on a computer screen that you can move to indicate a particular position ▶ **kursor**

cursory /ˈkɜːsəri/ adj. quick and brief; done in a hurry: *a cursory glance* ▶ **pobieżny, powierzchowny**

curt /kɜːt/ adj. short and not polite: *She gave him a curt reply and slammed the phone down.* ▶ **szorstki, lakoniczny**

□ **curtly** adv. ▶ **szorstko, lakonicznie** | **curtness** noun [U] ▶ **szorstkość, lakoniczność**

curtail /kɜːˈteɪl/ verb [T] to make sth shorter or smaller; to reduce ▶ **skracać, ucinać**

□ **curtailment** noun [C,U] ▶ **skracanie, ucięcie**

★**curtain** /ˈkɜːtn/ noun [C] **1** (US also **drape**) a piece of material that you can move sideways to cover a window, etc.: *Could you draw the curtains, please?* ○ *lace curtains* ○ *The curtain goes up at 7pm.* ▶ **zasłona, firanka, kurtyna** **2** a thing that covers or hides sth : *a curtain of mist* ▶ **zasłona, kurtyna**

PHRASAL VERB **curtain sth off** to divide a room, etc. with a curtain: *The bed was curtained off from the rest of the room.* ▶ **oddzielać coś zasłoną**

curtsy (also **curtsey**) /ˈkɜːtsi/ noun [C] (pl. **curtsies** or **curtseys**) a movement made by a woman as a sign of respect, done by bending the knees, with one foot behind the other ▶ **dyg, głęboki ukłon dworski**

□ **curtsy** (also **curtsey**) verb (pres. part. **curtsying** or **curtseying**; 3rd pers. sing. pres. **curtsies** or **curtseys**; pt, pp **curtsied** or **curtseyed**) [I] to make a curtsy ▶ **dygać, składać głęboki ukłon**

★**curve** /kɜːv/ noun [C] a line that bends round: *a curve on a graph* ➲ Ilustr. do **arch**. ▶ **krzywa, łuk**

□ **curve** verb [I,T] to bend or to make sth bend in a curve: *The bay curved round* (biegła łukiem) *to the south.* ○ *a curved line* ▶ **wyginać (się)**

cushion /ˈkʊʃn/ noun [C] **1** a bag filled with soft material, e.g. feathers, which you put on a chair, etc. to make it more comfortable: *She sat back in the armchair with a cushion behind her head.* ❶ Poduszka do spania to **pillow**. ▶ **poduszka** (*ozdobna*) **2** something that acts or is shaped like a cushion: *a cushion of air* ▶ **poduszka**

□ **cushion** verb [T] **1** to make a blow, etc. less painful: *The snow cushioned his fall.* ▶ **amortyzować** **2** to reduce the unpleasant effect of sth: *She spent her childhood on a farm, cushioned from the effects of the war.* ▶ **osłaniać, chronić**

cushy /ˈkʊʃi/ adj. (**cushier**; **cushiest**) (informal) too easy, requiring little effort (to a degree that seems unfair to others): *a cushy job* ciepła posadka ▶ **niewymagający, lekki**

custard /ˈkʌstəd/ noun [U] a sweet yellow sauce made from milk and cornflour and eaten hot or cold: *apple pie and custard* ▶ **polewa do słodkich potraw**

custodian /kʌˈstəʊdiən/ noun [C] (formal) a person who looks after sth, especially a museum, library, etc. ▶ **kustosz, opiekun/ka**

custody /ˈkʌstədi/ noun [U] **1** the legal right or duty to take care of sb/sth: *After the divorce, the mother was given custody of the children.* ▶ **opieka, prawo opieki** **2** the state of being guarded, or kept in prison temporarily, especially by the police: *The man was arrested and kept in custody until his trial.* ▶ **areszt**

★**custom** /ˈkʌstəm/ noun **1** [C,U] a way of behaving which a particular group or society has had for a long time: *It's the custom in Britain for a bride to throw her bouquet to the wedding guests.* ○ *according to local custom* ⊃ Zob. uwaga przy **habit**. ▶ **obyczaj, zwyczaj** **2** [C] something that a person regularly does: *They were walking through the park, as was their custom* (jak mieli w zwyczaju), *when a large dog attacked them.* ▶ **zwyczaj** **3** [U] trade; the practice of people buying things regularly from a particular shop, etc.: *The local shop lost a lot of custom* (stracił wielu stałych klientów) *when the new supermarket opened.* ▶ **obroty, stałe zaopatrywanie się w danym sklepie**

customary /ˈkʌstəməri; US -meri/ adj. according to custom; usual: *Is it customary to send cards at Christmas in your country?* ▶ **zwyczajowy, przyjęty**

★**customer** /ˈkʌstəmə(r)/ noun [C] **1** a person who buys goods or services: *a regular* (stały) *customer* ○ *The shop assistant was serving a customer.* ⊃ Zob. uwaga przy **client**. ▶ **klient** **2** (informal) (after certain adjectives) a person: *a tough/awkward/odd customer* ▶ **facet, gość**

★**customs** (also **the Customs**) /ˈkʌstəmz/ noun [pl.] the place at an airport, etc. where government officials check your luggage to see whether you are bringing goods into the country illegally: *We went straight through customs with nothing to declare.* ○ *a customs officer* celnik ▶ **odprawa celna**

★**cut**[1] /kʌt/ verb (pres. part. **cutting**; pt, pp **cut**) **1** [I,T] to make an opening, wound or mark in sth using a sharp tool, e.g. a pair of scissors or a knife: *This knife doesn't cut very well.* ○ *I cut my finger* (skaleczyłem się w palec) *with a vegetable knife.* ○ *Be careful not to cut yourself on that broken glass!* ▶ **ciąć, kaleczyć** **2** [T] to remove sth or a part of sth, using a knife, etc.: *She cut two slices of bread (from the loaf).* ▶ **kroić, odkrawać** **3** [T] **cut sth (in/into sth)** to divide sth into pieces with a knife, etc.: *She cut the cake into eight (pieces).* ○ *He cut the rope in two.* ▶ **krajać, przecinać** **4** [T] to make sth shorter by using scissors, etc.: *I cut my own hair.* ○ *to have your hair cut* strzyc się u fryzjera ○ *to cut the grass* ▶ **obcinać, strzyc** **5** [T] to make or form sth by removing material with a sharp tool: *She cut a hole in the card and pushed the string through.* ○ *They cut a path through the jungle.* ▶ **wycinać** **6** [T] to reduce sth or make it shorter; to remove sth: *to cut taxes* ○ *Train services have been cut because of the strike.* ○ *Several violent scenes in the film were cut.* ▶ **obcinać; wycinać** **7** [T] to remove a piece of text on a computer screen ▶ **wycinać** **8** [T] (spoken) to stop sth: *Cut the chat and get on with your work!* ▶ **zakończyć coś** **10** [T] to deeply offend sb or hurt their feelings: *His cruel remarks cut her deeply.* ▶ **ranić**

IDIOM **cut sth/sb short** → SHORT[2]

PHRASAL VERBS **cut across sth** to go beyond the limits of: *The question of aid for the earthquake victims cuts across national boundaries.* ▶ **przekraczać coś** | **cut across, along, through, etc. (sth)** to go across, etc. sth, in order to shorten your journey: *It's much quicker if we cut across the field.* ▶ **iść na skróty**

cut sth back; **cut back (on sth)** to reduce sth: *The government has decided to cut back on public spending.* ▶ **obcinać**

cut sth down **1** to make sth fall down by cutting it: *to cut down a tree* ▶ **ścinać** **2** to shorten sth: *I have to cut my essay down to 2 000 words.* ▶ **skracać** | **cut sth down**; **cut down (on sth)** to reduce the quantity or amount of sth; to do sth less often: *You should cut down on fatty foods and smoking.* ▶ **ograniczać, zmniejszać**

cut in (on sb/sth); **cut into sth** to interrupt sb/sth: *to cut into a conversation* ▶ **przerywać (komuś), wtrącać się do czegoś**

cut sb off (often passive) to stop or interrupt sb's telephone conversation: *We were cut off before I could give her my message.* ▶ **rozłączać kogoś** | **cut sb/sth off** (often passive) to stop the supply of sth to sb: *If you don't pay your gas bill they'll cut you off.* ○ *The electricity has been cut off.* ▶ **wyłączać kogoś/coś** | **cut sth off** to block a road, etc. so that nothing can pass: *We must cut off all possible escape routes.* ▶ **odcinać** | **cut sth off (sth)** to remove sth from sth larger by cutting: *Be careful you don't cut your fingers off using that electric saw.* ▶ **odcinać** | **cut sb/sth off (from sb/sth)** (often passive) to prevent sb/sth from moving from a place or contacting people outside: *The farm was cut off from the village by heavy snow.* ▶ **odcinać kogoś/coś (od kogoś/czegoś)**

cut sth open to open sth by cutting: *She fell and cut her head open.* ▶ **rozcinać**

cut sth out **1** to remove sth or to form sth into a particular shape by cutting: *to cut out a dress from a piece of cloth* ▶ **wycinać; wykrawać** **2** to leave sth out: *Cut out the boring details!* ▶ **opuszczać** **3** (informal) (often in orders) to stop saying or doing sth, usually sth annoying: *Cut that out* (przestań) *and leave me alone!* ▶ **przestawać** **4** (informal) to stop doing or using sth: *You'll only lose weight if you cut out sweet things from your diet.* ▶ **rzucać; zaprzestawać, eliminować** | **cut sth out (of sth)** to remove sth from sth larger by cutting: *He cut the job advertisement out of the newspaper.* ▶ **wycinać coś (z czegoś)** | **be cut out for sth**; **be cut out to be sth** to have the qualities to be able to do sth; to be suitable for sth/sb: *You're not cut out to be a soldier.* ○ *David and Jo are not cut out for each other.* ▶ **być stworzonym (do/dla czegoś, na coś)**

cut sth up to cut sth into small pieces with a knife, etc. ▶ **ciąć (na kawałki), siekać**

■ **ˈcutback** noun [C] a reduction in amount or number: *The management were forced to make cutbacks in staff* (zredukować personel). ▶ **cięcie, redukcja** | **ˈcut-off** noun [C] the level at which sth stops: *The cut-off date is* (ostateczny termin upływa) *12 May. After that we'll end the offer.* ▶ **ostateczny/końcowy termin, górna/dolna granica** (*np. wieku*) | ˌ**cut-'price** (US ˌ**cut-'rate**) adj. sold at a reduced price; selling goods at low prices: *cut-price offers* ○ *a cut-price store* sklep z przecenionym towarem ▶ **przeceniony** | '**cut-throat** adj. caring only about success and not worried about hurting anyone: *cut-throat business practices* ▶ **bezwzględny, (zmierzający) po trupach do celu**

★**cut**[2] /kʌt/ noun [C] **1** a wound or opening made with a knife, etc.: *He had a deep cut on his forehead.* ▶ **rana (cięta), cięcie 2** an act of cutting: *to have a cut and blow-dry* ▶ **strzyżenie, cięcie 3 a cut (in sth)** a reduction in size, amount, etc.: *a cut in government spending* ○ *a power cut* wyłączenie prądu ▶ **cięcie, redukcja 4** a piece of meat from a particular part of an animal ▶ **płat 5** (informal) a share, especially in profits ▶ **dola, działka**

cute /kju:t/ adj. (especially US) attractive; pretty: *Your little girl is so cute!* ○ *a cute* (słodki) *smile* ▶ **śliczny, ładniutki**

cuticle /'kju:tɪkl/ noun [C] the piece of hard skin at the base of a nail on a person's finger or toe ▶ **skórka**

cutlery /'kʌtləri/ noun [U] the knives, forks and spoons that you use for eating food: *Where do you keep your cutlery?* ➲ Por. **crockery**. ▶ **sztućce**

cutlet /'kʌtlət/ noun [C] a small, thick piece of meat, e.g. lamb, often with bone in it, that is fried or grilled ▶ **kotlet**

cutters /'kʌtəz/ noun [pl.] a tool that you use for cutting through sth, e.g. metal: *a pair of wire-cutters* ▶ **przecinak, nożyce**

cutting[1] /'kʌtɪŋ/ noun [C] **1** (US **clipping**) a piece cut out from a newspaper, etc.: *press cuttings* ▶ **wycinek** (*prasowy*) **2** a piece cut off from a plant that you use for growing a new plant ▶ **sadzonka**

cutting[2] /'kʌtɪŋ/ adj. **1** (used about sth you say) unkind; meant to hurt sb's feelings: *a cutting remark* ▶ **uszczypliwy 2** (of the wind, etc.) cold, strong and unpleasant ▶ **ostry, przejmujący**

CV /ˌsi: 'vi:/ abbr. curriculum vitae ▶ **c.v.** (*życiorys*)

cwt. abbr. hundredweight; a measure of weight, about 50.8 kg ▶ **cetnar angielski**

cyanide /'saɪənaɪd/ noun [U] a poisonous chemical ▶ **cyjanek**

cybercafe /'saɪbəkæfeɪ/ noun [C] a cafe with computers where customers can pay to use the Internet ▶ **kawiarenka internetowa**

cyberspace /'saɪbəspeɪs/ noun [U] a place that is not real, where electronic messages exist while they are being sent from one computer to another ▶ **przestrzeń cybernetyczna**

★**cycle** /'saɪkl/ noun [C] **1** a series of events, etc. that happen repeatedly in the same order: *the life cycle of a frog* ▶ **cykl 2** a bicycle or motor cycle: *a cycle shop* ▶ **rower; motocykl**
□ **cycle** verb [I] to ride a bicycle: *He usually cycles to school.* ❶ **Go cycling** powszechnie używa się, mówiąc o jeździe rowerem dla rekreacji: *We like to go cycling at weekends.* ▶ **jeździć na rowerze** | **cyclist** /'saɪklɪst/ noun [C] a person who rides a bicycle ▶ **rowerzysta/ka, kolarz**

cyclic /'saɪklɪk; 'sɪk-/ (also **cyclical** /'sɪklɪkl; 'saɪk-/) adj. following a repeated pattern ▶ **cykliczny**

cyclone /'saɪkləʊn/ noun [C] a violent wind that moves in a circle causing a storm ➲ Zob. uwaga przy **storm**. ▶ **cyklon**

cygnet /'sɪgnət/ noun [C] a young swan ▶ **łabędziątko**

cylinder /'sɪlɪndə(r)/ noun [C] **1** a shape or an object with circular ends and straight sides ▶ **walec 2** a cylinder-shaped part of an engine, e.g. in a car: *a five-cylinder engine* ▶ **cylinder**
□ **cylindrical** /sə'lɪndrɪkl/ adj. having the shape of a cylinder ▶ **cylindryczny, walcowaty**

cymbal /'sɪmbl/ noun [C, usually pl.] one of a pair of round metal plates used as a musical instrument. Cymbals make a loud ringing sound when you strike them together or hit them with a stick. ▶ **czynel**

cynic /'sɪnɪk/ noun [C] a person who believes that people only do things for selfish reasons: *Don't be such a cynic. He did it to help us, not for the money.* ▶ **cynik**
□ **cynical** /'sɪnɪkl/ adj.: *She takes a cynical view of politics.* ○ *a cynical remark* ▶ **cyniczny** | **cynically** /-kli/ adv. ▶ **cynicznie** | **cynicism** /'sɪnɪsɪzəm/ noun [U] ▶ **cynizm**

Cyrillic /sɪ'rɪlɪk/ adj. the Cyrillic alphabet is used in languages such as Russian ▶ **dot. cyrylicy**

cyst /sɪst/ noun [C] a swelling filled with liquid in the body or under the skin ▶ **cysta, torbiel**

Dd

D, d /diː/ noun [C] (pl. **D's**; **d's**) **1** the fourth letter of the English alphabet ▶ **litera** *d* **2** (used about music) the second note in the series of notes called the scale of C major: *D major* D-dur ○ *D minor* d-moll ○ *D sharp* Dis/dis ○ *D flat* Des/des ▶ **D/d**

d. abbr. died: *W A Mozart; d 1791* ▶ **zm.**

dab /dæb/ verb (**dabbing**; **dabbed**) [I,T] to touch sth lightly, usually several times: *He dabbed the cut with some cotton wool.* ▶ **przecierać (lekko)**
PHRASAL VERB **dab sth on/off (sth)** to put sth on or to remove sth with a light stroke or strokes: *to dab some antiseptic on* (dezynfekować), *a wound* ▶ **wklepywać** (*np. perfumy w skórę*), **zbierać delikatnymi ruchami** (*np. rozlany płyn*)
□ **dab** noun [C] **1** a light touch: *She gave her eyes a dab* (lekko przetarła oczy) *with a handkerchief.* ▶ **otarcie** (*np. łez*), **dotknięcie 2** a small quantity of sth that is put on a surface: *a dab of paint* ▶ **odrobina**

dabble /ˈdæbl/ verb **1** [T] to put your hands, feet, etc. in water and move them around: *We sat on the bank and dabbled our toes in the river.* ▶ **pluskać, taplać 2** [I] to become involved in sth in a manner that is not very serious: *to dabble in politics* ▶ **parać/bawić się (czymś)**

dachshund /ˈdæksnd; US ˈdɑːkshʊnd/ noun [C] a small dog with a long body and short legs ▶ **jamnik**

★**dad** /dæd/ noun [C] (informal) father ▶ **tato**

★**daddy** /ˈdædi/ noun (pl. **daddies**) (informal) (used by children) father: *I want my daddy!* ○ *Give daddy a kiss.* ▶ **tatuś**

daffodil /ˈdæfədɪl/ noun [C] a tall yellow flower that grows from a bulb in the spring ▶ **żonkil**

daft /dɑːft; US dæft/ adj. (informal) silly; foolish: *a daft idea* ▶ **głupi, stuknięty**

dagger /ˈdægə(r)/ noun [C] a type of knife with a point and two sharp edges used as a weapon, especially in former times: *He plunged a dagger into her heart.* ▶ **sztylet**

★**daily** /ˈdeɪli/ adj., adv. done, made or happening every day: *a daily routine/delivery/newspaper* ○ *Our airline flies to Japan daily.* ▶ **codzienny; codziennie**
□ **daily** noun [C] (pl. **dailies**) a newspaper that is published every day except Sunday ▶ **dziennik**

dainty /ˈdeɪnti/ adj. (**daintier**; **daintiest**) **1** small or delicate and pretty: *a dainty lace handkerchief* ▶ **delikatny, zgrabny 2** (used about a person's movements) very careful in a way that tries to show good manners: *Vicky took a dainty bite of the hamburger.* ▶ **wykwintny**
□ **daintily** adv. ▶ **delikatnie, zgrabnie; wykwintnie**

dairy /ˈdeəri/ noun [C] (pl. **dairies**) **1** a place on a farm where milk is kept and butter, cheese, etc. are made ▶ **mleczarnia 2** a shop which sells milk, butter, eggs, etc., or a company that supplies shops with these products ▶ **sklep z nabiałem; mleczarnia**
■ **ˈdairy cattle** noun [pl.] cows which are kept for their milk, not their meat ▶ **bydło mleczne** | **ˈdairy farm** noun [C] a farm that produces mainly milk and milk products ▶ **gospodarstwo mleczne** | **ˈdairy products** noun [pl.] food made from milk, such as butter, cheese, etc. ▶ **produkty mleczne, nabiał**

daisy /ˈdeɪzi/ noun [C] (pl. **daisies**) a small white flower with a yellow centre, which usually grows wild on grass ▶ **stokrotka**

dale /deɪl/ noun [C] a valley, especially in Northern England ▶ **dolina górska**

Dalmatian /dælˈmeɪʃn/ noun [C] a large dog with short white hair marked with dark spots ▶ **dalmatyńczyk**

dam /dæm/ noun [C] a wall built across a river to hold back the water and form a reservoir behind it ▶ **tama**
□ **dam** verb [T] ▶ **tamować; budować tamę**

★**damage** /ˈdæmɪdʒ/ noun **1** [U] **damage (to sth)** harm or injury caused when sth is broken or spoiled: *The fire caused widespread damage.* ○ *It will take weeks to repair the damage.* ○ *The scandal did considerable damage to relations between the countries.* ▶ **szkoda 2** (**damages**) [pl.] money that you can claim from sb if they damage sth of yours or hurts you ▶ **odszkodowanie**
□ **damage** verb [T] to spoil or harm sth, e.g. by breaking it: *The roof was damaged by the storm.* ➲ Por. **destroy**. ▶ **uszkadzać, psuć** | **damaging** adj. having a bad or harmful effect ▶ **szkodliwy**

dame /deɪm/ noun [C] (**Dame**) (Brit.) a title given to a woman as an honour because of sth special that she has done: *Dame Agatha Christie* ▶ **tytuł przyznawany kobietom za szczególne osiągnięcia**

damn[1] /dæm/ verb [T] **1** (informal) (used for expressing anger or annoyance): *Damn that stupid driver!* ○ *Damn! I've left my money behind.* ▶ **do diabła! 2** to describe sth as very bad: *The film was damned by all the critics.* ▶ **potępiać 3** (used about God) to send sb to hell ▶ **skazywać na potępienie**
□ **the damned** noun [pl.] the people who suffer in hell: *The film was called 'The Journey of the Damned'.* ▶ **potępieni** | **damning** adj. very unfavourable; extremely critical: *a damning review of the book* ▶ **potępiający, krytyczny**

damn[2] /dæm/ noun
IDIOM **not give a damn (about sb/sth)** (slang) to not care at all: *I don't give a damn what he thinks.* ▶ **nic (mnie, go itp.) to nie obchodzi**
□ **damn** adj. (only before a noun) (informal) (used for expressing anger or annoyance): *Some damn*

fool has parked too close to me. ▶ **przeklęty, cholerny** | **damn** adv. (informal) (used for emphasizing that sth is good or bad) very: *Don't be so damn silly!* ○ *Read it! It's a damn good book.* ▶ **cholernie**

★**damp**[1] /dæmp/ adj. a little wet: *The grass is a bit damp.* ○ *The house felt rather damp.* ▶ **wilgotny**
□ **damp** noun [U] the state of being a little wet, especially in the air or in a house: *She hated the damp and the cold of the English climate.* ○ *We inspected the walls for signs of damp.* ➲ Zob. uwaga przy **wet**. ▶ **wilgoć**

damp[2] /dæmp/ verb [T] **damp sth (down)** to make sth less strong or urgent: *He tried to damp down their expectations in case they failed.* ▶ *(o emocji)* **studzić, tłumić**

dampen /ˈdæmpən/ verb [T] **1 dampen sth (down)** to make sth less strong or urgent: *Even the awful weather did not dampen their enthusiasm for the trip.* ▶ *(o emocji)* **studzić, tłumić** **2** to make sth a little wet ▶ **zwilżać**

damson /ˈdæmzn/ noun [C] a small dark purple fruit; a type of plum ▶ **damaszka**

★**dance**[1] /dɑːns; US dæns/ noun **1** [C] a series of steps and movements which you do to music: *What sort of dance is this? A waltz?* ○ *Would you like a dance?* ▶ **taniec** **2** [C] a social meeting at which people dance with each other: *There's usually a dance at the end of term.* ▶ **tańce, zabawa** **3** [U] dancing as a form of art or entertainment: *modern dance* ▶ **taniec**

★**dance**[2] /dɑːns; US dæns/ verb **1** [I,T] to move around to the rhythm of music by making a series of steps: *Did you ever see Nureyev dance?* Czy widziałeś kiedyś, jak tańczy Nureyev? ○ *to dance the waltz* ▶ **tańczyć** **2** [I] to move in a lively way, usually up and down: *She was dancing up and down with excitement.* ▶ **tańczyć, skakać**
□ **dancer** noun [C] a person who dances, often as a job: *a ballet dancer* ○ *She's a good dancer.* ▶ **tance-rz/rka, baletnica** | **dancing** noun [U] moving to music: *Will there be dancing at the party?* ○ *ballet dancing* ▶ **taniec, tańce**

dandelion /ˈdændɪlaɪən/ noun [C] a small wild plant with a bright yellow flower ▶ **mlecz**

dandruff /ˈdændrʌf/ noun [U] small pieces of dead skin in the hair, that look like white dust ▶ **łupież**

★**danger** /ˈdeɪndʒə(r)/ noun **1** [U] the chance that sb/sth may be hurt, killed or damaged or that sth unpleasant may happen: *Danger* (uwaga)*! Steep hill!* ○ *to face danger* ○ *The men kept on running until they were out of danger* (nic im nie groziło). ▶ **niebezpieczeństwo** **2** [C] **a danger (to sb/sth)** a person or thing that can cause injury, pain or damage: *Drunk drivers are a danger to everyone on the road.* ○ *the dangers of drugs* ▶ **zagrożenie**

★**dangerous** /ˈdeɪndʒərəs/ adj. likely to cause injury or damage: *a dangerous animal/road/illness* ○ *The strong currents here are dangerous for swimmers.* ▶ **niebezpieczny, groźny**
□ **dangerously** adv.: *He was standing dangerously close to the cliff edge.* ▶ **niebezpiecznie, groźnie**

dangle /ˈdæŋgl/ verb [I,T] to hang or swing freely; to hold sth so that it hangs in this way: *She sat on the fence with her legs dangling.* ○ *He dangled the keys in front of me. 'You can drive if you want,' he said.* ▶ **zwisać, bujać (się)**

dank /dæŋk/ adj. damp, cold and unpleasant: *a dank cave* ▶ **zawilgocony, ociekający wilgocią**

★**dare**[1] /deə(r)/ verb [I,T] (usually in negative sentences) to be brave enough to do sth: *I daren't ask her to lend me any more money.* ○ *We were so frightened that we didn't dare go into the room.* ○ *The government dared not increase taxes again that year.* ○ *If you dare say that again, I'll hit you!* ❶ Antonim: **dare not** (zwykle w formie **daren't** /deənt/) lub **do not/does not** (= **don't/doesn't**) **dare**. Antonim w czasie przeszłym: **did not (didn't) dare**, lub (formalnie) **dared not**. **Dare** zazw. występuje przed bezokolicznikiem bez **to**: *Nobody dared (to) speak.* ▶ **śmieć, odważyć się**
IDIOMS **don't you dare** (used for telling sb very strongly not to do sth): *Don't you dare tell my parents about this.* ▶ **nie waż się** | **how dare you** (used when you are angry about sth that sb has done): *How dare you speak to me like that!* ▶ **jak śmiesz** | **I dare say** I suppose: *'I think you should accept the offer.' 'I dare say you're right.'* ▶ **przypuszczam**

★**dare**[2] /deə(r)/ verb [T] to try to persuade sb to do sth in order to prove how brave they are: *Can you jump off that wall? Go on, I dare you* (no zrób to)*!* ○ *He dared his friend to put a worm on the teacher's desk.* ▶ **wyzywać, nakłaniać**

★**dare**[3] /deə(r)/ noun [C, usually sing.] something you do because sb asks you to, to prove how brave you are: *'Why did you try to swim across the river?' 'It was a dare.'* ▶ **wyzwanie**
■ **daredevil** /ˈdeədevl/ noun [C] a person who is willing to take risks, often foolishly ▶ **śmiałek, szaleniec**

daring /ˈdeərɪŋ/ adj. willing to take risks or to do or say things which other people might not; brave; bold: *a daring attack* ▶ **śmiały, odważny**

★**dark**[1] /dɑːk/ noun [sing.] (**the dark**) the state of having no light: *He's afraid of the dark.* ○ *Why are you sitting in the dark?* ▶ **ciemność, mrok**
IDIOMS **after/before dark** before/after the sun goes down ▶ **przed zachodem/po zachodzie słońca** | **be/keep sb in the dark (about sth)** (be/keep sb) in a position of not knowing (about sth): *Don't keep me in the dark. Tell me!* ▶ **nic nie wiedzieć (o czymś); trzymać kogoś w nieświadomości**

★**dark**[2] /dɑːk/ adj. **1** with no light or very little light: *It was a dark night.* ▶ **ciemny** **2** (used about a colour) nearer black than white; not light: *dark blue* ▶ **ciemny, ciemno-** **3** (used about a person) having brown or black skin or hair; not fair: *She was small and dark with brown eyes.* ▶ **ciemny** **4** (only before a noun) sad; without hope: *the dark days leading up to the war* ▶ **mroczny** **5** (only before a noun) mysterious or slightly threatening: *He seemed friendly, but there was a dark side to his character.* ▶ **ciemny, niepokojący**

IDIOM **keep it/sth dark (from sb)** to keep sth secret ▶ **trzymać coś w tajemnicy**

□ **darkness** noun [U] the state of being dark: *We sat in complete darkness, waiting for the lights to come back on.* ▶ **ciemność, mrok**

■ ˌ**dark** ˈ**glasses** noun [pl.] = SUNGLASSES | **darkroom** /ˈdɑːkruːm; -rʊm/ noun [C] a room that can be made completely dark so that film can be taken out of a camera and photographs can be produced there ▶ **ciemnia fotograficzna**

darken /ˈdɑːkən/ verb [I,T] to become or to make sth darker: *The sky suddenly darkened and it looked like rain.* ▶ **ściemniać (się)**

darling /ˈdɑːlɪŋ/ noun [C] a person or thing that you like or love: *Hello darling!* Witaj, kochanie! ○ *He's an absolute darling!* ➲ Por. **love**(4). ▶ **ukochan-y/a**, (*przen.*) **anioł**

darn /dɑːn/ verb [I,T] to mend a hole (in clothes) by sewing across it in one direction and then in the other ▶ **cerować**

dart[1] /dɑːt/ noun **1** [C] an object like a small arrow. It is thrown or shot as a weapon or in a game. ▶ **strzałka 2** (**darts**) [U] a game in which you throw darts at a round board with numbers on it called a dartboard ▶ **rzucanie strzałek do tarczy**

dart[2] /dɑːt/ verb [I,T] to move suddenly and quickly in a certain direction; to make sth move in this way: *A rabbit darted across the field.* ○ *She darted an angry glance at me.* ▶ **rzucać (się)**

dash[1] /dæʃ/ noun **1** [sing.] a sudden, quick forward movement: *We made a dash for* (rzuciliśmy się do) *the bus and just got on.* ▶ **sus 2** [C, usually sing.] a small amount of sth that you add to sth else: *a dash of lemon juice* ▶ **domieszka 3** [C] a small horizontal line (—) used in writing, especially for adding extra information ➲ Por. **hyphen**. ▶ **myślnik, pauza**

dash[2] /dæʃ/ verb **1** [I] to go or run suddenly and quickly: *We all dashed for shelter when it started to rain.* ▶ **biec pędem, dawać susa 2** [I,T] to hit sth with great force; to throw sth so that it hits sth else very hard: *The waves dashed against the harbour wall.* ○ *She dashed her racket to the ground.* ○ (figurative) *The accident dashed his hopes of becoming a pianist.* ▶ **walić, ciskać; rozwiewać** (*nadzieje*)

PHRASAL VERB **dash sth off** to write or draw sth very quickly ▶ **szybko coś napisać/naszkicować**

dashboard /ˈdæʃbɔːd/ noun [C] the part in a car in front of the driver where most of the switches, etc. are ▶ **tablica rozdzielcza**

★**data** /ˈdeɪtə; ˈdɑːtə; US ˈdætə/ noun [U, pl.] facts or information: *to gather data* ○ *The data is/are still being analysed.* ○ *How much data can we store on one disk?* ❶ Początkowo słowo **data** było formą lm rzeczownika łacińskiego **datum**. Obecnie często używa się go jako rzeczownika niepoliczalnego: *The data we have is not very interesting.* ▶ **dane**

■ ˈ**database** noun [C] a large amount of data that is stored in a computer and can easily be used, added to, etc. ▶ **baza danych**

★**date**[1] /deɪt/ noun **1** [C] a particular day of the month or of the year: *What's the date today?* ○ *What date is it today?* ○ *What's your date of birth?* ▶ **data 2** [sing.] a particular time: *We can discuss this at a later date.* ▶ **termin, data 3** [C] an appointment to meet sb, especially a boyfriend or girlfriend: *I've got a date with Tom on Friday night.* ○ *Shall we make a date to have lunch?* ▶ **randka, umówione spotkanie 4** [C] (especially US) a boyfriend or girlfriend: *Who's your date?* ▶ **chłopak; dziewczyna**

IDIOMS **out of date 1** unfashionable; no longer useful: *out-of-date methods/machinery* ▶ **starej daty, przestarzały 2** no longer able to be used: *I must renew my passport. It's out of date.* ▶ **przeterminowany, nieaktualny** | **to date** (formal) until now: *We've had very few complaints to date.* ▶ **po dzień dzisiejszy, dotychczas** | **up to date** → UP TO DATE

★**date**[2] /deɪt/ verb **1** [T] to discover or guess how old sth is: *to date a skeleton/a rock* ▶ **datować, ustalać wiek (czegoś) 2** [T] to write the day's date on sth: *The letter is not dated so we can't tell when it was written.* ▶ **datować, opatrywać datą 3** [I,T] to seem, or to make sb/sth seem, unfashionable: *We chose a simple style so that it wouldn't date as quickly.* ▶ **wychodzić z mody 4** [I,T] (especially US, informal) to meet a girlfriend or boyfriend regularly ▶ **chodzić z kimś, spotykać się z kimś 5** [I] **date back to...; date from...** to have existed since...: *The house dates back to the seventeenth century.* ▶ **datować się, pochodzić** (*z danego okresu*)

□ **dated** adj. unfashionable: *This jacket looks rather dated now.* ▶ **niemodny, nie na czasie**

date[3] /deɪt/ noun [C] a small, sweet, dark brown fruit that comes from a tree which grows in hot countries ▶ **daktyl**

★**daughter** /ˈdɔːtə(r)/ noun [C] a female child: *Janet's daughter is a doctor.* ▶ **córka**

■ **daughter-in-law** /ˈdɔːtər ɪn lɔː/ noun [C] (pl. **daughters-in-law**) the wife of your son ▶ **synowa**

daunt /dɔːnt/ verb [T] (usually passive) to frighten or to worry sb by being too big or difficult: *I was rather daunted by the sudden responsibility.* ▶ **przerażać się, niepokoić się**

□ **daunting** adj.: *A daunting journey lay ahead.* ▶ **przerażający**

dawdle /ˈdɔːdl/ verb [I] to be slow or to move slowly; to waste time: *Stop dawdling! We're waiting for you!* ▶ **marudzić, ociągać się**

dawn[1] /dɔːn/ noun **1** [C,U] the early morning, when light first appears in the sky: *before/at dawn* ➲ Por. **sunrise**. ▶ **świt 2** [sing.] the beginning: *the dawn of civilization* ▶ **zaranie**

IDIOM **the crack of dawn** → CRACK[1]

dawn[2] /dɔːn/ verb [I] **1** to begin to grow light, after the night: *The day dawned bright and cold.* ○ (figurative) *A new era of peace is dawning.* ▶ **świtać 2 dawn (on sb)** to become clear (to sb): *Suddenly it dawned on her. 'Of course!' she* *said. 'You're Mike's brother!'* ▶ **zaświtać (komuś) w głowie**

★**day** /deɪ/ noun **1** [C] a period of 24 hours, of which seven make up a week: *'What day is it today?' 'Tuesday.'* ○ *We went to Italy for ten days.* ○ *a few days ago* ○ *There's a meeting in two days' time.* ○ *The next day was Saturday.* ○ *the day before* poprzedniego dnia/dzień przed ○ *the following day* ○ *New Year's Day* Nowy Rok ▶ **dzień, doba 2** [C,U] the time between sunrise and sunset: *The days were warm but the nights were freezing.* ○ *Have a good day!* ○ *It's been raining all day.* ➲ Por. **daily**. ▶ **dzień 3** [C] the hours of the day when you work: *to work a seven-hour day* ▶ **dzień pracy 4** [C] (also **days**) a particular period of time: *in Shakespeare's day* ○ *in the days of Shakespeare* ○ *In the old days, most houses had an outside toilet.* ▶ **czasy**

IDIOMS **at the end of the day** → END[1] | **break of day** → BREAK[2] | **by day/night** during the day/night: *These animals sleep by day and hunt by night.* ▶ **w dzień; w nocy** | **call it a day** → CALL[2] | **the day after tomorrow** not tomorrow, but the next day ▶ **pojutrze** | **the day before yesterday** not yesterday, but the day before ▶ **przedwczoraj** | **day by day** every day; as time passes: *Day by day, she was getting a little bit stronger.* ▶ **z dnia na dzień, dzień w dzień** | **day in, day out** every day, without any change: *He sits at his desk working, day in, day out.* ▶ **dzień po dniu, codziennie** | **day-to-day** happening as a normal part of each day; usual ▶ **codzienny** | **from day to day**; **from one day to the next** within a short period of time: *Things change so quickly that we never know what will happen from one day to the next.* ▶ **z dnia na dzień** | **have a field day** → FIELD DAY | **it's early days (yet)** → EARLY | **make sb's day** (informal) to make sb very happy ▶ **ucieszyć kogoś** | **one day**; **some day** at some time in the future: *Some day we'll go back and see all our old friends.* ▶ **kiedyś** | **the other day** a few days ago; recently: *I bumped into him in town the other day.* ▶ **niedawno, kilka dni temu** | **the present day** → PRESENT[1] | **these days** in the present age; nowadays: *More and more couples are getting divorced these days.* ▶ **w dzisiejszych czasach**

■ **'daybreak** noun [U] the time in the early morning when light first appears: *at daybreak* ▶ **brzask, świt** | **'daydream** noun [C] thoughts that are not connected with what you are doing; often pleasant scenes in your imagination: *The child stared out of the window, lost in a daydream.* ▶ **sen na jawie, marzenie** | **'daydream** verb [I] ▶ **marzyć, śnić na jawie** | **day 'off** noun [C] (pl. **days off**) a day on which you do not go to work: *Wednesday's my day off.* ➲ Zob. uwaga przy **holiday**. ▶ **dzień wolny od pracy** | **ˌday re'turn** noun [C] (Brit.) a train or bus ticket which is cheaper than normal. You have to go somewhere and come back on the same day. ▶ **bilet powrotny ważny na jeden dzień** | **'daytime** noun [U] the time between sunrise and sunset: *These flowers close in the daytime.* ▶ **dzień, pora dnia**

daylight /'deɪlaɪt/ noun [U] the light that there is during the day: *The colours look quite different in daylight.* ○ *daylight hours* ▶ **światło dzienne, dzień**

IDIOM **broad daylight** → BROAD

daze /deɪz/ verb [T] (usually passive) to make sb unable to think clearly ▶ **oszałamiać, zamraczać**

□ **daze** noun

IDIOM **in a daze** in a confused state ▶ **w oszołomieniu, nieprzytomnie**

dazed /deɪzd/ adj. confused; not showing normal reactions: *He had a dazed expression on his face.* ▶ **oszołomiony, nieprzytomny**

dazzle /'dæzl/ verb [T] (usually passive) **1** (used about a bright light) to make sb unable to see clearly: *She was dazzled by the other car's headlights.* ▶ **oślepiać 2** to impress sb very much: *He had been dazzled by her beauty.* ▶ **olśniewać, oczarowywać**

□ **dazzling** adj. very bright or impressive: *a dazzling light/performance* ▶ **oślepiający, olśniewający**

deacon /'di:kən/ (fem. **deaconess**) noun [C] an official who has a rank below a priest, in some Christian churches ▶ **diakon/isa**

★**dead** /ded/ adj. **1** no longer alive: *They rushed him to hospital, but he was dead on arrival.* ○ *a dead spider* ▶ **zmarły; zdechły, martwy 2** (not before a noun) (used about a part of the body) no longer able to feel anything: *My fingers had gone dead with the cold.* ▶ **zdrętwiały, ścierpnięty 3** (not before a noun) no longer working properly (used about a piece of equipment): *I picked up the telephone but the line was dead.* ▶ **zepsuty 4** (only before a noun) complete: *There was dead silence* (głucha cisza) *when she finished speaking.* ▶ **zupełny 5** without movement, activity or interest: *This town is completely dead at night.* ▶ **wymarły, senny 6** no longer used; over and finished: *Latin is a dead language.* ○ *We've made our decision so the subject is now dead.* ▶ **martwy, skończony**

IDIOMS **a dead end 1** a street that is only open at one end ▶ **droga bez wylotu, ślepa uliczka 2** a point, situation, etc. from which you can make no further progress: *a dead-end job* ▶ **ślepa uliczka** | **drop dead** → DROP[1]

□ **dead** adv. completely, exactly or very: *The sign said 'Dead slow!'* ○ *He's dead keen to start work.* ▶ **całkowicie, bardzo** | **the dead** noun [pl.] people who have died: *A church service was held in memory of the dead.* ▶ **zmarli**

IDIOM **in the/at dead of night** in the middle of the night, when it is very dark and quiet ▶ **w samym środku nocy**

■ **ˌdead 'heat** noun [C] the result in a race when two people finish at exactly the same time: *The race was a dead heat.* ▶ **nierozstrzygnięty bieg** | **'deadpan** adj. without any expression on your face or in your voice: *He told the joke with a completely deadpan face.* ▶ **bez wyrazu**

deaden /'dedn/ verb [T] to make sth less strong, painful, etc.: *They gave her drugs to try and deaden the pain.* ▶ **łagodzić, tłumić**

deadline /'dedlaɪn/ noun [C] a time or date before which sth must be done: *A journalist is* *used to meeting deadlines.* ▶ **ostateczny termin, nieprzekraczalna granica/data (czegoś)**

deadlock /ˈdedlɒk/ noun [U] a situation in which an agreement between two sides cannot be reached ▶ **martwy punkt, sytuacja bez wyjścia**

deadly /ˈdedli/ adj. (**deadlier**; **deadliest**) **1** causing or likely to cause death: *a deadly poison* ▶ **śmiertelny, morderczy 2** very great: *They're deadly enemies.* ▶ **śmiertelny, nadzwyczajny** ➲ Por. **deathly**. **3** (Brit., informal) very boring ▶ **śmiertelnie nudny 4** extremely accurate, so that no defence is possible: *That player is deadly when he gets in front of goal.* ▶ **morderczy**

□ **deadly** adv. extremely; very: *I'm not joking – I'm deadly serious!* ▶ **śmiertelnie**

★**deaf** /def/ adj. **1** unable to hear anything or unable to hear very well: *My father's a bit deaf.* ▶ **głuchy 2 deaf to sth** not wanting to listen to sth: *I've told her what I think but she's deaf to my advice.* ▶ **głuchy na coś**

□ **the deaf** noun [pl.] deaf people: *sign language for the deaf* ▶ **głusi** | **deafness** noun [U] the state of being deaf ▶ **głuchota**

deafen /ˈdefn/ verb [T] (usually passive) to make sb unable to hear by making a very loud noise: *We were deafened by the loud music and conversation was impossible.* ▶ **ogłuszać, zagłuszać**

□ **deafening** adj. very loud ▶ **ogłuszający**

★**deal**[1] /diːl/ noun [C] **1** an agreement or arrangement, especially in business: *It was part of the deal that they would deliver by May.* ○ *We've done/made a deal with an Italian company.* ○ *'I'll help you with your essay, if you'll fix my bike.' 'OK, it's a deal* (załatwione)*!'* ▶ **interes, transakcja 2** the way that sb is treated: *With high fares and unreliable services, rail users are getting a raw deal.* ○ *The new law aims to give pensioners a fair deal.* ▶ **traktowanie 3** the action of giving cards to players in a card game ▶ **rozdanie** (*kart*)

IDIOMS **a big deal/no big deal** → BIG | **a good/great deal (of sth)** a lot (of sth): *I've spent a great deal of time on this report.* ▶ **sporo, wiele**

★**deal**[2] /diːl/ verb (pt, pp **dealt** /delt/) **1** [I,T] **deal (sth) (out)**; **deal (sth) (to sb)** to give cards to players in a game of cards: *Start by dealing seven cards to each player.* ▶ **rozdawać 2** [I] **deal (in sth)**; **deal (with sb)** to do business, especially buying and selling goods: *He deals in second-hand cars.* ○ *Our firm deals with customers all over the world.* ▶ **handlować czymś; prowadzić interesy (z kimś) 3** [I,T] (informal) to buy and sell illegal drugs ▶ **handlować narkotykami**

IDIOM **deal sb/sth a blow; deal a blow to sb/sth 1** to hit sb/sth ▶ **wymierzać komuś cios, uderzyć 2** to give sb a shock, etc.: *This news dealt a terrible blow to my father.* Ta wiadomość była dla ojca strasznym ciosem. ▶ **wywołać szok, wywierać wrażenie**

PHRASAL VERBS **deal sth out** to give sth to a number of people: *The profits will be dealt out among us.* ▶ **rozdawać** | **deal with sb** to behave towards sb; to handle sb: *He's a difficult man. Nobody knows how to deal with him.* ▶ **postępować z kimś, radzić sobie z kimś** | **deal with sth 1** to act in a suitable way in order to solve a problem, complete a task, etc.; to handle sth: *I'm not sure how to deal with the situation.* ○ *My secretary will deal with my correspondence while I'm away.* ▶ **radzić sobie z czymś, zajmować się czymś 2** to have sth as its subject: *This chapter deals with letter-writing.* ▶ **dotyczyć czegoś, traktować o czymś**

dealer /ˈdiːlə(r)/ noun [C] **1** a person whose business is buying and selling things: *a dealer in gold and silver* ○ *a drug dealer* ▶ **handlowiec, handlarz 2** the person who gives the cards to the players in a game of cards ▶ **rozdający/a**

dealing /ˈdiːlɪŋ/ noun **1** [U] buying and selling: *drug dealing* ▶ **handel 2** (**dealings**) [pl.] relations, especially in business: *We had some dealings with that firm several years ago.* ▶ **interesy**

dealt pt, pp of DEAL[2]

dean /diːn/ noun [C] **1** a priest who is head of a large church or responsible for a number of small churches ▶ **dziekan 2** an important official at some universities or colleges ▶ **dziekan**

★**dear** /dɪə(r)/ adj. **1** (used at the beginning of a letter before the name or title of the person you are writing to): *Dear Sarah,…* ○ *Dear Sir or Madam,…* ▶ **drog-i/a, szanown-y/a 2** (only before a noun) a word that is used with 'little' or 'old' to express your liking for sb/sth: *Dear old Jane! She always remembers to write at Christmas.* ▶ **(mój/moja) drog-i/a 3 dear (to sb)** loved by or important to sb: *She's one of my dearest friends.* ○ *It was a subject that was very dear to him.* ▶ **kochany, drogi 4** (Brit.) expensive ▶ **drogi**

IDIOM **close/dear/near to sb's heart** → HEART

□ **dear** adv. at a high price: *Always buy cheap and sell dear, if possible!* ▶ **drogo** | **dear** noun [C] **1** a kind, gentle person: *She's a kind old lady – an absolute dear* (chodząca dobroć). ▶ **dobry/poczciwy człowiek 2** (used for speaking to sb you know well or love): *Would you like a cup of tea, dear?* ▶ **kochanie** | **dear** interj. (used for expressing disappointment, sadness, surprise, etc.): *Oh dear! I've spilt the wine.* ○ *Dear me! Aren't you ready?* ▶ **ojej!** | **dearly** adv. **1** very much: *He loves her dearly.* ○ *I'd dearly like to go there again.* ▶ **bardzo, strasznie 2** (formal) at great cost: *I've already paid dearly for that mistake.* ▶ **drogo, słono**

dearth /dɜːθ/ noun [sing.] a lack of sth; not enough of sth: *There's a dearth of young people in the village.* ▶ **niedobór**

★**death** /deθ/ noun **1** [C,U] the end of sb/sth's life; dying: *He continued to write until his death.* ○ *There were two deaths and many other people were injured.* ○ *Most people are afraid of death.* ○ *The police do not know the cause of death.* ○ *There was no food and people were starving to death.* ▶ **śmierć, zgon 2** [U] the end (of sth): *the death of communism* ▶ **upadek, koniec**

IDIOMS **catch your death** → CATCH[1] | **a matter of life and/or death** → MATTER[1] | **put sb to**

death (usually passive) to kill sb, usually as a punishment: *The general had ordered the prisoners to be put to death.* ▶ **uśmiercić** | **sick to death of sb/sth** → SICK | **sudden death** → SUDDEN

■ **'death penalty** noun [sing.] the punishment of being killed ▶ **kara śmierci** | **'death toll** noun [C] the number of people killed in a disaster, war, etc. ▶ **liczba ofiar śmiertelnych**

deathly /'deθli/ adj., adv. like death: *There was a deathly silence.* ➲ Por. **deadly**. ▶ **śmiertelny**

debase /dɪ'beɪs/ verb [T] (usually passive) (formal) to reduce the quality or value of sth ▶ **obniżać wartość czegoś, deprecjonować**

debatable /dɪ'beɪtəbl/ adj. not certain; something that you could argue about ▶ **dyskusyjny, sporny**

debate /dɪ'beɪt/ noun **1** [C] a formal argument or discussion of a question at a public meeting or in Parliament. At the end there may be a vote: *a debate in Parliament on educational reform* ▶ **debata, obrady 2** [C,U] a discussion; talk expressing different opinions: *There's been a lot of debate about the cause of acid rain.* ▶ **debata, dyskusja**

□ **debate** verb **1** [I,T] to discuss sth in a formal way or at a public debate ▶ **debatować, obradować 2** [T] to think about or discuss sth before deciding what to do: *They debated whether to go.* ▶ **rozważać, zastanawiać się**

debit /'debɪt/ noun [C] a sum of money paid out of a bank account; a written note of this ▶ **debet**

□ **debit** verb [T] to take a sum of money out of a bank account, etc. usually as a payment; to record this: *The bank hasn't debited my account with the money I paid for the car yet.* ➲ Por. **direct debit**. ▶ **debetować**

■ **'debit card** noun [C] a plastic card that can be used to take money directly from your bank account when you pay for sth ➲ Por. **credit card**. ▶ **karta płatnicza**

debris /'debri:; US də'bri:/ noun [U] pieces from sth that has crashed to the ground or been destroyed: *debris from the crashed plane* ▶ **szczątki, gruz**

★**debt** /det/ noun **1** [C] a sum of money that you owe sb: *to pay off a debt* ○ *the Third World debt crisis* ▶ **dług 2** [U] the state of owing money: *After he lost his job, he got into debt.* ▶ **zadłużenie 3** [C, usually sing.] (formal) something that you owe sb, e.g. because they have helped or been kind to you: *He acknowledged his debt to his family and friends for their support.* ▶ **zobowiązanie, wdzięczność**

IDIOMS **be in/out of debt** to owe/not owe money ▶ **(nie) być zadłużonym** | **be in sb's debt** (formal) to feel grateful to sb for sth that they have done for you ▶ **mieć dług wdzięczności wobec kogoś**

□ **debtor** /'detə(r)/ noun [C] a person who owes money ▶ **dłużnik**

debut (also **début**) /'deɪbju:; US deɪ'bju:/ noun [C] a first appearance in public of an actor, etc.: *She made her debut in London in 1959.* ▶ **debiut**

Dec. abbr. December: *5 Dec 1992* ▶ **grudzień**

decade /'dekeɪd; dɪ'keɪd/ noun [C] a period of ten years ▶ **dekada**

decadence /'dekədəns/ noun [U] behaviour, attitudes, etc. that show a fall in standards, especially moral ones ▶ **upadek, dekadencja**

□ **decadent** /'dekədənt/ adj.: *a decadent society* ▶ **schyłkowy, dekadencki**

decaffeinated /ˌdi:'kæfɪneɪtɪd/ adj. (used about coffee or tea) with most or all of the caffeine removed ▶ **bez kofeiny**

decapitate /dɪ'kæpɪteɪt/ verb [T] (formal) to cut off a person's head ▶ **ścinać głowę**

★**decay** /dɪ'keɪ/ verb [I] **1** to become bad or fall apart: *The old farm buildings had been left to decay.* ○ *the decaying body of a dead sheep* ○ *Children's teeth will decay if they eat too many sweets.* ▶ **niszczeć, gnić, psuć się 2** to become weaker or less efficient: *The Roman Empire had by then begun to decay.* ▶ **podupadać**

□ **decay** noun [U] the process of decaying, or the state reached after decaying: *tooth decay* ○ *Many of the old houses had fallen into decay.* ▶ **gnicie, niszczenie; upadek** | **decayed** adj.: *a decayed tooth* ▶ **zepsuty, zgniły**

deceased /dɪ'si:st/ adj. (formal) dead: *He inherited the house from his deceased parents.* ▶ **zmarły**

□ **the deceased** noun [sing.] (formal) a person who has died, especially one who has died recently: *Many friends of the deceased were present at the funeral.* ▶ **zmarły**

deceit /dɪ'si:t/ noun [U] dishonest behaviour; trying to make sb believe sth that is not true ▶ **oszustwo**

□ **deceitful** /dɪ'si:tfl/ adj. dishonest, and intending to make sb believe sth that is not true ▶ **oszukańczy, zwodniczy** | **deceitfully** /-fəli/ adv. ▶ **oszukańczo, zwodniczo** | **deceitfulness** noun [U] ▶ **zwodniczość**

★**deceive** /dɪ'si:v/ verb [T] **deceive sb/yourself (into doing sth)** to try to make sb believe sth that is not true: *He deceived his mother into believing* (oszukał matkę tak, że uwierzyła) *that he hadn't stolen the money.* ○ *Her story didn't deceive me – I knew it was a lie.* ○ *You're deceiving yourself if you think there's an easy solution.* ❶ Rzeczownik: **deception** lub **deceit**. ▶ **oszukiwać/zwodzić (kogoś tak, że/aby)**

★**December** /dɪ'sembə(r)/ noun [C,U] (abbr. **Dec.**) the twelfth month of the year, coming before January ➲ Zob. przykł. użycia nazw miesięcy przy **January**. ▶ **grudzień**

decency /'di:snsi/ noun [U] moral or correct behaviour: *She had the decency to admit that it was her fault.* ▶ **przyzwoitość**

decent /'di:snt/ adj. **1** satisfactory; of an acceptable standard: *All she wants is a decent job with decent wages.* ▶ **niezły 2** (used about people or behaviour) honest and respectable: *All decent people are appalled by such terrible crimes.* ▶ **przyzwoity 3** not likely to embarrass or offend sb: *I can't come to the door – I'm not decent* (nie jestem ubrany). ❶ Antonim: **indecent**. ▶ **przyzwoity**

□ **decently** adv. ▶ **przyzwoicie**

deception /dɪˈsepʃn/ noun [C,U] deceiving or being deceived; a trick: *He had obtained the secret papers by deception.* ▶ **wprowadzenie w błąd, podstęp**

deceptive /dɪˈseptɪv/ adj. likely to give a false impression or to make sb believe sth that is not true: *The water is deceptive. It's much deeper than it looks.* ▶ **zwodniczy, mylący**
□ **deceptively** adv.: *She made the task sound deceptively easy.* ▶ **pozornie, zwodniczo**

decibel /ˈdesɪbel/ noun [C] a measurement of how loud a sound is ▶ **decybel**

★**decide** /dɪˈsaɪd/ verb **1** [I,T] to think about two or more possibilities and choose one of them: *There are so many to choose from – I can't decide!* ○ *She decided against borrowing* (zdecydowała nie pożyczać) *the money.* ○ *They decided on a name for the baby.* ○ *He decided that it was too late to go.* ○ *You'll have to decide what to do.* ○ *We've decided not to invite Isabel.* ○ *The date hasn't been decided yet.* Jeszcze nie zdecydowano o terminie. ▶ **zdecydować 2** [T] to influence sth so that it produces a particular result: *Your votes will decide the winner* (zadecydują, kto wygra). ▶ **zadecydować (o czymś) 3** [T] to cause sb to make a decision: *What finally decided you to leave* (zadecydowało o twoim wyjeździe)*?* ▶ **zadecydować o czymś** ❶ Rzeczownik: **decision**. Przymiotnik: **decisive**.
□ **decided** adj. clear; definite: *There has been a decided improvement in his work.* ▶ **zdecydowany** | **decidedly** adv.: *The new office is decidedly better than the old one.* ▶ **zdecydowanie**

deciduous /dɪˈsɪdʒuəs/ adj. (used about a tree) of a type that loses its leaves every autumn ➲ Por. **evergreen**. ▶ **zrzucający liście**

decimal /ˈdesɪml/ adj. based on or counted in units of ten: *decimal currency* ▶ **dziesiętny**
□ **decimal** noun [C] part of a number, written after a decimal point and expressed in tenths, hundredths, etc.: *Three quarters expressed as a decimal is 0·75.* ○ *a decimal point* kropka w ułamku dziesiętnym ❶ Uwaga! W jęz. ang. przed ułamkiem dziesiętnym stawia się kropkę, nie przecinek. ▶ **ułamek dziesiętny**

decipher /dɪˈsaɪfə(r)/ verb [T] to succeed in reading or understanding sth that is not clear: *It's impossible to decipher his handwriting.* ▶ **odcyfrowywać, odszyfrowywać**

★**decision** /dɪˈsɪʒn/ noun **1** [C,U] **a decision (on/about sth); a decision (to do sth); a decision (that...)** a choice or judgement that you make after thinking about various possibilities: *'Have you made a decision yet?'* ○ *to take/make a decision* ○ *There were good reasons for his decision to leave.* ○ *Who made the decision that the school should be closed?* ○ *How you vote is a matter of personal decision.* ▶ **decyzja, postanowienie 2** [U] being able to decide clearly and quickly ▶ **zdecydowanie, stanowczość**

decisive /dɪˈsaɪsɪv/ adj. **1** making sth certain or final: *the decisive battle of the war* ▶ **decydujący 2** having the ability to make clear decisions quickly: *It's no good hesitating. Be decisive.* ▶ **zdecydowany, stanowczy**
□ **decisively** adv. ▶ **zdecydowanie, stanowczo** | **decisiveness** noun [U] ▶ **zdecydowanie, stanowczość**

deck /dek/ noun [C] **1** one of the floors of a ship or bus: *The restaurant is on the upper deck.* ▶ **pokład, piętro 2** (US) = PACK[1](4)
IDIOM **on deck** on the floor of a ship which is in the open air: *I'm going out on deck for some fresh air.* ▶ **na pokład/pokładzie**
■ **ˈdeckchair** noun [C] a chair that you use outside, especially on the beach. You can fold it up and carry it. ▶ **leżak**

★**declaration** /ˌdekləˈreɪʃn/ noun **1** [C,U] a statement: *In his speech he made a strong declaration of support for the rebels.* ○ *Fighting has started without declaration of war.* ▶ **deklaracja, wypowiedzenie 2** [C] a written statement giving information on goods or income on which you have to pay tax: *a customs declaration* ▶ **deklaracja celna**

★**declare** /dɪˈkleə(r)/ verb [T] **1** to announce or to make sth known, especially in an official or forceful way: *to declare war on another country* ○ *The republic has declared its independence.* ○ *I declare that the winner of the award is Joan Taylor.* ○ *'I've had enough of this,' she declared and walked out of the room.* ▶ **ogłaszać, wypowiadać 2** to give information about goods or income on which you have to pay tax: *You must declare all your income on this form.* ▶ **deklarować, zgłaszać do oclenia**

decline[1] /dɪˈklaɪn/ verb **1** [I,T] (formal) to refuse, usually politely: *to decline an invitation* ○ *The minister declined to make a statement* (odmówił wydania oświadczenia). ▶ **odmawiać 2** [I] to become weaker, smaller or less good: *declining profits* ○ *The standard of education has declined.* ▶ **pogarszać się, zmniejszać się**

decline[2] /dɪˈklaɪn/ noun [C,U] **(a) decline (in sth)** a process or period of becoming weaker, smaller or less satisfactory: *a decline in sales* ○ *As an industrial power, the country is in decline* (kraj chyli się ku upadkowi). ▶ **upadek, spadek, pogorszenie, zmniejszenie**

decode /ˌdiːˈkəʊd/ verb [T] to find the meaning of sth that is in code ❶ Antonim: **encode**. ▶ **odszyfrowywać**
□ **decoder** noun [C] a piece of equipment that allows you to receive satellite television channels for which you have to pay extra ▶ **dekoder**

decompose /ˌdiːkəmˈpəʊz/ verb [I,T] to decay or to make sth decay : *The body was so badly decomposed that it couldn't be identified.* ▶ **rozkładać się**

decor /ˈdeɪkɔː(r); US deɪˈkɔːr/ noun [U, sing.] the furniture and decoration in a place ▶ **wystrój**

★**decorate** /ˈdekəreɪt/ verb **1** [T] **decorate sth (with sth)** to add sth in order to make a thing more attractive to look at: *Decorate the cake with cherries and nuts.* ▶ **ozdabiać, dekorować 2** [I,T] to put paint and/or wallpaper onto walls, ceilings and doors in a room or building ▶ **malować i/lub tapetować**
□ **decorator** noun [C] a person whose job is to

paint and decorate houses and buildings ▶ **dekorator wnętrz**

decoration /ˌdekəˈreɪʃn/ noun [C,U] **1** the decorating of a room or building with paint, wallpaper, etc.; the wallpaper, curtains, etc. that have been used in a room or building: *The house is in need of decoration.* ○ *The theatre has been renovated in the style of the original decoration.* ▶ **malowanie i/lub tapetowanie, wystrój 2** something that is added to sth in order to make it look more attractive: *Christmas decorations* ▶ **ozdoba, dekoracja**

decorative /ˈdekərətɪv; US ˈdekəreɪtɪv/ adj. attractive to look at; added to sth to make it prettier ▶ **ozdobny, dekoracyjny**

decoy /ˈdiːkɔɪ; dɪˈkɔɪ/ noun [C] a person or object that is used to lead sb/sth in the wrong direction ▶ **przynęta, wabik**

★**decrease** /dɪˈkriːs/ verb [I,T] to become or to make sth smaller or less: *As the temperature decreases, the metal contracts.* ○ *Profits have decreased by 15%.* ○ *Decrease speed when you are approaching a road junction.* ❶ Antonim: **increase**. ▶ **zmniejszać (się)**

□ **decrease** /ˈdiːkriːs/ noun [C,U] **(a) decrease (in sth)** a process of becoming or making sth smaller or less; a reduction: *a decrease in the number of students* ○ *a 10% decrease in sales* ▶ **spadek, zmniej-szenie/szanie (się)**

decree /dɪˈkriː/ noun [C] an official order given by a government, a ruler, etc. ▶ **rozporządzenie, dekret**

□ **decree** verb [T] (pt, pp **decreed**) (used about a government, a ruler, etc.) to give an official order ▶ **rozporządzać, zadekretować**

decrepit /dɪˈkrepɪt/ adj. old and in very bad condition ▶ **zniszczony, rozpadający się, zgrzybiały**

dedicate /ˈdedɪkeɪt/ verb [T] **1** to give all your energy, time, efforts, etc. to sth: *He dedicated his life to helping the poor.* ▶ **poświęcać 2 dedicate sth to sb** to say that sth is in honour of sb: *He dedicated the book to his brother.* ▶ **dedykować**

□ **dedicated** adj. giving a lot of your energy, time, efforts, etc. to sth that you believe to be important: *dedicated nurses and doctors* ▶ **zaangażowany (w coś), poświęcający się (czemuś)**

dedication /ˌdedɪˈkeɪʃn/ noun **1** [U] being willing to give your time and energy to sth: *I admire her dedication to her career.* ▶ **zaangażowanie, poświęcenie się (czemuś) 2** [C] a message at the beginning of a book or before a piece of music is played, saying that it is for a particular person ▶ **dedykacja**

deduce /dɪˈdjuːs/ verb [T] to form an opinion using the facts that you already know: *From his name I deduced that he was Polish.* ❶ Rzeczownik: **deduction**. ▶ **wnioskować, dedukować**

deduct /dɪˈdʌkt/ verb [T] **deduct sth (from sth)** to take sth such as money or points away from a total amount: *Income tax is deducted from your salary.* ○ *Marks will be deducted for untidy work.* ▶ **odejmować, potrącać**

deduction /dɪˈdʌkʃn/ noun [C,U] **1** something that you work out from facts that you already know; the skill of reasoning in this way: *It was a brilliant piece of deduction by the detective.* ▶ **wniosek, dedukcja 2 deduction (from sth)** taking away an amount or number from a total; the amount or number taken away from the total: *What is your total income after deductions?* ▶ **odjęcie, potrącenie**

deed /diːd/ noun [C] (formal) something that you do; an action: *Deeds are more important than words.* ➲ Zob. uwaga przy **act**[2]. ▶ **czyn**

deem /diːm/ [T] (formal) to consider sth: *He did not even deem it necessary to apologize.* ▶ **uważać, poczytywać (za coś)**

★**deep**[1] /diːp/ adj. **1** going a long way down from top to bottom: *the deep end of a swimming pool* ○ *a deep cut/hole* ○ *a coat with deep pockets* ❶ Rzeczownik: **depth**. ▶ **głęboki 2** going a long way from front to back: *deep shelves* ▶ **głęboki 3** measuring a particular amount from top to bottom or from front to back: *The water is only a metre deep* (basen ma tylko metr głębokości) *here.* ○ *shelves 40 centimetres deep* ▶ **głęboki** (*na ileś metrów*) **4** (used about sounds) low: *a deep voice* ▶ **głęboki, niski 5** (used about colours) dark; strong: *a deep red* ▶ **głęboki, ciemny 6** strongly felt; serious: *Please accept my deepest sympathy on this sad occasion.* ○ *The country is in a deep recession.* ▶ **głęboki 7** concentrating on or involved in sth: *She was deep in thought.* ○ *deep sleep* ○ *deep in conversation* ▶ **pogrążony (w czymś), głęboki 8** thorough, able to deal with the difficult parts of sth: *a deep understanding of human nature* ▶ **gruntowny, głęboki**

IDIOM take a deep breath to breathe in a lot of air, especially in preparation for doing sth difficult: *He took a deep breath then walked on stage.* ▶ **wziąć głęboki oddech**

□ **the deep** noun [sing.] the sea ❶ Stosuje się tylko w języku literackim. ▶ **morze** | **deepen** /ˈdiːpən/ verb [I,T] to become or to make sth deep or deeper: *The river deepens here.* ○ *This bad news deepened the atmosphere of depression.* ▶ **pogłębiać** | **deeply** adv.: *a deeply unhappy person* ○ *to breathe deeply* ▶ **głęboko**

★**deep**[2] /diːp/ adv. a long way down or inside sth: *The ship sank deep into the sea.* ○ *They talked deep into the night.* ▶ **głęboko, późno/do późna**

IDIOMS deep down in what you really think or feel: *I tried to appear optimistic but deep down I knew there was no hope.* ▶ **(głęboko) w duszy/sercu** | **dig deep** → DIG

■ **ˌdeep ˈfreeze** noun [C] = FREEZER | **ˌdeep-ˈrooted** (also **ˌdeep-ˈseated**) adj. strongly felt or believed and therefore difficult to change: *deep-seated prejudices* ▶ **głęboko zakorzeniony**

★**deer** /dɪə(r)/ noun [C] (pl. **deer**) a large wild grass-eating animal. The male has horns shaped like branches (antlers) ▶ **jeleń**

A male deer is called a **buck** or, especially if it has fully grown **antlers**, a **stag**. The female is a **doe** and a young deer a **fawn**. **Venison** is the meat from deer.

■ **'deerstalker** noun a cap with two peaks, one in front and one behind, and two pieces of fabric which are usually tied together on top but can be folded down to cover the ears ▶ **kapelusz myśliwski**

deface /dɪ'feɪs/ verb [T] to spoil the way sth looks by writing on or marking the surface of it: *Vandals defaced the statue with graffiti.* ▶ **oszpecać**

default[1] /dɪ'fɔːlt/ noun [sing.] a course of action taken by a computer when it is not given any other instruction ▶ **ustawienie standardowe** (*w komputerze*)

IDIOM **by default** because nothing happened, not because of successful effort: *They won by default, because the other team didn't turn up.* ▶ **walkowerem**

default[2] /dɪ'fɔːlt/ verb [I] **1 default (on sth)** to not do sth that you should do by law: *If you default on the credit payments* (jeśli nie zapłacisz rat), *the car will be taken back.* ▶ **nie dotrzymywać prawnego zobowiązania, nie wywiązywać się z płatności 2** to take a particular course of action when no other command is given ▶ (*o komputerze*) **ustawiać się wg parametrów standardowych**

⋆**defeat** /dɪ'fiːt/ verb [T] **1** to win a game, a fight, a vote, etc. against sb: *The army defeated the rebels after three days of fighting.* ○ *France defeated Wales by ten points to six.* ▶ **pokonywać, zwyciężać 2** to prevent sth from succeeding: *The residents are determined to defeat the council's plans.* ▶ **udaremniać 3** to be too difficult for sb to do or understand: *I've tried to work out what's wrong with the car but it defeats me* (to dla mnie za trudne). ▶ **być zbyt trudnym**

□ **defeat** noun **1** [C] an occasion when sb is defeated: *This season they have had two victories and three defeats.* ▶ **porażka 2** [U] defeating or being defeated: *She refused to admit defeat and kept on trying.* ▶ **porażka, niepowodzenie** | **defeatism** /-ɪzəm/ noun [U] the attitude that you have when you expect sth to end unsuccessfully ▶ **defetyzm** | **defeatist** /-ɪst/ noun [C]: *Don't be such a defeatist, we haven't lost yet!* ▶ **defetyst-a/ka**

defecate /'defəkeɪt/ verb [I] (formal) to pass waste materials from the bowels ▶ **oddawać stolec**

defect[1] /'diːfekt/ noun [C] something that is wrong with or missing from sb/sth: *a speech defect* wada wymowy ○ *defects in the education system* ▶ **wada, mankament**

□ **defective** /dɪ'fektɪv/ adj.: *defective goods* ▶ **wadliwy, wybrakowany**

defect[2] /dɪ'fekt/ verb [I] to leave your country, a political party, etc. and go to or join an opposing one: *a spy who defected from Russia* ▶ **uciec z kraju** (*z powodów politycznych*), **przechodzić na stronę wroga**

□ **defection** noun [C,U]: *There have been several defections from the ruling party.* ▶ **ucieczka i przyłączenie się do przeciwnika** | **defector** noun [C] ▶ **uciekinier/ka polityczn-y/a, emigrant/ka polityczn-y/a**

⋆**defence** (US **defense**) /dɪ'fens/ noun **1** [U] **defence (against sth)** action to protect sb/sth from attack: *Would you fight in defence of your country?* ▶ **obrona 2** [C] **a defence (against sth)** something that protects sb/sth from sth or that is used for fighting against attack: *to build up a country's defences* ○ *the body's defences against disease* ▶ **system obrony 3** [U] the military equipment, forces, etc. for protecting a country: *the Defence Minister* ○ *to cut defence spending* ▶ **obrona 4** [C,U] something that you say or write to support sb/sth that is being attacked or accused: *In his speech, he made a strong defence of the party's policy.* ○ *I must say in her defence that I have always found her very reliable.* ▶ **obrona 5** [C] (in law) an argument in support of the accused person in a court of law: *His defence was that he was only carrying out orders.* ➲ Por. **prosecution**. ▶ **obrona 6** (**the defence**) [sing., with sing. or pl. verb] (in law) the accused person in a court of law and the lawyer or lawyers who are acting for them: *The defence claims/claim that the witnesses were lying.* ○ *a witness giving evidence for the defence* ▶ **obrona, strona pozwana 7** (usually **the defence**) [sing., with sing. or pl. verb] (in sport) action to prevent the other team scoring; the players who try to do this: *The defence was/were unable to stop Brown and he scored.* ○ *They put up no defence and were beaten by five points.* ▶ **defensywa; obrońcy**

□ **defenceless** adj. unable to defend yourself against attack ▶ **bezbronny**

⋆**defend** /dɪ'fend/ verb **1** [T] **defend sb/sth (against sb/sth)** to act, especially to fight, to protect sb/sth: *Would you be able to defend yourself if someone attacked you?* ▶ **bronić 2** [T] **defend sb/sth (against sb/sth)** to say or write sth to support sb/sth: *The minister defended the government's policy.* ▶ **bronić 3** [T] (in law) to speak for sb who is accused of sth in a court of law ➲ Por. **prosecute**. ▶ **bronić, występować w obronie 4** [I,T] to try to stop the other team or player scoring: *They defended well* (ich defensywa grała bardzo dobrze) *and managed to hold onto their lead.* ▶ **bronić 5** [T] to try to win a match so that you remain champion: *She's defending her title.* ▶ **bronić (tytułu)**

□ **defender** noun [C] a person who defends sb/sth, especially in sport ▶ **obroń-ca/czyni**

defendant /dɪ'fendənt/ noun [C] a person who is accused of sth in a court of law ➲ Por. **plaintiff**. ▶ **oskarżony, pozwany**

defense (US) = DEFENCE

defensive /dɪ'fensɪv/ adj. **1** used or intended for protecting sb/sth from attack: *The troops took up a defensive position.* ▶ **obronny 2** showing that you feel that sb is accusing or criticizing you.: *When I asked him about his new job, he became very defensive.* ▶ **defensywny**

□ **defensive** noun

IDIOM **on the defensive** ready to defend yourself against attack or criticism ▶ **w defensywie**

defer /dɪ'fɜː(r)/ verb [T] (**deferring**; **deferred**) (formal) to leave sth until a later time; to postpone ▶ **odraczać**

deference /'defərəns/ noun [U] polite behaviour that you show towards sb/sth, usually because you respect them ▶ **szacunek, poważanie**

IDIOM **in deference to sb/sth** because you respect and do not wish to upset sb: *In deference to her father's wishes, she didn't mention the subject again.* ▶ **przez szacunek dla kogoś/czegoś**

defiance /dɪ'faɪəns/ noun [U] open refusal to obey: *As an act of defiance they continued to play their music loud.* ▶ **nieposłuszeństwo, bunt**

IDIOM **in defiance of sb/sth** openly refusing to obey sb/sth ▶ **na przekór komuś/czemuś**

defiant /dɪ'faɪənt/ adj. showing open refusal to obey ▶ **buntowniczy, wyzywający**

□ **defiantly** adv. ▶ **w sposób buntowniczy/wyzywający**

deficiency /dɪ'fɪʃnsi/ noun (pl. **deficiencies**) **1** [C,U] a condition of not having enough of sth; a lack: *a deficiency of vitamin C* ▶ **niedobór** **2** [C] something that is not good enough or that is wrong with sb/sth: *The problems were caused by deficiencies in the design.* ▶ **niedoskonałość, niedostatek**

deficient /dɪ'fɪʃnt/ adj. **1 deficient (in sth)** not having enough of sth: *food that is deficient in minerals* ▶ **wykazujący niedobór** **2** not good enough or not complete ▶ **niedoskonały, niekompletny**

deficit /'defɪsɪt/ noun [C] the amount by which the money you receive is less than the money you have spent: *a trade deficit* ▶ **deficyt**

define /dɪ'faɪn/ verb [T] **1** to say exactly what a word or idea means: *How would you define 'happiness'?* ▶ **definiować** **2** to explain the exact nature of sth clearly: *I can't define exactly what's worrying me.* ▶ **określić**

★**definite** /'defɪnət/ adj. **1** fixed and unlikely to change; certain: *I'll give you a definite decision in a couple of days.* ▶ **ostateczny, definitywny** **2** clear; easy to see or notice: *a definite change in her attitude* ▶ **wyraźny**

□ **definitely** /'defɪnətli/ adv. certainly; without doubt: *I'll definitely consider your advice.* ○ *We definitely can't afford such a high price.* ▶ **na pewno, zdecydowanie**

■ ˌ**definite 'article** noun [C] the name used for the word 'the' ➲ Por. **indefinite article**. ▶ **przedimek określony**

definition /ˌdefɪ'nɪʃn/ noun [C,U] a statement of the exact meaning of a word or idea ▶ **definicja**

definitive /dɪ'fɪnətɪv/ adj. in a form that cannot be changed or that cannot be improved: *the definitive performance of Hamlet* ▶ **ostateczny, szczytowy**

□ **definitively** adv. ▶ **ostatecznie, stanowczo**

deflate /diː'fleɪt/ verb **1** [I,T] to become or to make sth smaller by letting the air or gas out: *The balloon slowly deflated and began to come down.* ❶ Antonim: **inflate**. ▶ **wypuszczać powietrze** **2** [T] to make sb feel less confident, proud or excited ▶ **przygasić**

deflect /dɪ'flekt/ verb **1** [I,T] to change direction after hitting sb/sth; to make sth change direction in this way: *The ball was deflected off a defender and into the net.* ▶ **odbijać (się) i zmieniać kierunek lotu** **2** [T] to turn sb or sb's attention away from sth: *Nothing could deflect her from her aim.* ▶ **odwracać** (*uwagę*), **odwodzić**

□ **deflection** /dɪ'flekʃn/ noun [C,U] a change of direction after hitting sb/sth ▶ **odchylenie, odbicie, zboczenie**

deforestation /diːˌfɒrɪ'steɪʃn/ noun [U] cutting down trees over a large area: *Deforestation is linked to global warming.* ▶ **wycinanie lasów**

deform /dɪ'fɔːm/ verb [T] to change the shape of sth so that it is unnatural ▶ **zniekształcać, deformować**

□ **deformed** adj. having an unnatural or ugly shape ▶ **zniekształcony, zdeformowany** | **deformity** /dɪ'fɔːməti/ noun (pl. **deformities**) [C,U] the state of being deformed; a part of the body that is deformed: *babies with severe deformities.* ▶ **zniekształcenie, deformacja**

defraud /dɪ'frɔːd/ verb [T] to get sth from sb by cheating ▶ **defraudować, oszukiwać**

defrost /ˌdiː'frɒst; US -'frɔːst/ verb **1** [T] to remove the ice from sth: *to defrost a fridge* ▶ **odmrażać** **2** [I,T] (used about frozen food) to return to a normal temperature; to make food do this: *Defrost the chicken thoroughly before cooking.* ▶ **rozmrażać** ➲ Por. **de-ice**.

deft /deft/ adj. (used especially about movements) skilful and quick ▶ **zręczny**

□ **deftly** adv. ▶ **zręcznie**

defunct /dɪ'fʌŋkt/ adj. no longer existing or in use ▶ **zlikwidowany, nie istniejący**

defuse /ˌdiː'fjuːz/ verb [T] **1** to remove the part of a bomb that would make it explode ▶ **rozbrajać** **2** to make a situation calmer or less dangerous: *She defused the tension by changing the subject.* ▶ **rozładowywać**

defy /dɪ'faɪ/ verb [T] (pp **defying**; 3rd pers. sing. pres. **defies**; pt, pp **defied**) **1** to openly refuse to obey sb/sth: *She defied her parents and continued seeing him.* ❶ Przymiotnik: **defiant**. Rzeczownik: **defiance**. ▶ **przeciwstawiać się, sprzeciwiać się** **2 defy sb to do sth** to tell sb to do sth that you believe to be impossible: *I defy you to prove me wrong.* ▶ **wyzywać (kogoś, żeby)** **3** to make sth impossible or very difficult: *It's such a beautiful place that it defies description.* ▶ **być nie do** (*np. opisania*)

degenerate[1] /dɪ'dʒenəreɪt/ verb [I] to fall to a less satisfactory standard; to become worse: *It degenerated from a pleasant discussion into a nasty argument.* ▶ **ulegać degeneracji, przekształcić się (w)**

□ **degeneration** /dɪˌdʒenə'reɪʃn/ noun [U] ▶ **degeneracja**

degenerate[2] /dɪ'dʒenərət/ adj. having moral

standards that have fallen to a very low level: ▶ **zdegenerowany**

degrade /dɪˈɡreɪd/ verb [T] to make people respect sb less: *It's the sort of film that really degrades women.* ▶ **poniżać**

□ **degrading** adj.: *Having to ask other people for money is degrading.* ▶ **poniżający** | **degradation** /ˌdeɡrəˈdeɪʃn/ noun [U] **1** degrading sb or being degraded: *the degradation of women* ▶ **poniżenie** **2** causing the condition of sth to become worse: *environmental degradation* ▶ **degradacja**

★**degree** /dɪˈɡriː/ noun **1** [C] a measurement of temperature: *Water boils at 100 degrees Celsius (100° C).* ○ *three degrees below zero/minus three degrees (-3°)* ▶ **stopień** **2** [C] a measurement of angles: *a forty-five degree (45°) angle* ○ *An angle of 90 degrees is called a right angle.* ▶ **stopień** **3** [C,U] (used about feelings or qualities) a certain amount or level: *There is always some degree of risk involved in mountaineering.* ○ *Our lives have changed to a considerable degree.* ○ *I sympathize with her to some degree.* ▶ **stopień, miara** **4** [C] a qualification gained by successfully completing a course at university or college: *She's got a degree in Philosophy.* ○ *He's at university, doing an Economics degree.* ▶ **stopień naukowy**

W Wlk. Br. stopień naukowy to **degree**. Na pewnych typach uczelni po odbyciu studiów uzyskuje się dyplom (**diploma**). Zwykle są to uczelnie o profilu zawodowym, na których studia trwają krócej niż studia uniwersyteckie.

dehydrate /diːˈhaɪdreɪt/ verb **1** [T] (usually passive) to remove all the water from food so that it can be kept longer: *dehydrated vegetables* suszone warzywa ▶ **odwadniać** **2** [I,T] to lose or to take water from the body: *If you run for a long time in the heat, you start to dehydrate.* ▶ **odwadniać (się)**

□ **dehydration** /ˌdiːhaɪˈdreɪʃn/ noun [U] ▶ **odwodnienie**

de-ice /ˌdiː ˈaɪs/ verb [T] to remove the ice from sth: *The car windows need de-icing.* ➲ Por. **defrost**. ▶ **odmrażać**

deign /deɪn/ verb [T] **deign to do sth** to do sth in a way that shows people that you are really too important for it: *He didn't even deign to look up when I entered the room.* ▶ **raczyć**

deity /ˈdeɪəti/ noun [C] (pl. **deities**) (formal) a god or goddess ▶ **bóstwo**

dejected /dɪˈdʒektɪd/ adj. very unhappy, especially because you are disappointed ▶ **strapiony, zniechęcony**

□ **dejectedly** adv. ▶ **ze strapieniem/zniechęceniem** | **dejection** noun [U] ▶ **strapienie, zniechęcenie**

★**delay** /dɪˈleɪ/ verb **1** [T] to make sb/sth slow or late: *The plane was delayed for several hours.* ▶ **opóźniać** **2** [I,T] **delay (sth/doing sth)** to decide not to do sth until a later time: *I was forced to delay the trip until the following week.* ▶ **odkładać (zrobienie czegoś)**

□ **delay** noun [C,U] a situation or period of time where you have to wait: *Delays are likely on the roads because of heavy traffic.* ○ *All trains are subject to delay.* ▶ **opóźnienie, zwłoka**

delegate[1] /ˈdelɪɡət/ noun [C] a person who has been chosen to speak or take decisions for a group of people, especially at a meeting ▶ **delegat/ka**

delegate[2] /ˈdelɪɡeɪt/ verb [I,T] to give sb with a lower job or rank a particular task to carry out: *You can't do everything yourself. You must learn how to delegate.* ▶ **delegować, zlecać**

delegation /ˌdelɪˈɡeɪʃn/ noun **1** [U] giving sb with a lower job or rank a particular task to perform ▶ **delegowanie, zlecenie, polecenie służbowe** **2** [C, with sing. or pl. verb] a group of people who have been chosen to speak or take decisions for a larger group of people, especially at a meeting: *The British delegation walked out of the meeting.* ▶ **delegacja**

delete /dɪˈliːt/ verb [T,I] to cross out or leave out part of sth that is written: *'I will/will not be able to attend the meeting. Delete as appropriate* (niepotrzebne skreślić).*'* ▶ **skreślać**

□ **deletion** /dɪˈliːʃn/ noun **1** [U] the act of deleting ▶ **skreślenie, usunięcie** **2** [C] part of sth written or printed (e.g. a word, a sentence, a paragraph, etc.) that is deleted ▶ **skreślenie**

★**deliberate**[1] /dɪˈlɪbərət/ adj. **1** done on purpose; planned: *Was it an accident or was it deliberate?* ❶ Synonim: **intentional**. ▶ **celowy** **2** done slowly and carefully, without hurrying: *She spoke in a calm, deliberate voice.* ▶ **rozważny, niespieszny**

□ **deliberately** adv. **1** on purpose; intentionally: *I didn't break it deliberately, it was an accident.* ▶ **celowo, rozmyślnie** **2** slowly and carefully, without hurrying ▶ **rozważnie, niespiesznie**

deliberate[2] /dɪˈlɪbəreɪt/ verb [I,T] (formal) to think about or discuss sth thoroughly before making a decision: *The judges deliberated for an hour before announcing the winner.* ▶ **deliberować, naradzać się**

deliberation /dɪˌlɪbəˈreɪʃn/ noun **1** [C,U] discussion or thinking about sth: *After much deliberation I decided to reject the offer.* ▶ **deliberacja, zastanowienie** **2** [U] slowness and carefulness; lack of hurry: *He spoke with great deliberation.* ▶ **rozwaga**

delicacy /ˈdelɪkəsi/ noun (pl. **delicacies**) **1** [U] lightness and gentleness; having a fine or detailed quality: *The pianist played the quiet song with great delicacy.* ▶ **delikatność, wrażliwość** **2** [U] using or needing particular care or skill so as not to offend sb: *Be tactful! It's a matter of some delicacy.* ▶ **delikatność, subtelność** **3** [C] a type of food that is considered particularly good: *Try this dish, it's a local delicacy.* ▶ **delikates, przysmak**

★**delicate** /ˈdelɪkət/ adj. **1** fine or thin; easy to damage or break: *delicate skin* ○ *delicate china teacups* ○ *the delicate mechanisms of a watch* ▶ **delikatny** **2** frequently ill or easily made ill: *He was a delicate child and often ill.* ▶ **deli-**

katny, wątły 3 (used about colours, flavours, etc.) light and pleasant; not strong: *a delicate shade of blue* ▶ **delikatny, pastelowy 4** requiring skilful treatment and care: *Repairing this is going to be a very delicate operation.* ▶ **wymagający delikatności/precyzji**

□ **delicately** adv. **1** lightly, gently or finely: *delicately painted vases* ▶ **delikatnie, subtelnie 2** with skilful and careful movement: *She stepped delicately over the broken glass.* ▶ **delikatnie, ostrożnie 3** carefully so as not to offend sb: *I phrased my comments delicately so as not to upset her.* ▶ **delikatnie, ostrożnie**

delicatessen /ˌdelɪkəˈtesn/ noun [C] a shop that sells special, unusual or foreign foods, especially cold cooked meat, cheeses, etc. ❶ Zwróć uwagę, że **delicatessen** to rzeczownik w lp. ▶ **delikatesy**

★**delicious** /dɪˈlɪʃəs/ adj. having a very pleasant taste or smell: *What are you cooking? It smells delicious.* ▶ **smakowity**

delight[1] /dɪˈlaɪt/ noun **1** [U] great pleasure; joy: *She laughed with delight.* ▶ **zachwyt, radość 2** [C] something that gives sb great pleasure: *The story is a delight to read.* To opowiadanie czyta się z przyjemnością. ▶ **coś, co zachwyca**

□ **delightful** /-fl/ adj.: *a delightful view* ○ *The people were delightful and I made a lot of friends.* ▶ **zachwycający, wspaniały** | **delightfully** /-fəli/ adv. ▶ **zachwycająco, wspaniale**

★**delight**[2] /dɪˈlaɪt/ verb [T] to give sb great pleasure: *She delighted the audience by singing all her old songs.* ▶ **zachwycać, radować**

PHRASAL VERB **delight in sth/in doing sth** to get great pleasure from sth: *He delights in playing tricks on people.* ▶ **uwielbiać robić coś**

□ **delighted** adj. **delighted (at/with sth); delighted (to do sth/that...)** extremely pleased: *'How do you feel about winning today?' 'Delighted* (bardzo się cieszę).*'* ○ *She was delighted at getting the job/that she got the job.* ○ *They're absolutely delighted with their baby.* ○ *'Would you like to come for dinner?' 'Thanks, I'd be delighted to.'* ▶ **zachwycony; z przyjemnością**

delinquency /dɪˈlɪŋkwənsi/ noun [U] bad or criminal behaviour, usually among young people ▶ **przestępczość** (*młodocianych*)

delinquent /dɪˈlɪŋkwənt/ adj. (usually used about a young person) behaving badly and often breaking the law: *delinquent children* nieletni przestępcy ▶ **naruszający prawo, przestępczy**

□ **delinquent** noun [C]: *a juvenile delinquent* ▶ **(nieletni/a) przestęp-ca/czyni**

delirious /dɪˈlɪriəs/ adj. **1** speaking or thinking in a crazy way, often because of a fever ▶ **bredzący, majaczący 2** extremely happy ▶ **nie posiadający się z radości**

□ **deliriously** adv. ▶ **nie posiadając się (z czegoś), bredząc**

★**deliver** /dɪˈlɪvə(r)/ verb **1** [I,T] to take sth (goods, letters, etc.) to the place requested or to the address on it: *Your order will be delivered within five days.* ▶ **dostarczać 2** [T] to help a mother to give birth to her baby: *The doctor who delivered the baby said she was lucky to be alive.* ▶ **przyjmować** (*poród*) **3** [T] to give sth (a speech, a warning, etc.): *He delivered a long lecture to the staff about efficiency.* ▶ **wygłaszać 4** [I] **deliver (on sth)** (informal) to do or give sth that you have promised: *He's made a lot of promises, but can he deliver* (czy może się z nich wywiązać)*?* ▶ **wywiązywać się (z czegoś), spełniać obietnice**

IDIOM **come up with/deliver the goods** → GOODS

delivery /dɪˈlɪvəri/ noun (pl. **deliveries**) **1** [U] the act of taking sth (goods, letters, parcels, etc.) to the place or person who has ordered it or whose address is on it: *Allow 28 days for delivery.* ○ *a delivery van* ▶ **doręczenie, dostawa 2** [C] an occasion when sth is delivered: *Are there any postal deliveries on Sundays?* ▶ **roznoszenie** (*np. poczty*) **3** [C] something (goods, letters, parcels, etc.) that is delivered ▶ **dostawa, poczta 4** [C] the process of giving birth to a baby: *an easy delivery* ▶ **poród**

delta /ˈdeltə/ noun [C] an area of flat land shaped like a triangle where a river divides into smaller rivers flowing towards the sea ▶ **delta**

delude /dɪˈluːd/ verb [T] to make sb believe sth that is not true: *If he thinks he's going to get rich quickly, he's deluding himself.* ❶ Rzeczownik: **delusion** ▶ **łudzić, oszukiwać**

deluge /ˈdeljuːdʒ/ noun [C] **1** a sudden very heavy fall of rain; a flood ▶ **oberwanie chmury; potop 2** a very large number of things that happen or arrive at the same time: *a deluge of complaints* ▶ **potop**

□ **deluge** verb [T] (usually passive) to send or give sb/sth a very large quantity of sth, all at the same time: *They were deluged with applications for the job.* ▶ **zasypywać, zalewać**

delusion /dɪˈluːʒn/ noun [C,U] a false belief: *He seems to be under the delusion that he's popular.* ❶ Czasownik: **delude.** ▶ **złudzenie**

de luxe /ˌdə ˈlʌks; -ˈlʊks/ adj. of extremely high quality and more expensive than usual: *a de luxe hotel* ▶ **luksusowy**

delve /delv/ verb [I] **delve into sth** to search inside sth: *She delved into the bag and brought out a tiny box.* ○ (figurative) *We must delve further into the past to find the origins of the custom.* ▶ **sięgać; dociekać**

Dem. abbr. Democrat; Democratic (Party) ▶ (*w amerykańskim systemie politycznym*) **Demokrat-a/ka** (*członek Partii Demokratycznej*), **(Partia) Demokratyczna**

★**demand**[1] /dɪˈmɑːnd; US dɪˈmænd/ noun **1** [C] **a demand (for sth/that.)** a strong request or order that must be obeyed: *The demand for the kidnappers to release the hostage has not been met.* ○ *a demand for changes in the law* ○ *I was amazed by their demand that I should leave immediately.* ▶ **żądanie 2 (demands)** [pl.] something that sb makes you do, especially sth that is difficult or tiring: *Running a marathon makes huge demands on the body.* ▶ **obciążenie, wymagania 3** [U, sing.] **demand (for**

sth/sb) the desire or need for sth among a group of people: *There is no demand for that product.* ▶ **popyt, zapotrzebowanie**

IDIOMS **in demand** wanted by a lot of people: *I'm in demand this weekend – I've had three invitations!* ▶ **rozchwytywany, wzięty** | **make demands on sb** to require a large amount of effort from sb: *Playing so many matches makes enormous demands on the players.* ▶ **wymagać wysiłku** | **on demand** whenever you ask for it: *This treatment is available on demand.* ▶ **na żądanie**

★**demand²** /dɪˈmɑːnd; US dɪˈmænd/ verb [T] **1** to ask for sth in a way that shows you expect to get it: *I demanded to see the manager.* ○ *She demanded that I pay her immediately.* ○ *Your behaviour was disgraceful and I demand an apology.* ▶ **żądać, domagać się 2** to ask a question in an aggressive way: *'Have you seen her?' he demanded.* ▶ **pytać (w sposób agresywny) 3** to require or need: *a sport that demands skill as well as strength* ▶ **wymagać**

demanding /dɪˈmɑːndɪŋ; US -ˈmæn-/ adj. **1** (used about a job, task, etc.) requiring a great deal of effort, care, skill, etc.: *It will be a demanding schedule – I have to go to six cities in six days.* ▶ **wymagający 2** (used about a person) constantly wanting attention or expecting very high standards of people: *a demanding child* ○ *a demanding boss* ▶ **wymagający**

demise /dɪˈmaɪz/ noun [sing.] **1** (formal) the death of a person: *the King's demise* ▶ **zgon, śmierć 2** the unsuccessful end of sth: *Poor decisions led to the company's demise.* ▶ **upadek**

demo /ˈdeməʊ/ noun (pl. **-os**) (informal) a record or tape with an example of sb's music on it: *a demo tape* ▶ **płyta/nagranie demo**

★**democracy** /dɪˈmɒkrəsi/ noun (pl. **democracies**) **1** [U] a system in which the government of a country is elected by all of the people ▶ **demokracja 2** [C] a country that has this system: *How long has that country been a democracy?* ▶ **demokracja 3** [U] the right of everyone in an organization, etc. to vote on matters that affect them and to be treated equally: *There is a need for more democracy in the company.* ▶ **demokracja**

democrat /ˈdeməkræt/ noun [C] **1** a person who believes in and supports democracy ▶ **demokrat-a/ka 2** (**Democrat**) a member or supporter of the Democratic Party of the USA ➲ Por. **Republican.** ▶ **członek lub zwolennik Partii Demokratycznej w USA**

★**democratic** /ˌdeməˈkrætɪk/ adj. **1** based on the system of democracy: *democratic elections* ○ *a democratic government* ▶ **demokratyczny 2** having or supporting equality for all members: *the democratic traditions of the party* ○ *a fully democratic society* ▶ **demokratyczny**

□ **democratically** /-kli/ adv.: *a democratically elected government* ▶ **demokratycznie**

■ **Demoˈcratic Party** noun [sing.] one of the two main political parties of the USA ▶ **Partia Demokratyczna**

demolish /dɪˈmɒlɪʃ/ verb [T] **1** to knock sth down (e.g. a building): *The old shops were demolished.* ▶ **wyburzać,** (*o budynku*) **rozbierać 2** to destroy sth (an idea, a belief, etc.): *She demolished his argument in one sentence.* ▶ **obalać**

□ **demolition** /ˌdeməˈlɪʃn/ noun [C,U] the act of knocking down or destroying sth ▶ **wyburzenie,** (*o budynku*) **rozbiórka**

demon /ˈdiːmən/ noun [C] an evil spirit: *He thinks he is possessed by demons.* ▶ **demon, diabeł**

★**demonstrate** /ˈdemənstreɪt/ verb **1** [T] to show clearly that sth exists or is true; to prove: *Scientists demonstrated the presence of radioactivity in the soil.* ○ *The prison escape demonstrates the need for greater security.* ▶ **dowodzić, demonstrować 2** [T] to show and explain to sb how to do sth or how sth works: *The crew demonstrated the use of life jackets.* ▶ **demonstrować 3** [I] **demonstrate (against/for sb/sth)** to take part in a public protest or march in which a crowd of people express their opposition or support of sb/sth: *Enormous crowds have been demonstrating for human rights.* ▶ **demonstrować**

★**demonstration** /ˌdemənˈstreɪʃn/ noun **1** [C,U] something that shows clearly that sth exists or is true: *This accident is a clear demonstration of the system's faults.* ▶ **dowód 2** (informal **demo**) [C,U] an act of showing or explaining to sb how to do sth or how sth works: *The salesman gave me a demonstration of what the computer could do.* ▶ **demonstracja 3** (especially Brit., informal **demo**) [C] **a demonstration (against/for sb/sth)** a public protest or march in which a crowd of people show how they oppose or support sb/sth: *Thousands took part in demonstrations against the war.* ➲ Por. **march².** ▶ **manifestacja**

demonstrative /dɪˈmɒnstrətɪv/ adj. (used about a person) showing feelings, especially affection, openly ▶ **wylewny, otwarty**

demonstrator /ˈdemənstreɪtə(r)/ noun [C] a person who takes part in a public protest or march ▶ **demonstrant/ka**

demoralize (also **-ise**) /dɪˈmɒrəlaɪz/ verb [T] to make sb lose confidence or the courage to continue doing sth: *Repeated defeats demoralized the team.* ▶ **działać demobilizująco, zniechęcać do dalszego działania**

□ **demoralization** (also **-isation**) /dɪˌmɒrəlaɪˈzeɪʃn/ noun [U] ▶ **działanie demobilizujące/zniechęcające** | **demoralizing** (also **-ising**) adj.: *Constant criticism can be extremely demoralizing.* ▶ **demobilizujący, zniechęcający**

demure /dɪˈmjʊə(r)/ adj. (used especially about a girl or young woman) shy, quiet and well behaved ➲ Por. **modest.** ▶ **skromny**

den /den/ noun [C] **1** the hidden home of certain wild animals, e.g. lions ▶ **nora, jaskinia 2** a secret meeting-place: *a den of thieves* ▶ **kryjówka, melina**

denial /dɪˈnaɪəl/ noun **1** [C] a statement that sth is not true: *The minister issued a denial that he was involved in the scandal.* ▶ **zaprzeczenie, wyparcie się 2** [C,U] **(a) denial (of sth)** refusing to allow sb to have or do sth: *a denial of per-*

sonal freedom ▶ **pozbawienie, odmowa 3** [U] a refusal to accept that sth unpleasant or painful has happened: *He's been in denial* (odrzuca bolesną prawdę) *ever since the accident.* ▶ **odrzucenie** ❶ Czasownik: **deny**.

denim /ˈdenɪm/ noun **1** [U] a thick cotton material (often blue) that is used for making clothes, e.g. jeans ▶ **materiał dżinsowy 2** (**denims**) [pl.] trousers made of denim ▶ **dżinsy**

denomination /dɪˌnɒmɪˈneɪʃn/ noun [C] a religious group that is part of a larger religious organization: *Anglicans, Methodists and members of other denominations attended the meeting.* ▶ **wyznanie** (*religijne*)

denote /dɪˈnəʊt/ verb [T] to indicate or be a sign of sth; to mean: *What does '[U]' denote in this dictionary?* ▶ **oznaczać, wyznaczać**

denounce /dɪˈnaʊns/ verb [T] to say publicly that sth is wrong; to be very critical of a person in public: *Opposition MPs have denounced the government's decision.* ○ *The actor has been denounced as a bad influence on young people.* ❶ Rzeczownik: **denunciation**. ▶ **potępiać**

dense /dens/ adj. **1** containing a lot of things or people close together: *dense forests* ○ *areas of dense population* ▶ **gęsty, zwarty 2** difficult to see through: *dense fog* ▶ **gęsty 3** (informal) unintelligent; stupid ▶ **tępy**

□ **densely** adv.: *densely populated* ▶ **gęsto, zwarcie**

density /ˈdensəti/ noun (pl. **densities**) **1** [U] the number of things or people in a place in relation to its area: *the density of population* ▶ **gęstość 2** [C,U] the relation of the weight of a substance to the space it occupies ▶ **ciężar właściwy**

dent /dent/ noun [C] a hollow place in the surface of sth hard, especially metal, that is the result of sth hitting or pressing against it: *This tin's got a dent in it.* ▶ **wgięcie, wklęśnięcie**

□ **dent** verb [T] to damage sth by hitting it and making a hollow place in it: *I hit a wall and dented the front of the car.* ▶ **wginać**

dental /ˈdentl/ adj. connected with teeth: *dental care* ▶ **dentystyczny**

★**dentist** /ˈdentɪst/ (also ˈ**dental surgeon**) noun [C] a person whose job is to look after people's teeth: *The dentist examined my teeth.* ❶ O wizycie u dentysty mówi się, że idzie się do **the dentist's**, co oznacza nie osobę lekarza, a gabinet dentystyczny: *I went to the dentist's to have a tooth out.* ▶ **dentyst-a/ka**

dentures /ˈdentʃəz/ noun [pl.] = FALSE TEETH

denunciation /dɪˌnʌnsiˈeɪʃn/ noun [C,U] an expression of strong disapproval of sb/sth in public: *a strong denunciation of the invasion* ❶ Czasownik: **denounce**. ▶ **potępienie**

★**deny** /dɪˈnaɪ/ verb [T] (pres. part. **denying**; 3rd pers. sing. pres. **denies**; pt, pp **denied**) **1 deny sth/ doing sth/that.** to state that sth is not true: *In court he denied all the charges.* ○ *When I challenged her, she denied telling lies/that she had told lies.* ▶ **zaprzeczać, wypierać się 2 deny sb sth; deny sth (to sb)** to refuse to allow sb to have sth: *She was denied permission to remain in the country.* ▶ **odmawiać** ❶ Rzeczownik: **denial**.

deodorant /diˈəʊdərənt/ noun [C,U] a chemical substance that you put onto your body to destroy or prevent bad smells ▶ **dezodorant**

dep. abbr. departs: *dep. London 15.32* ▶ **odj.**

depart /dɪˈpɑːt/ verb [I] (formal) to leave a place, usually at the beginning of a journey: *Ferries depart for Spain twice a day.* ○ *The next train departs from platform 2.* ❶ Rzeczownik: **departure**. ➲ Zob. uwaga przy **leave**. ▶ **odjeżdżać, odpływać, odlatywać, odchodzić**

★**department** /dɪˈpɑːtmənt/ noun [C] (abbr. **Dept**) **1** = MINISTRY(1): *the Department of Health* ▶ **ministerstwo 2** one of the sections into which an organization (e.g. a school or a business) is divided: *the Modern Languages department* ○ *The book department is on the second floor.* ○ *She works in the accounts department.* ▶ **wydział, dział**

□ **departmental** /ˌdiːpɑːtˈmentl/ adj. concerning a department: *a departmental meeting* ▶ **wydziałowy, działowy**

■ **deˈpartment store** noun [C] a large shop that is divided into departments selling many different types of goods ▶ **dom towarowy**

★**departure** /dɪˈpɑːtʃə(r)/ noun [C,U] **1** leaving or going away from a place: *Arrivals and departures are shown on the board in the main hall.* ○ *Passengers should check in at least one hour before departure.* ▶ **odjazd/lot itp., odejście 2** an action which is different from what is usual or expected: *a departure from normal practice* ▶ **odejście** (*od norm*), **odstępstwo**

★**depend** /dɪˈpend/ verb

IDIOM **that depends; it (all) depends** (used alone or at the beginning of a sentence) it is not certain; it is influenced or decided by sth: *'Can you lend me some money?' 'That depends. How much do you want?'* ○ *I don't know whether I'll see him. It all depends what time he gets here.* ▶ **to zależy**

PHRASAL VERBS **depend on sb/sth** to be sure that sb/sth will help you; to trust sb/sth to do sth: *If you ever need any help, you know you can depend on me.* ○ *You can't depend on the trains. They're always late.* ○ *I was depending on things going according to plan.* ○ *You can always depend on him to say what he thinks.* Możesz być pewien, że on powie to co myśli ▶ **polegać, liczyć** | **depend on sb/sth (for sth)** to need sb/sth to provide sth: *I depend on my parents for advice.* ○ *Our organization depends on donations from the public.* ▶ **polegać, być zależnym** | **depend on sth** to be decided or influenced by sb/sth: *His whole future depends on these exams.* ○ *The starting salary will be between £11 000 and £12 000, depending on age and experience.* ▶ **zależeć**

□ **dependable** adj. that can be trusted: *The bus service is usually very dependable.* ▶ **niezawodny, pewny**

dependant (especially US **dependent**) /dɪˈpendənt/ noun [C] a person who depends on sb else for money, a home, food, etc.: *The insurance provides cover for you and all your dependants.* ▶ **osoba będąca na czyimś utrzymaniu**

dependence /dɪˈpendəns/ noun [U] **depend-**

ence on sb/sth the state of needing sb/sth: *The country wants to reduce its dependence on imported oil.* ▶ **zależność**

dependency /dɪˈpendənsi/ noun [U] the state of being dependent on sb/sth; the state of being unable to live without sth, especially a drug: *a drug dependency clinic* ▶ **uzależnienie**

dependent /dɪˈpendənt/ adj. **1 dependent (on sb/sth)** needing sb/sth to support you: *The industry is heavily dependent on government funding.* ○ *dependent children* ▶ **zależny, na utrzymaniu 2 dependent on sb/sth** influenced or decided by sth: *The price you pay is dependent on the number in your group.* ▶ **zależny, uzależniony**

depict /dɪˈpɪkt/ verb [T] **1** to show sb/sth in a painting or drawing: *a painting depicting a country scene* ▶ **przedstawiać, dawać obraz 2** to describe sb/sth in words: *The novel depicts rural life a century ago.* ▶ **opisywać**

deplete /dɪˈpliːt/ verb [T] to reduce the amount of sth: *We are depleting the world's natural resources.* ▶ **uszczuplać, wyczerpywać**

□ **depletion** /dɪˈpliːʃn/ noun [U]: *the depletion of the ozone layer* ▶ **uszczuplenie, wyczerpanie**

deplore /dɪˈplɔː(r)/ verb [T] (formal) to feel or state that sth is morally bad: *I deplore such dishonest behaviour.* ▶ **potępiać**

□ **deplorable** /dɪˈplɔːrəbl/ adj. morally bad and deserving disapproval ▶ **zasługujący na potępienie, godny ubolewania** | **deplorably** /-əbli/ adv. ▶ **przeraźliwie, odrażająco**

deploy /dɪˈplɔɪ/ verb [T] **1** to put soldiers or weapons in a position where they can be used ▶ **rozstawiać** (*wojsko lub broń*) **2** to arrange people or things so that they can be used efficiently ▶ **rozstawiać, ustawiać**

□ **deployment** noun [U]: *the deployment of troops* ▶ **rozwinięcie; rozstawienie**

deport /dɪˈpɔːt/ verb [T] to send a foreigner out of a country officially ▶ **deportować**

□ **deportation** /ˌdiːpɔːˈteɪʃn/ noun [C,U]: *The illegal immigrants face deportation.* ▶ **deportacja**

depose /dɪˈpəʊz/ verb [T] to remove a ruler or leader from power: *The dictator was deposed.* ▶ **usuwać ze stanowiska/z tronu**

deposit¹ /dɪˈpɒzɪt/ verb [T] **1** to put money into an account at a bank: *He deposited £20 a week in his savings account.* ➲ Por. **withdraw**. ▶ **wpłacać na konto 2** to put sth valuable in a official place where it is safe until needed again: *Valuables can be deposited in the hotel safe.* ▶ **deponować 3** to pay a sum of money as the first payment for sth, with the rest of the money to be paid later: *You will have to deposit 10% of the cost when you book.* ▶ **wpłacać zadatek 4** to put sth down somewhere: *He deposited his bags on the floor and sat down.* ▶ **składać, umieszczać 5** to leave sth lying on a surface, as the result of a natural or chemical process: *mud deposited by a flood* ▶ **pozostawiać (coś) jako osad**

deposit² /dɪˈpɒzɪt/ noun [C] **1** a sum of money paid into a bank account; the paying of a sum of money into a bank account ▶ **depozyt 2 a deposit (on sth)** a sum of money which is the first payment for sth, with the rest of the money to be paid later: *When you pay the deposit, the booking will be confirmed.* ▶ **zaliczka 3 a deposit (on sth)** a sum of money that you pay when you rent sth and get back when you return it without damage: *Boats can be hired for £5 an hour, plus £20 deposit.* ▶ **kaucja, zastaw 4** a substance that has been left on a surface or has developed in the ground as the result of a natural or chemical process: *mineral deposits* ▶ **osad**

■ **deˈposit account** noun [C] a type of bank account where your money earns interest. You cannot take money out of a deposit account without arranging it first with the bank. ▶ **konto depozytowe**

depot /ˈdepəʊ; US ˈdiːpəʊ/ noun [C] **1** a place where large numbers of vehicles (buses, lorries, etc.) are kept when not in use ▶ **zajezdnia 2** a place where military supplies are stored ▶ **skład wojskowy 3** (US) a bus or railway station ▶ **dworzec autobusowy lub kolejowy**

depreciate /dɪˈpriːʃieɪt/ verb [I] to lose value, especially as a result of use or age ▶ **dewaluować się, deprecjonować się**

□ **depreciation** /dɪˌpriːʃiˈeɪʃn/ noun [C,U] ▶ **dewaluacja, deprecjacja**

depress /dɪˈpres/ verb [T] **1** to make sb unhappy: *The thought of going to work tomorrow really depresses me.* ▶ **przygnębiać 2** (formal) to press sth down when operating sth: *To switch off the machine, depress the lever.* ▶ **naciskać, przyciskać 3** (used especially in connection with business) to cause sth to become less successful or profitable: *The reduction in the number of tourists has depressed local trade.* ▶ **osłabiać, obniżać**

□ **depressed** adj. **1** very unhappy, often for a long period. If you are depressed you may be suffering from the medical condition of depression.: *He's been very depressed since he lost his job.* ▶ **przygnębiony, w depresji 2** (used about a place or an industry) without enough businesses or jobs ▶ **dotknięty bezrobociem/kryzysem** | **depressing** adj. making sb feel sad or without hope: *The outlook for the future is depressing.* ▶ **przygnębiający** | **depressingly** adv. ▶ **przygnębiająco**

depression /dɪˈpreʃn/ noun **1** [U] a feeling of unhappiness and hopelessness that lasts for a long time. Depression can be a medical condition and may have physical symptoms. ▶ **depresja 2** [C] a period when the economic situation is bad, with little business activity and many people without a job ▶ **stagnacja, kryzys 3** [C] a hollow part in the surface of sth: *a depression in the ground* ▶ **obniżenie, wgłębienie**

deprive /dɪˈpraɪv/ verb [T] **deprive sb/sth of sth** to prevent sb/sth from having sth; to take away sth from sb: *to deprive people of their rights as citizens* ○ *The prisoners were deprived of food.* ▶ **pozbawiać**

□ **deprived** adj. not having enough of the basic

things in life, such as food, money, etc.: *He came from a deprived background.* ▶ **ubogi, potrzebujący** | **deprivation** /ˌdeprɪˈveɪʃn/ noun [C,U] ▶ **pozbawienie; niedostatek, ubóstwo**

Dept abbr. department: *Sales Dept* ○ *Dept of History* ▶ **wydz.**

⋆**depth** /depθ/ noun **1** [C,U] the distance down from the top surface of sth; the measurement of how deep sth is: *What's the depth of the swimming pool?* ○ *The hole should be 3cm in depth.* ▶ **głębokość** **2** [C,U] the distance from the front to the back: *the depth of a shelf* ▶ **głębokość** **3** [U] (used about emotions, knowledge, etc.) the amount that a person has: *He tried to convince her of the depth of his feelings for her.* ▶ **głębia**

IDIOMS **in depth** looking at all the details: *to discuss a problem in depth* (w całej jego złożoności) ▶ **wnikliwie, szczegółowo** | **be/get out of your depth** **1** be in/enter water that is too deep for you to stand up in ▶ **tracić grunt pod nogami** **2** be in/get into a situation that is too difficult for you: *When they start discussing politics I soon get out of my depth.* ▶ **tracić grunt pod nogami**

deputation /ˌdepjuˈteɪʃn/ noun [C, with sing. or pl. verb] a group of people sent to sb to speak for others ▶ **delegacja, poselstwo**

deputize (also **-ise**) /ˈdepjutaɪz/ verb [I] **deputize (for sb)** to act for sb who is absent or unable to do sth ▶ **zastępować, występować w zastępstwie**

⋆**deputy** /ˈdepjuti/ noun [C] (pl. **deputies**) the second most important person in a particular organization. A deputy does the work of their boss if the boss is absent: *the Deputy Manager* ○ *While I am away my deputy will take over.* ▶ **zastęp-ca/czyni**

derail /dɪˈreɪl/ verb [T] to cause a train to come off a railway track ▶ **wykolejać**

□ **derailment** noun [C,U] an occasion when this happens: *Due to a derailment, all trains have been cancelled.* ▶ **wykolejenie**

deranged /dɪˈreɪndʒd/ adj. thinking and behaving in a way that is not normal, especially because of mental illness ▶ **obłąkany**

derby /ˈdɜːrbi/ noun [C] **1** (pl. **derbies**) (US) = BOWLER **2** (Brit.) a sports competition between teams from the same area or town ▶ **lokalne zawody sportowe**

derelict /ˈderəlɪkt/ adj. no longer used and in bad condition: *a derelict house* ▶ **opustoszały, podupadły**

deride /dɪˈraɪd/ verb [T] to say that sb/sth is ridiculous; to laugh at sth in a cruel way ▶ **wyśmiewać, drwić z**

□ **derision** /dɪˈrɪʒn/ noun [U]: *Her comments were met with howls of derision.* ▶ **wyśmiewanie się, drwina** | **derisive** /dɪˈraɪsɪv/ adj.: *'What rubbish!' he said with a derisive laugh.* ▶ **drwiący, szyderczy**

derisory /dɪˈraɪsəri/ adj. so small that it is ridiculous or does not deserve to be considered seriously: *He made a derisory offer, which I turned down.* ▶ **nędzny, (śmiesznie) mały**

derivation /ˌderɪˈveɪʃn/ noun [C,U] the origin from which a word or phrase has developed: *a word of Latin derivation* ▶ **pochodzenie** (*słowa*)

derivative /dɪˈrɪvətɪv/ adj. copied from sth or influenced by sth and therefore not new or original ▶ **pochodny**

□ **derivative** noun [C] a form of sth (especially a word) that has developed from the original form: *'Sadness' is a derivative of 'sad.'* ▶ **wyraz pochodny**

derive /dɪˈraɪv/ verb **1** [T] (formal) to get sth (especially a feeling or an advantage) from sth: *I derive great satisfaction from my work.* ▶ **czerpać, znajdować w czymś** (*np. przyjemność*) **2** [I,T] to come from sth; to have sth as its origin: *'Mutton' derives from the French word 'mouton'.* ○ *The town derives its name from the river on which it was built.* ▶ **wywodzić się, pochodzić**

derogatory /dɪˈrɒgətri; US -tɔːri/ adj. expressing a lack of respect for, or a low opinion of sth: *derogatory comments about the standard of my work* ▶ **uchybiający, poniżający**

descend /dɪˈsend/ verb [I,T] (formal) to go down to a lower place; to go down sth: *The plane started to descend and a few minutes later we landed.* ○ *She descended the stairs slowly.* ❶ Antonim: **ascend**. ▶ **obniżać się; schodzić**

IDIOM **be descended from sb** to have as a relative or relatives in the distant past: *He says he's descended from a Russian prince.* ▶ **pochodzić**

□ **descendant** /-ənt/ noun [C] a person who is related to sb who lived a long time ago: *Her family are descendants of one of the first settlers.* ➲ Por. **ancestor**. ▶ **potomek**

descent /dɪˈsent/ noun **1** [C] a movement down to a lower place: *The pilot informed us that we were about to begin our descent.* ▶ **obniżenie** (*lotu*), **zejście** **2** [U] family origins, especially in connection with nationality: *He is of Italian descent.* ▶ **pochodzenie**

⋆**describe** /dɪˈskraɪb/ verb [T] **describe sb/sth (as sth)** to say what sb/sth is like, or what happened: *Can you describe the bag you lost?* ○ *It's impossible to describe how I felt.* ○ *She described what had happened to the reporter.* ○ *The thief was described as tall, thin, and aged about twenty.* ○ *Would you describe yourself as confident?* ▶ **opisywać, określać**

⋆**description** /dɪˈskrɪpʃn/ noun **1** [C,U] a picture in words of sb/sth or an account of sth that happened; describing sb/sth: *The man gave the police a detailed description of the burglar.* ○ *Her description of the events that evening was most amusing.* ○ *a paragraph of vivid description* ▶ **opis; opisywanie** **2** [C] a type or kind of sth: *It must be a tool of some description, but I don't know what it's for.* ▶ **rodzaj**

descriptive /dɪˈskrɪptɪv/ adj. **1** that describes sb/sth: *a piece of descriptive writing* ▶ **opisowy** **2** that describes sb/sth in a skilful and interesting way: *She gave a highly descriptive account of the journey.* ▶ **opisowy, szczegółowy**

desert[1] /dɪˈzɜːt/ verb **1** [T] to leave sb/sth, usually for ever: *He deserted his wife and went to* *live with another woman.* ○ *Many people have deserted the countryside and moved to the towns.* ▶ **opuszczać 2** [I,T] (used especially about sb in the armed forces) to leave without permission: *He deserted because he didn't want to fight.* ▶ **dezerterować**

□ **deserted** adj. empty, because all the people have left: *a deserted house* ▶ **opuszczony** | **deserter** noun [C] a person who leaves military duty without permission ▶ **dezerter/ka** | **desertion** /dɪˈzɜːʃn/ noun [C,U] leaving sb/sth, especially your husband or wife, or leaving military duty without permission ▶ **porzucenie; dezercja**

★**desert²** /ˈdezət/ noun [C,U] a large area of land, usually covered with sand, that has very little water and very few plants: *the Gobi Desert* ▶ **pustynia**

■ ˌ**desert ˈisland** noun [C] an island, especially a tropical one, where nobody lives ▶ **bezludna wyspa**

★**deserve** /dɪˈzɜːv/ verb [T] to earn sth, especially a suitable reward or punishment, for sth that you have done: *We've done a lot of work and we deserve a break.* ○ *He deserves to be punished severely.* ❶ Czasownika **deserve** nie używa się w czasach *continuous*. Natomiast często spotyka się go w *present participle* (formie *-ing*): *There are other aspects of the case deserving attention.* ▶ **zasługiwać (na coś)**

□ **deservedly** /dɪˈzɜːvɪdli/ adv. as is deserved; rightly: *He deservedly won the Best Actor award.* ▶ **słusznie, sprawiedliwie**

deserving /dɪˈzɜːvɪŋ/ adj. that deserves help: *This charity is a most deserving cause.* ▶ **zasługujący na pomoc**

★**design** /dɪˈzaɪn/ noun **1** [C] a drawing that shows how sth should be made: *The architect showed us her design for the new theatre.* ▶ **projekt, wzór 2** [U] the way in which sth is planned and made or in which the parts of sth are arranged: *Design faults have been discovered in the car.* ▶ **konstrukcja 3** [U] the process and skill of making drawings that show how sth should be made: *to study industrial design* (wzornictwo przemysłowe) ○ *graphic design* grafika ▶ **projektowanie 4** [C] a pattern of lines, shapes, etc. that decorate sth: *a T-shirt with a geometric design on it* ▶ **wzór, deseń**

□ **design** verb **1** [I,T] to plan and make a drawing of how sth will be made: *She designs shop interiors.* ▶ **projektować, szkicować 2** [T] to invent, plan and develop sth for a particular purpose: *I designed a scheme for increasing profits.* ○ *The bridge wasn't designed for such heavy traffic.* ▶ **projektować, planować**

designate /ˈdezɪgneɪt/ verb [T] (formal) **1** to give sth a name to show that it has a particular purpose: *This has been designated a conservation area.* ▶ **przeznaczać 2** to choose sb for a particular job or task ▶ **mianować 3** to show or mark sth: *These arrows designate the emergency exits.* ▶ **wskazywać**

designer /dɪˈzaɪnə(r)/ noun [C] a person whose job is to make drawings showing how sth will be made: *a fashion designer* ○ *designer jeans* dżinsy znanej marki ▶ **projektant/ka**

desirable /dɪˈzaɪərəbl/ adj. **1** wanted, often by many people; worth having: *a desirable area* ○ *Experience is desirable but not essential for this job.* ▶ **pożądany, mile widziany 2** sexually attractive ▶ **atrakcyjny**

desire¹ /dɪˈzaɪə(r)/ noun [C,U] **(a) desire (for sth/to do sth) 1** the feeling of wanting sth very much; a strong wish: *the desire for a peaceful solution to the crisis* ○ *I have no desire to visit that place again.* ▶ **pragnienie 2** the wish for sexual relations with sb ▶ **pożądanie**

desire² /dɪˈzaɪə(r)/ verb [T] ❶ Czasownika **desire** nie używa się w czasach *continuous*. Natomiast często spotyka się go w *present participle* (formie *-ing*): *Not desiring another argument, she left.* **1** (formal) to want: *They have everything they could possibly desire.* ▶ **pragnąć 2** to find sb/sth sexually attractive ▶ **pożądać**

★**desk** /desk/ noun [C] **1** a type of table, often with drawers, that you sit at to write or work: *The pupils took their books out of their desks.* ○ *a computer that fits easily onto any desk* ▶ **biurko 2** a table or place in a building where a particular service is provided: *the information desk* ▶ **dział, sekcja**

■ ˈ**desktop** noun [C] **1** the top of a desk ▶ **blat biurka 2** a computer screen on which you can see icons showing the programs, information, etc. that are available to be used ▶ (*na ekranie monitora*) **pulpit 3** (also ˌ**desktop comˈputer**) a computer that can fit on a desk ➲ Por. **laptop**. ▶ **komputer typu desktop** | ˌ**desktop ˈpublishing** (abbr. **DTP**) noun [U] the use of a small computer and a machine for printing, to produce books, magazines and other printed material ▶ (*o publikacji książek itp.*) **technika DTP**

desolate /ˈdesələt/ adj. **1** (used about a place) sad, empty and depressing: *desolate wasteland* ▶ **opustoszały, wyludniony 2** (used about a person) lonely, very unhappy and without hope ▶ **opuszczony, załamany**

□ **desolation** /ˌdesəˈleɪʃn/ noun [U] **1** the state of being empty because all the people have left: *All the factories closed, leaving the town a scene of desolation.* ▶ **spustoszenie, pustkowie 2** the feeling of being lonely and without hope: *He felt utter desolation when his wife died.* ▶ **pustka, strapienie**

despair /dɪˈspeə(r)/ noun [U] the state of having lost all hope: *I felt like giving up in despair.* ○ *Despair drove him to suicide.* ▶ **rozpacz**

□ **despair** verb [I] **despair (of sb/sth)** to lose all hope and to feel that there will be no improvement: *Don't despair. Keep trying and I'm sure you'll get it right.* ○ *We began to despair of ever finding somewhere to live.* ▶ **rozpaczać, tracić nadzieję** | **despairing** /dɪˈspeərɪŋ/ adj.: *a despairing cry* ▶ **zrozpaczony, rozpaczliwy**

despatch /dɪˈspætʃ/ = DISPATCH

★**desperate** /ˈdespərət/ adj. **1** out of control and willing to do anything to change the situation you are in because it is so terrible: *She became desperate when her money ran out.* ○ *I only took* *this job because I was desperate.* ▶ **zrozpaczony, doprowadzony do rozpaczy** **2** done with little hope of success, as a last thing to try when everything else has failed: *I made a desperate attempt to change her mind.* ▶ **rozpaczliwy** **3 desperate (for sth/to do sth)** wanting or needing sth very much: *Let's go into a café. I'm desperate for a drink* (muszę się czegoś napić). ▶ **spragniony (czegoś)** **4** terrible, very serious: *There is a desperate shortage of skilled workers.* ▶ **rozpaczliwy, beznadziejny**

□ **desperately** adv.: *She was desperately unlucky not to win.* ▶ **potwornie, beznadziejnie** | **desperation** /ˌdespəˈreɪʃn/ noun [U] the feeling or state of being desperate: *She felt she wanted to scream in desperation.* ▶ **rozpacz, desperacja**

despicable /dɪˈspɪkəbl/ adj. deserving to be hated: *a despicable liar* ○ *a despicable act of terrorism* ▶ **nikczemny, zasługujący na pogardę**

despise /dɪˈspaɪz/ verb [T] to hate sb/sth; to consider sb/sth worthless: *I despise him for lying about me to other people.* ▶ **gardzić**

despite /dɪˈspaɪt/ prep. (used to show that sth happened although you would not expect it): *Despite having very little money, they enjoy life.* ○ *The scheme went ahead despite public opposition.* ▶ **pomimo, wbrew**

despondent /dɪˈspɒndənt/ adj. sad and without much hope ▶ **zniechęcony, przygnębiony**

□ **despondency** /dɪˈspɒndənsi/ noun [U] ▶ **zniechęcenie, zwątpienie**

dessert /dɪˈzɜːt/ noun [C,U] something sweet that is eaten after the main part of a meal: *What would you like for dessert – ice-cream or fresh fruit?* ➲ Por. **sweet**. ▶ **deser**

■ **deˈssertspoon** noun [C] a spoon of medium size, used for eating dessert ▶ **łyżeczka deserowa**

destabilize /ˌdiːˈsteɪbəlaɪz/ verb [T] to make a system, government, country, etc. become less safe and successful: *Terrorist attacks were threatening to destabilize the government.* ❶ Antonim: **stabilize**. ▶ **destabilizować**

destination /ˌdestɪˈneɪʃn/ noun [C] the place where sb/sth is going or being sent: *I finally reached my destination two hours late.* ▶ **cel podróży, miejsce przeznaczenia**

destined /ˈdestɪnd/ adj. **1 destined for sth/to do sth** sure to or intended to be, have or do sth: *She is destined for success.* ○ *He was destined to* (było mu pisane, że) *become one of the country's leading politicians.* ▶ **przeznaczony** **2 destined for...** on a journey or moving towards a particular place: *I boarded a bus destined for New York.* ○ *They were destined for a new life in a new country.* ▶ **jadący dokądś**

destiny /ˈdestəni/ noun (pl. **destinies**) **1** [U] a power that people believe influences their lives; fate ▶ **przeznaczenie, los** **2** [C] the things that happen to you in your life, especially things that you do not control: *She felt that it was her destiny to be a great singer.* ○ *The destiny of the country lies in the hands of the people.* ▶ **przeznaczenie, los**

destitute /ˈdestɪtjuːt; US -tuːt/ adj. not having the things that are necessary in life, such as money, food, a home, etc. ▶ **bez środków do życia**

□ **destitution** /ˌdestɪˈtjuːʃn; US -ˈtuːʃn/ noun [U] ▶ **nędza**

★**destroy** /dɪˈstrɔɪ/ verb [T] **1** to damage sth so badly that it can no longer be used or no longer exists: *The building was destroyed by fire.* ○ *The defeat destroyed his confidence.* ➲ Por. **damage**. ▶ **niszczyć** **2** to kill an animal, especially because it is injured or dangerous: *The horse broke its leg and had to be destroyed.* ▶ **dobijać, zabijać**

□ **destroyer** noun [C] **1** a person or thing that destroys sth ▶ **niszczyciel/ka** **2** a small warship ▶ **niszczyciel** (*okręt*)

★**destruction** /dɪˈstrʌkʃn/ noun [U] destroying or being destroyed: *The war brought death and destruction to the city.* ○ *the destruction of the rainforests* ▶ **zniszczenie**

destructive /dɪˈstrʌktɪv/ adj. causing a lot of damage : *destructive weapons* ○ *the destructive effects of drink and drugs* ▶ **niszczycielski**

detach /dɪˈtætʃ/ verb [T] **detach sth (from sth)** to separate sth from sth it is attached to: *Detach the form at the bottom of the page and send it to this address...* ▶ **odrywać, odłączać**

□ **detachable** /-əbl/ adj. that can be separated from sth it is attached to ▶ **taki, który można oddzielić/odczepić od czegoś** | **detached** adj. **1** not being or not feeling personally involved ▶ **oderwany, obojętny** **2** (used about a house) not joined to any other house ▶ (*o domu*) **wolno stojący**

detachment /dɪˈtætʃmənt/ noun **1** [U] the fact or feeling of not being personally involved ▶ **oderwanie, obojętność** **2** [C] a group of soldiers who have been given a particular task away from the main group ▶ **odkomenderowany oddział**

★**detail¹** /ˈdiːteɪl; US dɪˈteɪl/ noun [C,U] a small individual fact, point or piece of information: *Just give me the basic facts. Don't worry about the details.* ○ *On the application form you should give details of your education and experience.* ○ *For full details of the offer, contact your local travel agent.* ○ *The work involves close attention to detail* (zadbania o szczegóły). ▶ **szczegół**

IDIOMS **go into detail(s)** to talk or write about the details of sth: *I can't go into detail now because it would take too long.* ▶ **wdawać się w szczegóły** | **in detail** including the details; thoroughly: *We haven't discussed the matter in detail yet.* ▶ **szczegółowo**

detail² /ˈdiːteɪl; US dɪˈteɪl/ verb [T] to give a full list of sth; to describe sth fully: *He detailed all the equipment he needed for the job.* ▶ **wyszczególniać, podawać szczegóły**

□ **detailed** adj. having many details or giving a lot of attention to details: *a detailed description of the accident* ▶ **szczegółowy**

detain /dɪˈteɪn/ verb [T] to stop sb from leaving a place; to delay sb: *A man has been detained by the police for questioning.* ○ *Don't let me detain* *you if you're busy.* 🛈 Rzeczownik: **detention**. ▶ **zatrzymywać**, **przetrzymywać** (*w areszcie*)

detect /dɪ'tekt/ verb [T] to notice or discover sth that is difficult to see, feel, etc.: *I detected a slight change in his attitude.* ○ *Traces of blood were detected on his clothes.* ▶ **dostrzegać**, **wykrywać**
□ **detection** /dɪ'tekʃn/ noun [U]: *Many crimes escape detection.* ▶ **wykrycie**, **wyśledzenie** | **detector** noun [C] an instrument that is used for detecting sth: *a smoke detector* ▶ **wykrywacz**, **czujnik alarmowy**

★**detective** /dɪ'tektɪv/ noun [C] a person, especially a police officer, who tries to solve crimes and find the person who is guilty ▶ **detektyw**
■ **de'tective story** noun [C] a story about a crime in which sb tries to find out who the guilty person is ▶ **kryminał**

détente /ˌdeɪ'tɑːnt/ noun [U] (formal) a more friendly relationship between countries that had previously been very unfriendly towards each other ▶ (*w polityce*) **odprężenie**

detention /dɪ'tenʃn/ noun [U, C] **1** the act of stopping a person leaving a place, especially by keeping them in prison, often for political reasons ▶ **zatrzymanie**, **areszt** **2** the punishment of being kept at school after the other schoolchildren have gone home ▶ **zostanie po lekcjach** 🛈 Czasownik: **detain**.

deter /dɪ'tɜː(r)/ verb [T] (**deterring**; **deterred**) **deter sb (from doing sth)** to make sb decide not to do sth: *The council is trying to deter visitors from bringing their cars into the city centre.* ▶ **powstrzymywać**, **odstraszać**

detergent /dɪ'tɜːdʒənt/ noun [C,U] a chemical liquid or powder that is used for cleaning things ▶ **środek czyszczący**, **detergent**

deteriorate /dɪ'tɪəriəreɪt/ verb [I] to become worse: *The political tension is deteriorating into* (przeradza się w) *civil war.* ▶ **pogarszać się**
□ **deterioration** /dɪˌtɪəriə'reɪʃn/ **deterioration (in sth)** noun [C,U] ▶ **pogorszenie (się)**

determination /dɪˌtɜːmɪ'neɪʃn/ noun [U] **1** the quality of having firmly decided to succeed in doing sth, even if it is very difficult or people are against you: *her determination to win* ○ *You need great determination to succeed in business.* ▶ **determinacja** **2** the act of fixing or deciding sth: *the determination of future council policy* ▶ **ustalenie**, **określenie**

determine /dɪ'tɜːmɪn/ verb [T] **1** to fix or decide sth: *The results of the tests will determine what treatment you need.* ▶ **określać**, **decydować** **2** to find sth out, especially by using a scientific method: *to determine the exact position of the enemy submarine* ▶ **określać**, **stwierdzać** **3** (formal) to decide sth firmly: *He determined to give up smoking.* ▶ **postanowić**

★**determined** /dɪ'tɜːmɪnd/ adj. having firmly decided to succeed in doing sth, even if it is difficult or people are against you: *He is determined to leave school.* ○ *I'm determined to enjoy myself tonight.* ▶ **zdecydowany**, **zdeterminowany**

determiner /dɪ'tɜːmɪnə(r)/ noun [C] a word that comes before a noun to show how the noun is being used: *'Her', 'most', 'each', 'first', 'one', 'some' and 'those' are all determiners.* ▶ **określnik**

deterrent /dɪ'terənt; US -'tɜː-/ noun [C] something that is intended to stop you doing sth: *Their punishment will be a deterrent to others.* ○ *the belief that nuclear weapons act as a deterrent* ▶ **środek odstraszający/zapobiegawczy**
□ **deterrent** adj. ▶ **odstraszający**, **zapobiegawczy**

detest /dɪ'test/ verb [T] to hate or dislike sb/sth: *They absolutely detest each other.* ▶ **nie cierpieć**, **nienawidzić**

detonate /'detəneɪt/ verb [I,T] to explode or to make sth explode ▶ **wybuchać**; **detonować**

detour /'diːtʊə(r)/ noun [C] **1** a longer route that you take from one place to another in order to avoid sth or in order to see or do sth: *to make a five-kilometre detour* ▶ **objazd** **2** (US) = DIVERSION

detract /dɪ'trækt/ verb [I] **detract from sth** to make sth seem less good or important: *These criticisms in no way detract from the team's achievements.* ▶ **umniejszać**, **ujmować**

detriment /'detrɪmənt/ noun
IDIOM **to the detriment of sb/sth** harming or damaging sb/sth: *Doctors claim that the changes will be to the detriment of patients.* ▶ **ze szkodą/z uszczerbkiem dla kogoś/czegoś**
□ **detrimental** /ˌdetrɪ'mentl/ adj.: *Too much alcohol is detrimental to your health.* ▶ **szkodliwy**

deuce /djuːs; US duːs/ noun [U] a score of 40 points to each player in a game of tennis ▶ **równowaga**

devalue /ˌdiː'væljuː/ verb [T] **1** to reduce the value of the money of one country in relation to the value of the money of other countries: *The pound has been devalued against the euro.* ▶ **dewaluować** **2** to reduce the value or importance of sth: *The absence of the top players devalues this competition.* ▶ **podważać**
□ **devaluation** /ˌdiːˌvæljuˈeɪʃn/ noun [U] ▶ **dewaluacja**

devastate /'devəsteɪt/ verb [T] to destroy sth or damage it badly: *a land devastated by war* ▶ **niszczyć**, **pustoszyć**
□ **devastated** adj. **1** completely destroyed ▶ **zniszczony**, **spustoszony** **2** shocked or very upset: *The community was absolutely devastated by the killings.* ▶ **wstrząśnięty**, **zrozpaczony** | **devastating** /'devəsteɪtɪŋ/ adj. **1** that destroys sth completely: *a devastating explosion* ▶ **niszczycielski**, **niszczący** **2** that shocks or upsets sb very much: *The closure of the factory was a devastating blow to the workers.* ▶ **dotkliwy**, **wstrząsający** | **devastatingly** adv.: *devastatingly handsome* ▶ **nadzwyczajnie**, **niesłychanie** | **devastation** /ˌdevə'steɪʃn/ noun [U]: *a scene of total devastation* ▶ **zniszczenie**, **spustoszenie**

★**develop** /dɪ'veləp/ verb **1** [I,T] to grow slowly, increase, or change into sth else; to make sb/sth do this: *to develop from a child into an adult*

○ *Gradually their friendship developed into love.* ○ *a scheme to help pupils develop their natural talents* ▶ **rozwijać (się), przeradzać się w coś** **2** [T] to begin to have sth: *to develop cancer* ▶ **zachorować (na coś), nabierać** (*przyzwyczajenia*) **3** [I] to begin to happen or be noticeable: *A fault developed when we'd only had the car a month.* ○ *Trouble is developing at the border.* ▶ (*o wadach, usterkach itp.*) **ujawniać się,** (*o trudnościach itp.*) **wynikać** **4** [T] to make pictures or negatives from a piece of film by using special chemicals: *to develop a film* ▶ **wywoływać** (*zdjęcia*) **5** [T] to build houses, shops, factories, etc. on a piece of land: *This site is being developed for offices.* ▶ **eksploatować** (*teren*)
□ **developed** adj. of a good level or standard: *a highly developed economy* ▶ **rozwinięty** | **developer** (also **property developer**) noun [C] a person or company that develops land ▶ **przedsiębiorca lub agencja zajmująca się zbrojeniem i zabudową terenu** | **de'veloping** adj. (used about a poor country) that is trying to develop or improve its economy: *the developing world* ▶ **rozwijający się**

★**development** /dɪ'veləpmənt/ noun **1** [U] developing or being developed: *the development of tourism* ○ *the history of Japan's development from a feudal to an industrial society* ○ *Third World development* ○ *a child's intellectual development* ▶ **rozwój** **2** [C] a new event: *This week has seen a number of new developments in the Middle East.* ▶ **dalszy rozwój wypadków, nowe wydarzenie** **3** [C,U] a new product or the act of making a new product: *a technological development* ○ *research and development* ▶ **rozwój, postęp** **4** [C] a piece of land on which houses, shops, factories, etc. have been built: *a new housing development* (osiedle mieszkaniowe) ▶ **teren zabudowany**

deviate /'di:vieɪt/ verb [I] to change the way you think or behave, or to start to behave in a way that is not acceptable to other people: *He never deviated from his Christian principles.* ▶ **zbaczać, odchylać się, odchodzić** (*od norm*)
□ **deviation** /ˌdi:vi'eɪʃn/ noun [C,U] a difference from what is usual or expected, or from what is approved of by society: *sexual deviation* ○ *a deviation from our usual way of doing things* ▶ **zboczenie, odchylenie**

★**device** /dɪ'vaɪs/ noun [C] **1** a tool or piece of equipment made for a particular purpose: *a security device which detects any movement* ○ *labour-saving devices such as washing machines and vacuum cleaners* ➲ Zob. uwaga przy **tool**. ▶ **przyrząd, urządzenie** **2** a trick or plan: *Critics dismissed the speech as a political device for winning support.* ▶ **wybieg**

★**devil** /'devl/ noun [C] **1** (**the Devil**) the most powerful evil being, according to the Christian religion ➲ Por. **Satan**. ▶ **szatan** **2** an evil being or spirit ▶ **diabeł** **3** (informal) a word used when you are describing a person: *The poor devil* (biedaczysko) *died in hospital two days later.* ○ *You're a lucky devil* (szczęściarz)*!* ❶ W powyższych wyrażeniach samo słowo **devil** nie jest zazwyczaj tłumaczone. ▶ **facet**

IDIOMS **be a devil** (used to encourage sb to do sth that they are not sure about doing): *Go on, be a devil – buy both of them.* ▶ **zaszalej sobie!** | **speak/talk of the devil** (used when the person who is being talked about appears unexpectedly) ▶ **o wilku mowa (a wilk tuż)** | **why, etc. the devil** (used for expressing great surprise or annoyance about sth): *It's two o'clock in the morning. Where the devil have you been?* ▶ **do diabła**

devious /'di:viəs/ adj. **1** clever but not honest or direct: *I wouldn't trust him – he can be very devious.* ▶ **przebiegły, podstępny** **2** (used about a route, path, etc.) having many bends and curves; not straight ▶ **kręty, okrężny**
□ **deviously** adv. ▶ **przebiegle, chytrze**

devise /dɪ'vaɪz/ verb [T] to invent a plan, system, etc.: *They've devised a plan for reducing traffic.* ▶ **wymyślać, wynajdować**

devoid /dɪ'vɔɪd/ adj. (formal) **devoid of sth** not having a particular quality; without sth: *to be devoid of hope* ▶ **pozbawiony**

devolution /ˌdi:və'lu:ʃn; US ˌdev-/ noun [U] the transfer of power, especially from central to local government ▶ **przekazanie władzy** (*samorządom lokalnym*)

devote /dɪ'vəʊt/ verb [T] **devote yourself/sth to sb/sth** to give a lot of time, energy, etc. to sb/sth: *She gave up work to devote herself full-time to her music.* ○ *Schools should devote more time to science subjects.* ▶ **poświęcać**
□ **devoted** adj. loving sb/sth very much: *Neil's absolutely devoted to his wife.* ▶ **oddany** | **devotee** /ˌdevə'ti:/ noun [C] a person who likes sb/sth very much: *devotees of science fiction* ▶ **wielbiciel/ka, entuzjast-a/ka** | **devotion** /dɪ'vəʊʃn/ noun [U] **devotion (to sb/sth)** **1** great love: *a mother's devotion to her children* ▶ **oddanie, przywiązanie** **2** the act of giving a lot of your time, energy, etc. to sb/sth: *devotion to duty* ▶ **poświęcenie (się), przywiązanie** **3** great religious feeling ▶ **pobożność**

devour /dɪ'vaʊə(r)/ verb [T] **1** to eat sth quickly and with enjoyment ▶ **pożerać, pochłaniać** **2** to do or use sth quickly and completely: *Lisa devours two or three novels a week.* ▶ **pochłaniać**

devout /dɪ'vaʊt/ adj. very religious: *a devout Muslim family* ▶ **pobożny**
□ **devoutly** adv. ▶ **gorliwie, żarliwie**

dew /dju:; US du:/ noun [U] small drops of water that form on plants, leaves, etc. during the night ▶ **rosa**

dexterity /dek'sterəti/ noun [U] skill at doing things, especially with your hands ▶ **zręczność, zwinność**

diabetes /ˌdaɪə'bi:ti:z/ noun [U] a serious disease in which a person's body cannot control the level of sugar in the blood ▶ **cukrzyca**
□ **diabetic** /ˌdaɪə'betɪk/ adj. of or for diabetes or diabetics: *diabetic chocolate* ▶ **cukrzycowy, dla cukrzyków** | **diabetic** noun [C] a person who suffers from diabetes ▶ **cukrzyk**

diagnose /'daɪəgnəʊz; US ˌdaɪəg'nəʊs/ verb [T] to find out what is wrong or what illness a per-

son has: *His illness was diagnosed as bronchitis.* ▶ **stawiać diagnozę, rozpoznawać** (*chorobę*)
□ **diagnosis** /ˌdaɪəg'nəʊsɪs/ noun [C,U] (pl. **diagnoses** /-siːz/) an act of diagnosing sth: *The doctor's diagnosis was right.* ○ *What's your diagnosis of the situation?* ▶ **diagnoza, rozpoznanie** (*np. choroby, sytuacji*)

diagonal /daɪ'ægənl/ adj. **1** (used about a straight line) not vertical or horizontal; sloping ▶ **ukośny 2** going from one corner to the opposite corner of a square, rectangle, etc. ▶ **przekątny**
□ **diagonally** /-nəli/ adv.: *I was sitting diagonally opposite Diane at the table.* ▶ **po przekątnej**

diagram /'daɪəgræm/ noun [C] a simple picture that is used to explain how sth works or what sth looks like: *a diagram of the body's digestive system* ▶ **wykres, diagram**

dial[1] /'daɪəl/ verb [I,T] (**dia<u>ll</u>ing; dia<u>ll</u>ed**; US **dia<u>l</u>ing; dia<u>l</u>ed**) to move the dial[2](3) or push the buttons on a telephone in order to call a particular telephone number: *You can now dial direct* (dzwonić bezpośrednio) *to Singapore.* ○ *to dial the wrong number* ▶ **wykręcać** (*numer telefoniczny*)
■ **'dialling code** noun [C] the numbers that you must dial for a particular area or country: *The dialling code for inner London is 0207.* ▶ **numer kierunkowy** | **'dialling tone** noun [C] the sound that you hear when you pick up a telephone before you begin to dial ▶ **sygnał** (*słyszalny po podniesieniu słuchawki telefonu*)

dial[2] /'daɪəl/ noun [C] **1** the round part of a clock, watch or other piece of equipment that gives you information about the time or about a measurement. A dial has numbers and a hand or pointer on it: *a dial for showing air pressure* ▶ **tarcza** (*zegara*), **cyferblat 2** the round part on a piece of equipment that you turn to change sth ▶ **tarcza** (*instrumentu*) **3** the round part with holes in it on some telephones. You put your finger in one of the holes and turn the dial to call a number. ▶ **tarcza**

dialect /'daɪəlekt/ noun [C,U] a form of a language that is spoken in one part of a country: *a local dialect* ▶ **dialekt**

dialogue (US **dialog**) /'daɪəlɒg/ noun [C,U] **1** (a) conversation between people in a book, play, etc. ▶ **dialog 2** (a) discussion between people who have different opinions: *a dialogue between the major parties* ▶ **dialog**
■ **'dialogue box** (US **'dialog box**) noun [C] a box that appears on a computer screen asking you to choose what you want to do next ▶ (*w komputerze*) **okno dialogowe**

diameter /daɪ'æmɪtə(r)/ noun [C] a straight line that goes from one side to the other of a circle, passing through the centre ▶ **średnica**

★**diamond** /'daɪəmənd/ noun **1** [C,U] a hard, bright precious stone which is very expensive and is used for making jewellery and in industry. A diamond usually has no colour. ▶ **brylant, diament 2** [C] a flat shape that has four sides of equal length and points at two ends ▶ **romb 3** (**diamonds**) [pl.] the group (suit) of playing cards with red shapes like diamonds(2) on them: *the seven of diamonds* ▶ **karo 4** [C] one of the cards from this suit: *If you haven't got a diamond, you can play a trump.* ▶ **karo**
□ **diamond** adj. celebrating the 60th anniversary of sth: *a diamond wedding* ▶ **brylantowy**

diaper /'daɪəpə(r); US 'daɪpər/ noun [C] (US) = NAPPY

diaphragm /'daɪəfræm/ noun [C] **1** the muscle between your lungs and your stomach that helps you to breathe ▶ **przepona 2** a thin piece of rubber that a woman puts inside her body before having sex to stop her having a baby ▶ **kapturek**

diarrhoea (US **diarrhea**) /ˌdaɪə'rɪə/ noun [U] an illness that causes you to pass faeces from your bowels very often and in a more liquid form than usual: *diarrhoea and vomiting* ▶ **biegunka**

★**diary** /'daɪəri/ noun [C] (pl. **diaries**) **1** a book in which you write down your appointments, etc. ➲ Por. **calendar**. ▶ **kalendarzyk, terminarz 2** a book in which you write down what happens to you each day: *Do you keep a diary?* ▶ **dziennik, pamiętnik**

dice /daɪs/ noun [C] (pl. **dice**) a small cube with a different number of spots (from one to six) on each side, used in certain games: *Throw the dice to see who goes first.* ▶ **kość do gry**

dictate /dɪk'teɪt; US 'dɪkteɪt/ verb **1** [I,T] to say sth aloud so that sb else can write or type it: *to dictate a letter to a secretary* ▶ **dyktować 2** [I,T] to tell or order sb to do sth: *Parents can't dictate to their children how they should live.* ▶ **dyktować 3** [T] to decide or influence sth: *an attempt by banks to dictate economic policy* ▶ **dyktować**

dictation /dɪk'teɪʃn/ noun [C,U] spoken words that sb else must write or type: *We had a dictation in English today.* ▶ **dyktando**

dictator /dɪk'teɪtə(r); US 'dɪkteɪtər/ noun [C] a ruler who has total power in a country, especially one who used force to gain power and who rules the country unfairly ▶ **dyktator**
□ **dictatorship** noun [C,U] government by a dictator; a country that is ruled by a dictator: *a military dictatorship* ▶ **dyktatura**

★**dictionary** /'dɪkʃənri; US -neri/ noun [C] (pl. **dictionaries**) **1** a book that lists the words of a language in alphabetical order and that tells you what they mean, in the same or another language: *to look up a word in a dictionary* ○ *a bilingual/monolingual dictionary* ○ *a French-English dictionary* ▶ **słownik 2** a book that lists the words connected with a particular subject and tells you what they mean: *a dictionary of idioms* ○ *a medical dictionary* ▶ **leksykon**

did pt of DO[1,2]

didn't short for DID NOT

★**die** /daɪ/ verb (pres. part. **dying**; 3rd pers. sing. pres. **dies**; pt, pp **died**) **1** [I] to stop living: *Thousands of people have died from this disease.* ○ *to die of hunger/a heart attack* ○ *to die for what you believe in* ○ (figurative) *Our love will never die.* ▶ **umierać, ginąć 2** [T] to have a particular kind of death: *to die a natural death* ▶ **umierać**

3 [I] (used to emphasize feelings of shock, embarrassment or amusement): *I nearly died laughing when he told us.* ▶ **umierać** (*np. ze wstydu*)

IDIOMS **be dying for sth/to do sth** to want sth/ to do sth very much: *I'm dying for a cup of coffee.* ▶ **marzyć o czymś, pragnąć** | **die hard** to change or disappear only slowly or with difficulty: *Old attitudes towards women die hard.* ▶ **nie dawać się łatwo wykorzenić** | **die laughing** to find sth very funny: *I thought I'd die laughing when he told that joke.* ▶ **umierać ze śmiechu** | **to die for** (informal) if you think that sth is to die for, you really want it and would do anything to get it: *They have a house to die for* (o jakim każdy marzy). ▶ (*być*) **obiektem pragnień/marzeń**

PHRASAL VERBS **die away** to slowly become weaker before stopping or disappearing: *The sound of the engine died away as the car drove into the distance.* ▶ **cichnąć, zanikać** | **die down** to slowly become less strong: *Let's wait until the storm dies down before we go out.* ▶ **słabnąć, cichnąć** | **die off** to die one by one until there are none left ▶ **wymierać** | **die out** to disappear: *The use of horses on farms has almost died out.* ▶ (*być*) **zanikać, wymierać**

diesel /ˈdiːzl/ noun **1** (also ˈ**diesel engine**) [C] an engine in buses, trains, and some cars that uses heavy oil ▶ **silnik wysokoprężny 2** [U] the heavy oil that is used in these engines: *a taxi that runs on diesel* ➲ Por. **petrol**. ▶ **olej napędowy**

diet /ˈdaɪət/ noun **1** [C,U] the food that a person or an animal usually eats: *The peasants live on a diet of* (odżywiają się) *rice and vegetables.* ○ *a balanced diet* pełnowartościowa dieta ○ *Poor diet is a cause of ill health.* ▶ **dieta, wyżywienie 2** [C] certain foods that a person who is ill, or who wants to lose weight is allowed to eat: *a low-fat diet* ▶ **dieta**

IDIOM **be/go on a diet** to eat only certain foods or a small amount of food because you want to lose weight: *I'm on a diet.* ▶ **być na diecie, odchudzać się; przechodzić na dietę**

□ **diet** verb [I] to be trying to lose weight by eating less food or only certain kinds of food: *You've lost some weight. Have you been dieting?* ▶ **być na diecie, odchudzać się, stosować dietę** | **dietary** /ˈdaɪətəri/ adj.: *dietary habits/ requirements* ▶ **dietetyczny**

★**differ** /ˈdɪfə(r)/ verb [I] **1 differ (from sb/sth)** to be different: *How does this car differ from the more expensive model?* ▶ **różnić się 2 differ (with sb) (about/on sth)** to have a different opinion: *I'm afraid I differ with you on that question.* ▶ **mieć inne zdanie**

★**difference** /ˈdɪfrəns/ noun **1** [C] **difference (between A and B)** the way that people or things are not the same or the way that sb/sth has changed: *the differences between men and women* ▶ **różnica 2** [C,U] **difference (in sth) (between A and B)** the amount by which people or things are not the same or by which sb/sth has changed: *There's an age difference of three years between the two children.* ○ *There's very little difference in price since last year.* ○ *We gave a 30% deposit and must pay the difference when the work is finished.* ▶ **różnica 3** [C] a disagreement that is not very serious: *All couples have their differences from time to time.* ▶ **nieporozumienie, sprzeczka**

IDIOMS **make a, some, etc. difference (to sb/ sth)** to have an effect (on sb/sth): *A week's holiday made a lot of difference to her health* (wpłynął dodatnio na jej zdrowie). ▶ **sprawiać/ stanowić różnicę** | **make no difference (to sb/sth); not make any difference** to not be important (to sb/sth): *It makes no difference to us if the baby is a girl or a boy.* ▶ **nie robić różnicy, nie mieć znaczenia**

★**different** /ˈdɪfrənt/ adj. **1 different (from/to sb/sth)** not the same: *Cricket is quite different from baseball.* ○ *The play was different to anything I had seen before.* ○ *The two houses are very different* (bardzo się różnią) *in style.* ❶ W Amer. ang. używa się też zwrotu **different than**. ▶ **różny od kogoś/czegoś, inny niż ktoś/coś 2** separate; individual: *This coat is available in three different colours.* ▶ **różny** ➲ Por. **varied** i **various**.

□ **differently** adv.: *I think you'll feel differently about it tomorrow.* ▶ **inaczej**

differentiate /ˌdɪfəˈrenʃieɪt/ verb **1** [I,T] **differentiate between A and B; differentiate A (from B)** to see how things are different: *It is hard to differentiate between these two species of fungus.* ▶ **rozróżniać 2** [T] **differentiate sth (from sth)** to make one thing different from another: *What differentiates him from previous prime ministers?* ▶ **odróżniać 3** [I] to treat one person or group differently from another: *We don't differentiate between the two groups – we treat everybody alike.* ▶ **wyróżniać**

★**difficult** /ˈdɪfɪkəlt/ adj. **1** not easy to do or understand: *a difficult test* ○ *a difficult problem/ situation* ○ *a difficult language to learn* ○ *Dean found it difficult/It was difficult for Dean to* (Dean miał problemy z) *pass the driving test.* ▶ **trudny, kłopotliwy 2** (used about a person) not friendly, reasonable or helpful: *a difficult customer* ▶ **trudny, grymaśny, nieuprzejmy**

★**difficulty** /ˈdɪfɪkəlti/ noun (pl. **difficulties**) **1** [U, C] **difficulty (in sth/in doing sth)** a problem; a situation that is hard to deal with: *I'm sure you won't have any difficulty getting a visa.* ○ *We had no difficulty selling the car.* ○ *We found a hotel without difficulty.* ○ *With difficulty, I managed to persuade Alice to lend us the money.* ○ *There was someone in difficulty in the water.* ○ *If you borrow money, you may get into financial difficulties.* ▶ **trudność, kłopot 2** [U] how hard sth is to do or to deal with: *The questions start easy and then increase in difficulty.* ▶ **trudność**

diffident /ˈdɪfɪdənt/ adj. not feeling or showing belief or confidence in your own strengths or abilities: *He has a very diffident manner.* ▶ **nieśmiały, niepewny siebie**

□ **diffidence** /-dəns/ noun [U] ▶ **nieśmiałość, brak pewności siebie**

★**dig** /dɪg/ verb (pres. part. **digging**; pt, pp **dug** /dʌg/) [I,T] to move earth and make a hole using your hands, a spade, a machine, etc.: *The children are digging in the sand.* ○ *to dig a hole* ○ *to dig for gold* ▶ **kopać** (*np. łopatą, kilofem*)

IDIOMS **dig deep** to try harder, give more, go further, etc. than is usually necessary: *Charities for the homeless are asking people to dig deep into their pockets this winter.* ▶ **dawać (z siebie) jak najwięcej** | **dig your heels in** to refuse to do sth or to change your mind about sth: *The union dug its heels in for a better pay offer.* ▶ **uparcie odmawiać zrobienia czegoś**

PHRASAL VERBS **dig (sth) in; dig sth into sth** to push or press (sth) into sb/sth: *She dug her fingernails into my arm.* ○ *My neck is all red where my collar is digging in.* ▶ **wbijać (się), obcierać** | **dig sb/sth out (of sth) 1** to get sb/sth out of sth by digging: *Rescue workers dug the survivors out of the rubble.* ▶ **odkopywać, wydobywać 2** to get or find sb/sth by searching: *Bill went into the attic and dug out some old photos.* ▶ **wygrzebywać, wyszperać** | **dig sth up 1** to remove sth from the earth by digging: *to dig up potatoes* ▶ **wykopywać, odkopywać 2** to make a hole or take away soil by digging: *Workmen are digging up the road in front of our house.* ▶ **rozkopywać** (*np. ulicę*) **3** to find information by searching or studying: *Newspapers have dug up some embarrassing facts about his private life.* ▶ **wygrzebywać**

□ **dig** noun [C] **1** a hard push: *to give sb a dig in the ribs* ▶ **szturchnięcie 2** something that you say to upset sb: *They kept making digs at him because of his accent.* ▶ **docinek, przytyk**

★**digest** /daɪˈdʒest; dɪ-/ verb [T] **1** to change food in your stomach so that it can be used by the body ▶ **trawić** (*np. pokarm*) **2** to think about new information so that you understand it fully: *The lecture was interesting, but too much information to digest all at once.* ▶ **przetrawiać**

□ **digestion** /daɪˈdʒestʃən; dɪ-/ noun [C,U] the process of digesting food ▶ **trawienie** | **digestive** /daɪˈdʒestɪv; dɪ-/ adj.: *the digestive system* ▶ **trawienny**

digit /ˈdɪdʒɪt/ noun [C] any of the numbers from 0 to 9: *a six-digit telephone number* ▶ **cyfra, liczba jednocyfrowa**

digital /ˈdɪdʒɪtl/ adj. **1** using an electronic system that uses the numbers 1 and 0 to record sound or store information, and that gives high-quality results: *a digital recording* ○ *a digital camera/TV* ▶ **cyfrowy 2** a digital watch or clock shows the time by numbers alone and does not have hands or a dial ▶ **elektroniczny**

dignified /ˈdɪgnɪfaɪd/ adj. behaving in a calm, serious way that makes other people respect you: *dignified behaviour* ❶ Antonim: **undignified**. ▶ **pełen godności**

dignity /ˈdɪgnəti/ noun [U] **1** calm, serious behaviour that makes other people respect you: *to behave with dignity* ○ *He managed to keep his dignity, even in prison.* ▶ **godność 2** the quality of being serious or formal: *the quiet dignity of the funeral service* ▶ **powaga, dostojeństwo**

digress /daɪˈgres/ verb [I] (formal) to stop talking or writing about the main subject under discussion and start talking or writing about another, possibly less important, one ▶ **robić dygresję, odchodzić od tematu**

□ **digression** /daɪˈgreʃn/ noun [C,U] ▶ **dygresja**

dike → DYKE

dilapidated /dɪˈlæpɪdeɪtɪd/ adj. (used about a building, furniture, etc.) old and broken ▶ **rozpadający się, w opłakanym stanie**

□ **dilapidation** /dɪˌlæpɪˈdeɪʃn/ noun [U] ▶ **opłakany stan, ruina**

dilemma /dɪˈlemə/ noun [C] a situation in which you have to make a difficult choice between two or more things: *Doctors face the moral dilemma of when to keep patients alive artificially and when to let them die.* ▶ **dylemat**

dill /dɪl/ noun [U] a herb used in cooking whose seeds have a strong taste: *dill pickles* ▶ **koper**

dilute /daɪˈluːt; Brit. also ˈljuːt/ verb [T] **dilute sth (with sth)** to make a liquid weaker by adding water or another liquid ➲ Por. **concentrated**. ▶ **rozcieńczać, rozwadniać**

□ **dilute** adj. ▶ **rozcieńczony, rozwodniony**

dim /dɪm/ adj. (**dimmer**; **dimmest**) **1** not bright or easily seen; not clear: *The light was too dim to read by.* ○ *a dim shape in the distance* ○ *My memories of my grandmother are a bit dim.* ▶ **mroczny, niewyraźny, wyblakły 2** (informal) not very clever; stupid: *He's a bit dim.* ▶ (*o człowieku*) **tępy 3** (informal) (used about a situation) not hopeful: *The prospects of reaching an agreement look dim.* ▶ **ponury**

□ **dim** verb [I,T] (**dimming**; **dimmed**) to become or make sth dim(1): *to dim the lights* ▶ **ciemnieć; przyciemniać, blaknąć** | **dimly** adv.: *I dimly remember meeting him somewhere before.* ▶ **niewyraźnie, mętnie**

dime /daɪm/ noun [C] a coin used in the USA and Canada that is worth ten cents ▶ **moneta dziesięciocentowa**

dimension /daɪˈmenʃn; dɪ-/ noun **1** [C,U] a measurement of the length, width or height of sth ▶ **wymiar 2** (**dimensions**) [pl.] the size of sth including its length, width and height: *to measure the dimensions of a room* ○ (figurative) *The full dimensions of this problem are only now being recognized.* ▶ **wymiar; rozmiar 3** [C] something that affects the way you think about a problem or situation: *Global warming has added a new dimension to the problem of hunger in the world.* ▶ **wymiar, aspekt**

□ **-dimensional** /-ʃənl/ (in compounds) with the number of dimensions mentioned: *a three-dimensional* (trójwymiarowy) *object* ▶ **wymiarowy**

diminish /dɪˈmɪnɪʃ/ verb [I,T] (formal) to become or to make sth smaller or less important: *The bad news did nothing to diminish her enthusiasm for the plan.* ▶ **pomniejszać (się), zmniejszać (się)**

diminutive /dɪˈmɪnjətɪv/ adj. (formal) very small ▶ **drobny, niewielki**

dimple /ˈdɪmpl/ noun [C] a small round hollow area on your chin, cheek, etc. which can often only be seen when you smile ▶ **dołeczek**

din /dɪn/ noun [sing.] a loud unpleasant noise that continues for some time: *Will you stop making such a din!* ▶ **hałas, harmider**

dine /daɪn/ verb [I] (formal) to eat dinner: *We dined on* (jedliśmy na obiad) *fresh salmon.* ▶ **jeść obiad**

PHRASAL VERB **dine out** to eat in a restaurant ▶ **jeść obiad w restauracji**

□ **diner** /ˈdaɪnə(r)/ noun [C] **1** a person who is eating at a restaurant ▶ **gość (restauracyjny)** **2** (US) a small restaurant beside a main road ▶ **mała przydrożna restauracja**

■ **ˈdining room** noun [C] a room where you eat meals ▶ **jadalnia**

dinghy /ˈdɪŋi; ˈdɪŋgi/ noun [C] (pl. **dinghies**) **1** a small sailing boat ▶ **łódka** (*z żaglem*) **2** a small open boat, often used to take people to or from a larger boat ▶ **łódka, szalupa**

dingy /ˈdɪndʒi/ adj. (**dingier**; **dingiest**) dirty and not bright or cheerful: *a dark and dingy room* ▶ **obskurny**

dining → DINE

***dinner** /ˈdɪnə(r)/ noun **1** [C,U] the main meal of the day, eaten either at midday or in the evening: *What time is dinner served?* ○ *We have dinner* (jemy obiad) *at 8.00.* ○ *That was a lovely dinner.* ○ *It's dinner time/time for dinner.* ○ *a dinner service* zastawa obiadowa ▶ **obiad**

> W różnych częściach kraju, a także w różnych środowiskach, często występują różne nazwy posiłków. Ogólnie można przyjąć, że jeśli w południe jada się **dinner**, wówczas wieczorem spożywany jest lekki posiłek o nazwie **tea** lub **supper**. **Supper** jada się później niż **tea**. **Tea** może także oznaczać podwieczorek. Jeśli **dinner** spożywany jest wieczorem, wówczas lżejszy posiłek, jedzony w południe, określa się mianem **lunch**. Zob. też uwaga przy **meal**.

2 [C] a formal occasion in the evening during which a meal is served: *A dinner was given for the president.* ▶ **bankiet**

■ **ˈdinner jacket** (US **tuxedo**) noun [C] a black or white jacket that a man wears on formal occasions. A dinner jacket is usually worn with a bow tie. ▶ **smoking**

dinosaur /ˈdaɪnəsɔː(r)/ noun [C] a very large animal that disappeared from the earth before the appearance of Man ▶ **dinozaur**

diocese /ˈdaɪəsɪs/ noun [C] an area containing a number of churches, for which a bishop is responsible ▶ **diecezja**

Dip. abbr. diploma ▶ **dypl.**

dip /dɪp/ verb (**dipping**; **dipped**) **1** [T] **dip sth (into sth)**; **dip sth (in)** to put sth into liquid for a short time: *Julie dipped her toe into the pool to see how cold it was.* ▶ **zanurzać** **2** [I,T] to go down; to lower sth: *The road suddenly dipped down to the river.* ○ *The driver dipped* (przełączył) *his headlights when a car came towards him.* ▶ **zniżać (się), obniżać się**

PHRASAL VERB **dip into sth** **1** to take money out of sth: *Tim had to dip into his savings to pay for his new suit.* ▶ **sięgać do czegoś** **2** to read parts, but not all, of sth: *I've only dipped into the book. I haven't read it all.* ▶ **zaglądać do czegoś**

□ **dip** noun **1** [C] a drop; a downwards movement: *a dip in sales* ▶ **spadek, obniżenie** **2** [C] (informal) a quick swim: *We went for a dip before breakfast.* ▶ **szybka kąpiel** (*np. w morzu*) **3** [C,U] a thick sauce that you eat by dipping pieces of vegetable, bread, etc. into it ▶ **gęsty sos** **4** [C] an area of lower ground: *The cottage lay in a dip in the hills.* ▶ **zagłębienie** (*terenu*)

diphtheria /dɪfˈθɪəriə/ noun [U] a serious disease of the throat that makes it difficult to breathe ▶ **dyfteryt, błonica**

diphthong /ˈdɪfθɒŋ; US ˈdɪfθɔːŋ; ˈdɪpθɔːŋ/ noun [C] two vowel sounds pronounced together, making one sound: *The /aɪ/ sound in 'fine' is a diphthong.* ▶ **dyftong**

diploma /dɪˈpləʊmə/ noun [C] **1** a qualification that you receive when you complete a course of study, often at a college: *a diploma in hotel management* ▶ **dyplom** **2** the official piece of paper which shows that you have completed a course of study ➲ Zob. uwaga przy **degree**. ▶ **dyplom**

diplomacy /dɪˈpləʊməsi/ noun [U] **1** the management of the relations between countries ▶ **dyplomacja** **2** skill in dealing with people: *He handled the awkward situation with tact and diplomacy.* ▶ **takt**

diplomat /ˈdɪpləmæt/ noun [C] one of the officials who represent their country abroad: *a diplomat at the embassy in Rome* ▶ **dyplomata**

□ **diplomatic** /ˌdɪpləˈmætɪk/ adj. **1** connected with diplomacy(1): *The two countries will restore diplomatic relations and the embassies will be reopened.* ▶ **dyplomatyczny** **2** clever at dealing with people: *He searched for a diplomatic reply so as not to offend her.* ▶ **dyplomatyczny** | **diplomatically** /-kli/ adv. ▶ **dyplomatycznie**

dire /ˈdaɪə(r)/ adj. (formal) very bad or serious; terrible: *dire consequences* ○ *dire* (skrajna) *poverty* ▶ **poważny; straszny**

IDIOM **be in dire straits** to be in a very difficult situation: *The business is in dire straits financially.* ▶ **być w tarapatach**

***direct**[1] /dəˈrekt; dɪ-; daɪ-/ adj. **1** going from one place to another without turning or stopping; straight: *the most direct route* ○ *a direct flight to Hong Kong* ▶ **bezpośredni, prosty** **2** with nobody/nothing in between; not involving anybody/anything else: *The Prime Minister is in direct contact with the President.* ○ *a direct attack on the capital* ○ *As a direct result of the new road, traffic jams in the centre have been reduced.* ▶ **bezpośredni** **3** saying what you mean; clear: *Politicians never give a direct answer to a direct question.* ▶ **bezpośredni, prosty** ❶ Antonim w znaczeniach 1-3: **indirect**. **4** (only before a noun) complete; exact: *What she did was in direct opposition* (było dokładnym zaprzeczeniem) *to my orders.* ▶ **kompletny; dokładny**

□ **direct** adv. **1** not turning or stopping; straight: *This bus goes direct to London.* ▶ **bezpośrednio, prosto** **2** not involving anybody/

anything else: *I always deal direct with the manager.* ▶ **bezpośrednio, wprost** | **directly** adv. **1** exactly; in a direct way: *The bank is directly opposite the supermarket.* ○ *He refused to answer my question directly.* ❶ Antonim: **indirectly**. ▶ **dokładnie; bezpośrednio, wręcz** **2** immediately; very soon: *Wait where you are. I'll be back directly.* ▶ **wkrótce, zaraz** | **directly** conj. as soon as: *I phoned him directly I heard the news.* ▶ **gdy tylko, skoro**

■ **di,rect 'debit** noun [C,U] an instruction to your bank to allow sb else to take an amount of money from your account on a particular date, especially to pay bills ▶ **polecenie wypłaty** (*z konta*) | **di,rect 'object** noun [C] a noun or phrase that is directly affected by the action of a verb: *In the sentence 'Anna bought a record', 'a record' is the direct object.* ➲ Por. **indirect object**. ▶ **dopełnienie bliższe** | **di,rect 'speech** noun [U] the actual words that a person said ➲ Por. **indirect speech**. ▶ **mowa niezależna**

★**direct²** /dəˈrekt; dɪ-; daɪ-/ verb [T] **1 direct sb (to...)** to tell or show sb how to get somewhere: *I was directed to an office upstairs.* ➲ Zob. uwaga przy **lead³**(1). ▶ **kierować** **2** to manage or control sb/sth: *a policeman in the middle of the road, directing the traffic* ○ *to direct a play/film* ▶ **kierować, reżyserować** **3 direct sth to/towards sb/sth; direct sth at sb/sth** to turn or aim your attention or actions towards sb/sth: *In recent weeks the media's attention has been directed towards events abroad.* ○ *The advert is directed at young people.* ▶ **kierować, nakierowywać** **4** (formal) to tell or order sb to do sth: *Take the tablets as directed by* (według zaleceń) *your doctor.* ▶ **zalecać, polecać**

★**direction** /dəˈrekʃn; dɪ-; daɪ-/ noun **1** [C] the path or line along which a person or thing is moving, looking or pointing: *When the path divided, they didn't know which direction to take.* ○ *A woman was seen running in the direction of the station.* ○ *The wind has changed direction.* ○ *People began arriving from all directions.* ○ *We met him coming in the opposite direction.* ▶ **kierunek, strona** **2** [C,U] a purpose; an aim: *I want a career that gives me a (sense of) direction in life.* ▶ **cel** **3** [C, usually pl.] information or instructions about how to do sth or how to get to a place ▶ **instrukcje, wskazówki** **4** [U] management or control: *This department is under the direction of Mrs Walters.* ○ *the direction of a play/film* ▶ **kierownictwo, reżyseria**

directive /dəˈrektɪv; dɪ-; daɪ-/ noun [C] an official order to do sth: *an EU directive on safety at work* ▶ **dyrektywa, zarządzenie**

★**director** /dəˈrektə(r); dɪ-; daɪ-/ noun [C] **1** a person who manages or controls a company or an organization: *the managing director* (dyrektor zarządzający) *of Rolls Royce* ○ *the director of studies* (dyrektor do spraw naukowych) *of a language school* ▶ **dyrektor** **2** a person who tells the actors, camera crew, etc., what to do in a film, play, etc. ▶ **reżyser**

directory /dəˈrektəri; dɪ-; daɪ-/ noun [C] (pl. **directories**) an alphabetical list of names, addresses and telephone numbers ▶ **książka** (*np. telefoniczna*), **spis** (*np. instytucji*)

★**dirt** /dɜːt/ noun [U] **1** a substance that is not clean, such as dust or mud: *Wipe the dirt off your shoes.* ▶ **brud** **2** earth or soil: *a dirt track* tor ziemny ▶ **ziemia** **3** damaging information about sb: *The press are always trying to dig up dirt on the President's love life.* ▶ **brudy**

□ **dirt** adv.

IDIOM **dirt cheap** (informal) extremely cheap ▶ **tani jak barszcz**

★**dirty¹** /ˈdɜːti/ adj. (**dirtier**; **dirtiest**) **1** not clean: *Your hands are dirty.* ○ *Lighting the fire can be a dirty job.* ▶ **brudny** **2** referring to sex in a way that may upset or offend people: *to tell a dirty joke* ▶ **nieprzyzwoity, sprośny** **3** unpleasant or dishonest: *a dirty player* ○ *He doesn't sell the drugs himself – he gets the kids to do his dirty work for him.* ▶ **brudny**

IDIOM **a dirty word** an idea or thing that you do not like or agree with ▶ **brzydkie słowo, obraźliwy termin**

□ **dirty** adv.

IDIOM **play dirty** (informal) to behave or to play a game in an unfair or dishonest way ▶ **grać nieczysto**

dirty² /ˈdɜːti/ verb [I,T] (pres. part. **dirtying**; 3rd pers. sing. pres. **dirties**; pt, pp **dirtied**) to become or to make sth dirty ▶ **brudzić (się)**

disability /ˌdɪsəˈbɪləti/ noun (pl. **disabilities**) **1** [U] the state of being unable to use a part of your body properly or unable to learn easily: *physical/mental disability* ○ *people with severe learning disabilities* ▶ **niepełnosprawność** **2** [C] something that makes you unable to use a part of your body properly or learn easily: *Because of his disability, he needs constant care.* ▶ **niepełnosprawność, ułomność**

disable /dɪsˈeɪbl/ verb [T] (often passive) to make sb unable to use a part of their body properly: *Many soldiers were disabled in the war.* ▶ **czynić niepełnosprawnym**

□ **disabled** adj. unable to use a part of your body completely or easily; unable to learn easily: *physically/mentally disabled* ▶ **niepełnosprawny, upośledzony** | **the disabled** noun [pl.] people who are disabled: *facilities for the disabled* ▶ **niepełnosprawni**

★**disadvantage** /ˌdɪsədˈvɑːntɪdʒ; US -ˈvæn-/ noun [C] **1** something that may make you less successful than other people: *Your qualifications are good. Your main disadvantage is your lack of experience.* ▶ **słaba strona, wada** **2** something that is not good or that causes problems: *What are the advantages and disadvantages of nuclear power?* ▶ **wada**

IDIOMS **put sb/be at a disadvantage** to put sb/be in a situation where they/you may be less successful than other people: *The fact that you don't speak the language will put you at a disadvantage in France.* ▶ **stawiać kogoś/być w niekorzystnej sytuacji** | **to sb's disadvantage** (formal) not good or helpful for sb: *The agreement will be to your disadvantage – don't accept it.* ▶ **na czyjąś niekorzyść**

□ **disadvantaged** adj. in a bad social or

economic situation; poor: *the most disadvantaged members of society* ▶ **nieuprzywilejowany, będący w trudnej sytuacji życiowej** | **disadvantageous** /ˌdɪsædvænˈteɪdʒəs/ adj. causing sb to be in a worse situation compared to other people ▶ **niekorzystny (dla kogoś)**

★**disagree** /ˌdɪsəˈgriː/ verb [I] **1 disagree (with sb/sth) (about/on sth)** to have a different opinion from sb/sth; not agree: *Nigel often disagrees with his father about politics.* ○ *They strongly disagreed with* (stanowczo sprzeciwiali się) *the idea.* ▶ **nie zgadzać się, sprzeczać się 2** to be different: *These two sets of statistics disagree.* ▶ **nie zgadzać się, być sprzecznym** ❶ Antonim: **agree**.
PHRASAL VERB **disagree with sb** (used about food) to make sb feel ill: *Strawberries disagree with me.* ▶ (*o jedzeniu*) **zaszkodzić**
□ **disagreement** /ˌdɪsəˈgriːmənt/ noun **1** [U] **disagreement (about/on sth)** having a different opinion from sb or not agreeing with sb/sth: *There's great disagreement about what causes people to turn to crime.* ▶ **rozbieżność zdań, niezgodność 2** [C] an argument: *Mandy resigned after a disagreement with her boss.* ▶ **sprzeczka**

disagreeable /ˌdɪsəˈgriːəbl/ adj. (formal) unpleasant: *a disagreeable, bad-tempered man* ▶ **nieprzyjemny, niemiły**
□ **disagreeably** /-əbli/ adv. ▶ **nieprzyjemnie, niemile**

disallow /ˌdɪsəˈlaʊ/ verb [T] to not allow or accept sth: *The goal was disallowed because the player was offside.* ▶ **unieważniać, odrzucać**

★**disappear** /ˌdɪsəˈpɪə(r)/ verb [I] **1** to become impossible to see; to go away: *He disappeared into a crowd of people.* ○ *My purse was here a moment ago and now it's disappeared.* ▶ **znikać, ginąć 2** to go to a place where you cannot be found: *She disappeared five years ago and has never been heard of since.* ▶ **znikać 3** to stop existing: *Plant and animal species are disappearing at an alarming rate.* ▶ **wymierać**
□ **disappearance** /-ˈpɪərəns/ noun [C,U]: *The mystery of her disappearance was never solved.* ▶ **zniknięcie, zaginięcie**

★**disappoint** /ˌdɪsəˈpɔɪnt/ verb [T] to make sb sad because what they had hoped for has not happened or because sb/sth is less good, interesting, etc. than they had hoped: *I'm sorry to disappoint you but I'm afraid you haven't won the prize.* ▶ **rozczarowywać, zawodzić**
□ **disappointed** adj. **disappointed (about/at sth)**; **disappointed (in/with sb/sth)** sad because you/sb/sth did not succeed or because sth was not as good, interesting, etc. as you had hoped: *They are very disappointed that they can't stay longer.* ○ *We were disappointed with our accommodation.* ○ *Lucy was deeply disappointed at not being chosen for the team.* ○ *I'm disappointed in you. I thought you could do better.* ▶ **rozczarowany, zawiedziony** | **disappointing** adj. making you feel sad because sth was not as good, interesting, etc. as you had hoped: *It has been a disappointing year for the company.* ▶ **niezadowalający, przynoszący rozczarowanie/zawód** | **disappointingly** adv.: *The amount of money they collected was disappointingly small.* ▶ **niezadowalająco** | **disappointment** noun **1** [U] the state of being disappointed: *To his great disappointment he failed to get the job.* ▶ **rozczarowanie, zawód 2** [C] **a disappointment (to sb)** a person or thing that disappoints you: *Our holiday was a disappointment.* ▶ **rozczarowanie, zawód**

★**disapprove** /ˌdɪsəˈpruːv/ verb [I] **disapprove (of sb/sth)** to think that sb/sth is bad, foolish, etc.: *His parents strongly disapproved of him leaving college before he had finished his course.* ▶ **nie aprobować**
□ **disapproval** /-ˈpruːvl/ noun [U] a feeling that sth is bad or that sb is behaving badly: *to shake your head in disapproval* ▶ **dezaprobata** | **disapproving** adj.: *After he had told the joke there was a disapproving silence.* ▶ **nieprzychylny, krytyczny** | **disapprovingly** adv.: *David frowned disapprovingly when I lit a cigarette.* ▶ **z dezaprobatą**

disarm /dɪsˈɑːm/ verb **1** [T] to take weapons away from sb: *The police caught and disarmed the terrorists.* ▶ **rozbrajać 2** [I] (used about a country) to reduce the number of weapons it has ▶ **rozbrajać się 3** [T] to make sb feel less angry ▶ **uspokajać**
□ **disarmament** /dɪsˈɑːməmənt/ noun [U] reducing the number of weapons that a country has: *nuclear disarmament* ▶ **rozbrojenie**

disassociate = DISSOCIATE

★**disaster** /dɪˈzɑːstə(r); US -ˈzæs-/ noun **1** [C] an event that causes a lot of harm or damage: *earthquakes, floods and other natural disasters* (klęski żywiołowe) ▶ **klęska, katastrofa 2** [C] a person or thing that is very bad, harmful or unsuccessful: *The school play was an absolute disaster* (było fatalne). ▶ **katastrofa 3** [U] failure; a terrible situation: *The drought brought disaster to the area.* ▶ **klęska**
□ **disastrous** /dɪˈzɑːstrəs; US -ˈzæs-/ adj. very bad, harmful or unsuccessful: *Our mistake had disastrous results.* ▶ **fatalny, katastrofalny** | **disastrously** adv.: *The plan went disastrously wrong.* Plan okazał się fatalny w skutkach. ▶ **katastrofalnie, fatalnie**

disband /dɪsˈbænd/ verb [I,T] to stop existing as a group; to break up ▶ **rozwiązywać**

disbelieve /ˌdɪsbɪˈliːv/ verb [T] to think that sth is not true or that sb is not telling the truth: *I have no reason to disbelieve her.* ▶ **nie wierzyć, nie dowierzać**
□ **disbelief** /ˌdɪsbɪˈliːf/ noun [U] not believing sb/sth: *'It can't be true!' he shouted in disbelief.* ▶ **niedowierzanie**

disc (especially US **disk**) /dɪsk/ noun [C] **1** a round flat object ▶ **krążek; tarcza 2** = RECORD[1](2) **3** one of the pieces of thin strong material (cartilage) between the bones in your back ▶ **dysk** ➲ Por. **disk**. Zwykle używa się tej pisowni w terminologii informatycznej, np. **floppy disk** oraz **hard disk**.
■ **ˈdisc jockey** noun [C] (abbr. **DJ**) a person whose job is to play and introduce pop music on the radio or in a disco ▶ **dyskdżokej**

discard /dɪˈskɑːd/ verb [T] (formal) to throw sth away because it is not useful ▶ **wyrzucać, wyzbywać się**

discern /dɪˈsɜːn/ verb [T] to see or notice sth with difficulty: *I discerned a note of anger in his voice.* ▶ **dostrzegać, zauważać**

□ **discernible** adj. that can only be seen or noticed with difficulty: *A house was just discernible through the mist.* ▶ **dostrzegalny**

discerning /dɪˈsɜːnɪŋ/ adj. able to recognize the quality of sb/sth: *the discerning music lover* ▶ **wnikliwy, wytrawny**

discharge /dɪsˈtʃɑːdʒ/ verb [T] **1** to send sth out (a liquid, gas, etc.): *Smoke and fumes are discharged from the factory and cause pollution.* ▶ **wypuszczać, wydzielać 2** to allow sb officially to leave; to send sb away: *to discharge sb from hospital/the army* ▶ **wypisywać, zwalniać 3** to do or carry sth out (a duty, task, etc.) ▶ **wywiązywać się z czegoś, spełniać**

□ **discharge** /ˈdɪstʃɑːdʒ/ noun **1** [C,U] the action of sending sb/sth out or away: *The discharge of oil from the leaking tanker could not be prevented.* ○ *The wounded soldier was given a medical discharge* (zwolniony ze względu na stan zdrowia). ▶ **wyciek**, (*płynu*) **wypisanie, zwolnienie 2** [C,U] a substance that has come out of somewhere: *yellowish discharge from a wound* ▶ **wydzielina, wyciek**

disciple /dɪˈsaɪpl/ noun [C] a person who follows a teacher, especially a religious one: *the twelve disciples of Jesus* ▶ **ucze-ń/nnica, zwolenni-k/czka**

★**discipline** /ˈdɪsəplɪn/ noun **1** [U] a way of training your mind and body so that you control your actions and obey rules: *military discipline* ○ *It takes a lot of self-discipline* (dyscyplina wewnętrzna) *to train every day.* ▶ **dyscyplina 2** [U] the result of such training: *A teacher must be able to maintain discipline in the classroom.* ▶ **dyscyplina 3** [C] a subject of study; a type of sporting event: *academic disciplines* ○ *Olympic disciplines* ▶ **dyscyplina**

□ **discipline** verb [T] **1** to train sb to obey and to behave in a controlled way: *You should discipline yourself to practise the piano every morning.* ▶ **wyrabiać (w kimś) posłuszeństwo, charakter itp. 2** to punish sb ▶ **karać** | **disciplinary** /ˈdɪsəplɪnəri; ˌdɪsəˈplɪnəri; US ˈdɪsəpləneri/ adj. connected with punishment for breaking rules ▶ **dyscyplinarny**

disclaim /dɪsˈkleɪm/ verb [T] to say that you do not have sth, especially responsibility or knowledge ▶ **wypierać się**

disclose /dɪsˈkləʊz/ verb [T] (formal) to tell sth to sb or to make sth known publicly: *The newspapers did not disclose the victim's name.* ▶ **ujawniać, podawać do (publicznej) wiadomości**

□ **disclosure** /dɪsˈkləʊʒə(r)/ noun [C,U] making sth known; the facts that are made known: *the disclosure of secret information* ○ *He resigned following disclosures about his private life.* ▶ **ujawnienie faktów; ujawniony fakt**

disco /ˈdɪskəʊ/ (formal **discotheque** /ˈdɪskətek/) noun [C] (pl. **discos**) a place where people dance to popular music on records, etc. Discos usually have loud music and bright coloured lights. ▶ **dyskoteka**

discolour (US **discolor**) /dɪsˈkʌlə(r)/ verb **1** [I] to change colour (often by the effect of light, age or dirt) ▶ **odbarwiać się, przebarwiać się 2** [T] to change or spoil the colour of sth ▶ **odbarwiać, przebarwiać**

discomfort /dɪsˈkʌmfət/ noun **1** [U] a slight feeling of pain: *There may be some discomfort after the operation.* ▶ **(lekki) ból 2** [C] something that makes you feel uncomfortable or that causes a slight feeling of pain: *The beauty of the scenery made up for the discomforts of the journey.* ▶ **niewygoda 3** [U] a feeling of embarrassment ▶ **niepokój, skrępowanie**

disconcert /ˌdɪskənˈsɜːt/ verb [T] (usually passive) to make sb feel confused or worried: *She was disconcerted when everyone stopped talking and listened to her.* ▶ **niepokoić, wprawiać w zakłopotanie**

□ **disconcerting** adj. ▶ **niepokojący, kłopotliwy** | **disconcertingly** adv. ▶ **niepokojąco**

disconnect /ˌdɪskəˈnekt/ verb [T] to undo two things that are joined or connected together: *If you don't pay your gas bill your supply will be disconnected.* ▶ **odłączać, odcinać**

discontent /ˌdɪskənˈtent/ (also **discontentment** /ˌdɪskənˈtentmənt/) noun [U] the state of being unhappy or not satisfied with sth ▶ **niezadowolenie, rozczarowanie**

□ **discontented** adj. unhappy or not satisfied ▶ **niezadowolony, rozgoryczony**

discontinue /ˌdɪskənˈtɪnjuː/ verb [T] (formal) to stop sth or stop producing sth ▶ **przerywać, zaprzestawać** (*np. produkcji czegoś*)

discord /ˈdɪskɔːd/ noun (formal) **1** [U] disagreement or argument ▶ **rozdźwięk, niezgoda 2** [C] two or more musical notes that do not sound pleasant when they are played together ▶ **dysonans**

□ **discordant** /dɪsˈkɔːdənt/ adj. not producing harmony; causing an unpleasant impression: *Her criticism was the only discordant note in the discussion.* ▶ **nieharmonijny, nieprzyjemny**

discotheque (formal) = DISCO

discount[1] /ˈdɪskaʊnt/ noun [C,U] a reduction in the price or cost of sth: *Staff get 20% discount on all goods.* ○ *Do you give a discount for cash?* ▶ **zniżka, rabat**

discount[2] /dɪsˈkaʊnt; US ˈdɪskaʊnt/ verb [T] to consider sth not true or not important: *I think we can discount that idea. It's just not practical.* ▶ **pomijać, nie brać w rachubę**

discourage /dɪsˈkʌrɪdʒ/ verb [T] **1 discourage sb (from doing sth)** to make sb lose hope or feel less confident about sth: *Don't let these little problems discourage you.* Nie zrażaj się tymi drobnymi problemami. ▶ **zniechęcać 2 discourage sb from doing sth** to try to stop sb doing sth: *Consumers should be discouraged from throwing away glass and tins.* ▶ **zniechęcać, odradzać (komuś coś)** ❶ Antonim: **encourage**.

□ **discouraged** adj. having lost hope; not feeling confident about sth: *After failing the exam again Paul felt very discouraged.* ▶ **zniechęcony, zrezygnowany** | **discouragement** noun [C,U] discouraging or being discouraged; something that discourages you: *High parking charges would be a discouragement to* (zniechęcałyby) *people taking their cars into the city centre.* ▶ **zniechęcanie, odstraszanie; bariera** | **discouraging** adj. ▶ **zniechęcający**

★**discover** /dɪˈskʌvə(r)/ verb [T] **1** to find or learn sth that nobody knew or had found before: *Who discovered Australia?* ○ *to discover a cure for cancer.* ▶ **odkrywać, wynaleźć** **2** to find or learn sth new or unexpected or sth that you did not know before: *I think I've discovered why the computer won't print out.* ▶ **odkryć**

□ **discoverer** noun [C] a person who discovers sth ▶ **odkrywca** | **discovery** /dɪˈskʌvəri/ noun (pl. **discoveries**) **1** [U] finding sth: *The discovery of X-rays* ○ *The discovery of fingerprints in the car helped the police to find the thief.* ▶ **odkrycie, znalezienie** **2** [C] something that has been discovered: *scientific discoveries* ▶ **odkrycie, wynalazek**

discredit /dɪsˈkredɪt/ verb [T] to cause sb/sth to lose people's trust; to damage the reputation of sb/sth ▶ **dyskredytować, kompromitować**

□ **discredit** noun [U] loss of trust; damage to the reputation of sb/sth ▶ **zdyskredytowanie, kompromitacja**

discreet /dɪˈskriːt/ adj. careful not to attract attention and so cause embarrassment or difficulty for sb ▶ **dyskretny**

□ **discreetly** adv. ❶ Rzeczownik: **discretion**. Antonim: **indiscreet**. ▶ **dyskretnie**

discrepancy /dɪsˈkrepənsi/ noun [C,U] (pl. **discrepancies**) a difference between two things that should be the same: *Something is wrong here. There is a discrepancy between these two sets of figures.* ▶ **rozbieżność, sprzeczność**

discretion /dɪˈskreʃn/ noun [U] **1** care not to attract attention and so cause embarrassment or difficulty for sb: *This is confidential but I know I can rely on your discretion.* ❶ Przymiotnik: **discreet**. ▶ **dyskrecja** **2** the freedom and ability to make decisions by yourself: *You must decide what is best. Use your discretion.* Postępuj według swojego uznania.

IDIOM **at sb's discretion** depending on what sb thinks or decides: *Pay increases are awarded at the discretion of the director.* ▶ **według czyjegoś uznania**

discriminate /dɪˈskrɪmɪneɪt/ verb **1** [I] **discriminate (against sb)** to treat one person or group worse than others: *It is illegal to discriminate against any ethnic or religious group.* ▶ **dyskryminować (kogoś)** **2** [I,T] **discriminate (between A and B)** to see or make a difference between two people or things: *The immigration law discriminates between political and economic refugees.* ▶ **dostrzegać różnice; rozróżniać**

□ **discrimination** /dɪˌskrɪmɪˈneɪʃn/ noun [U] **1 discrimination (against sb)** treating one person or group worse than others: *sexual/racial/religious discrimination* ▶ **dyskryminacja (kogoś)** **2** the state of being able to judge what is good, true, etc. ▶ **wnikliwość**

discus /ˈdɪskəs/ noun **1** [C] a heavy round flat object that is thrown as a sport ▶ **dysk** **2** (**the discus**) [sing.] the sport or event of throwing a discus as far as possible ▶ **rzut dyskiem**

★**discuss** /dɪˈskʌs/ verb [T] **discuss sth (with sb)** to talk or write about sth seriously or formally: *I must discuss the matter with my parents.* ○ *The article discusses the need for a change in the law.* ▶ **dyskutować, omawiać**

□ **discussion** /dɪˈskʌʃn/ noun [C,U] a time when you talk about sth: *After much discussion we all agreed to share the cost.* ○ *a long discussion on the meaning of life* ▶ **dyskusja, rozmowa**

IDIOM **under discussion** being talked about: *Plans to reform the Health Service are under discussion in Parliament.* ▶ **omawiany**

disdain /dɪsˈdeɪn/ noun [U] the feeling that sb/sth is not good enough and does not deserve to be respected ▶ **lekceważenie, pogarda**

□ **disdainful** /-fl/ adj. ▶ **lekceważący, pogardliwy** | **disdainfully** /-fəli/ adv. ▶ **lekceważąco, pogardliwie**

★**disease** /dɪˈziːz/ noun [C,U] an illness of the body in humans, animals or plants: *an infectious disease* ○ *Rats and flies spread disease.* ▶ **choroba**

□ **diseased** adj.: *a diseased kidney* ▶ **chory**

> **Illness** i **disease** mają podobne znaczenie. **Disease** częściej używa się w odniesieniu do konkretnej choroby, charakteryzującej się określonymi objawami. Może być ona wywołana przez bakterie, wirusy itp.; często bywa zakaźna. **Illness** odnosi się do bardziej ogólnych dolegliwości, do bycia chorym w ogóle oraz do okresu czasu, kiedy ktoś nie czuje się dobrze.

disembark /ˌdɪsɪmˈbɑːk/ verb [I] to get off a ship or an aeroplane: *All foot passengers should disembark from Deck B.* ▶ **schodzić, wysiadać**

□ **disembarkation** /ˌdɪsˌembɑːˈkeɪʃn/ noun [U] ▶ **zejście, wysiadanie**

disenchanted /ˌdɪsɪnˈtʃɑːntɪd; US -ˈtʃænt-/ adj. having lost your good opinion of sb/sth ▶ **rozczarowany**

□ **disenchantment** noun [U]: *There is increasing disenchantment among voters with the government's policies.* ▶ **rozczarowanie**

disentangle /ˌdɪsɪnˈtæŋgl/ verb [T] **1** to remove the knots from sth and make it straight: *to disentangle wool/rope/string* ▶ **rozplątywać, rozsupływać** **2** to free sb/sth that was stuck in or attached to sb/sth else: *I helped to disentangle the sheep from the bush.* ▶ **wyplątywać, wydostawać**

disfigure /dɪsˈfɪgə(r); US -gjər/ verb [T] to spoil the appearance of sb/sth ▶ **zniekształcać**

disgrace /dɪsˈgreɪs/ noun **1** [U] the state of not being respected by other people, usually because you have behaved badly: *There is no disgrace in being poor.* ▶ **wstyd, ujma** **2** [sing.] **a disgrace (to sb/sth)** a person or thing that gives such a bad impression that other people

feel ashamed: *The streets are covered in litter. It's a disgrace!* ▶ **skandal, wstyd**
IDIOM **(be) in disgrace (with sb)** (to be) in a position where other people do not respect you, usually because you have behaved badly ▶ **(być) w niełasce, (być) skompromitowanym**
□ **disgrace** verb [T] **1** to cause disgrace to sb/yourself ▶ **kompromitować (się) 2** to cause sb to lose their position of power: *the disgraced* (skompromitowany) *leader* ▶ **kompromitować** | **disgraceful** /-fl/ adj. very bad, making other people feel ashamed: *disgraceful behaviour* ▶ **skandaliczny, kompromitujący** | **disgracefully** /-fəli/ adv. ▶ **skandalicznie, kompromitująco**

disgruntled /dɪs'grʌntld/ adj. rather angry; disappointed and annoyed ▶ **niezadowolony, gderliwy**

disguise /dɪs'gaɪz/ verb [T] **disguise sb/sth (as sb/sth)** to change the appearance, sound, etc. of sb/sth so that people cannot recognize them/it: *They disguised themselves as fishermen and escaped in a boat.* ○ *to disguise your voice* (figurative): *His smile disguised his anger.* ▶ **przebierać (za kogoś/coś), zmieniać** (*np. głos, charakter pisma*), **maskować**
□ **disguise** noun [C,U] clothes or items such as false hair, glasses, etc., that you wear to change your appearance so that nobody recognizes you ▶ **przebranie**
IDIOM **in disguise** wearing or using a disguise ▶ **w przebraniu**

★**disgust** /dɪs'gʌst/ noun [U] a strong feeling of not liking or approving of sth/sb that you feel is unacceptable, or sth/sb that looks, smells, etc. unpleasant: *She looked round the filthy room with disgust.* ○ *The film was so bad that we walked out in disgust* (wyszliśmy zdegustowani). ▶ **wstręt, oburzenie**
□ **disgust** verb [T] to cause a strong feeling of not liking or approving of sb/sth; to make sb feel sick: *Cruelty to animals disgusts me.* ○ *The way he eats with his mouth open completely disgusts me* (sprawia, że robi mi się niedobrze). ▶ **napawać wstrętem, oburzać** | **disgusted** adj. not liking or approving of sb/sth at all: *We were disgusted at the standard of service.* ▶ **oburzony** | **disgusting** adj. very unpleasant: *What a disgusting smell!* ▶ **ohydny, odrażający** | **disgustingly** adv. **1** (often used to show you are jealous of sb/sth) extremely: *Our neighbours are disgustingly rich.* ▶ **obrzydliwie 2** in a way that you do not like or approve of or that makes you feel sick ▶ **ohydnie, odrażająco**

★**dish¹** /dɪʃ/ noun **1** [C] a shallow container for food. You can use a dish to cook sth in the oven, to serve food on the table or to eat from: *Is this dish ovenproof?* ▶ **półmisek, talerz 2** [C] a type of food prepared in a particular way: *The main dish was curry. It was served with a selection of side dishes.* ▶ **danie 3** (**the dishes**) [pl.] all the plates, cups, etc. that you use during a meal: *to wash the dishes* ▶ **naczynia 4** = SATELLITE DISH

■ **'dishwasher** noun [C] an electric machine that washes plates, cups, knives, forks, etc. ▶ **zmywarka do naczyń**

dish² /dɪʃ/ verb
PHRASAL VERBS **dish sth out** (informal) to give away a lot of sth ▶ **rozdawać** | **dish sth up** (informal) to serve food ▶ **nakładać potrawy na talerze**

disheartened /dɪs'hɑːtnd/ adj. sad or disappointed ▶ **zniechęcony, przygnębiony**
□ **disheartening** /-'hɑːtnɪŋ/ adj. ▶ **zniechęcający, przygnębiający**

dishevelled (US **disheveled**) /dɪ'ʃevld/ adj. (used about a person's appearance) untidy ▶ **z rozwichrzonymi włosami, w pomiętym ubraniu**

dishonest /dɪs'ɒnɪst/ adj. not honest or truthful ▶ **nieuczciwy**
□ **dishonestly** adv. ▶ **nieuczciwie** | **dishonesty** noun [U] ▶ **nieuczciwość**

dishonour (US **dishonor**) /dɪs'ɒnə(r)/ noun [U, sing.] (formal) the state of no longer being respected; shame ▶ **hańba**
□ **dishonour** verb [T] (formal) to bring shame on sb/sth ▶ **okrywać hańbą** | **dishonourable** /-nərəbl/ adj. ▶ **haniebny, nikczemny**

disillusion /ˌdɪsɪ'luːʒn/ verb [T] to destroy sb's belief in or good opinion of sb/sth ▶ **rozczarowywać**
□ **disillusioned** adj. disappointed because sb/sth is not as good as you first thought: *She's disillusioned with nursing.* ▶ **rozczarowany** | **disillusionment** (also **disillusion**) noun [U] disappointment because sb/sth is not as good as you first thought ▶ **rozczarowanie**

disinfect /ˌdɪsɪn'fekt/ verb [T] to clean sth with a liquid that destroys bacteria: *to disinfect a toilet/a wound* ▶ **dezynfekować, odkażać**
□ **disinfectant** /ˌdɪsɪn'fektənt/ noun [C,U] a substance that destroys bacteria and is used for cleaning ▶ **środek dezynfekujący, środek odkażający** | **disinfection** noun [U] ▶ **dezynfekcja, odkażenie**

disintegrate /dɪs'ɪntɪgreɪt/ verb [I] to break into many small pieces: *The rocket exploded and disintegrated.* ▶ **rozpadać się, rozlatywać się**
□ **disintegration** /dɪsˌɪntɪ'greɪʃn/ noun [U]: *the disintegration of the empire* ▶ **rozpad**

disinterested /dɪs'ɪntrəstɪd/ adj. fair, not influenced by personal feelings: *disinterested advice* ➲ Por. **uninterested**, które ma inne znaczenie. ▶ **bezinteresowny, bezstronny**

disjointed /dɪs'dʒɔɪntɪd/ adj. (used especially about ideas, writing or speech) not clearly linked and therefore difficult to follow ▶ **bez związku, nie powiązany**
□ **disjointedly** adv. ▶ **bez związku, bez powiązania**

disk /dɪsk/ noun [C] **1** (US) = DISC **2** a flat piece of plastic that stores information for use by a computer ➲ Por. **floppy disk** i **hard disk**. ▶ **dysk, dyskietka**
■ **'disk drive** noun [C] a piece of electrical equipment that passes information to or from a computer disk ▶ **stacja dysków**

diskette /dɪs'ket/ noun [C] = FLOPPY DISK

★**dislike** /dɪs'laɪk/ verb [T] to think that sb/sth is unpleasant: *I really dislike flying.* ○ *What is it that you dislike about living here?* ▶ **nie lubić**
□ **dislike** noun [U, sing.] **dislike (of/for sb/sth)** the feeling of not liking sb/sth: *She couldn't hide her dislike for him.* ○ *have a strong dislike of hard work* ▶ **niechęć, awersja**
IDIOMS **likes and dislikes** → LIKES | **take a dislike to sb/sth** to start disliking sb/sth ▶ **znienawidzić kogoś/coś, poczuć niechęć do kogoś/czegoś**

dislocate /'dɪsləkeɪt; US 'dɪsləʊkeɪt/ verb [T] to put sth (often a bone) out of its proper position: *He dislocated his shoulder during the game.* ▶ **zwichnąć, przemieszczać**
□ **dislocation** /ˌdɪslə'keɪʃn; US ˌdɪsləʊ'keɪʃn/ noun [C,U] ▶ **zwichnięcie, przemieszczenie**

dislodge /dɪs'lɒdʒ/ verb [T] to make sb/sth move from a fixed position ▶ **ruszać z miejsca, usuwać**

disloyal /dɪs'lɔɪəl/ adj. doing or saying sth that is against sb/sth that you should support; not loyal: *It was disloyal of him to turn against his friends.* ▶ **nielojalny, niewierny**
□ **disloyalty** /-'lɔɪəlti/ noun [C,U] (pl. **disloyalties**) ▶ **nielojalność, niewierność**

dismal /'dɪzməl/ adj. **1** depressing; causing sadness: *dismal surroundings* ○ *a dismal failure* ▶ **ponury, posępny** **2** (informal) of low quality; poor: *a dismal standard of work* ▶ **kiepski, beznadziejny**

dismantle /dɪs'mæntl/ verb [T] to take sth to pieces; to separate sth into the parts it is made from: *The photographer dismantled his equipment.* ▶ **rozkładać na części, rozbierać**

dismay /dɪs'meɪ/ noun [U] a strong feeling of worry and shock: *I realized to my dismay that I was going to miss the plane.* ▶ **przerażenie, konsternacja**
□ **dismay** verb [T] (usually passive) ▶ **przerażać, konsternować**

dismember /dɪs'membə(r)/ verb [T] to tear or cut a body apart ▶ **rozczłonkowywać, rozrywać na części**

dismiss /dɪs'mɪs/ verb [T] **1** to order an employee to leave their job: *He was dismissed for refusing to obey orders.* ❶ W języku codziennym używa się też czasowników **fire** i **sack**. ▶ **zwalniać** **2** to allow sb to leave: *The lesson ended and the teacher dismissed the class.* ▶ **zwalniać** **3** to remove sb/sth from your mind; to stop thinking about sb/sth completely: *She decided to dismiss her worries from her mind.* Postanowiła przestać myśleć o swoich kłopotach. ▶ **odsuwać od siebie** **4 dismiss sb/sth (as sth)** to say or think that sb/sth is not important or is not worth considering seriously: *He dismissed the idea as nonsense.* Uznał ten pomysł za bzdurę ▶ **uznać za nieważne, odrzucać**
□ **dismissal** /dɪs'mɪsl/ noun **1** [C,U] ordering sb or being ordered to leave a job: *a case of unfair dismissal* ▶ **zwolnienie** **2** [U] refusing to consider sb/sth seriously: *She was hurt at their dismissal of her offer of help.* ▶ **odrzucenie** | **dismissive** adj. saying or showing that you think that sb/sth is not important or is not worth considering seriously: *The boss was dismissive of all the efforts I had made.* ▶ **lekceważący, pogardliwy** | **dismissively** adv. ▶ **lekceważąco, pogardliwie**

dismount /dɪs'maʊnt/ verb [I] to get off sth that you ride (a horse, a bicycle, etc.) ▶ **zsiadać z czegoś**

disobedient /ˌdɪsə'biːdiənt/ adj. not willing to obey; refusing to do what you are told to do; not obedient ▶ **nieposłuszny, oporny**
□ **disobedience** /-iəns/ noun [U] ▶ **nieposłuszeństwo, opór**

disobey /ˌdɪsə'beɪ/ verb [I,T] to refuse to do what you are told to do; not to obey: *to disobey orders* ▶ **sprzeciwiać się, nie słuchać**

disorder /dɪs'ɔːdə(r)/ noun **1** [U] an untidy, confused or disorganized state: *His financial affairs are in complete disorder.* ▶ **nieład, nieporządek** **2** [U] violent behaviour by a large number of people: *Disorder broke out on the streets of the capital.* ▶ **rozruchy, zamieszki** **3** [C,U] an illness in which the mind or part of the body is not working properly: *a stomach disorder* ▶ **zaburzenie, dolegliwość**
□ **disordered** adj. untidy, confused or disorganized ▶ **w nieładzie, zaburzony** | **disorderly** adj. **1** very untidy ▶ **nieporządny** **2** (used about people or behaviour) out of control and violent; causing trouble in public: *They were arrested for being drunk and disorderly.* ▶ **chuligański**

disorganization (also **disorganisation**) /dɪsˌɔːgənaɪ'zeɪʃn; US -nə'z-/ noun [U] a lack of organization ▶ **dezorganizacja, nieład**
□ **disorganized** (also **disorganised**) adj. not organized; badly planned ▶ **zdezorganizowany, chaotyczny**

disorientate /dɪs'ɔːriənteɪt/ (especially US **disorient** /dɪs'ɔːrɪənt/) verb [T] (usually passive) to make sb lose all sense of direction or become confused about where they are: *The road signs were very confusing and I soon became disorientated.* ▶ **dezorientować**
□ **disorientation** /dɪsˌɔːriən'teɪʃn/ noun [U] ▶ **dezorientacja**

disown /dɪs'əʊn/ verb [T] to decide or say that you are no longer associated with sb/sth: *When he was arrested, his family disowned him.* ▶ **wypierać się**

disparage /dɪ'spærɪdʒ/ verb [T] (formal) to talk about sb/sth in a critical way or to say that sb/sth is of little value or importance ▶ **lekceważyć, dyskredytować**
□ **disparaging** adj.: *disparaging remarks* ▶ **pomniejszający, lekceważący**

dispatch (also **despatch**) /dɪ'spætʃ/ verb [T] (formal) to send: *Your order will be dispatched from our warehouse within 7 days.* ▶ **wysyłać, ekspediować**

dispel /dɪ'spel/ verb [T] (**dispelling**; **dispelled**) to make sth disappear; to remove sth from sb's mind: *His reassuring words dispelled all her fears.* ▶ **rozwiewać** (*np. obawy*), **rozpraszać**

dispensable /dɪˈspensəbl/ adj. not necessary: *I suppose I'm dispensable. Anybody could do my job.* ❶ Antonim: **indispensable**. ▶ **zbędny**

dispense /dɪˈspens/ verb [T] **1** (formal) to give out: *a machine that dispenses hot and cold drinks* ▶ **wydawać, rozdawać 2** to prepare and give out medicines in a chemist's shop: *a dispensing chemist* ▶ **sporządzać** (*lekarstwa*), **wykonywać** (*receptę*)

PHRASAL VERB **dispense with sb/sth** to get rid of sb/sth that is not necessary: *They decided to dispense with luxuries and live a simple life.* ▶ **obywać się bez kogoś/czegoś, pozbywać się kogoś/czegoś**

□ **dispenser** noun [C] a machine or container from which you can get sth: *a cash dispenser at a bank* bankomat ▶ **automat**

disperse /dɪˈspɜːs/ verb [I,T] to separate and go in different directions; to break sth up : *When the meeting was over, the group dispersed.* ○ *Police arrived and quickly dispersed the crowd.* ▶ **rozpraszać (się), rozchodzić się; rozpędzać**

dispirited /dɪˈspɪrɪtɪd/ adj. having lost confidence or hope; depressed ▶ **zniechęcony, przygnębiony**

displace /dɪsˈpleɪs/ verb [T] **1** to force sb/sth to move from the usual or correct place ▶ **wysiedlać, przemieszczać 2** to remove and take the place of sb/sth: *She displaced Hingis as number one.* ▶ **zajmować czyjeś/czegoś miejsce**

★**display¹** /dɪˈspleɪ/ verb [T] **1** to put sth in a place where people will see it or where it will attract attention: *Posters for the concert were displayed throughout the city.* ▶ **wystawiać na pokaz 2** to show sth (e.g. a feeling or personal quality): *She displayed no interest.* ▶ **okazywać**

★**display²** /dɪˈspleɪ/ noun [C] **1** a public event in which sth is shown in action: *a firework display* ▶ **pokaz, popis 2** an arrangement of things for people to see: *The shops take a lot of trouble over their window displays at Christmas.* ▶ **wystawa 3** behaviour that shows a particular feeling or quality: *a sudden display of aggression* ▶ **demonstrowanie 4** words, pictures, etc. that can be seen on a computer screen ▶ **obraz**

IDIOM **on display** in a place where people will see it and where it will attract attention: *Treasures from the sunken ship were put on display at the museum.* ▶ **na wystawie**

displease /dɪsˈpliːz/ verb [T] (formal) to annoy sb or to make sb angry or upset ▶ **urażać, wywoływać niezadowolenie**

□ **displeased** adj. ❶ Antonim: **pleased**. ▶ **niezadowolony**

displeasure /dɪsˈpleʒə(r)/ noun [U] (formal) the feeling of being annoyed or not satisfied: *I wrote to express my displeasure at not having been informed.* ▶ **niezadowolenie, irytacja**

disposable /dɪˈspəʊzəbl/ adj. intended to be thrown away after being used once or for a short time: *a disposable razor* ▶ **do jednorazowego użycia, jednorazowy**

disposal /dɪˈspəʊzl/ noun [U] the act of getting rid of sth: *the disposal of chemical waste* ▶ **usunięcie, pozbycie się**

IDIOM **at sb's disposal** available for sb's use at any time: *They put their house at my disposal.* ▶ **do czyjejś dyspozycji**

dispose /dɪˈspəʊz/ verb

PHRASAL VERB **dispose of sb/sth** to throw away or sell sth; to get rid of sb/sth that you do not want ▶ **usuwać kogoś/coś, pozbywać się kogoś/czegoś**

disproportionate /ˌdɪsprəˈpɔːʃənət/ adj. larger or smaller than is acceptable or expected ▶ **niewspółmierny, nieproporcjonalny**

□ **disproportionately** adv. ▶ **niewspółmiernie, nieproporcjonalnie**

disprove /ˌdɪsˈpruːv/ verb [T] to show or prove that sth is not true ▶ **odpierać** (*np. wywody*), **obalać** (*np. teorię*)

★**dispute¹** /dɪˈspjuːt; ˈdɪspjuːt/ noun [C,U] disagreement or argument between people: *There was some dispute about whose fault it was.* ○ *a pay dispute* ▶ **spór, dysputa**

IDIOM **be in dispute** to be arguing or being argued about: *He is in dispute with the tax office about how much he should pay.* ○ *The ownership of the field is in dispute.* ▶ **być w trakcie sporu; być przedmiotem sporu**

dispute² /dɪˈspjuːt/ verb [T] to argue about sth or to suggest that sth is not true: *The player disputed the referee's decision.* ▶ **kwestionować**

disqualify /dɪsˈkwɒlɪfaɪ/ verb [T] (pres. part. **disqualifying**; 3rd pers. sing. pres. **disqualifies**; pt, pp **disqualified**) **disqualify sb (from sth/from doing sth)** to officially forbid sb to do sth or to take part in sth, usually because they have broken a rule or law: *The team were disqualified for cheating.* ▶ **dyskwalifikować, uznać kogoś za niezdolnego (do czegoś)**

□ **disqualification** /dɪsˌkwɒlɪfɪˈkeɪʃn/ noun [C,U] ▶ **dyskwalifikacja, dyskwalifikowanie**

disregard /ˌdɪsrɪˈɡɑːd/ verb [T] to take no notice of sb/sth; to pay no attention to sb/sth: *These are the latest instructions. Please disregard any you received before.* ▶ **pomijać, ignorować**

□ **disregard** noun [U, sing.] **(a) disregard (for/of sb/sth)** lack of attention to, interest in or care for sb/sth: *He rushed into the burning building with complete disregard for his own safety.* ▶ **pominięcie, lekceważenie**

disrepair /ˌdɪsrɪˈpeə(r)/ noun [U] a bad condition, existing because repairs have not been made: *Over the years the building fell into a state of disrepair* (uległ zniszczeniu). ▶ **stan zniszczenia, zaniedbanie**

disreputable /dɪsˈrepjətəbl/ adj. not deserving to be trusted; having a bad reputation: *a disreputable area* ○ *disreputable business methods* ▶ **podejrzany, niegodziwy**

disrepute /ˌdɪsrɪˈpjuːt/ noun [U] the situation when people no longer respect sb/sth: *Such unfair decisions bring the legal system into disrepute* (dyskredytują system prawny). ▶ **kompromitacja, zła reputacja**

disrespect /ˌdɪsrɪˈspekt/ noun [U] behaviour or words that show that you do not respect sb/sth

▶ **brak szacunku, lekceważenie**
□ **disrespectful** /-fl/ adj. ▶ **bez szacunku, lekceważący** | **disrespectfully** /-fəli/ adv. ▶ **bez szacunku, lekceważąco**

disrupt /dɪsˈrʌpt/ verb [T] to disturb a process or system: *The strike severely disrupted flights to Spain.* ▶ **przerywać, wywoływać przerwę**
□ **disruption** /dɪsˈrʌpʃn/ noun [C,U] ▶ **przerwanie, zakłócenie** | **disruptive** /dɪsˈrʌptɪv/ adj.: *A badly behaved child can have a disruptive influence on the rest of the class.* ▶ **zakłócający spokój, rozpraszający**

dissatisfaction /ˌdɪsˌsætɪsˈfækʃn/ noun [U] the feeling of not being satisfied or pleased: *There is some dissatisfaction among teachers with the plans for the new exam.* ▶ **niezadowolenie**

dissatisfied /dɪˈsætɪsfaɪd/ adj. **dissatisfied (with sb/sth)** not satisfied or pleased: *dissatisfied customers* ▶ **niezadowolony**

dissect /dɪˈsekt/ verb [T] to cut up a dead body, a plant, etc. in order to examine its structure ▶ **robić sekcję**
□ **dissection** /dɪˈsekʃn/ noun [C,U] ▶ **sekcja**

dissent[1] /dɪˈsent/ noun [U] (formal) disagreement with official or generally agreed ideas or opinions: *There is some dissent within the Labour Party on these policies.* ▶ **różnica zdań, odstępstwo** (*np. od religii*)

dissent[2] /dɪˈsent/ verb [I] **dissent (from sth)** (formal) to have opinions that are different to those that are officially held ▶ **być innego zdania, odstępować** (*np. od religii*)
□ **dissenting** adj. showing or feeling dissent ▶ **różniący się w zapatrywaniach, będący innego zdania**

dissertation /ˌdɪsəˈteɪʃn/ noun [C] a long piece of writing on sth that you have studied, especially as part of a university degree ➲ Por. **thesis**. ▶ **rozprawa (naukowa), praca** (*np. magisterska*)

disservice /dɪsˈsɜːvɪs/ noun [U, sing.]
IDIOM **do (a) disservice to sb/sth** to do sth that harms sb and the opinion other people have of them: *The minister's comments do teachers a great disservice.* ▶ **wyrządzać szkodę**

dissident /ˈdɪsɪdənt/ noun [C] a person who expresses disagreement with the actions or ideas of a government or an organization ▶ **dysydent/ka**
□ **dissidence** /ˈdɪsɪdəns/ noun [U] ▶ **opozycja, niezgoda**

dissimilar /dɪˈsɪmɪlə(r)/ adj. **dissimilar (from/to sb/sth)** unlike; not similar; different ▶ **niepodobny, różny**

dissociate /dɪˈsəʊʃieɪt/ (also **disassociate** /ˌdɪsəˈsəʊʃɪeɪt/) verb [T] **dissociate sb/sth/yourself from sth** to say or believe that a thing or a person is not connected with another, or that you do not agree with sth: *She dissociated herself from the views of the extremists in her party.* ▶ **oddzielać; wyrzekać się związku z czymś, odcinać się od czegoś**

dissolve /dɪˈzɒlv/ verb [I,T] to become liquid or to make sth become liquid: *Sugar dissolves in water.* ○ *Dissolve two tablets in cold water.* ▶ **rozpuszczać (się)**

dissuade /dɪˈsweɪd/ verb [T] **dissuade sb (from doing sth)** to persuade sb not to do sth: *I tried to dissuade her from spending the money.* ▶ **wyperswadować (komuś robienie czegoś), odwodzić (od zrobienia czegoś)**

★**distance**[1] /ˈdɪstəns/ noun **1** [C,U] the amount of space between two places or points: *It's only a short distance from my home to work.* ○ *The map tells you the distances between the major cities.* ○ *We can walk home from here – it's no distance* (tak niedaleko). ○ *The house is within walking distance* (w pobliżu) *of the shops.* ▶ **odległość, droga** **2** [sing.] a point that is a long way from sb/sth: *At this distance I can't read the number on the bus.* ○ *From a distance the village looks quite attractive.* ▶ **odegłość, oddalenie**
IDIOMS **in the distance** far away: *I could hear voices in the distance.* ▶ **w oddaleniu** | **keep your distance** to stay away from sb/sth: *Rachel's got a bad cold so I'm keeping my distance until she gets better.* ▶ **trzymać się z daleka** | **within striking distance** → STRIKE[2]

distance[2] /ˈdɪstəns/ verb [T] **1 distance sb (from sb/sth)** to make sb feel less friendly towards sb/sth: *Her wealth and success have distanced her from her old friends.* ▶ **oddalać, odsuwać** **2 distance yourself (from sb/sth)** to show that you are not involved or connected with sb/sth: *She was keen to distance herself from the views of her colleagues.* ▶ **dystansować się, odsuwać się**

★**distant** /ˈdɪstənt/ adj. **1** a long way away in space or time: *distant parts of the world* ○ *in the not too distant future* wkrótce ▶ **odległy, daleki** **2** (used about a relative) not closely related: *a distant cousin* ▶ **daleki** **3** not very friendly: *He has a distant manner.* Zachowuje się z rezerwą. ▶ **chłodny, z rezerwą** **4** seeming to be thinking about sth else: *She had a distant look in her eyes.* ▶ **zamyślony, zapatrzony**

distaste /dɪsˈteɪst/ noun [U, sing.] **(a) distaste (for sb/sth)** dislike; the feeling that sb/sth is unpleasant or unacceptable: *She viewed business with distaste.* ○ *He seems to have a distaste for hard work.* ▶ **niesmak, niechęć**
□ **distasteful** /dɪsˈteɪstfl/ adj. causing the feeling of dislike; unpleasant or unacceptable ▶ **niesmaczny, przykry**

distil (US **distill**) /dɪˈstɪl/ verb [T] (**distilling; distilled**) to heat a liquid until it becomes steam and then collect the liquid that forms when the steam cools: *distilled water* ▶ **destylować**
□ **di'stillery** noun [C] (pl. **distilleries**) a factory where strong alcoholic drink is made by the process of distilling ▶ **gorzelnia**

★**distinct** /dɪˈstɪŋkt/ adj. **1** clear; easily seen, heard or understood: *a distinct improvement* ○ *I had the distinct impression that she was lying.* ▶ **wyraźny, dobitny** **2 distinct (from sth)** clearly different: *Her books fall into two distinct groups.* ○ *This region, as distinct* (w odróżnieniu) *from other parts of the country, relies heavily on tourism.* ▶ **oddzielny, odrębny**
□ **distinctly** adv. **1** clearly: *I distinctly heard her*

say that she would be here on time. ▶ **wyraźnie, dobitnie 2** very; particularly: *His behaviour is distinctly odd.* ▶ **dostrzegalnie, wyraźnie**

★**distinction** /dɪˈstɪŋkʃn/ noun **1** [C,U] **(a) distinction (between A and B)** a clear or important difference between things or people: *We must make a distinction* (odróżnić) *between classical and popular music here.* ▶ **rozróżnienie, odróżnienie 2** [U] the quality of being excellent; fame for what you have achieved: *a violinist of some distinction* wybitny skrzypek ○ *She has the distinction of being the only player to win the championship five times.* ▶ **wyróżnienie, wybitność 3** [C] the highest mark that is given to students for excellent work ▶ **celujący stopień**

IDIOM **draw a distinction between sth and sth** → DRAW[2]

distinctive /dɪˈstɪŋktɪv/ adj. clearly different from others and therefore easy to recognize: *the soldiers wearing their distinctive red berets* ▶ **odmienny, wyróżniający się, charakterystyczny**

□ **distinctively** adv. ▶ **odmiennie, charakterystycznie**

★**distinguish** /dɪˈstɪŋgwɪʃ/ verb **1** [I,T] **distinguish between A and B; distinguish A from B** to recognize the difference between things or people: *He doesn't seem able to distinguish between what's important and what isn't.* ○ *People who are colour-blind often can't distinguish red from green.* ▶ **rozróżniać, odróżniać 2** [T] **distinguish A (from B)** to make sb/sth different from others; to show the difference between people or things: *distinguishing features* znaki szczególne ▶ **wyróżniać, znamionować 3** [T] to see, hear or recognize with effort: *I listened carefully but I couldn't distinguish what they were saying.* ▶ **rozpoznawać, zauważać 4** [T] **distinguish yourself** to do sth which causes you to be noticed and admired: *She distinguished herself in the exams.* ▶ **wyróżniać się**

□ **distinguishable** /dɪˈstɪŋgwɪʃəbl/ adj. **1** possible to distinguish as different from sb/sth else: *The male bird is distinguishable from the female by the colour of its beak.* ▶ **rozpoznawalny, dający się rozróżniać 2** possible to see, hear or recognize with effort: *The letter is so old that the signature is barely distinguishable.* ▶ **dostrzegalny** | **distinguished** adj. important and respected: *I am pleased to welcome our distinguished guests.* ▶ **wybitny, znakomity; dystyngowany**

distort /dɪˈstɔːt/ verb [T] **1** to change the shape or sound of sth so that it seems unnatural: *Her face was distorted with grief.* ▶ **zniekształcać, wykrzywiać 2** to change sth and show it falsely: *Foreigners often have a distorted view of this country.* ▶ **zniekształcać, przekręcać**

□ **distortion** /dɪˈstɔːʃn/ noun [C,U] ▶ **zniekształcenie**

distract /dɪˈstrækt/ verb [T] to take sb's attention away from sth: *Could you stop talking? You're distracting me from my work.* ▶ **odwracać (czyjąś) uwagę, rozpraszać uwagę**

□ **distracted** adj. unable to concentrate because of being worried or thinking about sth else ▶ **rozproszony**

distraction /dɪˈstrækʃn/ noun [C,U] something that takes your attention away from what you were doing or thinking about: *I find it hard to work at home because there are so many distractions.* ▶ **rozrywka; coś, co powoduje oderwanie uwagi**

IDIOM **to distraction** with the result that you become upset, excited, or angry and unable to think clearly: *The noise of the traffic is driving me to distraction.* ▶ (*przen.*) **do szaleństwa**

distraught /dɪˈstrɔːt/ adj. extremely sad and upset ▶ **zrozpaczony, zmartwiony**

distress[1] /dɪˈstres/ noun [U] **1** the state of being very upset or unhappy or of suffering great pain: *Their distress on hearing the bad news was obvious.* ○ *She was in such distress that I didn't want to leave her on her own.* ▶ **rozpacz 2** the state of being in great danger and needing immediate help: *The ship's captain radioed that it was in distress.* ▶ **zagrożenie, niebezpieczeństwo**

distress[2] /dɪˈstres/ verb [T] (often passive) to make sb very upset or unhappy ▶ **martwić, unieszczęśliwiać, doprowadzać do rozpaczy**

□ **distressed** adj.: *She was too distressed to talk.* ▶ **zrozpaczony** | **distressing** adj. causing sb to be very upset or unhappy ▶ **rozpaczliwy, wstrząsający**

★**distribute** /dɪˈstrɪbjuːt/ verb [T] **1 distribute sth (to/among sb/sth)** to give things to a number of people; to divide sth up and give the parts to people or place them in various positions: *Protesters were distributing leaflets in the street.* ○ *Tickets will be distributed to all club members.* ▶ **rozdawać, rozdzielać 2 distribute sth (to sb/sth)** to transport and supply sth to various people or places: *They distributed emergency food supplies to the areas that were most in need.* ▶ **rozprowadzać, rozmieszczać 3** to spread sth equally over an area: *Make sure that the weight is evenly distributed.* ▶ **rozkładać**

□ **distribution** /ˌdɪstrɪˈbjuːʃn/ noun **1** [sing., U] the act of giving sth: *the distribution of food parcels to the refugees* ▶ **rozdawanie, rozprowadzanie 2** [sing., U] the way sth is shared out; the pattern in which sth is found: *the uneven distribution of wealth* ○ *a map to show the distribution of rainfall in India* ▶ **dystrybucja, rozkład 3** [U] the transport and supply of goods, etc. to various people or places: *The country produces enough food but distribution is a problem.* ▶ **dystrybucja, rozprowadzanie** | **distributor** /dɪˈstrɪbjətə(r)/ noun [C] a person or company that transports and supplies goods to a number of shops and companies ▶ **dystrybutor**

★**district** /ˈdɪstrɪkt/ noun [C] **1** a part of a town or country that has a particular feature or is of a particular type: *rural districts* ▶ **okręg, dzielnica 2** an official division of a town or country: *the district council* ○ *postal districts* ▶ **okręg, dzielnica, obwód**

> **District** może stanowić część miasta lub kraju i może posiadać konkretne granice: *the district controlled by a council.* **Region** jest większy, na ogół dotyczy części kraju i może nie mieć konkretnych granic: *the industrial regions of the country.* **Area** to określenie najszersze, które może być stosowane do wyrażenia obu powyższych znaczeń: *the poorer areas of a town* ○ *an agricultural area.* **Part** używa się na ogół do określenia części miasta: *Which part of Paris do you live in?*

distrust /dɪsˈtrʌst/ noun [U, sing.] **(a) distrust (of sb/sth)** the feeling that you cannot believe sb/sth; lack of trust ▶ **nieufność, brak zaufania**

□ **distrust** verb [T]: *She distrusts him because he lied to her once before.* ▶ **nie ufać, nie dowierzać** | **distrustful** adj.: *He was always distrustful of authority.* ▶ **nieufny, podejrzliwy**

★**disturb** /dɪˈstɜːb/ verb [T] **1** to interrupt and possibly annoy sb while they are doing sth or sleeping; to spoil a peaceful situation: *I'm sorry to disturb you but there's a phone call for you.* ○ *Keep the noise down! You'll disturb the neighbours.* ○ *Their sleep was disturbed by a loud crash.* ▶ **przeszkadzać, zakłócać** **2** to cause sb to worry: *It disturbed her to think that he might be unhappy.* ▶ **niepokoić, denerwować** **3** to change sth from its normal position or condition: *I noticed a number of things had been disturbed and realized that there had been a burglary.* ▶ **zaburzać** (*porządek*), **zakłócać**

□ **disturbed** adj. having mental or emotional problems: *a school for disturbed young people* ▶ **z zaburzeniami (psychicznymi)** | **disturbing** adj. causing sb to worry: *These disturbing developments suggest that war is a possibility.* ▶ **niepokojący**

disturbance /dɪˈstɜːbəns/ noun **1** [C,U] an interruption; something that stops you concentrating, sleeping, etc. ▶ **zakłócenie, przeszkoda** **2** [C] an occasion when people behave violently or make a lot of noise in public: *Further disturbances have been reported in the capital city.* ▶ **zamieszki, zakłócenie porządku publicznego**

disuse /dɪsˈjuːs/ noun [U] the state of not being used any more: *The farm buildings had fallen into disuse* (wyszły z użycia). ▶ **nieużywanie**

□ **disused** /ˌdɪsˈjuːzd/ adj. not used any more: *a disused railway line* opuszczona linia kolejowa ▶ **nie używany**

ditch /dɪtʃ/ noun [C] a long narrow hole that has been dug into the ground, especially along the side of a road or field for water to flow through ▶ **rów, kanał**

IDIOM **a last-ditch attempt** → LAST[1]

□ **ditch** verb [T] (informal) to get rid of or leave sb/sth: *She ditched her old friends when she became famous.* ▶ **rzucać, porzucić**

dither /ˈdɪðə(r)/ verb [I] to hesitate and be unable to decide sth ▶ **wahać się, być niezdecydowanym**

ditto /ˈdɪtəʊ/ noun [C] (represented by the mark (") and used instead of repeating the thing written above it) the same ▶ **to samo**

divan /dɪˈvæn; US ˈdaɪvæn/ noun [C] a type of bed with only a base and a mattress, not with a frame ▶ **tapczan**

★**dive**[1] /daɪv/ verb [I] (pt **dived**; US also **dove** /dəʊv/; pp **dived**) **1** to jump into water with your head first: *In Acapulco, men dive off the cliffs into the sea.* ○ *A passer-by dived in and saved the drowning man.* ▶ **skakać do wody, nurkować** **2 dive (down) (for sth)** to go under water: *people diving for pearls* ▶ **nurkować** **3** to move downwards steeply and quickly through the air: *The engines failed and the plane dived.* ▶ **nurkować, pikować** **4** to move quickly in a particular direction, especially downwards: *He dived under the table and hid there.* ▶ **rzucać się, dać nura**

PHRASAL VERB **dive into sth** to put your hand quickly into sth in order to find or get sth: *She dived into her bag and brought out an old photograph.* ▶ **sięgać do czegoś**

□ **diver** noun [C] **1** a person who swims under the water using special equipment: *Police divers searching the lake found the body.* ▶ **nurek** **2** a person who jumps into water with their arms and head first ▶ **skoczek** (*do wody*) | **diving** noun [U] the activity or sport of diving into water or swimming under water: *The resort has facilities for diving.* ▶ **nurkowanie**

■ ˈ**diving board** noun [C] a board at the side of a swimming pool from which people can dive into the water ▶ **trampolina**

dive[2] /daɪv/ noun [C] **1** the act of diving into the water ▶ **skok do wody, nurkowanie** **2** a quick movement in a particular direction, especially down or across: *Despite a desperate dive, the goalkeeper couldn't stop the ball.* ▶ **rzucenie się** (*w kierunku czegoś*)

diverge /daɪˈvɜːdʒ/ verb [I] **diverge (from sth)** **1** (used about roads, lines, etc.) to separate and go in different directions: *The paths suddenly diverged and I didn't know which one to take.* ▶ **rozchodzić się, rozbiegać się, rozdzielać się** **2** to be or become different (from each other): *Attitudes among teachers diverge on this question.* ▶ **różnić się, odchylać się**

diverse /daɪˈvɜːs/ adj. very different from each other: *people with diverse social backgrounds* ▶ **rozmaity, odmienny**

diversify /daɪˈvɜːsɪfaɪ/ verb [I] (pres. part. **diversifying**; 3rd pers. sing. pres. **diversifies**; pt, pp **diversified**) **diversify (into sth)** (used about a business) to increase the range of activities, products, etc.: *The company will have to diversify in the future.* ▶ **rozszerzać** (*np. działalność*)

□ **diversification** /daɪˌvɜːsɪfɪˈkeɪʃn/ noun [C, U] ▶ **rozszerzenie działalności, urozmaicenie**

diversion /daɪˈvɜːʃn/ noun **1** [C,U] the act of changing the direction or purpose of sth especially in order to solve or avoid a problem: *the diversion of a river to prevent flooding* ○ *the diversion of government funds to areas of greatest need* ▶ **odwrócenie kierunku, zawrócenie** **2** [C] (US **detour**) a different route which traffic can take when a road is closed: *There are tem-*

porary traffic lights and diversions due to roadworks on the A161. ▶ **objazd** **3** [C] something that takes your attention away from sth: *Some prisoners created a diversion while others escaped.* ▶ **odwrócenie uwagi**

diversity /daɪˈvɜːsəti/ noun [U] the wide range or variety of sth: *a country of tremendous diversity, with landscape ranging from semi-desert to tropical* ▶ **różnorodność, urozmaicenie**

divert /daɪˈvɜːt/ verb [T] **divert sb/sth (from sth) (to sth)** to change the direction or purpose of sb/sth, especially to avoid a problem: *During the road repairs, all traffic is being diverted.* ○ *Government money was diverted from defence to education and training.* ▶ **odwracać kierunek, skierowywać**

⋆**divide**[1] /dɪˈvaɪd/ verb **1** [I,T] **divide (sth) (up) (into sth)** to separate into different parts: *The egg divides into two cells.* ○ *a book divided into ten sections* ○ *The house was divided into flats.* ▶ **rozdzielać (się), podzielić (się)** **2** [T] **divide sth (out/up) (between/among sb)** to separate sth into parts and give a share to each of a number of people: *The robbers divided the money between themselves.* ○ *When he died, his property was divided up among his children.* ▶ **rozdzielać** **3** [T] **divide sth (between A and B)** to use different parts or amounts of sth for different purposes: *They divide their time between their two homes.* ▶ **dzielić, rozdzielać** **4** [T] to separate two places by being a boundary or area between them: *The river divides the old part of the city from the new.* ▶ **dzielić, rozdzielać** **5** [T] to cause people to disagree: *The question of immigration has divided the country.* ▶ **dzielić, poróżnić** **6** [T] **divide sth by sth** to calculate how many times a number will go into another number: *10 divided by 5 is 2.* ▶ **po/dzielić**

■ **diˌvided ˈhighway** (US) = DUAL CARRIAGEWAY | **dividing line** noun [C] a distinction that is made between two things that are or seem similar: *the dividing line between opinion and fact* ▶ **granica**

⋆**divide**[2] /dɪˈvaɪd/ noun [C] **a divide (between A and B)** a difference between two groups of people that separates them from each other: *a divide between the rich and the poor* ▶ (*przen.*) **przepaść**

dividend /ˈdɪvɪdend/ noun [C] a part of a company's profits that is paid to the people who own shares in it ▶ **dywidenda**

divine /dɪˈvaɪn/ adj. connected with God or a god ▶ **boski, boży**

□ **divinely** adv. ▶ **bosko, po bożemu**

divisible /dɪˈvɪzəbl/ adj. that can be divided: *9 is divisible by 3.* ▶ **podzielny**

⋆**division** /dɪˈvɪʒn/ noun **1** [U] the dividing of sth into separate parts: *the division of Germany after the Second World War* ▶ **podział** **2** [U, sing.] the sharing of sth: *a fair/unfair division of the profits* ▶ **podział** **3** [U] dividing one number by another: *multiplication and division* ▶ **dzielenie** **4** [C] a disagreement or difference in thought, way of life, etc.: *deep divisions within the Labour Party* ▶ **podział** **5** [C] something that divides or separates: *There is no great division between being a child and being an adult.* ▶ **podział, zróżnicowanie** **6** [C] a part or section of an organization: *the company's sales division* ○ *the First Division* Pierwsza Liga Piłkarska ▶ **dział, filia**

divisive /dɪˈvaɪsɪv/ adj. (formal) likely to cause disagreements or arguments between people: *a divisive policy* ▶ **kontrowersyjny, powodujący podziały**

⋆**divorce**[1] /dɪˈvɔːs/ noun [C,U] the legal end of a marriage: *to get a divorce* rozwodzić się ○ *One in three marriages ends in divorce.* ▶ **rozwód**

⋆**divorce**[2] /dɪˈvɔːs/ verb [T] **1** to legally end your marriage to sb: *She divorced him a year after their marriage.* ❶ Częściej niż **to divorce** stosuje się wyrażenie **to get divorced**: *My parents got divorced when I was three.* Kiedy jednak tylko jedna strona żąda rozwodu lub gdy podana jest jego przyczyna, wówczas używa się **to divorce**: *She divorced her first husband for mental cruelty.* ▶ **rozwodzić się** **2** **divorce sb/sth from sth** to separate sb/sth from sth: *Sometimes these modern novels seem completely divorced from everyday life* (oderwane od życia). ▶ **oddzielać, rozdzielać**

□ **divorced** adj.: *I'm divorced.* ▶ **rozwiedziony** | **divorcee** /dɪˌvɔːˈsiː/ noun [C] a person who is divorced ▶ **rozw-odnik/ódka**

divulge /daɪˈvʌldʒ/ verb [T] (formal) to tell sth secret: *The phone companies refused to divulge details of their costs.* ▶ **wyjawiać**

Diwali /diːˈwɑːli/ noun [sing.] a festival in several Indian religions that takes place in October or November, in which people decorate their homes with lights ▶ (*w hinduizmie*) **święto ognia**

DIY /ˌdiː aɪ ˈwaɪ/ abbr. (Brit., informal) do it yourself; the activity of making and repairing things yourself around your home: *a DIY expert* ○ *a DIY shop* sklep z artykułami do majsterkowania ▶ **zrób to sam**

dizzy /ˈdɪzi/ adj. (**dizzier**; **dizziest**) **1** feeling as if everything is spinning round and that you might fall: *to feel/get dizzy* ▶ **cierpiący na zawroty głowy** **2** very great; extreme: *the dizzy pace of life in London* ○ *The band's popularity has reached dizzy heights.* ▶ **zawrotny**

□ **dizziness** noun [U]: *to complain of headaches and dizziness* ▶ **zawrót głowy**

DJ /ˌdiː ˈdʒeɪ/ abbr. disc jockey ▶ **dyskdżokej**

DNA /ˌdiː en ˈeɪ/ noun [U] the chemical in the cells of an animal or a plant that controls what characteristics that animal or plant will have ▶ **DNA**

⋆**do**[1] /də; du; strong form duː/ auxiliary verb (negative **do not**; short form **don't** /dəʊnt/; 3rd pers. sing. pres. **does** /dəz; strong form dʌz/; negative **does not**; short form **doesn't** /ˈdʌznt/; pt **did** /dɪd/; negative **did not**; short form **didn't** /ˈdɪdnt/) **1** (used with other verbs to form questions and negative sentences, also in short answers and question tags): *Do you know John?* ○ *He doesn't live in Oxford.* ○ *'Do you agree?' 'No, I don't/Yes, I do.'* ○ *She works in Paris, doesn't she* (niepraw-

do	
present tense	*past tense*
I **do**	I **did**
you **do**	you **did**
he/she/it **does**	he/she/it **did**
we **do**	we **did**
you **do**	you **did**
they **do**	they **did**
past participle	**done**
present participle	**doing**
negative short forms	**don't, doesn't, didn't**

daż)? ○ *He didn't say that, did he* (prawda)? ▶ (*bez odpowiednika polskiego; używane do tworzenia pytań i przeczeń oraz aby uniknąć powtarzania orzeczenia w odpowiedziach*) **2** (used for emphasizing the main verb): *'Why didn't you buy any milk?' 'I did buy* (przecież kupiłem) *some. It's in the fridge.'* ▶ (*używane w zdaniach twierdzących w celu położenia nacisku na czynność lub stan*) **3** (used to avoid repeating the main verb): *He earns a lot more than I do* (ode mnie). ○ *She's feeling much better than she did last week* (niż w ubiegłym tygodniu). ▶ (*bez odpowiednika polskiego; używane, aby uniknąć powtarzania już raz wymienionego czasownika*)

★**do²** /duː/ verb (pres. part. **doing**; 3rd pers. sing. pres. **does** /dʌz/; pt **did** /dɪd/; pp **done** /dʌn/) **1** [T] to perform an action: *What are you doing?* ○ *We didn't do much yesterday.* ○ *Do as you're told.* ○ *It's not fair but what can we do about it?* ○ *What is the government doing about pollution?* ○ *What do you do?* ○ *I don't know what I did with the keys.* ▶ **robić, czynić 2** [T] to carry out a particular activity: *Do* (uczesz) *your hair before you go out.* ○ *Has he done his homework?* Czy odrobił lekcje? ○ *Who does the cooking* (kto gotuje) *in your house?* ○ *Did you get your essay done?* Czy napisałeś wypracowanie? ▶ **robić 3** [I] to make progress or develop: *'How's your daughter doing at school?' 'She's doing well.'* ▶ **radzić sobie 4** [T] to travel at a certain speed: *This car does 120 miles per hour.* ▶ **jechać z określoną prędkością 5** [T] to produce sth: *The photocopier does 60 copies a minute.* ▶ **robić, wykonywać 6** [T] to study a subject: *to do a course on hotel management* ▶ **robić (kurs), uczyć się 7** [T] to have a particular effect: *A holiday will do you good* (dobrze ci zrobi). ○ *The storm did a lot of damage* (wyrządziła wiele szkód). ▶ **czynić, wywierać pewien efekt 8** [I,T] to be good enough: *I don't need much money – £10 will do.* ▶ **wystarczać**

IDIOMS **be/have to do with sb/sth** to be connected with sb/sth: *Don't ask me about the accident. I had nothing to do with it.* ○ *'How much do you earn?' 'It's nothing to do with you* (nie twoja sprawa).*'* ▶ **mieć coś wspólnego z kimś/czymś** | **could do with sth** to want or need sth: *I could do with a holiday.* Chętnie wziąłbym urlop. | **how do you do?** → HOW | **make do with sth** → MAKE¹

PHRASAL VERBS **do away with sth** to get rid of sth: *Most European countries have done away with their royal families.* ▶ **pozbywać się czegoś, znosić** (*np. ustawę*) | **do sb out of sth** to prevent sb having sth in an unfair way: *They've cheated me! They've done me out of £50!* ▶ **pozbawiać kogoś czegoś** | **do sth up 1** to fasten a piece of clothing: *He can't do his shoelaces up yet.* ▶ **zawiązywać 2** to repair a building and make it more modern: *They're doing up the old cottage.* ▶ **odnawiać, restaurować** | **do without (sth)** to manage without having sth: *If there isn't any tea left, we'll have to do without* (obejść się smakiem). ▶ **radzić sobie bez czegoś**

do³ /duː/ noun [C] (pl. **dos** or **do's** /duːz/) (Brit., informal) a party or other social event: *We're having a bit of a do to celebrate Tim's birthday on Saturday.* ▶ **impreza**

IDIOM **dos and don'ts** things that you should and should not do: *the dos and don'ts of mountain climbing* ▶ **zalecenia i przestrogi** (*co należy robić, a czego unikać*)

docile /ˈdəʊsaɪl; US ˈdɑːsl/ adj. (used about a person or an animal) quiet and easy to control ▶ **uległy, posłuszny**

dock¹ /dɒk/ **1** [C,U] an area of a port where ships stop to be loaded, unloaded, repaired, etc. ▶ **dok, basen (portowy) 2** (**docks**) [pl.] a group of docks with all the sheds, offices, etc. that are around them: *He works at the docks.* ▶ **doki**

□ **dock** verb [I,T] (used about a ship) to sail into a dock: *The ship had docked/was docked at Lisbon.* ▶ **wpływać do portu; cumować** (*w doku*)

dock² /dɒk/ noun [C, usually sing.] the place in a court of law where the person accused sits or stands ▶ **ława oskarżonych**

dock³ /dɒk/ verb [T] to take away part of sb's wages, especially as a punishment: *They've docked £20 off my wages because I was late.* ▶ **obcinać** (*zarobki*)

★**doctor** /ˈdɒktə(r)/ noun [C] (abbr. **Dr**) **1** a person who has been trained in medical science and who treats people who are ill: *Our family doctor is Dr Young.* ○ *I've got a doctor's appointment.* ○ *What time is the doctor's surgery* (godziny przyjęć) *today?* ❶ Można powiedzieć **go to the doctor** (do lekarza) lub **go to the doctor's** (czyli do przychodni lekarskiej). ▶ **lekarz**

> A doctor **sees** (przyjmuje) or **treats** their patients. They may **prescribe** treatment or medicine. This is written on a **prescription**.

2 a person who has got the highest degree from a university: *Doctor of Philosophy* ▶ **doktor**

□ **doctor** verb [T] **1** to change sth that should not be changed in order to gain some advantage: *The results of the survey had been doctored.* ▶ **preparować, fałszować 2** to add sth harmful to food or drink ▶ **dodawać coś szkodliwego do jedzenia/napoju** | **doctorate** /ˈdɒktərət/ noun [C] the highest university degree in the British and American education systems ▶ **doktorat**

doctrine /ˈdɒktrɪn/ noun [C,U] a belief or a set of

beliefs that is taught by a church, political party, etc. ▶ **doktryna**

★**document** /ˈdɒkjumənt/ noun [C] an official piece of writing which gives information, proof or evidence: *Her solicitor asked her to read and sign a number of documents.* ▶ **dokument**

documentary /ˌdɒkjuˈmentri/ noun [C] (pl. **documentaries**) a film or television or radio programme that gives facts or information about a particular subject: *a documentary on/about life in Northern Ireland* ▶ **film/program dokumentalny**

doddle /ˈdɒdl/ noun [sing.] (Brit., informal) something that is very easy to do: *The work is an absolute doddle!* ▶ **łatwizna**

dodge /dɒdʒ/ verb **1** [I,T] to move quickly in order to avoid sb/sth: *I managed to dodge the headmaster and slipped into the classroom.* ▶ **wymykać się (komuś/czemuś), uchylać się 2** [T] to avoid doing or thinking about sth such as a duty, etc.: *Don't try to dodge your responsibilities!* ▶ **unikać, wykręcać się (od czegoś)**

□ **dodge** noun [C] **1** [usually sing.] a quick movement to avoid sb/sth: *He made a sudden dodge to the right.* ▶ **unik 2** (informal) a clever way of avoiding sth: *a tax dodge* machlojki podatkowe ▶ **wykręt, unik**

dodgy /ˈdɒdʒi/ adj. (**dodgier**; **dodgiest**) (especially Brit., informal) risky; not reliable or honest: *a dodgy business deal* ciemny interes ▶ **ryzykowny; podejrzany**

doe /dəʊ/ noun [C] a female deer or rabbit ▶ **łania, samica królika lub zająca**

does → DO[1,2]

doesn't short for DOES NOT

★**dog[1]** /dɒg; US dɔːg/ noun [C] **1** an animal that many people keep as a pet, or for working on farms, hunting, etc. ▶ **pies**

> **Dog** is used for both male and female animals. The special word for a female is **bitch**. A young dog is called a **puppy**. A dog can **bark**, **growl**, **whine** and **wag** its tail.

2 a male dog or fox ▶ **samiec psa/lisa**

■ ˈ**dog collar** noun [C] (informal) a white collar that is worn by priests in the Christian church ▶ **koloratka** | ˈ**dog-eared** adj. (used about a book or piece of paper) in bad condition and having the corners of the pages turned down because it has been used a lot ▶ **z oślimi uszami**

dog[2] /dɒg; US dɔːg/ verb [T] (**dogging**; **dogged**) to follow closely: *A shadowy figure was dogging their every move.* ○ (figurative) *Bad luck and illness have dogged her career from the start.* ▶ **śledzić; towarzyszyć**

dogged /ˈdɒgɪd; US ˈdɔːg-/ adj. refusing to give up even when sth is difficult: *his dogged determination to succeed* ▶ **uparty, wytrwały**

□ **doggedly** adv.: *She doggedly refused all offers of help.* ▶ **uparcie**

dogma /ˈdɒgmə; US ˈdɔːgmə/ noun [C,U] a belief or set of beliefs that people are expected to accept as true without questioning ▶ **dogmat**

dogmatic /dɒgˈmætɪk; US dɔːg-/ adj. insisting that sth is true or right; not prepared to consider other opinions ▶ **dogmatyczny**

□ **dogmatically** /-kli/ adv. ▶ **dogmatycznie**

dogsbody /ˈdɒgzbɒdi; US ˈdɔːg-/ noun [C] (pl. **dogsbodies**) (Brit., informal) a person who is made to do the boring or unpleasant jobs that no one else wants to do and who is treated as being less important than other people ▶ **popychadło**

doldrums /ˈdɒldrəmz/ noun [pl.]

IDIOM **in the doldrums** (informal) **1** not active or busy: *Business is in the doldrums.* ▶ **w zastoju 2** sad or depressed ▶ **mający chandrę**

dole[1] /dəʊl/ verb (informal)

PHRASAL VERB **dole sth out** to give sth, especially food, money, etc. to a number of people, in small amounts ▶ **obdzielać, rozdzielać**

dole[2] /dəʊl/ noun [sing.] (**the dole**) (Brit., informal) money that the State gives every week to people who are unemployed: *I lost my job and had to go on the dole.* ▶ **zasiłek dla bezrobotnych**

doleful /ˈdəʊlfl/ adj. sad or depressed: *She looked at him with doleful eyes.* ▶ **smutny, żałosny**

□ **dolefully** /-fəli/ adv. ▶ **smutno, żałośnie**

doll /dɒl/ noun [C] a child's toy that looks like a small person or a baby ▶ **lalka**

★**dollar** /ˈdɒlə(r)/ noun **1** [C] (symbol **$**) a unit of money in the US, Canada, Australia, etc. ▶ **dolar 2** [C] a note or coin that is worth one dollar ▶ **jednodolarówka 3** (**the dollar**) [sing.] the value of the US dollar on international money markets ▶ **dolar amerykański**

dollop /ˈdɒləp/ noun [C] (informal) a lump of sth soft, especially food ▶ **łyżka** (*np. śmietanki*)

dolphin /ˈdɒlfɪn/ noun [C] an intelligent animal that lives in the sea and looks like a large fish. Dolphins usually swim in large groups. ▶ **delfin**

domain /dəˈmeɪn; dəʊ-/ noun [C] an area of knowledge or activity: *I'm afraid I don't know – that's really outside my domain.* ○ *This issue is now in the public domain* (została podana do publicznej wiadomości). ▶ **zakres**

dome /dəʊm/ noun [C] a round roof on a building: *the dome of St Paul's in London* ▶ **kopuła**

★**domestic** /dəˈmestɪk/ adj. **1** connected with the home or family: *domestic responsibilities* ○ *domestic water/gas supplies* ▶ **domowy 2** (used about a person) enjoying doing things in the home, such as cooking and housework ▶ **rodzinny, dobrze wykonujący prace domowe 3** not international; of or inside a particular country: *domestic flights* ▶ **krajowy 4** (used about animals) kept as pets or on farms; not wild: *domestic animals such as cats, dogs and horses* ▶ **domowy**

domesticated /dəˈmestɪkeɪtɪd/ adj. **1** (used about animals) used to living near people and being controlled by them ▶ **oswojony, udomowiony 2** (used about people) able to do or good at housework, cooking, etc.: *Men are expected to be much more domesticated* (partnerscy) *nowadays.* ▶ **umiejący dobrze wykonywać prace domowe**

dominant /ˈdɒmɪnənt/ adj. **1** the strongest or most important: *His mother was the dominant influence in his life.* ▶ **dominujący 2** that you notice very easily: *The castle stands in a dominant position above the town* (góruje nad miastem). ▶ **górujący, dominujący**
□ **dominance** /ˈdɒmɪnəns/ noun [U] control or power: *Japan's dominance of the car industry* ▶ **dominacja**

dominate /ˈdɒmɪneɪt/ verb **1** [I,T] to have strong control or influence; to be the most important person or thing in sth: *The Italian team dominated in the second half.* ○ *She always dominates the conversation.* ▶ **dominować 2** [T] (used about a building or place) to look down on or over: *The cathedral dominates the area for miles around.* ▶ **dominować**
□ **domination** /ˌdɒmɪˈneɪʃn/ noun [U] strong control, power or influence ▶ **dominacja**

domineering /ˌdɒmɪˈnɪərɪŋ/ adj. having a very strong character and wanting to control other people ▶ **władczy, despotyczny**

dominion /dəˈmɪniən/ noun **1** [U] (formal) the power to rule and control: *to have dominion over an area* ▶ **zwierzchnictwo 2** [C] (formal) an area controlled by one government or ruler: *the Queen's dominions* ▶ **dominium**

domino /ˈdɒmɪnəʊ/ noun [C] (pl. **dominoes**) one of a set of small flat pieces of wood or plastic that are used for playing dominoes. Each domino has a different number of spots on one side of it. ▶ **kostka do gry w domino**

donate /dəʊˈneɪt; US ˈdəʊneɪt/ verb [T] to give money or goods to an organization, especially one for people or animals who need help: *She donated a large sum of money to Cancer Research.* ▶ **darować, ofiarować**
□ **donation** /dəʊˈneɪʃn/ noun [C] a gift of money or goods to an organization, especially one for people or animals who need help: *Would you like to make a small donation to the Red Cross?* ▶ **datek, darowizna**

done[1] pp of DO[2]

done[2] /dʌn/ adj. (not before a noun) **1** finished: *He went out as soon as the job was done.* ▶ **skończony 2** (used about food) cooked enough: *The vegetables still aren't done.* ▶ **dogotowany**
IDIOM **over and done with** completely finished; in the past ▶ **skończony, należący do przeszłości**
□ **done** interj. (used for saying that you accept an offer): *'I'll give you twenty pounds for it.' 'Done!'* ▶ **zgoda!**

★**donkey** /ˈdɒŋki/ noun [C] (pl. **donkeys**) (also **ass**) an animal like a small horse, with long ears ▶ **osioł**
IDIOM **donkey's years** (Brit., informal) a very long time: *They've been going out together for donkey's years.* ▶ **wieki całe**

donor /ˈdəʊnə(r)/ noun [C] **1** a person who gives blood or a part of their own body for medical use: *a blood donor* krwiodawca ○ *a kidney donor* ▶ **daw-ca/czyni 2** a person who gives money or goods to an organization that needs it, especially an organization for helping other people ▶ **ofiarodaw-ca/czyni**

don't → DO[1,3]

donut → DOUGHNUT

doodle /ˈduːdl/ verb [I] to draw lines, patterns, etc. without concentrating, especially when you are bored or thinking about sth else ▶ **(machinalnie) kreślić esy-floresy**
□ **doodle** noun [C] ▶ **esy-floresy**

doom /duːm/ noun [U] death or a terrible event in the future which you cannot avoid: *In the last scene of the film the villain plunges to his doom in the river* (rzuca się do rzeki na niechybną śmierć). ○ *a sense of doom* przeczucie katastrofy ▶ **przeznaczenie, zatracenie**
□ **doomed** adj. certain to fail or to suffer sth unpleasant: *The plan was doomed from the start.* ○ *a doomed love affair* ▶ **skazany na niepowodzenie, przesądzony**

★**door** /dɔː(r)/ noun [C] **1** a piece of wood, glass, etc. that you open and close to get in or out of a room, building, car, etc.: *to open/shut/close the door* ○ *Have you bolted/locked the door?* ○ *Please don't slam the door.* ○ *I could hear someone knocking on the door.* ○ *the front/back door* ○ *the kitchen door* ○ *the fridge door* ▶ **drzwi 2** the entrance to a building, room, car, etc.: *I peeped through the door and saw her there.* ▶ **drzwi**
IDIOMS **(from) door to door** (from) house to house: *The journey takes about five hours, door to door.* ○ *a door-to-door salesman* ▶ **od drzwi do drzwi, domokrążny** | **next door (to sb/sth)** in the next house, room, etc.: *Do you know the people who live next door?* ○ *You'll find the bathroom next door to your bedroom.* ▶ **obok, po sąsiedzku** | **out of doors** outside: *Shall we eat out of doors today?* ❶ Antonim: **indoors**. ▶ **na zewnątrz, na świeżym powietrzu**
■ ˈ**doorbell** noun [C] a bell on the outside of a house which you ring when you want to go in ▶ **dzwonek** | ˈ**doormat** noun [C] **1** a mat beside a door which you can wipe your shoes on to clean them before going inside ▶ **wycieraczka 2** (informal) a person who allows other people to treat them badly without complaining ▶ **popychadło** | ˈ**doorstep** noun [C] a step in front of a door, usually outside a building ▶ **próg**
IDIOM **on your doorstep** very near to you: *The sea was right on our doorstep.* ▶ **tuż za progiem**
ˈ**doorway** noun [C] an entrance into a building, room, etc.: *She was standing in the doorway.* ▶ **wejście, drzwi**

dope /dəʊp/ noun (informal) **1** [U] a drug that is not legal, especially cannabis ▶ **narkotyk** (*zwł. marihuana*), **trawka 2** [C] a stupid person: *What a dope!* ▶ **głupek**
□ **dope** verb [T] to give a drug secretly to a person or an animal, especially to make them sleep ▶ **odurzać (podstępnie)** | **dopey** /ˈdəʊpi/ adj. (**dopier**; **dopiest**) **1** sleepy and not able to think clearly, especially because of drugs, alcohol or lack of sleep ▶ **odurzony** (*np. narkotyka-*

mi) **2** (informal) stupid; not very intelligent ▶ **głupawy, nierozgarnięty**

dormant /ˈdɔːmənt/ adj. not active for some time: *a dormant* (nieczynny) *volcano* ▶ **uśpiony, będący w zawieszeniu**

dormitory /ˈdɔːmətri; US -tɔːri/ noun [C] (pl. **dormitories**) (informal **dorm**) **1** a large bedroom with a number of beds in it, especially in a school, etc. ▶ **sala sypialna 2** (US) a building at a college or university where students live ▶ **akademik, dom studencki**

dosage /ˈdəʊsɪdʒ/ noun [C, usually sing.] the amount of a medicine you should take over a period of time: *The recommended dosage is one tablet every four hours.* ▶ **dawkowanie**

dose /dəʊs/ noun [C] **1** an amount of medicine that you take at one time: *Take a large dose of this cough medicine before going to bed.* ▶ **dawka 2** an amount of sth, especially sth unpleasant: *a dose of the flu* atak grypy ○ *I can only stand my mother-in-law in small doses.* ▶ **dawka**

□ **dose** verb [T] to give sb/yourself a medicine or drug: *He was heavily dosed* (był naszpikowany) *with painkillers.* ▶ **podawać/brać** (*lekarstwo*), **dawkować**

doss /dɒs/ verb (Brit., slang)

PHRASAL VERBS **doss about/around** to waste time not doing very much: *We just doss about in class.* ▶ **obijać się** | **doss down** to lie down to sleep, without a proper bed: *Do you mind if I doss down on your floor?* ▶ **przekimać**

★**dot** /dɒt/ noun [C] **1** a small, round mark: *The letter 'i' has a dot above it.* ○ *a white dress with black dots* (w czarne groszki) ▶ **kropka**

> Słowa **dot** używa się, mówiąc o czyimś adresie e-mail. Adres zapisany jako *ann@smithuni.co.uk* czyta się: *Ann at smithuni dot co dot uk.*

2 something that looks like a dot: *He watched until the aeroplane was just a dot in the sky.* ▶ **kropka, punkt**

IDIOM **on the dot** (informal) at exactly the right time or at exactly the time mentioned: *Lessons start at 9 o'clock on the dot* (punkt dziewiąta). ▶ **punktualnie**

□ **dot** verb [T] (**dotting**; **dotted**) (usually passive) to mark with a dot ▶ **kropkować**

IDIOMS **dotted about** scattered over an area: *There are restaurants dotted about all over town.* ▶ **rozsiany** | **dotted with** having many things or people in or on it: *a hillside dotted with sheep* ▶ **cętkowany, kropkowany**

■ **dotted ˈline** noun [C] a line of dots which show where sth is to be written on a form, etc.: *Please sign on the dotted line.* ▶ **linia kropkowana**

dot-com /dɒtˈkɒm/ noun [C] a company that sells goods and services on the Internet ▶ **sklep internetowy**

dote /dəʊt/ verb [I] **dote on sb/sth** to have or show too much love for sb/sth and think they are perfect: *He's always doted on his eldest son.* ▶ **nie widzieć świata poza kimś, rozpieszczać kogoś**

□ **doting** adj. very or too loving: *doting parents* ▶ **kochający**

★**double**[1] /ˈdʌbl/ adj. **1** twice as much or as many (as usual): *a double helping of ice cream* ▶ **podwójny 2** having two equal or similar parts: *Don't park on double yellow lines.* ○ *double doors* ○ *Does 'necessary' have a double 's'?* ○ *My phone number is two four double 0* (zero zero) *four.* ▶ **podwójny 3** made for or used by two people or things: *a double garage* ▶ **podwójny**

■ ˌ**double ˈagent** noun a person who spies for two rival countries at the same time ▶ **podwójny agent** | ˌ**double ˈbass** (also **bass**) noun [C] the largest instrument of the violin family, that you play standing up ▶ **kontrabas** | ˌ**double ˈbed** noun [C] a bed made for two people ➲ Por. **single** i **twin**. ▶ **łóżko dwuosobowe** | ˌ**double-ˈdecker** noun [C] a bus with two floors ▶ **autobus piętrowy** | ˌ**double ˈDutch** noun [U] talk or writing that you cannot understand at all ▶ **chińszczyzna, bezsens** | ˌ**double ˈfigures** noun [U] a number that is more than 10: *Inflation is now in double figures* (przekroczyła już 10 procent). ▶ **liczba większa od 10**

★**double**[2] /ˈdʌbl/ det. twice as much or as many (as usual, as sb/sth, etc.): *His income is double hers.* ○ *We'll need double the amount of wine.* ▶ **dwa razy tyle/więcej**

★**double**[3] /ˈdʌbl/ adv. in twos or two parts: *When I saw her with her twin sister I thought I was seeing double* (myślałem, że dwoi mi się w oczach). ▶ **podwójnie**

■ ˌ**double-ˈbreasted** adj. (used about a coat or jacket) having the front parts cross over each other, with two rows of buttons ▶ **dwurzędowy** | ˌ**double-ˈcheck** verb [I,T] to check sth again, or with great care ▶ **sprawdzać ponownie/dokładnie** | ˌ**double-ˈcross** verb [T] to cheat sb who believes that they can trust you ▶ **przechytrzyć** | ˌ**double-ˈglaze** verb [T] to put two layers of glass in a window, so that the building is kept warm or quiet ▶ **wstawiać podwójne szyby w oknach** | ˌ**double-ˈglazing** noun [U] ▶ **podwójne szyby w oknach** | ˌ**double-ˈpark** verb [I,T] (usually passive) to park a car or other vehicle beside one that is already parked in a street: *A red sports car stood double-parked almost in the middle of the road.* ○ *I'll have to rush – I'm double-parked.* ▶ **parkować na drugiego**

★**double**[4] /ˈdʌbl/ noun **1** [U] twice the (usual) number or amount: *When you work overtime* (w godzinach nadliczbowych)*, you get paid double.* ▶ **podwójna stawka/kwota 2** [C] a person who looks very much like another: *I thought it was you I saw on the bus. You must have a double.* ▶ **sobowtór 3** [C] a bedroom for two people in a hotel, etc. ➲ Por. **single**. ▶ **pokój dwuosobowy 4** (**doubles**) [pl.] (in some sports, e.g. tennis) with two pairs playing: *the Men's Doubles final* ➲ Por. **singles**. ▶ **debel**

★**double**[5] /ˈdʌbl/ verb [I,T] **1** to become or to make sth twice as much or as many: *The price of houses has almost doubled.* ○ *Think of a number and double it.* ▶ **podwajać (się) 2 double as sth** to have a second use or function: *The small* *room doubles as a study.* ▶ **być używanym także jako coś**

IDIOM **double (sb) up/over** (to cause sb) to bend the body: *to be doubled up in pain/with laughter* ▶ **zginać (się)**

doubly /ˈdʌbli/ adv. **1** in two ways: *He was doubly blessed with both good looks and talent.* ▶ **podwójnie 2** more than usually: *I made doubly sure that the door was locked.* ▶ **dwukrotnie**

★**doubt**[1] /daʊt/ noun [C,U] (a feeling of) uncertainty: *If you have any doubts, feel free to ring me.* ○ *You'll definitely pass. There's no doubt about it.* ○ *There was some doubt as to whether she was right for the job.* ▶ **wątpliwość**

IDIOMS **cast doubt on sth** → CAST[2] | **give sb the benefit of the doubt** → BENEFIT | **in doubt** not sure or definite ▶ **mający wątpliwości, wątpliwy** | **no doubt** (used when you expect sth to happen but you are not sure that it will) probably: *No doubt she'll write when she has time.* ▶ **niewątpliwie** | **without (a) doubt** definitely: *It was, without doubt, the coldest winter for many years.* ▶ **niewątpliwie**

★**doubt**[2] /daʊt/ verb [T] to think sth unlikely or to feel uncertain (about sth): *She never doubted that he was telling the truth.* ○ *I doubt whether/if I'll have time to go to the shops today.* ○ *He had never doubted her support.* ▶ **wątpić (w coś/o czymś)**

doubtful /ˈdaʊtfl/ adj. **1** unlikely or uncertain: *It's doubtful whether/if we'll finish in time.* ○ *It was doubtful that he was still alive.* ▶ **wątpliwy 2 doubtful (about sth/about doing sth)** (used about a person) not sure: *He felt doubtful about his decision.* ▶ **niepewny**

□ **doubtfully** /-fəli/ adv.: *'I suppose it'll be all right,' she said doubtfully.* ▶ **niepewnie**

doubtless /ˈdaʊtləs/ adv. almost certainly: *Doubtless she'll have a good excuse for being late!* ▶ **niewątpliwie**

dough /dəʊ/ noun [U] **1** a mixture of flour, water and sometimes fat and sugar. It is used for baking into bread, etc. ▶ **ciasto 2** (informal) money ▶ **forsa**

■ ˈ**doughnut** (especially US **donut**) noun [C] a small cake in the shape of a ball or a ring, made from sweet dough cooked in fat ▶ **pączek**

dour /dʊə(r)/ adj. (used about a person's manner or expression) cold and unfriendly ▶ **oschły, surowy**

douse (also **dowse**) /daʊz/ verb [T] **1** to cover sb/sth with liquid: *to douse yourself in perfume* ▶ **oblewać się 2** to stop a fire, etc. burning: *The firemen managed to douse the blaze.* ▶ **ugaszać**

dove[1] /dʌv/ noun [C] a type of bird, similar to a pigeon, often used as a sign of peace ▶ **gołąb (biały)**

dove[2] /dəʊv/ (US) pt of DIVE[1]

dowdy /ˈdaʊdi/ adj. (**dowdier**; **dowdiest**) (used about a person or the clothes they wear) dull and unfashionable ▶ **nieciekawy i bez gustu, niemodny**

★**down**[1] /daʊn/ adv. ❶ **Down** używa się w czasownikach złożonych. ➲ Zob. hasła odpowiednich czasowników, np. **go**, **sit**, **lie**, **turn**, **write**. **1** to or at a lower level or place; not up: *We watched the sun go down.* Patrzyliśmy na zachód słońca. ○ *Can you get that book down from the top shelf?* Czy możesz zdjąć tę książkę z górnej półki? ○ *'Where's Mary?' 'She's down in the basement.'* ▶ **na dół/dole 2** to or in the south: *We went down to Devon for our holiday.* Pojechaliśmy do Devon na wakacje. ▶ **na południ-e/u 3 down to sb/sth** even including: *Everyone was invited from the Director down to the tea ladies.* ▶ **(aż po kogoś/coś) do kogoś/czegoś, włącznie z kimś/czymś**

IDIOMS **be down to sb** to be sb's responsibility: *When my father died it was down to me* (na mnie spadł obowiązek) *to look after the family's affairs.* ▶ **zależeć od kogoś** | **be down to sth** to have only the amount mentioned left: *I can't lend you any money – I'm down to my last* (zostało mi) *£5.* ▶ **mieć zaledwie** | **be/go down with sth** to be or become ill with sth: *Simon's gone down with flu.* ▶ **zachorować na coś** | **down and out** having no money, job or home ▶ **bez grosza, bezdomny** | **down under** (informal) (in) Australia: *He comes from down under.* ▶ **Australia; w Australii**

■ ˌ**down and** ˈ**out** noun [C] a person who has not got money, a job or a home ▶ **rozbitek życiowy** | ˌ**down-to-**ˈ**earth** adj. sensible and practical; not complicated or too clever ▶ **praktyczny, rozsądny**

★**down**[2] /daʊn/ prep. **1** along: *'Where's the nearest garage?' 'Go down this road* (pojedziesz tą ulicą) *and turn right.'* ▶ **wzdłuż 2** from the top towards the bottom of sth: *Her hair hung down her back.* Jej włosy opadały na plecy. ○ *The snow began to slide down the mountain.* Śnieg zaczął się zsuwać z góry. ▶ **na dół 3** at or to a lower or further part of sth: *We sailed down the river towards the sea.* Popłynęliśmy z prądem rzeki ku morzu. ▶ **w/na dół, na dole**

down[3] /daʊn/ verb [T] (informal) to finish a drink quickly: *He downed a pint of beer and left.* ▶ **wypić do dna**

down[4] /daʊn/ noun

IDIOM **ups and downs** → UP

down[5] /daʊn/ adj. **1** sad: *You're looking a bit down today.* ▶ **smutny, przygnębiony 2** lower than before: *Unemployment figures are down for the third month in succession.* ▶ **niższy 3** (used about computers) not working ▶ **nie działający**

down[6] /daʊn/ noun [U] very soft feathers: *a duvet filled with down* ▶ **puch**

downcast /ˈdaʊnkɑːst; US ˈdaʊnkæst/ adj. **1** (used about a person) sad and without hope ▶ **przybity 2** (used about eyes) looking down ▶ **spuszczony**

downfall /ˈdaʊnfɔːl/ noun [sing.] **1** a loss of power or success: *The government's downfall seemed inevitable.* ▶ **upadek 2** a thing that causes a loss of power or success ▶ **ruina**

downgrade /ˌdaʊnˈgreɪd/ verb [T] to reduce sb/sth to a lower level or position of importance ▶ **przenosić na niższy poziom**

downhearted /ˌdaʊnˈhɑːtɪd/ adj. sad or depressed ▶ **przybity, przygnębiony**

downhill /ˌdaʊnˈhɪl/ adj., adv. (going) down a slope; towards the bottom of a hill: *It's an easy walk, downhill most of the way.* ○ *downhill skiing* narciarstwo zjazdowe ▶ **w/na dół**

IDIOM **go downhill** to get worse: *Their relationship has been going downhill for some time now.* ▶ **pogarszać się**

download /ˌdaʊnˈləʊd/ verb [T] to copy a computer file, etc. from a large computer system to a smaller one ▶ **ściągać, kopiować** (*plik*)

downmarket /ˌdaʊnˈmɑːkɪt/ adj. cheap and of not very high quality ➲ Por. **upmarket**. ▶ **niskiej jakości, niemodny**

downpour /ˈdaʊnpɔː(r)/ noun [C, usually sing.] a heavy, sudden fall of rain ▶ **ulewa**

downright /ˈdaʊnraɪt/ adj. (only before a noun) (used about sth bad or unpleasant) complete: *The holiday was a downright disaster.* ▶ **całkowity**

□ **downright** adv. completely or thoroughly: *That road is downright dangerous!* ▶ **całkowicie**

downs /daʊnz/ noun [pl.] an area of low, round hills, especially in the south of England: *the Sussex Downs* ▶ **wyżyny**

downside /ˈdaʊnsaɪd/ noun [usually sing.] a negative aspect; a disadvantage or set of disadvantages: *All good ideas have a downside.* ▶ **zła/negatywna strona**

Down's syndrome /ˈdaʊnz sɪndrəʊm/ noun [U] a condition that a person is born with. People with this condition have a flat, wide face and lower than average intelligence. ▶ **zespół Downa**

★**downstairs** /ˌdaʊnˈsteəz/ adv., adj. **1** down the stairs: *He fell downstairs.* ▶ **w dół** (*schodami*), **ze schodów 2** on or to the ground floor or a lower floor: *Dad's downstairs.* ○ *a downstairs toilet* ▶ **na/w dół, na dole** ❶ Antonim: **upstairs**.

downstream /ˌdaʊnˈstriːm/ adv. in the direction in which a river flows: *We were rowing downstream, towards the sea.* ❶ Antonim: **upstream**. ▶ **w dół rzeki, z prądem**

downtrodden /ˈdaʊntrɒdn/ adj. (used about a person) made to suffer bad treatment or living conditions by people in power, but being too tired, poor, ill, etc. to change things ▶ **sponiewierany**

downturn /ˈdaʊntɜːn/ noun [C] **downturn (in sth)** a reduction in economic or business activity: *hit by a downturn in consumer spending* ▶ **spadek, zmniejszenie**

★**downward** /ˈdaʊnwəd/ adj. (only before a noun) towards the ground or a lower level: *a downward movement* ruch w dół ○ *a downward trend* (tendencja spadkowa) *in house prices* ▶ **w/na dół**

□ **downwards** (also **downward**) adv. towards the ground or a lower level: *She laid the picture face downwards on the table.* ❶ Antonim: **upward(s)**. ▶ **w/na dół**

dowry /ˈdaʊri/ noun [C] (pl. **dowries**) an amount of money or property which, in some countries, a woman's family gives to the man she is marrying ▶ **posag**

dowse = DOUSE

doz. abbr. dozen ▶ **tuzin**

doze /dəʊz/ verb [I] to sleep lightly and/or for a short time: *He was dozing in front of the television.* ▶ **drzemać**

PHRASAL VERB **doze off** to go to sleep, without meaning to: *I'm sorry – I must have dozed off for a minute.* ▶ **zdrzemnąć się**

□ **doze** noun [C, usually sing.] a light, short sleep ▶ **drzemka**

★**dozen** /ˈdʌzn/ noun [C] (abbr. **doz.**) (pl. **dozens** or **dozen**) twelve or a group of twelve: *half a dozen* ○ *two dozen eggs* ▶ **tuzin**

IDIOM **dozens (of sth)** (informal) very many: *I've tried phoning her dozens of times.* ▶ **kilkadziesiąt**

dozy /ˈdəʊzi/ adj. (**dozier**; **doziest**) **1** sleepy: *The wine had made her rather dozy.* ▶ **śpiący 2** (Brit., informal) stupid: *You dozy thing – look what you've done!* ▶ **roztargniony, głupawy**

Dr abbr. doctor: *Dr Anne Walker* ○ *Dr Smith* ▶ **dr**

drab /dræb/ adj. (**drabber**; **drabbest**) dull and not interesting or attractive: *a drab grey office building* ▶ **bezbarwny, nieciekawy**

draft[1] /drɑːft; US dræft/ noun [C] **1** a piece of writing, etc. which will probably be changed and improved; not the final copy: *the first draft of a speech* ▶ **zarys, brudnopis 2** a written order to to a bank to pay money to sb: *Payment must be made by bank draft.* ▶ **przelew 2** (US) = DRAUGHT

draft[2] /drɑːft; US dræft/ verb [T] **1** to make a first or early copy of a piece of writing: *I'll draft a letter and show it to you before I type it.* ▶ **pisać na brudno 2** (usually passive) (US) to order sb to join the armed forces: *He was drafted into the army.* ▶ **przeprowadzać pobór** (*do wojska*)

drafty (US) = DRAUGHTY

drag[1] /dræg/ noun **1** [sing.] (informal) a person or thing that is boring or annoying: *'The car's broken down.' 'Oh no! What a drag!'* ▶ **nuda, kłopot 2** [U] (informal) the wearing of women's clothes by a man, especially as part of a show, etc. ▶ **przebieranie się za kobietę 3** [C] (informal) an act of breathing in cigarette smoke: *He took a long drag on his cigarette* (głęboko zaciągnął się). ▶ **zaciągnięcie się** (*papierosem*)

★**drag**[2] /dræg/ verb (**dragging**; **dragged**) **1** [T] to pull sb/sth along with difficulty: *The box was so heavy we had to drag it along.* ▶ **ciągnąć 2** [T] to force or to make sb come or go somewhere: *She dragged the child up the steps by her arm.* ○ *Can I drag you away* (odciągnąć) *from the television?* ▶ **wlec 3** [I] **drag (on)** to be boring or to seem to last a long time: *The speeches dragged on for hours.* ▶ **przeciągać się, wlec się 4** [T] to move sth across the screen of a computer using the mouse ▶ **przeciągać**

PHRASAL VERBS **drag sth out** to make sth last longer than necessary: *Let's not drag this deci-*

sion out – yes or no? ▶ **wyciągać** | **drag sth out (of sb)** to force or persuade sb to give you information that you want ▶ **wyciągać (od kogoś)**

dragon /ˈdræɡən/ noun [C] (in stories, etc.) an imaginary animal with wings, which can breathe out fire ▶ **smok**

dragonfly /ˈdræɡənflaɪ/ noun [C] (pl. **dragonflies**) an insect with a long thin body and two pairs of transparent wings ▶ **ważka**

★**drain¹** /dreɪn/ noun [C] a pipe or hole that dirty water, etc. goes down to be carried away: *The drain outside the kitchen is blocked.* ▶ **ściek**

IDIOMS **a drain on sb/sth** something that uses up time, money, strength, etc.: *The cost of travelling is a great drain on our budget.* ▶ **obciążenie** (*np. finansowe*) | **go down the drain** (informal) to be wasted: *All that hard work has gone down the drain.* ▶ **marnować się**

■ ˈ**drainpipe** noun [C] a pipe which goes down the side of a building, especially one that carries water from the roof into a drain ▶ **rynna odpływowa**

drain² /dreɪn/ verb **1** [I,T] to become dry as liquid flows away; to make sth dry in this way: *The area will have to be drained before it can be used for farming.* ▶ **odwadniać (się) 2** [I,T] to flow away; to make a liquid flow: *The sink's blocked – the water won't drain away.* ○ *The plumber had to drain the water from the heating system.* ▶ **spływać; odprowadzać wodę 3** [T] to drink all the liquid (in a glass, etc.): *He drained his glass in one gulp.* ▶ **wypić do dna 4** [I] (used about a feeling) to become weaker and weaker until it disappears: *All his anger began to drain away.* ▶ **przechodzić 5** [T] **drain sb/sth (of sth)** to make sb/sth weaker, poorer, etc. by slowly using all the strength, money, etc. available ▶ **osłabiać, zużywać**

■ ˈ**draining board** (US ˈ**drainboard**) noun [C] the place beside a kitchen sink where you put plates, cups, knives, etc. to dry ▶ **suszarka do naczyń**

drainage /ˈdreɪnɪdʒ/ noun [U] a system used for draining water, etc. away from a place ▶ **kanalizacja**

drama /ˈdrɑːmə/ noun **1** [C] a play for the theatre, radio or television: *a contemporary drama* ▶ **dramat, sztuka 2** [U] plays as a form of writing; the performance of plays: *He wrote some drama.* ○ *a drama school/student* ▶ **sztuka dramatyczna 3** [C] an exciting event ▶ **porywające przeżycie 4** [U] excitement: *Why is there so little drama in my life?* Dlaczego moje życie jest takie nudne? ○ *…and to add to all the drama* (i na dobitkę), *the lights went out!* ▶ **podniecenie**

★**dramatic** /drəˈmætɪk/ adj. **1** noticeable or sudden: *a dramatic change* ▶ **nagły, dramatyczny 2** exciting or impressive: *The opening scene of the film was extremely dramatic.* ▶ **dramatyczny 3** (used about a person, a person's behaviour, etc.) showing feelings, etc. in a very obvious way because you want other people to notice you or pay attention to you: *Calm down. There's no need to be so dramatic about everything!* ▶ **dramatyczny 4** connected with plays or the theatre: *Shakespeare's dramatic works* ▶ **dramatyczny**

□ **dramatically** /-kli/ adv. in a dramatic way: *'I can't go on,' she said dramatically.* ▶ **dramatycznie**

dramatist /ˈdræmətɪst/ noun [C] a person who writes plays ▶ **dramaturg**

dramatize (also **dramatise**) /ˈdræmətaɪz/ verb **1** [T] to make a book, an event, etc. into a play: *The novel has been dramatized for television.* ▶ **dramatyzować 2** [I,T] to make sth seem more exciting or important than it really is: *The newspaper was accused of dramatizing the situation.* ▶ **dramatyzować**

□ **dramatization** (also **dramatisation**) /ˌdræmətaɪˈzeɪʃn/ noun [C,U] ▶ **dramatyzacja**

drank pt of DRINK

drape /dreɪp/ verb [T] **1 drape sth round/over sth** to put a piece of cloth, clothing, etc. loosely on sth: *He draped a towel round his waist.* ▶ **zawijać (się), owijać (się) 2 drape sb/sth (in/with sth)** (usually passive) to cover sb/sth (with cloth, etc.): *The furniture was draped in dust sheets.* ▶ **przykrywać** (*np. tkaniną*)

□ **drape** noun [C] (US) = CURTAIN

drastic /ˈdræstɪk/ adj. **1** strong, effective and usually quick: *The situation requires drastic action.* ▶ **drastyczny 2** very noticeable or serious: *a drastic rise in crime* ▶ **ostry**

□ **drastically** /-kli/ adv.: *House prices have fallen drastically over the last two years.* ▶ **ostro**

draught /drɑːft/ (US **draft** /dræft/) noun **1** [C] a current of air that comes into a room: *Can you shut the door? There's a draught in here.* ▶ **przewiew 2** (**draughts**) (Brit.) (US **checkers**) [U] a game for two players that you play on a black and white board using round black and white pieces ▶ **warcaby**

□ **draught** adj. (used about beer, etc.) served from barrels, not bottles: *draught beer* ▶ **piwo beczkowe**

draughtsman /ˈdrɑːftsmən/ (US **draftsman** /ˈdræfts-/) noun [C] (pl. **draughtsmen**; US **draftsmen** /-mən/) a person whose job is to make technical drawings ▶ **kreślarz**

draughty /ˈdrɑːfti/ (US **drafty** /ˈdræfti/) adj. (**draughtier**; **draughtiest**) having currents of air blowing through: *a large, draughty old house* ▶ **z przeciągami**

draw¹ /drɔː/ noun [C] **1** a result of a game or competition in which both players or teams get the same score so that neither of them wins: *The match ended in a draw.* ▶ **remis 2** an act of deciding sth by chance by pulling out names or numbers from a bag, etc.: *She won her bike in a prize draw.* ▶ **losowanie**

★**draw²** /drɔː/ verb (pt **drew** /druː/; pp **drawn** /drɔːn/) **1** [I,T] to make a picture or diagram of sth with a pencil, pen, etc.: *Shall I draw you a map of how to get there?* ▶ **rysować, szkicować 2** [I] to move in the direction mentioned: *At last the train drew into/out of the station.* ▶ **przyjeżdżać, odjeżdżać 3** [T] **draw sth out of/from sth** to pull sth smoothly out of its present position: *She drew the letter out of her pocket.*

▶ **wyciągać 4** [T] to pull sb/sth gently into a new position: *He drew me by the hand into the room.* ○ *Why don't you draw your chairs up to the fire?* ▶ **przysuwać, pociągać 5** [T] (used about horses, etc.) to pull sth along: *The Queen's carriage was drawn by six horses.* ▶ **ciągnąć 6** [T] to open or close curtains, etc.: *It was getting dark so I drew the curtains.* ▶ **odsłaniać; zasłaniać 7** [T] to pull a gun, sword or knife out of its holder, quickly and in order to attack sb: *The cowboy drew his gun.* ▶ **wyciągać 8** [T] **draw sth from sb/sth** to gain sth from sb/sth: *This information has been drawn from a number of sources.* ▶ **uzyskać 9** [T] **draw sth (from sth)** to learn sth from study, experience, etc.: *Can we draw any conclusions from this survey?* ▶ **wyciągać 10** [T] **draw sth (from sb)** to produce a reaction or response to the thing mentioned: *The advertisement has drawn interest from people all over the country.* ▶ **przyciągać 11** [T] **draw sb (to sb/sth)** to attract or interest sb: *She had always been drawn to older men.* ○ *The musicians drew quite a large crowd.* ▶ **przyciągać 12** [I,T] to finish a game, competition, etc. with equal scores so that neither person or team wins: *The two teams drew.* ○ *The match was drawn.* ▶ **remisować**

IDIOMS **bring sth/come/draw to an end** → END[1] | **draw (sb's) attention to sth** to make sb aware of sth: *Can I draw your attention to point seven on the agenda?* ▶ **zwracać czyjąś uwagę na coś** | **draw a blank** to get no result or response: *Detectives investigating the case have drawn a blank so far.* ▶ **doznawać zawodu** | **draw a comparison/a parallel** to show how two things compare or are similar: *The programme drew an interesting comparison between Japan and Britain.* ▶ **porównywać** | **draw a distinction between sth and sth** to show how two things are different: *It's important to draw a distinction between the methods used now and those used previously.* ▶ **odróżniać** | **draw the line at sth** to say 'no' to sth even though you are prepared to be helpful in other ways: *I do most of the cooking but I draw the line at washing up as well* (ale nie ma mowy, abym też zmywał)*!* ▶ **wykluczać** | **draw lots** to decide sth by chance: *They drew lots to see who should stay.* ▶ **ciągnąć losy**

PHRASAL VERBS **draw in 1** (used about the hours of daylight) to get shorter before the winter ▶ **skracać się 2** (used about cars, buses, etc.) to go to the side of the road and stop ▶ **zatrzymywać się** | **draw out 1** (used about the hours of daylight) to get longer in the spring ▶ **wydłużać się 2** (used about cars, buses, etc.) to move out from the side of the road where they have stopped ▶ **wyruszać** (*po krótkim postoju*) | **draw sth out** to take money out of a bank account: *How much money do I need to draw out?* ▶ **podejmować** (*pieniądze z banku*) | **draw up** (used about a car, etc.) to drive up and stop in front of or near sth: *A police car drew up outside the building.* ▶ **podjechać** | **draw sth up** to prepare a document, list, etc. and write it out: *to draw up a contract* ▶ **sporządzać**

drawback /'drɔːbæk/ noun [C] a disadvantage or problem: *His lack of experience is a major drawback.* ▶ **wada**

★**drawer** /drɔː(r)/ noun [C] a container which forms part of a piece of furniture such as a desk, that you can pull out to put things in or take things out: *There's some paper in the top drawer of my desk.* ▶ **szuflada**

★**drawing** /'drɔːɪŋ/ noun **1** [C] a picture made with a pencil, pen, etc. ▶ **rysunek 2** [U] the art of drawing pictures ▶ **rysowanie**

■ **'drawing pin** (US **thumbtack**) noun [C] a short pin with a flat top, used for fastening paper, etc. to a board or wall ▶ **pinezka, pluskiewka**

drawing room /'drɔːɪŋ ruːm/ noun [C] a living room, especially one used mainly for formal occasions ▶ **salon**

drawl /drɔːl/ verb [I,T] to speak slowly, making the vowel sounds very long ▶ **zaciągać wyrazy**

□ **drawl** noun [sing.]: *a slow Kentucky drawl* ▶ **zaciąganie wyrazów**

drawn[1] /drɔːn/ adj. (used about a person or their face) looking tired, worried or ill: *He looked pale and drawn.* ▶ **wyczerpany**

drawn[2] pp of DRAW[2]: *The match was drawn.* ○ *The curtains were drawn.* ▶ **zremisowany, zasłonięty**

,drawn 'out adj. lasting longer than necessary: *long drawn-out discussions* ▶ **przeciągający się**

dread /dred/ noun [U, sing.] great fear: *He lived in dread of the same thing happening to him one day.* ○ *a secret dread of what might happen* ▶ **strach**

□ **dread** verb [T] to be very afraid of or worried about sth: *I'm dreading the exams.* ○ *She dreaded having to tell him what had happened.* ○ *I dread to think what my father will say.* ▶ **lękać się** | **dreaded** adj. terrible; causing you to feel afraid or worried: *the most dreaded punishment of all* ▶ **straszny**

dreadful /'dredfl/ adj. very bad, unpleasant or poor in quality: *We had a dreadful journey.* ○ *What a dreadful man!* ○ *I'm afraid there's been a dreadful mistake.* ▶ **okropny**

□ **dreadfully** /-fəli/ adv. **1** very; extremely: *I'm dreadfully sorry.* ▶ **strasznie 2** very badly: *The party went dreadfully.* Przyjęcie było okropne. ▶ **okropnie**

dreadlocks /'dredlɒks/ noun [pl.] hair worn in long curled pieces, especially by some black people ➲ Ilustr. do **hair**. ▶ **dredy**

★**dream[1]** /driːm/ noun **1** [C] a series of events or pictures which happen in your mind while you are asleep: *I had a strange dream last night.* ○ *In my dream I was flying a helicopter…* ▶ **sen 2** [C] an event or situation that you want very much to happen, although it is not very likely that it will: *His dream was to give up his job and live in the country.* ○ *a dream house* ▶ **marzenie 3** [sing.] a state of mind in which you are not concentrating on what is happening around you: *You've been in a dream all morning!* Całe rano jesteś (myślami) gdzieś indziej! ▶ **oszołomienie**

★**dream²** /driːm/ verb [I,T] (pt, pp **dreamed** /driːmd/or **dreamt** /dremt/) **1** to see or experience pictures and events in your mind while you are asleep: *I dreamed about the house that I lived in as a child.* ○ *I woke up to find that I wasn't really rich. I had only dreamt it.* ○ *I dreamed that I was running but I couldn't get away.* ▶ **śnić (się) 2** to imagine sth that you would like to happen: *I've always dreamt about winning lots of money.* ○ *I never dreamt that I would be so lucky!* ➲ Por. **daydream.** ▶ **marzyć**
IDIOM **I, etc. would not dream of sth** I, etc. would definitely not do sth, under any circumstances: *'Don't tell anybody.' 'Of course not. I wouldn't dream of it.'* ▶ **nie przyszłoby mi to do głowy**
PHRASAL VERB **dream sth up** (informal) to think of sth such as a plan, etc. especially sth unusual or slightly foolish: *Which of you dreamt up that idea?* ▶ **wymyślać**
□ **dreamer** noun [C] a person who thinks a lot about ideas, plans, etc. which may never happen instead of concentrating on what is really happening ▶ **marzyciel/ka**

dreamy /ˈdriːmi/ adj. (**dreamier**; **dreamiest**) (used about a person or their expression) having or showing thoughts that are far away from the real world: *a dreamy look/expression* ▶ **marzycielski**
□ **dreamily** /-ɪli/ adv. ▶ **marzycielsko**

dreary /ˈdrɪəri/ adj. (**drearier**; **dreariest**) dull, boring or depressing: *dreary weather* ▶ **ponury**

dredge /dredʒ/ verb [T] to clear the mud, etc. from the bottom of a river or harbour using a special machine ▶ **bagrować**
PHRASAL VERB **dredge sth up** to mention again sth unpleasant from the past that it would be better to forget: *The newspaper had dredged up all sorts of embarrassing details about her private life.* ▶ **wyciągać coś przykrego z przeszłości**

dregs /dregz/ noun [pl.] **1** the unwanted liquid left at the bottom of sth, including any solid bits that have sunk down: *'Is there any wine left in that bottle?' ' Only the dregs.'* ▶ **osad, fusy 2** the worst and most useless part of sth: *These people were regarded as the dregs of society.* ▶ **męty**

drench /drentʃ/ verb [T] (usually passive) to make sb/sth completely wet: *We got drenched* (przemokliśmy) *in the storm.* ▶ **przemaczać**

★**dress¹** /dres/ noun **1** [C] a piece of clothing worn by a girl or a woman. It covers the body from the shoulders to the knees or below and often covers the arms. ▶ **suknia, sukienka 2** [U] clothes for either men or women: *formal/informal dress* ○ *evening dress* ▶ **ubiór**

★**dress²** /dres/ verb **1** [I,T] to put clothes on sb or yourself: *He dressed quickly.* ○ *If you don't get dressed soon, we'll be late.* ○ *My husband dressed the children while I got breakfast ready.* ○ *Hurry up, Simon! Aren't you dressed yet?* ❶ Powszechnie mówi się **get dressed**, a nie **dress**. ▶ **ubierać (się) 2** [I] to put or have clothes on, in the way or style mentioned: *to dress well/badly* ○ *to be well dressed/badly dressed* ▶ **ubierać się 3** [I] to put on formal clothes for the evening: *In the past wealthy families always dressed for dinner.* ▶ **przebierać się** (*w strój wieczorowy*) **4** [T] to clean and put a bandage, etc. on a wound: *to dress a wound* ▶ **opatrywać**
IDIOM **(be) dressed in sth** wearing sth: *The people at the funeral were all dressed in black.* ▶ **być ubranym**
PHRASAL VERB **dress up 1** to put on special or unusual clothes for fun or for a play: *The children decided to dress up as pirates.* ▶ **przebierać się za kogoś/coś 2** to put on smart clothes, usually for a special occasion: *You don't need to dress up for the party.* ▶ **stroić się**

dresser /ˈdresə(r)/ noun [C] **1** (especially Brit.) a piece of furniture with cupboards at the bottom and shelves above. It is used for holding dishes, cups, etc. ▶ **kredens 2** (US) a chest of drawers, usually with a mirror on top ▶ **toaletka**

dressing /ˈdresɪŋ/ noun **1** [C] a covering that you put on a wound to protect it and keep it clean ▶ **opatrunek 2** [C,U] a sauce for food, especially for salads ▶ **sos 3** [U] the act or action of putting on clothes ▶ **ubieranie (się)**
■ **ˈdressing gown** (also **bathrobe**; US **robe**) noun [C] a piece of clothing like a loose coat which you wear before or after a bath or over pyjamas, etc. ▶ **szlafrok** | **ˈdressing table** noun [C] a piece of furniture in a bedroom. It has drawers and a mirror. ▶ **toaletka**

dressmaker /ˈdresmeɪkə(r)/ noun [C] a person, especially a woman, who makes women's clothes ▶ **krawcowa**
□ **dressmaking** noun [U] ▶ **krawiectwo**

drew pt of DRAW²

dribble /ˈdrɪbl/ verb **1** [I,T] (used about a liquid) to move downwards in a thin stream; to make a liquid move in this way: *The paint dribbled down the side of the pot.* ▶ **kapać, sączyć 2** [I] to allow saliva to run out of the mouth ▶ **ślinić się 3** [I,T] (used in ball games) to make a ball move forward by using many short kicks or hits ▶ **dryblować**

dried pt, pp of DRY²

drier¹ adj. → DRY¹

drier² noun [C] → DRY²

drift /drɪft/ verb [I] **1** to be carried or moved along by wind or water: *The boat drifted out to sea.* ▶ **być unoszonym z prądem, dryfować 2** (used about snow or sand) to be moved into piles by wind or water: *The snow drifted up to two metres deep* (nawiało prawie dwa metry śniegu) *in some places.* ▶ **nanosić** (*np. śniegu, piasku*) **3** to move slowly or without any particular purpose: *He drifted from room to room.* ○ *She drifted into acting* (została aktorką) *almost by accident.* ○ *At one time they were close friends, but over the years they've drifted apart* (ich drogi się rozeszły). ▶ **chodzić bez celu, dryfować**
□ **drift** noun **1** [C] a slow movement towards sth: *the country's drift into decline* ▶ **tendencja, dążenie 2** [sing.] the general meaning of sth: *I couldn't understand every word but I got the drift of what he was saying.* ▶ **wątek, ogólny sens 3** [C] a pile of snow or sand that was made by wind or water ▶ **zaspa, ławica**

drill[1] /drɪl/ noun [C] a tool or machine that is used for making holes in things: *a dentist's drill* ➲ Ilustr. do **tool**. ▶ **wiertarka, wiertło**
□ **drill** verb [I,T] to make a hole in sth with a drill: *to drill a hole in sth* ○ *to drill for oil* ▶ **wiercić**

drill[2] /drɪl/ noun **1** [U] exercise in marching, etc. that soldiers do ▶ **musztra 2** [C] something that you repeat many times in order to learn sth ▶ **ćwiczenie 3** [C,U] practice for what you should do in an emergency: *a fire drill* ▶ **próbny alarm**
□ **drill** verb [I,T] to teach sb by making them repeat sth many times ▶ **ćwiczyć, musztrować**

★**drink** /drɪŋk/ verb (pt **drank** /dræŋk/; pp **drunk** /drʌŋk/) **1** [I,T] to take liquid into your body through your mouth: *You've lost a lot of fluid. You must keep drinking.* ○ *We sat drinking coffee and chatting for hours.* ▶ **pić 2** [I] to drink alcohol: *Don't drink and drive.* ▶ **pić** (*alkohol*)
PHRASAL VERBS **drink to sb/sth** to wish sb/sth good luck by raising your glass before you drink: *We all drank to the future of the bride and groom.* ➲ Por. **toast**. ▶ **pić czyjeś zdrowie, wznosić toast za kogoś/coś** | **drink (sth) up** to finish drinking sth: *Drink up your tea – it's getting cold.* ▶ **wypić, dopić**
□ **drink** noun [C,U] **1** liquid for drinking: *Can I have a drink* (coś do picia) *please?* ○ *a drink of milk* kubek mleka ○ *food and drink* ▶ **napój 2** alcoholic drink: *the link between drink and crime* ○ *a strong drink* ▶ **alkohol, trunek** | **drinker** noun [C] a person who drinks alcohol: *a heavy* (nałogowy) *drinker* ▶ **pija-k/czka** | **drinking** noun [U] drinking alcohol: *Her drinking became a problem.* ▶ **picie** (*alkoholu*), **pijaństwo**
■ ˌ**drink-ˈdriver** (also ˌ**drunk ˈdriver**) noun [C] a person who drives after drinking too much alcohol ▶ **pijany kierowca** | ˌ**drink-ˈdriving** noun [U]: *He was convicted of drink-driving.* ▶ (*o samochodzie*) **jazda po pijanemu** | ˈ**drinking water** noun [U] water that is safe to drink ▶ **woda pitna**

drip /drɪp/ verb (**dripping**; **dripped**) **1** [I] (used about a liquid) to fall in small drops: *Water is dripping down* (przecieka) *through the roof.* ▶ **kapać 2** [I,T] to have drops of liquid falling: *The tap is dripping.* Kapie z kranu. ○ *Her finger was dripping blood.* ▶ **kapać, sączyć się**
□ **drip** noun **1** [sing.] the act or sound of water dripping: *the drip of a leaky tap* ▶ **kapanie 2** [C] a drop of water that falls down from sb/sth ▶ **kropla 3** [C] a piece of medical equipment, like a tube, that is used for putting liquid food or medicine directly into a sick person's blood: *She's on a drip* (leży pod kroplówką). ▶ **kroplówka**

★**drive**[1] /draɪv/ verb (pt **drove** /drəʊv/; pp **driven** /ˈdrɪvn/) **1** [I,T] to control or operate a car/train/bus: *Can you drive?* ○ *to drive a car/train/bus/lorry* ▶ **prowadzić 2** [I,T] to go or take sb somewhere in a car, etc.: *I drive to work.* ○ *We drove Nancy to the airport.* ▶ **jeździć samochodem, wozić 3** [T] to force people or animals to move in a particular direction: *The dogs drove the sheep into the field.* ▶ **zaganiać, kierować 4** [T] to force sth into a particular position by hitting it: *to drive a post into the ground* ▶ **wbijać 5** [T] to cause sb to be in a particular state or to do a particular thing: *That noise is driving me mad.* ○ *to drive sb to despair/suicide* ▶ **doprowadzać do czegoś 6** [T] to make sb/sth work very hard: *You shouldn't drive yourself so hard.* ▶ **zamęczać 7** [T] to make a machine work, by giving it power: *What drives the wheels in this engine?* ▶ **napędzać**
IDIOMS **be driving at** (informal) to want to say sth; to mean: *I'm afraid I don't understand what you are driving at.* ▶ **zmierzać do czegoś** | **drive sth home (to sb)** to make sth clear so that people understand it ▶ **wbijać (komuś coś) do głowy**
PHRASAL VERBS **drive off** (used about a car, driver, etc.) to leave ▶ **odjeżdżać** | **drive sb/sth off** to force sb/sth to go back or away: *The defenders drove off each attack.* ▶ **odpychać kogoś/coś**
■ ˈ**drive-by** adj. (US) (only before a noun) (used about a shooting) done from a moving car: *drive-by killings* ▶ (*o strzelaniu*) **z jadącego samochodu** | ˈ**drive-in** noun [C] (US) a place where you can go to eat, watch a film, etc. in your car ▶ **restauracja, kino itp. dla zmotoryzowanych, gdzie można korzystać z usług nie wysiadając z samochodu** | ˈ**drive-through** noun [C] (especially US) a restaurant, bank, etc. where you can be served without getting out of your car ▶ **restauracja/bank itp. dla zmotoryzowanych**

★**drive**[2] /draɪv/ noun **1** [C] a journey in a car: *The shops are only a five-minute drive away.* ○ *Let's go for a drive.* ▶ **jazda, przejażdżka 2** [C] a private road that leads to a house ▶ **podjazd 3** [C] a street, usually where people live ▶ **ulica 4** [U] the energy and determination you need to succeed in doing sth ▶ **energia, zapał, werwa 5** [C,U] a strong natural need or desire: *a strong sex drive* (popęd) ▶ **dążność 6** [C] a strong effort by a group of people in order to achieve sth: *a sales drive* ▶ **kampania 7** [C] the part of a computer that reads and stores information: *a CD drive* ○ *a 10 GB hard drive* (twardy dysk) ➲ Por. **disk drive**. ▶ **napęd, stacja**

driven pp of DRIVE[1]

★**driver** /ˈdraɪvə(r)/ noun [C] a person who drives a vehicle ▶ **kierowca**

★**driving**[1] /ˈdraɪvɪŋ/ noun [U] the act of controlling a car, etc.: *Driving in the fog is frightening.* ○ *She was arrested for dangerous driving.* ○ *drink driving* ○ *a driving test* ▶ **jazda** (*samochodem*)
■ ˈ**driving licence** (US ˈ**driver's license**) noun [C] an official piece of paper that says you are allowed to drive a car, etc. You get this after you have passed the driving test. ▶ **prawo jazdy** | ˈ**driving school** noun [C] an organization for teaching people to drive a car ▶ **szkoła jazdy**

driving[2] /ˈdraɪvɪŋ/ adj. very strong: *driving* (zacinający) *rain* ○ *Who's the driving force behind this plan?* ▶ **napędowy**

drizzle /ˈdrɪzl/ noun [U] light rain that has many small drops ▶ **mżawka**

□ **drizzle** verb [I] ▶ **mżyć** ➲ Zob. uwaga przy **weather**.

drone /drəʊn/ verb [I] to make a continuous low sound: *the sound of the tractors droning away in the fields* ▶ **warczeć, buczeć**
PHRASAL VERB **drone on** to talk in a flat or boring voice ▶ **mówić monotonnym głosem**
□ **drone** noun [C, usually sing.] a continuous low sound ▶ **warkot, buczenie**

drool /druːl/ verb [I] **1** to let saliva come out from your mouth, usually at the sight or smell of sth good to eat ▶ **ślinić się 2 drool (over sb/sth)** to show in a foolish way how much you like or admire sb/sth: *teenagers drooling over photographs of their favourite pop stars* ▶ **omdlewać z zachwytu** (*na widok kogoś/czegoś*), **pożerać (kogoś/coś) wzrokiem**

droop /druːp/ verb [I] to bend or hang downwards, e.g. because of weakness or tiredness: *The flowers were drooping* (więdły) *without water.* ▶ **opadać, omdlewać**
□ **drooping** adj.: *drooping shoulders* ○ *a drooping moustache* ▶ **opadający, obwisły**

★**drop¹** /drɒp/ verb (**dropping**; **dropped**) **1** [T] to allow sth to fall: *The helicopters dropped* (zrzuciły) *food and medicine.* ○ *Don't drop that vase!* ▶ **upuszczać 2** [I] to fall: *The parachutist dropped safely* (wylądował szczęśliwie) *to the ground.* ▶ **opadać, zniżać się 3** [I,T] to become weaker or lower; to make sth weaker or lower: *The temperature will drop to minus 3 overnight.* ○ *They ought to drop their prices.* ○ *to drop your voice* ▶ **spadać; obniżać, zniżać 4** [T] **drop sb/sth (off)** to stop your car, etc. so that sb can get out, or in order to take sth out: *Drop me off at the traffic lights, please.* ○ *I'll drop the parcel at your house.* ▶ **wysadzać kogoś z samochodu, podrzucać** (*np. przesyłkę*) **5** [T] to no longer include sb/sth in sth: *Joe has been dropped from the team.* ▶ **wyrzucać 6** [T] to stop doing sth: *I'm going to drop geography next term.* ○ *Drop everything – I need your help right now!* ▶ **zarzucać, rzucać**
IDIOMS **drop dead** (informal) to die suddenly ▶ **paść trupem, wykitować** | **drop sb a line** to write a letter to sb: *Do drop me a line when you've time.* ▶ **napisać parę słów (do kogoś)**
PHRASAL VERBS **drop back**; **drop behind (sb)** to move into a position behind sb else, because you are moving more slowly: *Towards the end of the race she dropped behind the other runners.* ▶ **pozostawać w tyle** | **drop by**; **drop in (on sb)** to visit sb informally or without having told them you were coming: *We were in the area so we dropped in to see you.* ▶ **wpadać (do kogoś)** | **drop off** (informal) to fall into a light sleep: *I dropped off in front of the television.* ▶ **zdrzemnąć się** | **drop out (of sth)** to leave or stop doing sth before you have finished: *His injury forced him to drop out of the competition.* ○ *to drop out of college* ▶ **rezygnować z czegoś**
■ ˌ**drop-'dead** adv. (informal) (used before an adjective to emphasize how attractive sb/sth is): *She's drop-dead gorgeous.* ▶ **odlotowo** | '**dropout** noun [C] **1** a person who leaves school, university, etc. before finishing their studies ▶ **ktoś, kto nie skończył szkoły, studiów itp. 2** a person who does not accept the ideas and ways of behaving of the rest of society ▶ **odszczepieniec**

★**drop²** /drɒp/ noun **1** [C] a small round mass of liquid: *I felt a drop of rain.* ▶ **kropla 2** (**drops**) [pl.] liquid medicine that you put into your eyes, ears or nose ▶ **krople 3** [C, usually sing.] a small amount of liquid: *I'll just have a drop more wine.* ▶ **kropelka, łyk 4** [sing.] a vertical distance down from a place: *a sheer drop of 40 metres to the sea* ▶ **spadek** (*np. terenu*) **5** [sing.] a smaller amount or level of sth: *The new job will mean a drop in salary.* ▶ **spadek, obniżka**
IDIOMS **at the drop of a hat** immediately; without having to stop and think about it ▶ **natychmiast, bez zastanowienia/wahania** | **a drop in the ocean**; US **a drop in the bucket** an amount of sth that is too small or unimportant to make any real difference to a situation: *The money we made was a drop in the ocean compared to the amount we need.* ▶ **kropla w morzu (potrzeb)**

droppings /'drɒpɪŋz/ noun [pl.] waste material from the bodies of small animals or birds: *rabbit droppings* ▶ **odchody**

drought /draʊt/ noun [C,U] a long period of weather which is too dry: *Drought has affected many countries in Africa.* ▶ **susza**

drove pt of DRIVE¹

★**drown** /draʊn/ verb **1** [I,T] to die in water because it is not possible to breathe; to make sb die in this way: *The girl fell into the river and drowned.* ○ *Twenty people were drowned.* ▶ **topić (się) 2** [T] (used about a sound) to be so loud that you cannot hear sb/sth else: *His answer was drowned by the music.* ▶ **zagłuszać**

drowsy /'draʊzi/ adj. (**drowsier**; **drowsiest**) very sleepy: *The heat made me feel drowsy.* ▶ **senny**
□ **drowsily** /-əli/ adv. ▶ **sennie, ospale** | **drowsiness** noun [U] ▶ **senność, ospałość**

drudgery /'drʌdʒəri/ noun [U] hard and uninteresting work ▶ **harówka**

★**drug** /drʌɡ/ noun [C] **1** a chemical which is used as a medicine: *Some drugs can only be obtained with a prescription.* ▶ **lekarstwo, lek 2** a chemical which people use to give them pleasant or exciting feelings. It is against the law in many countries to use drugs: *hard/soft drugs* ▶ **narkotyk**
□ **drug** verb [T] (**drugging**; **drugged**) **1** to give a person or an animal a chemical to make them sleepy or unconscious: *The lion was drugged before the journey.* ▶ **usypiać 2** to put a drug into food or drink: *drugged food* ▶ **dodawać narkotyku do jedzenia lub napoju**
■ '**drug addict** noun [C] a person who cannot stop taking drugs ▶ **narkoman/ka** | '**drug addiction** noun [U] the state of being a drug addict ▶ **narkomania**

druggist /'drʌɡɪst/ noun [C] (US) = CHEMIST(1)

drugstore /'drʌɡstɔː(r)/ noun [C] (US) a shop that sells medicine, soap, shampoo, film, etc. as well as drinks and light meals ▶ **drogeria**

★**drum** /drʌm/ noun [C] **1** a round hollow musical instrument, with plastic or skin stretched across the ends. You play a drum by hitting it with your hands or with sticks: *She plays the drums* (na perkusji) *in a band.* ▶ **bęben 2** a round hollow container: *an oil drum* ▶ **beczka**

drum

drumming her fingers

□ **drum** verb (**drumming; drummed**) **1** [I] to play a drum or drums ▶ **grać na bębnie 2** [I,T] to make a noise like a drum by hitting sth many times: *to drum your fingers on the table* ▶ **bębnić**

PHRASAL VERBS **drum sth into sb** to make sb remember sth by repeating it many times: *Road safety should be drummed into children from an early age.* ▶ **wbijać komuś coś do głowy** | **drum sth up** to try to get more of sth: *to drum up more custom* ▶ **zjednywać** (*np. klientów*)

drummer noun [C] a person who plays a drum or drums ▶ **perkusist-a/ka, dobosz/ka**

■ **'drumstick** noun [C] **1** a stick used for playing the drums ▶ **pałeczka 2** the lower leg of a chicken or similar bird that we cook and eat ▶ **nóżka** (*np. pieczonego kurczaka*)

drunk[1] pp of DRINK

★**drunk**[2] /drʌŋk/ adj. (not before a noun) having drunk too much alcohol: *You're drunk!* ▶ **pijany**

□ **drunk** noun [C] a person who is drunk ▶ **pija-k/czka** | **drunkard** /-əd/ noun [C] a person who often gets drunk ▶ **pija-k/czka (nałogow-y/a)**

drunken /'drʌŋkən/ adj. (only before a noun) **1** having drunk too much alcohol: *drunken drivers* ▶ **nietrzeźwy, pijany 2** showing the effects of too much alcohol: *drunken singing* ▶ **pijacki**

□ **drunkenly** adv. ▶ **po pijanemu** | **drunkenness** noun [U] ▶ **pijaństwo**

★**dry**[1] /draɪ/ adj. (**drier; driest**) **1** without liquid in it or on it; not wet: *The washing isn't dry yet.* ○ *The paint is dry now.* ○ *Rub your hair dry* (wytrzyj włosy do sucha) *with a towel.* ○ *In the summer the stream ran dry* (wysechł). ▶ **suchy 2** having little or no rain: *a hot, dry summer* ▶ **suchy 3** (used about hair or skin) not having enough natural oil ▶ **suchy 4** (used about wine) not sweet ▶ **wytrawny 5** (used of a remark, etc.) amusing, although it sounds serious: *He has a dry sense of humour.* Opowiada dowcipy z poważną miną. ▶ **wypowiedziany z poważną miną 6** dull or boring: *dry legal documents* ▶ **nieciekawy, nudny**

IDIOM **be left high and dry** → HIGH[1]

□ **drily** (also **dryly**) /'draɪli/ adv. in a dry(4) way: *'I can hardly contain my excitement,' Peter said dryly.* ▶ **beznamiętnie** | **dryness** noun [U] ▶ **suchość; jałowość**

■ **,dry-'clean** verb [T] to clean clothes using special chemicals, without using water ▶ **czyścić chemicznie** | **,dry-'cleaner's** (also **cleaner's**) noun [C] the shop where you take your clothes to be cleaned ▶ **pralnia chemiczna** | **,dry 'land** noun [U] land, not the sea: *I was glad to be back on dry land again.* ▶ **stały ląd**

★**dry**[2] /draɪ/ verb [I,T] (pres. part. **drying**; 3rd pers. sing. pres. **dries**; pt, pp **dried**) to become dry; to make sth dry: *I hung my shirt in the sun to dry.* ○ *to dry your hands on a towel* ▶ **suszyć (się), wycierać**

PHRASAL VERBS **dry (sth) out** to become or make sth completely dry: *Don't allow the soil to dry out.* ▶ **wysychać, suszyć (się)** | **dry up 1** (used about a river, etc.) to have no more water in it ▶ **wysychać 2** to stop being available: *Because of the recession a lot of building work has dried up.* ▶ **wyczerpywać się, kończyć się 3** to forget what you were going to say, e.g. because you are very nervous ▶ **zaniemówić** | **dry (sth) up** to dry plates, knives, forks, etc. with a towel after they have been washed ▶ **wycierać** (*naczynia*)

□ **dried** adj. (used about food) with all the liquid removed from it: *dried milk/fruit* ▶ **suszony, w proszku** | **dryer** (also **drier**) /'draɪə(r)/ noun [C] a machine that you use for drying sth: *a hair-dryer* ○ *a tumble-dryer* ▶ **suszarka**

DTP /,di: ti: 'pi:/ abbr. = DESKTOP PUBLISHING

dual /'dju:əl; US 'du:əl/ adj. (only before a noun) having two parts; double: *his dual role as composer and conductor* ○ *to have dual nationality* ▶ **podwójny**

■ **,dual 'carriageway** (US **divided highway**) noun [C] a wide road that has an area of grass or a fence in the middle to separate the traffic going in one direction from the traffic going in the other direction ▶ **droga/szosa szybkiego ruchu, droga dwupasmowa**

dub /dʌb/ verb [T] (**dubbing; dubbed**) **1** to give sb/sth a new or amusing name (a nickname): *Bill Clinton was dubbed 'Slick Willy'.* ▶ **przezywać 2 dub sth (into sth)** to change the sound in a film so that what the actors said originally is spoken by actors using a different language: *I don't like foreign films when they're dubbed into English.* ▶ **dubbingować 3** to make a piece of music by mixing different pieces of recorded music together ▶ **montować**

dubious /'dju:biəs; US du:-/ adj. **1 dubious (about sth/about doing sth)** not sure or certain: *I'm very dubious* (mam poważne wątpliwości) *about what to do.* ▶ **niepewny 2** that may not be honest or safe: *dubious financial dealings* ▶ **podejrzany**

□ **dubiously** adv. ▶ **z powątpiewaniem, niepewnie**

duchess (also **Duchess**) /'dʌtʃəs/ noun [C] a woman who is of the same rank as a duke; the wife of a duke ➲ Por. **princess**. ▶ **księżna**

★**duck**[1] /dʌk/ noun (pl. **duck** or **ducks**) **1** [C] a common bird that lives on or near water ▶ **kaczka**

> A male duck is called a **drake** and a young duck is a **duckling**. Ducks **waddle** and **quack**. They have **webbed** feet.

2 [C] a female duck ▶ **kaczka 3** [U] the meat of a duck ▶ **kaczka**

duck² /dʌk/ verb **1** [I,T] to move your head down quickly so that you are not seen or hit by sb/sth: *I saw the ball coming and ducked.* ▶ **robić unik**

duck

He ducked.

2 [I,T] (informal) **duck (out of) sth** to try to avoid sth difficult or unpleasant: *She tried to duck out of apologizing.* ○ *to duck responsibility for sth* ▶ **wykręcać się od czegoś 3** [T] to push sb's head under water for a short time, especially when playing ▶ **zanurzać**

duct /dʌkt/ noun [C] a tube that carries liquid, gas, etc.: *an air duct* przewód wentylacyjny ○ *tear ducts* gruczoły łzowe ▶ **kanał, przewód**

dud /dʌd/ noun [C] (informal) a thing that is useless or that does not work properly ▶ **tandeta, lipa, niewypał**

dude /djuːd; US duːd/ noun [C] (especially US, slang) a man ▶ **facet**

★**due¹** /djuː; US duː/ adj. **1** (not before a noun) **be due (to do sth)** to be expected or planned to happen or arrive: *The conference is due to start* (ma się rozpocząć) *in four weeks' time.* ○ *The baby is due in May.* ○ *What time is the plane due* (przylatuje samolot)*?* ▶ **mieć coś robić, spodziewać się 2** (not before a noun) having to be paid: *The rent is due on the fifteenth.* ▶ **płatny 3 due (to sb)** that is owed to you because it is your right to have it: *Make sure you claim all the benefits that are due to you.* ▶ **należny 4 due to sb/sth** caused by or because of sb/sth: *His illness is due to stress.* ▶ **spowodowany czymś/przez kogoś, z powodu kogoś/czegoś**

Puryści językowi używają **due to** wyłącznie po czasowniku **to be**: *The strike was due to poor working conditions.* Jednak w praktyce **due to** często używa się w tym samym znaczeniu co **owing to** i **because of**: *Due to/owing to/because of the bad weather many trains have been cancelled.*

5 due for sth expecting sth or having the right to sth: *I'm due for a pay rise.* Mogę się spodziewać podwyżki. ▶ **należący się komuś 6** (only before a noun) (formal) suitable or right: *After due consideration, I have decided to accept your offer.* ▶ **odpowiedni**

IDIOM **in due course** at the right time and not before: *All applicants will be informed of our decision in due course.* ▶ **we właściwym czasie**

due² /djuː; US duː/ noun

IDIOM **give sb their due** to be fair to a person: *She doesn't work very quickly, but to give Sarah her due, she is very accurate.* ▶ **oddawać komuś sprawiedliwość**

due³ /djuː; US duː/ adv. (used before 'north', 'south', 'east' and 'west') exactly: *The aeroplane was flying due east.* ▶ **dokładnie** (*na wschód itp.*)

duel /ˈdjuːəl; US ˈduːəl/ noun [C] a formal type of fight with guns or swords which was used in the past to settle an argument between two men: *to challenge sb to a duel* ▶ **pojedynek**

duet /djuˈet; US duˈet/ (also **duo**) noun [C] a piece of music for two people to sing or play ▶ **duet**

duffel coat (also **duffle coat**) /ˈdʌfl kəʊt/ noun [C] a coat made of heavy woollen cloth with a hood. A duffel coat has special long buttons called toggles. ▶ **wełniana kurtka z kapturem zapinana na drewniane kołki**

dug pt, pp of DIG

★**duke** /djuːk; US duːk/ (also **Duke**) noun [C] a nobleman of very high rank: *the Duke of York* ➲ Por. **duchess** i **prince**. ▶ **książę**

★**dull** /dʌl/ adj. **1** not bright: *a dull and cloudy day* ▶ **pochmurny 2** not loud, sharp or strong: *Her head hit the floor with a dull thud.* ○ *a dull pain* ▶ **tępy, przytłumiony 3** not interesting or exciting: *Life is never dull in the city.* ▶ **nudny**

□ **dullness** noun [U] ▶ **otępienie; nuda** | **dully** /ˈdʌlli/ adv. **1** in a dull way ▶ **nieciekawie, głucho, nikle 2** showing no interest: *Sheila didn't answer. She just stared dully at me.* ▶ **tępo, apatycznie**

duly /ˈdjuːli; US ˈduːli/ adv. (formal) in the correct or expected way: *We all duly assembled* (zebraliśmy się punktualnie) *at 7.30 as agreed.* ▶ **należycie**

★**dumb** /dʌm/ adj. **1** (old-fashioned) not able to speak: *to be deaf and dumb* ℹ **Dumb** w tym znaczeniu może być odebrane jako obraźliwe. Lepiej używać słowa **speech-impaired**. ▶ **niemy 2** temporarily not speaking or refusing to speak: *They were struck dumb* (zaniemówili) *with amazement.* ▶ **oniemiały 3** (informal) stupid: *What a dumb thing to do!* ▶ **głupi**

□ **dumbly** adv. without speaking: *Ken dumbly nodded agreement.* ▶ **milcząco**

dumbfounded /dʌmˈfaʊndɪd/ adj. very surprised ▶ **oniemiały**

dummy /ˈdʌmi/ noun [C] (pl. **dummies**) **1** a model of the human body used for putting clothes on in a shop window or while you are making clothes: *a tailor's dummy* ▶ **manekin 2** (informal) a stupid person ▶ **bałwan 3** (US **pacifier**) a rubber object that you put in a baby's mouth to keep them quiet and happy ▶ **smoczek 4** something that is made to look like sth else but that is not the real thing ▶ **atrapa**

□ **dummy** adj. made to look like sth else but not the real thing: *dummy bullets* ślepe naboje ▶ **sztuczny, podrobiony**

dump /dʌmp/ verb [T] **1** to take sth that you do not want to a place, especially a place which is not suitable, and leave it there: *Nuclear waste should not be dumped* (zatapiać) *in the sea.* ○ *piles of rubbish dumped by the road* ▶ **wyrzucać, po(d)rzucać 2** to put something down quickly or in a careless way: *The children dumped their bags in the hall and ran off to play.* ▶ **rzucać (coś) niedbale 3** to get rid of sb, especially a boyfriend or girlfriend ▶ **rzucać (kogoś)**

□ **dump** noun [C] **1** a place where rubbish or waste material from factories, etc. is left: *a rub-*

bish dump ▶ **wysypisko śmieci** **2** (informal) a place that is very dirty, untidy or unpleasant: *The flat is a real dump.* ▶ **nora**

dumpling /ˈdʌmplɪŋ/ noun [C] a small ball of dough that is cooked and usually eaten with meat ▶ **rodzaj kluski/knedla**

dumps /dʌmps/ noun [pl.] (informal)
IDIOM **down in the dumps** unhappy or depressed ▶ **przygnębiony**

dune /djuːn; US duːn/ (also **sand dune**) noun [C] a low hill of sand by the sea or in the desert ▶ **wydma**

dung /dʌŋ/ noun [U] waste material from the bodies of large animals ▶ **łajno**

dungarees /ˌdʌŋɡəˈriːz/ noun [pl.] a piece of clothing, similar to trousers, but covering your chest as well as your legs and with straps that go over the shoulders: *a pair of dungarees* ▶ **kombinezon, ogrodniczki**

dungeon /ˈdʌndʒən/ noun [C] an underground prison, e.g. in a castle ▶ **loch**

duo /ˈdjuːəʊ; US ˈduːəʊ/ noun [C] **1** two people playing music or singing together ▶ **duet** **2** = DUET

dupe /djuːp; US duːp/ verb [T] (informal) to trick sb: *The woman was duped into carrying the drugs.* Kobieta została podstępem wciągnięta do przewożenia narkotyków. ▶ **wmieszać (kogoś do czegoś wbrew jego woli), okpić**

duplicate[1] /ˈdjuːplɪkət; US ˈduː-/ adj. (only before a noun) exactly the same as sth else: *a duplicate key* dorobiony klucz ▶ **identyczny**
□ **duplicate** noun [C] something that is exactly the same as sth else ▶ **kopia**
IDIOM **in duplicate** with two copies (e.g. of an official piece of paper) that are exactly the same: *The contract must be in duplicate.* ▶ **w dwu egzemplarzach**

duplicate[2] /ˈdjuːplɪkeɪt; US ˈduː-/ verb [T] **1** to make an exact copy of sth ▶ **powielać, kopiować** **2** to do sth that has already been done: *We don't want to duplicate the work of other departments.* ▶ **powielać, powtarzać**
□ **duplication** /ˌdjuːplɪˈkeɪʃn; US ˌduː-/ noun [U] ▶ **powielanie**

durable /ˈdjʊərəbl; US ˈdʊr-/ adj. that is able to last a long time: *a durable fabric* ▶ **trwały, wytrzymały**
□ **durability** /ˈdjʊərəˈbɪləti; US ˌdʊr-/ noun [U] ▶ **trwałość, wytrzymałość**

duration /djuˈreɪʃn; US du-/ noun [U] the time that sth lasts: *Please remain seated for the duration of the flight.* ▶ **czas trwania (czegoś)**

duress /djuˈres; US du-/ noun [U]
IDIOM **under duress** because of the threat of force being used; not willingly: *He signed the confession under duress.* ▶ **pod przymusem**

★**during** /ˈdjʊərɪŋ; US ˈdʊr-/ prep. **1** for all of a period of time: *Please remain seated during the performance.* ▶ **podczas** **2** on more than one occasion in a period of time: *During the holidays we went swimming every day.* ▶ **podczas** **3** at some point in a period of time: *Grandpa was taken ill during the night* (w nocy). ▶ **podczas**

> Zwróć uwagę, że **during** używa się, by powiedzieć, kiedy coś się wydarzyło. Do określenia jak długo coś trwało używa się **for**: *I went shopping during my lunch break. I was out for about 25 minutes.*

dusk /dʌsk/ noun [U] the time in the evening when the sun has already gone down and it is nearly dark ▶ **zmierzch**

★**dust**[1] /dʌst/ noun [U] a fine dry powder that is made of very small pieces of earth, dirt, etc.: *a thick layer of dust* ○ *chalk dust* ○ *The tractor came up the track in a cloud of dust.* ○ *a speck of dust* pyłek ▶ **kurz, pył**
■ **ˈdustbin** (US **garbage can**; **trash can**) noun [C] a large container for rubbish that you keep outside your house ➲ Ilustr. do **bin**. ▶ **(duży) śmietnik** | **ˈdustman** /-mən/ (pl. **dustmen** /-mən/) noun [C] a person whose job is to take away the rubbish that people put in their dustbins ▶ **śmieciarz** | **ˈdustpan** noun [C] a flat container with a handle into which you brush dust or dirt from the floor ➲ Ilustr. do **brush**. ▶ **szufelka**

★**dust**[2] /dʌst/ verb [I,T] to remove dust from furniture, etc. with a cloth: *to dust the shelves* ➲ Zob. uwaga przy **clean**. ▶ **ścierać kurze (z czegoś), wycierać (coś) z kurzu**
□ **duster** noun [C] a soft cloth that you use for dusting furniture ▶ **ścierka do kurzu**

dusty /ˈdʌsti/ adj. (**dustier**; **dustiest**) having a lot of dust: *This shelf has got very dusty.* ▶ **zakurzony**

Dutch adj. from the Netherlands ➲ Zob. Dodatek 1. ▶ **holenderski**

dutiful /ˈdjuːtɪfl; US ˈduː-/ adj. (formal) willing to respect and obey: *a dutiful daughter* ▶ **obowiązkowy, sumienny**

★**duty** /ˈdjuːti; US ˈduːti/ noun (pl. **duties**) **1** [C,U] something that you have to do because people expect you to do it or because you think it is right: *A soldier must do his duty.* ○ *a sense of moral duty* ○ *It's your duty to look after your parents when they get older.* ▶ **obowiązek** **2** [C,U] the tasks that you do when you are at work: *the duties of a policeman* ○ *to be on night duty* ▶ **obowiązek, służba, dyżur** **3** [C] a tax that you pay, especially on goods that you bring into a country ▶ **cło**
IDIOM **on/off duty** (used about doctors, nurses, policemen, etc.) to be working/not working: *The porter's on duty from 8 till 4.* ○ *What time does she go off duty?* O której godzinie ona kończy dyżur? ▶ **na/po dyżurze**
■ **ˌduty-ˈfree** adj., adv. (used about goods) that you can bring into a country without paying tax: *an airport duty-free shop* ○ *How much wine can you bring into Britain duty-free?* ➲ Por. **tax-free**. ▶ **wolnocłowy; bez cła**

duvet /ˈduːveɪ/ noun [C] a thick cover filled with feathers or another soft material that is placed on top of a bed instead of a sheet and blankets

➲ Ilustr. do **bed**. Por. **eiderdown** i **quilt**. ▶ **kołdra, pierzyna**

DVD /ˌdiː viː ˈdiː/ noun [C] a disk with different types of information on it, especially photographs and video, that can be used on a computer (short for 'digital videodisc' or 'digital versatile disk') ▶ **DVD**

dwarf /dwɔːf/ noun [C] (pl. **dwarfs** or **dwarves** /dwɔːvz/) **1** a person, an animal or a plant that is much smaller than the usual size ▶ **ka-rzeł/rlica, miniatura** (*zwierzę lub roślina*) **2** (in children's stories) a very small person, often with special powers: *Snow White and the Seven Dwarfs* ▶ **krasnoludek, ka-rzełek/rliczka**
□ **dwarf** verb [T] (used about a large object) to make sth seem very small in comparison: *The skyscraper dwarfs all the other buildings around.* ▶ **pomniejszać, przytłaczać**

dwell /dwel/ verb [I] (pt, pp **dwelt** /dwelt/ or **dwelled**) (old-fashioned, formal) to live or stay in a place ▶ **mieszkać, zamieszkiwać**
PHRASAL VERB **dwell on/upon sth** to think, speak or write about sth for a long time: *I don't want to dwell on the past.* ▶ **rozwodzić się nad czymś**
□ **dweller** noun [C] (often in compounds) a person or an animal that lives in the place mentioned: *city dwellers* ▶ **mieszkan-iec/ka** | **dwelling** noun [C] (formal) the place where a person lives; a house ▶ **mieszkanie, dom**

dwindle /ˈdwɪndl/ verb [I] to become smaller or weaker: *Their savings dwindled away to nothing.* ▶ **zmniejszać się; słabnąć**

dye[1] /daɪ/ verb [T] (pres. part. **dyeing**; 3rd pers. sing. pres. **dyes**; pt, pp **dyed**) to colour sth, especially by putting it into a liquid: *to dye your hair* ○ *I dyed this blouse black.* ▶ **farbować**

dye[2] /daɪ/ noun [C,U] a substance, usually added to a liquid, that changes the colour of sth, e.g. cloth, hair ▶ **farba**

dying pres. part. of DIE

dyke (also **dike**) /daɪk/ noun [C] **1** a wall made of earth, etc. used for preventing a river or the sea from flooding ▶ **grobla, tama 2** a channel used for taking water away from land ▶ **rów odwadniający**

dynamic /daɪˈnæmɪk/ adj. **1** (used about a person) full of energy and ideas; active ▶ **prężny 2** (used about a force or power) that causes movement ▶ **dynamiczny**
□ **dynamism** /ˈdaɪnəmɪzəm/ noun [U] ▶ **prężność** (*działania*)

dynamite /ˈdaɪnəmaɪt/ noun [U] **1** a type of explosive, used especially in mining ▶ **dynamit 2** a thing or person that causes great excitement, shock, etc.: *His news was dynamite.* ▶ **dynamit, bomba**

dynamo /ˈdaɪnəməʊ/ noun [C] (pl. **dynamos**) a device that changes a type of power such as steam or water into electricity ▶ **dynamo** (*maszyna*), **prądnica**

dynasty /ˈdɪnəsti; US ˈdaɪ-/ noun [C] (pl. **dynasties**) a series of rulers who are from the same family: *the Ming dynasty* ▶ **dynastia**

dysentery /ˈdɪsəntri; US -teri/ noun [U] a serious disease which causes a severe form of diarrhoea ▶ **czerwonka, dyzenteria**

dyslexia /dɪsˈleksiə/ noun [U] a problem in sb's brain that causes difficulties in reading and spelling ▶ **dysleksja**
□ **dyslexic** /dɪsˈleksɪk/ noun [C], adj. ▶ **dyslektyczny**

Ee

E, e /iː/ noun [C] (pl. **E's; e's**) **1** the fifth letter of the English alphabet ▶ **litera** *e* **2** (used about music) the third note in the series of notes called the scale of C major: *E major* E-dur ○ *E minor* e-moll ○ *E flat* Es, es ○ *E sharp* Eis, eis ○ *The highest string on a violin is tuned to E.* ▶ **E/e**

E abbr. east; eastern: *E Asia* ▶ **wsch.**

★**each** /iːtʃ/ det., pron. every one of two or more things or people in a group, when you think about them individually: *Each lesson lasts an hour.* ○ *Each of the lessons lasts an hour.* ○ *The lessons each last an hour.* ○ *He gave each child a present.* ○ *He gave each of the children a present.* ○ *He gave the children a present each.* ▶ **każdy**
■ ˌ**each ˈother** (used for saying that sb feels, does or has the same thing as another person/other people in the group): *They loved each other very much.* ○ *We looked at each other.* ▶ **się; siebie, sobie (nawzajem)**

★**eager** /ˈiːɡə(r)/ adj. full of desire or interest: *He is eager to meet you.* ○ *eager for success* ▶ **ochoczy, chętny**
□ **eagerly** adv. ▶ **ochoczo, chętnie** | **eagerness** noun [U] ▶ **zapał, gorliwość**

eagle /ˈiːɡl/ noun [C] a very large bird that can see very well. It eats small birds and animals. ▶ **orzeł**

★**ear**[1] /ɪə(r)/ noun **1** [C] one of the two parts of the body of a person or an animal that are used for hearing: *Whisper it in my ear!* ▶ **ucho 2** [sing.] **an ear (for sth)** an ability to recognize or appreciate sounds, especially in music or language: *an ear for music* ▶ **słuch, (muzykalne) ucho**
IDIOMS **sb's ears are burning** (used when a per-

son thinks that other people are talking about them, especially in an unkind way) ▸ **palą kogoś uszy** | **go in one ear and out the other** (used about information, etc.) to be forgotten quickly: *Everything I tell him seems to go in one ear and out the other.* ▸ **wpadać jednym uchem, wypadać drugim** | **play (sth) by ear** to play a piece of music, etc. from memory and without using written notes ▸ **grać ze słuchu** | **play it by ear** (informal) to decide what to do as things happen, instead of planning in advance ▸ **improwizować** | **prick up your ears** → PRICK²

■ **'earache** noun [U] a pain in your ear: *I've got earache.* ➲ Zob. uwaga przy **ache**. ▸ **ból ucha/uszu** | **'eardrum** noun [C] a thin piece of skin inside the ear that is tightly stretched and that allows you to hear sound ▸ **błona bębenkowa** | **'ear lobe** noun [C] the round soft part at the bottom of your ear ▸ **płatek** *(ucha)* | **'earphones** noun [pl.] a piece of equipment that fits over the ears and is used for listening to music, the radio, etc. ▸ **słuchawki** | **'earring** noun [C] a piece of jewellery that is worn in or on the lower part of the ear: *Are these clip-on earrings or are they for pierced ears?* ▸ **kolczyk, klips** | **'earshot** noun [U]

IDIOM **(be) out of/within earshot** where a person cannot/can hear: *Wait until he's out of earshot before you say anything about him.* ▸ **(być) poza zasięgiem/w zasięgu słuchu**

ear² /ɪə(r)/ noun [C] the top part of a plant that produces grain: *an ear of corn* ▸ **kłos**

earl /ɜːl/ noun [C] a British nobleman of high rank ❶ Kobieta nosząca ten sam tytuł to **countess**. ▸ **hrabia**

★**early** /'ɜːli/ (**earlier**; **earliest**) adj., adv. **1** near the beginning of a period of time, a piece of work, a series, etc.: *Come in the early afternoon.* ○ *I have to get up early tomorrow.* ○ *He died in his early twenties.* ○ *The project is in its early stages.* ○ *The tunnel will be finished early next year* (na początku przyszłego roku). ▸ **wczesny, początkowy; wcześnie** **2** before the usual or expected time: *She arrived five minutes early for her interview.* ▸ **(za) wcześnie**

IDIOMS **at the earliest** not before the date or time mentioned: *I can repair it by Friday at the earliest.* ▸ **najwcześniej, najprędzej** | **the early hours** very early in the morning, i.e. the hours after midnight ▸ **wczesne godziny (poranne)** | **an early/a late night** → NIGHT | **early on** soon after the beginning: *He achieved fame early on in his career.* ▸ **na/z początku** | **an early riser** a person who usually gets up early in the morning ▸ **ranny ptaszek** | **it's early days (yet)** (used to say that it is too soon to know how a situation will develop) ▸ **jest za wcześnie** *(by coś wiedzieć itp.)*

earmark /'ɪəmɑːk/ verb [T] **earmark sb/sth (for sth/sb)** to choose sb or keep sth for a particular job or purpose: *She was earmarked as a possible future director.* ▸ **przeznaczać, wyznaczać**

★**earn** /ɜːn/ verb [T] **1** to get money by working: *How much does a dentist earn?* ○ *I earn £20 000 a year.* ○ *He earns his living* (zarabia na życie) *as an translator.* ▸ **zarabiać, utrzymywać się (z czegoś)** **2** to get sth that you deserve: *The team's victory today has earned them* (zapewniło im) *a place in the final.* ○ *You've earned a holiday.* ▸ **zapracowywać/zasługiwać na coś** **3** to get money as profit or interest on money you have in a bank, lent to sb, etc.: *How much interest will my savings earn in this account?* ▸ **przynosić** *(zysk)*

□ **earnings** noun [pl.] the money that a person earns by working: *Average earnings have increased by 5%.* ▸ **zarobki**

earnest /'ɜːnɪst/ adj. serious or determined: *He's such an earnest young man – he never makes a joke.* ○ *They were having a very earnest discussion.* ▸ **poważny, przejęty**

□ **earnest** noun

IDIOM **in earnest** **1** serious and sincere about what you are going to do: *His mother was worried that he was in earnest about wanting to leave university.* ▸ **poważnie, (na) serio** **2** happening more seriously or with more force than before: *Work began in earnest on the project.* ▸ **poważnie, (na) serio**

earnestly adv. in an earnest way ▸ **poważnie**

★**earth¹** /ɜːθ/ noun **1** (also **the earth**; **the Earth**) [sing.] the world; the planet on which we live: *life on earth* ○ *The earth is protected by the ozone layer.* ▸ **ziemia, Ziemia** **2** [sing.] the surface of the world; land: *The plane fell to earth.* ○ *The earth shook.* ▸ **ziemia** **3** [U] soil (that plants grow in): *The earth is very fertile here.* ▸ **ziemia, gleba**

> **Earth** to nazwa naszej planety. **Land** to ląd: *The sailors sighted land.* ○ *The astronauts returned to Earth.* Ziemia, którą się kupuje lub sprzedaje, to również **land**: *The price of land in Tokyo is extremely high.* Ziemia, w której rosną rośliny, to **earth** lub **soil**. Por. także **ground**.

IDIOMS **charge, pay, etc. (sb) the earth** (informal) to charge, etc. a very large amount of money ▸ **słono (za coś) policzyć/płacić** | **cost the earth/a fortune** → COST² | **how, why, where, who, etc. on earth** (informal) (used for emphasizing sth or expressing surprise): *Where on earth have you been?* ▸ **gdzie, dlaczego itp. na litość boską…?**

■ **'earthworm** noun [C] a common type of worm that lives in the soil ▸ **dżdżownica**

earth² /ɜːθ/ (Brit.) (US **ground**) verb [T] to make a piece of electrical equipment safer by connecting it to the ground with a wire: *Make sure the plug is earthed.* ▸ **uziemiać**

□ **earth** noun [C, usually sing.] (Brit.) (US **ground**) a wire that makes a piece of electrical equipment safer by connecting it to the ground ▸ **uziemienie**

earthly /'ɜːθli/ adj. **1** connected with this world, not heaven: *The monks gave up all their earthly possessions.* ▸ **ziemski** **2** (often in questions or negatives) possible: *What earthly use is a gardening book to me?* (Po kiego licha mi książka o ogrodnictwie?) *I haven't got a garden!* ▶ **możliwy**

***earthquake** /ˈɜːθkweɪk/ (informal **quake**) noun [C] a sudden violent movement of the earth's surface: *Thousands of people were killed by the earthquake.* ▶ **trzęsienie ziemi**

ease[1] /iːz/ noun [U] a lack of difficulty: *She answered the questions with ease.* ➲ Por. **easy**. ▶ **łatwość**

IDIOM **(be/feel) at (your) ease** to be/feel comfortable, relaxed, etc.: *They were all so kind and friendly that I felt completely at ease.* ▶ **być/czuć się spokojnym, być zrelaksowanym**

ease[2] /iːz/ verb **1** [I,T] to become or make sth less painful or severe: *The pain should ease by this evening.* ○ *This money will ease their financial problems a little.* ○ *The tension has eased.* ▶ **zelżeć; łagodzić 2** [T] to cause sth to move slowly and gently: *He eased* (ostrożnie wsunął) *the key into the lock.* ▶ **przesuwać ostrożnie**

IDIOM **ease sb's mind** to make sb feel less worried: *The doctor tried to ease her mind about her son's illness.* ▶ **uspokajać kogoś**

PHRASAL VERBS **ease off** to become less severe: *Let's wait until the rain eases off.* ▶ **zelżeć, popuszczać** | **ease up** to work less hard: *Ease up a bit or you'll make yourself ill!* ▶ **przyhamować**

easel /ˈiːzl/ noun [C] a wooden frame that holds a blackboard or a picture that is being painted ▶ **sztaluga**

***east** /iːst/ noun [sing.] (abbr. **E**) **1** (also **the east**) one of the four main points of the compass; the direction you look towards in order to see the sun rise: *Which way is east?* ○ *a cold wind from the east* ○ *Which county is to the east of Oxfordshire?* ▶ **wschód 2** (**the east**; **the East**) the part of any country, city, etc. that lies further to the east than the other parts: *Norwich is in the East of England.* ▶ **wschód 3** (**the East**) the countries of Asia, e.g. China, Japan ➲ Por. **Far East** i **Middle East**. ▶ **Wschód**

□ **east** (also **East**) adj. in or towards the east, or from the east: *the East Coast of America* ○ *an east wind* ○ *East London* ▶ **wschodni, ze wschodu** | **east** adv. to or towards the east: *They headed east.* ○ *We live east of the city.* ▶ **na wschód** | **easterly** /ˈiːstəli/ adj. **1** to, towards or in the east: *They travelled in an easterly direction.* ▶ **wschodni 2** (used about winds) coming from the east: *cold easterly winds* ▶ **wschodni, ze wschodu** | **eastward** /ˈiːstwəd/ adj. towards the east: *to travel in an eastward direction* ▶ **wschodni** | **eastward** (also **eastwards**) adv. towards the east: *The Amazon flows eastwards.* ▶ **na wschód, ku wschodowi**

■ ˈ**eastbound** adj. travelling or leading towards the east: *The eastbound carriage way of the motorway is blocked.* ▶ (*jadący/idący itp.*) **w kierunku wschodnim/na wschód** | **the** ˌ**East** ˈ**End** noun [U] (Brit.) an area of East London traditionally connected with the working class ▶ **część wschodniego Londynu**

***Easter** /ˈiːstə(r)/ noun [U] the Sunday in March or April when Christians celebrate Christ's return to life: *Easter Sunday* ▶ **Wielkanoc**

■ ˈ**Easter egg** noun [C] an egg, usually made of chocolate, that you give as a present at Easter ▶ **jajko wielkanocne**

***eastern** (also **Eastern**) /ˈiːstən/ adj. **1** of, in or from the east of a place: *Eastern Scotland* ○ *the eastern shore of the lake* ▶ **wschodni 2** from or connected with the countries of the East: *Eastern cookery* ▶ **wschodni**

***easy**[1] /ˈiːzi/ adj. (**easier**; **easiest**) **1** not difficult: *an easy question* ○ *It isn't easy to explain the system./The system isn't easy to explain.* Tego systemu nie da się łatwo wytłumaczyć. ▶ **łatwy 2** without any pain, trouble or worry: *an easy life* ○ *My mind's easier now.* ➲ Por. **ease**. ▶ **spokojny**

IDIOMS **free and easy** → FREE[1] | **I'm easy** (informal) I don't mind; whichever you prefer: *'Would you like to go first or second?' 'I'm easy.'* ▶ **wszystko mi jedno**

□ **easily** adv. **1** without difficulty: *I can easily ring up and check the time.* ▶ **z łatwością, łatwo 2** without doubt: *It's easily his best novel.* ▶ **z pewnością, bez wątpienia** | **easiness** noun [U] ▶ **łatwość**

■ ˌ**easy** ˈ**chair** noun [C] a large comfortable chair with arms ▶ **rodzaj fotela** | ˌ**easy**-ˈ**going** adj. (used about a person) calm, relaxed and not easily worried: *Her parents are very easy-going. They let her do what she wants.* ▶ **niefrasobliwy, łatwy w pożyciu**

***easy**[2] /ˈiːzi/ adv. (**easier**; **easiest**)

IDIOMS **easier said than done** more difficult to do than to talk about: *'You should get her to help you.' 'That's easier said than done.'* ▶ **łatwo powiedzieć** | **go easy** (informal) to work less hard: *My doctor advised me to go easy until I'm fully recovered.* ▶ **nie przemęczać się, nie wysilać się** | **go easy on sb** (informal) to be gentle or less strict with sb: *Go easy on him* (bądź dla niego wyrozumiały) *– he's just a child.* ▶ **traktować kogoś łagodnie/wyrozumiale** | **go easy on/with sth** (informal) to avoid using too much of sth: *Go easy on the salt – it's bad for your heart.* ▶ **nie przesadzać z czymś** | **take it/things easy** to relax and not work too hard or worry too much ▶ **nie przejmować się**

***eat** /iːt/ verb (pt **ate** /et; US eɪt/; pp **eaten** /ˈiːtn/) **1** [I,T] to put food into your mouth, then chew and swallow it: *Have you eaten all the biscuits?* ○ *Eat your dinner up* (zjedz wszystko, co masz na talerzu), *Joe.* ○ *She doesn't eat properly. No wonder she's so thin.* ▶ **jeść 2** [I] to have a meal: *What time shall we eat?* ▶ **jeść** (*np. obiad*)

IDIOMS **eat out of your/sb's hand** to trust sb and be willing to do what they say: *She'll soon have them eating out of her hand.* ▶ **jeść komuś z ręki** | **have your cake and eat it** → CAKE

PHRASAL VERBS **eat sth away/eat away at sth** to damage or destroy sth gradually: *The sea had eaten away at the cliff.* ▶ **podmywać, wyżerać** | **eat out** to have a meal in a restaurant: *Would you like to eat out tonight?* ▶ **jeść na mieście**

□ **eater** noun [C] a person who eats in a particular way: *My uncle's a big eater* (lubi dużo zjeść).

eau de Cologne /ˌəʊ də kəˈləʊn/ (also

cologne) noun [U] a type of perfume that is not very strong ▶ **woda kolońska**

eaves /iːvz/ noun [pl.] the edges of a roof that come out beyond the walls ▶ **okap**

eavesdrop /ˈiːvzdrɒp/ verb [I] (**eavesdropping**; **eavesdropped**) to listen secretly to other people talking: *to eavesdrop on a conversation* ▶ **podsłuchiwać**

ebb /eb/ verb [I] **1** (used about the tides of the sea) to go out ▶ (*o morzu*) **odpływać 2** (used about a feeling, etc.) to become weaker: *The crowd's enthusiasm began to ebb.* ▶ **słabnąć**

□ **ebb** noun [sing.] (**the ebb**) the time when the tide is flowing away from the land ▶ **odpływ**

IDIOM **the ebb and flow (of sth)** (used about a situation, noise, feeling, etc.) a regular increase and decrease in the progress or strength of sth ▶ **wzloty i upadki**

ebony /ˈebəni/ noun [U] a hard black wood ▶ **heban**

eccentric /ɪkˈsentrɪk/ adj. (used about people or their behaviour) strange or unusual: *People said he was mad but I think he was just slightly eccentric.* ▶ **dziwaczny, ekscentryczny**

□ **eccentric** noun [C] an eccentric person: *She is quite an eccentric.* ▶ **dziwak, ekscentryk** | **eccentricity** /ˌeksenˈtrɪsəti/ noun [C,U] (pl. **eccentricities**) ▶ **dziwactwo, ekscentryczność**

ecclesiastical /ɪˌkliːziˈæstɪkl/ adj. connected with the Christian Church: *ecclesiastical law* ▶ **kościelny, duchowny**

echo /ˈekəʊ/ noun [C] (pl. **echoes**) a sound that is repeated as it is sent back off a surface such as the wall of a cave ▶ **echo**

□ **echo** verb **1** [I] (used about a sound) to be repeated; to come back as an echo: *Their footsteps echoed in the empty church.* ▶ (*o dźwięku*) **odbijać się 2** [T] **echo sth (back)** to repeat or send back a sound: *The tunnel echoed back their calls.* (figurative): *The child echoed everything his mother said.* ○ *The article echoed my views completely.* ▶ **odbijać** (*dźwięki*), **powtarzać** (*jak echo*) **3** [I] **echo (to/with sth)** (used about places) to be full of a particular sound: *The valley echoed with their laughter.* ▶ **rozbrzmiewać** (*np. śmiechem*)

eclair /ɪˈkleə(r)/ noun [C] a type of long thin cake, usually filled with cream and covered with chocolate ▶ **ekler** (*ciastko*)

eclipse /ɪˈklɪps/ noun [C] **1** an occasion when the moon passes between the earth and the sun or the earth's shadow falls on the moon, cutting off all or some of the light: *a total/partial eclipse of the sun* ▶ **zaćmienie 2** the loss of a person's importance, success, etc. ▶ **usunięcie w cień, przyćmienie**

□ **eclipse** verb [T] **1** (used about the moon, etc.) to cause an eclipse of the sun, etc. ▶ **zaćmiewać 2** (used about a person) to make another person seem less interesting, important, etc. ▶ **przyćmiewać (kogoś)**

eco-friendly /ˈiːkəʊ frendli/ adj. not harmful to the environment: *eco-friendly products/fuel* ▶ **przyjazny środowisku**

ecology /iˈkɒlədʒi/ noun [U] the relations between living things and their surroundings; the study of this subject ▶ **ekologia**

□ **ecological** /ˌiːkəˈlɒdʒɪkl/ adj.: *an ecological disaster* ○ *ecological issues* ▶ **ekologiczny** | **ecologically** adv. ▶ **ekologicznie** | **ecologist** /iˈkɒlədʒɪst/ noun [C] a expert in ecology ▶ **ekolog**

⋆**economic** /ˌiːkəˈnɒmɪk; ˌekə-/ adj. **1** (only before a noun) connected with the supply of money, trade, industry, etc.: *the government's economic policy* ○ *The country faces growing economic problems.* ▶ **ekonomiczny, gospodarczy 2** producing a profit: *The mine was closed because it was not economic.* ➲ Por. **economical**, które ma inne znaczenie. ▶ **rentowny, przynoszący zysk**

□ **economically** /-kli/ adv.: *The country was economically very underdeveloped.* ▶ **ekonomicznie, gospodarczo**

economical /ˌiːkəˈnɒmɪkl; ˌekə-/ adj. costing less time, money, fuel, etc.; using sth carefully: *an economical car to run* ➲ Por. **economic**, które ma inne znaczenie. ▶ (*o urządzeniu itp.*) **oszczędny, gospodarny**

□ **economically** /-kli/ adv.: *The train service could be run more economically.* ▶ **oszczędnie, gospodarnie**

economics /ˌiːkəˈnɒmɪks; ˌekə-/ noun [U] the study or principles of the way money, trade and industry are organized: *a degree in economics* ○ *the economics of a company* ▶ **ekonomia, ekonomika**

economist /ɪˈkɒnəmɪst/ noun [C] an expert in economics ▶ **ekonomista**

economize (also **economise**) /ɪˈkɒnəmaɪz/ verb [I] **economize (on sth)** to save money, time, resources, etc.; to use less of sth ▶ **oszczędzać, oszczędnie gospodarować**

⋆**economy** /ɪˈkɒnəmi/ noun (pl. **economies**) **1** [C] (also **the economy**) the operation of a country's money supply, trade and industry: *The economy of the country is based on agriculture.* ○ *the economies of America and Japan* ▶ **gospodarka, ekonomia 2** [C,U] careful spending of money, time, resources, etc.; trying to save, not waste sth: *Our department is making economies in the amount of paper it uses.* ○ *For reasons of economy, please turn off all unnecessary lights.* ○ *economy class* druga klasa ▶ **oszczędność**

ecosystem /ˈiːkəʊsɪstəm/ noun [C] all the plants and animals in a particular area considered together with their surroundings ▶ **ekosystem**

ecstasy /ˈekstəsi/ noun [C,U] (pl. **ecstasies**) a feeling or state of great happiness: *to be in ecstasy* ○ *She went into ecstasies* (oszalała z zachwytu) *about the ring he had bought her.* ▶ **ekstaza, zachwyt**

□ **ecstatic** /ɪkˈstætɪk/ adj. extremely happy ▶ **pełen zachwytu, w ekstazie**

ecumenical /ˌiːkjuːˈmenɪkl; ˌekjuː-/ adj. connected with the idea of uniting all the different parts of the Christian Church ▶ **ekumeniczny**

eczema /ˈeksɪmə; US ɪɡˈziːmə/ noun [U] a disease which makes the skin red and itchy ▶ **egzema**

ed. abbr. edited by; edition; editor ▶ **pod red.; wyd.; red.**

eddy /ˈedi/ noun [C] (pl. **eddies**) a circular movement of water, wind, dust, etc. ▶ **wir, zawirowanie**

★**edge**[1] /edʒ/ noun [C] **1** the place where sth, especially a surface, ends; the limit: *the edge of a table* ○ *The leaves were brown and curling at the edges.* ○ *I stood at the water's edge.* ○ *to fall off the edge of a cliff* ▶ **krawędź, brzeg 2** the sharp cutting part of a knife, etc. ▶ **ostrze**

IDIOMS an/the edge on/over sb/sth a slight advantage over sb/sth: *She knew she had the edge over the other candidates.* ▶ **przewaga nad kimś/czymś** | **(be) on edge** to be nervous, excited or quick to lose your temper: *I'm a bit on edge because I get my exam results today.* ➲ Por. **edgy**, które ma podobne znaczenie. ▶ **być zdenerwowanym, być rozdrażnionym**

edge[2] /edʒ/ verb **1** [T] (usually passive) **edge sth (with sth)** to arrange sth along the edge of sth else: *The cloth was edged with lace.* ▶ **obszywać, wysadzać** (*np. drogę drzewami*) **2** [I,T] **edge (sth/your way) across, along, away, back, etc.** to move slowly and carefully across, etc.: *The burglar edged his way along the roof.* ○ *We edged closer to get a better view.* [T] ▶ **posuwać (się) ostrożnie/pomału**

edgeways /ˈedʒweɪz/ (also **edgewise** /-waɪz/) adv.

IDIOM not get a word in edgeways → WORD

edgy /ˈedʒi/ adj. (informal) nervous, worried or quick to become upset: *You seem very edgy. What's bothering you?* ▶ **zdenerwowany, rozdrażniony**

edible /ˈedəbl/ adj. good or safe to eat: *Are these mushrooms edible?* ❶ Antonim: **inedible**. ▶ **jadalny**

edifice /ˈedɪfɪs/ noun [C] (formal) a large impressive building ▶ **gmach**

edit /ˈedɪt/ verb [T] **1** to prepare a piece of writing to be published, making sure that it is correct, the right length, etc. ▶ **redagować 2** to prepare a film, television or radio programme by arranging filmed material in a particular order ▶ **montować, redagować 3** to be in charge of a newspaper, magazine, etc. ▶ **redagować**

edition /ɪˈdɪʃn/ noun [C] **1** the form in which a book is published: *a paperback/hardback edition* ▶ **wydanie, edycja 2** one of a series of television or radio programmes ▶ **wydanie, audycja 3** the number of copies of a book, etc. that are printed at the same time ▶ **nakład**

★**editor** /ˈedɪtə(r)/ noun [C] **1** a person whose job is to prepare a book, television or radio programme ▶ **redaktor/ka 2** the person who is in charge of a newspaper or part of a newspaper: *the financial editor* ▶ **redaktor (naczelny) 3** a person whose job is to prepare a film, television or radio programme, etc. for showing to the public by cutting and putting the filmed material in the correct order ▶ **montażyst-a/ka**

editorial /ˌedɪˈtɔːriəl/ noun [C] an article in a newspaper, usually written by the editor, giving an opinion on an important subject ▶ **artykuł od redakcji**

★**educate** /ˈedʒukeɪt/ verb [T] to teach or train sb, especially in school: *Young people should be educated to care for their environment.* ○ *All their children were educated at public schools.* ▶ **kształcić, edukować**

□ **educated** /ˈedʒukeɪtɪd/ adj. having learnt a lot of things to a high standard: *a highly educated woman* ▶ **wykształcony**

★**education** /ˌedʒuˈkeɪʃn/ noun [C, usually sing., U] the teaching or training of people, especially in schools, etc. to improve their knowledge and develop their skills: *primary/secondary/higher/adult education* ○ *She received an excellent education.* ▶ **wykształcenie**

□ **educational** /-ʃənl/ adj. connected with or providing education: *an educational toy/visit/experience* ▶ **kształcący, budujący**

eel /iːl/ noun [C] a long fish that looks like a snake ▶ **węgorz**

eerie /ˈɪəri/ adj. strange and frightening ▶ **pełen grozy, przeraźliwy**

□ **eerily** adv. ▶ **strasznie, przeraźliwie** | **eeriness** noun [U] ▶ **groza**

★**effect** /ɪˈfekt/ noun **1** [C,U] **(an) effect (on sb/sth)** a change that is caused by sth; a result: *the effects of acid rain on the lakes and forests* ○ *His words had a strong effect on me.* ➲ Por. **after-effect** i **side effect**. ▶ **skutek, wrażenie 2** [C,U] the impression that a speaker, book, film, etc. gives: *How does the artist create the effect of moonlight?* ○ *He likes to say things just for effect.* ▶ **wrażenie, efekt 3** (**effects**) (formal) your personal possessions ▶ **dobytek, ruchomości**

IDIOMS come into effect (used especially about laws or rules) to begin to be used; to come into operation ▶ **wchodzić w życie** | **in effect 1** in fact; for all practical purposes: *Though they haven't made an official announcement, she is, in effect, the new director.* ▶ **w istocie, w rzeczywistości 2** (used about a rule, a law, etc.) in operation; in use ▶ **obowiązujący** | **take effect 1** (used about a drug, etc.) to begin to work; to produce the desired result: *The anaesthetic took effect immediately.* ▶ **zadziałać, skutkować 2** (used about a law, etc.) to come into operation: *The ceasefire takes effect from midnight.* ▶ **nabierać mocy, wchodzić w życie** | **to this/that effect** with this/that meaning: *I told him to leave her alone, or words to that effect.* ▶ **o podobnej treści**

□ **effect** verb [T] (formal) to cause sth to happen; to have sth as a result: *to effect a change* ➲ Por. **affect**, które ma inne znaczenie. ▶ **dokonywać, uskuteczniać**

★**effective** /ɪˈfektɪv/ adj. **1** producing the result that you want: *an effective way to reduce energy consumption.* ○ *a medicine that is effective against the common cold* ❶ Antonim: **ineffective**. ▶ **skuteczny 2** making a pleasing impression: *Pictures look more effective on a dark* *background.* ▶ **efektowny** **3** real or actual, although perhaps not official: *The soldiers gained effective control of the town.* ▶ **faktyczny, efektywny**

□ **effectively** adv. **1** in an effective way: *She dealt with the situation effectively.* ▶ **skutecznie** **2** in effect; for practical purposes: *It meant that, effectively, they had lost.* ▶ **w rezultacie, w rzeczywistości** | **effectiveness** noun [U] ▶ **skuteczność**

effeminate /ɪˈfemɪnət/ adj. (used about a man or his behaviour) like a woman ▶ **zniewieściały**

⋆**efficient** /ɪˈfɪʃnt/ adj. able to work well without making mistakes or wasting time and energy: *Our secretary is very efficient.* ○ *You must find a more efficient way of organizing your time.* ❶ Antonim: **inefficient**. ▶ **kompetentny, wydajny, skuteczny**

□ **efficiency** /ɪˈfɪʃnsi/ noun [U] ▶ **wydajność, rentowność, skuteczność** | **efficiently** adv. ▶ **wydajnie; oszczędnie, skutecznie**

effluent /ˈefluənt/ noun [U] liquid waste, especially chemicals produced by factories ▶ **ścieki**

⋆**effort** /ˈefət/ noun **1** [U] the use of strength or energy: *They have put a lot of effort into their garden this summer.* ○ *He made no effort to contact his parents.* ▶ **wysiłek, trud** **2** [C] something that is done with difficulty or the use of energy: *It was a real effort to stay awake in the lecture.* ▶ **wysiłek, trud**

□ **effortless** /ˈefətləs/ adj. (apparently) needing little or no effort ▶ **łatwy, (pozornie) nie wymagający wysiłku** | **effortlessly** adv. ▶ **bez wysiłku**

EFL /ˌiː ef ˈel/ abbr. English as a Foreign Language ▶ **nauka języka angielskiego jako języka obcego**

e.g. /ˌiː ˈdʒiː/ abbr. for example ▶ **np.**

egalitarian /iˌgælɪˈteəriən/ adj. (used about a person, system, society, etc.) following the principle that everyone should have equal rights ▶ **egalitarny**

⋆**egg**[1] /eg/ noun **1** [C] an oval object with a hard shell that contains a young bird, reptile or insect: ▶ **jajko**

> A female bird **lays** her eggs and then **sits on** (wysiaduje) them until they **hatch**.

2 [C,U] an egg from a hen, etc., used as food: *boiled* (gotowane)/*fried* (sadzone)/*poached* (w koszulkach, gotowane bez skorupki)/*scrambled eggs* (jajecznica) ▶ **jajko** **3** [C] the small seed in a female animal that can join with a sperm to make a baby ▶ **komórka jajowa**

IDIOM **put all your eggs in one basket** to risk everything by depending completely on one thing, plan, etc. ▶ **stawiać wszystko na jedną kartę**

■ **ˈegg cup** noun [C] a small cup for holding a boiled egg ▶ **kieliszek do jajek** | **ˈeggplant** noun [C,U] (especially US) = AUBERGINE | **ˈeggshell** noun [C,U] the hard outside part of an egg ▶ **skorupka jajka**

egg[2] /eg/ verb

PHRASAL VERB **egg sb on (to do sth)** to encourage sb to do sth (bad or dangerous) ▶ **namawiać/ podjudzać kogoś (do robienia czegoś)**

ego /ˈegəʊ; ˈiːgəʊ/ noun [C] (pl. **egos**) the (good) opinion that you have of yourself: *It was a blow to her ego when she lost her job.* ▶ **poczucie własnej wartości**

egocentric /ˌiːgəʊˈsentrɪk; ˌeg-/ adj. interested only in yourself; selfish ▶ **samolubny**

egoism /ˈegəʊɪzəm; ˈiːg-/ (also **egotism** /ˈegətɪzəm; ˈiːg-/) noun [U] thinking about yourself too much; selfishness ▶ **egoizm**

□ **egoist** /ˈegəʊɪst; ˈiːg-/ (also **egotist** /ˈegətɪst; ˈiːg-/) noun [C] a person who thinks about themself too much; a selfish person ▶ **egoist-a/ka** | **egoistic** /ˌegəʊˈɪstɪk; ˌiːg-/ (also **egotistical** /ˌegəˈtɪstɪkl; ˌiːg-/**egotistic** /ˌegəˈtɪstɪk; ˌiːg-/) adj. ▶ **samolubny**

eh /eɪ/ interj. (informal) **1** (used for asking sb to agree with you): *'Good party, eh?'* ▶ **(no) nie?** **2** (used for asking sb to repeat sth): *'Did you like the film?' 'Eh?' 'I asked if you liked the film!'* ▶ **co?**

Eid (also **Id**) /iːd/ noun [sing.] any of several Muslim festivals, especially the one that celebrates the end of Ramadan ▶ (*w religii muzułmańskiej*) **święto, zwł. na zakończenie ramadanu**

eiderdown /ˈaɪdədaʊn/ noun [C] a covering for a bed filled with soft feathers called down, usually used on top of blankets ➲ Por. **duvet**. ▶ **pierzyna**

⋆**eight** /eɪt/ number 8 ➲ Zob. przykł. użycia liczebników w zdaniach przy **six**. ▶ **osiem**

□ **eight-** (in compounds) having eight of sth: *an eight-sided coin* ▶ **ośmio-** | **eighth** /eɪtθ/ pron., det., adv. 8th; next after seventh ▶ **ósmy** | **eighth** noun [C] the fraction ⅛; one of eight equal parts of sth ➲ Zob. przykł. przy **sixth**. ▶ **(jedna) ósma**

⋆**eighteen** /ˌeɪˈtiːn/ number 18 ➲ Zob. przykł. użycia liczebników w zdaniach przy **six**. ▶ **osiemnaście**

□ **eighteenth** /ˌeɪˈtiːnθ/ pron., det., adv. 18th; next after seventeenth ➲ Zob. przykł. przy **sixth**. ▶ **osiemnasty**

⋆**eighty** /ˈeɪti/ number 80 ➲ Zob. przykł. użycia liczebników w zdaniach przy **sixty**. ▶ **osiemdziesiąt**

□ **eightieth** /ˈeɪtiəθ/ pron., det., adv. 80th, next after seventy-ninth ➲ Zob. przykł. przy **sixth**. ▶ **osiemdziesiąty**

⋆**either** /ˈaɪðə(r); ˈiːðə(r)/ det., pron. **1** one or the other of two; it does not matter which: *There's cake or ice-cream. You can have either.* ○ *I don't want either (of them).* ○ *You can ask either of us for advice.* ○ *Either of us is willing to help.* ❶ **Either** łączy się zasadniczo z czasownikiem w lp, jednak w potocznej angielszczyźnie po **either of** można też użyć czasownika w lm, jeśli rzeczownik lub zaimek osobowy występuje w lm: *Either of us are willing to help.* ▶ **jeden (lub drugi), którykolwiek (z dwu),** (*w zdaniach przeczących*) **żaden (z dwu)** **2** both: *It is a pleasant road, with trees on either side* (po obu stronach). ▶ **obaj, oboje itp.**

□ **either** conj. **either... or...** (used when you are giving a choice, usually of two things): *You can have the car in either black or blue.* ○ *Either you leave or I do.* ○ *You can either write or phone.* ▶ **albo...albo** | **either** adv. **1** (used after two negative statements) also: *I don't like Pat and I don't like Nick much either.* ○ *'I can't remember his name.' 'I can't either* (ani ja).*'* ❶ Można też powiedzieć **neither can I.** ▶ **też, także 2** (used for emphasizing a negative statement): *The restaurant is quite good. And it's not expensive either.* ▶ **ponadto, wcale (nie)**

ejaculate /iˈdʒækjuleɪt/ verb **1** [I] to send out semen from the penis ▶ **wytryskiwać 2** [I,T] (formal) to say sth suddenly ▶ **nagle coś powiedzieć, wykrzykiwać**

□ **ejaculation** /iˌdʒækjuˈleɪʃn/ noun [C,U] ▶ **wytrysk** (*nasienia*), **okrzyk**

eject /iˈdʒekt/ verb **1** [T] (often passive) to push or send sb/sth out of a place (usually with force): *The protesters were ejected from the building.* ▶ **usuwać, wyrzucać 2** [I,T] when you eject a tape, disk, etc., or when it ejects, it comes out of the machine, usually after you have pressed a button ▶ **wysuwać (się) 3** [I] to make an emergency exit from an aeroplane ▶ **katapultować się**

eke /iːk/ verb

IDIOM **eke out a living** to manage to live with very little money ▶ **z trudem wiązać koniec z końcem**

PHRASAL VERB **eke sth out** to make a small amount of sth last longer ▶ **sztukować, rozciągać**

elaborate /ɪˈlæbərət/ adj. very complicated; done or made very carefully: *elaborate plans* ▶ **skomplikowany, wypracowany**

□ **elaborate** /ɪˈlæbəreɪt/ verb [I] **elaborate (on sth)** (formal) to give details about sth ▶ **omawiać coś szczegółowo**

elapse /ɪˈlæps/ verb [I] (formal) (used about time) to pass ▶ **upływać**

elastic /ɪˈlæstɪk/ noun [U] material with rubber in it which can stretch ▶ **gumka**

□ **elastic** adj. **1** (used about material, etc.) able to return to its original size after being stretched ▶ **elastyczny 2** (figurative) able to be changed; not fixed ▶ **elastyczny**

■ **eˌlastic ˈband** noun [C] = RUBBER BAND

elated /iˈleɪtɪd/ adj. (formal) very happy and excited ▶ **podniecony, pijany** (*np. szczęściem*)

□ **elation** /iˈleɪʃn/ noun [U] ▶ **podniecenie, uniesienie**

★**elbow** /ˈelbəʊ/ noun [C] **1** the joint where the arm bends in the middle ▶ **łokieć 2** the part of the sleeve of a coat, jacket, etc. that covers the elbow ▶ **łokieć**

□ **elbow** verb [T] to push with the elbows: *She elbowed me out of the way to get to the food first.* ▶ **rozpychać się łokciami**

■ **ˈelbow room** noun [U] enough space to move freely ▶ **(wolne) miejsce, przestrzeń**

★**elder** /ˈeldə(r)/ adj. (only before a noun) older (of two members of a family): *My elder daughter is at university now but the other one is still at school.* ▶ **starszy**

□ **elder** noun **1** [sing.] the older of two people: *Who is the elder of the two?* ▶ **starsz-y/a 2** (**my, etc. elder**) [sing.] a person who is older than me, etc.: *He is her elder by several years.* ▶ **starsz-y/a 3** (**elders**) [pl.] older people: *respect for your elders* ▶ **starsi**

elderberry /ˈeldəberi/ noun [C] (pl. **elderberries**) the fruit of an elder tree ▶ **owoc czarnego bzu**

elderly /ˈeldəli/ adj. (used about a person) old ❶ Jest to słowo grzecznościowe używane zamiast **old**. W odniesieniu do starszych ludzi w ogóle lepiej stosować formę **the elderly**: *The elderly need special care in winter.* ▶ **w podeszłym wieku**

★**eldest** /ˈeldɪst/ adj., noun [C] oldest (of three or more members of a family): *Their eldest child is a boy.* ○ *John's got 4 boys. The eldest has just gone to university.* ▶ **najstarsz-y/a**

★**elect** /ɪˈlekt/ verb [T] **1 elect sb (to sth)**; **elect sb (as sth)** to choose a Member of Parliament, President, representative, etc. by voting: *He was elected to Parliament in 2001.* ○ *The committee elected her as their representative.* ▶ **wybierać 2 elect to do sth** (formal) to decide to do sth ▶ **postanawiać (coś zrobić)**

★**election** /ɪˈlekʃn/ noun [C,U] (the time of) choosing a Member of Parliament, President, etc. by voting: *presidential elections* ○ *I will not be standing for election again.* ○ *election results* ▶ **wybory**

> In Britain, **general elections** are held about every five years. Sometimes **by-elections** are held at other times. In each **constituency** voters must choose one from a list of **candidates**.

elective /ɪˈlektɪv/ noun [C] (especially US) a course or subject at a college or school which a student can choose to do ▶ **kurs/przedmiot do wyboru**

elector /ɪˈlektə(r)/ noun [C] a person who has the right to vote in an election ❶ Częściej używa się słowa **voter**. ▶ **wyborca**

□ **electoral** /ɪˈlektərəl/ adj.: *the electoral register/roll* spis wyborców ▶ **wyborczy** | **electorate** /ɪˈlektərət/ noun [C, with sing. or pl. verb] all the people who can vote in a region, country, etc. ▶ **elektorat**

★**electric** /ɪˈlektrɪk/ adj. **1** producing or using electricity: *an electric current/kettle* ➲ Por. **electrical.** ▶ **elektryczny 2** (figurative) very emotional: *The atmosphere in the room was electric.* ▶ **pełen napięcia**

■ **the eˌlectric ˈchair** noun [sing.] a chair used for putting criminals to death with a very strong electric current ▶ **krzesło elektryczne** | **eˌlectric ˈrazor** = SHAVER | **eˌlectric ˈshock** (also **shock**) noun [C] the effect on the body when an electric current goes through it ▶ **porażenie** (*prądem*)

★**electrical** /ɪˈlektrɪkl/ adj. of or about electricity: *an electrical fault/appliance* ○ *an electrical engineer* inżynier elektryk ➲ Por. **electric.** ▶ **elektryczny**

***electrician** /ɪˌlek'trɪʃn/ noun [C] a person whose job is to install and repair electrical systems and equipment ▶ **elektryk**

***electricity** /ɪˌlek'trɪsəti/ noun [U] a type of energy that provides heat, light and power to work machines, etc. ▶ **prąd, elektryczność**

> Electricity is usually **generated** in **power stations**. It may also be produced by **generators** or by **batteries**.

electrify /ɪ'lektrɪfaɪ/ verb [T] (pres. part. **electrifying**; 3rd pers. sing. pres. **electrifies**; pt, pp **electrified**) **1** to supply sth with electricity ▶ **elektryfikować** **2** (figurative) to make sb excited ▶ **elektryzować**

electrocute /ɪ'lektrəkju:t/ verb [T] (usually passive) to kill sb with an electric current that passes through the body: *Don't touch that wire! You'll electrocute yourself.* ▶ **razić (śmiertelnie) prądem elektrycznym**
□ **electrocution** /ɪˌlektrə'kju:ʃn/ noun [U] ▶ **(śmiertelne) porażenie prądem elektrycznym**

electrode /ɪ'lektrəʊd/ noun [C] one of two points, called terminals, where an electric current enters or leaves a battery, etc. ▶ **elektroda**

***electronic** /ɪˌlek'trɒnɪk/ adj. using electronics: *electronic equipment* ○ *This dictionary is available in electronic form* (na dyskietce). ▶ **elektroniczny**
□ **electronically** /-kli/ adv. ▶ **elektronicznie**
■ ˌ**electronic 'mail** noun [U] (formal) = EMAIL

electronics /ɪˌlek'trɒnɪks/ noun [U] the technology of using silicon chips, etc. to produce computers, radios, etc.: *the electronics industry* ▶ **elektronika**

elegant /'elɪgənt/ adj. showing style or good design: *She looked very elegant in her new dress.* ○ *an elegant coat* ▶ **elegancki**
□ **elegance** /'elɪgəns/ noun [U] ▶ **elegancja** | **elegantly** adv. ▶ **elegancko**

***element** /'elɪmənt/ noun **1** [C] one important part of sth: *Cost is an important element when we're thinking about holidays.* ▶ **część, element** **2** [C, usually sing.] **an element of sth** a small amount of sth: *There was an element of truth* (ziarnko prawdy) *in what he said.* ▶ **element** **3** [C] people of a certain type: *the criminal element* ▶ **element** **4** [C] one of the basic substances e.g. iron, oxygen, gold, etc. ▶ **pierwiastek** **5** [C] the part of a kettle, an electric heater, etc. that produces heat ▶ **grzałka** **6** (**the elements**) [pl.] (formal) (bad) weather: *exposed to the elements* wydany na pastwę żywiołów ▶ **żywioły**
IDIOM **in/out of your element** in a situation where you feel comfortable/uncomfortable ▶ **(nie) w swoim żywiole**

***elementary** /ˌelɪ'mentri/ adj. **1** at or in the beginning stages: *an elementary course in English* ○ *a book for elementary students* ▶ **podstawowy** **2** basic; not difficult: *elementary physics* ▶ **elementarny**
■ ˌ**ele'mentary school** noun [C] (US) a school for children aged six to eleven ▶ **szkoła podstawowa**

***elephant** /'elɪfənt/ noun [C] a very large grey animal with two tusks and a trunk ▶ **słoń**

elevate /'elɪveɪt/ verb [T] (formal) to raise sb/sth to a higher place or position: *an elevated railway* kolej nadziemna ○ *He was elevated to the Board of Directors.* ▶ **wynosić; podnosić**
□ **elevating** adj. (formal) improving the mind; educating: *an elevating book* ▶ **umoralniający**

elevation /ˌelɪ'veɪʃn/ noun **1** [C,U] (formal) elevating or being elevated ▶ **wyniesienie, godność; wzniosłość** **2** [C] the height of a place (above sea level): *The city is at an elevation of 2 000 metres.* ▶ **wysokość, wzniesienie**

elevator /'elɪveɪtə(r)/ noun [C] (US) = LIFT

***eleven** /ɪ'levn/ number 11 ➲ Zob. przykł. użycia liczebników w zdaniach przy **six.** ▶ **jedenaście**
□ **eleventh** /ɪ'levnθ/ pron., det., adv. 11th, next after tenth ➲ Zob. przykł. przy **sixth.** ▶ **jedenasty**

elf /elf/ noun [C] (pl. **elves** /elvz/) (in stories) a small creature with pointed ears who has magic powers ▶ **elf**

elicit /ɪ'lɪsɪt/ verb [T] **elicit sth (from sb)** (formal) to get information, facts, a reaction, etc. from sb ▶ **wydobywać**

eligible /'elɪdʒəbl/ adj. **eligible (for sth/to do sth)** having the right qualifications for sth; suitable: *In Britain, you are eligible to vote when you are eighteen.* ○ *an eligible young man* dobra partia ▶ **uprawniony do czegoś; nadający się**

eliminate /ɪ'lɪmɪneɪt/ verb [T] **1** to remove sb/sth that is not wanted or needed: *We must try and eliminate wastage.* ▶ **usuwać, wykluczać** **2** (often passive) to stop sb going further in a competition, etc.: *The team was eliminated in the first round.* ▶ **eliminować**
□ **elimination** /ɪˌlɪmɪ'neɪʃn/ noun [U] ▶ **usunięcie; eliminacja**

elite /eɪ'li:t; ɪ'li:t/ noun [C, with sing. or pl. verb] a social group that is thought to be the best or most important because of its power, money, intelligence, etc.: *the ruling éeite* ○ *an intellectual elite* ○ *an elite group* ▶ **elita**
□ **elitism** /eɪ'li:tɪzəm; ɪ'li:tɪzəm/ noun [U] the belief that elites should be treated in a special way ▶ **elitaryzm** | **elitist** /-tɪst/ noun [C], adj. ▶ **zwolenni-k/czka elitaryzmu; elitarny**

elk /elk/ (pl. **elk** or **elks**) (US **moose**) noun [C] a very large deer with large flat antlers ▶ **łoś**

elm /elm/ (also **'elm tree**) noun [C] a tall tree with broad leaves ▶ **wiąz**

elocution /ˌelə'kju:ʃn/ noun [U] the art of speaking clearly (especially in public) ▶ **dykcja, krasomówstwo**

elongated /'i:lɒŋgeɪtɪd; US ɪ'lɔ:ŋ-/ adj. long and thin ▶ **wydłużony**

elope /ɪ'ləʊp/ verb [I] **elope (with sb)** to run away secretly to get married ▶ **uciekać z ukochan-ym/ą z zamiarem pobrania się**

eloquent /'eləkwənt/ adj. (formal) able to speak well and influence other people ▶ **wymowny**

□ **eloquence** /'eləkwəns/ noun [U] ▶ **wymowność, umiejętność wysławiania się** | **eloquently** adv. ▶ **elokwentnie**

★**else** /els/ adv. (used after words formed with *any-*, *no-*, *some-* and after question words) **1** in addition: *What else would you like?* ○ *Does anybody else* (czy ktoś jeszcze) *know about this?* ▶ **jeszcze 2** different: *There's nothing on the television. Let's find something else* (coś innego) *to do.* ○ *This isn't mine. It must be somebody else's* (kogoś innego). ○ *You'll have to pay. Nobody else* (nikt inny) *will.* ▶ **inny 3** apart from: *Everybody else is allowed* (pozostałym wolno) *to stay up late.* ▶ **oprócz (mnie itp.)**

IDIOM **or else** otherwise; if not: *You'd better go to bed now or else you'll be tired in the morning.* ○ *He's either forgotten or else he's decided not to come.* ▶ **bo w przeciwnym razie, bo jak nie; albo**

★**elsewhere** /ˌels'weə(r)/ adv. (formal) in or to another place: *If she doesn't like it here, she can go elsewhere.* ○ *He's travelled a lot – in Europe and elsewhere* (i innych kontynentach). ▶ **gdzie indziej**

ELT /ˌiː el 'tiː/ abbr. English Language Teaching (to non-native speakers) ▶ **nauka języka angielskiego dla obcokrajowców**

elude /i'luːd/ verb [T] (formal) **1** to escape from sb/sth, sometimes by using a trick ▶ **uchodzić, wymykać się 2** to be difficult or impossible to remember: *I remember his face but his name eludes me* (ale nie mogę sobie przypomnieć, jak się nazywa). ▶ **umykać (z pamięci)**

elusive /i'luːsɪv/ adj. not easy to find, catch or remember ▶ **nieuchwytny**

elves pl. of ELF

'em /əm/ pron. (informal) = THEM

emaciated /ɪ'meɪʃieɪtɪd/ adj. (used about a person) thin and weak because of illness, lack of food, etc. ▶ **wychudzony**

□ **emaciation** /ɪˌmeɪsi'eɪʃn/ noun [U] ▶ **wychudzenie**

email /'iːmeɪl/ noun **1** [U] a way of sending messages and data to other people by means of computers connected together in a network: *Have you got email on your computer?* ▶ **poczta elektroniczna 2** [C,U] a message sent by e-mail: *Did you get my email?* ▶ **e-mail**

□ **email** verb [T]: *I'll email the information to you* ▶ **przesyłać pocztą elektroniczną**

emancipate /ɪ'mænsɪpeɪt/ verb [T] to give sb the same legal, social and political rights as other people ▶ **emancypować**

□ **emancipation** /ɪˌmænsɪ'peɪʃn/ noun [U] ▶ **emancypacja**

embankment /ɪm'bæŋkmənt/ noun [C] a thick wall of earth, stone, etc. that is built to stop a river overflowing or to carry a road or railway ▶ **nabrzeże, nasyp**

embargo /ɪm'bɑːgəʊ/ noun [C] (pl. **embargoes**) an official order to stop trade with another country: *to impose an oil embargo* ○ *to lift/remove the embargo on the trade in oil* ▶ **zakaz** (*importu, wywozu*)

embark /ɪm'bɑːk/ verb [I] to get on a ship ℹ Antonim: **disembark**. ▶ **wsiadać na statek**

PHRASAL VERB **embark on sth** (formal) to start sth (new): *I'm embarking on a completely new career.* ▶ **rozpoczynać coś**

□ **embarkation** /ˌembɑː'keɪʃn/ noun [C,U] ▶ **wejście na statek**

★**embarrass** /ɪm'bærəs/ verb [T] to make sb feel ashamed or uncomfortable: *The Minister's mistake embarrassed the government.* ▶ **żenować, wprawiać w zakłopotanie**

□ **embarrassed** adj. ▶ **zakłopotany, zażenowany** | **embarrassing** adj. ▶ **żenujący, wprawiający w zakłopotanie** | **embarrassingly** adv. ▶ **żenująco, kłopotliwie** | **embarrassment** noun **1** [U] the feeling you have when you are embarrassed ▶ **zażenowanie, zakłopotanie 2** [C] a person or thing that makes you embarrassed ▶ **ktoś, kto/coś, co przynosi wstyd lub wprawia w zakłopotanie**

★**embassy** /'embəsi/ noun [C] (pl. **embassies**) (the official building of) a group of diplomats headed by an ambassador, who are sent to live in a foreign country and represent their government there ▶ **ambasada**

embed /ɪm'bed/ verb [T] (**embedding**; **embedded**) (usually passive) to fix sth firmly and deeply (in sth else): *The axe was embedded in the piece of wood.* ▶ **wbijać, wmurowywać**

ember /'embə(r)/ noun [C, usually pl.] a piece of wood or coal that is not burning, but is still red and hot after a fire has died ▶ **żarzące się węgle, żar**

embezzle /ɪm'bezl/ verb [T] to steal money, etc. that you are responsible for (e.g. in a firm or an organization) ▶ **sprzeniewierzać, defraudować**

□ **embezzlement** noun [U] ▶ **sprzeniewierzenie, defraudacja**

emblem /'embləm/ noun [C] an object or symbol that represents sth: *The dove is the emblem of peace.* ▶ **godło, symbol**

embody /ɪm'bɒdi/ verb [T] (pres. part. **embodying**; 3rd pers. sing. pres. **embodies**; pp, pt **embodied**) (formal) **1** to be a very good example of sth: *To me she embodies all the best qualities of a teacher.* ▶ **uosabiać, ucieleśniać 2** to include or contain sth ▶ **zawierać, posiadać**

□ **embodiment** noun [C]: *She is the embodiment of a caring mother.* ▶ **uosobienie, ucieleśnienie**

embrace /ɪm'breɪs/ verb **1** [I,T] to take sb into your arms as a sign of love or affection ▶ **obejmować 2** [T] (formal) to include: *His report embraced all the main points.* ▶ **zawierać 3** [T] (formal) to accept sth eagerly: *to embrace Christianity* ▶ **przyjmować**

□ **embrace** noun [C] the act of embracing(1) ▶ **uścisk, objęcie**

embroider /ɪm'brɔɪdə(r)/ verb **1** [I,T] to decorate cloth by sewing with small stitches [T] ▶ **haftować 2** [T] to add untrue details to a story, etc. to make it more interesting ▶ **upiększać**

□ **embroidery** /-dəri/ noun [U] decorative sewing with small stitches; something that has been embroidered(1) ▶ **haftowanie**; **wyszywanka**

embryo /ˈembriəʊ/ noun [C] (pl. **embryos** /-əʊz/) an animal or a plant in the early stages of development before birth ➲ Por. **foetus**. ▶ **embrion**

□ **embryonic** /ˌembriˈɒnɪk/ adj. ▶ **embrionalny**

emerald /ˈemərəld/ noun [C] a bright green precious stone ▶ **szmaragd**

□ **emerald** (also **emerald ˈgreen**) adj. bright green ▶ **szmaragdowy (kolor)**

emerge /iˈmɜːdʒ/ verb [I] **emerge (from sth)** **1** to appear or come from somewhere (unexpectedly): *A man emerged from the shadows.* ○ (figurative) *to emerge strengthened from a difficult experience* ▶ **wyłaniać się**; **wychodzić** (*np. z opresji*) **2** to become known: *During investigations it emerged that she was lying about her age.* ▶ **okazać się**

□ **emergence** /-dʒəns/ noun [U] ▶ **wyłonienie się** | **emergent** /-dʒənt/ adj. ▶ **wyłaniający się**

★**emergency** /iˈmɜːdʒənsi/ noun [C,U] (pl. **emergencies**) a serious event that needs immediate action: *In an emergency* (w razie wypadku) *phone 999 for help.* ○ *to declare a state of emergency* (stan wyjątkowy) ○ *an emergency exit* wyjście zapasowe ▶ **nagły wypadek**, **awaria**, **krytyczna sytuacja**

■ **eˈmergency room** noun [C] (US) = CASUALTY(3) | **eˈmergency services** noun [pl.] (Brit.) the public organizations that deal with emergencies: the police, fire, ambulance and coastguard services ▶ **służby ratownicze**

emigrate /ˈemɪɡreɪt/ verb [I] to leave your own country to go and live in another: *They emigrated to Australia twenty years ago.* ▶ **emigrować**

□ **emigrant** /ˈemɪɡrənt/ noun [C] a person who has gone to live in another country ▶ **emigrant/ka** | **emigration** /ˌemɪˈɡreɪʃn/ noun [C,U] ▶ **emigracja** ➲ Por. **immigrant** i **immigration**.

eminent /ˈemɪnənt/ adj. (formal) (used about a person) famous and important: *an eminent scientist* ▶ **wybitny, sławny**

eminently adv. obviously; very: *She is eminently suitable for the job.* ▶ **oczywiście**, **znakomicie**

emit /iˈmɪt/ verb [T] (**emitting**; **emitted**) (formal) to send out sth (a smell, a sound, smoke, heat, light, etc.) ▶ **emitować**

□ **emission** /iˈmɪʃn/ noun [C,U]: *controls on sulphur dioxide emissions from power stations* ▶ **emisja**

★**emotion** /ɪˈməʊʃn/ noun **1** [C] a strong feeling such as love, anger, fear, jealousy, etc. ▶ **uczucie**, **wzruszenie** **2** [U] strength of feeling: *His voice was filled with emotion.* ▶ **wzruszenie**, **emocja**

□ **emotional** /-ʃənl/ adj. **1** connected with the emotions: *emotional problems* ▶ **uczuciowy**, **emocjonalny** **2** causing strong feelings: *He gave an emotional speech.* ▶ **poruszający** **3** having strong emotions and showing them openly: *She always gets very emotional* (bardzo się wzrusza) *when I leave.* ○ *He's a very emotional sort of person.* ▶ **uczuciowy** | **emotionally** /-ʃənəli/ adv. ▶ **uczuciowo, emocjonalnie**

emotive /iˈməʊtɪv/ adj. causing strong emotions: *emotive language* ○ *an emotive issue* ▶ **wzruszający**

empathy /ˈempəθi/ noun [U] the ability to imagine how another person is feeling and so understand their mood ▶ **empatia, wczuwanie się**

□ **empathize** (also **-ise**) /ˈempəθaɪz/ verb [I] **empathize (with sb/sth)**: *He's a popular teacher because he empathizes with his students.* ▶ **utożsamiać się**, **wczuwać się** (*w czyjąś sytuację*)

emperor /ˈempərə(r)/ (fem. **empress**) noun [C] the ruler of an empire ▶ **cesarz**

★**emphasis** /ˈemfəsɪs/ noun [C,U] (pl. **emphases** /-əsiːz/) **1** the force that you give to a word or phrase when you are speaking to show that it is important ▶ **nacisk, emfaza** **2** **emphasis (on sth)** (giving) special importance or attention (to sth): *There's a lot of emphasis on science at our school.* ▶ **nacisk, emfaza**

★**emphasize** (also **-ise**) /ˈemfəsaɪz/ verb [T] **emphasize (that...)** to put emphasis on sth; stress: *They emphasized that healthy eating is important.* ○ *They emphasized the importance of healthy eating.* ▶ **podkreślać**, **kłaść nacisk na coś**

emphatic /ɪmˈfætɪk/ adj. having or using emphasis: *an emphatic refusal* ▶ **stanowczy**, **emfatyczny**

□ **emphatically** /-kli/ adv. ▶ **stanowczo, emfatycznie**

empire /ˈempaɪə(r)/ noun [C] **1** a group of countries that is governed by one country: *the Roman Empire* ➲ Por. **emperor** i **empress**. ▶ **cesarstwo**, **imperium** **2** a group of companies that is controlled by one parent company ▶ **imperium**

empirical /ɪmˈpɪrɪkl/ adj. (formal) based on observation and practical experience, not on theory: *empirical evidence* ▶ **empiryczny**, **namacalny**

★**employ** /ɪmˈplɔɪ/ verb [T] **1** **employ sb (in/on sth)**; **employ sb (as sth)** to pay sb to work for you: *He is employed in a chocolate factory.* ○ *She is employed as a lorry driver.* ○ *They employ 600 workers.* ➲ Por. **unemployed**. ▶ **zatrudniać** **2** **employ sb/sth (in/on) sth** (formal) to use: *We must employ all our expertise in solving this problem.* ▶ **stosować**

□ **employee** /ɪmˈplɔɪiː/ noun [C] a person who works for sb: *The factory has 500 employees.* ▶ **pracowni-k/ca** | **employer** /ɪmˈplɔɪə(r)/ noun [C] a person or company that employs other people: *The car factory is a large employer in this town.* ▶ **pracodaw-ca/czyni** | **employment** /ɪmˈplɔɪmənt/ noun [U] **1** the state of having a paid job: *She is in/out of employment.* ○ *It is difficult to find employment in this area.* ➲ Por. **unemployment**. Zob. uwaga przy **work[1]**.

► **zatrudnienie** **2** (formal) the use of sth: *the employment of force* ► **zastosowanie**

■ **em'ployment agency** noun [C] a business that helps people to find work ► **biuro pośrednictwa pracy**

empower /ɪm'paʊə(r)/ verb [T] (usually passive) (formal) to give sb power or authority (to do sth) ► **upoważniać, umożliwiać**

□ **empowerment** noun [U] ► **upoważnienie**

empress /'emprəs/ noun [C] **1** a woman who rules an empire ► **cesarzowa** **2** the wife or widow of an emperor ► **cesarzowa**

★**empty**[1] /'empti/ adj. **1** having nothing or nobody inside it : *an empty box* ○ *The bus was half empty.* ○ *That house has been empty for months.* ► **pusty, opustoszały** **2** without meaning or value: *It was an empty threat.* ○ *My life feels empty now the children have left home.* ► **pusty, czczy**

□ **emptiness** /'emptinəs/ noun [U] ► **pustka**

■ **,empty-'handed** adj. bringing or taking nothing: *She went out to buy a new dress but returned empty-handed.* ► (*wrócić skądś*) **z pustymi rękami**

★**empty**[2] /'empti/ verb (pres. part. **emptying**; 3rd pers. sing. pres. **empties**; pt, pp **emptied**) **1** [T] **empty sth (out)** to make sth empty: *Empty your pockets out, please.* ► **opróżniać** **2** [T] **empty sth (out) (into/onto sth)** to take sth from a container and put it somewhere else: *Empty that milk into the sink. It's gone sour.* ○ *The boy emptied out all his toys onto the floor.* ► **wylewać, wyrzucać, opróżniać** **3** [I] to become empty: *The cinema emptied very quickly once the film was finished.* ► **opróżniać się, pustoszeć**

EMU /,i: em 'ju:/ abbr. Economic and Monetary Union (of the European Union, a programme to achieve full economic unity in the EU, including use of the euro as a common currency): *make progress towards EMU* ► **Unia Gospodarcza Walutowa**

emulate /'emjuleɪt/ verb [T] (formal) to try to do sth as well as, or better than, sb ❶ Mniej formalnym słowem jest **copy**. ► **(starać się) dorównać komuś, (starać się) prześcignąć kogoś**

★**enable** /ɪ'neɪbl/ verb [T] **enable sb/sth to do sth** to make sb/sth able to do sth (by giving them/it power, authority, etc.): *The new law has enabled more women to return to work.* ► **umożliwiać**

enamel /ɪ'næml/ noun [U] **1** a hard, shiny substance used for protecting or decorating metal, etc. ► **emalia** **2** the hard white outer covering of a tooth ► **szkliwo, emalia**

enc. (also **encl**) abbr. (used at the end of a business letter to show that there is sth else in the envelope with the letter) enclosed ► **zał.**

enchanted /ɪn'tʃɑ:ntɪd; US -'tʃænt-/ adj. **1** pleased or delighted: *The audience was enchanted by her singing.* ► **oczarowany, zachwycony** **2** under a magic spell: *an enchanted forest* ► **zaczarowany**

enchanting /ɪn'tʃɑ:ntɪŋ; US -'tʃænt-/ adj. very nice or pleasant; delightful ► **czarujący, zachwycający**

encircle /ɪn'sɜ:kl/ verb [T] (formal) to make a circle round sth; to surround: *London is encircled by the M25 motorway.* ► **otaczać, okrążać**

★**enclose** /ɪn'kləʊz/ verb [T] **1 enclose sth (in/with sth)** to surround sth with a wall, fence, etc.: *The yard had been enclosed with iron railings.* ► **ogradzać, otaczać** (*ogrodzeniem*) **2** to put sth in an envelope, parcel, etc.: *Can I enclose a letter with this parcel?* ► **przesyłać w załączeniu**

□ **enclosed** adj.: *He gets very nervous in enclosed spaces.* ► **zamknięty**

enclosure /ɪn'kləʊʒə(r)/ noun [C] **1** a piece of land that is enclosed by a wall, fence, etc. ► **ogrodzony teren** **2** something that is enclosed in an envelope, parcel, etc. ► **załącznik**

encode /ɪn'kəʊd/ = CODE

encore /'ɒŋkɔ:(r)/ interj. (called out by an audience that wants the performers in a play, concert, etc. to perform sth extra) ► **bis!**

□ **encore** noun [C] (a call for) an extra performance at the end of a play, concert, etc. ► **wołanie o bis**

encounter /ɪn'kaʊntə(r)/ verb [T] **1** (formal) to meet sb unexpectedly ► **niespodziewanie spotykać** **2** to experience sth (a danger, difficulty, etc.): *I've never encountered any discrimination at work.* ❶ Synonimem **encounter** w tym znaczeniu jest **meet with**. ► **doświadczać, spotykać (się) z (czymś)**

□ **encounter** noun [C] an unexpected (often unpleasant) meeting ► **nieoczekiwane spotkanie**

★**encourage** /ɪn'kʌrɪdʒ/ verb [T] **1 encourage sb/sth (in sth/to do sth)** to give hope, support or confidence to sb: *The teacher encouraged her students to ask questions.* ○ *His friends encouraged him in his attempt to stop smoking.* ❶ Antonim: **discourage**. Zwróć uwagę, że mówi się **discourage sb from doing sth**: *The teacher discouraged her students from asking questions.* ► **zachęcać, popierać** **2** to make sth happen more easily: *The government wants to encourage new businesses.* ► **popierać, zachęcać**

□ **encouragement** noun [C,U] ► **zachęta, poparcie** | **encouraging** adj. ► **zachęcający**

encroach /ɪn'krəʊtʃ/ verb [I] (formal) **encroach (on/upon sth)** to take away part of sth or use more of sth than is right: *to encroach on your free time* ► **nadużywać** (*np. czasu*), **wtargnąć** (*na czyjąś ziemię*), **naruszać** (*prawa, prywatność*)

encyclopedia (also **encyclopaedia**) /ɪn,saɪklə'pi:diə/ noun [C] (pl. **encyclopedias**) a book or set of books that gives information about very many subjects, arranged in alphabetical order (i.e. from A to Z) ► **encyklopedia**

★**end**[1] /end/ noun [C] **1** the furthest or last part of sth; the place or time where sth stops: *the end of a road/room/line/piece of string* ○ *Join the end of the queue.* ○ *My house is at the end of the street.* ○ *The man on the other end of the phone spoke so* *quietly that I didn't catch his name.* ○ *There are some seats at the far end of the room.* ○ *I'm going on holiday at the end of October.* ○ *He promised to give me an answer by the end of the week.* ○ *She couldn't wait to hear the end of the story.* ➲ Por. rzeczownik **finish**. Oznacza on **end** tylko w kontekście zawodów czy wyścigów. ❶ Słowo **end** występuje czasami przed innymi rzeczownikami: *the end house* ostatni dom ○ *the end seat* ostatnie miejsce (z tyłu autobusu itp.). ▸ **koniec 2** a little piece of sth that is left after the rest has been used: *a cigarette end* niedopałek papierosa ▸ **końcówka, resztka 3** (formal) an aim or purpose: *They were prepared to do anything to achieve their ends.* ▸ **cel**

IDIOMS **at an end** (formal) finished or used up: *Her career is at an end.* ▸ **skończony** | **at the end of the day** (spoken) (used to say the most important fact in a situation): *At the end of the day, you have to make the decision yourself.* ▸ **w ostatecznym rachunku** | **at the end of your tether** having no more patience or strength ▸ **u kresu wytrzymałości** | **at a loose end** → LOOSE[1] | **at your wits' end** → WIT | **bring sth/come/draw to an end** (to cause sth) to finish: *His stay in England was coming to an end and he was thinking about going home again.* ▸ **kończyć (się)** | **a dead end** → DEAD | **end to end** in a line with the ends touching: *They put the tables end to end.* ▸ **na styk** | **get (hold of) the wrong end of the stick** → WRONG[1] | **in the end** at last; finally: *He wanted to get home early but in the end it was midnight before he left.* ▸ **w końcu** | **make ends meet** to have enough money for your needs: *It's hard for us to make ends meet.* ▸ **wiązać koniec z końcem** | **make sb's hair stand on end** → HAIR | **a means to an end** → MEANS[1] | **no end of sth** (informal) very many or much; a lot of sth: *She has given us no end of trouble.* ▸ **mnóstwo, bez końca, bez liku** | **odds and ends** → ODDS | **on end** (used about time) continuously: *He sits and reads for hours on end.* ▸ **całymi (godzinami, dniami itp.)** | **put an end to sth** to stop sth from happening any more ▸ **położyć kres**

■ **'end product** noun [C] the final product of a manufacturing process or an activity ▸ **produkt końcowy**

★**end²** /end/ verb [I,T] **end (in/with sth)** (to cause sth) to finish: *The road ends here.* ○ *How does this story end?* ○ *The match ended in a draw.* ○ *Most adverbs in English end in -ly.* ○ *I think we'd better end this conversation now.* ▸ **kończyć (się)**

PHRASAL VERB **end up (as sth); end up (doing sth)** to find yourself in a place/situation that you did not intend or expect: *She had always wanted to be a writer but ended up as a teacher.* ○ *We got lost and ended up in the centre of town.* ○ *There was nothing to eat at home so we ended up going out* (w końcu stanęło na tym, że poszliśmy) *for fish and chips.* ▸ **skończyć (na czymś/jako coś), wylądować**

endanger /ɪn'deɪndʒə(r)/ verb [T] to cause danger to sb/sth: *Smoking endangers your health.* ▸ **zagrażać, narażać na niebezpieczeństwo**

□ **endangered** adj. (used about animals, plants, etc.) in danger of disappearing from the world (becoming extinct): *The panda is an endangered species.* ▸ **zagrożony wyginięciem**

endear /ɪn'dɪə(r)/ verb [T] **endear sb/yourself to sb** (formal) to make sb/yourself liked by sb: *She managed to endear herself to everybody by her kindness.* Dzięki swojej dobroci zdobyła ogólną sympatię. ▸ **zdobywać sympatię**

□ **endearing** adj. ▸ **ujmujący, uroczy** | **endearingly** adv. ▸ **ujmująco, uroczo**

endeavour (US **endeavor**) /ɪn'devə(r)/ verb [I] (formal) **endeavour (to do sth)** to try: *She endeavoured to make the best of a very difficult situation.* ▸ **usiłować, starać się**

□ **endeavour** noun [C,U] (formal) ▸ **usiłowanie, wysiłek, zabiegi**

endemic /en'demɪk/ adj. regularly found in a particular country or area, or among a particular group of people: *Malaria is endemic in/to many hot countries.* ○ *an attitude endemic among senior members of the profession* ➲ Por. **epidemic**. ▸ **endemiczny**

★**ending** /'endɪŋ/ noun [C] **1** the end (of a story, play, film, etc.): *The story had a happy ending.* ▸ **zakończenie 2** the last part of a word, which can change ▸ **końcówka**

endive /'endaɪv/ noun [C,U] (US) = CHICORY

★**endless** /'endləs/ adj. **1** very large in size or amount and seeming to have no end: *The possibilities are endless.* ▸ **nieograniczony 2** lasting for a long time and seeming to have no end: *The wait seemed endless.* Zdawało się, że oczekiwanie nie ma końca. ▸ **nie kończący się, ciągły**

□ **endlessly** adv. ▸ **ciągle, bez końca**

endorse /ɪn'dɔːs/ verb [T] **1** to write your name on the back of a cheque ▸ **podpisywać się na odwrocie czeku 2** (Brit.) to write a note in a driving licence to say that the driver has broken the law ▸ **umieszczać w prawie jazdy adnotację o popełnieniu wykroczenia 3** to give (official) support or agreement to a plan, statement, decision, etc. ▸ **popierać**

□ **endorsement** noun [C,U] ▸ **potwierdzenie; adnotacja w prawie jazdy o popełnieniu wykroczenia; aprobata**

endure /ɪn'djʊə(r); US -'dʊr/ verb (formal) **1** [T] to suffer sth painful or uncomfortable: *She endured ten years of loneliness.* ❶ Słowo **endure** używane jest często w przeczeniach: *My parents can't endure pop music.* W tym znaczeniu stosuje się też wyrażenia **can't bear** lub **can't stand**, które są mniej formalne. ▸ **cierpieć, przetrzymywać 2** [I] to last; continue ▸ **trwać**

□ **endurance** /ɪn'djʊərəns; US -'dʊr-/ noun [U] the ability to endure(1): *You need endurance to play a four-hour match.* ▸ **wytrzymałość, cierpliwość** | **enduring** adj. ▸ **trwały, stały**

★**enemy** /'enəmi/ noun (pl. **enemies**) **1** [C] a person who hates and tries to harm sb/sth: *They were once friends but became bitter enemies.* ○ *He has made several enemies since his arrival in the school.* ❶ Rzeczownik: **enmity**. ▸ **wróg 2** (**the enemy**) [with sing. or pl. verb] the army or country that your country is fighting against:

The enemy is/are attacking at daybreak. ○ *enemy forces* ▶ **wróg**

★**energetic** /ˌenəˈdʒetɪk/ adj. full of or needing energy(1): *energetic exercise.* ▶ **pełny/wymagający energii, energiczny**
□ **energetically** /-kli/ adv. ▶ **energicznie**

★**energy** /ˈenədʒi/ noun (pl. **energies**) **1** [U] the ability to be very active or do a lot of work without getting tired: *Children are usually full of energy.* ▶ **energia, siła 2** (**energies**) [pl.] the effort and attention which you give to doing sth: *She devoted her energies* (siły) *to helping others.* ▶ **energia, siły 3** [U] the power that comes from coal, electricity, gas, etc. that is used for driving machines, etc. ▶ **energia**

enforce /ɪnˈfɔːs/ verb [T] **1** to make sure that laws, etc. are obeyed: *How will they enforce the new law?* ▶ **egzekwować, domagać się przestrzegania 2** to force sth to be done or to happen ▶ **egzekwować, narzucać, zmuszać (do czegoś)**
□ **enforced** adj.: *enforced redundancies* ▶ **wymuszony, przymusowy** | **enforcement** noun [U] ▶ **egzekwowanie, narzucenie**

engage /ɪnˈɡeɪdʒ/ verb [T] **1** to occupy sb's thoughts, time, interest, etc.: *to engage the students' attention* ▶ **zajmować, angażować 2** to give work to sb: *They engaged him as a cook.* ▶ **zatrudniać 3** to make parts of a machine fit together: *to engage first gear* ▶ **włączać**
PHRASAL VERB **engage in sth** to take part in sth: *I don't engage in that kind of gossip!* ▶ **zajmować się czymś, brać udział w czymś**

★**engaged** /ɪnˈɡeɪdʒd/ adj. **1 engaged (to sb)** having agreed to get married: *We've just got engaged.* Właśnie się zaręczyliśmy. ○ *Susan is engaged to Jim.* ▶ **zaręczony 2** (US **busy**) (used about a telephone) in use: *That line/number is engaged.* ○ *the engaged tone* ▶ **zajęty 3** (used about a toilet) in use ▶ **zajęty 4** (used about a person) busy or occupied with sth: *I'm afraid I can't come. I'm otherwise engaged.* ▶ **zajęty**

engagement /ɪnˈɡeɪdʒmənt/ noun [C] **1** an agreement to get married; the time when you are engaged: *to announce your engagement* ○ *He broke off their engagement.* ▶ **zaręczyny, narzeczeństwo 2** an arrangement to go somewhere or do sth at a fixed time; an appointment: *a lunch engagement* ▶ **umówione spotkanie, zajęcie**
■ **enˈgagement ring** noun [C] a ring, usually with precious stones in it, that a man gives to a woman on their engagement(1) ▶ **pierścionek zaręczynowy**

★**engine** /ˈendʒɪn/ noun [C] **1** the part of a machine that changes energy (from oil, electricity, etc.) into movement: *This engine runs on diesel.* ○ *a car engine* ○ *a jet engine* ➲ Zob. uwaga przy **motor**. ▶ **silnik, motor 2** (also **locomotive**) a machine that pulls a railway train ▶ **lokomotywa**
■ **ˈengine driver** (US **engineer**) noun [C] a person whose job is to drive a railway engine ▶ **maszynista**

★**engineer**[1] /ˌendʒɪˈnɪə(r)/ noun [C] **1** a person whose job is to design, build or repair engines, machines, roads, bridges, railways, mines, etc.: *a civil engineer* inżynier budownictwa lądowego i wodnego ○ *a chemical/electrical/mechanical engineer* inżynier chemik/elektryk/mechanik ▶ **inżynier, technik 2** (US) = ENGINE DRIVER
□ **engineering** /ˌendʒɪˈnɪərɪŋ/ noun [U] (the study of) the work that is done by an engineer: *mechanical engineering* ○ *a degree in engineering* ▶ **inżynieria, technika, mechanika**

engineer[2] /ˌendʒɪˈnɪə(r)/ verb [T] (formal) to arrange for sth to happen by careful (secret) planning: *Her promotion was engineered by her father.* ▶ **aranżować w tajemnicy, przeprowadzać z ukrycia** (*np. akcję*)

★**English** /ˈɪŋɡlɪʃ/ noun **1** [U] the language that is spoken in Britain and the USA and in some other countries: *Do you speak English?* ○ *I've been learning English for 5 years.* ○ *I don't know what 'magnetofon' is in English.* ▶ **język angielski 2** (**the English**) [with pl. verb] the people of England ▶ **Anglicy**
□ **English** adj. belonging to England, the English people, the English language, etc.: *English history* ○ *the English countryside* angielska wieś ▶ **angielski**

> Uwaga! Mieszkańcy Szkocji **the Scots** i Walii **the Welsh** nie są Anglikami, lecz Brytyjczykami. Zob. uwaga przy **United Kingdom**.

■ ˌ**English ˈbreakfast** noun [C] a breakfast that consists of cereals, cooked bacon and eggs, toast and marmalade and tea or coffee, etc. ➲ Por. **continental breakfast**. ▶ **tradycyjne angielskie śniadanie** | **the English ˈChannel** (also **the Channel**) noun [sing.] the sea between England and France ▶ **Kanał La Manche** | **ˈEnglishman** /-mən/ noun [C] (pl. **Englishmen**) noun [C] a person who comes from England or whose parents are English ❶ Anglicy mówią zwykle o sobie **I'm English**, (a nie ~~*I'm an Englishman*~~). O kobiecie Angielce można powiedzieć **an Englishwoman**, ale nie jest to forma często stosowana. ▶ **Anglik**

engrave /ɪnˈɡreɪv/ verb [T] **engrave B on A/ engrave A with B** to cut patterns or words on metal, stone, etc.: *His name is engraved on the cup.* ○ *The cup is engraved with his name.* ▶ **grawerować, wy/ryć**
□ **engraving** /ɪnˈɡreɪvɪŋ/ noun [C] a picture that is printed from an engraved metal plate ▶ **grawiura, rycina**

engrossed /ɪnˈɡrəʊst/ adj. **engrossed (in sth)** very interested in sth so that you forget other things: *She was completely engrossed in the play on television.* ▶ **pochłonięty, zaabsorbowany**

enhance /ɪnˈhɑːns; US -ˈhæns/ verb [T] (formal) to improve sth or to make sth look better ▶ **polepszać; uwydatniać**

enigma /ɪˈnɪɡmə/ noun [C] (pl. **enigmas**) a person, thing or situation that is difficult to understand ▶ **enigma, zagadka**
□ **enigmatic** /ˌenɪɡˈmætɪk/ adj. ▶ **enigmatyczny, zagadkowy**

★**enjoy** /ɪn'dʒɔɪ/ verb [T] **1 enjoy sth/enjoy doing sth** to get pleasure from sth: *Do you enjoy your work?* ○ *He enjoys listening to music while he's driving.* ▶ **lubić, podobać się, smakować 2 enjoy yourself** to be happy; to have a good time: *I enjoyed myself at Sue's party last night.* ▶ **dobrze się bawić, miło spędzać czas**
□ **enjoyable** /-əbl/ adj. giving pleasure: *We spent an enjoyable few days in Scotland.* ▶ **przyjemny, miły** | **enjoyment** /ɪn'dʒɔɪmənt/ noun [C,U] pleasure or a thing which gives pleasure: *She gets a lot of enjoyment from travelling.* ▶ **przyjemność, zadowolenie**

enlarge /ɪn'lɑːdʒ/ verb [I,T] (to cause sth) to become larger: *I'm going to have this photo enlarged.* ▶ **powiększać (się), rozszerzać (się)**
PHRASAL VERB **enlarge on sth** to say or write more about sth ▶ **rozwijać** (*temat, myśl*)
□ **enlargement** noun [C,U] making sth larger or sth that has been made larger ▶ **powiększenie, rozszerzenie**

enlighten /ɪn'laɪtn/ verb [T] to give sb more information about sth so that they know the truth ▶ **oświecać, objaśniać**
□ **enlightened** adj. ▶ (*o osobie*) **światły,** (*o sytuacji*) **nowoczesny, oświecony**

enlist /ɪn'lɪst/ verb **1** [I,T] to join the army, navy or air force; to make sb a member of the army, etc.: *They enlisted as soon as war was declared.* ▶ **zaciągać się; wstępować do wojska 2** [T] to get help, support, etc.: *to enlist support* ▶ **uzyskiwać, zjednywać** (*poparcie*)

enmity /'enməti/ noun [U] the feeling of hatred towards an enemy ▶ **wrogość**

enormity /ɪ'nɔːməti/ noun [sing.] (formal) the extent or seriousness of sth; how bad sth is: *the enormity of a problem* ▶ **ogrom, powaga; potworność**

★**enormous** /ɪ'nɔːməs/ adj. very large or very great: *an enormous building* ○ *enormous pleasure* ○ *an enormous amount of work* ▶ **ogromny, olbrzymi**
□ **enormously** adv. ▶ **ogromnie, wielce**

★**enough[1]** /ɪ'nʌf/ det., pron. **1** as much or as many of sth as necessary: *We've saved enough money to buy a computer.* ○ *Not everybody can have a book – there aren't enough.* ○ *If enough of you are interested, we'll arrange a trip to the theatre.* ▶ **wystarczająca (ilość/liczba), wystarczająco dużo, dosyć 2** as much or as many as you want: *I've had enough of living in a town.* ○ *Don't give me any more work. I've got quite enough already.* ▶ **dosyć, wystarczająca (ilość/liczba), wystarczająco dużo**

★**enough[2]** /ɪ'nʌf/ adv. (used after verbs, adjectives and adverbs) **1** to the necessary degree; sufficiently: *You don't practise enough.* ○ *He's not old enough to travel alone.* ○ *Does she speak Italian well enough to get the job?* ▶ **dostatecznie, wystarczająco 2** quite, but not very: *She plays well enough, for a beginner.* ▶ **dosyć, całkiem**
IDIOMS **fair enough** → FAIR[2] | **funnily, strangely, etc. enough** it is funny, etc. that...: *Funnily enough, I thought exactly the same myself.* ▶ **a co najśmieszniejsze, najdziwniejsze itp., to...** | **sure enough** → SURE

★**enquire** (especially US **inquire**) /ɪn'kwaɪə(r)/ verb (formal) [I,T] **enquire (about sb/sth)** to ask for information about sth: *We must enquire whether it is possible to get a bus on a Sunday.* ○ *Could you enquire when the trains to Cork leave?* ○ *We need to enquire about hotels in Vienna.* ○ *'Do they take travellers' cheques here?' 'I don't know. I'll enquire.'* ▶ **pytać (się), dowiadywać się**
PHRASAL VERBS **enquire after sb** to ask about sb's health ▶ **pytać (się) o czyjeś zdrowie** | **enquire into sth** to study or investigate sth to find out all the facts: *The journalist enquired into the politician's financial affairs.* ▶ **dociekać czegoś, wnikać w coś**
□ **enquirer** /ɪn'kwaɪərə(r)/ noun [C] a person who inquires ▶ **informujący-y/a się, pytający-y/a** | **enquiring** /ɪn'kwaɪərɪŋ/ adj. **1** interested in learning new things: *an enquiring mind* ▶ **dociekliwy, wnikliwy 2** asking for information: *an enquiring look* ▶ **badawczy** | **enquiringly** adv. ▶ **pytająco, badawczo**

★**enquiry** (also **inquiry**) /ɪn'kwaɪəri; US 'ɪnkwəri/ noun (pl. **enquiries**) **1** [C] **an enquiry (about/concerning/into sb/sth)** (formal) a question that you ask about sth: *I have made some enquiries into English language courses in Oxford.* ▶ **prośba o informację, zasięganie informacji 2** [U] the act of asking about sth: *After weeks of enquiry he finally found what he was looking for.* ▶ **dowiadywanie się, zapytanie 3** [C] **an enquiry (into sth)** an official investigation to find out the cause of sth: *After the accident there were many calls for an enquiry into safety procedures.* ▶ **dochodzenie, śledztwo**

enrage /ɪn'reɪdʒ/ verb [T] to make sb very angry ▶ **rozwścieczyć**

enrich /ɪn'rɪtʃ/ verb [T] **1** to make sb/sth rich or richer ▶ **wzbogacać 2** to improve the quality, flavour, etc. of sth: *These cornflakes are enriched with vitamins/are vitamin-enriched.* ▶ **wzbogacać, wzmacniać**

enrol (US **enroll**) /ɪn'rəʊl/ verb [I,T] (**enrolling; enrolled**) **enrol (sb) (in/as sth)** to become or to make sb a member of a club, school, etc.: *I've enrolled in an English class.* ○ *They've enrolled 100 new students.* ▶ **zapisywać (się)**
□ **enrolment** (US **enrollment**) noun [U]: *Enrolment for the course will take place next week.* ▶ **zapisy (na coś/do czegoś), zgłoszenia**

en route /ˌɒn 'ruːt/ adv. **en route (from) (to); en route (for)** on the way: *The car broke down when we were en route for Dover.* ▶ **w drodze (dokądś)**

ensemble /ɒn'sɒmbl/ noun [C] **1** [with sing. or pl. verb] a small group of musicians, dancers or actors who perform together: *a brass/wind/string ensemble* ○ *The ensemble is/are based in Leeds.* ▶ **zespół muzyczny/taneczny/aktorski 2** [usually sing.] (formal) a number of things considered as a group ▶ **grupa 3** [usually sing.] a set of clothes that are worn together ▶ **strój**

ensue /ɪn'sjuː; US -'suː/ verb [I] (formal) to happen after (and often as a result of) sth else ▶ **wynikać, być następstwem czegoś**

en suite /ˌɒ̃ 'swiːt/ adv. (used about rooms) forming one unit: *The bedroom has a bathroom en suite.* To sypialnia z łazienką. ▶ **połączony z czymś**

⋆**ensure** (US **insure**) /ɪn'ʃʊə(r); Brit. also -'ʃɔː(r)/ verb [T] to make sth certain to happen: *Please ensure that the door is locked before you leave.* Zanim wyjdziesz, upewnij się, czy drzwi są zamknięte na klucz. ➲ Por. **assure**. ▶ **zapewniać, gwarantować**

entail /ɪn'teɪl/ verb [T] (formal) to make sth necessary; to involve: *This is going to entail a lot of hard work.* ○ *The job sounds interesting but I'm not sure what it entails.* ▶ **pociągać za sobą, wymagać**

entangled /ɪn'tæŋgld/ adj. caught in sth else: *The bird was entangled in the net.* ○ (figurative) *I've got myself entangled* (uwikłałem się) *in some financial problems.* ▶ **zaplątany, uwikłany**

⋆**enter** /'entə(r)/ verb **1** [I,T] (formal) to come or go into a place: *Don't enter without knocking.* ○ *They all stood up when he entered the room.* ❶ Zwróć uwagę, że czasownik **enter** występuje bez przyimka. Bardziej potocznymi odpowiednikami tego zwrotu są **come into** i **go into**. ➲ Por. **entrance**, **entrant** i **entry**. ▶ **wchodzić; wkraczać** **2** [I,T] **enter (for) sth** to put your name on the list for an exam, race, competition, etc.: *I entered that competition in the Sunday paper and I won £20!* ▶ **zgłaszać udział, przystępować** **3** [T] **enter sth (in/into/on/onto sth)** to put names, numbers, details, etc. in a list, book, computer, etc.: *Please enter your name in the book.* ○ *I've entered all the data onto the computer.* ▶ **wpisywać, zapisywać** **4** [T] to become a member of a school, a college, a profession, an institution, etc.: *She entered politics in 1998.* ▶ **wstępować, rozpoczynać działalność, obierać** (*zawód*) **5** [T] to begin or become involved in an activity, a situation, etc.: *to enter a new relationship* ○ *We have just entered* (wkroczyliśmy w) *a new phase in international relations.* ▶ **zapoczątkować**

PHRASAL VERBS **enter into sth 1** to start to think or talk about sth: *I don't want to enter into details now.* ▶ **wchodzić w coś, zagłębiać się w coś** **2** to be part of sth: *This is a business matter. Friendship doesn't enter into it.* ▶ **mieć związek** | **enter into sth (with sb)** to begin sth: *The government has entered into negotiations with the unions.* ▶ **rozpoczynać, przystępować (do negocjacji)**

enterprise /'entəpraɪz/ noun **1** [C] something (e.g. a plan or a project) that is new and difficult: *an exciting new enterprise.* ▶ **przedsięwzięcie, inicjatywa** **2** [U] the courage that you need to start such an enterprise: *We need men and women of enterprise and energy.* ▶ **inicjatywa, przedsiębiorczość** **3** [C,U] a business; the way business is organized: *a new industrial enterprise* ○ *private enterprise.* ▶ **przedsiębiorstwo, przedsiębiorczość**

□ **enterprising** adj. having enterprise(2) ❶ Antonim: **unenterprising**. ▶ **przedsiębiorczy**

⋆**entertain** /ˌentə'teɪn/ verb **1** [T] to interest and amuse sb: *He entertained us with jokes all evening.* ○ *I find it very hard to keep my class entertained on a Friday afternoon.* ▶ **bawić, zabawiać** **2** [I,T] to welcome sb as a guest; to give sb food and drink: *They entertain a lot./They do a lot of entertaining.* ▶ **podejmować gości**

□ **entertainer** noun [C] a person who entertains(1) as a job ▶ **osoba zawodowo zajmująca się rozrywką, konferansjer** | **entertaining** adj. interesting and amusing ▶ **rozrywkowy, zabawny**

⋆**entertainment** /ˌentə'teɪnmənt/ noun [C,U] things to do that interest and amuse people: *There isn't much entertainment for young people in this town.* ○ *Entertainments Guide* dział w gazecie informujący o programach kin, teatrów itp. ▶ **rozrywka**

enthral (US **enthrall**) /ɪn'θrɔːl/ verb [T] (**enthralling; enthralled**) to hold sb's interest and attention completely: *He was enthralled by her story.* ▶ **oczarowywać, pochłaniać (uwagę)**

□ **enthralling** adj. ▶ **zajmujący**

⋆**enthusiasm** /ɪn'θjuːziæzəm; US -'θuː-/ noun [U] **enthusiasm (for/about sb/sth)** a strong feeling of eagerness or interest: *Jan showed great enthusiasm for the new project.* ○ *There wasn't much enthusiasm* (nie wywołało to większego entuzjazmu) *when I mentioned the trip to the museum.* ▶ **entuzjazm**

□ **enthusiast** /ɪn'θjuːziæst; US -'θuː-/ a person who is very interested in an activity or subject: *She is a jazz enthusiast.* ▶ **entuzjast-a/ka** | **enthusiastic** /ɪnˌθjuːzi'æstɪk; US -ˌθuː-/ adj. full of enthusiasm ▶ **entuzjastyczny, pełen zapału** | **enthusiastically** /-kli/ adv. ▶ **entuzjastycznie**

entice /ɪn'taɪs/ verb [T] to persuade sb to do sth by offering something nice: *Advertisements try to entice people into buying more things than they need.* ▶ **kusić, wabić**

□ **enticement** noun [C,U] ▶ **pokusa, atrakcja** | **enticing** adj. attractive ▶ **kuszący, ponętny**

⋆**entire** /ɪn'taɪə(r)/ adj. (only before a noun) whole or complete: *Surely she didn't eat the entire cake herself?* ❶ Słowo **entire** ma mocniejszy wydźwięk niż **whole**. ▶ **cały, całkowity**

□ **entirely** adv. completely: *I entirely agree with you.* ▶ **całkowicie** | **entirety** /ɪn'taɪərəti/ noun [U]: *We must consider the problem in its entirety.* ▶ **całościowo, we wszystkich (jego) aspektach**

entitle /ɪn'taɪtl/ verb [T] to give sb the right to have or do sth: *I think I'm entitled* (mam prawo) *to a day's holiday – I've worked hard enough.* ▶ **uprawniać, upoważniać**

□ **entitled** adj. (used about books, plays, etc.) with the title: *Duncan's first book was entitled 'Aquarium'.* ▶ **zatytułowany, pod tytułem**

entity /'entəti/ noun [C] (pl. **entities**) something that exists separately from sth else: *The kindergarten and the school are in the same building but they're really separate entities.* ▶ **jednostka, istota**

⋆**entrance** /'entrəns/ noun **1** [C] the door, gate or opening where you go into a place: *I'll meet you* *at the entrance to the theatre.* ❶ W Amer. ang. używa się w tym samym znaczeniu słowa **entry**. ▶ **wejście, wjazd 2** [C] **entrance (into/onto sth)** the act of coming or going in: *He made a dramatic entrance onto the stage.* ❶ W tym samym znaczeniu można użyć słowa **entry**. ▶ **wejście 3** [U] **entrance (to sth)** the right to enter a place: *They were refused entrance* (odmówiono im prawa wstępu) *to the disco.* ○ *an entrance fee* ❶ W tym samym znaczeniu używa się też słowa **entry**. ➲ Por. **admission**, **admittance**. ▶ **wstęp 4** [U] **entrance (into/to sth)** the right to join a club, institution, etc.: *an entrance exam* ➲ Por. **admission**. ▶ **wstęp**

entrant /'entrənt/ noun [C] a person who enters a profession, competition, examination, university, etc. ▶ **początkując-y/a (w zawodzie); uczestni-k/czka; kandydat/ka; rozpoczynając-y/a studia**

entreat /ɪn'tri:t/ verb [T] (formal) to ask sb, with great feeling, to do sth (that may be difficult) ▶ **upraszać, błagać**

entrepreneur /ˌɒntrəprə'nɜ:(r)/ noun [C] a person who makes money by starting or running businesses, especially when this involves taking financial risks ▶ **przedsiębiorca**
□ **entrepreneurial** /-'nɜ:riəl/ adj. ▶ **przedsiębiorczy** | **entrepreneurship** noun [U] ▶ **przedsiębiorczość**

entrust /ɪn'trʌst/ verb [T] **entrust A with B/entrust B to A** (formal) to make sb responsible for sth that is given to them: *I entrusted Rachel with the arrangements for the party./I entrusted the arrangements for the party to Rachel.* ▶ **powierzać**

⋆**entry** /'entri/ noun (pl. **entries**) **1** [U] **entry (into sth)** the act of coming or going in; entering(1): *The thieves forced entry* (włamali się) *into the building.* ❶ Można też użyć słowa **entrance**. ▶ **wejście, wkroczenie 2** [U] **entry (to sth)** the right to enter a place: *The immigrants were refused entry* (odmówiono imigrantom zezwolenia na wjazd) *at the airport.* ○ *The sign says 'No Entry'* (wstęp wzbroniony). ○ *an entry visa* ❶ Można też użyć słowa **entrance**. ➲ Por. **admission** i **admittance**. ▶ **wstęp, wjazd 3** [U] the right to take part in sth or become a member of a group: *countries seeking entry into the European Union* ▶ **wejście 4** [C] (US) a door, gate, passage, etc. where you enter a building, etc.; an entrance hall ❶ W Amer. ang. można też użyć słowa **entrance**, które jednak jest jedynym słowem używanym w Br. ang. ▶ **wejście, wjazd 5** [C] **entry (in sth)** one item that is written down in a list, diary, account book, dictionary, etc.: *You'll find 'ice-skate' at the entry for 'ice'.* ▶ **pozycja; hasło, zapis 6** [C] **entry (for sth)** a person or thing that is entered for a competition, etc.: *There were fifty entries for the Eurovision song contest.* ○ *The winning entry is number 45!* ▶ **uczestni-k/czka, zgłoszenie**

envelop /ɪn'veləp/ verb [T] (formal) to cover or surround sb/sth completely (in sth): *The hills were enveloped in mist.* ▶ **spowijać, okrywać**

⋆**envelope** /'envələʊp; 'ɒn-/ noun [C] the paper cover for a letter ▶ **koperta**

> After writing a letter, you **address** the envelope, **seal** it and **stick a stamp** in the top right-hand corner. Sometimes when you answer an advertisement you are asked to send an **SAE**. This is a **stamped addressed envelope**, addressed to yourself.

enviable /'enviəbl/ adj. (used about sth that sb else has and that you would like) attractive ❶ Antonim: **unenviable**. ▶ **godny pozazdroszczenia**

envious /'enviəs/ adj. **envious (of sb/sth)** feeling or showing envy, i.e. wanting sth that sb else has: *She was envious of her sister's success.* ▶ **zazdrosny**
□ **enviously** adv. ▶ **zazdrośnie**

⋆**environment** /ɪn'vaɪrənmənt/ noun **1** [C,U] the conditions in which you live, work, etc.: *A bad home environment can affect a child's progress at school.* ➲ Por. **surroundings**. ▶ **otoczenie, środowisko 2** (**the environment**) [sing.] the natural world, e.g. land, air, water, etc. in which people, animals and plants live: *to protect the environment.* ▶ **środowisko naturalne**
□ **environmental** /ɪnˌvaɪrən'mentl/ adj.: *environmental science* nauka o środowisku ▶ **środowiskowy, dotyczący/wywołany wpływem środowiska/otoczenia** | **environmentalist** /ɪnˌvaɪrən'mentəlɪst/ noun [C] a person who wants to protect the environment ▶ **zwolennik działań na rzecz ochrony środowiska naturalnego** | **environmentally** /-təli/ adv.: *These products are environmentally friendly.* To są produkty ekologiczne. ○ *environmentally-damaging* (szkodliwe dla środowiska naturalnego) *forms of transport* ○ *environmentally-sensitive* (ekologicznie znaczące) *coastal areas* ○ *environmentally conscious* świadomy znaczenia środowiska naturalnego ▶ **środowiskowo, ekologicznie,** (*ważny, szkodliwy itp.*) **dla środowiska**

environs /ɪn'vaɪrənz/ noun [pl.] (formal) the area around a place, especially a town: *Berlin and its environs* ▶ **okolica**

envisage /ɪn'vɪzɪdʒ/ verb [T] (formal) to think of sth as being possible in the future; to imagine: *I don't envisage any problems with this.* ▶ **wyobrażać sobie**

envoy /'envɔɪ/ noun [C] a person who is sent by a government with a message to another country ▶ **wysłannik**

⋆**envy** /'envi/ noun [U] **envy (of sb)** ; **envy (at/of sth)** the feeling that you have when sb else has sth that you want: *It was difficult for her to hide her envy of her friend's success.* ➲ Por. **enviable** i **envious**. ▶ **zazdrość**
IDIOM **the envy of sb** the thing that causes sb to feel envy: *The city's transport system is the envy of many of its European neighbours.* ▶ **obiekt/przedmiot zazdrości**
□ **envy** verb [T] (pres. part. **envying**; 3rd pers. sing. pres. **envies**; pt, pp **envied**) **envy (sb)(sth)** to want sth that sb else has; to feel envy: *I've*

always envied your good luck. ○ *I don't envy you that job.* ▶ **zazdrościć**

enzyme /ˈenzaɪm/ noun [C] a chemical substance which occurs naturally in living creatures and assists in performing chemical changes, e.g. in processing food in the stomach, without being changed itself; a similar substance that is produced artificially, e.g. for use in washing powders ▶ **enzym**

epic /ˈepɪk/ noun [C] a long book, poem, film, etc. that describes exciting adventures ▶ **epos**
□ **epic** adj. of or like an epic: *an epic struggle* ▶ **heroiczny, epokowy**

epidemic /ˌepɪˈdemɪk/ noun [C] a large number of cases of people or animals suffering from the same disease at the same time: *A flu epidemic broke out in February.* ▶ **epidemia**

epilepsy /ˈepɪlepsi/ noun [U] a disease of the brain that can cause a person to become unconscious (sometimes with violent uncontrolled movements) ▶ **epilepsja, padaczka**
□ **epileptic** /ˌepɪˈleptɪk/ adj. connected with or suffering from epilepsy: *an epileptic fit* ▶ **epileptyczny** | **epileptic** noun [C] a person who suffers from epilepsy ▶ **epilepty-k/czka**

epilogue /ˈepɪlɒɡ/ (US **epilog**) noun [C] a short passage that is added at the end of a book, play, etc. and that comments on what has gone before ▶ **epilog**

episode /ˈepɪsəʊd/ noun [C] **1** one separate event in sb's life, a novel, etc.: *That's an episode in my life I'd rather forget.* ▶ **epizod 2** one part of a TV or radio drama that is broadcast in several parts ▶ **odcinek** (*serialu*)

epitaph /ˈepɪtɑːf; US -tæf/ noun [C] words that are written or said about a dead person, especially words written on a gravestone ▶ **epitafium**

epitome /ɪˈpɪtəmi/ noun [sing.] a perfect example of sth ▶ **najlepszy/najbardziej typowy przykład**
□ **epitomize** /ɪˈpɪtəmaɪz/ verb [T] to be typical of sth ▶ **stanowić typowy przykład**

epoch /ˈiːpɒk; US ˈepək/ noun [C] a period of time in history (that is important because of special events, features, etc.) ▶ **epoka**

★**equal** /ˈiːkwəl/ adj. **1** the same in size, amount, value, number, status, etc.: *They are equal in weight.* ○ *They are of equal weight.* ○ *Divide it into two equal parts.* ○ *Women are demanding equal pay for equal work.* ○ *We've appointed an Equal Opportunities Officer* (urzędnika do spraw równouprawnienia). ❶ Antonim: **unequal**. ▶ **równy, jednakowy 2 equal to sth** (formal) having the strength, ability etc. to do sth: *I'm afraid Bob just isn't equal to the job.* ▶ **zdolny zmierzyć się** (*np. z zadaniem*)
IDIOM **be on equal terms (with sb)** to have the same advantages and disadvantages as sb else ▶ **na równych prawach**
□ **equal** noun [C] a person who has the same ability, rights, etc. as you do: *to treat sb as an equal* ▶ **równ-y/a sobie** | **equal** verb [T] (**equalling**; **equalled**; US **equaling**; **equaled**) **1** linking verb (used about numbers, etc.) to be the same as sth: *44 plus 17 equals 61 is written: 44 + 17 = 61.* ▶ **równać się 2 equal sb/sth (in sth)** to be as good as sb/sth: *He ran an excellent race, equalling the club record.* ○ *Nowhere quite equals France for food.* ▶ **dorównywać** | **equally** /ˈiːkwəli/ adv. **1** to the same degree or extent: *They both worked equally hard.* ▶ **równo, jednakowo 2** in equal parts: *His money was divided equally between his children.* ▶ **równo 3** (used when you are comparing two ideas or commenting on what you have just said) at the same time; but/and also: *I do not think what he did was right. Equally, I can understand why he did it.* ▶ **jednocześnie, jednakże**

★**equality** /iˈkwɒləti/ noun [U] the situation in which everybody has the same rights and advantages; being equal: *racial equality* ○ *equality of opportunity* ❶ Antonim: **inequality**. ▶ **równouprawnienie**

equalize (also **-ise**) /ˈiːkwəlaɪz/ verb [I] to reach the same number of points as your opponent: *Wales equalized in the 87th minute to make the score 2 all.* ▶ **remisować**

equate /iˈkweɪt/ verb [T] **equate sth (with sth)** to consider one thing as being the same as sth else: *It is a mistake to equate wealth with happiness.* ▶ **zrównywać, uważać za identyczne/podobne**

equation /ɪˈkweɪʒn/ noun [C] (in mathematics) a statement that two quantities are equal: *2x + 5 = 11 is an equation.* ▶ **równanie**

equator (also **Equator**) /ɪˈkweɪtə(r)/ noun [sing.] the imaginary line around the earth at an equal distance from the North and South Poles: *north/south of the equator* ○ *on the equator* ▶ **równik**

equestrian /ɪˈkwestriən/ adj. (formal) connected with horse riding: *equestrian events at the Olympic Games* ▶ **jeździecki**

equilibrium /ˌiːkwɪˈlɪbriəm; ˌek-/ noun [U] **1** a situation in which opposing forces, influences, etc. are balanced and under control: *the need to keep supply and demand in equilibrium* ▶ **równowaga 2** a state of mind in which feelings and emotions are under control: *to recover your equilibrium* ▶ **równowaga**

equip /ɪˈkwɪp/ verb [T] (**equipping**; **equipped**) **equip sb/sth (with sth) 1** (usually passive) to supply sb/sth with what is needed (for a particular purpose): *We shall equip all schools with new computers in the next year.* ○ *The schools in France are much better equipped than ours.* ○ *The flat has a fully equipped kitchen.* ▶ **wyposażać, zaopatrywać 2** to prepare sb for a particular task: *We were just not equipped to deal with the problem.* ▶ **przygotowywać kogoś do wykonania określonego zadania**

★**equipment** /ɪˈkwɪpmənt/ noun [U] the things that are needed for carrying out a particular activity: *office equipment* ○ *sports equipment* ○ *Standard equipment in the car includes power steering and central door locking.* ❶ Mówiąc o jednym przedmiocie używa się zwrotu **a piece of equipment**. ▶ **wyposażenie, ekwipunek**

equity /ˈekwəti/ noun **1** [U] the value of the

shares issued by a company: *He controls seven per cent of the equity.* ▶ **wartość akcji przedsiębiorstwa** **2 equities** [pl.] ordinary stocks and shares that carry no fixed interest: *invest in equities* ○ *the equities market* ▶ **akcje nieuprzywilejowane** (*przynoszące dywidendę*) **3** [U] the money value of a property after all the charges on it, e.g. those relating to a mortgage, have been paid ▶ **wartość majątku netto** (*po potrąceniu zobowiązań*)

equivalent /ɪˈkwɪvələnt/ adj. **equivalent (to sth)** equal in value, amount, meaning, importance, etc.: *British cars cost more than equivalent French models.* ○ *Is the British House of Commons roughly equivalent to the American House of Representatives?* ○ *People in Britain smoked 94 billion cigarettes last year, equivalent to 1680 per person.* ▶ **równorzędny, odpowiadający**
□ **equivalent** noun [C] something that is equivalent: *There is no English equivalent to the French 'bon appetit'.* ▶ **odpowiednik**

er /ɜː(r)/ interj. (used in writing to show that sb cannot decide what to say next): *Well, er, ladies and gentlemen, I, er, I'm pleased to be here.* ▶ **hm**

era /ˈɪərə/ noun [C] a period of time in history (that is special for some reason): *We are living in the era of the computer.* ○ *the Victorian era* ▶ **era**

eradicate /ɪˈrædɪkeɪt/ verb [T] (formal) to destroy sth completely ▶ **wykorzeniać, wytępić**
□ **eradication** /ɪˌrædɪˈkeɪʃn/ noun [U] ▶ **wytępienie**

erase /ɪˈreɪz; US ɪˈreɪs/ verb [T] (formal) to remove sth (a pencil mark, a recording on tape, etc.): (figurative) *He tried to erase the memory of those terrible years from his mind.* ❶ Jeżeli chodzi o wymazywanie czegoś, co zostało napisane ołówkiem, w Br. ang. używa się częściej czasownika **rub out**. ▶ **wymazywać**
□ **eraser** /ɪˈreɪzə(r); US -sər/ noun [C] (especially US) = RUBBER(2)

erect[1] /ɪˈrekt/ adj. **1** standing straight up; upright: *He stood with his head erect.* ▶ **prosty, podniesiony** **2** (used about the penis) stiff and upright because of sexual excitement ▶ **w stanie erekcji**

erect[2] /ɪˈrekt/ verb [T] (formal) to build sth or to put sth in an upright position: *to erect a statue* ○ *huge TV screens were erected* ▶ **budować, wznosić**
□ **erection** /ɪˈrekʃn/ noun **1** [U] (formal) the act of putting sth in an upright position or of building sth ▶ **budowa, montaż** **2** [C] the hardening of the penis in sexual excitement: *to get/have an erection* ▶ **erekcja**

ermine /ˈɜːmɪn/ noun the white winter fur of a stoat, that is sometimes used on the clothes worn by judges, etc.: *a gown trimmed with ermine* ▶ **futro gronostajowe**

erode /ɪˈrəʊd/ verb [T] (usually passive) (used about the sea, the weather, etc.) to destroy sth slowly: *The cliff has been eroded by the sea.* ○ (figurative) *Freedom of speech is being eroded.* ▶ **erodować, wyżerać; podkopywać** (*np. znaczenie czegoś*)
□ **erosion** /ɪˈrəʊʒn/ noun [U] ▶ **erozja; podkopywanie**

erotic /ɪˈrɒtɪk/ adj. causing sexual excitement: *an erotic film/poem* ▶ **erotyczny**

err /ɜː(r); US er/ verb [I] (formal) to be or do wrong; to make mistakes: *It is better to err on the side of caution.* ▶ **popełniać błąd**

errand /ˈerənd/ noun [C] a short journey to take or get sth for sb, e.g. to buy sth from a shop ▶ **wyprawa** (*na zakupy*)

erratic /ɪˈrætɪk/ adj. (used about a person's behaviour, or about the quality of sth) changing without reason; that you cannot rely on: *Jones is a talented player but he's very erratic.* ▶ **nieprzewidywalny, niezrównoważony**
□ **erratically** /-kli/ adv. ▶ **w sposób nieprzewidywalny, nieregularnie, na wszystkie strony**

★**error** /ˈerə(r)/ noun **1** [C] a mistake: *an error of judgement* mylny osąd ○ *to make an error* ▶ **błąd, pomyłka**

> **Error** jest słowem bardziej formalnym niż **mistake**. W niektórych wyrażeniach można użyć tylko słowa **error**, np. **error of judgement**, **human error**.

2 [U] the state of being wrong in behaviour or belief: *The letter was sent to you in error.* ○ *The accident was the result of human error.* ▶ **błąd**
IDIOM **trial and error** → TRIAL

erupt /ɪˈrʌpt/ verb [I] **1** (used about a volcano) to explode and throw out fire, lava, etc. ▶ **wybuchać** **2** (used about violence, anger, etc.) to start suddenly: *The demonstration erupted into violence.* ▶ **wybuchać** **3** (used about people) to suddenly become very angry ▶ **wybuchać**
□ **eruption** /ɪˈrʌpʃn/ noun [C,U] ▶ **wybuch**

escalate /ˈeskəleɪt/ verb [I,T] **1** (to cause sth) to become stronger or more serious: *The demonstrations are escalating into violent protest in all the major cities.* ○ *The terrorist attacks escalated tension in the capital.* ▶ **wzrastać, wzmagać (się)** **2** (to cause sth) to become greater or higher; to increase: *The cost of housing is escalating.* ▶ **wzmagać (się)**
□ **escalation** /ˌeskəˈleɪʃn/ noun [C,U] ▶ **eskalacja**

escalator /ˈeskəleɪtə(r)/ noun [C] a moving staircase in a shop, etc. ▶ **ruchome schody**

escapade /ˌeskəˈpeɪd/ noun [C] an exciting adventure that may be dangerous ▶ **eskapada**

★**escape**[1] /ɪˈskeɪp/ verb **1** [I] **escape (from sb/sth)** to get away from a place where you do not want to be; to get free: *Two prisoners have escaped.* ▶ **uciekać** **2** [I] (used about gases or liquids) to find a way out of a container, etc.: *There's gas escaping somewhere.* ▶ **ulatniać się, przeciekać** **3** [I,T] to be safe from sth; to avoid sth: *The two men in the other car escaped unhurt* (uszli cało). ○ *He escaped injury when his car skidded off the road.* ○ *to escape criticism* ▶ **unikać** **4** [T] to be forgotten or not noticed by sb: *His name escapes me.* ○ *to escape sb's notice* ▶ **uchodzić** (*uwadze*)

□ **escaped** adj. having escaped from a place: *escaped prisoners* ▶ **zbiegły**

★**escape²** /ɪ'skeɪp/ noun **1** [C,U] **escape (from sth)** the act of escaping(1,2,3): *Escape from Alcatraz prison was impossible.* ○ *There have been twelve escapes from the local prison this year.* ○ *She had a narrow escape* (o włos uniknęła nieszczęścia) *when a lorry crashed into her car.* ▶ **ucieczka, zbieg; wyciek; uniknięcie 2** [C] a means of escaping: *a fire escape* ▶ **wyjście ewakuacyjne 3** [U, sing.] something that helps you forget your daily life: *For him, listening to music is a means of escape.* ○ *an escape from reality* ▶ **ucieczka**

escapism /ɪ'skeɪpɪzəm/ noun [U] an activity, a form of entertainment, etc. that helps you to avoid or forget unpleasant or boring things: *Reading is a form of escapism.* ▶ **eskapizm**

□ **escapist** /-pɪst/ adj. ▶ **eskapistyczny**

escort /'eskɔːt/ noun [C] **1** [with sing. or pl. verb] a person or vehicle (or group of people and vehicles) that goes with and protects sb/sth, or that goes with sb/sth as an honour: *a police escort* ❶ Zwróć uwagę na zwrot **under escort**: *He arrived under military escort.* ▶ **eskorta, konwój, straż 2** (formal) a companion for a particular social event ▶ **osoba towarzysząca 3** a person, especially a woman, who is paid to go out socially with sb: *an escort agency* ▶ **osoba towarzysząca** (*często dziewczyna z agencji towarzyskiej*)

□ **escort** /ɪ'skɔːt/ verb [T] **1** to go with sb as an escort: *The President's car was escorted by several police cars.* ▶ **eskortować 2** to take sb somewhere: *Philip escorted her to the door.* ▶ **towarzyszyć, odprowadzać**

Eskimo /'eskɪməʊ/ noun [C] (pl. **Eskimo** or **Eskimos**) a member of a people who live in the Arctic regions of North America and Eastern Siberia ❶ Eskimosi wolą, gdy nazywa się ich **Inuits**. ▶ **Eskimos/ka**

ESL /ˌiː es 'el/ abbr. English as a Second Language ▶ **nauka języka angielskiego jako drugiego języka**

ESP /ˌiː es 'piː/ abbr. English for Specific/Special Purposes; the teaching of English to people who need it for a special reason, such as scientific study, engineering, etc. ▶ **nauka języka angielskiego na użytek specjalny**

esp. abbr. especially ▶ **zwł.**

especial /ɪ'speʃl/ adj. (only before a noun) (formal) not usual; special: *This will be of especial interest to you.* ▶ **wyjątkowy, szczególny**

★**especially** /ɪ'speʃəli/ adv. **1** to an unusual degree; in particular: *She loves animals, especially dogs.* ○ *The Irish, especially, are proud of their traditions.* ○ *The car is rather small especially if you have a large family.* ○ *He was very disappointed with his mark in the exam especially as he had worked so hard for it.* ▶ **zwłaszcza, szczególnie 2** for a particular purpose: *I made this especially for you.* ❶ W tym znaczeniu można też stosować słowo **specially**. Jest ono mniej formalne. ▶ **specjalnie 3** very (much): *It's not an especially difficult exam.* ○ *'Do you like jazz?' 'Not especially.'* ▶ **szczególnie**

espionage /'espiənɑːʒ/ noun [U] the system of finding out secret information about another country or organization ➲ Por. **spy**. ▶ **szpiegostwo**

Esq. abbr. (formal, especially Brit.) Esquire; used when you are writing a man's name and address on an envelope: *Andrew Kent, Esq.* ❶ Wychodzi z użycia. ▶ **odpowiednik JWP**

★**essay** /'eseɪ/ noun [C] a short piece of writing on one subject: *to write an essay on tourism* ▶ **wypracowanie, esej**

essence /'esns/ noun **1** [sing.] the basic or most important quality of sth: *The essence of the problem is that there is not enough money available.* ▶ **istota (czegoś) 2** [C,U] a substance (usually a liquid) that is taken from a plant or food and that has a strong smell or taste of that plant or food: *vanilla essence* ▶ **esencja**

★**essential** /ɪ'senʃl/ adj. absolutely necessary; that you must have or do: *essential medical supplies* ○ *Maths is essential for a career in computers.* ○ *It is essential that all school-leavers should have a qualification.* ○ *Local clubs are an essential part of village life.* ▶ **niezbędny, konieczny, istotny**

□ **essential** noun [C, usually pl.] something that is necessary or very important: *food, and other essentials such as clothing and heating* ▶ **rzecz niezbędna/istotna** | **essentially** /ɪ'senʃəli/ adv. basically; really: *The problem is essentially one of money.* ▶ **zasadniczo**

★**establish** /ɪ'stæblɪʃ/ verb [T] **1** to start sth (especially an organization or institution): *The school was established in 1875.* ▶ **zakładać 2** to make sth exist: *We must establish good relations with the local newspaper.* ▶ **ustanawiać, tworzyć 3 establish sb/sth (as sth)** to place sb/sth in a position permanently: *She has been trying to get established as a novelist for several years.* ○ *The festival has become established as one of the most popular events in the town.* ▶ **ustalać 4** to decide sth: *to establish your aims* ▶ **ustalać, precyzować 5** to make certain of sth; to prove: *The police are not able to establish where he was at the time of the murder.* ▶ **ustalać**

★**establishment** /ɪ'stæblɪʃmənt/ noun **1** [U] the act of starting sth such as an organization or institution: *the establishment of a new government department* ▶ **założenie 2** [C] a shop or business ▶ **zakład; firma 3** (**the Establishment**) [sing.] (Brit.) the people in positions of power in a country, who usually do not support change ▶ **establishment**

★**estate** /ɪ'steɪt/ noun [C] **1** a large area of land in the country that is owned by one person or family: *He owns a large estate in Scotland.* ▶ **posiadłość, majątek 2** (Brit.) an area of land that has a lot of buildings of the same type on it: *an industrial estate* osiedle przemysłowe ○ *a housing estate* osiedle mieszkaniowe ▶ **osiedle 3** all the money and property that sb leaves when they die ▶ **majątek**

■ **es'tate agent** (US **Realtor**; **real estate agent**)

noun [C] a person who buys and sells houses and land for other people ▶ **pośrednik sprzedaży nieruchomości** | **es'tate car** (US **station wagon**) noun [C] a car with a door at the back and a large area for luggage behind the back seat ▶ **kombi**

esteem /ɪ'sti:m/ noun [U] (formal) great respect; a good opinion of sb ▶ **szacunek**

esthetic (US) = AESTHETIC

★**estimate¹** /'estɪmət/ noun [C] **1** a guess or judgement about the size, cost, etc. of sth, before you have all the facts and figures: *a rough estimate of how many people will be there* ▶ **oszacowanie** (*w przybliżeniu*) **2** a written statement from a builder, etc. giving a price for a particular job ➲ Por. **quotation**. ▶ **wycena**
IDIOM **a ballpark figure/estimate** → BALL¹

★**estimate²** /'estɪmeɪt/ verb [T] to calculate the size, cost, etc. of sth approximately, before you have all the facts and figures: *She estimated that the work would take three months.* ○ *The police estimated the crowd at 10 000.* ○ *Work on the new bridge will cost an estimated five million pounds.* ▶ **oszacować (w przybliżeniu), obliczać**

estimation /ˌestɪ'meɪʃn/ noun [U] (formal) opinion or judgement ▶ **opinia; osąd, ocena**

estranged /ɪ'streɪndʒd/ adj. **1** no longer living with your husband/wife: *He's estranged from his wife.* ▶ **żyjący w separacji 2** no longer friendly towards sb who used to be close to you: *She felt estranged from her sister.* Czuła, że z siostrą stały się już sobie obce. ▶ **obcy sobie**

estuary /'estʃuəri; US -ueri/ noun [C] (pl. **estuaries**) the wide part (mouth) of a river where it joins the sea ▶ **ujście** (*rzeki*)

etc. abbr. et cetera; and so on, and other things of a similar kind ▶ **itd., itp.**

eternal /ɪ'tɜ:nl/ adj. **1** without beginning or end; lasting for ever: *eternal life* ▶ **wieczny 2** happening too often; seeming to last for ever: *I'm tired of these eternal arguments!* ▶ **wieczny**
□ **eternally** /ɪ'tɜ:nəli/ adv.: *I'll be eternally grateful if you could help me.* ▶ **wiecznie, na wieki**

eternity /ɪ'tɜ:nəti/ noun **1** [U] time that has no end; the state or time after death ▶ **wieczność 2** (**an eternity**) [sing.] (informal) a period of time that seems endless: *It seemed like an eternity before the ambulance arrived.* ▶ **nieskończoność**

ethics /'eθɪks/ noun **1** [U] the study of what is right and wrong in human behaviour ▶ **etyka 2** [pl.] beliefs about what is morally right and wrong: *a code of ethics* ▶ **etyka**
□ **ethical** /-kl/ adj. **1** connected with ethics(2): *an ethical problem* ▶ **etyczny 2** morally correct: *ethical behaviour* ❶ Antonim: **unethical**. ▶ **etyczny, moralny**

ethnic /'eθnɪk/ adj. connected with or typical of a racial group or groups: *ethnic minorities* mniejszości narodowe ○ *ethnic food/music* ▶ **charakteryzujący daną grupę etniczną**
□ **ethnicity** /eθ'nɪsəti/ noun [U] the fact of belonging to a particular race ▶ **przynależność etniczna/rasowa**
■ ˌ**ethnic 'cleansing** noun [U] (used especially in news reports) the policy of forcing people of a certain race or religion to leave an area or country ▶ **czystki etniczne**

etiquette /'etɪket/ noun [U] the rules of polite and correct behaviour ▶ **etykieta**

etymology /ˌetɪ'mɒlədʒi/ noun (pl. **etymologies**) **1** [U] the study of the origins and history of words and their meanings ▶ **etymologia 2** [C] an explanation of the origin and history of a particular word ▶ **etymologia**

EU abbr. the European Union ▶ **UE**

euphemism /'ju:fəmɪzəm/ noun [C,U] (using) a polite word or expression instead of a more direct one when you are talking about sth that is unpleasant or embarrassing: *'Pass water' is a euphemism for 'urinate'.* ▶ **eufemizm**

euphoria /ju:'fɔ:riə/ noun [U] (formal) a strong feeling of happiness ▶ **euforia**

euro /'jʊərəʊ/ noun [C] (symbol €) (since 1999) a unit of money used in several countries of the European Union ➲ Por. **EMU**. ▶ **euro**

★**European** /ˌjʊərə'pi:ən/ adj. of or from Europe: *European languages* ▶ **europejski**
□ **European** noun [C] a person from a European country ▶ **Europej-czyk/ka**
■ **the** ˌ**European 'Union** noun [sing.] (abbr. **EU**) an economic and political association of certain European countries ▶ **Unia Europejska**

euthanasia /ˌju:θə'neɪziə; US -'neɪʒə/ noun [U] the painless killing of sb who is very old or suffering from a disease that cannot be cured ▶ **eutanazja**

evacuate /ɪ'vækjueɪt/ verb [T] to move people from a dangerous place to somewhere safer; to leave a place because it is dangerous: *During the war children were evacuated from London to the country.* ○ *The village had to be evacuated when the river burst its banks.* ▶ **ewakuować**
□ **evacuation** /ɪˌvækju'eɪʃn/ noun [C,U] ▶ **ewakuacja**

evade /ɪ'veɪd/ verb [T] **1** to get out of the way of or to escape from sb/sth: *to evade capture* ▶ **unikać 2** to avoid sth: *He was accused of evading income tax.* ○ *I asked her directly, but she evaded the question.* ▶ **uchylać się od czegoś** ❶ Rzeczownik: **evasion**.

evaluate /ɪ'væljueɪt/ verb [T] (formal) to study the facts and then give your opinion about the meaning of sth or about how good sth is: *to evaluate the situation* ▶ **oceniać**
□ **evaluation** /ɪˌvælju'eɪʃn/ noun [C,U] ▶ **ocena**

evangelical /ˌi:væn'dʒelɪkl/ adj. (of certain Protestant churches) believing that religious ceremony is not as important as faith in Jesus Christ and study of the Bible ▶ **ewangelicki**

evaporate /ɪ'væpəreɪt/ verb [I] **1** (used about a liquid) to change into steam or a gas and disappear ➲ Por. **condense**. ▶ **wyparować 2** (used about feelings) to disappear: *All her hopes evaporated when she heard the news.* ▶ **znikać**
□ **evaporation** /ɪˌvæpə'reɪʃn/ noun [U] ▶ **wyparowanie; zniknięcie**

evasion /ɪ'veɪʒn/ noun [C,U] an action,

statement, etc. that is used for avoiding sth unpleasant: *He was accused of tax evasion.* ❶ Czasownik: **evade**. ▶ **uchylenie się**

evasive /ɪˈveɪsɪv/ adj. trying to avoid sth; not direct: *an evasive answer* ▶ **wymijający**

eve /iːv/ noun [C] the day or evening before a religious festival, important event, etc.: *Christmas Eve* ▶ **wigilia**

★**even¹** /ˈiːvn/ adj. **1** flat, level or smooth: *an even surface* ▶ **równy, gładki 2** not changing; regular: *This wine must be stored at an even temperature.* ▶ **równomierny 3** (used about a competition, etc.) with one side being as good as the other: *The contest was very even until the last few minutes of the game.* ▶ **wyrównany** ❶ Antonim znaczeń 1-3: **uneven**. **4** (used about numbers) that can be divided by two ❶ Antonim: **odd**. ▶ **parzysty**

IDIOMS **be/get even (with sb)** (informal) to hurt or harm sb who has hurt or harmed you ▶ **odpłacić (komuś), zrewanżować się (komuś)** | **break even** to make neither a loss nor a profit ▶ **wyjść na swoje** | **even though** although ➲ Zob. uwaga przy **although**. ▶ **chociaż, mimo że**

□ **evenly** adv. in an even way: *The match was very evenly balanced.* ○ *Spread the cake mixture evenly in the dish.* ▶ **równo**

★**even²** /ˈiːvn/ adv. **1** (used for emphasizing sth that is surprising): *It isn't very warm here even in summer.* ○ *Even the children helped in the garden.* ○ *He didn't even open the letter.* ○ *I have been so busy that I haven't even had time to read the newspaper.* ➲ Zob. uwaga przy **although**. ▶ **nawet 2** (used when you are comparing things, to make the comparison stronger): *You know even less about it than I do.* ○ *It is even more difficult that I expected.* ○ *We are even busier than yesterday.* ▶ **jeszcze**

IDIOMS **even if** (used for saying that what follows 'if' makes no difference): *I wouldn't do it, even if you paid me* (choćbyś mi zapłacił) *a thousand pounds.* ▶ **choćby, nawet jeśli** | **even so** (used for introducing a new idea, fact, etc. that is surprising) in spite of that; nevertheless: *There are a lot of spelling mistakes; even so it's quite a good essay.* ▶ **mimo to**

★**evening** /ˈiːvnɪŋ/ noun [C,U] the part of the day between the afternoon and the time that you go to bed: *What are you doing this evening?* ○ *We were out yesterday evening.* ○ *I went to the cinema on Saturday evening.* ○ *Tom usually goes swimming on Wednesday evenings.* ○ *Most people watch television in the evening.* ○ *an evening class* ➲ Zob. uwaga przy **morning**. ▶ **wieczór**

IDIOM **good evening** (used when you see sb for the first time in the evening) ❶ Często mówi się tylko **Evening**: *'Good evening, Mrs Wilson.' 'Evening, Mr Mills.'* ▶ **dobry wieczór**

■ **evening dress** noun **1** [U] elegant clothes worn for formal occasions in the evening: *Everyone was in (full) evening dress.* ▶ **strój wieczorowy 2** [C] a woman's usually long formal dress ▶ **suknia wieczorowa**

★**event** /ɪˈvent/ noun [C] **1** something that happens, especially sth important or unusual: *an historic event* ➲ Zob. uwaga przy **happening**. ▶ **wydarzenie 2** a planned public or social occasion: *a fund-raising event* ▶ **impreza 3** one of the races, competitions, etc. in a sports programme: *The next event is the 800 metres.* ▶ **punkt programu, konkurencja**

IDIOMS **at all events/in any event** whatever happens: *I hope to see you soon, but in any event I'll phone you on Sunday.* ▶ **na wszelki wypadek** | **in the event of sth** (formal) if sth happens: *In the event of fire, leave the building as quickly as possible.* ▶ **w razie (czegoś)**

□ **eventful** /-fl/ adj. full of interesting or important events ❶ Antonim: **uneventful**. ▶ **bogaty w wydarzenia, urozmaicony**

eventual /ɪˈventʃuəl/ adj. (only before a noun) happening as a result; happening at last: *It is impossible to say what the eventual cost will be.* ▶ **końcowy, ostateczny**

□ **eventually** /-tʃuəli/ adv. in the end; at last: *He eventually managed to persuade his parents to let him buy a motor bike.* ▶ **w końcu, ostatecznie**

★**ever** /ˈevə(r)/ adv. **1** (used in questions and negative sentences, when you are comparing things, and in sentences with 'if') at any time: *Do you ever wish you were famous?* ○ *Nobody ever* (nikt nigdy) *comes to see me.* ○ *She hardly ever* (rzadko kiedy) *goes out.* ○ *Today is hotter than ever.* ○ *This is the best meal I have ever had.* ○ *If you ever visit England, you must come and stay with us.* ▶ **kiedykolwiek, kiedy 2** (used in questions with verbs in the perfect tenses) at any time up to now: *Have you ever been to Spain?* ❶ Zwróć uwagę, że w odpowiedzi na tak zadane pytanie nie stosuje się **ever**, lecz **Yes, I have** lub **No, I haven't** albo **No, never**. ▶ **kiedykolwiek 3** (used with a question that begins with 'when', 'where', 'who', 'how', etc., to show that you are surprised or shocked): *How ever* (jakim cudem) *did he get back so quickly?* ○ *What ever* (cóż) *were you thinking about when you wrote this?* **4** (**ever-**) (in compounds) always; continuously: *the ever-growing problem of pollution* ▶ **ciągle, wciąż**

IDIOMS **(as) bad, good, etc. as ever** (as) bad, good, etc. as usual or as you expected: *In spite of his problems, Andrew is as cheerful as ever.* ▶ **zły/dobry itp. jak zawsze** | **ever after** (used especially at the end of stories) from that moment on for always: *The prince married the princess and they lived happily ever after* (długo i szczęśliwie). ▶ **już na zawsze** | **ever since (...)** all the time from (...) until now: *She has had a car ever since she was at university.* ▶ **odkąd, od momentu kiedy** | **ever so/ever such a** (informal, Brit.) very: *He's ever so kind* (taki (strasznie) dobry). ○ *He's ever such a kind man.* ▶ **bardzo, strasznie** | **for ever** → FOREVER(1)

evergreen /ˈevəɡriːn/ noun [C], adj. (a tree, etc.) with green leaves throughout the year ➲ Por. **deciduous**. ▶ **wiecznie zielony**

everlasting /ˌevəˈlɑːstɪŋ; US -ˈlæst-/ adj. (formal) lasting for ever: *everlasting life* ▶ **wieczny, nieskończony**

★**every** /ˈevri/ det. **1** (used with singular nouns) all the people or things in a group of three or more: *She knows every student in the school.* ○ *There are 200 students in the school, and she knows every one of them.* ○ *You were out every time I phoned.* ▶ **każdy 2** all that is possible: *You have every chance of success.* ○ *She had every reason to be angry.* ▶ **wszelki**, **każdy 3** (used for saying how often sth happens): *We see each other every day* (codziennie). ○ *Take the medicine every four hours.* ○ *The milkman comes every other day* (co drugi dzień). ○ *One in every three marriages ends in divorce.* ○ *every now and then* co jakiś czas ▶ **co (jakiś czas), każdy**

■ **everybody** /ˈevribɒdi/ (also **everyone** /ˈevrɪwʌn/) pron. every person; all people: *Is everybody here?* ○ *The police questioned everyone who was at the party.* ○ *I'm sure everybody else* (wszyscy inni) *will agree with me.* ▶ **każdy, wszyscy**

> **Everyone** odnosi się wyłącznie do ludzi. Nie występuje po nim **of**. **Every one** oznacza „każda osoba lub rzecz" i często po nim występuje **of**: *Every one of his records has been successful.* Zob. też uwaga przy **somebody**.

■ **everyday** /ˈevrideɪ/ adj. (only before a noun) normal and usual: *The computer is now part of everyday life.* ▶ **codzienny**, **powszedni** | **everyplace** /ˈevripleɪs/ adv. (US) = EVERYWHERE | **everything** /ˈevriθɪŋ/ pron. [with sing. verb] **1** each thing; all things: *Sam lost everything in the fire.* ○ *Everything is expensive in this shop.* ○ *We can leave everything else* (resztę) *here.* ▶ **wszystko 2** the most important thing: *Money isn't everything.* ▶ **wszystko** | **everywhere** /ˈevriweə(r)/ adv. in or to every place: *I've looked everywhere, but I can't find it.* ▶ **wszędzie**

evict /ɪˈvɪkt/ verb [T] to force sb (officially) to leave the house or land where they are living: *They were evicted for not paying the rent.* ▶ **eksmitować**

□ **eviction** /ɪˈvɪkʃn/ noun [C,U] ▶ **eksmisja**

★**evidence** /ˈevɪdəns/ noun [U] something that gives a reason for believing sth: *There was no evidence of a struggle in the room.* ○ *There was not enough evidence to prove him guilty.* ○ *Her statement to the police was used in evidence against him.* ○ *to give evidence in court* ○ *You have absolutely no evidence for what you're saying!* ❶ Zwróć uwagę, że **evidence** jest rzeczownikiem niepoliczalnym. Kiedy chodzi o pojedyncze przedmioty stanowiące dowód, stosuje się słowo **piece**: *One piece of evidence is not enough to prove somebody guilty.* ▶ **dowód, świadectwo**

IDIOM **(to be) in evidence** to be seen; to be noticeable: *When we arrived there was no ambulance in evidence* (nie było śladu karetki). ▶ **(być) widocznym**

evident /ˈevɪdənt/ adj. clear (to the eye or mind); obvious: *It was evident that the damage was very serious.* ▶ **jasny, oczywisty**

□ **evidently** adv. **1** it appears that: *Evidently he has decided to leave.* ▶ **wygląda na to, że 2** it is obvious that: *She was evidently extremely shocked at the news.* ▶ **najwyraźniej; jasne, że**

★**evil** /ˈiːvl/ adj. very bad; causing trouble or harm: *Dr Jekyll and the evil Mr Hyde* ▶ **zły**

> Inny przymiotnik o tym samym znaczeniu to **wicked**. Oba są mocnymi wyrażeniami. Na niegrzeczne dzieci mówi się **naughty** lub **mischievous**.

□ **evil** noun [C,U] (formal) something that is very bad; wickedness: *Drugs and alcohol are two of the evils of modern society.* ▶ **zło**

IDIOM **the lesser of two evils** → LESSER

evoke /ɪˈvəʊk/ verb [T] (formal) to produce a memory, feeling, etc.: *This music evokes long summer evenings.* ○ *Her article evoked a lot of interest.* ▶ **przywoływać, wywoływać**

evolution /ˌiːvəˈluːʃn; ˌev-/ noun [U] **1** the development of living things over many thousands of years from simple early forms: *Darwin's theory of evolution* ▶ **ewolucja 2** the process of change and development: *Political evolution is a slow process.* ▶ **rozwój**

evolve /iˈvɒlv/ verb **1** [I] (used about living things) to develop from simple early forms ▶ **rozwijać się 2** [I,T] (formal) to develop or to make sth develop: *His style of painting has evolved gradually over the past 20 years.* ▶ **rozwijać (się)**

ewe /juː/ noun [C] a female sheep ▶ **samica owcy**

ex- /eks/ (used to form compound nouns) former: *ex-wife* ○ *ex-president* ▶ **były**

★**exact**[1] /ɪgˈzækt/ adj. **1** (completely) correct; accurate: *He's in his mid-fifties. Well, 56 to be exact* (ściśle mówiąc). ○ *What is the exact time?* ○ *I can't tell you the exact number of people who are coming.* ○ *She's the exact opposite of her sister.* ▶ **dokładny 2** able to work in a way that is completely accurate: *You need to be very exact when you calculate the costs.* ▶ **dokładny**

□ **exactly** adv. **1** (used for emphasizing sth) just: *You've arrived at exactly the right moment.* ○ *I found exactly what I wanted.* ▶ **dokładnie 2** (used when you are asking for, or giving, completely correct information): *Where exactly are you going on holiday?* ○ *He took exactly one hour to finish.* ▶ **dokładnie 3** (used for agreeing with a statement) yes; you are right: *'But I don't think she's old enough to travel on her own.' 'Exactly.'* ▶ **właśnie**

IDIOM **not exactly** (informal) **1** not really; not at all: *He's not exactly the most careful driver I know.* ▶ **niezupełnie, nie naj- 2** (used as an answer to say that sth is almost true): *'So you think I'm wrong?' 'No, not exactly, but…'* ▶ **niezupełnie**

exactness noun [U] the quality of being exact ▶ **dokładność**

exact[2] /ɪgˈzækt/ verb [T] (formal) to demand and get sth ▶ **wymagać**

□ **exacting** adj. needing a lot of care and attention; difficult: *exacting work* ▶ **wymagający**

★**exaggerate** /ɪgˈzædʒəreɪt/ verb [I,T] to make sth seem larger, better, worse, etc. than it really is: *Don't exaggerate. I was only two minutes late, not twenty.* ○ *The problems have been greatly exaggerated.* ▶ **przesadzać, wyolbrzymiać**

□ **exaggeration** /ɪɡ,zædʒə'reɪʃn/ noun [C,U] making sth seem bigger, etc. than it really is; sth that does this: *It's rather an exaggeration to say that all the students are lazy.* ▶ **przesada**

★**exam** /ɪɡ'zæm/ (formal **examination**) noun [C] a written, spoken or practical test of what you know or can do: *to do/take/sit an exam* zdawać egzamin ○ *to pass* (zdać)*/fail* (oblać) *an exam* ○ *an English exam* ○ *the exam results* ○ *I've got an exam in French next week.* ▶ **egzamin**

> **Test** oznacza zazwyczaj mniej ważny i krótszy egzamin (np. kolokwium, sprawdzian, klasówka).

★**examination** /ɪɡ,zæmɪ'neɪʃn/ noun **1** [C,U] the act of looking at sth carefully: *They made a thorough examination of the car before buying it.* ○ *On close examination, it was found that the passport was false.* ○ *a medical examination* ▶ **badanie, inspekcja 2** [C] (formal) = EXAM

★**examine** /ɪɡ'zæmɪn/ verb [T] **1** to consider or study an idea, a subject, etc. very carefully ▶ **badać, analizować 2 examine sb/sth (for sth)** to look at sb/sth carefully in order to find out sth: *The detective examined the room for clues.* ▶ **badać, sprawdzać 3 examine sb (in/on sth)** (formal) to test what sb knows or can do: *You will be examined on everything that has been studied in the course.* ▶ **egzaminować/sprawdzać kogoś (z czegoś)**

□ **examiner** /ɪɡ'zæmɪnə(r)/ noun [C] a person who tests sb in an examination(2) ▶ **egzaminator/ka**

★**example** /ɪɡ'zɑːmpl; US -'zæmpl/ noun [C] **1** a thing that shows a general rule about what sth is like: *This dictionary gives many examples of how words are used in sentences.* ○ *I don't quite understand you. Can you give me an example of what you mean?* ○ *This is a typical example of a Victorian house.* ▶ **przykład 2** a person or thing or a type of behaviour that is good and should be copied: *Joe's bravery should be an example to us all.* ▶ **przykład, wzór**

IDIOMS follow sb's example/lead → FOLLOW | **for example** (used for giving an illustration of what you are talking about): *In many countries, Italy, for example, family life is much more important than here.* ❶ Forma skrócona **for example** to **e.g.**. ▶ **na przykład** | **set a(n) (good, bad, etc.) example (to sb)** to behave in a way that should/should not be copied: *Parents should set their children a good example.* ▶ **dawać komuś dobry/zły przykład**

exasperate /ɪɡ'zæspəreɪt/ verb [T] to make sb angry; to annoy: *She was exasperated by the lack of progress.* ▶ **rozdrażniać**

□ **exasperating** adj. ▶ **drażniący** | **exasperation** /ɪɡ,zæspə'reɪʃn/ noun [U]: *She finally threw the book across the room in exasperation.* ▶ **rozdrażnienie**

excavate /'ekskəveɪt/ verb [I,T] **1** to dig a hole in the ground ▶ **kopać, drążyć 2** to uncover objects or buildings from the past by digging in an area of land: *Archaeologists have excavated a Roman villa.* ▶ **odkopywać**

□ **excavation** /,ekskə'veɪʃn/ noun [C,U] ▶ **prace wykopaliskowe, wydobywanie**

exceed /ɪk'siːd/ verb [T] **1** to be greater than sth: *The price must not exceed £100.* ▶ **przekraczać, przewyższać 2** to go beyond what is allowed or necessary: *to exceed the speed limit* ▶ **przekraczać** ➲ Por. **excess** i **excessive**.

□ **exceedingly** adv. very: *an exceedingly difficult problem* ▶ **niezmiernie, nadmiernie**

excel /ɪk'sel/ verb [I] (**excelling; excelled**) (formal) **1 excel (in/at sth/doing sth)** to be very good at sth ▶ **celować w czymś 2 excel yourself** (Brit.) to do sth even better than you usually do: *Rick's cooking is always good but this time he really excelled himself.* ▶ **przechodzić samego siebie**

excellence /'eksələns/ noun [U] the quality of being very good: *The school is a centre of academic excellence.* ▶ **znakomitość, świetność**

★**excellent** /'eksələnt/ adj. very good; of high quality: *He speaks excellent French.* ▶ **znakomity, świetny**

□ **excellently** adv. ▶ **znakomicie, świetnie**

★**except**[1] /ɪk'sept/ prep. **except (for) sb/sth; except (that...)** not including sb/sth; apart from the fact that: *The museum is open every day except Mondays.* ○ *Everyone except Tony is going on the trip.* ○ *I can answer all of the questions except for the last one.* ○ *It was a good hotel except that it was rather noisy.* ▶ **oprócz, poza, oprócz tego**

except[2] /ɪk'sept/ verb [T] (often passive) **except sb/sth (from sth)** (formal) to leave sb/sth out; to not include sb/sth ▶ **wyłączać, wykluczać**

□ **excepting** /ɪk'septɪŋ/ prep. not including; except[1] ▶ **wyłączając, wyjąwszy**

★**exception** /ɪk'sepʃn/ noun [C] a person or thing that is not included: *There's an exception to every rule.* ▶ **wyjątek**

IDIOMS make an exception (of sb/sth) to treat sb/sth differently: *We don't usually allow children under 14 but we'll make an exception in your case.* ▶ **zrobić (dla kogoś) wyjątek** | **with the exception of** except for; apart from: *He has won every major tennis championship with the exception of Wimbledon.* ▶ **z wyjątkiem** | **without exception** in every case; including everybody/everything: *Everybody without exception must take the test.* ▶ **bez wyjątku**

exceptional /ɪk'sepʃənl/ adj. very unusual; unusually good: *You will only be allowed to leave early in exceptional circumstances.* ○ *We have had an exceptional summer.* ▶ **wyjątkowy**

□ **exceptionally** /-ʃənəli/ adv.: *an exceptionally difficult year* ▶ **wyjątkowo**

excerpt /'eksɜːpt/ noun [C] a short piece taken from a book, film, piece of music, etc. ▶ **ustęp, wyjątek**

excess[1] /ɪk'ses/ noun [sing.] more of sth than is needed or usual; too much of sth: *An excess of fat in your diet can lead to heart disease.* ▶ **nadmiar**

IDIOM in excess of more than: *Her debts are in excess of £1 000.* ▶ **ponad**

excess² /'ekses/ adj. (only before a noun) more than is usual or allowed; extra: *excess baggage* nadwyżka bagażu ▶ **nadmierny, przekraczający normę**

excessive /ɪk'sesɪv/ adj. too much; too great: *I think £200 for a dress is excessive.* ▶ **wygórowany, nadmierny**

□ **excessively** adv.: *I think you are being excessively pessimistic about this.* ▶ **nadmiernie, przesadnie**

★**exchange¹** /ɪks'tʃeɪndʒ/ noun **1** [C,U] giving or receiving sth in return for sth else: *a useful exchange of information* ○ *We can offer free accommodation in exchange for* (w zamian za) *some help in the house.* ▶ **wymiana, zamiana 2** [C] an (angry) conversation or argument ▶ **(ostra) wymiana zdań 3** [U] the relation in value between kinds of money used in different countries: *What's the exchange rate/rate of exchange for dollars?* ○ *The exchange rate is one pound to 250 yen.* ▶ **kurs 4** [U] money that can be used to pay for goods or services from other countries: *Most of the country's foreign exchange comes from oil.* ▶ **dewizy 5** [C] a visit by a group of students or teachers to another country and a return visit by a similar group from that country: *an exchange with a school in France* ○ *an exchange visit* ▶ **wymiana 6** = TELEPHONE EXCHANGE ➲ Por. **Stock Exchange**.

★**exchange²** /ɪks'tʃeɪndʒ/ verb [T] **exchange A for B; exchange sth (with sb)** to give or receive sth in return for sth else: *I would like to exchange this skirt for a bigger one.* ○ *Mary and Jane exchanged addresses with the boys.* ○ *They exchanged glances.* ▶ **wymieniać, zamieniać**

excise /'eksaɪz/ noun [U] a government tax on certain goods that are produced or sold in a country, e.g. tobacco, alcohol, etc. ▶ **akcyza, podatek akcyzowy**

excitable /ɪk'saɪtəbl/ adj. easily excited ▶ **pobudliwy**

excite /ɪk'saɪt/ verb [T] **1** to cause strong feelings (e.g. of happiness or nervousness): *Don't excite the baby too much or we'll never get him off to sleep.* ▶ **pobudzać, podniecać 2** to cause a reaction in sb: *The programme excited great interest.* ▶ **wzbudzać**

★**excited** /ɪk'saɪtɪd/ adj. feeling very happy because you are looking forward to sth happening; not calm: *Are you getting excited about your holiday?* ○ *We're all very excited at the thought of moving into our new house.* ▶ **podniecony**

□ **excitedly** adv. ▶ **w podnieceniu**

★**excitement** /ɪk'saɪtmənt/ noun **1** [U] the state of being excited; a feeling of pleasure, especially because sth interesting is happening or will happen: *There was great excitement as the winner's name was announced.* ○ *The match was full of excitement until the very last minute.* ▶ **podniecenie 2** [C] something that makes you feel excited: *After all the excitements of the last few weeks, it's nice to relax at home for a while.* ▶ **wrażenie**

★**exciting** /ɪk'saɪtɪŋ/ adj. causing strong feelings of pleasure and interest: *exciting news* ○ *an exciting city* ❶ Antonim: **unexciting**. ▶ **podniecający**

exclaim /ɪk'skleɪm/ verb [I,T] to say sth suddenly because you are surprised, angry, etc.: *'I just don't believe it!' he exclaimed.* ▶ **wykrzykiwać**

exclamation /ˌeksklə'meɪʃn/ noun [C] a sound or word that expresses sudden pain, anger, surprise, etc. ❶ Synonim: **interjection**. ▶ **okrzyk**

■ **excla'mation mark** (US **excla'mation point**) noun [C] a mark (!) that is written after an exclamation ▶ **wykrzyknik**

★**exclude** /ɪk'sklu:d/ verb [T] **1 exclude sb/sth (from sth)** to prevent sb/sth from entering a place or taking part in sth: *Women are excluded from the temple.* ○ (Brit.) *Concern is growing over the number of children excluded from school.* ○ *She felt excluded by the other girls.* ▶ **wykluczać, usuwać 2** to decide that sth is not true: *The police had excluded the possibility that the child had run away.* ▶ **wykluczać 3** to leave out; not include: *The price excludes all extras such as drinks or excursions.* ▶ **nie wliczać, nie uwzględniać**

□ **excluding** prep. not including: *Lunch costs £10 each excluding drinks.* ▶ **z wyjątkiem, bez**

exclusion /ɪk'sklu:ʒn/ noun [U] keeping or leaving sb/sth out ▶ **wykluczenie**

exclusive /ɪk'sklu:sɪv/ adj. **1** expensive and not welcoming people who are thought to be socially unsuitable: *an exclusive restaurant/part of town* ▶ **ekskluzywny 2** (only before a noun) for only one person, group, etc.; not to be shared: *This car is for the Director's exclusive use.* ○ *an exclusive interview with the new leader of the Labour Party* ▶ **wyłączny 3 exclusive of sb/sth** not including sb/sth; without: *Lunch costs £7 per person exclusive of drinks.* ▶ **nie licząc kogoś/czegoś, bez**

□ **exclusive** noun [C] a newspaper story that is given to and published by only one newspaper ▶ **wydarzenie opublikowane wyłącznie w jednej gazecie** | **exclusively** adv. only; not involving anybody/anything else: *The swimming pool is reserved exclusively for members of the club.* ▶ **wyłącznie**

excrement /'ekskrɪmənt/ noun [U] (formal) the solid waste matter that is passed from the body through the bowels ➲ Por. **faeces**. ▶ **kał**

excrete /ɪk'skri:t/ verb [T] (formal) to pass out waste matter from the body ▶ **oddawać kał**

excruciating /ɪk'skru:ʃieɪtɪŋ/ adj. (used about pain, etc.) very bad ▶ **rozdzierający**

excursion /ɪk'skɜ:ʃn; US -ɜ:rʒn/ noun [C] a short journey or trip (that a group of people make for pleasure): *to go on an excursion* ➲ Zob. uwaga przy **travel**. ▶ **wycieczka**

★**excuse¹** /ɪk'skju:s/ noun [C] **excuse (for sth/for doing sth)** a reason (that may be true or untrue) that you give in order to explain your behaviour: *There's no excuse for rudeness.* ○ *He always finds a good excuse for being late.* ▶ **usprawiedliwienie, wymówka**

★**excuse²** /ɪk'skju:z/ verb [T] **1 excuse sb/sth (for sth/for doing sth)** to forgive sb/sth:

Please excuse the interruption but I need to talk to you. ▶ **wybaczać 2** to explain sb's bad behaviour and make it seem less bad: *Nothing can excuse such behaviour.* ○ *She excused herself for arriving late and sat down.* ▶ **usprawiedliwiać 3 excuse sb (from sth)** to free sb from a duty, responsibility, etc.: *You can be excused from homework today because it's your birthday.* ▶ **zwolnić kogoś (z czegoś)**

Wyrażenie **excuse me** ma zastosowanie w sytuacjach, kiedy przerywa się czyjąś rozmowę lub zwraca się do kogoś obcego: *Excuse me* (przepraszam pana/panią), *can you tell me the way to the station?* W Amer. ang. i czasami w Br. ang. **excuse me** występuje również, jeśli się kogoś przeprasza za drobne przewinienie: *Did I tread on your toe? Excuse me.*

□ **excusable** /ɪk'skju:zəbl/ adj. that can be forgiven ❶ Antonim: **inexcusable**. ▶ **wybaczalny**

execute /'eksɪkju:t/ verb [T] **1** to kill sb as an official punishment: *He was executed for murder.* ▶ **stracić kogoś, wykonać na kimś wyrok 2** (formal) to perform a task, etc. or to carry out a plan ▶ **wykonywać, przeprowadzać**

execution /ˌeksɪ'kju:ʃn/ noun **1** [C,U] the act of killing sb as an official punishment ▶ **stracenie (kogoś) 2** [U] (formal) carrying out a plan, order, etc. ▶ **wykonanie**

□ **executioner** /ˌeksɪ'kju:ʃənə(r)/ noun [C] a person whose job is to execute criminals ▶ **kat**

executive /ɪg'zekjətɪv/ adj. **1** (used in connection with people in business, government, etc.) concerned with managing, carrying out decisions, plans, etc.: *an executive director of the company* dyrektor firmy ▶ **wykonawczy 2** (used about goods, buildings, etc.) designed to be used by important business people ▶ **dla ludzi biznesu, biznesowy**

□ **executive** noun [C] **1** a person who has an important position in a business: *a senior executive in the company* ▶ **pracownik na kierowniczym stanowisku 2** the part of an organization which takes important decisions ▶ **zarząd**

exemplary /ɪg'zempləri/ adj. very good; that can be an example to other people: *exemplary behaviour* ▶ **wzorowy**

exemplify /ɪg'zemplɪfaɪ/ verb (pres. part. **exemplifying**; 3rd pers. sing. pres. **exemplifies**; pt, pp **exemplified**) [T] to be a typical example of sth ▶ **ilustrować, być przykładem**

exempt /ɪg'zempt/ adj. (not before a noun) **exempt (from sth)** free from having to do sth or pay sth: *Children under 16 are exempt from dental charges.* ▶ **zwolniony (z czegoś)**

□ **exempt** verb [T] **exempt sb/sth (from sth)** (formal) to say officially that sb does not have to do sth or pay sth ▶ **zwalniać (z czegoś)** | **exemption** /ɪg'zempʃn/ noun [C,U] ▶ **zwolnienie, ulga**

★**exercise**[1] /'eksəsaɪz/ noun **1** [U] use of the body in a way that will keep you healthy: *The doctor advised him to take regular exercise.* ○ *Swimming is a good form of exercise.* ▶ **gimnastyka, ruch 2** [C] (often plural) a movement or activity that you do in order to keep healthy or to train sth: *breathing/stretching/relaxation exercises* ▶ **gimnastyka, ćwiczenie gimnastyczne 3** [C] a piece of work that is intended to help you learn or practise sth: *an exercise on phrasal verbs* ○ *an exercise book* zeszyt ▶ **ćwiczenie 4** [C] a series of actions that have a particular aim: *The project is an exercise in getting the best results at a low cost.* ▶ **zadanie 5** [U] (formal) the use of sth (e.g. a power, right, etc.) ▶ **korzystanie (z czegoś) 6** [C] a series of activities by soldiers to practise fighting: *military exercises* ▶ **ćwiczenia wojskowe**

★**exercise**[2] /'eksəsaɪz/ verb **1** [I] to do some form of physical movement in order to stay fit and healthy: *It is important to exercise regularly.* ▶ **zażywać ruchu 2** [T] to make use of sth (e.g. a power, right, etc.): *You should exercise your right to vote.* ▶ **korzystać z czegoś**

exert /ɪg'zɜ:t/ verb [T] **1** to make use of sth (e.g. influence, strength, etc.): *Parents exert a powerful influence on their children's opinions.* ▶ **wywierać 2 exert yourself** to make an effort ▶ **wysilać się**

□ **exertion** /ɪg'zɜ:ʃn/ noun [C,U] using your body in a way that takes a lot of effort; sth that you do that makes you tired: *physical exertion* ○ *I'm tired after the exertions of the past week.* ▶ **wytężenie, wysiłek**

exhale /eks'heɪl/ verb [I] (formal) to breathe out so that the air leaves your lungs ❶ Antonim: **inhale**. ▶ **wydychać**

exhaust[1] /ɪg'zɔ:st/ noun **1** [C] a pipe (particularly at the back of a car) through which waste gas escapes from an engine or machine ▶ **rura wydechowa 2** [U] the waste gas that escapes from an engine or machine ▶ **spaliny**

★**exhaust**[2] /ɪg'zɔ:st/ verb [T] **1** to make sb very tired: *The long journey exhausted him.* ▶ **wyczerpywać 2** to use sth up completely; to finish sth: *All the supplies of food have been exhausted.* ▶ **zużyć 3** to say everything you can about a subject, etc.: *Well, I think we've exhausted that topic.* ▶ **wyczerpywać**

□ **exhausted** /ɪg'zɔ:stɪd/ adj. very tired ▶ **wyczerpany** | **exhausting** /ɪg'zɔ:stɪŋ/ adj. making sb very tired: *Teaching young children is exhausting work.* ▶ **wyczerpujący**

exhaustion /ɪg'zɔ:stʃən/ noun [U] great tiredness ▶ **wyczerpanie, przemęczenie**

exhaustive /ɪg'zɔ:stɪv/ adj. including everything possible: *This list is certainly not exhaustive.* ▶ **wyczerpujący**

exhibit[1] /ɪg'zɪbɪt/ noun [C] an object that is shown in a museum, etc. ▶ **eksponat**

exhibit[2] /ɪg'zɪbɪt/ verb [T] **1** to show sth to the public: *His paintings have been exhibited in the local art gallery.* ▶ **wystawiać (na pokaz) 2** (formal) to show sth (e.g. a feeling or quality): *to exhibit signs of stress* ▶ **okazywać**

□ **exhibitor** noun [C] a person who shows their work to the public ▶ **wystawca**

★**exhibition** /ˌeksɪ'bɪʃn/ noun **1** [C] a collection of

objects that are shown to the public: *an exhibition of photographs* ○ *Have you seen the Picasso exhibition?* ○ *the National Exhibition Centre in Birmingham* ❶ Zwróć uwagę na wyrażenie **on exhibition**: *Her paintings will be on exhibition in London for the whole of April.* ▶ **wystawa** **2** [C] an occasion when a particular skill is shown to the public: *an exhibition of Scottish dancing* ▶ **pokaz, przedstawienie** **3** [sing.] (formal) the act of showing a quality, feeling, etc.: *an exhibition of football at its best* ▶ **pokaz, widowisko**

exhilarate /ɪɡˈzɪləreɪt/ verb [T] (usually passive) to make sb feel very happy, excited, etc.: *We felt exhilarated by our walk along the beach.* ▶ **ożywiać, radować**
□ **exhilarating** adj. ▶ **ożywiający** | **exhilaration** /ɪɡˌzɪləˈreɪʃn/ noun [U]: *the exhilaration of waterskiing* ▶ **radosne ożywienie**

exile /ˈeksaɪl/ noun **1** [U] the state of being forced to live outside your own country (especially for political reasons): *He went into exile* (wyemigrował) *after the revolution of 1968.* ○ *They lived in exile* (żyli na uchodźstwie) *in London for many years.* ○ *the Polish Government-in-Exile* Rząd Polski na Uchodźstwie ▶ **wygnanie** **2** [C] a person who is forced to live outside their own country (especially for political reasons): *Trotsky spent his last years as a political exile in Mexico.* ➲ Por. **refugee**. ▶ **uchodźca**
□ **exile** verb [T] (usually passive) to send sb to live in another country (especially for political reasons): *After the revolution the king was exiled.* ▶ **skazywać na wygnanie**

⋆**exist** /ɪɡˈzɪst/ verb [I] **1** to be real; to be found in the real world; to live: *Does God exist?* ○ *I don't think that word exists.* ○ *Fish cannot exist out of water.* ▶ **istnieć** **2 exist (on sth)** to manage to live: *I don't know how he exists on those wages.* ▶ **utrzymywać się przy życiu**
□ **existing** /ɪɡˈzɪstɪŋ/ adj. (only before a noun) that is already there or being used; present: *Under the existing law you are not allowed to work in this country.* ▶ **istniejący**

⋆**existence** /-əns/ noun **1** [U] the state of existing: *This is the oldest human skeleton in existence.* ○ *Yugoslavia came into existence in 1918.* ▶ **istnienie** **2** [sing.] a way of living; life: *They lead a miserable existence* (wiodą ciężkie życie) *in a tiny flat in London.* ▶ **byt**

⋆**exit** /ˈeksɪt; ˈeɡzɪt/ noun [C] **1** a door or way out of a public building: *an emergency exit* ▶ **wyjście** **2** the act of leaving sth: *When he saw her coming he made a quick exit.* ○ *an exit visa* wiza wyjazdowa ▶ **wyjście** **3** a place where traffic can turn off a motorway, roundabout, etc.: *At the roundabout take the third exit.* ▶ **zjazd**
□ **exit** verb [I] to go out or away ▶ **wychodzić**

exonerate /ɪɡˈzɒnəreɪt/ verb [T] (often passive) (formal) to free sb from blame, responsibility etc. ▶ **oczyszczać kogoś z zarzutów, zwalniać z odpowiedzialności**

exorbitant /ɪɡˈzɔːbɪtənt/ adj. (formal) (used about the cost of sth) much more expensive than it should be ▶ **wygórowany, nadmierny**

exotic /ɪɡˈzɒtɪk/ adj. unusual or interesting because it comes from a different country or culture: *exotic plants/animals* ▶ **egzotyczny**

⋆**expand** /ɪkˈspænd/ verb [I,T] to become bigger or to make sth bigger: *Metals expand when they are heated.* ○ *We hope to expand our business this year.* ❶ Antonim: **contract**. ▶ **rozszerzać (się), powiększać (się)**
PHRASAL VERB **expand on sth** to give more details of a story, plan, point of view, etc. ▶ **rozwijać coś**

expanse /ɪkˈspæns/ noun [C] a large open area (of land, sea, sky, etc.) ▶ **obszar, przestrzeń**

⋆**expansion** /ɪkˈspænʃn/ noun [U] the action of expanding or the state of being expanded: *The rapid expansion of the university has caused a lot of problems.* ▶ **rozwój, ekspansja**

expansive /ɪkˈspænsɪv/ adj. (formal) (used about a person) willing to talk a lot; friendly ▶ **wylewny**

expatriate /ˌeksˈpætriət; US -ˈpeɪt-/ (informal **expat**) noun [C] a person who lives outside their own country ▶ **osoba żyjąca poza własnym krajem**

⋆**expect** /ɪkˈspekt/ verb [T] **1** to think or believe that sb/sth will come or that sth will happen: *I'm expecting a phone call.* ○ *I expect that it will rain this afternoon.* ○ *He expected it to be hot in Washington and it was.* ○ *'I'm really disappointed – she forgot my birthday.' 'Well, what did you expect?'* ○ *She's expecting a baby in the spring.* ➲ Zob. uwaga przy **wait**. ▶ **oczekiwać, spodziewać się** **2 expect sth (from sb)**; **expect sb to do sth** to hope that you will get sth from sb or that they will do what you want: *He expects a high standard of work from everyone.* ○ *Factory workers are often expected to work at nights.* ▶ **wymagać; oczekiwać po kimś czegoś** **3** (not in the *-ing* forms) (Brit.) (used when you think sth is probably true) to suppose: *'Who's eaten all the biscuits?' 'Oh it was Tom, I expect.'* ○ *'Will you be able to help me later on?' 'I expect so* (chyba tak).*'* ▶ **przypuszczać (że)**
□ **expectancy** /ɪkˈspektənsi/ noun [U] the state of expecting sth to happen; hope: *a look/feeling of expectancy* ➲ Por. **life expectancy**. ▶ **oczekiwanie, nadzieja** | **expectant** /ɪkˈspektənt/ adj. **1** expecting sth good; hopeful: *an expectant audience* ○ *expectant faces* ▶ **wyczekujący, pełen nadziei** **2** pregnant: *expectant mothers* ▶ **w ciąży** | **expectantly** adv. ▶ **z nadzieją**

expectation /ˌekspekˈteɪʃn/ noun (formal) **1** [U] the belief that sth will happen: *There's no expectation of the weather getting better today.* ▶ **przewidywanie, oczekiwanie** **2** [C, usually pl.] hope for the future: *She didn't live up to her parents' expectations.* ▶ **nadzieja**
IDIOMS **against/contrary to (all) expectation(s)** quite different to what was expected: *Contrary to all expectations, Val won first prize.* ▶ **wbrew wszelkim oczekiwaniom** | **not come up to (sb's) expectations** to be less good than expected ▶ **zawodzić (czyjeś) oczekiwania**

expedient /ɪkˈspiːdiənt/ adj. (formal) (used about an action) convenient or helpful for a purpose (but not always good or moral): *Before* *the election the government thought that it was expedient not to increase taxes.* ▶ **stosowny, dogodny, oportunistyczny**

□ **expediency** /-ənsi/ noun [U] ▶ **korzyść, wygoda**

expedition /ˌekspəˈdɪʃn/ noun [C] **1** a long journey for a special purpose: *a scientific expedition to Antarctica* ▶ **wyprawa** **2** a short journey that you make for pleasure: *a shopping expedition* ▶ **wyprawa**

expel /ɪkˈspel/ verb [T] (**expelling**; **expelled**) **1** to force sb to leave a country, school, club, etc.: *The boy was expelled from school for smoking.* ▶ **wydalać** **2** to send sth out by force: *to expel air from the lungs* wydychać ▶ **wydalać** ❶ Rzeczownik: **expulsion**.

expend /ɪkˈspend/ verb [T] (formal) to spend or use money, time, care, etc. in doing sth: *I have expended a lot of time and energy on that project.* ▶ **poświęcać, wydatkować**

□ **expendable** adj. (formal) not thought of as important or worth saving: *In a war human life is expendable.* ▶ **zbyteczny, zbędny**

expenditure /ɪkˈspendɪtʃə(r)/ noun [U, sing.] (formal) the act of spending or using money, etc.; the amount of money, etc. which is spent: *Government expenditure on education is very low.* ○ *an expenditure of £2 000* ▶ **wydatki**

⋆**expense** /ɪkˈspens/ noun **1** [C,U] the cost of sth in time or money: *Running a car is a great expense.* ○ *Expense is important when deciding where to go on holiday.* ❶ Zwróć uwagę na zwroty **at great expense** (dużym kosztem) i **at no expense** (za darmo). ▶ **wydatek, koszt** **2** (**expenses**) [pl.] money that is spent for a particular purpose: *You can claim back your travelling expenses.* ▶ **wydatki, koszty**

IDIOMS **at sb's expense** **1** with sb paying; at sb's cost: *My trip is at the company's expense.* ▶ **na (czyjś) rachunek** **2** against sb, so that they look silly: *They were always making jokes at Paul's expense.* ▶ **czyimś kosztem** | **at the expense of sth** harming or damaging sth: *He was a successful businessman, but it was at the expense of his family life.* ▶ **kosztem czegoś**

⋆**expensive** /ɪkˈspensɪv/ adj. costing a lot of money: *expensive clothes* ○ *It's too expensive.* ❶ Antonim: **inexpensive** lub **cheap**. ▶ **drogi, kosztowny**

□ **expensively** adv. ▶ **drogo, kosztownie**

⋆**experience** /ɪkˈspɪəriəns/ noun **1** [U] the things that you have done; the knowledge or skill that you get from seeing or doing sth: *We all learn by experience.* ○ *She has five years' teaching experience.* ○ *I know from experience what will happen.* ▶ **doświadczenie, praktyka** **2** [C] something that has happened to you (often something unusual or exciting): *She wrote a book about her experiences in Africa.* ○ *It's an experience not to be missed.* ▶ **przygoda, przeżycie**

□ **experience** verb [T] to have experience of sth; to feel: *to experience pleasure/pain/difficulty/failure* ▶ **doznawać** | **experienced** adj. having the knowledge or skill that is necessary for sth: *He's not a very experienced driver.* ❶ Antonim: **inexperienced**. ▶ **doświadczony**

⋆**experiment** /ɪkˈsperɪmənt/ noun [C,U] a scientific test or trial that is done in order to prove sth or to get new knowledge: *Researchers often perform experiments on animals.* ○ *It's difficult to do experiments into how people learn languages.* ○ *I'm going to try cycling to work – it's just an experiment.* ○ *We need to prove this theory by experiment.* ▶ **eksperyment, doświadczenie**

□ **experiment** verb [I] **experiment (on sth) /(with sth)** to do an experiment or to test: *Is it really necessary to experiment on animals?* ○ *We're experimenting with a new timetable this month.* ▶ **eksperymentować** | **experimental** /ɪkˌsperɪˈmentl/ adj. connected with experiments or new ideas: *We're still at the experimental stage with the new product.* ○ *experimental schools* ▶ **eksperymentalny** | **experimentally** /-təli/ adv. ▶ **eksperymentalnie**

⋆**expert** /ˈekspɜːt/ noun [C] **an expert (at/in/on sth)** a person who has special knowledge or skill: *He's an expert on the history of rock music.* ○ *She's a computer expert.* ○ *Let me try – I'm an expert at parking cars in small spaces.* ▶ **ekspert, specjalist-a/ka**

□ **expert** adj. **expert (at/in/on sth)** with special knowledge or skill: *He's an expert cook.* Jest doskonałym kucharzem. ○ *I think we should get expert advice* (zasięgnąć opinii eksperta) *on the problem.* ▶ **mistrzowski, biegły** | **expertly** adv. ▶ **po mistrzowsku, biegle**

expertise /ˌekspɜːˈtiːz/ noun [U] special knowledge or skill: *I was amazed at his expertise on the word processor.* ▶ **biegłość, znawstwo**

expire /ɪkˈspaɪə(r)/ verb [I] (formal) (used about sth that only lasts for a certain period of time) to come to the end of the time when you can use it: *My passport's expired. I'll have to get it renewed.* ❶ W języku codziennym używa się w tym znaczeniu zwrotu **run out**. ▶ **wygasać**

expiry /ɪkˈspaɪəri/ noun [U] the end of a period when you can use sth: *The expiry date* (termin przydatności do spożycia) *on this yoghurt was 20 November.* ▶ **wygaśnięcie, data ważności**

⋆**explain** /ɪkˈspleɪn/ verb [I,T] **1** to make sth clear or easy to understand: *A dictionary explains the meaning of words.* ○ *She explained how I should fill in the form.* ○ *I don't understand this. Can you explain?* ❶ Zwróć uwagę, że poprawnie mówi się **Explain it to me** (nigdy ~~*Explain me it*~~). ▶ **wyjaśniać** **2** to give a reason for sth: *'This work isn't very good.' 'I wasn't feeling very well.' 'Oh, that explains it then.'* ○ *That explains why she was looking so miserable.* ○ *The manager explained to the customers why the goods were late.* ▶ **tłumaczyć, wyjaśniać**

IDIOM **explain yourself** **1** to give reasons for your behaviour, especially when it has upset sb ▶ **tłumaczyć się** **2** to say what you mean in a clear way ▶ **wyjaśniać, objaśniać**

PHRASAL VERB **explain sth away** to give reasons why sth is not your fault or is not important ▶ **usprawiedliwiać się, wytłumaczyć**

⋆**explanation** /ˌekspləˈneɪʃn/ noun **1** [U] making

sth clear or giving a reason for sth: *That idea needs some explanation.* ▶ **wyjaśnienie 2** [C] something that makes a situation clear or understandable: *He could not give a satisfactory explanation for his behaviour.* ▶ **wytłumaczenie, wyjaśnienie**

explanatory /ɪk'splænətri; US -tɔ:ri/ adj. giving an explanation: *There are some explanatory notes at the back of the book.* ○ *Those instructions are self-explanatory* (zrozumiałe same przez się). ▶ **wyjaśniający**

explicable /ɪk'splɪkəbl; 'eksplɪkəbl/ adj. (formal) (usually used about people's behaviour) that can be explained ❶ Antonim: **inexplicable**. ▶ **wytłumaczalny**

explicit /ɪk'splɪsɪt/ adj. **1** clear, not making anything difficult to understand: *I gave you explicit instructions not to touch anything.* ○ *She was quite explicit about her feelings on the subject.* ➲ Por. **implicit**. ▶ **wyraźny, niedwuznaczny 2** not hiding anything: *The movie contains explicit* (śmiałe) *sex scenes.* ▶ **wyraźny, niedwuznaczny**

□ **explicitly** adv.: *He was explicitly forbidden to stay out later than midnight.* ▶ **wyraźnie**

★**explode** /ɪk'spləʊd/ verb [I,T] to burst with a loud noise: *The bomb exploded without warning.* ○ *The army exploded the bomb at a safe distance from the houses.* ○ (figurative) *My father exploded when I told him I'd crashed the car.* ❶ Rzeczownik: **explosion**. ▶ **wybuchać; wysadzać w powietrze**

★**exploit**[1] /ɪk'splɔɪt/ verb [T] **1** to use sth or to treat sb unfairly or selfishly: *Third World countries are often exploited by the richer nations.* ▶ **wyzyskiwać, eksploatować 2** to develop sth or make the best use of sth: *Solar energy is a source of power that needs to be exploited more fully.* ▶ **wykorzystywać** (*np. źródła energii*)

□ **exploitation** /ˌeksplɔɪ'teɪʃn/ noun [U] exploiting or being exploited: *They're only paying £3 an hour? That's exploitation!* ▶ **wyzysk, wykorzystywanie**

exploit[2] /'eksplɔɪt/ noun [C] a brave or adventurous action ▶ **wyczyn, czyn (bohaterski)**

★**explore** /ɪk'splɔ:(r)/ verb [I,T] to travel around a place, etc. in order to learn about it: *They went on an expedition to explore* (wyruszyli na wyprawę badawczą nad) *the River Amazon.* ○ *I've never been to Paris before – I'm going out to explore.* ○ (figurative) *We need to explore all the possibilities before we decide.* ▶ **podróżować w celach badawczych, zwiedzać (gruntownie); zbadać**

□ **exploration** /ˌeksplə'reɪʃn/ noun [C,U] the act of exploring: *space exploration* badania kosmosu ▶ **badanie, poszukiwanie** | **exploratory** /ɪk'splɒrətri; US -'splɔ:rətɔ:ri/ adj. done in order to find sth out: *The doctors are doing some exploratory tests to try and find out what's wrong.* ▶ **diagnostyczny** | **explorer** /ɪk'splɔ:rə(r)/ noun [C] a person who travels round a place in order to find out about it ▶ **badacz/ka, odkryw-ca/czyni**

★**explosion** /ɪk'spləʊʒn/ noun [C] **1** the sudden and extremely violent bursting: *The explosion may have been caused by a gas leak.* ▶ **wybuch; eksplozja 2** a sudden dramatic increase in sth: *the population explosion* wyż demograficzny ▶ **gwałtowny wzrost**

explosive /ɪk'spləʊsɪv/ adj. **1** capable of exploding and therefore dangerous: *Hydrogen is extremely explosive.* ▶ **wybuchowy 2** causing strong feelings or having dangerous effects: *The situation is explosive. We must do all we can to calm people down.* ▶ **wybuchowy, drażliwy**

□ **explosive** noun [C] a substance that can explode: *Dynamite and TNT are powerful explosives.* ▶ **materiał wybuchowy**

★**export**[1] /ɪk'spɔ:t/ verb **1** [I,T] to send goods, etc. to another country, usually for sale: *India exports tea and cotton.* ❶ Antonim: **import**. ▶ **eksportować 2** [T] to move information from one computer program to another ▶ **eksportować**

□ **exporter** noun [C] a person, firm or country that exports goods: *an exporter of electronic goods.* ❶ Antonim: **importer**. ▶ **eksporter**

★**export**[2] /'ekspɔ:t/ noun **1** [U] sending goods to another country for sale: *Most of our goods are produced for export.* ○ *the export trade* ▶ **eksport 2** [C, usually pl.] something that is sent to another country for sale: *What are the main exports of Brazil?* ▶ **artykuły eksportowe** ❶ Antonim: **import**.

expose /ɪk'spəʊz/ verb [T] **1** to make it possible to see sth that is usually hidden: *He liked to wear his shirt open to expose his chest.* ○ *The rocks are exposed at low tide.* ▶ **wystawiać** (*np. na pokaz*), **odsłaniać 2** to put sb/sth or yourself in a situation that could be difficult or dangerous: *Thousands of people were exposed to radiation* (zostało napromieniowanych) *when the nuclear reactor exploded.* ▶ **narażać** (*np. na niebezpieczeństwo*) **3** to make public the truth about a bad person or situation: *This is an injustice which needs to be exposed.* ▶ **wyjawiać, demaskować 4** (in photography) to allow light to reach the film by opening the shutter of the camera ▶ **prześwietlać** (*kliszę*)

□ **exposed** adj. (used about a place) not protected from the wind and bad weather: *The house is in a very exposed position on the top of a hill.* ▶ **odkryty, wystawiony na działanie czynników zewnętrznych**

exposure /ɪk'spəʊʒə(r)/ noun **1** [U] being affected or influenced by sth: *Exposure to radiation* (napromieniowanie) *is almost always harmful.* ▶ **narażanie (się) 2** [U] a harmful condition when a person becomes very cold because they have been outside in very bad weather: *The climbers all died of exposure* (z zimna). **3** [C,U] the act of making sth public; the thing that is made public: *The minister resigned because of the exposures about his private life.* ▶ **ujawnianie, demaskowanie 4** [U] attention from newspapers, television, etc.; publicity: *The President's visit has been given a lot of exposure in the media.* ▶ **uwaga** (*mediów*) **5** [C] the amount of film that is exposed(4) when you take one photograph ▶ **klatka** (*kliszy*)

★**express**[1] /ɪk'spres/ verb [T] **1** to show sth such as a feeling or an opinion by words or actions: *I found it very hard to express what I felt about her.* ▶ **wyrażać 2 express yourself** to speak or write: *I don't think she expresses herself very well in that article.* ▶ **wypowiadać się**

express[2] /ɪk'spres/ adj. (only before a noun) **1** going or sent quickly: *an express letter* ekspres ○ *an express coach* ▶ **ekspresowy 2** (used about a wish, command, etc.) clearly and openly stated ▶ **wyraźny, kategoryczny**

□ **express** adv. by a special service that does sth faster than usual: *to send a parcel express* ▶ **ekspresem** | **expressly** adv. **1** clearly; definitely: *I expressly told you not to eat in the classroom.* ▶ **wyraźnie, kategorycznie 2** for a special purpose; specially: *These scissors are expressly designed for left-handed people.* ▶ **specjalnie**

■ **ex'press,way** noun [C] (US) = MOTORWAY

express[3] /ɪk'spres/ (also **express train**) noun [C] a fast train that does not stop at all stations: *We took the express to London.* ▶ **ekspres**

★**expression** /ɪk'spreʃn/ noun **1** [C] a number of words that belong together : *You haven't quite got the right expression here.* Nie zastosowałeś tutaj odpowiedniego zwrotu. ○ *a slang expression* ○ *'It isn't half hot' is quite a difficult expression for foreign students to understand.* ▶ **zwrot 2** [C] the look on a person's face that shows what they are thinking or feeling: *puzzled expression* ▶ **wyraz 3** [C,U] putting feelings or thoughts into words or actions; an example of doing this: *Freedom of expression* (wolność słowa) *is a basic human right.* ○ *These flowers are an expression of our gratitude.* ○ *She read the poem with great expression.* ▶ **wyraz, ekspresja**

expressive /ɪk'spresɪv/ adj. showing feelings or thoughts: *That is a very expressive piece of music.* ▶ **wyrazisty, ekspresyjny**

□ **expressively** adv. ▶ **wyraziście, sugestywnie**

expulsion /ɪk'spʌlʃn/ noun [C,U] making sb leave a place or an institution (when they do not want to go): *There have been three expulsions from school this year.* ❶ Czasownik: **expel**. ▶ **wydalenie**

exquisite /ɪk'skwɪzɪt; 'ekskwɪzɪt/ adj. very beautiful and pleasing: *She has an exquisite face.* ○ *I think that ring is exquisite.* ▶ **przepiękny, wyśmienity, doskonały**

ext. abbr. extension number of a telephone: *ext 3492* ▶ **wew.**

★**extend** /ɪk'stend/ verb **1** [T] to make sth longer or larger (in space or time): *They are planning to extend the motorway as far as Fishguard.* ○ *Could you extend your visit for a few days?* ○ *We're going to extend the kitchen.* ▶ **przedłużać, powiększać 2** [I] (usually used about space, land, time, etc.) to continue or stretch: *How far does your garden extend?* ○ *This project will extend* (przeciągnie się) *well into next year.* ▶ **rozciągać się, przedłużać się 3** [T] to stretch out a part of the body: *She extended her hand to her new colleague.* ▶ **wyciągać 4** [T] (formal) to offer or give sth (such as an invitation or a welcome): *The town extended a warm welcome* (serdecznie powitało) *to the president.* ▶ **okazywać (uprzejmość), wyrażać**

extension /ɪk'stenʃn/ noun [C] **1** a part which is added to a building: *They've just opened the hospital extension* (nowe skrzydło szpitala). ▶ **przybudówka 2** an extra period of time that is given to you by an official: *I've applied for an extension to my work permit.* ▶ **przedłużenie 3** a telephone that is connected to a central phone in a house or to a switchboard in a large office building: *What's your extension number?* ○ *extension 4342, please.* ▶ **numer wewnętrzny**

extensive /ɪk'stensɪv/ adj. large in area or amount: *The house has extensive grounds.* ○ *Most of the buildings suffered extensive damage* (poważnie ucierpiała). ▶ **rozległy, obszerny**

□ **extensively** adv.: *He has travelled extensively.* Dużo podróżował. ▶ **rozlegle, obszernie**

★**extent** /ɪk'stent/ noun [U] the length, area or size of sth: *From the roof we could see the full extent of the park.* ○ *I was amazed at the extent of his knowledge* (ogromem jego wiedzy). ○ *The full extent of the damage is not yet known.* ▶ **obszar, rozmiar, zakres**

IDIOMS **to a certain/to some extent** (words used to show that sth is only partly true): *I agree with you to a certain extent but there are still a lot of points I disagree on.* ▶ **do pewnego stopnia** | **to what extent** how far: *I'm not sure to what extent I believe her.* ▶ **do jakiego stopnia**

exterior /ɪk'stɪəriə(r)/ adj. on the outside: *the exterior walls of a house* ❶ Antonim: **interior**. ▶ **zewnętrzny**

□ **exterior** noun [C] the appearance of sb/sth; the outside of sth: *The exterior of the house is fine* (z zewnątrz dom wygląda dobrze) *but inside it isn't in very good condition.* ▶ **powierzchowność**

exterminate /ɪk'stɜːmɪneɪt/ verb [T] to kill a large group of people or animals ▶ **unicestwiać, tępić**

□ **extermination** /ɪk,stɜːmɪ'neɪʃn/ noun [U] ▶ **zagłada, tępienie**

★**external** /ɪk'stɜːnl/ adj. **1** connected with the outside of sth: *The cream is for external use only.* ▶ **zewnętrzny 2** coming from another place: *You will be tested by an external examiner.* ▶ **z zewnątrz** ❶ Antonim: **internal**.

extinct /ɪk'stɪŋkt/ adj. **1** (used about a type of animal, plant, etc.) no longer existing: *Tigers are nearly extinct* ▶ **wymarły 2** (used about a volcano) no longer active ▶ **wygasły**

□ **extinction** /ɪk'stɪŋkʃn/ noun [U]: *The panda is in danger of extinction.* ▶ **wymarcie**

extinguish /ɪk'stɪŋgwɪʃ/ verb [T] (formal) to cause sth to stop burning: *The fire was extinguished very quickly.* ❶ W języku codziennym używa się zwrotu **put out**. ▶ **ugasić, zgasić**

□ **extinguisher** noun [C] = FIRE EXTINGUISHER

extort /ɪk'stɔːt/ verb [T] **extort sth (from sb)** to get sth by using threats, violence, etc: *The gang extorted money from local businesses.* ▶ **wymu-**

szać (coś na kimś), wydzierać (coś komuś)
□ **extortion** /ɪk'stɔːʃn/ noun [U] ▶ **wymuszanie**

extortionate /ɪk'stɔːʃənət/ adj. (used about demands, prices, etc.) too great or high: *Three pounds for a cup of coffee? That's extortionate!* To zdzierstwo! ▶ **wygórowany**

★**extra** /'ekstrə/ adj., adv. more than is usual: *I'll need some extra money for the holidays.* ○ *The football match went into extra time* (odbyła się dogrywka). ○ *'What size is this pullover?' 'Extra large* (XL).' ○ *The meal costs £10 and wine is extra.* ○ *They charge £1 extra to reserve a seat.* ○ *I tried to be extra* (nadzwyczajnie) *nice to him yesterday because it was his birthday.* ▶ **dodatkowy; dodatkowo, więcej**
□ **extra** noun [C] **1** something that is or costs extra: *The holiday costs £300. It seems a lot but there are no hidden extras.* ▶ **dodatkowy koszt 2** a person in a film, etc. who has a small unimportant part, for example in a crowd ▶ **statyst-a/ka**

extract /ɪk'strækt/ verb [T] to take or get sth out (with force or difficulty): *I think this tooth will have to be extracted.* ○ *I wasn't able to extract an apology from her.* ▶ **usuwać; wydobywać, wyrywać**
□ **extract** /'ekstrækt/ noun [C] a part of a book, piece of music, etc. An extract has often been specially chosen to show sth: *from modern British novels* ▶ **fragment, wypis** | **extraction** /ɪk'strækʃn/ noun **1** [U] the act of taking or getting sth out ▶ **wydobywanie 2** [C] the removal of a tooth ▶ **usunięcie 3** [U] (formal) family origin: *He's an American but he's of Italian extraction.* ▶ **pochodzenie**

extra-curricular /ˌekstrə kə'rɪkjələ(r)/ adj. not part of the normal curriculum in a school or college: *The school offers many extra-curricular activities such as sport, music and drama.* ▶ **pozalekcyjny, pozaszkolny**

extradite /'ekstrədaɪt/ verb [T] to send a person who may be guilty of a crime from the country in which they are living to the country which wants to try them for the crime: *The suspected terrorists were captured in Spain and extradited to France.* ▶ **ekstradować**
□ **extradition** /ˌekstrə'dɪʃn/ noun [C,U] ▶ **ekstradycja**

★**extraordinary** /ɪk'strɔːdnri; US -dəneri/ adj. **1** very unusual: *She had an extraordinary ability to learn new languages.* ▶ **nadzwyczajny 2** very strange (and not what you would expect in a particular situation): *extraordinary behaviour* ▶ **przedziwny, zadziwiający**
□ **extraordinarily** /ɪk'strɔːdnrəli; US -dənerəli/ adv.: *He was an extraordinarily talented musician.* ▶ **niezwykle, zadziwiająco**

extravagant /ɪk'strævəgənt/ adj. **1** spending or costing too much money: *He's terribly extravagant – he never looks at the price of anything.* ○ *an extravagant present* ▶ **rozrzutny; drogi 2** (used about ideas, behaviour, etc.) not controlled, not realistic: *The advertisements made extravagant claims for the new medicine.* ▶ **przesadny, nadmierny**
□ **extravagance** /-gəns/ noun [C,U] ▶ **rozrzutność, ekstrawagancja** | **extravagantly** adv. ▶ **rozrzutnie, ekstrawagancko**

★**extreme** /ɪk'striːm/ adj. **1** (only before a noun) as far away as possible; at the very beginning or at the very end: *Kerry is in the extreme West* (w najdalej na zachód wysuniętej części) *of Ireland.* ▶ **krańcowy, skrajny 2** (only before a noun) the greatest or strongest possible: *You must take extreme care* (musisz bardzo uważać) *when driving at night.* ▶ **najwyższy, niesłychany 3** (used about a person and their political opinions) not usual or moderate: *extreme views* ○ *the extreme left/right* ❶ Słowo to ma odcień pejoratywny. ▶ **ekstremalny**
□ **extreme** noun [C] something that is completely different from or opposite to sth else: *Alex used to be very shy but now she's gone to the opposite extreme* (popadła z jednej skrajności w drugą). ▶ **skrajność** | **extremely** adv. very ▶ **niezmiernie, szalenie** | **extremity** /ɪk'streməti/ noun [C] (pl. **extremities**) the furthest point of sth ▶ **koniec, koniuszek; skrajność**
■ **ex'treme sport** noun [C] a very dangerous sport or activity which some people do for fun: *The first day of the extreme sports championships featured white-water rafting.* ▶ **sport ekstremalny**

extremist noun [C] a person who has extreme(3) political opinions ▶ **ekstremist-a/ka**
□ **extremism** noun [U] ▶ **ekstremizm**

extricate /'ekstrɪkeɪt/ verb [T] to free sb/sth/ yourself from a difficult situation or position: *I finally managed to extricate myself* (zdołałem się wyrwać) *from the meeting by saying that I had a train to catch.* ▶ **wywikłać**

extrovert /'ekstrəvɜːt/ noun [C] a person who is lively and cheerful and who prefers being with other people to being alone ❶ Antonim: **introvert**. ▶ **ekstrawerty-k/czka**

exuberant /ɪg'zjuːbərənt; US -'zuː-/ adj. (used about a person and their behaviour) full of energy and excitement ▶ **tryskający radością/energią, wylewny**
□ **exuberance** /-rəns/ noun [U] ▶ **wylewność, entuzjazm**

★**eye**[1] /aɪ/ noun [C] **1** one of the two organs of the body that we use to see with: *She opened/closed her eyes.* ○ *He is blind in one eye.* ○ *She's got blue eyes.* ○ *an eye operation* ○ *a black eye* podbite oko ➲ Zob. też **blink** i **wink**. ▶ **oko 2** the power of seeing: *He has sharp eyes* (dobry wzrok). ○ *She has an eye for detail* (jest skrupulatna). ▶ **oko, wzrok 3** the part at one end of a needle that the thread passes through ▶ **ucho**
IDIOMS **as far as the eye can see** → FAR[2] | **be up to your eyes in sth** (informal) to have more of sth than you can easily do or manage: *I can't come out with you tonight – I'm up to my eyes in work.* ▶ **tkwić w czymś po uszy** | **before sb's very eyes** in front of sb so that they can clearly see what is happening ▶ **na czyichś oczach** | **cast an eye/your eye(s) over sb/ sth** → CAST[2] | **catch sb's attention/eye** → CATCH[1] | **cry your eyes out** → CRY[1] | **an eye for an eye** (used to say that you should punish

sb by doing to them what they have done to sb else) ▶ **oko za oko, ząb za ząb** | **have (got) your eye on sb** to watch sb carefully to make sure that they do nothing wrong ▶ **pilnować/obserwować kogoś** | **have (got) your eye on sth** to be thinking about buying sth: *I've got my eye on a suit that I saw in the sales.* ▶ **mieć na coś oko** | **in the eyes of sb/in sb's eyes** in the opinion of sb: *She was still a child in her mother's eyes.* ▶ **w czyichś oczach** | **in the public eye** → PUBLIC | **keep an eye on sb/sth** to take care of sb/sth and make sure that they are not harmed, damaged, etc.: *Please could you keep an eye on the house while we are away?* ▶ **pilnować** | **keep an eye open/out (for sb/sth)** to look for sb/sth while you are doing other things: *I've lost my ring – could you keep an eye out for it?* ▶ **mieć oko na kogoś/coś** | **keep your eyes peeled/skinned (for sb/sth)** to look carefully for sb/sth: *Keep your eyes peeled for the turning.* ▶ **wypatrywać oczy** | **look sb in the eye** → LOOK[1] | **the naked eye** → NAKED | **not bat an eye(lid)** → BAT[3] | **see eye to eye (with sb)** to agree with sb; to have the same opinion as sb: *We don't always see eye to eye on political matters.* ▶ **zgadzać się (z kimś)** | **set eyes on sb/sth** → SET[2] | **turn a blind eye** → BLIND[1] | **with your eyes open** knowing what you are doing: *He married her with his eyes open so he can't complain now.* ▶ **z pełną świadomością**

■ **'eyeball** noun [C] the whole of the eye (including the part which is hidden inside the head) ▶ **gałka oczna** | **'eyebrow** (also **brow**) noun [C] the line of hair that is above your eye ▶ **brew**

IDIOM **raise your eyebrows** → RAISE[1]

'eye-catching adj. (used about a thing) attracting your attention immediately because it is interesting, bright or pretty ▶ **przyciągający wzrok** | **'eyeglasses** noun [pl.] (US) = GLASSES | **'eyelash** (also **lash**) noun [C] one of the hairs that grow on the edges of your eyelids ▶ **rzęsa** | **'eye-level** adj. level with sb's eyes when they are standing up: *an eye-level grill* ▶ **na poziomie oczu** | **'eyelid** (also **lid**) noun [C] the piece of skin that can move to close your eye ▶ **powieka**

IDIOM **not bat an eyelid** → BAT[3]

'eyeliner noun [U] colour that is put around the edge of sb's eyes with a type of pencil to make them look more attractive ▶ **ołówek do powiek** | **'eye-opener** noun [C] something that makes you realize the truth about sth: *That television programme about the inner cities was a real eye-opener.* ▶ **rewelacja** | **'eyeshadow** noun [U] colour that is put on the skin above the eyes to make them look more attractive ▶ **cień do powiek** | **'eyesight** noun [U] the ability to see: *good/poor eyesight* ▶ **wzrok** | **'eyesore** noun [C] something that is ugly and unpleasant to look at ▶ **szkaradzieństwo** | **'eyewitness** noun [C] = WITNESS(1)

eye² /aɪ/ verb [T] (pres. part. **eyeing** or **eying**; pt, pp **eyed**) to look at sb/sth closely: *She eyed him with suspicion.* ▶ **mierzyć (kogoś) wzrokiem**

Ff

F,f (pl. **F's**; **f's**) **1** the sixth letter of the English alphabet ▶ **litera** *f* **2** (used about music) the fourth note in the series of notes called the scale of C major: *F major* F-dur ○ *F minor* f-moll ○ *F sharp* Fis, fis ○ *F flat* Fes, fes ○ *a movement in F* (w tonacji F/f) ▶ **F/f**

F abbr. Fahrenheit: *Water freezes at 32° F.* ▶ **F°**

f abbr. female; feminine ▶ **kobieta; żeński**

FA /ˌef ˈeɪ/ (Brit.) abbr. Football Association: *the FA Cup* ▶ **odpowiednik PZPN**

fable /ˈfeɪbl/ noun [C] a short story that teaches a lesson (a moral) and that often has animals as speaking characters: *Aesop's fables* ➲ Por. **fairy tale**. ▶ **bajka**

fabric /ˈfæbrɪk/ noun **1** [C,U] (a type of) cloth: *cotton fabrics* ▶ **tkanina, materiał 2** [sing.] the walls, floor, roof, etc. (of a building): *The fabric of the church is in need of repair.* (figurative): *the fabric of society* ▶ **struktura**

fabulous /ˈfæbjələs/ adj. **1** (informal) very good; excellent ▶ **wyśmienity, znakomity 2** (used about beauty, wealth, etc.) very great ▶ **ogromny, znakomity**

façade /fəˈsɑːd/ noun [C] **1** the front wall of a large building that you see from the outside: *a classical façade* ▶ **fasada 2** something that gives you the wrong impression about a situation: *His good humour was just a façade.* ▶ **fasada**

★**face¹** /feɪs/ noun [C] **1** the front part of your head and the expression on it: *She has a very pretty face.* ○ *He came in with a smile on his face.* ○ *the children's happy faces* ▶ **twarz 2** the front or one side of sth: *the north face* (ściana północna) *of the mountain* ○ *He put the cards face up/down on the table.* ○ *a clock face* tarcza zegara ▶ **przód; strona**

IDIOMS **face to face (with sb/sth)** close to and looking at sb/sth: *She turned the corner and came face to face with the headmaster.* ▶ **twarzą w twarz (z kimś/czymś)** | **keep a straight face** → STRAIGHT[1] | **lose face** → LOSE | **make/pull faces/a face (at sb/sth)** to make an expression that shows that you dislike sb/sth:

When she saw what was for dinner she pulled a face. ▶ **robić miny** | **make/pull faces** to make rude expressions with your face: *The children made faces behind the teacher's back.* ▶ **stroić miny** | **save face** → SAVE | **to sb's face** openly and directly: *I wanted to say that I was sorry to her face, not on the phone.* ❶ Antonim: **behind sb's back.** ▶ **prosto w oczy**

□ **faceless** adj. without individual character: *faceless bureaucrats* ▶ **bezimienny, anonimowy**

■ **'facecloth** (also **face flannel**; **flannel**) (US **washcloth**) noun [C] a small square towel that is used for washing the face, hands, etc. ▶ **ściereczka do twarzy** | **'facelift** noun [C] a medical operation that makes your face look younger ▶ **operacja plastyczna usuwająca zmarszczki** | **'face-saving** adj. done to stop yourself looking silly or losing other people's respect: *In his interview, the captain made face-saving excuses for his team's defeat.* ▶ **dla zachowania twarzy** | **,face 'value** noun [C,U] the cost or value that is shown on stamps, coins, etc. ▶ **wartość nominalna**

IDIOM **take sb/sth at (its, his, etc.) face value** to accept sb/sth as it, he, etc. appears to be: *Don't take his story at face value. There is something he hasn't told us yet.* ▶ **brać coś za dobrą monetę, ślepo ufać komuś**

***face²** /feɪs/ verb [T] **1** to have or turn the face or front towards sb/sth: *The garden faces south.* Ogród wychodzi na wschód. ○ *Can you all face the front, please?* ▶ **wychodzić na coś, znajdować się naprzeciw kogoś/czegoś; zwracać się 2** to have to deal with sth unpleasant; to deal with sb in a difficult situation: *I can't face another argument.* Nie mam siły na kolejną awanturę. ○ *He couldn't face going to work* (nie mógł się zdobyć na pójście do pracy) *yesterday – he felt too ill.* ○ *I didn't know how to face my mother after I'd crashed her car.* ▶ **napotykać, stawiać czoło, spojrzeć w twarz 3** to need attention from sb: *Several problems face the government.* ○ *There are several problems facing the government.* ▶ **stać przed kimś 4** (often passive) to force somebody to deal with a situation, etc.: *We are faced with* (stoimy przed) *a difficult decision.* ▶ **stać przed czymś**

IDIOM **let's face it** (informal) we must accept it as true: *Let's face it, your spelling is terrible.* ▶ **spójrzmy prawdzie w oczy**

PHRASAL VERB **face up to sth** to accept a difficult or unpleasant situation and do sth about it: *She had to face up to the fact that she would never walk again.* ▶ **stawić (komuś/czemuś) czoło**

□ **-faced** (in compounds) with a particular type of face: *red-faced* o czerwonej twarzy ○ (figurative) *two-faced* dwulicowy ▶ (*określa cechę twarzy*)

facet /'fæsɪt/ noun [C] **1** one part of sth: *There are many facets to this argument.* ▶ **strona 2** one side of a precious stone ▶ **faseta**

facetious /fə'si:ʃəs/ adj. trying to be amusing at an unsuitable time or about an unsuitable subject: *to make facetious remarks* ▶ **żartobliwy**

□ **facetiously** adv. ▶ **błazeńsko**

facial /'feɪʃl/ adj. of or for the face: *a facial expression* wyraz twarzy ▶ **twarzowy**

□ **facial** noun [C] a beauty treatment in which a person's face is cleaned using creams, steam, etc.: *to have a facial* ▶ **zabieg kosmetyczny twarzy**

facile /'fæsaɪl; US 'fæsl/ adj. (used about a remark, argument, etc.) not carefully thought out ▶ **nieprzemyślany, pochopny**

facilitate /fə'sɪlɪteɪt/ verb [T] (formal) to make sth possible or easier ▶ **umożliwiać, udogadniać**

***facility** /fə'sɪləti/ noun (pl. **facilities**) **1** (**facilities**) [pl.] a service, building, piece of equipment, etc. that makes it possible to do sth: *Our town has excellent sports facilities, e.g. a stadium, swimming pool, etc.* ○ *cooking facilities* ▶ **warunki, udogodnienia 2** [C] an extra feature that a machine, etc. may have: *This word processor has a facility for checking spelling.* ▶ **możliwość, funkcja**

facsimile /fæk'sɪməli/ noun [C,U] an exact copy of a picture, piece of writing, etc. ➲ Por. **fax.** ▶ **wierna kopia**

***fact** /fækt/ noun **1** [C] something that you know has happened or is true: *It is a scientific fact that light travels faster than sound.* ○ *We need to know all the facts before we can decide.* ○ *I know for a fact* (wiem z całą pewnością) *that Peter wasn't ill yesterday.* ○ *You must face facts* (musisz spojrzeć prawdzie w oczy) *and accept that he has gone.* ▶ **fakt 2** [U] true things; reality: *The film is based on fact.* ❶ Antonim: **fiction.** ▶ **fakt, rzeczywistość**

IDIOMS **as a matter of fact** → MATTER[1] | **the fact (of the matter) is (that)...** the truth is that...: *I would love a car, but the fact is that I just can't afford one.* ▶ **prawda jest taka, że** | **facts and figures** (informal) detailed information ▶ **dokładne dane** | **a fact of life** something unpleasant that you must accept because you cannot change it: *Most people now see unemployment as just another fact of life.* ▶ **konieczność życiowa** | **the facts of life** the details of sexual behaviour and how babies are born ▶ **sprawy seksualne** | **hard facts** → HARD[1] | **in (actual) fact 1** (used for emphasizing that sth is true) really; actually ▶ **w rzeczywistości, w istocie 2** (used for introducing more detailed information): *It was cold. In fact it was freezing.* ▶ **właściwie, tak naprawdę**

faction /'fækʃn/ noun **1** [C] a small group within a larger one that opposes some of its beliefs or activities: *rival factions within the government.* ▶ **frakcja, odłam 2** [U] films, programmes, plays, books, etc. that combine real events with fiction ▶ **filmy, powieści itp. paradokumentalne**

factor /'fæktə(r)/ noun [C] **1** one of the things that influences a decision, situation, etc.: *economic factors* ○ *His unhappiness at home was a major factor in his decision to go abroad.* ▶ **czynnik 2** (in mathematics) a whole number (except 1) by which a larger number can be divided ▶ **mnożnik**

***factory** /'fæktri; -təri/ (pl. **factories**) noun [C] a large building or group of buildings where goods are manufactured or put together in large quantities (by machine): *a car factory* ○ *factory workers* ▶ **fabryka**

factual /ˈfæktʃuəl/ adj. based on or containing facts: *a factual account of the events* ➲ Por. **fictional**. ▶ **faktyczny, rzeczywisty**

faculty /ˈfæklti/ (pl. **faculties**) noun [C] **1** one of the natural abilities of a person's body or mind: *the faculty of hearing/sight* ▶ **zmysł, zdolność** (*np. myślenia, odczuwania*) **2** (also **Faculty**) one department in a university, college, etc.: *the Faculty of Law* ❶ **Faculty** może również oznaczać zespół wykładowców wydziału na wyższej uczelni, wówczas używa się go z czasownikiem w lp lub lm: *The Faculty has/have been invited to the meeting.* ▶ **wydział, katedra**

fad /fæd/ noun [C] (informal) a fashion, interest, etc. that will probably not last long: *a passing fad* ▶ **chwilowa moda, kaprys**

★**fade** /feɪd/ verb **1** [I] to become lighter in colour or less strong or fresh: *Jeans fade when you wash them.* ○ *The sun was setting and the light was fading fast.* ▶ **blaknąć, gasnąć 2** [T] to make sth fade: *Look how the sun has faded these curtains.* ▶ **wybielać, przygaszać 3** [I] **fade (away)** to disappear slowly (from sight, hearing, memory, etc.): *The cheering of the crowd faded away.* ○ *The smile faded from his face.* ▶ **zanikać, gasnąć**

faeces (US **feces**) /ˈfiːsiːz/ noun [pl.] (formal) solid waste matter that is passed from the body through the bowels ❶ **Faeces** używa się głównie w kontekście medycznym. ➲ Por. **excrement**. ▶ **kał, stolec**

fag /fæg/ noun **1** [C] (Brit., slang) a cigarette ▶ **fajka** (*papieros*) **2** [sing.] (informal) a piece of work that you do not want to do: *I've got to wash the car. What a fag!* Ależ to mordęga! ▶ **katorga, harówka**

Fahrenheit /ˈfærənhaɪt/ noun [U] (abbr. **F**) the name of a scale which measures temperatures ➲ Por. **Celsius**. ▶ **skala Fahrenheita**

★**fail** /feɪl/ verb **1** [I,T] to be unsuccessful in sth [I, T]: *She failed her driving test.* ➲ Por. **pass** i **succeed**. ▶ **nie udawać się (komuś), oblać egzamin 2** [T] (used about an examiner, etc.) to decide that sb is unsuccessful in a test, examination, etc.: *The examiners failed half of the candidates.* ❶ Antonim: **pass**. ▶ **oblać kogoś przy egzaminie 3** [I] **fail to do sth** to not do sth: *Jimmy failed to arrive on time* (nie przybył na czas). ○ *She never fails to do her homework.* ▶ **nie zrobić czegoś, zaniedbywać coś 4** [I,T] to not be enough or not do what people are expecting or wanting: *If the crops fail, people will starve.* ○ *Words fail me!* Nie mam słów! ○ *I think the government has failed us.* ▶ **zawodzić 5** [I] (used about health, eyesight, etc.) to become weak: *His health is failing.* ▶ **pogarszać się 6** [I] to stop working: *My brakes failed on the hill but I managed to stop the car.* ▶ **zepsuć się**

□ **fail** noun [C] a failure in an examination: *I got three passes and one fail.* ❶ Antonim: **pass**. ▶ **oblanie egzaminu**

IDIOM **without fail** always, even if there are difficulties: *The postman always comes at 8 o'clock without fail.* ▶ **niezawodnie**

failing¹ /ˈfeɪlɪŋ/ noun [C] a weakness or fault ▶ **wada, słabość**

failing² /ˈfeɪlɪŋ/ prep. if sth is not possible: *Ask Jackie to go with you, or failing that, try Anne.* ▶ **w przeciwnym razie**

★**failure** /ˈfeɪljə(r)/ noun **1** [U] lack of success: *All my efforts ended in failure.* ▶ **niepowodzenie, nieudanie się 2** [C] a person or thing that is unsuccessful: *I was a failure as a mother.* ▶ **do niczego 3** [C,U] **failure to do sth** not doing sth that people expect you to do: *I was very disappointed at his failure to come to the meeting.* ▶ **niezrobienie czegoś 4** [C,U] an example of sth not working or functioning properly: *She died of heart failure.* ○ *There's been a failure in the power supply.* ▶ (*med.*) **wada; awaria**

★**faint** /feɪnt/ adj. **1** (used about things that you can see, hear, feel, etc.) not strong or clear: *a faint light* ○ *a faint cry* ○ *There is still a faint hope that they will find more people alive.* ▶ **słaby 2** (used about people) on the point of losing consciousness; very weak: *I feel faint.* ▶ **omdlały, słaby 3** (used about actions, etc.) done without much effort: *a faint protest* ▶ **słaby, od niechcenia**

IDIOM **not have the faintest/foggiest (idea)** not to know at all: *I haven't the faintest idea what happened.* ▶ **nie mieć najmniejszego/zielonego (pojęcia)**

□ **faint** verb [I] to lose consciousness: *She fainted from shock and loss of blood.* ▶ **mdleć**

■ ˌ**faint-ˈhearted** adj. lacking confidence and not brave; afraid of failing ▶ **niepewny siebie, bojaźliwy**

★**fair¹** /feə(r)/ adj. **1 fair (to/on sb)** treating each person or side equally, according to the law or the rules, etc.: *That's not fair!* ○ *It wasn't fair on her to ask her to stay so late.* ○ *a fair trial* ▶ **sprawiedliwy, fair 2** right, according to what people generally accept as right: *That's a fair price for that house, I think.* ○ *I think it's fair to say that the number of homeless people is increasing.* ▶ **sprawiedliwy, słuszny** ❶ Antonim znaczeń 1 i 2: **unfair**. **3** quite good, large, etc.: *a fair chance of success* ○ *a fair-sized house* ▶ **pokaźny 4** (used about the skin or hair) light in colour ▶ **jasny 5** (used about the weather) good, without rain ▶ **pogodny**

IDIOMS **fair play** equal treatment of both/all sides according to the rules: *The referee is there to ensure fair play during the match.* ▶ **gra fair** | **(more than) your fair share of sth** (more than) the usual or expected amount of sth: *We've had more than our fair share of trouble this year.* ▶ **więcej niż się należy**

□ **fairness** noun [U] the state or quality of being fair ▶ **sprawiedliwość**

■ ˌ**fair-ˈhaired** adj. with light-coloured or blond hair ▶ **o jasnych włosach**

★**fair²** /feə(r)/ adv. in a fair way: *You must play fair in all team games.* ▶ **uczciwie, fair**

IDIOM **fair enough** (used for showing that you agree with what sb has suggested) ▶ **w porządku, nie ma sprawy**

fair³ /feə(r)/ noun [C] **1** (also **funfair**) a public entertainment which is held outside. At a fair you can ride on machines or try and win prizes

at games. Fairs usually travel from town to town. ▶ **lunapark, wesołe miasteczko** **2** a large exhibition of commercial or industrial goods: *a trade fair* ▶ **targi**
■ **'fairground** noun [C] a large outdoor area where fairs³(1) are held ▶ **plac na który przyjeżdża wesołe miasteczko**

★**fairly** /'feəli/ adv. **1** in a fair → ¹(1)way: *I felt that the teacher didn't treat us fairly.* ❶ Antonim: **unfairly**. ▶ **sprawiedliwie, słusznie** **2** quite, not very: *He is fairly tall.* ○ *We must leave fairly soon.* ➲ Zob. uwaga przy **rather**. ▶ **dosyć, dość**

fairy /'feəri/ noun [C] (pl. **fairies**) (in stories) a small creature with magical powers ▶ **duszek, wróżka** 
■ **'fairy tale** (also **'fairy story**) noun [C] a story that is about fairies, magic, etc. ➲ Por. **fable**. ▶ **baśń**

fairy

wing

★**faith** /feɪθ/ noun **1** [U] **faith (in sb/sth)** strong belief (in sb/sth); trust: *I've got great faith in your ability to do the job.* Wierzę, że świetnie poradzisz sobie z tym zadaniem. ○ *I have lost faith in him.* ▶ **wiara, zaufanie** **2** [U] strong religious belief: *I've lost my faith.* ▶ **wiara** **3** [C] a religion: *the Christian faith* ▶ **religia**
IDIOM **in good faith** with honest reasons for doing sth: *I bought the car in good faith. I didn't know it was stolen.* ▶ **w dobrej wierze**

★**faithful** /'feɪθfl/ adj. **1** not changing; loyal: *a faithful friend* ○ *He was faithful to his wife.* ❶ Antonim: **unfaithful**. ▶ **wierny** **2** true to the facts; accurate: *a faithful description* ▶ **wierny**
□ **faithfully** /-fəli/ adv. ❶ **Yours faithfully** używa się jako formuły kończącej oficjalny list. ▶ **wiernie, z oddaniem** | **faithfulness** noun [U] ▶ **wierność**

fake /feɪk/ noun [C] **1** a work of art, etc. that seems to be real or genuine but is not ▶ **falsyfikat, podróbka** **2** a person who pretends to be sb/sth else in order to deceive people ▶ **osoba, która kogoś/coś udaje, oszust**
□ **fake** adj. not real or genuine: *a fake passport* ▶ **fałszywy, podrobiony** | **fake** verb [T] **1** to copy sth in order to deceive people: *He faked his father's signature.* ▶ **fałszować, podrabiać** **2** to pretend that you are feeling sth that you are not: *I faked surprise when he told me the news.* ▶ **udawać**

falcon /'fɔːlkən; US 'fælkən/ noun [C] a small bird of the type that kills and eats other animals (a bird of prey). Falcons can be trained to hunt. ▶ **sokół**

★**fall¹** /fɔːl/ verb [I] (pt **fell** /fel/; pp **fallen** /'fɔːlən/) **1** to drop down towards the ground: *He fell off the ladder onto the grass.* ○ *Don't walk along that wall – you might fall.* ○ *Autumn came and the leaves started to fall.* ○ *The rain was falling steadily.* ▶ **padać** **2** **fall (down/over)** to suddenly stop standing: *She slipped on the ice and fell.* ○ *The little boy fell over and hurt his knee.* ▶ **upadać; przewracać się** **3** (formal) to come or happen: *Christmas Day falls on a Sunday this year.* ○ *In the word 'interesting' the stress falls on the first syllable.* ▶ **przypadać, wypadać** **4** to hang down: *Her hair fell down over her shoulders.* ▶ **opadać** **5** to become lower or less: *The temperature is falling.* ○ *The price of coffee has fallen again.* ○ *When he heard the bad news, his spirits fell* (upadł na duchu). ▶ **opadać, spadać** **6** to be killed (in battle) ▶ **polec** **7** to be defeated: *The Government fell because of the scandal.* ▶ **upaść** **8** to change into a different state; to become: *He fell asleep* (zasnął) *on the sofa.* ○ *They fell in love* (zakochali się) *with each other in Spain.* ○ *I must get some new shoes – these ones are falling to pieces* (rozlatują się). ▶ **zapadać w inny stan** **9** to belong to a particular group, type, etc.: *Animals fall into two groups, those with backbones and those without.* ▶ **należeć**
IDIOMS **fall flat** → FLAT³ | **fall in love** → LOVE¹ | **fall/slot into place** → PLACE¹ | **fall/land on your feet** → FOOT¹ | **fall short (of sth)** → SHORT²
PHRASAL VERBS **fall apart** to break (into pieces) ▶ **rozpadać się, rozlatywać się** | **fall back on sb/sth** to use sb/sth when you are in difficulty ▶ **poratować się** | **fall for sb** (informal) to fall in love with sb ▶ **zakochiwać się** | **fall for sth** (informal) to be tricked into believing sth that is not true: *She always falls for his excuses.* ▶ **nabierać się** | **fall out (with sb)** to quarrel or fight (with sb) ▶ **pogniewać się** | **fall through** to fail or not happen: *Our trip to Japan has fallen through.* ▶ **nie wyjść, nie dochodzić do skutku**
■ **'fallout** noun [U] radioactive waste matter that is carried in the air after a nuclear explosion ▶ **deszcz radioaktywny**

★**fall²** /fɔːl/ noun **1** [C] an act of falling(1,2): *She had a nasty fall from her horse.* ▶ **upadek, przewrócenie się** **2** [C] **a fall (of sth)** the amount of sth that has fallen or the distance that sth has fallen: *a heavy fall of snow* ○ *a fall of four metres* ▶ **opad; spadek** **3** [C] a decrease (in value, quantity, etc.): *a sharp fall in the price of oil* ❶ Antonim: **rise**. ▶ **spadek, obniżka** **4** [sing.] **the fall of sth** a (political) defeat: *the fall of the Roman Empire* ▶ **upadek** **5** [C, usually pl.] a waterfall: *Niagara Falls* ▶ **wodospad**

fall³ /fɔːl/ noun [C] (US) = AUTUMN: *I visited Europe in the fall of 1993.* ▶ **jesień**

fallacy /'fæləsi/ noun (pl. **fallacies**) [C,U] (formal) a false or mistaken belief or argument: *It's a fallacy to believe that money brings happiness.* ▶ **błędne przekonanie, złuda**

fallen pp of FALL¹

fallible /'fæləbl/ adj. able or likely to make mistakes ❶ Antonim: **infallible**. ▶ **zawodny**

★**false** /fɔːls/ adj. **1** not true; incorrect: *Bucharest is the capital of Romania – true or false?* (tak, czy nie?) ○ *I think the information you have been given is false.* ▶ **błędny** **2** not real; artificial: *false hair/eyelashes* ▶ **sztuczny** **3** based on wrong information or belief: *I got a completely false impression of him from our first meeting.* ▶ **nieprawdziwy, błędny** **4** made or done incorrectly in order to deceive people: *This suitcase has a false bottom* (podwójne dno). ○ *a false* *name* ▶ **fałszywy** **5** not faithful; not loyal: *a false ally* ▶ **fałszywy**

IDIOMS **by/on/under false pretences** pretending to be or to have sth in order to deceive people: *She got into the club under false pretences – she isn't a member at all!* ▶ **podstępem** | **a false alarm** a warning about a danger that does not happen ▶ **fałszywy alarm** | **a false friend** a word in another language that looks similar to a word in your own but has a different meaning ▶ (*przen.*) **fałszywy przyjaciel**

■ **false 'teeth** (also **dentures**) noun [pl.] teeth that are made of plastic, etc., worn by a person who has lost their natural teeth ▶ **proteza**

falsify /'fɔːlsɪfaɪ/ verb [T] (pres. part. **falsifying**; 3rd pers. sing. pres. **falsifies**; pt, pp **falsified**) (formal) to change a document, information, etc. in order to deceive other people ▶ **fałszować**

falter /'fɔːltə(r)/ verb [I] **1** to become weak or move in a weak, unsteady way: *As she began to speak her voice faltered.* ○ *The engine faltered* (silnik zakrztusił się) *and stopped.* ▶ **załamywać się, zachwiać się** **2** to lose confidence and hesitate: *Sampras faltered and missed the ball.* ▶ **wahać się**

★**fame** /feɪm/ noun [U] being known or talked about by many people: *Pop stars achieve fame at a young age.* ▶ **sława, rozgłos**

□ **famed** adj. well known (for sth): *Welsh people are famed for their singing.* ➲ Por. **famous**, które jest częściej używane. ▶ **znany z czegoś**

★**familiar** /fə'mɪliə(r)/ adj. **1** (not before a noun) **familiar with sth** having a good knowledge of sth: *People in Europe aren't very familiar with Chinese music.* ▶ **obeznany, wprawny** **2 familiar (to sb)** well-known (to sb): *Chinese music isn't very familiar to people in Europe.* ○ *a familiar face in the crowd* ▶ **znany, znajomy** ❶ Antonim znaczeń 1 i 2: **unfamiliar**. **3** too friendly and informal: *I was annoyed by the waiter's familiar behaviour.* ▶ **poufały**

□ **familiarity** /fə,mɪli'ærəti/ noun [U] **1** good knowledge of sth: *His familiarity with the area was an advantage.* ▶ **znajomość, obeznanie** **2** being too friendly and informal ▶ **poufałość**

familiarize (also **-ise**) /fə'mɪliəraɪz/ verb [T] to inform sb/yourself about sth: *I want to familiarize myself with the plans before the meeting.* ▶ **zaznajamiać się**

★**family** /'fæməli/ noun (pl. **families**) **1** [C, with sing. or pl. verb] a group of people who are related to each other ❶ Czasami słowo **family** oznacza „rodzice i dzieci'', inaczej **nuclear family**. Czasami używa się go w odniesieniu do innych krewnych, np. dziadków, cioć, wujków, czyli **extended family**. **Family** występuje z czasownikiem w lp, kiedy odnosi się do rodziny jako jednostki: *Almost every family in the village owns a television.* Czasownik w lm stosuje się, mówiąc o pojedynczych członkach rodziny: *My family are all very tall.* **Family** przed innym rzeczownikiem może oznaczać, że coś jest przeznaczone lub stosowne dla wszystkich członków rodziny: *family entertainment* ○ *the family car.* ▶ **rodzina** **2** [C,U] children: *Do you have any family?* ○ *We are planning to start a family* (mieć pierwsze dziecko) *next year.* ▶ **dzieci** **3** [C] a group of animals, plants, etc. that are related to each other: *Lions belong to the cat family.* ▶ **rodzina**

IDIOM **run in the family** to be found very often in a family: *Red hair runs in the family.* ▶ **być dziedzicznym**

■ **'family name** noun [C] the name that is shared by members of a family; surname ➲ Zob. uwaga przy **name.** ▶ **nazwisko** | **,family 'planning** noun [U] controlling the number of children in a family by using birth control ➲ Por. **contraception.** ▶ **planowanie rodziny, zapobieganie ciąży** | **,family 'tree** noun [C] a diagram that shows the relationships between different members of a family ▶ **drzewo genealogiczne**

famine /'fæmɪn/ noun [C,U] a lack of food in a large area that can cause the death of many people: *There is a severe famine in many parts of Africa.* ○ *The long drought was followed by famine.* ▶ **głód**

famished /'fæmɪʃt/ adj. (not before a noun) (informal) very hungry ▶ **zgłodniały, wygłodniały, głodny jak wilk**

★**famous** /'feɪməs/ adj. **famous (for sth)** well-known to many people: *a famous singer* ○ *Glasgow is famous for its museums.* ➲ Por. **infamous** i **notorious**, które oznaczają „cieszący się złą sławą, niesławny''. ▶ **sławny**

□ **famously** adv. (informal) very well: *She's getting on famously in the new job.* ▶ **znakomicie, świetnie**

★**fan¹** /fæn/ noun [C] something that is used for making a (cool) wind, e.g. an object made of paper, feathers, etc. in the shape of half a circle or an (electric) machine with large blades that turn around very quickly ▶ **wachlarz, wiatraczek, wentylator**

□ **fan** verb [T] (**fanning**; **fanned**) **1** to cool sb/sth by moving the air with a fan or sth like a fan: *She used a newspaper to fan her face.* ▶ **wachlować** **2** to make a fire burn more strongly: *The strong wind really fanned the flames.* ▶ **podsycać**

PHRASAL VERB **fan out** to spread out: *The police fanned out across the field.* ▶ **rozstawiać się wachlarzem**

■ **'fan belt** noun [C] the belt that drives the fan to cool the engine of a car, etc. ▶ **pasek klinowy**

★**fan²** /fæn/ noun [C] somebody who admires and is very enthusiastic about a sport, a film star, a singer, etc.: *football fans* ○ *He's a Westlife fan.* ○ *a fan club* ○ *I'm not a great fan of* (nie przepadam za) *modern jazz.* ▶ **kibic, fan**

fanatic /fə'nætɪk/ noun [C] a person who is too enthusiastic about sth (especially about religion or politics): *a religious fanatic* ○ *She's a health food fanatic.* ➲ Por. **bigot**. ▶ **fanaty-k/czka**

□ **fanatical** /-kl/ (also **fanatic**) adj. feeling very strongly or being too enthusiastic about sth: *He's fanatical about keeping things tidy.* ▶ **fanatyczny** | **fanatically** /-kli/ adv. ▶ **fanatycznie** | **fanaticism** /-tɪsɪzəm/ noun [C,U] ▶ **fanatyzm**

fancy[1] /ˈfænsi/ noun
IDIOMS **take sb's fancy** to attract or please sb: *If you see something that takes your fancy I'll buy it for you.* ▶ **spodobać się** | **take a fancy to sb/sth** to start liking sb/sth ▶ **upodobać sobie**

fancy[2] /ˈfænsi/ adj. not simple or ordinary: *fancy food* ○ *I just want a pair of black shoes – nothing fancy.* ▶ **wymyślny, wyszukany**
■ ˌ**fancy ˈdress** noun [U] special clothes that you wear to a party at which people dress up to look like a different person (e.g. from history or a story): *a fancy dress party* ○ *to go in fancy dress* ▶ **przebranie na bal maskowy itp**

fancy[3] /ˈfænsi/ verb (pres. part. **fancying**; 3rd pers. sing. pres. **fancies**; pt, pp **fancied**) **1** [T] (informal) to like the idea of having or doing sth: *What do you fancy for supper?* ○ *I don't fancy going out in this rain.* ▶ **mieć ochotę (na coś)** **2** [T] (Brit., informal) to be (sexually) attracted to sb: *Alan keeps looking at you. I think he fancies you.* Chyba mu się podobasz. ▶ **poczuć sympatię (do kogoś)** **3** [I,T] (used for expressing surprise, shock, etc.): *'They're getting married next week.' 'Well, fancy that!'* ○ *Fancy meeting you here!* Co za spotkanie! ▶ **coś takiego!, ale niespodzianka!** **4** [T] (formal) to think or imagine sth: *He fancied that he heard a noise.* ▶ **zdawać się, mieć wrażenie**

fanfare /ˈfænfeə(r)/ noun [C] a short loud piece of music played on trumpets that is used for introducing sb/sth ▶ **fanfara**

fang /fæŋ/ noun [C] a long sharp tooth of a dog, poisonous snake, etc. ▶ **kieł, ząb jadowy**

fanny pack /ˈfæni pæk/ (US) = BUMBAG

fantasize (also **-ise**) /ˈfæntəsaɪz/ verb [I,T] to imagine sth that you would like to happen: *He liked to fantasize that he had won a gold medal at the Olympics.* ▶ **fantazjować, marzyć**

fantastic /fænˈtæstɪk/ adj. **1** (informal) very good; excellent: *She's a fantastic swimmer.* ○ *You passed your test. Fantastic!* ▶ **fantastyczny, świetny** **2** strange and difficult to believe : *a story full of fantastic creatures* ▶ **niesamowity, fantastyczny** **3** (informal) very large or great: *a fantastic amount of money* ▶ **niesamowity, fantastyczny**
□ **fantastically** /-kli/ adv. ▶ **niesamowicie, fantastycznie**

fantasy (also **phantasy**) /ˈfæntəsi/ noun [C,U] (pl. **fantasies**) situations that are not true, that you just imagine: *They live in a fantasy world.* ➲ Zob. uwaga przy **imagination**. ▶ **fantazja, wyobraźnia**

fanzine /ˈfænziːn/ noun [C] a magazine that is written by and for fans who like a particular sports team, singer, etc. ▶ **magazyn dla fanów**

FAQ /ˌef eɪ ˈkjuː/ noun [C] a document on the Internet that contains the most *frequently asked questions* about a subject and the answers to these questions ▶ **(dokument internetowy zawierający) najczęściej zadawane pytania i odpowiedzi na jakiś temat**

★**far**[1] /fɑː(r)/ adj. (**farther** /ˈfɑːðə(r)/or **further** /ˈfɜːðə(r)/, **farthest** /ˈfɑːðɪst/or **furthest** /ˈfɜːðɪst/) **1** distant; a long way away: *Let's walk – it's not far* (daleko). (formal): *The explorers sailed to far countries.* ▶ **daleki, odległy** **2** (only before a noun) more distant (used about one of two ends, sides, etc.): *My friend lives at the far end of the street.* ○ *In the far north, days are short in winter.* ▶ **drug-i/a (koniec/strona), odległy** **3** (only before a noun) a long way from the centre in the direction mentioned: *politicians from the far left* (ze skrajnej lewicy) *of the party* ▶ **skrajny**
IDIOM **a far cry from sth/from doing sth** an experience that is very different from sth/doing sth: *Life on a farm is a far cry from what I've been used to.* ▶ **taki, który nie ma nic wspólnego z czymś**
■ **the Far ˈEast** China, Japan and other countries in E and SE Asia ▶ **Daleki Wschód**

★**far**[2] /fɑː(r)/ adv. (**farther** /ˈfɑːðə(r)/ or **further** /ˈfɜːðə(r)/, **farthest** /ˈfɑːðɪst/ or **furthest** /ˈfɜːðɪst/) **1** (at) a distance: *London's not far from here.* ○ *How far did we walk yesterday?* ○ *Call me if you need me – I won't be far away.* ▶ **daleko**

> W tym znaczeniu używa się **far** w zdaniach przeczących i pytających. W zdaniach oznajmujących mówi się **a long way**: *It's a long way from here to the sea.* Zdarza się jednak, że zdania oznajmujące mają znaczenie negatywne. Wówczas stosuje się **far**: *Let's get a bus. It's much too far to walk.*

2 a long time: *This story began far back, in 1850.* ○ *We danced far into the night* (do późna w nocy). ▶ **dawno (temu)** **3** (before comparative adjectives) very much: *It's far wetter in England than in Italy.* ▶ **o wiele, bardziej** **4** (to) a certain degree: *How far have you got with your homework?* ○ *The company employs local people as far as possible* (w miarę możliwości). ▶ **do pewnego stopnia**
IDIOMS **as far as** to the place mentioned but not further: *We walked as far as the river.* ▶ **aż do** | **as/so far as 1** the same distance as (sb): *I can't swim as far as you.* ▶ **tak daleko jak** **2** to the degree that: *As far as I know, she's not coming.* ▶ **o ile** | **as far as I can see** (used for introducing your opinion): *As far as I can see, the accident was John's fault.* ▶ **o ile się orientuję** | **as/so far as sb/sth is concerned** on the subject of sb/sth; as sb/sth is affected or influenced by sth: *As far as school work is concerned, he's hopeless.* ○ *As far as I'm concerned* (moim zdaniem), *this is the most important point.* ▶ **co do kogoś/czegoś, jeśli chodzi o kogoś/coś** | **as far as the eye can see** to the furthest place you can see ▶ **jak okiem sięgnąć** | **by far** (used for emphasizing comparative or superlative words) by a large amount: *Jane is by far the best student in the class.* ▶ **o wiele, bez porównania** | **far afield** far away, especially from where you live or from where you are staying: *We hired a car in order to explore further afield.* ▶ **daleko, dalej** | **far from doing sth** instead of doing sth: *Far from enjoying the film, he fell asleep in the middle.* ▶ **zamiast coś robić** | **far from sth/from doing sth** almost the opposite of sth; not at all: *He's*

far from happy. ▶ **bynajmniej, żadną miarą** | **far from it** (informal) certainly not; just the opposite: *'Did you enjoy your holiday?' 'No, far from it. It was awful.'* ▶ **wprost/wręcz przeciwnie** | **few and far between** → FEW[1] | **go far 1** to be enough: *This food won't go very far between three of us.* ▶ **być w wystarczającej ilości, wystarczać 2** to be successful in life: *Dan is very talented and should go far.* ▶ (*przen.*) **zajść daleko** | **go too far** to behave in a way that causes trouble or upsets other people: *He's always been naughty but this time he's gone too far.* ▶ **za dużo sobie pozwalać, za daleko się posunąć** | **so far** until now: *So far the weather has been good.* ▶ **dotychczas, jak dotąd** | **so far so good** (spoken) everything has gone well until now ▶ **jak dotąd dobrze**

■ **ˈfaraway** adj. **1** (written) distant: *faraway countries* ▶ **odległy, daleki 2** (used about a look in a person's eyes) as if you are thinking of sth else ▶ **rozmarzony, nieprzytomny** | **ˌfar-ˈfetched** adj. not easy to believe: *a far-fetched story* ▶ **naciągany** | **ˌfar-ˈreaching** adj. having, or going to have, a great influence on a lot of other things: *far-reaching changes* ▶ **dalekosiężny** | **ˌfar-ˈsighted** adj. **1** being able to see what will be necessary and making plans for it ▶ **dalekowzroczny 2** (US) = LONG-SIGHTED

farce /fɑːs/ noun [C] **1** a funny play for the theatre full of ridiculous situations ▶ **farsa 2** something important or serious that is not organized well or treated with respect: *The interview was a farce. I knew that I'd got the job already.* ▶ **farsa, kpina**

□ **farcical** /ˈfɑːsɪkl/ adj. ▶ **farsowy**

★**fare[1]** /feə(r)/ noun [C] the amount of money you pay to travel by bus, train, taxi, etc.: *What's the fare* (ile kosztuje bilet) *to Leeds?* ○ *Train fares have gone up.* ○ *Adults pay full fare, and children pay half fare.* ▶ **cena biletu, opłata**

fare[2] /feə(r)/ verb [I] (formal) to be successful/unsuccessful in a particular situation: *How did you fare* (jak ci poszło) *in your examination?* ▶ **wieść się**

farewell /ˌfeəˈwel/ interj. (old-fashioned) goodbye ▶ **żegnaj**

□ **farewell** noun [C]: *a farewell* (pożegnalne) *party* ▶ **pożegnanie**

★**farm[1]** /fɑːm/ noun [C] an area of land with fields and buildings that is used for growing crops and keeping animals: *to work on a farm* ○ *farm buildings* ▶ **gospodarstwo rolne, farma**

■ **ˈfarmhouse** (also **farm**) noun [C] the house on a farm where the farmer lives ▶ **dom w gospodarstwie rolnym** | **ˈfarmyard** noun [C] an outside area near a farmhouse surrounded by buildings or walls ▶ **podwórze**

★**farm[2]** /fɑːm/ verb [I,T] to use land for growing crops or keeping animals: *He's farming in Scotland.* ○ *She farms 200 acres.* ▶ **uprawiać, gospodarować**

□ **farmer** noun [C] a person who owns or manages a farm ▶ **rolni-k/czka; gospod-arz/yni** | **farming** noun [U] managing a farm or working on it ▶ **praca na roli, gospodarowanie**

fart /fɑːt/ verb [I] (informal) to suddenly let gas from the stomach escape from your bottom ▶ **pierdzieć**

□ **fart** noun [C] ▶ **pierdnięcie**

★**farther** /ˈfɑːðə(r)/ adj., adv. more distant in space or time; a greater distance: *I can swim farther than you.* ❶ **Farther** to stopień wyższy przymiotnika/przysłówka **far**. ⮌ Zob. uwagi przy **far** i **further**. ▶ **dalszy; dalej**

★**farthest** /ˈfɑːðɪst/ (also **furthest**) adj., adv. most distant in space or time; the greatest distance: *the farthest corner of Europe* ○ *Who can swim farthest?* ❶ **Farthest** to stopień najwyższy przymiotnika/przysłówka **far**. ▶ **najdalszy; najdalej**

★**fascinate** /ˈfæsɪneɪt/ verb [T] to attract or interest sb very much: *He fascinated the children with his magic tricks.* ○ *I was fascinated by that film.* ▶ **urzekać, zachwycać**

□ **fascinating** adj. ▶ **urzekający, zachwycający** | **fascination** /ˌfæsɪˈneɪʃn/ noun [C,U] ▶ **urzeczenie, zachwyt**

fascism (also **Fascism**) /ˈfæʃɪzəm/ noun [U] an extreme right-wing political system ▶ **faszyzm**

□ **fascist** (also **Fascist**) /ˈfæʃɪst/ noun [C], adj. ▶ **faszyst-a/ka; faszystowski**

★**fashion** /ˈfæʃn/ noun **1** [C,U] the style of dressing or behaving that is the most popular at a particular time: *What is the latest fashion in hairstyles?* ○ *a fashion show/model* ▶ **moda, styl 2** [sing.] the way you do sth: *He's been behaving in a very strange fashion.* ▶ **sposób**

IDIOMS **come into/be in fashion** to become or to be popular as a style: *Jeans are always in fashion* (modne). ▶ **wchodzić w modę; być w modzie** | **go/be out of fashion** to become or to be unpopular as a style: *That colour is out of fashion this year.* ▶ **nie być modnym; wychodzić z mody**

★**fashionable** /ˈfæʃnəbl/ adj. **1** popular or in a popular style at the time: *a fashionable area/dress/opinion* ▶ **modny, popularny 2** considering fashion to be important: *fashionable society* ▶ **elegancki, wytworny** ❶ Antonimy: **unfashionable** lub **old-fashioned**.

□ **fashionably** /-əbli/ adv. ▶ **modnie, popularnie**

★**fast[1]** /fɑːst; US fæst/ adj. **1** able to move or act at great speed: *a fast car/train/worker* ⮌ Zob. uwaga przy **quick**. ❶ Nie ma rzeczownika pochodnego od **fast**. Używa się **speed**: *The car was travelling very fast./The car was travelling at great speed.* ▶ **szybki, pośpieszny 2 be fast** (used about a clock or watch) to show a time that is later than the real time: *The clock is five minutes fast.* ❶ Antonim: **slow**. ▶ **śpieszyć się**

IDIOMS **fast and furious** very fast and exciting ▶ **jak burza** | **hard and fast** → HARD[1]

□ **fast** adv. quickly: *Don't drive so fast.* ▶ **szybko**

■ **fast ˈfood** noun [U] food like hamburgers and chips that can be cooked and eaten quickly in a restaurant or taken away from the restaurant: *a fast-food restaurant* bar szybkiej obsługi ▶ **szybkie dania, jedzenie barowe**

fast[2] /fɑːst; US fæst/ adj. **1** (only *after* a noun) firmly fixed: *Peter made the boat fast* (przycumował). ▶ **przymocowany, umocowany**

2 (used about colours) not likely to change when washed ▶ **trwały**

□ **fast** adv. firmly or deeply: *The children were fast asleep when we got home.* ○ *Our car was stuck fast in the mud.* ▶ **głęboko, mocno**

fast³ /fɑːst; US fæst/ verb [I] to eat no food for a certain time usually for religious reasons ▶ **pościć**

□ **fast** noun [C] ▶ **post**

⋆**fasten** /'fɑːsn; US 'fæsn/ verb **1** [T] to fix, join or shut and lock sth firmly: *Please fasten your seat belts.* ▶ **zapinać 2** [I] to become closed or fixed: *My dress fastens at the back.* ▶ **zapinać się 3** [T] **fasten sth (on/to sth)**; **fasten A and B (together)** to attach sth to sth, or two things together: *Fasten* (przypnij) *this badge on your jacket.* ○ *How can I fasten these pieces of wood together?* ○ (figurative) *His eyes were fastened on me.* ▶ **przymocowywać; utkwić wzrok w kogoś/coś**

□ **fastener** /'fɑːsnə(r); US 'fæs-/ (also **fastening** /'fɑːsnɪŋ; US 'fæs-/) noun [C] something that fastens things together: *a zip fastener* zamek błyskawiczny ▶ **zapięcie, klamra**

ˌ**fast 'forward** verb [T] to make a video tape or a cassette go forward quickly without playing it ▶ **(szybko) przewijać** (*taśmę*) **do przodu**

□ **fast forward** noun [U]: *Press fast forward to advance the tape.* ○ *the fast-forward button* ▶ **klawisz szybkiego przewijania** ❶ Antonim: **rewind**.

fastidious /fæ'stɪdiəs/ adj. (used about people) difficult to please, wanting everything to be very clean and tidy ▶ **wybredny**; **drobiazgowy**

⋆**fat¹** /fæt/ adj. (**fatter**; **fattest**) **1** (used about bodies) covered with too much flesh: *to get fat* ❶ Antonim: **thin**. ▶ **gruby**

> Niezbyt grzecznie jest mówić o kimś, że jest **fat**. Dlatego częściej używa się innych słów, np. **plump**, **stout** lub **overweight**.

2 (used about a thing) thick or full: *a fat wallet/book* ▶ **gruby**

⋆**fat²** /fæt/ noun **1** [U] the greasy substance under the skins of animals and people: *I don't like meat with too much fat on it.* ❶ Przymiotnik: **fatty**. ▶ **tłuszcz 2** [C,U] the substance we obtain from animals, plants or seeds and use for cooking: *Cook the onions in a little fat.* ▶ **tłuszcz**

⋆**fatal** /'feɪtl/ adj. **1** causing or ending in death: *a fatal accident* ▶ **śmiertelny 2** causing trouble or a bad result: *She made the fatal mistake of drinking too much.* ▶ **zgubny, fatalny**

□ **fatally** adv. ▶ **śmiertelnie, zgubnie**

fatality /fə'tæləti/ noun [C] (pl. **fatalities**) a person's death caused by an accident or in war, etc.: *There were no fatalities in the fire.* ▶ **ofiara**

⋆**fate** /feɪt/ noun **1** [U] the power that some people believe controls everything that happens: *It was fate that brought them together again.* ▶ **los, przeznaczenie 2** [C] your future or something that happens to you: *Both men suffered the same fate – they both lost their jobs.* ▶ **los, dola**

fateful /'feɪtfl/ adj. having an important effect on the future: *a fateful* (brzemienna w skutki) *decision* ▶ **proroczy, nieuchronny**

⋆**father** /'fɑːðə(r)/ noun [C] **1** a person's male parent ▶ **ojciec 2** a man who starts something important: *Shakespeare is the father of English drama.* ▶ **ojciec 3** (**Father**) the title of certain priests: *Father O'Reilly* ▶ **ojciec**

□ '**fatherhood** noun [U] the state of being a father ▶ **ojcostwo** | '**fatherly** adj. like or typical of a father: *a piece of fatherly advice* ▶ **ojcowski**

■ ˌ**Father 'Christmas** (also **Santa Claus**) an old man with a red coat and a long white beard who, children believe, brings presents at Christmas ▶ **Święty Mikołaj** | '**father-in-law** noun [C] (pl. **fathers-in-law**) the father of your husband or wife ▶ **teść**

fathom /'fæðəm/ noun [C] a measure of the depth of water; 6 feet (1.8 metres) ▶ **miara głębokości**

□ **fathom** verb [T] (usually in the negative) to understand sth: *I can't fathom what he means.* ▶ **pojmować, zgłębiać**

fatigue /fə'tiːg/ noun [U] **1** great tiredness ▶ **zmęczenie 2** weakness in metals caused by a lot of use ▶ **zmęczenie** (*materiału*)

fatten /'fætn/ verb [T] **fatten sb/sth (up)** to maker sb/sth fatter: *He's fattening the pigs up for market.* ▶ **tuczyć**

□ **fattening** adj. (used about food) that makes people fat ▶ **tuczący**

fatty /'fæti/ adj. (**fattier**; **fattiest**) (used about food) having a lot of fat in or on it ▶ **tłusty**

faucet /'fɔːsɪt/ noun [C] (US) = TAP¹

⋆**fault** /fɔːlt/ noun **1** [C] something wrong or not perfect in a person's character or in a thing: *One of my faults is that I'm always late.* ○ *a fault in the electricity supply* ➲ Zob. uwaga przy **mistake**. ▶ **wada, usterka 2** [U] responsibility for a mistake: *It will be your own fault if you don't pass your exams.* ▶ **wina**

IDIOMS **be at fault** be wrong or responsible for a mistake ▶ **być winnym, ponosić winę za coś** | **find fault** → FIND¹

□ **fault** verb [T] to find a fault or mistake in sb/sth: *It was impossible to fault her English.* ▶ **krytykować, ganić** | **faultless** adj. without any mistakes; perfect: *a faultless performance* ▶ **bezbłędny, nienaganny** | **faulty** adj. (used especially about electricity or machinery) not working properly: *a faulty switch* ▶ **wadliwy**

fauna /'fɔːnə/ noun [U] all the animals of an area or a period of time: *flora and fauna* ▶ **fauna**

faux pas /ˌfəʊ 'pɑː/ noun [C] (pl. **faux pas** /ˌfəʊ 'pɑːz/) something you say or do that is embarrassing or offends people ▶ **gafa, lapsus**

⋆**favour¹** (US **favor**) /'feɪvə(r)/ noun **1** [C] something that helps sb: *Would you do me a favour and post this letter for me?* ○ *Could I ask you a favour – could you babysit for us tonight?* ▶ **przysługa, grzeczność 2** [U] liking or approval: *In the end the politician won the crowd's favour.* ▶ **życzliwość, przychylność**

IDIOMS **be in/out of favour (with sb)** to have/not have a person's approval: *I'm afraid I'm* *out of favour with my neighbour since our last argument.* ▶ **być w niełasce, (nie) cieszyć się czyjąś przychylnością** | **in favour of sb/sth** in agreement with sb/sth: *Are you in favour of private education?* ▶ **(być) za kimś/czymś** | **in sb's favour** to the advantage of sb: *The committee decided in their favour.* ▶ **na czyjąś korzyść**

★**favour**[2] (US **favor**) /ˈfeɪvə(r)/ verb [T] **1** to support sb/sth; to prefer: *Which suggestion did they favour?* ▶ **woleć 2** to treat one person very well and so be unfair to others: *Parents must try not to favour one of their children.* ▶ **faworyzować**

favourable (US **favorable**) /ˈfeɪvərəbl/ adj. **1** showing liking or approval: *Did you get a favourable report on your work?* ○ *He made a favourable impression on his bank manager.* ▶ **przychylny, korzystny 2** (often used about the weather) suitable or helpful: *Conditions are favourable for skiing today.* ▶ **sprzyjający** ❶ Antonim obu znaczeń: **unfavourable**.
□ **favourably** (US **favorably**) /-əbli/ adv. ▶ **przychylnie, korzystnie**

★**favourite**[1] (US **favorite**) /ˈfeɪvərɪt/ adj. liked more than any other: *What is your favourite colour?* ▶ **ulubiony**

favourite[2] (US **favorite**) /ˈfeɪvərɪt/ noun [C] **1** a person or thing that you like more than any others: *This restaurant is a great favourite of mine.* ▶ **ulubieni-ec/ca, coś ulubionego 2** (**the favourite**) (especially in horse racing) the horse that is expected to win ▶ **faworyt/ka**
□ **favouritism** (US **favoritism**) /-ɪzəm/ noun [U] giving unfair advantages to the people that you like best ▶ **faworytyzm, protekcja**

fawn[1] /fɔːn/ noun [C] a young deer ➲ Zob. uwaga przy **deer**. ▶ **jelonek**

fawn[2] /fɔːn/ adj., noun [U] (of a) light yellowish-brown colour: *a fawn coat* ○ *Fawn doesn't really suit you.* ▶ **płowy**

fax /fæks/ noun **1** [C,U] a copy of a letter, etc. which you can send by telephone lines using a special machine: *I need an answer today. Send them a fax!* ○ *They contacted us by fax* (faksem). ▶ **faks 2** [C] (also ˈ**fax machine**) the machine that you use for sending faxes: *Have you got a fax?* ○ *What's your fax number?* ▶ **faks**
□ **fax** verb [T] **fax sth (to sb)**; **fax sb (sth)** to send sb a fax: *We will fax our order to you tomorrow.* ○ *I've faxed her a copy of the letter.* ▶ **wysyłać faks**

faze /feɪz/ verb [T] (informal, especially US) to make sb anxious or nervous: *He doesn't get fazed by things going wrong.* ▶ **denerwować**

FBI /ˌef biː ˈaɪ/ abbr. (US) Federal Bureau of Investigation; the section of the US Justice Department which investigates crimes that are against federal law, such as bank robbery and terrorism ▶ **FBI**

FC abbr. (Brit.) Football Club: *Everton FC* ▶ **klub piłki nożnej**

FCO /ˌef siː ˈəʊ/ abbr. the Foreign and Commonwealth Office ▶ **brytyjskie Ministerstwo Spraw Zagranicznych**

★**fear**[1] /fɪə(r)/ noun [C,U] the feeling that you have when sth dangerous, painful or frightening might happen: *to shake with fear* ○ *She showed no fear.* ○ *My fears for his safety were unnecessary.* ▶ **strach, lęk, obawa**
IDIOM **no fear** (used when answering a suggestion) certainly not ▶ **nie ma obawy, nigdy w życiu!**
□ **fearful** /-fl/ adj. **1 fearful (of sth/of doing sth)**; **fearful (that)** anxious or afraid about sth: *Don't be fearful of* (nie bój się) *starting something new.* ➲ Por. **frightened** i **afraid**, które występują znacznie częściej. ▶ **bojący się, bojaźliwy 2** terrible: *a fearful storm tonight* ▶ **straszliwy, przeraźliwy** | **fearfully** /-fəli/ adv. ▶ **z obawą; straszliwie** | **fearfulness** noun [U] ▶ **strach, obawa** | **fearless** adj. not afraid; brave ▶ **nieustraszony, dzielny** | **fearlessly** adv. ▶ **nieustraszenie, dzielnie** | **fearlessness** noun [U] ▶ **nieustraszoność, odwaga**

★**fear**[2] /fɪə(r)/ verb **1** [I,T] to be afraid of sb/sth great or important: *We all fear illness and death.* ○ *We'll get there in time – never fear* (bez obaw)! ▶ **bać się 2** [T] to feel that something bad might happen: *The government fears that it will lose the next election.* ▶ **obawiać się** ➲ Por. **afraid** oraz uwaga przy **frightened**.
PHRASAL VERB **fear for sb/sth** to be worried about sb/sth: *Parents often fear for the safety of their children.* ▶ **bać się o kogoś/coś**

feasible /ˈfiːzəbl/ adj. possible to do: *a feasible plan* ▶ **wykonalny**
□ **feasibility** /ˌfiːzəˈbɪləti/ noun [U] ▶ **wykonalność, możliwość przeprowadzenia (czegoś)**

feast /fiːst/ noun [C] a large, special meal (sometimes to celebrate sth) ▶ **uczta**
□ **feast** verb [I] ▶ **ucztować**

feat /fiːt/ noun [C] something you do that shows great strength, skill or courage: *That new bridge is a feat of engineering.* ▶ **wyczyn**

★**feather** /ˈfeðə(r)/ noun [C] one of the light, soft things that grow in a bird's skin and cover its body ▶ **pióro, lotka**

★**feature** /ˈfiːtʃə(r)/ noun [C] **1** an important or noticeable part of sth: *Noise is a feature of city life.* ▶ **cecha, właściwość 2** a part of the face ▶ **cecha 3** an important newspaper or magazine article or television programme: *a front-page feature* ▶ **artykuł, program 4** (also **feature film**) a full-length film with a story ▶ **film fabularny**
□ **feature** verb **1** [T] to include sb/sth as an important part: *The film features* (w filmie występuje) *many well-known actors.* ▶ **przedstawiać 2** [I] **feature in sth** to have a part in sth: *Does marriage feature in your future plans?* ▶ **odgrywać rolę, figurować** (*w planach*) | **featureless** adj. uninteresting; with no features(1) ▶ **nijaki, bez wyrazu**

Feb. abbr. February: *18 Feb 1993* ▶ **luty**

★**February** /ˈfebruəri; US -ueri/ noun [C,U] (abbr. **Feb.**) the second month of the year, coming before March ➲ Zob. przykł. użycia nazw miesięcy w zdaniach przy **January**. ▶ **luty**

feces (US) = FAECES

fed pt, pp of FEED[1]

federal /ˈfedərəl/ adj. **1** organized as a federation: *a federal republic* ▶ **federalny 2** relating to the central government of a federation: *a federal law* ▶ **federalny**

federation /ˌfedəˈreɪʃn/ noun [C] a political union of states for the control of foreign affairs, defence, etc. by the central (federal) government but with local (state) government for areas such as education ▶ **federacja**

fed up /ˌfed ˈʌp/ adj. (not before a noun) (informal) **be/get/look fed up (with sb/sth)** to be/get/look bored or unhappy; to be/get tired of sth: *I'm fed up with waiting for the phone to ring.* ○ *You look really fed up.* ▶ **mieć dość**

⋆**fee** /fiː/ noun [C] **1** (usually plural) the money you pay for professional advice or service from private doctors, lawyers, schools and universities, etc.: *school fees* ▶ **honorarium, czesne 2** the cost of an examination, club membership, entrance etc.: *an entrance fee* ➲ Zob. uwaga przy **pay**. ▶ **opłata, składka członkowska**

feeble /ˈfiːbl/ adj. **1** with no energy or power; weak: *a feeble old man* ○ *a feeble cry* ▶ **słaby 2** not able to convince sb: *a feeble* (nieprzekonywający) *argument* ▶ **słaby, kiepski**

⋆**feed**[1] /fiːd/ verb (pt, pp **fed** /fed/) **1** [T] to give food to a person or an animal: *Don't forget to feed the dog.* ▶ **karmić 2** [I] (used about animals or babies) to eat: *What do horses feed on in the winter?* ▶ **żywić się 3** [T] **feed A (with B)**; **feed B into A** to put sth into sth else: *Can you feed the computer with the necessary information?* ○ *Can you feed this information into the computer?* ▶ **wprowadzać do czegoś**

feed[2] /fiːd/ noun **1** [C] a meal for an animal or a baby: *When's the baby's next feed due?* ▶ **karmienie 2** [U] food for animals ▶ **pokarm**

feedback /ˈfiːdbæk/ noun [U] information about sth that you have done or made which tells you how good or successful it is: *We need some more feedback from the people who use our textbooks.* ▶ **opinia, informacja**

⋆**feel**[1] /fiːl/ verb (pt, pp **felt** /felt/) **1** [I] linking verb (usually with an adjective) to be in the state that is mentioned: *to feel cold/sick/tired/happy* ○ *How are you feeling today?* ▶ **czuć się**

> Istnieje grupa czasowników, których nie używa się z przysłówkami, lecz tylko z przymiotnikami, np. **feel**, **look**, **smell**, **sound**, **taste**: *He felt cold* (nie ~~*coldly*~~). ○ *The soup tasted good.* ○ *She looked very elegant.*

2 linking verb [I] **feel (to sb) (like sth/sb)** to give an impression of sth: *The hole in my tooth feels much bigger than it is.* ○ *My new coat feels like leather but it's not.* ▶ **wydawać się, być w dotyku jak coś 3** [T] to learn about sth by touching it with your hands: *Feel this material. Is it silk or cotton?* ○ *I felt her forehead and knew that she had a temperature.* ▶ **dotykać 4** [T] to be aware of sth: *I felt something crawling up my back.* ○ *I could feel myself dropping off to sleep.* ➲ Zob. uwaga przy **can**. ▶ **czuć 5** [T] to believe or think: *I felt (that) it was a mistake not to ask her advice.* ▶ **myśleć, sądzić 6** [T] to suffer from sth: *Do you feel the cold in winter?* ▶ **odczuwać 7** [I] **feel (about) (for sb/sth)** to try to find something with your hands instead of your eyes: *She felt about in the dark for the light switch.* ▶ **szukać po omacku 8** [I] **feel (to sb) as if/as though** to have or give the impression that: *He felt as if he had been there before.* ○ *My head feels as though it will burst.* ❶ W tym znaczeniu często używa się formy bezosobowej: *It feels as if it is going to* (zanosi się na) *snow soon.* ▶ **mieć wrażenie, że**

IDIOMS **feel your age** to realize that you are getting old, especially compared to other younger people around you ▶ **odczuwać swój wiek** | **feel free (to do sth)** (informal) (used to tell sb they are allowed to do sth): *Feel free to use the phone.* ▶ **nie krępuj się** | **feel like sth/doing sth** to want sth or to want to do sth: *Do you feel like going out?* ▶ **mieć ochotę na coś/robienie czegoś** | **not feel yourself** to not feel healthy or well ▶ **źle się czuć, czuć się nieswojo**

PHRASAL VERBS **feel for sb** to understand sb's feelings and situation and feel sorry for them ▶ **współczuć komuś** | **feel up to sth/to doing sth** to have the strength and the energy to do or deal with sth: *I really don't feel up to eating a huge meal.* ▶ **czuć się w dobrej formie do czegoś/robienia czegoś**

⋆**feel**[2] /fiːl/ noun [sing.] **1** (**the feel**) the impression something gives you when it is touched; the impression an experience gives you: *You can tell it's wool by the feel.* ▶ **dotyk 2** an act of touching sth in order to learn about it: *Let me have a feel* (dotknąć). ▶ **dotyk**

feeler /ˈfiːlə(r)/ noun [usually pl.] either of the two long thin parts on the heads of some insects and of some animals that live in shells that they use to feel and touch things with ▶ **macka**

⋆**feeling** /ˈfiːlɪŋ/ noun **1** [C] **a feeling (of sth)** something that you feel in your mind or body: *a feeling of hunger/happiness/fear/success* ▶ **uczucie, poczucie 2** (**feelings**) [pl.] a person's emotions: *I don't want to hurt his feelings.* ○ *to hide your feelings* ▶ **uczucia, emocje 3** [U] the ability to feel in your body: *After the accident he lost all feeling in his legs.* ▶ **czucie 4** [sing.] a belief or idea that you cannot explain exactly: *I had a feeling that something terrible would happen.* ▶ **przeczucie 5** [U] sympathy or understanding: *She hasn't much feeling for music.* ▶ **wrażliwość (na coś), zrozumienie**

IDIOMS **bad/ill feeling** unhappy relations between people: *to cause bad feeling* ▶ **animozja, uraza** | **have mixed feelings about sb/sth** → MIXED | **no hard feelings** → HARD[1]

feet pl. of FOOT[1]

feline /ˈfiːlaɪn/ adj. of or like a cat ▶ **koci**

fell[1] pt of FALL[1]

fell[2] /fel/ verb [T] to cut down a tree ▶ **wyrąbywać**

fellow[1] /ˈfeləʊ/ noun [C] **1** a member of an academic or professional organization, or of certain universities ▶ **członek; wykładowca 2** a person who is paid to study a particular thing at a university: *research fellow* ▶ **stypendyst-a/ka 3** (old-fashioned) a man ▶ **gość**

fellow² /ˈfeləʊ/ adj. (only before a noun) another or others like yourself in the same situation: *Her fellow students* (koleżanki i koledzy ze studiów) *were all older than her.* ○ *my fellow countrymen* ▶ **współ-**

fellowship /ˈfeləʊʃɪp/ noun **1** [U] friendly relations with others ▶ **koleżeństwo** **2** [C] a group or society ▶ **towarzystwo** **3** [C] the position of a college or university fellow ▶ **członkostwo towarzystwa naukowego lub kolegium uniwersytetu**

felt¹ pt, pp of FEEL¹

felt² /felt/ noun [U] a type of soft cloth made from wool, etc. which has been pressed flat ▶ **filc, pilśń**

■ ˌ**felt-tip ˈpen** (also ˈ**felt tip**, ˌ**felt-tipped ˈpen**) noun [C] a type of pen with a tip made of felt ▶ **flamaster**

★**female** /ˈfiːmeɪl/ adj. **1** being of the sex that can give birth to babies: *Please state sex: male or female.* (na formularzu) ▶ **płci żeńskiej** **2** (used about plants and flowers) producing fruit ▶ **żeński**

□ **female** noun [C] a female animal or plant ▶ **samica; okaz żeński** (*rośliny*)

> Nazwami **female** i **male** (samiec) określa się tylko zwierzęta. O cechach charakteru ludzi mówi się **feminine** (kobiecy) i **masculine** (męski).

★**feminine** /ˈfemənɪn/ adj. **1** of or like a woman: *My daughter always dresses like a boy. She hates looking feminine* (kobieco). ➲ Zob. uwaga przy **female**. ▶ **kobiecy** **2** (in English) of the forms of words used to describe females: *'Lioness' is the feminine form of 'lion'.* ▶ (*forma*) **żeńska** **3** (in certain languages) belonging to a certain grammatical class: *The Polish word 'lampa' is feminine.* ➲ Por. **masculine** i **neuter**. ▶ (*rodzaj*) **żeński**

□ **femininity** /ˌfeməˈnɪnəti/ noun [U] ➲ Por. **womanhood**. ▶ **kobiecość**

feminism /ˈfemənɪzəm/ noun [U] the belief that women should have the same rights and opportunities as men ▶ **feminizm**

□ **feminist** /ˈfemənɪst/ noun [C] a person who believes in and supports the aims of feminism ▶ **feminist-a/ka**

★**fence¹** /fens/ noun [C] a line of wooden or metal posts joined by wood, wire, metal, etc. to divide land or to keep in animals: *a garden/electric/barbed wire fence* ▶ **płot, ogrodzenie**

IDIOM **sit on the fence** → SIT

□ **fence** verb [T] to surround land with a fence ▶ **ogradzać**

PHRASAL VERBS **fence sb/sth in 1** to surround sb/sth with a fence: *They fenced in their garden to make it more private.* ▶ **odgradzać** **2** to restrict sb's freedom ▶ **ograniczać kogoś** | **fence sth off** to separate one area from another with a fence ▶ **odgradzać**

fence² /fens/ verb [I] to fight with a long thin sword (a foil) as a sport ▶ **uprawiać szermierkę**

■ **fencing** noun [U] the sport of fighting with swords ▶ **szermierka**

fend /fend/ verb

PHRASAL VERBS **fend for yourself** to look after yourself: *It's time Ben left home and learned to fend for himself.* ▶ **troszczyć się o siebie, dawać sobie radę** | **fend sb/sth off** to defend yourself from sb/sth: *He fended off the dog with his stick.* ○ *Politicians usually manage to fend off awkward questions.* ▶ **bronić się przed kimś/czymś, odparowywać**

fender /ˈfendə(r)/ noun [C] **1** a low metal guard put in front of an open fire to stop coal or wood from falling out ▶ **krata przed kominkiem** **2** (US) = WING(4)

ferment /fəˈment/ verb [I,T] to (make sth) change chemically [I] ▶ **fermentować; powodować fermentację**

□ **ferment** /ˈfɜːment/ noun [U] a state of excitement and change: *Russia is in ferment* (w Rosji wrze) *and nobody's sure what will happen next.* ▶ **ferment, wzburzenie**

fern /fɜːn/ noun [C] a green plant with no flowers and a lot of long thin leaves ▶ **paproć, paprotka**

ferocious /fəˈrəʊʃəs/ adj. very fierce and violent ▶ **brutalny, bestialski, krwiożerczy**

□ **ferociously** adv. ▶ **brutalnie, bestialsko, krwiożerczo**

ferocity /fəˈrɒsəti/ noun [U] violent cruelty ▶ **brutalność, bestialstwo**

ferret /ˈferɪt/ noun [C] a small fierce animal used for hunting rats and rabbits ▶ **fretka**

★**ferry** /ˈferi/ noun [C] (pl. **ferries**) a boat that transports people and goods on short journeys: *a car/cross-channel ferry* ○ *to cross the river by ferry* ➲ Zob. uwaga przy **ship**. ▶ **prom**

□ **ferry** verb [T] (pres. part. **ferrying**; 3rd pers. sing. pres. **ferries**; pt, pp **ferried**) to carry people or goods by boat, aeroplane, car, etc. from one place to another: *Could you ferry us across to the island?* ○ *We share the job of ferrying* (dzielimy się dowożeniem) *the children to school.* ▶ **przewozić, przeprawiać**

fertile /ˈfɜːtaɪl; US ˈfɜːrtl/ adj. **1** (used about land, plants, animals and people) able to produce crops, fruit or young ❶ Antonim: **infertile**. ➲ Por. **sterile**. ▶ **płodny; urodzajny, żyzny** **2** (used about a person's mind) full of ideas: *a fertile imagination* ▶ **płodny, żywy**

□ **fertility** /fəˈtɪləti/ noun [U] the state of being fertile ❶ Antonim: **infertility**. ▶ **płodność; urodzajność, żyzność**

fertilize (also **-ise**) /ˈfɜːtəlaɪz/ verb [T] **1** to put a male seed into an egg, a plant or a female animal so that it starts to develop fruit or young ▶ **zapładniać; zapylać** **2** to put natural or artificial substances on soil in order to make it more fertile ▶ **nawozić, użyźniać**

□ **fertilization** (also **-isation**) /ˌfɜːtəlaɪˈzeɪʃn; US -ləˈz-/ noun [U] ▶ **zapłodnienie; zapylenie; nawożenie, użyźnianie** | **fertilizer** (also **-iser**) noun [C,U] a natural or chemical substance that is put on land to make plants grow better ▶ **nawóz**

fervent /ˈfɜːvənt/ adj. showing strong feelings: *She's a fervent believer* (żarliwą zwolenniczką) *in women's rights.* ▶ **żarliwy, gorliwy**
□ **fervently** adv. ▶ **żarliwie, gorliwie**

fervour (US **fervor**) /ˈfɜːvə(r)/ noun [U] strong feeling: *religious/revolutionary fervour* ▶ **ferwor, zapał**

fester /ˈfestə(r)/ verb [I] **1** (used about a cut or wound) to become infected ▶ **jątrzyć się, zaogniać się 2** (used about an unpleasant situation, feeling or thought) to become more unpleasant or painful ▶ **jątrzyć się, nabrzmiewać**

★**festival** /ˈfestɪvl/ noun [C] **1** a day or time when people celebrate sth (especially a religious event) ▶ **święto 2** a series of musical or dramatic performances often held regularly in one place: *a jazz festival* ▶ **festiwal**

festive /ˈfestɪv/ adj. happy, because people are enjoying themselves: *the festive season* święta ▶ **świąteczny, wesoły**

festivity /feˈstɪvəti/ noun (pl. **festivities**) **1** [U] being happy and celebrating: *Birthdays are not always occasions for festivity.* ▶ **świętowanie, uroczystość 2** (**festivities**) [pl.] happy events when people celebrate sth: *The festivities went on until dawn.* ▶ **obchody, uroczystości**

★**fetch** /fetʃ/ verb [T] **1** to go for and bring back sb/sth: *Shall I fetch you your coat?/Shall I fetch your coat for you?* ○ *It's my turn to fetch the children from school.* ➲ Ilustr. do **bring**. ▶ **pójść i przynieść, pojechać i przywieźć 2** (used about goods) to be sold for the price mentioned: *'How much will your car fetch?' 'It should fetch about £900.'* — Ile dostaniesz za swój samochód? — Powinienem za niego dostać około 900 funtów. ▶ **osiągać cenę**

fête /feɪt/ noun [C] an outdoor event with competitions, entertainment and things to buy, often organized to make money for a particular purpose: *the church fête* odpust ▶ **festyn, kiermasz**

fetus (US) = FOETUS

feud /fjuːd/ noun [C] a long and serious quarrel between two people or groups ▶ **waśń, spór**
□ **feud** verb [I] ▶ **waśnić się, toczyć spór**

feudal /ˈfjuːdl/ adj. relating to the system of feudalism ▶ **feudalny**

feudalism /ˈfjuːdəlɪzəm/ noun [U] the social system which existed in the Middle Ages in Europe, in which people worked and fought for a landowner and received land and protection from him ▶ **feudalizm**

fever /ˈfiːvə(r)/ noun **1** [C,U] a condition of the body when it is too hot because of illness: *a high fever* ○ *Aspirin can reduce fever.* ❶ Synonimem zwrotu **to have a fever** jest **to have a temperature**. ▶ **gorączka, wysoka temperatura 2** [sing.] (figurative) a state of nervous excitement ▶ **gorączka, rozgorączkowanie**
□ **feverish** /ˈfiːvərɪʃ/ adj. **1** showing the signs of a fever: *She was quite feverish.* Miała gorączkę. ▶ **rozgorączkowany, z gorączką 2** showing great excitement ▶ **rozgorączkowany, gorączkowy** | **feverishly** adv. very quickly and excitedly ▶ **gorączkowo**

★**few**[1] /fjuː/ det., adj., pron. (used with a plural noun and a plural verb) not many: *Few people live to be 100.* ○ *There are fewer* (mniej) *cars here today than yesterday.* ○ *The few people* (tych kilka osób) *I have asked thought the same as I do.* ○ *Very few of the books were new.* ➲ Zob. uwaga przy **less**[1]. ▶ **(tylko/bardzo) niewiel-u/e, (tylko/bardzo) nieliczn-i/e, mało**
IDIOM **few and far between** not happening very often: *Our visits to the theatre are few and far between.* Bardzo rzadko chodzimy do teatru. ▶ **bardzo rzadki, sporadyczny**

★**few**[2] /fjuː/ (**a few**) det., pron. (used with a plural noun and a plural verb) a small number of; some: *a few people* ○ *a few letters* ○ *Only a few of the people who applied were suitable.* ○ *She's written lots of books but I've only read a few (of them).* ○ *I knew a few* (kilku) *of the people there.* ➲ Por. z następującym zdaniem: *I knew few of the people at the party.* Znałem niewielu/mało ludzi na tym przyjęciu. ▶ **kilk-u/a, niektóry**
IDIOM **a good few; quite a few** quite a lot: *It's been a good few years since I saw him last.* ▶ **kilka dobrych, sporo**

ff. abbr. (used to indicate that sth starts on a particular page or line and continues for several pages or lines more) ▶ **nn.**

★**fiancé** /fiˈɒnseɪ; US ˌfiːɑːnˈseɪ/ noun [C] a man to whom a woman is engaged to be married ▶ **narzeczony**

★**fiancée** /fiˈɒnseɪ; US ˌfiːɑːnˈseɪ/ noun [C] a woman to whom a man is engaged to be married ▶ **narzeczona**

fiasco /fiˈæskəʊ/ noun [C] (pl. **fiascos** (US also) **fiascoes**) the ridiculous failure of an organized event: *a complete fiasco* ▶ **fiasko**

fib /fɪb/ noun [C] (informal) something you say that is not true; a small lie: *Please don't tell fibs.* ▶ **bujda, nieprawda**
□ **fib** verb [I] (**fibbing**; **fibbed**) to say untrue things, to tell a fib ➲ Por. **lie**. ▶ **zmyślać, bujać**

fibre (US **fiber**) /ˈfaɪbə(r)/ noun **1** [C] one of the thin threads which form a natural or artificial substance: *a muscle fibre* ▶ **włókno 2** [C,U] material or a substance made from fibres: *natural/man-made/synthetic fibres* ▶ **tkanina 3** [U] the parts of plants (used as food) that your body cannot digest and that are thought to be good for it: *Wholemeal bread is high in fibre.* ▶ **błonnik**

fibreglass /ˈfaɪbəglɑːs/ (US **fiberglass** /ˈfaɪbərglæs/) (also **glass fibre**) noun [U] a material made from plastic and glass fibres, used for making small boats, parts of cars, etc. ▶ **włókno szklane**

fickle /ˈfɪkl/ adj. always changing your mind or your feelings ▶ **niestały, zmienny**

★**fiction** /ˈfɪkʃn/ noun [U] stories, novels, etc. which describe events and people that do not really exist ➲ Por. **drama**, **poetry** i **fact**. ❶ Antonim: **non-fiction**. ▶ **beletrystyka**
□ **fictional** /-ʃənl/ adj. only existing in fiction: *The book gave a fictional account of a doctor's life.* Powieść opisywała losy lekarza. ➲ Por. **factual**. ▶ **powieściowy, beletrystyczny**

fictitious /fɪk'tɪʃəs/ adj. invented; not real: *fictitious names* ▶ **fikcyjny, zmyślony**

fiddle[1] /'fɪdl/ noun [C] (informal) **1** a dishonest action, especially one that is connected with money: *a tax fiddle* ▶ **oszustwo, kant 2** a violin or an instrument of the violin family ▶ **skrzypce, skrzypki**

fiddle[2] /'fɪdl/ verb **1** [I] **fiddle (about/around) (with sth)** to play with sth carelessly, nervously or without thinking: *He sat nervously, fiddling with a paper clip.* ▶ **bawić się czymś (bezwiednie) 2** [T] (informal) to change sth (business accounts, income tax forms, etc.) to gain money: *She fiddled her expenses.* ▶ **fałszować**
□ **fiddly** /'fɪdli/ adj. (informal) difficult to do or manage with your hands (because small or complicated parts are involved) ▶ **trudny do uchwycenia, wymagający zręcznych palców i precyzji**

fidelity /fɪ'deləti/ noun [U] **1** (formal) the quality of being faithful ❶ Antonim: **infidelity**. Mniej formalnym słowem jest **faithfulness**. ▶ **wierność 2** (used in connection with texts, translations, reproduction of music, etc.) the quality of being accurate or close to the original ➲ Por. **hi-fi**. ▶ **wierność, zgodność**

fidget /'fɪdʒɪt/ verb [I] **fidget (about) (with sth)** to move about or play with sth in a restless way because you are nervous, bored, etc.: *Stop fidgeting!* ○ *The children were fidgeting with their books while they waited for the bell to ring.* ▶ **wiercić się, kręcić się**
□ **fidgety** adj. ▶ **niespokojny, ruchliwy**

*__field__[1] /fi:ld/ noun [C] **1** an area of land on a farm, usually surrounded by fences or hedges and used for growing crops or keeping animals in: *a corn field* ○ *a field of corn* ▶ **pole 2** an area of land used for sports, games or some other activity: *a football field* ○ *the playing fields* ○ *an airfield* lotnisko ○ *a battlefield* pole bitwy ▶ **boisko, plac 3** an area of land where oil, coal or other minerals are found: *a coalfield* ○ *a North Sea oilfield* ▶ **pole, zagłębie 4** an area of study or knowledge: *He's an expert in the field of economics.* ○ *That question is outside my field.* ▶ **dziedzina, zakres 5** an area affected by or included in sth: *a magnetic field* ○ *It's outside my field of vision.* ▶ **pole**
IDIOM a level playing field → LEVEL[1]
■ **'field day** noun [C] a day or time of great excitement: *The newspapers always have a field day when there's a royal wedding.* ▶ **ruch w interesie, szczególnie ekscytujący dzień** | **'field event** noun [C] an athletics event that is not running, e.g. jumping and throwing ➲ Por. **track events**. ▶ **impreza lekkoatletyczna** (*ale bez konkurencji biegowych*) | **'fieldwork** noun [U] practical research work done outside the classroom, laboratory, etc. ▶ **badania/ćwiczenia w terenie**

field[2] /fi:ld/ verb **1** [I,T] (to be ready) to catch and throw back the ball (in cricket and baseball) ▶ (*o graczach drużyny atakującej*) **czekać na odbicie piłki przez gracza drużyny przeciwnej, łapać ją i odrzucać z powrotem**

> When one team is **fielding**, the other is **batting**.

2 [T] to choose a team for a game of football, cricket, hockey, etc.: *New Zealand is fielding an excellent team for the next match.* ▶ **zestawiać**

fiend /fi:nd/ noun [C] **1** a devil or a very cruel person ▶ **diabeł, okrutnik 2** (informal) a person who is unusually fond of or interested in one particular thing: *a fresh air fiend* ▶ **pasjonat, fanatyk**

fiendish /'fi:ndɪʃ/ adj. **1** very fierce or cruel ▶ **okrutny; gwałtowny 2** clever and complicated ▶ **diaboliczny, przebiegły**
□ **fiendishly** adv. very, extremely: *fiendishly clever* ▶ **diabelnie, piekielnie**

*__fierce__ /fɪəs/ adj. **1** angry and aggressive: *fierce guard dogs* ▶ **zły, zawzięty, zapalczywy 2** very strong: *fierce competition for jobs* ❶ Rzeczownik: **ferocity**. ▶ **ostry, zawzięty**
□ **fiercely** adv. ▶ **gwałtownie, zawzięcie, ostro**

fiery /'faɪəri/ adj. **1** looking like fire ▶ **ognisty, gorejący 2** (used about a person's character or temper) quick to become angry ▶ **zapalczywy**

*__fifteen__ /ˌfɪf'ti:n/ number 15, one more than fourteen ➲ Zob. przykł. użycia liczebników w zdaniach przy **six**. ▶ **piętnaście**
□ **fifteenth** /ˌfɪf'ti:nθ/ pron., det., adv. 15th, next after fourteenth ➲ Zob. przykł. przy **sixth**. ▶ **piętnasty**

*__fifth__ /fɪfθ/ pron., det., adv. 5th, next after fourth ➲ Por. **five**. ▶ **piąty**
□ **fifth** noun [C] the fraction ⅕; one of five equal parts of sth ➲ Zob. przykł. przy **sixth**. ▶ **(jedna) piąta**

*__fifty__ /'fɪfti/ number 50, one more than forty-nine ➲ Zob. przykł. użycia liczebników w zdaniach przy **sixty**. ▶ **pięćdziesiąt**
□ **fiftieth** /'fɪftiəθ/ pron., det., adv. 50th, next after forty-ninth ➲ Zob. przykł. przy **sixth**. ▶ **pięćdziesiąty**
■ **ˌfifty-'fifty** adj., adv. (informal) equal or equally (between two people, groups, etc.): *You've got a fifty-fifty chance of winning.* ○ *We'll divide the money fifty-fifty.* ▶ **równy; po połowie, równo**

fig /fɪg/ noun [C] (a type of tree with) a soft sweet fruit full of small seeds that grows in warm countries and is often eaten dried ▶ **figowiec; figa**

fig. abbr. **1** figure, illustration: *See diagram at fig. 2.* ▶ **rys., ilustr. 2** figurative(ly) ▶ **przen.**

*__fight__[1] /faɪt/ verb (pt, pp **fought** /fɔ:t/) **1** [I,T] **fight (against/with sb/sth) (about/over sth)** to use physical strength, guns, weapons etc. against sb/sth: *Did he fight in the Gulf War?* ○ *What were the boys fighting each other about?* ○ *Have you been fighting with your sister again?* ▶ **walczyć, bić się 2** [I,T] **fight (against sth)** to try very hard to stop or prevent sth: *to fight a fire/a decision* ○ *to fight against crime/disease* ▶ **walczyć (z kimś/czymś), zwalczać 3** [I] **fight (for sth/to do sth)** to try very hard to get or keep sth: *to fight for your rights* ▶ **walczyć (o coś) 4** [I] **fight (about/over sth)** to quarrel: *It's a trivial matter and not worth* *fighting about.* ▶ **kłócić się**

PHRASAL VERB **fight back** to protect yourself by fighting with actions or with words ▶ **oddawać (komuś w bójce)**

□ **fighter** noun [C] **1** a person who fights in war or in sport (especially a boxer) ▶ **żołnierz; sportowiec staczający walkę 2** (also **fighter plane**) a small fast aircraft used for shooting down enemy aircraft ▶ **samolot myśliwski** | **fighting** noun [U] an occasion when people fight: *street fighting* ℹ **Fighting** jest rzeczownikiem niepoliczalnym, który najczęściej tłumaczony będzie lm. ▶ **walka, bój, bójka**

★**fight**[2] /faɪt/ noun **1 a fight (with sb/sth); a fight between A and B** [C] an act of fighting or a struggle: *to get into a fight* ○ *the government's fight against inflation* ▶ **walka, bójka, bój 2 a fight (against/for sth) (to do sth)** [sing.] the work done trying to destroy, prevent or achieve sth: *Workers won their fight against the management to stop the factory from closing down.* ▶ **walka (z czymś/o coś)** (*w celu osiągnięcia czegoś*) **3** (especially US) **a fight (with sb) (about/over sth)** an argument about sth: *I had a fight with my mum over what time I had to be home.* ▶ **kłótnia z kimś (o coś) 4** [U] the desire to continue trying or struggling: *I've had some bad luck but I've still got plenty of fight in me.* ▶ **duch walki/bojowy, chęć walki**

IDIOM **pick a fight** → PICK[1]

figurative /ˈfɪɡərətɪv/ adj. (used about a word or an expression) not used with its exact meaning but used for giving an imaginative description or a special effect: *'He exploded at the news' is a figurative use of the verb 'to explode'.* ℹ Antonim: **literal**. ▶ **przenośny**

□ **figuratively** adv. ▶ **w znaczeniu przenośnym**

★**figure**[1] /ˈfɪɡə(r); US ˈfɪɡjər/ noun [C] **1** a written sign for a number (0 to 9): *Write the numbers in figures, not words.* ○ *He has a five-figure income/an income in five figures.* ○ *in single/double figures* w liczbie jednocyfrowej/dwucyfrowej ▶ **cyfra 2** an amount (in numbers) or a price: *The unemployment figures are lower this month.* ○ *What sort of figure are you thinking of for your house?* ▶ **liczba; cena 3** a person (that you cannot see very clearly): *Two figures were coming towards us in the dark.* ▶ **postać, sylwetka 4** a person (in a picture or photograph): *There were two figures on the right of the photo that I didn't recognize.* ▶ **postać, osoba 5** the shape of the human body: *She's got a beautiful slim figure.* ○ *I'll lose my figure if I eat too much chocolate.* ➲ Zob. uwaga przy **build**. ▶ **figura, sylwetka 6** a well-known or important person: *an important political figure* ▶ **figura, postać 7** a diagram or illustration used in a book to explain sth: *Figure 3 shows the major cities of Italy.* ▶ **diagram, wykres, ilustracja 8** (**figures**) arithmetic: *I'm not very good at figures.* Nie jestem dobry w rachunkach ▶ **liczenie**

IDIOMS **a ballpark figure/estimate** → BALL[1] | **facts and figures** → FACT | **in round figures/numbers** → ROUND[1]

■ ˌ**figure of ˈeight** (US **figure eight**) noun [C] (pl. **figures of eight**) something in the shape of an 8 ▶ **ósemka** | **figure of ˈspeech** noun [C] (pl. **figures of speech**) a word or expression used not with its original meaning but in an imaginative way to make a special effect ➲ Por. **figurative**. ▶ **metafora, wyrażenie**

figure[2] /ˈfɪɡə(r); US ˈfɪɡjər/ verb **1** [I] **figure (in sth)** to be included in sth; to be an important part of sth: *Women don't figure much in his novels.* W jego powieściach kobiety nie odgrywają dużej roli. ▶ **figurować, odgrywać znaczną rolę 2** [T] **figure (that)** (especially US) to think or guess sth: *I figured he was here when I saw his car.* ▶ **odgadywać, pomyśleć**

IDIOM **it/that figures** (informal) that is what I expected ▶ **tak właśnie myślałem**

PHRASAL VERBS **figure on sth/on doing sth** (especially US) to include sth in your plans: *I figure on arriving in New York on Wednesday.* ▶ **planować, zakładać, że** | **figure sb/sth out** to find an answer to sth or to understand sb: *I just can't figure him out!* ○ *to figure out how a machine works* ▶ **zrozumieć; wydedukować**

★**file**[1] /faɪl/ noun [C] **1** a box or a cover that is used for keeping papers together and in order ▶ **segregator, teczka 2** a collection of papers or information kept in a file ▶ **akta 3** a collection of information or material on one subject that is stored in a computer or on a disk: *to open/close a file* ▶ **plik**

IDIOMS **on file** kept in a file: *We have all the information you need on file.* ▶ **w aktach/kartotece/archiwum** | **the rank and file** → RANK

□ **file** verb [T] **file sth (away)** to put in a file: *File these letters under 'Job Applications'.* ▶ **włączać do akt/kartoteki/archiwum**

file[2] /faɪl/ noun [C] a metal tool with a rough surface used for making rough surfaces smooth: *a nail file* ▶ **pilnik**

□ **file** verb [I,T] to use a file to cut sth or make sth smooth ▶ **przepiłowywać; opiłowywać**

file[3] /faɪl/ noun

IDIOM **in single file** in a line, one behind the other: *to walk in single file* ▶ **(iść) gęsiego**

□ **file** verb [I] **file in, out, past, etc.** to walk or march in a line ▶ **przechodzić/maszerować rzędem/gęsiego**

★**fill** /fɪl/ verb **1** [I,T] **fill (sth/sb) (with sth)** to make sth full or to become full: *Can you fill the kettle for me?* ○ *The news filled him with excitement.* ○ *The room filled with smoke within minutes.* ▶ **napełniać (się) 2** [T] to occupy a position or time: *I'm afraid that teaching post has just been filled.* ▶ **zajmować, obsadzać**

PHRASAL VERBS **fill sth in 1** (US also **fill sth out**) to complete a form, etc. by writing information on it: *Could you fill in the application form, please?* ▶ **wypełniać 2** to fill a hole or space completely to make a surface flat ▶ **wypełniać** | **fill (sth) up** to become or to make sth completely full: *There weren't many people at first but then the room filled up.* ○ *Fill up the tank* (do pełna), *please.* ▶ **wypełniać (się) całkowicie**

■ ˈ**filling station** (US) = PETROL STATION

fillet (US **filet**) /ˈfɪlɪt/ noun [C,U] (a piece of) meat or fish with the bones taken out ▶ **filet**

filling /ˈfɪlɪŋ/ noun **1** [C] the material that a

dentist uses to fill a hole in a tooth: *a gold filling* ▶ **plomba 2** [C,U] food put inside a sandwich, pie, cake, etc. to make it taste nice ▶ **nadzienie, warstwa kremu/bitej śmietany itp.**

filly /'fɪli/ noun [C] (pl. **fillies**) a young female horse ▶ **klaczka**

★**film¹** /fɪlm/ noun **1** (US **movie**) [C] a story, play, etc. shown in moving pictures at the cinema or on television: *There's a good film on at the cinema this week – do you fancy going?* ○ *to watch a film on TV* ○ *to see a film at the cinema* ○ *a documentary/feature/horror film* ○ *a film studio* ○ *a film director/producer/critic* ➲ Por. **western**. ▶ **film 2** [C,U] the art or business of making films: *She's studying film.* ○ *the film industry* ▶ **kinematografia 3** moving pictures of real events: *The programme included film of the town one hundred years ago.* ▶ **film 4** [C,U] a roll of thin plastic that you use in a camera to take photographs: *A 35 millimetre film, please.* ○ *a black and white film* ○ *a colour film* ○ *Fast film is better in this light.* ▶ **film, błona filmowa**

> You **load** a film into a camera and **rewind** it when it is finished. When the film is **developed**, you can have **prints** made from the **negatives**.

5 [usually sing.] a thin layer of a substance or material: *a film of oil* ▶ **cienka powłoka, warstwa**

■ **'film star** noun [C] a person who is a well-known actor or actress in films ▶ **gwiazd-or/a filmow-y/a**

★**film²** /fɪlm/ verb [I,T] to make a film of an event, story, etc. with a camera [I, T]: *A lot of westerns are filmed in Spain.* ▶ **filmować**

filter /'fɪltə(r)/ noun [C] **1** an apparatus for holding back solid substances from a liquid or gas that passes through it: *an oil filter* ▶ **filtr 2** a piece of coloured glass used with a camera to hold back some types of light ▶ **filtr**

□ **filter** verb **1** [T] to pass a liquid through a filter: *Do you filter your water?* ▶ **filtrować, odcedzać 2** [I] **filter in, out, through, etc.** to move slowly: (figurative) *News of her illness filtered through to her friends.* ▶ **przeciekać, przenikać**

PHRASAL VERB **filter sb/sth out (of sth)** to remove sth that you do not want from a liquid, light, etc. using a special device or substance: *This chemical filters impurities out of the water.* ○ (figurative) *This test is designed to filter out weaker candidates before the interview stage.* ▶ **odfiltrować** ▶ (*przen.*) **odcedzać, wyeliminować**

filth /fɪlθ/ noun [U] **1** disgusting dirt: *The room was covered in filth.* ▶ **brud, nieczystości 2** extremely rude words, pictures, etc. usually in books, magazines or films ▶ **sprośne/nieprzyzwoite słowa, zdjęcia itp.**

□ **filthy** adj. (**filthier**; **filthiest**) **1** very dirty ▶ **bardzo brudny 2** (used about language, books, films, etc.) extremely rude and unpleasant ▶ **sprośny, nieprzyzwoity**

fin /fɪn/ noun [C] **1** a part of a fish, shaped like a thin wing. Fish use fins for swimming. ➲ Por. **flipper**. ▶ **płetwa 2** a flat, thin part that sticks out of an aircraft, a vehicle, etc. to improve its balance and movement through the air or water ▶ **statecznik, lotka**

★**final** /'faɪnl/ adj. **1** (only before a noun) last (in a series): *This will be the final lesson of our course.* ▶ **ostatni, końcowy 2** not to be changed: *The judge's decision is always final.* ▶ **ostateczny, rozstrzygający**

IDIOM **the last/final straw** → STRAW

□ **final** noun [C] **1** (also **finals**) the last game or match in a series of competitions or sporting events: *I wonder who'll get through to the final at Wimbledon this year?* ○ *The finals of the swimming championship will be held in Cardiff.* ➲ Por. **semi-final**. ▶ **finał 2** (**finals**) the examinations you take in your last year at university: *I'm taking my finals in June.* ▶ **egzamin końcowy** | **finalist** /-nəlɪst/ noun [C] a person who is in the final of a competition ➲ Por. **semi-finalist**. ▶ **finalist-a/ka** | **finalize** (also **-ise**) verb [T] to make firm decisions about plans, dates, etc.: *Have you finalized your holiday arrangements yet?* ▶ **finalizować**

finale /fɪ'nɑːli; US -'næli/ noun [C] the last part of a piece of music, an opera, show, etc. ▶ **finał**

★**finally** /'faɪnəli/ adv. **1** (used at the beginning of a sentence when you have a list of things to say, especially in a speech) as a last point: *Finally, I would like to say how much we have all enjoyed this evening.* ▶ **na koniec, kończąc, wreszcie 2** after a long time or delay: *It was getting dark when the plane finally took off.* ▶ **w końcu, ostatecznie 3** in a definite way so that sth cannot be changed: *We haven't finally decided yet – it depends on the cost.* ▶ **ostatecznie**

★**finance** /'faɪnæns; faɪ'næns; fə'næns/ noun **1** [U] the money you need to start or support a business, etc.: *How will you raise the finance to start your own business?* ▶ **fundusze 2** [U] the management of (public) money: *Who is the new Minister of Finance?* ○ *an expert in finance* ekspert finansowy ▶ **finanse 3** (**finances**) [pl.] the money a person, company, country, etc. has to spend: *What are our finances like at the moment?* Jak obecnie przedstawia się nasza sytuacja finansowa? ▶ **fundusze**

□ **finance** verb [T] to provide the money to pay for sth: *Your trip will be financed by the company.* ▶ **finansować** | **financial** /faɪ'nænʃl; fə'næ-/ adj. connected with money: *The business got into financial difficulties.* ○ *the financial year* ▶ **finansowy** | **financially** adv. /-ʃəli/: *He is financially dependent on his parents.* ▶ **finansowo**

finch /fɪntʃ/ noun [C] a small bird with a strong beak ▶ **zięba**

★**find¹** /faɪnd/ verb [T] (pt, pp **found** /faʊnd/) **1** to get back sth that you have lost: *Did you find the pen you lost?* ▶ **odnaleźć 2** to discover sth or get sth that you want (after a search): *to find a job* ○ *I hope you find an answer to your problem.* ❶ Zwróć uwagę na zwroty **find the time, find the money**: *I never seem to find the time* (nigdy nie mam czasu) *to write letters these days.* ○ *We'd like to go on holiday but we can't find the money* (nie mamy dość pieniędzy). ▶ **znaleźć 3** to discover sth by chance: *Tom found a £20 note in the park.* ○ *We went into the house and found her lying on the floor.* ○ *This animal can be found* (występuje) *all over the world.* ▶ **odkryć przypadkowo** **4** to think or to have an opinion about sth (because of your own experience): *I find that book very difficult to understand.* Ta książka jest dla mnie zbyt trudna ○ *We didn't find the film at all funny.* Naszym zdaniem film wcale nie był śmieszny. ○ *How are you finding life as a student?* Jak ci się podoba życie studenckie? ❶ Chcąc wyrazić swoją opinię, mówi się **I think that...** (nie ~~I find that...~~). ▶ **oceniać, uważać** **5** to suddenly realize or see sth: *I got home to find that I'd left the tap on all day.* ▶ **odkryć**

IDIOMS **find fault (with sb/sth)** to look for things that are wrong with sb/sth and complain about them ▶ **szukać dziury w całym** | **find your feet** to become confident and independent in a new situation ▶ **stanąć na nogi**

PHRASAL VERBS **find (sth) out** to get some information by asking or studying: *Have you found out how much the tickets cost?* ▶ **dowiadywać się** | **find sb out** to discover that sb has done sth wrong: *He used a false name for years before they found him out.* ▶ **przyłapać kogoś (na czymś); odkryć, że**

□ **finder** noun [C] a person that finds sth ▶ **znalazca** | **finding** noun [C] (usually plural) something that is discovered by research or investigation: *the findings of a survey/a report/a committee* ▶ **wyniki**

find² /faɪnd/ noun [C] a thing or a person that is unusually good or valuable: *That new software is a real find.* ▶ **skarb, odkrycie**

★**fine¹** /faɪn/ adj. **1** (only before a noun) of very good quality, beautiful: *a fine piece of work* ○ *That's the finest painting I've ever seen by that artist.* ▶ **wspaniały, piękny** **2** good enough: *'Do you want some more milk in your coffee?' 'No that's fine, thanks* (nie, dziękuję).*'* ○ *Don't cook anything special – a sandwich will be fine* (wystarczy mi kanapka). ○ *The hotel rooms were fine* (pokoje w hotelu były dość dobre) *but the food was awful.* ○ *That's fine by me.* Dobrze. ▶ **wystarczający, zadowalający** **3** in good health, or happy and comfortable: *'How are you?' 'Fine thanks.'* ○ *'Do you want to change places?' 'No I'm fine here, thanks.'* ▶ **zdrowy, zadowolony** ❶ W znaczeniu 2 i 3 **fine** nie stosuje się w pytaniach ani przeczeniach. Nie można więc powiedzieć ~~Are you fine?~~ czy ~~This isn't fine.~~ **4** (used about weather) bright and sunny; not raining: *Let's hope it stays fine for our picnic tomorrow.* ▶ **ładny** **5** thin: *That hairstyle's no good for me – my hair's too fine.* ○ *You must use a fine pencil for the diagrams.* ❶ Antonim: **thick**. ▶ **cienki** **6** made of very small pieces, grains, etc.: *Salt is finer than sugar.* ❶ Antonim: **coarse**. ▶ **drobny, miałki** **7** difficult to see; very detailed: *I couldn't understand the finer points of his argument.* ▶ **subtelny, szczegółowy**

□ **finely** adv. **1** into small pieces: *The onions must be finely chopped for this recipe.* ▶ **drobno** **2** very delicately: *a finely tuned instrument* ▶ **precyzyjnie**

★**fine²** /faɪn/ noun [C] a sum of money that you have to pay for breaking a law or rule: *a parking fine* ○ *You'll get a fine if you park there.* ○ *to pay a heavy fine* ▶ **grzywna, kara, mandat**

□ **fine** verb [T] **fine sb (for sth/for doing sth)** to make sb pay a sum of money because they have broken a law or rule: *He was fined £20 for parking illegally.* ▶ **karać grzywną/mandatem**

★**finger¹** /'fɪŋɡə(r)/ noun [C] one of the five parts at the end of each hand (or a glove): *little finger, ring finger, middle finger, forefinger (or index finger), thumb* ❶ Palce u nóg to **toes**. ▶ **palec**

IDIOMS **have green fingers** → GREEN¹ | **keep your fingers crossed** to hope that sb/sth will be successful or lucky: *I'll keep my fingers crossed for you in your exams.* ▶ **trzymać kciuki** ➲ Zob. też **cross your fingers** i **cross**.

IDIOM **snap your fingers** → SNAP¹

■ **'fingermark** noun [C] a mark on a wall, door, book, etc. made by a dirty finger ▶ **ślad palca** | **'fingernail** (also **nail**) noun [C] the hard parts on the ends of the fingers ▶ **paznokieć** | **'fingerprint** noun [C] the mark made by the skin of a finger, used for identifying people: *The burglar left his fingerprints all over the house.* ○ *The police took the suspect's fingerprints.* ▶ **odcisk palca** | **'fingertip** noun [C] the end of a finger ▶ **koniuszek palca**

IDIOM **have sth at your fingertips** to have sth ready for quick and easy use: *to have the facts at your fingertips.* ▶ **mieć coś w małym palcu**

finger² /'fɪŋɡə(r)/ verb [T] to touch or feel sth with your fingers ▶ **dotykać, macać**

★**finish¹** /'fɪnɪʃ/ verb **1** [I,T] **finish (sth/doing sth)** to come or bring sth to an end or to reach the end of sth: *What time does the film finish?* ○ *Haven't you finished yet? You've taken ages!* ○ *The US sprinters finished first, second and third.* ○ *Finish your work quickly!* ○ *Have you finished typing that letter?* ▶ **kończyć (się)** **2** [T] **finish sth (off/up)** to eat, drink or use the last part of sth: *Finish up your milk, Tom!* ▶ **skończyć, dokończyć** **3** [T] **finish sth (off)** to complete the last details of sth or make sth perfect: *He's just adding the finishing touches to his painting.* ○ *He stayed up all night to finish off the article he was writing.* ▶ **dokończyć**

PHRASAL VERBS **finish sb/sth off** (informal) to kill sb/sth: *The cat pounced and finished off the mouse.* ○ (figurative) *It was losing his job that really finished him off.* ▶ **wykończyć** | **finish with sb/sth 1** to stop needing or using sb/sth: *Don't go away. I haven't finished with you yet.* ○ *I'll borrow that book when you've finished with it.* ▶ **skończyć z kimś/czymś** **2** to end a relationship with sb: *Sally's not going out with David any more – she finished with him last month.* ▶ **zerwać z kimś**

finish² /'fɪnɪʃ/ noun [C] **1** (used especially about a race) the end: *The last race was a very close finish.* Przybiegli do mety prawie równocześnie. ❶ Antonim: **start**. ▶ **meta** **2** (used especially about wood and furniture) the feel or look that sth has when it has been polished, etc. ▶ **wykończenie**

★**finished** /'fɪnɪʃt/ adj. **1** (not before a noun) **be**

finished (with sb/sth) to have stopped doing sth, using sth or dealing with sb/sth: *'Are you using the computer?' 'Yes, I won't be finished with it for another hour or so.'* ○ *I'm nearly finished.* ▶ **skończyć z kimś/czymś** **2** (not before a noun) not able to continue: *The business is finished – there's no more money.* ▶ **skończony** **3** made; completed: *the finished product/article* ▶ **skończony**

finite /ˈfaɪnaɪt/ adj. having a definite limit or a fixed size: *finite resources* ❶ Antonim: **infinite**. ▶ **ograniczony**, (*w matematyce*) **skończony**

fiord (also **fjord**) /ˈfjɔːd/ noun [C] a long narrow piece of sea between cliffs, especially in Norway ▶ **fiord**

fir /fɜː(r)/ (also **ˈfir tree**) noun [C] a straight tree that keeps its thin leaves (needles) in winter ▶ **jodła**

■ **ˈfir cone** noun [C] the fruit of the fir ▶ **szyszka jodły**

★**fire¹** /ˈfaɪə(r)/ noun **1** [U] hot bright flames produced by sth that is burning: *Many animals are afraid of fire.* ▶ **ogień** **2** [C,U] burning that destroys and is out of control: *Firemen struggled for three hours to put out the fire.* ○ *forest fires.* ○ *You need to insure your house against fire.* ○ *The furniture caught fire* (zapaliły się) *within seconds.* ○ *Did someone set fire to* (podpalił) *that pile of wood?* ○ *Help! The frying pan's on fire* (pali się)*!* ▶ **pożar** **3** [C] burning wood or coal to warm people or cook food: *They lit a fire to keep warm.* ○ *It's cold – don't let the fire go out!* ○ *a camp fire* ognisko ○ *an open fire* kominek ▶ **ogień** **4** [C] an apparatus for heating a room, etc.: *a gas fire* ○ *an electric fire* ▶ **piecyk, piec** **5** [U] shooting from guns: *The soldiers were under fire from all sides* (w krzyżowym ogniu). ○ *gunfire* ▶ **ogień**

IDIOMS **come/be under fire** be strongly criticized: *The government has come under fire from all sides for its foreign policy.* ▶ **być pod ostrzałem krytyki** | **get on/along like a house on fire** → HOUSE¹ | **open fire** → OPEN²

■ **ˈfire alarm** noun [C] a bell or other signal to warn people that there is a fire: *If the fire alarm goes off, leave the building immediately.* ▶ **alarm pożarowy** | **ˈfirearm** noun [C, usually pl.] a gun that you can carry: *Most policemen don't carry firearms.* ▶ **broń palna** | **ˈfire brigade** (US **ˈfire department**) noun [C, with sing. or pl. verb] an organization of people trained to put out (= stop) fires ▶ **straż pożarna** | **ˈfire engine** noun [C] a special vehicle that carries equipment for fighting large fires ▶ **wóz strażacki** | **ˈfire escape** noun [C] a special staircase on the outside of a building that people can escape down if there is a fire ▶ **wyjście ewakuacyjne** | **ˈfire extinguisher** (also **extinguisher**) noun [C] a metal container with water or chemicals inside that you use for fighting small fires ▶ **gaśnica** | **ˈfirefighter** noun [C] a person whose job is to fight fires ▶ **strażak** | **ˈfirelight** noun [U] the light that comes from a fire in a fireplace: *It's quite romantic sitting here in the firelight.* ▶ **blask ognia** | **ˈfireman** /-mən/ noun [C] (pl. **firemen** /-mən/) = FIREFIGHTER

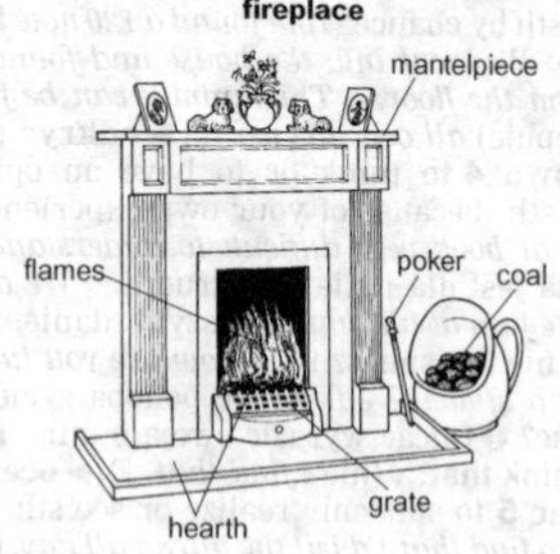

■ **ˈfireplace** noun [C] the open place in a room (at the bottom of a chimney) where you light a fire ➲ Por. **hearth**. ▶ **palenisko, kominek** | **ˈfireside** noun [C, usually sing.] the part of a room beside the fireplace: *Come and sit by the fireside.* ▶ **miejsce przy kominku** | **ˈfire station** noun [C] a building where fire engines are kept and firemen wait to be called ▶ **remiza strażacka** | **ˈfirewood** noun [U] wood used for burning on fires ▶ **drewno opałowe**

fire² /ˈfaɪə(r)/ verb **1** [I,T] **fire (sth) (at sb/sth)**; **fire (sth) into sth** to shoot with a gun or shoot bullets, etc. from a gun: *'Fire* (ognia)*!' shouted the officer.* ○ *Can you hear the guns firing?* ○ *He fired his gun at the ceiling.* ○ *They fired rubber bullets into the crowd.* ▶ **strzelać** **2** [T] to dismiss sb from a job: *He was fired for always being late.* ▶ **wyrzucać z pracy** **3** [T] **fire sth at sb** to ask questions, or make remarks, quickly and aggressively: *If you stop firing questions at me I might be able to answer!* ▶ **strzelać** (*np. pytaniami*) **4** [T] **fire sb with sth** to produce a strong feeling in sb: *Her speech fired me with determination.* ▶ (*o uczuciach*) **wzniecać, pobudzać**

□ **-fired** (in compounds) using the fuel mentioned: *gas-fired central heating* centralne ogrzewanie gazowe ▶ (*w złożeniach – oznacza rodzaj opału*)

■ **ˈfiring squad** noun [C] a group of soldiers who have been ordered to shoot and kill a prisoner ▶ **pluton egzekucyjny**

firework /ˈfaɪəwɜːk/ noun [C] a small container with chemicals inside that burns or explodes with coloured lights and bangs, used for entertainment: *to let off a firework* ○ *a firework display/party* ❶ **Firework**, choć poprawne w lp, jest często używane w lm: *We went to watch the fireworks in Hyde Park.* ▶ **sztuczne ognie, fajerwerki**

★**firm¹** /fɜːm/ noun [C, with sing. or pl. verb] a business company: *Which firm do you work for?* ▶ **firma, przedsiębiorstwo**

★**firm²** /fɜːm/ adj. **1** able to stay the same shape when pressed; quite hard: *a firm mattress* ➲ Por. **hard**. ▶ **twardy, jędrny** **2** strong or steady or not likely to change: *She kept a firm grip on* (mocno trzymała) *her mother's hand.* ○ *Have you got a firm date for your holiday yet?* Czy ustaliłeś już datę urlopu? ○ *I've got a firm offer* (poważną ofertę) *of a job in New York.* ▶ **mocny, niezmienny** **3** **firm (with sb)** insist-

ing that people do what you want: *He's very firm with his children.* ▶ **stanowczy**
IDIOM **a firm hand** strong control or discipline ▶ **twarda/żelazna ręka**
□ **firmly** adv. ▶ **twardo; stanowczo** | **firmness** noun [U] ▶ **jędrność; stanowczość**

★**first**[1] /fɜːst/ det. coming before all others; that has not happened before: *his first day at school* ○ *You've won first prize!* ○ *My first choice is blue* (w pierwszej kolejności wezmę niebieski), *but I'll take green if there's no blue left.* ○ *first impressions* ▶ **pierwszy**
IDIOMS **at first glance/sight** when first seen or examined ▶ **na pierwszy rzut oka** | **first/last thing** → THING
□ **firstly** adv. (used to introduce the first point in a list): *They were angry firstly because they had to pay extra, and secondly because no one had told them about it.* ▶ **po pierwsze**
■ ˌ**first-ˈaid** noun [U] medical help that you give to sb who is hurt or ill before the doctor arrives: *a first-aid kit* ▶ **pierwsza pomoc** | ˌ**first ˈclass** adj., adv. **1** excellent; of the best quality: *a first-class player* ▶ **pierwszorzędny, znakomity** **2** giving or using the best and most expensive type of service: *a first-class carriage* ○ *He always travels first class.* ○ *Ten first-class stamps, please.* ○ *If you send the letter first class, it should arrive tomorrow.* ▶ **pierwsza klasa**

> W Wlk. Br. są dwa rodzaje znaczków krajowych: **first class** i **second class**. **First-class stamps** są droższe, za to list z takim znaczkiem idzie szybciej.

| ˌ**first ˈcousin** = COUSIN | ˌ**first ˈfloor** noun [C] **1** (Brit.) the floor of a building above the one on street level (the ground floor): *a flat on the first floor* ○ *a first-floor flat* ▶ **pierwsze piętro** **2** (US) the floor of a building on street level ▶ **parter** | ˌ**first ˈgear** noun [C] the lowest gear on a car, bicycle, etc. ▶ **pierwszy bieg** | ˈ**first name** noun [C] the name that is given to a child when they are born: *'What's Mrs Brown's first name?' 'Alice, I think.'* ○ *Do you know him well enough to call him by his first name?* ➲ Zob. uwaga przy **name**. ▶ **imię** | **the** ˌ**first ˈperson** noun [sing.] **1** the words such as 'I', 'me', 'we', and the verb forms that go with them ▶ **pierwsza osoba** **2** the style of telling a story as if it happened to you: *The author writes in the first person.* ▶ **pierwsza osoba** | ˌ**first-ˈrate** adj. excellent; of the best quality ▶ **pierwszorzędny**

★**first**[2] /fɜːst/ adv. **1** before any others: *Sue arrived first at the party.* ○ *Our team came first in the race.* ○ *Do you want to go first or second?* ▶ **pierwszy** **2** before doing anything else: *I'll come out later. I've got to finish my homework first.* ▶ **najpierw** **3** for the first time: *Where did you first meet your husband?* ▶ **po raz pierwszy** **4** at the beginning: *When I first started my job I hated it.* ▶ **na początku** **5** (used for introducing the first thing in a list): *There are several people I would like to thank: First, my mother.* ▶ **po pierwsze, w pierwszej kolejności**
IDIOMS **at first** at the beginning: *At first I thought he was joking, but then I realized he was serious.* ▶ **z początku** | **come first** to be more important (to sb) than anything else: *Her family has always come first.* ▶ **być najważniejszym** | **first come, first served** (informal) people will be dealt with, served, seen, etc. strictly in the order in which they arrive: *Tickets can be bought here on a first come, first served basis.* ▶ **kto pierwszy, ten lepszy** | **first and foremost** more than anything else; most importantly: *He worked in television but he was a stage actor first and foremost.* ▶ **nade wszystko** | **first of all** as the first thing (to be done or said): *In a moment I'll introduce our guest speaker, but first of all, let me thank you all for coming.* ▶ **najpierw** | **first off** (informal) before anything else: *First off, let's decide who does what.* ▶ **najpierw** | **head first** → HEAD[1]

★**first**[3] /fɜːst/ noun, pron. **1** [C] (pl. **first**) (**the first**) the first person or thing, people or things: *Are we the first to arrive?* ○ *You are the first to hear the news.* ○ *They enjoyed the holiday – their first for ten years.* ▶ **pierwszy** **2** [sing.] an important event that is happening for the first time: *This operation is a first in medical history.* ▶ **pierwszy przypadek** **3** [C] **a first (in sth)** (Brit.) the highest grade of university degree ▶ **dyplom ukończenia studiów z wyróżnieniem**
IDIOM **from the (very) first** from the beginning ▶ **od (samego) początku**

first-hand /ˌfɜːst ˈhænd/ adj., adv. (used about information, experience, a story, etc.) heard, seen or learnt directly, not from other people: *a first-hand account of the accident* ○ *I've experienced the problem first-hand* (znam ten problem z własnego doświadczenia), *so I know how you feel.* ▶ **z pierwszej ręki, bezpośredni/o**

★**fish**[1] /fɪʃ/ noun (pl. **fish** or **fishes**) **1** [C] an animal that lives and breathes in water using its fins and tail for swimming: *How many fish have you caught?* ○ *fish fingers* paluszki rybne ℹ W lm najczęściej używa się formy **fish**. **Fishes** stosuje się, gdy mówimy o różnych gatunkach ryb. ▶ **ryba** **2** [U] fish as food ▶ **ryba**
□ **fishy** adj. (**fishier**; **fishiest**) **1** of or like a fish, especially in taste or smell: *a fishy smell* ▶ **rybi** **2** (informal) seeming suspicious or untrue: *The man's story sounded extremely fishy.* ▶ **podejrzany**
■ ˌ**fish and ˈchips** noun [U] fried fish and potato chips often bought already cooked and taken away to eat ▶ **ryba z frytkami**

> You buy fish and chips at a **fish and chip shop**. The fish is covered with **batter** and **deep-fried**. You find a fish and chip shop in most British towns.

| ˈ**fishmonger** /-mʌŋɡə(r)/ noun [C] (Brit.) **1** [C] a person whose job is to sell fish ▶ **sprzedaw-ca/czyni ryb** **2** (**the fishmonger's**) [sing.] a shop that sells fish ▶ **sklep rybny** ➲ Zob. uwaga przy **chemist**. | ˈ**fish slice** (US **spatula**) noun [C] a kitchen utensil that has a broad flat blade with narrow holes in it attached to a long handle, used for turning and lifting food when cooking ▶ **łopatka kuchenna**

★**fish**[2] /fɪʃ/ verb [I] **1** **fish (for sth)** to try to catch fish with rods, nets, etc.: *He's fishing for trout.* 🛈 Mówiąc o łowieniu ryb dla przyjemności, zwykle używa się zwrotu **go fishing**: *They often go fishing at weekends.* ▶ **łowić ryby** **2 fish for sth** to search for sth in water or in a deep or hidden place: *She fished (around) for her keys in the bottom of her bag.* ▶ **szukać**

PHRASAL VERBS **fish for sth** to try to get sth you want in an indirect way: *to fish for an invitation* ▶ **próbować coś wydębić** | **fish sth out (of sth)** to take or pull sth out (of sth) especially after searching for it: *After the accident they fished the car out of the canal.* ▶ **wydobyć, wyciągnąć**

fisherman /ˈfɪʃəmən/ noun [C] (pl. **fishermen** /ˈfɪʃəmən/) a person who catches fish especially as a job but also as a sport ▶ **rybak**

fishing /ˈfɪʃɪŋ/ noun [U] catching fish as a job, sport or hobby: *Fishing is a major industry in Iceland.* 🛈 Łowienie ryb jako sport czy hobby nazywa się też **angling**. ▶ **rybołówstwo, wędkarstwo**

■ ˈ**fishing rod** noun [C] a long thin stick with a line and a hook on it for catching fish ▶ **wędka**

★**fist** /fɪst/ noun [C] a hand with the fingers closed together tightly: *She clenched her fists.* ▶ **pięść**

★**fit**[1] /fɪt/ adj. (**fitter**; **fittest**) **1 fit for sb/sth**; **fit to do sth** good enough; suitable: *These houses are not fit (for people) to live in.* ○ *Do you think she is fit for the job?* ▶ **odpowiedni, nadający się** **2 fit (for sth/to do sth)** in good physical health (especially because of exercise): *He keeps fit by jogging five miles a day.* ○ *I'm afraid you won't be fit enough for work for a long time yet.* ○ *She goes to keep-fit classes.* 🛈 Antonim: **unfit**. ▶ **w (dobrej) formie**

□ **fitness** noun [U] **1** the condition of being fit(2) ▶ **(dobra) forma, kondycja** **2 fitness for sth/to do sth** the quality of being suitable: *The directors were not sure about his fitness for the job.* ▶ **zdatność**

★**fit**[2] /fɪt/ verb (**fitting**; **fitted**) **1** [I,T] to be the right size or shape for sb/sth: *These jeans don't fit.* ○ *This dress doesn't fit me any more.* Suknia ta nie jest już na mnie dobra. ○ *This key doesn't fit the lock.* ○ *My car won't fit into your garage.* ▶ **pasować, mieścić się** **2** [T] **fit sb/sth in/into/on/onto sth** to find enough space for sb/sth: *Can you fit one more person in the car?* ○ *I can't fit all these books onto the shelf.* ▶ **mieścić** **3** [T] to put or fix sth in the right place: *The builders are fitting new windows today.* ○ *I can't fit these pieces of the model together.* ▶ **dopasować** **4** [T] to be or make sb/sth right or suitable: *Her experience fits her for the job.* ○ *The punishment should fit the crime.* ▶ **kwalifikować; odpowiadać**

PHRASAL VERBS **fit sb/sth in; fit sb/sth in/into sth** to find time to see sb or to do sth: *The doctor managed to fit me in this morning.* ○ *You're tired because you're trying to fit too much into one day.* ▶ **wciskać** | **fit in (with sb/sth)** to be able to live, work, etc. in an easy and natural way (with sb/sth): *The new girl found it difficult to fit in (with the other children) at school.* ○ *I will happily change my plans to fit in with yours.* ▶ **dostosować się**

□ **fitted** adj. made or cut to fit a particular space and fixed there: *fitted cupboards* zabudowa szafkami ○ *a fitted carpet* wykładzina dywanowa ○ *a fitted kitchen* zabudowa kuchni ▶ **dopasowany, zabudowany**

fit[3] /fɪt/ noun [sing.] (usually after an adjective) the way in which sth (e.g. a piece of clothing) fits: *a good/bad/tight fit* ▶ **dopasowanie, rozmiar**

fit[4] /fɪt/ noun [C] **1** a sudden loss of consciousness with movements that are not controlled and sometimes violent ▶ **atak** (*drgawek*) **2** a sudden (usually short) attack of illness: *a fit of coughing* ▶ **napad, atak** **3** a sudden period of activity or violent feeling: *a fit of laughter/energy* ○ *a fit of anger* ▶ **napad, przypływ**

fitting[1] /ˈfɪtɪŋ/ adj. **1** (formal) right; suitable ▶ **odpowiedni, stosowny** **2** (**-fitting**) (used in compounds to describe how clothes, etc. fit): *a tight-fitting/loose-fitting dress* ▶ **dopasowany**

fitting[2] /ˈfɪtɪŋ/ noun [C, usually pl.] the things that are fixed in a building or on a piece of furniture but that can be changed or moved if necessary ➲ Por. **fixture**. ▶ **wyposażenie ruchome**

★**five** /faɪv/ number 5; one more than four ➲ Zob. przykł. użycia liczebników w zdaniach przy **six**. ▶ **pięć**

□ **five-** (used in compounds) having five of the thing mentioned: *a five-day week* ○ *a five-hour flight* ▶ **pięcio-** | **fiver** /ˈfaɪvə(r)/ noun [C] **1** (Brit., informal) a five pound note; £5: *Can you lend me a fiver?* ▶ **banknot pięciofuntowy; pięć funtów** **2** (US, informal) a five dollar note; $5 ▶ **banknot pięciodolarowy; pięć dolarów**

★**fix**[1] /fɪks/ verb [T] **1** to put sth firmly in place so that it will not move: *Can you fix this new handle to the door?* ○ (figurative) *I found it difficult to keep my mind fixed on what they were saying.* ▶ **zamocować; koncentrować** **2** to repair: *The electrician's coming to fix the cooker.* ▶ **naprawiać** **3 fix sth (up)** to decide or arrange sth: *We need to fix the price.* ○ *Have you fixed (up) a date for the party?* ▶ **ustalać** **4** (usually passive) (informal) to arrange the result of sth in a way that is not honest or fair: *The race was fixed.* ▶ **sprzedać** (*np. mecz, wyścig*) **5 fix sth (for sb)** (especially US) to prepare sth (especially food or drink) for sb: *Can I fix you a drink/a drink for you?* ▶ **przygotowywać**

PHRASAL VERBS **fix sb up (with sth)** (informal) to arrange for sb to have sth: *I can fix you up with a job/a car/a place to stay* ▶ **załatwiać coś dla kogoś** | **fix sth up** to get sth ready: *They're fixing up their spare room for the new baby.* ▶ **przygotowywać**

□ **fixed** /fɪkst/ adj. **1** already decided: *a fixed date/rent/price* ▶ **ustalony** **2** not changing: *He has such fixed ideas that you can't discuss anything with him.* ○ *a fixed smile* ▶ **niezmienny, ustalony**

IDIOM **(of) no fixed abode/address** (with) no permanent place to live ▶ **bez stałego miejsca zamieszkania**

fix[2] /fɪks/ noun **1** [C] a solution to a problem, especially one that is easy or temporary: *There's no quick fix to this problem.* ▶ **rozwią-**

zanie **2** [usually sing.] (informal) a difficult situation: *I was in a real fix – I'd locked the car keys inside the car.* ▶ **kłopotliwa sytuacja** **3** [usually sing.] (informal) a result that is dishonestly arranged: *Her promotion was a fix, I'm sure!* ▶ **wynik sfingowany/sfałszowany** **4** (slang) an amount of something that you need and want frequently, especially an illegal drug ▶ **narkotyk, szpryca**

fixation /fɪk'seɪʃn/ noun [C] a feeling (about sb/sth) that is too strong and not normal ▶ **bzik, mania**

fixture /'fɪkstʃə(r)/ noun [C] **1** [usually pl.] a piece of furniture or equipment that is fixed in a house or building and sold with it: *Does the price of the house include fixtures and fittings?* ➲ Por. **fitting**. ▶ **wyposażenie stałe, osprzęt** **2** a sporting event arranged for a particular day: *a fixture list* ▶ **impreza sportowa wyznaczona na dany dzień**

fizz /fɪz/ verb [I] to produce many small bubbles and/or make a hissing sound ▶ **musować**

□ **fizz** noun [U] the bubbles in a liquid and the sound they make ▶ **bąbelki, gaz**

fizzle /'fɪzl/ verb

PHRASAL VERB **fizzle out** to end in a weak or disappointing way: *The game started well but it fizzled out in the second half.* ▶ **kończyć się rozczarowaniem, gasnąć**

fizzy /'fɪzi/ adj. (**fizzier**; **fizziest**) (used about a drink) containing many small bubbles ❶ Mówiąc o wodzie mineralnej lub winie, zwykle używa się słowa **sparkling**, a nie **fizzy**. Antonim: **still**. ▶ **gazowany, musujący**

■ ˌ**fizzy 'drink** (US **soda**) noun [C] a sweet non-alcoholic drink that contains many small bubbles ▶ **napój gazowany**

fjord = FIORD

flabbergasted /'flæbəgɑːstɪd; US -gæst-/ adj. (informal) extremely surprised ▶ **oszołomiony, wstrząśnięty**

flabby /'flæbi/ adj. (**flabbier**; **flabbiest**) **1** (used about a person) having too much soft loose flesh ▶ **sflaczały** **2** (used about muscles, arms, legs, etc.) too soft ▶ **zwiotczały**

★**flag¹** /flæg/ noun [C] a piece of cloth with a pattern or picture on it, often attached to a flagpole or rope and used as a symbol of a country, club, etc. or as a signal: *The flag is flying for the Queen's birthday.* ○ *The train will leave when the guard waves his flag.* ▶ **flaga**

■ **'flag day** noun [C] (Brit.) a day when money is collected in public places for a charity, and people who give money receive a small paper sticker ▶ **dzień zbiórki ulicznej na cele dobroczynne**

flag² /flæg/ verb [I] (**flagging**; **flagged**) to become tired or less strong or active ▶ **tracić siły, oklapnąć**

PHRASAL VERB **flag sb/sth down** to wave to sb in a car to make them stop: *to flag down* (zatrzymać) *a taxi* ▶ **machać na kogoś/coś** (*w celu zatrzymania kogoś/czegoś*)

flagrant /'fleɪgrənt/ adj. (only before a noun) easily seen to be bad and shocking ▶ **skandaliczny, rażący**

flail /fleɪl/ verb [I,T] to wave or swing about without control: *The insect's legs were flailing in the air.* ○ *The drowning child flailed his arms above his head.* ▶ **rzucać się; wymachiwać**

flair /fleə(r)/ noun **1 (a) flair for sth** [sing.] a natural ability to do sth well: *She has a flair for languages.* ▶ **dar, zdolności** **2** [U] the quality of being interesting or having style: *That poster is designed with her usual flair.* ▶ **polot**

flak /flæk/ noun [U] (informal) severe criticism: *take/face plenty of flak from the hostile audience* ○ *The plans have come in for a lot of flak* (znalazły się pod ostrzałem krytyki). ▶ **krytyka**

flake /fleɪk/ noun [C] a small thin piece of sth: *snowflakes* ○ *cornflakes* ○ *soap flakes* ▶ **płatek**

□ **flake** verb [I] **flake (off)** to come off in flakes: *The paint is flaking (off).* ▶ **łuszczyć się**

flamboyant /flæm'bɔɪənt/ adj. **1** (used about a person) acting in a loud, confident way ▶ **wyzywający, ekstrawagancki** **2** very easily noticed: *flamboyant colours* ▶ **krzykliwy**

□ **flamboyance** /-'bɔɪəns/ noun [U] ▶ **wyzywający styl, ekstrawagancja; krzykliwość** | **flamboyantly** adv. ▶ **w sposób wyzywający/krzykliwy/ekstrawagancki**

★**flame** /fleɪm/ noun [C,U] an area of bright burning gas that comes from sth that is on fire: *a candle flame* ○ *The house was in flames when the fire engine arrived.* ○ *The piece of paper burst into flame in the fire.* ▶ **płomień**

flaming /'fleɪmɪŋ/ adj. (only before a noun) **1** burning brightly: *a flaming torch* ▶ **jasno świecący, płonący** **2** (used about colours, especially red) very bright: *flaming red hair* ○ *a flaming sunset* ▶ **ognisty** **3** (used about anger, an argument, etc.) violent: *He was in a flaming temper.* ▶ **gwałtowny** **4** (informal) (used as a mild swear word): *I can't get in – I've lost the flaming key.* ▶ **przeklęty, cholerny**

flamingo /flə'mɪŋgəʊ/ noun [C] a large pink and red bird that has long legs and stands in water ▶ **flaming**

flammable /'flæməbl/ adj. able to burn easily ❶ Antonim: **non-flammable**. **Inflammable** oznacza to samo co **flammable** i jest słowem częściej używanym. ▶ **łatwo palny**

flan /flæn/ noun [C,U] a round open pie that is filled with cheese, vegetables, fruit, etc. ➲ Zob. uwaga przy **pie**. ▶ **ciasto/placek**

flank /flæŋk/ noun [C] the side of an animal or of an army ready for battle ▶ **bok** (*zwierzęcia*), **skrzydło** (*oddziału wojska*)

□ **flank** verb [T] (usually passive) to be placed at the side or sides of sth/sb: *The road was flanked by trees.* Droga była wysadzona drzewami. ▶ **znajdować się po obu stronach**

flannel /'flænl/ noun **1** [U] a type of soft woollen cloth ▶ **flanela** **2** [C] = FACECLOTH

flap¹ /flæp/ noun [C] a piece of material that is fixed to sth at one side only, often covering an opening: *a tent/cap flap* ➲ Ilustr. do **bag**. ▶ **klapka**

IDIOM **be in/get into a flap** (informal) to be in/get into a state of worry or excitement ▶ **być zdenerwowanym; zdenerwować się**

flap² /flæp/ verb (**flapping**; **flapped**) **1** [I,T] to move sth up and down or from side to side; to move in this way, especially in the wind: *The sails were flapping in the wind.* ○ *The bird flapped its wings and flew away.* ▶ **trzepotać (się)** **2** [I] (informal) to become worried or excited: *Don't flap – it's all organized!* ▶ **przejmować się, denerwować się**

flare /fleə(r)/ verb [I] to burn with a sudden bright flame ▶

PHRASAL VERB **flare up 1** (used about a fire) to suddenly burn more fiercely ▶ **wybuchać płomieniem** **2** (used about violence, anger, a person's temper, etc.) to start suddenly or become worse ▶ **wybuchać (czymś)**

□ **flare** noun **1** [sing.] a sudden bright light or flame ▶ **płomień, błysk** **2** [C] a thing that produces a bright light or flame, used especially as a signal ▶ **rakieta, sygnał świetlny**

flared /fleəd/ adj. (used about trousers and skirts) becoming wider towards the bottom: *flared trousers* dzwony ▶ **rozszerzany dołem**

★**flash¹** /flæʃ/ noun **1** [C] a sudden bright light that comes and goes quickly: *a flash of lightning* ▶ **błysk, błyskawica** **2** [C] a sudden ability (to guess, understand or imagine sth): *a flash of inspiration* ▶ **przebłysk** (*np. talentu*) **3** [C,U] a bright light that you use with a camera for taking photographs when the light is not good; the apparatus for producing this light: *My new camera's got a built-in flash.* ▶ **flesz**

IDIOMS **in/like a flash** very quickly ▶ **błyskawicznie** | **(as) quick as a flash** → QUICK

■ **'flashlight** noun [C] (US) = TORCH

★**flash²** /flæʃ/ verb **1** [I,T] to produce a sudden bright light or to make sth produce it: *to flash on and off* ○ *That lorry driver's flashing his lights at us.* ▶ **błyskać (się), świecić (się)** **2** [I] to move very fast: *I saw something flash past the window.* ○ *Thoughts kept flashing through my mind and I couldn't sleep.* ▶ **migać,** (*o myśli*) **strzelić do głowy** **3** [T] to show sth quickly: *The detective flashed his card and went straight in.* ▶ **pomachać (czymś), migać (czymś)** **4** [T] to send a particular look towards sb (suddenly, and only for a moment): *He flashed her a smile.* ▶ **rzucać** **5** [T] to send sth by radio, television, etc.: *The news was flashed across the world.* ▶ **nadawać błyskawicznie**

PHRASAL VERB **flash back** (used about a person's thoughts) to return suddenly to a time in the past: *My mind flashed back to my childhood.* ▶ **przywołać wspomnienia**

■ **'flashback** noun [C,U] a part of a film, play, etc. that shows sth that happened before the main story ▶ **retrospekcja**

flashy /'flæʃi/ adj. (**flashier**; **flashiest**) attracting attention by being too bright and smart: *a flashy car* ○ *flashy clothes* ▶ **efektowny, jaskrawy, krzykliwy**

flask /flɑːsk; US flæsk/ noun [C] **1** a bottle with a narrow neck that is used in a laboratory ▶ **kolba, retorta** **2** a small flat bottle used for carrying alcoholic drink in a pocket ▶ **piersiówka** **3** = VACUUM FLASK

flat¹ /flæt/ (especially US **apartment**) noun [C] a set of rooms that is used as a home (usually on one floor in a larger building): *Do you rent your flat or have you bought it?* ○ *That old house has been divided into luxury flats.* ▶ **mieszkanie**

W Amer. ang. częściej używa się słowa **apartment**. **Flat** zwykle używa się w Br. ang. Jednak **apartment** używa się też w Br. ang., mówiąc o mieszkaniu wynajmowanym tymczasowo, np. na wakacje: *We're renting an apartment in the South of France.*

You **rent** a flat from a **landlord**/**landlady**. The landlord/lady **lets** the flat to you, the **tenant**. The money you have to pay is called **rent**. Your flat may be **furnished** or **unfurnished**. A person who shares the flat with you is your **flatmate**.

★**flat²** /flæt/ adj. (**flatter**; **flattest**) **1** smooth and level, with no parts that are raised above the rest: *a flat roof* ○ *a flat surface* ▶ **płaski, równy** **2** not high or deep: *flat shoes for walking* ○ *a flat dish* ▶ **płaski, płytki** **3** (used about a tyre) without enough air in it ▶ **bez powietrza, mało napompowany** **4** without much interest or energy: *Things have been a bit flat* (nic się nie dzieje) *since Alex left.* ▶ **jednostajny, powolny** **5** (used about a drink) not fresh because it has lost its bubbles: *That lemonade has gone flat.* ▶ (*o napoju gazowanym*) **zwietrzały** **6** (used about a battery) no longer producing electricity; not working: *We couldn't start the car because the battery was completely flat.* ▶ **wyczerpany** **7** (symbol ♭) (in music) half a tone lower than the stated note: *a symphony in B flat* ➲ Por. **sharp**(9). ▶ **z bemolem** **8** (in music) lower than the correct note: *That last note was flat. Can you sing it again?* ➲ Por. **sharp**(10). ▶ **za niski** **9** that will not change; firm (used about sth that you say or decide) : *He answered our request with a flat 'No!'* Kategorycznie nam odmówił. ▶ **stanowczy, kategoryczny** **10** (used about the cost of sth) that is the same for everybody; that is fixed: *We charge a flat fee of £20, however long you stay.* ▶ **jednolity, nie zróżnicowany**

□ **flatly** adv. **1** in a way that shows no interest ▶ **bez zainteresowania** **2** in a direct way; absolutely: *He flatly denied the allegations.* ▶ **stanowczo, kategorycznie** | **flatten** /'flætn/ verb [I,T] **flatten (sth) (out)** to become flat or to make sth flat: *The countryside flattens out as you get nearer the sea.* ○ *The storms have flattened crops all over the country.* ▶ **wyrównywać (się), spłaszczać (się)**

★**flat³** /flæt/ adv. **1** in a level position: *She lay flat on her back in the sun.* ○ *He fell flat on his face.* ▶ **płasko, (padać) plackiem** **2** lower than the correct note: *You're singing flat.* Fałszujesz. ➲ Por. **sharp**(9). ▶ **za nisko** **3** (used for emphasizing how quickly sth is done) in exactly the time mentioned and no longer: *She can get up and out of the house in ten minutes flat* (dokładnie w dziesięć minut). ▶ **jedynie, dokładnie**

IDIOMS **fall flat** (used about a joke, a story, an event, etc.) to fail to produce the effect that you wanted ▶ **okazać się niewypałem** | **flat out** as fast as possible; without stopping: *to work flat out* ▶ **bez przerwy**

flat⁴ /flæt/ noun **1** [C] (symbol ♭) (in music) a note which is half a tone lower than the note with the same letter ➲ Por. **sharp**. ▶ **bemol 2** [sing.] **the flat (of sth)** the flat part or side of sth: *the flat of your hand* dłoń ▶ **płaska część czegoś 3** [C] (especially US) a tyre on a car, etc. that has no air in it ▶ **flak**

flatter /ˈflætə(r)/ verb [T] **1** to praise sb too much because you want to please them or because you want to get an advantage for yourself ▶ **schlebiać 2** (usually passive) to give pleasure or honour to sb: *I felt very flattered when they gave me the job.* ▶ **zaszczycać 3 flatter yourself (that)** to choose to believe sth good about yourself although you may be wrong: *He flatters himself that he speaks fluent French.* ▶ **oszukiwać samego siebie, schlebiać sobie**

□ **flattering** /ˈflætərɪŋ/ adj. making sb look or sound more attractive or important than they really are ▶ (*o wyglądzie itp.*) **korzystny; pochlebny** | **flattery** /ˈflætəri/ noun [U] praise that you do not really mean ▶ **pochlebstwo**

flaunt /flɔːnt/ verb [T] to show sth that you are proud of so that other people will admire it ▶ **wystawiać na pokaz, popisywać się**

flautist /ˈflɔːtɪst/ (US **flutist**) noun [C] a person who plays the flute ▶ **flecist-a/ka**

⋆**flavour** (US **flavor**) /ˈfleɪvə(r)/ noun [C,U] **1** the taste and smell (of food): *Do you think a little salt would improve the flavour?* ○ *ten different flavours of yoghurt* ○ *yoghurt in ten different flavours* ▶ **smak 2** the particular quality or character of sth ▶ **posmak**

□ **flavour** (US **flavor**) verb [T] to give flavour to sth: *strawberry-flavoured milk shake* ○ *I flavoured the soup with basil.* ▶ **przyprawiać** | **flavouring** (US **flavoring**) /ˈfleɪvərɪŋ/ noun [C,U] something that you add to food or drink to give it a particular taste ▶ **przyprawa**

flaw /flɔː/ noun [C] **1** a mark or crack in an object that means that it is not perfect ▶ **skaza, pęknięcie 2** a mistake in sth that makes it not satisfactory: *a flaw in an argument* ▶ **błąd, słaby punkt 3** a bad quality in sb's character ▶ **wada**

□ **flawed** adj. with a fault or weakness so that it is not perfect ▶ **wadliwy, ze skazą; błędny** | **flawless** adj. perfect ▶ **bez skazy**

flax /flæks/ noun [U] **1** a small plant with blue flowers, that is grown for its stem and seeds ▶ **len 2** the thread that is used for making linen. It comes from the flax plant. ▶ **włókno lniane**

flea /fliː/ noun [C] a very small jumping insect without wings that lives on animals, e.g. cats and dogs. Fleas bite people and animals and make them scratch. ▶ **pchła**

■ **ˈflea market** noun [C] a market, often in a street, that sells old and used goods ▶ **pchli targ**

fleck /flek/ noun [C] a tiny mark on sth; a tiny piece of sth ▶ **plamka; pyłek**

flee /fliː/ verb [I,T] (pt, pp **fled** /fled/) to run away or escape from sth: *When the hunter fired his gun the tiger turned and fled.* ○ *The man whom the police want to interview has fled the country.* ▶ **uciekać, zbiegać**

fleece /fliːs/ noun **1** [C] the wool coat of a sheep or goat: *fine thick fleeces* ▶ **runo, wełna 2** [U, C] a type of fabric that feels like sheep's wool; a jacket or a sweatshirt that is made from this fabric: *a jacket lined with cotton fleece* (na misiu) ▶ **sztuczny baranek; polar**

fleet /fliːt/ noun [C, with sing. or pl. verb] **1** a group of ships or boats that are sailing together ▶ **flota 2** a group of vehicles (especially taxis, buses or aircraft) that are travelling together or owned by one person ▶ **konwój, flota lotnicza**

⋆**flesh** /fleʃ/ noun [U] **1** the soft part of a human or an animal body (between the bones and under the skin) ❶ Mięso zwierząt, które się spożywa, to **meat**. ▶ **ciało, mięso 2** the part of a fruit or vegetable that is soft and can be eaten ▶ **miąższ**

IDIOMS **your (own) flesh and blood** a member of your family ▶ **własna rodzina** | **in the flesh** in person, not on television, in a photograph, on the telephone, etc. ▶ **we własnej osobie** | **make your flesh creep** to make you feel disgusted and/or nervous ▶ **sprawiać, że komuś cierpnie skóra**

flew pt of FLY²

flex¹ /fleks/ (especially US **cord**) noun [C,U] (a piece of) electric wire inside a plastic tube, used for carrying electricity to electrical equipment: ▶ **przewód elektryczny**

> At the end of a **flex** there is a plug which you fit in to a **power point**.

flex² /fleks/ verb [T] to bend or move a leg, arm, muscle, etc. in order to exercise it ▶ **zginać, ćwiczyć**

flexible /ˈfleksəbl/ adj. **1** able to bend easily without breaking ▶ **elastyczny, giętki 2** that can change or be changed in order to suit different situations or conditions ❶ Antonim: **inflexible**. ▶ **elastyczny, ustępliwy**

□ **flexibility** noun [U] ▶ **elastyczność, giętkość**

flexitime /ˈfleksitaɪm/ (US usually **flextime** /ˈflekstaɪm/) noun [U] a system in which employees work a particular number of hours each week or month but can choose when they start and finish work each day: *She works flexitime.* ▶ **ruchomy czas pracy**

flick /flɪk/ verb **1** [I,T] to move, or to make sth move, with a quick sudden movement: *The frog's tongue flicked out and caught the fly.* ○ *She flicked the switch and the light came on.* ▶ **śmigać; pstrykać czymś 2** [T] to hit sb/sth lightly and quickly ▶ **przytykać**

PHRASAL VERBS **flick sth away**; **flick sth off sth** to remove sth with a quick movement of your hand or finger ▶ **strzepywać** | **flick/flip through sth** to turn over the pages of a book, magazine, etc. quickly ▶ **przerzucać kartki**

□ **flick** noun [C] a quick sudden movement or light blow ▶ **przytyczek**

flicker /ˈflɪkə(r)/ verb [I] **1** (used about a light or a flame) to burn or shine in a weak or unsteady way: *The candle flickered and went out.* ▶ **drgać, migotać 2** (used about a feeling, thought, etc.) to appear for a short time: *A smile flickered across her face.* ▶ **zabłysnąć 3** to move lightly and quickly up and down or backwards and forwards: *His eyelids flickered for a second and then he lay still.* ▶ **drgać**

□ **flicker** noun [C, usually sing.] **1** a flickering movement ▶ **drganie, trzepotanie 2** a slight feeling of sth: *a flicker of hope* iskierka nadziei ▶ **przebłysk** (*uczucia*)

flies /flaɪz/ noun pl. of FLY[3]

★**flight**[1] /flaɪt/ noun **1** [C] a journey in an aeroplane, etc.: *to book a flight* ○ *a direct/scheduled/charter flight* ○ *a manned space flight to Mars* ➲ Zob. uwaga przy **journey**. ▶ **lot, przelot 2** [C] an aeroplane that takes you on a particular journey: *Flight 340 from London to New York is boarding now.* Pasażerowie odlatujący lotem 340 z Londynu do Nowego Jorku proszeni są do wyjścia numer x. ▶ **lot 3** [U] the action of flying: *It's unusual to see swans in flight* (lecące łabędzie). ▶ **lot 4** [C] a number of stairs or steps leading up or down: *a flight of stairs* ▶ **szereg stopni, kondygnacja** (*schodów*)

■ ˈ**flight attendant** noun [C] (especially US) a person whose job is to serve and take care of passengers on an aircraft ▶ **steward/esa**

flight[2] /flaɪt/ noun [C,U] the act of running away or escaping ▶ **ucieczka**

IDIOM **put sb to flight** to make sb run away ▶ **zmuszać do ucieczki**

flimsy /ˈflɪmzi/ adj. (**flimsier**; **flimsiest**) **1** (used about material) light and thin ▶ **słaby, cienki 2** (used about an object) not strong; easily broken ▶ **kruchy, słaby 3** weak; not convincing you that it is true: *a flimsy excuse* ▶ **marny, lichy**

flinch /flɪntʃ/ verb [I] **1** to make a slight movement backwards because of sth painful or frightening ▶ **cofać się, wzdrygać się 2 flinch from sth/from doing sth** to avoid doing sth because it is unpleasant: *She didn't flinch from telling him the whole truth.* ▶ **uchylać się, wymigiwać się**

fling[1] /flɪŋ/ verb [T] (pt, pp **flung** /flʌŋ/) to throw sb/sth suddenly or with great force ▶ **ciskać, rzucać**

fling[2] /flɪŋ/ noun [C] a short period of fun and pleasure ▶ **zabawa, uciecha**

flint /flɪnt/ noun **1** [U] very hard grey stone that produces sparks when you strike it against steel ▶ **krzemień 2** [C] a small piece of flint or metal that is used to produce sparks (for example in a cigarette lighter) ▶ **krzesiwo, kamień do zapalniczki**

flip /flɪp/ verb (**flipping**; **flipped**) **1** [I,T] to turn with a quick movement: *She flipped the book open and started to read.* ▶ **odwracać (się) szybkim ruchem 2** [T] to throw sth into the air and make it turn over: *to flip a coin* ▶ **podrzucać 3** [I] (informal) to become very angry or excited ▶ **wkurzać się, podniecać się**

PHRASAL VERB **flick/flip through sth** → FLICK

■ ˈ**flip-flop** (US **thong**) noun [usually pl.] a simple open shoe with a thin strap that goes between your big toe and the toe next to it ➲ Ilustr. do **shoe**. ▶ **klapek** (*typu japonka*)

flippant /ˈflɪpənt/ adj. not serious or respectful enough about things that are important ▶ **lekceważący**

flipper /ˈflɪpə(r)/ noun [C] **1** a flat limb that some sea animals use for swimming ➲ Por. **fin**. ▶ **płetwa 2** a rubber shoe shaped like an animal's flipper that people wear so that they can swim better (especially under water): *a pair of flippers* ▶ **płetwa**

flipping /ˈflɪpɪŋ/ adj., adv. (informal) (used as a mild way of swearing): *When's the flipping bus coming?* ▶ **cholerny, przeklęty**

flirt /flɜːt/ verb [I] **1** to behave in a way that suggests you find sb attractive and are trying to attract them: *Who was that boy Irene was flirting with at the party?* ▶ **flirtować 2 flirt with sth** to think about doing sth (but not very seriously) ▶ **zastanawiać się (nad czymś)**

□ **flirt** noun [C] a person who often flirts ▶ **flircia-rz/rka**

flit /flɪt/ verb [I] (**flitting**; **flitted**) to fly or move quickly from one place to another ▶ **przemykać (się), fruwać**

★**float**[1] /fləʊt/ verb **1** [I] to stay on the surface of a liquid and not sink; to move gently on the surface of a liquid: *Cork floats in water.* ○ *There was something floating near the bank of the river.* ▶ **pływać, unosić się na wodzie 2** [I] to move slowly through the air: *A leaf floated gently down to the ground.* ▶ **szybować 3** [T] to sell shares in a company or business for the first time ▶ **puszczać w obieg**

□ **floating** adj. not fixed; not living permanently in one place: *London's floating population* ○ *a floating voter* osoba, która nie zawsze głosuje na tę samą partię ▶ **zmienny, ruchomy**

float[2] /fləʊt/ noun [C] **1** a light floating object used for helping people learn to swim ▶ **deska do pływania 2** a light floating object used on a fishing line or net ▶ **pływak** (*u wędki*) **3** a lorry or other vehicle that is decorated and used in a procession ▶ **ozdobiony pojazd używany w pochodach**

flock /flɒk/ noun [C] **1** a group of sheep, goats or birds ➲ Por. **herd**. ▶ **stado 2** a large number of people: *Flocks of tourists visit London every summer.* ▶ **gromada, tłum**

□ **flock** verb [I] to gather or go somewhere in large numbers: *People are flocking to the exhibition in large numbers.* ▶ **schodzić się tłumnie, gromadzić się**

flog /flɒg/ verb [T] (**flogging**; **flogged**) **1** (informal) to sell sth ▶ **opylić, opychać 2** to hit sb hard with a whip or stick as a punishment ▶ **chłostać**

□ **flogging** noun [C,U] hitting sb with a whip or stick as a punishment ▶ **chłosta**

★**flood**[1] /flʌd/ verb [I,T] **1** to fill a place with water; to be filled or overflow with water: *The river burst its banks and flooded the village.* ○

The river floods every year. ▶ **wylewać (się), zalewać 2** (used about a thought, feeling, etc.) to fill sb's mind suddenly: *All his worries came flooding back.* ▶ **napływać**

PHRASAL VERB **flood in** to arrive in large numbers: *Entries for the competition have been flooding in.* ▶ **napływać masowo**

★**flood**[2] /flʌd/ noun [C] **1** (also **floods** [pl.]) a large amount of water (from a river, the sea, etc.) that covers an area which should be dry ▶ **powódź 2** a large number or amount: *a flood of letters* ○ *He was in floods of tears* (tonął we łzach). ▶ **lawina**

floodlight /ˈflʌdlaɪt/ noun [C] a powerful light that is used for lighting sports grounds, the outside of public buildings, etc. ▶ **światło reflektorów, iluminacja**

floodlit /ˈflʌdlɪt/ adj. lit by floodlights: *a floodlit hockey match* ▶ **oświetlony reflektorami**

★**floor**[1] /flɔː(r)/ noun **1** [C, usually sing.] the flat surface that you walk on indoors: *Don't come in – there's broken glass on the floor!* ○ *to sweep the floor* ○ *a wooden floor* ➲ Zob. uwaga przy **ground**. ▶ **podłoga 2** [C, usually sing.] the ground or surface at the bottom of the sea, a forest, etc.: *the ocean floor* ▶ **dno 3** [C] a level in a building: *Which floor is the cafeteria on, please?* ▶ **piętro**

> W Wlk. Br. **ground floor** oznacza parter, a **first floor** pierwsze piętro. W Amer. ang. **first floor** oznacza parter.

■ ˈ**floorboard** noun [C] one of the long wooden boards used to make a floor ▶ **deska podłogowa**

floor[2] /flɔː(r)/ verb [T] to surprise or completely confuse sb with a question or a problem ▶ **zdumiewać, ogłupiać**

flop /flɒp/ verb [I] (**flopping**; **flopped**) **1** to move or fall in a heavy or an awkward way: *I was so tired that all I could do was flop onto the sofa and watch TV.* ▶ **klapnąć, padać 2** to hang down loosely: *I can't bear my hair flopping in my eyes.* ▶ **zwisać 3** (used about a book, film, record, etc.) to be unsuccessful with the public ▶ **nie cieszyć się powodzeniem**

□ **flop** noun [C] **1** [usually sing.] a floppy movement ▶ **bezwładny ruch 2** something that is not a success; a failure: *Her first novel was very successful but her second was a flop.* ▶ **niewypał, klapa**

floppy /ˈflɒpi/ adj. (**floppier**; **floppiest**) soft, loose and hanging downwards; not stiff: *a floppy hat* ▶ **miękki, sflaczały**

■ ˌ**floppy** ˈ**disk** (also **floppy**; **diskette**) noun [C] a square piece of plastic that can store information for a computer ➲ Por. **hard disk**. ▶ **dyskietka**

flora /ˈflɔːrə/ noun [pl.] all the plants growing in a particular area: *flora and fauna* ▶ **roślinność, flora**

floral /ˈflɔːrəl/ adj. decorated with a pattern of flowers, or made with flowers ▶ **kwiatowy**

florist /ˈflɒrɪst/ noun [C] a person who has a shop that sells flowers ❶ Sklep, w którym kupuje się kwiaty to **florist's**: *I bought her a bunch of flowers at the florist's.* ➲ Zob. uwaga przy **chemist**. ▶ **kwiacia-rz/rka**

flounder[1] /ˈflaʊndə(r)/ verb [I] **1** to find it difficult to speak or act in a suitable way (usually in an awkward situation) ▶ **zaplątać się 2** to have a lot of problems and be in danger of failing completely: *The business is floundering.* ▶ **być na skraju upadłości 3** to move with difficulty or to struggle (e.g. when you are trying not to sink in water) ▶ **grzęznąć, zmagać się** (*np. w wodzie*)

flounder[2] /ˈflaʊndə(r)/ noun [C] a small flat sea fish that you can eat ▶ **flądra**

★**flour** /ˈflaʊə(r)/ noun [U] a fine powder made from wheat or other grain and used for making breads, cakes, biscuits, etc. ▶ **mąka**

flourish /ˈflʌrɪʃ/ verb **1** [I] to be strong and healthy; to develop in a successful way: *These plants flourish in a sunny position.* ○ *a flourishing new sports centre* ▶ **dobrze się rozwijać, kwitnąć 2** [T] to wave sth in the air so that people will notice it ▶ **wymachiwać czymś**

□ **flourish** noun [C, usually sing.] a movement that you make to attract attention ▶ **gest teatralny, wymachiwanie**

flout /flaʊt/ verb [T] to refuse to obey or accept sth: *to flout the rules/sb's advice* ▶ **lekceważyć**

★**flow** /fləʊ/ verb [I] **1** to move in a smooth and continuous way (like water): *a fast-flowing stream* ○ *Traffic is flowing smoothly on all the main routes.* ○ *People have been flowing out of the country since the trouble began.* ▶ **płynąć, przepływać 2** (used about hair and clothes) to hang down in a loose way: *a long flowing dress.* ▶ **spływać miękko, powiewać**

□ **flow** noun [sing.] **1** a steady, continuous movement of sth/sb: *There's a steady flow of young people from the country to the towns.* ▶ **przepływ 2** a supply of sth: *Press hard on the wound to stop the flow of blood.* ○ *a flow of information between the school and the parents* ▶ **dopływ, przepływ**

■ ˈ**flow chart** (also ˈ**flow diagram**) noun [C] a diagram that shows the connections between different stages of a process or parts of a system ▶ **schemat (działania)**

★**flower** /ˈflaʊə(r)/ noun [C] **1** the beautiful coloured part of a plant or tree from which seeds or fruit grow ▶ **kwiat**

> A flower consists of several **petals**. It grows from a **bud** on the end of a **stem**.

2 a plant that is grown for its flowers; a flower and its stem: *a lovely bunch of flowers* ○ *to pick/arrange flowers* ➲ Por. **bouquet**. ▶ **kwiat**

□ **flower** verb [I] to produce flowers: *This plant flowers in late summer.* ▶ **kwitnąć** | **flowery** adj. **1** covered or decorated with flowers: *a flowery dress* ▶ **kwiecisty, w kwiatki 2** (used about a style of speaking or writing) using long, difficult words ▶ **kwiecisty**

■ ˈ**flower bed** (also **bed**) noun [C] a piece of ground in a garden or park where flowers are grown ▶ **kwietnik, klomb** | ˈ**flowerpot** noun

[C] a pot in which a plant can be grown ➲ Ilustr. do **pot**. ▶ **doniczka**

flown pp of FLY²

fl oz abbr. fluid ounce(s); a measure of liquid, about 0.028 litre ❶ Więcej informacji na temat miar znajduje się w Dodatku 3. ▶ **uncja płynu**

flu /flu:/ (formal **influenza**) noun [U] an illness that is like a bad cold but more serious. You usually have a temperature and your arms and legs ache: *The whole family has got flu.* ○ *They're in bed with flu.* ○ *There's a lot of flu about.* Dużo ludzi ma grypę. ▶ **grypa**

fluctuate /ˈflʌktʃueɪt/ verb [I] **fluctuate (between A and B)** (used about prices and numbers, or people's feelings) to change frequently from one thing to another: *The number of students fluctuates between 100 and 150.* ○ *Many people find that their moods fluctuate with the weather.* ▶ **wahać się, zmieniać się**
□ **fluctuation** /ˌflʌktʃuˈeɪʃn/ noun [C,U] ▶ **wahanie, fluktuacja**

fluent /ˈflu:ənt/ adj. **1 fluent (in sth)** able to speak or write a language easily and accurately: *After a year in France she was fluent in French* (mówiła biegle po francusku). ▶ **biegły, płynny 2** (used about speech, reading or writing) expressed in a smooth and accurate way: *He speaks fluent German.* Mówi płynnie po niemiecku. ▶ **biegły, płynny**
□ **fluency** /ˈflu:ənsi/ noun [U] ▶ **biegła znajomość, biegłość** | **fluently** adv. ▶ **biegle, płynnie**

fluff /flʌf/ noun [U] **1** small pieces of waste material (from woollen clothes, etc.) that form into balls and collect under furniture, in the corners of a room, etc. or on people's clothes ▶ **kłaczki, kuleczka z materiału na ubraniu 2** the soft new fur on young animals or birds ▶ **puch**
□ **fluffy** adj. (**fluffier**; **fluffiest**) like fluff; covered in fluff: *a fluffy kitten/jumper* ▶ **puchaty, puszysty**

fluid /ˈflu:ɪd/ noun [C] a substance that can flow; a liquid: *You should drink plenty of fluids.* ○ *bodily fluids* ○ *cleaning fluids* ▶ **płyn, ciecz**
□ **fluid** adj. **1** able to flow like a liquid ▶ **płynny 2** (used about plans, etc.) able or likely to be changed ▶ **płynny**
■ ˌ**fluid** ˈ**ounce** noun [C] (abbr. **fl oz**) a measure of liquid; in Britain 0·0284 of a litre; in the USA, 0·0296 of a litre. There are 20 fluid ounces in a British pint and 16 fluid ounces in an American pint. ▶ **uncja płynu**

fluke /flu:k/ noun [C, usually sing.] (informal) something good that happens by accident, not because you have been clever or skilful ▶ **szczęśliwy traf**

flung pt, pp of FLING¹

fluorescent /flɔ:ˈresnt/ adj. **1** shining with a particular kind of hard white light ▶ **fluoryzujący, jarzeniowy 2** very bright; seeming to shine: *fluorescent pink socks* ▶ **odblaskowy, jaskrawy**

fluoride /ˈflʊəraɪd; ˈflɔ:r-/ noun [U] a chemical substance that can be added to water or toothpaste to help prevent tooth decay ▶ **fluorek**

flurry /ˈflʌri/ noun [C] (pl. **flurries**) **1** a small amount of wind, rain or snow that comes suddenly ▶ **nagły, krótkotrwały wiatr; nagła, krótkotrwała ulewa/śnieżyca 2** a short sudden burst of activity or feelings: *a flurry of excitement* ▶ **przypływ** (*emocji*), **burza** (*np. pomysłów*)

flush¹ /flʌʃ/ verb [I] (used about a person or their face) to go red: *Susan flushed with embarrassment.* ❶ Częściej używa się słowa **blush**. ▶ **czerwienić się**
□ **flush** noun [C, usually sing.] a rush of blood to the face that makes it look red ▶ **rumieniec, wypieki** | **flushed** adj. with a hot red face: *You look very flushed. Are you sure you're all right?* ▶ **zarumieniony, z wypiekami na twarzy**

flush² /flʌʃ/ verb **1** [T] to clean a toilet by pressing or pulling a handle that sends a stream of water into the toilet: *to flush the toilet* ▶ **spuszczać wodę** (*w toalecie*) **2** [I] (used about a toilet) to be cleaned with a stream of water: *The toilet won't flush.* ▶ **spłukiwać się 3** [T] **flush sth away, down, etc.** to get rid of sth in a stream of water: *You can't flush tea leaves down the sink – they'll block it.* ▶ **spłukiwać**

fluster /ˈflʌstə(r)/ verb [T] (usually passive) to make sb feel nervous and confused (because there is too much to do or not enough time): *Don't get flustered* (nie trać głowy) *– there's plenty of time.* ▶ **wzburzać, podniecać**
□ **fluster** noun [U]: *I always get in a fluster* (podniecony) *before exams.* ▶ **podniecenie**

flute /flu:t/ noun [C] a musical instrument like a pipe that you hold sideways and play by blowing over a hole at one side ➲ Zob. uwaga przy **piano**. ▶ **flet**
□ **flutist** /ˈflu:tɪst/ noun [C] (US) = FLAUTIST

flutter /ˈflʌtə(r)/ verb **1** [I,T] to move up and down or from side to side quickly and lightly; to make sth move in this way: *The flags were fluttering in the wind.* ○ *The bird fluttered its wings and tried to fly.* ▶ **powiewać, trzepotać 2** [I] to move lightly through the air: *The dead leaves fluttered to the ground.* ▶ **opadać łagodnie, szybować 3** [I] when your heart or stomach flutters, you are feeling nervous and excited ▶ **dygotać**
□ **flutter** noun [C, usually sing.] **1** a quick, light movement ▶ **dygotanie 2** a state of nervous excitement: *I always get in a flutter before I go on holiday.* ▶ **niepokój, podenerwowanie**

flux /flʌks/ noun [U] continuous change; the state of not being settled: *a country in a state of flux* kraj, w którym zachodzą zmiany ▶ **ciągłe zmiany**

★**fly¹** /flaɪ/ verb (pres. part. **flying**; 3rd pers. sing. pres. **flies**; pt **flew** /flu:/; pp **flown** /fləʊn/) **1** [I] (used about a bird, insect, aeroplane, etc.) to move through the air: *This bird has a broken wing and cannot fly.* ○ *I can hear a plane flying overhead.* ▶ **fruwać, latać 2** [I,T] to travel in or to carry sth in an aeroplane, etc.: *My daughter is flying (out) to Singapore next week.* ○ *Supplies of food were flown (in) to the starving people.* ▶ **le-**

cieć; **dostarczać** (*np. samolotem*) **3** [I,T] (used about a pilot) to control an aeroplane, etc.: *to fly a jumbo jet.* ▶ **sterować; latać 4** [T] to travel over an area of land or sea by flying: *to fly the Atlantic* przelecieć przez Atlantyk ▶ **przelatywać 5** [I] to move quickly or suddenly: *It's late. I must fly.* ○ *A large stone came flying* (wleciał) *through the window.* ▶ **lecieć 6** [I] (used about time) to pass quickly: *The weekend has just flown (by) and now it's Monday again.* ▶ **lecieć 7** [I,T] to move about in the air; to make sth move about in the air: *The flags are flying.* ○ *to fly a kite* ▶ **powiewać; puszczać** (*np. latawca*) ❶ Rzeczownik: **flight**.

IDIOMS **as the crow flies** → CROW[1] | **fly off the handle** (informal) to become very angry ▶ **unieść się (gniewem)** | **let fly (at sb/sth) 1** to shout angrily at sb ▶ **robić (komuś) awanturę, krzyczeć na kogoś 2** to attack sb in anger: *She let fly at him with her fists.* ▶ **rzucać się na kogoś**

★**fly**[2] /flaɪ/ noun [C] (pl. **flies**) a small insect with two wings ▶ **mucha**

fly[3] /flaɪ/ noun [C] (also **flies** [pl.]) a flap of cloth that covers the zip or buttons on the front of a pair of trousers: *Henry, your flies are undone* (rozporek jest rozpięty). ▶ **rozporek**

flying /ˈflaɪɪŋ/ adj. able to fly: *flying insects* ▶ **latający**

IDIOMS **with flying colours** with great success; very well: *Martin passed the exam with flying colours.* ▶ **celująco, zaszczytnie** | **get off to a flying start** to begin sth well and so get some advantage ▶ **świetnie (się) zaczynać**

□ **flying** noun [U] travelling in an aeroplane, etc.: *I don't like flying.* ▶ **latanie**

■ **ˌflying ˈsaucer** (also **ˌunidentified ˌflying ˈobject**) noun [C] a spacecraft, shaped like a saucer or disc, that some people claim to have seen and is believed to be from another planet ▶ **latający talerz, UFO** | **ˌflying ˈvisit** noun [C] a very quick visit ▶ **krótka wizyta**

flyover /ˈflaɪəʊvə(r)/ (Brit.) (US **overpass**) noun [C] a type of bridge that carries a road over another road ▶ **wiadukt**

FM /ˌef ˈem/ abbr. frequency modulation; one of the systems of broadcasting radio signals ▶ **modulacja częstotliwościowa**

foal /fəʊl/ noun [C] a young horse ➲ Zob. uwaga przy **horse**. ▶ **źrebię**

foam /fəʊm/ noun [U] **1** a mass of small white bubbles that are formed when air and a liquid are mixed together: *white foam on the tops of the waves* ▶ **piana 2** an artificial substance that looks like foam: *shaving foam* ▶ **pian(k)a 3** (also **ˌfoam ˈrubber**) soft rubber or plastic that is used inside seats, cushions, etc. ▶ **gąbka**

□ **foam** verb [I] to produce foam: *The dog was foaming at the mouth.* ▶ **pienić się**

fob /fɒb/ verb (**fobbing**; **fobbed**)

PHRASAL VERB **fob sb off (with sth) 1** to try to stop sb asking questions or complaining by telling them sth that is not true: *Don't let them fob you off with any more excuses.* ▶ **oszukiwać, zbywać kogoś 2** to try to give sb something that is not suitable or that is not what they want: *Don't try to fob me off with that old car.* ❶ To samo znaczenie ma czasownik złożony **fob sth off on sb**. ▶ **zbywać (kogoś); wciskać coś komuś** (*np. tandetny towar*)

focal point /ˌfəʊkl ˈpɔɪnt/ noun [sing.] the centre of interest or activity ▶ **centrum (uwagi)**

focus /ˈfəʊkəs/ noun [C] (pl. **focuses**) **1** the point at which rays of light meet or from which they appear to come ▶ **ognisko (promieni) 2** [usually sing.] the centre of interest or attention; special attention that is given to sb/sth: *Tonight our focus will be on* (dzisiaj skoncentrujemy się na) *modern jazz.* ○ *The school used to be the focus of village life.* ▶ **centrum** (*np. uwagi*), **ośrodek (zainteresowania)**

IDIOM **in focus/out of focus** (used about a photograph or sth in a photograph) clear/not clear ▶ **niewyraźny; wyraźny**

□ **focus** verb (**focusing**; **focused** or **focussing**; **focussed**) **focus (sth) (on sth) 1** [T] to direct rays of light onto one particular point ▶ **ogniskować 2** [I,T] to be or become able to see clearly; to adjust your eyes so that you can see clearly: *Gradually his eyes focused.* ○ *She focused her eyes on the page.* ▶ **ześrodkowywać (się); skupiać się 3** [I,T] to adjust a camera so that the picture that you are taking will be clear: *I focused on the person in the middle of the group.* ▶ **nastawiać ostrość 4** [I,T] to give all your attention to sth: *to focus on a problem* ○ *to focus attention on a problem* ▶ **skupiać się; skupiać uwagę na czymś**

fodder /ˈfɒdə(r)/ noun [U] food that is given to farm animals ▶ **pasza**

foe /fəʊ/ noun [C] (formal) an enemy ▶ **wróg, nieprzyjaciel**

foetus (US **fetus**) /ˈfiːtəs/ noun [C] (pl. **foetuses**; **fetuses**) a young human or animal that is still developing in its mother's body ❶ Wcześniejsze stadium rozwoju to **embryo**. ▶ **płód**

★**fog** /fɒg/ noun **1** [U] thick cloud that forms close to or just above the land or sea. Fog makes it difficult for us to see: *Patches of dense fog are making driving dangerous.* ○ *The fog had lifted/cleared by midday.* ▶ **mgła**

> **Fog** oznacza gęstą mgłę, zaś **mist** to lekka mgła. W gorące dni, pod wpływem wysokiej temperatury, może tworzyć się zamglenie zwane po angielsku **haze**. Zob. uwaga przy **weather**.

2 [C] a period of fog ▶ **mgła**

□ **foggy** adj. (**foggier**; **foggiest**) used to describe the weather when there is a fog: *a foggy morning* ▶ **mglisty**

IDIOM **not have the faintest/foggiest (idea)** → FAINT

foil[1] /fɔɪl/ noun **1** [U] metal that has been rolled or beaten into very thin sheets, often used when you are wrapping or cooking food: *tin/aluminium foil* ➲ Por. **cling film**. ▶ **folia** (*np. aluminiowa*) **2** a long, thin, pointed weapon used in the sport of fencing ▶ **floret**

foil[2] /fɔɪl/ verb [T] to prevent sb from succeeding

or from carrying out their plans; to prevent a plan from succeeding: *The prisoners tried to escape but all their attempts were foiled.* ▶ **udaremniać** (*wysiłki*), **krzyżować (komuś coś)**

foist /fɔɪst/ verb

PHRASAL VERB **foist sth on/upon sb** to force sb to accept sth that they do not want ▶ **narzucać (coś komuś)**

★**fold** /fəʊld/ verb **1** [T] **fold sth (up)** to bend one part of sth over another part in order to make it smaller, tidier, etc.: *He folded the letter into three before putting it into the envelope.* ○ *Fold up your clothes neatly, please.* ❶ Antonim: **unfold.** ▶ **składać, zawijać 2** [I] **fold (up)** to be able to be folded in order to be easier to carry or to store: *This table folds up flat.* ○ *a folding bed* łóżko polowe ▶ **składać się 3** [I] **fold (up)** (used about a business, a play in the theatre, etc.) to close because it is unsuccessful ▶ **robić klapę, zamykać się**

IDIOM **cross/fold your arms** → ARM[1]

□ **fold** noun [C] **1** the mark or line where sth has been folded ▶ **zagięcie 2** a curved shape that is made by a piece of material, etc. that has been folded: *the folds of a dress* ▶ **fałda**

folder /ˈfəʊldə(r)/ noun [C] **1** a cardboard or plastic cover that is used for holding papers, etc. ▶ **teczka (do akt), skoroszyt 2** a collection of information or files on one subject that is stored in a computer or on a disk ▶ **plik, zbiór**

foliage /ˈfəʊliɪdʒ/ noun [U] (formal) all the leaves of a tree or plant ▶ **listowie**

folk /fəʊk/ noun **1** [pl.] (US **folks**) (informal) people in general: *Some folk are never satisfied.* ➲ Zob. uwaga przy **people**. ▶ **ludzie 2** [pl.] a particular type of people: *Old folk often don't like change.* ○ *country folk* wieśniacy ▶ **ludzie** (*określona grupa*) **3** (**folks**) [pl.] (informal) your parents or close relatives: *How are your folks?* ▶ **rodzice; krewni**

□ **folk** adj. traditional in a community; of a traditional style: *folk music* ○ *a folk song* ▶ **ludowy**

■ **folklore** /ˈfəʊklɔː(r)/ noun [U] (the study of) the traditional stories and beliefs of a community ▶ **folklor**

follicle /ˈfɒlɪkl/ noun [C] one of the very small holes in the skin which hair grows from: *a hair follicle* ▶ **mieszek**

★**follow** /ˈfɒləʊ/ verb **1** [I,T] to come, go or happen after sb/sth: *You go first and I'll follow (on) later.* ○ *The dog followed her wherever she went.* ○ *The crash was followed by a scream and then there was silence.* ○ *The news will be followed by a programme on the situation in West Africa.* ○ *We had steak followed by* (a potem) *fresh fruit.* ▶ **iść za kimś/czymś, następować (po kimś/czymś) 2** [T] to go after sb in order to catch them: *Go a bit slower! I think the police are following us!* ▶ **ścigać, gonić 3** [T] to go along a road, etc.; to go in the same direction as sth: *Follow this road for a mile and then turn right at the pub.* ○ *The road follows the river for a few miles.* ▶ **iść/jechać** (*np. drogą*), **iść wzdłuż czegoś, biec równolegle do czegoś 4** [T] to accept advice, instructions, an example, etc. and do what you have been told or shown to do: *When lighting fireworks, it is important to follow the instructions carefully.* ○ *She always follows the latest fashions.* ▶ **stosować się do czegoś, nadążać za czymś 5** [I,T] to understand the meaning of sth: *I'm sorry, I don't follow.* ○ *The children couldn't follow the plot of that film.* ▶ **rozumieć 6** [T] to watch or listen to sb/sth very carefully: *You'll have to follow what he says very carefully if you want to understand it.* ▶ **słuchać/patrzeć uważnie 7** [T] to take an active interest in sth: *Have you been following the tennis championships?* ▶ **śledzić z zainteresowaniem 8** [I] **follow (on) (from sth)** to happen as a result of sth; to be the necessary result of sth: *It doesn't follow that* (nigdzie nie jest powiedziane, że) *old people can't lead active lives.* ▶ **następować, wynikać 9** [T] to happen in the planned or expected way: *The day's events followed the usual pattern.* ▶ **odbywać się zgodnie z planem**

IDIOMS **as follows** (used for introducing a list): *The names of the successful candidates are as follows* (przedstawiają się następująco)... ▶ **jak następuje, następująco** | **follow sb's example/lead** to do what sb else has done or decided to do ▶ **iść za (czyimś przykładem itp.)** | **follow in sb's footsteps** to do the same job as sb else who did it before you: *He followed in his father's footsteps and joined the army.* ▶ **iść w czyjeś ślady** | **follow your nose** to go straight forward: *Turn right at the lights and after that just follow your nose until you get to the village.* ▶ **iść prosto przed siebie** | **follow suit** to do the same thing that sb else has just done ▶ **robić to samo, co ktoś inny, naśladować** | **a hard act to follow** → HARD[1]

PHRASAL VERBS **follow sth through** to continue doing sth until it is finished ▶ **robić coś od początku do końca** | **follow sth up 1** to take further action about sth: *You should follow up your letter with a phone call.* Po wysłaniu listu powinieneś tam zadzwonić. ▶ **uzupełniać, prowadzić dalej 2** to find out more about sth ▶ **zgłębiać, dociekać**

□ **follower** noun [C] a person who follows or supports a person, belief, etc. ▶ **zwolenni-k/czka, wyznaw-ca/czyni**

■ ˈ**follow-up** noun [C] something that is done to continue sth: *The book is a follow-up to the TV series.* ▶ **dodatek, kontynuacja**

following /ˈfɒləʊɪŋ/ adj. **1** next (in time): *He was taken ill on Sunday and died the following week.* ▶ **następny 2** (in a list) that I will mention now: *Please bring the following items to the meeting…* ❶ **The following** może także wystąpić w funkcji rzeczownika: *The following are the winners* (a oto nazwiska zwycięzców) *of the competition…* ▶ **następujący**

□ **following** noun [sing.] a group of people who support or admire sth: *Buddhism has a large following in Japan.* ▶ **grupa zwolenników, poparcie** | **following** prep. after; as a result of: *Students were arrested following the riots.* ▶ **po, w następstwie**

folly /ˈfɒli/ noun [C,U] (pl. **follies**) (formal) a foolish act: *It would be folly to ignore their warnings.* ▶ **szaleństwo**

★**fond** /fɒnd/ adj. **1** (not before a noun) **fond of sb/sth; fond of doing sth** liking a person or a thing, or liking doing sth: *We're all very fond of her.* ○ *I'm especially fond of* (szczególnie lubię) *his chicken casserole.* ○ *I'm not very fond of staying up late.* ▶ **lubiący, czujący sympatię/przywiązanie do kogoś/czegoś** **2** (only before a noun) kind and loving: *I have fond memories of* (mile wspominam) *my aunts.* ▶ **czuły** **3** (only before a noun) wished or hoped for but unlikely to come true: *She had a fond belief that he would come back.* ▶ **nierealny, łatwowierny**

□ **fondly** adv. in a loving way ▶ **czule** | **fondness** noun [U] a liking for sb/sth ▶ **zamiłowanie**

fondle /ˈfɒndl/ verb [T] to touch or stroke sb/sth in a loving way ▶ **pieścić, dotykać czule**

★**food** /fu:d/ noun **1** [U] something that people, animals or plants take into their bodies in order to keep them alive and healthy: *Plants get food from the soil.* ○ *a shortage of food* ▶ **żywność, jedzenie** **2** [C,U] a particular type of food that you eat: *baby food* ○ *health foods* ○ *food and drink* ▶ **żywność, jedzenie**

■ **food chain** noun [C] a series of living creatures, each of which feeds on the one below it in the series ▶ **łańcuch pokarmowy** | ˈ**food poisoning** noun [U] an illness that is caused by eating food that is bad ▶ **zatrucie pokarmowe** | ˈ**food processor** noun [C] an electric machine that can mix food and also cut or slice food into small pieces ▶ **mikser, robot kuchenny** | ˈ**foodstuff** noun [C, usually pl.] a substance that is used as food: *basic foodstuffs* ▶ **artykuł żywnościowy**

★**fool** /fu:l/ noun [C] a person who is silly or who acts in a silly way: *I felt such a fool when I realized my mistake.* ○ *She was fool enough* (była na tyle naiwna) *to believe it when he said that he loved her.* ➲ Por. **April Fool.** ▶ **głupiec, dureń**

IDIOM **make a fool of sb/yourself** to make sb/yourself look foolish or silly ▶ **robić z (siebie/kogoś) głupca**

□ **fool** verb **1** [T] to trick sb: *Don't be fooled into believing everything that the salesman says.* ▶ **nabierać kogoś, okpiwać** **2** [I] to speak without being serious: *I was only fooling when I said I was leaving.* ▶ **żartować**

PHRASAL VERB **fool about/around** to behave in a silly way: *Stop fooling around with that knife!* ▶ **wygłupiać się, błaznować**

foolhardy /ˈfu:lhɑ:di/ adj. taking unnecessary risks ▶ **ryzykowny, szalony**

★**foolish** /ˈfu:lɪʃ/ adj. **1** silly; not sensible: *I was foolish enough to trust him.* ▶ **niemądry, lekkomyślny** **2** looking silly or feeling embarrassed: *He felt rather foolish* (głupio) *when he fell in the street.* ▶ **głupi**

□ **foolishly** adv. ▶ **niemądrze, lekkomyślnie** | **foolishness** noun [U] ▶ **głupota, lekkomyślność**

foolproof /ˈfu:lpru:f/ adj. not capable of going wrong or being wrongly used: *Our security system is absolutely foolproof.* ▶ **nie do zepsucia, niezawodny**

★**foot**[1] /fʊt/ noun [C] (pl. **feet** /fi:t/) **1** the lowest part of the leg, below the ankle, on which a person or an animal stands: *She rose to her feet.* Wstała. ○ *What size feet have you got?* ○ *big/small feet* ○ *wide/narrow feet* ○ *The dog sat at her feet.* ○ *a foot brake* hamulec nożny ○ *on foot* pieszo ❶ Boso to **barefoot** lub **in bare feet**. ➲ Por. **leg** ▶ **stopa** **2** the part of a sock, etc. into which you put your foot ▶ **stopa** **3** (abbr. **ft**) a measure of length; 30·48 centimetres. There are 12 inches in a foot, and 3 feet in a yard: *'How tall are you?' 'Five foot two (inches).'* ○ *a six-foot high wall* ❶ Dwojaka lm: **feet** lub **foot**. ▶ **stopa** **4** [sing.] the bottom of sth: *There's a note at the foot of the page.* ○ *the foot of the stairs* ❶ Antonim: **top**. ▶ **dół (czegoś), spód** **5** [sing.] the end of a bed where the feet go ❶ Antonim: **head**. ▶ **koniec**

IDIOMS **back on your feet** completely healthy again after an illness or a time of difficulty ▶ **całkowicie zdrowy** (*po chorobie*), **znów w dobrej formie** | **be rushed/run off your feet** to be extremely busy; to have too many things to do: *Over Christmas we were rushed off our feet at work.* ▶ **mieć pełne ręce roboty** | **fall/land on your feet** to be lucky in finding yourself in a good situation, or in getting out of a difficult situation: *I really landed on my feet getting such a good job.* ▶ **spadać na cztery łapy, wychodzić cało z opresji** | **find your feet** → FIND[1] | **get/have cold feet** → COLD[1] | **get/start off on the right/wrong foot (with sb)** (informal) to start a relationship well/badly: *I seem to have got off on the wrong foot with the new boss.* ▶ (*o stosunkach z kimś*) **zrobić dobry/zły początek** | **have one foot in the grave** (informal) to be so old or ill that you are not likely to live much longer ▶ **być jedną nogą w grobie** | **put your feet up** to sit down and relax, especially with your feet off the floor and supported ▶ **odpoczywać** | **put your foot down** (informal) to say firmly that sth must (not) happen: *Susan put her foot down and said that the children could only watch an hour of television each evening.* ▶ **zawziąć się, stawiać na swoim** | **put your foot in it** (informal) to say or do sth that upsets or embarrasses sb ▶ **popełniać gafę, dać plamę** | **set foot in/on sth** → SET[2] | **stand on your own (two) feet** to take care of yourself without help; to be independent ▶ **stawać na (własne) nogi, dawać sobie radę** | **under your feet** in the way; stopping you from working, etc.: *Would somebody get these children out* *from under my feet and take them to the park?* ▶ (*przen.*) **pod nogami**

■ **'footprint** noun [C] a mark that is left by a foot or a shoe ▶ **ślad** (*stopy*) | **'footstep** noun [C] the sound of sb walking; the mark that a person leaves when walking ▶ **odgłos kroków**; **ślad** (*stopy*)

IDIOM **follow in sb's footsteps** → FOLLOW

'footwear noun [U] boots or shoes ▶ **obuwie**

foot[2] /fʊt/ verb

IDIOM **foot the bill (for sth)** to pay (for sth) ▶ **płacić rachunek**

footage /'fʊtɪdʒ/ noun [U] part of a film showing a particular event: *footage of the crash* ▶ **materiał filmowy**

★**football** /'fʊtbɔːl/ noun **1** (also **soccer**) [U] a game that is played by two teams of eleven players who try to kick a round ball into a goal: *a football pitch/match* ❶ Słowem **soccer** posługują się brytyjskie media. W USA używa się go mówiąc o piłce nożnej, ponieważ tam **football** oznacza **American football**. ▶ **piłka nożna** **2** [C] the large round ball that is used in this game ▶ **piłka futbolowa**

□ **footballer** noun [C] a person who plays football, especially as a professional ▶ **piłkarz**

■ **'football pools** (also **the pools**) noun [pl.] a game in which people bet money on the results of football matches and can win large amounts ▶ **zakłady ligi piłkarskiej**

foothold /'fʊthəʊld/ noun [C] a place where you can safely put your foot when you are climbing: (figurative) *to get a foothold in the US market* ▶ **oparcie dla nóg, punkt zaczepienia**

footing /'fʊtɪŋ/ noun [sing.] **1** being able to stand firmly on a surface: *He lost his footing on the wet floor and fell.* ○ (figurative) *The company is now on a firm footing* (stoi teraz mocno na nogach) *and should soon show a profit.* ▶ **równowaga, oparcie (dla nóg)** **2** the level or position of sb/sth (in relation to sb/sth else): *to be on an equal footing* (być na równi) *with sb* ▶ **stosunki** (*np. zażyłe, przyjacielskie*)

footnote /'fʊtnəʊt/ noun [C] an extra piece of information that is added at the bottom of a page in a book ▶ **przypis, odnośnik**

footpath /'fʊtpɑːθ/ noun [C] a path in the country for people to walk on: *a public footpath* ▶ **ścieżka**

★**for**[1] /fə(r); strong form fɔː(r)/ prep. **1** (showing the person who will receive sth): *Here is a letter for you.* ○ *Save a piece of cake for Mary.* ○ *He made lunch for them.* ○ *She bought some sweets for the children.* ▶ **dla** **2** (showing purpose or use): *What's this gadget for?* ○ *Let's go for a walk.* ○ *Please get me a shampoo for dry hair.* ○ *Shall we have eggs for breakfast?* ○ *What did you do that for?* Po co to zrobiłeś? ▶ **do (robienia) czegoś, na** **3** (showing where sb/sth is going to): *Is this the train for Glasgow?* ○ *They set off for the shops.* ▶ **do** **4** intended to be used by a particular group or in a particular way: *It's a book for children.* ○ *That chair is for visitors.* ○ *Is the flat for sale* (na sprzedaż)*?* ▶ **dla** **5** in order to help sb/sth: *What can I do for you?* ○ *You should take some medicine for your cold.* ○ *Doctors are fighting for his life.* ○ *Take care of her for my sake.* ▶ **dla, na, o** **6** (showing the price of sth): *I bought this car for £2000.* ○ *She gave me their old TV for nothing.* ▶ **za** **7** (showing a reason): *He was sent to prison for robbery.* ○ *I couldn't speak for laughing.* ○ *If it weren't/hadn't been for you* (gdyby nie ty), *I would never have got to the airport on time.* ▶ **za, z powodu** **8** on the occasion of: *What did they give you for your birthday?* ▶ **na, z okazji** **9** in support of (sb/sth): *Three cheers for the winner!* ○ *Are you for or against shops opening on Sundays?* ▶ **dla, za** **10** as a representative of (sb/sth): *Who's the MP for Bradford?* ○ *She plays hockey for England* (w reprezentacji narodowej Anglii). ▶ **z** **11** meaning or representing (sb/sth): *What's the 'C' for* (co oznacza „C") *in 'BBC'?* ○ *What's the Polish for* (jak jest po polsku) *'window'?* **12** (after a verb) in order to have or get sth: *She asked me for help.* ▶ **o** **13** (after an adjective) when you consider what you could expect: *She's tall for her age.* ○ *It's quite warm for January.* ▶ **jak na** **14** (after a comparative adjective) after sth: *We'll all feel better for a good night's sleep.* ▶ **po** **15** (used when you give one thing and get sth else back): *I want to exchange this sweater for a larger one.* ▶ **na** (*przy wymianie*) **16** (showing a length of time): *I'm going away for a few days.* ○ *They have left the town for good* (na zawsze). ○ *He was in prison for 20 years.* Siedział w więzieniu 20 lat. ○ *He has been in prison for 20 years.* Siedzi w więzieniu od 20 lat. ➲ Zob. uwagi przy **during** i **since**. ▶ **na, przez** **17** (showing that sth has been arranged to happen at a particular time): *The appointment is for 10.30.* ○ *We've booked our holiday for the second week in July.* ▶ **na** **18** (showing when sth happens): *I'm warning you for the last time.* ○ *I met him for the second time yesterday.* ▶ **po raz (pierwszy, ostatni itp.)** **19** (showing a distance): *He walked for ten miles.* ▶ **przez, na przestrzeni**

IDIOMS **be (in) for it** (Brit., informal) to be going to get into trouble or be punished: *If you arrive late again, you'll be in for it* (dostanie ci się). ▶ **mieć w perspektywie kłopoty** | **for all** in spite of: *For all his money, he's a very lonely man.* ▶ **po/mimo** | **for ever** → FOREVER(1)

for[2] /fə(r); strong form fɔː(r)/ conj. (formal) because: *The children soon lost their way for they had never been in the forest alone before.* ▶ **ponieważ**

★**forbid** /fə'bɪd/ verb [T] (pres. part. **forbidding**; pt **forbade** /fə'bæd; fə'beɪd/; pp **forbidden** /fə'bɪdn/) **1 forbid sb to do sth** to order sb not to do sth: *My parents forbade me to see Tim again.* ▶ **zabraniać** **2** to not allow sth: *Smoking is forbidden inside the building.* ▶ **zabraniać**

□ **forbidding** adj. looking unfriendly or unattractive: *The coast near the village is rather grey and forbidding.* ▶ **groźny, odpychający**

★**force**[1] /fɔːs/ noun **1** [U] physical strength or power: *The force of the explosion knocked them to the ground.* ○ *The police used force to break up the demonstration.* ▶ **siła** **2** [U] power and influence: *His arguments lost some of their force when they were translated into French.* ▶ **siła** **3** [C] a person or thing that has power or influence: *Britain is no longer a major force in international affairs.* ▶ **potęga 4** [C,U] a power that can cause change or movement: *the force of gravity* (przyciągania) ▶ **siła 5** [C, usually sing.] a measure of wind strength: *a force 9 gale* ▶ **siła** (*wiatru*) **6** [C] a group of people who are trained for a particular purpose: *a highly trained workforce* (siła robocza) ○ *a UN peace-keeping force* (siły pokojowe) ○ *the police force* policja ▶ **siły; jednostki** (*np. bojowe*)

IDIOMS **(be) in force 1** (used about people) in large numbers: *The police were present in force at the football match.* ▶ **licznie 2** (used about a law, rule, etc.) to be used ▶ **obowiązywać, być ważnym** | **bring sth/come into force** to start using a new law, etc.; to start being used: *to bring new legislation into force* ▶ **wprowadzać (w życie); wchodzić w życie** | **force of habit** if you do sth from or out of force of habit you do it in a particular way because you have always done it that way in the past ▶ **siła nawyku** | **join forces (with sb)** to work together in order to achieve a shared goal: *The two companies joined forces to win the contract.* ▶ **łączyć siły**

★**force²** /fɔːs/ verb [T] **1** to make sb do sth that they do not want to do: *The bank robber forced everyone to lie on the floor.* ○ *She forced herself to carry on.* ▶ **zmuszać 2** to use physical strength to do sth or to move sth: *The window had been forced open.* ○ *We had to force our way* (przedzierać się) *through the crowd.* ▶ **robić (coś) na siłę, forsować 3** to make sth happen when it will not happen naturally: *to force a smile/laugh* ○ *To force the issue, I gave him until midday to decide.* ▶ **wymuszać**

forceful /ˈfɔːsfl/ adj. strong; powerful: *He has a very forceful personality.* ○ *a forceful speech* ▶ **silny, wpływowy**

forceps /ˈfɔːseps/ noun [pl.] a special instrument that looks like a pair of scissors but is not sharp. Forceps are used by doctors for holding things firmly: *a pair of forceps* ▶ **kleszcze**

forcible /ˈfɔːsəbl/ adj. (only before a noun) **1** done using (physical) force: *The police made a forcible entry into the building.* ▶ **dokonany przemocą 2** (used about ideas, an argument, etc.) strong; convincing: *a forcible reminder* ▶ **dosadny, przekonywujący**

□ **forcibly** /ˈfɔːsəbli/ adv. using force: *The children were forcibly removed from their parents.* ▶ **na siłę, przemocą**

ford /fɔːd/ noun [C] a place in a river where the water is shallow and it is easy to walk or drive across ▶ **bród**

fore /fɔː(r)/ noun

IDIOM **be/come to the fore** to be in or get into an important position so that you are noticed by people ▶ **być na czele; wysuwać się na pierwszy plan**

forearm /ˈfɔːrɑːm/ noun [C] the lower part of your arm between your elbow and your wrist ▶ **przedramię**

foreboding /fɔːˈbəʊdɪŋ/ noun [U, sing.] a strong feeling that danger or trouble is coming ▶ **złe przeczucie**

★**forecast** /ˈfɔːkɑːst; US -kæst/ verb [T] (pt, pp **forecast** or **forecasted**) to say (with the help of information) what will probably happen in the future: *Rain has been forecast for tomorrow.* ▶ **przewidywać, prognozować**

□ **forecast** noun [C]: *The weather forecast said it would be fine tomorrow.* ▶ **prognoza**

forecourt /ˈfɔːkɔːt/ noun [C] a large open area in front of a building such as a petrol station ▶ **plac**

forefinger /ˈfɔːfɪŋɡə(r)/ noun [C] the finger next to the thumb ❶ Mówi się też **index finger**. ▶ **palec wskazujący**

forefront /ˈfɔːfrʌnt/ noun [sing.] the leading position; the position at the front: *Our department is at the forefront of* (zajmuje czołową pozycję) *scientific research.* ▶ **czołowa pozycja**

forego = FORGO

foregone /ˈfɔːɡɒn/ adj.

IDIOM **a foregone conclusion** a result that is or was certain to happen ▶ **przesądzony, wiadomy z góry**

foreground /ˈfɔːɡraʊnd/ noun [sing.] (**the foreground**) **1** the part of a view, picture, etc. that appears closest to the person looking at it: *Notice the artist's use of colour in the foreground of the picture.* ▶ **przedni plan 2** a position where you will be noticed most: *He likes to be in the foreground at every meeting.* ▶ **pierwszy plan, na przedzie** ➲ Por. **background**.

forehand /ˈfɔːhænd/ noun [C] a stroke in tennis, etc. that is made with the inside of your hand facing forward ▶ **forhend**

★**forehead** /ˈfɔːhed; ˈfɒrɪd; US ˈfɔːred; ˈfɑːred/ (also **brow**) noun [C] the flat part of a person's face above the eyes and below the hair ▶ **czoło**

★**foreign** /ˈfɒrən/ adj. **1** belonging to or connected with a country that is not your own: *a foreign country* ○ *to learn a foreign language* ○ *a foreign coin* ○ *foreign currency* ▶ **obcy, zagraniczny 2** dealing with or involving other countries: *foreign policy* ○ *foreign affairs* ○ *the French Foreign Minister* minister spraw zagranicznych Francji ▶ **zagraniczny 3** (used about an object or a substance) not belonging where it is: *The X-ray showed up a foreign body in her stomach.* ▶ **obcy**

□ **foreigner** noun [C] a person who belongs to a country that is not your own ▶ **obcokrajowiec**

■ **the ˌForeign and ˈCommonwealth Office** (abbr. **FCO**) noun [sing., with sing. or pl. verb] the British government department that deals with relations with other countries ❶ Wiele osób używa jeszcze dawnej nazwy tego ministerstwa **the Foreign Office**. ▶ **brytyjskie Ministerstwo Spraw Zagranicznych** | **foreign exˈchange** noun [C,U] the system of buying and selling money from a different country; the place where it is bought and sold ▶ **giełda walutowa** | **ˌForeign ˈSecretary** noun [C] the British Government minister who is responsible for dealing with foreign countries ▶ **minister spraw zagranicznych**

foremost /ˈfɔːməʊst/ adj. most famous or important; best: *Laurence Olivier was among* *the foremost actors of this century.* ▶ **najsłynniejszy**, **czołowy**

IDIOM **first and foremost** → FIRST[2]

forename /ˈfɔːneɪm/ noun [C] (formal) your first name, that is given to you when you are born ➲ Zob. uwaga przy **name**. ▶ **imię**

forensic /fəˈrensɪk; -zɪk/ adj. connected with the law and finding out about a crime: *to carry out forensic tests* ○ *forensic medicine* ▶ **sądowy**, **kryminalistyczny**

forerunner /ˈfɔːrʌnə(r)/ noun [C] a person or thing that is an early example or a sign of sth that appears or develops later ▶ **prekursor**; **zwiastun**

foresee /fɔːˈsiː/ verb [T] (pt **foresaw** /fɔːˈsɔː/; pp **foreseen** /fɔːˈsiːn/) to know or guess that sth is going to happen in the future: *Nobody could have foreseen the result of the election.* ➲ Por. **unforeseen**. ▶ **przewidywać**

□ **foreseeable** /-əbl/ adj. that can be expected: *The weather won't change in the foreseeable future.* ○ *These problems were foreseeable.* ▶ **możliwy do przewidzenia**, **przewidywalny**

foresight /ˈfɔːsaɪt/ noun [U] the ability to see what will probably happen in the future (and to make wise plans): *My neighbour had the foresight to move house* (mój sąsiad był przewidujący i wyprowadził się) *before the new motorway was built.* ❶ Antonim: **hindsight**. ▶ **zdolność przewidywania**, **przezorność**

foreskin /ˈfɔːskɪn/ noun [C] the loose piece of skin that covers the end of the penis ▶ **napletek**

★**forest** /ˈfɒrɪst/ noun [C,U] a large area of land that is covered with trees: *tropical rain forests* tropikalne lasy deszczowe ○ *A large part of Canada is covered in forest.* ○ *a forest fire* ❶ **Forest** to większy las niż **wood**. ▶ **las**

□ **forestry** noun [U] the science of planting and taking care of trees in forests ▶ **leśnictwo**

forestall /fɔːˈstɔːl/ verb [T] to act before sb else in order to prevent them from doing sth; to prevent an action from taking place by doing sth that will stop it ▶ **ubiegać**

foretell /fɔːˈtel/ verb [T] (pt, pp **foretold** /fɔːˈtəʊld/) (formal) to say what will happen in the future ▶ **przepowiadać**

forethought /ˈfɔːθɔːt/ noun [U] careful thought about, or preparation for, the future ▶ **przewidywanie**, **przezorność**

foretold pt, pp of FORETELL

★**forever** /fərˈevə(r)/ adv. **1** (also **for ever**) for all time; permanently: *I wish the holidays would last forever!* ○ *I realized that our relationship had finished forever.* ○ *My sister always takes forever* (zawsze siedzi całą wieczność) *in the bathroom.* ○ *(literary) I'll regret it forever more.* Będę tego żałował przez całe życie. ▶ **wiecznie**, **na zawsze** **2** (with verbs in the continuous forms) very often: *Our neighbours are forever having noisy parties.* ▶ **ciągle**

foreword /ˈfɔːwɜːd/ noun [C] a piece of writing at the beginning of a book that introduces the book and/or its author ▶ **przedmowa**

forfeit /ˈfɔːfɪt/ verb [T] to lose sth or no longer have sth because you have done sth wrong or because you want to achieve an aim: *Because of his violent behaviour he forfeited the right to visit his children.* ▶ **utracić**

forgave pt of FORGIVE

forge[1] /fɔːdʒ/ noun [C] a workshop where metals are heated and shaped, especially one where a blacksmith works making and fitting shoes for horses ▶ **kuźnia**

forge[2] /fɔːdʒ/ verb [T] **1** to make a copy of sth in order to deceive people: *to forge a signature* ▶ **fałszować**, **podrabiać** **2** to create a relationship with sb/sth: *Our school has forged links with a school in Romania.* ▶ **nawiązywać (stosunki)**

□ **forgery** /ˈfɔːdʒəri/ noun (pl. **forgeries**) **1** [U] the crime of copying a document, signature, painting, etc. in order to deceive people ▶ **fałszerstwo**, **podrabianie** **2** [C] a document, signature, picture, etc. that has been forged ▶ **falsyfikat**; **podrobiony obraz/dokument/podpis**

forge[3] /fɔːdʒ/ verb

PHRASAL VERB **forge ahead** to go forward very quickly; to move into the leading position ▶ **wysforowywać się**

★**forget** /fəˈget/ verb (pt **forgot** /fəˈgɒt/; pp **forgotten** /fəˈgɒtn/) **1** [I,T] **forget about sth** to fail to remember sth; to lose the memory of sth: *'Why didn't you come to the party?' 'Oh dear! I completely forgot about it!'* ○ *You never forget how to ride a bicycle.* ○ *I've forgotten what I was going to say.* ○ *I've forgotten the telephone number.* ○ *He forgot that he had invited her to the party.* ○ *I'll never forget meeting* (nigdy nie zapomnę, jak spotkałam) *my husband for the first time.* ▶ **zapominać** **2** [I,T] to fail to remember to do sth: *Try not to forget about feeding the cat!* ○ *Don't forget to do your homework!* ▶ **zapominać** **3** [T] to fail to bring sth with you: *When my father got to the airport he realized he'd forgotten his passport.* ❶ Mówiąc o miejscu, w którym czegoś zapomnieliśmy, należy użyć czasownika **leave**. Uwaga! Nie można powiedzieć ~~*My father forgot his passport at home*~~. Należy powiedzieć: *He left his passport at home.* ▶ **zapominać** **4** [T] to stop thinking about sth: *Forget about your work and enjoy yourself!* ○ *'I'm sorry I shouted at you.' 'Forget it* (nie przejmuj się tym).*'* ▶ **zapominać** **5** [T] **forget yourself** to behave without proper control; to behave in a way that is not like the way you usually behave: *When he heard the news he completely forgot himself and kissed everybody in the room!* ▶ **zapominać się**

□ **forgetful** /-fl/ adj. often forgetting things: *My mother's nearly 80 and she's starting to get a bit forgetful* (zaczyna zapominać o różnych rzeczach). ▶ **zapominalski**

forget-me-not /fəˈget mi nɒt/ noun [C,U] a small plant with tiny blue flowers, or a number of these ▶ **niezapominajka**

★**forgive** /fəˈgɪv/ verb [T] (pt **forgave** /fəˈgeɪv/; pp **forgiven** /fəˈgɪvn/) **1** **forgive sb (sth/for sth/for doing sth)** to stop being angry towards sb or about sth: *I can't forgive his behaviour last* *night.* ○ *I can't forgive him his behaviour last night.* ○ *I can't forgive him for his behaviour last night.* ○ *I can't forgive him for behaving like that last night.* ▶ **przebaczać** **2** (used for apologizing politely): *Forgive me for asking, but where did you get that dress?* ▶ **przepraszać, wybaczać**

□ **forgivable** /-əbl/ adj. that can be forgiven ❶ Antonim: **unforgivable**. ▶ **wybaczalny** | **forgiveness** noun [U] the act of forgiving ▶ **wybaczenie; odpuszczenie (grzechu)** | **forgiving** adj. ready and willing to forgive ▶ **wyrozumiały; łatwo wybaczający**

forgo (also **forego**) /fɔːˈgəʊ/ verb [T] (pt **forwent** /fɔːˈwent/; pp **forgone** /fɔːˈgɒn/) to be willing not to have sth nice or sth that you have a right to: *We'll have to forgo a holiday this year if we want to buy a car.* ▶ **wyrzekać się**

forgot pt of FORGET

forgotten pp of FORGET

★**fork** /fɔːk/ noun [C] **1** a small implement with a handle and two or more prongs. You use a fork for lifting food to your mouth when eating. ▶ **widelec** **2** a large tool with a handle and three or more points (prongs) that you use for digging the ground ➲ Ilustr. do **garden**. ▶ **widły** **3** a place where a road, river, etc. divides into two parts; one of these parts: *After about two miles you'll come to a fork in the road. Take the right fork and keep going for another two miles.* ▶ **rozwidlenie; odnoga**

□ **fork** verb [I] **1** (used about a road, river, etc.) to divide into two parts ▶ **rozwidlać się** **2** to go along the left or right fork of a road: *Fork right up the hill.* ▶ **skręcać**

PHRASAL VERB **fork out (for sth)** (informal) to pay for sth when you do not want to: *I forked out over £20 for that book.* ▶ **bulić**

forlorn /fəˈlɔːn/ adj. lonely and unhappy; not cared for ▶ **żałosny, opuszczony**

★**form¹** /fɔːm/ noun **1** [C] a particular type of sth or way of doing sth: *Swimming is an excellent form of exercise.* ○ *We never eat meat in any form.* ○ *What form will the meeting take?* ▶ **forma, postać** **2** [C,U] the shape of sb/sth: *The articles will be published in book form.* ▶ **forma, kształt** **3** [C] a piece of paper with questions on it and spaces where you give answers and personal information: *a booking/an entry form* ○ *to fill in an application form* ❶ W Amer. ang. używa się konstrukcji **fill out a form**. ▶ **formularz** **4** [C] a class in a school: *the sixth form* ▶ **klasa** **5** [C] a way of spelling or changing a word in a sentence: *the irregular forms of the verbs* ▶ **forma** **6** [U] the strength or fitness of a sports player, team, etc.: *to be in/out of form* ○ *to be on/off form* być/nie być w formie ▶ **forma** **7** [U] the record of how well sb/sth has done sth recently: *On present form* (sądząc z ostatnich wyników) *the team should win easily.* ▶ **wyniki**

IDIOM **true to form** → TRUE

★**form²** /fɔːm/ verb **1** [T] to make or organize sth: *to form a government* ○ *In English we usually form the past tense by adding '-ed'.* ▶ **tworzyć** **2** [T] to make into the shape of sth: *The flap pulls out to form a table.* ▶ **zmieniać w** **3** [T] to move into the shape or order mentioned: *The police formed a circle around the house.* ▶ **formować, kształtować** **4** linking verb [T] to be the thing mentioned: *Seminars form the main part of the course.* ▶ **tworzyć** **5** [I,T] to begin to exist or to make sth exist; to begin to have sth: *Buds form on trees in the early spring.* ○ *The rain had formed a huge puddle on the road.* ○ *We formed a very good impression of the school on our first visit.* ▶ **tworzyć (się); wyrabiać** (*opinię, pogląd*)

★**formal** /ˈfɔːml/ adj. **1** (used about language or behaviour) used when you want to appear serious or official and when you are in a situation in which you do not know the other people very well: *'Yours faithfully' is a formal way of ending a letter.* ○ *a formal occasion/manner* ❶ W słowniku niektóre słowa i wyrażenia oznaczone są jako **formal** albo **informal**. Pomaga to w wyborze właściwego słowa w konkretnej sytuacji. ▶ **formalny, oficjalny** **2** public and official: *to make a formal complaint* ▶ **oficjalny, urzędowy** **3** (only before a noun) obtained in a school or college: *formal qualifications* ▶ **formalny**

□ **formally** /-məli/ adv. ▶ **formalnie, oficjalnie**

formality /fɔːˈmæləti/ noun (pl. **formalities**) **1** [C] an action that is necessary according to custom or law: *There are certain formalities to attend to before we can give you a visa.* ○ *'Do I really have to sign this?' 'Yes, but don't worry – it's just a formality.'* ▶ **formalność** **2** [U] careful attention to rules of language and behaviour: *They treated each other with cold formality.* ▶ **oficjalność**

format /ˈfɔːmæt/ noun [C] the shape of sth or the way it is arranged or produced: *It's the same book but in a different format.* ▶ **format**

□ **format** verb [T] (**formatting**; **formatted**) to prepare a computer disk so that data can be recorded on it; to arrange text on a page or a screen: *to format a disk/letter* ▶ **formatować**

formation /fɔːˈmeɪʃn/ noun **1** [U] the act of making or developing of sth: *the formation of a new government* ▶ **formowanie, budowanie** **2** [C,U] an arrangement or pattern (especially of soldiers, aeroplanes, ships, etc.): *A number of planes flew over in formation.* ▶ **formacja** **3** [C] a thing that is formed; the particular way in which it is formed: *rock formations* ○ *cloud formations* ▶ **formacja**

formative /ˈfɔːmətɪv/ adj. having an important and lasting influence (on sb's character and opinions): *A child's early years are thought to be the most formative ones.* ▶ **kształtujący**

★**former¹** /ˈfɔːmə(r)/ adj. (only before a noun) of an earlier time; previous: *Bill Clinton, the former American President* ○ *Their new neighbour is a former teacher.* ○ *In former times people often had larger families.* ▶ **były, dawny**

★**former²** /ˈfɔːmə(r)/ (**the former**) adj., noun the first (of two people or things just mentioned): *Of the two hospitals in the town – the General and the Royal – the former has the better reputation.* ❶ Antonim: **the latter**. ▶ **poprzedni, pierwszy (z dwu)**

★**formerly** /'fɔːməli/ adv. in the past; previously: *the country of Myanmar (formerly Burma)* ○ *The hotel was formerly a castle.* ❶ W tym samym znaczeniu częściej używa się wyrażenia **used to**: *The hotel used to be a castle.* Hotel ten w przeszłości był zamkiem. ▶ **uprzednio, dawniej**

formidable /'fɔːmɪdəbl/ adj. **1** causing you to be rather frightened: *His mother is a rather formidable lady.* ▶ **groźny, budzący respekt** **2** difficult to deal with; needing a lot of effort: *Reforming the education system will be a formidable task.* ▶ **ogromny, wymagający wysiłku**

formula /'fɔːmjələ/ noun [C] (pl. **formulas** or **formulae** /-liː/) **1** a group of signs, letters or numbers used in science or mathematics to express a general law or fact: *The formula for carbon monoxide is CO.* ○ *What is the formula for converting miles to kilometres?* ▶ **wzór** **2** a list of substances used for making sth; the instructions necessary for making sth: *The formula for the new vaccine has not yet been made public.* ▶ **formuła; przepis, receptura** **3** a plan of how to get sth or how to do sth: *a formula for success* ▶ **recepta** (*np. na sukces*)

formulate /'fɔːmjuleɪt/ verb [T] **1** to prepare and organize a plan or ideas for doing sth: *The Labour Party still has not formulated its policy on Northern Ireland.* ▶ **formułować** **2** to express sth (clearly and exactly) ▶ **wyrażać**

forsake /fə'seɪk/ verb [T] (pt **forsook** /fə'sʊk/; pp **forsaken** /fə'seɪkən/) (formal) to leave a person or a place for ever (especially when you should stay) ▶ **porzucać**

fort /fɔːt/ noun [C] a strong building that is used for military defence ▶ **fort**

forth /fɔːθ/ adv.

IDIOMS **and so forth** and other things like those just mentioned: *You'll be taking messages, making tea and so forth.* ▶ **i tak dalej, i tym podobne** | **back and forth** → BACK³

forthcoming /ˌfɔːθ'kʌmɪŋ/ adj. **1** going to happen or appear in the near future: *Look in the local paper for a list of forthcoming events.* ▶ **nadchodzący** **2** (not before a noun) offered or given: *If no money is forthcoming* (jeżeli nie nadejdą pieniądze) *we shall not be able to continue the project.* ○ *No explanation was forthcoming.* ▶ **zaoferowany; otrzymany** **3** (not before a noun) willing to be helpful, give information, etc.: *Don't ask the lady in the post office – she's never very forthcoming.* ▶ **pomocny**

forthright /'fɔːθraɪt/ adj. saying clearly and honestly what you think ▶ **otwarty, prostolinijny**

forthwith /ˌfɔːθ'wɪθ; -'wɪð/ adv. (formal) immediately ▶ **bezzwłocznie**

fortieth → FORTY

fortify /'fɔːtɪfaɪ/ verb [T] (pres. part. **fortifying**; 3rd pers. sing. pres. **fortifies**; pt, pp **fortified**) to make a place stronger and ready for an attack: *to fortify a city* ▶ **fortyfikować**

□ **fortification** /ˌfɔːtɪfɪ'keɪʃn/ noun [C, usually pl.] walls, ditches, etc. that are built to protect a place against attack ▶ **fortyfikacja, umocnienie**

★**fortnight** /'fɔːtnaɪt/ noun [C, usually sing.] (Brit.) two weeks: *We're going on holiday for a fortnight.* ○ *a fortnight's holiday* ○ *School finishes in a fortnight/in a fortnight's time* (za dwa tygodnie). ▶ **dwa tygodnie**

□ **fortnightly** adj., adv. (happening or appearing) once a fortnight: *This magazine is published fortnightly.* ▶ **dwutygodniowy; raz na dwa tygodnie**

fortress /'fɔːtrəs/ noun [C] a castle or other large building that has been made strong so that it is not easy to attack ▶ **forteca**

★**fortunate** /'fɔːtʃənət/ adj. lucky: *You were fortunate* (miałeś szczęście) *to have such lovely weather for your holiday.* ○ *It was fortunate that* (na szczęście) *he was at home when you phoned.* ❶ Antonim: **unfortunate**. ▶ **szczęśliwy**

□ **fortunately** adv. by good luck; luckily: *Fortunately the traffic wasn't too bad so I managed to get to the meeting on time.* ○ *Jane arrived late but, fortunately for her, everybody was too busy to notice.* ▶ **na szczęście, szczęśliwie (dla kogoś)**

★**fortune** /'fɔːtʃuːn/ noun **1** [U] the power that affects what happens in a person's life; luck: *Fortune was not on our side that day.* ▶ **fortuna, los** **2** [C, usually pl.] the things (both good and bad) that happen to a person, family, country, etc.: *The country's fortunes depend on its industry being successful.* ▶ **losy, pomyślność** **3** [C] what is going to happen to a person in the future: *Show me your hand and I'll try to tell your fortune* (powróżę ci). ▶ **przyszłość** **4** [C] a very large amount of money: *She spends a fortune on clothes.* ▶ **fortuna, majątek**

IDIOM **cost the earth/a fortune** → COST²

■ **'fortune teller** noun [C] a person who tells people's fortunes(3) ▶ **wróżbita, wróżka**

★**forty** /'fɔːti/ number 40, one more than thirty-nine ➲ Zob. przykł. użycia liczebników w zdaniach przy **sixty**. ▶ **czterdzieści**

IDIOM **forty winks** (informal) a short sleep, especially during the day ▶ **drzemka (poobiednia)**

□ **fortieth** /'fɔːtiəθ/ pron., det., adv. 40th, next after thirty-ninth ➲ Zob. przykł. użycia liczebników w zdaniach przy **sixth**. ▶ **czterdziesty**

forum /'fɔːrəm/ noun [C] a place or meeting where people can exchange and discuss ideas ▶ **forum**

★**forward¹** /'fɔːwəd/ adv. **1** (also **forwards**) in the direction that is in front of you; towards the front, end or future: *Keep going forward and try not to look back.* ○ *We seem to be going backwards, not forwards.* ▶ **naprzód; w przyszłość** **2** in the direction of progress; ahead: *The new form of treatment is a big step forward in the fight against AIDS.* ▶ **naprzód** **3** behaving towards sb in a way that is too confident or too informal ▶ **z tupetem** ❶ **Forward** używa się w czasownikach złożonych. ➲ Zob. hasła odpowiednich czasowników, np. **bring**, **come**, **look**, **put**.

IDIOMS **backward(s) and forward(s)** → BACKWARD | **put the clock/clocks forward/back** → CLOCK¹

■ **'forward-looking** adj. thinking about or planning for the future; having modern ideas: *a forward-looking education policy* ▶ (*o osobie*) **o dalekowzrocznych planach, przyszłościowy**

⋆**forward²** /ˈfɔːwəd/ adj. **1** (only before a noun) towards the front or future: *forward planning* ▶ **przedni; przyszłościowy** **2** having developed earlier than is normal or expected; advanced: *Children who read before they are five are considered very forward.* ❶ Antonim: **backward**(2). ▶ **nad wiek rozwinięty**

forward³ /ˈfɔːwəd/ verb [T] to send a letter, etc. to a new address: *The post office is forwarding all our mail.* ❶ Pisząc do osoby, której nowego adresu nie znasz, możesz wysłać list na stary adres z adnotacją na kopercie **please forward**. ▶ **przesyłać na nowy adres**
■ ˈ**forwarding address** noun [C] a new address to which post should be sent ▶ **nowy adres**

forward⁴ /ˈfɔːwəd/ noun [C] an attacking player in a sport such as football ▶ **napastnik**

forwent pt of FORGO

fossil /ˈfɒsl/ noun [C] the remains, or a mark, of a prehistoric animal or plant that has been buried in rock for a very long time and that has become hard ▶ **skamielina**
■ **fossil fuel** noun [C,U] fuel, e.g. coal or oil, that is formed over millions of years from the remains of animals or plants: *What will happen when our fossil fuels run out?* ▶ **paliwo pochodzenia organicznego**

foster /ˈfɒstə(r)/ verb [T] **1** to take a child who needs a home into your family and to care for them without becoming the legal parents: *to foster a homeless child* ❶ Przybrani rodzice to **foster parents**, a przybrane dziecko to **foster child**. ➲ Por. **adopt**. ▶ **wychowywać przybrane dziecko** **2** to help or encourage the development of sth (especially feelings or ideas) ▶ **podsycać, popierać**

fought pt, pp of FIGHT¹

foul¹ /faʊl/ adj. **1** disgusting and dirty (often with a bad smell or taste): *The air in the room was foul and she opened the windows wide.* ▶ **obrzydliwy, cuchnący, plugawy** **2** very bad or unpleasant: *It's been a foul weekend.* ○ *Careful what you say – he's got a foul temper* (łatwo wpada w szał). ○ *What's in this drink? It tastes foul* (smakuje obrzydliwie). ▶ **podły, obrzydliwy** **3** (used about weather) very bad; stormy: *The foul weather prevented our plane from taking off.* ▶ **obrzydliwy, burzliwy** **4** (used about language) very rude; full of swearing ▶ **ordynarny, sprośny**
IDIOM **fall foul of sb/sth** to get in trouble with sb/sth because you have done sth wrong: *At sixteen she fell foul of the law for the first time.* ▶ **wchodzić w konflikt z kimś/czymś** (*po zrobieniu czegoś złego*)
■ ˌ**foul ˈplay** noun [U] **1** action that is against the rules of a sport ▶ **nieprzepisowe zagranie** **2** violent crime that leads to murder ▶ **odrażająca zbrodnia** (*zwykle połączona z zabójstwem*)

foul² /faʊl/ verb [T] to make sth dirty (with rubbish, waste, etc.): *Dogs must not foul the pavement.* ▶ **zanieczyszczać**
PHRASAL VERB **foul sth up** to spoil sth: *The weather really fouled up our holiday.* ▶ **psuć, zmarnować**

foul³ /faʊl/ noun [C] an action that is against the rules: *to commit a foul* ○ *He was sent off for a foul on the Juventus goalkeeper.* ▶ **faul**
□ **foul** verb [I,T] to be guilty of a foul (against another player): *He was fouled inside the area and the referee awarded a penalty.* ▶ **faulować**

found¹ pt, pp of FIND¹

found² /faʊnd/ verb [T] **1** to start an organization, institution, etc. especially by providing money: *Oxford has Britain's oldest public museum (founded 1683).* ▶ **zakładać, fundować** **2** to begin to build a town or establish a country: *Liberia was founded by freed American slaves.* ▶ **tworzyć, budować** **3** (usually passive) to base sth on sth ▶ **opierać**

⋆**foundation** /faʊnˈdeɪʃn/ noun **1** [U] the act of founding sth (a building, a town, an organization, etc.) ▶ **założenie, ufundowanie** **2** [C] an organization that provides money for a special purpose, e.g. for research or to help people who have a particular problem: *The British Heart Foundation* Brytyjska Fundacja Zapobiegania Chorobom Serca ▶ **fundacja** **3** [pl.] (**foundations**) the parts of a building beneath the ground that form its base: *The builders have only just started to lay the foundations of the new school.* ▶ **fundamenty** **4** [C,U] the idea, principle, or fact on which sth is based: *That rumour is completely without foundation* (bez podstaw). ▶ **podstawa**

founder /ˈfaʊndə(r)/ noun [C] a person who founds or establishes sth ▶ **założyciel**
■ **founder ˈmember** noun [C] one of the first members of a club, an organization, etc. ▶ **członek-założyciel**

foundry /ˈfaʊndri/ noun [C] (pl. **foundries**) a place where metal or glass is melted and shaped into objects ▶ **odlewnia, huta**

⋆**fountain** /ˈfaʊntən; US -tn/ noun [C] an ornament (in a garden or in a square in a town) that shoots a stream of water into the air. The water that comes out is also called a fountain. ▶ **fontanna**
■ ˈ**fountain pen** noun [C] a type of pen that you fill with ink ▶ **wieczne pióro**

⋆**four** /fɔː(r)/ number 4, one more than three ➲ Zob. przykł. użycia liczebników w zdaniach przy **six**. ▶ **cztery**
IDIOM **on all fours** with your hands and knees on the ground; crawling: *The children went through the tunnel on all fours.* ▶ **na czworakach**
□ **four-** (in compounds) having four of the thing mentioned: *four-legged animals* ▶ **cztero-, czworo-, czwór-** | **fourth** /fɔːθ/ pron., det., adv. 4th, next after third ❶ $^1/_4$ nazywa się **quarter**: *a quarter of an hour* kwadrans ➲ Zob. przykł. przy **sixth**. ▶ **czwarty**
■ ˌ**four-letter ˈword** noun [C] one of a type of word (often with four letters) that people think is very rude ▶ **nieprzyzwoity wyraz** | ˌ**four-wheel ˈdrive** noun [U, C] a system in a vehicle where the engine turns all four wheels; a

vehicle with this system: *a four-wheel drive car* ▶ **napęd na cztery koła; samochód z napędem na cztery koła**

foursome /ˈfɔːsəm/ noun [C, usually sing.] a group of four people taking part in a social activity or sport together: *Can you make up a foursome for tennis tomorrow?* ▶ **czwórka** (*do gry/zabawy*)

★**fourteen** /ˌfɔːˈtiːn/ number 14, one more than thirteen ➲ Zob. przykł. użycia liczebników w zdaniach przy **six**. ▶ **czternaście**

□ **fourteenth** /ˌfɔːˈtiːnθ/ pron., det., adv. 14th, next after thirteenth ➲ Zob. przykł. przy **sixth**. ▶ **czternasty**

fowl /faʊl/ noun [C] (pl. **fowl** or **fowls**) a bird, especially a hen that is kept on a farm ▶ **drób, ptak**

★**fox** /fɒks/ noun [C] a wild animal with reddish fur that looks like a dog ▶ **lis**

> A female fox is a **vixen** and a young fox is a **cub**. A fox is often described as **sly** or **cunning**.

■ ˈ**fox-hunting** noun [U] a sport in which a fox is hunted by people on horses with dogs (foxhounds) ▶ **polowanie na lisa**

foyer /ˈfɔɪeɪ; US ˈfɔɪər/ noun [C] an entrance hall in a cinema, theatre, hotel, etc. where people can meet or wait ▶ **foyer**

fraction /ˈfrækʃn/ noun [C] **1** a small part or amount: *For a fraction of a second I thought the car was going to crash.* ▶ **ułamek, cząstka 2** an exact part of a number: *$\frac{1}{2}$ and $\frac{1}{4}$ are fractions.* ▶ **ułamek**

□ **fractionally** /-ʃənəli/ adv. to a very small degree; slightly ▶ **o ułamek sekundy, odrobinę**

fracture /ˈfræktʃə(r)/ noun [C] a break in sth hard, especially in a bone: *a fracture of the arm* ▶ **złamanie, pęknięcie**

□ **fracture** verb [T] to break sth (especially a bone): *She fell and fractured her ankle.* ○ *a fractured ankle* ▶ **łamać**

fragile /ˈfrædʒaɪl; US -dʒl/ adj. easily damaged or broken: *This bowl is very fragile. Please handle it carefully.* ▶ **kruchy, delikatny**

fragment /ˈfrægmənt/ noun [C] a small piece (that has broken off sth bigger): *The builders found fragments of Roman pottery on the site.* ○ (figurative) *I heard only a fragment of their conversation.* ▶ **fragment, szczątek, okruch**

□ **fragment** /frægˈment/ verb [I,T] (formal) to be broken into small pieces; to break sth into small pieces: *The country is becoming increasingly fragmented by civil war.* ▶ **rozdrabniać (się)**

fragrance /ˈfreɪgrəns/ noun [C,U] a pleasant smell ➲ Zob. uwaga przy **smell¹**. ▶ **zapach, aromat**

□ **fragrant** adj. having a pleasant smell ▶ **pachnący, aromatyczny**

frail /freɪl/ adj. not strong or healthy: *My aunt is still very frail after her accident.* ▶ **słaby, wątły**

□ **frailty** /ˈfreɪlti/ noun [C,U] (pl. **frailties**) moral or physical weakness ▶ **słabość**

★**frame¹** /freɪm/ noun [C] **1** a border of wood or metal that goes around the outside of a door, picture, window, etc.: *a window frame* ▶ **rama 2** [usually pl.] a structure made of plastic or metal that holds the lenses of a pair of glasses ▶ **oprawa 3** the basic structure of a piece of furniture, building, vehicle, etc. onto which other pieces are added: *the frame of a bicycle* ▶ **rama, szkielet 4** [usually sing.] the shape of a human or an animal body: *He has a large frame but he is not fat.* ▶ **postura, budowa**

IDIOM **frame of mind** a particular state or condition of your feelings; mood: *I'm not in the right frame of mind for a party. I'd prefer to be on my own.* ▶ **nastrój, usposobienie**

frame² /freɪm/ verb [T] **1** to put a border around sth (especially a picture or photograph): *Let's have this photograph framed.* ▶ **oprawiać (w ramę) 2** (formal) to express sth in words, in a particular way: *The question was very carefully framed.* ▶ **formułować 3** (usually passive) to give false evidence against sb in order to make them seem guilty of a crime: *The man claimed that he had been framed by the police.* ▶ **wrabiać (kogoś w coś)**

★**framework** /ˈfreɪmwɜːk/ noun [C] **1** the basic structure of sth that gives it shape and strength: *A greenhouse is made of glass panels fixed in a metal framework.* ▶ **szkielet, struktura 2** a system of rules or ideas which help you decide what to do: *The plan may be changed but it will provide a framework on which we can build.* ▶ **zrąb, podstawa**

franc /fræŋk/ noun [C] the unit of money in Switzerland and several other countries ▶ **frank**

franchise /ˈfræntʃaɪz/ noun **1** [U] (formal) the right to vote in elections ▶ **prawo wyborcze 2** [C] official permission to sell a company's goods or services in a particular area: *a franchise for a fast-food restaurant* ▶ **koncesja**

frank /fræŋk/ adj. showing your thoughts and feelings openly; saying what you mean; honest: *To be perfectly frank with you, I don't think you'll pass your test.* ▶ **szczery, otwarty**

□ **frankly** adv.: *Please tell me frankly what you think about my idea.* ○ *Quite frankly* (szczerze mówiąc), *I'm not surprised at what has happened.* ▶ **szczerze, otwarcie** | **frankness** noun [U]: *She spoke with great frankness about her past life.* ▶ **szczerość, otwartość**

frankfurter /ˈfræŋkfɜːtə(r)/ (US **wiener**) noun [C] a type of small smoked sausage ▶ **parówka**

frantic /ˈfræntɪk/ adj. **1** in a very emotional state because you are extremely worried or frightened: *The mother went frantic* (szalała z rozpaczy) *when she couldn't find her child.* ○ *frantic cries for help* ▶ **oszalały (z czegoś), zrozpaczony 2** very busy or rushed; without organization: *a frantic search for the keys* ▶ **nerwowy, bezładny**

□ **frantically** /-kli/ adv.: *They have been working frantically all week trying to get things ready in time.* ▶ **nerwowo, bezładnie**

fraternal /frəˈtɜːnl/ adj. (formal) of or like brothers; friendly ▶ **braterski, bratni**

fraternity /frəˈtɜːnəti/ noun (pl. **fraternities**) **1** [U] the feeling of friendship between people (like that between brothers) ▶ **braterstwo** **2** [C] a group of people who share the same work or interests: *the medical fraternity* ▶ **bractwo**

fraud /frɔːd/ noun **1** [C,U] (an act of) deceiving or tricking sb in order to get money, etc. in a way that is against the law: *The accountant was sent to prison for fraud.* ○ *Millions of pounds are lost every year in credit card frauds.* ▶ **oszustwo** **2** [C] a person who deceives or tricks sb by pretending to be sb else ▶ **oszust/ka**

□ **fraudulent** /ˈfrɔːdjələnt; US -dʒə-/ adj. (formal) done in order to deceive sb; dishonest: *the fraudulent use of stolen cheques* ▶ **oszukańczy, nieuczciwy**

fraught /frɔːt/ adj. **1** (not before a noun) filled with sth (unpleasant): *The situation was fraught with danger.* ▶ **pełny (niebezpieczeństw), brzemienny (w skutki)** **2** (informal) (used about people) worried and nervous; (used about a situation) very busy so that people become nervous: *You look fraught – what's the matter?* ○ *Things are fraught at work on Mondays.* ▶ **spięty, rozdrażniony; napięty**

fray /freɪ/ verb [I,T] **1** (used about cloth, etc.) to become worn so that some threads are loose; to cause cloth to do this: *This shirt is beginning to fray at the cuffs.* ○ *a frayed* (postrzępiony) *cuff* ▶ (*o ubraniu, materiale*) **strzępić (się), wycierać się** **2** if a person's nerves, etc. fray or become frayed, they start to get annoyed: *Tempers began to fray* (nerwy zaczęły zawodzić) *towards the end of the match.* ▶ **działać komuś na nerwy; zawodzić**

freak /friːk/ noun [C] **1** a very strange or unusual event: *By some strange freak of nature we had snow in May.* ○ *a freak accident* (niecodzienny wypadek)/*storm* ▶ **kaprys, wybryk** **2** (informal) a person who has a very strong interest in sth: *a health freak* ▶ **fanaty-k/czka, zapaleniec** **3** a person or an animal that is physically abnormal in some way; a person who behaves in a strange way: *Disabled people should never be treated as freaks.* ▶ **wybryk natury; dziwadło**

freckle /ˈfrekl/ noun [C, usually pl.] a small brown spot on a person's skin: *A lot of people with red hair have got freckles.* ▶ **pieg**

□ **freckled** adj.: *a freckled face* ▶ **piegowaty**

★**free**[1] /friː/ adj. **1** not in prison or in a cage, etc.: *After twenty years in prison he was finally set free* (został uwolniony) *in 1996.* ▶ **wolny, swobodny** **2 free (to do sth)** not controlled by the government, rules, etc.: *There is free movement of people across the border.* ○ *a free press* ○ *You're free this afternoon to do* (możesz robić) *exactly what you want.* ▶ **wolny, niezależny** **3 free from/of sth** not having sth dangerous, unpleasant, etc.: *How wonderful to go away for a month, free from all worries and responsibilities.* ○ *free from pain* ▶ **wolny (od czegoś)** **4** costing nothing: *Admission to the museum is free/free of charge.* ○ *a free sample* ▶ **bezpłatny** **5** not being used: *Do you have a single room free for Saturday night?* ▶ **wolny, nie zajęty** **6** without appointments; not busy: *I'm afraid Mr Spencer is not free this afternoon.* ○ *I don't get much free time.* ▶ **wolny, nie zajęty**

IDIOMS **feel free** → FEEL[1] | **free and easy** informal or relaxed: *The atmosphere in our office is very free and easy.* ▶ **swobodny, bez ceremonii** | **get, have, etc. a free hand** to get, have, etc. permission to make your own decisions about sth ▶ **mieć/dostać wolną rękę** | **of your own free will** because you want to, not because sb forces you ▶ **z własnej woli**

□ **free** adv. **1** in a free manner: *There is nowhere around here where dogs can run free.* ▶ **wolno, swobodnie** **2** without cost or payment: *Children under five usually travel free on trains.* ▶ **bezpłatnie, za darmo**

■ **free ˈagent** noun [C] a person who can do what they like because they are not responsible to another person ▶ **osoba niezależna** | ˌ**free ˈenterprise** noun [U] the operation of trade and business without government control ▶ **wolna inicjatywa** | ˈ**freehand** adj., adv. (done) by hand, without the help of an instrument, e.g. a ruler: *a freehand sketch* ▶ **odręczny; odręcznie** | ˌ**free ˈkick** noun [C] (in football) a kick by a player of one team after a member of the other team has broken a rule ▶ **rzut wolny** | ˌ**free-ˈrange** adj. produced by hens that are allowed to move around freely: *free-range eggs* ➲ Por. **battery**(2). ▶ **wiejski** | ˌ**free ˈspeech** noun [U] the right to express any opinion in public ▶ **wolność słowa**

★**free**[2] /friː/ verb [T] **1 free sb/sth (from sth)** to let sb/sth go; to set sb/sth free: *to free a prisoner* ○ *The protesters freed the animals from their cages.* ▶ **uwalniać, oswobadzać** **2 free sb/sth of/from sth** to take away from sb sth that is unpleasant: *The medicine freed her from pain for a few hours.* ▶ **uwalniać (od czegoś)** **3 free sb/sth (from sth)** to move sb/sth that is stuck or caught: *The emergency services took three hours to free the man from the wreckage of his car.* ▶ **uwalniać (od czegoś), oswobadzać** **4 free sb/sth for sth** to make sth available so that it can be used; to put sb in a position in which they can do sth: *Cuts in defence spending would free money to spend on education.* ▶ **uwalniać (do/dla czegoś lub na coś)**

★**freedom** /ˈfriːdəm/ noun **1** [U] the state of being free, i.e. of not being in prison or under the control of sb else: *The opposition leader was given his freedom after 25 years.* ▶ **wolność** **2** [C,U] the right to do or say what you want: *You have the freedom to come and go as you please.* ○ *freedom of speech* ○ *the rights and freedoms of the individual* ➲ Por. **liberty**. ▶ **swoboda, wolność** **3 freedom from sth** the state of not having sth unpleasant: *freedom from fear/hunger/pain* ▶ **uwolnienie (od czegoś), oswobodzenie**

■ ˈ**freedom fighter** noun [C] a person who belongs to a group that uses violence to try to remove a government from power ▶ **bojowni-k/czka o wolność**

Freefone™ /ˈfriːfəʊn/ noun [U] (Brit.) the system by which the person making a telephone call does not have to pay for the cost of the call ► **bezpłatne połączenie telefoniczne**

freelancer /'fri:lɑ:nsə(r); US -læns-/ (also **freelance**) noun [C] a person who works for several different employers and who is paid separately for each piece of work that they do ► **osoba zatrudniona na umowę o dzieło/zlecenia**
□ **freelance** adj., adv.: *a freelance journalist* ○ *freelance work* praca na własną rękę ○ *She works freelance.* ► **na umowę zlecenia**

freely /'fri:li/ adv. **1** in a way that is not controlled or limited: *He is the country's first freely elected* (wybrany w wolnych wyborach) *president for 40 years.* ○ *Traffic is flowing freely on the motorway.* ❶ Zwróć uwagę, że **travel free** oznacza podróżować za darmo. **Travel freely** oznacza podróżować bez żadnych ograniczeń. ► **swobodnie 2** willingly, without hesitating: *I freely admit that I made a mistake.* ► **dobrowolnie, bez przymusu**

Freemason /'fri:meɪsn/ (also **mason**) noun [C] a man who belongs to an international secret society whose members help each other and who recognize each other by secret signs ► **mason**

Freepost /'fri:pəʊst/ noun [U] (Brit.) the system by which the person who sends a letter, etc. does not pay for the cost of postage ► **przesyłka na koszt adresata**

freesia /'fri:ʒə; 'fri:ziə/ noun [C] a plant with sweet-smelling yellow, pink or white flowers ► **frezja**

freeway /'fri:weɪ/ noun [C] (US) = MOTORWAY

★**freeze** /fri:z/ verb (pt **froze** /frəʊz/; pp **frozen** /'frəʊzn/) **1** [I,T] to become hard (and often change into ice) because of extreme cold; to make sth do this: *Water freezes at 0° Celsius.* ○ *Leave the heating on when you're away or the pipes will freeze.* ○ *The ground was frozen solid for most of the winter.* ○ *I've picked ten pounds of raspberries and I'm going to freeze them.* ○ *Raspberries freeze well.* ○ *frozen* (mrożony) *peas* ► **zamarzać; zamrażać 2** [I] (used with 'it' to describe extremely cold weather, when water turns into ice): *I think it's going to freeze* (będzie mróz) *tonight.* ► **spadać poniżej zera 3** [I,T] (to cause a person) to be very cold or to die from cold: *The two men froze to death on the mountain.* ○ *Turn the heater up – I'm frozen* (zmarzłem na kość). ► **zamarzać, marznąć 4** [I] to stop suddenly or become still because you are frightened or shocked: *The scream made her freeze with terror.* ► **zastygać 5** [T] to keep wages, prices, fares, etc. at a fixed level for a certain period of time: *Spending on defence has been frozen for one year.* ► **zamrażać**
□ **freeze** noun [C] **1** a period of weather when the temperature stays below 0°C (freezing point) ► **mrozy 2** the fixing of wages, prices, fares, etc. at a certain level for a certain period of time ► **zamrożenie** | **freezing** adj. (informal) very cold (not necessarily below 0° Celsius): *Can we turn the central heating on? I'm freezing* (strasznie mi zimno). ○ *It's absolutely freezing outside.* ► **mroźny, lodowaty, bardzo zimny**
■ **'freezing point** (also **freezing**) noun [C,U] the temperature at which water, etc. freezes: *Last night the temperature fell to six degrees below freezing.* ► **temperatura krzepnięcia, zero**

freezer /'fri:zə(r)/ (also ˌ**deep 'freeze**) noun [C] a large box or cupboard in which you can store food for a long time at a temperature below 0°C (freezing point) so that it stays frozen ➲ Por. **fridge.** ► **zamrażarka**

freight /freɪt/ noun [U] **1** the method of carrying goods from one place to another: *Your order will be sent by air freight* (drogą lotniczą). ► **przewóz 2** = GOODS(2): *a freight train* ► **towary**
□ **freighter** noun [C] a ship or aeroplane that carries only freight ► **frachtowiec; transporter**
■ **'freight car** (US) = WAGON

French fry /ˌfrentʃ 'fraɪ/ noun [C] (pl. **French fries**) (especially US) = CHIP¹(3)

ˌ**French 'horn** noun [C] a brass musical instrument that consists of a long tube curved around in a circle with a wide opening at the end ➲ Zob. uwaga przy **piano.** ► **waltornia**

French window /ˌfrentʃ 'wɪndəʊ/ (US ˌ**French 'door**) noun [C] one of a pair of glass doors that open onto a garden or balcony ► **oszklone drzwi**

frenzy /'frenzi/ noun [sing., U] a state of great excitement; a period when a person cannot control their actions: *The speaker worked the crowd up into a frenzy.* ► **szaleństwo, szał**
□ **frenzied** /'frenzid/ adj. wild and excited: *a frenzied attack* ► **szalony, dziki**

frequency /'fri:kwənsi/ noun (pl. **frequencies**) **1** [U] the rate at which sth happens (= the number of times sth happens in a particular period): *Fatal accidents have decreased in frequency in recent years.* ► **częstość, częstotliwość 2** [U] the fact that sth happens often: *The frequency of child deaths from cancer near the nuclear power station is being investigated.* ► **częstotliwość 3** [C,U] the rate at which a sound wave or radio wave vibrates: *high frequency/low frequency sounds* ○ *Which frequency does the radio station broadcast on?* ► **częstotliwość**

★**frequent¹** /'fri:kwənt/ adj. happening often: *There is a frequent bus service* (autobusy często jeżdżą) *from the city centre to the airport.* ❶ Antonim: **infrequent.** ► **częsty**
□ **frequently** adv.: *Buses run frequently from the city centre to the airport.* ► **często**

frequent² /fri'kwent/ verb [T] (formal) to go to a place often: *He spent most of his evenings in Paris frequenting bars and nightclubs.* ► **odwiedzać, uczęszczać**

★**fresh** /freʃ/ adj. **1** new or different: *They have decided to make a fresh start* (zacząć od nowa) *in a different town.* ○ *I'm sure he'll have some fresh ideas on the subject.* ► **nowy, świeży 2** not old (so there has been no time for any change): *There was fresh blood all over the walls.* ○ *Write a few notes while the lecture is still fresh in your mind.* ► **świeży 3** (used about food, flowers, etc.) made or picked not long ago: *fresh bread* ➲ Por. **stale.** ► **świeży 4** (used about food) not frozen or from a tin: *fresh fruit and vegetables* ▶ **świeży 5** (used about water) not salt; not sea water ℹ Ryba słodkowodna to **freshwater fish**. ➲ Por. **saltwater**. ▶ **słodki 6** (used about the air) clean and cool: *Open the window and let some fresh air in.* ▶ **świeży 7** (used about the weather) quite cold and windy ▶ **chłodny i wietrzny 8** (used about colours, or a person's skin) bright or clear ▶ **świeży 9** not tired ▶ **rześki, wypoczęty 10 fresh from/out of sth** having just finished sth: *Life isn't easy for a young teacher fresh from university* (tuż po studiach). ▶ **świeżo przybyły skądś**

IDIOM **break fresh/new ground** → GROUND[1]

□ **freshly** adv. newly; recently: *freshly baked bread* ▶ **świeżo; niedawno, dopiero co | freshness** noun [U] ▶ **świeżość**

freshen /ˈfreʃn/ verb **1** [T] **freshen sth (up)** to make sth cleaner or brighter: *Some new curtains and wallpaper would freshen up this room.* ▶ **odświeżać, rozjaśniać 2** [I] (used about the wind) to become stronger ▶ (*o wietrze*) **wzmagać się**

PHRASAL VERB **freshen (yourself) up** to wash and make yourself clean and tidy ▶ **odświeżać się**

fresher /ˈfreʃə(r)/ noun [C] (Brit., informal) a student who is in their first year at university, college, etc. ▶ **pierwszoroczniak**

freshman /ˈfreʃmən/ noun [C] (pl. **freshmen** /-mən/) (US) a student who is in their first year at college, high school, university, etc. ▶ **pierwszoroczniak**

fret[1] /fret/ verb [I] (**fretting**; **fretted**) **fret (about/at/over sth)** to be unhappy or worried about sth: *Don't fret. Everything will be all right.* ▶ **martwić się, niepokoić się**

fret[2] /fret/ noun [C] one of the bars along the long thin part of a guitar, etc. that show you where to put your fingers to produce a particular sound ▶ **podziałka** (*na szyjce gitary*)

Fri. abbr. Friday: *Fri 27 May* ▶ **piątek**

friction /ˈfrɪkʃn/ noun [U] **1** the rubbing of one surface or thing against another ▶ **tarcie 2** disagreement between people or groups: *There is a lot of friction between the older and the younger members of staff.* ▶ **tarcie, niezgoda**

★**Friday** /ˈfraɪdeɪ; -di/ noun [C,U] (abbr. **Fri.**) the day of the week after Thursday and before Saturday ➲ Zob. przykł. użycia nazw dni tygodnia w zdaniach przy **Monday**. ▶ **piątek**

★**fridge** /frɪdʒ/ (formal **refrigerator**) (US **icebox**) noun [C] a metal container in which food, etc. is kept cold (but not frozen) so that it stays fresh ➲ Por. **freezer**. ▶ **lodówka, chłodziarka**

★**friend** /frend/ noun [C] **1** a person that you know and like (not a member of your family): *Trevor and I are old friends.* ○ *We're only inviting close friends and relatives to the funeral.* ○ *Helen is my best friend.* ○ *A friend of mine told me about this restaurant.* ○ *One of my friends told me about this restaurant.* ▶ **przyjaci-el/ółka, kole-ga/żanka, znajom-y/a**

> **Friend** oznacza zwykle kolegę. **Good/close friend** to odpowiednik polskiego słowa przyjaciela. Kolega z pracy lub uczelni to **colleague**. Osoba znajoma, z którą niewiele nas łączy, to **acquaintance**. Por. **boyfriend**, **girlfriend** i **penfriend**.

2 a friend of/to sth a helper or supporter of sth: *the Friends of the Churchill Hospital* ▶ (*o członku stowarzyszenia*) **opuszczony**

IDIOMS **be/make friends (with sb)** to be/become a friend (of sb) ▶ **przyjaźnić się; zaprzyjaźniać się | a false friend** → FALSE

□ **friendless** adj. without friends ▶ **opuszczony, samotny**

★**friendly** /ˈfrendli/ adj. (**friendlier**; **friendliest**) **1** behaving in a kind and pleasant way; showing kindness and pleasantness: *Everyone here has been very friendly towards us.* ○ *a friendly smile* ○ *a small friendly hotel near the beach* ▶ **przyjazny, troskliwy 2 friendly with sb** being the friend of sb: *Nick's become quite friendly* (zaprzyjaźnił się) *with the boy next door.* ▶ **zaprzyjaźniony z kimś**

□ **friendliness** noun [U] ▶ **życzliwość, przyjaźń | friendly** noun [C] a sports match that is not part of a serious competition ▶ **mecz towarzyski | -friendly** (in compounds) supporting or helping sb/sth: *Our computer is extremely user-friendly.* ▶ **łatwy w użyciu, przyjazny** (*np. dla środowiska*)

★**friendship** /ˈfrendʃɪp/ noun **1** [U] the state of being friends: *Our relationship is based on friendship, not love.* ▶ **przyjaźń, koleżeństwo 2** [C] a relationship between people who are friends: *The friendships that you make at school often last for life.* ▶ **przyjaźń**

fright /fraɪt/ noun [C,U] a sudden feeling of fear: *That loud bang gave me quite a fright* (nieźle mnie przestraszył). ○ *The child cried out in fright.* ▶ **strach, przerażenie**

★**frighten** /ˈfraɪtn/ verb [T] to fill sb with fear: *Sorry, I didn't mean to frighten you.* ▶ **przestraszyć, nastraszyć**

PHRASAL VERB **frighten sb/sth away/off** to cause a person or an animal to go away by frightening them/it: *Walk quietly so that you don't frighten the birds away.* ▶ **płoszyć; przestraszyć**

□ **frightened** adj. **1** full of fear or worry: *Frightened children were calling for their mothers.* ○ *He was frightened at the thought of being alone.* ○ *I was frightened* (bałem się) *that they would think that I was rude.* ▶ **przestraszony, przerażony 2 frightened of sb/sth** fearing a particular person, thing or situation: *When I was young I was frightened of* (bałem się) *cats.* ➲ Zob. uwaga przy **afraid**. ▶ **bojący się (kogoś/ czegoś) | frightening** /ˈfraɪtnɪŋ/ adj. causing fear: *It was a very frightening situation to be in.* ○ *It's frightening how quickly time passes.* ○ *It's frightening that time passes so quickly.* ▶ **przerażający**

frightful /ˈfraɪtfl/ adj. **1** very bad or unpleasant: *The weather has been frightful.* ○ *I felt frightful so I went home early.* ▶ **okropny, straszny 2** (informal) (used for emphasizing sth) very bad or great: *We're in a frightful rush.* Strasznie nam się śpieszy. ▶ **straszny, okropny**

□ **frightfully** /-fəli/ adv. (informal) very: *I'm frightfully sorry.* ▶ **strasznie, okropnie**

frigid /ˈfrɪdʒɪd/ adj. (usually used about a woman) disliking sexual activity ▶ **oziębły**

frill /frɪl/ noun [C] **1** a special edge for a dress, shirt, etc. which is made by forming many folds in a narrow piece of cloth ▶ **falbanka 2** [usually pl.] (figurative) something that is not necessary but is decorative or pleasant: *We just want a plain simple meal – no frills* (bez żadnych wymyślnych potraw). ▶ **upiększenie, ozdoba**

□ **frilly** /ˈfrɪli/ (**frillier**; **frilliest**) adj. having many frills: *a frilly dress* ▶ **z falbankami**

fringe /frɪndʒ/ noun [C] **1** (US **bangs** [pl.]) the part of your hair that hangs, usually in a straight line, over your forehead ➲ Ilustr. do **hair**. ▶ **grzywka 2** a decorative edge on a rug, etc. or on clothes, that is made of loose or hanging threads ▶ **frędzle 3** a place, part or position that is a long way from the centre or from what is usual: *the outer fringes of London* ○ *Some people on the fringes of the party are opposed to the policy on Europe.* ▶ **peryferie, obrzeża**

□ **fringe** verb

IDIOM **be fringed with sth** to have sth as a border: *The lake was fringed with pine trees.* Brzegi jeziora były wysadzane sosnami.

■ ˈ**fringe benefit** noun [C] an extra benefit that is given to an employee in addition to their salary: *The fringe benefits of this job include a car and free health insurance.* ▶ **dodatek do pensji**

frisk /frɪsk/ verb **1** [T] to pass your hands over sb's body in order to search for hidden weapons, drugs, etc. ▶ **rewidować 2** [I] (used about an animal or child) to play and jump about in a lively and happy way ▶ **dokazywać, brykać**

□ **frisky** adj. (**friskier**; **friskiest**) lively and playful ▶ **rozbrykany, ożywiony**

fritter /ˈfrɪtə(r)/ verb

PHRASAL VERB **fritter sth away (on sth)** to waste time or money on things that are not important: *He frittered away the millions his father had left him.* ▶ **trwonić**

frivolity /frɪˈvɒləti/ noun [U] silly behaviour; not acting seriously ▶ **brak powagi, lekkomyślność**

frivolous /ˈfrɪvələs/ adj. not serious; silly: *frivolous remarks* ▶ **niepoważny, lekkomyślny**

frizzy /ˈfrɪzi/ adj. (used about hair) with a lot of very small curls ▶ **kędzierzawy**

fro /frəʊ/ adv.

IDIOM **to and fro** → TO[3]

frock /frɒk/ noun [C] (old-fashioned) a dress ▶ **sukienka**

frog /frɒg/ noun [C] a small animal with smooth skin and long legs that are used for jumping. Frogs live in or near water: *the croaking of frogs* ▶ **żaba**

■ ˈ**frogman** /-mən/ noun [C] (pl. **frogmen** /-mən/) a swimmer who works underwater wearing special rubber clothes and using breathing equipment: *Police frogmen searched the river.* ▶ **płetwonurek**

★**from** /frəm; strong form frɒm/ prep. **1** (showing the place where sb/sth starts or started): *Has the bus from London arrived?* ○ *She comes home from work at 7 o'clock.* ○ *Water was dripping from the tap.* ○ *A child fell from the seventh floor of a block of flats.* ▶ **z 2** (showing the time when sth starts or started): *Peter's on holiday from next Friday.* ○ *The supermarket is open from 8am till 8pm every day.* ○ *We lived in Wales from 1979 to 1986.* ▶ **od 3** (showing the person who sent, gave, said, etc. sth): *Have you had a Christmas card from Roy?* ○ *I borrowed this jacket from my sister.* ○ *a phone call from my father* ▶ **od 4** (showing the origin of sb/sth): *'Where do you come from?' 'I'm from Australia.'* ○ *quotations from Shakespeare* ○ *There's a man from the bank to see you.* ▶ **z 5** (showing the material with which sth is made): *Paper is made from wood.* ▶ **z 6** (showing the distance between two places): *The house is five miles from Oxford.* ▶ **od 7** (showing the lower limit in a range of prices, figures, etc.): *Our prices start from £2.50 a bottle.* ○ *Tickets cost from £3 to £11.* ▶ **od 8** (showing the state of sb/sth before a change): *The bus fare has gone up from 35p to 40p.* ○ *The article was translated from Polish into English.* ○ *Things have gone from bad to worse.* Sytuacja znacznie się pogorszyła. ▶ **z 9** (showing that sb/sth is taken away): *Children don't like being separated from* (nie lubią być rozłączone od) *their parents for a long period.* ○ *She borrowed the book from the library.* ○ *8 from 12 leaves 4.* ▶ **od, z 10** (showing sth that you want to avoid): *There was no shelter from the wind.* ○ *This game will stop you from getting bored* (uchroni cię przed nudą). ▶ **przed, od 11** (showing the reason for sth): *People in the camps are suffering from hunger and cold.* ▶ **z 12** (showing the difference between two people, places or things): *Can you tell margarine from butter?* ○ *Is Portuguese very different* (czy portugalski bardzo różni się) *from Spanish?* ▶ **od 13** (showing your position or point of view): *There is a wonderful view from the top of the tower.* ○ *From your point of view it would be better to fly to Birmingham rather than to London.* ○ *He always looks at things from his own point of view.* ▶ **z**

IDIOM **from... on** starting at a particular time and continuing for ever: *She never spoke to him again from that day on.* ○ *From now on you must earn your own living.* ▶ **odtąd, od tego czasu**

★**front** /frʌnt/ noun **1** [C, usually sing.] the side or surface of sth that is most usually seen or that is most important: *a dress with buttons down the front* ○ *the front of a building* ○ *a card with flowers on the front* ▶ **przód, front 2** [C, usually sing.] the most forward part of sth or the area that is just outside of or before sb/sth: *Young children should not travel in the front of the car.* ○ *There is a small garden at the front of the house.* ○ *The driver sits at the front of the bus.* ○ *The number is shown on the front of the bus.* ○ *The teacher usually stands in front of the class.* ○ *The noisy children were asked to sit at the front of the class.* ❶ **On the front of** znaczy „na przedniej powierzchni czegoś": *The number is shown*

on the front of the bus. **In front of** znaczy „przed kimś/czymś": *A car has stopped in front of the bus.* ▶ **przód, przednia część 3 (the front)** [sing.] the line or area where fighting takes place in a war: *to be sent to the front* ▶ **front** (*wojsk*) **4** [sing.] a way of behaving that hides your true feelings: *His brave words were just a front. He was really feeling very nervous.* ▶ **poza, maska 5** [C] (used when talking about the weather) a line or area where warm air and cold air meet: *A cold front is moving in from the north.* ▶ **front atmosferyczny 6** [C] a particular area of activity: *Things are difficult on the domestic front at the moment.* ▶ **front**

IDIOMS **back to front** → BACK[1] | **in front** ahead of or further forward than sb/sth: *Some of the children ran on in front.* ○ *After three laps the Kenyan runner was in front.* ▶ **na przedzie** | **in front of sb/sth 1** in a position further forward than but close to sb/sth: *Don't stand in front of the television.* ○ *The book was open in front of her on the desk.* ▶ **przed 2** in the presence of: *I couldn't talk about that in front of my parents.* ▶ **przy** | **up front** (informal) as payment before sth is done: *I want half the money up front and half when the job is finished.* ▶ **z góry**

□ **front** adj. (only before a noun) of or at the front(1,2): *the front door/garden/room* ○ *front teeth* ▶ **przedni, frontowy**

■ **ˌfront-ˈpage** adj. interesting or important enough to appear on the front page of a newspaper: *front-page news* ▶ **z pierwszej strony** (*gazety*)

frontal /ˈfrʌntl/ adj. (only before a noun) from the front: *a frontal attack* ▶ **czołowy, frontalny**

★**frontier** /ˈfrʌntɪə(r); US frʌnˈtɪr/ noun **1** [C] **frontier (between A and B)**; **frontier (with A)** the line where one country joins another; border: *We crossed the frontier between France and Italy.* ○ *France's frontier with Italy* ➲ Zob. uwaga przy **border**. ▶ **granica 2 (the frontiers)** [pl.] the border between what we know and what we do not know: *Scientific research is constantly pushing back the frontiers of our knowledge.* ▶ **granice** (*wiedzy ludzkiej*)

★**frost** /frɒst; US frɔːst/ noun **1** [C,U] the weather conditions when the temperature falls below freezing point: *There was a hard frost last night.* ○ *ten degrees of frost* ▶ **mróz 2** [U] a very thin layer of little pieces of ice that is formed on surfaces when the temperature is below freezing-point: *The branches of the trees were white with frost.* ▶ **szron, oblodzenie**

□ **frost** verb [T] (especially US) to decorate the top of a cake with a mixture containing sugar; to ice ▶ **lukrować**

PHRASAL VERB **frost over/up** to become covered with frost(2): *The window has frosted over/up.* ▶ **pokrywać się szronem, zamarzać**

frosted adj. (used about glass or a window) with a special surface so you cannot see through it ▶ **matowy**

■ **ˈfrostbite** noun [U] a medical condition in which parts of the body, especially the fingers and toes, become damaged as a result of extremely cold temperatures ➲ Por. **chilblain**. ▶ **odmrożenie**

frosting /ˈfrɒstɪŋ; US ˈfrɔːst-/ noun [U] (especially US) = ICING

frosty /ˈfrɒsti; US ˈfrɔːsti/ adj. (**frostier**; **frostiest**) **1** very cold, with frost: *a cold and frosty morning* ▶ **mroźny, oszroniony 2** cold and unfriendly: *a frosty welcome* ▶ **lodowaty**

froth /frɒθ; US frɔːθ/ noun [U] a mass of small white bubbles on the top of a liquid, etc. ▶ **piana, pianka**

□ **froth** verb [I] to have or produce froth: *The mad dog was frothing at the mouth.* ▶ **pienić się, pokrywać się pianą** | **frothy** adj. (**frothier**; **frothiest**): *frothy beer* ▶ **pienisty**

frown /fraʊn/ verb [I] to bring your eyebrows together so that you make lines appear on your forehead. You frown when you are angry or worried: *'You're late', he said, frowning.* ▶ **marszczyć brwi**

PHRASAL VERB **frown on/upon sth** to think that sth is not good; to disapprove: *Smoking is very much frowned upon these days.* ▶ **potępiać, krzywo patrzeć na coś**

□ **frown** noun [C] an act of frowning: *She had a worried frown on her face* (ze zmartwieniem na twarzy). ▶ **zmarszczenie brwi**

froze pt of FREEZE

frozen /ˈfrəʊzn/ pp of FREEZE: *The pond is frozen.* ○ *frozen vegetables* ○ *I'm frozen.* Strasznie zmarzłem. ▶ **zamarznięty, zamrożony, zmarznięty**

★**fruit** /fruːt/ noun **1** [C,U] the part of a plant or tree that contains seeds and that is used as food: *Try and eat more fresh fruit and vegetables.* ○ *Marmalade is made with citrus fruit.* ○ *Is a tomato a fruit or a vegetable?* ○ *fruit juice* ❶ **A fruit** oznacza rodzaj owoców: *Most big supermarkets sell all sorts of tropical fruits.* Kiedy chodzi o pojedyncze jabłko, gruszkę itp. mówi się **a piece of fruit**: *What would you like now? Cheese, or a piece of fruit?* Na ogół używa się formy niepoliczalnej: *Would you like some fruit?* ▶ **owoc 2** [C] the part of any plant in which the seed is formed ▶ **owoc 3 (the fruits)** [pl.] a good result or a reward for what you have done ▶ **owoce** (*pracy*)

fruitful /ˈfruːtfl/ adj. producing good results; useful: *fruitful discussions* ▶ **owocny**

fruition /fruˈɪʃn/ noun [U] the time when a plan, etc. starts to be successful: *After months of hard* *work, our efforts were coming to fruition.* ▶ **urzeczywistnienie, spełnienie**

fruitless /ˈfruːtləs/ adj. producing poor or no results; unsuccessful: *a fruitless search* ▶ **bezowocny, nieskuteczny**

frustrate /frʌˈstreɪt; US ˈfrʌstreɪt/ verb [T] **1** to prevent sb from doing sth or sth from happening: *The rescue work has been frustrated by bad weather conditions.* ▶ **udaremniać 2** to cause a person to feel angry or dissatisfied because things are not happening as they want: *It's the lack of money that really frustrates him.* ▶ **frustrować**

□ **frustrated** adj. angry or dissatisfied, e.g. because you cannot have or do what you want: *In the film she plays a bored, frustrated, middle-aged housewife.* ○ *He felt very frustrated at his lack of progress in learning Chinese.* ▶ **sfrustrowany** | **frustrating** adj. making you angry or dissatisfied: *I spent a frustrating morning at the Passport Office.* ▶ **frustrujący** | **frustration** /frʌˈstreɪʃn/ noun [C,U] a feeling of anger or dissatisfaction, or sth that causes it: *He felt anger and frustration at not being able to help the starving children.* ○ *Every job has its frustrations.* ▶ **frustracja**

★**fry** /fraɪ/ verb [I,T] (pres. part. **frying**; 3rd pers. sing. pres. **fries**; pt, pp **fried** /fraɪd/) to cook sth in hot fat or oil; to be cooked in this way: *to fry an egg* ○ *a fried egg* ○ *There was a smell of frying bacon in the kitchen.* ➲ Zob. uwaga przy **cook**. ▶ **smażyć (się)**

■ **ˈfrying pan** (US **ˈfrypan**) noun [C] a flat shallow pan with a long handle that is used for frying food ➲ Ilustr. do **pan**. ▶ **patelnia**

ft abbr. foot, feet: *a room 10 ft by 6 ft* ▶ **stopa**

fudge[1] /fʌdʒ/ noun [U] a soft sweet made from sugar, butter and milk, often with other things added to give flavour: *chocolate/walnut fudge* ▶ **kajmak, krówka**

fudge[2] /fʌdʒ/ verb [I,T] (informal) to say or do sth in a way that is unclear or unsatisfactory, usually because you intend to mislead sb or because you want to avoid making a definite choice: *Politicians are quite adept at fudging (the issue).* ▶ **kręcić, mącić**

★**fuel** /ˈfjuːəl/ noun **1** [U] material that is burned to produce heat or power: *unleaded fuel* ○ *What's the car's fuel consumption?* ○ *Our fuel bills are very high.* ▶ **paliwo, opał 2** [C] a type of fuel: *I think gas is the best fuel for central heating.* ▶ **opał**

□ **fuel** verb [T] (**fuelling**; **fuelled**; US **fueling**; **fueled**) to provide fuel for sth (figurative): *Her interest in the Spanish language was fuelled by a visit to Spain.* ▶ **podsycać**

fugitive /ˈfjuːdʒətɪv/ noun [C] a person who is running away or escaping (e.g. from the police) ▶ **zbieg, uciekinier/ka**

fulfil (US **fulfill**) /fʊlˈfɪl/ verb [T] (**fulfilling**; **fulfilled**) **1** to perform or carry out a duty, task, etc.: *Germany now fulfils a most important role within the European Community.* ▶ **spełniać, wypełniać 2** to make sth that you wish for, or have promised, happen: *He finally fulfilled his childhood dream of becoming a farmer.* ○ *to fulfil an ambition* ○ *The Government has not yet fulfilled its promises on education.* ▶ **spełniać, realizować 3** to satisfy a need: *The local town can fulfil most of your shopping needs.* ▶ **zaspokajać** (*potrzeby*) **4** to do or have what is necessary according to a contract, a rule, etc.: *The conditions of entry to university in this country are quite difficult to fulfil.* ▶ **spełniać 5 fulfil yourself** to develop your character and abilities fully: *I need a job that really fulfils me.* ▶ **zrealizować się**

□ **fulfilled** adj. completely satisfied and happy ▶ **zadowolony** (*z powodu spełnienia marzeń itp.*), **zaspokojony** | **fulfilling** adj. making you feel happy and satisfied: *I found working abroad a very fulfilling experience.* ▶ **satysfakcjonujący** | **fulfilment** (US **fulfillment**) noun [U] **1** the act of fulfilling or state of being fulfilled: *Moving into our own home was the fulfilment of a dream.* ▶ **spełnienie, zrealizowanie 2** the feeling of satisfaction that you have when you have done sth: *Some women find fulfilment in the home and in bringing up their children.* ▶ **samorealizacja, satysfakcja**

★**full** /fʊl/ adj. **1 full (of sb/sth)** holding or containing as much or as many as possible: *The bin needs emptying. It's full up.* ○ *a full bottle* ○ *I can't get anything else in my suitcase – it's full.* ○ *The bus was full so we had to wait for the next one.* ○ *'Is there any coffee left?' 'Yes, this jar's still half full.* ○ (figurative) *The children are full of energy.* ○ (figurative) *We need a good night's sleep because we've got a full* (pracowity) *day tomorrow.* ▶ **pełny 2** with a lot of people or things in it: *The room was full of people.* ○ *a full house* zapełniona widownia ○ *His work was full of mistakes.* ○ *The streets were full of litter.* ▶ **pełny, zapełniony 3 full (up)** having had enough to eat and drink: *No more, thank you. I'm full (up).* ▶ **syty 4** (only before a noun) complete; not leaving anything out: *I should like a full report on the accident, please.* ○ *Full details of today's TV programmes are on page 20.* ○ *For the full story, please turn to page 14.* ○ *He took full responsibility for what had happened.* ○ *Please give your full address.* ▶ **dokładny, pełny 5** (only before a noun) the highest or greatest possible: *She got full marks in her French exam.* ○ *The train was travelling at full speed when it hit the cow on the tracks.* ▶ **najwyższy 6 full of sb/sth/yourself** thinking or talking a lot about a subject or about yourself: *When she got back from holiday she was full of everything they had seen.* ○ *He's very full of himself since he got that new job.* ▶ **pochłonięty (kimś/czymś); zadufany 7** round in shape: *a full figure* ○ *He's quite full in the face.* ▶ **okrągły 8** (used about clothes) made with plenty of material: *a full skirt* ▶ **bufiasty, luźny**

IDIOMS **at full stretch** working as hard as possible: *When the factory is operating at full stretch, it employs 800 people.* ▶ **pełną parą** | **full of beans/life** with a lot of energy and enthusiasm: *They came back from holiday full of beans.* ▶ **pełen życia** | **have your hands full** → HAND[1] | **in full** with nothing missing;

completely: *Your money will be refunded in full.* ○ *Please write your name in full* (pełne imię i nazwisko). ▶ **w całości** | **in full swing** at the stage when there is a lot of activity: *When we arrived the party was already in full swing* (zabawa trwała już na całego). ▶ **na całego** | **in full view (of sb/sth)** in a place where you can easily be seen: *In full view of the guards* (na oczach strażników), *he tried to escape over the prison wall.* ○ *in full view of the house* (widoczny z budynku) ▶ **na widoku** | **to the full** as much as possible: *to enjoy life to the full* używać życia na całego ▶ **na całego**

□ **full** adv. directly; straight: *John hit him full in the face.* ▶ **prosto**

■ ˌ**full-'blown** adj. fully developed: *to have full-blown AIDS* ▶ **rozwinięty** | ˌ**full 'board** noun [U] (in a hotel, etc.) with all your meals ➲ Por. **half board** i **bed and breakfast**. ▶ **z pełnym wyżywieniem** | ˌ**full-'length** adj. **1** (used about a picture, mirror, etc.) showing a person from head to foot ▶ **pokazujący osobę od stóp do głów** **2** (used about a dress, skirt, etc.) reaching the ankles: *a full-length ball gown* ▶ **do ziemi** **3** not shorter than normal: *a full-length film/book* ▶ **pełnometrażowy, normalnej długości** | ˌ**full 'moon** noun [sing.] the moon when it appears as a circle ❶ Antonim: **new moon**. ▶ **pełnia** | ˌ**full-'scale** adj. **1** (used about a plan, drawing, etc.) of the same size as the original object ▶ **wielkości naturalnej** **2** using every means that is available: *The police have started a full-scale murder investigation.* ▶ **na dużą skalę** | ˌ**full 'stop** (also ˌ**full 'point**; especially US **period**) noun [C] a mark (.) that is used when you are writing to show the end of a sentence, etc. ▶ **kropka** | ˌ**full-'time** adj., adv. for all the hours of a week during which people normally work or study: *He has a full-time job.* ○ *He works full-time.* ○ *We employ 800 full-time and 500 part-time staff.* ➲ Por. **part-time**. ▶ **pełnoetatowy, na pełny etat**

★**fully** /'fʊli/ adv. completely; to the highest possible degree: *I'm fully aware of the problem.* ○ *All our engineers are fully trained.* ○ *a fully automatic camera* ▶ **całkowicie, w pełni**

■ ˌ**fully-'fledged** adj. (US also **full-fledged**) completely trained or completely developed: *Computer science is now a fully-fledged academic subject.* ▶ **w pełni rozwinięty**

fumble /'fʌmbl/ verb [I] to use your hands in an awkward way, especially when you are looking for sth: *'It must be here somewhere', she said, fumbling in her pocket for her key.* ▶ **grzebać, mocować się** (*np. z zamkiem błyskawicznym*)

fume /fju:m/ verb [I] to feel or show anger: *He was two hours late. By the time he arrived I was absolutely fuming.* ▶ **kipieć ze złości**

fumes /fju:mz/ noun [pl.] smoke or gases that smell unpleasant and that can be harmful if you breathe them in: *Six people died in the fire when they were overcome by smoke and fumes.* ▶ **spaliny, wyziewy**

★**fun** /fʌn/ noun [U] pleasure and enjoyment; an activity or a person that gives you pleasure and enjoyment: *We had a lot of fun at the party last night.* ○ *The party was great fun.* ○ *Have fun!* Baw się dobrze! ○ *It's no fun having to get up at 4 o'clock every day.* ○ *He was extremely clever but he was also great fun* (można się było z nim dobrze bawić). ▶ **zabawa, przyjemność**

> Uwaga! **Funny** oznacza, że coś/ktoś jest śmieszny, dziwny, dziwaczny, a **fun** oznacza, że coś/ktoś jest przyjemny, zabawny: *The party was fun* (było przyjemnie, dobrze się bawiliśmy). ○ *She's fun to be with.* Można się z nią dobrze bawić. ○ *The film was funny.* Film był śmieszny. ○ *I don't find his jokes very funny./He's not very funny.* ○ *There's something funny about her.* Jest trochę dziwna.

IDIOMS **(just) for fun/for the fun of it** (just) for amusement or pleasure; not seriously: *I don't need English for my work. I am just learning it for fun.* ▶ **dla przyjemności, dla zabawy** | **(just) in fun** as a joke: *It was said in fun. They didn't mean to upset you.* ▶ **na żarty** | **make fun of sb/sth** to laugh at sb/sth in an unkind way; to make other people do this: *The older children are always making fun of him because of his accent.* ▶ **wyśmiewać się z kogoś/czegoś** | **poke fun at sb/sth** → POKE

□ **fun** adj. amusing or enjoyable: *to have a fun time* ○ *Brett's a fun guy.* ▶ **zabawny, fajny**

■ '**funfair** noun [C] = FAIR³(1)

★**function** /'fʌŋkʃn/ noun [C] **1** the purpose or special duty of a person or thing: *One function of the school governors is to appoint new teachers.* ○ *The function of the heart is to pump blood through the body.* ▶ **funkcja, rola** **2** an important social event, ceremony, etc.: *The princess attends hundreds of official functions every year.* ▶ **uroczystość**

□ **function** verb [I] to work; to be in action: *The doctor's new appointments system doesn't seem to be functioning very well.* ○ *Only one engine was still functioning.* ▶ **działać** | **functional** /-ʃənl/ adj. **1** practical and useful rather than attractive: *cheap functional furniture* ▶ **funkcjonalny, praktyczny** **2** working; being used: *The system is now fully functional.* ▶ **sprawny, w użyciu**

■ '**function key** noun [C] a key(3) on a computer which is used to carry out a particular operation ▶ **klawisz do określonej funkcji**

★**fund** /fʌnd/ noun **1** [C] a sum of money that is collected for a particular purpose: *They contributed £30 to the disaster relief fund.* ▶ **fundusz** **2** (**funds**) [pl.] money that is available and can be spent: *The government is making funds available to help pay for the storm damage.* ▶ **fundusze, środki**

□ **fund** verb [T] to provide a project, etc. with money: *The Channel Tunnel is not funded by government money.* ▶ **fundować, dostarczać środki** | '**fund-raiser** noun [C] a person whose job is to find ways of collecting money for a charity or an organization ▶ **osoba gromadząca fundusze** | **fund-raising** noun [U]: *fund-raising events* ▶ **gromadzenie funduszy**

fundamental /ˌfʌndə'mentl/ adj. important or basic; from which everything else develops:

fundamental changes in working practices ○ *There is a fundamental difference between your opinion and mine.* ▶ **zasadniczy**

□ **fundamentally** /-təli/ adv.: *The government's policy has changed fundamentally.* ▶ **zasadniczo** | **fundamentals** noun [pl.] basic facts or principles ▶ **podstawy, zasady**

★**funeral** /ˈfjuːnərəl/ noun [C] a ceremony (usually in a church) for burying or burning a dead person: *The funeral will be held next week.* ▶ **pogrzeb**

> The body of the dead person is carried in a **coffin**, on which there are often **wreaths** of flowers. The coffin is buried in a **grave** or is **cremated**.

■ ˈ**funeral director** noun [C] = UNDERTAKER

fungus /ˈfʌŋɡəs/ noun [C,U] (pl. **fungi** /ˈfʌŋɡiː; -ɡaɪ; ˈfʌndʒaɪ/or **funguses**) a plant that is not green and that does not have leaves or flowers. One type has a thick stem and a big flat top, another type is like a powder. Fungi grow on other plants, decaying wood or food, etc.: *There are many kinds of edible fungi. In Britain we usually only eat the mushroom.* ○ *The roses are covered in fungus.* ➲ Por. **mould**, **mushroom** i **toadstool**. ▶ **grzyb**

□ **fungal** adj.: *a fungal disease/infection/growth* ▶ **grzyb(k)owy**

funnel /ˈfʌnl/ noun [C] **1** an object that is wide at the top and narrow at the bottom, used for pouring liquid, powder, etc. into a small opening ➲ Ilustr. do **kitchen**. ▶ **lejek 2** the metal chimney of a steam engine, ship, etc. ▶ **komin**

★**funny** /ˈfʌni/ adj. (**funnier**; **funniest**) **1** that makes you smile or laugh: *She told us a funny story about taking a cow to church.* ○ *He's an extremely funny person.* ○ *I didn't think it was very funny when somebody tipped a glass of wine down my dress.* ➲ Zob. uwaga przy **fun**. ▶ **śmieszny, zabawny 2** strange or unusual: *Oh dear, the engine is making a funny noise.* ○ *It's funny how English people never talk on trains.* ○ *What a funny little cottage!* ○ *It's funny that they didn't phone to let us know they couldn't come.* ○ *That's funny – he was here a moment ago and now he's gone.* ○ *Can I sit down for a minute? I feel a bit funny* (nieswojo). ▶ **dziwny, niesamowity**

□ **funnily** /-ɪli/ adv. **1** (used for expressing surprise at sth strange that has happened): *Funnily enough, my parents weren't at all cross about it.* ▶ **dziwne, że 2** in a funny way: *She's breathing very funnily.* ▶ **śmiesznie**

★**fur** /fɜː(r)/ noun **1** [U] the soft thick hair that covers the bodies of some animals ▶ **futro, sierść 2** [C,U] the skin and hair of an animal that is used for making clothes, etc.; a piece of clothing that is made from this: *These boots are lined with fur.* ○ *a fur coat* ○ *Most of the women were dressed in furs.* ▶ **futro**

□ **furry** /ˈfɜːri/ adj. (**furrier**; **furriest**): *a small furry animal* ▶ **futrzany, puszysty**

furious /ˈfjʊəriəs/ adj. **1 furious (with sb)/(at sth)** very angry: *He was furious with her.* ○ *He was furious at her behaviour.* ❶ Rzeczownik: **fury**. ▶ **wściekły 2** very strong; violent: *A furious row has broken out over the closing of the school.* ▶ **zaciekły**

IDIOM **fast and furious** → FAST[1]

□ **furiously** adv. ▶ **wściekle, zaciekle**

furnace /ˈfɜːnɪs/ noun [C] a large enclosed fire that is used for heating water, melting metal, burning rubbish, etc. ▶ **piec, kocioł**

furnish /ˈfɜːnɪʃ/ verb [T] to put furniture in a room, house, etc.: *The room was comfortably furnished.* ▶ **meblować**

□ **furnished** adj. having furniture: *She's renting a furnished room in Birmingham.* ❶ Antonim: **unfurnished**. ▶ **umeblowany** | **furnishings** noun [pl.] the furniture, carpets, curtains, etc. in a room, house, etc. ▶ **wyposażenie wnętrza**

★**furniture** /ˈfɜːnɪtʃə(r)/ noun [U] the movable articles, e.g. tables, chairs, beds, etc. in a room, house or office: *modern/antique/second-hand furniture* ❶ Uwaga! **Furniture** jest rzeczownikiem niepoliczalnym: *They only got married recently and they haven't got much furniture.* Kiedy chodzi o pojedynczy mebel, mówi się **a piece of furniture**: *The only nice piece of furniture in the room was an antique desk.* ▶ **meble**

furrow /ˈfʌrəʊ/ noun [C] **1** a line in a field that is made by a plough ▶ **bruzda 2** a line in a person's face, especially on the forehead ▶ **zmarszczka**

furry → FUR

★**further** /ˈfɜːðə(r)/ adj. **1** more distant or far; farther: *Which is further – Glasgow or Edinburgh?* ▶ **dalszy, dalej 2** more; additional: *Are there any further questions?* ○ *I have nothing further to say on the subject.* ○ *The museum is closed until further notice* (do odwołania). ▶ **dodatkowy, dalszy**

□ **further** adv. **1** at or to a greater distance in time or space; farther: *It's not safe to go any further.* ○ *The hospital is further down the road on the left.* ○ *I can't remember any further back than 1990.* ▶ **dalej, więcej 2** more; to a greater degree: *Can I have time to consider the matter further?* ❶ Zarówno **further** i **farther** mogą być stosowane w odniesieniu do odległości: *Bristol is further/farther from London than Oxford is.* ○ *I jumped further/farther than you did.* W pozostałych znaczeniach stosuje się jedynie **further**: *We need a further week to finish the job.* ▶ **w większym stopniu, dokładniej**

IDIOM **further afield** → FAR AFIELD

further verb [T] (formal) to help sth to be successful: *to further the cause of peace* ▶ **posuwać do przodu (sprawę), wspierać** | **furthermore** /ˌfɜːðəˈmɔː(r)/ adv. in addition; also: *We are donating £6 million to the disaster fund. Furthermore, we shall send medical supplies immediately.* ▶ **ponadto**

■ ˌ**further eduˈcation** noun [U] education for people who have left school (but not at a university) ➲ Por. **higher education**. ▶ **nieuniwersyteckie kursy dla absolwentów szkół średnich**

★**furthest** /fɜːðɪst/ adj., adv. = FARTHEST

furtive /ˈfɜːtɪv/ adj. secret, acting as though you are trying to hide sth because you feel guilty: *a*

furtive glance ▶ **ukradkowy, potajemny**
□ **furtively** adv.: *He crept furtively down the stairs and out of the front door.* ▶ **ukradkowo, potajemnie**

fury /ˈfjʊəri/ noun [U] very great anger: *She was speechless with fury.* ℹ Przymiotnik: **furious**. ▶ **wściekłość, furia**

fuse[1] /fjuːz/ noun [C] **1** a (long) piece of rope, string, etc. that is used for lighting a bomb, etc. ▶ **lont 2** a device that makes a bomb, etc. explode at a particular time ▶ **zapalnik**

fuse[2] /fjuːz/ verb [I,T] to join together: *Sadness and joy are fused in her poems.* ▶ **stapiać, łączyć się**

fuse[3] /fjuːz/ noun [C] a small piece of wire in an electrical system, machine, etc. that melts and breaks if there is too much power. This stops the flow of electricity and prevents fire or damage: *That plug needs a 15 amp fuse.* ○ *Do you know how to change a fuse?* ○ *a fuse box* ▶ **bezpiecznik**
□ **fuse** verb [I,T] to stop working because a fuse[3] has melted; to make a piece of electrical equipment do this: *The lights have fused.* ○ *I've fused the lights.* ▶ **przepalać (się)**

fuselage /ˈfjuːzəlɑːʒ; US ˈfjuːs-/ noun [C] the main part of an aeroplane (not the engines, wings or tail) ▶ **kadłub samolotu**

fusion /ˈfjuːʒn/ noun [C,U] the joining together of different things: *the fusion of two political systems* ○ *nuclear fusion* ▶ **fuzja, zlewanie się**

fuss /fʌs/ noun **1** [sing., U] unnecessary nervous excitement or activity: *Now get on with your work without making a fuss.* ○ *What's all the fuss about?* ▶ **zamieszanie 2** [sing.] a time when people are angry: *There will be a dreadful fuss if my parents find out that I borrowed the car.* ▶ **awantura**
IDIOMS **make, kick up, etc. a fuss (about/over sth)** to complain strongly ▶ **zrobić awanturę** | **make a fuss of/over sb/sth** to pay a lot of attention to sb/sth ▶ **skakać koło kogoś/czegoś**
□ **fuss** verb [I] **1 fuss (about)** to be worried or excited about small things: *Stop fussing. We're not going to be late.* ▶ **przejmować się drobiazgami 2 fuss over sb/sth** to pay too much attention to sb/sth: *Stop fussing over all the details.* ▶ **zbytnio przejmować się**
IDIOM **not be fussed (about sb/sth)** (informal) not to care very much: *'Where do you want to go for lunch?' 'I'm not fussed* (wszystko mi jedno).*'* ▶ **nie dbać o coś**

fussy /ˈfʌsi/ adj. (**fussier**; **fussiest**) **1** (used about people) giving too much attention to small details and therefore difficult to please: *He is very fussy about his food.* ▶ **wybredny 2** having too much detail or decoration: *I don't like that pattern. It's too fussy.* ▶ **przeładowany**

futile /ˈfjuːtaɪl; US -tl/ adj. (used about an action) having no effect or result; useless: *They made a last futile attempt to make him change his mind.* ▶ **daremny**
□ **futility** noun [U]: *the futility of war* ▶ **daremność**

⋆**future** /ˈfjuːtʃə(r)/ noun **1** [sing.] the time that will come after the present: *Who knows what will happen in the future?* ○ *in the near/distant future* ○ *in the immediate future* w najbliższej przyszłości ▶ **przyszłość 2** [C] what will happen to sb/sth in the time after the present: *Our children's futures depend on a good education.* ○ *The future of the local school is still undecided.* ▶ **przyszłość 3** [U] the possibility of being successful: *I could see no future in this country so I left to work abroad.* ▶ **przyszłość 4** [sing.] (also **future tense**) the tense of a verb that expresses what will happen after the present ▶ **czas przyszły**
IDIOM **in future** from now on: *Please try to be more careful in future.* ▶ **w przyszłości**
□ **future** adj. (only before a noun) of or happening in the time after the present: *She met her future husband when she was still at school.* ○ *You can keep that book for future reference* (żeby z niej korzystać w przyszłości). ○ *What are your future plans* (plany na przyszłość)*?* ▶ **przyszły**
■ **the ˌfuture ˈperfect** noun [sing.] the form of a verb which expresses an action in the future that will be finished before the time mentioned. The future perfect is formed with the future tense of *have* and the past participle of the verb.: *'We'll have been married for ten years next month' is in the future perfect.* ▶ **czas przyszły dokonany**

futuristic /ˌfjuːtʃəˈrɪstɪk/ adj. extremely modern and unusual in appearance, as if belonging to a future time; imagining what the future will be like: *futuristic design/furniture* ○ *a futuristic movie/novel* ▶ **futurystyczny**

fuzzy /ˈfʌzi/ adj. (**fuzzier**; **fuzziest**) not clear: *The photo was rather fuzzy but I could just make out my mother on it.* ▶ **niewyraźny, zamazany**

Gg

G, g /dʒiː/ noun [C] (pl. **G's; g's**) **1** the seventh letter of the English alphabet ▶ **litera** *g* **2** (used about music) the fifth note in the series of notes called the scale of C major: *G major* G-dur ○ *G minor* g-moll ○ *G sharp* Gis, gis ○ *G flat* Ges, ges ○ *The lowest string on a violin is tuned to G.* ▶ **G/g**

g (also **gr** or **gm**) abbr. gram(s) ▶ **g**

gable /ˈgeɪbl/ noun [C] the pointed part at the top of an outside wall between two parts of a roof ▶ **szczyt** (*dachu*)

gad /gæd/ verb (**gadding**; **gadded**)
PHRASAL VERB **gad about/around** (informal, especially Brit.) to go around from one place to another in order to enjoy yourself ▶ **włóczyć się**

gadget /ˈgædʒɪt/ noun [C] (informal) a small tool or machine ▶ **(drobny) przyrząd**

Gaelic /ˈgeɪlɪk/ adj., noun [U] **1** (of) the Celtic language and culture of Ireland: *Irish Gaelic* ▶ **celtycki; irlandzki Celt 2** /also ˈgælɪk/ (of) the Celtic language and culture of Scotland ▶ **celtycki; szkocki Celt**

gag /gæg/ noun [C] **1** a piece of cloth, etc. that is put in or over sb's mouth in order to stop them from talking ▶ **knebel 2** a joke or funny story ▶ **żart**
□ **gag** verb [T] (**gagging**; **gagged**) to put a gag in or over sb's mouth: (figurative) *The new laws are an attempt to gag the press* (próbą nałożenia prasie kagańca). ▶ **zakneblować**

gage (US) = GAUGE

gaiety /ˈgeɪəti/ noun [U] a feeling of happiness and fun ❶ Przymiotnik: **gay**. ▶ **wesołość**

gaily → GAY

★**gain¹** /geɪn/ noun **1** [C,U] an increase in money; (a) profit or advantage: *Everything he did was for personal gain.* ▶ **zysk, korzyść 2** [C] an increase in size, amount or power: *a gain in weight of one kilo* ○ *The Liberal Democrat Party is expected to make gains* (prawdopodobnie zdobędzie więcej głosów) *at the next election.* ▶ **wzrost**

★**gain²** /geɪn/ verb **1** [T] to get or win sth (especially sth that is wanted or needed): *They managed to gain access to secret information.* ○ *He has gained an international reputation as an artist.* ○ *You need to gain more experience before you take your driving test.* ▶ **zdobywać** (*np. dostęp do czegoś, sławę*) **2** [T] to get more of sth: *The train was gaining speed.* Pociąg nabierał szybkości. ○ *I've gained a lot of weight recently.* Ostatnio przybrałem dużo na wadze. ▶ **zyskiwać 3** [I] **gain by/from (doing) sth** to get an advantage from sth/from doing sth: *Many people will gain from the changes in the law.* ○ *I've got nothing to gain* (nic nie skorzystam) *by staying in this job.* ▶ **odnosić korzyść 4** [I,T] (used about a clock or watch) to go too fast and show the incorrect time: *My watch gains five minutes a day.* Mój zegarek śpieszy się pięć minut na dobę. ❶ Aby powiedzieć, że zegar śpieszy się ciągle o pięć minut, używa się przymiotnika **fast**: *My watch is five minutes fast.* ▶ **śpieszyć się** ❶ Antonim w znaczeniach 2-4: **lose**.
IDIOM **gain ground** to make progress; to become stronger or more popular: *The Green Party gained ground in the recent elections.* ▶ **robić postępy**
PHRASAL VERBS **gain in sth** to get more of sth: *He's gained in confidence in the past year.* ▶ **zyskiwać na czymś** | **gain on sb/sth** to get closer to sb/sth that you are trying to catch ▶ **doganiać, zbliżać się**

gait /geɪt/ noun [sing.] the way that sb walks ▶ **chód**

gal. abbr. gallon(s) ▶ **galon**

gala /ˈgɑːlə; US ˈgeɪlə/ noun [C] a special social or sporting occasion ▶ **gala, uroczystość**

galaxy /ˈgæləksi/ noun [C] (pl. **galaxies**) a large group of stars and planets in outer space ▶ **galaktyka**

gale /geɪl/ noun [C] a very strong wind: *It's blowing a gale outside.* ➲ Zob. uwaga przy **storm**. ▶ **huragan**

gallant /ˈgælənt/ adj. (formal) **1** brave: *a gallant soldier* ▶ **dzielny 2** (used about men) polite to and showing special respect for women ▶ **rycerski**
□ **gallantry** /ˈgæləntri/ noun [C,U] (pl. **gallantries**) **1** bravery, especially in a dangerous situation ▶ **odwaga 2** polite behaviour towards women (by men) ▶ **rycerskość**

gall bladder /ˈgɔːl blædə(r)/ noun [C] an organ that is attached to the liver that stores and releases bile. ▶ **pęcherzyk żółciowy**

gallery /ˈgæləri/ noun [C] (pl. **galleries**) **1** a building or room where works of art are shown to the public: *an art gallery* ▶ **galeria (sztuki) 2** the highest level of seating in a theatre, etc. ▶ (*w teatrze*) **galeria, najwyższy balkon 3** a raised area around the sides or at the back of a large hall. People can sit in the gallery and watch what is happening in the hall: *the public gallery* ▶ **miejsca dla publiczności**

gallon /ˈgælən/ noun [C] (abbr. **gal.**) a measure of liquid; 4·5 litres. There are 8 pints in a gallon. ❶ Galon amer. odpowiada objętości 3,8 l. ▶ **galon**

gallop /ˈgæləp/ verb [I] (used about a horse or a rider) to go at the fastest speed, when the horse's four feet all leave the ground together ➲ Zob. uwaga przy **canter**. ▶ **galopować**
□ **gallop** noun [sing., C] the fastest speed of a horse, etc.; a time when you ride at this speed: *They went for a gallop over the fields.* ▶ **galop**

gallows /ˈgæləʊz/ noun [C] (pl. **gallows**) a

wooden framework on which criminals used to be hanged ▶ **szubienica**

galore /gəˈlɔː(r)/ adv. (only *after* a noun) in large numbers: *There will be prizes galore at our children's party on Saturday.* ▶ **mnóstwo, w bród**

gamble /ˈgæmbl/ verb [I,T] to risk money on the result of a card game, horse race, etc.: *He spent every evening gambling at poker.* ○ *She gambled £25 on the last race.* ▶ **uprawiać hazard,** (*w grze, zakładach*) **stawiać na coś**

PHRASAL VERB **gamble on sth/on doing sth** to act in the hope that sth will happen although it is possible that it will not: *I wouldn't gamble on the weather staying fine.* ▶ **liczyć na coś, spodziewać się**

□ **gamble** noun [C] something you do that is a risk (i.e. you might win sth but you might also lose): *Setting up this business was a bit of a gamble.* ▶ **ryzykowne przedsięwzięcie, hazard**

IDIOM **take a gamble (on sth)** to take a chance (on sth or on sth happening) ▶ **ryzykować**

gambler /ˈgæmblə(r)/ noun [C] ▶ **gracz, hazardzist-a/ka** | **gambling** /ˈgæmblɪŋ/ noun [U] ▶ **uprawianie gier hazardowych**

★**game**[1] /geɪm/ noun **1** [C] **a game (of sth)** a form of play or sport with rules; a time when you play it: *Shall we play a game?* ○ *Let's have a game of chess.* Zagrajmy partię szachów. ○ *'Monopoly' is a popular board game* (grą planszową). ○ *Our next game is against the Oxford Tigers.* ○ *Tonight's game is between Holland and Italy.* ○ *The game ended in a draw.* ▶ **sport, gra, mecz** **2** [C] an activity that you do to have fun: *Some children were playing a game of cowboys and Indians.* ▶ **zabawa** **3** [C] a unit in a match of tennis, etc.: *Hewitt won the first game of the second set.* ▶ **gem** **4** (**games**) [pl.] an (international) athletics or sports competition ▶ **zawody sportowe, rozgrywki** **5** [C] (informal) a secret plan or trick: *I wasn't sure what their game was but I didn't trust them.* ○ *Stop playing games with me* (żartować sobie ze mnie) *and tell me where you've hidden the bag.* ▶ **gra** (*ukryte motywy postępowania*)

IDIOM **give the game away** to tell a person sth that you are trying to keep secret: *It was the expression on her face that gave the game away.* ▶ **zdradzać tajemnicę**

■ **ˈgame show** noun [C] a television programme in which people play games or answer questions to win prizes ▶ **teleturniej**

game[2] /geɪm/ adj. (used about a person) ready and willing to do sth new, unusual, difficult, etc.: *I have never been sailing but I'm game to try.* ▶ **ochoczy, gotowy**

game[3] /geɪm/ noun [U] wild animals or birds that are hunted for sport or food: *Shooting game is popular in Scotland.* ○ *big game* gruba zwierzyna ▶ **zwierzyna łowna**

■ **ˈgamekeeper** noun [C] a person who looks after game[3] on private land ▶ **gajowy**

gammon /ˈgæmən/ noun [U] (especially Brit.) bacon from the back leg or side of a pig ➲ Por. **ham.** ▶ **szynka**

gander /ˈgændə(r)/ noun [C] a male goose ▶ **gąsior**

gang /gæŋ/ noun [C, with sing. or pl. verb] **1** an organized group of criminals: *The police are looking for the gang that committed the robbery.* ▶ **gang, szajka** **2** a group of young people, especially young men, who sometimes cause trouble: *The phone box was vandalized by a gang of youths.* ▶ **banda, szajka** **3** a group of prisoners, building workers, etc. who work together as a team ▶ **brygada, ekipa** **4** (informal) a group of (young) friends: *The whole gang is here tonight.* ▶ **paczka (przyjaciół)**

□ **gang** verb (informal)

PHRASAL VERB **gang up on sb** to join together with other people in order to act against sb: *She felt that all her friends were ganging up on her.* ▶ **zmawiać się przeciwko komuś**

gangrene /ˈgæŋgriːn/ noun [U] the decay of a part of the body because the blood supply to it has been stopped ▶ **zgorzel, gangrena**

□ **gangrenous** /ˈgæŋgrɪnəs/ adj. ▶ **zgorzelinowy, gangrenowaty**

gangster /ˈgæŋstə(r)/ noun [C] a member of a gang of criminals ▶ **bandyta, gangster**

gangway /ˈgæŋweɪ/ noun [C] **1** a movable bridge that people use for getting on or off a ship ▶ **trap** **2** (Brit.) a passage that you can walk along between two rows of seats ▶ **przejście**

gaol, gaoler (Brit.) = JAIL, JAILER

★**gap** /gæp/ noun [C] **a gap (in/between sth)** **1** an empty space in sth or between two things: *The sheep got out through a gap in the fence.* ▶ **dziura, otwór** **2** an absence of sth; a space where sth should be: *There were several gaps in his story.* ○ *I think our new product should fill a gap in the market.* ▶ **luka** **3** a period of time that is not filled or when you are not doing what you normally do: *I returned to teaching after a gap of about five years.* ○ *a gap in the conversation* ▶ **przerwa** **4** a difference between people or their ideas: *The gap between the rich and the poor is getting wider.* ○ *the generation gap* przepaść międzypokoleniowa ▶ **przepaść** (*dzieląca poglądy itp.*)

IDIOM **bridge a/the gap** → BRIDGE[1]

gape /geɪp/ verb [I] **1** to stare at sb/sth with your mouth open ▶ **gapić się** **2** to be or become wide open: *There was a gaping hole in the wall after the explosion.* Wybuch zrobił w ścianie ziejącą dziurę. ▶ (*o otworze*) **ziać**

★**garage** /ˈgærɑːʒ; ˈgærɑːdʒ; ˈgærɪdʒ; US gəˈrɑːʒ; -ˈrɑːdʒ/ noun [C] **1** a building where cars, etc. are kept ▶ **garaż** **2** a place where you can have your car serviced or repaired. It may also sell petrol, etc.: *a garage mechanic* ➲ Por. **petrol station.** ▶ **stacja obsługi/benzynowa**

garbage /ˈgɑːbɪdʒ/ noun [U] (especially US) = RUBBISH

■ **ˈgarbage can** noun [C] (US) = DUSTBIN

garbled /ˈgɑːbld/ adj. (used about a message, story, etc.) difficult to understand; not clear ▶ **pogmatwany**

★**garden** /ˈgɑːdn/ noun [C] **1** (US **yard**) a piece of land (usually near a house) where flowers and vegetables are grown, usually with a lawn: *the*

garden equipment

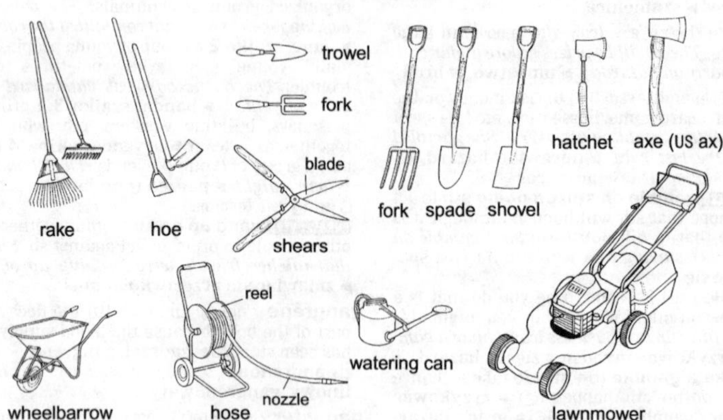

back/front garden ○ *garden flowers/chairs* ○ *a vegetable garden* ➲ Zob. uwaga przy **yard**. ▶ **ogród 2** (**gardens**) [pl.] a public park: *the Botanical Gardens* ▶ **park, ogród (publiczny)**
□ **garden** verb [I] to work in a garden: *She's been gardening all afternoon.* ▶ **uprawiać ogród** | **gardener** /ˈgɑːdnə(r)/ noun [C] a person who works in a garden as a job or for pleasure: *They're keen gardeners.* ▶ **ogrodni-k/czka** | **gardening** /ˈgɑːdnɪŋ/ noun [U] looking after a garden: *I'm going to do some gardening this afternoon.* ○ *gardening gloves* rękawice do pracy w ogrodzie ▶ **ogrodnictwo**
■ ˈ**garden centre** noun [C] a place where plants, seeds, gardening equipment, etc. are sold ▶ **sklep z artykułami ogrodniczymi** | ˈ**garden party** noun [C] a formal social event that takes place outside (usually in a large garden) on a summer afternoon ▶ **przyjęcie towarzyskie pod gołym niebem**

gargle /ˈgɑːgl/ verb [I] to wash your throat with a liquid (which you do not swallow) ▶ **płukać gardło**

garish /ˈgeərɪʃ/ adj. too bright or highly decorated ▶ **jaskrawy, krzykliwy**

garlic /ˈgɑːlɪk/ noun [U] a plant with a strong taste and smell that looks like a small onion and is used in cooking: *a clove of garlic* ząbek czosnku ▶ **czosnek**

garment /ˈgɑːmənt/ noun [C] (formal) one piece of clothing: *This garment must be dry-cleaned.* ▶ **część garderoby, ubranie**

garnish /ˈgɑːnɪʃ/ verb [T] to decorate a dish of food with a small amount of another food: *Garnish the soup with a little parsley before serving.* ▶ **przybierać** (*potrawę*)
□ **garnish** noun [U, C] ▶ **przybranie**

garrison /ˈgærɪsn/ noun [C] a group of soldiers who are living in and guarding a town or building ▶ **garnizon**

★**gas** /gæs/ noun (pl. **gases**; US also **gasses**) **1** [C,U] a substance that is like air (i.e. not solid or liquid) ▶ **gaz 2** [U] a gas(1) or mixture of gases that is used for heating, cooking, etc.: *Does your central heating run on gas or electricity?* ○ *a gas cooker* ○ *Turn the gas on the cooker up a bit!* ▶ **gaz 3** [U] a poisonous gas(1) that is used in war ▶ **gaz bojowy 4** [U] (US) = PETROL
□ **gas** verb [T] (**gassing**; **gassed**) to poison or kill sb with gas ▶ **zagazowywać**
■ ˈ**gas chamber** noun [C] a room that can be filled with poisonous gas in order to kill animals or people ▶ **komora gazowa** | ˌ**gas-ˈfired** adj. using gas as fuel: *gas-fired central heating* ▶ **gazowy** | ˈ**gas mask** noun [C] an apparatus that you wear over your face to protect you against poisonous gas ▶ **maska przeciwgazowa** | ˈ**gas meter** noun [C] an instrument that measures the amount of gas that you use ▶ **licznik gazowy** | ˈ**gas station** noun [C] (US) = PETROL STATION

gash /gæʃ/ noun [C] a long deep cut or wound: *He had a nasty gash in his arm.* ▶ **głębokie cięcie, głęboka rana**
□ **gash** verb [T] to make a long deep cut or wound ▶ **głęboko rozcinać, rozpłatywać** (*np. materiał, ciało*)

gasoline (also **gasolene**) /ˈgæsəliːn; gæsəˈliːn/ noun [U] (US) = PETROL

gasp /gɑːsp/ verb **1** [I] to breathe quickly and noisily (e.g. when you have been running fast): *gasping for breath* ▶ **sapać 2** [I] **gasp (at sth)** to breathe in suddenly and noisily because you are surprised or in pain: *She gasped in surprise as she read the letter.* ▶ **wstrzymać oddech** (*ze zdumienia*), **głośno oddychać** (*z bólu*) **3** [T] **gasp sth (out)** to say sth while you are finding it difficult to breathe: *'I can't go on,' he gasped, 'I've got to sit down.'* ▶ **wysapywać**
□ **gasp** noun [C] a quick breath (when you are surprised, in pain, etc.): *Suddenly she gave a gasp of surprise* (dech jej zaparło ze zdumienia). ▶ **sapnięcie** (*ze zdziwienia, bólu*)

gastronomic /ˌgæstrəˈnɒmɪk/ adj. connected with (good) food ▶ **gastronomiczny**

★**gate** /geɪt/ noun [C] **1** a movable structure (like a door) that closes an opening in a wall, fence, hedge, etc.: *Please keep the garden gate closed.* ▶ **brama** **2** (also **ˈgateway**) an opening in a wall, fence, hedge, etc. that is closed by a gate(1): *Drive through the gates and you'll find the car park on the right.* ▶ **brama wjazdowa** **3** an entrance or exit at an airport: *Swissair Flight 139 to Geneva is now boarding at gate 16.* ▶ (*na lotnisku*) **wyjście**

■ **ˈgatecrash** verb [I,T] to go to a private party without being invited ▶ **iść na przyjęcie bez zaproszenia** | **ˈgatecrasher** noun [C] ▶ **intruz** (*na przyjęciu*) | **ˈgateway** noun [C] **1** = GATE(2) **2** [sing.] **the gateway to sth** the place through which you must pass in order to get to somewhere else: *The port of Dover is England's gateway to Europe.* ○ (figurative) *A good education can be the gateway to success.* ▶ **brama wjazdowa; wrota** (*np. do sławy, sukcesu*)

gateau /ˈgætəʊ; US gæˈtəʊ/ noun [C] (pl. **gateaux** or **gateaus**) a large cake that is usually decorated with cream, fruit, etc. ➲ Ilustr. do **cake**. ▶ **tort**

★**gather** /ˈgæðə(r)/ verb **1** [I,T] **gather round (sb/sth); gather sb/sth round (sb/sth)** (used about people) to come together in a group; to make people come together: *A crowd soon gathered at the scene of the accident.* ○ *The children were gathered in a group around the teacher's desk.* ▶ **zbierać (się), gromadzić (się)** **2** [T] **gather sth (together/up)** to bring many things together; to collect: *They gathered up all their picnic things and set off home.* ○ *They have gathered together a lot of information on the subject.* ○ *I need some time to gather my thought*[illegible] ▶ **zbierać** **3** [T] to collect plants, fruits, et[illegible] ▶ **zbierać** **4** [T] to understand or find out st[illegible] (from sb/sth): *I gather from your letter that yo*[illegible] *have several years' experience of this kind* [illegible] *work.* ○ *'She's been very ill recently.' 'So* [illegible] *gather.'* ▶ **wnioskować, rozumieć (z czego**[illegible] **że)** **5** [T] to pull material together into sma[illegible] folds and sew it: *a gathered skirt* ➲ Por. **plea**[illegible] ▶ **fałdować** (*material*) **6** [I,T] to become great[illegible] or to make greater; to increase: *The train* [illegible] *gathering speed.* Pociąg nabiera szybkości. ○ *the gathering darkness* (w zapadającej ciemn[illegible] ci) *it was hard to see the ball.* ▶ **zwiększać**

□ **gathering** noun [C] a time when people come together; a meeting: *a family gathering* ▶ **zgromadzenie**

gaudy /ˈgɔːdi/ adj. (**gaudier**; **gaudiest**) too bright or highly decorated ▶ **jaskrawy, krzykliwy**

gauge (US also **gage**) /geɪdʒ/ noun [C] **1** an instrument for measuring the amount of sth: *a fuel gauge on a car* ▶ **wskaźnik** **2** the distance between the rails on a railway: *a narrow-gauge railway* kolej wąskotorowa ▶ **rozstaw torów** **3** a fact that you can use to judge a situation, sb's feelings, etc. ▶ **miernik**

□ **gauge** verb [T] **1** to measure sth ▶ **mierzyć, dokonywać pomiaru** **2** to judge a situation, sb's feelings, etc.: *It was difficult to gauge the mood of the audience.* ▶ **oceniać**

gaunt /gɔːnt/ adj. (used about a person) very thin because of hunger, illness, etc. ▶ **wychudzony**

gauze /gɔːz/ noun [U] thin net-like material (often used for covering wounds) ▶ **gaza**

gave pt of GIVE[1]

gawp /gɔːp/ verb [I] (informal) to look or stare (at sb/sth) in a stupid way (with your mouth open) ▶ **gapić się** (*z otwartymi ustami*)

gay /geɪ/ adj. **1** sexually attracted to people of the same sex; homosexual: *He told me he was gay* (że jest gejem). ○ *the gay community* (środowisko gejów) *of San Francisco* ❶ Antonim: **straight**. Rzeczownik: **gayness**. ▶ **gejowski** **2** (old-fashioned) happy and full of fun ❶ Rzeczownik: **gaiety**. ▶ **wesoły**

□ **gaily** /ˈgeɪli/ adv. in a gay(2) manner ▶ **wesoło** | **gay** noun [C] a person, especially a man, who is sexually attracted to people of the same sex; a homosexual: *a club for lesbians and gays* ▶ **gej; lesbijka**

gaze /geɪz/ verb [I] to look steadily for a long time: *She sat at the window gazing silently into space.* ▶ **przypatrywać się**

□ **gaze** noun [sing.] a long steady look: *She kept her gaze fixed on the man in the front row.* ▶ **nieruchomy wzrok**

GB /ˌdʒiː ˈbiː/ abbr. Great Britain ▶ **Wlk. Br.**

GCSE /ˌdʒiː siː es ˈiː/ (Brit.) abbr. General Certificate of Secondary Education; an examination that schoolchildren in England, Wales and Northern Ireland take when they are about sixteen. They often take GCSEs in five or more subjects. [illegible] examinations, look at [illegible] ▶ **egzamin szkolny** [illegible]**nem A level**

[illegible] product; [illegible]ices pro[illegible]or. **GNP**. [illegible] *wartość* [illegible]*nicy*)

[illegible]els that fit [illegible]wer from [illegible] e.g. from a [illegible]*as four (or* [illegible] (biegów do [illegible] wsteczny). ▶ **przekładnia** **2** [U] a particular position of the gears (in a car, etc.): *The car is in/out of gear.* ○ *a low gear* ○ *first/second gear* ○ *He went round the corner in top gear.* ▶ **bieg** (*auta*)

> A car can be **in** or **out of** gear. You use a **low** gear (**first** gear) when you first start moving and then **change** gear as you go faster. For the fastest speeds you use **top** gear.

3 [U] equipment or clothing that you need for a particular activity, etc.: *camping gear* ▶ **sprzęt** **4** [sing.] (in compounds) an instrument or part of a machine that is used for a particular purpose: *the landing gear of an aeroplane* ▶ **mechanizm lub część mechanizmu, układ**

□ **gear** verb
PHRASAL VERBS **gear sth to/towards sb/sth** (often passive) to make sth suitable for a particular purpose: *There is a special course geared towards the older learner.* ▶ **przystosowywać coś do kogoś/czegoś** | **gear up (for sb/sth); gear sb/sth up (for sb/sth)** to get ready or to make sb/sth ready: *I was all geared up for the party but it was cancelled at the last minute.* ▶ **przygotowywać się/kogoś/czegoś (do kogoś/czegoś)**

■ **'gearbox** noun [C] the metal case that contains the gears(1) of a car, etc. ▶ **skrzynia biegów** | **'gear lever** (US **'gear shift**) noun [C] a stick that is used for changing gear(2) (in a car, etc.) ▶ **dźwignia zmiany biegów**

gee /dʒiː/ interj. (US) (used for expressing surprise, pleasure, etc.): *Gee, I'm sorry. I didn't know you'd been ill.* ▶ **ojej!, ho, ho!**

geese pl. of GOOSE

Geiger counter /'gaɪgə kaʊntə(r)/ noun [C] a device for detecting and measuring radioactive substances ▶ **licznik Geigera**

gel /dʒel/ noun [C,U] (often in compounds) a thick substance like jelly that is between a liquid and a solid: *hair gel* ▶ **żel**

gelatin /'dʒelətɪn/ (also **gelatine** /'dʒeləti:n/) noun [U] a clear substance without any taste that is made from boiling animal bones and is used to make liquid food set ▶ **żelatyna**

gelignite /'dʒelɪgnaɪt/ noun [U] a substance that is used for making explosions ▶ **nitroglicerynowy materiał wybuchowy**

gem /dʒem/ noun [C] **1** a jewel or precious stone ▶ **kamień szlachetny 2** a person or thing that has great value ▶ (*o przedmiocie lub osobie*) **skarb**

Gemini /'dʒemɪnaɪ/ noun [C,U] the third sign of the zodiac, the Twins; a person who was born under this sign ▶ **Bliźnięta; osoba spod znaku Bliźniąt**

Gen. abbr. General ▶ **gen.**

gender /'dʒendə(r)/ noun [C,U] **1** (formal) the classification of people into two sexes: male and female ▶ **płeć 2** (in some languages) the classification of nouns, pronouns, etc. into masculine, feminine and neuter; one of these divisions.: *There are three genders in German.* ○ *In French the adjective must agree with the noun in number and gender.* ▶ **rodzaj**

gene /dʒiːn/ noun [C] one of the parts of a cell of a living thing which decide its development. Genes are passed from parents to children. In human beings they decide, for example, the size of a child or the colour of their eyes. ▶ **gen**

★**general¹** /'dʒenrəl/ adj. **1** affecting all or most people, places, things, etc.: *Fridges were once a luxury, but now they are in general use.* ○ *The bad weather has been fairly general.* Prawie wszędzie jest zła pogoda. ○ *That is a matter of general interest.* ○ *The general feeling is that the situation is improving.* ○ *the general public* (o ludziach) ogół ▶ **ogólny, powszechny 2** (only before a noun) not limited to, or describing, one particular part; not detailed: *Your general health is very good.* ○ *The introduction gives you a general idea of what the book is about.* ○ *Let's talk in general terms at first and then get down to details.* ▶ **ogólny 3** not limited to one subject or area of study; not specialized: *Children need a good general education.* ○ *general knowledge* ○ *a general hospital* ▶ **ogólny 4** (often in compounds) with responsibility for the whole of an organization: *The Secretary-General of the United Nations* ○ *a general manager* ▶ **naczelny, generalny**

IDIOM **in general 1** in most cases; usually: *In general, standards of hygiene are good.* ▶ **zwykle 2** as a whole: *I'm interested in Spanish history in general, and the civil war in particular.* ▶ **w ogóle**

■ **,general anaes'thetic** noun [C,U] a substance that is given to a patient in hospital before an operation so that they become unconscious and does not feel any pain ➲ Por. **local anaesthetic.** ▶ **środek znieczulający stosowany w znieczuleniu ogólnym** | **General Certificate of Secondary Education** = GCSE | **,general e'lection** noun [C] an election in which all the voters in a country choose their national parliament ➲ Por. **by- election.** ▶ **wybory powszechne** | **,general prac'titioner** noun [C] = GP

general² /'dʒenrəl/ noun [C] (abbr. **Gen.**) an army officer of very high rank: *General Roberts* ▶ **generał**

generalize (also **-ise**) /'dʒenrəlaɪz/ verb [I] **1 generalize (about sth) (from sth)** to form an opinion using only a small amount of information: *You can't generalize about English food from only two meals.* ▶ **uogólniać 2 generalize (about sth)** to make a general statement about sth and not look at the details: *You're generalizing. Every case is different.* ▶ **uogólniać**

□ **generalization** (also **-isation**) /,dʒenrəlaɪ'zeɪʃn; US -lə'z-/ noun **1** [U] the act of generalizing ▶ **uogólnianie 2** [C] a general statement about sth that does not consider details ▶ **uogólnienie**

★**generally** /'dʒenrəli/ adv. **1** usually: *She generally cycles to work.* ▶ **zwykle 2** by most people: *He is generally considered to be a good doctor.* ▶ **ogólnie 3** in a general sense, without looking at the details: *Generally speaking, houses in America are bigger than houses in this country.* ▶ **ogólnie**

generate /'dʒenəreɪt/ verb [T] **1** to produce power, heat, electricity, etc. ▶ **wytwarzać 2** to cause sth to exist: *I think this new product will generate a lot of income for the company.* ▶ **powodować, przynosić** (*np. dochód*)

★**generation** /,dʒenə'reɪʃn/ noun **1** [U] the act of generating: *the generation of electricity by water power* ▶ **wytwarzanie 2** [C] a single stage in a family history; all the people in a group or country who were born at about the same time; a period of about 25 or 30 years (i.e. the time that a person takes to become an adult): *This photograph shows three generations of my family.* ○ *The younger generation only seem/seems to be interested in money.* ○ *A generation ago people travelled a lot less.* ▶ **pokolenie**

■ **the gene'ration gap** noun [sing.] the difference in behaviour, and lack of understanding, between young people and older people ▶ **konflikt pokoleń**

generator /ˈdʒenəreɪtə(r)/ noun [C] a machine that produces electricity ▶ **prądnica, generator**

generosity /ˌdʒenəˈrɒsəti/ noun [U] the quality of being generous ▶ **hojność, wspaniałomyślność**

★**generous** /ˈdʒenərəs/ adj. **1** willing to give more money, help, etc. than is usual or necessary: *It was very generous of your parents to lend us all that money.* ▶ **hojny, wspaniałomyślny 2** larger than usual: *You get very generous portions in that restaurant.* ▶ **obfity**
□ **generously** adv.: *Please give generously.* ▶ **hojnie, wspaniałomyślnie**

genetics /dʒəˈnetɪks/ noun [U] the scientific study of the way that the development of living things is controlled by features that have been passed on from parents to children ▶ **genetyka**
□ **genetic** /dʒəˈnetɪk/ adj. connected with genes or genetics: *The disease is caused by a genetic defect.* ▶ **genetyczny** | **genetically** /-kli/ adv. ▶ **genetycznie**
■ **geˌnetic engiˈneering** noun [U] changes made by scientists in the genetic structure of plants and animals ▶ **inżynieria genetyczna** | **geˌnetically ˈmodified** adj. (abbr. **GM**) (used about food, plants, etc.) that has been grown from cells whose genes have been changed artificially ▶ **genetycznie modyfikowany**

genial /ˈdʒiːniəl/ adj. (used about a person) pleasant and friendly ▶ **dobroduszny, towarzyski**

genie /ˈdʒiːni/ noun (pl. **genies** or **genii** /ˈdʒiːniaɪ/) (in Arabian stories) a spirit with magic powers, especially one that lives in a bottle or a lamp ▶ **dżinn**

genitals /ˈdʒenɪtlz/ noun [pl.] (formal) the external sex organs ▶ **genitalia**
□ **genital** /ˈdʒenɪtl/ adj. ▶ **genitalny, dotyczący narządów płciowych**

genius /ˈdʒiːniəs/ noun (pl. **geniuses**) **1** [U] very great and unusual ability: *Shakespeare's tragedies show true genius.* ▶ **wielki talent 2** [C] a person who has very great and unusual ability, especially in a particular subject: *Einstein was a mathematical genius.* ➲ Por. **prodigy**. ▶ **geniusz 3** [sing.] **a genius for (doing) sth** great natural ability for (doing) sth: *Our teacher had a genius for explaining difficult things in a simple way.* ▶ **talent**

genocide /ˈdʒenəsaɪd/ noun [U] the murder of a nation or race ▶ **ludobójstwo**

genome /ˈdʒiːnəʊm/ noun [C] the complete set of genes in a cell or living thing: *the decoding of the human genome* ▶ **genom**

genre /ˈʒɒ̃nrə/ noun [C] a particular style or type, esp of works of art or literature: *What are the features of the novel as a genre?* ▶ **gatunek literacki, rodzaj sztuki**

gent /dʒent/ noun **1** [C] (informal) gentleman ▶ **pan, mężczyzna** (*krótka forma rzeczownika* gentleman) **2 (a/the gents/Gents)** [sing.] (Brit., informal) a public toilet for men ➲ Por. **ladies** i zob. uwaga przy **toilet**. ▶ **ubikacja dla panów**

genteel /dʒenˈtiːl/ adj. paying great (perhaps too much) attention to polite manners ℹ Często używa się w znaczeniu ironicznym. ▶ **(przesadnie) wytworny**
□ **gentility** /dʒenˈtɪləti/ noun [U] ▶ **szlacheckie urodzenie; wytworność (manier)**

★**gentle** /ˈdʒentl/ adj. **1** (used about people) kind; calm; touching or treating people or things in a careful way so that they are not hurt: *He was a gentle, patient man.* ○ *'I'll try and be as gentle as I can', said the dentist.* ▶ **łagodny, delikatny 2** not rough or violent: *You should be able to take some gentle exercise next week.* ▶ **łagodny**
□ **gentleness** /ˈdʒentlnəs/ noun [U] ▶ **łagodność, delikatność** | **gently** /ˈdʒentli/ adv.: *He touched her gently on the shoulder.* ○ *The beach slopes gently down to the sea.* ▶ **łagodnie, delikatnie**

★**gentleman** /ˈdʒentlmən/ noun [C] (pl. **gentlemen** /-mən/) **1** a man who is polite and who behaves well towards other people ▶ **dżentelmen 2** (formal) (used when speaking to or about a man or men in a polite way): *Ladies and gentlemen!* (używa się na początku przemówienia itp.) ○ *Mrs Flinn, there is a gentleman here to see you* (jakiś pan chce się z panią zobaczyć). ▶ **pan, mężczyzna 3** a rich man with a high social position: *He likes to think of himself as a country gentleman.* ▶ **majętny mężczyzna o wysokiej pozycji społecznej** ℹ Mówiąc o kobiecie w znaczeniu 1-3 używa się słowa **lady**.

★**genuine** /ˈdʒenjuɪn/ adj. **1** real; true: *a genuine Rolex watch* ➲ Por. **imitation**. ▶ **autentyczny 2** sincere and honest; that can be trusted: *She seems genuine enough but can I trust her?* ▶ **szczery, prawdziwy**
□ **genuinely** adv.: *I'm genuinely interested in a career in teaching.* ▶ **autentycznie, szczerze**

★**geography** /dʒiˈɒɡrəfi/ noun [U] **1** the study of the countries of the world, of their natural and physical features and of the cities, industries, etc. that have been made by man ▶ **geografia 2** the way in which the features of a particular country or place are arranged: *We're studying the geography of Asia.* ▶ **geografia**
□ **geographer** /dʒiˈɒɡrəfə(r)/ noun [C] a student of or expert in geography ▶ **geograf** | **geographical** /ˌdʒiːəˈɡræfɪkl/ adj. ▶ **geograficzny** | **geographically** /-kli/ adv. ▶ **geograficznie, terenowo**

geology /dʒiˈɒlədʒi/ noun [U] the study of rocks and soil, and of their development ▶ **geologia**
□ **geological** /ˌdʒiːəˈlɒdʒɪkl/ adj. ▶ **geologiczny** | **geologist** /dʒiˈɒlədʒɪst/ noun [C] a student of or expert in geology ▶ **geolog**

geometry /dʒiˈɒmətri/ noun [U] the study in mathematics of lines, shapes, curves, etc. ▶ **geometria**
□ **geometric** /ˌdʒiːəˈmetrɪk/ (also **geometrical** /-ɪkl/) adj. **1** of geometry ▶ **geometryczny 2** consisting of regular shapes and lines: *a geo-*

metric design/pattern ▶ **geometryczny** | **geometrically** /-kli/ adv. ▶ **geometrycznie**

geothermal /ˌdʒiə(ʊ)'θɜ:ml/ adj. connected with the natural heat of rock deep in the ground: *geothermal energy* ▶ **geotermiczny**

geranium /dʒə'reɪniəm/ noun [C] a garden plant with red, pink or white flowers ▶ **geranium, pelargonia**

geriatrics /ˌdʒeri'ætrɪks/ noun [U] the medical treatment of very old people ▶ **geriatria**
□ **geriatric** adj.: *a geriatric hospital* ▶ **geriatryczny**

germ /dʒɜ:m/ noun **1** [C] a very small living thing that causes disease. Germs can only be seen with a microscope ➲ Por. **bacteria** i **virus**. ▶ **zarazek, drobnoustrój 2** [sing.] **the germ of sth** the beginning of sth that may develop: *the germ of an idea* ▶ **zawiązek, zarodek**

Germanic /dʒɜ:'mænɪk/ adj. having German characteristics: *the Germanic languages (= the group including German, Dutch, English, etc.)* ▶ **germański**

German measles /ˌdʒɜ:mən 'mi:zlz/ (also **rubella**) noun [U] a mild disease that causes red spots all over the body. It may damage an unborn baby if the mother catches it. ▶ **różyczka**

ˌGerman 'shepherd noun [C] (US) = ALSATIAN

germinate /'dʒɜ:mɪneɪt/ verb [I,T] (used about a seed of a plant) to start growing; to cause a seed to do this ▶ **kiełkować**; **doprowadzać do kiełkowania**
□ **germination** /ˌdʒɜ:mɪ'neɪʃn/ noun [U] ▶ **kiełkowanie**

gerund /'dʒerənd/ noun [C] a noun, ending in -ing, that has been made from a verb: *In the sentence 'His hobby is collecting stamps', 'collecting' is a gerund.* ▶ **rzeczownik odczasownikowy**

gesticulate /dʒe'stɪkjuleɪt/ verb [I] to make movements with your hands and arms in order to express sth ▶ **gestykulować**

gesture /'dʒestʃə(r)/ noun [C] **1** a movement of the hand, head, etc. that expresses sth: *The driver of the car in front made a rude gesture and drove off.* ▶ **gest 2** something that you do that shows other people what you think or feel: *It would be a nice gesture to invite the neighbours in for a meal.* ▶ **gest**
□ **gesture** verb [I,T] to point at sth, to make a sign to sb: *She asked them if they were going and gestured towards the door.* ▶ **wskazywać**, **wykonywać gest**

★**get** /get/ verb (pres. part. **getting**; pt **got** /gɒt/; pp **got**; US **gotten** /'gɒtn/) **1** [T] **(have/has got)** to have sth: *Have you got a bike?* ▶ **mieć 2** [I] to become: *It's getting dark.* Ściemnia się. ○ *She got angry.* Rozzłościła się. ▶ **robić się, stawać się 3** [T] to receive, obtain or buy sth: *I got a letter from my sister.* ○ *What did you get for Christmas?* ○ *I got* (doświadczyłem) *a shock when I saw the price.* ○ *She got a job in a travel agency.* ○ *You get* (masz) *a wonderful view from that window.* ○ *I'll do it if I get the time.* ▶ **dostawać**, **otrzymywać**, **kupować 4** [T] to fetch or collect sth: *Go and get me a pen, please.* ○ *I'll get the children from school today.* ○ *The police have got* (złapała) *the gang who carried out the robbery.* ▶ **przynosić**, **przywozić**, **przyprowadzać 5** [T] to hear or understand sth: *I'm sorry, I didn't get that. Could you repeat it?* ▶ **usłyszeć**; **zrozumieć 6** [T] to catch a disease: *She got malaria in Africa.* ▶ **zachorować na coś 7** [T] to use a form of transport: *I didn't walk – I got the bus.* ▶ **jechać/lecieć czymś 8** [I] to move somewhere; to reach a place: *We got to Dover at about 10.* ➲ Por. **get in**, **get on** itp. ▶ **dojechać**, **dojść 9** [T] to cause sth to be in a particular place: *We couldn't get the piano upstairs.* ▶ **wnosić**, **zanosić 10** [T] to prepare sth; to make sb/sth ready: *He got the breakfast.* ▶ **przygotowywać 11** [I] (used with a past participle) to do sth that you are responsible for: *I'm just getting dressed.* Ubieram się. ○ *They've got divorced.* Rozwiedli się. ❶ Nie ma odpowiednika. **Get** + *past participle* tłumaczy się czasownikiem zwrotnym. **12** [I] to be in a certain situation: *He's got into trouble with the police.* ▶ **narobić sobie kłopotów 13** [I] (used in a similar way to the passive) to have sth happen to you: *She got bitten by a dog.* Ugryzł ją pies. ❶ **Get** używa się jako czasownika posiłkowego w stronie biernej. Zwykle opisuje krótkie, przypadkowe zdarzenia. W tłumaczeniu na polski często używa się wówczas czasownika w stronie czynnej. **14** [T] to cause sb/sth to do sth or to happen: *I got him* (nakłoniłem go) *to agree to the plan.* ○ *I can't get the television to work.* Nie mogę nic zrobić, żeby telewizor zaczął działać. ○ *She finally got the book finished.* Skończyła w końcu pisać książkę. ❶ Czasownika **get** używa się również wtedy, gdy na naszą prośbę czy zamówienie ktoś inny ma wykonać daną czynność: *You must get the car serviced every 10 000 miles.* Musisz zrobić przegląd samochodu po każdych dziesięciu tysiącach mil. ▶ **zrobić coś** (*zlecić komuś wykonanie jakiejś czynności*) **15** [I] to hit, hold or catch sb/sth: *A boy threw a stone at me but he didn't get me.* ○ *He got me by the throat and threatened to kill me.* ▶ **uderzyć**; **zatrzymać**; **chwycić 16** [I] to have the opportunity to do sth: *Did you get to see* (czy udało się wam zobaczyć) *the Rembrandt exhibition?* ▶ **mieć okazję**, **udawać się 17** [I] (used with verbs in the -*ing* form) to start doing sth: *We don't have much time so we'd better get working.* ○ *We'd better get going if we don't want to be late.* ▶ **zabierać się do czegoś**

IDIOM **get somewhere/nowhere (with sb/sth)** to make progress: *I'm getting nowhere with my research.* ▶ **posuwać się (do przodu)**; **stać w miejscu** ❶ **Get** używa się w idiomach, np. **get rid of**. ➲ Zob. hasła odpowiednich rzeczowników i przymiotników.

PHRASAL VERBS **get about/around** to move or travel to and from many places: *You certainly get around!* ▶ **dużo podróżować, nie siedzieć w (jednym) miejscu** | **get about/around/round** (used about news, a story, etc.) to spread; to become known by many people ▶ **rozchodzić się**

get sth across (to sb) to succeed in making people understand sth: *The party failed to get its policies across to the voters.* ▶ **wywoływać oddźwięk**, **znajdować zrozumienie**

get ahead to progress and be successful in sth, especially a career ▶ **robić postępy, rozwijać się pomyślnie**
get along → GET ON
get around 1 → GET ABOUT/AROUND **2** → GET ABOUT/AROUND/ROUND | **get around sb** → GET ROUND/AROUND SB | **get around sth** → GET ROUND/AROUND STH | **get around to sth/ doing sth** → GET ROUND/AROUND TO STH/DOING STH
get at sb to say unkind or critical things to sb ▶ **czepiać się (kogoś)** | **get at sb/sth** to succeed in reaching sb/sth: *The pen fell down between my desk and the wall and I couldn't get at it.* ▶ **dosięgać** | **get at sth** (used only in the continuous tenses) to suggest sth indirectly; to mean sth but not to state it directly: *I'm not quite sure what you're getting at – am I doing something wrong?* ▶ **zmierzać do czegoś, sugerować**
get away (from...) to succeed in leaving or escaping from sb or a place: *He kept talking to me and I couldn't get away from him.* ○ *The thieves got away in a stolen car.* ▶ **uciekać** | **get away with sth/doing sth** to do sth bad and not be punished for it: *He lied but he got away with it.* ▶ **uchodzić na sucho**
get back to return to the place where you live or work: *When did you get back from Italy?* ▶ **wracać** | **get sth back** to be given sth that you had lost or lent: *You'll get it back next week* ▶ **dostawać z powrotem, odzyskiwać** | **get back to sb** to speak to, write to or phone sb later, especially in order to give an answer or deal with sth: *I'll get back to you when I've got some more information.* ▶ **zadzwonić, napisać/porozmawiać ponownie** | **get back to sth** to return to doing sth or talking about sth: *I woke up early and couldn't get back to sleep* (nie mogłem znowu zasnąć). ○ *Let's get back to the point you raised earlier.* ▶ **wracać ponownie** (*np. do tematu*), **jeszcze raz coś robić**
get behind (with sth) to fail to do or produce sth on time: *We got behind with our rent.* ▶ **zalegać z czymś**
get by (on/in/with sth) to manage to live or do sth with difficulty: *It's very hard to get by on such a low income.* ○ *My Italian is good and I can get by in Spanish.* ▶ **egzystować, przeżyć, radzić sobie**
get sb down to make sb miserable: *These cold winter days get me down.* ▶ **przygnębiać** | **get sth down** to make a note of sth; to write sth down: *Did you get the address for the competition down?* ▶ **zapisywać** | **get down to sth/ doing sth** to start doing or concentrating on sth: *I must get down to answering these letters.* ▶ **zabierać się (za coś)**
get in to reach a place: *What time does your train get in?* ▶ **przyjeżdżać, przychodzić** | **get in; get into sth 1** to climb into a car: *We all got in and Tim drove off.* ▶ **wsiadać** (*do samochodu*) **2** to be elected to a political position: *Who do you think will get in at the next election?* ▶ **być wybranym** | **get sb in** to call sb to your house to do a job: *We had to get a plumber in.* ▶ **wzywać** (*fachowca*) | **get sth in** to manage to find an opportunity to say or do sth: *He talked all the time and I couldn't get a word in.* ▶ **wtrącać** (*słowo*) | **get in on sth** to become involved in an activity: *He's hoping to get in on the meetings.* ▶ **włączać się do czegoś**
get into sb (informal) (used about a feeling or attitude) to start affecting sb strongly, causing the person to behave in an unusual way: *I wonder what's got into him – he isn't usually unfriendly.* ▶ **wstępować w kogoś** | **get into sth** to start a particular activity; to become involved in sth: *How did you first get into the music business?* ○ *She has got into the habit* (nabrała przyzwyczajenia) *of turning up late.* ○ *We got into an argument about politics.* ▶ **zaczynać (coś robić)**
get off (sth) 1 to leave a bus, train, bicycle, etc.; to climb down from a horse ▶ **wysiadać/ zsiadać z czegoś 2** to leave work with permission at a particular time: *I might be able to get off early today.* ▶ **wychodzić z pracy** | **get off (sb/sth)** (used especially to tell sb to stop touching you/sb/sth): *Get off (me) or I'll call the police!* ○ *Get off that money – it's mine!* ▶ (*przen.*) **zejść z kogoś/czegoś** | **get sth off (sth)** to remove sth from sth: *My foot was swollen and I couldn't get my shoe off.* ▶ **zdejmować** | **get off (with sth)** to receive minor or no injuries when serious injury was possible: *She was lucky to get off with only a broken arm in such a bad accident.* ▶ **wychodzić** (*z wypadku*) **cało/z czymś** | **get (sb) off (with sth)** to receive little or no punishment; to help sb to receive little or no punishment: *If you're lucky, you'll get off with a small fine.* ○ *Her lawyer told her that he was confident he would get her off.* ▶ **wychodzić z czegoś; doprowadzać do uniewinnienia kogoś** | **get off with sb** (Brit., informal) to start a sexual or romantic relationship with sb: *Ruth got off with Steve at the disco.* ▶ **zacząć romans**
get on 1 to progress or become successful in life, in a career, etc.: *After leaving university she was determined to get on.* ▶ **osiągać powodzenie 2** to be getting old: *He's getting on – he's over 60, I'm sure.* ▶ **starzeć się 3** to be getting late: *Time's getting on – we don't want to be late.* ▶ **robiło się późno** ❶ Znaczenia 1-3 używane są tylko w zdaniach w czasach *continuous.* | **get on/along 1** to make progress: *How are you getting on in your course?* ▶ **radzić sobie, robić postępy 2** to perform in a particular way or to have a good or bad experience in a particular situation: *How did you get on* (jak ci poszło) *at your interview?* ▶ **dawać sobie radę, powodzić się** | **get on/onto sth** to climb onto a bus, train, bicycle, horse, etc.: *I got on just as the train was about to leave.* ○ *I couldn't get onto the bus because it was full.* ▶ **wsiadać do czegoś/ na coś** | **get sth on** to put on a piece of clothing: *Get your shoes on.* ▶ **wkładać, nakładać, ubierać (się)** | **get on for** (used only in the continuous tenses) to approach a certain time or age: *I'm not sure how old he is but he must be getting on for 50.* ▶ **zbliżać się do czegoś** | **get on to sb (about sth)** to speak or write to sb about a particular matter ▶ **skontaktować się z kimś (w sprawie czegoś)** | **get on/along with sb; get**

on/along (together) to have a friendly relationship with sb: *Do you get on well with your colleagues?* ○ *We're not close friends but we get on together quite well.* ▶ **mieć dobre/przyjazne stosunki z kimś, dobrze z kimś żyć** | **get on/along with sth** to make progress with sth that you are doing: *How are you getting on with that essay?* ▶ **radzić sobie** | **get on with sth** to continue doing sth, especially after an interruption: *Stop talking and get on with your work!* Przestań gadać i wracaj do pracy. ▶ **robić dalej**
get out (used about a piece of information) to become known, having previously been secret: *When the story got out it caused a scandal.* ▶ **wydać się, wyjść na jaw** | **get sth out (of sth)** to take sth from its container: *I got my keys out of my bag.* ▶ **wyjmować** | **get out (of sth)** to leave or escape from a place: *My grandmother's very old and she doesn't get out of the house much.* ○ *Get out!/Get out of here!* Wynoś się stąd! ▶ **wychodzić; uciekać** | **get out of sth/doing sth** to avoid a duty or doing sth that you have said you will do: *I said I'd go to their party and I can't get out of it now.* ▶ **wykręcać się od czegoś** | **get sth out of sb** to obtain sth from sb by force or persuasion: *His parents finally got the truth out of him.* ▶ **wydobywać** | **get sth out of sb/sth** to gain sth from sb/sth: *I get a lot of pleasure out of music.* ▶ **czerpać**
get over sth 1 to overcome a problem: *We'll have to get over the problem of finding somewhere to live first.* ▶ **rozwiązywać problem 2** to recover from sth unpleasant, or from an illness: *He still hasn't got over his wife's death.* ○ *It took her a long time to get over her operation.* ○ *I can't get over how rude he was!* ▶ **przychodzić do siebie po czymś, przeboleć coś, pogodzić się z czymś** | **get sth over with** (informal) to do and complete sth unpleasant that has to be done: *I'll be glad to get my visit to the dentist's over with.* ▶ **mieć coś za sobą**
get round → GET ABOUT/AROUND/ROUND | **get round/around sb** (informal) to persuade sb to do or agree with sth: *My father says I can't borrow his car but I think I can get round him.* ▶ **przekonywać** | **get round/around sth** to find a way of avoiding or overcoming a problem ▶ **znajdować sposób na coś** | **get round/around to sth/doing sth** to find the time to do sth, after a delay: *I've been meaning to reply to that letter for ages but I haven't got round to it yet.* ▶ **zabierać się do czegoś**
get through sth to use or to complete a certain amount or number of sth: *I got through a lot of money at the weekend.* ○ *I got through an enormous amount of work today.* ▶ **wydawać; wykonywać** | **get (sb) through (sth)** to be successful in sth (often sth unpleasant); to help sb to be successful: *She got through her final exams easily.* ○ *It was a terrible time financially but I got through it and then things improved.* ○ *Her kindness got me through those awful days.* ▶ **przechodzić przez coś; pomagać komuś przejść przez coś** | **get through (to sb) 1** to succeed in making a telephone connection with sb: *I couldn't get through to them because their phone was engaged all day.* ▶ **dodzwonić się 2** to succeed in making sb understand what you are saying: *They couldn't get through to him that he was completely wrong.* ▶ **docierać do kogoś**
get to sb (informal) to affect sb in a bad way: *Public criticism is beginning to get to the team manager.* ▶ **wywierać wpływ**
get together (with sb) to meet socially or in order to discuss or do sth: *We should get together one evening.* ○ *Let's get together and talk about it.* ▶ **spotykać się** | **get sb/sth together** to collect people or things in one place: *I'll just get my things together and then we'll go.* ▶ **zbierać**
get up to rise to a standing position; to stand up: *He got up to let an elderly woman sit down.* ▶ **wstawać** | **get (sb) up** to get out of bed or make sb get out of bed: *What time do you have to get up in the morning?* ○ *Could you get me up at 6 tomorrow?* ▶ **wstawać; budzić** | **get up to sth 1** to reach a particular point or stage in sth: *We've got up to the last section of our grammar book.* ▶ **dochodzić 2** to do sth, especially sth bad: *I wonder what the children are getting up to?* ▶ **robić**

getaway /ˈgetəweɪ/ noun [C] an escape (after a crime): *to make a getaway* uciekać ○ *a getaway car* samochód służący do ucieczki ▶ **ucieczka**

get-together /ˈget təgeðə(r)/ noun [C] (informal) an informal social meeting or party: *We're having a little get-together on Saturday evening.* ▶ **spotkanie, prywatka**

ghastly /ˈgɑːstli; US ˈgæstli / adj. (**ghastlier**; **ghastliest**) **1** causing fear or shock: *a ghastly accident* ▶ **okropny, makabryczny 2** (informal) very bad, ugly or unpleasant: *a ghastly mistake* ○ *I think these two colours look ghastly together.* ▶ **okropny, koszmarny 3** (used about a person) looking pale and ill: *You look ghastly. Do you want to lie down?* ▶ **okropnie (blado)**

gherkin /ˈgɜːkɪn/ noun [C] a small green cucumber that is preserved in vinegar before being eaten ➲ Por. **pickle**. ▶ **korniszon**

ghetto /ˈgetəʊ/ noun [C] (pl. **ghettoes**) a part of a town where many people of the same race, religion, etc. live, often in poor conditions ▶ **getto**

ghost /gəʊst/ (also **spectre**; US **specter**) noun [C] the spirit of a dead person that is seen or heard by sb who is still living: *The tower is haunted by the ghost of Lady Anne.* ○ *a ghost story* historia o duchach ▶ **duch, zjawa**
□ **ghostly** /ˈgəʊstli/ adj. (**ghostlier**; **ghostliest**) of or like a ghost: *ghostly noises* hałas wywoływany przez duchy ▶ **widmowy, upiorny**
■ ˈ**ghost town** noun [C] a town whose inhabitants have all left ▶ **miasto-widmo** | ˈ**ghostwriter** noun [C] a person who writes a book, etc. for a famous person (whose name appears as the author) ▶ **osoba pisząca książkę dla kogoś sławnego**

★**giant** /ˈdʒaɪənt/ noun [C] **1** (in children's stories) a person of human shape but enormous size and strength ▶ **olbrzym 2** something that is very large: *the multinational oil giants* ▶ **gigant**
■ **giant** (also ˈ**giant-size**; ˈ**giant-sized**) adj.

extremely large; enormous: *a giant new shopping centre* ▶ **olbrzymi, gigantyczny**

gibberish /ˈdʒɪbərɪʃ/ noun [U] words that have no meaning or that are impossible to understand: *I was so nervous in my interview I just spoke gibberish.* ▶ **bełkot, bzdury**

giddy /ˈɡɪdi/ adj. (**giddier**; **giddiest**) having the feeling that everything is going round and that you are going to fall: *I feel giddy* (słabo mi). ▶ **mający zawrót głowy**

□ **giddily** /ˈɡɪdɪli/ adv. ▶ **zataczając się, słaniając się** | **giddiness** /ˈɡɪdinəs/ noun [U] ▶ **zawrót głowy**

★**gift** /ɡɪft/ noun [C] **1** something that you give to a person; a present: *wedding gifts* ○ *a gift shop* ○ *He made a gift of £500 to charity.* ○ *Their teacher was presented with a gift of flowers and chocolates.* ○ *This week's magazine contains a free gift of some make-up.* ➲ Zob. uwaga przy **present**. ▶ **prezent, dar, upominek 2 a gift (for sth/doing sth)** natural ability: *She has a gift for saying the right thing at the right time.* ▶ **talent, wrodzona umiejętność**

□ **gifted** /ˈɡɪftɪd/ adj. having natural ability or great intelligence: *an extremely gifted musician* ▶ **utalentowany**

gig /ɡɪɡ/ noun [C] a performance by pop or jazz musicians ▶ **koncert muzyków pop lub jazzowych**

gigantic /dʒaɪˈɡæntɪk/ adj. extremely large ▶ **gigantyczny**

giggle /ˈɡɪɡl/ verb [I] to laugh in a silly way because you are amused or nervous ➲ Por. **chuckle**. ▶ **chichotać**

□ **giggle** noun [C] a laugh of this kind: *I've got the giggles* (nie mogę się przestać śmiać). ▶ **chichot, chichotanie**

gill /ɡɪl/ noun [C, usually pl.] one of the parts on the side of a fish's head that it breathes through ▶ **skrzele**

gilt /ɡɪlt/ noun [U] a thin covering of gold or sth that looks like gold ▶ **złocenie**

gimmick /ˈɡɪmɪk/ noun [C] something unusual or amusing that is used to attract people's attention (usually so that they buy sth): *They're looking for a new gimmick to advertise the restaurant.* ▶ **chwyt**

gin /dʒɪn/ noun [C,U] a colourless alcoholic drink that is made from grain and a particular type of berry: *I'd like a gin and tonic, please.* ▶ **dżin**

ginger /ˈdʒɪndʒə(r)/ noun [U] **1** the hot-tasting root of a plant (used in cooking): *ground ginger* ▶ **imbir 2** a reddish-orange colour ▶ **kolor rudy/ryży**

□ **ginger** adj. **1** flavoured with ginger: *ginger biscuits* ▶ **imbirowy 2** of a ginger colour: *ginger hair* ▶ **rudy, ryży**

■ **ginger ˈale** noun [U] a non-alcoholic drink that is flavoured with ginger, often mixed with alcoholic drinks ❶ **Ginger beer** jest podobnym napojem, ale zawiera trochę alkoholu i nie miesza się go z innymi napojami. ▶ **napój bezalkoholowy przyprawiany imbirem**

gingerbread /ˈdʒɪndʒəbred/ noun [U] a sweet cake or biscuit flavoured with ginger ▶ **rodzaj piernika**

gingerly /ˈdʒɪndʒəli/ adv. very slowly and carefully so as not to cause harm, make a noise, etc. ▶ **ostrożnie**

gipsy = GYPSY

giraffe /dʒəˈrɑːf; US -ˈræf/ noun [C] (pl. **giraffe** or **giraffes**) an African animal with a very long neck and legs and dark spots on its skin ▶ **żyrafa**

girder /ˈɡɜːdə(r)/ noun [C] a long iron or steel bar that is used in the construction of bridges, large buildings, etc. ▶ **dźwigar**

★**girl** /ɡɜːl/ noun [C] **1** a female child ▶ **dziewczynka 2** a daughter: *They have two boys and a girl.* ▶ **dziewczynka, córka 3** a young woman: *He was eighteen before he became interested in girls.* ○ *The girl at the cash desk was very helpful.* ▶ **dziewczyna, panienka 4** (**the girls**) [pl.] female friends of any age: *a night out with the girls* ▶ **dziewczęta, przyjaciółki**

□ **girlhood** /ˈɡɜːlhʊd/ noun [U] the time when sb is a girl ▶ **wiek dziewczęcy** | **girlish** adj. of or like a girl ▶ **dziewczęcy**

■ **ˈgirlfriend** noun [C] **1** a girl or woman with whom sb has a romantic and/or sexual relationship ▶ **dziewczyna, przyjaciółka 2** (US) a girl or woman's female friend ▶ **przyjaciółka** | **Girl ˈGuide** (also **Guide**) (US **Girl ˈScout**) noun [C] a member of an organization for girls that encourages helpfulness and teaches practical skills ➲ Por. **Boy Scout**. ▶ **harcerka**

giro /ˈdʒaɪrəʊ/ noun (pl. **giros**) (Brit.) **1** [U] the system for transferring money from one bank, etc. to another ▶ **system przelewowy (bankowy, pocztowy) 2** [C] a cheque for money that is given by the government to people who are ill, unemployed, etc. ▶ **czek przelewowy (przekaz) od agencji rządowej dla chorych i bezrobotnych**

gist /dʒɪst/ noun **the gist** [sing.] the general meaning of sth rather than all the details: *I know a little Spanish so I was able to get the gist of what he said.* ▶ **ogólny sens**

★**give**[1] /ɡɪv/ verb (pt **gave** /ɡeɪv/; pp **given** /ˈɡɪvn/) **1** [T] **give sb sth**; **give sth to sb** to hand sth to sb as a present; to allow sb to have sth as a present: *My parents gave me a watch for my birthday.* ○ *She gave most of her money to cancer research.* ▶ **dawać, podarować 2** [T] **give sb sth**; **give sth to sb** to hand sth to sb so that they can look at it, use it or keep it for a time: *Could you give me that book over there, please?* ▶ **podawać 3** [T] **give sb sth**; **give sth to sb** to provide sb with sth they want, ask for or pay for: *He was thirsty so I gave him a drink.* ○ *I hope the doctor will give me some new tablets.* ○ *She gives Italian lessons to the people at work.* ○ *He didn't give me the chance to reply.* ○ *Could you give me some help* (czy mógłbyś mi pomóc) *with this essay?* ▶ **dawać, udzielać 4** [T] **give sth to sb/sth** to spend time, etc. on sb/sth: *I can only give you ten minutes.* ○ *We'll have to give some more thought to the matter.* ▶ **poświęcać 5** [T] **give (sb) sth for sth** to pay: *How much would you give me for my old car?* ▶ **płacić, dawać**

6 [T] **give sb sth** to cause sb/sth to have or feel sth: *The news about his father gave him a terrible shock.* ○ *That noise is giving me a headache.* ○ *She gave me the impression that she was thinking of leaving her job.* ▶ **powodować, przyprawiać, sprawiać 7** [T] **give sth**; **give sb sth**; **give sth to sb/sth** to perform an action: *When the child saw the snow, he gave a shout of delight* (krzyknął z radości). ○ *to give a sigh* westchnąć ○ *to give a cry of pain* krzyknąć z bólu ○ *She gave my hand a squeeze.* Ścisnęła moją rękę. ○ *They gave us a warm welcome.* Ciepło nas powitali. ○ *I asked a short question and he gave me a very long answer* (udzielił mi bardzo długiej odpowiedzi). ○ *She gave him a kiss.* Pocałowała go. **8** [T] to perform or provide sth: *He gave a very interesting lecture on India.* ○ *They're giving a party for their son's eighteenth birthday.* ▶ **wygłaszać**; **wydawać 9** [I] to bend or stretch under pressure: *The branch began to give under his weight.* ▶ **wyginać się, ustępować pod naciskiem**

IDIOMS **not care/give a damn (about sb/sth)** → DAMN² | **give or take** more or less the number mentioned: *It took us two hours to get here, give or take five minutes.* ▶ **plus minus, w tę czy w tamtą stronę** | **give sb to believe/understand (that)...** (often passive) to give sb the impression that sth is true: *He gave me to understand that I had got the job.* ▶ **dawać do zrozumienia** ❶ **Give** występuje w innych idiomach, np. **give way**. ➲ Zob. hasła odpowiednich rzeczowników i przymiotników.

PHRASAL VERBS **give sb away** (at a wedding in a church) to go with the bride into the church and officially give her to the bridegroom during the marriage ceremony: *Her father gave her away.* ▶ **prowadzić pannę młodą do ołtarza** | **give sth away** to give sth, often sth that you no longer want, to sb without asking for or receiving money in return: *When she got older she gave all her toys away.* ○ *We are giving a shirt away with every suit purchased.* Do każdego zakupionego garnituru dodajemy bezpłatnie koszulę. ▶ **rozdawać, oddawać** | **give sth/sb away** to show or tell the truth about sth/sb which was secret: *He smiled politely and didn't give away his real feelings.* ▶ **zdradzać**

give sb back sth; **give sth back (to sb)** to return sth to the person from whom you took or borrowed it: *I lent him some books months ago and he still hasn't given them back to me.* ▶ **oddawać**

give sth in to hand sth to the authority collecting it: *I've got to give this essay in to my teacher by Friday.* ▶ **dawać, wręczać** | **give in (to sb/sth)** to stop fighting against sb/sth; to accept that you have been defeated ▶ **poddawać się**

give sth off to send sth (e.g. a smell, heat, etc.) out into the air ▶ **wydzielać**

give out (used about a machine) to stop working ▶ **stawać, przestać pracować** | **give sth out** to hand or pass sth to people: *Could you give out these books to the class, please?* ▶ **rozdawać**

give up to stop trying to do sth; to accept that you cannot do sth: *They gave up once the other team had scored their third goal.* ○ *I give up. What's the answer?* ▶ **poddawać się, dawać za wygraną** | **give sb up**; **give up on sb** to stop expecting sb to arrive, succeed, improve or recover: *When he was four hours late, I gave him up* (straciłam nadzieję, że go zobaczę). ○ *Her work was so poor that all her teachers gave up on her.* ○ *The doctors had given him up when he suddenly started to get better.* ▶ **kłaść na kimś kreskę** | **give sth up**; **give up doing sth** to stop doing or having sth that you had done or had regularly before: *to give up smoking.* ○ *Don't give up hope* (nie porzucaj nadziei). ▶ **rzucać** (*np. palenie*), **zaprzestać coś robić** | **give yourself/sb up (to sb)** to go to the police when they are trying to catch you; to tell the police where sb is: *The suspected murderer gave himself up to the police.* ▶ **oddawać (się) w czyjeś ręce** | **give sth up (to sb)** to give sth to sb who needs or asks for it: *He gave up his seat on the bus to an elderly woman.* ▶ **ustępować (komuś), oddawać**

■ **'giveaway** noun [C] (informal) **1** a thing that is included free when you buy sth: *There's usually some giveaway with that magazine.* ▶ **bezpłatny dodatek 2** something that makes you guess the truth about sb/sth: *She said she didn't know about the money but her face was a dead giveaway* (zdradzała ją). ▶ **coś co zdradza prawdę**

give² /gɪv/ noun [U] the quality of being able to bend or stretch a little: *The leather has plenty of give in it.* ▶ **elastyczność**

IDIOM **give and take** the willingness, within a relationship, to move towards another person's point of view because they are willing to move towards your point of view: *This dispute can only be settled if there is give and take on both sides.* ▶ **kompromis, wzajemne ustępstwa**

given /'gɪvn/ adj. (only before a noun) already stated or fixed: *At a given time they all waved their flags and cheered.* ▶ **dany**

□ **given** prep. taking sth into consideration: *Given that you had very little help, I think you did well.* ▶ **biorąc pod uwagę**

■ **'given name** noun [C] (especially US) = CHRISTIAN NAME ➲ Zob. uwaga przy **name**.

glacial /'gleɪsiəl; 'gleɪʃl/ adj. **1** caused by ice or a glacier : *a glacial valley* ▶ **lodowcowy 2** very cold; like ice: *glacial winds* ▶ **lodowaty**

glacier /'glæsiə(r)/ noun [C] a mass of ice that moves slowly down a valley ▶ **lodowiec**

★**glad** /glæd/ adj. (**gladder**; **gladdest**) **1** (not before a noun) **glad (about sth)**; **glad (to do sth/that...)** happy; pleased: *Are you glad about* (czy cieszysz się z) *your new job?* ○ *I'm glad to hear he's feeling better.* ○ *I'm glad (that) he's feeling better.* ○ *We'd be glad* (będzie nam miło) *to see you if you're in the area.* ▶ **zadowolony**

> **Glad** i **pleased** odnoszą się do konkretnej sytuacji lub wydarzenia. **Happy** określa nastrój, stan umysłu; może występować przed rzeczownikiem: *This kind of music always makes me feel happy.* ○ *She's such a happy child – she's always laughing.*

2 glad (of sth) grateful for sth: *If you are free, I'd be glad of some help.* ▶ **wdzięczny (za coś) 3** (only before a noun) bringing happiness: *I want to be the first to tell her the glad news.* ▶ **radosny**

□ **gladden** /ˈglædn/ verb [T] to make sb glad or happy ▶ **cieszyć, radować** | **gladly** adv. (usually used for politely agreeing to a request or accepting an invitation) happily; gratefully: *We will gladly help you if we can.* ○ *'Can you join us tonight?' 'Gladly.'* ○ *She gladly accepted the invitation to stay the night.* ▶ **chętnie, ochoczo** | **gladness** noun [U] ▶ **radość, szczęście**

glade /gleɪd/ noun [C] (formal) an open space in a forest or wood where there are no trees ❶ **Clearing** ma podobne znaczenie. ▶ **polana**

gladiator /ˈglædieɪtə(r)/ noun [C] (in ancient Rome) a man who fought against another man or a wild animal in a public show ▶ **gladiator**

glamour (US also **glamor**) /ˈglæmə(r)/ noun [U] the quality of seeming to be exciting or attractive: *Young people are often attracted by the glamour of city life.* ▶ **blask**

□ **glamorize** (also **-ise**) /-məraɪz/ verb [T] to make sth appear more attractive or exciting that it really is: *Television tends to glamorize violence.* ▶ **dodawać uroku, uatrakcyjniać** | **glamorous** /-mərəs/ adj. attractive or full of glamour: *She didn't look very glamorous without her make-up.* ○ *a glamorous job* ▶ **olśniewający, atrakcyjny** | **glamorously** adv. ▶ **olśniewająco, wspaniale**

★**glance** /glɑːns; US glæns/ verb [I] to take a quick look: *She glanced round the room to see if they were there.* ○ *He glanced at her and smiled.* ○ *The receptionist glanced down the list of names.* ▶ **spojrzeć, zerknąć**

PHRASAL VERB **glance off (sth)** to hit sth at an angle and move off again in another direction: *The ball glanced off the goalpost and into the net.* ▶ **odbić się rykoszetem, ześlizgnąć się**

□ **glance** noun [C] a quick look: *I only had time for a glance at the newspaper.* ○ *to exchange glances* ○ *She stole a glance* (ukradkiem spojrzała) *at her watch.* ▶ **zerknięcie, rzut oka**

IDIOMS **at a (single) glance** with one look: *I could tell at a glance that something was wrong.* ▶ **na pierwszy rzut oka** | **at first glance/sight** → FIRST[1]

gland /glænd/ noun [C] a small organ of the body that separates those substances from the blood that will be used by the body or removed from it: *sweat glands* ○ *the poison glands of a snake* ○ *swollen glands* powiększone węzły chłonne ▶ **gruczoł**

glare /gleə(r)/ noun **1** [U] strong light that hurts your eyes: *the glare of the sun on snow* ○ *the glare of a car's headlights* ▶ **oślepiający blask 2** [C] a (long) angry look ▶ **spojrzenie pełne gniewu/nienawiści itp.**

□ **glare** /gleə(r)/ verb [I] **1** to shine with strong light that hurts your eyes ▶ **świecić** (*oślepiającym blaskiem*) **2 glare (at sb/sth)** to stare at sb angrily: *They stood glaring at each other* (mierząc się wzrokiem). ▶ **patrzeć ze złością na kogoś**

glaring /ˈgleərɪŋ/ adj. **1** (used about a light, etc.) too strong and bright ▶ **oślepiający 2** angry: *glaring eyes* ▶ **wściekły, piorunujący wzrok 3** great or very noticeable: *a glaring mistake* ▶ **rażący, jaskrawy**

□ **glaringly** adv.: *a glaringly obvious mistake* ▶ **rażąco, jaskrawo**

★**glass** /glɑːs; US glæs/ noun **1** [U] a hard, usually transparent, substance that windows, bottles, etc. are made of: *a sheet/pane of glass* szyba ○ *a glass jar* ▶ **szkło 2** [C] a drinking container made of glass; the amount of liquid it contains: *a wine/champagne/brandy glass* ○ *Could I have a glass of water, please?* ▶ **szklanka, kieliszek 3** (also **glassware**) [U] a collection of objects made of glass ▶ **szkło** (*np. stołowe*)

□ **glassful** /-fʊl/ noun [C] the amount of liquid that one glass(2) holds ▶ **szklanka, kieliszek**

■ **glass ˈfibre** = FIBREGLASS | **ˈglasshouse** noun [C] a building with glass sides and roof for growing plants ❶ **Greenhouse** ma to samo znaczenie. ▶ **szklarnia**

★**glasses** /ˈglɑːsɪz; US ˈglæsɪz/ (also **spectacles**, informal **specs**; US also **eyeglasses**) noun [pl.] a pair of lenses in a frame that a person wears in front of their eyes (in order to be able to see better): *reading glasses* okulary do czytania ○ *dark glasses/sunglasses* okulary przeciwsłoneczne ▶ **okulary**

glassy /ˈglɑːsɪ; US ˈglæsi/ adj. (**glassier**; **glassiest**) **1** looking like glass: *a glassy sea* ▶ **szklisty, przezroczysty 2** (used about the eyes) showing no interest or expression: *a glassy stare* ▶ **szklany, szklisty**

glaze /gleɪz/ verb [T] **1** to fit a sheet of glass into a window, etc. ➲ Por. **double-glazing**. ▶ **szklić 2 glaze sth (with sth)** to cover a pot, brick, pie, etc. with a shiny transparent substance (before it is put into an oven): *Glaze* (posmarować) *the pie with beaten egg.* ▶ **emaliować; lukrować**

PHRASAL VERB **glaze over** (used about the eyes) to show no interest or expression ▶ **stawać się szklistym**

□ **glaze** noun [C,U] (a substance that gives) a shiny transparent surface on a pot, brick, pie, etc. ▶ **polewa; emalia; lukier** | **glazed** adj. (used about the eyes, etc.) showing no interest or expression ▶ **szklisty**

glazier /ˈgleɪziə(r); US -ʒər/ noun [C] a person whose job is to fit glass into windows, etc. ▶ **szklarz**

gleam /gliːm/ noun **1** [C, sing.] a soft light (that shines for a short time): *the first gleams of the morning sun* ○ *the gleam of moonlight on the water* ▶ **blask, odblask 2** [sing.] a brief or sudden show of a quality or emotion: *a gleam of hope* ▶ **przebłysk**

□ **gleam** verb [I] **1** to shine softly: *The water of the lake gleamed in the moonlight.* ▶ **połyskiwać, błyszczeć 2 gleam with sth** (used about the face or eyes) to show a particular (happy) emotion: *Their eyes gleamed with pleasure.* ▶ **błyszczeć** | **gleaming** adj. shining: *gleaming white teeth* ▶ **błyszczący**

glee /gliː/ noun [U] a feeling of joy or happiness

(at sth good that has happened to you or at sth bad that has happened to sb else): *The children laughed with glee at the clown's tricks.* ○ *She couldn't hide her glee when her rival came last in the race.* ▶ **radość**

□ **gleeful** /-fl/ adj. ▶ **radosny** | **gleefully** /-fəli/ adv. ▶ **radośnie**

glen /glen/ noun [C] a narrow mountain valley (in Scotland or Ireland) ▶ **dolina górska**

glib /glɪb/ adj. (**glibber**; **glibbest**) **1** (used about a person) speaking quickly and cleverly, in a way that will persuade people but that is not always truthful: *a glib salesman/politician* ▶ **wygadany, wyszczekany** **2** spoken quickly and without hesitation, but not always truthful: *a glib answer/excuse* ❶ To słowo ma znaczenie pejoratywne. ▶ **gładki, ale nie zawsze zgodny z prawdą**

□ **glibly** adv. ▶ **bez namysłu, gładko** | **glibness** noun [U] ▶ **gładkość** (*mowy*)

glide /glaɪd/ verb [I] **1** to move smoothly without noise or effort: *The dancers glided across the floor.* ○ *The yachts went gliding past.* ▶ **sunąć, ślizgać się** **2** to fly in a glider ▶ **szybować**

□ **glider** /ˈglaɪdə(r)/ noun [C] a light aeroplane without an engine that flies using air currents ▶ **szybowiec** | **gliding** noun [U] the sport of flying in gliders ➲ Por. **hang-gliding**. ▶ **szybownictwo**

glimmer /ˈglɪmə(r)/ verb [I] to give out a weak unsteady light ▶ **migotać**

□ **glimmer** noun [C] **1** a weak unsteady light: *The candles glimmered in the corner.* ▶ **migotanie** **2** a weak sign of sth: *a glimmer of hope* ▶ **przebłysk**

glimpse /glɪmps/ noun [C] **a glimpse (at/of sth)** a quick incomplete view of sb/sth ❶ Używa się przeważnie w wyrażeniu **catch a glimpse of**: *I caught a glimpse of myself in the mirror as I walked past.* ▶ **przelotne spojrzenie, mignięcie**

□ **glimpse** verb [T] to get a quick look at sb/sth (often by chance): *I glimpsed Cathy in the crowd.* ▶ **zobaczyć (przelotnie)**

glint /glɪnt/ verb [I] to give out small bright flashes of light: *She thought the diamond was lost until she saw something glinting on the carpet.* ○ (figurative) *His eyes glinted at the thought of all that money.* ▶ **błyskać**

□ **glint** noun [C]: *the glint of metal in the grass* ○ (figurative) *a glint of anger in his eyes* ▶ **blask**; **błysk**

glisten /ˈglɪsn/ verb [I] (used about wet surfaces) to shine: *Her eyes glistened with tears.* ○ *Tears glistened in her eyes.* ▶ **błyszczeć, lśnić**

glitter /ˈglɪtə(r)/ verb [I] to give out many little flashes of light ▶ **skrzyć się, lśnić**

□ **glitter** noun [U] **1** a shiny appearance consisting of many small flashes of light: *the glitter of jewellery* ○ (figurative) *the glitter of a career in show business* ▶ **blask, lśnienie** **2** very small shiny pieces of thin metal or paper, used as a decoration ▶ **błyszczący pył, stosowany do dekoracji i w kosmetyce** | **glittering** /ˈglɪtərɪŋ/ adj. **1** shining brightly with many little flashes of light: *a glittering Christmas tree* ▶ **błyszczący, lśniący** **2** splendid or successful: *a glittering career/performance* ▶ **błyskotliwy**

gloat /gləʊt/ verb [I] **gloat (about/over sth)** to feel or express pleasure at sth good that has happened to you or at sth bad that has happened to sb else ▶ **napawać się/rozkoszować się czymś**

□ **gloatingly** adv. ▶ **chełpliwie**

global /ˈgləʊbl/ adj. **1** affecting the whole world ▶ **globalny, ogólnoświatowy** **2** affecting the whole of a group of facts, possibilities, etc.: *We must take a global view of the problem.* ▶ **globalny, całościowy**

□ **globally** /-bəli/ adv. ▶ **ogólnie, szeroko** (*np. rozpowszechniony*)

■ **the ˌglobal ˈvillage** noun [sing.] the world considered as a single community linked by computers, telephones, etc. ▶ **globalna wioska** | **ˌglobal ˈwarming** noun [sing.] the increase in the temperature of the earth's atmosphere, caused by the increase of certain gases ▶ **globalne ocieplenie**

globe /gləʊb/ noun **1** [C] a model of the earth, in the shape of a ball, with the continents, etc. painted on it ▶ **globus** **2** (**the globe**) [sing.] the earth: *to travel (all) over the globe* ○ *on the other side of the globe.* ▶ **kula ziemska**

■ **globe ˈartichoke** noun [C] = ARTICHOKE

globetrotter /ˈgləʊbtrɒtə(r)/ noun [C] (informal) a person who travels to many countries ▶ **globetroter, obieżyświat**

globule /ˈglɒbjuːl/ noun [C] a small drop or ball of a liquid or melted solid: *There were globules of fat in the soup.* ▶ **kropelka, kulka**

gloom /gluːm/ noun [U] **1** a feeling of sadness or hopelessness: *The news brought deep gloom to the village.* ▶ **przygnębienie** **2** (near) darkness: *It was hard to see anything in the gloom.* ▶ **mrok, ciemność**

□ **gloomy** /ˈgluːmi/ adj. (**gloomier**; **gloomiest**) **1** dark (and depressing): *What a gloomy day!* ○ *This dark paint makes the room very gloomy.* ▶ **ponury, przygnębiający** **2** (making sb feel) sad or depressed: *Don't be so gloomy – cheer up!* ▶ **ponury, przygnębiony** | **gloomily** /-ɪli/ adv. ▶ **ponuro, przygnębiająco** | **gloominess** noun [U] ▶ **przygnębienie, posępność**

glorify /ˈglɔːrɪfaɪ/ verb (pres. part. **glorifying**; 3rd pers. sing. pres. **glorifies**; pt, pp **glorified**) [T] **1** (formal) to praise sb/sth highly ▶ **wychwalać** **2** to make sb/sth appear better or more important than they/it really are/is ▶ **idealizować, wychwalać**

□ **glorified** /ˈglɔːrɪfaɪd/ adj. (only before a noun) described in a way that makes sb/sth seem better, bigger, more important, etc. than they/it really are/is: *The 'holiday cottage' turned out to be a glorified barn.* ○ *An air hostess is really just a glorified waitress.* ▶ **wyidealizowany, upiększony**

glorious /ˈglɔːriəs/ adj. **1** having or deserving fame or glory: *a glorious victory* ▶ **sławny, chlubny** **2** wonderful or splendid: *What glorious weather!* ○ *a glorious day/view* ○ *a glorious*

trip to Rome ▶ **wspaniały, znakomity**
□ **gloriously** adv. ▶ **wspaniale, znakomicie**

★**glory** /ˈglɔːri/ noun [U] **1** fame or honour that is won by great achievements: *The winning team was welcomed home in a blaze of glory.* ▶ **sława, chwała 2** great beauty: *Autumn is the best time to see the forest in all its glory.* ▶ **blask, wspaniałość**
□ **glory** verb (pres. part. **glorying**; 3rd pers. sing. pres. **glories**; pt, pp **gloried**)
PHRASAL VERB **glory in sth** to take (too much) pleasure or pride in sth: *He gloried in his sporting successes.* ▶ **rozkoszować/przechwalać się czymś**

gloss /glɒs/ noun [U, sing.] (a substance that gives) brightness or shine on a surface: *the gloss on wood/hair/silk* ○ *gloss paint/photographs* ➲ Por. **matt**. ▶ **połysk**
□ **gloss** verb
PHRASAL VERB **gloss over sth** to avoid talking about a problem, mistake, etc. in detail ▶ **przechodzić nad czymś do porządku dziennego; tuszować**
glossy adj. (**glossier**; **glossiest**) **1** smooth and shiny: *glossy hair* ▶ **błyszczący, połyskujący 2** (used about a magazine, etc.) printed on good quality paper and having many colour photographs ▶ **na błyszczącym/kredowym papierze**

glossary /ˈglɒsəri/ noun [C] (pl. **glossaries**) a list of special or unusual words and their meanings (at the end of a book) ▶ **słowniczek**

★**glove** /glʌv/ noun [C] a piece of clothing that covers your hand (and has separate parts for the thumb and each finger): *a pair of gloves* ○ *leather/rubber/woollen gloves* ○ *boxing gloves* ➲ Por. **mitten**. ▶ **rękawi-czka/ca**

★**glow** /gləʊ/ verb [I] **1** to give out light and/or heat without smoke or flames: *A cigarette glowed in the dark.* ▶ **żarzyć się, jarzyć się 2 glow (with sth)** to be warm or red because of excitement, exercise, etc.: *to glow with health/enthusiasm/pride* ▶ **promieniować (czymś), rumienić się**
□ **glow** noun [sing.] **1** a warm light: *the glow of the sky at sunset* ▶ **blask, żar 2** a feeling or look of warmth or satisfaction: *a rosy glow on the children's cheeks* ▶ **rumieniec** | **glowing** adj. giving high praise; favourable: *His teacher wrote a glowing report about his work.* ▶ **pochlebny** | **glowingly** adv. ▶ **pochlebnie,** (*mówić, pisać*) **w samych superlatywach**

glower /ˈglaʊə(r)/ verb [I] to look angrily (at sb/sth) ▶ **groźnie patrzeć na kogoś/coś**

glucose /ˈgluːkəʊs/ noun [U] a type of sugar that is found in fruit ▶ **glukoza**

glue /gluː/ noun [U] a thick sticky liquid that is used for joining things together ▶ **klej**
□ **glue** verb [T] (pres. part. **gluing**) **glue A (to/onto B)**; **glue A and B (together)** to join a thing or things together with glue: *Do you think you can glue the handle back onto the teapot?* ▶ **przyklejać, sklejać**
IDIOM **glued to sth** (informal) giving all your attention to sth and unwilling to leave it: *He just sits there every evening glued to the television.* ▶ **przyklejony do czegoś**
■ **ˈglue-sniffing** noun [U] breathing in the chemicals that are given off by glue to get the same effect as that produced by alcohol or drugs ▶ **wąchanie kleju**

glum /glʌm/ adj. (**glummer**; **glummest**) (informal) sad or disappointed: *What are you looking so glum about?* ▶ **markotny, ponury**
□ **glumly** adv. ▶ **markotnie, z ponurą miną** | **glumness** noun [U] ▶ **przygnębienie, rozgoryczenie**

glut /glʌt/ noun [C, usually sing.] more of sth than is needed: *The glut of coffee has forced down the price.* ▶ **nadmiar, przesyt**

glutton /ˈglʌtn/ noun [C] **1** a person who eats too much ▶ **żarłok 2 a glutton for sth** (informal) a person who is willing to have or do more of sth difficult, unpleasant, etc.: *She's a glutton for hard work.* Jest tytanem pracy ▶ **człowiek niezmordowany**
□ **gluttony** /-təni/ noun [U] the habit of eating too much ▶ **obżarstwo**

GM /ˌdʒiː ˈem/ abbr. genetically modified ▶ **genetycznie modyfikowany**

GMT /ˌdʒiː em ˈtiː/ abbr. Greenwich Mean Time; the time system that is used in Britain during the winter and for calculating the time in other parts of the world ▶ **średni czas zachodnioeuropejski**

gnarled /nɑːld/ adj. rough and twisted, because of old age or hard work: *The old man had gnarled fingers.* ○ *a gnarled oak tree* ▶ **wykrzywiony, sękaty**

gnash /næʃ/ verb
IDIOM **gnash your teeth** to make a noise with your teeth because of anger, pain, worry, etc. ▶ **zgrzytać zębami**

gnat /næt/ noun [C] a small insect like a mosquito, that stings ▶ **komar**

gnaw /nɔː/ verb **1** [I,T] **gnaw (away) (at/on) sth** to bite a bone, etc. many times: *The dog lay on the carpet gnawing its bone.* ○ (figurative) *Fear of the future gnawed away at her* (gryzła się obawami o przyszłość) *all the time.* ▶ **ogryzać, gryźć 2** [I] **gnaw (away) at sb** to make sb feel worried or frightened over a long period of time: *Fear of the future gnawed away at her all the time.* ▶ **dręczyć kogoś, targać kimś**

gnome /nəʊm/ noun [C] (in children's stories, etc.) a little old man with a beard and a pointed hat who lives under the ground: *a garden gnome* ▶ **krasnal, gnom**

GNP /ˌdʒiː en ˈpiː/ abbr. gross national product; the total value of all the goods and services produced by a country in one year, including the total amount of money that comes from foreign countries ❶ **GNP** = **GDP** + zysk pochodzący z eksportu netto. ▶ **produkt narodowy brutto** (*całkowita wartość towarów i usług, wraz z wpływami z eksportu*)

★**go**[1] /gəʊ/ verb [I] (pres. part. **going**; 3rd pers. sing. pres. **goes**; pt **went** /went/; pp **gone** /gɒn/) **1** to move or travel from one place to another: *She always goes home by bus.* ○ *We're going to Lon-*

don tomorrow. ○ *He went to the cinema yesterday.* ○ *How fast does this car go?* ▶ **iść, jechać**

Czasownik **go** ma dwa *past participles*: **been** i **gone**. **Been** używa się wtedy, gdy podmiot udał się dokądś i stamtąd już wrócił. **Gone** również oznacza, że podmiot dokądś się udał, lecz jeszcze nie wrócił: *I've just been to Berlin. I got back this morning.* ○ *John's gone to Peru. He'll be back in two weeks.*

2 to travel to a place to take part in an activity or do sth: *Are you going to Dave's party?* ○ *Shall we go swimming this afternoon?* ○ *Let's go for a drive.* ○ *They've gone on holiday.* ○ *We went to watch the match.* ○ *I'll go and make the tea.* ▶ **iść/jechać** (*dokądś w określonym celu*) **3** to visit or attend a place regularly: *Does Simon go to school yet?* ▶ **chodzić (regularnie) 4** to leave a place: *I have to go now. It's nearly 4 o'clock.* ▶ **iść 5** to lead to or reach a place or time: *Where does this road go to?* ○ *This cut on my hand goes quite deep* (jest dosyć głęboka). ▶ **prowadzić, ciągnąć się 6** to have as its usual place: *Where does this vase go?* ▶ **stać** (*na stałym miejscu*) **7** to fit into a space: *My clothes won't all go in one suitcase.* ▶ **mieścić się 8** to happen in a particular way; to develop: *How's the new job going?* ▶ **iść**, (*o sprawach*) **mieć się dobrze/źle 9** to work correctly: *This clock doesn't go.* ▶ **działać 10** linking verb to become; to reach a particular state: *Her hair is going grey* (siwieją). ○ *He went blind* (stracił wzrok) *when he was 20.* ○ *Everybody thought that we had gone mad* (oszaleliśmy). ○ *The baby has gone to sleep* (zasnęło). ▶ **stawać się 11** to remain in the state mentioned: *Many mistakes go unnoticed.* ▶ **pozostawać 12** to disappear: *Has your headache gone yet?* ▶ **minąć 13** to become worse or stop working correctly: *The brakes on the car have gone.* ▶ **psuć się, wysiadać 14** to look or taste good with sth else: *Does this sweater go with my skirt?* ▶ **pasować 15** to have certain words or a certain tune: *How does that song go?* ▶ **iść 16** to make a sound: *The bell went early today.* ○ *Cats go 'miaow'.* ▶ **wydawać określony dźwięk 17** (used about time) to pass: *The last hour went very slowly.* ○ *There's only one minute left to go.* Została jeszcze tylko jedna minuta. ▶ **mijać 18** to start an activity: *Everybody ready to sing? Let's go!* ▶ **zaczynać 19** (spoken, informal) (used in the present tense for saying what a person said): *I said, 'How are you, Jim?' and he goes, 'It's none of your business!'* ▶ **mówić 20** (informal) (only used in the continuous tenses) to be available: *Are there any jobs going in your department?* ▶ **być wolnym 21** (informal) (used for saying that you do not want sb to do sth bad or stupid): *You can use my bike but don't go breaking* (nie zepsuj) *it this time!* ○ *I hope John doesn't go* (nie poleci) *and tell everyone about our plan.* ▶ **lecieć** (*lub nie tłumaczy się*)

IDIOMS **as people, things, etc. go** compared to the average person or thing: *As Chinese restaurants go, it wasn't bad.* ▶ **jak na kogoś/coś** | **be going to do sth 1** (used for showing what you plan to do in the future): *We're going to sell our car.* ▶ **zamierzać (coś zrobić) 2** (used for saying that you are sure sth will happen): *It's going to rain soon.* Zaraz będzie padać. ○ *Oh no! He's going to fall!* Zaraz się przewróci! | **go all out for sth**; **go all out to do sth** to make a great effort to do sth ▶ **iść na całego, bardzo się starać** | **go for it** (informal) to do sth after not being sure about it: *'Do you think we should buy it?' 'Yeah, let's go for it!* (zróbmy to!)*'* ▶ **zrobić coś** (*po wahaniu*) | **have a lot going for you** to have many advantages ▶ **mieć wszystkie atuty/wszelkie szanse** | **Here goes!** (said just before you start to do sth difficult or exciting) ▶ **do dzieła!, uwaga! już!** | **to go** that is/are left before sth ends: *I only have one exam to go.* ○ *We've still got fifty miles to go.* ▶ **(jeszcze) do zrobienia**, (*zostaje/ma*) **jeszcze** ❶ **Go** występuje w innych idiomach, np. **go astray**. ➲ Zob. hasła odpowiednich rzeczowników, przymiotników itp.

PHRASAL VERBS **go about** → GO ROUND/AROUND/ABOUT | **go about sth** to continue to do what you usually do: *We went about our normal routine.* ▶ **zajmować się** (*stałą czynnością*) | **go about sth/doing sth** to start trying to do sth difficult: *I wouldn't have any idea how to go about building a house.* ▶ **zabierać się do czegoś** | **go about with sb** → GO ROUND/AROUND/ABOUT WITH SB

go after sb/sth to try to catch or get sb/sth: *I went after the boy who stole my wallet.* ▶ **ruszać w pogoń** (*za osobą*), **próbować coś zdobyć**

go against sb to be unfavourable to sb: *The referee's decision went against him.* ▶ **być niepomyślnym (dla kogoś)** | **go against sb/sth** to do sth that is opposed to sb/sth: *She went against her parents' wishes and married him.* ▶ **sprzeciwiać się** | **go against sth** to be opposed or opposite to sth; not to be in agreement with sth: *It goes against my principles to use violence.* ▶ **być niezgodnym/sprzecznym z czymś**

go ahead to take place after being planned: *Although several members were missing, the meeting went ahead without them.* ▶ **odbywać się (zgodnie z planem)** | **go ahead (with sth)** to begin to do sth that you have planned: *They went ahead with the picnic in spite of the rain.* ▶ **rozpoczynać**

go along to continue: *The course gets more difficult as you go along* (w miarę upływu czasu). ▶ **kontynuować** | **go along with sb/sth** to agree with sb/sth: *I'm happy to go along with whatever you suggest.* ▶ **zgadzać się z kimś/czymś**

go around → GO ROUND/AROUND/ABOUT | **go around with sb** → GO ROUND/AROUND/ABOUT WITH SB

go away 1 to leave the place where you live (e.g. for a holiday) for a period of time of at least one night: *We're going away this weekend and we'll be back on Sunday evening.* ▶ **wyjeżdżać 2** to disappear: *I've tried to remove the stain in the carpet but it won't go away.* ▶ **znikać**

go back (to...) to return (to a place): *It's a wonderful city and I'd like to go back there one day.* ▶ **wracać dokądś** | **go back (to sth) 1** to return to a previous matter or situation: *Let's go back to the subject we were discussing a few minutes ago.* ▶ **wracać (do czegoś)** **2** to have its origins in a previous period of time: *A lot of the buildings in the village go back to the fifteenth century.* ▶ **sięgać (wstecz), pochodzić z czegoś** | **go back on sth** to break a promise, an agreement, etc.: *I promised to help them and I can't go back on it now.* ▶ **złamać** (*obietnicę*) | **go back to sth/doing sth** to start doing again sth that you had stopped doing: *When the children got a bit older she went back to full-time work.* ▶ **wracać do czegoś**

go by 1 (used about time) to pass: *As time went by* (w miarę upływu czasu), *her confidence grew.* ▶ **upływać** **2** to pass a place: *She stood at the window watching people go by.* ▶ **przechodzić** | **go by sth 1** to obey, follow or be guided by sth: *You can't go by the railway timetables – the trains are very unreliable.* ▶ **kierować się (czymś)** **2** to form an opinion according to a particular thing: *There are no clues so the police have nothing to go by.* ▶ **opierać się** (*np. na jakimś dowodzie*)

go down 1 (used about a ship, etc.) to sink ▶ **zatonąć** **2** (used about the sun) to disappear from the sky ▶ **zachodzić** **3** to become lower in price, level, etc.; to fall: *The price of these computers has gone down in the last two years.* ○ *The number of people out of work went down last month.* ▶ **spadać** | **go down (with sb)** (used with adverbs, especially *well* or *badly* or in questions beginning with *how*) (used about sth that is said, a performance, etc.) to be received by sb: *The film went down well with the critics.* ▶ **zostać (dobrze/źle) odebranym** | **go down with sth** to catch an illness; to become ill with sth: *Ten of our staff have gone down with flu.* ▶ **zachorować na coś**

go for sb to attack sb ▶ **(agresywnie) rzucać się na kogoś** | **go for sb/sth 1** to be true for a particular person or thing: *We've got financial problems but I suppose the same goes for a great many people.* ▶ **dotyczyć** **2** to choose sb/sth: *I think I'll go for the roast chicken.* ▶ **decydować się na kogoś/coś, wybierać kogoś/coś**

go in (used about the sun) to disappear behind a cloud ▶ **zachodzić za chmurę** | **go in for sth** to enter or take part in an examination or competition ▶ **przystępować** (*np. do zawodów, konkurencji*) | **go in for sth/doing sth** to do or have sth as a hobby or interest: *He doesn't go in for sport much.* ▶ **interesować się czymś (jako hobby)**

go into sth 1 to hit sth while travelling in/on a vehicle: *I couldn't stop in time and went into the back of the car in front.* ▶ **wjechać na/w coś** **2** to start working in a certain type of job: *When she left school she went into nursing.* ▶ **obierać zawód** **3** to look at or describe sth in detail: *I haven't got time to go into all the details now.* ▶ **rozwodzić się nad czymś, wdawać się w szczegóły**

go off 1 to explode: *A bomb has gone off in the city centre.* ▶ **wybuchać** **2** to make a sudden loud noise: *I woke up when my alarm clock went off.* ▶ **zadzwonić** **3** (used about lights, heating, etc.) to stop working: *There was a power cut and all the lights went off.* ▶ **gasnąć, wyłączać się** **4** (used about food and drink) to become too old to eat or drink; to go bad ▶ **psuć się** **5** (used about an event) to take place or happen in a certain way: *I think their wedding went off very well.* ▶ **wypadać, odbywać się** | **go off sb/sth** to stop liking or being interested in sb/sth ▶ **przestawać lubić** | **go off (with sb)** to leave (with sb): *She went off to get a coffee.* ○ *I don't know where Sid is – he went off with some girls an hour ago.* ○ *He went off* (odszedł) *with his best friend's wife.* ▶ **wychodzić (z kimś)** | **go off with sth** to take sth that belongs to sb else: *Who's gone off with my cup?* ▶ **świsnąć**

go on 1 (used about lights, heating, etc.) to start working: *I saw the lights go on in the house opposite.* ▶ **zapalać się; włączać się** **2** (used about time) to pass: *As time went on* (w miarę upływu czasu), *she became more and more successful.* ▶ **upływać** **3** (used especially in the continuous tenses) to happen or take place: *Can anybody tell me what's going on here?* ▶ **dziać się** **4** (used about a situation) to continue without changing: *This is a difficult period but it won't go on forever.* ▶ **trwać** **5** to continue speaking after stopping briefly: *Go on. What happened next?* ▶ **mówić dalej** **6** (used as an order for encouraging sb to do sth): *Oh go on* (bardzo cię proszę), *let me borrow your car. I'll bring it back in an hour.* ▶ **no dalej!, no zgódź się!** | **go on sth** to use sth as information so that you can understand a situation: *There were no witnesses to the crime, so the police had very little to go on.* ➲ Por. **go by sth**. ▶ **opierać się** (*np. na dowodzie*) | **go on (about sb/sth)** to talk about sb/sth for a long time in a boring or annoying way: *She went on and on about the people she works with.* ○ *I know I've made a mistake – there's no need to go on about it.* ▶ **ględzić** | **go/be on (at sb) (about sth)** to keep complaining about sth: *His parents are always going on at him to dress more smartly.* ▶ **gderać, marudzić** | **go on (doing sth)** to continue doing sth without stopping or changing: *We don't want to go on living here* (ciągle tu mieszkać) *for the rest of our lives.* ▶ **kontynuować** | **go on (with sth)** to continue doing sth, perhaps after a pause or break: *She ignored me and went on with her meal* (i dalej jadła). ▶ **kontynuować** | **go on to do sth** to do sth after completing sth else ▶ **robić coś po zakończeniu innej czynności**

go out 1 to leave the place where you live or work for a short time, returning on the same day: *Let's go out for a meal tonight.* ○ *I'm just going out for a walk, I won't be long.* ▶ **wychodzić/wyjeżdżać (do czegoś/na coś)** **2** (used about the tide) to move away from the land: *The tide is out.* Jest odpływ. ▶ **3** to stop being fashionable or in use: *That kind of music went out in the seventies.* ○ *Teaching methods like that went out years ago.* ▶ **wychodzić z mody/użycia** **4** to stop shining or burning: *Suddenly all the lights went out.* ▶ **gasnąć** | **go out (with sb); go out (together)** to spend time regularly with sb, having a romantic and/or sexual relationship: *He's going out with Jill Brown now.* ○ *They went out together for five years before they got married.* ▶ **chodzić ze sobą, spotykać się**

go over sth to look at, think about or discuss sth carefully from beginning to end: *Go over your work before you hand it in.* ▶ **sprawdzać, omawiać** | **go over to sth** to change to a different side, system, habit, etc.: *Italy went over to the euro in 2002.* ▶ **przechodzić do czegoś/na coś innego**

go round (used especially after *enough*) to be shared among all the people: *In this area, there aren't enough jobs to go round.* ▶ **wystarczać (dla wszystkich/na wszystko)** | **go round/around/about** (used about a story, an illness, etc.) to pass from person to person: *There's a rumour going round that he's going to resign.* ○ *There's a virus going round at work.* ▶ **krążyć** | **go round (to...)** to visit sb's home, usually a short distance away: *I'm going round to Jo's for dinner tonight.* ▶ **zachodzić do kogoś** (*w odwiedziny*) | **go round/around/about with sb** to spend time and go to places regularly with sb: *Her parents don't like the people she has started going round with.* ▶ **zadawać się/przestawać z kimś**

go through to be completed successfully: *The deal went through as agreed.* ▶ **przechodzić, dochodzić do skutku** | **go through sth 1** to look in or at sth carefully, especially in order to find sth: *I went through all my pockets but I couldn't find my wallet.* ▶ **przeszukiwać 2** to look at, think about or discuss sth carefully from beginning to end: *Let's go through the arrangements for the trip again.* ○ *We'll start the lesson by going through your homework.* ▶ **omawiać 3** to suffer an unpleasant experience: *I'd hate to go through such a terrible ordeal again.* ▶ **przechodzić przez coś, cierpieć** | **go through with sth** to do sth unpleasant or difficult that you have decided, agreed or threatened to do: *Do you think she'll go through with her threat to leave him?* ▶ **doprowadzać coś do końca, realizować coś**

go together (used about two or more things) **1** to belong to the same set or group ▶ **należeć** (*do tej samej grupy*), **tworzyć całość 2** to look good together ➲ Zob. uwaga przy **match³**. ▶ **pasować (do czegoś)**

go towards sth to be used as part of the payment for sth: *The money I was given for my birthday went towards my new bike.* ▶ **iść gdzieś** (*w jakimś celu*)

go under 1 to sink below the surface of water ▶ **iść na dno, zatonąć 2** (informal) (used about a company) to go out of business: *A lot of firms are going under in the recession.* ▶ **plajtować**

go up 1 to start burning suddenly and strongly: *The car crashed into a wall and went up in flames.* ▶ **stanąć** (*w płomieniach*) **2** to become higher in price, level, amount, etc.; to rise: *Petrol has gone up again.* ○ *The birth rate has gone up by 10%.* ▶ **wzrastać 3** to be built: *New office buildings are going up everywhere.* ▶ **budować się**

go with sth 1 to be included with sth; to happen as a result of sth: *Pressure goes with the job.* ▶ **towarzyszyć 2** to match or be suitable with sth: *What colour carpet would go with the walls?* ➲ Zob. uwaga przy **match³**. ▶ **pasować do czegoś**

go without (sth) to manage without having sth: *They went without sleep many nights when the baby was ill.* ▶ **obywać się bez czegoś**

■ **'go-ahead** noun [sing.] permission to do sth: *We've been given the go-ahead for the new building.* ▶ **pozwolenie, żeby coś zacząć** | **'go-ahead** adj. willing to try new ways of doing things ▶ **rzutki, przedsiębiorczy**

go² /gəʊ/ noun (pl. **goes** /gəʊz/) **1** [C] a turn to play in a game, etc.: *Whose go is it?* ○ *Hurry up – it's your go.* ❶ **Turn** ma to samo znaczenie. ▶ **kolej/ka 2** [C] (informal) **a go (at sth/doing sth)** an occasion when you try to do sth: *Andrew passed his driving test first go* (przy pierwszej próbie). ○ *I'm not sure if I can fix it, but I'll have a go* (spróbuję). ▶ **próba, podejście** (*np. do egzaminu*)

IDIOMS **be on the go** (informal) to be very active or busy: *I'm exhausted. I've been on the go all day* (zasuwałem cały dzień). ▶ **być w ruchu** | **have a go at sb** (informal) to criticize sb: *Dad's always having a go at me about my hair.* ▶ **czepiać się kogoś** | **make a go of sth** (informal) to be successful at sth: *They made a go of their marriage in spite of their differences.* ▶ **udawać się**

goad /gəʊd/ verb [T] **to goad sb/sth (into sth/doing sth)** to cause sb to do sth by making them angry ▶ **prowokować, pobudzać**

★**goal** /gəʊl/ noun [C] **1** (in football, rugby, hockey, etc.) the area between two posts into which the ball must be kicked, hit, etc. for a point to be scored: *Who's in goal for Real Madrid?* ▶ **bramka 2** a point that is scored when the ball goes into the goal: *Everton won by three goals to two.* ○ *to score* (strzelić) *a goal* ○ *an own goal* bramka samobójcza ▶ **gol 3** your purpose or aim: *I've finally achieved my goal of visiting all the capital cities of Europe.* ▶ **cel**

□ **goalless** /'gəʊlləs/ adj. with no goal scored: *a goalless draw* ▶ **bezbramkowy**

■ **'goalkeeper** /'gəʊlki:pə(r)/ (informal **goalie** /'gəʊli/ or **keeper**) noun [C] the player who stands in front of the goal(1) and tries to stop the other team from scoring a goal(2): *The goalkeeper made a magnificent save* (wspaniałą obronę). ▶ **bramka-rz/rka** | **'goalpost** noun [C] one of the two posts that form the sides of a goal. They are joined together by a crossbar. ▶ **słupek (bramki)**

goat /gəʊt/ noun [C] a small animal with horns which lives in mountainous areas or is kept on farms for its milk and meat ▶ **kozioł, koza**

goatee /gəʊ'ti:/ noun [C] a small pointed beard on a man's chin that is grown only on the chin ➲ Ilustr. do **hair**. ▶ **kozia bródka**

gobble /'gɒbl/ verb [I,T] (informal) **gobble sth (up/down)** to eat quickly and noisily: *He'd gobbled down all his food before I'd started mine.*

▶ **jeść łapczywie i głośno; zmiatać jedzenie z talerza**

gobbledegook (also **gobbledygook**) /ˈgɒbldiguːk/ noun [U] (informal) complicated language that is hard to understand ▶ **urzędowa (niezrozumiała) gadanina, nowomowa**

go-between /ˈgəʊ bɪtwiːn/ noun [C] a person who takes messages between two people or groups who do not or cannot meet: *In some countries, marriages are arranged by go-betweens.* ▶ **posłaniec**

goblin /ˈgɒblɪn/ noun [C] (in stories) a small ugly creature who plays tricks on people ▶ **chochlik**

gobsmacked /ˈgɒbsmækt/ adj. (informal) so surprised that you cannot speak; speechless ▶ **oniemiały**

★**god** /gɒd/ noun **1** (fem. **goddess**) [C] a being or force who is worshipped by a group of people and who is believed to have the power to control nature and human affairs: *Mars was the Roman god of war and Venus was the goddess of love.* ▶ **bóg 2** (**God**) [sing.] (in Christianity, Islam and Judaism) the creator and ruler of all things: *Do you believe in God?* ○ *Muslims worship God in a mosque.* ▶ **Bóg**

> Słowa **God** używa się w kilku wyrażeniach: *Oh my God* (Boże)*! I've won £1 000!* ○ *Thank God* (dzięki Bogu) *you've arrived – I was beginning to think you'd had an accident.* ○ *'I'm going to invite 50 people to the party.' 'God forbid* (broń Boże)*!'* ○ *For God's sake* (na miłość boską)*, shut up!*

■ **ˈgodchild**; **ˈgod-daughter**; **ˈgodson** noun [C] a person for whom a godparent takes responsibility at a Christian baptism (or christening) ▶ **chrześniak**; **chrześniaczka** | **ˈgodfather**; **ˈgodmother**; **ˈgodparent** noun [C] a person who promises to take responsibility for a child (at their baptism or christening) and to make sure that they are educated as a Christian ▶ **ojciec chrzestny**; **matka chrzestna**; **rodzic chrzestny**

goddess /ˈgɒdes; -əs/ noun [C] a female god ▶ **bogini**

godforsaken /ˈgɒdfəseɪkən/ adj. (used about a place) depressing or having nothing of interest ▶ **zapomniany przez Boga i ludzi, zapadły**

godsend /ˈgɒdsend/ noun [C] something unexpected that is a great help to you because it comes just when it is needed: *The extra money was a real godsend just before Christmas.* ▶ **dar z nieba, wybawienie**

goggles /ˈgɒglz/ noun [pl.] special glasses that you wear to protect your eyes from water, wind, dust, etc. ➲ Por. **mask**. ▶ **okulary ochronne, gogle**

going¹ /ˈgəʊɪŋ/ noun **1** [sing.] (formal) the act of leaving a place; departure: *We were all saddened by his going.* ▶ **odejście, odjazd 2** [U] the rate or speed of travel, progress, etc.: *Oxford to London in an hour? That's very good going!* ○ *Three children in four years? That's not bad going* (to nieźle im idzie)*!* ▶ **tempo 3** [U] the condition of a path, the ground, etc.: *The mud made the path very hard going.* Błoto utrudniło przebycie ścieżki. ○ (figurative) *It'll be hard going* (będzie ciężko) *if we need to finish this by Friday!* ○ (figurative) *I'm finding this novel very heavy going.* Okazuje się, że to bardzo ciężka powieść. ▶ **stan** (*np. drogi*)

IDIOM **get out, go, leave, etc. while the going is good** to leave a place or stop doing sth while it is still easy to do so ▶ **przestawać coś robić w odpowiednim/dobrym czasie**

■ **ˌgoings-ˈon** noun [pl.] (informal) unusual things that are happening: *The old lady was shocked by the goings-on in the house next door.* ▶ **(moralnie podejrzane) wybryki/wydarzenia** | **ˌgoing-ˈover** noun [sing.] (informal) **1** a very careful examination of sth: *Give the car a good going-over* (dokładny przegląd) *before deciding to buy it.* ▶ **drobiazgowe badanie 2** a serious physical attack on sb ▶ (*przen.*) **wycisk**

going² /ˈgəʊɪŋ/ adj.

IDIOMS **a going concern** a successful business ▶ **kwitnący interes** | **the going rate (for sth)** the usual cost (of sth): *The going rate for a cleaner is about £6 an hour.* ▶ **zwyczajowa stawka (za coś)**

go-kart /ˈgəʊ kɑːt/ noun [C] a very small racing car with no roof ▶ **gokart**

★**gold** /gəʊld/ noun **1** [U] a precious yellow metal that is used for making coins, jewellery, etc.: *Is your bracelet made of gold?* ○ *solid/pure/22-carat gold* ○ *a gold ring* ▶ **złoto 2** [C] = GOLD MEDAL

IDIOMS **(as) good as gold** very well-behaved: *The children were as good as gold while you were out.* ▶ **grzeczny jak aniołek** | **have a heart of gold** → HEART

□ **gold** adj. the colour of gold ➲ Por. **golden**. ▶ **złoty**

■ **ˈgold dust** noun [U] gold in the form of powder: (figurative) *Good teachers are like gold dust.* Dobrzy nauczyciele są na wagę złota. ▶ **piasek złotonośny** | **ˌgold ˈmedal** (also **gold**) noun [C] the prize for first place in a sports competition ▶ **złoty medal** | **ˌgold ˈmedallist** noun [C] the winner of a gold medal ▶ **złot-y/a medalist-a/ka** | **ˈgold mine** noun [C] **1** a place where gold is mined ▶ **kopalnia złota 2** a place, person or thing that provides a lot of sth: *This web site is a gold mine of information.* ▶ **kopalnia**

★**golden** /ˈgəʊldən/ adj. **1** made of gold or like gold: *a golden crown* ○ *golden hair* ○ (figurative) *a golden opportunity* ▶ **złoty, złocisty 2** best, most, important, favourite, etc.: *The golden rule is…* ○ *a golden opportunity* ▶ **złoty, doskonały 3** celebrating the 50th anniversary of sth: *a golden jubilee/wedding* ▶ **złoty**

goldfish /ˈgəʊldfɪʃ/ noun [C] (pl. **goldfish**) a small orange fish that is kept as a pet in a bowl or pond ▶ **złota rybka**

★**golf** /gɒlf/ noun [U] a game that is played outdoors on a large area of grass and in which you use a stick to hit a small hard ball into a series of holes (usually 18): *to play a round of golf* zagrać partyjkę golfa ○ *a golf ball/club* (kij)/*course* ▶ **golf**

□ **golfer** noun [C] a person who plays golf ▶ **gracz w golfa**

golly /ˈgɒli/ interj. (informal) (used for expressing surprise) ▶ **o rany!, ojej!**

gone[1] pp of GO[1]

gone[2] /gɒn/ adj. (not before a noun) not present any longer; completely used up: *He stood at the door for a moment, and then he was gone* (i już go nie było). ○ *Can I have some more ice cream please or is it all gone* (czy już nie ma)*?* ▶ **nieobecny, zużyty**

> **Gone** w znaczeniu „zniknąwszy" lub „zużyty" używa się z czasownikiem **be**, tak jak w powyższych przykładach. Zastanawiając się nad tym, gdzie ktoś się podział, używa się **have**: *Nobody knows where John has gone.*

gone[3] /gɒn/ prep. later than: *Hurry up! It's gone six already* (już po szóstej)*!* ❶ Tłumacząc **be gone** na polski, często używa się czasownika „mijać/przemijać". ▶ **po**

gonna /ˈgənə; ˈgɒnə; US ˈgɔːnə/ (informal) a way of writing 'going to' to show that sb is speaking in an informal way or with a special accent ❶ Nie należy pisać **gonna** (chyba, że naśladuje się czyjś akcent), ponieważ może to być uznane za błąd. Podobnie jest z **wanna** (= want to) i **gotta** (= got to).

goo /guː/ noun [U] (informal) a sticky wet substance ▶ **maź**

□ **gooey** /ˈguːi/ (**gooier**; **gooiest**) adj. (informal) sticky: *gooey cakes* ▶ **ciągnący się, maziowaty**

★**good**[1] /gʊd/ adj. (**better** /ˈbetə(r)/, **best** /best/) **1** of a high quality or standard: *a good book/film/concert* ○ *The hotel was really good.* ○ *'Why don't you apply for the job?' 'I don't think my English is good enough.'* ○ *The car was in very good condition.* ▶ **dobry 2 good at sth/doing sth**; **good with sb/sth** able to do sth or deal with sb/sth well; successful: *Jane's good at chemistry.* ○ *He's very good with children.* Dobrze sobie radzi z dziećmi. ▶ **dobry (w czymś) 3** pleasant or enjoyable: *It's good to be home again.* Dobrze być znów w domu. ○ *good news/weather* ○ *Have a good time!* Baw się dobrze! ▶ **dobry 4** morally right or well behaved: *Were the children good while we were out?* ▶ **dobry 5 good (to sb)** kind; helpful: *They were good to me* (byli dla mnie dobrzy) *when I was ill.* ○ *It was good of you to come.* Pięknie z twojej strony, że przyszedłeś. ▶ **dobry 6 good (for sb/sth)** having a positive effect on your health: *Green vegetables are very good for you.* ▶ **zdrowy 7 good (for sb/sth)** suitable or convenient: *This beach is very good for surfing.* Ta plaża nadaje się do surfingu. ○ *I think Paul would be a good person for the job.* Myślę, że Paweł nadawałby się do tej pracy. ○ *'When shall we meet?' 'Thursday would be a good day for me.'* ▶ **dobry 8** (used about a reason, etc.) acceptable and easy to understand: *a good excuse* ○ *She has good reason to be pleased.* ▶ **dobry, ważny 9 good (for sth)** that can be used or can provide sth: *I've only got one good pair of shoes.* ○ *This ticket's good for another three days.* ▶ **dobry (do czegoś), ważny 10 (a good...)** more, larger, etc. than is usual or expected: *a good many people* bardzo dużo ludzi ○ *Take a good look at this photograph.* Dobrze się przyjrzyj tej fotografii. ○ *We waited for a good ten minutes* (dobre dziesięć minut). Do stacji są dobre trzy mile. ○ *What you need is a good rest.* Potrzebujesz dobrego odpoczynku. ▶ **11** (used when you are pleased about sth): *'Tom's invited us to dinner next week.' 'Oh, good* (dobrze)*!'* ▶ **dobry**

IDIOMS as good as almost: *She as good as said I was lying!* ○ *The project is as good as finished.* ▶ **prawie, niemal(że)** | **be in/for a good cause** → CAUSE | **for good measure** → MEASURE[2] | **in good faith** → FAITH | **good for you, him, her, etc.** (informal) (used to praise sb for doing sth well): *'I passed my driving test!' 'Well done! Good for you!'* ▶ **gratulacje!, brawo!** | **good gracious, good grief, good heavens, etc.** (used for expressing surprise) ▶ **coś takiego/podobnego!** | **a good/great many** → MANY | **good morning/afternoon/evening/night** (used for greeting sb) ▶ **dzień dobry; dobry wieczór; dobranoc** | **so far so good** → FAR[2]

■ ˌ**good-ˈhumoured** adj. pleasant and cheerful: *Although there were a lot of complaints, the manager remained polite and good-humoured.* ▶ **dobroduszny** | ˌ**good ˈlooks** noun [pl.] an attractive appearance (of a person) ▶ **aparycja** | ˌ**good-ˈlooking** adj. (usually used about a person) attractive ➲ Zob. uwaga przy **beautiful**. ▶ **przystojny** | ˌ**good-ˈnatured** adj. friendly or cheerful ▶ **dobroduszny, łagodnego usposobienia** | ˌ**good ˈsense** noun [U] good judgement or intelligence: *He had the good sense to refuse the offer.* ▶ **zdrowy rozsądek** | ˌ**good-ˈtempered** adj. not easily made angry ▶ **opanowany, łagodny**

good[2] /gʊd/ noun [U] **1** the quality of being morally right: *the difference between good and evil* ▶ **dobro 2** something that will help sb/sth; advantage: *She did it for the good of her country.* ○ *I know you don't want to go into hospital, but it's for your own good.* ○ *What's the good of learning French if you have no chance of using it?* ▶ **dobro, pożytek**

IDIOMS be no good (doing sth) to be of no use or value: *It's no good standing here in the cold.* ○ *This sweater isn't any good. It's too small.* ▶ **nie warto (czegoś robić), być bezużytecznym** | **do you good** to help or be useful to you: *It'll do you good to meet some new people.* ▶ **dobrze (coś komuś) robić** | **for good** for ever: *I hope they've gone for good this time!* ▶ **na dobre** | **not much good** (informal) bad or not useful: *'How was the party?' 'Not much good.'* ▶ **kiepski, tak sobie**

★**goodbye** /ˌgʊdˈbaɪ/ interj. (said when sb goes or you yourself go): *We said goodbye* (pożegnaliśmy się) *to Steven at the airport.* ▶ **do widzenia**

> **Bye, cheers** i **cheerio** mają identyczne znaczenie.

❶ **Goodbye** może też występować jako rzeczownik: *Their goodbye was very sad because they* *knew they wouldn't see each other again for years.*

Good Friday /ˌɡʊd ˈfraɪdeɪ; -di/ noun [C] the Friday before Easter when Christians remember the death of Christ ▶ **Wielki Piątek**

goodie = GOODY

goodies /ˈɡʊdiz/ noun [pl.] (informal) nice things to eat ▶ **smakołyki**

goodness /ˈɡʊdnəs/ noun [U] **1** the quality of being good ▶ **dobroć 2** the quality that helps sb/sth to grow: *Wholemeal bread has more goodness in it* (pieczywo pełnoziarniste jest zdrowsze) *than white.*

> **Goodness** używa się w kilku zwrotach w miejsce słowa Bóg. **Goodness (me)!** wyraża zdziwienie. **Thank goodness!** wyraża zadowolenie i ulgę: *Thank goodness it's stopped raining!* Mówi się **For goodness' sake** w celu przydania prośbie ponaglenia, lub okazując komuś złość: *For goodness' sake, hurry up!*

★**goods** /ɡʊdz/ noun [pl.] **1** things that are for sale: *a wide range of consumer goods* ○ *electrical goods* ○ *stolen goods* ▶ **towary** (*na sprzedaż*) **2** (also **freight**) things that are carried by train or lorry: *a goods train* pociąg towarowy ○ *a heavy goods vehicle (= HGV)* pojazd do przewozu ciężkich ładunków ❶ Słowo **freight** (nie **goods**) zawsze się używa w Amer. ang. ▶ **ładunek**

IDIOM **come up with/deliver the goods** (informal) to do what you have promised to do ▶ **dostarczać towar** (*wypełnić zobowiązanie*)

goodwill /ˌɡʊdˈwɪl/ noun [U] friendly, helpful feelings towards other people: *There is a new atmosphere of goodwill in international politics.* ▶ **dobra wola, życzliwość**

goody (also **goodie**) /ˈɡʊdi/ noun [C] (pl. **goodies**) (informal) a good person in a film, book, etc. ❶ Antonim: **baddy**. ▶ **bohater pozytywny**

■ **ˈgoody-goody** noun [C] (pl. **goody-goodies**) a person who always behaves well so that other people have a good opinion of them ❶ Używa się w znaczeniu pejoratywnym. ▶ **świętosz-ek/ka**

gooey → GOO

goof /ɡuːf/ verb [I] (informal, especially US) to make a silly mistake ▶ **robić głupi błąd/pomyłkę, wygłupiać się**

goose /ɡuːs/ noun (pl. **geese** /ɡiːs/) [C] a large white bird that is like a duck, but larger. Geese are kept on farms for their meat and eggs ▶ **gęś**

> A male goose is called a **gander** and a young goose is a **gosling**.

gooseberry /ˈɡʊzbəri; US ˈɡuːsberi/ noun [C] (pl. **gooseberries**) a small green fruit that is covered in small hairs and has a sour taste: *a gooseberry bush* ▶ **agrest**

IDIOM **play gooseberry** to be present when two lovers want to be alone ▶ **być intruzem**

goose pimples /ˈɡuːs pɪmplz/ (also **goose bumps** /ˈɡuːsbʌmps/) noun [pl.] small points or lumps which appear on your skin because you are cold or frightened ▶ **gęsia skórka**

gore[1] /ɡɔː(r)/ noun [U] the blood that comes from a cut or wound: *His new film is full of gore.* W jego nowym filmie jest pełno krwi. ❶ Przymiotnik: **gory**. ▶ **posoka, rozlana/zakrzepła krew**

gore[2] /ɡɔː(r)/ verb [T] to wound sb with a horn, etc.: *She was gored by a bull.* ▶ **ubóść**

gorge[1] /ɡɔːdʒ/ noun [C] a narrow valley with steep sides and a stream or river running through it ▶ **przełom** (*rzeki*)

gorge[2] /ɡɔːdʒ/ verb [I,T] **gorge (yourself) (on/with sth)** to eat a lot of food: *At Christmas people gorge themselves on rich food.* ▶ **objadać się**

gorgeous /ˈɡɔːdʒəs/ adj. (informal) very good; wonderful: *What gorgeous weather!* ○ *Thank you for my present – it's absolutely gorgeous!* ▶ **wspaniały, przepiękny, pyszny**

□ **gorgeously** adv. ▶ **wspaniale, przepięknie, pysznie**

gorilla /ɡəˈrɪlə/ noun [C] a very large black African ape ▶ **goryl**

gorse /ɡɔːs/ noun [U] a bush with yellow flowers and thin thorny leaves that do not fall off in winter. Gorse often grows on land that is not used or cared for. ▶ **janowiec**

gory /ˈɡɔːri/ adj. (**gorier**; **goriest**) full of violence and blood: *a gory film* ○ (figurative) *He told me all the gory details* (drastyczne szczegóły) *about the divorce.* ▶ **krwawy, ociekający krwią**

gosh /ɡɒʃ/ interj. (informal) (used for expressing surprise, shock, etc.) ▶ **ojej!, ho ho!**

gosling /ˈɡɒzlɪŋ/ noun [C] a young goose ▶ **gąsiątko**

gospel /ˈɡɒspl/ noun **1** (**Gospel**) [sing.] one of the four books in the Bible that describe the life and teachings of Jesus Christ: *St Matthew's Gospel* ▶ **Ewangelia 2** [U] the truth: *You can't take what he says as gospel.* ▶ **święta prawda 3** [U] a style of religious music that is especially popular among black American Christians ▶ **chrześcijańska, religijna muzyka Murzynów amerykańskich**

gossip /ˈɡɒsɪp/ noun **1** [U] informal talk about other people and their private lives ▶ **plotka 2** [C] a conversation (including gossip): *The two neighbours were having a gossip* (plotkowali) *over the fence.* ▶ **plotkowanie, plotkarstwo 3** [C] a person who enjoys talking about other people's private lives ▶ **plotka-rz/rka**

□ **gossip** verb [I]: *I can't stand here gossiping all day.* ▶ **plotkować**

■ **ˈgossip column** noun [C] a part of a newspaper or magazine where you can read about the private lives of famous people ▶ **kronika towarzyska**

got pt, pp of GET ➲ Zob. uwaga przy **gotten**.

Gothic /ˈɡɒθɪk/ adj. (used about architecture) connected with a style that was common in Europe from the 12th to the 16th centuries. Typical features of Gothic architecture are pointed arches, tall thin pillars, elaborate decoration, etc. ▶ **gotycki**

gotta /ˈɡɒtə/ (informal, especially US) a way of writing 'got to' or 'got a' to show that sb is speaking in an informal way or with a special accent ❶ Nie należy pisać **gotta** (chyba, że naśladuje się czyjś akcent), ponieważ może to być uznane za błąd: *I gotta go (= I have got to go).* ○ *Gotta (= have you got a) minute?* ➲ Por. **gonna** i **wanna**.

gotten (US) pp of GET ❶ W większości wypadków w Amer. ang. **gotten** używa się częściej niż **got**: *Has he gotten back yet?* ○ *I've gotten myself a new job.*

gouge /ɡaʊdʒ/ verb

PHRASAL VERB **gouge sth out** to take sth out with force (usually with a tool or with your fingers) ▶ **wyżłabiać, wyłupiać**

gourmet /ˈɡʊəmeɪ/ noun [C] a person who enjoys food and wine and knows a lot about them: *a gourmet restaurant* restauracja dla smakoszy ▶ **smakosz/ka**

★**govern** /ˈɡʌvn/ verb **1** [I,T] to rule or control the public affairs of a country, city, etc.: *Britain is governed by the Prime Minister and the Cabinet.* ▶ **rządzić, kierować 2** [T] (often passive) to influence or control: *Our decision will be governed* (uzależniona) *by the amount of money we have to spend.* ▶ **wpływać**

★**government** /ˈɡʌvənmənt/ noun **1** (often **the Government**) [C] the group of people who govern a country: *He has resigned from the Government.* ○ *After the Prime Minister's resignation a new government was formed.* ○ *The Government has been overthrown.* ○ *government policy/money/ministers* polityka, fundusze, ministrowie rządu/rządowi ❶ Po słowie **government** w lp może następować czasownik w lp lub lm. Używa się czasownika w lp, kiedy mowa o rządzie jako całości: *The Government welcomes the proposal.* Czasownika w lm używa się, kiedy mowa o rządzie jako grupie poszczególnych osób: *The Government are still discussing the problem.* ➲ Por. **local government** i **opposition**. ▶ **rząd**

> Different types of government are: **communist**, **conservative**, **democratic**, **liberal**, **reactionary**, **socialist**, etc. A country or state may also have a **military**, **provisional**, **central** or **federal**, **coalition**, etc. government.

2 [U] the act or method of governing: *Six years of weak government had left the economy in ruins.* ▶ **rządy**

IDIOM **in government** being the government: *The Labour Party was in government from 1964 to 1970.* ▶ **w rządzie**

□ **governmental** /ˌɡʌvnˈmentl/ adj.: *a governmental department* ○ *different governmental systems* ▶ **rządowy**

governor /ˈɡʌvənə(r)/ noun [C] **1** a person who governs a province or state (especially in the USA): *the Governor of New York State* ▶ **gubernator, wojewoda 2** the leader or member of a group of people who govern an organization: *the governor of the Bank of England* ○ *In many British schools the board of governors is responsible for appointing new teachers.* ▶ **prezes/ka, przewodniczący/a, członek komitetu administracyjnego** (*np. szkoły*)

gown /ɡaʊn/ noun [C] **1** a long woman's dress for a special occasion: *a ball gown* suknia balowa ▶ **suknia 2** a loose piece of clothing that is worn by judges, lawyers, surgeons etc. ▶ **toga, fartuch**

GP /ˌdʒiː ˈpiː/ abbr. general practitioner; a doctor who treats all types of illnesses and works in a practice in a town or village, not in a hospital ▶ **lekarz pierwszego kontaktu**

grab /ɡræb/ verb (**grabbing**; **grabbed**) **1** [I,T] to take sth suddenly or roughly: *She grabbed the toy car from her little brother.* ○ (figurative) *He grabbed the opportunity* (złapał okazję) *of a free trip to America.* ○ (figurative) *I grabbed an hour's sleep* (złapałem godzinę snu) *on the train.* ➲ Por. **snatch**. ▶ **porywać, wyrywać, chwytać 2** [I] **grab at sb/sth** to try to get or catch sb/sth: *Jonathan grabbed at the ball but missed.* ▶ **rzucać się na kogoś/coś**

□ **grab** /ɡræb/ noun [C]: *She made a grab for the boy but she couldn't stop him falling.* ▶ **szybki ruch mający na celu chwycenie/złapanie**

grace /ɡreɪs/ noun [U] **1** the ability to move in a smooth and attractive way: *to walk/dance/move with grace* ▶ **wdzięk 2** extra time that is allowed for sth: *Payment is due today, but we have been given a week's grace.* ▶ **prolongata terminu płatności, karencja 3** a short prayer of thanks to God before or after a meal: *Father always says grace.* ▶ **modlitwa przed posiłkiem/po posiłku 4** (**His/Her/Your Grace**) (used when speaking about, or to, a duke, duchess or archbishop) ▶ **Wasza Miłość/Wysokość**

IDIOMS **sb's fall from grace** a situation in which sb loses the respect that people had for them by doing sth wrong or immoral ▶ **utrata szacunku** | **have the grace to do sth** to be polite enough to do sth: *At least she had the grace to apologize for what she did.* ▶ **być na tyle przyzwoitym, żeby** | **with good grace** willingly and cheerfully, not showing that you are disappointed: *He accepted the decision with good grace although it wasn't the one that he had been hoping for.* ▶ **z uśmiechem na twarzy**

graceful /ˈɡreɪsfl/ adj. having grace and beauty: *a graceful dancer* ➲ Por. **gracious**. Ma inne znaczenie. ▶ **pełen wdzięku/gracji**

□ **gracefully** /-fəli/ adv.: *She accepted the decision gracefully.* ▶ **z uśmiechem na twarzy; wdzięcznie** | **gracefulness** noun [U] ▶ **wdzięk, gracja**

graceless /ˈɡreɪsləs/ adj. **1** without grace(1) or beauty ▶ **bez wdzięku/gracji 2** rude ▶ **szorstki**

□ **gracelessly** adv. ▶ **bez wdzięku/gracji**

gracious /ˈɡreɪʃəs/ adj. **1** (used about a person or their behaviour) pleasant, kind or polite (to sb of a lower social position): *The Queen Mother gave a gracious smile as she drove past.* ▶ **łaskawy, miłościwy 2** (only before a noun) (formal) (used when speaking about royal people): *by gracious permission of Her Majesty* ▶ **łaskawy**

3 (only before a noun) owned or enjoyed by rich people: *gracious living* ➲ Por. **graceful**. Ma inne znaczenie. ▶ **zbytkowny, wykwintny**

IDIOM **good gracious!** (used for expressing surprise ▶ **o rety!, coś takiego!**

□ **graciously** adv. ▶ **łaskawie, miłościwie** | **graciousness** noun [U] ▶ **łaskawość**

★**grade**[1] /greɪd/ noun [C] **1** the quality or place in a series that sb/sth has: *She has passed her violin exams at Grade 6.* ○ *We need to use high-grade materials for this job.* ▶ **stopień, jakość** **2** a mark that is given for school work, etc. or in an examination: *He got good/poor grades this term.* ○ *Only a small number of our pupils pass A level French with a grade A* (na najwyższą ocenę). ▶ **ocena, stopień** **3** (US) a class or classes in a school in which all the children are the same age: *My daughter is in the third grade.* ▶ **klasa szkolna**

IDIOM **make the grade** (informal) to reach the expected standard; succeed ▶ **osiągać (oczekiwany) poziom; odnosić sukces**

■ **'grade crossing** noun [C] (US) = LEVEL CROSSING

grade[2] /greɪd/ verb [T] (often passive) to divide things or people into groups, according to their quality or size: *I've graded their work from 1 to 10.* ○ *Students with 90% correct are graded A.* ○ *Eggs are graded by size.* ▶ **klasyfikować, oceniać**

gradient /'greɪdiənt/ noun [C] the steepness of a slope: *The hill has a gradient of 1 in 4.* ○ *a steep gradient* ▶ **stopień nachylenia**

★**gradual** /'grædʒuəl/ adj. happening slowly or over a long period of time; not sudden: *There has been a gradual increase in the number of people without jobs.* ▶ **stopniowy**

□ **gradually** /-dʒuəli/ adv.: *After the storm things gradually got back to normal.* ▶ **stopniowo**

graduate[1] /'grædʒuət/ noun [C] **1 a graduate (in sth)** a person who holds a (first) degree from a university, etc.: *a law graduate/a graduate in law* ○ *a graduate student* student/ka podyplomow-y/a (zwłaszcza osoba na studiach magisterskich) ➲ Por. **postgraduate**, **undergraduate**, **bachelor** i **student**. ▶ **absolwent/ka** (*z tytułem akademickim*) **2** (US) a person who has completed a course at a school, college, etc.: *a high-school graduate* ▶ **absolwent/ka**

graduate[2] /'grædʒueɪt/ verb [I] **1 graduate (in sth) (from sth)** to get a (first) degree from a university, etc. ▶ **kończyć wyższe studia** **2** (US) **graduate (in sth) (from sth)** to complete a course at a school, college, etc. ▶ **kończyć** (*np. szkołę*) **3 graduate (from sth) to sth** to change (from sth) to sth more difficult, important, expensive, etc. ▶ **przechodzić na wyższy poziom**

□ **graduation** /ˌgrædʒu'eɪʃn/ noun **1** [U] graduating from a university, etc. ▶ **ukończenie wyższych studiów** **2** [sing.] a ceremony in which degree certificates are given to people who have graduated from a university, etc. ▶ **uroczystość nadania dyplomów akademickich**

graffiti /grə'fi:ti/ noun [U, pl.] pictures or writing on a wall, etc. in a public place that are rude, funny or political: *The wall was covered with graffiti.* ▶ **bazgroły**

graft /grɑ:ft; US græft/ noun [C] **1** a piece of a living plant that is fixed inside another plant so that it will grow ▶ **szczep** **2** a piece of living skin, bone, etc. that is fixed onto a damaged part of a body in a medical operation: *a skin graft* ▶ **przeszczep**

□ **graft** verb [T] **graft sth onto sth** to fix sth as a graft onto a plant, body, etc. ➲ Por. **transplant**. ▶ **szczepić, przeszczepiać**

★**grain**[1] /greɪn/ noun **1** [U] the seeds of wheat, rice, etc. as a product: *The USA is a major producer of grain.* ○ *grain exports* ▶ **zboże, produkty zbożowe** **2** [C] a single seed of wheat, rice, etc. ▶ **ziarno** **3** [C] a very small piece of sth: *a grain* (szczypta) *of sand/salt/sugar* ○ (figurative) *There isn't a grain of truth* (nie ma ziarna prawdy) *in what you say.* ▶ **ziarenko**

grain[2] /greɪn/ noun [C] the natural pattern of lines that can be seen or felt in wood, rock, stone, etc.: *to cut a piece of wood along/across the grain* ▶ **słój**

IDIOM **(be/go) against the grain** to be difficult to do because you do not really think that it is the right thing: *It goes against the grain to say I'm sorry when I'm not sorry at all.* ▶ **przeciwny czyjejś naturze/usposobieniu**

gram (also **gramme**) /græm/ noun [C] (abbr. **g**; **gr**) a measure of weight. There are 1 000 grams in a kilogram. ▶ **gram**

★**grammar** /'græmə(r)/ noun **1** [U] the rules of language, e.g. for forming words or joining words together in sentences ▶ **gramatyka, zasady gramatyki** **2** [U] the way in which sb uses the rules of language: *You have a good vocabulary, but your grammar needs improvement.* ▶ **gramatyka** **3** [C] a book that describes and explains the rules of grammar: *a French grammar* ▶ **gramatyka**

■ **'grammar school** noun [C] (Brit.) a type of secondary school that provides academic education ▶ **szkoła średnia ogólnokształcąca**

grammatical /grə'mætɪkl/ adj. **1** connected with grammar: *the grammatical rules for forming plurals* ▶ **gramatyczny** **2** following the rules of grammar: *The sentence is not grammatical.* ▶ **gramatyczny** ❶ Antonim: **ungrammatical**.

□ **grammatically** /-kli/ adv. ▶ **gramatycznie**

gramme /græm/ noun [C] = GRAM

gran /græn/ noun [C] (Brit., informal) grandmother ▶ **babcia, babunia**

★**grand**[1] /grænd/ adj. **1** looking splendid in size or appearance (also used in names): *Our house isn't very grand, but it has a big garden.* ○ *the Grand Canyon* ○ *the Grand Hotel* ❶ Rzeczownik: **grandeur**. ▶ **wielki, okazały, grand** **2** seeming to be important or thinking that you are important: *She thinks she's very grand because she drives a Porsche.* ▶ **ważny, wielki** **3** (informal) very good or pleasant: *You've done a grand job!* ▶ **wspaniały, znakomity**

□ **grandly** adv. ▶ **z rozmachem, wielkopańsko** | **grandness** noun [U] ▶ **wspaniałość, okazałość**

■ ˌ**grand piˈano** noun [C] a large flat piano (with horizontal strings) ▶ **fortepian** | ˌ**grand ˈslam** noun [C] winning all the important matches or competitions in a particular sport, e.g. rugby or tennis ▶ **wielki szlem** | ˌ**grand ˈtotal** noun [C] the amount that you get when you add several totals together ▶ **suma ogólna**

grand² /grænd/ noun [C] (pl. **grand**) (slang) 1 000 pounds or dollars: *It'll cost you 50 grand!!* ▶ (*o pieniądzach*) **patyk**

★**grand-** /grænd/ (used before a noun to show a family relationship) ❶ Przedrostek stawiany przed rzeczownikami określającymi stopień pokrewieństwa; oznacza różnicę dwóch pokoleń.
□ **grandchild** noun [C] (pl. **grandchildren**) the son or daughter of your child ▶ **wnuk, wnuczka** | **granddaughter** noun [C] the daughter of your child ▶ **wnuczka** | **grandfather** noun [C] the father of one of your parents ▶ **dziadek**

> Aby odróżnić dziadków ze strony ojca od dziadków ze strony matki używa się określeń **my paternal/maternal grandfather** lub **my father's/mother's father**.

| **grandmother** noun [C] the mother of one of your parents ➲ Zob. uwaga przy **grandfather**. ▶ **babka** | **grandparent** noun [C] the mother or father of one of your parents ▶ **dziadek; babka** | **grandson** noun [C] the son of your child ▶ **wnuk**

■ ˈ**grandfather clock** noun [C] a clock that stands on the floor in a tall wooden case ▶ **zegar stojący**

grandad /ˈgrændæd/ noun [C] (Brit., informal) grandfather ▶ **dziadzio**

grandeur /ˈgrændʒə(r)/ noun [U] (formal) **1** the quality of being large and impressive ▶ **majestat, okazałość, wspaniałość 2** the feeling of being important ▶ **wielkość, znaczenie**

grandiose /ˈgrændiəʊs/ adj. bigger or more complicated than necessary: *Their grandiose scheme was completely impractical.* ❶ Występuje w znaczeniu pejoratywnym. ▶ **wyolbrzymiony, wielki**

grandma /ˈgrænmɑː/ noun [C] (informal) grandmother ▶ **babcia, babunia**

grandpa /ˈgrænpɑː/ noun [C] (informal) grandfather ▶ **dziadzio, dziadunio**

grandstand /ˈgrænstænd/ noun [C] rows of seats (covered by a roof) from which you get a good view of a sports competition, etc. ▶ **kryte trybuny**

granite /ˈgrænɪt/ noun [U] a hard grey rock ▶ **granit**

granny (also **grannie**) /ˈgræni/ noun [C] (pl. **grannies**) (informal) grandmother ▶ **babcia, babunia**

★**grant** /grɑːnt; US grænt/ verb [T] **1** (formal) to give sb what they have asked for: *A visa has been granted to one of our journalists.* ○ *He was granted permission to leave early.* Zezwolono mu na wczesne opuszczenie sali. ▶ **przyznawać, zezwalać, udzielać 2** to agree (that sth is true): *I grant you that New York is an interesting place but I still wouldn't want to live there.* ▶ **przyznawać (rację), zgadzać się**

IDIOMS **take sb/sth for granted** to show too little attention to sb/sth; not be grateful enough to a person or thing: *In developed countries we take running water for granted.* ○ *She never says thank you – she just takes me for granted.* ▶ **przyjmować coś za rzecz oczywistą/ naturalną, nie doceniać** | **take sth for granted** to accept sth as being true ▶ **zakładać z góry**

□ **grant** noun [C] money that is given (by the government, etc.) for a particular purpose: *a student grant* ▶ **do/finansowanie, stypendium, subwencja** | **granted** adv. (used for saying that sth is true, before you make a comment about it): *'We've never had any problems before.' 'Granted, but this year there are 200 more people coming.'* ▶ **zgadza się, to prawda**

granule /ˈgrænjuːl/ noun [C] a small hard piece or grain of sth: *coffee granules* ▶ **granulka, ziarenko**

★**grape** /greɪp/ noun [C] a green or purple berry that grows in bunches on a vine and that is used for making wine: *a bunch of grapes* kiść winogron ▶ **winogrono**

> Green grapes are usually called **white** and purple (czerwone) grapes are usually called **black**. Grapes that have been dried are called **raisins, currants** or **sultanas**.

IDIOM **sour grapes** → SOUR

■ **the ˈgrapevine** noun [sing.] the way that news is passed from one person to another: *I heard on/through the grapevine that you are moving.* ▶ **poczta pantoflowa**

grapefruit /ˈgreɪpfruːt/ noun [C] (pl. **grapefruit** or **grapefruits**) a large round yellow fruit with a thick skin that is like a big orange but with a sour taste ▶ **grejpfrut**

graph /grɑːf; US græf/ noun [C] a mathematical diagram in which a line or a curve shows the relationship between two quantities, measurements, etc.: *a graph showing/to show the number of cars sold each month* ○ *graph paper* papier milimetrowy ▶ **wykres, rysunek techniczny**

graphic /ˈgræfɪk/ adj. **1** (only before a noun) connected with drawings, letters, diagrams, etc.: *graphic design* grafika ▶ **graficzny 2** (used about descriptions) clear and giving a lot of detail: *She described the accident in graphic detail.* ▶ **obrazowy, malowniczy**

□ **graphically** /-kli/ adv. ▶ **graficznie; obrazowo, malowniczo** | **graphics** noun [pl.] the production of drawings, letters, diagrams, etc.: *computer graphics* ▶ **grafika**

grapple /ˈgræpl/ verb [I] **grapple (with sb)** to get hold of sb and struggle or fight with them: *She grappled with the thief, but he got away.* ○ (figurative) *We have been grappling with this problem all day.* ▶ **siłować się; borykać się**

★**grasp** /grɑːsp; US græsp/ verb [T] **1** to take hold of sb/sth suddenly and firmly: *Lisa grasped the child firmly by the hand before crossing the road.*

○ (figurative) *to grasp an opportunity* ▶ **chwytać, mocno trzymać** **2** to understand sth: *I don't think you've grasped how serious the situation is.* ▶ **rozumieć, pojmować**

PHRASAL VERB **grasp at sth** to try to seize or grasp sth: *He grasped at the swinging rope, but missed.* ▶ **próbować chwycić, sięgać**

□ **grasp** noun [usually sing.] **1** a firm hold or control over sb/sth: *a strong grasp* ▶ **uchwyt; trzymanie w ręce/garści** **2** the ability to get or achieve sth: *Finally their dream was within their grasp.* ▶ **(w) zasięgu ręki** **3** understanding: *He has a good grasp of English grammar.* Dobrze rozumie zasady gramatyki angielskiej. ▶ **zrozumienie, pojęcie (o czymś)**

grasping /ˈgrɑːspɪŋ; US ˈgræs-/ adj. greedy for money, power, etc. ▶ **chciwy, zachłanny**

★**grass** /grɑːs; US græs/ noun **1** [U] the common green plant with thin leaves which covers fields and parts of gardens. Cows, sheep, horses, etc. eat grass: *a blade* (źdźbło) *of grass* ○ *I must cut the grass at the weekend.* ▶ **trawa** **2** [C] one type of grass: *an arrangement of dried flowers and grasses* ▶ **trawa**

□ **grassy** adj. covered with grass ▶ **trawiasty**

■ ˌ**grass ˈroots** noun [pl.] the ordinary people in an organization and not those who make decisions ▶ **zwykli członkowie**

grasshopper /ˈgrɑːshɒpə(r); US ˈgræs-/ noun [C] an insect that lives in long grass and that can jump high in the air ▶ **konik polny**

grate¹ /greɪt/ noun [C] the metal frame that holds the wood, coal, etc. in a fireplace; the area surrounding it ➲ Ilustr. do **fireplace**. ▶ **ruszt; palenisko**

grate² /greɪt/ verb **1** [T] to rub food into small pieces using a metal tool called a grater ▶ **trzeć, ścierać** **2** [I] to make a sharp unpleasant sound (when two surfaces rub against each other): *The hinges grated as the gate swung back.* ▶ **zgrzytać** **3** [I] **grate (on sb)** to annoy or irritate: *It's her voice that grates on me.* ▶ **denerwować, drażnić**

□ **grater** noun [C] a kitchen utensil with a rough surface that is used for grating food ➲ Ilustr. do **kitchen**. ▶ **tarka**

★**grateful** /ˈgreɪtfl/ adj. **grateful (to sb) (for sth)**; **grateful (that...)** feeling or showing thanks (to sb): *We are very grateful to you for all the help you have given us.* ○ *He was very grateful that you did as he asked.* ○ *I would be grateful if you could send me a copy of your brochure.* ❶ Antonim: **ungrateful**. Rzeczownik: **gratitude**. ▶ **wdzięczny**

□ **gratefully** /-fəli/ adv. ▶ **z wdzięcznością**

gratify /ˈgrætɪfaɪ/ verb [T] (pres. part. **gratifying**; 3rd pers. sing. pres. **gratifies**; pt, pp **gratified**) (formal) (often passive) to give sb pleasure: *I was gratified to hear* (z zadowoleniem dowiedziałem się) *that you enjoyed my book.* ▶ **zadowalać, sprawiać przyjemność**

□ **gratifying** adj. ▶ **zadowalający, sprawiający przyjemność**

grating /ˈgreɪtɪŋ/ noun [C] a framework of metal bars that is fixed over a window or over a hole in the road, etc. ▶ **krata** (*metalowa*)

gratitude /ˈgrætɪtjuːd; US -tuːd/ noun [U] **gratitude (to sb) (for sth)** the feeling of being grateful or thankful: *We should like to express our gratitude to David Stewart for all his help and advice.* ❶ Antonim: **ingratitude**. ▶ **wdzięczność**

grave¹ /greɪv/ adj. (formal) **1** bad or serious: *These events could have grave consequences for us all.* ▶ **poważny, groźny** **2** (used about people) sad or serious: *He was looking extremely grave.* ❶ W obu znaczeniach częściej używa się przymiotnika **serious**. Rzeczownik: **gravity**. ▶ **poważny**

□ **gravely** adv.: *gravely ill* ▶ **poważnie**

grave² /greɪv/ noun [C] the place where a dead body is buried: *The coffin was lowered into the grave.* ○ *I put some flowers on the grave.* ➲ Por. **tomb**. ▶ **grób**

IDIOM **have one foot in the grave** → FOOT¹

■ ˈ**gravestone** noun [C] a stone over a grave that shows the name, etc. of the person who is buried there ▶ **kamień nagrobny** | ˈ**graveyard** noun [C] an area of land (near a church) where dead people are buried ➲ Por. **cemetery** i **churchyard**. ▶ **cmentarz**

gravel /ˈgrævl/ noun [U] very small stones that are used for making roads, paths, etc. ➲ Por. **grit**. ▶ **żwir**

gravity¹ /ˈgrævəti/ (also **gravitation**) noun [U] the natural force that makes things fall to the ground when you drop them: *the force of gravity* ▶ **grawitacja**

gravity² /ˈgrævəti/ noun [U] (formal) importance or seriousness: *Politicians are only now realizing the gravity of the situation.* ❶ Częściej używa się rzeczownika **seriousness**. Przymiotnik: **grave**. ▶ **powaga**

gravy /ˈgreɪvi/ noun [U] a thin sauce that is made from the juices that come out of meat while it is cooking. Gravy is served with meat, vegetables, etc. ➲ Por. **sauce**. ▶ **sos z pieczeni**

gray /greɪ/ adj., noun [C,U] (especially US) = GREY

graze¹ /greɪz/ verb [I] (used about cows, sheep, etc.) to eat grass (that is growing in a field) ▶ **paść się**

graze² /greɪz/ verb [T] **1** to injure your skin because you have scraped it against sth rough: *The child fell and grazed her knee.* ▶ **ocierać** **2** to pass sth and touch it lightly: *The car's tyre grazed the pavement.* ▶ **ocierać się o coś**

□ **graze** noun [C] the small wound where the skin has been grazed ▶ **otarcie, zadrapanie**

grease /griːs/ noun [U] **1** a thick oily substance used, for example, in engines or on hair: *engine grease* ○ *grease marks* ▶ **smar; brylantyna** **2** animal fat that has been softened by cooking ▶ **tłuszcz**

□ **grease** verb [T] to put grease on or in sth: *Grease the tin thoroughly to stop the cake from sticking.* ▶ **smarować** (*tłuszczem*), **nakładać brylantynę na włosy**

greasy /ˈgriːsi; ˈgriːzi/ adj. (**greasier**; **greasiest**) covered with or containing a lot of grease: *greasy fingers* ○ *greasy skin* ○ *greasy food* ▶ **tłusty**

★**great** /greɪt/ adj. **1** large in amount, degree,

size, etc.; a lot of: *We had great difficulty in solving the problem.* ○ *The party was a great success.* ○ *It gives me great pleasure to introduce tonight's guest.* ○ (formal) *The town was dominated by the great cathedral.* ➲ Zob. uwaga przy **big**. ▶ **wielki, ogromny 2** particularly important; of unusually high quality: *Einstein was perhaps the greatest scientist of the century.* ○ *Alexander the Great* ○ *a great moment in history* ▶ **wielki 3** (informal) good; wonderful: *We had a great time in Paris.* Wspaniale bawiliśmy się w Paryżu. ○ *It's great to see you again.* Wspaniale znów cię widzieć. ❶ Czasami używa się słowa **great**, aby wyrazić sarkazm, ironię: *Oh great! I've spilled coffee all over my homework!* ▶ **wspaniały 4** (informal) (used to emphasize sth) very; very good: *There was a great big* (bardzo duży) *dog in the garden.* ○ *They were great friends.* ▶ **wielki, świetny**

IDIOMS **go to great lengths** → LENGTH | **a good/great deal** → DEAL[1] | **a good/great many** → MANY

□ **great** noun [C, usually pl.] (informal) a person or thing of special ability or importance: *That film is one of the all-time greats.* To jeden z największych filmów, jakie kiedykolwiek nakręcono. ❶ Rzeczownik **great** zwykle tłumaczy się przymiotnikiem „wielki/największy". ▶ **osoba lub rzecz o szczególnym znaczeniu** | **greatly** adv. very much: *She will be greatly missed by friends and family.* Rodzina i przyjaciele będą za nią ogromnie tęsknić. ▶ **ogromnie** | **greatness** noun [U] ▶ **wielkość**

■ ˌ**Great 'Britain** (also **Britain**) (abbr. **GB**) England, Wales and Scotland ❶ Zob. uwaga przy **United Kingdom**. ▶ **Wielka Brytania** | ˌ**Great 'Dane** noun [C] a type of very large dog with short hair ▶ **dog**

★**great-** /greɪt/ (used before a noun to show a family relationship) ▶ **pra-**

■ ˌ**great-'grandchild**; ˌ**great-'granddaughter**; ˌ**great-'grandson** noun [C] the daughter or son of your grandchild: *great-grandchildren* prawnuki ▶ **prawnuczka; prawnuk** | ˌ**great-'grandparent**; ˌ**great-'grandfather**; ˌ**great-'grandmother** noun [C] the father or mother of one of your grandparents: *great-grandparents* pradziadkowie ▶ **pradziadek; prababka**

> Przedrostek **great-** można dodać do innych słów oznaczających powinowactwo: *your great-aunt* stryjeczna/cioteczna babka ○ *your great-nephew* syn bratanka/bratanicy/siostrzeńca/siostrzenicy ○ *your great-great-grandfather* prapradziadek

★**greed** /griːd/ noun [U] **greed (for sth)** a strong desire for more food, money, power, etc. than you really need ▶ **chciwość, zachłanność**

□ **greedy** adj. (**greedier**; **greediest**) **greedy (for sth)** wanting more food, money, power, etc. than you really need: *Don't be so greedy.* ▶ **chciwy, zachłanny** | **greedily** adv. ▶ **chciwie, zachłannie** | **greediness** noun [U] ▶ **chciwość, zachłanność**

★**green[1]** /griːn/ adj. **1** of the colour of grass or leaves: *dark/light/pale green* ○ *olive green* ○ *These bananas aren't ripe yet – they're still green.* ▶ **zielony 2** (informal) (used about a person) with little experience: *I'm not so green as to believe that!* ▶ **zielony 3** pale in the face (because you have had a shock or feel ill): *At the sight of all the blood he turned green* (zbladł). ▶ **blady 4** envious (wanting to have what sb else has got): *He was green with envy.* ▶ **żółty** (*z zazdrości*) **5** connected with protecting the environment or the natural world: *the Green Party* partia zielonych ○ *green products* ▶ **zielony, ekologiczny**

IDIOMS **give sb/get the green light** (informal) to give sb/get permission to do sth ▶ **zapalać/dostać zielone światło** | **have green fingers**; US **have a green thumb** (informal) to have the ability to make plants grow well ▶ **mieć dobrą rękę do (uprawy) roślin**

□ **greenery** noun [U] attractive green leaves and plants ▶ **zieleń** | **greenish** /ˈgriːnɪʃ/ adj. rather green ▶ **zielonkawy**

■ ˌ**green 'belt** noun [C, U] an area of land around a city where building is not allowed ▶ **pas/strefa zieleni** | **'green card** noun [C] a document that allows sb from another country to live and work in the US ▶ **zielona karta** | ˌ**green 'fingers** noun [pl.] (informal) the ability to make plants grow well ▶ **smykałka do ogrodnictwa** | ˌ**green 'pepper** noun [C] → PEPPER(2)

★**green[2]** /griːn/ noun **1** [C,U] the colour of grass and leaves: *They were dressed in green* (na zielono). ▶ **zieleń 2** (**greens**) [pl.] green vegetables, e.g. cabbage, that are usually eaten cooked ▶ **warzywa zielone** (*np. kapusta, groszek*) **3** [C] (Brit.) an area of grass in the centre of a village: *the village green* ▶ **błonie wiejskie 4** [C] a flat area of very short grass used in games such as golf: *the green at the 18th hole* ▶ **murawa 5** (**Green**) [C] a member of a green[1](5) political party ▶ **Zielon-y/a**

greengage /ˈgriːngeɪdʒ/ noun [C] a small yellowish-green plum ▶ **renkloda**

greengrocer /ˈgriːngrəʊsə(r)/ noun [C] (Brit.) a person who sells fruit and vegetables in a small shop called a greengrocer's: *I bought these strawberries at the greengrocer's.* ➲ Zob. uwaga przy **chemist**. ▶ **sprzedawca w sklepie warzywnym**

greenhouse /ˈgriːnhaʊs/ noun [C] a building made of glass in which plants are grown ➲ Por. **hothouse**. ▶ **szklarnia, cieplarnia**

■ **'greenhouse effect** noun [sing.] the warming of the earth's atmosphere as a result of pollution ▶ **efekt cieplarniany** | ˌ**greenhouse 'gas** noun [C] a gas such as carbon dioxide that is thought to contribute to the rise in temperature of the earth's atmosphere ▶ **gaz powodujący efekt cieplarniany**

★**greet** /griːt/ verb [T] **1** to welcome sb when you meet them; to say hallo to sb: *He greeted me with a friendly smile.* ○ (figurative) *As we entered the house we were greeted by the smell of cooking.* ▶ **witać 2 greet sth with sth** (usually passive) to receive sth in a particular way: *The news was greeted with a loud cheer.* ▶ **witać, przyjmować**

□ **greeting** noun [C] **1** the first words you say

when you meet sb: *'Hi' is an informal greeting.* ▶ **powitanie, pozdrowienie 2** (**greetings**) [pl.] a good wish: *a greetings card* ▶ **życzenia, pozdrowienia**

gregarious /grɪ'geəriəs/ adj. liking to be with other people: *She's very outgoing and gregarious.* ▶ **towarzyski**

grenade /grə'neɪd/ noun [C] a small bomb that is thrown by hand or fired from a gun: *a hand grenade* ▶ **granat**

grew pt of GROW

★**grey** (especially US **gray**) /greɪ/ adj. **1** of the colour between black and white: *dark/light/pale grey* ○ *He was wearing a grey suit.* ○ *She looked grey with tiredness.* ▶ **szary 2** with grey hair: *He's going grey* (siwieje). ▶ **siwy 3** (used about the weather) full of cloud; not bright: *grey skies* ○ *a grey day* ▶ **ponury 4** boring and sad; without interest or variety ▶ **nudny**

□ **grey** (especially US **gray**) noun [C,U] the colour between black and white ▶ **kolor szary** | **greyish** (especially US **grayish**) adj. rather grey ▶ **szarawy, szpakowaty**

greyhound /'greɪhaʊnd/ noun [C] a large thin dog that can run very fast and that is used for racing: *greyhound racing* ▶ **chart**

> Greyhound racing (at a **stadium** or **track**) is very popular in Britain. People **bet** on which dog is going to win the race.

grid /grɪd/ noun [C] **1** a pattern of lines that cross each other to form squares ▶ **krata, siatka 2** a frame of parallel metal or wooden bars, usually covering a hole in sth ▶ **krata 3** a system of squares that are drawn on a map so that the position of any place can be described or found: *a grid reference* ▶ **siatka geograficzna 4** the system of electricity cables, etc. taking power to all parts of a country: *the National Grid* ▶ **sieć energetyczna**

gridlock /'grɪdlɒk/ noun [U, C] a situation in which there are so many cars in the streets of a town that the traffic cannot move at all ▶ **korek/paraliż komunikacyjny**

□ **gridlocked** adj. ▶ **zakorkowany**

grief /gri:f/ noun [U] great sadness (especially because of the death of sb you love): *She was overcome with grief when her son died.* ▶ **żałoba, żal**

IDIOM **good grief** (informal) (used for expressing surprise or shock) ▶ **o rany!, o Boże!**

grievance /'gri:vəns/ noun [C] **a grievance (against sb)** something that you think is unfair and that you want to complain or protest about: *The workers aired their grievances at the meeting.* ▶ **skarga, zażalenie**

grieve /gri:v/ verb **1** [I] **grieve (for sb)** to feel great sadness (especially about the death of sb you love): *He is still grieving for his wife.* Jest jeszcze w żałobie po stracie żony. ▶ **być w żałobie/pogrążonym w żalu 2** [T] to cause unhappiness: *It grieves me to have to refuse.* ▶ **smucić, martwić**

★**grill** /grɪl/ noun [C] **1** a part of a cooker where the food is cooked by heat from above: *Sprinkle with cheese and put under the grill to brown.* ▶ **ruszt w piecyku 2** a framework of metal bars that you put food on to cook over a fire or on a barbecue ▶ **rożen, grill**

□ **grill** verb **1** (especially US **broil**) [I,T] to cook under a grill: *grilled steak* ➲ Zob. uwaga przy **cook**. ▶ **piec (się) na ruszcie w piecyku 2** [T] (informal) to question sb for a long time: *When she got home her parents grilled her about where she had been.* ▶ **przepytywać, maglować (kogoś)**

grille /grɪl/ noun [C] a framework of metal bars that is placed over a window, etc. ▶ **krata**

grim /grɪm/ adj. (**grimmer**; **grimmest**) **1** (used about a person) very serious; not smiling: *His face was grim.* ▶ **poważny, ponury 2** (used about a situation, news, etc.) unpleasant or worrying: *We face the grim prospect of even higher inflation.* ○ *The news is grim, I'm afraid.* ▶ **nieprzyjemny, ponury 3** (used about a place) unpleasant to look at; not attractive: *They lived in a grim block of flats.* ▶ **ponury, brzydki 4** (informal) ill: *I was feeling grim yesterday.* ▶ **chory**

□ **grimly** adv. ▶ **ponuro**

grimace /grɪ'meɪs; 'grɪməs/ noun [C] an expression on your face that shows that you are angry or that sth is hurting you: *a grimace of pain* ▶ **grymas**

□ **grimace** verb [I] to make a grimace: *She grimaced with pain.* ▶ **robić grymas, wykrzywiać twarz w grymasie** (*np. bólu*)

grime /graɪm/ noun [U] a thick layer of dirt ▶ **brud**

□ **grimy** adj. (**grimier**; **grimiest**) very dirty ▶ **brudny, lepiący się od brudu**

grin /grɪn/ verb [I] (**grinning**; **grinned**) to smile broadly (so that you show your teeth): *She grinned at me as she came into the room.* ▶ **uśmiechać się szeroko**

□ **grin** noun [C]: *He came in with a big grin on his face.* ▶ **szeroki uśmiech**

grind[1] /graɪnd/ verb [T] (pt, pp **ground** /graʊnd/) **1** to crush sth into very small pieces or into a powder between two hard surfaces: *Wheat is ground into flour.* ○ *ground pepper* pieprz mielony ▶ **mleć 2** to make sth sharp or smooth by rubbing it on a rough hard surface: *to grind a knife on a stone* ▶ **ostrzyć, szlifować 3 grind sth in/into sth** to press or rub sth into a surface: *He ground his cigarette into the ashtray.* ▶ **wciskać, wcierać 4** to rub sth together or make sth rub together, often producing an unpleasant noise: *Some people grind their teeth* (zgrzytają zębami) *while they're asleep.* ▶ **zgrzytać**

IDIOM **grind to a halt/standstill** to stop slowly: (figurative) *The talks ground to a halt yesterday.* ▶ **utykać w martwym punkcie**

grind[2] /graɪnd/ noun [sing.] (informal) an activity that is tiring and boring and that takes a lot of time: *the daily grind of working life* ▶ **harówka**

grinder /'graɪndə(r)/ noun [C] a machine for grinding: *a coffee grinder* ▶ **młynek**

grip /grɪp/ verb **1** [I,T] (**gripping**; **gripped**) to take and keep hold of sb/sth firmly: *She gripped my arm in fear.* ▶ **ściskać, chwytać 2** [T] to interest sb very much; to hold sb's attention: *The book grips you from start to finish.* ▶ **zawładnąć** (*umysłem, wyobraźnią*)

□ **grip** noun **1** [sing.] **a grip (on sb/sth)** a firm hold (on sb/sth): *I relaxed my grip and he ran away.* ○ *You need tyres that give a good grip* (które dobrze trzymają się szosy). ○ (figurative) *The teacher kept a firm grip on the class.* Nauczyciel panował nad klasą. ▶ **uchwyt, uścisk; panowanie 2** [sing.] **a grip (on sth)** an understanding of sth ▶ **opanowanie (czegoś) 3** the person whose job it is to move the cameras while a film is being made ▶ **pomocni-k/ca kamerzysty** |

IDIOMS **come/get to grips with sth** to start dealing with a problem in an effective way: *The government is still trying to get to grips with inflation.* ▶ **opanować** | **get/keep/take a grip/hold (on yourself)** (informal) to try to behave in a calmer or more sensible way; to control yourself ▶ **brać się w garść** | **in the grip of sth** experiencing sth unpleasant that cannot be stopped: *a country in the grip of recession* ▶ **w kleszczach czegoś**

gripping adj. exciting; holding your attention: *a gripping film* ▶ **trzymający w napięciu**

gripe /graɪp/ noun [C] (informal) a complaint about sb/sth ▶ **biadolenie**

□ **gripe** verb [I] ▶ **biadolić**

grisly /ˈgrɪzli/ adj. (used for describing sth that is concerned with death) horrible; terrible: *The detective stared at the grisly remains of the bodies.* ➲ Por. **gruesome**, które ma podobne znaczenie. ▶ **przerażający, makabryczny**

gristle /ˈgrɪsl/ noun [U] a hard substance in a piece of meat that is unpleasant to eat ▶ **chrząstka**

□ **gristly** adv. ▶ **chrząstkowaty, łykowaty**

grit /grɪt/ noun [U] **1** small pieces of stone: *I've got some grit/a piece of grit in my shoe.* ➲ Por. **gravel**. ▶ **kamyki 2** (informal) courage; determination ▶ **odwaga, determinacja**

□ **grit** verb [T] (**gri<u>tt</u>ing**; **gri<u>tt</u>ed**) to cover with grit: *The roads are gritted in icy weather.* ▶ **posypywać żwirem**

IDIOM **grit your teeth 1** to bite your teeth tightly together: *She gritted her teeth against the pain.* ▶ **zaciskać zęby 2** to use your courage or determination in a difficult situation: *If things get difficult, you'll have to grit your teeth and keep going.* ▶ **zaciskać zęby**

gritty adj. **1** containing or like grit: *a layer of gritty dust* ▶ **żwirowaty 2** showing the courage and determination to continue doing sth difficult or unpleasant: *gritty determination* ○ *a gritty performance from the British player* ▶ **z zacięciem 3** showing sth unpleasant as it really is: *a gritty description of urban violence* ○ *gritty realism* ➲ Por. **nitty-gritty**. ▶ **ostry, konkretny**

groan /grəʊn/ verb [I] to make a deep sad sound because you are in pain, or to show that you are unhappy or do not approve of sth: *He groaned with pain.* ○ *The children groaned when I told them we were going on a long walk.* ○ *The audience groaned at his terrible jokes.* ▶ **jęczeć**

□ **groan** noun [C] the sound that you make when you groan ▶ **jęk**

grocer /ˈgrəʊsə(r)/ noun [C] a person who sells food and other things for the home in a small shop ➲ Por. **greengrocer**. Zob. uwaga przy **chemist**. ▶ **sprzedawca w małym sklepie z żywnością i różnymi artykułami gospodarstwa domowego**

□ **groceries** noun [pl.] food such as flour, sugar, tea, coffee, etc. that is sold by a grocer ▶ **artykuły spożywcze**

groggy /ˈgrɒgi/ adj. (**groggier**; **groggiest**) (informal) weak and unable to walk steadily because you feel ill, have not had enough sleep, etc. ▶ **słaniający się**

groin /grɔɪn/ noun [C] the place where the tops of the legs join the body ▶ **pachwina**

groom /gruːm/ noun [C] **1** a person who looks after horses ▶ **stajenny 2** = BRIDEGROOM

□ **groom** verb [T] **1** to clean or look after a horse, etc. by brushing, etc. ▶ **obrządzać** (*konia*) **2** (usually passive) to choose and prepare sb for a particular career or job: *He is clearly being groomed for the top job.* ▶ **przygotowywać kogoś do objęcia stanowiska**

groove /gruːv/ noun [C] a long deep line that is cut in the surface of sth: *the grooves on a record* ▶ **rowek, wyżłobienie**

grope /grəʊp/ verb **1** [I] **grope (about/around) (for/after sth)** to search for sth using your hands, as you do in the dark: *He groped for the light switch.* ▶ **szukać po omacku 2** [T] (informal) to touch sb sexually, especially when they do not want you to ▶ **macać**

PHRASAL VERB **grope (your way) across, along, past, etc. (sth)** to move across, along, past, etc. sth by feeling the way with your hands: *Vic groped his way along the darkened landing and into his bedroom.* ▶ **iść po omacku, iść na ślepo**

gross /grəʊs/ adj. **1** very impolite and unpleasant: *His behaviour was really gross.* ▶ **grubiański 2** (formal) obvious or serious: *There is gross inequality between the rich and the poor.* ▶ **rażący 3** total: *gross income* ❶ Antonim: **net**. ▶ **brutto, przed potrąceniem 4** very fat and ugly ▶ **monstrualny, opasły**

□ **grossly** adv. very: *That is grossly unfair.* ▶ **rażąco**

grotesque /grəʊˈtesk/ adj. strange or unnatural in a way that is funny or frightening ▶ **groteskowy**

grotty /ˈgrɒti/ adj. (**grottier**; **grottiest**) (informal) unpleasant; not nice: *She lives in a grotty bed-sitting room in London.* ▶ **marny, podły**

★**ground**[1] /graʊnd/ noun **1** (**the ground**) [sing.] the solid surface of the earth: *We sat on the ground to eat our picnic.* ○ *He slipped off the ladder and fell to the ground.* ○ *waste ground* nieużytki ○ *ground level* ➲ Por. **earth**, **land** i **soil**. ▶ **grunt, ziemia 2** [U] an area or type of soil: *stony ground* ▶ **gleba, ziemia 3** [C] a piece of land that is used for a particular purpose: *a playground* ○ *a sports ground* ▶ **podwórko, boi-**

sko, plac (*np. zabaw*) **4** (**grounds**) [pl.] land or gardens surrounding a large building: *the grounds of Buckingham Palace* ▶ **teren, park** **5** [U] an area of interest, study, discussion, etc.: *The lecture went over the same old ground/covered a lot of new ground.* ▶ **obszar** (*zagadnień*), **materiał** (*w nauce*) **6** [C, usually pl.] a reason for sth: *She retired on medical grounds* (z powodu złego stanu zdrowia). ○ *grounds for divorce* ▶ **przyczyna, podstawa (do czegoś)** **7** [C, usually sing.] (US) = EARTH²

IDIOMS **above/below ground** above/below the surface of the earth ▶ **nad/pod ziemią** | **break fresh/new ground** to make a discovery or introduce a new method or activity: *Scientists are breaking new ground in the field of genetic engineering.* ▶ **dokonywać odkrycia, przecierać szlak (w jakiejś dziedzinie)** | **gain ground** → GAIN² | **get off the ground** (used about a business, scheme, etc.) to make a successful start ▶ **ruszać z miejsca** | **hold/keep/stand your ground** to refuse to change your opinion or to be influenced by pressure from other people ▶ **nie godzić się na ustępstwa** | **thin on the ground** difficult to find; not common: *Jobs for people with my skills are fairly thin on the ground these days.* ▶ **rzadko spotykany**

■ **'ground crew** (also **'ground staff**) noun [C,U] the people in an airport whose job it is to look after an aircraft while it is on the ground ▶ **załoga naziemna** | **,ground 'floor** noun [C] the floor of a building that is at ground level: *a ground-floor flat* mieszkanie na parterze ➲ Zob. uwaga przy **floor**. ▶ **parter** | **'ground rule** noun [C] **1** [usually pl.] a basic principle: *The new code of conduct lays down the ground rules for management-union relations.* ▶ **podstawy, zasady** **2** (US) a rule adapted for a particular playing field ▶ (*w baseballu*) **zmodyfikowane reguły w zależności od boiska**

ground² /graʊnd/ verb [T] **1** (usually passive) to force an aeroplane, etc. to stay on the ground: *to be grounded by fog* ▶ **unieruchamiać, uziemiać** **2** (usually passive) to punish a child by not allowing them to go out with their friends for a period of time ▶ **uziemić, ograniczyć wyjścia** **2** (US) = EARTH²

□ **grounding** noun [sing.] knowledge of the basic facts or principles of a subject: *This book provides a good grounding in English grammar.* ▶ **podstawa**

ground³ pt, pp of GRIND¹: *ground rice* ▶ **zmielony**

■ **,ground 'beef** noun [U] (US) = MINCE

groundless /'graʊndləs/ adj. without reason: *Our fears were groundless.* ▶ **bezpodstawny**

□ **groundlessly** adv. ▶ **bezpodstawnie**

groundwork /'graʊndwɜːk/ noun [U] work that is done in preparation for further work or study ▶ **praca przygotowawcza**

★**group** /gruːp/ noun [C] **1** [with sing. or pl. verb] a number of people or things that are together or that are connected : *Our discussion group is/are meeting this week.* ○ *A group of us are planning to meet for lunch.* ○ *Groups of people were standing around in the streets.* ○ *the 40-50 age group* ○ *Many young people start smoking because of pressure from their peer group* (w wyniku presji rówieśników). ○ *people of many different social groups* ○ *a pressure group* grupa nacisku ○ *Which blood group (e.g. A, 0, etc.) do you belong to?* ○ *group work* ❶ **Group** w lp może występować z czasownikiem w lp albo lm. Kiedy ma się na myśli poszczególnych członków grupy wówczas na ogół używa się czasownika w lm. ▶ **grupa, ugrupowanie** **2** (used in business) a number of companies that are owned by the same person or organization ▶ **grupa** **3** (old-fashioned) a number of people who play pop music together: *a pop group* ➲ Por. **band**. ▶ **zespół muzyczny, grupa**

□ **group** verb [I,T] to form or put into one or more groups: *Group these words according to their meaning.* ▶ **grupować, segregować**

grouse /graʊs/ noun [C] (pl. **grouse**) a fat brown bird that lives in hilly areas and that is shot for sport. Grouse can be eaten. ▶ **cietrzew**

grovel /'grɒvl/ verb [I] (**grovelling**; **grovelled**; US **groveling**; **groveled**) to act in a very humble way towards sb who is more important than you or who can give you sth that you want: *I had to grovel to the receptionist to get an appointment with the doctor.* ▶ **płaszczyć się (przed kimś)**

PHRASAL VERB **grovel about/around** to move around on your hands and knees (usually when you are looking for sth) ▶ **czołgać się**

□ **grovelling** adj.: *I wrote a grovelling letter to my bank manager.* ▶ **płaszczący się**

★**grow** /grəʊ/ verb (pt **grew** /gruː/; pp **grown** /grəʊn/) **1** [I] to increase in size or number; to develop into an adult form: *Goodness, haven't you grown!* ○ *a growing child* ○ *You must invest if you want your business to grow.* ○ *The population is growing too fast.* ○ *Kittens soon grow into cats.* ▶ **rosnąć, wzrastać** **2** [I] (used about plants) to be alive in a particular place: *Palm trees don't normally grow in Britain.* ▶ **rosnąć** **3** [T] to cause or allow something to grow: *My grandfather grows a lot of vegetables in his garden.* ○ *to grow a beard/moustache* ○ *Mary wants to grow her hair long.* ▶ **uprawiać, zapuszczać włosy** **4** linking verb [I] to become (gradually): *It began to grow dark.* ○ *to grow older* starzeć się ○ *to grow wiser* mądrzeć ❶ Zamiast **grow** można użyć **get**, które jest słowem mniej formalnym. ▶ **stawać się**

PHRASAL VERBS **grow into sth** **1** to become (gradually): *She has grown into a very attractive child.* ▶ **wyrastać na kogoś/coś, zmienić się w coś** **2** to become big enough to fit clothes, etc.: *The coat is too big for him, but he will soon grow into it.* ▶ **dorastać do czegoś** | **grow on sb** to become more pleasing: *I didn't like it at first, but it's a taste that grows on you.* ▶ **dawać się polubić** | **grow (sth) out** (used about hairstyles, etc.) to disappear gradually as your hair grows; to allow your hair to grow in order to change the style ▶ (*o fryzurze itp.*) **zarastać; zapuszczać** (*włosy*) | **grow out of sth** to become too big or too old for sth: *She's grown out of that dress.* ▶ **wyrastać z czegoś** | **grow**

up 1 to become mature or adult: *What do you want to be when you grow up?* ○ *Oh, grow up!* Nie bądź dzieckiem! ▶ **dorastać 2** (used about a feeling, etc.) to develop or become strong: *A close friendship has grown up between them.* ▶ **rosnąć**

□ **growing** adj. increasing: *a growing problem* ▶ **narastający** | **grown** /grəʊn/ adj. physically adult or mature: *a fully grown elephant* ▶ **dorosły, dojrzały** | **growth** /grəʊθ/ noun **1** [U] growing or development: *A good diet is very important for children's growth.* ○ *a growth industry* (szybko) rozwijający się przemysł ▶ **wzrost, rozwój 2** [U, sing.] an increase (in sth): *population growth* ○ *There has been a sudden growth in the government's popularity.* ▶ **wzrost, przyrost 3** [C] an abnormal lump that grows in a person's or an animal's body ▶ **narośl 4** [U] something that has grown: *several days' growth* (kilkudniowy zarost) *of beard* ▶ **przyrost**

■ ˌ**grown-ˈup** adj. physically or mentally adult or mature: *He's got a grown-up daughter.* ○ *She's very grown-up for her age.* ▶ **dorosły, dojrzały** | **ˈgrown-up** /ˈgrəʊn ʌp/ noun [C] an adult person ▶ **osoba dorosła**

growl /graʊl/ verb [I] (used about dogs and other animals) to make a low noise in the throat to show anger or to give a warning ▶ **warczeć, ryczeć**

□ **growl** noun [C] ▶ **warczenie, ryk**

grub /grʌb/ noun **1** [C] the first form that an insect takes (when it has just come out of the egg). Grubs look like short fat worms. ▶ **larwa 2** [U] (informal) food ▶ **żarcie**

grubby /ˈgrʌbi/ adj. (**grubbier**; **grubbiest**) (informal) dirty ▶ **utytłany, umorusany**

grudge /grʌdʒ/ verb [T] **grudge sth to sb** to be unwilling to give sth to sb: *I don't grudge him his success – he deserves it.* ➲ Por. **begrudge**. ▶ **żałować czegoś komuś**

□ **grudge** noun [C] **a grudge (against sb)** unfriendly feelings towards sb, because you are angry about what has happened in the past: *She still bears a grudge against me for what happened in Italy.* ▶ **uraza, żal** | **grudging** adj. given or done unwillingly: *grudging thanks* ▶ **niechętny** | **grudgingly** adv. ▶ **niechętnie**

gruelling (US **grueling**) /ˈgru:əlɪŋ/ adj. difficult and tiring: *We had a gruelling journey from Ostend to Warsaw.* ▶ **wyczerpujący, męczący**

gruesome /ˈgru:səm/ adj. (used about sth concerned with death or injury) very unpleasant or shocking: *A gruesome sight awaited the policemen when they arrived at the accident.* ➲ Por. **grisly**, które ma podobne znaczenie. ▶ **makabryczny, potworny**

gruff /grʌf/ adj. (used about a person or a voice) rough and unfriendly ▶ **gburowaty, burkliwy**

□ **gruffly** adv. ▶ **gburowato, burkliwie** | **gruffness** noun [U] ▶ **gburowatość, burkliwość**

grumble /ˈgrʌmbl/ verb [I] to complain or protest in a bad-tempered way; to keep saying that you do not like sth: *The students were always grumbling about the standard of the food.* ▶ **narzekać, utyskiwać**

> **Grumble** lub **moan** używa się, narzekając na coś, co nie spełnia naszych oczekiwań. Natomiast skarżąc się komuś lub wnosząc oficjalną skargę w celu zmiany sytuacji na lepsze, używa się czasownika **complain**.

□ **grumble** noun [C] a complaint: *I'm tired of listening to your grumbles.* ▶ **narzekanie, utyskiwanie**

grumpy /ˈgrʌmpi/ adj. (**grumpier**; **grumpiest**) (informal) bad-tempered ▶ **zły, naburmuszony**

□ **grumpily** /-ɪli/ adv. ▶ **mrukliwie** | **grumpiness** noun [U] ▶ **naburmuszenie**

grunt /grʌnt/ verb [I,T] to make a noise like a pig (a short low sound in the throat). People grunt when they do not like sth or are not interested and do not want to talk: *I tried to find out her opinion but she just grunted when I asked her.* ▶ **chrząkać, odmruknąć**

□ **grunt** noun [C] ▶ **chrząknięcie, mruknięcie**

★**guarantee** /ˌgærənˈti:/ noun [C,U] **1** a written promise by a company that it will repair or replace a product if it goes wrong in a certain period of time: *The watch comes with a year's guarantee.* ○ *It is still under guarantee* (na gwarancji). ○ *The guarantee has expired.* ➲ Por. **warranty**. ▶ **gwarancja 2** a promise that sth will be done or that sth will happen: *The refugees are demanding guarantees about their safety before they return home.* ▶ **poręczenie, gwarancja 3** something that makes sth else certain to happen: *Without a reservation there's no guarantee that you'll get a seat on the train.* ▶ **gwarancja**

□ **guarantee** /ˌgærənˈti:/ verb [T] **1** to give a guarantee on a product: *This washing machine is guaranteed for three years.* ▶ **gwarantować 2** to promise that sth will be done or that sth is true: *They have guaranteed delivery within one week.* ○ *I can guarantee that you will have a good time.* ▶ **gwarantować, ręczyć 3** to make sth certain to happen: *Tonight's win guarantees the team a place in the final.* ▶ **gwarantować**

★**guard**[1] /gɑ:d/ verb [T] **1** to keep sb/sth safe from other people; protect: *The building was guarded by men with dogs.* ▶ **strzec, chronić 2** to watch over sb and prevent them from escaping: *The prisoner was closely guarded on the way to court.* ▶ **strzec, pilnować**

PHRASAL VERB **guard against sth** to try to prevent sth or stop sth happening: *A good diet helps to guard against disease.* ▶ **strzec przed czymś, zabezpieczać**

□ **guarded** adj. (used about an answer, statement, etc.) not saying very much; careful ▶ **ostrożny** | **guardedly** adv. ▶ **ostrożnie**

★**guard**[2] /gɑ:d/ noun **1** [C] a person who guards sb/sth: *a border/security guard* ➲ Por. **warder** i **bodyguard**. ▶ **strażnik 2** [U] the state of being ready to prevent attack or danger: *Soldiers are keeping guard at the gate.* ○ *Who is on guard?* ○ *The prisoner arrived under armed guard.* ○ *a guard dog* pies łańcuchowy (podwórzowy) ▶ **straż, warta 3** [sing., with sing. or pl. verb] a group of soldiers, policemen, etc. who guard sb/sth: *the changing of the guard at Bucking-*

ham Palace zmiana warty ○ *a guard of honour* warta honorowa ▶ **warta 4** (US **conductor**) [C] a person who is in charge of a train ▶ **konduktor, kierownik pociągu 5** [C] (often in compounds) something that covers sth dangerous or protects sth: *a fireguard* krata ochronna przed kominkiem ○ *a mudguard* błotnik ▶ **ochraniacz**

IDIOM **(be) off/on (your) guard** unprepared/ prepared for an attack, surprise, mistake, etc.: *The question caught me off my guard and I didn't know what to say.* ▶ **(być) zaskoczonym, (mieć się) na baczności**

guardian /ˈɡɑːdiən/ noun [C] **1** a person or institution that guards or protects sth: *The police are the guardians of law and order.* ▶ **stróż, obrońca 2** a person who is responsible for a child whose parents are dead ▶ **opiekun/ka**

guerrilla (also **guerilla**) /ɡəˈrɪlə/ noun [C] a member of a small group of fighters (not an army) who make surprise attacks on the enemy: *guerrilla warfare* partyzantka ▶ **partyzant/ka**

⋆**guess** /ɡes/ verb **1** [I,T] to give an answer or opinion about sth without being sure of all the facts: *Can you guess how much this cost?* ○ *to guess at sb's age* ○ *I'd guess that he's about 45.* ▶ **zgadywać, domyślać się 2** [T] to give the correct answer when you are not sure about it; to guess correctly: *He guessed the weight of the cake exactly.* ○ *'You've passed the test!' 'How did you guess?'* ▶ **zgadywać 3** [T] (informal, especially US) (used when you think that sth is probably true) to suppose: *I guess you're tired after your long journey.* ○ *We ought to leave soon, I guess.* ▶ **przypuszczać 4** [T] (used to show that you are going to say sth surprising or exciting): *Guess what!* (Nie uwierzysz!) *I'm getting married!*

□ **guess** noun [C] an attempt to give the right answer when you are not sure what it is: *If you don't know the answer, then have a guess* (zgadnij)*!* ○ *My guess* (przypuszczam) *is that they've been delayed by the traffic.* ▶ **domniemanie**

IDIOMS **anybody's/anyone's guess** something that nobody can be certain about: *What's going to happen next is anybody's guess.* ▶ **wielka niewiadoma** | **at a guess** making a guess: *I don't know how far it is, but at a guess I'd say about 50 miles.* ▶ **na oko** | **your guess is as good as mine** I don't know ▶ **wiem tyle, co ty; nie mam pojęcia**

■ ˈ**guesswork** noun [U] an act of guessing: *I arrived at the answer by pure guesswork.* ▶ **zgadywanie**

⋆**guest** /ɡest/ noun [C] **1** a person who is invited to a place or to a special event: *wedding guests* ○ *a guest speaker at the conference* ▶ **gość 2** a person who is staying at a hotel, etc.: *This hotel has accommodation for 500 guests.* ▶ **gość hotelowy, klient**

IDIOM **be my guest** (informal) (used to give sb permission to do sth that they have asked to do) ▶ **proszę bardzo**

■ ˈ**guest house** noun [C] a small hotel (sometimes in a private house) ▶ **pensjonat**

guidance /ˈɡaɪdns/ noun [U] help or advice: *We need expert guidance on this problem.* ▶ **porada, poradnictwo**

⋆**guide[1]** /ɡaɪd/ noun [C] **1** a person whose job is to show cities, towns, museums, etc. to tourists: *a tour guide* ▶ **przewodni-k/czka 2** a person who shows the way to others where it is difficult or dangerous: *We found a guide who knew the mountains well.* ▶ **przewodni-k/czka 3** something that helps you plan what you are going to do: *As a rough guide, add three eggs per pound of flour.* ▶ **wskazówka 4** (also **guidebook**) a book for tourists, etc. that gives information about interesting places, etc. ▶ **przewodnik 5** a book that gives information about a subject: *a guide to French wines* ▶ **przewodnik 6** (**Guide**) = GIRL GUIDE

■ ˈ**guideline** noun [C, usually pl.] advice on what to do about sth (that is given by sb in authority): *The government has issued new guidelines on food safety.* ▶ **wytyczna, zalecenie**

⋆**guide[2]** /ɡaɪd/ verb [T] **1** to help a person or a group of people to find the right way or direction to go: *He guided us through the busy streets to our hotel.* ○ *In earlier times sailors were guided by the stars.* ➲ Zob. uwaga przy **lead**. ▶ **prowadzić, nakierowywać 2** to have an influence on sb/sth: *I was guided by your advice.* ▶ **kierować 3** to carefully move sb/sth or to help sb/sth to move in a particular direction: *A crane lifted the piano and two men carefully guided it through the window.* ▶ **(po)prowadzić**

□ **guided** adj. led by a guide : *a guided tour* ▶ **z przewodnikiem** | ˌ**guided** ˈ**missile** noun [C] a missile that can be guided to its destination by electronic devices while in flight ▶ **pocisk kierowany**

guillotine /ˈɡɪlətiːn/ noun [C] **1** a machine for cutting paper ▶ **gilotyna 2** a machine with a heavy sharp blade that is dropped from a great height. The guillotine was used (especially in France) for executing criminals by cutting their heads off. ▶ **gilotyna**

□ **guillotine** verb [T] ▶ **ścinać na gilotynie**

⋆**guilt** /ɡɪlt/ noun [U] **1** the feeling that you have when you know that you have done sth wrong ▶ **wina 2** the fact of having broken a law: *His guilt was not proved* (nie udowodniono mu winy) *and so he went free.* ❶ Antonim: **innocence**. ▶ **przekroczenie prawa 3** blame or responsibility for doing sth wrong: *It's difficult to say whether the guilt lies with the parents or the children.* ▶ **wina**

□ **guilty** adj. (**guiltier**; **guiltiest**) **1 guilty (of sth)** having broken a law; being responsible for doing sth wrong: *She pleaded guilty/not guilty to the crime.* (Nie) przyznała się do winy. ○ *to be guilty of murder* ❶ Antonim: **innocent**. ▶ **winny 2** showing or feeling guilt(1): *I feel really guilty about not having written to you for so long.* ○ *a guilty conscience* nieczyste sumienie ▶ **winny** | **guiltily** /-ɪli/ adv. ▶ **z poczuciem winy**

guinea pig /ˈɡɪni pɪɡ/ noun [C] **1** a small furry animal with no tail that is often kept as a pet

▶ **świnka morska 2** a person who is used in an experiment ▶ **królik doświadczalny**

guise /gaɪz/ noun [C] a way in which sb/sth appears, which is often different from usual or hides the truth: *The President was at the meeting in his guise* (pod płaszczykiem) *as chairman of the charity.* ○ *His speech presented racist ideas under the guise* (pod płaszczykiem) *of nationalism.*

★**guitar** /gɪˈtɑː(r)/ noun [C] a type of musical instrument with strings that you play with the fingers or with a piece of plastic called a plectrum: *an acoustic/electric/a bass/Hawaiian/rhythm guitar* ○ *He plays lead guitar in the band.* ➲ Zob. uwaga przy **piano**. ▶ **gitara**

□ **guitarist** /gɪˈtɑːrɪst/ noun [C] a person who plays the guitar ▶ **gitarzyst-a/ka**

gulf /gʌlf/ noun [C] **1** a large area of sea that is partly surrounded by land: *the Gulf of Mexico* ➲ Por. **bay**[1]. ▶ **zatoka 2** (**the Gulf**) [sing.] the Persian Gulf ▶ **Zatoka Perska 3** an important or serious difference between people or their opinions: *a wide gulf between people of different generations* ▶ **przepaść**

gull /gʌl/ (also **ˈseagull**) noun [C] a white or grey seabird with a loud cry ▶ **mewa**

gullible /ˈgʌləbl/ adj. (used about a person) easily tricked or deceived ▶ **łatwowierny**

gulp /gʌlp/ verb **1** [T] **gulp sth (down)** to eat or drink sth quickly ▶ **połykać w pośpiechu 2** [I] to make a swallowing movement because you are afraid, surprised, etc. ▶ **przełykać** (*z emocji*)

□ **gulp** noun [C] **1** the act of gulping ▶ **połknięcie, przełknięcie 2** the amount that you can swallow when you gulp: *He took a gulp of coffee and rushed out.* ○ *He drank a glass of whisky in one gulp/at a gulp.* ▶ **łyk**

gum[1] /gʌm/ noun [C, usually pl.] the hard pink part of the mouth that holds the teeth ▶ **dziąsło**

★**gum**[2] /gʌm/ noun [U] **1** a substance that you use to stick things together (especially pieces of paper) ▶ **klej 2** = CHEWING GUM ➲ Por. **bubble gum**.

□ **gum** verb (**gumming**; **gummed**) [T] **gum A to/onto B**; **gum A and B together** to stick sth with gum(1): *The labels were gummed onto the boxes.* ▶ **przyklejać**

★**gun** /gʌn/ noun [C] **1** a weapon that is used for shooting. A gun fires bullets from a metal tube called a barrel.: *The robber held a gun to the bank manager's head.* ○ *to load/unload/point/aim/fire a gun* ▶ **broń palna**

> Różne rodzaje broni palnej to **machine-gun**, **pistol**, **revolver**, **rifle**, **shotgun**.

2 a tool that uses pressure to send out a substance or object: *a grease gun* towotnica ○ *a staple gun* rodzaj zszywacza ▶ **rodzaj narzędzia** (*wyrzucającego pod ciśnieniem płyn/rzecz*)

IDIOM **jump the gun** → JUMP[1]

□ **gun** verb [T] (**gunning**; **gunned**)

PHRASAL VERB **gun sb down** (informal) to shoot sb and kill or seriously injure them ▶ **zastrzelić, postrzelić**

■ **ˈgunboat** noun [C] a small warship that carries heavy guns ▶ **kanonierka** | **ˈgunfire** noun [U] the act of firing a gun or several guns; the sound that it makes: *We were awakened by the sound of gunfire.* ▶ **wystrzał, strzelanie** | **ˈgunman** /-mən/ noun [C] (pl. **gunmen** /-mən/) a man who uses a gun to rob or kill people ▶ **uzbrojony bandyta** | **ˈgunpoint** noun

IDIOM **at gunpoint** threatening to shoot: *He held the hostages at gunpoint.* ▶ **na muszce**

ˈgunpowder noun [U] an explosive powder that is used in guns and fireworks ▶ **proch strzelniczy** | **ˈgunshot** noun [C] the firing of a gun or guns or the sound that it makes: *gunshot wounds* ▶ **wystrzał, postrzał**

gurgle /ˈgɜːgl/ noun [C] a sound like water draining out of a bath ▶ **gulgot, bulgot**

□ **gurgle** verb [I] to make a gurgle or gurgles: *The baby gurgled with pleasure.* ▶ **gulgotać, bulgotać**

guru /ˈgʊruː/ noun [C] **1** a spiritual leader or teacher in the Hindu religion ▶ **guru 2** somebody whose opinions you admire and respect, and whose ideas you follow ▶ **mistrz, guru**

gush /gʌʃ/ verb **1** [I] **gush (out of/from/into sth)**; **gush out/in** (used about a liquid) to flow out suddenly and in great quantities: *Blood gushed from the wound.* ▶ **tryskać 2** [T] (used about a container/vehicle, etc.) to produce large amounts of a liquid: *The broken pipe was gushing water all over the road.* ▶ **wyrzucać/wylewać potoki czegoś 3** [I,T] to express pleasure or admiration in an exaggerated way ▶ **rozpływać się nad kimś/czymś**

□ **gush** noun [C, usually sing.]: *a sudden gush of water* ▶ **tryśnięcie** | **gushing** adj.: *a gushing stream* ○ *gushing praise* przesadna pochwała ▶ **tryskający; wylewny**

gust /gʌst/ noun [C] a sudden rush of wind: *There will be gusts of wind of up to 80 miles per hour.* ▶ **poryw wiatru**

□ **gust** verb [I] (used about the wind) to blow in gusts ▶ **wiać porywiście**

gusto /ˈgʌstəʊ/ noun

IDIOM **with gusto** with great enthusiasm: *We all joined in the singing with gusto.* ▶ **z werwą/zapałem**

gut /gʌt/ noun **1** (**guts**) [pl.] (informal) the organs inside your body (especially those in the lower part of the abdomen): *a pain in the guts* ▶ **wnętrzności 2** (**guts**) [pl.] (informal) courage and determination: *It takes guts to admit that you are wrong.* ▶ **odwaga 3** [C] the tube in the lower part of the body which food passes through ➲ Zob. **intestine**, które jest terminem bardziej naukowym. ▶ **kiszka, jelito 4** [C] a person's fat stomach: *a beer gut* ▶ **kałdun, brzuszysko**

IDIOM **work/sweat your guts out** to work extremely hard ▶ **wypruwać sobie flaki**

□ **gut** verb [T] (**gutting**; **gutted**) **1** to remove the guts(1) from an animal, a fish, etc. ▶ **patroszyć 2** to destroy the inside of a building (in a fire): *The warehouse was gutted by fire.* ▶ **zniszczyć wnętrze budynku** | **gut** adj. (only before a noun) based on emotion or feeling rather than on reason: *a gut feeling/reaction* ▶ **odruchowy**

gutter /ˈɡʌtə(r)/ noun [C] **1** a long metal or plastic pipe that is fixed under the edge of a roof to carry away rainwater ▶ **rynna 2** a channel between the road and the pavement that carries away rainwater ▶ **ściek, rynsztok 3** (**the gutter**) [sing.] the very lowest level of society: *She rose from the gutter to become a great star.* ▶ **rynsztok**

guy /ɡaɪ/ noun [C] **1** (informal) a man or a boy: *He's a nice guy.* ○ *At the end of the film, the bad/good guys escape.* ❶ W Amer. ang. zwrotu **you guys** używa się zarówno w odniesieniu do mężczyzn, jak i kobiet: *What do you guys want to eat?* ▶ **facet, chłop/ak 2** (Brit.) a figure of a man, made of straw and dressed in old clothes, that is burned on 5 November in memory of Guy Fawkes ➲ Zob. też **Bonfire Night**. ▶ **słomiana kukła palona 5 listopada dla upamiętnienia spisku Guya Fawkesa**

guzzle /ˈɡʌzl/ verb [I,T] (informal) to eat or drink greedily ▶ **zażerać się**

gym /dʒɪm/ noun (informal) **1** [C] = GYMNASIUM **2** [U] = GYMNASTICS: *gym shoes* tenisówki ○ *a gym class* ▶ **gimnastyka**

gymnasium /dʒɪmˈneɪziəm/ (informal **gym**) noun [C] (pl. **gymnasiums** or **gymnasia** /-zɪə/) a large room that contains equipment, e.g. bars, ropes, etc. for doing physical exercises: *I work out at the gym twice a week.* ▶ **sala gimnastyczna, siłownia**

gymnastics /dʒɪmˈnæstɪks/ (also **gym**) noun [U] physical exercises that are done indoors, often using special equipment such as bars and ropes ▶ **gimnastyka**

□ **gymnast** /ˈdʒɪmnæst/ noun [C] a person who is an expert at gymnastics ▶ **gimnasty-k/czka**

gynaecology (US **gynecology**) /ˌɡaɪnəˈkɒlədʒi/ noun [U] the study and treatment of diseases and medical problems that only women have ▶ **ginekologia**

□ **gynaecological** (US **gyne-**) /ˌɡaɪnəkəˈlɒdʒɪkl/ adj. ▶ **ginekologiczny** | **gynaecologist** (US **gynecologist**) noun [C] a doctor who has special training in gynaecology ▶ **ginekolog**

gypsy (also **gipsy**) /ˈdʒɪpsi/ noun [C] (pl. **gypsies**) (also **traveller**) a member of a race of people who spend their lives travelling around from place to place, living in caravans ▶ **Rom/ka, Cygan/ka**

Hh

H, h /eɪtʃ/ noun [C] (pl. **H's; h's**) the eighth letter of the English alphabet ▶ **litera** ***h***

ha /hɑː/ interj. **1** (used for showing that you are surprised or pleased) ▶ **ha! 2** (also **ha! ha!**) (used in written language to show that sb is laughing) ▶ **ha! ha! 3** (also **ha! ha!**) (spoken) used to show that you do not think that sth is funny ▶ **cha, cha, cha!**

ha abbr. hectare(s) ▶ **ha**

★**habit** /ˈhæbɪt/ noun **1** [C] something that sb does very often (sometimes almost without thinking about it): *He's got an annoying habit of coming round just as we're going out.* ❶ Przymiotnik: **habitual**. ▶ **zwyczaj, nawyk**

> **Habit** oznacza właściwy jednostce sposób postępowania. **Custom** oznacza sposób postępowania charakterystyczny dla grupy ludzi, społeczności lub narodu: *the custom of giving presents at Christmas.*

2 [U] doing sth regularly: *I think I only smoke out of habit now – I don't really enjoy it.* ▶ **przyzwyczajenie**

IDIOMS **be in/get into the habit of doing sth; make a habit of sth** to do sth regularly: *I've got into the habit of going for a jog every morning.* ○ *I don't make a habit of chatting to strange men at parties.* ▶ **wchodzić (komuś) w zwyczaj, przyzwyczajać się** | **force of habit** → FORCE[1] | **kick the habit** → KICK[1]

habitable /ˈhæbɪtəbl/ adj. (used about buildings) suitable to be lived in ❶ Antonim: **uninhabitable**. ▶ **mieszkalny**

habitat /ˈhæbɪtæt/ noun [C] the natural home of a plant or an animal ▶ **środowisko naturalne** (*roślin i zwierząt*)

habitation /ˌhæbɪˈteɪʃn/ noun [U] (formal) living in a place: *These houses are not fit for human habitation.* ▶ **mieszkanie, miejsce przebywania**

habitual /həˈbɪtʃuəl/ adj. **1** doing sth very often: *a habitual liar* ▶ **nałogowy 2** which you always have or do; usual: *He had his habitual cigarette after lunch.* ▶ **zwykły, zwyczajowy**

□ **habitually** /-tʃuəli/ adv. | ▶ **nałogowo; zazwyczaj**

hack[1] /hæk/ verb [I,T] to cut sth using rough strokes with a tool such as a large knife or an axe: *He hacked (away) at the branch of the tree until it fell.* ○ *The explorers hacked their way through the jungle.* ▶ **siekać, rąbać**

hack[2] /hæk/ verb [I,T] **hack (into) (sth)** (informal) to use a computer to look at (and change) information that is stored on another computer ▶ **praktykować piractwo komputerowe**

□ **hacker** noun [C] (informal) **1** a person who hacks[2] ▶ **pirat komputerowy 2** a person who spends a lot of time using computers ▶ **osoba spędzająca dużo czasu przy komputerze**

had[1] pt, pp of HAVE[1,2]

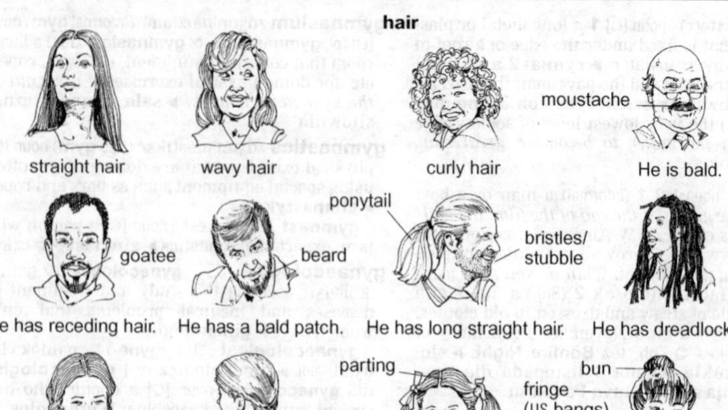

had² /hæd/ adj. (informal) tricked or deceived: *I've been had. This watch I bought doesn't go.* ▶ **okantowany**

hadn't short for HAD NOT

haemophilia (US **hemophilia**) /ˌhiːməˈfɪliə/ noun [U] a disease that causes a person to bleed very heavily even from very small injuries because the blood does not clot properly ▶ **hemofilia**

□ **haemophiliac** (US **hemophiliac**) /ˌhiːməˈfɪliæk/ noun [C] a person who suffers from haemophilia ▶ **osoba chora na hemofilię**

haemorrhage (US **hemorrhage**) /ˈhemərɪdʒ/ noun [C,U] very heavy bleeding ▶ **krwotok**

haemorrhoids (especially US **hemorrhoids**) /ˈhemərɔɪdz/ (also **piles**) noun [pl.] painful swellings in the veins near the anus ▶ **hemoroidy**

haggard /ˈhægəd/ adj. (used about a person) looking tired or worried ▶ **zmizerowany**

haggis /ˈhægɪs/ noun [C,U] a Scottish dish that looks like a large round sausage made from the heart, lungs and liver of a sheep that are finely chopped, mixed with oats, herbs, etc. and boiled in a bag that is usually made from part of a sheep's stomach ▶ **szkocka potrawa**

haggle /ˈhægl/ verb [I] **haggle (with sb) (over/about sth)** to argue about the price of sth ▶ **targować się**

hail¹ /heɪl/ noun [U] frozen rain that falls in small hard balls (hailstones) ▶ **grad**

□ **hail** verb [I]: *It is hailing.* ➲ Zob. uwaga przy **weather**. ▶ (*o gradzie*) **padać**

hail² /heɪl/ verb [T] **1** to call or wave to sb/sth: *to hail a taxi.* ▶ **za/wołać 2 hail sb/sth as sth** to say in public that sth is very good: *The book was hailed as a masterpiece.* ▶ **ogłaszać za coś**

★**hair** /heə(r)/ noun **1** [C] one of the long thin things that grow on the skin of people and animals ▶ **włos 2** [U] the mass of hairs on a person's head: *He has got short black hair.* ▶ **włosy**

> Some special words for the colour of hair are: **auburn**, **blond**, **fair**, **ginger** and **red**. In order to look after or style your hair you may **brush**, **comb**, **wash** (or **shampoo**) it and then **blow-dry** it. You may **part** it (or have a **parting**) in the middle or on one side. When you go to the **hairdresser's** you have your hair **cut**, **set** or **permed**.

IDIOMS **keep your hair on** (spoken) (used to tell sb to stop shouting and become less angry) calm down ▶ **nie gorączkować się** | **let your hair down** (informal) to relax and enjoy yourself (after being formal): *After the wedding ceremony you can let your hair down at the reception.* ▶ **rozluźnić się** | **make sb's hair stand on end** to frighten or shock sb ▶ **sprawiać, że komuś włosy stają dęba** | **not turn a hair** to not show any reaction to sth that many people would find surprising or shocking ▶ **niczego po sobie nie pokazać, nawet nie mrugnąć** (*w trudnej sytuacji*) | **split hairs** → SPLIT

□ **-haired** (in compounds) having hair of the stated type: *a long-haired* (długowłosy) *rabbit* ▶ (*określa rodzaj włosów*) | **hairless** adj. without hair ▶ **bezwłosy** | **hairy** adj. (**hairier**; **hairiest**) **1** having a lot of hair: *a hairy chest* ▶ **owłosiony, włochaty 2** (slang) dangerous or worrying: *We had a hairy journey down the motorway in freezing fog.* ▶ **przerażający**

■ **ˈhairbrush** noun [C] a brush that you use on your hair ➲ Ilustr. do **brush**. ▶ **szczotka do włosów** | **ˈhaircut** noun [C] **1** the cutting of your hair by a hairdresser, etc.: *You need to have a haircut.* Musisz się ostrzyc. ▶ **ostrzyżenie 2** the style in which your hair has been cut: *That haircut really suits you.* ▶ **fryzura** | **ˈhairdo** /ˈheəduː/ (informal) = HAIRSTYLE | **ˈhair-**

dresser noun [C] **1** a person whose job is to cut, shape, colour, etc. hair ❶ Fryzjer męski to **barber.** ▶ **fryzjer/ka 2 (the hairdresser's)** [sing.] the place where you go to have your hair cut ▶ **salon/zakład fryzjerski** | **'hairdryer** (also **'hairdrier**) noun [C] a machine that dries hair by blowing hot air through it ▶ **suszarka do włosów** | **'hairgrip** (also **grip**) noun [C] (Brit.) a hairpin with the ends close together ▶ **spinka do włosów** | **'hairline** noun [C] the edge of a person's hair, especially on the forehead: *a receding hairline* ○ *a hairline* (bardzo cienkie) *fracture of the leg* ▶ **granica włosów** | **'hairpin** noun [C] a U-shaped pin that is used for holding the hair in place ▶ **spinka do włosów** | **ˌhairpin 'bend** (US **ˌhairpin 'curve**; **ˌhairpin 'turn**) noun [C] a very sharp bend in a road on a steep hill ▶ **serpentyna** (*drogi*) | **'hairspray** noun [U, C] a substance you spray onto your hair to hold it in place ❶ Synonim: **lacquer.** ▶ **lakier do włosów** | **'hairstyle** noun [C] the style in which your hair has been cut or arranged ▶ **fryzura** | **'hairstylist** (also **stylist**) noun [C] a person whose job it is to cut and shape sb's hair ▶ **stylist-a/ka**

hair-raising /'heə reɪzɪŋ/ adj. that makes you very frightened ▶ **sprawiający, że włosy jeżą się na głowie**

hajj (also **haj**) /hædʒ/ noun [sing.] a month during which many Muslims visit their most important religious place, Mecca ▶ (*w religii muzułmańskiej*) **hadż**

halal /'hælæl/ adj. (only before a noun) (used about meat) from an animal that has been killed according to Muslim law ▶ (*w religii muzułmańskiej, o mięsie*) **pochodzące z uboju rytualnego**

★**half**[1] /hɑːf; US hæf/ noun [C] (pl. **halves** /hɑːvz; US hævz/) one of two equal parts of sth: *The second half of the book is more exciting.* ○ *They scored in the first half (of the match).* ❶ Czasownik: **halve.** ▶ **połowa**

IDIOMS **break, cut, etc. sth in half** to break, etc. sth into two parts ▶ **łamać/ciąć na pół** | **do nothing/not do anything by halves** to do whatever you do completely and properly ▶ **wywiązywać się doskonale** (*z pracy itp.*) | **go half and half/go halves with sb** to share the cost of sth with sb ▶ **dzielić się po połowie (kosztem)**

★**half**[2] /hɑːf; US hæf/ det., pron. forming one of two equal parts: *Half of this money is yours.* ○ *He got half his aunt's money when she died.* ○ *half an hour* ○ *Half the people in the office leave at 5.* ▶ **połowa, pół**

IDIOM **half past...** thirty minutes past an hour on the clock: *half past 6* wpół do siódmej ▶ **wpół** (*do danej godziny*)

■ **ˌhalf 'board** noun [U] (in a hotel, etc.) breakfast and an evening meal ➲ Por. **full board** i **bed and breakfast.** ▶ **z częściowym wyżywieniem** | **'half-brother**; **'half-sister** noun [C] a brother or sister with whom you share one parent ▶ **przyrodni/a brat/siostra** | **ˌhalf-'price** adv. at half the usual price ▶ **za połowę ceny** | **ˌhalf-'term** noun [C] a short holiday in the middle of a school term ▶ **krótka przerwa w połowie semestru szkolnego** | **ˌhalf-'time** noun [sing.] (in sport) the period of time between the two halves of a match ▶ **połowa (meczu)** | **ˌhalf'way** adj., adv. at an equal distance between two places; in the middle of a period of time: *We live halfway between Oxford and Reading.* ○ *They have a break halfway through the morning.* ▶ **w połowie drogi/czasu**

★**half**[3] /hɑːf; US hæf/ adv. to the extent of half; not completely: *half full* ○ *half finished.* ○ *I half thought* (prawie myślałem) *he might come, but he didn't.* ○ *He's half German.* ▶ **do połowy, w połowie**

IDIOM **not half as much, many, good, bad, etc.** much less: *This episode wasn't half as good* (był o wiele gorszy) *as the last.* ▶ **o wiele mniej/gorszy itp.**

■ **ˌhalf-'baked** adj. (informal) not well-planned or considered: *a half-baked idea/scheme* ▶ **niedopracowany, nieprzemyślany do końca** | **ˌhalf-'hearted** adj. without interest or enthusiasm ▶ **bez entuzjazmu, wymuszony** | **ˌhalf-'heartedly** adv. ▶ **bez entuzjazmu**

★**hall** /hɔːl/ noun [C] **1** (also **'hallway**) a room or passage that is just inside the front entrance of a house or public building: *Leave your coat in the hall.* ○ *There is a public telephone in the entrance hall of this building.* ▶ **przedpokój, hol 2** a building or large room in which meetings, concerts, dances, etc. can be held: *a school/concert hall.* ➲ Por. **town hall.** ▶ **sala**

■ **ˌhall of 'residence** noun [C] (in colleges, universities, etc.) a building where students live ▶ **akademik**

hallmark /'hɔːlmɑːk/ noun [C] **1** a characteristic that is typical of sb: *The ability to motivate students is the hallmark of a good teacher.* ▶ **cecha charakterystyczna 2** a mark that is put on objects made of valuable metals, giving information about the quality of the metal and when and where the object was made ▶ **próba**

★**hallo** (also **hello**, **hullo**) /hə'ləʊ/ interj. (used for greeting sb, for attracting sb's attention or when you are using the telephone) ▶ **cześć!, dzień dobry!; halo!**

> **Hallo** jest najczęstszym powitaniem stosowanym w Br. ang. **Hi** używa się w Amer. ang. Spotyka się je też w Br. ang., lecz tylko w języku potocznym.

Halloween (also **Hallowe'en**) /ˌhæləʊ'iːn/ noun [sing.] the night before All Saints' Day, 31 October ❶ Jak głosi tradycja, w czasie **Halloween** pojawiają się czarownice i duchy. Dzieci przebierają się za czarownice i płatają figle. ▶ **wigilia Wszystkich Świętych**

hallucination /həˌluːsɪ'neɪʃn/ noun [C,U] seeing sth that is not really there (because you are ill or have taken a drug) ▶ **halucynacja**

halo /'heɪləʊ/ noun [C] (pl. **halos** or **haloes**) the circle of light that is drawn around the head of a holy person in a painting ▶ **aureola**

halt /hɔːlt/ noun [sing.] a stop (that does not last very long): *Work came to a halt* (praca stanęła) *when the machine broke down.* ○ *to bring sth to a halt* zatrzymywać ▶ **postój, zatrzymanie się**

IDIOM **grind to a halt/standstill** → GRIND[1]

□ **halt** verb [I,T] to stop for a short time; to make sth stop ▶ **przystawać; zatrzymywać**

halve /hɑːv; US hæv/ verb [T] **1** to divide sth into two equal parts: *First halve the peach and then remove the stone.* ▶ **dzielić na pół 2** to make sth half as big as it was before: *We aim to halve the number of people on our waiting list in the next six months.* ▶ **zmniejszać o połowę**

ham /hæm/ noun [U] meat from a pig's back leg that has been smoked, etc. to keep it fresh ➲ Zob. uwaga przy **meat**. ▶ **szynka**

hamburger /ˈhæmbɜːɡə(r)/ noun **1** (also **burger**) [C] minced meat that has been formed into a flat round shape. Hamburgers are often eaten in a bread roll. ▶ **hamburger 2** [U] (US) = MINCE

hamlet /ˈhæmlət/ noun [C] a very small village ▶ **mała wioska**

hammer[1] /ˈhæmə(r)/ noun [C] **1** a tool with a heavy metal head that is used for hitting nails, etc. ➲ Ilustr. do **tool**. ▶ **młotek 2** (**the hammer**) a sports event in which a metal ball attached to a wire is thrown ▶ **rzut młotem**

hammer[2] /ˈhæmə(r)/ verb **1** [I,T] to hit with a hammer: *She hammered the nail into the wall.* ▶ **bić młotem, stukać 2** [I] to hit sth, making a loud noise: *He hammered on the door until somebody opened it.* ▶ **walić**

IDIOMS **hammer sth into sb** to force sb to remember sth by repeating it many times ▶ **wbijać do głowy** | **hammer sth out 1** to hammer sth back into the shape that it should be ▶ **wyklepywać** (*metal*) **2** (figurative) to succeed in making a plan or agreement after a lot of difficulty: *Eventually a solution was hammered out.* ▶ **wypracowywać, osiągnąć (z trudem)**

□ **hammering** /ˈhæmərɪŋ/ noun **1** [U] the noise that is made by sb using a hammer or by sb knocking sth many times ▶ **stukanie 2** [C] (informal) a very bad defeat ▶ **sromotna klęska**

hammock /ˈhæmək/ noun [C] a bed, made of canvas or strong net, which is hung up at both ends. Hammocks are used on board ships or in the garden. ▶ **hamak**

hamper[1] /ˈhæmpə(r)/ noun [C] a large basket with a lid that is used for carrying food ▶ **kosz z pokrywą**

hamper[2] /ˈhæmpə(r)/ verb [T] to make sth difficult: *The building work was hampered by bad weather.* ▶ **przeszkadzać**

hamster /ˈhæmstə(r)/ noun [C] a small animal that is kept as a pet. Hamsters are like small rats but are fatter and do not have a tail. They store food in the sides of their mouths. ▶ **chomik**

★**hand**[1] /hænd/ noun **1** [C] the part of a person's arm below the wrist: *He took the child by the hand.* ○ *to hold hands* ○ *She lifted the hot pan with her bare hands.* ○ *He held the bird in the palm of his hand* (na dłoni). ➲ Por. **arm**. ▶ **ręka 2** (**a hand**) [sing.] some help: *I'll give you a hand with the washing up.* ▶ **pomoc 3** [C] the pointer on a clock or watch: *the hour/minute/second hand* ▶ **wskazówka 4** [C] a person who works with their hands: *All hands on deck!* Wszyscy na pokład! ▶ **robotni-k/ca 5** [C] the set of playing cards that sb has been given in a game of cards ▶ **rozdanie kart**

IDIOMS **(at) first hand** (used about information that you have received) from sb who was directly/not directly involved: *Did you get this information first hand?* ➲ Por. **second-hand**. ▶ (*o informacji*) **z pierwszej ręki** | **(close/near) at hand** (formal) near in space or time: *Help is close at hand.* ▶ **blisko** | **be an old hand (at sth)** → OLD | **by hand 1** done by a person and not by machine: *I had to do all the sewing by hand.* ▶ **ręcznie 2** not by post: *The letter was delivered by hand.* ▶ **doręczony osobiście** | **change hands** → CHANGE[1] | **a firm hand** → FIRM[2] | **get, have, etc. a free hand** → FREE[1] | **get/lay your hands on sb/sth 1** to find or obtain sth: *I need to get my hands on a good computer.* ▶ **znajdować, dostawać 2** (informal) to catch sb: *Just wait till I get my hands on that boy* (aż dostanę tego chłopaka)*!* ▶ **dostać** | **get, etc. the upper hand** → UPPER | **give sb/get a big hand** → BIG | **hand in hand 1** holding each other's hands ▶ **trzymając się za ręce 2** usually happening together; closely connected ▶ **w parze z czymś, jednocześnie** | **hands off (sb/sth)** (informal) (used for ordering sb not to touch sth or to leave sth alone) ▶ **ręce przy sobie!** | **hands up 1** (used in a classroom, etc. for asking people to raise one hand and give an answer) ▶ **podnieście ręce 2** (used by a person with a gun to tell other people to put their hands in the air) ▶ **ręce do góry!** | **have sb eating out of your hand** → EAT | **have a hand in sth** to take part in or share sth ▶ **mieć w czymś udział** | **have your hands full** to be very busy so that you cannot do anything else ▶ **być bardzo zajętym/zapracowanym** | **have your hands tied** to not be in a position to do as you would like because of rules, promises, etc. ▶ **mieć związane ręce** | **a helping hand** → HELP[1] | **hold sb's hand** to give help or comfort to sb in a difficult situation ▶ **pomagać, pocieszać** | **hold hands (with sb)** (used about two people) to hold each other's hands (because you like each other) ▶ **trzymać się za ręce** | **in hand 1** (used about money, etc.) not yet used: *We still have about £50 in hand.* ▶ (*o pieniądzach itp.*) **nie wydany 2** being dealt with at the moment; under control: *Let's finish the job in hand first before we start something new.* ○ *The situation is in hand.* ➲ Por. **out of hand**. ▶ **rozpatrywany; pod kontrolą** | **in the hands of sb; in sb's hands** in sb's possession, control or care: *The document is no longer in my hands.* ○ *The matter is in the hands of a solicitor.* ○ *She is in capable hands* (w dobrych rękach). ▶ **we władaniu/zarządzaniu, w czyichś rękach** | **in safe hands** → SAFE[1] | **keep your hand in** to do an activity from time to time so that you do not forget how to do it or lose the skill: *I play tennis from time to time just to keep my hand in* (aby nie wyjść z formy). ▶ **utrzymywać się w (dobrej) formie** | **lend (sb) a hand/lend a hand (to sb)** → LEND | **off your**

hands not your responsibility any more: *Once the children are off our hands we want to go on a world cruise.* ▶ (*mieć*) **z głowy** | **on hand** available to help or to be used: *There is a teacher on hand to help during your private study periods.* ▶ **pod ręką, do pomocy** | **on your hands** being your responsibility: *We seem to have a problem on our hands.* ▶ **na głowie** | **on the one hand... on the other (hand)** (used for showing opposite points of view): *On the one hand, of course, cars are very useful. But on the other, they cause a huge amount of pollution.* ▶ **z jednej strony...z drugiej strony** | **(get/be) out of hand** not under control: *Violence at football matches is getting out of hand.* ➲ Por. **in hand**. ▶ **(wymykać się) z rąk** | **out of your hands** not in your/sb's control: *I can't help you, I'm afraid. The matter is out of my hands.* ▶ **poza kontrolą** | **shake sb's hand/shake hands (with sb)/shake sb by the hand** → SHAKE[1] | **to hand** near; within reach: *I'm afraid I haven't got my diary to hand.* ▶ **pod ręką, w zasięgu ręki** | **try your hand at sth** → TRY[1] | **turn your hand to sth** to start doing sth or be able to do sth, especially when you do it well: *She can turn her hand to all sorts of jobs.* ▶ **mieć umiejętność wykonywania czegoś** | **wash your hands of sb/sth** → WASH[1] | **with your bare hands** → BARE

□ **-handed** (in compounds) having, using or made for the stated type of hand(s): *heavy-handed* niezgrabny ○ *right-handed* ○ *left-handed scissors* nożyce dla leworęcznych ▶ (*określa cechy rąk*) | **handful** /ˈhændfʊl/ noun **1** [C] **a handful (of sth)** as much or as many of sth as you can hold in one hand: *a handful of sand* ▶ **garść** **2** [sing.] a small number (of sb/sth): *Only a handful of people came to the meeting.* ▶ **garstka** **3** (**a handful**) [sing.] (informal) a person or an animal that is difficult to control: *The little girl is quite a handful.* ▶ **nieposłuszny; narowisty**

■ **ˈhandbag** (US **purse**) noun [C] a small bag in which you carry money, keys, etc. ➲ Ilustr. do **bag**. ▶ **torebka damska** | **ˈhandbrake** noun [C] a brake in a car, etc. that is operated by hand and that is used when the car is not moving ▶ **hamulec ręczny** | **ˈhandcuffs** noun [pl.] a pair of metal rings that are joined together by a chain and put around the wrists of prisoners ▶ **kajdanki** | **ˈhandgun** noun [C] a small gun that you can hold and fire with one hand ▶ **broń ręczna** | **ˈhand luggage** (US **ˈhand baggage**) noun [U] a small bag, etc. that you carry with you onto an aeroplane ▶ **bagaż podręczny** | **ˌhandˈmade** adj. made by hand, not by machine ▶ **ręcznej roboty** | **ˌhand-ˈpicked** adj. carefully chosen ▶ **wyselekcjonowany** | **ˈhandrail** noun [C] a wooden or metal bar that you hold on to when going up or down stairs, or that stops you from falling from high places ▶ **poręcz, bariera** | **ˈhandset** noun [C] = RECEIVER(1) | **ˈhandshake** noun [C] the act of shaking sb's right hand with your own as a greeting ▶ **uścisk dłoni** | **ˌhands-ˈon** adj. learnt by you doing sth yourself, not watching sb else do it; practical: *She has hands-on computer experience.* ▶ **bezpośredni** | **ˈhandwriting** noun [U] a person's style of writing by hand ▶ **styl pisma** | **ˈhandwritten** adj. written by hand, not typed or printed ▶ **pisany ręcznie**

★**hand**[2] /hænd/ verb [T] to give or pass sth to sb: *Please hand me the scissors.* ○ *Please hand the scissors to me.* ▶ **podawać, wręczać**

IDIOM **have (got) to hand it to sb** (used to show admiration and approval of sb's work or efforts): *You've got to hand it to Rita – she's a great cook.* ▶ **to zasługa kogoś, uznawać (wyższość) kogoś**

PHRASAL VERBS **hand sth back (to sb)** to give or return sth to the person who owns it or to where it belongs ▶ **zwracać coś komuś** | **hand sth down (to sb)** **1** to pass customs, traditions, etc. from older people to younger ones: *These stories have been handed down from generation to generation.* ▶ **przekazywać** (*potomności*) **2** to pass clothes, toys, etc. from older children to younger ones in the family ▶ **przekazywać (młodszemu rodzeństwu)** | **hand sth in (to sb)** to give sth to sb in authority: *I found a wallet and handed it in to the police.* ○ *She handed in her resignation.* Złożyła rezygnację. ▶ **wręczać, oddawać** | **hand sth on (to sb)** to send or give sth to another person: *When you have read the article, please hand it on to another student.* ▶ **przekazywać** | **hand sth out (to sb)** to give sth to many people in a group: *Food was handed out to the starving people.* ▶ **wydawać** | **hand (sb) over to sb** (used at a meeting or on the television, radio, etc.) to let another person speak: *I'm handing you over now to our foreign correspondent.* ▶ **przekazywać (kogoś komuś)** | **hand (sth) over (to sb)** to give sb else your position of power or the responsibility for sth: *She resigned as chairperson and handed over to one of her younger colleagues.* ▶ **przekazywać coś komuś, przenosić na kogoś** (*odpowiedzialność*) | **hand sb/sth over (to sb)** to give sb/sth (to sb): *People were tricked into handing over large sums of money.* ○ *The terrorist was handed over to the British police.* ▶ **oddawać, wręczać** | **hand sth round** to offer to pass sth, especially food and drinks, to all the people in a group ▶ **częstować wszystkich, podawać**

■ **handout** /ˈhændaʊt/ noun [C] **1** food, money, etc. given to people who need it badly ▶ **jałmużna** **2** a printed sheet or leaflet that is given to a lot of people, to advertise sth or to explain sth in a lesson or lecture ▶ **ulotka; informacja na piśmie** (*objaśniająca coś na lekcji lub wykładzie*)

handbook /ˈhændbʊk/ noun [C] a small book that gives useful information and advice about sth ▶ **podręcznik**

handicap /ˈhændikæp/ noun [C] **1** something that makes doing sth more difficult; a disadvantage ▶ **przeszkoda, zawada** **2** (old-fashioned) ❶ Obecnie słowo to często uważa się za obraźliwe. = DISABILITY **3** a disadvantage that is given to a strong competitor in a sports event, etc. so that the other competitors have more chance ▶ (*w sporcie*) **wyrównanie szans**

□ **handicap** verb (**handicapping**; **handicapped**) [T] (usually passive) to give or be a disadvantage to sb: *They were handicapped by their lack of education.* ▶ **utrudniać, przeszkadzać** | **handi-**

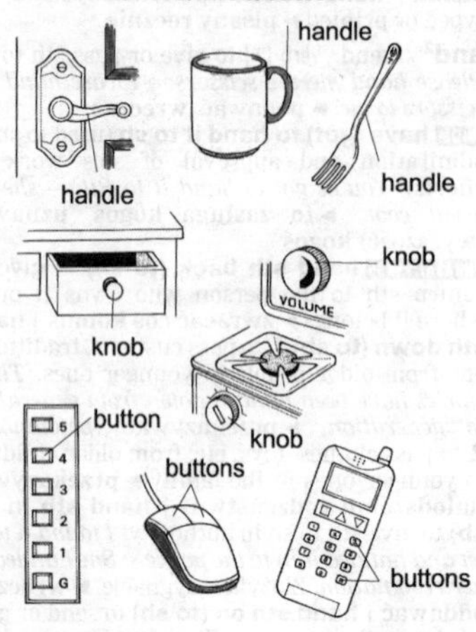

capped adj. (old-fashioned) ❶ Obecnie słowo to często uważa się za obraźliwe. = DISABLED

handicraft /'hændikrɑ:ft; US -kræft/ noun **1** [C] an activity that needs skill with the hands as well as artistic ability, e.g. sewing ▶ **rękodzieło 2 (handicrafts)** [pl.] the objects that are produced by this activity ▶ **rękodzieła**

handiwork /'hændiwɜ:k/ noun [U] **1** a thing that you have made or done, especially using your artistic skill: *She put the dress on and stood back to admire her handiwork.* ▶ **własne/własnoręczne dzieło 2** a thing done by a particular person or group, especially sth bad ▶ *(przen., zwl. o czymś złym)* **robota**

⋆**handkerchief** /'hæŋkətʃɪf; -tʃi:f/ noun (pl. **handkerchiefs** or **handkerchieves** /-tʃi:vz/) a square piece of cloth or soft thin paper that you use for blowing your nose ❶ W mowie potocznej używa się słowa **hanky**. Chustka papierowa nazywa się **paper handkerchief** lub **tissue**. ▶ **chustka do nosa**

⋆**handle** /'hændl/ noun [C] a part of sth that is used for holding or opening it: *the door handle* ○ *the handle of a frying pan* ➲ Ilustr. do **pan** i **bag**. ▶ **rączka, klamka, uchwyt, ucho, rękojeść**

IDIOM **fly off the handle** → FLY²

□ **handle** verb [T] **1** to touch sth with, or hold sth in, your hand(s): *Wash your hands before you handle food.* ○ *Handle with care!* Ostrożnie! ▶ **dotykać 2** to deal with or to control sb/sth: *This port handles* (przeładowuje) *100 million tons of cargo each year.* ○ *I have a problem at work and I don't really know how to handle it.* ▶ **załatwiać, uporać się, zajmować się** | **handler** noun [C]: *baggage/dog/food handlers* ▶ **zajmujący się czymś**

■ **'handlebar** noun [C, usually pl.] the curved metal bar at the front of a bicycle that you hold when you are riding it ▶ **kierownica** *(roweru)*

⋆**handsome** /'hænsəm/ adj. **1** (used about a man) good-looking; attractive ➲ Zob. uwaga przy **beautiful**. ▶ **przystojny 2** large or generous: *The company made a handsome profit.* ▶ *(o zysku)* **duży, hojny**

□ **handsomely** adv.: *Her efforts were handsomely rewarded.* ▶ **hojnie**

handy /'hændi/ adj. (**handier**; **handiest**) **1** useful; easy to use: *a handy tip/gadget* ▶ **poręczny; wygodny w użyciu 2** nearby or within easy reach of sth: *Always keep a first-aid kit handy.* ○ *The house is very handy for the shops* (blisko sklepów). ▶ **pod ręką, bliski 3** skilful in using your hands or tools to make or repair things: *He is very handy around the house.* ▶ **zręczny**

IDIOM **come in handy** to be useful at some time: *Don't throw that box away. It may come in handy.* ▶ **okazać się przydatnym, przydawać się kiedyś**

■ **handyman** /'hændimæn/ noun (pl. **handymen** /-men/) a person who is clever at making or mending things ▶ **złota rączka**

⋆**hang¹** /hæŋ/ verb (pt, pp **hung** /hʌŋ/) ❶ Czasu przeszłego i imiesłowu biernego **hanged** używa się tylko w znaczeniu 2. **1** [I,T] to fasten sth or be fastened at the top so that the lower part is free or loose: *Hang your coat on the hook.* ○ *I hung the washing on the line.* ○ *I left the washing hanging on the line all day.* [I] (figurative): *People were hanging out* (wychylali się) *of windows to see the Queen go past.* ▶ **wieszać 2** [T] to kill sb by putting a rope around their neck and allowing them to drop: *She hanged herself in a fit of depression.* ○ *He was hanged for murder.* ▶ **wieszać (kogoś) 3** [I] **hang (above/over sb/sth)** to stay in the air (above/over sb/sth): *Smog hung in the air over the city.* ▶ **wisieć**

IDIOMS **be/get hung up (about/on sb/sth)** to think about sb/sth all the time in a way that is not healthy or good: *She's really hung up about her parents' divorce.* ▶ **myśleć o czymś obsesyjnie** | **hang (on) in there** (spoken) to have courage and keep trying, even though a situation is difficult: *The worst part is over now. Just hang on in there and be patient.* ▶ **trzymać się**

PHRASAL VERBS **hang about/around** (informal) to stay in or near a place not doing very much: *I really hate hanging around in airports.* ▶ **obijać się** | **hang back 1** to not want to do or say sth, often because you are shy or not sure of yourself ▶ **ociągać się 2** to stay in a place after other people have left it ▶ **pozostawać gdzieś dłużej** *(po wyjściu innych)* | **hang on 1** to hold sth tightly: *Keep hanging on. We're very close to you now.* ▶ **kurczowo się trzymać 2** to wait for a short time: *Hang on a minute. I'm nearly ready.* ○ *The line is engaged. Would you like to hang on or call back later?* ▶ **czekać przez chwilę** | **hang on sth** to depend on sth ▶ **zależeć od czegoś** | **hang on to sth 1** to hold sth tightly ▶ **kurczowo się trzymać (czegoś) 2** (informal) to keep sth: *Let's hang on to the car for another year.* ▶ **zatrzymywać (coś)** | **hang**

out (informal) to spend a lot of time in a place: *The local kids hang out at the mall.* ▶ **przesiadywać** | **hang sth out** to put washing, etc. on a clothes line so that it can dry ▶ **wieszać** (*pranie*) | **hang over sb** to be present or about to happen in a way which is unpleasant or threatening: *This essay has been hanging over me for days.* ▶ **wisieć nad kimś** | **hang up** to end a telephone conversation and put the telephone down ➲ Zob. uwaga przy **telephone**. ▶ **odkładać słuchawkę, zakończyć rozmowę telefoniczną** | **hang sth up** to put sth on a nail, hook, etc.: *Hang your coat up over there.* ▶ **wieszać**

□ **hanging** noun [C,U] death by hanging ▶ **powieszenie** (*kara śmierci*)

■ **hanger-on** /ˌhæŋər ˈɒn/ noun (pl. **hangers-on** /ˌhæŋəz ˈɒn/) a person who tries to be friendly with sb who is rich or important ▶ **pochlebca (w stosunku do kogoś bogatego/ważnego)** | **ˈhang-glider** noun [C] a type of large kite from which a person can hang and fly through the air ▶ **lotnia** | **ˈhang-gliding** noun [U] the sport of flying using a hang-glider ▶ **lotniarstwo** | **ˈhangman** /-mən/ noun **1** [C] (pl. **hangmen** /-mən/) a person who hangs criminals ▶ **kat** **2** [sing.] a word game where the aim is to guess all the letters of a word before a picture of a person hanging is completed ▶ **gra w wisielca** | **ˈhang-up** /ˈhæŋ ʌp/ noun [C] (slang) something that worries you a lot: *He has a real hang-up about his height.* ▶ **kompleks** (*na jakimś punkcie*)

hang² /hæŋ/ noun

IDIOM **get the hang of (doing) sth** (informal) to learn how to use or do sth: *It took me a long time to get the hang of this new car* (połapać się w obsłudze tego nowego samochodu). ▶ **połapać się w czymś**

hangar /ˈhæŋə(r)/ noun [C] a big building where aeroplanes are kept ▶ **hangar**

hanger /ˈhæŋə(r)/ (also **ˈclothes hanger**; **ˈcoat hanger**) noun [C] a metal, plastic or wooden object with a hook that is used for hanging up clothes in a cupboard ▶ **wieszak**

hangover /ˈhæŋəʊvə(r)/ noun [C] a headache and a feeling of sickness that you wake up with if you have drunk too much alcohol the night before ▶ **kac**

hanker /ˈhæŋkə(r)/ verb [I] **hanker after/for sth** to want sth very much (often sth that you cannot easily have): *I've been hankering for a cigarette all morning.* ▶ **bardzo chcieć czegoś**

hanky (also **hankie**) /ˈhæŋki/ noun [C] (pl. **hankies**) (informal) a handkerchief ▶ **chusteczka**

haphazard /hæpˈhæzəd/ adj. without any order or organized plan: *Her system of filing seems to be completely haphazard.* ▶ **przypadkowy, niesystematyczny**

□ **haphazardly** adv. ▶ **przypadkowo, bałaganiarsko**

★**happen** /ˈhæpən/ verb [I] **1** (of an event or situation) to take place: *Can you describe to the police what happened after you left the party?* ○ *How did the accident happen?* ▶ **zdarzać się**

> **Happen** i **occur** używa się zwykle w odniesieniu do nie planowanych wydarzeń. **Occur** jest bardziej formalne niż **happen**. **Take place** sugeruje, że wydarzenie zostało zaplanowane: *The wedding took place on Saturday June 13th.*

2 happen to sb/sth to be what sb/sth experiences: *What do you think has happened to Julie? She should have been here an hour ago.* ○ *What will happen to the business when your father retires?* ▶ **stawać się, przytrafiać się** **3 happen to do sth** to do sth by chance: *I happened to meet him in London yesterday.* ○ *She happened to be in London yesterday, too.* ▶ **przypadkowo coś zrobić**

IDIOMS **as it happens/happened** (used when you are adding to what you have said) by chance; actually: *As it happens, I did remember to bring the book you wanted.* ▶ **tak się składa/złożyło, że** | **it (just) so happens** → so¹

□ **happening** /ˈhæpənɪŋ/ noun [C, usually pl.] a thing that happens; an event (that is usually strange or difficult to explain): *Strange happenings have been reported in that old hotel.* ▶ **wydarzenie**

> **Happening** zwykle oznacza coś przypadkowego. **Event** zwykle oznacza coś zaplanowanego i sugeruje coś wyjątkowego lub ważnego.

★**happy** /ˈhæpi/ adj. (**happier**; **happiest**) **1** feeling, showing or giving pleasure or satisfaction: *a happy childhood* ○ *a happy family* ○ *a happy smile* ○ *The film is sad but it has a happy ending.* ○ *She doesn't feel happy* (zadowolona) *about the salary she's been offered.* ○ *Are you happy in your work?* ○ *I'm not very happy* (zbyt zadowolony) *with what you've done.* ○ *Congratulations! I'm very happy for you.* Bardzo się cieszę. (*np. że coś ci się udało*) ❶ Antonim: **unhappy**. ➲ Zob. uwaga przy **glad**. ▶ **szczęśliwy, wesoły** **2** (not before a noun) **happy to do sth** willing; pleased: *I'll be happy* (chętnie) *to see you any day next week.* ❶ **Be happy to do sth** często tłumaczy się zwrotem „robić coś z radością, przyjemnością itp.". ▶ **chętny do czegoś** **3** (**Happy**) (used in greetings to wish sb an enjoyable time): *Happy Birthday!* ○ *Happy Christmas!* ▶ **Wszystkiego najlepszego z okazji urodzin!, Wesołych (Świąt)!, Szczęśliwego (Nowego Roku)!** **4** (only before a noun) lucky; fortunate: *He's in the happy position of being able to retire at 50!* ❶ Antonim: **unhappy**. ▶ **szczęśliwy, udany**

IDIOM **many happy returns (of the day)** (used as a greeting to sb on his/her birthday) ▶ **Sto lat! (w życzeniach urodzinowych), Wszystkiego najlepszego!**

□ **happily** adv. **1** in a happy way ▶ **szczęśliwie; chętnie** **2** it is lucky that; fortunately: *The police found my handbag and, happily, nothing had been stolen.* ▶ **na szczęście** | **happiness** noun [U]: *Money can't buy happiness.* ▶ **szczęście**

■ **ˌhappy-go-ˈlucky** adj. not worried about life and the future ▶ **beztroski, niefrasobliwy** | **ˈhappy hour** noun [usually sing.] a time, usually in the evening, when a pub or bar sells alcoholic drinks at lower prices than usual ▶ **pora, o jakiej tanieją drinki w barach**

harass /ˈhærəs; həˈræs/ verb [T] to annoy or put pressure on sb, especially continuously or on many different occasions: *The court ordered him to stop harassing his ex-wife.* ▶ **dręczyć, nękać, prześladować**

□ **harassed** adj. tired and worried because you have too much to do: *Five children came in, followed by a harassed-looking mother.* ▶ **umęczony** | **harassment** noun [U]: *She accused her boss of sexual harassment* (molestowanie seksualne). ▶ **gnębienie**

★**harbour** (US **harbor**) /ˈhɑːbə(r)/ noun [C] a place on the coast where ships can be tied up (moored) to shelter from the sea ▶ **port, przystań**

□ **harbour** (US **harbor**) verb [T] **1** to keep sth secret in your mind for a long time: *She harboured a deep dislike of him for years.* ▶ **skrywać** (*np. uczucia*) **2** to hide or give shelter to sb/sth bad: *They were accused of harbouring terrorists.* ▶ **dawać schronienie**

★**hard**[1] /hɑːd/ adj. **1** not soft to touch; not easy to break or bend; very firm: *The bed was so hard that I couldn't sleep.* ○ *Diamonds are the hardest known mineral.* ➲ Por. **firm**[2]. ▶ **twardy 2 hard (for sb) (to do sth)** difficult to do or understand; not easy: *The first question in the exam was very hard.* ○ *This book is hard to understand./It is a hard book to understand.* ○ *It's hard* (trudno) *to know why he made that decision.* ○ *It's hard* (trudno) *for young people to find good jobs nowadays.* ▶ **trudny 3** needing or using a lot of effort: *It's a hard climb to the top of the hill.* ○ *Hard work is said to be good for you.* ○ *We had some long, hard talks* (twarde rozmowy) *before we came to an agreement.* ○ *He's a hard worker.* On jest sumiennym pracownikiem. ▶ **ciężki, trudny 4 hard (on sb)** (used about a person) not feeling or not showing kindness or pity; not gentle: *You have to be hard to succeed in business.* ○ *She used some very hard words to tell him what she thought of him.* ○ *He's much too hard on his children.* ▶ **surowy, twardy 5** (used about conditions) unpleasant or unhappy: *He had a hard time when his parents died.* ▶ **trudny, ciężki 6** (used about the weather) very cold: *The forecast is for a hard winter.* ❶ Antonim: **mild**. ▶ **surowy, srogi 7** (used about water) containing particular minerals so that soap does not make many bubbles ❶ Antonim: **soft**. ▶ **twardy**

IDIOMS **be hard on sb/sth 1** to hurt sb/sth or to make things difficult: *Managing with very little money can be hard on students.* ▶ **być kłopotliwym dla kogoś/czegoś; być krzywdzącym dla kogoś 2** to be unfair to sb: *It's a bit hard on the people who haven't got a car.* ▶ **być niesprawiedliwym/nie fair dla kogoś/w stosunku do czegoś** | **give sb a hard time** (informal) to make a situation unpleasant, embarrassing or difficult for sb ▶ **dokuczać komuś** | **a hard act to follow** a person or a thing that it is difficult to do better than ▶ **osoba, której trudno dorównać; rzecz, którą trudno wykonać lepiej** | **hard and fast** (used about rules, etc.) that cannot be changed: *There are no hard and fast rules about this.* ▶ (*o regułach*) **twardy** | **be hard at it** to be working very hard doing sth ▶ **harować** | **hard facts** information that is true, not just people's opinions ▶ **rzeczywistość** | **hard luck** → LUCK | **hard of hearing** unable to hear well ▶ **o słabym/przytępionym słuchu** | **the hard way** through having unpleasant or difficult experiences, rather than learning from what you are told: *She won't listen to my advice so she'll just have to learn the hard way.* ▶ **w wyniku przykrych doświadczeń** | **have a hard job doing/to do sth**; **have a hard time doing sth** to do sth with great difficulty ▶ **robić coś z wielkim trudem** | **no hard feelings** (spoken) (used to tell sb you do not feel angry after an argument, etc.): *'No hard feelings, I hope,' he said, offering me his hand.* ▶ **bez urazy** | **take a hard line (on sth)** to deal with sth in a very serious way that you will not allow anyone to change: *The government has taken a hard line on people who drink and drive.* ▶ **rządzić/władać itp. twardą ręką/despotycznie**

□ **hardness** noun [U] being hard ▶ **twardość**

■ ˈ**hardback** noun [C] a book that has a hard stiff cover ❶ Zwróć uwagę na wyrażenie **in hardback**: *This book is only available in hardback.* ▶ **książka w twardej oprawie** | ˌ**hard ˈcopy** noun [U] printed material produced by a computer, usually on paper, to be read in the ordinary way ▶ **wydruk z komputera** | ˈ**hard core** noun [sing., with sing. or pl. verb] the members of a group who are the most active ▶ **aktyw,** (*o ludziach w grupie*) **jądro stowarzyszenia** | ˌ**hard ˈcurrency** noun [U] money belonging to a particular country that is easy to exchange ▶ **twarda waluta** | ˌ**hard ˈdisk** noun [C] a piece of hard plastic used for storing information inside a computer. It can hold more information than a floppy disk. ▶ **twardy dysk** | ˌ**hard ˈdrug** noun [C] a drug that is strong and dangerous because people may become addicted to it ▶ **(twardy) narkotyk** | ˌ**hard-ˈheaded** adj. not influenced by feelings: *a hard-headed businessman* ▶ **rzeczowy, twardy** | ˌ**hard-ˈhearted** adj. not being kind to or thinking about other people ▶ **nieczuły, bezlitosny** | ˌ**hard ˈline** noun [sing.] a way of thinking or a plan which will not be changed or influenced by anything: *The government has taken a very hard line on people who drink and drive.* ▶ **twarde stanowisko** | ˌ**hard-ˈnosed** adj. not affected by feelings or emotions when trying to get what you want: *hard-nosed journalists/politicians* ▶ **nie ulegający emocjom** | ˌ**hard ˈshoulder** noun [C] a narrow strip of road at the side of a motorway where cars are allowed to stop in an emergency ▶ **pobocze**

★**hard**[2] /hɑːd/ adv. **1** with great effort, energy or attention: *He worked hard all his life.* ○ *You'll have to try a bit harder than that.* Będziesz musiał bardziej się postarać. ○ *She looked hard at the man but she didn't recognize him.* ▶ **ciężko, z wysiłkiem, bardzo, mocno 2** with great force; heavily: *It was snowing hard.* ○ *He hit her hard across the face.* ▶ **mocno**

IDIOMS **be hard pressed/pushed/put to do sth** to find sth very difficult to do: *He was hard pressed to explain his wife's sudden disappearance.* ▶ **mieć z czymś trudności** | **be hard up (for sth)** to have too few or too little of sth, especially money: *We're too hard up to afford a holiday this year.* ▶ **być spłukanym** | **die hard** → DIE | **hard done by** not fairly treated: *He felt very hard done by when he wasn't chosen for the team.* ▶ **niesprawiedliwie potraktowany**

■ ˌ**hard-ˈboiled** adj. (used about an egg) boiled until it is hard inside ▶ **ugotowany na twardo** | ˌ**hard-ˈhitting** adj. that talks about or criticizes sb/sth in an honest and very direct way: *a hard-hitting campaign/speech/report* ▶ *(o krytyce itp.)* **otwarty**, **odważny** | ˌ**hard-ˈwearing** adj. (used about materials, clothes, etc.) strong and able to last for a long time ▶ **mocny**, **wytrzymały** | ˌ**hard-ˈworking** adj. working with effort and energy: *a hard-working man* ▶ **pracowity**

harden /ˈhɑːdn/ verb **1** [I,T] to become or to make sth hard or less likely to change: *Allow the icing to harden before decorating the cake.* ○ *The firm has hardened its attitude on this question.* ▶ **twardnieć**; **utwardzać**, *(o stanowisku)* **usztywniać 2** [T] (usually passive) **harden sb (to sth)** to make sb less sensitive: *a hardened reporter* ○ *a hardened criminal* ▶ **znieczulać (kogoś na coś)**, **być zatwardziałym 3** [I] (used about a person's face, voice, etc.) to become serious and unfriendly ▶ **usztywnić się**

Harden używa się tylko wtedy, gdy **hard** oznacza „twardy" lub „nieżyczliwy": *The concrete will harden* (cement stwardnieje) *in 24 hours.* ○ *He hardened himself* (znieczulił się na) *to the feelings of other people.* **Get harder** używa się, kiedy **hard** ma inne znaczenie, np. „trudny": *Learning a foreign language gets harder as you get older.* Nauka obcego języka staje się coraz trudniejsza w miarę starzenia się.

⋆**hardly** /ˈhɑːdli/ adv. **1** only just; almost not; with difficulty: *Speak up – I can hardly hear you.* ○ *She'd hardly gone to sleep than it was time to get up again.* Ledwie zasnęła, już trzeba było znowu wstawać. ○ *I can hardly wait for the holidays to begin.* Nie mogę się doczekać wakacji. ○ *It hardly matters whether you are there or not.* Właściwie nie jest ważne, czy będziesz tam, czy nie. ○ *Winning this money could hardly have come at a better time.* Wygrana tych pieniędzy nie mogła przyjść w lepszym czasie. ❶ Zwróć uwagę, że kiedy **hardly** występuje na początku zdania, bezpośrednio po nim następuje czasownik: *Hardly had she gone to sleep than it was time to get up again.* ➲ Por. **scarcely**. ▶ **ledwie**; **prawie nie 2** (used especially before 'any', 'ever', 'anybody', etc.) almost none, never, nobody, etc.: *There's hardly any coffee left.* Nie ma już prawie wcale kawy. ○ *We hardly ever go to the theatre nowadays.* Prawie wcale nie chodzimy teraz do teatru. ○ *Hardly anybody I knew was at the party.* Na przyjęciu nie było prawie żadnych moich znajomych. ▶ **mało (co/kto)**, **rzadko (kiedy)**, **prawie (nigdy/nikt/wcale nie) 3** (used when you are saying that sth is not probable or that it is unreasonable): *He can hardly expect me to do all his washing for him!* Chyba nie oczekuje, że zrobię mu to całe pranie. ○ *She hasn't written for two years – she's hardly likely to write now* (trudno spodziewać się, że napisze teraz). ▶ **trudno** *(np. spodziewać się, uwierzyć, zrobić)*, **chyba (nie)**, **raczej (nie)**

hardship /ˈhɑːdʃɪp/ noun [C,U] difficulty or problems, e.g. because you do not have enough money; the situation in which these difficulties exist: *This new tax is going to cause a lot of hardship.* ○ *Not having a car is going to be a real hardship for us.* ▶ **duża niewygoda**, **trudność**

⋆**hardware** /ˈhɑːdweə(r)/ noun [U] **1** the machinery of a computer, not the programmes written for it ➲ Por. **software**. ▶ **sprzęt komputerowy 2** tools and equipment that are used in the house and garden: *a hardware shop* ▶ **narzędzia**, **towary żelazne 3** heavy machinery or weapons ▶ **ciężki sprzęt**, **broń**

hardy /ˈhɑːdi/ adj. (**hardier**; **hardiest**) (used about people, animals and plants) able to stand cold weather or difficult conditions ▶ **odporny**

hare /heə(r)/ noun [C] an animal like a rabbit but bigger, faster and with longer ears and legs ▶ **zając**

harem /ˈhɑːriːm; US ˈhærəm/ noun [C] a number of women living with one man, especially in Muslim societies. The part of the building the women live in is also called a harem. ▶ **harem**

⋆**harm** /hɑːm/ noun [U] hurt or damage ▶ **krzywda**; **szkoda**

IDIOMS **come to harm** to be hurt or damaged (usually with a negative): *Both the cars were badly damaged but none of the passengers came to any harm.* ▶ **doznawać krzywdy/nieszczęścia** | **no harm done** (informal) (used to tell sb that he/she has not caused any damage or injury) ▶ **nic się nie stało!** | **out of harm's way** in a safe place: *Put the medicine out of harm's way where the children can't reach it.* ▶ **w bezpiecznym miejscu**, **w bezpieczne miejsce** | **there is no harm in doing sth**; **it does no harm (for sb) to do sth** there's nothing wrong in doing sth (and something good may result): *I don't think I'll win the competition but there's no harm in trying, is there?* ▶ **nie zaszkodzi (coś zrobić)**

□ **harm** verb [T] to cause injury or damage; hurt: *Too much sunshine can harm your skin.* ○ *It wouldn't harm him to work a bit harder!* ▶ **krzywdzić**; **wyrządzać szkodę** | **harmful** /ˈhɑːmfl/ adj. causing harm: *The new drug has no harmful side effects.* ▶ **szkodliwy** | **harmless** adj. **1** not able to cause harm; safe: *You needn't be frightened – these insects are completely harmless.* ▶ **nieszkodliwy 2** not unpleasant or likely to upset people: *The children can watch that film – it's quite harmless.* ▶ **nieszkodliwy**, **niewinny** | **harmlessly** adv. ▶ **nieszkodliwie**, **szczęśliwie**

harmonica /hɑːˈmɒnɪkə/ noun [C] = MOUTH ORGAN

harmonious /hɑːˈməʊniəs/ adj. **1** without disagreement; peaceful: *Discussions between the two countries have been extremely harmonious.* ▶ **zgodny** **2** (used about musical notes) producing a pleasant sound when played together ▶ **harmoniczny, melodyjny**
□ **harmoniously** adv. ▶ **harmonijnie**

harmonize (also **-ise**) /ˈhɑːmənaɪz/ verb [I] **1 harmonize (with sth)** (used about two or more things) to produce a pleasant effect when seen, heard, etc. together: *That new house doesn't really harmonize with the older houses in the street.* ▶ **harmonizować** **2 harmonize (with sb/sth)** to sing or play music that sounds good combined with the main tune ▶ **harmonizować**
□ **harmonization** (also **-isation**) /ˌhɑːmənaɪˈzeɪʃn; US -nəˈz-/ noun [U] ▶ **dopasowywanie**

harmony /ˈhɑːməni/ noun (pl. **harmonies**) **1** [U] a state of agreement (of feelings, interests, opinions, etc.): *There is said to be a lack of harmony within the government.* ▶ **zgoda** **2** [C,U] the pleasant combination of different musical notes played or sung together: *They sang in harmony.* ○ *There are some beautiful harmonies in that music.* ▶ **harmonia**

harness /ˈhɑːnɪs/ noun [C] **1** a set of leather straps with which a horse is fastened to a cart, etc. and controlled ▶ **uprząż** **2** a set of straps that fasten sth to a person's body or that stop a small child moving around too much: *a safety harness* ▶ **szelki (zabezpieczające)**
□ **harness** verb [T] **1** to put a harness on a horse or to attach a horse to a cart ▶ **zaprzęgać, nakładać uprząż** **2** to control sth so that you can use it to produce electricity ▶ **wprzęgać, wykorzystywać (do czegoś)**

harp /hɑːp/ noun [C] a large musical instrument which has many strings stretching from the top to the bottom of a frame. You play the harp with your fingers. ▶ **harfa**
□ **harp** verb
PHRASAL VERB **harp on (about) sth** to keep on talking or to talk too much about sth: *He's always harping on about his problems.* ▶ **ględzić**
harpist noun [C] a person who plays the harp ▶ **harfist-a/ka**

harpoon /hɑːˈpuːn/ noun [C] a long thin weapon with a sharp pointed end and a rope attached to it that is thrown or fired when hunting large sea animals ▶ **harpun**

harrowing /ˈhærəʊɪŋ/ adj. making people feel very sad or upset: *The programme showed harrowing scenes of life in the refugee camps.* ▶ **wstrząsający, przerażający**

harsh /hɑːʃ/ adj. **1** not thinking of people's feelings; severe or cruel: *a harsh punishment* ○ *The England team came in for some harsh criticism.* ○ *The judge had some harsh words for the journalist's behaviour.* ▶ **surowy** **2** not pleasant to be in: *She grew up in the harsh environment of New York City.* ▶ **surowy** **3** (used about light or sound or the way sth feels) unpleasantly bright, loud or rough: *a harsh light* ▶ **ostry; przykry**
□ **harshly** adv. ▶ **surowo** | **harshness** noun ▶ **surowość; ostrość**

harvest /ˈhɑːvɪst/ noun **1** [C,U] the cutting and picking of crops when they are ripe; the time when this is done ▶ **żniwa** **2** [C] the crops that have been gathered in; the amount or quality of them: *This year's wheat harvest was very poor.* ▶ **zbiór/zbiory**
□ **harvest** verb [I,T] to cut, pick or gather a crop ➲ Por. **combine harvester**. ▶ **zbierać** (*plony z pól*)

has → HAVE[1,2]

has-been /ˈhæz biːn/ noun [C] (informal) a person or thing that is no longer as famous, successful or important as before ▶ **przebrzmiała sława**

hash /hæʃ/ noun [U] a meal of meat cut into small pieces and fried with vegetables ▶ **potrawa ze smażonego mięsa i warzyw**
IDIOM **make a hash of sth** (informal) to do sth badly ▶ **partaczyć, narobić bigosu**

hashish /ˈhæʃiːʃ/ (also **hash**) noun [U] a drug that is made from a part of the hemp plant and usually smoked or chewed for pleasure ▶ **haszysz**

hasn't short for HAS NOT

hassle /ˈhæsl/ noun [C,U] (informal) **1** a thing or situation that is difficult or that causes problems: *It's going to be a hassle having to change trains with all this luggage.* ▶ **kłopot** **2** an argument; trouble: *I've decided what to do – please don't give me any hassle about it* (nie kłóć się ze mną na ten temat). ▶ **kłótnia, spór, kłopot**
□ **hassle** verb [T] to bother or annoy sb by telling him/her to do sth: *I wish he'd stop hassling me about decorating the house.* ▶ **zawracać głowę**

haste /heɪst/ noun [U] doing things too quickly: *In my haste to get to the airport on time I left my passport at home.* ▶ **pośpiech**
IDIOM **in haste** quickly; in a hurry: *I am writing in haste to let you know that I will be arriving on Monday.* ▶ **w pośpiechu**

hasten /ˈheɪsn/ verb (formal) **1** [T] to make sth happen or be done earlier or more quickly ▶ **przyśpieszać, ponaglać** **2** [I] **hasten to do sth** to be quick to do or say sth: *She hastened to apologize.* Pośpieszyła z przeprosinami. ▶ **pośpieszać**

hasty /ˈheɪsti/ adj. (**hastier**; **hastiest**) **1 hasty (in doing sth/to do sth)** (used about a person) acting or deciding sth too quickly or without enough thought: *Don't be too hasty. This is an important decision.* ▶ **pochopny** **2** said or done too quickly: *He said a hasty 'goodbye' and left.* ▶ **pośpieszny**
□ **hastily** /-ɪli/ adv. ▶ **pośpiesznie**

★**hat** /hæt/ noun [C] a covering that you wear on your head, usually when you are outside: *to wear a hat* ▶ **kapelusz**
IDIOMS **at the drop of a hat** → DROP[2] | **old hat** → OLD
■ **ˈhat-trick** noun [C] (especially in sport) three successes, wins, goals, etc. scored by the same person or team one after the other: *to score a*

hat-trick ▶ **zwycięstwo odniesione trzy razy pod rząd**

hatch[1] /hætʃ/ noun [C] **1** an opening in the deck of a ship for loading and unloading cargo ▶ **luk 2** an opening in a wall between two rooms, especially a kitchen and dining-room, which is used for passing food through ▶ **okienko, otwór w ścianie 3** the door in an aeroplane or spaceship ▶ **drzwi; właz**

hatch[2] /hætʃ/ verb **1** [I] **hatch (out)** (used about a baby bird, insect, fish, etc.) to come out of an egg ▶ **wykluwać się 2** [T] to make a baby bird, etc. come out of an egg ▶ **wysiadywać** (*jaja*) **3** [I] (used about an egg) to break open and allow the baby bird, etc. inside to get out ▶ (*o pisklętach*) **wylęgać się 4** [T] **hatch sth (out)** to think of a plan (usually to do sth bad): *He hatched out a plan to avoid paying any income tax.* ▶ **knuć**

hatchback /ˈhætʃbæk/ noun [C] a car with a large door at the back that opens upwards ▶ **samochód typu hatchback**

hatchet /ˈhætʃɪt/ noun [C] a small axe ➲ Ilustr. do **garden**. ▶ **toporek**

★**hate** /heɪt/ verb [T] **1** to have a very strong feeling of dislike (for sb/sth): *She hated* (znienawidziła) *her stepmother as soon as she saw her.* ○ *I hate* (nie znoszę) *grapefruit.* ○ *I hate to see the countryside spoilt.* ○ *He hates driving at night.* ○ *I hate his/him having to work so hard.* ➲ Por. **detest** i **loathe**. Wyrażają one jeszcze mocniejsze uczucia. ▶ **nienawidzić, nie znosić 2** (used as a polite way of apologizing for sth you are going to say) to be sorry: *I hate to bother you* (przepraszam, że przeszkadzam) *but did you pick up my keys by mistake?*
□ **hate** noun **1** [U] a very strong feeling of dislike ❶ Innym słowem oznaczającym **hate** jest **hatred**. ▶ **nienawiść 2** [C] a thing that you dislike very much ❶ Często używane z **pet**, wówczas oznacza coś, czego się wyjątkowo nie lubi: *Plastic flowers are one of my pet hates.* ▶ **przedmiot szczególnej awersji**

hateful /ˈheɪtfl/ adj. extremely unpleasant; horrible ▶ **nienawistny, wstrętny**

hatred /ˈheɪtrɪd/ noun [U] **hatred (for/of sb/sth)** a very strong feeling of dislike ❶ Innym słowem oznaczającym **hatred** jest **hate**. ▶ **nienawiść**

haughty /ˈhɔːti/ adj. (**haughtier**; **haughtiest**) proud, and thinking that you are better than other people: *She gave me a haughty look and walked away.* ▶ **wyniosły**
□ **haughtily** /-ɪli/ adv. ▶ **wyniośle** | **haughtiness** noun [U] ▶ **wyniosłość**

haul /hɔːl/ verb [T] to pull or drag sth with great effort: *Try to haul yourself up using the rope.* ○ *A lorry hauled the car out of the mud.* ▶ **ciągnąć, wlec**
□ **haul** noun **1** [sing.] the act of hauling ▶ **ciągnienie, wleczenie 2** [sing.] a distance to be travelled: *It seemed a long haul from the beach back to the hotel.* ▶ **(długa) droga do przebycia 3** [C, usually sing.] an amount gained, especially of fish in a net or stolen goods in a robbery ▶ **połów; łup**

haulage /ˈhɔːlɪdʒ/ noun [U] the transport of goods by road, rail, etc.; the money charged for this ▶ **przewóz; koszt przewozu**

haunt /hɔːnt/ verb [T] **1** (often passive) (used about a ghost of a dead person) to appear in a place regularly: *The ghost of a woman haunts the castle.* ○ *The house is said to be haunted.* ▶ **nawiedzać,** (*o duchach*) **straszyć 2** (used about sth unpleasant or sad) to be always in your mind: *His unhappy face has haunted me for years.* ▶ **prześladować**
□ **haunt** noun [C] a place that a person visits regularly: *This pub has always been a favourite haunt of mine.* ▶ **często odwiedzane miejsce** | **haunting** adj. having a quality that stays in your mind: *a haunting song* ▶ **prześladujący, nie dający komuś spokoju**

★**have**[1] /həv; strong form hæv/ auxiliary verb (used for forming perfect tenses): *I've seen this film before.* Widziałem już ten film. ○ *She's been in England for six months.* Ona jest w Anglii od 6 miesięcy. ○ *Ian hasn't written to me yet.* Ian jeszcze do mnie nie napisał. ○ *Have you been waiting long?* Czy długo czekasz? ○ *They had already told us the news.* Już nam przekazali wiadomości. ▶ (*czasownik używany do tworzenia czasów* **perfect**)

★**have**[2] /hæv/ verb (3rd pers. sing. pres. **has**; pt, pp **had**) **1** (**have to**) (also **have got to**) (used for saying that sb must do sth or that sth must happen): *I usually have to* (zwykle muszę) *work on Saturday mornings.* ○ *Do you have to have a visa* (czy musisz mieć wizę) *to go to America?* ○ *She's got to* (ma iść) *go to the bank this afternoon.* ○ *Oh good, I haven't got to* (nie muszę) *get up early tomorrow!* ○ *We had to do* (mieliśmy do zrobienia) *lots of boring exercises.* ▶ **musieć, mieć (do zrobienia)**

Por. **have to** z **must**. **Have (got) to** używa się, kiedy istnieje zewnętrzny przymus (tzn. ktoś inny wydaje polecenia lub ktoś/coś kontroluje wydarzenia), natomiast **must** używa się, kiedy osoba mówiąca wydaje polecenie lub oczekuje, że coś się wydarzy.

2 (Brit. also **have got**) to own or possess: *I've got a new camera.* ○ *They haven't got a car.* ○ *The*

have

present tense	*past tense*
I **have** (I'**ve**)	I **had** (I'**d**)
you **have** (you'**ve**)	you **had** (you'**d**)
he/she/it **has** (he'**s**/she'**s**/it'**s**)	he/she/it **had** (he'**d**/she'**d**/it'**d**)
we **have** (we'**ve**)	we **had** (we'**d**)
you **have** (you'**ve**)	you **had** (you'**d**)
they **have** (they'**ve**)	they **had** (they'**d**)
past participle	**had**
present participle	**having**
negative short forms	**haven't, hasn't, hadn't**

flat has two bedrooms. ○ *He's got short dark hair.* ○ *Have you any brothers and sisters?* ○ *We had a lovely house when I was a child.* ▶ **mieć** **3** (also **have got**) to be ill with sth: *She's got a bad cold.* ○ *to have flu/a headache* ○ *to have Aids/cancer* ▶ **chorować na coś**, **mieć** **4** (used with many nouns to talk about doing sth): *What time do you have breakfast?* O której jesz śniadanie? ○ *to have a drink* napić się ○ *to have a* (zapalić) *cigarette* ○ *to have* (napić się) *a cup of coffee* ○ *to have* (zjeść) *a sandwich* ○ *'Where's Jane?' 'She's having a shower* (bierze prysznic).' ○ *to have an argument* pokłócić się ○ *to have a talk* porozmawiać ○ *to have a chat* porozmawiać ○ *We're having a meeting next week.* **5** (used with many nouns to talk about experiencing sth): *Did you have a nice holiday?* ○ *to have fun/a good time* dobrze/wesoło spędzić czas ○ *to have problems/difficulties* ○ *He's had* (doznał) *a terrible shock.* ○ *to have an accident/a heart attack/an operation* ▶ **mieć** **6** (also **have got**) (used with many abstract nouns): *I've got no patience with small children.* ○ *to have the time to do sth* ○ *to have power/authority* ▶ **mieć** **7** (**have sth done**) to arrange for sth to be done, usually for payment: *I have my hair cut* (chodzę do fryzjera, aby obciąć włosy) *every six weeks.* ○ *You should have your eyes tested* (zbadać oczy u okulisty). ▶ **doprowadzać do spowodowania czegoś, zwykle za zapłatą** **8** (**have sth done**) (used when sth unpleasant happens to you): *She had her bag stolen* (ukradziono jej torebkę) *on the underground.* ○ *Charles I had his head cut off.* Karolowi I obcięli głowę. ▶ (*określa przykre wydarzenie, które kogoś spotyka*) **9** to cause sb/sth to do sth or to be in a particular state: *The music soon had everyone dancing.* Wkrótce muzyka sprawiła, że wszyscy zaczęli tańczyć. ○ *I'll have dinner ready when you get home.* Kolacja już będzie gotowa, gdy wrócisz. ▶ **sprawiać** **10** to look after or entertain sb: *We're having some people to dinner tomorrow.* ▶ **mieć** (*gości*)

IDIOM **have had it** (used about things that are completely broken, or dead): *This television has had it.* Telewizor szlag trafił. ○ *We'll have to buy a new one.* ▶ **zepsuć się całkowicie** ❶ **Have** używa się w innych idiomach, np. **not have a clue**. ➲ Zob. hasła odpowiednich rzeczowników, przymiotników itp.

PHRASAL VERBS **have sb on** to trick sb as a joke: *Don't listen to what Jimmy says – he's only having you on.* ▶ **nabierać kogoś** | **have (got) sth on** **1** to be wearing sth: *She's got a green jumper on.* ○ *What did the man have on?* ▶ **nosić** **2** (informal) to have an arrangement to do sth: *I've got nothing on* (nie mam nic w planie) *on Monday. Are you free then?* ○ *I've got a lot on* (mam dużo rzeczy do zrobienia) *this week.* ▶ **mieć (w programie itp.)** | **have sth out** to allow part of your body to be removed: *to have a tooth/your appendix out* ▶ **usuwać**, **wyrywać** (*ząb*)

haven /ˈheɪvn/ noun [C] a place where people feel safe or where they can rest and be quiet: *a tax haven* kraj o niskich podatkach ▶ **schronienie**

havoc /ˈhævək/ noun [U] a state of confusion or disorder: *The rail strikes created havoc all over the country.* ▶ **zamieszanie**

IDIOM **play havoc with sth** to damage or upset sth: *The bad weather played havoc with our plans* (zniweczyła nasze plany). ▶ **niszczyć**, **dewastować**

hawk /hɔːk/ noun [C] **1** a type of bird that catches and eats small animals and birds. Hawks have very good eyesight ▶ **jastrząb**

> Hawks are a type of **bird of prey**.

2 (in politics) a person who supports strong action and the use of force rather than peaceful solutions ▶ (*o polityku*) **jastrząb**

hawthorn /ˈhɔːθɔːn/ noun [C, U] a bush or small tree with sharp thorns, white, red or pink flowers and small dark red berries ▶ **głóg**

hay /heɪ/ noun [U] grass that has been cut and dried for use as animal food: *a bale of hay* ▶ **siano**

■ **ˈhay fever** noun [U] an illness like a bad cold, making a person sneeze a lot ▶ **katar sienny**

haywire /ˈheɪwaɪə(r)/ adj.

IDIOM **be/go haywire** (informal) to be or become out of control; to be in a state of disorder ▶ **z/wariować**

hazard /ˈhæzəd/ noun [C] a danger or risk: *a health hazard.* ▶ **niebezpieczeństwo**, **ryzyko**

□ **hazard** verb [T] to make a guess or to suggest sth that you know may be wrong: *I don't know what he paid for the house but I could hazard a guess.* ▶ **zgadywać**, **zaryzykować** | **hazardous** /ˈhæzədəs/ adj. dangerous; risky ▶ **niebezpieczny**, **ryzykowny**

haze /heɪz/ noun **1** [C,U] a thin mist caused by heat, dust or smoke ➲ Zob. uwaga przy **fog**. ▶ **mgiełka** **2** [sing.] a mental state in which you cannot think clearly ▶ **otumanienie**

hazel /ˈheɪzl/ noun [C] a small tree or bush that produces nuts ▶ **leszczyna**

□ **hazel** adj. (used especially about eyes) light brown in colour ▶ **piwny**

■ **ˈhazelnut** noun [C] a small nut that you can eat ▶ **orzech laskowy**

hazy /ˈheɪzi/ adj. (**hazier**; **haziest**) **1** not clear; misty: *The fields were hazy in the early morning sun.* (figurative): *I have only a hazy memory of the holiday we spent in France.* ▶ **mglisty**; **niejasny** **2** difficult to remember or understand clearly: *a hazy memory* ▶ **mglisty** **3** (used about a person) uncertain, not expressing things clearly: *She's a bit hazy about the details of the trip.* ▶ **niepewny (czegoś)**

⋆**he** /hi/ pron. (the subject of a verb) the male person or animal mentioned earlier: *I spoke to John before he left.* ○ *Look at that little boy – he's going to fall in!* ▶ **on**

□ **he** noun [sing.] a male animal: *Is your cat a he or a she?* ▶ **on**

> O osobie, której płeć nie jest znana, można powiedzieć: **he or she** lub **him or her**, a w pisowni **he/she** lub **s/he.**: *If you are not sure, ask your doctor. He/she can give you further information.* W języku mówionym lub nieformalnym można używać form **they**,

them, lub **their**: *Everybody knows what they want.* ○ *When somebody asks me a question I always try to give them a quick answer.* Można też zbudować zdanie w liczbie mnogiej: *A baby cries when he/she is tired.* staje się: *Babies cry when they are tired.*

★**head**[1] /hed/ noun [C] **1** the part of the body above the neck which has your eyes, nose, mouth and brain in it ▶ **głowa** **2** a person's mind, brain or mental ability: *Use your head!* Rusz głową! ○ *A horrible thought entered my head…* ▶ **głowa** **3** the top, front or most important part or end: *to sit at the head* (na szczycie) *of the table* ○ *Put your name at the head* (w nagłówku) *of the paper.* ○ *We were marching right at the head of the procession.* ▶ **czoło, przód** **4** something that is like a head in shape or position: *the head of a hammer* ▶ **głowica** **5** the chief or most important person (in a family, company, country, etc.): *the head of the family* ○ *The Queen is welcoming heads of state from all over the world.* ○ *the head waiter* naczelny kelner ○ *I'm afraid I can't answer your question – I'll have to ask head office* (centralne biuro) *in London.* ▶ **głowa** **6** (also **head teacher**) the teacher in charge of a school; the headmaster or headmistress: *Who is going to be the new head?* ▶ **dyrektor/ka szkoły** **7** (**heads**) the side of a coin with the head of a person on it: *Heads or tails* (orzeł czy reszka)*? Heads I go first, tails you do.* ▶ **reszka** **8** (**a head**) [sing.] the height or length of one head: *a head taller* ▶ **o głowę** **9** (**a head**) [sing.] (for) one person: *The set menu is £12 a head.* ❶ Mówi się także **per head**. ▶ **na głowę**

IDIOMS **bite sb's head off** → BITE[1] | **come to a head**; **bring sth to a head** if a situation comes to a head or if you bring it to a head, it suddenly becomes very bad and you have to deal with it immediately ▶ **doprowadzać coś do punktu kulminacyjnego/krytycznego; być na ostrzu noża** | **do sb's head in** (Brit., informal) to make you feel confused, upset and/or annoyed: *I wish you'd just shut up about it! You're doing my head in.* ▶ **dręczyć kogoś** | **get sth into your head**; **put sth into sb's head** to start or to make sb start believing or thinking sth: *Barry's got it into his head that glasses would make him more attractive.* ▶ **wbić sobie/komuś coś do głowy, ubzdurać coś sobie** | **go to sb's head** **1** to make sb drunk: *Wine always goes straight to my head.* ▶ **iść do głowy** **2** to make sb too proud: *If you keep telling him how clever he is, it will go to his head!* ▶ **uderzać do głowy** | **have a head for sth** to be able to deal with sth easily: *You need a good head for heights if you live on the top floor!* ○ *to have a head for business/figures* ▶ **mieć głowę do czegoś** | **head first** **1** with your head before the rest of your body: *Don't go down the slide head first.* ▶ **głową naprzód** **2** too quickly or suddenly: *Don't rush head first into a decision.* ▶ **bez namysłu** | **head over heels** **1** turning the body over in a forward direction: *She tripped and went head over heels.* ▶ **do góry nogami** **2** completely: *Jane's head over heels in love with her new boyfriend.* ▶ **bez pamięci** | **hit the nail on the head** → HIT[1] | **hold your head high**; **hold up your head** to be proud of or not feel ashamed about sth that you have done: *She managed to hold her head high and ignore what people were saying.* ▶ **nosić głowę wysoko** | **keep your head** to stay calm ▶ **nie tracić głowy** | **keep your head above water** to just manage to survive in a difficult situation, especially one in which you do not have enough money ▶ **(ledwo) wiązać koniec z końcem** | **keep your head down** to try not to be noticed in difficult or dangerous times ▶ (*przen.*) **siedzieć cicho** | **laugh, scream, etc. your head off** to laugh, scream, etc. loudly ▶ **śmiać się do rozpuku, wydzierać się** | **lose your head** → LOSE | **make head or tail of sth** to understand sth: *I can't make head or tail of this exercise.* ▶ **orientować się** | **off the top of your head** → TOP[1] | **out of/off your head** (Brit., informal) crazy, often because of the effects of drugs or alcohol: *He's off his head!* Odbiło mu! ▶ **oszalały** (*np. z powodu narkotyków*) | **put/get your heads together** to make a plan with sb ▶ **wspólnie naradzać się** | **a roof over your head** → ROOF | **shake your head** → SHAKE[1] | **take it into your head to do sth** to suddenly decide to do sth that other people consider strange: *I don't know why Kevin took it into his head to enter that marathon!* ▶ **wpaść na pomysł zrobienia czegoś**

■ **'headache** noun [C] **1** a pain in your head: *I've got a splitting* (rozsadzający) *headache.* ➲ Zob. uwaga przy **ache**. ▶ **ból głowy** **2** a person or thing that causes worry or difficulty: *Paying the bills is a constant headache.* ▶ **ból głowy, kłopot** | **'headband** noun [C] a strip of fabric worn around the head, especially to keep hair or sweat out of your eyes when playing sports ▶ **opaska na głowę** | **'headland** noun [C] a narrow piece of land that sticks out into the sea ▶ **cypel, przylądek** | **'headlight** (also **'headlamp**) noun [C] one of the two large bright lights at the front of a vehicle ▶ **reflektor** (*w samochodzie*) | **'headlong** adv., adj. **1** with your head before the rest of your body ▶ **głową naprzód** **2** too quickly; without enough thought: *He rushed headlong into buying the business.* ▶ **na łeb na szyję, nierozważnie** | **ˌhead'master**; **ˌhead'mistress** noun [C] a teacher in charge of a school, especially a private school ❶ Te słowa powoli wychodzą z użycia. Obecnie częściej używa się **head(teacher)**. ▶ **dyrektor/ka szkoły** | **ˌhead-'on** adj., adv. with the front of one car, etc. hitting the front of another: *There's been a head-on crash between two lorries on the A40.* ▶ **czołowy** | **'headphones** noun [pl.] a pair of speakers that fit over each ear and are joined together with a band over the top of your head. Headphones are used for listening to radio messages, music, etc. ▶ **słuchawki** | **ˌhead'quarters** noun [pl., with sing. or pl. verb] (abbr. **HQ**) the central office, etc. of an organization: *Where is/are the firm's headquarters?* ▶ **centralny zarząd** | **'headset** noun [C] a piece of equipment that you wear on your head that includes headphones and/or a microphone: *The pilot was talking into his headset.*

▶ **zestaw słuchawkowy** | ˌ**head ˈstart** noun [sing.] an advantage that you have from the beginning of a race or competition ▶ **fory** | ˈ**headstone** noun [C] a large stone used to mark the head of a grave, usually with the dead person's name, etc. on it ▶ **nagrobek** | ˌ**head ˈteacher** = HEAD¹(6) | ˈ**headway** noun

IDIOM **make headway** to go forward or make progress in a difficult situation: *It was impossible for the boat to make any headway against the wind.* ▶ **posuwać się (z trudem) naprzód, robić (z trudem) postępy**

ˈ**headword** noun [C] the first word of an entry in a dictionary, which is followed by an explanation of its meaning ▶ (*w słowniku*) **hasło**

head² /hed/ verb **1** [T] to be in charge of or to lead sth: *Do you think that he has the experience necessary to head a government?* ▶ **przewodzić 2** [T] to be at the front of a line, top of a list, etc.: *to head a procession* ○ *Two names headed the list of possible suspects.* ▶ **być na czele 3** [T] (often passive) to give a title or some instructions at the top of a piece of writing: *The report was headed 'Private'.* ▶ **zatytułować, poprzedzać 4** [I] to move in the direction mentioned: *The ship headed towards the harbour.* ▶ **iść/ jechać/płynąć** (*w kierunku opisanym*) **5** [T] to hit the ball with your head in football: *He headed the ball into the net.* ▶ **zagrać głową**

PHRASAL VERB **head for** to move towards a place: *It's getting late – I think it's time to head for home* (iść do domu). ○ (figurative) *You're heading for trouble if you go on behaving like that.* ▶ **iść/ jechać** (*w kierunku opisanym*), **zmierzać do czegoś**

heading /ˈhedɪŋ/ noun [C] the words written as a title at the top of a page or a piece of writing ▶ **nagłówek**

headline /ˈhedlaɪn/ noun **1** [C] the title of a newspaper article printed in large letters above the story ▶ **nagłówek 2** (**the headlines**) [pl.] the main items of news read on television or radio ▶ **skrót najważniejszych wiadomości**

headstrong /ˈhedstrɒŋ; US -strɔːŋ/ adj. doing what you want, without listening to advice from other people ▶ **nieustępliwy, uparty**

heady /ˈhedi/ adj. (**-ier**; **-iest**) **1** having a quick and exciting effect on the senses: *a heady perfume* ○ *the heady days* (szalone dni) *of her youth* ▶ **mocny, odurzający, raptowny 2** (used about alcoholic drinks) likely to make people drunk quickly; potent: *a heady wine* ▶ **mocny, idący do głowy 3** (used about a person) excited and acting without careful thought: *to be heady with success* ▶ **odurzony**

heal /hiːl/ verb [I,T] **heal (over/up)** to become healthy again; to make sth healthy again: *The cut will heal up in a few days.* ○ *It takes time to heal a broken leg.* ○ (figurative) *Nothing he said could heal the damage done to their relationship.* ▶ **leczyć; goić się; naprawiać**

□ **healer** noun a person who cures people of illnesses and disease using natural powers rather han medicine: *a faith/spiritual healer* ▶ **uzdrowiciel**

★**health** /helθ/ noun [U] **1** the condition of a person's body or mind: *Fresh fruit and vegetables are good for your health.* ○ *in good/poor health* ○ *Cigarettes carry a government health warning.* ○ *health insurance* ▶ **zdrowie 2** the state of being well and free from illness: *Would you rather have health, wealth or beauty?* ▶ **zdrowie**

■ ˈ**health centre** noun [C] the central surgery and offices for a group of doctors, nurses, etc. who work together ❶ **Health Centres** to przychodnie rejonowe, a nie oddziały szpitali. ▶ **przychodnia** | ˈ**health food** noun [C,U] natural food that many people think is especially good for your health because it has been made or grown without adding chemicals ▶ **zdrowa żywność** | ˈ**health service** noun [C] the organization of the medical services of a country ➲ Por. **National Health Service**. ▶ **służba zdrowia**

★**healthy** /ˈhelθi/ adj. (**healthier**; **healthiest**) **1** not often ill; strong and well: *a healthy child/ animal/plant* ▶ **zdrowy 2** showing good health (of body or mind): *healthy skin and hair* ▶ **zdrowy 3** helping to produce good health: *a healthy climate* ▶ **zdrowy 4** normal and sensible: *healthy competition* ▶ **zdrowy** ❶ Antonim dla wszystkich powyższych znaczeń: **unhealthy**.

□ **healthily** adv. ▶ **zdrowo, dobrze**

heap /hiːp/ noun [C] **1** a large number or amount of sth which is piled up in an untidy way: *All his clothes are in a heap on the floor!* ○ *a rubbish heap* ➲ Zob. uwaga przy **pile**. ▶ **kupa, stos 2** (**heaps**) [pl.] (informal) a large number or amount; plenty: *There's heaps of time before the train leaves.* ○ *There are heaps of places to go to.* ▶ **mnóstwo, masa**

IDIOM **heaps better, more, older, etc.** (informal) much better, etc. ▶ **znacznie lepiej itp.**

□ **heap** verb [T] **1 heap sth (up)** to put things in a pile: *I'm going to heap all the leaves up over there.* ○ *Add six heaped* (kopiastych) *tablespoons of flour.* ▶ **układać** (*w stos*), **usypywać** (*w kopiec*) **2 heap A on/onto B; heap B with A** to put a large amount of sth on sth/sb: *He heaped food onto his plate.* Nałożył sobie górę jedzenia. ○ *The press heaped the team with praise.* ▶ **nakładać** (*stertę czegoś na coś*), **obsypywać kogoś czymś**

★**hear** /hɪə(r)/ verb (pt, pp **heard** /hɜːd/) ❶ Czasownika **hear** w znaczeniu 1-2 nie używa się w czasach *continuous*. Natomiast często spotyka się go w *present participle* (formie *-ing*): *Not hearing what he'd said over the roar of the machines, she just nodded in reply.* **1** [I,T] to receive sounds with your ears: *Can you speak a little louder – I don't hear very well.* ○ *I'm sorry I'm late – I didn't hear my alarm clock this morning.* ➲ Por. **listen**. Czasem **hear** ma podobne znaczenie co **listen to**: *We'd better hear what they have to say.* Zob. uwaga przy **can**. ▶ **słyszeć 2** [T] to be told or informed about sth: *I hear that you've been offered a job in Canada.* ▶ **dowiadywać się 3** [T] (used about a judge, a court, etc.) to listen to the evidence in a trial in order to make a decision about it: *Your case will be heard this afternoon.* ▶ **rozpatrywać**

IDIOMS **hear! hear!** (used for showing that you agree with what sb has just said, especially in a meeting) ▶ **brawo!**, **racja!** | **won't/wouldn't hear of sth** to refuse to allow sth: *I wanted to go to art school but my parents wouldn't hear of it.* ▶ **nie chcieć słyszeć (o czymś)**

PHRASAL VERBS **hear from sb** to receive a letter, telephone call, etc. from sb ▶ **otrzymywać wiadomość (od kogoś)** | **hear of sb/sth** (used especially in questions and negatives) to know or receive information about the existence of a person, place, thing, etc.: *Have you heard of the Bermuda Triangle?* ▶ **słyszeć o kimś/czymś**

hearing /ˈhɪərɪŋ/ noun **1** [U] the ability to hear: *a hearing aid* ▶ **słuch 2** [U] the distance within which sb can hear: *I'd rather not talk about it within his hearing.* ▶ **zasięg słuchu 3** [C] a chance to give your opinion or explain your position: *If everybody comes to the meeting it will give all points of view a fair hearing.* Jeżeli wszyscy przyjdą na zebranie, to wysłucha się wszystkich stron. ▶ **wysłuchanie 4** [C] a trial in a court of law: *Will the press be present at the hearing?* ▶ **rozprawa sądowa**

IDIOMS **hard of hearing** → HARD[1] | **in/within sb's hearing** near enough to sb so that he/she can hear what is being said ▶ **w zasięgu słuchu**

■ **ˈhearing aid** noun [C] a small device for people who cannot hear well that fits inside the ear and makes sounds louder ▶ **aparat słuchowy**

hearsay /ˈhɪəseɪ/ noun [U] things you have heard another person or other people say, which may or may not be true ▶ **pogłoska**

hearse /hɜːs/ noun [C] a large car used for carrying a dead body in a coffin to the funeral ▶ **karawan**

★**heart** /hɑːt/ noun **1** [C] the organ inside the chest that sends blood round the body: *heart disease* ▶ **serce 2** [C] the centre of a person's feelings: *She has a kind heart.* ○ *In my heart I knew she was right.* ▶ **serce, dusza 3** [sing.] the most central part of sth; the middle: *Rare plants can be found in the heart of the forest.* ○ (figurative) *Let's get straight to the heart of the matter.* ▶ **środek; sedno 4** [C] a symbol that is shaped like a heart, often red or pink and used to show love: *He sent her a card with a big red heart on it.* ▶ **serduszko, serce 5** (**hearts**) [pl.] the suit of playing cards with red shapes like hearts on them: *I know you've got the queen of hearts!* ▶ **kier/y 6** [C] one of the cards from this suit: *Play a heart, if you've got one.* ▶ **kier**

IDIOMS **after your own heart** (used about people) similar to yourself or of the type you like best: *He loves cats too – he's a man after my own heart.* ▶ **bratnia dusza** | **at heart** really; in fact: *My father seems strict but he's a very kind man at heart.* ▶ **w głębi serca** | **break sb's heart** to make sb very sad ▶ **łamać serce (komuś)** | **by heart** by remembering exactly; from memory: *The teacher wanted us to learn the whole poem by heart.* ○ *Learning lists of words off by heart isn't a good way to increase your vocabulary.* ▶ **na pamięć** | **a change of heart** → CHANGE[2] | **close/dear/near to sb's heart** having a lot of importance and interest for sb: *a subject that is very dear to my heart* ▶ **bliski sercu** | **cross my heart** → CROSS[2] | **from the (bottom of your) heart** in a way that is true and sincere: *I mean what I said from the bottom of my heart.* ▶ **z głębi serca** | **have/with sb's (best) interests at heart** → INTEREST[1] | **have a heart of gold** to be a very kind person ▶ **mieć złote serce** | **heart and soul** with a lot of energy and enthusiasm ▶ **z wielkim zapałem** | **your heart is not in sth** (used to say that you are not very interested in or enthusiastic about sth) ▶ **nie mieć serca do czegoś** | **your heart sinks** you suddenly feel disappointed or depressed: *When I saw the queues of people in front of me my heart sank.* ▶ (*o sercu*) **zamierać** | **in your heart (of hearts)** (used to say that you know that sth is true although you do not want to admit or believe it): *She knew in her heart of hearts that she was making the wrong decision.* ▶ **w głębi serca** | **lose heart** → LOSE | **not have the heart (to do sth)** to be unable to do sth unkind: *I didn't have the heart to say no.* ▶ **nie mieć serca (do robienia czegoś)** | **pour your heart out (to sb)** → POUR | **take sth to heart** to be greatly affected or upset by sth ▶ **brać do serca** | **young at heart** → YOUNG | **set your heart on sth**; **have your heart set on sth** to decide you want sth very much; to be determined to do or have sth ▶ **pragnąć czegoś z całej duszy** | **take heart (from sth)** to begin to feel positive and hopeful about sth ▶ **nabierać otuchy** | **to your heart's content** as much as you want ▶ **ile tylko chcesz** | **with all your heart**; **with your whole heart** completely: *I hope with all my heart that things work out for you.* ▶ **całym sercem**

□ **-hearted** (in compounds) having the type of feelings or character mentioned: *kind-hearted* dobrotliwy ○ *cold-hearted* nieczuły ▶ (*określa uczuciowość lub charakter danej osoby*) | **heartless** adj. unkind; cruel: *heartless behaviour* ▶ **nieczuły, bez serca** | **heartlessly** adv. ▶ **nieczule** | **heartlessness** noun [U] ▶ **nieczułość**

■ **ˈheartache** noun [C,U] great sorrow or worry; emotional pain ▶ **strapienie** | **ˈheart attack** noun [C] a sudden serious illness when the heart stops working correctly, sometimes causing death: *She's had a heart attack.* ▶ **atak serca** | **ˈheartbeat** noun [C] the regular movement of the heart or the sound it makes ▶ **uderzenie serca** | **ˈheartbreak** noun [U] very great unhappiness ▶ **złamanie serca** | **ˈheartbreaking** adj. very sad ▶ **rozdzierający serce** | **ˈheartbroken** (also **broken-hearted**) adj. extremely sad: *Mary was heartbroken at the news of her friend's death.* ▶ **ze złamanym sercem** | **ˈheartfelt** adj. deeply felt; sincere: *a heartfelt apology* ▶ **płynący z głębi serca** | **heartland** /ˈhɑːtlænd/ noun [C] the most central or important part of a country, area, etc.: *Germany's industrial heartland* ▶ **centrum** | **ˈheart-rending** adj. causing a strong feeling of pity: *The mother of the missing boy made a heart-rending appeal on television.* ▶ **rozdzie-**

rający serce | ˌ**heart-to-ˈheart** noun [C] a conversation in which you say openly what you really feel or think: *John's teacher had a heart-to-heart with him and found out what was worrying him.* ▶ **szczera rozmowa**

hearten /ˈhɑːtn/ verb [T] (usually passive) to encourage sb; to make sb feel more cheerful ❶ Antonim: **dishearten**. ▶ **dodawać odwagi/ducha**

□ **heartening** adj. making you feel more hopeful; encouraging ❶ Antonim: **disheartening**. ▶ **podnoszący na duchu**

hearth /hɑːθ/ noun [C] the floor of a fireplace or the area in front of it ➲ Por. **fireplace**. ▶ **palenisko; kominek**

hearty /ˈhɑːti/ adj. (**heartier**; **heartiest**) **1** showing warm and friendly feelings; loud, happy and full of energy: *They gave us a hearty welcome when we arrived.* ○ *a hearty laugh* ▶ **serdeczny 2** large: *a hearty breakfast* ○ *a hearty appetite* dobry apetyt ▶ **obfity 3** showing that you feel strongly about sth: *He nodded his head in hearty agreement* (z pełnym zrozumieniem). ▶ **szczery**

□ **heartily** /ˈhɑːtɪli/ adv. **1** in a loud cheerful way: *He joined in heartily with the singing.* ▶ **z werwą 2** very much; completely: *I heartily dislike that sort of comment.* ▶ **całkowicie, gruntownie**

★**heat¹** /hiːt/ noun **1** [U] the feeling of sth hot: *Too much heat from the sun is being trapped in the Earth's atmosphere.* ○ *This fire doesn't give out much heat.* ▶ **ciepło, gorąco 2** [sing.] (often with *the*) hot weather: *I like the English climate because I can't stand the heat.* ▶ **upał 3** [sing.] a thing that produces heat: *Remove the pan from the heat.* ▶ **ogień 4** [U] a state or time of anger or excitement: *In the heat of the argument he said a lot of things he didn't mean.* ▶ **ogień 5** [C] one of the first parts of a race or competition. The winners of the heats compete against other winners until the final result is decided: *He won his heat and went through to the final.* ▶ **etap eliminacji**

IDIOM **be on heat** (used about some female animals) to be ready to mate because it is the right time of the year ▶ **grzać się**

■ ˈ**heatwave** noun [C] a period of time when the weather is much hotter than usual ▶ **upały**

★**heat²** /hiːt/ verb [I,T] **heat (sth) (up)** to become or to make sth hot or warm: *Wait for the oven to heat up before you put the cake in.* ○ *Old houses are more difficult to heat than modern ones.* ○ *a heated swimming pool* ○ *The meal will need heating up* (trzeba go będzie podgrzać). ▶ **grzać**

□ **heated** adj. (used about a person or discussion) angry or excited ▶ **rozogniony; ożywiony, gorący** | **heatedly** adv. ▶ **z żarem** | **heater** noun [C] an apparatus used for heating water or the air in a room, car, etc.: *an electric heater* ○ *a water heater* ▶ **grzejnik** | **heating** noun [U] a system for heating rooms and buildings: *Our heating goes off at 10pm and comes on again in the morning.* ➲ Por. **central heating**. ▶ **ogrzewanie**

heath /hiːθ/ noun [C] an area of open land that is not used for farming and that is covered with rough plants and grass ▶ **wrzosowisko**

heathen /ˈhiːðn/ noun [C] (old-fashioned) a person who does not belong to one of the major world religions ▶ **poganin**

heather /ˈheðə(r)/ noun [U] a small tough plant that grows especially on hills and moors and has small purple, pink or white flowers ▶ **wrzos**

heave /hiːv/ verb **1** [I,T] to lift or pull sth heavy, using a lot of effort: *Take hold of this rope and heave!* ○ *We heaved the cupboard up the stairs.* ▶ **dźwigać; ciągnąć** (*z trudem*) **2** [T] to throw sth heavy: *He heaved a brick through the window.* ▶ **rzucać** (*coś ciężkiego*) **3** [I] to move up and down or in and out in a heavy but regular way: *His chest was heaving with the effort of carrying the cooker.* ▶ **ciężko falować 4** [I] to experience the tight feeling you get in your stomach when you are just about to vomit: *The sight of all that blood made her stomach heave.* ▶ **mieć mdłości**

IDIOM **heave a sigh** to give a big sigh: *He heaved a sigh of relief when he heard the good news.* ▶ **wzdychać (głęboko)**

□ **heave** noun [C,U] a strong pull, push, throw, etc. ▶ **szarpnięcie; dźwignięcie; rzut** (*czymś ciężkim*)

★**heaven** /ˈhevn/ noun **1** [sing.] the place where it is believed that God and the angels live and good people go when they die: *to go to/be in heaven* ▶ **niebo, niebiosa**

> W niektórych zwrotach słowo **heaven** (często pisane dużą literą) oznacza „Bóg". Wyjaśnienie wyrażeń **for Heaven's sake**, **Heaven forbid** itp. znajduje się pod hasłem **God**.

2 [U, C] a place or situation in which you are very happy: *It was heaven being away from work for a week.* ▶ **raj 2 (the heavens)** [pl.] the sky: *The stars shone brightly in the heavens* (na niebie) *that night.* ▶ **niebo, niebiosa**

IDIOM **(good) heavens!** (used to express surprise): *Good heavens! I didn't expect to see you!* ▶ **wielkie nieba!**

heavenly /ˈhevnli/ adj. **1** (only before a noun) connected with heaven or the sky: *heavenly music* ○ *heavenly bodies* ciała niebieskie ▶ **niebiański 2** (informal) very pleasant; wonderful ▶ **boski**

★**heavy** /ˈhevi/ adj. (**heavier**; **heaviest**) **1** weighing a lot, and difficult to lift or move: *This box is too heavy for me to carry.* ▶ **ciężki 2** (used when asking or stating how much sb/sth weighs): *What's heavier – a ton of bricks or a ton of feathers?* ▶ **ciężki 3** larger or stronger than usual: *heavy rain* rzęsisty deszcz ○ *heavy traffic* duży ruch ○ *He felt a heavy blow* (mocne uderzenie) *on the back of his head.* ○ *a heavy smoker/drinker* namiętny palacz/pijak ○ *The sound of his heavy breathing* (jego ciężki oddech) *told her that he was asleep.* ▶ **ciężki, duży, mocny 4** (used about a material or substance) solid or thick: *a heavy soil* ○ *a heavy coat* ▶ **ciężki; gruby 5** (used about food) difficult to digest (= difficult for the body to absorb): *He* *had a heavy meal and dropped off to sleep in the afternoon.* ▶ **ciężkostrawny** **6** full of hard work; (too) busy: *It's been a very heavy day.* ▶ **ciężki, obciążony** **7** serious, difficult or boring: *This book makes very heavy reading.* ▶ **żmudny, trudny** **8 heavy on sth** using large quantities of sth: *My car is rather heavy on petrol.* ▶ **zużywający dużo (czegoś)**

IDIOM **make heavy weather of sth** to make sth seem more difficult than it really is ▶ **wyolbrzymiać**

□ **heavily** adv. ▶ **ciężko, mocno, dużo** | **heaviness** noun [U] ▶ **ciężar**

■ ˌ**heavy-'duty** adj. not easily damaged and therefore suitable for regular use or for hard physical work: *a heavy-duty carpet/tyre* ▶ **wytrzymały, trwały** | ˌ**heavy-'handed** adj. **1** not showing much understanding of other people's feelings: *a heavy-handed approach* ▶ **gruboskórny, nietaktowny** **2** using unnecessary force: *heavy-handed police methods* ▶ **bezwzględny** (*niepotrzebnie używający przemocy*) | ˌ**heavy 'industry** noun [U] industry that produces materials such as steel or that makes large, heavy objects ▶ **przemysł ciężki** | **heavy 'metal** noun [U] a style of very loud rock music that is played on electric instruments ▶ **heavy metal** | **'heavyweight** noun [C] a boxer weighing over 79.3 kilograms ▶ **waga ciężka**

Hebrew /'hi:bru:/ noun **1** [C] a member of a Semitic people in ancient Palestine ▶ **Izraelita/ka, Żyd/ówka** **2** [U] the language of the Hebrews; the modern form of this language, used especially in Israel ➲ Por. **Yiddish**. ▶ **język hebrajski**

□ **Hebrew** adj. ▶ **hebrajski, żydowski**

heck /hek/ interj., noun [sing.] (informal) (used to express or emphasize annoyance or surprise or to emphasize the amount or size of sth): *Oh heck! I've missed the train!* ○ *Who the heck are you?* ○ *It's a heck of a long way to drive in one day.* To piekielnie długa droga do przebycia w jeden dzień. ▶ **do licha!; piekielnie**

IDIOMS **for the heck of it** (informal) just for pleasure rather than for a reason ▶ **dla zabawy** | **what the heck!** (informal) (used to say that you are going to do sth that you know you should not do): *It means I'll be late for work but what the heck!* ▶ **ale co mi tam!**

heckle /'hekl/ verb [I,T] to interrupt a speaker at a public meeting with difficult questions or rude remarks ▶ **przerywać mówcy niegrzecznymi pytaniami/uwagami**

□ **heckler** /'heklə(r)/ noun [C] ▶ **przerywający mówcy niegrzecznymi pytaniami, uwagami** | **heckling** /'heklɪŋ/ noun [U] ▶ **przerywanie mówcy niegrzecznymi pytaniami, uwagami**

hectare /'hekteə(r)/ noun [C] (abbr. **ha**) a measure of land; 10 000 square metres ▶ **hektar**

hectic /'hektɪk/ adj. very busy and full of a lot of things that you have to do quickly: *a hectic day* ▶ **szalony, gorączkowy**

□ **hectically** /-kli/ adv. ▶ **szalenie, gorączkowo**

he'd /hi:d/ short for HE HAD; HE WOULD

★**hedge** /hedʒ/ noun [C] a row of bushes planted close together at the edge of a garden or field ▶ **żywopłot**

□ **hedge** verb **1** [T] to put a hedge round a field, garden, etc. ▶ **sadzić żywopłot** **2** [I] to avoid giving a direct answer to a question: *Stop hedging and tell us who you're meeting tonight!* ▶ **kręcić**

IDIOM **hedge your bets** to protect yourself against losing or making a mistake by supporting more than one person or opinion ▶ **asekurować się**

■ **'hedgerow** noun [C] a row of bushes, etc. forming a hedge especially along a country road or round a field ▶ **żywopłot**

hedgehog /'hedʒhɒg/ noun [C] a small brown animal covered with stiff sharp needles (prickles) ▶ **jeż**

heed /hi:d/ verb [T] (formal) to pay attention to advice, a warning, etc. ▶ **zważać**

□ **heed** noun (formal)

IDIOM **take heed (of sb/sth); pay heed (to sb/sth)** to pay careful attention to what sb says: *You should take heed of your doctor's advice.* ▶ **zwracać uwagę**

★**heel** /hi:l/ noun [C] **1** the back part of the foot ▶ **pięta** **2** the part of a sock or stocking that covers your heel ▶ **pięta** **3** the raised part of a shoe under the heel of your foot: *High heels are not practical for long walks.* ➲ Ilustr. do **shoe**. ▶ **obcas**

IDIOMS **dig your heels in** → DIG | **head over heels** → HEAD[1]

□ **heel** verb [T] to repair the heel of a shoe ▶ **naprawiać obcas** | **-heeled** (in compounds) having the type of heel mentioned: *high-heeled/low-heeled shoes* buty na wysokich/niskich obcasach ▶ (*określa rodzaj obcasów*)

hefty /'hefti/ adj. (**heftier**; **heftiest**) (informal) strong, heavy or big: *a hefty young man* ○ *He gave the door a hefty kick and it opened.* ○ *She's earning a hefty salary* (wysoką pensję) *in London.* ▶ **mocny, silny, duży**

★**height** /haɪt/ noun **1** [C,U] the measurement from the bottom to the top of a person or thing: *She's of medium height.* ○ *a fence that's about two metres in height* ❶ Przymiotnik: **high**. ➲ Zob. uwaga przy **tall**. ▶ **wysokość, wzrost** **2** [U] being tall: *He looks older than he is because of his height.* ▶ **wysoki wzrost** **3** [C,U] the distance that sth is above the ground or sea level: *We are now flying at a height of 6000 metres.* ○ *An aeroplane gains or loses height.* ❶ Mówiąc o samolotach, wysokość określa się bardziej formalnym słowem **altitude**. ▶ **wysokość** **4** [C, usually pl.] a high place or area: *I'm afraid of heights* (boję się wysokości). ▶ **wysokość** **5** [U] the strongest or most important part of sth: *the height of summer* pełnia lata ○ *The tourist season is at its height in July and August.* ○ *She's always dressed in the height of fashion.* Jej ubrania są zawsze szczytem mody. ▶ **szczyt**

heighten /'haɪtn/ verb [I,T] to become or to make sth greater or stronger: *I'm using yellow paint to heighten the sunny effect of the room.*

▶ **wzmagać (się), uwydatniać (się), powiększać (się)**

heir /eə(r)/ noun [C] the person with the legal right to inherit money, property or a title when the owner dies: *He's the heir to a large fortune.* ○ *Who is the heir to the throne* (następca tronu)*?* ❶ Spadkobierczyni jest często określana słowem **heiress**, zwłaszcza gdy mowi się o osobie, która odziedziczyła fortunę. ▶ **spadkobierca, dziedzic**

heirloom /'eəlu:m/ noun [C] something valuable that has belonged to the same family for many years ▶ **scheda, pamiątka rodzinna**

held pt, pp of HOLD[1]

★**helicopter** /'helɪkɒptə(r)/ (informal **chopper**) noun [C] a small aircraft that can go straight up into the air. Helicopters fly with the help of large spinning blades. ▶ **helikopter**

★**hell** /hel/ noun **1** [sing.] the place that some religions say bad people will go to when they die: *to go to/be in hell* ▶ **piekło 2** [C,U] (informal) a situation or place that is very unpleasant, painful or miserable: *He went through hell when his wife left him.* ▶ **piekło 3** [U] (informal) (used as a swear word to show anger or surprise or to make another expression stronger): *Oh hell, I've forgotten my money!* ○ *Go to hell!* Idź do diabła! ○ *Who the hell* (kto u diabła) *is that at the front door?* ▶ **cholera!** ❶ Uwaga! Użycie **hell** w znaczeniu 3 oraz w idiomach poniżej często uważa się za obraźliwe.

□ **hellish** adj. terrible; awful: *a hellish experience* ▶ **piekielny**

IDIOMS **all hell broke loose** (informal) there was suddenly a lot of noise and confusion ▶ **rozpętało się piekło** | **(just) for the hell of it** (informal) for fun ▶ **dla draki** | **give sb hell** (informal) to speak to sb very angrily or to treat sb severely ▶ **robić komuś piekło** | **a/one hell of a...** (informal) (used to make an expression stronger or to mean 'very'): *He got into a hell of a fight.* ○ *She's a hell of a nice girl.* ▶ **piekielny, cholerny** | **like hell** (informal) (used to make an expression stronger): *I'm working like hell at the moment.* ▶ **jak diabli**

he'll /hi:l/ short for HE WILL

★**hello** = HALLO

helm /helm/ noun [C] the part of a boat or ship that is used to guide it. The helm can be a handle or a wheel. ▶ **ster**

IDIOM **at the helm** in charge of an organization, group of people, etc. ▶ **u steru**

helmet /'helmɪt/ noun [C] a type of hard hat that you wear to protect your head: *a crash helmet* ○ *a policeman's helmet* ▶ **hełm**

★**help[1]** /help/ verb **1** [I,T] to do sth for sb in order to be useful or to make a person's work easier: *Can I help?* ○ *My son's helping in our shop at the moment.* ○ *to help sb off the train/out of a car/across the road* ❶ **Can I help you?** („Słucham.") to standardowy zwrot używany przez sprzedawców do klientów. ▶ **pomagać 2** [I,T] to make sth better or easier: *If you apologize to him it might help.* ○ *This medicine should help your headache.* ▶ **pomagać, ratować (coś) 3** [T] **help yourself/sb (to sth)** to take or give sth (especially food and drink): *Help yourself to a drink!* ○ *Shall I help you to the potatoes?* ○ *'Can I borrow your pen?' 'Yes, help yourself.'* ▶ **częstować się/kogoś, obsługiwać (się) 4** [T] **help yourself to sth** to take sth without asking permission: *Don't just help yourself to my money!* ▶ **brać bez pytania 5** [I] (used to get sb's attention when you are in danger or difficulty): *Help! I'm going to fall!* ▶ **ratunku!**

IDIOMS **can/can't/couldn't help sth** to be able/not be able to stop or avoid doing sth: *It was so funny I couldn't help laughing* (nie mogłem się powstrzymać od śmiechu). ○ *I just couldn't help myself* (nie mogłem nic poradzić) *– I had to laugh.* ○ *He can't help being so small.* To nie jego wina, że jest taki mały. ○ *The accident couldn't be helped.* Nie można było uniknąć wypadku. ▶ **móc/nie móc uniknąć czegoś/robienia czegoś** | **a helping hand** some help: *My neighbour is always ready to give me a helping hand.* ▶ **pomocna dłoń**

PHRASAL VERB **help (sb) out** to help sb in a difficult situation or to give money to help sb: *My parents have promised to help us out with buying the car.* ▶ **pomagać**

□ **helper** noun [C] a person who helps (especially with work): *The teacher is always looking for extra helpers in the classroom.* ▶ **pomocni-k/ca** | **helping** noun [C] the amount of food that sb serves: *A large helping of pudding, please!* ▶ **porcja**

★**help[2]** /help/ noun **1** [U] the act of helping: *Do you need any help?* ○ *This map isn't much help.* ○ *I'll give you all the help I can.* ▶ **pomoc, ratunek 2** [sing.] **a help (to sb)** a person or thing that helps: *Your directions were a great help – we found the place easily.* ▶ **pomoc**

□ **helpful** /-fl/ adj. giving help: *helpful advice* ❶ Antonim: **unhelpful**. ▶ **pomocny; użyteczny** | **helpfully** /-fəli/ adv. ▶ **pomocnie, przydatnie** | **helpfulness** noun [U] ▶ **pomoc; użyteczność** | **helpless** adj. needing help from other people: *a helpless baby* ▶ **bezradny** | **helplessly** adv. ▶ **bezradnie** | **helplessness** noun [U] ▶ **bezradność**

hem /hem/ noun [C] the edge of a piece of cloth (especially on a skirt, dress or trousers) that has been turned under and sewn down ▶ **rąbek**

□ **hem** verb [T] (**hemming**; **hemmed**) to sew a hem on sth ▶ **obrębiać**

PHRASAL VERB **hem sb in** to surround sb and prevent him/her from moving away: *We were hemmed in by the crowd.* ▶ **osaczać**

hemisphere /'hemɪsfɪə(r)/ noun [C] **1** the shape of half a ball; half a sphere ▶ **półkula 2** one half of the earth: *the northern/southern/eastern/western hemisphere* ▶ **półkula ziemska**

hemophilia, hemophiliac (US) = HAEMOPHILIA, HAEMOPHILIAC

hemorrhage (US) = HAEMORRHAGE

hemorrhoids (especially US) = HAEMORRHOIDS

hemp /hemp/ noun [U] a plant that is used for making rope and rough cloth and for producing the illegal drug cannabis ▶ **konopie**

★**hen** /hen/ noun [C] **1** a female bird that is often kept on farms for its eggs or its meat: *the clucking of hens* ➲ Zob. uwaga przy **chicken**. ▶ **kura** **2** the female of any type of bird: *a hen pheasant* ❶ Samiec różnych ptaków to **cock**. ▶ **samica** (*ptaków*)

■ **'hen party** (also **'hen night**) noun [sing.] a party that a woman who is getting married soon has with her female friends ➲ Por. **stag night**. ▶ **panieński wieczór** | **'henpecked** adj. (informal) (used to describe a husband who always does what his wife tells him to do) ▶ **pod pantoflem**

hence /hens/ adv. **1** (formal) from here or now: *a week hence* ▶ **stąd; od tej chwili** **2** for this reason: *I've got some news to tell you – hence the letter.* ○ *Microwaves have got cheaper and hence more people can afford them.* ▶ **stąd, więc**

■ **henceforth** /ˌhensˈfɔːθ/ (also **henceforward** /ˌhensˈfɔːwəd/) adv. (formal) from now on; in future: *Henceforth all communication should be in writing.* ▶ **odtąd, na przyszłość**

henchman /ˈhentʃmən/ noun [C] (pl. **henchmen** /-mən/) a person who is employed by a political leader to protect him/her and who may do things that are illegal or violent: *the dictator and his henchmen* ▶ **poplecznik**

henna /ˈhenə/ noun [U] a reddish-brown dye that is obtained from a type of plant. Henna is used to colour and decorate the hair, fingernails, etc. ▶ **henna**

hepatitis /ˌhepəˈtaɪtɪs/ noun [U] a serious disease of the liver ▶ **zapalenie wątroby**

★**her¹** /hɜː(r)/ pron. (the object of a verb or preposition) a female person or animal that was mentioned earlier: *I love her.* ○ *He gave it to her.* ○ (informal) *That must be her now.* To na pewno ona. ▶ **ją, jej**

★**her²** /hɜː(r)/ det. belonging to a female person or animal that was mentioned earlier: *That's her book.* ○ *Fiona has broken her leg.* ▶ **jej, swój**

□ **hers** /hɜːz/ pron. of or belonging to her: *I didn't have a swimsuit but Helen lent me hers.* ▶ **jej, swój**

herald /ˈherəld/ noun [C] a person in former times who gave important messages from a ruler to the people ▶ **herold**

□ **herald** verb [T] to be a sign that sb/sth is coming: *The minister's speech heralded a change of policy.* ▶ **zwiastować** | **heraldry** noun [U] the study of the history of old and important families and their special family symbols (coats of arms) ▶ **heraldyka**

herb /hɜːb; US ɜːrb/ noun [C] a plant whose leaves, seeds, etc. are used in medicine or for giving food more flavour ▶ **zioło**

□ **herbal** /ˈhɜːbl; US ˈɜːrbl/ adj. made of or using herbs: *herbal tea/medicine* ▶ **ziołowy**

herbivore /ˈhɜːbɪvɔː(r)/ noun [C] an animal that only eats grass and plants ➲ Por. **carnivore** i **omnivore**. ▶ **zwierzę roślinożerne**

□ **herbivorous** /hɜːˈbɪvərəs/ adj.: *herbivorous dinosaurs* ▶ **roślinożerny**

herd /hɜːd/ noun [C] a large number of animals that live and feed together: *a herd of cattle/deer/elephants* ➲ Por. **flock**. ▶ **stado, trzoda**

□ **herd** verb [T] to move people or animals forward as if they were in a herd: *The prisoners were herded onto the train.* ▶ **pędzić**

★**here** /hɪə(r)/ adv. **1** (after a verb or a preposition) in, at or to the place where you are or which you are pointing to: *I live here.* ○ *Come (over) here.* ○ *The school is a mile from here* (stąd). ○ *Please sign here.* ▶ **tutaj, tu** **2** (used for introducing or drawing attention to sb/sth): *Here is the nine o'clock news.* ○ *Here comes the bus.* ○ *Here we are.* Już jesteśmy. ○ *'Are the others coming?' 'Yes, here they are now.'* ❶ Zwróć uwagę na szyk zdania w dwóch ostatnich przykładach. Mówi się **Here are the children**, ale **Here they are**. Zwróć też uwagę na wyrażenie **Here you are**, które stosuje się, podając coś komuś i znaczy „proszę (bardzo)": *Here you are* (proszę) – *this is that book I was talking about.* ▶ **oto** **3** at this point: *Here the speaker stopped and looked around the room.* ▶ (*o momencie*) **w tym miejscu** **4** (used for emphasizing a noun): *My friend here saw it happen.* ○ *I think you'll find this book here very useful.* ▶ **tu obecny**

IDIOMS **here and there** in various places: *We could see small groups of people here and there along the beach.* ▶ **tu i tam, tu i ówdzie** | **here goes** (informal) (used before doing sth exciting, dangerous, etc.): *I've never done a backward dive before, but here goes!* ▶ **no to jazda!, raz kozie śmierć!** | **here's to sb/sth** (used for drinking to the health, success, etc. of sb/sth): *Here's to your future happiness!* Wypijmy za twoje szczęście. ▶ (*wznosząc toast*) **za** | **neither here nor there** not important: *My opinion is neither here nor there. If you like the dress then buy it.* ▶ **mniejsza o (to)**

□ **here** interj. (used for attracting sb's attention, when offering help or when giving sth to sb): *Here! Get down off that wall immediately!* ○ *Here, let me help!* ○ *Here, take this and buy yourself a bar of chocolate.* ▶ **halo!, proszę pan-a/i!**

■ **hereabouts** /ˌhɪərəˈbaʊts/ (US **hereabout**) adv. (formal) around here ▶ **gdzieś tutaj** | **hereafter** /ˌhɪərˈɑːftə(r); US -ˈæf-/ adv. (formal) (used in legal documents, etc.) from now on; in the future ▶ **od tej chwili, w przyszłości** | **herewith** /ˌhɪəˈwɪð/ adv. (formal) with this letter, etc.: *Please fill in the form enclosed herewith.* ▶ **w załączeniu, wraz z tym**

hereditary /həˈredɪtri; US -teri/ adj. passed on from parent to child: *a hereditary disease* ○ *a hereditary title* ➲ Por. **inherit**. ▶ **dziedziczny**

heredity /həˈredəti/ noun [U] the passing on of physical or mental features from parent to child ➲ Por. **inherit**. ▶ **dziedziczność**

heresy /ˈherəsi/ noun [C,U] (pl. **heresies**) a (religious) opinion or belief that is against what is generally accepted to be true in the group you belong to ▶ **herezja**

□ **heretic** /ˈherətɪk/ noun [C] a person who believes a heresy ▶ **herety-k/czka** | **heretical** /həˈretɪkl/ adj. ▶ **heretycki**

heritage /ˈherɪtɪdʒ/ noun [C, usually sing.] the traditions, qualities and cultural achievements of a country that have existed for a long time and that have great importance for the country: *The countryside is part of our national heritage.* ○ *We must preserve our cultural heritage for future generations.* ▶ **dziedzictwo, spuścizna**

hermit /ˈhɜːmɪt/ noun [C] a person who prefers to live alone, without contact with other people. In former times people became hermits for religious reasons. ▶ **pustelni-k/ca**

hernia /ˈhɜːniə/ (also **rupture**) noun [C,U] the medical condition when an internal organ (e.g. the bowel) pushes through the wall of muscle which surrounds it ▶ **przepuklina**

★**hero** /ˈhɪərəʊ/ noun [C] (pl. **heroes**) **1** the most important male character in a book, play, film, etc.: *an anti-hero* antybohater ➲ Por. **heroine** i **villain**. ▶ **bohater, główna postać 2** a person who has done sth brave or good and who is admired and remembered for it: *sporting/war heroes* ○ *He died a hero's death.* ▶ **bohater**

□ **heroism** /ˈherəʊɪzəm/ noun [U] great courage or bravery ▶ **bohaterstwo**

heroic /həˈrəʊɪk/ adj. (used about people or their actions) very brave: *a heroic effort* ▶ **bohaterski**

□ **heroically** /-kli/ adv. ▶ **bohatersko**

heroin /ˈherəʊɪn/ noun [U] a drug (produced from morphine) that is used by doctors to stop pain. Some people take heroin for pleasure and then become addicted to it (= they cannot stop using it) ▶ **heroina**

heroine /ˈherəʊɪn/ noun [C] **1** the most important female character in a book, play, film, etc. ➲ Por. **hero**. ▶ **bohaterka, główna postać 2** a woman who has done sth brave or good and who is admired and remembered for it ▶ **bohaterka**

heron /ˈherən/ noun [C] a large bird with a long neck and long legs that lives near water ▶ **czapla**

herring /ˈherɪŋ/ noun [C] (pl. **herring** or **herrings**) a small silver fish that swims in large groups (shoals) in the sea and that is used for food ➲ Por. **kipper**. ▶ **śledź**

IDIOM **a red herring** → RED[1]

hers → HER[2]

★**herself** /hɜːˈself/ pron. **1** (used as the object of a verb or preposition when the female person or animal who does an action is also affected by it): *She hurt herself quite badly when she fell down stairs.* ○ *Val bought herself a pie for lunch.* ○ *Irene looked at herself in the mirror.* ▶ **się, siebie 2** (used for emphasis): *She told me the news herself.* ○ *Has Rosemary done this herself?* ▶ **sama, osobiście 3** in her normal state; healthy: *She's not feeling herself* (czuje się nieswojo) *today.* ▶ **zdrowa**

IDIOMS **(all) by herself 1** alone: *She lives by herself.* ➲ Zob. uwaga przy **alone**. ▶ **sama, samotnie 2** without help: *She can change a tyre by herself.* ▶ **samodzielnie** | **(all) to herself** without having to share: *She has the bedroom to herself.* ▶ **tylko dla siebie (samej)**

he's short for HE IS, HE HAS

hesitant /ˈhezɪtənt/ adj. **hesitant (to do/about doing sth)** slow to speak or act because you are not sure whether you should or not: *I'm very hesitant about criticizing him too much.* ○ *a hesitant manner* ▶ **niezdecydowany, niepewny**

□ **hesitancy** /-ənsi/ noun [U] ▶ **niezdecydowanie, wahanie** | **hesitantly** adv. ▶ **niezdecydowanie, niepewnie**

★**hesitate** /ˈhezɪteɪt/ verb [I] **1 hesitate (about/over sth)** to pause before you do sth or before you take a decision, usually because you are uncertain or worried: *He hesitated before going into the room.* ○ *She's still hesitating about whether to accept the job or not.* ○ *Alan replied without hesitating* (bez wahania). ▶ **wahać się 2 hesitate (to do sth)** to be unwilling to do sth because you are not sure that it is right: *Don't hesitate to phone* (dzwoń śmiało) *if you have any problems.* ▶ **wahać się**

□ **hesitation** /ˌhezɪˈteɪʃn/ noun [C,U] a time when you wait because you are not sure: *She agreed without a moment's hesitation.* ○ *He continued speaking after a slight hesitation.* ▶ **wahanie, niezdecydowanie**

heterogeneous /ˌhetərəˈdʒiːniəs/ adj. (formal) made up of different kinds of people or things: *the heterogeneous population of the USA* ❶ Antonim: **homogeneous**. ▶ **różnorodny, heterogeniczny**

heterosexual /ˌhetərəˈsekʃuəl/ adj. sexually attracted to a person of the other sex (= a man to a woman or a woman to a man) ➲ Por. **bisexual** i **homosexual**. ▶ **heteroseksualny**

□ **heterosexual** noun [C] ▶ **heteroseksualista**

het up /ˌhet ˈʌp/ adj. (not before a noun) **het up (about/over sth)** (informal) worried or excited about sth: *What are you getting so het up about?* ▶ **rozdrażniony, spięty**

hew /hjuː/ verb [I,T] (pt **hewed**; pp **hewed** or **hewn** /hjuːn/) (formal) to cut sth with an axe, sword, etc.: *roughly hewn stone* ▶ **rąbać, ciosać**

hexagon /ˈheksəgən; US -gɒn/ noun [C] a shape with six sides ▶ **sześciokąt**

□ **hexagonal** /heksˈægənl/ adj. ▶ **sześciokątny**

hey /heɪ/ interj. (informal) (what you shout when you want to attract sb's attention or to show that you are surprised or interested): *Hey, what are you doing here?* ○ *Hey, I like your new bike!* ▶ **hej!**

IDIOM **hey presto** people sometimes say 'hey presto' when they have done sth so quickly that it seems like magic ▶ **zrobione!**

heyday /ˈheɪdeɪ/ noun [sing.] the period when sb/sth was most powerful, successful, rich, etc. ▶ **szczyt** (*np. kariery*)

HGV /ˌeɪtʃ dʒiː ˈviː/ abbr. (Brit.) a heavy goods vehicle, such as a lorry: *to have an HGV licence* ▶ **sam. cięż.**

hi /haɪ/ interj. (informal) (used as a greeting when you meet sb) hallo ▶ **cześć!, witaj!**

hibernate /ˈhaɪbəneɪt/ verb [I] (used about animals) to spend the winter in a state like deep sleep ▶ **zapadać w sen żymowy**

□ **hibernation** /ˌhaɪbəˈneɪʃn/ noun [U] ▶ **sen zimowy, hibernacja**

hiccup (also **hiccough**) /ˈhɪkʌp/ noun **1** [C] a sudden stopping of the breath with a noise like a cough, usually caused by eating or drinking too quickly ▶ **czkawka 2 ((the) hiccups)** [pl.] a series of hiccups: *Don't eat so fast or you'll get hiccups!* ○ *I had the hiccups.* ▶ **czkawka 3** [C] a small problem or difficulty: *There's been a slight hiccup in our holiday arrangements but I've got it sorted out now.* ▶ **drobne potknięcie**

□ **hiccup** (also **hiccough**) verb [I] ▶ **czkać**

★**hide**[1] /haɪd/ verb (pt **hid** /hɪd/; pp **hidden** /ˈhɪdn/) **1** [T] to put or keep sb/sth in a place where he/she/it cannot be seen: *Where shall I hide the money?* ○ *You couldn't see Bill in the photo – he was hidden behind John.* ○ *The trees hid the house from view.* ▶ **chować, ukrywać 2** [I] to be or get in a place where you cannot be seen or found: *Quick, run and hide!* ○ *The child was hiding under the bed.* ▶ **chować się, ukrywać się 3** [T] **hide sth (from sb)** to keep sth secret so that other people do not know about it: *She tried to hide her disappointment from them.* ▶ **skrywać**

□ **hiding** noun [U]

IDIOM **be in/go into hiding** to be in or go into a place where you cannot be found: *She escaped from prison and went into hiding.* ▶ **trzymać się w ukryciu, ukrywać się**

■ **hide-and-seek** /ˌhaɪd n ˈsiːk/ noun [U] a children's game in which one person hides and the others try to find him/her ▶ **zabawa w chowanego** | ˈ**hiding place** noun [C] a place where sb/sth is or could be hidden ▶ **kryjówka**

hide[2] /haɪd/ noun [C,U] the skin of an animal that will be used for making leather, etc. ▶ **skóra** (*zwierzęcia*)

hideous /ˈhɪdiəs/ adj. very ugly or unpleasant: *a hideous sight* ○ *a hideous crime* ○ (informal) *That new dress she's got is hideous.* ▶ **ohydny, odrażający**

□ **hideously** adv.: *hideously ugly* ○ *hideously expensive* ▶ **ohydnie, odrażająco**

hiding /ˈhaɪdɪŋ/ noun [C] (informal) a beating that is given as a punishment: *You deserve a good hiding for what you've done.* ▶ **lanie, cięgi**

hierarchy /ˈhaɪərɑːki/ noun [C] (pl. **hierarchies**) a system or an organization that has many grades or ranks from the lowest to the highest ▶ **hierarchia**

□ **hierarchical** /ˌhaɪəˈrɑːkɪkl/ adj. ▶ **hierarchiczny**

hieroglyphics /ˌhaɪərəˈglɪfɪks/ noun [pl.] the system of writing that was used in ancient Egypt in which a type of picture represents a word or sound ▶ **hieroglify**

hi-fi /ˈhaɪ faɪ/ adj. (informal) = HIGH FIDELITY: *a hi-fi set* ▶ (*o sprzęcie elektroakustycznym*) **hifi**

higgledy-piggledy /ˌhɪgldi ˈpɪgldi/ adv., adj. (informal) not in any order; mixed up together: *The books were piled up higgledy-piggledy on her desk.* ▶ **w nieładzie, jak groch z kapustą**

★**high**[1] /haɪ/ adj. **1** (used about things) measuring a great amount from the bottom to the top: *high cliffs* ○ *What's the highest mountain in the world?* ❶ Antonim: **low**. Rzeczownik: **height**. ➲ Zob. uwaga przy **tall**. ▶ **wysoki 2** having a particular height: *The hedge is one metre high* (ma metr wysokości). ○ *knee-high boots* buty do kolan ▶ **mający** *x* **wysokości 3** at a level which is a long way from the ground, or from sea level: *Keep medicines on a high shelf where children cannot reach them.* ○ *The castle was built on high ground.* ▶ **wysoko położony, górny 4** above the usual or normal level or amount: *high prices* ○ *at high speed* ○ *a high level of unemployment* ○ *high-quality goods* ○ *He's got a high temperature.* ○ *Oranges are high in* (mają dużo) *vitamin C.* ▶ **wysoki, duży 5** good or favourable: *Her work is of a very high standard.* ○ *He has a high opinion of you.* ▶ **wysokiej (jakości), korzystny 6** having an important position or rank: *We shall have to refer the matter to a higher authority.* ▶ (*o władzy*) **wysoki, główny 7** morally good: *high ideals* ▶ **wzniosły 8** (used about a sound or voice) not deep or low: *She sang the high notes beautifully.* ▶ **wysoki, cienki 9 high (on sth)** (informal) under the influence of drugs, alcohol, etc. ▶ **naćpany, na haju 10** (not before a noun) (used about some kinds of food) beginning to go bad: *That cheese smells a bit high.* ▶ **zatęchły 11** (used about a gear in a car) that allows a faster speed ▶ **wysoki**

IDIOM **be left high and dry** to be left without help in a difficult situation ▶ **być pozostawionym bez pomocy/środków do życia**

■ ˌ**high ˈchair** noun [C] a chair with long legs and an attached tray, in which a small child sits for meals ▶ **wysokie krzesełko do sadzania małych dzieci przy stole** | ˌ**high-ˈclass** adj. **1** of especially good quality: *a high-class restaurant* ▶ **znakomity, pierwszorzędny 2** (used about a person) having a high(6) position in society ▶ **wysoko postawiony, z wyższych sfer** | ˌ**High ˈCourt** noun [C] the most important court of law ▶ **sąd najwyższy** | ˌ**higher eduˈcation** noun [U] education at a university or polytechnic ▶ **studia wyższe** | ˌ**high fiˈdelity** (also ˈ**hi-fi**) adj. (only before a noun) (used about electrical equipment for playing records, cassettes, CDs, etc.) producing high-quality sound ▶ **hifi** | ˈ**high jump** noun [sing.] the sport in which people try to jump over a bar in order to find out who can jump the highest ➲ Por. **long jump**. ▶ **skok wzwyż** | ˈ**highland** /-lənd/ adj. **1** in or connected with mountainous regions: *highland streams* ➲ Por. **lowland**. ▶ **górski 2 (the Highlands)** [pl.] the mountainous part of Scotland ▶ **góry w Szkocji** | ˌ**high-ˈlevel** adj. involving important people: *high-level talks* ▶ **na szczycie** | ˌ**high-ˈpowered** adj. **1** (used about things) having great power: *a high-powered engine* ▶ **wysokiej mocy 2** (used about people) important and successful: *high-powered executives* ▶ **ważny** | ˌ**high ˈpressure** noun [U] the condition of the atmosphere when the pressure of the air is above normal ▶ **wysokie ciśnienie** | ˈ**high-rise** adj. (only before a noun) (used about a building) very tall and having a lot of floors ▶ **wielopiętrowy** | ˈ**high school** noun [C,U] (especially US) a secondary school ▶ **szkoła średnia** | ˈ**high street** noun [C] (often used in names) the main street of a town ▶ **główna ulica** | ˌ**high-ˈtech** (also ˌ**hi-ˈtech**) adj. (informal) **1** using a lot of modern equipment, especially computers ▶ **zautomatyzowany, skomputeryzowany 2** using designs or styles taken from industry, etc.; very modern ▶ **supernowoczesny** | ˌ**high ˈtide** noun [C] the time when the sea comes closest to the shore ▶ **przypływ**

★**high²** /haɪ/ adv. **1** at or to a high position or level: *The sun was high in the sky.* ○ *I can't jump any higher.* ○ *You should aim high.* ▶ **wysoko 2** (used about a sound) at a high level: *How high can you sing?* ▶ **wysoko** (*np. śpiewać*)

IDIOMS **high and low** everywhere: *We've searched high and low for the keys.* ▶ **wszędzie, po całym** (*np. domu*) | **run high** (used about the feelings of a group of people) to be especially strong: *Emotions are running high in the neighbourhood where the murders took place.* ▶ (*o uczuciach, nastrojach itp.*) **wzburzać się**

★**high³** /haɪ/ noun [C] **1** a high level or point: *Profits reached an all-time high last year.* ▶ **szczyt, wysoki poziom 2** an area of high atmospheric pressure: *A high over the Atlantic will move towards Britain in the next few days.* ▶ **wyż 3** (informal) a feeling of great pleasure or happiness that sb gets from doing sth exciting or being successful: *He was on a high* (w euforii) *after passing all his exams.* ○ *the highs and lows* (wzloty i upadki) *of her career* ▶ **stan euforii 4** (slang) a feeling of great pleasure or happiness that may be caused by a drug, alcohol, etc. ▶ **uniesienie, rausz**

IDIOM **on high** (formal) (in) a high place, the sky or heaven: *The order came from on high.* ○ *God on high* ▶ **na wysokości, w niebiosach**

highbrow /ˈhaɪbraʊ/ noun [C] a person who is interested in serious intellectual things ▶ **intelektualist-a/ka**

□ **highbrow** adj.: *highbrow books* ▶ (*o dziełach sztuki*) **intelektualny** ❶ **Highbrow** (*rzecz. i przym.*) czasami ma znaczenie pejoratywne.

highlight /ˈhaɪlaɪt/ noun **1** [C] the best or most interesting part of sth: *The highlights of the match.* ▶ **najciekawszy fragment 2** (**highlights**) [pl.] areas of lighter colour that are put in a person's hair ▶ **pasemka**

□ **highlight** verb [T] **1** to give special attention to sth: *The report highlighted the need for improved safety at football grounds.* ▶ **podkreślać 2** to mark part of a text with a different colour, etc. so that people give it more attention ▶ **zaznaczać markerem** | **highlighter** (also ˈ**highlighter pen**) noun [C] a special pen used for marking words in a text in a bright colour ▶ **marker**

★**highly** /ˈhaɪli/ adv. **1** to a high degree; very: *The film was highly amusing.* ○ *The disease is highly contagious.* ▶ **wysoce, w wysokim stopniu 2** (very) well or favourably: *I think highly of* (wysoko cenię) *your work.* ○ *a highly-paid job* dobrze płatna praca ▶ **wysoko, korzystnie**

■ ˌ**highly ˈstrung** adj. (used about a person or an animal) very nervous and excitable ▶ **nerwowy, przewrażliwiony**

Highness /ˈhaɪnəs/ noun [C] (pl. **Highnesses**) a title used when speaking about or to a member of a royal family: *His Royal Highness the Prince of Wales* ○ *Their Royal Highnesses the Duke and Duchess of Kent* ▶ **(Jego/Jej) Wysokość**

highway /ˈhaɪweɪ/ noun [C] (especially US) a main road (between towns) ➲ Zob. uwaga przy **road**. ▶ **główna szosa**

hijack /ˈhaɪdʒæk/ verb [T] **1** to take control of a plane, etc. by force, usually for political reasons: *The plane was hijacked on its flight to Sydney.* ▶ **porywać** (*np. samolot*) **2** to take control of a meeting, an event, etc. in order to force people to pay attention to sth: *The peace rally was hijacked by right-wing extremists.* ▶ **zakłócać**

□ **hijacker** noun [C] a person who hijacks a plane, etc. ▶ **porywacz** (*np. samolotu*) | **hijacking** noun [C,U] an occasion when a plane, etc. is hijacked: *Measures are being taken to prevent hijacking.* ▶ **porwanie** (*np. samolotu*)

hike /haɪk/ noun [C] a long walk in the country ▶ **wędrówka, piesza wycieczka**

□ **hike** verb [I] ❶ **Go hiking** stosuje się, mówiąc o turystyce pieszej: *They went hiking in Wales for their holiday.* ▶ **wędrować, iść na wycieczkę** | **hiker** noun [C] ▶ **wędrowiec, turysta pieszy**

hilarious /hɪˈleəriəs/ adj. very funny ▶ **prześmieszny**

□ **hilariously** adv. ▶ **prześmiesznie**

hilarity /hɪˈlærəti/ noun [U] great amusement or loud laughter ▶ **wesołość, głośny śmiech**

★**hill** /hɪl/ noun [C] a high area of land that is not as high (or as rocky) as a mountain: *Tim enjoys walking in the hills.* ○ *I had to push my bike up the hill – it was too steep to ride.* ❶ Zwróć uwagę na słowa **uphill** i **downhill** w roli przymiotnika i przysłówka: *an uphill climb* ○ *I like riding downhill on my bike.* ▶ **wzgórze**

□ **hilly** /ˈhɪli/ adj. (**hillier**; **hilliest**) having many hills: *The country's very hilly around here.* ▶ **górzysty**

■ ˈ**hillside** noun [C] the sloping side of a hill: *a house built on the hillside* ▶ **zbocze, stok** | ˈ**hilltop** noun [C] the top of a hill ▶ **wzgórze, szczyt**

hilt /hɪlt/ noun [C] the handle of a sword, etc. ▶ **garda, rękojeść**

IDIOM **(up) to the hilt** to a high degree or completely: *I'll support you to the hilt.* ▶ **całkowicie, gruntownie**

★**him** /hɪm/ pron. (the object of a verb or preposition) a male person or animal that was mentioned earlier: *Helen told Ian that she loved him.* ○ *I've got a letter for your father – can you give it to him, please?* ○ (informal) *That must be him now.* To na pewno on. ➲ Zob. uwaga przy **he**. ▶ **(je)go, (je)mu, nim**

★**himself** /hɪmˈself/ pron. **1** (used as the object of a verb or preposition when the male person or animal who does an action is also affected by it): *He cut himself when he was shaving.* ○ *He's bought himself a new sweater.* ○ *John looked at himself in the mirror.* ▶ **się, siebie 2** (used for emphasis): *He told me the news himself.* ○ *The minister himself came to see the damage.* ○ *Did he write this himself?* ▶ **sam, osobiście 3** in his normal state; healthy: *He's not feeling himself* (czuje się nieswojo) *today.* ▶ **zdrowy**

IDIOMS **(all) by himself 1** alone: *He lives by himself.* ➲ Zob. uwaga przy **alone**. ▶ **sam, samotnie 2** without help: *He should be able to cook a meal by himself.* ▶ **samodzielnie** | **(all) to himself** without having to share: *He has the room all to himself now his brother's left home.* ▶ **tylko dla siebie (samego)**

hind /haɪnd/ adj. (used about an animal's legs, etc.) at the back ❶ Mówi się również **back legs**. Przednie łapy to **front legs** lub **forelegs**. ▶ **tylny**

hinder /ˈhɪndə(r)/ verb [T] to make it more difficult for sb/sth to do sth: *A lot of scientific work is hindered by lack of money.* ▶ **powstrzymywać, przeszkadzać**

hindrance /ˈhɪndrəns/ noun [C] a person or thing that makes it difficult for you to do sth: *Mark wanted to help me but he was more of a hindrance than a help.* ▶ **przeszkoda, zawada**

hindsight /ˈhaɪndsaɪt/ noun [U] knowing afterwards why sth bad happened and how you could have stopped it happening: *It's very easy to criticize with the benefit of hindsight.* ❶ Antonim: **foresight**. ▶ **wiedza po fakcie**

Hindu /ˌhɪnˈduː; US ˈhɪnduː/ noun [C] a person whose religion is Hinduism ▶ **wyznawca hinduizmu**

□ **Hindu** adj.: *Hindu beliefs* ▶ **hinduski** | **Hinduism** /ˈhɪnduːɪzəm/ noun [U] the main religion of India. Hindus believe in many gods and that, after death, people will return to life in a different form ▶ **hinduizm**

hinge[1] /hɪndʒ/ noun [C] a piece of metal that joins two sides of a box, door, etc. together and allows it to be opened or closed ▶ **zawias**

hinge[2] /hɪndʒ/ verb

PHRASAL VERB **hinge on sth** to depend on sth: *The future of the project hinges on the meeting today.* ▶ **zależeć od czegoś**

hint /hɪnt/ noun [C] **1** something that you suggest in an indirect way: *She kept looking at her watch as a hint that it was time to go.* ▶ **aluzja, napomknięcie 2** something that suggests what will happen in the future: *The first half of the match gave no hint* (nie sugerowała) *of the excitement to come.* ▶ **wskazówka 3** a small amount of sth: *There was a hint of sadness in his voice.* ▶ **odrobina 4** a piece of advice or information: *The magazine had some helpful hints about how to make your own clothes.* ▶ **porada**

□ **hint** verb [I,T] to suggest sth in an indirect way: *They only hinted at their great disappointment.* ○ *He hinted that he might be moving to Greece.* ▶ **robić aluzję, dawać do zrozumienia**

hip[1] /hɪp/ noun [C] the part of the side of your body above your legs and below your waist: *He stood there angrily with his hands on his hips.* ○ *What do you measure round the hips?* ▶ **biodro**

hip[2] /hɪp/ interj.

IDIOM **hip, hip, hurrah/hurray** (used when a group wants to show that it is pleased with sb or with sth that has happened) ▶ **hip, hip (hura)!**

hippie (also **hippy**) /ˈhɪpi/ noun [C] (pl. **hippies**) a person who does not share the same ideas and values as most people in society. Hippies show that they are different by wearing long hair, colourful clothes, etc. and sometimes by living in groups. ▶ **hipis**

hippopotamus /ˌhɪpəˈpɒtəməs/ noun [C] (pl. **hippopotamuses** /-məsɪz/ or **hippopotami** /-maɪ/) (informal **hippo** /ˈhɪpəʊ/ (pl. **hippos**)) a large African river animal with a large head and short legs and thick dark skin ▶ **hipopotam**

★**hire** /ˈhaɪə(r)/ verb [T] **1** (US **rent**) **hire sth (from sb)** to have the use of sth for a short time by paying for it ▶ **wynajmować, wypożyczać**

> W Br. ang. **hire** znaczy wypożyczać coś na krótki czas: *We hired a car for the day.* ○ *I hired a suit for the wedding*; a **rent** znaczy wypożyczać coś na dłużej: *rent a television/video* ○ *rent a house/flat/holiday cottage.* W Amer. ang. **rent** używa się w obu powyższych sytuacjach.

2 to give sb a job for a short time: *We'll have to hire somebody to mend the roof.* ❶ W Amer. ang. **hire** dotyczy również zatrudnienia na stałe: *We just hired a new secretary.* ▶ **najmować** (*do pracy*) **3** (US **rent**) **hire sth (out) (to sb)** to allow sb to use sth for a short fixed period in exchange for money: *We hire (out) our vans by the day.* ❶ W Br. ang. **rent** i **let** używa się, mówiąc o wynajmowaniu na dłuższy czas: *Mrs Higgs rents out rooms to students.* ○ *We let out our house while we were in France for a year.* ▶ **wynajmować**

□ **hire** noun [U] (the cost of) hiring: *The hire of the hall is £3 an hour.* ○ *Bicycles for hire!* ○ *a hire car* ▶ **wynajęcie, najem**

■ ˌ**hire ˈpurchase** noun [U] (Brit.) (abbr. **HP**) a way of buying goods. You do not pay the full price at once but make regular small payments (instalments) until the full amount is paid: *We're buying the video on hire purchase.* ▶ **kupno na raty**

★**his** /hɪz/ det. belonging to a male person or animal that was mentioned earlier: *That's his book.* ○ *Matthew has hurt his shoulder.* ▶ **jego, swój**

□ **his** /hɪz/ pron. of or belonging to him: *This is my book so that one must be his.* ○ *Father has a lot of ties so I borrowed one of his.* ▶ **jego, swój**

hiss /hɪs/ verb **1** [I,T] to make a sound like a very long 's' to show that you are angry or do not like sth: *The goose hissed at me.* ○ *The speech was hissed and booed.* ▶ **syczeć, wygwizdywać 2** [T] to say sth in an angry hissing voice: *'Stay away from me!' she hissed.* ▶ **syczeć**

□ **hiss** noun [C] ▶ **syk, syczenie**

historian /hɪˈstɔːriən/ noun [C] a person who studies history ▶ **historyk**

historic /hɪˈstɒrɪk/ adj. famous or important in history: *The opening of the Berlin Wall was a historic occasion.* ➲ Por. **historical**. ▶ **historyczny, o znaczeniu historycznym**

★**historical** /hɪˈstɒrɪkl/ adj. **1** connected with history or the study of history: *There is very little historical evidence about the life of Christ.*

○ *This house has great historical interest.* ➲ Por. **historic**. ▶ **historyczny, dotyczący historii** **2** that really lived or happened: *Was Robin Hood really a historical figure?* ○ *historical events* ▶ **historyczny, faktyczny**
□ **historically** /-kli/ adv. ▶ **historycznie**

★**history** /ˈhɪstri/ noun (pl. **histories**) **1** [U] the study of past events and social, political and economic developments: *a degree in history.* ○ *a history teacher* ▶ **historia** **2** [U] events of the past (when you are thinking of them as a whole): *History often repeats itself.* ○ *an important moment in history* ➲ Por. **natural history**. ▶ **historia** **3** [C] a written description of past events: *a new history of Europe* ▶ **historia** **4** [C, usually sing.] the series of events or facts that is connected with a person, place or thing: *There is a history of heart disease* (choroba serca często występowała) *in our family.* ▶ **historia**
IDIOMS **go down in/make history** to be or do sth so important that it will be recorded in history: *She made history by becoming the first woman President.* ▶ **tworzyć historię** | **the rest is history** (used when you are telling a story to say that you are not going to tell the end of the story, because everyone knows it already) ▶ **co było dalej, każdy wie**

★**hit**[1] /hɪt/ verb [T] (pres. part. **hitting**; pt, pp **hit**) **1** to touch sb/sth with a lot of force: *'Don't hit me', she begged.* ○ *The old man was hit by a car while he was crossing the road.* ○ *to hit a ball with a bat* ○ (figurative) *The smell of burning hit her as she entered the room.* ○ (figurative) *Things were going really well until we hit this problem.* ▶ **uderzać, stukać; trafiać (na coś)**

> **Strike** jest bardziej formalne niż **hit**. **Beat** oznacza „uderzać wiele razy": *He was badly beaten in the attack.*

2 hit sth (on/against sth) to knock a part of your body, etc. against sth: *Peter hit his head on the low beam.* ▶ **uderzać się, stuknąć się** **3** to have a bad effect upon sb/sth: *Her father's death has hit her very hard.* ○ *Inner city areas have been badly hit by unemployment* (cierpią z powodu bezrobocia). ▶ **godzić w kogoś/coś, uderzać** **4** to experience sth unpleasant or difficult: *Things were going well until we hit this problem.* ▶ **natrafiać na coś, natykać się na coś** **5** to find or reach sth: *If you follow this road you should hit the motorway in about ten minutes.* ○ *The price of oil hit a new high yesterday.* ▶ **osiągnąć, dojść** **6** to suddenly come into sb's mind; to make sb realize or understand sth: *I thought I recognized the man's face and then it hit me* (olśniło mnie) *– he was my old maths teacher!* ▶ **uzmysłowić coś sobie/komuś**
IDIOMS **hit it off (with sb)** (informal) to like sb when you first meet him/her: *When I first met Tony's parents, we didn't really hit it off.* ▶ **przypadać (sobie) do gustu** | **hit the jackpot** to win a lot of money or have a big success ▶ **wygrać (główny) los na loterii** | **hit the nail on the head** to say sth that is exactly right ▶ **trafiać w (samo) sedno rzeczy**
PHRASAL VERBS **hit back (at sb/sth)** to attack (with words) sb who has attacked you: *The Prime Minister hit back at his critics.* ▶ **odgryzać się komuś** | **hit on sth** to suddenly find sth by chance: *I finally hit on a solution to the problem.* ▶ **wpaść na coś** | **hit out (at sb/sth)** to attack sb/sth: *The man hit out at the policeman.* ○ *The newspapers hit out at the company for its poor safety record.* ▶ **napadać**
■ ˌ**hit-and-ˈrun** adj. **1** (used about a car driver) causing an accident and not stopping to see if anybody is hurt ▶ **uciekający z miejsca wypadku** **2** (used about a road accident) caused by a hit-and-run driver ▶ **taki, którego sprawca zbiegł** | ˈ**hit man** noun [C] (especially US, informal) a person who is paid to kill another person ▶ **płatny morderca** | ˌ**hit-and-ˈmiss** (also ˌ**hit-or-ˈmiss**) adj. (informal) not well organized; careless: *She works in rather a hit-and-miss way, I'm afraid.* ▶ **chaotyczny**

★**hit**[2] /hɪt/ noun [C] **1** the act of hitting sth; a blow: *The ship took a direct hit and sank.* ○ *What a brilliant hit!* Co za wspaniałe uderzenie! ➲ Por. **miss**. ▶ **uderzenie** **2** a person or thing that is very popular or successful: *He was quite a hit in America.* ○ *a hit single* ○ *The record was a smash hit.* ➲ Por. **blockbuster**. ▶ **przebój, sensacja** **3** a result of a search on a computer, especially on the Internet ▶ **wynik wyszukiwania** (*w komputerze/Internecie*)
IDIOM **make a hit (with sb)** (informal) to make a good impression on sb or to cause sb to like you ▶ **zawojowywać, podbijać**

hitch[1] /hɪtʃ/ verb **1** [I,T] (informal) to get free rides in other people's cars as a way of travelling cheaply: *They hitched a lift in a lorry to London.* ▶ **prosić o podwiezienie; podróżować autostopem** **2** [T] to fasten sth to sth else: *The horses were hitched to the fence.* ○ *to hitch a trailer to the back of a car* ▶ **wiązać, przyczepiać**
■ ˈ**hitchhike** verb [I] to travel by getting free rides in other people's cars: *He hitchhiked across Europe.* ▶ **jechać autostopem**

> **Hitchhike** zwykle używa się, mówiąc o dalekiej podróży autostopem dla przyjemności. To samo znaczenie ma **hitch**, którego jednak używa się również mówiąc o krótkich przejazdach, np. gdy zepsuł się nam samochód lub spóźniliśmy się na autobus. **Hitch** można też użyć w formie czasownika przechodniego: *I hitched a lift/ride to the nearest petrol station.* To samo znaczy **thumb a lift**.

■ ˈ**hitchhiker** noun [C] ▶ **autostopowicz/ka**

hitch[2] /hɪtʃ/ noun [C] a small problem or difficulty: *The wedding went off without a hitch.* ○ *a technical hitch* (usterka techniczna) ▶ **szkopuł, przeszkoda**

hi-tech = HIGH-TECH

hitherto /ˌhɪðəˈtuː/ adv. (formal) until now ▶ **dotychczas, dotąd**

HIV /ˌeɪtʃ aɪ ˈviː/ abbr. human immunodeficiency virus; the virus that is believed to cause AIDS ▶ **HIV**

hive /haɪv/ noun [C] = BEEHIVE

hiya /ˈhaɪjə/ interj. (especially US, informal) (used as a greeting when you meet sb) hallo ▶ **cześć**

HM abbr. His/Her Majesty: *HM the Queen* ▶ **JKM**

hmm (also **hm**, **h'm**) /hm/ interj. (used when you are not sure or when you are thinking about sth) ▶ **hm**

HMS /ˌeɪtʃ em ˈes/ (Brit.) abbr. (for ships in the British Royal Navy) Her/His Majesty's Ship: *HMS Apollo* ▶ **statek JKM**

hoard /hɔːd/ noun [C] a store of money, food, etc.: *a hoard of treasure* (skarb) ▶ **zapas, zbiór**
□ **hoard** verb [I,T] **hoard (sth) (up)** to collect and store large quantities of sth (often secretly) ▶ **gromadzić, chować, robić zapasy**

hoarding /ˈhɔːdɪŋ/ (US **billboard**) noun [C] a large board in the street where advertisements are put ▶ **duża tablica reklamowa**

hoarse /hɔːs/ adj. **1** (used about a voice) sounding rough and quiet, e.g. because you have a cold: *a hoarse whisper* ▶ **chrapliwy, ochrypły** **2** (used about people) with a hoarse voice: *The spectators shouted themselves hoarse.* Widzowie ochrypli od krzyku. ▶ **ochrypły**
□ **hoarsely** adv. ▶ **chrapliwie**

hoax /həʊks/ noun [C] a trick that is played on sb: *The fire brigade answered the call, but found that it was a hoax.* ▶ **psikus, fałszywy alarm**

hob /hɒb/ noun [C] the flat surface on the top of a cooker that is used for boiling, frying, etc. ▶ **płyta kuchenna, płytka (kuchenki)**

hobble /ˈhɒbl/ verb [I] to walk with difficulty because your feet or legs are hurt: *He hobbled home on his twisted ankle.* ▶ **kuleć**

★**hobby** /ˈhɒbi/ noun [C] (pl. **hobbies**) something that you do regularly for pleasure in your free time ▶ **konik, hobby**

hockey /ˈhɒki/ noun [U] **1** a game that is played on a pitch by two teams of eleven players who try to hit a small hard ball into a goal with a curved wooden stick (a hockey stick) ❶ W USA **hockey** nazywa się zwykle **field hockey** w celu odróżnienia od **ice hockey**. ▶ **hokej na trawie** **2** (US) = ICE HOCKEY

hoe /həʊ/ noun [C] a garden tool with a long handle that is used for turning the soil and for removing weeds ➲ Ilustr. do **garden**. ▶ **motyka**

hog /hɒg/ noun [C] (US) a male pig that is kept for its meat ➲ Zob. uwaga przy **pig**. ▶ **wieprz**
IDIOM **go the whole hog** (informal) to do sth as completely as possible: *Instead of getting a taxi, why not go the whole hog and hire a limousine for the evening?* ▶ **iść na całego**
□ **hog** verb [T] (**hogging**; **hogged**) (informal) to take or keep too much or all of sth in a selfish way: *Don't hog the bathroom* (nie okupuj łazienki) *when everyone's getting ready to go out!* ○ *The red car was hogging the middle of the road* (jechał środkiem drogi) *so no one could overtake.* ▶ **monopolizować**

Hogmanay /ˈhɒgməneɪ/ noun [C] the Scottish name for New Year's Eve (31 December) and the celebrations that take place then ▶ **sylwester; zabawa sylwestrowa**

hoist /hɔɪst/ verb [T] to raise or lift sth by using ropes, etc.: *to hoist a flag/sail* ▶ **podnosić, ciągnąć (w górę), wciągać** (*np. flagę na maszt*)

★**hold**[1] /həʊld/ verb (pt, pp **held** /held/) **1** [T] to take sb/sth and keep him/her/it in your hand, etc.: *He held a gun in his hand.* ○ *The woman was holding a baby in her arms.* ○ *He manages to write by holding the pen between his teeth.* ○ *Hold my hand. This is a busy road.* ▶ **trzymać** **2** [T] to keep sth in a certain position: *Hold your head up straight.* ○ *These two screws hold the shelf in place.* ▶ **trzymać** **3** [T] to take the weight of sb/sth: *Are you sure that branch is strong enough to hold you?* ▶ **utrzymywać** **4** [T] to keep a person in a position or place by force: *The terrorists are holding three men hostage.* ○ *A man is being held at the police station.* ▶ **trzymać, zatrzymywać** **5** [I,T] to contain or have space for a particular amount: *The car holds five people.* ▶ **zawierać, mieścić (w sobie)** **6** [T] to have sth (usually in an official way): *Does she hold a British passport?* ○ *She holds the world record* (jest rekordzistką) *in the 100 metres.* ▶ **mieć, posiadać** **7** [T] to have an opinion, etc.: *They hold the view that* (oni uważają, że) *we shouldn't spend any more money.* ▶ **uważać, utrzymywać** **8** [I] to remain the same: *I hope this weather holds till the weekend.* ○ *What I said still holds, nothing has changed.* ▶ **trwać, utrzymywać się, być aktualnym** **9** [T] to believe that sth is true about a person: *I hold the parents responsible for the child's behaviour.* ▶ **uważać, że** **10** [T] to organize an event: *They're holding a party for his fortieth birthday.* ○ *The elections will be held* (odbędą się) *in the autumn.* ▶ **wydawać/organizować** (*np. przyjęcie*) **11** [I,T] (when you are telephoning) to wait until the person you are calling is ready: *I'm afraid his phone is engaged. Will you hold the line?* ▶ **czekać/nie odkładać słuchawki** **12** [T] to have a conversation: *It's impossible to hold a conversation with all this noise.* ▶ **prowadzić rozmowę**
IDIOM **Hold it!** Wait! Don't move! ▶ **stój!, czekaj!** ❶ **Hold** występuje w innych idiomach, np. **hold your own**. ➲ Zob. hasła odpowiednich rzeczowników, przymiotników itp.
PHRASAL VERBS **hold sth against sb** to not forgive sb because of sth he/she has done ▶ **mieć coś komuś za złe** | **hold sb/sth back 1** to prevent sb from making progress ▶ **powstrzymywać** **2** to prevent sb/sth from moving forward: *The police tried to hold the crowd back.* ▶ **powstrzymywać, zatrzymywać** | **hold sth back 1** to refuse to give some of the information that you have: *The police are sure that she is holding something back. She knows much more than she is saying.* ▶ **ukrywać** (*informację*), **zachowywać (dla siebie)** **2** to control an emotion and stop yourself from showing what you really feel: *He fought to hold back tears of anger and frustration.* ▶ **powstrzymywać** | **hold off (sth/doing sth)** to delay sth ▶ **opóźniać coś/robienie czegoś, wstrzymywać (się)** | **hold on 1** to wait: *Hold on. I'll be with you in a minute.* ▶ **czekać, stać** **2** to manage in a difficult or dangerous situation: *They managed to hold on until a rescue party arrived.* ▶ **wytrzymywać** |

hold on (to sb/sth); **hold on to sb/sth** to not let go of sb/sth: *The child held on to his mother – he didn't want her to go.* ▶ **trzymać się** | **hold on to sth**; **hold onto sth** not give or sell sth: *They've offered me a lot of money for this painting, but I'm going to hold on to it.* ▶ **zatrzymywać (dla siebie)** | **hold out** to last (in a difficult situation): *How long will our supply of water hold out?* ▶ **wystarczać** | **hold sth out** to offer sth by moving it towards sb: *He held out a sweet and offered it to the girl.* ▶ **podawać** | **hold out for sth** to continue to ask for sth: *The union is holding out for a better offer.* ▶ **czekać (na coś lepszego)** | **hold sb/sth up** to make sb/sth late: *We were held up by the traffic.* ▶ **opóźniać, zatrzymywać** | **hold up sth** to rob sth, using a gun, etc.: *Masked men held up a bank in South London yesterday.* ▶ **napadać (na coś) zbrojnie**

■ **'hold-up** noun [C] **1** a delay: *What's the hold-up?* ▶ **opóźnienie 2** a robbery by people with guns ▶ **zbrojny napad**

★**hold**[2] /həʊld/ noun **1** [C, sing.] the act or manner of holding sb/sth: *to have a firm hold on the rope* ○ *judo holds* ▶ **chwyt 2** [sing.] **a hold (on/over sb/sth)** influence or control: *The new government has strengthened its hold on the country.* ▶ **władza, wpływ, silna ręka 3** [C] a place where a climber can put his/her hand or foot when climbing ➲ Por. **foothold**. ▶ **punkt oparcia**

IDIOMS **catch, get, grab, take, etc. hold (of sb/sth) 1** to take sb/sth in your hands: *I managed to catch hold of the dog before it ran out into the road.* ▶ **złapać, schwytać 2** to take control of sb/sth; to start to have an effect on sb/sth: *Mass hysteria seemed to have taken hold of the crowd.* ▶ **zawładnąć** | **get hold of sb** to find sb or make contact with sb: *I've been trying to get hold of the complaints department all morning.* ▶ **nawiązać kontakt** | **get hold of sth** to find sth that will be useful: *I must try and get hold of a good second-hand bicycle.* ▶ **zdobyć**

hold[3] /həʊld/ noun [C] the part of a ship or an aeroplane where goods are carried ▶ **ładownia**

holdall /'həʊldɔːl/ (US **carry-all**) noun [C] a large bag that is used for carrying clothes, etc. when you are travelling ➲ Ilustr. do **bag**. ▶ **torba podróżna**

★**holder** /'həʊldə(r)/ noun [C] (often in compounds) **1** a person who has or holds sth: *a ticket holder* ○ *the world record holder in the 100 metres* ○ *holders of British passports* ▶ **posiadacz/ka, okaziciel/ka 2** something that contains or holds sth: *a plant pot holder* ▶ **futerał, teczka, pojemnik**

★**hole** /həʊl/ noun **1** [C] an opening; a hollow or an empty space in sth solid: *The pavement is full of holes.* ○ (figurative) *The repair of the roof has made a big hole in their savings.* ▶ **dziura 2** [C] the place where an animal lives in the ground or in a tree: *a rabbit hole* ▶ **jama, nora 3** [sing.] (informal) a small dark and unpleasant room, flat, etc.: *This place is a hole – you can't live here!* ▶ **dziura, nora 4** [C] (in golf) the hole in the ground that you must hit the ball into. Each section of a golf-course is also called a hole: *an eighteen-hole golf-course* ○ *She won the seventh hole.* ▶ **dołek**

★**holiday** /'hɒlədeɪ/ noun **1** [C] a day of rest when people do not go to work, school, etc.: *New Year's Day is a bank/public holiday in Britain.* ❶ **Holiday** używa się w tym sensie zarówno w brytyjskiej jak i amerykańskiej angielszczyźnie. Dzień wolny od pracy jest też często nazywany **a day off**: *I'm having two days off next week when we move house.* ▶ **święto 2** (US **vacation**) [C,U] a period of rest from work or school (often when you go and stay away from home): *to go on holiday* ○ *We're going to Italy for our summer holidays* (na wakacje) *this year.* ○ *He's away on holiday* (jest na urlopie). ○ *I'm going to take a week's holiday* (wezmę tygodniowy urlop) *in May and spend it at home.* ○ *the school/Christmas/Easter/summer holidays* (wakacje, ferie, święta) ▶ **wakacje, urlop**

> W Br. ang. **vacation** oznacza czas, gdy zamknięte są uniwersytety i sądy: *Maria wants to get a job in the long vacation.* **Leave** oznacza okres nieobecności w pracy z jakiegoś specjalnego powodu: *sick leave* zwolnienie chorobowe ○ *maternity leave* ○ *unpaid leave.*

■ **'holiday camp** noun (Brit.) [C] a place that provides accommodation and organized entertainment for people on holiday ▶ **obóz wakacyjny** | **'holiday maker** noun [C] a person who is away from home on holiday ▶ **letni-k/czka, urlopowicz/ka**

holiness /'həʊlinəs/ noun [U] the state of being holy ▶ **świętość**

hollow /'hɒləʊ/ adj. **1** with a hole or empty space inside: *a hollow tree* ▶ **pusty, wydrążony 2** (used about parts of the face) sinking deep into the face: *hollow cheeks* ○ *hollow-eyed* ▶ **zapadnięty 3** not sincere: *a hollow laugh/voice* ○ *hollow promises/threats* ▶ **nieszczery 4** (used about a sound) seeming to come from a hollow place: *hollow footsteps in the empty house* ▶ **głuchy**

□ **hollow** noun [C] an area that is lower than the surrounding land ▶ **wklęsłość terenu, zagłębienie** | **hollow** verb

PHRASAL VERB **hollow sth out** to take the inside part of sth out in order to make sth else: *They hollowed out a tree trunk to make a canoe.* ▶ **wydrążać, wyżłabiać**

holly /'hɒli/ noun [U] a plant that has shiny dark green leaves with prickles and red berries in the winter. It is often used as a Christmas decoration. ▶ **ostrokrzew**

holocaust /'hɒləkɔːst/ noun [C] a situation where a great many things are destroyed and a great many people die: *a nuclear holocaust* ▶ **zagłada**

hologram /'hɒləgræm/ noun [C] an image or picture which appears to stand out from the flat surface it is on when light falls on it ▶ **hologram**

holster /'həʊlstə(r)/ noun [C] a leather case for a

gun that is fixed to a belt or worn under the arm ▶ **kabura, pochwa**

★**holy** /ˈhəʊli/ adj. (**holier**; **holiest**) **1** connected with God or with religion and therefore very special or sacred: *the Holy Bible* ○ *holy water* ○ *The Koran is the holy book of the Muslims.* ▶ **święty 2** (used about a person) serving God; pure ▶ **święty**

■ ˌ**Holy Comˈmunion** noun [U] = COMMUNION(1) | **the Holy ˈSpirit** (also **the Holy ˈGhost**) noun [sing.] Christians believe God consists of three parts: God the Father, God the Son (Jesus Christ) and God the Holy Ghost ▶ **Duch Święty**

homage /ˈhɒmɪdʒ/ noun [U, C, usually sing.] (formal) **homage (to sb/sth)** something that is said or done to show respect publicly for sb: *Thousands came to pay/do homage* (złożyć hołd) *to the dead leader.* ▶ **hołd, cześć**

★**home**[1] /həʊm/ noun **1** [C,U] the place where you live (with your family) or where you feel that you belong: *She left home at the age of 21.* ○ *Children from broken homes* (z rozbitych domów) *sometimes have learning difficulties.* ○ *a family home* ○ *Stephen went abroad and made his home in Canada.* ○ *Now we've got this computer, we'd better find a home for it* (znajdźmy dla niego jakieś miejsce). ➲ Zob. uwaga przy **house**. ❶ Uwaga! Przed **home** nie używa się przyimka **to**: *It's time to go home.* ○ *She's usually tired when she gets home.* Jeżeli mówi się o czyimś domu, należy powiedzieć **at Jane and Andy's** lub **at Jane and Andy's place/house**. ▶ **dom, mieszkanie 2** [C] a place that provides care for a particular type of person or for animals: *a children's home* ○ *an old people's home.* ▶ **dom specjalnego przeznaczenia** (*np. dom dziecka*) **3** [sing.] the place where sth began: *Greece is said to be the home of democracy.* ▶ **kolebka**

IDIOMS **at home 1** in your house, flat, etc.: *Is anybody at home?* ❶ W Amer. ang. często używa się **home** bez przyimka **at**: *Is anybody home?* ▶ **w domu 2** as if you were in your own home; comfortable: *Please make yourself at home.* ○ *They were warm and welcoming and I felt at home straight away.* ▶ **jak (u siebie) w domu 3** (used in sport) played in the town to which the team belongs ▶ **u siebie** | **romp home/to victory** → ROMP

□ **homeless** adj. having no home ▶ **bezdomny** | **the homeless** noun [pl.] people without a home ▶ **bezdomni** | **homelessness** noun [U] ▶ **bezdomność** | **homeward** /ˈhəʊmwəd/ adj. going towards home: *the homeward journey* ▶ **wiodący ku domowi/ojczyźnie, powrotny** | **homewards** /-wədz/ adv. towards home ▶ **ku domowi, do kraju**

■ ˈ**homecoming** noun [C,U] the act of returning home or to your native country, especially when you have been away for a long time ▶ **powrót do domu/ojczyzny** | **the** ˌ**Home ˈCounties** noun [pl.] the area of Britain around London ▶ **hrabstwa w Wielkiej Brytanii sąsiadujące z Londynem** | ˌ**home-ˈgrown** adj. (used about fruit and vegetables) grown in your own garden ▶ **własnej hodowli** | ˈ**homeland** noun [C] the country where you were born or that your parents came from, or to which you feel you belong ▶ **ojczyzna** | ˌ**home-ˈmade** adj. made at home; not bought in a shop: *home-made cakes* ▶ **domowy, domowego wyrobu, własnego wyrobu** | **the ˈHome Office** noun [sing.] the department of the British Government that is responsible for affairs inside the country, the police, prisons, etc. The Home Office also decides who can come and live in Britain. ➲ Por. **internal**. ▶ **Ministerstwo Spraw Wewnętrznych** | ˈ**home page** noun [C] the first page of information on an organization or individual on the Internet. A home page usually contains an introduction to the other pages and links to related information. ▶ **strona tytułowa/domowa** | ˌ**Home ˈSecretary** noun [C] the British Government minister who is in charge of the Home Office ➲ Por. **internal**. ▶ **Minister Spraw Wewnętrznych** | ˈ**homesick** adj. **homesick (for sb/sth)** sad because you are away from home: *She was very homesick for Canada.* ▶ **stęskniony za domem/ojczyzną** | ˈ**homesickness** noun [U] ▶ **tęsknota za domem/ojczyzną** | ˈ**homework** noun [U] the work that teachers give to pupils to do away from school: *Have we got any homework?* ○ *to do some homework* ○ *We've got a translation to do for homework.* ○ (figurative) *The minister had not done his homework* (nie przygotował się) *and there were several questions that he couldn't answer.* ❶ Zwróć uwagę, że **homework** to rzeczownik niepoliczalny i dlatego nie można go użyć w lm. Mając na myśli jakiś pojedynczy fragment pracy domowej, trzeba powiedzieć **a piece of homework**. ➲ Por. **housework**. ▶ **praca/zadanie domowe; przygotowywanie się**

★**home**[2] /həʊm/ adj. (only before a noun) **1** connected with home: *home cooking* ○ *a happy home life* ▶ **domowy, rodzinny 2** connected with your own country, not with a foreign country: *The Home Secretary is responsible for home affairs.* ○ *goods for the home market* ▶ **krajowy, wewnętrzny 3** (used in sport) connected with your own sports team or ground: *The home team has a lot of support.* ○ *a home game* ❶ Antonim: **away**. ▶ **swój, miejscowy**

★**home**[3] /həʊm/ adv. at, in or to your home or home country: *We must be getting home soon.* Musimy wkrótce być domu. ○ *She'll be flying home for Christmas.* ▶ **do/w domu; do/w kraju**

IDIOMS **bring sth home to sb** to make sb understand sth fully: *Looking at those pictures of hungry children really brought home to me how lucky we are.* ▶ **przekonywać, uzmysławiać coś komuś/sobie** | **drive sth home (to sb)** → DRIVE[1]

home[4] /həʊm/ verb

PHRASAL VERB **home in on sb/sth** to move towards sb/sth: *The police homed in on the house where the thieves were hiding.* ▶ **namierzać kogoś/coś**

homely /ˈhəʊmli/ adj. (**homelier**; **homeliest**) **1** plain and simple but also comfortable or welcoming: *a homely atmosphere* ○ *The farmer's wife was a large homely woman.* ▶ **niewyszu-**

kany, przytulny, prosty 2 (US) (used about a person) not very attractive ▶ nieatrakcyjny, pospolity

homeopathy (also **homoeopathy**) /ˌhəʊmi'ɒpəθi/ noun [U] the treatment of a disease by giving very small amounts of a drug that would cause the disease if given in large amounts ▶ **homeopatia**
□ **homeopath** (also **homoeopath**) /'həʊmiəpæθ/ noun [C] a person who treats sick people by using homoeopathy ▶ **homeopata** | **homeopathic** (US **homoeopathic**) /ˌhəʊmiə'pæθɪk/ adj.: *homeopathic medicine* ▶ **homeopatyczny**

homicide /'hɒmɪsaɪd/ noun [U] the illegal killing of one person by another; murder ▶ **zabójstwo**
□ **homicidal** /ˌhɒmɪ'saɪdl/ adj. ▶ **morderczy, zabójczy**

homogeneous /ˌhɒmə'dʒiːniəs/ adj. made up of parts that are all of the same type ❶ Antonim: **heterogeneous**. ▶ **jednolity, jednorodny**

homonym /'hɒmənɪm/ noun [C] a word that is spelt and pronounced like another word but that has a different meaning ▶ **homonim**

homophone /'hɒməfəʊn/ noun [C] a word that is pronounced the same as another word but that has a different spelling and meaning ▶ **homofon**

homosexual /ˌhəʊmə'sekʃuəl/ adj. sexually attracted to people of the same sex ➲ Por. **gay**. ▶ **homoseksualny**
□ **homosexual** noun [C] a homosexual person ▶ **homoseksualista** | **homosexuality** /ˌhəʊməˌsekʃu'æləti; ˌhɒm-/ noun [U] ▶ **homoseksualizm**

Hon abbr. **1** Honorary (used to show that sb holds a position without being paid for it): *Hon President* ▶ **hon. 2** Honourable; a title for Members of Parliament, some high officials and the children of some noblemen ▶ **Hon.**

★**honest** /'ɒnɪst/ adj. **1** (used about a person) telling the truth; not deceiving people or stealing: *We need somebody who's completely honest for this job.* ○ *Just be honest – do you like this skirt or not?* ▶ **uczciwy, prawy; szczery 2** showing honest qualities: *I'd like your honest opinion, please.* ○ *an honest face* ▶ **uczciwy, szczery** ❶ Antonim: **dishonest**.
□ **honestly** adv. **1** in an honest way: *He tried to answer the lawyer's questions honestly.* ▶ **szczerze, uczciwie 2** (used for emphasizing sth): *I honestly don't know where she has gone.* ▶ **naprawdę, szczerze 3** (used for expressing disapproval): *Honestly! What a mess!* ▶ **naprawdę!**

★**honesty** /'ɒnəsti/ noun [U] the quality of being honest ❶ Antonim: **dishonesty**. ▶ **uczciwość**

honey /'hʌni/ noun [U] the sweet sticky substance that is made by bees and that people eat ❶ **Honey** jest też używane w znaczeniu **darling** (zwłaszcza w USA). ▶ **miód**
■ **'honeycomb** /'hʌnikəʊm/ noun [C,U] the wax structure with many six-sided holes that bees make for keeping their honey and eggs in ▶ **plaster miodu**

honeymoon /'hʌnimuːn/ noun [C] a holiday that is taken by a man and a woman who have just got married ▶ **miesiąc miodowy**

honeysuckle /'hʌnisʌkl/ noun [U] a climbing plant with sweet-smelling yellow or pink flowers ▶ **kapryfolium**

honk /hɒŋk/ verb [I,T] to sound the horn of a car; to make this sound ▶ **trąbić (klaksonem)**

honorary /'ɒnərəri; US -reri/ adj. **1** given as an honour (without the person needing the usual qualifications): *to be awarded an honorary degree* ▶ **honorowy 2** (often **Honorary**) (abbr. **Hon**) not getting any money for doing a job: *He is the Honorary President.* ▶ **honorowy**

★**honour¹** (US **honor**) /'ɒnə(r)/ noun **1** [sing.] something that gives pride or pleasure: *It was a great honour to be asked to speak at the conference.* ○ *He did me the honour of mentioning my name in the introduction.* ▶ **zaszczyt 2** [U] the respect from other people that a person, country, etc. gets because of high standards of behaviour and moral character; the quality of doing what is morally right: *a man of honour* ○ *to fight for the honour of your country* ○ *I give you my word of honour.* ➲ Por. **dishonour**. ▶ **honor, cześć 3** [C] something that is given to a person officially, to show great respect: *He has been given several honours for his work with disabled children.* ▶ **zaszczyt, honory 4** (**Honours**) [pl.] (abbr. **Hons**) a result for a university degree that is higher than a pass: *He graduated with first-class honours in physics.* ○ *She was awarded second-class honours in music.* ▶ **końcowa ocena studiów akademickich, wyższa od dostatecznej**
IDIOM **in honour of sb/sth; in sb/sth's honour** out of respect for sb/sth: *A party was given in honour of the guests from Bonn.* ▶ **na cześć**

★**honour²** (US **honor**) /'ɒnə(r)/ verb [T] **1 honour sb/sth (with sth)** to show great (public) respect for sb/sth or to give sb pride or pleasure: *I am very honoured by the confidence you have shown in me.* ▶ **zaszczycać, uczcić 2** to keep a promise to do sth ▶ **dotrzymywać (obietnicy/słowa)**

honourable (US **honorable**) /'ɒnərəbl/ adj. **1** acting in a way that makes people respect you; having or showing honour: *The only honourable thing to do was to resign.* ○ *an honourable person* ➲ Por. **dishonourable**. ▶ **honorowy, uczciwy 2** (**the Honourable**) (abbr. **Hon**) a title that is given to some high officials, to the children of some noblemen and to Members of Parliament when they are speaking to each other ▶ **czcigodny**
□ **honourably** (US **honorably**) /-əbli/ adv. ▶ **honorowo, uczciwie**

Hons abbr. Honours (in Bachelor degrees): *John North BSc (Hons)* ▶ **stopień akademicki** (*wyższy od bakałarza, ale nie magistra*)

hood /hʊd/ noun [C] **1** the part of a coat, etc. that you use to cover your head and neck in bad weather ▶ **kaptur 2** a soft cover for a car, or baby's pram that can be folded down in good weather ▶ **budka, daszek 3** (US) = BONNET(1)

hoof /hu:f/ noun [C] (pl. **hoofs** or **hooves** /hu:vz/) the hard part of the foot of horses and some other animals ▶ **kopyto, racica**

hook¹ /hʊk/ noun [C] **1** a curved piece of metal, plastic, etc. that is used for catching sth or hanging sth on: *a fish-hook* ○ *Put your coat on the hook over there.* ▶ **hak 2** (used in boxing) a blow or punch that is given with the elbow bent: *a right hook* ▶ **(cios) sierpowy**

IDIOMS **get (sb) off the hook**; **let sb off the hook** (informal) to free yourself or sb else from a difficult situation or a punishment ▶ **wyciągać kogoś/wyjść z tarapatów** | **off the hook** (used about the telephone receiver) not in position, so that telephone calls cannot be received ▶ **nie na widełkach**

■ ˌ**hook and 'eye** noun [C] a thing that is used for fastening clothes ▶ **haftka**

hook² /hʊk/ verb **1** [I,T] to fasten sth or to be fastened with a hook or sth like a hook ▶ **zahaczać (się), zaczepiać (się) 2** [T] to catch hold of sth with a hook or with sth shaped like a hook ▶ **łapać na hak, łowić**

IDIOM **be/get hooked (on sth)** (slang) **1** to like (doing) sth very much: *Brian is hooked on computer games.* ▶ **być napalonym/napalać się na coś 2** to be dependent on (addicted to) drugs, alcohol, etc.: *to be hooked on gambling* ▶ **być w szponach/sidłach (czegoś)**

PHRASAL VERB **hook (sb/sth) up (to sth)** to connect sb/sth to a piece of electronic equipment or to a power supply ▶ **łączyć**

□ **hooked** adj. shaped like a hook: *a hooked nose* ▶ **zakrzywiony, haczykowaty**

hooligan /'hu:lɪgən/ noun [C] a young person who behaves in a violent and aggressive way in public places: *football hooligans* ➲ Por. **lout**. Ma podobne znaczenie. ▶ **chuligan**

□ **hooliganism** /-ɪzəm/ noun [U] ▶ **chuliganizm**

hoop /hu:p/ noun [C] a large metal or plastic ring ▶ **obręcz, koło**

hooray /hu'reɪ/ (also **hurrah**) (also **hurray**) interj. (used for expressing great pleasure, approval, etc.) ▶ **hura!**

hoot /hu:t/ noun **1** [C] (especially Brit.) the short loud laugh or shout: *hoots of laughter* ▶ **parsknięcie, (*śmiechem*) krzyk 2** [sing.] (spoken) a situation or a person that is very funny: *That film is a real hoot!* ▶ **ubaw**; **błazen 3** [C] the sound that is made by an owl, a ship's or car's horn, etc. ▶ **hukanie** (*sowy*), **trąbienie** (*klaksonu*), **wycie** (*syreny statku*)

□ **hoot** verb [I,T] to sound the horn of a car or to make a loud noise : *The driver hooted at the dog but it wouldn't move.* ○ *They hooted with laughter at the suggestion.* ▶ **trąbić (klaksonem)**; **ryczeć**

Hoover™ /'hu:və(r)/ noun [C] a vacuum cleaner (used to clean carpets by sucking up the dirt) ▶ **odkurzacz**

□ **hoover** verb [I,T] to clean a carpet, etc. with a vacuum cleaner: *This carpet needs hoovering.* ○ *We'd better hoover up before our visitors arrive.* ▶ **odkurzać**

hooves /hu:vz/ pl. of HOOF

hop¹ /hɒp/ verb [I] (**hopping**; **hopped**) **1** (used about a person) to jump on one leg ▶ **skakać na jednej nodze 2** (used about an animal or a bird) to jump with both or all feet together ▶ **skakać 3** (informal) to go somewhere quickly or for a short time: *Hop upstairs* (skocz na górę) *and get my glasses, would you?* ▶ **skakać (szybko pójść/pobiec) 4 hop (from sth to sth)** to change from one activity or subject to another: *I like to hop from channel to channel when I watch TV.* ▶ **przeskakiwać**

IDIOM **hop it!** (slang) Go away! ▶ **spadaj!, zjeżdżaj!**

PHRASAL VERBS **hop in/into sth**; **hop out/out of sth** (informal) to get in or out of a car, etc. (quickly): *Hop in! I'll give you a lift to town.* ▶ **wskakiwać/wyskakiwać (do/z czegoś)** | **hop on/onto sth**; **hop off sth** to get onto/off a bus, etc. (quickly) ▶ **wskakiwać/wyskakiwać (do/z czegoś)**

□ **hop** noun [C] an act of hopping ▶ **podskok (na jednej nodze)**

hop² /hɒp/ noun **1** [C] a tall climbing plant with flowers ▶ **chmielina 2** (**hops**) [pl.] the flowers of this plant that are used in making beer ▶ **chmiel**

★**hope** /həʊp/ noun **1** [C,U] **hope (of/for sth)**; **hope (of doing sth/that...)** the feeling of wanting sth to happen and thinking that it will: *She never gave up hope that a cure for the disease would be found.* ○ *What hope is there for the future?* ○ *There is no hope of finding anybody else alive.* ○ *David has high hopes* (wielką nadzieję) *of becoming an accountant.* ▶ **nadzieja 2** [C, usually sing.] a person or thing that gives you hope: *Please can you help me? You're my last hope.* ▶ **nadzieja**

IDIOMS **in the hope of sth/that...** because you want sth to happen: *I came here in the hope that we could talk privately.* ▶ **w nadziei na coś/że; w oczekiwaniu czegoś/że** | **a ray of hope** see also RAY

□ **hope** verb [I,T] **hope (for sth)**; **hope to do sth**; **hope (that) sth will happen** to want sth to happen or be true: *I hope that you feel better soon.* ○ *Hoping to hear from you soon.* (Pisze się na końcu listu.) ○ *'Is it raining?' 'I hope not.'* ○ *'Are you coming to London with us ?' 'I'm not sure yet but I hope so.'* ▶ **mieć nadzieję; ufać, że; oczekiwać czegoś**

hop/jump/bounce

hopeful /ˈhəʊpfl/ adj. **1** thinking that sth that you want to happen will happen: *He's very hopeful about the success of the business.* ○ *The ministers seem hopeful that an agreement will be reached.* ▶ **pełen nadziei, ufny 2** making you think that sth good will happen: *a hopeful sign* ▶ **obiecujący, rokujący nadzieję**
□ **hopefully** adv. **1** in a hopeful way: *She smiled hopefully at me, waiting for my answer.* ▶ **z nadzieją 2** I/we hope; if everything happens as planned: *Hopefully, we'll be finished by six o'clock.* ▶ **mam/y nadzieję, że; jak dobrze pójdzie, to**

hopeless /ˈhəʊpləs/ adj. **1** giving no hope that sth will be successful or get better: *This is a hopeless situation. There is nothing we can do.* ▶ **beznadziejny 2 hopeless (at sth)** (informal) (used about a person) often doing things wrong; very bad at doing sth: *You're hopeless. You always forget my birthday.* ○ *I'm absolutely hopeless at tennis.* ▶ **beznadziejny**
□ **hopelessly** adv.: *They were hopelessly lost.* ▶ **beznadziejnie, rozpaczliwie** | **hopelessness** noun [U] ▶ **beznadziejność, rozpaczliwość**

horde /hɔːd/ noun [C] a very large number of people ▶ **horda**

★**horizon** /həˈraɪzn/ noun **1** [sing.] the line where the earth and sky appear to meet: *The ship appeared on/disappeared over the horizon.* ▶ **horyzont 2** (**horizons**) [pl.] the limits of your knowledge or experience: *Foreign travel is a good way of expanding your horizons.* ▶ **horyzonty**
IDIOM **on the horizon** likely to happen soon: *There are further job cuts on the horizon.* ▶ **w perspektywie**

horizontal /ˌhɒrɪˈzɒntl/ adj. going from side to side, not up and down; flat or level ▶ **poziomy**
□ **horizontally** /-təli/ adv. ▶ **poziomo**

hormone /ˈhɔːməʊn/ noun [C] a substance in the body that influences growth and development ▶ **hormon**

★**horn** /hɔːn/ noun [C] **1** one of the hard pointed things that cows, goats, etc. have on their heads ▶ **róg 2** the thing in a car, etc. that gives a loud warning sound: *Don't sound your horn late at night.* ○ *a foghorn* ▶ **klakson 3** one of the family of brass musical instruments that you play by blowing into them: *a French horn* ➲ Zob. uwaga przy **piano**. ▶ **róg**

hornet /ˈhɔːnɪt/ noun a large wasp that can give you a painful sting ▶ **szerszeń**
IDIOM **a hornet's nest** angry argument, criticism, etc. involving a lot of people: *His letter to the papers has stirred up/uncovered a real hornet's nest.* ▶ (*wywołać*) **burzę**

horoscope /ˈhɒrəskəʊp/ noun [C] (also **stars** [pl.]) a statement about what is going to happen to a person in the future, based on the position of the stars and planets when they were born ▶ **horoskop**

horrendous /hɒˈrendəs/ adj. (informal) very bad or unpleasant: *The queues were absolutely horrendous.* ▶ **straszliwy, horrendalny**
□ **horrendously** adv. ▶ **straszliwie, horrendalnie**

horrible /ˈhɒrəbl/ adj. **1** causing fear or shock: *a horrible murder* ▶ **straszny, okropny 2** (informal) very bad or unpleasant: *We had a horrible day in London.* ○ *This tastes horrible!* ○ *I've got a horrible feeling that I've forgotten something.* ▶ **straszny, paskudny, okropny**
□ **horribly** /-əbli/ adv. ▶ **strasznie, okropnie**

horrid /ˈhɒrɪd/ adj. (informal) very unpleasant or unkind: *We had horrid weather in Italy.* ○ *I'm sorry that I was so horrid last night.* ▶ **straszny; nieznośny, wstrętny**

horrific /həˈrɪfɪk/ adj. **1** causing fear or shock: *a horrific road accident* ▶ **przerażający, straszliwy 2** (informal) very bad or unpleasant: *We had a horrific journey!* ▶ **okropny, paskudny**
□ **horrifically** /-kli/ adv.: *horrifically expensive* ▶ **strasznie, okropnie, przerażająco**

horrify /ˈhɒrɪfaɪ/ verb [T] (pres. part. **horrifying**; 3rd pers. sing. pres. **horrifies**; pt, pp **horrified**) to shock sb greatly: *I was horrified by the conditions they were living in.* ▶ **przerażać**
□ **horrifying** adj. ▶ **przerażający**

horror /ˈhɒrə(r)/ noun **1** [U, sing.] a feeling of great fear or shock: *They watched in horror as the building collapsed.* ○ *She has a horror of rats.* ▶ **przerażenie, wstręt 2** [C] something that makes you feel frightened or shocked: *I'll never forget the horror of what I saw that day.* ○ *the horrors of war* ▶ **okropność, makabra**
■ **ˈhorror film** noun [C] a film that entertains people by showing frightening or shocking things ▶ **horror**

hors d'oeuvre /ˌɔː ˈdɜːv/ noun (pl. **hors d'oeuvre** or **hors d'oeuvres** /ˌɔː ˈdɜːv/) a small amount of food, usually cold, usually served before the main part of a meal ➲ Por. **starter**. ▶ **przystawka, przekąska**

★**horse** /hɔːs/ noun **1** [C] a large animal that is used for riding on or for pulling or carrying heavy loads: *horse riding* jazda konna ▶ **koń**

> A male horse is a **stallion**, a female horse is a **mare** and a young horse is a **foal**. A horse **neighs**.

2 (**the horses**) [pl.] (informal) horse racing ▶ **wyścigi konne**
IDIOM **on horseback** sitting on a horse: *policemen on horseback* policjanci na koniach ❶ Policja jeżdżąca konno nazywa się także **mounted police**. ▶ **konno**
■ **ˈhorseman** /-mən/ noun [C] (pl. **horsemen** /-mən/) a man who rides a horse (well) ▶ **jeździec** | **ˈhorse racing** (also **racing**) noun [U] the sport in which a jockey rides a horse in a race to win money ▶ **wyścigi konne**

> Horse racing takes place at a **racecourse**. People often **bet** on the results of **horse races**.

| **ˈhorseshoe** (also **shoe**) noun [C] a U-shaped piece of metal that is fixed to the bottom of a horse's hoof. People believe that horseshoes bring good luck. ▶ **podkowa** | **ˈhorsewoman**

/-wʊmən/ noun [C] (pl. **horsewomen** /-wɪmɪn/) a woman who rides a horse (well) ▶ **amazonka**

horse chestnut /ˌhɔːs ˈtʃesnʌt/ noun [C] **1** a large tree that has leaves divided into seven sections and pink or white flowers ▶ **kasztanowiec zwyczajny** **2** (informal **conker**) the nut from this tree ▶ **kasztan**

horsepower /ˈhɔːspaʊə(r)/ noun [C] (pl. **horsepower**) (abbr. **h.p.**) a measure of the power of an engine, etc.: *a ten horsepower engine* ▶ **koń mechaniczny**

horseradish /ˈhɔːsrædɪʃ/ noun [U] a plant with a hot-tasting root which is used for making a cold sauce ▶ **chrzan**

horticulture /ˈhɔːtɪkʌltʃə(r)/ noun [U] the study of how to grow flowers, fruit and vegetables ▶ **ogrodnictwo**

□ **horticultural** /ˌhɔːtɪˈkʌltʃərəl/ adj. ▶ **ogrodniczy**

hose /həʊz/ (also **ˈhosepipe**) noun [C,U] a long rubber or plastic tube that is used for getting water from one place to another, in the garden or when there is a fire ➲ Ilustr. do **garden**. ▶ **wąż, szlauch**

hospice /ˈhɒspɪs/ noun [C] a special hospital where people who are dying are cared for ▶ **zakład dla nieuleczalnie chorych**

hospitable /hɒˈspɪtəbl; ˈhɒspɪtəbl/ adj. (used about a person) friendly and welcoming to visitors ➲ Por. **inhospitable**. ▶ **gościnny**

***hospital** /ˈhɒspɪtl/ noun [C] a place where ill or injured people are treated: *He was rushed to hospital in an ambulance.* ○ *to be admitted to/discharged from hospital* być przyjętym do/wypisanym ze szpitala ▶ **szpital**

> A person who is being treated in a hospital by **doctors** and **nurses** is a **patient**. If you have an accident, you are taken first to the **casualty department** / **accident and emergency** (US **emergency room**).

> Zwróć uwagę na różnicę między zdaniami *My brother works in the local hospital* i *He's very ill in hospital.* **In hospital**, **to hospital** to specjalne wyrażenia, które oznaczają pobyt w szpitalu z powodu choroby i są używane bez przedimka **a** lub **the**: *All the people who were hurt in the accident have been taken to hospital.*

hospitality /ˌhɒspɪˈtæləti/ noun [U] looking after guests and being friendly and welcoming towards them ▶ **gościnność**

***host**[1] /həʊst/ noun [C] **1** a person who receives and entertains visitors: *He acted as our host.* ○ *the host country for the next Olympic Games* ➲ Por. **hostess**. ▶ **gospod-arz/yni** **2** a person who introduces a television or radio show and talks to visiting guests ▶ **gospod-arz/yni programu**

□ **host** verb [T] to act as a host or hostess ▶ **gościć, pełnić honory/obowiązki gospodarza/gospodyni**

host[2] /həʊst/ noun [C] a large number (of people or things): *I've got a whole host of things I want to discuss with him.* ▶ **chmara, mnóstwo**

***hostage** /ˈhɒstɪdʒ/ noun [C] a person who is caught and kept prisoner by a person or group. The hostage may be killed or injured if that person or group does not get what it is asking for: *The hijackers kept the men as hostages.* ▶ **zakładni-k/czka**

IDIOM **take/hold sb hostage** to catch/keep sb as a hostage ▶ **brać/trzymać zakładni-ka/czkę**

hostel /ˈhɒstl/ noun [C] a place (like a cheap hotel) where people can stay when they are living away from home or have no home: *a youth/student hostel* ○ *a hostel for the homeless* ▶ **schronisko, przytułek**

hostess /ˈhəʊstəs; -tes/ noun [C] **1** a woman who receives and entertains visitors ▶ **gospodyni** **2** a woman who introduces a television or radio show and talks to visiting guests ▶ **gospodyni programu** ➲ Por. **host**. **3** = AIR HOSTESS

hostile /ˈhɒstaɪl; US -tl/ adj. very unfriendly towards sb/sth; not having a good opinion of sb/sth: *a hostile crowd* ○ *They are very hostile to any change.* ▶ **wrogi; wrogo usposobiony**

hostility /hɒˈstɪləti/ noun **1** [U] being unfriendly towards sb/sth: *She didn't say anything but I could sense her hostility.* ▶ **wrogość, wrogie nastawienie** **2** [U] thinking that sth is bad: *They didn't try to hide their hostility to the government.* ▶ **wrogość, wrogie nastawienie** **3** (**hostilities**) [pl.] fighting in a war: *Negotiations have led to an end to hostilities.* ▶ **działania wojenne**

***hot** /hɒt/ adj. (**hotter**; **hottest**) **1** having (quite) a high degree of heat; not cold: *Can I open the window? I'm really hot* (jest mi strasznie gorąco). ○ *It's hot today* (gorąco dzisiaj), *isn't it?* ○ *Do you like this hot weather?* ○ *a hot meal* ▶ **gorący**

> Można opisać temperaturę czegoś jako **freezing (cold)**, **cold**, **cool**, **tepid** (o wodzie), **warm**, **hot** lub **boiling (hot)**.

2 (used about food) causing a burning feeling in your mouth: *hot curry* ▶ **palący, ostry** **3** (informal) difficult or dangerous to deal with: *When things got too hot* (gdy sprawy przybrały zbyt ostry obrót) *most journalists left the area.* ▶ **skomplikowany** **4** (informal) exciting and popular: *This band is hot stuff!* ▶ **popularny, modny**

IDIOMS **be hot at/on sth** to know a lot about sth ▶ **być dobrze zorientowanym, dobrze znać się (na czymś)** | **be in hot pursuit (of sb)** to be following sb closely because you are determined to catch them ▶ **tropić (kogoś) niezmordowanie**

□ **hot** verb (**hotting**; **hotted**)

PHRASAL VERB **hot up** (informal) to become more exciting, with more things happening, etc.: *The election campaign has really hotted up in the past few days.* ▶ **rozgrzewać się, nabierać tempa**

hotly adv. **1** angrily or with force: *They hotly denied the newspaper reports.* ▶ **gniewnie,**

gorąco, gwałtownie **2** closely: *The dog ran off, hotly pursued by its owner.* ▶ **gorączkowo, blisko**

■ ˌ**hot-ˈair balloon** noun [C] = BALLOON(2) | ˌ**hot cross ˈbun** noun [C] a small sweet bread roll that contains currants and has a pattern of a cross on top, traditionally eaten in Britain around Easter ▶ **ciasto drożdżowe z rodzynkami** | ˈ**hot dog** noun [C] a hot sausage that is eaten in a soft bread roll ▶ **hot dog** | ˈ**hothouse** noun [C] a heated building, made of glass, where plants are grown ➲ Por. **greenhouse**. ▶ **cieplarnia** | ˌ**hot-ˈwater bottle** noun [C] a rubber container that is filled with hot water and put in a bed to warm it ▶ **termofor**

⋆**hotel** /həʊˈtel/ noun [C] a place where you pay to stay (and perhaps have your meals) when you are on holiday or travelling: *We stayed in a really nice hotel in Devon.* ○ *I've booked a double room at the Grand Hotel.* ○ *a two-star hotel* ▶ **hotel**

> You book a **double**, **single** or **twin-bedded** room at a hotel. When you arrive you **check in** or **register** and when you leave you **check out**.

□ **hotelier** /həʊˈteliə(r); US ˌhəʊtelˈjeɪ/ noun [C] a person who owns or manages a hotel ▶ **właściciel/ka lub dyrektor/ka hotelu**

hotline /ˈhɒtlaɪn/ noun [C] a direct telephone line ▶ **gorąca linia**

hound /haʊnd/ noun [C] a type of dog that is used for hunting or racing: *a foxhound* ▶ **ogar, pies gończy**

□ **hound** verb [T] to follow and disturb sb: *The Royal Family are always being hounded by the press.* ▶ **tropić**

⋆**hour** /ˈaʊə(r)/ noun **1** [C] a period of 60 minutes: *He worked for three hours after supper.* ○ *The programme lasts about half an hour.* ○ *I've been waiting here for hours.* ○ *I'll be back in about an hour.* ○ *a four-hour journey* ▶ **godzina** **2** [C] the distance that you can travel in about 60 minutes: *London is only two hours away.* ▶ **godzina drogi** **3** (**the hour**) [sing.] the time when a new hour starts (i.e. 1 o'clock, 2 o'clock, etc.): *Trains to Reading leave at two minutes past the hour.* ▶ **(pełna) godzina** **4** (**hours**) [pl.] the period of time when sb is working or a shop, etc. is open: *Office hours* (godziny pracy/otwarcia) ○ *Visiting hours* (godziny odwiedzin) ○ *The men are demanding shorter working hours* (krótszego dnia pracy). ▶ **godziny** **5** [C] a period of time: *I'm going shopping in my lunch hour.* ○ *The traffic is very bad in the rush hour* (w godzinie szczytu). ▶ **godzina**

IDIOMS **at/till all hours** at/till any time: *She stays out till all hours.* ▶ **o różnych porach; do późnych godzin** | **the early hours** → EARLY | **on the hour** at exactly 1, 2, 3, etc. o'clock ▶ **o pełnej godzinie**

□ **hourly** /ˈaʊəli/ adv. every hour: *This medicine must be taken hourly.* ▶ **co godzina** | **hourly** adj. **1** done or happening every hour: *an hourly news bulletin* ▶ **cogodzinny** **2** for an hour: *What is your hourly rate of pay?* ▶ **godzinowy**

⋆**house**[1] /haʊs/ noun [C] (pl. **houses** /ˈhaʊzɪz/) **1** a building that is made for one family to live in ➲ Por. **bungalow**, **cottage** i **flat**. ▶ **dom**

> You can **build**, **do up**, **redecorate** or **extend** a house. You may **rent** a house from somebody or **let** it out to somebody else. If you want to **move house**, you go to an **estate agent**.

> **Home** jest miejscem, gdzie mieszkasz, nawet jeżeli nie jest to dom w architektonicznym sensie tego słowa: *Let's go home to my flat.* Słowo **home** oznacza też miejsce, z którym się identyfikujesz. Natomiast **house** oznacza tylko budynek: *We've only just moved into our new house and it doesn't feel like home yet.*

2 [usually sing.] all the people who live in one house: *Don't shout. You'll wake the whole house up* (zbudzisz cały dom). ▶ **wszyscy ludzie w domu** **3** a building that is used for a particular purpose: *a warehouse* magazyn ○ *a public house* pub ▶ **budynek konkretnego przeznaczenia** **4** a large firm involved in a particular kind of business: *a fashion house* dom mody ○ *a publishing house* wydawnictwo **5** a restaurant, usually that sells one particular type of food: *a curry/spaghetti house* ○ *house wine* wino firmowe ▶ **rodzaj restauracji** **6** (**House**) a group of people who meet to make a country's laws: *the House of Commons* Izba Gmin ○ *the Houses of Parliament* izby parlamentu/parlament ➲ Zob. uwaga przy **Parliament**. ▶ **izba parlamentarna** **7** [usually sing.] the people at a theatre or cinema, or the area where they sit: *There was a full house for the play this evening.* ▶ **widownia**

IDIOMS **get on/along like a house on fire** to become friends quickly and have a very friendly relationship ▶ **świetnie się dogadywać** | **move house** → MOVE[2] | **on the house** paid for by the pub, restaurant, etc. that you are visiting; free: *Your first drink is on the house.* ▶ **na rachunek firmy**

■ ˈ**houseboat** noun [C] a boat on a river, etc. where sb lives and which usually stays in one place ▶ **(stacjonarna) łódź mieszkalna** | ˈ**housebound** adj. unable to leave your house because you are old or ill ▶ **nie wychodzący z domu (z powodu choroby, starości)** | ˈ**housekeeper** noun [C] a person who is paid to look after sb else's house and organize the work in it ▶ **osoba prowadząca dom, gosposia** | ˈ**housekeeping** noun [U] **1** managing and organizing the work in a house ▶ **gospodarowanie (w domu)** **2** the money that you need to manage a house ▶ **budżet domowy** | **the** ˌ**House of ˈCommons** noun [sing.] the Members of Parliament who are elected to make new laws in Britain ▶ **Izba Gmin** (*niższa, wybieralna izba parlamentu brytyjskiego*) | ˈ**house officer** noun [C] (in Britain) a doctor who has finished medical school and who is working at a hospital to get further practical experience ➲ Por. **intern**. ▶ **młody lekarz odbywający staż w szpitalu** | **the** ˌ**House of ˈLords** noun [sing.] the group of people (who are not elected) who meet to discuss the laws that have been suggested by the House of Commons ➲ Zob. uwaga przy **parliament**. ▶ **Izba Lordów** (*wyższa, nie wybieralna izba parlamentu brytyjskiego*) | **the ˌHouse of ˌRepre'sentatives** noun [sing.] the group of people who are elected to make new laws in the USA ➲ Por. **Congress** i **Senate**. ▶ **Izba Reprezentantów** (*niższa izba parlamentu amerykańskiego*) | **'house-proud** adj. paying great attention to the care, cleaning, etc. of your house ▶ **dbający o wygląd swojego domu** | **ˌhouse-to-'house** adj. going to each house: *The police are making house-to-house enquiries.* ▶ **od domu do domu** | **'house-warming** noun [C] a party that you give when you have just moved into a new home ▶ **oblewanie mieszkania/domu** | **'housewife** noun [C] (pl. **housewives**) a woman who does not have a full-time job outside the home and who spends her time doing housework, cooking, looking after her family, etc. ❶ Używa się tylko o kobiecie zamężnej. Odpowiednik męski: **house husband**. ▶ **gospodyni domowa** | **'housework** noun [U] the work that is needed to keep a house clean and tidy ❶ Uwaga! Słowo oznaczające pracę domową zadaną uczniom przez nauczycieli to **homework**. ▶ **prace domowe**

house² /haʊz/ verb [T] **1** to provide sb with a place to live: *The Council must house homeless families.* ▶ **dawać mieszkanie, zapewniać schronienie** **2** to contain or keep sth: *Her office is housed in a separate building.* ▶ **umieszczać**

★**household** /'haʊshəʊld/ noun [C] all the people who live in one house and the housework, money, organization, etc. that is needed to look after them: *Almost all households have a television.* ○ *household expenses* ▶ **gospodarstwo domowe**

□ **householder** /-həʊldə(r)/ noun [C] a person who rents or owns a house ▶ **właściciel lub najemca domu/mieszkania**

★**housing** /'haʊzɪŋ/ noun [U] houses, flats, etc. for people to live in: *We need more housing that is suitable for elderly people.* ○ *the Council's housing department* (wydział mieszkaniowy) ▶ **pomieszczenia mieszkalne**

■ **'housing estate** noun [C] an area where a large number of houses are planned and built at the same time ▶ **osiedle mieszkaniowe**

hover /'hɒvə(r); US 'hʌvər/ verb [I] **1** (used about a bird, etc.) to stay in the air in one place ▶ **wisieć w powietrzu, unosić się** **2** (used about a person) to wait near sb/sth: *He hovered outside until he could see that she was free.* ▶ **kręcić się (koło kogoś/czegoś)**

■ **'hovercraft** noun [C] (pl. **hovercraft**) a type of boat that moves over land or water on a cushion of air: *We took the hovercraft from Dover to Calais.* ▶ **poduszkowiec**

★**how** /haʊ/ adv. **1** (used in questions) in what way: *How do you spell your name?* ○ *Can you show me how to use this machine?* ▶ **jak, w jaki sposób** **2** (used when you are asking about sb's health): *'How is your mother?' 'She's much better, thank you.'* ▶ **jak**

> **How** używa się tylko w pytaniach o czyjeś zdrowie. Kiedy pytanie dotyczy czyjegoś charakteru lub wyglądu, stosuje się **what... like?**: *What is your mother like* (jak wygląda twoja mama)*?*

3 (used when you are asking about a thing or a situation): *How is your meal?* ○ *How was the weather?* ▶ **jak, jaki** **4** (used in questions before an adjective or adverb when you are asking about the degree, amount, age, etc. of sb/sth): *How old are you* (ile masz lat)*?* ○ *How much is that* (ile to kosztuje)*?* ○ *How long did it take to get here?* ▶ **ile, jak** **5** (used for expressing surprise, shock, thanks, pleasure, etc.): *How sweet* (jak miło) *of you to remember my birthday.* ○ *How could he have lied to me?* ▶ **jak**

IDIOMS **how/what about...?** → ABOUT² | **how come?** → COME | **how do you do?** (formal) (used when meeting sb for the first time) ▶ **miło mi**

> Uwaga! Na pytania **How are you?** i **How do you do?** odpowiada się w różny sposób. Na pytanie **How do you do?** odpowiada się tymi samymi słowami **How do you do?** Odpowiedź na **How are you?** zależy od tego, jak się czujesz: *'How are you?' 'I'm fine.'/ 'Very well.'/'Much better.'*

□ **how** conj. the way in which: *I can't remember how to get there* (w jaki sposób/jak tam się dostać). ▶ **jak**

★**however¹** /haʊ'evə(r)/ adv. (before an adjective or adverb) to whatever degree: *He won't wear a hat however cold it is* (bez względu na to, jak jest zimno). ○ *You can't catch her however fast you run.* ▶ **bez względu (na coś)**

□ **however** conj. in whatever way: *However I sat I couldn't get comfortable.* ○ *You can dress however you like.* ▶ **jakkolwiek** | **however** adv. (used in questions for expressing surprise) in what way; how: *However did you manage to find me here?* ○ *However could he afford a car like that?* ❶ Jeśli w podobnych pytaniach używa się przysłówka **how**, nie oddaje on tak dużego zdziwienia, jak przysłówek **however**. ▶ **w jaki sposób**

★**however²** /haʊ'evə(r)/ adv. (used for adding a comment on what you have just said) although sth is true: *Sales are poor this month. There may, however, be an increase before Christmas.* ▶ **jakkolwiek, jednak**

howl /haʊl/ noun [C] a long loud cry made by a dog or a wolf: (figurative) *The minister's statement met with howls of protest.* ▶ **wycie; ryk**

□ **howl** verb [I] to make a howl or say sth with a howl: *The wind howled around the house.* ▶ **wyć**

h.p. (also **HP**) /ˌeɪtʃ 'piː/ abbr. **1** horsepower (of an engine) ▶ **KM** **2** (Brit.) hire purchase ▶ **na raty**

HQ /ˌeɪtʃ 'kjuː/ abbr. headquarters ▶ **kwatera główna, zarząd główny**

hr abbr. (pl. **hrs**) hour: *journey time: 3 hrs 15 min* ▶ **godz.**

hub /hʌb/ noun [usually sing.] **1 the hub (of sth)** the central and most important part of a place or an activity: *the commercial hub of the city* **2** the round central part of a wheel ▶ **piasta**

hubbub /ˈhʌbʌb/ noun [sing., U] **1** the noise made by a lot of people talking at the same time: *I couldn't hear the announcement over the hubbub.* ▶ **zgiełk, wrzawa 2** a situation in which there is a lot of noise, excitement and activity: *the hubbub of city life* ▶ **zgiełk**

huddle /ˈhʌdl/ verb [I] **1** to get close to other people because you are cold or frightened: *The campers huddled (together) around the fire.* ▶ **stłoczyć się, zbijać się w grupę/kupę 2 huddle (up)** to curl your body up and wrap your arms around yourself because you are cold or frightened: *She huddled up in her sleeping bag and tried to get some sleep.* ▶ **kulić się, zwijać się w kłębek**

□ **huddle** noun [C] a small group of people or things that are close together: *They all stood in a huddle, laughing and chatting.* ▶ **grupa; kupa** | **huddled** adj.: *We found the children lying huddled together on the ground.* ▶ **skulony, zwinięty**

huff /hʌf/ noun [C, usually sing.]

IDIOM **in a huff** (informal) in a bad mood because sb has annoyed or upset you: *Did you see Stan go off in a huff when he wasn't chosen for the team?* ▶ **poirytowany, rozdrażniony**

hug /hʌg/ verb [T] (**hugging**; **hugged**) **1** to put your arms around sb to show that you love them: *He hugged his mother and sisters and got on the train.* ▶ **obejmować (kogoś), uściskać, przytulać 2** to hold sth close to your body: *She hugged the parcel to her chest.* ▶ **przyciskać 3** (used about a ship, car, etc.) to keep close to sth: *to hug the coast* ▶ **(blisko) trzymać się (czegoś)**

□ **hug** noun [C] an act of hugging: *She gave the child a hug and he stopped crying.* ▶ **uścisk, objęcie**

★**huge** /hjuːdʒ/ adj. very large: *There is a huge amount of work still to be done.* ○ *a huge building* ▶ **ogromny, olbrzymi**

□ **hugely** adv.: *The play was hugely successful.* ▶ **ogromnie**

huh /hʌ/ interj. (informal) (used for expressing anger, surprise, etc. or for asking a question): *They've gone away, huh? They didn't tell me.* ▶ **co**

hull /hʌl/ noun [C] the body of a ship ▶ **kadłub**

hullabaloo /ˌhʌləbəˈluː/ noun [C, usually sing.] a lot of loud noise, e.g. people shouting ▶ **zgiełk, harmider**

hullo = HALLO

hum /hʌm/ verb (**humming**; **hummed**) **1** [I] to make a continuous low noise like the noise bees make: (figurative) *The classroom was humming with activity.* W klasie wrzała praca. ▶ **brzęczeć, buczeć 2** [I,T] to sing with your lips closed: *You can hum the tune if you don't know the words.* ▶ **śpiewać mormorando**

□ **hum** noun [C, usually sing.] a humming sound: *the hum of distant traffic* ▶ **szum, pomruk, buczenie**

★**human** /ˈhjuːmən/ adj. connected with people, not with animals or machines; typical of people: *the human body* ○ *The famine caused a terrible loss of human life.* ○ *a human skeleton* ○ *The disaster was caused by human error.* ○ *It's only human* (to ludzkie) *to be upset in a situation like that.* ▶ **ludzki, człowieczy**

□ **human** (also ˌ**human ˈbeing**) noun [C] a person; a man, woman or child ▶ **człowiek, istota ludzka** | **humanly** adv.: *They did all that was humanly possible* (w ludzkiej mocy) *to rescue him.* ▶ **ludzko, po ludzku**

■ ˌ**human ˈnature** noun [U] feelings, behaviour, etc. that are common to all people: *It's only human nature to want the best for yourself and your family.* ▶ **natura ludzka** | **the** ˌ**human ˈrace** noun [sing.] all the people in the world (when you are thinking of them as a group) ▶ **rasa ludzka** | ˌ**human ˈrights** noun [pl.] the basic freedoms that all people should have, e.g. the right to say what you think, travel freely, etc. ▶ **prawa człowieka**

humane /hjuːˈmeɪn/ adj. having or showing kindness or understanding especially to a person or an animal that is suffering: *A civilized society treats disabled people in a humane way.* ❶ Antonim: **inhumane**. ▶ **humanitarny, ludzki**

□ **humanely** adv. ▶ **humanitarnie, po ludzku**

humanitarian /hjuːˌmænɪˈteəriən/ adj. concerned with trying to make people's lives better and reduce suffering ▶ **humanitarny, filantropijny**

humanity /hjuːˈmænəti/ noun [U] **1** all the people in the world, thought of as a group; the human race: *crimes against humanity* ▶ **ludzkość 2** the quality of being kind and understanding: *The prisoners were treated with humanity* (po ludzku). ❶ Antonim: **inhumanity**. ▶ **humanitarność**

humble /ˈhʌmbl/ adj. **1** not thinking that you are better or more important than other people; not proud: *He always remained a very humble man.* ❶ Rzeczownik: **humility**. ▶ **skromny, pokorny 2** low in social status; unimportant: *She comes from a humble background.* ▶ **skromny, niskiego stanu**

□ **humble** verb [T] to make sb/yourself humble: *a humbling experience* ▶ **upokarzać** | **humbly** /ˈhʌmbli/ adv.: *He apologized very humbly for his behaviour.* ▶ **pokornie**

humid /ˈhjuːmɪd/ adj. (used about the air or climate) containing a lot of water; damp: *Hong Kong is hot and humid in summer.* ▶ **wilgotny**

□ **humidity** /hjuːˈmɪdəti/ noun [U] ▶ **wilgotność, wilgoć**

humiliate /hjuːˈmɪlieɪt/ verb [T] to make sb feel ashamed: *Did you have to humiliate me in front of all those people?* ▶ **upokarzać**

□ **humiliating** adj.: *a humiliating defeat* ▶ **upokarzający** | **humiliation** /hjuːˌmɪliˈeɪʃn/ noun [C,U] ▶ **upokorzenie**

humility /hjuːˈmɪləti/ noun [U] the quality of being modest or humble, i.e. not thinking that you are better than other people ▶ **uniżoność, pokora**

humorous /ˈhjuːmərəs/ adj. amusing or funny: *It's a very humorous book.* ○ *a humorous speaker* ▶ **zabawny, śmieszny**

□ **humorously** adv. ▶ **humorystycznie, zabawnie**

★**humour** (US **humor**) /ˈhjuːmə(r)/ noun [U] **1** the funny or amusing quality or qualities of sb/sth: *It's an awful situation but at least you can see the humour of it.* ○ *It is sometimes hard to understand the humour* (poczucie humoru) *of another country.* ▶ **humor 2** being able to see when sth is funny and to laugh at things: *Rose has a good sense of humour.* ▶ **poczucie humoru**

□ **humour** (US **humor**) verb [T] to keep sb happy by doing what they want: *When she's in a mood like this it's best to humour her.* ▶ **udobruchać, pobłażać, ustępować** | **-humoured** (US **-humored**) (in compounds) having or showing a particular mood: *good-humoured* dobroduszny ▶ (*określa nastrój*) | **humourless** (US **humorless**) adj. not able to see when things are funny ▶ **bez poczucia humoru**

hump /hʌmp/ noun [C] a round lump, e.g. on the back of a camel ▶ **garb**

hunch¹ /hʌntʃ/ noun [C] (informal) a thought or an idea that is based on a feeling rather than on facts or information: *I'm not sure, but I've got a hunch that she's got a new job.* ▶ **przeczucie, podejrzenie**

hunch² /hʌntʃ/ verb [I,T] to bend your back and shoulders forward in a round shape: *They sat there hunched up with the cold* (skuleni z zimna). ▶ **garbić się**

■ ˈ**hunchback** noun [C] a person with a back that has a hump on it ▶ **garbus/ka**

★**hundred** /ˈhʌndrəd/ number 100; one more than ninety-nine: *two hundred* ○ *There were a/one hundred people in the room.* ○ *She's a hundred today.* Skończyła dzisiaj sto lat? ➲ Zob. Dodatek 3. ▶ **sto**

> Zwróć uwagę, że używając liczb, np. 420, stawia się spójnik **and** po słowie **hundred**: *four hundred and twenty.* Liczby mnogiej **hundreds** używa się w znaczeniu „wiele" lub „dużo": *The boat cost hundreds of pounds* (setki funtów). ○ *Hundreds of people were left without electricity.*

□ **hundredth** /ˈhʌndrədθ/ pron., det., adv. 100th; next after ninety-ninth ▶ **setny** | **hundredth** noun [C] the fraction $^1/_{100}$; one of a hundred equal parts of sth ▶ **jedna setna**

■ ˈ**hundredweight** noun [C] (pl. **hundredweight**) (abbr. **cwt.**) a measure of weight; 50·8 kilograms. There are 112 pounds in a hundredweight. ❶ Amerykański cetnar odpowiada 100 funtom (45,4 kg). ▶ **cetnar**

hung pt, pp of HANG¹

★**hunger** /ˈhʌŋgə(r)/ noun [U] **1** the wish or need for food ▶ **głód 2** a lack of food: *to die of hunger* ❶ Uwaga! Nie można powiedzieć ~~*I have hunger*~~. Mówi się **I am hungry.** ▶ **głód**

□ **hunger** verb (formal)

PHRASAL VERB **hunger for/after sth** to have a strong desire for sth ▶ **pożądać**

■ ˈ**hunger strike** noun [C,U] a time when people (especially prisoners) refuse to eat because they are protesting about sth ▶ **strajk głodowy**

★**hungry** /ˈhʌŋgri/ adj. (**hungrier**; **hungriest**) **1** wanting to eat: *I'm hungry.* ○ *There were hungry children begging for food in the streets.* ▶ **głodny 2 hungry for sth** wanting sth very much: *I'm hungry for some excitement tonight.* ▶ **spragniony**

IDIOM **go hungry** not have any food: *I'd rather go hungry than eat that!* ▶ **głodować**

□ **hungrily** /ˈhʌŋgrəli/ adv. ▶ **pożądliwie, chciwie**

hunk /hʌŋk/ noun [C] **1** a large piece of sth: *a hunk of bread* ▶ **pajda, kawał 2** a man who is big, strong and attractive ▶ **(wielkie) chłopisko, przystojniak**

★**hunt¹** /hʌnt/ verb [I,T] **1** to chase wild animals, etc. in order to catch or kill them either for sport or for food: *Owls hunt at night.* ○ *Are tigers still hunted in India?* ❶ Często używa się wyrażenia **go hunting**, które oznacza, że ktoś spędza czas polując. ▶ **polować 2 hunt (for) (sb/sth)** to look or search for sb/sth: *I've hunted everywhere for my gloves but I can't find them.* ○ *The police are still hunting the murderer.* ▶ **szukać, polować (na kogoś), gonić**

□ **hunter** noun [C] a person or an animal that hunts: (figurative) *a bargain hunter* łowca okazji (tanich zakupów) ▶ **myśliwy** ▶ (*o zwierzęciu*) **drapieżnik** | **hunting** noun [U] the chasing and killing of wild animals ▶ **polowanie**

★**hunt²** /hʌnt/ noun [C] **1** the act of hunting wild animals, etc.: *a fox-hunt* polowanie na lisy ▶ **polowanie 2** [usually sing.] the act of searching or looking for sb/sth: *The police have launched a hunt for the missing child.* ▶ **poszukiwania**

hurdle /ˈhɜːdl/ noun **1** [C] a type of light fence that you jump over in a race ▶ **płotek** (*w sporcie*) **2** (**hurdles**) [pl.] a race over hurdles: *the 200 metres hurdles* ▶ **bieg przez płotki 3** [C] a problem or difficulty that you must overcome ▶ **przeszkoda**

□ **hurdle** verb [I] to jump over a hurdle ▶ **skakać przez płotki**

hurl /hɜːl/ verb [T] to throw sth with force ▶ **ciskać, miotać**

★**hurrah** /həˈrɑː/ interj. → HOORAY

★**hurray** /həˈreɪ/ interj. → HOORAY

hurricane /ˈhʌrɪkən; US -keɪn/ noun [C] a storm with very strong winds ➲ Zob. uwaga przy **storm**. ▶ **huragan**

★**hurry** /ˈhʌri/ noun [U] a need or wish to do sth quickly: *Take your time. There's no hurry.* ○ *What's the hurry?* Skąd ten pośpiech? ▶ **pośpiech**

IDIOMS **be in a hurry** to want to do sth soon: *They are in a hurry* (śpieszą się) *to get the job done before the winter.* ▶ **śpieszyć się** | **be in no hurry**; **not be in any hurry 1** to not need or wish to do sth quickly: *We weren't in any hurry so we stopped to admire the view.* ▶ **nie śpieszyć** się **2** (informal) to not want to do sth: *I am in no hurry to repeat that experience.* ▶ **nie kwapić się** | **in a hurry** quickly: *She left in a hurry.* ▶ **w pośpiechu, pośpiesznie**

□ **hurry** verb (pres. part. **hurrying**; 3rd pers. sing. pres. **hurries**; pt, pp **hurried**) **1** [I] to move or do sth quickly: *Don't hurry. There's plenty of time.* ○ *They hurried back home after school.* ○ *Several people hurried to help.* ▶ **śpieszyć się 2** [T] to cause sb/sth to do sth or to happen more quickly: *Don't hurry me. I'm going as fast as I can.* ○ *He was hurried into a decision.* ▶ **przynaglać, popędzać**

PHRASAL VERB **hurry up (with sth)** (informal) to move or do sth more quickly: *Hurry up or we'll miss the train.* ▶ **pośpieszyć się**

hurried adj. done (too) quickly: *a hurried meal* ℹ Antonim: **unhurried**. ▶ **pośpieszny** | **hurriedly** adv. ▶ **pośpiesznie**

★**hurt** /hɜːt/ verb (pt, pp **hurt**) **1** [T] to cause pain or injury: *Did he hurt himself?* ○ *No one was seriously hurt in the accident.* ○ (figurative) *The new tax will hurt families on low incomes.* ▶ **kaleczyć, ranić; krzywdzić**

Por. **hurt**, **injure** i **wound**. Ktoś może być **wounded** nożem, mieczem, pistoletem itp., zwykle w wyniku walki: *a wounded soldier* Ludzie są zwykle **injured** w wypadku: *Five people were killed in the crash and twelve others were injured.* **Hurt** i **injured** mają podobne znaczenie, ale **hurt** używa się częściej, kiedy obrażenie nie jest duże: *I hurt my leg when I fell off my bike.*

2 [I] to produce a feeling of pain: *My leg hurts.* Boli mnie noga. ○ *It hurts* (boli mnie) *when I lift my leg.* ○ *These shoes hurt; they're too tight.* ▶ **boleć 3** [T] to make sb unhappy; to upset sb: *His unkind remarks hurt her deeply.* ▶ **urażać, obrażać**

IDIOM **it won't/wouldn't hurt (sb/sth) (to do sth)** (informal) it would be a good thing for sb/sth (to do) ▶ **nie zaszkodzi**

□ **hurt** noun [U] (formal) mental pain or suffering ▶ **cierpienie** (*umysłu*), **uraza** | **hurt** adj. **1** injured physically: *badly/seriously hurt* ▶ **ranny 2** unhappy because sb has been unkind to you ▶ **urażony, obrażony** | **hurtful** /-fl/ adj. unkind; upsetting: *Don't say such hurtful things to your father!* ▶ **bolesny, obraźliwy**

hurtle /ˈhɜːtl/ verb [I] to move with great speed, perhaps causing danger: *Rocks hurtled down the mountainside.* ▶ **pędzić, lecieć**

★**husband** /ˈhʌzbənd/ noun [C] a man that a woman is married to ▶ **mąż**

hush /hʌʃ/ verb [I] (spoken) (used to tell sb to be quiet, to stop talking or crying) ▶ **sza!**

PHRASAL VERB **hush sth up** to stop people knowing about sth; to keep sth secret: *The police managed to hush up the whole affair.* ▶ **zatuszować**

□ **hush** noun [sing.] silence: *As he rose to speak a hush fell over the audience.* ▶ **cisza**

■ ˌ**hush-ˈhush** adj. (informal) very secret: *Her work is very hush-hush.* ▶ **tajny**

husky¹ /ˈhʌski/ adj. (**huskier**; **huskiest**) (used about a voice) sounding rough and quiet as if your throat were dry ▶ **ochrypły, matowy**

husky² /ˈhʌski/ noun [C] (pl. **huskies**) a strong dog with thick fur that is used in teams for pulling heavy loads over snow ▶ **husky**

hustle /ˈhʌsl/ verb [T] to push or move sb roughly: *The demonstrators were hustled into police vans.* ▶ **popychać, szturchać**

hut /hʌt/ noun [C] a small building with one room, usually made of wood or metal ▶ **chata, szałas**

hutch /hʌtʃ/ noun [C] a wooden box with a front made of wire, that is used for keeping rabbits or other small animals ▶ **klatka** (*dla królików itp.*)

hybrid /ˈhaɪbrɪd/ noun [C] an animal or a plant that has parents of two different species ▶ **mieszaniec, hybryd**

□ **hybrid** adj.: *a hybrid flower* ▶ **hybrydowy**

hydrant /ˈhaɪdrənt/ noun [C] a pipe in a street from which water can be taken for putting out fires, street cleaning, etc. ▶ **hydrant**

hydraulic /haɪˈdrɔːlɪk/ adj. worked by water or another liquid moving through pipes, etc.: *hydraulic brakes* ▶ **hydrauliczny**

hydroelectric /ˌhaɪdrəʊɪˈlektrɪk/ adj. **1** using the power of water to produce electricity: *a hydroelectric dam* ▶ **hydroelektryczny 2** (used about electricity) produced by the power of water: *hydroelectric power* ▶ **hydroelektryczny**

hydrogen /ˈhaɪdrədʒən/ noun [U] (symbol **H**) a light colourless gas ▶ **wodór**

hydrospeeding /ˈhaɪdrəʊspiːdɪŋ/ noun [U] a sport that involves being carried along in fast-flowing water at high speed lying on a floating board similar to a surfboard ▶ **rodzaj sportu**

hygiene /ˈhaɪdʒiːn/ noun [U] (the rules of) keeping yourself and things around you clean, in order to prevent illness: *personal hygiene* ▶ **higiena**

□ **hygienic** /haɪˈdʒiːnɪk; US ˌhaɪdʒiˈenɪk; haɪˈdʒenɪk/ adj. clean, without the germs that cause disease: *hygienic conditions* ℹ Antonim: **unhygienic**. ▶ **higieniczny** | **hygienically** /-kli/ adv. ▶ **higienicznie**

hymn /hɪm/ noun [C] a song of praise to God that Christians sing together in church, etc. ▶ **hymn, pieśń religijna**

hype¹ /haɪp/ noun [U] advertisements that tell you how good and important a new product, film, etc. is: *Don't believe all the hype – the book is rubbish!* ▶ (*przen.*) **szum**

hype² /haɪp/ verb [T] **hype sth (up)** to exaggerate how good or important sth is: *His much-hyped new movie is released next week.* ▶ **robić szum (wokół czegoś)**

hypermarket /ˈhaɪpəmɑːkɪt/ noun [C] (Brit.) a very large supermarket that is usually outside a town ▶ **hipermarket**

hyphen /ˈhaɪfn/ noun [C] the punctuation mark (-) used for joining two words together (e.g. *self-catering*, *red-hot*) or to show that a word has been divided and continues on the next line ▶ **łącznik**

□ **hyphenate** /ˈhaɪfəneɪt/ verb [T] to write with a hyphen ▶ **pisać z łącznikiem** | **hyphenation** /ˌhaɪfəˈneɪʃn/ noun [U] ▶ **pisanie z łącznikiem**

hypnosis /hɪpˈnəʊsɪs/ noun [U] (the producing of) a state that is like deep sleep where sb's mind and actions can be controlled by another person: *under hypnosis* ▶ **hipnoza**
□ **hypnotic** /hɪpˈnɒtɪk/ adj. ▶ **hipnotyczny** | **hypnotism** /ˈhɪpnətɪzəm/ noun [U] using hypnosis ▶ **hipnotyzm** | **hypnotist** /ˈhɪpnətɪst/ noun [C] a person who uses hypnosis on other people ▶ **hipnotyzer/ka** | **hypnotize** (also **-ise**) /ˈhɪpnətaɪz/ verb [T] to use hypnosis on sb ▶ **hipnotyzować**

hypochondriac /ˌhaɪpəˈkɒndriæk/ noun [C] a person who is always worried about their health even when there is nothing wrong ▶ **hipochondry-k/czka**

hypocrisy /hɪˈpɒkrəsi/ noun [U] pretending to feel, believe, etc. sth that is different from what you really feel, etc.; saying one thing and doing another ▶ **obłuda**
□ **hypocrite** /ˈhɪpəkrɪt/ noun [C] a person who pretends to have feelings and opinions which they do not, in fact, have. Hypocrites say one thing and do another: *What a hypocrite!* ▶ **obłudni-k/ca** | **hypocritical** /ˌhɪpəˈkrɪtɪkl/ adj. ▶ **obłudny** | **hypocritically** /-kli/ adv. ▶ **obłudnie**

hypodermic /ˌhaɪpəˈdɜːmɪk/ adj. used for injecting drugs beneath the skin: *a hypodermic needle/syringe* ▶ **podskórny**

hypothesis /haɪˈpɒθəsɪs/ noun [C] (pl. **hypotheses** /-siːz/) an idea that is suggested as the possible explanation for sth ▶ **hipoteza**
□ **hypothetical** /ˌhaɪpəˈθetɪkl/ adj. based on situations that have not yet happened, not on facts: *a hypothetical question* ▶ **hipotetyczny, przypuszczalny** | **hypothetically** /-kli/ adv. ▶ **hipotetycznie**

hysteria /hɪˈstɪəriə/ noun [U] a state of excitement in which a person or a group of people cannot control their emotions, e.g. cannot stop laughing, crying, shouting, etc.: *mass hysteria* ▶ **histeria**
□ **hysterical** /hɪˈsterɪkl/ adj. **1** caused by or suffering from hysteria: *hysterical laughter* ○ *She was hysterical with grief.* Z żalu dostała ataku histerii. ▶ **histeryczny 2** (informal) very funny ▶ **bardzo śmieszny** | **hysterically** /-kli/ adv. ▶ **histerycznie** | **hysterics** /hɪˈsterɪks/ noun [pl.] **1** a state of hysteria: *She went into hysterics* (dostała ataku histerii) *when they told her the news.* ○ (informal) *My father would have hysterics* (dostałby histerii) *if he knew I was going out with you.* ▶ **histeria 2** (informal) uncontrolled laughter: *The audience was in hysterics* (zanosiła się od śmiechu). ▶ **histeryczny śmiech**

Hz abbr. hertz, (used in radio) a measure of frequency, one cycle per second ▶ **Hz**

Ii

I, i /aɪ/ noun [C] (pl. **I's; i's**) the ninth letter of the English alphabet ▶ **litera** *i*

★**I** /aɪ/ pron. (the subject of a verb) the person who is speaking or writing: *I'm not going to fall, am I?* ○ *I'm taller than you, aren't I?* ▶ **ja**

★**ice**[1] /aɪs/ noun **1** [U] water that has frozen solid: *Do you want ice in your orange juice?* ○ *I slipped on a patch of ice.* ○ *The ice quickly melted in the sunshine.* ○ *black ice* mało widoczne oblodzenie drogi ▶ **lód 2** [C] an ice cream: *Would you like an ice?* ▶ **lody**
IDIOMS **break the ice** to say or do sth that makes people feel more relaxed, especially at the beginning of a party or meeting ▶ **przełamywać lody** | **cut no ice (with sb)** (used about excuses, arguments, etc.) to have no influence or effect on sb: *His excuses cut no ice with me* (swoimi przeprosinami nic u mnie nie wskórał). | **on ice 1** (used about wine, etc.) kept cold by being surrounded by ice ▶ **w wiaderku itp. z lodem 2** (used about a plan, etc.) waiting to be dealt with later; delayed: *We've had to put our plans to go to Australia on ice for the time being.* ▶ **do rozpatrzenia w późniejszym terminie**
□ **iced** /aɪst/ adj. (used about drinks) very cold ▶ **zmrożony** | **icy** /ˈaɪsi/ adj. (**icier; iciest**) **1** very cold: *an icy wind* ▶ **lodowaty, mroźny 2** covered with ice: *icy roads* ▶ **oblodzony**
■ **ˈiceberg** noun [C] a very large block of ice that is floating in the sea: *The ship hit an iceberg and sank.* ▶ **góra lodowa**
IDIOM **the tip of the iceberg** → TIP[1]
ˈicebox noun [C] (US) = FRIDGE | **ˌice-ˈcold** adj. very cold: *ice-cold beer* ○ *Your hands are ice-cold.* ▶ **lodowaty** | **ˌice ˈcream** noun **1** [U] a frozen sweet food that is made from cream (or other types of fat) ▶ **lody 2** [C] a portion of ice cream, usually in paper or a cone: *Four strawberry ice creams, please.* ▶ **lody** | **ˈice cube** noun [C] a small block of ice that ou put in a drink to make it cold ▶ **kostka lodu** | **ˈice hockey** (US **hockey**) noun [U] a game that is played on ice by two teams who try to hit a small flat rubber object called a puck into a goal with long wooden sticks ▶ **hokej na lodzie** | **ˌice ˈlolly** noun [C] (pl. **ice lollies**) (US **Popsicle**) a piece of flavoured ice on a stick ▶ **lody na patyku** | **ˈice rink** noun [C] = SKATING RINK | **ˈice skate** noun [C] = SKATE | **ˈice skate** verb [I] = SKATE | **ˈice skating** noun [U] = SKATING(1)

ice² /aɪs/ verb
PHRASAL VERB **ice (sth) over/up** to cover or become covered with ice: *The windscreen of the car had iced over in the night.* ▶ **oblodzić (się), pokrywać (się) lodem**

ice³ /aɪs/ verb [T] to cover a cake with icing ▶ **lukrować**

icicle /ˈaɪsɪkl/ noun [C] a pointed piece of ice that is formed by water freezing as it falls or runs down from sth ▶ **sopel lodu**

icing /ˈaɪsɪŋ/ (US **frosting**) noun [U] a mixture of powdery sugar and egg white or butter, flavouring, etc. that is used for decorating cakes: *chocolate icing* ▶ **lukier**
■ **ˈicing sugar** (Brit.) (US **powdered sugar**) noun [U] white sugar in fine powder form, used especially to make icing for cakes ▶ **cukier puder**

icon (also **ikon**) /ˈaɪkɒn/ noun **1** (computing) a small symbol on a computer screen representing a program, etc. that a user may choose ▶ **ikona, piktogram 2** a person or thing that is considered to be a symbol of sth: *a pop icon* ▶ **symbol 3** (in the Orthodox Church) a painting, carving, etc., usually on wood, of a holy person ▶ **ikona**

ID /ˌaɪ ˈdiː/ (informal)) abbr. identification; identity: *an ID card* dowód osobisty/legitymacja ▶ **dokument stwierdzający tożsamość osoby**

Id = EID

I'd /aɪd/ short for I HAD, I WOULD

★**idea** /aɪˈdɪə/ noun **1** [C] a plan or suggestion: *That's a good idea!* ○ *He's got an idea for a new play.* ○ *I had the bright idea of getting Jane to help me with my homework.* ○ *It was your idea to invite so many people to the party.* ▶ **pomysł, myśl 2** [U, sing.] a picture or thought in your mind: *Have you any idea how much this cost?* ○ *You have no idea how difficult it was to find a time that suited everybody.* ○ *The programme gave a good idea of what life was like before the war.* ▶ **pojęcie, wyobrażenie 3** [C] an opinion or belief: *She has her own ideas about how to bring up children.* ○ *Hiding my handbag? If that's your idea of* (czy tak sobie wyobrażasz) *a joke, I don't think it's funny!* ▶ **wyobrażenie, pojęcie 4** (**the idea**) [sing.] the aim or purpose of sth: *The idea of the course is to teach the basics of car maintenance.* ▶ **zamysł, idea**
IDIOMS **get the idea** to understand: *Right! I think I've got the idea now.* ▶ **zrozumieć** | **get the idea that...** to get the feeling or impression that...: *Where did you get the idea that I was paying for this meal?* ▶ **wydawać się** | **have an idea that...** to have a feeling that...: *I'm not sure but I have an idea that they've gone on holiday.* ▶ **wydawać się** | **not have the faintest/foggiest (idea)** → FAINT

★**ideal** /aɪˈdiːəl/ adj. the best possible; perfect: *In an ideal world there would be no poverty.* ▶ **idealny, doskonały**
□ **ideal** noun [C] **1** an idea or principle that seems perfect to you and that you want to achieve: *She finds it hard to live up to her parents' high ideals.* ○ *socialist ideals* ▶ **ideał 2** [usually sing.] a perfect example of a person or thing: *My ideal would be to live in the country.* ▶ **ideał** | **ideally** adv. **1** perfectly: *They are ideally suited to each other.* ▶ **doskonale, idealnie 2** in an ideal situation: *Ideally, no class should be larger than 25.* ▶ **idealnie**

idealism /aɪˈdiːəlɪzəm/ noun [U] the belief that people should have high ideals and live according to them, or that the world can be made perfect ▶ **idealizm**
□ **idealist** /aɪˈdiːəlɪst/ noun [C] a person who has high ideals (but who is sometimes not very practical) ▶ **idealist-a/ka** | **idealistic** /ˌaɪdiəˈlɪstɪk/ adj. ▶ **idealistyczny**

idealize (also **-ise**) /aɪˈdiːəlaɪz/ verb [T] to imagine or show sth as being better than it really is: *Old people often idealize their early life.* ▶ **idealizować**

identical /aɪˈdentɪkl/ adj. **1** (**the identical**) the same ▶ **ten sam 2 identical (to/with sb/sth)** exactly the same as: *I can't see any difference between these two pens – they look identical to me.* ▶ **taki sam, identyczny**
□ **identically** /-kli/ adv. ▶ **identycznie, tak samo**
■ **iˌdentical ˈtwin** noun [C, usually pl.] Identical twins come from the same egg of the mother and so are of the same sex and look exactly alike. ▶ **bliźniak jednojajowy**

★**identify** /aɪˈdentɪfaɪ/ verb [T] (pres. part. **identifying**; 3rd pers. sing. pres. **identifies**; pt, pp **identified**) **1 identify sb/sth (as sb/sth)** to recognize or say who or what sb/sth is: *The police need someone to identify the body.* ▶ **identyfikować, ustalać 2 identify sth with sth** to think or say that sth is the same as sth else: *You can't identify nationalism with fascism.* ▶ **utożsamiać**
PHRASAL VERBS **identify with sb** to feel that you understand and share what sb else is feeling: *I found it hard to identify with the woman in the film.* ▶ **utożsamiać się, identyfikować się** | **identify (yourself) with sb/sth** to be connected with sb/sth: *She became identified with the new political party.* ▶ **związywać się**
□ **identifiable** /aɪˌdentɪˈfaɪəbl/ adj. that can be recognized: *identifiable groups/characteristics* ○ *The house is easily identifiable by the large tree outside.* ▶ **rozpoznawalny** | **identification** /aɪˌdentɪfɪˈkeɪʃn/ noun [U] **1** the act of identifying or being identified: *children's identification with TV heroes* ▶ **identyfikacja; utożsamianie się 2** (abbr. **ID**) an official paper, etc. that proves who you are: *Do you have any identification?* ▶ **dowód tożsamości, legitymacja**
■ **iˌdentifiˈcation parade** noun [C] (informal **identity parade**) a row of people, including one person who is suspected of a crime, who are shown to a witness to see if he or she can recognize the criminal ▶ **konfrontacja** (*w celu zidentyfikowania podejrzanego*)

★**identity** /aɪˈdentəti/ noun [C,U] (pl. **identities**) who or what a person or a thing is: *There are few clues to the identity of the killer.* ○ *The region has its own cultural identity and is demanding more independence.* ○ *The arrest was a case of mistaken identity.* ▶ **tożsamość**
■ **iˈdentity card** noun [C] a card that proves who

you are ▶ **dowód tożsamości, legitymacja** | **i'dentity parade** noun (informal) = IDENTIFICATION PARADE

ideology /ˌaɪdiˈɒlədʒi/ noun [C,U] (pl. **ideologies**) a set of ideas which form the basis for a political or economic system: *Marxist ideology* ▶ **ideologia**
□ **ideological** /ˌaɪdiəˈlɒdʒɪkl/ adj. ▶ **ideologiczny**

idiom /ˈɪdiəm/ noun [C] a expression with a meaning that you cannot guess from the meanings of the separate words ▶ **idiom**
□ **idiomatic** /ˌɪdiəˈmætɪk/ adj. **1** containing an idiom or idioms: *an idiomatic expression* ▶ **idiomatyczny 2** using language in a way that sounds natural: *He speaks good idiomatic English.* ▶ **idiomatyczny**

idiot /ˈɪdiət/ noun [C] (informal) a stupid or foolish person: *I was an idiot to forget my passport.* ▶ **idiot-a/ka**
□ **idiotic** /ˌɪdiˈɒtɪk/ adj. ▶ **idiotyczny** | **idiotically** /-kli/ adv. ▶ **idiotycznie**

idle /ˈaɪdl/ adj. **1** not doing anything; not being used: *She is always busy. She can't bear to be idle.* ○ *The factory stood idle while the machines were being repaired.* ▶ **bezczynny 2** not wanting to work hard; lazy: *He has the ability to succeed but he is just bone idle* (bardzo leniwy). ▶ **leniwy 3** (only before a noun) not to be taken seriously because it will not have any result: *an idle promise* ▶ **próżny, pusty**
□ **idleness** noun [U] ▶ **bezczynność** | **idly** /ˈaɪdli/ adv. ▶ **bezczynnie**

idol /ˈaɪdl/ noun [C] **1** a statue that people worship as a god ▶ **bożek 2** a person (such as a film star or pop musician) who is admired or loved: *When I was 14, Elvis Presley was my idol.* ▶ **idol**

idolize (also **-ise**) /ˈaɪdəlaɪz/ verb [T] to love or admire sb very much or too much: *He is an only child and his parents idolize him.* ▶ **ubóstwiać**

idyllic /ɪˈdɪlɪk; US aɪˈd-/ adj. very pleasant and peaceful: *We had an idyllic holiday in the West of Ireland.* ▶ **sielankowy**

i.e. /ˌaɪ ˈiː/ abbr. that is; in other words: *deciduous trees, i.e. those which lose their leaves in autumn* ▶ **tj., tzn.**

★**if** /ɪf/ conj. **1** (used in sentences in which one thing happens or is true, depending on whether another thing happens or is true): *If you see him, give him this letter.* ○ *We won't go to the beach if it rains.* ○ *If I had more time, I would learn another language.* ○ *If I had known about the accident, I would have gone to see her in hospital.* ○ *I might see her tomorrow. If not, I'll see her at the weekend.* ▶ **jeżeli, jeśli, gdyby, o ile 2** when; every time: *If I try to phone her, she just hangs up.* ○ *If metal gets hot, it expands.* ▶ **(zawsze) gdy 3** (used after verbs such as 'ask', 'know', 'remember'): *They asked if we would like to go too.* ➲ Zob. uwaga przy **whether**. ▶ **czy** (*w pytaniach zależnych*) **4** (used when you are asking sb to do sth or suggesting sth politely): *If you could just come this way, sir.* ▶ **jeżeli, gdyby**
IDIOMS **as if** → AS | **even if** → EVEN[2] | **if I were you** (used when you are giving sb advice): *If I were you, I'd leave now.* ▶ **na twoim miejscu** | **if it wasn't/weren't for sb/sth** if a particular person or situation did not exist or was not there; without sb/sth: *If it wasn't for him, I wouldn't stay in this country.* ▶ **gdyby nie ktoś/coś** | **if only** (used for expressing a strong wish): *If only he'd write.* ▶ **żeby tylko**

igloo /ˈɪgluː/ noun [C] (pl. **igloos**) a small house that is built from blocks of hard snow ▶ **igloo**

ignite /ɪgˈnaɪt/ verb [I,T] (formal) to start burning or to make sth start burning: *A spark from the engine ignited the petrol.* ▶ **zapalać**
□ **ignition** /ɪgˈnɪʃn/ noun **1** [U] the process of igniting ▶ **zapalanie 2** [C] the electrical system that starts the engine of a car: *to turn the ignition on/off* ▶ **zapłon**

ignominious /ˌɪgnəˈmɪniəs/ adj. (formal) making you feel ashamed: *The team suffered an ignominious defeat.* ▶ **haniebny, sromotny**
□ **ignominiously** adv. ▶ **haniebnie, sromotnie**

ignorance /ˈɪgnərəns/ noun [U] lack of information or knowledge (about sth): *The workers were in complete ignorance* (pozostawali w zupełnej nieświadomości) *of the management's plans.* ○ *The mistake was due to ignorance.* ▶ **ignorancja, nieznajomość**

ignorant /ˈɪgnərənt/ adj. **1** not knowing about sth: *Many people are ignorant of their rights.* ○ *I'm very ignorant about* (wielkim ignorantem w zakresie) *modern technology, I'm afraid.* ▶ **nieświadomy (czegoś), nie wiedzący 2** (informal) rude or impolite (because you don't know how to behave): *That was a very ignorant remark!* ▶ **prostacki**

★**ignore** /ɪgˈnɔː(r)/ verb [T] to pay no attention to sb/sth: *I said hello to Debby but she totally ignored me.* ○ *George ignored his doctor's advice about drinking and smoking less.* ▶ **ignorować, nie zważać na kogoś/coś**

> Uwaga! **Ignore** i **be ignorant** bardzo się różnią znaczeniem.

ikon = ICON(3)

★**ill**[1] /ɪl/ adj. **1** (US **sick**) (not before a noun) not in good health; not well: *I went to bed early because I felt ill.* ○ *I have been ill with flu.* ○ *My mother was taken ill* (zachorowała) *suddenly last week.* ○ *My grandfather is seriously ill in hospital.* ➲ Zob. uwaga przy **sick**. ▶ **chory 2** (only before a noun) bad or harmful: *There should be no ill will between friends.* ○ *I'm glad to say I suffered no ill effects from all that rich food.* ▶ **zły, krzywdzący**

ill[2] /ɪl/ adv. **1** (often in compounds) badly or wrongly: *You would be ill-advised* (byłbyś nierozsądny) *to drive until you have fully recovered.* ▶ **źle, nieodpowiednio 2** only with difficulty; not easily: *They could ill afford* (z trudem mogli sobie pozwolić na) *the extra money for better heating.* ▶ **z trudem, ciężko**
IDIOMS **augur well/ill for sb/sth** → AUGUR | **bode well/ill (for sb/sth)** → BODE

■ ˌ**ill-'treat** verb [T] to treat sb/sth badly or unkindly: *This cat has been ill-treated.* ▶ **maltretować** | ˌ**ill-'treatment** noun [U] ▶ **maltretowanie**

I'll /aɪl/ short for I WILL, I SHALL

⋆**illegal** /ɪ'li:gl/ adj. not allowed by the law; not legal: *It is illegal to own a gun without a special licence.* ▶ **nielegalny, bezprawny**
□ **illegally** /-gəli/ adv. ▶ **nielegalnie**

illegible /ɪ'ledʒəbl/ adj. difficult or impossible to read; not legible: *The doctor's handwriting is quite illegible.* ▶ **nieczytelny**
□ **illegibly** /-əbli/ adv. ▶ **nieczytelnie**

illegitimate /ˌɪlə'dʒɪtəmət/ adj. **1** (used about a child) born to parents who are not married to each other ▶ **nieślubny 2** not allowed by law; against the rules ▶ **bezprawny**
□ **illegitimacy** /ˌɪlə'dʒɪtəməsi/ noun [U] ▶ **nieślubne pochodzenie**

illicit /ɪ'lɪsɪt/ adj. (used about an activity or substance) not allowed by law or by the rules of society: *the illicit trade in ivory* ○ *They were having an illicit affair.* ❶ Antonim: zwykle **legal**. ▶ **nielegalny, zakazany**

illiterate /ɪ'lɪtərət/ adj. **1** not able to read or write; not literate ▶ **niepiśmienny 2** (used about a piece of writing) very badly written ▶ **niegramatyczny, niepoprawny językowo 3** not knowing much about a particular subject: *He's computer illiterate.* Jest komputerowym analfabetą. ▶ **niedouczony**
□ **illiteracy** /ɪ'lɪtərəsi/ noun [U]: *adult illiteracy* ▶ **analfabetyzm**

⋆**illness** /'ɪlnəs/ noun **1** [U] the state of being physically or mentally ill: *In case of illness you can cancel the holiday.* ○ *There is a history of mental illness in the family.* ▶ **choroba 2** [C] a type or period of physical or mental ill health: *Father is just getting over his illness.* ➲ Zob. uwaga przy **disease**. ▶ **choroba**

illogical /ɪ'lɒdʒɪkl/ adj. not sensible or reasonable; not logical: *It seems illogical to me to pay somebody for doing work that you could do yourself.* ▶ **nieuzasadniony, nielogiczny**
□ **illogicality** /ɪˌlɒdʒɪ'kæləti/ noun [C,U] (pl. **illogicalities**) ▶ **nielogiczność** | **illogically** /-kli/ adv. ▶ **nielogicznie**

illuminate /ɪ'lu:mɪneɪt/ verb [T] (formal) **1** to give light to sth or to decorate sth with lights: *The palace was illuminated by spotlights.* ○ *an illuminated Christmas tree* ▶ **oświetlać, iluminować 2** to explain sth or make sth clear ▶ **wyjaśniać, rzucać światło na coś**
□ **illuminating** adj. helping to explain sth or make sth clear: *an illuminating discussion* ▶ **wyjaśniający** | **illumination** /ɪˌlu:mɪ'neɪʃn/ noun **1** [U] the act of illuminating or state of being illuminated ▶ **oświetlenie, iluminacja; wyjaśnienie 2** (**illuminations**) [pl.] (Brit.) bright colourful lights that are used for decorating a street, town, etc. ▶ **iluminacje, świetlne ozdoby**

illusion /ɪ'lu:ʒn/ noun **1** [C,U] a false idea, belief or impression: *I have no illusions about the situation – I know it's serious.* ▶ **złudzenie, złuda 2** [C] something that your eyes tell you is there or is true but in fact is not: *That line looks longer, but in fact they're the same length. It's an optical illusion.* ▶ **złudzenie**
IDIOM **be under an/the illusion (that)** to believe wrongly: *Peter's under the illusion that he will be the new director.* ▶ **łudzić się**
□ **illusory** adj. (formal) not real, although seeming to be: *The profits they had hoped for proved to be illusory.* ▶ **iluzoryczny**

⋆**illustrate** /'ɪləstreɪt/ verb [T] **1** to explain or make sth clear by using examples, pictures or diagrams: *These statistics illustrate the point that I was making very well.* ▶ **ilustrować 2** to add pictures, diagrams, etc. to a book or magazine ▶ **ilustrować**
□ **illustration** /ˌɪlə'streɪʃn/ noun **1** [C] an example that makes a point or an idea clear: *Can you give me an illustration of what you mean?* ▶ **ilustracja 2** [C] a drawing, diagram or picture in a book or magazine: *colour illustrations* ▶ **ilustracja 3** [U] the activity or art of illustrating ▶ **ilustracja, ilustrowanie**

illustrious /ɪ'lʌstriəs/ adj. (formal) famous and successful ▶ **znakomity, sławny**

I'm /aɪm/ short for I AM

⋆**image** /'ɪmɪdʒ/ noun [C] **1** a mental picture or idea of sb/sth: *I have an image of my childhood as always sunny and happy.* ▶ **wizerunek, obraz 2** the general impression that a person or an organization gives to the public: *Advertising has to create an attractive image for the product it is selling.* ▶ **wizerunek, wyobrażenie 3** a picture or description that appears in a book, film or painting: *horrific images of war* ▶ **obraz 4** a copy or reflection: *A perfect image of the building was reflected in the lake.* ○ *He's the image of his father.* ▶ **odbicie**
□ **imagery** /'ɪmɪdʒəri/ noun [U] the use of descriptions and comparisons in language in order to have a strong effect on people's imagination and emotions ▶ **obrazowość**

imaginable /ɪ'mædʒɪnəbl/ adj. (often *after* a noun) that you can think of: *His house was equipped with every luxury imaginable.* ▶ **wyobrażalny**

⋆**imaginary** /ɪ'mædʒɪnəri; US -neri/ adj. existing only in the mind; not real: *Many children have imaginary friends.* ▶ **zmyślony, urojony**

⋆**imagination** /ɪˌmædʒɪ'neɪʃn/ noun **1** [C,U] the ability to create mental pictures or new ideas: *He has a lively imagination.* ○ *You need a lot of imagination to see what the building will be like when it's finished.* ○ *She's very clever but she hasn't got much imagination.* ▶ **wyobraźnia**

> **Imagination** jest twórczą umiejętnością danej osoby. **Fantasy** oznacza mrzonki, które nie mają odniesienia do rzeczywistości.

2 [C] the part of the mind that uses this ability: *If we really use our imaginations we should find a solution to this problem!* ▶ **wyobraźnia**
□ **imaginative** /ɪ'mædʒɪnətɪv/ adj. having or showing imagination: *She's always full of imaginative ideas.* ○ *His writing is highly*

imaginative. ❶ Antonim: **unimaginative**. ▶ **obdarzony wyobraźnią, pełen wyobraźni** | **imaginatively** adv. ▶ **z wyobraźnią**

***imagine** /ɪ'mædʒɪn/ verb [T, I] **1** to form a picture or idea of sth in the mind: *Imagine the seaside in summer.* ○ *Imagine that you're lying on a beach.* ○ *It's not easy to imagine your brother as a doctor.* ○ *I can't imagine myself cycling 20 miles a day.* ○ *I can imagine what you felt like.* ▶ **wyobrażać sobie 2** to see, hear or think sth that is not true or does not exist: *She's always imagining that she's ill but she's fine really.* ▶ **wyobrażać sobie 3** to think of sth as probable; to suppose: *I imagine he'll be coming by car.* ▶ **wydawać się, przypuszczać**

imbalance /ɪm'bæləns/ noun [C] a difference or lack of equality: *an imbalance between our import and export trade* ▶ **nierównowaga**

imbecile /'ɪmbəsi:l; US -sl/ noun [C] a stupid person; a fool ▶ **imbecyl**

IMF /ˌaɪ em 'ef/ abbr. International Monetary Fund ▶ **Międzynarodowy Fundusz Walutowy**

imitate /'ɪmɪteɪt/ verb [T] **1** to copy the behaviour of sb/sth: *Small children learn by imitating their parents.* ▶ **naśladować, wzorować się 2** to copy the speech or actions of sb/sth, often in order to be amusing: *She could imitate her mother perfectly.* ▶ **parodiować**

□ **imitation** /ˌɪmɪ'teɪʃn/ noun **1** [C] a copy (of a real thing): *This suitcase is made of imitation leather* (ze sztucznej skóry). ➲ Por. **genuine**. ▶ **imitacja, naśladowanie, podróbka 2** [C] a copy (of a person's speech or behaviour): *That comedian does very good imitations of politicians.* ▶ **imitacja, naśladowanie 3** [U] the act of copying sth: *Good pronunciation of a language is best learnt by imitation.* ▶ **naśladowanie**

immaculate /ɪ'mækjələt/ adj. **1** perfectly clean and tidy: *Her house is always immaculate.* ▶ **nieskazitelny 2** without any mistakes; perfect: *His performance was immaculate.* ▶ **bez skazy, doskonały**

□ **immaculately** adv. ▶ **nieskazitelnie, bez skazy, doskonale**

immaterial /ˌɪmə'tɪəriəl/ adj. **immaterial (to sb)** not important: *It's immaterial to me whether we go today or tomorrow.* ▶ **nieistotny, błahy**

immature /ˌɪmə'tjʊə(r); US -tʊər/ adj. **1** not fully grown or developed; not mature: *an immature body* ▶ **nierozwinięty; niedojrzały 2** (used about a person) not behaving as sensibly as you would expect for a person of that age: *Some students are very immature when they go to university.* ▶ **niedojrzały, niedorosły**

***immediate** /ɪ'mi:diət/ adj. **1** happening or done at once or without delay: *The government responded with immediate action.* ▶ **natychmiastowy 2** (only before a noun) existing now and needing attention: *Tell me what your immediate needs are.* ▶ **pilny, nagły 3** (only before a noun) nearest in time, position or relationship: *They won't make any changes in the immediate future.* ○ *He has left most of his money to his immediate family.* ▶ **najbliższy, bezpośredni**

□ **immediacy** /-əsi/ noun [U] the close presence of sth that makes you notice it and become involved in it ▶ **natychmiastowość, pilność** | **immediately** adv. **1** at once; without delay: *Can you come home immediately after work?* ▶ **natychmiast, bezzwłocznie, zaraz 2** directly; very closely: *He wasn't immediately involved in the crime.* ▶ **bezpośrednio 3** nearest in time or position: *Who's the girl immediately in front of Simon?* ○ *What did you do immediately after the war?* ▶ **bezpośrednio, tuż** | **immediately** conj. (Brit.) as soon as: *I opened the letter immediately I got home.* ▶ **ledwo, jak tylko**

immense /ɪ'mens/ adj. very large or great: *immense difficulties* ○ *She gets immense pleasure from her garden.* ▶ **ogromny, niezmierny**

□ **immensely** adv. extremely; very much: *immensely enjoyable* ○ *'Did you enjoy the party?' 'Yes, immensely.'* ▶ **ogromnie, niezmiernie** | **immensity** /ɪ'mensəti/ noun [U] very large size or extent: *the immensity of the universe* ▶ **ogrom, bezmiar**

immerse /ɪ'mɜ:s/ verb [T] **1 immerse yourself (in sth)** to involve yourself deeply in sth so that you give it all your attention: *Rachel's usually immersed in a book.* ▶ **pogrążać się, zagłębiać się 2 immerse sth (in sth)** to put sth into a liquid so that it is covered: *Immerse the spaghetti in boiling water and cook for ten minutes.* ▶ **zanurzać, zatapiać**

***immigrant** /'ɪmɪgrənt/ noun [C] a person who has come into a foreign country to live there permanently: *The government plans to tighten controls to prevent illegal immigrants.* ○ *London has a high immigrant population.* ▶ **imigrant/ka**

> Wielka Brytania ma wiele środowisk imigracyjnych, które czynią z niej **multicultural society**. Grupy imigrantów lub dzieci imigrantów, mające wspólną tradycję kulturową, tworzą **ethnic minority**.

***immigration** /ˌɪmɪ'greɪʃn/ noun [U] **1** entering a country in order to live there permanently: *There are greater controls on immigration than there used to be.* ○ *the immigration office* ▶ **imigracja 2** (also **immi'gration control**) the control point at an airport, port, etc. where the passports and documents of people who want to come into a country are checked: *When you leave the plane you have to go through customs and immigration.* ▶ **kontrola paszportów**

> Istnieje czasownik **immigrate**, ale jest bardzo rzadko używany. Zwykle używa się wyrażenia **be an immigrant** lub czasownika **emigrate**, stosowanego w odniesieniu do miejsca, z którego ktoś przyjechał: *Were you born here in Britain? Yes I was, but my parents emigrated to Britain from Barbados.* Por. **emigrate**, **emigrant** i **emigration**.

imminent /'ɪmɪnənt/ adj. (usually used about sth unpleasant) almost certain to happen very

soon: *Heavy rainfall in the south of England means that flooding is imminent* (oznacza zagrożenie powodzią). ▶ **nadciągający, bliski**
□ **imminently** adv. ▶ **blisko**

immobile /ɪˈməʊbaɪl; US -bl/ adj. not moving or not able to move: *The hunter stood immobile until the lion had passed.* ▶ **nieruchomy, znieruchomiały**
□ **immobility** /ˌɪməˈbɪləti/ noun [U] the state of being immobile ▶ **nieruchomość, znieruchomienie** | **immobilize** (also **-ise**) /ɪˈməʊbəlaɪz/ verb [T] to prevent sb/sth from moving or working normally: *The railways have been completely immobilized by the strike.* ▶ **unieruchamiać, zatrzymywać** | **immobilizer** (also **-iser**) a device in a vehicle that prevents thieves from starting the engine when the vehicle is parked ▶ **immobilizer**

immoral /ɪˈmɒrəl/ adj. wrong or wicked according to the accepted rules of behaviour; not moral: *I think experiments on animals are immoral.* ❶ Antonim: **moral**. ➲ Por. **amoral**. ▶ **niemoralny**
□ **immorality** /ˌɪməˈræləti/ noun [U] ▶ **niemoralność** | **immorally** /-rəli/ adv. ▶ **niemoralnie**

immortal /ɪˈmɔːtl/ adj. living or lasting for ever: *Nobody is immortal – we all have to die some time.* ○ (figurative) *Shakespeare's immortal plays* ▶ **nieśmiertelny; wiekopomny**
□ **immortality** /ˌɪmɔːˈtæləti/ noun [U] ▶ **nieśmiertelność; wiekopomność** | **immortalize** (also **-ise**) /ɪˈmɔːtəlaɪz/ verb [T] to give lasting fame to sb/sth (especially in a book, film or painting): *He immortalized their relationship in a poem.* ▶ **uwieczniać, unieśmiertelniać**

immune /ɪˈmjuːn/ adj. **1 immune (to sth)** protected against a certain disease or illness because you have a resistance to it: *You should be immune to measles if you've had it already.* ▶ **uodporniony, odporny 2 immune (to sth)** not affected by sth: *You can say what you like – I'm immune to criticism!* ▶ **niepodatny, odporny 3 immune (from sth)** protected from a danger or punishment: *Young children are immune from prosecution.* ▶ **nie podlegający (czemuś)**
□ **immunity** /ɪˈmjuːnəti/ noun [U] the ability to avoid or be unaffected by disease, criticism, prosecution, etc.: *In many countries people have no immunity to diseases like measles.* ○ *Ambassadors to other countries receive diplomatic immunity.* ▶ **odporność, nietykalność, immunitet** | **immunize** (also **-ise**) /ˈɪmjunaɪz/ verb [T] to make sb immune to a disease, usually by giving an injection of a vaccine: *Before visiting certain countries you will need to be immunized against cholera.* ➲ Por. **inoculate** i **vaccinate**. ▶ **immunizować, szczepić** | **immunization** (also **-isation**) /ˌɪmjunaɪˈzeɪʃn; US -nəˈz-/ noun [C,U] ▶ **immunizacja, szczepienie**

imp /ɪmp/ noun [C] (in stories) a small creature like a little devil ▶ **diabełek, chochlik**

⋆**impact** /ˈɪmpækt/ noun **1** [C, usually sing.] **an impact (on/upon sb/sth)** an effect or impression: *Her speech made a great impact on the audience.* ▶ **wrażenie 2** [U] the action or force of one object hitting another: *The bomb exploded on impact* (przy uderzeniu). ▶ **uderzenie, wstrząs**

impair /ɪmˈpeə(r)/ verb [T] to damage or weaken sth: *Ear infections can result in impaired hearing.* ▶ **uszkadzać, osłabiać**

impale /ɪmˈpeɪl/ verb [T] **impale sb/sth (on sth)** to stick a sharp pointed object through sb/sth: *The boy fell out of the tree and was impaled on the railings.* ▶ **nadziewać (się) na coś, wbijać na pal**

impart /ɪmˈpɑːt/ verb [T] (formal) **1 impart sth (to sb)** to tell ▶ **dzielić się** (*np. wiadomościami*) **2 impart sth (to sth)** to give a certain quality to sth: *The low lighting imparted a romantic atmosphere to the room.* ▶ **dodawać, przydawać**

impartial /ɪmˈpɑːʃl/ adj. fair or neutral; not preferring one to another: *The referee must be impartial.* ▶ **bezstronny**
□ **impartiality** /ˌɪmˌpɑːʃiˈæləti/ noun [U] ▶ **bezstronność** | **impartially** /-ʃəli/ adv. ▶ **bezstronnie**

impassable /ɪmˈpɑːsəbl; US -ˈpæs-/ adj. (used about a road, etc.) impossible to travel on because it is blocked: *Flooding and fallen trees have made many roads impassable.* ▶ **nieprzejezdny, nie do przebycia**

impassive /ɪmˈpæsɪv/ adj. (used about a person) showing no emotion or reaction ▶ **niewzruszony, beznamiętny**
□ **impassively** adv. ▶ **niewzruszenie, beznamiętnie**

⋆**impatient** /ɪmˈpeɪʃnt/ adj. **1 impatient (at sth/with sb)** not able to wait for sb/sth calmly; easily annoyed by sb/sth that seems slow; not patient: *Don't be so impatient – it's your turn next.* ○ *The passengers are getting impatient at the delay.* ○ *It's no good being impatient with small children.* ▶ **niecierpliwy, zniecierpliwiony 2 impatient (to do sth)**; **impatient (for sth)** (not before a noun) wanting sth to happen soon: *At the end of winter we are often impatient for spring to arrive.* ▶ **nie mogący się doczekać, rwący się (do czegoś)**
□ **impatience** /ɪmˈpeɪʃns/ noun [U]: *He began to explain for the third time with growing impatience.* ▶ **niecierpliwość, zniecierpliwienie** | **impatiently** adv. ▶ **niecierpliwie, z niecierpliwością**

impeccable /ɪmˈpekəbl/ adj. perfect; without any mistakes: *impeccable behaviour* ○ *His accent is impeccable.* ▶ **nieskazitelny, bez zarzutu**
□ **impeccably** /-bli/ adv. ▶ **nieskazitelnie, bez zarzutu**

impede /ɪmˈpiːd/ verb [T] (formal) to make it difficult for sb/sth to move or make progress: *The completion of the new motorway has been impeded by bad weather conditions.* ▶ **wstrzymywać, utrudniać**

impediment /ɪmˈpedɪmənt/ noun [C] (formal) **1** something that makes it difficult for a person or thing to move or progress: *The high rate of tax will be a major impediment to new businesses.* ▶ **przeszkoda, utrudnienie 2** something that makes speaking difficult: *a speech impediment* ▶ **wada wymowy**

impending /ɪm'pendɪŋ/ adj. (only before a noun) (usually used about sth bad) that will happen soon: *There was a feeling of impending disaster in the air.* ▶ **wiszący w powietrzu**

impenetrable /ɪm'penɪtrəbl/ adj. **1** impossible to enter or get through: *The jungle was impenetrable.* ▶ **niedostępny, niezgłębiony, nie do przebicia 2** impossible to understand: *an impenetrable mystery* ▶ **niezgłębiony**

imperative /ɪm'perətɪv/ adj. very important or urgent: *It's imperative that* (trzeba koniecznie) *you see a doctor immediately.* ▶ **naglący, konieczny**

□ **imperative** noun [C] the form of the verb that is used for giving orders: *In 'Shut the door!' the verb is in the imperative.* ▶ **tryb rozkazujący**

imperceptible /ˌɪmpə'septəbl/ adj. too small to be seen or noticed; very slight: *The difference between the original painting and the copy was almost imperceptible.* ❶ Czasownik: **perceive**. ▶ **niedostrzegalny, nieuchwytny**

□ **imperceptibly** /-əbli/ adv. ▶ **niedostrzegalnie, nieuchwytnie**

imperfect /ɪm'pɜːfɪkt/ adj. **1** with mistakes or faults; not perfect: *This is a very imperfect system.* ▶ **wadliwy, niedoskonały 2** (only before a noun) used for expressing action in the past that is not completed: *In 'While I was having a bath', the verb is in the imperfect tense.* ❶ Można też użyć **imperfect** jako rzeczownika i powiedzieć: *The verb is in the imperfect.* Czas ten nazywa się częściej *past continuous* lub *past progressive.* ▶ **czas przeszły niedokonany**

□ **imperfectly** adv. ▶ **wadliwie, niedoskonale**

imperial /ɪm'pɪəriəl/ adj. **1** connected with an empire or its ruler: *imperial power* ▶ **imperialny, cesarski 2** belonging to a system of weighing and measuring that was previously used for all goods in the United Kingdom and is still used for some ➲ Por. **metric** i **inch**, **foot**, **yard**, **ounce**, **pound**, **pint** i **gallon**. W hasłach tych podane są odpowiedniki wymienionych jednostek wagi i miary w metrach, kilogramach i litrach. ▶ **imperialny**

imperialism /ɪm'pɪəriəlɪzəm/ noun [U] a political system in which a rich and powerful country controls other countries, often after defeating them in a war. ▶ **imperializm**

□ **imperialist** /ɪm'pɪəriəlɪst/ noun [C] a person who supports or believes in imperialism ▶ **imperialist-a/ka**

impermeable /ɪm'pɜːmiəbl/ adj. **impermeable (to sth)** not allowing a liquid or gas to pass through: *impermeable rock* ○ *The container is impermeable to water vapour.* ❶ Antonim: **permeable**. ▶ **nie przepuszczający**

impersonal /ɪm'pɜːsənl/ adj. **1** not showing friendly human feelings; cold in feeling or atmosphere: *A large organization can be very impersonal to work for.* ○ *The hotel room was very impersonal.* ▶ **bezosobowy** ▶ (*o uczuciach, atmosferze*) **zimny 2** not referring to any particular person: *Can we try to keep the discussion as impersonal as possible, please?* ▶ **bezosobowy**

impersonate /ɪm'pɜːsəneɪt/ verb [T] to copy the actions and way of speaking of a person or to pretend to be a different person: *an actress who often impersonates the Queen* ○ *He was arrested for impersonating a policeman* (podawanie się za policjanta). ▶ **odtwarzać; podawać się za kogoś, odgrywać** (*rolę*)

□ **impersonation** /ɪmˌpɜːsə'neɪʃn/ noun [C,U] ▶ **odtworzenie, podawanie się** | **impersonator** noun [C] ▶ **odtwórca; podający się**

impertinent /ɪm'pɜːtɪnənt/ adj. rude; not showing respect: *I do apologize. It was impertinent of my daughter to speak to you like that.* ❶ Uwaga! Antonim: **polite** lub **respectful** (nie ~~*pertinent*~~). ▶ **bezczelny, zuchwały**

□ **impertinence** /-əns/ noun [U] ▶ **bezczelność, impertynencja** | **impertinently** adv. ▶ **bezczelnie, impertynencko**

imperturbable /ˌɪmpə'tɜːbəbl/ adj. (formal) not easily worried; calm ❶ Czasownik: **perturb**. ▶ **niewzruszony**

impervious /ɪm'pɜːviəs/ adj. **1** not allowing water, etc. to pass through ▶ **nieprzenikliwy, nieprzepuszczalny 2** not affected or influenced by sth: *impervious to criticism* ▶ **nieczuły, głuchy na coś**

impetuous /ɪm'petʃuəs/ adj. acting or done quickly and without thinking: *Her impetuous behaviour often got her into trouble.* ❶ Częściej używa się **impulsive**. ▶ **zapalczywy, porywczy**

□ **impetuously** adv. ▶ **zapalczywie, porywczo**

impetus /'ɪmpɪtəs/ noun [U, sing.] something that encourages sth else to happen: *I need fresh impetus to start working on this essay again.* ▶ **rozpęd**

impinge /ɪm'pɪndʒ/ verb [I] **impinge on/upon sth** (formal) to have an effect on sth; to interfere with sth: *I'm not going to let my job impinge on my home life.* ▶ **kolidować, wkraczać**

implant /ɪm'plɑːnt/ noun [C] something that is put into a part of the body in a medical operation, often in order to make it bigger or a different shape: *silicone breast implants* ▶ **implant**

implausible /ɪm'plɔːzəbl/ adj. not easy to believe: *an implausible excuse* ▶ **nieprzekonywający, niewiarygodny**

implement¹ /'ɪmplɪmənt/ noun [C] a tool or instrument (especially for work outdoors): *farm implements* ➲ Zob. uwaga przy **tool**. ▶ **narzędzie, instrument**

implement² /'ɪmplɪment/ verb [T] to start using a plan, system, etc.: *to implement educational reforms* ▶ **wdrażać, wprowadzać**

□ **implementation** /ˌɪmplɪmen'teɪʃn/ noun [U] ▶ **wdrożenie, wprowadzenie**

implicate /'ɪmplɪkeɪt/ verb [T] **implicate sb (in sth)** (formal) to show that sb is involved in sth unpleasant, especially a crime: *A well-known politician was implicated in the scandal.* ▶ **wplątywać, mieszać**

implication /ˌɪmplɪˈkeɪʃn/ noun **1** [C,U] something that is suggested but that is not said openly: *The implication of what she said was that we had made a bad mistake.* ❶ Czasownik: **imply**. ▶ **implikacja, ukryte znaczenie 2** [C] the effect that sth will have on sth else in the future: *The new law will have serious implications for our work.* ▶ **implikacja 3** [U] **implication (in sth)** the fact of being involved, or of involving sb, in sth unpleasant, especially a crime: *The player's implication in this scandal could affect his career.* ▶ **zamieszanie (w coś)**

implicit /ɪmˈplɪsɪt/ adj. **1** not expressed directly but understood by the people involved: *We had an implicit agreement that we would support each other.* ➲ Por. **explicit**. ▶ **milczący, domniemany 2** complete and asking no questions: *I have implicit faith in your ability to do the job.* ▶ **bezwarunkowy, bezwzględny**

□ **implicitly** adv. completely: *I trust you implicitly.* ▶ **bezwarunkowo, bezwzględnie**

implore /ɪmˈplɔː(r)/ verb [T] (formal) to ask sb for sth or to do sth. You implore sb when the situation is very serious and you feel desperate: *She implored him not to leave her alone.* ▶ **błagać**

imply /ɪmˈplaɪ/ verb [T] (pres. part. **implying**; 3rd pers. sing. pres. **implies**; pt, pp **implied**) to suggest sth in an indirect way or without actually saying it: *He didn't say so – but he implied that I was lying.* ❶ Rzeczownik: **implication**. ▶ **dawać do zrozumienia**

impolite /ˌɪmpəˈlaɪt/ adj. rude; not polite: *I think it was impolite of him to ask you to leave.* ▶ **niegrzeczny, nieuprzejmy**

□ adv. ▶ **niegrzecznie, nieuprzejmie**

★**import**[1] /ɪmˈpɔːt/ verb [T] **1 import sth (from...)**; **import sth (into...)** to buy goods, etc. from a foreign country and bring them into your own country: *This country has to import most of its raw materials.* ○ *imported goods* ○ *Britain imports wine from France.* ○ (figurative) *We need to import some extra help from somewhere.* ❶ Antonim: **export**. ▶ **importować; sprowadzać 2** to move information onto a computer program from another program ▶ **importować**

□ **importer** noun [C]: *Is Britain the world's largest importer of tea?* ❶ Antonim: **exporter**. ▶ **importer**

★**import**[2] /ˈɪmpɔːt/ noun **1** [C, usually pl.] goods bought from a foreign country for sale or use in your own country: *What are your country's major imports?* ❶ Antonim: **export**. ▶ **importowany towar 2** [U] (also **importation**) the action of importing goods: *The government is introducing new controls on the import of certain goods from abroad.* ▶ **import, importowanie**

★**important** /ɪmˈpɔːtnt/ adj. **1** having great value or influence; very necessary: *an important meeting* ○ *Is money important for happiness?* ○ *It's important not to be late.* ○ *It's important that people should learn at least one foreign language.* ○ *It's important for people to see the results of what they do.* ○ *It was important to me that you were there.* ▶ **ważny, doniosły 2** (used about a person) having great influence or authority: *He was one of the most important writers of his time.* ▶ **ważny** ❶ Antonim: **unimportant**.

□ **importance** /-tns/ noun [U] the state of being important; value: *The decision was of great importance to the future of the business.* ▶ **znaczenie, ważność, doniosłość** | **importantly** adv. ▶ **w znaczący sposób**

importation /ˌɪmpɔːˈteɪʃn/ noun [U] = IMPORT[2](2)

impose /ɪmˈpəʊz/ verb **1** [T] to make sth be accepted because you are the person with power: *A new tax will be imposed on cigarettes.* ○ *The government should impose restrictions on the use of harmful chemicals.* ▶ **narzucać, nakazywać, nakładać 2** [I] **impose (on/upon sb/sth)** to ask or expect sb to do sth that may cause extra work or trouble: *I hope I'm not imposing but could you look after our cats while we're away?* ○ *I hate to impose on you but can you lend me some money?* ▶ **narzucać (coś/komuś), narzucać się**

□ **imposition** /ˌɪmpəˈzɪʃn/ noun **1** [U] the action of imposing: *I'm against the imposition of unnecessary rules and regulations on people.* ▶ **nakazywanie, narzucanie, nakładanie 2** [C] an unfair or unpleasant thing that sb has to accept; sth that causes extra work or trouble: *'Do stay for supper.' 'Are you sure it's not an imposition?'* ▶ **narzucanie się, naciąganie**

imposing /ɪmˈpəʊzɪŋ/ adj. making an impression on people because it is big or important: *They lived in a large, imposing house near the park.* ▶ **imponujący, okazały**

★**impossible** /ɪmˈpɒsəbl/ adj. **1** not able to be done or to happen; not possible: *It's impossible for me to be there before 12.* ○ *I find it almost impossible to get up in the morning!* ○ *That horse is impossible to control.* ○ *That's impossible!* ▶ **niemożliwy, niewykonalny 2** very difficult to deal with or to make better: *This is an impossible situation!* ○ *He's always been an impossible child.* ▶ **nieznośny, niemożliwy**

□ **impossibility** /ɪmˌpɒsəˈbɪləti/ noun [C,U] (pl. **impossibilities**) [U]: *the impossibility of reaching an agreement* ○ *What you are suggesting is a complete impossibility!* ▶ **niemożliwość, niewykonalność** | **the impossible** noun [sing.] something that cannot be done: *Don't attempt the impossible!* ▶ **rzecz niewykonalna** | **impossibly** /-əbli/ adv. extremely: *impossibly complicated* ▶ **niemożliwie, nieprawdopodobnie**

impostor /ɪmˈpɒstə(r)/ (Brit. also **imposter**) noun [C] a person who pretends to be sb else in order to deceive other people ▶ **oszust/ka**

impotent /ˈɪmpətənt/ adj. **1** without enough power or influence ❶ Antonim: **powerful**. ▶ **bezsilny 2** (used about men) not capable of having sexual intercourse ▶ **cierpiący na impotencję**

□ **impotence** /-əns/ noun [U] ▶ **bezsilność; impotencja**

impoverish /ɪm'pɒvərɪʃ/ verb [T] (formal) to make sb/sth poor or poor in quality ▶ **zubożać**

impracticable /ɪm'præktɪkəbl/ adj. impossible to use or do in practice: *Your plan is completely impracticable.* ▶ **niewykonalny, nie do przeprowadzenia**

impractical /ɪm'præktɪkl/ adj. **1** not sensible or reasonable; not practical: *an impractical suggestion* ○ *It would be impractical to take our bikes on the train.* ▶ **niepraktyczny** **2** (used about a person) not good at doing ordinary everyday jobs: *He's clever but completely impractical.* ▶ **niepraktyczny**

imprecise /ˌɪmprɪ'saɪs/ adj. not clear or exact; not precise ▶ **niedokładny, nieprecyzyjny**

★**impress** /ɪm'pres/ verb [T] **1 impress sb (with sth)** to make sb feel admiration and respect: *She's always trying to impress people with her new clothes.* ○ *It impressed me that he understood immediately what I meant.* ▶ **wywierać wrażenie** **2** (formal) **impress sth on/upon sb** to make sth very clear to sb: *I wish you could impress on John that he must pass these exams.* ▶ **wpajać, zaszczepiać (coś komuś)**

★**impression** /ɪm'preʃn/ noun [C] **1** the effect that a person or thing produces on sb else: *She gives the impression of being older than she really is.* ○ *I want to create an impression of light and space in the house.* ○ *Do you think I made a good impression on your parents?* ▶ **wrażenie** **2** an opinion about sb/sth (that is sometimes unclear or wrong): *What's your impression of the new director?* ○ *I'm not sure but I have the impression that Jane's rather unhappy.* ○ *I was under the impression that you were married.* ▶ **wrażenie, impresja** **3** an amusing imitation of the behaviour or speech of a well-known person: *My brother does some marvellous impressions of TV stars.* ▶ **parodia, parodiowanie** **4** a mark made by pressing an object hard into a surface ▶ **odcisk, odbicie**

impressionable /ɪm'preʃənəbl/ adj. easy to influence: *Sixteen is a very impressionable age.* ▶ **podatny, wrażliwy**

★**impressive** /ɪm'presɪv/ adj. causing a feeling of admiration and respect because of importance, size, excellent quality, etc.: *an impressive building* ○ *The way he handled the situation was most impressive.* ❶ Antonim: **unimpressive**. ▶ **imponujący, wywierający wrażenie**

imprint /'ɪmprɪnt/ noun [C] the mark made by pressing an object on a surface: *the imprint of a foot in the sand* ▶ **odbicie, odcisk, ślad**

imprison /ɪm'prɪzn/ verb [T] (often passive) to put or keep in prison: *He was imprisoned for robbery.* ▶ **uwięzić, wtrącać do więzienia**

□ **imprisonment** /-mənt/ noun [U] the state of being imprisoned: *She was sentenced to five years' imprisonment.* Została skazana na karę pięciu lat więzienia. ○ *life imprisonment* dożywocie ▶ **uwięzienie**

improbable /ɪm'prɒbəbl/ adj. not likely to be true or to happen; not probable: *an improbable explanation/story/plot* ○ *It is highly improbable that she will arrive tonight.* ➲ Por. **unlikely**. ▶ **nieprawdopodobny**

□ **improbability** /ɪmˌprɒbə'bɪləti/ noun [U] ▶ **nieprawdopodobieństwo** | **improbably** /-əbli/ adv. ▶ **nieprawdopodobnie**

impromptu /ɪm'prɒmptju:; US -tu:/ adj., adv. (done) without being prepared or organized: *an impromptu party* ▶ **zaimprowizowany; bez przygotowania**

improper /ɪm'prɒpə(r)/ adj. **1** rude or not suitable for the situation: *an improper remark* ▶ **niewłaściwy, niestosowny** **2** illegal or not honest: *It seems that she had been involved in improper business deals.* ▶ **nieodpowiedni, nieprawidłowy** **3** rude (in a sexual way): *He lost his job for making improper suggestions to several of the girls.* ▶ **nieprzyzwoity**

□ **improperly** adv. ▶ **nieodpowiednio, nieprawidłowo, niewłaściwie**

impropriety /ˌɪmprə'praɪəti/ noun [C,U] (pl. **improprieties**) (formal) the state of being improper; an improper act: *She was unaware of the impropriety of her remark.* ○ *We are certain there were no improprieties in the handling of the deal.* ▶ **niewłaściwość, nieprawidłowość; nieprzyzwoitość**

★**improve** /ɪm'pru:v/ verb [I,T] to become or to make sth better: *Your work has greatly improved.* ○ *I hope the weather will improve later on.* ○ *Your vocabulary is excellent but you could improve your pronunciation.* ▶ **polepszać (się), poprawiać (się)**

PHRASAL VERB **improve on/upon sth** to produce sth that is better than sth else: *Nobody will be able to improve on that score.* ▶ **przewyższać, prześcigać**

□ **improvement** noun [C,U] **improvement (on/in sth)** (a) change which makes the quality or condition of sb/sth better: *There's been a considerable improvement in your mother's condition.* ○ *These marks are an improvement on your previous ones.* ▶ **postęp, poprawa**

improvise /'ɪmprəvaɪz/ verb [I,T] **1** to make, do, or manage sth quickly or without preparation, using what you have: *If you're short of teachers today you'll just have to improvise.* ▶ **improwizować** **2** to play music, speak or act using your imagination instead of written or remembered material: *It was obvious that the actor had forgotten his lines and was trying to improvise.* ○ *a brilliant improvised speech* ▶ **improwizować**

□ **improvisation** /ˌɪmprəvaɪ'zeɪʃn; US ɪmˌprɑ:və'zeɪʃn/ noun [C,U] the act of improvising ▶ **improwizacja**

impudent /'ɪmpjədənt/ adj. very rude; not respectful or polite ▶ **bezczelny**

□ **impudence** /-əns/ noun [U] impudent behaviour or speech ▶ **bezczelność** | **impudently** adv. ▶ **bezczelnie**

impulse /'ɪmpʌls/ noun [C] **1** a sudden desire to do sth without thinking about the results: *She felt a terrible impulse to rush out of the house and never come back.* ▶ **impuls** **2** a single push or signal in a nerve, wire, etc. that causes a reaction: *electrical impulses* ▶ **bodziec**

IDIOM **on (an) impulse** without thinking or

planning: *Sometimes it's fun to do things on impulse.* ▶ **spontanicznie**

impulsive /ɪm'pʌlsɪv/ adj. likely to act suddenly and without thinking; done without careful thought: *an impulsive character* ○ *an impulsive remark* ▶ **popędliwy**
□ **impulsively** adv. ▶ **popędliwie** | **impulsiveness** noun [U] ▶ **popędliwość**

impure /ɪm'pjʊə(r)/ adj. **1** consisting of more than one substance (and therefore not of good quality); not pure: *impure metals* ▶ **zanieczyszczony** **2** (old-fashioned) (used about thoughts and actions connected with sex) not moral; bad ▶ **nieczysty, brudny**
□ **impurity** /ɪm'pjʊərəti/ noun (pl. **impurities**) **1** [C, usually pl.] a substance that is present in another substance, making it of poor quality: *Impurities have been found in the water.* ▶ **zanieczyszczenie** **2** [U] the state of being impure ▶ **zanieczyszczenie; nieczystość**

★**in**[1] /ɪn/ adv. ❶ **In** występuje w czasownikach złożonych. Zob. hasła odpowiednich czasowników, np. **give**, **come**. **1** to a position within a particular area: *She opened the door and went in.* ○ *My suitcase is full. I can't get any more in* (nie mogę nic więcej włożyć). ○ *When does the train get in* (przyjeżdża)? ▶ **w, do** **2** at home or at work: *She won't be in till late today.* Będzie dziś późno w domu/pracy. ▶ **w domu/pracy** **3** received by sb official: *Entries should be in by 20 March.* Podania należy nadesłać do 20 marca.
IDIOMS **be in for it/sth** to be going to experience sth unpleasant: *He'll be in for a shock* (czeka go szok) *when he gets the bill.* ○ *You'll be in for it* (dostanie ci się) *when Mum sees what you've done.* ▶ (*dot. tylko przyszłości*) **doświadczyć (czegoś nieprzyjemnego)** | **be/get in on sth** to have a share in sth; to know about sth that is happening: *I'd like to be in on the new project.* ▶ **brać udział; zostać dopuszczonym** | **have (got) it in for sb** (informal) to be unpleasant to sb because they have done sth to upset you ▶ **być ciętym (na kogoś)**

★**in**[2] /ɪn/ prep. ❶ **In** występuje z rzeczownikami w wielu zwrotach, np. **in time**. Zob. hasła odpowiednich rzeczowników. **1** (showing place) within the area of sth; enclosed by sth: *a country in Africa* ○ *a town in France* ○ *an island in the Pacific* ○ *in a box* ○ *I read about it in the newspaper.* ○ *in bed* ○ *She put the keys in her pocket.* ○ *They were working in the garden.* ○ *His wife's in hospital.* ➲ Ilustr. na str. 874. ▶ **w** **2** (showing time) during a period of time: *My birthday is in August.* ○ *He was born in 1980.* ○ *You could walk there in about an hour* (w ciągu około godziny). ▶ **w** **3** (showing time) after a period of time: *I'll be finished in ten minutes.* ▶ **za** **4** contained in; forming the whole or part of sth: *There are 366 days in a leap year* (w roku przestępnym). ▶ **w** **5** (used for giving the rate of sth): *a new rate of tax of 50p in the pound* ○ *One family in ten owns a dishwasher.* ▶ **w, na** **6** wearing sth: *They were all dressed in black* (ubrani na czarno) *for the funeral.* ○ *I've never seen you in a suit before.* ▶ **na; w** **7** (used for saying how things are arranged): *We sat in a circle.* ▶ **w** **8** (used for saying how sth is written or expressed): *Please write in pen* (pisać piórem). ○ *They were talking in Italian* (po włosku). ▶ (*stosuje się przy określaniu sposobu pisania, np. piórem, atramentem*); (*mówić*) **po** **9** (used with feelings): *I watched in horror as the plane crashed to the ground.* ▶ **z** (*np. przerażeniem, rozbawieniem*) **10** (showing the condition or state of sb/sth): *My parents are in poor health* (są słabego zdrowia). ○ *This room is in a mess!* W tym pokoju jest bałagan. ○ *Richard's in love* (jest zakochany). ▶ (*używane do wyrażenia stanu czegoś/kogoś*) **11** (showing sb's job or the activity sb is involved in): *He's got a good job in advertising.* ○ *All her family are in politics.* ○ *He's in the army.* ▶ **w**

in[3] /ɪn/ noun
IDIOM **the ins and outs (of sth)** the details and difficulties (involved in sth) ▶ **tajniki, szczegóły**

in. abbr. inch(es): *4 in. x 2 in.* ○ *He is 6 ft 2 in. tall* ▶ **cal/e**

inability /ˌɪnə'bɪləti/ noun [U] **inability (to do sth)** lack of ability, power or skill: *He has a complete inability to concentrate.* ❶ Przymiotnik: **unable**. ▶ **niezdolność, niemożność**

inaccessible /ˌɪnæk'sesəbl/ adj. very difficult or impossible to reach or contact: *That beach is inaccessible by car.* ○ (figurative) *His books are inaccessible to the average reader.* ▶ **niedostępny; nieprzystępny**
□ **inaccessibility** /ˌɪnækˌsesə'bɪləti/ noun [U] ▶ **niedostępność; nieprzystępność**

inaccurate /ɪn'ækjərət/ adj. not correct; not accurate: *an inaccurate report* ▶ **nieścisły**
□ **inaccuracy** /ɪn'ækjərəsi/ noun (pl. **inaccuracies**) **1** [U] being inaccurate: *The inaccuracy of the statistics was immediately obvious.* ▶ **nieścisłość** **2** [C] an inaccurate statement; a written or spoken mistake: *There are always some inaccuracies in newspaper reports.* ▶ **nieścisłość**

inaction /ɪn'ækʃn/ noun [U] doing nothing; lack of action: *The crisis was blamed on the government's earlier inaction.* ▶ **bezczynność, inercja**

inactive /ɪn'æktɪv/ adj. doing nothing; not active: *The virus remains inactive in the body.* ▶ **bezczynny, bierny**
□ **inactivity** /ˌɪnæk'tɪvəti/ noun [U] ▶ **bezczynność, bierność**

inadequate /ɪn'ædɪkwət/ adj. **1** not sufficient; not good enough: *the problem of inadequate housing* ▶ **nieodpowiedni, niedostateczny** **2** (used about a person) not able to deal with a problem or situation, etc.; not confident: *There was so much to learn in the new job that for a while I felt totally inadequate.* ▶ **nie nadający się, nie sprostający wymaganiom**
□ **inadequacy** /ɪn'ædɪkwəsi/ noun [C,U] (pl. **inadequacies**) [U]: *his inadequacy as a parent* ○ *the inadequacies of the health service* ▶ **nieodpowiedniość, niedostateczność** | **inadequately** /ɪn'ædɪkwətli/ adv. ▶ **nieodpowiednio, niedostatecznie**

inadvertent /ˌɪnəd'vɜːtənt/ adj. (used about

actions) done without thinking, not on purpose; not intentional ▶ **nieumyślny, mimowolny**

□ **inadvertently** adv.: *She had inadvertently left the letter where he could find it.* ▶ **nieumyślnie, mimowolnie**

inadvisable /ˌɪnəd'vaɪzəbl/ adj. not sensible or wise: *It is inadvisable to go swimming when you have a cold.* ▶ **nierozsądny, niewskazany**

inane /ɪ'neɪn/ adj. without any meaning; silly: *an inane remark* ▶ **bezmyślny, głupi**

□ **inanely** adv. ▶ **głupio, bezmyślnie**

inappropriate /ˌɪnə'prəʊpriət/ adj. not suitable: *Isn't that dress rather inappropriate for the occasion?* ➲ Por. **unsuitable**. ▶ **nieodpowiedni, niewłaściwy**

inarticulate /ˌɪnɑː'tɪkjələt/ adj. **1** (used about a person) not able to express ideas and feelings clearly ▶ **nieelokwentny 2** (used about speech) not clear or well expressed ▶ **mętny, niewyraźny**

□ **inarticulately** adv. ▶ **nieelokwentnie, mętnie, niewyraźnie**

inasmuch as /ˌɪnəz'mʌtʃ əz/ conj. (formal) because of the fact that; to the extent that: *We felt sorry for the boys inasmuch as they had not realized that what they were doing was wrong.* ▶ **ponieważ, gdyż, o tyle (że)**

inattention /ˌɪnə'tenʃn/ noun [U] lack of attention ▶ **nieuwaga, zaniedbanie**

□ **inattentive** /ˌɪnə'tentɪv/ adj. not paying attention; not attentive: *One inattentive student can disturb the whole class.* ▶ **nieuważny**

inaudible /ɪn'ɔːdəbl/ adj. not loud enough to be heard ▶ **niesłyszalny**

□ **inaudibly** /ɪn'ɔːdəbli/ adv. ▶ **niesłyszalnie, nieuchwytnie dla ucha**

inaugural /ɪ'nɔːgjərəl/ adj. (only before a noun) (used about a speech or meeting that marks the beginning of a new organization, leadership, etc.) first: *the President's inaugural speech* ▶ **inauguracyjny**

inaugurate /ɪ'nɔːgjəreɪt/ verb [T] **1** to introduce a new official, leader, etc. at a special ceremony: *He will be inaugurated as President next month.* ▶ **inaugurować, wprowadzać uroczyście na stanowisko 2** to start, introduce or open sth new (often at a special ceremony) ▶ **inaugurować, zapoczątkować**

□ **inauguration** /ɪˌnɔːgjə'reɪʃn/ noun [C,U] ▶ **inauguracja**

inauspicious /ˌɪnɔː'spɪʃəs/ adj. (formal) showing signs that the future will not be good or successful: *an inauspicious start* ❶ Antonim: **auspicious**. ▶ **nie wróżący sukcesu, złowróżbny**

Inc. (also **inc**) (US) abbr. incorporated: *Manhattan Drugstores Inc* ▶ **zarejestrowany** (*oznaczenie spółki*)

incalculable /ɪn'kælkjələbl/ adj. very great; too great to calculate: *an incalculable risk* ○ *incalculable damage* ▶ **nieobliczalny**

incapable /ɪn'keɪpəbl/ adj. **1 incapable of sth/doing sth** not able to do sth; not capable of sth/doing sth: *She is incapable of hard work/working hard.* ○ *He's quite incapable of unkindness.* ▶ **niezdolny do czegoś 2** not able to do, manage or organize anything well: *As a doctor, she's totally incapable.* ▶ **nieudolny**

incapacitate /ˌɪnkə'pæsɪteɪt/ verb [T] to make sb unable (to work, live normally, etc.): *They were completely incapacitated by the heat in Spain.* Hiszpański upał całkowicie ich rozłożył. ▶ **uczynić niezdolnym (do czegoś)**

incarnation /ˌɪnkɑː'neɪʃn/ noun [C] **1** (a person that is) a perfect example of a particular quality ▶ (*o osobie*) **wcielenie (czegoś) 2** a life on earth in a particular form ▶ (*o formie istnienia*) **wcielenie**

incendiary /ɪn'sendiəri; US -dieri/ adj. that causes a fire: *an incendiary bomb* ▶ **zapalający**

incense /'ɪnsens/ noun [U] a substance that produces a sweet smell when burnt, used especially in religious ceremonies ▶ **kadzidło**

incensed /ɪn'senst/ adj. **incensed (by/at sth)** very angry; furious ▶ (*przen.*) **wściekły**

incentive /ɪn'sentɪv/ noun [C,U] **incentive (to do sth)** something that encourages you (to do sth): *The company is offering cash incentives to staff to move to another area.* ▶ **zachęta**

incessant /ɪn'sesnt/ adj. never stopping: *incessant rain/noise* ➲ Por. **continual**. ▶ **bezustanny**

□ **incessantly** adv. ▶ **bezustannie, bez przerwy**

incest /'ɪnsest/ noun [U] sexual intercourse between close members of a family, e.g. brother and sister ▶ **kazirodztwo**

□ **incestuous** /ɪn'sestjuəs; US -tʃuəs/ adj. **1** involving incest: *an incestuous relationship* ▶ **kazirodczy 2** (used about a group of people and their relationships with each other) too close; not open to anyone outside the group: *Life in a small community can be very incestuous.* ▶ (*o grupie ludzi*) **zamknięty, zbyt zażyły**

⋆**inch** /ɪntʃ/ noun [C] (abbr. **in.**) a measure of length; 2·54 centimetres. There are 12 inches in a foot: *He's 5 foot 10 inches tall.* ○ *Three inches of rain fell last night.* ▶ **cal**

PHRASAL VERB **inch forward, past, through, etc.** to move slowly and carefully in the direction mentioned: *Inch the car forward till I tell you to stop.* ▶ **posuwać (się) krok po kroku**

incidence /'ɪnsɪdəns/ noun [sing.] the number of times sth (usually sth unpleasant) happens; the rate of sth: *a high incidence of crime* ▶ **występowanie, rozmiary**

⋆**incident** /'ɪnsɪdənt/ noun [C] (formal) **1** an event (especially one that involves violence, danger, something strange, etc.): *There were a number of unpleasant incidents after the football match.* ○ *The publishing of the book resulted in a diplomatic incident.* ▶ **incydent, zajście 2** something that happens that is not very important: *There was an amusing incident at work today.* ▶ **incydent**

incidental /ˌɪnsɪ'dentl/ adj. happening as part of sth more important; minor: *The book contains various themes that are incidental to the main plot.* ▶ **przypadkowy, marginesowy**

incidentally /-tli/ adv. (used to introduce extra news, information, etc. that the speaker has just thought of): *Incidentally, that new restaurant you told me about is excellent.* ❶ Synonimem **incidentally** jest zwrot **by the way**. ▶ **nawiasem mówiąc, à propos**

incinerate /ɪn'sɪnəreɪt/ verb [T] (formal) to destroy sth completely by burning ▶ **spopielać, spalać**

□ **incinerator** /ɪn'sɪnəreɪtə(r)/ noun [C] a container or machine for burning rubbish, etc. ▶ **piec do spalania nieczystości**

incision /ɪn'sɪʒn/ noun [C] (formal) a cut carefully made into sth (especially into a person's body as part of a medical operation) ▶ **nacięcie**

incite /ɪn'saɪt/ verb [T] **incite sb (to sth)** to encourage sb to do sth by making them very angry or excited: *He was accused of inciting the crowd to violence.* ▶ **podburzać**

□ **incitement** noun [C,U]: *He was guilty of incitement to violence.* ▶ **podburzanie**

incl. abbr. including; inclusive: *total £59.00 incl. tax* ▶ **wliczając; włącznie**

inclination /ˌɪnklɪ'neɪʃn/ noun [C,U] a feeling that makes sb want to behave in a particular way: *My inclination is to say* (powiedziałbym) *'no', but what do you think?* ▶ **skłonność**

incline /ɪn'klaɪn/ verb **1** [I] (formal) **incline to/towards sth** to want to behave in a particular way or make a particular choice: *I don't know what to choose, but I'm inclining towards the fish.* ▶ **skłaniać się ku czemuś 1** [T] (formal) to bend (your head) forward: *They sat round the table, heads inclined, deep in discussion.* ▶ **schylać** (*głowę*) **2** [I] **incline towards sth** to lean or slope in the direction of sth: *The land inclines towards the shore.* ▶ **nachylać się**

□ **incline** /'ɪnklaɪn/ noun (formal) a slope: *a steep/slight incline* ▶ **pochyłość**

inclined /ɪn'klaɪnd/ adj. **1** (not before a noun) **be inclined (to do sth)** to want to do sth: *He writes only when he feels inclined to.* ▶ **mieć ochotę (coś zrobić) 2 inclined to do sth** likely to do sth: *She's inclined* (ma skłonność) *to change her mind very easily.* ▶ **mający skłonność 3 inclined to agree/believe/think, etc.** (used when you are expressing an opinion but do not want to express it very strongly): *I know Andrew well so I'm inclined to believe what he says.* ▶ **skłonny 4** having a natural ability in the subject mentioned: *to be musically inclined* ▶ **uzdolniony**

★**include** /ɪn'klu:d/ verb [T] **1** to have as one part; to contain (among other things): *The price of the holiday includes the flight, the hotel and car hire.* ○ *The crew included one woman.* ➲ Por. **exclude**. Zob. uwaga przy **contain**. ▶ **zawierać, wliczać 2** to make sb/sth part (of another group, etc.): *The children immediately included the new girl in their games.* ○ *Everyone was disappointed, myself included.* ▶ **włączać, wliczać**

□ **including** /ɪn'klu:dɪŋ/ prep. having as a part: *It costs £17.99, including postage and packing.* ▶ **wliczając** | **inclusion** /ɪn'klu:ʒn/ noun [U] ▶ **włączenie**

inclusive /ɪn'klu:sɪv/ adj. **1 inclusive (of sth)** (used about a price, charge, fee, etc.) including or containing everything; including the thing mentioned: *The rent is inclusive of electricity* (łącznie z opłatą za energię elektryczną). ▶ **obejmujący, zawierający 2** (only *after* a noun) including the dates, numbers, etc. mentioned: *You are booked at the hotel from Monday to Friday inclusive.* ❶ W Amer. ang. **through** powszechnie używa się zamiast **inclusive**, mówiąc o czasie: *We'll be away from Friday through Sunday.* ▶ (*od…do*) **włącznie**

incognito /ˌɪnkɒg'ni:təʊ/ adj., adv. hiding your real name and identity (especially if you are famous and do not want to be recognized): *to travel incognito* ▶ **incognito**

incoherent /ˌɪnkəʊ'hɪərənt/ adj. not clear or easy to understand; not expressing yourself clearly ▶ **chaotyczny, bezładny**

□ **incoherence** /-əns/ noun [U] ▶ **chaotyczność** | **incoherently** adv. ▶ **chaotycznie, bezładnie**

★**income** /'ɪnkʌm; -kəm/ noun [C,U] the money you receive regularly as payment for your work or as interest on investments: *a source of income* źródło przychodów ○ *It's difficult for a family to live on one income.* ➲ Zob. uwaga przy **pay**. ▶ **dochód, wpływy**

> We talk about a **monthly** or an **annual** income. An income may be **high** or **low**. Your **gross** income is the amount you earn before paying tax. Your **net** income is your income after tax.

■ **'income tax** noun [U] the tax you pay on the money you earn ▶ **podatek dochodowy**

incoming /'ɪnkʌmɪŋ/ adj. (only before a noun) **1** coming in or arriving: *incoming flights/passengers* ▶ **przybywający 2** new; recently elected: *the incoming government* ▶ **nowo wybrany**

incomparable /ɪn'kɒmprəbl/ adj. so good or great that it does not have an equal: *incomparable beauty* ❶ Czasownik: **compare**. ▶ **niezrównany**

incompatible /ˌɪnkəm'pætəbl/ adj. **incompatible with sb/sth** not able to live or work happily with sb; not able to exist in harmony with sb/sth else: *Their marriage won't last, they're completely incompatible* (zupełnie do siebie nie pasują). ▶ **niekompatybilny, niezgodny (z kimś/czymś)**

□ **incompatibility** /ˌɪnkəmˌpætə'bɪləti/ noun [C,U] (pl. **incompatibilities**) ▶ **niekompatybilność, niezgodność** (*np. pojęć, usposobień*)

incompetent /ɪn'kɒmpɪtənt/ adj. lacking the necessary skill to do sth well: *He is completely incompetent at his job.* ▶ **nieudolny, niekompetentny**

□ **incompetence** /-əns/ noun [U] ▶ **nieudolność, niekompetencja** | **incompetently** adv. ▶ **nieudolnie, niekompetentnie**

incomplete /ˌɪnkəm'pli:t/ adj. having a part or parts missing; not total or complete: *The witness could only give an incomplete account of what had happened.* ○ *Unfortunately the jigsaw* *puzzle was incomplete.* ▶ **niezupełny, niecałkowity**

□ **incompletely** adv. ▶ **niezupełnie, niecałkowicie**

incomprehensible /ɪnˌkɒmprɪˈhensəbl/ adj. impossible to understand: *Her attitude is incomprehensible to the rest of the committee.* ▶ **niezrozumiały, niepojęty**

incomprehension /ɪnˌkɒmprɪˈhenʃn/ noun [U] the state of not being able to understand sb/sth: *Anna read the letter with incomprehension.* ▶ **niezrozumienie**

inconceivable /ˌɪnkənˈsiːvəbl/ adj. impossible or very difficult to believe or imagine ▶ **niepojęty, niewyobrażalny**

inconclusive /ˌɪnkənˈkluːsɪv/ adj. not leading to a definite decision or result: *an inconclusive discussion* ○ *inconclusive evidence* ▶ **nie rozstrzygający, nieprzekonywający**

□ **inconclusively** adv. ▶ **nie rozstrzygająco, nie decydująco**

incongruous /ɪnˈkɒŋgruəs/ adj. strange; not in harmony; out of place: *He looked very incongruous in his T-shirt and jeans at the ball.* ▶ **niestosowny, nie na miejscu**

□ **incongruity** /ˌɪnkɒnˈgruːəti/ noun [U] ▶ **niezgodność, niestosowność** | **incongruously** adv. ▶ **nieodpowiednio, niestosownie**

inconsiderate /ˌɪnkənˈsɪdərət/ adj. (used about a person) not thinking or caring about the feelings, or needs of other people: *It was inconsiderate of you not to offer her a lift.* ❶ Synonim: **thoughtless**. ▶ **nie zważający** (*np. na czyjeś potrzeby, uczucia*)

□ **inconsiderately** adv. ▶ **nie zważając** (*np. na czyjeś potrzeby, uczucia*) | **inconsiderateness** noun [U] ▶ **nieliczenie się** (*np. z czyimiś potrzebami, uczuciami*)

inconsistent /ˌɪnkənˈsɪstənt/ adj. **1** (used about a person) likely to change (in attitude, behaviour, etc.); not reliable: *Her work is very inconsistent.* ▶ **niekonsekwentny 2 inconsistent (with sth)** not in agreement with sth: *These new facts are inconsistent with the earlier information.* ▶ **niezgodny, sprzeczny**

□ **inconsistency** /-ənsi/ noun [C, U] (pl. **inconsistencies**) ▶ **niekonsekwencja; niezgodność** | **inconsistently** adv. ▶ **niekonsekwentnie**

inconspicuous /ˌɪnkənˈspɪkjuəs/ adv. not easily noticed: *I tried to make myself as inconspicuous as possible so that no one would ask me a question.* ○ *inconspicuous colours such as grey and dark blue* ▶ **nie rzucający się w oczy, nie zwracający na siebie uwagi, niepozorny**

□ **inconspicuously** adv. ▶ **nie rzucając się w oczy, nie zwracając na siebie uwagi**

incontinent /ɪnˈkɒntɪnənt/ adj. unable to control the passing of waste (urine and faeces) from the body ▶ **nie panujący nad utrzymaniem moczu/stolca**

□ **incontinence** /-əns/ noun [U] ▶ **niemożność utrzymania moczu/stolca**

inconvenience /ˌɪnkənˈviːniəns/ noun [C,U] (something that causes) difficulty or discomfort: *We apologize for any inconvenience caused by the delays.* ▶ **niewygoda**

□ **inconvenience** verb [T] ▶ **sprawiać kłopot**

inconvenient /ˌɪnkənˈviːniənt/ adj. causing difficulty or discomfort; not convenient: *It's a bit inconvenient at the moment – could you phone again later?* ▶ **niewygodny, kłopotliwy**

□ **inconveniently** adv. ▶ **niewygodnie, kłopotliwie**

incorporate /ɪnˈkɔːpəreɪt/ verb [T] **incorporate sth (in/into sth)** to make sth part of sth else or to have sth as a part; to include: *I'd like you to incorporate this information into your report.* ▶ **wcielać; zawierać**

□ **incorporated** adj. (abbr. **Inc.**) (following the name of a company) formed into a legal organization (corporation) ▶ (*o towarzystwie, firmie*) **zarejestrowany** | **incorporation** /ɪnˌkɔːpəˈreɪʃn/ noun [U] ▶ **wcielanie, włączanie**

incorrect /ˌɪnkəˈrekt/ adj. not right or true; not correct: *Incorrect answers should be marked with a cross.* ▶ **nieprawidłowy, niestosowny**

□ **incorrectly** adv. wrongly: *The envelope was incorrectly addressed.* ▶ **błędnie**

incorrigible /ɪnˈkɒrɪdʒəbl; US -ˈkɔːr-/ adj. (used about a person or behaviour) very bad; too bad to be corrected or improved: *an incorrigible liar* ▶ **zatwardziały, niepoprawny**

★**increase**[1] /ɪnˈkriːs/ verb [I,T] to become or to make sth larger in number or amount: *The number of people working from home will increase steadily during the next decade.* ○ *The rate of inflation has increased by 1% to 7%.* ○ *My employer would like me to increase my hours of work from 25 to 30.* ○ *She increased her speed* (przyśpieszyła) *to overtake the lorry.* ❶ Antonim: **decrease** lub **reduce**. ▶ **zwiększać (się), wzrastać**

□ **increasingly** /ɪnˈkriːsɪŋli/ adv. more and more: *increasingly difficult* ▶ **coraz (bardziej)**

★**increase**[2] /ˈɪŋkriːs/ noun [C,U] **increase (in sth)** a rise in the number, amount or level of sth: *a steady increase in the number of people taking holidays abroad* ○ *There has been a sharp increase of nearly 50% on last year's figures.* ○ *Doctors expect some further increase in the spread of the disease.* ○ *They are demanding a large wage increase* (podwyżki) *in line with inflation.* ❶ Antonim: **decrease** lub **reduction**. ▶ **przyrost, wzrost**

IDIOM **be on the increase** to become larger or more frequent; to increase: *Attacks by dogs on children are on the increase.* ▶ **wzrastać**

incredible /ɪnˈkredəbl/ adj. **1** amazing or fantastic; very great: *He earns an incredible salary.* ▶ **niewiarygodny, ogromny 2** impossible or very difficult to believe: *I found his account of the event incredible.* ▶ **niewiarygodny, nieprawdopodobny** ❶ Synonim: **unbelievable**.

□ **incredibly** /ɪnˈkredəbli/ adv. extremely: *he is incredibly strong.* ▶ **niewiarygodnie**

incriminate /ɪnˈkrɪmɪneɪt/ verb [T] to provide evidence that sb is guilty of a crime: *The police searched the house but found nothing to incriminate the man.* ▶ **oskarżać**

incubate /ˈɪŋkjubeɪt/ verb **1** [I,T] (used about eggs) to keep or be kept warm until the young birds hatch ▶ **wysiadywać** *(jaja)*, **przechodzić/poddawać proces/owi wylęgu 2** [I] (used about an infectious disease, etc.) to develop ▶ **wylęgać się**

□ **incubation** /ˌɪŋkjuˈbeɪʃn/ noun **1** [U] the process of incubating eggs ▶ **wylęganie 2** [C] (also **incuˈbation period**) the period between catching a disease and the time when symptoms of it appear ▶ **okres inkubacji/wylęgania**

incubator /ˈɪŋkjubeɪtə(r)/ noun [C] **1** a heated apparatus used in hospitals for keeping small or weak babies alive ▶ **inkubator 2** a similar apparatus for keeping eggs warm until they hatch ▶ **wylęgarka**

incur /ɪnˈkɜː(r)/ verb [T] (**incurred**; **incurring**) (formal) to cause or suffer sth unpleasant as a result of your own actions: *to incur debts* zaciągać długi ○ *to incur sb's anger* ściągać czyjś gniew ▶ **ponosić, narażać się (na coś)**

incurable /ɪnˈkjʊərəbl/ adj. not able to be cured or changed: *an incurable disease* ▶ **nieuleczalny**

□ **incurably** /-əbli/ adv.: *incurably ill* ▶ **nieuleczalnie**

indebted /ɪnˈdetɪd/ adj. **indebted to sb (for sth)** very grateful to sb: *I am deeply indebted* (mam duży dług wdzięczności) *to my family for their help.* ▶ **wdzięczny, zobowiązany**

indecent /ɪnˈdiːsnt/ adj. offending against accepted sexual, moral or social standards of behaviour; not decent ▶ **nieprzyzwoity**

□ **indecency** /-nsi/ noun [C,U] (pl. **indecencies**) ▶ **nieprzyzwoitość** | **indecently** adv. ▶ **nieprzyzwoicie**

indecision /ˌɪndɪˈsɪʒn/ noun [U] being unable to decide: *This indecision about the future is really worrying me.* ▶ **niezdecydowanie**

indecisive /ˌɪndɪˈsaɪsɪv/ adj. (used about a person) not able to make decisions ▶ **niezdecydowany**

□ **indecisively** adv. ▶ **niezdecydowanie**

★**indeed** /ɪnˈdiːd/ adv. **1** (used for agreeing with sth that has just been said or for emphasis) really; certainly: *'Have you had a good holiday?' 'We have indeed.'* ▶ **rzeczywiście 2** (used for emphasizing a point that has just been made) in fact: *It's important that you come at once. Indeed, it's essential.* ▶ **naprawdę, rzeczywiście 3** (used for emphasis after 'very' plus an adjective or adverb): *Thank you very much indeed.* ○ *She's very happy indeed.* ▶ **naprawdę, istotnie 4** (used for showing interest, surprise, anger, etc.): *'They were talking about you last night.' 'Were they indeed!'* ○ *'Why did he go without us?' 'Why indeed?'* ▶ **czyżby?, naprawdę?**

indefensible /ˌɪndɪˈfensəbl/ adj. (used about behaviour, etc.) completely wrong; that cannot be defended or excused ▶ **nie do usprawiedliwienia**

indefinable /ˌɪndɪˈfaɪnəbl/ adj. difficult or impossible to describe: *There was an indefinable atmosphere of hostility.* ▶ **nieokreślony**

□ **indefinably** /-əbli/ adv. ▶ **w sposób nieokreślony**

indefinite /ɪnˈdefɪnət/ adj. not fixed or clear; not definite: *Our plans are still rather indefinite.* ▶ **nieokreślony, nie sprecyzowany**

□ **indefinitely** adv. for an indefinite period of time (= you do not know how long it will last): *The meeting was postponed indefinitely.* ▶ **na czas nie określony, bez końca**

■ **inˌdefinite ˈarticle** noun [C] the name used for the words *a* and *an* ▶ **przedimek/rodzajnik nieokreślony**

indelible /ɪnˈdeləbl/ adj. that cannot be removed or washed out: *indelible ink* ○ (figurative) *an indelible impression* ▶ **nieusuwalny; niezatarty**

□ **indelibly** /-əbli/ adv. ▶ **w sposób nie dający się usunąć; trwale**

indent /ɪnˈdent/ verb [I,T] to start a line of writing further from the left-hand side of the page than the other lines ▶ **zaczynać** *(wiersz)* **wcięciem akapitowym**

★**independence** /ˌɪndɪˈpendəns/ noun [U] **independence (from sb/sth)** (used about a person, country, etc.) the state of being free or not controlled by another person, country, etc.: *In 1947 India achieved independence from Britain.* ○ *The old lady didn't want to lose her independence.* ○ *financial independence* ▶ **niepodległość, niezależność**

> Czwartego lipca Amerykanie obchodzą **Independence Day**. Tego dnia w 1776 roku Ameryka ogłosiła swoją niepodległość.

★**independent** /ˌɪndɪˈpendənt/ adj. **1 independent (of sb/sth)** not dependent on or controlled by another person, country, etc.: *Many former colonies are now independent nations.* ○ *to be independent of your parents* ○ *independent schools/television* ▶ **niepodległy, niezależny 2** not needing or wanting help: *My son likes travelling on his own – he's very independent for his age.* ▶ **niezależny 3** not influenced by or connected with sb/sth: *Complaints against the police should be investigated by an independent body.* ▶ **niezależny, osobny**

□ **independently** adv.: *Scientists working independently of each other have had very similar results.* ▶ **niezależnie, osobno**

indescribable /ˌɪndɪˈskraɪbəbl/ adj. too good or bad to be described: *indescribable poverty/luxury* ▶ **nieopisany**

□ **indescribably** /-əbli/ adv. ▶ **nieopisanie**

indestructible /ˌɪndɪˈstrʌktəbl/ adj. that cannot be easily damaged or destroyed ▶ **niezniszczalny, niezwyciężony**

★**index** /ˈɪndeks/ noun [C] **1** (pl. **indexes**) an alphabetical list of names or subjects at the end of a book: *Look it up in the index.* ▶ **indeks, skorowidz 2** (pl. **indexes**) (also **card index**; US **card catalog**) an alphabetical list of names, books, subjects, etc. written on a series of cards (index cards): *an index card* ▶ **kartoteka 3** (pl. **indexes** or **indices**) a way of showing how the price, value, rate, etc. of sth has changed: *the*

cost-of-living index ▶ **wskaźnik**
□ **index** verb [T] to make an index or include sth in an index ▶ **sporządzać indeks/skorowidz**
■ **'index finger** noun [C] the finger next to your thumb that is used for pointing ❶ Nazywa się go również **forefinger**. ▶ **palec wskazujący**

★**Indian** /'ɪndiən/ noun [C], adj. **1** (a person) from the Republic of India: *Indian food is hot and spicy.* ▶ **mieszkaniec Indii; indyjski 2** = NATIVE AMERICAN ➲ Por. też **West Indian**. ▶ **(rdzenn-y/a) Indian-in/ka amerykańsk-i/a**

★**indicate** /'ɪndɪkeɪt/ verb **1** [T] to show or point to sth: *The receptionist indicated where I should sign.* ○ (figurative) *The report indicates a need for more spending on research.* ▶ **wskazywać (na coś); sygnalizować 2** [T] to be or give a sign about sth: *If a horse has its ears forward, that indicates that it is happy.* ▶ **być znakiem/oznaką, wskazywać 3** [T] to say sth briefly and in a general way: *The spokesman indicated that an agreement was likely soon.* ▶ **sygnalizować 4** [I,T] to signal that your car, etc. is going to turn: *Why didn't you indicate?* ○ *The lorry indicated left but turned right.* ▶ **sygnalizować**
□ **indication** /ˌɪndɪ'keɪʃn/ noun [C,U] something that shows sth; a sign: *There was no indication of a struggle.* ○ *There is every indication that he will make a full recovery.* ▶ **oznaka, sygnał**

indicative /ɪn'dɪkətɪv/ adj. (formal) **be indicative (of sth)** to be or give a sign of sth: *Is the unusual weather indicative* (czy anomalie pogodowe są oznaką) *of fundamental climatic changes?* ▶ **wskazywać (na coś)**

indicator /'ɪndɪkeɪtə(r)/ noun [C] **1** something that gives information or shows sth; a sign: *The indicator showed that we had plenty of petrol.* ▶ **wskaźnik 2** the flashing light on a car, etc. that shows that it is going to turn right or left ▶ **migacz**

indices pl. of INDEX

indictment /ɪn'daɪtmənt/ noun [C] **1** a written paper that officially accuses sb of a crime ▶ **akt oskarżenia 2** (figurative) something that shows how bad sth is: *The fact that many children leave school with no qualifications is an indictment of our education system.* ▶ **oskarżenie**

indifference /ɪn'dɪfrəns/ noun [U] a lack of interest or feeling (towards sb/sth): *He treated our suggestion with complete indifference.* ▶ **obojętność**

indifferent /ɪn'dɪfrənt/ adj. **1 indifferent (to sb/sth)** not interested in or caring about sb/sth: *How can you remain indifferent when children are suffering?* ▶ **obojętny 2** of low quality: *The standard of football in the World Cup was rather indifferent.* ▶ **mierny, marny**
□ **indifferently** adv. ▶ **obojętnie; miernie**

indigenous /ɪn'dɪdʒənəs/ adj. (used about people, animals or plants) living or growing in the place where they are from originally: *Relations between the settlers and the indigenous people were often difficult.* ▶ **macierzysty, miejscowy**

indigestible /ˌɪndɪ'dʒestəbl/ adj. (used about food) difficult or impossible to eat and digest ▶ **niestrawny**

indigestion /ˌɪndɪ'dʒestʃən/ noun [U] pain in the stomach that is caused by difficulty in digesting food: *Onions give me terrible indigestion.* ▶ **niestrawność**

indignant /ɪn'dɪɡnənt/ adj. shocked or angry (because sb has said or done sth that you do not like and do not agree with): *They were indignant that they had to pay more for worse services.* ▶ **oburzony**
□ **indignantly** adv. ▶ **z oburzeniem** | **indignation** /ˌɪndɪɡ'neɪʃn/ noun [U] shock and anger: *The growing levels of unemployment have aroused indignation.* ▶ **oburzenie**

indirect /ˌɪndə'rekt; -daɪ'r-/ adj. **1** not going in a straight line or using the shortest route; not direct: *We came the indirect route to avoid driving through London.* ▶ **okrężny 2** not directly caused by or connected with sth: *an indirect result* ▶ **pośredni 3** not mentioning sth openly: *She gave only an indirect answer to my question.* ▶ (*o odpowiedzi itp.*) **wymyjający**
□ **indirectly** adv. ▶ **okrężną drogą; pośrednio**
■ **ˌindirect 'object** noun [C] an additional object[1](4) that is used after some verbs: *In the sentence, 'I wrote him a letter', 'him' is the indirect object.* ➲ Por. **direct object**. ▶ **dopełnienie dalsze** | **ˌindirect 'speech** (also **reported speech**) noun [U] reporting what sb has said, not using the actual words ❶ Tim powiedział: *'I'll phone you later.'* W mowie zależnej zdanie to przybiera formę: *Tim said that he would phone again later.* ➲ Por. **direct speech**. ▶ **mowa zależna**

indiscreet /ˌɪndɪ'skriːt/ adj. not careful or polite in what you say or do ▶ **niedyskretny, nieroztropny**
□ **indiscreetly** adv. ▶ **niedyskretnie, nieroztropnie** | **indiscretion** /ˌɪndɪ'skreʃn/ noun [C,U] behaviour that is indiscreet ▶ **niedyskrecja, nieostrożność**

indiscriminate /ˌɪndɪ'skrɪmɪnət/ adj. not carefully chosen or done with careful thought: *the indiscriminate shooting of civilians* ▶ (*dokonany*) **bez różnicy/rozróżnienia**
□ **indiscriminately** adv. ▶ **bez różnicy/rozróżnienia**

indispensable /ˌɪndɪ'spensəbl/ adj. very important, so that it is not possible to be without it; essential or necessary: *A car is indispensable nowadays if you live in the country.* ▶ **niezbędny**

indisputable /ˌɪndɪ'spjuːtəbl/ adj. definitely true; that cannot be proved wrong ▶ **bezsporny, niekwestionowany**

indistinct /ˌɪndɪ'stɪŋkt/ adj. not clear; not distinct: *indistinct figures/sounds/memories* ▶ **niewyraźny, niejasny**
□ **indistinctly** adv. ▶ **niewyraźnie, niejasno**

indistinguishable /ˌɪndɪ'stɪŋɡwɪʃəbl/ adj. **indistinguishable (from sth)** appearing to be the same: *From a distance the two colours are indistinguishable.* ▶ **nie do odróżnienia**

★**individual** /ˌɪndɪ'vɪdʒuəl/ adj. **1** (only before a noun) single or particular: *Each individual* *animal is weighed and measured before being set free.* ▶ **pojedynczy, poszczególny 2** for or from one person: *an individual portion of butter* porcja masła dla jednej osoby ○ *Children need individual attention when they are learning to read.* ▶ **indywidualny, osobisty 3** typical of one person in a way that is different from other people: *I like her individual style of dressing.* ▶ **indywidualny, specyficzny**

□ **individual** noun [C] **1** one (single) person: *Are the needs of society more important than the rights of the individual?* ▶ **jednostka, (jedna) osoba 2** (informal) a person of the type that is mentioned: *She's an awkward individual.* ▶ **osoba, osobnik** | **individually** /-dʒuəli/ adv. separately; one by one: *The teacher talked to each member of the class individually.* ▶ **indywidualnie, pojedynczo**

individuality /ˌɪndɪˌvɪdʒuˈæləti/ noun [U] the qualities that make sb/sth different from other people/things: *Young people often try to express their individuality by the way they dress.* ▶ **indywidualność**

indivisible /ˌɪndɪˈvɪzəbl/ adj. not able to be divided or split into smaller pieces ▶ **niepodzielny**

indoctrinate /ɪnˈdɒktrɪneɪt/ verb [T] to put ideas or beliefs into sb's mind so that they are accepted without criticism: *For 20 years the people have been indoctrinated by the government.* ▶ **indoktrynować**

□ **indoctrination** /ɪnˌdɒktrɪˈneɪʃn/ noun [U]: *the indoctrination of political prisoners* ▶ **indoktrynacja**

⋆**indoor** /ˈɪndɔː(r)/ adj. (only before a noun) done or used inside a building: *indoor games* zawody halowe ○ *indoor shoes* pantofle domowe ○ *an indoor swimming pool* basen kryty ❶ Antonim: **outdoor**. ▶ **odbywający się/używany wewnątrz budynku**

⋆**indoors** /ˌɪnˈdɔːz/ adv. in or into a building: *Let's go/stay indoors.* ➲ Por. **outdoors** i **out of doors**. ▶ **w/do domu**

induce /ɪnˈdjuːs; US -duːs/ verb [T] (formal) **1** to make or persuade sb to do sth: *Nothing could induce him to change his mind.* ▶ **skłaniać 2** to cause or produce ▶ **wywoływać, powodować**

□ **inducement** noun [C,U] something that is offered to sb to make them do sth ▶ **zachęta**

induction /ɪnˈdʌkʃn/ noun [U, C] the process of introducing sb to a new job, skill, organization, etc.; an event at which this takes place: *an induction day for new students* ▶ **wprowadzanie**

indulge /ɪnˈdʌldʒ/ verb **1** [T] to allow sb to have or do whatever they want: *You shouldn't indulge that child. It will make him very selfish.* ▶ **pobłażać 2** [I] **indulge (in sth)** to allow yourself to have or do sth for pleasure: *to indulge in self-pity* ▶ **pozwalać sobie (na coś), folgować sobie (w czymś)**

□ **indulgence** /ɪnˈdʌldʒəns/ noun **1** [U] the state of having or doing whatever you want: *a life of indulgence* ▶ **pobłażanie sobie, oddawanie się (czemuś) 2** [C] something that you have or do because it gives you pleasure: *A cigar after dinner is my only indulgence.* ▶ **słabość, przyjemność** | **indulgent** /ɪnˈdʌldʒənt/ adj. allowing sb to have or do whatever they want: *indulgent parents* ▶ **pobłażliwy** | **indulgently** adv. ▶ **pobłażliwie**

⋆**industrial** /ɪnˈdʌstriəl/ adj. **1** (only before a noun) connected with industry(1): *industrial development/workers* ▶ **przemysłowy 2** having a lot of factories, etc.: *an industrial region/country* ▶ **uprzemysłowiony**

□ **industrialist** /-ɪst/ noun [C] a person who owns or manages a large industrial company ▶ **przemysłowiec** | **industrialize** (also **-ise**) /-aɪz/ verb [T] to develop industries in a country ▶ **uprzemysławiać** | **industrialization** (also **-isation**) /ɪnˌdʌstriəlaɪˈzeɪʃn; US -ləˈz-/ noun [U] ▶ **uprzemysłowienie**

■ **inˌdustrial ˈaction** noun [U] the situation when a group of workers go on strike or refuse to work normally, e.g. because they want more money, shorter working hours, etc. ❶ Tego zwrotu używa się w języku formalnym. Ma odcień łagodniejszy niż **strike**, którego używa się w języku codziennym. ▶ **strajk**

industrious /ɪnˈdʌstriəs/ adj. hard-working ▶ **pracowity**

⋆**industry** /ˈɪndəstri/ noun (pl. **industries**) **1** [U] the work of making things in factories: *heavy/light industry* ▶ **przemysł 2** [C] all the people, buildings, etc. that are involved in producing sth, providing a service, etc.: *the tourist/catering industry* ▶ **gałąź przemysłu, branża**

inedible /ɪnˈedəbl/ adj. (formal) not suitable to be eaten: *an inedible plant* ○ *The food in the canteen is absolutely inedible.* ▶ **niejadalny**

ineffective /ˌɪnɪˈfektɪv/ adj. not producing the effect or result that you want ▶ **nieefektywny, nieskuteczny**

inefficient /ˌɪnɪˈfɪʃnt/ adj. not working or producing results in the best way, so that time and money is wasted: *an inefficient way of working* ○ *Our heating system is very old and inefficient.* ○ *The new manager is nice but he's very inefficient.* ▶ **niewydajny, nieskuteczny**

□ **inefficiency** /-nsi/ noun [U] ▶ **niewydajność, nieskuteczność** | **inefficiently** adv. ▶ **niewydajnie, nieskutecznie**

ineligible /ɪnˈelɪdʒəbl/ adj. **ineligible (for sth/to do sth)** without the necessary qualifications to do or get sth: *She was ineligible for the job because she wasn't a German citizen.* ○ *ineligible to vote* ▶ **nie mający kwalifikacji/uprawnień**

□ **ineligibility** /ɪnˌelɪdʒəˈbɪləti/ noun [U] ▶ **brak kwalifikacji/uprawnień**

inept /ɪˈnept/ adj. not able to do sth well: *She is totally inept at dealing with people.* ▶ **nieudolny**

inequality /ˌɪnɪˈkwɒləti/ noun [C,U] (pl. **inequalities**) (a) difference between groups in society because one has more money, advantages, etc. than the other: *racial inequality* ▶ **nierówność**

inert /ɪˈnɜːt/ adj. not able to move or act ▶ **bezwładny, bierny**

inertia /ɪˈnɜːʃə/ noun [U] **1** a feeling of laziness,

when you do not want to do anything ▶ **opieszałość** **2** the physical force that tends to keep things in the position they are in or to keep them moving in the direction they are travelling: (figurative) *The inertia of the system makes change very difficult.* ▶ **bezwładność, inercja**

inescapable /ˌɪnɪˈskeɪpəbl/ adj. (formal) that cannot be avoided: *an inescapable conclusion* ▶ **nieunikniony**

inevitable /ɪnˈevɪtəbl/ adj. that cannot be avoided or prevented from happening: *With more cars on the road, traffic jams are inevitable.* ○ *It was inevitable that she would find out the truth one day.* ▶ **nieunikniony, nieuchronny**

□ **inevitability** /ɪnˌevɪtəˈbɪləti/ noun [U] ▶ **nieuchronność** | **the inevitable** noun [sing.] something that cannot be avoided or stopped from happening ▶ **rzecz nieuchronna/nieunikniona** | **inevitably** /-əbli/ adv.: *Building new roads inevitably creates huge problems.* ▶ **nieuchronnie**

inexcusable /ˌɪnɪkˈskjuːzəbl/ adj. that cannot be allowed or forgiven: *Their behaviour was quite inexcusable.* ▶ **niewybaczalny**

inexhaustible /ˌɪnɪɡˈzɔːstəbl/ adj. that cannot be finished or used up: *Our energy supplies are not inexhaustible.* ▶ **niewyczerpany**

inexpensive /ˌɪnɪkˈspensɪv/ adj. low in price; not expensive ▶ **niedrogi**

□ **inexpensively** adv. ▶ **niedrogo**

inexperience /ˌɪnɪkˈspɪəriəns/ noun [U] not knowing how to do sth because you have not done it before; lack of experience: *The mistakes were all due to inexperience.* ▶ **brak doświadczenia**

□ **inexperienced** adj. not having the knowledge that you get from having done sth before; lacking in experience: *He's too young and inexperienced to be given such responsibility.* ▶ **niedoświadczony**

inexplicable /ˌɪnɪkˈsplɪkəbl/ adj. that cannot be explained: *Her sudden disappearance is quite inexplicable.* ▶ **niewytłumaczalny**

□ **inexplicably** /-əbli/ adv. ▶ **nie do wytłumaczenia**

infallible /ɪnˈfæləbl/ adj. **1** (used about a person) never making mistakes or being wrong: *Even the most careful typist is not infallible.* ▶ **nieomylny** **2** always doing what you want it to do; never failing: *There is no infallible method of birth control.* ▶ **niezawodny**

□ **infallibility** /ɪnˌfæləˈbɪləti/ noun [U] ▶ **nieomylność; niezawodność**

infamous /ˈɪnfəməs/ adj. **infamous (for sth)** famous for being bad: *an infamous dictator* ○ *The area is infamous for drugs and prostitution.* ▶ **niesławny, nikczemny**

infancy /ˈɪnfənsi/ noun [U] the period when you are a baby or young child: (figurative) *Research in this field is still in its infancy* (w powijakach). ▶ **niemowlęctwo**

infant /ˈɪnfənt/ noun [C] a baby or very young child: *There is a high rate of infant mortality.* ○ *2 adults, 2 children, 1 infant* (niemowlę) ❶ W języku codziennym częściej używa się określeń **baby**, **toddler** czy **child**. ▶ **niemowlę; małe dziecko**

■ **ˈinfant school** noun [C] a school for children between the ages of four and seven ▶ **niższy oddział szkoły podstawowej**

> Brytyjska szkoła podstawowa ma dwa oddziały: **infants/the infant school** dla dzieci w wieku 4-7 lat i **juniors/the junior school** dla dzieci w wieku 7-11 lat.

infantile /ˈɪnfəntaɪl/ adj. of or like a baby or very young child: *infantile behaviour* ▶ **infantylny, dziecinny**

infantry /ˈɪnfəntri/ noun [U, with sing. or pl. verb] soldiers who fight on foot ▶ **piechota**

infatuated /ɪnˈfætʃueɪtɪd/ adj. having a strong but foolish feeling of love for sb/sth that usually does not last long: *The young girl was infatuated with one of her teachers.* ▶ **zadurzony**

□ **infatuation** /ɪnˌfætʃuˈeɪʃn/ noun [C,U] ▶ **zadurzenie**

⋆**infect** /ɪnˈfekt/ verb [T] (usually passive) to cause sb/sth to have a disease or illness or to become dirty or full of germs: *Many thousands of people have been infected with the virus.* ○ (figurative) *Paul's happiness infected the whole family.* ▶ **infekować, zarażać**

⋆**infection** /ɪnˈfekʃn/ noun **1** [U] making sb ill: *A dirty water supply can be a source of infection.* ○ *There is a danger of infection.* ▶ **infekcja, zakażenie** **2** [C] a disease or illness that is caused by germs: *She is suffering from a chest infection.* ○ *an ear infection* ▶ **infekcja**

> Infections can be caused by **bacteria** or **viruses**. An informal word for these is **germs**.

⋆**infectious** /ɪnˈfekʃəs/ adj. (used about a disease, illness, etc.) that can be easily passed on to another person: *Flu is very infectious.* ○ (figurative) *infectious laughter* ➲ Por. **contagious**. ▶ **zaraźliwy**

infer /ɪnˈfɜː(r)/ verb [T] (**inferring**; **inferred**) **infer sth (from sth)** to reach a conclusion from the information you have: *I inferred from our conversation that he was unhappy with his job.* ▶ **wnioskować**

□ **inference** noun [C] ▶ **wniosek**

inferior /ɪnˈfɪəriə(r)/ adj. **inferior (to sb/sth)** low or lower in social position, importance, quality, etc.: *Cheaper goods are generally of inferior quality.* ❶ Antonim: **superior**. ▶ **niższy, gorszy**

□ **inferior** noun [C] a person who has a lower social position ▶ **podwładny, osoba o niższej pozycji społecznej** | **inferiority** /ɪnˌfɪəriˈɒrəti/ noun [U] ▶ **niższość, gorszy gatunek**

■ **inferiˈority complex** noun [C] the state of feeling less important, clever, successful, etc. than other people ▶ **kompleks niższości**

infertile /ɪnˈfɜːtaɪl; US -tl/ adj. **1** (used about land) not able to grow strong healthy plants ▶ **nieurodzajny** **2** (used about a person or an animal) not able to have a baby or young ani-

mal: *an infertile couple* ▶ **bezpłodny**
□ **infertility** /ˌɪnfɜːˈtɪləti/ noun [U]: *treatment for infertility* ▶ **nieurodzajność; bezpłodność**

infested /ɪnˈfestɪd/ adj. **infested (with sth)** (used about a building) with large numbers of unpleasant animals or insects in it: *The warehouse was infested with rats.* ▶ **opanowany (przez coś), rojący się (od czegoś)**

infidelity /ˌɪnfɪˈdeləti/ noun [U, C] (pl. **infidelities**) the act of not being faithful to your wife or husband by having a sexual relationship with sb else ❶ Słowo mniej formalne to **unfaithfulness**. ▶ **niewierność**

infiltrate /ˈɪnfɪltreɪt/ verb [T] to enter an organization, etc. secretly so that you can find out what it is doing: *The police managed to infiltrate the gang of terrorists.* ▶ **przenikać, infiltrować**
□ **infiltration** /ˌɪnfɪlˈtreɪʃn/ noun [C,U] ▶ **przeniknięcie, infiltracja** | **infiltrator** /ˈɪnfɪltreɪtə(r)/ noun [C] ▶ **osoba dokonująca infiltracji**

infinite /ˈɪnfɪnət/ adj. **1** without end or limits: *Supplies of oil are not infinite.* ▶ **nieograniczony, nieskończony 2** very great: *You need infinite patience for this job.* ▶ **niewyczerpany, ogromny**
□ **infinitely** adv. very much: *Compact discs sound infinitely better than audio cassettes.* ▶ **nieskończenie**

infinitive /ɪnˈfɪnətɪv/ noun [C] the basic form of a verb ❶ Bezokolicznika używa się zarówno z partykułą **to**, jak i bez niej: *He can sing.* ○ *He wants to sing.* ▶ **bezokolicznik**

infinity /ɪnˈfɪnəti/ noun [U] **1** endless space or time ▶ **bezkres, wieczność 2** (in mathematics) the number that is larger than any other that you can think of ▶ **nieskończoność**

infirm /ɪnˈfɜːm/ adj. ill or weak, e.g. because of old age ▶ **niedołężny**
□ **infirmity** /ɪnˈfɜːməti/ noun [C,U] (pl. **infirmities**) weakness or illness ▶ **niedołężność, niemoc**

infirmary /ɪnˈfɜːməri/ noun [C] (pl. **infirmaries**) a hospital (used mainly in names): *The Manchester Royal Infirmary* ▶ **szpital**

inflamed /ɪnˈfleɪmd/ adj. (used about a part of the body) red and swollen because of some infection ▶ **zaogniony, w stanie zapalnym**

inflammable /ɪnˈflæməbl/ adj. that burns easily: *Petrol is highly inflammable.* ➲ Por. **flammable**. Ma to samo znaczenie. ❶ Antonim: **non-flammable**. ▶ **łatwo palny**

inflammation /ˌɪnfləˈmeɪʃn/ noun [C,U] redness and swelling in a part of the body, because of infection ▶ **zapalenie**

inflate /ɪnˈfleɪt/ verb [I,T] (formal) to fill sth with air; to become filled with air ❶ Bardziej nieformalne słowo to **blow up**. Antonim: **deflate**. ▶ **napompowywać; nadymać (się)**
□ **inflatable** /-əbl/ adj. that can or must be filled with air: *an inflatable boat* ▶ **nadmuchiwany, pneumatyczny**

★**inflation** /ɪnˈfleɪʃn/ noun [U] a general rise in prices: *the inflation rate/rate of inflation* ○ *Inflation now stands at 10%.* ○ *They've reduced inflation by 2%.* ▶ **inflacja**

inflection (also **inflexion**) /ɪnˈflekʃn/ noun **1** [U] the act of changing the ending or form of a word to show its grammatical function ▶ **fleksja, odmiana 2** [C] something that is added to a word that changes its grammatical function, e.g. *-ed, -est* ▶ **końcówka fleksyjna 3** [C,U] a change in how high or low your voice is as you are speaking ➲ Por. **intonation**. ▶ **modulacja**

inflexible /ɪnˈfleksəbl/ adj. not able to bend or be bent easily: (figurative) *He has a very inflexible attitude to change.* ▶ **nieelastyczny, sztywny**
□ **inflexibility** /ɪnˌfleksəˈbɪləti/ noun [U] ▶ **nieelastyczność, sztywność** | **inflexibly** /-əbli/ adv. ▶ **nieelastycznie, sztywno**

inflict /ɪnˈflɪkt/ verb [T] **inflict sth (on sb)** to force sb to have sth unpleasant or unwanted: *Don't inflict your problems on me – I've got enough of my own.* ▶ **narzucać, zadawać**

in-flight /ˌɪn ˈflaɪt/ adj. happening or provided during a journey in a plane: *in-flight entertainment* zabawianie pasażerów na pokładzie samolotu ▶ **podczas lotu**

★**influence** /ˈɪnfluəns/ noun **1** [U] **influence (on/over sb/sth)** the power to affect, change or control sb/sth: *I used my influence with the boss to get things changed.* ○ *Nobody should drive while they are under the influence of alcohol.* ▶ **wpływ 2** [C] **influence (on sb/sth)** a person or thing that affects or changes sb/sth: *His new girlfriend has been a good influence on him.* (ma na niego dobry wpływ) ▶ **czynnik/osoba wywierając-y/a wpływ**
□ **influence** verb [T] to have an effect or influence on sb/sth: *Her style of painting has been influenced by Japanese art.* ▶ **wpływać, oddziaływać**

> Czasowniki **affect** i **influence** mają podobne znaczenie. Czasownika **affect** używa się zwykle opisując zmiany materialne, podczas gdy **influence** odnosi się najczęściej do zmiany uczuć czy opinii: *Drinking alcohol can affect your ability to drive.* ○ *The TV advertisements have influenced my attitude towards drinking and driving.*

influential /ˌɪnfluˈenʃl/ adj. having power or influence: *an influential politician* ○ *He was influential* (miał duży wpływ) *in getting the hostages set free.* ▶ **wpływowy, wywierający wpływ**

influenza /ˌɪnfluˈenzə/ noun [U] (formal) = FLU

influx /ˈɪnflʌks/ noun [C] a sudden arrival of people or things in large numbers: *the summer influx of visitors from abroad* ▶ **napływ**

★**inform** /ɪnˈfɔːm/ verb **1** [T] **inform sb (of/about sth)** to give sb information (about sth): *You should inform the police of the accident.* ○ *Do keep me informed of any changes.* ▶ **informować, powiadamiać 2** [I] **inform on sb** to give information, etc. to the police, etc. about what sb has done wrong: *The wife of the killer informed on her husband.* ▶ **donosić**
□ **informant** /-ənt/ noun [C] a person who gives

sb knowledge or information: *The journalist refused to name his informant.* ► **informator/ka** | **informed** adj. having knowledge or information about sth: *The radio keeps me well-informed about what is happening.* ○ *Consumers cannot make informed choices unless they are told all the facts.* ► **poinformowany**, (*o wyborze*) **inteligentny** | **informer** noun [C] a person who gives the police, etc. information about what sb has done wrong ► **donosiciel/ka**

★**informal** /ɪn'fɔ:ml/ adj. relaxed and friendly or suitable for a relaxed occasion; not formal: *Don't get dressed up for the party – it'll be very informal.* ○ *The two leaders had informal discussions before the conference began.* ► **nieformalny, nieoficjalny**

Niektóre słowa i wyrażenia w tym słowniku opisane są jako **informal**. Oznacza to, że można używać ich w rozmowach z przyjaciółmi czy znajomymi, ale nie powinno się ich używać w piśmie lub w sytuacjach oficjalnych.

□ **informality** /ˌɪnfɔ:'mæləti/ noun [C,U] (pl. **informalities**) [U]: *an atmosphere of informality* atmosfera spotkania towarzyskiego ► **nieformalność, nieoficjalność** | **informally** /ɪn'fɔ:məli/ adv.: *I was told informally that our plans had been accepted.* ► **nieformalnie, nieoficjalnie**

★**information** /ˌɪnfə'meɪʃn/ noun [U] **information (on/about sb/sth)** knowledge or facts: *For further information please send for our fact sheet.* ○ *I'd like some information about evening classes.* ○ *The information is fed into the computer.* ❶ Uwaga! Rzeczownik **information** jest niepoliczalny. Nie można powiedzieć ~~*I need an information*~~. Zamiast tego używa się wyrażeń **a bit/a piece of information**. ► **informacja, wiadomość**

■ **inforˌmation techˈnology** noun [U] (abbr. **IT**) the study or use of computer systems, etc. for collecting, storing and sending out all kinds of information ► **informatyka**

informative /ɪn'fɔ:mətɪv/ adj. giving useful knowledge or information ❶ Antonim: **uninformative**. ► **informacyjny, pouczający**

infrastructure /'ɪnfrəstrʌktʃə(r)/ noun [C,U] the basic structures and systems that are necessary for a country or an organization to function efficiently, e.g. buildings, transport, water and energy resources, and administration ► **infrastruktura**

infrequent /ɪn'fri:kwənt/ adj. not happening often: *infrequent visits* ► **rzadki**
□ **infrequently** adv. ► **rzadko**

infringe /ɪn'frɪndʒ/ verb (formal) **1** [T] to break a rule, law, agreement, etc. ► **naruszać 2** [I] **infringe on/upon sth** to reduce or limit sb's rights, freedom, etc. ► **ograniczać, naruszać**
□ **infringement** /-mənt/ noun [C,U] ► **naruszenie**

infuriate /ɪn'fjʊərieɪt/ verb [T] to make sb very angry ► **rozwścieczyć, wzburzyć**
□ **infuriating** adj.: *an infuriating habit* ► **doprowadzający do wściekłości** | **infuriatingly** adv. ► **w sposób doprowadzający do wściekłości**

ingenious /ɪn'dʒi:niəs/ adj. **1** (used about a person) clever at finding answers to problems or at thinking of new things ► **pomysłowy 2** (used about a thing or an idea) cleverly made or thought out: *an ingenious plan for making lots of money* ► **pomysłowy**
□ **ingeniously** adv. ► **pomysłowo** | **ingenuity** /ˌɪndʒə'nju:ətɪ; US -'nu:-/ noun [U] ► **pomysłowość**

ingrained /ɪn'greɪnd/ adj. deeply fixed; difficult to change ► **zakorzeniony**

ingratiate /ɪn'greɪʃieɪt/ verb [T] (formal) **ingratiate yourself (with sb)** to make yourself liked by doing or saying things that will please people: *He was always trying to ingratiate himself with his teachers.* ► **wkradać się (w czyjeś łaski), przymilać się**
□ **ingratiating** adj.: *an ingratiating smile* ► **przymilny** | **ingratiatingly** adv. ► **przymilnie**

ingratitude /ɪn'grætɪtju:d; US -tu:d/ noun [U] (formal) the state of not showing or feeling thanks for sth that has been done for you; a lack of gratitude ❶ Mniej formalnym słowem jest **ungratefulness**. ► **niewdzięczność**

ingredient /ɪn'gri:diənt/ noun [C] one of the items of food you need to make sth to eat: (figurative) *The film has all the ingredients of success.* ► **składnik**

★**inhabit** /ɪn'hæbɪt/ verb [T] to live in a place: *Are the Aran Islands still inhabited?* ► **zamieszkiwać, mieszkać**
□ **inhabitable** adj. that can be lived in: *The house was no longer inhabitable after the fire.* ❶ Antonim: **uninhabitable**. ► **mieszkalny** | **inhabitant** /-ənt/ noun [C] a person an animal that lives in a place: *The local inhabitants protested at the plans for a new motorway.* ► **mieszkan-iec/ka**

Pytając o liczbę ludności w danym miejscu, należy powiedzieć: *What is the population of…?*, a nie ~~*How many inhabitants are there in…?*~~ Jednak odpowiadając na to pytanie, można powiedzieć: *The population is 10 000* lub: *It has 10 000 inhabitants.*

inhale /ɪn'heɪl/ verb [I,T] to breathe in: *Be careful not to inhale the fumes from the paint.* ► **wdychać**

inherent /ɪn'hɪərənt (Brit. also)-'her-/ adj. **inherent (in sb/sth)** existing as a natural or permanent feature or quality of sth/sb: *an inherent distrust of foreigners* ► **wrodzony, właściwy**
□ **inherently** adv.: *inherently unfair/dishonest* ► **dogłębnie**

inherit /ɪn'herɪt/ verb [T] **inherit sth (from sb) 1** to receive property, money, etc. from sb who has died: *I inherited quite a lot of money from my mother.* ► **dziedziczyć, dostawać w spadku**

Osoba, która dziedziczy po kimś, to **heir**.

2 to receive a quality, disease, etc. from your

parents or family: *She has inherited her father's gift for languages.* ➲ Por. **hereditary** i **heredity**. ► **dziedziczyć**

□ **inheritance** /-əns/ noun [C,U] the act of inheriting; what you inherit: *inheritance tax* ► **dziedziczenie; dziedzictwo, spadek**

inhibit /ɪnˈhɪbɪt/ verb [T] **1** to prevent sth or make sth happen more slowly: *a drug to inhibit the growth of tumours* ► **hamować, wstrzymywać; 2 inhibit sb (from sth/from doing sth)** to make sb nervous and embarrassed so that they are unable to do sth ► **powstrzymywać**

□ **inhibited** adj. not able to express your feelings freely or naturally; not relaxed: *The young man felt shy and inhibited in the company of women.* ○ *inhibited about sex* ❶ Antonim: **uninhibited**. ► **mający zahamowania, spięty** | **inhibition** /ˌɪnhɪˈbɪʃn; ˌɪnɪˈb-/ noun [C,U]: *She has no inhibitions about speaking in front of a large group of people.* ► **zahamowanie**

inhospitable /ˌɪnhɒˈspɪtəbl/ adj. **1** (used about a person) not friendly or welcoming ► **niegościnny 2** (used about a place) not pleasant to live in ► **niegościnny**

inhuman /ɪnˈhjuːmən/ adj. very cruel, not seeming to be human: *inhuman treatment* ► **nieludzki, okrutny**

□ **inhumanity** /ˌɪnhjuːˈmænəti/ noun [U] very cruel behaviour ► **okrucieństwo, bestialstwo**

inhumane /ˌɪnhjuːˈmeɪn/ adj. very cruel; not caring if people or animals suffer: *the inhumane conditions in which animals are kept on some large farms* ► **niehumanitarny**

★**initial** /ɪˈnɪʃl/ adj. (only before a noun) that is at the beginning; first: *My initial reaction was to refuse, but I later changed my mind.* ○ *the initial stages of our survey* ► **początkowy, wstępny**

□ **initial** noun [C, usually pl.] the first letter of a name: *Patricia Anne Morgan's initials are P. A. M.* ► **inicjał** | **initial** verb [T] (**initialling**; **initialled**; US **initialing**; **initialed**) to mark or sign sth with your initials ► **podpisywać się inicjałami, parafować** | **initially** /-ʃəli/ adv. at the beginning; at first: *I liked the job initially but it soon got quite boring.* ► **początkowo, wstępnie**

initiate /ɪˈnɪʃieɪt/ verb [T] **1** (formal) to start sth: *to initiate a programme of reform* ► **zapoczątkowywać, inicjować 2 initiate sb (into sth)** to explain sth to sb or make them experience sth for the first time: *I wasn't initiated into the joys of skiing until I was 30.* ► **wprowadzać 2 initiate sb (into sth)** to bring sb into a group by means of a special ceremony or by giving them special knowledge: *to initiate somebody into a secret society* ► **wtajemniczać, wprowadzać**

□ **initiation** /ɪˌnɪʃiˈeɪʃn/ noun [U] ► **zapoczątkowanie; wtajemniczenie**

★**initiative** /ɪˈnɪʃətɪv/ noun **1** [C] official action that is taken to solve a problem or improve a situation: *a new government initiative to help people start small businesses* ► **inicjatywa 2** (**the initiative**) [sing.] the stronger position because you have done sth first; the advantage: *The enemy forces have lost the initiative.* ► **przewaga, inicjatywa 3** [U] the ability to see and do what needs to be done without help from others: *Don't keep asking me how to do it. Use your initiative.* ► **inicjatywa, pomysłowość**

IDIOMS **on your own initiative** without being told by sb else what to do ► **z własnej inicjatywy** | **take the initiative** to be first to do sth: *Let's take the initiative and start organizing things now.* ► **występować z inicjatywą**

★**inject** /ɪnˈdʒekt/ verb [T] **1** to put a drug into sb/sth with a needle (syringe): *Something was injected into my arm and I soon fell asleep.* ► **dawać zastrzyk 2** to add sth: *They injected a lot of money into the business.* ► **dawać zastrzyk (czegoś), wsadzać** (*np. kapitał*)

□ **injection** /ɪnˈdʒekʃn/ noun **1** [C,U] **injection (of sth) (into sb/sth)** [C]: *The baby had her first injection yesterday.* ○ *a tetanus injection* ○ *fuel injection* wtrysk paliwa ► **zastrzyk 2** [C] a large amount of sth that is added to sth to help it: *The theatre needs a huge cash injection if it is to stay open.* ► **zastrzyk**

injunction /ɪnˈdʒʌŋkʃn/ noun [C] an official order from a court of law to do/not do sth: *A court injunction prevented the programme from being shown on TV.* ► **nakaz/zakaz sądowy**

★**injure** /ˈɪndʒə(r)/ verb [T] to harm or hurt a person, an animal or a part of the body: *to be badly/seriously injured* ○ *seriously injured* ○ *She fell and injured her back.* ➲ Zob. uwaga przy **hurt**. ► **ranić, kaleczyć**

□ **injured** adj. physically or mentally hurt: *an injured leg* ○ *'Oh, don't be so nasty!' she said in an injured voice.* ► **zraniony; urażony** | **the injured** noun [pl.] people who have been hurt: *The injured were rushed to hospital.* ► **ranni**

★**injury** /ˈɪndʒəri/ noun [C,U] (pl. **injuries**) harm or hurt done to a person, an animal or a part of the body: *They escaped from the accident with only minor injuries.* ○ *Injury to the head can be extremely dangerous.* ○ (figurative) *injury to your pride/reputation* ► **rana; ujma**

■ **ˈinjury time** noun [U] time that is added to the end of a sports match when there has been time lost because of injuries to players ► **doliczony czas**

injustice /ɪnˈdʒʌstɪs/ noun [C,U] **1** unfairness; a lack of justice: *People are protesting about the injustice of the new tax.* ► **niesprawiedliwość 2** an unjust action ► **krzywda**

IDIOM **do sb an injustice** to judge sb unfairly: *I'm afraid I've done you both an injustice.* ► **wyrządzać komuś krzywdę**

★**ink** /ɪŋk/ noun [C,U] a coloured liquid that is used for writing, drawing, etc.: *Please write in ink* (atramentem), *not pencil.* ► **atrament**

□ **inky** /ˈɪŋki/ adj. made black with ink: *inky fingers* ► **poplamiony atramentem**

inkling /ˈɪŋklɪŋ/ noun [sing.] a slight feeling (about sth): *I had an inkling that something was wrong.* ► **przeczucie, przypuszczenie**

inland /ˈɪnlənd/ adj. in the middle of a country away from the coast or borders: *inland regions, away from the coast* ► **śródlądowy**

□ **inland** /ˌɪnˈlænd/ adv. in or towards the middle of a country ► **w głąb/głębi kraju**

■ **ˌInland ˈRevenue** noun [sing.] (Brit.) the government department that collects taxes ▶ **urząd skarbowy**

in-laws /ˈɪn lɔːz/ noun [pl.] (informal) your husband's or wife's mother and father or other relations: *My in-laws are coming to lunch on Sunday.* ▶ **teściowie, krewni żony lub męża**

inmate /ˈɪnmeɪt/ noun [C] one of the people living in an institution such as a prison or mental hospital ▶ **pensjonariusz/ka, więzień/źniarka**

inn /ɪn/ noun [C] (Brit.) a small hotel or old pub in the country. Some inns serve food and some have rooms where you can stay. ➲ Por. **pub**. ▶ **gospoda, zajazd**

innate /ɪˈneɪt/ adj. being a natural quality of sb/sth: *innate ability* ▶ **wrodzony**

*__inner__ /ˈɪnə(r)/ adj. (only before a noun) **1** (of the) inside: *The inner ear* (ucho środkowe) *is very delicate.* ❶ Antonim: **outer**. ▶ **wewnętrzny** **2** (used about a feeling, etc.) that you do not express or show to other people: *Everyone has inner doubts.* ▶ **wewnętrzny, skryty**

□ **innermost** /-məʊst/ adj. (only before a noun) **1** furthest from the outside ▶ **najgłębszy** **2** (used about a feeling, etc.) most secret or private ▶ **najskrytszy, najgłębszy**

■ **ˌinner ˈcity** noun [C] the poor parts of a large city, near the centre, that often have a lot of social problems: *Inner-city schools often have difficulty in attracting good teachers.* ▶ **wielkomiejskie dzielnice biedoty**

innings /ˈɪnɪŋz/ noun [C] (pl. **innings**) a period of time in a game of cricket when it is the turn of one player or team to hit the ball (to bat) ▶ **kolej na uderzenie piłki przez danego zawodnika lub drużynę**

*__innocent__ /ˈɪnəsnt/ adj. **1 innocent (of sth)** not having done wrong; not guilty: *An innocent man was arrested by mistake.* ○ *to be innocent of a crime* ▶ **niewinny** **2** being hurt or killed in a crime, war, etc. although not involved in it in any way: *innocent victims of a bomb blast* ○ *an innocent bystander* ▶ **przypadkowy** **3** not causing harm or intended to upset sb: *He got very aggressive when I asked an innocent question about his past life.* ▶ **niewinny, nieszkodliwy** **4** not knowing the bad things in life; believing everything you are told: *Twenty years ago I was still young and innocent.* ▶ **niewinny, naiwny**

□ **innocence** /-sns/ noun [U] **1** the fact of not being guilty of a crime, etc.: *The accused man protested his innocence throughout his trial.* ❶ Antonim: **guilt**. ▶ **niewinność** **2** lack of knowledge and experience of the world, especially of bad things: *the innocence of childhood* ▶ **niewinność** | **innocently** adv. ▶ **naiwnie, niewinnie**

innocuous /ɪˈnɒkjuəs/ adj. (formal) not causing harm or intended to upset sb: *an innocuous remark* ▶ **nieszkodliwy, niewinny**

□ **innocuously** adv. ▶ **nieszkodliwie**

innovate /ˈɪnəveɪt/ verb [I] to introduce sth new; to change ▶ **wprowadzać innowacje/zmiany**

□ **innovation** /ˌɪnəˈveɪʃn/ noun [C,U] something new that has been introduced: *technological innovations in industry* ▶ **innowacja** | **innovative** /ˈɪnəvətɪv; ˈɪnəveɪtɪv/ adj.: *innovative methods/designs/products* ▶ **innowacyjny** | **innovator** /ˈɪnəveɪtə(r)/ noun [C] a person who introduces changes ▶ **innowator/ka**

innuendo /ˌɪnjuˈendəʊ/ noun [C,U] (pl. **innuendoes** or **innuendos**) an indirect way of talking about sb/sth, usually suggesting sth bad or rude: *His speech was full of sexual innuendo.* ▶ **insynuacja**

innumerable /ɪˈnjuːmərəbl; US ɪˈnuː-/ adj. too many to be counted ▶ **niezliczony**

inoculate /ɪˈnɒkjuleɪt/ verb [T] **inoculate sb (with sth) (against sth)** to inject sb with a mild form of a disease. This protects them from getting the serious form: *The children have been inoculated against tetanus.* ➲ Por. **immunize** i **vaccinate**. ▶ **szczepić**

□ **inoculation** /ɪˌnɒkjuˈleɪʃn/ noun [C,U] ▶ **szczepienie**

inoffensive /ˌɪnəˈfensɪv/ adj. not upsetting or unpleasant ▶ **nieszkodliwy, niewinny**

inordinate /ɪnˈɔːdɪnət/ adj. (formal) much greater than usual or expected ▶ **nadmierny, wygórowany**

□ **inordinately** adv. ▶ **nadmiernie**

inorganic /ˌɪnɔːˈɡænɪk/ adj. not made of or coming from living things: *Rocks and metals are inorganic substances.* ▶ **nieorganiczny**

input /ˈɪnpʊt/ noun [C,U] **input (into/to sth)** what you add to sth to make it better; what you put into sth: *We need some input from teachers into this book.* ○ *The computer breakdown means we have lost the whole day's input.* ➲ Por. **output**. ▶ **wkład, dane (wprowadzane do komputera)**

□ **input** verb [T] (pres. part. **inputting**; pt, pp **input** or **inputted**) to put information into a computer ▶ **wprowadzać dane do komputera**

inquest /ˈɪŋkwest/ noun [C] an official inquiry to find out about an unexplained death: *to hold an inquest* ▶ **dochodzenie przyczyny zgonu**

inquire, inquirer, inquiring, inquiry = ENQUIRE, ENQUIRER, ENQUIRING, ENQUIRY

inquisitive /ɪnˈkwɪzətɪv/ adj. **1** very interested in finding out about what other people are doing ▶ **wścibski** **2** interested in finding out about many different things: *an inquisitive mind* ▶ **dociekliwy**

□ **inquisitively** adv. ▶ **wścibsko** | **inquisitiveness** noun [U] ▶ **wścibstwo**

insane /ɪnˈseɪn/ adj. **1** mad or mentally ill ▶ **obłąkany** **2** very foolish: *You must be insane to leave your job before you've found another one.* ➲ Zob. uwaga przy **mad**. ▶ **szalony**

□ **insanely** adv.: *insanely jealous* ▶ **szaleńczo, obłąkańczo** | **insanity** /ɪnˈsænəti/ noun [U] ▶ **obłęd; szaleństwo**

insanitary /ɪnˈsænətrɪ; US -teri/ adj. (formal) likely to cause disease ▶ **niehigieniczny**

insatiable /ɪnˈseɪʃəbl/ adj. not able to be satisfied; very great: *an insatiable desire for knowledge* ○ *an insatiable appetite* ▶ **nienasycony, nie zaspokojony**

inscribe /ɪn'skraɪb/ verb [T] (formal) **inscribe A (on/in B); inscribe B (with A)** to write or carve words on sth. You inscribe sth when you want it to be a permanent record: *The names of all the previous champions are inscribed on the cup.* ▶ **wpisywać, ryć**
□ **inscription** /ɪn'skrɪpʃn/ noun [C] words that are written or cut on sth: *There was a Latin inscription on the tombstone.* ▶ **napis (wypisany lub wyryty)**

★**insect** /'ɪnsekt/ noun [C] a small animal with six legs, two pairs of wings and a body which is divided into three parts: *an insect bite/sting* ❶ Niektóre inne zwierzęta, np. pająki, też często są nazywane **insects**, chociaż jest to niepoprawne. ▶ **owad, insekt**
□ **insecticide** /ɪn'sektɪsaɪd/ noun [C,U] a substance that is used for killing insects ➲ Por. **pesticide**. ▶ **środek owadobójczy**

insecure /ˌɪnsɪ'kjʊə(r)/ adj. **1** not supported very well; not safe or secure: *The future of the company looks very insecure.* ▶ **niepewny, nie zabezpieczony 2 insecure (about sb/sth)** feeling anxious and not sure of yourself; not confident: *Some young people feel lost and insecure when they first leave home.* ▶ **niepewny**
□ **insecurely** adv. ▶ **niepewnie** | **insecurity** /ˌɪnsɪ'kjʊərəti/ noun [U]: *Their aggressive behaviour is really a sign of insecurity.* ▶ **brak pewności siebie**

insensitive /ɪn'sensətɪv/ adj. **1** not knowing or caring how another person feels and whether you have hurt or upset them: *Some insensitive reporters tried to interview the families of the accident victims.* ▶ **bezduszny, nieczuły 2 insensitive (to sth)** not able to feel sth: *insensitive to pain/cold* ▶ **niewrażliwy (na coś)**
□ **insensitively** adv. ▶ **nietaktownie** | **insensitivity** /ɪnˌsensə'tɪvəti/ noun [U] ▶ **bezduszność, nieczułość**

inseparable /ɪn'seprəbl/ adj. not able to be separated from sb/sth: *inseparable friends* ▶ **nierozłączny, nieodłączny**

insert /ɪn'sɜːt/ verb [T] (formal) to put sth into sth or between two things: *Insert your money and then dial the number.* ▶ **wkładać, wsuwać**
□ **insertion** /ɪn'sɜːʃn/ noun [C,U] ▶ **dopisek, wstawka, wkładanie**

inshore /'ɪnʃɔː(r)/ adj., adv. in or towards the part of the sea that is close to the land: *inshore fishermen* ○ *Sharks don't often come inshore.* ▶ **przybrzeżny; ku brzegowi**

★**inside**[1] /ɪn'saɪd/ noun **1** [C] the inner part or surface of sth: *The insides of the windows need a good clean.* ○ *The door was locked from the inside* (od wewnątrz). ▶ **wnętrze, wewnętrzna strona 2** [sing.] (also **insides** /ɪn'saɪdz/ [pl.]) (informal) the stomach: *I've got a pain in my insides.* Boli mnie brzuch. ▶ **brzuch, żołądek**
IDIOM **inside out 1** with the inner surface on the outside: *You've got your jumper on inside out.* ➲ Ilustr. do **back to front**. ▶ **na lewą stronę, podszewką na zewnątrz 2** very well, in great detail: *She knows these streets inside out.* ▶ **(znać) na wylot**
□ **inside** adj. (only before a noun) **1** in or on the inner part or surface of sth ▶ **wewnętrzny 2** (used about information, etc.) told secretly by sb who belongs to a group, an organization, etc.: *The robbers seemed to have had some inside information about the bank's security system.* ▶ **poufny, zakulisowy** | **insider** /ɪn'saɪdə(r)/ noun [C] a person who is a member of a group or an organization ▶ **człon-ek/kini, osoba wtajemniczona**
■ ˌ**inside 'lane** (US **slow lane**) noun [C] the part of a wide road or motorway where traffic moves more slowly ▶ **pas drogi przeznaczony dla wolniejszego ruchu**

★**inside**[2] /ɪn'saɪd/ (especially US **inside of**) prep. **1** in or on the inner part or surface of sb/sth: *Is there anything inside the box?* ○ *It's safer to be inside the house in a thunderstorm.* ➲ Ilustr. na str. 874. ▶ **wewnątrz, w (czymś/środku) 2** (formal) (used about time) in less than: *Your photos will be ready inside an hour.* ▶ **w niespełna**
□ **inside** adv. **1** in or to the inner part or surface of sth: *It's getting cold. Let's go inside.* ○ *Have a look inside and see what's in it.* ▶ **w środku, do środka, do wewnątrz 2** (slang) in prison ▶ **w pudle**

insight /'ɪnsaɪt/ noun [C,U] **insight (into sth)** (an example of) understanding the true nature of sb/sth: *The book gives a good insight into the lives of the poor.* ▶ **wgląd, rozumienie**

insignificant /ˌɪnsɪg'nɪfɪkənt/ adj. of little value or importance: *an insignificant detail* ▶ **nieistotny**
□ **insignificance** /-kəns/ noun [U] ▶ **znikomość** | **insignificantly** adv. ▶ **nieistotnie**

insincere /ˌɪnsɪn'sɪə(r)/ adj. not meaning what you say; not truthful; not sincere: *His apology sounded insincere.* ▶ **nieszczery**
□ **insincerely** adv. ▶ **nieszczerze** | **insincerity** /ˌɪnsɪn'serəti/ noun [U] ▶ **nieszczerość**

insinuate /ɪn'sɪnjueɪt/ verb [T] to suggest sth unpleasant in an indirect way: *She seemed to be insinuating that our work was below standard.* ▶ **insynuować, sugerować**
□ **insinuation** /ɪnˌsɪnju'eɪʃn/ noun [C,U]: *to make insinuations about sb's honesty* ▶ **insynuacja**

insipid /ɪn'sɪpɪd/ adj. without a strong taste, flavour or colour ▶ **mdły, bezbarwny**

★**insist** /ɪn'sɪst/ verb **1** [I,T] **insist (on sth/on doing sth)** to say or demand that you must have or do sth or that sb else must do sth: *He always insists on the best.* ○ *My parents insist that I come home by taxi.* ○ *Dick insisted on coming too.* ○ *'Have another piece of cake.' 'Oh all right, if you insist.'* ▶ **nalegać, upierać się 2** [I,T] **insist (on sth)** to say firmly that sth is true (when sb does not believe you): *She insisted on her innocence.* ○ *James insisted that the accident wasn't his fault.* ▶ **upierać się, utrzymywać**
□ **insistent** /-ənt/ adj. saying or demanding that you must have or do sth or that sb else must do sth: *Grandma was most insistent* (bardzo nalegała) *that we should all be there.* ○ (figurative) *We could not ignore the insistent ringing of the tele-*

phone. ▶ **natarczywy, uporczywy** | **insistence** /-əns/ noun [U] ▶ **naleganie, upieranie się** | **insistently** adv. ▶ **uporczywie; natarczywie**

insolent /ˈɪnsələnt/ adj. (formal) rude or impolite: *The school cannot tolerate such insolent behaviour.* ▶ **bezczelny**
□ **insolence** /-əns/ noun [U] ▶ **bezczelność** | **insolently** adv. ▶ **bezczelnie**

insoluble /ɪnˈsɒljəbl/ adj. **1** impossible to dissolve in a liquid ▶ **nierozpuszczalny 2** not able to be explained or solved: *We faced almost insoluble problems.* ▶ **nierozwiązalny**

insomnia /ɪnˈsɒmniə/ noun [U] if you suffer from insomnia you find it difficult to get to sleep and to sleep well ▶ **bezsenność**
□ **insomniac** /ɪnˈsɒmniæk/ noun [C] a person who cannot sleep ▶ **osoba cierpiąca na bezsenność**

⋆**inspect** /ɪnˈspekt/ verb [T] **1 inspect sb/sth (for sth)** to look at sth closely or in great detail: *The detective inspected the room for fingerprints.* ▶ **badać, sprawdzać 2** to make an official visit to make sure that rules are being obeyed, work is being done properly, etc.: *All food shops should be inspected regularly.* ▶ **kontrolować**
□ **inspection** /ɪnˈspekʃn/ noun [C,U]: *The fire prevention service carries out inspections of all public buildings.* ○ *On inspection* (przy bliższym zbadaniu), *the passport turned out to be false.* ▶ **inspekcja**

⋆**inspector** /ɪnˈspektə(r)/ noun [C] **1** an official who inspects(2) sth: *a health and safety inspector* ▶ **kontroler, inspektor 2** a police officer of middle rank ▶ **inspektor policji**

inspiration /ˌɪnspəˈreɪʃn/ noun **1** [C,U] **inspiration (to/for sb); inspiration (to do sth)** (a person or thing that causes) a feeling of wanting and being able to do sth good, create a work of art, etc.: *The beauty of the mountains was a great source of inspiration to the writer.* ▶ **natchnienie, inspiracja 2** [C] (informal) a (sudden) good idea: *I've had an inspiration – why don't we all go?* ▶ **myśl, nagły/dobry pomysł**

inspire /ɪnˈspaɪə(r)/ verb [T] **1** to give sb a feeling of wanting and being able to do sth good, create a work of art, etc.: *His novel was inspired by his relationship with his first wife.* ▶ **inspirować, natchnąć 2 inspire sb (with sth); inspire sth (in sb)** to make sb feel, think, etc. sth: *The guide's nervous manner did not inspire much confidence in us* (nie wzbudziło w nas zbyt wielkiego zaufania). ○ *to be inspired with enthusiasm* być zarażonym entuzjazmem ▶ **wzbudzać, natchnąć**
□ **inspired** adj. produced with the help of inspiration(1): *The pianist gave an inspired performance.* ○ *I didn't know the answer. It was just an inspired guess.* ❶ Antonim: **uninspired**. ▶ **natchniony** | **inspiring** /ɪnˈspaɪərɪŋ/ adj.: *I'm afraid it was not a very inspiring speech.* ❶ Antonim: **uninspiring**. ▶ **inspirujący**

instability /ˌɪnstəˈbɪləti/ noun [U] the state of being likely to change: *There are growing signs of political instability.* ❶ Przymiotnik: **unstable**. ▶ **niestałość, niestabilność**

⋆**install** (US also **instal**) /ɪnˈstɔːl/ verb [T] **1** to put a piece of equipment, etc. in place so that it is ready to be used: *We are waiting to have our new washing machine installed.* ▶ **podłączać, montować 2** put sb/sth or yourself in a position or place: *She installed herself* (usadowiła się) *in a deckchair for the afternoon.* ▶ **wprowadzać na urząd; posadzić**
□ **installation** /ˌɪnstəˈleɪʃn/ noun [C,U] ▶ **montaż; instalacja**

instalment (US **installment**) /ɪnˈstɔːlmənt/ noun [C] **1** a single part of a book, television show, etc. that is published or shown regularly over a period of time: *Don't miss next week's exciting instalment.* ▶ **odcinek, część 2** one of the regular payments that you make for sth. People buy sth in instalments when they do not want to pay the whole amount at once. ▶ **rata**

⋆**instance** /ˈɪnstəns/ noun [C] an example or case (of sth): *There have been several instances of racial attacks in the area.* ○ *In most instances the drug has no side effects.* ▶ **przykład, przypadek**
IDIOM for instance for example ▶ **na przykład**

⋆**instant¹** /ˈɪnstənt/ adj. **1** happening suddenly or at once; immediate: *The film was an instant success.* ○ *A new government cannot bring about instant change.* ▶ **natychmiastowy, nagły 2** (used about food) able to be prepared quickly and easily: *instant coffee* kawa rozpuszczalna ▶ **błyskawiczny**
□ **instantly** adv. at once; immediately: *I asked him a question and he replied instantly.* ▶ **natychmiast**

instant² /ˈɪnstənt/ noun [usually sing.] **1** a particular point in time: *Stop doing that this instant* (natychmiast). ▶ **chwila 2** a very short period of time: *Alex thought for an instant and then agreed.* ▶ **chwila**

instantaneous /ˌɪnstənˈteɪniəs/ adj. happening at once or immediately: *Well, at least death was instantaneous.* ▶ **natychmiastowy**
□ **instantaneously** adv. ▶ **natychmiastowo, momentalnie**

⋆**instead** /ɪnˈsted/ adv. in the place of sb/sth: *I couldn't go so my husband went instead.* ○ *There's nothing on at the cinema, let's go to the pub instead.* ▶ **zamiast**
■ **instead of** prep. in the place of: *You should play football instead of just watching it on TV.* ○ *Could I come at 8.00 instead of 7.30?* ▶ **zamiast, w miejsce**

instigate /ˈɪnstɪgeɪt/ verb [T] (formal) to make sth start to happen ▶ **wywoływać, podjudzać**
□ **instigation** /ˌɪnstɪˈgeɪʃn/ noun [U] ▶ **namowa, podjudzanie**

instil (US **instill**) /ɪnˈstɪl/ verb [T] (**instilling; instilled**) **instil sth (in/into sb)** to make sb think or feel sth: *Parents should try to instil a sense of responsibility into their children.* ▶ **wpajać**

instinct /ˈɪnstɪŋkt/ noun [C,U] the natural force that causes a person or an animal to behave in a

certain way without thinking or learning about it: *Birds learn to fly by instinct.* ○ *I didn't stop to think. I just acted on instinct.* ▶ **instynkt**
□ **instinctive** /ɪn'stɪŋktɪv/ adj.: *Your instinctive reaction is to run from danger.* ▶ **instynktowny** | **instinctively** adv. ▶ **instynktownie**

★**institute**[1] /'ɪnstɪtju:t; US -tu:t/ noun [C] (a building that contains) an academic society or organization: *the Institute of Science and Technology* ▶ **instytut**

institute[2] /'ɪnstɪtju:t; US -tu:t/ verb [T] (formal) to set up or start a system, course of action, etc.: *The government has instituted a new scheme for youth training.* ▶ **wdrażać**

★**institution** /ˌɪnstɪ'tju:ʃn; US -'tu:ʃn/ noun [C] **1** a large organization such as a bank, a university, etc.: *the financial institutions in the City of London* ▶ **instytucja 2** a building where certain people with special needs live and are looked after: *a mental institution* zakład dla umysłowo chorych ▶ **zakład 3** a social custom or habit that has existed for a long time: *the institution of marriage* instytucja małżeństwa ▶ **instytucja, zwyczaj 4** [U] the act of introducing a system, policy, etc.: *the institution of new safety procedures* ▶ **wprowadzanie**
□ **institutional** /-ʃənl/ adj. connected with an institution(1,2,3) ▶ **instytucjonalny, zakładowy**

★**instruct** /ɪn'strʌkt/ verb [T] **1 instruct sb (in sth)** (formal) to teach: *Children must be instructed in road safety before they are allowed to ride a bike on the road.* ▶ **nauczać 2 instruct sb (to do sth)** to give an order to sb; to tell sb to do sth: *The soldiers were instructed to shoot above the heads of the crowd.* ▶ **rozkazywać, polecać**
□ **instructor** noun [C] a person who teaches (usually not in a school): *a driving instructor* ▶ **instruktor/ka**

★**instruction** /ɪn'strʌkʃn/ noun **1** [U] **instruction (in sth)** teaching or being taught: *The staff need instruction in the use of computers.* ▶ **szkolenie (się) 2** [C] an order or direction that tells you what to do or how to do sth: *The guard was under strict instructions not to let anyone in or out.* ▶ **rozkaz, polecenie 3 (instructions)** [pl.] information on how you should use sth, do sth, etc.: *Read the instructions on the back of the packet carefully.* ○ *to follow the instructions* ▶ **instrukcja** (*obsługi*)

instructive /ɪn'strʌktɪv/ adj. giving useful information
□ **instructively** adv. ▶ **pouczający**

★**instrument** /'ɪnstrəmənt/ noun [C] **1** a tool that is used for doing a particular job or task: *surgical instruments* ➲ Zob. uwaga przy **tool**. ▶ **narzędzie, przyrząd 2** something that is used for measuring speed, fuel levels, etc. in a car, plane or ship: *the instrument panel* (tablica rozdzielcza) *of an aeroplane* ▶ **przyrząd pomiarowy 3** something that is used for playing music: *'What instrument do you play?' 'The violin.'* ▶ **instrument muzyczny**

> **Musical instruments** may be **stringed** (**violins**, **guitars**, etc.), **brass** (**horns**, **trumpets**, etc.) or **woodwind** (**flutes**, **clarinets**, etc.). **Percussion** instruments include **drums** and **cymbals**.

4 something that sb uses in order to achieve sth: *The press should be more than an instrument of the government.* ▶ **narzędzie**

★**instrumental** /ˌɪnstrə'mentl/ adj. **1** (not before a noun) **instrumental in doing sth** helping to make sth happen: *She was instrumental in getting him the job.* Bez jej pomocy nie dostałby tej pracy. ▶ **przyczyniający się do czegoś, pomocny 2** for musical instruments without voices: *instrumental music* ▶ **instrumentalny**

insubordinate /ˌɪnsə'bɔ:dɪnət/ adj. (formal) (used about a person or behaviour) not obedient; not easily controlled ▶ **nieposłuszny; niesubordynowany, buntowniczy**
□ **insubordination** /ˌɪnsəˌbɔ:dɪ'neɪʃn/ noun [C,U] ▶ **nieposłuszeństwo; niesubordynacja**

insubstantial /ˌɪnsəb'stænʃl/ adj. not large, solid or strong; not substantial: *an insubstantial meal* ▶ **nietrwały, nieobfity**

insufferable /ɪn'sʌfrəbl/ adj. (used about a person or behaviour) extremely unpleasant or annoying ▶ **nieznośny**
□ **insufferably** /-əbli/ adv. ▶ **nieznośnie**

insufficient /ˌɪnsə'fɪʃnt/ adj. **insufficient (for sth/to do sth)** not enough; not sufficient: *The students were given insufficient time for the test.* ▶ **niewystarczający**
□ **insufficiently** adv. ▶ **niewystarczająco**

insular /'ɪnsjələ(r); US -sələr/ adj. not interested in, or able to accept new people or different ideas ▶ **ciasny w poglądach, ograniczony**
□ **insularity** /ˌɪnsju'lærəti; US -sə'l-/ noun [U] ▶ **zaściankowość, ciasnota poglądów**

insulate /'ɪnsjuleɪt; US -səl-/ verb [T] to protect or cover sth with a material that prevents electricity, heat or sound from passing through: *You can save a lot of money on heating if your house is well insulated* (jeżeli twój dom jest dobrze uszczelniony). ▶ **izolować**
□ **insulation** /ˌɪnsju'leɪʃn; US -sə'l-/ noun [U] **1** the material used for insulating sth ▶ **izolacja, uszczelnienie 2** the process of insulating or the state of being insulated: *Foam rubber provides good insulation.* ▶ **za/izolowanie, uszczelnianie**

insulin /'ɪnsjəlɪn; US -səl-/ noun [U] a substance, normally produced by the body itself, which controls the amount of sugar absorbed into the blood: *insulin injections* ▶ **insulina**

★**insult** /ɪn'sʌlt/ verb [T] to speak or act rudely to sb: *I felt very insulted when I didn't even get an answer to my letter.* ▶ **znieważać, obrażać**
□ **insult** /'ɪnsʌlt/ noun [C] a rude remark or action: *Some television advertisements are an insult to people's intelligence.* ○ *The drivers were standing in the road yelling insults* (obelgi) *at each other.* ▶ **zniewaga, obraza** | **insulting** adj. rude: *A lot of women find his manner quite insulting.* ▶ **obraźliwy, znieważający**

insuperable /ɪn'su:pərəbl; Brit. also -'sju:-/ adj. (formal) (used about a problem, etc.) impossible to solve or overcome ▶ **nierozwiązywalny**

⋆**insurance** /ɪn'ʃʊərəns (Brit. also)-'ʃɔ:r-/ noun **1** [U] **insurance (against sth)** a contract in which, in return for regular payment, a company or the state agrees to pay a sum of money if sth (e.g. illness, death, loss of or damage to property) happens to sb: *Our roof was blown off in the storm but we claimed for it on the insurance* (wystąpiliśmy o odszkodowanie w ramach ubezpieczenia). ○ *Builders should always have insurance against personal injury.* ▶ **ubezpieczenie**

> You **take out** an **insurance policy**. An **insurance premium** is the regular amount you pay to the insurance company. You can take out **life**, **health**, **car**, **travel** and **household insurance**.

2 [U] the business of providing insurance contracts: *He works in insurance* (pracuje w firmie ubezpieczeniowej). ▶ **ubezpieczenie, asekuracja** **3** [sing.] **an insurance (against sth)** something you do to protect yourself (against sth unpleasant): *Many people take vitamin pills as an insurance against illness.* ▶ **zabezpieczenie (się)**

⋆**insure** /ɪn'ʃʊə(r); Brit. also -'ʃɔ:(r)/ verb [T] **1 insure sb/sth (against sth)** to take out or to provide insurance: *Are you insured against accident and medical expenses on your trip?* ▶ **ubezpieczać** **2** (US) = ENSURE

insurmountable /ˌɪnsə'maʊntəbl/ adj. (formal) (used about a problem, etc.) impossible to solve or overcome ▶ **nierozwiązywalny**

insurrection /ˌɪnsə'rekʃn/ noun [C,U] violent action against the rulers of a country or the government ▶ **powstanie**

intact /ɪn'tækt/ adj. (not before a noun) complete; not damaged: *Very few of the buildings remained intact after the earthquake.* ▶ **nienaruszony, nietknięty**

intake /'ɪnteɪk/ noun [C, usually sing.] **1** the amount of food, drink, etc. that you take into your body: *If you're driving you should watch your alcohol intake carefully.* ▶ **spożycie** **2** the (number of) people who enter an organization or institution during a certain period ▶ **napływ** **3** the act of taking sth into the body, especially breath ▶ **nabór**

intangible /ɪn'tændʒəbl/ adj. (used about a quality or an idea) difficult to describe, understand or explain; not tangible ▶ **niepojęty, nienamacalny**

integral /'ɪntɪgrəl/ adj. **1** essential (in order to make sth complete): *Spending a year in France is an integral part of the university course.* ▶ **zasadniczy, integralny** **2** including sth as a part: *The car has an integral CD player.* ▶ **integralny**

⋆**integrate** /'ɪntɪgreɪt/ verb **1** [I,T] **integrate (sb) (into sth/with sth)** to join in and become part of a group or community or to make sb do this: *The government has various schemes to help integrate immigrants into their local communities.* ➲ Por. **segregate**. ▶ **integrować (kogoś/z czymś)** **2** [T] **integrate sth (into sth)**; **integrate A and B/integrate A with B** to join things so that they become one thing or fit together: *The two small schools were integrated to form one larger school.* ▶ **łączyć (w jedną całość), scalać**

□ **integration** /ˌɪntɪ'greɪʃn/ noun [U]: *racial integration* ➲ Por. **segregation**. ▶ **integracja, scalanie**

integrity /ɪn'tegrəti/ noun [U] the quality of being honest; firmness of character and moral ideas: *He's a person of great integrity.* ▶ **prawość, uczciwość**

intellect /'ɪntəlekt/ noun **1** [U] the power of the mind to think and to learn ▶ **umysł, rozum** **2** [C] an extremely intelligent person: *He was one of the great intellects of his time.* ▶ **umysł**

⋆**intellectual** /ˌɪntə'lektʃuəl/ adj. (only before a noun) using or able to use the power of the mind: *The boy's intellectual development was very advanced for his age.* ▶ **umysłowy, intelektualny**

□ **intellectual** noun [C] a person who is interested in ideas, literature, art, etc.: *The café was a well-known meeting place for artists and intellectuals.* ▶ **intelektualist-a/ka, inteligent/ka** | **intellectually** adv. ▶ **umysłowo, intelektualnie**

⋆**intelligence** /ɪn'telɪdʒəns/ noun [U] **1** the ability to understand, learn and think: *Examinations are not necessarily the best way to measure intelligence.* ○ *a person of normal intelligence* ○ *an intelligence test* ▶ **inteligencja** **2** important information about an enemy country: *The British intelligence service is called MI6.* ▶ **wywiad**

□ **intelligent** /-dʒənt/ adj. having or showing intelligence; clever: *All their children are very intelligent.* ○ *an intelligent question* ❶ Antonim: **unintelligent**. ▶ **inteligentny, mądry** | **intelligently** adv. ▶ **inteligentnie, mądrze**

intelligentsia /ɪnˌtelɪ'dʒentsiə/ noun [with sing. or pl. verb](usually **the intelligentsia**) the people in a country or society who are well educated and are interested in culture, politics, literature, etc. ▶ **inteligencja**

intelligible /ɪn'telɪdʒəbl/ adj. (used especially about speech or writing) possible or easy to understand ❶ Antonim: **unintelligible**. ▶ **zrozumiały, czytelny**

⋆**intend** /ɪn'tend/ verb [T] **1** to plan or mean to do sth: *I intended to telephone but I completely forgot.* ❶ Rzeczownik: **intention**. ▶ **zamierzać, mieć zamiar** **2 intend sth for sb/sth**; **intend sb to do sth** to plan, mean or make sth for a particular person or purpose: *This dictionary is intended for intermediate learners of English.* ▶ **przeznaczać dla kogoś/czegoś, chcieć/zamierzać, żeby ktoś coś zrobił**

⋆**intense** /ɪn'tens/ adj. very great, strong or serious: *intense heat/anger* ○ *an intense young man* ▶ **wielki, silny, poważny**

□ **intensely** adv.: *They obviously dislike each other intensely.* ▶ **mocno, głęboko, skrajnie** |

intensification /ɪnˌtensɪfɪˈkeɪʃn/ noun [U] ▶ **nasilanie (się)** | **intensify** /-sɪfaɪ/ verb (pres. part. **intensifying**; 3rd pers. sing. pres. **intensifies**; pt, pp **intensified**) [I,T] to become or to make sth greater or stronger: *The government has intensified its anti-smoking campaign.* ▶ **wzmacniać (się), przybierać na sile** | **intensity** /-səti/ noun [U]: *I wasn't prepared for the intensity of his reaction to the news.* ▶ **intensywność**

intensive /ɪnˈtensɪv/ adj. **1** concentrated on a particular activity or area within a limited amount of time: *an intensive course/investigation* ▶ **wzmożony, intensywny 2** (used about methods of farming) aimed at producing as much food as possible form the land or money available ▶ **intensywny**

□ **intensively** adv. ▶ **intensywnie, silnie**

■ **inˌtensive ˈcare** noun [U] special care for patients who are very seriously ill or injured (or the department that gives this care) ▶ **intensywna opieka medyczna; oddział intensywnej opieki medycznej**

intent[1] /ɪnˈtent/ adj. **1** showing great attention: *He listened to the whole story with an intent expression on his face.* ▶ **uważny, baczny 2 intent on/upon sth/doing sth** determined to do sth or concentrating on sth: *He's always been intent on making a lot of money.* ○ *She was so intent upon her work that she didn't hear me come in.* ▶ **zdeterminowany, oddany (czemuś)**

□ **intently** adv. ▶ **uważnie, z przejęciem**

intent[2] /ɪnˈtent/ noun [U] (formal) what sb intends to do; intention: *to do sth with evil/ill intent* ▶ **zamiar, cel**

IDIOM **to/for all intents and purposes** in effect, even if not completely true: *When they scored their fourth goal the match was, to all intents and purposes, over.* ▶ **praktycznie rzecz biorąc**

★**intention** /ɪnˈtenʃn/ noun [C,U] what sb intends or means to do; a plan or purpose: *Our intention was to leave early in the morning.* ○ *I've got no intention of staying indoors on a nice sunny day like this.* ▶ **zamiar, zamierzenie**

★**intentional** /ɪnˈtenʃənl/ adj. done on purpose, not by chance: *I'm sorry I took your jacket – it wasn't intentional!* ❶ Antonim: **unintentional**. Synonim: **deliberate**. ▶ **zamierzony, umyślny**

□ **intentionally** /-ʃənəli/ adv.: *I can't believe the boys broke the window intentionally.* ▶ **umyślnie, celowo**

interact /ˌɪntərˈækt/ verb [I] **1** (used about people) to communicate or mix in a way that has an influence or effect on sb else: *He is studying the way children interact with each other at different ages.* ▶ **oddziaływać (wzajemnie na siebie) 2** (of two things) to have an effect on each other ▶ **wywierać wzajemny wpływ na siebie**

□ **interaction** /-ˈækʃn/ noun [C,U] (an example of) co-operation or mixing: *An interaction of two chemicals produced the explosion.* ○ *There is a need for greater interaction among the different departments.* ▶ **wzajemne oddziaływanie, współdziałanie** | **interactive** /-ˈæktɪv/ adj. **1** that involves people working together and having an influence on each other: *interactive language-learning techniques* ▶ **interaktywny 2** (used about computers) involving or allowing direct two-way communication between the computer and the person using it: *interactive computer games* ▶ **interakcyjny**

intercept /ˌɪntəˈsept/ verb [T] to stop or catch sb or sth that is moving from one place to another: *Detectives intercepted him at the airport.* ▶ **przechwytywać, przejmować**

□ **interception** /ˌɪntəˈsepʃn/ noun [C,U] ▶ **przechwytywanie, przejmowanie** (*np. wiadomości*), **podsłuch** (*radiowy, telefoniczny*)

interchangeable /ˌɪntəˈtʃeɪndʒəbl/ adj. able to be used in place of each other without making any difference: *Are these two words interchangeable* (jednoznaczne)*?* ▶ **zamienny, wymienny**

□ **interchangeably** adv. ▶ **wymiennie, zamiennie**

intercom /ˈɪntəkɒm/ noun [C] a system of microphones and loudspeakers for communication between people in different parts of a factory, aeroplane, etc.: *Please try to contact Mr. Pearson on/over the intercom.* ▶ **telefon wewnętrzny, interkom**

interconnect /ˌɪntəkəˈnekt/ verb [I] to be connected or linked ▶ **połączyć się**

□ **interconnected** /-tɪd/ adj. ▶ **połączony ze sobą**

intercontinental /ˌɪntəˌkɒntɪˈnentl/ adj. between continents: *intercontinental flights* ▶ **międzykontynentalny**

intercourse /ˈɪntəkɔːs/ noun [U] = SEX(3)

interdependent /ˌɪntədɪˈpendənt/ adj. depending on each other: *Exercise and good health are generally interdependent.* ▶ **współzależny**

□ **interdependence** /-əns/ noun [U] ▶ **współzależność**

★**interest**[1] /ˈɪntrəst/ noun **1** [U, sing.] **an interest (in sb/sth)** a desire to learn or hear more about sb/sth or to be involved with sb/sth: *She's begun to show a great interest in politics.* ○ *I wish he'd take more interest in his children.* ○ *Don't lose interest now!* ▶ **zainteresowanie 2** [C] something that you enjoy doing or learning about ▶ **zainteresowania 3** [U] the quality that makes sb curious or attracts sb's attention: *I thought this article might be of interest* (ciekawy) *to you.* ▶ **zainteresowanie 4** [C] a legal right to share in a business, etc., especially in its profits: *When he retired he sold his interests in the company.* ▶ **udział 5** [U] **interest (on sth)** the money that you earn from investments or that you pay for borrowing money: *If you invest your capital wisely it will earn a lot of interest.* ○ *We pay 10% interest on our mortgage at the moment.* ○ *The interest rate* (stopa procentowa) *has never been so high/low.* ○ *Some companies offer interest-free loans* (pożyczki bezprocentowe). ▶ **odsetki, oprocentowanie**

IDIOMS **have/with sb's interests at heart** to want sb to be happy and successful, even though your actions may not show it: *Don't be angry with your father – you know he has your best interests at heart.* ▶ **mieć dobre (najlep-**

sze) intencje wobec kogoś | **in sb's interest(s)** to sb's advantage: *Using lead-free petrol is in the public interest.* ▶ **w (czyimś) interesie** | **in the interest(s) of sth** in order to achieve or protect sth: *In the interest(s) of safety, please fasten your seat belts.* ▶ **w imię (czegoś)**

★**interest²** /ˈɪntrəst/ verb [T] **1** to make sb want to learn or hear more about sth or to become involved in sth: *The subject of the talk was one that interests me greatly.* ▶ **interesować, ciekawić 2 interest sb in sth** to make sb want to buy, have or do sth: *Can I interest you in our new brochure?* ▶ **zainteresować (kogoś czymś), polecać**

□ **interested** /-ɪd/ adj. **1** (not before a noun) **interested (in sth/sb)** wanting to know or hear about sth/sb; or to do or achieve sth: *They weren't interested in my news at all!* ○ *I was interested to hear that you've got a new job. Where is it?* ❶ Antonim: **uninterested**. ➲ Por. **interesting**. ▶ **ciekawy, zainteresowany 2** (only *before* a noun) involved in or affected by (a particular situation, etc.): *I think they should have talked to the interested parties* (stroną zainteresowaną) *before they made that decision.* ❶ Antonim: **disinterested**. ▶ **zainteresowany** | **interesting** adj. enjoyable and entertaining to do, think about, talk to, etc.; holding your attention: *an interesting person/book* ❶ Antonim: **uninteresting**. ➲ Por. **interested**. ▶ **zajmujący, ciekawy, interesujący** | **interestingly** adv. ▶ **ciekawie, co ciekawe**

interface /ˈɪntəfeɪs/ noun [C] **1** the way a computer program accepts information from or presents information to the user: *All the computers had different user interfaces.* ▶ **interfejs 2** an electrical circuit, a connection or a program that links one device or system with another: *the interface between computer and printer* ▶ **interfejs, złącze 3 interface (between sth and sth)** a point where two subjects, systems, processes, etc. meet and affect each other: *at the interface between the public and private sector* ▶ **złącze**

★**interfere** /ˌɪntəˈfɪə(r)/ verb [I] **1 interfere (in sth)** to try to take part in sb's affairs, etc. when you and your help are not wanted ▶ **wtrącać się, mieszać się 2 interfere (with sb/sth)** to prevent sth or slow down the progress that sb/sth makes: *Every time the telephone rings it interferes with my work.* ▶ **przeszkadzać 3 interfere (with sth)** to touch or alter sth without permission: *Scientists shouldn't interfere with nature.* ▶ **ingerować**

□ **interference** /ˌɪntəˈfɪərəns/ noun [U] **1 interference (in/with sth)** the act of interfering: *I left home because I couldn't stand my parents' interference in my affairs.* ▶ **wtrącanie się, mieszanie się 2** noise that prevents the clear reception of radio, television or telephone signals (because of other signals or bad weather) ▶ **zakłócenia** (*np. atmosferyczne*) | **interfering** adj. involving yourself in other people's affairs when you are not wanted ▶ **wścibski, mieszający się**

interim /ˈɪntərɪm/ noun

IDIOM **in the interim** in the time between two things happening ▶ **tymczasem**

□ **interim** adj. (only before a noun) not final or lasting: *an interim arrangement* ▶ **tymczasowy, przejściowy**

★**interior** /ɪnˈtɪəriə(r)/ noun **1** [C, usually sing.] the inner part; inside: *interior walls* ❶ Antonim: **exterior**. ▶ **wnętrze, środek 2 (the interior)** [sing.] the part of a country or continent that is not near the coast ▶ **głąb kraju 3 (the Interior)** [sing.] a country's own news and affairs that do not involve other countries ▶ **sprawy wewnętrzne** (*kraju*)

■ **inˌterior deˈsign** noun [U] the art or job of choosing colours, furniture, carpets, etc. to decorate the inside of a house ▶ **projektowanie wnętrz** | **inˌterior deˈsigner** noun [C] ▶ **projektant wnętrz**

interjection /ˌɪntəˈdʒekʃn/ noun [C] **1** (formal) something you say that interrupts sb else ▶ **wtrącenie 2** a word or phrase that is used as an expression of surprise, pain, pleasure, etc. (e.g. Oh!, Hurray! or Wow!) ❶ Synonim: **exclamation**. ▶ **wykrzyknik**

interlude /ˈɪntəluːd/ noun [C] a short period of time when an entertainment or activity stops for a break; an interval ▶ **przerwa**

intermarry /ˌɪntəˈmæri/ verb (pres. part. **intermarrying**; 3rd pers. sing. pres. **intermarries**; pt, pp **intermarried**) [I] (used about people of different races, religions, etc.) to marry each other ▶ **zawierać małżeństwo mieszane**

□ **intermarriage** /ˌɪntəˈmærɪdʒ/ noun [U] marriage between people of different races, religions, etc. ▶ **małżeństwo mieszane**

intermediary /ˌɪntəˈmiːdiəri; US -dieri/ noun [C] (pl. **intermediaries**) a person who passes communications between two people or groups, usually in order to help them reach an agreement ▶ **pośredni-k/czka**

★**intermediate** /ˌɪntəˈmiːdiət/ adj. **1** coming between two people or things in position, level, etc. ▶ **pośredni, środkowy 2** between two stages (elementary and advanced): *an intermediate student/class/course/book/level* ▶ **średnio zaawansowany**

interminable /ɪnˈtɜːmɪnəbl/ adj. going on for a very long time or for too long: *The journey seemed interminable.* ▶ **nie kończący się**

□ **interminably** /-əbli/ adv.: *The hours dragged on interminably.* ▶ **bez końca**

intermission /ˌɪntəˈmɪʃn/ noun [C] (especially US) an interval in a film, play, etc. ➲ Zob. uwaga przy **interval**. ▶ **przerwa**

intermittent /ˌɪntəˈmɪtənt/ adj. stopping for a while and then starting again: *There will be intermittent showers* (opady przejściowe). ▶ **przerywany, sporadyczny**

□ **intermittently** adv. ▶ **sporadycznie, z przerwami**

intern¹ /ɪnˈtɜːn/ verb [T] (formal) to keep sb in prison for political reasons, especially during a war ▶ **internować**

□ **internment** /ɪnˈtɜːnmənt/ noun [U] ▶ **internowanie**

intern[2] (also **interne**) /ˈɪntɜːn/ noun [C] (US) an advanced student of medicine, whose training is nearly finished and who is working in a hospital to get further practical experience ➲ Por. **house officer**. ▶ **młody lekarz pracujący w szpitalu w czasie stażu**

★**internal** /ɪnˈtɜːnl/ adj. **1** of or on the inside (of a place, person or object): *He was rushed to hospital with internal injuries.* ▶ **wewnętrzny** **2** (used about political or economic affairs) inside a country; not abroad: *a country's internal affairs* ▶ **wewnętrzny, krajowy**

> Brytyjski minister spraw wewnętrznych to **Home Secretary**, a ministerstwo spraw wewnętrznych – **Home Office**.

3 happening or existing inside a particular organization: *an internal examination* ▶ **wewnętrzny** ❶ Antonim wszystkich znaczeń: **external**.
□ **internally** /-nəli/ adv. on the inside: *This medicine is not to be taken internally* (doustnie). ▶ **wewnętrznie**

★**international** /ˌɪntəˈnæʃnəl/ adj. involving two or more countries ▶ **międzynarodowy**
□ **international** noun [C] a sports match between teams from two different countries or a player in such a match ▶ **zawody międzynarodowe; uczestni-k/czka zawodów międzynarodowych** | **internationally** /-nəli/ adv. ▶ **międzynarodowo, na arenie międzynarodowej**

Internet /ˈɪntənet/ (**the Internet**) (also **the Net**) noun [sing.] a network that links computers around the whole world: *I read about it on the Internet.* ➲ Por. **Intranet**. ▶ **Internet**

★**interpret** /ɪnˈtɜːprɪt/ verb **1** [T] **interpret sth (as sth)** to explain or understand the meaning of sth: *I don't know how to interpret his behaviour.* ▶ **objaśniać, rozumieć** **2** [I] to translate what sb is saying into another language: *He'll need somebody to interpret for him.* ▶ **tłumaczyć na żywo z jednego języka na drugi**
□ **interpretation** /ɪnˌtɜːprɪˈteɪʃn/ noun [C, U] **1** an explanation or understanding of sth: *He's always putting a wrong interpretation on* (przeinacza) *what I say.* ○ *What's your interpretation of these statistics?* ▶ **objaśnienie, sposób zrozumienia** **2** the way an actor or musician chooses to perform or understand a character or piece of music: *The actor's interpretation of Hamlet was severely criticized.* ▶ **interpretacja** | **interpreter** noun [C] a person whose job is to translate what sb is saying immediately into another language: *The president spoke through an interpreter.* ➲ Zob. **translator**. ▶ **tłumacz/ka** (*przekładając-y/a na żywo*)

interrelate /ˌɪntərɪˈleɪt/ verb [I,T] (usually passive) (formal) (used about two or more things) to connect or be connected very closely so that they have an effect on each other ▶ **powiązywać (się) wzajemnie**
□ **interrelated** adj. connected with each other ▶ **wzajemnie powiązany**

interrogate /ɪnˈterəgeɪt/ verb [T] **interrogate sb (about sth)** to ask sb questions in a thorough and sometimes aggressive way (in order to get information): *The prisoner was interrogated for six hours.* ▶ **przesłuchiwać**
□ **interrogation** /ɪnˌterəˈgeɪʃn/ noun [C,U] the time when a person is interrogated: *The prisoner was led away for interrogation.* ▶ **przesłuchiwanie** | **interrogator** noun [C] a person who interrogates ▶ **osoba przesłuchująca**

interrogative /ˌɪntəˈrɒgətɪv/ adj. having the form of a question: *We use 'any' in an interrogative or negative sentence.* ▶ **pytający**
□ **interrogative** noun [C] a word used for asking a question: *'Who', 'what' and 'where' are interrogatives.* ▶ **zaimek pytajny**

★**interrupt** /ˌɪntəˈrʌpt/ verb **1** [I,T] **interrupt (sb/sth) (with sth)** to make sb stop speaking or doing sth by saying or doing sth yourself: *I'm sorry to interrupt but there's a phone call for you.* ○ *Stop interrupting me when I'm talking.* ▶ **przerywać** **2** [T] to stop sth or make a break in it: *The programme was interrupted by an important news flash.* ▶ **przerywać**
□ **interruption** /ˌɪntəˈrʌpʃn/ noun **1** [C] something that prevents an activity or situation continuing: *I've had so many interruptions this morning that I've done nothing!* ▶ **przerywanie** **2** [U] the act of interrupting sb/sth ▶ **przerywanie**

intersect /ˌɪntəˈsekt/ verb **1** [I,T] (used about roads, lines, etc.) to meet and go across each other ▶ **przecinać (się)** **2** [T] (usually passive) to divide sth by going across it: *The fields were intersected by hedges and streams.* ▶ **przecinać (się), krzyżować (się)**
□ **intersection** /ˌɪntəˈsekʃn/ noun [C] the place where two or more roads, lines, etc. meet and cross each other: *a dangerous intersection* ▶ **skrzyżowanie, punkt przecięcia się**

intersperse /ˌɪntəˈspɜːs/ verb [T] (usually passive) to put things at various points in sth: *His speech was interspersed with jokes.* ▶ **przeplatać, urozmaicać**

intertwine /ˌɪntəˈtwaɪn/ verb [I,T] if two things intertwine or if you intertwine them, they become very closely connected and difficult to separate: *His interests in business and politics were closely intertwined.* ▶ **splatać się**

★**interval** /ˈɪntəvl/ noun [C] **1** a period of time between two events: *There was a long interval between sending the letter and getting a reply.* ○ *I hope we'll have a few sunny intervals between the showers!* ▶ **przerwa, odstęp** **2** a short break between the parts of a play, film, concert, etc.: *There will be two 15-minute intervals when the bar will be open.* ▶ **przerwa, antrakt** **3** [usually pl.] a short period during which sth different happens from what is happening for the rest of the time: *There will be a few sunny intervals* (przejaśnienia) *between showers today.* ▶ **krótki okres**

> Inne słowa o podobnym znaczeniu to **intermission**, **break**, **recess** i **pause**. W Br. ang. rzeczownik **interval** oznacza przerwę w przedstawieniu. Odpowiednik amerykański to **intermission**. Rzeczownika **break** zwykle

używa się w odniesieniu do przerw w pracy lub nauce, np. w biurze, fabryce lub szkole: *a lunch/tea break* ○ *The children play outside in the breaks at school.* ○ *You've worked so hard you've earned a break.* W Amer. ang. rzeczownik **recess** oznacza przerwę między lekcjami. W Br. ang. oznacza on dłuższą przerwę w pracy, zwłaszcza parlamentu lub sądu: *Parliament is in recess.* ○ *the summer recess.* Rzeczownik **pause** oznacza chwilową przerwę w działaniu lub mówieniu: *After a moment's pause, she answered.*

IDIOM **at intervals** with time or with spaces between: *I always write home at regular intervals.* ○ *The trees should be planted at two-metre intervals.* ▶ **w odstępach, z przerwami**

intervene /ˌɪntəˈviːn/ verb [I] **1 intervene (in sth/between A and B)** to act in a way that prevents sth happening or influences the result of sth: *to intervene in a dispute* ▶ **interweniować, mieszać się 2** to say sth that interrupts sb who is speaking: *'Wait a minute,' he intervened.* ▶ **przerywać 3** (used about events, etc.) to happen in the meantime or to delay sth: *If no further problems intervene we should be able to finish in time.* ▶ **wydarzać się 4** (used about time) to come between ▶ **upływać**
□ **intervening** adj. (only before a noun) coming or existing between (two events, dates, objects, etc.): *the intervening years* ▶ **upływający, zachodzący (między czymś)** | **intervention** /ˌɪntəˈvenʃn/ noun [C,U] an act of intervening, especially to prevent sth happening: *military intervention in the crisis* ▶ **interwencja, wtrącanie się**

★**interview** /ˈɪntəvjuː/ noun [C] **1 an interview (for sth)** a meeting at which sb is asked questions to find out if they are suitable for a job: *Interviews will be held on June 10th.* ○ *You are invited to attend an interview for the position of assistant sales manager.* ▶ **rozmowa kwalifikacyjna do pracy 2 an interview (with sb)** a meeting at which a journalist asks sb questions in order to find out their opinion, etc. (often shown on television or printed in a newspaper): *an exclusive interview with a top television personality* ○ *The actress refused to give an interview.* ▶ **wywiad (dziennikarski)**
□ **interview** verb [T] **1 interview sb (for sth)** to ask sb questions in an interview (to find out if they are suitable for a job, etc.): *How many applicants did you interview for the job?* ▶ **przeprowadzać rozmowę kwalifikacyjną do pracy 2 interview sb (about sth)** to ask sb questions about their opinions, private life, etc. especially on the radio or television or for a newspaper or magazine, etc. ▶ **przeprowadzać wywiad 3 interview sb (about sth)** to ask sb questions at a private meeting: *The police are waiting to interview the injured girl.* ▶ **przesłuchiwać** | **interviewee** noun [C] a person who is questioned in an interview ▶ **osoba udzielająca wywiadu/poddawana rozmowie kwalifikacyjnej** | **interviewer** /ˈɪntəvjuːə(r)/ noun [C] a person who asks the questions in an interview ▶ **osoba przeprowadzająca wywiad**

intestine /ɪnˈtestɪn/ noun [C, usually pl.] the tube in your body that carries food from your stomach ▶ **jelito**
□ **intestinal** /ɪnˈtestɪnl; ˌɪnteˈstaɪnl/ adj. ▶ **jelitowy**

intimate /ˈɪntɪmət/ adj. **1** having a very close relationship: *They're intimate friends.* ▶ **zażyły, bliski 2** private and personal: *They told each other their most intimate thoughts and secrets.* ▶ **intymny, najskrytszy 3** (used about a place, an atmosphere, etc.) quiet and friendly: *I know an intimate little restaurant we could go to.* ▶ **przytulny 4** very detailed: *He's lived here all his life and has an intimate knowledge of the area.* ▶ **gruntowny, dokładny**
□ **intimacy** /ˈɪntɪməsi/ noun [U] the state of being very close: *Their intimacy grew with the years.* ▶ **zażyłość** | **intimately** adv. in a close or personal way: *Do you know him intimately?* ▶ **blisko, poufale**

intimidate /ɪnˈtɪmɪdeɪt/ verb [T] **intimidate sb (into sth/doing sth)** to frighten sb (often in order to make them do sth) ▶ **zastraszyć**
□ **intimidating** adj. frightening (because of size or difficulty) ▶ **zastraszający** | **intimidation** /ɪnˌtɪmɪˈdeɪʃn/ noun [U] ▶ **zastraszenie**

★**into** /ˈɪntə before vowels ˈɪntu; strong form ˈɪntuː/ prep. **1** moving to a position inside or in sth: *Come into the house.* ○ *I'm going into town.* ▶ **do 2** in the direction of sth: *Please speak into the microphone.* ▶ **do 3** to a point at which you hit sth: *I backed the car into a wall.* ▶ **w (coś) 4** (showing a change): *We're turning the spare room into a study.* ○ *She changed into her jeans.* ○ *The new rules will come into force next year.* ▶ **na/w (coś) 5** concerning or involving sth: *an inquiry into safety procedures* ▶ **nad 6** (used when you are dividing numbers): *4 into 10 won't go.* ▶ **na, przez**
IDIOM **be into sth** to be very interested in sth (e.g. as a hobby): *I'm really into canoeing.* ▶ **być entuzjastą czegoś**

intolerable /ɪnˈtɒlərəbl/ adj. too bad or severe to stand or accept; not tolerable: *intolerable pain* ❶ Czasownik: **tolerate**. ▶ **nieznośny**
□ **intolerably** /-əbli/ adv. ▶ **nieznośnie**

intolerant /ɪnˈtɒlərənt/ adj. **intolerant (of sb/sth)** not able to accept behaviour or opinions that are different from your own; not tolerant ▶ **nietolerancyjny**
□ **intolerance** /-əns/ noun [U] ▶ **nietolerancja** | **intolerantly** adv. ▶ **nietolerancyjnie**

intonation /ˌɪntəˈneɪʃn/ noun [C,U] the rise and fall of the voice in speaking, especially as this affects the meaning of what is being said ➲ Por. **inflection**(3). ▶ **intonacja**

intoxicated /ɪnˈtɒksɪkeɪtɪd/ adj. (formal) **1** having had too much alcohol to drink; drunk ▶ **w stanie nietrzeźwym 2** very excited: *She was intoxicated by her success.* ▶ **odurzony, upojony**
□ **intoxication** /ɪnˌtɒksɪˈkeɪʃn/ noun [U] ▶ **odurzenie alkoholowe, stan nietrzeźwy**

Intranet /ˈɪntrənet/ noun [C] a system of computers inside an organization that makes it possible for people who work there to look at the same information and to send information to each other ➲ Por. **the Internet**. ▶ **sieć wewnętrzna**

intransitive /ɪnˈtrænsətɪv/ adj. (used about a verb) used without an object ❶ W niniejszym słowniku czasowniki nieprzechodnie są oznaczone [I]. ▶ **nieprzechodni**
□ **intransitively** adv. ▶ **w sposób nieprzechodni**

intrepid /ɪnˈtrepɪd/ adj. (formal) (used about people and their actions) brave and without any fear ▶ **nieustraszony**

intricate /ˈɪntrɪkət/ adj. having many small parts put together in a complicated way: *an intricate pattern/plot* ▶ **złożony, zawiły**
□ **intricacy** /ˈɪntrɪkəsi/ noun **1** (**intricacies**) [pl.] the complicated details (of sth): *It's difficult to understand all the intricacies of the situation.* ▶ **zawiłość 2** [U] the quality of being intricate: *I was impressed by the intricacy of the design.* ▶ **złożoność** | **intricately** /-ətli/ adv. ▶ **w sposób złożony, zawile**

intrigue /ɪnˈtriːg/ verb [T] to make sb very interested or curious: *The idea intrigues me – tell me more!* ▶ **ciekawić, intrygować**
□ **intrigue** /ˈɪntriːg; ɪnˈtriːg/ noun [C,U] the making of a secret plan to do sth bad: *political intrigues* ▶ **intryga, knowanie** | **intriguing** adj. very interesting; fascinating ▶ **intrygujący, fascynujący**

intrinsic /ɪnˈtrɪnsɪk; -zɪk/ adj. (only before a noun) (formal) (used about the value or quality of sth) belonging to sth as part of its nature; basic: *The object is of no intrinsic value.* ▶ **istotny, rzeczywisty**
□ **intrinsically** /-kli/ adv. ▶ **istotnie, rzeczywiście**

⋆**introduce** /ˌɪntrəˈdjuːs; US -duːs/ verb [T] **1 introduce sb (to sb)** to tell two or more people who have not met before what each others' names are so that they can get to know each other: *'Who's that girl over there?' 'Come with me and I'll introduce you to her.'* ▶ **przedstawiać, zapoznawać 2 introduce yourself (to sb)** to tell sb what your name is so that you can get to know them: *He just walked over and introduced himself to me!* ▶ **przedstawiać się 3** to tell an audience the name of the person, who is going to speak, perform, entertain, etc.: *May I introduce my guest on the show tonight...* ▶ **przedstawiać, zapowiadać** (*czyjś występ*) **4** to announce and give details of a radio or television programme ▶ **zapowiadać 5 introduce sth (in/into sth)** to bring in, use, or take sth to a place for the first time: *The law was introduced in 1991.* ▶ **wprowadzać (coś w życie) 6 introduce sb to sth** to make sb begin to learn about sth or do sth for the first time: *This pamphlet will introduce you to the basic aims of our society.* ▶ **zapoznawać (kogoś z czymś), wprowadzać (kogoś w coś)**

W jęz. ang. istnieje kilka sposobów przedstawienia sobie osób, w zależności od sytuacji: *(nieformalnie) 'John, meet Mary.'* ○ *(nieformalnie) 'Mrs Smith, this is my daughter, Jane.'* ○ *(formalnie) 'May I introduce you. Sir Godfrey, this is Mr Jones. Mr Jones, Sir Godfrey.'* Nieformalna odpowiedź na przedstawienie kogoś komuś to **Hello** lub **Nice to meet you**. Odpowiedź formalna (i coraz częściej odczuwana jako staromodna) to **How do you do?** Druga osoba także odpowiada **How do you do?** Niektórzy ludzie, zwłaszcza w kręgach biznesu, przy przedstawieniu wymieniają uścisk dłoni, ale młodzi najczęściej tego nie stosują.

⋆**introduction** /ˌɪntrəˈdʌkʃn/ noun **1** [U] bringing in or using sth for the first time: *the introduction of computers into the classroom* ▶ **wprowadzanie (czegoś), za/stosowanie 2** [sing.] **introduction to sth** first experience of sth: *My first job – in a factory – was not a pleasant introduction to work.* ▶ **wprowadzenie 3** [C] the first part of a book or a talk which gives an explanation of the rest of it ▶ **wstęp, przedmowa 4** [C] a book for people who are beginning to study a subject: *'An Introduction to English Grammar'* ▶ **wstęp 5** [C] the act of telling two or more people each others' names for the first time: *I think I'll get my husband to make the introductions – he's better at remembering names!* ▶ **przedstawianie, zaznajamianie (kogoś z kimś)**

introductory /ˌɪntrəˈdʌktəri/ adj. happening or said at the beginning in order to give a general idea of what will follow; a first experience of a subject or activity: *an introductory speech/chapter/remark* ▶ **wstępny, wprowadzający**

introvert /ˈɪntrəvɜːt/ noun [C] a quiet, shy person who is concerned with their own thoughts or feelings ❶ Antonim: **extrovert**. ▶ **introwerty-k/czka**
□ **introverted** /-tɪd/ adj. quiet and shy ▶ **zamknięty w sobie, introwertyczny**

intrude /ɪnˈtruːd/ verb [I] **intrude (on/upon sb/sth)** to enter a place or situation without permission or when you are not wanted: *I'm sorry to intrude on your Sunday lunch but...* ▶ **być intruzem, wpraszać się**
□ **intruder** noun [C] a person who enters a place without permission and often secretly ▶ **intruz**

intrusion /ɪnˈtruːʒn/ noun [C,U] **intrusion (on/upon/into sth)** something that disturbs you or your life when you want to be private ▶ **narzucanie się, niepokojenie, wtargnięcie**
□ **intrusive** /ɪnˈtruːsɪv/ adj. ▶ **natrętny**

intuition /ˌɪntjuˈɪʃn; US -tu-/ noun [C,U] the feeling or understanding that makes you believe or know sth without any reason or proof ▶ **intuicja, przeczucie**
□ **intuitive** /ɪnˈtjuːɪtɪv; US -tuː-/ adj. ▶ **intuicyjny** | **intuitively** adv. ▶ **intuicyjnie**

Inuit /ˈɪnjuɪt; ˈɪnuɪt/ noun [C] = ESKIMO

Inuit (also **Innuit**) /ˈɪnjuɪt; ˈɪnuɪt/ noun [C] = ESKIMO

inundate /ˈɪnʌndeɪt/ verb [T] (usually passive)

1 inundate sb (with sth) to give or send sb so many things that they can hardly deal with them all: *We were inundated with applications* (byliśmy zawaleni podaniami) *for the job.* ▶ **zasypywać (czymś) 2** (formal) to cover with water; to flood ▶ **zatapiać**

★**invade** /ɪnˈveɪd/ verb **1** [I,T] to enter a country with an army in order to attack, conquer it, etc.: *They invaded the country with tanks and guns.* ▶ **najeżdżać 2** [T] (usually passive) to enter in large numbers: *The town is invaded* (opanowany) *with tourists every summer.* ▶ **dokonywać inwazji, okupować**

□ **invader** noun [C, usually pl.] a person or thing that invades ➲ Por. **invasion.** ▶ **najeźdźca**

invalid[1] /ˈɪnvəlɪd; ˈɪnvəli:d/ noun [C] a person who has been very ill for a long time and needs to be looked after by sb else: *His mother had been an invalid for many years.* ▶ **człowiek chory/słabego zdrowia, inwalid-a/ka**

invalid[2] /ɪnˈvælɪd/ adj. **1** not correct according to reason; not valid: *an invalid argument* ▶ **nieważny 2** not able to be accepted by law; not valid: *I'm afraid your passport is invalid.* ▶ **nieprawomocny, nieważny 3** (used about an instruction, etc.) of a type that the computer cannot recognize: *an invalid command* ▶ **nieprawidłowy**

invaluable /ɪnˈvæljuəbl/ adj. very useful or valuable: *The mobile library is an invaluable service to many people.* ❶ Antonim: **valueless** Uwaga! **Invaluable** nie jest antonimem **valuable.** ▶ **nieoceniony, bezcenny**

invariable /ɪnˈveəriəbl/ adj. not changing ▶ **niezmienny**

□ **invariably** /ɪnˈveəriəbli/ adv. almost always: *She invariably arrives late.* ▶ **niezmiennie**

★**invasion** /ɪnˈveɪʒn/ noun [C,U] a time when the armed forces of one country enter another country in order to attack it: *Germany's invasion of Poland in 1939* ○ (figurative) *Such questions are an invasion of privacy.* ❶ Czasownik: **invade.** ▶ **najazd; inwazja**

★**invent** /ɪnˈvent/ verb [T] **1** to think of or make sth for the first time ▶ **wynaleźć 2** to make up a story, excuse, etc. that is not true: *He had invented the whole story.* ▶ **wymyślać**

□ **inventive** /ɪnˈventɪv/ adj. having clever and original ideas ▶ **pomysłowy, wynalazczy** | **inventiveness** noun [U] ▶ **pomysłowość** | **inventor** noun [C] a person who invents(1) sth for the first time ▶ **wynalazca**

★**invention** /ɪnˈvenʃn/ noun **1** [C] a thing that has been made or designed by sb for the first time ▶ **wynalazek 2** [U] the act or process of making or designing sth for the first time: *the invention of the printing press* ▶ **wynalazczość, wynalezienie 3** [U] telling a story or giving an excuse that is not true: *lies and invention* ▶ **wymysł**

inventory /ˈɪnvəntri; US -tɔ:ri/ noun [C] (pl. **inventories**) a detailed list, e.g. of all the furniture in a house ▶ **inwentarz, spis towarów**

invert /ɪnˈvɜ:t/ verb [T] (formal) to put sth in the opposite order or position to the way it should be or usually is ▶ **odwracać, przewracać**

■ **inˌverted ˈcommas** noun [pl.] (Brit.) = QUOTATION MARKS: *to put sth in inverted commas* ▶ **cudzysłów**

invertebrate /ɪnˈvɜ:tɪbrət/ noun [C] an animal with no backbone ▶ (*biol.*) **bezkręgowiec**

★**invest** /ɪnˈvest/ verb **1** [I,T] to put money in a bank, or use it to buy property or shares in a business, etc. in the hope that you will make a profit: *I've invested all my money in the bank.* ○ (figurative) *You have to invest a lot of time if you really want to learn a language well.* ▶ **inwestować, wkładać** (*np. kapitał, czas, energię*) **2** [I] (informal) to buy sth (usually sth quite expensive): *Perhaps we should invest in some new garden chairs for the summer.* ▶ **inwestować (w coś)**

□ **investment** noun **1** [U] **investment (in sth)** the act of putting money in a bank, property, business, etc.: *The industry needs new capital investment.* ○ *investment in local industry* ▶ **inwestycja, inwestowanie 2** [C] **investment (in sth)** an amount of money that has been put in a business, etc.: *We got a good return on our original investment of £10 000.* ○ *Those shares were a good long-term investment.* ▶ **inwestycja 3** (informal) [C] a thing that you have bought: *This coat has been a good investment – I've worn it for three years.* ▶ **inwestycja** (*zakupiony przedmiot*) | **investor** noun [C] a person who invests(1) in sth ▶ **inwestor**

★**investigate** /ɪnˈvestɪgeɪt/ verb [I,T] to try to find out all the facts about sth: *A murder was reported and the police were sent to investigate.* ○ *A group of experts are investigating the cause of the crash.* ▶ **prowadzić dochodzenie**

□ **investigation** /ɪnˌvestɪˈgeɪʃn/ noun [C,U] **investigation (into sth)** [C]: *The airlines are going to carry out a thorough investigation into security procedures at airports.* ○ *The matter is still under investigation.* ▶ **dochodzenie, badanie** | **investigative** /ɪnˈvestɪgətɪv; US -geɪtɪv/ adj. trying to find out all the facts about sb/sth: *investigative journalism* dziennikarstwo demaskatorskie ▶ **badawczy, dochodzeniowy** | **investigator** /ɪnˈvestɪgeɪtə(r)/ noun [C] a person who investigates sth ▶ **badacz/ka, osoba prowadząca dochodzenie**

invigilate /ɪnˈvɪdʒɪleɪt/ verb [I,T] (Brit.) to watch the people taking an examination to make sure that nobody is cheating ▶ **pilnować podczas egzaminu**

□ **invigilator** /ɪnˈvɪdʒɪleɪtə(r)/ noun [C] ▶ **osoba pilnująca przy egzaminie**

invigorate /ɪnˈvɪgəreɪt/ verb [I,T] to make sb feel fresher, more energetic, etc. ▶ **orzeźwiać, dodawać animuszu**

□ **invigorating** adj.: *an invigorating early morning swim* ▶ **orzeźwiający, dodający animuszu**

invincible /ɪnˈvɪnsəbl/ adj. too strong or powerful to be defeated or beaten ▶ **niezwyciężony, niepokonany**

invisible /ɪnˈvɪzəbl/ adj. not able to be seen: *bacteria that are invisible to the naked eye* ○ *The wizard put on the magic ring and became*

invisible. ○ (figurative) *Britain's invisible exports include tourism and insurance.* ▶ **niewidzialny, niewidoczny**
□ **invisibility** /ɪnˌvɪzəˈbɪləti/ noun [U] ▶ **niewidzialność** | **invisibly** adv. ▶ **niewidzialnie, niewidocznie**

★**invite** /ɪnˈvaɪt/ verb [T] **invite sb (to/for sth)** to ask sb to come (to a party, etc.): *We invited all the family to the wedding.* ○ *Shall we invite Louise and Pete for a meal next Saturday?* ○ (figurative) *Don't invite thieves by leaving your windows open.* ○ *You're inviting trouble if you carry so much money around.* ▶ **zapraszać; zachęcać (do czegoś); dopraszać się (czegoś)**
PHRASAL VERBS **invite sb back 1** to ask sb to return with you to your home: *Shall we invite the others back for coffee after the meeting?* ▶ **zapraszać kogoś do swojego domu po wspólnym pobycie gdzieś 2** to ask sb to come to your home after you have been a guest at their home ▶ **zapraszać na rewizytę** | **invite sb in** to ask sb to come into your home ▶ **zapraszać do wejścia do domu** | **invite sb out** to ask sb to go out somewhere with you: *We've been invited out to lunch by the neighbours.* ▶ **zapraszać kogoś do wspólnego wyjścia** | **invite sb over/round** (informal) to ask sb to come to your home: *I've invited Trevor round for tea on Sunday.* ▶ **zapraszać** (*do odwiedzenia w domu*)
❶ Zwróć uwagę, że we wszystkich podanych znaczeniach można stosować czasownik **ask** wymiennie z czasownikiem **invite**.
□ **invitation** /ˌɪnvɪˈteɪʃn/ noun **1** [U] inviting or being invited: *Entry is by invitation only.* ○ *a letter of invitation* list zapraszający ▶ **zaproszenie, zapraszanie 2** [C] **an invitation to sb/sth (to sth/to do sth)** a written or spoken request to go somewhere or do sth: *He has been sent an invitation to the opening ceremony.* ○ *to accept/turn down an invitation* ❶ **Decline an invitation** jest bardziej formalnym zwrotem niż **turn down an invitation**. ▶ **zaproszenie** | **inviting** /ɪnˈvaɪtɪŋ/ adj. attractive and pleasant: *an inviting smell of coffee* ▶ **pociągający, zapraszający**

in vitro /ɪn ˈviːtrəʊ/ adj., adv. (used about a process or a reaction) taking place in a glass tube or dish, not inside a living body: *in vitro experiments* ○ *the development of in vitro fertilization* ○ *an egg fertilized in vitro* ▶ **in vitro**

invoice /ˈɪnvɔɪs/ noun [C] an official paper that lists goods or services that you have received and says how much you must pay for them: *to send/issue/settle an invoice* ▶ **faktura**

involuntary /ɪnˈvɒləntri; US -teri/ adj. done without wanting or meaning to: *She gave an involuntary gasp of pain as the doctor inserted the needle.* ▶ **mimowolny, nieumyślny**
□ **involuntarily** /ɪnˈvɒləntrəli; US ɪnˌvɒlənˈterəli/ adv. ▶ **mimowolnie, nieumyślnie**

★**involve** /ɪnˈvɒlv/ verb [T] ❶ Czasownika **involve** w znaczeniu 1 i 2 nie używa się w czasach *continuous*. Natomiast często spotyka się go w *present participle* (formie *-ing*): *There was a serious accident involving a stolen car.* **1** to make necessary: *The job involves a lot of travelling.* ▶ **wymagać, pociągać za sobą 2** (not used in the continuous tenses) if a situation, an event or an activity involves sb/sth, he/she/it takes part in it: *The story involves a woman who went on holiday with her child.* ○ *More than 100 people were involved in the project.* ▶ **dotyczyć, angażować 2 involve sb/sth in (doing) sth** to cause sb/sth to take part in or be concerned with sth: *Please don't involve me in your family arguments.* ▶ **wciągać/mieszać (kogoś w coś)**
□ **involved** adj. **1** difficult to understand; complicated: *The book has a very involved plot.* ▶ **pogmatwany, zawiły 2 involved (in sth)** taking part in sth because you are very interested in it: *I'm very involved in local politics.* ▶ **zaangażowany 3 involved (with sb)** to be emotionally or sexually connected with sb: *She is involved with an older man.* ▶ **zaangażowany** (*np. uczuciowo*) | **involvement** noun [C,U] ▶ **zaangażowanie**

inward /ˈɪnwəd/ adj. inside your mind, not shown to other people: *my inward feelings* ❶ Antonim: **outward**. ▶ **myślowy, wewnętrzny, duchowy**
□ **inward** (also **inwards**) adv. towards the inside or centre: *Stand in a circle facing inwards.* ❶ Antonim: **outward**. ▶ **z zewnątrz, skierowany do środka/wnętrza** | **inwardly** adv. secretly or privately: *He was inwardly relieved that they could not come.* ▶ **w duchu, skrycie**

iodine /ˈaɪədiːn; US -daɪn/ noun [U] a dark-coloured substance that is found in sea water and used in photography and to clean wounds ▶ **jod, jodyna**

IOU /ˌaɪ əʊ ˈjuː/ abbr. I owe you; a piece of paper that you sign showing that you owe sb some money ▶ **jestem dłużny; skrypt dłużny**

IPA /ˌaɪ piː ˈeɪ/ abbr. International Phonetic Alphabet ▶ **międzynarodowy alfabet fonetyczny**

IQ /ˌaɪ ˈkjuː/ abbr. intelligence quotient; a measure of a person's intelligence: *have a high/low IQ* ○ *an IQ of 120* ▶ **iloraz inteligencji**

IRA /ˌaɪ ɑːr ˈeɪ/ abbr. Irish Republican Army: *an IRA attack* ▶ **Irlandzka Armia Republikańska**

irate /aɪˈreɪt/ adj. (formal) very angry ▶ **wściekły, rozgniewany**
□ **irately** adv. ▶ **wściekle, z gniewem**

iris /ˈaɪrɪs/ noun [C] **1** the coloured part around the pupil of the eye ▶ **tęczówka 2** a tall plant with long pointed leaves and large bright yellow or purple flowers ▶ **kosaciec, irys**

★**Irish** /ˈaɪrɪʃ/ adj. of Ireland, its people, language, culture, etc. ▶ **irlandzki**
□ **Irish** noun **1 (the Irish)** [pl.] the Irish people ▶ **Irlandczycy 2** [U] the original language of Ireland ▶ **język irlandzki**
■ **ˈIrishman** /-mən/ **ˈIrishwoman** /-wʊmən/ noun [C] (pl. **Irishmen** /-mən/, **Irishwomen** /-wɪmɪn/) a man or woman who comes from Ireland ▶ **Irland-czyk/ka**

★**iron**[1] /ˈaɪən; US ˈaɪərn/ noun [U] (symbol **Fe**) a common hard grey metal. Iron is used for making steel and is found in small quantities in food and in blood: *an iron bar* ○ *wrought-iron* (z kutego żelaza) *railings* ○ *The roof of the hut was made of corrugated iron* (z blachy falistej). ○ *a pot made of cast iron* (z lanego żelaza) ○ *iron ore* ruda żelaza ○ (figurative) *The general has an iron will* (żelazną wolę). ▶ **żelazo**

★**iron²** /'aɪən; US 'aɪərn/ noun [C] an electrical instrument with a flat bottom that is heated and used to smooth clothes after you have washed and dried them: *Use a hot iron on cotton and a cool iron on polyester.* ○ *a steam iron* ▶ **żelazko**

□ **iron** verb [I,T] to use an iron to get the creases out of clothes: *Could you iron this dress for me?* ○ *That shirt needs ironing.* ❶ Zamiast czasownika **iron** stosuje się często zwrot **do the ironing**: *I usually do the ironing on Sunday.* ▶ **prasować**

PHRASAL VERB **iron sth out** to get rid of any problems or difficulties that are affecting sth ▶ **rozwiązywać** (*np. problemy*)

ironing noun [U] clothes, etc. that need ironing or that have just been ironed: *a large pile of ironing* ▶ **prasowanie (rzeczy do prasowania lub już wyprasowane)**

■ **'ironing board** noun [C] a special table that is used for ironing clothes on ▶ **deska do prasowania**

ironic /aɪ'rɒnɪk/ (also **ironical** /aɪ'rɒnɪkl/) adj. **1** meaning the opposite of what you say: *'Oh, I'm so pleased,' she said in an ironic way.* ➲ Por. **sarcastic**. ▶ **ironiczny 2** (used about a situation) strange or amusing because it is unusual or unexpected: *It is ironic that the busiest people are often the most willing to help.* ▶ **ironiczny**

□ **ironically** /-kli/ adv. ▶ **ironicznie, jak na ironię**

irony /'aɪrəni/ noun (pl. **ironies**) **1** [U] the way of speaking that shows you are joking or that you mean the opposite of what you say: *'The English are such good cooks,' he said with heavy irony.* ▶ **ironia 2** [C,U] the unusual or unexpected side of a situation, etc. that seems strange or amusing: *The irony was that he was killed in a car accident soon after the end of the war.* ▶ **ironia**

irradiate /ɪ'reɪdieɪt/ verb [T] to send rays of radioactivity through sth ▶ **napromieniowywać**

irrational /ɪ'ræʃənl/ adj. not based on reason or clear thought: *an irrational fear of spiders* ▶ **irracjonalny, nieracjonalny**

□ **irrationality** /ɪ,ræʃə'næləti/ noun [U] ▶ **irracjonalność, nieracjonalność** | **irrationally** /ɪ'ræʃnəli/ adv. ▶ **irracjonalnie, nieracjonalnie**

irreconcilable /ɪ'rekənsaɪləbl; ɪ,rekən'saɪləbl/ adj. (formal) (used about people or their ideas and beliefs) so different that they cannot be made to agree ▶ **nie do pogodzenia, nieprzejednany**

□ **irreconcilably** /-əbli/ adv. ▶ **(w sposób) nie do pogodzenia, nieprzejednanie**

★**irregular** /ɪ'regjələ(r)/ adj. **1** having parts or sides of different sizes or lengths; not even or regular: *an irregular shape* ▶ **nieregularny, nierównomierny, nierówny 2** happening at unequal intervals; not regular: *His visits became more and more irregular.* ○ *an irregular pulse* ▶ **nieregularny, nierównomierny 3** not allowed according to the rules or social customs: *It is highly irregular for a doctor to give information about patients without their permission.* ▶ **niezgodny z przepisami/zasadami 4** not following the usual rules of grammar; not regular: *'Caught' is an irregular past tense form.* ▶ **nieregularny**

□ **irregularity** /ɪ,regjə'lærəti/ noun [C,U] (pl. **irregularities**) ▶ **nieregularność, nierównomierność, nierówność; niezgodność z przepisami/zasadami** | **irregularly** adv. ▶ **nieregularnie, nierówno, nierównomiernie**

irrelevant /ɪ'reləvənt/ adj. not connected with sth or important to it: *That's completely irrelevant to the subject under discussion.* ▶ **oderwany od tematu, od rzeczy**

□ **irrelevance** /-əns/ noun [U] the state of being irrelevant ▶ **oderwanie od tematu** | **irrelevancy** /-ənsi/ noun (pl. **irrelevancies**) **1** [U] = IRRELEVANCE **2** [C] something that is irrelevant ▶ **rzecz nieistotna, błahostka** | **irrelevantly** adv. ▶ **niestosownie, od rzeczy**

irreparable /ɪ'repərəbl/ adj. not able to be repaired or put right: *Irreparable damage has been done to the forests of Eastern Europe.* ▶ **nie do naprawienia, niepowetowany**

□ **irreparably** adv. ▶ **w sposób nie do naprawienia**

irreplaceable /,ɪrɪ'pleɪsəbl/ adj. (used about sth very valuable or special) not able to be replaced ▶ **niezastąpiony**

irrepressible /,ɪrɪ'presəbl/ adj. not able to be controlled; cheerful: *irrepressible good humour* ▶ **niepohamowany, niepowstrzymany**

□ **irrepressibly** /-əbli/ adv. ▶ **w sposób niepohamowany, niepowstrzymanie**

irresistible /,ɪrɪ'zɪstəbl/ adj. **1** very strong or powerful so that you cannot stop yourself doing or agreeing with sth: *an irresistible urge to laugh* ▶ **nieprzeparty, nieodparty 2** very attractive: *The swimming pool is irresistible on a hot day like this.* ▶ **taki, że nie można się (czemuś/komuś) oprzeć** ❶ Czasownik: **resist**.

□ **irresistibly** /-əbli/ adv. ▶ **nieprzeparcie, nieodparcie**

irrespective /,ɪrɪ'spektɪv/ (**irrespective of**) prep. not affected by: *Anybody can take part in the competition, irrespective of age.* ▶ **niezależnie (od czegoś), bez względu (na coś)**

irresponsible /,ɪrɪ'spɒnsəbl/ adj. (used about a person of their actions) not thinking about the effect your actions will have; not responsible: *It is irresponsible to let small children go out alone when it's dark.* ▶ **nieodpowiedzialny, lekkomyślny**

□ **irresponsibility** /,ɪrɪ,spɒnsə'bɪləti/ noun [U] ▶ **nieodpowiedzialność, lekkomyślność** | **irresponsibly** /-əbli/ adv. ▶ **nieodpowiedzialnie, lekkomyślnie**

irreverent /ɪ'revərənt/ adj. not feeling or showing respect ▶ **bez szacunku, uchybiający**

□ **irreverence** /-əns/ noun [U] ▶ **brak szacunku, uchybianie** | **irreverently** adv. ▶ **bez szacunku, uchybiająco**

irreversible /ˌɪrɪˈvɜːsəbl/ adj. not able to be stopped or changed: *Once taken, the decision is irreversible.* ▶ **nieodwołalny, nieodwracalny**
□ **irreversibly** adv. ▶ **nieodwołalnie, nieodwracalnie**

irrigate /ˈɪrɪɡeɪt/ verb [T] to supply land and crops with water by means of pipes, channels, etc. ▶ **nawadniać**
□ **irrigation** /ˌɪrɪˈɡeɪʃn/ noun [U] ▶ **nawadnianie**

irritable /ˈɪrɪtəbl/ adj. easily made angry ▶ **drażliwy, skory do gniewu**
□ **irritability** /ˌɪrɪtəˈbɪləti/ noun [U] ▶ **drażliwość** | **irritably** /-əbli/ adv. ▶ **drażliwie**

irritate /ˈɪrɪteɪt/ verb [T] **1** to make sb angry; to annoy: *It really irritates me the way he keeps repeating himself.* ▶ **denerwować, gniewać** **2** to cause a part of the body to be painful or sore ▶ **podrażniać**
□ **irritation** /ˌɪrɪˈteɪʃn/ noun [C,U] ▶ **zdenerwowanie, gniew; podrażnienie**

is → BE

ISBN /ˌaɪ es biː ˈen/ abbr. International Standard Book Number ▶ **ISBN** (*Międzynarodowy Standardowy Numer Książki*)

★**Islam** /ɪzˈlɑːm/ noun [U] the religion of Muslim people. Islam teaches that there is only one God and that Muhammad is His Prophet. ▶ **islam**
□ **Islamic** /ɪzˈlæmɪk/ adj.: *Islamic law* ▶ **muzułmański, islamski**

★**island** /ˈaɪlənd/ noun [C] **1** a piece of land that is surrounded by water: *the tropical islands of the Caribbean* ○ *Robinson Crusoe spent many years living on a desert island.* ▶ **wyspa** **2** = TRAFFIC ISLAND
□ **islander** noun [C] a person who lives on a (small) island ▶ **wyspia-rz/rka**

isle /aɪl/ noun [C] an island: *the Isle of Wight* ○ *the British Isles* ❶ **Isle** najczęściej używa się w nazwach geograficznych. ▶ **wyspa**

isn't short for IS NOT

isolate /ˈaɪsəleɪt/ verb [T] **isolate sb/sth (from sb/sth)** to put or keep sb/sth apart or separate from other people or things: *Some farms were isolated by the heavy snowfalls.* ○ *We need to isolate all the animals with the disease so that the others don't catch it.* ▶ **izolować (od czegoś), odosabniać**
□ **isolated** adj. **1** not connected with others; separate: *Is this an isolated case or part of a general pattern?* ▶ **odizolowany, oddziel-ony/ny** **2** alone or apart from other people or things: *an isolated village* ▶ **odizolowany, osamotniony** | **isolation** /ˌaɪsəˈleɪʃn/ noun [U] being away from other people or things; a feeling of being alone and lonely: *The millionaire lived in complete isolation from the outside world.* ▶ **odosobnienie, izolacja**
IDIOM **in isolation (from sb/sth)** alone or separately: *Acting in isolation is not very effective. We must work together as a team.* ▶ **w osamotnieniu, w izolacji**

★**issue** /ˈɪʃuː; ˈɪsjuː; ˈɪʃjuː/ noun **1** [C] a problem or subject for discussion: *I want to raise the issue of overtime pay at the meeting.* ○ *The government cannot avoid the issue of homelessness any longer.* ▶ **kwestia, sprawa** **2** [C] one in a series of things that are published or produced: *Do you have last week's issue of this magazine?* ▶ **wydanie, emisja, numer** (*czasopisma*) **3** [U] the act of publishing or giving sth to people: *the issue of blankets to the refugees* ▶ **wydawanie, przydział**
IDIOM **make an issue (out) of sth** to give too much importance to a small problem: *OK, we disagree on this but let's not make an issue of it.* ▶ **robić (z czegoś) dużą sprawę**
□ **issue** verb **1** [T] to publish or give out sth for the public to use: *When was the new £5 note issued?* ▶ **wydawać** **2** [T] to give or supply sth to sb: *The new employees were issued with uniforms.* ○ *to issue a visa* ▶ **przydzielać, wydawać** **3** [I] (formal) to come or go out: *Strange sounds issued from the castle.* ▶ **wydobywać się**

IT /ˌaɪ ˈtiː/ abbr. Information Technology ▶ **informatyka**

★**it**[1] /ɪt/ pron. **1** (used as the subject or object of a verb, or after a preposition) an animal or thing mentioned earlier or that is being talked about now: *Look at that car. It's going much too fast.* ○ *The children went up to the dog and patted it.* ○ *This box is heavy. What's inside it?* ❶ **It** może też odnosić się do niemowlęcia niewiadomej płci: *Is it a boy or a girl?* ▶ **on/ona/ono, jego/ją itp.** **2** (used for identifying a person): *It's your Mum on the phone.* ○ *'Who's that?' 'It's the postman.'* ○ *It's me!* ○ *It's him!* ▶ **to (jest)**
IDIOMS **that is it** (used for saying that you have had enough of a situation): *That's it! I'm leaving and I'm not coming back.* ▶ **koniec!, dosyć!** | **that/this is it** that/this is the answer: *Just move it a little bit to the right – that's it, you've done it.* ▶ **tak jest!, dobrze!**
□ **its** /ɪts/ det. belonging to a thing, an animal, etc.: *The cat's had its dinner.* ○ *The swimming club held its Annual General Meeting last night* ▶ **jego, jej, swój**

★**it**[2] /ɪt/ pron. **1** (used in the position of the subject or object of a verb when the real subject or object is at the end of the sentence): *It's hard for them* (trudno jest im) *to talk about their problems.* ○ *I think it doesn't really matter* (myślę, że nie jest ważne) *what time they arrive.* ❶ Często nie tłumaczy się. ▶ **to (jest)** **2** (used in the position of the subject of a verb when you are talking about time, the date, distance, the weather, etc.): *It's nearly* (już prawie) *half past eight.* ○ *It's Tuesday today.* Dziś wtorek. ○ *It's about* (to około) *100 kilometres from London.* ○ *It was very cold* (było bardzo zimno) *at the weekend.* ○ *It's raining.* Pada deszcz. ❶ Często nie tłumaczy się. ▶ **to (jest)** **3** (used when you are talking about a situation): *It gets* (robi się) *very crowded in the summer.* ○ *I'll come at 7 o'clock if it's convenient* (jeżeli to pasuje). ○ *It's a pity* (szkoda) *they can't come to the party.* ❶ Często nie ma odpowiednika – **it** + czasownik tłumaczy się wtedy czasownikiem. **4** (used for emphasizing a part of a sentence): *It's John who's good at cooking, not me.* To John jest dobry w gotowaniu, nie ja. ○ *It's your health I'm worried about, not the cost.* O twoje zdrowie się martwię, nie o koszt. ▶ **to (właśnie)**

italics /ɪ'tælɪks/ noun [U, pl.] the type of writing or printing in which the letters slope forwards: *This sentence is printed in italics.* ▶ **kursywa, pismo pochyłe**

□ **italic** adj.: *italic handwriting* pismo pochyłe

itch /ɪtʃ/ noun [C] the feeling on your skin that makes you want to rub or scratch it ▶ **swędzenie**

□ **itch** verb [I] to have or cause an itch: *My nose is itching.* ▶ **swędzieć** | **itchy** adj. having or causing an itch ▶ **swędzący** | **itchiness** noun [U] ▶ **swędzenie**

it'd /'ɪtəd/ short for IT HAD, IT WOULD

***item** /'aɪtəm/ noun [C] **1** one thing on a list of things to buy, do, talk about, etc.: *What is the first item on the agenda?* ▶ **pozycja, punkt programu 2** a single article or object: *Can I pay for each item separately?* ○ *an item of clothing* ▶ **artykuł, rzecz 3** a single piece of news: *There was an interesting item about Spain in yesterday's news.* ▶ **wiadomość**

□ **itemize** (also **-ise**) /'aɪtəmaɪz/ verb [T] to make a list of all the items(1) in sth: *an itemized bill* ▶ **wyszczególniać**

itinerant /aɪ'tɪnərənt/ adj. (only before a noun) travelling from place to place: *an itinerant circus family* ▶ **wędrowny**

itinerary /aɪ'tɪnərəri; US -reri/ noun [C] (pl. **itineraries**) a plan of a journey, route, etc. ▶ **plan podróży, marszruta**

it'll /'ɪtl/ short for IT WILL

it's /ɪts/ short for IT IS; IT HAS ❶ Uwaga! **It's** to skrót od **it is** lub **it has**. **Its** oznacza „jego/jej/swój": *The bird has broken its wing.*

its → IT[1]

***itself** /ɪt'self/ pron. **1** (used as the object of a verb or preposition when the animal or thing that does an action is also affected by it): *The cat was washing itself* (mył się). ○ *The company has got itself* (firma wpakowała się) *into financial difficulties.* ▶ **się, siebie, sam/sama/samo 2** (used for emphasis): *The village itself* (sama wioska) *is pretty but the countryside is rather dull.* ▶ **sam/sama/samo, sobie**

IDIOM **(all) by itself 1** without being controlled by a person; automatically: *The central heating comes on by itself* (włącza się samo). ▶ **sam, samodzielnie, automatycznie 2** alone: *The house stood all by itself* (samotnie) *on the hillside.* ➲ Zob. uwaga przy **alone**. ▶ **samotny, sam**

ITV /ˌaɪ tiː 'viː/ (Brit.) abbr. Independent Television; the group of independent television companies that are paid for by advertising: *watch a film on ITV* ○ *an ITV documentary* ▶ **Niezależna Sieć Telewizyjna**

IUD /ˌaɪ juː 'diː/ noun [C] intrauterine device; a small metal or plastic object that is placed inside a woman's uterus to stop her becoming pregnant ▶ **wkładka wewnątrzmaciczna**

I've /aɪv/ short for I HAVE

ivory /'aɪvəri/ noun [U] the hard white substance that an elephant's tusks are made of ▶ **kość słoniowa**

ivy /'aɪvi/ noun [U] a climbing plant that has dark leaves with three or five points ▶ **bluszcz**

Jj

J, j /dʒeɪ/ noun [C] (pl. **J's; j's**) the tenth letter of the English alphabet ▶ **litera** *j*

jab /dʒæb/ verb [I,T] **1 jab (at sb/sth) (with sth); jab sb/sth (with sth)** to push at sb/sth roughly, usually with sth sharp: *He kept jabbing at his potato with his fork.* Ciągle dziobał kartofel widelcem. ○ *She jabbed me in the ribs with her elbow.* ▶ **kłuć, dźgać 2 jab sth into sb/sth** to push sth roughly into sb/sth: *The robber jabbed a gun into my back and ordered me to move.* ▶ **uderzać (w coś), wpychać**

□ **jab** noun [C] **1** a sudden rough push with sth sharp ▶ **ukłucie, dźgnięcie 2** (informal) a medical injection: *Have you had your typhoid jab yet?* ▶ **zastrzyk**

jack[1] /dʒæk/ noun [C] **1** a piece of equipment for lifting a car, etc. off the ground, e.g. so that you can change its wheel ▶ **podnośnik, lewarek 2** the card between the ten and the queen in a pack of cards: *the jack of hearts* ➲ Zob. uwaga przy **card**. ▶ **walet**

jack[2] /dʒæk/ verb

PHRASAL VERBS **jack sth in** (slang) to stop doing sth: *Jerry got fed up with his job and jacked it in.* ▶ **rzucać** (*np. pracę*) | **jack sth up** to lift a car, etc. using a jack ▶ **podnosić lewarkiem**

***jacket** /'dʒækɪt/ noun [C] **1** a short coat with sleeves: *a tweed sports jacket* ○ *a formal dinner jacket* ➲ Por. **life jacket**. ▶ **marynarka, kurtka 2** a cover for a hot-water tank, etc. that stops heat from being lost ▶ **osłona, otulina, płaszcz 3** (US) = SLEEVE(2)

■ **jacket po'tato** noun [C] a potato that is cooked in the oven in its skin ▶ **ziemniak w mundurku**

jackknife /'dʒæknaɪf/ noun [C] (pl. **jackknives**)

a large pocket knife that folds in half when not in use ▶ **duży scyzoryk**

□ **jackknife** verb [I] (used about a lorry that is in two parts) to bend in the middle in an uncontrolled way ▶ **łamać się na złączu**

jackpot /ˈdʒækpɒt/ noun [C] the largest prize that you can win in a game ▶ **pula, największa wygrana w grze**

IDIOM **hit the jackpot** → HIT[1]

Jacuzzi™ /dʒəˈkuːzi/ noun [C] a special bath with jets of water that make your body feel relaxed ▶ **wanna z masażem wodnym**

jaded /ˈdʒeɪdɪd/ adj. tired and overworked ▶ **sterany**

jagged /ˈdʒæɡɪd/ adj. rough and uneven with sharp points: *jagged rocks* ▶ **postrzępiony, ząbkowany, wyszczerbiony**

jaguar /ˈdʒæɡjuə(r)/ noun [C] a large spotted wild cat that comes from Central and South America ▶ **jaguar**

★**jail** /dʒeɪl/ noun [C,U] (a) prison: *She was sent to jail for ten years.* ▶ **więzienie**

□ **jail** verb [T] to put sb in prison: *She was jailed for ten years.* ▶ **wsadzać do więzienia** | **jailer** noun [C] a person whose job is to guard prisoners ▶ **strażni-k/czka więzienn-y/a** ❶ W Br. ang. stosuje się też pisownię **gaol** i **gaoler**.

★**jam**[1] /dʒæm/ noun [U] a sweet substance that you spread on bread, made by boiling fruit and sugar together: *Let's have bread and jam for tea.* ○ *a jar of raspberry jam* ○ *a jam jar* ▶ **dżem, konfitur-a/y**

> Zwróć uwagę, że dżem zrobiony z pomarańczy lub cytryn nazywa się **marmalade**.

jam[2] /dʒæm/ verb (**jamming**; **jammed**) **1** [T] **jam sb/sth in, under, between, etc. sth** to push or force sb/sth into a place where there is not much room: *There were three of us jammed into a phone box.* ○ *She managed to jam everything into her suitcase.* ▶ **wciskać, stłaczać** **2** [I,T] **jam (sth) (up)** to fix sth or to be fixed in one position: *Something is jamming up the machine.* ○ *I can't open the door. The lock has jammed.* ▶ **zacinać się; blokować** **3** [T] (usually passive) **jam sth (up)** to fill sth so that it is difficult to move: *All the roads were jammed with cars and people.* ▶ **blokować, zapychać** **4** [T] to send out signals in order to stop radio programmes, etc. from being received or heard clearly ▶ **zagłuszać** (*np. fale radiowe*)

PHRASAL VERB **jam on the brakes/jam the brakes on** to push on a car's brakes, etc. with force: *I jammed on the brakes as the child ran into the road.* ▶ **cisnąć** (*np. na hamulec*)

□ **jam** noun [C] **1** a lot of people or things that are crowded together making it difficult to move: *a traffic jam* ▶ **korek (w ruchu ulicznym)** **2** (informal) a difficult situation: *I'm in a bit of a jam.* ▶ **przykra sytuacja**

Jan. abbr. January: *1 Jan 1993* ▶ **styczeń**

jangle /ˈdʒæŋɡl/ verb [I,T] to make a noise like metal striking against metal; to move sth so that it makes this noise: *The baby smiles if you jangle your keys.* ▶ **pobrzękiwać; podzwaniać**

□ **jangle** noun [U] ▶ **pobrzękiwanie; podzwanianie**

janitor /ˈdʒænɪtə(r)/ noun [C] (US) = CARETAKER

★**January** /ˈdʒænjuəri; US -jueri/ noun [C,U] (pl. **Januaries**) (abbr. **Jan.**) the first month of the year, coming before February: *We're going skiing in January.* ○ *last/next January* ○ *the January before last* ○ *the January after next* ○ *the second of January* ○ *January the second* ○ *The last two Januaries have been extremely cold.* ○ *January mornings can be very dark.* ○ *Christine's birthday is (on) January 17.* ❶ Można powiedzieć **on January the seventeenth** lub **on the seventeenth of January** lub w Amer. ang. **January seventeenth**. Nazwy miesięcy zawsze pisze się dużą literą. ▶ **styczeń**

★**jar**[1] /dʒɑː(r)/ noun [C] **1** a container with a lid, usually made of glass and used for keeping food, etc. in: *a jam jar* ○ *a large storage jar for flour* ○ *I can't unscrew the lid of this jar.* ➲ Ilustr. do **container**. ▶ **słój, słoik** **2** the food that a jar contains: *a jar of honey* ▶ **słój (czegoś)**

jar[2] /dʒɑː(r)/ verb (**jarring**; **jarred**) **1** [I] **jar (on sb/sth)** to have an unpleasant effect: *The dripping tap jarred on my nerves.* ▶ **drażnić, działać na nerwy** **2** [T] to hurt or damage sth as a result of a sharp knock: *He fell and jarred his back.* ▶ **wstrząsać, potłuc**

jargon /ˈdʒɑːɡən/ noun [U] special or technical words that are used by a particular group of people and that other people do not understand: *scientific/legal/computer jargon* ▶ **żargon**

jasmine /ˈdʒæzmɪn/ noun [U] a plant with white or yellow sweet-smelling flowers ▶ **jaśmin**

jaundice /ˈdʒɔːndɪs/ noun [U] a disease that makes the skin and eyes yellow ▶ **żółtaczka**

javelin /ˈdʒævlɪn/ noun **1** [C] a long pointed pole like a spear that is thrown in sports competitions ▶ **oszczep** **2** (**the javelin**) [sing.] the event or sport of throwing the javelin as far as possible ▶ **rzut oszczepem**

jaw /dʒɔː/ noun **1** [C] either of the bones in your face that contain the teeth: *the lower/upper jaw* ▶ **szczęka** **2** (**jaws**) [pl.] the mouth (especially of an animal): *The lion opened its jaws.* ▶ **paszcza, szczęki**

★**jazz** /dʒæz/ noun [U] a style of popular music with a strong rhythm, originally played by black Americans: *a jazz band* ▶ **jazz**

□ **jazz** verb

PHRASAL VERB **jazz sth up** (informal) to make sth brighter, more interesting or lively ▶ **ożywiać**

★**jealous** /ˈdʒeləs/ adj. **1** feeling upset because you think that sb loves another person more than you: *Tim seems to be jealous whenever Sue speaks to another boy!* ▶ **zazdrosny** **2** feeling angry or sad because you want to be like sb else or because you want what sb else has: *He's always been jealous of his older brother.* ○ *I'm very jealous of your new car – how much did it cost?* ▶ **zazdrosny, zawistny**

□ **jealously** adv. ▶ **zazdrośnie, zawistnie** | **jealousy** /ˈdʒeləsi/ noun [C,U] (pl. **jealousies**) ▶ **zazdrość, zawiść**

★**jeans** /dʒiːnz/ noun [pl.] trousers made of strong,

usually blue, cotton cloth (denim): *These jeans are a bit too tight.* ○ *a pair of jeans* ▶ **dżinsy**

Jeep™ /dʒiːp/ noun [C] a small, strong vehicle suitable for travelling over rough ground ▶ **jeep, łazik**

jeer /dʒɪə(r)/ verb [I,T] **jeer (at sb/sth)** to laugh or shout rudely at sb/sth [T] ▶ **wyśmiewać, wyszydzać**

□ **jeer** noun [C] an unkind or rude remark or shout: *He walked on to the stage to be greeted with jeers and whistles.* ▶ **drwina, szyderstwo**

jelly /ˈdʒeli/ noun (pl. **jellies**) **1** [U, sing.] a transparent soft solid substance that shakes when it is moved: *My legs felt like jelly* (miałem nogi jak z galarety) *before the exam.* ▶ **galareta 2** [C,U] a transparent, soft food made with gelatine that shakes when it is moved. Jelly usually has a fruit flavour and is eaten as a pudding. ▶ **galareta** (*potrawa*) **3** [U] a type of jam made of fruit juice and sugar ▶ **dżem**

IDIOM **turn to jelly** (used especially about the legs and knees) to suddenly become weak because of fear ▶ (*o nogach*) **ugiąć się (pod kimś)**

jellyfish /ˈdʒelifɪʃ/ noun [C] (pl. **jellyfish** or **jellyfishes**) a sea animal with a body that looks like colourless jelly. Jellyfish sometimes sting. ▶ **meduza**

jeopardize (also **-ise**) /ˈdʒepədaɪz/ verb [T] to do sth that may damage sth or put it in a dangerous position ▶ **narażać, wystawiać na niebezpieczeństwo**

jeopardy /ˈdʒepədi/ noun

IDIOM **in jeopardy** in danger of losing, failing, being injured or damaged, etc. ▶ **w niebezpieczeństwie**

jerk /dʒɜːk/ noun [C] **1** a sudden pull, push or other movement: *The car started with a jerk.* ▶ **szarpnięcie, drgnięcie 2** (especially US, slang) a stupid or annoying person ▶ **palant**

□ **jerk** verb **1** [T] to pull sb/sth suddenly and quickly: *She jerked the door open.* ▶ **szarpać 2** [I] to move with a jerk or a series of jerks: *The lorry jerked from one side to the other over the bumpy road.* ▶ **trząść się, telepać się** | **jerky** adj. ▶ **szarpany, gwałtowny** | **jerkily** /-ɪli/ adv. ▶ **nierówno, spazmatycznie**

jersey /ˈdʒɜːzi/ noun (pl. **jerseys**) **1** [C] a piece of clothing made of knitted wool that you wear over a shirt or blouse ➲ Por. **jumper**, **pullover** i **sweater**. Występują one częściej niż **jersey**. Zob. też uwaga przy **sweater**. ▶ **sweter wełniany 2** [U] a soft woollen material used for making clothes ▶ **materiał wełniany typu jersey**

Jesus /ˈdʒiːzəs/ = CHRIST

★**jet** /dʒet/ noun [C] **1** a fast modern aeroplane with a jet engine ▶ **odrzutowiec 2** a fast, thin stream of water, gas, etc. coming out of a small hole ▶ **strumień, wytrysk**

■ **ˈjet engine** noun [C] an engine that makes aeroplanes fly by pushing out a stream of hot air and gases at the back ▶ **silnik odrzutowy** | **ˈjet lag** noun [U] the tired feeling that people often have after a long journey in an aeroplane to a place where the local time is different ▶ **zmęczenie po długiej podróży samolotem** | **ˈjet-lagged** adj. ▶ **zmęczony po długiej podróży samolotem** | **the ˈjet set** noun [sing.] the group of rich, successful and fashionable people (especially those who travel around the world a lot) ▶ **bogaci i modni ludzie sukcesu, którzy dużo podróżują po świecie**

jet-black /ˌdʒet ˈblæk/ adj. very dark black in colour ▶ **czarny jak smoła**

Jet Ski™ noun a vehicle with an engine, like a motorcycle, for riding across water ▶ **skuter wodny**

□ **jet-skiing** noun [U] ▶ **jazda skuterem wodnym**

jetty /ˈdʒeti/ noun [C] (pl. **jetties**) a stone wall or wooden platform built out into the sea or a river as a landing place for boats ▶ **molo, nabrzeże**

★**Jew** /dʒuː/ noun [C] a person whose family was originally from the ancient land of Israel or whose religion is Judaism ▶ **Żyd/ówka**

□ **Jewish** /ˈdʒuːɪʃ/ adj.: *He's Jewish.* On jest Żydem. ▶ **żydowski**

★**jewel** /ˈdʒuːəl/ noun [C] a valuable stone (e.g. a diamond) or a necklace, ring, etc. with such a stone in it ▶ **klejnot**

□ **jeweller** (US **jeweler**) noun **1** [C] a person whose job is to buy, sell, make or repair jewellery and watches ▶ **jubiler, złotnik 2** (**the jeweller's**) [sing.] a shop where jewellery and watches are made, sold and repaired ▶ **sklep jubilerski**

□ **jewellery** (US **jewelry**) /ˈdʒuːəlri/ noun [U] rings, necklaces, bracelets, etc. that are worn as personal ornaments: *a piece of jewellery* ▶ **biżuteria, kosztowności**

jig /dʒɪɡ/ noun [C] a lively folk dance ▶ **giga** (*skoczny taniec*)

□ **jig** verb [I] (**jigging; jigged**) **jig about/around** to move about in a way that shows that you are excited or impatient ▶ **wiercić się**

jiggle /ˈdʒɪɡl/ verb [T] (informal) to move sth quickly from side to side ▶ **telepać**

jigsaw /ˈdʒɪɡsɔː/ (also **ˈjigsaw puzzle**) noun [C] a picture on cardboard or wood that is cut into small pieces. The pieces are then fitted together again as a game. ▶ **układanka, puzzle**

jingle /ˈdʒɪŋɡl/ noun **1** [sing.] a ringing sound like metal objects gently hitting each other: *the jingle of coins* ▶ **dzwonienie, brzęczenie 2** [C] a short simple tune or song, especially one that is used in an advertisement on television or radio ▶ **prosta melodia/piosenka używana w reklamie radiowej/telewizyjnej**

□ **jingle** verb **1** [I] to make a gentle ringing sound ▶ **podzwaniać, brzęczeć 2** [T] to move sth so that it makes a gentle ringing sound: *He jingled the coins in his pockets.* ▶ **podzwaniać, pobrzękiwać**

jinx /dʒɪŋks/ noun [C, usually sing.] bad luck; a person or thing that is thought to bring bad luck

▶ pech; rzecz/osoba przynosząca pecha
□ **jinx** verb [T] (usually passive) (informal) to bring bad luck to (sb/sth) ▶ **przynosić pecha** | **jinxed** adj.: *After my third accident in a month, I began to think I was jinxed.* ▶ **pechowy**

jitters /ˈdʒɪtəz/ noun [pl.] (informal) extremely nervous or anxious feelings: *Just thinking about the exam gives me the jitters!* ▶ **zdenerwowanie, trema**
□ **jittery** /ˈdʒɪtəri/ adj. (informal) nervous or anxious ▶ **zdenerwowany, stremowany**

Jnr abbr. see also JUNIOR

★**job** /dʒɒb/ noun **1** [C] the work that you do regularly to earn money: *to look for/apply for/find a job* szukać pracy/starać się o pracę/znajdować pracę ○ *a well-paid/highly paid job* dobrze płatna/intratna praca ○ *a badly-paid/low-paid job* źle płatna/mało intratna praca ○ *a full-time/part-time job* praca w pełnym wymiarze czasu/praca na pół/część etatu ○ *a permanent/temporary job* stała/okresowa praca ○ *job-sharing* dzielenie się pracą ➲ Zob. uwaga przy **work**[1]. ▶ **praca 2** [C] a task or a piece of work that may be paid or unpaid: *I always have a lot of jobs to do* (dużo prac do wykonania) *in the house at weekends.* ○ *The garage has done a wonderful job on our car.* ▶ **praca, robota 3** [C, usually sing.] a function or responsibility: *It's not his job to tell us what we can and can't do.* ▶ **sprawa, zadanie**
IDIOMS **do the job/trick** (informal) to get the result that is wanted ▶ (*o pomyśle, przedsięwzięciu itp.*) **zadziałać** | **have a hard job to do sth/doing sth** → HARD[1] | **it's a good job** (spoken) it is a good or lucky thing: *It's a good job you reminded me – I had completely forgotten!* ▶ **(to) dobrze, że** | **just the job/ticket** (informal) exactly what is needed in a particular situation: *This dress will be just the job for Helen's party.* ▶ **to, o co właśnie chodzi; właśnie to, co trzeba** | **make a bad, good, etc. job of sth** to do sth badly, well, etc. ▶ **źle/dobrze wywiązywać się z czegoś** | **make the best of a bad job** → BEST[3] | **out of a job** without paid work ❶ Bardziej formalne słowo to **unemployed**. ▶ **bezrobotny**
□ **jobless** adj. (used about large numbers of people) without paid work ▶ **bezrobotni** | **the jobless** noun [pl.] the people who are without work ▶ **bezrobotni** | **joblessness** noun [U] ▶ **bezrobocie**

jockey /ˈdʒɒki/ noun [C] (pl. **jockeys**) a person who rides in horse races, especially as a profession ➲ Por. **disk jockey**. ▶ **dżokej**

jodhpurs /ˈdʒɒdpəz/ noun [pl.] special trousers that you wear for riding a horse ▶ **bryczesy**

jog /dʒɒg/ verb (**jogging**; **jogged**) **1** [I] to run slowly, especially as a form of exercise ❶ Często mówi się **go jogging** zamiast **jog**: *I go jogging most evenings.* ▶ **uprawiać jogging, biegać dla zdrowia 2** [T] to push or knock sb/sth slightly: *He jogged my arm and I spilled the milk.* ▶ **trącać, szturchać**
IDIOM **jog sb's memory** to make sb remember sth ▶ **pobudzać czyjąś pamięć**
□ **jog** noun [sing.] **1** a slow run as a form of exercise: *She goes for a jog before breakfast.* ▶ **bieg dla zdrowia 2** a slight push or knock ▶ **trącenie, szturchnięcie** | **jogger** /ˈdʒɒgə(r)/ noun [C] a person who goes jogging for exercise ▶ **osoba biegająca dla zdrowia**

★**join** /dʒɔɪn/ verb **1** [I,T] **join (up) (with sb/sth)** to meet or unite (with sb/sth): *Do the two rivers join (up) at any point?* ○ *Where does this road join the motorway?* ○ *Would you like to join us for a drink?* ▶ **łączyć (się) (z kimś/czymś), zespalać (się) (z kimś/czymś) 2** [T] to become a member of a club or an organization: *to join the army* ▶ **przystępować/wstępować do czegoś 3** [T] to take your place in sth or to take part in sth: *We'd better go and join the queue.* ▶ **przyłączać się do czegoś, dołączać się do czegoś 4** [T] **join A onto/to B**; **join A and B (together/up)** to fasten or connect one thing to another: *The Channel Tunnel joins Britain to Europe by rail.* ○ *The two pieces of wood had been carefully joined together.* ○ *We've knocked down the wall and joined the two rooms into one.* ▶ **łączyć, wiązać 5** [I,T] **join (with) sb in doing sth/to do sth**; **join together in doing sth/to do sth** to take part with sb (in doing sth for sb else): *I know that everybody here joins me in wishing* (każdy przyłączy się do życzeń) *you the best of luck.* ○ *The whole school joined together to buy a present for the teacher.* ▶ **przyłączać się, dołączać się**
IDIOM **join forces (with sb)** → FORCE[1]
PHRASAL VERBS **join in (sth/doing sth)** to take part in an activity: *Steve wouldn't join in when everybody else was playing football.* ▶ **przyłączać się, włączać się** | **join up** to become a member of the army, navy or air force ▶ **wstępować do wojska**
□ **join** noun [C] a place where two things are fixed or joined together ▶ **złącze, miejsce złączenia** | **joiner** noun [C] a person who makes the wooden parts of a building ➲ Por. **carpenter**. ▶ **stolarz budowlany**

★**joint**[1] /dʒɔɪnt/ noun [C] **1** a part of the body where two bones fit together and are able to bend ▶ **staw 2** the place where two or more things are fastened or connected ▶ **złącze, przegub 3** a large piece of meat that you cook in the oven: *a joint of lamb* ▶ **udziec, pieczeń**

★**joint**[2] /dʒɔɪnt/ adj. (only before a noun) shared or owned by two or more people: *a joint account/decision* ○ *The joint winners of the competition will each receive £500.* ▶ **wspólny**
□ **jointly** adv. ▶ **wspólnie**

★**joke** /dʒəʊk/ noun **1** [C] something said or done to make you laugh, especially a funny story: *Have you heard the joke about the three men in a taxi?* ○ *a dirty joke* świński/pieprzny dowcip ○ *I'm sorry, I didn't get that joke* (nie zrozumiałem tego dowcipu). *Can you explain it to me?* ○ *to play a practical joke* zrobić komuś kawał ▶ **dowcip, żart 2** [sing.] a ridiculous person, thing or situation: *The salary he offered was a joke!* ▶ **żart, pośmiewisko**
IDIOMS **play a joke/trick on sb** to trick sb in order to amuse yourself or other people ▶ **płatać komuś figla** | **see the joke** to understand

what is funny about a joke or trick ▶ **zrozumieć dowcip/kawał** | **take a joke** to accept a trick or sth said about you in fun without getting angry ▶ **pozwalać z siebie żartować**

□ **joke** verb [I] **1** to say sth to make people laugh; to tell a funny story: *She spent the evening laughing and joking with her friends.* ▶ **dowcipkować, opowiadać kawał 2** to say sth that is not true because you think it is funny: *I never joke about religion.* ▶ **żartować**

IDIOM **you must be joking**; **you're joking** (used to express great surprise) you cannot be serious ▶ **chyba żartujesz!**

joker /ˈdʒəʊkə(r)/ noun [C] **1** a person who likes to make jokes or play tricks ▶ **żartowniś, dowcipniś 2** an extra playing card in a pack which can be used instead of any card in some games ▶ **dżoker**

jolly /ˈdʒɒli/ adj. (**jollier**; **jolliest**) happy and cheerful ▶ **wesoły, radosny**

□ **jolly** adv. (Brit., informal) very ▶ **bardzo**

IDIOM **jolly well** (used for emphasizing what you are saying, especially when you are angry) certainly: *I jolly well won't invite her again!* Na pewno nie zaproszę jej znowu! ▶ **na pewno** (*z odcieniem złośliwości*)

jolt /dʒəʊlt/ verb **1** [T] to shake sth or make it move suddenly: *The crash jolted all the passengers forward.* ▶ **wstrząsać, szarpać 2** [I] to move in a jerky way: *The lorry jolted along the bumpy track.* ▶ **telepać się, podskakiwać**

□ **jolt** noun [usually sing.] **1** a sudden movement: *The train stopped with a jolt.* ▶ **szarpnięcie, wstrząs 2** a surprise or shock: *His sudden anger gave her quite a jolt.* ▶ **wstrząs**

jostle /ˈdʒɒsl/ verb [I,T] to push against sb in a rough way (often in a crowd) ▶ **przepychać się, rozpychać się; szturchać**

jot /dʒɒt/ verb (**jotting**; **jotted**)

PHRASAL VERB **jot sth down** to make a quick short note of sth: *Let me jot down your address.* ▶ **zanotować**

journal /ˈdʒɜːnl/ noun [C] **1** a magazine, especially one in which all the articles are about a particular subject: *a medical journal* ▶ **czasopismo** (*zwł. monotematyczne*) **2** a written account of what you have done each day: *to keep a journal* ▶ **dziennik, pamiętnik**

journalism /ˈdʒɜːnəlɪzəm/ noun [U] the profession of collecting, writing and publishing news in newspapers and magazines and on television and radio ▶ **dziennikarstwo**

★**journalist** /ˈdʒɜːnəlɪst/ noun [C] a person whose job is to collect, write or publish news, in newspapers and magazines or on television and radio: *a job as a journalist on the local paper* ➲ Por. **reporter**. ▶ **dziennika-rz/rka**

★**journey** /ˈdʒɜːni/ noun [C] (pl. **journeys**) the act of travelling from one place to another: *Did you have a good journey?* ○ *a two-hour journey* ○ *a twenty-mile journey to work* ○ *We'll have to break the journey.* ➲ Zob. uwaga przy **travel**. ▶ **podróż**

> **Journey** może oznaczać zarówno podróż samolotem, jak i statkiem, jednak mówiąc konkretnie o podróży samolotem używa się słowa **flight**, a o podróży morskiej **voyage**. Rejs statkiem dla przyjemności to **cruise**.

jovial /ˈdʒəʊviəl/ adj. (used about a person) very cheerful and friendly ▶ **jowialny**

joy /dʒɔɪ/ noun **1** [U] a feeling of great happiness: *We'd like to wish you joy and success in your life together.* ○ *to dance/jump/shout for joy* (z radości) ▶ **radość, uradowanie 2** [C] a person or thing that gives you great pleasure: *That class is a joy to teach.* ▶ **radość, uciecha 3** [U] (Brit., informal) (used in questions and negative sentences) success or satisfaction: *I asked for better seats but got no joy from the check-in clerk.* ▶ **powodzenie**

IDIOM **sb's pride and joy** → PRIDE

□ **joyful** /-fl/ adj. very happy: *a joyful occasion* ▶ **radosny, uradowany** | **joyfully** /-fəli/ adv. ▶ **radośnie, z zachwytem, z uciechą** | **joyfulness** noun [U] ▶ **radość, uciecha** | **joyless** adj. unhappy: *a joyless marriage* ▶ **nieszczęśliwy**

joyride /ˈdʒɔɪraɪd/ noun [C] (informal) a drive or ride (usually in a stolen car) just for fun and excitement ▶ **przejażdżka** (*zwykle ukradzionym*) **pojazdem**

□ ˈ**joyrider** noun [C] ▶ **osoba odbywająca przejażdżkę (zwykle ukradzionym) pojazdem** | ˈ**joyriding** noun [U] ▶ **jazda** (*zwykle ukradzionym pojazdem*)

joystick /ˈdʒɔɪstɪk/ noun [C] a handle used for controlling movement on a computer, aeroplane, etc. ▶ **drążek sterowy**

JP /ˌdʒeɪ ˈpiː/ abbr. Justice of the Peace ▶ **sędzia pokoju**

Jr. abbr. see also JUNIOR

jubilant /ˈdʒuːbɪlənt/ adj. (formal) extremely happy, especially because of a success: *jubilant football fans* ▶ **pełen triumfu, nie posiadający się z radości**

□ **jubilation** /ˌdʒuːbɪˈleɪʃn/ noun [U] great happiness because of a success ▶ **triumfowanie, radowanie się**

jubilee /ˈdʒuːbɪliː/ noun [C] a day or period when people celebrate because it is a particular number of years after a special event: *It's the company's golden* (50 lat) *jubilee this year.* ❶ Inne jubileusze: **silver jubilee** (25 lat), **diamond jubilee** (60 lat). Por. **anniversary**. ▶ **jubileusz**

Judaism /ˈdʒuːdeɪɪzəm; US -dəɪzəm/ noun [U] the religion of the Jewish people ▶ **judaizm**

★**judge¹** /dʒʌdʒ/ noun [C] **1** a person whose job is to apply the law and decide what punishment should be given to sb found guilty in a court of law: *The judge sentenced the man to three years in prison.* ▶ **sędzia 2** a person who decides who has won a competition: *The judges' decision is final* (ostateczna). ▶ **sędzia (sportowy), arbiter 3** a person who has the ability or knowledge to give an opinion about sth: *You're a good judge of character – what do you think of him?* ▶ **znawca, sędzia**

★**judge²** /dʒʌdʒ/ verb **1** [T] to decide the result or winner (in a competition): *The headmaster will* *judge the competition.* ▶ **sędziować** **2** [I,T] to form or give an opinion about sb/sth; to consider: *Judging from what he said, his work is going well.* ○ *Don't judge people by their appearance!* ○ *It's difficult to judge how long the project will take.* ○ *The party was judged a great success by everybody.* ▶ **sądzić, osądzać, wydawać sąd** **3** [T] to be critical about sb; to decide whether they are good or bad: *Don't judge him too harshly – he's had a difficult time.* ▶ **osądzać, wydawać sąd (o kimś)** **4** [I,T] to act as a judge, in a court of law: *He said it was the hardest case he had ever had to judge.* ▶ **sądzić** *(sprawę)*

★**judgement** (also **judgment**) /ˈdʒʌdʒmənt/ noun **1** [C] an opinion: *What, in your judgement, would be the best course of action?* ▶ **opinia, zdanie** **2** [C,U] an official decision made by a judge or a court of law ▶ **wyrok, orzeczenie** **3** [U] the ability to form sensible opinions or to make wise decisions: *He always shows excellent judgement in his choice of staff.* ▶ **rozsądek, rozum**

judicial /dʒuˈdɪʃl/ adj. of a judge, a judgement or a court of law: *a judicial decision* ○ *judicial powers* ▶ **sądowy, sędziowski**

judicious /dʒuˈdɪʃəs/ adj. (used about a decision or an action) sensible ▶ **rozsądny, rozumny**

□ **judiciously** adv. ▶ **rozsądnie, rozumnie**

judo /ˈdʒuːdəʊ/ noun [U] a sport from Asia in which two people try to throw each other to the ground. Judo is also a form of self-defence. ▶ **dżudo**

jug /dʒʌg/ (US **pitcher**) noun [C] a container with a handle used for holding or pouring liquids: *a milk jug* ○ *a jug of water* ▶ **dzbanek, garnek, kubek**

juggle /ˈdʒʌgl/ verb [I,T] **1 juggle (with sth)** to keep several objects in the air at the same time by throwing and catching them quickly: *He can dance, sing, juggle – whatever you like!* ▶ **żonglować** **2 juggle (with sth)** to keep changing the arrangement of sth in order to get a certain result: *I'll have to juggle my working days round so that I'm free on Mondays.* ▶ **manipulować, żonglować**

□ **juggler** /ˈdʒʌglə(r)/ noun [C] a person who juggles to entertain people ▶ **żongler/ka**

★**juice** /dʒuːs/ noun [C,U] **1** the liquid that comes from fruit and vegetables: *lemon juice* ○ *I'll have an orange juice, please.* ▶ **sok** *(owocowy/warzywny)* **2** the liquid that comes from a piece of meat when it is cooked ▶ **sok** *(z mięsa)* **3** the liquid in the stomach or another part of the body that helps you to digest food ▶ **sok trawienny**

juicy /ˈdʒuːsi/ adj. (**juicier**; **juiciest**) **1** containing a lot of juice: *juicy oranges* ▶ **soczysty** **2** (informal) interesting because it is connected with sth bad: *Tell me all the juicy details!* ▶ **soczysty, pikantny**

jukebox /ˈdʒuːkbɒks/ noun [C] a machine in a café or bar, that plays records when a coin is put in ▶ **szafa grająca**

Jul. abbr. July: *4 Jul. 1955* ▶ **lipiec**

★**July** /dʒuˈlaɪ/ noun [C,U] (pl. **Julys**) (abbr. **Jul.**) the seventh month of the year, coming before August ➲ Zob. przykł. użycia nazw miesięcy w zdaniach przy **January**. ▶ **lipiec**

jumble /ˈdʒʌmbl/ verb [T] (usually passive) **jumble sth (up)** to mix things up so that they are untidy or in the wrong place: *I must sort my clothes out – they're all jumbled up in the drawer.* ○ (figurative) *People from different stages of my life were all jumbled up together in my dream.* ▶ **mieszać (się), gmatwać (się)**

□ **jumble** noun **1** [C] an untidy group of things; a mess ▶ **gmatwanina, mieszanina** **2** [U] (Brit.) a collection of old things for a jumble sale ▶ **rupiecie**

■ **ˈjumble sale** (US **ˈrummage sale**) noun [C] a sale of old things that people do not want any more. Clubs, churches, schools and other organizations hold jumble sales to get money ➲ Por. **car-boot sale**. ▶ **wenta dobroczynna, wyprzedaż rzeczy używanych**

jumbo /ˈdʒʌmbəʊ/ adj. (informal) (only before a noun) very large ▶ **ogromny, kolosalny**

□ **jumbo** noun [C] (pl. **jumbos**) (also **jumbo ˈjet**) a very large jet aeroplane ▶ **wielki odrzutowiec**

★**jump**[1] /dʒʌmp/ verb **1** [I] to move quickly off the ground by pushing yourself up with your legs and feet: *to jump into the air/over a stream/off the edge/onto a chair* ○ *How high can you jump?* ○ *Jump up and down to keep warm.* ➲ Ilustr. do **hop**. ▶ **skakać** **2** [I] to move quickly and suddenly: *The telephone rang and she jumped up to answer it.* ○ *He jumped out of bed when he realized what time it was.* ▶ **podrywać się, skakać** **3** [T] to get over sth by jumping: *The dog jumped the fence and ran off down the road.* ▶ **przeskakiwać** **4** [I] to make a sudden movement because of surprise, fear or excitement: *'Oh, it's only you – you made me jump,' he said.* ▶ **podskoczyć** *(np. ze strachu)* **5** [I] **jump (from sth) to sth; jump (by) (sth)** to increase suddenly by a very large amount: *His salary jumped from £15 000 to £25 000 last year.* ○ *Prices jumped (by) 50%* (ceny podskoczyły o 50%) *in the summer.* ▶ *(o cenach, pensji itp.)* **podskoczyć** **6** [I] **jump from sth to sth** to change suddenly from one subject to another: *The book kept jumping from the present to the past.* ▶ **skakać z (tematu) na (temat)**

IDIOMS **climb/jump on the bandwagon** → BANDWAGON | **jump for joy** to be extremely happy about sth ▶ **skakać z radości** | **jump the gun** to do sth too soon, before the proper time ▶ **robić coś przedwcześnie** | **jump the queue** to go to the front of a queue of people without waiting for your turn ▶ **iść bez kolejki** | **jump to conclusions** to decide that sth is true with thinking about it carefully enough ▶ **pochopnie wysnuwać wnioski**

PHRASAL VERB **jump at sth** to accept an opportunity, offer, etc. eagerly: *They asked me if I'd like to go on holiday with them and I jumped at it!* ▶ **skwapliwie skorzystać z czegoś**

★**jump**[2] /dʒʌmp/ noun [C] **1** an act of jumping: *With a huge jump the horse cleared the hedge.* ➲ Por. **high jump** i **long jump**. ▶ **skok, pod-**

skok **2** **a jump (in sth)** a sudden increase in amount, price or value ▶ **skok (cen/wartości)** **3** a thing to be jumped over: *The third jump consisted of a five-bar gate.* ▶ **przeszkoda do przeskoczenia**

□ **jumpy** adj. (informal) nervous or anxious: *I always get a bit jumpy if I'm travelling by air.* ▶ **nerwowy**

jumper /ˈdʒʌmpə(r)/ noun [C] **1** (Brit.) a piece of clothing with sleeves, usually made of wool, that you wear on the top part of your body ➲ Zob. uwaga przy **sweater**. ▶ **sweter** (*nie rozpinany*) **2** a person or an animal that jumps ▶ **skoczek**

Jun. abbr. June: *10 Jun. 1830* ▶ **czerwiec**

junction /ˈdʒʌŋkʃn/ noun [C] a place where roads or railway lines meet or join: *Leave the motorway at junction 4 and follow the signs to Bath.* ▶ **skrzyżowanie, węzeł kolejowy**

★**June** /dʒuːn/ noun [C,U] (abbr. **Jun.**) the sixth month of the year, coming before July ➲ Zob. przykł. użycia nazw miesięcy w zdaniach przy **January**. ▶ **czerwiec**

jungle /ˈdʒʌŋgl/ noun [C,U] a thick forest in a hot tropical country ➲ Zob. uwaga przy **forest**. ▶ **dżungla**

junior /ˈdʒuːniə(r)/ adj. **1** **junior (to sb)** having a low or lower position (than sb) in an organization, etc.: *a junior officer* (podoficer) ○ *A lieutenant is junior to a captain in the army.* ❶ Antonim: **senior**. ▶ **niższy/młodszy (rangą)** **2** (especially US) (often **Junior**) (abbr. **Jr.**; Brit. also abbr. **Jnr**) (used after the name of a son who has the same first name as his father): *Sammy Davis Junior* ➲ Por. **senior**. ▶ (*po nazwisku*) **Młodszy/Junior** **3** (Brit.) of or for children from the ages of about seven to eleven: *She's going to the junior class next term.* ▶ (*o grupie wiekowej dzieci*) **od 7 do 11 lat**

□ **junior** noun **1** [C] a person who has a low position in an organization, etc. ▶ **niższy/młodszy rangą** **2** [sing.] (with *his, her, your*, etc.) a person who is younger than sb else by the number of years mentioned: *She's two years his junior/his junior by two years.* Ona jest od niego dwa lata młodsza. ➲ Por. **senior**. ▶ **młodszy** **3** [C] (Brit.) a child who goes to junior school: *The juniors are having an outing to a museum today.* ▶ **dziecko chodzące do szkoły dla dzieci w wieku od 7 do 11 lat**

■ ˈ**junior school** noun [C] a school for children aged between seven and eleven ▶ **szkoła dla dzieci w wieku od 7 do 11 lat**

junk /dʒʌŋk/ noun [U] (informal) things that are old or useless or do not have much value ▶ **rupiecie, graty**

■ ˈ**junk food** noun [U] (informal) food that is not very good for you but that is ready to eat or easy to prepare: *junk food like crisps and sweets* ▶ **niezdrowa żywność (produkty gotowe lub łatwe do przyrządzenia)** | ˈ**junk mail** noun [U] (often used in a critical way) advertising material for products or services that is sent to large numbers of people who have not asked for it ▶ **reklamy przysyłane pocztą**

junta /ˈdʒʌntə; US ˈhʊntə/ noun [C, with sing. or pl. verb] a group, especially of military officers, who rule a country by force ▶ **junta**

Jupiter /ˈdʒuːpɪtə(r)/ noun [sing.] the planet that is fifth in order from the sun ▶ **Jowisz**

jurisdiction /ˌdʒʊərɪsˈdɪkʃn/ noun [U] legal power or authority; the area in which this power can be used: *That question is outside the jurisdiction of this council.* ▶ **jurysdykcja, kompetencja władzy; obszar kompetencji władzy**

juror /ˈdʒʊərə(r)/ noun [C] a member of a jury ▶ **członek ławy przysięgłych**, (*w konkursie*) **juror**

★**jury** /ˈdʒʊəri/ noun [C, with sing. or pl. verb] (pl. **juries**) **1** a group of twelve people in a court of law who listen to the facts about a crime and decide whether the accused person is guilty or not guilty: *Do/does the jury have to reach a unanimous decision?* ○ *The jury gave a verdict of not guilty.* ▶ **ława przysięgłych** **2** a group of people who decide who is the winner in a competition: *The jury is/are about to announce the winners.* ▶ **jury, sąd konkursowy**

★**just**[1] /dʒʌst/ adj. fair and right; reasonable: *a just decision/punishment* ❶ Antonim: **unjust**. ▶ **sprawiedliwy, rozsądny**

□ **justly** adv. fairly or correctly ▶ **sprawiedliwie, rozsądnie**

★**just**[2] /dʒʌst/ adv. **1** a very short time ago: *She's just been to the shops.* Przed chwilą była na zakupach. ○ *He'd just returned from France when I saw him.* ▶ **przed chwilą** **2** **just (about to do sth); just (going to do sth)** at this/that moment; now or very soon: *We were just finishing supper when the telephone rang.* ○ *Wait a minute! I'm just coming* (zaraz idę). ○ *I was just about to phone my mother* (właśnie miałem zadzwonić do mamy) *when she arrived.* ▶ **zaraz, właśnie** **3** exactly: *It's just eight o'clock.* ○ *That's just what I meant.* ▶ **dokładnie** **4** at exactly the same time (as); when: *Just as I was beginning to enjoy myself, John said it was time to go.* ○ *Just then the door opened.* ▶ **dokładnie** (*wtedy, gdy/kiedy*) **5** only: *She's just a child.* ○ *It's not just the money, it's the principle of the thing too.* ○ *It was worth it just to see her face as she opened the present.* ○ *Just a minute! I'm nearly ready.* ▶ **tylko, dopiero** **6** (often after *only*) almost not; hardly: *I could only just hear what she was saying.* ▶ **ledwo co, zaledwie** **7** (often with the imperative) (used for getting attention or for emphasis): *Just let me speak for a moment* (tylko daj mi coś powiedzieć), *will you?* ○ *I just don't want* (po prostu nie chcę) *to go to the party.* ○ *Just imagine* (proszę sobie tylko wyobrazić) *how awful she must feel.* ▶ **tylko, proszę, po prostu** **8** really; absolutely ▶ **doprawdy, całkowicie, naprawdę**

IDIOMS **all/just the same** → SAME[2] | **it is just as well (that)** it is a good thing: *It's just as well you remembered to bring your umbrella!* ➲ Por. też **(just) as well (to do sth)** przy **well**. ▶ **dobrze, że** | **just about** almost; very nearly: *I've just about finished.* ▶ **(już) prawie** | **just in case** in order to be completely prepared or safe: *It might be hot in France – take your shorts just in case.*

▶ **na wszelki wypadek** | **just now 1** at this exact moment or during this exact period: *I can't come with you just now – can you wait 20 minutes?* ▶ **właśnie teraz 2** a very short time ago: *I saw Tony just now.* ▶ **dopiero co** | **just so** tidy and correct; exactly as it should be ▶ **właśnie/dokładnie tak** | **not just yet** not now, but probably quite soon ▶ **jeszcze nie teraz**

★**justice** /ˈdʒʌstɪs/ noun **1** [U] fair behaviour or treatment: *a struggle for justice* ▶ **sprawiedliwość 2** [U] the law and the way it is used: *a miscarriage of justice* pomyłka sądowa ▶ **sprawiedliwość 3** [U] the quality of being fair or reasonable: *Everybody realized the justice of what he was saying.* ▶ **słuszność 4** [C] (used as a title of a judge): *Mr Justice Smith* ▶ *(w tytułach)* **sędzia 5** [C] (US) a judge of a law court ▶ **sędzia**

IDIOMS **do yourself justice** to do as well as you should do: *Because of his recent illness he wasn't able to do himself justice in the race.* ▶ **pokazywać, na co kogoś stać** | **do justice to sb/sth; do sb/sth justice** to treat sb/sth fairly or to show the real quality of sb/sth: *I don't like him, but to do him justice, he's a very clever man.* ○ *The photograph doesn't do you justice.* ▶ **oddawać komuś sprawiedliwość, ukazywać czyjeś zalety**

■ **ˌJustice of the ˈPeace** (abbr. **JP**) noun [C] a person who judges less serious cases in a law court in Britain ➲ Por. **magistrate**. ▶ **sędzia pokoju**

★**justify** /ˈdʒʌstɪfaɪ/ verb [T] (pres. part. **justifying**; 3rd pers. sing. pres. **justifies**; pt, pp **justified**) to give or be a good reason for sth: *Can you justify your decision?* ▶ **usprawiedliwiać, uzasadniać**

□ **justifiable** /ˈdʒʌstɪfaɪəbl; ˌdʒʌstɪˈfaɪəbl/ adj. possible to accept because there is a good reason for it: *His action was entirely justifiable.* ❶ Antonim: **unjustifiable**. ▶ **usprawiedliwiony, uzasadniony** | **justifiably** /-əbli/ adv.: *She was justifiably angry and upset.* ▶ **w usprawiedliwiony sposób, w uzasadniony sposób** | **justification** /ˌdʒʌstɪfɪˈkeɪʃn/ noun [C,U] **justification (for sth/doing sth)** (a) good reason ▶ **usprawiedliwienie, uzasadnienie**

jut /dʒʌt/ verb (**jutting; jutted**)

PHRASAL VERB **jut** to stand out from sth; to be out of line with the surroundings: *rocks that jut out into the sea* ▶ **wystawać, sterczeć**

juvenile /ˈdʒuːvənaɪl/ noun [C] (formal) a child or young person who is not yet adult ▶ **nieletni, młodociany**

□ **juvenile** adj. **1** (formal) of, for or involving young people who are not yet adults: *juvenile crime* ▶ **nieletni, młodociany 2** childish: *juvenile behaviour* ▶ **smarkaty, dziecinny**

■ **juvenile deˈlinquent** noun [C] a young person who is guilty of committing a crime ▶ **młodociany przestępca**

juxtapose /ˌdʒʌkstəˈpəʊz/ verb [T] (formal) to put two people, things, etc. very close together, especially in order to show a contrast: *The artist achieves a special effect by juxtaposing light and dark.* ▶ **zestawiać, umieszczać obok siebie**

□ **juxtaposition** /ˌdʒʌkstəpəˈzɪʃn/ noun [U]: *the juxtaposition of literary styles* ▶ **zestawianie, umieszczanie obok siebie**

Kk

K, k /keɪ/ noun [C] (pl. **K's**; **k's**) the eleventh letter of the English alphabet ▶ **litera** *k*

K (informal)) abbr. one thousand: *She earns 22K (= £22 000) a year.* ▶ **tys.**

kaleidoscope /kəˈlaɪdəskəʊp/ noun [C] **1** a large number of different things ▶ **kalejdoskop 2** a toy that consists of a tube containing mirrors and small pieces of coloured glass. When you look into one end of the tube and turn it, you see changing patterns of colours. ▶ **kalejdoskop**

kangaroo /ˌkæŋɡəˈruː/ noun [C] (pl. **kangaroos**) an Australian animal that moves by jumping on its strong back legs and that carries its young in a pouch ▶ **kangur**

karaoke /ˌkæriˈəʊki/ noun [U] a type of entertainment in which a machine plays only the music of popular songs so that people can sing the words themselves ▶ **rodzaj zabawy, podczas której publiczność śpiewa znane piosenki do akompaniamentu muzycznego**

karat (US) = CARAT

karate /kəˈrɑːti/ noun [U] a style of fighting originally from Japan in which the hands and feet are used as weapons: *to do karate* ▶ **karate**

kayak /ˈkaɪæk/ noun [C] a small narrow boat for one person, like a canoe ➲ Por. **canoe**. ▶ **kajak**

kebab /kɪˈbæb/ noun [C] small pieces of meat, vegetable, etc. that are cooked (and served) on a skewer ▶ **kebab**

keel /kiːl/ noun [C] the wooden or metal bar at the bottom of a boat ▶ **stępka, kil**

□ **keel** verb

PHRASAL VERB **keel over** to fall over sideways: *Several people keeled over in the heat.* ▶ **przewracać się, upadać**

★**keen** /kiːn/ adj. **1** very interested in sth; wanting to do sth: *They are both keen gardeners.* ○ *I* *failed the first time but I'm keen to try again.* ○ *She was keen that we should all be there.* ▶ **zapalony (do czegoś); chętny** **2** (used about one of the senses, a feeling, etc.) good or strong: *a keen sense of smell* ▶ **wrażliwy, czuły**

IDIOM **keen on sb/sth** very interested in or having a strong desire for sb/sth: *He's very keen on jazz.* ○ *Tracey seems very keen on a boy* (chyba kocha się w chłopaku) *at college.* ○ *I'm not very keen on the idea* (nie za bardzo palę się do pomysłu) *of going camping.* ▶ **palący się (do czegoś), będący miłośnikiem czegoś**

□ **keenly** adv. ▶ **dotkliwie, przenikliwie** | **keenness** noun [U] ▶ **zapał, gorliwość**

★**keep**[1] /kiːp/ verb (pt, pp **kept** /kept/) **1** [I] to continue to be in a particular state or position: *You must keep warm.* Musisz dbać, żeby ci było ciepło. ○ *That child can't keep still* (nie może usiedzieć w jednym miejscu). ○ *Remember to keep left* (trzymać się lewej strony jezdni) *when you're driving in Britain.* ▶ **trzymać się, pozostawać** **2** [T] to make sb/sth remain in a particular state, place or condition: *Please keep this door closed.* ○ *He kept his hands in his pockets.* ○ *It's hard to keep the children amused* (trudno zabawiać dzieci) *when they can't go outside.* ○ *I'm sorry to keep you waiting.* Przepraszam, że kazałem ci czekać. ▶ **trzymać** **3** [T] to continue to have sth, permanently or for a period of time: *You can keep that book – I don't need it any more.* ○ *Can I keep the car until next week?* ▶ **zatrzymywać, mieć** **4** [T] to have sth in a particular place: *Where do you keep the matches?* ▶ **przechowywać, trzymać** **5** [T] **keep doing sth** to continue doing sth; to do sth again and again: *Keep going until you get to the church* (idź dalej, aż dojdziesz do kościoła) *and then turn left.* ○ *She keeps asking me silly questions.* Ona mi ciągle zadaje głupie pytania. ▶ **wciąż coś robić** **6** [T] to delay sb/sth; to prevent sb from leaving: *Where's the doctor? What's keeping him?* ▶ **zatrzymywać, powstrzymywać** **7** [T] to support sb financially: *You can't keep a family on the money I earn.* ▶ **utrzymywać, dawać na utrzymanie** **8** [T] to own and manage a shop or a restaurant: *Her father keeps a pub in Devon.* ▶ **prowadzić** **9** [T] to have and look after animals: *They keep ducks on their farm.* ▶ **hodować, trzymać** **10** [T] to do what you promised or arranged: *Can you keep a promise?* ○ *She didn't keep her appointment* (nie przyszła na wizytę) *at the dentist's.* ○ *to keep a secret* ▶ **dotrzymywać, zachowywać** **11** [T] to write down sth that you want to remember: *Keep a record of how much you spend.* ▶ **prowadzić** (*np. zapiski*) **12** [I] (used about food) to stay fresh: *Finish it off – it won't keep.* ▶ **przechowywać się, zachowywać świeżość**

IDIOM **keep it up** to continue doing sth as well as you are doing it now: *You've made very good progress. Keep it up!* ▶ **robić (coś) tak dalej, podtrzymywać** (*np. wysoki poziom*) ❶ **Keep** używa się w wielu zwrotach, np. **keep count**. Zob. hasła odpowiednich rzeczowników i przymiotników, np. **count**.

PHRASAL VERBS **keep at it/sth** to continue to work on/at sth: *Keep at it – we should be finished soon.* ▶ **pracować nadal/wytrwale nad czymś, nie przestawać (czegoś robić)**

keep away from sb/sth not go near sb/sth: *Keep away from the town centre this weekend.* ▶ **trzymać się z dala od kogoś/czegoś, omijać z daleka**

keep sb/sth back to prevent sb/sth from moving forwards: *The police tried to keep the crowd back.* ▶ **powstrzymywać, zatrzymywać** | **keep sth back (from sb)** to refuse to tell sb sth: *I know he's keeping something back; he knows much more than he says.* ▶ **zatajać, nie wyjawiać**

keep sth down to make sth remain at a low level, to stop sth increasing: *Keep your voice down.* Mów cicho. ○ *The government is trying to keep prices down.* ▶ **utrzymywać na niskim poziomie, tłumić**

keep sb from sth/from doing sth to prevent sb from doing sth: *His injury kept him from playing in the game yesterday.* ▶ **powstrzymywać (kogoś) przed czymś/robieniem czegoś** | **keep sth from sb** to refuse to tell sb sth ▶ **zatajać, nie wyjawiać**

keep your mouth shut → MOUTH[1]

keep off sth not approach or go on sth: *Keep off the grass!* Nie deptać trawy! ▶ **nie zbliżać się, trzymać się (z dala)** | **keep sth off (sb/sth)** to stop sth touching or going on sb/sth ▶ **odpędzać (od czegoś), nie pozwalać (czemuś) się zbliżać**

keep on (doing sth) to continue doing sth; to do sth again and again: *He keeps on interrupting me.* ▶ **bezustannie coś robić, nie przestawać czegoś robić** | **keep on (at sb) (about sb/sth)** to continue talking to sb in an annoying or complaining way: *Stop keeping on at me about my homework!* ▶ **męczyć (kogoś), zanudzać (kogoś)**

keep (sb/sth) out (of sth) to not enter sth; to stop sb/sth entering sth: *The sign said 'Danger – Keep out* (wstęp wzbroniony)*!'* ▶ **trzymać (się) z dala**

keep to sth not leave sth: *Keep to the path!* ○ *He didn't keep to the subject.* ▶ **trzymać się (czegoś), nie odstępować (od czegoś), stosować się** | **keep sth to/at sth** to not allow sth to rise above a particular level: *to keep costs to a minimum* ▶ **utrzymywać na (nie zmienionym) poziomie** | **keep sth to yourself** to not tell other people about sth: *She keeps her problems to herself.* ▶ **nie mówić o czymś nikomu**

keep sth up 1 to prevent sth from falling down ▶ **podtrzymywać, podpierać** **2** to cause sth to remain at a high level: *to keep up standards* ▶ **utrzymywać na wysokim poziomie, utrzymywać w dobrym stanie** **3** to continue doing sth: *How long can the baby keep up that crying?* ▶ **bezustannie/wytrwale coś robić, nie przestawać** | **keep up (with sb)** to move at the same speed as sb: *Slow down! I can't keep up.* ▶ **dotrzymywać kroku, nadążać (za kimś)** | **keep up (with sth)** to know about what is happening: *You have to read the news if you want to keep up.* ▶ **być na bieżąco, nadążać (za czymś)**

keep[2] /kiːp/ noun [U] food and other things that

you need for life: *He gives his mother £25 a week for his keep.* ○ *to earn your keep* ▶ **utrzymanie**
IDIOM **for keeps** (informal) for always: *Take it. It's yours for keeps.* ▶ **na zawsze, na własność**

keeper /ˈkiːpə(r)/ noun [C] **1** a person who guards or looks after sth: *a zookeeper* ▶ **dozorca/czyni, opiekun/ka** **2** (informal) = GOALKEEPER

keeping /ˈkiːpɪŋ/ noun
IDIOM **in/out of keeping (with sth)** **1** that does/does not look right with sth: *That modern table is out of keeping with the style of the room.* ▶ **(nie) harmonizujący (z czymś), (nie) pasujący (do czegoś)** **2** in/not in agreement with a rule, belief, etc.: *The Council's decision is in keeping with government policy.* ▶ **(nie) zgodn-y/ie (z czymś)**

keg /keg/ noun [C] a small barrel ▶ **baryłka, antałek**

kennel /ˈkenl/ noun [C] (Brit.) a small house for a dog ▶ **psia buda**

kept pt, pp of KEEP[1]

kerb (especially US **curb**) /kɜːb/ noun [C] the line of stones that form the edge of the pavement where it joins the road: *They stood on the kerb waiting to cross the road.* ▶ **krawężnik**

kernel /ˈkɜːnl/ noun **1** the part inside the outer shell of a nut which you can eat or the stone of a fruit ▶ **jądro, pestka** **2** the central or most important part of a subject, problem, etc.: *the kernel of her argument* ▶ **sedno, istota**

kerosene (also **kerosine**) /ˈkerəsiːn/ noun [U] (US) = PARAFFIN

ketchup /ˈketʃəp/ noun [U] a sauce made from tomatoes that is eaten cold with hot or cold food ▶ **keczup**

★**kettle** /ˈketl/ noun [C] a metal pot with a lid, handle and spout that is used for boiling water: *Shall I put the kettle on for a cup of tea?* ○ *The kettle's boiling.* ▶ **czajnik, kociołek**

★**key**[1] /kiː/ noun [C] **1** a metal object that is used for locking or unlocking a door, etc.: *Have you seen my car keys anywhere?* ○ *a spare key* ○ *a bunch of keys* pęk kluczy ▶ **klucz** **2** a set of musical notes that is based on one particular note: *The concerto is in the key of A minor.* ○ *the key signature* znaki przykluczowe ▶ **tonacja** **3** one of the parts of a piano, typewriter, etc. that you press with your fingers to make it work ▶ **klawisz** **4** a set of answers to exercises or problems: *The key to the puzzle is in the back.* ▶ **klucz** **5** a list of the symbols and signs used in a map or book, showing what they mean ▶ **legenda** **6** [usually sing.] something that helps you achieve or understand sth: *the key to success* ○ *This letter holds the key to the mystery.* ▶ **klucz**
IDIOM **under lock and key** → LOCK[1]
■ ˈ**keyhole** noun [C] the hole in a lock where you put the key ▶ **dziurka od klucza** | ˈ**key ring** noun [C] a ring on which you keep keys ▶ **kółko na klucze**

key[2] /kiː/ (also **keyboard**) verb [T] **key sth (in)** to put information into a computer or give it an instruction by typing on the keyboard: *to key in some data* ○ *First, key in your password.* ▶ **wpisywać** (*do komputera*)

key[3] /kiː/ adj. (only before a noun) very important: *a key industry* ▶ **kluczowy**
■ **keyword** noun [C] **1** a word that tells you about the main idea or subject of sth: *When you're studying a language, the keyword is patience.* ▶ **słowo kluczowe** **2** a word that identifies a specific record or document in a computer system. A keyword may be used when searching the Internet. ▶ **słowo kluczowe** **3** (used in computer programming) a word that is used as a command. Programming languages have a set of keywords and each keyword has a specific use, for example, for opening files, and can only be used or this purpose. ▶ **polecenie**

keyboard /ˈkiːbɔːd/ noun [C] **1** the set of keys[1](3) on a piano, computer, etc. ▶ **klawiatura** **2** [usually pl.] an electrical musical instrument like a small piano: *That was Jane Smith on keyboards.* ℹ Zwróć uwagę, że słowo **keyboards**, mimo że ma formę liczby mnogiej, może się odnosić do jednego instrumentu. ▶ **elektroniczny instrument klawiszowy**
□ **keyboard** verb [T] = KEY[2]

kg abbr. kilogram(s): *weight 10 kg* ▶ **kg**

khaki /ˈkɑːki/ adj., noun [U] (of) a dull brownish-yellow colour: *khaki uniforms* ▶ **kolor khaki; (koloru) khaki**

kHz abbr. kilohertz (used in radio) a measure of frequency ▶ **kHz**

kibbutz /kɪˈbʊts/ noun [C] (pl. **kibbutzim** /ˌkɪbʊtˈsiːm/) a farm or village in Israel where many people live and work together, sharing the work and the money that is earned ▶ **kibuc**

★**kick**[1] /kɪk/ verb **1** [T] to hit or move sb/sth with your foot: *She was kicked in the stomach.* ○ *He kicked the ball over the top of the net.* ▶ **kopać** **2** [I] to move your foot or feet: *You must kick harder if you want to swim faster.* ○ *The protesters were dragged kicking and screaming into the police vans.* ▶ **wierzgać**
IDIOMS **make, kick up, etc. a fuss** → FUSS | **kick the habit** to stop doing sth harmful that you have done for a long time ▶ **zrywać z nałogiem** | **kick yourself** to be annoyed with yourself because you have done sth stupid, missed an opportunity, etc. ▶ **być złym na siebie**
PHRASAL VERBS **kick off** to start a game of football ▶ **rozpoczynać mecz piłki nożnej** | **kick sb out (of sth)** (informal) to force sb to leave a place: *to be kicked out of university* ▶ **wykopywać/wyrzucać (kogoś skądś)**
■ ˈ**kick-off** noun [C] the start of a game of football: *The kick-off is at 2.30.* ▶ **początek meczu piłki nożnej**

★**kick**[2] /kɪk/ noun **1** [C] an act of kicking: *She gave the door a kick.* ○ *Because of the foul, our team got a free kick.* ▶ **kopnięcie, kopniak** **2** [C] (informal) a feeling of great pleasure, excitement, etc.: *He gets a real kick out of rock-climbing.* ○ *Some young people drive very fast just for kicks.* ▶ **podnieta, wielka przyjemność**

★**kid**[1] /kɪd/ noun [C] **1** (informal) a child or young person ▶ **dzieciak** **2** (**kid brother/sister**) (informal, especially US) younger brother/sister ▶ **młodsz-y/a brat/siostra** **3** a young goat ▶ **koźlę**

kid[2] /kɪd/ verb [I,T] (**kidding**; **kidded**) (informal) to trick or deceive sb/yourself; to make a joke about sth: *I didn't mean it. I was only kidding.* ○ *Don't kid yourself Martin, she doesn't really love you.* ▶ **żartować, bujać; nabierać**

kidnap /'kɪdnæp/ verb [T] (**kidnapping**; **kidnapped**; US **kidnaping**; **kidnaped**) to take sb away by force and demand money for their safe return: *The child was kidnapped and £50 000 was demanded for her release.* ➲ Por. **hijack**. ▶ **porywać/uprowadzać dla okupu**

□ **kidnapper** noun [C] a person who kidnaps sb ▶ **porywacz/ka** | **kidnapping** noun [C, U] ▶ **porwanie/uprowadzenie (dla okupu)**

kidney /'kɪdni/ noun [C] (pl. **kidneys**) one of the two parts of the body that separate waste liquid from the blood: *a kidney transplant* ▶ **nerka**

★**kill** /kɪl/ verb **1** [I,T] to make sb/sth die: *Smoking kills.* ○ *She was killed instantly in the crash.* ▶ **zabijać, uśmiercać**

> **Murder** oznacza umyślne zabicie kogoś: *This was no accident. The old lady was murdered.* **Assassinate** oznacza zabicie kogoś z powodów politycznych: *President Kennedy was assassinated.* **Slaughter** i **massacre** oznaczają zabicie wielu ludzi: *Hundreds of people were massacred when the army opened fire.* **Slaughter** oznacza też bicie zwierząt rzeźnych.

2 [T] (informal) to cause sb pain; hurt: *My feet are killing me.* ▶ **boleć (cholernie)** **3** [T] to cause sth to end or fail: *The PM's opposition killed the idea stone dead.* ▶ **obalać** **4** [T] (spoken) to be very angry with sb: *My mum will kill me when she sees this mess.* ▶ **zabijać** **5** [T] (informal) **kill yourself/sb** to make yourself/sb laugh a lot: *We were killing ourselves laughing.* Umieraliśmy ze śmiechu. ▶ **zaśmiewać się; rozśmieszać**

IDIOMS **have an hour, etc. to kill** to have some time when you have nothing to do, usually when you are waiting for sb/sth ▶ **mieć trochę czasu** | **kill time, an hour, etc.** to spend time doing sth that is not interesting or important while you are waiting for sth else to happen ▶ **robić coś dla zabicia czasu** | **kill two birds with one stone** to do one thing which will achieve two results ▶ **upiec dwie pieczenie przy jednym ogniu, osiągać podwójny cel**

PHRASAL VERB **kill sth off** to cause sth to die or to not exist any more ▶ **wytępić**

□ **kill** noun [sing.] **1** the act of killing (an animal): *to go for the kill* ▶ **polowanie, zabicie** **2** an animal or animals that have been killed: *The eagle took the kill back* (orzeł zabrał zdobycz) *to its young.* ▶ **upolowana zwierzyna** | **killer** noun [C] a person, an animal or a thing that kills: *a killer disease* śmiertelna choroba ○ *He's a dangerous killer who may strike again.* ▶ **zabój-ca/czyni**

★**killing** /'kɪlɪŋ/ noun [C] an act of killing a person on purpose; a murder: *a number of brutal killings* ▶ **zabójstwo**

IDIOM **make a killing** to make a large profit quickly ▶ **obłowić się**

★**kilo** /'ki:ləʊ/ (also **kilogram**; **kilogramme** /'kɪləgræm/) noun [C] (pl. **kilos**) (abbr. **kg**) a measure of weight; 1 000 grams ▶ **kilogram**

★**kilometre** (US **kilometer**) /'kɪləmi:tə(r); kɪ'lɒmɪtə(r)/ noun [C] (abbr. **km**) a measure of length; 1 000 metres ▶ **kilometr**

kilt /kɪlt/ noun [C] a tartan skirt with many pleats that is worn by men as part of the national dress of Scotland ➲ Ilustr. do **bagpipes**. ▶ **część tradycyjnego męskiego stroju w Szkocji**

kin /kɪn/ noun [pl.] members of your family; relatives ❶ Słowo **kin** jest obecnie bardzo formalne i rzadko używane. Zwrot **next of kin** jest jednak ciągle w powszechnym użyciu. Oznacza on najbliższych krewnych, których należy powiadomić w razie wypadku lub śmierci. ▶ **rodzina, powinowaci**

★**kind**[1] /kaɪnd/ noun [C] a group whose members all have the same qualities: *The concert attracted people of all kinds.* ○ *The concert attracted all kinds of people.* ○ *Many kinds of plant and animal are being lost every year.* ❶ Po wyrażeniu **kinds of** może następować rzeczownik w lp lub lm: *There are so many kinds of camera/cameras on the market that it's hard to know which is best.* ▶ **rodzaj**

IDIOMS **a kind of** (informal) (used for describing sth in a way that is not very clear): *I had a kind of feeling that something would go wrong.* ○ *There's a funny kind of smell in here.* ▶ **jakiś (taki), (coś) w rodzaju** | **kind of** (informal) rather; a little bit: *I'm kind of worried about the interview.* ▶ **raczej, nieco** | **of a kind** **1** very much the same: *The friends were two of a kind – very similar in so many ways.* ▶ **tego samego rodzaju** **2** of poor quality: *The village has a bus service of a kind – two buses a week!* ▶ **coś w rodzaju, niby**

★**kind**[2] /kaɪnd/ adj. friendly and thoughtful about what other people want or need: *Would you be kind enough to give Sue a lift to the station?* ○ *It was kind of you to offer…* ○ *A present! How kind of you.* ○ *to be kind to animals* ❶ Antonim: **unkind**. ▶ **uprzejmy, życzliwy, sympatyczny**

□ **kindly** adv. **1** in a kind way: *The nurse smiled kindly.* ▶ **uprzejmie, życzliwie, sympatycznie** **2** (used for asking sb to do sth) please: *Would you kindly wait a moment?* ○ *Kindly leave me alone!* ▶ **łaskawie, uprzejmie** | **kindness** noun **1** [U] the quality of being kind: *Be grateful. It was done out of kindness.* ▶ **życzliwość, uprzejmość** **2** [C] a kind act: *How can I repay your many kindnesses?* ▶ **przysługa, wyświadczona uprzejmość** | ˌ**kind-'hearted** adj. having a kind nature ▶ **dobrotliwy, z sercem**

kindergarten /'kɪndəgɑ:tn/ noun [C] a school for very young children, aged from about 3 to 5 ➲ Por. **nursery school**. ▶ **przedszkole**

★**kindly**[1] /'kaɪndli/ adj. (**kindlier**; **kindliest**) kind and friendly: *a kindly face* ○ *kindly advice* ▶ **dobrotliwy, dobry**

kitchen utensils

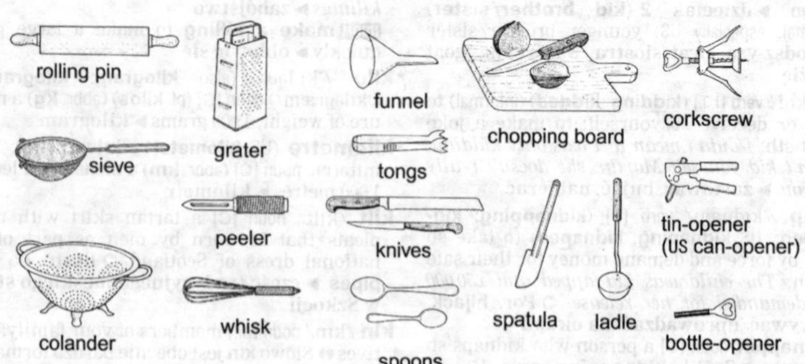

kindly² → KIND²

★**king** /kɪŋ/ noun [C] **1** (the title of) a man who rules a country. A king is usually the son or close relative of the previous ruler: *The new king was crowned in 1509.* ○ *King Edward VII* ○ *The king was deposed by a group of generals.* ○ (figurative) *The lion is the king of the jungle.* ➲ Por. **queen.** ▶ **król 2** one of the four playing cards in a pack with a picture of a king: *the king of spades* ➲ Zob. uwaga przy **card.** ▶ **król**
■ **'king-size** (also **'king-sized**) adj. very large: *a king-size bed* ▶ **olbrzymi, bardzo duży**

★**kingdom** /'kɪŋdəm/ noun [C] **1** a country that is ruled by a king or queen: *the United Kingdom* ▶ **królestwo 2** one of the parts of the natural world: *the animal kingdom* ▶ **królestwo**

kink /kɪŋk/ noun [C] a turn or bend in sth that should be straight: *There's a kink in the hosepipe so the water won't come out.* ▶ **skręt, zagięcie**

kiosk /'ki:ɒsk/ noun [C] a small hut where newspapers, sweets, cigarettes, etc. are sold ➲ Zob. uwaga przy **newsagent.** ▶ **kiosk**

kip /kɪp/ noun [sing., U] (Brit., slang) sleep: *It's time to have a kip.* Czas się kimnąć. ▶ **kimanie**
□ **kip** verb [I] (**kipping; kipped**) (Brit.) to sleep: *You could kip on the sofa if you like.* ▶ **kimać**

kipper /'kɪpə(r)/ noun [C] a type of fish that has been cut open, salted and hung in smoke ▶ **śledź wędzony**

★**kiss** /kɪs/ verb [I,T] to touch sb with your lips as a greeting or to show love or affection: *They sat in the back row of the cinema, kissing and cuddling.* ○ *He kissed her tenderly on the cheek.* ○ *They kissed each other goodbye.* ▶ **całować**
□ **kiss** noun [C] a touch with the lips: *a kiss on the lips* ○ *Give Daddy a goodnight kiss.* ▶ **pocałunek, całus**

kit /kɪt/ noun **1** [U] the clothes and other things that are needed e.g. by a soldier: *He packed all his kit into a rucksack.* ▶ **rynsztunek 2** [C,U] equipment that you need for a particular sport, activity, situation, etc.: *a first-aid kit* apteczka pierwszej pomocy ○ *a tool/sports kit* ▶ **komplet, zestaw 3** [C] a set of parts that you buy and put together in order to make sth: *a kit for a model aeroplane* ▶ **zestaw (modelarski)**
□ **kit** verb (**kitting; kitted**)
PHRASAL VERB **kit sb/yourself out/up (with sth)** to give sb all the necessary clothes, equipment, tools, etc. for sth: *Before you go skiing you must get kitted out with all the proper clothing.* ▶ **wyposażać (się)**

★**kitchen** /'kɪtʃɪn/ noun [C] a room where food is prepared and cooked: *We usually eat in the kitchen.* ○ *a kitchen cupboard* ▶ **kuchnia**

kite /kaɪt/ noun [C] a toy which is a light framework covered with paper or cloth. Kites are flown in the wind on the end of a long piece of string: *to fly a kite* ▶ **latawiec**

kitsch /kɪtʃ/ noun [U] popular art or design that is lacking in good taste and is too bright or sentimental in style: *kitsch plaster dogs on the mantelpiece* ▶ **kicz**

kitten /'kɪtn/ noun [C] a young cat ▶ **kociątko**

kitty /'kɪti/ noun [C] (pl. **kitties**) **1** a sum of money that is collected from a group of people and used for a particular purpose: *All the students in the flat put £5 a week into the kitty* (do wspólnej puli). ▶ **pula 2** (spoken) (a way of calling or referring to a cat) ▶ **kici; kiciuś**

kiwi /'ki:wi:/ noun [C] **1** a New Zealand bird with a long beak and short wings that cannot fly ▶ **kiwi 2** (also **'kiwi fruit**) a fruit with brown skin that is green inside with black seeds ▶ **kiwi**

km abbr. kilometre(s): *a 10km walk* ▶ **km**

knack /næk/ noun [sing.] the ability to do sth (difficult): *Knitting isn't difficult once you've got the knack of it* (jak już się tego nauczysz). ▶ **sztuka**

knead /ni:d/ verb [T] to press and squeeze sth with your hands: *Knead the dough for ten minutes.* ▶ **gnieść, ugniatać**

★**knee** /ni:/ noun [C] **1** the place where your leg bends in the middle: *I grazed my knee.* ○ *Come and sit on my knee.* ▶ **kolano 2** the part of a pair of trousers, etc. that covers the knee: *There's a hole in the knee of those jeans.* ▶ **kolano**

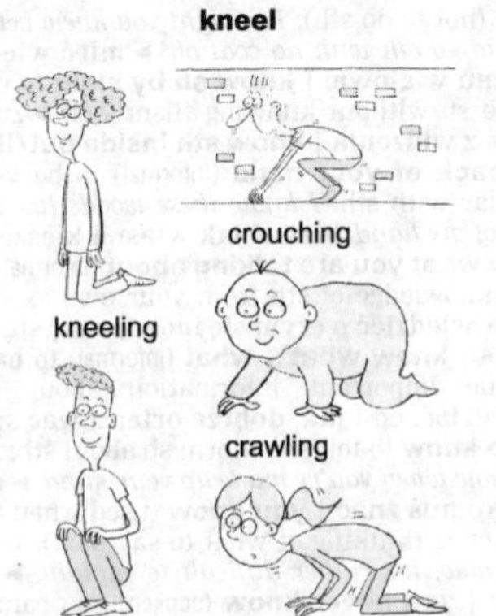

IDIOM **on your knees 1** in a kneeling position ▶ **na klęczkach 2** in a very difficult or weak state: *When they took over, the company was on its knees.* ▶ **u kresu sił**

■ **'kneecap** noun [C] the bone that covers the front of the knee ▶ **rzepka** | **,knee-'deep** adj. deep enough to reach the knees: *The water was knee-deep in places.* ▶ **po kolana**

★**kneel** /niːl/ verb [I] (pt, pp **knelt** /nelt/ or **kneeled**) **kneel (down)** to go down on one or both knees; to be in this position: *Kneel down while I comb your hair.* ○ *to kneel in prayer* ▶ **klękać**

knew pt of KNOW

★**knickers** /ˈnɪkəz/ noun [pl.] (Brit.) a woman's or girl's underpants: *a pair of knickers* ▶ **majtki damskie**

★**knife** /naɪf/ noun [C] (pl. **knives** /naɪvz/) a blade with a handle. A knife is used for cutting things or as a weapon: *knives and forks* ○ *a sharp/ blunt knife* ○ *a bread knife* ○ *a pocket knife* scyzoryk ➲ Ilustr. do **kitchen.** ▶ **nóż**

□ **knife** verb [T] to injure sb with a knife: *He was knifed in the chest.* ▶ **dźgać, pchnąć nożem**

knight /naɪt/ noun [C] **1** a man who has been given a rank of honour and who can use *Sir* in front of his name ➲ Zob. uwaga przy **Sir.** ▶ **nobilitowany mężczyzna mający prawo tytułowania się Sir przy imieniu 2** a soldier who fought on horseback in the Middle Ages ▶ **rycerz**

□ **knighthood** /-hʊd/ noun [C,U] the title or rank of a knight: *He was given a knighthood.* ▶ **tytuł/stan szlachecki**

★**knit** /nɪt/ verb [I,T] (**knitting**; **knitted**) to make sth (e.g. an article of clothing) with wool using long needles(2) or a special machine: *Grandma loves knitting.* ○ *I'm knitting a sweater for my nephew.* ▶ **robić na drutach**

□ **-knit** (in compounds) closely joined together: *a closely-knit* (bardzo zżyta) *village community* ▶ (*oznacza stan zażyłości/złączenia*) | **knitting** noun [U] the act of knitting or sth that is being knitted: *She put down her knitting.* ○ *to do some knitting* ○ *a knitting machine* ▶ **robienie/ robota na drutach**

■ **'knitting needle** noun [C] = NEEDLE(2) | **'knitwear** noun [U] articles of clothing that have been knitted: *the knitwear department* ▶ **dziewiarstwo**

knob /nɒb/ noun [C] **1** a round handle on a door, etc. ▶ **gałka 2** a round button on a machine that controls a part of it ▶ **pokrętło, guzik** ➲ Ilustr. do **handle.**

★**knock**[1] /nɒk/ noun [C] a sharp blow or the sound it makes: *a nasty knock on the head* ○ *I thought I heard a knock at the door.* ○ (figurative) *She has suffered some hard knocks in her life.* Ona dostała od życia parę razy w kość. ▶ **uderzenie, pukanie, cios**

★**knock**[2] /nɒk/ verb **1** [T] to hit sb/sth with a sharp blow: *He knocked* (strącił) *the vase onto the floor.* ○ *Be careful not to knock your head when you get up.* ○ *to knock sb unconscious* nokautować kogoś ▶ **uderzać (się) (w/o coś) 2** [I] to make a noise by hitting sth: *Someone is knocking at the door.* ▶ **pukać, stukać 3** [T] (informal) to say bad or unfavourable things about sb/sth: *Don't knock the government.* ▶ **obgadywać, źle mówić o kimś/czymś**

IDIOM **knock on wood** → WOOD

PHRASAL VERBS **knock about/around** (informal) to be in a place: *I'm sure last week's newspaper is knocking around here somewhere.* ○ *I spent a few months knocking around Europe before I went to university.* ▶ **plątać się** (*np. pod nogami, po podłodze*), **bujać** (*np. po świecie*) | **knock sb down** to cause sb to fall to the ground/floor: *The old lady was knocked down by a cyclist.* ▶ **potrącać, przewracać** | **knock sth down** to destroy a building, etc.: *The old houses are to be knocked down.* ▶ **wyburzać** | **knock off (sth)** (informal) to stop doing work, etc.: *What time do you knock off?* ▶ **kończyć pracę** | **knock sth off** (slang) to steal sth ▶ **zwędzić, buchnąć** | **knock sth off (sth)** (informal) to reduce a price by a certain amount: *to knock £10 off the price* ▶ **obniżać cenę (o pewną wartość)** | **knock sb out 1** to hit sb so that they become unconscious or cannot get up again for a while: *The punch on the nose knocked him out.* ▶ **nokautować, zwalać z nóg 2** (used about a drug, alcohol, etc.) to cause sb to sleep: *The vodka knocked her out.* ▶ **zwalać z nóg** | **knock sb out (of sth)** to beat a person or team in a competition so that they do not play any more games in it: *Belgium was knocked out of the European Cup.* ▶ **eliminować kogoś** (*z zawodów*) | **knock sb/sth over** to cause sb/sth to fall over: *Be careful not to knock over the drinks.* ▶ **przewracać**

■ **,knock-'on** adj. (especially Brit.) (only before a noun) resulting indirectly from a previous action, etc.: *An increase in the price of oil has a knock-on effect on other fuels.* ▶ **następujący po czymś** | **'knockout** noun [C] **1** a blow that causes sb to become unconscious or to be unable to get up again for a while ▶ **nokaut 2** a competition in which the winner of each game goes on to the next part but the loser plays no more games ▶ **zawody eliminacyjne**

knocker /'nɒkə(r)/ noun [C] a piece of metal on the outside of a door that you knock to attract the attention of the people inside ▶ **kołatka**

knot[1] /nɒt/ noun [C] a place where two ends or pieces of rope, string, etc. have been tied together firmly: *to tie/untie a knot* ○ *This knot is very tight – I can't undo it.* ▶ **węzeł, supeł**
□ **knot** verb [T] (**knotting**; **knotted**) to tie a knot in sth: *They knotted sheets together and climbed down them.* ▶ **z(a)wiązywać**

knot[2] /nɒt/ noun [C] a measure of the speed of a ship or an aeroplane; 1 850 metres per hour ▶ **węzeł**

★**know** /nəʊ/ verb (pt **knew** /nju:; US nu:/; pp **known** /nəʊn/) ❶ Czasownika **know** nie używa się w czasach *continuous*. Natomiast często spotyka się go w *present participle* (formie *-ing*): *Knowing how he'd react if he ever found out about it, she kept quiet* **1** [I,T] to have knowledge or information in your mind: *I don't know much about sport.* ○ *Do you know their telephone number?* ○ *'You've got a flat tyre.' 'I know.'* ○ *Did you know that Jonathan was a keen painter?* ○ *Knowing Barbara, she'll be out with her friends.* ▶ **wiedzieć, znać** **2** [T] to have met or seen sb before: *We've known each other for years.* ▶ **znać (kogoś), znać się (z kimś)**

> Mówiąc o poznaniu kogoś po raz pierwszy, używa się czasownika **meet**: *We met at university in 2001.* Mówiąc o pogłębianiu znajomości, używa się zwrotu **get to know sb**: *Kevin's wife seems very interesting. I'd like to get to know her better* (chciałbym ją bliżej poznać). Natomiast mówiąc o poznawaniu nowych miejsc, używa się **see** lub **visit**: *I'd like to go to the States and see/visit New York.*

3 [T] to have seen, heard, etc. sth: *I've known him go a whole day without eating.* Wiem, że niejeden raz nie jadł przez cały dzień. ○ *It's been known to snow in June.* Zdarzało się, że śnieg padał w czerwcu. **4** [T] to be familiar with a place: *I don't know this part of London well.* ▶ **znać** **5** [T] (often passive) to give sth a particular name; to recognize sb/sth as sth: *Istanbul was previously known as Constantinople.* ○ *She's known as an excellent manager.* ○ *He knows a genuine antique when he sees one.* ▶ **być znanym jako, znać, roz/poznawać** **6** [T] to speak or understand a language: *I don't know much Spanish.* ▶ **znać** **7** [T] to be able to do sth: *Do you know how to swim?* ❶ Uwaga! W tym znaczeniu po czasowniku **know** trzeba koniecznie użyć **how to**: *I know how to swim.* (Nie można powiedzieć ~~*I know swim.*~~) ▶ **umieć, potrafić** **8** [T] to have experience of sth: *They have known both wealth and poverty.* ○ *Many people in western countries don't know what it's like to be hungry.* ▶ **znać, zaznawać**

IDIOMS **God/goodness/Heaven knows** **1** I don't know: *Goodness knows how we're going to pay for the new car.* ▶ **kto wie, nie wiadomo** **2** (used for emphasizing sth): *I hope I get an answer soon. Goodness knows, I've waited long enough.* ▶ **z całą pewnością** | **know better (than that/than to do sth)** to have enough sense (not to do sth): *I thought you knew better than to go out with no coat on.* ▶ **mieć więcej rozumu w głowie** | **know sb by sight** to recognize sb without knowing them well ▶ **znać kogoś z widzenia** | **know sth inside out/like the back of your hand** (informal) to be very familiar with sth: *I know these woods like the back of my hand.* ▶ **znać jak własną kieszeń** | **know what you are talking about** (informal) to have knowledge of sth from your own experience ▶ **wiedzieć o czym się mówi, znać się na czymś** | **know what's what** (informal) to have all the important information about sth ▶ **wiedzieć, co i jak; dobrze orientować się** | **let sb know** to tell sb; inform sb about sth: *Let me know when you've made up your mind.* ▶ **dawać komuś znać** | **you know** (used when the speaker is thinking of what to say next): *Well, you know, it's rather difficult to explain.* ▶ **no wiesz** | **you never know** (spoken) you cannot be certain: *Keep those empty boxes. You never know, they might come in handy.* ▶ **nigdy nie wiadomo**

PHRASAL VERB **know of sb/sth** to have information about or experience of sb/sth: *Do you know of any pubs around here that serve food?* ▶ **znać, wiedzieć o kimś/czymś**
□ **know** noun
IDIOM **in the know** (informal) having information that other people do not: *to be in the know* ▶ **wtajemniczony**
■ **'know-all** (US **'know-it-all**) noun [C] an annoying person who behaves as if they know everything ▶ **mądrala** | **'know-how** noun [U] (informal) knowledge of or skill in sth: *We are looking for someone with technical know-how in this field.* ▶ **know-how, znajomość rzeczy**

knowing /'nəʊɪŋ/ adj. showing that you know a lot about sth: *a knowing look* ▶ *(o spojrzeniu itp.)* **pełny zrozumienia**
□ **knowingly** adv. **1** on purpose: *I've never knowingly lied to you.* ▶ **świadomie, umyślnie** **2** in a way that shows that you understand: *He smiled knowingly.* ▶ **ze zrozumieniem**

★**knowledge** /'nɒlɪdʒ/ noun [U, sing.] information or facts that you have in your mind about sth: *general knowledge* ○ *I have a working knowledge* (praktyczną znajomość) *of French.* ○ *To my knowledge* (o ile wiem) *they are still living there.* ○ *She did it without my knowledge.* ▶ **wiedza, znajomość** *(np. przedmiotu)*
IDIOM **be common/public knowledge** to be known by a lot of people ▶ **być rzeczą powszechnie znaną**
□ **knowledgeable** /-əbl/ adj. having a lot of knowledge; well-informed: *She's very knowledgeable about history.* ▶ **dużo wiedzący** | **knowledgeably** /-əbli/ adv. ▶ **ze znawstwem**

knuckle /'nʌkl/ noun [C] the bones where the fingers join the rest of the hand ▶ **kostka, staw**

koala /kəʊ'ɑ:lə/ (also **koala bear**) noun [C] an Australian animal with thick grey fur that lives in trees and looks like a small bear ▶ **miś koala**

Koran (also **Quran**, **Qur'an**) /kɔ:'rɑ:n; US -'ræn/ (**the Koran**) noun [sing.] the most important book in the Islamic religion ▶ **Koran**

kosher /ˈkəʊʃə(r)/ adj. (used about food) suitable to be eaten by religious Jews ▶ **koszerny**

kph /ˌkeɪ piː ˈeɪtʃ/ abbr. kilometres per hour ▶ **km/godz.**

kung fu /ˌkʌŋ ˈfuː/ noun [U] a Chinese style of fighting using the feet and hands as weapons ▶ **kung fu**

kW (also **kw**) abbr. kilowatt(s): *a 2 kw electric heater* ▶ **kW**

Ll

L, l /el/ noun [C] (pl. **L's**; **l's**) the twelfth letter of the English alphabet ▶ **litera** *l*

L /el/ abbr. **1** (Brit.) (on a car, etc.) learner driver: *L-plates* ▶ **nauka jazdy 2** large (size) ▶ **duży**

l abbr. **1** left ▶ **lewy 2** line ▶ **linia 3** litre(s) ▶ **l**

Lab abbr. Labour (party): *Tom Black (Lab)* ▶ (*w brytyjskiej polityce*) **Partia Pracy**

★**label** /ˈleɪbl/ noun [C] **1** a piece of paper, etc. on an object which gives information about it: *There is a list of all the ingredients on the label.* ○ (figurative) *She hated the label of 'housewife'.* ▶ **metka, etykieta; określenie 2** (also **record label**) a company that produces and sells records, CDs, etc.: *his first release for a major label* ▶ **wytwórnia płyt**

label/tag/ticket

label

price tag

ticket

□ **label** verb [T] (**labelling**; **labelled**; US **labeling**; **labeled**) **1** to put a label or labels on sth: *All items of clothing should be clearly labelled with your name.* ▶ **oznaczać** (*np. naszywką, etykietką*) **2 label sb/sth (as) sth** to describe sb/sth as sth: *The press had labelled him an extremist.* ▶ **określać kogoś mianem**

★**laboratory** /ləˈbɒrətri; US ˈlæbrətɔːri/ noun [C] (pl. **laboratories**) (informal **lab**) a room or building that is used for scientific work or for teaching about science: *The blood samples were sent to the laboratory for analysis.* ○ *a physics laboratory* ➲ Por. **language laboratory**. ▶ **laboratorium**

laborious /ləˈbɔːriəs/ adj. needing a lot of effort ▶ **żmudny, mozolny**

□ **laboriously** adv. ▶ **pracowicie, mozolnie**

labour¹ (US **labor**) /ˈleɪbə(r)/ noun **1** [U] work, usually of a hard, physical kind: *manual* (fizyczna) *labour* ▶ **praca, robota 2** [U] workers, when thought of as a group: *There is a shortage of skilled labour.* Brakuje wykwalifikowanych robotników. ○ *Most of the cotton plantations used slave labour.* ○ *Labour relations* (stosunki między kadrą kierowniczą a robotnikami) *have improved in recent years.* ▶ **siła robocza 3** [C,U] the process of giving birth: *She was in labour* (rodziła) *for ten hours.* ○ *She had a difficult labour.* ▶ **poród**

■ **the ˈLabour Party** (also **Labour**) noun [sing., with sing. or pl. verb] one of the main political parties in Britain. The Labour Party supports the interests of working people: *Labour is/are in government/opposition.* ➲ Por. **Conservative Party** i **Liberal Democrats**. ▶ **Partia Pracy** | **ˈlabour-saving** adj. reducing the amount of work needed to do sth: *labour-saving devices* usprawnienia ▶ **usprawniający (pracę)**

labour² (US **labor**) /ˈleɪbə(r)/ verb [I] **1** (formal) to work hard: *She laboured on her book for two years.* ▶ **pracować (ciężko), mozolić się 2** to do sth with difficulty: *The old man laboured up the steep hill.* ▶ **posuwać się (z trudem), mozolnie coś robić**

□ **laboured** (US **labored**) adj. done slowly or with difficulty: *laboured breathing* ▶ **z wysiłkiem, ciężki** | **labourer** (US **laborer**) noun [C] a person whose job needs hard physical work: *Unskilled* (niewykwalifikowani) *labourers are not usually well paid.* ○ *a farm labourer* ▶ **robotni-k/ca**

Labrador /ˈlæbrədɔː(r)/ noun [C] a type of large yellow or black dog, often used by blind people as a guide ▶ **labrador**

labyrinth /ˈlæbərɪnθ/ noun [C] a complicated set of paths and passages, through which it is difficult to find your way: *a labyrinth of corridors* ➲ Por. **maze**. ▶ **labirynt**

lace /leɪs/ noun **1** [U] cloth that is made of very fine threads in beautiful patterns: *lace curtains* ○ *a collar made of lace* ▶ **koronka 2** [C] a string that is used for tying a shoe, etc.: *Do up your shoelaces or you'll trip over them.* ➲ Ilustr. do **shoe**. ▶ **sznurówka**

□ **lace** verb [I,T] **lace (sth) (up)** to fasten sth with a lace(2) ▶ **sznurować (się)** | **lace-up** adj.: *lace-up boots/shoes* ▶ **sznurowany** | **lace-up** noun [C] ▶ **but sznurowany**

★**lack** /læk/ verb [T] to have too little or none of sth: *She seems to lack* (wydaje się, że brak jej) *the will to succeed.* ▶ **nie mieć, mieć za mało**

IDIOMS **be lacking** to be needed: *Money is still lacking for the new hospital.* ▶ **brakować** | **be lacking in sth** to not have enough of sth: *He's* *certainly not lacking in intelligence.* ▶ **brakować czegoś**

□ **lack** noun [U] an absence of sth that is needed: *A lack of food forced many people to leave their homes.* ▶ **brak, niedostatek**

lacklustre /ˈlæklʌstə(r)/ adj. not interesting or exciting; dull: *a lacklustre performance* ▶ **bezbarwny, bez życia**

laconic /ləˈkɒnɪk/ adj. (formal) using few words ▶ **lakoniczny, lapidarny**

□ **laconically** /-kli/ adv. ▶ **lakonicznie, lapidarnie**

lacquer /ˈlækə(r)/ noun [U] a type of transparent paint that is put on wood, metal, etc. in order to protect it and make it shiny; a liquid that is put on hair to keep the hairstyle in place ▶ **lakier**

lacy /ˈleɪsi/ adj. of or like lace ▶ **koronkowy**

lad /læd/ noun [C] (informal) a boy or young man: *School has changed since I was a lad.* ▶ **chłopiec, chłopak**

★**ladder** /ˈlædə(r)/ noun [C] **1** a piece of equipment that is used for climbing up sth. A ladder consists of two long pieces of metal, wood or rope with steps fixed between them: (figurative) *to climb the ladder of success* ▶ **drabina 2** (US **run**) a place in a stocking, etc. where it has torn: *Oh no! I've got a ladder in my tights.* ▶ **oczko**

laden /ˈleɪdn/ adj. (not before a noun) having or carrying a lot of sth: *The travellers were laden down with luggage.* ○ (figurative) *to be laden with guilt* ▶ **obładowany; uginający się pod ciężarem** (*np. winy, trosk*)

ladies /ˈleɪdiz/ noun [sing.] (Brit., informal) (**a/the ladies/Ladies**) (US **ˈladies' room** [C]) a public toilet for women: *Is there a ladies near here?* ➲ Por. **gents** i zob. uwaga przy **toilet**. ▶ **damska toaleta**

ladle /ˈleɪdl/ noun [C] a large deep spoon with a long handle, used for serving or transferring liquids: *a soup ladle* ➲ Ilustr. do **kitchen**. ▶ **łyżka wazowa**

□ **ladle** verb [T] to serve food with a ladle ▶ **nalewać łyżką wazową**

★**lady** /ˈleɪdi/ noun [C] (pl. **ladies**) **1** a polite way of saying 'woman': *The old lady next door lives alone.* ▶ **pani 2** a woman who is polite and who behaves well to other people: *A real lady does not scream and shout.* ➲ Por. **gentleman**. ▶ **dama 3** a woman who has a high social position: *The lords and ladies began arriving at the ball.* ➲ Por. **lord**. ▶ **dama 4** (**Lady**) a title that is used before the name of a woman who has a high social position: *Lady Randolph Churchill* ○ *Lady Phillipa Stewart* ➲ Por. **lord**. ▶ **jaśnie pani**

IDIOM **ladies and gentlemen** (used when you start making a speech to a large group of people) ▶ **panie i panowie**

■ **ˈladylike** adj. having or showing suitable behaviour for a lady(2): *That's not a very ladylike way to sit.* ▶ **wytworny, dystyngowany**

ladybird /ˈleɪdibɜːd/ (US **ladybug** /ˈleɪdibʌɡ/) noun [C] a small insect that is red or yellow with black spots ▶ **biedronka**

lag /læɡ/ verb [I] (**lagging**; **lagged**) **lag (behind) (sb/sth)** to go more slowly than sb/sth: *I'm always lagging behind when we go walking in the mountains.* ○ (figurative) *James has been ill and is lagging behind the others at school.* ▶ **zostawać w tyle; być opóźnionym** (*w stosunku do czegoś*)

□ **lag** (also **time lag**) noun [C] a period of time between two events: *There will be a nine-month lag between the opening of the first part of the motorway and its completion.* ➲ Por. **jet lag**. ▶ **zwłoka, opóźnienie**

lager /ˈlɑːɡə(r)/ noun [C,U] (a glass or bottle of) a type of light beer ➲ Zob. uwaga przy **beer**. ▶ **piwo jasne** (*leżakowane*)

lagoon /ləˈɡuːn/ noun [C] a salt water lake ▶ **laguna**

laid pt, pp of LAY[1]

laid-back /ˌleɪd ˈbæk/ adj. (informal) (used about a person) not worried; relaxed ▶ **na luzie, nie przejmujący się niczym**

lain pp of LIE[2]

★**lake** /leɪk/ noun [C] a large area of water that is surrounded by land: *They've gone sailing on the lake.* ○ *Lake Constance* ○ *the Lake District* ▶ **jezioro**

★**lamb** /læm/ noun **1** [C] a young sheep ➲ Zob. uwaga przy **sheep**. ▶ **jagnię 2** [U] the flesh of a lamb when eaten as meat: *lamb chops* ➲ Zob. uwaga przy **meat**. ▶ **mięso jagnięce**

lame /leɪm/ adj. **1** not able to walk properly because of an injury to the leg: *The horse is lame and cannot work.* ▶ **kulawy, kulejący**

> W odniesieniu do ludzi zwykle nie używa się **lame**. Częściej stosowane jest **limp**, jako czasownik i rzeczownik: *He's got a limp.* ○ *You're limping. Have you hurt your leg?*

2 (used about an excuse, argument, etc.) not easily believed; weak ▶ **słaby, nieprzekonywający**

lament /ləˈment/ verb [I,T] (formal) to feel or express great sadness (about sth) ▶ **opłakiwać, lamentować**

laminated /ˈlæmɪneɪtɪd/ adj. **1** (used about wood, plastic, etc.) made by sticking several thin layers together: *laminated glass* ▶ **laminowany 2** covered with thin transparent plastic for protection ▶ **laminowany**

★**lamp** /læmp/ noun [C] a piece of equipment that uses electricity, gas or oil to produce light: *a street lamp* ○ *an oil lamp* lampa naftowa ○ *a sunlamp* lampa kwarcowa ○ *a table lamp* ▶ **lampa, latarnia**

■ **ˈlamp post** noun [C] a tall pole in a public place with a street lamp on the top ▶ **słup latarni** | **ˈlampshade** noun [C] a cover for a lamp that makes it look more attractive and makes the light softer ▶ **abażur**

★**land**[1] /lænd/ noun **1** [U] the solid part of the surface of the earth (= not water): *After three months at sea she was glad to reach dry land.* ○

Penguins can't move very fast on land. ➲ Zob. uwaga przy **earth**. ▶ **ląd 2** [U] a piece of ground: *They have bought a plot of land and plan to build a house on it.* ○ *The moors are public land. You can walk where you like.* ▶ **ziemia, teren 3** [U] ground, soil or earth of a particular kind: *The land is rich and fertile.* ○ *barren land* ▶ **ziemia 4** [C] (formal) a country: *She died far from her native land* (z dala od ziemi ojczystej). ➲ Zob. uwaga przy **country**. ▶ **kraj**

■ **'landfill** noun **1** [C,U] an area of land where large amounts of waste material are buried ▶ **wysypisko** (*śmieci*) **2** [U] waste material that will be buried; the burying of waste material ▶ **śmieci; zwałka** | **'landslide** noun [C] the sudden fall of earth, rocks, etc. down the side of a mountain: (figurative) *a landslide victory* (przytłaczające zwycięstwo) *at the election* ▶ **obsunięcie się ziemi**

★**land²** /lænd/ verb **1** [I,T] to go onto land or put sth onto land from a ship: *The troops landed on the beaches in Normandy.* ○ *The dockers refused to land the dangerous chemicals.* ▶ **lądować; wyładowywać 2** [I,T] to come down from the air or bring sth down to the ground: *The bird landed on the roof.* ○ *He fell off the ladder and landed on his back.* ○ *The pilot landed the aeroplane safely.* ○ *He is due to land at 3 o'clock.* ➲ Por. **take off**. ▶ **lądować 3** [T] to get sth: *The company has just landed a big contract.* ▶ **zdobyć**

IDIOM **fall/land on your feet** → FOOT¹

PHRASAL VERBS **land up (in...)** (Brit., informal) to finish in a certain position or situation: *One of the balloons they released landed up in Spain.* ▶ **wylądować, trafić (gdzieś)** | **land sb with sb/sth** (informal) to give sb a problem or sth difficult to do: *I've been landed with all the organization of the Youth Club disco.* ▶ **zwalić na kogoś**

★**landing** /'lændɪŋ/ noun [C] **1** coming down onto the ground (in an aeroplane): *The plane made an emergency landing in a field.* ○ *a crash landing* ○ *a safe landing* ➲ Por. **take-off**. ▶ **lądowanie 2** the area at the top of a staircase or between one staircase and another ▶ **podest, półpiętro**

■ **'landing card** noun [C] a form on which you have to write details about yourself when flying to a foreign country ▶ **karta lądowania** | **'landing stage** (US **dock**) noun [C] a platform for people or things that are going onto or leaving a boat ▶ **przystań pływająca** | **'landing strip** = AIRSTRIP

landlady /'lændleɪdi/ noun [C] (pl. **landladies**) **1** a woman who lets a house or room to people for money ▶ **gospodyni, właścicielka** (*domu czynszowego*) **2** a woman who owns or runs a pub, small hotel, etc. ▶ **właścicielka, menedżerka**

landlord /'lændlɔːd/ noun [C] **1** a person who lets a house or room to people for money ▶ **gospodarz, właściciel** (*domu czynszowego*) **2** a person who owns or runs a pub, small hotel, etc. ▶ **właściciel, menedżer**

landmark /'lændmɑːk/ noun [C] **1** an object (often a building) that can be seen easily from a distance: *Big Ben is one of the landmarks on London's skyline.* ▶ **punkt charakterystyczny/orientacyjny** (*w terenie*) **2** an important stage or change in the development of sth: *The Russian Revolution was a landmark in world history.* ▶ **punkt zwrotny** (*np. w historii*)

★**landscape** /'lændskeɪp/ noun [C] **1** an area of country (when you are thinking about what it looks like): *Heather-covered hills dominate the Scottish landscape.* ○ *an urban landscape* ➲ Zob. uwagi przy **country** i **scenery**. ▶ **krajobraz 2** a picture that shows a view of the countryside: *one of Constable's landscapes* ▶ **pejzaż**

□ **landscape** verb [T] to improve the appearance of an area of land by changing its design and planting trees, flowers, etc. ▶ **tworzyć krajobraz**

★**lane** /leɪn/ noun [C] **1** a narrow road in the country: *We found a route through the lanes to avoid the traffic jam on the main road.* ▶ **boczna droga 2** (often used in names) a narrow street between buildings: *Penny Lane* ▶ **alejka, zaułek 3** a part of a wide road for one line of traffic: *You should look in your mirror and signal before you change lanes.* ○ *a four-lane motorway* ○ *Get into the inside lane. We leave the motorway soon.* ▶ **pas ruchu 4** a route or path that is regularly used by ships or aeroplanes: *the busy shipping lanes of the English Channel* ▶ **szlak, korytarz 5** a part of a sports track, swimming pool, etc. for one competitor in a race: *The British athlete is in lane two.* ▶ **tor**

★**language** /'læŋgwɪdʒ/ noun **1** [U] the system of sounds and writing that human beings use to express their thoughts, ideas and feelings: *written language* ○ *the spoken language* ○ *the language development of young children* ○ *a language school* ▶ **język 2** [C,U] any system of signs, symbols, movements, etc. that is used to express sth: *BASIC is a common computer language.* ○ *sign language* ▶ **język 3** [C] a form of language that is used by a particular group (usually in one country): *to learn to speak a foreign language* ○ *What is your first language?* ○ *Latin is a dead language.* ▶ **język 4** [U] words of a particular type or words that are used by a particular person or group: *bad* (wulgarny) *language* ○ *legal language* ○ *the language of Shakespeare* ▶ **język, mowa**

■ **'language laboratory** noun [C] (pl. **language laboratories**) a room that has special equipment, e.g. tape recorders, to help you learn a foreign language ▶ **laboratorium językowe**

lanky /'læŋki/ adj. (used about a person) very tall and thin ▶ **tyczkowaty, kościsty i wysoki**

lantern /'læntən/ noun [C] a type of light that can be carried. A lantern usually consists of a metal framework with glass sides and a lamp or candle inside. ▶ **latarnia, lampion**

lap¹ /læp/ noun [C] the flat area that is formed by the upper part of your legs when you are sitting down: *The child sat on his mother's lap* (u mamy na kolanach) *and listened to the story.* ▶ **podołek**

lap² /læp/ noun [C] **1** one journey around a race track, etc.: *There are three more laps to go in the* *race.* ▶ **okrążenie (bieżni) 2** one part of a long journey ▶ **etap**

□ **lap** verb [T] (**lapping**; **lapped**) to pass another competitor in a race who is one lap behind you ▶ **wyprzedzać przeciwnika o całe okrążenie toru**

lap³ /læp/ verb (**lapping**; **lapped**) **1** [T] **lap sth (up)** (usually used about an animal) to drink sth using the tongue: *The cat lapped up the cream.* ▶ **chłeptać 2** [I] (used about water) to make gentle sounds as it splashes against sth: *The waves lapped against the side of the boat.* ▶ **chlupotać**

PHRASAL VERB **lap sth up** (informal) to listen to or read sth eagerly and accept it as true ▶ **pochłaniać**

lapel /lə'pel/ noun [C] one of the two parts of the front of a coat or jacket that are folded back ▶ **klapa**

lapse /læps/ noun [C] **1** a short time when you cannot remember sth or you are not thinking about what you are doing: *a lapse of memory* chwilowe zapomnienie ○ *The crash was the result of a temporary lapse in concentration.* ▶ **chwilowa utrata, luka 2** a piece of bad behaviour that is unlike a person's usual behaviour ▶ **(chwilowe) zapomnienie się 3** a period of time in which you do not do sth, go somewhere, etc.: *She returned to work after a lapse of ten years bringing up her family.* ➲ Por. czasownik **elapse**. ▶ **upływ**

□ **lapse** verb [I] **1** (used about a contract, an agreement, etc.) to finish or stop, often by accident: *My membership has lapsed because I forgot to renew it.* ▶ **wygasać 2** to become weaker or stop for a short time: *My concentration lapsed during the last part of the exam.* ▶ *(o pamięci itp.)* **zawodzić**

PHRASAL VERB **lapse into sth** to gradually pass into a worse or less active state or condition; to start speaking or behaving in a less acceptable way: *to lapse into silence/a coma* ▶ **zapadać w coś, popadać** *(w złe nawyki)*

laptop /'læptɒp/ noun [C] a small computer that can work using a battery and that is easily carried ➲ Por. **desktop computer**. ▶ **komputer przenośny**

larch /lɑ:tʃ/ noun [C] a tree that has cones and sharp pointed leaves that fall in the winter ▶ **modrzew**

larder /'lɑ:də(r)/ noun [C] a large cupboard or small room that is used for storing food ▶ **spiżarnia**

★**large** /lɑ:dʒ/ adj. greater in size or amount than is usual: *Have you got this shirt in a large size?* ○ *Large amounts of money are spent on advertising.* ○ *There is a large increase in the numbers of young people going to college.* ➲ Zob. uwaga przy **big**. ▶ **duży, obszerny**

IDIOM **by and large** mostly; in general: *By and large the school is very efficient.* ▶ **ogólnie mówiąc**

□ **large** noun

IDIOM **at large 1** (used about a criminal, an animal, etc.) free: *One of the escaped prisoners is still at large.* ▶ **na wolności 2** as a whole; in general: *Society at large* (na ogół) *is becoming more concerned about the environment.* ▶ **w całości**

largely adv. mostly: *His success was largely due to hard work.* ▶ **głównie, w dużej mierze**

■ **'large-scale** adj. happening over a large area or affecting a lot of people ▶ **na wielką skalę, dużych rozmiarów**

lark /lɑ:k/ noun [C] a small brown bird that sings beautifully ▶ **skowronek**

laryngitis /ˌlærɪn'dʒaɪtɪs/ noun [U] a mild disease of the throat that makes it difficult to speak ▶ **zapalenie krtani**

laser /'leɪzə(r)/ noun [C] (a piece of equipment that produces) a very strong beam of light. Laser beams are used in weapons and medical operations and can also cut hard substances such as metals. ▶ **laser**

lash¹ /læʃ/ noun [C] **1** a blow that is given by a whip: *The prisoner was given twenty lashes.* ▶ **uderzenie** *(batem lub biczem)* **2** = EYELASH

lash² /læʃ/ verb **1** [I,T] to hit (as if) with a whip: *The rain lashed against the windows.* ▶ **smagać, chłostać 2** [T] to move sth like a whip: *The tiger lashed its tail from side to side.* ▶ **wywijać 3** [T] **lash A to B**; **lash A and B together** to tie two things together firmly with rope, etc.: *The two boats were lashed together.* ▶ **uwiązywać, przycumowywać**

PHRASAL VERB **lash out (at/against sb/sth)** to suddenly attack sb/sth (with words or by hitting them): *When he came home drunk his wife lashed out at him.* ▶ **ostro napadać (na kogoś)**

lass /læs/ (also **lassie** /'læsi/) noun [C] (informal) a girl or young woman ❶ **Lass** jest słowem typowym dla Szkocji i północnej Anglii. ▶ **dziewczę, panienka**

lasso /læ'su:/ noun [C] (pl. **lassos** or **lassoes**) a long rope with a noose at one end that is used for catching cows and horses ▶ **lasso**

□ **lasso** verb [T] ▶ **chwytać na lasso**

★**last¹** /lɑ:st; US læst/ det. **1** coming at the end; final: *December is the last month of the year.* ○ *She lived alone for the last years of her life.* ▶ **ostatni 2** (only before a noun) (used about a time, period, event, etc. in the past that is nearest to the present): *I went shopping last Saturday.* ○ *We have been working on the book for the last six months.* ○ *The last time I saw her was in London.* ❶ **The latest** znaczy „najnowszy" lub „nowy". **The last** to „poprzedni": *His last novel was a huge success, but the latest one is much less popular.* ▶ **ubiegły, ostatni 3** (only before a noun) only remaining: *This is my last chance to take the exam.* ○ *Who's going to have the last cake?* ▶ **ostatni 4** most unlikely; not suitable: *He's the last person to be trusted with money.* ○ *She's on a diet. Chocolates are the last thing she wants.* ▶ **ostatni, najmniej pożądany**

IDIOMS **a last-ditch attempt** a final effort to avoid sth unpleasant or dangerous ▶ **ostatnia szansa** | **first/last thing** → THING | **have the last laugh** to be the person, team, etc. who is successful in the end: *They teased her for her bizarre clothes but she had the last laugh when she became a famous fashion designer.* ❶ Odpowiednikiem angielskim bardzo bliskiego znaczeniowo przysłowia „ten się śmieje, kto się śmieje ostatni" jest **he who laughs last laughs longest**. ▶ **śmiać się ostatni** | **have, etc. the last word 1** to make the final remark in a discussion or argument ▶ **mieć ostatnie słowo 2** to make the final decision about sth after a discussion ▶ **mieć ostatnie słowo** | **in the last resort**; **(as) a last resort** when everything else has failed; the person or thing that helps when everything else has failed: *In the last resort we can always walk home.* ▶ **w najgorszym razie, w ostateczności** | **the last/final straw** → STRAW | **the last minute/moment** the final minute/moment before sth happens: *We arrived at the last minute to catch the train.* ○ *a last-minute change of plan* ▶ **ostatnia chwila** | **the last/next but one, two, etc.**: *X is the last letter but two* (trzecia litera od końca) *of the alphabet.* ▶ **przedostatni, trzeci/czwarty itd. od końca** | **a week yesterday/last Monday, etc.** → WEEK

□ **lastly** adv. finally; last of all: *Lastly, I would like to wish you all a Happy New Year.* ▶ **na samym końcu, na zakończenie**

■ **'last name** noun [C] = SURNAME ➲ Zob. uwaga przy **name**.

★**last**[2] /lɑːst; US læst/ adv. **1** at the end; after all the others: *The British athlete came in last.* ○ *Her name is last on the list.* ▶ **na końcu 2** on the occasion in the past that is nearest to the present: *When did you last have your eyes checked?* ○ *When I saw her last she seemed very happy.* ▶ **ostatnio**

IDIOM **last but not least** (used before the final item in a list) just as important as all the other items: *And last but not least, I'd like to thank you all very much.* ▶ **rzecz nie mniej ważna**

★**last**[3] /lɑːst; US læst/ verb [I,T] ❶ Czasownika **last** nie używa się w czasach *continuous*. Natomiast często spotyka się go w *present participle* (formie *-ing*): *An earthquake lasting approximately 20 seconds struck the city yesterday.* **1** linking verb to continue for a period of time: *The exam lasts three hours.* ○ *Do you think this weather will last* (utrzyma się) *till the weekend?* ▶ **trwać 2** to remain in a good condition: *It's only a cheap radio but it'll probably last a year or so.* ▶ **przetrwać, starczyć na coś 3** (used about the quantity, condition, etc. of sth) to be good enough or sufficient for what sb needs: *The coffee won't last till next week.* ○ *This old coat will have to last another winter. I can't afford a new one.* ○ *I've only got ten pounds to last me till Saturday.* ▶ **starczać**

□ **lasting** adj. continuing for a long time: *The children's faces left a lasting impression on me.* ▶ **trwały**

last[4] /lɑːst; US læst/ noun [C] (pl. **last**) **1** a person or thing that is last: *Alex was the last to arrive.* ▶ **ten ostatni 2 the last (of sb/sth)** the only remaining part of sth: *We finished the last of the bread at breakfast so we'd better get some more.* ▶ **resztka**

IDIOM **at (long) last** in the end; finally: *After months of separation they were together at last.* ▶ **nareszcie**

latch /lætʃ/ noun [C] **1** a small metal bar that is used for fastening a door or a gate. You have to lift the latch in order to open the door. ▶ **klamka 2** a type of lock for a door that must be opened from the outside with a key ▶ **zatrzask**

IDIOM **on the latch** (used about a door) closed but not locked ▶ **zatrzaśnięty, na klamkę**

□ **latch** verb

PHRASAL VERB **latch on (to sth)** (informal) to understand: *It took them a while to latch on to what she was talking about.* ▶ **kapować (się), kojarzyć**

★**late** /leɪt/ adj., adv. **1** after the usual or expected time: *She was ten minutes late* (spóźniła się o dziesięć minut) *for school.* ○ *The ambulance arrived too late to save him.* ○ *to be late with the rent* spóźniać się z czynszem ○ *It's never too late to learn.* ○ *to stay up late* (siedzieć do późna w nocy) ○ *The buses are running late today.* ▶ **późny; późno, do późna 2** near the end of a period of time: *The late nineteenth century* (koniec dziewiętnastego wieku) *was a time of great change.* ○ *in the late morning* ○ *His mother's in her late fifties.* ○ *They are going on holiday in late May.* ○ *We got back home late in the evening.* ▶ **pod koniec, późno 3 (latest)** very recent or new: *the latest fashions/news* ○ *the terrorists' latest attack on the town* ➲ Zob. uwaga przy **last**. ▶ **ostatni, najnowszy 4** (only before a noun) no longer alive; dead: *his late wife* ▶ **zmarły, świętej pamięci**

IDIOMS **at the latest** no later than: *I need your report on my desk by Friday at the latest.* ▶ **najpóźniej** | **an early/a late night** → NIGHT | **later on** at a later time: *Later on you'll probably wish that you'd worked harder at school.* ○ *Bye – I'll see you a bit later on.* ▶ **później, potem** | **sooner or later** → SOON

□ **latish** /ˈleɪtɪʃ/ adj., adv. rather late ▶ **dość późny/późno**

■ **'latecomer** noun [C] a person who arrives late ▶ **spóźnialsk-i/a, spóźnion-y/a**

★**lately** /ˈleɪtli/ adv. in the period of time up till now; recently: *What have you been doing lately?* ➲ Por. **recently**. ▶ **ostatnio, niedawno**

latent /ˈleɪtnt/ adj. (usually before a noun) existing but not yet active, developed or seen: *latent abilities/talent* ▶ **ukryty, utajony**

latest /ˈleɪtɪst/ noun [U] (informal) the most recent (fashion, news, etc.): *Have you heard the latest* (nowiny)*?* ○ *This is the latest in a series of attacks by the IRA.* ○ *They have the very latest in new machinery.* ▶ **nowość, najnowszy**

lathe /leɪð/ noun [C] a machine that shapes pieces of wood, metal, etc. by holding and turning them against a fixed cutting tool ▶ **tokarka**

lather /ˈlɑːðə(r); US ˈlæð-/ noun [U] white bubbles that you get when you mix soap with water ▶ **piana** (*z mydła*), **mydliny**

Latin /ˈlætɪn; US ˈlætn/ noun [U] the language that was used in ancient Rome ▶ **łacina**

□ **Latin** adj. **1** of or in Latin: *Latin poetry* ▶ **łaciński 2** of the countries or people that use languages that developed from Latin, such as French, Italian, Spanish or Portuguese: *a Latin* *temperament.* ▶ **romański**

■ ˌ**Latin A'merican** noun [C], adj. (a person who comes) from Latin America (the parts of Central and South America where Spanish or Portuguese is spoken): *Latin American music* ▶ **latynoamerykański**

latitude /ˈlætɪtjuːd; US -tuːd/ noun [U] (abbr. **lat.**) the distance of a place north or south of the equator ➲ Por. **longitude**. ▶ **szerokość geograficzna**

Latitude is measured in **degrees**.

★**latter** /ˈlætə(r)/ adj. (formal) (only before a noun) nearer to the end of a period of time; later: *Interest rates should fall in the latter half* (w drugiej połowie) *of the year*. ▶ **późniejszy, końcowy**

□ **latter** noun [sing.], pron. the second of two people or things that are mentioned: *The options were History and Geography. I chose the latter.* ❶ Pierwsza z dwu wymienionych osób lub rzeczy to **former**. ▶ **drugi** (*z dwu wymienionych*) | **latterly** adv. (formal) lately; recently: *She has taught at the universities of London and Bristol and latterly at Durham.* ▶ **ostatnio**

★**laugh** /lɑːf; US læf/ verb [I] to make the sounds that show you are happy or amused: *His jokes always make me laugh.* Jego dowcipy zawsze mnie rozśmieszają. ○ *to laugh out loud* ○ *We laughed till we cried.* ▶ **śmiać się, roześmiać się**

IDIOMS **die laughing** → DIE

PHRASAL VERB **laugh at sb/sth 1** to show, by laughing, that you think sb/sth is funny: *The children laughed at the clown.* ▶ **śmiać się z kogoś/czegoś 2** to show that you think sb is ridiculous: *Don't laugh at him. He can't help the way he speaks.* ▶ **wyśmiewać, wyśmiewać się z kogoś**

□ **laugh** noun [C] **1** the sound or act of laughing: *Her jokes got a lot of laughs.* ○ *We all had a good laugh* (dobrze się uśmialiśmy) *at what he'd written.* ▶ **śmiech 2** (informal) a person or thing that is amusing: *Let's invite Tony. He's a good laugh.* ▶ **wesołek, zabawna osoba/rzecz**

IDIOM **for a laugh** as a joke: *The boys put a spider in her bed for a laugh.* ▶ **dla śmiechu, dla zabawy | have the last laugh** → LAST[1]

laughable /-əbl/ adj. (used about sth that is of poor quality) deserving to be laughed at; foolish or ridiculous ▶ **śmieszny, śmiechu wart**

laughing /ˈlɑːfɪŋ; US ˈlæfɪŋ/ adj. showing amusement or happiness by laughter: *laughing faces* ▶ **roześmiany**

IDIOM **burst out laughing** to suddenly start to laugh loudly ▶ **wybuchać śmiechem**

■ ˈ**laughing stock** noun [C] a person or thing that other people laugh at or make fun of (in an unpleasant way) ▶ **pośmiewisko**

★**laughter** /ˈlɑːftə(r); US ˈlæf-/ noun [U] the sound or act of laughing: *Everyone roared with laughter.* ▶ **śmiech**

launch[1] /lɔːntʃ/ verb [T] **1** to send a ship into the water or a rocket, etc. into the sky ▶ **wodować** (*statek*), **wystrzelić** (*rakietę*) **2** to start sth new or to show sth for the first time: *The enemy launched an attack at midnight.* ○ *to launch a new product onto the market* ▶ **rozpoczynać; lansować**

□ **launch** noun [C, usually sing.] the act of launching a ship, rocket, new product, etc.: *The shuttle launch has been delayed by 24 hours.* ▶ **wodowanie** (*statku*), **wystrzelenie** (*rakiety*), **wylansowanie**

launch[2] /lɔːntʃ/ noun [C] a large motor boat ▶ **łódź motorowa**

launderette (also **laundrette** /ˌlɔːnˈdret/) (US **Laundromat** /ˈlɔːndrəmæt/) noun [C] a type of shop where you pay to wash and dry your clothes in washing machines ▶ **pralnia samoobsługowa**

laundry /ˈlɔːndri/ noun (pl. **laundries**) **1** [U] clothes, etc. that need washing or that are being washed: *a laundry basket* ❶ W codziennej Br. ang. częściej używa się zwrotu **do the washing** niż **do the laundry**. ▶ **pranie, bielizna do prania 2** [C] a business where you send sheets, clothes, etc. to be washed ▶ **pralnia**

laurel /ˈlɒrəl/ noun **1** [C,U] an evergreen bush with dark smooth shiny leaves: *a laurel hedge* ▶ **wawrzyn, laur 2 laurels** [pl.] honour and distinction following a great achievement: *She won laurels for her first novel.* ▶ **laury**

lava /ˈlɑːvə/ noun [U] hot liquid rock that comes out of a volcano ▶ **lawa**

★**lavatory** /ˈlævətri; US -tɔːri/ noun [C] (pl. **lavatories**) **1** a large bowl, joined to a pipe and a drain, used for getting rid of waste that people pass from the body. Another word for 'toilet'. ▶ **klozet 2** a room that contains a toilet, washbasin, etc.: *Where's the ladies' lavatory, please?* ➲ Zob. uwaga przy **toilet**. ▶ **ubikacja, ustęp**

lavender /ˈlævəndə(r)/ noun [U] a garden plant with purple flowers that smells very pleasant ▶ **lawenda**

lavish /ˈlævɪʃ/ adj. **1** giving or spending generously or in large quantities: *She was always very lavish with her presents.* ▶ **hojny, rozrzutny 2** large in amount or number: *a lavish meal* ▶ **suty, obfity**

□ **lavish** verb

PHRASAL VERB **lavish sth on sb/sth** to give sth generously or in large quantities to sb: *He lavished expensive gifts on her.* ▶ **hojnie obdarzać**

★**law** /lɔː/ noun **1** [C] an official rule of a country, etc. that says what a person, company, etc. may or may not do: *Parliament has recently passed a law about wearing seat belts in the back of cars.* ▶ **prawo, ustawa 2** (**the law**) [U] all the laws in a country, etc.: *Stealing is against the law.* ○ *to break the law* ○ *to obey the law* ➲ Por. **legal**. ▶ **prawo 3** [U] the law(2) as a subject of study or as a profession: *She is studying law.* ○ *My brother works for a law firm in Brighton.* ➲ Por. **legal**. ▶ **prawo 4** [C] (in science) a statement of what always happens in certain circumstances: *the laws of mathematics* ○ *the laws of gravity* ▶ **zasada, prawo**

IDIOM **law and order** a situation in which the law is obeyed: *There has been a breakdown of law and order in this country over the past ten years.* ▶ **praworządność**

□ **lawful** /-fl/ adj. allowed or recognized by law: *We shall use all lawful means to obtain our demands.* ○ *his lawful wife* jego ślubna żona ➲ Por. **legal** i **legitimate**. ❶ Antonim: **unlawful**. ▶ **legalny**, **prawowity** | **lawless** adj. (used about a person or their actions) breaking the law: *a gang of lawless hooligans* ▶ **łamiący prawo** | **lawlessness** noun [U] ▶ **bezprawie**
■ ˈ**law-abiding** adj. (used about a person) obeying the law: *We are all respectable law-abiding citizens.* ▶ **praworządny**; **prawomyślny** | ˈ**lawbreaker** noun [C] a person who does not obey the law; a criminal ▶ **przestęp-ca/czyni** | ˈ**law court** (also **court of law**) noun [C] a place where a judge or jury decides legal matters (e.g. whether a person is innocent or guilty) ➲ Por. **defence**, **prosecution** i **witness**. ▶ **sąd**

A **case** is **tried** in a law court

| ˈ**lawsuit** noun [C] a legal argument in a court of law that is between two people or groups and not between the police and a criminal ▶ **proces**

lawn /lɔːn/ noun [C,U] an area of grass in a garden or park that is regularly cut: *I'm going to mow the lawn this afternoon.* ▶ **trawnik**
■ ˈ**lawnmower** noun [C] a machine that is used for cutting the grass in a garden ➲ Ilustr. do **garden**. ▶ **kosiarka** | ˌ**lawn** ˈ**tennis** noun [U] = TENNIS

★**lawyer** /ˈlɔːjə(r)/ noun [C] a person who has studied law and whose job is to give advice on legal matters: *to consult a lawyer* ▶ **prawni-k/czka**

Solicitor to notariusz. **Barrister** to adwokat. Odpowiednik amerykański – **attorney**.

lax /læks/ adj. not having high standards; not strict: *Their security checks are rather lax.* ▶ **rozluźniony, luźny**

★**lay¹** /leɪ/ verb (pt, pp **laid** /leɪd/) **1** [T] to put sb/sth carefully in a particular position or on a surface: *She laid a sheet over the dead body.* ○ *He laid the child gently down on his bed.* ○ *'Don't worry,' she said, laying her hand on my shoulder.* ▶ **kłaść**, **położyć**, **układać** **2** [T] to put sth in the correct position for a particular purpose: *They're laying new electricity cables in our street.* ▶ **zakładać** **3** [T] to prepare sth for use: *The police have laid a trap for him; I think they'll catch him this time.* ○ *Can you lay the table* (czy możesz nakryć do stołu) *please?* ▶ **zastawiać** (*pułapkę*), **przygotowywać** **4** [T,I] to produce eggs: *Does a snake lay eggs?* ▶ **znosić** **5** [T] (used with some nouns to give a similar meaning to a verb): *They laid all the blame on him* (przypisali mu winę). ○ *to lay emphasis* (kłaść nacisk) *on sth*
PHRASAL VERBS **lay sth down** to give sth as a rule: *It's all laid down in the rules of the club.* ▶ **ustanawiać** (*przepis*) | **lay off (sb)** (informal) to stop annoying sb: *Can't you lay off me for a bit?* ▶ **odczepiać się (od kogoś)** | **lay sb off** to stop giving work to sb: *They've laid off 500 workers at the car factory.* ▶ **zwalniać** | **lay sth on** (informal) to provide sth: *They're laying on a trip to London for everybody.* ▶ **organizować**, **fundować** | **lay sth out** **1** to spread out a group of things so that you can see them easily or so that they look nice: *All the food was laid out on a table in the garden.* ▶ **rozstawiać**, **rozkładać** **2** to arrange sth in a planned way: *The new shopping centre is very attractively laid out.* ▶ **rozplanowywać**, **projektować**

lay² /leɪ/ adj. (only before a noun) **1** a member of a church who is not a priest: *a lay preacher* ▶ **świecki** **2** without special training in or knowledge of a particular subject ▶ **laicki**
■ ˈ**layman** /-mən/ noun [C] (pl. **laymen** /-mən/) a person who does not have special training in or knowledge of a particular subject: *a medical reference book for the layman* ▶ **laik**

★**lay³** pt of LIE²

layabout /ˈleɪəbaʊt/ noun [C] (Brit., informal) a person who is lazy and does not do much work ▶ **nierób**, **leniuch**

lay-by /ˈleɪ baɪ/ (US **rest stop**) noun [C] (pl. **lay-bys**) an area at the side of a road where vehicles can park for a short time out of the way of the traffic ▶ **pobocze**

★**layer** /ˈleɪə(r)/ noun [C] a thickness or quantity of sth that is on sth else or between other things: *A thin layer of dust covered everything in the room.* ○ *The cake has a layer of jam in the middle.* ○ *It's very cold. You'll need several layers of clothing.* ○ *the top/bottom layer* ○ *the inner/outer layer* ▶ **warstwa**

layman → LAY²

laze /leɪz/ verb [I] **laze (about/around)** to do very little; to rest or relax: *We just lazed around all afternoon.* ▶ **leniuchować**, **zbijać bąki**

★**lazy** /ˈleɪzi/ adj. (**lazier**; **laziest**) **1** (used about a person) not wanting to work: *Don't be lazy. Come and give me a hand.* ▶ **leniwy**, **próżniaczy** **2** moving slowly or without much energy: *a lazy smile* ▶ **powolny** **3** making you feel that you do not want to do very much: *a lazy summer's afternoon* ▶ **senny**, **leniwy**
□ **lazily** adv. ▶ **leniwie**, **powolnie** | **laziness** noun [U] ▶ **lenistwo**, **próżniactwo**

lb abbr. pound(s); a measurement of weight, about 454g ▶ **funt**

★**lead¹** /led/ noun **1** [U] (symbol **Pb**) a soft heavy grey metal. Lead is used in pipes, roofs, etc. ▶ **ołów** **2** [C,U] the black substance inside a pencil that makes a mark when you write ▶ **grafit**

★**lead²** /liːd/ noun **1** [sing.] a position ahead of other people, organizations, etc.: *Britain has taken the lead in developing computer software for that market.* ▶ **prym**, **czołówka** **2** (**the lead**) [sing.] the first place or position: *The French athlete has gone into the lead* (objął prowadzenie). ○ *Who is in the lead?* ▶ **czoło**, **prowadzenie** **3** [sing.] the distance or amount by which sb/sth is in front of another person or thing: *The company has a lead of several years in the development of the new technology.* ▶ **przewaga**, **prowadzenie** **4** [C] the main part in a play, film, etc.: *Who's playing the lead in the new film?* ○ *the lead singer in a band* ▶ **główna rola** **5** [C] a piece of information that may help to give the answer to a problem: *The police are following all possible leads to track down the killer.* ▶ **ślad, trop 6** [C] a long chain or piece of leather that is attached to the collar around a dog's neck and used for keeping the dog under control: *All dogs must be kept on a lead.* ▶ **smycz 7** [C] a piece of wire that is used for carrying electric current ▶ **przewód elektryczny**

IDIOM **follow sb's example/lead** → FOLLOW

■ **'lead story** noun [C] the most important piece of news in a newspaper or news broadcast ▶ **najważniejsza wiadomość, temat dnia**

★**lead**[3] /li:d/ verb (pt, pp **led** /led/) **1** [T] to go with or in front of a person or an animal to show the way or to make them go in the right direction: *The teacher led the children out of the hall and back to the classroom.* ○ *She led the horse into its stable.* ○ *The receptionist led the way to the boardroom.* ○ *to lead sb by the hand* ▶ **prowadzić, wieść**

Mówiąc o oprowadzaniu turystów lub doprowadzeniu do jakiegoś miejsca osoby potrzebującej pomocy, używa się czasownika **guide**: *to guide visitors around Oxford* ○ *He guided the blind woman to her seat.* Pytając o drogę lub udzielając szczegółowych wskazówek w odpowiedzi na takie pytanie, używa się czasownika **direct**: *Could you direct me to the nearest post office, please?*

2 [T] to influence what sb does or thinks: *He led me to believe* (przekonał mnie) *he really meant what he said.* ○ *He's too easily led.* Łatwo ulega wpływom. ▶ **przekonać 3** [I] (used about a road or path) to go to a place: *I don't think this path leads anywhere.* ▶ **doprowadzać 4** [I] **lead to sth** to have sth as a result: *Eating too much sugar can lead to all sorts of health problems.* ▶ **prowadzić 5** [T] to have a particular type of life: *They lead a very busy life.* ○ *to lead a life of crime* prowadzić przestępczy tryb życia ▶ **prowadzić, wieść 6** [I,T] **lead (sb/sth) (in sth)** to be the best at sth or to be in first place: *Agassi is leading by two sets to love.* ○ *Agassi is leading Sampras by two sets to love.* ▶ **prowadzić, wyprzedzać 7** [I,T] to be in control or the leader of sth: *Who is going to lead the discussion?* ▶ **przewodzić, kierować**

IDIOM **lead sb astray** → ASTRAY

PHRASAL VERB **lead up to sth** to be an introduction to or cause of sth: *What were the events that led up to the First World War?* ▶ **doprowadzać do czegoś**

★**leader** /'li:də(r)/ noun [C] **1** a person who is the head of sth or in charge of sth: *Who is the leader of the Conservative Party?* ○ *a weak/strong leader* ○ *She is a natural leader.* ▶ **przywód-ca/czyni, przewodnicząc-y/a 2** the person or team that is best or in first place: *The leader has just finished the third lap.* ○ (figurative) *The new brand of shampoo soon became a market leader.* ▶ **lider**

□ **leadership** noun **1** [U] the state of being a leader(1): *Who will take over the leadership?* ▶ **przywództwo, przewodnictwo 2** [U] the qualities that a leader(1) should have ▶ **umiejętność przewodzenia 3** [C, with sing. or pl. verb] a group of leaders(1): *Has/Have the leadership lost touch with ordinary people?* ▶ **kierownictwo, przywództwo**

leading /'li:dɪŋ/ adj. **1** best or very important: *He's one of the leading experts in this field.* ○ *She played a leading role in getting the business started.* ▶ **wybitny, czołowy 2** in front or in first place: *Beckham has been the leading goal scorer this season.* ▶ **główny**

★**leaf** /li:f/ noun [C] (pl. **leaves** /li:vz/) one of the thin, flat parts of a plant or tree. Leaves are usually green and grow from a branch but different plants have different shaped leaves: *autumn leaves* ○ *The leaves rustled in the breeze.* ○ *tea leaves* ▶ **liść**

□ **leaf** verb

PHRASAL VERB **leaf through sth** to turn the pages of a book, etc. quickly and without looking at them carefully ▶ **kartkować**

leafy adj. (**leafier**; **leafiest**) **1** having many leaves: *cabbage, spinach, lettuce and other leafy vegetables* ▶ **bogato ulistniony 2** (used about a place) having many trees and plants: *a pleasant leafy suburb* ▶ **pełen zieleni**

★**leaflet** /'li:flət/ noun [C] a small printed piece of paper that advertises or gives information about sth. Leaflets are usually given free of charge: *I picked up a leaflet about bus services to Heathrow.* ▶ **ulotka**

league /li:g/ noun [C] **1** a group of sports clubs that compete with each other for a prize: *the football league* ○ *Which team is top of the league at the moment?* ➲ Por. **rugby league**. ▶ **liga 2** a group of people, countries, etc. that join together for a particular purpose: *the League of Nations* ▶ **liga, przymierze 3** (informal) a standard of quality or achievement: *He is so much better than the others. They're just not in the same league.* ▶ **ranga, klasa**

IDIOM **in league (with sb)** having a secret agreement (with sb): *I don't trust them. I'm sure they're in league with each other.* ▶ **w zmowie z kimś, w sprzysiężeniu**

★**leak** /li:k/ noun [C] **1** a small hole or crack which liquid or gas can get through: *There's a leak in the pipe.* ○ *The roof has sprung a leak.* ▶ **nieszczelność, szczelina 2** the liquid or gas that gets through such a hole: *I can smell gas. Perhaps there's a leak.* ▶ **wyciek, ulatniający się gaz 3** an act of giving away information that should be kept secret: *a leak to the press about the government plans on tax* ▶ **przeciek**

□ **leak** verb **1** [I,T] to allow liquid or gas to get through a hole or crack: *The boat was leaking badly.* ▶ **przeciekać, przepuszczać 2** [I] (used about liquid or gas) to get through a hole or crack: *Water is leaking in above the window frame.* ▶ **wyciekać, ulatniać się 3** [T] **leak sth (to sb)** to give secret information: *The committee's findings were leaked to the press before the report was published.* ▶ **powodować przeciek (informacji), ujawniać tajemnicę**

PHRASAL VERB **leak out** (used about secret information) to become known: *The government did not*

want the details to leak out. ▶ **przeciekać, wydać się**
leakage /ˈliːkɪdʒ/ noun [C,U] an example of leaking; sth that has been leaked: *a leakage of dangerous chemicals* ▶ **wyciek** | **leaky** adj. having a hole or holes through which liquid or gas can get in or out ▶ **nieszczelny, przeciekający**

lean¹ /liːn/ adj. **1** (used about a person or an animal) thin and in good health ▶ **szczupły** **2** (used about meat) having little or no fat ▶ **chudy, bez tłuszczu** **3** not producing much: *a lean harvest* ▶ **nieurodzajny, niewydajny**

★**lean²** /liːn/ verb (pt, pp **leant** /lent/ or **leaned** /liːnd/) **1** [I] to be in a position that is not straight or upright: *He leaned across the table to pick up the phone.* ○ *Don't lean out of the window when the train is moving.* ○ *to lean forwards/backwards/over to one side* ○ *the Leaning Tower of Pisa* ▶ **pochylać się, wychylać się** **2** [I] **lean against/on sth** to rest against sth so that it gives support: *She had to stop and lean on the gate.* ○ *She was leaning against a tree.* ○ (figurative) *You can rely on me. I'll always be there for you to lean on.* ▶ **opierać się, wspierać się** **3** [T] to put sth against sth: *Please don't lean bicycles against this window.* ▶ **opierać o coś**

leap /liːp/ verb (pt, pp **leapt** /lept/ or **leaped** /liːpt/) [I] **1** to jump high or a long way: *The horse leapt over the wall.* ○ *The children leapt up and down* (podskakiwały) *with excitement.* ▶ **skakać, przeskakiwać** **2** to move quickly: *I leapt upstairs when I heard the scream.* ▶ **skoczyć**

leapfrog

PHRASAL VERB **leap at sth** to accept a chance or an offer with enthusiasm: *She leapt at the chance to work in television.* ▶ **skwapliwie przyjąć coś**
□ **leap** noun [C] **1** a big jump: *He took a flying leap at the wall but didn't get over it.* ▶ **skok, podskok** **2** a great change (for the better) or an increase in sth: *The development of penicillin was a great leap forward in the field of medicine.* ○ *a leap in the price of land* ▶ **skok (naprzód)**
■ ˈ**leapfrog** noun [U] a children's game in which one person bends over and another person jumps over them ▶ **zabawa polegająca na skakaniu przez kogoś jak przez kozła** | ˈ**leap year** noun [C] one year in every four, in which February has 29 days instead of 28 ▶ **rok przestępny**

★**learn** /lɜːn/ verb (pt, pp **learnt** /lɜːnt/ or **learned** /lɜːnd/) **1** [I,T] **learn (sth) (from sb/sth)** to get knowledge, a skill, etc. (from sb/sth): *I'm not very good at driving yet – I'm still learning.* ○ *Debby is learning to play the piano.* ○ *to learn a foreign language* ○ *Where did you learn how to swim?* ○ *I find it really difficult to learn lists by heart.* ▶ **uczyć się** **2** [I] **learn (of/about) sth** to get some information about sth; to find out: *I was sorry to learn of your father's death.* ▶ **dowiadywać się** **3** [T] to study sth so that you can repeat it from memory: *We have to learn one of Hamlet's speeches for school tomorrow.* ▶ **nauczyć się** (*na pamięć*) **4** [T] to understand or realize: *We should have learned by now that we can't rely on her.* ▶ **zrozumieć**
IDIOMS **learn the hard way** to understand or realize sth by having an unpleasant experience rather than by being told ▶ **zrozumieć coś na podstawie (przykrego) doświadczenia** | **learn your lesson** to understand what you must do/not do in the future because you have had an unpleasant experience ▶ **zrozumieć coś dopiero po przykrym doświadczeniu**
□ **learned** /ˈlɜːnɪd/ adj. (usually before a noun) **1** (used about a person) having a lot of knowledge from studying: *a learned scholar* ▶ **o dużej wiedzy, uczony** **2** for learned people: *a learned journal* ▶ **naukowy** | **learner** noun [C] a person who is learning: *The 'L' plate on a car means the driver is a learner* (że kierowca dopiero się uczy prowadzić) *and hasn't passed the test yet.* ▶ **ucząc-y/a się** | **learning** noun [U] **1** the process of learning sth: *new methods of language learning* ▶ **uczenie się, poznawanie** **2** knowledge that you get from studying: *men and women of learning* ▶ **wiedza, nauka**

lease /liːs/ noun [C] a contract in which land, a building, etc. is let to a tenant for a certain period of time in return for rent ▶ **dzierżawa**

★**least¹** /liːst/ det., pron. (used as the superlative of *little*) smallest in size, amount, extent, etc.: *He's got the least experience of all of us.* ○ *You've done the most work, and I'm afraid John has done the least* (najmniej). ▶ **najmniejszy**
IDIOMS **at the (very) least** not less and probably much more: *It'll take six months to build at the very least.* ▶ **co najmniej** | **to say the least** (used to say that sth is in fact much worse, more serious, etc. than you are saying): *Adam's going to be annoyed, to say the least, when he sees his car.* ▶ **delikatnie/skromnie mówiąc**

★**least²** /liːst/ adv. to the smallest extent or degree; less than anybody/anything else: *He's the person who needs help least.* ○ *I bought the least expensive tickets.* ▶ **najmniej**
IDIOMS **at least** **1** not less than, and probably more: *It'll cost at least £200.* ▶ **(co) najmniej** **2** even if other things are wrong: *It may not be beautiful but at least it's cheap.* ▶ **przynajmniej** **3** (used for correcting sth that you have just said): *I saw him, at least I think I saw him.* ▶ **przynajmniej** **4** (used for saying that sth is the minimum you expect sb to do): *You could at least say you're sorry!* ▶ **przynajmniej** | **least of all** especially not: *Nobody should be worried, least of all you.* ▶ **zwłaszcza nie** (*np. ty*) | **not in the least (bit)** not at all: *It doesn't matter in the least.* To nie ma najmniejszego znaczenia. ▶ **bynajmniej, w najmniejszym stopniu** | **last but not least** → LAST²

★**leather** /ˈleðə(r)/ noun [U] the skin of animals which has been specially treated. Leather is used to make shoes, bags, coats, etc.: *a leather jacket* ▶ **skóra**

★**leave**[1] /liːv/ verb (pt, pp **left** /left/) **1** [I,T] to go away from sb/sth: *When should we leave for the airport?* ○ *The train leaves Reading at just after ten.* ○ *He left* (zostawił) *his mother in tears.* ○ *Barry left* (porzucił) *his wife for another woman.* ○ *He leaves home* (wychodzi z domu) *at 8.00 every morning.* ○ *He left home* (wyprowadził się z domu) *and went to live with his girlfriend.* ▶ **wyjeżdżać, odchodzić**

> **Depart** to słowo bardziej formalne, używane wówczas, gdy mówi się o odjeździe statków, pociągów, samolotów itp.: *The 6.15 train for Southampton departs from Platform 3.*

2 [T] to cause or allow sb/sth to stay in a particular place or condition: *Leave the door open, please.* ○ *Don't leave the iron on when you are not using it.* ○ *Don't leave your friend outside in the cold. Invite him in.* ▶ **zostawiać 3** [T] **leave sb/sth (behind)** to forget to bring sb/sth with you: *You go on. I've left my keys on the kitchen table.* ○ *Oh no! I've left the tickets behind.* ▶ **zostawiać, zapominać 4** [T] to cause sth to remain as a result: *Don't put that cup on the table. It'll leave a mark.* ▶ **zostawiać 5** [T] to not use sth: *Leave some cake for me, please.* ○ *Is there any bread left?* ▶ **zostawiać 6** [T] to put sth somewhere: *Val left a message on her answerphone.* ○ *I left him a note.* ▶ **zostawiać 7** [T] to wait until later to do sth: *Let's leave the washing-up till tomorrow.* ▶ **zostawiać 8** [T] to give sth to sb when you die: *In his will he left everything to his three sons.* ▶ **zostawiać 9** [T] to give the care of sb/sth to another person: *I'll leave it to you to organize all the food.* ○ *He left his assistant in charge when he went away on holiday.* ▶ **zostawiać (komuś coś do zrobienia)**

IDIOMS **leave sb/sth alone** not touch, bother or speak to sb/sth: *Leave other people's things alone!* ○ *She's very upset. Leave her alone for a few minutes.* ▶ **zostawiać (w spokoju)** | **leave/let go (of sth)** to stop touching or holding sth: *Let go of my arm or I'll scream.* ▶ **puszczać, zostawiać** | **leave sb in the lurch** to leave sb without help in a difficult situation ▶ **zostawić kogoś na pastwę losu** | **leave sth on one side** → SIDE[1] | **be left high and dry** → HIGH[1]

PHRASAL VERB **leave sb/sth out (of sth)** not include sb/sth: *This doesn't make sense. I think the typist has left out a line.* ▶ **opuszczać, pomijać**

★**leave**[2] /liːv/ noun [U] a period of time when you do not go to work: *annual/sick/maternity leave* ○ *to be on leave* ○ *Diplomats working abroad usually get a month's home leave each year.* ➲ Zob. uwaga przy **holiday**. ▶ **urlop**

leaves pl. of LEAF

★**lecture** /ˈlektʃə(r)/ noun [C] **1 a lecture (on/about sth)** a talk or speech to a group of people on a particular subject: *He gave a very interesting lecture on the geology of the Pacific.* ○ *a course* (cykl) *of lectures* ▶ **wykład 2** a serious talk to sb that explains what they have done wrong or how they should behave ▶ **nagana, upomnienie**

□ **lecture** verb **1** [I] **lecture (on sth)** to give a lecture or lectures (on a particular subject) ▶ **wykładać 2** [T] **lecture sb (about sth)** to talk seriously to sb about what they have done wrong or how they should behave: *The policeman lectured the boys about the dangers of playing ball games in the road.* ▶ **udzielać nagany, upominać** | **lecturer** /ˈlektʃərə(r)/ noun [C] a person who gives lectures (especially one who teaches at a college or university) ▶ **wykładowca**

led pt, pp of LEAD[3]

ledge /ledʒ/ noun [C] a narrow shelf underneath a window, or a narrow piece of rock that sticks out on the side of a cliff or mountain ▶ **parapet, występ**

leek /liːk/ noun [C] a long thin vegetable that is white at one end with thin green leaves. Leeks taste rather like onions. ▶ **por**

★**left**[1] pt, pp of LEAVE[1]

■ ˌ**left-ˈluggage office** (Brit.) (US **baggage room**) noun [C] the place at a railway station, etc. where you can leave your luggage for a short time ▶ **przechowalnia** | ˈ**leftovers** noun [pl.] food that has not been eaten when a meal has finished ▶ **resztki** (*jedzenia*)

★**left**[2] /left/ adj. **1** on the side where your heart is in the body: *I've hurt my left arm.* ○ *Can you write with your left hand?* ▶ **lewy 2 be left** still available after everything has been taken or used: *Is there any bread left?* ○ *If there's any money left over, we'll have a cup of coffee.* ▶ **zostawać**

■ ˈ**left-hand** adj. (only before a noun) of or on the left: *the left-hand side of the road* ○ *a left-hand drive car* ▶ **lewy; po lewej stronie, z lewej strony** | ˌ**left-ˈhanded** adj. **1** (used about a person) using the left hand more easily than the right: *Are you left-handed?* ▶ **leworęczny 2** made for left-handed people to use: *left-handed scissors* ▶ **dla leworęcznych** | ˌ**left ˈwing** noun [sing.] **1** [with sing. or pl. verb] the members of a political party, group, etc. that want more social change than the others in their party: *the left wing of the Labour Party* ▶ **lewica 2** the left side of the field in some team sports ▶ **lewe skrzydło** (*boiska*) | ˌ**left-ˈwing** adj.: *left-wing extremists* ○ *They're both very left-wing.* ▶ **lewicowy**

left[3] /left/ adv. to or towards the left: *Turn left just past the Post Office.* ▶ **na/w lewo**

left[4] /left/ noun **1** [U] the left side: *Take the first turning on the left.* ○ *In Britain we drive on the left* (po lewej stronie). ▶ **lewo 2** (**the Left**) [with sing. or pl. verb] political parties or groups that support socialism: *The Left is losing popularity.* ▶ **lewica**

★**leg** /leg/ noun [C] **1** the part of the body on which a person or an animal stands or walks: *A spider has eight legs.* ○ *long/short legs* ○ *She sat down and crossed her legs.* ○ (figurative) *the leg of a table/chair* ➲ Por. **foot**. ▶ **noga 2** the part of a

pair of trousers, shorts, etc. that covers the leg ▶ **nogawka** **3** one part or section of a journey, competition, etc. ▶ **etap, odcinek**
IDIOMS **pull sb's leg** → PULL[1] | **stretch your legs** → STRETCH[1]

legacy /ˈlegəsi/ noun [C] (pl. **legacies**) money or property that is given to you after sb dies, because they wanted you to have it ▶ **legat, dziedzictwo**

★**legal** /ˈliːgl/ adj. **1** allowed by law: *It is not legal to own a gun without a licence.* ❶ Antonim: **illegal**. ➲ Por. **lawful** i **legitimate**. ▶ **legalny** **2** (only before a noun) using or connected with the law: *legal advice* ○ *to take legal action against sb* ○ *the legal profession* ▶ **prawny, prawniczy**
□ **legally** /ˈliːgəli/ adv.: *Schools are legally* (według prawa) *responsible for the safety of their pupils.* ▶ **prawnie, legalnie** | **legality** /liːˈgæləti/ noun [U] the state of being legal: *The legality of the agreement is not certain.* ▶ **legalność** | **legalize** (also **-ise**) /ˈliːgəlaɪz/ verb [T] to make sth legal ▶ **legalizować**

legend /ˈledʒənd/ noun **1** [C] an old story that may or may not be true: *the legend of Robin Hood* ▶ **legenda** **2** [U] such stories when they are grouped together: *According to legend, Robin Hood lived in Sherwood Forest.* ▶ **legenda, zbiór legend** **3** [C] a famous person or event ▶ **legenda**
□ **legendary** /ˈledʒəndri; US -deri/ adj. **1** from a legend or legends: *the legendary heroes of Greek myths* ▶ **legendarny** **2** very famous: *Bjorn Borg, the legendary tennis star* ▶ **legendarny**

leggings /ˈlegɪŋz/ noun [pl.] a piece of clothing, usually worn by women, that fits tightly over both legs and reaches from your waist to your ankles ▶ **leginsy**

legible /ˈledʒəbl/ adj. (used about handwriting or things that are printed) clear enough to be read easily ❶ Antonim: **illegible**. ▶ **czytelny**
□ **legibility** /ˌledʒəˈbɪləti/ noun [U] ▶ **czytelność** | **legibly** /ˈledʒəbli/ adv. ▶ **czytelnie**

legion /ˈliːdʒən/ noun [C] **1** a special military unit, often made up of volunteers serving with the army of another country: *the French Foreign Legion* ▶ **legia** **2** a large number of people who have something in common: *legions of admirers/photographers* ▶ **legion**

legislate /ˈledʒɪsleɪt/ verb [I] **legislate (for/against sth)** to make a law or laws: *It is very difficult to legislate against racial discrimination.* ▶ **ustanawiać prawo**
□ **legislation** /ˌledʒɪsˈleɪʃn/ noun [U] **1** the act of making laws ▶ **ustawodawstwo** **2** a group of laws: *The government is introducing new legislation to help small businesses.* ▶ **ustawy**

legitimate /lɪˈdʒɪtɪmət/ adj. **1** having parents who are married to each other ❶ Antonim: **illegitimate**. ▶ (*o dziecku*) **ślubny** **2** reasonable or acceptable: *Is government advertising a legitimate use of taxpayers' money?* ▶ **właściwy, słuszny** **3** allowed by law: *Could he earn so much from legitimate business activities?* ➲ Por. **lawful** i **legal**. ▶ **prawnie dozwolony**
□ **legitimately** adv. ▶ **w granicach prawa, słusznie**

★**leisure** /ˈleʒə(r); US ˈliːʒər/ noun [U] the time when you do not have to work; spare time: *Shorter working hours mean that people have more leisure.* ○ *leisure activities* ▶ **czas wolny**
IDIOM **at your leisure** when you have free time: *Look through the catalogue at your leisure and then order by telephone.* ▶ **w dogodnej chwili, w wolnej chwili**
□ **leisurely** adj. without hurry: *a leisurely Sunday breakfast* ▶ **niespieszny, powolny**
■ **ˈleisure centre** noun [C] a public building that has sports facilities and other activities for people to do in their free time ▶ **ośrodek rekreacyjny**

lemon /ˈlemən/ noun [C,U] a yellow fruit with sour juice that is used for giving flavour to food and drink ▶ **cytryna**
■ **ˈlemon squeezer** noun [C] an instrument that is used for pressing the juice out of a lemon ▶ **przyrząd do wyciskania soku z cytryny**

lemonade /ˌleməˈneɪd/ noun [C,U] **1** a colourless sweet drink that is fizzy (= has many bubbles in it) ▶ **lemoniada** **2** a drink that is made from fresh lemon juice, sugar and water ▶ **napój cytrynowy**

★**lend** /lend/ verb [T] (pt, pp **lent** /lent/) **1** to allow sb to use sth for a short time or to give sb money that must be paid back after a certain period of time: *Could you lend me £5 until Friday?* ○ *He lent me his bicycle.* ○ *He lent his bicycle to me.* ❶ Uwaga! Nie mylić **lend** z **borrow**. Zob. uwaga przy **borrow**. ➲ Ilustr. do **borrow**. ▶ **pożyczać (komuś)**

> If a bank, etc. lends you money, you must **pay it back** / **repay** it over a fixed period of time with **interest**.

2 lend sth (to sth) (formal) to add or give: *to lend advice/support* ○ *The flowers lent a touch of colour to the room.* ▶ **udzielać, dodawać**
IDIOM **lend (sb) a hand/lend a hand (to sb)** to help sb ▶ **pomagać komuś**
PHRASAL VERB **lend itself to sth** to be suitable for sth ▶ **nadawać się (do czegoś)**
□ **lender** noun [C] a person or an organization that lends sth ▶ **pożyczkodawca, pożyczający**

★**length** /leŋθ/ noun **1** [U] the distance or amount that sth measures from one end to the other; how long sth is: *to measure the length of a room* ○ *It took an hour to walk the length of Oxford Street.* ○ *The tiny insect is only one millimetre in length.* ○ *the length of a book/letter* ▶ **długość, odległość** **2** [U] the amount of time that sth takes or lasts: *Many people complained about the length of time they had to wait* (skarżyło się na długi czas oczekiwania). ▶ **okres, czas trwania** **3** [C] the length(1) of a swimming pool: *I can swim a length in twenty seconds.* ▶ **długość, dystans** **4** [C] a piece of sth (that is long and thin): *a length of material/rope/string* ▶ **kawałek, długość**
IDIOMS **at length** for a long time or in great detail: *We discussed the matter at great length.* ▶ **długo; szczegółowo** | **the length and**

breadth of sth to or in all parts of sth: *They travelled the length and breadth of India.* ▶ **wzdłuż i wszerz** | **go to great lengths** to make more effort than usual in order to achieve sth ▶ **bardzo się starać**

□ **lengthen** verb [I,T] to become longer or to make sth longer ▶ **wydłużać (się)** | **lengthways** /ˈleŋθweɪz/ (also **lengthwise** /ˈleŋθwaɪz/) adv. in a direction along the length of sth: *Fold the paper lengthwise.* ▶ **wzdłuż, na długość**

lengthy /ˈleŋθi/ adj. (**lengthier**; **lengthiest**) very long: *lengthy discussions* ○ *Recovery from the illness will be a lengthy process.* ▶ **długi, rozwlekły**

lenient /ˈliːniənt/ adj. (used about a punishment or person who punishes) not strict or severe ▶ **łagodny**

□ **lenience** /-əns/ (also **leniency** /-ənsɪ/) noun [U] ▶ **łagodność** | **leniently** adv. ▶ **łagodnie**

lens /lenz/ noun [C] (pl. **lenses**) a piece of glass, etc. that has one or more curved surfaces. Lenses are used in glasses, cameras, telescopes, microscopes, etc.: *contact lenses* ○ *a zoom/telephoto lens* ▶ **soczewka; obiektyw**

Lent /lent/ noun [U] (in the Christian religion) the period of 40 days from Ash Wednesday to the day before Easter: *I'm giving up chocolates for Lent.* ▶ **Wielki Post**

lent pt, pp of LEND

lentil /ˈlentl/ noun [C] the small orange or brown seed of a plant that is like a bean: *lentil soup* ▶ **soczewica**

Leo /ˈliːəʊ/ noun [C,U] (pl. **Leos**) the fifth sign of the zodiac, the Lion; a person who was born under this sign ▶ **Lew; zodiakalny Lew**

leopard /ˈlepəd/ noun [C] a large wild animal of the cat family that has yellow fur with dark spots. Leopards live in Africa and Southern Asia ▶ **lampart**

> A female leopard is called a **leopardess** and a young leopard is called a **cub**.

leotard /ˈliːətɑːd/ noun [C] a piece of clothing that fits close to the body and arms but does not cover the legs. Leotards are worn by dancers, people doing exercises, etc. ▶ **trykot**

leper /ˈlepə(r)/ noun [C] a person who has leprosy ▶ **trędowat-y/a**

leprosy /ˈleprəsi/ noun [U] a serious infectious disease that affects the skin, nerves and flesh. Leprosy can cause fingers and toes to drop off. ▶ **trąd**

lesbian /ˈlezbiən/ noun [C] a woman who is sexually attracted to other women ▶ **lesbijka**

□ **lesbian** adj.: *a lesbian relationship* ➲ Por. **gay**. ▶ **lesbijski** | **lesbianism** noun [U] ▶ **miłość lesbijska**

★**less**[1] /les/ det., pron. (used with uncountable nouns) a smaller amount (of): *It took less time than I thought.* ○ *I'm too fat – I must try to eat less.* ○ *It's not far – it'll take less* (krócej) *than an hour to get there.* ❶ Chociaż wiele osób używa słowa **less** także z rzeczownikami w lm (np. **less cars**), to jednak za poprawną formę gramatyczną uważa się w takim wypadku **fewer**: *fewer cars*. ▶ **mniej**

★**less**[2] /les/ adv. to a smaller extent; not so much (as): *He's less intelligent than his brother.* ○ *It rains less in London than in Manchester.* ○ *People work less well* (gorzej) *when they're tired.* ▶ **mniej**

IDIOMS **less and less** becoming smaller and smaller in amount or degree: *I seem to have less and less time for the children.* ▶ **coraz mniej** | **more or less** → MORE[2]

□ **less** prep. taking a certain number or amount away; minus: *You'll earn £10 an hour, less tax.* ▶ **bez, minus**

lessen /ˈlesn/ verb [I,T] to become less; to make sth less: *This medicine will lessen the pain.* ▶ **zmniejszać (się), skracać**

lesser /ˈlesə(r)/ adj., adv. (only before a noun) not as great/much as: *He is guilty and so, to a lesser extent, is his wife.* ○ *a lesser-known artist* ▶ **mniejszy, pomniejszy**

IDIOM **the lesser of two evils** the better of two bad things ▶ **mniejsze zło**

★**lesson** /ˈlesn/ noun [C] **1** a period of time when you learn or teach sth: *How many English lessons do you have a week?* ○ *She gives piano lessons.* ○ *I want to take extra lessons in English conversation.* ○ *a driving lesson* ▶ **lekcja, zajęcia** **2** something that you have learnt or that must be learnt: *I hope we can learn some lessons from this disaster.* To nieszczęście będzie dla nas nauczką na przyszłość. ▶ **lekcja, nauczka**

IDIOMS **learn your lesson** → LEARN | **teach sb a lesson** → TEACH

★**let**[1] /let/ verb [T] (pres. part. **letting**; pt, pp **let**) **1** to allow or permit sb/sth to do sth; to allow sth to happen: *My parents let me stay out till 11 o'clock.* ○ *How could you let her run away like that?* ○ *He wanted to go on a course but his boss wouldn't let him.* ▶ **pozwalać**

> W tym znaczeniu **let** nie występuje w stronie biernej. Używa się wówczas czasownika **allow** lub **permit** z **to**: *They let him take the exam again* ○ *He was allowed/permitted to take the exam again.* Zob. uwaga przy **allow**.

2 (used for offering help to sb): *Let me help you carry your bags.* ○ *Let us lend you the money for a new car.* ▶ **pozwalać** **3** (used for making requests or giving instructions): *Don't help him. Let him do it himself.* ○ *If she refuses to come home with us now, let her walk home.* ▶ **niech, pozwalać** **4** to allow sb/sth to move in a particular direction: *She forgot to let the cat out this morning.* ○ *Open the windows and let some fresh air in.* ○ *They let him out of prison yesterday.* ▶ **wpuszczać, wypuszczać** **5** (used for making suggestions about what you and other people can do): *'Let's go* (chodźmy) *to the cinema tonight.' 'Yes, let's.'* ❶ Forma przecząca to **let's not** lub (tylko w Br. ang.) **don't let's**: *Let's not go* (nie idźmy) *to that awful restaurant again.* ▶ (*tworzy w 1 os. lm trybu rozkazującego*)

IDIOMS **let alone** and certainly not: *We haven't decided where we're going yet, let alone booked* *the tickets* ▶ **nie mówiąc już o czymś** | **let sb/sth go**; **let go of sb/sth** to stop holding sb/sth: *Let me go. You're hurting me!* ○ *I tried to take the book but he wouldn't let go of it.* ○ *Hold the rope and don't let go.* ▶ **wy/puszczać** | **let me see**; **let's see** (used when you are thinking or trying to remember sth): *Where did I put the car keys? Let's see. I think I left them by the telephone.* ▶ **zaraz, zaraz, niech pomyślę** | **let us/let's say** for example: *You could work two mornings a week, let's say Tuesday and Friday.* ▶ **powiedzmy** | **let yourself go** to allow yourself to behave as you wish; to feel free: *Just relax. Let yourself go!* ▶ **dać się ponieść** (*np. chwili, uczuciom*), **czuć się nieskrępowanym** | **let yourself/sth go** to allow yourself/sth to become untidy, dirty, etc.: *She used to be so smart but after her husband died she just let herself go* (przestało jej zależeć na wyglądzie). ▶ **zaniedbać (się)**

PHRASAL VERBS **let sb down** to not do sth that you promised to do for sb; to disappoint sb ▶ **zawodzić** | **let on (about sth) (to sb)** to tell sb a secret: *He didn't let on how much he'd paid for the vase.* ▶ **zdradzać (tajemnicę)** | **let sb off** to not punish sb, or to give sb a lighter punishment than usual: *He expected to go to prison but they let him off with a fine* (zwolnili go, poprzestając na grzywnie). ▶ **darować winę, wypuszczać** | **let sth out** to tell people sth that was secret: *Who let the story about Michael Jackson out?* ▶ **ujawniać** (*tajemnicę*) | **let sth out/down** to make clothes larger/longer: *These trousers are too tight. I'll have to let them out.* ▶ **poszerzać**; **podłużać**

★**let²** /let/ verb [T] to offer a house, flat, etc. for sb to live in, in exchange for rent: *She lets the cottage to holidaymakers in the summer.* ○ *There's a flat to let in our block.* ➲ Zob. uwaga przy **hire**. ▶ **wynajmować**

lethal /ˈli:θl/ adj. able to cause death or great damage ▶ **śmiertelny, morderczy**

□ **lethally** /ˈli:θəli/ adv. ▶ **śmiertelnie, morderczo**

lethargy /ˈleθədʒi/ noun [U] the feeling of being very tired and not having any energy ▶ **ospałość**

□ **lethargic** /ləˈθɑ:dʒɪk/ adj. ▶ **ospały**

★**letter** /ˈletə(r)/ noun [C] **1** a written or printed sign that represents a sound in a language: *'Z' is the last letter of the English alphabet.* ○ *a capital/an upper case letter* ○ *a small/lower case letter* ▶ **litera 2** a written or printed message. A letter is usually put in an envelope and sent to sb by post: *I have written Denise a letter but I haven't sent it yet.* ○ *Have you had a letter from your son?* ○ *Letters are delivered by the postman.* ▶ **list**

> When you have written a letter you put it in an **envelope**, **address** it, **put** / **stick** a **stamp** on it and then **post** (US **mail**) it. You may **forward** a letter to a person who has moved away.

■ **ˈletter box** noun [C] **1** a hole in a door or wall through which letters, etc. are delivered ▶ **skrzynka pocztowa**

> W wielu brytyjskich domach nie ma skrzynki pocztowej na zewnątrz budynku, a listy i inne przesyłki wrzucane są do środka przez specjalny otwór w drzwiach.

2 (US **mailbox**) a box outside a house or building which letters can be left in when they are delivered ▶ **skrzynka pocztowa 3** = POSTBOX

lettuce /ˈletɪs/ noun [C,U] a plant with large green leaves that are eaten raw in salads ➲ Zob. hasło i ilustr. do **salad**. ▶ **sałata**

leukaemia (US **leukemia**) /lu:ˈki:miə/ noun [U] a serious disease of the blood which often results in death ▶ **białaczka**

★**level¹** /ˈlevl/ adj. **1** with no part higher than any other; flat: *Make sure the shelves are level* (są ustawione poziomo) *before you fix them in position.* ○ *Put the tent up on level ground.* ○ *a level teaspoon of sugar* ▶ **płaski, poziomy 2** at the same height, standard or position: *The boy's head was level with his father's shoulder.* ○ *A red car drew level with mine* (zrównał się z moim) *at the traffic lights.* ▶ **równy, na tym samym poziomie**

IDIOM **a level playing field** a situation in which everyone has an equal chance of success ▶ **wyrównane szanse**

■ **ˌlevel ˈcrossing** (US **grade crossing**) noun [C] a place where a road and a railway cross each other (where there is no bridge) ▶ **przejazd kolejowy** | **ˌlevel-ˈheaded** adj. able to act calmly in a difficult situation ▶ **zrównoważony**

★**level²** /ˈlevl/ noun [C] **1** the height or position of sth in relation to sth else: *We are at 500 metres above sea level.* ○ *During the flood the water reached knee level.* ○ *ground level* ○ *an intermediate-level student* ○ *top-level discussions* ▶ **poziom 2** the amount, size or number of sth (compared to sth else): *a high level of unemployment* ○ *low levels of pollution* ▶ **poziom 3** a way of considering sth: *on a spiritual/personal/professional level* ▶ **poziom 4** a flat surface or layer: *a multi-level* (wielopoziomowy) *shopping centre* ▶ **poziom**

level³ /ˈlevl/ verb [T] (**levelling**; **levelled**; US **leveling**; **leveled**) to make sth flat, equal or level: *Owen's goal levelled the score.* ○ *The ground needs levelling before we lay the patio.* ▶ **wyrównywać, niwelować**

PHRASAL VERBS **level sth at sb/sth** to aim sth at sb/sth: *They levelled serious criticisms at the standard of teaching.* ▶ **kierować** | **level off/out** to become flat, equal or level: *Share prices rose sharply yesterday but today they have levelled out* (pozostawały na stałym poziomie). ▶ **wyrównywać się, zrównywać się**

lever /ˈli:və(r); US ˈlevər/ noun [C] **1** a bar or tool that is used to lift or open sth when you put pressure or force on one end ▶ **dźwignia 2** a handle that you pull or push in order to make a machine, etc. work: *a gear lever* ▶ **dźwignia, drążek**

□ **lever** verb [T] to move or lift sth with a lever: *How did ancient man lever those huge lumps of stone into position?* ▶ **podważać, przesuwać** coś za pomocą dźwigni | **leverage** /-ərɪdʒ/ noun [U] the force or pressure that is put on sth by a lever ▶ **siła dźwigni**

levy /'levi/ verb [T] (pt, pp **levied**) **levy sth (on sb)** to officially demand and collect money, etc.: *The new tax will be levied on all adults in the country.* ▶ **ściągać, pobierać**

liability /ˌlaɪə'bɪləti/ noun (pl. **liabilities**) **1** [U] **liability (for sth)** the state of being responsible (for sth): *The company cannot accept liability for damage to cars in this car park.* ▶ **odpowiedzialność 2** [C] (informal) a person or thing that can cause a lot of problems, cost a lot of money, etc.: *Our car's a real liability – it's always breaking down.* ▶ **problem, ciężar**

liable /'laɪəbl/ adj. (not before a noun) **1 liable to do sth** likely to do sth: *We're all liable to have accidents* (każdemu może przydarzyć się wypadek) *when we are very tired.* ○ *The bridge is liable to collapse* (może łatwo się zawalić) *at any moment.* ▶ **podatny na coś 2 liable to sth** likely to have or suffer from sth: *The area is liable to flooding.* ▶ **narażony na coś; mający skłonność do czegoś 3 liable (for sth)** responsible (in law) (for sth): *Is a wife liable for her husband's debts?* ▶ **odpowiedzialny (za coś)**

liaise /li'eɪz/ verb [I] **liaise (with sb/sth)** (informal) to work closely with a person, group, etc. and give them/it regular information about what you are doing ▶ **pozostawać w ścisłym kontakcie, informować na bieżąco**

liaison /li'eɪzn; US li'eɪzɑːn/ noun **1** [U] communication between two or more people or groups that work together ▶ **łączność, kontakt 2** [C] a sexual relationship between two people who are not married to each other ▶ **romans, związek**

liar /'laɪə(r)/ noun [C] a person who tells lies: *She called me a liar.* ▶ **kłam-ca/czucha**

Lib Dem abbr. Liberal Democrat: *David Stone (Lib Dem)* ▶ (*w brytyjskiej polityce*) **Partia Liberalno-Demokratyczna**

libel /'laɪbl/ noun [C,U] something false that is written or printed about sb that would make other people think badly of them: *The singer is suing the newspaper for libel.* ▶ **zniesławienie** (*na piśmie*)

□ **libel** verb [T] (**libelling**; **libelled**; US **libeling**; **libeled**) ▶ **zniesławiać**

liberal /'lɪbərəl/ adj. **1** willing to accept different opinions or kinds of behaviour; tolerant ▶ **liberalny 2** (in politics) believing in or based on principles of commercial freedom, freedom of choice, and avoiding extreme social and political change: *liberal policies/politicians* ▶ **liberalny 3** generous; not strictly limited in amount or variety: *We were given liberal quantities of food and drink.* ▶ **hojny, obfity**

□ **liberal** noun [C] a person who is liberal(1) in their way of thinking ▶ **liberał** | **liberalism** /-ɪzəm/ noun [U] ▶ **liberalizm** | **liberally** /-rəli/ adv. freely or generously ▶ **hojnie, obficie**

■ **the ˌLiberal 'Democrats** noun [pl.] a political party in Britain that represents moderate views ➲ Por. **Conservative Party** i **Labour Party.** ▶ **Liberalni Demokraci**

liberate /'lɪbəreɪt/ verb [T] **liberate sb/sth (from sth)** to set sb/sth free: *France was liberated in 1945.* ○ *to liberate people from poverty* ▶ **wyzwalać, uwalniać**

□ **liberated** adj. not sharing traditional opinions or ways of behaving ▶ **wyzwolony** | **liberation** /ˌlɪbə'reɪʃn/ noun [U]: *The women's liberation movement wants equal rights for women.* ○ *an army of liberation* ▶ **wyzwolenie, uwolnienie** | **liberator** noun [C] a person who liberates ▶ **wyzwoliciel/ka**

liberty /'lɪbəti/ noun [C,U] (pl. **liberties**) the freedom to go where you want, do what you want, etc.: *We must defend our civil liberties at all costs.* ○ *loss of liberty* ➲ Por. **freedom.** ▶ **wolność, swoboda**

IDIOM **at liberty (to do sth)** free or allowed to do sth: *You are at liberty* (możesz) *to leave when you wish.* ○ *I am not at liberty to tell you how I got this information.* ▶ **wolno (ci/mi itp.)**

Libra /'liːbrə/ noun [C,U] the seventh sign of the zodiac, the Scales; a person who was born under this sign ▶ **Waga; zodiakalna Waga**

★**library** /'laɪbrəri; 'laɪbri; US -breri/ noun [C] (pl. **libraries**) **1** a room or building that contains a collection of books, etc. that can be looked at or borrowed: *My library books are due back tomorrow.* ▶ **biblioteka 2** a private collection of books, etc. ▶ **księgozbiór, biblioteka**

□ **librarian** /laɪ'breəriən/ noun [C] a person who works in or is in charge of a library ▶ **biblioteka-rz/rka**

lice pl. of LOUSE

★**licence** (US **license**) /'laɪsns/ noun **1** [C] an official paper that shows you are allowed to do or have sth: *a driving licence/(US) a driver's license* prawo jazdy ○ *The shop has applied for a licence to sell alcoholic drinks.* ▶ **licencja, pozwolenie 2** [U] (formal) freedom to do sth: *The soldiers were given licence to kill if they were attacked.* ▶ **zezwolenie**

■ **'licence plate** (US **license plate**) noun [C] = NUMBER PLATE

license /'laɪsns/ verb [T] to give official permission for sth: *Is that gun licensed?* ▶ **wydawać zezwolenie/licencję/koncesję**

□ **licensee** /ˌlaɪsən'siː/ noun [C] a person who has a licence to sell alcoholic drinks, etc. ▶ **posiadacz zezwolenia/licencji/koncesji**

■ **'licensing laws** noun [pl.] (Brit.) the laws that control when and where alcoholic drinks may be sold ▶ **ustawy o sprzedaży napojów alkoholowych**

lick /lɪk/ verb [T] to move your tongue across sth: *The child licked the spoon clean.* ○ *I licked the envelope and stuck it down.* ▶ **lizać**

□ **lick** noun [C]: *Let me have a lick of* (pozwól mi polizać) *your ice cream.* ▶ **liźnięcie**

licorice = LIQUORICE

★**lid** /lɪd/ noun [C] **1** the top part of a box, pot, etc. that can be lifted up or taken off ➲ Ilustr. do **container** i **pan.** Por. **cap** i **top.** ▶ **pokrywka, wieko 2** = EYELID

★**lie**[1] /laɪ/ verb [I] (pres. part. **lying**; pt, pp **lied**) **lie (to sb) (about sth)** to say or write sth that you know is not true: *He lied about his age in order to join the army.* ○ (figurative) *The camera cannot lie.* ▶ **kłamać**
□ **lie** noun [C] a statement that you know is not true: *to tell a lie* ○ *a white lie* niewinne kłamstwo ➲ Por. **fib**. ▶ **kłamstwo**
■ **'lie detector** noun [C] a piece of equipment that can show if a person is lying or not ▶ **wykrywacz kłamstw**

★**lie**[2] /laɪ/ verb [I] (pres. part. **lying**; pt **lay** /leɪ/; pp **lain** /leɪn/) **1** to be or put yourself in a flat or horizontal position (so that you are not standing or sitting): *to lie on your back/side/front* ○ *The book lay open in front of her.* ○ *He lay on the sofa and went to sleep.* ▶ **leżeć; kłaść się**

> Zwróć uwagę, że po **lie** nie wolno użyć dopełnienia bliższego. Jeżeli kładzie się coś, to używa się zwrotu **lay (sth) down**.

2 to be or remain in a certain state or position: *Snow lay thick on the ground.* ○ *The hills lie to the north of the town.* ○ *The factory lay idle during the strike.* ○ *They are young and their whole lives lie ahead of them* (mają przed sobą całe życie). ▶ **leżeć, być 3 lie (in sth)** (used about ideas, qualities, problems, etc.) to exist or to be found: *The problem lies in deciding when to stop.* ▶ **tkwić (w czymś)**
IDIOMS **lie in wait (for sb)** to hide somewhere waiting to attack, surprise or catch sb ▶ **(przy)czaić się (na kogoś/coś)** | **lie low** to try not to attract attention to yourself ▶ **pozostawać w ukryciu**
PHRASAL VERBS **lie about/around** to relax and do nothing: *We just lay around all day on Sunday.* ▶ **nic nie robić, odpoczywać** | **lie back** to relax and do nothing while sb else works, etc. ▶ **próżnować** | **lie behind sth** to be the real hidden reason for sth: *We may never know what lay behind his decision to resign.* ▶ **kryć się za czymś** | **lie down** (used about a person) to be or put yourself in a flat or horizontal position so that you can rest: *My head is spinning – I must lie down.* ❶ Inny zwrot o tym samym znaczeniu to **have a lie-down**. ▶ **kłaść się** | **lie in** (informal) to stay in bed later than usual ❶ Inny zwrot o tym samym znaczeniu to **have a lie-in**. ▶ **dłużej poleżeć w łóżku** | **lie with sb (to do sth)** (formal) to be sb's responsibility to do sth ▶ **należeć do czyichś obowiązków**

Lieut. (also **Lt**) abbr. Lieutenant; a rank in the British and American armies and navies and in the American police force ▶ **por.**

lieutenant /lefˈtenənt; US luːˈt-/ noun [C] a junior officer in the army or navy ▶ **porucznik**

★**life** /laɪf/ noun (pl. **lives** /laɪvz/) **1** [U] the quality that people, animals or plants have when they are not dead: *Life on earth began in a very simple form.* ○ *Do you believe in life after death?* ▶ **życie 2** [U] living things: *No life was found on the moon.* ○ *There was no sign of life in the deserted house.* ○ *plant life* ▶ **życie 3** [C] the existence of an individual person: *He risked his life to save the child.* ○ *Doctors fought all night to save her life.* ○ *Three lives were lost* (trzy osoby zginęły) *in the fire.* ▶ **życie 4** [U] the state of being alive as a human being: *The hostages were rescued without loss of life* (bez ofiar w ludziach). ○ *to bring sb back to life* ▶ **życie 5** [C] the period between your birth and death or between your birth and the present: *He worked as a doctor all his life.* ○ *I spent my early life in London.* ○ *to ruin sb's life* ▶ **życie 6** [U] the things that you may experience during your life(5): *Life can be hard for a single parent.* ○ *That's life. You can't change it.* ○ *I want to travel and see something of life.* ▶ **życie 7** [U] the period between the present and your death: *She was sent to prison for life.* ○ *life* (dożywotnie) *membership of a club* ▶ **dożywocie 8** [C,U] a way of living: *They went to America to start a new life.* ○ *They lead a busy life.* Są bardzo zajęci. ○ *married life* ▶ **życie 9** [U] activity; liveliness: *Young children are full of life.* ○ *This town comes to life* (ożywia się) *in the evenings.* ▶ **życie 10** [U] something that really exists and is not just a story, a picture, etc.: *I wonder what that actor's like in real life.* ○ *Do you draw people from life or photographs?* ▶ **życie 11** [C] the story of sb's life: *He's writing a life of John Lennon.* ▶ **biografia**
IDIOMS **a fact of life** → FACT | **the facts of life** → FACT | **full of beans/life** → FULL | **get a life** (spoken) (used to tell sb to stop being boring and do sth more interesting) ▶ **wymyśl coś innego!, zmień temat!** | **lose your life** → LOSE | **a matter of life and/or death** → MATTER[1] | **take your (own) life** to kill yourself ▶ **odbierać sobie życie** | **this is the life** (used to say that you are very happy with your present circumstances) ▶ **to dopiero jest życie!** | **have the time of your life** → TIME [1] | **a walk of life** → WALK[2] | **a/sb's way of life** → WAY[1]
□ **lifeless** adj. **1** dead ▶ **nieżywy, martwy 2** without life(9) or energy ▶ **bez życia/energii**
■ **ˌlife-and-ˈdeath** (also **ˌlife-or-ˈdeath**) adj. (only before a noun) very serious or dangerous: *a life-and-death struggle* ▶ **na śmierć i życie, (kwestia) życia i śmierci** | **'lifebelt** (also **lifebuoy** /ˈlaɪfbɔɪ/) noun [C] a ring that is made from light material which will float. A lifebelt is thrown to a person who has fallen into water to stop them from sinking. ▶ **koło ratunkowe** | **'lifeboat** noun [C] **1** a small boat that is carried on a large ship and that is used by people to escape from the ship if it is in danger of sinking ▶ **łódź ratunkowa 2** a special boat that is used for rescuing people who are in danger at sea ▶ **łódź ratownicza** | **'life cycle** noun [C] the series of forms or stages of development that a plant, an animal, etc. goes through from the beginning of its life to the end ▶ **cykl życia** | **'life expectancy** noun [C,U] (pl. **life expectancies**) the number of years that a person is likely to live ▶ **średnia długość życia** | **'lifeguard** noun [C] a person at a beach or swimming pool whose job is to rescue people who are in difficulties in the water ▶ **ratownik** | **'life jacket** noun [C] a plastic or rubber sleeveless jacket that can be filled with air. A life jacket is worn by sb to stop them from drowning in water.

► **kamizelka ratunkowa** | ˈ**lifelike** adj. looking like the real person or thing: *The flowers are made of silk but they are very lifelike.* ► **jak żywy** | ˈ**lifeline** noun [C] a rope that you throw to sb who is in difficulties in water: (figurative) *For many old people the radio is a lifeline* (jedynym oknem na świat). ► **lina ratownicza** | ˈ**lifelong** adj. (only before a noun) for all of your life: *a lifelong friend* dozgonny przyjaciel ► **na całe życie, dozgonny** | ˈ**life-size(d)** adj. of the same size as the real person or thing: *a life-sized statue* ► **wielkości naturalnej** | ˈ**lifespan** noun [C] the length of time that sb/sth lives, works, lasts, etc. ► **życie, okres** (*np. pracy, trwania*) | ˈ**life story** noun [C] (pl. **life stories**) the story of sb's life ► **historia życia** | ˈ**lifestyle** noun [C] the way that you live: *Getting married often means a sudden change in lifestyle.* ► **styl/tryb życia** | ˌ**life-supˈport** adj. (only before a noun) (used about equipment) making it possible for sb to live in a dangerous environment, e.g. a spacecraft, or when natural functions of the body have failed, e.g. after an accident: *a patient on a life-support machine/system* ► **urządzenie do regulacji składu powietrza, aparatura podtrzymująca życie** | ˈ**lifetime** noun [C] the period of time that sb is alive: *It's the chance of a lifetime* (jedyna okazja w życiu). *Don't miss it!* ► **życie**

★**lift** /lɪft/ verb **1** [T] **lift sb/sth (up)** to move sb/sth to a higher level or position: *He lifted the child up onto his shoulders so that she could see better.* ○ *Lift your arm very gently and see if it hurts.* ○ *It took two men to lift the grand piano.* ► **podnosić 2** [T] to take hold of sb/sth and move them/it to a different position: *She lifted the suitcase down* (zdjęła walizkę) *from the rack.* ► **podnosić 3** [I] (used about clouds, fog, etc.) to rise up or disappear: *The mist lifted towards the end of the morning.* ► **podnosić się, rozwiewać się 4** [I,T] to become or make sb happier: *The news lifted our spirits.* ○ *Our spirits lifted.* Nabraliśmy otuchy. ► **podnosić kogoś** (*na duchu*) **5** [T] **lift sth (from sb/sth)** (informal) to steal or copy sth: *Most of his essay was lifted straight from the textbook.* ➲ Por. **shoplift**. ► **zwędzić, przenosić** (*tekst*) **6** [T] to end or remove a rule, law, etc.: *The ban on public meetings has been lifted.* ► **znosić**

PHRASAL VERB **lift off** (used about a rocket) to rise straight up from the ground ► **startować**

□ **lift** noun **1** [sing.] lifting or being lifted ► **podniesienie 2** [C] (US **elevator**) a machine in a large building that is used for carrying people or goods from one floor to another: *It's on the third floor so we'd better take the lift.* ► **winda 3** [C] = SKI LIFT **4** [C] a free ride in a car, etc.: *Can you give me a lift* (czy możesz mnie podwieźć) *to the station, please?* ○ *I got a lift* (podwiózł mnie) *from a passing car.* ► **podwiezienie 5** [sing.] (informal) a feeling of happiness or excitement: *Her words of encouragement gave the whole team a lift.* ► **podniesienie na duchu, ożywienie**

IDIOM **thumb a lift** → THUMB

■ ˈ**lift-off** noun [C] the start of the flight of a rocket: *Only ten seconds to lift-off!* ► **start**

ligament /ˈlɪɡəmənt/ noun [C] a strong band in a person's or an animal's body that holds the bones, etc. together: *I've torn a ligament.* ► **wiązadło**

★**light¹** /laɪt/ noun **1** [U] the brightness that allows you to see things: *the light of the sun* ○ *The light was too bad for us to read by.* ○ *Strong light is bad for the eyes.* ► **światło, oświetlenie**

> You may see things by **sunlight**, **moonlight**, **firelight**, **candlelight**, **lamplight**, etc.

2 [C] something that produces light, e.g. an electric lamp: *the lights of the city in the distance* ○ *traffic lights* ○ *a neon light* lampa jarzeniowa ○ *That car hasn't got its lights on.* ○ *brake lights* ► **świat-ło/a**

> O świetle włączonym mówi się, że jest **on**, a o wyłączonym, że jest **off**. Włączać światło to **put/switch/turn the light on**, a wyłączać to **put/switch/turn the light off/out**: *Shall I put the light on? It's getting dark in here.* ○ *Please turn the lights out before you leave.*

3 [C] something, e.g. a match, that can be used to light a cigarette, start a fire, etc.: *Have you got a light?* ► **ogień**

IDIOMS **bring sth to light** to make sth known: *These facts have only just been brought to light.* ► **wyciągać coś na światło dzienne** | **cast light on sth** → CAST² | **come to light** to become known: *New evidence has recently come to light.* ► **wychodzić na jaw** | **give sb/get the green light** → GREEN¹ | **in a good, bad, etc. light** (used about the way that sth is seen or described by other people) well, badly, etc.: *The newspapers often portray his behaviour in a bad light.* ► **w dobrym/złym świetle** | **in the light of** because of; considering: *We shall have to change our decision in the light of what you have just said.* ► **w świetle** | **set light to sth** to cause sth to start burning: *A spark from the fire had set light to a rug* ► **podpalać**

■ ˈ**light bulb** noun [C] = BULB(1) | ˈ**lighthouse** noun [C] a tall building with a light at the top that guides ships or warns them of dangerous rocks, etc. ► **latarnia morska** | ˈ**light year** noun [C] the distance that light travels in one year, 9.4607×10^{12} kilometres: *The nearest star to earth is about 4 light years away.* ► **rok świetlny**

★**light²** /laɪt/ verb (pt, pp **lit** or **lighted**) **1** [I,T] to begin to burn or to make sth do this: *The gas cooker won't light.* ○ *to light a fire* ► **zapalać (się)**

> Słowo **lighted** występuje w znaczeniu przymiotnikowym przed rzeczownikiem, natomiast **lit** jako forma *past participle* czasownika: *Candles were lit in memory of the dead.* ○ *The church was full of lighted candles.*

2 [T] to give light to sth: *The room was lit with one 40 watt bulb.* ► **oświetlać, zaświecać**

PHRASAL VERB **light (sth) up 1** to become or make sth bright with light or colour: *The fireworks lit up the whole sky.* ► **oświetlać; jarzyć się 2** (used about sb's face, eyes, etc.) to become or make sth bright with happiness or excitement ▶ (*o twarzy itp.*) **rozjaśniać (się)**, (*o oczach*) **zapalać się** **3** to start smoking a cigarette ▶ **zapalać** (*papierosa*)

□ **lighting** noun [U] the quality or type of lights used in a room, building, etc.: *Soft lighting helps to make people more relaxed.* ○ *street lighting* ▶ **oświetlenie**

★**light**³ /laɪt/ adj. **1** not of great weight; not heavy: *Carry this bag – it's the lightest.* ○ *I've lost weight – I'm five kilos lighter* (ważę o pięć kilo mniej) *than I used to be.* ○ *light clothes* ▶ **lekki** **2** having a lot of light: *In summer it's still light* (jest jeszcze widno) *at 10 o' clock.* ○ *a light room* ▶ **jasny, dobrze oświetlony** **3** (used about a colour) pale: *light blue* jasnoniebieski ▶ **jasny** **4** not great in amount, degree, etc.: *Traffic in London is light on a Sunday.* ○ *a light prison sentence* ○ *a light wind* ○ *a light breakfast* ▶ **niewielki, lekki** **5** not using much force; gentle: *a light touch on the shoulder* ▶ **lekki** **6** (used about work, etc.) easy to do: *light exercise* ▶ **łatwy** **7** not very serious or hard to understand: *light reading* ▶ **lekki, nieskomplikowany** **8** (used about sleep) not deep ▶ **lekki**

□ **light** adv. without much luggage: *to travel light* ▶ **bez ciężkiego/dużego bagażu** | **lightly** adv. **1** gently; with very little force: *He touched her lightly on the arm.* ▶ **lekko** **2** only a little; not much: *lightly cooked/spiced/whisked* ▶ **lekko, słabo** **3** not seriously; without serious thought: *She speaks lightly of her debts, but I know she is really worried.* ▶ **niefrasobliwie**

IDIOM **get off/be let off lightly** to avoid serious punishment or trouble: *Some houses were badly damaged in the storms but we got off quite lightly.* ▶ **uniknąć surowej kary/poważnych kłopotów; otrzymać łagodny wymiar kary**

lightness noun [U] ▶ **lekkość**

■ ˌ**light-'headed** adj. (used about a person who is ill, drunk, etc.) feeling dizzy, as if things are going round ▶ **cierpiący na zawroty głowy** | ˌ**light-'hearted** adj. **1** without cares; happy ▶ **niefrasobliwy, wesoły** **2** funny; amusing ▶ **zabawny, rozrywkowy** | **'lightweight** noun [C], adj. **1** (a boxer) weighing between 57 and 61 kilograms ▶ **(bokser) wagi lekkiej** **2** weighing less than usual: *a lightweight suit for the summer* ▶ **lekki, lżejszy**

lighten /'laɪtn/ verb [I,T] **1** to become lighter in weight or to make sth lighter: *to lighten a load* ▶ **stawać się lżejszym; zmniejszać ciężar** **2** to become or to make sth brighter: *The sky began to lighten in the east.* ○ *Use bleach to lighten the wood.* ▶ **rozjaśniać (się)**

lighter /'laɪtə(r)/ noun [C] = CIGARETTE LIGHTER

lightning¹ /'laɪtnɪŋ/ noun [U] a bright flash of light that appears in the sky during a thunderstorm: *The tree was struck by lightning and burst into flames.* ○ *a flash of lightning* błyskawica ○ *a lightning conductor* piorunochron ○ *forked/sheet lightning* błyskawica zygzakowata/płaska ▶ **piorun**

lightning² /'laɪtnɪŋ/ adj. (only before a noun) very quick or sudden: *a lightning attack* ▶ **błyskawiczny**

likable = LIKEABLE

★**like**¹ /laɪk/ verb [T] **1** to find sb/sth pleasant; to be fond of sb/sth: *He's nice. I like him a lot.* ○ *Do you like their new flat?* ○ *I like my coffee with milk.* ○ *I like playing tennis.* ○ *She didn't like it when I shouted at her.* ❶ Jeżeli czasownik **like** występuje w znaczeniu „mieć coś w zwyczaju" lub „uważać, że dobrze jest coś robić", wtedy następujący po nim czasownik ma formę bezokolicznika: *I like to get up early so that I can go for a run before breakfast.* Antonim: **dislike**. ➲ Por. **likes and dislikes**. ▶ **lubić, podobać się** **2** to want: *Do what you like. I don't care.* ❶ Użycie wyrażenia **would like** jest bardziej uprzejme niż użycie samego czasownika **want**: *I would like* (chciałbym) *some more cake, please.* ○ *Would you like to come to lunch on Sunday?* ○ *I'd like to speak to the manager.* Po **would like** zawsze występuje bezokolicznik, nigdy forma *-ing* czasownika. ▶ **chcieć** **3** (in negative sentences) to be unwilling to do sth: *I didn't like to disturb you while you were eating.* ▶ **nie chcieć**

IDIOMS **if you like** (used for agreeing with sb or suggesting sth in a polite way): *'Shall we stop for a rest?' 'Yes, if you like!'* ▶ **jeżeli masz na to ochotę** | **I like that!** (informal) (used for saying that sth is not true or not fair): *Well, I like that! She got a present but I didn't.* ▶ **a to dobre!, bardzo mądrze!** | **like the look/sound of sb/sth** to have a good impression of sb/sth after seeing or hearing about them/it: *I like the sound of Mary's new school.* Na podstawie tego, co o niej słyszę, szkoła Mary bardzo mi się podoba. ▶ (*o tym co zobaczono/usłyszano*) **podobać się**

□ **likeable** (also **likable**) /'laɪkəbl/ adj. (used about a person) easy to like; pleasant ▶ **sympatyczny**

★**like**² /laɪk/ prep. **1** similar to sb/sth: *He looks like his father.* ○ *That sounded like thunder.* ○ *Their car is like ours.* ○ *With a coat of paint it will look like new.* ➲ Por. **unlike**. ❶ Aby uzyskać odpowiedź na pytanie, jakie coś jest/jak wygląda, należy zapytać **What's it like?**: *Tell me about your town. What's it like?* ▶ **jak, podobny do kogoś/czegoś** **2** showing what is typical or usual for sb: *It was just like him to be late.* ▶ **typowy**

> Zwróć uwagę na różnicę w znaczeniu między **as** a **like**, kiedy mowa o czyimś zawodzie, zajęciu itp.: *Geoff acted as* (był) *our leader.* ○ *Geoff acted like* (zachowywał się jak) *our leader.*

3 in the same way or manner as sb/sth: *Stop behaving like children.* ○ *That's not right. Do it like this.* ▶ **jak, w ten sposób** **4** for example: *They enjoy most team games, like football and rugby.* ▶ **taki jak** **5** (slang) (used before saying what sb said, how sb felt, etc.): *When I saw the colour of my hair I was like 'Wow, I can't believe it!'* ▶ **(*stosuje się przed podaniem, co ktoś powiedział/odczuwał itp.*)**

IDIOMS **like anything** (informal) very much, fast, hard, etc.: *We had to pedal like anything to get up the hill.* ▶ **bardzo mocno/ciężko/szybko** itp. | **nothing like** → NOTHING | **that's more like it** (used to say that sth is better than before): *The sun's coming out now – that's more like it!* ▶ **tak jest o wiele lepiej!**

□ **like** conj. (informal) **1** in the same way or manner as: *She can't draw like her sister can.* ▶ **tak jak** **2** (especially US, informal) as if: *She behaves like she owns the place.* ▶ **jakby** | **-like** (in compounds) in the manner of; similar to: *ladylike* ○ *lifelike* jak żywy ○ *soldier-like* ▶ **jak, po** (*np. żołniersku*)

like[3] /laɪk/ adj. (only before a noun) (formal) similar: *We're of like mind.* ▶ **taki sam, podobny**

like[4] /laɪk/ noun [sing.] a person or thing that is similar to sb/sth else: *to compare like with like* ▶ **osoba lub rzecz podobna**

likelihood /ˈlaɪklihʊd/ noun [U] probability: *There seems very little likelihood of* (są niewielkie szanse) *success.* ▶ **prawdopodobieństwo**

★**likely** /ˈlaɪkli/ adj. (**likelier**; **likeliest**) **1** probable or expected: *Do you think it's likely to rain?* ○ *The boss is not likely to agree.* ○ *It's not likely that the boss will agree.* ▶ **prawdopodobny** **2** probably suitable: *a likely candidate for the job* ▶ **możliwy**

□ **likely** adv.

IDIOMS **as likely as not; most/very likely** very probably: *They were very late leaving. They will very likely miss the train.* ▶ **prawdopodobnie** | **not likely!** (informal) certainly not ▶ **niemożliwe!, broń Boże!**

liken /ˈlaɪkən/ verb [T] (formal) **liken sth to sth** to compare sth with sth else: *Youth is sometimes likened to a spring flower.* ▶ **porównywać**

likeness /ˈlaɪknəs/ noun [C,U] (an example of) being alike or similar in appearance: *There is a strong family likeness.* ○ *The portrait is a very good likeness of Grandpa.* ▶ **podobieństwo, podobizna**

likes /laɪks/ noun

IDIOM **likes and dislikes** the things that you like or do not like ▶ **sympatie i antypatie**

likewise /ˈlaɪkwaɪz/ adv. (formal) the same: *I intend to send a letter of apology and suggest that you do likewise.* ▶ **podobnie**

liking /ˈlaɪkɪŋ/ noun

IDIOMS **be to your liking** (formal) to be the way that you like sth: *I trust that everything is to your liking.* Mam nadzieję, że wszystko państwu odpowiada. ▶ **odpowiadać (komuś)**, (*o potrawach*) **smakować** | **have a liking for sth** to like or be fond of sth: *to have a liking for French cheese* ▶ **lubić, upodobać sobie** | **too... for your liking** that you do not like because he/she/it has too much of a particular quality: *The music was a bit too loud for my liking.* ▶ **zbyt... jak na czyjś gust**

lilac /ˈlaɪlək/ noun [C,U] a tree or large bush that has large purple or white flowers in spring. The flowers are also called lilac. ▶ **bez**

□ **lilac** adj. of a pale purple colour ▶ **liliowy**

lilo (also **Li-Lo**™) /ˈlaɪləʊ/ noun [C] (pl. **lilos**) (Brit.) a plastic or rubber bed that you fill with air when you want to use it. A lilo is used on the beach or for camping. ▶ **materac dmuchany**

lily /ˈlɪli/ noun [C] (pl. **lilies**) a type of plant that grows from a bulb and that has large white or coloured flowers ▶ **lilia**

■ ˌ**lily of the ˈvalley** noun [U, C] (pl. **lilies of the valley**) a plant with small sweet-smelling white flowers shaped like bells ▶ **konwalia**

limb /lɪm/ noun [C] **1** a leg or an arm of a person ▶ **kończyna** **2** one of the main branches of a tree ▶ **konar**

IDIOM **out on a limb** without the support of other people ▶ **bez niczyjej pomocy**

lime[1] /laɪm/ noun [U] a white substance that is used for making cement and also for adding to soil to improve its quality ▶ **wapno**

lime[2] /laɪm/ (also **ˈlime tree**) noun [C] a large tree with smooth pale green leaves and yellow flowers ▶ **lipa**

lime[3] /laɪm/ noun **1** [C] a small yellowish-green fruit that tastes like a lemon ▶ **limona** **2** [U] (also ˌ**lime ˈgreen**) a yellowish-green colour ▶ **kolor żółtozielony**

limelight /ˈlaɪmlaɪt/ noun

IDIOM **in/out of the limelight** (not) getting a lot of attention from the public: *The pop star was in the limelight wherever he went.* ▶ **(nie) w centrum zainteresowania**

limerick /ˈlɪmərɪk/ noun [C] a type of humorous poem with five lines. The first two rhyme with the last. ▶ **limeryk**

limestone /ˈlaɪmstəʊn/ noun [U] a type of white rock that is used as a building material and in making cement ▶ **wapień**

★**limit**[1] /ˈlɪmɪt/ noun [C] **1** a point or line that must not be passed: *No lorries are allowed within a three-mile limit of the city centre.* ▶ **granica** **2** the greatest amount of sth that is possible, allowed, etc.: *What's the speed limit on this road?* ○ *He was fined for exceeding the speed limit.* ○ *There's a limit to the amount of time I'm prepared to spend on this.* ▶ **ograniczenie, granica**

IDIOMS **off limits** (US) = OUT OF BOUNDS | **within limits** as long as it is not too much, great, etc.: *I don't mind how much it costs – within limits.* ▶ **w granicach (rozsądku)**

★**limit**[2] /ˈlɪmɪt/ verb [T] **limit sb/sth (to sth)** to keep sb/sth within or below a certain amount, size, degree or area: *In China families are limited to just one child.* ○ *Red squirrels are limited* (obszar występowania rudych wiewiórek ograniczony jest) *to a few areas in Britain.* ▶ **ograniczać**

□ **limited** adj. small in number or amount: *Book early because there are only a limited number of seats available.* ▶ **ograniczony**

■ ˌ**limited ˈcompany** noun [C] (abbr. **Ltd**) a company whose owners need only pay part of the money it owes if it goes bankrupt ▶ **spółka z ograniczoną odpowiedzialnością**

limitation /ˌlɪmɪˈteɪʃn/ noun **1** [C,U] the act of limiting or controlling sth; a condition that puts a limit on sth: *There are certain limitations on what we can do.* ▶ **ograniczenie, zastrzeżenie** **2** [pl.] (**limitations**) what you cannot do: *It* *is important to know your own limitations.* ▶ **granica możliwości**

limousine /ˈlɪməziːn; ˌlɪməˈziːn/ (informal **limo** /ˈlɪməʊ/) noun [C] a large expensive car that usually has a sheet of glass between the driver and the passengers in the back ▶ **limuzyna**

limp¹ /lɪmp/ adj. not stiff or strong: *These roses have gone all limp.* ○ *a limp handshake* ▶ **miękki; słaby, omdlały**

limp² /lɪmp/ verb [I] to walk in an uneven way, e.g. because you have hurt your leg or foot): (figurative) *After the accident the ship limped back* (wolno popłynął) *to the harbour.* ▶ **kuśtykać**

□ **limp** noun [sing.]: *to walk with a bad limp* mocno utykać ▶ **kuśtykanie**

★**line¹** /laɪn/ noun **1** [C] a long thin mark on the surface of sth: *Double yellow lines at the side of the road mean 'no parking'.* ○ *He has fine lines around his eyes.* ○ *to draw a line* ○ *a horizontal/vertical/diagonal/parallel line* ▶ **linia, zmarszczka** **2** [C] a line on the ground that marks the side or end of a race track, sports field, etc.: *The ball was definitely over the line.* ○ *the finishing line of a race* ▶ **linia** **3** [C] a row of people, things, words on a page, etc.: *There was a long line of people waiting at the Post Office.* ○ *long lines of houses, all exactly the same* ○ *a five-line poem* ○ *Start each paragraph on a new line.* ▶ **kolejka** (*np. w sklepie*), **linia, szereg; wiersz** **4** [C] a border or limit between one place or thing and another: *to cross state lines* ○ *There's a thin line between showing interest and being nosy.* ▶ **granica** **5** (US) = QUEUE **6** [C] a piece of rope or string: *Hang out the clothes on the washing line, please.* ○ *a fishing line* żyłka wędkarska ▶ **sznurek, lina** **7** [C] a telephone or electricity wire or connection: *I'm sorry – the line is engaged. Can you try again later?* ○ *The strong winds blew down many power lines.* ▶ **linia; przewód** **8** [C] a section of railway track: *The accident was caused by a cow on the line.* ○ *a main line* ▶ **linia, tor** **9** (**lines**) [pl.] the words that are spoken by an actor in a play, etc.: *to learn your lines* ▶ **rola** (*aktora*) **10** [sing.] a direction or course of thought or action: *If this policy doesn't work, we'll have to take another line.* ○ *a line of argument* teza, na której oparto dowód/wywód ▶ **kurs/kierunek** (*działania*) **11** [C] a company that provides transport by air, ship, etc.: *an airline* ▶ **linia** (*np. lotnicza, morska*) **12** [sing.] a type of goods in a shop, etc.: *a new line in environment-friendly detergents* ▶ **linia** (*produktów/towarów*), **gama** (*artykułów handlowych*) **13** [C] something that you do as a job, do well, or enjoy doing: *What line of business/work are you in?* ▶ **dziedzina, branża** **14** [C] a route that people move along or send messages, goods, etc. along: *lines of communication* ○ *Before you travel on the London Underground, check which line you need.* ▶ **linia** **15** [C] the place where an army is fighting: *a spy working behind enemy lines* ▶ **linia**

IDIOMS **along/on the same, etc. lines** in the way that is mentioned: *We both think along the same lines, so we work well together.* ▶ **podobnie** | **draw the line at sth/doing sth** → DRAW² | **drop sb a line** → DROP¹ | **hold the line** to wait on the telephone, e.g. while sb finds the person you want to speak to: *The extension is engaged. Would you like to hold the line or call back later.* ▶ (*w rozmowach telefonicznych*) **poczekać** | **in line for sth** likely to get sth: *She's next in line for promotion.* ▶ **w kolejce (do czegoś)** | **(be) in line with sth** (to be) similar to sth and fitting in with it ▶ **pasować (do czegoś), być zgodnym z czymś** | **on line** → ONLINE | **somewhere along/down the line** (informal) at some time; sooner or later ▶ **kiedyś, wcześniej czy później** | **stand in/on line** (US) to wait in a queue ▶ **stać w kolejce** | **take a hard line (on sth)** → HARD¹ | **toe the (party) line** → TOE

■ ˈ**line dancing** noun [U] a type of dancing originally from the US, in which people dance in lines, all doing a complicated series of steps at the same time ▶ **rodzaj tańca** (*w szeregu*)

line² /laɪn/ verb [T] **1** to cover the inside surface of sth with a different material ▶ **podszywać, wykładać (coś czymś)** **2** to form lines or rows along sth: *Crowds lined the streets to welcome the Prince.* ▶ **ustawiać/kłaść/wieszać w szeregu/rzędami**

PHRASAL VERBS **line up (for sth)** (US) to form a line or queue (for sth) ▶ **ustawiać się w kolejce** | **line sth up** (informal) to arrange or organize sth: *What have you got lined up for the weekend?* ▶ **zaplanować**

lined /laɪnd/ adj. **1** covered in lines: *a face lined with age* ○ *lined paper* ▶ (*o twarzy itp.*) **pomarszczony, pokryty zmarszczkami** ▶ (*o papierze itp.*) **w linie** **2** (used in compounds) having the object mentioned all along the side(s); having the inside surface covered with the material mentioned: *a tree-lined avenue* ulica obsadzona szpalerem drzew ○ *fur-lined boots* botki wykładane futrem

lineman noun [C] (US) = LINESMAN

linen /ˈlɪnɪn/ noun [U] **1** a type of strong cloth that is made from flax ▶ **płótno lniane** **2** sheets, tablecloths, etc. (which often used to be made of linen): *bed linen* ▶ **bielizna** (*np. pościelowa, stołowa*)

liner¹ /ˈlaɪnə(r)/ noun [C] a large ship that carries people, etc. long distances ➲ Zob. uwaga przy **ship**. ▶ **statek dalekomorski**

liner² /ˈlaɪnə(r)/ noun [C] something that is put inside sth else to keep it clean or protect it. A liner is usually thrown away after it has been used: *a dustbin liner* worek do pojemnika na śmieci ▶ **wymienny wkład** (*chroniący pojemnik, wnętrze czegoś*)

linesman /ˈlaɪnzmən/ noun [C] (pl. **linesmen** /-mən/) an official person in some games such as football or tennis. The linesman watches to see if a player breaks a rule or if the ball goes over the line¹(2). ▶ **sędzia liniowy**

linger /ˈlɪŋɡə(r)/ verb [I] **1** to stay somewhere for a long time ▶ **przewlekać pobyt**, (*o zapachu*) **długo się unosić** **2** to take a long time doing sth: *to linger over a meal* przeciągać posiłek ▶ **zwlekać**

lingerie /ˈlænʒəriː; US ˌlɑːndʒəˈreɪ/ noun [U] (used in shops, etc.) women's underclothes ▶ **bielizna damska**

linguist /ˈlɪŋɡwɪst/ noun [C] a person who is good at learning foreign languages; a person who studies or teaches language(s) ▶ **językoznawca, lingwista**

linguistic /lɪŋˈɡwɪstɪk/ adj. of language or linguistics: *linguistic and cultural barriers* ○ *a child's innate linguistic ability* ▶ **językoznawczy, językowy**

□ **linguistics** noun [U] the scientific study of language ▶ **językoznawstwo, lingwistyka**

lining /ˈlaɪnɪŋ/ noun [C,U] material that covers the inside surface of sth: *I've torn the lining of my coat.* ▶ **podszewka, okładzina**

IDIOM **every cloud has a silver lining** → CLOUD[1]

★**link** /lɪŋk/ noun [C] **1** one ring in a chain ▶ **ogniwo 2** a person or thing that connects two other people or things: *There is a strong link between smoking and heart disease.* ○ *Sporting links with South Africa were broken for many years.* ▶ **łącznik; powiązanie 3** a means of travelling or communicating between two places: ○ *a rail link* ○ *To visit similar websites to this one, click on the links at the bottom of the page.* ▶ **połączenie, link, odsyłacz**

□ **link** verb [T] **link A with B; link A and B (together)** to make or suggest a connection between two or more people or things: *The new tunnel will link Britain and France.* ○ *The police have evidence that links the priest with a terrorist organization.* ○ *to link arms* brać (się) za ręce ▶ **łączyć**

PHRASAL VERB **link up (with sb/sth)** to join together (with sb/sth): *All our branches are linked up by computer.* ▶ **łączyć**

■ **ˈlink-up** noun [C] the joining together or connection of two or more things: *a live satellite link-up with the conference* ▶ **połączenie**

linoleum /lɪˈnəʊliəm/ (informal **lino** /ˈlaɪnəʊ/) noun [U] a type of covering for floors ▶ **linoleum**

linseed oil /ˌlɪnsiːd ˈɔɪl/ noun [U] an oil made from flax seeds, used in paint, to protect wood, etc. ▶ **olej lniany**

★**lion** /ˈlaɪən/ noun [C] a large animal of the cat family that lives in Africa and parts of southern Asia. Male lions have a large amount of hair around their head and neck called a mane ▶ **lew**

> A female lion is called a **lioness** and a young lion is called a **cub**. A lion **roars**.

★**lip** /lɪp/ noun [C] **1** one of the two soft red parts above and below your mouth: *to kiss somebody on the lips* (w usta) ○ *your top/upper lip* ○ *his bottom/lower lip* ▶ **warga 2** the edge of a cup or sth that is shaped like a cup ▶ **brzeg**

□ **-lipped** (used in compound adjectives) having the type of lips mentioned: *thin-lipped* o wąskich wargach ▶ (*określa rodzaj warg*)

■ **ˈlip-read** verb [I,T] (pt, pp /-red/) to understand what sb is saying by looking at the movements of their lips ▶ **czytać z ruchów ust** | **ˈlipstick** noun [C,U] a substance that is used for giving colour to your lips: *to put on some lipstick* ○ *a new lipstick* ▶ **pomadka do ust**

liqueur /lɪˈkjʊə(r); US -ˈkɜːr/ noun [U] a strong alcoholic (usually sweet) drink that is often drunk in small quantities after a meal ▶ **likier**

★**liquid** /ˈlɪkwɪd/ noun [C,U] a substance, e.g. water, that is not solid and that can flow or be poured ▶ **płyn**

□ **liquid** adj. in the form of a liquid: *The patient can only take liquid food.* ▶ **ciekły**

liquidate /ˈlɪkwɪdeɪt/ verb [T] **1** to close down a business because it has no money left ▶ **likwidować 2** to kill sb ▶ **zabijać**

□ **liquidation** /ˌlɪkwɪˈdeɪʃn/ noun [U]: *to go into liquidation* likwidować się ○ *the liquidation of political opponents* ▶ **likwidacja**

liquidize (also **-ise**) /ˈlɪkwɪdaɪz/ verb [T] to cause sth to become liquid: *He liquidized the vegetables to make soup.* ▶ **miksować**

□ **liquidizer** (also **liquidiser**; **blender**) noun [C] an electric machine that is used for liquidizing food ▶ **mikser**

liquor /ˈlɪkə(r)/ noun [U] (US) strong alcoholic drinks; spirits ▶ **napój alkoholowy**

■ **ˈliquor store** noun [C] (US)= OFF-LICENCE

liquorice (also **licorice**) /ˈlɪkərɪʃ; -rɪs/ noun [U] a black substance, made from a plant, that is used in sweets ▶ **lukrecja**

lisp /lɪsp/ noun [C] an incorrect way of speaking in which 's' sounds like 'th': *He speaks with a slight lisp.* On lekko sepleni. ▶ **seplenienie**

□ **lisp** verb [I,T] ▶ **seplenić**

★**list** /lɪst/ noun [C] a series of names, figures, items, etc. that are written or printed one after another: *Can you put butter on your shopping list?* ○ *a checklist of everything that needs to be done* ○ *an alphabetical list* ○ *Your name is third on the waiting list.* ▶ **lista, spis**

□ **list** verb [T] to make a list of sth; to put or include sth on a list: *to list items in alphabetical order* ○ *Her name is not listed on police files.* ▶ **tworzyć listę/spis; umieszczać na liście/w spisie**

★**listen** /ˈlɪsn/ verb [I] **1 listen (to sb/sth)** to pay attention to sb/sth in order to hear them/it: *Now please listen carefully to what I have to say.* ○ *to listen to music/the radio* ➲ Zob. uwaga przy **hear**. ▶ **słuchać 2 listen to sb/sth** to take notice of or believe what sb says, etc.: *I try to give them advice but they never listen to what I tell them.* ▶ **słuchać**

PHRASAL VERBS **listen in (on/to sth)** to listen to sb else's private conversation: *Have you been listening in on my phone calls?* ▶ **podsłuchiwać** (*czyjąś rozmowę*) | **listen (out) for sth** to wait to hear sth: *to listen (out) for a knock on the door* ▶ **nadsłuchiwać**

□ **listen** noun [sing.] (informal) the act of listening: *Have a listen* (posłuchaj) *and see if you can hear anything.* ▶ **słuchanie** | **listener** noun [C] a person who listens: *He is a good listener* (potrafi słuchać). ▶ **słuchacz/ka**

listless /ˈlɪstləs/ adj. tired and without energy:

The illness left her feeling listless and depressed. ▶ **apatyczny**
□ **listlessly** adv. ▶ **apatycznie**

lit pt, pp of LIGHT[2]

liter (US) = LITRE

literacy /ˈlɪtərəsi/ noun [U] the ability to read and write ❶ Antonim: **illiteracy**. ▶ **umiejętność czytania i pisania**

literal /ˈlɪtərəl/ adj. **1** (used about the meaning of a word or phrase) original or basic: *The word 'mad' isn't used very much in its literal sense any more.* ➲ Por. **figurative** i **metaphorical**. ▶ **dosłowny, podstawowy 2** (used about a translation, etc.) translating each word separately without looking at the general meaning ▶ **dosłowny**
□ **literally** /ˈlɪtərəli/ adv. **1** in a literal(2) way: *You can't translate this text literally.* ▶ **dosłownie 2** (informal) (used for emphasizing sth): *We were literally frozen to death.* ▶ **dosłownie**

literary /ˈlɪtərəri; US -reri/ adj. of or concerned with literature: *literary criticism* ○ *a literary journal* ▶ **literacki**

literate /ˈlɪtərət/ adj. **1** able to read and write ❶ Antonim: **illiterate**. ➲ Por. **numerate**. ▶ **piśmienny, umiejący czytać i pisać 2** well-educated ▶ **wykształcony**

★**literature** /ˈlɪtrətʃə(r)/ noun [U] **1** writing that is considered to be a work of art. Literature includes novels, plays and poetry: *French literature* ▶ **literatura 2** printed material on a particular subject: *Have you got any literature on opening a bank account in Britain?* ▶ **materiały, literatura** (*np. fachowa*)

★**litre** (US **liter**) /ˈliːtə(r)/ noun [C] (abbr. **l**) a measure of liquid: *ten litres of petrol* ○ *a litre bottle of wine* ▶ **litr**

litter /ˈlɪtə(r)/ noun **1** [U] pieces of paper, packets, etc. that are left in a public place ➲ Ilustr. do **bin**. ▶ **śmieci 2** [C] all the young animals that are born to one mother at the same time: *a litter of six puppies* ▶ **miot**
□ **litter** verb [T] to make sth untidy with litter: *The streets were littered with rubbish.* ▶ **śmiecić**
■ **ˈlitter bin** noun [C] a container to put litter in ➲ Ilustr. do **bin**. ▶ **kosz na śmieci** | **ˈlitter lout** (US **ˈlitterbug**) noun [C] a person who drops litter in a public place ▶ **osoba, która śmieci w miejscu publicznym, śmieciuch**

★**little**[1] /ˈlɪtl/ adj. **1** not big; small: *There's a little hole in my sock.* ○ *the little hand of the clock* ○ *your little finger/toe* ▶ **mały**

> Przymiotnik **little** często występuje z innymi przymiotnikami: *a little old lady* ○ *a dear little kitten* ○ *What a funny little shop!* Zob. uwaga przy **small**.
>
> Rzeczownik, przed którym występuje przymiotnik **little** często tłumaczy się jako zdrobnienie: *a little shop* sklepik ○ *a little cat* kotek.

2 (used about distance or time) short: *Do you mind waiting a little while* (chwileczkę)*?* ○ *It's only a little further.* ▶ **trochę 3** young: *a little girl/boy* ○ *my little brother* ▶ **mały, młodszy 4** not important: *a little problem* ▶ **mały**

★**little**[2] /ˈlɪtl/ det. not much or not enough: *They have very little money.* ○ *There is little hope that she will recover.* ▶ **mało, niewiele**
□ **little** pron. (also as a noun after *the*) a small amount; not enough: *We studied Latin at school but I remember very little.* ○ *The little I know of him* (o tyle o ile go znam) *has given me a good impression.* ▶ **mało, niewiele** | **little** adv. not much or not enough: *I slept very little last night.* ○ *a little-known author* ▶ **mało**
IDIOM **little by little** slowly: *After the accident her strength returned little by little.* ▶ **stopniowo**

★**little**[3] /ˈlɪtl/ (**a little**) det. a small amount of sth: *I like a little sugar in my tea.* ○ *Could I have a little help, please?* ▶ **odrobina, trochę**
□ **a little** pron. a small amount: *'Is there any butter left?' 'Yes, just a little.'* ▶ **odrobina, niewielka ilość**
IDIOM **after/for a little** after/for a short distance or time: *You must rest for a little.* ▶ **po chwili; przez chwilę** | **a little** adv. rather: *This skirt is a little too tight.* ❶ Często zamiast **a little** używa się wyrażeń **a little bit** albo **a bit**.: *I was feeling a little bit tired so I decided not to go out.* ▶ **trochę**

liturgy /ˈlɪtədʒi/ noun [C] a fixed form of public worship used in churches ▶ **liturgia**

★**live**[1] /laɪv/ adj. **1** having life; not dead: *Have you ever touched a real live snake?* ➲ Por. **alive** i **living**. ▶ **żywy 2** (used about a bomb) that has not yet exploded: *a live bomb* niewypał **3** (used about a wire, etc.) carrying electricity. If you touch sth that is live you will get an electric shock. ▶ **pod napięciem 4** (used about a radio or TV programme) seen or heard as it is happening: *live coverage of the Wimbledon tennis tournament* ▶ **na żywo 5** recorded from a concert, etc., i.e. not made in a studio: *a live recording of Bob Dylan's last concert* ▶ **na żywo,** (*o płycie, nagraniu*) **koncertowy**
□ **live** adv. broadcast at the same time as it is happening: *This programme is coming live* (transmitowany jest bezpośrednio) *from Wembley Stadium.* ○ *to go out live on TV* ▶ **na żywo**

★**live**[2] /lɪv/ verb **1** [I] to be or remain alive: *You can't live without water.* ○ *She hasn't got long to live.* Pozostaje jej niedużo życia. ○ *to live to a great age* ▶ **żyć, dożywać 2** [I] to have your home: *Where do you live?* ○ *He still lives with his parents.* ○ *She's been living abroad for the last three years.* ➲ Por. **stay**. ▶ **mieszkać 3** [I,T] to pass or spend your life in a certain way: *to live a quiet life* ○ *They have plenty of money and live well.* ▶ **prowadzić** (*np. spokojne*) **życie 4** [I] to be able to buy the things that you need: *Many families don't have enough to live.* ▶ **żyć 5** [I] to enjoy all the opportunities of life fully: *I want to live a bit before settling down and getting married.* ▶ **żyć pełnią życia**
IDIOM **live/sleep rough** → ROUGH[1]
PHRASAL VERBS **live by sth** to follow a particular belief or set of principles: *That's a philosophy I could live by.* ▶ **żyć zgodnie z czymś** | **live by doing sth** to get the money, food, etc. you need by doing a particular activity: *They live by*

hunting and fishing. ▶ **żyć z czegoś**
live sth down to make people forget sth bad or embarrassing that has happened to you: *They lost 10–nil? They'll never live it down!* ▶ **wymazywać z pamięci** (*np. winę, ośmieszenie*)
live for sb/sth to consider sb/sth to be the most important thing in your life: *He felt he had nothing to live for after his wife died.* ▶ **żyć dla kogoś/czegoś**
live off sb/sth to depend on sb/sth in order to live: *Barry lives off tinned food.* ○ *She could easily get a job but she still lives off her parents.* ▶ **żyć** (*np. o chlebie*), **żyć** (*np. z ziemi*), **żyć cudzym kosztem**
live on to continue to live: *After his retirement he lived on for another 25 years.* ○ (figurative) *Mozart is dead but his music lives on.* ▶ **żyć dalej; przetrwać** | **live on sth 1** to have sth as your only food: *to live on bread and water* ▶ **żyć** (*np. o chlebie*) **2** to have sth as your income: *I don't know how they live on £8000 a year!* ▶ **(wy)żyć (z czegoś)**
live out sth 1 to actually do sth that you only imagined doing before: *to live out your dreams* ○ *Your wedding day is one time when you can live out your most romantic fantasies.* ▶ **realizować, urzeczywistniać** (*np. marzenia*) **2** to spend the rest of your life in a particular way ▶ **przeżywać**
live through sth to survive an unpleasant experience: *She lived through two wars.* ▶ **przeżywać**
live together to live in the same house, etc. as sb and have a sexual relationship with them ▶ **żyć ze sobą**
live up to sth to be as good as expected: *Children sometimes find it hard to live up to their parents' expectations.* ▶ **spełniać oczekiwania** | **live it up** to enjoy yourself in an exciting way, usually spending a lot of money ▶ **używać sobie**
live with sb = LIVE TOGETHER | **live with sth** to accept sth unpleasant that you cannot change: *It can be hard to live with the fact that you are getting older.* ▶ **pogodzić się (z czymś)**

livelihood /ˈlaɪvlihʊd/ noun [C, usually sing.] the way that you earn money: *to lose your livelihood* ▶ **środki utrzymania**

★**lively** /ˈlaɪvli/ adj. (**livelier**; **liveliest**) full of energy, interest, excitement, etc.: *lively children* ○ *There was a lively debate on the route of the new motorway.* ○ *a lively imagination* ▶ **żywy**

liven /ˈlaɪvn/ verb
PHRASAL VERB **liven (sb/sth) up** to become lively or to make sb/sth lively: *Once the band began to play the party livened up.* ▶ **ożywiać (się)**

liver /ˈlɪvə(r)/ noun **1** [C] the part of your body that cleans your blood ▶ **wątroba 2** [U] the liver of an animal when it is cooked and eaten as food: *fried liver and onions* ▶ **wątróbka**

lives pl. of LIFE

livestock /ˈlaɪvstɒk/ noun [U] animals that are kept on a farm, e.g. cows, pigs, sheep, etc. ▶ **żywy inwentarz**

living¹ /ˈlɪvɪŋ/ adj. **1** alive now: *He has no living relatives.* ▶ **żyjący, żywy 2** (used about a language, etc.) still used ▶ **żywy** ❶ Antonim obu znaczeń: **dead**.

★**living²** /ˈlɪvɪŋ/ noun **1** [C, usually sing.] a means of earning money to buy the things you need: *What do you do for a living?* ▶ **utrzymanie, życie 2** [U] your way or quality of life: *The cost of living has risen in recent years.* ➲ Por. **standard of living**. ▶ **utrzymanie; tryb życia**
■ **ˈliving room** (especially Brit. **sitting room**) noun [C] the room in a house where people sit, relax, watch TV, etc. together ▶ **pokój dzienny, salon**

lizard /ˈlɪzəd/ noun [C] a small reptile with four legs, rough skin and a long tail. A lizard has a long tongue that it uses for catching insects. ▶ **jaszczurka**

★**load¹** /ləʊd/ noun [C] **1** something (heavy) that is being or is going to be carried ▶ **ładunek; ciężar 2** (often in compounds) the quantity of sth that can be carried: *a lorry load of sand* ○ *busloads of tourists* ▶ **cały** (*np. autobus*) **3** (**loads (of sth)**) [pl.] (informal) a lot (of sth): *There are loads of things to do in London in the evenings.* ▶ **mnóstwo, masa**
IDIOM **a load of rubbish, etc.** (informal) nonsense ▶ **bzdury**

★**load²** /ləʊd/ verb **1** [I,T] to put or have a load or large quantity of sth in or on sb/sth: *Have you finished loading yet?* ○ *They loaded the plane with supplies for the refugees.* ○ *Load the washing into the machine and then add the powder.* ○ *Uncle Tim arrived loaded down* (obładowany) *with presents.* ▶ **ładować, obciążać 2** [I] to receive a load: *The ship is still loading.* ▶ **brać ładunek 3** [T] to put a program or disk into a computer: *First, switch on the machine and load the disk.* ▶ **wkładać; wgrywać program komputerowy 4** [T] to put a film in a camera or a bullet in a gun ▶ **ładować, wkładać** (*film, nabój*)

loaded /ˈləʊdɪd/ adj. **1** carrying a load ▶ **załadowany, obciążony 2** (used especially about a gun or a camera) containing a bullet, film, etc. ▶ **naładowany 3 be loaded in favour of sb/sth; be loaded against sb/sth** to act either as an advantage or a disadvantage to sb/sth in a way that is unfair: *The system is loaded in their favour.* ▶ **działać na czyjąś korzyść/niekorzyść 4** (informal) (not before a noun) having a lot of money; rich ▶ **nadziany 5** having more meaning than you realize at first and intended to make you think in a particular way: *a loaded question* ▶ **podchwytliwy**

★**loaf** /ləʊf/ noun [C] (pl. **loaves** /ləʊvz/) bread shaped and baked in one piece: *a loaf of bread* ○ *Two sliced loaves, please.* ➲ Ilustr. do **bread**. ▶ **bochenek**

★**loan** /ləʊn/ noun **1** [C] money, etc. that sb/sth lends you: *to take out a bank loan* ○ *to make a loan to sb* ○ *to pay off a loan* ▶ **pożyczka, kredyt 2** [U] the act of lending sth or state of being lent: *The books are on loan* (wypożyczone) *from the library.* ▶ **wy/pożyczony**
□ **loan** verb [T] (formal) **loan sth (to sb)** to lend sth: *The painting is loaned from the Louvre for*

the period of the exhibition. ❶ W Amer. ang. czasownik **loan** występuje częściej i brzmi mniej formalnie. ▶ **pożyczać, wypożyczać**

loathe /ləʊð/ verb [T] ❶ Czasownika **loathe** nie używa się w czasach *continuous*. Natomiast często spotyka się go w *present participle* (formie *-ing*): *Loathing the thought of having to apologize, she knocked on his door.* to feel strong hatred or dislike for sb/sth ▶ **nienawidzić, czuć odrazę/wstręt**
□ **loathing** noun [U] ▶ **nienawiść, wstręt** | **loathsome** /-səm/ adj. causing a strong feeling of dislike ▶ **wstrętny, obrzydliwy**

loaves pl. of LOAF

lob /lɒb/ verb [I,T] (**lobbing**; **lobbed**) to hit or throw a ball high into the air, so that it lands behind your opponent ▶ **lobować**
□ **lob** noun [C] ▶ **lob**

lobby /ˈlɒbi/ noun (pl. **lobbies**) **1** [C] the area that is just inside a large building. A lobby often has a reception desk and doors, stairs, lifts, etc. that lead to other parts of the building: *a hotel lobby* ▶ **hall 2** [C, with sing. or pl. verb] a group of people who try to persuade the government, etc. to do or not to do sth: *the anti-abortion lobby* ▶ **lobby**
□ **lobby** verb [I,T] (pres. part. **lobbying**; 3rd pers. sing. pres. **lobbies**; pt, pp **lobbied**) to try to persuade the government, etc. that sth should or should not be done: *to lobby the Transport Minister for improved rail services* ▶ **wywierać nacisk na rząd w jakiejś sprawie**

lobe /ləʊb/ noun [C] the round soft part at the bottom of your ear ▶ **płatek ucha**

lobster /ˈlɒbstə(r)/ noun **1** [C] a large shellfish that has eight legs. A lobster is bluish-black but it turns red when it is cooked. ▶ **homar 2** [U] a lobster when it is cooked and eaten as food ▶ **homar**

★**local** /ˈləʊkl/ adj. of a particular place (near you): *local newspapers* ○ *The local school is the centre of the community.* ▶ **miejscowy, lokalny**
□ **local** noun [C] **1** [usually pl.] a person who lives in a particular place: *One of the locals agreed to be my guide.* ▶ **miejscowy, mieszkan-iec/ka 2** (Brit., informal) a pub that is near your home where you often go to drink ▶ **lokalny pub** | **locally** adv.: *I do most of my shopping locally.* ▶ **lokalnie, w najbliższej okolicy**
■ ˌ**local anaesˈthetic** noun [C,U] medicine that is injected into one part of your body so that you do not feel pain there ➲ Por. **general anaesthetic**. ▶ **środek znieczulający miejscowo** | ˌ**local auˈthority** noun [C, with sing. or pl. verb] (Brit.) (pl. **local authorities**) the group of people who are responsible for local government in an area ▶ **władze lokalne** | ˈ**local call** noun [C] a telephone call to sb who is not far away ➲ Por. **long-distance**. ▶ **rozmowa miejscowa** | ˌ**local ˈgovernment** noun [U] the government of a particular place by a group of people who are elected by the local residents ▶ **władze lokalne, samorząd**

> Kierownictwo we władzach lokalnych sprawuje grupa ludzi wybranych w lokalnych wyborach (tzw. **councillors**), nazywana **council**. W **local authority** pracują też etatowi (płatni) urzędnicy, którzy wykonują decyzje podjęte przez **council**.

| ˈ**local time** noun [U] the time at a particular place in the world: *We arrive in Singapore at 2 o'clock in the afternoon, local time.* ▶ **czas miejscowy**

localize (also **-ise**) /ˈləʊkəlaɪz/ verb [T] to limit sth to a particular place or area: *localized pain* ▶ **umiejscawiać, lokalizować**

locate /ləʊˈkeɪt; US ˈləʊkeɪt/ verb [T] **1** to find the exact position of sb/sth: *The damaged ship has been located.* ▶ **umiejscawiać 2** to put, build, etc. sth in a particular place ▶ **umiejscawiać, umieszczać**
□ **located** adj. **be located**: *The railway station is located to the west of the city.* ▶ **znajdować się**

location /ləʊˈkeɪʃn/ noun **1** [C] a place or position: *Several locations have been suggested for the new housing estate.* ▶ **lokalizacja, położenie 2** [U] finding where sb/sth is: *Police enquiries led to the location of the terrorists' hide out.* ▶ **zlokalizowanie**
IDIOM **on location** (used about a film, television programme, etc.) made in a suitable place (= not in a studio): *The series was filmed on location in Thailand.* ▶ **w plenerze**

loch /lɒx/ noun [C] the Scottish word for a lake: *the Loch Ness monster* ▶ **jezioro**

★**lock**[1] /lɒk/ noun [C] **1** something that is used for fastening a door, lid, etc. so that you need a key to open it again: *to turn the key in the lock* ➲ Por. **padlock**. ▶ **zamek 2** a part of a river or a canal where the level of water changes. Locks have gates at each end and are used to allow boats to move to a higher or lower part of the canal or river. ▶ **śluza**
IDIOMS **pick a lock** → PICK[1] | **under lock and key** in a locked place ▶ **pod kluczem**
■ ˈ**locksmith** noun [C] a person who makes and repairs locks ▶ **ślusarz**

★**lock**[2] /lɒk/ verb **1** [I,T] to close or fasten with a lock: *Have you locked the car?* ○ *The door won't lock.* ❶ Antonim: **unlock**. ▶ **zamykać na klucz/zatrzask 2** [T] to put sb/sth inside sth that is locked: *Lock your passport in a safe place.* ▶ **chować/trzymać pod kluczem 3** [I,T] to fix sth or be fixed in one position: *The wheels locked and the car crashed into the wall.* ▶ **blokować (się) 4** [T] **be locked in/into sth** to be involved in an angry argument, etc. ▶ **być zaplątanym** (*np. w kłótnię*) **5** [T] **be locked together**; **be locked in sth** to be held very tightly by sb: *They were locked together in a passionate embrace.* ▶ **być splecionym** (*np. w uścisku*)
PHRASAL VERBS **lock sth away** to keep sth in a safe or secret place (that is locked) ▶ **chować/trzymać pod kluczem** | **lock sb in/out** to lock a door so that a person cannot get in/out: *All the prisoners are locked in for the night.* ○ *to lock yourself out of your house* ▶ **zamykać kogoś (w pomieszczeniu) na klucz; zamykać pomieszczenie tak, że nie można wejść do środka** |

lock (sth) up to lock all the doors, windows, etc. of a building: *Make sure that you lock up before you leave.* ▶ **po/zamykać wszystkie drzwi i okna** | **lock sb up** to put sb in prison ▶ **wtrącać do więzienia**

locker /ˈlɒkə(r)/ noun [C] a small cupboard where personal things can be kept or left. Lockers are found in schools, sports centres, railway stations, etc. ▶ **szafka, schowek**

locket /ˈlɒkɪt/ noun [C] a piece of jewellery that is worn around the neck on a chain. A locket is a small case that often contains a photograph. ▶ **medalion**

locomotive /ˌləʊkəˈməʊtɪv/ noun [C] = ENGINE(2): *a steam locomotive* ▶ **lokomotywa**

locust /ˈləʊkəst/ noun [C] a flying insect from Africa and Asia that moves in very large groups, eating and destroying large quantities of plants ▶ **szarańcza**

lodge¹ /lɒdʒ/ noun [C] **1** a small house at the gate of a large house ▶ **stróżówka 2** a house in the country that is used by hunters, sportsmen, etc.: *a shooting lodge* ▶ **domek myśliwski 3** a room at the entrance to a college, block of flats, factory, etc. ▶ **portiernia**

lodge² /lɒdʒ/ verb **1** [I] to live at sb's house in return for rent: *He lodged with a family for his first term at university.* ▶ **mieszkać w wynajętym pokoju 2** [I,T] to become firmly fixed or to make sth do this: *The bullet lodged in her shoulder.* ➲ Por. **dislodge**. ▶ **utkwić 3** [T] (formal) to make an official statement complaining about sth: *to lodge a complaint* ▶ **wnosić**
□ **lodger** noun [C] a person who pays rent to live in a house as a member of the family ▶ **lokator/ka**

lodging /ˈlɒdʒɪŋ/ noun **1** [C,U] a place where you can stay: *Their nanny is paid £70 a week, plus board and lodging.* ▶ **zakwaterowanie, mieszkanie 2** (**lodgings**) [pl.] a room or rooms in sb's house where you can stay in return for paying rent ▶ **pok-ój/oje do wynajęcia**

loft /lɒft; US lɔːft/ noun [C] the room or space under the roof of a house or other building: *Our loft has been converted into a bedroom.* ➲ Por. **attic**. ▶ **strych**

log¹ /lɒg/ noun [C] **1** the trunk or large branch of a tree that has been cut or has fallen down ▶ **kłoda, kloc 2** a small piece of wood for a fire ▶ **polano, drewno**

log² /lɒg/ (also **ˈlogbook**) noun [C] the official written record of a ship's or an aeroplane's journey: *to keep a log* ▶ **dziennik okrętowy/pokładowy**
□ **log** verb [T] (**logging**; **logged**) to write sth in the log of a ship or an aeroplane ▶ **zapisywać coś w dzienniku okrętowym/pokładowym**
PHRASAL VERBS **log in/on** to start using a computer that is part of a larger system ▶ **za/logować się do sieci komputerowej** | **log off/out** to finish using a computer that is part of a larger system ▶ **wylogować się z sieci komputerowej**

logarithm /ˈlɒgərɪðəm/ (informal **log**) noun [C] one of a series of numbers arranged in special charts called tables that allow you to solve mathematical problems by adding or subtracting numbers instead of multiplying or dividing ▶ **logarytm**

loggerheads /ˈlɒgəhedz/ noun
IDIOM **at loggerheads (with sb)** strongly disagreeing (with sb) ▶ **w niezgodzie (z kimś)**

logic /ˈlɒdʒɪk/ noun [U] **1** the science of using reason ▶ **logika 2** the use of reason: *There is no logic in your argument.* ▶ **logika**
□ **logical** /ˈlɒdʒɪkl/ adj. **1** according to the rules of logic; reasonable: *As I see it, there is only one logical conclusion.* ▶ **logiczny, rozsądny 2** able to use logic: *a logical mind* ❶ Antonim: **illogical**. ▶ **logiczny** | **logically** /-kli/ adv. ▶ **logicznie, sensownie**

logo /ˈləʊgəʊ/ noun [C] a symbol or design that is used as an advertisement by a company or an organization. A logo appears on the things the company owns and produces. ▶ **znak firmowy, logo**

loiter /ˈlɔɪtə(r)/ verb [I] to stand somewhere or walk around without any real purpose ▶ **wałęsać się; tkwić gdzieś bez celu**

lollipop /ˈlɒlipɒp/ (informal **lolly** /ˈlɒli/) noun [C] a large sweet of boiled sugar on a stick ▶ **lizak**

lone /ləʊn/ adj. (only before a noun) **1** without any other people; alone: *a lone swimmer on the beach* ▶ **samotny, jedyny 2** (used about a parent) single; without a partner ▶ **samotny** ➲ Por. **lonely**.
□ **loner** noun [C] (informal) a person who likes to be alone ▶ **samotnik**

★**lonely** /ˈləʊnli/ adj. (**lonelier**; **loneliest**) **1** unhappy because you are not with other people: *to feel sad and lonely* ▶ **samotny 2** (used about a situation or a period of time) sad and spent alone ▶ **samotny 3** (only before a noun) far from other people and places where people live: *a lonely house in the hills* ▶ **samotny; odludny** ➲ Por. **lone**. Zob. uwaga przy **alone**.
□ **loneliness** noun [U] ▶ **samotność**

lonesome /ˈləʊnsəm/ adj. (US) lonely or making you feel lonely ➲ Zob. uwaga przy **alone**. ▶ **samotny; powodujący uczucie osamotnienia**

★**long¹** /lɒŋ; US lɔːŋ/ adj. (**longer** /-ŋgə(r)/, **longest** /-ŋgɪst/) measuring a great amount in distance or time: *long hair* ○ *We had to wait a long time.* ○ *a very long journey* ○ *'War and Peace' is a very long book.* ○ *a long dress* ❶ Rzeczownik: **length**. ▶ **długi**

> Przymiotnika **long** używa się także w twierdzeniach i pytaniach o długość, odległość lub czas trwania: *How long is the film?* ○ *The insect was only 2 millimetres long* (miał dwa milimetry długości). ○ *a five-mile-long traffic jam.*

IDIOMS **at the longest** not longer than the stated time: *It will take a week at the longest.* ▶ **najdalej, najwyżej** | **go a long way** (used about money, food, etc.) to be used for buying a lot of things, feeding a lot of people, etc.: *to make a little money go a long way* ▶ **wystarczać na długo** | **have a long way to go** to need to make a lot more progress before sth can be achieved

▶ (*przen.*) **mieć długą drogę przed sobą** | **in the long run** after a long time; in the end: *We ought to buy a new car – it'll be cheaper in the long run.* ▶ **na dłuższą metę; w końcu** | **a long shot** a person or thing that probably will not succeed, win, etc. ▶ **osoba/próba prawdopodobnie z góry skazana na niepowodzenie** | **in the long/short term** → TERM | **(pull, wear, etc.) a long face** (to have) an unhappy or disappointed expression ▶ **smutna/kwaśna mina**

■ ˌ**long-'distance** adj., adv. (used about travel or communication) between places that are far from each other: *a long-distance lorry driver* kierowca ciężarówki jeżdżący na długich trasach ○ *to phone long-distance* ➲ Por. **local**. ▶ **międzymiastowy, długodystansowy** | **'long-haul** adj. (only before a noun) connected with the transport of people or goods over long distances: *a long-haul flight* ▶ (*o przewozach ludzi/towarów*) **daleki, długodystansowy** | **'long jump** noun [sing.] the sport in which people try to jump as far as possible ➲ Por. **high jump**. ▶ **skok w dal** | ˌ**long-'life** adj. lasting for a long time: *a long-life battery* ○ *long-life milk* ▶ **o długim terminie przydatności do użycia/spożycia** | **'long-range** adj. **1** of or for a long period of time starting from the present: *the long-range weather forecast* ▶ **długoterminowy, długofalowy 2** that can go or be sent over long distances: *long-range nuclear missiles* ▶ **dalekiego zasięgu** | ˌ**long-'sighted** (US ˌ**far-'sighted**) adj. able to see things clearly only when they are quite far away ❶ Antonim: **short-sighted** (US **near-sighted**). ▶ **dalekowzroczny** | ˌ**long-'term** adj. of or for a long period of time: *long-term planning* ▶ **długoterminowy, długofalowy** | **'long wave** noun [U] (abbr. **LW**) the system of broadcasting radio using sound waves of 1 000 metres or more ▶ **fale długie** | ˌ**long-'winded** adj. (used about sth that is written or spoken) boring because it is too long ▶ **rozwlekły, przydługi**

⋆**long²** /lɒŋ; US lɔːŋ/ noun [U] a long time: *They won't be gone for long.* Nie będzie ich przez krótki czas. ○ *It shouldn't take long.* ▶ **dużo czasu, długo**

⋆**long³** /lɒŋ; US lɔːŋ/ adv. **1** for a long time: *She didn't stay long.* ○ *You shouldn't have to wait long.* ○ *I hope we don't have to wait much longer.* ▶ **długo**

> Zarówno **long**, jak i **a long time** określają czas trwania czegoś. W zdaniach twierdzących zwykle używa się **a long time**: *They stood there for a long time.* W zdaniach twierdzących **long** występuje tylko z innym przysłówkiem, np. **too**, **enough**, **ago**: *We lived here long ago.* ○ *I've put up with this noise long enough. I'm going to make a complaint.* W pytaniach występuje zarówno **long**, jak i **a long time**: *Were you away long/a long time?* W zdaniach przeczących występuje czasem różnica znaczeniowa pomiędzy **long** a **a long time**: *I haven't been here long.* Jestem tu od niedawna. ○ *I haven't been here for a long time.* Dawno tu nie byłem.

2 at a time that is distant from a particular point in time: *All that happened long ago.* ○ *We got married long before we moved here.* ▶ **dawno, na długo 3** for the whole of the time that is mentioned: *The baby cried all night long.* ▶ **przez cały** (*np. czas*)

IDIOMS as/so long as on condition that: *As long as no problems arise we should get the job finished by Friday.* ▶ **pod warunkiem, o ile** | **no/not any longer** not any more: *They no longer live here.* ○ *They don't live here any longer.* ▶ **już nie**

■ ˌ**long-drawn-'out** adj. lasting longer than necessary: *long-drawn-out negotiations* ▶ **przeciągający się, długotrwały** | ˌ**long-'lived** adj. living or lasting for a long time: *a long-lived dispute* ▶ **długowieczny; długotrwały** | ˌ**long-'standing** adj. that has lasted for a long time: *a long-standing arrangement* ▶ **długotrwały, dawny** | ˌ**long-'suffering** adj. (used about a person) having a lot of troubles that they bear without complaining ▶ **wytrwale znoszący coś, cierpliwy**

long⁴ /lɒŋ; US lɔːŋ/ verb [I] **long for sth; long (for sb) to do sth** to want sth very much: *He longed to hold her in his arms.* ▶ **pragnąć, tęsknić**

□ **longing** /'lɒŋɪŋ; US 'lɔːŋ-/ noun [C,U] a great desire (for sb/sth) ▶ **pragnienie, tęsknota** | **longingly** adv.: *She gazed longingly at the cakes in the shop window.* ▶ **tęsknie, z upragnieniem**

longitude /'lɒŋgɪtjuːd; 'lɒndʒɪ-; US -tuːd/ noun [U] the distance of a place east or west of a line from the North Pole to the South Pole that passes through Greenwich in England. Longitude is measured in degrees. ➲ Por. **latitude**. ▶ **długość geograficzna**

loo /luː/ noun [C] (Brit., informal) toilet: *I need to go to the loo.* ➲ Zob. uwaga przy **toilet**. ▶ **kibel**

⋆**look¹** /lʊk/ verb **1** [I,T] to turn your eyes in a particular direction (in order to pay attention to sb/sth): *Look carefully at the two pictures and try to spot the differences between them.* ○ *She blushed and looked away* (odwróciła wzrok). ○ *to look out* (wyglądać) *of the window* ○ *Look who's come to see us.* ○ *Look where you are going!* ▶ **patrzeć 2** linking verb [I] **look (like sb/sth) (to sb); look (to sb) as if.../as though...** to seem or appear: *You look very smart in that shirt.* ○ *to look tired/ill/sad/well/happy* ○ *The boy looks like his father.* ○ *The room looks (to me) as if it* (wygląda (mi) na to, że ten pokój) *needs a coat of paint.* ○ *It looks like rain.* Zanosi się na deszcz. ▶ **wyglądać (na to, że) 3** [I] **look (for sb/sth)** to try to find (sb/sth): *We've been looking for you everywhere. Where have you been?* ○ *'Have you found your watch?' 'No, I'm still looking.'* ○ *to look for work* ▶ **szukać 4** [I] to face a particular direction: *Our hotel room looks onto the sea.* ▶ **wychodzić na coś 5** [I] **look to do sth** to aim to do sth: *We are looking to double our profits over the next five years.* ▶ **mieć na celu**

IDIOMS look bad; not look good to be considered bad manners: *It'll look bad if we get* *there an hour late.* ▶ (*o zachowaniu*) **źle wyglądać** | **look on the bright side (of sth)** to think only about the good side of a bad situation and be happy and hopeful ▶ **dostrzegać jasny punkt w złej sytuacji** | **look sb in the eye** to look straight at sb without feeling embarrassed or afraid ▶ **patrzeć komuś prosto w oczy** | **look good** to seem to be encouraging: *This year's sales figures are looking good.* ▶ **być zachęcający-ym/ą, wyglądać dobrze** | **look here 1** (used for protesting about sth): *Now look here! That's not fair!* ▶ **ale posłuchaj! 2** (used for asking sb to pay attention to sth): *Look here everyone. Let's form a committee to decide what to do next.* ▶ **słuchaj/cie!** | **never/not look back** (informal) to become more and more successful ▶ **osiągać coraz większe sukcesy** | **(not) look yourself** (not) to look as well or healthy as usual: *What's the matter? You're not looking yourself today.* ▶ **wyglądać nieswojo; wyglądać normalnie**

PHRASAL VERB **look after sb/sth/yourself** to be responsible for or take care of sb/sth/yourself: *I want to go back to work if I can find somebody to look after the children.* ○ *The old lady's son looked after all her financial affairs.* ▶ **opiekować się kimś/czymś, dbać o kogoś/coś; pilnować** (*interesów*)

look ahead to think about or plan for the future: *Looking ahead a few years, there's going to be a shortage of skilled workers.* ▶ **patrzeć/spoglądać w przyszłość**

look at sth 1 to examine sth (closely): *My tooth aches. I think a dentist should look at it.* ▶ **przyglądać się, zobaczyć 2** to think about or study sth: *The government is looking at ways of reducing the number of stray dogs.* ▶ **zastanawiać się 3** to read sth: *Could I look at the newspaper when you've finished with it?* ▶ **czytać, zobaczyć 4** to consider sth: *Different races and nationalities look at life differently.* ▶ **patrzeć (na coś)**

look back (on sth) to think about sth in your past ▶ **spoglądać/patrzeć w przeszłość, wspominać**

look down on sb/sth (informal) to think that you are better than sb/sth: *Don't look down on them just because they haven't been as successful as you.* ▶ **patrzeć z góry**

look forward to sth/doing sth to wait with pleasure for sth to happen (because you expect to enjoy it): *The children are really looking forward to their holiday.* ○ *I'm looking forward to seeing you again.* ○ *I look forward to hearing from you.* (zwrot często używany na końcu oficjalnego listu) ▶ **cieszyć się na coś, bardzo na coś czekać**

look into sth to study or investigate sth: *A committee was set up to look into the causes of the accident.* ▶ **badać**

look on to watch sth happening: *All we could do was look on as the house burned.* ▶ **przypatrywać się (biernie)** | **look on sb/sth as sth** to consider sb/sth to be sth: *They seem to look on me as someone who can advise them.* ▶ **postrzegać kogoś/coś jako** | **look on sb/sth with sth** to think of sb/sth in a particular way: *They looked on his behaviour with contempt.* ▶ **patrzeć na kogoś/coś** (*ze złością, z radością itp.*)

look out to be careful or to pay attention to sth dangerous, etc.: *Look out* (uwaga)*! There's a bike coming.* ▶ **uważać** | **look out (for sb/sth)** to pay attention in order to see, find or be careful of sb/sth: *Look out for pickpockets!* ▶ **uważać** (*np. na zagrożenie, niebezpieczeństwo*)

look round 1 to turn your head in order to see sb/sth ▶ **rozglądać się, oglądać się dokoła 2** to look at many things (before buying sth): *She looked round but couldn't find anything she liked.* ▶ **rozglądać się, oglądać dużo rzeczy** | **look round sth** to visit a place of interest, etc.: *to look round the cathedral* ▶ **zwiedzać, oglądać**

look through sth to read sth quickly ▶ **przeglądać**

look to sb for sth; look to sb to do sth to expect sb to do or to provide sth: *You shouldn't look to the state to support you.* ○ *He always looked to his father for advice.* ▶ **oczekiwać, że ktoś coś zrobi/czegoś od kogoś**

look up 1 to raise your eyes: *She looked up and smiled.* ▶ **spoglądać/patrzeć w górę 2** (informal) to improve: *Business is looking up.* ▶ **polepszać się, poprawiać się** | **look sth up** to search for information in a book: *to look up a word in a dictionary* ▶ **sprawdzać** | **look up to sb** to respect or admire sb ▶ **szanować/podziwiać (kogoś)**

□ **look** interj. (used for asking sb to listen to what you are saying): *Look, William, I know you are busy but could you give me a hand?* ▶ **posłuchaj** | **-looking** (used in compounds to form adjectives) having the stated appearance: *an odd-looking* (dziwaczny) *building* ○ *He's very good-looking* (przystojny). ▶ (*określa wygląd*)

★**look**[2] /lʊk/ noun **1** [C] the act of looking: *Have a look* (popatrz) *at this article.* ○ *I knew something was wrong – everybody was giving me funny looks.* ▶ **spojrzenie 2** [C, usually sing.] a search: *I've had a look* (rozejrzałem się) *but I can't find it.* ▶ **poszukiwanie 3** [C] the expression or appearance of sb/sth: *He had a worried look* (wyglądał na zmartwionego) *on his face.* ▶ **wygląd; wyraz twarzy 4** [C] a fashion or style: *The shop has a new look to appeal to younger customers.* ▶ **wygląd, styl 5 (looks)** [pl.] a person's appearance: *He's lucky – he's got good looks* (jest przystojny) *and intelligence.* ▶ **uroda, wygląd**

IDIOMS **by/from the look of sb/sth** judging by the appearance: *It's going to be a fine day by the look of it.* ▶ **sądząc z wyglądu** | **like the look/sound of sb/sth** → LIKE[1]

■ **look-in** noun

IDIOM **(not) give sb/get/have a look-in** (informal) (not) to give sb/have a chance to do sth: *The older children spend a lot of time on the computer so the younger ones don't get a look-in.* ▶ **(nie) dopuszczać (kogoś do czegoś); mieć wgląd/dostęp do czegoś, nie mieć wglądu/dostępu do czegoś**

lookalike /ˈlʊkəlaɪk/ noun [C] (often used after a person's name) a person who looks very similar to the person mentioned: *an Elvis lookalike* ▶ **sobowtór**

lookout /ˈlʊkaʊt/ noun [C] a person who watches out for danger ▶ **czujka, obserwator**
IDIOM **be on the lookout for sb/sth**; **keep a lookout for sb/sth** = LOOK OUT (FOR SB/STH)

loom¹ /luːm/ noun [C] a machine that is used for weaving cloth by passing pieces of thread across and under other pieces ▶ **krosno**

loom² /luːm/ verb [I] to appear as a shape that is not clear and in a way that seems frightening: *The mountain loomed (up) in the distance.* ○ (figurative) *The threat of war loomed over the country.* ▶ **majaczyć; wisieć**

loony /ˈluːni/ noun [C] (pl. **loonies**), adj. (slang) (a person who is) crazy or mad ▶ **pomyleniec, wariat**
□ **loony** adj.: *loony plans* ▶ **wariacki**

loop /luːp/ noun [C] a curved or circular shape, e.g. in a piece of rope or string ▶ **pętla**
□ **loop** verb [T] **1** to make sth into a loop ▶ **zawiązywać pętlę 2** to fasten or join sth with a loop ▶ **zawiązywać pętlę, zapętlać**

loophole /ˈluːphəʊl/ noun [C] a way of avoiding sth because the words of a rule or law are badly chosen: *a loophole in the tax law* ▶ **luka**

***loose¹** /luːs/ adj. **1** not tied up or shut in sth: *The dog broke loose* (zerwał się z uwięzi) *and ran away.* ○ *She wore her long hair loose.* ▶ **swobodny, nie uwiązany, rozpuszczony 2** not firmly fixed: *a loose tooth* ruszający się ząb ▶ **luźny, rozchwiany 3** not contained in sth or joined together: *loose change in your trouser pocket* ○ *some loose sheets of paper* ▶ **luźny 4** not fitting closely; not tight: *These trousers don't fit. They're much too loose round the waist.* ▶ **luźny, obszerny 5** not completely accurate or the same as sth: *a loose translation* ▶ **luźny**
IDIOMS **at a loose end** having nothing to do and feeling bored ▶ **znudzony brakiem zajęcia** | **all hell broke loose** → HELL
□ **loosely** adv. in a loose way ▶ **swobodnie; luźno**
■ **loose-ˈleaf** adj. (used about a notebook, etc.) with pages that can be removed or added: *a loose-leaf album* ▶ **z kartkami do wyjmowania**

loose² /luːs/ noun
IDIOM **on the loose** escaped and dangerous: *a lion on the loose from the zoo* ▶ **zbiegły i niebezpieczny**

loosen /ˈluːsn/ verb [I,T] to become or make sth loose or looser: *to loosen your tie* ▶ **luzować, rozluźniać (się)**
PHRASAL VERB **loosen (sb/sth) up** to relax or make sb move more easily: *These exercises will help you to loosen up.* ▶ **rozluźniać się, odprężać się**

loot /luːt/ noun [U] goods that have been stolen ▶ **łup**
□ **loot** verb [I,T] to steal things during a war or period of fighting: *Many shops were looted during the riot.* ▶ **plądrować**

lop /lɒp/ verb [T] (**lopping**; **lopped**) to cut branches, etc. off a tree ▶ **obcinać gałęzie**
PHRASAL VERB **lop sth off/away** to cut sth off/away ▶ **obcinać, odcinać**

lopsided /ˌlɒpˈsaɪdɪd/ adj. with one side lower or smaller, etc. than the other: *a lopsided smile* ▶ **skrzywiony, koślawy**

lord /lɔːd/ noun [C] **1** a man in a position of authority ▶ **władca, (wielki) pan 2** (usually **the Lord**) [sing.] God; Christ ▶ **Pan Bóg 3** a nobleman or a man who has been given the title 'Lord': *lords and ladies* ▶ **lord 4** (**the Lords**) [with sing. or pl. verb] (Brit.) (members of) the House of Lords: *The Lords has/have voted against the bill.* ▶ **członkowie Izby Lordów; Izba Lordów 5** (Brit.) used as the title of some high officials or of men who have been made a lord(3): *the Lord Mayor* (burmistrz) *of London* ○ *Lord Derby* ▶ **lord 6** (**My Lord**) (used for addressing a judge, bishop, nobleman, etc.) ▶ **milordzie, ekscelencjo**
IDIOM **(Good) Lord!** (used for expressing surprise, worry, etc.) ▶ **wielki Boże!**
■ **the Lord's Prayer** noun [sing.] the prayer that Jesus Christ taught the people who followed him, which begins 'Our Father…' ▶ **Ojcze nasz**

lordship /ˈlɔːdʃɪp/ noun [C] (used when speaking to or about a judge, bishop, nobleman, etc.): *Their lordships cannot be disturbed.* ▶ **(jego) lordowska mość, (jego) ekscelencja, (jego) wysokość**

***lorry** /ˈlɒri; US ˈlɔːri/ (Brit.) noun [C] (pl. **lorries**) (especially US **truck**) a large strong motor vehicle that is used for carrying goods, etc. by road ▶ **ciężarówka**

***lose** /luːz/ verb (pt, pp **lost** /lɒst/) **1** [T] to be unable to find sth: *I've lost my purse. I can't find it anywhere.* ▶ **gubić 2** [T] to no longer have sb/sth: *She lost a leg in the accident.* ○ *He lost his wife last year.* ○ *to lose your job* ▶ **stracić 3** [T] to have less of sth: *to lose weight* (tracić na wadze)/*interest/patience* ○ *Small shops are losing business to the large supermarkets.* ▶ **tracić, ponosić straty 4** [I,T] to not win; to be defeated: *The team lost by three goals to two.* ○ *to lose a court case* ○ *Cambridge lost to Oxford in the boat race.* ○ *to lose an argument* ▶ **przegrywać 5** [T] to waste time, a chance, etc.: *Hurry up! There's no time to lose.* ▶ **tracić, przepuszczać/marnować** (*okazję*) **6** [I,T] to become poorer (as a result of sth): *The company lost on the deal.* ▶ **ponosić straty 7** [I,T] (used about a clock, watch, etc.) to go too slowly: *My watch*

lorries/vans

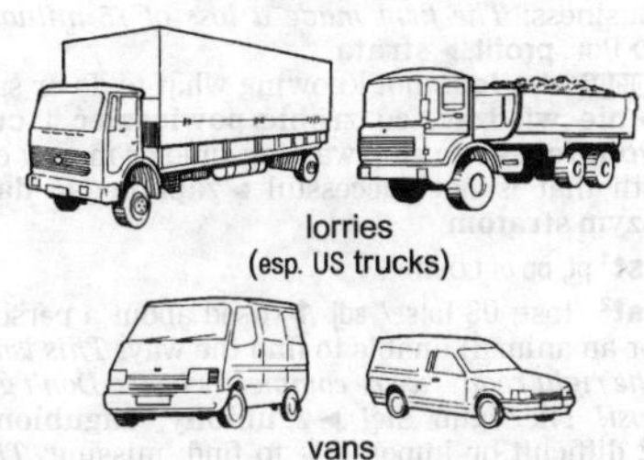

loses two minutes a day. ❶ Antonim: **gain**. ▶ **późnić się** **8** [T] (informal) to cause sb not to understand sth: *You've totally lost me* (całkowicie się zgubiłem)*! Please explain again.* ▶ **tłumaczyć w zawiły sposób**

IDIOMS **keep/lose your balance** → BALANCE² | **keep/lose your cool** → COOL¹ | **keep/lose count** → COUNT² | **keep/lose your temper** → TEMPER | **keep/lose track of sb/sth** → TRACK | **lose your bearings** → BEARING | **lose face** to lose the respect of other people ▶ **tracić twarz** | **lose it** (spoken) to go crazy or suddenly become unable to control your emotions ▶ **zwariować** | **lose your head** to become confused or very excited ▶ **tracić głowę** | **lose heart** to believe that you will be unsuccessful ▶ **tracić serce** | **lose your life** to be killed ▶ **tracić życie** | **lose your place** to be unable to find the place in a book, etc. where you stopped reading ▶ **gubić miejsce** (*np. w książce*) | **lose sight of sb/sth** **1** to no longer be able to see sb/sth ▶ **tracić z pola widzenia** **2** to forget sb/sth: *We mustn't lose sight of our original aim.* ▶ **tracić z oczu, zapominać** | **lose your touch** to lose a special skill or ability to do sth ▶ **tracić (specjalną) umiejętność** | **lose touch (with sb/sth)** to no longer have contact (with sb/sth): *I've lost touch with a lot of my old school friends.* ▶ **tracić kontakt** | **a losing battle** a competition, struggle, etc. in which it seems that you will be unsuccessful ▶ **przegrana bitwa** | **win/lose the toss** → TOSS

PHRASAL VERB **lose out (on sth/to sb)** (informal) to be at a disadvantage: *If a teacher pays too much attention to the bright students, the others lose out.* ▶ **tracić (na czymś)**

□ **loser** noun [C] **1** a person who is defeated: *He is a bad loser.* Nie umie przegrywać. ▶ **przegrywający, zwyciężony** **2** a person who is never successful, especially when you have a low opinion of them: *She's one of life's losers.* ○ *He's a born loser.* ▶ **ofiara** (*życiowa*) **3** a person who suffers because of a particular situation, decision, etc.: *The real losers in all of this are the students.* ▶ **przegrany**

★**loss** /lɒs; US lɔːs/ noun **1** [U] no longer having sth or not having as much as before; the act of losing sth: *loss of blood* (upływ krwi)/*money* ○ *The loss of his wife was very sad for him.* ○ *The plane crashed with great loss of life.* ▶ **strata, zguba** **2** [C] a disadvantage: *If she leaves, it will be a big loss to the school.* ▶ **strata, ubytek** **3** [C] the amount of money which is lost by a business: *The firm made a loss of £5 million.* ➲ Por. **profit**. ▶ **strata**

IDIOMS **at a loss** not knowing what to do or say ▶ **nie wiedząc, co zrobić/powiedzieć** | **cut your losses** to stop wasting time or money on sth that is not successful ▶ **zapobiegać dalszym stratom**

lost¹ pt, pp of LOSE

★**lost²** /lɒst; US lɔːst/ adj. **1** (used about a person or an animal) unable to find the way: *This isn't the right road – we're completely lost!* ○ *Don't get lost!* Nie zgub się! ▶ **zgubiony, zagubiony** **2** difficult or impossible to find; missing: *The notice said, 'Lost: a black and white cat in North Street.'* ▶ **zaginiony, zgubiony** **3** **lost (without)** not able to work in an efficient way or to live happily: *I'm lost without my diary!* ○ *He would be lost without his old dog for company.* ▶ **zgubiony (bez czegoś)** **4** **lost on** not noticed or understood: *The humour of the situation was completely lost on John* (komizm tej sytuacji w ogóle nie dotarł do Johna) *and he got quite angry.* ▶ **nie zauważony, niezrozumiały**

IDIOMS **get lost!** (slang) go away: *'Get lost!' she said rudely and walked off.* ▶ **spływać, zjeżdżać** | **a lost cause** an ambition or aim that cannot be achieved ▶ **przegrana sprawa** | **lost for words** not knowing what to say ▶ **nie znajdować słów**

■ ˌ**lost ˈproperty** noun [U] things that people have lost or left in a public place and that are kept in a special office for the owners to collect: *a lost property office* biuro rzeczy znalezionych ▶ **rzeczy zagubione**

★**lot¹** /lɒt/ noun [sing.] ❶ Rzeczownik **lot** w tym sensie zawsze występuje w zwrotach typu **the lot**, **all the lot**, **the whole lot**. Można go użyć z czasownikiem w lp i lm. **1** the whole amount (of sth): *When we opened the bag of potatoes the whole lot was/were bad.* ○ *Just one more suitcase and that's the lot!* ▶ **wszystko (razem), całość** **2** a whole group (of people): *The manager has just sacked the lot of them!* ▶ **wszyscy (razem)**

★**lot²** /lɒt/ pron. (**a lot**; **lots**) (informal) a large amount or number: *'How many people are coming to the party?' 'I'm not sure but a lot!'* ○ *Have another piece of cake. There's lots left.* ▶ **dużo, wiele**

■ **a lot of** (informal **lots of**) det. a large amount or number of (sb/sth): *There's been a lot of rain this year.* ○ *Lots of love* (uściski)*, Billy.* ○ *There were a lot of people at the meeting.* ○ *What a lot of books!* Ile książek! ➲ Zob. uwaga przy **many**. ▶ **dużo, mnóstwo**

★**lot³** /lɒt/ adv. (informal) **1** (**a lot; lots**) (before adjectives and adverbs) very much: *It's a lot faster now that there's a motorway.* ○ *They see lots more of each other than before.* ▶ **znacznie, o wiele** **2** (**a lot**) very much or often: *Thanks a lot* (bardzo) – *that's very kind.* ○ *It generally rains a lot at this time of year.* ▶ **dużo; często**

lot⁴ /lɒt/ noun **1** [C, with sing. or pl. verb] a group or set (of people or things of the same type): *This lot of clothes needs/need ironing – can you do it?* ▶ **grupa** (*ludzi*); **partia** (*rzeczy*) **2** [sing.] the quality or state of a person's life; your fate: *Although things have not been easy for him, he's always been perfectly happy with his lot.* ▶ **los, dola** **3** [C] an object or group of objects that are for sale at an auction, (= a sale at which the object goes to the person who offers the highest price): *Lot 27: 6 chairs* ▶ **pozycja** **4** [C] (US) an area of land used for a particular purpose: *a parking lot* ▶ **działka, parcela**

IDIOM **draw lots** → DRAW²

lotion /ˈləʊʃn/ noun [C,U] liquid that you use on your hair or skin: *suntan lotion* ▶ **emulsja** (*kosmetyczna*), **krem**

lottery /ˈlɒtəri/ noun [C] (pl. **lotteries**) a way of raising money by selling tickets with numbers on them and giving prizes to the people who have bought certain numbers which are chosen by chance ▶ **loteria**

⋆**loud** /laʊd/ adj. **1** making a lot of noise; not quiet: *He's got such a loud laugh you can hear it next door!* ○ *Can you turn the television down, it's a bit loud.* ▶ **głośny, hałaśliwy**

Przymiotnika **loud** zwykle używa się do opisania samego dźwięku lub przedmiotu wydającego dźwięk: *a loud noise, a loud bang, loud music.* **Noisy** oznacza osobę, zwierzę, miejsce, wydarzenie itp., które jest bardzo głośne lub zbyt głośne: *a noisy road/party/ noisy neighbours/children*

2 (used about clothes, colours, behaviour) too bright or noticeable: *Isn't that shirt a bit loud for a formal dinner?* ▶ **krzykliwy**

□ **loud** adv. making a lot of noise: *Could you speak a bit louder – the people at the back can't hear.* ▶ **głośno**

IDIOM ˌ**out ˈloud** so that people can hear it: *Shall I read this bit out loud to you?* ▶ **głośno, na głos**

loudly adv. in a loud way ▶ **głośno** | **loudness** noun [U] ▶ **głośność; krzykliwość**

■ ˌ**loudˈspeaker** noun [C] **1** an apparatus for making sounds, voices, etc. louder: *The winner of the competition was announced over the loudspeaker.* ▶ **głośnik 2** (also **speaker**) the part of a radio, record player, etc. from which the sound comes out ▶ **głośnik**

lounge /laʊndʒ/ noun [C] **1** a room in a house or hotel where you can sit comfortably: *Let's go and have coffee in the lounge.* ▶ **salon, hol 2** a room at an airport where passengers wait: *the departure lounge* ▶ **hala odlotów**

□ **lounge** verb [I] **1** to sit or stand in a lazy way; to relax: *That looks a very comfortable sofa to lounge on.* ▶ **rozwalać się, stać w niedbałej pozie, rozpierać się 2 lounge about/around** to spend your time in a lazy way, not doing very much: *I wish Ann wouldn't lounge around in her room all day reading magazines.* ▶ **obijać się, wałęsać się**

■ ˈ**lounge bar** (also **saˈloon bar**) noun [C] a smart, comfortable bar in a pub or hotel (where the drinks may be more expensive) ➲ Zob. uwagi przy **bar** i **pub**. ▶ **sala klubowa, bar hotelowy**

louse /laʊs/ noun [C] (pl. **lice** /laɪs/) a small insect that lives on the bodies of animals and people ▶ **wesz**

lousy /ˈlaʊzi/ adj. (**lousier**; **lousiest**) (informal) very bad: *We had lousy weather on holiday.* ○ *You'll feel lousy tomorrow if you drink too much.* ▶ **parszywy, wstrętny**

lout /laʊt/ noun [C] a young man who behaves in a rude, rough or stupid way: *The train was full of louts returning from the football match.* ➲ Por. **hooligan**. Ma podobne znaczenie. ▶ **gbur**

□ **loutish** adj. ▶ **gburowaty**

lovable /ˈlʌvəbl/ adj. having a personality or appearance that is easy to love: *a lovable child* ○ *a lovable rogue* ▶ **kochany; sympatyczny**

⋆**love**[1] /lʌv/ noun **1** [U] a very strong feeling of affection for sb/sth: *The deep love and understanding between them lasted throughout their lives.* ○ *It was love at first sight.* ○ *I don't think she's marrying him for love!* ○ *How's your love life* (życie intymne)? ❶ Antonim: **hate** lub **hatred**. ▶ **miłość 2** [U, sing.] a strong feeling of interest in or enjoyment of sth: *a love of adventure* ▶ **zamiłowanie 3** [C] a thing in which you are very interested: *Computers are the love of his life at the moment.* ▶ **miłość (do czegoś) 4** [C] a person who is loved: *Of course, my love.* ➲ Por. **darling**. ▶ **kochan-y/a, kochanie 5** [C] (Brit., informal) (used as a friendly way of speaking to sb, often sb you do not know): *'Hello, love. What can I do for you?'* ❶ Często spotyka się pisownię **luv**. ▶ **kochanie 6** [U] (used in tennis) a score of zero: *'15-love* (piętnaście do zera)*,' called the umpire.* ▶ **zero 7** [U] (informal) (a way of ending a letter to a friend or a member of your family): *Love, Peter.* ○ *Lots of love from us all, Denise.* ▶ **pozdrowienia, serdeczne uściski**

IDIOMS **be in love (with sb)** to have a strong feeling of affection and sexual attraction (for sb): *They're very much in love (with each other).* ▶ **być zakochanym** | **fall in love (with sb)** to start to feel a strong affection and attraction for sb: *They fell in love and were married within two months.* ▶ **zakochać się** | **give/send sb your love** to give/send sb a friendly greeting: *I haven't seen Mary for ages – give her my love, will you?* ▶ **pozdrawiać, przesyłać pozdrowienia** | **make love (to sb)** to have sex ▶ **kochać się (z kimś)**

■ ˈ**love affair** noun [C] **1** a (usually sexual) relationship between two people who love each other but are not married ▶ **romans 2** a great enthusiasm for sth: *the English love affair with gardening* ▶ **zamiłowanie** | ˈ**love story** noun [C] (pl. **love stories**) a story or novel that is mainly about love ▶ **romans (powieść), historia miłosna**

⋆**love**[2] /lʌv/ verb [T] **1** to have a strong feeling of affection for sb/sth: *I love you.* ○ *It's wonderful to be loved.* ▶ **kochać 2** to like or enjoy sth very much: *I love the summer!* ○ *I really love swimming.* ○ *The cat loves you stroking her just here.* ▶ **lubić, uwielbiać 3** (used to say that you would very much like sth/to do sth): *We'd love you to come and stay with us.* ○ *'Would you like to come?' 'I'd love to* (z przyjemnością)*.'* ○ *'What about a drink?' 'I'd love one* (chętnie)*.'* ▶ **(bardzo) chcieć**

⋆**lovely** /ˈlʌvli/ adj. (**lovelier**; **loveliest**) **1** beautiful or attractive: *a lovely room* ○ *You look lovely with your hair short.* ▶ **uroczy, śliczny 2** very nice, enjoyable or pleasant: *We had a lovely holiday in Wales.* ○ *It's lovely to see you again.* ▶ **wspaniały, świetny**

IDIOM **lovely and warm, peaceful, fresh, etc.** (used for emphasizing how good sth is because of the quality mentioned): *These blankets are lovely and soft.* ▶ **rozkosznie** (*np. ciepły*), **doskonale** (*np. spokojny*)

□ **loveliness** noun [U] ▶ **urok**

★**lover** /ˈlʌvə(r)/ noun [C] **1** a person who is having a sexual relationship outside marriage. ➲ Por. **mistress**. ▶ **kochan-ek/ka** **2** a person who likes or enjoys the thing mentioned: *a music lover* meloman/ka ○ *an animal lover* ▶ **miłośni-k/czka**

loving /ˈlʌvɪŋ/ adj. feeling or showing love or care ▶ **kochający, oddany**
□ **-loving** (used in compound adjectives) loving the thing or activity mentioned: *a fun-loving girl* ▶ **kochający** | **lovingly** adv. ▶ **z miłością, z oddaniem**

★**low**[1] /ləʊ/ adj. **1** not high: *The dog will be able to jump over that fence – it's much too low.* ▶ **niski** **2** close to the ground or to the bottom of sth: *Hang that picture a bit higher, it's much too low* (jest za nisko)*!* ▶ **niski** **3** below the usual or normal level or amount: *low temperatures/prices/wages* ▶ **niski** **4** below what is normal in quality, importance or development: *a low standard of living* ○ *low status* ▶ **niski** **5** (used about behaviour, etc.) unpleasant; not respectable or honest: *That was a rather low trick to play on you!* ▶ **podły, niski** **6** (used about a sound or voice) deep or soft and quiet: *I'll play the low notes and you play the high ones.* ▶ **niski, basowy** **7** not cheerful or bright: *He's been feeling rather low since his illness.* ▶ **kiepski, przygnębiony** **8** (used about a light, an oven, etc.) made to produce only a little light or heat: *Cook the rice on a low heat* (na słabym ogniu) *for 25 minutes.* ○ *low lighting* ▶ **(o) niskiej/słabej mocy** **9** (used about a gear in a car) that allows a slower speed: *You'll need to change into a low gear on this hill.* ▶ **niski**
IDIOMS **high and low** → HIGH[2] | **lie low** → LIE [2] | **run low (on sth)** to start to have less of sth than you need; to start to be less than is needed: *We're running low on coffee.* ○ *The coffee is running low.* ▶ (*o zapasach, produktach itp.*) **kończyć się**
■ ˌ**lower ˈcase** adj., noun [U] (in) small letters, not capitals: *A lower case R looks like this: r.* ❶ Antonim: **upper case**. ▶ **pisany małą literą; małe litery** | ˌ**lower-ˈclass** adj. belonging to a low social class ▶ **należący do niższej warstwy społecznej** | ˌ**low-ˈkey** adj. (used about the style of sth) quiet, without a lot of preparation or fuss: *The wedding will be very low-key. We're only inviting ten people.* ▶ **dyskretny, cichy** | **lowland** /ˈləʊlənd/ noun [C, usually pl.] a flat area of land usually around sea level: *the lowlands near the coast* ○ *lowland areas* ➲ Por. **highland**. ▶ **nizina** | ˌ**low ˈtide** noun [U] the time when the sea is at its lowest level: *At low tide you can walk out to the island.* ❶ Antonim: **high tide**. ▶ **odpływ**

★**low**[2] /ləʊ/ adv. **1** in or to a low position, level, etc.; near the ground or bottom; not high: *to bend low* ▶ **nisko** **2** (in music) with deep notes: *Can you sing a bit lower?* ▶ **nisko**
■ ˌ**low-ˈlying** adj. (used about land) near to sea level; not high ▶ **nizinny** | ˌ**low-ˈpaid** adj. not paying or earning much money: *low-paid workers* ▶ **nisko płatny**

low[3] /ləʊ/ noun [C] a low point, level, figure, etc.: *The pound has fallen to a new low against the dollar.* ▶ **niski poziom**

low-down /ˈləʊ daʊn/ noun [sing.] (informal)
IDIOM **give sb/get the low-down (on sb/sth)** to tell sb/be told the true facts or secret information (about sb/sth): *Jeremy will give you the low-down on what went on at the meeting.* ▶ **poufna wiadomość**

★**lower**[1] /ˈləʊə(r)/ adj. at the bottom of sth; being the bottom part of sth: *She bit her lower lip.* ○ *Write your notes in the lower left-hand corner.* ❶ Antonim: **upper**. ▶ **niższy, dolny**

★**lower**[2] /ˈləʊə(r)/ verb [T] **1** to move sb/sth down: *They lowered the boat into the water.* ▶ **zniżać, spuszczać** **2** to make sth less in amount or quality: *The virus lowers resistance to other diseases.* ▶ **obniżać, zmniejszać, osłabiać** ❶ Antonim znaczeń 1 i 2: **raise**.

★**loyal** /ˈlɔɪəl/ adj. (used about a person) not changing in your friendship or beliefs; faithful: *a loyal friend* ○ *She has remained loyal to her political principles.* ❶ Antonim: **disloyal**. ▶ **lojalny**
□ **loyally** /ˈlɔɪəli/ adv. ▶ **lojalnie** | **loyalty** /ˈlɔɪəlti/ noun (pl. **loyalties**) **1** [U] the quality of being loyal: *A dog is capable of great loyalty to its master.* ▶ **lojalność** **2** [C] a feeling of friendship that makes you faithful towards sth/sb: *I know where my loyalties lie.* ▶ **lojalność**

lozenge /ˈlɒzɪndʒ/ noun [C] a sweet that you suck if you have a cough or sore throat ▶ **pastylka do ssania**

L-plate /ˈel pleɪt/ noun [C] a sign with a large red letter L (for 'learner') on it, that you fix to a car when you are learning to drive ▶ **tablica oznaczająca, że kierowca uczy się jeździć**

Ltd abbr. (Brit.) Limited (used about private companies): *Pierce and Co Ltd* ▶ **sp. z o. o.**

lubricant /ˈluːbrɪkənt/ noun [C,U] a substance like oil used for making a machine, etc. work smoothly ▶ **smar, oliwa**

lubricate /ˈluːbrɪkeɪt/ verb [T] to put oil, etc. onto or into sth so that it works smoothly ▶ **smarować, oliwić**
□ **lubrication** /ˌluːbrɪˈkeɪʃn/ noun [U] ▶ **smarowanie, oliwienie**

lucid /ˈluːsɪd/ adj. (formal) **1** (used about sth that is said or written) clear and easy to understand ▶ **klarowny, jasny** **2** (used about a person's mind) not confused; clear and normal ▶ **trzeźwy, jasny**
□ **lucidly** adv. ▶ **klarownie, jasno** | **lucidity** /luːˈsɪdəti/ noun [U] ▶ **klarowność, jasność**

★**luck** /lʌk/ noun [U] **1** the fact of something happening by chance: *There's no skill in this game – it's all luck.* ○ *to have good/bad luck* mieć szczęście/nieszczęście ▶ **traf, los** **2** success or good things that happen by chance: *We'd like to wish you lots of luck in your new career.* ○ *A four-leaved clover is supposed to bring you luck!* ▶ **powodzenie, szczęście**
IDIOMS **bad luck!**; **hard luck!** (used to express sympathy): *'Bad luck, darling. You can always try again.'* ▶ **a to pech!** | **be bad/hard luck**

(on sb) to be unlucky (for sb): *It was very hard luck on you* (miałeś pecha) *that he changed his mind at the last minute.* ▶ **mieć pecha** | **be in/ out of luck** to be lucky/unlucky: *I was in luck – the shop had the book I wanted.* ▶ **(nie) mieć szczęści-e/a** | **good luck (to sb)** (used to wish that sb is successful): *Good luck* (powodzenia)*! I'm sure you'll get the job.* ▶ **powodzenie, szczęście** | **worse luck** → WORSE

★**lucky** /ˈlʌki/ adj. (**luckier**; **luckiest**) **1** (used about a person) having good luck: *We were very lucky with the weather on holiday.* ○ *I'm very lucky* (jestem szczęściarzem) *to have such good friends.* ▶ **mający szczęście 2** (used about a situation, event, etc.) having a good result: *It's lucky* (na szczęście) *you reminded me.* ○ *a lucky escape* ▶ **szczęśliwy 3** (used about a thing) bringing success or good luck: *a lucky number* ○ *It was not my lucky day* ▶ **szczęśliwy** ❶ Antonim wszystkich znaczeń: **unlucky**.

IDIOM **you'll be lucky** (used to tell sb that sth they are expecting will probably not happen): *You're looking for a good English restaurant? You'll be lucky!* ▶ **nie licz na to!**

□ **luckily** /ˈlʌkɪli/ adv. fortunately: *Luckily, I remembered to bring my umbrella.* ▶ **szczęśliwie, na szczęście**

lucrative /ˈlu:krətɪv/ adj. (formal) producing a lot of money ▶ **zyskowny**

ludicrous /ˈlu:dɪkrəs/ adj. very silly; ridiculous: *What a ludicrous idea!* ▶ **śmieszny, niedorzeczny**

□ **ludicrously** adv. ▶ **śmiesznie, niedorzecznie**

lug /lʌg/ verb [T] (**lugging**; **lugged**) (informal) to carry or pull sth with great difficulty ▶ **wlec, taszczyć**

★**luggage** /ˈlʌgɪdʒ/ (also **baggage**) noun [U] bags, suitcases, etc. used for carrying a person's things on a journey: *'How much luggage are you taking with you?' 'Only one suitcase.'* ○ *We can fit one more piece of luggage in the boot!* ○ *All luggage should be checked in at the airport at least one hour before departure.* ○ ▶ **bagaż**

> When flying, you will be asked to pay for **excess luggage** (nadwagę) if your suitcases weigh more than is allowed. You are only allowed one piece of **hand luggage**.

■ **'luggage rack** noun [C] a shelf above the seats in a train or coach for putting your luggage on ➲ Ilustr. do **rack**. ▶ **półka na bagaż**

lukewarm /ˌlu:kˈwɔ:m/ adj. **1** (used about liquids) only slightly warm ▶ **letni 2 lukewarm (about sb/sth)** not showing much interest; not keen: *John's rather lukewarm about going to Iceland for a holiday.* ▶ **bez zapału**

lull /lʌl/ verb [T] **1** to make sb/sth quiet or sleepy: *She sang a song to lull the children to sleep.* ▶ **lulać, ukołysać 2** to make sb/sth feel safe, especially by deceiving them: *Our first success lulled us into a false sense of security* (uśpił naszą czujność). ▶ **usypiać** (*np. czujność*)

□ **lull** noun [C, usually sing.] a short period of quiet; a pause in activity: *When she entered the room there was a lull in the conversation.* ▶ **chwilowa cisza**

lullaby /ˈlʌləbaɪ/ noun [C] (pl. **lullabies**) a gentle song that you sing to help a child to go to sleep ▶ **kołysanka**

lumber¹ /ˈlʌmbə(r)/ noun [U] (especially US) = TIMBER(1)

□ **lumber** verb [T] (informal) **lumber sb (with sb/ sth)** to give sb a responsibility or job that they do not want: *I've been lumbered with driving the children to school again.* ▶ **zwalać**

lumber² /ˈlʌmbə(r)/ verb [I] to move in a slow, heavy way: *He heaved himself out of bed and lumbered into the bathroom.* ▶ **chodzić ociężale**

luminous /ˈlu:mɪnəs/ adj. shining, especially in the dark: *a luminous watch* ▶ **świecący (się), jarzący**

★**lump¹** /lʌmp/ noun [C] **1** a piece of sth solid of any size or shape: *a lump of coal* ○ *The sauce was full of lumps.* ▶ **kawałek, grudka, bryła 2** a hard swelling on or in the body: *You'll have a bit of a lump on your head where you banged it.* ▶ **guz**

IDIOM **have/feel a lump in your throat** to feel pressure in your throat because you are about to cry ▶ **mieć ściśnięte gardło**

□ **lump** verb [T] (informal) **lump sb/sth (together)** to put people or things together; to consider or treat them as being all alike ▶ **wrzucać do jednego worka** | **lumpy** adj. (**lumpier**; **lumpiest**) full of or covered with lumps ▶ **bryłowaty, guzowaty, grudkowaty**

■ **'lump sum** noun [C] an amount of money paid all at once rather than in several smaller amounts: *You'll receive a lump sum when you retire as well as your pension.* ▶ **jednorazowa wypłata**

lump² /lʌmp/ verb

IDIOM **lump it** (informal) to accept sth unpleasant whether you want to or not: *'I don't like this sweater Mum.' 'Well you'll just have to lump it – it's the only one that's clean!'* ▶ **pogodzić się z czymś**

lunacy /ˈlu:nəsi/ noun [U] very foolish behaviour: *It was lunacy to swim so far out to sea.* ▶ **obłęd, szaleństwo**

lunar /ˈlu:nə(r)/ adj. connected with the moon: *lunar dust* ○ *a lunar spacecraft* ▶ **księżycowy**

lunatic /ˈlu:nətɪk/ noun [C] **1** (informal) a person who behaves in a very foolish way ▶ **wariat/ ka, szaleniec 2** (old-fashioned) a person who is mad ▶ **człowiek umysłowo chory, obłąkany**

> Uwaga! „Lunaty-k/czka" to **sleepwalker**.

□ **lunatic** adj. very foolish: *a lunatic idea* ▶ **wariacki, szaleńczy**

■ **'lunatic asylum** noun [C] (old-fashioned) a place where mentally ill people were kept in the past ▶ **zakład psychiatryczny, dom wariatów**

★**lunch** /lʌntʃ/ noun [C,U] a meal that you have in the middle of the day: *What would you like for lunch?* ○ *to have lunch* jeść lunch ○ *a packed lunch* kanapki itp. przygotowane jako drugie śniadanie poza domem ○ *a picnic lunch* piknik ○

a business lunch ○ *a working lunch* lunch roboczy ○ *a lunch break* ○ *Hot and cold lunches are served between 12 and 2.* ➲ Zob. uwagi przy **dinner** i **meal**. ▶ **lunch, obiad**

□ **lunch** verb [I] to eat lunch: *Could you lunch with me one day next week?* ▶ **jeść lunch/obiad, iść na lunch/obiad**

■ **'lunch hour** noun [C, usually sing.] the time around the middle of the day when you stop work or school to have lunch: *I went to the shops in my lunch hour.* ▶ **przerwa obiadowa** | **'lunchtime** noun [C,U] the time around the middle of the day when lunch is eaten: *I'll meet you at lunchtime.* ▶ **pora lunchu/obiadu**

luncheon /ˈlʌntʃən/ noun **1** [C] a formal meal eaten in the middle of the day: *The opening of the new shopping centre was followed by a luncheon in the town hall.* ▶ **bankiet** (*w porze południowej*) **2** [U] (formal) lunch ▶ **lunch, obiad**

★**lung** /lʌŋ/ noun [C] one of the two parts of the body that are inside your chest and are used for breathing: *lung cancer* ▶ **płuco**

lunge /lʌndʒ/ noun [C, usually sing.] a sudden forward movement of the body, especially when trying to attack sb ▶ **gwałtowny ruch do przodu**

□ **lunge** verb [I]: *He lunged towards me with a knife.* ▶ **rzucać się do przodu**

lurch[1] /lɜːtʃ/ noun [sing.]

IDIOM **leave sb in the lurch** → LEAVE[1]

lurch[2] /lɜːtʃ/ noun [C] a sudden movement to one side, especially when out of control: *The ship gave a tremendous lurch as it hit the iceberg.* ▶ **przechył**

□ **lurch** verb [I] ▶ **przechylać się**

lure /lʊə(r)/ noun [C] the power of attracting sb: *the lure of money/fame/adventure* ▶ **przynęta, pokusa**

□ **lure** verb [T] to attract or tempt sb/sth: *It's such a nice day – can I lure you away from your work?* ▶ **kusić, wabić**

lurid /ˈlʊərɪd/ adj. **1** shocking, especially because of violent or unpleasant detail: *The newspaper was criticized for its lurid description of the disaster.* ▶ **szokujący, przerażający, straszny 2** having colours that are very or too bright: *a lurid dress in purple and orange* ▶ **krzykliwy**

□ **luridly** adv. ▶ **przerażająco; krzykliwie**

lurk /lɜːk/ verb [I] to wait where you cannot be seen, especially when intending to do sth bad: *I thought I saw somebody lurking among the trees.* ▶ **czaić się, kryć się**

luscious /ˈlʌʃəs/ adj. (used about food) tasting very good ▶ **smakowity, wyśmienity**

lush /lʌʃ/ adj. (used about plants) growing very thickly and well ▶ **bujny**

lust /lʌst/ noun **1** [U] strong sexual desire ▶ **żądza, namiętność 2** [C,U] (a) very strong desire to possess or get sth: *a lust for power* ▶ **żądza, pożądanie**

□ **lust** verb [I] **lust after/for sb/sth** to have a very strong desire for sb/sth: *to lust for power/success/fame* ▶ **pożądać, pragnąć** | **lustful** /-fl/ adj. full of (sexual) desire: *lustful thoughts* ▶ **pożądliwy, lubieżny** | **lustfully** /-fəli/ adv. ▶ **pożądliwie, lubieżnie**

lute /luːt/ noun [C, U] a musical instrument with strings, played like a guitar. Lutes were used especially in the 14th-17th centuries. ▶ **lutnia**

luxurious /lʌgˈʒʊəriəs/ adj. very comfortable; full of luxury: *a luxurious hotel* ▶ **luksusowy**

□ **luxuriously** adv. ▶ **luksusowo; rozkosznie**

★**luxury** /ˈlʌkʃəri/ noun (pl. **luxuries**) **1** [U] great comfort and pleasure, often including the use and enjoyment of expensive and beautiful things: *They are said to be living in Barbados, in the greatest luxury.* ○ *to lead a life of luxury* ○ *a luxury hotel* ▶ **luksus, zbytek 2** [C,U] something that is enjoyable and expensive that you do not really need: *A holiday is a luxury we just can't afford this year.* ○ *luxury goods, such as wine and cigarettes* ▶ **luksus 3** [U, sing.] a pleasure which you do not often have: *It was (an) absolute luxury to do nothing all weekend.* ▶ **luksus**

lynch /lɪntʃ/ verb [T] (used about a crowd of people) to kill sb who is thought to be guilty of a crime, without a legal trial ▶ **linczować, dokonywać samosądu**

lyric /ˈlɪrɪk/ adj. (used about poetry) expressing personal feelings ▶ **liryczny**

□ **lyrics** noun [pl.] the words of a song: *Who wrote the lyrics?* ▶ **słowa**

lyrical /ˈlɪrɪkl/ adj. like a song or a poem, expressing strong personal feelings ▶ **liryczny**

Mm

M, m /em/ noun [C] (pl. **M's; m's**) the thirteenth letter of the English alphabet ▶ **litera** ***m***

M /em/ abbr. **1** (also **med**) medium (size) ▶ **śr. 2** (Brit.) motorway: *the M25* ▶ **autostrada**

m abbr. **1** male ▶ **mężczyzna 2** masculine (gender) ▶ **męski (rodzaj) 3** metre(s): *a 500m race* ▶ **m 4** million(s): *population: 10m* ▶ **mln**

MA /ˌem ˈeɪ/ abbr. Master of Arts; a second qualification that you receive when you complete a more advanced course or piece of research in an arts subject at university or college ▶ **mgr**

ma'am /mæm; mɑːm/ noun [sing.] (used when speaking to a woman, as a short form for 'madam') ❶ W Br. ang. **ma'am** jest słowem przestarzałym, ale w Amer. ang. jest ono często używane jako zwrot grzecznościowy w stosunku do kobiety. ▶ **proszę pani**

mac = MACKINTOSH

macabre /məˈkɑːbrə/ adj. horrible and frightening because it is connected with death ▶ **makabryczny**

macaroni /ˌmækəˈrəʊni/ noun [U] a type of Italian food made from pasta in the shape of hollow tubes ➲ Por. **noodle**. ▶ **makaron** (*typu rurki*)

★**machine** /məˈʃiːn/ noun [C] **1** (often in compounds) a piece of equipment with several moving parts, made to perform a particular task: *a washing machine* pralka automatyczna ○ *Can you operate/work this machine?* ○ *One of the machines has broken down.* ➲ Zob. uwaga przy **tool**. ▶ **maszyna 2** a system or an organization carefully controlled and organized by a group of people: *the party machine* ▶ **machina**

□ **machinery** /məˈʃiːnəri/ noun [U] machines in general or the moving parts of a machine: *the latest farm machinery* ○ *a piece of machinery* ▶ **maszyneria, mechanizm**

■ **maˈchine-gun** noun [C] a gun that fires bullets very quickly and continuously ▶ **karabin maszynowy** | **maˌchine-ˈreadable** adj. (of data) in a form that a computer can understand ▶ **nadający się do przetwarzania automatycznego/komputerowego**

macho /ˈmætʃəʊ/ adj. (informal) (used about a man or his behaviour) very masculine in an aggressive way ▶ **bardzo męski**

mackerel /ˈmækrəl/ noun (pl. **mackerel**) a sea fish that you can eat, that has greenish-blue bands on its body: *smoked mackerel* ▶ **makrela**

mackintosh /ˈmækɪntɒʃ/ (also **mac**; **mack** /mæk/) noun [C] (especially Brit.) a coat that is made to keep out the rain ▶ **płaszcz nieprzemakalny**

★**mad** /mæd/ adj. **(madder; maddest) 1** having a mind that does not work normally; mentally ill: *to go mad* ▶ **obłąkany**

> Zwykle nie używa się obecnie **mad** ani **insane** do określenia osoby umysłowo chorej. Odpowiednim zwrotem jest **mentally ill**.

2 (informal) very foolish; crazy: *My parents think I'm mad to leave school at 16.* ▶ **szalony, zwariowany 3 mad (at/with sb)** (especially US, informal) very angry: *His laziness drives me mad* (doprowadza mnie do szału)*!* ○ *Don't get mad at him.* ▶ **wściekły 4** not controlled; wild or very excited: *We're always in a mad rush to get ready in the morning.* ○ *The audience was cheering and clapping like mad.* ○ *When DiCaprio appeared his fans went mad.* ▶ **dziki, oszalały 5** (informal) **mad about/on sb/sth** extremely interested in sb/sth: *He's mad on computer games.* ○ *Steve's mad about Jane.* ○ *football-mad boys* ▶ **zwariowany (na punkcie kogoś/czegoś)**

□ **madly** adv. **1** in a wild or crazy way: *Stop rushing about madly and sit down for a minute!* ▶ **wściekle 2** extremely: *They're madly in love.* ▶ **szalenie** | **madness** noun [U] **1** the state of being mad(1) ▶ **obłęd, obłąkanie 2** foolish behaviour: *It would be madness to take a boat out in such rough weather.* ▶ **szaleństwo**

■ **ˈmadman** /-mən/ **ˈmadwoman** /-wʊmən/ noun [C] a person who is mad(1) or who behaves in a foolish way: *Stop behaving like a madman!* ○ *There's a madman trying to overtake a bus on the hill!* ▶ **obłąkaniec; wariat/ka**

madam /ˈmædəm/ noun [sing.] **1** (formal) a polite way of speaking to a woman, especially to a customer in a shop: *Can I help you, madam?* ➲ Por. **ma'am** i **sir**. ▶ **proszę pani 2 (Madam)** used for beginning a formal letter to a woman when you do not know her name: *Dear Madam* (Szanowna Pani), *I am writing in reply…* ▶ **pani** (*w nagłówku listu do nieznajomej kobiety*)

mad ˈcow disease = BSE

maddening /ˈmædnɪŋ/ adj. that makes you very angry or annoyed: *She has some really maddening habits.* ▶ **irytujący**

□ **maddeningly** adv. ▶ **irytująco**

made pt, pp of MAKE[1]

★**magazine** /ˌmægəˈziːn; US ˈmægəziːn/ (informal **mag** /mæg/) noun [C] a type of book with a paper cover which is published every week or month and contains articles, advertisements, photographs and stories by various writers: *a woman's/computer magazine* ○ *a magazine article* ○ *How often does this magazine come out?* ▶ **czasopismo**

maggot /ˈmægət/ noun [C] an insect that looks like a small worm. Maggots grow from the eggs of flies, which have been laid in meat, cheese, etc. ▶ **larwa**

★**magic** /ˈmædʒɪk/ noun [U] **1** (in stories) a power that can make extraordinary or impossible things happen: *The witch had used her magic to turn the children into frogs.* ➲ Por. **black magic**. ▶ **czary, magia 2** the art of performing extraordinary tricks to entertain people ▶ **sztukmistrzostwo 3** a special or fascinating quality or sth that has this quality: *I'll never forget the magic of that moment.* ○ *The whole holiday was magic.* ▶ **czar, magia**

□ **magic** adj. **1** used in or using magic: *a magic spell/trick* ▶ **magiczny, czarodziejski 2** wonderful; excellent: *The way she sings is absolutely magic.* ▶ **cudowny, magiczny** | **magical** /-kl/ adj. **1** that seems to use magic or to produce it: *This is a magical box that makes things disappear.* ▶ **magiczny, czarodziejski 2** mysterious and exciting: *Father Christmas has a magical fascination for many children.* ▶ **magiczny** | **magically** /-kli/ adv. ▶ **magicznie; cudownie** | **magician** /məˈdʒɪʃn/ noun [C] **1** a person who performs magic tricks to entertain people ➲ Por. **conjuror**. ▶ **magik 2** (in stories) a man who has magic power ➲ Por. **wizard**. ▶ **czarodziej/ka**

magistrate /ˈmædʒɪstreɪt/ noun [C] a person who judges less serious cases in the lowest rank of law court ➲ Por. **Justice of the Peace**. ▶ **urzędnik z uprawnieniami sędziowskimi, zajmujący się lżejszymi przestępstwami**

magnanimous /mæg'nænɪməs/ adj. generous (especially towards an enemy or a rival that you have beaten) ▶ **wielkoduszny, wspaniałomyślny**

magnet /'mægnət/ noun [C] a piece of iron that can attract and pick up iron and steel ▶ **magnes**
□ **magnetic** /mæg'netɪk/ adj. **1** having the ability of a magnet to attract iron and steel: *a magnetic field* ▶ **magnetyczny 2** having a quality that strongly attracts people: *a magnetic speaker* ▶ **porywający, przyciągający** | **magnetism** /'mægnətɪzəm/ noun [U] **1** the power of magnets to attract ▶ **magnetyzm 2** strong personal attraction ▶ **magnetyzm** | **magnetize** (also **-ise**) /'mægnətaɪz/ verb [T] **1** to make sth become magnetic ▶ **magnetyzować 2** to attract sb strongly ▶ **pociągać, fascynować**
■ **magnetic 'tape** noun [C,U] plastic tape covered with a magnetic substance and used for recording sound, films, etc. ▶ **taśma magnetyczna**

magnificent /mæg'nɪfɪsnt/ adj. extremely good or beautiful; splendid: *What a magnificent castle!* ▶ **wspaniały, świetny**
□ **magnificently** adv. ▶ **wspaniale, świetnie** | **magnificence** /-sns/ noun [U] ▶ **wspaniałość, świetność**

magnify /'mægnɪfaɪ/ verb [T] (pres. part. **magnifying**; 3rd pers. sing. pres. **magnifies**; pt, pp **magnified**) **1** to make sth look bigger than it is: *to magnify sth under a microscope* ▶ **powiększać 2** to make sth seem more important than it really is: *to magnify a problem* ▶ **wyolbrzymiać, przesadzać**
□ **magnification** /ˌmægnɪfɪ'keɪʃn/ noun [U] ▶ **powiększenie; wyolbrzymienie**
■ **'magnifying glass** noun [C] a lens that is held in your hand, and used for making things look bigger than they are ▶ **szkło powiększające**

magnitude /'mægnɪtjuːd; US -tuːd/ noun [U] the great size or importance of sth: *the magnitude of the problem* ▶ **ogrom, ważność**

magpie /'mægpaɪ/ noun [C] a noisy black and white bird that is attracted by, and often takes away, small bright objects ▶ **sroka**

mahogany /mə'hɒgəni/ noun [U] hard reddish-brown wood (from a tropical tree) that is used for making expensive furniture ▶ **mahoń**

maid /meɪd/ noun [C] a woman servant in a hotel or large house: *a chambermaid* ○ *a housemaid* ▶ **pokojówka, służąca**

maiden /'meɪdn/ noun [C] (old-fashioned) a girl or an unmarried woman ▶ **panna, kobieta niezamężna**
■ **'maiden name** noun [C] the surname that a woman had before she got married ▶ **nazwisko panieńskie** | **maiden 'voyage** noun [C] the first journey of a new ship ▶ **dziewiczy rejs**

★**mail** /meɪl/ noun [U] **1** the system for collecting and delivering letters and parcels: *to send a parcel by airmail/surface mail* (pocztą lotniczą/lądową) ○ *a mail van* furgonetka pocztowa ➲ Zob. uwaga przy **post**. ▶ **poczta, usługi pocztowe 2** = POST[3]: *junk mail* niezamawiana korespondencja (zwykle reklamowa) **3** (especially US) = EMAIL
□ **mail** verb [T] (especially US) = POST[4]
■ **'mailbox** noun [C] **1** (US) = LETTERBOX(2) **2** (US) = POSTBOX **3** a computer program that receives and stores email ▶ **skrzynka pocztowa** | **'mailing list** noun [C] a list of the names and addresses of people to whom advertising material or information is sent ▶ **lista adresowa** | **'mailman** /-mæn/ noun [C] (pl. **mailmen** /-men/) (US) = POSTMAN | **'mail order** noun [U] a method of shopping. You choose what you want from a catalogue and the goods are then sent to you by post. ▶ **sprzedaż wysyłkowa**

maim /meɪm/ verb [T] to hurt sb so badly that part of the body can no longer be used ▶ **okaleczyć**

★**main**[1] /meɪn/ adj. (only before a noun) most important; chief: *My main reason for learning English is to get a better job.* ○ *a main road* ○ *When do you eat your main meal?* ○ *He's happy. That's the main thing.* ▶ **główny, najważniejszy**
IDIOM **in the main** generally; mostly: *We found English people very friendly in the main.* ▶ **przeważnie, głównie, na ogół**
□ **mainly** adv. mostly: *The students here are mainly from Japan.* ▶ **w większości, przeważnie, głównie**
■ **ˌmain 'line** noun [C] the main railway line between two places: *a main-line station* ▶ **główna linia kolejowa**

main[2] /meɪn/ noun [C] a large pipe or wire that carries water, gas or electricity to a building or that takes waste water away from it: *The water main has burst.* ❶ Formy **mains** często używa się: *Turn the water off at the mains* (przy głównym zaworze). ○ *Plug the radio into the mains* (do sieci elektrycznej). ▶ **główna rura wodociągowa/kanalizacyjna/gazowa, główny przewód elektryczny**

mainland /'meɪnlænd/ noun [sing.] the main part of a country or continent, not including the islands around it: *They took the ferry back to the mainland.* ▶ **ląd stały, kontynent**

mainstay /'meɪnsteɪ/ noun [C] (figurative) a person or thing that helps sb/sth to work well or to be strong ▶ **ostoja, oparcie**

mainstream /'meɪnstriːm/ noun [sing.] the way that most people think or behave: *the mainstream of British politics.* ▶ **główny nurt**

★**maintain** /meɪn'teɪn/ verb [T] **1** to continue to have or do sth; to keep sth at the same level or standard: *We need to maintain the quality of our goods.* ○ *to maintain law and order* ○ *to maintain a constant temperature* ▶ **utrzymywać, zachowywać, podtrzymywać 2** to support sb by paying for the things they need: *He has to maintain two children from his previous marriage.* ▶ **utrzymywać, mieć na utrzymaniu 3** to keep sth in good condition: *to maintain a road/building/machine* ▶ **konserwować, utrzymywać w dobrym stanie 4** to say that sth is true:

In the Middle Ages people maintained that the Sun went round the Earth. ▶ **utrzymywać, twierdzić**

maintenance /ˈmeɪntənəns/ noun [U] **1** keeping sth in good condition: *This house needs a lot of maintenance.* ○ *car maintenance* ▶ **konserwacja, utrzymywanie w dobrym stanie** **2** money that you pay to the people that you are legally responsible for, when you no longer live with them: *He has to pay maintenance to his ex-wife.* ▶ **alimenty**

maisonette /ˌmeɪzəˈnet/ noun [C] a flat on two floors that is part of a larger building ▶ **mieszkanie dwupoziomowe**

maize /meɪz/ (US **corn**) noun [U] a tall plant that produces yellow grains in a cob ➲ Por. **sweet corn**. ▶ **kukurydza**

majestic /məˈdʒestɪk/ adj. making a strong impression because it is dignified or beautiful: *a majestic landscape* ▶ **majestatyczny, królewski**

□ **majestically** /-kli/ adv. ▶ **majestatycznie, po królewsku**

majesty /ˈmædʒəsti/ noun (pl. **majesties**) **1** [U] the quality of being grand or dignified like a king or queen: *the splendour and majesty of the palace* ▶ **majestat** **2** (**Majesty**) [C] (used when speaking to or about a royal person): *Her Majesty* ▶ **(Wasza/Jego/Jej) Królewska Mość**

***major**[1] /ˈmeɪdʒə(r)/ adj. **1** (only before a noun) great in size, importance, seriousness, etc.: *major problems* ○ *a major road* ○ *The patient needs major heart surgery.* ❶ Antonim: **minor**. ▶ **główny, poważny, większy** **2** of one of the two types of key in which music is usually written: *the key of D major* ➲ Por. **minor**. ▶ **dur**

□ **major** verb

PHRASAL VERB **major in sth** (US) to study sth as your main subject at college or university ▶ **specjalizować się**

major[2] /ˈmeɪdʒə(r)/ noun **1** (abbr. **Maj.**) [C] an officer of middle rank in the army or the US air force ▶ **major** **2** [C] (US) the main subject or course of a student at college or university; the student who studies it ▶ **przedmiot kierunkowy, specjalizacja; student odbywający studia z przedmiotu kierunkowego** **3** [U] (used in music) a type of key or scale ▶ **dur**

■ ˌ**major** ˈ**general** noun [C] an officer of high rank in the army ▶ (*w armii brytyjskiej*) **generał brygady**, (*w armii amerykańskiej*) **generał dywizji**

***majority** /məˈdʒɒrəti/ noun (pl. **majorities**) **1** [sing.] the largest number or part of sth: *the majority of students in the class* ❶ **Majority** używa się z czasownikiem występującym w lp lub lm: *The majority is/are in favour of building the road.* Antonim: **minority**. ▶ **większość** **2** [C] **majority (over sb)** the difference in the number of votes in an election for the person/party who came first and the person/party who came second: *He was elected by a majority of over 5 000 votes.* ○ *to have an overall majority* ▶ (*w głosowaniu/wyborach*) **przewaga (nad kimś)**

IDIOM **be in the/a majority** to form the largest number or part of sth: *The Labour Party is in the majority on the Council.* ▶ **być w większości, stanowić większość**

***make**[1] /meɪk/ verb [T] (pt, pp **made** /meɪd/) **1** to produce sth or to cause sth to appear: *Can you make me a cup of tea?* ○ *They make VW cars in Wolfsburg.* ○ *made in Britain* ○ *What's that shirt made of?* ○ *The coffee made a stain on the carpet.* ▶ **robić, wytwarzać, produkować** **2** (used with nouns) to perform a certain action: *to make a mistake* (robić błąd)/*a noise*/*a statement* (wydać oświadczenie)/*a suggestion* ○ *to make progress* ❶ Często w podobnej formie występuje czasownik, np. **decide**/**make a decision**. Jeżeli używa się **make** + rzeczownik, to można poprzedzić rzeczownik przymiotnikiem: *He made the right decision.* Podjął dobrą decyzję. ○ *They made a generous offer.* Przedstawili szczodrą ofertę. ▶ **robić** **3** to cause a particular action, feeling or situation: *The film made me cry.* Ten film doprawadził mnie do płaczu. ○ *That dress makes you look thin.* Ta sukienka wyszczupla cię. ○ *Flying makes him nervous.* Latanie samolotem bardzo go denerwuje. ○ *Her remarks made the situation worse.* Jej uwagi pogorszyły sytuację. ○ *We can make this room into a bedroom.* Możemy przerobić ten pokój na sypialnię. ▶ **wywoływać, powodować (że)** **4** to force sb/sth to do sth: *They made him wait at the police station.* ❶ W formie biernej należy używać **to**: *He was made to wait at the police station.* ▶ **zmuszać, kazać** **5** (used with *clear*, *certain* and *sure*): *She made it clear that she didn't agree.* ○ *Make sure you lock the car.* ○ *I made certain I had enough money.* ❶ **Make clear** często tłumaczy się zwrotem „dać wyraźnie do zrozumienia". **Make certain**/**sure** często tłumaczy się „sprawdzić/upewnić się". **6** (used with money, numbers and time): *He makes* (zarabia) *£20 000 a year.* ○ *to make a lot of money* ○ *5 and 7 make* (równa się) *12.* ○ *'What do you make the answer?' '28'* 'Jaka jest twoja odpowiedź?' '28.' ○ *'What's the time?' 'I make it 6.45.'* „Która godzina?" „U mnie jest 6:45." ○ *'What time shall we meet?' 'Let's make it eight o'clock* (powiedzmy, o ósmej)*.'* ▶ **uzyskiwać, wynosić, być** **7** linking verb to have the right qualities to be sth; to make sth perfect: *She'll make* (będzie) *a good teacher.* ○ *The beautiful weather really made our holiday.* Piękna pogoda sprawiła, że mieliśmy doskonałe wakacje. ▶ **mieć zadatki na coś, sprawdzać się** **8** linking verb to give sb a job or elect sb to a position: *She was made Minister of Health.* Została ministrem zdrowia. ▶ **wyznaczać, wybierać** **9** to reach a place; to be able to go somewhere: *We should make Bristol by about 10.* ○ *I can't make the meeting* (nie mogę iść na zebranie) *next week.* ▶ **docierać dokądś; (móc) się udać (gdzieś)**

IDIOMS **make do with sth** to use sth that is not good enough because nothing better is available: *If we can't get limes, we'll have to make do with lemons.* ▶ **zadowalać się (czymś)** | **make it** **1** to get to a place (in time); to go to a place you have been invited to: *The train leaves in 5 minutes. We'll never make it!* ○ *I'm afraid I can't make it to your party.* ▶ **zdążyć (gdzieś na** czas); przybywać **2** to be successful: *She'll never make it as an actress.* ▶ **odnosić sukces** | **made to measure** → MEASURE² | **make the most of sth** to get as much pleasure, profit, etc. as possible from sth: *You won't get another chance – make the most of it!* ▶ **wykorzystywać, jak się tylko da; wyciągać z czegoś jak najwięcej** ❶ **Make** używa się w zwrotach z rzeczownikami i przymiotnikami, np. **make love**. Zob. hasła odpowiednich rzeczowników i przymiotników, np. **love**.

PHRASAL VERBS **make for sb/sth** to move towards sb/sth ▶ **poruszać się w kierunku kogoś/czegoś, kierować się do kogoś/czegoś** | **make for sth** to help or allow sth to happen: *Arguing all the time doesn't make for a happy marriage.* ▶ **przyczyniać się do czegoś, pomagać w osiągnięciu czegoś** | **be made for sb/each other** to be well suited to sb/each other: *Jim and Alice seem made for each other.* ▶ **być stworzonym dla kogoś/siebie**

make sb/sth into sb/sth to change sb/sth into sb/sth: *She made her spare room into an office.* ▶ **zamieniać w kogoś/coś**

make sth of sb/sth (usually in negative sentences and in questions) to understand sb/sth: *I don't know what to make of my boss.* ○ *I can't make anything of this note.* ▶ **sądzić/myśleć o kimś/czymś**

make off (informal) to leave or escape in a hurry ▶ **uciekać, wychodzić pośpiesznie** | **make off with sth** (informal) to steal sth and leave quickly with it: *Someone's made off with my wallet!* ▶ **porywać (coś)**

make sb/sth out 1 to understand sb/sth: *I just can't make him out.* ○ *Can you make this form out?* ▶ **rozumieć, odczytać 2** to be able to see or hear sb/sth; to manage to read sth: *I could just make out her signature.* ▶ **rozpoznawać; odcyfrowywać** | **make sth out** to write or complete sth: *She made out a cheque for £100.* ▶ **wypisywać, sporządzać** | **make out that...**; **make yourself out to be sth** to say that sth is true and try to make people believe it: *He made out that he was a millionaire.* ○ *She's not as clever as she makes herself out to be.* ▶ **udawać, że; podawać się za coś**

make (yourself/sb) up to put powder, colour, etc. on your/sb's face to make it look attractive ▶ **malować (się)** | **make sth up 1** to form: *the groups that make up our society* ▶ **tworzyć, składać się na coś 2** to invent sth, often sth that is not true: *to make up an excuse* ▶ **zmyślać 3** to make a number or an amount complete: *We need one more person to make up our team.* ▶ **uzupełniać** | **make up for sth** to do sth that corrects a bad situation: *Her enthusiasm makes up for her lack of experience.* ▶ **kompensować coś** | **make it up to sb** (informal) to do sth that shows that you are sorry for what you have done to sb or that you are grateful for what they have done for you: *You've done me a big favour. How can I make it up to you?* ▶ **wynagradzać komuś, odwdzięczać się komuś** | **make (it) up (with sb)** to become friends again after an argument: *Has she made it up with him yet?* ▶ **pogodzić się (z kimś)**

★**make²** /meɪk/ noun [C] the name of the company that produced sth: *'What make is your television?' 'It's a Sony.'* ▶ **marka**

IDIOM **on the make** always trying to make money for yourself, especially in a dishonest way: *The country is being ruined by politicians on the make.* ▶ **w pogoni za zyskiem**

make-believe /ˈmeɪk bɪliːv/ noun [U] pretending or imagining sth; the things that are imagined: *I don't believe his stories – they're all make-believe.* ▶ **udawanie, pozory, wymysł**

★**maker** /ˈmeɪkə(r)/ noun [C] a person or company that makes sth: *a dressmaker* krawcowa ▶ **producent/ka, wytwór-ca/czyni**

makeshift /ˈmeɪkʃɪft/ adj. used for a short time until there is sth better: *The refugees built makeshift shelters.* ▶ **prowizoryczny**

make-up /ˈmeɪk ʌp/ noun **1** [U] powder, cream, etc. that you put on your face to make yourself more attractive. Actors use make-up to change their appearance when they are acting: *to put on/take off make-up* ○ *She wears a lot of make-up.* ➲ Por. **cosmetics**. Czasownik: **make up/make yourself up**. ▶ **makijaż, charakteryzacja 2** [sing.] a person's character: *His temper is part of his make-up.* ▶ **charakter**

making /ˈmeɪkɪŋ/ noun [sing.] the act of doing or producing sth: *bread making* ▶ **robienie, tworzenie, produkowanie**

IDIOMS **be the making of sb** be the reason that sb is successful: *Rachel worked for a year before she went to university and it was the making of her.* ▶ **być podstawą czyjegoś powodzenia** | **have the makings of sth** to have the necessary qualities for sth: *The book has the makings of a good film.* ▶ **mieć zadatki na coś**

maladjusted /ˌmæləˈdʒʌstɪd/ adj. (used about a person) not able to behave well with other people ▶ **nieprzystosowany**

□ **maladjustment** /ˌmæləˈdʒʌstmənt/ noun [U] ▶ **nieprzystosowanie**

malaria /məˈleəriə/ noun [U] a serious disease that you may get when you have been bitten by a mosquito that lives in hot countries ▶ **malaria**

★**male** /meɪl/ adj. belonging to the sex that does not give birth to babies or lay eggs: *A male goat is called a billy.* ➲ Zob. uwaga przy **female**. ▶ **płci męskiej, męski**

□ **male** noun [C] a male person or animal ▶ **mężczyzna; samiec**

■ **male 'chauvinism** noun [U] the belief that men are better than women ▶ **męski szowinizm** | **male 'chauvinist** noun [C] ▶ **męski szowinista**

malice /ˈmælɪs/ noun [U] a wish to hurt other people ▶ **złośliwość**

□ **malicious** /məˈlɪʃəs/ adj. ▶ **złośliwy** | **maliciously** adv. ▶ **złośliwie**

malignant /məˈlɪgnənt/ adj. (used to describe tumours in the body) likely to cause death if not controlled ❶ Antonim: **benign**. ▶ **złośliwy**

mall /mæl; mɔːl/ noun [C] = SHOPPING MALL

mallet /ˈmælɪt/ noun [C] a heavy wooden hammer ➲ Ilustr. do **tool**. ▶ **drewniany młotek**

malnourished /ˌmælˈnʌrɪʃt/ adj. in bad health because of a lack of food or a lack of the right type of food ▶ **niedożywiony**

malnutrition /ˌmælnjuːˈtrɪʃn; US -nuː-/ noun [U] bad health that is the result of not having enough food or enough of the right kind of food ▶ **niedożywienie**

malt /mɔːlt/ noun [U] grain that has been left in water for a long time and then dried. Malt is used for making beer and whisky ▶ **słód**

maltreat /ˌmælˈtriːt/ verb [T] (formal) to treat a person or an animal cruelly or unkindly ▶ **maltretować, poniewierać, źle traktować**
□ **maltreatment** noun [U] ▶ **maltretowanie, poniewieranie, złe traktowanie**

mammal /ˈmæml/ noun [C] an animal of the type that gives birth to live animals and does not lay eggs. Mammals feed their babies on milk from their bodies ▶ **ssak**

mammoth /ˈmæməθ/ adj. very big ▶ **olbrzymi**

★**man**[1] /mæn/ noun (pl. **men** /men/) **1** [C] an adult male person: *a handsome man* ○ *men, women and children* ▶ **mężczyzna 2** [C] a person of either sex, male or female: *All men are equal.* ○ *No man could survive long in such conditions.* ▶ **człowiek 3** [U] the human race; human beings: *Early man lived by hunting and gathering.* ○ *Why is man so destructive?* ▶ **rodzaj ludzki, istota ludzka, ludzie**

> Niektórzy nie akceptują użycia rzeczownika **man** w znaczeniach 2 i 3 (lub użycia rzeczownika **mankind** w znaczeniu „wszyscy mężczyźni i kobiety"), ponieważ wygląda to tak, jakby zwroty te nie obejmowały kobiet. Zamiast tego używają rzeczowników **humanity, the human race** lub **people**.

4 [C] a husband, boyfriend or male lover: *to become man and wife* stać się mężem i żoną ▶ **partner 5** [C, usually pl.] a man of low rank in the army, etc. who takes orders from an officer: *officers and men* ▶ **szeregowy, żołnierz** (*poniżej stopnia oficerskiego*) **6** [sing.] (informal, spoken, especially US) (used for addressing a male person): *Hey, man, can you lend me a pound?* ▶ **człowiek**
IDIOMS **the man in the street** (Brit.) an ordinary man or woman ▶ **szary człowiek | the odd man/one out** → ODD
□ **-man** (in compounds) **1** a person who lives in a particular place: *a Frenchman* Francuz ○ *a countryman* mieszkaniec wsi ▶ **mieszkaniec danego miejsca 2** a person who has a particular job: *a businessman* ○ *a fireman* strażak ▶ **osoba wykonująca daną pracę**

man[2] /mæn/ verb [T] (**ma<u>nn</u>ing**; **ma<u>nn</u>ed**) to operate sth or to provide people to operate sth: *to man a boat/gun/telephone* ○ *When was the first manned space flight?* Kiedy pierwszy człowiek poleciał w kosmos? ▶ **obsługiwać; obsadzać ludźmi**

★**manage** /ˈmænɪdʒ/ verb **1** [T] to be in charge or control of sth: *She manages a small advertising business.* ▶ **kierować, zarządzać, prowadzić 2** [I,T] (often with *can* or *could*) to be able to do sth or to deal with sth: *We are sorry we didn't manage to see you while we were in Scotland.* ○ *I can't manage this suitcase. It's too heavy.* ○ *However did you manage to find us?* ○ *Paula can't manage next Tuesday* (nie może przyjść w przyszły wtorek) *so we'll meet another day.* ▶ **potrafić, umieć radzić sobie 3** [I] **manage (on sth)**; **manage (without sb/sth)** to have a reasonable way of life: *They couldn't manage without a car.* ○ *It's hard for a family to manage on just one income.* ▶ **dawać sobie radę, radzić sobie**
□ **manageable** adj. not too big or too difficult to control or look after: *a garden of manageable size* ▶ **taki, z którym można sobie poradzić, możliwy do zarządzania/utrzymania**
■ **ˌmanaging diˈrector** noun [C] a person who controls a business or company ▶ **dyrektor**

★**management** /ˈmænɪdʒmənt/ noun **1** [U] the control or organization of sth: *Good management is the key to success in business.* ○ *management training* ▶ **zarządzanie, kierownictwo, gospodarowanie 2** [C] the people who control a business or company: *The hotel is now under new management.* ❶ W lp **management** można użyć z czasownikiem występującym w lp lub lm: *The management is/are considering making some workers redundant.* ▶ **zarząd, dyrekcja, kierownictwo**

★**manager** /ˈmænɪdʒə(r)/ noun [C] **1** a man or woman who controls an organization or part of an organization: *the manager of a shop.* ○ *a bank/sales manager* ○ *an assistant manager* ▶ **dyrektor/ka, kierowni-k/czka 2** a person who looks after the business affairs of a singer, actor, etc. ▶ **menedżer 3** a person who looks after a sports team: *the England manager* ▶ **kierownik**
□ **managerial** /ˌmænəˈdʒɪəriəl/ adj. connected with the work of a manager: *Do you have any managerial experience?* ▶ **kierowniczy, menedżerski**

manageress /ˌmænɪdʒəˈres/ noun [C] the woman who is in charge of a shop or restaurant ▶ **dyrektorka, kierowniczka**

mandarin /ˈmændərɪn/ (also **mandarin orange**) noun [C] a type of small orange whose skin comes off easily ▶ **mandarynka**

mandate /ˈmændeɪt/ noun [usually sing.] the power that a group of people has to do sth as a result of winning an election: *The union leaders had a clear mandate from their members to call a strike.* ➲ Uwaga! Por. **ticket**(3). ▶ **mandat**

mandatory /ˈmændətəri; mænˈdeɪtəri/ adj. (formal) that you must do, have, obey, etc.: *The crime carries a mandatory life sentence.* ❶ Synonim: **obligatory**. Antonim: **optional**. ▶ **obowiązkowy**

mane /meɪn/ noun [C] the long hair on the neck of a horse or male lion ▶ **grzywa**

maneuver (US) = MANOEUVRE

mangle /ˈmæŋgl/ verb [T] to damage sth greatly so that it is difficult to see what it used to look like: *the mangled wreckage* (pogięte wraki) *of cars* ❶ **Mangle** najczęściej używa się w stronie biernej. ▶ **wyginać, po/szarpać**

mango /ˈmæŋgəʊ/ noun [C] (pl. **mangoes** or **mangos**) a tropical fruit that has a yellowish red skin and is yellow inside ▶ **mango**

manhole /ˈmænhəʊl/ noun [C] a hole in the street with a lid over it through which sb can go to look at the pipes, wires, etc. that are underground ▶ **studzienka, właz kanalizacyjny**

manhood /ˈmænhʊd/ noun [U] the state of being a man rather than a boy: *to reach manhood* ▶ **męskość, dojrzałość**

mania /ˈmeɪniə/ noun **1** [U] a serious mental illness that may cause a person to be very excited or violent ▶ **szał 2** [C] (informal) a very great love (for sth): *She's got a mania for keeping things tidy.* ▶ **mania (czegoś/robienia czegoś)**

maniac /ˈmeɪniæk/ noun [C] **1** a person who is mad and dangerous: (figurative) *to drive like a maniac* ▶ **obłąkany/a; szaleniec 2** a person who has a great love for sth: *a football maniac* ▶ **fanaty-k/czka (czegoś), miłośni-k/czka (czegoś)**

manic /ˈmænɪk/ adj. **1** full of nervous energy or excited activity: *His behaviour became more manic as he began to feel stressed.* ▶ **szaleńczy 2** connected with mania(2) ▶ **maniakalny**

manicure /ˈmænɪkjʊə(r)/ noun [C,U] treatment to make your hands and fingernails look nice ▶ **manicure, pielęgnacja rąk**

manifest /ˈmænɪfest/ verb [T] (formal) **1** to show sth clearly ▶ **p/okazywać, ujawniać, wykazywać 2** (**manifest itself/themselves**) to appear: *Mental illness can manifest itself in many forms.* ▶ **ujawniać się**

□ **manifestation** /ˌmænɪfeˈsteɪʃn/ noun [C,U] (formal) a sign that sth is happening ▶ **dowód (czegoś/na coś), ujawnianie (się), okazywanie**

manifesto /ˌmænɪˈfestəʊ/ noun [C] (pl. **manifestos** or **manifestoes**) a written statement by a political party that explains what it hopes to do if it becomes the government in the future ▶ **manifest**

manipulate /məˈnɪpjuleɪt/ verb [T] **1** to use or control sth with skill ▶ **manipulować, zręcznie kierować 2** to influence sb so that they do or think what you want: *to manipulate public opinion* ▶ **manipulować**

□ **manipulation** /məˌnɪpjuˈleɪʃn/ noun [C,U] ▶ **manipulacja; manipulowanie**

mankind /mænˈkaɪnd/ noun [U] all the people in the world: *A nuclear war would be a threat to all mankind.* ➲ Zob. uwaga przy **man**. ▶ **ludzkość, rodzaj ludzki**

manly /ˈmænli/ adj. typical of or suitable for a man: *a deep manly voice* ▶ **męski**

□ **manliness** noun [U] ▶ **męskość**

man-made /ˌmæn ˈmeɪd/ adj. made by people, not formed in a natural way; artificial: *man-made fabrics such as nylon and polyester* ❶ Antonim: **natural**. ▶ **sztuczny, syntetyczny**

mannequin /ˈmænɪkɪn/ noun [C] (old-fashioned) **1** a person whose job is to wear and display new styles of clothes ➲ Por. **model**. ▶ **model/ka 2** a model of a human body, used for displaying clothes in shops ▶ **manekin**

★**manner** /ˈmænə(r)/ noun **1** [sing.] the way that you do sth or that sth happens: *Stop arguing! Let's try to act in a civilized manner.* ▶ **sposób 2** [sing.] the way that sb behaves towards other people: *Don't you think that David has got a very arrogant manner?* ▶ **sposób zachowania 3** (**manners**) [pl.] the way of behaving that is thought to be polite in your society or culture: *In some countries it is bad manners to show the soles of your feet.* ○ *table manners* maniery przy stole ▶ **maniery**

IDIOM **all manner of...** every kind of... ▶ **wszelkiego rodzaju**

mannerism /ˈmænərɪzəm/ noun [C] a way of speaking or a movement of part of the body that is typical for a particular person ▶ **maniera, manieryzm**

manoeuvre (US **maneuver**) /məˈnuːvə(r)/ noun **1** [C] a movement that needs care or skill: *In the driving test you must perform several manoeuvres.* ▶ **manewr 2** [C] something clever that you do in order to win sth, trick sb, etc. ▶ **fortel, podstęp 3** (**manoeuvres**) [pl.] a way of training soldiers when large numbers of them practise fighting in battles: *large-scale military manoeuvres* ▶ **manewry**

□ **manoeuvre** (US **maneuver**) verb [I,T] to move to a different position using skill: *The parking space wasn't very big but I managed to manoeuvre into it quite easily.* ▶ **manewrować**

manor /ˈmænə(r)/ (also **ˈmanor house**) noun [C] a large house in the country that has land around it ▶ **dwór**

> W średniowieczu, do rodziny mieszkającej w **manor house** należały całe otaczającę go ziemie wraz z wioskami. Por. **feudalism**.

manpower /ˈmænpaʊə(r)/ noun [U] the people that you need to do a particular job: *There is a shortage of skilled manpower in the computer industry.* ▶ **siła robocza**

mansion /ˈmænʃn/ noun [C] a very large house ▶ **rezydencja, dwór, pałac**

manslaughter /ˈmænslɔːtə(r)/ noun [U] the crime of killing sb without intending to do so ➲ Por. **murder**. ▶ **zabójstwo**

mantelpiece /ˈmæntlpiːs/ noun [C] a shelf that is above a fireplace ➲ Ilustr. do **fireplace**. ▶ **półka nad kominkiem**

manual[1] /ˈmænjuəl/ adj. using your hands; operated by hand: *manual work* ○ *Does your car have a manual or an automatic gearbox?* ○ *a skilled manual worker* ▶ **ręczny, fizyczny**

□ **manually** /-juəli/ adv. by hand, not automatically ▶ **ręcznie, fizycznie**

manual[2] /ˈmænjuəl/ noun [C] a book that explains how to do or operate sth: *a training manual* ○ *Full instructions are in the owner's manual.* ▶ **podręcznik, instrukcja obsługi**

★**manufacture** /ˌmænjuˈfæktʃə(r)/ verb [T] to make sth in large quantities using machines: *a local factory that manufactures high-quality furniture* ○ *manufacturing industries* ▶ **produko-**

wać/wytwarzać (maszynowo)

□ **manufacture** noun [U] ▶ **produkcja, wytwarzanie, wyrób** | **manufacturer** noun [C] a person or company that manufactures sth: *Faulty goods should be returned to the manufacturer.* ▶ **producent/ka, wytwórca**

manure /mə'njʊə(r)/ noun [U] the waste matter from animals that is put on the ground in order to make plants grow better ➲ Por. **fertilizer**. ▶ **nawóz, gnój**

manuscript /'mænjuskrɪpt/ noun [C] **1** a very old book or document that was written by hand ▶ **rękopis, manuskrypt 2** a typed or handwritten copy of a book that has not yet been printed ▶ **maszynopis, rękopis**

Manx /mæŋks/ adj. of the Isle of Man, its people or language ▶ **dotyczący wyspy Man/jej mieszkańców i ich języka**

★**many** /'meni/ det., pron. (used with plural nouns or verbs) **1** a large number of people or things: *Many people do not get enough to eat.* ○ *There are too many mistakes in this essay.* ○ *many of the people at the meeting* ○ *Many of the mistakes were just careless.* ▶ **wiel-e/u, dużo, sporo**

> **Many** w zdaniach oznajmujących brzmi bardzo formalnie: *Many schools teach computing nowadays.* W języku mówionym, a także w nieformalnym języku pisanym, używa się **a lot of**: *A lot of schools teach computing nowadays.* Jednak w zdaniach pytających i przeczących **many** nie ma już znaczenia formalnego i można używać go w różnych sytuacjach: *I don't know many cheap places to eat.* ○ *Are there many hotels in this town?*

2 (used with 'how' to ask about the number of people or things): *How many children have you got?* ○ *How many mistakes did you make?* ○ *How many came to the meeting?* ▶ **il-e/u, (jak) wiele/wielu/dużo 3** (used to form compound adjectives) having a lot of the thing mentioned: *a many-sided* (wielostronny) *shape* ▶ **wielo- 4** (**many a**) (used with a singular noun and verb) (formal) a large number of: *I've heard him say that many a time* (nieraz). ▶ **niejeden, wiele**

IDIOM **a good/great many** very many ▶ **bardzo dużo, mnóstwo**

Maori /'maʊri/ noun [C] a member of the race of people who were the original inhabitants of New Zealand ▶ **Maorys/ka**

□ **Maori** adj. ▶ **maoryski**

★**map** /mæp/ noun [C] a drawing or plan of (part of) the surface of the earth that shows countries, rivers, mountains, roads, etc.: *a map of the world* ○ *a road map* mapa samochodowa/drogowa ○ *a street map* (plan miasta) *of Oxford* ○ *a relief map* mapa plastyczna (często dwuwymiarowa) ○ *I can't find Cambridge on the map.* ○ *to read a map* ○ *I'll draw you a map.* ➲ Por. **atlas**. ▶ **mapa, plan**

□ **map** verb [T] (**mapping**; **mapped**) to make a map of a place ▶ **sporządzać mapę/plan**

maple /'meɪpl/ noun [C] a tree that has leaves with five points and that produces a very sweet liquid: *maple syrup* ▶ **klon**

Mar. abbr. March: *17 Mar. 1956* ▶ **marzec**

marathon /'mærəθən; US -θɑːn/ noun [C] a long-distance running race in which people run about 42 kilometres or 26 miles: *to run a marathon* ○ (figurative) *a marathon meeting* ▶ **maraton**

marble /'mɑːbl/ noun **1** [U] a hard attractive stone that is used to make statues and parts of buildings: *a marble statue* ○ *This staircase is made of marble.* ▶ **marmur 2** [C] a small ball of coloured glass that children play with ▶ **kolorowa kula ze szkła marmurkowego używana do gier dziecięcych 3** (**marbles**) [pl.] the children's game that you play by rolling marbles along the ground trying to hit other marbles ▶ **gra w kulki**

★**March** /mɑːtʃ/ noun [C,U] (abbr. **Mar.**) the third month of the year, coming before April ➲ Zob. przykł. użycia nazw miesięcy w zdaniach przy **January**. ▶ **marzec**

★**march**[1] /mɑːtʃ/ verb **1** [I] to walk with regular steps (like a soldier): *The President saluted as the troops marched past* (wojska defilowały). ▶ **maszerować 2** to walk in a determined way: *He marched in* (wkroczył) *and demanded an explanation.* ▶ **kroczyć 3** [I] to walk in a large group to protest about sth: *The demonstrators marched through the centre of town.* ▶ **iść w pochodzie 4** [T] to cause sb to walk or march somewhere: *The prisoner was marched away.* ▶ **prowadzić (kogoś) krokiem marszowym**

march[2] /mɑːtʃ/ noun [C] **1** an act of marching: *The soldiers were tired after their long march.* ▶ **marsz 2** an organized walk by a large group of people who are protesting about sth: *a peace march* ➲ Por. **demonstration**. ▶ **pochód**

mare /meə(r)/ noun [C] a female horse or donkey ➲ Zob. uwaga przy **horse**. ▶ **klacz, kobyła**

margarine /ˌmɑːdʒə'riːn; US 'mɑːrdʒərən/ noun [U] a food that looks like butter, made of animal or vegetable fats. Margarine is used for spreading on bread and for cooking. ▶ **margaryna**

margin /'mɑːdʒɪn/ noun [C] **1** the empty space at the side of a page in a book, etc.: *notes in the margin* ○ *a wide/narrow margin* ▶ **margines, brzeg strony 2** [usually sing.] the amount of space, time, votes, etc. by which you win sth: *He won the race by a comfortable margin.* ▶ **margines** (*wygranej*) **3** [usually sing.] an amount of space, time, etc. that is more than you need: *a safety margin* ▶ **margines** (*np. bezpieczeństwa*) **4** (formal) the extreme edge or limit of a place: *the margins of the Pacific Ocean* ▶ **(s)kraj, krawędź 5** the amount of profit that a company makes on sth ▶ **marża**

□ **marginal** /-nl/ adj. small in size or importance: *The differences are marginal.* ▶ **marginesowy** | **marginally** /-nəli/ adv. a little; slightly: *In most cases costs will increase only marginally.* ▶ **marginesowo, nieznacznie**

marijuana (also **marihuana**) /ˌmærə'wɑːnə/ noun [U] an illegal drug that is smoked in cigarettes ▶ **marihuana**

marina /mə'riːnə/ noun [C] a small harbour for pleasure boats ▶ **przystań jachtowa**

marinade /ˌmærɪˈneɪd/ noun [C,U] a mixture of oil, wine, spices, etc. in which fish or meat is left for some time before it is cooked in order to make it more tender or to give it a special taste ▶ **marynata**
□ **marinade** (also **marinate** /ˈmærɪneɪt/) verb [T] **marinade sth (in sth)** to put food in a marinade ▶ **marynować**

marine¹ /məˈriːn/ adj. connected with the sea; connected with ships or sailing: *the study of marine life* ○ *marine insurance* ▶ **morski**

marine² /məˈriːn/ noun [C] a soldier who has been trained to fight on land or at sea ▶ **żołnierz piechoty morskiej**

marital /ˈmærɪtl/ adj. (only before a noun) connected with marriage: *marital problems* ▶ **małżeński**
■ ˌ**marital ˈstatus** noun [U] (formal) whether you are married, single, widowed or divorced ▶ **stan cywilny**

maritime /ˈmærɪtaɪm/ adj. connected with the sea or ships ▶ **morski**

marjoram /ˈmɑːdʒərəm/ noun [U] a plant whose sweet-smelling leaves are used in cooking ▶ **majeranek**

★**mark¹** /mɑːk/ noun [C] **1** a spot or line that spoils the appearance of sth: *There's a mark on your shirt.* ○ *If you put a hot cup on the table, it will leave a mark.* ➲ Por. **birthmark**. ▶ **plama, znak, ślad 2** something that shows who or what sb/sth is or that gives information about sb/sth: *Crusoe made a mark on a stick for each day.* ▶ **znak, kreska 3** a written or printed symbol that is a sign of sth: *a question/punctuation/exclamation mark* ▶ **znak 4** a sign of a quality or feeling: *They stood in silence as a mark of respect.* ▶ **dowód, oznaka 5** (Brit.) a number or letter you get for school work that tells you how good your work was: *She got very good marks in the exam.* ○ *The pass mark is 60* (aby zdać, trzeba otrzymać najmniej 60 punktów) *out of 100.* ○ *to get full* (najlepsze) *marks* ▶ **stopień, ocena 6** the level of sth: *Sales have now reached the million pound mark.* ▶ **poziom, pułap 7** an effect that people notice and will remember: *The time he spent in prison left its mark on him.* ○ *He was only eighteen when he made his first mark in politics.* ▶ **ślad, piętno 8** a particular model or type of sth: *the new SL 53 Mark III* ▶ **marka**

> Uwaga! Słowa **mark** nie wolno stosować, mówiąc o samym produkcie lub o jego producencie. Używa się wówczas **brand** lub **make**: *What make is your car?* ○ *What brand of coffee do you buy?*

9: *the arrow hit/missed its mark* ○ *His judgement of the situation is wide of the mark.* Jego ocena sytuacji jest całkowicie chybiona. ▶ **cel**
IDIOMS **on your marks, get set, go!** (used at the start of a sports race) ▶ **do startu, gotowi, hop!** | **quick, slow, etc. off the mark** quick, slow, etc. in reacting to a situation ▶ **nie zwlekać/zwlekać ze zrobieniem czegoś**

★**mark²** /mɑːk/ verb [T] **1** to put a sign on sth: *We marked the price on all items in the sale.* ○ *The route is marked with yellow arrows.* ▶ **oznaczać, oznakowywać 2** to spoil the appearance of sth by making a mark on it: *The white walls were dirty and marked.* ▶ **plamić 3** (Brit.) to look at school, etc. work that sb has done, show where there are mistakes and give it a number or letter to show how good it is: *Why did you mark that answer wrong?* ○ *He has 100 exam papers to mark.* ▶ **oceniać, wystawiać stopień/ocenę 4** to show where sth is or where sth happened: *Flowers mark the spot where he died.* ▶ **oznaczać, określać 5** to celebrate sth: *The ceremony marked the fiftieth anniversary of the opening of the school.* ▶ **obchodzić 6** (in sport) to stay close to a player of the opposite team so that they cannot play easily ▶ **kryć** (*przeciwnika*)
PHRASAL VERBS **mark sth down** to decrease the price of sth that you are selling: *All goods have been marked down by 15%.* ▶ **przeceniać** | **mark sb/sth down as/for sth** to decide that sb/sth is of a particular type or suitable for a particular use: *From the first day of school, the teachers marked Fred down as a troublemaker.* ▶ **przesądzać, że ktoś jest; przeznaczać coś do czegoś** | **mark sth out** to draw lines to show the position of sth: *Spaces for each car were marked out in the car park.* ▶ **wytyczać, oznaczać** | **mark sth up** to increase the price of sth that you are selling: *All goods have been marked up by 5%.* ▶ **podnosić cenę czegoś**
□ **marked** /mɑːkt/ adj. clear; noticeable: *a marked increase in crime* ▶ **wyraźny, znaczny** | **marker** noun [C] something that shows the position of sth: *A marker flag shows* (flaga oznacza) *where the water is dangerous.* ▶ **znacznik, markier, znak** | **marking** noun [C, usually pl.] patterns of colour on an animal or bird ▶ **plamy**

mark³ /mɑːk/ noun [C] the former unit of money in Germany ▶ **marka niemiecka**

★**market¹** /ˈmɑːkɪt/ noun **1** [C] a place where people go to buy and sell things: *There is a market in the town every Wednesday.* ○ *an open-air/covered market* ○ *an old market town* ○ *The farmers sell their sheep at the market in Hereford.* ➲ Por. **flea market**, **hypermarket** i **supermarket**. ▶ **rynek, targ, jarmark 2** [U, sing.] the desire to buy a particular thing: *There's no market for very large cars when petrol is so expensive.* ▶ **zbyt, popyt, rynek 3** [C] a country, area or group of people that may want to buy sth: *the home/overseas market* rynek wewnętrzny/zagraniczny ➲ Por. **black market** i **stock market**. ▶ **rynek (zbytu)**
IDIOM **on the market** for sale: *This is one of the best automatic cameras on the market.* ▶ **na rynku, w sprzedaży**
■ ˌ**market ˈgarden** noun [C] a farm where vegetables and fruit are grown in large quantities ▶ **gospodarstwo warzywno-owocowe** | ˈ**marketplace** noun **1** (**the market place**) [sing.] the activity of competing with other companies to buy and sell goods, services, etc. ▶ (*w gospodarce*) **rynek 2** (also ˌ**market ˈsquare**) [C] the place in a town where a market is or used to be

held ▶ **plac targowy** | ˌ**market re'search** noun [U] the study of what people want to buy and why ▶ **badanie rynku**

market² /ˈmɑːkɪt/ verb [T] to sell sth with the help of advertising ▶ **wprowadzać na rynek** (*za pomocą reklamy*)

□ **marketable** adj. able to be sold easily, because people want it ▶ **możliwy do zbycia, sprzedażny** | **marketing** noun [U] deciding how sth can be sold most easily, e.g. what price it should be or how it should be advertised: *Effective marketing will lead to increased sales.* ○ *the marketing department* ▶ **marketing**

marksman /ˈmɑːksmən/ noun [C] (pl. **marksmen** /-mən/) a person who can shoot very well with a gun ▶ **strzelec wyborowy, dobry strzelec**

marmalade /ˈmɑːməleɪd/ noun [U] a type of jam that is made from oranges or lemons: *toast and marmalade for breakfast* ▶ **dżem pomarańczowy/cytrynowy**

maroon /məˈruːn/ adj. dark brownish-red in colour ➲ Por. **auburn**, **chestnut**, **crimson** i **scarlet**. ▶ **rudawobrązowy**

marooned /məˈruːnd/ adj. in a place that you cannot leave: *The sailors were marooned* (zostali osadzeni) *on a desert island.* ▶ **znajdujący się w miejscu, którego nie można opuścić**

marquee /mɑːˈkiː/ noun [C] a very large tent that is used for parties, shows, etc. ▶ **duży namiot**

★**marriage** /ˈmærɪdʒ/ noun **1** [C,U] the state of being husband and wife: *five years of marriage* ○ *a happy/an unhappy marriage* ○ *a mixed marriage* małżeństwo mieszane ▶ **małżeństwo, stan małżeński** **2** [C] a wedding ceremony: *The marriage took place at a registry office in Birmingham.* ❶ Czasownik: **marry**. ➲ Zob. uwaga przy **wedding**. ▶ **ślub**

★**married** /ˈmærid/ adj. **1 married (to sb)** having a husband or wife: *a married man/woman/couple* ○ *They've been married* (są małżeństwem) *for nearly 50 years.* ○ *Ewa's married to Mark.* Ewa jest żoną Marka. ○ *They're getting married* (pobierają się) *in June.* ❶ Antonim: **unmarried** lub **single**. ▶ **żonaty; zamężna** **2** (only before a noun) of marriage(1): *Married life seems to suit him.* ▶ **małżeński**

marrow¹ /ˈmærəʊ/ noun [U] = BONE MARROW

marrow² /ˈmærəʊ/ noun [C,U] a large vegetable with dark green skin that is white inside ▶ **kabaczek**

★**marry** /ˈmæri/ verb (pres. part. **marrying**; 3rd pers. sing. pres. **marries**; pt, pp **married**) **1** [I,T] to take sb as your husband or wife: *They married when they were very young.* ○ *When did Roger ask you to marry him?* ❶ Częściej używa się zwrotu **get married**: *When are Sue and Ian getting married?* ○ *Many people live together without getting married* ○ *Are you getting married in church or at the registry office?* ▶ **pobierać się; wychodzić za mąż, żenić się** **2** [T] to join two people together as husband and wife: *We asked the local vicar to marry us.* ❶ Rzeczownik: **marriage**. ▶ **udzielać ślubu**

Mars /mɑːz/ noun [sing.] the planet that is fourth in order from the sun and second nearest to the earth ➲ Por. **Martian**. ▶ **Mars**

marsh /mɑːʃ/ noun [C,U] an area of soft wet land ▶ **bagno, błota, moczary**

□ **marshy** adj. ▶ **błotnisty, bagnisty**

marshal /ˈmɑːʃl/ noun [C] **1** a person who helps to organize or control a large public event: *Marshals are directing traffic in the car park.* ▶ **organizator dużej imprezy** **2** (US) an officer of high rank in the police or fire department or in a court of law ▶ **marszałek**

marshmallow /ˌmɑːʃˈmæləʊ; US ˈmɑrʃmeləʊ/ noun [C,U] a soft pink or white sweet ▶ **rodzaj miękkiego cukierka**

martial /ˈmɑːʃl/ adj. (formal) connected with war: *to declare/impose/lift martial law* ogłosić/wprowadzić/znieść stan wojenny ▶ **wojenny**

■ ˌ**martial 'art** noun [C] a fighting sport such as karate or judo, in which you use your hands and feet as weapons ▶ **sporty walki**

Martian /ˈmɑːʃn/ noun [C] (in stories) a creature that comes from the planet Mars ▶ **Marsjanin/ka**

martyr /ˈmɑːtə(r)/ noun [C] **1** a person who is killed because of what they believe ▶ **męczenni-k/ca** **2** a person who does not do or have what they want in order to help other people or to be admired by them: *Don't be such a martyr! You don't have to do all the housework.* ▶ **męczenni-k/ca**

□ **martyrdom** /ˈmɑːtədəm/ noun [U] ▶ **męczeństwo, udręka**

marvel /ˈmɑːvl/ noun [C] a person or thing that is wonderful or that makes you feel surprised: *the marvels of modern technology* ○ *It's a marvel that no one was killed in the accident.* ▶ **cudo, fenomen, rzecz niepojęta**

□ **marvel** verb [I] (**marvelling**; **marvelled**; US **marveling**; **marveled**) (formal) to be very surprised at how good, beautiful, etc. sb/sth is: *We marvelled at how much they had been able to do.* ▶ **podziwiać, zdumiewać się** | **marvellous** (US **marvelous**) /ˈmɑːvələs/ adj. very good; wonderful: *Peter was marvellous while I was ill. He took care of everything.* ○ *It's marvellous to have such lovely weather.* ▶ **cudowny, zdumiewający** | **marvellously** (US **marvelously**) adv. ▶ **cudownie, zdumiewająco**

Marxism /ˈmɑːksɪzəm/ noun [U] the political and economic thought of Karl Marx, who said that important changes in history were caused by the struggle between social classes ▶ **marksizm**

□ **Marxist** /ˈmɑːksɪst/ noun [C] a person who believes in Marxism ▶ **marksist-a/ka** | **Marxist** adj.: *Marxist ideology* ▶ **marksistowski**

marzipan /ˈmɑːzɪpæn; ˌmɑːzɪˈpæn/ noun [U] a food that is made of sugar, egg and almonds. Marzipan is used to make sweets or to put on cakes. ▶ **marcepan**

mascara /mæˈskɑːrə; US -ˈskærə/ noun [U] a type of make-up that is used to make your eyelashes look darker and thicker ▶ **tusz do rzęs**

mascot /ˈmæskət; -skɒt/ noun [C] a person, an

animal or a thing that is thought to bring good luck ▶ **maskotka**

masculine /ˈmæskjəlɪn/ adj. with the qualities that people think are typical of men ➲ Por. **male** i **manly** oraz **feminine** i zob. uwaga przy **female**. ❶ W gramatyce angielskiej słowa określone przymiotnikiem **masculine** odnoszą się do ludzi lub zwierząt rodzaju męskiego: *'He' is a masculine pronoun.* ▶ **męski, płci męskiej, rodzaju męskiego**

□ **masculinity** /ˌmæskjuˈlɪnəti/ noun [U] ▶ **męskość, cechy męskie**

mash /mæʃ/ verb [T] to mix or crush sth until it is soft: *mashed potatoes* ▶ **tłuc, ubijać**

mask /mɑːsk; US mæsk/ noun [C] something that you wear that covers your face or part of your face. People wear masks in order to hide or protect their faces or to make themselves look different: *The bank robbers wore stocking masks.* ○ *a surgical mask* ➲ Por. **gas mask** i **goggles**. ▶ **maska**

□ **mask** verb [T] **1** to cover or hide your face with a mask: *a masked gunman* ▶ **maskować, zakładać maskę** **2** to hide your feelings: *He masked his anger with a smile.* ▶ **maskować**

masochism /ˈmæsəkɪzəm/ noun [U] getting (sexual) pleasure from suffering or pain ▶ **masochizm**

□ **masochist** /-kɪst/ noun [C] ▶ **masochist-a/ka** | **masochistic** /ˌmæsəˈkɪstɪk/ adj. ▶ **masochistyczny**

mason /ˈmeɪsn/ noun [C] **1** a person who makes things from stone ▶ **kamieniarz** **2** = FREEMASON

□ **masonry** /ˈmeɪsənri/ noun [U] the parts of a building that are made of stone: *The building is old and the masonry is crumbling.* ▶ **kamieniarka**

masquerade /ˌmæskəˈreɪd; Brit. also ˌmɑːsk-/ verb [I] to pretend to be sb/sth: *Two people, masquerading as doctors, knocked at the door and asked to see the child.* ▶ **podawać się za kogoś/coś**

Mass (also **mass**) /mæs/ noun [C,U] the ceremony in some Christian churches when people eat bread and drink wine in order to remember the last meal that Christ had before he died: *to go to Mass* ▶ **msza**

⋆**mass** /mæs/ noun **1** [C] a large amount or number of sth: *The garden was a mass of flowers.* ○ *a dense mass of smoke* ○ (informal) *There were masses of people at the market.* ▶ **masa; mnóstwo** **2** [U] (in physics) the amount of material that sth contains; weight ▶ **masa** **3** (**the masses**) [pl.] ordinary people when considered as a political group ▶ **masy, rzesze**

□ **mass** adj. (only before a noun) involving a large number of people: *a mass murderer* ○ *a mass meeting* masówka ▶ **masowy** | **mass** verb [I,T] to gather together in a mass: *The students massed in the square.* ▶ **gromadzić się**

■ ˌ**mass** ˈ**media** noun [pl.] the means of communicating with large numbers of people, i.e. newspapers, television and radio ▶ **mass media** | ˌ**mass-proˈduce** verb [T] to make large numbers of similar things by machine in a factory ▶ **produkować masowo/seryjnie** | ˌ**mass proˈduction** noun [U] ▶ **produkcja masowa/seryjna**

massacre /ˈmæsəkə(r)/ noun [C] the killing of a large number of people or animals ▶ **masakra, jatka, rzeź**

□ **massacre** verb [T] ➲ Zob. uwaga przy **kill**. ▶ **masakrować, rżnąć, urządzać rzeź/jatkę**

massage /ˈmæsɑːʒ; US məˈsɑːʒ/ noun [C,U] rubbing or pressing sb's body in order to reduce pain or to help the person move more easily: *to give sb a massage* robić komuś masaż ▶ **masaż**

□ **massage** verb [T] ▶ **masować, robić komuś masaż**

masseur /mæˈsɜː(r)/ noun [C] a person whose job is giving people massage ▶ **masażyst-a/ka**

masseuse /mæˈsɜːz/ noun [C] a woman whose job is giving people massage ▶ **masażystka**

massive /ˈmæsɪv/ adj. very big: *a massive increase in prices* ▶ **ogromny, wielki**

mast /mɑːst; US mæst/ noun [C] **1** a tall wooden or metal pole for a flag, ship's sails, etc. ▶ **maszt** **2** a tall pole that is used for sending out radio or television broadcasts ▶ **maszt**

master[1] /ˈmɑːstə(r); US ˈmæs-/ noun [C] **1** a man who has people or animals in his control: *The dog ran to his master.* ○ (figurative) *to be master of a difficult situation* ➲ Por. **mistress**. ▶ **pan, właściciel** **2** a person who has great skill at doing sth: *a master builder* mistrz murarski ▶ **mistrz** **3** a male teacher (usually in a private school): *the chemistry master* ➲ Por. **mistress** i **headmaster**. ▶ **nauczyciel** **4** (**Master**) (sometimes used when speaking or writing to a boy who is too young to be called Mr): *Master James Wilson* ▶ **panicz** **5** a film or tape from which copies can be made ▶ **negatyw główny, taśma-matka**

■ ˌ**Master of** ˈ**Ceremonies** noun [C] (abbr. **MC**) a person who announces guests, etc. at certain formal social occasions ▶ **mistrz ceremonii** | ˈ**Master's degree** (also **Master's**) noun [C] a second or higher university degree. You usually get a Master's degree by studying for one or two years after your first degree: *Master of Arts (MA)* ○ *Master of Science (MSc)* ➲ Por. **bachelor**. Zob. uwaga przy **degree**. ▶ **stopień magistra**

master[2] /ˈmɑːstə(r); US ˈmæs-/ verb [T] **1** to learn how to do sth well: *to master a foreign language* ▶ **opanowywać, nabierać biegłości/wprawy w czymś** **2** to control sth: *to master a situation* ▶ **panować nad czymś**

mastermind /ˈmɑːstəmaɪnd; US ˈmæs-/ noun [C] a very clever person (who planned or organized sth) ▶ **mózg**

□ **mastermind** verb [T]: *The police failed to catch the man who masterminded the whole operation.* ▶ **być mózgiem czegoś**

masterpiece /ˈmɑːstəpiːs; US ˈmæs-/ noun [C] a work of art, music, literature, etc. that is of the highest quality ▶ **arcydzieło**

mastery /ˈmɑːstəri/ noun [U] **1 mastery (of sth)** great skill at doing sth: *His mastery of the violin was exceptional.* ▶ **biegłość (w czymś), wprawa (w czymś)** **2 mastery (of/over sb/**

sth) control over sb/sth: *the battle for mastery of the seas* ▶ **panowanie/władza nad kimś/czymś**

masturbate /'mæstəbeɪt/ verb [I] to make yourself feel sexually excited by handling and rubbing your sex organs ▶ **masturbować się**
□ **masturbation** /ˌmæstə'beɪʃn/ noun [U] ▶ **masturbacja**

mat[1] /mæt/ noun [C] **1** a piece of carpet or other thick material that you put on the floor: *a doormat* wycieraczka (przed drzwiami) ○ *an exercise mat for gymnasts* ○ *a straw mat* ➲ Por. **rug**. ▶ **mata 2** a small piece of material that you put under a hot dish, cup, glass, etc.: *a table mat* ○ *a beer mat* ▶ **podstawka**

mat[2] = MATT

★**match**[1] /mætʃ/ noun [C] a short piece of wood with a tip that catches fire when it is rubbed against another surface: *to light/strike a match* zapalać/pocierać zapałkę ○ *a box of matches* ▶ **zapałka**
■ **'matchbox** noun [C] a small box for matches ➲ Ilustr. do **container**. ▶ **pudełko od zapałek** | **'matchstick** noun [C] the thin wooden part of a match ▶ **zapałka**

★**match**[2] /mætʃ/ noun **1** [C] an organized game or sports event: *a tennis/football match* ○ *They beat us last time but we hope to win the return match* (mecz rewanżowy). ○ *Game, set and match to Kuerten!* ▶ **mecz 2** [sing.] a person or thing that is as good as or better than sb/sth else: *Carol is no match for her mother when it comes to cooking.* Karolina nie dorównuje swojej matce w gotowaniu. ▶ **osoba/rzecz dorównująca drugiej (w czymś) 3** [sing.] **a match (for sb/sth)** something that looks good with sth else, e.g. because it has the same colour or pattern: *Those shoes aren't a very good match with your dress.* ○ (figurative) *Bill and Sue are a good match* (dobrze pasują do siebie). ▶ **rzecz dopasowana (do innej), rzecz harmonizująca (z inną)**

★**match**[3] /mætʃ/ verb **1** [I,T] to have the same colour or pattern as sth else, or to look nice with sth else: *That blouse doesn't match your skirt.* ○ *We've chosen the curtains but now we need a carpet to match.* ▶ **harmonizować (z czymś), być dobrze dobranym (do czegoś), pasować (do czegoś)**

> **Match**, **go with sth** i **go (together)** używa się, kiedy rzeczy harmonizują ze sobą kolorem lub kształtem: *a scarf with gloves to match* ○ *Does this jacket go with this skirt?* ○ *Those colours go well together.* **Suit** używa się, kiedy coś na kimś ładnie wygląda: *That dress really suits you.*

2 [T] to find sb/sth that is like or suitable for sb/sth else: *The agency matches single people with suitable partners.* ▶ **kojarzyć** (*np. ludzi*), **swatać 3** [T] to be as good as or better than sb/sth else: *The two teams are evenly matched* (są na tym samym poziomie). ○ *Taiwan produces it at a price that Europe cannot match.* ▶ **dorównywać**

PHRASAL VERBS **match up** to be the same: *The statements of the two witnesses don't match up.* ▶ **pasować (do siebie)** | **match sth up (with sth)** to fit or put sth together (with sth else): *What you have to do is match up each TV personality with his or her pet.* ▶ **dopasowywać (do czegoś)** | **match up to sb/sth** to be as good as sb/sth: *The film didn't match up to my expectations.* ▶ **dorównywać komuś/czemuś**

mate[1] /meɪt/ noun [C] **1** (informal) a friend or sb you live or work with: *He's an old mate of mine.* ○ *a flatmate* współmieszka-niec/nka ○ *a classmate* ▶ **kole-ga/żanka**; **kumpel 2** (Brit., slang) (used when speaking to a man): *Hallo mate!* ▶ **kumpel 3** one of a male and female pair of animals, birds, etc.: *The female sits on the eggs while her mate hunts for food.* ▶ **sami-ec/ca 4** an officer on a ship ▶ **oficer okrętowy, zastępca kapitana**

mate[2] /meɪt/ verb **1** [I] (used about animals and birds) to have sex and produce young: *Pandas rarely mate in zoos.* ▶ **parzyć się 2** [T] to bring two animals together so that they can mate ▶ **parzyć**

mate[3] /meɪt/ noun = CHECKMATE

★**material**[1] /mə'tɪəriəl/ noun **1** [C,U] a substance that can be used for making or doing sth: *Many African countries export raw materials and import manufactured goods.* ○ *writing materials* artykuły piśmienne ○ *This new material is strong.* ▶ **materiał, surowiec 2** [C,U] cloth (for making clothes, etc.): *Is there enough material for a dress?* ▶ **materiał, tkanina 3** [U] facts or information that you collect before you write a book, article, etc. ▶ **materiał**

★**material**[2] /mə'tɪəriəl/ adj. **1** connected with real or physical things rather than the spirit or emotions: *We should not value material comforts too highly.* ➲ Por. **spiritual**. ▶ **materialny, cielesny 2** important: *material evidence* ❶ To słowo nie jest często spotykane. ➲ Por. **immaterial**. ▶ **istotny, ważny**
□ **materially** adv. ▶ **materialnie**

materialism /mə'tɪəriəlɪzəm/ noun [U] the belief that money and possessions are the most important things in life ▶ **materializm**
□ **materialist** /mə'tɪəriəlɪst/ noun [C] ▶ **materialist-a/ka** | **materialistic** /məˌtɪəriə'lɪstɪk/ adj. ▶ **materialistyczny**

materialize (also **-ise**) /mə'tɪəriəlaɪz/ verb [I] to become real; to happen: *The pay rise never materialized.* ▶ **materializować się, urzeczywistniać się, dochodzić do skutku**

maternal /mə'tɜːnl/ adj. **1** of or like a mother: *maternal love* ▶ **matczyny, macierzyński 2** related through your mother's side of the family: *your maternal grandfather* ➲ Por. **paternal**. ▶ **ze strony matki**

maternity /mə'tɜːnəti/ adj. connected with women who are going to have or have just had a baby: *maternity leave* ○ *the hospital's maternity ward* ▶ **macierzyński, położniczy**

★**mathematics** /ˌmæθə'mætɪks/ noun [U] the science or study of numbers, quantities or shapes ❶ Brytyjski skrót tego słowa to **maths**, zaś amerykański to **math**: *Maths is my favourite subject.* ▶ **matematyka**

□ **mathematical** /ˌmæθəˈmætɪkl/ adj. ▶ **matematyczny** | **mathematically** /-kli/ adv. ▶ **matematycznie** | **mathematician** /ˌmæθəməˈtɪʃn/ noun [C] a person who studies or is an expert in mathematics ▶ **matematyk**

matinee (also **matinée**) /ˈmætɪneɪ; US ˌmætnˈeɪ/ noun [C] an afternoon performance of a play, film, etc. ▶ **popołudniówka**

matrimony /ˈmætrɪməni; US -məʊnɪ/ noun [U] (formal) the state of being married ▶ **stan małżeński, małżeństwo**

□ **matrimonial** /ˌmætrɪˈməʊniəl/ adj. ▶ **małżeński, matrymonialny**

matron /ˈmeɪtrən/ noun [C] **1** a nurse who is in charge of the other nurses in a hospital ❶ Obecnie częściej używa się zwrotu **senior nursing officer**. ▶ **przełożona (pielęgniarek)** **2** an older married woman ▶ **matrona**

matt (also **mat**; US also **matte**) /mæt/ adj. not shiny: *This paint gives a matt finish.* ➲ Por. **glossy**. ▶ **matowy**

matted /ˈmætɪd/ adj. (used especially about hair) forming a thick mass, especially because it is wet and/or dirty ▶ **skudłacony**

★**matter**[1] /ˈmætə(r)/ noun **1** [C] a subject or situation that you must think about and give your attention to: *It's a personal matter.* ○ *They should try to settle matters* (wyrównać rachunki) *between themselves before going to court.* ○ *to simplify/complicate matters* ▶ **sprawa, kwestia** **2** [sing.] **the matter (with sb/sth)** the reason sb/sth has a problem or is not good: *What's the matter with her?* Co jej się stało? ○ *There seems to be something the matter* (wygląda na to, że coś się dzieje) *with the car.* ○ *Eat that food! There's nothing the matter with it.* Nic mu nie brakuje. **3** [U] all physical substances; a substance of a particular kind: *waste matter* odpadki/odpady ○ *reading matter* lektura/piśmiennictwo ▶ **materia, substancja** **4** [U] the contents of a book, film etc.: *unsuitable subject matter for children* ▶ **treść**

IDIOMS **as a matter of fact** to tell the truth; in reality: *I like him very much, as a matter of fact.* ▶ **prawdę mówiąc, w rzeczywistości** | **a matter of hours, miles, etc.** (used to say that sth is not very long, far, expensive, etc.): *The fight lasted a matter of seconds.* ▶ **jakieś parę godzin, mil itp.** | **a matter of life and/or death** extremely urgent and important ▶ **sprawa życia lub śmierci** | **for that matter** in addition; as well: *Mick is really fed up with his course. I am too, for that matter.* ▶ **jeśli o to idzie** | **another/a different matter** something much more serious, difficult, etc.: *I can speak a little Japanese, but reading it is quite another matter.* ▶ **to inna sprawa** | **make matters/things worse** → WORSE | **a matter of course** something that you do regularly; the usual practice: *Goods leaving the factory are checked as a matter of course.* ▶ **rzecz naturalna, normalny tok postępowania** | **a matter of opinion** a subject on which people do not agree: *'I think the government is doing a good job.' 'That's a matter of opinion.'* ▶ **sprawa dyskusyjna** | **a matter of sth/doing sth** something that needs or requires sth: *Learning a language is largely a matter of practice.* ▶ **kwestia (robienia) czegoś** | **no matter who, what, where, etc.** whoever, whatever, wherever, etc.: *They never listen no matter what you say.* ▶ **bez względu na kogoś/coś, wszystko jedno** (*gdzie itp.*)

■ ˌ**matter-of-ˈfact** adj. said or done without showing any emotion, especially when it would seem more normal to express your feelings: *He was very matter-of-fact about his illness.* ▶ **rzeczowy**

★**matter**[2] /ˈmætə(r)/ verb [I] to be important: *It doesn't really matter* (to naprawdę nieważne) *how much it costs.* ○ *Does it matter* (czy nic się nie stanie) *if we are a little bit late?* ○ *What matters most is giving the children a good start in life.* ○ *Some things matter more than others.* ○ *If you can't eat it all, it doesn't matter* (nic nie szkodzi). ❶ Czasownika **matter** używa się często w zdaniach przeczących, pytających i zdaniach zawierających **what**, **who**, **when**, **if** itp. Nie używa się go w gerundium, tj. formie z przyrostkiem: *-ing*. ▶ **znaczyć, mieć znaczenie**

mattress /ˈmætrəs/ noun [C] a large soft thing that you lie on to sleep, usually put on a bed ➲ Ilustr. do **bed**. ▶ **materac**

mature[1] /məˈtʃʊə(r); -ˈtjʊə(r); US also -ˈtʊər/ adj. **1** fully grown or fully developed: *a mature tree/bird/animal* ➲ Por. **immature**. ▶ **dojrzały, dorosły** **2** behaving in a sensible adult way: *Is she mature enough for such responsibility?* ➲ Por. **immature**. ▶ **dojrzały, dorosły**

□ **maturity** /məˈtʃʊərəti; -ˈtjʊə-; US -ˈtʊə-/ noun [U] ▶ **dojrzałość, dorosłość**

mature[2] /məˈtʃʊə(r); -ˈtjʊə(r); US -ˈtʊər/ verb [I] to become mature: *He matured a lot during his two years at college.* ▶ **dojrzewać, dorośleć**

maul /mɔːl/ verb [T] (usually used about a wild animal) to attack and injure sb ▶ **kaleczyć, szarpać**

mauve /məʊv/ adj., noun [U] reddish purple ▶ **(kolor) fiołkoworóżowy**

max /mæks/ abbr. maximum: *max temp 21°* ▶ **maks.**

maxim /ˈmæksɪm/ noun [C] a few words that express a rule for good or sensible behaviour: *Their maxim is: 'If a job's worth doing, it's worth doing well.'* ▶ **zasada, sentencja, maksyma**

maximize (also **-ise**) /ˈmæksɪmaɪz/ verb [T] to increase sth as much as possible: *to maximize profits* ▶ **maksymalizować**

★**maximum** /ˈmæksɪməm/ noun [sing.] (abbr. **max**) the greatest amount or level of sth that is possible, allowed, recorded, etc.: *a maximum of 40 people* ○ *£500 is the maximum we can afford.* ○ *to set the dial to maximum* nastawić pokrętło na maksimum ▶ **maksimum**

□ **maximum** adj. (only before a noun): *a maximum speed of 120 miles per hour* ○ *a maximum security prison* ▶ **maksymalny**

★**May** /meɪ/ noun [C,U] the fifth month of the year,

coming before June ➲ Zob. przykł. użycia nazw miesięcy w zdaniach przy **January**. ▶ **maj**

■ **'May Day** noun [C] 1st May ▶ **Święto 1 Maja**

May Day jest tradycyjnie obchodzony jako święto wiosny, a w niektórych krajach także jako dzień spotkań i manifestacji grup socjalistycznych.

★**may** /meɪ/ modal verb (negative **may not**) **1** (used for saying that sth is possible): *'Where's Sue?' 'She may be* ((być) może jest) *in the garden.'* ○ *You may be right.* Być może masz rację. ○ *I may be going* (możliwe, że pojadę) *to China next year.* ○ *They may have forgotten the meeting.* Być może zapomnieli o spotkaniu. ○ *He may have been driving too fast.* Być może jechał zbyt szybko. **2** (used as a polite way of asking for and giving permission): *May I use your phone?* Czy mógłbym skorzystać z telefonu? ○ *You may only borrow books for a week.* Możesz pożyczać książki tylko na jeden tydzień. ▶ **móc 3** (used in the negative as a way of forbidding sb to do sth): *You may not take photographs* (nie wolno fotografować) *here.* **4** (used for contrasting two facts): *He may be very clever* (może i jest bardzo mądry) *but he can't do anything practical.* **5** (formal) (used for expressing wishes and hopes): *May God be with you.* ▶ **oby**

IDIOM **may/might as well (do sth)** → WELL[3]

★**maybe** /'meɪbi/ adv. perhaps; possibly: *'Are you going to come?' 'Maybe.'* ○ *There were three, maybe four armed men.* ○ *Maybe I'll accept the invitation and maybe I won't.* ➲ Zob. uwaga przy **perhaps**. ▶ **może; być może, że**

mayn't /'meɪənt/ short for MAY NOT

mayonnaise /ˌmeɪə'neɪz; US 'meɪəneɪz/ noun [U] a thick yellow sauce made with eggs and oil and often eaten with salad ▶ **majonez**

mayor /meə(r); US 'meɪər/ noun [C] a person who is elected to be the leader of the council that manages the affairs of a town or city ▶ **burmistrz**

□ **mayoress** /meə'res; US 'meɪərəs/ noun [C] **1** a mayor who is a woman ▶ **kobieta-burmistrz** **2** the wife of a mayor or a woman who helps the mayor with his official duties ▶ **burmistrzowa, kobieta pomagająca burmistrzowi w oficjalnych obowiązkach**

maze /meɪz/ noun [C] a system of paths which is meant to confuse you so that it is difficult to find your way in or out: *We got lost in the Hampton Court maze.* ○ (figurative) *a maze of winding streets* ➲ Por. **labyrinth**. ▶ **labirynt**

MBA /ˌem bi: 'eɪ/ abbr. Master of Business Administration ▶ **mgr zarządzania**

MD /ˌem 'di:/ abbr. Doctor of Medicine ▶ **lek. med.**

★**me** /mi:/ pron. (used as an object or after the verb *be*) the person who is speaking or writing: *He telephoned me yesterday.* ○ *She wrote to me last week.* ○ *'Somebody's spilt the wine.' 'I'm afraid it was me* (obawiam się, że to ja).' ○ *'Who's this photograph of?' 'Me* (ja).' ❶ **It is/was me** używa się znacznie częściej niż **it is/was I**, chociaż ta druga forma może być stosowana w formalnej mowie lub piśmie. ▶ **mnie, mi, (to) ja**

meadow /'medəʊ/ noun [C] a field of grass ▶ **łąka**

meagre (US **meager**) /'mi:gə(r)/ adj. too small in amount: *a meagre salary* ○ *The food was good but the portions were meagre.* ▶ **skromny, niewielki**

★**meal** /mi:l/ noun [C] a certain time when you eat or the food that is eaten at that time: *We're going out for a meal.* ○ *The pub serves hot and cold meals.* ○ *Do you have your main meal at lunchtime or in the evening?* ○ *a heavy/light meal* ▶ **posiłek**

Główne posiłki w ciągu dnia to **breakfast**, **lunch** i **dinner**. **Tea** i **supper** to zwykle mniejsze posiłki (ale zob. uwaga przy **dinner**). Bardzo mały posiłek nazywa się **snack**.

■ **'mealtime** noun [C] a time at which a meal is usually eaten ▶ **pora posiłku**

★**mean[1]** /mi:n/ verb [T] (pt, pp **meant** /ment/) (not in the *-ing* forms) **1** to express, show or have as a meaning: *What does this word mean?* ○ *The bell means that the lesson has ended.* ○ *Does the name 'Charles Bell' mean anything to you?* ▶ **znaczyć, mówić 2** to want or intend to say sth; to refer to sb/sth: *I don't understand what you mean.* ○ *She said 'yes' but she really meant 'no'.* ○ *What do you mean by 'a lot'?* ○ *I only meant I couldn't come tomorrow – any other day would be fine.* ▶ **mieć na myśli, chcieć powiedzieć**

Zwróć uwagę, że **mean** nie można używać w znaczeniu „być zdania, że". Stosuje się wówczas zwroty **I think that...** lub **in my opinion...**: *I think that she'd be silly to buy that car.*

Zwrot **I mean** często stosuje się w rozmowie w celu wyjaśnienia czegoś, o czym mówiło się przed chwilą lub podania dodatkowej informacji: *What a terrible summer – I mean it's rained almost all the time.* ○ *I think the film will have started – I mean it's past 8 o'clock.*

I mean używa się też w celu skorygowania czegoś, co zostało dopiero co powiedziane: *We went there on Tuesday, I mean Thursday.*

3 (not in the *-ing* forms) to be important to sb: *This job means a lot to me.* ▶ **znaczyć (coś ważnego), mieć (duże) znaczenie 4** (not in the *-ing* forms) to make sth likely; to cause: *The shortage of teachers means that classes are larger.* ○ *His new job means him travelling more.* ▶ **oznaczać 5** (not in the *-ing* forms) to be serious or sincere about sth: *He said he loved me but I don't think he meant it!* ○ *I'm never coming back – I mean it!* ▶ **mówić poważnie 6** to want or plan to do sth; to intend sth: *I'm sure she didn't mean to upset you.* ○ *She meant the card for both of us.* ○ *I didn't mean you to cook the whole meal!* ▶ **mieć zamiar, zamierzać 7** (usually passive) to intend or expect sb/sth to be or do sth: *It was only meant as a joke.* To miał być tylko żart. ○ *What's this picture meant to be?* Co ten obraz ma wyrażać? ○ *You're meant to get to work at 9 o'clock.* Oczekuje się od ciebie, że będziesz przychodził do pracy o 9. ○ *That restaurant is meant to be excellent.* Ta restauracja ma być wspaniała. ▶ **oznaczać, wyrażać itp.**

IDIOM **mean well** to want to be kind and helpful but usually without success: *My mother means well but I wish she'd stop treating me like a child.* ▶ **chcieć jak najlepiej**

★**mean**[2] /miːn/ adj. **1 mean (with sth)** not willing to give or use sth (especially money); not generous: *It's no good asking him for any money – he's much too mean.* ○ *Don't be mean with the cream.* ▶ **skąpy, małostkowy 2 mean (to sb)** (used about people or their behaviour) unkind: *It was mean of him not to invite you too.* ▶ **nieuprzejmy, nikczemny**

□ **meanness** noun [U] ▶ **skąpstwo, nieuprzejmość**

mean[3] /miːn/ adj. (only before a noun) average: *the mean annual temperature* ▶ **średni**

meander /miˈændə(r)/ verb [I] **1** (used about a river, road, etc.) to have a lot of curves and bends ▶ **wić się 2** (used about a person or an animal) to walk or travel slowly or without any definite direction ▶ **błąkać się**

★**meaning** /ˈmiːnɪŋ/ noun **1** [C,U] what sth means or expresses; its sense or intention: *This word has two different meanings in English.* ○ *What do you think is the meaning of the last line of the poem?* ▶ **znaczenie 2** [U] purpose or importance: *With his child dead there seemed to be no meaning to life.* ▶ **treść, znaczenie**

□ **meaningful** /-fl/ adj. **1** useful, important or interesting: *People need a meaningful relationship with another person.* ▶ **znaczący, treściwy 2** (used about a look, an expression, etc.) trying to express a certain feeling or idea: *They kept giving each other meaningful glances.* ▶ **porozumiewawczy** | **meaningfully** /-fəli/ adv. ▶ **znacząco, treściwie** | **meaningless** adj. without meaning, reason or sense: *The figures are meaningless if we have nothing to compare them with.* ▶ **bez znaczenia**

★**means**[1] /miːnz/ noun [C] (pl. **means**) a method of doing sth: *Is there any means of contacting your husband?* ○ *Have you any means of transport?* ▶ **sposób, środek**

IDIOMS **a means to an end** a way of achieving sth where the thing or method you use is not as important as the result ▶ **środek do osiągnięcia celu** | **by all means** (used to say that you are happy for sb to have or do sth): *'Can I borrow your newspaper?' 'By all means.'* ▶ **jak najbardziej!** | **by means of** by using: *We got out of the hotel by means of the fire escape.* ▶ **za pomocą/pośrednictwem, drogą** | **by no means; not by any means** (used for emphasis) not at all: *I'm by no means sure that this is right.* ▶ **w żaden sposób, stanowczo nie**

means[2] /miːnz/ noun [pl.] (formal) money or wealth ▶ **środki** (*do życia*), **zasoby finansowe**

■ ˈ**means test** noun [C] an official enquiry to find out how much money sb has in order to decide whether they should get financial help from the state ▶ **ocena dochodów/sytuacji majątkowej**

meant pt, pp of MEAN[1]

meantime /ˈmiːntaɪm/ noun

IDIOM **in the meantime** in the time between two things happening: *The builders haven't finished so in the meantime we're living with my mother.* ▶ **tymczasem**

★**meanwhile** /ˈmiːnwaɪl/ adv. during the same time or during the time between two things happening : *Peter was studying. Tony, meanwhile, was out with his friends.* ○ *The new computer will arrive soon. Meanwhile, you'll have to manage without.* ▶ **tymczasem, na razie**

measles /ˈmiːzlz/ noun [U] a common infectious disease, especially among children. You have a temperature and your skin is covered in small red spots. ❶ **Measles** wygląda jak rzeczownik w lm, ale używa się go z czasownikami w lp: *In many countries measles is a very dangerous disease.* ▶ **odra**

measly /ˈmiːzli/ adj. (informal) much too small in size, amount or value: *a measly helping of ice cream* ▶ **nędzny, mizerny**

★**measure**[1] /ˈmeʒə(r)/ verb **1** [I,T] to find the size, weight, etc. of sb/sth often by using an instrument such as a ruler: *to measure the height/width/length/depth of sth* ○ *Could you measure the table to see if it will fit into our room?* ○ *Height is measured in metres and centimetres.* ○ *Britain now uses the metric system for measuring.* ▶ **mierzyć 2** linking verb to be a certain height, width, length, etc.: *The room measures five metres across.* ○ *The pool measures 25 metres by 5 metres.* ▶ **mierzyć, mieć rozmiar 3** [T] **measure sth (against sth)** to show or judge the size, amount, etc. of sth: *A speedometer measures speed.* ○ (figurative) *How do you measure success?* ▶ **mierzyć; oceniać**

PHRASAL VERB **measure up (to sth)** to be as good as you need to be or as sb expects you to be: *Did the holiday measure up to your expectations?* ▶ **dorastać (do czegoś)**

□ **measurement** noun **1** [C] a size, amount, etc. that is found by measuring: *What are the exact measurements of the room?* ○ *What's your waist measurement?* ○ *to take sb's measurements* ▶ **rozmiar, miara 2** [U] the act of measuring: *I'm not sure how accurate his measurement of the area was.* ▶ **pomiar/y, mierzenie**

■ ˈ**measuring tape** noun [C] = TAPE MEASURE

★**measure**[2] /ˈmeʒə(r)/ noun **1** [sing.] (formal) a certain amount or quantity; some but not much: *The play achieved a measure of success.* ▶ **stopień, miara 2** [sing.] a way of understanding or judging sth: *The school's popularity is a measure of the teachers' success.* ▶ **miara, wyznacznik 3** [C, usually pl.] an action that is done for a special reason: *The government is taking new measures to reduce inflation.* ○ *As a temporary measure, the road will have to be closed.* ○ *emergency measures* środki nadzwyczajne ○ *New safety measures are to be introduced.* ▶ **środki, kroki 4** [C] a way of describing the size, amount, etc. of sth: *A metre is a measure of length.* ▶ **miara**

IDIOMS **for good measure** in addition to sth, especially to make sure that there is enough: *He made a few extra sandwiches for good measure.* ▶ **na zapas** | **made to measure** specially made or perfectly suitable for a particular person, use, etc.: *I'm getting a suit made to measure.* ▶ **zrobiony/uszyty na miarę**

★**meat** /miːt/ noun [U] the flesh of animals or birds that people eat: *She doesn't eat meat – she's a vegetarian.* ▶ **mięso**

You can **fry**, **grill**, **roast** or **stew** meat. You **carve** a **joint** of meat. Meat can be described as **tough** or **tender**, **lean** or **fatty**. Uncooked meat is **raw**.

Nazwy niektórych rodzajów mięsa różnią się od nazw zwierząt, od których pochodzą. **Pork**, **ham** lub **bacon** to różne gatunki wieprzowiny, **beef** to wołowina, a **veal** – cielęcina. **Mutton** oznacza baraninę, zaś **lamb** to mięso jagnięce. Dla ptaków i ryb nie ma podobnych rozróżnień. Ogólna nazwa **beef**, **mutton** i **lamb** to **red meat**. Mięso drobiowe nazywa się ogólnie **white meat**.

□ **meaty** adj. **1** like meat, or containing a lot of meat: *meaty sausages* ▶ **mięsny 2** large and fat: *meaty tomatoes* ▶ **mięsisty 3** containing a lot of important or good ideas: *a meaty topic for discussion* ▶ **treściwy**

meatball /ˈmiːtbɔːl/ noun [C] a small ball of minced meat ▶ **pulpet**

Mecca /ˈmekə/ noun **1** the city in Saudi Arabia where Muhammad was born, which is the centre of Islam ▶ **Mekka 2** [C, usually sing.] (**mecca**) a place that many people wish to visit because of a particular interest: *Italy is a mecca for art-lovers.* ▶ **mekka**

mechanic /məˈkænɪk/ noun [C] a person whose job is to repair and work with machines and tools: *a car mechanic* ▶ **mechanik**

★**mechanical** /məˈkænɪkl/ adj. **1** connected with, worked by or produced by machines: *a mechanical pump* ○ *mechanical engineering* inżynieria mechaniczna ○ *a mechanical mind* umysł ścisły ▶ **mechaniczny 2** (used about a person's behaviour) done like a machine, as if you are not thinking about what you are doing: *He played the piano in a dull and mechanical way.* ▶ **mechaniczny, machinalny**
□ **mechanically** /-kli/ adv. ▶ **mechanicznie, machinalnie**

mechanics /məˈkænɪks/ noun **1** (**the mechanics**) [pl.] the way in which sth works or is done: *the mechanics of the legal system* ▶ **działanie 2** [U] the science of how machines work ▶ **mechanika**

mechanism /ˈmekənɪzəm/ noun [C] **1** a part of a piece of equipment or a machine that does a certain task: *Our car has an automatic locking mechanism.* ▶ **mechanizm, maszyneria 2** the way in which sth works or the process by which sth is done: *the mechanism of the heart* ○ *I'm afraid there is no mechanism for dealing with your complaint.* ▶ **mechanizm**

mechanize (also **-ise**) /ˈmekənaɪz/ verb [I,T] to use machines instead of people to do work: *We have mechanized the entire production process.* ▶ **mechanizować**
□ **mechanization** (also **-isation**) /ˌmekənaɪˈzeɪʃn; US -nəˈz-/ noun [U]: *Increased mechanization has led to unemployment.* ▶ **mechanizacja**

Med (informal) = MEDITERRANEAN

medal /ˈmedl/ noun [C] a flat piece of metal, usually with a design and words on it, which is given to sb for bravery or as a prize in a sporting event: *He was awarded a medal for bravery.* ○ *to win a gold/silver/bronze medal* ▶ **medal**
□ **medallist** (US **medalist**) /ˈmedəlɪst/ noun [C] a person who has won a medal, especially in sport: *an Olympic gold medallist* ▶ **medalist-a/ka**

medallion /məˈdæliən/ noun [C] a small round piece of metal on a chain which is worn as jewellery around the neck ▶ **medalion**

meddle /ˈmedl/ verb [I] **meddle (in/with sth)** to take too much interest (in sb's private affairs) or to handle sth that you should not: *She criticized her mother for meddling in her private life.* ○ *Somebody's been meddling with the papers on my desk.* ▶ **wtrącać się, grzebać (w czymś)**

★**media** /ˈmiːdiə/ noun (**the media**) [pl.] television, radio and newspapers used as a means of communication: *The reports in the media have been exaggerated.* ❶ Czasami rzeczownika **media** używa się z czasownikiem w lp, mimo że jest rzeczownikiem w lm: *The media always take/takes a great interest in the Royal family.* ➲ Por. **mass media** i **the press**. ▶ **środki przekazu**

mediaeval = MEDIEVAL

mediate /ˈmiːdieɪt/ verb [I,T] to try to settle a disagreement between two or more people or groups: *As a supervisor she had to mediate between her colleagues and the management.* ▶ **pośredniczyć** (*w rozwiązywaniu sporu*)
□ **mediation** /ˌmiːdiˈeɪʃn/ noun [U] ▶ **pośrednictwo** (*w rozwiązywaniu sporu*), **mediacja** | **mediator** noun [C] ▶ **pośrednik** (*w rozwiązywaniu sporu*), **mediator**

★**medical** /ˈmedɪkl/ adj. connected with medicine and the treatment or prevention of illness: *a medical school/student* akademia medyczna/student medycyny ○ *to have medical treatment* ○ *private medical care* (opieka medyczna) ○ *medical research* ▶ **medyczny, lekarski**
□ **medical** noun [C] an examination of your body by a doctor to check your state of health: *to have a medical* ▶ **badanie lekarskie**

medicated /ˈmedɪkeɪtɪd/ adj. containing a substance like a medicine: *medicated shampoo* ▶ **leczniczy**

medication /ˌmedɪˈkeɪʃn/ noun [C,U] (especially US) medicine that a doctor has given you: *I shall prescribe some medication for your heart problem.* ▶ **lekarstwo**

★**medicine** /ˈmedsn; -ɪsn/ noun **1** [U] the science of preventing and treating illness: *to study/practise medicine* ▶ **medycyna 2** [C,U] pills, liquids, etc. that you take in order to treat an illness: *Medicines should be kept out of the reach of children.* ○ *to take medicine* ○ *Did the doctor prescribe any medicine?* ○ *cough medicine* ▶ **lekarstwo**

□ **medicinal** /mə'dɪsɪnl/ adj. useful for curing illness or infection: *medicinal plants* ▶ **leczniczy**

medieval (also **mediaeval**) /ˌmedi'i:vl; US ˌmi:d-; mɪ'di:vl/ adj. of the Middle Ages in European history; i.e. between about 1100 and 1500 AD: *medieval art* ▶ **średniowieczny**

mediocre /ˌmi:di'əʊkə(r)/ adj. of not very high quality: *a mediocre performance* ▶ **średni, mierny**

□ **mediocrity** /ˌmi:di'ɒkrəti/ noun [U] ▶ **mierność, lichość**

meditate /'medɪteɪt/ verb **1** [I,T] to think carefully and deeply (about sth): *I've been meditating on what you said.* ▶ **rozmyślać 2** [I] to spend time thinking deeply in a special way so that you become calm and peaceful, often as part of religious training. ▶ **medytować**

□ **meditation** /ˌmedɪ'teɪʃn/ noun [U]: *Meditation is practised by certain Eastern religions.* ▶ **medytacja, rozmyślanie**

the Mediterranean /ˌmedɪtə'reɪniən/ (informal **the Med**) noun [sing.] the Mediterranean Sea or the countries around it ▶ **Morze Śródziemne; kraje śródziemnomorskie**

□ **Mediterranean** adj. ▶ **śródziemnomorski**

★**medium**[1] /'mi:diəm/ noun **1** [C] (pl. usually **media**) a means you can use to express or communicate sth: *Many actors feel that the theatre is a more rewarding medium than the cinema.* ○ *He tried to keep the story out of the media.* ➲ Por. **media** i **mass media**. ▶ **środek** (*np. komunikacji*), **środek przekazu 2** [C,U] medium size: *Have you got this shirt in (a) medium?* ▶ **średni rozmiar 3** [C] (pl. **mediums**) a person who says that they can speak to and take messages from the spirits of dead people ▶ **medium**

★**medium**[2] /'mi:diəm/ adj. of a size or amount that is neither very large nor very small; average: *She was of medium height and weight.* ○ *Would you like the small, medium or large packet?* ○ *a medium-sized dog* ▶ **średni**

■ **'medium wave** noun [U] the system of broadcasting radio using sound waves between 100 and 1 000 metres ▶ **fale średnie**

medley /'medli/ noun [C] **1** a piece of music consisting of several tunes or songs played one after the other without a break ▶ (*w muzyce*) **składanka 2** a mixture of different things: *a medley of styles/flavours* ▶ **mieszanka**

meek /mi:k/ adj. (used about people) quiet, and doing what other people say without asking questions or arguing: *She seems very meek but she can get very angry.* ▶ **potulny, łagodny**

□ **meekly** adv. ▶ **potulnie, łagodnie** | **meekness** noun [U] ▶ **potulność, łagodność**

★**meet** /mi:t/ verb (pt, pp **met** /met/) **1** [I,T] to come together by chance or because you have arranged it: *We happened to meet in the street.* ○ *Where did you first meet your husband?* ○ *What time shall we meet for lunch?* ▶ **spotykać (się) 2** [I,T] to be introduced to sb for the first time: *Have you two met before?* ➲ Zob. uwaga przy **know**. ▶ **zapoznawać się z kimś 3** [T] to go to a place and wait for sb/sth to arrive: *I'll come and meet you at the station.* ○ *A coach will meet your plane and take you to your destination.* ▶ **wychodzić na spotkanie, oczekiwać 4** [I] (used about a group of people) to come together for a special purpose: *Representatives from both countries will meet for talks in London.* ○ *How often does the council meet?* ▶ **zbierać się, spotykać się 5** [I,T] to play, fight, etc. together as opponents in a sports competition: *These two teams met in last year's final.* ▶ **spotykać się 6** [T] to experience sth, often sth unpleasant: *We will never know how he met his death.* ▶ **doświadczać czegoś 7** [T] to be enough for sth; to be able to deal with sth: *The money that I earn is enough to meet* (wystarczają na zaspokojenie) *our basic needs.* ○ *I'm afraid this piece of work doesn't meet the requirements.* ○ *This year is going to be difficult but I'm sure that we can meet the challenge.* ▶ **sprostać czemuś, odpowiadać czemuś, zadośćuczynić czemuś 8** [I,T] to touch, join or make contact with: *The rivers meet* (rzeki zlewają się) *in Oxford.* ○ *Can you see where the road meets the motorway on the map?* ○ *His eyes met hers.* ▶ **spotykać (się), schodzić (się)**

IDIOMS **make ends meet** → END[1] | **there is more to sb/sth than meets the eye** sb/sth is more interesting or complex than you might think at first: *Do you think there's more to their relationship than meets the eye?* ▶ **jest więcej niż się wydaje; nie tylko to, co widać**

PHRASAL VERBS **meet up (with sb)** to meet sb, especially after a period of being apart: *Let's both do our own shopping and meet up for coffee.* ▶ **spotykać się** | **meet with sb** (US) to meet sb, especially for discussion: *The President met with his advisers this morning.* ▶ **spotykać się** | **meet with sth** to get a certain answer, reaction or result: *I'm afraid the play did not meet with success.* ▶ **spotykać się (z czymś)**

★**meeting** /'mi:tɪŋ/ noun **1** [C] an organized occasion when a number of people come together in order to discuss or decide sth: *to have/hold/call/attend a meeting* ○ *to cancel/postpone a meeting* ○ *What's on the agenda for the staff meeting?* ▶ **zebranie, posiedzenie 2** [sing.] the people at a meeting: *The meeting was in favour of the new proposals.* ▶ **zebrani 3** [C] the coming together of two or more people: *Christmas is a time of family meetings and reunions.* ○ *Can you remember your first meeting with your future husband?* ▶ **spotkanie, zebranie**

mega /'megə/ adj. (slang) (usually before a noun) very large or impressive: *The song was a mega hit last year.* ▶ **mega**

□ **mega** adv.: *They're mega rich.* ▶ **strasznie**

megabyte /'megəbaɪt/ noun (abbr. **MB**) a unit of computer memory, equal to 2^{20} (or about 1 million) bytes: *a 1·4 megabyte disk* ▶ **megabajt**

megaphone /'megəfəʊn/ noun [C] a piece of equipment that you speak through to make your voice sound louder, especially outside ▶ **megafon**

melancholy /ˈmelənkəli; -kɒli/ noun [U] (formal) a feeling of sadness which lasts for a long time ▶ **melancholia, smutek**
□ **melancholy** adj. ▶ **melancholijny, smutny**

mellow /ˈmeləʊ/ adj. **1** (used about colours or sounds) soft, warm and pleasant ▶ **miękki/aksamitny; ciepły/spokojny** **2** (used about people) wise, mature or relaxed because of age or experience ▶ **filozoficzny/łagodny/jowialny** (*w rezultacie wieku lub doświadczenia*)
□ **mellow** verb [I,T]: *The colour of natural stone mellows with age.* ○ *Experience had mellowed her views about many things.* ▶ **łagodzić, stawać się łagodnym**

melodrama /ˈmelədrɑːmə/ noun [C,U] a type of play or novel in which a lot of exciting things happen and in which people's emotions are stronger than in real life ▶ **melodramat**
□ **melodramatic** /ˌmelədrəˈmætɪk/ adj. (used about a person's behaviour) making things seem more exciting and serious than they really are ▶ **melodramatyczny**

melody /ˈmelədi/ noun [C] (pl. **melodies**) **1** a song or tune: *to play a melody* ▶ **melodia** **2** the main tune in a piece of music that is in several parts ▶ **melodia**

melon /ˈmelən/ noun [C,U] a large round fruit with a thick yellow or green skin and many seeds ▶ **melon**

★**melt** /melt/ verb **1** [I,T] to change from solid to liquid by means of heat: *The snow is melting.* ○ *Melt the butter in a saucepan.* ➲ Por. **thaw**. ▶ **topić (się), topnieć** **2** [I] (used about sb's feelings, etc.) to become softer or less strong: *My heart melted when I saw the tiny puppy.* ▶ **mięknąć, rozczulać się**
PHRASAL VERBS **melt away** to disappear: *The crowd slowly melted away when the speaker had finished.* ▶ **ulatniać się, znikać** | **melt sth down** to heat a metal or glass object until it becomes soft ▶ **przetapiać**
■ ˈ**melting point** noun [U, C] the temperature at which a solid melts ▶ **temperatura topnienia** | ˈ**melting pot** noun [C] a place where large numbers of people from different countries live together: *New York is a melting pot of different nationalities.* ▶ **tygiel**

★**member** /ˈmembə(r)/ noun [C] a person, an animal or a thing that belongs to a group, a club, an organization, etc.: *All the members of the family were there.* ○ *to become a member of a club* ○ *a member of staff* ▶ **człon-ek/kini**
□ **membership** noun **1** [U] the state of being a member of a group, an organization, etc.: *To apply for membership, please fill in the enclosed form.* ○ *Annual membership costs £200.* ▶ **członkostwo** **2** [C,U] the people who belong to a group, an organization, etc.: *Membership has fallen in the past year.* ❶ W lp słowa **membership** można używać z czasownikiem w lp lub lm. ▶ **członkostwo, liczba członków**
■ ˌ**Member of ˈParliament** (also **Member**) noun [C] (abbr. **MP**) a person who has been elected to represent people in Parliament ▶ **pos-eł/łanka**

membrane /ˈmembreɪn/ noun [C] (formal) a thin skin which covers or connects parts of a person's or an animal's body ▶ **błona**

memento /məˈmentəʊ/ noun [C] (pl. **mementos** or **mementoes**) something that you keep to remind you of a person, a place or of sth that has happened ▶ **pamiątka**

memo /ˈmeməʊ/ noun [C] (pl. **memos**) (formal **memorandum**) a note sent from one person or office to another within an organization ▶ **notatka** (*służbowa*), **memorandum**

memoirs /ˈmemwɑːz/ noun [pl.] a person's written account of their own life and experiences ▶ **pamiętniki**

memorabilia /ˌmemərəˈbɪliə/ noun [U] things that people buy because they are connected with a famous person, event, etc.: *Beatles/Titanic/war memorabilia* ▶ **pamiątki**

memorable /ˈmemərəbl/ adj. worth remembering or easy to remember because it is special in some way: *The concert was a memorable experience.* ▶ **pamiętny, pozostawiający niezatarte wspomnienia**
□ **memorably** adv. ▶ **pamiętnie**

memorandum /ˌmeməˈrændəm/ noun [C] (pl. **memoranda** /-də/ or **memorandas**) (formal) = MEMO

memorial /məˈmɔːriəl/ noun [C] **memorial (to sb/sth)** something that is built or done to remind people of an event or a person: *a war memorial* ○ *a memorial service* nabożeństwo w intencji upamiętniającej ▶ **pomnik, memoriał**

memorize (also **-ise**) /ˈmeməraɪz/ verb [T] to learn sth so that you can remember it exactly: *Actors have to memorize their lines.* ▶ **uczyć się na pamięć**

★**memory** /ˈmeməri/ noun (pl. **memories**) **1** [C] a person's ability to remember things: *a good/bad memory* ○ *A teacher needs to have a good memory for names.* ▶ **pamięć** **2** [C,U] the part of your mind in which you store things that you remember: *That day remained firmly in my memory for the rest of my life.* ○ *The appointment completely slipped my memory* (wyleciało mi z głowy). ○ *He played the music from memory.* ▶ **pamięć** **3** [C] something that you remember: *That is one of my happiest memories.* ○ *I have no memories of that time.* ○ *childhood memories* ▶ **wspomnienie** **4** [C,U] the part of a computer where information is stored: *This computer has a 12GB memory/12GB of memory.* ▶ **pamięć (komputerowa)**
IDIOMS **in memory of sb/to the memory of sb** in order to remind people of sb who has died: *A service was held in memory of the dead.* ▶ **ku pamięci (kogoś)** | **refresh your/sb's memory** → REFRESH

men pl. of MAN[1]

menace /ˈmenəs/ noun **1** [C] a danger or threat: *The road is a menace to everyone's safety.* ▶ **zagrożenie, niebezpieczeństwo** **2** [U] a quality, feeling, etc. that is threatening or frightening: *He spoke with menace in his voice.* ▶ **groźba**
□ **menace** verb [T] to be likely to hurt sb/sth; to

threaten ▶ **grozić (komuś)** | **menacing** adj. threatening or frightening ▶ **groźny**

★**mend** /mend/ verb [T] to put sth that is broken or torn into a good condition again; to repair sth: *Can you mend the hole* (czy możesz zaszyć/zacerować dziurę) *in this jumper for me?* ○ *This window needs mending – it won't shut properly.* ▶ **naprawiać, reperować**

□ **mend** noun

IDIOM **be on the mend** (informal) to be getting better after an illness or injury; to be recovering: *She's been ill but she's on the mend now.* ▶ (*o zdrowiu*) **polepszać się, zdrowieć**

menial /ˈmiːniəl/ adj. (used about work) not skilled or important: *a menial job* ▶ **pospolity/nie wymagający kwalifikacji**

meningitis /ˌmenɪnˈdʒaɪtɪs/ noun [U] a serious illness which affects the brain and the spine ▶ **zapalenie opon mózgowych**

menopause /ˈmenəpɔːz/ noun [sing.] (often **the menopause**) the time when a woman stops menstruating. This usually happens around the age of 50: *reach the menopause* ▶ **menopauza**

menstruate /ˈmenstrueɪt/ verb [I] (formal) to lose blood from the uterus about once a month ℹ W języku codziennym używa się zwrotu **to have periods.** ▶ **miesiączkować**

□ **menstruation** /ˌmenstruˈeɪʃn/ noun [U] the process or time of menstruating ▶ **miesiączkowanie, menstruacja**

★**mental** /ˈmentl/ adj. (only before a noun) **1** of or in the mind: *a child's mental development* ○ *I've got a mental picture* (portret pamięciowy) *of the man but I can't remember his name.* ▶ **umysłowy 2** connected with illness of the mind: *a mental hospital* szpital dla psychicznie/umysłowo chorych ▶ **umysłowy, psychiczny**

□ **mentally** /ˈmentəli/ adv.: *a home for mentally ill people* ▶ **umysłowo, psychicznie**

mentality /menˈtæləti/ noun [C] (pl. **mentalities**) a type of mind or way of thinking: *I just can't understand his mentality!* ○ *the criminal mentality* ▶ **mentalność, sposób myślenia**

★**mention** /ˈmenʃn/ verb [T] to say or write sth about sb/sth; to talk about sb/sth: *I wouldn't mention her exams – she's feeling nervous.* ○ *He mentioned (to me) that he might be late.* ○ *Did she mention what time the film starts?* ○ *Whenever I mention going out together she makes an excuse.* ○ *She mentioned Bristol as a good place for shopping.* ▶ **wspominać o kimś/czymś, nadmieniać**

IDIOMS **don't mention it** (used as a polite reply when sb thanks you for sth) I'm pleased to help; not at all: *'Thank you for all your help.' 'Don't mention it.'* ▶ **proszę bardzo, nie ma o czym mówić** | **not to mention** (used for emphasis) and also; as well as: *She's a housewife and a doctor, not to mention being a Conservative MP.* ▶ **nie mówiąc o czymś**

□ **mention** noun [C,U] a brief remark about sb/sth: *There wasn't even a mention of the riots in the newspaper.* ○ *I've heard no mention of a salary rise this year.* ▶ **wzmianka**

★**menu** /ˈmenjuː/ noun [C] **1** a list of the food that you can choose at a restaurant: *Could we have/see the menu, please?* ○ *I hope there's soup on the menu.* ○ *The menu here is always excellent.* ▶ **jadłospis, karta** (*dań*) **2** a list of choices in a computer program which is shown on the screen ▶ **menu** (*komputerowe*)

MEP /ˌem iː ˈpiː/ abbr. Member of the European Parliament ▶ **poseł do Parlamentu Europejskiego**

mercenary /ˈmɜːsənəri; US -neri/ adj. interested only in making money: *His motives are entirely mercenary.* ▶ **interesowny**

□ **mercenary** noun [C] (pl. **mercenaries**) a person who fights for any group or country that will pay them ▶ **najemnik**

merchandise /ˈmɜːtʃəndaɪs/ noun [U] goods that are for sale ▶ **towar**

merchant /ˈmɜːtʃənt/ noun [C] a person whose job is to buy and sell goods, usually of one particular type, in large amounts: *a wine merchant* ▶ **kupiec, handlowiec**

■ **ˌmerchant ˈbank** noun [C] (Brit.) a bank that specializes in large commercial loans and financial support for industry ▶ **bank specjalizujący się w inwestycjach przemysłowych** | **ˌmerchant ˈnavy** noun [C, with sing. or pl. verb] all the ships and seamen of a country that are involved in carrying goods for trade ▶ **marynarka handlowa**

Mercury /ˈmɜːkjəri/ noun [sing.] the planet that is nearest to the sun ▶ **Merkury**

mercury /ˈmɜːkjəri/ noun [U] (symbol **Hg**) a heavy silver-coloured metal that is usually in liquid form. Mercury is used in thermometers. ▶ **rtęć**

★**mercy** /ˈmɜːsi/ noun [U] kindness or forgiveness (that is shown to sb who has done sth wrong): *The prisoners begged for mercy from the king.* ○ *The rebels were shown no mercy. They were taken out and shot.* ▶ **litość, łaska**

IDIOM **at the mercy of sb/sth** having no power against sb/sth strong: *The climbers spent the night on the mountain at the mercy of the wind and rain.* ▶ **na łasce**

□ **merciful** /-fl/ adj. feeling or showing mercy: *His death was a merciful release from pain.* ▶ **litościwy** | **mercifully** /-fəli/ adv. **1** in a merciful way **2** (informal) luckily: *It was bitterly cold but mercifully* (ale na szczęście) *it was not raining.* ▶ **litościwie** | **merciless** adj. showing no mercy ▶ **bezlitosny** | **mercilessly** adv. ▶ **bezlitośnie**

★**mere** /mɪə(r)/ adj. (only before a noun) **1** (used for emphasizing how small or unimportant sth is) nothing more than: *A mere ten per cent of young people go to university.* ▶ **zaledwie 2** (used to say that just the fact that sb/sth is present in a situation is enough to have an influence): *The mere thought* (sama myśl) *of speaking in public makes me feel sick.* ▶ **(już) sam**

IDIOM **the merest** even a small amount of sth: *The merest smell of the fish market made her feel ill.* ▶ **(nawet) najmniejszy, (już) sam**

□ **merely** adv. only; just: *I don't want to place an order. I am merely making an enquiry.* ▶ **tylko**

merge /mɜːdʒ/ verb **1** [I] **merge (with/into sth)**; **merge (together)** to become part of sth else: *Three small companies merged into one large one.* ○ *This stream merges with the Thames* (zlewa się z Tamizą) *a few miles downstream.* ○ *Those colours seem to merge into each other.* ▶ **łączyć (się), mieszać się (w coś) 2** [T] to join things together so that they become one: *We have merged the two classes into one.* ▶ **scalać**
□ **merger** /ˈmɜːdʒə(r)/ noun [C,U] the act of joining two or more companies together ▶ **połączenie się** (*dwóch lub więcej firm*)

meridian /məˈrɪdiən/ noun [C] an imaginary line on the surface of the earth from the North Pole to the South Pole that passes through a particular place: *the Greenwich meridian* ➲ Por. **longitude**. ▶ **południk**

meringue /məˈræŋ/ noun **1** [U] a mixture of sugar and egg whites that is beaten together and cooked in the oven ▶ **merenga 2** [C] a small cake that is made of meringue ▶ **beza**

merit /ˈmerɪt/ noun **1** [U] something that has merit is of high quality: *There is a lot of merit in her ideas.* ○ *a certificate of merit* ○ *a novel of great artistic merit* ▶ **zasługa, zaleta 2** [C, usually pl.] an advantage or a good quality of sb/sth: *What are the merits of this new scheme?* ○ *Each case must be judged separately on its own merits.* ▶ **zaleta**
□ **merit** verb [T] (formal) to be good enough for sth; to deserve: *This suggestion merits further discussion.* ▶ **zasługiwać**

mermaid /ˈmɜːmeɪd/ noun [C] (in stories) a woman who has the tail of a fish instead of legs and who lives in the sea ▶ **syrena**

merry /ˈmeri/ adj. (**merrier**; **merriest**) **1** happy and cheerful: *merry laughter* ○ *Merry Christmas!* ▶ **wesoły 2** (informal) rather drunk ▶ **podchmielony**
□ **merrily** /ˈmerəli/ adv. ▶ **wesoło** | **merriment** /ˈmerimənt/ noun [U] (formal) laughter and enjoyment ▶ **uciecha**
■ **ˈmerry-go-round** noun [C] = ROUNDABOUT[2](2)

mesh /meʃ/ noun [C,U] material that is like a net (= made of plastic, wire or rope threads with holes in between): *a fence made of wire mesh* (z drucianej siatki) ▶ **siatka**

mesmerize (also **-ise**) /ˈmezməraɪz/ verb [T] to hold sb's attention completely: *The audience seemed to be mesmerized by the speaker's voice.* ▶ **hipnotyzować**

★**mess[1]** /mes/ noun **1** [C, usually sing.] the state of being dirty or untidy: *The kitchen's in a terrible mess!* ▶ **nieporządek 2** [sing.] a person or thing that is dirty or untidy: *You look a mess* (wyglądasz jak dziad)*! You can't go out like that!* ○ *My hair is a mess.* Mam włosy jak stóg siana. ▶ **(jak) śmietnik 3** [sing.] the state of having problems or troubles: *The company is in a financial mess.* ○ *to make a mess of your life* pogmatwać sobie życie ▶ **kłopotliwe położenie**
□ **mess** verb [T] (informal, US) to make sth dirty or untidy: *Don't mess your hands.* ▶ **brudzić; bałaganić**
PHRASAL VERBS **mess about/around 1** to behave in a foolish way ▶ **robić głupstwa 2** to pass your time in a relaxed way without any real purpose: *We spent Sunday just messing around at home.* ▶ **kręcić się bez celu** | **mess sb about/around** to treat sb in a way that is not fair or reasonable, e.g. by changing your plans without telling them: *The builders really messed us around.* ▶ **zawodzić (kogoś), robić (kogoś) w konia** | **mess about/around with sth** to touch or use sth in a careless way: *It is dangerous to mess about with fireworks.* ▶ **dłubać przy czymś** | **mess sth up 1** to make sth dirty or untidy ▶ **brudzić; bałaganić 2** to do sth badly or spoil sth: *I really messed up the last question in the exam.* ▶ **partaczyć** | **mess with sb/sth** to deal or behave with sb/sth in a way that you should not: *You shouldn't mess with people's feelings.* ▶ **wtrącać się do kogoś/czegoś/w czyjeś sprawy, nie traktować kogoś/czegoś poważnie**
messy adj. (**messier**; **messiest**) **1** untidy or dirty: *a messy room* ▶ **brudny; nieporządny 2** needing a lot of cleaning up: *Painting is a messy job* (to brudna robota). ▶ **brudny 3** having or causing problems or trouble: *a messy divorce* ▶ **przykry, kłopotliwy**

mess[2] /mes/ noun [C] the room or building where soldiers eat together: *the officers' mess* ▶ **mesa, stołówka wojskowa**

★**message** /ˈmesɪdʒ/ noun **1** [C] a written or spoken piece of information that is passed from one person to another: *Mr Thomas is not here, I'm afraid. Can I take a message?* ○ *Could you give this message to the boss?* ○ *to get/receive a message from sb* ▶ **wiadomość 2** [sing.] the main idea of a book, speech, etc.: *It was a funny film but it had a serious message.* ▶ **morał**
IDIOM **get the message** (informal) to understand what sb means even if it is not said directly: *He finally got the message and left Dick and Sarah alone together.* ▶ **załapywać (coś)**

messenger /ˈmesɪndʒə(r)/ noun [C] a person who carries a message ▶ **posłanni-k/czka**

Messiah (also **messiah**) /məˈsaɪə/ noun [C] a person, e.g. Jesus Christ, who is expected to come and save the world ▶ **mesjasz**

Messrs /ˈmesəz/ abbr. (used as the plural of *Mr* before a list of men's names and before names of business firms): *Messrs Smith and Brown* ○ *Messrs T Brown and Co* ▶ **panowie**

messy → MESS[1]

met pt of MEET

metabolism /məˈtæbəlɪzəm/ noun [U, sing.] the chemical processes in plants or animals that change food, minerals, etc. into living matter and produce energy ▶ **metabolizm, przemiana materii**

★**metal** /ˈmetl/ noun [C,U] a type of solid mineral substance, e.g. tin, iron, gold, steel, etc.: *Aluminium is a non-magnetic metal.* ○ *to recycle scrap metal* ○ *a metal bar* ▶ **metal**
□ **metallic** /məˈtælɪk/ adj. looking like metal or making a noise like one piece of metal hitting another: *a metallic blue car* ○ *harsh metallic sounds* ▶ **metaliczny**

metamorphosis /ˌmetəˈmɔːfəsɪs/ noun [C] (pl. **metamorphoses** /-əsiːz/) (formal) a complete change of form (as part of natural development): *the metamorphosis of a tadpole into a frog* ▶ **przemiana**

metaphor /ˈmetəfə(r)/ noun [C,U] a way of describing sth by comparing it to sth else which has the same qualities (but without using the words 'as' or 'like'). For example, if you say sb is a 'parrot' you are using a metaphor to express the fact that the person just repeats things without thinking. ▶ **przenośnia**
□ **metaphorical** /ˌmetəˈfɒrɪkl/ adj.: *a metaphorical expression* ▶ **metaforyczny** | **metaphorically** /-kli/ adv. ▶ **w przenośni**

mete /miːt/ verb
PHRASAL VERB **mete sth out (to sb)** (formal) to give a punishment, reward, etc. ▶ **wymierzać** (*np. karę*), **przyznawać** (*np. nagrodę*) **komuś**

meteor /ˈmiːtiə(r); -iɔː(r)/ noun [C] a small piece of rock, etc. in space. When a meteor enters the earth's atmosphere it makes a bright line in the night sky. ▶ **meteor**
□ **meteoric** /ˌmiːtiˈɒrɪk/ adj. very fast or successful: *a meteoric rise to fame* ▶ **błyskawiczny**

meteorology /ˌmiːtiəˈrɒlədʒi/ noun [U] the study of the weather and climate ▶ **meteorologia**
□ **meteorological** /ˌmiːtiərəˈlɒdʒɪkl/ adj.: *the Meteorological Office* ▶ **meteorologiczny** | **meteorologist** /ˌmiːtiəˈrɒlədʒɪst/ noun [C] a person who studies the weather ▶ **meteorolog**

meter[1] /ˈmiːtə(r)/ noun [C] a piece of equipment that measures the amount of gas, water, electricity, time, etc. you have used: *The man has come to read the gas meter.* ○ *a parking meter* parkometr/licznik parkingowy ▶ **licznik**
□ **meter** verb [T] to measure sth with a meter ▶ **mierzyć za pomocą licznika**

meter[2] (US) = METRE

★**method** /ˈmeθəd/ noun [C] a way of doing sth: *What method of payment do you prefer?* ○ *modern teaching methods* ▶ **metoda, sposób**
□ **methodical** /məˈθɒdɪkl/ adj. having or using a well-organized and careful way of doing sth: *a methodical worker* ▶ **systematyczny** | **methodically** /-kli/ adv. ▶ **systematycznie**

Methodist /ˈmeθədɪst/ noun [C], adj. (a member) of a Protestant Church that was started by John Wesley in the 18th century ▶ **metodyst-a/ka**

methodology /ˌmeθəˈdɒlədʒi/ (pl. **methodologies**) noun [C,U] a way of doing sth based on particular principles and methods: *teaching methodologies* ▶ **metodologia**
□ **methodological** /ˌmeθədəˈlɒdʒɪkl/ adj. ▶ **metodologiczny**

meticulous /məˈtɪkjələs/ adj. giving or showing great attention to detail; very careful ▶ **drobiazgowy**
□ **meticulously** adv. ▶ **drobiazgowo**

★**metre** (US **meter**) /ˈmiːtə(r)/ noun [C] (abbr. **m**) a measure of length; 100 centimetres: *What's the record for the 100 metres?* ▶ **metr**

metric /ˈmetrɪk/ adj. using the system of measurement that is based on metres, grams, litres, etc.: *the metric system* ➲ Por. **imperial**. ▶ **metryczny**

metropolis /məˈtrɒpəlɪs/ noun [C] a very large city, usually the chief city of a country ▶ **metropolia**
□ **metropolitan** /ˌmetrəˈpɒlɪtən/ adj. ▶ **wielkomiejski, miejski**

mg abbr. milligram(s) ▶ **mg**

MHz abbr. megahertz (used in radio); a measure of frequency ▶ **MHz**

miaow /miˈaʊ/ noun [C] one of the sounds that a cat makes ▶ **miauczenie**
□ **miaow** verb [I] to make the sound that a cat makes ▶ **miauczeć**

mice pl. of MOUSE

mickey /ˈmɪki/ noun
IDIOM **take the mickey (out of sb)** (informal) to make sb look silly by laughing at them: *Stop taking the mickey! You can't dance any better yourself.* ➲ Por. **tease**. ▶ **robić (sobie) żarty/jaja z kogoś**

microchip /ˈmaɪkrəʊtʃɪp/ (informal **chip**) noun [C] a very small piece of silicon that is used inside a computer, etc. to make it work ▶ **mikroukład, układ scalony**

microcomputer /ˈmaɪkrəʊkəmpjuːtə(r)/ (informal **micro**) noun [C] a small computer that is not part of a larger system ▶ **mikrokomputer**

microcosm /ˈmaɪkrəʊkɒzəm/ noun [C] something that is a small example of sth larger: *Our little village is a microcosm of society as a whole.* ▶ **mikrokosmos**

microfiche /ˈmaɪkrəʊfiːʃ/ noun [C,U] a piece of film on which information is stored in very small print ▶ **mikrofilm**

microphone /ˈmaɪkrəfəʊn/ (informal **mike**) noun [C] a piece of electrical equipment that is used for making sounds louder or for recording them: *Speak into the microphone.* ▶ **mikrofon**

microscope /ˈmaɪkrəskəʊp/ noun [C] a piece of equipment that makes very small objects look large enough for you to be able to see them ▶ **mikroskop**
□ **microscopic** /ˌmaɪkrəˈskɒpɪk/ adj. too small to be seen without a microscope ▶ **mikroskopijny**

microwave /ˈmaɪkrəweɪv/ noun [C] **1** a short electric wave that is used for sending radio messages and for cooking food ▶ **mikrofala** **2** (also ˌ**microwave** ˈ**oven**) a type of oven that cooks or heats food very quickly using microwaves ▶ **kuchenka mikrofalowa**

mid /mɪd/ adj. (only before a noun) the middle of: *I'm away from mid June* (od połowy czerwca). ○ *the mid 1950s* ▶ **średni, środkowy**

mid- /mɪd/ (in compounds) in the middle of: *mid-morning coffee* ○ *a mid-air collision* zderzenie w powietrzu ▶ **w połowie**
■ **the Midwest** noun [sing.] the northern central part of the USA ▶ **Środkowy Zachód**

★**midday** /ˌmɪdˈdeɪ/ noun [U] twelve o'clock in the middle of the day; noon: *We just have a light snack at midday.* ➲ Por. **midnight**. ▶ **południe**

★**middle** /ˈmɪdl/ noun **1 (the middle)** [sing.] the part, point or position that is at about the same distance from the two ends of sth: *An unbroken white line in the middle of the road means you must not overtake.* ○ *Here's a photo of me with my two brothers. I'm the one in the middle.* ▶ **środek, połowa**

Centre i **middle** często mają bardzo podobne znaczenie, ale **centre** używa się w celu określenia dokładnego środka czegoś: *the centre of a circle* ○ *There was a large table in the middle of the room.* Mówiąc o odcinku czasu, należy stosować tylko **middle**: *The baby woke up in the middle of the night.* ○ *the middle of July.*

2 [C] (informal) your waist: *I want to lose weight around my middle.* ▶ **pas**

IDIOMS **be in the middle of sth/doing sth** to be busy doing sth: *Can you call back in five minutes – I'm in the middle of feeding the baby.* ▶ **być w trakcie czegoś/robienia czegoś** | **in the middle of nowhere** a long way from any town ▶ **gdzie diabeł mówi dobranoc**

□ **middle** adj. (only before a noun) in the middle: *my middle finger* ○ *There are three houses in a row and ours is the middle one.* ▶ **środkowy**

■ ˌ**middle ˈage** noun [U] the time when you are about 40 to 60 years old: *in late middle age* ▶ **średni wiek** | ˌ**middle-ˈaged** adj. of or in middle age: *middle-aged people* ▶ **w średnim wieku** | **the ˌMiddle ˈAges** noun [pl.] the period of European history from about AD 1100 to AD 1500 ▶ **Średniowiecze** | ˌ**middle ˈclass** noun [C] the group of people in society who are between the working class and the upper class. Middle-class people include business people, managers, teachers, doctors, etc.: *Most of the people here are middle class.* ○ *a comfortable middle-class lifestyle* ▶ **klasa średnia** | **the ˌMiddle ˈEast** noun [sing.] the group of countries that are situated at the point where Europe, Africa and Asia meet ▶ **Środkowy Wschód** | ˈ**middleman** /-mæn/ noun [C] (pl. **middlemen** /-men/) **1** a person who buys sth from a producer or manufacturer and then sells it to sb else for more money ▶ **pośredni-k/czka 2** a person who helps to arrange things between two people who do not want to meet each other ▶ **pośrednik** | ˌ**middle ˈname** noun [C] the second of two Christian or given names ▶ **drugie imię** | ˈ**middle school** noun [C] (Brit.) a school for children aged between nine and thirteen ▶ **szkoła podstawowa** (*dla dzieci w wieku od 9 do 13 lat*)

midge /mɪdʒ/ noun [C] a very small flying insect like a mosquito that can bite people ▶ **muszka**

midget /ˈmɪdʒɪt/ noun [C] a very small person ❶ Uwaga! To słowo często uważa się za obraźliwe. ▶ **karzeł, karlica**

Midlands /ˈmɪdləndz/ noun **(the Midlands)** [sing., with sing. or pl. verb] the central part of England. The Midlands contains the industrial towns of Birmingham, Nottingham, Coventry, etc. ▶ **środkowa część Anglii**

★**midnight** /ˈmɪdnaɪt/ noun [U] twelve o'clock at night: *They left the party at midnight.* ○ *The clock struck midnight.* ➲ Por. **midday**. ▶ **północ**

midriff /ˈmɪdrɪf/ noun [C] the part of your body between your chest and your waist ▶ **przepona brzuszna, talia**

midst /mɪdst/ noun [U] (after a preposition) the middle part or position: *They realized there was an enemy in their midst.* ▶ **pośród, w środku**

midsummer /ˌmɪdˈsʌmə(r)/ noun [U] the time around the middle of summer: *a midsummer/midsummer's evening* ▶ **połowa/środek lata**

midway /ˌmɪdˈweɪ/ adj., adv. **midway (between sth and sth)** in the middle or halfway (between sth and sth): *Our cottage is midway between Alston and Penrith.* ▶ **w połowie drogi**

midweek /ˌmɪdˈwiːk/ noun [U] the middle of the week (= Tuesday, Wednesday and Thursday) ▶ **połowa tygodnia**

□ **midweek** adv.: *If you travel midweek it will be less crowded.* ▶ **w połowie tygodnia**

midwife /ˈmɪdwaɪf/ noun [C] (pl. **midwives** /-waɪvz/) a person who has been trained to help women give birth to babies ▶ **akuszerka**

□ **midwifery** /ˌmɪdˈwɪfəri/ noun [U] the work of a midwife ▶ **akuszerstwo**

midwinter /ˌmɪdˈwɪntə(r)/ noun [U] the time around the middle of winter ▶ **środek zimy**

★**might**[1] /maɪt/ modal verb (negative **might not**; short form **mightn't** /ˈmaɪtnt/) **1** (used as the past form of 'may' when you report what sb has said): *He said he might be late* (może się spóźnić). ▶ (*czas przeszły od* **may**) **2** (used for saying that sth is possible): *'Where's William?' 'He might be upstairs.'* ○ *We might be going to Spain on holiday this year.* ○ *She might not come if she's very busy.* ○ *If I'd have known the film was about Wales, I might have gone to see it.* Gdybym wiedział, że ten film był o Walii, to byłbym na niego poszedł. ▶ **(być) może, możliwe 3** (used in formal British English to ask for sth very politely): *I wonder if I might go home early today?* ○ *Might I say something?* ▶ **czy mógłbym...? 4** (used in formal British English to suggest sth politely): *Might I suggest that we discuss this in private?* ○ *If you need more information, you might try phoning our customer service department.* ▶ **czy mógłbym...?, czy mógłby pan/mogłaby pani/mogliby państwo...?**

IDIOMS **may/might as well (do sth)** → WELL[3] | **you, etc. might do sth** (used when you are angry with sb) you, etc. should: *You might tell me if you're going to be late.* Możesz mi powiedzieć, że masz zamiar się spóźnić! ○ *They might at least have phoned if they're not coming.* ▶ **móc** | **I might have known** (used for saying that you are not surprised that sth has happened): *I might have known he wouldn't help.* ▶ **powinienem/nam wiedzieć, że**

might[2] /maɪt/ noun [U] (formal) great strength or power: *We pushed with all our might, but the rock did not move.* ▶ **potęga**

mighty /ˈmaɪti/ adj. (**mightier**; **mightiest**) very strong or powerful ▶ **potężny, mocny**

□ **mighty** adv. (US, informal) very: *That's mighty kind of you.* ▶ **bardzo**

migraine /ˈmiːgreɪn; US ˈmaɪgreɪn/ noun [C,U] a very bad headache that makes you feel ill ▶ **migrena**

migrate /maɪˈgreɪt; ˈmaɪgreɪt/ verb [I] **1** (used about animals and birds) to travel from one part of the world to another at the same time every year ▶ **migrować 2** to move from one place to go and live and work in another: *Many of the poorer people were forced to migrate to the cities to look for work.* ▶ **migrować**

□ **migrant** /ˈmaɪgrənt/ noun [C] a person who goes from place to place in search of work: *migrant workers* ▶ **osoba, która przenosi się z miejsca na miejsce w poszukiwaniu pracy** | **migration** /maɪˈgreɪʃn/ noun [C,U]: *the annual migration to the south* ▶ **migracja**

mike /maɪk/ noun [C] (informal) = MICROPHONE

★**mild** /maɪld/ adj. **1** not hard, strong or severe: *a mild soap* ○ *a mild winter* ○ *a mild punishment* ▶ **łagodny, umiarkowany 2** kind and gentle: *He's a very mild man – you never see him get angry.* ▶ **łagodny 3** (used about food) not having a strong taste: *mild cheese* ▶ **łagodny, nieostry**

□ **mild** (also ˌ**mild** ˈ**ale**) noun [U] (Brit.) a type of beer that does not have a very strong flavour ▶ **piwo o łagodnym smaku** | **mildly** adv. **1** in a mild way ▶ **łagodnie, umiarkowanie 2** not very; slightly: *I found the talk mildly interesting.* ▶ **w miarę** | **mildness** noun [U] ▶ **łagodność, umiarkowanie**

mildew /ˈmɪldjuː; US -duː/ noun [U] a tiny white fungus that grows on plants, leather, food, etc. in warm damp conditions: *to spray roses against mildew* ➲ Por. **mould**. ▶ **rodzaj pleśni**

★**mile** /maɪl/ noun [C] **1** a measure of length; 1·6 kilometres. There are 1 760 yards in a mile: *The nearest beach is seven miles away.* ○ *It's a seven-mile drive* (siedmiomilowa jazda) *to the sea.* ○ *He ran the mile in four minutes.* ○ *My car does 7 miles to the litre.* Mój samochód spala jeden litr benzyny na 7 mil. ○ *From the top of the hill you can see for miles and miles* (masz rozległy widok na wiele kilometrów). ▶ **mila 2** (also **miles**) a lot: *to miss the target by a mile* strzelić daleko od celu ○ *I'm feeling miles better today.* ▶ **znacznie 3** (**miles**) [pl.] a long way: *How far is it? We've walked miles already.* ▶ **długa droga**

IDIOM **see, hear, tell, spot, etc. sb/sth a mile off** (informal) (used to say that sb/sth is very obvious): *He's lying – you can tell that a mile off.* ▶ **widzieć, czuć itp. coś na kilometr**

■ ˈ**milestone** noun [C] **1** a stone at the side of the road that shows how far it is to the next town ▶ **kamień milowy 2** a very important event ▶ **kamień milowy**

mileage /ˈmaɪlɪdʒ/ noun **1** [C,U] the distance that has been travelled (measured in miles): *The car is five years old but it has a low mileage* (ma mało przejechanych kilometrów). ▶ **odległość w milach 2** [U] (informal) the amount of use or benefit you get from sth ▶ **pożytek, korzyść**

militant adj. using or willing to use force or strong pressure to get what you want: *The workers were in a very militant mood.* ▶ **wojowniczy**

□ **militancy** /-ənsi/ noun [U] ▶ **wojowniczość** | **militant** /ˈmɪlɪtənt/ noun [C] a militant person ▶ **wojownicza osoba**

★**military** /ˈmɪlətri; US -teri/ adj. (only before a noun) of or for soldiers, the army, navy, etc.: *military service* (czy macie służbę wojskową) ○ *to take military action* ▶ **wojskowy**

militia /məˈlɪʃə/ noun [C, with sing. or pl. verb] a group of people who are not regular soldiers but who have had military training ▶ **milicja, bojówka**

★**milk** /mɪlk/ noun [U] **1** a white liquid that is produced by women and animals to feed their babies. People drink cows', goats', etc. milk and use it to make butter and cheese: *skimmed/powdered/long-life/low-fat milk* ○ *Don't use that milk – it's gone sour.* ○ *I don't take milk in my coffee, thank you.* ○ *a bottle of milk* butelka mleka ○ *a milk bottle* butelka od mleka ▶ **mleko 2** the juice of some plants or trees that looks like milk: *coconut milk* ▶ **mleczko**

□ **milk** verb **1** [I,T] to take milk from a cow, goat, etc. ▶ **doić 2** [T] (figurative) to get as much money, information, etc. as you can from sb/sth: *The colonists milked the country of its natural resources.* ▶ **doić**

■ ˌ**milk** ˈ**chocolate** noun [U] chocolate that is made with milk ▶ **czekolada mleczna** | ˈ**milkman** /-mən/ noun [C] (pl. **milkmen** /-mən/) a person who delivers milk to your house ▶ **mleczarz/rka** | ˈ**milkshake** noun [C,U] a drink made of milk, flavouring and sometimes ice cream ▶ **mleczny napój**

milky /ˈmɪlki/ adj. (**milkier**; **milkiest**) **1** made with milk: *a hot milky drink* ▶ **mleczny 2** of a pale white colour ▶ **mleczny**

mill[1] /mɪl/ noun [C] **1** a building that contains a large machine that is used for grinding grain into flour: *a windmill* wiatrak ○ *a watermill* młyn wodny ▶ **młyn 2** a kitchen tool that is used for grinding sth into powder: *a pepper mill* młynek do pieprzu ▶ **młynek 3** a factory that is used for making certain kinds of material: *a paper mill* papiernia ○ *a steel mill* huta stali ▶ **fabryka, zakład**

mill[2] /mɪl/ verb [T] to grind sth in a mill ▶ **mleć**

PHRASAL VERB **mill about/around** (informal) (used about a large number of people or animals) to move around in one place with no real purpose ▶ **kręcić się bez celu**

millennium /mɪˈleniəm/ noun [C] (pl. **millennia** /-niə/or **millenniums**) a period of 1 000 years ▶ **tysiąclecie**

millet /ˈmɪlɪt/ noun [U] a grass-like plant whose seeds are used as food for people and birds ▶ **proso**

milligram (also **milligramme**) /ˈmɪligræm/ noun [C] (abbr. **mg**) a measure of weight. There are 1 000 milligrams in a gram. ▶ **miligram**

millilitre (US **milliliter**) /ˈmɪliliːtə(r)/ noun [C]

(abbr. **ml**) a measure of liquid. There are 1 000 millilitres in a litre. ▶ **mililitr**

millimetre (US **millimeter**) /ˈmɪlimiːtə(r)/ noun [C] (abbr. **mm**) a measure of length. There are 1 000 millimetres in a metre. ▶ **milimetr**

millinery /ˈmɪlɪnəri; US ˈmɪlɪneri/ noun [U] making or selling women's hats ▶ **kapelusznictwo**

★**million** /ˈmɪljən/ number **1** 1 000 000: *Nearly 60 million people live in Britain.* ○ *Millions are at risk from the disease.* ○ *'How much does it cost?' 'Half a million.'* ❶ Zwróć uwagę, że przy liczeniu nie używa się liczebnika milion w lm: *six million pounds.* ▶ **milion 2** (**a million**; **millions (of)**) (informal) a very large amount: *I still have a million things to do.* ▶ **mnóstwo** ➲ Więcej informacji na temat liczb znajduje się w Dodatku 3.

□ **millionth** det. 1 000 000th : *the firm's millionth customer* ▶ **milionowy** | **millionth** noun [C] one of a million equal parts of sth: *a millionth of a second* ▶ **(jedna) milionowa**

millionaire /ˌmɪljəˈneə(r)/ noun [C] a person who has a million pounds, dollars, etc.; a very rich person ❶ Milionerka nazywa się **millionairess**. ▶ **milioner**

milometer (also **mileometer**) /maɪˈlɒmɪtə(r)/ (US **odometer**) noun [C] a piece of equipment that measures the distance you have travelled ▶ **drogomierz**

mime /maɪm/ noun [C,U] acting or telling a story without speaking, by using your hands, body and the expressions on your face ▶ **pantomima, mimika**

□ **mime** verb [I,T] to act or express sth using mime ▶ **grać/wyrażać (coś) mimicznie/mimiką**

mimic /ˈmɪmɪk/ verb [T] (pres. part. **mimicking**; pt, pp **mimicked**) to copy sb's behaviour in an amusing way ▶ **naśladować**

□ **mimic** noun [C] a person who can mimic other people ▶ **naśladowca, imitator** | **mimicry** /ˈmɪmɪkri/ noun [U] ▶ **parodiowanie, mimika**

min. abbr. **1** minimum: *min. temp 2°* ▶ **min. 2** minute(s): *fastest time: 6 min.* ▶ **min**

mince /mɪns/ verb [T] to cut meat into very small pieces using a special machine: *a pound of minced beef* ▶ **siekać/przepuszczać przez maszynkę (mięso)**

□ **mince** (Brit.) (US **hamburger**; ˌ**ground** ˈ**beef**) noun [U] meat that has been cut into very small pieces with a special machine ▶ **mięso mielone**

■ ˌ**mince** ˈ**pie** noun [C] a small round cake with a mixture of dried fruit, sugar, etc. (mincemeat) inside, traditionally eaten in Britain at Christmas time ▶ **babeczka z kruchego ciasta z nadzieniem bakaliowym**

mincemeat /ˈmɪnsmiːt/ noun [U] a mixture of dried fruit, nuts, sugar, etc. ▶ **rodzaj farszu bakaliowego**

★**mind**[1] /maɪnd/ noun [C,U] the part of your brain that thinks and remembers; your thoughts and intelligence: *He has a brilliant mind.* ○ *Not everybody has the right sort of mind for this work.* ▶ **umysł, głowa**

IDIOMS **at/in the back of your mind** → BACK[1] | **be/go out of your mind** (informal) to be/become crazy or mad: *He must be out of his mind to give up a good job like that.* ▶ **postradać zmysły, zwariować** | **be in two minds (about sth/doing sth)** to not feel sure of sth: *I'm in two minds about leaving Will alone in the house.* ▶ **być niezdecydowanym** | **bear/keep sb/sth in mind** to remember sb/sth: *We'll bear/keep your suggestion in mind for the future.* ▶ **pamiętać o czymś** | **bring/call sb/sth to mind** to be reminded of sb/sth; to remember sb/sth ▶ **przywodzić kogoś/coś na myśl, przypominać sobie kogoś/coś** | **cast your mind back** → CAST[2] | **change your mind** → CHANGE[1] | **come/spring to mind** if sth comes/springs to mind, you suddenly remember or think of it ▶ **(nagle) przychodzić do głowy** | **cross your mind** → CROSS[2] | **ease sb's mind** → EASE[2] | **frame of mind** → FRAME[1] | **give sb a piece of your mind** → PIECE[1] | **go clean out of your mind** → CLEAN[1] | **have/keep an open mind** → OPEN[1] | **have sb/sth in mind (for sth)** to be considering sb/sth as suitable for sth: *Who do you have in mind for the job?* ▶ **mieć na myśli** | **keep your mind on sth** to continue to pay attention to sth: *Stop talking and try to keep your mind on your work!* ▶ **skupiać się na czymś** | **make up your mind** to decide: *I can't make up my mind which sweater to buy.* ▶ **zdecydować się** | **on your mind** worrying you: *Don't bother her with that. She's got enough on her mind.* ▶ **na głowie** | **put/set sb's mind at rest** to make sb stop worrying: *The results of the blood test set his mind at rest.* ▶ **uspokajać** | **slip your mind** → SLIP[1] | **state of mind** → STATE[1] | **take sb's mind off sth** to help sb not to think or worry about sth ▶ **odwracać uwagę od czegoś** | **to my mind** in my opinion: *To my mind, this is a complete waste of time!* ▶ **moim zdaniem**

■ ˈ**mind-blowing** adj. (informal) very exciting, impressive or surprising: *Watching your baby being born is a mind-blowing experience.* ▶ **pasjonujący** | ˈ**mind-boggling** adj. (informal) difficult to imagine, understand or believe: *Mind-boggling amounts of money were being discussed.* ▶ **niewyobrażalny**

★**mind**[2] /maɪnd/ verb **1** [I,T] (especially in questions, answers, and negative sentences) to feel annoyed, unhappy or uncomfortable: *'Do you mind if I smoke* (czy pozwolisz, że zapalę)*?' 'No, not at all* (tak, proszę bardzo).*'* ○ *I'm sure Simon won't mind* (nie będzie miał ci za złe) *if you don't invite him.* ○ *We've got four children so I hope you won't mind about* (nie będzie ci przeszkadzał) *the mess!* ○ *I don't mind what you do.* Wszystko mi jedno, co robisz. ○ *Do you mind having to travel* (czy nie przeszkadza ci, że musisz dojeżdżać) *so far to work every day?* ○ *Are you sure your parents won't mind me coming* (nie będą mieli nic przeciwko temu, że przyjdę)*?* ○ *'Would you like red or white wine?' 'I don't mind* (wszystko jedno).*'* ○ *I wouldn't mind a holiday* (nie miałbym nic przeciwko wakacjom) *in the sun this year!* ▶ **mieć coś przeciwko, przeszkadzać (komuś) 2** [T] (used in a question as a polite way of asking sb to do sth) could you...?: *Would you mind closing the window?* Czy mógłbyś zamknąć okno? ○ *Do you mind driving? I'm feeling tired.* ▶ **czy mógłbyś, czy byłbyś łaskaw 3** [T] (used as a command) be careful of/about...: *It's a very low doorway so mind your head.* ○ *Mind that step!* ○ *Mind you don't slip on the ice.* ▶ **uważać na 4** [T] (especially Brit.) to look after or watch sb/sth for a short time: *Could you mind my bag while I go to the bar?* ▶ **pilnować**

IDIOMS **mind you** (used for attracting attention to a point you are making or for giving more information): *Paul seems very tired. Mind you, he has been working very hard recently.* ▶ **przecież, no ale** | **mind your own business** to pay attention to your own affairs, not other people's: *Stop telling me what to do and mind your own business!* ▶ **nie wtrącać się, zajmować się swoimi sprawami** | **never mind** don't worry; it doesn't matter: *'I forgot to post your letter.' 'Never mind, I'll do it later.'* ○ *Never mind about the cost* (nie przejmuj się kosztami) *– just enjoy yourself!* ▶ **nieważne, nie szkodzi**

PHRASAL VERB **Mind out!** (informal) Get out of the way!: *Mind out! There's a car coming.* ▶ **z drogi!**

□ **minder** noun [C] (especially in compounds) a person whose job is to look after sb/sth: *My son goes to a childminder so that I can work part-time.* ▶ **opiekun/ka**

-minded /ˈmaɪndɪd/ adj. (in compounds) having the type of mind mentioned; interested in the thing mentioned: *a strong-minded person* człowiek o silnej osobowości ○ *He is very money-minded.* Myśli tylko o pieniądzach. ▶ *(określa nastawienie, typ osobowości)*

mindless /ˈmaɪndləs/ adj. **1** done or acting without thought and for no particular reasons: *mindless violence* ▶ **bezmyślny 2** not needing thought or intelligence: *mindless factory work* ▶ **bezmyślny, automatyczny**

★**mine**[1] /maɪn/ pron. of or belonging to me: *'Whose is this jacket?' 'It's mine.'* ○ *Don't take your car – you can come in mine.* ○ *May I introduce a friend of mine* (jednego z moich przyjaciół)? ➲ Por. **my**. ▶ **mój, moja itp.**

★**mine**[2] /maɪn/ noun [C] **1** a hole, or system of holes and passages, that people dig under the ground in order to obtain coal, tin, gold, etc.: *a coal mine* ➲ Por. **colliery** i **quarry**. ▶ **kopalnia 2** a bomb that is hidden under the ground or under water ▶ **mina**

■ **ˈminefield** noun [C] **1** an area of land or sea where mines(2) have been hidden ▶ **pole minowe 2** a situation that is full of hidden dangers or difficulties ▶ **trudna/niebezpieczna sytuacja**

mine[3] /maɪn/ verb **1** [I,T] to dig in the ground for coal, gold, etc.; to get coal, etc. by digging: *Diamonds are mined in South Africa.* ➲ Por. **mining**. ▶ **wydobywać 2** [T] to put hidden mines(2) in an area of land or sea ▶ **minować**

★**miner** /ˈmaɪnə(r)/ noun [C] a person whose job is to work in a mine to get coal, etc. ▶ **górnik**

★**mineral** /ˈmɪnərəl/ noun [C] a natural substance such as coal, salt, oil, etc., especially one that is dug out of the ground for people to use: *a country rich in minerals* ▶ **minerał**

■ **ˈmineral water** noun [U] water that comes directly from the ground, contains minerals and is thought to be good for your health ▶ **woda mineralna**

mingle /ˈmɪŋgl/ verb [I,T] to mix with another thing or with other people: *The colours slowly mingled together to make a muddy brown.* ○ *His excitement was mingled with fear.* ▶ **mieszać (się), wmieszać się** *(np. w tłum)*

mini- /ˈmɪni/ (in compounds) very small: *a miniskirt* ○ *minigolf* ▶ **mały, mini**

miniature /ˈmɪnətʃə(r); US -tʃʊr/ noun [C] a small copy of sth which is much larger ▶ **miniatura**

IDIOM **in miniature** in a very small form ▶ **w miniaturze**

minibus /ˈmɪnibʌs/ noun [C] (especially Brit.) a small bus, usually for no more than 12 people ▶ **mikrobus**

minim /ˈmɪnɪm/ (US **ˈhalf note**) noun [C] (used about music) a note that lasts twice as long as a crotchet ➲ Zob. uwaga przy **crotchet**. ▶ **półnuta**

minimal /ˈmɪnɪməl/ adj. very small in amount or level ▶ **minimalny**

minimize (also **-ise**) /ˈmɪnɪmaɪz/ verb [T] **1** to make sth as small as possible (in amount or level): *We shall try to minimize the risks to the public.* ▶ **zmniejszać, minimalizować 2** to try and make sth seem less important than it really is ▶ **umniejszać 3** to make sth small on a computer screen ▶ **zmniejszać**

★**minimum** /ˈmɪnɪməm/ noun [sing.] (abbr. **min.**) the smallest amount or level that is possible or allowed: *I need a minimum of seven hours' sleep.* ○ *The minimum he will accept is £15 000 a year.* ○ *We will keep the cost to a minimum.* ▶ **minimum**

□ **minimum** adj. (only before a noun) the smallest possible or allowed: *the minimum age for leaving school* ▶ **minimalny**

mining /ˈmaɪnɪŋ/ noun [U] (often in compounds) the process or industry of getting coal, metals, salt, etc. out of the ground by digging: *tin mining* ○ *a mining town* ▶ **wydobycie; górnictwo**

★**minister** /ˈmɪnɪstə(r)/ noun [C] **1** (US **secretary**) a member of the government, often the head of a government department: *the Minister of Trade and Industry* ➲ Por. **Prime Minister** i **Cabinet Minister**. ▶ **minister 2** a priest, especially in a Protestant church ➲ Por. **vicar**. ▶ **pastor**

ministerial /ˌmɪnɪˈstɪəriəl/ adj. of a government minister or department: *a ministerial decision* ▶ **ministerialny**

★**ministry** /ˈmɪnɪstri/ noun (pl. **ministries**) **1** (also **department**) [C] a division of the government responsible for a particular subject: *the Ministry of Defence* ❶ W Amer. ang. używa się tylko słowa **department**. ▶ **ministerstwo 2** (**the ministry**) [sing.] the profession of being a priest (in Protestant churches): *to enter the ministry* zostać duchownym ▶ **kapłaństwo, stan duchowny**

mink /mɪŋk/ noun [C] (pl. **mink** or **minks**) a small wild animal whose fur is used for expensive coats: *a mink coat* ▶ **norka**

★**minor** /ˈmaɪnə(r)/ adj. **1** not very big, serious or important (when compared with others): *It's only a minor problem.* ○ *She's gone into hospital for a minor operation.* ❶ Antonim: **major**. ▶ **drugorzędny, drobny 2** of one of the two types of key[1](2) in which music is usually written: *a symphony in F minor* ➲ Por. **major**. ▶ **minorowy, moll**

□ **minor** noun [C] a person who is not legally an adult ▶ **nieletni/a**

★**minority** /maɪˈnɒrəti/ noun [C] (pl. **minorities**) **1** [usually sing., with sing. or pl. verb] the smaller number or part of a group; less than half: *Most women work. Only a minority stays/stay at home.* ○ *minority interests* potrzeby mniejszości ❶ Antonim: **majority**. ▶ **mniejszość 2** a group of people who are of a different race or religion to most of the people in the community or country where they live: *children of ethnic minorities.* ▶ **mniejszość narodowa**

IDIOM **be in a/the minority** to be the smaller of two groups: *We take both boys and girls, but girls are in the minority.* ➲ Por. **in a/the majority**. ▶ **być w mniejszości**

mint[1] /mɪnt/ noun **1** [U] a herb whose leaves are used for giving a flavour to food, drinks, toothpaste, etc.: *lamb with mint sauce* ○ *mint chocolate* ▶ **mięta 2** [C] a sweet with a strong fresh flavour ❶ Inne określenie to **peppermint**. ▶ **cukierek miętowy**

□ **minty** /ˈmɪnti/ adj. tasting of mint ▶ **miętowy**

mint[2] /mɪnt/ noun [sing.] a place where coins and notes are made by the government ▶ **mennica**

□ **mint** verb [T] ▶ **bić** (*monetę*)

minus /ˈmaɪnəs/ prep. **1** less; subtract; take away: *Six minus two is four.* ▶ **minus, mniej 2** (used about a number) below zero: *The temperature will fall to minus 10.* ▶ **minus, poniżej zera 3** (informal) without: *Are you minus your husband this evening?* ▶ **bez**

□ **minus** adj. **1** (used in mathematics) lower than zero: *a minus figure* ▶ **ujemny 2** (used with grades given for school work) slightly lower than: *I got A minus (A–) for my essay.* ▶ **minus** | **minus** (also **ˈminus sign**) noun [C] **1** the sign (–) which is used in mathematics to show that a number is below zero or that you should subtract the second number from the first ▶ **znak odejmowania 2** (also **ˈminus point**) (informal) a negative quality; a disadvantage: *Let's consider the pluses and minuses of moving out of the city.* ▶ **minus**

minuscule /ˈmɪnəskjuːl/ adj. very small; tiny ▶ **maleńki**

★**minute**[1] /ˈmɪnɪt/ noun **1** [C] (abbr. **min.**) one of the 60 parts that make up one hour; 60 seconds: *It's five minutes to/past nine.* ○ *Hurry up! The plane leaves in twenty minutes!* ○ *The programme lasts for about fifty minutes.* ▶ **minuta 2** [sing.] a very short time; a moment: *Wait a minute! You've forgotten your notes.* ○ *Have you got a minute to spare? I want to talk to you.* ▶ **chwila 3** (**the minutes**) [pl.] a written record of what is said and decided at a meeting: *to take the minutes* spisywać protokół ▶ **protokół**

IDIOMS **(at) any minute/moment (now)** (informal) very soon: *The plane will be landing any minute now.* ▶ **w każdej chwili** | **in a minute** very soon: *I think it's going to rain in a minute.* ▶ **za chwilę** | **just a minute** (informal) (used for stopping a person, pausing to think, etc.) to wait for a short time: *Just a minute. Is that your book or mine?* ▶ **chwileczkę** | **the last minute/moment** → LAST[1] | **the minute/moment (that)** as soon as: *I'll tell him you rang the minute (that) he gets here* (jak tylko przyjdzie). ▶ **jak tylko** | **this minute** immediately; now: *I don't know what I'm going to do yet – I've just this minute found out.* ▶ **natychmiast; w tej chwili** | **up to the minute** (informal) recent; not old: *For up-to-the-minute information on flight times, phone the following number…* ▶ **ostatni, aktualny**

minute[2] /maɪˈnjuːt; US -ˈnuːt/ adj. (**minuter**; **minutest**) **1** very small; tiny ▶ **mikroskopijny, drobniutki 2** very exact or accurate: *She was able to describe the man in minute detail.* ▶ **szczegółowy, drobiazgowy**

miracle /ˈmɪrəkl/ noun [C] a wonderful and extraordinary event that is impossible to explain and that is thought to be caused by God or a god: *Christ performed many miracles.* ○ *It will be a miracle if he passes the exam.* ▶ **cud**

IDIOM **work/perform miracles** to achieve very good results: *The new diet has worked miracles for her.* ▶ **czynić/działać cuda**

□ **miraculous** /mɪˈrækjələs/ adj. impossible to explain or understand; extraordinary ▶ **cudowny, nadprzyrodzony** | **miraculously** adv. ▶ **cudownie**

mirage /ˈmɪrɑːʒ; məˈrɑːʒ/ noun [C] something that you think you see in very hot weather but which does not really exist, especially water in a desert ▶ **fatamorgana, złudzenie**

★**mirror** /ˈmɪrə(r)/ noun [C] a piece of special glass that you can look into in order to see yourself or what is behind you: *to have a look in the mirror* ○ *Use your rear-view mirror before you overtake.* ▶ **lustro**

> A mirror **reflects** images. What you see in the mirror is a **reflection**.

□ **mirror** verb [T] to reflect sth as if in a mirror: *The trees were mirrored in the lake.* ▶ **odzwierciedlać**

mirth /mɜːθ/ noun [U] (formal) amusement or laughter ▶ **wesołość**

misapprehension /ˌmɪsæprɪˈhenʃn/ noun

IDIOM **to be under a/the misapprehension** (formal) to have a wrong idea or impression ▶ **być w błędnym przekonaniu**

misbehave /ˌmɪsbɪˈheɪv/ verb [I] to behave badly ▶ **źle się zachowywać**

□ **misbehaviour** (US **misbehavior**) /ˌmɪsbɪˈheɪvjə(r)/ noun [U] bad behaviour ▶ **złe zachowanie**

misc. abbr. miscellaneous ▶ **rozmaite**

miscalculate /ˌmɪsˈkælkjuleɪt/ verb [I,T] to make a mistake in calculating or estimating (a situation or an amount, distance, etc.): *The driver miscalculated the speed of the other car.* ▶ **źle obliczyć, przeliczyć się**

□ **miscalculation** /ˌmɪskælkjuˈleɪʃn/ noun [C,U] ▶ **błąd w obliczeniach, przeliczenie się**

miscarriage /ˈmɪskærɪdʒ/ noun [C,U] giving birth to a baby before it is ready to be born, with the result that it cannot live: *She's had several miscarriages.* ▶ **poronienie**

IDIOM **a miscarriage of justice** an occasion when sb is punished for a crime that they did not do ▶ **pomyłka sądowa**

miscarry /ˌmɪsˈkæri/ verb [I] (pres. part. **miscarrying**; 3rd pers. sing. pres. **miscarries**; pt, pp **miscarried**) **1** to give birth to a baby before it is ready to be born, with the result that it cannot live ▶ **poronić 2** (used about a plan, idea, etc.) to fail ▶ **nie udać się**

miscellaneous /ˌmɪsəˈleɪniəs/ adj. of various, different types; mixed: *a box of miscellaneous items for sale* ▶ **różny, rozmaity**

mischief /ˈmɪstʃɪf/ noun [U] bad behaviour (usually of children) that is not very serious: *Why are the children so quiet? Are they up to mischief again?* ○ *You can go and see your friends but keep out of mischief* (bądź grzeczny) *this time.* ▶ **psota, złe zachowanie**

mischievous /ˈmɪstʃɪvəs/ adj. (abbr. **misc.**) (usually used about children) fond of having fun in a rather naughty way ➲ Zob. uwaga przy **evil**. ▶ **psotny**

□ **mischievously** adv. ▶ **psotnie, figlarnie**

misconception /ˌmɪskənˈsepʃn/ noun [C] a wrong idea or understanding of sth: *It is a popular misconception that people need meat to be healthy.* ▶ **błędne pojęcie, zrozumienie**

misconduct /ˌmɪsˈkɒndʌkt/ noun [U] (formal) bad behaviour, especially by a professional person ▶ **złe/nieprofesjonalne postępowanie**

misconstrue /ˌmɪskənˈstruː/ verb [T] (formal) **misconstrue sth (as sth)** to understand sb's words or actions wrongly ➲ Por. **construe**. ▶ **błędnie/źle rozumieć/interpretować**

misdemeanour (US **misdemeanor**) /ˌmɪsdɪˈmiːnə(r)/ noun [C] something slightly bad or wrong that a person does; a minor crime ▶ **złe sprawowanie; drobne wykroczenie**

miser /ˈmaɪzə(r)/ noun [C] a person who loves having a lot of money but hates spending any ▶ **skąpiec**

□ **miserly** adj. ▶ **skąpy**

★**miserable** /ˈmɪzrəbl/ adj. **1** very unhappy; sad: *You look miserable. What's wrong?* ○ *It's a miserable story. Are you sure you want to hear it?* ▶ **nieszczęśliwy, przygnębiony 2** unpleasant (because difficult or uncomfortable): *It's miserable working in such an unfriendly atmosphere.* ▶ **przykry 3** too small or of bad quality: *a miserable salary* ▶ **marny, nędzny**

□ **miserably** /-əbli/ adv. in a miserable way: *I stared miserably out of the window.* ○ *We failed miserably to achieve our aim.* ▶ **w nieszczęśliwy sposób, żałośnie**

★**misery** /ˈmɪzəri/ noun [C,U] (pl. **miseries**) great unhappiness or lack of comfort; suffering: *There was an expression of pain and misery on his face.* ○ *The period after the war was a time of economic and social misery.* ○ *the miseries of war* ▶ **cierpienie, nieszczęście**

IDIOMS **put sb out of their misery** (informal) to stop sb worrying about sth by telling the person what they want to know: *Put me put of my misery – did I pass or not?* ▶ **skrócić czyjeś cierpienie, rozwiać czyjś niepokój** | **put sth out of its misery** to kill an animal because it has an illness or injury that cannot be treated ▶ **uśpić** (*zwierzę*)

misfire /ˌmɪsˈfaɪə(r)/ verb [I] to fail to have the right result or effect: *The plan misfired.* ▶ **spełznąć na niczym**

misfit /ˈmɪsfɪt/ noun [C] a person who is or feels different from other people: *He's always lived in a town before so he seems a bit of a misfit in the village.* ▶ **osoba nie umiejąca dostosować się do otoczenia, osoba nie przystosowana**

misfortune /ˌmɪsˈfɔːtʃuːn/ noun [C,U] (an event, accident, etc. that brings) bad luck or disaster: *Various misfortunes had made her sad and bitter.* ○ *I hope I don't have the misfortune to meet him again.* ▶ **nieszczęście, pech**

misgiving /ˌmɪsˈɡɪvɪŋ/ noun [C, U] a feeling of doubt, worry or suspicion: *I had serious misgivings about leaving him on his own in that condition.* ▶ **obawa**

misguided /ˌmɪsˈɡaɪdɪd/ adj. **1** (used about a person) acting in a way that is not sensible ▶ **wprowadzony w błąd 2** (used about behaviour or opinions) based on wrong ideas or information ▶ **mylny, błędny**

mishap /ˈmɪshæp/ noun [C,U] an unlucky accident or bad luck that does not have serious results: *to have a slight mishap* ▶ **niefortunny wypadek**

misinform /ˌmɪsɪnˈfɔːm/ verb [T] to give sb the wrong information: *The public have been misinformed about the disease.* ▶ **źle informować, udzielać fałszywych informacji**

misinterpret /ˌmɪsɪnˈtɜːprɪt/ verb [T] to understand sth wrongly ▶ **źle interpretować/rozumieć**

□ **misinterpretation** /ˌmɪsɪntɜːprɪˈteɪʃn/ noun [C,U] understanding sth in the wrong way: *Parts of the speech were open to misinterpretation* (można było źle zrozumieć). ▶ **zła interpretacja, złe rozumienie**

misjudge /ˌmɪsˈdʒʌdʒ/ verb [T] to form a wrong opinion of sb/sth; to estimate sth wrongly ▶ **źle oceniać, nie doceniać**

□ **misjudgement** (also **misjudgment**) noun [C,U] (the forming of) a wrong opinion or idea ▶ **zła ocena, fałszywe mniemanie**

mislay /ˌmɪsˈleɪ/ verb [T] (pres. part. **mislaying**; 3rd pers. sing. pres. **mislays**; pt, pp **mislaid** /-ˈleɪd/) to lose sth, usually for a short time because you cannot remember where you left it: *I'm afraid I've mislaid my car keys.* ▶ **zapodziewać, gubić**

mislead /ˌmɪsˈliːd/ verb [T] (pt, pp **misled** /-ˈled/) to make sb have the wrong idea or opinion: *Don't be misled by his smile – he's not very friendly.* ▶ **wprowadzać w błąd, zwodzić**
□ **misleading** adj. giving a wrong idea or impression: *a misleading advertisement* ▶ **wprowadzający w błąd, zwodniczy**

mismanage /ˌmɪsˈmænɪdʒ/ verb [T] to manage or organize sth badly or without skill: *The department's budget was badly mismanaged.* ▶ **źle kierować, źle nadzorować**
□ **mismanagement** noun [U] ▶ **złe kierownictwo**

misplaced /ˌmɪsˈpleɪst/ adj. given to sb/sth that does not deserve to have it: *misplaced loyalty* ▶ **źle ulokowany**

misprint /ˈmɪsprɪnt/ noun [C] a mistake in printing ▶ **błąd drukarski**

mispronounce /ˌmɪsprəˈnaʊns/ verb [T] to pronounce a word or letter wrongly: *People are always mispronouncing my name.* ▶ **niepoprawnie wymawiać**
□ **mispronunciation** /ˌmɪsprənʌnsiˈeɪʃn/ noun [C,U] ▶ **zła wymowa**

misread /ˌmɪsˈriːd/ verb [T] (pt, pp **misread** /-ˈred/) to read or understand sth wrongly: *I misread the bus timetable and missed the last bus home.* ○ *He misread my silence as a refusal.* ▶ **źle przeczytać, źle interpretować**

misrepresent /ˌmɪsˌreprɪˈzent/ verb [T] (usually passive) to give a wrong description of sb/sth ▶ **fałszywie przedstawiać, dawać fałszywy obraz**
□ **misrepresentation** /ˌmɪsˌreprɪzenˈteɪʃn/ noun [C,U] (a) wrong description: *That's a misrepresentation of what was actually said.* ▶ **złe przedstawienie, fałszywy obraz**

★**Miss** /mɪs/ (used as a title before the name of a girl or an unmarried woman): *'Is there a Miss Dean living here?' the postman asked.* ○ *'Dear Miss Harris,' the letter began.* ▶ **panna**

> **Miss**, **Mrs**, **Ms** i **Mr** używa się przed nazwiskiem osoby, a nie przed imieniem, chyba że imię występuje razem z nazwiskiem. Można powiedzieć: *Is there a Miss (Tamsin) Hudson here?* (ale nie ~~*Miss Tamsin*~~).

★**miss¹** /mɪs/ verb **1** [T] to not see, hear, understand, etc. sb/sth: *The house is on the corner so you can't miss it.* ○ *There was so much noise that I missed what the speaker said.* ○ *They missed the point of what I was saying.* ▶ **nie dostrzegać; nie słyszeć; nie rozumieć 2** [I,T] to not hit, catch, etc. sth: *She tried hard to hit the ball but missed.* ○ *Drive more carefully. You only just missed that car.* ▶ **chybić 3** [T] to feel sad because sb is not with you any more, or because you have not got or cannot do sth that you once had or did: *I'll miss you terribly when you go away.* ○ *I don't miss teaching at all.* ▶ **tęsknić za kimś/czymś 4** [T] to arrive too late for sth or to fail to be at sth: *Hurry up or you'll miss the bus!* ○ *She'll be very cross if you miss her party.* ▶ **spóźnić się na coś, przeoczyć 5** [T] to notice that you have lost sb/sth: *When did you first miss your handbag?* ▶ **zauważyć brak 6** [T] to avoid sth unpleasant: *If we leave now, we'll miss the rush-hour traffic.* ▶ **unikać**
PHRASAL VERBS **miss sb/sth out** to not include sb/sth: *You've missed out several important points in your report.* ▶ **opuszczać** | **miss out (on sth)** to lose a chance to gain sth/enjoy yourself, etc.: *You'll miss out on all the fun if you stay at home.* ▶ **tracić** (*sposobność, okazję*)
□ **missing** adj. **1** lost, or not in the right or usual place: *Some of my books are missing – have you seen them?* ○ *The roof has got some tiles missing.* ○ *The little girl has been missing from home for two days.* ○ *a missing person* zaginiony ▶ **zgubiony, brakujący 2** not included, often when it should have been: *Fill in the missing words in the text.* ▶ **brakujący**

miss² /mɪs/ noun [C] a failure to hit, catch, etc. sth that you are aiming at: *After several misses he finally managed to hit the target.* ▶ **chybienie; nie złapanie**
IDIOMS **give sth a miss** (informal) to decide not to do sth, have sth, go to sth, etc.: *I think I'll give the party a miss. I don't feel too well.* ▶ **odpuszczać sobie, nie zrobić czegoś** | **a near miss** → NEAR¹

missile /ˈmɪsaɪl; US ˈmɪsl/ noun [C] **1** a powerful exploding weapon that can be sent long distances through the air: *nuclear missiles* ▶ **pocisk 2** an object or weapon that is fired from a gun or thrown: *Among the missiles thrown during the riot were broken bottles and stones.* ▶ **przedmiot wystrzelony lub rzucony**

mission /ˈmɪʃn/ noun [C] **1** an important task that a person or group of people are sent somewhere to do: *Your mission is to send back information about the enemy's movements.* ▶ **misja, zadanie specjalne 2** a group of people who are sent abroad to perform a special task: *a British trade mission to China* ▶ **misja 3** a special journey made by a space rocket or military aeroplane: *a mission to the moon* ▶ **misja 4** a particular task or duty which you feel that you should do: *Her work with the poor was her mission in life.* ▶ **posłannictwo, misja 5** a place where the local people are taught about religion, given medical help, etc. by people who are sent to do this (missionaries). ▶ **misja**

missionary /ˈmɪʃənri; US -neri/ noun [C] (pl. **missionaries**) a person who is sent abroad to teach about the Christian religion ▶ **misjona-rz/rka**

misspell /ˌmɪsˈspel/ verb [T] (pt, pp **misspelled** or **misspelt** /-ˈspelt/) to spell sth wrongly ▶ **pisać z błędem ortograficznym**

misspent /ˌmɪsˈspent/ adj. (of time or money) used in a foolish way; wasted: *He joked that being good at cards was the sign of a misspent youth.* ▶ **roztrwoniony**

★**mist¹** /mɪst/ noun [C,U] clouds made of small drops of water, close to the ground, which make it difficult to see very far; a thin fog: *early morning mists* ○ *The fields were covered in mist.* ➲ Zob. uwaga przy **fog** i **weather**. ▶ **mgła, mgiełka**

□ **misty** adj. (**mistier**; **mistiest**) full of or covered with mist: *a misty day* ▶ **mglisty**

mist² /mɪst/ verb

PHRASAL VERB **mist (sth) up/over** to cover or be covered with mist: *The back window's misted up again. Can you wipe it?* ▶ **pokrywać się mgłą, zaparować**

⋆**mistake¹** /mɪˈsteɪk/ noun [C,U] something that you think or do that is wrong: *The teacher corrected the mistakes in my essay.* ○ *a spelling mistake* ○ *Waiter! I think you've made a mistake over the bill.* ○ *I think there must be some mistake. My name is Sedgley, not Selley.* ○ *It was a big mistake not to book our flight earlier.* ○ *We made the mistake of asking Paul to look after the house while we were away.* ▶ **błąd, pomyłka**

IDIOM **by mistake** as a result of a mistake or carelessness: *The terrorists shot the wrong man by mistake.* ▶ **przez pomyłkę, błędnie**

> **Error** jest bardziej formalne niż **mistake**: *(formalnie) Please accept my apologies. I opened your letter in error.* ○ *(nieformalnie) I'm sorry. I opened your letter by mistake.* **Fault** wskazuje na winną osobę: *The accident wasn't my fault. The other driver pulled out in front of me.* **Fault** używa się także, mówiąc o istnieniu lub braku jakiejś usterki przedmiotu lub wady człowieka: *a technical fault* ○ *Laziness is not one of her faults.*

⋆**mistake²** /mɪˈsteɪk/ verb [T] (pt **mistook** /mɪˈstʊk/; pp **mistaken** /mɪˈsteɪkən/) **1** to be wrong about sth: *to mistake sb's meaning* ▶ **źle rozumieć, mylić się 2** to think (wrongly) that sb/sth is sb/sth else: *I'm sorry. I mistook you for a friend of mine.* ▶ **brać za kogoś/coś**

□ **mistaken** adj. wrong; not correct: *I thought the film was a comedy but I must have been mistaken* (musiałam się pomylić). ○ *a case of mistaken identity* ▶ **błędny, źle zrozumiany** | **mistakenly** adv. ▶ **błędnie, przez pomyłkę**

mister /ˈmɪstə(r)/ → Mr

mistletoe /ˈmɪsltəʊ/ noun [U] a plant with white berries and leaves that are green at all times of the year. Mistletoe grows on trees. ▶ **jemioła**

> W Wlk. Br. używa się jemioły do dekoracji domów w czasie Bożego Narodzenia. Istnieje tradycja całowania się pod jemiołą.

mistook pt of MISTAKE²

mistreat /ˌmɪsˈtriːt/ verb [T] to behave badly or cruelly towards a person or an animal ▶ **źle się obchodzić, maltretować**

□ **mistreatment** noun [U] ▶ **złe obchodzenie się, maltretowanie**

mistress /ˈmɪstrəs/ noun [C] **1** a man's mistress is a woman who is having a (secret) sexual relationship with him ➲ Por. **lover**. ▶ **kochanka 2** a female teacher (usually in a private school): *the chemistry mistress* ➲ Por. **master**. ▶ **nauczycielka 3** a woman who has people or animals in her control ➲ Por. **master**. ▶ **pani; właścicielka**

mistrust /ˌmɪsˈtrʌst/ verb [T] to not believe sb/sth; to have no confidence in sb/sth; to not trust sth: *I always mistrust the information in newspapers.* ▶ **nie ufać**

□ **mistrust** noun [U, sing.] ▶ **brak zaufania**

misty → MIST¹

misunderstand /ˌmɪsʌndəˈstænd/ verb [T] (pt, pp **misunderstood** /-ˈstʊd/) to understand sb/sth wrongly: *Don't misunderstand me. I'm only trying help.* ○ *I misunderstood the instructions and answered three questions instead of four.* ▶ **źle rozumieć, źle tłumaczyć sobie**

□ **misunderstanding** noun [C,U] not understanding sb/sth properly; an example of this: *There must be some misunderstanding. I ordered spaghetti, not pizza.* ○ *It was all a misunderstanding.* ▶ **nieporozumienie**

misuse /ˌmɪsˈjuːz/ verb [T] to use sth in the wrong way or for the wrong purpose: *These chemicals can be dangerous if misused.* ▶ **niewłaściwie używać, źle obchodzić się (z czymś)**

□ **misuse** /ˌmɪsˈjuːs/ noun [C,U] using sth in the wrong way or for the wrong purpose: *That project is a misuse of public money.* ▶ **niewłaściwe używanie, złe obchodzenie się (z czymś)**

mitigate /ˈmɪtɪɡeɪt/ verb [T] (formal) to make sth less serious, painful, unpleasant, etc. ▶ **łagodzić**

□ **mitigating** adj.: *Because of the mitigating circumstances the judge gave her a lighter sentence.* ▶ **łagodzący**

mitten /ˈmɪtn/ noun [C] a type of glove that has one part for the thumb and another part for the other four fingers: *a pair of mittens* ▶ **rękawica z jednym palcem**

⋆**mix¹** /mɪks/ verb **1** [T] to put two or more substances together and shake or stir them until they form a new substance: *to mix oil and vinegar together* ○ *Mix yellow and blue together to make green.* ▶ **mieszać 2** [I] to join together to form a separate substance: *Oil and water don't mix.* ▶ **łączyć się 3** [T] to make sth (by mixing two or more substances together): *to mix cement* ▶ **mieszać 4** [T] to do or have two or more things at the same time: *to mix business and pleasure* ▶ **łączyć 5** [I] to be with and talk to other people: *He mixes with all types of people at work.* ○ *She is very shy and doesn't mix well.* ▶ **obcować** (*towarzysko*)

IDIOM **be/get mixed up in sth** (informal) to be/become involved in sth bad or unpleasant ▶ **być wplątanym/wplątać się (w coś)**

PHRASAL VERBS **mix sth up** to put something in the wrong order: *He was so nervous that he dropped his speech and got the pages all mixed up.* ▶ **plątać (coś z czymś)** | **mix sb/sth up (with sb/sth)** to confuse sb/sth with sb/sth else: *I think you've got us mixed up. I'm Jane and she's Sally.* ▶ **mylić z kimś/czymś, brać (za kogoś/coś innego)**

■ **ˈmix-up** noun [C] (informal) a mistake in the planning or organization of sth: *Because of a mix-up at the travel agent's* (ponieważ w biurze podróży coś poplątali) *we didn't get our tickets on time.* ▶ **plątanina, gmatwanina**

mix² /mɪks/ noun **1** [C, usually sing.] a group of different types of people or things: *We need a good* *racial mix in the police force.* ▶ **mieszanka, mieszanina 2** [C,U] a special powder that contains all the substances needed to make a cake, bread, etc. You add water or another liquid to this powder: *a packet of cake mix* (ciasta w proszku) ▶ **proszek**

★**mixed** /mɪkst/ adj. **1** made or consisting of different types of sth: *a mixed salad* ○ *The reaction to our suggestion has been very mixed.* ▶ **mieszany 2** for both sexes, male and female: *a mixed school* ❶ Antonim: **single sex**. ➲ Por. też **unisex**. ▶ **mieszany, koedukacyjny**

IDIOM **have mixed feelings (about sb/sth)** to have some good and some bad feelings about sb/sth; to not be sure about what you think ▶ **mieć mieszane uczucia**

■ ˌ**mixed** ˈ**doubles** noun [U] a game of tennis, etc. in which there is a man and a woman on each side ▶ **mieszany debel** | ˌ**mixed** ˈ**marriage** noun [C] a marriage between people of different races or religions ▶ **mieszane małżeństwo** | ˌ**mixed-**ˈ**up** adj. (informal) confused or unsure about sth/yourself: *He has been very mixed-up since his parents' divorce.* ▶ **niepewny (czegoś/siebie), zmieszany**

mixer /ˈmɪksə(r)/ noun [C] a machine that is used for mixing sth: *a food mixer* ▶ **mikser, mieszarka**

★**mixture** /ˈmɪkstʃə(r)/ noun **1** [C,U] something that is made by mixing together two or more substances: *cough mixture* syrop na kaszel ○ *Put the mixture into a baking dish* (włóż ciasto do formy). ▶ **mieszanka 2** [sing.] something that consists of several things that are different from one another: *I stood and stared with a mixture of amazement and horror.* ▶ **mieszanina**

ml abbr. millilitre(s): *contents 75ml* ▶ **ml**

mm abbr. millimetre(s): *rainfall: 6mm* ○ *a 35mm camera* ▶ **mm**

moan /məʊn/ noun [C] a low sound that you make if you are in pain or very sad ▶ **jęczenie**

□ **moan** verb [I] **1** to make the sound of a moan: *to moan with pain* ▶ **jęczeć 2** (informal) to keep saying what is wrong about sth; to complain: *The English always moan about the weather.* ➲ Zob. uwaga przy **grumble**. ▶ **jęczeć** (*na jakiś temat*), **lamentować**

moat /məʊt/ noun [C] a deep ditch that was dug around a castle and filled with water in order to protect the castle ▶ **fosa**

mob /mɒb/ noun [C, with sing. or pl. verb] a large crowd of people that may become violent or cause trouble: *an angry mob* ▶ **motłoch**

□ **mob** verb [T] (**mobbing**; **mobbed**) to gather round sb, with a large crowd of people, because you are angry or are very interested in them: *The pop star was mobbed as he left the hotel.* ▶ **gromadzić się (wokół kogoś), rzucić się (tłumnie na kogoś)**

mobile¹ /ˈməʊbaɪl; US -bl/ adj. able to move or be moved easily: *My daughter is much more mobile now she has her own car.* ➲ Por. **immobile**. ▶ **ruchomy, mobilny**

□ **mobility** /məʊˈbɪləti/ noun [U] ▶ **ruchliwość, mobilność**

■ ˈ**mobile phone** (also **mobile**; **cellphone**; ˈ**cellular phone**) noun [C] a telephone that you can carry around with you ▶ **telefon komórkowy** | ˌ**mobile** ˈ**home** noun [C] a large caravan that sb lives in permanently (not just for holidays) ▶ **dom na kółkach**

mobile² /ˈməʊbaɪl; US -bl/ noun [C] **1** a decoration that you hang from the ceiling and that moves when the air around it moves ▶ **mobil 2** = MOBILE PHONE

mobilize (also **-ise**) /ˈməʊbəlaɪz/ verb **1** [T] to organize sb/sth for a particular purpose: *They mobilized the local residents to oppose the new development.* ▶ **mobilizować 2** [I,T] to get ready for war ▶ **mobilizować się na wojnę**

mock¹ /mɒk/ verb [I,T] (formal) to laugh at sb/sth in an unkind way or to make other people laugh at them ❶ **Laugh at** i **make fun of** są mniej formalne i częściej się ich używa. ▶ **kpić/wyśmiewać się (z kogoś/czegoś)**

mock² /mɒk/ adj. (only before a noun) not real or genuine: *mock exams* egzaminy próbne ○ *The houses are built in a mock Georgian style* (w stylu udającym styl georgiański). ▶ **sztuczny, udawany**

□ **mock** noun [usually pl.] (in Britain) a practice exam that you do before the official one ▶ **próbny egzamin**

■ ˈ**mock-up** noun [C] a model of sth that shows what the real thing looks like or how it will work ▶ **makieta**

modal /ˈməʊdl/ (also ˈ**modal verb**; **modal au**ˈ**xiliary**) noun [C] a verb, e.g. 'might', 'can', 'must' that is used with another verb for expressing possibility, permission, necessity, etc. ▶ **czasownik modalny**

mode /məʊd/ noun [C] **1** a type of sth or way of doing sth: *a mode of transport/life* ▶ **środek, tryb 2** one of the ways in which a machine can work: *automatic mode* ▶ **tryb**

★**model¹** /ˈmɒdl/ noun [C] **1** a copy of sth that is usually smaller than the real thing: *a scale model of the railway station* ○ *a model aeroplane* ▶ **model, wzór 2** one of the machines, vehicles, etc. that is made by a particular company: *The Ford Sierra has been a very popular model.* ▶ **model 3** a person or thing that is a good example to copy: *America's education system has been taken as a model by other countries.* ▶ **wzór 4** a person who is employed to wear clothes at a fashion show or for magazine photographs: *a male fashion model* ▶ **model/ka 5** a person who is painted, drawn or photographed by an artist ▶ **model/ka**

★**model²** /ˈmɒdl/ verb (**modelling**; **modelled**; US **modeling**; **modeled**) **1** [T] to try to copy or be like sb/sth: *He modelled himself on his favourite teacher.* ○ *The house is modelled on the Palace of Versailles.* ▶ **wzorować na kimś/czymś, naśladować 2** [I,T] to wear and show clothes as a model¹(4): *to model swimsuits* ▶ **prezentować** (*strój na pokazie mody*) **3** [T] to shape clay, etc. in order to make sth ▶ **modelować**

□ **modelling** (US **modeling**) noun [U] working as

a model[1](4): *a career in modelling* ▶ **praca model-a/ki**

modem /ˈməʊdem/ noun [C] a piece of equipment that connects two or more computers together by means of a telephone line so that information can go from one to the other ▶ **modem**

★**moderate[1]** /ˈmɒdərət/ adj. **1** average or not very great in size, amount or degree: *a moderate speed* ○ *people on moderate incomes* ▶ **umiarkowany, średni 2** (used about a person's political opinions) not very different from those of most other people; not extreme: *to hold moderate views* ➲ Por. **extreme** i **radical**. ▶ **umiarkowany**

□ **moderate** /ˈmɒdərət/ noun [C] a person who has moderate political, etc. opinions ➲ Por. **extremist**. ▶ **osoba o umiarkowanych poglądach** | **moderately** adv. not very; quite: *His career has been moderately successful.* ▶ **średnio, umiarkowanie**

moderate[2] /ˈmɒdəreɪt/ verb [I,T] to become or to make sth less strong or extreme: *The stormy weather has moderated a little.* ▶ **uspokajać (się), tracić na gwałtowności/sile**

moderation /ˌmɒdəˈreɪʃn/ noun [U] the quality of being able to control your feelings or actions: *The people reacted violently but their leaders called for moderation.* ▶ **powściągliwość, umiar**

IDIOM **in moderation** within limits that are sensible: *Alcohol can harm unborn babies even if it's taken in moderation.* ▶ **z umiarem**

★**modern** /ˈmɒdn/ adj. **1** of the present or recent times: *the modern world* ○ *Do you prefer modern or classical ballet?* ○ *Radar is very important in modern warfare.* ➲ Por. **ancient** i **traditional**. ▶ **nowoczesny, współczesny 2** with all the newest methods, equipment, buildings, etc.: *It is one of the most modern hospitals in the country.* ➲ Por. **old-fashioned**. ▶ **nowoczesny**

■ **ˌmodern ˈlanguage** noun [C] a language that is spoken now ▶ **język nowożytny**

modernize (also **-ise**) /ˈmɒdənaɪz/ verb [I,T] to become or to make sth suitable for what is needed today: *The railway system is being modernized.* ▶ **unowocześniać (się)**

□ **modernization** (also **-isation**) /ˌmɒdənaɪˈzeɪʃn; US -nəˈz-/ noun [U]: *The house is in need of modernization.* ▶ **unowocześnienie**

modest /ˈmɒdɪst/ adj. **1** not having or expressing a high opinion of your own qualities or abilities: *She got the best results in the exam but she was too modest to tell anyone.* ➲ Por. **demure**, **humble** i **proud**. ▶ **skromny 2** shy and easily embarrassed by anything that is connected with sex ▶ **skromny, nieśmiały 3** not very large: *a modest little house* ○ *a modest increase in price* ▶ **skromny, nieznaczny**

□ **modestly** adv. ▶ **skromnie** | **modesty** /ˈmɒdəsti/ noun [U] the quality of being modest(1,2) ▶ **skromność**

modify /ˈmɒdɪfaɪ/ verb [T] (pres. part. **modifying**; 3rd pers. sing. pres. **modifies**; pt, pp **modified**) to change sth slightly: *We shall need to modify the existing plan.* ○ *The office software has been modified over the years.* ▶ **modyfikować**

□ **modification** /ˌmɒdɪfɪˈkeɪʃn/ noun [C,U] a small change: *There have been some small modifications to our original design.* ▶ **modyfikacja**

module /ˈmɒdjuːl; US -dʒul/ noun [C] a unit that forms part of sth bigger: *The lunar module separated from the spacecraft.* ○ *You must complete three modules each year.* ▶ **moduł, blok** (*nauczania*)

mohair /ˈməʊheə(r)/ noun [U] very soft wool that comes from a type of goat ▶ **moher**

moist /mɔɪst/ adj. slightly wet; damp: *Her eyes were moist with tears.* ○ *Keep the soil moist.* ➲ Zob. uwaga przy **wet**. ▶ **wilgotny, zwilżony**

□ **moisten** /ˈmɔɪsn/ verb [I,T] to become or to make sth moist ▶ **zwilżać (się)**

moisture /ˈmɔɪstʃə(r)/ noun [U] water in small drops on a surface, in the air, etc. ▶ **wilgoć**

moisturizer (also **-iser**) /ˈmɔɪstʃəraɪzə(r)/ noun [C,U] a special cream that you put on your skin to make it less dry ▶ **krem nawilżający**

molar /ˈməʊlə(r)/ noun [C] one of the large teeth at the back of your mouth ▶ **ząb trzonowy**

mold (US) = MOULD[1,2]

moldy (US) = MOULDY

mole[1] /məʊl/ noun [C] a small dark spot on a person's skin that never goes away ▶ **pieprzyk**

mole[2] /məʊl/ noun [C] **1** a small animal with dark fur that lives underground and is almost blind ▶ **kret 2** (informal) a person who works in one organization and gives secret information to another organization or country ➲ Por. **spy**. ▶ **kret**

■ **ˈmolehill** noun [C] a small pile of earth that is made by a mole while it is digging underground ▶ **kretowisko**

molecule /ˈmɒlɪkjuːl/ noun [C] the smallest unit into which a substance can be divided without changing its chemical nature. A molecule consists of one or more atoms. ▶ **cząsteczka, molekuła**

molest /məˈlest/ verb [T] to seriously annoy sb or to attack sb in a sexual way ▶ **molestować, naprzykrzać się**

molt (US) = MOULT

molten /ˈməʊltən/ adj. (used about metal or rock) made liquid by very great heat: *molten lava* ▶ **ciekły, płynny**

mom (US) = MUM

★**moment** /ˈməʊmənt/ noun **1** [C] a very short period of time: *Would you mind waiting for a moment?* ○ *He hesitated for a few moments.* ▶ **chwila, moment 2** [sing.] a particular point in time: *Just at that moment my mother arrived.* ○ *the moment of birth/death* ▶ **chwila, moment**

IDIOMS **(at) any minute/moment (now)** → MINUTE[1] | **at the moment** now: *I'm afraid she's busy at the moment. Can I take a message?* ▶ **w tej chwili** | **for the moment/present** for a short time; for now: *I'm not very happy at work but I'll stay there for the moment.* ▶ **chwilowo, na razie** | **in a moment** very soon: *Just wait here. I'll be back in a moment.* ▶ **za chwilę** |

the last minute/moment → LAST[1] | **the minute/moment (that)** → MINUTE[1]

momentary /ˈməʊməntri; US -teri/ adj. lasting for a very short time: *a momentary lack of concentration* ▶ **chwilowy**

□ **momentarily** /ˈməʊməntrəli; US ˌməʊmənˈterəli/ adv. for a very short time ▶ **chwilowo**

momentous /məˈmentəs/ adj. very important: *There have been momentous changes in the last few years.* ▶ **ważny, doniosły**

momentum /məˈmentəm/ noun [U] strength or speed: *The ball gained momentum as it rolled downhill.* ○ *The environmental movement is gathering momentum.* ▶ **rozpęd, impet**

mommy (US) = MUMMY[1]

Mon. abbr. Monday: *Mon. 6 June* ▶ **poniedziałek**

monarch /ˈmɒnək/ noun [C] a king or queen ▶ **monarch-a/ini**

□ **monarchy** /ˈmɒnəki/ noun **1** [sing., U] the system of government or rule by a monarch: *Should Britain abolish the monarchy?* ▶ **monarchia 2** [C] (pl. **monarchies**) a country that is governed by a monarch ▶ **monarchia**

monastery /ˈmɒnəstri; US -teri/ noun [C] (pl. **monasteries**) a place where monks live in a religious community ➲ Por. **convent**. ▶ **klasztor**

★**Monday** /ˈmʌndeɪ; -di/ noun [C,U] (abbr. **Mon.**) the day of the week after Sunday and before Tuesday : *I'm going to see her on Monday.* ○ *I'm going to see her Monday.* (w Amer. ang. i nieformalnej Br. ang.) ○ *We usually play badminton on Mondays/on a Monday* (w poniedziałki). ○ *They go to the youth club every Monday.* ○ *'What day is it today?' 'It's Monday.'* ○ *Monday morning/afternoon/evening/night* ○ *last/next Monday* ○ *the Monday before last* zeszły poniedziałek (tj. w zeszłym tygodniu, jeżeli dziś nie jest poniedziałek; jeżeli jest, to zwrot oznacza poniedziałek dwa tygodnie temu) ○ *the Monday after next* poniedziałek za dwa tygodnie ○ *a week on Monday/Monday week* poniedziałek za tydzień ○ *The museum is open Monday to Friday, 10 till 4.30.* ○ *Did you see that article about Italy in Monday's paper?* ❶ Uwaga! Dni tygodnia zawsze pisze się dużą literą. ▶ **poniedziałek**

monetary /ˈmʌnɪtri; US -teri/ adj. connected with money: *the government's monetary policy* ▶ **pieniężny, monetarny**

★**money** /ˈmʌni/ noun [U] the means of paying for sth or buying sth (= coins or notes): *How much money do you earn a week?* ○ *Young people spend a lot of money on clothes.* ○ *Our holiday cost an awful lot of money.* ○ *to change money* ○ *If we do the work ourselves we will save a lot of money.* ○ *to borrow/lend money* ○ *My father invested his money in stocks and shares.* ○ *Is this picture worth a lot of money?* ❶ Uwaga! **Money** jest rzeczownikiem niepoliczalnym i występuje z czasownikiem w lp: *The money is on the table.* ➲ Por. **pocket money**. ▶ **pieniądze**

IDIOMS **get your money's worth** to get full value for the money you have spent: *The meal was expensive but we got our money's worth because there were five courses.* ▶ **ponosić w pełni opłacalny wydatek** | **make money** to earn money or to make a profit on a business ▶ **zarabiać; osiągać zysk**

■ **'money box** noun [C] a box into which you put money that you want to save ▶ **skarbonka**

mongrel /ˈmʌŋgrəl/ noun [C] a dog which has parents of different breeds ▶ **kundel**

monitor /ˈmɒnɪtə(r)/ noun [C] **1** a machine that shows information or pictures on a screen like a television ▶ **monitor 2** a machine that records or checks sth: *A monitor checks the baby's heartbeat.* ▶ **urządzenie kontrolne 3** a pupil who has a special job to do in the classroom ▶ **ucze-ń/nnica do specjalnych poruczeń w klasie, dyżurn-y/a** (*odpowiedzialn-y/a za porządek w klasie*)

□ **monitor** verb [T] **1** to check, record or test sth regularly for a period of time: *Pollution levels are being monitored closely.* ▶ **kontrolować (regularnie) coś 2** to listen to and record foreign radio or television broadcasts ▶ **prowadzić nasłuch** (*zagranicznego radia i TV*)

monk /mʌŋk/ noun [C] a man who has decided to leave the ordinary world and live a religious life in a monastery ▶ **mnich**

★**monkey** /ˈmʌŋki/ noun [C] (pl. **monkeys**) a small, usually brown, animal with a long tail that lives in hot countries and can climb trees ▶ **małpa**

> Chimpanzees and gorillas are **apes**, although people often call them **monkeys**.

IDIOM **monkey business** silly or dishonest behaviour ▶ **machlojki**

mono /ˈmɒnəʊ/ adj. (used about recorded music, etc., or a system for playing it) having the sound directed through one channel only ➲ Por. **stereo**. ▶ **monofoniczny**

□ **mono** noun [U]: *The concert was recorded in mono.* ▶ **monofonia**

monolingual /ˌmɒnəˈlɪŋgwəl/ adj. using only one language: *a monolingual dictionary* ▶ **jednojęzyczny**

monologue (US also **monolog**) /ˈmɒnəlɒg/ noun [C] a long speech by one person, e.g. in a play ▶ **monolog**

monopolize (also **-ise**) /məˈnɒpəlaɪz/ verb [T] to control sth so that other people cannot have or use it: *to monopolize a conversation* ▶ **monopolizować**

monopoly /məˈnɒpəli/ noun [C] (pl. **monopolies**) **1** the control of an industry or a service by one company: *British Telecom had a monopoly on supplying telephone lines to people's houses.* ▶ **monopol 2** a company or an organization that controls an industry: *British Rail was a state monopoly.* ▶ **monopol**

monorail /ˈmɒnəʊreɪl/ noun [C] a railway in which the train runs on a single track ▶ **kolej jednoszynowa**

monosyllable /ˈmɒnəsɪləbl/ noun [C] a short word, such as 'leg', that has only one syllable ▶ **monosylaba**

monotonous /mə'nɒtənəs/ adj. boring and uninteresting because it does not change: *monotonous work* ○ *a monotonous voice* ▶ **monotonny**

□ **monotonously** adv. ▶ **monotonnie** | **monotony** /mə'nɒtəni/ noun [U] the state of being boring and uninteresting ▶ **jednostajność, monotonia**

monsoon /ˌmɒn'suːn/ noun [C] the season of heavy rain in Southern Asia, or the wind which brings the rain ▶ **monsun, wiatr monsunowy**

monster /'mɒnstə(r)/ noun [C] (in stories) a type of animal that is large, ugly and frightening: *Have you ever seen the Loch Ness monster?* ○ (figurative) *The murderer was described as a dangerous monster.* ▶ **potwór, poczwara**

monstrous /'mɒnstrəs/ adj. **1** very bad or unfair: *a monstrous crime* ○ *It's monstrous that she earns less than he does for the same job!* ▶ **potworny, ohydny 2** very large (and often ugly or frightening): *a monstrous block of flats* ○ *a monstrous sea creature* ▶ **olbrzymi, potworny**

□ **monstrosity** /mɒn'strɒsəti/ noun [C] (pl. **monstrosities**) something that is ugly (and usually very large): *That new building on the High Street is a monstrosity.* ▶ **potworność, monstrualność**

★**month** /mʌnθ/ noun [C] **1** (also ˌ**calendar 'month**) one of the twelve periods of time into which the year is divided, e.g. January: *They are starting work next month.* ○ *We went on holiday last month.* ○ *The rent is £300 a month* (na miesiąc). ○ *'When are the exams?' 'Later in the month.'* ○ *at the beginning/end of the month* ▶ **miesiąc 2** (also ˌ**calendar 'month**) the period of time from a certain date in one month to the same date in the next, e.g. 13 May to 13 June ▶ **miesiąc kalendarzowy 3** a period of about four weeks: *'How long will you be away?' 'For about a month.'* ○ *a three-month course* ○ *The window cleaner will come again in a month/in a month's time* (za miesiąc). ○ *I've got two children – the baby is six months old and I've also got a toddler of eighteen months.* ▶ **miesiąc**

□ **monthly** adj., adv. (happening or produced) once a month or every month: *a monthly meeting* ○ *a monthly magazine* ○ *Are you paid weekly or monthly?* ▶ **miesięczny, comiesięczny; miesięcznie, co miesiąc** | **monthly** noun [C] (pl. **monthlies**) a magazine that is published once a month ▶ **miesięcznik**

monument /'mɒnjumənt/ noun [C] **1** a building or statue that is built to remind people of a famous person or event ▶ **pomnik, monument 2** an old building or other place that is of historical importance: *an ancient monument* ▶ **monument, pomnik**

monumental /ˌmɒnju'mentl/ adj. **1** (used about a building) very large and impressive ▶ **monumentalny 2** very great: *a monumental success* ▶ **olbrzymi, ogromny**

moo /muː/ noun [C] the sound that a cow makes ▶ **muu!**

□ **moo** verb [I] (*o krowie*) ▶ **ryczeć**

★**mood** /muːd/ noun **1** [C,U] the way that you feel at a particular time, i.e. if you are happy, sad, etc.: *to be in a good/bad mood* ○ *a sudden change of mood* ○ *Turn that music down – I'm not in the mood for it.* ▶ **nastrój, usposobienie 2** [C] a time when you are angry or bad-tempered: *Debby's in one of her moods again.* ▶ **kiepski nastrój 3** [sing.] the way that a group of people feel about sth: *The mood of the crowd changed and some stones were thrown.* ▶ **nastrój**

□ **moody** adj. (**moodier**; **moodiest**) **1** having moods(1) that change often ▶ **zmiennego usposobienia, humorzasty 2** bad-tempered or unhappy ▶ **humorzasty, markotny, w złym humorze** | **moodily** /-ɪli/ adv. ▶ **markotnie** | **moodiness** noun [U] ▶ **zmienne usposobienie; zły humor, markotność**

★**moon** /muːn/ noun **1** (**the moon**) [sing.] the object that shines in the sky at night and that moves round the earth once every 28 days: *The moon's very bright tonight.* ○ *When was the first landing on the moon?* ○ *new/full/crescent moon* ▶ **księżyc 2** [C] an object like the moon that moves around another planet: *How many moons does Neptune have?* ▶ **księżyc**

IDIOMS **once in a blue moon** → ONCE | **over the moon** (informal) very pleased or happy ▶ **nie posiadający się z radości**

■ **'moonlight** noun [U] light that comes from the moon: *The lake looked beautiful in the moonlight.* ▶ **światło księżyca** | **'moonlit** adj. having light from the moon: *a moonlit evening* ▶ **księżycowy**

moor[1] /mʊə(r); Brit. also mɔː(r)/ (also **moorland** /'mɔːlənd/) noun [C,U] a wild open area of high land that is covered with grass and other low plants ▶ **wrzosowisko**

moor[2] /mʊə(r); Brit. also mɔː(r)/ verb [I,T] to fasten a boat to the land or to an object in the water, with a rope or chain ▶ **cumować**

□ **mooring** noun [C] a place where a boat is moored ▶ **miejsce do cumowania**

moose /muːs/ noun [C] (pl. **moose**) a type of large deer that comes from North America ❶ W Europie północnej to samo zwierzę nazywa się **elk**. ▶ **łoś amerykański**

mop /mɒp/ noun [C] a tool that is used for washing floors. A mop has a long handle and a bunch of thick strings or a sponge at the end. ▶ **zmywak do podłogi** (*na kiju*)

□ **mop** verb [T] (**mopping**; **mopped**) **1** to clean sth with a mop ▶ **myć podłogę (zmywakiem na kiju) 2** to remove liquid from sth using a dry cloth: *to mop your forehead with a handkerchief* ▶ **wycierać**

PHRASAL VERB **mop sth up** to clean unwanted liquid with a mop or dry cloth: *Mop up that tea you've spilt or it'll leave a stain!* ▶ **wycierać**

mope /məʊp/ verb [I] to feel unhappy and not try to do anything to make yourself feel better: *Moping in your room won't make the situation any better.* ▶ **pogrążać się w czarnych myślach, poddawać się chandrze**

moped /'məʊped/ noun [C] a type of small, not

very powerful, motorcycle with pedals ▶ **moped**

★**moral**[1] /ˈmɒrəl/ adj. **1** concerned with what you believe is the right way to behave: *Some people refuse to eat meat on moral grounds.* ○ *declining moral standards* ○ *a moral dilemma* ○ *The state has a moral obligation to house homeless people.* ▶ **moralny 2** having high standards of behaviour: *She has always led a very moral life.* ❶ Antonim: **immoral**. ➲ Por. **amoral**. ▶ **moralny**

□ **morally** /-rəli/ adv. **1** in a way that is good or right: *to behave morally* ▶ **moralnie 2** connected with standards of what is right or wrong: *to be morally responsible for sb* ○ *What he did was morally wrong.* ▶ **moralnie**

■ ˌ**moral supˈport** noun [U] help or encouragement that you give to sb (by being with them or saying that you agree with them): *I went to the dentist's with him just to give him some moral support.* ▶ **wsparcie duchowe**

★**moral**[2] /ˈmɒrəl/ noun **1** [C] a lesson in the right way to behave that can be learnt from a story or from sth that happens: *the moral of a play* ▶ **morał 2** (**morals**) [pl.] standards or principles of good behaviour ▶ **moralność**

morale /məˈrɑːl; US -ˈræl/ noun [U] the way that a group of people feel at a particular time: *The team's morale was high before the match.* ○ *Low pay in recent years has led to low morale.* ▶ **duch** (*np. armii, zespołu*), **morale**

moralistic /ˌmɒrəˈlɪstɪk/ adj. (formal) having or showing very fixed ideas about what is right and wrong, especially when this causes you to judge other people's behaviour ▶ **moralizatorski**

★**morality** /məˈræləti/ noun [U] whether sth is right or wrong: *There was a lively debate about the morality of abortion.* ▶ **moralność**

moralize (also **-ise**) /ˈmɒrəlaɪz/ verb [I] **moralize (about/on sth)** to talk or write about what is the right or wrong way to behave ▶ **moralizować, umoralniać**

morbid /ˈmɔːbɪd/ adj. having or showing great interest in unpleasant things, e.g. disease and death ▶ **chorobliwy**

★**more**[1] /mɔː(r)/ det., pron. a larger number of people/things or a larger amount of sth; sth in addition to what you already have: *There were more people than I expected.* ○ *I've bought some more plants.* ○ *We had more time than we thought.* ○ *There's room for three more people* (jeszcze dla trzech osób). ○ *I couldn't eat any more.* ○ *Tell me more about your job.* ○ *I've found some more of those magazines you wanted.* ▶ **więcej**

IDIOM **more and more** an increasing amount or number: *There are more and more cars on the road.* ▶ **coraz więcej/bardziej**

★**more**[2] /mɔː(r)/ adv. **1** (used to form the comparative of adjectives and adverbs with two or more syllables): *He was more frightened than I was.* ○ *Please write more carefully.* ▶ **bardziej 2** to a greater extent: *I like him more than his wife.* ○ *This one costs more.* ▶ **bardziej, więcej**

IDIOMS **not any/no more** not any longer: *She doesn't live here any more.* ▶ **już nie** | **more or less** approximately; almost: *We are more or less the same age.* ▶ **mniej więcej** | **what's more** (used for adding another fact): *The hotel was awful and what's more it was miles from the beach.* ▶ **co więcej, w dodatku**

★**moreover** /mɔːrˈəʊvə(r)/ adv. (formal) (used, especially in writing, when you are giving some extra information that supports what you are saying) in addition; also: *This firm did the work very well. Moreover, the cost was not too high.* ▶ **ponadto, poza/przy tym**

morgue /mɔːg/ noun [C] a building where dead bodies are kept until they are buried or burned ➲ Por. **mortuary**. ▶ **kostnica**

★**morning** /ˈmɔːnɪŋ/ noun [C,U] **1** the early part of the day between the time when the sun rises and midday: *Pat's going to London tomorrow morning.* ○ *Sam stayed with us on Sunday night and went to London the next/the following morning.* ○ *I've been studying hard all morning.* ○ *Dave makes breakfast every morning.* ○ *She only works in the mornings.* ○ *morning coffee* ○ *the morning paper* ▶ **rano, przedpołudnie 2** the part of the night that is after midnight: *in the the early hours of the morning* ▶ **(wcześnie) rano**

IDIOMS **good morning** (used when you see sb for the first time in the morning) ❶ Często mówi się tylko **Morning**: *'Good morning, Mrs Stevenson.' 'Morning, Mr Johnson.'* ▶ **dzień dobry** | **in the morning 1** during the morning of the next day; tomorrow morning: *I'll try to speak to her about it in the morning.* ▶ **rano, z rana, przed południem 2** not in the afternoon or evening: *The time of death was about 10.30 in the morning.* ▶ **rano, przed południem**

> Kiedy używa się przymiotników **early** lub **late** przed **morning**, **afternoon** lub **evening**, należy przed nimi stawiać przyimek **in**: *The accident happened in the early morning.* ○ *We arrived in the late afternoon.* Przed innymi przymiotnikami stawia się przyimek **on**: *School starts on Monday morning.* ○ *They set out on a cold, windy afternoon.* ○ *The accident happened on the following evening.* Nie stawia się żadnego przyimka przed **this**, **tomorrow** i **yesterday**: *Let's go swimming this morning.* ○ *I'll phone Liz tomorrow evening.* ○ *We went to the zoo yesterday afternoon.*

moron /ˈmɔːrɒn/ noun [C] (informal) a very foolish or stupid person ▶ **kretyn, głupol**

□ **moronic** /məˈrɒnɪk/ adj. ▶ **kretyński, głupi**

morose /məˈrəʊs/ adj. bad-tempered, and not saying much to other people ▶ **posępny, markotny**

morphine /ˈmɔːfiːn/ noun [U] a drug made from opium that is used for reducing pain ▶ **morfina**

morsel /ˈmɔːsl/ noun [C] a very small piece of food ▶ **kęs, kąsek, odrobina** (*pokarmu*)

mortal /ˈmɔːtl/ adj. **1** not living forever: *We are all mortal.* ❶ Antonim: **immortal**. ▶ **śmiertelny 2** that will result in death: *a mortal wound* ➲ Por. z częściej stosowanym słowem **fatal**.

▶ **śmiertelny** **3** very great or extreme: *They were in mortal fear of the enemy.* ▶ **śmiertelny**
□ **mortal** noun [C] a human being ▶ **śmiertelni-k/czka** | **mortally** /-təli/ adv. **1** in a way that will result in death: *to be mortally wounded* ▶ **śmiertelnie** **2** very; extremely ▶ **na śmierć** (*np. obrazić się*), **śmiertelnie**

mortality /mɔː'tæləti/ noun [U] **1** the fact that nobody can live forever ▶ **śmiertelność** **2** the number of deaths in a certain period of time or in a certain place: *infant mortality* ▶ **współczynnik umieralności, śmiertelność**

mortar /'mɔːtə(r)/ noun **1** [U] a mixture of cement, sand and water that you put between bricks when you are building sth ▶ **zaprawa murarska** **2** [C] a type of heavy gun ▶ **moździerz** **3** [C] a small heavy bowl used for crushing some foods into powder using an object called a pestle ▶ **moździerz**

mortgage /'mɔːgɪdʒ/ noun [C] money that you borrow in order to buy a house: *We took out a £40 000 mortgage.* Wzięliśmy £40 000 kredytu na kupno domu. ○ *mortgage repayments* ▶ **kredyt hipoteczny**

> You usually borrow money from a **bank** or a **building society**, who decide what **rate of interest** you must pay on the **loan**.

mortician /mɔː'tɪʃn/ noun [C] (US) = UNDERTAKER

mortuary /'mɔːtʃəri; US -tʃueri/ noun [C] (pl. **mortuaries**) a place in a hospital, etc. where dead bodies are kept before they are buried or burned ➲ Por. **morgue**. ▶ **kostnica**

mosaic /məʊ'zeɪɪk/ noun [C,U] a picture or pattern that is made by placing together small coloured stones, pieces of glass, etc. ▶ **mozaika**

Moslem = MUSLIM

mosque /mɒsk/ noun [C] a building where Muslims worship ▶ **meczet**

★**mosquito** /mə'skiːtəʊ (Brit. also) mɒs-/ noun [C] (pl. **mosquitoes**) a small flying insect found especially in hot countries. Mosquitoes bite people and animals in order to suck their blood and some types of mosquito spread malaria. ▶ **moskit, komar**

moss /mɒs; US mɔːs/ noun [C,U] a small green plant, with no flowers, that grows in a flat mass in damp places, especially on rocks or trees ▶ **mech**
□ **mossy** adj. ▶ **omszały, porosły mchem**

★**most**[1] /məʊst/ det., pron. (used as the superlative of *many, much*) **1** greatest in number or amount: *Who picked the most apples?* ○ *The children had the most fun.* ○ *We all worked hard but I did the most.* ▶ **najwięcej** **2** nearly all of a group of people or things: *Most families in this country have a television.* ○ *I like most Italian food.* ❶ Zwróć uwagę, że przed rzeczownikiem poprzedzonym **the** (także **this**, **my** itp.) używa się **most of**: *Most of the people I invited were able to come.* ○ *It rained most of the time we were in Ireland.* ▶ **większość, przeważająca część**
IDIOMS **at (the) most** not more than a certain number, and probably less: *There were 20 people at the most.* ▶ **najwyżej, w najlepszym razie/wypadku** | **make the most of sth** → MAKE[1]
□ **mostly** adv. **1** almost all: *The people at work are mostly very nice.* ▶ **przeważnie, w większości** **2** usually: *We mostly go shopping in Oxford, not Reading.* ▶ **najczęściej, zazwyczaj**

★**most**[2] /məʊst/ adv. **1** (used to form the superlative of adjectives and adverbs that have two or more syllables): *It's the most beautiful house* (najpiękniejszy dom) *I've ever seen.* ○ *I think this machine works the most efficiently* (najskuteczniej). ▶ **najbardziej** **2** more than anybody/anything else: *What do you miss most when you're abroad?* ▶ **najwięcej, najbardziej** **3** (formal) very: *We heard a most interesting talk about Japan.* ▶ **bardzo**

MOT /,em əʊ 'tiː/ abbr. (Brit.) **1** (also **MOT test**) a test to make sure that vehicles over a certain age are safe to drive: *My car failed its MOT.* ▶ **diagnostyka pojazdu** **2** Ministry of Transport ▶ **Ministerstwo Transportu**

motel /məʊ'tel/ noun [C] a hotel for people who are travelling by car. In a motel you can usually park your car near your room. ▶ **motel**

moth /mɒθ; US mɔːθ/ noun [C] an insect like a butterfly that usually flies at night. Moths do not have such bright colours as butterflies. ▶ **ćma, mól**
■ **'mothball** noun [C] a small ball made of a chemical substance that protects clothes in cupboards from moths ▶ **kulka naftalinowa (przeciw molom)**

★**mother** /'mʌðə(r)/ noun [C] the female parent of a person or animal: *an expectant mother* kobieta spodziewająca się dziecka ○ *a single mother* samotna matka ○ *a foster mother* przybrana matka ○ *Working mothers need good childcare arrangements.* ○ *a mother cow and her calf* ➲ Por. **mum**, **mummy** i **stepmother**. ▶ **matka**
□ **mother** verb [T] to care for sb as a mother does: *He looked so young and helpless. All the women in the office tried to mother him.* ▶ **matkować** | **motherhood** /-hʊd/ noun [U] the state of being a mother ▶ **macierzyństwo** | **motherless** adj. having no mother ▶ **bez matki** | **motherly** adj. of a mother or like a mother ▶ **macierzyński**
■ **'mother country** noun [C] (formal) the country where a person was born or grew up ▶ **ojczyzna** | **'mother-in-law** noun [C] (pl. **mothers-in-law**) the mother of your husband or wife ▶ **teściowa** | **motherland** /'mʌðəlænd/ noun [C] (formal) the country where you or your family were born and which you feel a strong emotional connection with ▶ **ojczyzna** | **,mother 'tongue** noun [C] the first language that you learned to speak as a child ▶ **język ojczysty**

motif /məʊ'tiːf/ noun [C] a picture or pattern on sth: *The blouse has a butterfly motif on each sleeve.* ▶ **motyw, wzór**

motion /'məʊʃn/ noun **1** [U] movement or a way of moving: *The swaying motion of the ship made us all feel sick.* ○ *Pull the lever to set the machine in motion* (żeby wprawić maszynę w ruch). ➲ Por. **slow motion**. ▶ **ruch, poruszanie się**

2 [C] a suggestion that you discuss and vote on at a meeting: *The motion was carried/rejected* (wniosek podtrzymano/odrzucono) *by a majority of eight votes.* ▶ **inicjatywa, wniosek**

□ **motion** verb [I,T] to make a movement that tells sb what to do: *The manager motioned me to sit down.* ○ *I motioned to the waiter.* ▶ **dawać znak, kiwać (na kogoś)** | **motionless** adj. not moving ▶ **nieruchomy, bez ruchu**

motivate /ˈməʊtɪveɪt/ verb [T] **1** to cause sb to act in a particular way: *Her reaction was motivated by fear.* ○ *The attack was politically motivated.* ▶ **motywować, być pobudką/bodźcem (do czegoś), powodować** **2** to make sb want to do sth (by making it interesting): *Our new teacher certainly knows how to motivate his classes.* ▶ **dostarczać pobudek/motywacji**

□ **motivated** adj.: *highly motivated students* ▶ **mający (silną) motywację** | **motivation** /ˌməʊtɪˈveɪʃn/ noun [C,U] the need or reason for doing sth; a feeling of interest in doing sth: *I'm suffering from a lack of motivation. My new job is really boring.* ▶ **motywacja**

motive /ˈməʊtɪv/ noun [C,U] a reason for doing sth: *Nobody seemed to have a motive for the murder.* ▶ **motyw, pobudka**

★**motor** /ˈməʊtə(r)/ noun [C] a machine that changes power into movement: *The washing machine doesn't work. I think something is wrong with the motor.* ○ *to start/turn off a motor* ▶ **motor, silnik**

> W odniesieniu do samochodów i motocykli zwyle używa się rzeczownika **engine**, chociaż słowo **motor** jest też niekiedy stosowane. Pojawia się ono nawet w samej nazwie samochodu – **motor car**. **Engine** oznacza zazwyczaj silnik benzynowy, zaś **motor** – silnik napędzany prądem elektrycznym.

□ **motor** adj. (only before a noun) connected with vehicles that have an engine or a motor: *a motor boat* motorówka ○ *motor racing* wyścigi samochodowe/motocyklowe ○ *a motor mechanic* mechanik samochodowy ▶ **motorowy** | **motoring** /ˈməʊtərɪŋ/ adj. connected with cars or driving in a car: *to commit a motoring offence* popełniać wykroczenie drogowe ○ *a motoring holiday* ▶ **samochodowy** | **motorist** /ˈməʊtərɪst/ noun [C] a person who drives a car ➲ Por. **pedestrian**. ▶ **kierowca** | **motorized** (also **-ised**) /ˈməʊtəraɪzd/ adj. having an engine: *motorized transport* ▶ **motorowy, zmotoryzowany**

■ ˈ**motorbike** (also ˈ**motorcycle**) noun [C] (informal) a large bicycle with an engine ▶ **motocykl** | ˈ**motor boat** noun [C] a small fast boat that has an engine ▶ **motorówka** | ˈ**motor car** noun [C] (Brit., formal) = CAR(1) | ˈ**motorcycle** noun [C] = MOTORBIKE | ˈ**motorcyclist** noun [C] a person who rides a motorcycle ▶ **motocyklist-a/ka** | ˈ**motorway** (US **expressway**; **freeway**) noun [C] a wide road that is specially built for fast traffic: *to join/leave a motorway* ○ *a motorway service station* stacja obsługi przy autostradzie ➲ Zob. uwaga przy **road**. ▶ **autostrada**

> A motorway has two or three **lanes** on each **carriageway**. On the left of each carriageway there is a **hard shoulder**.

motto /ˈmɒtəʊ/ noun [C] (pl. **mottoes**) a short sentence that expresses a rule for a person's or an organization's behaviour: *My motto is: 'It could be worse'.* ○ *Everton Football Club's motto means: 'Nothing but the best'.* ▶ **dewiza, motto**

mould[1] (US **mold**) /məʊld/ noun **1** [C] a hollow container that you use for making sth into a particular shape. You put a liquid substance into a mould and wait for it to set in the shape of the mould. ▶ **forma odlewnicza, matryca** **2** [sing.] a particular type (of person): *She doesn't fit into the usual mould of sales directors.* ▶ *(o osobie)* **typ, pokrój**

□ **mould** verb [T] to make sth into a particular shape or form ▶ **kształtować, modelować, odlewać**

mould[2] (US **mold**) /məʊld/ noun [U] a type of fungus that grows in warm, damp places or on food that has been kept too long ➲ Por. **mildew**. ▶ **pleśń**

□ **mouldy** (US **moldy**) adj.: *The cheese had gone mouldy.* ▶ **zapleśniały, stęchły**

moult (US **molt**) /məʊlt/ verb [I] (used about an animal or a bird) to lose hair or feathers ▶ **linieć, pierzyć się**

mound /maʊnd/ noun [C] **1** a large pile of earth; a small hill ▶ **kopiec, hałda** **2** a pile or heap of things: *a mound of papers* ▶ **sterta**

mount[1] /maʊnt/ noun [C] (abbr. **Mt**) (used in names) a mountain: *Mt Everest* ▶ **góra** *(w nazwach)*, **szczyt**

★**mount**[2] /maʊnt/ verb **1** [T] (formal) to go to the top of sth: *to mount the stairs* ▶ **wchodzić (na coś), wspinać się (na coś)** **2** [I,T] to get on a horse or bicycle ❶ Antonim: **dismount**. ▶ **dosiadać** *(np. konia)*, **siadać** *(np. na rower)* **3** [I] to increase in level or amount: *The tension mounted as the end approached.* ▶ **podnosić się, zwiększać się** **4** [T] to fix sth on or in sth else: *The gas boiler was mounted on the wall.* ▶ **montować** **5** [T] to organize sth: *to mount an exhibition* ○ *to mount an attack* ▶ **organizować, montować**

PHRASAL VERB **mount up** to increase (often more than you want): *When you're buying food for six people the cost soon mounts up.* ▶ **narastać**

□ **mounted** adj. riding a horse: *mounted police* ▶ **konny** | **mounting** adj. increasing: *mounting unemployment* ▶ **narastający**

★**mountain** /ˈmaʊntən; US -ntn/ noun [C] **1** a very high hill: *the highest mountain in the world* ○ *to climb a mountain* ○ *a steep mountain road* ○ *a range of mountains* ▶ **góra** **2** a large amount of sth: *There is a mountain of unanswered letters on her desk.* ▶ **góra (czegoś)**

□ **mountaineer** /ˌmaʊntəˈnɪə(r); US -tnˈɪər/ noun [C] a person who climbs mountains ▶ **alpinist-a/ka** | **mountaineering** /ˌmaʊntəˈnɪərɪŋ; US -tnˈɪr-/ noun [U] the sport of climbing mountains ▶ **wspinaczka górska** | **mountainous** /ˈmaʊntənəs/ adj. **1** having many mountains: *mountainous countryside* ▶ **górzysty** **2** very large: *The mountainous waves made sailing impossible.* ▶ **ogromny, olbrzymi, zawrotny**

■ **'mountain bike** noun [C] a bicycle with a strong frame, large wheels and many gears, intended especially for use on rough ground ▶ **rower górski** | **'mountain biking** noun [U] the activity of riding a mountain bike ❶ Wyrażenia **go mountain biking** zwykle używa się, mówiąc o jeździe rowerem w górach dla przyjemności. ▶ **jazda rowerem górskim** | **'mountainside** noun [C] one of the steep sides of a mountain ▶ **stok górski**

mourn /mɔːn/ verb [I,T] **mourn (for/over sb/sth)** to feel great sadness, especially because sb has died: *She is still mourning for her child.* ▶ **opłakiwać**

□ **mourner** noun [C] a person who goes to a funeral as a friend or relative of the person who has died ▶ **żałobnik** | **mournful** /-fl/ adj. sad: *a mournful song* ▶ **żałobny, ponury** | **mournfully** /-fəli/ adv. ▶ **żałobnie, ponuro** | **mourning** noun [U] a time when people feel or show great sadness because sb has died: *He is in mourning.* ▶ **żałoba**

★**mouse** /maʊs/ noun [C] (pl. **mice** /maɪs/) **1** a small furry animal with a long tail: *a field mouse* ▶ **mysz**

> Mice are members of the **rodent** family.

2 (pl. also **mouses**) a piece of equipment, attached to a computer, for entering commands without using the keyboard: *You click on the mouse to control the cursor.* ○ *a mouse mat* podkładka pod mysz komputerową ▶ **mysz komputerowa**

mousse /muːs/ noun [C,U] a type of food that is made by beating together cream and eggs with either sth sweet (e.g. chocolate) or sth savoury (e.g. fish): *a chocolate mousse* ○ *salmon mousse* ▶ **pianka, mus**

★**moustache** /məˈstɑːʃ/ (US **mustache** /ˈmʌstæʃ/) noun [C] hair that grows on the top lip, between the mouth and the nose ➲ Ilustr. do **hair**. ▶ **wąs/y**

★**mouth¹** /maʊθ/ noun [C] (pl. **mouths** /maʊðz/) **1** the part of your face that you use for eating and speaking: *Don't speak with your mouth full.* ○ *to open/close your mouth* ○ *Keep your mouth closed when you're eating.* ○ (figurative) *They have a low income and five mouths to feed* (i pięć gąb do wykarmienia). ▶ **usta 2** the place where a river enters the sea ▶ **ujście (rzeki)**

IDIOM **keep your mouth shut** (informal) to not say sth to sb because it is a secret or because it will upset or annoy them ▶ **trzymać język za zębami**

□ **-mouthed** /maʊðd/ (in compounds) **1** having a particular type of mouth: *We stared open-mouthed in surprise.* Gapiliśmy się z otwartymi ustami. ▶ (*określa usta*) **2** having a particular way of speaking: *loud-mouthed* o niewyparzonej gębie ▶ (*określa sposób mówienia*) | **mouthful** /-fʊl/ noun **1** [C] the amount of food or drink that you can put in your mouth at one time: *She took a mouthful of water.* ▶ **kęs, łyk 2** [sing.] a word or phrase that is long or difficult to say ▶ **długie/trudne słowo; długi/trudny zwrot**

■ **'mouth organ** (also **harmonica**) noun [C] a small musical instrument that you play by moving it across your lips while you are blowing ▶ **organki, harmonijka ustna** | **'mouthpiece** noun [C] **1** the part of a telephone, musical instrument, etc. that you put in or near your mouth ▶ **ustnik, mikrofon 2** a person, newspaper, etc. that a particular group uses to express its opinions: *Pravda was the mouthpiece of the Soviet government.* ▶ **rzeczni-k/czka, wyraziciel/ka** | **'mouthwash** noun [U] liquid that you use for cleaning your mouth and making it smell nice ▶ **płyn do płukania ust** | **'mouth-watering** adj. (used about food) that looks or smells very good ▶ **powodujący, że ślinka komuś cieknie, smakowity**

mouth² /maʊð/ verb [I,T] to move your mouth as if you were speaking but without making any sound ▶ **mówić bez słów** (*ruszać bezgłośnie ustami*)

movable /ˈmuːvəbl/ adj. that can be moved ➲ Por. **portable**. ▶ **ruchomy**

★**move¹** /muːv/ noun [C] **1** a change of place or position: *She sat watching every move I made.* ○ *One false move and I'll shoot!* ▶ **ruch 2** a change in the place where you live or work: *a move to a bigger house* ○ *I've been here for six years and it's time for a move.* ▶ **przeprowadzka 3** action that you take because you want to achieve a particular result: *Moves are being made to secure the release of the hostages.* ○ *Both sides want to negotiate but neither is prepared to make the first move.* ○ *Asking him to help was a good move.* ▶ **ruch, krok, posunięcie 4** a change in the position of a piece in a game like chess ▶ **ruch**

IDIOMS **be on the move** to be going somewhere: *We've been on the move for four hours so we should stop for a rest.* ▶ **być w rozjazdach** | **get a move on** (informal) to hurry: *I'm late. I'll have to get a move on.* ▶ **szybciej się ruszać, pośpieszyć się** | **make a move** to start to go somewhere: *It's time to go home. Let's make a move.* ▶ **ruszać** (*z miejsca*)

★**move²** /muːv/ verb **1** [I,T] to change position or to put sth in a different position: *Don't move – there's a bee on your arm.* ○ *Please move your car.* ○ *I heard something moving in the bushes over there.* ○ *They are moving the patient to another hospital.* ▶ **ruszać (się), przemieszczać (się), przenosić (się) 2** [I] to go and live in another house, etc.: *Our neighbours have sold their house and are moving next week.* ▶ **przeprowadzać się, przenosić się 3** [I] to change or make progress: *When the new team of builders arrived things started moving very quickly.* ▶ **ruszać się (z miejsca), posuwać się (naprzód) 4** [T] to cause sb to have strong feelings (often of sadness): *The reports about the starving children moved many people to tears.* ▶ **wzruszać (kogoś) 5** [I] to take action: *Unless we move quickly lives will be lost.* ▶ **działać, przystępować do czynu 6** [I,T] to change the position of a piece in a game like chess ▶ **wykonywać ruch**

IDIOMS **get moving** to go, leave or do sth quickly ▶ **ruszać się** | **get sth moving** to cause sth to make progress ▶ **posuwać (coś naprzód)** | **move house** to move your furniture, etc. to another home ▶ **przeprowadzać się**

PHRASAL VERBS **move across/along/down/over/up** to move further in a particular direction in order to make space for sb/sth else: *The conductor asked the passengers to move down the bus.* ▶ **posuwać/przesuwać się** (*np. dalej*) | **move in (with sb)** to start living in a new house (with sb) ▶ **wprowadzać się, rozpocząć (z kimś) nowe życie** (*w nowym domu*) | **move off** (used about a vehicle) to start a journey; to leave: *Maria waved as the train moved off.* ▶ **odjeżdżać** | **move on (to sth)** to start doing or discussing sth new ▶ **posuwać się dalej/naprzód; przechodzić** (*do nowego tematu*) | **move out** to stop living in a house ▶ **wyprowadzać się**

□ **moving** adj. **1** (only before a noun) that moves: *fast-moving water* ○ *It's a computerized machine with few moving parts.* ▶ **ruchomy, poruszający się** **2** causing strong feelings: *The film is a moving story about a young boy's fight against cancer.* ▶ **wzruszający, poruszający**

*__movement__ /ˈmuːvmənt/ noun **1** [C,U] an action that involves changing position or place or using the body in some way: *The dancer's movements were beautifully controlled.* ○ *The man lay still, knowing that any movement would be seen by the police.* ○ *the slow movement of the clouds across the sky* ▶ **ruch** **2** [C, usually sing.] **a movement (away from/towards sth)** a general change in the way people think or behave: *There's a slight movement away from the materialism of the 1980s.* ▶ **odchodzenie; zbliżanie się** **3** (**movements**) [pl.] a person's actions or plans during a period of time: *Detectives have been watching the man's movements.* ▶ **posunięcia, ruchy** **4** [C] a group of people who have the same aims or ideas (and who want to persuade other people that they are right): *the Animal Rights movement* Ruch na Rzecz Praw Zwierząt ▶ **ruch** **5** [C] one of the main parts of a long piece of music: *a symphony in four movements* ▶ **część**

movie /ˈmuːvi/ noun (especially US) **1** [C] = FILM[1](1): *Would you like to see a movie?* ○ *a science fiction movie* ○ *a movie director/star* ▶ **film** **2** (**the movies**) [pl.] = CINEMA: *Let's go to the movies.* Chodźmy do kina.

mow /məʊ/ verb [I,T] (pt **mowed**; pp **mown** /məʊn/ or **mowed**) to cut grass using a machine or an instrument: *You need to mow the lawn at least once a week.* ▶ **strzyc** (*trawę*)

PHRASAL VERB **mow sb down** to kill sb with a gun or a car ▶ **wykosić kogoś**

□ **mower** noun [C] a machine for cutting grass or crops: *a lawnmower* ○ *an electric mower* ▶ **kosiarka, maszyna do strzyżenia trawy**

MP /ˌem ˈpiː/ abbr. (especially Brit.) Member of Parliament ▶ **pos.**

mpg /ˌem piː ˈdʒiː/ abbr. miles per gallon: *This car does 40 mpg.* ▶ **mile na galon**

mph /ˌem piː ˈeɪtʃ/ abbr. miles per hour: *a 70 mph speed limit* ▶ **mile na godzinę**

Mr /ˈmɪstə(r)/ abbr. (used as a title before the name of a man): *Mr (Robert) Hurst* ○ *Mr and Mrs Hurst* ➲ Zob. uwaga przy **Miss.** ▶ **Pan**

Mrs /ˈmɪsɪz/ abbr. (used as a title before the name of a married woman): *Mrs (Jane) Allen* ➲ Zob. uwagi przy **Miss** i **Ms.** ▶ **Pani**

MS /ˌem ˈes/ abbr. multiple sclerosis ▶ **stwardnienie rozsiane**

*__Ms__ /mɪz; məz/ (used as a title before the name of a woman, either married or unmarried): *Ms (Joan) Smith* ❶ Zwrot grzecznościowy stosowany przed imieniem i nazwiskiem (lub tylko przed nazwiskiem) kobiety. Niektóre kobiety wolą być tytułowane **Ms** zamiast **Mrs** lub **Miss**. Tytuł ten można też stosować, kiedy nie wie się, czy kobieta jest zamężna, czy też nie. ▶ **pani**

MSc /ˌem es ˈsiː/ abbr. Master of Science; a second qualification that you receive when you complete a more advanced course or piece of research in a science subject at university or college ▶ **mgr nauk ścisłych**

Mt abbr. Mount: *Mt Everest* ▶ **góra**

*__much__[1] /mʌtʃ/ det., pron. (used with uncountable nouns, mainly in negative sentences and questions, or after *as, how, so, too*) a large amount of sth: *I haven't got much money.* ○ *Did you have much difficulty finding the house?* ○ *You've given me too much food.* ○ *How much time have you got?* ❶ **How much** tłumaczy się „ile": *I didn't write much.* ○ *Eat as much as* (tyle, ile) *you can.* ○ *'Is there any post?' 'Not much.'* ○ (formal) *I have much pleasure in introducing our speaker.* ❶ W zdaniach twierdzących używa się zwykle **a lot of**, a nie **much**: *I've got a lot of experience.* ▶ **dużo, wiele**

IDIOMS **not much of a...** not very good: *She's not much of a cook.* ▶ **nie za dobry** | **not up to much** → UP | **nothing much** → NOTHING

*__much__[2] /mʌtʃ/ adv. **1** to a great extent or degree: *I don't like her very much.* Niezbyt ją lubię. ○ *We are very much looking forward to meeting you.* Bardzo się cieszymy na nasze wspólne spotkanie. ○ *Do you go to the cinema much?* Czy często chodzisz do kina? ○ *Their house is much nicer than ours.* ○ *You ate much more than me.* ▶ **bardzo, znacznie, (o) wiele** **2** (with past participles used as adjectives) to a great extent or degree: *a much-needed* (bardzo potrzebny) *rest* ○ *She was much loved by all her friends.* ▶ **bardzo**

IDIOMS **much the same** very similar: *Czech food is much the same as German.* ▶ **bardzo podobny** | **not much good (at sth)** not very good: *I'm not much good at singing.* ▶ **nie za (bardzo) dobry (w czymś)**

muck[1] /mʌk/ noun [U] (informal) **1** dirt ▶ **brud, błoto** **2** the waste from farm animals, used to make the land more fertile ❶ Częściej stosuje się słowo **manure**. ▶ **gnój, nawóz**

muck[2] /mʌk/ verb

PHRASAL VERBS **muck about/around** (informal) to behave in a silly way or to waste time: *Stop mucking around and come and help me!* ▶ **wygłupiać się, wałkonić się** | **muck sth up**

(informal) to do sth badly; to spoil sth: *I was so nervous that I completely mucked up my interview.* ▶ **partaczyć, zaprzepaszczać**

mucus /ˈmjuːkəs/ noun [U] (formal) a sticky substance that is produced in some parts of the body, especially the nose ▶ **śluz**

★**mud** /mʌd/ noun [U] soft, wet earth: *He came home covered in mud.* ▶ **błoto**

□ **muddy** adj. (**muddier**; **muddiest**) full of or covered in mud: *muddy boots* ○ *It's very muddy down by the river.* ▶ **błotnisty, zabłocony**

■ ˈ**mudguard** noun [C] a metal or plastic cover over the wheel of a bicycle, etc. which stops mud and water from splashing up ▶ **błotnik**

muddle /ˈmʌdl/ verb [T] **1 muddle sth (up)** to put things in the wrong place or order or to make them untidy: *Try not to get those papers muddled up!* ▶ **mieszać, plątać 2 muddle sb (up)** to confuse sb: *Stop muddling me up! I can only answer one question at a time.* ▶ **mieszać (komuś w głowie)**

□ **muddle** noun [C,U] a state of disorder or confusion, in a place or in the mind: *Your room's in a terrible muddle.* W twoim pokoju jest okropny bałagan. ○ *I don't know who's responsible for all the muddle there's been.* ○ *I'm in a complete muddle! Is it Thursday or Friday?* ▶ **zamęt, plątanina, gmatwanina** | **muddled** adj. not clear; confused: *He gave me a muddled explanation.* ▶ **poplątany, pogmatwany**

muesli /ˈmjuːzli/ noun [U] food made of grains, nuts, dried fruit, etc. that you eat with milk for breakfast ▶ **muesli**

muffin /ˈmʌfɪn/ noun [C] **1** (US ˌ**English** ˈ**muffin**) a type of bread roll often eaten hot with butter ▶ **rodzaj pieczywa** (*okrągłej, płaskiej bułki*) **2** a type of small cake: *a blueberry muffin* ▶ **rodzaj ciasteczka**

muffle /ˈmʌfl/ verb [T] to make a sound quieter and more difficult to hear: *He put his hand over her mouth to muffle her cries.* ▶ **tłumić**

□ **muffled** adj. (used about sounds) difficult to hear; quiet or not clear: *I could hear muffled voices outside.* ▶ **przytłumiony, stłumiony** | **muffled up** adj. wrapped up in warm clothes ▶ **opatulony, zakutany**

■ **muffler** (US) = SILENCER

mug¹ /mʌg/ noun [C] a deep cup with straight sides, used without a saucer; the contents of a mug: *Would you prefer a cup or a mug?* ○ *a mug of coffee* ▶ **kubek**

mug² /mʌg/ verb [T] (**mugging**; **mugged**) to attack and rob sb in the street ▶ **napaść i obrabować**

□ **mugger** noun [C] a person who attacks sb in this way ▶ **napastnik (uliczny), rabuś (uliczny)** | **mugging** noun [C,U] an occasion when a person is mugged ▶ **rabunek uliczny, napaść uliczna**

mug³ /mʌg/ noun [C] (informal) a stupid person who is easy to trick or deceive ▶ **naiwniak, frajer**

muggy /ˈmʌgi/ adj. (used about the weather) too warm and damp ▶ (*o powietrzu*) **duszny, parny**

mule /mjuːl/ noun [C] an animal that has a horse and a donkey as its parents: *to be as stubborn as a mule* ▶ **muł**

mull /mʌl/ verb

PHRASAL VERB **mull sth over** to think about sth carefully and for a long time: *Don't ask me for a decision right now. I'll have to mull it over.* ▶ **przemyśliwać (coś)**

multicultural /ˌmʌltiˈkʌltʃərəl/ adj. for or including people of many different races, languages, religions and traditions: *a multicultural society* ▶ **wielokulturowy**

multilateral /ˌmʌltiˈlætərəl/ adj. involving more than two groups of people, countries, etc.: *a multilateral agreement* ▶ **wielostronny**

multimedia /ˌmʌltiˈmiːdiə/ adj. (only before a noun) involving several different methods of communication or forms of expression: *a multimedia event* ▶ **multimedialny**

multinational /ˌmʌltiˈnæʃnəl/ adj. involving many countries ▶ **wielonarodowy, wielopaństwowy**

□ **multinational** noun [C] a company that has offices or factories in many countries ▶ **firma międzynarodowa**

multiple /ˈmʌltɪpl/ adj. involving many people or having many parts, types, etc.: *a multiple crash on the motorway* karambol na autostradzie ○ *to receive multiple injuries* odnosić wielorakie obrażenia ▶ **złożony, wieloraki, wielokrotny**

□ **multiple** noun [C] a number that contains another number an exact number of times: *12, 18 and 24 are multiples of 6.* ▶ **wielokrotność**

■ ˌ**multiple-**ˈ**choice** adj. (used about examination questions) showing several different answers from which you have to choose the right one: *a multiple-choice test* test wyboru ▶ (*o pytaniu egzaminacyjnym*) **taki, w którym należy wybrać poprawną odpowiedź spośród kilku podanych** | ˌ**multiple scle**ˈ**rosis** noun [U] (abbr. **MS**) a serious disease which slowly causes you to lose control of your body and the ability to move ▶ **stwardnienie rozsiane**

multiplex /ˈmʌltɪpleks/ (Brit. also ˌ**multiplex** ˈ**cinema**) noun [C] a large cinema/movie theater with several separate screens ▶ **multipleks**

multiplication /ˌmʌltɪplɪˈkeɪʃn/ noun [U] the process of multiplying a number: *The children will be tested on addition, subtraction, multiplication and division.* ▶ **mnożenie**

★**multiply** /ˈmʌltɪplaɪ/ verb (pres. part. **multiplying**; 3rd pers. sing. pres. **multiplies**; pt, pp **multiplied**) **1** [I,T] **multiply A by B**; **multiply A and B (together)** to increase a number by the number of times mentioned: *to learn to multiply and divide* ○ *2 multiplied by 4 makes 8.* ○ *Multiply the two numbers together to get the answer.* ▶ **mnożyć 2** [I,T] to become bigger or greater; to make sth bigger or greater; to increase: *Our profits have multiplied over the last two years.* ○ *Using this method, you can multiply your profit.* ▶ **pomnażać (się), zwielokrotniać (się) 3** [I] (used especially about animals) to increase in number by producing large numbers of young ▶ **rozmnażać się**

multi-purpose /ˌmʌlti ˈpɜːpəs/ adj. that can be used for several different purposes: *a multi-purpose tool/machine* ▶ **wielofunkcyjny**

multiracial /ˌmʌltiˈreɪʃl/ adj. including or involving several different races of people: *We live in a multiracial society.* ▶ **wielorasowy**

multitude /ˈmʌltɪtjuːd; US -tuːd/ noun [C] (formal) a very large number of people or things: *a multitude of difficulties* ▶ **mnóstwo, mnogość**

mum /mʌm/ (US **mom** /mɒm/) noun [C] (informal) mother: *Is that your mum?* ○ *What's for tea, Mum?* ➲ Por. **mummy**. ▶ **mama**

mumble /ˈmʌmbl/ verb [I,T] to speak quietly without opening your mouth properly, so that people cannot really hear the words: *I can't hear if you mumble – speak up!* ○ *Last night you kept mumbling something about a car crash in your sleep.* ➲ Por. **mutter**. ▶ **mamrotać**

⋆**mummy**[1] /ˈmʌmi/ noun [C] (pl. **mummies**) (US **mommy** /ˈmɒmi/) (informal) (used by or to children) mother ➲ Por. **mum**. ▶ **mamusia**

mummy[2] /ˈmʌmi/ noun [C] (pl. **mummies**) a dead body of a person or an animal which has been preserved by rubbing it with special oils and wrapping it in cloth ▶ **mumia**

mumps /mʌmps/ noun [U] an infectious disease, especially of children. Mumps causes the neck and lower face to swell: *to have/catch (the) mumps* ▶ **świnka**

munch /mʌntʃ/ verb [I,T] to eat sth steadily and often noisily, especially sth crisp: *to munch an apple* ▶ **chrupać**

mundane /mʌnˈdeɪn/ adj. ordinary; not interesting or exciting: *a mundane life/job/conversation* ▶ **prozaiczny, przyziemny,**

municipal /mjuːˈnɪsɪpl/ adj. connected with a town or city that has its own local government: *municipal buildings* ▶ **miejski, komunalny**

munitions /mjuːˈnɪʃnz/ noun [pl.] military supplies, especially bombs and guns ▶ **amunicja, uzbrojenie**

mural /ˈmjʊərəl/ noun [C] a large picture which is painted on a wall ▶ **malowidło ścienne**

⋆**murder** /ˈmɜːdə(r)/ noun **1** [C,U] the crime of killing a person illegally and on purpose: *to commit (a) murder* ○ *He was sentenced to life imprisonment for murder.* ○ *the murder victim* ○ *the murder weapon* narzędzie zbrodni ➲ Por. **manslaughter**. ▶ **morderstwo 2** [U] (informal) a very difficult or unpleasant experience: *It's murder trying to work when it's so hot.* Zmuszać się do pracy w tak upalny dzień – to morderstwo. ▶ **morderstwo**

IDIOM **get away with murder** to do whatever you want without being stopped or punished: *He lets his students get away with murder.* ▶ **robić co tylko chcesz** (*bez skrępowania/bezkarnie*)

□ **murder** verb [T] to kill a person illegally and on purpose: *It seems that she was murdered with a knife.* ➲ Zob. uwaga przy **kill**. ▶ **mordować** | **murderer** /ˈmɜːdərə(r)/ (fem. **murderess** /ˈmɜːdəres/) noun [C] a person who has murdered sb ▶ **morder-ca/czyni** | **murderous** /ˈmɜːdərəs/ adj. likely to murder or capable of murder ▶ **morderczy**

murky /ˈmɜːki/ adj. (**murkier**; **murkiest**) dark and unpleasant or dirty: *The water looked very murky.* ▶ **mroczny, ciemny, brudny**

murmur /ˈmɜːmə(r)/ noun **1** [C] the sound of words that are spoken quietly: *A murmur of disagreement ran round the room.* ▶ **mruczenie, pomrukiwanie, mówienie półgłosem 2** [sing.] a low, gentle, continuous sound that is often not very clear: *the murmur of the wind in the trees* ▶ **szemranie, pomruk**

□ **murmur** verb [I,T] to say sth in a low quiet voice: *'I love you,' he murmured.* ○ *Samantha murmured an answer.* ▶ **mruczeć, pomrukiwać, mówić półgłosem**

⋆**muscle** /ˈmʌsl/ noun [C,U] a piece of flesh inside the body which you can tighten or relax to produce movement: *Don't carry such heavy weights or you'll pull a muscle* (bo naciągniesz sobie mięsień). ○ *Riding a bicycle is good for developing the leg muscles.* ○ *The heart is made of muscle.* ▶ **mięsień**

muscular /ˈmʌskjələ(r)/ adj. **1** connected with muscles: *muscular pain* ▶ **mięśniowy 2** having large strong muscles: *a muscular body* ▶ **muskularny, umięśniony**

⋆**museum** /mjuˈziːəm/ noun [C] a building where collections of valuable and interesting objects are kept and shown to the public: *the Natural History Museum* ▶ **muzeum**

mushroom /ˈmʌʃrʊm; -ruːm/ noun [C] a type of fungus which grows very quickly, has a flat rounded top on a short stem and can be eaten as a vegetable: *mushrooms with garlic* ○ *mushroom soup* ▶ **grzyb jadalny, pieczarka**

> Zwróć uwagę, że słowo **mushroom**, zwłaszcza mówiąc o grzybach jadalnych, prawie zawsze oznacza pieczarkę. **Toadstool** to muchomor (grzyb trujący). Por. **fungus**.

⋆**music** /ˈmjuːzɪk/ noun [U] **1** an arrangement of sounds in patterns to be sung or played on instruments: *What sort of music do you like?* ○ *classical/folk/pop/rock music* ○ *Who composed this piece of music?* ○ *That poem has been set to music.* Napisano muzykę do tego wiersza. ○ *a music lover* ○ *a music lesson* ○ *sheet music* nuty ▶ **muzyka 2** the written signs that represent the sounds of music: *Can you read music?* ○ *I've forgotten my music – can I share yours?* ▶ **nuty**

⋆**musical** /ˈmjuːzɪkl/ adj. **1** connected with music: *musical instruments* ○ *Would you like our programme of this month's musical events?* ▶ **muzyczny 2** interested in or good at music: *He's very musical.* ○ *a musical child* ▶ **muzykalny 3** pleasant to listen to because it is like music: *a musical voice* ▶ **melodyjny**

□ **musical** noun [C] a play or film which has singing and dancing in it: *'Cats' is one of the most successful musicals ever produced.* ▶ **musical (spektakl, przedstawienie)** | **musically** /-kli/ adv. ▶ **muzycznie, muzykalnie**

★**musician** /mju'zɪʃn/ noun [C] **1** a person whose job is to play a musical instrument: *The band consists of ten musicians.* ▶ **muzyk 2** a person who is good at writing or playing music: *At ten he was already a fine musician.* ▶ **muzyk, muzykant**

★**Muslim** /'mʊzlɪm; 'mʌʒ-; -ləm/ (also **Moslem** /'mɒzləm/) noun [C] a person whose religion is Islam ▶ **muzułman-in/ka**

□ **Muslim** (also **Moslem**) adj.: *Muslim traditions/ beliefs* ▶ **muzułmański**

mussel /'mʌsl/ noun [C] a type of sea animal that lives inside a black shell and can be eaten ▶ **małż jadalny**

★**must** /məst; strong form mʌst/ modal verb (negative **must not**; short form **mustn't** /'mʌsnt/) **1** (used for saying that it is necessary that sth happens): *I must remember to go to the bank today.* ○ *Cars must not park* (nie wolno parkować) *in front of the entrance.* ○ *You mustn't* (nie wolno) *take photographs in here. It's forbidden.* ○ *'Must we finish this exercise today?' 'Yes, you must.'* ❶ Odpowiedź przecząca do ostatniego przykładu: **No, you don't have to**. ▶ **musieć, (nie) potrzebować 2** (used for giving sb advice): *You really must see that film. It's wonderful.* ▶ **musieć 3** (used for saying that you are sure that sth is true): *Have something to eat. You must be hungry* (z pewnością jesteś głodny). ○ *There's a lot of noise from next door. They must be having a party.* Musi się tam odbywać jakieś przyjęcie. ○ *I can't find my cheque book. I must have left it at home.* ○ *It must have been a great shock when your mother died.* ○ *That car that passed us must have been doing 100 miles an hour.* ▶ **musieć, (być) pewnie**

□ **must** noun [C] a thing that is absolutely necessary, or that must be seen, done, etc.: *This book is a must for all science fiction fans.* ▶ **konieczność**

mustache (US) = MOUSTACHE

mustard /'mʌstəd/ noun [U] a yellow or brown sauce which is made from the seeds of the mustard plant. The sauce has a very strong taste and is eaten in very small amounts, usually with meat. ▶ **musztarda**

musty /'mʌsti/ adj. having an unpleasant stale or damp smell: *The rooms were dark and musty.* ▶ **stęchły, spleśniały, zbutwiały**

mutant /'mju:tənt/ noun [C] a living thing that is different from other living things of the same type because of a change in its genetic structure ▶ **mutant**

mutation /mju:'teɪʃn/ noun [C,U] a change in the basic structure of a living or developing thing; an example of such a change: *mutations caused by radiation* ▶ **mutacja**

muted /'mju:tɪd/ adj. **1** (used about colours or sounds) not bright or loud; soft ▶ **pastelowy, łagodny; przytłumiony 2** (used about a feeling or reaction) not strong or not openly expressed: *muted criticism* ○ *a muted response* ▶ **stłumiony, powściągliwy, oględny**

mutilate /'mju:tɪleɪt/ verb [T] (usually passive) to damage sb's body very badly, often by cutting off parts: *The body was too badly mutilated to be identified.* ▶ **okaleczać, masakrować**

□ **mutilation** /ˌmju:tɪ'leɪʃn/ noun [C,U] ▶ **okaleczenie, masakrowanie**

mutiny /'mju:təni/ noun [C,U] (pl. **mutinies**) an act that involves a group of people, especially sailors or soldiers, refusing to obey the person who is in command ▶ **bunt, rewolta**

□ **mutiny** verb [I] (pres. part. **mutinying**; 3rd pers. sing. pres. **mutinies**; pt, pp **mutinied**) **mutiny (against sb/sth)** to refuse to obey your leader or to accept sth ▶ **buntować się, wszczynać rewoltę**

mutter /'mʌtə(r)/ verb [I,T] to speak in a low, quiet and sometimes rather angry voice that is difficult to hear: *He muttered something about being late for an appointment.* ➲ Por. **mumble**. ▶ **mamrotać, mruczeć**

mutton /'mʌtn/ noun [U] the meat from an adult sheep: *a leg/shoulder* (udo/łopatka barani-e/a) *of mutton* ➲ Zob. uwaga przy **sheep** i przy **meat**. ▶ **baranina**

mutual /'mju:tʃuəl/ adj. **1** (used about a feeling or an action) felt or done by both or all the people involved: *We have a mutual agreement to help each other when necessary.* ○ *I can't stand her and I'm sure the feeling is mutual.* ▶ **wzajemny, obustronny 2** shared by two or more people: *We get on well together because we have so many mutual interests.* ○ *It seems that Jane is a mutual friend of ours.* ▶ **wspólny**

□ **mutually** /-uəli/ adv.: *The two views are not mutually exclusive* (nie są ze sobą sprzeczne). ▶ **wzajemnie, obustronnie**

muzzle /'mʌzl/ noun [C] **1** the nose and mouth of an animal (e.g. a dog or fox) ▶ **pysk, morda, ryj 2** a cover made of leather or wire that is put over an animal's nose and mouth so that it cannot bite ▶ **kaganiec 3** the open end of a gun where the bullets come out ▶ **wylot lufy**

★**my** /maɪ/ det. **1** of or belonging to me: *This is my husband, Jim.* ○ *It's my turn, not yours!* ○ *My favourite colour is blue.* ▶ **mój 2** (used before a noun or an adjective as a way of talking to sb): *My dear Anne,…* ○ *Goodbye, my darling.* ▶ **mój 3** (used in exclamations): *My goodness* (mój Boże!)*! Look at the time.* ▶ **mój**

★**myself** /maɪ'self/ pron. **1** (used as the object of a verb or preposition when the person who does an action is also affected by it): *I saw myself in the mirror.* ○ *I felt rather pleased with myself.* ▶ **się, siebie 2** (used for emphasis): *I'll speak to her myself.* ○ *I myself don't agree.* ○ *I'll do it myself.* ▶ **(ja) sam/a, osobiście**

IDIOM **(all) by myself 1** alone: *I live by myself.* ➲ Zob. uwaga przy **alone**. ▶ **sam/a 2** without help: *I painted the house all by myself.* ▶ **sam/a**

★**mysterious** /mɪ'stɪəriəs/ adj. **1** that you do not know about or cannot explain; strange: *Several people reported seeing mysterious lights in the sky.* ▶ **tajemniczy 2** (used about a person) keeping sth secret or refusing to explain sth: *They're being very mysterious about where they're going this evening.* ▶ **skryty, tajemniczy, zakonspirowany**

□ **mysteriously** adv. ▶ **tajemniczo**

★**mystery** /ˈmɪstri/ noun (pl. **mysteries**) **1** [C] a thing that you cannot understand or explain: *The cause of the accident is a complete mystery.* ○ *Detectives are still trying to solve the mystery of his disappearance.* ○ *It's a mystery to me what my daughter sees in her boyfriend.* ▶ **tajemnica** **2** [U] the quality of being strange and secret and full of things that are difficult to explain: *There's a lot of mystery surrounding this case.* ▶ **tajemniczość** **3** [C] a story, film or play in which crimes or strange events are only explained at the end ▶ **opowiadanie, film itp., w którym niezwykłe wydarzenia są wyjaśnione dopiero na końcu**

mystic /ˈmɪstɪk/ noun [C] a person who spends their life developing their spirit and communicating with God or a god ▶ **misty-k/czka**

mystical /ˈmɪstɪkl/ (also **mystic** /ˈmɪstɪk/) adj. of the spirit; involving hidden meaning, powers and feelings that are outside our normal everyday experience ▶ **mistyczny**

mysticism /ˈmɪstɪsɪzəm/ noun [U] the belief that you can reach complete truth and knowledge of God or gods by prayer, thought and development of the spirit ▶ **mistycyzm**

mystify /ˈmɪstɪfaɪ/ verb [T] (pres. part. **mystifying**; 3rd pers. sing. pres. **mystifies**; pt, pp **mystified**) to make sb puzzled or confused: *I was mystified by the strange note. What did it mean?* ▶ **zmieszać, zbić z tropu**

myth /mɪθ/ noun [C] **1** a very old story, especially one about gods and heroes. Myths often explain natural or historical events. ▶ **mit** **2** an idea, belief or story which is untrue or impossible: *The idea that money makes you happy is a complete myth.* ▶ **mit, mistyfikacja**

□ **mythical** /ˈmɪθɪkl/ adj. **1** existing only in myths(1): *mythical heroes* ▶ **mityczny** **2** not real; existing only in the imagination ▶ **mityczny**

mythology /mɪˈθɒlədʒi/ noun [U] very old stories and the beliefs contained in them: *Greek and Roman mythology* ▶ **mitologia**

Nn

N, n /en/ noun [C] (pl. **N's** or **n's**) the fourteenth letter of the English alphabet ▶ **litera** *n*

N abbr. (US also **No**) north; northern: *N Yorkshire* ▶ **płn.**

n. abbr. noun ▶ **rzecz.**

naff /næf/ adj. (Brit., slang) lacking taste or style; without any value; not fashionable ▶ **w złym guście, niemodny, do kitu**

nag /næg/ verb (**nagging**; **nagged**) **1** [I,T] **nag (at) sb** to talk to sb continuously in a complaining or critical way: *Stop nagging! I'll do it as soon as I can.* ○ *My parents are always nagging me about working harder.* ▶ **zrzędzić; łajać, nie dawać (komuś) spokoju** **2** [T] to worry or hurt sb continuously: *The problem was still nagging me.* ○ *a nagging headache/doubt* ▶ **nękać**

★**nail** /neɪl/ noun [C] **1** a small thin piece of metal with a point at one end. It is used for holding pieces of wood together, hanging pictures on, etc.: *We'll need some small nails, a hammer and some string.* ○ *to hammer in a nail* ➲ Ilustr. do **tool**. ▶ **gwóźdź** **2** the thin hard layer that covers the ends of your fingers and toes: *fingernails* ○ *toenails* ○ *I still bite my nails sometimes when I'm nervous.* ▶ **paznokieć**

IDIOM **hit the nail on the head** → HIT[1]

□ **nail** verb [T] to fasten sth with a nail or nails: *Do you think we should nail these pieces together or use glue?* ▶ **przybijać gwoździem**

PHRASAL VERB **nail sb down (to sth)** to make a person say clearly what they want or intend to do: *She says she'll visit us in the summer but I can't nail her down to a definite date.* ▶ **wyciągać od kogoś** (*np. fakty*)

■ **ˈnail brush** noun [C] a small brush for cleaning your fingernails ➲ Ilustr. do **brush**. ▶ **szczoteczka do paznokci** | **ˈnail file** noun [C] a small metal tool with a rough surface that you use for shaping your nails ▶ **pilnik do paznokci** | **ˈnail scissors** noun [pl.] small scissors for cutting your nails: *a pair of nail scissors* ○ *Have you got any nail scissors?* ▶ **nożyczki do paznokci** | **ˈnail varnish** (Brit.) (US **ˈnail polish**) noun [U] a liquid that people paint on their nails to give them colour or to make them shine ▶ **lakier do paznokci**

naive (also **naïve**) /naɪˈiːv/ adj. without enough experience of the world and too ready to believe what other people say: *I was too naive to really understand what was going on.* ○ *a naive remark* ▶ **naiwny**

□ **naively** (also **naïvely**) adv.: *She naively accepted the first price he offered.* ▶ **naiwnie** | **naivety** (also **naïvety**) /naɪˈiːvəti/ noun [U]: *He showed complete naivety in financial matters.* ▶ **naiwność**

★**naked** /ˈneɪkɪd/ adj. **1** without any clothes on: *He came to the door naked except for a towel.* ➲ Por. **bare** i **nude**. ▶ **nagi, goły** **2** (only before a noun) not covered (used about sth that is usually covered): *a naked flame* ▶ **odkryty, goły** **3** (only before a noun) openly shown or expressed; easy to see and often shocking: *naked aggression* ▶ **nagi, obnażony**

IDIOM **the naked eye** the eye without the help of a microscope or telescope: *Bacteria are too* *small to be seen with the naked eye.* ▶ **gołe (nie uzbrojone) oko**

★**name¹** /neɪm/ noun **1** [C] a word or words by which a person, an animal, a place or a thing is known: *What's your name, please?* ○ *Do you know the name of this flower?* ○ *Has your house got a name or a number?* ▶ **imię, imię i nazwisko, nazwa** **2** [sing.] an opinion that people have of a person or thing; reputation: *That area of London has rather a bad name.* ○ *The company needs to build up a good name for itself.* ▶ **imię, sława, reputacja** **3** [C] a famous person: *the big names in show business* ▶ **sława (znana osoba), osobistość**

IDIOMS **by name** using the name of sb/sth: *It's a big school but the headmaster knows all the children by name.* ▶ **z imienia/nazwiska** | **call sb names** → CALL² | **in the name of sth** because you believe in sth; for the sake of: *They acted in the name of democracy.* ▶ **w imię (czegoś)** | **in the name of sb**; **in sb's name 1** for sb/sth; officially belonging to sb: *The contract is in my name.* ▶ **należący do kogoś; na czyjeś nazwisko** **2** representing a certain group of people: *Could you write a letter in the name of all the young people in the village?* ▶ **w imieniu (kogoś)** | **make a name for yourself; make your name** to become well known and respected: *It's not easy to make your name as a writer.* ▶ **wyrabiać sobie (dobre) imię, stawać się sławnym**

■ **'namesake** noun [C] a person who has the same name as another ▶ **imienni-k/czka**

First name (w USA często **given name**) oznacza imię nadane dziecku przez rodziców po urodzeniu. W krajach chrześcijańskich zwyczajowo nazywa się je **Christian name**. Używa się też słowa **forename**, choć zazwyczaj jedynie w języku formalnym, np. w formularzach. Słowa **surname**, **last name** i **family name** oznaczają nazwisko, choć **surname** jest częściej używane. Nazwisko panieńskie kobiety to **maiden name**.

★**name²** /neɪm/ verb [T] **1 name sb/sth (after sb)** to give sb/sth a name: *The boy was named James after his grandfather.* ○ *Columbia was named after Christopher Columbus.* ▶ **nazywać (po kimś)**

Uwaga! Mówiąc o tym, jak ktoś się nazywa, używa się zwrotu **be called**: *The baby is called Dan and his brother is Joe.*

2 to say what the name of sb/sth is: *The journalist refused to name the person who had given her the information.* ○ *Can you name all the planets in order?* ▶ **nazywać, wymieniać imię/nazwisko/nazwę** **3** to state a date, price, etc.: *Have Alex and Julie named a date for their wedding?* ▶ **wyznaczać**

nameless /ˈneɪmləs/ adj. **1** without a name or with a name that you do not know or want to say: *the nameless slaves who built the pyramids* ▶ **bezimienny, nieznany** **2** not easily described or explained, e.g. because it is so terrible: *the nameless horrors of war* ▶ **niesłychany**

namely /ˈneɪmli/ adv. (used for giving more detail about what you are saying) that is to say: *There is only one person who can overrule the death sentence, namely the President.* ▶ **mianowicie**

nana /ˈnɑːnə/ noun [C] (informal) a silly person: *They made me look a right nana.* ▶ **kretyn/ka**

nanny /ˈnæni/ noun [C] (pl. **nannies**) (Brit.) a woman whose job is looking after young children. A nanny usually works at or lives in the child's home. ▶ **niania**

nap /næp/ noun [C] a short sleep that you have during the day ▶ **drzemka**

□ **nap** verb [I] (**napping**; **napped**) to have a short sleep ▶ **drzemać** ➲ Por. **snooze**.

nape /neɪp/ noun [sing.] the back part of the neck ▶ **kark**

napkin /ˈnæpkɪn/ noun [C] a piece of cloth or paper that you use when you are eating to protect your clothes or for wiping your hands and mouth ❶ Synonim: **serviette**. ▶ **serwetka**

nappy /ˈnæpi/ noun [C] (pl. **nappies**) (US **diaper**) a piece of soft thick cloth or paper that a baby or very young child wears around its bottom and between its legs: *Does her nappy need changing?* ○ *disposable* (jednorazowe) *nappies* ▶ **pieluszka**

narcotic /nɑːˈkɒtɪk/ noun [C] a powerful illegal drug that affects your mind in a harmful way; a substance or drug that relaxes you, stops pain, or makes you sleep ▶ **narkotyk; środek nasenny**

□ **narcotic** adj. ▶ **narkotyczny**

narrate /nəˈreɪt; US ˈnæreɪt/ verb [T] (formal) to tell a story ▶ **opowiadać**

□ **narration** /nəˈreɪʃn/ noun [C,U] telling a story; the story that you tell ▶ **opowiadanie** | **narrative** /ˈnærətɪv/ noun [C] (formal) a story or an account ▶ **opowiadanie** | **narrator** /nəˈreɪtə(r)/ noun [C] the person who tells a story or explains what is happening in a play, film, etc. ▶ **narrator**

★**narrow** /ˈnærəʊ/ adj. **1** having only a short distance from side to side: *The bridge is too narrow for two cars to pass.* ❶ Antonim: **wide** lub **broad**. ▶ **wąski** **2** not large: *a narrow circle of friends* ▶ **wąski** **3** by a small amount: *That was a very narrow escape* (to było uniknięcie nieszczęścia o włos). *You were lucky.* ○ *a narrow defeat/victory* nieznaczna porażka/ledwo zdobyte zwycięstwo ▶ **nieznaczny**

□ **narrow** verb [I,T] to become narrow or to make sth narrow ▶ **zwężać (się)**

PHRASAL VERB **narrow sth down** to make a list of things smaller: *We had a huge list of places we wanted to go to on holiday but we've managed to narrow it down to three.* ▶ **zawężać**

narrowly adv. only by a small amount: *The driver swerved and narrowly missed hitting the boy.* ▶ **ledwo ledwo** | **narrowness** noun [U] ▶ **wąskość; ograniczoność**

■ **ˌnarrow-ˈminded** adj. not willing to accept new ideas or the opinions of other people if they are not the same as your own ▶ **ograniczony, o ciasnym umyśle**

nasal /ˈneɪzl/ adj. connected with the nose: *a nasal voice* ▶ **nosowy**

★**nasty** /ˈnɑːsti; US ˈnæ-/ adj. (**nastier**; **nastiest**) **1** ugly or unpleasant: *What's that nasty smell in this cupboard?* ○ *The new furniture looked cheap and nasty.* ▶ **niemiły**, **paskudny** **2** angry or aggressive: *When she was asked to leave she got really nasty.* ○ *a nasty temper* ▶ **niebezpieczny**, **groźny**, **złośliwy** **3** unkind: *That was a nasty thing to say to your brother.* ▶ **paskudny**, **złośliwy** **4** very bad: *a nasty accident* ○ *a nasty cut on the arm* ▶ **groźny**, **poważny**

□ **nastily** adv. ▶ **paskudnie**; **złośliwie** | **nastiness** noun [U] ▶ **złośliwość**

★**nation** /ˈneɪʃn/ noun [C] a country or all the people in a country ▶ **państwo**, **naród**

■ ˌ**nation**ˈ**wide** adj., adv. over the whole of a country: *The police launched a nationwide hunt for the killer.* ▶ **ogólnokrajowy**

★**national** /ˈnæʃnəl/ adj. concerning all of a nation or country; typical of a particular nation: *Here is today's national and international news.* ○ *a national newspaper* ○ *He was dressed in his national costume.* ▶ **narodowy**, **państwowy**

□ **national** noun [C] (formal) a person who comes from a particular country: *There are many Algerian nationals working in France.* ▶ **obywatel/ka** | **nationally** adv.: *to advertise sth nationally* (o zasięgu krajowym) ▶ **w kraju**

■ ˌ**national** ˈ**anthem** noun [C] the official song of a country that is played at public events ▶ **hymn narodowy** | ˌ**National** ˈ**Health Service** noun [sing.] (abbr. **NHS**) (Brit.) the system that provides free or cheap medical care for everybody in Britain and that is paid for by taxes: *Can you get glasses on the NHS?* ▶ **Państwowa Służba Zdrowia** | ˌ**National In**ˈ**surance** noun [U] (abbr. **NI**) (Brit.) the system by which employers and employees pay money to the government so that the government can help people who are ill, unemployed, retired, etc.: *National Insurance contributions* ▶ **Państwowe Ubezpieczenie Społeczne** | ˌ**national** ˈ**park** noun [C] a large area of beautiful land that is protected by the government so that the public can enjoy it ▶ **park narodowy** | ˌ**national** ˈ**service** noun [U] the period of time that a young person must spend in the army, navy, etc. of their country: *to do national service* ▶ **zasadnicza służba wojskowa**

★**nationalism** /ˈnæʃnəlɪzəm/ noun [U] **1** the strong feeling of love or pride that you feel for your own country. Nationalism often makes people think that their own country is better than others. ▶ **nacjonalizm** **2** the desire of a group of people to form an independent country ▶ **nacjonalizm**

□ **nationalist** /ˈnæʃnəlɪst/ noun [C] a person who wants a particular group of people to be able to form an independent country: *a Welsh nationalist* ▶ **nacjonalist-a/ka** | **nationalistic** /ˌnæʃnəˈlɪstɪk/ adj. having or showing strong feelings of love for or pride in your own country ❶ **Nationalistic** zwykle ma wydźwięk krytyczny, oznaczający, że czyjeś uczucia lub duma narodowa są zbyt silne. ▶ **nacjonalistyczny**

★**nationality** /ˌnæʃəˈnæləti/ noun [C,U] (pl. **nationalities**) being a member of a particular nation or country: *Stuart lives in America but he still has British nationality.* ○ *students of many nationalities* ○ *to have dual nationality* (podwójne obywatelstwo) ○ *Am I eligible to take out British nationality?* Czy spełniłem warunki, żeby otrzymać obywatelstwo brytyjskie? ▶ **narodowość**, **obywatelstwo**

nationalize (also **-ise**) /ˈnæʃnəlaɪz/ verb [T] to put a company or an organization under the control of the state: *The railways were nationalized after the war.* ▶ **upaństwawiać**, **nacjonalizować**

□ **nationalization** (also **-isation**) /ˌnæʃnəlaɪˈzeɪʃn; US -ləˈz-/ noun [U] ▶ **upaństwowienie**, **nacjonalizacja**

★**native** /ˈneɪtɪv/ noun [C] **1** a person who was born in a particular place: *She lives in Oxford but she's a native of York.* ▶ **człowiek miejscowy**, **tubylec** **2** [usually pl.] (old-fashioned) the people who were living in Africa, America, etc. originally before the Europeans arrived there ❶ Uwaga! Słowo **native** w tym znaczeniu obecnie uważa się za obraźliwe. ▶ **krajowiec**, **tubylec** **3** an animal or a plant that lives or grows naturally in a particular place: *The koala is a native of Australia* (pochodzi z Australii). ▶ **rodzimy mieszkaniec itp.**

□ **native** adj. **1** (only before a noun) connected with the place where you were born or where you have always lived: *Tadeusz's native land is Poland but he left in 1938.* ▶ **rodzinny**, **ojczysty** **2** (only before a noun) connected with the people who originally lived in a country before other people, especially white people, came to live there: *native art/dance* ❶ Uwaga! Słowo **native** w tym znaczeniu jest czasem uważane za obraźliwe. ▶ **tubylczy** **3 native (to...)** (used about an animal or plant) living or growing naturally in a particular place: *There are many grey squirrels in England but they are not a native species.* ▶ **rodzimy**, **pochodzący skądś**

■ ˌ**Native A**ˈ**merican** (also **American Indian**; **Indian**) adj., noun [C] (of) a member of the race of people who were the original inhabitants of America ▶ **(rdzenn-y/a) Indian-in/ka** | ˌ**native** ˈ**speaker** noun [C] a person who learnt a particular language as a very young child: *Are you a native speaker of Dutch?* ▶ **osoba mówiąca jakimś językiem od urodzenia**

NATO (also **Nato**) /ˈneɪtəʊ/ abbr. North Atlantic Treaty Organization ▶ **NATO**

natter /ˈnætə(r)/ verb [I] (Brit., informal) to talk a lot about things that are not very important ➲ Por. **chat**. ▶ **paplać**, **gadać**

□ **natter** noun [sing.]: *to have a natter* ▶ **paplanina**, **gadanina**

★**natural** /ˈnætʃrəl/ adj. **1** connected with things that were not made by people: *natural disasters* (klęski żywiołowe) *such as earthquakes and floods* ○ *I prefer to see animals in their natural surroundings rather than in zoos.* ○ *Britain's* *natural resources include coal, oil and gas.* ○ *He died of natural causes.* ▶ **naturalny** **2** usual or normal; what you would expect: *It's natural to feel nervous before an interview.* ○ *It's only natural for people to be nervous.* ❶ Antonim: **unnatural**. ▶ **normalny, naturalny** **3** that you had from birth or that was easy for you to learn: *a natural gift for languages* ○ *natural charm* ▶ **wrodzony, rodzimy** **4** (only before a noun) (used about parents or their children) related by blood ▶ **naturalny** **5** (used after the name of a note to show that the note is neither sharp nor flat. The written symbol is ♮.): *B natural* ▶ **naturalny**

□ **natural** noun a normal musical note, not its sharp or flat form. The written symbol is ♮. ▶ **nuta naturalna**

■ ˌ**natural 'history** noun [U] the study of plants and animals ▶ **przyrodoznawstwo**

naturalist /ˈnætʃrəlɪst/ noun [C] a person who studies plants and animals ▶ **przyrodni-k/czka**

naturalize (also **-ise**) /ˈnætʃrəlaɪz/ verb [T] (usually passive) to make sb a citizen of a country where they were not born: *Lee was born in Hong Kong but was naturalized after living in Britain for five years.* ▶ **naturalizować**

□ **naturalization** (also **-isation**) /ˌnætʃrəlaɪˈzeɪʃn; US -ləˈz-/ noun [U] ▶ **naturalizacja**

naturally /ˈnætʃrəli/ adv. **1** in a natural(3) way: *Vera is naturally a very cheerful person.* ○ *Working with computers comes naturally to Nick* (leży w jego naturze). ▶ **naturalnie, z natury** **2** of course; as you would expect: *The team was naturally upset about its defeat.* ▶ **naturalnie, oczywiście** **3** in a way that is normal: *Don't try and impress people. Just act naturally.* ▶ **swobodnie, niewymuszenie, naturalnie** **4** in a way that is not made or done by people: *naturally wavy hair* ▶ **naturalnie, z natury**

★**nature** /ˈneɪtʃə(r)/ noun **1** [U] all the things in the world that were not made or caused by people: *the forces of nature (e.g. volcanoes, hurricanes, etc.)* ○ *to upset the balance of nature* ○ *the wonders of nature* ○ *On holiday we like to get away from civilization and back to nature.* ▶ **natura, przyroda** **2** [C,U] the qualities or features of a person or thing: *He's basically honest by nature.* ○ *Our new cat has a very nice nature.* ○ *The nature of my work is secret and I cannot discuss it.* ○ *It's human nature never to be completely satisfied.* ▶ **natura, usposobienie** **3** [sing.] the type or sort of sth: *I'm not very interested in things of that nature.* ▶ **rodzaj**

IDIOM **second nature** → SECOND[1]

□ **-natured** (used to form compound adjectives) having a particular quality or feature: *good-natured* dobrego usposobienia ▶ (*określa naturę*)

naughty /ˈnɔːti/ adj. (**naughtier**; **naughtiest**) (used when you are talking to or about a child) not doing what an adult says; badly behaved; causing trouble: *She's one of the naughtiest children in the class.* ○ *It was very naughty of you not to tell me where you were going.* ▶ **niegrzeczny, nieposłuszny**

□ **naughtily** adv. ▶ **niegrzecznie, nieposłusznie** | **naughtiness** noun [U] ▶ **niegrzeczne/brzydkie zachowanie**

nausea /ˈnɔːziə; ˈnɔːsiə/ noun [U] the feeling that you are going to vomit (= bring up food from your stomach): *A wave of nausea came over him at the sight of all the blood.* ➲ Por. **sick**. ▶ **nudności**

□ **nauseate** /ˈnɔːzieɪt; ˈnɔːsieɪt/ verb [T] to cause sb to feel nausea or strong dislike ▶ **przyprawiać o mdłości, zbierać na wymioty** | **nauseating** adj. ▶ **obrzydliwy, przyprawiający o mdłości**

nautical /ˈnɔːtɪkl/ adj. connected with ships, sailors or sailing ▶ **morski, żeglarski**

naval /ˈneɪvl/ adj. connected with the navy: *a naval battle* ▶ **morski, okrętowy, Marynarki Wojennej**

navel /ˈneɪvl/ noun [C] the small hollow in the middle of your stomach ➲ Por. **umbilical cord**. ▶ **pępek**

navigable /ˈnævɪɡəbl/ adj. that boats can sail along: *a navigable river* ▶ **spławny, żeglowny**

navigate /ˈnævɪɡeɪt/ verb **1** [I] to use a map, etc. to find out which way a car, ship, plane, etc. should go: *Early explorers used the stars to navigate.* ○ *If you drive, I'll navigate.* ▶ **pilotować** **2** [T] to move or guide a ship, etc. in a particular direction; to find a way through a difficult place: *We managed to navigate the yacht through the rocks.* ○ *Nobody had navigated the Amazon until then.* ▶ **nawigować, żeglować, pilotować**

□ **navigation** /ˌnævɪˈɡeɪʃn/ noun [U] ▶ **nawigacja, żegluga, pilotowanie** | **navigator** noun [C] a person who navigates ▶ **nawigator, żeglarz**

★**navy** /ˈneɪvi/ noun [C] (pl. **navies**) **1** (**the Navy**) the organization that controls the warships of a country and the people that work on them: *to join the Navy* ❶ Rzeczownik **Navy** w lp może być używany z czasownikami występującymi w lp lub lm: *The Navy is/are introducing a new warship this year.* Por. **merchant navy**. ▶ **Marynarka Wojenna** **2** a group of warships belonging to a country: *Does Switzerland have a navy?* ▶ **flota wojenna**

■ ˌ**navy 'blue** (also **navy**) adj., noun [U] dark blue ▶ **(kolor) granatowy**

NB (also **nb**) /ˌen ˈbiː/ abbr. (used before a written note) take special notice of: *NB There is an extra charge for reservations.* ▶ **notabene**

NE abbr. north-east: *NE Scotland* ▶ **płn.-wsch.**

★**near**[1] /nɪə(r)/ adj. **1** not far in time or distance (from sb/sth): *Let's walk to the library. It's quite near.* ○ *We're hoping to move to Wales in the near future.* ○ *Where's the nearest Post Office?* ○ *The day of the interview was getting nearer.* ➲ Zob. uwaga przy **next**. ▶ **bliski, niedaleki**

> **Close** i **near** często znaczą to samo, ale w niektórych zwrotach nie mogą występować wymiennie: *a close friend* ○ *the near future* ○ *a close contest.*

2 closely related to you: *My nearest relative*

who's still alive is my great-aunt. ▶ **bliski**
IDIOMS **close/dear/near to sb's heart** → HEART | **or near(est) offer; ono** (used when you are selling sth) or an amount that is less than but near the amount that you have asked for: *Motorcycle for sale. £750 ono.* ▶ *(o cenie w ofercie)* **do negocjacji** | **a near miss** a situation where sth nearly hits you or where sth bad nearly happens ▶ **uniknięcie o włos**
■ ˌ**near-ˈsighted** adj. (US) = SHORT-SIGHTED

★**near²** /nɪə(r)/ adv., prep. not far in time or distance; close to: *It's a little village near Cardiff.* ○ *I'd like to live near my parents, if possible.* ○ *I wasn't sitting near enough to see.* ○ *They live quite near.* ▶ **blisko, niedaleko**
IDIOM **nowhere near** far from: *We've sold nowhere near enough tickets to make a profit.* ▶ **(nawet) nie zbliżając się do (uzyskania/osiągnięcia) czegoś, daleko od (uzyskania/osiągnięcia) czegoś**
■ ˈ**nearby** adj. (only before a noun) not far away in distance: *We went out to a nearby restaurant.* ▶ **po/bliski, sąsiedni**

> Zwróć uwagę, że **nearby** używa się tylko przed rzeczownikiem. **Near** nie można użyć przed rzeczownikiem w ten sam sposób: *We went out to a restaurant near our house.* ○ *The restaurant is quite near.*

| **nearˈby** adv. not far away in distance: *A new restaurant has opened nearby.* ▶ **blisko, niedaleko**

near³ /nɪə(r)/ verb [I,T] to get closer to sth in time or distance: *The day was nearing when we would have to decide.* ○ *The job is nearing completion.* ▶ **zbliżać się**

★**nearly** /ˈnɪəli/ adv. almost; not completely or exactly: *It's nearly time to go.* ○ *She nearly died.* ▶ **prawie**
IDIOM **not nearly** far from: *It's not nearly as warm as it was yesterday.* ▶ **bynajmniej (nie), wcale nie**

★**neat** /niːt/ adj. **1** arranged or done carefully or tidily: *Please keep your room neat and tidy.* ○ *neat rows of figures* ▶ **porządny, staranny, schludny 2** (used about a person) liking things to be done or arranged carefully or tidily ▶ **porządny, systematyczny 3** (US) good; nice: *That's a really neat car!* ▶ **fajny, dobry 4** simple but clever: *a neat solution/trick* ▶ **trafny, zgrabny 5** (US **straight**) (used about alcoholic drinks) on its own, without ice, water or any other liquid: *a neat whisky* ▶ **czysty, nie rozcieńczony, bez domieszki**
□ **neatly** adv. ▶ **porządnie, systematycznie, schludnie, starannie** | **neatness** noun [U] ▶ **porządek; systematyczność**

★**necessarily** /ˌnesəˈserəli; Brit. also ˈnesəsərəli/ adv. in all cases; always: *Shouting is not necessarily the best way to make yourself understood.* ○ *'We're going to lose.' 'Not necessarily.'* ▶ **koniecznie, nieodzownie**

★**necessary** /ˈnesəsəri; US -seri/ adj. needed in order to get sth or to do sth: *A good diet is necessary for a healthy life.* ○ *Don't spend more than £20 unless it's absolutely necessary.* ○ *It's not necessary for you all to come.* ▶ **konieczny, potrzebny, nieodzowny**

necessitate /nəˈsesɪteɪt/ verb [T] (formal) to make sth necessary ▶ **wymagać**

★**necessity** /nəˈsesəti/ noun (pl. **necessities**) **1** [U] **necessity (for sth/to do sth)** being necessary; need: *Is there any necessity for change?* ○ *There's no necessity to write every single name down.* ▶ **potrzeba, konieczność, nieodzowność 2** [C] something that you must have: *Food, clothing and shelter are all necessities of life.* ▶ **artykuł pierwszej potrzeby, nieodzowność**

★**neck** /nek/ noun [C] **1** the part of the body that joins your head to your shoulders: *I've got a stiff neck.* ○ *Giraffes have long necks.* ▶ **szyja 2** the part of a piece of clothing that goes round your neck: *a polo-neck sweater* golf ○ *a V-neck sweater* sweter z wycięciem w szpic ▶ **kołnierz 3** the narrow part of sth that looks like a neck: *the neck of a bottle* ▶ **szyjka** *(np. butelki)*
IDIOMS **neck and neck (with sb/sth)** equal or level: *At the halfway point the two cars were neck and neck.* ▶ **łeb w łeb** | **by the scruff (of the/your neck)** → SCRUFF | **up to your neck in sth** very deeply involved in sth: *We're up to our necks in work.* ▶ **po szyję (w czymś)**
□ **-necked** (used to form compound adjectives) having the type of neck mentioned: *a round-necked sweater* ▶ *(określa rodzaj szyi lub kołnierzyka)*
■ **necklace** /ˈnekləs/ noun [C] a piece of jewellery that you wear around your neck ▶ **naszyjnik** | ˈ**necktie** noun [C] (US) = TIE¹(1)

nectar /ˈnektə(r)/ noun [U] **1** the sweet liquid that bees collect from flowers to make honey ▶ **nektar 2** the thick juice of some fruit, used as a drink: *apricot nectar* ▶ **nektar**

nectarine /ˈnektəriːn/ noun [C] a type of peach with a smooth skin ▶ **nektarynka**

née /neɪ/ adj. (used before the surname that a woman had before she got married): *Christine Cowley, née Morgan* ➲ Por. **maiden name.** ▶ **z domu**

★**need¹** /niːd/ verb [T] (not usually used in the continuous forms) ❶ Czasownika **need** zwykle nie używa się w czasach *continuous.* Natomiast często spotyka się go w *present participle* (formie *-ing*): *Patients needing emergency treatment will go to the top of the waiting list.* **1** to require sth; to think that sth is necessary: *All living things need water.* ○ *Can I borrow your dictionary or do you need it?* ○ *I need to find a doctor.* Potrzebuję lekarza. ○ *I need you to go to the shop for me.* Chcę, żebyś poszedł do sklepu. ▶ **potrzebować, wymagać 2** to have to; to be obliged to: *Do we need to buy the tickets in advance?* ○ *I need to ask some advice.* ○ *You didn't need to bring any food but it was very kind of you.* ▶ **potrzebować, musieć** ❶ Zwróć uwagę, że pytania z czasownikiem **need¹** tworzy się za pomocą **do** lub **does** (**do I need** itp.), a forma czasu przeszłego to **needed** (w pytaniach **did you need**? itp.; w przeczeniach **didn't need**). ➲ Por. formy czasownika **need²**. **3 need doing/to be done; need sth doing/done** if sth needs doing, it is necessary or must be done: *This jumper needs washing/to be washed.* Trzeba uprać ten sweter. ○ *He needed his eyes testing.* On musiał zbadać sobie wzrok. ○ *She needs her head examined.* Ona jest szalona.

★**need**[2] /ni:d/ verb ❶ W czasie teraźniejszym we wszystkich osobach stosuje się **need**; w przeczeniach **need not** (**needn't**); w pytaniach **need I?** itp. (not used in the continuous forms; used mainly in questions or negative sentences or with words like *hardly, only, never*) to have to; to be obliged to: *Need we pay the whole amount now?* ○ *You needn't come to the meeting if you're too busy.* ○ *I'll help you any time. You only need ask.* ○ *I hardly need remind you that this is very serious.* ▶ **musieć, potrzebować**

> Forma **needn't have done** oznacza, że coś zostało niepotrzebnie zrobione: *We needn't have packed* (niepotrzebnie zapakowaliśmy) *our thick clothes. The weather was really warm* ○ *He needn't have gone to the bank* (niepotrzebnie poszedł do banku) – *I have plenty of money with me.* Por. z czasem przeszłym czasownika **need**, który zwykle oznacza, że coś nie wydarzyło się: *He didn't need to go to the bank* (nie musiał iść do banku) – *he had plenty of money.*

★**need**[3] /ni:d/ noun **1** [U, sing.] a situation in which sth is wanted or required: *We are all in need of a rest.* ○ *There is a growing need for low-cost housing in the London area.* ○ *There's no need for you to come if you don't want to.* ○ *Is there any need for all that noise?* ○ *Do phone me if you feel the need to talk to someone.* ▶ **potrzeba, wymóg 2** (**needs**) [pl.] the things that you must have: *He doesn't earn enough to pay for his basic needs.* ○ *Parents must consider their children's emotional as well as their physical needs.* ▶ **potrzeby, wymagania 3** [U] the state of not having enough money: *a campaign to help families in need* ▶ **niedostatek, trudne położenie**

□ **needless** adj. that is not necessary: *We had gone through a lot of needless worry. He was safe at home.* ➲ Por. **unnecessary**. ▶ **niepotrzebny, zbyteczny** | **needlessly** adv. ▶ **niepotrzebnie, zbytecznie**

★**needle** /ˈni:dl/ noun [C] **1** a small thin piece of metal with a point at one end and a hole (an eye) at the other that is used for sewing: *to thread a needle with cotton* ▶ **igła** (*do szycia*) **2** (also ˈ**knitting needle**) a long thin piece of metal, plastic or wood with a point at one end that is used for knitting ▶ **drut 3** the thin hollow part of a syringe that is used for injecting liquids into your body ▶ **igła 4** a thin metal part on a scientific instrument that moves to point to the correct measurement or direction: *the needle of a compass* ▶ **igła 5** the thin, hard pointed leaf of a pine tree, etc. ▶ **igła**

IDIOM **pins and needles** → PIN[1]

■ ˈ**needlework** noun [U] work that you do by hand using a needle(1). Needlework includes sewing and embroidery. ▶ **szycie, haftowanie**

needy /ˈni:di/ adj. (**needier**; **neediest**) not having enough money etc.; poor ▶ **potrzebujący, w biedzie**

□ **needy** noun [pl.] (**the needy**) people who do not have enough money, food, clothes, etc. ▶ **potrzebujący**

neg. abbr. negative ▶ **negatywny**

★**negative** /ˈnegətɪv/ adj. **1** bad or harmful: *The effects of the new rule have been rather negative.* ▶ **negatywny 2** (used about a word, phrase or sentence) saying or meaning 'no' or 'not': *a negative sentence* ○ *'Don't you like England?' is a negative question.* ❶ Antonim: **affirmative**. ▶ **przeczący 3** only thinking about the bad qualities of sb/sth: *I'm feeling very negative about my job.* ▶ **negatywny, ujemny 4** (used about a medical or scientific test) showing that sth has not happened or has not been found: *The results of the pregnancy test were negative.* ▶ **negatywny, ujemny 5** (used about a number) less than zero ▶ **ujemny** ❶ Antonim dla znaczeń 1, 3-5: **positive**.

□ **negative** noun [C] **1** a word, phrase or sentence that says or means 'no' or 'not': *Carol answered in the negative* (odmownie). ○ *'Never', neither' and 'nobody' are all negatives* (to słowa przeczące). ❶ Antonim: **affirmative**. ▶ **przeczenie, odmowa 2** a piece of film from which we can make a photograph. The light areas of a negative are dark on the final photograph and the dark areas are light ▶ **negatyw** | **negatively** adv. ▶ **negatywnie; ujemnie**

★**neglect** /nɪˈglekt/ verb [T] to give too little or no attention or care to sb/sth: *Try hard not to neglect your health even when you are studying for your exams.* ▶ **zaniedbywać, lekceważyć**

□ **neglect** noun [U] giving too little care to sb/sth; the state of being neglected: *The house was empty and in a state of total neglect.* ▶ **zaniedbanie, opuszczenie** | **neglected** adj. having or showing a lack of care and attention: *Neglected children often get into trouble.* ▶ **zaniedbany**

negligence /ˈneglɪdʒəns/ noun [U] not being careful enough; lack of care: *The accident was a result of human negligence.* ▶ **zaniedbanie, niedbalstwo**

negligent /ˈneglɪdʒənt/ adj. not giving enough care or attention to sth (that you are responsible for): *The school had been negligent in not informing the child's parents about the incident.* ▶ **niedbały, opieszały, lekceważący (coś)**

□ **negligently** adv. ▶ **niedbale, opieszale**

negligible /ˈneglɪdʒəbl/ adj. not important because it is too small ▶ **nieistotny, bez znaczenia, mało znaczący**

negotiable /nɪˈgəʊʃiəbl/ adj. that can be decided or changed by discussion: *The price is not negotiable.* ▶ **(możliwy) do wynegocjowania**

★**negotiate** /nɪˈgəʊʃieɪt/ verb **1** [I] to talk to sb in order to decide or agree about sth: *The unions are still negotiating with management about this year's pay claim.* ▶ **negocjować, pertraktować, układać się 2** [T] **negotiate sth (with sb)** to decide or agree sth by talking about it: *to negotiate an agreement* ▶ **negocjować 3** [T] to get over, past or along sth difficult: *The canoe-*

ists had to negotiate several rapids on the river. ▶ **pokonywać**

□ **negotiator** noun [C] a person who negotiates(1, 2) ▶ **negocjator**

★**negotiation** /nɪˌgəʊʃi'eɪʃn/ noun [C,U] discussions at which people try to decide or agree sth: *The salary is a matter for negotiation.* ○ *to enter into/break off negotiations* rozpocząć/przerywać negocjacje ▶ **negocjacje, pertraktacj-a/e**

Negro /'ni:grəʊ/ noun [C] (pl. **Negroes**) (old-fashioned) a member of a race of people with dark skin who originally came from Africa ℹ Obecnie to określenie uważa się za obraźliwe. ▶ **Murzyn/ka**

neigh /neɪ/ noun [C] the long high sound that a horse makes ▶ **rżenie**

□ **neigh** verb [I] ▶ **rżeć**

★**neighbour** (US **neighbor**) /'neɪbə(r)/ noun [C] **1** a person who lives near you: *Don't make too much noise or you'll wake the neighbours.* ○ *our next-door neighbours* ▶ **sąsiad/ka** **2** a person or thing that is near or next to another: *Britain's nearest neighbour is France.* ○ *Try not to look at what your neighbour is writing.* ▶ **sąsiad/ka**

□ **neighbourhood** (US **neighborhood**) /'neɪbəhʊd/ noun [C] a particular part of a town and the people who live there: *We've just moved into the neighbourhood and don't know our way around yet.* ○ *a friendly neighbourhood* ▶ **sąsiedztwo** | **neighbouring** (US **neighboring**) /'neɪbərɪŋ/ adj. (only before a noun) near or next to: *Farmers from neighbouring villages come into town each week for the market.* ▶ **sąsiadujący** | **neighbourly** (US **neighborly**) adj. friendly and helpful ▶ **dobrosąsiedzki**

★**neither** /'naɪðə(r); 'ni:ðə(r)/ det., pron. (used about two people or things) not one and not the other: *Neither team played very well.* ○ *Neither of the teams played very well.* ○ *'Would you like a sandwich? Or a piece of cake?' 'Neither, thank you. I'm not hungry.'* ○ *There were two candidates for the job but neither of them was very good.* ▶ **żaden** (*z dwóch*), **ani ten, ani tamten; ani jeden, ani drugi**

> Uwaga! Po **neither** stawia się rzeczownik lub czasownik w lp: *Neither day was suitable.* Rzeczownik lub zaimek następujący po **neither of** występuje w lm, ale czasownik może być w lp lub lm: (zwł. w języku formalnym) *Neither of the days is suitable.* ○ (zwł. w języku codziennym) *Neither of the days are suitable.*

□ **neither** adv. **1** also not; not either: *I don't eat meat and neither does Tom.* Nie jem mięsa i Tom też (go) nie je. ○ *Stella didn't attend the meeting and neither did Jane.* ○ *'I haven't seen that film.' 'Neither have I* (ja też nie).*'* ▶ **też nie, ani**

> W tym samym znaczeniu i w taki sam sposób można stosować **nor**: *'I haven't seen that film.' 'Nor have I.'* Uwaga! Kiedy stosuje się zwrot **not...either** wyrazy w zdaniu występują w innej kolejności: *I don't eat meat and Tom doesn't either.* ○ *'I haven't seen that film.' 'I haven't either.'*

2 (**neither... nor**) not... and not: *Neither Tom nor I eat meat.* ▶ **ani..., ani (też)...**

> Zwrot **neither...nor** może być stosowany z czasownikiem występującym w lp lub lm: (zwł. w języku formalnym) *Neither Stella nor Jane was at the meeting.* ○ (zwł. w języku codziennym) *Neither Stella nor Jane were at the meeting.*

neon /'ni:ɒn/ noun [U] (symbol **Ne**) a type of gas that is used for making bright lights and signs: *the neon lights of the city* ▶ **neon**

★**nephew** /'nefju:; 'nevju:/ noun [C] the son of your brother or sister, or the son of your husband's or wife's brother or sister ➲ Por. **niece**. ▶ **siostrzeniec, bratanek**

Neptune /'neptju:n; US -tu:n/ noun [sing.] the planet that is eighth in order from the sun ▶ **Neptun**

nerd /nɜ:d/ noun [C] a person who is not fashionable and has a boring hobby ▶ **osoba nieciekawa, o niemodnych poglądach/zainteresowaniach itp.**

□ **nerdy** adj. ▶ **niemodny i nudny**

★**nerve** /nɜ:v/ noun **1** [C] one of the long thin threads in your body that carry feelings or other messages to and from your brain ▶ **nerw** **2** (**nerves**) [pl.] the ability to stay calm and not get worried ▶ **nerwy, opanowanie** **3** (**nerves**) [pl.] the state of being very nervous or worried: *Breathing deeply should help to calm your nerves.* ▶ **nerwy** **4** [U] the courage that you need to do sth difficult or dangerous: *Racing drivers need a lot of nerve.* ○ *He didn't have the nerve to ask Mandy to go out with him.* ○ *She climbed to the highest diving board but lost her nerve and couldn't jump.* ▶ **odwaga** **5** [U] the rudeness that is needed to do sth: *He had the nerve to ask me to lend him money, when he already owes me £20.* ▶ **tupet**

IDIOM **get on sb's nerves** (informal) to annoy sb or make sb angry: *Turn that music down – it's getting on my nerves.* ▶ **działać (komuś) na nerwy**

■ **'nerve-racking** adj. making you very nervous or worried ▶ **szarpiący nerwy**

★**nervous** /'nɜ:vəs/ adj. **1** connected with the nerves of the body: *a nervous disorder* ▶ **nerwowy** **2** worried or afraid: *I'm a bit nervous about travelling on my own.* ○ *I always get nervous just before a match.* ○ *nervous laughter* ○ *She was nervous of giving the wrong answer.* ○ *She was a nervous wreck* (kłębkiem nerwów). ▶ **nerwowy, stremowany**

□ **nervously** adv.: *He sat there, biting his nails nervously.* ▶ **nerwowo** | **nervousness** noun [U] ▶ **nerwowość, zdenerwowanie**

■ **ˌnervous 'breakdown** (also **breakdown**) noun [C] a time when sb is so depressed that they cannot continue living and working normally: *to have a nervous breakdown* ▶ **załamanie nerwowe** | **'nervous system** noun [C] your brain and all the nerves in your body ▶ **układ nerwowy**

★**nest** /nest/ noun [C] **1** a round hollow structure that a bird builds to lay its eggs in ▶ **gniazdo 2** the home of certain animals or insects: *a wasps' nest* ▶ **gniazdo, nora**
□ **nest** verb [I] to use or build a nest ▶ **gnieździć się**

nestle /'nesl/ verb [I,T] to move yourself or a part of your body into a comfortable position, against a person or sth soft: *The child nestled up against his mother and fell asleep.* ○ *The baby nestled her head on her mother's shoulder.* ○ (figurative) *Ulfa is a typical German village nestling* (wtulona) *in a beautiful river valley.* ▶ **tulić się (do kogoś/czegoś)**

★**net**[1] /net/ noun **1** [U] material that is made of long pieces of string, thread, etc. that are tied together, with spaces between them: *net curtains* firanki ▶ **sieć, siatka 2** [C] a piece of net that is used for a particular purpose: *a tennis/fishing net* ○ *a hairnet* ➲ Por. **safety net**. ▶ **siatka, sieć 3 (the net)** [sing.] = THE INTERNET
IDIOM **surf the net** → SURF
□ **net** verb [T] (**netting; netted**) to catch sth with a net; to kick a ball into a net ▶ **łowić w sieć, trafiać w siatkę** (*np. piłką*)
■ **'netball** noun [U] a game similar to basketball that is played by two teams of seven players. Each team tries to score goals by throwing a ball through a round net at the top of a pole. Netball is usually played by women. ▶ **rodzaj koszykówki**

★**net**[2] (also **nett**) /net/ adj. **net (of sth)** from which nothing more needs to be taken away: *What is your net income?* Jaki jest twój czysty dochód? ○ *The net weight of the jam is 350g.* ○ *net profit* ❶ Antonim: **gross**. ▶ **czysty, netto**
□ **net** verb [T] (**netting; netted**) to gain sth as a profit: *The sale of land netted £2 million.* ▶ **zarabiać/przynosić na czysto**

netting /'netɪŋ/ noun [U] material that is made of long pieces of string, thread, wire, etc. that are tied together with spaces between them: *a fence made of wire netting* (z drucianej siatki) ▶ **siatka, sieć**

nettle /'netl/ noun [C] a wild plant with hairy leaves. Some nettles sting and make your skin red and painful if you touch them: *stinging nettles* ▶ **pokrzywa**

★**network** /'netwɜːk/ noun [C] **1** a complicated system of roads, railway lines, etc.: *an underground railway network* ▶ **sieć** (*np. kolejowa*) **2** a group of people or companies, etc. that work together closely: *We have a network of agents who sell our goods all over the country.* ▶ **sieć** (*np. przedsiębiorstw*) **3** a number of computers that are connected together so that information can be shared ▶ **sieć komputerowa 4** a group of television or radio companies that broadcasts the same programmes in different parts of a country ▶ **sieć telewizyjna/radiowa**

neurosis /njʊə'rəʊsɪs; US nʊ-/ noun [C] (pl. **neuroses** /-'rəʊsiːz/) a mental illness that causes strong feelings of fear and worry ▶ **nerwica**

neurotic /njʊə'rɒtɪk; US nʊ-/ adj. **1** suffering from neurosis ▶ **cierpiący na nerwicę 2** worried about things in a way that is not normal ▶ **neurotyczny, nerwicowy**

neuter /'njuːtə(r); US 'nuː-/ adj. (used about a word) not masculine or feminine according to the rules of grammar ▶ **rodzaju nijakiego**
□ **neuter** verb [T] to remove the sexual parts of an animal ➲ Por. **castrate**. ▶ **kastrować** (*zwierzę*)

neutral /'njuːtrəl; US 'nuː-/ adj. **1** not supporting or belonging to either side in an argument, war, etc.: *Switzerland remained neutral during the war.* ○ *The two sides agreed to meet on neutral ground.* ▶ **neutralny, bezstronny 2** having or showing no strong qualities, feelings or colour ▶ **neutralny, nijaki**
□ **neutral** noun [U] the position that the gears of a car, etc. are in when no power is sent from the engine to the wheels: *Make sure the car is in neutral* (na luzie) *before you turn on the engine.* ▶ **bieg jałowy** | **neutrality** /njuː'træləti; US nuː-/ noun [U] the state of being neutral(1) ▶ **neutralność, bezstronność** | **neutralize** (also **-ise**) verb [T] to take away the effect of sth ▶ **unieszkodliwiać**

★**never** /'nevə(r)/ adv. **1** at no time; not ever: *I've never been to Portugal.* ○ *He never ever* (przenigdy) *eats meat.* ○ (formal) *Never before has such a high standard been achieved.* ▶ **nigdy 2** (used for emphasizing a negative statement): *I never realized she was so unhappy.* ○ *Roy never so much as looked at us.* Roy nawet na nas nie spojrzał. ▶ **nigdy**
IDIOMS **never mind** → MIND[2] | **you never know** → KNOW

★**nevertheless** /ˌnevəðə'les/ adv. in spite of that: *It was a cold, rainy day. Nevertheless, more people came than we had expected.* ○ *She knew that the accident wasn't her fault. She still felt guilty, nevertheless.* ▶ **(tym) niemniej (jednak), mimo to**

★**new** /njuː; US nuː/ adj. **1** that has recently been built, made, invented, etc.: *a new car* ○ *Paula came to show us her new baby.* ▶ **nowy 2** different; other; changed from what was before: *Our new house is much bigger than the old one.* ○ *I've just started reading a new book.* ○ *to make new friends* ○ *The star of the film is a housewife who dreams of a new life in Greece.* ▶ **nowy 3 new (to sb)** that has not been seen, learnt, etc. before: *This type of machine is new to me.* ○ *to learn a new language* ○ *We've only just arrived here so the area is still new to us.* ▶ **nowy (dla kogoś) 4 new (to sth)** having just started being or doing sth: *We are new to the area.* ○ *a new parent* ○ *She's new to the job and needs a lot of help.* ○ *a new member of the club* ▶ **nowy, świeżo/niedawno przybyły**
IDIOM **break fresh/new ground** → GROUND[1]
□ **new-** (in compounds) recently: *new-found freedom* ▶ **nowy, nowo-** | **newness** noun [U] the state of being new ▶ **nowość, brak doświadczenia**
■ **ˌNew 'Age** adj. connected with a way of life that rejects modern Western values and is based on spiritual ideas and beliefs: *a New Age*

festival ○ *New Age travellers* grupa ludzi w Wlk. Brytanii, którzy odrzucają wartości nowoczesnego społeczeństwa, wędrują z miejsca na miejsce i śpią w swoich pojazdach ▶ **związany z nurtem duchowym odrzucającym nowoczesne wartości** | **ˈnewborn** adj. (used about a baby) that has been born very recently ▶ **nowo narodzony** | **ˈnewcomer** noun [C] a person who has just arrived in a place ▶ **przybysz** | **ˌnew-ˈfangled** adj. new or modern in a way that the speaker dislikes or refuses to accept: *I don't need all these newfangled gadgets in the kitchen.* ▶ **nowomodny** | **ˌnew ˈmoon** noun [sing.] the moon when it appears as a thin line ➲ Por. **full moon**. ▶ **nów** | **ˈnew town** noun [C] (Brit.) a town that is planned and built all at one time ▶ **nowo założone miasto** | **new ˈyear** noun [sing.] the first few days of January: *Happy New Year!* ○ *We will get in touch in the new year.* ▶ **nowy rok** | **ˌNew Year's ˈDay** noun [U] 1 January ▶ **Nowy Rok** (*1 stycznia*) | **ˌNew Year's ˈEve** noun [U] 31 December ▶ **Sylwester**

newly /ˈnjuːli/ adv. (usually before a past participle) recently: *the newly appointed* (nowo mianowany) *Minister of Health* ▶ **niedawno, nowo**

■ **ˈnewly-wed** noun [C, usually pl.] a person who has recently got married ▶ **świeżo poślubiony**

⋆**news** /njuːz; US nuːz/ noun **1** [U] information about sth that has happened recently: *Have you heard the latest news? Mary and Joe are getting married!* ○ *She writes each Christmas telling us all her news.* ○ *Have you had any news from Malcolm recently?* ○ *That's news to me.* Pierwszy raz słyszę. ○ *News is coming in* (napływają wiadomości) *of a plane crash in Thailand.* ○ *There will be a further news bulletin* (wydanie wiadomości) *at 1 o'clock.* ○ *a newsflash* wiadomość z ostatniej chwili ○ *Our town has been in the news a lot recently.* Ostatnio w mediach sporo się mówi o naszym mieście. ❶ **News** jest rzeczownikiem niepoliczalnym. Mówiąc o jednej wiadomości, należy użyć zwrotu **a piece of news**: *We had a piece of good news yesterday.* ▶ **wiadomości 2** (**the news**) [sing.] a regular broadcast of the latest news on the radio and TV: *We always watch the nine o'clock news on television.* ○ *I heard on the news* (usłyszałem w wiadomościach) *that there's been a plane crash in Thailand.* ○ *the local/national news* ▶ **wiadomości** (*radiowe/telewizyjne*)

IDIOM **break the news (to sb)** to be the first to tell sb about sth important that has happened ▶ **zawiadamiać** (*zwł. o czymś przykrym*)

■ **ˈnewsagent** (US **ˈnewsdealer**) noun [C] a shopkeeper who sells newspapers, magazines, sweets, cigarettes, etc. ➲ Zob. uwaga przy **chemist**. ▶ **sprzedaw-ca/czyni w sklepie z gazetami, papierosami, cukierkami**

> **Newsagent's** oznacza sklep. W centrum dużych miast, na dworcach kolejowych itp. znajdują się czasami budki, gdzie można kupić gazety. Określa się je mianem **kiosk**, a nie **newsagent's**.

| **ˈnewsreader** (US **ˈnewscaster**) noun [C] a person who reads the news on the radio or on TV ▶ **prezenter/ka wiadomości radiowych/telewizyjnych** | **ˈnewsletter** noun [C] a printed report about a club or an organization that is sent regularly to members and other people who may be interested ▶ **biuletyn informacyjny** | **ˈnews-stand** noun [C] (US) = BOOKSTALL

⋆**newspaper** /ˈnjuːzpeɪpə(r); US ˈnuːz-/ noun **1** (also **paper**) [C] large folded pieces of paper printed with news, advertisements and articles on various subjects. Newspapers are printed and sold either daily or weekly: *a daily/weekly/Sunday paper* dziennik/tygodnik/wydanie niedzielne gazety ○ *a national/local newspaper* ○ *a morning/evening paper* ○ *a newspaper article* ○ *a newspaper headline* ○ *a newspaper boy/girl* gazecia-rz/rka ▶ **gazeta 2** (also **paper**) [C] an organization that produces a newspaper: *Which paper is he from?* ▶ **gazeta 3** [U] the paper on which newspapers are printed: *We wrapped the plates in newspaper so they would not get damaged in the move.* ▶ **gazeta**

> **Journalists** i **reporters** zbierają wiadomości dla gazet. **Editor** decyduje o tym, co idzie do druku. **Quality newspapers** przedstawiają wiadomości w sposób poważny i wiarygodny. **Tabloids** to gazety brukowe o mniejszym formacie, zawierające znacznie więcej zdjęć.

⋆**next**[1] /nekst/ adj. **1** (usually with *the*) coming immediately after sth in order, space or time; closest: *The next bus leaves in twenty minutes.* ○ *She went into hospital on a Sunday and the next day she died.* ○ *Before we all go we'd better set a date for the next meeting.* ○ *the next name on the list* ○ *I'll be on holiday for the next two weeks.* ○ *How far is it to the next service station?* ○ *Go to the Post Office and take the next turning on the left.* ○ *I felt dizzy and the next thing I knew I was lying on the ground.* ▶ **następny, najbliższy, następujący (tuż po/za czymś), sąsiedni**

> Por. **nearest** z **next**. **The next** oznacza „następujący" w ciągu zdarzeń lub miejsc: *When is your next appointment?* ○ *Turn left at the next traffic lights.* **(The) nearest** oznacza „najbliższy" w czasie lub przestrzeni: *Where's the nearest supermarket?*

2 (used without *the* before days of the week, months, seasons, years, etc.) the one immediately following the present one: *See you again next Monday.* ○ *Let's go camping next weekend.* ○ *We are going to Greece next spring.* ○ *Rachel hopes to get a job abroad next year* (w przyszłym roku). ▶ **następny, przyszły**

IDIOM **last/next but one, two etc.** → LAST[1]

□ **the next** noun [sing.] the person or thing that is next(1): *If we miss this train we'll have to wait two hours for the next.* ▶ **następny**

■ **ˌnext ˈdoor** adj., adv. in or into the next house or building: *our next-door neighbours* ○ *Who lives next door?* ○ *The school is next door to an old people's home.* ○ *I'm going next door* (do najbliższych sąsiadów) *to borrow some eggs.* ▶ **(bezpośrednio) sąsiedzki; zza ściany** | **ˌnext of ˈkin** noun [pl., U] your closest living relative or relatives ❶ **Next of kin** oznacza zarówno

pojedynczą spokrewnioną osobę, jak i grupę krewnych: *My husband is my next of kin.* ○ *Her next of kin have been informed of her death.* ▶ **najbliż-szy/si krewn-y/i** | **next to** prep. **1** at the side of sb/sth; beside: *He sat down next to Pam.* ○ *There's a public telephone next to the pub.* ➲ Ilustr. na str. 874. ▶ **obok, koło** **2** in a position after sth: *Next to Paris* (po Paryżu) *I think my favourite city is Madrid.* ▶ **następny**
IDIOM **next to nothing** almost nothing: *We took £50 but we've got next to nothing left.* ▶ **prawie (tyle co) nic**

★**next**[2] /nekst/ adv. after this or that; then: *I wonder what will happen next* (co teraz będzie). ○ *I know Joe arrived first, but who came next?* ○ *It was ten years until I next saw her.* Dopiero po dziesięciu latach znowu ją zobaczyłem. ▶ **w następnej kolejności, potem**
■ ˌ**next 'best** adj. not the best, but good enough if you cannot have the best ▶ **drugi**

NHS /ˌen eɪtʃ 'es/ (Brit.) abbr. National Health Service ▶ **Państwowa Służba Zdrowia**

nib /nɪb/ noun [C] the metal point of a pen where the ink comes out ▶ **stalówka**

nibble /'nɪbl/ verb [I,T] to eat sth by taking small bites ▶ **ogryzać, skubać**
□ **nibble** noun [C] ▶ **ogryzanie, skubanie**

★**nice** /naɪs/ adj. **1** pleasant; good: *The weather was quite nice yesterday.* ○ *Have a nice day!* ○ *Nice to meet you.* Bardzo mi miło. (przy przedstawianiu) ○ *You look very nice today.* Bardzo ładnie dziś wyglądasz. ○ *This doesn't taste very nice.* ▶ **przyjemny, miły,** (*o potrawie*) **dobry,** (*o pogodzie, wyglądzie, widoku*) **ładny** **2** kind; friendly: *What a nice girl!* ○ *Try and be nice to Julie. She's not feeling very well.* ▶ **sympatyczny, uprzejmy**
IDIOMS **nice and...** (informal) (used for saying that you like sth): *It's nice and warm by the fire.* Koło kominka jest cieplutko. ▶ (*używany z innym przymiotnikiem; oznacza, że coś jest bardzo przyjemne, miłe, sympatyczne itp.*) | **Nice one!** (Brit., spoken) (used to show you are pleased when sth good has happened or sb has said sth amusing): *You got the job? Nice one!* ▶ **świetnie!**
□ **nicely** adv. **1** in a pleasant way: *You can have a biscuit if you ask nicely.* ▶ **grzecznie** **2** (informal) very well: *This flat will suit us nicely.* To mieszkanie bardzo nam odpowiada. ▶ **bardzo** | **niceness** noun [U] ▶ **uprzejmość**

niche /nɪtʃ; niːʃ/ noun [C] **1** a hollow place in a wall, often with a shelf ▶ **nisza, wnęka** (*zwykle z półką*) **2** (in business) an opportunity to sell a particular product to a particular group of people ▶ **nisza** **3** a job, position, etc. that is suitable for you: *to find your niche in life* ▶ **nisza, kącik**

nick[1] /nɪk/ noun [C] a small cut in sth ▶ **nacięcie**
IDIOMS **in good, bad, etc. nick** (Brit., slang) in a good, bad, etc. state or condition ▶ **w dobrym/złym stanie** | **in the nick of time** only just in time: *The ambulance arrived in the nick of time.* ▶ **w samą porę**
□ **nick** verb [T] to make a nick or small cut in sb/sth ▶ **nacinać, zacinać się**

nick[2] /nɪk/ noun (**the nick**) [sing.] (Brit., slang) prison ▶ **pudło** (*więzienie*)
□ **nick** verb [T] (Brit., slang) **1** **nick sb (for sth)** to arrest sb ▶ **aresztować** **2** **nick sth (from sb/sth)** to steal sth ▶ **gwizdnąć (komuś/skądś)**

nickel /'nɪkl/ noun **1** [U] (symbol **Ni**) a hard silver-white metal that is often mixed with other metals ▶ **nikiel** **2** [C] an American or Canadian coin that is worth five cents ▶ **pięciocentówka**

nickname /'nɪkneɪm/ noun [C] an informal name that is used instead of your own name, usually by your family or friends ▶ **przydomek, przezwisko**

nicotine /'nɪkətiːn/ noun [U] the poisonous chemical substance in tobacco ▶ **nikotyna**

★**niece** /niːs/ noun [C] the daughter of your brother or sister; the daughter of your husband's or wife's brother or sister ➲ Por. **nephew.** ▶ **siostrzenica, bratanica**

nigger /'nɪɡə(r)/ noun [C] an extremely offensive word for a black person ▶ **czarnuch/a**

niggle /'nɪɡl/ verb **1** [I] to pay too much attention to things that are not very important: *It's not worth niggling over a few pence.* ▶ **tracić czas na drobiazgi** **2** [T] to annoy or worry sb: *His untidy habits really niggled her.* ▶ **drażnić**
□ **niggling** /'nɪɡlɪŋ/ adj. not very serious (but that does not go away): *niggling doubts* ▶ **nękający**

★**night** /naɪt/ noun [C,U] **1** the part of the day when it is dark and when most people sleep: *The nights are short in the summer.* ○ *a dark night* ○ *We will be away for a few nights.* ○ *Did you sleep well last night?* ○ *a sleepless night* ○ *The baby cried all night long.* ○ *It's a long way home. Why don't you stay the night?* ○ *Owls come out at night.* ▶ **noc** **2** the time between late afternoon and when you go to bed: *Let's go out on Saturday night.* ○ *He doesn't get home until 8 o'clock at night.* ○ *I tried to phone Nigel last night but he was out.* ▶ **wieczór**

> Z rzeczownikiem **night** stosuje się różne przyimki. Najpospolitszym jest **at**: *I'm not allowed out after 11 o'clock at night.* **By** stosujemy, mówiąc o czymś, co zwykle robi się w dzień: *They slept by day and travelled by night.* **In/during the night** stosuje się zwykle w odniesieniu do właśnie minionej nocy: *I woke up twice in the night.* **On** używa się, mówiąc o jakiejś konkretnej nocy: *On the night of Saturday 30 June.* **Tonight** oznacza nadchodzącą właśnie noc lub wieczór: *Where are you staying tonight?*

IDIOMS **an early/a late night** an evening when you go to bed earlier/later than usual ▶ **wczesne/późne pójście spać** | **a night out** an evening that you spend away from home enjoying yourself ▶ **wieczór spędzony (miło) poza domem** | **in the/at dead of night** → DEAD | **good night** (said late in the evening, before you go home or before you go to sleep) ▶ **dobranoc**
□ **nightly** adj., adv. (done or happening) every night ▶ **(powtarzający się) co wieczór/noc**
■ '**nightclub** (also **club**) noun [C] a place where you can go to eat, drink, dance, etc. until late at

night ▶ **nocny lokal** | ˈ**nightdress** (also ˈ**nightgown**, informal **nightie** (pl. **nighties**)) noun [C] a loose dress that a girl or woman wears in bed ▶ **koszula nocna** | ˈ**nightlife** noun [U] the entertainment that is available at night in a particular place ▶ **nocne życie** | ˈ**night school** noun [C] a place where adults can go to classes in the evening ▶ **szkoła wieczorowa** | ˈ**night-time** noun [U] the time when it is dark: *Many women are afraid to go out at night-time.* ▶ **nocna pora** | ˌ**night**ˈ**watchman** noun [C] (pl. **nightwatchmen**) a person who guards a building at night ▶ **stróż/ka nocn-y/a**

nightingale /ˈnaɪtɪŋgeɪl; US -tng-/ noun [C] a small brown bird that sings very beautifully ▶ **słowik**

nightmare /ˈnaɪtmeə(r)/ noun [C] **1** a dream that is frightening: *I had a terrible nightmare last night.* ▶ **koszmar 2** something that is very unpleasant or frightening: *Travelling in the rush hour can be a real nightmare.* ▶ **zmora**

★**nil** /nɪl/ noun [U] nothing (used especially about the score in a game): *We won by one goal to nil.* ➲ Zob. uwaga przy **zero**. ▶ **nic, zero**

nimble /ˈnɪmbl/ adj. able to move quickly and lightly ▶ **zwinny**
□ **nimbly** /ˈnɪmbli/ adv. ▶ **zwinnie**

★**nine** /naɪn/ number 9; one more than eight ➲ Zob. przykł. użycia liczebników w zdaniach przy **six**. ▶ **dziewięć**
IDIOM **nine to five** the hours that you work in most offices: *a nine-to-five job* ▶ **całodzienny**
□ **ninth** /naɪnθ/ pron., det., adv. 9th; next after eighth ▶ **dziewiąty** | **ninth** pron., noun [C] the fraction ⅑; one of nine equal parts of sth ▶ **(jedna) dziewiąta** ➲ Zob. przykł. przy **sixth**.

★**nineteen** /ˌnaɪnˈtiːn/ number 19; one more than eighteen ➲ Zob. przykł. użycia liczebników w zdaniach przy **six**. ▶ **dziewiętnaście**
□ **nineteenth** /ˌnaɪnˈtiːnθ/ pron., det., adv. 19th; next after eighteenth ➲ Zob. przykł. przy **sixth**. ▶ **dziewiętnasty**

★**ninety** /ˈnaɪnti/ number 90; one more than 89 ➲ Zob. przykł. użycia liczebników w zdaniach przy **six**. ▶ **dziewięćdziesiąt**
□ **ninetieth** /ˈnaɪntiəθ/ pron., det., adv. 90th; next after 89th ➲ Zob. przykł. przy **sixth**. ▶ **dziewięćdziesiąty**

nip /nɪp/ verb (**nipping**; **nipped**) **1** [I,T] to bite or pinch sb/sth lightly: *The dog nipped him on the ankle.* ▶ **lekko ugryźć, uszczypnąć 2** [I] (informal) to move quickly; to hurry: *She nipped round to the shops for some bread and milk.* ▶ **skakać (dokądś), latać (dokądś)**
IDIOM **nip sth in the bud** to stop sth bad before it develops or gets worse ▶ **zdusić coś złego w zarodku**

nipple /ˈnɪpl/ noun [C] **1** the dark hard part in the centre of a woman's breast from which a baby drinks milk ▶ **sutek 2** the similar part on a man's chest ▶ **sutek**

nit /nɪt/ noun [C] **1** the egg of a small insect that lives in the hair of people or animals ▶ **gnida 2** (informal, especially Brit.) a silly person ▶ **głup-ek/ia**

■ ˈ**nit-picking** adj., noun [U] paying too much attention to small, unimportant details ▶ **drobiazgowy, małostkowy**

nitrogen /ˈnaɪtrədʒən/ noun [U] (symbol **N**) a gas that has no colour, taste or smell. Nitrogen forms about 80% of the air around the earth. ▶ **azot**

nitty-gritty /ˌnɪti ˈgrɪti/ noun (**the nitty-gritty**) [sing.] (informal) the most important facts, not the small or unimportant details ▶ **konkrety, sprawy zasadnicze**

No. (pl. **Nos**, **nos**) abbr. number: *No. 10 Downing Street* ○ *tel. no. 51236* ▶ **nr**

★**no** /nəʊ/ det. **1** not any; not a: *I have no time to talk now.* ○ *No two days are the same.* ○ *No visitors may enter without a ticket.* ○ *He's no friend of mine.* On nie jest żadnym moim przyjacielem. ○ *There are no jobs for school-leavers in the town.* ○ *No news is good news.* Brak wiadomości jest dobrą wiadomością. ▶ **nie, żaden 2** (used for saying that sth is not allowed): *No smoking.* Nie palić. ○ *No flash photography.* ▶ **nie (wolno), zakaz/wzbronione** (*w zakazach*)
□ **no** interj. **1** (used for giving a negative reply or statement): *'Are you ready?' 'No, I'm not.'* ○ *'Would you like something to eat?' 'No, thank you. I'm not hungry.'* ○ *'Can I borrow the car?' 'No, you can't.'* ○ *It's about 70 – no, I'm wrong – 80 kilometres from London.* ○ *No! Don't touch it. It's very hot.* ❶ **No** używa się również w sytuacjach, gdy rozmówca zgadza się ze stwierdzeniem przeczącym: *'This programme's not very good.' 'No, you're right. It isn't.'*. ▶ **nie 2** (used for expressing surprise or shock): *'Mike's had an accident.' 'Oh, no!'* ▶ **nie!** | **no** adv. not any: *Alice is feeling no better this morning.* ○ *Applications must be returned no later than 31 July.* ▶ **nie, ani trochę**
■ ˌ**no-**ˈ**go area** noun [sing.] a place, especially part of a city, where it is very dangerous to go because there is a lot of violence or crime ▶ **niebezpieczna dzielnica** | ˈ**no-man's-land** noun [U] land between two armies in a war, between two frontiers, etc. ▶ **ziemia niczyja** | ˈ**no one** pron. = NOBODY

nobility /nəʊˈbɪləti/ noun **1** [U] the quality of being noble ▶ **szlachetność 2** (**the nobility**) [sing., with sing. or pl. verb] the group of people who belong to the highest social class ▶ **szlachta, arystokracja**

noble /ˈnəʊbl/ adj. **1** honest; brave; that other people should admire: *a noble effort* ▶ **szlachetny 2** belonging to the highest social class, with a title: *a noble family* ▶ **szlachecki, arystokratyczny**
□ **noble** noun [C] (in former times) a person who belonged to the highest social class ➲ Por. **peer**. ▶ **szlachcic, arystokrata** | **nobly** /ˈnəʊbli/ adv.: *He nobly sacrificed his own happiness for that of his family.* ▶ **szlachetnie, zacnie**

★**nobody** /ˈnəʊbədi/ (also **no one** /ˈnəʊ wʌn/) pron. no person; not anybody: *He screamed but nobody came to help him.* ○ *No one else was around.* ○ *There was nobody at home.* ❶ **None of**, a nie **nobody** należy używać przed zaimkiem lub przed takimi wyrazami jak **the**, **his**,

her, **those** itp.: *Nobody remembered my birthday.* ○ *None of my friends remembered my birthday.* ○ *I've asked all my classmates but nobody is free.* ○ *None of them are free.* ▶ **nikt**

□ **nobody** noun [C] (pl. **nobodies**) a person who is not very important: *Do you want to be a nobody all your life?* ▶ **zero, nikt**

nocturnal /nɒk'tɜːnl/ adj. **1** happening in the night: *a nocturnal adventure* ▶ **nocny 2** (used about animals and birds) awake and active at night : *Owls are nocturnal birds.* ▶ **nocny**

★**nod** /nɒd/ verb (**nodding**; **nodded**) [I,T] to move your head down and then up again quickly as a way of saying 'yes' or as a greeting or a sign: *Everybody at the meeting nodded in agreement.* ○ *Nod your head if you understand what I'm saying and shake it if you don't.* ○ *We nodded to each other across the room.* ○ *'Somebody will have to do it,' she said, nodding in my direction.* ▶ **skinąć** (*głową*), **kłaniać się**

PHRASAL VERB **nod off** (informal) to fall asleep for a short time ▶ **przysypiać**

□ **nod** noun [C]: *Give him a nod to show that you recognize him.* ▶ **kiwnięcie** (*głową*), **ukłon**

★**noise** /nɔɪz/ noun [C,U] something that you hear; a sound, especially one that is loud, unpleasant or unwanted: *Did you hear a noise downstairs?* ○ *Try not to make a noise* (nie hałasować) *if you come home late.* ○ *What an awful noise!* ○ *Why is the engine making so much noise?* ▶ **hałas**

□ **noiseless** adj. making no sound ▶ **bezszelestny** | **noiselessly** adv. ▶ **bezszelestnie**

★**noisy** /'nɔɪzi/ adj. (**noisier**; **noisiest**) making a lot of or too much noise; full of noise: *Are small boys noisier than girls?* ○ *We live on a very noisy road.* ➲ Zob. uwaga przy **loud**. ▶ **hałaśliwy, głośny**

□ **noisily** /-ɪli/ adv. ▶ **hałaśliwie, głośno**

nomad /'nəʊmæd/ noun [C] a member of a tribe that travels around to find grass for its animals instead of living in one place ▶ **koczowni-k/czka**

□ **nomadic** /nəʊ'mædɪk/ adj. ▶ **koczowniczy**

nominal /'nɒmɪnl/ adj. **1** being sth in name only but not in reality: *the nominal* (tytularny) *leader of the country* ▶ **nominalny 2** (used about a price, sum of money, etc.) very small; less than is normal: *Because we were friends he only charged me a nominal fee.* ▶ **symboliczny**

nominate /'nɒmɪneɪt/ verb [T] **1 nominate sb/sth (for/as sth)** to suggest that sb/sth should be considered for an official position: *I would like to nominate Don Jones as chairman.* ○ *The novel has been nominated for the Booker prize.* ▶ **nominować 2 nominate sb (to/as sth) (to do sth)** to choose sb/sth for a position: *You may nominate a representative to speak for you.* ▶ **wyznaczać**

nomination /ˌnɒmɪ'neɪʃn/ noun [C,U] a formal suggestion that sb should be considered for an official position; the appointment of sb to such a position: *The closing date for nominations is September 8th.* ○ *The film has received 10 Oscar nominations.* ○ *His nomination as leader of the party was announced this morning.* ▶ **nominacja; mianowanie**

nominee /ˌnɒmɪ'niː/ noun [C] a person who is suggested or chosen for a position ▶ **kandydat/ka (na coś/do czegoś)**

non- /nɒn/ (used to form compounds) not: *non-biodegradable* ○ *non-flammable* ▶ **nie-, bez-**

ˌ**non-aca'demic** adj. connected with technical or practical subjects rather than subjects of interest to the mind ▶ (*o przedmiotach*) **techniczny, praktyczny**

ˌ**non-alco'holic** adj. (used about drinks) not containing any alcohol: *non-alcoholic drinks* ▶ **bezalkoholowy**

non-aligned /ˌnɒn ə'laɪnd/ adj. (used about a country) not supporting any major country or group of countries ▶ **niezaangażowany**

nonchalant /'nɒnʃələnt/ adj. not feeling or showing interest or excitement; seeming calm ▶ **nonszalancki, obojętny**

□ **nonchalance** /-ləns/ noun [U] ▶ **nonszalancja, obojętność** | **nonchalantly** adv. ▶ **nonszalancko, obojętnie**

non-committal /ˌnɒnkə'mɪtl/ adj. not saying or showing exactly what you think, or what you are going to do: *a non-committal reply* ○ *The doctor was non-committal about when I could drive again.* ▶ **wymijający, unikający wyraźnej odpowiedzi**

nonconformist /ˌnɒnkən'fɔːmɪst/ noun [C] a person who behaves or thinks differently from most other people in society ▶ **nonkonformist-a/ka**

□ **nonconformist** adj. ▶ **nonkonformistyczny**

nondescript /'nɒndɪskrɪpt/ adj. not very interesting; dull ▶ **nieokreślony, bezbarwny**

★**none** /nʌn/ pron. not any, not one (of a group of three or more): *'Could you pass me the wine, please?' 'I'm afraid there's none left* (nic nie zostało).' ○ *They gave me a lot of information but none of it was very helpful.* ○ *I've got four brothers but none of them live/lives nearby.* ○ *'Have you brought any books to read?' 'No, none.'* ○ *I went to several shops but none had what I was looking for.* ▶ **nic, nikt, żaden**

> **None of** z rzeczownikiem w lm może występować albo z czasownikiem w lp (styl formalny) lub czasownikiem w lm (styl potoczny): *None of the trains is/are going to London.* Mówiąc o dwóch osobach lub rzeczach używa się **neither**, a nie **none**: *Neither of my brothers lives nearby.* Zwróć uwagę na różnicę między **none** i **no**: *I told him that I had no money left.* ○ *When he asked me how much money I had left, I told him that I had none.*

□ **none** adv. (with *the* and a comparative adjective) not at all: *We talked for a long time but I'm still none the wiser* (wcale nie jestem mądrzejszy). ▶ **wcale nie, bynajmniej nie**

IDIOMS **be none the worse (for sth)** to be unhurt or undamaged by sth ▶ **nie ucierpieć (w wyniku czegoś)** | **none too happy, clean, pleased, etc.** (informal) not very happy, clean, pleased, etc. ▶ **niezbyt szczęśliwy, czysty, zadowolony itp.**

■ **nonetheless** /ˌnʌnðə'les/ (also ˌ**none the 'less**) adv. anyway; in spite of what has just been said: *It won't be easy but they're going to try nonetheless.* ❶ **Nevertheless** znaczy dokładnie to samo. ▶ **niemniej jednak**

non-existent /ˌnɒn ɪg'zɪstənt/ adj. not existing or not available: *In some areas public transport is completely non-existent* (zupełnie nie istnieje). ▶ **nie istniejący**

non-fiction /ˌnɒn 'fɪkʃn/ noun [U] writing that is about real people, events and facts ▶ **literatura faktu**

nonplussed /ˌnɒn'plʌst/ adj. very surprised or confused ▶ **zakłopotany**

ˌ**non-re'newable** adj. (used about natural sources of energy such as gas or oil) that cannot be replaced after use ▶ **nieodnawialny**

⋆**nonsense** /'nɒnsns; US -sens/ noun [U] **1** something that sb says or writes that is not true or is just silly: *What you're saying is nonsense.* ○ *My father thinks people talk a lot of nonsense about health foods and fitness.* ○ *'I'm hopeless at sport,' said Tim. 'Nonsense!' said his mother, 'You're very good.'* ○ *I think that newspaper article is absolute nonsense.* ▶ **bzdur-a/y** **2** foolish or bad behaviour: *The headmaster doesn't allow any nonsense.* ▶ **szaleństwo**

□ **nonsensical** /nɒn'sensɪkl/ adj. not intelligent or sensible; stupid: *That was a completely nonsensical thing to say.* ▶ **niedorzeczny**

non-smoker /ˌnɒn 'sməʊkə(r)/ noun [C] a person who does not smoke ▶ **niepaląc-y/a**

□ ˌ**non-'smoking** adj.: *Would you like a seat in the smoking or the non-smoking part of the plane?* ▶ **dla niepalących**

non-starter /ˌnɒn 'stɑːtə(r)/ noun [C] a person, a plan or an idea that has no chance of success ▶ **coś/ktoś bez szans (na powodzenie)**

non-stick /ˌnɒn 'stɪk/ adj. (used about a pan, etc.) covered with a substance that prevents food from sticking to it ▶ **teflonowy**

non-stop /ˌnɒn 'stɒp/ adj., adv. without a stop or a break: *a non-stop flight to Bombay* ○ *The 9.30 train goes non-stop to Manchester.* ○ *He talked non-stop for two hours about his holiday.* ▶ **bezpośredni, nieprzerwany; bezpośrednio, nieprzerwanie**

non-violence /ˌnɒn 'vaɪələns/ noun [U] the refusal to use force to bring about political or social change ▶ **powstrzymywanie się od użycia przemocy z powodów ideologicznych**

□ **non-violent** /-lənt/ adj. ▶ **pokojowy, nie stosujący przemocy**

noodle /'nuːdl/ noun [C, usually pl.] long thin pieces of pasta that are cooked in boiling water or used in soups ➲ Por. **macaroni**. ▶ **makaron** (*typu nitki*)

nook /nʊk/ noun [C] a small quiet place or corner (in a house, garden, etc.) ▶ **kącik, zakamarek**

IDIOM **every nook and cranny** every part of a place ▶ **każdy zakamarek**

⋆**noon** /nuːn/ noun [U] 12 o'clock in the middle of the day; midday: *At noon* (w południe) *the sun is at its highest point in the sky.* ○ *They arrived around noon.* ▶ **południe**

noose /nuːs/ noun [C] **1** a circle that is tied in the end of a rope and that can be made tighter or looser ▶ **pętla** **2** a circle like this in a rope that is used for hanging a person ▶ **stryczek**

⋆**nor** /nɔː(r)/ conj., adv. **1** (used after *neither* or *not*) and not: *I received neither a telephone call nor a letter during the whole six months.* ○ (formal) *Not a building nor a tree was left standing.* ▶ **ani** **2** (used after a negative statement to add some further information) also not: *The sun hardly shone at all during the first week. Nor during the second, for that matter.* ▶ **ani też** **3** (used before a positive verb to agree with sth negative that has just been said) also not; neither: *'I don't like football.' 'Nor do I.'* (ja też nie) ○ *'We haven't been to America.' 'Nor have we.'* ❶ W tym samym znaczeniu można też użyć **neither**: *'I won't be here tomorrow.' 'Nor/Neither will I.'* ▶ **też nie**

norm /nɔːm/ noun [C] (often with *the*) a pattern of behaviour that is normal or expected: *Is it the norm in your country for children to leave home before they marry?* ▶ **norma, reguła**

⋆**normal** /'nɔːml/ adj. **1** usual, ordinary or what you expect: *I'll pick you up at the normal time.* ○ *If you need to see a doctor outside normal surgery hours, ring the following number.* ○ *I just want to lead a normal life again.* ○ *It's quite normal* (to zupełnie naturalne) *to feel angry in a situation like this.* ○ *The amount of traffic was described as normal for a holiday weekend.* ○ *Under normal circumstances* (w normalnych okolicznościach) *the meeting would only have lasted an hour.* ▶ **zwykły, normalny, typowy** **2** (used about a person or an animal) formed or developed in the usual way: *The child was completely normal at birth.* ➲ Por. **abnormal**. ▶ **normalny**

□ **normal** noun [U] the usual or average state, level, standard, etc.: *Your temperature is slightly above normal.* ○ *I hope the situation will soon return to normal.* ○ *Things are back to normal at work now.* ▶ **norma** | **normality** /nɔː'mæləti/ (US **normalcy** /'nɔːmlsi/) noun [U] the state of being normal ▶ **normalność** | **normalize** (also **-ise**) /'nɔːməlaɪz/ verb [I,T] (formal) to become or make sth normal, good or friendly again ▶ **normalizować (się)** | **normally** /'nɔːməli/ adv. **1** usually: *We don't normally have people round to dinner.* ○ *Normally he gets the bus.* ▶ **zazwyczaj** **2** in a usual or an ordinary way: *The man wasn't behaving normally.* ▶ **normalnie**

⋆**north** /nɔːθ/ noun [sing.] (abbr. **N**) **1** (also **the north**) one of the four main points of the compass; the direction that is on your left when you face the sunrise: *cold winds from the north* ○ *Which way is north?* ▶ **północ** **2** (**the north**; **the North**) the part of any country, city, etc. that lies further towards the north than other parts: *Leeds is in the North of England.* ○ *I live in the north of London.* ▶ **północ**

□ **north** (also **North**) adj. in or towards the north, or from the north: *The new offices will be in*

North Oxford. ○ *The north wing of the castle was destroyed in a fire.* ○ *a cold north wind* ▶ **północny, z północy** | **north** adv. to or towards the north: *We got onto the motorway going north instead of south.* ○ *The house faces north.* ○ *Is Leeds north of Manchester?* ▶ **na północ/y** | **northerly** /ˈnɔːðəli/ adj. **1** to, towards or in the north: *Keep going in a northerly direction.* ▶ **północny 2** (used about a wind) coming from the north ▶ **północny, z północy** | **northward** /ˈnɔːθwəd/ adj. towards the north: *in a northward direction* ▶ **północny** | **northward** (also **northwards**) adv. towards the north: *Continue northwards out of the city for about five miles.* ▶ **na północ, ku północy**

■ **ˈnorthbound** adj. travelling or leading towards the north: *the northbound carriageway of the motorway* ▶ (*jadący/idący itp.*) **w kierunku północnym/na północ** | **ˌnorth-ˈeast** noun [sing.] (abbr. **NE**) **1** (also **the north-east**) the direction or point of the compass that is between north and east ▶ **północny wschód 2** (**the north-east**; **the North-East**) a region that is towards the north-east: *the North-East of France* ▶ **północny wschód** | **ˌnorth-ˈeast** adj., adv. in, from or to the north-east of a place or country: *the north-east coast of England* ○ *If you look north-east you can see the sea.* ▶ **północno-wschodni; w kierunku północno-wschodnim** | **ˌnorth-ˈeasterly** adj. **1** towards the north-east: *in a north-easterly direction* ▶ **północno-wschodni 2** (used about a wind) coming from the north-east ▶ **północno-wschodni** | **ˌnorth-ˈeastern** /-ˈiːstən/ adj. in or from the north-east of a place or country: *north-eastern Africa* ▶ **północno-wschodni** | **ˌnorth-ˈeastward** /-ˈiːstwəd/ (also **ˌnorth-ˈeastwards**) adv. towards the north-east: *Follow the A619 north-eastward.* ▶ **w kierunku północno-wschodnim** | **the ˌNorth ˈPole** noun [sing.] the point on the earth's surface which is furthest north ▶ **biegun północny** | **ˌnorth-ˈwest** noun [sing.] (abbr. **NW**) **1** (also **the north-west**) the direction or point of the compass that is between north and west ▶ **północny zachód 2** (**the north-west**; **the North-West**) a region that is towards the north-west: *the North-West of France* ▶ **północny zachód** | **ˌnorth-ˈwest** adj., adv. in, from or to the north-west of a place or country: *the north-west coast of Scotland* ○ *If you look north-west you can see the sea.* ▶ **północno-zachodni; w kierunku północno-zachodnim** | **ˌnorth-ˈwesterly** adj. **1** towards the north-west: *in a north-westerly direction* ▶ **północno-zachodni 2** (used about a wind) coming from the north-west ▶ **północno-zachodni** | **ˌnorth-ˈwestern** /-ˈwestən/ adj. in or from the north-west of a place or country: *north-western Australia* ▶ **północno-zachodni** | **ˌnorth-ˈwestward** /-ˈwestwəd/ (also **ˌnorth-ˈwestwards**) adv. towards the north-west: *Follow the A40 north-westward.* ▶ **w kierunku północno-zachodnim**

⋆**northern** (also **Northern**) /ˈnɔːðən/ adj. of, in or from the north of a place: *She has a northern accent.* ○ *in northern Australia* ○ *the northern hemisphere* ▶ **północny**

□ **northerner** (also **Northerner**) /ˈnɔːðənə(r)/ noun [C] a person who was born in or who lives in the northern part of a country ▶ **mieszkaniec/ka północnej części kraju** | **northernmost** /-məʊst/ adj. furthest north ▶ **najdalej położony na północ**

⋆**nose¹** /nəʊz/ noun [C] **1** the part of the face, above the mouth, that is used for breathing and smelling: *a broken nose* ○ *This medicine should stop your nose running* (powinno wyleczyć katar). ○ *Breathe in through your nose and out through your mouth.* ○ *Picking your nose* (dłubanie w nosie) *is not a nice habit.* ○ *a nose stud* kolczyk (wkrętka) w nosie ❶ Przymiotnik: **nasal**. ▶ **nos 2** the front part of sth, especially an aeroplane ▶ **dziób**

IDIOMS **blow your nose** → BLOW¹ | **follow your nose** → FOLLOW | **look down your nose at sb/sth** to think that you are better than sb; to think that sth is of poor quality ▶ **patrzeć na kogoś/coś z góry** | **poke/stick your nose into sth** to interfere in sth when you should not: *He's always poking his nose into other people's business!* ▶ **wtykać nos w coś** | **turn your nose up at sth** to refuse sth because you do not think it is good or do not like it ▶ **kręcić na coś nosem**

□ **-nosed** (in compounds) having a nose of the type mentioned: *red-nosed* ○ *runny-nosed* zakatarzony ▶ (*określa cechę nosa*)

■ **ˈnosebleed** noun [C] a time when a lot of blood comes from your nose ▶ **krwawienie z nosa** | **ˈnosedive** verb [I] to make a fast drop downwards towards the ground: *All of a sudden the plane nosedived.* ▶ **pikować** | **ˈnosedive** noun [C] ▶ **pikowanie**

nose² /nəʊz/ verb [I] to go forward slowly and carefully: *The bus nosed out into the line of traffic.* ▶ **(powoli) posuwać się naprzód**

PHRASAL VERB **nose about/around** (informal) to look around a private place trying to find sth interesting ▶ **węszyć**

nostalgia /nɒˈstældʒə/ noun [U] a feeling of affection, mixed with sadness, for things that are in the past ▶ **nostalgia**

□ **nostalgic** /nɒˈstældʒɪk/ adj. ▶ **nostalgiczny** | **nostalgically** /-kli/ adv. ▶ **tęsknie, nostalgicznie**

nostril /ˈnɒstrəl/ noun [C] one of the two openings at the end of the nose ▶ **nozdrze**

nosy (also **nosey**) /ˈnəʊzi/ adj. (**nosier**; **nosiest**) too interested in other people's affairs ▶ **wścibski**

⋆**not** /nɒt/ adv. **1** (used to form the negative with verbs like *be, can, do, have, must, will*, etc. and often shortened to *n't* in speech and informal writing): *It's not/it isn't raining now.* ○ *He's not coming/He isn't coming.* ○ *I'm not coming.* ○ *I cannot/can't see from here.* ○ *You shouldn't have said* (nie powinieneś był powiedzieć) *that.* ○ *He didn't invite me.* ○ *Don't you like spaghetti?* ○ *I hope she will not/won't be late.* ○ *You're German, aren't you* (czyż nie)*?* ▶ **nie 2** (used to give the following word or phrase a negative meaning or to reply in the negative): *He told me not to telephone.* ○ *I remember her but not her sister.* ○

Not everybody was able to come. ○ *Not all of the houses are as nice as this one.* ○ *'Whose turn is it to do the shopping?' 'Not mine.'* ○ *'Do you see each other a lot?' 'No, not often.'* ○ *'Are you coming to play tennis?' 'Not now.'* ▶ **nie 3** (used after *be afraid, believe, expect, hope, suppose*, etc., to give a negative reply): *'Do you think they'll get married?' 'I hope not.'* (mam nadzieję, że nie) ○ *'You can't drive all that way alone.' 'I suppose not* (chyba nie).*'* ○ *'Did you see her?' 'I'm afraid not* (obawiam się, że nie).*'* ▶ **nie 4** (used with *or* to give a negative possibility): *Shall we tell her or not* (czy nie)*?* ○ *I don't know if he's telling the truth or not.* ▶ **nie 5** (used for saying that sth is not possible or that you do not want to do sth): *'Can I borrow £20?' 'Certainly not* (wykluczone)*!'* ○ *'Are you coming to the theatre with us?' 'I'd rather not* (wolałbym nie)*, if you don't mind.'* ▶ **nie 6** (used for showing that you mean the opposite of the word or phrase that follows): *It's not easy.* ▶ **nie**

IDIOMS **not at all 1** (a way of saying 'no' or 'not'): *The instructions are not at all clear.* ○ *'Do you mind if I come too?' 'Not at all.'* Ależ skąd? ▶ **wcale nie 2** (a way of replying when sb has thanked you): *'Thanks for the present.' 'Not at all, don't mention it.'* ▶ **nie ma za co** | **not only... (but) also** (used for emphasizing the fact that there is something more): *They not only have two houses in London, they also have one in France.* ▶ **nie tylko...ale również**

notable /ˈnəʊtəbl/ adj. deserving to be noticed; interesting or important: *The area is notable for* (słynie z) *its scenery and wildlife.* ▶ **godny uwagi, sławny**

□ **notably** /ˈnəʊtəbli/ adv. (used for giving an especially important example of what you are talking about): *Many countries, notably Denmark, have refused to sign the agreement.* ▶ **zwłaszcza**

notch /nɒtʃ/ noun [C] **1** a cut in an edge or a surface in the shape of a V ▶ **karb 2** a level on a scale of quality: *This meal is certainly a notch above the last one we had here.* ▶ **stopień**

□ **notch** verb

PHRASAL VERB **notch sth up** to score or achieve sth: *Lewis notched up his best ever time in the 100 metres.* ▶ **osiągać, zdobywać**

★**note**[1] /nəʊt/ noun **1** [C] a short letter: *This is just a note to thank you for having us all to stay.* ▶ **parę słów, liścik 2** [C] some words that you write down quickly to help you remember sth: *I'd better make a note of your name and address.* ○ *Keep a note of* (zapisuj) *who has paid and who hasn't.* ○ *to take notes* robić notatki ▶ **notatka 3** [C] a short explanation or an extra piece of information that is given at the back of a book, etc. or at the bottom or side of a page: *an edition of Shakespeare with student's notes* ○ *See note 5, page 340.* ➲ Por. **footnote**. ▶ **przypis 4** [C] (also ˈ**banknote**; US **bill**) a piece of paper money: *I'd like the money in £10 notes, please.* ▶ **banknot 5** [C] a single musical sound made by a voice or an instrument: *I can only remember the first few notes of the song.* ○ *high/low notes* ▶ **nuta 6** [C] a written sign that represents a musical sound ▶ **nuta 7** [sing.] (something that suggests) a certain quality or feeling: *There was a note of embarrassment in her voice.* ○ *The meeting ended on a rather unpleasant note* (zakończyło się dość nieprzyjemnie). ▶ **nut(k)a**

IDIOMS **compare notes (with sb)** → COMPARE | **take note (of sth)** to pay attention to sth and be sure to remember it ▶ **brać coś pod uwagę**

■ ˈ**notebook** noun [C] a small book in which you write things that you want to remember ▶ **notes** | ˈ**notepad** noun [C] some sheets of paper in a block that are used for writing notes(2) on ▶ **notatnik** | ˈ**notepaper** noun [U] paper that you write letters on: *a sheet of notepaper* ▶ **papier listowy**

★**note**[2] /nəʊt/ verb [T] **1** to notice or be aware of sth: *He noted a slight change in her attitude towards him.* ○ *Note the fine detail in the painting.* ▶ **zauważać 2** to mention sth: *I'd like to note that the project has so far been extremely successful.* ▶ **zauważać**

PHRASAL VERB **note sth down** to write sth down so that you remember it: *The policeman noted down the girl's description of the man.* ▶ **notować, zapisywać**

□ **noted** adj. **noted (for/as sth)** (formal) well-known; famous: *The hotel is noted for* (słynie z) *its food.* ▶ **słynny (z czegoś)** | ˈ**noteworthy** adj. deserving to be noticed; interesting or important ▶ **godny uwagi, znaczący**

★**nothing** /ˈnʌθɪŋ/ pron. not anything; no thing: *There's nothing* (nic nie ma) *in this suitcase.* ○ *Nothing exciting ever happens to me.* ○ *There's nothing to do* (nie ma co robić) *here.* ○ *There was nothing else* (nic więcej) *to say.* ○ *'What's the matter?' 'Oh, nothing.'* ○ *'Thank you so much for all your help.' 'It was nothing* (drobiazg)*.'* ➲ Zob. uwaga przy **zero**. ▶ **nic**

IDIOMS **be/have nothing to do with sb/sth** to have no connection with sb/sth: *That question has nothing to do with what we're discussing.* ○ *Put my diary down – it's nothing to do with you* (to nie twoja sprawa). ▶ **nie mieć nic wspólnego z kimś/czymś** | **come to nothing** → COME | **for nothing 1** for no good reason or with no good result: *His hard work was all for nothing.* ▶ **na nic 2** for no payment; free: *Children under four are allowed in for nothing.* ▶ **za darmo** | **nothing but** only: *He was wearing nothing but a pair of swimming trunks.* ▶ **wyłącznie, nic tylko** | **nothing like 1** not at all like: *She looks nothing like* (w niczym nie przypomina) *either of her parents.* ▶ **całkiem inny (niż) 2** not at all; not nearly: *There's nothing like enough food for all of us.* ▶ **wcale nie** | **nothing much** not a lot of sth; nothing of importance: *It's a nice town but there's nothing much to do in the evenings.* ○ *'What did you do at the weekend?' 'Nothing much.'* ▶ **nic wielkiego/specjalnego** | **(there's) nothing to it** (it's) very easy: *You'll soon learn – there's nothing to it really.* ▶ **nie ma nic łatwiejszego** | **there is/was nothing (else) for it (but to do sth)** there is/was no other action possible: *There was nothing for it but to resign.* ▶ **nie pozostaje nic innego, jak**

★**notice** /ˈnəʊtɪs/ noun **1** [C] a written statement giving information or news that is put where everybody can read it: *There's a notice on the* *board saying that the meeting has been cancelled.* ▶ **zawiadomienie 2** [U] a warning that sth is going to happen: *I can't produce a meal at such short notice* (w tak krótkim terminie)*!* ○ *I wish you had given me more notice* (szkoda, że nie powiedziałeś mi wcześniej) *that you were going on holiday.* ○ *The swimming pool is closed until further notice* (do odwołania). ○ *We've been given a month's notice to leave the flat.* ○ *My boss has given me a month's notice.* ○ *She handed in her notice last week.* ▶ **ostrzeżenie, wymówienie**

IDIOMS **come to sb's notice** (formal) to be seen or heard by sb: *It has come to my notice that you have missed a lot of classes.* ▶ **zauważyć; usłyszeć** | **take notice (of sth)** to act in a way that shows that you know sth is important: *The protests are finally making the government take notice.* ▶ **zwracać uwagę na coś** | **take no notice/not take any notice (of sb/sth)** to pay no attention (to sb/sth): *Take no notice of what he said – he was just being silly.* ▶ **nie zwracać uwagi na kogoś/coś, nie zauważać**

> Zwrot **not notice sth** oznacza, że czegoś się nie zauważyło: *He's usually a careful driver, but this time he didn't notice the speed limit had changed.* Natomiast **not take any notice of sth** znaczy, że coś zostało zauważone, ale zignorowane: *She's a bad driver – she doesn't take any notice of the speed limit.*

□ **notice** verb [I,T] to see and be aware of sth: *'What kind of car was the man driving?' 'I'm afraid I didn't notice.'* ○ *Did you notice her eyes? They were the most brilliant blue.* ○ *I noticed (that) he was carrying a black briefcase.* ○ *Did you notice which direction she went in?* ○ *We didn't notice him leave/him leaving.* ▶ **zauważać, zwracać uwagę (na kogoś/coś)** | **noticeable** /-əbl/ adj. easy to see or notice: *The scar from the accident was hardly noticeable.* ○ *a noticeable difference* ▶ **widoczny, zauważalny** | **noticeably** /-əbli/ adv. ▶ **widocznie, zauważalnie**

■ **'noticeboard** (US **'bulletin board**) noun [C] a board on a wall for putting notices(1) on ▶ **tablica ogłoszeń**

notify /'nəʊtɪfaɪ/ verb [T] (pres. part. **notifying**; 3rd pers. sing. pres. **notifies**; pt, pp **notified**) **notify sb (of sth)** to inform sb (about sth) officially: *The police should be notified of the theft.* ○ *You must notify your landlady that you intend to leave.* ▶ **zawiadamiać**

□ **notification** /ˌnəʊtɪfɪ'keɪʃn/ noun [C,U] ▶ **zawiadomienie**

notion /'nəʊʃn/ noun [C] something that you have in your mind; an idea: *I had a vague notion that I had seen her before.* ○ *You seem to have no notion* (wydaje się, że zupełnie nie masz pojęcia) *of how difficult it is going to be.* ▶ **pojęcie**

□ **notional** /-ʃənl/ adj. existing only in the mind; based on a guess not a real figure ▶ **pojęciowy**

notoriety /ˌnəʊtə'raɪəti/ noun [U] the state of being famous for sth bad ▶ **zła sława**

notorious /nəʊ'tɔːriəs/ adj. **notorious (for/as sth)** well known for sth bad: *a notorious drug dealer* ○ *This road is notorious for* (słynie z) *the number of accidents on it.* ▶ **notoryczny**

□ **notoriously** adv.: *The British are notoriously bad at learning languages.* ▶ **notorycznie**

notwithstanding /ˌnɒtwɪθ'stændɪŋ/ prep. (formal) without being affected by; in spite of: *The plane landed on time, notwithstanding the terrible weather conditions.* ▶ **pomimo**

□ **notwithstanding** adv. (formal) anyway; in spite of this: *He was advised against the deal, but went ahead notwithstanding.* ▶ **jednakże**

nought /nɔːt/ noun [C] the figure 0: *We say 0·1 'nought point* (przecinek) *one'.* ➲ Zob. uwaga przy **zero**. ▶ **zero**

IDIOM **noughts and crosses** a game for two players that is played with a pencil and paper. Each person tries to win by writing three 0s or three Xs in a line. ▶ **kółko i krzyżyk**

★**noun** /naʊn/ noun [C] a word that is the name of a person, place, thing or idea: *an abstract noun* (rzeczownik abstrakcyjny) *e.g. 'happiness'* ○ *a common noun* (rzeczownik pospolity) *e.g. 'table', 'cat', 'sea'* ○ *a collective noun* (rzeczownik zbiorowy) *e.g.'committee', 'team'* ○ *a proper noun* (rzeczownik własny) *e.g. 'Africa', 'Jane'* ➲ Por. **countable** i **uncountable**. ▶ **rzeczownik**

nourish /'nʌrɪʃ/ verb [T] **1** to give a person or an animal the right kind of food so that they can grow and be healthy ▶ **odżywiać 2** (formal) to allow a feeling or belief to grow stronger ▶ **kultywować, żywić**

□ **nourishment** noun [U] food that you need to stay healthy ▶ **pożywienie**

Nov. abbr. November: *17 Nov. 1992* ▶ **listopad**

★**novel**[1] /'nɒvl/ noun [C] a book that tells a story about people and events that are not real: *the novels of Charles Dickens* ▶ **powieść**

□ **novelist** /'nɒvəlɪst/ noun [C] a person who writes novels ▶ **powieściopisa-rz/rka**

novel[2] /'nɒvl/ adj. new and different: *That's a novel idea! Let's try it.* ▶ **nowatorski**

□ **novelty** /'nɒvlti/ noun (pl. **novelties**) **1** [U] the quality of being new and different: *The novelty of her new job soon wore off.* Wkrótce nowa posada przestała być dla niej nowością. ▶ **nowość 2** [C] something new and unusual: *It was quite a novelty not to have to get up at 7 o'clock.* ▶ **coś nowego, innowacja 3** [C] a small, cheap object that is sold as a toy or souvenir ▶ **drobiazg, pamiątka**

★**November** /nəʊ'vembə(r)/ noun [C,U] (abbr. **Nov.**) the eleventh month of the year, coming before December ➲ Zob. przykł. użycia nazw miesięcy w zdaniach przy **January**. ▶ **listopad**

novice /'nɒvɪs/ noun [C] a person who is new and without experience in a certain job, situation, etc.; a beginner ▶ **nowicjusz/ka**

★**now** /naʊ/ adv. **1** (at) the present time: *We can't go for a walk now – it's pouring with rain.* ○ *Where are you living now?* ○ *It's too late now to do anything about it.* ○ *From now on* (odtąd) *the nights will be getting longer.* ○ *I've been living* *with my parents until now* (dotychczas). ○ *Up till now* (dotychczas) *we haven't been able to afford a house of our own.* ○ *He will be on his way home by now.* ○ *You must go to the doctor right now* (natychmiast). ▶ **teraz, obecnie 2** because of what has happened: *I've lost my pen. Now I'll have to buy a new one.* ▶ **teraz 3** (used to introduce a new subject or to emphasize a request, command, etc., or while pausing to think): *Now this is how it all began.* ○ *Now listen to what he's saying.* ○ *Be quiet, now!* No bądźże cicho! ○ *Now, let me think.* ❶ Można też użyć **now then**: *Now then, are there any questions?* ○ *Now then, what was I saying?* ▶ **no; zaraz, zaraz**

IDIOMS any moment/second/minute/day (now) → ANY | **(every) now and again/then** occasionally: *We see each other now and then, but not very often.* ▶ **co jakiś czas** | **just now** → JUST[2]

□ **now** conj. **now (that)...** because of the fact that: *Now (that) the children have left home we can move to a smaller house.* ▶ **teraz, gdy**

★**nowadays** /ˈnaʊədeɪz/ adv. at the present time (when compared with the past): *I don't go to London much nowadays.* ▶ **obecnie**

★**nowhere** /ˈnəʊweə(r)/ adv. not anywhere; (in or to) no place: *I'm afraid there's nowhere to stay* (nie ma gdzie się zatrzymać) *in this village.* ○ *There's nowhere interesting to go* (nie ma interesujących miejsc) *round here.* ○ *It's so hot I'm getting nowhere with this work* (nie robię żadnych postępów). ○ *'Don't leave the car there!' 'There's nowhere else* (nie ma innego miejsca) *to park it.'* ▶ **nigdzie**

IDIOMS nowhere near → NEAR[2] | **in the middle of nowhere** → MIDDLE

noxious /ˈnɒkʃəs/ adj. (formal) harmful or poisonous: *noxious gases* ▶ **szkodliwy; trujący**

nozzle /ˈnɒzl/ noun [C] a narrow tube that is put on the end of a pipe, etc. to control the liquid or gas coming out ➲ Ilustr. do **garden**. ▶ **dysza**

nr abbr. near ▶ **k., k/**

nuance /ˈnjuːɑːns; US ˈnuː-/ noun [C] a very small difference in meaning, feeling, sound, etc. ▶ **niuans**

★**nuclear** /ˈnjuːkliə(r); US ˈnuː-/ adj. **1** connected with the nucleus of an atom: *nuclear physics* ○ *nuclear fission* rozszczepienie jądra atomu ○ *nuclear fusion* synteza jądrowa ▶ **jądrowy 2** connected with the energy that is produced when the nucleus of an atom is split: *nuclear energy* ○ *a nuclear power station* ○ *nuclear war/weapons* ❶ Antonim: **non-nuclear**. ➲ Por. **atomic**. ▶ **jądrowy**

■ ˌ**nuclear ˈreactor** (also **reactor**) noun [C] a very large machine that produces nuclear energy ▶ **reaktor jądrowy**

ˌ**nuclear ˈfamily** noun [C] a family that consists of father, mother and children, when it is thought of as a unit in society ▶ **rodzina** (*jako podstawowa komórka społeczna*)

nucleus /ˈnjuːkliəs; US ˈnuː-/ noun [C] (pl. **nuclei** /-kliaɪ/) **1** the central part of an atom ▶ **jądro 2** the central or most important part of sth ▶ **jądro; zaczątek**

nude /njuːd; US nuːd/ adj. not wearing any clothes ➲ Por. **bare** i **naked**. ▶ **nagi**

□ **nude** noun [C] a picture or photograph of a person who is not wearing clothes ▶ **akt**

IDIOM in the nude not wearing any clothes ▶ **nagi; nago**

nudist /-ɪst/ noun [C] a person who likes to be nude, often in groups with other people: *a nudist beach* ▶ **nudyst-a/ka** | **nudity** /ˈnjuːdəti; US ˈnuː-/ noun [U] the state of being nude ▶ **nagość**

nudge /nʌdʒ/ verb [T] to touch or push sb/sth with your elbow ▶ **trącać łokciem**

□ **nudge** noun [C]: *to give sb a nudge* trącić kogoś łokciem ▶ **trącenie łokciem**

★**nuisance** /ˈnjuːsns; US ˈnuː-/ noun [C] a person, thing or situation that annoys you or causes you trouble: *My pen's run out. What a nuisance!* ○ *I'm sorry to be a nuisance* (przepraszam za kłopot), *but could you change my appointment?* ▶ **rzecz/osoba dokuczliwa/uciążliwa, niedogodność, kłopot**

null /nʌl/ adj.

IDIOM null and void (formal) not valid in law ▶ **nieważny, nie mający mocy prawnej**

numb /nʌm/ adj. not able to feel anything; not able to move: *My fingers were numb with cold.* ○ *I'll give you an injection and the tooth will go completely numb.* ○ *He was numb with fear.* Zdrętwiał ze strachu. ▶ **zdrętwiały, bez czucia**

□ **numb** verb [T] to make sb/sth numb: *The whole family was numbed and shocked by the news.* ▶ **wprowadzać w stan odrętwienia, paraliżować** | **numbness** noun [U]: *The numbness should wear off after a few hours.* ▶ **odrętwienie, brak czucia**

★**number** /ˈnʌmbə(r)/ noun **1** [C] a word or symbol that indicates a quantity: *Choose a number between ten and twenty.* ○ *2 is an even number and 3 is an odd number.* ○ *Thirteen is considered to be an unlucky number.* ○ *a three-figure number* ○ *high/low numbers* ○ *cardinal/ordinal numbers* ▶ **liczba 2** [C] a group of numbers that is used to identify sb/sth: *What is the registration number of your car?* ○ *a telephone number* ▶ **numer 3** [C,U] a quantity or an amount: *a large number of visitors* ○ *Pupils in the school have doubled in number in recent years.* ○ *a number of questions* (wiele pytań) ○ *We must reduce the number of accidents in the home.* ❶ Gdy słowo **number** poprzedzone jest przymiotnikiem, to następujący po nim czasownik występuje zawsze w lm: *A small number of pupils study Latin.* ▶ **liczba, ilość 4** [C] (abbr. **No.**; **no.**) (used before a number to show the position of sth in a series): *We live in Croft Road, at number* (pod numerem) *25.* ○ *room no. 347* ○ *No. 10 (Downing Street) is the official home of the British Prime Minister.* ▶ **numer 5** [C] a copy of a magazine, newspaper, etc.: *Back numbers of 'New Scientist' are available from the publishers.* ▶ **numer, egzemplarz 6** [C] (informal) a song or dance ▶ **utwór, numer**

IDIOMS any number of very many: *There are any number of language schools in Oxford.* ▶ **mnóstwo, bardzo dużo** | **in round figures/numbers** → ROUND[1] | **number one** (informal)

1 the most important or best person or thing: *We're number one in the used car business.* ○ *the world's number one athlete* ○ *the number one priority* ▶ **najważniejszy**, **najlepszy** **2** yourself: *Looking after number one* (dbanie o samą siebie) *is all she thinks about.* ▶ **sam** | **opposite number** → OPPOSITE

□ **number** verb **1** [T] to give a number to sth: *It's a country lane and the houses are not numbered.* ▶ **numerować** **2** [I] (used for expressing how many people or things there are): *Our forces number 40 000.* ▶ **liczyć**

■ **'number plate** (US **license plate**) noun [C] the sign on the front and back of a vehicle that gives its registration number ▶ **tablica rejestracyjna**

numeral /'nju:mərəl; US 'nu:-/ noun [C] a sign or symbol that represents a quantity: *Roman numerals* ▶ **cyfra**

numerate /'nju:mərət; US 'nu:-/ adj. having a good basic knowledge of mathematics ➲ Por. **literate**. ▶ **umiejący liczyć**

numerical /nju:'merɪkl; US nu:-/ adj. of or shown by numbers : *to put sth in numerical order* ▶ **liczbowy; cyfrowy**

numerous /'nju:mərəs; US 'nu:-/ adj. (formal) very many; existing in large quantities ▶ **liczny**

nun /nʌn/ noun [C] a woman who has left the ordinary world and has gone to live in a convent ▶ **zakonnica**

***nurse**[1] /nɜ:s/ noun [C] a person whose job is to look after sick or injured people: *a trained nurse* ○ *a male nurse* ○ *Nurse Mills* ▶ **pielęgnia-rz/rka**

> Chorych przebywających w domu odwiedza pielęgniarka środowiskowa nazywana **community nurse** albo **district nurse**. Położna rejonowa udzielająca pomocy i porad rodzicom niemowląt i małych dzieci to **health visitor**.

nurse[2] /nɜ:s/ verb [T] **1** to take care of sb who is sick or injured: *She nursed her mother until she died in 1969.* ▶ **pielęgnować**, **opiekować się** **2** to hold sb/sth in a loving way: *He nursed the child in his arms.* ▶ **tulić** **3** (formal) to think a lot about sth: *Dan had long nursed the hope that Paula would marry him.* ▶ **żywić nadzieję** **4** to feed a baby or young animal with milk from the breast; to drink milk from the mother's breast ▶ **karmić/być karmionym piersią**

□ **nursing** noun [U] the job of being a nurse: *to go into nursing* ▶ **pielęgniarstwo**

■ **'nursing home** noun [C] a small private hospital, often for old people ▶ **prywatna klinika dla rekonwalescentów lub ludzi w starszym wieku**

***nursery** /'nɜ:səri/ noun [C] (pl. **nurseries**) **1** a place where small children and babies are looked after so that their parents can go to work ➲ Por. **crèche**. ▶ **żłobek** **2** a place where young plants are grown and sold ▶ **szkółka (ogrodnicza)**

■ **'nursery rhyme** noun [C] a traditional poem or song for children ▶ **wierszyk dla dzieci** | **'nursery school** noun [C] a school for children aged from three to five ➲ Por. **kindergarten**. ▶ **przedszkole**

***nut** /nʌt/ noun [C] **1** a dry fruit that consists of a hard shell with a seed (kernel) inside. Many types of nut may be eaten: *chopped hazelnuts and almonds* ▶ **orzech** **2** a six-sided piece of metal with a round hole in the middle through which you screw a long round piece of metal called a bolt. Nuts and bolts are used for fixing things together ▶ **nakrętka** **3** (Brit., slang) the head ▶ **głowa, pała** **4** (also **nutter**) (slang) a mad or foolish person ▶ **pomyleniec**

IDIOM **do your nut** (Brit., slang) to be very angry ▶ **wpadać w szał**

□ **nutty** adj. (**nuttier**; **nuttiest**) **1** containing or tasting of nuts ▶ **z orzechami; orzechowy** **2** (slang) mad or foolish ▶ **pomylony**, **zbzikowany**

■ **'nutcrackers** noun [pl.] a tool that you use for breaking open the shell of a nut ▶ **dziadek do orzechów** | **'nutshell** /-ʃel/ noun

IDIOM **in a nutshell** using few words: *That, in a nutshell, is the answer to your question.* ▶ **(mówiąc) krótko i węzłowato**

nutmeg /'nʌtmeg/ noun [C,U] a type of spice, used for giving flavour to food ▶ **gałka muszkatołowa**

nutrient /'nju:triənt; US 'nu:-/ noun [C] a substance that is needed to keep a living thing alive and to help it grow: *Plants get minerals and other nutrients from the soil* ▶ **składnik pokarmowy**

nutrition /nju'trɪʃn; US nu-/ noun [U] the food that you eat and the way that it affects your health: *Good nutrition is essential for children's growth.* ▶ **odżywianie**

□ **nutritional** adj.: *food of no nutritional value* ▶ **odżywczy** | **nutritious** /nju'trɪʃəs; US nu-/ adj. (used about a food) very good for you ▶ **odżywczy, pożywny**

nuts /nʌts/ adj. (informal) **1** crazy: *That phone ringing all the time is driving me nuts* (doprowadza mnie do szału)*!* ▶ **zwariowany** **2 nuts about sb/sth** very much in love with sb; very enthusiastic about sth: *He's absolutely nuts about her.* ▶ **zakochany do szaleństwa**; **zwariowany na punkcie czegoś**

nuzzle /'nʌzl/ verb [T] to press or rub sb/sth gently with the nose ▶ (*zwłaszcza o zwierzętach*) **dotykać/trącać nosem**

NW abbr. north-west(ern): *NW Australia* ▶ **płn.-zach.**

nylon /'naɪlɒn/ noun [U] a very strong man-made material that is used for making clothes, rope, brushes, etc. ▶ **nylon**

Oo

O, o /əʊ/ noun [C] (pl. **O's; o's**) **1** the fifteenth letter of the English alphabet ▶ **litera** *o* **2** (used when you are speaking) zero: *My number is five O nine double four.* ➲ Zob. uwaga przy **zero**. ▶ **zero**

O /əʊ/ interj. = OH

oak /əʊk/ noun **1** (also **'oak tree**) [C] a type of large tree with hard wood that is common in many northern parts of the world ▶ **dąb**

The fruit of the oak is an **acorn**.

2 [U] the wood from the oak tree: *a solid oak table* ▶ **dębina, dąb**

OAP /ˌəʊ eɪ 'piː/ abbr. (Brit.) old-age pensioner ▶ **emeryt/ka**

oar /ɔː(r)/ noun [C] a long pole that is flat at one end and that is used for rowing ➲ Por. **paddle**. ▶ **wiosło**

oasis /əʊ'eɪsɪs/ noun [C] (pl. **oases** /-siːz/) a place in the desert where there is water and where plants grow ▶ **oaza**

oath /əʊθ/ noun [C] **1** a formal promise: *They have to swear an oath of loyalty.* ▶ **przysięga** **2** (old-fashioned) a word or words that are very impolite and that you use when you are really angry ❶ Obecnie używa się raczej słowa **swear word**. ▶ **przekleństwo**

IDIOM **be on/under oath** to have made a formal promise to tell the truth in a court of law ▶ **(zeznawać) pod przysięgą**

oats /əʊts/ noun [pl.] a type of grain that is used as food for people and animals: *porridge oats* owsianka ▶ **owies**

★**obedient** /ə'biːdiənt/ adj. doing what you are told to do: *He was an obedient child and never caused any problems.* ❶ Antonim: **disobedient**. ▶ **posłuszny**

□ **obedience** /-əns/ noun [U]: *unquestioning obedience* ▶ **posłuszeństwo** | **obediently** adv. ▶ **posłusznie**

obese /əʊ'biːs/ adj. (used about people) very fat, in a way that is not healthy ▶ **otyły**

□ **obesity** /əʊ'biːsəti/ noun [U] ▶ **otyłość**

★**obey** /ə'beɪ/ verb [I,T] to do what you are told to do: *Soldiers are trained to obey* (wykonywać) *orders.* ❶ Antonim: **disobey**. ▶ **słuchać, być posłusznym**

obituary /ə'bɪtʃuəri; US -tʃueri/ noun [C] (pl. **obituaries**) an article about a person's life that is printed in a newspaper soon after they have died ▶ **nekrolog**

★**object**[1] /'ɒbdʒɪkt/ noun [C] **1** a thing that can be seen and touched: *The shelves were filled with objects of all shapes and sizes.* ▶ **przedmiot** **2 the object of sth** a person or thing that causes a feeling, interest, thought, etc. ▶ **przedmiot** **3** an aim or purpose: *Making money is his sole object in life.* ▶ **cel** **4** the noun or phrase describing the person or thing that is affected by the action of a verb ▶ **dopełnienie**

W zdaniach *I sent Moira a letter/I sent a letter to Moira* rzeczownik **letter** to dopełnienie bliższe, czyli **direct object**, a *Moira* to dopełnienie dalsze, czyli **indirect object**.

IDIOM **money, etc. is no object** money, etc. is not important or is no problem: *They always buy the best. Money is no object.* ▶ **nie odgrywać roli, nie stanowić problemu**

★**object**[2] /əb'dʒekt/ verb **1** [I] **object (to sb/sth)** to not like or to be against sb/sth: *Many people object to the new tax.* ▶ **być przeciwnym komuś/czemuś, protestować przeciw czemuś** **2** [T] to say that you do not like sth or to say that sth is wrong: *'I think that's unfair,' he objected.* ▶ **sprzeciwiać się, protestować**

□ **objector** noun [C] a person who objects to sth ▶ **osoba sprzeciwiająca się/protestująca**

★**objection** /əb'dʒekʃn/ noun [C,U] a statement or feeling that you do not like or are against sb/sth: *We listed our objections to the proposed new road and sent them to the council.* ○ *My parents have no objection to our marriage.* ▶ **obiekcja; sprzeciw**

objectionable /əb'dʒekʃənəbl/ adj. very unpleasant ▶ **nieprzyjemny, okropny**

objective[1] /əb'dʒektɪv/ adj. not influenced by your own personal feelings (= based only on facts): *Please try and give an objective report of what happened.* ○ *It's hard to be objective about your own strengths and weaknesses.* ❶ Antonim: **subjective**. ▶ **obiektywny**

□ **objectively** adv.: *He is too upset to see things objectively.* ▶ **obiektywnie** | **objectivity** /ˌɒbdʒek'tɪvəti/ noun [U] ▶ **bezstronność, obiektywność**

objective[2] /əb'dʒektɪv/ noun [C] your aim or purpose: *Our objective is to finish by the end of the year.* ○ *to achieve your objective* ▶ **cel**

obligation /ˌɒblɪ'geɪʃn/ noun **1** [C] something that you must do because it is your duty or because you promised to do it: *We have a moral obligation to help people who are in need.* ▶ **obowiązek; zobowiązanie** **2** [U] having to do sth because it is is your duty: *Unfortunately the shop is under no obligation* (nie ma obowiązku) *to give you your money back.* ▶ **obowiązek**

obligatory /ə'blɪgətri; US -tɔːri/ adj. (formal) that you must do: *It is obligatory to get insurance before you drive a car.* ▶ **obowiązkowy, obowiązujący**

★**oblige** /ə'blaɪdʒ/ verb **1** [T] (usually passive) to force sb to do sth: *You are not obliged* (nie musisz) *to answer these questions but it would be a great help if you did.* ▶ **zmuszać, zobowiązywać** **2** [I,T] (formal) to do what sb asks; to be helpful: *The service there is excellent. They are* *always happy to oblige.* ▶ **służyć, robić komuś grzeczność**

□ **obliged** adj. grateful: *Thanks for your help. I'm much obliged to you.* ▶ **zobowiązany** | **obliging** adj. friendly and helpful ▶ **uprzejmy; usłużny**

obliterate /ə'blɪtəreɪt/ verb [T] (formal) to destroy or ruin sth completely ▶ **niszczyć doszczętnie, zacierać** (*np. ślady*)

oblivion /ə'blɪviən/ noun [U] **1** the state of having forgotten sth or of not being aware of sth: *I was in a state of complete oblivion.* ▶ **nieświadomość 2** the state of being forgotten: *His work faded into oblivion after his death.* ▶ **zapomnienie**

oblivious /ə'blɪviəs/ adj. not noticing or being aware of sth: *The baby slept, oblivious to all that was going on around him.* ▶ **niepomny (czegoś), nie zwracający uwagi**

oblong /'ɒblɒŋ; US -lɔːŋ/ adj., noun [C] (of) a shape with two long sides and two short sides and four angles of 90° (right angles) ➲ Por. **rectangle.** ▶ **podłużny; prostokąt**

obnoxious /əb'nɒkʃəs/ adj. very unpleasant ▶ **wstrętny, ohydny**

oboe /'əʊbəʊ/ noun [C] a musical instrument that is made of wood. You play an oboe by blowing through it. ➲ Zob. uwaga przy **piano.** ▶ **obój**

obscene /əb'siːn/ adj. **1** (used about words, thoughts, books, pictures, etc.) shocking or disgusting (usually because of the way they talk about or show sex): *an obscene book* ○ (figurative) *It's obscene to spend so much on food when millions are starving.* ▶ **sprośny, nieprzyzwoity 2** very large in size or amount in a way that some people find unacceptable: *He earns an obscene amount of money.* ▶ **obrzydliwie duży**

□ **obscenity** /əb'senəti/ noun (pl. **obscenities**) **1** [U] the state of being obscene ▶ **sprośność, nieprzyzwoitość 2** [C] an obscene word or act ▶ **nieprzyzwoit-e/y słowo/czyn**

obscure /əb'skjʊə(r)/ adj. **1** not easy to see or understand: *The reasoning behind his comments was a bit obscure.* ▶ **niejasny, niezrozumiały 2** not well known: *an obscure Spanish poet* ▶ **nieznany**

□ **obscure** verb [T] to make sth difficult to see or understand: *Our view was obscured by a high fence.* ▶ **przysłaniać; zaciemniać** | **obscurity** /əb'skjʊərəti/ noun [U]: *The artist died penniless and in obscurity.* ▶ **zapomnienie**

observance /əb'zɜːvəns/ noun [U] (formal) obeying or following a law, custom, ceremony, etc. ▶ **przestrzeganie, poszanowanie**

observant /əb'zɜːvənt/ adj. quick at noticing things: *An observant witness gave the police a description of the men.* ❶ Antonim: **unobservant.** ▶ **spostrzegawczy, uważny**

⋆**observation** /ˌɒbzə'veɪʃn/ noun **1** [U] the act of watching sb/sth carefully or the state of being watched carefully: *the observation of animals in their natural surroundings* ▶ **obserwacja 2** [U] the ability to notice things: *Scientists need good powers of observation.* ▶ **spostrzegawczość 3** [C] something that you say or write; a remark: *to make an observation about the weather* ➲ Por. **remark** i **comment**, które są częściej używane. ▶ **spostrzeżenie, uwaga**

IDIOM **be under observation** to be watched carefully: *The police are keeping the house under observation.* ▶ **być pod obserwacją**

observatory /əb'zɜːvətri; US -tɔːri/ noun [C] (pl. **observatories**) a building from which scientists can look at the stars, the moon, etc. with telescopes ▶ **obserwatorium**

⋆**observe** /əb'zɜːv/ verb [T] **1** to watch sb/sth carefully, especially to learn more about them/it: *We observed the birds throughout the breeding season.* ▶ **obserwować 2** (formal) to see or notice sb/sth: *A man and a woman were observed leaving by the back door.* ▶ **zauważać 3** (formal) to say or remark: *'We're late,' she observed.* ▶ **zrobić uwagę, zauważać 4** (formal) to obey a law, rule, etc.: *to observe the speed limit* ▶ **przestrzegać** (*np. prawa*)

□ **observer** noun [C] **1** a person who watches sb/sth: *Political observers have been predicting trouble for some time.* ▶ **obserwator/ka 2** a person who attends a meeting, lesson, etc. to watch and listen but who does not say anything ▶ **obserwator/ka**

obsess /əb'ses/ verb [T] (usually passive) to fill sb's mind all the time: *He became obsessed with getting his revenge.* ○ *Alison is obsessed with an older man.* ▶ **opętać, mieć obsesję (na punkcie czegoś/kogoś)**

□ **obsession** /əb'seʃn/ noun **1** [U] the state of being obsessed ▶ **obsesja, opętanie 2** [C] a person or thing that obsesses you: *Football is an obsession to some people.* ▶ **obsesja** | **obsessive** /əb'sesɪv/ adj. having or showing a way of thinking or behaving that you cannot stop: *He's obsessive about not being late.* Ma obsesję na punkcie punktualności. ○ *obsessive cleanliness* ▶ **obsesyjny**

obsolete /'ɒbsəliːt/ adj. no longer used because it is out of date ▶ **przestarzały**

obstacle /'ɒbstəkl/ noun [C] something that makes it difficult for you to go somewhere or do sth: *Not speaking a foreign language was a major obstacle to her career.* ▶ **przeszkoda**

obstetrician /ˌɒbstə'trɪʃn/ noun [C] a doctor who looks after women who are pregnant ▶ **ginekolog-położnik**

obstinate /'ɒbstɪnət/ adj. not willing to change your mind if you have decided sth: *an obstinate refusal to apologize* ❶ **Obstinate** zwykle wyraża krytyczny stosunek mówiącego. ➲ Por. **stubborn.** ▶ **uparty, uporczywy**

□ **obstinately** adv. ▶ **uparcie, uporczywie** | **obstinacy** /'ɒbstɪnəsi/ noun [U] ▶ **upór, zatwardziałość**

obstruct /əb'strʌkt/ verb [T] to stop sth from happening or sb/sth from moving: *Could you move on, please? You're obstructing the traffic if you park there.* ▶ **tamować, tarasować**

obstruction /əb'strʌkʃn/ noun **1** [U] stopping sth from happening or making progress ▶ **ta-**

mowanie, tarasowanie **2** [C] a thing that stops sb/sth from moving: *This car is causing an obstruction.* ▶ **zator, zawada**

obstructive /əb'strʌktɪv/ adj. trying to stop sth from happening ▶ **tamujący, zawadzający**

★**obtain** /əb'teɪn/ verb [T] (formal) to get sth: *This book can now be obtained in paperback.* ▶ **dostawać, uzyskiwać**

□ **obtainable** adj. that can be obtained: *That make of vacuum cleaner is no longer obtainable.* ❶ Antonim: **unobtainable**. ▶ **(możliwy) do nabycia/uzyskania**

★**obvious** /'ɒbviəs/ adj. easily seen or understood; clear: *It was obvious that he was unwell.* ○ *His disappointment was obvious to everyone.* ○ *an obvious lie* ▶ **oczywisty, jasny**

□ **obviously** adv. as can easily be seen or understood; clearly: *There has obviously been a mistake.* ○ *Obviously we don't want to spend too much money if we can avoid it.* ▶ **oczywiście**

★**occasion** /ə'keɪʒn/ noun **1** [C] a particular time when sth happens: *I have met Bill on two occasions.* ▶ **okazja** **2** [sing.] **the occasion (for sth)** the suitable or right time (for sth): *I shall tell her what I think if the occasion arises* (jeśli nadarzy się okazja). ▶ **sposobność, okazja**

> **Occasion** oznacza dogodną porę, aby coś zrobić: *I saw them at the funeral but it was not a suitable occasion for discussing holiday plans.* **Opportunity** lub **chance** oznaczają faktyczną możliwość wykonania czegoś: *I was only in Paris for one day and I didn't get the opportunity/chance to visit the Louvre.*

3 [C] a special event, ceremony, etc.: *Their wedding was a memorable occasion.* ○ *an official/a special/a great occasion* ▶ **okazja, wydarzenie**

IDIOM **on occasion(s)** sometimes ▶ **czasami**

★**occasional** /ə'keɪʒənl/ adj. done or happening from time to time but not very often: *I rarely drink alcohol – just the occasional glass of wine.* ▶ **sporadyczny**

□ **occasionally** /-nəli/ adv.: *We see each other occasionally.* ▶ **od czasu do czasu**

occult /ə'kʌlt; US ɒ'kʌlt/ adj. connected with magic or supernatural powers ▶ **tajemny, nadprzyrodzony**

□ **the occult** noun [sing.] magic or occult powers, ceremonies, etc. ▶ **okultyzm, wiedza tajemna**

occupant /'ɒkjəpənt/ noun [C] (formal) a person who lives in or uses a room, house, etc. ▶ **lokator/ka, mieszkan-iec/ka**

★**occupation** /ˌɒkju'peɪʃn/ noun **1** [U] living in a room, house, etc.: *The new houses are now ready for occupation.* ▶ **zamieszkiwanie** **2** [C] your job or sth that you do in your free time: *Please state your occupation on the form.* ○ *Fishing is his favourite occupation.* ➲ Zob. uwaga przy **work**. ▶ **zajęcie; zawód** **3** [U] the control of a country by the army of another country ▶ **okupacja**

□ **occupational** /-ʃənl/ adj. connected with your work: *Accidents are an occupational hazard on building sites.* ▶ **zawodowy**

occupier /'ɒkjupaɪə(r)/ noun [C] a person who lives in or uses a house, piece of land, etc. ▶ **lokator/ka; dzierżawca**

★**occupy** /'ɒkjupaɪ/ verb [T] (pres. part. **occupying**; 3rd pers. sing. pres. **occupies**; pt, pp **occupied**) **1** to live in or use a house, piece of land, etc.: *The house next door has not been occupied for some months.* ▶ **zamieszkiwać, zajmować** **2** to take control of a building, country, etc. by force: *The rebel forces have occupied the television station.* ▶ **okupować; zajmować** **3** to fill a space or period of time: *The large table occupied most of the room.* ▶ **zajmować** **4** **occupy sb/yourself (in doing sth/with sth)** to keep sb/yourself busy: *How does he occupy himself* (czym on się teraz zajmuje) *now that he's retired?* ▶ **zajmować (się)**

□ **occupied** adj. **1** being used: *Is this seat occupied?* ▶ **zajęty** **2** busy: *Looking after the children keeps me fully occupied.* (zajmuje mi cały czas) ▶ **zajęty** **3** (used about a country or a piece of land) under the control of another country ▶ **okupowany**

★**occur** /ə'kɜː(r)/ verb [I] (**occurring**; **occurred**) **1** (formal) to happen: *The accident occurred late last night.* ➲ Zob. uwaga przy **happen**. ▶ **wydarzać się** **2** to be or exist: *Child abuse occurs in all classes of society.* ▶ **występować** **3** **occur to sb** to come into sb's mind: *It never occurred to John that his wife might be unhappy.* ▶ **przychodzić do głowy, przychodzić na myśl**

occurrence /ə'kʌrəns/ noun [C] something that happens: *Car theft is now a very common occurrence.* ▶ **wydarzenie, zjawisko**

★**ocean** /'əʊʃn/ noun **1** [sing.] the mass of salt water that covers most of the surface of the earth: *the ocean floor* dno oceanu ○ *an ocean-going* (oceaniczny) *yacht* ▶ **ocean** **2** (**Ocean**) [C] one of the five main areas into which the sea is divided: *the Atlantic Ocean* ▶ **ocean**

IDIOM **a drop in the ocean** → DROP²

★**o'clock** /ə'klɒk/ adv. (used after the numbers one to twelve for saying what the time is): *Lunch is at twelve o'clock.* ❶ Uwaga! Wyrażenia **o'clock** używa się wyłącznie podając pełne godziny: *We arranged to meet at 5 o'clock* (o godzinie piątej). *It's 5.30 already and he's still not here.* ▶ **godzina**

Oct. abbr. October: *13 Oct. 1960* ▶ **październik**

octagon /'ɒktəgən; US -gɒn/ noun [C] a shape that has eight straight sides ▶ **ośmiobok**

□ **octagonal** /ɒk'tægənl/ adj. ▶ **ośmioboczny**

octave /'ɒktɪv/ noun [C] the set of eight musical notes that western music is based on ▶ **oktawa**

★**October** /ɒk'təʊbə(r)/ noun [C,U] (abbr. **Oct.**) the tenth month of the year, coming before November ➲ Zob. przykł. użycia nazw miesięcy przy **January**. ▶ **październik**

octopus /'ɒktəpəs/ noun [C] (pl. **octopuses**) a sea animal with a soft body and eight long arms called tentacles ▶ **ośmiornica**

★**odd** /ɒd/ adj. **1** strange; unusual: *There's something odd about him.* ○ *It's a bit odd that she didn't phone to say she couldn't come.* ▶ **dziwny, osobliwy** **2** (**odd-**) (used to form compound adjectives) strange or unusual in the way mentioned: *an odd-sounding name* ▶ (*określa, w jaki sposób ktoś/coś jest dziwaczny/niezwykły*) **3** (used about a number) that cannot be divided by two: *One, three, five and seven are all odd numbers.* ❶ Antonim: **even**. ▶ **nieparzysty 4** being one of a pair, from which the other is missing: *You're wearing odd socks.* ▶ **nie do pary, pojedynczy 5** that remains after other similar things have been used: *He made the bookshelves out of a few odd bits of wood.* ▶ **pozostały, przypadkowy, zbywający 6** (usually used after a number) a little more than: *'How old do you think he is?' 'Well, he must be 30 odd, I suppose.'* ▶ **ponad, z okładem 7** not regular or fixed: *I do my exercises at odd moments during the day.* ▶ **wolny**

IDIOM **the odd man/one out** one that is different from all the others or that is left behind when all the others are in groups: *Her brothers and sisters were much older than she was. She was always the odd one out.* ○ *'Dog', 'cat', 'horse', 'shoe' – which is the odd one out?* ▶ **nie pasujący, inny**

□ **oddly** adv. in a strange way: *He's behaving very oddly.* ▶ **dziwnie, osobliwie** | **oddness** noun [U] ▶ **osobliwość, niezwykłość**

■ ˌ**odd 'jobs** noun [pl.] small jobs of various kinds ▶ **dorywcze zajęcia/prace**

oddity /ˈɒdəti/ noun (pl. **oddities**) **1** [U] the quality of being strange or unusual ▶ **osobliwość; dziwaczność 2** [C] a person or thing that is unusual ▶ **dziwak; osobliwość**

oddment /ˈɒdmənt/ noun [C, usually pl.] something that remains after the rest has been used ▶ **resztki**

odds /ɒdz/ noun [pl.] the chance or probability that sth will or will not happen: *The odds on him surviving are very slim.* ○ *The odds are against you.* Masz małe szanse na… ○ *The odds on that horse winning are seven to one.* Prawdopodobieństwo, że ten koń wygra, wynosi siedem do jednego. ▶ **szansa, prawdopodobieństwo**

IDIOMS **against (all) the odds** happening although it seemed impossible; in spite of problems or disadvantages: *Graham passed his exam against all the odds.* ▶ **pomimo wszystkich przeciwności** | **be at odds (with sb) (over sth)** to disagree with sb about sth ▶ **nie zgadzać się z kimś (co do czegoś)** | **be at odds (with sth)** to be different from sth, when the two things should be the same ▶ **nie pasować (do czegoś)** | **odds and ends** (Brit., informal) small things of little value or importance ▶ **drobiazgi, rupiecie**

odometer /əʊˈdɒmɪtə(r)/ noun [C] (US) = MILOMETER

odour (US **odor**) /ˈəʊdə(r)/ noun [C] (formal) a smell (often an unpleasant one) ➲ Zob. uwaga przy **smell**[1]. ▶ **woń, zapach**

□ **odourless** adj. without a smell ▶ **bezwonny**

***of** /əv; strong form ɒv/ prep. ❶ Najczęściej **of** nie tłumaczy się odrębnie. Zwykle **of** + rzeczownik odpowiada rzeczownikowi w dopełniaczu. Czasami **of** tłumaczy się przyimkiem, zwłaszcza **z**. ➲ Zob. przykłady niżej. **1** belonging to, relating to, or part of sth: *the roof of the house* dach domu ○ *the result of the exam* ○ *the back of the book* ○ *the leader of the party* **2** relating to a person: *a friend of mine* (jeden z moich przyjaciół) ○ *the poems of Milton* ○ *That was nice of her.* Ładnie się zachowała. **3** (used for saying what sb/sth is or what a thing contains or consists of): *a woman of intelligence* inteligentna kobieta ○ *the city of Paris* miasto Paryż ○ *a glass of milk* ○ *a crowd of people* ○ *It's made of silver* (ze srebra). ○ *a feeling of anger* **4** showing sth: *a map of York* **5** (showing that sb/sth is part of a larger group): *some of the people* ○ *three of the houses* ▶ **z (większej liczby) 6** (with measurements and expressions of time and age): *five miles north of Leeds* (na północ od Leeds) ○ *a litre of milk* ○ *the fourth of July* ○ *a girl of 12* dwunastoletnia dziewczynka **7** (indicating the reason for or cause of sth): *He died of pneumonia.* ▶ **na** (*jakąś chorobę*), **z powodu czegoś 8** (with some adjectives): *I'm proud of you* (z ciebie). ○ *She's jealous of her.* Jest o nią zazdrosna. **9** (with some verbs): *This perfume smells of roses.* Te perfumy mają zapach róż. ○ *Think of a number.* Pomyśl o jakiejś liczbie. ○ *It reminds me of you.* Przypomina mi to ciebie. **10** (used after a noun which is connected with a verb. The noun after 'of' can be either the subject or the object): *the arrival of the president* ○ *the murder of the president*

***off**[1] /ɒf/ adv., prep. ❶ **Off** występuje w czasownikach złożonych, np. **go off**. ➲ Zob. hasła odpowiednich czasowników. **1** down or away from a place: *He fell off* (spadł z) *the ladder.* ○ *We got off* (wysiedliśmy z) *the bus.* ○ *I shouted to him but he just walked off* (odszedł). ○ *I must be off.* (Muszę iść.) *It's getting late.* ○ *When are you off* (wyjeżdżacie) *to Spain?* ○ (figurative) *We've got off* (zeszliśmy z) *the subject.* ▶ **z 2** (used with verbs that mean 'remove'): *She took her coat off* (zdjęła). ○ *He shook the rain off* (strząsnął krople deszczu z) *his umbrella.* ○ *Don't leave the top off the toothpaste.* Zawsze zamykaj tubkę po użyciu. **3** at a distance from sth: *The Isle of Wight is just off* (niedaleko) *the south coast of England.* ○ *Christmas is still a long way off.* Jeszcze daleko do Bożego Narodzenia. ▶ **w pewnej odległości 4** joined to and leading from: *The bathroom is off the main bedroom.* ▶ **przy**, (*o ulicy*) **boczna 5** (used about a machine, a light, etc.) not working or being used: *Please make sure the lights are off.* ▶ **wyłączony 6** not present at work, school, etc.: *She's off work with a cold.* ▶ **nieobecny 7** when you do not work: *I'm having a day off next week.* ▶ **wolny 8** no longer happening: *The meeting next Monday is off.* ▶ **odwołany 9** cheaper; costing a certain amount less: *cars with £400 off* ○ *£400 off the price of a car* ▶ **z bonifikatą 10** not eating or using sth: *The baby's off* (nie je) *his food.*

IDIOMS **off and on; on and off** sometimes, but not all the time ▶ **od czasu do czasu, dorywczo** | **well/badly off** having/not having a lot of money ▶ **w dobrej/złej sytuacji materialnej**

off[2] /ɒf; US ɔːf/ adj. (not before a noun) **1** (used about food or drink) no longer fresh: *The milk's off.* ▶ **nieświeży, zepsuty 2** (informal) unfriendly: *My neighbour was rather off with me today.* ▶ **nieprzyjazny**

■ **'off chance** noun [sing.] a slight possibility: *She popped round on the off chance of finding him* (w nadziei, że go zastanie) *at home.* ▶ **znikoma szansa** | **'off-day** noun [C] (informal) a day when things go badly or you do not work well ▶ **zły dzień**

offal /'ɒfl/ noun [U] the heart, liver, kidneys, etc. of an animal, used as food ▶ **podroby**

⋆**offence** (US **offense**) /ə'fens/ noun **1** [C] **offence (against sth)** (formal) a crime; breaking the law: *to commit an offence* ○ *The new law makes it a criminal offence to drink alcohol in public places.* ○ *a minor/serious offence* ○ *She pleaded guilty to five driving offences.* ▶ **przestępstwo, wykroczenie 2** [U] **offence (to sb/sth)** annoyance, anger or sadness or sth that causes these feelings: *I didn't mean to cause you any offence.* ▶ **obraza, przykrość**

IDIOM **take offence (at sth)** to feel upset or hurt: *Be careful what you say – she takes offence rather easily.* ▶ **obrażać się**

⋆**offend** /ə'fend/ verb **1** [T] (often passive) to hurt sb's feelings; to upset sb: *I hope they won't be offended* (że się nie obrażą) *if I don't come.* ○ *He felt offended that she hadn't written for so long.* ▶ **obrażać 2** [I] **offend (against sb/sth)** (formal) to be wrong or act wrongly according to law, usual behaviour, certain beliefs, etc.: *The prisoner had offended again within days of his release from jail.* ○ *Parts of the book offended against their religious beliefs.* ▶ **naruszać prawo/zwyczaj, obrażać**

□ **offender** noun [C] **1** (formal) a person who commits a crime: *Young offenders* (nieletni przestępcy) *should not be sent to adult prisons.* ○ *a first offender* osoba, która popełniła przestępstwo/wykroczenie po raz pierwszy ▶ **przestęp-ca/czyni, osoba popełniająca wykroczenie 2** a person or thing that causes harm or trouble: *When it comes to polluting the North Sea, Britain is the worst offender.* ▶ **winowajca**

offensive /ə'fensɪv/ adj. **1** unpleasant; insulting: *an offensive remark* ○ *offensive behaviour* ➲ Por. **inoffensive**. ▶ **obraźliwy, nieprzyzwoity 2** (formal) used for or connected with attacking: *offensive weapons* ❶ Antonim: **defensive**. ▶ **ofensywny, zaczepny**

□ **offensive** noun [C] an attack ▶ **ofensywa**

IDIOMS **be on the offensive** to be the first to attack, rather than waiting for others to attack you ▶ **być w ataku** | **take the offensive** to be the first to attack ▶ **przechodzić do ofensywy**

offensively adv. unpleasantly; rudely: *He was offensively outspoken in his remarks.* ▶ **obraźliwie; nieprzyzwoicie**

⋆**offer** /'ɒfə(r)/ verb **1** [T] **offer sth (to sb)** to ask if sb would like sth or to give sb the opportunity to have sth: *He offered his seat on the bus to an old lady.* ○ *I've been offered a job in London.* ○ *She offered me a cigarette.* ▶ **proponować, oferować 2** [I,T] to say or show that you are willing to do sth: *I don't want to do it but I suppose I'll have to offer.* ○ *My brother's offered to help me paint the house.* ▶ **za/proponować, okazywać gotowość 3** [T] to give or provide sth: *The brochure offers very little information about the surrounding area.* ○ *The job offers plenty of opportunity for travel.* ▶ **dostarczać, dawać 4** [T] to say that you will pay a certain amount: *He offered (me) £2 000 for the car and I accepted.* ▶ **podawać cenę, oferować**

□ **offer** noun [C] **1** a statement offering to do sth or give sth to sb: *She accepted my offer of help.* ○ *Thank you for your kind offer.* ○ *to make/accept/refuse/withdraw an offer* ▶ **oferta, propozycja 2** a low price for sth in a shop, or sth extra that you get when buying sth: *'Amazing offers,' the advertisement said, 'Buy now!'* ○ *See below for details of our special holiday offer.* ▶ **oferta, okazja 3** an amount of money that you say you will give for sth: *They've made an offer for the house.* ○ *We've turned down an offer* (odrzuciliśmy ofertę) *of £90 000.* ▶ **oferta, propozycja** (*ceny*)

IDIOMS **on offer 1** for sale or available: *The college has a wide range of courses on offer.* ▶ **do zaoferowania, do nabycia 2** for sale at a lower price than usual for a certain time: *This wine is on offer until next week.* ▶ **do nabycia po promocyjnej cenie** | **or nearest offer** → NEAR[1]

offering /'ɒfərɪŋ/ noun [C] something that is given or produced: *He gave me a bottle of wine as a peace offering* (na zgodę). ○ *The latest offering from the Oxford Youth Theatre is 'Macbeth'.* ▶ **propozycja, ofiara, produkcja**

offhand /,ɒf'hænd/ adj. (used about behaviour) not friendly or polite ▶ **bezceremonialny, niegrzeczny**

□ **offhand** adv. without having time to think; immediately: *I can't tell you what it's worth offhand.* ▶ **od razu, bez zastanowienia** | **offhandedly** adv. in an unfriendly way or in a way that shows that you are not interested: *'Oh really?' she said offhandedly, looking at her watch.* ▶ **bez zainteresowania, na odczepnego**

⋆**office** /'ɒfɪs/ noun **1** [C] a room or building where written work is done, especially work connected with a business: *I usually get to the office at about 9 o'clock.* ○ *The firm's head office is in Glasgow.* ○ *office furniture/equipment* ○ *Please phone again during office hours* (w czasie godzin urzędowania). ▶ **biuro, urząd**

> W USA gabinety lekarskie i dentystyczne nazywają się **offices**, a w Wielkiej Brytanii **surgeries**.

2 (**Office**) [sing.] (often in compounds) a government department, including the people who work there and the work they do: *the Foreign Office* Ministerstwo Spraw Zagranicznych ▶ **ministerstwo, departament 3** [C] (often in compounds) a room or building that is used for a particular purpose, especially for providing a service: *the tax office* ➲ Por. **booking office**, **box office** i **post office**. ▶ **urząd, biuro 4** [U] an official position, often as part of a government or other organization: *The chairman* *holds office for one year.* ○ *The Labour Party has been in office* (u władzy) *for five years.* ▶ **stanowisko, urząd**

■ **'office block** noun [C] a large building that contains offices, usually belonging to more than one company ▶ **biurowiec**

★**officer** /ˈɒfɪsə(r)/ noun [C] **1** a person who gives the orders to others in the army, navy, etc.: *an army, a naval, an air-force officer* ▶ **oficer 2** (often in compounds) a person with a position of authority or responsibility in the government or other organization: *a prison officer* ▶ **funkcjonariusz/ka, (wyższy) urzędnik 3** = POLICE OFFICER: *Excuse me, officer, is this the way to Victoria Station?* ▶ **policjant** ➲ Zob. uwaga przy **official**.

★**official** /əˈfɪʃl/ adj. **1** accepted and approved by the government or some other authority: *the official unemployment figures* ○ *The scheme has not yet received official approval.* ▶ **oficjalny, urzędowy 2** connected with a position of authority: *official duties* ○ *Her official title is now 'The Princess Royal'.* ▶ **oficjalny, urzędowy 3** known publicly: *Their engagement is not yet official.* ○ *The official reason for his resignation was that he wanted to spend more time with his family.* ▶ **oficjalny** ❶ Antonim: **unofficial**.

□ **official** noun [C] a person who has a position of authority: *The reception was attended by MPs and high-ranking officials.* ○ *a council official* ▶ **(wyższy) urzędnik** (*np. państwowy, kościelny*)

> **Office worker** to pracownik biurowy. **Official** to osoba zajmująca odpowiedzialne stanowisko w firmie lub organizacji, zwł. w administracji rządowej: *senior government officials.* Osoba uprawniona do wydawania rozkazów w wojsku, marynarce i policji to **officer**, choć słowa tego używa się też w znaczeniu podobnym do **official**: *She's an executive officer in the Civil Service.*

| **officialdom** /-dəm/ noun [U] officials as a group ▶ **oficjele, sfery urzędowe** | **officially** /əˈfɪʃəli/ adv. **1** as announced publicly but perhaps not strictly true: *Officially we don't accept children under 6, but we'll make an exception in this case.* ▶ **oficjalnie, formalnie 2** in an official way: *The new school was officially opened last week.* ▶ **oficjalnie, urzędowo**

officious /əˈfɪʃəs/ adj. too ready to tell other people what to do: *I'm tired of being pushed around by officious civil servants* ▶ **nadgorliwy**

offing /ˈɒfɪŋ/ noun

IDIOM **in the offing** likely to appear or happen soon: *Do you think there's a romance in the offing* (wisi w powietrzu)*? Jane and Trevor seem to be getting on very well.* ▶ **spodziewany**

off-licence /ˈɒf laɪsns/ noun [C] (Brit.) (US **'liquor store**) a shop which sells beer, wine, spirits, etc. ▶ **sklep monopolowy**

off-line /ˌɒf ˈlaɪn/ adj., adv. not directly controlled by or connected to a computer or to the Internet ▶ **odłączony od komputera/sieci**

offload /ˌɒfˈləʊd/ verb [T] **offload sb/sth on/onto sb** (informal) to give sb/sth that you do not want to sb else ▶ **pozbywać się, uszczęśliwiać kogoś** (*np. prezentem, który nam nie odpowiada*)

ˌoff-ˈpeak /ˌɒf ˈpiːk/ adj. available or used at a less popular or busy time: *an off-peak train ticket* ▶ **poza godzinami szczytu**

ˈoff-putting /ˈɒf pʊtɪŋ/ adj. unpleasant or unattractive: *I must say that I find her manner rather off-putting.* ▶ **niepociągający**

offset /ˈɒfset/ verb [T] (**offsetting**; pt, pp **offset**) to make the effect of sth less strong or noticeable; to balance: *The disadvantages of the scheme are more than offset by the advantages.* ▶ **równoważyć, usuwać w cień**

offshoot /ˈɒfʃuːt/ noun [C] a thing that develops from sth else, especially a small organization that develops from a larger one ▶ (*przen.*) **gałąź**

offshore /ˌɒfˈʃɔː(r)/ adj. in the sea not far from the land: *an offshore island* ▶ **przybrzeżny** (*tylko o brzegu morza*), **niedaleko lądu**

offside /ˌɒfˈsaɪd/ adj., adv. (used about a player in football, etc.) in a position that is not allowed by the rules of the game: *the offside rule* (w piłce nożnej) spalony ○ *The Liverpool player seemed to be offside but the goal was allowed.* ▶ **na spalonym**

offspring /ˈɒfsprɪŋ/ noun [C] (pl. **offspring**) (formal) a child or children; the young of an animal: *Parents can pass many diseases on to their offspring.* ▶ **potomek; potomstwo, młode**

ˌoff-ˈwhite /ˌɒf ˈwaɪt/ adj. not pure white ▶ **białawy**

★**often** /ˈɒfn; ˈɒftən/ adv. **1** many times; frequently: *We often go swimming at the weekend.* ○ *I've often seen him on the train.* ○ *I'm sorry I didn't write very often.* ○ *How often should you go to the dentist?* ○ *Write as often as you can.* ▶ **często 2** in many cases: *Women often go back to work after they have had a baby.* ▶ **często, w wielu wypadkach**

IDIOMS **every so often** occasionally; from time to time ▶ **od czasu do czasu** | **more often than not** usually: *More often than not the buses are late in the morning.* ▶ **zazwyczaj, bardzo często**

ogre /ˈəʊgə(r)/ noun [C] **1** (in children's stories) a cruel and frightening giant ▶ **zły olbrzym 2** a person who is unpleasant and frightening ▶ **potwór, poczwara**

★**oh** (also **O**) /əʊ/ interj. **1** (used for introducing a reply or remark, for attracting sb's attention or when pausing to think): *'What time should we leave?' 'Oh, early, I think.'* ○ *'I'm a teacher.' 'Oh? Where?'* ○ *Oh, Simon, take this letter to the post, would you?* ○ *'What time do you think it is?' 'Oh… about 3.30.'* ▶ **och!; aha! 2** (used for expressing surprise, fear, pain, sudden pleasure, etc.): *'Oh no!' she cried as she began to read the letter.* ▶ **och!, ojej!**

★**oil** /ɔɪl/ noun **1** [U] a thick liquid that comes from under the ground and is used as a fuel or to make machines work smoothly: *Britain obtains oil from the North Sea.* ○ *Your bicycle chain needs a little oil.* ○ *Crude oil* (ropa naftowa) *is* *transported by tanker to the refinery.* ▶ **ropa naftowa**, **olej** **2** [U,C] a thick liquid that comes from animals or plants and is used in cooking: *cooking/vegetable oil* ○ *olive oil* oliwa ▶ **olej**

□ **oil** verb [T] to put oil on or into sth, to make it work smoothly ▶ **oliwić**, **oleić** | **oily** /ˈɔɪli/ adj. (**oilier**; **oiliest**) covered with oil or like oil ▶ **natłuszczony**; **oleisty**, **olejowy**

■ **ˈoilfield** noun [C] an area where oil is found under the ground or the sea ▶ **pole naftowe** | **ˈoil painting** noun [C] a painting that has been done using paint made with oil ▶ **obraz olejny** | **ˈoil rig** noun [C] a structure that is used for taking oil from under the ground or under the sea. ▶ **platforma wiertnicza** | **ˈoil slick** noun [C] an area of oil that floats on the sea, usually when a ship carrying oil has leaked ▶ **plama ropy** | **ˈoil well** (also **well**) noun [C] a hole that is made deep in the ground or under the sea in order to obtain oil ▶ **szyb naftowy**

ointment /ˈɔɪntmənt/ noun [C,U] a smooth substance that you put on sore skin or on an injury to help it to heal: *The doctor gave me an ointment to rub in twice a day.* ▶ **maść**

*****OK** (also **okay**) /əʊˈkeɪ/ adj., adv. (informal) all right; good or well enough: *'Did you have a nice day?' 'Well, it was OK, I suppose.'* ○ *'How's your mother now?' 'Okay.'* ○ *If it's okay with you,* (jeżeli ci to odpowiada) *I'll come at about 7.* ▶ **w porządku**, **dobrze**

□ **OK** (also **okay**) interj. yes; all right: *'Would you like to come to the cinema?' 'Okay.'* ▶ **tak**, **zgoda** | **OK** (also **okay**) noun [sing.] agreement or permission: *My parents have given me the OK to stay out late.* ▶ **zgoda**; **pozwolenie** | **OK** (also **okay**) (3rd pers. sing. pres. **OK's**; pres. part. **OK'ing**; pt, pp **OK'd**) verb [T] **OK sth (with sb)**: *If you need time off, you have to OK it with your boss.* ▶ **uzyskać (czyjąś) zgodę**

*****old** /əʊld/ adj. **1** (used about people, animals, etc.) having lived a long time; not young: *My mother wasn't very old when she died.* ○ *He's only 50 but he looks older.* ○ *to get/grow/become old* ▶ **stary** **2** having existed for a long time; not modern: *a beautiful old stone house* ○ *old ideas/traditions* ▶ **stary**, **(staro)dawny** **3** having been used a lot; not new: *My younger brother gets all my old clothes.* ○ *I'm going to exchange my old car for a new one.* ○ *Oh no, not that old joke again!* ▶ **stary** **4** (only before a noun) former; previous: *I earn more now than I did in my old job.* ▶ **poprzedni** **5** (used with a period of time or with *how*) of a particular age: *Our car is only a year old.* ○ *My best friend and I have known each other since we were five years old.* ○ *They have a two-year-old* (dwulatka). ○ *How old are you?* Ile masz lat? ○ *Are you older or younger than your sister?* ℹ **Old** nie tłumaczy się przy podawaniu wieku lub pytaniu o wiek. ▶ **stary**

> Zwyczajny stopień wyższy i najwyższy przymiotnika **old** to **older** i **oldest**: *My father's older than my mother.* Formy **elder** i **eldest** stosuje się przy porównywaniu wieku różnych osób, szczególnie członków rodziny. Nie można ich jednak używać ze słowem **than**. Przymiotniki te występują wyłącznie przed rzeczownikami. Zob. też uwaga przy **age**.

6 (only before a noun) known for a long time (but maybe not old in years): *She's a very old friend of mine. We knew each other at school.* ▶ **stary**, **dawny** **7** (only before a noun) (informal) (used for expressing friendship and affection): *Good old Tom has solved the problem!* ▶ **stary**, **drogi**

IDIOMS **any old...** (spoken) any item of the type mentioned (used when it is not important which particular item is chosen): *'What time shall I come?' 'Oh, any old time* (kiedykolwiek) *– it doesn't matter.'* ▶ **byle** | **be an old hand (at sth)** to be good at sth because you have done it often before ▶ **być doświadczonym**, **być starym wyjadaczem** | **old hat** (informal) not new; old-fashioned ▶ **staromodny**, **staroświecki**

□ **the old** noun [pl.] old people ▶ **starzy ludzie**

■ **ˌold ˈage** noun [U] the part of your life when you are old: *He's enjoying life in his old age* (na starość). ▶ **starość** | **ˌold-age ˈpension** noun [U] money paid by the state to people above a certain age ▶ **emerytura** | **ˌold-age ˈpensioner** (also **pensioner**) noun [C] (abbr. **OAP**) a person who gets the old-age pension ℹ Obecnie bardziej przyjęte jest określenie **senior citizen**. ▶ **emeryt** | **ˌOld ˈEnglish** noun [U] = ANGLO-SAXON | **ˌold-ˈfashioned** adj. **1** not modern; not commonly worn, used, etc. now: *a long old-fashioned skirt* ▶ **staromodny**, **staroświecki** **2** (used about people) believing in old ideas, customs, etc.: *My parents are rather old-fashioned about some things.* ▶ **staroświecki**, **starej daty** | **ˌold ˈpeople's home** (Brit.) (also **reˈtirement home**) noun [C] a place where old people live and are cared for ▶ **dom starców** | **the ˌOld ˈTestament** noun [sing.] the first part of the Bible, that tells the history of the Jewish people. ▶ **Stary Testament**

olive /ˈɒlɪv/ noun [C] a small green or black fruit with a bitter taste, used for food and oil ▶ **oliwka**

□ **olive** (also **ˌolive-ˈgreen**) adj. of a colour between yellow and green ▶ **oliwkowy**

■ **ˈolive oil** noun [U] oil obtained from olives and used in cooking or on salads ▶ **oliwa** (*z oliwek*)

Olympic /əˈlɪmpɪk/ adj. connected with the Olympic Games: *Who holds the Olympic record for the 1500 metres?* ▶ **olimpijski**

■ **the OˌIympic ˈGames** (also **the Olympics**) noun [pl.] the international sports competitions which are organized every four years in a different country: *to win a medal at/in the Olympics* ▶ **olimpiada**

ombudsman /ˈɒmbʊdzmən; -mæn/ noun [C] (pl. **ombudsmen** /-mən/) a government official who reports on complaints made by ordinary people against public authorities ▶ **rzecznik praw obywatelskich**

omelette (also **omelet**) /ˈɒmlət/ noun [C] eggs, mixed and beaten and fried: *A plain omelette and a salad, please.* ○ *a mushroom omelette* ▶ **omlet**

omen /ˈəʊmen/ noun [C] a sign of sth that will

happen in the future: *a good/bad omen* ▶ **znak, wróżba**

ominous /ˈɒmɪnəs/ adj. suggesting that sth bad is going to happen: *Those black clouds look ominous* (złowróżbnie). ▶ **złowróżbny**

omission /əˈmɪʃn/ noun **1** [C] something that has not been included: *There were several omissions on the list of names.* Na liście pominięto kilka nazwisk. ▶ **przeoczenie, pominięcie** **2** [U] the act of not including sb/sth: *The film was criticized for its omission of certain important details.* ▶ **pominięcie, przeoczenie**

omit /əˈmɪt/ verb [T] (**omitting**; **omitted**) **1** to not include sth: *Several verses of the song can be omitted.* ▶ **opuszczać, pomijać** **2** (formal) to not do sth: *He omitted to mention the man's name.* ▶ **pomijać, zaniedbywać**

omnivore /ˈɒmnɪvɔː(r)/ noun [C] an animal that eats both plants and meat ▶ **zwierzę wszystkożerne** ➲ Por. **carnivore** i **herbivore**.
□ **omnivorous** /ɒmˈnɪvərəs/ adj.: *an omnivorous* (wieloskładnikowa) *diet* ▶ **wszystkożerny**

★**on** /ɒn/ adv., prep. ❶ **On** używa się w czasownikach złożonych i w zwrotach z rzeczownikami, np. **to get on**, **on holiday**. ➲ Zob. hasła odpowiednich czasowników i rzeczowników. **1** supported by a surface: *The plates are on the table.* ○ *We sat on the floor.* ○ *Make sure you put the lid on.* ➲ Ilustr. na str. 874. ▶ **na** **2** touching or forming part of sth: *There's a mark on your skirt.* ○ *paintings on the wall* ○ *Write it down on a piece of paper.* ▶ **na** **3** in an area of land; near the sea, a river, etc.: *on the farm* ○ *We live on a large housing estate.* ○ *a house on the river Thames* ▶ **na; nad** **4** (showing direction): *on the right/left* ▶ **na** **5** (used with means of transport): *on the bus, train, plane* ○ *'I got the bus.' 'Where did you get on?'* ○ *We came on foot* (piechotą). ○ *on a bicycle* ❶ Uwaga! – **on the bus/train/plane**, ale **in the car**. ▶ **w, na** **6** (with expressions of time): *on August 19th* dziewiętnastego sierpnia ○ *on Monday* ○ *on Christmas Day* ○ *What are you doing on your birthday?* ▶ **w** **7** immediately; soon after: *He telephoned her on his return from New York.* ○ *She began to weep on hearing* (usłyszawszy) *the news.* ❶ Konstrukcję **on doing something** często tłumaczy się na polski imiesłowem biernym. ▶ **po** **8** (showing that sth continues): *The man shouted at us but we walked on.* ○ *The war went on* (ciągnęła się) *for five years.* ▶ **dalej (coś robić/kontynuować)** **9** about sth: *We've got a test on irregular verbs tomorrow.* ○ *a talk on Japan* ▶ **na temat, z (zakresu/tematu)** **10** working; being used: *All the lights were on.* Paliły się wszystkie światła. ○ *Switch the television on.* Włącz telewizor. ▶ **włączony, pracujący** **11** happening: *What's on* (co grają) *at the cinema?* ○ *We haven't got anything on* (nie mamy nic zaplanowanego) *this weekend.* ▶ **grany, w programie** **12** using sth; by means of sth: *I spoke to her on the phone.* ○ *There's a good film on the television tonight.* ▶ **przez, w, na** **13** (showing the thing or person that is affected by an action or is the object of an action): *Divorce can have a bad effect on children.* ○ *He spends a lot on clothes.* ○ *Don't waste your time on that.* ▶ **na** **14** wearing sth: *What did she have on* (w co była ubrana)*?* ▶ **(mieć) na sobie** **15** having sth with you: *I've got no money on me.* ▶ **przy (sobie)** **16** using drugs or medicine: *I've been on antibiotics for two weeks.* ▶ **na** **17** receiving a certain amount of money: *I can't support a family on the salary I earn.* ▶ **z** **18** (showing the reason for or basis for sth: *She doesn't eat meat on principle.* ▶ **dla** **19** compared to: *Sales are up on last year.* ▶ **w porównaniu z czymś**
IDIOMS **be on about sth** (informal) to talk about sth; to mean sth: *I didn't know what he was on about. It didn't make sense.* ▶ **mówić o czymś, mieć coś na myśli** | **be/go on (at sb) (about sth)** → GO[1] | **be on sb** to be paid for by sb: *The drinks are on me!* Ja stawiam! ▶ **stawiać** (*np. piwo*) | **from now/then on** starting from this/that time and continuing: *From then on he never smoked another cigarette.* ▶ **od tego czasu** | **not on** not acceptable: *No, you can't stay out that late. It's just not on.* Nie ma mowy. ▶ **nie do przyjęcia** | **off and on; on and off** → OFF[1] | **on and on** without stopping: *He just went on and on* (mówił bez końca) *about his work.* ▶ **bez przerwy**

★**once** /wʌns/ adv. **1** one time only; on one occasion: *I've only been to France once.* ○ *once a* (raz na) *week/month/year* ○ *I have the car serviced once every six months.* ▶ **raz** **2** at some time in the past; formerly: *This house was once the village school.* ▶ **kiedyś, uprzednio**
IDIOMS **all at once** all at the same time or suddenly: *People began talking all at once.* ○ *All at once she got up and left the room.* ▶ **naraz; nagle** | **at once 1** immediately; now: *Come here at once!* ○ *I'll telephone at once, before I forget.* ▶ **natychmiast, od razu** **2** at the same time: *You can't all go on the slide at once! Take it in turns.* ▶ **naraz, równocześnie** | **just this once; (just) for once** on this occasion only: *'Have a glass of wine.' 'Oh, all right. Just this once.'* ▶ **tylko ten (jeden) raz** | **once again/more** again, as before: *Spring will soon be here once again.* ▶ **znowu, jeszcze raz** | **once and for all** now and for the last time: *You've got to make a decision once and for all.* ▶ **raz na zawsze** | **once in a blue moon** (informal) very rarely; almost never: *We live in Glasgow, so I only go to London once in a blue moon.* ▶ **od wielkiego dzwonu** | **once in a while** occasionally but not often ▶ **z rzadka, od czasu do czasu** | **once more** one more time: *Let's listen to that cassette once more, shall we?* ▶ **jeszcze raz** | **once upon a time** (used at the beginning of a children's story) a long time ago; in the past: *Once upon a time there was a beautiful princess…* ▶ **dawno, dawno temu**
□ **once** conj. as soon as; when: *Once you've practised a bit you'll find that it's quite easy.* ○ *Once the meal was finished, the discussions began.* ▶ **kiedy, kiedy tylko**

oncoming /ˈɒnkʌmɪŋ/ adj. (only before a noun) coming towards you: *oncoming traffic* ▶ **nadchodzący, nadjeżdżający**

★**one**[1] /wʌn/ pron., det., noun [C] **1** the number 1: *There's only one biscuit left.* ○ *The journey takes* *one hour.* ○ *If you take one from ten it leaves nine.* ➲ Por. **first**. Zob. przykł. użycia liczebników w zdaniach przy **six**. ▶ **jeden** **2** (used for emphasizing sth) only: *She's the one person I trust.* ▶ **jedyny, właśnie ten** **3** (used when you are talking about a time in the past or future without actually saying which one) a certain: *He came to see me one evening last week.* ○ *We must go and visit them one day.* ▶ **któryś, jeden** **4** (formal) (used in front of sb's name to show that you do not know the person) a certain: *I believe that one Mary Smith is the lady you need to see.* ▶ **pewien, jakiś** **5** (used with *the other*, *another* or *other(s)* to make a contrast): *The twins are so alike that it's hard to tell one from the other.* ▶ **jeden** **6** the same: *We can't all get in the one car.* ▶ **jeden, ten sam**

IDIOMS **(all) in one** all together or combined: *It's a bag and a raincoat all in one.* ▶ **razem; połączony** | **one after another/the other** first one, then the next, etc.: *One after another the winners went up to get their prizes.* ▶ **jeden za drugim** | **one at a time** separately; individually: *I'll deal with the problems one at a time.* ▶ **pojedynczo** | **one by one** individually or separately: *I'd like to see the three boys one by one.* ▶ **pojedynczo, każdy oddzielnie** | **one or two** a few: *I've borrowed one or two new books from the library.* ○ *Just take one or two – not too many.* ▶ **jeden czy dwa**

■ **ˌone-ˈoff** noun [C], adj. (informal) (a thing) that is available or happens only once: *You'll never get a flight at that price again. It was a one-off.* ○ *a one-off opportunity* ▶ **jedyna okazja; jedyny (w swoim rodzaju), unikatowy** | **ˌone-parent ˈfamily** (also **ˌsingle-parent ˈfamily**; **ˌlone-parent ˈfamily**) noun [C] a family in which children live with only one of their parents, e.g. after a divorce ▶ **rodzina niepełna** | **ˌone-ˈsided** adj. **1** involving one person more than the other: *Her feelings for him seem to be rather one-sided.* ▶ **jednostronny** **2** unfair; seeing only one side (of an argument, etc.): *I think you're being very one-sided. Think of my point of view.* ▶ **stronniczy, niesprawiedliwy** | **ˌone-to-ˈone** adj., adv. between only two people: *one-to-one English lessons* ▶ **indywidualny, w cztery oczy** | **ˌone-ˈway** adv., adj. **1** (used about roads) that you can only drive along in one direction: *a one-way street* ▶ **jednokierunkowy** **2** (used about a ticket) that you can use to travel somewhere but not back again: *I'd like to buy a one-way ticket to the Caribbean!* ▶ **w jedną stronę**

★**one**[2] /wʌn/ pron. **1** (used instead of repeating a noun): *I think I'll have an apple. Would you like one?* ▶ (*tłumaczy się powtarzając rzeczownik, do którego odnosi się to słowo*) **2 one of** one member (of a certain group): *One of the plates is broken.* ○ *He's staying with one of his friends.* ○ *One of the children is crying.* ▶ **jeden** (*z kilku/wielu*)

■ **ˌone aˈnother** pron. each other: *We exchanged news with one another.* ○ *You should listen to one another a bit more.* ❶ Często nie tłumaczy się. ▶ **się, siebie (wzajemnie)**

★**one**[3] /wʌn/ noun [C] **1** (used after *this, that, which* or after an adjective which cannot stand alone): *'Which dress do you like?' 'This one.'* ○ *'Can I borrow some books of yours?' 'Yes. Which ones?'* ○ *'This coat's a bit small. You need a bigger one.'* ○ *That idea is a very good one.* ❶ Nie tłumaczy się. **2** (used before a group of words that show which person or thing you are talking about): *My house is the one after the post office.* ○ *The girl he's going out with is the one with the red hair.* ○ *If you find some questions difficult, leave out the ones you don't understand.* ▶ **(to) ten** **3** someone: *She's not one to get upset easily.* ▶ **ktoś**

★**one**[4] /wʌn/ pron. (formal) (used for referring to people in general, including the speaker or writer): *One should try not to get annoyed.* ○ *Plenty of exercise makes one fit.* ○ *Fresh fruit is good for one.* ▶ (*najczęściej tłumaczy się formą bezosobową, np. powinno się*), **ludzie**

> Takie użycie **one** cechuje bardzo formalny styl. W codziennym użyciu częściej występuje słowo **you**.
>
> Zwróć uwagę, że **one's** to forma zaimka dzierżawczego (czyj): *One must be sure of one's facts before criticizing other people.* Ta sama forma może występować jako skrót wyrażeń **one is** i **one has**.

★**oneself** /wʌnˈself/ pron. **1** (used for referring to people in general when *one* is the subject of the sentence): *One can teach oneself to play the piano but it is easier to have lessons.* ▶ **się, siebie** **2** (used for emphasizing *one*): *One could easily arrange it all oneself.* ▶ **sam**

IDIOM **(all) by oneself** **1** alone ▶ **sam** **2** without help ▶ **bez pomocy**

ongoing /ˈɒŋɡəʊɪŋ/ adj. (only before a noun) continuing to exist now: *It's an ongoing problem.* ○ *an ongoing relationship* ▶ **stały; ciągły**

★**onion** /ˈʌnjən/ noun [C,U] a small white vegetable with many layers and a brown skin. Onions have a strong smell and taste, and are often used in cooking: *a pound of onions* [C, U]: *onion soup* ▶ **cebula**

online /ˌɒnˈlaɪn/ adj., adv. controlled by or connected to a computer or to the Internet: *an online ticket booking system* ○ *I'm studying French online.* ▶ **komputerowy, przez Internet; komputerowo, internetowo**

onlooker /ˈɒnlʊkə(r)/ noun [C] a person who watches sth happening without taking part in it: *The police were questioning several onlookers about the incident.* ▶ **widz, świadek**

★**only**[1] /ˈəʊnli/ adj. (only before a noun) **1** with no others existing or present: *I was the only woman in the bar.* ○ *This is the only dress we have in your size.* ▶ **jedyny** **2** the most suitable or the best: *It's so cold that the only thing to do is to sit by the fire.* ▶ **jedyny, najlepszy**

■ **ˌonly ˈchild** noun [C] a child who has no brothers or sisters ▶ **jedyna-k/czka**

★**only**[2] /ˈəʊnli/ adv. and no one or nothing else; no more than: *She only likes pop music.* ○ *I've only asked a few friends to the party.* ○ *It was only a little spider.* ○ *It's only one o'clock. There's plenty of time.* ▶ **tylko**

W angielszczyźnie pisanej **only** występuje zwykle przed słowem, do którego się odnosi. W języku mówionym odniesienie takie ustalić można za pomocą odmiennego akcentowania, przez co **only** występuje w różnych miejscach w zdaniu: *I only kissed 'Jane.* Pocałowałem tylko Jane i nikogo więcej. ○ *I only 'kissed Jane.* Pocałowałem Jane, ale nie zrobiłem niczego więcej.

IDIOMS **if only** → IF | **not only... but also** both... and: *He not only did the shopping but he also cooked the meal.* ▶ **nie tylko...ale także** | **only just 1** not long ago: *I've only just started the job.* ▶ **dopiero co, niedawno 2** almost not; hardly: *We only just had enough money to pay for the meal.* ▶ **ledwie**

★**only**[3] /'əʊnli/ conj. (informal) except that; but: *The film was very good, only it was a bit too long.* ▶ **tylko**

onset /'ɒnset/ noun [sing.] the beginning (often of sth unpleasant): *the onset of winter* ▶ **początek**

onslaught /'ɒnslɔːt/ noun [C] **onslaught (on sb/sth)** a fierce attack: *an onslaught on government policy* ▶ **napaść**

★**onto** (also **'on to**) /'ɒntə before vowels 'ɒntu/ prep. to a position on sth: *The cat jumped onto the sofa.* ○ *The bottle fell onto the floor.* ▶ **na**

IDIOMS **be onto sb** (informal) **1** to have found out about sth illegal that sb is doing: *The police were onto the car thieves.* ▶ **być na tropie, dobierać się do kogoś 2** to talk to sb in order to pass on information or persuade them to do sth: *Have you been on to the solicitor yet?* ○ *I've been onto the children to tidy their room.* ▶ **kontaktować się z kimś; wsiadać na kogoś** | **be onto sth** to have some information, etc. that could lead to an important discovery ▶ **być na tropie**

onwards /'ɒnwədz; US 'ɑːn-; 'ɔːn-/ (especially Brit.) (US usually **onward** /'ɒnwəd; US 'ɑːn-; 'ɔːn-/ adv. and after: *From September onwards it usually begins to get colder.* ▶ **później; dalej 2** forward or towards progress: *The road stretched onwards into the distance.* ▶ **naprzód, dalej**

ooze /uːz/ verb [I,T] to flow slowly out or to allow sth to flow slowly out: *Blood was oozing from a cut on his head.* ○ *The toast was oozing with butter.* ○ (figurative) *She was oozing confidence* (biła od niej pewność siebie). ▶ **sączyć się, ociekać**

op /ɒp/ noun [C] (informal) = OPERATION(3)

opaque /əʊ'peɪk/ adj. **1** that you cannot see through; not transparent: *opaque glass in the door* ▶ **matowy, nieprzezroczysty 2** (formal) difficult to understand; not clear ▶ **nieprzejrzysty, niejasny**

OPEC /'əʊpek/ abbr. Organization of Petroleum Exporting Countries ▶ **Organizacja Państw Eksportujących Ropę Naftową**

★**open**[1] /'əʊpən/ adj. **1** not closed: *Don't leave the door open.* ○ *an open window* ○ *I can't get this bottle of wine open.* ○ *She stared at me with her eyes wide open.* ○ *The diary was lying open on her desk.* ○ *The curtains were open* (rozsunięte) *so that we could see into the room.* ▶ **otwarty 2** honest and willing to talk: *Jane will tell you exactly what happened at the meeting – she's a very open person.* ▶ **otwarty, szczery 3** not hidden or secret: *He looked at him with open dislike.* ▶ **jawny, nie ukrywany 4** with its doors unlocked so that customers can enter: *The bank isn't open till 9.30.* ▶ **otwarty 5** (used about a new building, public area, etc.) ready to be used for the first time: *The new shopping centre will soon be open.* ▶ **otwarty 6 open (to sb/sth)** (used about a road, a course of action, etc.) possible to use, do, etc.: *After the heavy snow many minor roads were not open to traffic.* ▶ **przejezdny, otwarty 7** (used about clothes) with the buttons not fastened: *His shirt was open at the neck.* ▶ **rozpięty, otwarty 8** (only before a noun) with few buildings, villages, etc. near (used about an area of land): *open country* wolna przestrzeń ▶ **wolny, otwarty 9** (only before a noun) at a distance from the land (used about an area of sea): *Once we were out in the open sea, the wind got stronger.* ▶ **pełny, otwarty 10** (only before a noun) not covered: *an open fire* ▶ **odkryty 11 open (to sb/sth)** that anyone can enter, visit, etc.: *The competition is open to everyone.* ○ *The gardens are open to the public in the summer months.* ▶ **otwarty 12** not finally decided; still being considered: *Let's leave the details open.* ▶ **otwarty, nie rozstrzygnięty**

IDIOMS **have/keep an open mind (about/on sth)** to be willing to listen to or consider new ideas and suggestions ▶ **chętnie/bez uprzedzeń podchodzić do nowości** | **in the open air** outside: *Somehow, food eaten in the open air tastes much better.* ▶ **na świeżym powietrzu** | **keep an eye open/out (for sb/sth)** → EYE[1] | **open to sth** willing to receive sth: *I'm always open to suggestions.* ▶ **otwarty na coś** | **with your eyes open** → EYE[1] | **with open arms** in a friendly way that shows that you are pleased to see sb or have sth ▶ **z otwartymi ramionami**

□ **the open** noun [sing.] outside or in open country: *After working in an office I like to be out in the open at weekends.* ▶ **na świeżym powietrzu**

IDIOM **bring sth out into the open**; **come out into the open** to make sth known publicly; to be known publicly: *I'm glad our secret has come out into the open at last.* ▶ **ujawniać (się)**

openly adv. not secretly; honestly: *I think you should discuss your feelings openly with each other.* ▶ **otwarcie, szczerze** | **openness** noun [U] the quality of being honest and willing to talk: *I was surprised by her openness about her relationship with James.* ▶ **otwartość, szczerość**

■ ˌ**open-'air** adj. outside; not indoor: *an open-air swimming pool* ▶ **otwarty, na dworze** | **'open day** noun [C] a day when the public can visit a place that is usually closed to them ▶ **dzień otwartych drzwi** | ˌ**open-'minded** adj. willing to consider new ideas and opinions ▶ **bez uprzedzeń** | ˌ**open-'plan** adj. (used about a large indoor area) not divided into separate rooms: *an open-plan office* ▶ **otwarta przestrzeń** (*np. biurowa*) | **the** ˌ**Open Uni'versity** noun [sing.] (Brit.) a university whose students study mainly at home. Their work is sent to them by post and there are special television and radio programmes for them. ▶ **odpowiednik (telewizyjnego) uniwersytetu powszechnego**

★**open²** /ˈəʊpən/ verb **1** [I,T] to become open or to make sth open: *This window won't open – it's stuck.* ○ *Do you mind if I open this window?* ○ *When I opened my eyes, she was gone.* ▶ **otwierać (się) 2** [I,T] **open (sth) (out)** to fold out, back, etc.: *The book opened at the very page I needed.* ○ *Open your hand – what have you got inside?* ○ *She opened* (rozsunęła) *the curtains and looked out.* ▶ **otwierać (się) 3** [I,T] (used about a shop, office, etc.) to be unlocked so that business, work, etc. can start; to unlock sth: *The shop hasn't opened yet.* ○ *They open the museum an hour later on Sundays.* ▶ **otwierać (się) 4** [T] to say officially that a new building, etc. is ready for use: *The Mayor will open the college next week.* ▶ **otwierać 5** [I,T] to start: *The play opens* (premiera sztuki odbędzie się) *in London next month.* ○ *The chairman opened the meeting by welcoming everybody.* ○ *I'd like to open a bank account.* ▶ **otwierać, rozpoczynać (się) 6** [T] to make a road, etc. available for use again: *Snowploughs have opened many major roads.* ▶ **uczynić przejezdnym, otwierać ponownie**

IDIOM **open fire (at/on sb/sth)** to start shooting: *He ordered his men to open fire.* ▶ **otwierać ogień**

PHRASAL VERBS **open into/onto sth** to lead straight to sth: *This door opens onto the garden.* ▶ **wychodzić na coś** | **open out** to become wider: *The road opened out and we were able to overtake the tractor.* ▶ **poszerzać się** | **open up 1** to talk about what you feel and think ▶ **rozmawiać szczerze 2** to open a door ▶ **otwierać drzwi** | **open (sth) up 1** to become available or to make sth available: *When I left school all sorts of opportunities opened up for me.* ○ *Parts of the desert may soon be opened up* (mogą być wkrótce dostępne) *for farming.* ▶ **otwierać się; uczynić coś dostępnym 2** to open a door: *'Open up,' shouted the police to the man inside.* ▶ **otwierać** (*drzwi*)

□ **opener** /ˈəʊpnə(r)/ noun [C] (in compounds) a thing that takes the lid, etc. off sth: *a tin-opener* ▶ **otwieracz**

★**opening** /ˈəʊpnɪŋ/ noun **1** [sing.] beginning: *The book is famous for its dramatic opening.* ▶ **początek, otwarcie 2** [C] a hole; a way in or out: *We were able to get through an opening in the hedge.* ▶ **otwór, dziura 3** [C] an opportunity: *There are many new openings for trade with Eastern Europe.* ▶ **okazja 4** [C] a job which is available: *We have an opening for a sales manager at the moment.* ▶ **wakat 5** [C] a ceremony when a public building, etc. is ready for use: *the opening of the new theatre* ▶ **otwarcie, inauguracja**

□ **opening** adj. (only before a noun) first: *the opening chapter of a book* ○ *His opening remarks were rather tactless.* ▶ **początkowy, wstępny**

★**opera** /ˈɒprə/ noun **1** [C] a play in which the actors, opera singers, sing the words to music: *an opera by Wagner* ○ *a comic opera* ▶ **opera 2** [U] works of this kind: *Do you like opera?* ○ *grand* (poważna) *opera* ○ *light opera* opera komiczna ➲ Por. **soap opera**. ▶ **opera**

□ **operatic** /ˌɒpəˈrætɪk/ adj. connected with opera: *operatic music* ▶ **operowy**

■ **ˈopera house** noun [C] a theatre where operas are performed ▶ **opera**

★**operate** /ˈɒpəreɪt/ verb **1** [I,T] to do business; to manage or direct sth: *Many companies operate mail-order services nowadays.* ○ *The firm operates from its central office in Bristol.* ▶ **prowadzić** (*np. interesy, usługi*), **działać 2** [I] to act or to have an effect: *Several factors were operating to our advantage* (przemawiało na naszą korzyść). ▶ **działać, znajdować zastosowanie 3** [I,T] to work, or to make sth work: *I don't understand how this machine operates.* ○ *These switches here operate the central heating.* ▶ **działać, obsługiwać 4** [I] **operate (on sb/sth) (for sth)** to cut open a patient's body in order to deal with a part that is damaged, diseased, etc.: *The surgeon is going to operate on her in the morning.* ○ *He was operated on for appendicitis.* ▶ **operować**

■ **ˈoperating system** noun [C] a computer program that organizes a number of other programs at the same time ▶ **system operacyjny** | **ˈoperating theatre** (also **theatre**) noun [C] a room in a hospital where operations(3) are performed ▶ **sala operacyjna**

★**operation** /ˌɒpəˈreɪʃn/ noun **1** [C] an activity, often highly organized, that involves many people, actions, days, etc.: *A rescue operation was mounted to find the missing children.* ○ *military operations* ○ *Building the garden shed was quite a tricky operation.* ▶ **działanie, akcja 2** [C] a business company: *a huge international operation* ▶ **firma 3** [C] (informal **op**) **operation (on sb/sth) (for sth)**; **operation (to do sth)** cutting open a patient's body in order to deal with a part inside: *The surgeon performed an operation on her for a kidney problem.* ○ *He had an operation to remove some damaged lung tissue.* ▶ **operacja 4** [C] an act performed by a machine, especially a computer ▶ **praca** (*komputera, maszyny*) **5** [U] the way in which sth works; working: *The operation of these machines is quite simple.* ▶ **działanie**

IDIOM **be in operation**; **come into operation** to start working or having an effect: *The new tax system will come into operation in the spring.* ▶ **działać; rozpocząć działanie, wchodzić w życie**

operational /ˌɒpəˈreɪʃənl/ adj. **1** (usually before a noun) connected with the way a business, machine, system, etc. works ▶ **operacyjny 2** ready for use: *The new factory is now fully operational.* ▶ **gotowy do działania, sprawny**

operative /ˈɒpərətɪv; US ˌɑpəreɪtɪv/ adj. (formal) working, able to be used; in use: *The new law will be operative from 1 May.* ▶ **obowiązujący, działający**

★**operator** /ˈɒpəreɪtə(r)/ noun [C] **1** a person whose job is to connect telephone calls, for the public or in a particular building: *Dial 100 for* *the operator.* ○ *a switchboard operator* ▶ **telefonist-a/ka** **2** a person whose job is to work a particular machine or piece of equipment: *a computer operator* ▶ **operator/ka** **3** a person or company that does certain types of business: *a tour operator* biuro podróży ○ *a bus/ferry operator* ▶ **firma; osoba prowadząca firmę**

★**opinion** /ə'pɪnjən/ noun **1** [C] **opinion (of sb/sth); opinion (on/about sth)** what you think about sb/sth: *She asked me for my opinion of her new hairstyle and I told her.* ○ *He has very strong opinions on almost everything.* ▶ **opinia, zdanie** **2** [U] what people in general think about sth: *Public opinion is in favour of a change in the law.* ▶ **opinia**

IDIOMS **be of the opinion that...** (formal) to think or believe that...: *In this case we are of the opinion that you took the right decision.* ▶ **uważać, że** | **have a good, bad, high, low, etc. opinion of sb/sth** to think that sb/sth is good, bad, etc. ▶ **mieć (o kimś/czymś) dobre/złe itp. zdanie** | **in my, your, etc. opinion** I, you, etc. think that...: *In my opinion, you're making a terrible mistake.* ▶ **moim/twoim itp. zdaniem** | **a matter of opinion** → MATTER[1]

■ **o'pinion poll** noun [C] = POLL[1](1)

opium /'əʊpiəm/ noun [U] a drug that is made from the seeds of the poppy flower ▶ **opium**

★**opponent** /ə'pəʊnənt/ noun [C] **1** (in sport or games) a person who plays against sb ▶ **przeciwni-k/czka** **2 an opponent (of sth)** a person who disagrees with sb's actions, plans or beliefs and tries to stop or change them ▶ **oponent/ka**

opportunist /ˌɒpə'tju:nɪst; US -'tu:-/ (also **opportunistic** /ˌɒpətju:'nɪstɪk; US -tu:-/) adj. (usually before a noun) making use of an opportunity, especially to get an advantage for yourself; not done in a planned way: *an opportunist crime* ▶ **oportunistyczny, korzystający z okazji**

□ **opportunist** noun [C]: *80% of burglaries are committed by causal opportunists.* ▶ **oportunist-a/ka**

★**opportunity** /ˌɒpə'tju:nəti; US -'tu:n-/ noun [C,U] (pl. **opportunities**) a chance to do sth that you would like to do; a situation or a time in which it is possible to do sth that you would like to do: *There will be plenty of opportunity for asking questions later.* ○ *I should have gone abroad when I was young – it was a missed opportunity.* ○ *an equal opportunity employer* pracodawca realizujący zasady równouprawnienia (bez względu na płeć, kolor skóry itp.) ➲ Zob. uwaga przy **occasion**. ▶ **okazja, sposobność**

IDIOM **take the opportunity to do sth/of doing sth** to make use of a chance that you have to do sth: *When we were finally alone, I took the opportunity to ask him a few personal questions.* ▶ **korzystać z okazji**

★**oppose** /ə'pəʊz/ verb [T] to disagree with sb's beliefs, actions or plans and to try to change or stop them: *They opposed the plan to build new houses in the village.* ▶ **sprzeciwiać się**

□ **opposed** adj. **be opposed to sth** to disagree with a plan, an action, etc.; to believe that sth is morally wrong: *I'm not opposed to the idea but I need more details.* ○ *She has always been opposed to experiments on animals.* ▶ **być przeciwnym**

IDIOM **as opposed to** (used to emphasize the difference between two things) in contrast with: *Your work will be judged by quality, as opposed to quantity.* ▶ **w przeciwieństwie do czegoś**

★**opposite** /'ɒpəzɪt/ adj., adv. **1** in a position directly on the other side of sb/sth; facing: *The two cathedrals are on opposite sides of the river.* ○ *The two families sat at opposite ends of the room to each other.* ○ *You sit there and I'll sit opposite.* ❶ Często **opposite** używa się po rzeczowniku: *Write your answer in the space opposite.* ▶ **przeciwny, przeciwległy; przeciwlegle, naprzeciwko** **2** as different as possible: *I can't walk with you because I'm going in the opposite direction.* ○ *members of the opposite sex* ▶ **przeciwny, odmienny**

□ **opposite** prep. directly on the other side of a space between sth and sth else; facing sb/sth: *I always buy my paper from the shop opposite our flat.* ➲ Ilustr. na str. 874. ▶ **naprzeciwko** | **opposite** noun [C] the word, thing or person that is as different as possible from sb/sth: *'Hot' is the opposite of 'cold'.* ○ *She's very friendly whereas her brother is the complete opposite.* ▶ **antonim, przeciwieństwo**

■ ˌ**opposite 'number** noun [C] a person who does the same job or has the same position in a different company, organization, team, etc.: *He played better than his opposite number in the other team.* ▶ **odpowiedni-k/czka**

★**opposition** /ˌɒpə'zɪʃn/ noun [U] **1 opposition (to sb/sth)** the feeling of disagreeing with sth and the action of trying to change it: *Despite strong opposition from local people, the city centre was completely rebuilt.* ○ *to express your opposition to sth* ▶ **sprzeciw, opór** **2** (**the opposition**) [sing.] the person or team who plays against sb in sport or games: *Their manager has told them not to underestimate the opposition.* ▶ **rywal/ka; drużyna przeciwna** **3** (**the Opposition**) [sing.] the politicians or the political parties that are in Parliament but not in the government: *the leader of the Opposition* ○ *Opposition MPs* ❶ W znaczeniach 1 i 2 **opposition** można użyć zarówno z czasownikiem w lp, jak i lm. ▶ **opozycja**

oppress /ə'pres/ verb [T] (usually passive) to rule sb (especially a nation or a part of society) in a way that allows the people no freedom; to control sb in an unjust way, using force ▶ **uciskać, gnębić**

□ **oppressed** adj. unfairly ruled or treated; not free: *an oppressed minority* ▶ **uciskany, gnębiony** | **oppression** /ə'preʃn/ noun [U] the system or act of oppressing; the state of being oppressed: *a struggle against oppression* ▶ **ucisk, gnębienie** | **oppressive** /ə'presɪv/ adj. **1** allowing no freedom; controlling by force; unjust: *The military government announced oppressive* (surowe) *new laws.* ▶ **uciskający, prześladujący** **2** (used especially about heat or the atmosphere) causing you to feel very uncomfortable ▶ **ciężki,** duszny | **oppressor** noun [C] a person who oppresses ▶ **gnębiciel/ka**

opt /ɒpt/ verb [I] **opt to do sth** to choose or decide to do sth after thinking about it ▶ **wybierać, optować**

PHRASAL VERBS **opt for sb/sth** to choose sth after you have decided that you do not want the other possibilities ▶ **decydować się na kogoś/coś** | **opt out (of sth)** to choose not to take part in sth; to decide to stop being involved in sth: *Schools and hospitals can now opt out of* (uniezależnić się od) *local government control and manage their own finances.* ▶ **rezygnować z czegoś**

optical /ˈɒptɪkl/ adj. connected with the sense of sight: *optical instruments* ▶ **optyczny**

■ **ˌoptical ilˈlusion** noun [C] something that tricks the eye and makes you believe sth is there or is true when it is not ▶ **złudzenie optyczne**

optician /ɒpˈtɪʃn/ noun [C] a person who is qualified to test eyes, sell glasses, etc.: *to go to the optician's* (do zakładu optycznego) ▶ **optyk**

optimism /ˈɒptɪmɪzəm/ noun [U] the feeling that the future or sth in the future will be good or successful: *There is considerable optimism that the economy will improve.* ▶ **optymizm**

□ **optimist** /-mɪst/ noun [C] a person who is always hopeful that things will be good or successful in the future ▶ **optymist-a/ka** | **optimistic** /ˌɒptɪˈmɪstɪk/ adj. hoping or believing that what happens in the future will be good or successful: *I've applied for the job but I'm not very optimistic about my chances of getting it.* ▶ **optymistyczny** | **optimistically** /-kli/ adv. ▶ **optymistycznie**

★**option** /ˈɒpʃn/ noun **1** [U, sing.] the freedom to choose; choice: *If you're late again, you will give us no option but to dismiss you.* ▶ **wybór, wyjście** (*z sytuacji*) **2** [C] a thing that you choose or can choose; choice: *She looked carefully at all the options before deciding on a career.* ▶ **ewentualność**

□ **optional** /-ʃənl/ adj. that you can choose or not choose: *an optional subject at school* ○ *The CD player is an an optional extra* (możesz mieć odtwarzacz za dodatkową opłatą) *in this car.* ❶ Antonim: **compulsory**. ▶ **dodatkowy, nadobowiązkowy**

★**or** /ɔː(r)/ conj. **1** (used before another possibility or the last of a series of possibilities): *Are you interested or not?* ○ *You can have lamb, beef or fish.* ○ *I've been there five or six times.* ➲ Por. **either...or**. ▶ **czy (też), lub, albo 2** if not; otherwise: *Don't drive so fast or you'll have an accident!* ○ *She must have loved him or she wouldn't have married him.* ❶ W tym znaczeniu można też użyć **or else** lub **otherwise**. ▶ **(bo) w przeciwnym razie 3** (after a negative) and neither; and not: *She hasn't phoned or written to me for weeks.* ○ *I've never been to Italy or Spain.* ➲ Por. **neither...nor**. ▶ **ani 4** (used before a word or phrase that explains or comments on what has been said before): *20% of the population, or one in five* ○ *Oxford and Cambridge Universities, or 'Oxbridge' as they are sometimes known* ▶ **czy/lub też**

IDIOMS **or else** → ELSE(4) | **or so** about: *I should think the repairs will cost you £100 or so.* ▶ **lub coś koło tego** | **or someone/something/somewhere** (informal) (used for showing that you are not sure, cannot remember or do not know which person, thing or place): *She's a computer programmer or something.* ○ *The film was set in Sweden or somewhere.* ❶ Innym zwrotem używanym przy braku pewności jest **something or other**: *He muttered something or other about having no time and disappeared.* ▶ **czy coś takiego/ktoś taki/gdzieś**

★**oral** /ˈɔːrəl/ adj. **1** spoken, not written: *an oral test* ➲ Por. **aural**. ▶ **ustny 2** concerning or using the mouth: *oral hygiene* higiena jamy ustnej ▶ **ustny**

□ **oral** noun [C] a spoken examination: *I've got my German oral next week.* ▶ **egzamin ustny** | **orally** adv. **1** using speech, not writing: *tribal legends that have been passed down orally* ▶ **w mowie, ustnie 2** through the mouth and swallowed ▶ **ustnie,** (*o przyjmowaniu leków*) **doustnie**

★**orange** /ˈɒrɪndʒ/ noun **1** [C] a round fruit with a thick skin that is divided into segments inside and is a colour between red and yellow: *orange juice* ▶ **pomarańcza 2** [U] the colour of this fruit, between red and yellow ▶ **kolor pomarańczowy 3** [U] a drink made from oranges or with the taste of oranges; a glass of this drink: *vodka and orange* ○ *freshly squeezed orange* ▶ **sok pomarańczowy**

□ **orange** adj. having the colour orange: *orange paint* ▶ **pomarańczowy**

■ **ˌorange ˈsquash** noun [C,U] (Brit.) a drink made by adding water to an orange-flavoured liquid ▶ **napój pomarańczowy**

orator /ˈɒrətə(r)/ noun [C] (formal) a person who is good at making public speeches ▶ **(kraso)mów-ca/czyni**

orbit /ˈɔːbɪt/ noun [C,U] the path taken by sth (a planet, a moon, a spacecraft, etc.) going round sth else in space: *to put a satellite into orbit* ○ *a space station in orbit around the moon* ▶ **orbita**

□ **orbit** verb [I,T] to move round sth (the moon, the sun, a planet etc.) in orbit ▶ **krążyć po orbicie**

orbital /ˈɔːbɪtl/ adj. **1** (used about a road) built around the outside of a city or town to reduce the amount of traffic travelling through the centre ▶ **dotyczący obwodnicy 2** connected with the orbit of a planet or another object in space ▶ **orbitalny**

□ **orbital** noun [C, usually sing.] ▶ **obwodnica**

orchard /ˈɔːtʃəd/ noun [C] a piece of land on which fruit trees are grown: *a cherry orchard* ▶ **sad**

★**orchestra** /ˈɔːkɪstrə/ noun [C] a large group of musicians who play different musical instruments together: *a symphony orchestra* ▶ **orkiestra**

> **Orchestra** zazwyczaj gra muzykę poważną. Muzykę typu pop, jazzową itp. wykonuje **group** lub **band**.

□ **orchestral** /ɔːˈkestrəl/ adj. played by or written for an orchestra ▶ **orkiestrowy**

orchid /ˈɔːkɪd/ noun [C] a plant that has flowers of unusual shapes and bright colours ▶ **storczyk, orchidea**

ordain /ɔːˈdeɪn/ verb [T] to make sb a priest or minister of the Church: *He was ordained (as) a priest last year* ▶ **wyświęcać**

ordeal /ɔːˈdiːl; ˈɔːdiːl/ noun [C] a very unpleasant experience: *The woman who was attacked last night is in hospital recovering from her ordeal.* ▶ **ciężkie przejścia, przeprawa**

★**order**[1] /ˈɔːdə(r)/ noun **1** [C,U] the way in which people or things are arranged in relation to each other: *a list of names in alphabetical order* ○ *a list of dates in chronological order* ▶ **porządek, układ 2** [U] an organized state, when everything is in its right place: *I really must put my notes in order, because I can never find what I'm looking for.* ▶ **porządek 3** [U] the situation in which laws, rules, authority, etc. are obeyed: *Following last week's riots, order has now been restored.* ➲ Por. **disorder**. ▶ **ład 4** [C] an instruction or a demand that sb must do sth, given by sb who has power over that person: *In the army, you have to obey orders at all times.* ▶ **rozkaz 5** [C] a request asking for sth to be made, supplied or delivered: *The company has just received a major export order.* ▶ **zamówienie (handlowe) 6** [C] a request for food, drink, etc. in a hotel, restaurant, etc.: *Can I take your order now, sir?* ▶ **zamówienie** (*np. dania w restauracji*)

IDIOMS **in order to do sth** with the purpose or intention of doing sth; so that sth can be done: *In order to obtain a passport, you need a birth certificate and two photographs.* ○ *We left early in order to avoid the traffic.* ▶ **żeby, aby** | **in/into reverse order** → REVERSE[1] | **in working order** (used about a machine, etc.) working properly, not broken: *It's an old fridge but it's in perfect working order.* ▶ **sprawny** | **law and order** → LAW | **out of order 1** (used about a machine, etc.) not working properly or not working at all ▶ **zepsuty 2** (informal) (used about a person's behaviour) unacceptable, because it is rude, etc.: *That comment was completely out of order!* ▶ **nie na miejscu**

■ **ˈorder form** noun [C] a form that is filled in by sb ordering goods ▶ **formularz zamówienia**

★**order**[2] /ˈɔːdə(r)/ verb **1** [T] **order sb (to do sth)** to tell sb to do sth in a strong way which does not permit them to refuse, and without saying 'please' : *I'm not asking you to do your homework, I'm ordering you!* ○ *The police ordered the demonstrators to stop.* ▶ **kazać 2** [T] to ask for sth to be made, supplied or delivered: *The shop didn't have the book I wanted so I ordered it.* ○ *We've ordered some new chairs for the living room.* ▶ **zamawiać 3** [I,T] to ask for food, drink, etc. in a restaurant, hotel, etc.: *Are you ready to order yet, madam?* ▶ **zamawiać**

PHRASAL VERB **order sb about/around** to keep telling sb what to do and how to do it: *Stop ordering me about! You're not my father.* ▶ **rozkazywać (komuś), rządzić (kimś)**

orderly[1] /ˈɔːdəli/ adj. **1** well arranged; well organized; tidy: *an orderly office* ○ *an orderly life* ▶ **uporządkowany, systematyczny 2** well behaved; peaceful: *The teacher told the pupils to form an orderly queue* (ustawić się grzecznie w kolejce). ▶ **spokojny, uporządkowany**

orderly[2] /ˈɔːdəli/ noun [C] (pl. **orderlies**) a hospital assistant who has not had special training ▶ **sanitariusz/ka**

ordinal /ˈɔːdɪnl; US -dənl/ (also ˌ**ordinal ˈnumber**) noun [C] a number that shows the order or position in a series: *'First', 'second', and 'third' are ordinals.* ➲ Por. **cardinal**. ▶ **liczebnik porządkowy**

★**ordinary** /ˈɔːdnri; US ˈɔːrdneri/ adj. normal; not special or unusual or different from others: *It's interesting to see how ordinary people live in other countries.* ○ *They live in an ordinary sort of house.* ℹ Antonim: **extraordinary**. ▶ **zwykły, normalny**

IDIOM **out of the ordinary** unusual; different from normal ▶ **niezwykły, niecodzienny**

□ **ordinarily** /ˈɔːdnrəli; US ˌɔːrdnˈerəli/ adv. usually; generally: *Ordinarily, I don't work as late as this.* ▶ **zazwyczaj, zwykle**

ore /ɔː(r)/ noun [C,U] rock or earth from which metal can be obtained ▶ **ruda**

★**organ**[1] /ˈɔːgən/ noun [C] a part of the body that has a particular function: *vital organs* ○ *sexual organs* ▶ **narząd**

★**organ**[2] /ˈɔːgən/ noun [C] a large musical instrument of the piano family, with pipes through which air is forced. Organs are often found in churches: *a church organ* ○ *organ music* ➲ Zob. uwaga przy **piano**. ▶ **organy**

□ **organist** noun [C] a person who plays the organ ▶ **organist-a/ka**

organic /ɔːˈgænɪk/ adj. **1** produced by or existing in living things: *You need to add a lot of organic matter to the soil.* ℹ Antonim: **inorganic**. ▶ **organiczny 2** (used about food or agricultural methods) produced by or using natural materials, not chemicals: *organic vegetables/farming* ▶ **naturalny**

□ **organically** /-kli/ adv.: *organically grown/produced* ▶ **organicznie**

organism /ˈɔːgənɪzəm/ noun [C] an animal or a plant, especially one that is so small that you can only see it with a microscope ▶ **organizm**

★**organization** (also **-isation**) /ˌɔːgənaɪˈzeɪʃn; US -nəˈz-/ noun **1** [C] an organized group of people who do sth together: *She works for a voluntary organization* (dla organizacji charytatywnej) *helping homeless people.* ▶ **organizacja 2** [U] the activity of organizing or arranging: *An enormous amount of organization went into the festival.* ▶ **planowanie, organizacja 3** [U] the way in which sth is organized: *The students all complained about the poor organization of their course.* ▶ **organizacja**

□ **organizational** (also **-isational**) /-ʃənl/ adj.: *The job requires a high level of organizational ability.* ▶ **organizacyjny**

★**organize** (also **-ise**) /ˈɔːgənaɪz/ verb **1** [T] to plan or arrange an event, an activity, etc.: *The school organizes trips to various places of interest.* ▶ **organizować 2** [I,T] to put things into order; to arrange into a system or logical order: *Can you decide what needs doing? I'm hopeless at organizing.* ▶ **organizować**

□ **organized** (also **-ised**) adj. **1** planned or arranged: *My department is badly organized.* ▶ **zorganizowany 2** having a good system; working well: *I wish I was as organized as you are!* ▶ **zorganizowany 3** involving a large number of people working together to do sth in a way that has been carefully planned: *an organized campaign against torture* ○ *organized crime* ▶ **zorganizowany** | **organizer** (also **-iser**) noun [C]: *The organizers of the concert said that it had been a great success.* ▶ **organizator/ka**

orgasm /ˈɔːɡæzəm/ noun [C,U] the point of greatest sexual pleasure: *to have an orgasm* ▶ **orgazm**

orgy /ˈɔːdʒi/ noun [C] (pl. **orgies**) **1** a wild party, involving a lot of sex and/or alcohol or drugs ▶ **orgia 2 an orgy (of sth)** a period of doing sth in an uncontrolled way: *an orgy of violence* ▶ **orgia**

Orient /ˈɔːrient/ noun [sing.] (**the Orient**) (formal) the countries of the East or the Far East (China, Japan, etc.) ▶ **(Bliski/Daleki) Wschód**

orient /ˈɔːriənt/ (Brit. also **orientate** /ˈɔːriənteɪt/) verb [T] **orient yourself** to find out where you are; to become familiar with a place: *When I came out of the station I couldn't orient myself at first.* ▶ **orientować się** (*w terenie*)

□ **oriented** /ˈɔːrientɪd/ (Brit. also **orientated** /ˈɔːriənteɪtɪd/) adj. aimed or directed at a particular type of person or thing: *She's very career oriented.* ▶ **skierowany do kogoś/czegoś**

oriental /ˌɔːriˈentl/ adj. coming from or belonging to the East or Far East: *oriental languages* ❶ Uwaga! To słowo często uważa się za obraźliwe. Lepiej używać **Asian**. ▶ **orientalny**

orienteering /ˌɔːriənˈtɪərɪŋ/ noun [U] a sport in which you find your way across country on foot, using a map and compass ▶ **bieg na orientację**

★**origin** /ˈɒrɪdʒɪn/ noun [C,U] **1** the time when or place where sth first comes into existence; the reason why sth starts: *Could you explain to me the origins of this tradition?* ○ *Many English words are of Latin origin.* ▶ **geneza, pochodzenie 2** the family, race, class, etc. that a person comes from: *people of African origin* ○ *working-class origins* ▶ **pochodzenie**

★**original** /əˈrɪdʒənl/ adj. **1** first; earliest (before changes or developments): *The original meaning of this word is different from the meaning it has nowadays.* ▶ **pierwotny 2** new and interesting; different from others of its type: *There are no original ideas in his work.* ▶ **oryginalny, niezwykły 3** made or created first, before copies: *'Is that the original painting* (oryginał)*?' 'No, it's a copy.'* ▶ **autentyczny**

□ **original** noun [C] (**the original**) the first one made or created; not a copy: *Could you make a photocopy and give the original back to me?* ▶ **oryginał** | **originality** /əˌrɪdʒəˈnæləti/ noun [U] the quality of being new and interesting ▶ **oryginalność, niezwykłość** | **originally** /-nəli/ adv. **1** in the beginning; in the first form (before changes or developments): *I'm from London originally, but I left there when I was very young.* ▶ **pierwotnie 2** in a way or style that is unlike others: *She has a talent for expressing simple ideas originally.* ▶ **oryginalnie**

originate /əˈrɪdʒɪneɪt/ verb (formal) **1** [I] to start or be caused to start: *This game originated in the nineteenth century.* ▶ **powstawać, pojawiać się 2** [T] to start or create first: *I wonder who originated the custom of sending birthday cards.* ▶ **zapoczątkować**

ornament /ˈɔːnəmənt/ noun [C] an object that you have because it is attractive, not because it is useful. Ornaments are used to decorate rooms, etc. ▶ **ozdoba, bibelot**

□ **ornamental** /ˌɔːnəˈmentl/ adj. made or put somewhere in order to look attractive, not for any practical use ▶ **ozdobny**

ornate /ɔːˈneɪt/ adj. having a lot of decoration: *an ornate building* ▶ **ozdobny, kwiecisty**

ornithology /ˌɔːnɪˈθɒlədʒi/ noun [U] the study of birds ▶ **ornitologia**

□ **ornithologist** /ˌɔːnɪˈθɒlədʒɪst/ noun [C] a person who studies birds ▶ **ornitolog**

orphan /ˈɔːfn/ noun [C] a child whose parents are dead ▶ **sierota**

□ **orphan** verb [T] (usually passive) to cause a child to become an orphan: *She was orphaned when she was three and went to live with her grandparents.* ▶ **osierocać** | **orphanage** /ˈɔːfənɪdʒ/ noun [C] an institution where orphans live and are looked after ❶ Częściej używa się wyrażenia **children's home**. ▶ **sierociniec**

orthodox /ˈɔːθədɒks/ adj. **1** generally believed, done or accepted: *orthodox opinions/methods* ❶ Antonim: **unorthodox**. ▶ **ortodoksyjny 2** practising the old, traditional beliefs, ceremonies, etc. of certain religions: *an orthodox Jew* ○ *the* (*Eastern*) *Orthodox Church* kościół prawosławny ▶ **ortodoksyjny, prawowierny**

oscillate /ˈɒsɪleɪt/ verb [I] (formal) **(between A and B) 1** to keep changing from one extreme of feeling or behaviour to another, and back again: *Her moods oscillated between joy and depression.* ▶ **oscylować 2** to keep moving from one position to another and back again: *Watch how the needle oscillates as the current changes.* ▶ **odchylać się 3** (used about electric current, radio waves, etc.) to change in strength or direction at regular times ▶ **wahać się**

□ **oscillation** noun [C,U] ▶ **oscylacja; wahanie**

ostentatious /ˌɒstenˈteɪʃəs/ adj. expensive or noticeable in a way that is intended to impress other people; behaving in a way that is intended to impress people with how rich, important, etc. you are ▶ **ostentacyjny**

□ **ostentatiously** adv. ▶ **ostentacyjnie**

ostracize (also **-ise**) /ˈɒstrəsaɪz/ verb [T] (formal) (used about a group of people) to refuse to talk to or be with sb because they have done sth that you do not like: *When she left her husband, his family ostracized her.* ▶ **bojkotować** (*towarzysko*)

ostrich /ˈɒstrɪtʃ/ noun [C] a very large African bird with a long neck and long legs, which can run very fast but which cannot fly ▶ **struś**

★**other** /ˈʌðə(r)/ det., pron. **1** in addition to or different from the one or ones that have already been mentioned or understood: *How many other students are there in your class?* ○ *If you're busy now, I'll come back some other time.* ○ *Some of my friends went to university, others didn't.* ○ *She doesn't care what other people think.* ❶ **Other** nie używa się po **an**. Por. **another**. ▶ **inny 2** (after *the* or a possessive with a singular noun) second of two: *I can only find one sock. Have you seen the other one?* ▶ **drugi (od pary) 3** (after *the* or a possessive with a plural noun) the rest of a group or number of people or things: *Their youngest son still lives with them but their other children have left home.* ○ *I'll have to wear this shirt because all my others are dirty.* ▶ **inny, pozostały**

IDIOMS **every other** → EVERY | **in other words** saying sth in a different way ▶ **innymi słowami** | **one after another/the other** → ONE[1] | **the other day, morning, week, etc.** recently, not long ago: *An old friend rang me the other day.* ▶ **niedawno, kilka dni temu** | **sb/sth/somewhere or other** → OR

■ **other than** prep. (usually after a negative) **1** apart from; except (for): *The plane was a bit late but other than that the journey was fine.* ▶ **poza tym 2** different(ly) from; not: *I've never seen her other than very smartly dressed.* ▶ **inaczej niż; inny niż**

★**otherwise** /ˈʌðəwaɪz/ adv. **1** in all other ways; apart from that: *I'm a bit tired but otherwise I feel fine.* ▶ **poza tym 2** in a different or another way: *I'm afraid I can't see you next weekend – I'm otherwise engaged* (mam inne plany). ▶ **inaczej, w inny sposób 3** of a different type: *I have no opinion, good or otherwise, on this subject.* ▶ **inny; cokolwiek innego**

□ **otherwise** conj. (used for stating what would happen if you do not do sth or if sth does not happen) if not: *You have to press the red button, otherwise it won't work.* ▶ **w przeciwnym razie**

otter /ˈɒtə(r)/ noun [C] a river animal with brown fur that eats fish ▶ **wydra**

ouch /aʊtʃ/ interj. (used when reacting to a sudden feeling of pain): *Ouch! You're hurting me.* ▶ **au!**

★**ought to** /ˈɔːt tə before vowels and in final position ˈɔːt tu/ modal verb (negative **ought not to**; short form **oughtn't to** /ˈɔːtnt tə/; before vowels and in final position / ˈɔːtnt tuː/) **1** (used for asking for and giving advice about what to do; used for telling sb what their duty is): *What ought I to say to him?* ○ *You ought to read this book. It's really interesting.* ○ *You ought to have come to the meeting. It was very useful.* ○ *You ought to visit your parents more often.* ○ *She oughtn't to make private phone calls in work time.* ▶ **powinien (coś zrobić) 3** (used for saying that you expect sth is true, or that you expect sth to happen/to have happened): *They ought to be here by now.* ▶ **powinien**

ounce /aʊns/ noun **1** [C] (abbr. **oz**) a measure of weight; 28·35 grams. There are 16 ounces in a pound: *four ounces of flour* ▶ **uncja 2** [sing.] **an ounce of sth** a very small amount of sth: *He hasn't got an ounce of imagination.* ▶ **krzt(yn)a**

★**our** /ɑː(r); ˈaʊə(r)/ det. belonging to or connected with us: *This is our first visit to Britain.* ▶ **nasz**

□ **ours** /ɑːz; ˈaʊəz/ pron. the one or ones belonging to, connected with or done by us: *Your hi-fi system is exactly the same as ours.* ▶ **nasz**

★**ourselves** /ɑːˈselvz; aʊəˈselvz/ pron. **1** (used as the object of a verb or preposition when 'we' do an action and are also affected by it): *We should be angry with ourselves* (powinniśmy być źli na siebie samych) *for making such a stupid mistake.* ○ *They asked us to wait so we sat down and made ourselves comfortable* (rozgościliśmy się). ▶ **się/siebie 2** (used for emphasis): *We haven't got children ourselves, but many of our friends have.* ○ *Do you think we should paint the flat ourselves?* ▶ **sami, osobiście**

IDIOM **(all) by ourselves 1** without help from anyone else: *We managed to move all our furniture into the new flat by ourselves.* ▶ **sami** (*bez niczyjej pomocy*) **2** not with anyone else; alone: *Now that we're by ourselves, could I ask you a personal question?* ➲ Zob. uwaga przy **alone**. ▶ **sami** (*bez towarzystwa*)

★**out** /aʊt/ adj., adv. ❶ **Out** występuje w czasownikach złożonych, np. **try sb/sth out**. ➲ Zob. hasła odpowiednich czasowników. **1** (used for showing movement away from a place): *He opened the box and took a gun out* (wyjął pistolet). ○ *I threw out* (wyrzuciłem) *that old shirt of yours.* ○ *Her ears stick out.* Ona ma odstające uszy ○ *He opened the window and put his head out* (wystawił głowę). **2** not at home or in your place of work: *I was out when she called.* ○ *They took me out for a meal when I was in Bristol.* ▶ **poza domem/pracą 3** outside a house, building, etc.: *You should be out in the fresh air.* ▶ **na dworze 4 be out** (used for showing that sth is no longer hidden): *Oh look! The sun's out.* ▶ **ukazywać się, wychodzić na jaw,** (*o kwiecie*) **rozkwitać 5** made available to the public; published: *Is her new book out yet?* ▶ **wydany 6** not in fashion: *Short skirts are completely out* (całkiem wyszły z mody). ▶ **niemodny 7** (used about a light or a fire) not on; not burning: *The lights are out. They must be in bed.* ▶ **zgaszony 8 be out** (used when you are calculating sth) to make or contain a mistake: *This bill's out by five pounds.* ▶ (*o rachunku*) **zawierać błąd; mylić się** (*w rachunkach*) **9 be out** to be impossible or unacceptable: *I'm afraid Friday is out. I've got a meeting that day.* ▶ **nie wchodzić w rachubę 10 be out** (used about a player in a game or sport) to not be allowed to continue playing: *If you get three answers wrong, you're out.* ▶ **wypadać z gry 11** (used about a ball, etc. in a game or sport) not inside the playing area and therefore not allowed ▶ **aut 12** in a loud voice; clearly: *She cried out* (krzyknęła) *in pain*. **13** (used about the tide) away from the shore: *Don't swim when the tide is going out* (kiedy jest odpływ).

IDIOMS **be/come out** to tell family, friends, etc. that you are a homosexual ▶ **nie ukrywać faktu/wyjawić, że jest się homoseksualistą** | **be out for sth**; **be out to do sth** to try hard to get or do sth ▶ **być w pogoni** (*np. za sukcesem*) | **out-and-out** complete: *It was out-and-out war between us.* ▶ **totalny**

■ ˌ**out 'loud** adv. = ALOUD | **out of** /'aʊt əv/ prep. **1** (used with verbs expressing movement away from the inside of sth): *She took her purse out of her bag.* Wyjęła portmonetkę z torebki. ○ *to get out of bed* wstawać z łóżka **2** away from, or no longer in, a place or situation: *He's out of the country on business.* ○ *The doctors say she's out of danger* (najgorsze już ma za sobą). ▶ **poza** **3** at a distance from a place: *We live a long way out of London.* ▶ **od** **4** (used for saying what you use to make sth): *You could make a table out of this wood.* ▶ **z** **5** from among a number: *Nine out of ten people prefer this model.* ▶ **z/spośród** **6** (used for saying that you no longer have sth): *We're out of milk* (mleko się skończyło). ○ *I'm out of breath.* ○ *out of work* bezrobotny ▶ **bez** **7** (used for saying which feeling causes you to do sth): *I only helped them out of pity.* ▶ **z** **8** from: *I copied the recipe out of a book.* ○ *I prefer to drink tea out of a cup, not a mug.* ▶ **z** **9** (used for saying that sth is not as it should be): *The photocopier's out of action today.* ▶ **nie działający**

IDIOMS **be/feel out of it** to be/feel lonely and unhappy because you are not included in sth: *I didn't speak the language and I felt rather out of it at the meeting.* ▶ **być/czuć się poza nawiasem** | **out of bounds** → BOUNDS | **out of order** → ORDER[1]

ˌ**out-of-'work** adj. (only before a noun) unable to find a job; unemployed: *an out-of-work actor* ▶ **bezrobotny**

outback /'aʊtbæk/ noun [sing.] (**the outback**) the part of a country (especially Australia) which is a long way from where most people live: *in the Australian outback* w głębi Australii ▶ **odludzie**

outboard motor /ˌaʊtbɔːd 'məʊtə(r)/ noun [C] an engine that can be attached to a boat ▶ **silnik zewnętrzny/(znajdujący się) za burtą**

outbreak /'aʊtbreɪk/ noun [C] the sudden beginning or appearance of sth unpleasant (especially disease or violence): *an outbreak of cholera* ○ *outbreaks of fighting* ▶ **wybuch**

outburst /'aʊtbɜːst/ noun [C] a sudden expression of a strong feeling, especially anger: *an angry outburst* ▶ **wybuch**

outcast /'aʊtkɑːst; US -kæst/ noun [C] a person who is no longer accepted by society or by a group of people: *a social outcast* ▶ **wyrzutek**

outclass /ˌaʊt'klɑːs; US -'klæs/ verb [T] to be much better than sb/sth, especially in a game or competition ▶ **przewyższać o klasę, być (o wiele) lepszym**

outcome /'aʊtkʌm/ noun [C, usually sing.] how an event, action or situation ends; the result of sth: *We shall inform you of the outcome of the interview within a week.* ▶ **rezultat, wynik**

outcry /'aʊtkraɪ/ noun [C, usually sing.] (pl. **outcries**) a strong protest by a large number of people because they disagree with sth: *The public outcry forced the government to change its mind.* ▶ **głośny sprzeciw, krzyk** (*np. oburzenia*)

outdated /ˌaʊt'deɪtɪd/ adj. not useful or common any more; old-fashioned: *A lot of the computer equipment is getting outdated.* ▶ **przestarzały**

outdo /ˌaʊt'duː/ verb [T] (pres. part. **outdoing**; 3rd pers. sing. pres. **outdoes** /-'dʌz/; pt **outdid** /-'dɪd/; pp **outdone** /-'dʌn/) to do sth better than another person; to be more successful than sb else: *He doesn't want to be outdone by his brother.* ▶ **prześcigać (kogoś), przewyższać**

★**outdoor** /'aʊtdɔː(r)/ adj. happening, done, or used in the open air (not in a building): *an outdoor job* ○ *outdoor furniture* meble ogrodowe ❶ Antonim: **indoor**. ▶ **na dworze, na świeżym powietrzu**

outdoors /ˌaʊt'dɔːz/ adv. in the open air; outside a building: *It's a very warm evening so why don't we sit outdoors?* ❶ Antonim: **indoors**. ➲ Por. **outside**. ▶ **na dworze, na zewnątrz**

★**outer** /'aʊtə(r)/ adj. **1** on the outside: *the outer layer of skin* ▶ **zewnętrzny** **2** far from the inside or the centre: *the outer suburbs of a city* ❶ Antonim: **inner**. ▶ **peryferyjny**

■ **outermost** /'aʊtəməʊst/ adj. furthest from the inside or centre; most distant: *the outermost planet in the solar system* ❶ Antonim: **innermost**. ▶ **najdalszy (od centrum)** | ˌ**outer 'space** noun [U] = SPACE(2)

outfit /'aʊtfɪt/ noun [C] **1** a set of clothes that are worn together ▶ **kostium, ubranie** **2** (informal) an organization, a company, etc.: *He works for a computer outfit I've never heard of.* ▶ **organizacja, firma**

outgoing /'aʊtgəʊɪŋ/ adj. **1** friendly and interested in other people and new experiences ▶ **towarzyski, bezpośredni** **2** (only before a noun) leaving a job or a place: *The outgoing headmaster made a short speech.* ○ *Put all the outgoing mail* (pocztę do wysłania) *in a pile on that table.* ❶ Antonim: **incoming**. ▶ **ustępujący**

outgoings /'aʊtgəʊɪŋz/ noun [pl.] the amounts of money that you spend: *Last month my outgoings were greater than my income.* ▶ **rozchód**

outgrow /ˌaʊt'grəʊ/ verb [T] (pt **outgrew** /-'gruː/; pp **outgrown** /-'grəʊn/) to become too old or too big for sth (especially clothes): *Children outgrow their shoes so quickly.* ▶ **wyrastać (z czegoś)**

outing /'aʊtɪŋ/ noun [C] a short trip for pleasure: *to go on an outing to the zoo* ▶ **wycieczka**

outlandish /aʊt'lændɪʃ/ adj. very strange or unusual: *outlandish clothes* ▶ **dziwaczny**

outlast /ˌaʊt'lɑːst; US -'læst/ verb [T] to last or live longer than sb/sth ▶ **przeżyć, przetrwać**

outlaw /'aʊtlɔː/ noun [C] (old-fashioned) a criminal who is living outside society and trying to avoid being captured: *The film is about a band of outlaws in the Wild West.* ▶ **osoba wyjęta spod prawa, banita**

□ **outlaw** verb [T] to make sth illegal ▶ **zakazywać**

outlay /'aʊtleɪ/ noun [C, usually sing.] money that is spent, especially in order to start a business or a project ▶ **nakład** (*pieniędzy*), **wydatek**

outlet /'aʊtlet/ noun [C] **1** a hole through which a gas or liquid can escape: (figurative) *Gary found an outlet for his energy in playing football.* ▶ **wylot, odpływ, ujście 2** a shop, business, etc. that sells goods made by a particular company or of a particular type: *fast food/retail outlets* ▶ **punkt** (*sprzedaży detalicznej*)

★**outline** /'aʊtlaɪn/ noun [C] **1** a line that shows the shape or outside edge of sb/sth: *She could see the outline of a person through the mist.* ▶ **zarys, kontur 2** the most important facts or ideas about sth: *a brief outline of Indian history* ▶ **zarys**

□ **outline** verb [T] to give the most important facts or ideas about sth ▶ **nakreślać w ogólnym zarysie**

outlive /ˌaʊt'lɪv/ verb [T] to live or exist longer than sb/sth: *He outlived his wife by nearly twenty years.* ▶ **przeżyć**

★**outlook** /'aʊtlʊk/ noun [C] **1** your attitude to or feeling about life: *an optimistic outlook on life* ▶ **pogląd na świat 2 outlook (for sth)** what will probably happen: *The outlook for the economy is not good.* Nie ma dobrych perspektyw dla ekonomii. ▶ **perspektywy**

outlying /'aʊtlaɪɪŋ/ adj. (only before a noun) far from the centre of a town or city: *The bus service to the outlying villages is very poor.* ▶ **oddalony, odosobniony**

outmoded /ˌaʊt'məʊdɪd/ adj. (only before a noun) no longer common or fashionable ▶ **już niemodny**

outnumber /ˌaʊt'nʌmbə(r)/ verb [T] (often passive) to be greater in number than sb/sth: *The enemy troops outnumbered us by three to one.* ○ *We were completely outnumbered.* ▶ **przewyższać liczebnie**

outpatient /'aʊtpeɪʃnt/ noun [C] a person who goes to see a doctor in hospital but who does not stay there overnight ▶ **pacjent/ka ambulatoryjn-y/a**

★**output** /'aʊtpʊt/ noun [sing.] **1** the amount that a person or machine produces: *Output has increased in the past year.* ▶ **produkcja, wytwórczość 2** the information that is given by a computer ➲ Por. **input**. ▶ **dane z komputera**

outrage /'aʊtreɪdʒ/ noun **1** [C] something that is very bad or wrong and that causes you to feel great anger: *It's an outrage that such poverty should exist in the 21st century.* ▶ **rzecz oburzająca, zniewaga 2** [U] great anger: *a feeling of outrage* ▶ **oburzenie, zniewaga**

□ **outrage** verb [T] (often passive) to make sb feel very angry or upset: *His parents were outraged when he dyed his hair green.* ▶ **oburzać**

outrageous /aʊt'reɪdʒəs/ adj. **1** making you very angry: *I refuse to pay such outrageous prices.* ▶ **oburzający, horrendalny 2** very strange or unusual; shocking ▶ **skandaliczny**

□ **outrageously** adv. ▶ **oburzająco; skandalicznie**

outright /'aʊtraɪt/ adv. **1** without hiding anything; openly: *She told them outright what she thought about it.* ▶ **szczerze, otwarcie 2** immediately or completely: *to be killed outright* ○ *They were able to buy the house outright.* ▶ **na miejscu, od razu; całkowicie**

□ **outright** adj. (only before a noun) complete and clear, without any doubt: *Lester was the outright winner.* ▶ **całkowity, niekwestionowany**

outset /'aʊtset/ noun

IDIOM **at/from the outset (of sth)** at/from the beginning (of sth): *There have been difficulties with this firm right from the outset.* ▶ **od (samego) początku; na (samym) początku**

★**outside**[1] /ˌaʊt'saɪd/ noun **1** [C, usually sing.] the outer side or surface of sth: *There is a list of all the ingredients on the outside of the packet.* ○ *to paint the outside of a house* ○ *The other runners all overtook him on the outside.* ▶ **zewnętrzna strona 2** [sing.] the area that is near or round a building, etc.: *We've only seen the church from the outside.* ▶ **(na/z) zewnątrz**

IDIOM **at the outside** at the most: *It will cost £200 at the outside.* ▶ **maksymalnie**

□ **outside** /'aʊtsaɪd/ adj. **1** of or on the outer side or surface of sth: *the outside walls of a building* ▶ **zewnętrzny 2** not part of the main building: *Many cottages still have outside toilets.* ▶ **zewnętrzny 3** not connected with or belonging to a particular group or organization: *We can't do all the work by ourselves. We'll need outside help.* ▶ **zewnętrzny 4** (used about a chance, possibility, etc.) very small ▶ **znikomy**

IDIOM **the outside world** → WORLD

■ **ˌoutside 'broadcast** noun [C] a television or radio programme that was not made in a studio ▶ **program zrealizowany w plenerze** | **ˌoutside 'lane** noun [C] the part of a wide road or motorway that is for the fastest cars ❶ W Wlk. Br., gdzie jeździ się lewą stroną, **outside lane** to prawy pas. ▶ **lewy (szybki) pas ruchu**

★**outside**[2] /ˌaʊt'saɪd/ prep. **1** in, at or to a place that is not in but close to a building, etc.: *Leave your muddy boots outside the door.* ▶ **na zewnątrz, przed, poza 2** (US also **outside of**) not in: *You may do as you wish outside office hours.* ○ *a small village just outside Southampton* ▶ **poza, pod**

□ **outside** adv. **1** in or to a place that is not in a room: *Please wait outside for a few minutes.* ▶ **na zewnątrz 2** in or to a place that is not in a building: *Let's eat outside. The weather is lovely.* ○ *Go outside and see if it's raining.* ➲ Por. **outdoors** i **out of doors** (przy **door**). ▶ **na zewnątrz, na dworze**

outsider /ˌaʊt'saɪdə(r)/ noun [C] **1** a person who is not accepted as a member of a particular group ▶ **osoba z zewnątrz/obca 2** a person or an animal in a race or competition that is not expected to win ▶ **zawodnik/koń nie mający szans zwycięstwa**

outsize /'aʊtsaɪz/ adj. (often used about clothes) larger than usual ▶ **ponadwymiarowy**

outskirts /'aʊtskɜːts/ noun [pl.] (**the outskirts**) the parts of a town or city that are farthest from the centre ▶ **peryferie (miasta)**

outspoken /aʊt'spəʊkən/ adj. saying exactly what you think or feel: *Linda is very outspoken in her criticism.* ▶ **mówiący bez ogródek, otwarty**

□ **outspokenness** noun [U] ▶ **mówienie bez ogródek, otwartość**

★**outstanding** /aʊt'stændɪŋ/ adj. **1** very good indeed; excellent: *The results in the exams were quite outstanding.* ▶ **doskonały, znakomity** **2** not yet paid or done: *Some of the work is still outstanding.* ▶ **(o zapłacie itp.) zaległy**

□ **outstandingly** adv. very well: *Huw played outstandingly.* ▶ **doskonale, znakomicie**

outstretched /ˌaʊt'stretʃt/ adj. spread out as far as possible: *outstretched arms* ▶ **rozpostarty, wyciągnięty**

outward /'aʊtwəd/ adj. (only before a noun) **1** (used about a journey) going away from the place that you will return to later ❶ Antonim: **return**. ▶ **odjeżdżający** **2** of or on the outside: *Her outward good humour hid her inner sadness.* ▶ **widoczny, zewnętrzny** **3** away from the centre or from a particular point: *outward movement/pressure* ▶ **odśrodkowy**

□ **outwardly** adv. on the outside or surface: *He remained outwardly calm so as not to frighten the children.* ▶ **widocznie, zewnętrznie** | **outwards** /-wədz/ (especially US **outward**) adv. towards the outside or away from the place where you are: *This door opens outwards.* ▶ **na zewnątrz**

outweigh /ˌaʊt'weɪ/ verb [T] to be more important than sth: *The advantages outweigh the disadvantages.* ▶ **przeważać, mieć większe znaczenie**

outwit /ˌaʊt'wɪt/ verb [T] (**outwitting**; **outwitted**) to defeat or get an advantage over sb by being cleverer than them ▶ **przechytrzyć, wywodzić w pole**

oval /'əʊvl/ adj., noun [C] shaped like an egg; a shape like that of an egg: *an oval mirror* ▶ **owalny**

ovary /'əʊvəri/ noun [C] (pl. **ovaries**) one of the two parts of the female body that produce eggs ▶ **jajnik**

ovation /əʊ'veɪʃn/ noun [C] a long period of clapping and applause: *The dancers were given a standing ovation.* ▶ **owacja**

★**oven** /'ʌvn/ noun [C] the part of a cooker that has a door. You put things inside an oven to cook them: *Cook in a hot oven for 50 minutes.* ○ *a microwave oven* ▶ **piekarnik, kuchenka (mikrofalowa)**

> Mówiąc o mięsie pieczonym w piekarniku używa się czasownika **roast**, natomiast mówiąc o pieczeniu ciasta, owoców itp. używa się czasownika **bake**. Zob. uwaga przy **cook**.

★**over** /'əʊvə(r)/ adv., prep. ❶ **Over** używa się w czasownikach złożonych, np. **get over sth**. ➲ Zob. hasła odpowiednich czasowników. **1** directly above sth, but not touching: *There's a painting over the bookcase.* ○ *We jumped when the plane flew over.* ➲ Ilustr. na str. 874. ▶ **nad; ponad** **2** on, and partly or completely covering or touching: *There's a cover over the chair.* ○ *She hung her coat over the back of the chair.* ▶ **na** **3** down or sideways from an upright position: *He leaned over* (wychylił się) *to speak to the woman next to him.* ○ *I fell over* (przewróciłem się) *in the street this morning.* **4** across to the other side of sth: *The dog is jumping over the fence.* ○ *a bridge over the river* ➲ Zob. uwaga przy **over**. ▶ **przez, w poprzek** **5** on or to the other side: *She lives over the road.* ○ *Turn the patient over.* ▶ **po drugiej stronie, na drugą stronę** **6** (used for expressing distance): *He's over in America at the moment.* ○ *Sit down over there* (tam). ○ *The book is over here* (tu). ▶ **tam, hen** **7** not used: *There are a lot of cakes left over* (zostało dużo ciastek) *from the party.* ▶ **8** above or more than a number, price, etc.: *She lived in Athens for over ten years.* ○ *suitable for children aged 10 and over* ▶ **ponad, więcej** **9** (used with *all*) in every part or place: *There was blood all over the place.* ○ *I can't find my glasses. I've looked all over for them.* ▶ **wszędzie** **10** (used for saying that sth is repeated): *You'll have to start all over again* (znowu od początku). ○ *She kept saying the same thing over and over again.* Ciągle powtarzała to samo. **11** about; on the subject of: *We quarrelled over money.* ▶ **o, na temat** **12** during: *We met over the Christmas holiday.* ▶ **podczas, przez**

□ **over** adj. finished: *The exams are all over now.* ▶ **skończony** | **over-** (used to form verbs, nouns, adjectives and adverbs) too; too much: *They're overexcited.* ○ *I'm overworked* (przepracowany). ○ *He overeats* (przejada się). ▶ **prze-, nadmiernie**

overall[1] /ˌəʊvər'ɔːl/ adj. (only before a noun) including everything: *The overall cost of the work will be about £200.* ▶ **całkowity**

□ **overall** adv. **1** including everything: *What does the garden measure overall?* ▶ **w całości** **2** speaking generally about sth: *Overall, I can say that we are pleased with the year's work.* ▶ **ogólnie mówiąc**

overall[2] /'əʊvərɔːl/ noun **1** [C] a piece of clothing that is like a coat and that you wear over your clothes to keep them clean when you are working ▶ **kitel, fartuch** (*z rękawami*) **2** (**overalls**) (US **coveralls**) [pl.] a piece of clothing that covers your legs and body (and sometimes your arms) and that you wear over your clothes to keep them clean when you are working ▶ **kombinezon**

overawe /ˌəʊvər'ɔː/ verb [T] (usually passive) to cause sb to admire sb/sth and feel a little afraid: *They were rather overawed by the atmosphere in the hall.* ▶ **onieśmielać, peszyć**

overbalance /ˌəʊvə'bæləns/ verb [I] to fall over or nearly fall over because you cannot stand steadily ▶ **przeważać, tracić równowagę**

overboard /'əʊvəbɔːd/ adv. over the side of a

boat or ship into the water: *Man overboard!* ○ *She fell overboard and drowned.* ▶ **za burt-ą/ę**

IDIOM **go overboard (on/about/for sb/sth)** to be too excited about sb/sth ▶ **zbytnio się podniecać**

overcast /ˌəʊvəˈkɑːst; US -ˈkæst/ adj. (used about the sky) covered with cloud ▶ **zachmurzony**

overcharge /ˌəʊvəˈtʃɑːdʒ/ verb [I,T] to ask sb to pay too much money: *The man in the post office overcharged me by 50p.* ▶ **doliczać pewną sumę do ceny artykułu, oszukiwać na cenie**

overcoat /ˈəʊvəkəʊt/ noun [C] a long thick coat that you wear in cold weather ▶ **palto**

★**overcome** /ˌəʊvəˈkʌm/ verb [T] (pt **overcame** /-ˈkeɪm/; pp **overcome**) **1** to control or succeed in defeating sb/sth: *She tried hard to overcome her fear of flying.* ▶ **przezwyciężać; pokonywać** **2** (usually passive) to cause sb to become weak or ill or to lose control: *He was overcome with emotion* (wzruszył się) *and had to leave the room.* ○ *to be overcome by smoke* być ogarniętym dymem ▶ (*o zmartwieniu itp.*) **ogarniać, przytłaczać**

overcrowded /ˌəʊvəˈkraʊdɪd/ adj. (used about a place) with too many people: *The trains are overcrowded on Friday evenings.* ▶ **zatłoczony, przepełniony**

overdo /ˌəʊvəˈduː/ verb [T] (pt **overdid** /-ˈdɪd/; pp **overdone** /-ˈdʌn/) **1** to use or show too much of sth: *He overdid the pepper in the stew.* ○ *You look nice but you overdid the make-up a bit.* ▶ **przesadzać z czymś** **2** to cook sth too long: *The meat was overdone.* ▶ **przegotowywać**

IDIOM **overdo it/things** to work, etc. too hard: *Exercise is fine but don't overdo it.* ▶ **przesadzać** (*np. z pracą*)

overdose /ˈəʊvədəʊs/ noun [C] an amount of a drug or medicine that is too large and so is not safe: *Hugh killed himself by taking an overdose.* ▶ **za duża dawka**

overdraft /ˈəʊvədrɑːft; US -dræft/ noun [C] an amount of money that you have spent or want to spend that is greater than the amount you have in your bank account: *We took out an overdraft to pay for the holiday.* ○ *to pay off an overdraft* ▶ **przekraczanie konta bankowego**

overdrawn /ˌəʊvəˈdrɔːn/ adj. having spent more money than you have in your bank account: *Darren is £500 overdrawn.* ▶ **mający przekroczone konto bankowe**

overdue /ˌəʊvəˈdjuː; US -ˈduː/ adj. late in arriving, happening, being paid, returned, etc.: *Their train is ten minutes overdue.* ○ *Change is long overdue* (jest od dawna potrzebna). ▶ **spóźniony**

overestimate /ˌəʊvərˈestɪmeɪt/ verb [T] to think that sb/sth is bigger, better, more expensive, etc. than he/she/it really is: *I overestimated how much we could paint in a day.* ❶ Antonim: **underestimate**. ▶ **przeceniać**

overflow /ˌəʊvəˈfləʊ/ verb **1** [I,T] to have liquid pouring over the edge; to pour over the edge of sth: *The tap was left on and the bath overflowed.* ○ *After the heavy rains the river overflowed its banks* (wystąpiła z brzegów). ▶ **przelewać się** **2** [I] **overflow (into sth)** to be forced out of a place or a container that is too full: *The crowd overflowed into the street.* ▶ **wylewać się**

overgrown /ˌəʊvəˈgrəʊn/ adj. covered with plants that have not been looked after and that have grown too big: *The garden is neglected and overgrown.* ▶ (*o trawniku itp.*) **zarośnięty**

overhang /ˌəʊvəˈhæŋ/ verb [I,T] (pt, pp **overhung**) to stick out from or hang over sth: *I hit my head on an overhanging branch and fell off my bike.* ▶ **zwisać; sterczeć**

overhaul /ˌəʊvəˈhɔːl/ verb [T] to look at sth carefully and change or repair it if necessary: *to overhaul an engine* ▶ **gruntownie zbadać, przeprowadzać kapitalny remont**

□ **overhaul** /ˈəʊvəhɔːl/ noun [C]: *a complete overhaul of the social security system* ▶ **gruntowna reforma, kapitalny remont**

overhead /ˈəʊvəhed/ adj. above your head: *overhead electricity cables* ▶ **napowietrzny, na górze**

□ **overhead** /ˌəʊvəˈhed/ adv.: *A helicopter flew overhead.* ▶ **na górze, nad głową**

■ **ˌoverhead proˈjector** noun [C] (abbr. **OHP**) a device that projects images onto a wall or screen above and behind the person who is using it ▶ **rzutnik**

overheads /ˈəʊvəhedz/ noun [pl.] money that a company must spend on things like salaries, heat, light, rent, etc. ▶ **koszty stałe**

overhear /ˌəʊvəˈhɪə(r)/ verb [T] (pt, pp **overheard** /-ˈhɜːd/) to hear what sb is saying when they are speaking to sb else and not to you ▶ **przypadkowo usłyszeć**

overjoyed /ˌəʊvəˈdʒɔɪd/ adj. (not before a noun) **overjoyed (at sth/to do sth)** very happy: *We were overjoyed at the news.* ▶ **rozradowany**

overland /ˈəʊvəlænd/ adj. not by sea or by air: *an overland journey* ▶ **lądowy**

□ **overland** adv.: *We travelled overland from Paris to China.* ▶ **lądem**

overlap /ˌəʊvəˈlæp/ verb [I,T] (**overlapping**; **overlapped**) **1** when two things overlap, part of one covers part of the other: *Make sure that the two pieces of material overlap.* ▶ **zachodzić (za/na coś), pokrywać się (częściowo)** **2** to be partly the same as sth: *Our jobs overlap to some extent.* ▶ **pokrywać się (częściowo)**

□ **overlap** /ˈəʊvəlæp/ noun [C]: *There will be a period of overlap between the new teacher arriving and the old one going.* ▶ **zachodzenie (jednej rzeczy/czynności na drugą), pokrywanie się (częściowe)**

overleaf /ˌəʊvəˈliːf/ adv. on the other side of the page: *Full details are given overleaf.* ▶ **na odwrocie (strony)**

overload /ˌəʊvəˈləʊd/ verb [T] **1** (often passive) to put too many people or things into or onto sth:

an overloaded vehicle ○ (figurative) *to be overloaded with work* ▶ **przeładowywać; przeciążać** **2** to put too much electricity through sth: *If you use too many electrical appliances at one time you may overload the system.* ▶ **przeciążać** (*linię elektryczną*)

⋆**overlook** /ˌəʊvəˈlʊk/ verb [T] **1** to have a view over sth: *The sitting room overlooks the river.* ▶ (*o oknie itp.*) **wychodzić (na coś)** **2** to fail to see, take notice of or remember sth: *to overlook a spelling mistake* ○ *The local people felt that their opinions had been completely overlooked.* ▶ **przeoczyć, nie zauważać** **3** to take no action about sth that sb has done wrong: *I will overlook your behaviour this time but don't let it happen again.* ▶ **nie zwracać uwagi, patrzeć przez palce**

overnight /ˌəʊvəˈnaɪt/ adj., adv. **1** for or during the night: *an overnight bag* torba podręczna z przyborami kosmetycznymi, piżamą itp., zabierana na nocleg poza domem ○ *Why don't you stay overnight?* ▶ **nocny; w ciągu nocy, przez noc, na noc** **2** (happening) very suddenly: *an overnight success* ○ *She became a star overnight.* ▶ **nagły; z dnia na dzień, nagle**

overpass /ˈəʊvəpɑːs; US -pæs/ noun [C] (US) = FLYOVER

overpay /ˌəʊvəˈpeɪ/ verb [T] (pt, pp **overpaid**) (usually passive) to pay sb too much; to pay sb more than their job is worth ❶ Antonim: **underpay**. ▶ **przepłacać**

overpower /ˌəʊvəˈpaʊə(r)/ verb [T] to be too strong for sb; to defeat sb because you are stronger than them: *The police overpowered the burglars.* ○ *The fireman was overpowered by the heat and smoke.* ▶ **opanowywać, pokonywać**

□ **overpowering** /ˌəʊvəˈpaʊərɪŋ/ adj. very strong: *an overpowering smell* ▶ **przemożny, obezwładniający, przytłaczający**

overpriced /ˌəʊvəˈpraɪst/ adj. too expensive; costing more than it is worth ▶ **za drogi**

overrate /ˌəʊvəˈreɪt/ verb [T] (often passive) to have too high an opinion of sb/sth: *I think that the play is greatly overrated.* ❶ Antonim: **underrate**. ▶ **przeceniać, przechwalać**

override /ˌəʊvəˈraɪd/ verb [T] (pt **overrode** /-ˈrəʊd/; pp **overridden** /-ˈrɪdn/) **1** (used about sb/sth with authority) to pay no attention to a person's decisions or actions: *They overrode my protest and continued with the meeting.* ▶ **lekceważyć, nie zważać** (*np. na protest*) **2** to be more important than sth ▶ **mieć pierwszeństwo**

□ **overriding** /ˌəʊvəˈraɪdɪŋ/ adj. (only before a noun) more important than anything else ▶ **nadrzędny**

overrule /ˌəʊvəˈruːl/ verb [T] (used about sb/sth with authority) to decide that another person's decisions or actions are not valid: *The Home Secretary has the power to overrule the council's decision.* ▶ **uchylać, odrzucać** (*np. wniosek*)

overrun /ˌəʊvəˈrʌn/ verb (pt **overran** /-ˈræn/; pp **overrun**) **1** [T] (often passive) to spread all over an area in great numbers: *The city was overrun by rats* (zaroiło się od szczurów). ▶ **opanowywać, pokrywać** **2** [I,T] to continue later than the expected time: *The meeting overran by 30 minutes.* ▶ **przekraczać (wyznaczony czas)**

⋆**overseas** /ˌəʊvəˈsiːz/ adj. (only before a noun) in, to or from another country (that you have to cross the sea to get to): *There are many overseas students studying in Britain.* ▶ **zagraniczny, zamorski**

□ **overseas** adv. in or to another country: *Frank has gone to live overseas.* ○ *People overseas will be able to vote in the election.* ▶ **za granic-ę/ą**

oversee /ˌəʊvəˈsiː/ verb [T] (pt **oversaw** /-ˈsɔː/; pp **overseen** /-ˈsiːn/) to watch sth to make sure that it is done properly ▶ **nadzorować**

overshadow /ˌəʊvəˈʃædəʊ/ verb [T] **1** to cause sth to be less enjoyable: *The Christmas celebrations were overshadowed by her illness.* ▶ **przyćmiewać** **2** to cause sb/sth to seem less important or successful: *Colin always seemed to be overshadowed by his sister.* ▶ **zaćmiewać, usuwać kogoś w cień**

oversight /ˈəʊvəsaɪt/ noun [C,U] something that you do not notice or do (that you should have noticed or done): *Through an oversight Len's name did not appear on the list.* ▶ **przeoczenie**

oversimplify /ˌəʊvəˈsɪmplɪfaɪ/ verb [I,T] (pres. part. **oversimplifying**; 3rd pers. sing. pres. **oversimplifies**; pt, pp **oversimplified**) to explain sth in such a simple way that its real meaning is lost ▶ **nadmiernie upraszczać, spłycać** (*np. zagadnienie*)

oversleep /ˌəʊvəˈsliːp/ verb [I] (pt, pp **overslept** /-ˈslept/) to sleep longer than you should have done ▶ **zaspać, przespać**

overstate /ˌəʊvəˈsteɪt/ verb [T] to say sth in a way that makes it seem more important than it really is ❶ Antonim: **understate**. ▶ **wyolbrzymiać**

⋆**overtake** /ˌəʊvəˈteɪk/ verb [I,T] (pt **overtook** /-ˈtʊk/; pp **overtaken** /-ˈteɪkən/) to go past another person, car, etc. because you are moving faster: *The continuous white line in the middle of the road means you must not overtake.* ○ *I overtook a lorry.* ○ *He overtook me on the bend.* ▶ **wyprzedzać**

overthrow /ˌəʊvəˈθrəʊ/ verb [T] (pt **overthrew** /-ˈθruː/; pp **overthrown** /-ˈθrəʊn/) to remove a leader or government from power, by using force: *The dictator was overthrown in a military coup.* ▶ **obalać**

□ **overthrow** /ˈəʊvəθrəʊ/ noun [sing.]: *the overthrow of the French monarchy in 1789* ▶ **obalenie**

overtime /ˈəʊvətaɪm/ noun [U] time that you spend at work after your usual working hours: *Betty did ten hours overtime last week.* ○ *Do you get paid overtime?* ▶ **nadgodziny; godziny nadliczbowe**

□ **overtime** adv.: *I have been working overtime for weeks.* ▶ **w godzinach nadliczbowych, nadprogramowo**

overtone /ˈəʊvətəʊn/ noun [C, usually pl.] something that is suggested but not expressed openly: *It's a funny play but it has serious overtones.* ▶ **podtekst**

overture /ˈəʊvətʃʊə(r); -tjʊə(r)/ noun **1** [C, usually pl.] (formal) an act of being friendly towards sb (perhaps because you want sth): *It's time to make some peace overtures to the boss* (podjąć pokojowe kroki w stosunku do szefa). ▶ **zabieganie o czyjeś względy 2** [C] a piece of music that is the introduction to an opera, a ballet, etc. ▶ **uwertura**

overturn /ˌəʊvəˈtɜːn/ verb [I,T] to turn over so that the top is at the bottom: *The car overturned but the driver escaped unhurt.* ○ (figurative) *to overturn a decision* ▶ **przewracać (się)** (*do góry nogami*), **obalać** (*decyzję*)

overweight /ˌəʊvəˈweɪt/ adj. too heavy or fat: *You're a bit overweight. Perhaps you should go on a diet?* ➲ Zob. uwaga przy **fat**. ▶ **otyły, z nadwagą**

overwhelm /ˌəʊvəˈwelm/ verb [T] (usually passive) **1** to cause sb to feel a very strong emotion: *The new world champion was overwhelmed by all the publicity.* ▶ **przytłaczać, druzgotać** (*np. wiadomością*) **2** to be so powerful, big, etc. that sb cannot deal with it: *The television company were overwhelmed by complaints.* ○ *The army was overwhelmed by the rebels.* ▶ **zasypywać, obezwładniać**

□ **overwhelming** adj. very great or strong: *Anna had an overwhelming desire to return home.* ▶ **nieprzeparty, przytłaczający** | **overwhelmingly** adv.: *The meeting voted overwhelmingly against the plan.* ▶ **przytłaczająco**

overwork /ˌəʊvəˈwɜːk/ verb [I,T] to work too hard or to make sb work too hard: *They are overworked and underpaid.* ▶ **przepracowywać się; przeładowywać**

□ **overwork** noun [U] ▶ **przepracowanie**

★**owe** /əʊ/ verb [T] **1 owe sth (to sb) (for sth)**; **owe sb for sth** to have to pay money to sb for sth that they have done or given: *We owe the bank £5 000.* ○ *We owe £5 000 to the bank.* ○ *I still owe you for that bread you bought me yesterday.* ○ (figurative) *Claudia owes me an explanation.* ▶ **być winnym/dłużnym 2** to feel grateful to sb for sth: *I owe you a lot for all you did for me when I was young.* ▶ **zawdzięczać 3 owe sth (to sb/sth)** to have sth (for the reason given): *Britain owed her strength in the 19th century to her naval power.* ▶ **zawdzięczać**

owing /ˈəʊɪŋ/ adj. (not before a noun) not yet paid: *How much is still owing to you?* Ile ci się jeszcze należy? ▶ **należny**

□ **owing to** prep. because of: *The match was cancelled owing to the bad weather.* ➲ Zob. uwaga przy **due**[1]. ▶ **z powodu, wskutek (czegoś)**

owl /aʊl/ noun [C] a bird that flies at night and that catches and eats small animals. Owls are used as a symbol of wisdom. ▶ **sowa**

★**own**[1] /əʊn/ det., pron. **1** (used to emphasize that sth belongs to a particular person): *This is his own house.* ○ *This house is his own.* ○ *I saw him do it with my own eyes.* ❶ Nie można stawiać **own** po **a** lub **the**. Nie można powiedzieć ~~*I would like an own car*~~. Poprawnie mówi się **I would like my own car** lub **I would like a car of my own**. ▶ **własny, swój 2** (used to show that sth is done or made without help from another person): *The children are old enough to get their own breakfast.* ○ *They grow all their own vegetables.* ▶ **własny, swój**

IDIOMS **come into your own** to have your real value recognized: *The car phone really comes into its own when you break down on a country road.* ▶ **przydawać się** | **hold your own (against sb/sth)** to be as strong, good, etc. as sb/sth else ▶ **utrzymać się na swojej pozycji; być równie silnym/dobrym jak** | **of your, etc. own** belonging to you and not to anyone else: *Kate has always wanted a pony of her own.* ▶ **na własność** | **(all) on your, etc. own 1** alone: *John lives all on his own.* ➲ Zob. uwaga przy **alone**. ▶ **(całkiem) sam, samotnie 2** without help: *I managed to repair the car all on my own.* ▶ **sam, bez pomocy** | **get/have your own back (on sb)** (informal) to hurt or do harm to sb who has hurt or done harm to you ▶ **odpłacić pięknym za nadobne**

★**own**[2] /əʊn/ verb [T] to have sth belonging to you; possess: *We don't own the video. We just rent it.* ○ *Who is this land owned by?* ▶ **mieć na własność, być właścicielem (czegoś)**

PHRASAL VERB **own up (to sth)** (informal) to tell sb that you have done sth wrong: *None of the children owned up to breaking the window.* ➲ Zob. **confess**. Jest czasownikiem bardziej formalnym. ▶ **przyznawać się (do czegoś), wyznawać** (*winę*)

★**owner** /ˈəʊnə(r)/ noun [C] a person who owns sth: *a dog owner* ▶ **właściciel/ka**

□ **ownership** noun [U] the state of owning sth ▶ **własność, posiadanie**

ox /ɒks/ noun [C] (pl. **oxen** /ˈɒksn/) a male cow that has been castrated. Oxen are sometimes used for pulling or carrying heavy loads. ➲ Por. **bull**. ▶ **wół**

★**oxygen** /ˈɒksɪdʒən/ noun [U] (symbol **O**) a gas that you cannot see, taste or smell. Plants and animals cannot live and fire cannot burn without oxygen. ▶ **tlen**

oyster /ˈɔɪstə(r)/ noun [C] a shellfish that is eaten as food. Some oysters produce pearls. ▶ **ostryga**

oz abbr. ounce(s); a measure of weight, about 28.35g: *Add 4 oz flour.* ▶ **uncja**

ozone /ˈəʊzəʊn/ noun [U] a form of oxygen ▶ **ozon**

■ **ˌozone-ˈfriendly** adj. (used about household products, etc.) not containing chemicals that could damage the ozone layer: *Most aerosol sprays are now ozone-friendly.* ▶ **nie niszczący warstwy ozonowej** | **ˈozone layer** noun [sing.] the layer of ozone high above the surface of the earth that helps to protect it from the dangerous rays of the sun: *a hole in the ozone layer* ▶ **warstwa ozonowa**

Pp

P, p /piː/ noun [C] (pl. **P's; p's**) the sixteenth letter of the English alphabet ▶ **litera** *p*

P abbr. (on a road sign) parking ▶ **P**

p abbr. **1** (pl. **pp**) page: *see p 94* ○ *pp 63-96* ▶ **str. 2** /piː/ (Brit., informal) penny, pence: *a 24p stamp* ▶ **pens**

PA /ˌpiː ˈeɪ/ abbr. personal assistant ▶ **sekreta-rz/rka**

p.a. abbr. per annum; in or for a year: *salary £15 000 p.a.* ▶ **rocznie, na rok**

★**pace¹** /peɪs/ noun **1** [C] the distance that you move when you take one step: *Take two paces forward* (zrób dwa kroki w przód) *and then stop.* ▶ **krok** (*odległość*) **2** [sing.] the speed at which you do sth or at which sth happens: *Run at a steady pace.* ○ *I can't stand the pace of life in London.* ▶ **tempo, szybkość**

IDIOMS **keep pace (with sb/sth)** to move or do sth at the same speed as sb/sth else; to change as quickly as sth else is changing: *Wages are not keeping pace with inflation.* ▶ **dotrzymywać kroku** | **set the pace** to move or do sth at the speed that others must follow ▶ **nadawać tempo**

■ **ˈpacemaker** noun [C] **1** a person who sets the pace that others must follow ▶ **osoba nadająca tempo 2** a machine that helps to make a person's heart beat regularly or more strongly ▶ **stymulator serca**

pace² /peɪs/ verb [I,T] to walk with slow regular steps: *Fran paced nervously up and down the room* (nerwowo przemierzała pokój), *waiting for news.* ▶ **kroczyć, stąpać**

pacifier /ˈpæsɪfaɪə(r)/ (US) = DUMMY(3)

pacifism /ˈpæsɪfɪzəm/ noun [U] the belief that all wars are wrong and that you should not fight in them ▶ **pacyfizm**

□ **pacifist** /-ɪst/ noun [C] a person who believes in pacifism ▶ **pacyfist-a/ka**

pacify /ˈpæsɪfaɪ/ verb [T] (pres. part. **pacifying**; 3rd pers. sing. pres. **pacifies**; pt, pp **pacified**) to cause sb who is angry or upset to be calm or quiet ▶ **uspokajać**

★**pack¹** /pæk/ noun [C] **1** a number of things that are wrapped or tied together and that you carry on your back or that are carried by an animal: *a pack horse* ➲ Zob. uwaga przy **parcel**. Por. **backpack**. ▶ **tłumok, tobół, zawiniątko 2** (US) = PACKET(1) **3** a packet or group of things that are sold together: *The pack contains a CD and a workbook.* ○ (figurative) *Everything she told me was a pack of lies.* ▶ **paczka; stek** (*np. kłamstw*) **4** [with sing. or pl. verb] a group of animals that hunt together: *a pack of wolves* ▶ **stado** (*np. wilków*) **5** a large group of similar people or things, especially one that you do not like or approve of ▶ **banda 6** (US **deck**) a complete set of playing cards ➲ Zob. uwaga przy **card**. ▶ **talia kart**

★**pack²** /pæk/ verb **1** [I,T] to put your things into a suitcase, etc. before you go away or go on holiday: *to pack a suitcase* ○ *Have you packed yet?* ○ *Have you packed your toothbrush?* ❶ Zwróć uwagę na wyrażenie **do your packing**: *I'll do my packing in the morning.* ▶ **pakować (się) 2** [I,T] to put things into boxes, in a factory or when you move house ▶ **pakować** (*np. w pudła*) ❶ Antonim znaczeń 1 i 2: **unpack**. **3** [T] (often passive) to fill or crowd: *The train was absolutely packed.* ○ *an action-packed film* ▶ **na/pakować, wypełniać**

PHRASAL VERBS **pack sth in** (informal) to stop doing sth: *I've packed in my job. I'm leaving next month.* ▶ **skończyć z czymś, rezygnować z czegoś** | **pack sth in; pack sth in/into sth** to do a lot in a short time: *They packed an awful lot into three days.* ▶ **napychać, wtłaczać** | **pack sth out** to fill sth with people: *The cinemas are packed out every night.* ▶ **napychać/wypełniać ludźmi** | **pack up** (informal) **1** to finish working or doing sth: *We packed up and went home.* ▶ **zwijać manatki, zabierać się 2** (used about a machine, engine, etc.) to stop working ▶ (*o silniku itp.*) **zacinać się**

□ **packer** noun [C] a person, company or machine that puts goods, especially food, into boxes, plastic, paper, etc. to be sold ▶ **pakowacz/ka**

■ **packed ˈlunch** (US **ˈbag lunch**) noun [C] sandwiches, etc. that you take with you to work or school ▶ **kanapki itp. przygotowane jako drugie śniadanie poza domem**

★**package** /ˈpækɪdʒ/ noun [C] **1** something, or a number of things, wrapped up in paper: *a strangely shaped package* ➲ Zob. uwaga przy **parcel**. ▶ **pakunek, paczka 2** a number of things that must be bought or accepted together: *a word-processing package* ○ *The strike will go on until the firm offers a better pay package.* ▶ **pakiet, zestaw**

□ **package** verb [T] to put sth into a packet, box, etc. before it is sold or sent somewhere: *Goods that are attractively packaged sell more quickly.* ▶ **pakować** | **packaging** noun [U] all the materials that are used to wrap sth before it is sold or sent somewhere: *Chocolates sometimes have layers of packaging.* ➲ Zob. uwaga przy **parcel**. ▶ **opakowanie**

■ **ˌpackage ˈholiday** noun [C] a holiday that is organized by a travel agent who arranges your travel and accommodation for you ▶ **zorganizowany wyjazd wakacyjny** | **ˈpackage store** noun [C] (US) = OFF-LICENCE

★**packet** /ˈpækɪt/ noun **1** [C] a box, bag, etc. in which things are packed to be sold in a shop: *a packet of sweets* ○ *a cigarette packet* ➲ Zob. uwaga przy **parcel**. Ilustr. do **container**. ▶ **pudełko, torebka 2** [sing.] (spoken) a large amount of money: *That new kitchen must have cost them a packet.* ▶ **majątek**

packing /'pækɪŋ/ noun [U] **1** putting things into a box or suitcase: *I haven't done my packing yet.* ▶ **pakowanie (się) 2** soft material that you use when you are packing to stop things from being damaged or broken: *Add 95p for postage and packing.* ▶ **opakowanie**

■ **'packing case** noun [C] a wooden box that you put things in before they are transported or stored ▶ **skrzynia do pakowania**

pact /pækt/ noun [C] a formal agreement between two people, groups or countries ▶ **pakt**

★**pad¹** /pæd/ noun [C] **1** a thick piece of soft material, used for cleaning or protecting sth: *Footballers wear shin pads* (ochraniacze na golenie) *to protect their legs.* ○ *a jacket with shoulder pads* ○ *Press the cotton wool pad* (gazik) *onto the wound to stop the bleeding.* ▶ **poduszka** (*np. usztywniająca ramiona marynarki*), **tampon, wyściółka 2** a number of pieces of paper that are fastened together at one end: *a writing pad* ▶ **blok papieru 3** the place from which helicopters and space rockets take off: *a launch pad* ▶ **lądowisko helikopterów, baza wyrzutni rakietowej 4** the soft part on the bottom of the foot of some animals, e.g. dogs, cats, etc. ▶ **poduszka** (*np. łapy kota*)

pad² /pæd/ verb [T] (**padding**; **padded**) (usually passive) to fill or cover sth with soft material in order to protect it, make it larger or more comfortable, etc.: *a padded bra* ○ *prisoners in padded cells* ▶ **wyścielać, watować**

PHRASAL VERB **pad sth out** to make a book, speech, etc. longer by adding things that are not necessary ▶ **lać wodę**

□ **padding** noun [U] material that you use to pad² sth ▶ **wyściółka, podbicie/podszycie** (*np. palta*), **obicie** (*np. drzwi*)

pad³ /pæd/ verb [I] (**padding**; **padded**) **pad about, along, around, etc.** to walk rather quickly and quietly ▶ **iść szybko i cicho**

paddle¹ /'pædl/ noun [C] a short pole that is wide at one or both ends and that you use for moving a small boat through water ➲ Por. **oar**. ▶ **krótkie wiosło o szerokim piórze**

□ **paddle** verb [I,T] to move a small boat through water using a paddle ➲ Por. **row**. ▶ **wiosłować** (*krótkim wiosłem*)

paddle² /'pædl/ verb [I] to walk with bare feet in shallow water ▶ **brodzić**

paddock /'pædək/ noun [C] a small field where horses are kept ▶ **wygon dla koni**

padlock /'pædlɒk/ noun [C] a type of lock that is used for fastening gates, bicycles, etc. ▶ **kłódka**

□ **padlock** verb [T] to fasten sth with a padlock ▶ **zamykać na kłódkę**

paediatrician (US **pediatrician**) /ˌpi:diə'trɪʃn/ noun [C] a doctor who specializes in looking after sick children ▶ **pediatra**

paediatrics (US **pediatrics**) /ˌpi:di'ætrɪks/ noun [U] the area of medicine connected with the diseases of children ▶ **pediatria**

□ **paediatric** (US **pediatric**) adj. ▶ **pediatryczny**

paedophile (US **pedophile**) /'pi:dəfaɪl/ noun [C] a person who is sexually attracted to children ▶ **pedofil**

pagan /'peɪɡən/ adj. having religious beliefs that do not belong to any of the main religions: *Hallowe'en is an ancient pagan festival.* ▶ **pogański**

★**page¹** /peɪdʒ/ noun [C] (abbr. **p**) **1** one side of a piece of paper: *The letter was three pages long.* ○ *to turn over the page* ○ *Full flight details are given on page 63.* ○ *the front page of a newspaper* ○ *the sports page* ▶ **stronica, strona 2** one piece of paper in a book, etc.: *One page had been torn from her diary.* ▶ **kartka**

page² /peɪdʒ/ verb [T] to call sb's name over a loudspeaker in a place where there are a lot of people, so that you can give them a message ▶ **przywoływać kogoś przez głośnik**

□ **pager** noun [C] a small machine that you carry, that makes a sound when somebody sends you a message: *Try to contact him on his pager.* ○ *Suddenly a pager went off.* ❶ Synonim: **bleeper**. ▶ **pager**

pageant /'pædʒənt/ noun [C] **1** a type of outdoor public entertainment at which there is a procession of people, often dressed up in historical costume ▶ **widowisko w plenerze 2** any colourful ceremony ▶ **(kolorowy) pochód**

□ **pageantry** /'pædʒəntri/ noun [U] the feeling and appearance of a grand ceremony when people are dressed in fine colourful clothes: *The pageantry of the Changing of the Guard is very popular with tourists.* ▶ **pompa, parada**

paid pt, pp of PAY²

pail /peɪl/ noun [C] a bucket ▶ **wiadro**

★**pain** /peɪn/ noun **1** [C,U] the unpleasant feeling that you have when a part of your body has been hurt or when you are ill: *to be in great pain* ○ *I've got a terrible pain in my back.* ○ *to scream with pain* ○ *chest pains* ○ *After I took the tablets the pain wore off.* Po zażyciu tabletek ból minął. ○ *The tablets relieved the pain.* ➲ Por. **ache**. ❶ Zwróć uwagę, że zwykle w zwrotach nie używa się rzeczownika **pain**, lecz mówi się **I've got a headache** itp. ▶ **ból 2** [U] unhappiness that you feel because sth bad has happened or because sb has been unkind: *It took me years to get over the pain of her death.* ▶ **cierpienie, ból (psychiczny) 3** [C] (informal) a person, thing or situation that causes you to be angry or annoyed: *Ironing is a real pain.* ○ *He's a pain in the neck.* ▶ **utrapienie, udręka**

□ **pain** verb [T] to cause sb to feel unhappy or upset ▶ **zasmucać (kogoś), sprawiać (komuś) przykrość** | **pained** adj. showing that you are unhappy or upset: *a pained expression* ▶ **zasmucony, bolesny** | **painful** /-fl/ adj. that causes pain: *A wasp sting can be very painful.* ○ *The break-up of their marriage was very painful for the children.* ▶ **bolesny** | **painfully** /-fəli/ adv.: *Progress is still painfully slow.* ▶ **boleśnie, dotkliwie** | **painless** adj. that does not cause pain: *The animals' death is quick and painless.* ▶ **bezbolesny** | **painlessly** adv.

■ **'painkiller** noun [C] medicine that is used for reducing or removing pain ▶ **środek przeciwbólowy**

pains /peɪnz/ noun
IDIOM **be at/take (great) pains to do sth; take (great) pains (with/over sth)** to make a special effort to do sth well: *He was at pains to hide his true feelings.* ○ *She always takes great pains with her writing.* ▶ **dokładać (wszelkich) starań, żeby**
□ **painstaking** /ˈpeɪnzteɪkɪŋ/ adj. very careful: *a painstaking search* ▶ **staranny, dokładny** | **painstakingly** adv. ▶ **starannie, dokładnie**

★**paint¹** /peɪnt/ noun **1** [U] a liquid that you put onto a surface with a brush in order to give it colour or to protect it: *The door will need two more coats of paint.* ○ *Wet paint!* Świeżo malowane! ○ *spray paint* ○ *The paint was peeling off* (łuszczyła się) *the walls.* ▶ **farba 2** [U] coloured liquid that you can use to make a picture: *red/oil paint* ▶ **farba 3** (**paints**) [pl.] a collection of tubes, blocks, etc. of paint that an artist uses ▶ **farby (artysty malarza)**
■ ˈ**paintbox** noun [C] a box that contains blocks of paint of many colours ▶ **pudełko z farbami** | ˈ**paintbrush** noun [C] a brush that you use for painting with ➲ Ilustr. do **brush**. ▶ **pędzel** | ˈ**paintwork** noun [U] a surface that has been painted ▶ **malowanie** (*pomalowana powierzchnia*)

★**paint²** /peɪnt/ verb [I,T] **1** to put paint onto sth: *The bathroom needs painting.* ○ *The walls were painted pink* (pomalowane na różowo). ▶ **malować 2** to make a picture of sb/sth using paints: *Vicky paints well.* ○ *to paint a self-portrait* ▶ **namalować**

★**painter** /ˈpeɪntə(r)/ noun [C] **1** a person whose job is to paint buildings, walls, etc. ▶ **malarz pokojowy 2** a person who paints pictures ➲ Por. **artist**. ▶ **mala-rz/rka**

★**painting** /ˈpeɪntɪŋ/ noun **1** [U] the act of painting pictures or buildings ▶ **malowanie 2** [C] a picture that sb has painted: *a famous painting by Van Gogh* ➲ Por. **drawing.** ▶ **obraz, płótno**

★**pair** /peə(r)/ noun **1** [C] two things that are almost the same and that are used together: *a pair of shoes* ▶ **para 2** [C] a thing that consists of two parts that are joined together: *a pair of scissors/glasses/trousers* ▶ **para 3** [C, with sing. or pl. verb] two people or animals that are closely connected with each other: *A pair of blackbirds are nesting in the apple tree.* ❶ Para małżonków, narzeczonych lub partnerów żyjących w wolnym związku to **couple**. ▶ **para**
IDIOM **in pairs** two at a time: *These earrings are only sold in pairs.* ▶ **parami, w parach**
□ **pair** verb
PHRASAL VERBS **pair (sb/sth) off (with sb)** to form a pair or pairs: *Stop trying to pair me off with your brother.* ▶ **dobierać do pary** | **pair up (with sb)** to join together with another person or group ▶ **dołączać się** (*np. do pary*)

pajamas (US) noun [pl.] = PYJAMAS

pal /pæl/ noun [C] (informal) a friend ▶ **kumpel, przyjaciółka**

★**palace** /ˈpæləs/ noun [C] a large house that is or was the home of a king, queen or archbishop. ▶ **pałac**

palate /ˈpælət/ noun [C] the top part of the inside of your mouth ▶ **podniebienie**

★**pale** /peɪl/ adj. **1** (used about a person or their face, etc.) having less colour than usual; rather white: *Are you OK? You look a bit pale.* ❶ Rzeczownik: **pallor**. ➲ Por. **pallid**. ▶ **blady 2** not bright or strong in colour: *pale yellow* bladożółty ▶ **blady**

palette /ˈpælət/ noun [C] a thin board on which an artist mixes colours when painting, with a hole for the thumb to hold it by ▶ **paleta**

pall /pɔːl/ verb [I] to become uninteresting or annoying ▶ **znudzić się, sprzykrzyć się**

pallid /ˈpælɪd/ adj. (used about a person or their face, etc.) pale or rather white because they are ill or frightened ▶ **blady**

pallor /ˈpælə(r)/ noun [U] the state of being pale or rather white because you are ill or frightened ▶ **bladość**

palm¹ /pɑːm/ noun [C] the flat part of the front of your hand: *Dora held the bird in the palm of her hand.* ▶ **dłoń**
□ **palm** verb
PHRASAL VERBS **palm sb off (with sth)** (informal) to persuade sb to accept sth that is not true or that is of poor quality: *He tried to palm me off with some story about the train being late.* ▶ **wciskać/wmawiać coś komuś** | **palm sth off (on sb)** to get rid of sth that you do not want by giving it to sb else ▶ **wciskać coś komuś**

palm² /pɑːm/ (also ˈ**palm tree**) noun [C] a type of tree that grows in hot countries. Palms have no branches and a mass of large leaves at the top.: *a date/coconut palm* ▶ **palma**

palmtop /ˈpɑːmtɒp/ noun [C] a computer that is about the same size as your hand ▶ **miniaturowy komputer**

paltry /ˈpɔːltri/ adj. very small and so not worth very much ▶ **lichy, nędzny**

pamper /ˈpæmpə(r)/ verb [T] to treat sb very or too kindly ▶ **rozpieszczać, hołubić**

pamphlet /ˈpæmflət/ noun [C] a thin book with a paper cover that gives you information about sth ▶ **broszura, prospekt**

★**pan** /pæn/ noun [C] a metal container that is used for cooking: *a large pan of boiling salted water* ○ *a frying pan* patelnia ○ *All the pots and pans* (gary) *are kept in that cupboard.* ▶ **rondel**

pancake /ˈpænkeɪk/ noun [C] a type of very thin round cake that is made by frying batter:

pancakes with sweet and savoury fillings ► **naleśnik**

■ **'Pancake Day** (also ˌ**Shrove 'Tuesday**) a Tuesday in February when people traditionally eat pancakes. Pancake Day is the day before the period of Lent begins. ► **ostatki** (*wtorek przed Środą Popielcową*)

panda /'pændə/ noun [C] a large black and white animal that looks like a bear and that comes from China. Pandas are very rare nowadays. ► **panda**

pandemonium /ˌpændə'məʊniəm/ noun [U] a state of great noise and confusion ► **harmider, rozgardiasz**

pander /'pændə(r)/ verb

PHRASAL VERB **pander to sb/sth** to do or say what sb wants even if it is wrong or unpleasant ► **(fałszywie) schlebiać, przypodobać się**

pane /peɪn/ noun [C] a piece of glass in a window, etc.: *a pane of glass* ○ *the window pane* ► **szyba**

panel /'pænl/ noun **1** [C, with sing. or pl. verb] a group of people who are chosen to discuss sth, decide sth, answer questions, etc.: *an interview panel* ○ *a panel of experts* ○ *a panel game on TV* ○ *What do/does the panel think about the changes?* ► **zespół** (*np. specjalistów*), **panel 2** [C] a piece of wood, metal or glass that forms part of a door, wall, etc. or that is fixed to it: *They smashed the glass panel in the front door.* ► **filunek, płycina, kaseton 3** [C] a surface that contains the equipment for controlling a car, machine, etc.: *the instrument panel* ► **tablica rozdzielcza**

□ **panellist** (US **panelist**) /'pænəlɪst/ noun [C] a member of a panel(1) ► **uczestni-k/czka zespołu**

pang /pæŋ/ noun [C, usually pl.] a sudden strong feeling (of pain, hunger, guilt, etc.) ► **(ostre, nagłe) uczucie** (*np. bólu, głodu, winy*)

★**panic** /'pænɪk/ noun [C,U] a sudden feeling of fear that makes you do things without thinking carefully about them: *The rumours of war spread panic.* ○ *to be in a state of panic* ○ *There was a mad panic when the alarm went off.* ► **popłoch**

□ **panic** verb [I] (**panicking**; **panicked**) to have a sudden feeling of fear that makes you act without thinking carefully: *Stay calm and don't panic.* ► **panikować, wpadać w popłoch**

■ **'panic-stricken** adj. very frightened ► **owładnięty panicznym strachem**

panorama /ˌpænə'rɑːmə; US -'ræmə/ noun [C] a view over a wide area of land ► **panorama**

□ **panoramic** /ˌpænə'ræmɪk/ adj.: *a panoramic view from the top of the hill* ► **panoramiczny**

pansy /'pænzi/ noun [C] (pl. **pansies**) a garden plant with a short stem and broad flat flowers of various bright colours ► **bratek**

pant /pænt/ verb [I] to take short quick breaths, e.g. after running or because it is very hot ► **sapać, dyszeć**

□ **pant** noun [C] a short quick breath ► **sapanie, dyszenie**

panther /'pænθə(r)/ noun [C] a large wild cat (usually black) ► **pantera**

panties /'pæntiz/ noun [pl.] (informal, especially US) a small piece of clothing that women and girls wear under their other clothes (from their waists to the top of their legs) ➲ Por. **pants** i **knickers**. ► **majtki (damskie)**

pantomime /'pæntəmaɪm/ noun [C] a type of play for children that is usually performed just after Christmas. Pantomimes are based on traditional children's stories. They are funny and have singing and dancing in them. ➲ Por. **mime**. ► **przedstawienie dla dzieci urządzane po Bożym Narodzeniu**

pantry /'pæntri/ noun [C] (pl. **pantries**) a small room where food is kept ► **spiżarnia**

★**pants** /pænts/ noun [pl.] **1** (Brit.) = UNDERPANTS **2** (US) = TROUSERS

pantyhose (also **pantihose**) /'pæntihəʊz/ noun [pl.] (US) = TIGHTS

p. & p. /ˌpiː ən 'piː/ abbr. (Brit.) postage and packing: *price: £29 incl. p. & p.* ► **opłata za przesyłkę i opakowanie**

papaya /pə'paɪə/ (also **pawpaw** /'pɔːpɔː/) noun [C] a large tropical fruit which is sweet and orange inside and has small black seeds ► **papaja**

★**paper** /'peɪpə(r)/ noun **1** [U] a material that consists of thin sheets that you use for wrapping things in, writing or drawing on, etc.: *a blank piece/sheet of paper* ○ *wallpaper* tapeta ○ *Scrap paper* (zużyty papier) *can be recycled.* ○ *a brown paper bag* ○ *a paper* (z ligniny) *handkerchief* ○ *filter/tissue/toilet/writing paper* filtr papierowy/bibuła/papier toaletowy/papier listowy ○ *graph paper* papier milimetrowy ○ *greaseproof/wax paper* papier woskowany ► **papier 2** [C] = NEWSPAPER: *Where's today's paper?* ○ *a daily paper* ○ *a national/local paper* ► **gazeta**

> Gazetę można kupić w **paper shop** lub w **newsagent's**.

3 (**papers**) [pl.] pieces of paper that have information written on them. Papers are usually important: *His papers are in order.* ○ *The document you want is in the pile of papers on her desk.* ► **dokumenty, papiery 4** [C] an examination in which you have to write answers to a number of questions: *a history paper* ► **egzamin pisemny 5** [C] a piece of writing on a particular subject that is written for or read to specialists ► **rozprawa, referat**

IDIOM **on paper 1** in writing: *I've had nothing on paper to say that I've been accepted.* ► **na piśmie 2** from what appearances show; in theory: *The scheme seems fine on paper, but would it work in practice?* ► **na papierze**

■ **'paperback** noun [C,U] a book that has a paper cover: *The novel is available in paperback.* ○ *a cheap paperback* ► (*o książce*) **broszurowany** | **'paper boy**; **'paper girl** noun [C] a boy or girl who delivers newspapers to people's houses ► **osoba dostarczająca prasę do domów** | **'paper clip** noun [C] a piece of wire or plastic that is used for holding pieces of paper together

▶ **spinacz** | **'paper round** noun [C] (Brit.) the job of delivering newspapers to houses; the route taken when doing this: *to do a paper round.* ▶ **roznoszenie gazet; trasa pokonywana przez roznosiciela gazet** | **'paperwork** noun [U] **1** the written work that you do in an office, including writing letters and reports, filling in forms, etc. ▶ **papierkowa robota 2** documents that need to be prepared, collected, etc. in order for a piece of business to be completed: *Some of the paperwork is missing from the file.* ▶ **papiery**

paprika /'pæprɪkə; pə'pri:kə/ noun [U] a red powder made from a type of sweet pepper and used as a spice ❶ Uwaga! Owoc papryki to **pepper**. ▶ **papryka** (*przyprawa*)

par /pɑ:(r)/ noun [U] (in golf) the standard number of times a player should hit the ball in order to complete a particular hole or series of holes ▶ (*w golfie*) **norma**

IDIOMS below par (informal) not as good or as well as usual ▶ **poniżej przeciętnej** | **on a par with sb/sth** of an equal level, standard, etc. to sb/sth else ▶ **na równi z kimś/czymś**

par. (also **para**) abbr. paragraph ▶ **par.**

parable /'pærəbl/ noun [C] a short story (especially in the Bible) that teaches a lesson ▶ **przypowieść**

parabola /pə'ræbələ/ noun [C] a curve like the path of an object that is thrown through the air and falls back to earth ▶ **parabola**

parachute /'pærəʃu:t/ noun [C] a piece of strong cloth that is folded and fastened with thin ropes to a person's body. A parachute lets the person fall to the ground slowly when they jump from an aeroplane: *a parachute jump* ▶ **spadochron**

□ **parachute** verb [I] ▶ **skakać z samolotu ze spadochronem**

parade /pə'reɪd/ noun [C] an occasion when a group of people stand or walk in a procession so that people can look at them: *a military parade* ○ *a fashion parade* pokaz mody ▶ **defilada, parada**

paradise /'pærədaɪs/ noun **1** (**Paradise**) [U] the place where some people think good people go after they die; heaven ▶ **raj 2** [C] a perfect place: *This beach is a paradise for windsurfers.* ▶ **raj**

paradox /'pærədɒks/ noun [C] **1** a statement that seems to be impossible but that is or may be true: *'A deafening silence' is a paradox.* ▶ **paradoks 2** a situation that has two or more qualities that you would not expect to find together ▶ **paradoks**

□ **paradoxical** /,pærə'dɒksɪkl/ adj. ▶ **paradoksalny**

paraffin /'pærəfɪn/ (US **kerosene**) noun [U] a type of oil that is used in heaters, lamps, etc. ▶ **nafta**

paragliding /'pærəglaɪdɪŋ/ noun [U] a sport in which you wear a special structure like a parachute, jump from a plane or a high place and are carried along by the wind before coming down to earth: *to go paragliding* ➲ Por. **hang-gliding.** ▶ **paralotniarstwo**

★**paragraph** /'pærəgrɑ:f; US -græf/ noun [C] a part of a piece of writing that consists of one or more sentences. A paragraph always starts on a new line. ▶ **akapit, nowy wiersz** (*w tekście*)

parallel /'pærəlel/ adj., adv. **1** (used about two lines, etc.) with the same distance between them for all their length: *parallel lines* ○ *The railway runs parallel to the road.* ▶ **równoległy; równolegle 2** similar: *The two brothers followed parallel careers in different companies.* ▶ **analogiczny, analogicznie**

□ **parallel** noun **1** [C] (also ,**parallel 'line**) a line, etc. that is parallel to another ▶ **równoległa linia 2** [C,U] a person, thing or situation that is similar to sb/sth else: *Japan's economic success is without parallel* (to rzecz niebywała) *in the post-war period.* ▶ **analogia 3** [C] an act of comparing sb/sth with sb/sth else: *He drew a parallel between Margaret Thatcher and Winston Churchill.* ▶ **porównanie, paralela**

parallelogram /,pærə'leləgræm/ noun [C] a flat shape with four straight sides, the opposite sides being parallel and equal to each other ▶ **równoległobok**

paralyse (US **paralyze**) /'pærəlaɪz/ verb [T] **1** to make a person unable to move their body or a part of it: *Miriam is paralysed from the waist down.* ▶ **paraliżować 2** to make sb/sth unable to work in a normal way: *The railway system was completely paralysed by the strike.* ▶ **paraliżować, porażać**

paralysis /pə'ræləsɪs/ noun [U] **1** the state of being unable to move your body or a part of it ▶ **paraliż 2** being unable to work in the normal way ▶ **paraliż**

paramedic /,pærə'medɪk/ noun [C] a person who has had special training in caring for people who are ill or hurt, but who is not a doctor or nurse ▶ **pracownik paramedyczny**

paramilitary /,pærə'mɪlətri; US -teri/ adj. organized in the same way as, but not belonging to, an official army ▶ **paramilitarny**

paramount /'pærəmaʊnt/ adj. (formal) most important ▶ **najważniejszy, najdonioślejszy**

paranoia /,pærə'nɔɪə/ noun [U] **1** a type of mental illness in which sb wrongly believes that other people are trying to hurt them ▶ **paranoja 2** (informal) a feeling of fear and suspicion of other people ▶ **paranoiczny lęk/podejrzliwość** ❶ Zwróć uwagę, że **paranoia** nie znaczy „zwariowana sytuacja, wariackie zachowanie".

paranoid /'pærənɔɪd/ adj. wrongly believing that other people are trying to hurt you ▶ **paranoidalny, paranoiczny**

paraphernalia /,pærəfə'neɪliə/ noun [U] a large number of different objects that you need for a particular purpose ▶ **sprzęt, przybory**

paraphrase /'pærəfreɪz/ verb [T] to express sth again using different words so that it is easier to understand ▶ **parafrazować**

□ **paraphrase** noun [C] ▶ **parafraza**

parasite /'pærəsaɪt/ noun [C] a plant or an animal that lives in or on another plant or animal and gets its food from it ▶ **pasożyt**

parasol /'pærəsɒl/ noun [C] an umbrella that

you use to protect yourself from the sun ▶ **parasolka** (*od słońca*)

paratroops /ˈpærətruːps/ noun [pl.] soldiers who are trained to drop from an aeroplane by parachute ▶ **wojska spadochronowe**

★**parcel** /ˈpɑːsl/ (US also **package**) noun [C] something that is wrapped in paper and sent by post, or carried: *to wrap/unwrap a parcel* ▶ **paczka, pakunek**

> **Parcel** (w USA **package**) oznacza paczkę wysyłaną pocztą. **Package** ma podobne znaczenie, ale jest to zwykle paczka doręczana osobiście. **Packet** (w USA **pack**) oznacza jedną lub kilka rzeczy, w specjalnym opakowaniu, przeznaczonych do sprzedaży. **Pack** oznacza rozmaite rzeczy sprzedawane razem: *The pack contains needles and a pair of scissors.* **Packaging** oznacza wszelki materiał (np. pudełko, torba) używany do zapakowania sprzedawanego towaru.

□ **parcel** verb (**parcelling**; **parcelled** (US)**parceling**; **parceled**)

PHRASAL VERB **parcel sth up** to wrap sth up into a parcel ▶ **paczkować** (*towar*)

parched /pɑːtʃt/ adj. very hot, dry or thirsty: *Can I have a drink? I'm parched!* ▶ **spieczony; wysuszony (na pieprz); bardzo spragniony**

★**pardon**[1] /ˈpɑːdn/ noun [C,U] an act of forgiving sb. If a prisoner receives a pardon, they are released from prison. ▶ **akt łaski**

> **I beg your pardon** jest formalnym zwrotem oznaczającym „przepraszam": *Oh, I do beg your pardon. I had no idea this was your seat.* Stanowi również opowiednik polskiego „Proszę?" lub „Słucham?" wówczas gdy z powodu niezrozumienia lub niedosłyszenia prosi się kogoś o powtórzenie wypowiedzi.

pardon[2] /ˈpɑːdn/ verb [T] **pardon sb (for sth/for doing sth)** to forgive sb or to say that sb will not be punished ▶ **darować** (*winę*), **wybaczać**

□ **pardon** (also ˌ**pardon** ˈ**me**) interj. (used for asking sb to repeat what they have just said because you did not hear or understand it, and also for saying that you are sorry for sth that you have done) ▶ **słucham?**; **przepraszam** | **pardonable** /ˈpɑːdnəbl/ adj. that can be forgiven or excused ▶ **wybaczalny**

★**parent** /ˈpeərənt/ noun [C] **1** a mother or father: *a single parent* samotna matka/samotny ojciec ○ *a foster parent* przybrana matka/przybrany ojciec ▶ **matka lub ojciec 2** a company that owns smaller companies of the same type: *a parent company* ▶ **firma macierzysta**

□ **parental** /pəˈrentl/ adj. (only before a noun) of a parent or parents: *parental support* ▶ **rodzicielski** | **parenthood** /ˈpeərənthʊd/ noun [U] the state of being a parent: *the joys and sorrows of parenthood* ▶ **stan rodzicielski**

parenthesis /pəˈrenθəsɪs/ noun [usually pl.] (especially US) = BRACKET

IDIOM **in parenthesis** as an extra comment or piece of information ▶ **w nawiasie**

parish /ˈpærɪʃ/ noun [C] **1** an area or a district which has its own church and priest: *the vicar of a country parish* ○ *the parish church* ▶ **parafia 2** a small area which has its own local government ▶ **obszar administracyjny**

□ **parishioner** /pəˈrɪʃənə(r)/ noun [C] a person who lives in a parish(1), especially one who goes to church there ▶ **parafian-in/ka**

■ ˌ**parish** ˈ**council** noun [C, with sing. or pl. verb] a division of local government which looks after the interests of a very small area, especially a village ➲ Por. **local government** i **local authority**. ▶ **rada parafialna**

★**park**[1] /pɑːk/ noun [C] **1** an open area with grass and trees, usually in a town, where anybody can go to walk, play, etc.: *a walk in the park* ○ *the park gates* ▶ **park 2** (Brit.) the land that surrounds and belongs to a large country house ▶ **park** (*pałacowy*) **3** (in compounds) a large area of land that is open to the public and is used for special purposes: *a national/safari/theme park* ▶ **park 4** (US) a sports ground or field ▶ **kompleks sportowy**

★**park**[2] /pɑːk/ verb [I,T] to stop and leave a car, lorry, etc. somewhere for a time: *You can't park in the centre of town.* ○ *Somebody's parked their car in front of my garage.* ▶ **parkować**

parka /ˈpɑːkə/ noun [C] a warm jacket or coat with a hood ▶ **kurtka z kapturem**

parking /ˈpɑːkɪŋ/ noun [U] leaving a car, lorry, etc. somewhere for a time; an area where you can do this: *The sign said 'No Parking'* (parkowanie zabronione). ○ *There is parking for employees behind the office buildings.* ▶ **parkowanie**

> Parking dla samochodów to **car park**. Miejsce parkingowe (dla jednego samochodu) to **parking space**.

■ ˈ**parking lot** noun [C] (US) = CAR PARK | ˈ**parking meter** noun [C] a metal post that you put coins into to pay for parking a car in the space beside it ▶ **parkometr** | ˈ**parking ticket** noun [C] a piece of paper that orders you to pay a fine for parking your car where it is not allowed ▶ **mandat za parkowanie w niedozwolonym miejscu**

★**parliament** /ˈpɑːləmənt/ noun [C] **1** the group of people who discuss and make the laws of a country: *The Polish parliament is called the 'Sejm'.* ❶ Kiedy rzeczownik **parliament** występuje w lp, czasownik może występować w lp lub lm. ▶ **parlament 2** (**Parliament**) [sing.] the group of people in the United Kingdom who discuss and make the laws: *the Houses of Parliament* Izby Parlamentu ○ *a Member of Parliament (MP)* ▶ **Parlament (brytyjski)**

> Parlament brytyjski składa się z **the House of Commons** i **the House of Lords. House of Commons** składa się z posłów i posłanek do parlamentu, wybranych w celu reprezentowania różnych okręgów kraju (zwanych **constituencies**). **House of Lords** składa się z osób pochodzenia arystokratycznego, bi-

skupów kościoła anglikańskiego i innych mianowanych, nieobieralnych osób.

□ **parliamentary** /ˌpɑːləˈmentri/ adj. (only before a noun) connected with parliament: *parliamentary debates* ▶ **parlamentarny**

parody /ˈpærədi/ noun (pl. **parodies**) **1** [C,U] (a piece of) writing, speech or music that copies a writer's or musician's style: *His first novel, 'Snow White', is a parody of a traditional fairy story.* ▶ **parodia 2** [C] a very bad example or copy (of sth) ▶ **parodia**

□ **parody** verb [T] (pres. part. **parodying**; 3rd pers. sing. pres. **parodies**; pt, pp **parodied**) to make a parody of sb/sth ▶ **parodiować**

parole /pəˈrəʊl/ noun [U] allowing a prisoner to go free before the end of their term in prison on condition that they continue to behave well: *She's hoping to get parole.* ○ *He's going to be released on parole.* ▶ **zwolnienie warunkowe** (*z więzienia*)

parrot /ˈpærət/ noun [C] a type of tropical bird with a curved beak and usually with very bright feathers. Parrots that are kept as pets often copy what people say. ▶ **papuga**

■ ˈ**parrot-fashion** adv. without thinking about or understanding the meaning of sth: *to learn sth parrot-fashion* ▶ **jak papuga**

parsley /ˈpɑːsli/ noun [U] a herb with small curly leaves that are used for flavouring or decorating food ▶ **pietruszka**

parsnip /ˈpɑːsnɪp/ noun [C] a cream-coloured vegetable, shaped like a carrot, that grows under the ground ▶ **pasternak**

★**part**[1] /pɑːt/ noun **1** [C] (often without *a/an*) **part (of sth)** one of the pieces, areas, periods, divisions, etc. of sth; some, but not all: *Which part of Poland do you come from?* ○ *A large part of my job involves dealing with the public.* ○ *Part of the problem is lack of information.* ○ *a part of the body* ➲ Zob. uwaga przy **district**. ▶ **część 2** [C] one of the essential pieces that make up a machine: *spare parts* (części zamienne) *for the car* ▶ **część składowa 3** [C] an amount or a quantity (of a liquid or substance): *Use one part of lemonade to three parts of beer.* Weź jedną część lemoniady na trzy części piwa. ▶ **część 4** [C] a role or character in a play, film, etc.: *He played the part of Macbeth.* ○ *a small part in the school play* ▶ **rola 5** [C, U] **part (in sth)** a person's share in an activity, event, etc.: *Did you have any part in the decision?* ▶ **udział**

IDIOMS **the best/better part of sth** most of sth; more than half of sth, often a period of time: *They've lived here for the best part of* (prawie od) *forty years.* ▶ **przeważająca część** | **for the most part** usually or mostly: *The countryside is, for the most part, flat and uninteresting.* ▶ **przeważnie** | **for my, your, etc. part** as far as it concerns me, you, etc.: *I, for my part, am willing to go.* ▶ **co do mnie/ciebie itp.** | **in part** not completely; to some extent: *The accident was, in part at least, the fault of the driver.* ▶ **częściowo** | **on the part of sb/on sb's part** made, done or felt by sb: *I'm sorry. It was a mistake on my part.* ○ *There is concern on the part of the teachers that class size will increase.* ▶ **z czyjejś strony** | **play a part (in sth)** to have a share in sth or to have an effect on sth ▶ **odgrywać rolę** | **take part (in sth)** to join with other people in an activity: *He was unable to take part in the race because of his recent accident.* ▶ **uczestniczyć**

□ **part** adv. not completely one thing and not completely another: *A mule is part donkey and part horse.* ▶ **częściowo** | **partly** adv. to some extent; not completely: *She was only partly responsible for the mistake.* ▶ **częściowo**

■ ˌ**part exˈchange** noun [U] a way of buying sth in which you give a used article as part of the payment for a more expensive one ▶ **system sprzedaży, w którym w rozliczeniu przyjmuje się używany towar** | ˌ**part of ˈspeech** noun [C] one of the groups that words are divided into, e.g. noun, verb, adjective, etc. ▶ **część mowy** | ˌ**part-ˈtime** adj., adv. for only a part of the working day or week: *She's got a part-time job.* ○ *I work part-time, about 20 hours a week.* ➲ Por. **full-time**. ▶ (*o pracy*) **w niepełnym wymiarze (godzin)**

part[2] /pɑːt/ verb **1** [I,T] **part (from sb); part sb (from sb)** to leave or go away from sb; to separate people or things: *We exchanged telephone numbers when we parted.* ○ *He hates being parted from his children for long.* ▶ **rozstawać się (z kimś); rozłączać (kogoś z kimś) 2** [I,T] to divide or separate: *The curtains parted and a face looked out.* ▶ **rozdzielać (się), rozsuwać (się) 3** [T] to separate the hair on the head with a comb so as to make a clear line: *I part my hair in the middle/on the side.* ➲ Por. **parting**. ▶ **czesać się z przedziałkiem**

IDIOM **part company (with sb/sth)** to go different ways or to separate after being together ▶ **rozstawać się**

PHRASAL VERB **part with sth** to give or sell sth to sb else: *When we went to live in Italy, we had to part with our horses and dogs.* ▶ **rozstawać się z czymś**

partial /ˈpɑːʃl/ adj. **1** not complete: *a partial success* ▶ **częściowy 2 partial to sb/sth** (old-fashioned) liking sth very much: *He's very partial to a glass of wine.* ▶ **mający słabość do czegoś**

□ **partiality** /ˌpɑːʃiˈæləti/ noun [U] acting unfairly towards one person or side: *The referee was accused of partiality towards the home team.* ❶ Antonim: **impartiality**. ➲ Por. **impartial**. ▶ **stronniczość** | **partially** /ˈpɑːʃəli/ adv. partly; not completely: *The road was partially blocked by a fallen tree.* ▶ **częściowo**

participate /pɑːˈtɪsɪpeɪt/ verb [I] **participate (in sth)** to share or join (in an activity); to take part: *Students are encouraged to participate in sporting activities.* ▶ **uczestniczyć**

□ **participant** /pɑːˈtɪsɪpənt/ noun [C] a person who takes part in an activity, etc. ▶ **uczestni-k/czka** | **participation** /pɑːˌtɪsɪˈpeɪʃn/ noun [U] ▶ **uczestnictwo**

participle /ˈpɑːtɪsɪpl/ noun [C] a word that is formed from a verb and that ends in *-ing* (*present participle*) or *-ed*, *-en*, etc. (*past participle*). Participles are used to form tenses of the verb, or as adjectives: *'Hurrying' and 'hurried' are* *the present and past participles* (to imiesłowy czasu teraźniejszego i przeszłego) *of 'hurry'*. ▶ **imiesłów**

particle /ˈpɑːtɪkl/ noun [C] **1** a very small piece; a bit: *Particles of the substance were examined under a microscope.* ▶ **cząstka**, **odrobina** **2** a minor word that is not as important as a noun, a verb or an adjective: *In the phrasal verb 'break down', 'down' is an adverbial particle.* ▶ **partykuła**

★**particular** /pəˈtɪkjələ(r)/ adj. **1** (only before a noun) (used to make it clear that you are talking about one person, thing, time, etc. and not about others): *At that particular time* (w tym właśnie czasie) *I was working in London.* ○ *One particular school is having a lot of problems.* ▶ **szczególny**, **konkretny** **2** (only before a noun) special or extra; more than usual: *Are you going to Dublin for any particular reason* (z jakiegoś specjalnego powodu)*?* ○ *This article is of particular interest to me.* ▶ **szczególny**, **osobliwy** **3** connected with one person or thing and not with others: *Everybody has their own particular* (swoje własne) *problems.* ▶ **indywidualny**, **osobisty** **4** (not before a noun) **particular (about/over sth)** difficult to please: *Some people are extremely particular about the wine they drink.* ➲ Por. **fussy**. ▶ **wybredny**, **wymagający**

IDIOM **in particular** **1** especially: *Is there anything in particular you'd like to do this weekend?* ▶ **w szczególności** **2** (used for giving more detail about sth that you have said): *You must be careful about what you eat. In particular, avoid anything fatty.* ▶ **szczególnie**

□ **particularly** adv. especially: *I'm particularly interested in European history.* ○ *The meal was excellent, particularly the dessert.* ▶ **szczególnie**, **zwłaszcza** | **particulars** noun [pl.] (formal) details; facts: *The police took down all the particulars about the missing child.* ▶ **szczegóły**, **dokładne dane**

parting /ˈpɑːtɪŋ/ noun **1** [C,U] saying goodbye to, or being separated from, another person (usually for quite a long time): *the sadness of parting* ▶ **rozstanie** **2** [C] the line on your head where you divide your hair and comb it in different directions: *a side parting* ➲ Ilustr. do **hair**. ▶ **przedziałek**

partition /pɑːˈtɪʃn/ noun **1** [C] something that divides a room, etc. into two parts, especially a thin or temporary wall in a house ▶ **przepierzenie** **2** [U, C] the division of a country into two or more countries: *the partition of Germany after the war* ○ *the three partitions of Poland* ▶ **podział**, **rozbiór** (*państwa*)

□ **partition** verb [T] ▶ **dzielić**, **parcelować**

★**partner** /ˈpɑːtnə(r)/ noun [C] **1** the person that you are married to or have a sexual relationship with ▶ **małżon-ek/ka**, **towarzysz/ka życia** **2** a person that you are dancing with or playing a game with ▶ **partner/ka** **3** one of the people who own a business: *a partner in a medical practice* ○ *business partners* ○ *a junior/senior partner* ▶ **wspólni-k/czka** **4** a country or an organization that has an agreement with another ▶ **partner/ka** (*kraj/organizacja*)

□ **partner** verb [T] to be sb's partner in a dance, game, etc. ▶ **być partner-em/ką** | **partnership** /-ʃɪp/ noun **1** [U] the state of being a partner in business: *Mary went into partnership* (zawiązała spółkę) *with her sister.* ▶ **współudział** **2** [C] a relationship between two people: *Marriage is a partnership for life.* ▶ **partnerstwo** **2** [C] a business owned by two or more people ▶ **spółka**

partridge /ˈpɑːtrɪdʒ/ noun [C] (pl. **partridges** or **partridge**) a wild bird hunted for food or sport. Partridges have brown feathers, round bodies and short tails. ▶ **kuropatwa**

★**party** /ˈpɑːti/ noun [C] (pl. **parties**) **1** a social occasion to which people are invited in order to eat, drink and enjoy themselves: *to have a party* ○ *to go to a party* ○ *a birthday party* ○ *a house-warming party* parapetówka ○ *a garden party* przyjęcie w ogrodzie ○ *a farewell party* przyjęcie pożegnalne ○ *a dinner party* proszona kolacja ▶ **przyjęcie**, **prywatka** **2** (also **Party**) a group of people who have the same political aims and ideas and who are trying to win elections to parliament, etc.: *Which party are you going to vote for in the next election?* ○ *a member of the Labour Party* ○ *the Conservative Party conference* ○ *the party leader* ○ *party policy on defence* ○ *a left-wing/right-wing/centre party* ○ *the party in power* ▶ **partia** (*polityczna*)

> The two main political parties in Great Britain are the **Conservative** (or **Tory**) Party (right-wing) and the **Labour** Party (left-wing). There is also a centre party called the **Liberal Democrats** and some other smaller parties. In the United States the main political parties are the **Republicans** and the **Democrats**.

3 (often in compounds) a group of people who are working, travelling, etc. together: *A search party has set out to try and find the missing child.* ○ *a party of tourists* ▶ **grupa**, **zespół** **4** (formal) a person or group of people forming one side of a legal agreement or argument: *the guilty party* ➲ Por. **third party**. ▶ **strona** (*np. umowy, sporu*)

★**pass**[1] /pɑːs; US pæs/ noun [C] **1** the act of kicking, hitting or throwing the ball to sb on your own team in various sports ▶ **podanie piłki** **2** a successful result in an examination: *Grades A, B and C are passes. D and E are fails.* ▶ **pozytywny wynik egzaminu** **3** an official piece of paper that gives you permission to enter or leave a building, travel on a bus or train, etc.: *Visitors must obtain a pass from the reception desk.* ○ *to show a pass* ○ *a bus pass* ▶ **przepustka**; **bilet okresowy** **4** a road or way over or through mountains: *The pass was blocked by heavy snow.* ▶ **przełęcz**

★**pass**[2] /pɑːs; US pæs/ verb **1** [I,T] to move forward or to the other side of sb/sth; to leave sth behind or on one side as you go past: *The street was crowded and the two buses couldn't pass.* ○ *They passed a police checkpoint.* ○ *Do we pass a postbox on the way?* ○ (figurative) *The number of children at the school has passed 500.* ▶ **mijać**

(się), przechodzić (przez coś/obok czegoś); przekraczać (*np. liczbę*)

Czas przeszły **passed** brzmi identycznie jak słowo **past**, które może być przymiotnikiem lub przyimkiem: *The summer months passed slowly.* ○ *The past week was very hot.* ○ *Our house is just past the church.*

2 [I] **pass along, down, etc. (sth)** to go or move in the direction mentioned: *Which towns do we pass through* (przez jakie miasta przejeżdżamy) *on the way to Bath?* ○ *You pass over a bridge* (przechodzisz przez most) *and then the pub is on the right.* ▶ **przemieszczać się (w danym kierunku) 3** [T] **pass sth (to sb)** to pick sth up and give it to sb; to hand sth: *Could you pass (me) the salt, please?* ▶ **podawać 4** [T] **pass sth across, around, through, etc. sth** to put or move sth in the direction mentioned: *We'll have to pass the wire through the window.* ▶ **przesuwać (przez coś), prowadzić 5** [I,T] **pass (sth) (to sb)** to kick, hit or throw the ball to sb on your own team in various sports ▶ **podawać piłkę 6** [I] (used about time) to go by: *At least a year has passed since I last saw them.* ○ *The time passed very quickly.* ▶ (*o czasie*) **mijać 7** [T] to spend time: *I'll have to think of something to do to pass the time in hospital.* ▶ **spędzać czas 8** [I,T] to achieve the necessary standard in an examination, a test, etc.: *Good luck in the exam! I'm sure you'll pass.* ❶ Antonim: **fail**. Zwróć uwagę, że **do/sit/take an exam** znaczy „zdawać egzamin". ▶ **zdać** (*egzamin*) **9** [T] to test sb/sth and say that they are good enough: *The examiner passed most of the candidates.* ▶ **przepuszczać, zatwierdzać (kogoś) 10** [T] to officially approve a law, proposal, etc. ▶ **uchwalać** (*np. ustawę*) **11** [T] **pass sth (on sb/sth)** to give an opinion, a judgement, etc.: *The judge passed sentence on the young man.* ▶ **wydawać 12** [I] to be allowed or accepted: *The headmaster won't let that sort of behaviour pass.* ○ *I didn't like what they were saying but I let it pass without comment.* ▶ **być dozwolonym/dopuszczonym**

IDIOMS **pass the buck (to sb)** to give the responsibility or the blame for sth to sb else ▶ **zrzucać odpowiedzialność (na kogoś)** | **pass water** (formal) to urinate ▶ **oddawać mocz**

PHRASAL VERBS **pass away** a way of saying 'die': *The old man passed away in his sleep.* ▶ **umierać, odchodzić** | **pass by (sb/sth)** to go past: *I pass by your house on the way to work.* ▶ **przechodzić/przejeżdżać (przez coś/obok czegoś)** | **pass sth down** to give sth (to people who live after you have died): *The family home has been passed down from one generation to the next.* ▶ **przekazywać (w spadku)** | **pass for sb/sth** to be accepted as sb/sth that he/she/it is not: *His mother could pass for his sister.* ▶ **uchodzić za kogoś; być postrzeganym jako coś** | **pass sb/sth off (as sb/sth)** to say that a person or a thing is sth that he/she/it is not: *He managed to pass the work off as his own.* ▶ **podawać (się) za kogoś/coś** | **pass sth on (to sb)** to give sth (to sb else) especially after you have been given it or used it yourself: *Could you pass the message on to him?* ▶ **przekazać dalej** | **pass out** to become unconscious; to faint ▶ **zemdleć**

■ **passer-by** /ˌpɑːsə ˈbaɪ; US ˌpæsər-/ noun [C] (pl. **passers-by** /ˌpɑːsəz ˈbaɪ/) a person who is walking past sb/sth (by chance): *passers-by saw it happen.* ▶ **przechodzień**

passable /ˈpɑːsəbl; US ˈpæs-/ adj. **1** good enough but not very good: *My French is not brilliant but it's passable.* ▶ **dostateczny 2** (not before a noun) (used about roads, rivers, etc.) possible to use or cross; not completely blocked ❶ Antonim: **impassable**. ▶ **jezdny, (możliwy) do przebycia**

★**passage** /ˈpæsɪdʒ/ noun **1** [C] (also ˈ**passageway**) a long, narrow way through sth, especially one in a building that leads to other rooms; a corridor: *We had to go down a dark passage to reach the bathroom.* ▶ **korytarz, przejście 2** [C] a tube in your body which air, liquid, etc. can pass through: *the nasal passages* kanał nosowy ▶ **przewód 3** [C] a short part of a book, a speech or a piece of music: *a passage from a novel* ▶ **ustęp 4** [U] the movement or progress of sb/sth from one place or stage to another: *We watched the ants' slow passage across the road.* ▶ **przemieszczanie się, wędrówka 5** [C] a route by sea or a journey by ship ▶ **podróż 6** [U] (written) (used about time) the passing: *With the passage of time these rocks will be broken into stones.* ▶ **upływ** (*czasu*)

★**passenger** /ˈpæsɪndʒə(r)/ noun [C] a person who is travelling in a car, bus, train, plane, etc. but who is not driving it or working on it: *Passengers are asked to remain seated until the plane has come to a complete standstill.* ○ *the passenger seat of a car* ▶ **pasażer/ka**

passing /ˈpɑːsɪŋ; US ˈpæs-/ adj. **1** lasting for only a short time; brief: *a passing thought* ▶ **przemijający, przejściowy 2** going past: *I stopped a passing car and asked for help.* ▶ **przejeżdżający, przechodzący, przepływający**

□ **passing** noun [U] the process of going by: *the passing of time* ▶ **upływ; mijanie**

IDIOM **in passing** done or said quickly, while you are thinking or talking about sth else: *He mentioned the house in passing but he didn't give any details.* ▶ **mimochodem, na marginesie**

passion /ˈpæʃn/ noun **1** [U] very strong sexual love or attraction: *They loved each other but there was no passion in their relationship.* ▶ **namiętność 2** [C,U] (a) very strong feeling, especially of love, hate or anger: *She argued her case with passion.* ▶ **pasja 3** [sing.] **a passion for sth** a very strong liking for or interest in sth ▶ **pasja**

passionate /ˈpæʃənət/ adj. showing or caused by very strong, sometimes sexual, feelings: *a passionate believer in democracy* ○ *a passionate relationship/kiss* ▶ **żarliwy, namiętny**

□ **passionately** adv. ▶ **żarliwie, namiętnie**

passive /ˈpæsɪv/ adj. **1** showing no reaction, feeling or interest; not active: *Television encourages people to be passive.* ○ *passive smoking* bierne palenie ▶ **bierny** **2** (used about the form of a verb or a sentence when the subject of the sentence is affected by the action of the verb): *In the sentence 'He was bitten by a dog', the verb is passive.* ❶ Można też powiedzieć **the verb is in the passive**. ➲ Por. **active**. ▶ **w stronie biernej**

□ **passively** adv. ▶ **biernie**

Passover /ˈpɑːsəʊvə(r); US ˈpæs-/ noun [sing.] the most important Jewish festival, which takes place in spring and lasts seven or eight days ▶ (*w religii żydowskiej*) **święto Paschy**

★**passport** /ˈpɑːspɔːt; US ˈpæs-/ noun [C] **1** an official document that identifies you and that you have to show when you enter or leave a country: *Do you have to show your passport at the check-in desk?* ▶ **paszport**

> You **apply for** or **renew** your passport at the **passport office**. This office **issues** new passports.

2 a passport to sth a thing that makes it possible to achieve sth: *a passport to success* ▶ **paszport/przepustka** (*np. do sławy*)

password /ˈpɑːswɜːd; US ˈpæs-/ noun [C] **1** a secret word or phrase that you need to know in order to be allowed into a place ▶ **tajne hasło** **2** a secret word that you must type in order to use a computer system: *Please enter your password.* ▶ **hasło do komputera**

★**past**[1] /pɑːst; US pæst/ adj. **1** already gone; belonging to a time before the present: *in past years/centuries* ○ *I'd rather forget some of my past mistakes.* ▶ **miniony**, **przeszły** **2** (only before a noun) just finished; last: *He's had to work very hard during the past year.* ○ *The past few weeks have been very difficult.* ▶ **ubiegły**, **ostatni** **3** (not before a noun) over; finished; no longer existing: *Suddenly his childhood was past* (nagle skończyło się jego dzieciństwo) *and he was a young man.* ▶ **miniony**, **skończony**

□ **past** noun **1** (**the past**) [sing.] the time before the present; the things that happened in that time: *The story was set in the distant past.* ○ *We spent the evening talking about the past.* ▶ **przeszłość** **2** [C] a person's life before now: *I think his past has been rather unhappy.* ▶ **przeszłość** **3** (also **past tense**) [sing.] a form of a verb used to describe actions in the past: *The past tense of the verb 'come' is 'came'.* ▶ **czas przeszły**

■ ˌ**past** ˈ**continuous** noun [sing.] the tense of a verb that describes an action that was happening when sth else happened ▶ **czas przeszły ciągły** | ˌ**past parˈticiple** → PARTICIPLE | ˌ**past** ˈ**perfect** (also **perfect**) noun [sing.] the tense of a verb that describes an action that was finished before another event happened: *In the sentence 'After they had finished the meal, they went for a walk', 'had finished' is in the past perfect.* ▶ **czas przeszły dokonany** | ˌ**past** ˌ**perfect conˈtinuous** noun [sing.] the tense of a verb that describes an action in the past that continued up until another action happened: *In the sentence 'He had been waiting for two weeks when she finally arrived', 'had been waiting' is in the past perfect continuous.* ▶ **czas przeszły dokonany ciągły**

★**past**[2] /pɑːst; US pæst/ prep. **1** (used when telling the time) after; later than: *It's ten (minutes) past three.* ○ *It's a quarter past seven.* Jest kwadrans po siódmej. ▶ **po** (*danej godzinie*) **2** older than: *She's past 40.* ▶ (*o wieku*) **po** **3** from one side to the other of sb/sth; further than or on the other side of sb/sth: *The phone box is just past the village shop.* ▶ **obok**, **przed**; **za** **4** beyond the limits or age when you can do sth: *I'm so tired that I'm past caring what we eat* (już mnie nie obchodzi, co będziemy jeść). ○ *She was past the age* (przekroczyła już wiek) *when she could have children.* ▶ **poza (czasem/wiekiem na robienie czegoś)**

IDIOMS **not put it past sb (to do sth)** → PUT | **past it** (informal) too old: *I don't think I'll go skiing this year. I'm afraid I'm past it.* Obawiam się, że to już nie dla mnie. ▶ **za stary**

□ **past** adv. by; from one side of sb/sth to another: *He walked straight past me.* ○ *Go past the pub and our house is the second on the right.* ○ *He waved as he drove past.* ▶ **obok**, **mimo**

pasta /ˈpæstə; US ˈpɑːstə/ noun [U] a type of food made from a mixture of flour, eggs and water which is cut into various shapes and cooked: *Spaghetti is a type of pasta.* ▶ **makaron**

paste[1] /peɪst/ noun **1** [C,U] a soft, wet mixture, usually made of a powder and a liquid and sometimes used for sticking things: *wallpaper paste* ○ *Mix the flour and milk into a paste.* ▶ **klajster** **2** [U] (usually in compounds) a soft mixture of food that you can spread onto bread, etc.: *chicken/fish paste* ▶ **pasta (spożywcza)**

paste[2] /peɪst/ verb [T] **1** to stick sth to sth else using glue or paste: *He pasted the picture into his book.* ▶ **wklejać**, **przyklejać** **2** (*computing*) to copy or move text into a document from somewhere else: *This function allows you to cut and paste text.* ▶ **wklejać**

pastel /ˈpæstl; US pæˈstel/ adj. (used about colours) pale; not strong ▶ **pastelowy**

pasteurized (also **-ised**) /ˈpɑːstʃəraɪzd; ˈpɑːstj-; US ˈpæs-/ adj. (used about milk or cream) free from bacteria because it has been heated ▶ **pasteryzowany**

pastime /ˈpɑːstaɪm; US ˈpæs-/ noun [C] something that you enjoy doing when you are not working: *What are your favourite pastimes?* ➲ Por. **hobby**. ▶ **rozrywka**

pastoral /ˈpɑːstərəl; US ˈpæs-/ adj. **1** giving advice on personal rather than religious or educational matters: *That tutor is responsible for pastoral care.* ▶ **duszpasterski**, **pastoralny** **2** connected with the countryside and country life ▶ **sielski**, **wiejski**

pastry /ˈpeɪstri/ noun (pl. **pastries**) **1** [U] a mixture of flour, fat and water that is used for making pies, etc. and is baked in an oven ▶ **ciasto** **2** [C] a small cake made with pastry: *Danish pastries* ▶ **ciastko**, **pasztecik**

pasture /ˈpɑːstʃə(r); US ˈpæs-/ noun [C,U] a field

or land covered with grass, where cattle can feed ▶ **pastwisko**

pasty /'pæsti/ noun [C] (pl. **pasties**) a small pie containing meat and/or vegetables: *Cornish pasties* ▶ **pasztecik**

pat¹ /pæt/ verb [T] (**patting**; **patted**) to hit sb/sth very gently with a flat hand or with sth flat: *She patted the dog.* ▶ **poklepywać**

□ **pat** noun [C] a gentle tap with a flat hand or with sth flat: *The teacher gave her a pat on the head.* ▶ **głaskanie, klepnięcie**

IDIOM **a pat on the back (for sth/doing sth)** congratulations for sth good that a person has done ▶ **pochwała**

pat² /pæt/ adv. at once; without hesitation: *The answer came back pat.* ▶ **z miejsca**

□ **pat** adj. (only before a noun) too quick (used about an answer, a comment, etc.) ▶ **błyskawiczny, bez namysłu**

patch¹ /pætʃ/ noun [C] **1** a piece of material that you use to mend a hole in clothes, etc.: *to sew a patch on* ▶ **łata 2** a small piece of material that you wear over one eye: *an eye patch* ▶ **przepaska 3 a patch (of sth)** a part of a surface that is different in some way from the area around it: *Drive carefully. There are patches of ice on the roads.* ○ *a damp patch on the ceiling* ▶ **płat, plama 4** a small piece of land: *a vegetable patch* ▶ **zagon, grządka**

IDIOMS **a bad patch** (especially Brit., informal) a difficult or unhappy period of time: *She's been going through a bad patch.* ▶ **zła passa** | **not be a patch on sb/sth** (informal) to be not nearly as good as sb/sth: *The new singer isn't a patch on the old one.* ▶ **nie umywać się do kogoś/czegoś**

patch² /pætʃ/ verb [T] to put a piece of material over a hole in clothes, etc. or to mend sth by doing this: *to patch a hole in sth* ▶ **łatać**

PHRASAL VERB **patch sth up 1** to mend sth quickly or not very carefully: *The car had been patched up after an accident.* ▶ **klecić, składać do kupy, łatać** (*np. dach*) **2** to settle a quarrel: *Have you tried to patch things up with her?* ▶ **załagodzić**

patchwork /'pætʃwɜːk/ noun **1** [U] a type of sewing in which small pieces of cloth of different colours and patterns are sewn together ▶ **zszywanka** (*z różnych materiałów*), **patchwork 2** [sing.] a thing that is made of many different pieces or parts: *a patchwork of fields* ▶ **szachownica** (*np. pól*), **mozaika**

patchy /'pætʃi/ adj. (**patchier**; **patchiest**) **1** not all the same or not complete: *His work is patchy.* ○ *I've only got some rather patchy information on the subject.* ▶ **niejednolity, fragmentaryczny 2** in small quantities, not everywhere: *patchy fog* pasma mgły ▶ **łaciaty, plamisty**

pâté /'pæteɪ; US pɑː'teɪ/ noun [U] food that is made by mixing up meat, fish or vegetables into a smooth, thick form that you can spread on bread, etc.: *liver pâté* ▶ **pasztet**

patent¹ /'peɪtnt; US 'pætnt/ adj. (formal) clear; obvious: *a patent lie* ▶ **jawny, bezsporny**

□ **patently** adv. clearly: *She was patently very upset.* ▶ **bezspornie, najwyraźniej**

patent² /'pætnt; Brit. also 'peɪtnt/ noun [C] an official licence from the government that gives one person or company the right to make or sell a certain product and prevents others from copying it: *a patent on a new invention* ▶ **patent**

□ **patent** verb [T] to obtain a patent² for sth ▶ **patentować**

patent leather /ˌpeɪtnt 'leðə(r); US ˌpætnt/ noun [U] a type of leather with a hard, shiny surface ▶ **skóra lakierowana**

paternal /pə'tɜːnl/ adj. (only before a noun) **1** of a father: *the importance of paternal interest and support* ▶ **ojcowski 2** related through the father's side of the family: *my paternal grandparents* ▶ **po ojcu** ➲ Por. **maternal**.

paternity /pə'tɜːnəti/ noun [U] the state of being a father ▶ **ojcostwo**

★**path** /pɑːθ; US pæθ/ noun [C] (pl. **paths** /pɑːðz; US pæðz/) **1** a way across a piece of land that is made by or used by people walking: *The path follows the coastline for miles.* ○ *the garden path* ○ *Keep to the path or you may get lost.* ○ *Where does this path lead?* ○ (figurative) *We're on the path to victory!* Jesteśmy na drodze do zwycięstwa ❶ **Pathway** ma podobne znaczenie: *There was a narrow pathway leading down the cliff.* ➲ Por. **footpath**. ▶ **ścieżka 2** the line along which sb/sth moves: *the flight path of an aeroplane* ▶ **droga, tor**

pathetic /pə'θetɪk/ adj. **1** causing you to feel pity or sadness: *the pathetic cries of the hungry children* ▶ **żałosny, rozrzewniający 2** (informal) very bad, weak or useless: *What a pathetic performance! The team deserved to lose.* ▶ **żenująco kiepski**

□ **pathetically** /-kli/ adv. ▶ **kiepsko, żenująco**

pathological /ˌpæθə'lɒdʒɪkl/ adj. **1** connected with pathology; caused by or connected with disease or illness: *pathological depression* ▶ **patologiczny; chorobliwy 2** caused by feelings that you cannot control; not reasonable: *He's a pathological liar.* ○ *a pathological fear of water* ▶ **chorobliwy**

□ **pathologically** /-kli/ adv. ▶ **chorobliwie**

pathology /pə'θɒlədʒi/ noun [U] the scientific study of the diseases of the body ▶ **patologia**

□ **pathologist** /pə'θɒlədʒɪst/ noun [C] a person who is an expert in pathology, especially one who tries to find out why a person has died ▶ **patolog**

★**patience** /'peɪʃns/ noun [U] **1 patience (with sb/sth)** the quality of being able to remain calm and not get angry, especially when there is a difficulty or you have to wait a long time: *I'm sorry – I've got no patience with people who don't even try.* ○ *to lose patience with sb* ○ *After three hours of delay our patience was wearing thin.* ❶ Antonim: **impatience**. ▶ **cierpliwość 2** (US **solitaire**) a card game for one player ▶ **pasjans**

★**patient¹** /'peɪʃnt/ adj. able to remain calm and not get angry, especially when there is a difficulty or you are waiting for sth: *It's hard to be*

patient with a screaming child. ❶ Antonim: **impatient**. ▶ **cierpliwy**
□ **patiently** adv.: *to wait patiently* ▶ **cierpliwie**

★**patient**[2] /ˈpeɪʃnt/ noun [C] a person who is receiving medical treatment: *a hospital patient* ○ *a specialist who treats patients with heart problems* ○ *a private patient* ▶ **pacjent/ka**

patio /ˈpætiəʊ/ noun [C] (pl. **patios** /-əʊz/) an area next to a house where people can sit, eat, etc. outdoors ➲ Por. **verandah** i **terrace**. ▶ **patio**

patriot /ˈpeɪtriət; Brit. also ˈpæt-/ noun [C] a person who loves their country ▶ **patriot-a/ka**
□ **patriotism** /-ɪzəm/ noun [U] love of your country ▶ **patriotyzm**

patriotic /ˌpeɪtriˈɒtɪk; Brit. also ˌpæt-/ adj. having or showing a love for your country ▶ **patriotyczny**
□ **patriotically** /-kli/ adv. ▶ **patriotycznie**

patrol /pəˈtrəʊl/ verb [I,T] (**patrolling; patrolled**) to go round a town, building, etc. to make sure that there is no trouble and that nothing is wrong: *Guards patrol the grounds at regular intervals.* ▶ **patrolować**
□ **patrol** noun [C] **1** the act of patrolling: *The army makes hourly patrols of the area.* ▶ **patrol** **2** a person or group of people that patrols sth: *a police patrol* ▶ **patrol**
IDIOM **on patrol** patrolling sth ▶ **na patrolu**

patron /ˈpeɪtrən/ noun [C] **1** a person who gives money to artists, musicians, etc. or who supports a good cause: *a patron of the arts* ▶ **mecenas/ka, patron/ka** **2** a person who goes to a theatre, restaurant, etc.: *This car park is for patrons only.* ▶ **gość, klient/ka**
■ ˌ**patron** ˈ**saint** noun [C] a saint who is believed to give help and protection to a particular place or to people doing a particular activity ▶ **święt-y/a patron/ka**

patronize (also **-ise**) /ˈpætrənaɪz; US ˈpeɪt-/ verb [T] **1** to treat sb in a friendly way but as if you were better than them ▶ **traktować (kogoś) protekcjonalnie** **2** to go to a shop, theatre, restaurant, etc. ▶ **(często) chodzić** (*np. do pewnego teatru*)
□ **patronizing** (also **-ising**) adj. treating sb in a friendly way but as if you were better than them: *I really hate that patronizing smile of hers.* ▶ **protekcjonalny** | **patronizingly** (also **-isingly**) adv. ▶ **protekcjonalnie**

patter /ˈpætə(r)/ noun [sing.] the sound of many quick light steps or knocks on sth: *the patter of the children's feet on the stairs* ▶ **tupot, stukot**
□ **patter** verb [I]: *The rain pattered on the window pane.* ▶ **stukać**

★**pattern** /ˈpætn/ noun [C] **1** an arrangement of lines, shapes, colours, etc. Patterns are often used to decorate clothes, wallpapers, carpets, etc.: *a geometrical pattern* ▶ **wzór, deseń** **2** the way in which sth happens, develops, is arranged, etc.: *Her periods of mental illness all followed the same pattern* (następowały według tego samego schematu). ○ *patterns of behaviour* ▶ **schemat** **3** something that helps you to make sth, e.g. a piece of clothing, by showing the shape it should be: *a paper pattern* ▶ **szablon, wykrój**
□ **patterned** adj. having a pattern(1): *patterned curtains* ▶ **wzorzysty**

★**pause** /pɔːz/ noun **1** [C] **a pause (in sth)** a short stop in sth: *a pause in the conversation* ➲ Zob. uwaga przy **interval**. ▶ **przerwa, pauza** **2** [U] (also ˈ**pause button**) a control on a video player, etc. that allows you to stop playing or recording for a short time: *to press pause* ▶ **pauza** (*przycisk*)
□ **pause** verb [I] **pause (for sth)** to stop for a short time: *to pause for breath* ▶ **przystawać, robić (krótką) przerwę**

pave /peɪv/ verb [T] (often passive) to cover an area of ground with flat stones ▶ **brukować, wykładać (czymś)**
■ ˈ**paving stone** noun [C] a flat piece of stone that is used for covering the ground ▶ **kamień brukowy**

pavement /ˈpeɪvmənt/ (US **sidewalk**) noun [C] the path at the side of the road that is for people to walk on ▶ **chodnik**

pavilion /pəˈvɪliən/ noun [C] (Brit.) a building at a sports ground where players can change their clothes ▶ **budynek koło placu gry, gdzie zawodnicy przebierają się**

★**paw** /pɔː/ noun [C] the foot of animals such as dogs, cats, bears, etc. ▶ **łapa**

> Paws have sharp **claws** and soft **pads** underneath.

□ **paw** verb [I,T] **paw (at) sth** (used about an animal) to touch sb/sth with a paw or foot ▶ **trącać łapą**

pawn[1] /pɔːn/ noun [C] **1** one of the eight pieces in the game of chess that are of least value and importance ▶ **pionek** **2** a person who is used or controlled by another person ▶ **pionek (w czyichś rękach)**

pawn[2] /pɔːn/ verb [T] to give sth of value to a pawnbroker in return for money. If you cannot pay back the money after a certain period, the pawnbroker can keep or sell the thing that you gave them ▶ **zastawiać (w lombardzie)**
■ ˈ**pawnbroker** noun [C] a person who lends money to people when they leave sth of value with them ▶ **osoba pożyczająca pieniądze pod zastaw**

★**pay**[1] /peɪ/ noun [U] money that you get regularly for work that you have done: *It's a dirty job but the pay is good.* ○ *a pay increase* ▶ **płaca, wynagrodzenie, wypłata**

> **Pay** ogólnie oznacza pieniądze regularnie otrzymywane za pracę. **Wages** wypłaca się cotygodniowo lub codziennie w gotówce. **Salary** wypłaca się co miesiąc bezpośrednio na konto bankowe. Za usługę profesjonalną, np. wizytę lekarską lub poradę u prawnika, płaci się **fee**. **Payment** oznacza zapłatę za pracę jednorazową lub wykonywaną dorywczo. **Income** to całkowity dochód, łącznie z odsetkami.

★**pay**[2] /peɪ/ verb (pt, pp **paid**) **1** [I,T] **pay (sb) (for sth); pay sth (to sb) (for sth)** to give sb money for sth: *She is very well paid.* Jej bardzo dobrze płacą. ○ *Do you want to pay by cheque or by credit card* (czekiem czy kartą kredytową)*?* ○ *to be paid by the hour* otrzymywać zapłatę za godziny ○ *We paid the dealer £3 000 for the car.* ▶ **płacić 2** [T] **pay sth (to sb)** to give the money that you owe for sth: *Have you paid the gas bill?* ▶ **płacić/uiszczać (rachunki) 3** [I,T] to make a profit; to be worth doing: *The factory closed down because the owners couldn't make it pay.* ○ *It would pay you to get professional advice before making a decision.* ▶ **(o czymś) opłacać się 4** [I] **pay (for sth)** to suffer because of sth ▶ **płacić** (*np. za wyrządzoną krzywdę*)

IDIOMS be paid in arrears → ARREARS | **pay attention (to sb/sth)** to listen carefully to or to take notice of sb/sth ▶ **uważać (na kogoś/coś)** | **pay sb a compliment**; **pay a compliment to sb** to say that you like sth about sb; to praise sb ▶ **prawić (komuś) komplementy** | **pay your respects (to sb)** (formal) to visit sb as a sign of respect ▶ **składać wizytę kurtuazyjną** | **pay tribute to sb/sth** to praise and show your respect for sb/sth ▶ **wyrażać (komuś) swoje uznanie, oddawać (komuś/czemuś) hołd** | **put paid to sth** to destroy or finish sth: *The bad weather put paid to our idea of a picnic.* ▶ **niweczyć, wykańczać (coś)**

PHRASAL VERBS pay sb back sth; **pay sth back (to sb)** to give money back to sb that you borrowed from them: *Can you lend me £5? I'll pay you back/I'll pay it back to you on Friday.* ▶ **spłacać (dług)** | **pay sb back (for sth)** to do sth unpleasant to sb who did sth unpleasant to you: *What a mean trick! I'll pay you back one day.* ▶ **odpłacać (się) (komuś/za coś)** | **pay off** (informal) to be successful: *All their hard work has paid off! The house is finished at last.* ▶ (*o czymś*) **opłacać się** | **pay sth off** to pay all the money that you owe for sth: *to pay off a debt* ▶ **spłacać** | **pay up** (informal) to pay the money that you owe: *If you don't pay up, we'll take you to court.* ▶ **spłacać/wyrównywać**

□ **payable** /ˈpeɪəbl/ adj. that should or must be paid: *This bill is payable immediately.* ○ *Make the cheque payable to Diane Weller.* Proszę wypisać czek na Dianę Weller. ▶ **płatny, do zapłacenia** | **payee** /ˌpeɪˈiː/ noun [C] a person that you must pay money to ▶ **odbior-ca/czyni (jakiejś kwoty)**

■ ˌ**paid-ˈup** adj. having paid all the money that you owe, e.g. to become a member of sth: *He's a fully paid-up member of Friends of the Earth.* ▶ **pełnoprawny/bez zaległych składek**

★**payment** /ˈpeɪmənt/ noun **payment (for sth) 1** [U] paying or being paid: *You get a 5% discount for prompt payment.* ○ *payment of a bill* ➲ Zob. uwaga przy **pay**. ▶ **spłata 2** [C] an amount of money that you must pay: *They asked for a payment of £100 as a deposit.* ▶ **opłata**

PC /ˌpiː ˈsiː/ abbr. **1** personal computer ▶ **komputer osobisty 2** politically correct ▶ **politycznie poprawny 3** (pl. **PCs**) (Brit.) police constable ▶ **policjant dzielnicowy**

PE /ˌpiː ˈiː/ abbr. physical education: *a PE lesson* ▶ **odpowiednik WF**

pea /piː/ noun [C] a small round green seed that is eaten as a vegetable. A number of peas grow together in a pod. ❶ Zwróć uwagę, że **pea** jest rzeczownikiem policzalnym. ▶ **groszek**

★**peace** /piːs/ noun [U] **1** the state of not being at war or of not having fighting, disorder, etc.: *fifty years of peace in Europe* ○ *a peace treaty* ○ *Peace has returned to the streets of Los Angeles.* ▶ **pokój 2** the state of being calm or quiet: *I'm tired – can't you just leave me in peace?* ○ *The noise of lawnmowers disturbed the peace of the afternoon.* ▶ **spokój**

■ ˈ**peacetime** noun [U] a period when a country is not at war ▶ **okres pokoju**

★**peaceful** /ˈpiːsfl/ adj. **1** not wanting or involving war, fighting or disorder: *a peaceful demonstration* ○ *Nuclear power can be used for peaceful or military purposes.* ○ *a peaceful solution to the conflict* ▶ **pokojowy 2** calm and quiet: *a peaceful village* ▶ **spokojny**

□ **peacefully** /-fəli/ adv. ▶ **spokojnie, pokojowo** | **peacefulness** noun [U] ▶ **spokój, pokojowość**

peach /piːtʃ/ noun **1** [C] a soft round fruit with orange-red skin. A peach is soft inside and has a large stone in its centre: *tinned peaches* ○ *a peach tree* ▶ **brzoskwinia 2** a pinkish-orange colour ▶ **kolor brzoskwiniowy**

peacock /ˈpiːkɒk/ noun [C] a large bird with beautiful long blue and green tail feathers that it can lift up and spread out like a fan ▶ **paw**

peak¹ /piːk/ noun [C] **1** the pointed top of a mountain: *snow-covered peaks* ▶ **szczyt, wierzchołek 2** the pointed front part of a hat that is above your eyes ▶ **daszek 3** the highest level, value, rate, etc.: *a man at the peak of his career* ○ *Traffic reaches its peak during rush hour.* ▶ **szczyt**

peak² /piːk/ adj. (only before a noun) (used to describe the highest level of sth, or a time when the greatest number of people are doing or using sth): *Summer is the peak period for most hotels.* ○ *The athletes are all in peak condition.* ○ *peak hours* godziny szczytu (dot. zużycia prądu itp.) ➲ Por. **off-peak**. ▶ **szczytowy**

peak³ /piːk/ verb [I] to reach the highest level, value, rate, etc.: *Sales usually peak just before Christmas.* ▶ **osiągać szczyt**

peal /piːl/ noun [C] the loud ringing of a bell or of a set of bells that all have different notes: (figurative) *peals of laughter* ▶ **bicie** (*dzwonów*), **salwa** (*śmiechu*)

peanut /ˈpiːnʌt/ noun **1** (also **groundnut**) [C] a nut that grows in a shell under the ground: *roasted and salted peanuts* ▶ **orzeszek ziemny 2** (**peanuts**) [pl.] (informal) a very small amount of money: *We get paid peanuts for doing this job.* ▶ **grosze**

pear /peə(r)/ noun [C] a fruit that has a yellow or green skin and is white inside. Pears are thinner at the top (i.e. where they join onto the tree) than at the bottom: *a pear tree* ▶ **gruszka**

★**pearl** /pɜːl/ noun [C] a small, hard, round, white object that grows inside the shell of an oyster (a type of shellfish). Pearls are used to make jewellery.: *a pearl necklace* ▶ **perła**

peasant /ˈpeznt/ noun [C] a person who owns or rents a small piece of land on which they grow food and keep animals in order to feed their family ❶ Słowa **peasant** obecnie nie używa się w odniesieniu do farmerów w krajach angielskiego obszaru językowego. ➲ Por. **farmer**. ▶ **chłop**

peat /piːt/ noun [U] a natural substance that is made of decayed plants. Peat is formed underground in cool, wet places. It can be burnt as a fuel or put on the garden to make plants grow better. ▶ **torf**

pebble /ˈpebl/ noun [C] a smooth round stone that is found in or near water ▶ **kamyk, otoczak**

pecan /ˈpiːkən/ noun [C] a type of nut similar to a walnut ▶ **gatunek orzecha**

peck /pek/ verb **1** [I,T] **peck (at sth)** (used about a bird) to eat or bite sth with the beak: *The sparrows were pecking around for food.* ▶ **dziobać 2** [T] (informal) to kiss sb quickly and lightly: *She pecked him on the cheek.* ▶ **cmoknąć**

□ **peck** noun [C] **1** an act of pecking sb/sth ▶ **dziobnięcie 2** a quick kiss: *She gave him a quick peck on the cheek and then left.* ▶ **cmoknięcie**

peckish /ˈpekɪʃ/ adj. (informal) hungry ▶ **głodny**

peculiar /pɪˈkjuːliə(r)/ adj. **1** odd or strange: *There's a very peculiar smell in here.* ▶ **dziwny, osobliwy 2** only belonging to a particular person or found in a particular place: *a fruit peculiar to South East Asia* ▶ **specyficzny (dla kogoś/jakiegoś miejsca)**

□ **peculiarity** /pɪˌkjuːliˈærəti/ noun (pl. **peculiarities**) **1** [U] the quality of being strange or odd ▶ **osobliwość, specyficzność 2** [C] something that is strange or odd: *One of his peculiarities is that he never wears socks.* ▶ **dziwactwo 3** [C] sth that only belongs to or is only found in sb/sth ▶ **specyficzność, właściwość** | **peculiarly** adv. **1** in a peculiar(1) way: *Luke is behaving very peculiarly.* ▶ **dziwacznie, osobliwie 2** especially; very: *The noise of chalk on a blackboard can be peculiarly annoying.* ▶ **szczególnie 3** in a way that is especially typical of sb/sth: *They demonstrated the peculiarly English refusal to take anything seriously.* ▶ **osobliwie, specyficznie**

pedagogical /ˌpedəˈɡɒdʒɪkl/ adj. connected with ways and methods of teaching ▶ **pedagogiczny**

pedal /ˈpedl/ noun [C] the part of a bicycle or other machine that you push with your foot in order to make it move or work ▶ **pedał**

□ **pedal** verb [I,T] (**pedalling**; **pedalled**; US **pedaling**; **pedaled**) to push the pedals of a bicycle ▶ **pedałować**

pedantic /pɪˈdæntɪk/ adj. too worried about rules or small details ▶ **pedantyczny**

□ **pedantically** /-kli/ adv. ▶ **pedantycznie**

pedestal /ˈpedɪstl/ noun [C] the base on which a column, statue, etc. stands ▶ **cokół**

pedestrian /pəˈdestriən/ noun [C] a person who is walking in the street (not travelling in a vehicle) ▶ **pieszy**

□ **pedestrian** adj. **1** of or for pedestrians: *a pedestrian bridge* ▶ **dla pieszych 2** ordinary; not interesting; dull ▶ **przyziemny**

■ **peˌdestrian ˈcrossing** (US **crosswalk**) noun [C] a place for pedestrians to cross the road ➲ Por. **zebra crossing**. ▶ **przejście dla pieszych** | **peˌdestrian ˈprecinct** noun [C] a part of a town where there are many shops and where cars are not allowed ▶ **deptak**

pediatrician (US) = PAEDIATRICIAN

pedigree /ˈpedɪɡriː/ noun [C] **1** the parents, grandparents and other previous family members of an animal. The names of the ancestors are recorded on a document which is also called a 'pedigree'. ▶ **rodowód 2** a person's background ▶ **rodowód**

□ **pedigree** adj. (used about animals) of high quality because the parents, grandparents, etc. are all of the same breed and specially chosen ▶ **rasowy**

pee /piː/ verb [I] (informal) to send out waste water from your body; to urinate ▶ **siusiać**

□ **pee** noun [sing.] (informal): *to have a pee* zrobić siusiu ▶ **siusianie**

peek /piːk/ verb [I] **peek (at sth)** to look at sth quickly or secretly: *No peeking at the presents before Christmas Day!* ▶ **zerkać**

□ **peek** noun [sing.]: *to have a quick peek at the answers* ▶ **zerknięcie**

peel /piːl/ verb **1** [T] to take the skin off a fruit or vegetable: *Could you peel the potatoes, please?* ▶ **obierać 2** [I] to come off in one piece or in small pieces: *My nose got sunburnt and now it is peeling.* ○ *The paint is starting to peel off.* ▶ **odklejać się, łuszczyć się**

IDIOM **keep your eyes peeled/skinned (for sb/sth)** → EYE[1]

□ **peel** noun [U] the skin of a fruit or vegetable: *lemon peel* ➲ Por. **rind**. ▶ **skórka**

peeler /ˈpiːlə(r)/ noun [C] (especially in compounds) a device for peeling fruit, vegetables, etc.: *a potato peeler* ➲ Ilustr. do **kitchen**. ▶ **obieraczka**

peep[1] /piːp/ verb [I] **1 peep (at sth)** to look at sth quickly and secretly: *to peep through a keyhole* ▶ **zerkać 2** (used about part of sth) to appear: *The moon is peeping out from behind the clouds.* ▶ **wyglądać/wyzierać (skądś/zza czegoś)**

□ **peep** noun [sing.] a quick or secret look: *Have a peep* (zajrzyj) *at the baby.* ▶ **rzut oka**

peep[2] /piːp/ noun **1** [sing.] the weak high sound that is made, for example, by a young bird: *There hasn't been a peep out of the children for hours.* ▶ **piszczenie 2** (**peep ˈpeep**) [C] the sound that a car's horn makes ▶ **pi-pip!**

□ **peep** verb [I,T] ▶ **piszczeć; zatrąbić klaksonem**

peer[1] /pɪə(r)/ noun [C] **1** a person who is of the same age or rank: *Peer pressure influences the way we behave.* ▶ **rówieśnik; osoba równa (komuś) rangą 2** (Brit.) (fem. **peeress**) a person of noble rank ▶ **par**

□ **peerage** /ˈpɪərɪdʒ/ noun **1** [sing., with sing. or pl.

verb] all the peers(2) in a country ▶ **parowie, zgromadzenie parów** **2** [C] the rank of a peer: *an hereditary peerage* ▶ **godność para**

■ **'peer group** noun [C] a group of people who are of the same age and rank ▶ **grupa osób równych wiekiem i rangą**

peer² /pɪə(r)/ verb [I] **peer (at sb/sth)** to look closely or carefully at sb/sth, e.g. because you cannot see very well: *I had to peer very hard at the handwriting to make out what it said.* ▶ **bacznie/badawczo przyglądać się (komuś/czemuś)**

peeved /piːvd/ adj. (informal) rather angry; annoyed ▶ **rozdrażniony, zirytowany**

peevish /ˈpiːvɪʃ/ adj. easily annoyed by things that are not important ▶ **drażliwy**

□ **peevishly** adv. ▶ **z rozdrażnieniem**

peg¹ /peg/ noun [C] **1** a piece of wood, metal, etc. on a wall or door that you hang your coat, etc. on: *Your coat is hanging on the peg in the hall.* ▶ **kołek, wieszak** **2** (also **tent peg**) a piece of metal that you hammer into the ground to keep one of the ropes of a tent in place ▶ **śledź** (*do namiotu*) **3** (also **clothes peg**) (US **clothespin**) a type of small wooden or plastic object used for fastening clothes to a clothes line ▶ **klamerka do bielizny**

peg² /peg/ verb [T] (**pegging**; **pegged**) **1** to fix sth with a peg ▶ **przyczepiać klamerkami** (*np. pranie*) **2** to fix or keep sth at a certain level: *Wage increases were pegged at 7%.* ▶ **ustalać/utrzymywać na pewnym poziomie** (*np. cenę*)

pelican /ˈpelɪkən/ noun [C] a large waterbird that lives in warm countries. A pelican has a large beak that it uses for catching and holding fish. ▶ **pelikan**

pellet /ˈpelɪt/ noun [C] a small hard ball that is made from paper, mud, metal, etc.: *shotgun pellets* śrut ▶ **kulka**

pelt /pelt/ verb **1** [T] to attack sb/sth by throwing things: *The speaker was pelted with tomatoes.* ▶ **obrzucać** **2** [I] **pelt (down)** (used about rain) to fall very heavily ▶ **lunąć** **3** [I] to run very fast ▶ **pędzić, gnać**

pelvis /ˈpelvɪs/ noun [C] (pl. **pelvises**) the set of wide bones at the bottom of your back, to which your leg bones are joined ▶ **miednica**

□ **pelvic** /ˈpelvɪk/ adj. ▶ **miednicowy**

★**pen¹** /pen/ noun [C] an instrument that you use for writing in ink: *a fountain pen* wieczne pióro ○ *a ballpoint pen* długopis ○ *a felt-tip pen* flamaster ▶ **pióro**

■ **'penfriend** (especially US **'pen pal**) noun [C] a person that you become friendly with by exchanging letters ▶ **przyjaci-el/ółka korespondencyjn-y/a**

pen² /pen/ noun [C] a small piece of ground with a fence around it that is used for keeping animals in ▶ **zagroda, wybieg**

penal /ˈpiːnl/ adj. (only before a noun) connected with punishment by law ▶ **karny**

penalize (also **-ise**) /ˈpiːnəlaɪz/ verb [T] **1** to punish sb for breaking a law or rule: *Motorists who drink and drive should be heavily penalized.* ▶ **karać** **2** to cause sb to suffer a disadvantage: *Children should not be penalized because their parents cannot afford to pay.* ▶ **karać**

penalty /ˈpenəlti/ noun [C] (pl. **penalties**) **1** a punishment for breaking a law or rule: *We need stiffer penalties for people who drop litter.* ○ *the death penalty* ○ *No parking. Penalty £25.* ▶ **kara, grzywna** **2** a disadvantage or sth unpleasant that happens as the result of sth: *I didn't work hard enough and I paid the penalty. I failed all my exams.* ▶ **kara** **3** (in sport) a punishment for one team and an advantage for the other team because a rule has been broken: *It was a foul and the referee awarded a penalty.* ▶ **kara**

■ **'penalty area** noun [C] the marked area in front of the goal in football ▶ **pole karne** | **ˌpenalty 'shoot-out** noun (in football) a way of deciding the winner when both teams have the same score at the end of a game. Each team takes a certain number of penalty kicks and the team that scores more wins. ▶ **rzuty karne**

penance /ˈpenəns/ noun [C,U] a punishment that you give yourself to show you are sorry for doing sth wrong ▶ **pokuta**

★**pence** pl. of PENNY

★**pencil** /ˈpensl/ noun [C,U] an object that you use for writing or drawing. Pencils are usually made of wood and contain a thin stick of a black or coloured substance: *coloured pencils for children* ○ *Write in pencil, not ink* (ołówkiem, nie piórem). ▶ **ołówek, kredka**

□ **pencil** verb [T] (**pencilling**; **pencilled**; US **penciling**; **penciled**) to write or draw with a pencil ▶ **pisać/rysować ołówkiem/kredką**

PHRASAL VERB **pencil sth/sb in** to write down the details of an arrangement that might have to be changed later: *Shall we pencil the meeting in for the tenth?* ▶ **wpisywać kogoś/coś wstępnie**

■ **'pencil case** noun [C] a small bag or box that you keep pens, pencils, etc. in ▶ **piórnik** | **'pencil sharpener** noun [C] an instrument that you use for making pencils sharp ▶ **temperówka, strugaczka**

pendant /ˈpendənt/ noun [C] an ornament that you wear on a chain around your neck ▶ **wisiorek, wisior**

pending /ˈpendɪŋ/ adj. (formal) waiting to be done or decided: *The judge's decision is still pending.* ▶ **w toku, nie rozstrzygnięty**

□ **pending** prep. (formal) until: *He took over the leadership pending the elections.* ▶ **do czasu**

pendulum /ˈpendjələm; US -dʒələm/ noun [C] a string or stick with a heavy weight at the bottom. Some large clocks are worked by a swinging pendulum: (figurative) *Since the election, the pendulum of public opinion has swung* (nastąpił zwrot opinii publicznej) *against the government.* ▶ **wahadło**

penetrate /ˈpenɪtreɪt/ verb [I,T] **1** to make or force a way into or through sth: *The nail hadn't penetrated the skin.* ○ (figurative) *We've penetrated* (weszliśmy na) *the Spanish market.* ▶ **przebijać (się), przenikać (przez coś), wciskać się (gdzieś)** **2** to manage to understand sth difficult: *Scientists have still not penetrated the* *workings of the brain.* ▶ **zgłębić** (*np. tajniki czegoś*) **3** to be understood: *I've tried to explain, but I'm not sure if it's penetrated.* ▶ (*o myśli, wyjaśnieniu*) **dotrzeć (do kogoś)**

□ **penetrating** adj. **1** (used about sb's eyes or a way of looking) making you feel uncomfortable because it seems sb knows what you are thinking: *a penetrating look* ▶ **przenikliwy 2** showing that you have understood sth completely and quickly: *a penetrating question/comment* ▶ **wnikliwy 3** that can be heard, felt, smelled, etc. a long way away: *a penetrating scream* ▶ **przeszywający** | **penetration** /ˌpenɪˈtreɪʃn/ noun [U] **1** the act of penetrating ▶ **przebijanie się (przez coś), przenikanie (przez coś) 2** the ability to think and understand quickly and well ▶ **przenikliwość, wnikliwość**

penguin /ˈpeŋgwɪn/ noun [C] a quite large black and white seabird that lives in the Antarctic ▶ **pingwin**

penicillin /ˌpenɪˈsɪlɪn/ noun [U] a substance that is used as a medicine for preventing and treating diseases caused by bacteria. Penicillin is a type of antibiotic. ▶ **penicylina**

peninsula /pəˈnɪnsjələ; US -sələ/ noun [C] an area of land that is almost surrounded by water: *the Iberian peninsula* (tj. Hiszpania i Portugalia) ▶ **półwysep**

penis /ˈpiːnɪs/ noun [C] the male sex organ that is used for passing waste water and having sex ▶ **penis, prącie**

penitent /ˈpenɪtənt/ adj. (formal) sorry for having done sth wrong ▶ **skruszony**

penitentiary /ˌpenɪˈtenʃəri/ noun [C] (pl. **penitentiaries**) (US) a prison ▶ **więzienie**

penknife /ˈpennaɪf/ noun [C] (pl. **penknives**) (also **pocket knife**) a small knife with one or more blades that fold down into the handle ▶ **scyzoryk**

penniless /ˈpeniləs/ adj. having no money; poor ▶ **bez grosza**

★**penny** /ˈpeni/ noun [C] (pl. **pence** /pens/, **pennies**) **1** (abbr. **p**) a small brown British coin. There are a hundred pence in a pound: *Petrol costs 53p a litre.* ○ *a fifty pence coin* ❶ Można używać w lm **pennies**, mówiąc o monetach jednopensowych: *She put five pennies in the slot.* Mówi się **pence** lub używa skrótu **p**, mówiąc o jakiejś ilości pieniędzy. Skrót **p** jest mniej formalny. ▶ **pens 2** (US) a cent ▶ **grosz**

★**pension** /ˈpenʃn/ noun [C] money that is paid regularly to sb who has stopped working because of old age. Pensions are also paid to people who are widowed or who cannot work because they are ill: *He's on a pension.* ▶ **emerytura, renta**

> Prawie wszyscy mężczyźni w wieku ponad 65 lat i kobiety w wieku ponad 60 lat otrzymują w Wlk. Br. państwową emeryturę. Nazywa się ona **state pension**. Wiele osób dostaje także **company pension** z miejsca swojej ostatniej pracy.

□ **pensioner** /ˈpenʃənə(r)/ noun [C] = OLD-AGE PENSIONER

pentagon /ˈpentəgən; US -gɒn/ noun [C] a shape that has five straight sides ▶ **pięciokąt**

pentathlon /penˈtæθlən/ noun [C] a sports competition in which each person has to take part in five different events ▶ **pięciobój**

penthouse /ˈpenthaʊs/ noun [C] an expensive flat at the top of a tall building ▶ **drogie mieszkanie na ostatniej kondygnacji wysokościowca**

pent up /ˌpent ˈʌp/ adj. (used about feelings) that you do not express: *pent-up anger and frustration* ▶ **tłumiony**

penultimate /penˈʌltɪmət/ adj. (in a series) the one before the last one: *'Y' is the penultimate letter of the alphabet.* ▶ **przedostatni**

peony /ˈpiːəni/ noun [C] (pl. **peonies**) a garden plant with large round pink, red or white flowers ▶ **piwonia, peonia**

★**people** /ˈpiːpl/ noun **1** [pl.] more than one person: *How many people are coming to the party?* ○ *Young people* (młodzież) *often rebel against their parents.* ○ *What will people say if you go out looking like that?* ▶ **ludzie**

> Uwaga! **People** prawie zawsze używa się zamiast słowa **persons**. **Persons** jest bardzo oficjalnym słowem, używanym zwykle w języku prawnicznym itp: *Persons under the age of eighteen are not permitted to buy alcohol.* Rzeczownik **folk** jest nieformalnym słowem oznaczającym ludzi. Powszechnie używa się go, mówiąc o ludziach starszych lub mieszkających na wsi: *The old folk have seen many changes in the village over the years.*

2 [C] (pl. **peoples**) a nation, race, etc.: *The Japanese are a hard-working people.* ○ *the French-speaking peoples of the world* ▶ **naród, nacja 3** [pl.] the inhabitants of a particular place: *the people of London* ▶ **mieszkańcy 4** (**the people**) [pl.] the ordinary citizens of a country, i.e. not those of high social rank: *a man of the people* ▶ **lud**

pepper /ˈpepə(r)/ noun **1** [U] a powder with a hot taste that is used for flavouring food: *salt and pepper* ▶ **pieprz 2** [C] a hollow green, red or yellow vegetable: *stuffed green peppers* ➲ Por. **paprika**. ▶ **papryka** (*warzywo*)

□ **pepper** verb [T] **1** to put pepper(1) on sth ▶ **pieprzyć 2 pepper sb/sth with sth** to hit sb/sth many times with sth: *The wall had been peppered with bullets.* ▶ **obsypywać/obrzucać** (*gradem czegoś*)

peppermint /ˈpepəmɪnt/ noun **1** [U] a natural substance with a strong flavour that is used in sweets and medicines ➲ Por. **mint** i **spearmint**. ▶ **mięta 2** (also **mint**) [C] a sweet with a peppermint flavour ▶ **cukierek miętowy**

pep talk /ˈpep tɔːk/ noun [C] (informal) a speech that is given to encourage people or to make them work harder ▶ **mowa dodająca animuszu**

★**per** /pə(r); strong form pɜː(r)/ prep. for each: *The speed limit is 30 miles per hour.* ○ *To hire a boat costs £5 per hour.* ▶ **na, od** (*np. osoby*)

perceive /pə'siːv/ verb [T] (formal) **1** to notice or realize sth: *Scientists failed to perceive how dangerous the levels of pollutants had become.* ▶ **uświadamiać sobie, dostrzegać** **2** to see or think of sth in a particular way: *I perceived his comments as a criticism.* ▶ **odbierać, odczuwać** ❶ Rzeczownik: **perception**.

★**per cent** (US **percent**) /pə 'sent/ adj., adv. (symbol **%**) in or of each hundred: *a two per cent fall in the price of oil* ▶ **procentowy; procentowo**
□ **per cent** (US **percent**) noun [C, with sing. or pl. verb] (pl. **per cent**) (symbol **%**) one part in every hundred: *90% of the population owns a television.* ○ *The price of bread has gone up by 50 per cent in two years.* ▶ **procent**

percentage /pə'sentɪdʒ/ noun [C, with sing. or pl. verb] a part of an amount, expressed as a number of hundredths of that amount: *'What percentage of people voted Labour?'* ○ *Please express your answer as a percentage* (stosunek procentowy). ▶ **procent**

perceptible /pə'septəbl/ adj. (formal) that can be seen or felt: *a barely perceptible change in colour* ❶ Antonim: **imperceptible**. ▶ **dostrzegalny, odczuwalny**
□ **perceptibly** /-əbli/ adv.: *The patient has improved perceptibly.* ▶ **dostrzegalnie, odczuwalnie**

perception /pə'sepʃn/ noun **1** [U] the ability to notice or understand sth ▶ **postrzeganie, percepcja** **2** [C] a particular way of looking at or understanding sth; an opinion: *What is your perception of the situation?* ▶ **percepcja, zrozumienie** ❶ Czasownik: **perceive**.

perceptive /pə'septɪv/ adj. (formal) quick to notice or understand things ▶ **spostrzegawczy, bystry**
□ **perceptively** adv. ▶ **spostrzegawczo**

perch[1] /pɜːtʃ/ noun [C] a branch (or a bar in a cage) where a bird sits ▶ **grzęda, żerdź**
□ **perch** verb **1** [I] (used about a bird) to rest from flying on a branch, etc. ▶ **usiąść, przycupnąć** **2** [I,T] to sit, or be put, on the edge of sth: *The house was perched on the edge of a cliff.* ▶ **sadowić się/mieścić (na brzegu czegoś)**

perch[2] /pɜːtʃ/ noun [C] (pl. **perch**) a common fish that you can eat that lives in rivers or lakes ▶ **okoń**

percussion /pə'kʌʃn/ noun [sing.] (**the percussion**) [with sing. or pl. verb] the section of an orchestra that consists of the drums and other instruments that you play by hitting them ▶ **sekcja perkusyjna**

perennial /pə'reniəl/ adj. that happens often or that lasts for a long time: *the perennial problem of poverty in Britain* ▶ **odwieczny, częsty**

★**perfect**[1] /'pɜːfɪkt/ adj. **1** as good as can be; without fault: *The car is in perfect condition.* ○ *Nobody's perfect!* ○ *These shoes are a perfect fit.* ○ *What perfect weather!* ▶ **doskonały** **2 perfect (for sb/sth)** very suitable or right: *Ken would be perfect for the job.* ○ *Wales is the perfect place for a family holiday.* ○ *the perfect solution to a problem* ▶ **doskonały** **3** (used to describe the tense of a verb that is formed with *has/have/had* and the past participle) ▶ (*gram.*) **dokonany** **4** (only before a noun) complete; total: *It made perfect sense to me.* ○ *a perfect stranger* ▶ **zupełny, całkowity**
□ **perfectly** adv. **1** in a perfect way: *He played the piece perfectly.* ▶ **doskonale** **2** very; completely: *Laura understood perfectly what I meant.* ▶ **zupełnie, całkowicie**
■ **'perfect tense** (also **the perfect**) noun [sing.]: *the present/past perfect tense* ▶ **czas dokonany**

perfect[2] /pə'fekt/ verb [T] to make sth perfect: *Hugh is spending a year in France to perfect his French.* ▶ **doskonalić**

perfection /pə'fekʃn/ noun [U] the state of being perfect or without fault: *The steak was cooked to perfection.* ▶ **doskonałość, perfekcja**
□ **perfectionist** /-ʃənɪst/ noun [C] a person who always does things as well as they possibly can and who expects others to do the same ▶ **perfekcjonist-a/ka**

perforate /'pɜːfəreɪt/ verb [T] to make a hole or holes in sth: *Tear along the perforated line.* ▶ **dziurkować**
□ **perforation** /,pɜːfə'reɪʃn/ noun **1** [U] making a hole in sth ▶ **dziurawienie; dziurkowanie** **2** [C] a series of small holes in paper, etc. that makes it easy for you to tear ▶ **perforacja, dziurki** (*w papierze*)

★**perform** /pə'fɔːm/ verb **1** [T] (formal) to do a piece of work or sth that you have been ordered to do: *to perform an emergency operation* ○ *to perform a task* ▶ **wykonywać, spełniać** **2** [I,T] to take part in a play, or to sing, dance, etc. in front of an audience: *This play has never been performed previously.* ○ *She is currently performing at the London Palladium.* ▶ **przedstawiać, wykonywać** (*np. piosenkę*), **grać** **3** [I] (used about a machine, etc.) to work: *The car performs badly in cold weather.* ▶ **działać**
IDIOM **work/perform miracles** → MIRACLE
□ **performer** noun [C] **1** a person who performs for an audience ▶ **wykonaw-ca/czyni, artyst-a/ka** (*np. estradow-y/a*) **2** a person or thing that behaves or works in the way mentioned: *Diana is a poor performer in exams* (kiepsko wypada na egzaminach). ○ *VW is the star performer of the motor industry this year.* VW został w tym roku uznany za gwiazdę przemysłu motoryzacyjnego.

★**performance** /pə'fɔːməns/ noun **1** [sing.] (formal) the act or process of doing a task, an action, etc.: *the performance of your duties* ▶ **wykonywanie, spełnienie** **2** [C] the act of performing sth in front of an audience; something that you perform: *a live performance* ○ *to put on a performance* ▶ **przedstawienie** **3** [C] the way a person performs in a play, concert, etc.: *His moving performance won him an Oscar.* ▶ **występ, gra** **4** [C] the way in which you do sth, especially how successful you are: *The company's performance was disappointing last year.* ○ *Germany's fine performance in the World Cup* ▶ **wyniki** (*np. pracy*), **osiągnięcia** **5** [U] (used about a machine, etc.) the ability to work well: *a high performance engine* ▶ **działanie, wydajność**

★**perfume** /ˈpɜːfjuːm; US pərˈfjuːm/ noun [C,U] **1** a pleasant smell ➲ Zob. uwaga przy **smell**[1]. ▶ **zapach, woń 2** (Brit. also **scent**) a liquid with a sweet smell that you put on your body to make yourself smell nice: *French perfume* ▶ **perfumy**

★**perhaps** /pəˈhæps; præps/ adv. (used when you are not sure about sth) maybe; possibly: *Perhaps he isn't coming.* ○ *She was, perhaps, one of the most famous writers of the time.* ○ *'Are you sure that you're doing the right thing?' 'No, perhaps not.'* ▶ **(być) może, możliwie**

> **Perhaps** i **maybe** mają podobne znaczenie. Są często używane w celu uczynienia wypowiedzi bardziej uprzejmą: *Perhaps I could borrow your book, if you're not using it?* ○ *Maybe I'd better explain…*

peril /ˈperəl/ noun (formal) **1** [U] great danger ▶ **wielkie niebezpieczeństwo 2** [C] sth that is very dangerous: *the perils of the sea* ▶ **wielkie niebezpieczeństwo**

□ **perilous** /ˈperələs/ adj. (formal) dangerous ❶ Częściej używa się **danger** i **dangerous**. ▶ **niebezpieczny, ryzykowny**

perimeter /pəˈrɪmɪtə(r)/ noun [C] the outside edge or boundary of an area of land: *the perimeter fence of the army camp* ▶ **obwód**

★**period** /ˈpɪəriəd/ noun [C] **1** a length of time: *It will be cloudy with sunny periods.* ○ *The scheme will be introduced for a six-month trial period* (okres próbny). ○ *Her son is going through a difficult period at the moment.* ○ *The play is set in the Tudor period in England.* ○ *period costume* kostium historyczny ▶ **okres 2** a lesson in school: *We have five periods of English a week.* ▶ **godzina lekcyjna 3** the monthly loss of blood from a woman's body: *period pains* ○ *My period started this morning.* ▶ **okres, miesiączka 4** (US) = FULL STOP

periodic /ˌpɪəriˈɒdɪk/ (also **periodical** /-kl/) adj. happening fairly regularly ▶ **okresowy, periodyczny**

□ **periodically** /-kli/ adv.: *All machines need to be checked periodically.* ▶ **okresowo, periodycznie**

periodical /ˌpɪəriˈɒdɪkl/ noun [C] (formal) a magazine that is produced at regular intervals ▶ **czasopismo**

perish /ˈperɪʃ/ verb [I] (formal) to die or be destroyed: *Thousands perished in the war.* ▶ **ginąć**

□ **perishable** adj. (used about food) that will go bad quickly ▶ **łatwo psujący się**

perjure /ˈpɜːdʒə(r)/ verb [T] **perjure yourself** to tell lies in a court of law ▶ **krzywoprzysięgać**

perjury /ˈpɜːdʒəri/ noun [U] (formal) telling a lie (in a court of law) ▶ **krzywoprzysięstwo**

perk[1] /pɜːk/ verb

PHRASAL VERBS **perk up** to become more cheerful or lively ▶ **ożywiać się** | **perk sb/sth up** to make sb/sth more cheerful or lively ▶ **dodawać animuszu**

perk[2] /pɜːk/ noun [C] (informal) something extra that you get from your employer in addition to your salary: *Travelling abroad is one of the perks of the job.* ▶ **dodatek** (*do podstawowego uposażenia*)

perm /pɜːm/ noun [C] (informal) = PERMANENT WAVE

□ **perm** verb [T]: *She has had her hair permed.* ▶ **robić trwałą (ondulację)**

permanence /ˈpɜːmənəns/ noun [U] the state of lasting or remaining for a very long time or for ever ▶ **stałość**

★**permanent** /ˈpɜːmənənt/ adj. lasting for a long time or for ever; that will not change: *The accident left him with a permanent scar.* ○ *Are you looking for a permanent or a temporary job?* ▶ **stały, permanentny**

□ **permanently** adv.: *Has she left permanently* (na stałe)*?* ▶ **stale**

■ **ˌpermanent ˈwave** (informal **perm**) noun [C] (formal) the treatment of hair with special chemicals in order to make it curly or wavy ▶ **trwała (ondulacja)**

permeate /ˈpɜːmieɪt/ verb [T] (formal) **1** (used about a liquid, gas, etc.) to spread to every part of an object or a place: *The smell of cooking permeated the house.* ▶ **przenikać 2** (used about an idea, a feeling, etc.) to affect every part of sth: *a belief that permeates all levels of society* ▶ **przenikać**

□ **permeable** adj. allowing a liquid or gas to pass through: *A frog's skin is permeable to water.* ❶ Antonim: **impermeable**. ▶ **przepuszczalny**

permissible /pəˈmɪsəbl/ adj. (formal) that is allowed (by the rules): *radiation above the permissible level* ▶ **dopuszczalny, dozwolony**

★**permission** /pəˈmɪʃn/ noun [U] the act of allowing sb to do sth: *You can't leave without permission.* ○ *Children under 18 need their parents' permission to attend.* ○ *to ask/give permission for sth* ○ *They have been refused permission to stay in this country.* ❶ Uwaga! **Permission** jest rzeczownikiem niepoliczalnym. Dokument zezwalający na coś to **permit**. ▶ **pozwolenie, zezwolenie**

permissive /pəˈmɪsɪv/ adj. having, allowing or showing a lot of freedom, especially in sexual matters: *the permissive society of the 1960s* ▶ **pobłażliwy, liberalny**

★**permit** /pəˈmɪt/ verb (formal) (**permitting**; **permitted**) **1** [T] to allow sth: *Food and drink are not permitted in this building.* ○ *You are not permitted to smoke in the hospital.* ➲ Zob. uwagi przy **allow** i **let**. ▶ **pozwalać, zezwalać 2** [I,T] to make possible: *Let's have a picnic at the weekend, weather permitting* (jeżeli będzie dobra pogoda). ▶ **umożliwiać, pozwalać (na coś)**

□ **permit** /ˈpɜːmɪt/ noun [C] an official paper that says you are allowed to do sth: *a work permit* ▶ **pozwolenie, zezwolenie, przepustka**

perpendicular /ˌpɜːpənˈdɪkjələ(r)/ adj. **1** at an angle of 90° to sth ➲ Por. **horizontal** i **vertical**. ▶ **prostopadły 2** pointing straight up; upright ▶ **pionowy**

perpetual /pə'petʃuəl/ adj. **1** not stopping or changing: *They lived in perpetual fear of losing their jobs.* ○ *the perpetual roar of traffic* ▶ **wieczny, bezustanny 2** frequently repeated in a way which is annoying: *How can I work with these perpetual interruptions?* ▶ **ciągły**
□ **perpetually** /-tʃuəli/ adv. always ▶ **ciągle, bezustannie**

perpetuate /pə'petʃueɪt/ verb [T] (formal) to cause sth to continue ▶ **utrwalać, powodować dalsze trwanie czegoś**

perplexed /pə'plekst/ adj. not understanding sth; confused ▶ **zakłopotany, zmieszany**

persecute /'pɜːsɪkjuːt/ verb [T] **1** to cause sb to suffer, especially because of what they believe ▶ **prześladować** (*np. politycznie, religijnie*) **2** to deliberately annoy sb and make their life unpleasant ▶ **nie dawać komuś spokoju**
□ **persecution** /ˌpɜːsɪ'kjuːʃn/ noun [C,U]: *the persecution of minorities* ▶ **prześladowanie, szykanowanie** | **persecutor** /'pɜːsɪkjuːtə(r)/ noun [C] ▶ **prześladow-ca/czyni**

persevere /ˌpɜːsɪ'vɪə(r)/ verb [I] **persevere (at/in/with sth)** to continue trying or having sth that is difficult: *I'm going to persevere with the treatment.* ▶ **wytrwać, nie ustawać**
□ **perseverance** /ˌpɜːsɪ'vɪərəns/ noun [U]: *It takes a lot of perseverance to become a champion at any sport.* ▶ **wytrwałość**

persist /pə'sɪst/ verb [I] **1 persist (in sth/in doing sth)** to continue doing sth even though other people say that you are wrong or that you cannot do it: *If you persist in making so much noise, I shall call the police.* ○ *She persists in her belief that he did not kill himself.* ▶ **obstawać/utrzymywać się (przy czymś), utrzymywać się (w czymś) 2** to continue to exist: *If your symptoms persist you should consult your doctor.* ▶ **utrzymywać się, trwać**
□ **persistence** /-əns/ noun [U] **1** the state of continuing to do sth even though people say that you are wrong or that you cannot do it: *Finally her persistence was rewarded.* ▶ **wytrwałość, uporczywość 2** the state of continuing to exist: *the persistence of unemployment at high levels* ▶ **trwałość, stałość** | **persistent** /-ənt/ adj. **1** continuing to do sth even though people say that you are wrong or that you cannot do it: *Some salesmen can be very persistent.* ▶ **uporczywy, wytrwały 2** lasting for a long time or happening often: *a persistent cough* ○ *persistent rain* ▶ **trwały, ciągły** | **persistently** adv. ▶ **uporczywie, wytrwale**

★**person** /'pɜːsn/ noun [C] (pl. **people** or **persons**) ➲ Zob. uwaga przy **people**. **1** a man or woman: *I would like to speak to the person in charge.* ▶ **osoba, człowiek 2 (-person)** (used to form compound nouns) a person doing the job mentioned: *a salesperson* sprzedaw-ca/czyni ▶ **osoba wykonująca jakąś pracę 3** one of the three types of pronoun in grammar. *I/we* are the first person, *you* is the second person and *he/she/it/they* are the third person. ▶ **osoba**
IDIOM in person seeing or speaking to sb face to face (not speaking on the telephone or writing a letter): *to apologise to sb in person* ▶ **osobiście**

★**personal** /'pɜːsənl/ adj. **1** (only before a noun) of or belonging to a particular person: *Judges should not let their personal feelings influence their decisions.* ○ *The car is for your personal use only.* ▶ **osobisty, prywatny 2** of or concerning your feelings, health, relations with other people, etc.: *I have something personal to discuss with you.* ○ *The letter was marked 'personal* (do rąk własnych)*'.* ▶ **osobisty, prywatny 3** not connected with a person's job or official position: *personal phone calls* ○ *I try not to let work interfere with my personal life.* ▶ **prywatny, osobisty 4** (only before a noun) done or made by a particular person: *The Prime Minister made a personal visit to the victims in hospital.* ▶ **osobisty 5** (only before a noun) made or done for one particular person rather than for a large group of people or people in general: *We offer a personal service to all our customers.* ▶ **indywidualny 6** speaking about sb's appearance or character in an unpleasant or unfriendly way: *to make personal remarks* ▶ **osobisty 7** (only before a noun) connected with the body: *personal hygiene* ▶ **osobisty**
□ **personally** /-ənəli/ adv. **1** in person, not with sb else acting for you: *I should like to deal with this matter personally.* ▶ **osobiście 2** (used for expressing your own opinions): *Personally, I think that nurses deserve more money.* ▶ **osobiście; co do mnie, to 3** as a person: *I wasn't talking about you personally – I meant all teachers.* ○ *He was held personally responsible for the accident.* ▶ **osobiście 4** in a way that is intended to offend: *Please don't take it personally* (nie bierz tego do siebie)*, but I would rather be alone.* ○ *I didn't mean it personally.* Nie chciałem cię obrazić. **5** in a way that is connected with sb's private life, rather than their job: *Have you had any dealings with her, either personally or professionally?* ▶ **prywatnie**
■ **ˌpersonal as'sistant** = PA | **ˌpersonal com'puter** = PC(1) | **ˌpersonal 'pronoun** noun [C] any of the pronouns *I, me, she, her, he, him, we, us, you, they, them* ▶ **zaimek osobowy** | **ˌpersonal 'stereo** noun [C] a small machine that plays CDs or cassettes that you can carry round with you and listen to through headphones ▶ **walkman**

personality /ˌpɜːsə'næləti/ noun (pl. **personalities**) **1** [C] the qualities and features of a person: *Joe has a very forceful personality.* ▶ **osobowość 2** [C,U] the quality of having a strong, interesting and attractive character; a person who has this quality: *A good entertainer needs a lot of personality.* ○ *Judy's quite a personality.* ▶ **indywidualność, osobowość 3** [C] a famous person (especially in sport, on television, etc.): *a TV personality* ▶ **osobistość, indywidualność**

personalize (also **-ise**) /'pɜːsənəlaɪz/ verb [T] to mark sth with your initials, etc. to show that it belongs to you: *a car with a personalized number plate* ▶ **podpisywać/oznaczać** (*np. własnym inicjałem, imieniem, znakiem*)

personify /pə'sɒnɪfaɪ/ verb [T] (pres. part. **personifying**; 3rd pers. sing. pres. **personifies**; pt, pp **personified**) **1** to be an example in human form of a particular quality ▶ **uosabiać, ucieleśniać 2** to describe sth as if it were a person, e.g. in a poem ▶ **uosabiać, personifikować**
□ **personification** /pə,sɒnɪfɪ'keɪʃn/ noun [C,U] ▶ **uosobienie, personifikacja**

personnel /,pɜ:sə'nel/ noun **1** [pl.] the people who work for a large organization: *The army cannot afford to lose qualified personnel.* ▶ **personnel 2** [U, with sing. or pl. verb] (also **person'nel department**) the department of a large organization that looks after the people who work there ▶ **kadry, dział personalny**

perspective /pə'spektɪv/ noun **1** [U] the art of drawing on a flat surface so that some objects appear to be farther away than others: *the laws of perspective* ○ *in/out of perspective* ▶ **perspektywa 2** [C,U] the way that you think about sth; your point of view: *a report that looks at the education system from the perspective of deaf people* ○ *If you go away for a few days you will see everything in a new perspective* (w nowym świetle). ○ *Hearing about others' experiences often helps you to put your own problems into perspective* (patrzeć na własne problemy z dystansu). ○ *Try to keep these issues in perspective.* Spróbuj widzieć te sprawy we właściwych proporcjach. ▶ **punkt widzenia**

perspire /pə'spaɪə(r)/ verb [I] (formal) to lose liquid through your skin ❶ W języku codziennym częściej używa się **sweat**. ▶ **pocić się**
□ **perspiration** /,pɜ:spə'reɪʃn/ noun [U] **1** the act of perspiring ▶ **pocenie się 2** the liquid that you lose through your skin: *a drop of perspiration* ▶ **pot**

★**persuade** /pə'sweɪd/ verb [T] **1 persuade sb (to do sth); persuade sb (into/out of sth)** to cause sb to do sth by giving them good reasons: *It was difficult to persuade Louise to change her mind.* ➲ Por. **dissuade**. ▶ **przekonać, namówić 2 persuade sb (of sth)** (formal) to cause sb to believe sth: *The jury was persuaded of her innocence.* ➲ Por. **convince**. ▶ **przekonać (o czymś)**

persuasion /pə'sweɪʒn/ noun **1** [U] persuading or being persuaded: *It took a lot of persuasion to get Alan to agree.* ○ *The others didn't need much persuasion to go.* ▶ **przekonywanie, perswazja 2** [C] (formal) a religious or political belief: *The school is open to people of all persuasions.* ▶ **wyznanie, przekonanie**

persuasive /pə'sweɪsɪv/ adj. able to make sb do or believe sth: *The arguments were very persuasive.* ▶ **przekonywający**
□ **persuasively** adv. ▶ **przekonywająco** | **persuasiveness** noun [U] ▶ **dar perswazji**

pertinent /'pɜ:tɪnənt; US -tnənt/ adj. directly connected with sth: *to ask a pertinent question* ▶ **trafny, związany (z czymś)**

perturb /pə'tɜ:b/ verb [T] (often passive) (formal) to make sb worried or upset ▶ **niepokoić, trwożyć**
□ **perturbed** adj. ▶ **zaniepokojony**

pervade /pə'veɪd/ verb [T] to spread to all parts of sth: *The smell from the factory pervaded the whole town.* ▶ **szerzyć się, przenikać**

pervasive /pə'veɪsɪv/ adj. that is present in all parts of sth: *a pervasive mood of pessimism* ▶ **szerzący się, przenikający**

perverse /pə'vɜ:s/ adj. (formal) having or showing behaviour that is not reasonable or that upsets other people: *Derek gets perverse pleasure from shocking his parents.* ▶ **przewrotny, perwersyjny**
□ **perversely** adv. ▶ **przewrotnie, perwersyjnie** | **perversity** noun [U] ▶ **przewrotność, perwersyjność**

perversion /pə'vɜ:ʃn; US -ʒn/ noun [C,U] **1** the changing of sth from right to wrong or good to bad: *That statement is a perversion of the truth.* ▶ **wypaczenie, przekręcenie 2** sexual behaviour that is unnatural or not acceptable ▶ **zboczenie, perwersja**

pervert /pə'vɜ:t/ verb [T] **1** to change sth so that it becomes bad or is used wrongly: *to pervert the course of justice* ▶ **wypaczać 2** to cause sb to think or behave in a way that is not right or natural ▶ **wypaczać, psuć** (*charakter*)
□ **pervert** /'pɜ:vɜ:t/ noun [C] a person whose sexual behaviour is not natural or normal ▶ **zboczeniec**

pessimism /'pesɪmɪzəm/ noun [U] the state of expecting or believing that bad things will happen ▶ **pesymizm**
□ **pessimist** /-ɪst/ noun [C] a person who always thinks that what is going to happen will be bad ▶ **pesymist-a/ka** | **pessimistic** /,pesɪ'mɪstɪk/ adj. ▶ **pesymistyczny** | **pessimistically** /-kli/ adv. ▶ **pesymistycznie**

pest /pest/ noun [C] **1** an insect or animal that destroys plants, food, etc.: *pest control* ▶ **szkodnik, plaga 2** (informal) a person or thing that annoys you ▶ **utrapienie**

pester /'pestə(r)/ verb [T] to annoy or bother sb, e.g. by asking them sth many times: *to pester sb for money* ▶ **nagabywać, niepokoić**

pesticide /'pestɪsaɪd/ noun [C,U] a chemical substance that is used for killing animals or insects that eat food crops ➲ Por. **insecticide**. ▶ **środek przeciw szkodnikom**

★**pet** /pet/ noun [C] **1** an animal that you keep in your home for company or for pleasure: *a pet guinea pig* ○ *to keep a pet* ○ *a pet shop* sklep zoologiczny ▶ **zwierzę domowe, zwierzak 2** a person who is treated as a favourite: *teacher's pet* ▶ **ulubieni-ec/ca, pieszczoch**
□ **pet** verb (**petting**; **petted**) **1** [T] to treat an animal with affection, e.g. by stroking it ▶ **pieścić 2** [I] (informal) (used about two people) to kiss and touch in a sexual way ▶ **pieścić się**
■ **,pet 'hate** noun [C] something that you particularly do not like: *Filling in forms is one of my pet hates* (to coś, czego nie znoszę). ▶ **rzecz/czynność szczególnie nielubiana** | **pet 'subject** noun [C] a subject that you are very interested in or that you feel very strongly about ▶ **konik**

petal /ˈpetl/ noun [C] one of the thin soft coloured parts of a flower ► **płatek**

peter /ˈpiːtə(r)/ verb

PHRASAL VERB **peter out** to finish or come to an end gradually: *The flow of water finally petered out.* ► **wyczerpywać się,** (*o silniku*) **stawać**

petition /pəˈtɪʃn/ noun [C] a written document, signed by many people, that asks a government, etc. to do sth: *More than 50 000 people signed the petition.* ► **petycja**

petrified /ˈpetrɪfaɪd/ adj. very frightened ► **sparaliżowany/skamieniały (ze strachu)**

★**petrol** /ˈpetrəl/ (US **gas**; **gasoline**) noun [U] the liquid that is used as fuel for motor vehicles such as cars and aeroplanes: *a petrol pump* ○ *to fill up with petrol* ➲ Por. **diesel**. ► **paliwo** (*płynne*), **benzyna**

■ ˈ**petrol station** (also **filling station**; **service station**; US **gas station**) noun [C] a place where you can buy petrol and other things for your car ➲ Por. **garage**(2). ► **stacja benzynowa**

petroleum /pəˈtrəʊliəm/ noun [U] oil that is found under the surface of the earth and that is used for making petrol and other types of chemical substances ► **ropa naftowa**

petticoat /ˈpetɪkəʊt/ noun [C] a thin piece of women's clothing that is worn under a dress or a skirt ➲ Por. **slip.** ► **halka**

petty /ˈpeti/ adj. **1** small or not important: *petty crime/details.* ► **drobny, pomniejszy 2** unkind or unpleasant (for a reason that does not seem very important): *He's tried so hard that it would be petty to criticize him now.* ► **małostkowy**

pew /pjuː/ noun [C] one of the long seats in a church ► **ławka kościelna**

PG /ˌpiː ˈdʒiː/ abbr. (short for *parental guidance*) a film classification indicating that some parents may find the film unsuitable for their children ► **kategoria filmu, która wskazuje, że treść filmu może być uważana przez rodziców jako nieodpowiednia dla dzieci**

Jest to jedna z pięciu kategorii klasyfikacyjnych, ustanowionych w Wlk. Bryt. dla filmów i kaset wideo przez British Board of Film Classification. U to skrót od **universal** i oznacza, że każdy może oglądać dany film. Pozostałe kategorie to 12, 15 i 18, które oznaczają odpowiednio wiek, od którego dzieci i młodzież mogą dany film oglądać.

PGCE abbr. (in Britain) Postgraduate Certificate of Education ► **świadectwo ukończenia nauczycielskich studiów podyplomowych**

phantasy noun [C] (pl. **phantasies**) = FANTASY

phantom /ˈfæntəm/ noun [C] **1** something with the shape of a dead person that seems to appear on earth and behave as if it was alive ❶ Częściej używa się słowa **ghost**. ► **widmo, upiór 2** something that you think exists, but that is not real ► **złudzenie**

pharmaceutical /ˌfɑːməˈsuːtɪkl; -ˈsjuː-; US -ˈsuː-/ adj. connected with the production of medicines ► **farmaceutyczny**

pharmacist /ˈfɑːməsɪst/ noun [C] = CHEMIST(1)

pharmacy /ˈfɑːməsi/ noun (pl. **pharmacies**) **1** [U] (the study of) the preparation of medicines ► **farmacja 2** [C] a place where medicines are prepared and given out or sold ❶ Sklep, w którym można kupić lekarstwa nazywa się też **chemist's (shop)** (Br. ang.) lub **drugstore** (Amer. ang.). ► **apteka**

★**phase** /feɪz/ noun [C] a period in the development of sth: *the final phase of the programme* ○ *to enter a new phase* ○ *He's going through a difficult phase.* ► **faza, etap**

□ **phase** verb

PHRASAL VERBS **phase sth in** to introduce sth slowly or over a period of time: *The metric system was phased in over several years.* ► **wprowadzać stopniowo** | **phase sth out** to take away or remove sth slowly or over a period of time: *The older machines are gradually being phased out.* ► **usuwać stopniowo**

PhD /ˌpiː eɪtʃ ˈdiː/ abbr. Doctor of Philosophy; an advanced university degree that you receive when you complete a piece of research into a special subject: *She has a PhD in history* ► **dr nauk**

pheasant /ˈfeznt/ noun [C] (pl. **pheasants** or **pheasant**) a type of bird with a long tail. The males have brightly coloured feathers. Pheasants are often shot for sport and eaten as food. ► **bażant**

phenomenal /fəˈnɒmɪnl/ adj. unusual because it is so good or so great: *phenomenal success* ► **niezwykły**

□ **phenomenally** /-nəli/ adv. ► **niezwykle**

phenomenon /fəˈnɒmɪnən; US -nɒn/ noun [C] (pl. **phenomena** /-ɪnə/) something that happens or exists (often sth unusual): *Acid rain is not a natural phenomenon.* ► **zjawisko**

phew (also **whew**) /fjuː/ interj. (used to show the sound which expresses tiredness, surprise, relief, etc.): *Phew, it's hot in here!* ► **uf!, phi!**

philanthropist /fɪˈlænθrəpɪst/ noun [C] a rich person who helps the poor and those in need, especially by giving money ► **filantrop**

philosopher /fəˈlɒsəfə(r)/ noun [C] a person who has developed a set of ideas and beliefs about the meaning of life ► **filozof/ka**

★**philosophy** /fəˈlɒsəfi/ noun (pl. **philosophies**) **1** [U] the study of ideas and beliefs about the meaning of life ► **filozofia 2** [C] a belief or set of beliefs that tries to explain the meaning of life or give rules about how to behave: *the philosophy of Nietzsche* ○ *Her philosophy is 'If a job's worth doing, it's worth doing well'.* ► **filozofia**

□ **philosophical** /ˌfɪləˈsɒfɪkl/ (also **philosophic**) adj. **1** of or concerning philosophy: *a philosophical debate* ► **filozoficzny 2 philosophical (about sth)** having or showing a calm, quiet attitude when you are in danger, suffering or disappointed: *He was quite philosophical about failing the exam.* ► **filozoficzny** | **philosophically** /-kli/ adv. ► **filozoficznie**

phlegm /flem/ noun [U] the thick yellow substance that is produced in your nose and your throat when you have a cold ► **flegma**

phlegmatic /flegˈmætɪk/ adj. (formal) not easily

excited or upset; calm ▶ **flegmatyczny, spokojny**

phobia /ˈfəʊbiə/ noun [C] a very strong fear or dislike that you cannot explain ▶ **fobia**

⋆**phone** /fəʊn/ noun (informal) **1** [U] = TELEPHONE(1): *a phone call* ○ *You can book the tickets by phone.* ▶ **telefon 2** [C] = TELEPHONE(2): *The phone is ringing – could you answer it?* ▶ **telefon**

IDIOM **be on the phone/telephone 1** to use the telephone: *Ian's on the phone.* ▶ **rozmawiać przez telefon 2** to have a telephone in your home: *I'll have to write to her because she's not on the phone.* ▶ **mieć telefon w domu**

□ **phone** verb [I,T] = TELEPHONE: *Did anybody phone while I was out?* ○ *Could you phone the restaurant and book a table?* ▶ **telefonować**

■ **ˈphone book** noun [C] = TELEPHONE DIRECTORY | **ˈphone box** noun [C] = TELEPHONE BOX | **ˈphonecard** noun [C] a small plastic card that you can use to pay for calls in a public telephone box ▶ **karta telefoniczna** | **ˈphone-in** (US **call-in**) noun [C] a radio or television programme during which you can ask a question or give your opinion by telephone ▶ **audycja radiowa/telewizyjna, podczas której można zadzwonić do studia, aby zadać pytanie lub wyrazić swoją opinię** | **ˈphone number** noun [C] = TELEPHONE NUMBER

phonetic /fəˈnetɪk/ adj. **1** connected with the sounds of human speech ▶ **fonetyczny 2** using a system for writing a language that has a different sign for each sound: *the phonetic alphabet* ▶ **fonetyczny**

□ **phonetically** /-kli/ adv. ▶ **fonetycznie** | **phonetics** noun [U] the study of the sounds of human speech ▶ **fonetyka**

phoney (also **phony**) /ˈfəʊni/ adj. not real; false ▶ **fałszywy, udawany**

□ **phoney** (also **phony**) noun [C] (pl. **phoneys**) a person who is not what they pretend to be ▶ **osoba udająca kogoś innego** | **phoniness** noun [U] ▶ **fałsz, udawanie**

⋆**photo** /ˈfəʊtəʊ/ noun [C] (pl. **photos** /-təʊz/) (informal) = PHOTOGRAPH

photocopy /ˈfəʊtəʊkɒpi/ noun [C] (pl. **photocopies**) a copy of a piece of paper, page in a book, etc. that is made by a photocopier ▶ **odbitka kserograficzna**

□ **photocopy** verb [I,T] (pres. part. **photocopying**; 3rd pers. sing. pres. **photocopies**; pt, pp **photocopied**) to make a photocopy of sth ▶ **kserować** | **photocopier** noun [C] a machine that makes photocopies ▶ **kserograf**

⋆**photograph** /ˈfəʊtəgrɑːf; US -græf/ (informal **photo**) noun [C] a picture that is taken with a camera: *to take a photo* robić zdjęcie ○ *She looks younger in real life than in the photograph.* ○ *This photo is a bit out of focus* (trochę nieostre). ○ *to have a photograph enlarged* dać zdjęcie do powiększenia ➲ Por. **negative** i **slide.** ▶ **zdjęcie**

□ **photograph** verb [T] ▶ **fotografować** | **photographer** /fəˈtɒgrəfə(r)/ noun [C] a person who takes photographs ➲ Por. **cameraman.** ▶ **fotograf** | **photographic** /ˌfəʊtəˈgræfɪk/ adj. connected with photographs or photography: *photographic equipment* ▶ **fotograficzny** | **photography** /fəˈtɒgrəfi/ noun [U] the skill or process of taking photographs: *wildlife photography* ▶ **fotografia**

phrasal verb /ˌfreɪzl ˈvɜːb/ noun [C] a verb that is combined with an adverb or a preposition to give a new meaning, such as 'look after' or 'put sb off' ▶ **czasownik złożony**

⋆**phrase** /freɪz/ noun [C] a group of words that are used together. A phrase does not contain a full verb.: *'First of all' and 'a bar of chocolate' are phrases.* ▶ **wyrażenie, zwrot**

□ **phrase** verb [T] to express sth in a particular way: *The statement was phrased so that it would offend no one.* ▶ **wyrażać, wypowiadać**

■ **ˈphrase book** noun [C] a book that gives common words and phrases in a foreign language. People use phrase books when they travel abroad to a country whose language they do not know. ▶ **rozmówki obcojęzyczne**

⋆**physical** /ˈfɪzɪkl/ adj. **1** of or for your body: *physical exercise* ▶ **cielesny, fizyczny 2** connected with real things that you can touch, or with the laws of nature: *physical geography* ○ *It is a physical impossibility to be in two places at once.* ▶ **fizyczny 3** connected with physics ▶ **fizyczny**

□ **physically** /-kli/ adv.: *to be physically fit* ○ *It will be physically impossible to get to London before ten.* ▶ **fizycznie, cieleśnie**

physician /fɪˈzɪʃn/ noun [C] a doctor, especially one who treats diseases with medicine (= not a surgeon) ▶ **lekarz**

physicist /ˈfɪzɪsɪst/ noun [C] a person who studies physics ▶ **fizyk**

⋆**physics** /ˈfɪzɪks/ noun [U] the scientific study of natural forces such as light, sound, heat, electricity, pressure, etc. ▶ **fizyka**

physiotherapy /ˌfɪziəʊˈθerəpi/ noun [U] the treatment of disease or injury by exercise, massage, heat, etc. ▶ **fizjoterapia**

□ **physiotherapist** /-pɪst/ noun [C] a person who is trained to use physiotherapy ▶ **fizjoterapeuta**

physique /fɪˈziːk/ noun [C] the size and shape of a person's body: *a strong muscular physique* ▶ **budowa ciała**

⋆**piano** /piˈænəʊ/ noun [C] (pl. **pianos** /-nəʊz/) (formal **pianoforte** /pɪˌænəʊˈfɔːti/) a large musical instrument that you play by pressing down black and white keys. This causes small hammers to hit strings inside the instrument: *an upright piano* pianino ○ *a grand piano* fortepian ▶ **fortepian, pianino**

> Zwróć uwagę, że mówiąc o grze na instrumentach muzycznych zwykle używa się przedimka określonego **the**: *I play the piano.* Jednak mówiąc o muzyce nowoczesnej, np. o jazzie lub rocku, częściej używa się **play drums/guitar** itp., a więc form bez **the**: *He plays bass in a band.* ○ *This recording features Miles Davis on trumpet.*

□ **pianist** /ˈpɪənɪst/ noun [C] a person who plays the piano ▶ **pianist-a/ka**

★**pick**[1] /pɪk/ verb [T] **1** to choose sb/sth from a group of people or things: *She picked her words carefully so as not to upset anybody.* ○ *to be picked to play for the team* ○ *We picked a good day to go to the beach.* ▶ **wybierać, sortować 2** to take a flower, fruit or vegetable from the place where it is growing: *I've picked you a bunch of flowers.* ○ *Don't pick wild flowers.* ○ *to go fruit-picking* ▶ **zrywać, zbierać 3** to remove a small piece or pieces of sth with your fingers: *Don't pick your nose!* ▶ **dłubać** (*np. w zębach/nosie*) **4** to take sth off sth: *Don't pick all the nuts off the top of the cake.* ▶ **zdejmować (coś z czegoś)**

IDIOMS **have a bone to pick with sb** → BONE | **pick and choose** to choose only the things that you like or want very much ▶ **przebierać, wybredzać** | **pick a fight (with sb)** to start a fight with sb deliberately ▶ **prowokować bijatykę/kłótnię** | **pick a lock** to open a lock without using a key ▶ **otwierać zamek wytrychem** | **pick sb's pocket** to steal money, etc. from sb's pocket or bag ▶ **kraść komuś z kieszeni**

PHRASAL VERBS **pick at sth 1** to eat only small amounts of food because you are not hungry ▶ (*przen.*) **dziobać** (*jedzenie*) **2** to pull or touch sth several times ▶ **ciągnąć za coś/dotykać czegoś wielokrotnie** | **pick on sb** to behave unfairly or unkindly towards sb ▶ **uwziąć się (na kogoś), przyczepiać się (do kogoś)** | **pick sb/sth out** to choose or recognize sb/sth from a number of people or things: *I immediately picked Jean out in the photo.* ▶ **wyławiać (skądś/spośród czegoś)** | **pick up** to become better; to improve ▶ **odzyskiwać zdrowie, poprawiać się** | **pick sb up 1** to collect sb, in a car, etc.: *He'll pick us up at ten.* ▶ **podjeżdżać po kogoś 2** (informal) to start talking to sb you do not know and try to start a sexual relationship with them ▶ **podrywać (kogoś) 3** (used about the police) to stop sb and question them: *The drug dealers were picked up in Dover.* ▶ **zatrzymywać** | **pick sb/sth up 1** to take hold of and lift sb/sth: *The phone stopped ringing just as I picked up the receiver.* ▶ **podnosić 2** to hear or see sb/sth by means of a radio, television, etc.: *to pick up a signal* ▶ **odbierać** | **pick sth up 1** to learn sth without formal lessons: *Joe picked up a lot of Italian from the local children.* ▶ **nauczyć się (czegoś) 2** to get or find sth: *You can pick up a lot of information by talking to the residents.* ▶ **dowiadywać się 3** to go and get sth; to collect sth: *We must pick up the tickets half an hour before the show begins.* ▶ **odbierać, pobierać**

■ **'pickpocket** noun [C] a person who steals things from other people's pockets or bags in public places ▶ **kieszonkowiec, doliniarz** | **'pickup** (also **pickup truck**) noun [C] a type of vehicle that has an open part with low sides at the back ▶ **furgonetka**

pick[2] /pɪk/ noun [sing.] **1** the one that you choose; your choice: *You can have whichever cake you like. Take your pick.* ▶ **wybór 2** the best of a group: *You can see the pick of the new films at this year's festival.* ▶ **wybór**

pick[3] /pɪk/ noun [C] (also **pickaxe**; US **pickax** /'pɪkæks/) a tool that consists of a curved iron bar with sharp points at both ends, fixed onto a wooden handle. Picks are used for breaking stones or hard ground. ▶ **kilof, oskard**

picket /'pɪkɪt/ noun [C] a worker or group of workers who stand outside a place of work during a strike and try to persuade other people not to go in ▶ **pikieta**

□ **picket** verb [I,T] ▶ **pikietować**

pickle /'pɪkl/ noun [C,U] food such as fruit and vegetables that is put in vinegar or salt water so that it can be kept for a long time: *a cheese and pickle sandwich* ○ *dill pickles* ogórki konserwowe/kiszone ➲ Por. **gherkin**. ▶ **marynata**

□ **pickle** verb [T]: *pickled onions* ▶ **marynować, kisić**

picky /'pɪki/ adj. (**pickier**; **pickiest**) (informal, especially US) difficult to please ➲ Por. **fussy**. ▶ **wybredny**

★**picnic** /'pɪknɪk/ noun [C] **1** a meal that you eat outdoors (in the country or on a beach, etc.): *a picnic lunch* ○ *a picnic on the beach* ▶ **majówka, piknik 2** a trip that you make for pleasure during which you eat a picnic: *Let's go for a picnic.* ▶ **majówka, piknik**

□ **picnic** verb [I] (pres. part. **picnicking**; pt, pp **picnicked**) ▶ **urządzać majówkę/piknik**

pictorial /pɪk'tɔːriəl/ adj. expressed in pictures ▶ **obrazowy**

★**picture** /'pɪktʃə(r)/ noun **1** [C] a painting, drawing or photograph: *Many of Turner's pictures are of the sea.* ○ *to draw/paint a picture* ○ *Come and have your picture taken* (daj sobie zrobić zdjęcie). ▶ **obraz, zdjęcie, rysunek 2** [C] an idea or a memory of sth in your mind: *Dickens' novels give a good picture of what life was like in Victorian England.* ▶ **wyobrażenie, obraz 3** [C] the quality of what you see on a television: *The television's old and the picture isn't very good.* ▶ **obraz 4** [C] a film (in a cinema) ▶ **film 5** (**the pictures**) [pl.] (Brit.) the cinema: *We're going to the pictures tonight.* ▶ **kino**

□ **picture** verb [T] **1** to imagine sth in your mind: *I can't picture him as a father.* ▶ **wyobrażać sobie 2** to show sb/sth in a picture or photograph: *The couple, pictured above, left for a honeymoon in Bali.* ▶ **fotografować, ilustrować**

■ **'picture researcher** noun [C] a person who selects pictures and photographs and arranges for them to be reproduced in books, magazines, television programmes, etc. ▶ **redaktor graficzny**

picturesque /,pɪktʃə'resk/ adj. (usually used about a place) attractive and interesting: *a picturesque fishing village* ▶ **malowniczy**

★**pie** /paɪ/ noun [C,U] a type of food. A pastry case is filled with fruit, vegetables or meat and then baked.: *apple pie and custard* ▶ **nadziewany placek, pasztecik**

> W Wlk. Br. **pie** to ciasto z farszem w środku. W USA **pie** może mieć tylko spód z ciasta, zaś farsz na wierzchu. **Tart** lub **flan** to słodkie ciasto z ułożonymi na wierzchu owocami lub innymi dodatkami. **Quiche** to słone ciasto z ułożoną na wierzchu masą z jaj, sera itp. Por. też **shepherd's pie** i **mince pie**.

■ **'pie chart** noun [C] a diagram consisting of a circle divided into parts to show the size of particular parts in relation to the whole ▶ **diagram kołowy**

★**piece**[1] /pi:s/ noun [C] **1** an amount or example of sth: *a piece of paper* kartka ○ *a lovely piece of furniture* piękny mebel ○ *Would you like another piece of cake?* ○ *a very good piece of work* bardzo dobra robota ○ *a piece of advice* rada ○ *a very interesting piece of information* bardzo ciekawa wiadomość ❶ **Piece** stosuje się przy rzeczownikach niepoliczalnych (abstrakcyjnych i zbiorowych) w celu oznaczenia ich ilości jednostkowej. Często nie tłumaczy się odrębnie. ▶ **kawałek**, **część 2** one of the parts that sth is made of: *She took the model to pieces and started again.* ○ *a three-piece suite* trzyczęściowy komplet wypoczynkowy ▶ **część**, **kawałek 3** one of the parts into which sth breaks: *The plate fell and smashed to pieces.* ❶ **Bit** i **piece** mają bardzo podobne znaczenia, ale **bit** częściej stosuje się w języku codziennym. ▶ **część**, **kawałek 4** one of the small objects that you use when you are playing indoor board games: *chess pieces* ▶ **figura (szachowa)**, **pionek** (*np. w warcabach*) **5** a coin: *Does the machine accept fifty pence pieces?* ▶ **moneta 6** an article in a newspaper or magazine ▶ **artykuł 7** a single work of art, music, etc.: *a piece by Chopin* ▶ **utwór**, **sztuka (teatralna)**

IDIOMS **bits and pieces** → BIT[1] | **give sb a piece of your mind** to speak to sb angrily because of sth they have done ▶ **wygarnąć komuś prawdę w oczy** | **go to pieces** to be unable to control yourself: *When his wife died he seemed to go to pieces.* ▶ **załamywać się**, **tracić panowanie (nad sobą)** | **in one piece** not broken or injured: *I've only been on a motorbike once, and I was just glad to get home in one piece.* ▶ **cały** | **a piece of cake** (informal) something that is very easy ▶ **nic trudnego**, **pestka**

piece[2] /pi:s/ verb

PHRASAL VERB **piece sth together 1** to put sth together from several pieces ▶ **sztukować**, **łączyć 2** to discover the truth about sth from different pieces of information ▶ **kojarzyć** (*np. fakty*), **wnioskować**

piecemeal /'pi:smi:l/ adj., adv. done or happening a little at a time ▶ **fragmentaryczny**, **cząstkowy**; **po kawałku**, **na części**

pier /pɪə(r)/ noun [C] a large wooden or metal structure that is built out into the sea. Boats can stop at piers so that people can get on or off and goods can be loaded or unloaded. ▶ **molo**

> **Pier** w nadmorskim kurorcie to molo spacerowe, często z teatrem, wesołym miasteczkiem itp.

pierce /pɪəs/ verb [T] **1** to make a hole in sth with a sharp point: *to have your ears pierced* ▶ **przekłuwać**, **przedziurawiać 2** (used about light or a sound) to be seen or heard suddenly: *A scream pierced the air.* ▶ **przeszywać**

□ **piercing** adj. **1** (used about the wind, pain, a loud noise, etc.) strong and unpleasant ▶ **przeszywający**, **przenikliwy 2** (used about eyes or a look) seeming to know what you are thinking ▶ **przeszywający**, **przenikliwy**

piety /'paɪəti/ noun [U] strong religious belief ❶ Przymiotnik: **pious**. ▶ **pobożność**

★**pig** /pɪg/ noun [C] **1** a fat animal with short legs and a curly tail that is kept on farms for its meat ➲ Zob. uwaga przy **meat**. ▶ **świnia**

> A male pig is a **boar**, a female pig is a **sow** and a young pig is a **piglet**. **Pigs** grunt.

2 (informal) an unpleasant person or one who eats too much ▶ (*o osobie*) **świnia**, **obżartuch**

□ **pig** verb [T] (**pigging**; **pigged**) **pig yourself** to eat or drink too much ▶ **obżerać się**

PHRASAL VERB **pig out (on sth)** (slang) to eat too much of sth ▶ **obżerać się**

■ **'piggyback** noun [C] the way of carrying sb in which they ride on your back with their arms round your neck and knees round your waist: *to give sb a piggyback* ▶ (*nosić*) **na barana** | **'piggy bank** noun [C] a small box, often shaped like a pig, that children use for saving money in ▶ **skarbonka** | ,**pig-'headed** adj. (informal) unwilling to change your mind or say that you are wrong ➲ Por. **stubborn** (stosowane w języku codziennym) i **obstinate** (używane w języku formalnym). ▶ **uparty** | **'pigsty** /-staɪ/ (also **sty**; US **'pigpen**) noun [C] (pl. **pigsties**) a small building where pigs are kept: (figurative) *Tidy up your bedroom – it's a pigsty!* ▶ **chlew**

pigeon /'pɪdʒɪn/ noun [C] a fat grey bird that often lives in towns ▶ **gołąb**

■ **'pigeon-hole** noun [C] one of a set of small open boxes that are used for putting papers or letters in ▶ **przegródka**

piglet /'pɪglət/ noun [C] a young pig ▶ **prosiak**

pigment /'pɪgmənt/ noun [C,U] a substance that gives colour to things: *The colour of your skin depends on the amount of pigment in it.* ▶ **pigment**

pigtail /'pɪgteɪl/ noun [C] a piece of hair that has been divided into three and plaited ➲ Por. **plait**. Ilustr. do **hair**. ▶ **mysi ogonek**, **warkoczyk**

pike /paɪk/ noun [C] (pl. **pike**) a large fish that lives in rivers, lakes, etc. and has very sharp teeth ▶ **szczupak**

pilchard /'pɪltʃəd/ noun [C] a small sea fish similar to a herring, that you can eat ▶ **sardela**

★**pile**[1] /paɪl/ noun [C] **1** a number of things lying on top of one another, or an amount of sth that is in a large mass: *a neat pile of books* ○ *A large pile of sand blocked the pavement.* ▶ **stos**, **kupa**

> **Pile** może składać się z elementów ułożonych równo lub nierówno. **Heap** natomiast składa się z elementów ułożonych nierówno.

2 (often plural) (informal) a lot of sth: *I've got piles of work to do this evening.* ❶ Inne często używane wyrażenie o tym samym znaczeniu to **loads of**. ▶ **kupa**, **góra**

pile[2] /paɪl/ verb [T] **1 pile sth (up)** to put things one on top of the other to form a pile: *Pile them on top of each other.* ▶ **układać w stos 2 pile A on(to) B**; **pile B with A** to put a lot of sth on sth:

She piled the papers on the desk. ○ *The desk was piled with papers.* ▶ **układać w stos**

PHRASAL VERBS **pile into, out of, off, etc. sth** (informal) to go into, out of, off, etc. sth quickly and all at the same time: *The children piled onto the bus.* ▶ **wtłaczać się; wysypywać się** | **pile up 1** to increase in quantity: *The problems really piled up while I was away.* ▶ **gromadzić się, rosnąć 2** (used about several cars, etc.) to crash into each other ▶ **tworzyć karambol, wpadać na siebie** | **pile sth up** to put sth in a pile: *They piled up the logs at the side of the house.* ▶ **usypywać, układać w stos**

■ **'pile-up** noun [C] a crash that involves several cars, etc. ▶ **karambol**

piles /paɪlz/ noun [pl.] = HAEMORRHOIDS

pilgrim /ˈpɪlgrɪm/ noun [C] a person who travels to a holy place for religious reasons ▶ **pielgrzym**

□ **pilgrimage** /-ɪdʒ/ noun [C,U] a journey that is made by a pilgrim: *to make a pilgrimage to Lourdes* ▶ **pielgrzymka**

pill /pɪl/ noun **1** [C] a small round piece of medicine that you swallow: *Take one pill, three times a day after meals.* ○ *a sleeping pill* pigułka nasenna ➲ Por. **tablet**. ▶ **pigułka 2** (**the pill**) (also **the Pill**) [sing.] a pill that some women take regularly so that they do not become pregnant: *She is on the pill.* ▶ **pigułka antykoncepcyjna**

pillar /ˈpɪlə(r)/ noun [C] **1** a column of stone, wood or metal that is used for supporting part of a building ▶ **kolumna, filar 2** an important and active member of sth: *a pillar of the local golf club* ▶ **podpora, filar**

■ **'pillar box** noun [C] (Brit.) a tall round red box in a public place into which you can post letters, which are then collected by a postman ➲ Por. **postbox**. ▶ **skrzynka pocztowa**

pillion /ˈpɪliən/ noun [C] a seat for a passenger behind the driver on a motorcycle ▶ **tylne siodełko motocykla**

★**pillow** /ˈpɪləʊ/ noun [C] a large cushion that you put under your head when you are in bed ❶ Poduszka do spania nazywa się **pillow**. Poduszka ozdobna to **cushion**. ➲ Ilustr. do **bed**. ▶ **poduszka**

■ **'pillowcase** (also **'pillowslip**) noun [C] a cover for a pillow ▶ **poszewka**

★**pilot** /ˈpaɪlət/ noun [C] **1** a person who flies an aircraft: *an airline pilot* ▶ **pilot/ka 2** a person with special knowledge of a difficult area of water, who guides ships through it ▶ **pilot/ka**

□ **pilot** adj. (only before a noun) done as an experiment or to test sth: *The pilot scheme will run for six months.* ▶ **próbny, pilotażowy** | **pilot** verb [T] **1** to guide or help sb/sth (through sth) ▶ **pilotować, służyć za przewodnika 2** to act as the pilot of a vehicle ▶ **pilotować 3** to test a new product, idea, etc. with a few people or in a small area before it is introduced everywhere: *The new exam is being piloted in schools in Italy.* ▶ **wprowadzać pilotażowo**

pimp /pɪmp/ noun [C] a man who controls prostitutes, finds customers for them and takes part of the money they earn ▶ **alfons, rajfur**

pimple /ˈpɪmpl/ noun [C] a small red spot on your skin ▶ **pryszcz**

PIN /pɪn/ (also **PIN number**) abbr. personal identification number; a secret number that you use with a special card to get money from a cash machine ▶ **osobisty numer identyfikacyjny**

★**pin¹** /pɪn/ noun [C] **1** a short thin piece of metal with a round head at one end and a sharp point at the other. Pins are used for fastening together pieces of cloth, paper, etc. ➲ Por. **drawing pin** i **safety pin**. ▶ **szpilka 2** a small piece of wood or metal that is used for a particular purpose: *a hairpin* szpilka do włosów ▶ **trzpień, kołek**

□ **'pinpoint** verb [T] **1** to find the exact position of sth: *to pinpoint a place on the map* ▶ **określić dokładną pozycję czegoś 2** to describe or explain exactly what sth is: *to pinpoint the cause of a problem* ▶ **precyzować**

■ **,pins and 'needles** noun [pl.] (informal) the little pains that you get in a part of your body after it has been in one position for too long and when the blood is returning to it: *I've got pins and needles in my hand.* ▶ **mrowienie**

pin² /pɪn/ verb [T] (**pinning**; **pinned**) **pin sth to/on sth**; **pin sth together** to fasten sth with a pin or pins: *to pin a notice on a board* ○ *The dress is just pinned together* (spięta szpilkami). ○ (figurative) *The policeman held him with his arms pinned to his sides* (przyciśniętymi do boków). ○ (figurative) *All our hopes are pinned on him.* Pokładamy w nim całą nadzieję. ▶ **przypinać/spinać (szpilką), przyczepiać**

PHRASAL VERBS **pin sb/sth against/under sth** to keep sb/sth in one position so that it is impossible to move: *He was pinned under the fallen tree.* ○ *to be pinned against a wall* ▶ **przygważdżać/przypierać kogoś do czegoś** | **pin sb down 1** to cause sb to be unable to move ▶ **przygważdżać, przypierać 2** to make sb decide sth or say exactly what they are going to do: *Can you pin her down and find out what time she will be coming?* ▶ **zmuszać** (*np. do podjęcia decyzji*) | **pin sth down** to describe or explain exactly what sth is ▶ **precyzować**

■ **'pin-up** noun [C] (informal) a picture of an attractive person, in a magazine or pinned on a wall ▶ **zdjęcie atrakcyjnej osoby** (*w magazynie lub przyczepione do ściany*)

pinafore /ˈpɪnəfɔː(r)/ noun [C] (Brit.) a loose piece of clothing with no sleeves, worn over your clothes to keep them clean, e.g. when you are cooking or doing dirty jobs ➲ Por. **apron**. ▶ **fartuch**

pincer /ˈpɪnsə(r)/ noun **1** [C] one of the two front claws of some shellfish that are used for catching and eating food ▶ **kleszcze** (*skorupiaka*) **2** (**pincers**) [pl.] a tool that is used for holding things, pulling nails out of wood, etc. ▶ **obcęgi, szczypce**

pinch /pɪntʃ/ verb [T] **1** to squeeze a piece of sb's skin tightly between your thumb and first finger: *I was so bored I had to pinch myself to stay awake.* ▶ **szczypać 2** to hold sth too tight, often causing pain: *I've got a pinched nerve* (przygnieciony nerw) *in my neck.* ▶ **cisnąć, uwierać**

3 (informal) to steal ▶ **gwizdnąć** (*ukraść*)

□ **pinch** noun [C] **1** an act of pinching(1): *She gave him a little pinch on the arm.* ▶ **uszczypnięcie 2** the amount of sth that you can pick up with your thumb and first finger: *a pinch of salt* ▶ **szczypta**

IDIOMS **at a pinch** if necessary but with some difficulty: *We really need three but we could manage with two at a pinch.* ▶ **w razie potrzeby, na siłę** | **take sth with a pinch of salt** to believe that sth is probably not true or completely accurate ▶ **traktować coś z przymrużeniem oka**

□ **pinched** adj. (used about sb's face) thin and pale because of illness, cold, etc. ▶ **ściągnięty, wynędzniały**

pine¹ /paɪn/ noun **1** [C] (also **'pine tree**) a tall tree that has thin sharp leaves called needles and hard brown fruit called pine cones: *a pine forest* ▶ **sosna**

> The pine is an **evergreen**.

2 [U] the wood from pine trees (which is often used for making furniture): *a pine table* ▶ **drewno sosny**

pine² /paɪn/ verb [I] to be very unhappy because sb has died or gone away or because you cannot have sth that you want: *I hope you haven't been pining for me while I've been away.* ▶ **usychać z tęsknoty, wzdychać (za czymś)**

pineapple /'paɪnæpl/ noun [C,U] a large juicy fruit that is yellow inside and has a thick brown skin with sharp points. Pineapples grow in hot countries: *pineapple juice* ▶ **ananas**

ping /pɪŋ/ noun [C] the short high noise that is made by a small bell or by a metal object hitting against sth hard ▶ **brzdęk, brzęk**

□ **ping** verb [I,T] ▶ **brzęczeć; sprawiać, żeby coś zabrzęczało**

ping-pong /'pɪŋpɒŋ/ noun [U] (informal) = TABLE TENNIS

★**pink** /pɪŋk/ adj. pale red in colour: *Baby girls are often dressed in pink clothes.* ▶ **różowy**

□ **pink** noun [U,C] a pink colour: *The bedroom was decorated in pink.* ▶ **kolor różowy** | **pinkish** adj. rather pink ▶ **różowawy**

pinnacle /'pɪnəkl/ noun [C] **1** a pointed stone ornament on the top of a church or castle ▶ **wieżyczka, sterczyna 2** a high rock on a mountain ▶ **szczyt 3** the highest point of sth: *Mary is at the pinnacle of her career.* ▶ **szczyt**

★**pint** /paɪnt/ noun [C] **1** (abbr. **pt**) a measure of liquid; 0·57 of a litre. There are 8 pints in a gallon: *a pint of milk* ▶ **pół kwarty** (*0,568 l; amer.= 0,473 l*) **2** (Brit., informal) a pint of beer: *Let's have a pint at the pub.* ▶ **pół kwarty piwa**

pioneer /ˌpaɪə'nɪə(r)/ noun [C] **1** a person who is one of the first to go and live in a particular area: *the pioneers of the American West* ▶ **pionier/ka 2** a person who is one of the first to go somewhere or do sth: *a pioneer of space exploration.* ▶ **pionier/ka**

□ **pioneer** verb [I,T] to be one of the first people or organizations to go somewhere, do sth or develop sth: *a new technique pioneered by surgeons* ▶ **być nowatorem/pionierem; torować drogę** | **pioneering** adj. (usually before a noun) introducing ideas and methods that have never been used before: *pioneering work on infant mortality* ▶ **pionierski**

pious /'paɪəs/ adj. having or showing a deep belief in and love of religion ▶ **pobożny**

□ **piously** adv. ▶ **pobożnie** ❶ Rzeczownik: **piety**.

pip¹ /pɪp/ noun [C] the small seed of an apple, a lemon, an orange, etc. ▶ **pestka**

pip² /pɪp/ verb (**pipping; pipped**)

IDIOM **pip sb at the post** to defeat sb at the last moment or by a small amount ▶ **wygrywać w ostatniej chwili/o włos**

★**pipe¹** /paɪp/ noun [C] **1** a hollow tube that carries gas or liquid: *a drainpipe* rynna ○ *a gas pipe* ○ *The hot-water pipe has burst.* ▶ **rura, przewód 2** a small tube with a bowl at one end that is used for smoking tobacco: *Does Don smoke a pipe?* ▶ **fajka 3** a simple musical instrument that consists of a tube with holes. You blow into it to play it. ▶ **piszczałka, fujarka 4** (**pipes**) [pl.] = BAGPIPES

■ **'pipeline** noun [C] a line of pipes¹(1) that are used for carrying liquid or gas: *an oil pipeline* ▶ **rurociąg**

IDIOM **in the pipeline** being planned or prepared ▶ **w trakcie przygotowań**

pipe² /paɪp/ verb **1** [T] to carry liquid or gas in pipes(1): *Water is piped to the village.* ○ (figurative) *Many supermarkets have piped music playing* (puszczają muzykę przez głośniki). ▶ **doprowadzać/dostarczać 2** [I,T] to play music on a pipe(3) ▶ **grać na piszczałce itp.**

PHRASAL VERB **pipe up (with sth)** (informal) to suddenly say sth: *Shirin piped up with* (wyskoczył z) *a question.* ▶ **nagle coś powiedzieć**

piper /'paɪpə(r)/ noun [C] a person who plays a pipe(3) or the bagpipes ▶ **osoba grająca na piszczałce lub fujarce, kobziarz**

pirate /'paɪrət/ noun [C] **1** a sailor who attacks and robs ships at sea ▶ **pirat, korsarz 2** a person who copies books, video tapes, computer programs, etc. in order to sell them illegally ▶ **pirat**

□ **piracy** /'paɪrəsi/ noun [U] **1** robbery by pirates ▶ **piractwo, korsarstwo 2** illegal copying of books, video tapes, etc. ▶ **piractwo** | **pirate** verb [T] to copy a book, video tape, etc. in order to sell it ▶ **nielegalnie kopiować**

Pisces /'paɪsi:z/ noun [C,U] the twelfth sign of the zodiac, the Fishes; a person who was born under this sign ▶ **Ryby; osoba spod znaku Ryb**

pistol /'pɪstl/ noun [C] a small gun that you hold in one hand: *She aimed the pistol and fired.* ○ *a water pistol* ➲ Zob. uwaga przy **gun**. ▶ **pistolet**

piston /'pɪstən/ noun [C] a piece of metal in an engine, etc. that fits tightly inside a tube. The piston is moved up and down inside the tube and itself causes other parts of the engine to move. ▶ **tłok**

pit¹ /pɪt/ noun **1** [C] a large hole that is made in the ground: *a gravel pit* ▶ **dół 2** [C] = COAL MINE **3** (**the pits**) [pl.] the place near a racetrack where cars stop for fuel, new tyres, etc. during a race ▶ **punkt obsługi na wyścigach samochodowych**

IDIOM **be the pits** (informal, especially US) to be very bad: *The food in that restaurant is the pits!* ▶ **być okropnym**

pit[2] /pɪt/ verb [T] (**pitting**; **pitted**) to make shallow holes in the surface of sth: *The front of the building was pitted with bullet marks.* ▶ **pokryć dołkami/dziobami**

PHRASAL VERB **pit sb/sth against sb/sth** to test sb/sth against sb/sth else in a fight or competition: *The two best teams were pitted against each other in the final.* ▶ **przeciwstawiać kogoś/coś komuś/czemuś**

pitch[1] /pɪtʃ/ verb **1** [T] to set sth at a particular level: *The talk was pitched at* (odczyt był na poziomie) *people with more experience than me.* ○ *a high-pitched voice* wysoki głos ▶ **ustawiać** (*na jakimś poziomie*) **2** [I,T] (to cause sb/sth) to fall over: *His bike hit a stone and he was pitched forwards over the handlebars.* ▶ **upaść/rzucić** (*głową naprzód*) **3** [I] (used about a ship or an aeroplane) to move up and down or from side to side ▶ **kołysać się 4** [T] to put up a tent or tents: *to pitch camp* ▶ **rozbijać namiot 5** [T,I] to throw sth (often a ball) ▶ **rzucać**

PHRASAL VERB **pitch in** (informal) to join in and work together with other people: *Everybody has to pitch in when we're on holiday.* ▶ **brać się wspólnie do roboty**

pitch[2] /pɪtʃ/ noun **1** [C] a special area of ground where you play certain sports: *a cricket/football/hockey pitch* ○ *on/off the pitch* ▶ **boisko 2** [sing.] the level of sth: *The children's excitement almost reached fever pitch.* ▶ **pułap 3** [U] the degree of highness or lowness of a musical note or a voice ▶ **wysokość 4** [U] the movement of a ship or an aeroplane up or down or from side to side

pitch-black /ˌpɪtʃ 'blæk/ (also ˌ**pitch-'dark**) adj. completely dark; with no light at all ▶ **czarny jak smoła**

pitcher /'pɪtʃə(r)/ noun [C] **1** a large container for holding and pouring liquids ❶ W Br. ang. najczęściej używa się słowa **jug**. ▶ **dzban 2** (in baseball) the player who throws (pitches) the ball to a player from the other team, who tries to hit it ▶ (*w baseballu*) **zawodnik rzucający piłkę**

pitchfork /'pɪtʃfɔːk/ noun [C] a fork with a long handle and two sharp metal points, that is often used on a farm for lifting and moving cut grass, etc. ▶ **widły**

piteous /'pɪtiəs/ adj. (formal) that makes you feel pity or sadness ▶ **żałosny**
□ **piteously** adv. ▶ **żałośnie**

pitfall /'pɪtfɔːl/ noun [C] an unexpected danger; a mistake that you might easily make ▶ **pułapka**

pith /pɪθ/ noun [U] the white substance inside the skin of an orange, etc. ▶ **biała część skórki niektórych owoców**

pithy /'pɪθi/ adj. expressed in a clear, direct way: *a pithy comment* ▶ **zwięzły, treściwy**

pitiful /'pɪtɪfl/ adj. causing you to feel pity or sadness: *the pitiful groans of the wounded soldiers* ➲ Por. **pathetic**. ▶ **żałosny**
□ **pitifully** /-fəli/ adv.: *The children were pitifully thin.* ▶ **żałośnie**

pitiless /'pɪtiləs/ adj. having or showing no pity for other people's suffering ▶ **bezlitosny, niemiłosierny**
□ **pitilessly** adv. ▶ **bezlitośnie, niemiłosiernie**

★**pity** /'pɪti/ noun **1** [U] a feeling of sadness that you have for sb/sth that is suffering or in trouble: *We took the stray dog home with us out of pity.* ○ *He showed no pity at the way they had been treated.* ○ *to feel pity for sb* ▶ **litość, współczucie 2** [sing.] something that makes you feel a little sad or disappointed: *What a pity she's not here!* ○ *Isn't it a pity that Jane couldn't come after all?* ○ *It would be a pity not to use the car now that we've got it.* ▶ **szkoda (że)**

IDIOM **take pity on sb** to help sb who is suffering or in trouble because you feel sorry for them ▶ **pomagać komuś z litości**
□ **pity** verb [T] (pres. part. **pitying**; 3rd pers. sing. pres. **pities**; pt, pp **pitied**) to feel pity or sadness for sb who is suffering or in trouble: *It is not enough to pity these people – we must try to help them.* ○ *I pity the person who has to clean his room!* ▶ **współczuć** | **pitying** adj. showing pity: *a pitying look* ▶ **litościwy, współczujący**

pivot /'pɪvət/ noun [C] the central point on which sth balances or turns ▶ **trzpień, oś**
□ **pivot** verb [I] to balance or turn on a central point ▶ **obracać się** (*wokół osi/dookoła czegoś*)

pixie (also **pixy**) /'pɪksi/ noun [C] (pl. **pixies**) (in children's stories) a small person (a kind of fairy) who has magic powers ▶ **chochlik**

pizza /'piːtsə/ noun [C,U] a round flat piece of dough (like bread) that is covered with tomatoes, cheese, onions, etc. and cooked in an oven ▶ **pizza**

pl. abbr. plural ▶ **lm**

placard /'plækɑːd/ noun [C] a large notice that is fixed onto a wall or carried (in a demonstration, etc.) ▶ **afisz, plakat**

placate /plə'keɪt; US 'pleɪkeɪt/ verb [T] to make sb feel less angry: *He tried to placate her with a box of chocolates.* ▶ **łagodzić/udobruchać**

★**place**[1] /pleɪs/ noun [C] **1** a particular position or area: *No one can be in two places at once.* ○ *This is a good place for a picnic.* ○ *The wall was damaged in several places.* ○ *to mark your place in a book* ○ *Is that lamp in the right place?* ▶ **miejsce 2** a building, village, town, country, etc.: *What is your place of birth?* ○ *a popular meeting place for young people* ▶ **miejsce 3** a seat or position for sb/sth: *They went into the classroom and sat down in their places.* ○ *to save sb a place in the queue* ○ *to lay six places for dinner* nakryć stół na sześć osób ▶ **miejsce, krzesło**

> **Place** to miejsce lub pozycja, w jakiej ktoś/coś ma się znaleźć: *If you arrive first, can you keep a place for me?* O miejscu do parkowania samochodu mówi się też **space**. Mówiąc o jakiejś ogólnej przestrzeni używa się słowa **space** lub **room**: *This piano takes up a lot of space/room.* ○ *There is enough space/room for three in the back of the car.*

4 your rank or position in society; your role: *I feel it is not my place* (nie na miejscu) *to criticize my boss.* ▶ **pozycja** **5** an opportunity to study at a college, play for a team, etc.: *Douglas has got a place to study law at Hull.* ○ *Lucy is now sure of a place in the team.* ▶ **miejsce** **6** the usual or proper position or occasion for sth: *Everything had been put away in its place.* ○ *The funeral was not the place to discuss business.* ▶ **miejsce**, **sposobność** **7** the position of a number after the decimal point: *Your answer should be correct to three decimal places.* ▶ **miejsce** **8** the position that you have at the end of a race, competition, etc.: *to finish in second place.* ▶ **miejsce** **9** (informal) the house, etc. where you live: *Why not stay the night at our place* (u nas)*?* ▶ **mieszkanie**, **dom**

IDIOMS **all over the place** everywhere ▶ **wszędzie** | **change/swap places (with sb)** to take sb's seat, position, etc. and let them have yours: *Let's change places so that you can look out of the window.* ▶ **zamieniać się miejscami** | **fall/slot into place** (used about sth that is complicated or difficult to understand) to become organized or clear in your mind: *After two hours, it all fell into place.* ▶ **ułożyć się** (*w głowie*), **wyjaśnić się** | **in place 1** in the correct or usual position: *Use tape to hold the picture in place.* ▶ **na (swoim) miejscu** **2** (used about plans or preparations) finished and ready to be used: *All the preparations are now in place.* ▶ **gotowy** | **in the first, second, etc. place** (used when you are explaining or giving reasons for sth) firstly, secondly, etc. ▶ **po pierwsze/drugie itp.** | **in my, your, etc. place/shoes** in my, your, etc. situation or position: *If I were in your place I would wait a year before getting married.* ▶ **na moim/twoim itp. miejscu** | **in place of sb/sth**; **in sb's/sth's place** instead of sb/sth: *The professor sent one of her colleagues in her place.* ▶ **na czyjeś miejsce**, **zamiast** | **put sb in their place** to show that sb is not as clever, important, etc. as they believe: *It really put her in her place when she failed to qualify for the race.* ▶ **pokazać komuś, gdzie jest jego miejsce** | **put yourself in sb else's/sb's place** to imagine that you are sb else: *Put yourself in Steve's place and you will realize how worried he must be.* ▶ **postawić się na czyimś miejscu** | **out of place 1** not in the correct or usual place ▶ **nie na miejscu**, **niestosowny** **2** not suitable for a particular situation: *I felt very out of place among all those clever people.* ▶ **nie na (swoim) miejscu** | **take place** to happen: *The ceremony took place in glorious sunshine.* ➲ Zob. uwaga przy **happen**. ▶ **odbywać się** | **take sb's/sth's place**; **take the place of sb/sth** to replace sb/sth: *She couldn't attend the meeting so her assistant took her place.* ▶ **zastępować**, **zajmować czyjeś miejsce**

■ **'place name** noun [C] the name of a city, town, hill, etc. ▶ **nazwa**

★**place²** /pleɪs/ verb [T] **1** to put sth in a particular position or in its usual or proper position: *I placed the cup on the table.* ○ *The chairs had all been placed in neat rows.* ○ *to place an advertisement in a newspaper* ○ (figurative) *We placed our trust in you and you failed us.* ○ (figurative) *The blame for the disaster was placed firmly on the company.* Całą winą za to nieszczęście obarczono firmę. ▶ **umieszczać**; **pokładać** (*np. zaufanie*) **2** to put sb in a particular position or situation: *His behaviour placed me in a difficult situation.* ○ *to place sb in charge* powierzać komuś kierownictwo ○ *Jane was placed third.* ▶ **stawiać**, **umieszczać** **3** to remember who sb is or where you have seen them before ▶ **rozpoznawać**, **określać** **4** to give an order for sth to a person or company: *We placed an order for 150 T-shirts.* ▶ **składać** (*zamówienie*)

placid /ˈplæsɪd/ adj. calm or not easily excited ▶ **łagodny**, **spokojny**

□ **placidly** adv. ▶ **spokojnie**

plagiarism /ˈpleɪdʒərɪzəm/ noun [U, C] the act of copying another person's ideas, words or work and pretending they are your own; sth that has been copied in this way ▶ **plagiatorstwo**; **plagiat**

□ **plagiarize** (also **-ise**) /ˈpleɪdʒəraɪz/ verb [T, I] ▶ **dokonywać plagiatu**

plague /pleɪg/ noun **1** [C,U] a disease that spreads quickly and kills many people ▶ **zaraza**, **dżuma** **2** (**the plague**) [U] an infectious disease spread by rats that causes swellings on the body, a very high temperature and often results in death ▶ **dżuma** **3** [C] a large number of unpleasant animals or insects that come into an area at one time: *a plague of ants* ▶ **plaga**

□ **plague** verb [T] to cause sb/sth trouble or discomfort: *The project was plagued by a series of disasters.* ▶ **sprowadzać na kogoś nieszczęście**, **dotykać plagą**

plaice /pleɪs/ noun [C,U] (pl. **plaice**) a type of flat sea fish, eaten as food ▶ **płastuga**

★**plain¹** /pleɪn/ adj. **1** (only before a noun) all one colour; without a pattern, etc.: *Shall we have a plain or patterned carpet?* ▶ (*o tkaninie*) **gładki**, **jednolity** (*w kolorze*) **2** simple in style: *The rooms are quite plain, but very comfortable.* ○ *plain English cooking* ▶ **zwykły**, **prosty** **3** easy to see, hear or understand; clear: *It was plain that he didn't want to talk about it.* ○ *She made it plain that she didn't want to see me again.* ○ *His instructions were very plain.* ▶ **jasny**, **zrozumiały** **4** (used about people, thoughts, actions, etc.) saying what you think; direct and honest: *I'll be plain with you. I don't like the idea.* ▶ **szczery**, **bezpośredni** **5** (used especially about a woman or girl) not beautiful ▶ **nieurodziwy**, **nieładny**

□ **plain** adv. (especially US) completely: *That is plain wrong.* ▶ **zupełnie** | **plainly** adv. **1** clearly: *Smoke was plainly visible nearly twenty miles away.* ▶ **wyraźnie**, **dokładnie** **2** using simple words to say sth in a direct and honest way: *She told him plainly that he was not doing his job properly.* ▶ **otwarcie**, **szczerze** **3** in a simple way, without decoration: *plainly dressed* ▶ **prosto**, **zwyczajnie**

■ **ˌplain ˈchocolate** noun [U] (Brit.) dark brown chocolate with a slightly bitter taste, made without milk being added ▶ **czekolada zwykła** |

ˌ**plain 'clothes** noun [pl.] (used in connection with the police) ordinary clothes; not uniform: *detectives in plain clothes* (ubrani po cywilnemu). ○ *a plain-clothes detective* ▶ **cywilne ubranie** | ˌ**plain 'flour** noun [U] flour that does not contain baking powder (a powder which makes cakes, etc. rise) ➲ Por. **self-raising.** ▶ **mąka bez dodatku proszku do pieczenia**

plain² /pleɪn/ noun [C] a large area of flat land with few trees: *the great plains of the American Midwest* ▶ **równina**

plain³ /pleɪn/ noun [C] a simple stitch used in knitting ▶ **zwykły ścieg**

plaintiff /'pleɪntɪf/ noun [C] (formal) a person who starts a legal action against sb in a court of law ➲ Por. **defendant.** ▶ **powód/ka**

plaintive /'pleɪntɪv/ adj. sounding sad ▶ **żałosny, płaczliwy**

□ **plaintively** adv. ▶ **żałośnie, płaczliwie**

plait /plæt/ (US **braid**) verb [T] to twist three or more long thin pieces of hair, rope, etc. over and under each other to make one thick piece ▶ **zaplatać, splatać**

□ **plait** noun [C] a long piece of hair, rope, etc. that has been plaited: *to wear your hair in a plait/in plaits* ➲ Ilustr. do **hair**. Por. **pigtail**. ▶ **warkocz, plecionka**

★**plan** /plæn/ noun [C] **1** an idea or arrangement for doing or achieving sth in the future: *Have you got any plans for the weekend?* ○ *to make holiday plans* ○ *The firm has no plans to employ more people.* ○ *The best plan is to ask him to meet us on Monday.* ▶ **plan, sposób 2** a list, drawing or diagram that shows how sth is to be organized: *Make a plan before you start writing.* ▶ **plan 3** a map showing how a particular place is arranged: *a street plan of Berlin* ▶ **plan, mapa 4** a drawing that shows a building, part of a building, machine, road, etc. as seen from different positions: *to draw up plans for an extension* ▶ **plan, projekt**

IDIOM **go according to plan** to happen as planned ▶ **iść zgodnie z planem**

□ **plan** verb (pla<u>nn</u>ing; pla<u>nn</u>ed) **1** [I,T] to decide, organize or prepare for sth: *to plan for the future* ○ *You need to plan your work more carefully.* ▶ **planować 2** [I,T] **plan (on sth)** to intend doing sth: *I'm planning on having a holiday in July.* ○ *We're planning to arrive at about 4 o'clock.* ▶ **zamierzać, zamyślać 3** [T] to make a plan of or for sth; to design sth: *You need an expert to help you plan the garden.* ▶ **planować, projektować** | **planning** noun [U] making plans or arrangements: *The project requires careful planning.* ○ *Family planning* (planowanie rodziny) *enables people to control the number of children they have.* ▶ **planowanie**

★**plane¹** /pleɪn/ noun [C] = AEROPLANE: *We boarded the plane in Geneva.* ○ *a plane ticket* ○ *Has her plane landed yet?* ○ *a LOT plane* ○ *a plane crash* katastrofa lotnicza ▶ **samolot**

plane² /pleɪn/ noun [C] a flat surface ▶ **płaszczyzna**

plane³ /pleɪn/ noun [C] a tool used for making the surface of wood smooth by taking very thin pieces off it ➲ Ilustr. do **tool**. ▶ **hebel**

□ **plane** verb [T] ▶ **heblować**

★**planet** /'plænɪt/ noun **1** [C] a large body in space (like a star) that moves around the sun or another star ▶ **planeta 2** (**the planet**) [sing.] the world we live in; the Earth, especially when talking about the environment ▶ **ziemia**

□ **planetarium** /ˌplænɪ'teəriəm/ noun [C] (pl. **planetariums** or **planetaria** /-iə/) a building that contains an apparatus for showing the positions and movements of the planets and stars ▶ **planetarium**

plank /plæŋk/ noun [C] a long flat piece of wood (that is used for making floors, etc.) ▶ **deska**

planner /'plænə(r)/ noun [C] **1** (also ˌ**town 'planner**) a person whose job is to plan the growth and development of a town ▶ **urbanista 2** a person who makes plans for a particular area of activity: *curriculum/economic/media planners* ▶ **planista 3** a book, computer program, etc. that contains dates and is used for recording information, arranging meetings, etc.: *a year planner* ▶ **terminarz, organizator**

★**plant¹** /plɑːnt; US plænt/ noun [C] **1** a living thing that grows in earth and has a stem, leaves and roots: *a tomato plant* krzak pomidora ○ *a house plant* ○ *to water the plants* ▶ **roślina 2** a building where an industrial process takes place; a large factory ▶ **zakład przemysłowy**

★**plant²** /plɑːnt; US plænt/ verb [T] **1** to put plants, seeds, etc. in the ground to grow: *Bulbs should be planted in the autumn.* ▶ **sadzić**; **siać 2 plant sth (with sth)** to cover or supply a garden, area of land, etc. with plants : *The field's been planted with wheat this year.* ▶ **obsadzać/obsiewać coś** (*roślinami*) **3** to put sb/sth firmly in a certain position: *He planted himself in the best seat.* ▶ **usadawiać 4 plant sth (on sb)** to hide sth somewhere for a secret and usually criminal purpose (sometimes in order to make sb seem guilty of a crime): *to plant a bomb* ○ *to plant drugs on sb* ▶ **podkładać** (*np. bombę*)

plantation /plɑːn'teɪʃn; US plæn-/ noun [C] **1** a large area of land, especially in a tropical country, where tea, cotton, tobacco, etc. are grown ▶ **plantacja 2** an area of land planted with trees: *plantations of fir and pine* ▶ **plantacja leśna**

plaque¹ /plɑːk; US plæk/ noun [C] a flat piece of stone or metal that is fixed on a wall as a way of remembering a famous person or past event: *a memorial plaque* ▶ **płyta pamiątkowa**

plaque² /plɑːk; US plæk/ noun [U] a harmful substance that forms on teeth ▶ **kamień nazębny**

plaster /'plɑːstə(r); US 'plæs-/ noun **1** [U] a soft mixture of sand, water, etc. that becomes hard when it is dry. Plaster is put on walls and ceilings to form a smooth surface. ▶ **gips, tynk 2** (US '**Band-Aid**™) [C] a small piece of sticky material that is used to cover a cut, etc. on the body: *a waterproof plaster* ❶ W tym znaczeniu używa się też słowa **sticking plaster**. ▶ **plaster 3** [U] a white substance that becomes hard when dry and is used for putting round broken bones, etc. until they mend: *His leg was in plaster* ▶ **gips**

□ **plaster** verb [T] **1** to cover a wall, etc. with plaster(1) ▶ **gipsować, tynkować 2** to cover sth thickly with sth; to put things onto a surface: *The car was plastered with mud.* ○ *She had plastered her room with posters.* ▶ **oblepiać, pokrywać coś (grubą) warstwą**

★**plastic** /ˈplæstɪk/ noun [C,U] a light, artificial material which does not break easily and is used for making many different sorts of objects: *to be made of plastic* ○ *plastics and other synthetic materials* ▶ **plastyk**

□ **plastic** adj. (used about goods) made of plastic: *plastic cups and spoons* ○ *a plastic bag* ▶ **plastykowy, ze sztucznego tworzywa**

■ ˌ**plastic ˈsurgery** noun [U] doing a surgical operation to repair or replace damaged skin or to improve the appearance of a person's face or body: *to have plastic surgery* ▶ **operacja plastyczna; chirurgia plastyczna**

★**plate** /pleɪt/ noun **1** [C] a flat, usually round, dish for eating or serving food from: *a china/paper plate* ○ *a plate of food* ▶ **talerz**

> You eat your main course from a **dinner plate**. You may put bread, etc. on a **side plate**. You usually eat cereal or a pudding from a **bowl**.

2 [C] a thin flat piece of metal or glass ▶ **płyta 3** [C] a flat piece of metal with sth written on it: *I couldn't read the car's number plate.* ▶ **tablica 4** [U] metal that has a thin covering of gold or silver: *gold plate* ▶ **płyta** (*powlekana złotem/srebrem*) **5** [C] a picture or photograph in a book that takes up a whole page: *colour plates* ▶ **plansza 6** [C] a piece of plastic with false teeth fixed to it that fits inside a person's mouth ▶ **sztuczna szczęka**

□ **plateful** /-fʊl/ noun [C] the amount of food that a plate(1) can hold ▶ **pełny talerz (czegoś)**

plateau /ˈplætəʊ; US plæˈtəʊ/ noun [C] (pl. **plateaus** or **plateaux** /-təʊz/) **1** a large area of high, flat land ▶ **płaskowyż 2** a state where there is little development or change: *House prices seem to have reached a plateau.* ▶ **zastój**

★**platform** /ˈplætfɔːm/ noun [C] **1** a raised floor in a public place, where people stand to make speeches or to perform ▶ **podium, estrada 2** a flat raised surface, especially the area beside the track at a railway station where passengers get on and off trains: *Which platform does the train to York leave from?* ▶ **peron 3** the ideas and aims of a political party, especially as expressed before an election ▶ **platforma (wyborcza) 4** [usually pl.] a shoe with a very thick sole: *platform shoes* buty na platformach ▶ **rodzaj buta**

platinum /ˈplætɪnəm/ noun [U] a valuable greyish-white metal that is often used for making jewellery: *a platinum ring* ▶ **platyna**

platonic /pləˈtɒnɪk/ adj. (used about a relationship between two people) not sexual ▶ **platoniczny**

platoon /pləˈtuːn/ noun [C] a small group of soldiers ▶ **pluton**

platypus /ˈplætɪpəs/ noun [C] an Australian animal that is covered in fur and has a beak like a duck, webbed feet (= with skin between the toes) and a flat tail. Platypuses lay eggs but give milk to their young. ▶ **dziobak**

plausible /ˈplɔːzəbl/ adj. sounding as if it is true; reasonable: *a plausible excuse* ❶ Antonim: **implausible**. ▶ **mający pozory prawdopodobieństwa, możliwy do przyjęcia**

★**play**[1] /pleɪ/ verb **1** [I] to do sth to enjoy yourself; to have fun: *Jane's found a new friend to play with.* ▶ **bawić się 2** [I,T] to take part in a sport, game or match: *to play chess/football* ○ *Who's playing in the World Cup?* ▶ **grać (w coś) 3** [I,T] **play (sth) (with/against sb)**; **play sb (at sth)** to compete against sb in a game or sport: *She played him at cards* (grała z nim w karty) *and won!* ▶ **grać (z kimś/przeciwko komuś) 4** [T] **play sth (on sb)** to do sth which may surprise or annoy sb for your own amusement: *School children often play tricks on their teachers.* ▶ **płatać (komuś) psikusa 5** [I,T] to make music with a musical instrument: *My son plays the piano well.* ○ *She played a few notes on the violin.* ○ *Play that piece of music again.* ➲ Zob. uwaga przy **piano**. ▶ **grać 6** [T] to turn on a record, tape, etc. so that it produces sound: *Shall I play the tape again?* ▶ **puszczać 7** [I] (formal) to move quickly and lightly: *A smile played on her lips.* ▶ (*o uśmiechu*) **błąkać się** ❶ **Play** występuje w innych idiomach, np. **play it by ear**. ➲ Zob. hasła odpowiednich rzeczowników, przymiotników itp.

PHRASAL VERBS **play at sth/being sth** to do sth with little interest or effort: *He's only playing at studying.* ○ *Whatever is that driver playing at?* Co ten kierowca kombinuje? ▶ **robić sobie zabawę (z czegoś), robić coś od niechcenia** | **play sth back (to sb)** to turn on a tape or a film after recording the material on it: *We played the video back to the police.* ▶ **puszczać, odtwarzać** | **play sth down** to make sth seem less important than it really is: *to play down a crisis* ▶ **minimalizować** | **play A off against B** to make people compete or argue with each other, especially for your own advantage: *She enjoys playing one boyfriend off against the other.* ▶ **wygrywać kogoś przeciw komuś** | **play on sth** to use and take advantage of sb's fears or weaknesses: *The advert plays on people's fears of illness.* ▶ **grać** (*na czyichś uczuciach itp.*) | **play (sb) up** to cause sb trouble or pain: *The car always plays up in wet weather.* ▶ **dawać się we znaki**

■ **playgroup** (also ˈ**playschool**) noun [C] (Brit.) = NURSERY SCHOOL | ˈ**playhouse** noun [C] a model of a house for children to play in ➲ Zob. też **playhouse** przy **play**[3]. ▶ **domek dla dzieci** | ˈ**play-off** noun [C] a match between two teams or players who have equal scores, to decide the winner ▶ **dogrywka** (*w grze*)

★**play**[2] /pleɪ/ noun [U] **1** activity done for enjoyment only, especially by children: *Everybody needs a balance of work and play.* ▶ **zabawa, rozrywka 2** the playing of a game or sport; the way it is played: *Bad weather stopped play.* ○ *rough play* ❶ Mówi się **play tennis/football** itp., lecz nie można powiedzieć ~~*a play of tennis, football, etc*~~. W takim wypadku używa się zwrotu **a game of tennis/football** itp. ➲ Por. **match**². ▶ **gra**

IDIOM fair play → FAIR¹

■ **'playboy** noun [C] a rich man who spends his time enjoying himself and spending money ▶ **playboy** | **'playground** noun [C] a public area of land where children can play: *the school playground* ▶ **plac zabaw, boisko** | **'plaything** noun [C] (formal) a toy ▶ **zabawka** | **'playtime** noun [C,U] a period of time when children at school can go outside to play ▶ **przerwa** (*w szkole*)

⋆**play**³ /pleɪ/ noun [C] a story which is written to be performed by actors in the theatre, on television or radio: *Would you like to see/go to a play in London?* ○ *a radio play* ○ *The children always put on a school play* (wystawiają jakąś sztukę) *at Christmas.* ○ *the opening night of the play* ▶ **sztuka**

> Actors and actresses **rehearse** a play. A theatre company, drama group, etc. **produces** a play. A play is usually acted on a **stage**.

□ **play** verb [I,T] to act a part in a play: *to play Romeo.* ❶ Zwrot **play a part/role** itp. stosuje się często w przenośni: *to play an active part in sth* ○ *John played a key role in organizing the protest.* ▶ **grać, odgrywać** (*rolę*)

■ **'playhouse** noun [sing.] (used in the name of some theatres): *the Liverpool Playhouse* ➲ Zob. też **playhouse** przy **play**¹. ▶ **teatr** | **playwright** /'pleɪraɪt/ noun [C] a person who writes plays ▶ **dramaturg**

⋆**player** /'pleɪə(r)/ noun [C] **1** a person who plays a game: *a game for four players* ○ *She's an excellent tennis player.* ▶ **gracz, zawodni-k/czka 2** a person who plays a musical instrument: *a piano player* pianista ▶ **muzy-k/czka 3** (old-fashioned) an actor ▶ **aktor/ka**

playful /'pleɪfl/ adj. **1** done or said in fun; not serious: *a playful remark* ▶ **żartobliwy, wesoły 2** full of fun; lively: *a playful puppy* ▶ **figlarny**

playing card /'pleɪɪŋ kɑːd/ noun [C] = CARD(4)

playing field /'pleɪɪŋ fiːld/ noun [C] a large field used for sports such as cricket and football ▶ **boisko**

IDIOM a level playing field → LEVEL¹

plc (also **PLC**) /ˌpiː el 'siː/ abbr. (Brit.) Public Limited Company ▶ **firma notowana na giełdzie papierów wartościowych**

plea /pliː/ noun [C] **1** a strong request; an appeal: *a last plea for mercy* ▶ **usilna prośba 2** a statement made by sb in a court of law in which they claim to be guilty or not guilty of a certain crime: *a plea of guilty/not guilty* ▶ **w procesie sądowym formalne przyznanie/nie przyznanie się do winy**

plead /pliːd/ verb (pt, pp **pleaded**; US **pled** /pled/) **1** [I] **plead (with sb) (for sth)** to ask sb for sth in a very strong and serious way: *She pleaded with him not to go.* ○ *The hostages' families pleaded for their release.* ▶ **błagać 2** [T] to give sth as an excuse or explanation for sth: *He pleaded family problems as the reason for his lack of concentration.* ▶ **przytaczać coś na usprawiedliwienie 3** [T] (formal) (used especially about a lawyer) to present a case to a court of law: *He needs a good lawyer to plead (his case) for him.* ▶ **prowadzić czyjąś sprawę 4** [T] (formal) (used about sb accused of a crime in a court of law) to say that you are guilty or not guilty: *The defendant pleaded not guilty to the charge.* ▶ **formalnie (nie) przyznawać się do winy**

⋆**pleasant** /'pleznt/ adj. nice, enjoyable or friendly: *a pleasant evening/climate* ○ *a pleasant voice/smile* ❶ Antonim: **unpleasant**. ▶ **przyjemny, miły**

□ **pleasantly** adv. ▶ **przyjemnie**

⋆**please** /pliːz/ verb **1** [I,T] to make sb happy; to satisfy: *He was a bit too eager to please.* ○ *I'll wear it to please my mother.* ▶ **zadowalać, sprawiać przyjemność 2** [I] (not used as the main verb in a sentence; used after words like *as, what, whatever, anything*, etc.) to want; to choose: *You can do exactly as you please.* ○ *She can buy anything she pleases.* ▶ **chcieć**

IDIOM please yourself to be able to do whatever you want: *Now I can please myself what I eat.* ▶ **robić, co się chce**

□ **please** interj. (used as a polite way of making a request, an inquiry or giving an order): *Come in, please.* ○ *Can you help me, please?* ○ *Please don't spend too much money.* ○ *Two cups of coffee, please.* ▶ **proszę**

> Zwróć uwagę, że w odpowiedzi na **thank you** nie używa się **please**. Można wówczas nie odpowiedzieć nic. Można też (zwłaszcza gdy wyświadczyłeś komuś przysługę) użyć jednego z następujących zwrotów: **that's all right/OK, it's/it was a pleasure, my pleasure, don't mention it**, (*zwłaszcza w Amer. ang.*) **you're welcome** lub (*formalnie*) **not at all**. Podając coś komuś, zapraszając kogoś do stołu lub częstując kogoś, również nie używa się **please**. Przy podawaniu można powiedzieć **Here/There you are**, ale nie jest to konieczne.

IDIOM yes, please (used when you are accepting sth politely): *'Sugar?' 'Yes, please.'* ▶ **tak, proszę**

pleased adj. (not before a noun) **pleased (with sb/sth); pleased to do sth** happy or satisfied: *He's pleased with his new car.* ○ *My parents aren't at all pleased with me.* ○ *We were very pleased to hear your news.* ○ *I'm pleased that you've decided to stay.* ○ *Pleased to meet you.* Miło cię/pana/panią/państwa poznać. ➲ Zob. uwaga przy **glad**. ❶ Antonim: **displeased**. ▶ **zadowolony, ucieszony** | **pleasing** adj. giving pleasure: *The results are very pleasing, I must say.* ❶ Antonim: **displeasing**. ▶ **przyjemny, zadowalający**

⋆**pleasure** /'pleʒə(r)/ noun **1** [U] the feeling of being happy or satisfied: *Parents get a lot of pleasure out of watching their children grow up.* ○ *He looked at his work with obvious pleasure.* ○ *It gives me great pleasure to introduce…* ▶ **przyjemność; zadowolenie 2** [U] enjoyment (rather than work): *Are you in Paris on business, or is it for pleasure?* ▶ **przyjemność 3** [C] an event or activity, that you enjoy or that makes you happy: *It's been a pleasure to work with you.* ○ *'Thanks for your help.' 'It's a pleasure.'* ▶ **przyjemność**

IDIOMS **take (no) pleasure in sth/doing sth** to enjoy/not enjoy (doing) sth ▶ **(nie) znajdować przyjemnoś-ć/ci w czymś** | **with pleasure** (used as a polite way of saying that you are happy to accept or agree to sth): *'Could you give me a lift into town?' 'Yes, with pleasure.'* ▶ **z przyjemnością**

□ **pleasurable** /ˈpleʒərəbl/ adj. (formal) enjoyable ▶ **przyjemny**

pleat /pliːt/ noun [C] a fold that is sewn or pressed into a piece of cloth: *a skirt with pleats at the front* ➲ Ilustr. do **fold**. ▶ **plisa**

□ **pleat** verb [T]: *a pleated skirt* ▶ **plisować**

pled (US) pt, pp of PLEAD

pledge /pledʒ/ noun [C] a promise or agreement: *to make a pledge to do sth* ▶ **zobowiązanie, przyrzeczenie**

□ **pledge** verb [T] **pledge (sth) (to sb/sth)** to promise to give or do sth: *They pledged their support to us.* ○ *The Government has pledged £250 000 to help the victims.* ○ *The management pledged that an agreement would be reached.* ▶ **zobowiązywać się, ręczyć**

plentiful /ˈplentɪfl/ adj. available in large amounts or numbers: *Fruit is plentiful at this time of year.* ❶ Antonim: **scarce**. ▶ **obfity; liczny**

★**plenty** /ˈplenti/ pron. as much or as many as you need; a lot: *'Shall I get some more coffee?' 'No, we've still got plenty.'* ○ *There's still plenty of time to get there.* ○ *Have you brought plenty to drink?* ▶ **pod dostatkiem, dużo**

□ **plenty** adv. **1** (before *more*) a lot: *There's plenty more ice cream.* ▶ **pod dostatkiem, dużo** **2** (with *big, long, tall*, etc. followed by *enough*): *'This shirt's too small.' 'Well, it looks plenty big enough to me.'* ▶ **wystarczająco** (*np. duży*)

pliable /ˈplaɪəbl/ (also **pliant** /ˈplaɪənt/) adj. **1** easy to bend or shape: *Plastic is more pliable than wood.* ▶ **giętki** **2** (used about a person or a person's mind) easy to influence ▶ **podatny**

pliers /ˈplaɪəz/ noun [pl.] a tool that is used for holding things tightly, pulling nails out of wood, cutting wire, etc.: *a pair of pliers* ➲ Ilustr. do **tool**. ▶ **obcęgi, szczypce**

plight /plaɪt/ noun [sing.] (formal) a bad or difficult state or situation: *to be in an awful plight* ▶ **trudne położenie, ciężki stan**

plimsoll /ˈplɪmsəl/ noun [C] (US **sneaker**) a light shoe made of canvas that is especially used for sports, etc.: *a pair of plimsolls* ➲ Por. **trainer**. ▶ **tenisówka**

plod /plɒd/ verb [I] (**plodding**; **plodded**) **plod (along/on)** **1** to walk slowly and in a heavy or tired way: *We plodded on through the rain.* ▶ **wlec się, ciężko stąpać** **2** to do sth or to work slowly and with difficulty: *I just plod on with the work day after day.* ▶ **mozolić się**

plonk¹ /plɒŋk/ noun [sing.] (informal) a sound of sth dropping heavily: *The tin fell onto the floor with a plonk.* ▶ **bęc**

□ **plonk** adv.: *The lamp fell plonk onto the floor.* ▶ **z ciężkim odgłosem** | **plonk** verb (informal) **1** [T] **plonk sth (down)** to put sth down or to drop sth heavily: *He plonked his bag down on my foot.* ▶ **stawiać/upuszczać coś ciężkiego, rzucać coś niedbale** **2 plonk (yourself) (down)** to sit down heavily and carelessly: *He just plonked himself down in front of the TV.* ▶ **uwalić się** (*np. na kanapie*)

plonk² /plɒŋk/ noun [U] (informal, Brit.) cheap wine: *Let's open a bottle of plonk!* ▶ **sikacz, bełt**

plop /plɒp/ noun [usually sing.] a sound like that of a smooth object dropping into water: *With a tiny plop the ring disappeared into the water.* ▶ **plusk**

□ **plop** verb [I] (**plopping**; **plopped**) to fall with a plop: *The fish plopped back into the water.* ▶ **plusnąć**

★**plot¹** /plɒt/ noun [C] **1 a plot (to do sth)** a secret plan made by several people, to do sth that is wrong: *a plot to kill the king* ▶ **spisek** **2** the events in a story, film, etc. and how they develop: *I can't follow the plot of this novel.* ▶ **wątek, akcja**

□ **plot** verb (**plotting**; **plotted**) **1** [I,T] to make a secret plan to do sth: *to plot against the government.* ○ *to plot a terrorist campaign* ▶ **spiskować** **2** [T] to mark sth on a map, diagram, etc.: *to plot the figures on a graph* ▶ **nanosić**

plot² /plɒt/ noun [C] a small piece of land, used for a special purpose: *a vegetable plot* ○ *a plot of land* ▶ **działka**

plough (US **plow**) /plaʊ/ noun [C] a large tool which is used on a farm and is pulled by a tractor or by an animal. A plough turns the soil over and is used especially before seeds are planted: *a snowplough* ▶ **pług, socha**

□ **plough** (US **plow**) verb [I,T] to break up and turn over the soil, with a plough: *to plough the fields* ○ (figurative) *I ploughed through his boring novel* (przebrnąć). ▶ **orać**

ploy /plɔɪ/ noun [C] something that you say or do in order to get what you want or to persuade sb to do sth: *He realized that her kindness had been a ploy to get him to stay.* ▶ **sztuczka** (*w celu osiągnięcia czegoś*), **fortel**

pluck /plʌk/ verb **1** [T] to pull sth in order to pick or remove it: *He plucked the letter from my hands.* ○ *to pluck your eyebrows* ▶ **wyrywać, skubać** **2** [I] **pluck (at sth)** to pull sth, often in order to get attention: *The little girl plucked at her mother's skirt.* ▶ **szarpać (za coś)** **3** [T] to pull the feathers out of a chicken, etc. in order to prepare it for cooking ▶ **skubać** (*drób*) **4** [T] to pull the strings of a musical instrument and let them go again, in order to make music ▶ **szarpać** (*struny*)

IDIOM **pluck up courage** to try to be brave enough to do sth ▶ **zbierać się na odwagę**

□ **pluck** noun [U] (informal) courage ▶ **odwaga, śmiałość** | **plucky** adj. (**pluckier**; **pluckiest**) (informal) brave ▶ **odważny, śmiały**

plug /plʌg/ noun [C] **1** a plastic or rubber object with two or three metal pins, which connects the wire on a piece of electrical equipment to a socket ▶ **wtyczka** **2** (informal) = SOCKET ▶ **gniazdko elektryczne, kontakt elektrycz-**

ny **3** a piece of rubber, metal or plastic that fits tightly into a hole (e.g. in a bath, basin, etc.) ▶ **zatyczka, korek 4** a favourable reference to a book, record, etc. made in public in order to make people buy the thing mentioned ▶ **publiczna promocja czegoś**

□ **plug** verb [T] (**plugging**; **plugged**) **1** to fill or block a hole with sth: *He plugged the leak in the pipe with a cloth.* ▶ **zatykać, tamować 2** (informal) to praise a book, record, etc. in public in order to make people buy the thing mentioned: *They're really plugging that song on the radio at the moment.* ▶ **publicznie promować, reklamować**

PHRASAL VERB **plug sth in** to connect sth to the electricity supply with a plug(1): *The video isn't plugged in.* ❶ Antonim: **unplug**. ▶ **wkładać wtyczkę do kontaktu**

■ **'plughole** noun [C] (Brit.) a hole in a bath, sink, etc. into which you put a plug(3) ▶ **odpływ**

plum /plʌm/ noun [C] a soft, round fruit with red or yellow skin and a stone in the middle: *a plum tree* ○ *wild plums* mirabelki ▶ **śliwka**

plumber /'plʌmə(r)/ noun [C] a person whose job is to put in and repair water pipes, baths, sinks, etc. ▶ **hydraulik**

plumbing /'plʌmɪŋ/ noun [U] **1** all the pipes, water tanks, etc. in a building: *noisy plumbing* ▶ **instalacja wodno-kanalizacyjna 2** the work of a person who puts in and repairs water pipes, tanks, etc. ▶ **zakładanie instalacji wodno-kanalizacyjnej**

plume /plu:m/ noun [C] **1** a large and often bright feather ▶ (*duże i często kolorowe*) **pióro 2** something worn in the hair or on a hat, made from feathers or long, thin pieces of material ▶ **kita z piór/materiału 3** a quantity of smoke that rises in the air ▶ **smuga**

plump[1] /plʌmp/ adj. (used about a person or an animal) rather fat (but looking nice): *the baby's plump cheeks* ○ *a nice plump chicken* ▶ **tłuściutki, pulchny**

plump[2] /plʌmp/ verb

PHRASAL VERBS **plump (yourself/sb/sth) down** to sit down or to put sth down heavily: *She plumped herself down by the fire.* ▶ **klapnąć; zrzucać** | **plump for sb/sth** to choose or decide to have sb/sth: *I think I'll plump for the roast chicken, after all.* ▶ **wybierać, decydować się na kogoś/coś**

plunder /'plʌndə(r)/ verb [I,T] to steal things from a place, especially during war or fighting ▶ **plądrować, grabić**

□ **plunder** noun [U] **1** the act of stealing from people or places ▶ **plądrowanie, grabież 2** the goods that are stolen ▶ **łup, zdobycz**

plunge /plʌndʒ/ verb **1** [I] **plunge (into sth)** to go, jump, dive, fall, etc. suddenly and with force into sth: *He plunged into the crowd.* ○ *A woman plunged to her death from the cliffs yesterday.* ▶ **rzucić się do/z czegoś 2** [T] **plunge sth in/into sth** to push sth suddenly and with force into sth: *He plunged the knife* (zatopił nóż) *into her arm.* ▶ **wbić 3** [T] to cause sb/sth to be in the state mentioned: *The country has been plunged into chaos by the snow.* ▶ **pogrążać 4** [I] **plunge into sth** to suddenly start or become involved in sth: *She plunged into village life with enthusiasm.* ▶ **rzucać się w wir (czegoś) 5** [I] to move suddenly downwards; to decrease: *The value of the pound plunged overnight.* ▶ **spadać**

□ **plunge** noun [C] a sudden forward or downward movement, a dive, fall or decrease: *a plunge into cold water* ○ *the plunge in house prices* ▶ **skok, nurkowanie, spadek**

IDIOM **take the plunge** to decide to do sth difficult after thinking about it for quite a long time ▶ **podejmować stanowczy krok** (*po długim namyśle*)

pluperfect /ˌplu:'pɜ:fɪkt/ noun [sing.] = PAST PERFECT

★**plural** /'plʊərəl/ noun [C] the form of a noun, verb, etc. which refers to more than one person or thing: *The plural of 'man' is 'men'.* ○ *The verb should be in the plural.* ▶ **liczba mnoga**

□ **plural** adj. referring to more than one person or thing: *a plural noun/verb* ➲ Por. **singular**. ▶ **w liczbie mnogiej**

★**plus** /plʌs/ prep. **1** and; added to: *Two plus two is four (2 + 2 = 4).* ▶ **plus, dodać 2** as well as: *I've got an essay to write this evening plus some reading to do.* ▶ **plus, oraz**

□ **plus** adj. (only after a noun) **1** or more: *a salary of £30 000 plus* ▶ **ponad 2** (used for marking work done by students) slightly above: *I got a B plus (written 'B+') for my homework.* ▶ **z plusem** | **plus** noun [C] **1** the sign (+) ▶ **plus, znak dodawania 2** an advantage: *The job involves a lot of travel, which is a definite plus.* ▶ **plus**

plush /plʌʃ/ adj. smart and expensive: *a plush hotel* ▶ **wykwintny, szykowny**

Pluto /'plu:təʊ/ noun [sing.] the planet that is furthest from the sun ▶ **Pluton**

plutonium /plu:'təʊniəm/ noun [U] a radioactive substance used especially as a fuel in nuclear power stations ▶ **pluton**

ply /plaɪ/ verb (pres. part. **plying**; 3rd pers. sing. pres. **plies**; pt, pp **plied** /plaɪd/) [I,T] (used about ships, boats, buses, etc.) to travel regularly on a certain route [T] ▶ **kursować**

PHRASAL VERB **ply sb with sth** to keep giving sb food and drink, or asking sb questions: *He plied her with one glass of wine after another.* ▶ **natarczywie częstować kogoś czymś; zasypywać kogoś pytaniami**

plywood /'plaɪwʊd/ noun [U] board made by sticking thin layers of wood on top of each other ▶ **sklejka**

p.m. /ˌpi: 'em/ (US **PM**) abbr. after midday: *2 p.m. (= 2 o'clock in the afternoon)* ○ *11.30 p.m. (= 11.30 in the evening)* ▶ **po południu**

PMS /ˌpi: em 'es:/ (also **PMT** /ˌpi: em 'ti:/) (Brit.) noun [U] physical and emotional problems such as pain and feeling depressed that many women experience before their period each month. PMS/PMT are abbreviations for premenstrual syndrome/tension. ▶ **zespół napięcia przedmiesiączkowego**

pneumonia /nju:'məʊniə; US nu:-/ noun [U] a serious illness of the lungs which makes breathing difficult ▶ **zapalenie płuc**

PO /ˌpiː ˈəʊ/ abbr. Post Office ▶ **urząd pocztowy**
■ ˌ**P'O box** noun [C] a place in a post office where letters, packages, etc. are kept until they are collected by the person they were sent to: *PO Box 4287* ▶ **skrytka pocztowa**

poach[1] /pəʊtʃ/ verb [T] **1** to cook an egg without its shell in or over boiling water: *poached eggs* ▶ **gotować jajko bez skorupki we wrzącej wodzie** **2** to cook food (especially fish) in water or milk that is boiling gently ▶ **gotować w lekko wrzącej wodzie lub mleku** ➲ Zob. uwaga przy **cook**.

poach[2] /pəʊtʃ/ verb **1** [I,T] to catch or shoot birds, animals or fish on sb else's land without permission ▶ **kłusować** **2** [T] to take an idea from sb else and use it in an unfair way ▶ **kraść** (*cudze myśli*) **3** [T] to take members of staff from another company ▶ **werbować do pracy** (*ludzi z innej firmy*)
□ **poacher** noun [C] a person who catches birds, animals or fish on sb else's land without permission ▶ **kłusowni-k/czka**

⋆**pocket** /ˈpɒkɪt/ noun [C] **1** a small bag that is sewn inside or on sth you wear and is used for carrying things in: *He walks with his hands in his pockets.* ○ *a pocket* (kieszonkowy) *calculator/dictionary* ▶ **kieszeń** **2** a bag or flap that is fixed to the inside of a car door, suitcase, etc. and used for putting things in: *There are safety instructions in the pocket of the seat in front of you.* ▶ **kieszeń** **3** (used to talk about the amount of money that you have to spend): *The school couldn't afford a computer, so the teacher bought one out of his own pocket.* ▶ **kieszeń** **4** a small area or group of sth: *pockets of unemployment* ○ *a pocket of warm air* ▶ **mały obszar**
IDIOM **pick sb's pocket** → PICK[1]
□ **pocket** verb [T] **1** to put sth in your pocket: *He pocketed the letter.* ▶ **wkładać do kieszeni** **2** to steal sth or to keep money for yourself ▶ **zawłaszczać (dla siebie) pieniądze** | **pocketful** /-fʊl/ noun [C] the amount that a pocket holds ▶ **pełna kieszeń**
■ ˈ**pocketbook** noun [C] **1** a small book or notebook ▶ **notes, notatnik** **2** (US) = WALLET | ˈ**pocket knife** noun [C] (pl. **pocket knives**) = PENKNIFE | ˈ**pocket money** noun [U] an amount of money that parents give a child, usually every week ▶ **kieszonkowe**

pod /pɒd/ noun [C] the long, green part of some plants, such as peas and beans, that holds the seeds ▶ **strąk**

podium /ˈpəʊdiəm/ noun [C] a small platform for a speaker, a performer, etc. to stand on ▶ **podium**

⋆**poem** /ˈpəʊɪm/ noun [C] a piece of writing, often arranged in short lines which rhyme. Poems try to express thoughts and feelings with the help of sound and rhythm: *a Wordsworth poem* ○ *to write a poem* ▶ **wiersz, poemat**

⋆**poet** /ˈpəʊɪt/ noun [C] a person who writes poems ❶ **Poet** stosuje się, mówiąc zarówno o poecie, jak i poetce. Istnieje słowo **poetess**, oznaczające poetkę, lecz obecnie rzadko się go używa. ▶ **poet-a/ka**

poetic /pəʊˈetɪk/ (also **poetical** /-kl/) adj. **1** beautiful and full of imagination ▶ **poetyczny, pełen poezji** **2** of or like poets and poetry: *poetic language* ▶ **poetycki**
□ **poetically** /-kli/ adv. ▶ **poetycznie**

⋆**poetry** /ˈpəʊətri/ noun [U] poems, thought of as a group or a form of literature: *Shakespeare's poetry and plays* ○ *poetry and prose* ▶ **poezja**

poignant /ˈpɔɪnjənt/ adj. causing sadness or pity: *a poignant memory* ▶ **wzruszający, przejmujący**
□ **poignancy** /-jənsi/ noun [U] (formal) the state or quality of being poignant ▶ **wzruszenie, siła** | **poignantly** /-jəntli/ adv. ▶ **boleśnie, przejmująco**

⋆**point**[1] /pɔɪnt/ noun **1** [C] something that you say as part of a discussion; a particular fact, idea or opinion: *During the meeting she made some interesting points.* ○ *I see your point* (rozumiem, o co cię chodzi) *but I don't agree with you.* ▶ **argument, punkt (widzenia)**

> You **bring up**, **raise**, **make**, **argue**, **emphasize** and **illustrate** a point.

2 [C] an important idea or thought that needs to be considered: *'Supposing it rains – where will we go?' 'That's a point!'* ▶ **racja, dobra uwaga** **3** (**the point**) [sing.] the most important part of what is being said; the main piece of information: *The point is that we can't go on holiday until the car's been repaired.* ○ *She always takes ages to get to the point.* ▶ **sedno/istota (sprawy/rzeczy)** **4** [C] a detail, single item, quality of sb/sth: *What are your strong and your weak points?* ▶ **punkt, strona** **5** [sing.] the meaning, reason, purpose, etc. of sth: *What's the point of telephoning her again?* ○ *There's no point in telling my parents all my problems.* ▶ **sens** **6** [C] (often in compounds) a particular place or position: *the point where the road joins the motorway* ○ *The library is a good starting point for information.* ○ *He aimed the gun at a point just above the man's head.* ▶ **punkt, miejsce** **7** [C] any of the 32 marks on a compass that show direction, especially North, South, East and West ▶ **rumb** **8** [C] the thin sharp end of sth: *the point of a pin/needle/pencil* ▶ **czubek, szpic** **9** (**points**) [pl.] (Brit.) a set of rails where a railway line divides into two tracks. Points can be moved to allow a train to use either track. ▶ **zwrotnica** **10** [C] a small round dot used when writing parts of numbers ▶ **przecinek** (*jako znak dziesiętny*) **11** [C] a particular time or moment; a stage of progress, development, etc.: *At one point I thought I was going to laugh.* ○ *He has reached the high point of his career* (wyżyny swojej kariery). ○ *the boiling/freezing point of water* temperatura wrzenia/zamarzania wody ○ *melting point* temperatura topnienia ▶ **moment, punkt** **12** [C] a single mark in some games, sports, etc. that you add to others to get the score: *to score a point* ○ *After the first round they had scored 32 points.* ○ *Agassi has two match points.* ▶ **punkt** **13** [C] a unit of measurement for certain things: *The party's share of the vote fell by ten percentage points.* ▶ **jednostka**

miary minimalnej zmiany, punkt

IDIOMS **be on the point of doing sth** to be just going to do sth: *I was on the point of going out when the bell rang.* ▶ **zabierać się do czegoś** | **beside the point** not connected with the subject you are discussing ▶ **nie na temat** | **have your good, etc. points** to have some good qualities ▶ **mieć dobre strony, mieć zalety** | **if/when it comes to the point** if or when the moment to act or decide comes: *If it comes to the point, I will tell him what I really think.* ▶ **jak/kiedy przyjdzie co do czego** | **make a point of doing sth** to be especially careful to do sth: *I'll make a point of inviting them to our party.* ▶ **dbać (szczególnie) o to, żeby** | **point of view** a way of looking at a situation; an opinion: *You must try to understand other people's points of view.* ○ *From my point of view it would be better to wait.* ▶ **punkt widzenia**

> Nie mylić **from my point of view** z **in my opinion**. Pierwszy zwrot oznacza „z mojej perspektywy", tzn. jako kobieta, dziecko, nauczyciel itp. Drugi zwrot oznacza „ja myślę, że": *From an advertiser's point of view, television is a wonderful medium.* ○ *In my opinion, people watch too much television.*

| **prove your/the case/point** → PROVE | **have your, etc. (good) points** to have some good qualities: *Living in Scotland has its good points but the weather is not one of them.* ▶ **mieć mocne punkty** | **a sore point** → SORE | **stretch a point** → STRETCH[1] | **sb's strong point** → STRONG | **take sb's point** to understand and accept what sb is saying: *I tried to explain what I meant but I don't think he took my point.* ▶ **pojąć, zrozumieć** | **to the point** connected with what is being discussed: *His speech was short and to the point.* ▶ **trafny, do rzeczy** | **up to a point** partly: *I agree with you up to a point.* ▶ **częściowo, do pewnego stopnia**

★**point²** /pɔɪnt/ verb **1** [I] **point (at/to sb/sth)** to show where sth is or to draw attention to sth using your finger, a stick, etc.: *'I'll have that one,' she said, pointing to a big chocolate cake.* ▶ **wskazywać 2** [T] **point sth (at/towards sb/sth)** to aim sth in the direction of sb/sth: *The farmer pointed his gun at the rabbit and fired.* ▶ **nakierowywać (na kogoś/coś), celować 3** [I] to face in a particular direction or to show that sth is in a particular direction: *Go down this road and you'll see the sign pointing towards the motorway.* ▶ **wskazywać, zwracać się (w jakimś kierunku) 4** [I] **point to sth** to show that sth is likely to exist, happen, be true, etc.: *Research points to a connection between smoking and cancer.* ▶ **wskazywać (na coś)**

PHRASAL VERB **point sth out (to sb)** to direct attention to sth; to make sth clear to sb: *The guide pointed out places of interest to us.* ○ *I'd like to point out that we haven't got much time left.* ▶ **wskazywać (coś komuś/na to)**

□ **pointed** adj. **1** having a point at the end: *a pointed nose* ▶ **spiczasty, ostry 2** done or spoken in a way that makes it clear that you are being critical: *She made a pointed comment about smokers.* ▶ **uszczypliwy, sarkastyczny** | **pointedly** adv.: *She stared pointedly at me.* ▶ **niedwuznacznie, uszczypliwie**

point-blank /ˌpɔɪnt ˈblæŋk/ adj., adv. **1** (used about sth that is said) in a way that is very direct and often rather rude; not allowing any discussion: *He told her point-blank to get out of the house.* ▶ **kategorycznie, bez ogródek 2** (used about a shot) from a very close position: *The shot was fired at point-blank range.* ▶ **z bliskiej odległości**

pointer /ˈpɔɪntə(r)/ noun [C] **1** a piece of helpful advice or information: *Could you give me some pointers on how best to tackle the problem?* ▶ **wskazówka 2** a small arrow on a computer screen that you move by moving the mouse ▶ **kursor 3** a stick or rod which is used to point to things on a map, etc. ▶ **wskaźnik**

pointless /ˈpɔɪntləs/ adj. without any use or purpose: *It's pointless to try and make him agree.* ▶ **bezsensowny, bezcelowy**

□ **pointlessly** adv. ▶ **bezsensownie, bezcelowo** | **pointlessness** noun [U] ▶ **bezsensowność, bezcelowość**

poise /pɔɪz/ noun [U] a calm, confident way of behaving: *The job requires poise and an ability to deal with people.* ▶ **opanowanie**

□ **poised** adj. **1** not moving but ready to move: *His hand was poised* (zawieszona) *above the telephone.* ▶ **zatrzymany** (*w powietrzu*), **gotowy do wykonania jakiegoś ruchu 2 poised (to do sth)** ready to act; about to do sth: *The government is poised to take action.* ▶ **nastawiony (na coś), przygotowany 3** calm and confident ▶ **opanowany, zrównoważony**

★**poison** /ˈpɔɪzn/ noun [C,U] a substance that kills or harms you if you eat or drink it: *The label on the bottle said, 'Poison.'* ○ *rat poison* trutka na szczury ○ *poison gas* gaz trujący ▶ **trucizna**

□ **poison** verb [T] **1** to give poison to sb/sth; to kill, harm or damage sb/sth with poison: *The police confirmed that the victim had been poisoned.* ▶ **(o)truć 2** to put poison in sth: *The coffee had been poisoned.* ▶ **dodawać (do czegoś) truciznę 3** to spoil or ruin sth: *The quarrel had poisoned their relationship.* ▶ **zatruwać** | **poisoned** adj. **1** containing poison: *a poisoned drink* ▶ **zaprawiony trucizną, zatruty 2** damaged by dangerous substances: *poisoned water* ▶ **zatruty, zanieczyszczony** | **poisoner** /ˈpɔɪzənə(r)/ noun [C] a person who uses poison to murder sb ▶ **truciciel/ka** | **poisoning** /ˈpɔɪzənɪŋ/ noun [U, C] the giving or taking of poison or a dangerous substance: *food poisoning* zatrucie pokarmowe ▶ **otrucie, zatrucie** | **poisonous** /ˈpɔɪzənəs/ adj. **1** causing death or illness if you eat or drink it: *a poisonous plant* ▶ **trujący, toksyczny 2** (used about animals, etc.) producing and using poison to attack its enemies: *poisonous snakes/insects* ▶ **jadowity 3** very unpleasant: *She wrote him a poisonous letter.* ▶ **jadowity**

poke /pəʊk/ verb [T] **1** to push sb/sth with a finger, stick or other long, thin object: *He poked the insect with his finger.* ▶ **szturchać, popychać 2 poke sth into, through, out of,**

down, etc. to push sth quickly into sth or in a certain direction: *She poked her head out of the window.* ○ *He poked the stick down the hole.* ▶ **wtykać, wsadzać**

IDIOMS **poke fun at sb/sth** to make jokes about sb/sth, often in an unkind way ▶ **kpić, żartować z kogoś/czegoś** | **poke/stick your nose into sth** → NOSE[1]

PHRASAL VERBS **poke about/around** (informal) to try to find sth by looking behind, under, etc. things: *Someone had been poking about in my desk.* ▶ **myszkować, szperać** | **poke out of/through sth; poke out/through/up** to appear in a certain place in a sudden or surprising way: *A rabbit's head poked up in the middle of the field.* ▶ **pojawiać się (skądś) znienacka, wyskakiwać**

□ **poke** noun [C] a sharp push: *I gave him a poke in the side.* ▶ **szturchaniec, kuksaniec**

poker[1] /ˈpəʊkə(r)/ noun [C] a metal stick for moving the coal or wood in a fire ➲ Ilustr. do **fireplace**. ▶ **pogrzebacz**

poker[2] /ˈpəʊkə(r)/ noun [U] a type of card game usually played to win money ▶ **poker**

poky /ˈpəʊki/ adj. (**pokier**; **pokiest**) (informal) (used about a house, room, etc.) too small: *It's nice but the bedrooms are poky.* ▶ **ciasny**

polar /ˈpəʊlə(r)/ adj. (only before a noun) of or near the North or South Pole: *the polar regions* ▶ **polarny, podbiegunowy**

■ **ˈpolar bear** noun [C] a large white bear that lives in the area near the North Pole ▶ **niedźwiedź polarny**

★**pole[1]** /pəʊl/ noun [C] either of the two points at the exact top and bottom of the earth: *the North/South Pole* ▶ **biegun**

pole[2] /pəʊl/ noun [C] a long, thin piece of wood or metal, used especially to hold sth up: *a tent pole* ○ *a flagpole* maszt flagowy ▶ **słup/ek, pal**

■ **the ˈpole vault** noun [C] the sport of jumping over a high bar with the help of a long pole ▶ **skok o tyczce**

★**police** /pəˈliːs/ noun [pl.] the official organization whose job is to make sure that people obey the law, and to prevent and solve crime, etc.: *Dial 999 to call the police.* ○ *a police car/report* ○ *There were 100 police on duty.* ○ *He wants to join the police force* (wstąpić do policji). ○ *the secret police* tajna policja ○ *a police state* państwo policyjne ❶ **Police** jest rzeczownikiem występującym zawsze w lm i zawsze używa się go z czasownikiem w lm. Nie można powiedzieć **a police** na określenie jednego policjanta lub policjantki. Mówiąc o policji jako organizacji, zawsze używa się **the**: *The police are investigating.* ➲ Por. **policeman** i **policewoman**. ▶ **policja**

□ **police** verb [T] to keep control in a place by using the police or a similar official group: *the cost of policing football games* ▶ **patrolować**

■ **poˌlice ˈconstable** (also **constable**) noun [C] (abbr. **PC**) a policeman or policewoman of the lowest rank ▶ **policjant dzielnicowy** | **poˈlice force** noun [C] (the organization of) all the police officers in a country or area: *We don't have a national police force in Britain.* ▶ **policja** | **poˈliceman** /-mən/ noun [C] (pl. **policemen** /-mən/) a man who is a member of the police ▶ **policjant** | **poˈlice officer** (also **officer**) noun [C] a policeman or policewoman: *a plain-clothes police officer* policjant/ka po cywilnemu ➲ Por. **detective**. ▶ **policjant/ka** | **poˈlice station** noun [C] an office of a local police force ▶ **komisariat, posterunek policji** | **poˈlicewoman** /-wʊmən/ noun [C] (pl. **-women** /-wɪmɪn/) a woman who is a member of the police ▶ **policjantka**

★**policy[1]** /ˈpɒləsi/ noun [C,U] (pl. **policies**) **policy (on sth)** a plan of action or statement of aims and ideas, especially that of a government, company or other organization: *policies on health and education* ○ *company policy* ➲ Zob. uwaga przy **politics**. ▶ **polityka, zasady postępowania**

policy[2] /ˈpɒləsi/ noun [C] (pl. **policies**) a document that shows an agreement that you have made with an insurance company: *an insurance policy* ▶ **polisa ubezpieczeniowa**

polio /ˈpəʊliəʊ/ (formal **poliomyelitis** /ˌpəʊliəʊˌmaɪəˈlaɪtɪs/) noun [U] a serious disease which can cause you to lose the power in certain muscles ▶ **choroba Heine-Medina**

polish /ˈpɒlɪʃ/ verb [T] to make sth shine by rubbing it and often by putting a special cream or liquid on it ▶ **polerować, nadawać połysk**

PHRASAL VERB **polish sth off** (informal) to finish sth quickly: *I'm just going to polish off one or two jobs.* ▶ **szybko kończyć**

□ **polish** noun **1** [U] a cream, liquid, wax, etc. that you put on sth to clean it and make it shine: *a tin of shoe polish* ▶ **pasta/płyn/wosk do polerowania** **2** [sing.] an act of polishing: *I'll give the glasses a quick polish.* ▶ **polerowanie, nadawanie połysku** | **polished** adj. **1** shiny because of polishing: *polished wood floors* ▶ **wypolerowany, wyfroterowany** **2** (used about a performance, etc.) of a high standard: *a polished performance of 'Aida'* ▶ **na wysokim poziomie**

★**polite** /pəˈlaɪt/ adj. having or showing good manners, e.g. that you are helpful and thoughtful towards other people and do not say or do things that might upset them; not rude: *It's polite to say thank you.* ○ *He gave me a polite smile.* ❶ Antonim: **impolite**. ▶ **uprzejmy, grzeczny**

□ **politely** adv. ▶ **uprzejmie, grzecznie** | **politeness** noun [U] ▶ **uprzejmość, grzeczność**

★**political** /pəˈlɪtɪkl/ adj. **1** connected with politics and government: *two main political parties* ○ *She has very strong political opinions.* ○ *a political prisoner/correspondent* ▶ **polityczny** **2** (used about people) interested or active in politics ▶ **interesujący się polityką, zaangażowany politycznie** **3** concerned with the competition for power inside an organization: *He was dismissed for political reasons.* ▶ **związany z polityką firmy**

■ **poˌlitical aˈsylum** noun [U] protection given by a state to a person who has left their own country for political reasons: *to seek political asylum* ▶ **azyl polityczny** | **poˌlitical ˈcorrectness** noun [U] the principle of avoiding language or behaviour that may offend particular groups of people ❶ Może być używane w znaczeniu krytycznym. ➲ Zob też **politically correct**. ▶ **polityczna poprawność**

politically /pəˈlɪtɪkli/ adv. with regard to politics: *Politically, he's fairly right wing.* ▶ **politycznie, z politycznego punktu widzenia**

■ **poˌlitically ˈcorrect** adj. (abbr. **PC**) showing political correctness. ➲ Zob też **political correctness**. ▶ **politycznie poprawny**

★**politician** /ˌpɒləˈtɪʃn/ noun [C] a person whose job is in politics, especially one who is a member of parliament or of the government: *Politicians of all parties supported the war.* ➲ Por. **politics**. ▶ **polityk**

★**politics** /ˈpɒlətɪks/ noun **1** [U, with sing. or pl. verb] the work and ideas that are connected with governing a country, a town, etc.: *Are you interested in politics?* ○ *to go into politics* ○ *local politics* ○ *Politics has/have never been of great interest to me.* ▶ **polityka 2** [pl.] a person's political opinions and beliefs: *What are your politics?* ○ *A government's policy* (polityka) *will depend on its politics* (zapatrywań politycznych). ▶ **poglądy polityczne, zapatrywania polityczne 3** [U, with sing. or pl. verb] matters concerned with competition for power between people in an organization: *office politics* ▶ **polityka** (*firmy*) **4** [U] the scientific study of government: *She studied Politics at university.* ▶ **politologia**

poll¹ /pəʊl/ noun [C] **1** (also **oˈpinion poll**) a way of finding out public opinion by asking a number of people their views on sth ▶ **badanie opinii publicznej 2** (giving votes at) a political election: *The result of the poll is still uncertain.* ▶ **głosowanie**

poll² /pəʊl/ verb [T] **1** to ask sb their opinion on a subject: *Of those polled, only 20 per cent were in favour.* ▶ **badać opinię publiczną 2** to receive a certain number of votes in an election: *The candidate polled over 3 000 votes.* ▶ **zdobywać głosy w wyborach**

□ **polling** noun [U] voting in an election: *Polling takes place today in the Henley by-election.* ▶ **głosowanie** (*w wyborach*)

■ **ˈpolling day** noun [C] the day when people vote in an election ▶ **dzień wyborów**

pollen /ˈpɒlən/ noun [U] a fine, usually yellow, powder which is formed in flowers. It makes other flowers of the same type produce seeds when it is carried to them by the wind, insects, etc. ▶ **pyłek**

★**pollute** /pəˈluːt/ verb [T] to make air, rivers, etc. dirty and dangerous ▶ **zanieczyszczać**

□ **pollutant** /-ənt/ noun [C] a substance that pollutes air, water, etc. ▶ **substancja zanieczyszczająca** | **pollution** /pəˈluːʃn/ noun [U] **1** the act of polluting: *the pollution of beaches* ▶ **zanieczyszczenie 2** substances that pollute: *Pollution on the coast of Alaska has still not been cleared.* ▶ **zanieczyszczenie**

polo /ˈpəʊləʊ/ noun [U] a game for two teams of horses and riders. The players try to score goals by hitting a ball with long wooden hammers. ▶ **polo**

polo neck /ˈpəʊləʊ nek/ noun [C] a high collar (on a sweater, etc.) that is rolled over and that covers most of your neck: *I'd like a jumper with a polo neck.* ❶ Sweter z golfem można też nazywać **polo neck**. ▶ **golf**

polyester /ˌpɒliˈestə(r); US ˌpɑːli-; ˈpɑːli-/ noun [U] a type of man-made material that is used for making clothes, etc. ▶ **poliester**

polystyrene /ˌpɒliˈstaɪriːn/ noun [U] a light firm plastic substance that is used for stopping heat from escaping or for packing things so that they do not get broken ▶ **polistyren**

polythene /ˈpɒlɪθiːn/ noun [U] a type of very thin plastic material often used to make bags for food or to keep things dry ▶ **polietylen**

polyunsaturated /ˌpɒliʌnˈsætʃəreɪtɪd/ adj. (used about fats and oils) having the type of chemical structure that is thought to be good for your health: *polyunsaturated margarine* ▶ **wielonienasycony**

pomp /pɒmp/ noun [U] the splendid nature of a public ceremony: *the pomp of the royal tour of Australia* ▶ **pompa, parada**

pompous /ˈpɒmpəs/ adj. feeling or showing that you think you are more important than other people, e.g. by using long and important-sounding words ❶ Tego słowa używa się w znaczeniu krytycznym. ▶ **pompatyczny, napuszony**

pond /pɒnd/ noun [C] an area of water that is smaller than a lake ▶ **staw**

ponder /ˈpɒndə(r)/ verb [I,T] **ponder (on/over sth)** to think about sth carefully or for a long time: *We need time to ponder (on) the significance of these events.* ▶ **dumać, rozważać**

pong /pɒŋ/ noun [C] (Brit., informal) a strong unpleasant smell ➲ Zob. uwaga przy **smell¹**. ▶ **smród, fetor**

□ **pong** (Brit., informal) verb [I] ▶ **śmierdzieć**

pony /ˈpəʊni/ noun [C] (pl. **ponies**) a type of small horse ▶ **kucyk**

■ **ˈponytail** noun [C] long hair that is tied at the back of the head and that hangs down like the tail of a horse ➲ Ilustr. do **hair**. ▶ **koński ogon** | **ˈpony-trekking** noun [U] riding horses for pleasure in the country (often for several days, as a holiday) ▶ **rajd konny; wakacje w siodle**

poodle /ˈpuːdl/ noun [C] a type of dog with thick curly hair that is often cut into a special pattern ▶ **pudel**

pooh /puː/ interj. (spoken) (used when you smell sth unpleasant) ▶ **fuj**

★**pool¹** /puːl/ noun [C] **1** a small shallow area of water: *rock pools* ➲ Por. **puddle**. ▶ **sadzawka, kałuża 2** a small area of any liquid or of light: *They found her lying in a pool of blood.* ○ *a pool of light* ▶ **kałuża, plama 3** = SWIMMING POOL: *a heated indoor pool* ▶ **basen**

pool² /puːl/ noun **1** [C] a quantity of money, goods, workers, etc. that is shared between a group of people ▶ **pula 2** [U] an indoor game that is played on a table with 16 coloured and numbered balls. Two players try to hit these balls into holes in the pockets with long thin sticks called cues. ➲ Por. **billiards** i **snooker**. ▶ **rodzaj gry bilardowej 3** (**the pools**) [pl.] = FOOTBALL POOLS

□ **pool** verb [T] to collect money, ideas, etc. from a number of people and share them: *If we pool our ideas we should come up with a good plan.* ▶ **sumować, składać**

★**poor** /pɔː(r); pʊə(r)/ adj. **1** having very little money and a very low standard of living: *The family was too poor to buy proper food.* ○ *We have a duty to help poorer countries.* ❶ Antonim: **rich**. ▶ **biedny 2** of low quality or in a bad condition: *Paul is in very poor health.* ○ *a poor harvest* ○ *The industry has a poor safety record.* ○ *Attendance at the meeting was poor.* ▶ **słaby 3** (used when you are showing that you feel sorry for somebody): *That poor child has lost both her parents.* ○ *Poor Don! He's very upset!* ▶ **biedny**

□ **the poor** noun [pl.] people who have little money ❶ Zwróć uwagę, że rzeczownik **the poor** używa się w lm. Zawsze oznacza on „biednych ludzi", a nigdy „biedną osobę". ▶ **biedni**

poorly¹ /ˈpʊəli; Brit. also ˈpɔːli/ adv. not well; badly: *a poorly paid job* ▶ **kiepsko, słabo**

poorly² /ˈpʊəli; Brit. also ˈpɔːli/ adj. (informal) not well; ill: *I'm feeling a bit poorly.* ▶ (*czuć się*) **słabo/kiepsko**

pop¹ /pɒp/ noun **1** [C] a short sharp sound like a small explosion: *There was a loud pop as the champagne cork came out of the bottle.* ▶ **wystrzał, trzask 2** [U] (informal) a sweet drink with bubbles in it that does not contain alcohol ▶ **napój gazowany**

□ **pop** adv.: *The balloon went pop.* Balon strzelił.

pop² /pɒp/ verb (**popping**; **popped**) [I,T] (to cause sth) to make a short sharp sound like a small explosion: *The balloon popped.* ○ *He popped the balloon.* ▶ **pękać z trzaskiem; przebijać**

PHRASAL VERBS **pop across, down, out, etc.** to come or go somewhere quickly or suddenly: *I'm just popping out to the shops.* ▶ **skakać/wpadać (dokądś)** | **pop sth across, in, into, etc. sth** to put or take sth somewhere quickly or suddenly: *He popped his head round the door* (zajrzał) *and waved.* ▶ **wsuwać/wetknąć coś dokądś, podrzucać coś** | **pop in** to make a quick visit: *pop in for a cup of tea* ▶ **wpadać** | **pop out** to come out (of sth) suddenly or quickly: (figurative) *Her eyes nearly popped out of her head in surprise.* ▶ **wyskakiwać,** (*o oczach*) **wytrzeszczać** | **pop up** (informal) to appear or happen when you are not expecting it ▶ **pojawiać się znienacka, wypadać**

■ ˈ**popcorn** noun [U] maize that is heated until it bursts and becomes light and fluffy ▶ **prażona kukurydza**

★**pop³** /pɒp/ noun [U] (informal) modern music that is most popular among young people: *I like pop and jazz.* ○ *pop music* ○ *a pop group/singer/star* ▶ **pop**

pop⁴ /pɒp/ noun [C] (US, informal) father ▶ **papcio**

pop.⁵ abbr. population: *pop. 12m* ▶ **liczba mieszkańców**

★**pope** /pəʊp/ noun [C] the head of the Roman Catholic Church ▶ **papież**

poplar /ˈpɒplə(r)/ noun [C] a type of tall straight tree with soft wood ▶ **topola**

popper /ˈpɒpə(r)/ (Brit.) (also **press stud**) noun [C] two round pieces of metal or plastic that you press together in order to fasten a piece of clothing ▶ **zatrzask**

poppy /ˈpɒpi/ noun [C] (pl. **poppies**) a bright red wild flower that has small black seeds: *a roll with poppy seeds on top* ▶ **mak**

Popsicle /ˈpɒpsɪkl/ noun [C] (US) = ICE LOLLY

★**popular** /ˈpɒpjələ(r)/ adj. **1** liked by many people or by most people in a group: *Spain is a popular holiday destination.* ❶ Antonim: **unpopular**. ▶ **popularny 2** for ordinary people (= not for specialists or people with a high level of education): *The popular newspapers seem more interested in scandal than news.* ▶ **popularny, przystępny** (*np. dla laików*) **3** (only before a noun) of or for a lot of people: *The programme is being repeated by popular demand* (na powszechne żądanie widzów). ▶ **powszechny**

□ **popularity** /ˌpɒpjuˈlærəti/ noun [U] the quality or state of being liked by many people: *to gain in popularity* ○ *to lose popularity* ▶ **popularność** | **popularize** (also **-ise**) /ˈpɒpjələraɪz/ verb [T] to make sth popular with, or known to, a lot of people: *The film did a lot to popularize her novels.* ▶ **popularyzować, propagować** | **popularly** adv. by many people; generally: *The Conservatives are popularly known as Tories.* ▶ **powszechnie, ogólnie**

populate /ˈpɒpjuleɪt/ verb [T] (usually passive) to fill a particular area with people: *Britain is very densely populated.* ▶ **zaludniać**

★**population** /ˌpɒpjuˈleɪʃn/ noun **1** [C,U] a number of people who live in a particular place: *What is the population of your country?* ○ *an increase/a fall in population* ▶ **zaludnienie 2** [C] all the people who live in a particular area: *the effects of the changes on the local population* ○ *The local population* (społeczność miejscowa) *is/are against the changes.* ▶ **populacja 3** [C] all the people or animals of a particular type that live in an area: *the prison population* ○ *the black population of South Africa* ○ *the civilian population* ❶ W znaczeniach podanych powyżej w punktach **2** i **3**, **population** występuje czasem w lp z czasownikiem w lm, kiedy ma się na myśli indywidualne osoby tworzące daną populację. ▶ **populacja, ludność**

porcelain /ˈpɔːsəlɪn/ noun [U] a hard white substance that is made by baking clay in an oven. Porcelain is used for making expensive cups, plates, etc. ▶ **porcelana**

porch /pɔːtʃ/ noun [C] **1** a covered area at the entrance to a house or church ▶ **przedsionek; kruchta 2** (US) = VERANDA

pore¹ /pɔː(r)/ noun [C] one of the small holes in your skin through which sweat can pass ▶ **por**

pore² /pɔː(r)/ verb

PHRASAL VERB **pore over sth** to study or read sth

very carefully ▶ **ślęczeć (nad czymś), zagłębiać się (w czymś)**

pork /pɔːk/ noun [U] meat from a pig: *roast pork* ○ *pork sausages* ➲ Zob. uwaga przy **meat**. ▶ **wieprzowina**

pornography /pɔːˈnɒgrəfi/ (informal **porn** /pɔːn/) noun [U] books, magazines, films, etc. that describe or show sexual acts in order to cause sexual excitement ▶ **pornografia**
□ **pornographic** /ˌpɔːnəˈgræfɪk/ adj.: *pornographic films* ▶ **pornograficzny**

porous /ˈpɔːrəs/ adj. allowing liquid or air to pass through slowly: *Sand is a porous material.* ▶ **porowaty, gąbczasty**

porpoise /ˈpɔːpəs/ noun [C] a sea animal that looks like a large fish. It is very similar to a dolphin and also lives in groups. ▶ **morświn**

porridge /ˈpɒrɪdʒ/ noun [U] a food that is made from oats mixed with milk or water and usually eaten for breakfast: *I have porridge for breakfast in the winter and muesli in the summer.* ▶ **owsianka**

⋆**port**[1] /pɔːt/ noun **1** [C,U] an area where ships load and unload goods and passengers: *a fishing port* ○ *The fleet spent two days in port.* ○ *to reach port* ▶ **port 2** [C] a town or city that has a harbour ▶ **miasto portowe**

port[2] /pɔːt/ noun [U] the side of a ship that is on the left when you are facing towards the front of the ship ❶ Antonim: **starboard**. ▶ **lewa burta** (*statku*)

port[3] /pɔːt/ noun [U] a strong sweet red wine that is often drunk after a meal ▶ **porto, portwajn**

portable /ˈpɔːtəbl/ adj. that can be moved or carried easily: *a portable television set* ➲ Por. **movable**. ▶ **przenośny**

porter /ˈpɔːtə(r)/ noun [C] **1** a person whose job is to carry suitcases, etc. at a railway station, an airport, etc. ▶ **bagażowy, tragarz 2** a person whose job is to be in charge of the entrance of a hotel or other large building: *a hotel porter* ▶ **portier, odźwierny**

porthole /ˈpɔːthəʊl/ noun [C] a small round window in a ship or an aeroplane ▶ **luk**

portion /ˈpɔːʃn/ noun [C] **1** a part or share of sth: *We must both accept a portion of the blame.* ▶ **udział, część 2** an amount of food for one person (especially in a restaurant): *two portions of chips* ➲ Por. **helping**. ▶ **porcja**

portrait /ˈpɔːtreɪt; -trət/ noun [C] **1** a picture, painting or photograph of a person: *to paint sb's portrait* ▶ **portret 2** a description of sb/sth in words ▶ **portret**

portray /pɔːˈtreɪ/ verb [T] **1** to make a picture, painting or photograph of sb: *The writer was portrayed sitting at his desk.* ▶ **portretować 2** to describe sb/sth in words; to show sb/sth in a particular way: *Dickens portrayed life in 19th century England.* ▶ **opisywać, portretować 3** to act the part of sb in a play or film: *It's hard for a young actress to portray a very old woman.* ▶ **odtwarzać**
□ **portrayal** /pɔːˈtreɪəl/ noun [C]: *He won an award for his portrayal of King Lear.* ▶ **przedstawienie, portretowanie**

pose /pəʊz/ verb **1** [I] to sit or stand in a particular position for a painting, photograph, etc.: *to pose for a photograph* ▶ **pozować 2** [I] to behave in a way that makes other people notice you: *The boys sat posing at the side of the pool.* ▶ **pozować, szpanować 3** [I] **pose as sb/sth** to pretend to be sb/sth: *The robbers posed as telephone engineers.* ▶ **udawać (kogoś) 4** [T] to set, cause or create sth: *to pose problems for sb* ○ *to pose a question* ▶ **stwarzać, stawiać** (*pytanie*)
□ **pose** noun [C] **1** a position in which you pose, e.g. for a painting or photograph ▶ **poza 2** a way of behaving that is intended to trick people or to make people notice you ▶ **poza**

posh /pɒʃ/ adj. (informal) **1** fashionable and expensive: *a posh hotel* ▶ **szpanerski 2** (used about people) belonging to or typical of a high social class: *a posh accent* ▶ **dystyngowany, wykwintny**

⋆**position** /pəˈzɪʃn/ noun **1** [C,U] the place where sb/sth is or should be: *The enemy's position was marked on the map.* ○ *All the dancers were in position* (na swoich miejscach). ▶ **pozycja, miejsce 2** [C,U] the way in which sb/sth sits, stands or is placed: *to be in an awkward position* ○ *Turn the switch to the off position.* ○ *He woke in pain every time he changed position.* ▶ **pozycja 3** [C] **a position (on sth)** what you think about sth; your opinion: *What is your government's position on South Africa?* ▶ **stanowisko (w jakiejś sprawie) 4** [C, usually sing.] a state or situation: *What would you do if you were in my position?* ○ *I'm sorry, I'm not in a position* (nie jestem w stanie) *to help you.* ▶ **sytuacja 5** [C,U] your place or rank in society, in a group, or in a race or competition: *Max finished in second position.* ▶ **pozycja, miejsce 6** [C] a job: *the position of Sales Manager* ▶ **stanowisko, posada 7** [C] the part you play in a team game: *'What position do you play?'* ▶ **pozycja gry** (*w drużynie sportowej*)
□ **position** verb [T] to put sb/sth in a particular place or position: *Mary positioned herself* (Mary zajęła pozycję) *near the door.* ▶ **umieszczać**

⋆**positive** /ˈpɒzətɪv/ adj. **1 positive (about sth/that...)** certain; sure: *Are you positive that this is the woman you saw?* ▶ **pewny, przekonany 2** clear; definite: *There is no positive evidence that he is guilty.* ○ *We must take positive action to stop the situation getting worse.* ▶ **pewny, stanowczy 3** helpful or encouraging: *The teacher tried to make positive suggestions.* ○ *Their reaction was generally positive.* ▶ **pozytywny, konstruktywny 4** hopeful or confident: *I feel very positive about our team's chances.* ○ *Positive thinking will help you to succeed.* ▶ **pozytywny, przeświadczony 5** (used about a medical or scientific test) showing that sth has happened or is present: *The result of the test was positive.* ▶ **dodatni 6** (used about a number) more than zero ▶ **dodatni** ❶ Antonim znaczeń 3-6: **negative**.
□ **positively** adv. **1** quite certainly or firmly: *I*

was positively convinced that I was doing the right thing. ▶ **zupełnie, kategorycznie** **2** in a way that shows you are thinking about the good things in a situation, not the bad: *to think positively* ▶ **pozytywnie** **3** (used about a person's way of speaking or acting) in a confident and hopeful way: *The team played more positively in the second half.* ▶ **stanowczo** **4** (informal) (used for emphasizing sth) really; extremely: *Mum was positively furious when I told her.* ▶ **strasznie, bardzo**

★**possess** /pə'zes/ verb [T] ❶ Czasownika **possess** nie używa się w czasach *continuous*. Natomiast często spotyka się go w *present participle* (formie *-ing*): *Any student possessing the necessary qualifications will be considered for the course.* **1** (formal) to have or own: *It is illegal to possess a gun without a licence.* ▶ **posiadać, mieć** **2** to influence sb or to make sb do sth: *Whatever possessed you to say a thing like that!* ▶ **opętać (czymś kogoś)**

□ **possessor** noun [C] a person who has or owns sth ▶ **właściciel/ka, posiadacz/ka**

★**possession** /pə'zeʃn/ noun **1** [U] the state of having or owning sth: *Enemy forces took possession* (siły nieprzyjaciela zdobyły) *of the hill.* ○ *He was arrested for possession of an illegal weapon.* ▶ **posiadanie** **2** [C, usually pl.] something that you have or own: *Bob packed all his possessions into a suitcase.* ▶ **dobytek**

IDIOM **in possession (of sth)** having or owning sth: *Two youths were caught in possession of stolen goods.* ▶ **w posiadaniu**

possessive /pə'zesɪv/ adj. **1** not wanting to share sb/sth: *Dan is too possessive with his toys.* ▶ **zaborczy** **2** (used in grammar to describe words that show who or what a person or thing belongs to): *'Mine' is a possessive pronoun.* ▶ **dzierżawczy**

★**possibility** /ˌpɒsə'bɪləti/ noun (pl. **possibilities**) **1** [U] **possibility (of sth/of doing sth)**; **possibility (that...)** the situation when sth might happen or be true; the state of being possible: *Is there any possibility that I can see you this weekend?* ○ *What's the possibility of the weather improving?* ○ *There's not much possibility of the letter reaching you before Saturday.* ▶ **możliwość, ewentualność** **2** [C] something that might happen or be true; sth that is possible: *There is a strong possibility that the fire was started deliberately.* ○ *One possibility would be for you to go by train and for me to come later by car.* ▶ **możliwość**

★**possible** /'pɒsəbl/ adj. **1** that can happen or be done: *I'll phone you back as soon as possible.* ○ *It is now possible to phone America direct.* ○ *Could you give me your answer today, if possible?* ○ *The doctors did everything possible to save his life.* ❶ Antonim: **impossible**. ▶ **możliwy** **2** that may be true or suitable: *There are several possible explanations for her strange behaviour.* ➲ Por. **probable**. ▶ **prawdopodobny, możliwy** **3** (used after adjectives to emphasize that sth is the best, worst, etc. of its type): *I was in the worst possible situation.* ▶ **z możliwych**

□ **possibly** /-əbli/ adv. **1** perhaps: *'Will you be free on Sunday?' 'Possibly.'* ○ *Edward phoned to say he would possibly be late home.* ▶ **możliwie, być może** **2** (used for emphasizing sth) according to what is possible: *I will leave as soon as I possibly can* (jak tylko będę mógł). ▶ **jak tylko możliwe**

★**post**[1] /pəʊst/ noun [C] an upright piece of metal or wood that is put in the ground to mark a position or to support sth: *a goalpost* słupek bramki ○ *Can you see a signpost* (drogowskaz) *anywhere?* ▶ **słup/ek**

IDIOM **pip sb at the post** → PIP[2]

★**post**[2] /pəʊst/ noun [C] **1** a job: *the best candidate for the post* ○ *to advertise a post* ▶ **posada, stanowisko** **2** a place where sb is on duty or is guarding sth: *The soldiers remained at their posts.* ▶ **posterunek, stanowisko**

□ **post** verb [T] **1** to send sb to go and work somewhere: *Rosa was posted to the Tokyo office.* ▶ **delegować** (*do pracy w innym miejscu*) **2** to put sb on guard or on duty in a particular place: *Policemen were posted at the front of the building.* ▶ **stawiać** (*na posterunku/straży*) | **posting** /-ɪŋ/ noun [C] a job in another country that you are sent to do by your employer ▶ **oddelegowanie** (*do pracy w innym kraju*), **delegacja**

★**post**[3] /pəʊst/ (especially US **mail**) noun **1** [U] the system or organization for collecting and delivering letters, parcels, etc.: *to send sth by post* ○ *Your cheque is in the post.* ▶ **poczta** **2** [sing., U] letters, parcels, etc. that are collected or delivered: *Has the post come yet?* ○ *There wasn't any post for you.* ○ *I'll stop now or I'll miss the post* (nie zdążę przed opróżnieniem skrzynki). ▶ **poczta, korespondencja**

IDIOM **by return (of post)** → RETURN[2]

■ **'postbox** (also **letter box**) (US **mailbox**) noun [C] a box in a public place where you put letters, etc. that you want to send ➲ Por. **pillar box**. ▶ **skrzynka pocztowa** | **'postcard** noun [C] a card that you write a message on and send to sb. Postcards often have a picture on one side and are usually sent without an envelope. ▶ **kartka pocztowa, pocztówka** | **'postcode** (also **postal code**) (US **Zip code**) noun [C] a group of letters and/or numbers that you put at the end of an address. The postcode helps the Post Office to sort letters by machine. ▶ **kod pocztowy** | **'postman** /-mən/ noun [C] (pl. **postmen** /-mən/) (US **mailman**) a person whose job is to collect and deliver letters, parcels, etc. ▶ **listonosz/ka** | **'postmark** noun [C] an official mark over a stamp on a letter, parcel, etc. that says when and where it was posted ▶ **stempel pocztowy** | **'post office** noun **1** [C] a building or part of a shop where you can buy stamps, post parcels, etc. ▶ **poczta, urząd pocztowy** **2** (**the Post Office**) [sing.] the national organization that is responsible for collecting and delivering letters, parcels, etc. ▶ **Urząd Pocztowy** | **'post office box** noun [C] (abbr. **PO box**) a place in a post office where letters, parcels, etc. are kept until they are collected by the person they were sent to ▶ **skrzynka pocztowa** | **'postwoman** /-wʊmən/ noun [C] (pl. **postwomen** /-wɪmɪn/) a woman whose job is to collect and deliver letters, parcels, etc. ▶ **listonoszka**

★**post**[4] /pəʊst/ (especially US **mail**) verb [T] to send a letter, parcel, etc. to sb by putting it in a postbox or taking it to a post office: *This letter was posted yesterday.* ▶ **wysyłać** (*pocztą*)

Post (rzeczownik i czasownik) częściej używa się w Br. ang., natomiast **mail** w Amer. ang. Jednakże **mail** występuje dosyć często w Br. ang. Oficjalna nazwa urzędu poczty brytyjskiej to **the Royal Mail**. Zwróć też uwagę na wyrażenia **airmail** i **surface mail**. Kiedy zamawia się towary wysyłkowo, używa się usługi typu **mail order**.

★**postage** /ˈpəʊstɪdʒ/ noun [U] the amount that you must pay to send a letter, parcel, etc.: *The cost of postage and packing is £2.* ▶ **opłata pocztowa**
■ **ˈpostage stamp** noun [C] = STAMP[1]

★**postal** /ˈpəʊstl/ adj. connected with the collecting and delivering of letters, parcels, etc.: *postal charges* ▶ **pocztowy**
■ **ˈpostal code** noun [C] = POSTCODE | **ˈpostal order** noun [C] a piece of paper that you can buy at a post office that represents a certain amount of money. A postal order is a safe way of sending money by post. ▶ **przekaz pocztowy**

★**poster** /ˈpəʊstə(r)/ noun [C] a large printed picture or a notice in a public place, often used to advertise sth; a large picture printed on paper that is put on a wall for decoration ▶ **plakat, afisz**

posterity /pɒˈsterəti/ noun [U] the future and the people who will be alive then: *We should look after our environment for the sake of posterity.* ▶ **potomność**

postgraduate /ˌpəʊstˈɡrædʒuət/ noun [C] a person who is doing further studies at a university after taking their first degree: *postgraduate studies* ➲ Por. **graduate** i **undergraduate**. ▶ **doktorant/ka, magistrant/ka**

posthumous /ˈpɒstjʊməs; US ˈpɑːstʃəməs/ adj. given or happening after sb has died: *a posthumous medal for bravery* ▶ **pośmiertny**
□ **posthumously** adv.: *Her last novel was published posthumously.* ▶ **pośmiertnie**

ˈPost-it™ (also **ˈPost-it note**) noun [C] a small piece of coloured, sticky paper that you use for writing a note on, and that can be easily removed ▶ **kartka samoprzylepna** (*do robienia notatek*)

post-mortem /ˌpəʊst ˈmɔːtəm/ noun [C] a medical examination of a dead body to find out how the person died ▶ **sekcja zwłok**

post-natal /ˌpəʊst ˈneɪtl/ adj. (only before a noun) connected with the period after the birth of a baby ❶ Antonim: **antenatal**. ▶ **poporodowy**

postpone /pəˈspəʊn/ verb [T] to arrange that sth will happen at a later time than the time you had planned; to delay: *The wedding was postponed until August.* ○ *The concert is postponed until further notice.* ➲ Por. **cancel**. ▶ **odraczać, przesuwać** (*w czasie*)
□ **postponement** noun [C,U] ▶ **odroczenie, przesunięcie (w czasie)**

postscript /ˈpəʊstskrɪpt/ noun [C] (abbr. **PS**) a short message that you add to the end of a letter after you have signed your name: *PS. I love you.* ▶ **dopisek, postscriptum**

posture /ˈpɒstʃə(r)/ noun **1** [U] the way that a person sits, stands, walks, etc.: *Poor posture can lead to backache.* ▶ **postawa, postura 2** [C] a position that your body is in ▶ **pozycja**

post-war /ˌpəʊst ˈwɔː(r)/ adj. existing or happening in the period after the end of a war: *post-war reconstruction* ▶ **powojenny**

★**pot**[1] /pɒt/ noun [C] **1** a round container that is used for cooking food: *pots and pans* ▶ **garnek 2** a container that you use for a particular purpose: *a flowerpot* ○ *a teapot* ○ *a pot of paint* ▶ **doniczka, dzbanek, puszka 3** the amount that a pot contains: *two pots of tea* ▶ **dzbanek, garnek, puszka** (*zawarta ilość*)
■ **ˈpot plant** noun [C] (Brit.) a plant that you keep indoors ▶ **roślina doniczkowa**

pot[2] /pɒt/ verb [T] (**potting**; **potted**) to put a plant into a flowerpot ▶ **sadzić w doniczce**

★**potato** /pəˈteɪtəʊ/ noun [C,U] (pl. **potatoes**) a round vegetable with a brown, yellow or red skin. Potatoes are white or yellow inside. They grow under the ground on the roots of the potato plant.: *mashed potato* ziemniaki tłuczone ○ *potatoes baked in their jackets* (pieczone w mundurkach) ○ *roast potatoes* ○ *Linda peeled the potatoes* (obrała ziemniaki) *for supper.* ▶ **ziemniak, kartofel**
■ **poˌtato ˈcrisp** (US **poˈtato chip**) noun [C] = CRISP[2]

potent /ˈpəʊtnt/ adj. strong or powerful: *This cider is very potent.* ▶ **mocny, silny**
□ **potency** /-nsi/ noun [U] ▶ **siła, moc, potencja**

★**potential** /pəˈtenʃl/ adj. (only before a noun) that may possibly become sth, happen, be used, etc.: *Wind power is a potential source of energy.* ○ *potential customers* ▶ **potencjalny**
□ **potential** noun [U] the qualities or abilities that sb/sth has but that may not be fully developed yet.: *That boy has great potential.* ○ *to realize your full potential* ▶ **potencjał** | **potentially** /-ʃəli/ adv.: *That machine is potentially dangerous.* ▶ **potencjalnie**

pothole /ˈpɒthəʊl/ noun [C] **1** a deep hole in rock that was made by water. Potholes often lead to underground caves. ▶ **kocioł erozyjny**

2 a hole in the surface of a road, etc. ▶ **wybój**
□ **'potholing** noun [U] going down inside potholes and underground caves as a sport ▶ **speleologia**

potter[1] /'pɒtə(r)/ (US **putter** /'pʌtər/) verb [I] **potter (about/around)** to spend your time doing small jobs in an unhurried way: *Grandpa spends most of the day pottering in the garden.* ▶ **dłubać, gmerać**

potter[2] /'pɒtə(r)/ noun [C] a person who makes pots, dishes, etc. (pottery) from baked clay ▶ **garncarz**
□ **pottery** /'pɒtəri/ noun (pl. **potteries**) **1** [U] pots, dishes, etc. that are made from baked clay ▶ **wyroby garncarskie 2** [U] the activity of making pottery ▶ **garncarstwo 3** [C] a place where pottery is made ▶ **warsztat garncarski**

potty[1] /'pɒti/ adj. (**pottier**; **pottiest**) (Brit., informal) **1** mad or foolish ▶ **stuknięty, postrzelony 2 potty about sb/sth** liking sb/sth very much ▶ **zwariowany** (*na czyimś/jakimś punkcie*)

potty[2] /'pɒti/ noun [C] (pl. **potties**) (informal) a pot that children sit on when they are too small to use a toilet ▶ **nocnik**

pouch /paʊtʃ/ noun [C] **1** a small leather bag ▶ **worek, sakiewka 2** a pocket of skin in which some animals, e.g. kangaroos, carry their babies ▶ **torba** (*np. kangura*)

poultry /'pəʊltri/ noun **1** [pl.] birds, e.g. hens, ducks, geese, turkeys, etc. that are kept for their eggs or their meat: *to keep poultry* ▶ **drób 2** [U] the meat from these birds ➲ Zob. uwaga przy **meat**. ▶ **drób, mięso drobiowe**

pounce /paʊns/ verb [I] **pounce (on sb/sth)** to jump or land on sb/sth suddenly in order to attack: *The cat sat motionless, waiting to pounce on the mouse.* ○ (figurative) *He was quick to pounce on any mistakes I made.* ▶ **rzucać się/skakać (na kogoś/coś)**

★**pound**[1] /paʊnd/ noun **1** [C] (also ˌ**pound 'sterling**) (symbol £) the unit of money in Britain; one hundred pence (100p): *Melissa earns £16 000 a year.* ○ *a ten-pound note* ○ *a pound coin* ○ *How many euros will I get for a pound?* ▶ **funt (szterling) 2** (**the pound**) [sing.] the value of the British pound on international money markets: *The pound has fallen against the dollar.* Wartość funta spadła w stosunku do dolara. ○ *How many euros are there to the pound?* ▶ **funt 3** [C] (abbr. **lb**) a measure of weight; 0·454 of a kilogram. There are 16 ounces in a pound ▶ **funt**

pound[2] /paʊnd/ verb **1** [T] to beat sth with a heavy tool to make it soft or like powder ▶ **tłuc, kuć 2** [I] **pound (away) (at/against/on sth)** to hit or beat sth many times: *Great waves pounded against the rocks.* ○ *to pound on a door* ○ (figurative) *My heart was pounding with excitement.* ▶ **walić, tłuc, łomotać 3** [I] **pound along, down, up, etc.** to move quickly and with heavy steps in a particular direction: *Jason went pounding up the stairs three at a time.* ▶ **ciężko biec**

★**pour** /pɔː(r)/ verb **1** [I] (used about a liquid) to flow out of or into sth, quickly and steadily, and in large quantities: *Water poured through the hole in the sea wall.* ○ *Tears were pouring down her cheeks.* ○ *There was blood pouring out of the wound.* ○ (figurative) *People were pouring out of the station.* Ludzie tłumnie wychodzili ze stacji. ▶ **lać (się), wlewać, wylewać 2** [T] to make sth flow steadily out of or into a container: *I spilled some of the oil when I tried to pour it back into the bottle.* ○ *Pour the sugar into a bowl.* ▶ **wlewać, wylewać 3** [T] **pour sth (out)** to serve a drink to sb by letting it flow from a container into a cup or glass: *Have you poured out the tea?* ○ *Pour me another glass of wine, would you?* ▶ **nalewać, rozlewać 4** [I] to rain heavily: *The rain poured down all day long.* ○ *I'm not going out. It's pouring.* ▶ **lać**
IDIOM pour your heart out (to sb) to tell sb all your personal problems, feelings, etc. ▶ **otworzyć serce (przed kimś)**
PHRASAL VERB pour sth out to speak freely about what you think or feel about sth that has happened to you: *to pour out all your troubles* ▶ **wylewać (przed kimś)** (*np. swój żal*)

pout /paʊt/ verb [I,T] to push your lips forward to show that you are not pleased about sth or to look sexually attractive: *He pouted angrily.* ○ *models pouting their lips for the camera* ▶ **wydymać usta**
□ **pout** noun [C] ▶ **wydęcie ust**

★**poverty** /'pɒvəti/ noun [U] the state of having very little money; the state of being poor: *There are millions of people in this country who are living in poverty.* ▶ **ubóstwo, bieda**
□ **'poverty-stricken** adj. very poor ▶ **ubogi, biedny**

★**powder** /'paʊdə(r)/ noun **1** [C,U] a dry substance that is in the form of very small particles or grains: *This new washing powder doesn't get the clothes very clean.* ○ *baking powder* ▶ **proszek 2** [U] powder that you use on your skin: *face powder* ○ *talcum powder* ▶ **puder**
□ **powder** verb [T] to put powder(2) on sb/sth: *to powder a baby after a bath* ▶ **pudrować** | **powdered** adj. (used about a substance that is usually liquid) dried in the form of a powder: *powdered milk* ▶ **sproszkowany, w proszku**

★**power** /'paʊə(r)/ noun **1** [U] the ability to control people or things or to do sth: *The aim is to give people more power over their own lives.* ○ *to have sb in your power* ○ *It's not in my power* (nie mam możliwości) *to help you.* ▶ **moc, możliwość 2** [U] political control of a country or area: *When did this government come to power?* ○ *to take/seize power* ○ *the power of the trade unions* ▶ **władza, siła 3** [C] **the power (to do sth)** the right or authority to do sth: *Do the police have the power to stop cars without good reason?* ▶ **prawo, upoważnienie 4** [C] a country with a lot of influence in world affairs: *a military/an economic power* ▶ **mocarstwo, potęga 5** (**powers**) [pl.] a particular ability of the body or mind: *He has great powers of observation.* ○ *She had to use all her powers of persuasion on him.* ▶ **zdolność, umiejętność 6** [U] the energy or strength that sb/sth has: *I lost all power in my right arm.* ▶ **potęga, siła 7** [U]

energy that can be collected and used for operating machines, making electricity, etc.: *nuclear/wind/solar power* ○ *the power supply* ○ *This car has power steering* (wspomaganie kierownicy). ▶ **energia** (*np. elektryczna*)
□ **powered** adj. driven by or having a particular type of energy: *a nuclear-powered submarine* ○ *a high-powered engine* ▶ **zasilany**
■ **'power cut** noun [C] a time when the supply of electricity is cut off ▶ **przerwa w dopływie prądu** | **'power point** noun [C] = SOCKET(1) | **'power station** noun [C] a place where electricity is generated ▶ **elektrownia, siłownia**

★**powerful** /'paʊəfl/ adj. **1** very strong in a physical way: *That car has a very powerful engine.* ○ *Adrian is a powerful swimmer.* ▶ **potężny** **2** having a strong effect: *The Prime Minister made a powerful speech* (mocne przemówienie). ▶ **silny, bardzo skuteczny** **3** having a lot of influence over other people: *There was a meeting of some of the most powerful people in the country.* ▶ **potężny, wpływowy**
□ **powerfully** /-fəli/ adv. ▶ **potężnie; silnie**

powerless /'paʊələs/ adj. **1** without strength or influence ▶ **bezsilny** **2** not able to do sth: *I stood and watched him struggle, powerless to help* (nie mogąc mu pomóc). ▶ **niezdolny** (*do zrobienia czegoś*)

pp abbr. **1** pages ▶ **str.** **2** /ˌpiː 'piː/ (before a signature) on behalf of: *pp J Symonds* ▶ **z up., wz**

PR /ˌpiː 'ɑː(r)/ abbr. public relations: *It's good PR.* ▶ **stosunki między daną organizacją a publicznością lub klientami**

practicable /'præktɪkəbl/ adj. that can be done successfully: *The scheme is just not practicable. It is too complicated and too expensive.* ❶ Antonim: **impracticable**. ▶ **wykonalny**

★**practical** /'præktɪkl/ adj. **1** concerned with actually doing sth rather than ideas or theory: *You need some practical experience of working on a farm.* ▶ **praktyczny** **2** very suitable for a particular purpose; useful: *Plastic tablecloths are practical but they're not very elegant.* ▶ **praktyczny** **3** (used about people) making sensible decisions and good at dealing with problems: *We must be practical. It's no good buying a house we cannot afford.* ▶ **praktyczny, realnie/trzeźwo myślący** **4** that is likely to succeed: *Your plan just isn't practical.* ▶ **realny** ❶ Antonim dla znaczeń 2-4: **impractical**. **5** clever at doing things with your hands: *A dentist has to have good practical skills.* ▶ **zręczny, sprawny manualnie**
□ **practical** noun [C] (informal) a lesson or an examination where you do or make sth rather than just writing ▶ **egzamin praktyczny** | **practicality** /ˌpræktɪ'kæləti/ noun **1** [U] the state of being sensible or possible: *I am not convinced of the practicality of the scheme.* ▶ **wykonalność** **2** (**practicalities**) [pl.] the real facts rather than ideas or thoughts: *Let's look at the practicalities of the situation.* ▶ **strona praktyczna** | **practically** /-kli/ adv. **1** almost; nearly: *The city centre is practically deserted on Sundays.* ○ *He practically begged me not to go.* ▶ **niemal, prawie (że)** **2** in a practical way: *Practically speaking, we can't afford it.* ▶ **praktycznie**
■ **ˌpractical 'joke** noun [C] a trick that you play on sb (that involves doing sth that will make them look silly) ▶ **psikus, figiel**

★**practice** /'præktɪs/ noun **1** [U] the actual doing of sth rather than ideas or theory: *Your suggestion sounds fine in theory, but would it work in practice?* ○ *I can't wait to put what I've learnt into practice.* ▶ **praktyka, zastosowanie** **2** [C,U] (a period of) doing sth many times so that you become good at it: *You need plenty of practice when you're learning to drive.* ○ *His accent should improve with practice.* ○ *The team met for a practice twice a week.* ▶ **wprawa, ćwiczenie** **3** [C,U] (formal) the usual way of doing sth; sth that is done regularly: *It is standard practice not to pay bills until the end of the month.* ○ *The practice of banks closing at 3.30 is very annoying.* ▶ **zwyczaj, praktyka** **4** [U] the work of a doctor or lawyer: *Dr Roberts doesn't work in a hospital. He's in general practice* (praktykuje w przychodni). ▶ **praktyka** (*np. praca lekarza, adwokata*) **5** [C] the business of a doctor or lawyer: *There are two practices in our local health centre.* ▶ **przychodnia lekarska; kancelaria adwokacka**
IDIOM **be/get out of practice** to find it difficult to do sth because you have not done it for a long time: *I'm not playing very well at the moment. I'm really out of practice.* ▶ **mieć wprawę; wyjść z wprawy**

★**practise** (US **practice**) /'præktɪs/ verb **1** [I,T] to do sth many times so that you become very good at it: *If you want to play a musical instrument well, you must practise every day.* ○ *They practised the dance until it was perfect.* ○ *You need to practise saying 'th' in front of a mirror.* ▶ **ćwiczyć** **2** [T] to do sth or take part in sth regularly or openly: *For many years people were not allowed to practise their religion.* ▶ **praktykować, uprawiać** (*np. sport*) **3** [I,T] to work as a doctor or lawyer: *She's practising as a doctor in Leeds.* ▶ **praktykować**
□ **practised** (US **practiced**) adj. very good at sth, because you have had a lot of practice ▶ **doświadczony, wprawny, wytrawny** (*np. specjalista*)

practitioner /præk'tɪʃənə(r)/ noun [C] (formal) a person who works as a doctor or lawyer ➲ Por. **general practitioner**. ▶ **praktyk, praktykujący lekarz/adwokat**

pragmatic /præg'mætɪk/ adj. dealing with problems in a practical way rather than by following theory or principles ▶ **pragmatyczny**

prairie /'preəri/ noun [C] a very large area of flat land covered in grass with few trees (especially in North America) ▶ **preria**

★**praise**[1] /preɪz/ verb [T] **praise sb/sth (for sth)** to say that sb/sth is good and should be admired: *The fireman was praised for his courage.* ▶ **chwalić, sławić**

★**praise**[2] /preɪz/ noun [U] what you say when you are expressing admiration for sb/sth: *His new play has received a lot of praise.* ○ *Children respond better to praise than to criticism.* ▶ **pochwała, chwała**

□ '**praiseworthy** /-wɜːði/ adj. deserving praise ▶ **chwalebny, godny pochwały**

pram /præm/ (US '**baby carriage**) noun [C] a small carriage for a baby to go out in. A pram has four wheels, a hood and a handle to push it with. ▶ **wózek dziecinny**

prance /prɑːns; US præns/ verb [I] to move about with quick steps, as if you were jumping or dancing, often because you feel proud or pleased with yourself ▶ **podskakiwać**

prat /præt/ noun [C] (Brit., slang) a stupid person: *What a prat!* ▶ **głupek, cymbał**

prawn /prɔːn/ noun [C] a small sea animal with a shell. Prawns can be eaten as food; they turn pink when you cook them. ➲ Por. **scampi** i **shrimp**. ▶ **krewetka**

★**pray** /preɪ/ verb [I,T] **pray (to sb) (for sb/sth)** to speak to God or a god in order to give thanks or to ask for sth: *Let us pray.* ○ *to pray to Allah* ○ *They prayed that the war would end soon.* ▶ **modlić się**

★**prayer** /preə(r)/ noun **1** [C] the words that you use when you speak to God or a god: *to say your prayers* ○ *The vicar said a prayer for all the people who were ill.* ○ *a prayer book* modlitewnik/książeczka do nabożeństwa ▶ **modlitwa, pacierz 2** [U] the act of praying: *to kneel in prayer* ▶ **modlitwa**

preach /priːtʃ/ verb **1** [I,T] to give a sermon on a religious subject: *Who's preaching in church today?* ○ *The vicar preached a sermon on the meaning of love.* ○ *Jesus preached that we should love our neighbours as ourselves.* ○ (figurative) *Stop preaching at me! You're no better than I am.* ▶ **wygłaszać kazanie**; **prawić (komuś) kazanie/morały 2** [T] to say that sth is good and to persuade others to accept it: *I always preach caution in situations like this.* ▶ **zalecać, radzić**

□ **preacher** noun [C] a person who gives sermons, e.g. in a church ▶ **kaznodzieja**

precarious /prɪ'keəriəs/ adj. not safe or certain; dangerous: *Working on the roof of that building looks very precarious.* ▶ **niebezpieczny, ryzykowny**

□ **precariously** adv. ▶ **niebezpiecznie, ryzykownie**

precaution /prɪ'kɔːʃn/ noun [C] something that you do in order to avoid danger or problems: *We took the precaution of locking our valuables in the hotel safe.* ○ *precautions against fire* ▶ **środek ostrożności, ostrożność**

□ **precautionary** /prɪ'kɔːʃənəri; US -neri/ adj.: *I'm going to photocopy all these documents as a precautionary measure* (środek ostrożności).

precede /prɪ'siːd/ verb [I,T] (formal) to come or go before sb/sth: *The Queen was preceded by soldiers on horseback.* ○ *The results are on the preceding page.* ▶ **poprzedzać**

precedence /'presɪdəns/ noun [U] **precedence (over sb/sth)** the right that sb/sth has to come before sb/sth else because of greater importance: *In business, making a profit seems to take precedence over everything else.* ▶ **pierwszeństwo (przed kimś/czymś)**

pram

precedent /'presɪdənt/ noun [C,U] something that is considered as an example or a rule for what happens later: *We don't want to set a precedent* (stwarzać precedensu) *by allowing one person to come in late or they'll all want to do it.* ○ *The princess was not allowed to break with precedent and marry a divorced man.* ➲ Por. **unprecedented**. ▶ **precedens**

precinct /'priːsɪŋkt/ noun **1** [C] (Brit.) a special area of shops in a town where cars are not allowed: *a shopping precinct* ▶ **obszar wydzielony tylko dla ruchu pieszego 2** [C] (US) a part of a town that has its own police and fire services ▶ **dzielnica miasta posiadająca własną policję i straż pożarną 3** (**precincts**) [pl.] the area near or around a building, etc.: *Security guards patrol the hospital and its precincts.* ▶ **obrzeże/najbliższe otoczenie budynku**

★**precious** /'preʃəs/ adj. **1** of great value (usually because it is rare or scarce): *Gold and silver are precious metals.* ○ *In overcrowded Hong Kong, every small piece of land is precious.* ▶ **cenny, wartościowy 2** loved very much: *My mother's old ring is one of my most precious possessions.* ○ *Her husband was very precious to her.* ▶ **umiłowany**

■ ,**precious** '**metal** noun [C] a metal which is very rare and valuable and often used in jewellery: *Gold and silver are precious metals.* ▶ **metal szlachetny** | ,**precious** '**stone** noun [C] a stone which is very rare and valuable and often used in jewellery: *diamonds, rubies and other precious stones* ▶ **kamień szlachetny**

precipice /'presəpɪs/ noun [C] a very steep slope on the side of a mountain: (figurative) *The British economy is on the edge of a precipice.* ▶ **przepaść**

precis /'preɪsiː; US preɪ'siː/ noun [C,U] (pl. **precis**) a shortened form of a speech or written text that contains only the most important points ➲ Por. **summary**. ▶ **streszczenie**

★**precise** /prɪ'saɪs/ adj. **1** clear and accurate: *Try to be precise in your measurements.* ○ *I gave them precise instructions how to get here.* ○ *The answer was 10, or 9·98 to be precise.* ○ *She couldn't be very precise about what her attacker was wearing.* ▶ **dokładny, ścisły, ściśle określony 2** (only before a noun) exact; particular: *I'm sorry. I can't come just at this precise moment.* ▶ **dokładny 3** (used about a person) taking care to get small details right: *He's very precise.* ▶ **precyzyjny, skrupulatny** ❶ Antonim dla znaczeń 1 i 3: **imprecise**.

□ **precisely** adv. **1** clearly or exactly: *The time*

is 10.03 precisely. ○ *That's precisely what I mean.* ○ *I mean precisely what I say.* ▶ **dokładnie** **2** (used to emphasize that sth is very true or obvious): *'But he was so friendly.' 'I didn't trust him precisely because he was so friendly.'* ▶ **właśnie** **3** (used for agreeing with a statement) yes, that is right: *'So, if we don't book now, we probably won't get a flight?' 'Precisely.'* ▶ **właśnie tak**

precision /prɪˈsɪʒn/ (also **preciseness** /prɪˈsaɪsnɪs/) noun [U] the quality of being clear or exact: *The plans were drawn with great precision.* ▶ **precyzja, dokładność**

precocious /prɪˈkəʊʃəs/ adj. **1** (used about children) acting in a way that makes them seem older than they really are ❶ Słowa tego używa się często w znaczeniu krytycznym, podobnie jak w jęz. polskim „stary maleńki". ▶ **rozwinięty nad wiek** **2** developed very early: *a precocious talent for playing the piano* ▶ **wcześnie/przedwcześnie rozwinięty** (*np. talent*)

preconceived /ˌpriːkənˈsiːvd/ adj. (used about an idea or opinion) formed before you have knowledge or experience: *When I visited Russia last year I soon forgot all my preconceived ideas about the country.* ▶ **z góry wyrobiony**

preconception /ˌpriːkənˈsepʃn/ noun [C] an idea or opinion that you have formed about sb/sth before you have enough knowledge or experience ▶ **uprzedzenie, z góry wyrobiony sąd/wyobrażenie**

predator /ˈpredətə(r)/ noun [C] an animal that kills and eats other animals ▶ **drapieżnik**

predecessor /ˈpriːdɪsesə(r); US ˈpredə-/ noun [C] the person who was formerly in the job or position that sb else is in now; something that is no longer used and has been replaced by sth else: *The new head teacher is much better than her predecessor.* ○ *Our latest car is more reliable than most of its predecessors.* ➲ Por. **successor**. ▶ **poprzedni-k/czka**

predicament /prɪˈdɪkəmənt/ noun [C] a difficult situation ▶ **kłopot, kłopotliwe położenie**

predicative /prɪˈdɪkətɪv; US ˈpredɪkeɪtɪv/ adj. (used about an adjective) not used before a noun; coming after a verb such as 'be', 'become', 'get', 'seem', 'look': *You cannot say 'an asleep child' because 'asleep' is a predicative adjective.* ➲ Por. **attributive**. ▶ **orzecznikowy**
□ **predicatively** adv.: *'Asleep' can only be used predicatively.* ▶ **orzecznikowo**

★**predict** /prɪˈdɪkt/ verb [T] to say that sth will happen (often because you have special knowledge): *to predict the results of the election* ○ *Scientists still cannot predict when earthquakes will happen.* ○ *Mrs Jones predicted that all the students would pass the exam, and they did.* ▶ **przewidywać, prorokować**
□ **predictable** /-əbl/ adj. that was or could be expected; (used about a person) always behaving in the way that is expected ❶ Antonim: **unpredictable**. ▶ **przewidywalny** | **predictably** adv.: *Predictably, all the applause came from the politician's own supporters.* ▶ **przewidywalnie** | **prediction** /prɪˈdɪkʃn/ noun [C,U] saying what will happen; what sb thinks will happen: *The Institute's prediction of economic chaos has been proved correct.* ▶ **przewidywanie**

predominant /prɪˈdɒmɪnənt/ adj. most noticeable, powerful or important: *The predominant colour was yellow.* ▶ **przeważający, dominujący**
□ **predominance** /-əns/ [sing., U] the state of being most important or greatest in number: *There is a predominance of Japanese tourists in Hawaii.* ▶ **przewaga, wyższość** | **predominantly** adv. mostly; mainly: *The population of the island is predominantly Spanish.* ▶ **przeważnie, głównie** | **predominate** /prɪˈdɒmɪneɪt/ verb [I] **predominate (over sb/sth)** (formal) to be most important or greatest in number: *In the colder regions, pine trees predominate.* ▶ **przeważać, dominować**

preface /ˈprefəs/ noun [C] a written introduction to a book that explains what it is about or why it was written ▶ **przedmowa, wstęp**

prefect /ˈpriːfekt/ noun [C] (Brit.) an older pupil in a school who has special duties and responsibilities. Prefects often help to make sure that the younger pupils behave properly. ▶ **starszy uczeń** (*często odpowiedzialny za zachowanie młodszych*)

★**prefer** /prɪˈfɜː(r)/ verb [T] (**preferring**; **preferred**) **prefer sth (to sth)** ❶ Czasownika **prefer** nie używa się w czasach *continuous*. Natomiast często spotyka się go w *present participle* (formie *-ing*): *Their elder son had gone to work in London, preferring not to join the family firm.* to choose sth rather than sth else; to like sth better: *Would you prefer tea or coffee?* ○ *I prefer skating to skiing.* ○ *You go to the cinema if you want. I'd prefer to stay in tonight.* ▶ **woleć**

> Zwróć uwagę, że **prefer** można użyć następująco: *Helen prefers going by train to flying.* ○ *Helen prefers to go by train rather than to fly.* ○ *My parents would prefer me to study law at university.* ○ *My parents would prefer it if I studied law at university.* ○ *My parents would prefer that I studied law at university.* Dwa ostatnie przykłady stosowane są w języku formalnym.
>
> Zwróć też uwagę, że **prefer** w ogóle zalicza się do czasowników dość formalnych. Zamiast *Would you prefer tea or coffee?* można powiedzieć *Would you rather have tea or coffee?* Zamiast *I prefer skating to skiing* można powiedzieć *I like skating better than skiing*.

□ **preferable** /ˈprefrəbl/ adj. **preferable (to sth/to doing sth)** better or more suitable: *Going anywhere is preferable to staying at home for the weekend.* ○ *Cold drinks are preferable in hot weather.* ▶ **lepszy, bardziej odpowiedni** | **preferably** /ˈprefrəbli/ adv. more suitably; better: *Come round on Sunday morning but preferably not before ten!* ▶ **raczej, chętniej, lepiej**

★**preference** /ˈprefrəns/ noun **1** [sing., U] **preference (for sth)** a liking for sth rather than for sth else: *What you wear is entirely a matter of personal preference.* ○ *We have both red and white wine. Do you have a preference for* (wolisz) *one or the other?* ▶ **upodobanie, przedkładanie (czegoś nad coś) 2** [U] **preference (to/towards sb)** special treatment that you give to one person or group rather than to others: *We give preference to families with young children.* ○ *Please list your choices in order of preference* (w porządku preferencyjnym). ▶ **pierwszeństwo, preferencja**

preferential /ˌprefəˈrenʃl/ adj. giving or showing preference(2): *I don't see why he should get preferential treatment!* ▶ **uprzywilejowany, preferencyjny**

prefix /ˈpriːfɪks/ noun [C] a word or group of letters that you put at the beginning of a word to change its meaning: *The prefix 'im-' means 'not', e.g. 'impossible'.* ➲ Por. **suffix**. ▶ **przedrostek**

★**pregnant** /ˈpregnənt/ adj. (used about a woman or female animal) having a baby developing in her body: *Liz is five months pregnant.* ❶ Najczęściej mówi się **She's expecting a baby** lub **She's going to have a baby.** ▶ **w ciąży**

□ **pregnancy** /-nənsi/ noun (pl. **pregnancies**) **1** [U] the state of being pregnant: *You should try to rest during pregnancy.* ○ *a pregnancy test* ▶ **ciąża 2** [C] the period of time when a woman or female animal is pregnant: *to have a difficult pregnancy* ▶ **okres ciąży, ciąża**

prehistoric /ˌpriːhɪˈstɒrɪk/ adj. of the time before history was written down: *prehistoric cave paintings* ▶ **prehistoryczny**

★**prejudice** /ˈpredʒudɪs/ noun [C,U] a strong feeling of like or dislike towards sb/sth that is not based on reason or experience: *racial prejudice* ○ *He has a prejudice against women doctors.* ▶ **uprzedzenie**

□ **prejudice** verb [T] **1 prejudice sb (against/in favour of sb/sth)** to influence sb; to cause sb to have a prejudice: *The newspaper stories had prejudiced the jury against him.* ▶ **nastawiać (kogoś) uprzedzająco/przychylnie (do kogoś/czegoś), zrażać (kogoś do kogoś/czegoś) 2** to hurt or weaken sth: *Your appearance may prejudice your chances of getting the job.* ▶ **przynosić uszczerbek, szkodzić** | **prejudiced** adj. having or showing prejudice: *You can't rely on his opinion – he's prejudiced.* ▶ **uprzedzony**

preliminary /prɪˈlɪmɪnəri; US -neri/ adj. coming before sth else that is more important: *preliminary remarks* ▶ **wstępny**

□ **preliminary** noun [C] a thing that you do before sth more important: *Once the preliminaries are over, we can get down to business.* ▶ **wstęp**

prelude /ˈpreljuːd/ noun [C] **1** something that comes before sth else or that forms an introduction to sth: *The build-up of troops seemed to be a prelude to war.* ▶ **wstęp 2** a piece of music that forms the first part of a longer piece ▶ **preludium**

premature /ˈpremətʃə(r); US ˌpriːməˈtʊər/ adj. **1** coming or happening before the proper or expected time: *Premature babies* (wcześniaki) *need special care.* ▶ **przedwczesny 2** acting or happening too soon: *I think our decision was premature. We should have thought about it for longer.* ▶ **pochopny, przedwczesny**

□ **prematurely** adv.: *The shock caused her to go prematurely grey.* ▶ **przedwcześnie**

premeditated /ˌpriːˈmedɪteɪtɪd/ adj. planned in advance: *Was the attack premeditated?* ▶ **przemyślony, z premedytacją**

premier /ˈpremiə(r); US prɪˈmɪər; ˈpriːmiər/ adj. (only before a noun) most important; best: *the premier division of the football league* ▶ **pierwszy, najlepszy**

□ **premier** noun [C] the leader of the government of a country ▶ **premier**

premiere /ˈpremieə(r); US prɪˈmɪər/ noun [C] the first performance of a play, film, etc. ▶ **premiera**

premises /ˈpremɪsɪz/ noun [pl.] (formal) a building and the land that surrounds it: *The company is moving to larger premises.* ○ *Smoking is not allowed on the premises.* ▶ **budynek z przyległym terenem**

premium /ˈpriːmiəm/ noun [C] **1** an amount of money that you pay regularly to a company for insurance: *monthly premiums of £25* ▶ **składka ubezpieczeniowa 2** an extra payment: *You must pay a premium for express delivery.* ▶ **dopłata**

premonition /ˌpriːməˈnɪʃn/ noun [C] a feeling that sth unpleasant is going to happen ▶ **złe przeczucie**

preoccupation /priˌɒkjuˈpeɪʃn/ noun **1** [U] **preoccupation (with sth)** the state of thinking or being worried about sth all the time ▶ **troska, zaabsorbowanie, pochłonięcie umysłu 2** [C] a thing that you think or worry about all the time: *My main preoccupation was finding somewhere to live.* ▶ **nieustająca troska**

preoccupy /priˈɒkjupaɪ/ verb [T] (pres. part. **preoccupying**; 3rd pers. sing. pres. **preoccupies**; pt, pp **preoccupied**) to fill sb's mind so that they do not think about anything else ▶ **absorbować, pochłaniać umysł**

□ **preoccupied** adj. not paying attention to sb/sth because you are thinking or worrying about sb/sth else ▶ **zaabsorbowany, pochłonięty**

★**preparation** /ˌprepəˈreɪʃn/ noun **1** [U] the act of getting sb/sth ready: *Hygiene is essential during the preparation of food.* ○ *exam preparation* ▶ **przygotowanie 2** [C, usually pl.] **preparation (for sth/to do sth)** something that you do to get ready for sth: *The wedding preparations are almost complete.* ▶ **przygotowania**

IDIOM **in preparation (for sth)** in order to get ready for sth: *Get a good night's sleep in preparation for the journey.* ▶ **aby przygotować się**

preparatory /prɪˈpærətri; US -tɔːri/ adj. done in order to get ready for sth: *a preparatory course in English for students who wish to study at a British university* ▶ **przygotowawczy**

■ **preˈparatory school** (informal **ˈprep school**) noun [C] **1** (Brit.) a private school for pupils aged between seven and thirteen. ▶ **prywatna szko-**

ła podstawowa 2 (US) a private school that prepares students for college or university ▶ **prywatna szkoła przygotowująca uczniów do dalszej nauki w koledżu lub na uniwersytecie**

★**prepare** /prɪˈpeə(r)/ verb [I,T] **prepare (sb/sth) (for sb/sth)** to get ready or to make sb/sth ready: *Bob helped me prepare for the party.* ○ *to prepare for an exam.* ○ *to prepare a meal* ○ *The spokesman read out a prepared statement but refused to answer any questions.* ○ *You're going to have to prepare yourself for a shock.* ▶ **przygotowywać (się)**

IDIOMS **be prepared for sth** to be ready for sth difficult or unpleasant ▶ **być przygotowanym (na coś trudnego/niemiłego)** | **be prepared to do sth** to be willing to do sth: *I am not prepared to stay here and be insulted.* ▶ **być chętnym**

preposition /ˌprepəˈzɪʃn/ noun [C] a word or phrase that is used before a noun or pronoun to show place, time, direction, etc.: *'In', 'for', 'to', 'out of', 'on behalf of' are all prepositions.* ▶ **przyimek**

preposterous /prɪˈpɒstərəs/ adj. silly; ridiculous; not to be taken seriously ▶ **niedorzeczny, bzdurny, śmieszny**

prerequisite /ˌpriːˈrekwəzɪt/ noun [C] **prerequisite (for/of sth)** something that is necessary for sth to happen or exist: *Is a good education a prerequisite of success?* ▶ **wstępny warunek**

prerogative /prɪˈrɒɡətɪv/ noun [C] a special right that sb/sth has: *It is the Prime Minister's prerogative to fix the date of the general election.* ▶ **przywilej, prerogatywa**

Pres. abbr. President ▶ **prezydent, prezes/ka**

prescribe /prɪˈskraɪb/ verb [T] **1** to say what medicine or treatment you should have; to order medicine on a special form (a prescription): *Can you prescribe something for my cough please, doctor?* ▶ **przepisywać, ordynować** **2** (formal) (used about a person or an organization with authority) to say that sth must be done: *The law prescribes that the document must be signed in the presence of two witnesses.* ▶ **nakazywać, określać**

prescription /prɪˈskrɪpʃn/ noun **1** [C,U] a form on which a doctor has written the name of the medicine that you need. You take your prescription to a chemist's and get the medicine there: *a prescription for sleeping pills* ○ *Some medicines are only available on prescription.* ▶ **recepta 2** [U] the act of prescribing sth ▶ **wypisywanie recepty; zalecanie**

★**presence** /ˈprezns/ noun **1** [U] being in a place or with sb: *He apologized to her in the presence of the whole family.* ○ *to request sb's presence at a meeting* ❶ Antonim: **absence**. ▶ **obecność** **2** [sing.] a number of soldiers or policemen who are in a place for a special reason: *a huge police presence* ▶ **obecność**

★**present¹** /ˈpreznt/ adj. **1** (not before a noun) being in a particular place: *There were 200 people present at the meeting.* ❶ Antonim: **absent**. ▶ **obecny 2** (only before a noun) existing or happening now: *We hope to overcome our present difficulties very soon.* ▶ **obecny, bieżący, niniejszy**

IDIOM **the present day** modern times: *In some countries traditional methods of farming have survived to the present day.* ○ *present-day attitudes to women* ▶ **obecne czasy**

□ **present** noun [sing.] **1** (**the present**) the time now: *We live in the present but we must learn from the past.* ▶ **teraźniejszość 2** (**the present**) = PRESENT TENSE

IDIOMS **at present** now: *I'm rather busy at present. Can I call you back later?* ▶ **teraz, obecnie** | **for the moment/present** → MOMENT

■ ˌ**present ˈparticiple** noun [C] the form of the verb that ends in *-ing*: *'Going', 'walking' and 'trying' are all present participles.* ▶ **imiesłów czasu teraźniejszego** | ˌ**present ˈperfect** noun [sing.] the tense that is formed with the present tense of *have* and the *past participle* of the verb ▶ **czas teraźniejszy dokonany** | ˌ**present ˈsimple** noun [sing.] the tense that is used to describe sth that happens regularly, such as 'I eat there every day.' ▶ | ˌ**present ˈtense** noun [C] the tense of the verb that you use when you are talking about what is happening or what exists now ▶ **czas teraźniejszy**

★**present²** /ˈpreznt/ noun [C] something that you give to sb or receive from sb; a gift: *The tie was a present from my sister.* ○ *a birthday/wedding/Christmas present* ○ *I must buy a present for my friend.* ❶ **Gift** to słowo bardziej formalne, używane często w sklepach, katalogach itp. ▶ **prezent**

★**present³** /prɪˈzent/ verb [T] **1 present sb with sth; present sth (to sb)** to give sth to sb, e.g. at a formal ceremony: *All the dancers were presented with flowers.* ○ *Flowers were presented to all the dancers.* ○ *The duchess presented a silver cup to the winner.* ▶ **darować, ofiarowywać 2 present sb (to sb)** to introduce sb to a person of higher social rank: *to be presented to the Queen* ▶ **przedstawiać (kogoś komuś) 3** to give or show sth: *Good teachers try to present their material in an interesting way.* ○ *to present a report to the board of directors* ▶ **przedstawiać, prezentować, wręczać 4** to cause or provide sth: *Learning English presented no problem to him.* ○ *The course aims to present each participant with new challenges.* ▶ **przedstawiać, stwarzać 5** to show a play, etc. to the public: *The Theatre Royal is presenting a new production of 'Ghosts'.* ▶ **wystawiać 6** to introduce a television or radio programme or the people who appear on it ▶ **prezentować; przedstawiać**

□ **presenter** noun [C] a person who introduces a television or radio programme ▶ **prezenter/ka**

presentable /prɪˈzentəbl/ adj. quite good, and suitable to be seen in public: *I'm going to wear this dress to the party – it's still quite presentable.* ▶ **dobrze wyglądający, mający dobrą prezencję**

presentation /ˌpreznˈteɪʃn; US ˌpriːzen-/ noun **1** [U] presenting sth or being presented: *the presentation of new material in a textbook* ▶ **przed-**

stawianie **2** [U] the appearance of sth or the impression that it makes on other people: *Untidy presentation of your work may lose you marks.* ▶ **prezentacja; postrzeganie 3** [C] a formal ceremony at which a prize, etc. is given to sb ▶ **ceremonia wręczania 4** [C] (formal) a talk that gives information on a particular subject ▶ **wystąpienie**

presently /ˈprezntli/ adv. **1** soon: *I'll be finished presently.* ▶ **zaraz 2** after a short time: *Presently I heard the car door shut.* ▶ **wkrótce, niebawem 3** (especially US) now: *The management are presently discussing the matter with the unions.* ▶ **teraz**

Zwróć uwagę, że gdy **presently** oznacza „zaraz", występuje zwykle na końcu zdania, gdy oznacza „wkrótce", występuje zwykle na początku zdania, kiedy zaś oznacza „teraz", stoi przy czasowniku.

★**preservation** /ˌprezəˈveɪʃn/ noun [U] keeping sth in the same or in good condition: *the preservation of law and order* ○ *the preservation of wildlife* ▶ **ochrona, utrzymywanie**

preservative /prɪˈzɜːvətɪv/ noun [C,U] a substance that is used for keeping food, etc. in good condition ▶ **środek konserwujący**

★**preserve** /prɪˈzɜːv/ verb [T] to keep sth safe or in good condition: *They've managed to preserve most of the wall paintings in the caves.* ○ *You can preserve fruit by making it into jam.* ▶ **chronić, zachowywać, wekować**

preside /prɪˈzaɪd/ verb [I] to be in charge of a discussion, meeting, etc. ▶ **przewodniczyć**

PHRASAL VERB **preside over sth** to be in control of or responsible for sth: *Our present director has presided over a period of expansion.* ▶ **przewodniczyć czemuś/na czymś**

presidency /ˈprezɪdənsi/ noun (pl. **presidencies**) **1** (**the presidency**) [sing.] the position of being president: *to be nominated for the presidency* ▶ **prezydentura 2** [C] the period of time that sb is president ▶ **kadencja prezydenta**

★**president** /ˈprezɪdənt/ noun [C] **1** (also **President**) the leader of the country and head of the government in many countries that do not have a king or queen. A president is usually chosen in an election: *President Aznar of Spain* ○ *the vice-president* ▶ **prezydent 2** the person with the highest position in some organizations ▶ **prezes, dyrektor, rektor**

□ **presidential** /ˌprezɪˈdenʃl/ adj. connected with a president ▶ **prezydencki**

★**press**[1] /pres/ noun **1** (often **the press**) [sing., with sing. or pl. verb] newspapers, and the journalists who work for them. The news departments of television and radio are also part of the press: *The minister refused to speak to the press.* ○ *the local/national press* ○ *a press photographer* ○ *The press support/supports government policy.* ▶ **prasa 2** [sing., U] what or the amount that is written about sb/sth in newspapers: *This company has had a bad/good press.* ○ *The strike got very little press.* ▶ **prasa 3** [U] the act of printing books, newspapers, etc.: *All details were correct at the time of going to press.* ▶ **drukowanie 4** [C] = PRINTING PRESS **5** [C] a business that prints books, etc.: *Oxford University Press* ▶ **wydawnictwo 6** [C] an act of pushing sth firmly: *With a press of a button you can call up all the information you need.* ○ *This shirt needs a press* (wymaga wyprasowania). ▶ **przyciskanie, prasowanie**

■ **ˈpress conference** noun [C] a meeting when a famous or an important person answers questions from newspaper and television journalists: *to hold a press conference* ▶ **konferencja prasowa** | **ˈpress release** noun [C] an official announcement or account of sth that is given to journalists, by a government department, political party or company ▶ **nota prasowa**

★**press**[2] /pres/ verb **1** [I,T] to push firmly: *Just press that button and the door will open.* ○ *Don't press too hard on the brakes.* ○ *The child pressed her nose against the window.* ▶ **przyciskać, cisnąć 2** [T] to put weight onto sth, e.g. in order to get juice out of it: *to press grapes* ○ *to press wild flowers between the pages of a book* ▶ **tłoczyć, wyciskać, ściskać 3** [T] to make a piece of clothing smooth and smart by using an iron ▶ **prasować 4** [T] to hold sb/sth firmly as a sign of love, etc.: *She pressed his hand to her heart.* ▶ **przyciskać 5** [I,T] **press (sb) (for sth)** to try to get sth or to make sb do sth: *I pressed them to stay for supper.* ○ *to press sb for an answer* ○ *The opposition is pressing for a public inquiry into the accident.* ▶ **nalegać (na kogoś, żeby), domagać się 6** [T] to try to get sth accepted: *I don't want to press the point, but you do owe me £200.* ▶ **naciskać, nalegać**

IDIOMS **be hard pressed/pushed/put to do sth** → HARD[2] | **be pressed for sth** to not have enough of sth: *I must hurry. I'm really pressed for time* (naprawdę czas mnie nagli). ▶ **być pod presją** (*np. terminów*) | **bring/press charges (against sb)** → CHARGE[1]

PHRASAL VERBS **press across, against, around, etc. (sth)** (used about people) to move in a particular direction by pushing: *The crowd pressed against the wall of policemen.* ▶ **napierać na kogoś/coś, tłoczyć się do czegoś/w czymś** | **press ahead/forward/on (with sth)** to continue doing sth even though it is difficult or hard work: *They pressed on with the building work in spite of the bad weather.* ▶ **uparcie kontynuować**

□ **pressing** adj. that you must do or deal with immediately: *a pressing engagement* ▶ **pilny**

■ **ˈpress stud** noun [C] = POPPER | **ˈpress-up** (US **ˈpush-up**) noun [C] a type of exercise in which you lie on your front on the floor and push your body up with your arms ▶ **pompka**

★**pressure** /ˈpreʃə(r)/ noun **1** [U] the force that is produced when you press on or against sth: *Apply pressure* (uciśnij) *to the cut and it will stop bleeding.* ○ *The pressure of the water caused the dam to crack.* ▶ **parcie, napór; nawał 2** [C,U] the force that a gas or liquid has when it presses against sth: *high/low blood pressure* ○ *You should check your tyre pressures regularly.* ○ *Low air pressure often brings rain.* ▶ **ciśnie-**

nie 3 [C,U] a situation that causes you to be worried or unhappy: *financial pressures* ○ *They moved to the country to escape the pressures of city life* (żeby uciec przed stresami miejskiego życia). ▶ **presja, trudności**

IDIOMS **put pressure on sb (to do sth)** to persuade or force sb to do sth: *The press are putting pressure on the minister to resign.* ▶ **wywierać presję** | **under pressure 1** (used about liquid or gas) having great force: *Water is forced out through the hose under pressure.* ▶ **pod ciśnieniem 2** being forced to do sth: *Anna was under pressure from her parents to get a job.* ▶ **pod presją 3** worried or in difficulty because you have too much to deal with: *I perform poorly under pressure.* ▶ **w nawale** (*trudności itp.*)

□ **pressure** verb [T] = PRESSURIZE

■ **'pressure cooker** noun [C] a large pan with a lid in which you can cook things quickly using steam under high pressure ➲ Ilustr. do **pan**. ▶ **szybkowar** | **'pressure group** noun [C, with sing. or pl. verb] a group of people who are trying to influence what a government or other organization does: *Transport 2000 is a pressure group that is campaigning for better public transport.* ▶ **grupa nacisku**

pressurize (also **-ise**) /ˈpreʃəraɪz/ (also **pressure** /ˈpreʃə(r)/) verb [T] **pressurize sb into sth/into doing sth** to use force or influence to make sb do sth: *Some workers were pressurized into taking early retirement.* ▶ **wywierać presję**

□ **pressurized** (also **-ised**) adj. (used about air in an aeroplane, etc.) kept at the pressure at which people can breathe ▶ **utrzymujący odpowiednie dla ludzi ciśnienie atmosferyczne**

prestige /preˈstiːʒ/ noun [U] the respect and admiration that people feel for a person because they have a high social position or have been very successful: *Nursing isn't a very high prestige job but it gives you a lot of satisfaction.* ▶ **prestiż**

□ **prestigious** /preˈstɪdʒəs/ adj. respected or admired; bringing prestige: *Eton is one of Britain's most prestigious schools.* ▶ **prestiżowy**

presumably /prɪˈzjuːməbli; US -ˈzuː-/ adv. I imagine; I suppose: *Presumably this rain means the match will be cancelled?* ▶ **przypuszczalnie**

presume /prɪˈzjuːm; US -ˈzuːm/ verb [T] to think that sth is true even if you do not know for sure; to suppose: *The house looks empty so I presume they are away on holiday.* ○ *The soldiers were missing, presumed dead.* ▶ **przypuszczać, domniemywać**

presumption /prɪˈzʌmpʃn/ noun [C] something that you presume or suppose to be true ▶ **przypuszczenie, domniemanie**

presumptuous /prɪˈzʌmptʃuəs/ adj. doing sth that you have no right or authority to do: *It was very presumptuous* (bezczelnie) *of him to say that I would help without asking me first.* ▶ **bezczelny**

pretence (US **pretense**) /prɪˈtens/ noun [U, sing.] an action that makes people believe sth that is not true: *Why make any pretence? You don't like it, so say so!* ○ *to make a pretence of being ill* ▶ **pozór**

IDIOM **on/under false pretences** → FALSE

★**pretend** /prɪˈtend/ verb [I,T] to appear to do or be sth, in order to trick or deceive sb: *Frances walked past pretending (that) she hadn't seen me.* ○ *Paul's not really asleep. He's just pretending.* ○ *The children are pretending to be space explorers.* ▶ **udawać, pozorować**

pretentious /prɪˈtenʃəs/ adj. trying to appear more serious or important than you really are: *a pretentious modern film* ❶ Antonim: **unpretentious**. ▶ **pretensjonalny**

pretext /ˈpriːtekst/ noun [C] a reason that you give for doing sth that is not the real reason: *Clive left on the pretext of having an appointment at the dentist's.* ▶ **pretekst**

★**pretty**[1] /ˈprɪti/ adj. (**prettier**; **prettiest**) pleasant to look at; attractive: *Rachel looks really pretty in that dress, doesn't she?* ○ *What a pretty garden!* ○ *very pretty material with yellow and blue flowers on it* ▶ **ładny**

> Kiedy mowa o dziewczętach lub kobietach, używa się **pretty**. W celu określenia urody męskiej używa się **good-looking** lub **handsome**. Zob. uwaga przy **beautiful**.

□ **prettily** adv.: *to smile prettily* ▶ **ładnie** | **prettiness** noun [U] ▶ **uroda**

★**pretty**[2] /ˈprɪti/ adv. (informal) quite; rather: *It's pretty cold outside.* ○ *I'm pretty certain that Alex will agree.* ➲ Zob. uwaga przy **rather**. ▶ **dosyć, raczej**

IDIOM **pretty much/nearly/well** almost: *I won't be long. I've pretty well finished.* ▶ **prawie**

prevail /prɪˈveɪl/ verb [I] **1** to exist or be common: *In some remote areas a lot of superstition still prevails.* ▶ **istnieć, przeważać 2** (formal) to win or gain control: *Justice prevailed and the men were set free.* ▶ **triumfować, zwyciężać**

□ **prevailing** adj. (only before a noun) **1** most common or general: *the prevailing climate of opinion* ▶ **przeważający, powszechny 2** (used about the wind) most common in a particular area: *The prevailing wind is from the southwest.* ▶ **przeważający**

prevalent /ˈprevələnt/ adj. (formal) common in a particular place at a particular time: *The prevalent atmosphere was one of fear.* ▶ **panujący, przeważający**

★**prevent** /prɪˈvent/ verb [T] **prevent sb/sth (from) (doing sth)** to stop sth happening or to stop sb doing sth: *Everyone hopes the negotiations will prevent a war.* ○ *I don't think that we can prevent them finding out about this.* ○ *Her parents tried to prevent her from going to live with her boyfriend.* ❶ **Prevent** jest bardziej formalne niż **stop**. ▶ **zapobiegać, przeszkadzać, uniemożliwiać**

□ **preventable** adj. that can be prevented: *Many accidents are preventable.* ▶ **możliwy do uniknięcia**

★**prevention** /prɪˈvenʃn/ noun [U] the act of preventing sth: *The NSPCC is the National Society for the Prevention of Cruelty to Children.* ▶ **zapobieganie, profilaktyka**

preventive /prɪˈventɪv/ (also **preventative** /prɪˈventətɪv/) adj. intended to stop or prevent sth (especially crime or disease) from happening: *preventive measures to reduce crime* ○ *preventive medicine* ▶ **zapobiegawczy, prewencyjny, profilaktyczny**

preview /ˈpriːvjuː/ noun [C] a chance to see a play, film, etc. before it is shown to the general public ▶ **prapremiera**

★**previous** /ˈpriːviəs/ adj. coming or happening before or earlier: *Do you have previous experience of this type of work?* ○ *Giles has two children from his previous marriage.* ○ *The previous owners of our house moved to Liverpool.* ▶ **poprzedni, poprzedzający**

□ **previously** adv.: *Before I moved to France I had previously worked in Italy and Spain.* ▶ **poprzednio, uprzednio**

prey /preɪ/ noun [U] an animal or a bird that is killed and eaten by another animal or bird: *Antelope and zebra are prey for lions.* ○ *The eagle is a bird of prey* (jest ptakiem drapieżnym). ▶ **żer, zdobycz**

□ **prey** verb

IDIOM **prey on sb's mind** to cause sb to worry or think about sth: *The thought that he was responsible for the accident preyed on the train driver's mind.* ▶ **dręczyć/trawić (kogoś)**

PHRASAL VERB **prey on sth** (used about an animal or a bird) to kill and eat other animals or birds: *Cats prey on mice.* ▶ **żerować na kimś/czymś, polować na coś**

★**price** /praɪs/ noun [C] the amount of money that you must pay in order to buy sth: *What's the price of petrol now?* ○ *to charge high/low prices* ○ *We can't afford to buy the car at that price.* ○ *She offered me a fair price for the car.* ○ *Copies of the CD can be purchased at cost price* (po cenie własnej). ○ *the retail/selling price* cena detaliczna ○ (figurative) *Is pollution the price we have to pay for progress?* ▶ **cena; koszt**

> A shop may **raise** / **increase**, **reduce** / **bring down** or **freeze** its prices. The prices **rise** / **go up** or **fall** / **go down**.

> **Charge** oznacza ilość pieniędzy, jaką trzeba zapłacić za używanie czegoś: *Is there a charge for parking here?* ○ *admission charges.* **Cost** używa się, mówiąc o płaceniu za usługi, lub ogólnie o cenach, bez wymieniania faktycznej sumy: *The cost of electricity is going up.* ○ *the cost of living.* **Price** oznacza ilość pieniędzy, jaką należy zapłacić, aby coś kupić.

IDIOMS **at a price** costing a lot of money or involving sth unpleasant: *He'll help you get a job – at a price* (ale będzie cię to drogo kosztować). ▶ **za (wysoką) cenę** | **at any price** even if the cost is very high or if it will have unpleasant results: *He was determined to succeed at any price.* ▶ **za wszelką cenę** | **not at any price** in no circumstances; never ▶ **za żadną cenę**

□ **price** verb [T] **1** to fix the price of sth: *The books were priced between £5 and £10.* ▶ **wyceniać** **2** to mark the price on goods in a shop ▶ **umieszczać cenę na towarach w sklepie** | **priceless** adj. of very great value: *priceless jewels and antiques* ⊃ Por. **worthless**, **valuable** i **invaluable**. ▶ **bezcenny** | **pricey** /ˈpraɪsi/ adj. (**pricier**; **priciest**) (informal) expensive ▶ **kosztowny**

■ ˈ**price list** noun [C] a list of the prices of the goods that are on sale ▶ **cennik** | ˈ**price tag** noun [C] **1** a label showing the price of sth ⊃ Ilustr. do **label**. ▶ **metka** **2 price tag (on sth)** the cost of sth: *The government regard the price tag on the new fighter plane as too high.* ▶ **cena**

prick[1] /prɪk/ noun [C] the sharp pain that you feel when sth pricks you: *the sharp prick of a needle* ▶ **ukłucie, nakłucie**

prick[2] /prɪk/ verb [T] to make a small hole in sth or to cause sb pain with a sharp point: *You should prick the sausage skins before you cook them.* ○ *Ouch! I pricked myself on that needle.* ▶ **dziurawić; kłuć**

IDIOM **prick up your ears** (used about an animal) to raise the ears in order to listen carefully to sth: (figurative) *He pricked up his ears when he heard Mandy's name.* ▶ **nadstawiać usz-y/u**

prickle /ˈprɪkl/ noun [C] one of the sharp points on some plants and animals: *Hedgehogs are covered in prickles.* ▶ **kolec**

□ **prickle** verb [I] to have a feeling of pricking: *His skin prickled with fear.* ▶ **czuć ukłucia** (*np. na skórze*) | **prickly** /ˈprɪkli/ adj. **1** covered with prickles: *a prickly bush* ▶ **kolczasty** **2** causing an uncomfortable feeling on the skin: *That shirt makes my skin go all prickly.* ▶ (*o ubraniu itp.*) **gryzący** **3** (informal) (used about a person) easily made angry ▶ **nerwowy, przewrażliwiony**

pricy = PRICEY

★**pride** /praɪd/ noun **1** [U] **pride (in sb/sth)** the feeling of pleasure that you have when you (or people who are close to you) do sth good or own sth good: *Her parents watched with pride as Mary went up to collect her prize.* ○ *to feel pride in your achievement* ❶ Przymiotnik: **proud**. ▶ **duma** **2** [sing.] **the pride of sth** a person or thing that is very important or of great value to sb: *The new stadium was the pride of the whole town* ▶ **duma** **3** [U] the feeling that you are better than other people: *the sin of pride* ▶ **pycha** **4** [U] the sense of your own worth or value; self-respect: *You'll hurt his pride if you refuse to accept the present.* ▶ **godność osobista**

IDIOMS **sb's pride and joy** a thing or person that gives sb great pleasure or satisfaction ▶ **powód do dumy** | **take (a) pride in sb/sth** to feel pleased and proud about sth good that sb has done: *The manager took great pride in his team's success.* ▶ **być dumnym** | **take pride in sth/in doing sth** to do sth very well or carefully: *I wish you'd take more pride in your work.* ▶ **robić coś z dumą**

□ **pride** verb

PHRASAL VERB **pride yourself on sth/doing sth** to

feel pleased about sth good or clever that you can do: *Henry prides himself on his ability to cook.* ▶ **szczycić się czymś**

★**priest** /pri:st/ noun [C] **1** a person who performs religious ceremonies in the Christian Church ▶ **ksiądz**

> **Priest** jest ogólnym określeniem duchownego, używanym w Kościele Rzymskokatolickim, w Kościele Anglikańskim i w Kościele Prawosławnym. Ksiądz w Kościele Anglikańskim jest też nazywany **vicar**, **rector** lub **clergyman**. W innych kościołach protestanckich księdza nazywa się też **minister**.

2 a person who performs religious ceremonies in some other religions ❶ Dla znaczenia podanego w tym punkcie istnieje też forma żeńska **priestess**. ▶ **kapłan/ka**

prim /prɪm/ adj. (used about a person) always behaving very correctly and easily shocked by anything that is rude ▶ **bardzo poprawny**
□ **primly** adv. ▶ **wyjątkowo poprawnie, sztywno**

★**primary**[1] /'praɪməri; US -meri/ adj. most important; main: *Smoking is one of the primary causes of lung cancer.* ○ *to be of primary importance* ▶ **pierwszorzędny**
□ **primarily** /praɪ'merəli; Brit. also 'praɪmərəli/ adv. more than anything else; mainly: *The course will be aimed primarily at people who have no previous experience.* ▶ **zwłaszcza**
■ ˌ**primary 'colour** noun [C] any of the colours red, yellow or blue. You can make any other colour by mixing primary colours in different ways. ▶ **kolor podstawowy** | ˌ**primary edu'cation** noun [U] the education of children in their first years at school ▶ **wykształcenie podstawowe** | '**primary school** noun [C] (Brit.) a school for children aged five to eleven ▶ **szkoła podstawowa**

primary[2] /'praɪməri; US -meri/ (also **primary e'lection**) noun [C] (pl. **primaries**) (US) an election in which a political party chooses the person who will be its candidate in a later important election, e.g. for president ▶ **wybory głównego kandydat-a/ki partii politycznej** (*np. na prezydenta*)

prime[1] /praɪm/ adj. (only before a noun) **1** most important; main: *The prime cause of the company's failure was high interest rates.* ▶ **najważniejszy 2** of very good quality; best: *prime pieces of beef* ▶ **pierwszorzędny 3** having all the typical qualities: *That's a prime example of what I was talking about.* ▶ **typowy**
■ ˌ**prime 'minister** noun [C] the leader of the government in Britain and some other countries ▶ **premier**

prime[2] /praɪm/ noun [sing.] the time when sb is strongest, most beautiful, most successful, etc.: *He is past his prime as a player.* ○ *to be in the prime of life* ▶ **kwiat (wieku), pełnia** (*np. życia*)

prime[3] /praɪm/ verb [T] to give sb information in order to prepare them for sth: *The minister had been well primed with all the facts before the interview.* ▶ **udzielać wyczerpujących informacji**

primitive /'prɪmətɪv/ adj. **1** (only before a noun) connected with a very early stage of development (particularly of human life): *Primitive man lived in caves.* ▶ **pierwotny 2** very simple; not developed: *The washing facilities were very primitive.* ○ *a primitive shelter made out of bits of wood and cloth* ▶ **prymitywny**

primrose /'prɪmrəʊz/ noun [C] a common yellow spring flower ➲ Por. **cowslip**. ▶ **pierwiosnek** (*Primula vulgaris*)

★**prince** /prɪns/ noun [C] a son or other close male relative of a king or queen; the male ruler of a small country: ▶ **książę**

> In Britain the eldest son of the king or queen has the title **the Prince of Wales**.

princess /ˌprɪn'ses/ noun [C] a daughter or other close female relative of a king or queen; the wife of a prince ▶ **księżniczka, księżna**

★**principal** /'prɪnsəpl/ adj. (only before a noun) most important; main: *The principal aim of the talks is to reduce the numbers of weapons.* ○ *the principal characters in a play* ▶ **najważniejszy, główny**
□ **principal** noun [C] the head of some schools, colleges, etc. ▶ **kierowni-k/czka** | **principally** /-pli/ adv. mainly; mostly: *Our products are designed principally for the European market.* ▶ **głównie**

★**principle** /'prɪnsəpl/ noun **1** [C] a basic general rule or truth about sth: *We believe in the principle of equal opportunity for everyone.* ○ *The course teaches the basic principles of car maintenance.* ▶ **zasada 2** [C,U] a rule for good behaviour, based on what each person believes is right: *She refuses to wear fur. It's a matter of principle with her.* ○ *a person of high moral principles* ▶ **zasada 3** [sing.] a law of science: *The system works on the principle that heat rises.* ▶ **prawo**
IDIOMS **in principle** in general, but possibly not in detail: *His proposal sounds fine in principle, but there are a few points I'm not happy about.* ▶ **zasadniczo** | **on principle** because of your moral beliefs or principles(2): *I refuse to eat meat on principle.* ▶ **z zasadniczych względów**

★**print**[1] /prɪnt/ noun **1** [U] the letters, words, etc. in a book, newspaper, etc.: *The print is too small for me to read without my glasses.* ▶ **druk 2** [U] (used to refer to the business of producing newspapers, books, etc.): *a journalist who made the transition from print to television* ○ *the print media/unions* ○ *a print run* nakład ▶ **wydawanie** (*gazet, książek itp.*) **3** [C] a mark that is made by sth pressing onto sth else: *The police are searching the room for fingerprints.* ○ *footprints in the snow* ▶ **ślad 4** [C] a picture that was made by printing ▶ **rycina 5** [C] a photograph (when it has been printed from a negative): *24 colour prints for only £4.99!* ▶ **odbitka**
IDIOMS **in print 1** (used about a book) still available from the company that published it ▶ **jeszcze dostępny w sprzedaży bezpośred-**

nio od wydawcy 2 (used about a person's work) published in a book, newspaper, etc. ▶ **opublikowany** | **out of print** (used about a book, etc.) that is not available from the publisher; not being printed any more: *I'm sorry, the book you ordered is out of print.* ▶ *(o nakładzie książki)* **wyczerpany**

★**print²** /prɪnt/ verb **1** [T] to put words, pictures, etc. onto paper by using a metal or wood surface covered with ink: *How much did it cost to print the posters?* ▶ **drukować 2** [I,T] to make a book, newspaper, etc. in this way: *50 000 copies of the textbook were printed.* ▶ **drukować 3** [T] to include sth in a book, newspaper, etc.: *The newspaper should not have printed the photograph of the princess in her bikini.* ▶ **drukować 4** [I,T] to write with letters that are not joined together: *Children learn to print at school.* ▶ **pisać** *(nie łącząc liter)* **5** [T] to put a pattern onto cloth, paper, etc.: *printed cotton/wallpaper* ▶ **drukować 6** [T] to make a photograph from a piece of negative film ▶ **wywoływać**

PHRASAL VERB **print sth out** to print information from a computer onto paper: *I'll just print out this file.* ○ *The computer's printing out the results now.* ▶ **drukować** *(z komputera)*

□ **printer** noun [C] **1** a person or company that prints books, newspapers, etc. ▶ **drukarz; drukarnia 2** a machine that prints out information from a computer onto paper: *a laser printer* ▶ **drukarka komputerowa** | **printing** noun [U]: *the invention of printing by Gutenberg* ▶ **druk, drukowanie**

■ **'printing press** (also **press**) noun [C] a machine that is used for printing books, newspapers, etc. ▶ **prasa drukarska** | **'printout** noun [C,U] information from a computer that is printed onto paper ▶ **wydruk komputerowy**

prior /'praɪə(r)/ adj. (only before a noun) coming before or earlier: *I was unable to attend because of a prior engagement.* ▶ **poprzedni**

□ **prior to** prep. (formal) before: *Passengers are asked to report to the check-in desk prior to departure.* ▶ **przed**

★**priority** /praɪ'ɒrəti/ noun (pl. **priorities**) **1** [U] **priority (over sb/sth)** the state of being more important than sb/sth or of coming before sb/sth else: *Families with small children will be given priority.* ○ *Emergency cases take priority over other patients in hospital.* ○ *On roundabouts in Britain traffic coming from the right has priority.* ▶ **pierwszeństwo 2** [C] something that is most important or that you must do before anything else: *Our top priority is to get food and water to the refugee camps.* ○ *You must decide what your priorities are.* ▶ **priorytet**

prise /praɪz/ (especially US **prize, pry**) verb [T] to use force to open sth, remove a lid, etc.: *He prised the door open with an iron bar.* ▶ **podważać, wyważać**

★**prison** /'prɪzn/ (also **jail**) noun [C,U] a building where criminals are kept as a punishment: *She was sent to a maximum-security prison.* ○ *The terrorists were sent to prison for twenty-five years.* ○ *to escape from prison* ○ *He will be released from prison next month.* ○ *a prison warder* strażnik więzienny ▶ **więzienie**

Słowa **prison** używa się bez rodzajnika określonego **the**, mówiąc o kimś osadzonym w więzieniu: *He's in prison – he's serving a three-year sentence for robbery.* Natomiast **the prison** stosuje się, mówiąc o ludziach udających się do więzienia w innym celu: *The minister visited the prison and said that conditions were poor.* Rodzajników **a** i **the** używa się też przy określaniu rodzaju więzienia: *a high-security prison.*
Por. **imprison** i **jail**.

★**prisoner** /'prɪznə(r)/ noun [C] a person who is being kept in a prison: *In many prisons, there are three prisoners in a cell.* ○ *a political prisoner* ▶ **więzień/źniarka**

■ **,prisoner of 'war** noun [C] a soldier, etc. who is caught by the enemy during a war and who is kept in a prison until the end of the war ▶ **jeniec wojenny**

privacy /'prɪvəsi; US 'praɪv-/ noun [U] the state of being alone or away from other people who may disturb you; the state of being free from the attention of the public: *There is not much privacy in large hospital wards.* ○ *The actress claimed that the photographs were an invasion of privacy.* ▶ **odosobnienie, prywatność**

★**private** /'praɪvət/ adj. **1** belonging to one particular person or group and not to be used by others: *This is private property. You may not park here.* ▶ **prywatny 2** secret; not to be shared by other people: *a private letter* ▶ **poufny 3** with no one else present: *I would like a private interview with the personnel manager.* ▶ **osobisty 4** not connected with work or business: *He never discusses his private life with his colleagues at work.* ▶ **osobisty 5** not wanting to share thoughts and feelings with other people: *He's a very private person* ▶ **skryty 6** owned, done or organized by a person or company, and not by the government: *a private hospital/school* ○ *The Channel Tunnel was being paid for by private enterprise, not by public money.* ○ *a private detective* ▶ **prywatny 7** (used about classes, lessons, etc.) given by a teacher to one student or a small group for payment: *She gives private English lessons.* ▶ **prywatny**

IDIOM **in private** with no one else present: *May I speak to you in private?* ▶ **prywatnie**

□ **private** noun [C] a soldier of the lowest rank ▶ **szeregowy** | **privately** adv. not in public: *She said she agreed but privately she had her doubts.* ▶ **prywatnie**

privatize (also **-ise**) /'praɪvətaɪz/ verb [T] to change the ownership of an organization from the government to a private company ▶ **prywatyzować**

□ **privatization** (also **-isation**) /,praɪvətaɪ'zeɪʃn; US -tə'z-/ noun [U] ▶ **prywatyzacja**

★**privilege** /'prɪvəlɪdʒ/ noun **1** [C,U] a special right or advantage that only one person or group has: *Prisoners who behave well enjoy special privileges.* ○ *the wealth and privilege of the* *upper classes* ▶ **przywilej** **2** [C] a special advantage or opportunity that gives you great pleasure: *It was a great privilege to hear her sing in Milan.* ▶ **zaszczyt**

□ **privileged** adj. having an advantage or opportunity that most people do not have: *I feel very privileged to be playing for the England team.* ▶ **wyróżniony**

★**prize**[1] /praɪz/ noun [C] something of value that is given to sb who is successful in a race, competition, game, etc.: *She won first prize in the competition.* ○ *He was awarded second prize for his painting.* ○ *a prizewinning novel* ▶ **nagroda**

□ **prize** adj. (only before a noun) winning, or good enough to win, a prize: *a prize flower display* ▶ **nagrodzony; mający szansę na wygraną** | **prize** verb [T] to consider sth to be very valuable: *This picture is one of my most prized* (najcenniejszych) *possessions.* ▶ **cenić**

prize[2] verb [T] (especially US) = PRISE

pro[1] /prəʊ/ noun

IDIOM **the pros and cons** the reasons for and against doing sth: *We should consider all the pros and cons before reaching a decision.* ▶ **za i przeciw**

pro[2] /prəʊ/ noun [C] (pl. **pros**) (informal) a person who plays or teaches a sport for money; a person who has a lot of skill and experience: *a golf pro* ▶ **zawodowiec**

probability /ˌprɒbəˈbɪləti/ noun (pl. **probabilities**) **1** [U] the state of being probable or likely: *At that time there seemed little probability of success.* ▶ **prawdopodobieństwo** **2** [C] something that is probable or likely: *There is a high probability that mistakes will be made.* ▶ **prawdopodobieństwo**

★**probable** /ˈprɒbəbl/ adj. that you expect to happen or to be true; likely: *A successful outcome does not seem very probable.* ❶ Antonim: **improbable**. ▶ **prawdopodobny**

> Zwróć uwagę, że **probable** i **likely** mają to samo znaczenie, ale inaczej się ich używa: *It's probable that he will be late.* ○ *He is likely to be late.*

□ **probable** noun [C] a person or thing that is likely to be chosen for sth or to win sth: *a probable for the next Olympic team* ▶ **prawdopodobny kandydat itp.** | **probably** /-əbli/ adv. almost certainly: *'Are you coming to London with us?' 'Probably not.'* ▶ **prawdopodobnie**

probation /prəˈbeɪʃn; US prəʊ-/ noun [U] **1** the system of keeping an official check on a person who has broken the law instead of sending them to prison: *The prisoner was released on probation.* ▶ **wyrok sądowy w zawieszeniu, zwolnienie warunkowe z więzienia** **2** a period of time at the start of a new job when you are tested to see if you are really suitable: *a three-month probation period* ▶ **okres próbny**

■ **proˈbation officer** noun [C] a person who keeps an official check on people who are on probation(1) ▶ **kurator/opiekun sądowy osób, które otrzymały wyrok w zawieszeniu lub zostały zwolnione warunkowo z więzienia**

probe /prəʊb/ noun [C] **1** a long thin tool that you use for examining sth that is difficult to reach, especially a part of the body ▶ **sonda** (*instrument medyczny*) **2** asking questions, collecting facts, etc. in order to find out all the information about sth: *a police probe into illegal financial dealing* ▶ **sonda**

□ **probe** verb **1** [T] to examine sth carefully with a probe(1) or sth like it ▶ **badać sondą** **2** [I,T] **probe (into sth)** to try to find out all the facts about sth: *He didn't like the media probing into his past.* ▶ **badać** | **probing** adj.: *to ask probing questions* ▶ **gruntowny, badawczy**

★**problem** /ˈprɒbləm/ noun [C] **1** a difficult situation that you must deal with: *Unemployment causes a lot of social problems.* ○ *The problem of racial discrimination is very difficult to solve.* ○ *I'm facing a lot of problems at work at the moment.* ○ *to have financial problems* ○ *There's a problem with the washing machine. It won't work.* ○ *'Can you fix this for me?' 'No problem* (nie ma sprawy).' ○ *It's a problem finding a good plumber these days.* ▶ **problem, kłopot** **2** a question that you must solve by thinking about it: *Vicky had ten problems to do for homework.* ▶ **zagadka, zadanie**

□ **problematic** /ˌprɒbləˈmætɪk/ (also **problematical** /-ɪkl/) adj. difficult to deal with or to understand; full of problems; not certain to be successful: *Finding replacement parts for such an old car could be problematic.* ❶ Antonim: **unproblematic**. ▶ **problematyczny**

★**procedure** /prəˈsiːdʒə(r)/ noun [C,U] the action that you must take in order to do sth in the usual or correct way: *If you want to make a complaint, please follow the correct procedure.* ▶ **sposób postępowania, procedura** (*np. sądowa*)

★**proceed** /prəˈsiːd/ verb [I] **1** to go on to do sth else: *Get an estimate and then decide whether or not to proceed with the work.* ○ *Once he had calmed down he proceeded to tell us what had happened.* ▶ **kontynuować, przystępować** **2** (formal) to continue: *The work was proceeding according to schedule.* ▶ **kontynuować**

proceedings /prəˈsiːdɪŋz/ noun [pl.] **1 proceedings (against sb/for sth)** legal action: *to start divorce proceedings* ▶ **postępowanie prawne** **2** events that happen, especially at a formal meeting, ceremony, etc.: *The proceedings of the council were interrupted by the demonstrators.* ▶ **obrady, prace**

proceeds /ˈprəʊsiːdz/ noun [pl.] **proceeds (of/from sth)** money that you get when you sell sth, or for sth that you have organized: *The proceeds from the sale will go to charity.* ▶ **dochód**

★**process** /ˈprəʊses; US ˈprɑːses/ noun [C] **1** a series of actions that you do for a particular purpose: *the process of producing steel* ○ *Foreigners have to go through the complicated process of getting a work permit.* ▶ **proces** **2** a series of changes that happen naturally: *Trees go through the process of losing leaves every year.* ▶ **proces**

IDIOMS **in the process** while you are doing sth else: *We washed the dog yesterday – and we all got very wet in the process.* ▶ **w trakcie (czegoś)**

| **in the process of sth/doing sth** in the middle of doing sth: *They are in the process of moving house.* ▶ **w trakcie (czegoś/robienia czegoś)**
□ **process** verb [T] **1** to change a raw material, e.g. with chemicals, before it is sold or used: *Cheese is processed so that it lasts longer.* ○ *to process a film* wywoływać film ▶ **przetwarzać 2** to deal with information, e.g. on a computer: *When we have collected all the data the computer will process it for us.* ○ *It will take about ten days to process your application.* ▶ **przetwarzać dane** | **processor** noun [C] a machine that processes food or information: *a food processor* robot kuchenny ○ *a word processor* edytor tekstu ▶ **przetwarzacz**

procession /prə'seʃn/ noun [C,U] a number of people, vehicles, etc. that move slowly in a line, e.g. as part of a ceremony: *to walk in procession* ○ *a funeral procession* ▶ **procesja, pochód**

proclaim /prə'kleɪm/ verb [T] (formal) to make sth known officially or publicly: *The day of the royal wedding was proclaimed a national holiday.* ○ *to proclaim a state of emergency* ▶ **obwieszczać**
□ **proclamation** /ˌprɒklə'meɪʃn/ noun [C,U]: *to make a proclamation of war* ▶ **obwieszczenie**

procure /prə'kjʊə(r)/ verb [T] **procure sth (for sb)** (formal) to obtain or get sth ▶ **nabywać**

prod /prɒd/ verb [I,T] (**pro<u>dd</u>ing**; **pro<u>dd</u>ed**) to push or press sb/sth with your finger or other pointed object: (figurative) *Ruth works quite hard but she does need prodding occasionally.* ▶ **szturchać; dopingować**
□ **prod** noun [C]: *to give the fire a prod with a stick* ▶ **szturchnięcie, popchnięcie** | **prodding** noun [U]: (figurative) *Harold needs a lot of prodding before he will go and see a doctor.* ▶ **dopingowanie**

prodigious /prə'dɪdʒəs/ adj. very great: *He seemed to have a prodigious amount of energy.* ▶ **ogromny**

prodigy /'prɒdədʒi/ noun [C] (pl. **prodigies**) a person (especially a child) who is unusually good at sth: *Mozart was a child prodigy* (cudowne dziecko). ➲ Por. **genius**. ▶ **cud, geniusz**

★**produce** /prə'dju:s; US -'du:s/ verb [T] **1** to make or grow sth to be sold, especially in large quantities; to grow or make sth by a natural process; to create sth using skill: *VW cars are produced in Wolfsburg.* ○ *East Anglia produced much of the country's wheat.* ○ *He produced some beautiful pictures for the exhibition.* ○ *The burning of coal produces carbon dioxide.* ○ (figurative) *He's the greatest athlete this country has produced.* ▶ **wytwarzać, produkować 2** to cause sth to happen: *Her remarks produced roars of laughter.* ▶ **wywoływać 3** to give birth to a young animal: *Our cat's just produced six kittens!* ▶ **wydawać (na świat) 4** to show sth so that sb else can look at or examine it: *The inspector asked all the passengers to produce their tickets.* ○ *to produce evidence in court* ▶ **okazywać 5** to organize a play, film, etc. so that it can be shown to the public: *She is producing 'Cats' at the local theatre.* ▶ **wystawiać, produkować**
□ **produce** /'prɒdju:s; US -du:s/ noun [U] food, etc. that is grown on a farm and sold: *fresh farm produce* ➲ Zob. uwaga przy **production**. ▶ **płody rolne**

producer /prə'dju:sə(r); US -'du:-/ noun [C] **1** a person, company or country that makes or grows sth: *Brazil is a major producer of coffee.* ▶ **producent/ka 2** a person who deals with the business side of organizing a play, film, etc.; a person who arranges for sb to make a programme for TV or radio, or a record ▶ **producent/ka**

★**product** /'prɒdʌkt/ noun [C] **1** something that is made in a factory or that is formed naturally: *Coal was once a major product of South Wales.* ○ *waste products* ○ *We have to find the right product for the market.* ○ *The finished product should look very much like this design.* ➲ Zob. uwaga przy **production**. ▶ **produkt, wytwór 2 product of sth** the result of sth: *The industry's problems are the product of government policy.* ▶ **wynik 3** the amount that you get if you multiply one number by another: *The product of three and five is fifteen.* ▶ **iloczyn**

★**production** /prə'dʌkʃn/ noun **1** [U] the act of making or growing sth: *This farm specializes in the production of organic vegetables.* ○ *mass production* ○ *The price increases were the result of rising production costs.* ▶ **produkcja 2** [U] the amount of sth that is made or grown: *Saudi Arabia is increasing its production of oil.* ▶ **wydobycie, uprawa 3** [C] a play, film, etc. ▶ **produkcja** *(np. film)*

> Zwróć uwagę, że rzeczownik **produce** oznacza jedzenie itp. pochodzenia naturalnego, natomiast **product** to wyrób pochodzenia fabrycznego. **Production** oznacza sztukę teatralną, film itp.: *The label on the bottle says 'Produce of Italy'.* ○ *The company's main products are plastic toys.* ○ *the Bolshoi Ballet's production of Swan Lake.*

IDIOMS **in production** being made: *The new car is now in production.* ▶ **w produkcji** | **on production of sth** when you show sth: *You can get a ten per cent discount on production of your membership card.* ▶ **za okazaniem**

productive /prə'dʌktɪv/ adj. **1** that can make or grow sth well or in large quantities: *The company wants to sell off its less productive factories.* ○ *productive land* ▶ **wydajny 2** useful (because results come from it): *a productive discussion* ❶ Antonim: **unproductive**. ▶ **płodny**

productivity /ˌprɒdʌk'tɪvəti/ noun [U] the state of being productive(1) or the amount that sb/sth produces(1): *More efficient methods will lead to greater productivity.* ▶ **wydajność**

profess /prə'fes/ verb [T] **1** (formal) to say that sth is true (even if it is not): *Marianne professed to know nothing at all about it, but I did not believe her.* ▶ **twierdzić 2** to say openly that you think or believe sth: *He professed his hatred of war and all the suffering it causes.* ▶ **głosić**

★**profession** /prəˈfeʃn/ noun [C] **1** a job that requires a lot of training and that is respected by other people: *the medical/legal/teaching profession* ➲ Zob. uwaga przy **work**[1]. ▶ **zawód** **2** (**the profession**) [with sing. or pl. verb] all the people who work in a particular profession: *The legal profession* (prawnicy) *is/are trying to resist the reforms.* ▶ **ludzie pracujący w (danym) zawodzie**

IDIOM **by profession** as your profession or job: *I am an accountant by profession.* ▶ **z zawodu**

★**professional** /prəˈfeʃənl/ adj. **1** (only before a noun) of or concerning sb who has a profession: *an ideal flat for a professional couple* ○ *Get professional advice from your lawyer before you act.* ▶ **zawodowy, pracujący w danym zawodzie** **2** doing sth in a way that shows skill, training or care: *The police are trained to deal with every situation in a calm and professional manner.* ○ *Her application looked very professional.* ❶ Antonim: **unprofessional**. ▶ **zawodowy, fachowy** **3** doing a sport, etc. as a job or for money: *After his success at the Olympic Games he turned professional* (został zawodowcem). ▶ **zawodowy** **4** (used about a sport, etc.) done by people who are paid: *professional football* ▶ **zawodowy** ❶ Antonim dla znaczeń 3 i 4: **amateur**.

□ **professional** noun [C] **1** a person who works in a profession(1) ▶ **profesjonalist-a/ka** **2** (informal **pro**) a person who plays or teaches a sport, etc. for money ▶ **zawodowiec** **3** (informal **pro**) a person who does their work with skill and care ▶ **fachowiec** | **professionalism** /-ʃənəlɪzəm/ noun [U] the quality of showing great skill or care when you are doing a job: *Although they were students, they performed with great professionalism.* ▶ **fachowość** | **professionally** /-ʃənəli/ adv. **1** in a professional(1,2) way ▶ **fachowo** **2** for money, by a professional person: *Rob plays the saxophone professionally.* ○ *to have your photograph taken professionally* ▶ **zawodowo, profesjonalnie**

★**professor** /prəˈfesə(r)/ noun [C] (abbr. **Prof.**) **1** a university teacher of the highest rank: *Professor Brown* ○ *Professor Anthony Clare* ○ *She's professor of English at Bristol University.* ▶ **profesor** **2** (US) a teacher at a college or university ▶ **wykładow-ca/czyni**

proficient /prəˈfɪʃnt/ adj. **proficient (in/at sth/doing sth)** able to do a particular thing well; skilled: *We are looking for someone who is proficient in French.* ▶ **biegły, sprawny**

□ **proficiency** /-nsi/ noun [U] **proficiency (in sth/doing sth)** the ability to do sth well; skill: *a cycling proficiency test* ○ *a certificate of proficiency in English* ▶ **biegłość, sprawność**

profile /ˈprəʊfaɪl/ noun [C] **1** a person's face or head seen from the side, not the front ▶ **profil** **2** a short description of sb's life, character, etc. ▶ **zarys**

IDIOM **adopt/keep/maintain a high/low profile** to behave in a way that does/does not attract other people's attention: *I'm going to keep a low profile at the meeting tomorrow.* ▶ **zwracać na siebie uwagę; nie zwracać na siebie uwagi**

★**profit**[1] /ˈprɒfɪt/ noun [C,U] the money that you make when you sell sth for more than it cost you: *Did you make a profit on your house when you sold it?* ○ *an annual profit of £25 000* ○ *I'm hoping to sell my shares at a profit.* ○ *We won't make much profit in the first year.* ➲ Por. **loss**. ▶ **zysk**

profit[2] /ˈprɒfɪt/ verb

PHRASAL VERB **profit from sth** (formal) to get some advantage from sth: *Who will profit most from the tax reforms?* ▶ **zyskiwać, odnosić pożytek**

profitable /ˈprɒfɪtəbl/ adj. **1** that makes a profit: *a profitable business* ▶ **zyskowny** **2** helpful or useful: *We had a very profitable discussion yesterday.* ▶ **korzystny**

□ **profitability** /ˌprɒfɪtəˈbɪləti/ noun [U] the state of being profitable(1) ▶ **zyskowność** | **profitably** /ˈprɒfɪtəbli/ adv. in a profitable(1,2) way: *to invest money profitably* ○ *to spend your time profitably* ▶ **zyskownie**

profound /prəˈfaʊnd/ adj. **1** great; that you feel very strongly: *The experience had a profound influence on her.* ▶ **wielki, głęboki** **2** serious; showing knowledge or thought: *She's always making profound statements about the meaning of life.* ▶ **wyczerpujący**

□ **profoundly** adv. very; extremely: *I was profoundly relieved to hear the news.* ▶ **ogromnie, głęboko**

profuse /prəˈfjuːs/ adj. (formal) produced in great quantity: *profuse apologies* wielkie przeprosiny ▶ **hojny**

□ **profusely** adv.: *She apologized profusely for being late.* Gęsto się tłumaczyła za spóźnienie. ○ *The blood was flowing profusely.* ▶ **hojnie**

program /ˈprəʊgræm/ noun [C] **1** a set of instructions that you give to a computer so that it will carry out a particular task: *to write a program* ○ *to load a program into the computer* ▶ **program komputerowy**

> Mówiąc o komputerach, zarówno amerykański, jak i brytyjski angielski używa pisowni **program**. Każde inne znaczenie tego słowa w Br. ang. ma pisownię **programme**, natomiast w Amer. ang. **program**.

2 (US) = PROGRAMME

□ **program** verb [T] (**programming**; **programmed**; US also **programing**; **programed**) to write a set of instructions so that a computer will perform a certain task ▶ **programować komputer** | **programmer** noun [C] a person whose job is to write programs for a computer: *a computer programmer* ▶ **programist-a/ka**

★**programme** (US **program**) /ˈprəʊgræm/ noun [C] **1** a show or other item that is broadcast on the radio or television: *a TV/radio programme* ○ *We've just missed an interesting programme on Australian wildlife.* ▶ **program, audycja** **2** a plan of things to do; a scheme: *What's (on) your programme today?* Co masz dzisiaj w programie/planie? ○ *The leaflet outlines the government's programme of educational reforms.* ▶ **program** **3** a little book or piece of paper which you get at a play, concert, etc. that gives you information about what you are going to

see: *a theatre programme* ▶ **program**
□ **programme** (US **program**) verb [T] **1** to plan for sth to happen at a particular time: *The road is programmed for completion next May.* ▶ **planować 2** to make sb/sth work or act automatically in a particular way: *The lights are programmed to come on as soon as it gets dark.* ▶ **programować**

★**progress** /ˈprəʊgres; US ˈprɑːg-/ noun [U] **1** movement forwards or towards achieving sth: *The heavy traffic meant that we made very slow progress.* ○ *Anna's making steady progress at school.* ○ *The talks have made very little progress towards solving the problem.* ○ *a progress report* sprawozdanie z postępów prac (w nauce) ▶ **posuwanie się (do przodu), postęp/y 2** change or improvement in society: *scientific progress* ○ *People who oppose new roads are accused of holding back progress.* ▶ **postęp**
IDIOM **in progress** happening: *Silence! Examination in progress.* ▶ **w trakcie trwania, w toku**
□ **progress** /prəˈgres/ verb [I] **1** to become better; to develop (well): *Medical knowledge has progressed rapidly in the last twenty years.* ▶ **robić postępy 2** to move forward; to continue: *I got more and more tired as the evening progressed.* ▶ **posuwać się (do przodu); trwać**

progression /prəˈgreʃn/ noun [C,U] **progression (from sth) (to sth)** movement forward or a development from one stage to another: *There seems to be no logical progression in your thoughts* (brak logicznego rozwoju myśli) *in this essay.* ▶ **postęp**

progressive /prəˈgresɪv/ adj. **1** using or agreeing with modern methods and ideas: *a progressive school* ▶ **postępowy 2** happening or developing steadily: *a progressive reduction in the number of staff* ▶ **stopniowy**
□ **progressively** adv. steadily; a little at a time: *The situation became progressively worse.* ▶ **stopniowo**
■ **proˌgressive ˈtense** noun [sing.] = CONTINUOUS TENSE

prohibit /prəˈhɪbɪt; US prəʊ-/ verb [T] (formal) **prohibit sb/sth (from doing sth)** to say that sth is not allowed by law; to forbid: *English law prohibits children under 16 from buying cigarettes.* ○ *That sign means that smoking is prohibited.* ▶ **zabraniać**

prohibition /ˌprəʊɪˈbɪʃn; US ˌprəʊəˈb-/ noun **1** [C] (formal) a law or rule that forbids sth: *a prohibition against selling alcohol to people under the age of 18* ▶ **zakaz 2** [U] the forbidding of sth: *the prohibition of corporal punishment in schools* ▶ **zakaz**

prohibitive /prəˈhɪbətɪv; US prəʊ-/ adj. (used about a price etc.) so high that people cannot afford it: *It's a lovely shop but the prices are prohibitive.* ▶ **wygórowany**
□ **prohibitively** adv.: *prohibitively expensive* ▶ **wygórowanie**

★**project**[1] /ˈprɒdʒekt/ noun [C] **1** a piece of work, often involving many people, that is planned and organized carefully; a plan for some work: *The new television series was an extremely expensive project.* ○ *a major project to reduce pollution in our rivers* ○ *His latest project is making a pond in the garden.* ▶ **projekt; plan 2** a piece of school work in which the student has to collect information about a certain subject and then write about it: *The whole class is doing a project on rainforests.* ▶ **zadanie**

project[2] /prəˈdʒekt/ verb **1** [T] (usually passive) to plan: *the Queen's projected tour of Canada* ▶ **planować 2** [T] (usually passive) to estimate or calculate: *a projected increase of 10%* ▶ **obliczać 3** [T] **project sth (on/onto sth)** to make sth (light, a shadow, a picture from a film, etc.) fall on a surface: *Coloured lights were projected onto the dance floor.* ▶ **rzucać** (*np. światło, slajdy*), **wyświetlać 4** [T] to show or represent sb/sth/yourself in a certain way: *The government is trying to project a more caring image.* ▶ **stawiać (kogoś/coś) w złym/dobrym świetle 5** [I] (formal) to stick out: *The balcony projects one metre out from the wall.* ▶ **wystawać 6** [T] to send or throw sth upwards or away from you: *Actors have to learn to project their voice* (operować głosem). ▶ **wydawać z siebie**

projection /prəˈdʒekʃn/ noun **1** [C] a guess about a future amount, situation, etc. based on the information you have at present: *sales projections for the next five years* ▶ **prognoza 2** [U] the act of making light, a picture from a film, etc. fall on a surface: *film projection* ▶ **wyświetlanie, rzucanie**

projector /prəˈdʒektə(r)/ noun [C] an apparatus that projects pictures or films onto a screen or wall: *a film/slide projector* ○ *an overhead projector* rzutnik pisma ▶ **projektor**

proliferate /prəˈlɪfəreɪt/ verb [I] (formal) to increase quickly in number ▶ **rozmnażać się**
□ **proliferation** /prəˌlɪfəˈreɪʃn/ noun [U] ▶ **rozmnażanie się, rozprzestrzenianie się**

prolific /prəˈlɪfɪk/ adj. (used especially about a writer, an artist, etc.) producing a lot: *a prolific writer of short stories* ▶ **płodny**

prologue (US **prolog**) /ˈprəʊlɒg/ noun [C] a piece of writing or a speech that introduces the rest of a play, poem, etc. ▶ **prolog**

prolong /prəˈlɒŋ/ verb [T] to make sth last longer: *Careful treatment will prolong the life of the furniture.* ▶ **przedłużać**
□ **prolonged** adj. continuing for a long time: *There was a prolonged silence before anybody spoke.* ▶ **przedłużający się**

prom /prɒm/ noun [C] **1** = PROMENADE **2** (US) a formal dance that is held by a high school class at the end of a school year ▶ **zabawa organizowana na koniec roku szkolnego 3** (formal **promenade concert**) (Brit.) a concert at which part of the audience stands or sits on the floor: *the last night of the proms* koncert finałowy letniego festiwalu muzycznego w Londynie ▶ **koncert promenadowy**

> **The proms** to festiwal muzyki poważnej, istniejący od 1895 r., który odbywa się latem w londyńskim Royal Albert Hall. Tradycyjnie na koncercie finałowym słuchacze aktywnie manifestują swoje uznanie dla artystów śpiewem i oklaskami. Wykonuje się popularne utwory kompozytorów brytyjskich, a

popiersie inicjatora festiwalu, Henry'ego Wooda, zostaje uwieńczone laurem.

promenade /ˌprɒməˈnɑːd; US -ˈneɪd/ noun [C] a wide path or pavement where people walk beside the sea in a seaside town ▶ **promenada**
■ **ˌpromenade ˈconcert** (Brit., formal) → PROM

prominent /ˈprɒmɪnənt/ adj. **1** important or famous: *a prominent political figure* ○ *The new party hopes to play a prominent role in political life.* ▶ **wybitny**, **głośny** **2** noticeable; easy to see: *The church is the most prominent feature of the village.* ▶ **widoczny**, **wystający**
□ **prominence** /-əns/ noun [U] the state of being important or easily noticed: *The newspaper gave the affair great prominence.* ▶ **rozgłos**; **widoczność** | **prominently** adv.: *Display your ticket prominently.* ▶ **widocznie**

promiscuous /prəˈmɪskjuəs/ adj. having sexual relations with many people ▶ **utrzymujący stosunki seksualne z wieloma osobami**
□ **promiscuity** /ˌprɒmɪsˈkjuːəti/ noun [U] promiscuous behaviour ▶ **utrzymywanie stosunków seksualnych z wieloma osobami**

★**promise**[1] /ˈprɒmɪs/ noun **1** [C] a written or spoken statement or agreement that you will or will not do sth: *He made a promise not to tell anyone what he had seen.* ○ *Her parents kept their promise to buy her a dog for her birthday.* ○ *You should not break a promise* (łamać obietnicy). ○ *They both gave me a promise of their complete support.* ▶ **obietnica** **2** [U] signs that you will be able to do sth well or be successful: *He showed great promise as a musician.* Był obiecującym muzykiem. ▶ **nadzieja**

★**promise**[2] /ˈprɒmɪs/ verb **1** [I,T] to say definitely that you will or will not do sth: *I'll try to be back early but I can't promise.* ○ *'I'll pay you back tomorrow,' his friend promised.* ○ *She promised that she would write every week.* ○ *She promised not to forget to write.* ○ *Tom promised me that he'd never be late again.* ○ *The finance minister has promised to bring down the rate of inflation.* ▶ **obiecywać**, **przyrzekać** **2** [T] **promise sth (to sb)** to say definitely that you will give sth to sb: *My father has promised me a new bicycle.* ○ *Can you promise your support?* ▶ **przyrzekać** **3** [T] to show signs of sth, so that you expect it to happen: *It promises to be a lovely day.* ▶ **zapowiadać się**
□ **promising** adj. showing signs of being very good or successful: *a promising writer* ▶ **obiecujący**

promote /prəˈməʊt/ verb [T] **1** (often passive) to give sb a higher position, more important job, etc.: *He's been promoted from assistant manager to manager.* ▶ **awansować** **2** to encourage sth; to help sth to happen or develop: *The meetings of the leaders have helped to promote good relations between the two countries.* ▶ **zachęcać**; **sprzyjać** **3** to advertise sth (in order to increase its sales or popularity): *In order to sell a new product you need to promote it in the right way.* ▶ **lansować**
□ **promoter** noun [C] a person who organizes or provides the money for an event ▶ **sponsor**

★**promotion** /prəˈməʊʃn/ noun **1** [C,U] (the giving or receiving of) a higher position or more important job: *The new job is a promotion for her.* ○ *The job offers a good salary and excellent chances of promotion.* ○ *the team's promotion from Division 2 to Division 1* ▶ **awans** **2** [U] making sth successful or popular: *We need to work on the promotion of health, not the treatment of disease.* ▶ **krzewienie** **3** [C,U] things that you do in order to advertise a product: *It's all part of a special promotion of the new book.* ○ *Millions of pounds were spent on advertising and promotion.* ▶ **promocja**

★**prompt**[1] /prɒmpt/ adj. **1** quick; done without delay: *I received a prompt reply from the solicitor.* ○ *We need a prompt decision on this matter.* ▶ **bezzwłoczny** **2** **prompt (in doing sth/to do sth)** (used about a person) quick; acting without delay: *We are always prompt in paying our bills.* ○ *She was prompt to point out* (szybko zwróciła uwagę na) *my mistake.* ▶ **szybki**
□ **prompt** adv. exactly: *I'll pick you up at 7 o'clock prompt.* ▶ **dokładnie** | **promptly** adv. **1** immediately; without delay: *I invited her to dinner and she promptly accepted.* ▶ **bezzwłocznie** **2** punctually; at the time that you have arranged: *We arrived promptly at 12 o'clock.* ▶ **dokładnie**

prompt[2] /prɒmpt/ verb **1** [T] to cause sth; to make sb decide to do sth: *Whatever prompted that remark?* ○ *What prompted you to give up your job?* ▶ **skłaniać**, **pobudzać** **2** [I,T] to help sb to continue speaking or to remind an actor of their words: *'And can you tell the court what happened next?' the lawyer prompted.* ○ *The speaker had to be prompted several times.* ○ *We need somebody to prompt at the performance tonight.* ▶ **podpowiadać**; **suflerować**
□ **prompting** noun [C,U] an act of persuading or reminding sb to do sth: *He apologized without any prompting.* ▶ **namowa**

prompt[3] /prɒmpt/ noun [C] **1** a word or words said to an actor to remind them of what to say next ▶ **podpowiedź** **2** a sign on a computer screen that shows that the computer has finished what it was doing and is ready for more instructions ▶ **znak zachęty/systemu**

prone /prəʊn/ adj. (not before a noun) **prone to sth/to do sth** likely to suffer from sth or to do sth: *Young people are especially prone to this disease.* ○ *This area is very prone to fog in winter.* ○ *to be accident-prone* mający skłonność do wypadków ○ *He's rather prone to criticize people without thinking first.* ▶ **skłonny**, **mający skłonność**

prong /prɒŋ/ noun [C] **1** each of the two or more long pointed parts of a fork ▶ **ząb** (*widelca, wideł*) **2** each of the separate parts of an attack, argument, etc. that sb uses to achieve sth ▶ (*przen.*) **ostrze** **3** (**-pronged**) (used to form compound adjectives) having the number or type of prongs mentioned: *a three-pronged attack* ▶ **o (kilku) zębach/odnogach/odgałęzieniach**

pronoun /ˈprəʊnaʊn/ noun [C] a word that is used in place of a noun or a phrase that contains a noun: *'He', 'it', 'hers', 'me' and 'them' are all pronouns.* ▶ **zaimek**

★**pronounce** /prə'naʊns/ verb **1** [T] to make the sound of a word or letter ▶ **wymawiać 2** [T] (formal) to say in a formal or official way that sb/sth is in a particular state: *The doctors pronounced him fit.* ▶ **oświadczać 3** [I,T] **pronounce (on sth)** (formal) to give your opinion on sth, especially formally: *I can't pronounce on the quality of a wine.* ○ *The play was pronounced 'brilliant' by the critics.* ▶ **wypowiadać się; uznawać za kogoś/coś**

□ **pronounced** adj. very noticeable: *He speaks with a pronounced French accent.* ▶ **wyraźny**

★**pronunciation** /prə,nʌnsi'eɪʃn/ noun **1** [C,U] the way in which a language or a word is pronounced: *The dictionary gives two different pronunciations for this word.* ○ *American pronunciation* ▶ **wymowa 2** [U] a person's way of speaking a language: *His grammar is good but his pronunciation is awful!* ▶ **wymowa**

★**proof¹** /pru:f/ noun **1** [U] a fact or piece of information which shows that sth is true: *'We need some proof of your identity,' the shop assistant said.* ○ *What proof have we got that what he is saying is true?* ❶ Czasownik: **prove**. ▶ **dowód, udowodnienie 2** [C, usually pl.] a first copy of printed material that is produced so that mistakes can be corrected ▶ **korekta**

proof² /pru:f/ adj. (in compounds) able to protect from or to be protected against the thing mentioned: *a soundproof room* dźwiękoszczelny pokój ○ *a waterproof/windproof jacket* kurtka wodoodporna/przeciwwiatrowa ○ *bulletproof glass* szkło kuloodporne ○ *a fireproof door* drzwi ogniotrwałe ▶ **szczelny, odporny**

prop¹ /prɒp/ noun [C] a stick or other object that you use to support sth ▶ **podpórka, stojak**

□ **prop** verb [T] (**propping**; **propped**) **1** to support sth or keep sth in position: *I'll use this book to prop the window open* ▶ **podpierać 2** to lean sth against sth else: *He propped his bicycle against the wall.* ▶ **opierać**

PHRASAL VERBS **prop sb/sth up** to put an object under or behind sb/sth in order to give support ▶ **podpierać** | **prop sth up** to support sth that would otherwise fail ▶ **podpierać**

prop² /prɒp/ noun [C, usually pl.] a piece of furniture or another object that is used in a play, film, etc. ▶ **rekwizyt**

propaganda /,prɒpə'gændə/ noun [U] information and ideas that are made public by a government or large organization, in order to influence people or persuade them about sth: *political/anti-German propaganda* ▶ **propaganda**

propel /prə'pel/ verb [T] (**propelling**; **propelled**) to move, drive or push sb/sth forward ▶ **napędzać, pchać do przodu**

□ **propeller** noun [C] a device with several blades, which turns round very fast in order to make a ship or a plane move ▶ **śruba** (*okrętowa*), **śmigło**

★**proper** /'prɒpə(r)/ adj. **1** (only before a noun) real or genuine: *I've been to stay with my mother but I haven't had a proper holiday this year.* ○ *We haven't got any proper friends around here.* ○ *I didn't see much of the flat yesterday. I'm going to go today and have a proper look.* ▶ **prawdziwy, porządny 2** (only before a noun) right, suitable or correct: *That's not the proper way to eat spaghetti!* ○ *If you're going skiing you must have the proper clothes.* ○ *I've got to get these pieces of paper in the proper order.* ▶ **właściwy, odpowiedni 3** (formal) accepted as socially correct: *I think it would be only proper for you to apologize.* ❶ Antonim: **improper**. ▶ **przyzwoity 4** (only *after* a noun) real or main: *We travelled through miles of suburbs before we got to the city proper.* ▶ **właściwy**

□ **properly** adv. **1** correctly; in an acceptable way: *The teacher said I hadn't done my homework properly.* ○ *These shoes don't fit properly.* ▶ **należycie, odpowiednio 2** in a way that is socially correct; politely ❶ Antonim: **improperly**. ▶ **przyzwoicie**

■ **proper 'name** (also **proper 'noun**) noun [C] a word which is the name of a particular person or place and begins with a capital letter: *'Mary', 'Rome' and 'the Houses of Parliament' are all proper names.* ▶ **nazwa własna**

★**property** /'prɒpəti/ noun (pl. **properties**) **1** [U] something that belongs to sb; all the things that belong to sb: *'Is this your property?' the policeman asked, pointing to a small brown suitcase.* ○ *The sack contained stolen property.* ○ *private/public property* ○ *When she died she left her entire property to a cousin in America.* ➲ Por. **lost property**. ▶ **własność, ruchomości 2** [C] (formal) a building and the land around it: *'What sort of property are you hoping to buy?' asked the estate agent.* ▶ **nieruchomość 3** [U] land and buildings: *to invest your money in property* ▶ **nieruchomość 4** [C] a special quality that a substance, etc. has: *Some plants have healing properties.* ▶ **właściwość**

prophecy /'prɒfəsi/ noun [C] (pl. **prophecies**) a statement about what is going to happen in the future: *His prophecy that there would be a disaster has come true.* ▶ **proroctwo**

prophesy /'prɒfəsaɪ/ verb [T] (pres. part. **prophesying**; 3rd pers. sing. pres. **prophesies**; pt, pp **prophesied**) to say what you think will happen in the future: *to prophesy disaster* ▶ **prorokować**

prophet /'prɒfɪt/ noun [C] **1** (also **Prophet**) a person who is chosen by God to give his message to people: *the Prophet Muhammad* ○ *the prophets of the Old Testament* ▶ **prorok/ini 2** a person who tells or claims to tell what will happen in the future ▶ **prorok/ini**

□ **prophetic** /prə'fetɪk/ adj. ▶ **proroczy**

★**proportion** /prə'pɔ:ʃn/ noun **1** [C] a part or share of a whole: *A large proportion of the earth's surface is covered by sea.* ▶ **proporcja 2** [C] **proportion (of sth to sth)** the relationship between the size or amount of two things: *the proportion of teachers to students* ▶ **stosunek 3** (**proportions**) [pl.] the size and shape of sth: *He gazed at the magnificent proportions of*

the cathedral. ○ *Political unrest is reaching alarming proportions.* ▶ **proporcje, rozmiary**
IDIOMS **in proportion** in the correct relation to other things: *to draw sth in proportion* (w odpowiednich proporcjach) ○ *She's so upset that she can't see the problem in proportion any more* (wyolbrzymia problem). | **in proportion to sth** by the same amount or number as sth else; compared with: *Salaries have not risen in proportion to inflation.* ○ *In proportion to the number of students as a whole, there are very few women.* ▶ **w stosunku do czegoś** | **out of proportion (to sth) 1** too big, small, etc. in relation to other things ▶ **niewspółmierny 2** too great, serious, important, etc. in relation to sth: *His reaction was completely out of proportion to the situation.* ○ *Haven't you got this matter rather out of proportion?* Chyba wyolbrzymiasz tę sprawę? ▶ **niewspółmierny**

proportional /prəˈpɔːʃənl/ adj. directly linked in size, amount, etc.: *The cost will be proportional to the amount used.* ▶ **proporcjonalny**
■ **proˌportional ˌrepresenˈtation** noun [U] a system in which all political parties have a number of representatives in parliament in proportion to the number of votes they receive in an election ▶ **system proporcjonalny**

★**proposal** /prəˈpəʊzl/ noun [C] **1** a plan that is suggested; a scheme: *a new proposal for raising money* ○ *The recent proposal has been rejected.* ○ *May I put forward a proposal that the canteen should serve more salads?* ▶ **projekt, propozycja 2** an offer of marriage ▶ **oświadczyny**

★**propose** /prəˈpəʊz/ verb **1** [T] to suggest sth as a possible plan or action: *I propose a day in the country and lunch at a pub.* ○ *Our neighbours proposed that we should go on holiday together.* ○ *John Carter proposed the motion at last night's student debate.* ▶ **proponować, wysuwać wniosek 2** [T] to intend; to have as a plan: *They propose to build a motorway behind our house.* ▶ **zamierzać 3** [I,T] **propose (to sb)** to ask sb to marry you: *We've been going out for a long time but he still hasn't proposed.* ○ *to propose marriage* ▶ **oświadczać się 4** [T] **propose sb for/as sth** to suggest sb for an official position: *I'd like to propose Denise for/as Chair.* ▶ **wysuwać kandydaturę**

proposition /ˌprɒpəˈzɪʃn/ noun [C] **1** an idea or opinion that sb expresses about sth: *That's a very interesting proposition. But can you prove it?* ▶ **propozycja 2** an arrangement or offer, especially in business; a suggestion: *He made me a proposition to buy my share of the company.* ○ *A month's holiday in Spain is an attractive proposition.* ▶ **propozycja 3** a problem or task that you must deal with: *Getting the work finished on time is going to be quite a difficult proposition.* ▶ **sprawa**

proprietor /prəˈpraɪətə(r)/ (fem. **proprietress** /prəˈpraɪətres/) noun [C] the owner, especially of a hotel, business, newspaper etc. ▶ **właściciel/ka**

prose /prəʊz/ noun [U] written or spoken language that is not in verse: *to write in prose* ○ *a prose writer* prozai-k/czka ▶ **proza**

prosecute /ˈprɒsɪkjuːt/ verb [I,T] **prosecute sb (for sth)** to accuse sb of a crime and to try to prove it in a court of law: *Which of the barristers is prosecuting?* ○ *He was prosecuted for theft.* ➲ Por. **defend**. ▶ **prowadzić sprawę sądową; ścigać (sądownie)**

prosecution /ˌprɒsɪˈkjuːʃn/ noun **1** [C,U] (an example of) accusing sb of a crime and trying to prove it in a court of law: *to bring a prosecution against sb for a driving offence* ○ *the Director of Public Prosecutions* Prokurator Generalny ○ *Failure to pay your parking fine will result in prosecution.* ▶ **sprawa sądowa 2** [sing., with sing. or pl. verb] a person or group of people who try to prove in a court of law that sb is guilty of a crime: *a witness for the prosecution* świadek oskarżenia ○ *The prosecution claim/claims that Lloyd was driving at 100 miles per hour.* ➲ Por. **defence**. ▶ **oskarżyciel**

prospect /ˈprɒspekt/ noun **1** [C,U] **prospect (of sth/of doing sth)** the chance or hope that sth will happen: *There's little prospect of better weather before next week.* ○ *Prospects for peace do not look good.* ▶ **szansa 2** [C,U] an idea of what may or will happen: *'We'll have to manage without central heating this winter.' 'What an awful prospect.'* ▶ **perspektywa (na coś) 3 (prospects)** [pl.] chances of being successful: *The job offers a good salary and excellent prospects.* ▶ **widoki**

prospective /prəˈspektɪv/ adj. likely to be or to happen; possible: *prospective changes in the law* ○ *a prospective buyer for the car* ▶ **spodziewany**

prospectus /prəˈspektəs/ noun [C] a small book which gives details about a school, college, new business, etc. ▶ **prospekt**

prosper /ˈprɒspə(r)/ verb [I] to be successful, especially financially ▶ **prosperować**

prosperity /prɒˈsperəti/ noun [U] the state of being successful, especially financially: *Tourism has brought prosperity to many parts of Spain.* ○ *economic prosperity* ▶ **dobrobyt, koniunktura**

prosperous /ˈprɒspərəs/ adj. rich and successful: *prosperous countries* ▶ **zasobny**

prostitute /ˈprɒstɪtjuːt; US -tuːt/ (old-fashioned **whore**) noun [C] a person, especially a woman, who earns money by having sex with people ▶ **prostytutka**
□ **prostitution** /ˌprɒstɪˈtjuːʃn; US -ˈtuːʃn/ noun [U] working as a prostitute ▶ **prostytucja**

prostrate /ˈprɒstreɪt/ adj. lying flat on the ground, facing downwards ▶ **leżący plackiem** (*twarzą ku ziemi*)

protagonist /prəˈtægənɪst/ noun [C] **1** (formal) a major character in a drama: *the leading/chief/main protagonist* ▶ **protagonista 2** the main person in a story or a real event ▶ **protagonista, główna postać 3 protagonist (of sth)** a leader of a movement in a course of action, etc.: *a leading protagonist of the conservation movement* ▶ **zwolennik, przywódca**

★**protect** /prəˈtekt/ verb [T] **protect sb/sth (against/from sth)** to keep sb/sth safe; to defend sb/sth: *It was interesting to watch the* *bird trying to protect its young.* ○ *Wear something to protect your head against the sun.* ○ *Politicians always try to protect themselves against criticism.* ○ *Parents try to protect their children from danger as far as possible.* ○ *Bats are a protected species.* Nietoperze są chronionym gatunkiem. ▶ **bronić, chronić**

★**protection** /prə'tekʃn/ noun [U] **protection (against sth)** (a way of) keeping sb/sth safe so that he/she/it is not harmed or damaged: *the protection of the environment* ○ *Vaccination against measles gives you protection against the disease.* ○ *the Royal Society for the Protection of Birds* ○ *After the attack he was given police protection.* ▶ **obrona, ochrona**

protective /prə'tektɪv/ adj. **1** that prevents sb/sth from being damaged or harmed: *Workers need to wear protective clothing.* ▶ **ochronny** **2 protective (towards sb)** wanting to protect sb and keep them safe: *He's been very protective towards his wife since she became ill.* ▶ **opiekuńczy**

protector /prə'tektə(r)/ noun [C] a person who protects ▶ **obroń-ca/czyni, opiekun/ka**

protein /'prəʊtiːn/ noun [C,U] a substance found in food such as meat, fish and beans. It is important for helping people and animals to grow and be healthy. ▶ **białko**

★**protest**[1] /'prəʊtest/ noun [C,U] the showing of disagreement; a statement or an action that shows that you do not like or agree with sth: *The union organized a protest against the redundancies.* ○ *The centre has been closed after protests from local residents.* ○ *letters of protest* ○ *He resigned in protest against the decision.* ○ *a protest march* ▶ **protest, sprzeciw**

IDIOM **under protest** not happily or willingly: *Fiona agreed to pay in the end but only under protest.* ▶ **protestując**

★**protest**[2] /prə'test/ verb **1** [I,T] **protest (about/against/at sth)** to say or show that you do not like or agree with sth: *The prisoner was brought, protesting, into the courtroom.* ○ *Students have been protesting against the government's decision.* ○ *The children protested loudly at being taken home early.* ○ *Many of the holidaymakers protested about the lack of information at the airport.* ❶ W Amer. ang. **protest** używa się bez przyimka: *Students have been protesting the government's decision.* ▶ **protestować, sprzeciwiać się** **2** [T] to say sth firmly: *He protested a total lack of knowledge of the affair.* ○ *He protested that he hadn't been in the country when the robbery took place.* ○ *'That's simply not true,' she protested.* ▶ **twierdzić/mówić (coś) kategorycznie**

> **Protest** ma mocniejsze znaczenie niż **complain**. Używa się go, mówiąc o sprawach poważnych, np. gdy w naszym odczuciu coś jest zdecydowanie złe, nieprawidłowe lub nieuczciwe. **Complain** używa się, mówiąc np. o kiepskiej jakości produktów lub o innej mało ważnej sprawie: *to protest about a new tax* ○ *to complain about the poor weather.*

□ **protester** noun [C] a person who protests: *Protesters blocked the road as the minister's car drove up.* ▶ **protestując-y/a**

★**Protestant** /'prɒtɪstənt/ noun [C] a member of the Christian church that separated from the Catholic church in the 16th century: *to be a Protestant* ▶ **protestant/ka**

□ **Protestant** adj.: *The majority of the population is Protestant.* ○ *a Protestant church* ○ *a Protestant area of Belfast* ▶ **protestancki**

prototype /'prəʊtətaɪp/ noun [C] the first model or design of sth from which other forms will be copied or developed ▶ **prototyp**

protrude /prə'truːd; US prəʊ-/ verb [I] to stick out from a surface: *protruding teeth* ▶ **wystawać**

★**proud** /praʊd/ adj. **1 proud (of sb/sth); proud (to do sth/that)** feeling pleased and satisfied about sth that you own or have done, or are connected with: *a proud father of twins* ○ *They are very proud of their new house.* ○ *You should feel very proud that you have been chosen.* ▶ **dumny** **2** not wanting help from other people: *He was too proud to ask for help.* ▶ **dumny** **3** feeling that you are better than other people: *Now she's at university she'll be much too proud to talk to us!* ▶ **wyniosły** ❶ Rzeczownik: **pride**.

□ **proudly** adv.: *'I did all the work myself,' he said proudly.* ▶ **dumnie**

★**prove** /pruːv/ verb (pp **proved**; US **proven**) **1** [T] **prove sth (to sb)** to show that sth is true: *It will be difficult to prove that she was lying.* ○ *to prove sb's innocence to the court* ❶ Rzeczownik: **proof**. ▶ **udowadniać** **2** linking verb [I,T] to be found to be sth: *The job proved more difficult than we'd expected.* ○ *He was proved innocent.* ○ *Lisa proved herself to be just as strong as the men.* ▶ **okazywać się, dowodzić (czegoś)** **3** [T] **prove yourself (to sb)** to show other people how good you are at doing sth and/or that you are capable of doing sth ▶ **sprawdzać się**

IDIOM **prove your/the case/point** to show that what you say is true: *No one will believe you unless you have evidence to prove your case.* ▶ **udowadniać**

proven /'pruːvn/ adj. that has been shown to be true: *a proven fact* ▶ **udowodniony**

proverb /'prɒvɜːb/ noun [C] a short well-known sentence or phrase that gives advice or a general truth about life: *'A stitch in time saves nine,' is a proverb.* ➲ Por. **saying**. ▶ **przysłowie**

★**provide** /prə'vaɪd/ verb [T] **provide sb (with sth); provide sth (for sb)** to give or supply sth to sb: *This book will provide you with all the information you need.* ○ *The course lasts all day and lunch will be provided.* ▶ **dostarczać**

PHRASAL VERBS **provide for sb** to give sb all that they need to live: *I have four children to provide for.* ▶ **utrzymywać** | **provide for sth** to make arrangements to deal with sth that might happen in the future: *We did not provide for such an increase in prices.* ▶ **zabezpieczać się**

★**provided** /prə'vaɪdɪd/ (also **provided that; providing; providing that**) conj. only if: *She agreed* *to go and work abroad provided that her family could go with her.* ▶ **pod warunkiem, że**

★**province** /ˈprɒvɪns/ noun **1** [C] one of the main parts into which some countries are divided for the purposes of government: *Canada has ten provinces.* ➲ Por. **county**, **state**. ▶ **prowincja** **2** (**the provinces**) [pl.] the part of a country that is not the capital city ▶ **prowincja**

provincial /prəˈvɪnʃl/ adj. **1** (only before a noun) connected with one of the large areas that some countries are divided into; connected with the parts of a country that do not include the most important city: *the provincial government* ○ *a provincial town* ▶ **prowincjonalny** **2** (used about a person or their ideas) not wanting to consider new or different ideas or fashions: *provincial attitudes* ▶ **prowincjonalny**

★**provision** /prəˈvɪʒn/ noun **1** [U] the act of giving or supplying sth to sb: *the provision of education and social services* ▶ **zaopatrzenie** **2** [U] **provision for/against sth** arrangements that you make to deal with sth that might happen in the future: *She made provision for the children in the event of her death.* ▶ **zabezpieczanie (się)** **3** (**provisions**) [pl.] (formal) supplies of food and drink ▶ **aprowizacja**

provisional /prəˈvɪʒənl/ adj. only for the present time, that may be changed: *The provisional date for the next meeting is 18 November.* ○ *a provisional driving licence* tymczasowe prawo jazdy ❶ **Provisional driving licence** to dokument zezwalający prowadzić samochód osobie, która jeszcze uczy się jeździć, pod warunkiem, że ma skończone 17 lat, towarzyszy jej osoba mająca ważne prawo jazdy, a samochód jest opatrzony plakietką „L". ▶ **tymczasowy**
□ **provisionally** /-nəli/ adv.: *The meeting has been provisionally arranged for 18 November.* ▶ **tymczasowo**

provocation /ˌprɒvəˈkeɪʃn/ noun **1** [U] the act of trying to make sb angry: *You should never hit children, even under extreme provocation.* ▶ **prowokacja** **2** [C] something that sb does to make you angry: *It was a provocation to call him a liar.* ▶ **prowokacja**

provocative /prəˈvɒkətɪv/ adj. **1** intending to cause anger or argument: *He made a provocative remark about a woman's place being in the home.* ▶ **prowokacyjny** **2** intending to cause sexual excitement ▶ **wyzywający**
□ **provocatively** adv. ▶ **prowokacyjnie; wyzywająco**

provoke /prəˈvəʊk/ verb [T] **1** to make a person or an animal angry by annoying them: *The cat will scratch if you provoke it.* ○ *Stop trying to provoke me!* ▶ **prowokować** **2** to cause a feeling or reaction: *Edwina's remarks provoked a storm of controversy.* ▶ **wywoływać**

prow /praʊ/ noun [C] the front part of a ship or boat ❶ Rufa statku to **stern**. ▶ **dziób** (*łodzi, statku*)

prowess /ˈpraʊəs/ noun [U] (formal) skill at doing sth ▶ **wybitna zdolność** (*do robienia czegoś*)

prowl /praʊl/ verb [I,T] **prowl (about/around)** (used about an animal that is hunting or a person who is waiting for a chance to steal sth, etc.) to move quietly so that you are not seen or heard: *I could hear someone prowling around outside so I called the police.* ▶ **czaić się, skradać się**
□ **prowl** noun
IDIOM **be on the prowl** (used about a person or an animal) to be prowling: *The cat's on the prowl again.* ▶ **czaić się, skradać się**
prowler noun [C]: *The police arrested a prowler outside the hospital.* ▶ **osoba kręcąca się podejrzanie/skradająca się**

proximity /prɒkˈsɪməti/ noun [U] (formal) the state of being near to sth: *One advantage is the town's proximity to London.* ▶ **bliskość**

proxy /ˈprɒksi/ noun [U] the right that you give to sb to act for you: *to vote by proxy* ▶ **pełnomocnictwo**

prude /pruːd/ noun [C] a person who does not like to see or hear anything connected with sex ▶ **świętosz-ek/ka**
□ **prudish** /ˈpruːdɪʃ/ adj. ▶ **pruderyjny**

prudent /ˈpruːdnt/ adj. having or showing careful thought; wise and sensible: *It would be prudent to find out more before you decide.* ❶ Antonim: **imprudent**. ▶ **roztropny**
□ **prudence** noun [U] ▶ **roztropność** | **prudently** adv. ▶ **roztropnie**

prune[1] /pruːn/ noun [C] a dried plum ▶ **suszona śliwka**

prune[2] /pruːn/ verb [T] to cut branches or parts of branches off a tree or bush in order to make it a better shape ▶ **przycinać**

pry /praɪ/ verb (pres. part. **prying**; 3rd pers. sing. pres. **pries**; pt, pp **pried**) **1** [I] **pry (into sth)** to try to find out about other people's private affairs: *I don't want to pry – but is everything all right?* ▶ **wtrącać się** **2** [T] (especially US) = PRISE

PS (also **ps**) /ˌpiː ˈes/ abbr. (used for adding something to the end of a letter) postscript: *Love from Tessa. PS I'll bring the car.* ▶ **P.S.**

pseudonym /ˈsjuːdənɪm; US ˈsuːdənɪm/ noun [C] a name used by an author, etc. that is not their real name: *to write under a pseudonym* ▶ **pseudonim**

psych /saɪk/ verb
PHRASAL VERB **psych yourself up** (informal) to prepare yourself in your mind for sth difficult, e.g. by telling yourself that you will be successful ▶ **nastawiać się**

psyche /ˈsaɪki/ noun [C] (formal) the mind; your deepest feelings and attitudes: *the human/female/national psyche* ▶ **psychika**

psychedelic /ˌsaɪkəˈdelɪk/ adj. (used about art, music, clothes, etc.) having bright colours or patterns or strange sounds: *psychedelic rock* ▶ **psychodeliczny**

psychiatry /saɪˈkaɪətri/ noun [U] the study and treatment of mental illness ➲ Por. **psychology**. ▶ **psychiatria**
□ **psychiatric** /ˌsaɪkiˈætrɪk/ adj. connected with psychiatry: *a psychiatric hospital* ▶ **psychiatryczny** | **psychiatrist** /saɪˈkaɪətrɪst/ noun [C] a doctor who is trained to treat people with mental illness ▶ **psychiatra**

psychic /ˈsaɪkɪk/ adj. (used about a person or

their mind) having unusual powers, e.g. knowing what sb else is thinking or being able to see into the future ► **medium**

psychoanalysis /ˌsaɪkəʊə'næləsɪs/ noun [U] a way of treating sb with a mental illness by asking about their past life and dreams in order to find out what is making them ill ► **psychoanaliza**

□ **psychoanalyst** /ˌsaɪkəʊ'ænəlɪst/ noun [C] a person who uses psychoanalysis to treat people ► **psychoanalityk** | **psychoanalyse** (US **-lyze**) /ˌsaɪkəʊ'ænəlaɪz/ verb [T] to treat sb with a mental illness using psychoanalysis ► **przeprowadzać psychoanalizę**

psychology /saɪ'kɒlədʒi/ noun **1** [U] the study of the mind and the way that people behave: *child psychology* ➲ Por. **psychiatry**. ► **psychologia 2** [sing.] the type of mind that a person or group of people has: *If we understood the psychology of the killer we would have a better chance of catching him.* ► **umysłowość**

□ **psychological** /ˌsaɪkə'lɒdʒɪkl/ adj. **1** connected with the mind or the way that it works: *Has her ordeal caused her long-term psychological damage?* ► **psychologiczny 2** connected with psychology: *psychological tests* ► **psychologiczny** | **psychologically** /ˌsaɪkə'lɒdʒɪkli/ adv.: *Psychologically it was a bad time to be starting a new job.* ► **psychologicznie** | **psychologist** /saɪ'kɒlədʒɪst/ noun [C] a person who is trained in psychology ► **psycholog**

psychometric /ˌsaɪkə'metrɪk/ adj. (only before a noun) used for measuring mental abilities and processes: *psychometric testing* ► **psychometryczny**

psychopath /'saɪkəpæθ/ noun [C] a person who has a serious mental illness and who may hurt or kill other people ► **psychopat-a/ka**

psychosis /saɪ'kəʊsɪs/ noun [C,U] (pl. **psychoses** /-si:z/) a very serious mental illness that affects your whole personality ► **psychoza**

□ **psychotic** /saɪ'kɒtɪk/ adj., noun [C]: *a psychotic patient/individual* ► **psychotyczny**

psychotherapy /ˌsaɪkəʊ'θerəpi/ noun [U] the treatment of people with mental illness by psychological methods rather than with drugs ► **psychoterapia**

pt (pl. **pts**) abbr. **1** pint; a measure of liquid, about 0.568 litre: *2 pts milk* ► **pół kwarty 2** point: *The winner scored 10 pts.* ► **pkt. 3** part ► **cz.**

PTO /ˌpi: ti: 'əʊ/ (also **pto**) abbr. (at the bottom of a page) please turn over ► **verte**

⋆**pub** /pʌb/ (formal **public house**) noun [C] (Brit.) a place where people go to have a drink and meet their friends. Pubs can serve alcoholic drinks and they also often serve food.: *He's gone down (to) the pub.* ○ *a pub lunch* ► **bar, pub**

> In a pub you order your own drinks at the **bar**. There are often two parts of a pub: the **public bar** and the **lounge bar** or **saloon**.

puberty /'pju:bəti/ noun [U] the time when a child's body is changing and becoming physically like that of an adult: *to reach puberty* ► **okres dojrzewania płciowego, pokwitanie**

pubic /'pju:bɪk/ adj. of the area around the sexual organs: *pubic hair* ► **łonowy**

⋆**public** /'pʌblɪk/ adj. **1** of or concerning all the people in a country or an area: *The rubbish tip is a danger to public health.* ○ *public support for sth* ○ *to increase public awareness* ○ *The public announcement urged people to use water carefully.* ► **publiczny, powszechny 2** provided for the use of people in general; not private: *a public library/telephone* ○ *public spending* ► **publiczny 3** known by many people: *We're going to make the news public soon.* ► **jawny**

IDIOMS **be common/public knowledge** → KNOWLEDGE | **be in the public eye** to often appear on television, in magazines, etc. ► **być osobą znaną publicznie** | **go public 1** to tell people about sth that is a secret: *The sacked employee went public with his stories of corruption inside the company.* ► **podać do publicznej wiadomości 2** (used about a company) to start selling shares to the public ► **wystawiać akcje na sprzedaż**

□ **public** noun [sing., with sing. or pl. verb] **1** (**the public**) people in general: *Is Buckingham Palace open to the public?* ○ *The police have asked for help from members of the public.* ○ *The public is/are generally in favour of the new law.* ► **ludność, ludzie 2** a group of people who are all interested in sth or who have sth in common: *the travelling public* ► **ludzie**

IDIOM **in public** when other people are present: *This is the first time that Jane has spoken about her experience in public.* ► **publicznie**

publicly /-kli/ adv.: *The company refused to admit publicly that it had acted wrongly.* ► **publicznie**

■ **ˌpublic 'bar** noun [C] one of the rooms in a pub, where the furniture is less comfortable ➲ Zob. uwagi przy **bar** i **pub**. ► **jedna z sal w pubie** | **ˌpublic 'company** (also **ˌpublic ˌlimited 'company**) noun [C] (abbr. **PLC**; **plc**) a large company that sells shares(2) in itself to the public ► **spółka akcyjna** | **ˌpublic con'venience** noun [C] (Brit.) a toilet in a public place that anyone can use ➲ Zob. uwaga przy **toilet**. ► **toaleta publiczna** | **ˌpublic 'house** noun [C] (formal) = PUB | **ˌpublic o'pinion** noun [U] what people in general think about sth: *Public opinion was in favour of the war.* ► **opinia publiczna** | **ˌpublic re'lations** noun (abbr. **PR**) **1** [pl.] the state of the relationship between an organization and the public: *Giving money to local charities is good for public relations.* ► **stosunki między daną organizacją a ludnością 2** [U] the job of making a company, an organization, etc. popular with the public ► **utrzymywanie kontaktów z klientami** | **ˌpublic 'school** noun [C] **1** (Brit.) a private school for children aged between 13 and 18. Parents must pay to send their children to one of these schools. Many of the children at public schools live (board) there during term-time. ► **płatna szkoła prywatna** (*dla dzieci w wieku od 11 do 18 lat, często z internatem*) **2** (**'public school**) (US) a local school that any child can go to, that provides free education ► **szkoła publiczna** | **ˌpublic-'spirited** adj. willing to help other people and the public in general ▶ **natchnięty duchem obywatelskim** | **ˌpublic ˈtransport** noun [U] (the system of) buses, trains, etc. that run according to a timetable and that anybody can use: *to travel by public transport* ▶ **komunikacja miejska**

publican /ˈpʌblɪkən/ noun [C] a person who owns or manages a pub ▶ **właściciel lub agent pubu**

★**publication** /ˌpʌblɪˈkeɪʃn/ noun **1** [U] the act of printing a book, magazine, etc. and making it available to the public: *His latest book has just been accepted for publication.* ▶ **publikacja** **2** [C] a book, magazine, etc. that has been published ▶ **publikacja** **3** [U] the act of making sth known to the public: *the publication of exam results* ▶ **ogłoszenie**

publicity /pʌbˈlɪsəti/ noun [U] **1** notice or attention from the newspapers, television, etc.: *to seek/avoid publicity* ▶ **rozgłos** **2** giving information about sth in order to attract people's attention; advertising: *There has been a lot of publicity for Nicole Kidman's latest film.* ○ *a publicity campaign* ▶ **reklama**

publicize (also **-ise**) /ˈpʌblɪsaɪz/ verb [T] to attract people's attention to sth or to give people information about sth: *The event has been well publicized.* ▶ **nadawać rozgłos**

★**publish** /ˈpʌblɪʃ/ verb **1** [I,T] to prepare and print a book, magazine, etc. and make it available to the public: *This dictionary was published by Oxford University Press.* ▶ **publikować** **2** [T] (used about a writer, etc.) to have your work put in a book, magazine, etc.: *Dr Fraser has published several articles on the subject.* ▶ **publikować** **3** [T] to make sth known to the public: *Large companies must publish their accounts every year.* ▶ **ogłaszać**
□ **publisher** noun [C] a person or company that publishes books, magazines, etc. ▶ **wydawca; wydawnictwo** | **publishing** noun [U] the business of preparing books, magazines, etc. to be printed and sold ▶ **publikowanie**

★**pudding** /ˈpʊdɪŋ/ noun [C,U] (Brit.) **1** the sweet part (course) of a meal that is eaten at the end of it: *What's for pudding today?* ❶ Synonimy: **dessert** i **sweet**. ▶ **deser** **2** sweet food that is made from bread, flour or rice with fat, eggs, milk, etc. and cooked in the oven or over water: *Christmas/rice pudding* ❶ Uwaga! **Pudding** nie oznacza „budyń". Por. **custard** i **mousse**. ▶ **pudding**

puddle /ˈpʌdl/ noun [C] a small amount of water (especially rain) that has gathered on the ground ➲ Por. **pool**. ▶ **kałuża**

puff¹ /pʌf/ noun [C] **1** a small amount of air, smoke, wind, etc. that is blown or sent out: *a puff of smoke* ▶ **kłąb** **2** one breath that you take when you are smoking a cigarette or pipe: *to take a puff on a cigarette* ▶ **pyknięcie**
□ **puffy** adj. (used about a part of a person's body) looking soft and swollen: *Your eyes look a bit puffy.* ▶ **nalany, podpuchnięty**

puff² /pʌf/ verb **1** [I,T] (to cause air, smoke, wind, etc.) to blow or come out in puffs: *Smoke was puffing out of the chimney.* ○ *Stop puffing smoke in my face.* ▶ **puszczać kłęby** (*dymu*); (*o wietrze*) **dmuchać** **2** [I,T] to smoke a cigarette, pipe etc.: *to puff away at a cigarette* ○ *He sat puffing (on) his pipe.* ▶ **palić, pykać** **3** [I] to breathe loudly or quickly, e.g. when you are running: *He was puffing hard as he ran.* ▶ **sapać**
PHRASAL VERBS **puff along, in, out, up, etc.** to move in a particular direction with loud breaths or small clouds of smoke: *to puff up the stairs* ○ *The train puffed into the station.* ▶ **poruszać się głośno sapiąc lub puszczając kłęby dymu** | **puff sth out/up** to cause sth to become larger by filling it with air ▶ **nadmuchiwać** | **puff up** (used about part of the body) to become swollen: *Her arm puffed up when she was stung by a wasp.* ▶ **spuchnąć**
□ **puffed** (also **ˌpuffed ˈout**) adj. finding it difficult to breathe, e.g. because you have been running: *She was puffed out after running to catch the bus.* ▶ **bez tchu**

puffin /ˈpʌfɪn/ noun [C] a N Atlantic seabird with a large brightly-coloured beak ▶ **maskonur**

puke /pjuːk/ verb [I,T] (slang) to be sick; to vomit ▶ **rzygać**
□ **puke** noun [U] ▶ **rzygowiny**

★**pull¹** /pʊl/ verb **1** [I,T] to use force to move or try to move sb/sth towards yourself: *Ian pulled at the rope to make sure that it was secure.* ○ *to pull sb's hair* ○ *to pull a door open* ○ *You push and I'll pull.* ○ *to pull the trigger of a gun* ○ *I felt someone pull at my sleeve and turned round.* ○ *They pulled the child out of the water just in time.* ▶ **ciągnąć, szarpać** **2** [T] to move sth in the direction that is described: *She pulled her sweater on/She pulled on her sweater.* ○ *He pulled up his trousers/He pulled his trousers up.* ○ *Pull your chair nearer to the table.* ▶ **ciągnąć** **3** [T] to move sth behind you in the direction that you are moving: *The train is pulling six coaches.* ○ *That cart is too heavy for one horse to pull.* ▶ **ciągnąć** **4** [T] to damage a muscle, etc. by using too much force ▶ **naciągnąć**
IDIOMS **make/pull faces/a face** → FACE¹ | **pull sb's leg** (informal) to make fun of sb by trying to make them believe sth that is not true ▶ **robić kogoś w konia** | **pull out all the stops** (informal) to make the greatest possible effort to achieve sth ▶ **wysilać się** | **pull your punches** (informal) (usually used in negative sentences) to be careful what you say or do in order not to shock or upset anyone: *The film pulls no punches in its portrayal of* (film z całą siłą przedstawia) *urban violence.* ▶ **nie uderzać z całej siły** | **pull strings** to use your influence to gain an advantage ▶ **pociągać za sznurki** (*używać wpływów/protekcji*) | **pull your weight** to do your fair share of the work ▶ **nie szczędzić wysiłku**
PHRASAL VERBS **pull away (from sb/sth)** to start moving forward, leaving sb/sth behind: *We waved as the bus pulled away.* ▶ **odjeżdżać** | **pull (sth) away/back** to move your body or a part of your body away with force: *She pulled away as he tried to kiss her.* ○ *I pulled back my fingers just as the door slammed.* ▶ **cofać (się)** (*gwałtownie*)

pull sth down to destroy a building: *The old cinema has been pulled down.* ▶ **zburzyć**
pull in (to sth); **pull into sth 1** (used about a train) to enter a station ▶ **wjeżdżać na stację 2** (used about a car, etc.) to move to the side of the road in order to stop: *The police car signalled to us to pull in.* ▶ **zjechać na pobocze**
pull off (sth) (used about a vehicle or its driver) to leave the road in order to stop for a short time ▶ **zjeżdżać** | **pull sth off** (informal) to succeed in sth: *to pull off a business deal* ○ *I never thought you'd pull it off.* ▶ **dokonać**
pull out (used about a car, etc.) to move away from the side of the road: *I braked as a car suddenly pulled out in front of me.* ▶ **włączać się do ruchu** | **pull out (of sth)** (used about a train) to leave a station ▶ **odjeżdżać ze stacji** | **pull (sb/sth) out (of sth)** (to cause sb/sth) to leave sth: *The Americans have pulled their forces out of the island.* ○ *We've pulled out of the deal.* ▶ **wycofywać (się)** | **pull sth out** to take sth out of a place suddenly or with force: *She walked into the bank and pulled out a gun.* ▶ **wyciągać, wyszarpywać**
pull over (used about a vehicle or its driver) to slow down and move to the side of the road: *I pulled over to let the ambulance past.* ▶ **zjeżdżać na bok**
pull through (sth) to survive a dangerous illness or a difficult time ▶ **wyzdrowieć, wylizać się; przetrwać**
pull together to do sth or work together with other people in an organized way and without fighting ▶ **współdziałać** | **pull yourself together** to control your feelings and behave in a calm way: *Pull yourself together and stop crying.* ▶ **opanowywać się**
pull up (to cause a car, etc.) to stop: *to pull up at traffic lights* ▶ **zatrzymywać (się)**

pull² /pʊl/ noun **1** [C] **a pull (at/on sth)** the action of moving sb/sth towards you using force: *The diver gave a pull on the rope.* ▶ **pociągnięcie, szarpnięcie 2** [sing.] a physical force or an attraction that makes sb/sth move in a particular direction: *the earth's gravitational pull* ▶ **przyciąganie, siła przyciągania 3** [sing.] the act of taking a breath of smoke from a cigarette: *He took a long pull on his cigarette.* Mocno zaciągnął się papierosem. ▶ **zaciąganie się**

pulley /ˈpʊli/ noun [C] (pl. **pulleys**) a piece of equipment, consisting of a wheel and a rope, that is used for lifting heavy things ▶ **blok**

pullover /ˈpʊləʊvə(r)/ noun [C] a piece of clothing that is usually made of wool and that covers the top part of your body and your arms. You put on a pullover by pulling it over your head. ➲ Zob. uwaga przy **sweater**. ▶ **pulower**

pulp /pʌlp/ noun **1** [U] the soft inner part of some fruits or vegetables ▶ **miąższ 2** [U] a soft substance made from wood that is used for making paper ▶ **masa celulozowa 3** [sing., U] a soft substance that you make by pressing and mixing sth for a long time: *Crush the strawberries to a pulp.* ▶ **papka**

pulpit /ˈpʊlpɪt/ noun [C] a raised wooden or stone platform in a church where the priest stands when they are speaking to the people there ▶ **ambona**

pulsate /pʌlˈseɪt; US ˈpʌlseɪt/ verb [I] to move or shake with strong regular movements: *a pulsating rhythm* ▶ **pulsujący**

pulse /pʌls/ noun [C, usually sing.] the regular beating in your body as blood is pumped through it by your heart. You can feel your pulse at your wrist, neck, etc.: *Your pulse rate increases after exercise.* ○ *to have a strong/weak pulse* ○ *to feel/take sb's pulse* mierzyć komuś puls ▶ **puls**
□ **pulse** verb [I] **pulse (through sth)** to move with strong regular movements ▶ **posuwać się miarowo**

pulses /ˈpʌlsɪz/ noun [C, pl.] the seeds of some plants, e.g. peas, beans, etc. that are cooked and eaten as food: *Some pulses such as lentils are very rich in protein.* ▶ **jadalne nasiona niektórych roślin strączkowych**

★**pump** /pʌmp/ noun [C] **1** a machine that is used for forcing a gas or liquid in a particular direction: *Have you got a bicycle pump? My tyre's flat.* ○ *a petrol pump* dystrybutor paliwa ▶ **pomp(k)a 2** [usually pl.] a flat woman's shoe with no fastening ▶ **czółenko**
□ **pump** verb [I,T] to force a gas or liquid to go in a particular direction: *Your heart pumps blood around your body.* ▶ **pompować**
PHRASAL VERBS **pump sth into sth/sb** to put a lot of sth into sth/sb: *He pumped all his savings into the business.* ▶ (*przen.*) **władować** | **pump sth up** to fill sth with air, e.g. by using a pump: *to pump up a car tyre* ▶ **napompowywać**
■ **ˈpump-action** adj. (used about a machine or device) that you operate using a pumping action of your hand or arm: *a pump-action spray/shotgun* ▶ **na pomp(k)ę**

pumpkin /ˈpʌmpkɪn/ noun [C,U] a very large round fruit with thick orange-coloured skin that is cooked and eaten like a vegetable: *pumpkin pie* ○ *The children made a lantern out of a pumpkin.* ▶ **dynia**

pun /pʌn/ noun [C] **pun (on sth)** an amusing use of a word that can have two meanings or of different words that sound the same ▶ **kalambur**

punch¹ /pʌntʃ/ verb [T] to hit sb/sth hard with your fist: *Annie punched him hard in the stomach and ran away.* ▶ **uderzać pięścią**
IDIOM **pull your punches** → PULL¹
□ **punch** noun [C] a hard blow with your fist ▶ **uderzenie pięścią**
■ **ˈpunchline** noun [C] the last and most important words of a joke or story ▶ **pointa** | **ˈpunch-up** noun [C] (Brit., informal) a fight in which people punch or hit each other ▶ **bijatyka**

punch² /pʌntʃ/ noun [U] a drink made from wine, fruit juice, sugar, etc. ▶ **poncz**

punch³ /pʌntʃ/ noun [C] a machine or tool that you use for making holes in sth: *a ticket punch* ▶ **dziurkacz**
□ **punch** verb [T] to make a hole in sth with a

punch: *He punched a hole in the ticket.* ○ *He punched the ticket.* ▶ **dziurkować**

★**punctual** /ˈpʌŋktʃuəl/ adj. doing sth or happening at the right time; not late: *It is important to be punctual for your classes.* ❶ Mówiąc np. o pociągu, zamiast słowa **punctual** często używa się wyrażenia **on time**. ▶ **punktualny**
□ **punctuality** /ˌpʌŋktʃuˈæləti/ noun [U]: *The punctuality of British Rail services has improved.* ▶ **punktualność** | **punctually** /ˈpʌŋktʃuəli/ adv.: *to pay your bills punctually* ▶ **punktualnie**

punctuate /ˈpʌŋktʃueɪt/ verb **1** [I,T] to use punctuation marks when you are writing ▶ **stawiać znaki przestankowe 2** [T] **punctuate sth (with sth)** to interrupt sth many times: *Her speech was punctuated with bursts of applause.* ▶ **przerywać**
□ **punctuation** /ˌpʌŋktʃuˈeɪʃn/ noun [U] the use of punctuation marks when you are writing ▶ **stawianie znaków przestankowych**
■ ˌ**punctuˈation mark** noun [C] one of the signs that you use when you are writing in order to divide the words into sentences, show that sb is speaking, etc.: *Punctuation marks include full stops, commas, question marks and speech marks.* ▶ **znak przestankowy**

puncture /ˈpʌŋktʃə(r)/ noun [C] **1** a bicycle or car tyre that has a hole in it : *Oh, no! My tyre's flat. I must have a puncture.* ▶ **przebita opona/dętka 2** a small hole in a bicycle or car tyre: *If you put the tyre in water you should be able to see where the puncture is.* ▶ **przebicie opony/dętki**
□ **puncture** verb [T] to make a small hole in sth with sth sharp: *That stone must have punctured the tyre.* ▶ **dziurawić**

pungent /ˈpʌndʒənt/ adj. (used about a smell) very strong ▶ **ostry, gryzący**

★**punish** /ˈpʌnɪʃ/ verb [T] **punish sb (for sth) (by/with sth)** to cause sb to suffer because they have done sth wrong: *The children were severely punished for telling lies.* ○ *Minor offenders should be punished by being made to work for the community.* ○ *Dangerous driving should be punished with imprisonment.* ▶ **karać**
□ **punishable** adj. **punishable (by sth)** (used about a crime, etc.) that you can be punished for doing: *a punishable offence* ○ *In some countries drug smuggling is punishable by death.* ▶ **karalny** | **punishing** adj. that makes you very tired or weak: *The Prime Minister had a punishing schedule, visiting five countries in five days.* ▶ **wyczerpujący** | **punishment** noun **1** [U] the act of punishing or the state of being punished: *Do you have capital punishment* (karę śmierci) *in your country?* ▶ **kara 2** [C] a way in which sb is punished: *Ideally, the punishment should fit the crime.* ▶ **ukaranie, kara**

punitive /ˈpjuːnətɪv/ adj. (formal) **1** intended as a punishment: *a punitive expedition against the rebels* ▶ **karny 2** very hard or severe: *punitive taxation* ▶ **karzący**

punk /pʌŋk/ noun **1** [U] a type of rock music that was popular in Britain in the late 1970s and early 1980s. Punk music often protests strongly about the way that society is organized. ▶ **punk 2** [C] a person who likes punk music and often has brightly-coloured hair and unusual clothes ▶ **punk**

punt /pʌnt/ noun [C] a long shallow boat with a flat bottom and square ends which is moved by pushing the end of a long pole against the bottom of a river ▶ **płaskodenna łódka**
□ **punt** verb [I] to travel in a punt, especially for pleasure: *They often go punting on the river.* ▶ **płynąć płaskodenną łódką**

puny /ˈpjuːni/ adj. (**punier**; **puniest**) small and weak ▶ **słabowity, drobny**

pup /pʌp/ noun [C] **1** = PUPPY **2** the young of some animals, e.g. seals ▶ **szczenię, małe** (*np. foki*)

★**pupil¹** /ˈpjuːpl/ noun [C] **1** (especially Brit.) a child in school: *There are 28 pupils in the class.* ❶ To słowo powoli wychodzi z użycia. ▶ **ucze-ń/nnica, wychowan-ek/ka 2** a person who is taught artistic, musical, etc. skills by an expert ▶ **ucze-ń/nnica** ➲ Por. **student**.

pupil² /ˈpjuːpl/ noun [C] the round black hole in the middle of the eye ▶ **źrenica**

puppet /ˈpʌpɪt/ noun [C] **1** a model of a person or an animal that you can move by pulling the strings which are attached to it or by putting your hand inside it and moving your fingers ▶ **marionetka**, **kukiełka 2** a person or an organization that is controlled by sb else ▶ **marionetka**

puppy /ˈpʌpi/ noun [C] (pl. **puppies**) (also **pup**) a young dog ▶ **szczenię**

★**purchase¹** /ˈpɜːtʃəs/ noun (formal) **1** [U] the act of buying sth: *to take out a loan for the purchase of a car* ○ *Please state the date of purchase.* ▶ **zakup, nabywanie 2** [C] something that you buy: *to make a purchase* ▶ **zakup, nabytek**

★**purchase²** /ˈpɜːtʃəs/ verb [T] (formal) to buy sth: *Many employees have the opportunity to purchase shares in the company.* ▶ **nabywać**
□ **purchaser** noun [C] (formal) a person who buys sth: *The purchaser of the house agrees to pay a deposit of 10%.* ❶ Antonim: **vendor**. ▶ **nabywca/czyni**

★**pure** /pjʊə(r)/ adj. **1** not mixed with anything else: *a pure silk blouse* ○ *She was dressed in pure white.* ○ *Declan is of pure Irish descent.* ▶ **czysty, bez domieszki 2** not containing any harmful substances: *the pure mountain air* ▶ **czysty 3** not doing or knowing anything evil or anything that is connected with sex: *a young girl still pure in mind and body* ▶ **czysty, niewinny** ❶ Antonim znaczeń 2 i 3: **impure**. **4** (only before a noun) (informal) complete: *We met by pure chance* (przez czysty przypadek). ○ *a pure waste of time* ▶ **całkowity**, **zupełny 5** (used about a sound) clear ▶ **czysty 6** (only before a noun) (used about an area of learning) concerned only with theory rather than practical uses: *pure mathematics* ❶ Antonim: **applied**. ▶ **czysty** (*teoretyczny*)
□ **purely** adv. only or completely: *It's not purely a question of money.* ▶ **wyłącznie; całkowicie**

purée /ˈpjʊəreɪ; US pjʊəˈreɪ/ noun [C,U] a food that you make by cooking a fruit or vegetable and then pressing and mixing it until it is smooth and liquid: *apple purée* ▶ **purée** (*np. ziemniaczane*), **przecier**

purge /pɜːdʒ/ verb [T] to remove people that you do not want from a political party or other organization ▶ **przeprowadzać czystkę**

□ **purge** noun [C] an action to remove people that you do not want from a political party or other organization: *Stalin's purges* ▶ **czystka**

purify /ˈpjʊərɪfaɪ/ verb [T] (pres. part. **purifying**; 3rd pers. sing. pres. **purifies**; pt, pp **purified**) to remove dirty or harmful substances from sth: *purified water* ▶ **oczyszczać**

puritan /ˈpjʊərɪtən/ noun [C] a person who thinks that it is wrong to enjoy yourself ▶ **purytan-in/ka**

□ **puritan** (also **puritanical** /ˌpjʊərɪˈtænɪkl/) adj.: *a puritan attitude to life* ▶ **purytański**

purity /ˈpjʊərəti/ noun [U] the state of being pure: *to test the purity of the air* ➲ Por. **impurity**. ▶ **czystość**

purl /pɜːl/ noun [U] a simple stitch used in knitting: *knit two plain, one purl* ▶ **ścieg na wywrót**

⋆**purple** /ˈpɜːpl/ adj. of a reddish-blue colour ▶ **fioletowy, purpurowy**

□ **purple** noun [U] a reddish-blue colour ▶ **kolor fioletowy/purpurowy**

⋆**purpose** /ˈpɜːpəs/ noun **1** [C] the reason for doing or making sth: *The main purpose of this meeting is to decide what we should do about the problem of noise.* ○ *You may only use the telephone for business purposes.* ▶ **cel, zamiar** **2** (**purposes**) [pl.] what is needed in a particular situation: *For the purposes of this demonstration, I will use model cars.* ▶ **potrzeby, wymagania** **3** [U] the ability to plan sth and work hard to achieve it: *I was impressed by his strength of purpose.* ○ *A good leader inspires people with a sense of purpose* (wzbudza w ludziach poczucie celu). ▶ **umiejętność dążenia do (wytkniętego) celu**

IDIOMS **to/for all intents and purposes** → INTENT[2] | **on purpose** not by accident; with a particular intention: *'You've torn a page out of my book!' 'I'm sorry, I didn't do it on purpose.'* ○ *I came a bit early on purpose, to see if I could help you.* ▶ **celowo, umyślnie** | **serve your/the purpose** → SERVE

□ **purposeful** /-fl/ adj. having a definite aim or plan: *Graham strode off down the street looking purposeful.* ▶ **zdecydowany, dążący do celu** | **purposefully** /-fəli/ adv. ▶ **zdecydowanie** | **purposely** adv. with a particular intention: *I purposely waited till the end so that I could speak to you in private.* ▶ **celowo, umyślnie**

purr /pɜː(r)/ verb [I] (used about a cat) to make a continuous low sound that shows pleasure ▶ **mruczeć**

⋆**purse[1]** /pɜːs/ noun [C] **1** a small bag that you keep money in ➲ Por. **wallet**. ▶ **portmonetka** **2** (US) = HANDBAG

purse[2] /pɜːs/ verb [T] to press your lips together, e.g. to show that you do not like sth: *Her lips were pursed in concentration.* ▶ **zaciskać, sznurować** (*usta*)

purser /ˈpɜːsə(r)/ noun [C] the person on a ship who looks after the accounts and who deals with passengers' problems ▶ **ochmistrz** (*na statku*)

⋆**pursue** /pəˈsjuː; US -ˈsuː/ verb [T] (formal) **1** to follow sb/sth in order to catch them/it: *The robber ran off pursued by two policemen.* ○ (figurative) *The goal that he is pursuing is completely unrealistic.* ❶ **Pursue** jest słowem bardziej formalnym niż **chase**. ▶ **ścigać; dążyć do czegoś** **2** to continue with sth; to find out more about sth: *to pursue a career in banking* ○ *She didn't seem to want to pursue the discussion so I changed the subject.* ○ *The Government is pursuing a policy of high taxes.* ▶ **dążyć do osiągnięcia czegoś, dalej prowadzić; uprawiać** (*np. hobby*)

□ **pursuer** noun [C] a person who pursues (1) sb/sth ▶ **prześladowca, ścigający**

pursuit /pəˈsjuːt; US -ˈsuːt/ noun **1** [U] the act of pursuing sb/sth: *the pursuit of pleasure* ▶ **dążenie do osiągnięcia (czegoś), pogoń za kimś/czymś** **2** [C] something that you spend your time doing, either for work or for pleasure: *outdoor/leisure pursuits* ▶ **zajęcie, rozrywka**

IDIOMS **in pursuit (of sb/sth)** trying to catch or get sb/sth: *a dog in pursuit of a cat* ○ *He neglected his family in pursuit of his own personal ambitions.* ▶ **w pogoni, na tropie** | **in hot pursuit** → HOT

pus /pʌs/ noun [U] a thick yellowish liquid that may form in a part of your body that has been hurt ▶ **ropa**

⋆**push[1]** /pʊʃ/ verb **1** [I,T] to use force to move or try to move sb/sth forward or away from you: *You push and I'll pull.* ○ *You can pull a rope but you can't push it!* ○ *Christine pushed him into the water.* ○ *to push sb in a wheelchair* ○ *to push a pram* ○ *She pushed the door shut with her foot* (zamknęła drzwi, pchnąwszy je nogą). ▶ **pchać** **2** [I,T] to move forward by pushing sb/sth: *John pushed his way through the crowd.* ○ *to push past sb* ▶ **przepychać się** **3** [I,T] to press or use force, e.g. with your finger, to move sth: *Push the red button if you want the bus to stop.* ▶ **naciskać, przyciskać** **4** [T] (informal) to try to make sb do sth, e.g. by asking or telling them many times: *Ella will not work hard unless you push her.* ○ *to push sb for an answer* ▶ **przyciskać, wywierać nacisk** **5** [T] (informal) to try to make sth seem attractive, e.g. so that people will buy it: *They launched a publicity campaign to push their new product.* ▶ **forsować**

IDIOMS **be pushed for sth** (informal) to not have enough of sth: *Hurry up. We're pushed for time* (naprawdę nie mamy czasu). ▶ **dotkliwie odczuwać brak** (*np. czasu, pieniędzy*) | **be hard pressed/pushed/put to do sth** → HARD[2]

PHRASAL VERBS **push ahead/forward (with sth)** to continue with sth ▶ **posuwać się, kontynuować** | **push sb about/around** to give orders to sb in a rude and unpleasant way: *Don't let your boss push you around.* ▶ **pomiatać kimś** | **push for sth** to try hard to get sth: *The Opposition are pushing for greater freedom of informa-*

tion. ▶ **usilnie zabiegać o coś** | **push in** to join a queue in front of other people who were there before you ▶ **wpychać się bez kolejki** | **push on** to continue a journey: *Although it was getting dark, we decided to push on.* ▶ **jechać dalej** | **push sb/sth over** to make sb/sth fall down by pushing them/it ▶ **przewracać kogoś/coś**
□ **pusher** noun [C] a person who sells illegal drugs ▶ **handla-rz/rka narkotykami**
■ **'push-button** adj. (only before a noun) (used about a machine, etc.) that you work by pushing a button: *a radio with push-button tuning* radio ze strojeniem na klawisze ▶ **działający przez naciśnięcie przycisku/klawisza** | **'pushchair** (Brit. also **buggy**) noun [C] a chair on wheels that you use for pushing a young child in. You can fold up a pushchair when you are not using it. ➲ Ilustr. do **pram**. ▶ **składany wózek dziecinny** | **'pushover** noun [C] (informal) **1** something that is easy to do or win: *With four of their players injured, the game won't be a pushover for Liverpool.* ▶ **bedłka** **2** a person who is easy to persuade or convince ▶ **mięczak** | **'push-up** noun [C] (US) = PRESS-UP

★**push²** /pʊʃ/ noun [C] an act of pushing: *Paul gave the door a push* (popchnął drzwi). ○ *Can you help me give the car a push to get it started* (popchnąć samochód, żeby zapalił)? ○ *The car windows opened at the push of a button* (za naciśnięciem guzika). ▶ **pchnięcie, nacisk**
IDIOMS **at a push** (informal) if it is necessary (but only with difficulty): *We can get ten people round the table at a push.* ▶ **na siłę** | **give sb the push** (Brit., informal) to end a relationship with sb or to dismiss sb from a job ▶ **rozstawać się z (kimś); wywalać z posady**

pushy /'pʊʃi/ adj. (**pushier**; **pushiest**) (informal) (used about a person) behaving in a forceful way in order to get an advantage or to make people notice you: *You need to be pushy to be successful in show business.* ▶ **rozpychający się łokciami, przebojowy**

puss /pʊs/ noun [C] (used when you are speaking to or calling a cat) ▶ **kici** (*wołanie kota*)
□ **pussy** /'pʊsi/ noun [C] (pl. **pussies**) (informal) a cat ▶ **kotek**

★**put** /pʊt/ verb [T] (pres. part. **putting**; pt, pp **put**) **1** to move sb/sth so that it is in a particular place or position: *She put the book on the table.* ○ *I put the knife back in the drawer.* ○ *Did you put sugar in my tea?* ○ *When do you put the children to bed?* ▶ **kłaść, stawiać, umieszczać** **2** to fix sth to or in sth else: *Can you put* (przyszyć) *a button on this shirt?* ○ *We're going to put a new window in this room.* ▶ **przymocowywać, zakładać, przytwierdzać** **3** to make sb feel or experience sth: *This sort of weather always puts me in a bad mood.* ○ *Your decision puts me in a difficult position.* ▶ **stawiać (kogoś w jakimś położeniu)** **4** to say or express sth: *I don't know exactly how to put this, but...* ▶ **wyrażać, formułować** **5** to ask sb a question, make a suggestion, etc. : *I'd like to put a question to the minister.* ○ *Can I put a suggestion to you?* ▶ **zadawać** (*np. pytanie*), **sugerować** **6** to give or fix a particular value or importance to sb/sth: *We'll have to put a limit on how much we spend.* ○ *I'd put him in my top five favourite writers.* ▶ **ustanawiać, zaliczać (do czegoś)** **7** to write sth: *12.30 on Friday? I'll put it in my diary.* ○ *What did you put for question 2?* ▶ **notować, zapisywać**
IDIOMS **not put it past sb (to do sth)** (used with *would*) to think sb is capable of doing sth bad: *I wouldn't put it past him to do a thing like that.* ▶ **uważać, że ktoś jest zdolny zrobić coś złego** | **put it to sb that...** (formal) to suggest to sb that sth is true: *I put it to you that this man is innocent.* ▶ **poddawać (komuś) myśl** | **put together** (used after a noun or nouns referring to a group of people or things) combined: *You got more presents than the rest of the family put together.* ▶ **razem wzięty** ❶ **Put** używa się w innych idiomach, np. **put an end to sth**. ➲ Zob. hasła odpowiednich rzeczowników, przymiotników itp.
PHRASAL VERBS **put sth/yourself across/over** to say sth clearly, so that people can understand it: *He didn't put his ideas across very well at the meeting.* ▶ **wyrażać (się) jasno**
put sth aside **1** to save sth, especially money, to use later ▶ **odkładać** **2** to ignore or forget sth: *We agreed to put aside our differences and work together.* ▶ **odkładać, pomijać**
put sb away (informal) to send sb to prison ▶ **wsadzać kogoś do paki** | **put sth away** **1** to put sth where you usually keep it, e.g. in a cupboard ▶ **schować coś** (*na miejsce*), **uprzątać** **2** to save money to spend later: *She has a few thousand pounds put away for her retirement.* ▶ **odkładać** (*pieniądze*)
put sth back **1** to return sth to its place: *to put books back on the shelf* ▶ **kłaść coś z powrotem** **2** to change the time shown on a clock, etc. to an earlier time: *We have to put the clocks back tonight.* ❶ Antonim: **put sth forward**. ▶ **cofać** (*wskazówki zegara*) **3** to change sth to a later time or date; to postpone: *I'll have to put back my dental appointment till next week.* ▶ **odkładać**
put sb/sth before/above sb/sth to treat sb/sth as more important than sb/sth else: *He puts his children before anything else.* ▶ **przedkładać, stawiać kogoś/coś wyżej**
put sth by to save money to use later: *Her grandparents had put some money by for her wedding.* ▶ **odkładać**
put sb down (informal) to say things to make sb seem stupid or foolish: *He's always putting his wife down.* ▶ **ośmieszać/upokarzać kogoś** | **put sth down** **1** to place sth, e.g. on the floor, a table, etc.: *The policeman persuaded him to put the gun down.* ▶ **kłaść** **2** to write sth: *I'll put that down in my diary.* ▶ **zapisywać** **3** to pay part of the cost of sth: *We put down a 10% deposit on a car.* ▶ **wpłacać** (*część należnej kwoty*) **4** (used about a government, an army or the police) to stop sth by force: *to put down a rebellion* ▶ **tłumić** **5** to kill an animal because it is old, sick or dangerous: *The dog was put down because it attacked a child.* ▶ **usypiać** | **put sth down to sth** to believe that sth is caused by sth: *The education minister puts the children's reading problems down to bad teaching.* ▶ **przypisywać (coś czemuś)**

put yourself/sb forward to suggest that you or a particular person should be considered for a job, etc.: *His name was put forward for the position of chairman.* ▶ **wysuwać** (*np. czyjąś kandydaturę*) | **put sth forward 1** to change the time shown on a clock, etc. to a later time: *We put the clocks forward in spring.* 🅘 Antonim: **put sth back**. ▶ **posuwać naprzód** (*wskazówki zegara*) **2** to suggest sth: *The minister put forward a plan to help the homeless.* ○ *to put forward an argument/a suggestion* ▶ **wysuwać**
put sth in 1 to include a piece of information, etc. in sth that you write: *In your letter, you forgot to put in* (wpisać) *the time your plane would arrive.* ▶ **dołączać, wtrącać 2** to ask for sth in an official manner: *to put in a demand for a wage increase* ▶ **wnosić** (*np. podanie*) | **put sth in**; **put sth into sth/into doing sth** to spend time, etc. on sth: *She puts all her time and energy into her business.* ○ *He's putting a lot of work into improving his French.* ▶ **wkładać**
put sb off 1 to make sb dislike a person: *I'm sure he's a very nice person but his accent puts me off.* ▶ **zniechęcać (do kogoś) 2** to say to a person that you can no longer do what you had agreed: *They were coming to stay last weekend but I had to put them off at the last moment.* ▶ **odwołać** (*np. czyjąś wizytę*), **zbywać (kogoś)** | **put sb off (sth)** to make sb unable to concentrate: *Don't stare at me – you're putting me off!* ▶ **rozpraszać** | **put sb off (sb/sth/doing sth)** to cause sb to dislike sb/sth/doing sth: *My first visit to Liverpool put me off the place.* ○ *The accident put me off driving for a long time.* ▶ **zniechęcać** | **put sth off** to move the switch, etc. on a piece of machinery, etc. to stop it working: *She put off the light and went to sleep.* ▶ **wyłączać** | **put sth off**; **put off doing sth** to move sth to a later time; to delay doing sth: *'I've got an appointment.' 'Can't you put it off?'* ○ *She put off writing her essay until the last minute.* ▶ **przesuwać (na inny termin), odkładać**
put sth on 1 to place clothes on your body: *Put on your coat!* ○ *I'll have to put my glasses on.* ▶ **wkładać/nakładać (na siebie) 2** to cover an area of your skin with sth: *You'd better put some sun cream on.* ▶ **nakładać 3** to make a piece of electrical equipment, etc. start working, usually by pressing a switch: *It's too early to put the lights on yet.* ▶ **włączać 4** to make sth (e.g. a tape, a CD, etc.) begin to play: *Let's put some music on.* ▶ **puszczać** (*np. kasetę, płytę*) **5** to become fatter or heavier (by the amount mentioned): *I put on weight very easily.* ○ *She's put on several pounds since I last saw her.* ▶ **przybierać na wadze 6** to produce or present a play, show, etc.: *to put on a play* ▶ **wystawiać 7** to provide sth specially: *They put on extra trains* (wprowadzono do rozkładu dodatkowe pociągi) *in the summer.* ▶ **dołączać, włączać 8** to pretend to be feeling sth; to pretend to have sth: *He's not angry with you really – he's just putting it on.* ○ *She put on a Scottish accent.* ▶ **udawać** | **put sth on sth 1** to add an amount of money, etc. to the cost or value of sth: *The government want to put 50p on the price of a packet of cigarettes.* ▶ **nakładać** (*np. dodatkowe opłaty*) **2** to bet money on sth: *He put all his money on a horse.* ▶ **stawiać na coś**
put sb out 1 to give sb trouble or extra work: *He put his hosts out by arriving very late.* ▶ **przysparzać (komuś) kłopotu 2** to make sb upset or angry: *I was quite put out by their selfish behaviour.* ▶ **irytować, wyprowadzać z równowagi** | **put sth out 1** to make sth stop burning: *to put out a fire* ▶ **gasić 2** to switch off a light: *They put out the lights and locked the door.* ▶ **gasić 3** to take sth out of your house and leave it: *to put the rubbish out* ▶ **wynosić, wystawiać 4** to give or tell the public sth, often by using the television, radio or newspapers: *The police put out a warning about the escaped prisoner.* ▶ **ogłaszać** | **put yourself out** (informal) to do sth for sb, even though it brings you trouble or extra work: *'I'll give you a lift home.' 'I don't want you to put yourself out* (nie chcę ci sprawiać kłopotu)*. I'll take a taxi.'* ▶ **zadawać sobie trud**
put sth/yourself over → PUT STH/YOURSELF ACROSS/OVER
put sb through sth to make sb experience sth unpleasant ▶ **zgotować (coś komuś)** | **put sb/sth through** to make a telephone connection that allows sb to speak to sb: *Could you put me through to flight reservations, please?* ▶ **łączyć (telefonicznie)**
put sth to sb to suggest sth to sb; to ask sb sth: *The audience is invited to put questions to the speaker.* ▶ **zadawać, sugerować**
put sth together to build or repair sth by joining its parts together: *The furniture comes with instructions on how to put it together.* ▶ **składać, montować**
put sth towards sth to give money to pay part of the cost of sth: *We all put a pound towards a leaving present for Joe.* ▶ **dawać pieniądze na jakiś cel** | **put up sth** to offer or give resistance in a fight, etc.: *The old lady put up a struggle against her attacker.* ▶ **stawiać** (*opór*)
put sb up to give sb food and a place to stay: *She had missed the last train home, so I offered to put her up for the night.* ▶ **przyjąć kogoś na nocleg** | **put sth up 1** to raise or hold sth up: *Put your hand up if you know the answer.* ▶ **podnosić 2** to build sth: *to put up a fence* ▶ **stawiać 3** to fix sth to a wall, etc. so that everyone can see it: *to put up a notice* ▶ **wieszać** (*np. ogłoszenie*) **4** to increase sth: *Some shops put up their prices just before Christmas.* ▶ **podnosić** | **put up with sb/sth** to suffer sb/sth unpleasant and not complain about it: *I can't put up with the noise.* ▶ **znosić**

putt /pʌt/ verb [I,T] (used in golf) to hit the ball gently when it is near the hole ▶ **lekko uderzać piłkę golfową, kiedy znajduje się ona blisko dołka**

putter /ˈpʌtə(r)/ verb [I] (US) = POTTER[1]

putty /ˈpʌti/ noun [U] a substance that is used for fixing glass into windows. Putty is soft when you use it but it turns hard later. ▶ **kit** (*szklarski*)

puzzle /ˈpʌzl/ noun [C] **1** [usually sing.] something that is difficult to understand or explain; a mystery: *The reasons for his actions have remained* *a puzzle to historians.* ▶ **zagadka 2** a game or toy that tests your knowledge, skill, intelligence, etc.: *to do a crossword puzzle* (krzyżówkę) ○ *The solution to the puzzle is on page 27.* ○ *a jigsaw puzzle* puzzle ▶ **łamigłówka, zagadka**

□ **puzzle** verb **1** [T] to cause sb to think hard about sth they cannot understand or explain: *The appearance of strange circles in fields of corn has puzzled all the experts.* ▶ **intrygować, wprawiać w zakłopotanie 2** [I] **puzzle over sth** to think hard about sth in order to understand or explain it: *to puzzle over a mathematical problem* ▶ **łamać sobie głowę (nad czymś)**

PHRASAL VERB **puzzle sth out** to find the answer to sth by thinking hard: *The letter was in Italian and it took us an hour to puzzle out what it said.* ▶ **rozwiązywać** (*np. zagadkę*), **odcyfrowywać** (*np. pismo, list*)

puzzled /ˈpʌzld/ adj. not able to understand or explain sth: *a puzzled expression* ▶ **zakłopotany**

★**pyjamas** /pəˈdʒɑːməz/ (US **pajamas** /-ˈdʒæ-/) noun [pl.] loose trousers and a loose jacket or top that you wear in bed ❶ Zwróć uwagę, że przed innym rzeczownikiem słowa **pyjama** używa się bez **s**: *pyjama trousers.* ▶ **piżama**

pylon /ˈpaɪlən; US ˈpaɪlɑːn/ noun [C] a tall metal tower that carries heavy electricity wires ▶ **słup** (*sieci elektrycznej*)

pyramid /ˈpɪrəmɪd/ noun [C] a shape with a flat base and three or four triangular sides ▶ **piramida, ostrosłup**

python /ˈpaɪθən; US -θɑːn/ noun [C] a large snake that kills animals by squeezing them very hard ▶ **pyton**

Qq

Q, q /kjuː/ noun [C] (pl. **Q's**; **q's** /kjuːz/) the seventeenth letter of the English alphabet ▶ **litera** *q*

Q abbr. question: *Q's 1-5 are compulsory.* ▶ **pyt.**

qt abbr. quart(s); a measure of liquid, about 1.136 litres ▶ **kwarta**

quack /kwæk/ noun [C] the sound that a duck makes ▶ **kwakanie**

□ **quack** verb [I] ▶ **kwakać**

quadrangle /ˈkwɒdræŋgl/ (informal **quad**) noun [C] a square open area with buildings round it, in a school, college, etc. ▶ **dziedziniec**

quadruple /kwɒˈdruːpl/ verb [I,T] to multiply or be multiplied by four: *Profits have quadrupled in the past ten years.* ▶ **powiększać (się) czterokrotnie; mnożyć przez cztery**

quail /kweɪl/ noun [C] (pl. **quail** or **quails**) a small brown bird whose flesh and eggs are eaten as food ▶ **przepiórka**

quaint /kweɪnt/ adj. attractive or unusual because it seems to belong to the past: *quaint narrow streets* ▶ **osobliwy, staroświecki**

quake /kweɪk/ verb [I] to shake: *to quake with fear/cold* ▶ **trząść się, drżeć**

□ **quake** noun [C] (informal) = EARTHQUAKE

★**qualification** /ˌkwɒlɪfɪˈkeɪʃn/ noun **1** [C] an examination that you have passed or a course of study that you have completed: *a teaching qualification* ○ *Please list your qualifications on your CV.* ○ *40 per cent of children left school at 16 with no formal qualifications.* ▶ **kwalifikacje 2** [C] a skill or quality that you need to do a particular job: *Is there a height qualification for the police force?* ▶ **wymóg 3** [C,U] something that limits or weakens the meaning of a general statement: *I can recommend him without qualification.* ○ *She accepted the proposal with only a few qualifications.* ▶ **zastrzeżenie 4** [U] the fact of doing what is necessary in order to be able to do a job, play in a competition, etc.: *Nurses in training should be given a guarantee of employment following qualification.* ○ *A victory in this game will earn them qualification* (pozwoli im zakwalifikować się) *for the World Cup.* ▶ **kwalifikacja**

★**qualify** /ˈkwɒlɪfaɪ/ verb (pres. part. **qualifying**; 3rd pers. sing. pres. **qualifies**; pt, pp **qualified**) **1** [I] to pass the examination that is necessary to do a particular job; to have the qualities that are necessary for sth: *to qualify as a vet* ○ *A cup of coffee and a sandwich doesn't really qualify as a meal.* ▶ **zdobywać kwalifikacje; kwalifikować się 2** [T] to give sb the right to do a particular job: *This exam will qualify me to teach music.* ▶ **dawać kwalifikacje 3** [I] to be successful in one part of a competition and to go on to the next part: *Our team has qualified for the final.* ▶ **zakwalifikować się** (*np. do finału*) **4** [I,T] to have or give sb the right to have or do sth: *to qualify for a pension* ○ *Residence in this country does not qualify you to vote.* ▶ **otrzymywać prawa 5** [T] to limit or weaken the meaning of a general statement: *I must qualify what I said earlier – it wasn't quite true.* ▶ **łagodzić, osłabiać** (*np. twierdzenie*)

□ **qualified** adj. **1** having passed an examination or completed a course of study: *Edward is well qualified for this job.* ○ *a fully-qualified doctor* ▶ **wykwalifikowany, dyplomowany 2** having the skill, knowledge or quality that you need to do sth: *I don't feel qualified to comment – I know nothing about the subject.* ▶ **kompetentny 3** not complete; limited: *My boss gave only qualified approval to the plan.* ▶ **ograniczony, częściowy** ❶ Antonim: **unqualified**.

★**quality** /ˈkwɒləti/ noun (pl. **qualities**) **1** [U] how good or bad sth is: *This paper isn't very good quality.* ○ *These photos are of poor quality.* ○ *a high-quality magazine* ○ *the quality of life in our cities* ▶ **jakość, gatunek 2** [U] a high standard or level: *We aim to provide quality at a reasonable price.* ○ *a quality newspaper* ▶ **wysoka jakość, wysoki poziom 3** [C] something that is typical of a person or thing: *Vicky has all the qualities of a good manager.* ○ *One quality of oil is that it floats on water.* ▶ **cecha, zaleta, przymiot**

qualm /kwɑːm/ noun [C, usually pl.] a feeling of doubt or worry about whether what you are doing is right: *I don't have any qualms about asking them to lend us some money.* ▶ **skrupuły, wyrzuty sumienia**

quandary /ˈkwɒndəri/ noun [C] (pl. **quandaries**) a state of not being able to decide what to do; a difficult situation: *to be in a quandary* być w kropce ▶ **dylemat**

★**quantity** /ˈkwɒntəti/ noun (pl. **quantities**) **1** [U] the measurement of sth by stating how much of it there is: *Don't write too much in your essay – quality is more important than quantity.* ▶ **ilość 2** [C,U] a number or an amount: *Add a small quantity of salt.* ○ *It's cheaper to buy goods in quantity* (w dużej ilości). ○ *It's cheaper to buy goods in large quantities.* ▶ **ilość**

IDIOM **an unknown quantity** → UNKNOWN

quarantine /ˈkwɒrəntiːn/ noun [U] a period of time when a person or an animal that has or may have an infectious disease must be kept away from other people or animals: *The dog had to be kept in quarantine for six months.* ▶ **kwarantanna**

★**quarrel** /ˈkwɒrəl/ noun [C] **1** an angry argument or disagreement: *We had a quarrel about money.* ➲ Por. **argument** i **fight**. ▶ **kłótnia, sprzeczka 2 quarrel with sb/sth** a reason for complaining about or disagreeing with sb/sth: *I have no quarrel with what has just been said.* ▶ **coś do zarzucenia**

□ **quarrel** verb [I] (**quarrelling**; **quarrelled**; US **quarreling**; **quarreled**) **1 quarrel (with sb) (about/over sth)** to have an angry argument or disagreement: *I don't want to quarrel with you about it.* ➲ Por. **argue** i **fight**. ▶ **kłócić się 2 quarrel with sth** to disagree with sth: *I wouldn't quarrel with Moira's description of what happened.* ▶ **zaprzeczać, nie zgadzać się (z czymś)**

quarry[1] /ˈkwɒri/ noun [C] (pl. **quarries**) a place where sand, stone, etc. is dug out of the ground ➲ Por. **mine**. ▶ **kamieniołom, kopalnia odkrywkowa**

□ **quarry** verb [I,T] (pres. part. **quarrying**; 3rd pers. sing. pres. **quarries**; pt, pp **quarried**) to dig stone, sand, etc. out of the ground: *to quarry for marble* ▶ **eksploatować kamieniołom, wydobywać z kopalni odkrywkowej**

quarry[2] /ˈkwɒri/ noun [sing.] a person or an animal that is being hunted ▶ **ofiara nagonki, zwierzyna łowna**

quart /kwɔːt/ noun [C] (abbr. **qt**) a measure of liquid; 1·14 litres. There are 2 pints in a quart. ❶ Amerykańska kwarta zawiera 0,94 litra. ▶ **kwarta**

★**quarter** /ˈkwɔːtə(r)/ noun **1** [C] one of four equal parts into which sth is divided: *three quarters of an hour* ○ *a mile and a quarter* ○ *to cut an apple into quarters* ▶ **ćwiartka, ćwierć 2** [sing.] fifteen minutes before or after every hour: *I'll meet you at (a) quarter past six.* ○ *It's (a) quarter to three.* ❶ W Amer. ang. mówi się **(a) quarter after** i **(a) quarter of**: *I'll meet you at (a) quarter after six.* ○ *It's (a) quarter of three.* ▶ **kwadrans 3** [C] a period of three months: *You get a gas bill every quarter.* ▶ **kwartał 4** [C] four ounces of sth; $\frac{1}{4}$ of a pound: *a quarter of mushrooms* ▶ **ćwierć funta 5** [C] a part of a town, especially a part where a particular group of people live: *the Chinese quarter of the city* ▶ **dzielnica 6** [C] a person or group of people who may give help or information or who have certain opinions: *Jim's parents haven't got much money so he can't expect any help from that quarter.* ○ *Racist attitudes still exist in some quarters.* ▶ **strona, sfera 7** [C] (in America or Canada) a coin that is worth 25 cents ($\frac{1}{4}$ dollar) ▶ **moneta 25-centowa 8** (**quarters**) [pl.] a place that is provided for a person (especially a soldier) to live in: *married quarters* kwatery dla żonatych ▶ **kwatery**

IDIOM **at close quarters** → CLOSE[1]

■ ˌ**quarter-ˈfinal** noun [C] one of the four matches between the eight remaining players or teams in a competition. The players that win in the quarter-finals go on to the semi-finals. ▶ **ćwierćfinał**

quarterly /ˈkwɔːtəli/ adj., adv. (produced or happening) once every three months: *a quarterly magazine* ○ *The committee meets quarterly.* ▶ **kwartalny; kwartalnie**

quartet /kwɔːˈtet/ noun [C] **1** four people who sing or play music together ▶ **kwartet 2** a piece of music for four people to sing or play together ▶ **kwartet**

quartz /kwɔːts/ noun [U] a type of hard rock that is used in making very accurate clocks or watches ▶ **kwarc**

quash /kwɒʃ/ verb [T] (formal) **1** to declare that an official decision, judgment, etc. is no longer true or legal: *The appeal court quashed the original verdict.* ▶ **unieważniać 2** to stop or defeat sth by force: *to quash a rebellion* ▶ **tłumić, dławić**

quaver /ˈkweɪvə(r)/ (US ˈ**eighth note**) noun [C] (used in music) a note that lasts half as long as a crotchet ➲ Zob. uwaga przy **crotchet**. ▶ **ósemka**

quay /kiː/ noun [C] a stone or metal platform in a harbour where boats are loaded and unloaded ▶ **nabrzeże, molo**

■ ˈ**quayside** noun [sing.] the area of land that is near a quay ▶ **teren koło nabrzeża**

★**queen** /kwiːn/ noun [C] **1** (also **Queen**) the female ruler of a country: *Queen Victoria reigned for more than fifty years.* ○ *to crown a new queen* ○ *Should the Queen abdicate in favour of her son?* ▶ **królowa** ❶ **Queen Elizabeth II** wymawia się **Queen Elizabeth the Second**.

2 (also **Queen**) the wife of a king ▶ **królowa** **3** the largest and most important female in a group of insects: *the queen bee* ▶ **królowa** (*np. pszczół*) **4** one of the four playing cards in a pack with a picture of a queen: *the queen of hearts* ➲ Zob. uwaga przy **card**. ▶ **dama** **5** (in chess) the most powerful piece that can move any distance and in all directions ▶ **hetman, królowa**

■ **queen 'mother** noun [C] the mother of a king or queen ▶ **królowa matka**

queer /kwɪə(r)/ adj. **1** strange; odd: *The meat has a queer smell.* ▶ **dziwaczny, dziwny** **2** (slang) homosexual ➲ Por. **gay**. ❶ **Queer** używa się często w obraźliwy sposób, ale niektórzy homoseksualiści sami się tak nazywają. ▶ **homoseksualny**

□ **queer** noun [C] (slang) a homosexual man ▶ **ciota, pedał**

quell /kwel/ verb [T] to put an end to sth: *to quell a rebellion* ○ *to quell sb's fears* ▶ **tłumić, dławić**

quench /kwentʃ/ verb [T] to satisfy your feeling of thirst by drinking: *to quench your thirst* ▶ **gasić pragnienie**

query /'kwɪəri/ noun [C] (pl. **queries**) a question: *Does anyone have any queries?* ▶ **pytanie**

□ **query** verb [T] (pres. part. **querying**; 3rd pers. sing. pres. **queries**; pt, pp **queried**) to ask a question about sth: *We queried the bill but were told it was correct.* ▶ **zadawać pytanie**

quest /kwest/ noun [C] (formal) a long search for sth that is difficult to find: *the quest for eternal youth* ▶ **poszukiwanie**

★**question**[1] /'kwestʃən/ noun **1** [C] a sentence or phrase that asks for an answer: *Are there any questions about what I've just said?* ○ *Put up your hand if you want to ask a question.* ○ *In the examination, you must answer five questions.* ○ *What's the answer to Question 5?* ▶ **pytanie** **2** [C] a problem or difficulty that needs to be discussed or dealt with: *His resignation raises the question of who will take over from him.* ○ *It's not difficult. It's just a question of finding the time to do it.* ○ *We all agree that more money should be spent on education. The question is where that money is going to come from.* ▶ **kwestia, sprawa** **3** [U] doubt or uncertainty: *There is no question about Brenda's enthusiasm for the job.* ○ *His honesty is beyond question.* ▶ **wątpliwość, zastrzeżenie**

IDIOMS **in question** that is being considered or talked about: *The lawyer asked where she was on the night in question.* ▶ **rozpatrywany, dyskutowany** | **no question of** no possibility of: *I'm afraid there is no question of any new jobs here at present.* ▶ **nie ma możliwości** | **out of the question** impossible: *A new car is out of the question. It's just too expensive.* ▶ **wykluczony, nie wchodzący w rachubę**

■ **'question mark** noun [C] the sign (?) that you use when you write a question ▶ **pytajnik** | **'question tag** (also **tag**) noun [C] a short phrase at the end of a sentence that changes it into a question : *In the sentence 'It's very expensive, isn't it?', 'isn't it?' is a question tag.* ▶ **krótka fraza pytajna**

★**question**[2] /'kwestʃən/ verb [T] **1** to ask sb a question or questions: *The police questioned him for several hours.* ○ *The interviewers questioned me on my past experience.* ▶ **pytać, indagować** **2** to express or feel doubt about sth: *She told me she was from the council so I didn't question her right to be there.* ○ *to question sb's sincerity* ▶ **kwestionować**

□ **questionable** adj. **1** that is not certain: *It's questionable whether we'll be able to finish in time.* ▶ **niejasny, wątpliwy** **2** that may not be true, suitable or honest: *A lot of money has been spent on very questionable projects.* ○ *questionable motives* ▶ **wątpliwy**

questionnaire /ˌkwestʃə'neə(r)/ noun [C] a list of questions that are answered by many people. A questionnaire is used to collect information about a particular subject: *to complete/fill in a questionnaire* ▶ **kwestionariusz**

★**queue** /kju:/ (US **line**) noun [C] a line of people, cars, etc. that are waiting for sth or to do sth: *We had to wait in a queue for hours to get tickets.* ○ *to join the end of a queue* ▶ **kolejka**

IDIOM **jump the queue** → JUMP[1]

□ **queue** verb [I] **queue (up) (for sth)** to form a line when you are waiting for sth: *to queue for a bus* ○ *They're queuing up to see the film.* ▶ **stać w kolejce, ustawiać się w kolejce**

quiche /ki:ʃ/ noun [C,U] a pie without a top that is filled with a mixture of eggs and milk with cheese, ham, etc. and cooked in the oven. You can eat quiche hot or cold. ▶ **słone ciasto z ułożoną na wierzchu masą z jaj, sera itp.**

★**quick** /kwɪk/ adj. **1** doing sth at speed or in a short time: *It's quicker to travel by train.* ○ *She was quick to point out* (szybko wskazała) *all the mistakes I had made.* ○ *Run and get your coat and be quick about it* (i zrób to szybko). ▶ **szybki, prędki, rychły** **2** done in a short time: *May I make a quick telephone call?* ▶ **krótki**

> **Fast** używa się częściej do opisania osoby lub rzeczy, która porusza się lub może się poruszać z dużą szybkością: *a fast horse/car/runner*. **Quick** używa się częściej do opisania czynności wykonywanej w krótkim czasie: *a quick decision/breakfast/visit*.

3 (used to form compound adjectives): *quick-thinking* o bystrym umyśle ○ *quick-drying paint* farba szybko schnąca

IDIOMS **(as) quick as a flash** very quickly: *Quick as a flash, he grabbed my money and ran.* ▶ **(szybko) jak błyskawica** | **quick/slow on the uptake** → UPTAKE

□ **quick** adv. (informal) quickly: *to get rich quick* ▶ **szybko, prędko** | **quickly** adv. at speed or in a short time: *Tom quickly undressed and got into bed.* ○ *The cooker's on fire! Do something quickly!* ○ *I'd like you to get here as quickly as possible.* ▶ **szybko, prędko**

quid /kwɪd/ noun [C] (pl. **quid**) (Brit., informal) a pound (in money); £1: *The tickets are five quid each.* ▶ **funciak**

★**quiet**[1] /'kwaɪət/ adj. **1** with very little or no noise: *Be quiet!* Cicho! ○ *Please keep the children* *quiet* (dopilnuj, żeby dzieci zachowywały się cicho) *when I'm on the phone.* ○ *Go into the library if you want to work. It's much quieter in there.* ❶ Antonim: **loud**. ▶ **cichy** **2** without many people or much activity; without anything very exciting happening: *'Have you been busy?' 'No, we've had a very quiet day today.'* ○ *a quiet country village* ○ *a quiet life* ▶ **spokojny, cichy** **3** (used about a person) not saying very much; not attracting other people's attention: *You're very quiet today. Is anything wrong?* ▶ **spokojny, cichy**

IDIOM **keep quiet about sth**; **keep sth quiet** to say nothing about sth: *Would you keep quiet about me leaving until I've told the boss?* ▶ **trzymać w tajemnicy**

□ **quietly** adv. in a quiet way: *Try and shut the door quietly!* ○ *He quietly got up and left the room.* ▶ **cicho** | **quietness** noun [U] ▶ **spokój, cisza**

quiet² /ˈkwaɪət/ noun [U] the state of being quiet: *the peace and quiet of the countryside* ▶ **cisza, spokój**

IDIOM **on the quiet** secretly: *She still smokes on the quiet.* ▶ **w tajemnicy, cichaczem**

quieten /ˈkwaɪətn/ verb [T] to make sb/sth quiet ▶ **uciszać, uspokajać**

PHRASAL VERB **quieten (sb/sth) down** to become quiet or to make sb/sth quiet: *When you've quietened down, I'll tell you what happened.* ▶ **uciszać (się), uspokajać (się)**

quilt /kwɪlt/ noun [C] a cover for a bed that has a thick warm material, e.g. feathers, inside it ➲ Por. **duvet**. ▶ **kołdra**

quintet /kwɪnˈtet/ noun [C] **1** a group of five people who sing or play music together ▶ **kwintet** **2** a piece of music for five people to sing or play together ▶ **kwintet**

quirk /kwɜːk/ noun [C] **1** a strange habit or type of behaviour ▶ **dziwactwo** **2** a strange happening: *By a quirk of fate they met again several years later.* ▶ **kaprys** (*np. losu*)

□ **quirky** adj. (used about a person's behaviour) unusual ▶ **dziwaczny, cudaczny**

quit /kwɪt/ verb (pres. part. **quitting**; pt, pp **quit**) **1** [I,T] (often used in newspapers, etc.) to leave a job, etc. or to go away from a place: *Tennis star says, 'I felt the time had come to quit.'* ○ *Thousands of people have decided to quit Hong Kong for good.* ▶ **porzucać, wyjeżdżać skądś** **2** [T] (informal) to stop doing sth: *to quit smoking* ▶ **przestawać** **3** [I,T] to close a computer program ▶ **zamykać program komputerowy**

★**quite** /kwaɪt/ adv. **1** not very; to a certain degree; rather: *The film was quite good.* ○ *Beth plays the piano quite well.* ○ *I quite enjoy cooking.* ○ *They had to wait quite a long time.* ○ *It's quite cold today.* ○ *We still meet up quite often.* ➲ Zob. uwaga przy **rather**. ▶ **dosyć, dość** **2** (used for emphasizing sth) completely; very: *Are you quite sure you don't mind?* ○ *Life in Japan is quite different from here.* ○ *I quite agree – you're quite right.* ○ *To my surprise, the room was quite empty.* ▶ **zupełnie, całkowicie** **3** (used for showing that you agree with or understand sth): *'I feel that we shouldn't spend more than £20.' 'Quite.'* ▶ **racja, no, właśnie**

IDIOMS **not quite** (used for showing that there is nearly enough of sth, or that it is nearly suitable): *These shoes don't quite fit.* ○ *There's not quite enough bread for breakfast.* ▶ **nie bardzo, niewystarczająco, niezupełnie** | **quite a** (used for showing that sth is unusual): *It's quite a climb to the top of the hill.* ○ *That's quite a problem.* ▶ **prawdziwy** | **quite a few**; **quite a lot (of)** not a lot, but a certain amount of sb/sth: *We've received quite a few enquiries.* ○ *They've worked hard but there's still quite a lot left to do.* ▶ **sporo, niemało** | **quite enough** (used for emphasizing that no more of sth is wanted or needed): *I've had quite enough of listening to you two arguing!* ▶ **dosyć**

quits /kwɪts/ adj.

IDIOM **be quits (with sb)** if two people are quits, it means that neither of them owes the other any money: *You give me £2 and then we're quits.* ▶ **być kwita**

quiver /ˈkwɪvə(r)/ verb [I] to tremble or shake: *to quiver with rage/excitement/fear* ▶ **drżeć, trząść się**

quiz /kwɪz/ noun [C] (pl. **quizzes**) a game or competition in which you must answer questions: *a quiz programme on TV* teleturniej ○ *a general knowledge quiz* ▶ **turniej, kwiz**

□ **quiz** (3rd pers. sing. pres. **quizzes**; pres. part. **quizzing**; pt **quizzed**) verb [T] to ask sb a lot of questions in order to get information ▶ **przepytywać**

quizzical /ˈkwɪzɪkl/ adj. (used about a look, smile, etc.) seeming to ask a question ▶ **pytający**

□ **quizzically** /-kli/ adv. ▶ **pytająco**

quorum /ˈkwɔːrəm/ noun [sing.] the minimum number of people that must be at a meeting before it can make decisions ▶ **kworum, komplet**

quota /ˈkwəʊtə/ noun [C] the number or amount of sth that is allowed or that you must do: *There is a quota on the number of cars that can be imported each year.* ○ *a fixed quota of work* ▶ **kontyngent, norma**

quotation /kwəʊˈteɪʃn/ (informal **quote**) noun [C] **1** a group of words from a book, speech, play, etc., that you repeat exactly: *a quotation from a poem* ○ *Please include quotations from the text to support your argument.* ▶ **cytat** **2** the amount that sb thinks a piece of work will probably cost: *You should get a quotation from three builders.* ➲ Por. **estimate**. ▶ **kosztorys**

■ **quoˈtation marks** (informal **quotes**; Brit. also **inverted commas**) noun [pl.] the signs ('…') or ("…") that you use at the beginning and end of words that were spoken or that are being quoted ▶ **cudzysłowy**

★**quote** /kwəʊt/ verb **1** [I,T] **quote (sth) (from sb/sth)** to repeat exactly sth that sb else has said or written before: *The interviewer quoted a statement that the minister had made several years earlier.* ○ *to quote from the Bible* ○ *She was quoted as saying that she disagreed with the decision.* ○ *The minister asked the newspaper not to quote him.* ▶ **cytować, przytaczać** **2** [T] to give sth as an example to support what you are saying: *She quoted several reasons why she was unhappy about the decision.* ▶ **przytaczać** **3** [T] to say what the cost of a piece of work, etc. will probably be: *The catering company quoted us £4.50 a head for a buffet lunch.* ▶ **przedstawiać kosztorys**

Rr

R, r /ɑː(r)/ noun [C] (pl. **R's**; **r's**) the eighteenth letter of the English alphabet ▶ **litera** *r*

R abbr. river: *R Thames* ▶ **rz.**

r abbr. right ▶ **prawy**

rabbi /ˈræbaɪ/ noun [C] (pl. **rabbis**) a Jewish religious leader and teacher of Jewish law ▶ **rabin**

⋆**rabbit** /ˈræbɪt/ noun [C] a small animal with long ears: *a wild/tame rabbit* ○ *a rabbit hutch* klatka na króliki ○ *a rabbit warren* siedlisko królików ❶ Dzieci mówią o króliku **bunny**. ▶ **królik**

rabble /ˈræbl/ noun [C] a noisy uncontrolled crowd of people ▶ **motłoch, hałastra**

rabies /ˈreɪbiːz/ noun [U] a serious, usually fatal, disease that can be given to humans by the bite of an animal that has the disease ▶ **wścieklizna**

RAC /ˌɑːr eɪ ˈsiː/ (Brit.) abbr. Royal Automobile Club; an organization for motorists. If you are a member of the RAC and your car breaks down, you can phone them and they will send someone to help you. ▶ **odpowiednik PZMot-u i Automobilklubu**

⋆**race¹** /reɪs/ noun **1** [C] **race (against/with sb/sth)** a competition between people, animals, cars etc. to see which is the fastest: *to run/win/lose a race* ○ *to come first/second/last in a race* ○ *What a close race!* ○ *Let's have a race to the end of the road.* ○ (figurative) *the race to find a cure for AIDS* ▶ **wyścig, bieg; gonitwa** **2** (**the races**) [pl.] (Brit.) an occasion when a number of horse races are held in one place: *We're going to the races for the day.* ▶ **wyścigi konne**

IDIOM **rat race** → RAT

■ ˈ**racecourse** (US ˈ**racetrack**) noun [C] a place where horse races are held ▶ **tor wyścigów konnych** | ˈ**racehorse** noun [C] a horse that is trained to run in horse races ▶ **koń wyścigowy**

> In Britain going to horse races and greyhound races is very popular. People often **bet** with a **bookie** on the result of a race.

⋆**race²** /reɪs/ verb **1** [I,T] **race (against/with/sb/sth)** to have a competition with sb/sth to find out who is the fastest: *I'll race you home.* ○ *He'll be racing against some of the finest runners in the country.* ▶ **ścigać się, współzawodniczyć** **2** [I,T] to go very fast or to move sb/sth very fast: *We raced to catch the bus.* ○ *The child had to be raced to hospital.* Trzeba było szybko odwieźć dziecko do szpitala. ▶ **pędzić, gnać** **3** [T] to cause an animal or a car, etc. to take part in a race ▶ **stawiać/zgłaszać do wyścigu/gonitwy**

□ **racing** noun [U] **1** = HORSE RACING **2** the sport of taking part in races: *motor racing* ○ *a racing car* ○ *powerboat racing* ▶ **wyścigi**

⋆**race³** /reɪs/ noun **1** [C,U] one of the groups into which people can be divided according to the colour of their skin, their hair type, the shape of their face, etc.: *a child of mixed race* ○ *People should not be discriminated against on grounds of race, religion or sex.* ➲ Por. **human race**. ▶ **rasa** **2** [C] a group of people who have the same language, customs, history, etc.: *the Spanish race* ▶ **rasa**

■ ˌ**race reˈlations** noun [pl.] the relations between people of different races who live in the same town, area, etc. ▶ **stosunki rasowe**

racial /ˈreɪʃl/ adj. connected with people's race; happening between people of different races: *racial tension* ○ *racial discrimination* ▶ **rasowy**

□ **racially** /-ʃəli/ adv.: *a racially mixed school* ▶ **rasowo**

racism /ˈreɪsɪzəm/ noun [U] the belief that some races are better than others and people of other races are not as good as people of your own race; ways of treating people that show this belief: *to combat racism* ▶ **rasizm**

□ **racist** /ˈreɪsɪst/ noun [C], adj.: *He's a racist.* ○ *a racist remark* ▶ **rasist-a/ka; rasistowski**

rack¹ /ræk/ noun [C] (often in compounds) a sort of shelf, made of bars, that you can put things in or on: *Put your coat on the luggage rack.* ○ *a roof rack* bagażnik dachowy ▶ **półka**

racks

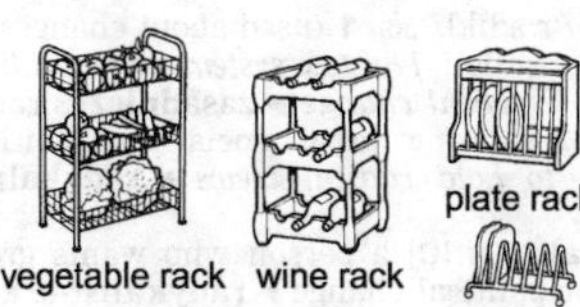

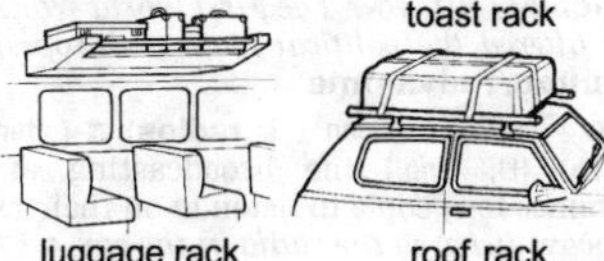

rack[2] /ræk/ verb
IDIOM rack your brains to try hard to think of sth or remember sth: *Steve racked his brains trying to remember where they'd met before.* ▶ **głowić się, łamać sobie głowę**

rack[3] /ræk/ noun
IDIOM go to rack and ruin to be in or get into a bad state because of lack of care ▶ **podupadać, marnieć**

racket[1] (also **racquet**) /ˈrækɪt/ noun [C] a piece of sports equipment that you use to hit the ball with in the games of tennis, badminton and squash ➲ Por. **bat**[2], **club**[2](2) i **stick**[1](3). ▶ **rakieta**

racket[2] /ˈrækɪt/ noun (informal) **1** [sing.] a loud noise: *Stop making that terrible racket!* ▶ **harmider 2** [C] an illegal way of making money: *a drugs racket* ▶ **machinacje, kanty**

radar /ˈreɪdɑː(r)/ noun [U] the system for finding out the position of sth that you cannot see, with the help of radio waves ▶ **radar**

radiant /ˈreɪdiənt/ adj. **1** sending out light or heat: *radiant energy* ▶ **promieniejący 2** showing great happiness: *a radiant smile* ▶ **promienny, rozpromieniony**

radiate /ˈreɪdieɪt/ verb **1** [T] to send out heat or light ▶ **promieniować 2** [T] (used about people) to clearly show a particular quality or emotion in your appearance or behaviour: *to radiate health/self-confidence* ▶ **emanować 3** [I] **radiate from sth** to go out in all directions from a central point: *Narrow streets radiate from the harbour.* ▶ **rozchodzić się promieniście**

radiation /ˌreɪdiˈeɪʃn/ noun [U] **1** powerful and very dangerous rays that are sent out from certain substances: *High levels of radiation have been recorded near the power station.* ○ *to be exposed to radiation* ➲ Por. **radioactive**. ▶ **promieniowanie, radiacja 2** heat, light or energy that is sent out from sth: *ultraviolet radiation* ▶ **promieniowanie**

radiator /ˈreɪdieɪtə(r)/ noun [C] **1** a piece of equipment that is used for heating a room. Radiators are made of metal and filled with hot water. They are usually part of a central heating system: *Turn the radiator down a bit!* ▶ **kaloryfer 2** a piece of equipment that is used for keeping an engine cool ▶ **chłodnica**

radical /ˈrædɪkl/ adj. **1** (used about changes in sth) very great: *The tax system needs radical reform.* ○ *radical change* ▶ **zasadniczy, radykalny 2** wanting great social or political change: *to hold radical views* ▶ **radykalny, skrajny**
□ **radical** noun [C] a person who wants great social or political change ▶ **radykalist-a/ka** | **radically** /-kli/ adv.: *The First World War radically altered the political map of Europe.* ▶ **zasadniczo, radykalnie**

★**radio** /ˈreɪdiəʊ/ noun (pl. **radios**) **1** (often **the radio**) [U, sing.] the broadcasting of programmes for people to listen to on their radios: *I always listen to the radio in the car.* ○ *I heard an interesting report on the radio this morning.* ○ *a radio station/programme* ○ *national/local radio* ▶ **radio**

> You may **put**, **switch** or **turn** a radio **on** or **off**. You may also **turn** it **up** or **down** to make it louder or quieter.

2 [C] a piece of equipment that is used for receiving and/or sending radio messages or broadcasts (on a ship, aeroplane, etc. or in the house): *a ship's radio* ○ *a portable radio* ○ *A radio cassette player was stolen from the car.* ▶ **radio, radioodbiornik 3** [U] the process of sending or receiving messages through the air by electrical signals : *The yachtsman was in contact with the coast by radio.* ○ *a radio signal* ▶ **radio**
□ **radio** verb [I,T] (pt, pp **radioed**) to send a message by radio: *to radio for help* ▶ **nadawać przez radio**

radioactive /ˌreɪdiəʊˈæktɪv/ adj. sending out powerful and very dangerous rays that are produced when atoms are broken up. These rays cannot be seen or felt but can cause serious illness or death: *the disposal of radioactive waste* ➲ Por. **radiation**. ▶ **radioaktywny**
□ **radioactivity** /ˌreɪdiəʊækˈtɪvəti/ noun [U] **1** the state of being radioactive ▶ **radioaktywność 2** the energy that is produced by radioactive substances ▶ **promieniowanie**

radiographer /ˌreɪdiˈɒɡrəfə(r)/ noun [C] a person who is trained to take X-rays for medical purposes ▶ **radiolog**

radish /ˈrædɪʃ/ noun [C] a small red or white vegetable with a strong taste that you eat raw. A radish is the root of a radish plant. ▶ **rzodkiewka**

radius /ˈreɪdiəs/ noun [C] (pl. **radii** /-diaɪ/) **1** the distance from the centre of a circle to the outside edge ▶ **promień 2** a circular area that is measured from a point in its centre: *The wreckage of the plane was scattered over a radius of several miles.* ▶ **promień, zasięg**

RAF /ˌɑːr eɪ ˈef/ abbr. (Brit.) Royal Air Force ▶ **RAF**

raffle /ˈræfl/ noun [C] a way of making money for a good cause by selling tickets with numbers on them. Later some numbers are chosen and the tickets with these numbers on them win prizes. ▶ **loteria fantowa**

raft /rɑːft; US ræft/ noun [C] a type of simple flat boat that you make by tying pieces of wood together ▶ **tratwa**

rafter /ˈrɑːftə(r); US ˈræf-/ noun [C] one of the long pieces of wood that support a roof ▶ **krokiew**

rag /ræɡ/ noun **1** [C,U] a small piece of old cloth that you use for cleaning ▶ **szmata, gałgan 2** (**rags**) [pl.] clothes that are very old and torn: *to be dressed in rags* ▶ **łachmany**

rage /reɪdʒ/ noun [C,U] great anger: *He was trembling with rage.* ○ *to fly into a rage* wpadać w furię ▶ **wściekłość**
□ **rage** verb [I] **1** to show great anger about sth ▶ **wściekać się, wpadać w furię 2** (used about

a battle, disease, storm, etc.) to continue with great force: *The battle raged for several days.* ▶ **szaleć** | **raging** adj. (only before a noun) very strong: *a raging headache* ▶ **piekielny, cholerny**

ragged /'rægɪd/ adj. **1** (used about clothes) old and torn ▶ **obszarpany, obdarty 2** not straight; untidy: *a ragged edge* ▶ **poszarpany, nierówny**

raid /reɪd/ noun [C] **raid (on sth) 1** a surprise attack on an enemy: *an air raid* nalot ▶ **najazd, napad 2** an attack in order to steal sth: *a bank raid* ▶ **napad 3** a surprise visit by the police: *Police found 2 kilos of cocaine during a raid on a London hotel last night.* ▶ **obława**

□ **raid** verb [T] to make a raid on a place: *Police raided the club looking for guns.* ▶ **robić obławę**

★**rail** /reɪl/ noun **1** [C] a bar fixed to a wall, which you can hang things on: *a towel rail* poziomy wieszak na ręczniki ○ *a curtain rail* ▶ **poziomy wieszak, karnisz 2** [C] a bar, usually of metal or wood, which protects people from falling (on stairs, from a building, etc.) ▶ **poręcz, balustrada 3** [C, usually pl.] the tracks that trains run on ▶ **szyna kolejowa 4** [U] the railway system; trains as a means of transport: *I much prefer travelling by rail to flying.* ○ *a new rail link to the airport* ▶ **kolej**

■ **'railcard** noun [C] a special card that allows you to buy train tickets more cheaply if you are an old person, a student, etc. ▶ **karta uprawniająca do ulgowych biletów kolejowych**

railing /'reɪlɪŋ/ noun [C, usually pl.] a fence (around a park, garden, etc.) that is made of metal bars ▶ **ogrodzenie**

★**railway** /'reɪlweɪ/ (US **'railroad**) noun [C] **1** the metal lines on which trains run between one place and another ▶ **kolej 2** (also **railways** [pl.]) the system that organizes travel by train: *He works on the railways.* ○ *a railway engine* lokomotywa ▶ **kolej**

■ **'railway line** noun [C] the track for trains to run on; the route by train between two places: *the railway line between London and Bristol* ▶ **linia kolejowa** | **'railway station** noun [C] = STATION(1)

★**rain¹** /reɪn/ noun **1** [U] the water that falls from the sky: *The grass is so green because we get so much rain.* ○ *Take your umbrella, it looks like rain.* ○ *It's pouring with rain.* Leje deszcz. ➲ Por. **shower** i **acid rain**. Zob. uwaga przy **weather**. ▶ **deszcz 2** (**rains**) [pl.] (in tropical countries) the time of the year when there is a lot of rain: *When the rains come in July, the people move their houses to higher ground.* ▶ **pora deszczowa**

IDIOM **(as) right as rain** → RIGHT²(6)

■ **'raincoat** noun [C] a special coat which you wear when it is raining ▶ **płaszcz nieprzemakalny** | **'raindrop** noun [C] a single drop of rain ▶ **kropla deszczu** | **'rainfall** noun [U] the total amount of rain that falls in a particular place during a month, year, etc.: *The annual rainfall in Cairo is less than 3cm.* ▶ **wysokość opadów deszczu** | **'rainforest** noun [C] a forest in a tropical part of the world ▶ **las deszczowy**

★**rain²** /reɪn/ verb **1** [I] (used with *it*) to fall as rain: *We'll go out when it stops raining.* ○ *Is it raining hard?* ▶ **padać 2** [I,T] **rain (sth) (down) (on sb/sth)** to fall or make sth fall on sb/sth in large quantities: *Bombs rained down on the city.* ▶ **sypać się na kogoś/coś; obsypywać czymś**

PHRASAL VERB **rain (sth) off** (usually passive) to stop sth happening because it is raining: *The picnic was rained off.* ▶ **przerywać coś z powodu deszczu**

rainbow /'reɪnbəʊ/ noun [C] an arch of many colours that sometimes appears in the sky when the sun shines through rain: *the colours of the rainbow* ▶ **tęcza**

rain check /'reɪn tʃek/ noun (US)

IDIOM **take a rain check on sth** (informal) to refuse an invitation or offer but say that you might accept it later ▶ **odrzucać propozycję z możliwością przyjęcia jej w późniejszym terminie**

rainy /'reɪni/ adj. (**rainier**; **rainiest**) having a lot of rain: *the rainy season* ▶ **deszczowy**

IDIOM **keep/save sth for a rainy day** to save money or sth valuable or useful so that you can use it at a later time when you really need to ▶ **odkładać coś na czarną godzinę**

★**raise¹** /reɪz/ verb [T] **1** to lift sth: *If you want to leave the room raise your hand.* ○ *The captain of the winning team raised the cup in the air.* ▶ **podnosić 2** to increase sth or to make sth better or stronger: *They've raised their prices a lot since last year.* ○ *There's no need to raise your voice.* ○ *The hotel needs to raise its standards.* ▶ **podnosić, zwiększać, polepszać 3** to get sth; obtain: *We managed to raise* (zebrać) *nearly £1 000 for the school at the Christmas bazaar.* ▶ **uzyskiwać 4** to look after a child until they are grown up: *You can't raise a family on what I earn.* ▶ **utrzymywać, wychowywać 5** to make a plant or an animal grow so that you can use it: *In New Zealand sheep are raised for meat and wool.* ▶ **hodować 6** to introduce a subject that needs to be talked about: *I would like to raise the subject of money.* ○ *This raises the question of why nothing was done before.* ▶ **podnosić 7** to cause sth or make sth happen: *The neighbours raised the alarm when they saw smoke coming out of the window.* ▶ **podnosić**

IDIOM **raise your eyebrows** to show that you are surprised or that you do not approve of sth ▶ **unosić brwi**

raise² /reɪz/ noun [C] (US) = RISE¹(2)

raisin /'reɪzn/ noun [C] a dried grape, used in cakes, etc. ➲ Por. **sultana**. ▶ **rodzynek**

rake /reɪk/ noun [C] a garden tool with a long handle, used for collecting leaves or making the earth smooth ➲ Ilustr. do **garden**. ▶ **grabie**

□ **rake (up)** verb [T] to use a rake on sth: *to rake up the leaves* ▶ **grabić**

PHRASAL VERBS **rake sth in** (informal) to earn a lot of money, especially when it is done easily : *She's been raking it in since she got promoted.* ▶ **zarabiać mnóstwo szmalu** | **rake sth up** to start talking about sth that it would be better to forget: *Don't rake up all those old stories again.* ▶ **odgrzebywać**

rally[1] /ˈræli/ noun [C] (pl. **rallies**) **1** a race for cars or motorcycles ▶ **rajd** **2** a meeting of people for a political reason: *20 000 people attended the peace rally.* ▶ **manifestacja** **3** the series of strokes in a game of tennis before a point is won ▶ **wymiana uderzeń piłki w tenisie**

rally[2] /ˈræli/ verb (pres. part. **rallying**; 3rd pers. sing. pres. **rallies**; pt, pp **rallied**) **1** [I] to get stronger: *The dollar has rallied against the euro.* ▶ **wzmacniać się, rosnąć w siłę** **2** [I,T] to come together or to bring people together: *Mr Blair has rallied the party behind him.* ▶ **jednoczyć (się)**

PHRASAL VERB **rally round** to come together to help sb: *When I was in trouble my family rallied round.* ▶ **jednoczyć się (wokół kogoś)**

RAM /ræm/ abbr. random-access memory (computer memory in which data can be changed or removed and can be looked at in any order): *32 megabytes of RAM* ▶ (*w komputerze*) **pamięć RAM**

ram[1] /ræm/ noun [C] a male sheep ▶ **baran**

ram[2] /ræm/ verb [T] (**ramming**; **rammed**) to crash into sth or push sth with great force: *The battleship rammed the submarine.* ▶ **taranować**

Ramadan /ˈræmədæn; ˌræməˈdæn/ noun [sing.] a period of a month when, for religious reasons, Muslims do not eat anything from early morning until the sun goes down in the evening ▶ (*w religii muzułmańskiej*) **ramadan**

ramble /ˈræmbl/ verb [I] **1** to walk in the countryside ▶ **wędrować** **2 ramble (on) (about sth)** to talk for a long time in a confused way ▶ **ględzić**

□ **ramble** noun [C] an organized walk in the country, usually for a group of people ▶ **wycieczka krajoznawcza, wędrówka** | **rambling** adj. **1** (used about sth written) not saying things in a clear way; confused ▶ (*o tekście*) **pogmatwany** **2** (used about a building) spreading in many directions ▶ (*o domu*) **rozpostarty**

ramp /ræmp/ noun [C] a sloping path which we can use instead of steps to get from one place to another higher or lower place ▶ **rampa**

rampage /ræmˈpeɪdʒ; ˈræmpeɪdʒ/ verb [I] to rush from one place to another, breaking things and attacking people: *The football fans rampaged through the town.* ▶ **robić burdy**

□ **rampage** /ˈræmpeɪdʒ/ noun

IDIOM **be/go on the rampage** to rush around breaking things and attacking people ▶ **miotać się**

rampant /ˈræmpənt/ adj. very common and very difficult to control: *Car theft is rampant in this town.* W mieście szerzą się kradzieże samochodów. ▶ **rozpasany**

ramshackle /ˈræmʃækl/ adj. (used about a building or a car, etc.) old and needing repair ▶ **zrujnowany, zdezelowany**

ran pt of RUN[1]

ranch /rɑːntʃ; US ræntʃ/ noun [C] a large farm in the US or Canada, usually where cows or horses are kept ▶ **rancho**

rancid /ˈrænsɪd/ adj. (used about foods containing a lot of fat) tasting or smelling bad because they are old; (used about smells or tastes) unpleasant, like old fat: *rancid butter/oil* ○ *a rancid smell* ▶ **zjełczały**

random /ˈrændəm/ adj. chosen by chance: *a random number, selected by a computer* ○ *They interviewed a random selection of people.* ▶ **wyrywkowy**

IDIOM **at random** not in any special order or for any special reason: *He ran through the town shooting people at random.* ○ *The competitors were chosen at random from the audience.* ▶ **wyrywkowo, na chybił trafił**

□ **randomly** adv. ▶ **bez ładu, przypadkowo**

randy /ˈrændi/ adj. (Brit., informal) sexually excited ▶ **pożądliwy**

rang pt of RING[2]

★**range**[1] /reɪndʒ/ noun **1** [C] different things that belong to the same group: *The course will cover a whole range of topics.* ○ *This shop has a very small range of clothes.* ▶ **zakres** **2** [C] the amount between certain limits: *There's a very wide range of ability in the class.* ○ *That car is outside my price range.* ○ *What's the salary range for this job?* ○ *a game suitable for all age ranges* ▶ **zakres, zasięg, rozpiętość** **3** [C] a line of mountains or hills ▶ **łańcuch (górski)** **4** [C,U] the distance that it is possible for sb or sth to travel, see or hear, etc.: *Keep out of range of the guns.* ○ *The gunman shot the policeman at close range.* ○ *They can pick up signals at a range of 400 metres.* ▶ **zasięg, rozpiętość**

range[2] /reɪndʒ/ verb **1** [I] **range between A and B**; **range from A to B** to stretch from one thing to another, within certain limits: *The ages of the students range from 15 to 50.* ▶ **rozciągać się, obejmować** **2** [T] (usually passive) to arrange things or people in a line ▶ **ustawiać w szeregu** **3** [I] (used about sth that is written or spoken) dealing with a large number of subjects: *The discussion ranged widely.* ▶ **sięgać, wybiegać**

★**rank** /ræŋk/ noun **1** [C,U] the level of importance that sb has in an organization, particularly the army, or in society: *General is one of the highest ranks in the army.* ○ *She's higher in rank than I am.* ○ *As a writer, he's first rank* (pierwszorzędny). ▶ **stopień, ranga, klasa** **2** [C] a group or line of things or people, especially soldiers: *a taxi rank* postój taksówek ▶ **rząd, szereg** **3** (**ranks**) [pl.] the ordinary soldiers in the army; the members of any large group: *the ranks of the unemployed* bezrobotni ▶ **szeregowi (żołnierze, członkowie)**

IDIOM **the rank and file** the ordinary members of an organization ▶ **szeregowi członkowie organizacji**

□ **rank** verb [I,T] to have or to give a place in an order of importance: *She's ranked as one of the world's top players.* ○ *I think Tokyo ranks as one the world's most expensive cities.* ○ *a high-*

ranking (wysokiej rangi) *police officer* ▶ **zaliczać (się), zajmować pozycję**

ransom /ˈrænsəm/ noun [C,U] the money that you must pay to free sb who has been captured by terrorists or criminals: *The kidnappers demanded a ransom of £500 000 for the boy's release.* ▶ **okup**

IDIOM hold sb to ransom to capture sb and say that you will not free them until you have received some money ➲ Por. **hostage**. ▶ **porywać kogoś dla okupu**

rap /ræp/ noun **1** [C] a knock, on a door or window, etc., which is quick and quite loud ▶ **szybkie i głośne pukanie 2** [C,U] a style or piece of rock music with a strong beat, in which the words of a song are spoken, not sung ▶ **muzyka/utwór w stylu rap**

□ **rap** verb (**rapping**; **rapped**) **1** [I,T] to hit sth quickly and lightly, making a noise ▶ **pukać, trzaskać 2** [T] (informal) to criticize sb strongly: *Minister raps police over rise in crime.* ▶ **besztać 3** [I] to speak the words of a rap ▶ **wokalizować w stylu muzyki rap**

rape /reɪp/ verb [T] to force a person to have sex when they do not want to ▶ **gwałcić**

□ **rape** noun [C,U] **1** the act of forcing sb to have sex: *to commit rape* ▶ **gwałt 2** destroying sth beautiful: *Industry has been responsible for the rape of the countryside.* ▶ **gwałt** | **rapist** /ˈreɪpɪst/ noun [C] a person who is guilty of rape ▶ **gwałciciel/ka**

★**rapid** /ˈræpɪd/ adj. happening very quickly or moving with great speed: *She made rapid progress* (osiągnęła znaczny postęp) *and was soon the best in the class.* ○ *After leaving hospital he made a rapid recovery* (szybko wyzdrowiał) *and was soon back at work.* ▶ **szybki**

□ **rapidity** /rəˈpɪdəti/ noun [U] (formal): *The rapidity of change has astonished most people.* ▶ **szybkość** | **rapidly** /ˈræpɪdli/ adv. ▶ **szybko**

rapids /ˈræpɪdz/ noun [pl.] the part of a river where the water flows very fast over rocks ▶ **progi** (*na rzece*), **bystrzyna**

rapport /ræˈpɔː(r)/ noun [sing., U] **(a) rapport (with sb)**; **(a) rapport (between A and B)** a friendly relationship in which people understand each other very well: *She understood the importance of establishing a close rapport with clients.* ○ *a good rapport between patient and therapist* ▶ **porozumienie, wzajemne zrozumienie**

rapture /ˈræptʃə(r)/ noun [U] a feeling of great joy or happiness ▶ **zachwyt, upojenie**

IDIOM go into raptures (about/over sb/sth) to show that you think that sb/sth is very good: *He went into raptures about the film.* ▶ **zachwycać się, upajać się**

★**rare¹** /reə(r)/ adj. not found or seen very often: *a rare bird/flower* ○ *It's very rare to have hot weather like this in April.* ▶ **rzadki**

□ **rarely** adv. not happening often ▶ **rzadko**

rare² /reə(r)/ adj. (used about meat) not cooked for very long: *a rare steak* krwisty befsztyk ▶ **nie dosmażony**

raring /ˈreərɪŋ/ adj. **raring to do sth** wanting to start doing sth very much: *I was raring to try out the computer.* ▶ **rwący się do czegoś**

rarity /ˈreərəti/ noun (pl. **rarities**) **1** [U] being unusual or difficult to find: *The rarity of this stamp increases its value a lot.* ▶ **rzadkość, niezwykłość 2** [C] a thing or a person that is not found very often: *Women lorry drivers are still quite a rarity.* ▶ **rzadkość, osobliwość**

rascal /ˈrɑːskl; US ˈræskl/ noun [C] a dishonest person or a child who does naughty things ▶ **urwis**

rash¹ /ræʃ/ noun [C, usually sing.] **1** an area of small red spots that appear on your skin when you are ill or have been stung by an insect, a plant, etc.: *He came out in a rash* (dostał wysypki) *where the plant had touched him.* ▶ **wysypka 2** a series of unpleasant events of the same kind happening close together: *a rash of attacks on old people* ▶ **seria** (*przykrych zdarzeń*)

rash² /ræʃ/ adj. **1** doing things that might be dangerous without thinking about it: *You were very rash to give up your job before you had found another one.* Twoja decyzja porzucenia pracy, zanim znalazłeś nową, była bardzo pochopna. ▶ **brawurowy 2** done without much thought: *a rash decision/promise* ▶ **nierozważny, nieroztropny, pochopny**

□ **rashly** adv. ▶ **brawurowo, nieroztropnie**

rasher /ˈræʃə(r)/ noun [C] a slice of bacon ▶ **plasterek, płat** (*bekonu*)

raspberry /ˈrɑːzbəri; US ˈræzberi/ noun [C] (pl. **raspberries**) **1** a small, soft, red fruit which grows on bushes: *raspberry jam* ▶ **malina 2** a rude sound that you make with your mouth to show sb that you think they are stupid: *to blow a raspberry at sb* ▶ **pogardliwie prychać**

Rastafarian /ˌræstəˈfeəriən/ (informal **ˈRasta**) noun [C] a member of a Jamaican religious group which worships the former Emperor of Ethiopia, Haile Selassie, and which believes that black people will one day return to Africa. Rastafarians often wear dreadlocks and have other distinguishing patterns of behaviour and dress. ▶ **wyznawca rastafarianizmu**

□ **Rastafarian** (informal **Rasta**) adj. ▶ **rastafariański**

★**rat** /ræt/ noun [C] an animal like a large mouse
ⓘ Jako obelżywe określenie **rat** znaczy „nędzna kreatura". ▶ **szczur**

> Rats belong to the family of animals that are called **rodents**.

IDIOM ˈrat race the way of life in which everyone is rushing to be better or more successful than everyone else ▶ **wyścig o karierę**

★**rate¹** /reɪt/ noun [C] **1** a measurement of one amount or of how fast or how often sth is happening in relation to another amount: *The birth rate is falling.* ○ *a rise in the annual rate of inflation from 6 to 7%* ○ *The population increased at the rate of less than 0.5% a year.* ○ *an exchange rate* (kurs wymiany) *of sixty pence to one euro* ▶ **wskaźnik, tempo 2** the amount that sth costs or that sb is paid: *The higher rate of* *income tax* (wyższą stopą podatku dochodowego) *is 40%.* ○ *The basic rate of pay is £10 an hour.* ➲ Por. **first-rate** i **second-rate**. ▶ **stawka**

IDIOMS **at any rate 1** (used when you are giving more exact information about sth): *He said that they would be here by ten. At any rate, I think that's what he said.* ▶ **w każdym razie 2** whatever else might happen: *Well, that's one good piece of news at any rate.* ▶ **przynajmniej, bądź co bądź** | **the going rate (for sth)** → GOING[2]

rate² /reɪt/ verb [T] **1** to say how good you think sb/sth is: *She's rated among the best tennis players of all time.* ▶ **zaliczać do czegoś, szacować 2** to deserve or to get sth: *The accident wasn't very serious – it didn't rate a mention in the local newspaper.* ▶ **zasługiwać, doczekać się**

★**rather** /'rɑːðə(r); US 'ræ-/ adv. quite; to some extent: *It was a rather nice present./It was rather a nice present.* To był dość miły prezent. ○ *No, I didn't fail the exam, in fact I did rather* (dość) *well.* ○ *I'm afraid I owe her rather* (dosyć) *a lot of money.* ○ *He spoke rather too* (zbyt) *quickly for me to understand.* ○ *It's rather a pity* (wielka to szkoda) *that you can't come tomorrow.* ○ *I was rather* (raczej) *hoping that you'd be free on Friday.* ▶ **raczej, dość**

> **Fairly**, **quite**, **rather** i **pretty** mogą wszystkie oznaczać „niezbyt" lub „średnio". **Fairly** ma najsłabszy wydźwięk znaczeniowy, a **rather** i **pretty** (stosowane w języku potocznym) najmocniejszy. **Fairly** przeważnie określa słowa o pozytywnym znaczeniu: *This room was fairly tidy.* **Rather** ma wydźwięk krytyczny: *This room's rather untidy.* Używanie **rather** ze słowem o pozytywnym znaczeniu, nadaje temu słowu znamiona zdziwienia lub zadowolenia: *The new teacher is rather nice. I'm surprised – he didn't look very friendly.*

IDIOMS **or rather** (a way of correcting sth you have said, or making it more exact): *She lives in London, or rather she lives in a suburb of London.* ▶ **a raczej** | **rather than** in the place of; instead of: *I think I'll just have a sandwich rather than a full meal.* ▶ **zamiast** | **would rather... (than)** would prefer to: *'How old are you?' 'I'd rather not say.'* ○ *Would you rather eat at home tonight or go to a restaurant?* ▶ **woleć**

rating /'reɪtɪŋ/ noun [C] **1** a measurement of how popular or how good sth is: *The government's popularity rating has fallen.* ▶ **wskaźnik, ocena 2** (usually **the ratings**) [pl.] a measurement of the number of people who have watched a TV programme, etc.: *Football is always high in the ratings.* ▶ **ocena oglądalności programu telewizyjnego**

ratio /'reɪʃiəʊ/ noun [C] the relation between two numbers which shows how much bigger one quantity is than another: *The ratio of boys to girls in this class is three to one.* ▶ **stosunek, współczynnik**

ration /'ræʃn/ noun [C] the amount of food, petrol, etc. that you get when there is not enough for everybody to get as much as they want: *Our bread ration was three loaves a week.* ▶ **racja** (*żywnościowa*), **przydział**

□ **ration** verb [T] to give people only a small amount of sth, not as much as they want: *In the desert water is strictly rationed.* ▶ **racjonować** | **rationing** noun [U]: *petrol rationing* ▶ **racjonowanie**

rational /'ræʃnəl/ adj. **1** (used about a person) able to use thought to make decisions, not just feelings: *We're both rational human beings – let's sit down and talk about the problem.* ❶ Antonim: **irrational**. ▶ **rozumny 2** based on reason; sensible or logical: *a rational explanation* ▶ **racjonalny**

□ **rationally** adv. ▶ **sensownie, racjonalnie**

rationalize (also **-ise**) /'ræʃnəlaɪz/ verb **1** [I,T] to find reasons that explain why you have done sth (perhaps because you do not like the real reason): *She rationalized her decision to buy the car by saying that it would save money on bus fares.* ▶ **uzasadniać, usprawiedliwiać 2** [T] to make a business, etc. better organized ▶ **racjonalizować, usprawniać**

□ **rationalization** (also **-isation**) /ˌræʃnəlaɪ'zeɪʃn; US -lə'z/ noun [C,U] ▶ **racjonalizacja, usprawnienie**

rattle¹ /'rætl/ verb **1** [I,T] to make a noise like things hitting each other or to shake sth so that it makes this noise: *The windows were rattling all night in the wind.* ○ *He rattled the money in the tin.* ▶ **grzechotać, klekotać 2** [T] (informal) to make sb unsure and afraid: *The news of his arrival really rattled her.* ▶ **wstrząsać (kimś), konsternować**

PHRASAL VERB **rattle sth off** to say a list of things you have learned very quickly: *She rattled off the names of the players.* ▶ **wytrajkotać**

rattle² /'rætl/ noun **1** [C, sing.] a noise made by things hitting each other: *There's a funny rattle coming from the back of the car.* ▶ **grzechot/anie, klekot/anie 2** [C] a toy that a baby can shake to make a noise ▶ **grzechotka**

raucous /'rɔːkəs/ adj. (used about people's voices) loud and rough: *The raucous laughter of the men in the bar could be heard across the road.* ▶ **wrzaskliwy, ochrypły**

ravage /'rævɪdʒ/ verb [T] to damage sth very badly: *The forests were ravaged by the winter storms.* ▶ **pustoszyć**

rave /reɪv/ verb [I] **1 rave (about sb/sth)** (informal) to praise sb/sth very much: *Everyone's raving about her latest record!* ▶ **szaleć na punkcie czegoś 2** to speak angrily or wildly ▶ **pieklić się**

□ **rave** noun [C] (Brit.) a large party held outside or in an empty building, at which people dance to electronic music ▶ **rodzaj dyskoteki** (*przy muzyce elektronicznej*) | **raving** adj., adv. (informal) (used to emphasize a particular state or quality): *Have you gone raving mad* (całkiem oszalałeś)*?* ○ *She's no raving beauty* (nie jest żadną specjalną pięknością). ○ *His latest novel is a raving success* (szalony sukces).

■ ˌ**rave re'view** noun [C] an article in a newspaper, etc. that praises a book, film, record, etc. very much ▶ **entuzjastyczna recenzja**

raven /'reɪvn/ noun [C] a large black bird, like a crow, that has a harsh voice ▶ **kruk**

ravenous /'rævənəs/ adj. very hungry: *After spending the whole day walking we were ravenous* (umieraliśmy z głodu). ▶ **wygłodniały**
□ **ravenously** adv. ▶ **żarłocznie**

ravine /rə'vi:n/ noun [C] a narrow deep valley with steep sides ▶ **wąwóz**

★**raw** /rɔ:/ adj. **1** not cooked: *The Japanese eat raw fish.* ○ *Raw vegetables are good for your teeth.* ▶ **surowy 2** (used about an injury where the skin has been rubbed away): *There's a nasty raw place on my heel where my shoes have rubbed.* ▶ **obtarty 3** in the natural state: *raw sugar* nierafinowany cukier ○ *raw materials* surowce ▶ **surowy, nie obrobiony**

★**ray** /reɪ/ noun [C] a line of light, heat or energy: *the rays of the sun* ➲ Por. **x-ray**. ▶ **promień**
IDIOM **a ray of hope** a small chance that things will get better ▶ **promyk nadziei**

★**razor** /'reɪzə(r)/ noun [C] a sharp instrument which people use to shave: *an electric razor* golarka ▶ **brzytwa**
■ **'razor blade** noun [C] the thin sharp piece of metal that you put in a razor ▶ **żyletka**

Rd abbr. road ▶ **ul., trasa**

re /ri:/ prep. (written) (used at the beginning of a business letter, etc. to introduce the subject that it is about): *Re your letter of 1 May…* ▶ **dot.**

★**reach** /ri:tʃ/ verb **1** [T] to arrive at a place or condition: *The letter will reach you on Wednesday.* ○ *We won't reach Dover before 12.* ○ *Tell me when you have reached the end of the book.* ○ *Anyone who has reached the age of 60 knows something about the world.* ○ *Sometimes the temperature reaches 45°C.* ○ *We finally reached an agreement after hours of discussion.* ○ *Have you reached a decision yet?* Czy podjąłeś już decyzję? ▶ **docierać/dojeżdżać/dochodzić do czegoś, osiągać 2** [I,T] **reach (out) (for sb/sth)** to stretch out your arm to try and touch sth or get sth: *The child reached for her mother.* ○ *The monkey reached out its hand for the banana.* ○ *She reached into her bag for her purse.* ▶ **wyciągać rękę, sięgać po coś 3** [I,T] to be able to touch sth: *Can you get me that book off the top shelf? I can't reach.* ○ *He couldn't reach the light switch.* ○ *I need a longer ladder. This one won't reach.* ▶ **sięgać 4** [T] to contact sb: *You can reach me at this number.* ○ *She can't be reached until Monday morning.* ▶ **kontaktować się z kimś**
□ **reach** noun [U] the distance that you can stretch ▶ **zasięg**
IDIOMS **beyond/out of (sb's) reach 1** outside the distance that you can stretch your arm: *Keep this medicine out of reach of children.* ▶ **poza zasięgiem 2** not able to be got or done by sb: *A job like that is completely beyond his reach.* ▶ **nieosiągalny, niedostępny** | **within (sb's) reach 1** inside the distance that you can stretch your arm: *The boat's almost within reach. I can nearly touch it now.* ○ *Always keep a glass of water within reach.* ▶ **w zasięgu, w pobliżu 2** able to be got or done by sb: *Victory is within reach!* ▶ **w zasięgu** | **within (easy) reach of sth** not far from sth: *The school is within easy reach of the house.* ▶ **(łatwo) dostępny**

★**react** /ri'ækt/ verb [I] **1 react (to sb/sth)** to do or say sth because of sth that has happened or been said: *If she's rude I won't react. I don't want an argument.* ○ *He wasn't sure how to react to the news.* ▶ **reagować 2 react (to sth)** to become ill after eating, breathing, etc. a particular substance ▶ **(za)reagować 3 react (with sth/together)** (used about a chemical substance) to change after coming into contact with another substance ▶ **reagować**
PHRASAL VERB **react against sb/sth** to behave or talk in a way that shows that you do not like the influence of sb/sth (e.g. authority, your family, etc.): *She reacted against the strict way she had been brought up.* ▶ **opierać/sprzeciwiać się komuś/czemuś**

★**reaction** /ri'ækʃn/ noun **1** [C,U] **(a) reaction (to sb/sth)** something that you do or say because of sth that has happened or been said: *Could we have your reaction to the latest news, Minister?* ○ *a hostile reaction* ○ *I shook him to try and wake him up but there was no reaction.* ▶ **reakcja 2** [C,U] **(a) reaction (against sb/sth)** behaviour that shows that you do not like the influence of sb/sth (e.g. authority, your family, etc.): *Her strange clothes are a reaction against the conservative way she was brought up.* ▶ **opór, sprzeciw 3** [C] **a reaction (to sth)** a bad effect that your body experiences because of sth that you have eaten, touched or breathed: *She had an allergic reaction to something in the food.* ▶ **reakcja 4** [C, usually pl.] the physical ability to act quickly when sth happens: *If the other driver's reactions hadn't been so good, there would have been an accident.* ▶ **odruch, reakcja 5** [C,U] (*technical*) a chemical change produced by two or more substances coming into contact with each other ▶ **reakcja**
□ **reactionary** /ri'ækʃənri; US -neri/ adj. trying to prevent (political) progress or change ▶ **reakcyjny** | **reactionary** noun [C] (pl. **reactionaries**) a person who tries to prevent (political) progress or change ▶ **reakcjonist-a/ka**

reactor /ri'æktə(r)/ noun [C] = NUCLEAR REACTOR ▶ **reaktor**

★**read** /ri:d/ verb (pt, pp **read** /red/) **1** [I,T] to look at words and understand them: *In their first years at school, children learn to read and write.* ○ *Don't interrupt me, I'm reading.* ○ *Have you read any good books lately?* ○ *I read an interesting article about Japan recently.* [T] ▶ **czytać 2** [I,T] **read (sb) (sth)**; **read sth (to sb)** to say written words to sb: *My father used to read me stories when I was a child.* ○ *Read that sentence to me again, I didn't understand it.* ○ *I hate reading out loud* (głośno czytać). ▶ **czytać 3** [T] to be able to see and understand sth: *I can't read the clock* (nie mogę odczytać godziny na zegarze) *– I haven't got my glasses on.* ○ (figurative) *She doesn't know what you're thinking. She can't read your mind.* ▶ **odczytywać; czytać** (*np. w myślach, oczach*) **4** [T] to show sth; to have sth written on it: *The sign reads 'Keep Left'.* ▶ (*o* *znaku itp.*) **wskazywać** **5** [T] (formal) to study a subject at university: *She read Modern Languages at Cambridge.* ▶ **studiować**

PHRASAL VERBS **read on** to continue reading; to read the next part(s) of sth: *If you read on, you'll find that the story gets exciting.* ▶ **czytać dalej** | **read sth into sth** to think that there is meaning in sth that it may not really have: *Don't read too much into the letter. They're only asking you for an interview, not offering you the job.* ▶ **dorozumiewać się** | **read sth out** to read sth to other people ▶ **czytać na głos** | **read sth through** to read sth to check details or to look for mistakes: *I read my essay through a few times before handing it in.* ▶ **przeczytać** | **read up on sth** to find out everything you can about a subject ▶ **poczytać** (*na jakiś temat*)

□ **read** /riːd/ noun [sing.] (informal) a period or an act of reading: *I had a quick read of the newspaper* (szybko przeczytałem gazetę) *during breakfast.* ○ *a good read* zajmująca książka ▶ **czytanie** | **readable** /ˈriːdəbl/ adj. **1** able to be read: *machine-readable data* dane nadające się do automatycznego odczytu ➲ Por. **legible**. ▶ **czytelny** **2** easy or pleasant to read ▶ **dający się miło/łatwo czytać**

★**reader** /ˈriːdə(r)/ noun [C] **1** a person who reads sth (a particular newspaper, magazine, type of book, etc.) ▶ **czytelni-k/czka** **2** (with an adjective) a person who reads (in a particular way): *a fast/slow reader* osoba szybko/wolno czytająca ▶ **czytelni-k/czka** **3** a book for practising reading ▶ **czytanka**, **wypisy** (*książka*)

□ **readership** noun [sing.] the number of people who regularly read a particular newspaper, magazine, etc. ▶ **liczba czytelników**

★**reading** /ˈriːdɪŋ/ noun [U] **1** what you do when you are reading: *I haven't had time to do much reading* (dużo czytać) *lately.* ○ *On the form she described her interests as reading and tennis.* ○ *This report makes interesting reading.* ○ *reading matter* materiały do czytania ▶ **czytanie**, **lektura** **2** the particular way in which sb understands sth: *What's your reading of the situation?* ▶ **rozumienie** **3** the figure or measurement that is shown on an instrument: *a reading of 20°* ▶ **wskazania** (*np. przyrządu pomiarowego*), **odczyt**

readjust /ˌriːəˈdʒʌst/ verb **1** [I,T] **readjust (to sth)** to get used to being in a situation again that you have been in before: *After her divorce, it took her a long time to readjust to being single again.* ▶ **ponownie przystosowywać się** **2** [T] to change the position or organization of sth again in order to make it correct ▶ **ponownie dopasowywać/regulować**

□ **readjustment** noun [C,U] the act of readjusting(1,2) ▶ **ponowne przystosowanie/dopasowanie**

★**ready** /ˈredi/ adj. **1 ready (for sb/sth); ready (to do sth)** prepared and able to be used or to do sth: *Dinner will be ready in ten minutes.* ○ *The car will be ready for you to collect* (gotowy do odbioru) *on Friday.* ○ *He isn't ready for his driving test, he hasn't had enough lessons.* ○ *I can't talk now, I'm getting ready to go out* (przygotowuję się do wyjścia). ▶ **gotowy** **2 ready to do sth** willing to do sth: *You know me – I'm always ready to help.* ▶ **chętny**, **gotowy** **3** in a place which makes it possible for you to use or reach it easily and quickly: *Have your money ready before you get on the bus.* ▶ **pod ręką**

□ **readily** /-ɪli/ adv. **1** easily, without difficulty: *Most vegetables are readily available at this time of year.* ▶ **łatwo** **2** without hesitating: *He readily admitted that he was wrong.* ▶ **bez wahania** | **readiness** /ˈredinəs/ noun [U] **1** the state of being ready or prepared ▶ **gotowość**, **przygotowanie** **2** willingness: *The bank have indicated their readiness to lend him the money.* ▶ **chęć**, **gotowość** | **ready** adv. (before a past participle) already; previously: *ready-cooked food* jedzenie gotowe do spożycia ▶ **już**, **uprzednio**

■ ˌ**ready-ˈmade** adj. already prepared and ready for use, not made especially for you ▶ **gotowy**

★**real** /rɪəl/ adj. **1** actually existing, not imagined: *The film is based on real life.* ○ *This isn't a real word, I made it up.* ▶ **prawdziwy** **2** actually true, not what may appear to be true: *The name he gave to the police wasn't his real name.* ○ *She said she had missed the bus, but that's not the real reason why she was late.* ▶ **prawdziwy** **3** (only before a noun) having all, not just some, of the qualities necessary to really be sth: *She was my first real girlfriend.* ▶ **prawdziwy** **4** natural, not imitation or artificial: *This shirt is real silk.* ▶ **prawdziwy** **5** (used when you are making what you say stronger, usually when you are saying how bad sth is) big; complete: *The meal I cooked was a real disaster.* ○ *Money is a real problem for us at the moment.* ▶ **prawdziwy**

IDIOMS **for real** genuine or serious: *Her tears weren't for real.* ○ *Was he for real* (czy mówił serio) *when he offered you the job?* ▶ **prawdziwy**, **(na) serio** | **the real thing** **1** something genuine, not an imitation ▶ **autentyk** **2** the truest and best example of sth: *She's had boyfriends before but this time she says it's the real thing* (prawdziwa miłość). ▶ **(to jest właśnie) to**

□ **real** adv. (US, informal) very; really: *It was real kind of you to help me.* ▶ **bardzo**

■ ˈ**real estate** noun [U] property that cannot be moved, such as land and buildings ▶ **nieruchomości** | ˈ**real estate agent** noun [C] (US) = ESTATE AGENT ▶ **pośredni-k/czka w handlu nieruchomościami**

realism /ˈriːəlɪzəm; ˈrɪəl-/ noun [U] **1** behaviour that shows that you accept the facts of a situation and are not too influenced by your feelings ▶ **realizm** **2** (in art, literature, etc.) showing things as they really are ▶ **realizm**

□ **realist** noun [C] **1** a person who accepts the facts of life and situations, and who thinks and behaves according to them: *I'm a realist, I don't expect the impossible.* ▶ **realist-a/ka** **2** an artist or a writer who shows things as they really are ▶ **przedstawiciel/ka realizmu** (*w sztuce itp.*) | **realistic** /ˌriːəˈlɪstɪk; ˌrɪəl-/ adj. accepting the facts of a situation (not believing or making yourself believe that they are different); showing things as they really are; not real but appearing to be real: *a realistic price* ○ *a realistic description of war* ○ *The monsters in the film were very realistic.* ❶ Antonim: **unrealistic**. ▶ **realistyczny** | **realistically** /-kli/ adv.: *Think about your future realistically.* ▶ **realistycznie, z poczuciem rzeczywistości**

★**reality** /ri'æləti/ noun (pl. **realities**) **1** [U] the way life really is, not the way it may appear to be or what you would like it to be: *It's been a lovely holiday but now it's back to reality.* ▶ **rzeczywistość 2** [C] the way sth really is when you experience it: *We had hoped that things would get easier but the reality was very different.* ○ *The realities of living in a foreign country* (realność życia w obcym kraju) *were too much for her.* ▶ **rzeczywistość 3** [C] something that really exists, not sth that is imagined: *Death is a reality that everyone has to face eventually.* ▶ **rzeczywistość**
IDIOM **in reality** in fact, really (not the way sth appears or has been described): *People say this is an exciting city but in reality it's rather boring.* ▶ **w rzeczywistości**

★**realize** (also **-ise**) /'ri:əlaɪz; 'rɪəl-/ verb [T] **1** to know and understand that sth is true or that sth has happened: *I'm sorry I mentioned the subject, I didn't realize how much it upset you.* ○ *Do you realize how much work I've done today?* ▶ **zdawać sobie sprawę 2** to become aware of sth or that sth has happened, usually some time later: *When I got home, I realized that I had left my keys at the office.* ○ *I'm beginning to realize that this job isn't as easy as I thought it was.* ▶ **uświadamiać sobie, uprzytamniać sobie 3** to make sth (an ambition, hope, etc.) become reality: *She finally realized her ambition to see the Taj Mahal.* ▶ **realizować, urzeczywistniać**
□ **realization** (also **-isation**) /ˌri:əlaɪ'zeɪʃn; Brit. also ˌrɪəl-; US ˌri:ələ'z-/ noun [U] the act of realizing sth: *He was suddenly hit by the realization that he might die.* ○ *Becoming Managing Director was the realization of all her dreams.* ▶ **uprzytomnienie sobie, spełnienie**

★**really** /'ri:əli; 'rɪəl-/ adv. **1** actually; in fact; truly: *I couldn't believe it was really happening.* ○ *She wasn't really angry, she was only pretending.* ○ *Is it really true?* ▶ **naprawdę, rzeczywiście 2** very; very much: *I'm really tired.* ○ *He really enjoys his job.* ○ *Are you really sure?* ○ *I really tried but I couldn't do it.* ▶ **bardzo, usilnie, naprawdę 3** (used as a question for expressing surprise, interest, doubt, etc.): *'She's left her husband.' 'Really? When did that happen?'* ○ *'He's a very happy person.' 'Really? I've never seen him smile.'* ▶ **doprawdy?, czyżby? 4 not, never, etc. really** (used in negative sentences to make what you are saying less strong): *I don't really agree with that.* ▶ **nie bardzo/całkiem 5** (used in questions when you are expecting sb to answer 'No'): *You don't really expect me to believe that, do you?* ▶ **doprawdy**

realm /relm/ noun [C] (formal) a country that has a king or queen ▶ **królestwo**

Realtor™ /'ri:əltə(r)/ noun [C] (US) = ESTATE AGENT

reap /ri:p/ verb [T] to cut and collect a crop (corn, wheat, etc.): (figurative) *Work hard now and you'll reap the benefits later on.* ▶ **zbierać** (*np. plony, korzyści*)

reappear /ˌri:ə'pɪə(r)/ verb [I] to appear again or be seen again: *If any signs of the illness reappear, see your doctor immediately.* ▶ **ponownie się ukazywać/pojawiać**
□ **reappearance** /-rəns/ noun [C,U] ▶ **ponowne ukazywanie/pojawianie się**

reappraisal /ˌri:ə'preɪzl/ noun [C,U] the examination of sth (a situation, way of doing sth, etc.) in order to decide whether any changes are necessary: *a reappraisal of the country's defence needs* ▶ **ponowna ocena**

★**rear**[1] /rɪə(r)/ noun [sing.] **1** (**the rear**) the back part: *Smoking is only permitted at the rear of the bus.* ○ *I only saw him from the rear.* ▶ **tył 2** the part of your body that you sit on; your bottom ▶ **tyłek**
IDIOM **bring up the rear** to be the last one in a race, parade, etc.: *The British runner is bringing up the rear.* ▶ **zamykać pochód**
□ **rear** adj. (used especially about parts of a car) placed at the back: *the rear window* ○ *rear lights* ▶ **tylny**

rear[2] /rɪə(r)/ verb **1** [T] to care for and educate children: *This generation of children will be reared without fear of war.* ▶ **wychowywać 2** [T] to look after animals on a farm, etc.: *They rear ducks in their garden.* ▶ **hodować 3** [I] **rear (up)** (used about horses) to stand on the back legs ▶ **stawać dęba**

rearrange /ˌri:ə'reɪndʒ/ verb [T] **1** to change a plan, appointment, etc. that has been fixed: *The match has been rearranged for next Wednesday.* Mecz został przesunięty na następną środę. ▶ **zmieniać 2** to change the way that sth is organized or arranged: *We've rearranged the living room* (inaczej urządziliśmy salon) *to make more space.* ▶ **poprzestawiać, pozmieniać**

★**reason**[1] /'ri:zn/ noun **1** [C,U] **reason (for sth/for doing sth); reason (why.../that...)** the cause of sth; sth that explains why sth happens or exists: *What's your reason for being so late?* ○ *Is there any reason why you couldn't tell me this before?* ○ *The reason that I'm phoning you is to ask a favour.* ○ *For some reason or another* (z niewiadomych przyczyn) *they can't give us an answer until next week.* ○ *She left the job for personal reasons.* ▶ **powód, przyczyna 2** [C,U] **reason (for sth/to do sth)** something that shows that it is right or logical to do sth: *I think we have reason for complaint.* ○ *There is a reason for doing things this way – it's cheaper.* ○ *I chose this colour for a reason* (nie bez powodu). ○ *He had no reason to be rude to me, I hadn't been rude to him.* ○ *You have every reason* (masz wszelkie powody) *to be angry, considering how badly you've been treated.* ○ *I have reason to believe* (mam powody do przypuszczenia) *that you've been lying.* ▶ **powód, przesłanka 3** [U] the ability to think and to make sensible decisions ▶ **rozsądek 4** [U] what is right or acceptable: *He just wouldn't listen to reason* (głosu rozsądku). ▶ **rozsądek**

IDIOMS **make sb see reason** to persuade sb not to continue acting in a stupid or an extreme way: *They were determined to have a fight and nobody could make them see reason.* ▶ **przemawiać do rozsądku** | **(do anything) within reason** if it is not too extreme or completely unacceptable: *I'll pay anything within reason for a ticket.* ▶ **w granicach rozsądku** | **it stands to reason** (informal) it is obvious if you think about it ▶ **to się rozumie samo przez się**

reason² /ˈriːzn/ verb [I,T] to form a judgement or an opinion, after thinking about sth in a logical way ▶ **rozumować, wyciągać wnioski**

PHRASAL VERB **reason with sb** to talk to sb in order to persuade them to behave or think in a more reasonable or less extreme way: *The police tried to reason with the gunman but he refused to give them his gun.* ▶ **przemawiać do rozsądku**

□ **reasoning** noun [U] **reasoning (behind sth)** the process of thinking and making a judgement or decision: *the reasoning behind his decision* ▶ **rozumowanie**

★**reasonable** /ˈriːznəbl/ adj. **1** (used about people) willing to listen to other people's opinions; not asking too much; fair: *You're not being reasonable – I can't change all my plans for you.* ○ *I tried to be reasonable even though I was very angry.* ▶ **rozsądny 2** (used about actions, decisions, etc.) resulting from good reasons; logical: *That seems a reasonable decision in the circumstances* ▶ **sensowny 3** (used about opinions or about what you expect people to do) not expecting too much; fair: *I think it's reasonable to expect people to keep their promises.* ▶ **sensowny 4** (used about a price) not too high; not higher than it should be: *It was a lovely meal and the bill was very reasonable!* ○ *a reasonable price* ▶ **umiarkowany** ❶ Antonim znaczeń 1-4: **unreasonable**. **5** quite good; not bad: *His work is of a reasonable standard.* ▶ **zadowalający, dostateczny 6** (used about amounts or numbers) not very large: *They've got a reasonable amount of money but they certainly aren't rich.* ▶ **umiarkowany**

□ **reasonably** /-əbli/ adv. **1** fairly or quite (but not very): *reasonably good weather* ▶ **dość, wystarczająco 2** in a reasonable way: *If you think about my suggestion reasonably, you'll realize that I'm right.* ▶ **racjonalnie, rozsądnie**

reassure /ˌriːəˈʃʊə(r); Brit. also -ˈʃɔː(r)/ verb [T] to say or do sth in order to make sb feel less frightened, worried or nervous: *I tried to reassure him that there were no problems.* ▶ **zapewniać**

□ **reassurance** /-rəns/ noun **1** [U] the act of reassuring or being reassured: *She went to another doctor for reassurance.* ○ *I need some reassurance that I'm doing things the right way.* ▶ **zapewnienie 2** [C] something that reassures: *The people in the village are asking for reassurances that the water is fit to drink.* ▶ **zapewnienie** | **reassuring** adj. causing sb to feel less worried, frightened or nervous: *reassuring words* ○ *He gave him a reassuring pat on the back.* ▶ **uspokajający** | **reassuringly** adv. ▶ **uspokajająco, zapewniająco**

rebate /ˈriːbeɪt/ noun [C] a sum of money that is given back to you (by sb official) because you have paid too much: *a tax rebate* ▶ **zwrot nadpłaty**

★**rebel** /ˈrebl/ noun [C] **1** a person who fights against or refuses to co-operate with authority, society, an order, a law, etc.: *At school he had a reputation as a rebel.* ▶ **buntowni-k/czka 2** a person who fights against their country's government because they want things to change: *During the revolution, the rebels took control of the capital.* ▶ **powstaniec**

□ **rebel** /rɪˈbel/ (**rebelling**; **rebelled**) verb [I] **rebel (against sb/sth) 1** to fight against authority, society, an order, a law, etc.: *She rebelled against her parents by marrying a man she knew they didn't approve of.* ▶ **buntować się 2** to fight against the government in order to bring change ▶ **wszczynać bunt** | **rebellion** /rɪˈbeljən/ noun [C,U] fighting against authority or the government: *The rebellion ended in failure when all the leaders were shot.* ○ *Voting against the leader of the party was an act of open rebellion.* ▶ **bunt, rebelia** | **rebellious** /rɪˈbeljəs/ adj. not doing what authority, society, etc. wants you to do: *rebellious teenagers* ▶ **buntowniczy, zbuntowany**

reboot /ˌriːˈbuːt/ verb [I,T] if you reboot a computer or if it reboots, you turn it off and then turn it on again immediately ▶ **uruchamiać ponownie** (*komputer*)

rebound /rɪˈbaʊnd/ verb [I] to hit sth and then go in a different direction: *The ball rebounded off the post.* ▶ **odbijać się, odskakiwać**

rebuff /rɪˈbʌf/ noun [C] an unkind refusal of an offer, etc. ▶ **odprawa**

□ **rebuff** verb [T] ▶ **odprawiać z niczym, pokazać figę**

rebuild /ˌriːˈbɪld/ verb [T] (pt, pp **rebuilt** /ˌriːˈbɪlt/) to build again: *Following the storm, a great many houses will have to be rebuilt.* ○ (figurative) *She's trying to rebuild her life now that her husband is dead.* ▶ **odbudowywać**

rebuke /rɪˈbjuːk/ verb [T] (formal) to speak angrily to sb because they have done sth wrong ▶ **karcić, ganić**

□ **rebuke** noun [C] ▶ **nagana**

recall /rɪˈkɔːl/ verb [T] **1** to remember sth (a fact, an event, an action, etc.) from the past: *I don't recall exactly when I first met her.* ○ *She couldn't recall meeting him before.* ▶ **przypominać sobie 2** to order sb to return; to ask for sth to be returned: *The company has recalled all the fridges that have this fault.* ▶ **odwoływać; wycofywać** (*ze sprzedaży itp.*)

recap /ˈriːkæp/ (spoken) (written **recapitulate** /ˌriːkəˈpɪtʃʊleɪt/) verb [I,T] to repeat or look again at the main points of sth to make sure that they have been understood: *Let's quickly recap what we've done in today's lesson before we finish.* ▶ **podsumowywać**

recapture /ˌriːˈkæptʃə(r)/ verb [T] **1** to win back sth that was taken from you by an enemy or a competitor: *Government troops have recaptured the city.* ▶ **odbijać** **2** to capture again a person or an animal that has escaped ▶ **ponownie łapać, odzyskiwać** **3** to create or experience again a feeling or period from the past: *The film brilliantly recaptures the atmosphere of the 1930s.* ▶ **oddawać** (*np. nastrój*)

recede /rɪ'si:d/ verb [I] **1** to move away or seem to move away and begin to disappear: *The coast began to recede into the distance.* ▶ **oddalać się, cofać się** **2** (used about a man's hair) to fall out and stop growing at the front of the head: *He's got a receding hairline.* ➲ Ilustr. do **hair**. ▶ **rzednąć** **3** (used about a hope, a fear, a chance, etc.) to become smaller or less strong: *The threat of war is receding.* ▶ **słabnąć, oddalać się**

★**receipt** /rɪ'si:t/ noun **1** [C] a piece of paper that is given to show that you have paid for sth: *Could I have a receipt, please?* ▶ **pokwitowanie, paragon** **2** [U] **receipt (of sth)** (formal) the act of receiving: *Payment must be made within seven days of receipt of the goods.* ▶ **odbiór**

★**receive** /rɪ'si:v/ verb [T] **1 receive sth (from sb/sth)** to get or take sth that sb sends or gives to you: *Have you received the parcel I sent you?* ▶ **otrzymywać** **2** to experience a particular kind of treatment or injury: *We received a warm welcome* (spotkał się z ciepłym przyjęciem) *from our hosts.* ○ *He received cuts and bruises* (odniósł lekkie obrażenia) *in the accident.* **3** (often passive) to react to sth (news, ideas, work, etc.) in a particular way: *My suggestions were received in silence.* ▶ **odbierać, przyjmować**

receiver /rɪ'si:və(r)/ noun [C] **1** (also **handset**) the part of a telephone that is used for listening and speaking ▶ **słuchawka**

> To answer or make a telephone call you **pick up** or **lift** the receiver. To end a telephone call you **put down** or **replace** the receiver or you **hang up**.

2 a radio or television set ▶ **odbiornik**

★**recent** /'ri:snt/ adj. having happened, been done or produced a short time ago: *In recent years there have been many changes.* ○ *a recent photograph* ▶ **ostatni, świeży, niedawny**

□ **recently** adv. **1** a short time ago: *I don't know her very well, I only met her recently.* ○ *She worked here until quite recently.* ▶ **niedawno, ostatnio** **2** during a period between not long ago and now: *Have you seen Paul recently?* ○ *She's been feeling ill recently.* ▶ **ostatnio, niedawno**

> Przysłówek **recently** może odnosić się zarówno do jakiegoś momentu w niedalekiej przeszłości, jak i do pewnego okresu (odcinka czasu). Jeżeli odnosi się do momentu w przeszłości, należy użyć czasu *simple past*: *He died recently.* Jeżeli odnosi się do okresu, należy użyć czasu *present perfect continuous*: *I haven't done anything interesting recently.* ○ *She's been working hard recently.* **Lately** odnosi się tylko do odcinka czasu. Należy z tym przysłówkiem używać wyłącznie czasu *present perfect* lub *present perfect continuous*: *I've seen a lot of films lately.* ○ *I've been spending too much money lately.*

receptacle /rɪ'septəkl/ noun [C] (formal) a container that is used for putting or keeping things in ▶ **naczynie, zbiornik**

★**reception** /rɪ'sepʃn/ noun **1** [U] the place in a hotel or an office building where you go to say that you have arrived, to make enquiries, appointments, etc.: *Leave your key at reception if you go out, please.* ○ *All visitors must report to reception.* ○ *the reception desk* recepcja ▶ **recepcja** **2** [C] a formal party to celebrate sth (especially a wedding) or to welcome an important person: *Their wedding reception was held at a local hotel.* ○ *an official reception for the visiting Ambassador* ▶ **przyjęcie** **3** [sing.] the way people react to sth: *The President received a warm reception during his visit to China.* ○ *The play got a mixed reception.* ▶ **przyjęcie** (*np. sztuki, wystawy*), **odbiór** **4** [U] the quality of radio or television signals: *TV reception is very poor where we live.* ▶ **odbiór**

□ **receptionist** noun [C] a person who works in a hotel, an office, etc. answering the telephone, dealing with guests, customers, visitors, etc.: *a hotel receptionist* ▶ **recepcjonist-a/ka**

receptive /rɪ'septɪv/ adj. **receptive (to sth)** willing to listen to new ideas, suggestions, etc. ▶ **podatny, chłonny**

recess /rɪ'ses; 'ri:ses/ noun **1** [C,U] a period when Parliament, etc. is on holiday ▶ **ferie** **2** [U] (US) a short period of free time between classes at school ➲ Zob. uwaga przy **interval**. ▶ **pauza** **3** [C] part of a wall that is further back than the rest, forming a space ▶ **wnęka**

recession /rɪ'seʃn/ noun [C,U] a period when the business and industry of a country is not successful: *The country is now in recession.* ○ *How long will the recession last?* ▶ **recesja**

recharge /ˌri:'tʃɑ:dʒ/ verb [I,T] to fill a battery with electrical power; to fill up with electrical power: *He plugged the drill in to recharge it.* ➲ Por. **charge**. ▶ **ponownie ładować** (*baterię*)

□ **rechargeable** adj.: *rechargeable batteries* ▶ **do ponownego ładowania**

★**recipe** /'resəpi/ noun [C] **1 a recipe (for sth)** the instructions for cooking or preparing sth to eat. A recipe tells you what ingredients to use and what to do. ▶ **przepis (kulinarny)** **2 a recipe for sth** the way to get or produce sth: *the recipe for a happy marriage* ▶ **recepta**

recipient /rɪ'sɪpiənt/ noun [C] a person who receives sth ▶ **odbior-ca/czyni**

reciprocal /rɪ'sɪprəkl/ adj. both given and received: *The arrangement is reciprocal. They help us and we help them.* ▶ **obopólny, wzajemny**

recital /rɪ'saɪtl/ noun [C] a public performance of music or poetry, by one person or a small group: *a piano recital* ▶ **recital**

recite /rɪ'saɪt/ verb [I,T] to say aloud a piece of writing (especially a poem) or a list from memory: *He can recite the names of all the players.* ▶ **recytować, deklamować**

reckless /ˈrekləs/ adj. not thinking about whether what you are doing is dangerous or might have bad results: *reckless driving* ▶ **brawurowy, lekkomyślny**
□ **recklessly** adv. ▶ **nierozważnie, brawurowo**

reckon /ˈrekən/ verb [T] **1** to believe or consider; to have the opinion: *This is generally reckoned to be the nicest area in the city.* ▶ **uważać za coś/że 2** (informal) to think or suppose: *She's very late now. I reckon she isn't coming.* ▶ **sądzić, przypuszczać 3** to calculate approximately or guess: *I reckon the journey will take about half an hour.* ▶ **liczyć, że 4** to expect to do sth: *We reckon to sell about twenty of these suits a week.* ▶ **oczekiwać**
PHRASAL VERBS **reckon on sth** to expect sth to happen and therefore to base a plan or an action on it: *I didn't book in advance because I wasn't reckoning on tickets being so scarce.* ▶ **liczyć na coś, oczekiwać** | **reckon sth up** to calculate the total amount or number of sth ▶ **zliczyć, zsumować** | **reckon with sb/sth** to expect sth; to think about sth as a possible problem: *When he bought the house, he didn't reckon with the enormous cost involved.* ▶ **liczyć się z kimś/czymś**

reclaim /rɪˈkleɪm/ verb [T] **1 reclaim sth (from sb/sth)** to get back sth that you have lost or put in a place where it is kept for you to collect: *Reclaim your luggage after you have been through passport control.* ▶ **odzyskiwać, odbierać 2** to get back useful materials from waste products: *The aluminium used in cans can be reclaimed and recycled.* ▶ **odzyskiwać, regenerować** (*surowce*) **3** to make land suitable for use: *The Dutch have reclaimed huge areas of land from the North Sea.* ▶ **odzyskiwać** (*teren*)

recline /rɪˈklaɪn/ verb [I, T] to lie back or down in order to be more comfortable; to put the back of a seat into a comfortable position at an angle: *If you wish to recline, press the button on the side of your seat.* ▶ **układać (się) w pozycji półleżącej**
□ **reclining** adj. lying back; able to be adjusted so that you can lie back: *reclining seats* ▶ (*o siedzeniu, fotelu*) **rozkładany**

recognition /ˌrekəgˈnɪʃn/ noun **1** [U] the act of recognizing sth or of showing or receiving respect: *He showed no sign of recognition* (nic nie wskazywało, że mnie rozpoznał) *when he passed me.* ○ *She received public recognition for her services to charity.* ▶ **rozpoznawanie, uznanie 2** [U, sing.] the act of accepting that sth exists, is true or is official ▶ **uznanie**

⋆**recognize** (also **-ise**) /ˈrekəgnaɪz/ verb [T] **1 recognize sb/sth (by/from sth)** to know again sb/sth that you have seen or heard before: *I recognized him but I couldn't remember his name.* ○ *This district has changed so much since I was last here that I hardly recognize it now.* ▶ **rozpoznawać, poznawać 2** to accept or admit that sth is true: *I recognize that some of my ideas are unrealistic.* ▶ **przyznawać, że 3** to accept sth officially (usually done by institutions or governments): *My qualifications are not recognized in other countries.* ▶ **uznawać, honorować 4** to show that you think sth that sb has done is good: *The company gave her a special present to recognize her long years of service.* ▶ **uznawać**
□ **recognizable** (also **-isable**) /ˈrekəgnaɪzəbl; ˌrekəgˈnaɪzəbl/ adj. able to be recognized ▶ **rozpoznawalny** | **recognizably** (also **-isably**) /-əbli/ adv. ▶ **rozpoznawalnie**

recoil /rɪˈkɔɪl/ verb [I] to react to sb/sth with a feeling of fear, horror, etc.: *to recoil from the sight of blood* ▶ **wzdragać się**

recollect /ˌrekəˈlekt/ verb [I,T] to remember sth from the past: *I don't recollect exactly when it happened.* ▶ **przypominać sobie**

recollection /ˌrekəˈlekʃn/ noun **1** [U] **recollection (of sb/sth)** the ability to remember: *I have no recollection* (nie przypominam sobie) *of promising to lend you money.* ▶ **pamięć 2** [C, usually pl.] something that you remember: *I have only vague recollections of the town.* ▶ **wspomnienie**

⋆**recommend** /ˌrekəˈmend/ verb [T] **1** to say that sb/sth is good and that it would be liked or useful: *Which film would you recommend?* ○ *Could you recommend me a good hotel in Paris?* ○ *We hope that you'll recommend this restaurant to all your friends.* ○ *The head of her department recommended her for promotion.* ▶ **polecać, zalecać 2** to strongly suggest sth; to tell sb what you strongly believe they should do: *My doctor has recommended a long period of rest.* ○ *I recommend that you get some legal advice.* ○ *I wouldn't recommend (your) travelling on your own. It could be dangerous.* ▶ **zalecać, radzić**
□ **recommendation** /ˌrekəmenˈdeɪʃn/ noun **1** [C,U] saying that sth is good and will be liked or useful: *I visited Seville on a friend's recommendation and I really enjoyed it.* ▶ **rekomendacja, polecenie 2** [C] a statement about what should be done in a particular situation: *After the train crash, a committee of enquiry made several recommendations on how safety could be improved.* ▶ **zalecenie**

recompense /ˈrekəmpens/ verb [T] (formal) to give money, etc. to sb for special efforts or work or because you are responsible for a loss they have suffered: *The airline has agreed to recompense us for the damage to our luggage.* ▶ **wynagradzać, kompensować**
□ **recompense** noun [U] (formal): *Please accept this cheque in recompense for our poor service.* ▶ **rekompensata, odszkodowanie**

reconcile /ˈrekənsaɪl/ verb [T] **1** (often passive) **reconcile sb (with sb)** to cause people to become friendly with or close to each other again: *After years of not speaking to each other, she and her parents were eventually reconciled.* ▶ **pojednać się, godzić się 2 reconcile sth (with sth)** to find a way to make two things (ideas, situations, statements, etc.) be possible together, when in fact they seem to oppose each other: *She finds it difficult to reconcile her career ambitions with her responsibilities to her* *children.* ▶ **godzić** **3 reconcile yourself to sth** to accept an unpleasant situation because there is nothing you can do to change it ▶ **godzić się z czymś**

□ **reconciliation** /ˌrekənsɪliˈeɪʃn/ noun [C,U] becoming friendly or close again (after an argument, etc.): *to bring about a reconciliation between the two sides* ▶ **pojednanie**, **zgoda**

reconnaissance /rɪˈkɒnɪsns/ noun [C,U] the study of a place or an area for military reasons ▶ **zwiad**, **rozpoznanie**

reconsider /ˌriːkənˈsɪdə(r)/ verb [I,T] to think again about sth (a decision, situation, etc.): *Public protests have forced the government to reconsider their policy.* ▶ **rewidować**

reconstruct /ˌriːkənˈstrʌkt/ verb [T] **1** to build again sth that has been destroyed or damaged: *The cathedral was reconstructed after the fire.* ▶ **odbudowywać** **2** to get a full description or picture of sth using the facts that are known: *The police reconstructed the victim's last movements.* ▶ **odtwarzać**

□ **reconstruction** /-ˈstrʌkʃn/ noun [C,U]: *Reconstruction of the city after the earthquake took years.* ○ *a reconstruction of the crime using actors* ▶ **odbudowa**, **odtwarzanie**

★**record**[1] /ˈrekɔːd; US ˈrekərd/ noun **1** [C] **record (of sth)** a written account of what has happened, been done, etc.: *The teachers keep records* (prowadzą dziennik) *of the children's progress.* ○ *medical records* kartoteki medyczne ▶ **notatka**, **rejestr**, **protokół** **2** [C] (also **disc**) a thin, round piece of plastic which can store music and other sound so that you can play it when you want: *to put on/play/listen to some records* ○ *a record collection* ▶ **płyta gramofonowa** **3** [C] the best performance or the highest or lowest level, etc. ever reached in sth, especially in sport: *Who holds the world record for high jump?* ○ *to set a new record* ○ *to break a record* ○ *He did it in record time.* ○ *record sales* ▶ **rekord** **4** [sing.] the facts, events, etc. that are known (and sometimes written down) about sb/sth: *The police said that the man had a criminal record* (był notowany). ○ *This airline has a bad safety record* (ma złą opinię w sprawach bezpieczeństwa). ▶ **przeszłość** **(czegoś/kogoś)**, **rejestr**

IDIOMS **off the record** (used about sth sb says) not to be treated as official; not intended to be made public: *She told me off the record that she was going to resign.* ▶ **nieoficjalnie**; **nieoficjalny** | **put/set the record straight** to correct a misunderstanding by telling sb the true facts ▶ **wyjaśniać nieporozumienie**, **prostować fakty**

■ ˈ**record-breaking** adj. (only before a noun) the best, fastest, highest, etc. ever: *We did the journey in record-breaking time.* ▶ **rekordowy** | ˈ**record player** noun [C] a machine that you use for playing records ▶ **adapter**

★**record**[2] /rɪˈkɔːd/ verb **1** [T] to write sth down, put it into a computer, film it, etc. so that it can be used later and will not be forgotten: *Their childhood is recorded in diaries and photographs of those years.* ▶ **utrwalać**, **zapisywać** **2** [I,T] to put music, a film, a programme, etc. onto a CD, cassette or record so that it can be listened to or watched again later: *Quiet, please! We're recording.* ○ *The band has recently recorded a new album.* ○ *There's a concert I would like to record from the radio this evening.* ▶ **nagrywać**

recorder /rɪˈkɔːdə(r)/ noun [C] **1** a machine for recording sound or pictures or both: *a tape recorder* magnetofon ○ *a video recorder* magnetowid ▶ **urządzenie do nagrywania dźwięku i/lub obrazu** **2** a type of musical instrument. You play it by blowing through it and covering the holes in it with your fingers. ▶ **flet prosty**

recording /rɪˈkɔːdɪŋ/ noun **1** [C] sound or pictures that have been put onto a CD, cassette, record or film: *the Berlin Philharmonic's recording of Mahler's Sixth symphony* ▶ **nagranie** **2** [U] the process of making CDs, cassettes, records or films: *a recording studio* ▶ **nagrywanie**

recount /rɪˈkaʊnt/ verb [T] (formal) to tell a story or describe an event: *He recounted the story to us in vivid detail.* ▶ **opowiadać**

recourse /rɪˈkɔːs/ noun

IDIOM **have recourse to sb/sth** (formal) to turn to sb/sth for help ▶ **zwracać się do kogoś/jakiejś instytucji** *(o pomoc)*

★**recover** /rɪˈkʌvə(r)/ verb **1** [I] **recover (from sth)** to become well again after you have been ill: *It took him two months to recover from the operation.* ▶ **zdrowieć** **2** [I] **recover (from sth)** to get back to normal again after a bad experience, etc.: *It took her a long time to recover from her father's death.* ▶ **przychodzić do siebie**, **wracać do równowagi** **3** [T] **recover sth (from sb/sth)** to find or get back sth that has been lost or stolen: *Police recovered the stolen goods from a warehouse in South London.* ▶ **odzyskiwać** **4** [T] to get back a state of health, an ability to do sth, etc.: *He needs daily exercise if he's going to recover the use of his legs.* ○ *She recovered consciousness in the ambulance.* ▶ **odzyskiwać**

★**recovery** /rɪˈkʌvəri/ noun **1** [sing., U] **recovery (from sth)** a return to good health after an illness or to a normal state after a difficult period of time: *to make a good/quick/slow recovery* ○ *economic recovery* ▶ **wyzdrowienie**, **poprawa** **2** [U] **recovery (of sth/sb)** getting sth back: *He offered a reward for the recovery of the paintings.* ▶ **odzyskanie**, **zwrot**

recreation /ˌrekriˈeɪʃn/ noun [C,U] enjoying yourself and relaxing when you are not working; a way of doing this: *What do you do for recreation?* ○ *His only recreation is watching TV.* ▶ **rozrywka**, **rekreacja**

recrimination /rɪˌkrɪmɪˈneɪʃn/ noun [C, usually pl., U] an angry statement accusing sb of sth, especially in answer to a similar statement from them: *bitter recriminations* ▶ **wzajemne oskarżenia**

recruit /rɪˈkruːt/ noun [C] a person who has just joined the army or another organization; a new member ▶ **rekrut/ka**, **nowicjusz/ka**

□ **recruit** verb [I,T] to get sb to join sth, to work

as sth or to help with sth: *to recruit young people to the teaching profession* ▶ **werbować** | **recruitment** noun [U] the process of getting people to join sth or work as sth: *Many companies are having problems with recruitment.* ▶ **werbunek, rekrutacja**

rectangle /ˈrektæŋgl/ noun [C] a shape with four straight sides and four angles of 90 degrees (right angles). Two of the sides are longer than the other two. ▶ **prostokąt**
□ **rectangular** /rekˈtæŋgjələ(r)/ adj. ▶ **prostokątny**

rectify /ˈrektɪfaɪ/ verb [T] (pres. part. **rectifying**; 3rd pers. sing. pres. **rectifies**; pt, pp **rectified**) (formal) to change sth so that it is right: *All these errors will need to be rectified.* ▶ **poprawiać**

rector /ˈrektə(r)/ noun [C] (in the Church of England) a priest in charge of a parish ➲ Por. **vicar** i zob. uwaga przy **priest**. ▶ **proboszcz**

recuperate /rɪˈku:pəreɪt/ verb [I] to get well again after an illness or injury ▶ **wracać do zdrowia**
□ **recuperation** noun [U] ▶ **rekonwalescencja**

recur /rɪˈkɜ:(r)/ verb [I] (**recurring**; **recurred**) to happen again or many times: *a recurring problem* ▶ **powracać, powtarzać się**
□ **recurrence** /rɪˈkʌrəns/ noun [C,U] ▶ **nawrót** | **recurrent** /rɪˈkʌrənt/ adj. ▶ **powracający, powtarzający się**

recycle /ˌri:ˈsaɪkl/ verb [T] **1** to process used objects and materials so that they can be used again: *recycled paper* papier z odzysku ○ *We take our empty bottles to the bottle bank for recycling* (do odzysku). ▶ **odzyskiwać, regenerować** (*surowce*) **2** to keep used objects and materials and use them again: *Don't throw away your plastic carrier bags – recycle them!* ▶ **ponownie wykorzystywać**
□ **recyclable** adj. that can be recycled: *Most plastics are recyclable.* ▶ **odzyskiwalny** | **recycling** noun [U]: *the recycling of glass* ○ *a recycling plant* ▶ **utylizacja, recykling**

★**red**[1] /red/ adj. (**redder**; **reddest**) **1** of the colour of blood: *red wine* ○ *The berries on that bush turn bright red in October.* ❶ Przymiotniki **crimson**, **maroon** i **scarlet** oznaczają różne odcienie czerwieni. ▶ **czerwony 2** (used about a person's face) a darker colour than usual because of anger, sadness, shame, etc.: *He went bright red when she spoke to him.* ○ *to turn/be/go red in the face* ▶ **czerwony, zaczerwieniony 3** (used about a person's hair or an animal's fur) of a colour between red, orange and brown: *She's got red hair and freckles.* ▶ **rudy**
IDIOMS **a red herring** an idea or a subject which takes people's attention away from what is really important ▶ **odwrócenie uwagi od sedna sprawy** | **see red** (informal) to become very angry: *I saw red* (krew mnie zalała) *when I saw him looking in my bag.* ▶ **wściec się**
■ **ˈred-brick** adj. (Brit.) (of British universities) started in the late 19th or early 20th century ▶ (*o uniwersytecie*) **założony na przełomie XIX i XX wieku** | **ˌred ˈcard** noun [C] (in football, etc.) a card that is shown to a player who is being sent off the field ▶ **czerwona kartka** | **ˌred ˈcarpet** noun [sing.] a piece of red carpet that is put out to receive an important visitor; a special welcome for an important visitor ▶ **czerwony chodnik**; **bardzo uroczyste powitanie** | **ˌredˈcurrant** noun [C] a small red berry that you can eat: *redcurrant jelly* ▶ **czerwona porzeczka** | **ˈredhead** noun [C] a person, especially a woman, who has red hair ▶ **rudzielec** | **ˌred-ˈhot** adj. (used about a metal) so hot that it turns red ▶ **rozpalony do czerwoności** | **ˌred-ˈlight district** noun [C] a part of a town where there are a lot of people, especially women, who earn money by having sex with people ▶ **dzielnica domów publicznych** | **ˌred ˈpepper** noun [C] → PEPPER(2) | **ˌred ˈtape** noun [U] official rules that seem unnecessary and often cause delay and difficulty in achieving sth ▶ **biurokracja**

★**red**[2] /red/ noun [C,U] the colour of blood: *She was dressed in red.* ▶ **czerwień**
IDIOM **be in the red** (informal) to have spent more money than you have in the bank, etc. ❶ Antonim: **be in the black**. ▶ **mieć debet** (*w banku*)

redden /ˈredn/ verb [I,T] to become red or to make sth red ❶ Mówi się częściej **go red** lub **blush**. ▶ **czerwienić się**

reddish /ˈredɪʃ/ adj. slightly red ▶ **czerwonawy**

redeem /rɪˈdi:m/ verb [T] **1** to prevent sth from being completely bad: *The redeeming feature of the job is the good salary.* ▶ **łagodzić** (*np. niedostatki*), **kompensować 2 redeem yourself** to save yourself from blame: *It was all his fault. There's nothing he can say to redeem himself.* ▶ **odkupić, odpokutować** (*winę*) **3** to get sth back by paying the amount needed ▶ **wykupywać, spłacać**

redemption /rɪˈdempʃn/ noun [U] (formal) being saved or redeemed ▶ **zbawienie, odkupienie**
IDIOM **beyond redemption** not able to be saved ▶ **nie do odkupienia/odpokutowania**

redevelop /ˌri:dɪˈveləp/ verb [T] to build or arrange an area, a town, a building, etc. in a different and more modern way: *They're redeveloping the city centre.* ▶ **przebudowywać**
□ **redevelopment** noun [U] new building work ▶ **przebudowa**

red-handed /ˌred ˈhændɪd/ adj.
IDIOM **to catch sb red-handed** → CATCH[1]

redial /ˌri:ˈdaɪəl/ verb [I,T] to call the same number on a telephone that you have just called ▶ **ponownie wybrać numer telefonu**

redistribute /ˌri:dɪˈstrɪbju:t/ verb [T] to share sth among people, groups, etc. in a different way ▶ **rozdzielać ponownie**
□ **redistribution** /ˌri:dɪstrɪˈbju:ʃn/ noun [U] ▶ **ponowny rozdział, redystrybucja**

★**reduce** /rɪˈdju:s; US -ˈdu:s/ verb [T] **1** to make sth less: *The sign said 'Reduce speed now'.* ○ *to reduce the amount of fat in your diet.* ❶ Antonim: **increase**. ▶ **zmniejszać, obniżać 2 reduce sb/sth (from sth) to sth** (often passive) to make sb/sth be in the (usually bad) state mentioned: *He reduced the child to tears.* ○ *They were reduced from wealth to poverty overnight.* ▶ **doprowadzać (do czegoś)**

★**reduction** /rɪ'dʌkʃn/ noun **1** [C,U] making sth less or becoming less; an example of this happening: *a reduction in the numbers of people unemployed* ○ *a reduction in the rate of inflation* ▶ **zmniejszenie, obniżenie 2** [C] the amount by which sth is made smaller, especially in price: *There were huge price reductions during the sale.* ▶ **obniżka**

redundant /rɪ'dʌndənt/ adj. **1** (used about employees) no longer needed for a job and therefore out of work: *When the factory closed 800 people were made redundant.* ▶ **zwolniony** (*z pracy*) **2** not necessary or wanted ▶ **zbyteczny, niepotrzebny**

□ **redundancy** /-ənsi/ noun (pl. **redundancies**) **1** [C, usually pl.] a case of having lost your job because there is no work for you: *Due to economic pressure the firm were forced to announce fifty redundancies.* ▶ **zwolnienie 2** [U] the state of having lost your job because there is no work: *Computers have caused some redundancy but have also created jobs.* ○ *redundancy pay* odprawa przy zwolnieniu z pracy ▶ **zwolnienie**

reed /ri:d/ noun [C] **1** a tall plant, like grass, that grows in or near water ▶ **trzcina 2** a thin piece of wood at the end of some musical instruments which produces a sound when you blow through it ▶ **stroik**

reef /ri:f/ noun [C] a long line of rocks, sand, etc. just below or above the surface of the sea: *a coral reef* ▶ **rafa**

reek /ri:k/ noun [sing.] a strong bad smell ▶ **smród**

□ **reek** verb [I] to smell strongly of sth unpleasant: *His breath reeked of alcohol.* ▶ **cuchnąć**

reel[1] /ri:l/ noun [C] a round object that cotton, wire, film for cameras, a fishing line, etc. is wound around: *a cotton reel* ➲ Ilustr. do **garden**. Por. **spool**. ▶ **szpula, rolka, bęben** (*do nawijania*), **cewka**

□ **reel** verb [T] **reel sth in/out** to wind sth on or off a reel or to pull it towards you using a reel: *to reel out the hosepipe* ○ *to reel in a fish* wyciągnąć rybę z wody za pomocą kołowrotka ▶ **nawijać, motać**

PHRASAL VERB **reel sth off** to say or repeat sth from memory quickly and without effort: *She reeled off a list of all the people she'd invited to the party.* ▶ **wyrecytować, wyklepać**

reel[2] /ri:l/ verb [I] **1** to move in an unsteady way: *They reeled home from the pub soon after midnight.* ▶ **zataczać się 2** (used about the mind) to be unclear or confused: *His mind was reeling at the shock.* ▶ **kręcić się w głowie**

ref. /ref/ abbr. reference: *ref. no 3456* ▶ **dot.**

refectory /rɪ'fektri/ noun [C] (pl. **refectories**) a large dining room in a college, school, etc. ▶ **refektarz**

★**refer** /rɪ'fɜ:(r)/ verb (**referring**; **referred**) **1** [I] **refer to sb/sth** to mention or talk about sb/sth: *When he said 'some students', do you think he was referring to us?* ○ *Many people still refer to Germany as West Germany.* ▶ **mówić o kimś/czymś, mieć na myśli 2** [I] **refer to sb/sth** to be used to describe sb/sth: *The term 'adolescent' refers to young people between the ages of 12 and 17.* ▶ **odnosić się 3** [I] to be connected with or important for: *The figures in brackets refer to holidays in July.* ▶ **nawiązywać, odnosić się 4** [I] **refer to sb/sth** to go to sb/sth or to look at sth for information: *to refer to a dictionary* zajrzeć do słowników ▶ **radzić się, powoływać się 5** [T] **refer sb/sth to sb/sth** to send or direct sb/sth to sb/sth for help or to be dealt with: *The doctor referred me to a specialist.* ○ *The dispute was referred to the United Nations.* ▶ **kierować do kogoś/jakiejś instytucji, odsyłać**

referee /ˌrefə'ri:/ noun [C] **1** (informal **ref**) the person in football, boxing, etc. who controls the match and prevents the rules from being broken ➲ Por. **umpire**. ▶ **sędzia 2** (Brit.) a person who gives information about your character and ability, usually in a letter, for example when you are hoping to be chosen for a job: *Her teacher agreed to act as her referee.* ▶ **osoba udzielająca referencji**

□ **referee** verb [I,T] to act as a referee: *Who refereed the match?* ▶ **sędziować**

★**reference** /'refərəns/ noun **1** [C,U] **reference (to sb/sth)** a statement that mentions sb/sth; the act of mentioning sb/sth: *The article made a direct reference to a certain member of the royal family.* ○ *Don't make any reference to his behaviour last night.* ▶ **wzmianka, napomknienie 2** [U] looking at sth for information: *The guidebook might be useful for future reference.* ▶ **odniesienie 3** [C] a note, especially in a book, etc., that tells you where certain information has been or can be found ▶ **odnośnik 4** [C] a statement or letter describing a person's character and ability. When you are applying for a job, you give names as references: *My former employer provided me with a very good reference.* ○ *May I give your name as a reference* (opiniodawca)*?* ▶ **opinia, referencje 5** [C] (abbr. **ref.**) (used on business letters, etc.) a special number that identifies a letter, etc.: *Please quote our reference when replying.* ▶ **numer sprawy**

IDIOM **with reference to sb/sth** (formal) about or concerning sb/sth: *I am writing with reference to your letter of 10 May…* ▶ **w nawiązaniu do kogoś/czegoś**

■ **'reference book** noun [C] a book that is used for obtaining information, not for reading right through ▶ **książka informacyjna** (*np. słownik, encyklopedia*)

referendum /ˌrefə'rendəm/ noun [C] (pl. **referendums** or **referenda** /-də/) an occasion when all the people of a country are able to vote on a particular political question ▶ **referendum**

refill /ˌri:'fɪl/ verb [T] to fill sth again: *Can I refill your glass?* ▶ **na nowo napełniać**

□ **refill** /'ri:fɪl/ noun [C] (informal) the container which holds the amount that is needed to refill sth: *a refill* (wkład) *for a pen* ▶ **nowy zapas**

refine /rɪ'faɪn/ verb [T] **1** to make a substance pure and free from other substances: *to refine sugar/oil* ▶ **rafinować, oczyszczać 2** to improve sth by changing little details: *to refine a*

theory ▶ **udoskonalać, wysubtelniać**
□ **refined** adj. **1** (used about a person) having extremely good manners ▶ **wytworny, dystyngowany 2** that has been improved or made pure: *refined sugar* ▶ **rafinowany, oczyszczony** ❶ Antonim: **unrefined**. | **refinery** /-nəri/ noun [C] (pl. **refineries**) a factory where a certain substance is refined: *an oil refinery* ▶ **rafineria**

refinement /rɪˈfaɪnmənt/ noun **1** [C] (often plural) a small change that improves sth: *The new model has electric windows and other refinements.* ▶ **udoskonalenie 2** [U] good manners, polite behaviour, etc.: *a person of great refinement* ▶ **wytworność, dystynkcja**

★**reflect** /rɪˈflekt/ verb **1** [T] to show or express sth: *The increase in wages will be reflected in prices soon.* ▶ **odzwierciedlać 2** [T] to send back light, heat or sound: *Silver paper behind a radiator helps to reflect heat into the room.* ▶ **odbijać 3** [T] **reflect sb/sth (in sth)** (used about a mirror, water, etc.) to send back an image of sb/sth: *She caught sight of herself reflected in the shop window.* ▶ **odbijać 4** [I,T] **reflect (on/upon sth)** to think, especially deeply: *I really need some time to reflect on what you've said.* ▶ **zastanawiać się, namyślać się**
PHRASAL VERB **reflect (well, badly, etc.) on sb/sth** to give a particular impression of sb/sth: *It reflects badly on the whole school if some of the pupils misbehave in public.* ▶ **odbijać się pozytywnie/negatywnie na kimś/czymś**

★**reflection** (Brit. also **reflexion**) /rɪˈflekʃn/ noun **1** [C] a thing that shows or expresses sth: *His success is a reflection of all his hard work.* ▶ **odzwierciedlenie 2** [sing.] **reflection on/upon sb/sth** a thing that causes a bad impression of sb/sth: *Parents often feel that their children's behaviour is a reflection on themselves.* ▶ **ujma 3** [C] an image that you see in a mirror or in water ▶ **odbicie 4** [U] the process of sending light, heat or sound back from a surface ▶ **odbijanie 5** [C,U] thinking deeply about sth: *A moment's reflection will show you that you are wrong.* ▶ **namysł, zastanowienie się**
IDIOM **on reflection** after thinking again: *I think, on reflection, that we were wrong.* ▶ **po namyśle**

reflective /rɪˈflektɪv/ adj. **1** (used about a person, mood, etc.) thoughtful: *a reflective expression* ▶ **zadumany, refleksyjny 2** (used about a surface) reflecting light ▶ **odblaskowy**

reflector /rɪˈflektə(r)/ noun [C] a thing that reflects light, heat or sound ▶ **reflektor, światło odblaskowe**

reflex /ˈriːfleks/ noun **1** (also **ˈreflex action**) [C] a sudden movement or action that you make automatically: *'I'm going to tap your knee to test your reflexes,' said the doctor.* ▶ **odruch warunkowy, refleks 2** (**reflexes**) [pl.] the ability to act quickly when necessary: *A good tennis player needs to have excellent reflexes.* ▶ **refleks**

reflexion (Brit.) = REFLECTION

reflexive /rɪˈfleksɪv/ adj., noun [C] (a word or verb form) showing that the action of a sentence is done to the subject of the sentence: *In the sentence 'He cut himself', 'himself' is a reflexive pronoun.* ▶ (*o zaimku itp.*) **zwrotny**

★**reform** /rɪˈfɔːm/ verb **1** [T] to change sth in order to make it better: *to reform the examination system* ▶ **reformować, usprawniać 2** [I,T] to behave better or fit into society better; to make sb do this: *He's done wrong in the past but he has made serious efforts to reform.* ▶ **poprawiać się; reedukować społecznie**
□ **reform** noun [C,U] (a) change in sth in order to make it better: *a major reform to the system* ○ *political reform in Eastern Europe* ▶ **reforma** | **reformer** noun [C] a person who tries to change society and make it better ▶ **reformator/ka**

refrain[1] /rɪˈfreɪn/ verb [I] **refrain (from sth)** (formal) to stop yourself doing sth; to not do sth: *Please refrain from smoking.* ▶ **powstrzymywać się**

refrain[2] /rɪˈfreɪn/ noun [C] a part of a song which is repeated, especially at the end of each verse ▶ **refren**

refresh /rɪˈfreʃ/ verb [T] to make sb/sth feel fresh, strong or full of energy again: *He looked refreshed after his sleep.* ▶ **odświeżać**
IDIOM **refresh your/sb's memory (about sb/sth)** to remind yourself/sb about sb/sth: *Could you refresh my memory about what we said on this point last week?* ▶ **odświeżać pamięć**
□ **refreshing** adj. **1** interesting, different and enjoyable: *It's refreshing to meet such enthusiastic people.* ▶ **ożywiający, pokrzepiający 2** making you feel fresh and strong again: *a refreshing swim* ▶ **odświeżający, wzmacniający**

refreshment /rɪˈfreʃmənt/ noun **1** (**refreshments**) [pl.] light food and drinks that are available at a cinema, theatre or other public event: *Refreshments will be sold during the interval.* ▶ **zakąski i napoje 2** [U] the food and drink that makes you feel refreshed: *There will be two stops for refreshment on the coach journey.* ▶ **zakąski i napoje**

refrigerate /rɪˈfrɪdʒəreɪt/ verb [T] to put food, etc. in a fridge in order to keep it fresh ▶ **mrozić**
□ **refrigerator** /rɪˈfrɪdʒəreɪtə(r)/ noun [C] (formal) = FRIDGE

refuge /ˈrefjuːdʒ/ noun [C,U] **refuge (from sb/sth)** a place that is safe; the protection that this place gives you against sth unpleasant: *a refuge from the heat of the sun* ○ *They took refuge in foreign embassies.* ▶ **schronienie, azyl**

★**refugee** /ˌrefjʊˈdʒiː/ noun [C] a person who has been forced to leave their country for political or religious reasons, because there is a war, not enough food, etc.: *a refugee camp* ➲ Por. **exile**. ▶ **uchodźca**

refund /rɪˈfʌnd/ verb [T] to pay back money: *Your travelling expenses will be refunded.* ▶ **zwracać pieniądze**
□ **refund** /ˈriːfʌnd/ noun [C] a sum of money that is returned to you, for example if you take goods back to a shop ▶ **zwrot pieniędzy** | **refundable** adj. that will be paid back: *The deposit is not refundable.* ▶ (*o zadatku itp.*) **zwrotny**

★**refusal** /rɪˈfjuːzl/ noun **1** [U] not wanting or not being able to do sth or to accept sth: *Refusal to pay the new tax may result in imprisonment.* ▶ **odmowa** **2** [C] a statement or an act that shows you will not do or accept sth: *The employers warned that a refusal to return to work would result in people losing their jobs.* ○ *So far we've had ten replies to the invitation: eight acceptances and two refusals.* ▶ **odmowa, odrzucenie**

★**refuse¹** /rɪˈfjuːz/ verb [I,T] to say or show that you do not want to do, give, accept, etc. sth: *I asked her to come but she refused.* ○ *He refused to listen to what I was saying.* ○ *My application for a grant has been refused.* ○ *We offered her a lift but she refused it.* ▶ **odmawiać; odrzucać**

refuse² /ˈrefjuːs/ noun [U] (formal) things that you throw away; rubbish: *household refuse* wywożenie śmieci ▶ **odpadki, śmieci**

regain /rɪˈgeɪn/ verb [T] to get sth back that you have lost: *to regain your freedom* ○ *to regain consciousness* ▶ **odzyskiwać**

regal /ˈriːgl/ adj. very splendid; like or suitable for a king or queen ▶ **królewski**

★**regard¹** /rɪˈgɑːd/ verb [T] **1** **regard sb/sth (as sth); regard sb/sth (with sth)** to think of sb/sth (in the way mentioned): *I regard him as my best friend.* ○ *Do you regard this issue as important?* ○ *Her work is highly regarded* (wysoko oceniana). ○ *In some villages newcomers are regarded with suspicion.* ▶ **uważać (za coś), traktować** **2** (formal) to look steadily at sb/sth: *She regarded herself thoughtfully in the mirror.* ▶ **przypatrywać się, obserwować**

IDIOM **as regards sb/sth** (formal) about or concerning sb/sth: *What are your views as regards this proposal?* ▶ **w odniesieniu/stosunku do kogoś/czegoś**

□ **regarding** prep. (formal) about or concerning: *Please write if you require further information regarding this matter.* ▶ **dotyczący, odnoszący się do czegoś**

regard² /rɪˈgɑːd/ noun **1** [U] **regard (for sb/sth)** a feeling of admiration for sb/sth; respect: *She obviously has great regard for your ability.* ▶ **szacunek** **2** [U] **regard to/for sb/sth** care or consideration for sb/sth: *He shows little regard for other people's feelings.* ▶ **troska, wzgląd** **3** (**regards**) [pl.] (used especially at the end of a letter) kind thoughts and greetings: *Please give my regards to your parents.* ▶ **wyrazy szacunku, pozdrowienia**

IDIOM **in/with regard to sb/sth; in this/that/one regard** (formal) about sb/sth; concerning this or that: *With regard to the details – these will be finalized later.* ○ *It has been a successful year financially, so in this regard we have been fortunate.* ▶ **w odniesieniu do kogoś/czegoś; pod (tym) względem**

□ **regardless** adv. paying no attention to sb/sth: *I suggested she should stop but she carried on regardless.* ▶ **mimo to** | **regardless of** prep. paying no attention to sb/sth: *Everybody will receive the same, regardless of how long they've worked here.* ▶ **bez względu na kogoś/coś**

regatta /rɪˈgætə/ noun [C] an event at which there are boat races ▶ **regaty**

reggae /ˈregeɪ/ noun [U] a type of West Indian popular music with a strong rhythm ▶ **muzyka reggae**

★**regime** /reɪˈʒiːm/ noun [C] a method or system of government: *a military regime* ▶ **rządy, reżim**

regiment /ˈredʒɪmənt/ [C, with sing. or pl. verb] a group of soldiers in the army, under the command of a colonel ▶ **pułk**

□ **regimental** /ˌredʒɪˈmentl/ adj. ▶ **pułkowy**

regimented /ˈredʒɪmentɪd/ adj. (formal) (too) strictly controlled: *University life is much less regimented than life at school.* ▶ **poddany surowej dyscyplinie**

★**region** /ˈriːdʒən/ noun [C] **1** a part of the country or the world; a large area of land: *desert/tropical/polar regions* ○ *This region of France is very mountainous.* ○ *She is responsible for the organization in the London region.* ➲ Zob. uwaga przy **district**. ▶ **region, obszar** **2** an area of your body: *He's been having pains in the region of his heart.* ▶ **okolica**

IDIOM **in the region of sth** about or approximately: *It must have cost somewhere in the region of £1 000.* ▶ **około, mniej więcej**

□ **regional** /-nl/ adj. connected with a particular region: *regional accents* ▶ **regionalny**

★**register¹** /ˈredʒɪstə(r)/ noun **1** [C] an official list of names, etc. or a book that contains such a list: *The teacher calls the register* (sprawdza listę obecności) *first thing in the morning.* ○ *the electoral register* spis wyborców ▶ **lista, spis** **2** [C,U] the level and style of a piece of writing or speech ▶ **styl**

■ **ˈregister office** noun [C] → REGISTRY OFFICE

★**register²** /ˈredʒɪstə(r)/ verb **1** [I,T] to put a name on an official list: *to register for a course* ○ *You should register with a doctor while you're living in England.* ○ *All births, deaths and marriages must be registered.* ▶ **zapisywać (się)** **2** [I,T] to show on a measuring instrument: *The thermometer registered 32°C.* ▶ (*o przyrządzie pomiarowym*) **pokazywać** **3** [T] to show feelings, opinions, etc.: *Her face registered intense dislike.* ▶ **wyrażać** **4** [I,T] (often used in negative sentences) to notice sth and remember it; to be noticed and remembered: *She barely registered our presence.* ○ *He told me his name but it didn't register* (wypadło mi z głowy). ▶ **(za)notować coś w pamięci; być zauważonym/pamiętanym** **5** [T] to send a letter or parcel by registered post: *Parcels containing valuable goods should be registered.* ▶ **nadawać (na poczcie) jako przesyłkę poleconą**

■ **ˌregistered ˈpost** noun [U] a postal service that you pay extra for. If your letter or parcel is lost the post office will make some payment to you. ▶ **przesyłka polecona**

registrar /ˌredʒɪˈstrɑː(r); ˈredʒɪstrɑː(r)/ noun [C] **1** a person whose job is to keep official lists, especially of births, marriages and deaths ▶ **urzędni-k/czka stanu cywilnego** **2** a person who is responsible for admissions, examinations, etc. at a college or university ▶ **osoba w**

administracji uniwersyteckiej zajmująca się przyjmowaniem na studia, egzaminami itp.

registration /ˌredʒɪˈstreɪʃn/ noun [U] the act of putting sth or sb's name on an official list: *Registration for evening classes will take place on 8 September.* ▶ **zapisy, rejestracja**

■ **ˌregiˈstration number** noun [C] the numbers and letters on the front and back of a car, etc. that are used to identify it ▶ **numer rejestracyjny samochodu**

registry /ˈredʒɪstri/ noun [C] (pl. **registries**) a place where official lists are kept ▶ **urząd zajmujący się sporządzaniem rejestrów**

■ **ˈregistry office** (also **register office**) noun [C] an office where a marriage can take place and where births, marriages and deaths are officially recorded ➲ Zob. uwaga przy **wedding**. ▶ **urząd stanu cywilnego**

★**regret**[1] /rɪˈgret/ noun [C,U] a feeling of sadness about sth that cannot now be changed: *Do you have any regrets that you didn't go to university?* ○ *I accepted his decision to leave with great regret.* ▶ **żal, przykrość**

□ **regretful** /-fl/ adj. feeling or expressing sadness ▶ **ubolewający, smutny** | **regretfully** /-fəli/ adv. ▶ **z żalem, z ubolewaniem**

★**regret**[2] /rɪˈgret/ verb [T] (**regretting**; **regretted**) **1** to feel sorry or sad about sth; to wish that you had not done sth: *I hope you won't regret your decision later.* ○ *I soon regretted having been so rude.* ○ *Everyone regretted his leaving the school.* ▶ **żałować, ubolewać** **2** (formal) (used as a way of saying that you are sorry for sth): *I regret to inform you that your application has been unsuccessful.* ○ *I regret that I am unable to accept your kind invitation.* ▶ **z przykrością coś zrobić**

□ **regrettable** /-əbl/ adj. that you should feel sorry or sad about ▶ **godny pożałowania** | **regrettably** /-əbli/ adv. it is to be regretted that: *Regrettably, most hotels are not well equipped for disabled people.* ▶ **niestety**

★**regular** /ˈregjələ(r)/ adj. **1** having the same amount of space or time between each thing or part: *Nurses checked her blood pressure at regular intervals.* ○ *regular breathing* miarowy oddech ▶ **regularny** **2** done or happening often: *regular meetings* ○ *Accidents are a regular occurrence on this road.* ▶ **regularny** **3** going somewhere or doing sth often: *a regular customer* ○ *We're regular visitors to Britain.* ▶ **stały** **4** normal or usual: *Who is your regular dentist?* ▶ **stały** **5** evenly shaped: *regular teeth* ○ *a regular geometric pattern* ▶ **równy, regularny** **6** fixed or permanent: *a regular income/job* ○ *a regular soldier/army* żołnierz zawodowy/armia zawodowa ▶ **stały** **7** (especially US) standard, average or normal: *Regular or large fries?* ▶ **normalny** **8** (used about a noun, verb, etc.) having the usual or expected plural, verb form, etc.: *'Walk' is a regular verb.* ▶ **regularny** ➲ Por. **irregular**.

□ **regular** noun [C] **1** (informal) a person who goes to a particular shop, pub, etc. very often or who usually does a particular activity ▶ **stał-y/a klient/ka itp.** **2** a person who usually does a particular sport ▶ **stał-y/a zawodni-k/czka** **3** a permanent member of the army, navy, etc. ▶ **żołnierz zawodowy** | **regularity** /ˌregjuˈlærəti/ noun [U] the state of being regular ▶ **regularność** | **regularly** /ˈregjələli/ adv. **1** at regular times or in a regular way: *to have a car serviced regularly* ▶ **regularnie, systematycznie** **2** often: *I regularly take part in competitions.* ▶ **często, regularnie**

regulate /ˈregjuleɪt/ verb [T] **1** to control sth by using laws: *a strict law to regulate carbon dioxide emissions from factories* ▶ **regulować, kontrolować** **2** to control a machine, piece of equipment, etc.: *valves to regulate the temperature* ▶ **regulować, nastawiać**

★**regulation** /ˌregjuˈleɪʃn/ noun **1** [U] control of sth: *state regulation of agriculture* ▶ **kontrolowanie, kierowanie** **2** [C, usually pl.] a law or rule that controls how sth is done: *to observe/obey the safety regulations* ○ *It is against the fire regulations to smoke.* ○ *The plans must comply with the new EU regulations.* ○ *to enforce a regulation* ▶ **przepis, regulamin**

rehabilitate /ˌriːəˈbɪlɪteɪt/ verb [T] to help sb to live a normal life again after an illness, being in prison, etc.: *a new policy to rehabilitate prisoners in the community* ▶ **rehabilitować**

□ **rehabilitation** /ˌriːəˌbɪlɪˈteɪʃn/ noun [U] ▶ **rehabilitacja, odbudowa**

rehearse /rɪˈhɜːs/ verb [I,T] to practise a play, dance, piece of music, etc. before you perform it to other people ▶ **robić próbę**

□ **rehearsal** /-sl/ noun [C,U] the time when you practise a play, dance, piece of music, etc. before you perform it to other people: *a dress rehearsal* próba generalna ▶ **próba**

reign /reɪn/ noun [C] the period of time that a king or queen rules a country: *the long reign of Queen Victoria* ▶ **panowanie, władanie**

□ **reign** verb [I] **1 reign (over sb/sth)** (used about a king or queen) to rule a country: (figurative) *the reigning world champion* aktualny mistrz świata ▶ **panować** **2** to be present as the most important feature of a particular situation: *Chaos reigned after the first snow of the winter.* ▶ **panować**

reimburse /ˌriːɪmˈbɜːs/ verb [T] (formal) to pay money back to sb: *The company will reimburse you in full for your travelling expenses.* ○ *Your expenses will be reimbursed in full.* ▶ **zwracać koszty/wydatki**

rein /reɪn/ noun [C, usually pl.] a long thin piece of leather that you use for controlling a horse. Reins are joined to a bridle which fits over a horses's head. ▶ **lejce**

reincarnation /ˌriːɪnkɑːˈneɪʃn/ noun **1** [U] the belief that people who have died can live again in a different body: *Do you believe in reincarnation?* ▶ **reinkarnacja** **2** [C] a person or an animal whose body is believed to contain the soul of a dead person ▶ **ponowne wcielenie** ➲ Por. **incarnation**.

reindeer /ˈreɪndɪə(r)/ noun [C] (pl. **reindeer**) a

type of large deer that lives in Arctic regions ▶ **renifer**

Według tradycji, renifery ciągną sanie Świętego Mikołaja, kiedy przywozi prezenty dzieciom na Gwiazdkę.

reinforce /ˌriːɪnˈfɔːs/ verb [T] to make sth stronger: *reinforced concrete* ○ *evidence to reinforce her argument* ▶ **wzmacniać, wspierać**

□ **reinforcement** noun **1** [U] the act of supporting or strengthening sth: *The wall needs reinforcement.* ▶ **wzmocnienie, podparcie** **2** (**reinforcements**) [pl.] extra people who are sent to make an army, a navy, etc. stronger ▶ **posiłki**

reinstate /ˌriːɪnˈsteɪt/ verb [T] to put sb back into their previous job or position; to return sth to its former position or role ▶ **przywracać**

□ **reinstatement** noun [U] ▶ **przywrócenie**

⋆**reject** /rɪˈdʒekt/ verb [T] to refuse to accept sb/sth: *The plan was rejected as being impractical.* ▶ **odrzucać, odmawiać przyjęcia**

□ **reject** /ˈriːdʒekt/ noun [C] a person or thing that is not accepted because he/she/it is not good enough: *Rejects are sold at half price.* ▶ **odrzut, wybrakowany towar, odrzucon-y/a kandydat/ka** | **rejection** noun: *Penny got a rejection from Leeds University.* ○ *There has been total rejection of the new policy.* ▶ **odmowa, odrzucenie**

rejoice /rɪˈdʒɔɪs/ verb [I] **rejoice (at/over sth)** (formal) to feel or show great happiness: *The people rejoiced at the news of the victory.* ▶ **radować się**

□ **rejoicing** noun [U] ▶ **radość, uciecha**

rejuvenate /rɪˈdʒuːvəneɪt/ verb [T] (often passive) to cause sb/sth to feel or look younger ▶ **odmładzać, odżywać**

□ **rejuvenation** /rɪˌdʒuːvəˈneɪʃn/ noun [U] ▶ **odmładzanie, odżywanie**

relapse /rɪˈlæps/ verb [I] to become worse again after an improvement: *to relapse into bad habits* ▶ **powracać do poprzedniego stanu po okresie poprawy, mieć nawrót** (*np. choroby*)

□ **relapse** /rɪˈlæps; ˈriːlæps/ noun: *The patient had a relapse and then died.* ▶ **nawrót choroby**

⋆**relate** /rɪˈleɪt/ verb [T] **1 relate sth to/with sth** to show a connection between two or more things: *The report relates heart disease to high levels of stress.* ▶ **powiązać, ustalać związek** **2 relate sth (to sb)** (formal) to tell a story to sb: *He related his side of the story to a journalist.* ▶ **opowiadać**

PHRASAL VERB **relate to sb/sth 1** to be concerned with; to have sth to do with: *That question is very interesting but it doesn't really relate to the subject that we're discussing.* ▶ **odnosić się** **2** to be able to understand how sb feels: *Some teenagers find it hard to relate to their parents.* ▶ **mieć/znajdować wspólny język**

□ **related** adj. **related (to sb/sth) 1** connected with sb/sth: *The rise in the cost of living is directly related to the price of oil.* ▶ **powiązany** **2** of the same family: *to be closely/distantly related* ○ *We are related* (spowinowaceni) *by marriage.* ▶ **spokrewniony**

⋆**relation** /rɪˈleɪʃn/ noun **1** [U] **relation (between sth and sth); relation (to sth)** the connection between two or more things: *There seems to be no relation between the cost of the houses and their size.* ○ *The film bore no relation to the book.* ▶ **powiązanie, związek** **2** [C] a member of your family: *a close/distant relation* ❶ Zwróć uwagę na wyrażenia *What relation are you to each other?* i *Are you any relation to each other?* ▶ **krewn-y/a, powinowat-y/a** **3** (**relations**) [pl.] the way that people, groups, countries, etc. feel about or behave towards each other: *The police officer stressed that good relations with the community were essential.* ○ *to break off diplomatic relations* ▶ **stosunki**

IDIOM **in/with relation to sb/sth 1** concerning sb/sth: *Many questions were asked, particularly in relation to the cost of the new buildings.* ▶ **w odniesieniu do kogoś/czegoś** **2** compared with: *Prices are low in relation to those in other parts of Europe.* ▶ **w porównaniu z kimś/czymś, w stosunku do kogoś/czegoś**

⋆**relationship** /rɪˈleɪʃnʃɪp/ noun [C] **1** the way that people, groups, countries, etc. feel about or behave towards each other: *The police have a poor relationship with the local people.* ○ *The relationship between the parents and the school has improved greatly.* ▶ **stosunki, kontakty** **2** a friendship or love affair: *The film describes the relationship between a young man and an older woman.* ○ *to have a relationship with sb* ○ *a close relationship* ▶ **związek, romans** **3** a family connection: *'What is your relationship to Bruce?' 'He is married to my cousin.'* ▶ **pokrewieństwo** **4** the connection between two or more things: *the relationship between poverty and poor health* ▶ **związek**

⋆**relative**[1] /ˈrelətɪv/ noun [C] a member of your family: *a close/distant relative* ▶ **krewn-y/a, powinowat-y/a**

⋆**relative**[2] /ˈrelətɪv/ adj. **1** when compared to sb/sth else: *They live in relative luxury.* ○ *It's hard to assess the relative importance of the two jobs.* ▶ **względny, stosunkowy** **2** referring to an earlier noun, phrase or sentence: *In the phrase 'the lady who lives next door', 'who' is a relative pronoun.* ▶ **względny**

□ **relatively** adv. to a certain degree; quite: *Spanish is a relatively easy language.* ▶ **stosunkowo, względnie**

relativity /ˌreləˈtɪvəti/ noun [U] **1** Einstein's theory of the universe, which states that all motion is relative and treats time as a fourth dimension related to space ▶ **teoria względności** **2** the state of being relative: *the relativity of progress* ▶ **względność**

⋆**relax** /rɪˈlæks/ verb **1** [I,T] to make or become less worried or tense; to spend time not doing very much: *This holiday will give you a chance to relax.* ○ *A hot bath will relax you after a hard day's work.* ○ *They spent the evening relaxing in front of the television.* ○ *Relax – everything's going to be OK.* ▶ **odprężać się, odpoczywać** **2** [I,T] to make or become less stiff or tight: *You* *should be able to feel all your muscles relaxing.* ▶ **rozluźniać (się) 3** [T] to make rules or laws less strict: *The regulations on importing animals have been relaxed.* ▶ **złagadzać**

□ **relaxation** /ˌriːlækˈseɪʃn/ noun **1** [U] the act of relaxing(1,2,3): *the relaxation of a rule* ▶ **rozluźnianie (się) 2** [C,U] sth that you do in order to rest or relax(1): *Everyone needs time for rest and relaxation.* ○ *He paints as a relaxation.* ▶ **odprężanie się, odpoczynek** | **relaxed** adj. not worried or tense: *The relaxed atmosphere made everyone feel at ease.* ▶ **odprężony** | **relaxing** adj. pleasant, helping you to rest and become less worried: *a quiet relaxing holiday* ▶ **odprężający**

relay¹ /ˈriːleɪ/ (also **ˈrelay race**) noun [C] a race in which each member of a team runs, swims, etc. one part of the race: *the 4 x 100m relay* ▶ **sztafeta**

IDIOM **in relays** with one group of people replacing another when the first group has completed a period of work: *The men worked in relays throughout the night to get the building finished.* ▶ **na zmiany**

relay² /ˈriːleɪ; rɪˈleɪ/ verb [T] (pt, pp **relayed**) **1** to receive and send on a signal or message ▶ **przekazywać 2** (Brit.) to broadcast a radio or television programme ▶ **przekazywać**

⋆**release** /rɪˈliːs/ verb [T] **1** to allow sb/sth to be free: *He's been released from prison.* ○ *The driver of the wrecked car was released by firemen.* ○ (figurative) *His firm released him for two months so he could take part in the Olympic Games.* ▶ **zwalniać, uwalniać 2** to stop holding sth: *She released his hand.* ▶ **puszczać 3** to move sth from a fixed position: *He released the handbrake and drove off.* ▶ **zwalniać** (*np. hamulec*) **4** to allow sth to be known by the public: *The identity of the victim has not been released.* ▶ **ujawniać 5** to make a film, record, etc. available so the public can see or hear it: *Their new single is due to be released next week.* ▶ **wypuszczać 6** to let substances escape into the air, sea, etc.: *carbon dioxide released into the atmosphere* ▶ **emitować, wypuszczać**

□ **release** noun **1** [C,U] **release (from sth)** the act of freeing or the state of being freed: *The release of the hostages took place this morning.* ○ *I had a great feeling of release when my exams were finished.* ▶ **zwolnienie, ulga 2** [C] a book, film, record, piece of news, etc. that has been made available to the public: *a press release* ○ *The band played their latest release.* ▶ **komunikat, nowy towar/film/utwór itp.**

IDIOM **on (general) release** being shown or available to the public: *Batman flies into action in a new video on release this month.* ▶ **wypuszczony** (*na rynek*)

relegate /ˈrelɪgeɪt/ verb [T] to put sb/sth into a lower rank or position: *West Ham were relegated* (spadł) *to the Second Division.* ▶ **przenosić (na niższe miejsce/stanowisko)**

□ **relegation** /ˌrelɪˈgeɪʃn/ noun [U] ▶ **przeniesienie na niższe miejsce/stanowisko**

relent /rɪˈlent/ verb [I] **1** to become less strict or hard, e.g. by allowing sth that you had previously forbidden: *Her parents finally relented and allowed her to go.* ▶ **ulegać, ustępować 2** to become less determined, strong, etc.: *The heavy rain finally relented and we went out.* ▶ **(z)łagodnieć**

□ **relentless** adj. not stopping or changing: *the relentless fight against crime* ▶ **nieugięty, nieustępliwy** | **relentlessly** adv.: *The sun beat down relentlessly.* ▶ **nieustępliwie, nieugięcie**

⋆**relevant** /ˈreləvənt/ adj. **relevant (to sb/sth) 1** connected with what is happening or being talked about: *Please enclose all the relevant documents with your visa application.* ○ *Much of what was said was not directly relevant to my case.* ▶ **odpowiedni, związany (z kimś/czymś) 2** important and useful: *Many people feel that poetry is no longer relevant in today's world.* ▶ **istotny** ❶ Antonim: **irrelevant**.

□ **relevance** /-əns/ noun [U]: *Does the Bible have any relevance for life today?* ○ *I honestly can't see the relevance of what he said.* ▶ **związek z kimś/czymś, trafność**

⋆**reliable** /rɪˈlaɪəbl/ adj. that you can trust: *Japanese cars are usually very reliable.* ○ *I'm surprised she didn't phone back – she's usually very reliable.* ○ *reliable* (wiarygodna) *information* ○ *Is he a reliable witness?* ❶ Antonim: **unreliable**. Czasownik: **rely**. ▶ **solidny, pewny**

□ **reliability** /rɪˌlaɪəˈbɪləti/ noun [U]: *These cars have a good reputation for reliability.* ▶ **niezawodność, wiarygodność** | **reliably** /rɪˈlaɪəbli/ adv.: *It has been reliably estimated that £10 million will be needed to complete the project.* ▶ **rzetelnie, wiarygodnie**

reliance /rɪˈlaɪəns/ noun [U] **1 reliance on sb/sth** being able to trust sb/sth: *Don't place too much reliance on her promises.* ▶ **zaufanie, poleganie na czymś 2** not being able to live or work without sb/sth; being dependent on sb/sth: *the country's reliance on imported oil* ▶ **uzależnienie, oparcie**

□ **reliant** /-ənt/ adj. **reliant on sb/sth** (not before a noun) not being able to live or work without sb/sth: *They are totally reliant on the state for financial support.* ❶ Czasownik: **rely**. ➲ Por. **self-reliant**. ▶ **uzależniony**

relic /ˈrelɪk/ noun [C] something from the past that still exists today ▶ **zabytek, relikt**

⋆**relief** /rɪˈliːf/ noun **1** [U, sing.] **relief (from sth)** the feeling that you have when sth unpleasant stops or becomes less strong: *The drugs brought him some relief from the pain.* ○ *What a relief! That awful noise has stopped.* ○ *It was a great relief to know they were safe.* ○ *to breathe a sigh of relief* ○ *To my relief* (ku mej uldze), *he didn't argue with my suggestion at all.* ▶ **ulga 2** [U] money or food that is given to help people who are in trouble: *disaster relief for the flood victims* ▶ **pomoc 3** [U] a reduction in the amount of tax you have to pay ▶ **ulga podatkowa**

⋆**relieve** /rɪˈliːv/ verb [T] to make an unpleasant feeling or situation better: *This injection should relieve the pain.* ○ *Four new prisons are being built to relieve overcrowding* (dla zmniejszenia przeludnienia). ▶ **ulżyć, łagodzić**

PHRASAL VERB **relieve sb of sth** to take sth away from sb ▶ **zwalniać kogoś** (*np. z obowiązku*)
□ **relieved** adj. pleased because your fear or worry has been taken away: *I was very relieved* (doznałem ulgi) *to hear that you weren't seriously hurt.* ▶ **odczuwający ulgę, uspokojony**

★**religion** /rɪˈlɪdʒən/ noun **1** [U] the belief in a god or gods who made the world and who can control what happens in it: *I never discuss politics or religion with them.* ▶ **religia 2** [C] one of the systems of worship that is based on this belief: *the Christian/Hindu/Muslim religion* ▶ **religia, wyznanie**

★**religious** /rɪˈlɪdʒəs/ adj. **1** connected with religion: *religious faith* ▶ **religijny 2** having a strong belief in a religion: *I'm not very religious, I'm afraid, but I do go to church at Christmas.* ▶ **pobożny, religijny**
□ **religiously** adv. **1** in a religious way ▶ **religijnie, pobożnie 2** regularly: *They clean their teeth religiously, every night and every morning.* ▶ **skrupulatnie, regularnie**

relinquish /rɪˈlɪŋkwɪʃ/ verb [T] (formal) to stop having or doing sth ❶ Częściej używa się **give up**. ▶ **zaniechać, zaprzestawać**

relish[1] /ˈrelɪʃ/ verb [T] to enjoy sth or to look forward to sth very much ▶ **rozkoszować się; cieszyć się na coś**

relish[2] /ˈrelɪʃ/ noun **1** [U] (written) great enjoyment: *She accepted the award with obvious relish.* ▶ **(wielka) radość, rozkosz 2** [U, C] a thick, cold sauce made from fruit and vegetables ▶ **rodzaj sosu**

relive /ˌriːˈlɪv/ verb [T] to remember sth and imagine that it is happening again ▶ **przeżywać na nowo**

reload /ˌriːˈləʊd/ verb [I,T] to put sth into a machine again: *to reload a gun* ○ *to reload a disk into a computer* ▶ **załadowywać ponownie**

reluctant /rɪˈlʌktənt/ adj. **reluctant (to do sth)** not willing and so rather slow to agree to do sth: *I was rather reluctant to lend him the car because he's such a fast driver.* ▶ **niechętny, ociągający się**
□ **reluctance** /-əns/ noun: *Tony left with obvious reluctance.* ▶ **niechęć, ociąganie się** | **reluctantly** adv. ▶ **niechętnie, ociągając się**

★**rely** /rɪˈlaɪ/ verb [I] (pres. part. **relying**; 3rd pers. sing. pres. **relies**; pt, pp **relied**) **rely on/upon sb/sth (to do sth) 1** to need sb/sth and not be able to live or work properly without them: *The old lady had to rely on other people to do her shopping for her.* ○ *Many students do not like having to rely* (być zależnymi) *on their parents for money.* ▶ **polegać na kimś/czymś, liczyć na kogoś/coś 2** to trust sb/sth to work or behave well: *You can't rely on the weather in Britain.* ○ *Can I rely on you to keep a secret?* ▶ **polegać na kimś/czymś, mieć zaufanie** ❶ Rzeczownik: **reliance**. Przymiotnik: **reliable**. ➲ Por. **reliant**.

★**remain** /rɪˈmeɪn/ verb [I] **1** to be left after other people or things have gone: *Today only a few stones remain of the castle.* ○ *to remain behind after class* ○ *They spent the two remaining* (pozostałe) *days of their holidays buying presents to take home.* ▶ **pozostawać, zostawać 2** linking verb to stay or continue in the same place or condition: *They remained silent* (zachowywali milczenie) *throughout the trial.* ○ *Marek went to live in America but his family remained behind in Europe.* ○ (figurative) *Although he seems very pleasant, the fact remains that* (faktem jest, że) *I don't trust him.* ➲ Por. **stay**. ▶ **pozostawać, zostawać**

remainder /rɪˈmeɪndə(r)/ noun [sing., with sing. or pl. verb] the people, things, etc. that are left after the others have gone away or been dealt with; the rest: *They couldn't decide what to do for the remainder of the afternoon.* ▶ **reszta, pozostali**

remains /rɪˈmeɪnz/ noun [pl.] **1** what is left behind after other parts have been used or taken away: *the remains of a Roman mosaic floor* ▶ **pozostałości, resztki 2** (formal) a dead body (sometimes one that has been found somewhere a long time after death): *Human remains were discovered in the wood.* ▶ **szczątki**

remand /rɪˈmɑːnd; US -ˈmænd/ verb [T] to send sb away from a court of law to wait for their trial which will take place at a later date: *to remand sb in custody* zatrzymywać kogoś w areszcie ○ *to remand sb on bail* zwalniać kogoś tymczasowo z aresztu za kaucją
□ **remand** noun [U] the time before a prisoner's trial takes place: *a remand prisoner* aresztant/ka ▶ **areszt, zatrzymanie w areszcie**
IDIOM **on remand** (used about a prisoner) waiting for their trial to take place ▶ **w areszcie**

★**remark** /rɪˈmɑːk/ verb [I,T] **remark (on/upon sb/sth)** to say or write sth; to comment: *'What a strange film,' he remarked.* ○ *Millie remarked that she had found the film very interesting.* ○ *A lot of people have remarked on the similarity between them.* ▶ **zauważać**
□ **remark** noun [C] something that you say or write; a comment: *to make a rude remark* ▶ **uwaga, spostrzeżenie** | **remarkable** /-əbl/ adj. unusual or noticeable: *a remarkable woman* ○ *That is a remarkable achievement for someone so young.* ▶ **niezwykły, znakomity** | **remarkably** /-əbli/ adv. ▶ **nadzwyczajnie, wielce**

remedy /ˈremədi/ noun [C] (pl. **remedies**) **remedy (for sth) 1** something that makes you better when you are ill or in pain: *a remedy for colds* ▶ **środek** (*zaradczy*) **2** a way of solving a problem: *There is no easy remedy for unemployment.* ▶ **remedium, lekarstwo**
□ **remedial** /rɪˈmiːdiəl/ adj. **1** used to improve sth (e.g. sb's health or a difficult situation) ▶ **zaradczy 2** helping people who are slow at learning sth: *remedial English classes* ▶ (*o lekcjach*) **wyrównawczy** | **remedy** verb [T] (pres. part. **remedying**; 3rd pers. sing. pres. **remedies**; pt, pp **remedied**) to change or improve sth that is wrong or bad: *to remedy an injustice* ▶ **wynagradzać, naprawiać** (*np. straty*)

★**remember** /rɪˈmembə(r)/ verb **1** [I,T] to have sth in your mind or to bring sth back into your mind: *I'm sorry. I don't remember your name.* ○ *Do you remember the night we first met?* ○

Remember that we're having visitors tonight. ○ *I know her face but I can't remember what she's called.* ○ *Can you remember when we bought the stereo?* ▶ **pamiętać, przypominać sobie**

> **Remember to do sth** znaczy „pamiętać, żeby coś zrobić": *I remembered to buy the coffee.* ○ *Remember to turn the lights off before you leave.* **Remember doing sth** znaczy „przypominać sobie coś z przeszłości": *Polly remembers seeing her keys on the table yesterday.*

2 [T] to give money, etc. to sb/sth: *to remember sb in your will* ▶ **wymieniać (kogoś) w testamencie**

PHRASAL VERB **remember sb to sb** to pass greetings from one person to another: *Please remember me to your wife.* ▶ **kłaniać się (komuś od kogoś)** ➲ Zob. uwaga przy **remind**.

remembrance /rɪˈmembrəns/ noun [U] (formal) the act of remembering and showing respect for sb who is dead: *a service in remembrance of those killed* (ku pamięci poległych) *in the war* ▶ **uczczenie pamięci**

***remind** /rɪˈmaɪnd/ verb [T] **1** to say sth to help sb remember sth: *'It's Christmas in two weeks!' 'Oh don't remind me, I haven't bought any presents yet.'* ○ *She reminded him of his dentist's appointment at two o'clock.* ○ *He reminded the children to wash their hands.* ○ *The doctor reminded me that I should see her again in two months.* ▶ **przypominać 2 remind sb of sb/sth** to cause sb to remember sb/sth: *This song reminds me of Paris.* ○ *You remind me of your father.* ▶ **przypominać**

> Por. **remember** (pamiętać) i **remind**: *Lucy remembered to say thank you after the party.* ○ *Mother reminded Lucy to say thank you after the party.*

□ **reminder** noun [C] sth that makes you remember sth: *We received a reminder that we hadn't paid the electricity bill.* ○ *Eddie kept the ring as a reminder of happier days.* ▶ **upomnienie, pamiątka**

reminisce /ˌremɪˈnɪs/ verb [I] **reminisce (about sb/sth)** to talk about (pleasant) things that happened in the past ▶ **wspominać**

reminiscent /ˌremɪˈnɪsnt/ adj. (not before a noun) **reminiscent of sb/sth** that makes you remember sb/sth; like: *I think that painting is very reminiscent of* (bardzo przypomina) *one by Monet.* ▶ **przypominający**

remnant /ˈremnənt/ noun [C] a piece of sth that remains after the rest has gone ▶ **pozostałość, reszta**

remorse /rɪˈmɔːs/ noun [U] a feeling of sadness because you have done sth wrong: *She was filled with remorse for what she had done.* ➲ Por. **guilt**. ▶ **skrucha, wyrzut sumienia**
□ **remorseful** /-fl/ adj. feeling remorse ▶ **skruszony** | **remorseless** adj. **1** showing no pity ▶ **bezlitosny 2** not stopping or becoming less strong ▶ **nieustanny, niesłabnący** | **remorselessly** adv. ▶ **bezlitośnie; nieustannie**

remote /rɪˈməʊt/ adj. **1** far away from where other people live: *a remote area of Scotland* ○ (figurative) *The film star's lifestyle was very remote from that of most ordinary people.* ▶ **odległy, daleki 2** far away in time: *the remote past/future* ▶ **odległy 3** not very great: *I haven't the remotest idea* (nie mam najmniejszego pojęcia) *who could have done such thing.* ○ *a remote possibility* ▶ **mały 4** not very friendly: *He seemed rather remote.* ▶ **nieprzystępny**
□ **remotely** adv. (used in negative sentences) to a very small degree; at all: *I'm not remotely interested in your problems.* ▶ **w najmniejszym stopniu, ani na jotę** | **remoteness** noun [U] ▶ **oddalenie; nieprzystępność**
■ **reˌmote conˈtrol** noun **1** [U] a system for controlling sth from a distance: *You can change channels on the television by remote control.* ▶ **zdalne sterowanie 2** (also **remote**) [C] a piece of equipment for controlling sth from a distance ▶ **pilot** (*do telewizora itp.*)

***remove** /rɪˈmuːv/ verb [T] (formal) **1 remove sb/sth (from sth)** to take sb/sth off or away: *This washing powder will remove most stains.* ○ *to remove your shoes* ○ *to remove doubts/fears/problems* ○ *Please remove my name from your mailing list.* ❶ **Take off**, **take out** itp. są mniej formalne. ▶ **usuwać, zdejmować, rozpraszać 2 remove sb (from sth)** to make sb leave their job or position: *The person responsible for the error has been removed from his post.* ▶ **odwoływać** (*z posady*)
□ **removal** /-vl/ noun **1** [U] taking sb/sth away: *I demanded the removal of my name from the list.* ▶ **usunięcie 2** [C,U] an act of moving from one house, etc. to another: *removal expenses* ○ *a removal van* meblowóz ▶ **przeprowadzka** | **removed** adj. (not before a noun) far or different from sth: *Hospitals today are far removed* (bardzo się różnią) *from what they were fifty years ago.* ▶ **oddalony, odmienny** | **remover** noun [C,U] a substance that cleans off paint, stains, etc.: *a stain remover* ▶ **odplamiacz**

renaissance /rɪˈneɪsns; US ˈrənəsɑːns/ noun (**the Renaissance**) [sing.] the period in the 14th, 15th and 16th centuries during which there was a renewed interest in art and literature, inspired by a fresh study of ancient Greek art, ideas, etc. ▶ **odrodzenie**

render /ˈrendə(r)/ verb [T] (formal) **1** to give help, etc. to sb: *to render sb a service* ▶ **okazywać, wyświadczać 2** to cause sb/sth to be in a certain condition: *She was rendered speechless* (zaniemówiła) *by the attack.* ▶ **uczynić coś/kogoś** (*np. nieważnym*)

rendezvous /ˈrɒndɪvuː/ noun [C] (pl. **rendezvous** /-vuːz/) **1 rendezvous (with sb)** a meeting that you have arranged with sb ▶ **umówione spotkanie 2** a place where people often meet ▶ **miejsce spotkania**

renew /rɪˈnjuː; US -ˈnuː/ verb [T] **1** to give new strength or energy: *After a break he set to work with renewed enthusiasm.* ▶ **odnawiać 2** to start sth again: *renewed outbreaks of violence* ○ *to renew a friendship* ▶ **wznawiać, odświeżać 3** to make sth valid for a further period of time: *to renew a contract* ▶ **przedłużać**

□ **renewable** /-əbl/ adj. **1** (used about sources of energy) that will always exist: *renewable resources such as wind and solar power* ▶ **odnawialny 2** that can be continued or replaced with a new one for another period of time: *The contract is for two years but it is renewable.* ▶ **odnawialny, do przedłużenia** | **renewal** /-'nju:əl; US -'nu:əl/ noun [C,U] ▶ **przedłużenie** (*np. umowy*), **wznowienie, odnowa**

renounce /rɪ'naʊns/ verb [T] (formal) to say formally that you no longer have a right to sth or that you no longer want to be connected with sth ❶ Rzeczownik: **renunciation.** ▶ **zrzekać się, rezygnować**

renovate /'renəveɪt/ verb [T] to repair an old building and put it back into good condition ▶ **odnawiać, remontować**

□ **renovation** /ˌrenə'veɪʃn/ noun: *The house is in need of renovation.* ▶ **remont, renowacja**

renown /rɪ'naʊn/ noun [U] (formal) fame and respect that you get for doing sth especially well ▶ **sława**

□ **renowned** adj. **renowned (for/as sth)**: *The region is renowned for its food.* ▶ **sławny**

★**rent** /rent/ noun [C,U] money that you pay regularly for the use of land, a house or a building: *a high/low rent* ○ *How much rent do you pay?* ▶ **czynsz, komorne**

□ **rent** verb [T] **1** to pay money for the use of land, a building, a machine, etc.: *to rent a holiday cottage* ○ *Do you own or rent your television?* ➲ Zob. uwaga przy **hire.** ▶ **wynajmować, wypożyczać, dzierżawić 2** (US) = HIRE(1) **3 rent sth (out) (to sb)** to allow sb to use land, a building, a machine, etc. for money: *We could rent out the small bedroom to a student.* ➲ Por. **hire.** ▶ **wynajmować (komuś) 4** (US) = HIRE(3) | **rental** /'rentl/ noun [C,U] money that you pay when you rent a telephone, television, etc. ▶ **opłata za wypożyczenie, dzierżawa**

renunciation /rɪˌnʌnsi'eɪʃn/ noun [U] (formal) saying that you no longer want sth or believe in sth: *the renunciation of chemical weapons* ❶ Czasownik: **renounce.** ▶ **wyrzekanie się, zrzekanie się**

reorganize (also **-ise**) /ri'ɔ:gənaɪz/ verb [I,T] to organize sth again or in a new way so that it works better ▶ **reorganizować**

□ **reorganization** (also **-isation**) /riˌɔ:gənaɪ'zeɪʃn; US -nə'z-/ noun [C,U] ▶ **reorganizacja**

Rep. abbr. **1** Representative (in Congress) ▶ (*w polityce USA*) **pos. 2** Republican (Party) ▶ (*w polityce USA*) **Partia Republikańska**

rep /rep/ (informal) (formal **representative**) noun [C] a person whose job is to travel round a particular area and visit companies, etc., to sell the products of the firm for which they work: *a sales rep* ▶ **przedstawiciel/ka, komiwojażer/ka**

★**repair** /rɪ'peə(r)/ verb [T] to put sth old or damaged back into good condition: *How much will it cost to repair the car?* ○ (figurative) *It's difficult to see how their marriage can be repaired* (jak można uzdrowić ich małżeństwo). ➲ Por. **irreparable.** ▶ **naprawiać, reperować**

□ **repair** noun [C,U] something that you do to mend sth that is damaged: *The bridge is under repair.* ○ *repairs to the roof* ○ *damaged beyond repair* nie do naprawy ▶ **naprawa, remont**

IDIOM **in good, bad, etc. repair** in a good, bad, etc. condition ▶ **w dobrym/złym itp. stanie**

repatriate /ˌri:'pætrieɪt; US -'peɪt-/ verb [T] to send sb back to their own country ▶ **repatriować**

□ **repatriation** /ˌri:ˌpætri'eɪʃn; US -ˌpeɪt-/ noun [C,U] ▶ **repatriacja**

repay /rɪ'peɪ/ verb [T] (pt, pp **repaid** /rɪ'peɪd/) **1 repay sth (to sb)** to pay back money that you owe to sb: *to repay a debt* ▶ **spłacać, zwracać 2 repay sb (for sth)** to give sth to sb in return for help, kindness, etc.: *How can I ever repay you for all you have done for me?* ▶ **odwzajemniać się, odpłacać (się)**

□ **repayable** /-əbl / adj. that you can or must pay back: *The loan is repayable over six years.* ▶ **zwrotny** | **repayment** noun **1** [U] paying sth back: *the repayment of a loan* ▶ **spłata, zwrot 2** [C] money that you must pay back to sb/sth regularly: *mortgage repayments* ▶ **spłaty**

repeal /rɪ'pi:l/ verb [T] (in a parliament) to make a law no longer valid ▶ **uchylać**

★**repeat** /rɪ'pi:t/ verb **1** [I,T] to say, write or do sth more than once: *Don't repeat the same mistake again.* ○ *Could you repeat what you said? I didn't quite catch it.* ○ *'I really don't want to do it,' he repeated.* ○ *The essay is quite good, but you repeat yourself several times.* ○ *History often seems to repeat itself.* ▶ **powtarzać 2** [T] to say or write sth that sb else has said or written or that you have learnt: *Repeat each sentence after me.* ○ *Please don't repeat what you've heard here.* ▶ **powtarzać** ❶ Rzeczownik: **repetition.**

□ **repeat** noun [C] something that is done, shown, given, etc. again, especially a programme on television ▶ **powtórka** | **repeated** adj. (only before a noun) done or happening many times: *There have been repeated accidents on this stretch of road.* ▶ **powtarzający się, wielokrotny** | **repeatedly** adv. many times; often ▶ **wielokrotnie, nieraz**

repel /rɪ'pel/ verb [T] (**repelling**; **repelled**) **1** to send or push sb/sth back or away: *The army repelled the enemy attack.* ▶ **odpierać, odrzucać 2** to cause sb to feel strong dislike or disgust: *The dirt and smell repelled her.* ▶ **budzić wstręt** ❶ Rzeczownik: **repulsion.**

□ **repellent** /-ənt/ adj. causing a strong feeling of dislike or disgust ▶ **odrażający, odpychający** | **repellent** noun [C,U] a chemical substance that is used to keep insects, etc. away: *a mosquito repellent* ▶ **środek odstraszający**

repent /rɪ'pent/ verb [I,T] **repent (of sth)** (formal) to be very sorry about sth bad that you have done: *to repent of your sins* ▶ **okazywać skruchę, żałować (czegoś)**

□ **repentance** /-əns/ noun [U] ▶ **skrucha** | **repentant** /-ənt/ adj. ▶ **skruszony**

repercussion /ˌri:pə'kʌʃn/ noun [C, usually pl.] the unpleasant effect or result of sth you do:

His resignation will have serious repercussions. ▶ **przykre/niekorzystne następstwa**

repertoire /ˈrepətwɑː(r)/ noun [C] all the plays or music that an actor or a musician knows and can perform ▶ **repertuar**

repetition /ˌrepəˈtɪʃn/ noun [C,U] doing sth again; sth that you do or that happens again: *We're trying to avoid a repetition of what happened on Friday.* ❶ Czasownik: **repeat**. ▶ **powtarzanie (się), powtórka**

□ **repetitive** /rɪˈpetətɪv/ (also **repetitious** /ˌrepɪˈtɪʃəs/) adj. not interesting because the same thing is repeated many times: *repetitive factory work* ▶ **powtarzający się, monotonny**

★**replace** /rɪˈpleɪs/ verb [T] **1** to put sth back in the right place: *Please replace the books on the shelves when you have finished.* ❶ Częściej używa się czasownika **put back**. ▶ **odkładać, stawiać/kłaść** (*na miejsce*) **2** to take the place of sb/sth: *John Major was replaced as Prime Minister by Tony Blair.* ▶ **zastępować** (*np. na stanowisku*) **3 replace sb/sth (with sb/sth)** to exchange sb/sth for sb/sth that is better or newer: *We will replace any goods that are damaged.* ▶ **wymieniać (coś na coś)**

□ **replaceable** /-əbl/ adj. that can be replaced ❶ Antonim: **irreplaceable**. ▶ **możliwy do zastąpienia** | **replacement** noun **1** [U] exchanging sb/sth for sb/sth that is better or newer: *The carpets are in need of replacement.* ▶ **wymiana 2** [C] a person or thing that will take the place of sb/sth: *Mary left so we advertised for a replacement for her* (kogoś na jej miejsce). ▶ **osoba/rzecz zastępująca kogoś/coś innego**

replay /ˌriːˈpleɪ/ verb [T] **1** to play a sports match, etc. again ▶ **powtórnie rozgrywać mecz itp. 2** to play again sth that you have recorded ▶ **powtórnie odtwarzać nagrany materiał**

□ **replay** /ˈriːpleɪ/ noun [C] **1** a sports match that is played again ▶ **powtórne rozgrywanie meczu 2** something on the television, on a film or a cassette tape that you watch or listen to again: *Let's see an action replay* (powtórkę) *of the goal!* ▶ **powtórne odtwarzanie nagrania**

replica /ˈreplɪkə/ noun [C] an exact copy of sth ▶ **kopia, duplikat**

★**reply** /rɪˈplaɪ/ verb [I,T] (pres. part. **replying**; 3rd pers. sing. pres. **replies**; pt, pp **replied**) to give an answer: *'Yes, I will,' she replied.* ○ *He replied that it was none of my business.* ○ *to reply to a question* ○ *I wrote to Sue but she hasn't replied* (nie odpisała). ➲ Zob. uwaga przy **answer**. ▶ **odpowiadać, odrzec**

□ **reply** noun [C,U] (pl. **replies**) (an) answer: *He nodded in reply to my question.* ○ *How many replies did you get to your ad?* ▶ **odpowiedź**

★**report**[1] /rɪˈpɔːt/ verb **1** [I,T] **report (on sb/sth)(to sb/sth)**; **report sth (to sb)** to say or write what you have seen, heard, done, etc.: *All accidents must be reported to the police.* ○ *Several people reported having seen the boy.* ○ *Several people reported that they had seen the boy.* ▶ **zgłaszać, zawiadamiać 2** [I,T] (in a newspaper or on the television or radio) to write or speak about sth that has happened: *Kate reported on the events in China for the BBC.* ○ *The strike was not reported in the newspapers.* ▶ **informować, relacjonować 3** [T] **report sb (to sb) (for sth)** to tell a person in authority about sth wrong that sb has done: *She was reported to the head teacher for smoking.* ▶ **donosić (na kogoś), składać skargę 4** [I] **report (to sb/sth) (for sth)** to tell sb that you have arrived: *On your arrival, please report to the reception desk.* ▶ **zgłaszać się, meldować się 5** [T] **be reported to be/as sth** (used to say that you have heard sth said, but you are not sure if it is true): *The actor is reported to be/as being comfortable in hospital.* ▶ **mówi się (o kimś/czymś), że**

PHRASAL VERBS **report back (on sth) (to sb)** to give information to sb about sth they have asked you to find out about: *One person in each group will then report back on what you've discovered to the class.* ▶ **składać raport, zdawać sprawozdanie** | **report to sb** to have sb as your manager in the company or organization that you work for ❶ Czasownika tego nie używa się w czasach *continuous*. Jednak często spotyka się go w *present participle* (formie *-ing*): *Who does he report to?* ▶ **podlegać komuś**

□ **reporter** noun [C] a person who writes about the news in a newspaper or speaks about it on the television or radio ➲ Por. **journalist**. ▶ **reporter/ka**

■ **reˌported ˈspeech** noun [U] = INDIRECT SPEECH

★**report**[2] /rɪˈpɔːt/ noun [C] **1** a written or spoken description of what you have seen, heard, done, studied, etc.: *a report of a bomb attack* ○ *newspaper reports* ○ *an annual report on the company's finances* ○ *a first-hand report* ▶ **relacja, sprawozdanie 2** a written statement about the work of a school pupil: *a school report* ▶ **opinia o postępach w nauce**

★**represent** /ˌreprɪˈzent/ verb [T] **1** to be a picture, a sign, an example, etc. of sb/sth: *The yellow lines on the map represent minor roads.* ○ *an abstract painting that represents pain* ○ *Each phonetic symbol represents one sound.* ▶ **przedstawiać, oznaczać 2** to describe sb/sth in a particular way: *In the book Susan is represented as a very ordinary person.* ▶ **przedstawiać 3** linking verb to be equal to: *A pay rise of 5% represents a drop in income if you take inflation into account.* ▶ **równać się, odpowiadać (czemuś) 4** to act or speak in the place of sb else; to be the representative of a group or country: *You will need a lawyer to represent you in court.* ▶ **reprezentować, być przedstawicielem**

□ **representation** /ˌreprɪzenˈteɪʃn/ noun **1** [U] representing or being represented: *Minority groups are demanding more representation in Parliament.* ➲ Por. **proportional representation**. ▶ **przedstawicielstwo, reprezentacja 2** [C] (formal) a picture, sign, etc. of sb/sth ▶ **przedstawienie, wyobrażenie**

★**representative** /ˌreprɪˈzentətɪv/ adj. **representative (of sb/sth)** typical of a larger group to which it belongs: *Tonight's audience is not representative of national opinion.* ❶ Antonim: **unrepresentative**. ▶ **typowy**

□ **representative** noun [C] **1** a person who has

been chosen to act or speak for sb else or for a group ▶ **przedstawiciel/ka 2** (formal) = REP

repress /rɪˈpres/ verb [T] **1** to control an emotion or to try to prevent it from being shown or felt ▶ **tłumić 2** to prevent an action or a protest ▶ **tłumić, poskramiać**

□ **repressed** adj. **1** (used about an emotion) that you do not show ▶ **tłumiony, ukryty 2** (used about a person) not showing natural, especially sexual, feelings ▶ **zamknięty w sobie, tłumiący/ukrywający** (*np. namiętności*) | **repression** /rɪˈpreʃn/ noun [U]: *Religion is still alive in Eastern Europe after forty years of repression.* ▶ **represja** | **repressive** /rɪˈpresɪv/ adj. allowing little freedom: *a repressive government* ▶ **represyjny**

reprieve /rɪˈpriːv/ verb [T] to stop or delay the punishment of a prisoner who has been condemned to death ▶ **odraczać/zawieszać wykonanie kary śmierci**

□ **reprieve** noun [usually sing.]: *to grant sb a last-minute reprieve* ▶ **odroczenie/zawieszenie wykonania kary śmierci**

reprimand /ˈreprɪmɑːnd; US -mænd/ verb [T] **reprimand sb (for sth)** to tell sb officially that they have done sth wrong ▶ **udzielać nagany**

□ **reprimand** noun [C,U]: *a severe reprimand* ▶ **nagana**

reprisal /rɪˈpraɪzl/ noun [C,U] punishment, especially by military force, for harm that one group of people does to another: *The army carried out reprisals on the village that had sheltered the rebels.* ○ *Civilian targets were bombed in reprisal.* ▶ **akcja odwetowa, odwet**

reproach /rɪˈprəʊtʃ/ verb [T] **reproach sb (for/with sth)** to tell sb that they have done sth wrong (or not done sth that they ought to have done); to blame: *You've nothing to reproach yourself for. It wasn't your fault.* ▶ **zarzucać, winić**

□ **reproach** noun [C,U] blame or criticism; a comment, etc. that shows that you do not approve of sth: *His behaviour is beyond reproach* (bez zarzutu). ▶ **zarzut, wymówka** | **reproachful** /-fl/ adj.: *a reproachful look* ▶ **pełen wyrzutu** | **reproachfully** /-fəli/ adv. ▶ **z wyrzutem**

★**reproduce** /ˌriːprəˈdjuːs; US -ˈduːs/ verb **1** [T] to produce a copy of sth: *It is very hard to reproduce a natural environment in the laboratory.* ▶ **odtwarzać 2** [I,T] (used about people, animals and plants) to produce young: *Fish reproduce by laying eggs.* ▶ **rozmnażać się**

□ **reproduction** /ˌriːprəˈdʌkʃn/ noun **1** [U] the process of producing babies or young: *sexual reproduction* ▶ **rozmnażanie się 2** [U] the act or process of producing copies of a document, book, picture, etc.; the process of recording sounds onto tapes, videos, etc.: *Digital recording gives excellent sound reproduction.* ▶ **powielenie; odtwarzanie 3** [C] a copy of a painting, etc.: *That painting is a reproduction, not an original.* ▶ **reprodukcja** | **reproductive** /ˌriːprəˈdʌktɪv/ adj. connected with the production of young animals, plants, etc.: *the male reproductive organs* ▶ **rozrodczy**

reproof /rɪˈpruːf/ noun [C,U] (formal) something that you say to tell sb that you do not approve of what they have done ▶ **wyrzut, wymówka**

reptile /ˈreptaɪl; US -tl/ noun [C] an animal, such as a snake or a crocodile, that has a scaly skin, is cold-blooded and lays eggs ▶ **gad**

★**republic** /rɪˈpʌblɪk/ noun [C] a country that has an elected government and an elected president: *the Republic of Ireland* ▶ **republika**

republican /rɪˈpʌblɪkən/ adj. connected with or supporting a republic ▶ **republikański**

□ **republican** noun [C] **1** a person who supports the system of republican government ▶ **republikan-in/ka 2** (**Republican**) a member of the Republican Party (one of the two main political parties in the US) ▶ **Republikan-in/ka**

■ **the Re'publican Party** noun [sing.] one of the two main political parties of the US ▶ **partia republikańska**

> Inna ważna partia w USA to **the Democratic Party**, której członkowie zwani są **Democrats**.

repudiate /rɪˈpjuːdieɪt/ verb [T] to say that you will not accept sth ▶ **odrzucać, odmawiać**

repulsion /rɪˈpʌlʃn/ noun [U] a strong feeling of dislike; disgust ▶ **odraza, wstręt**

repulsive /rɪˈpʌlsɪv/ adj. that causes a strong feeling of dislike; disgusting ▶ **odrażający, wstrętny**

reputable /ˈrepjətəbl/ adj. that is known to be good: *a reputable firm* ➲ Por. **disreputable**. ▶ **cieszący się dobrą opinią**

★**reputation** /ˌrepjuˈteɪʃn/ noun [C] **reputation (for sth)** the opinion that people in general have about what sb/sth is like: *to have a good/bad reputation* ○ *The restaurant has a reputation for fine food.* ○ *an international reputation* ○ *She began to make her reputation as a novelist in the 1960s.* ▶ **opinia, reputacja**

reputed /rɪˈpjuːtɪd/ adj. generally said to be sth, although it is not certain: *He's reputed to earn* (on rzekomo zarabia) *more than £100 000 a year.* ▶ **rzekomy**

□ **reputedly** adv. ▶ **rzekomo**

★**request** /rɪˈkwest/ noun [C] **request (for sth/that...)** an act of asking for sth: *a request for help* ○ *to make an official request* ○ *to grant/turn down a request* ▶ **prośba, życzenie**

IDIOMS **at sb's request/at the request of sb** because sb asked for it: *Aid was sent to the earthquake victims at the request of the Iranian government.* ▶ **na prośbę, na życzenie** | **on request** if you ask: *Single rooms are available on request.* ▶ **na życzenie, na żądanie**

□ **request** verb [T] **request sth (from/of sb)** (formal) to ask for sth: *Passengers are requested not to smoke on this bus.* ○ *to request a loan from the bank* ❶ **Request** jest słowem bardziej formalnym niż **ask**. ▶ **upraszać, składać prośbę**

★**require** /rɪˈkwaɪə(r)/ verb [T] **1** to need: *Do you require any assistance?* ○ *a situation that requires tact and diplomacy* ❶ **Require** jest słowem bardziej formalnym niż **need**. ▶ **potrzebować, wymagać 2** (often passive) to demand or order sth: *Passengers are required by law to wear seat belts.* ▸ **wymagać, żądać**

□ **requirement** noun [C] something that you need or that is demanded: *They grow enough vegetables for their own requirements.* ○ *university entrance requirements* ▸ **potrzeba, wymóg**

★**rescue** /'reskju:/ verb [T] **rescue sb/sth (from sb/sth)** to save sb/sth from a situation that is dangerous or unpleasant: *to rescue sb from drowning* ▸ **ratować, wybawiać**

□ **rescue** noun [C,U] an act of rescuing or the state of being rescued: *Ten fishermen were saved in a daring sea rescue off the Welsh coast.* ▸ **ratunek, wybawianie**

IDIOM **come/go to the/sb's rescue** to try to help or rescue sb: *She was attacked in the street and no one came to her rescue.* ▸ **przychodzić komuś z pomocą; pośpieszyć komuś na ratunek**

□ **rescuer** noun [C] a person who rescues sb/sth ▸ **ratowni-k/czka, wybaw-ca/czyni**

★**research** /rɪ'sɜ:tʃ; 'ri:sɜ:tʃ/ noun [U] **research (into/on sth)** a detailed and careful study of sth to find out more information about it: *Bob is doing research into the practical applications of solar power.* ○ *scientific/medical/historical research* ○ *Market research has shown that many people now prefer lager to beer.* ▸ **badania, praca badawcza/naukowa**

□ **research** /rɪ'sɜ:tʃ/ verb [I,T] to study sth carefully and in detail: *Scientists are still researching the possible causes of childhood cancer in the area.* ▸ **prowadzić prace badawcze/naukowe** | **researcher** noun [C] a person who carries out research ▸ **badacz/ka**

resemble /rɪ'zembl/ verb [T] to be or look like sb/sth else: *Laura resembles her brother.* ▸ **być podobnym, przypominać**

□ **resemblance** /rɪ'zembləns/ noun [C,U] **resemblance (between A and B)**: *a family resemblance* ○ *The film bore no resemblance to the novel.* ▸ **podobieństwo**

resent /rɪ'zent/ verb [T] to feel angry about sth because you think it is unfair: *Louise bitterly resented being treated differently from the men.* ▸ **mieć za złe, czuć się dotkniętym/urażonym**

□ **resentful** /-fl/ adj.: *William felt very resentful at being unfairly criticized.* ▸ **urażony, rozżalony** | **resentment** noun [sing.]: *Do you feel any resentment towards her new husband?* ▸ **uraza**

reservation /ˌrezə'veɪʃn/ noun **1** [C] a seat, table, room, etc. that you have booked: *I made a reservation for a table for two in the name of Morgan.* ▸ **rezerwacja 2** [C,U] a feeling of doubt about sth (such as a plan or an idea): *I would recommend Irene for the job without reservation.* ○ *I don't share your reservations about the flat – I think it's fine.* ▸ **zastrzeżenie**

★**reserve**[1] /rɪ'zɜ:v/ verb [T] **reserve sth (for sb/sth) 1** to keep sth for a special reason or to use at a later time: *The car park is reserved for hotel patrons only.* ▸ **rezerwować 2** to book a seat, table, room, etc.: *to reserve theatre tickets* ▸ **rezerwować**

reserve[2] /rɪ'zɜ:v/ noun **1** [C, usually pl.] something that you keep for a special reason or to use at a later date: *The US have huge oil reserves.* ▸ **zapas, rezerwa 2** [C] (in sport) a person who will play in a game if one of the usual members of the team cannot play ▸ **rezerwa** (*w zespole sportowym*) **3** [C] an area of land where the plants, animals, etc. are protected by law: *a nature reserve* ▸ **rezerwat 4** [U] the quality of being shy or keeping your feelings hidden: *It took a long time to break down her reserve.* ▸ **powściągliwość, rezerwa**

IDIOM **in reserve** that you keep and do not use unless you need to: *Keep some money in reserve for emergencies.* ▸ **w zapasie**

reserved /rɪ'zɜ:vd/ adj. shy and keeping your feelings hidden: *Fred is very reserved until you get to know him well.* ▸ **powściągliwy, skryty**

reservoir /'rezəvwɑ:(r)/ noun [C] a large lake where water to be used in a town or city is stored ▸ **zbiornik**

reside /rɪ'zaɪd/ verb [I] (formal) **reside (in/at...)** to have your home in or at ▸ **rezydować, przebywać**

residence /'rezɪdəns/ noun **1** [C] (formal) the place where sb (famous or important) lives: *the Prime Minister's official residence* ▸ **rezydencja, siedziba 2** [U] the state of having your home in a particular place: *The family applied to take up permanent residence in the United States.* ○ *a hall of residence* (akademik) *for college students* ▸ **pobyt, miejsce zamieszkania**

★**resident** /'rezɪdənt/ noun [C] **1** a person who lives in a place: *Local residents want the speed limit reduced.* ▸ **(stał-y/a) mieszkan-iec/ka 2** a person who is staying in a hotel: *The hotel bar is open to non-residents.* ▸ **gość**

□ **resident** adj. living in a place: *If you are resident abroad, you lose your right to vote.* ▸ **zamieszkujący**

residential /ˌrezɪ'denʃl/ adj. **1** (used about a place or an area) that has houses rather than offices, large shops or factories: *residential suburbs* ▸ **mieszkaniowy 2** where you live or stay: *a residential course* ▸ **w miejscu zamieszkania, dla mieszkańców**

residue /'rezɪdju:; US -du:/ noun [C, usually sing.] what remains of sth after the main part is taken or used ▸ **reszta, pozostałość**

★**resign** /rɪ'zaɪn/ verb **1** [I,T] **resign (from sth)** to leave your job or position: *She's threatening to resign.* ○ *He's resigned as chairman of the committee.* ○ *I wonder why she resigned her job?* ▸ **podawać się do dymisji, rezygnować (z czegoś) 2** [T] **resign yourself to sth/doing sth** to accept sth that is unpleasant but that cannot be changed: *Larry resigned himself to the fact that she was not coming back to him.* ▸ **godzić się (z czymś)**

□ **resigned** adj. accepting sth that is unpleasant but that cannot be changed: *a resigned sigh* ▸ **zrezygnowany**

IDIOM **be, etc. resigned to sth/doing sth** to accept sth that is unpleasant but that cannot be changed: *Ben was resigned to the fact that he would never be a rock star.* ▸ **godzić się (z czymś)**

★**resignation** /ˌrezɪɡˈneɪʃn/ noun **1** [C,U] **resignation (from sth)** a letter or statement that says you want to leave your job or position: *to hand in your resignation* ○ *a letter of resignation* ▶ **dymisja, rezygnacja** **2** [U] the state of accepting sth unpleasant that you cannot change: *They accepted their defeat with resignation.* ▶ **pogodzenie się (z czymś), rezygnacja**

resilient /rɪˈzɪliənt/ adj. strong enough to recover quickly from damage, illness, a shock, change, etc. ▶ **prężny, zdolny do (szybkiego) powrotu do zdrowia, odporny, silny**

□ **resilience** /-əns/ noun [U] ▶ **prężność, zdolność do (szybkiego) powrotu do zdrowia, odporność**

★**resist** /rɪˈzɪst/ verb **1** [I,T] to try to stop sth happening or to stop sb from doing sth; to fight against sb/sth: *The trade unions are resisting the introduction of new technology.* ○ *to resist arrest* ▶ **opierać się, stawiać opór** **2** [T] to stop yourself from having or doing sth that you want to have or do: *The cakes looked so delicious that I couldn't resist them.* ○ *I couldn't resist opening my present.* ▶ **opierać się, powstrzymywać się**

★**resistance** /rɪˈzɪstəns/ noun [U] **1 resistance (to sb/sth)** trying to stop sth from happening or to stop sb from doing sth; fighting against sb/sth: *The government troops overcame the resistance of the rebel army.* ○ *There is strong resistance to the plan.* ○ *passive resistance* bierny opór ▶ **opór, sprzeciw** **2 resistance (to sth)** the power in a person's body not to be affected by disease: *resistance to infection* ▶ **odporność** (*organizmu*)

resistant /rɪˈzɪstənt/ adj. **resistant (to sth)** **1** not wanting sth and trying to prevent it happening: *resistant to change* ▶ **oporny, sprzeciwiający się** **2** not harmed by sth: *This watch is water-resistant.* ▶ **odporny**

resolute /ˈrezəluːt/ adj. (used about a person or their actions) firm and determined; not willing to change because other people want you to: *a resolute refusal to make any concessions* ❶ Częściej używa się słowa **determined**. ▶ **stanowczy**

□ **resolutely** adv.: *They are resolutely opposed to any change.* ▶ **stanowczo**

resolution /ˌrezəˈluːʃn/ noun **1** [U] the quality of being firm and determined ▶ **stanowczość** **2** [U] solving or settling a problem, dispute, etc. ▶ **rozwiązanie** **3** [C] a firm decision to do or not to do sth: *Rose made a New Year's resolution to give up smoking.* ▶ **postanowienie** **4** [C] a formal decision that is taken after a vote by a group of people: *The UN resolution condemned the invasion.* ▶ **uchwała**

resolve /rɪˈzɒlv/ verb (formal) **1** [T] to find a solution to a problem: *Most of the difficulties have been resolved.* ▶ **rozwiązać** **2** [I,T] to decide sth and be determined not to change your mind: *Ray resolved never to let the same thing happen again.* ▶ **postanowić**

resort[1] /rɪˈzɔːt/ verb [I] **resort to sth** to do or use sth bad or unpleasant because you feel you have no choice: *People who owe huge amounts of money have had to resort to selling their houses.* ▶ **uciekać się**

resort[2] /rɪˈzɔːt/ noun

IDIOM **in the last resort; (as) a last resort** → LAST[1]

resort[3] /rɪˈzɔːt/ noun [C] a place where a lot of people go on holiday: *a seaside resort* ▶ **miejscowość wypoczynkowa, kurort**

resounding /rɪˈzaʊndɪŋ/ adj. (only before a noun) **1** very loud: *resounding cheers* ▶ **rozbrzmiewający** **2** (used about a success, etc.) very great: *a resounding victory* ▶ **ogromny**

★**resource** /rɪˈsɔːs; -ˈzɔːs; US ˈriːsɔːrs/ noun [C, usually pl.] something that a person, country, etc. has or can use: *Russia is rich in natural resources.* ▶ **zasoby, środek**

resourceful /rɪˈsɔːsfl; -ˈzɔːs-/ adj. good at finding ways of doing things ▶ **zaradny, pomysłowy**

★**respect**[1] /rɪˈspekt/ noun **1** [U] **respect (for sb/sth)** the feeling that you have when you admire or have a very high opinion of sb/sth: *They stood in silence for one minute as a mark of respect for the dead.* ○ *to win/lose sb's respect* ➲ Por. **self-respect**. ▶ **szacunek, poważanie** **2** [U] **respect (for sb/sth)** the quality of being polite to sb: *We should all treat older people with more respect.* ❶ Antonim: **disrespect**. ▶ **szacunek** **3** [U] **respect (for sb/sth)** care for or attention to sb/sth: *The secret police show little respect for human rights.* ○ *Electricity is dangerous and should be treated with respect* (z rozwagą). ▶ **wzgląd, szacunek** **4** [C] a detail or point: *In what respects do you think things have changed?* ○ *Her performance was brilliant in every respect.* ▶ **wzgląd**

IDIOMS **with respect to sth** (formal) about or concerning: *I am writing with respect to your recent enquiry.* ▶ **w nawiązaniu do czegoś** | **pay your respects** → PAY[2]

★**respect**[2] /rɪˈspekt/ verb [T] **1 respect sb/sth (for sth)** to admire or have a high opinion of sb/sth: *I respect him for his honesty.* ▶ **poważać, szanować** **2** to show care for or pay attention to sb/sth: *We should respect other people's values.* ○ *to respect sb's wishes* ▶ **szanować**

respectable /rɪˈspektəbl/ adj. **1** considered by society to be good, proper or correct: *a respectable family* ▶ **zacny, odpowiedni** **2** quite good or large: *a respectable salary* ▶ **pokaźny, niemały**

□ **respectability** /rɪˌspektəˈbɪləti/ noun [U] ▶ **powszechny szacunek, poczucie przyzwoitości**

respectful /rɪˈspektfl/ adj. **respectful (to/towards sb)** showing respect(2) or politeness towards sb/sth: *The crowd listened in respectful silence.* ❶ Antonim: **disrespectful**. ▶ **pełen szacunku**

□ **respectfully** /-fəli/ adv. ▶ **z szacunkiem**

respective /rɪˈspektɪv/ adj. (only before a noun) belonging separately to each of the people who have been mentioned: *After lunch we all got on with our respective jobs* (każdy kontynuował swoją pracę). ▶ **poszczególny**

□ **respectively** adv. in the same order that sb/sth was mentioned: *German and Italian courses are held in Munich and Rome respectively.* ▶ **odpowiednio**

respiration /ˌrespəˈreɪʃn/ noun [U] (formal) the act of breathing ▶ **oddychanie**

□ **respiratory** /rəˈspɪrətri; ˈrespərətri/ adj. connected with breathing: *the respiratory system* ○ *respiratory diseases* choroby układu oddechowego ▶ **oddechowy**

respite /ˈrespaɪt/ noun [sing., U] **respite (from sth)** a short period of rest from sth that is difficult or unpleasant: *There was a brief respite from the fighting.* ▶ **wytchnienie**

⋆**respond** /rɪˈspɒnd/ verb [I] **1 respond (to sb/sth) (with/by sth)** (formal) to say or do sth as an answer or reaction to sth: *I wrote to them last week but they haven't responded.* ○ *He responded to my question with a nod.* ○ *The government has responded to criticism by increasing funding.* ❶ W języku codziennym częściej używa się **answer** lub **reply**. ▶ **udzielać odpowiedzi, odpowiadać, reagować 2 respond (to sb/sth)** to have or show a good or quick reaction to sb/sth: *to respond to treatment* ▶ **reagować**

⋆**response** /rɪˈspɒns/ noun [C,U] **response (to sb/sth)** an answer or reaction to sb/sth: *I've sent out 20 letters of enquiry but I've had no responses yet.* ○ *The government acted in response to economic pressure.* ○ *He knocked on the door but there was no response.* ○ *Meryl Streep's new film has received a very favourable response.* ▶ **odpowiedź, oddźwięk**

⋆**responsibility** /rɪˌspɒnsəˈbɪləti/ noun (pl. **responsibilities**) **1** [U] **responsibility (for sb/sth)** the state of being responsible; having to take decisions about sth so that you are blamed if sth goes wrong: *The new job means taking on more responsibility.* ○ *I refuse to take responsibility if anything goes wrong.* ○ *No group has admitted responsibility for the bomb.* ○ *a minister with special responsibility* (odpowiedzialny) *for women's affairs* ▶ **odpowiedzialność 2** [U] the quality of being sensible: *I wish that you would show a little more responsibility.* ▶ **odpowiedzialność 3** [C] a job or duty that you must do: *It is my responsibility to make sure the orders are sent out on time.* ○ *I feel that I have a responsibility* (uważam, że jest moim obowiązkiem) *to help them.* ○ *the responsibilities of parenthood* ○ *The children are my responsibility.* Ponoszę odpowiedzialność za losy dzieci. ▶ **odpowiedzialność**

IDIOM **shift the blame/responsibility (for sth) (onto sb)** → SHIFT[1]

⋆**responsible** /rɪˈspɒnsəbl/ adj. **1** (not before a noun) **responsible (for sb/sth)**; **responsible (for doing sth)** having the job or duty of doing sth or looking after sb/sth (so that you are blamed if sth goes wrong): *The school is responsible for the safety of the children.* ○ *The manager is responsible for making sure the shop is run properly.* ▶ **odpowiedzialny 2** (not before a noun) **be responsible (for sth)** to be the cause of or to blame for sth: *Who was responsible for the accident?* ▶ **spowodować, ponosić winę za coś 3** (not before a noun) **responsible (to sb/sth)** having to report to sb/sth with authority or in a higher position about what you have been doing: *Members of Parliament are responsible to the electorate.* ▶ **odpowiedzialny (przed kimś/czymś) 4** (used about a person) that you can trust to behave well and sensibly: *All children must be accompanied by a responsible adult.* ❶ Antonim: **irresponsible**. ▶ **odpowiedzialny 5** (used about a job) that is important and that should be done by a person who can be trusted ▶ **odpowiedzialny**

□ **responsibly** /-əbli/ adv. in a responsible(4) way: *to behave responsibly* ▶ **odpowiedzialnie, z poczuciem odpowiedzialności**

responsive /rɪˈspɒnsɪv/ adj. paying attention to sb/sth and reacting in a suitable or positive way: *By being responsive to changes in the market, the company has had great success.* ▶ **czuły na coś, żywo reagujący na kogoś/coś**

⋆**rest**[1] /rest/ verb **1** [I] to relax, sleep or do nothing after a period of activity or because of illness: *We've been walking for hours. Let's rest here for a while.* ○ *The nurse said we couldn't visit him because he was resting.* ▶ **odpoczywać 2** [T] to allow sb/sth to rest(1): *Your knee will get better as long as you rest it as much as you can.* ▶ **dawać odpocząć 3** [I,T] **rest (sth) on/against sth** to place sth in a position where it is supported by sth else; to be in such a position: *She rested her head on his shoulder.* ▶ **opierać (się) o coś/na czymś 4** [I] to not be talked about any longer: *He didn't want to answer any more questions so I let the subject rest* (przestałem o tym mówić). ▶ (*o temacie itp.*) **nie być poruszanym**

PHRASAL VERB **rest on sb/sth** to depend or be based on sth: *The whole theory rests on a very simple idea.* ▶ **opierać się na kimś/czymś**

⋆**rest**[2] noun [C,U] a period or the action of relaxing, sleeping or doing nothing: *to have a rest* odpoczywać ○ *I need a rest* (muszę odpocząć). ○ *Get some rest* (odpocznij trochę) *and think about it again tomorrow.* ○ *Yes, okay, you're right and I'm wrong. Now give it a rest!* (nie mów już o tym) ▶ **odpoczynek**

IDIOMS **at rest** not moving: *Do not open the door until the vehicle is at rest* (dopóki pojazd się nie zatrzyma). ▶ **nieruchomy** | **come to rest** to stop moving: *The car crashed through a wall and came to rest in a field.* ▶ **zatrzymywać się** | **put/set your/sb's mind at rest** → MIND[1]

□ **restful** /-fl/ adj. giving a relaxed, peaceful feeling: *I find this piece of music very restful.* ▶ **kojący**

■ **ˈrest room** noun [C] (US) a public toilet in a hotel, shop, restaurant, etc. ➲ Zob. uwaga przy **toilet**. ▶ **toaleta** (*publiczna*)

⋆**rest**[3] noun (**the rest (of sth)**) **1** [sing.] the part that is left: *We spent the rest of the day on the beach.* ○ *If you don't want the rest, I'll eat it.* ○ *She takes no interest in what happens in the rest of the world* (w innych częściach świata). ▶ **reszta 2** [pl.] the ones that are left; the others: *One of the questions was difficult but the rest were quite easy.* ○ *They were the first people to arrive. The rest came later.* ○ *The rest of our bags are still in the car.* ▶ **reszta**

★**restaurant** /ˈrestrɒnt; US -tərənt/ noun [C] a place where you can buy and eat a meal: *We went out to a restaurant to celebrate my birthday.* ➲ Por. **cafe** i **takeaway**. ▶ **restauracja**

restless /ˈrestləs/ adj. **1** unable to relax or be still because you are bored, nervous or impatient: *The children always get restless on long journeys.* ▶ **niespokojny 2** (of a period of time) without sleep or rest: *a restless night* ▶ **bezsenny; niespokojny**

□ **restlessly** adv. ▶ **nerwowo, niespokojnie**

restoration /ˌrestəˈreɪʃn/ noun **1** [C,U] the act of returning sth to its original condition: *the restoration of the cathedral* ○ *a house in need of restoration* ○ *Restorations* (prace remontowe) *are being carried out at the castle.* ▶ **odbudowa 2** [C,U] the act of bringing sth back into use or existence: *a gradual restoration of democracy to the country* ▶ **przywracanie 3** [U] the act of returning sth to its original owner: *the restoration of territory captured during the war* ▶ **zwrot**

★**restore** /rɪˈstɔː(r)/ verb [T] **restore sb/sth (to sb/sth) 1** (formal) to give sth that was lost or stolen back to sb ▶ **zwracać (coś komuś) 2** to put sb/sth back into a previous condition or position: *In the recent elections, the former president was restored to power.* ▶ **przywracać** (*np. do władzy*) **3** to bring sth back into existence or use: *Following the riots, law and order has been restored.* ○ *Winning their last two games has restored the team's confidence.* ▶ **przywracać 4** to put sth (a building, a painting, a piece of furniture, etc.) back into a condition that is as close as possible to its original condition: *The castle has been restored and is open to the public.* ▶ **odnawiać**

restrain /rɪˈstreɪn/ verb [T] **restrain sb/sth (from sth/from doing sth)** to keep sb or sth under control; to prevent sb or sth from doing sth: *Can't you restrain your dog?* ○ *I had to restrain myself from saying something rude.* ▶ **powstrzymywać (kogoś/coś)/(od czegoś)**

□ **restrained** adj. not showing strong feelings; calm ▶ **powściągliwy** | **restraint** /rɪˈstreɪnt/ noun **1** [U] the quality of behaving in a calm or moderate way: *It took a lot of restraint on my part not to hit him.* ▶ **powściągliwość 2** [C] **restraint (on sb/sth)** a limit or control on sb/sth: *Are there any restraints on what the newspapers are allowed to publish?* ▶ **ograniczenie**

restrict /rɪˈstrɪkt/ verb [T] **1** to limit the number, amount, size, freedom, etc. of sb/sth: *I'm trying to restrict myself to two cups of coffee a day.* ○ *Having small children tends to restrict your freedom.* ▶ **ograniczać 2** to make sb/yourself concentrate on a particular thing or things and not on others: *I suggest that you restrict yourself to dealing with the most urgent matters.* ▶ **ograniczać do czegoś**

□ **restricted** adj. controlled or limited in some way: *Entry to the club is restricted to members only.* ○ *There is only restricted parking available.* ▶ **ograniczony** | **restriction** /rɪˈstrɪkʃn/ noun **restriction (on sth) 1** [U] the act of limiting the freedom of sb/sth: *This ticket permits you to travel anywhere, without restriction.* ▶ **ograniczenie 2** [C] something (sometimes a rule or law) that limits the number, amount, size, freedom, etc. of sb/sth: *parking restrictions in the city centre* ○ *The government has imposed restrictions on the number of immigrants permitted to settle in this country.* ▶ **ograniczenie, restrykcja**

restrictive /rɪˈstrɪktɪv/ adj. limiting; preventing people from doing what they want ▶ **ograniczający**

★**result** /rɪˈzʌlt/ noun **1** [C,U] **result (of sth)** something that happens because of sth else; the final situation at the end of a series of actions: *The result of our argument was that we never spoke to each other again.* ○ *The traffic was very heavy and as a result* (skutkiem tego) *I arrived late.* ○ *This wasn't really the result that I was expecting.* ▶ **skutek, rezultat 2** [C,U] a good effect of an action: *He has tried very hard to find a job, but with no result.* ○ *The treatment is beginning to show results.* ▶ **rezultat, efekt 3** [C] the score or final position at the end of a game, a competition or an election: *Do you know today's football results?* ○ *The results of this week's competition will be published next week.* ○ *the result of a by-election* ▶ **rezultat 4** [C] the mark or grade given for an examination or a test: *exam results* ▶ **ocena 5** [C] something that is discovered by a medical test: *I'm still waiting for the result of my X-ray.* ▶ **wynik**

□ **result** verb [I] **result (from sth)** to happen or exist because of sth: *Ninety per cent of the deaths resulted from injuries to the head.* ▶ **być wynikiem czegoś**

PHRASAL VERB **result in sth** to cause sth to happen or exist; to produce as an effect: *There has been an accident on the motorway, resulting in long delays.* ▶ **przynosić w rezultacie**

resume /rɪˈzuːm; Brit. also -ˈzjuː-/ verb [I,T] to begin again or continue after a pause or an interruption: *Normal service will resume as soon as possible.* ○ *After the birth of the baby, she resumed her career* (wróciła do pracy). ▶ **wznawiać, podejmować (na nowo)**

resumé /ˈrezjumeɪ; US ˈrezəmeɪ/ noun [C] (US) = CURRICULUM VITAE

resumption /rɪˈzʌmpʃn/ noun [sing., U] (formal) the act of beginning again or continuing after a pause or an interruption: *a resumption of diplomatic relations between the two countries* ○ *At the resumption of trade on the Stock Exchange this morning, the dollar fell slightly.* ▶ **wznowienie**

resurrect /ˌrezəˈrekt/ verb [T] to bring sth that has not been used or has not existed for a long time back into use or existence ▶ **wznawiać**

□ **resurrection** /ˌrezəˈrekʃn/ noun **1** [U] the act of resurrecting sth: *There will be no resurrection of previous policies.* ▶ **wznawianie 2** [sing.] (in the Christian religion) the return of all dead people to life at the end of the world ▶ **zmartwychwstanie 3** (**the Resurrection**) [sing.] (in the Christian religion) the return to life of Jesus Christ ▶ **Zmartwychwstanie**

resuscitate /rɪˈsʌsɪteɪt/ verb [T] to bring sb

who has stopped breathing back to life: *Unfortunately, all efforts to resuscitate the patient failed.* ▶ **reanimować**

□ **resuscitation** /rɪˌsʌsɪˈteɪʃn/ noun [U] ▶ **sztuczne oddychanie, reanimacja**

retail /ˈriːteɪl/ noun [U] the selling of goods to the public in shops, etc. (for personal use, not to be sold again): *the recommended retail price* ⊃ Por. **wholesale**. ▶ **detal** (*w handlu*)

□ **retailer** noun [C] a person or company who sells goods in a shop ▶ **sprzedawca (detaliczny); przedsiębiorstwo handlu detalicznego**

retain /rɪˈteɪn/ verb [T] (formal) to keep or continue to have; to not lose: *Despite all her problems, she has managed to retain a sense of humour.* ○ *If you wish to leave the stadium and return later, please retain your ticket.* ○ *The village has retained much of its original character.* ❶ Rzeczownik: **retention**. ▶ **zachowywać, zatrzymywać** (*np. ciepło*)

retaliate /rɪˈtælieɪt/ verb [I] **retaliate (against sb/sth)** to react to sth unpleasant that sb does to you by doing sth unpleasant in return: *They have announced that they will retaliate against anyone who attacks their country.* ▶ **oddawać wet za wet**

□ **retaliation** /rɪˌtæliˈeɪʃn/ noun [U] **retaliation (against sb/sth)**; **retaliation (for sth)** the act of retaliating: *The IRA said that the shooting was in retaliation for recent attacks on nationalists.* ▶ **odwet**

retarded /rɪˈtɑːdɪd/ adj. (old-fashioned) less developed mentally than is normal for a particular age ❶ To słowo obecnie uważa się za obraźliwe. ⊃ Por. **disabled**. ▶ **opóźniony** (*w rozwoju*)

retention /rɪˈtenʃn/ noun [U] the act of keeping sth or of being kept ▶ **utrzymywanie**

rethink /ˌriːˈθɪŋk/ verb [I,T] (pt, pp **rethought** /-ˈθɔːt/) to think about sth again because you probably need to change it: *The government has been forced to rethink its economic policy.* ▶ **przemyśleć ponownie**

retina /ˈretɪnə; US ˈretənə/ noun (pl. **retinas** or **retinae** /-niː/) [usually sing.] the part of the back of the eye that is sensitive to light and sends an image of what is seen to the brain ▶ **siatkówka**

★**retire** /rɪˈtaɪə(r)/ verb [I] **1 retire (from sth)** to leave your job and stop working usually because you have reached a certain age: *She's worried that she won't have enough money to live on when she retires.* ○ *He retired from professional tennis when he was 28.* ▶ **odchodzić na emeryturę, wycofywać się z czegoś 2** (formal) to leave and go to a quiet or private place: *We were a bit tired, so we retired to our hotel room after dinner.* ▶ **udawać się na spoczynek**

□ **retired** adj. having stopped work permanently, usually because of having reached a certain age: *a retired teacher* ○ *He's been very unhappy since he's been retired.* ▶ **emerytowany**

★**retirement** /rɪˈtaɪəmənt/ noun **1** [C,U] the act of stopping or being forced to stop working permanently, usually because of reaching a certain age: *What's the age of retirement/retirement age in this country?* ○ *There have been a number of retirements* (wielu ludzi odeszło na emeryturę) *in our department this year.* ○ *She has decided to take early retirement* (odejść na wcześniejszą emeryturę). ○ *The former world champion has announced his retirement* (wycofanie się). ▶ **przejście na emeryturę 2** [sing., U] the situation or period after retiring from work: *We all wish you a long and happy retirement.* ▶ **emerytura**

retiring /rɪˈtaɪərɪŋ/ adj. (used about a person) shy or quiet ▶ **nieśmiały; małomówny**

retort /rɪˈtɔːt/ verb [T] to reply quickly to what sb says, in an angry or amusing way: *'Who asked you for your opinion?' she retorted.* ○ *He retorted that there was no such thing as an honest politician.* ▶ **ripostować**

□ **retort** noun [C] an angry answer ▶ **riposta, cięta odpowiedź**

retrace /rɪˈtreɪs/ verb [T] to repeat a past journey, series of events, etc.: *I retraced my steps* (wróciłem tą samą drogą) *in an attempt to find my wallet.* ▶ **odtwarzać coś, cofać się do czegoś**

retract /rɪˈtrækt/ verb [I,T] (formal) to say that sth you have said before is not true or not valid: *When he appeared in court, he retracted the confession he had made to the police.* ▶ **wycofywać** (*np. skargę*)

retreat /rɪˈtriːt/ verb [I] **1** (used about an army, etc.) to move backwards in order to leave a battle or in order not to become involved in a battle: *The order was given to retreat.* ⊃ Por. **advance**. ▶ **cofać się, dokonywać odwrotu 2** to move backwards; to go to a safe or private place: *A neighbour tried to get into the burning house but he was forced to retreat* (zmuszony do odwrotu) *by the intense heat.* ○ (figurative) *She seems to retreat into a world of her own sometimes.* ▶ **wycofywać się**

□ **retreat** noun **1** [C,U] the act of retreating: *The invading forces are now in retreat.* ○ *the Minister's retreat from his original opinion* ▶ **odwrót, wycofywanie się, powrót 2** [C] a private place where you can go when you want to be quiet or to rest ▶ **zacisze 3** [U, C] a period when you stop your usual activities and go to a quiet place for prayer and thought ▶ **rekolekcje**

retribution /ˌretrɪˈbjuːʃn/ noun [U] **retribution (for sth)** (formal) punishment for a crime: *Public opinion is demanding retribution for the recent acts of terrorism.* ▶ **zadośćuczynienie**

retrieve /rɪˈtriːv/ verb [T] **1 retrieve sth (from sb/sth)** to get sth back from the place where it was left or lost: *The police retrieved* (wyłowili) *the body from river.* ▶ **odnajdować 2** to find information that has been stored: *The computer can retrieve all the data about a particular customer.* ▶ **odzyskiwać** (*dane z komputera*) **3** to make sth (a situation, a mistake, etc.) better; to put sth right: *A late goal retrieved the situation.* ▶ **ratować**

□ **retrieval** /-vl/ noun: *retrieval* (wydobywanie) *of the bodies from the wreckage* ▶ **odzyskiwanie**

retrospect /ˈretrəspekt/ noun
IDIOM **in retrospect** thinking about sth that happened in the past (and often seeing it differently from the way you saw it at the time): *In retrospect, I can see what a stupid mistake it was.* ▶ **z perspektywy czasu**
□ **retrospective** /ˌretrəˈspektɪv/ adj. **1** looking again at the past: *a retrospective analysis of historical events* ▶ **retrospektywny 2** (used about laws, decisions, payments, etc.) applying to the past as well as to the present and future: *Is this new tax law retrospective?* ▶ **działający wstecz** | **retrospectively** adv. ▶ **retrospektywnie**

★**return**[1] /rɪˈtɜːn/ verb **1** [I] **return (to…)**; **return (from…)** to come or go back to a place: *I leave on the 10th and return on the 25th.* ○ *When did you return from Italy?* ○ *He left his home town when he was 18 and never returned.* ▶ **wracać do/z czegoś 2** [I] **return (to sth)** to start doing a previous activity or talking about a previous subject again: *The strike is over and they will be returning to work on Monday.* ○ *We'll return to this subject in next week's lesson.* ▶ **powracać do czegoś 3** [I] **return (to sth/to doing sth)** to come or go back to a previous situation or condition: *It is hoped that train services will return to normal soon.* ▶ **powracać do czegoś 4** [I] to come back; to happen again: *If the pain returns, make another appointment to see me.* ○ *I expect that the cold weather will return soon.* ▶ **powracać 5** [T] **return sth (to sb/sth)** to give, send, put or take sth back: *I've stopped lending him things because he never returns them.* ○ *Application forms must be returned by 14 March.* ▶ **oddawać, odsyłać 6** [T] to react to sth that somebody does, says or feels by doing, saying, or feeling sth similar: *I've phoned them several times and left messages but they haven't returned my calls* (nie oddzwonili). ○ *We'll be happy to return your hospitality if you ever come to our country.* ▶ **odwzajemniać coś 7** [T] (in sport) to hit or throw the ball back: *He hit the ball so hard that I couldn't return it.* ▶ **odbijać** (*piłkę do przeciwnika*)
□ **returnable** /-əbl/ adj. that can or must be given or taken back: *a non-returnable deposit* ▶ **zwrotny**

★**return**[2] /rɪˈtɜːn/ noun **1** [sing.] **a return (to/from…)** the act of coming or going back to a place, a previous activity, a previous situation or a previous condition: *I'll contact you on my return* (po powrocie). ○ *Our return flight is at 3 o'clock in the morning.* ○ *to make a return to form* wrócić do formy ▶ **powrót 2** [U] the act of giving, sending, putting or taking sth back: *I demand the return of my passport immediately.* ▶ **zwrot 3** [C] (in sport) the act of hitting or throwing the ball back: *She hit a brilliant return.* ▶ **odbicie** (*piłki*) **4** [C,U] (also **returns** [pl.]) the profit from a business or an investment: *They're not expecting any return on their new restaurant for at least a year.* ○ *This account offers high returns on all investments.* ▶ **zysk, dochody 5** (Brit.) (also **return ˈticket**; US **round trip**; **round trip ticket**) [C] a ticket to travel to a place and back again: *A day return to Oxford, please.* ○ *I asked for a return but I was given a single by mistake.* ▶ **bilet powrotny 6** (also **the reˈturn key**) [sing.] the button on a computer that you press when you reach the end of a line or of an instruction ▶ (*na niektórych komputerach*) **klawisz Enter/Return**
IDIOMS **by return (of post)** (Brit.) immediately; by the next post ▶ **pocztą odwrotną** | **in return (for sth)** as payment or in exchange (for sth); as a reaction to sth: *Please accept this present in return for all your help.* ▶ **jako zadośćuczynienie, w zamian za coś** | **many happy returns** → HAPPY
■ **reˌturn ˈfare** noun [C] (Brit.) the price of a ticket to travel to a place and back again: *Is the return fare cheaper than two singles?* ▶ **opłata za bilet powrotny**

reunion /riːˈjuːniən/ noun **1** [C] a party or an occasion when friends or colleagues meet again after they have not seen each other for a long time: *The college holds an annual reunion for former students.* ○ *a family reunion* ▶ **zjazd 2** [C,U] the act of coming together again after a separation: *The released hostages had an emotional reunion with their families at the airport.* ▶ **ponowne połączenie**

reunite /ˌriːjuːˈnaɪt/ verb [I,T] **reunite (sb/sth)(with sb/sth)** to come together again; to cause sb/sth to come together again: *The separate regions of the country reunited a few years ago.* ○ *The missing child was found by the police and reunited with his parents.* ○ *The new leader's first task will be to reunite the party.* ▶ **łączyć (się) ponownie, jednoczyć (się)**

Rev. (also **Revd**) abbr. Reverend; the title of a Christian priest ▶ **ks.** (*ksiądz*)

rev /rev/ noun [C, usually pl.] (informal) = REVOLUTION(3): *4 000 revs per minute* ▶ **obrót (silnika)**
□ **rev** verb (**re<u>vv</u>ing**; **re<u>vv</u>ed**) **1** [I] **rev (up)** (used about an engine) to turn (quickly); to increase the speed of turning: *I was woken up by the sound of a car revving up outside.* ▶ **rozruszać silnik 2** [T] **rev sth (up)** to increase the speed of an engine (usually before driving the car): *Rev the engine for a while before you drive off.* ▶ **przyśpieszać obroty silnika**

★**reveal** /rɪˈviːl/ verb [T] **1 reveal sth (to sb)** to make sth known that was previously secret or unknown: *She revealed that she had serious money problems.* ○ *He refused to reveal any names to the police.* ▶ **wyjawiać 2** to allow sth to be seen that was previously hidden: *Close inspection of the photograph revealed the identity of the gunman.* ○ *In a moment, the curtains will open to reveal tonight's star prize.* ▶ **ujawniać, odsłaniać**
□ **revealing** adj. **1** allowing sth (facts previously unknown, secrets, etc.) to be known: *This book provides a revealing insight into the world of politics.* ▶ **ujawniający, odkrywczy 2** allowing sth to be seen that is usually hidden: *a very revealing swimsuit* ▶ **głęboko wycięty, wydekoltowany**

revel /ˈrevl/ verb [I] (**reve<u>ll</u>ing**; **reve<u>ll</u>ed**; US **reve<u>l</u>ing**; **reve<u>l</u>ed**)
PHRASAL VERB **revel in sth/doing sth** to enjoy sth

very much: *He likes being famous and revels in the attention he gets.* ▶ **upajać się czymś**

revelation /ˌrevəˈleɪʃn/ noun **1** [C] something that is made known, that was previously secret or unknown (especially sth surprising): *This magazine is full of revelations about the private lives of famous people.* ▶ **odkrycie, rewelacja** **2** [sing.] a thing or a person that surprises you and causes you to change your attitude to sb/sth: *It's a horrible house from the outside but the inside is a revelation.* ▶ **objawienie**

revenge /rɪˈvendʒ/ noun [U] something that you do to punish sb who has hurt you, made you suffer, etc.: *He made a fool of me and now I want revenge.* ○ *an act of revenge* ➲ Por. **vengeance.** ▶ **zemsta**

IDIOMS **get/have/take your revenge (on sb) (for sth); take revenge (on sb) (for sth)** to punish sb in return for sth bad that they have done to you: *He wants to take revenge on the judge who sent him to prison.* ▶ **mścić się** | **out of/in revenge (for sth)** as a way of punishing sb in return for sth bad they have done to you: *The shooting was in revenge for an attack by the nationalists.* ▶ **z zemsty (za coś)**

□ **revenge** verb [T] **revenge yourself on sb** to punish sb who has done sth bad to you by doing sth bad in return: *She revenged herself on her enemy.* ➲ Por. **avenge.** ▶ **mścić się**

revenue /ˈrevənjuː; US -nuː/ noun [U, pl.] income received by a government, company, etc.: *Revenue from income tax rose last year.* ○ *Oil revenues are a vital part of the country's economy.* ▶ **dochody** (*np. państwa*)

reverence /ˈrevərəns/ noun [U] a feeling of great respect: *The royal family are often treated with reverence.* ▶ **cześć**

Reverend /ˈrevərənd/ adj. **(the Reverend)** (abbr. **Rev.**) the title of a Christian priest: *the Reverend Charles Gray* ▶ **wielebny**

reverent /ˈrevərənt/ adj. showing respect: *a reverent silence in memory of the dead* ▶ **pełen czci**

reversal /rɪˈvɜːsl/ noun [C,U] the act of changing sth to the opposite; an occasion when sth changes to the opposite of what is usual or expected: *a reversal of policy* ○ *The decision taken yesterday was a complete reversal of last week's decision.* ○ *a reversal of roles* zamiana ról ▶ **zmiana kierunku, odwrotność**

★**reverse**[1] /rɪˈvɜːs/ adj. opposite to what is expected or has just been described: *In Germany the reverse situation is true.* ▶ **odwrotny**

IDIOM **in/into reverse order** starting with the last one and going backwards to the first one: *The results will be announced in reverse order.* ▶ **w odwrotnej kolejności**

★**reverse**[2] /rɪˈvɜːs/ noun **1** [sing.] **the reverse (of sth)** the complete opposite of the previous statement or of what is expected: *Of course I don't dislike you – quite the reverse* (wręcz przeciwnie). ▶ **przeciwny** **2** (also ˌ**reverse ˈgear**) [U] the control in a car, etc. that allows it to move backwards: *Leave the car in reverse while it's parked on this hill.* ○ *Put the car into reverse.* Włącz wsteczny bieg. ▶ **bieg wsteczny**

IDIOM **in/into reverse** in the opposite order, starting at the end and going backwards to the beginning; in the opposite way to the previous direction ▶ **w odwrotnej kolejności**

★**reverse**[3] /rɪˈvɜːs/ verb **1** [T] to put sth in the opposite position: *Writing is reversed in a mirror.* ▶ **odwracać** **2** [I,T] to go backwards in a car, etc.; to make a car go backwards: *It will probably be easier to reverse into that parking space.* ○ *He reversed his brand new car into a wall.* ▶ **cofać** **3** [T] to change sth to the opposite: *Today's results have reversed the order of the top two teams.* ○ *It's too late to reverse your decision now.* ▶ **zmieniać** **4** [T] to exchange the positions or functions of two things or people: *My husband and I have reversed roles – he stays at home now and I go to work.* ▶ **zmieniać, zamieniać się czymś**

IDIOM **reverse (the) charges** to make a telephone call that will be paid for by the person who receives it: *Phone us when you get there, and reverse the charges.* ○ *Could I make a reverse charge call to London, please?* ❶ Idiom o tym samym znaczeniu w Amer. ang. to **to call collect.** ▶ **dzwonić do kogoś na jego koszt**

□ **reversible** /-əbl/ adj. (used about clothes) that can be worn with either side on the outside: *a reversible coat* ▶ **dwustronny**

revert /rɪˈvɜːt/ verb [I] **revert (to sth)** to return to a previous state or to sth that you did previously: *Hong Kong reverted to Chinese rule in 1997.* ▶ **powracać do czegoś**

★**review** /rɪˈvjuː/ noun **1** [C,U] the act of examining or considering sth again in order to decide whether changes are necessary: *There will be a review of your contract after the first six months.* ○ *The system is in need of review.* ▶ **rewizja** **2** [C] the act of looking back at sth in order to check, remember, or be clear about sth: *a review of the major events of the year* ▶ **przegląd** **3** [C] a newspaper or magazine article, or an item on television or radio, in which sb gives an opinion on a new book, film, play, etc.: *The film got bad reviews.* ○ *a book review* ▶ **recenzja**

□ **review** verb [T] **1** to examine or consider again in order to decide whether changes are necessary: *Your salary will be reviewed after one year.* ▶ **poddawać rewizji** **2** to look at or think about sth again to make sure that you understand it: *Let's review what we've done in this lesson so far.* ▶ **robić przegląd** **3** to write an article or to talk on television or radio, giving an opinion on a new book, film, play, etc. ▶ **recenzować** | **reviewer** noun [C] a person who writes reviews of books, films, etc. ▶ **krytyk**

★**revise** /rɪˈvaɪz/ verb **1** [T] to make changes to sth in order to correct or improve it: *The book has been revised for this new edition.* ○ *I revised my opinion of him when I found out that he had lied.* ▶ **poprawiać, rewidować** **2** [I,T] **revise (for sth)** to read or study again sth that you have learnt, especially when preparing for an exam: *I stayed up late revising for my exam.* ○ *None of the things I had revised came up in the exam.*

► powtarzać (*materiał do egzaminu*)
□ **revision** /rɪ'vɪʒn/ noun **1** [C,U] the act of changing sth in order to correct or improve it: *The whole system is in need of revision.* ► **korekta 2** [U] the work of reading or studying again sth you have learnt, especially when preparing for an exam: *I've done a lot of revision for History.* ► **powtórka** (*materiału*)

revival /rɪ'vaɪvl/ noun **1** [C,U] the act of becoming or making sth strong or popular again: *economic revival* ○ *a revival of interest in traditional farming methods* ► **ożywienie 2** [C] a new performance of a play that has not been performed for some time ► **wznowienie**

revive /rɪ'vaɪv/ verb [I,T] **1** to become or make sb/sth strong or healthy again; to come or to bring sb back to life or consciousness: *Hopes have revived for an early end to the fighting.* ○ *Attempts were made to revive him but he was already dead.* ► **rozbudzać (na nowo), ożywiać, cucić 2** to become or make sth popular again; to begin to do or use sth again: *Public interest in rugby has revived now that the national team is doing well.* ○ *to revive an old custom* ► **budzić (się) na nowo, wskrzeszać**

revolt /rɪ'vəʊlt/ verb **1** [I] **revolt (against sb/sth)** to protest in a group (often violently) against the person or people in power: *A group of generals have revolted against the government.* ► **buntować się 2** [T] to make sb feel disgusted or ill: *Some of her opinions revolt me.* ○ *The sight and the smell revolted him.* ❶ Rzeczownik: **revulsion**. ► **budzić odrazę/wstręt**
□ **revolt** noun [C,U] the act of revolting(1): *The revolt was quickly put down by the army.* ○ *What started as a small protest has turned into widespread revolt.* ► **bunt**

revolting /rɪ'vəʊltɪŋ/ adj. extremely unpleasant; disgusting: *a revolting smell of fish* ○ *What a revolting colour!* ► **odrażający**

★**revolution** /ˌrevə'lu:ʃn/ noun **1** [C,U] changing or trying to change the political system by violent action, etc.: *the French Revolution of 1789* ○ *Student leaders are calling for revolution.* ► **rewolucja 2** [C] **a revolution (in sth)** a complete change in methods, opinions, etc., often as a result of progress: *a revolution in the treatment of diseases such as cancer* ○ *the Industrial Revolution* ► **rewolucja 3** [C,U] (informal **rev**) a movement around sth; one complete turn around a central point (e.g. in a car engine): *400 revolutions per minute* ► **obrót** (*dookoła osi*)
□ **revolutionary** /-ʃənəri; US -neri/ adj. **1** connected with or supporting political revolution: *Revolutionary forces have attacked the president's palace.* ○ *the revolutionary leaders* ► **rewolucyjny 2** producing great changes; very new and different: *a revolutionary new scheme to ban cars from the city centre* ► **rewolucyjny** | **revolutionary** noun [C] (pl. **revolutionaries**) a person who takes part in and supports a revolution ► **rewolucjonist-a/ka** | **revolutionize** (also **-ise**) /-ʃənaɪz/ verb [T] to change sth completely: *a discovery that could revolutionize the treatment of mental illness* ► **rewolucjonizować**

revolve /rɪ'vɒlv/ verb [I] to move in a circle around a central point; to go round: *The earth revolves around the sun.* ○ *This little wheel should revolve when you switch the engine on.* ► **obracać się (wokół osi)**
PHRASAL VERB **revolve around sb/sth** to have sth as the most important part: *Her life revolves around the family.* ► **obracać się (wokół kogoś/czegoś)**
□ **revolving** adj. designed to work by going round: *revolving doors* ► **obrotowy**

revolver /rɪ'vɒlvə(r)/ noun [C] a type of small gun with a container for bullets that goes round ► **rewolwer**

revulsion /rɪ'vʌlʃn/ noun [U] a feeling of disgust (because sth is extremely unpleasant) ► **wstręt**

★**reward** /rɪ'wɔ:d/ noun **1** [C,U] something that is given in return for work, effort, etc.: *She feels that she has done a lot of work for little or no reward.* ○ *Being a parent is often hard work but it has its rewards.* ► **wynagrodzenie, satysfakcja 2** [C] an amount of money that is given in exchange for helping the police, returning sth that was lost, etc.: *Police are offering a reward for information leading to a conviction.* ► **nagroda**
□ **reward** verb [T] **reward sb (for sth/for doing sth)** to give a reward to sb: *Eventually her efforts were rewarded and she got a job.* ○ *His parents bought him a bicycle to reward him for passing the exams.* ► **(wy)nagradzać** | **rewarding** adj. giving satisfaction: *She finds her work with disabled children very rewarding.* ► **satysfakcjonujący**

rewind /ˌri:'waɪnd/ verb [T] (pt, pp **rewound** /-'waʊnd/) to make a tape go backwards: *Please rewind the tape at the end of the film.* ➲ Antonim: **fast forward**. ► **(szybko) przewijać** (*taśmę*) **do początku**

rewrite /ˌri:'raɪt/ verb [T] (pt **rewrote** /-rəʊt/; pp **rewritten** /-'rɪtn/) to write sth again in a different or better way ► **przepisywać, przerabiać**

rhetoric /'retərɪk/ noun [U] a way of speaking or writing that is intended to impress or influence people ► **retoryka**
□ **rhetorical** /rɪ'tɒrɪkl/ adj. ► **retoryczny** | **rhetorically** /-kli/ adv. ► **retorycznie**
■ **rheˌtorical 'question** noun [C] a question that is not really a question because it does not expect an answer ► **pytanie retoryczne**

rheumatism /'ru:mətɪzəm/ noun [U] an illness that causes pain in muscles and joints ► **reumatyzm**

rhino /'raɪnəʊ/ noun [C] (pl. **rhinos**) (informal) = RHINOCEROS

rhinoceros /raɪ'nɒsərəs/ noun [C] (pl. **rhinoceros** or **rhinoceroses**) a large animal from Africa or Asia, with a thick skin and either one or two horns on its nose ► **nosorożec**

rhubarb /'ru:bɑ:b/ noun [U] a plant with long red stems and very large leaves. The stems can be cooked and eaten as fruit. ► **rabarbar**

rhyme /raɪm/ noun **1** [U] the technique of using words that have the same sound as each other especially at the ends of lines: *All of his poetry* *was written in rhyme* (wierszem). ▶ **rym 2** [C] a word that has the same sound as another: *Can you think of a rhyme for* (co się rymuje z) *'peace'?* ▶ **rym 3** [C] a short piece of writing, or something spoken, in which the words at the end of each line sound the same as the words at the end of previous lines ➲ Por. **nursery rhyme.** ▶ **wierszyk**

□ **rhyme** verb **1** [I] to have the same sound as another word; to consist of lines that end with words that sound the same: *'Tough' rhymes with 'stuff'.* ○ *'Book' and 'look' rhyme.* ○ *He thinks that all poetry should rhyme.* ▶ **rymować się 2** [T] to put together words that have the same sound: *You can't rhyme 'face' with 'stays'.* ▶ **rymować (coś z czymś)**

■ **'rhyming slang** noun [U] a way of talking in which you use words or phrases that rhyme with the word you mean, instead of using that word. For example in cockney rhyming slang 'apples and pears' means 'stairs'. ▶ **rodzaj slangu**

★**rhythm** /'rɪðəm/ noun [C,U] a regular repeated pattern of sound or movement: *I'm not keen on the tune but I love the rhythm.* ○ *He's a terrible dancer because he has no sense of rhythm.* ▶ **rytm**

□ **rhythmic** /'rɪðmɪk/ (also **rhythmical** /'rɪðmɪkl/) adj. having rhythm ▶ **rytmiczny** | **rhythmically** /-kli/ adv. ▶ **rytmicznie**

rib /rɪb/ noun [C] one of the curved bones that go round the chest: *He's so thin that you can see his ribs.* ○ *a ribcage* żebra ▶ **żebro**

ribbon /'rɪbən/ noun [C,U] **1** a long, thin piece of cotton, nylon, etc. that is used for tying or decorating sth ▶ **wstążka 2** a long, thin piece of material that contains ink and is used in a typewriter ▶ **taśma**

★**rice** /raɪs/ noun [U] the grain from a plant grown in hot, wet countries, that we cook and eat: *Rice or potatoes?* ○ *brown rice* ○ *boiled rice* ○ *rice pudding* deser z ryżu ▶ **ryż**

★**rich** /rɪtʃ/ adj. **1** having a lot of money or property; not poor: *a rich family* ○ *filthy rich* obrzydliwie bogaty ➲ Por. **wealthy**. ▶ **bogaty 2** (not before a noun) **rich in sth** containing a lot of sth: *Oranges are very rich in vitamin C.* ▶ **bogaty w coś 3** able to produce sth in large amounts: *rich soil* ▶ **żyzny, bogaty 4** (used about food) containing a lot of fat, oil, sugar, cream, etc.: *a rich sauce* ○ *a rich chocolate cake* (z dużą ilością jajek, czekolady, tłuszczu itp.) ▶ **tłusty, ciężki 5** (used about colours, sounds or smells) strong and deep: *a rich purple* ▶ **soczysty, mocny, przyjemny, głęboki**

□ **the rich** noun [pl.] rich people ▶ **bogaci** | **richly** adv. **1** extremely well: *She was richly* (suto) *rewarded for her hard work.* ▶ **bogato, wspaniale 2** fully: *His promotion was richly deserved.* ▶ **w pełni** | **richness** noun [U] ▶ **bogactwo**

riches /'rɪtʃɪz/ noun [pl.] (formal) a lot of money or property; wealth: *Despite all his riches, he was a deeply unhappy man.* ▶ **bogactw-o/a**

rickety /'rɪkəti/ adj. likely to fall or break; not strongly made: *a rickety old fence* ▶ **chwiejny, rozklekotany**

ricochet /'rɪkəʃeɪ/ verb [I] (pt, pp **ricocheted**; **ricochetted** /-ʃeɪd/) **ricochet (off sth)** (used about a bullet, etc.) to fly away from a surface after hitting it ▶ **odbić się rykoszetem**

★**rid** /rɪd/ verb [T] (pres. part. **ridding**; pt, pp **rid**) **rid sb/sth of sb/sth** (formal) to make sb/sth free from sb/sth that is unpleasant or unwanted: *They have managed to rid the world of smallpox.* ○ *He was unable to rid himself* (pozbyć się) *of his fears and suspicions.* ▶ **uwalniać**

IDIOM **be/get rid of sb/sth** to be/become free of sb/sth or to remove sb/sth: *I can't get rid of this mark on the carpet.* ○ *Let's get rid of that old chair and buy a new one.* ▶ **pozbyć się**

riddance /'rɪdns/ noun

IDIOM **good riddance (to sb/sth)** (informal) (used for expressing pleasure or relief that sb/sth that you do not like has gone) ▶ **nareszcie!**

ridden[1] /'rɪdn/ pp of RIDE[2]

ridden[2] /'rɪdn/ adj. (usually in compounds) full of: *She was ridden with guilt.* ▶ **pełen**

riddle /'rɪdl/ noun [C] **1** a type of question that you ask people for fun that has a clever or an amusing answer ▶ **zagadka 2** a person, a thing or an event that you cannot understand ▶ **zagadkowa osoba/sprawa**

riddled /'rɪdld/ adj. **riddled with sth** full of sth: *The car was was riddled with bullet holes.* ○ *This essay is riddled with mistakes.* ▶ **pełny czegoś**

★**ride**[1] /raɪd/ noun [C] **1** a journey on a horse or bicycle, or in a car, bus, etc.: *They went for a ride in the woods.* ○ *It's only a short bus ride into Oxford.* Autobusem jest niedaleko do Oksfordu. ○ *Would you like to have a ride* (przejechać się) *in my new car?* ▶ **przejażdżka 2** (used to describe what a journey or trip is like: *a smooth/bumpy/comfortable ride* ▶ **jazda 3** a large machine at an amusement park which you pay to go on for amusement or excitement: *My favourite fairground ride is the roller coaster.* ▶ **kolejka górska itp.** (*w wesołym miasteczku*)

IDIOM **take sb for a ride** (informal) to cheat or deceive sb ▶ **nabrać**

★**ride**[2] /raɪd/ verb (pt **rode** /rəʊd/; pp **ridden** /'rɪdn/) **1** [I,T] to sit on a horse and be carried along, controlling its movements: *I'm learning to ride at the moment.* ○ *We rode through the woods and over the moor.* ○ *Which horse is he riding in the next race?* ❶ **Go riding** używa się, mówiąc o jeździe konno dla przyjemności: *She goes riding every weekend.* ▶ **jeździć konno 2** [I,T] to sit on a bicycle, etc. and be carried along, controlling its movements: *On Sunday thousands of cyclists rode from London to Oxford to raise money for charity.* ○ *She jumped onto her motorbike and rode off.* ○ *Can John ride a bicycle yet?* ▶ **jeździć na rowerze/motorze 3** [I] to travel as a passenger in a bus, car, etc.: *Smokers are asked to ride at the back of the coach.* ▶ **jeździć**

□ **rider** noun [C] a person who rides a horse, bicycle, etc. ▶ **jeździec; rowerzyst-a/ka; mo-**

tocyklist-a/ka | **riding** /ˈraɪdɪŋ/ noun [U] the sport or hobby of riding a horse: *riding boots* ○ *a riding school* ▶ **jeździectwo**

ridge /rɪdʒ/ noun [C] **1** a long, narrow piece of high land along the top of hills or mountains: *We walked along the ridge looking down at the view.* ▶ **grzbiet górski 2** a line where two sloping surfaces meet ▶ **krawędź, grzbiet**

ridicule /ˈrɪdɪkjuːl/ noun [U] unkind laughter or behaviour that is meant to make sb/sth appear silly ▶ **kpiny**
□ **ridicule** verb [T] to laugh at sb/sth in an unkind way: *The idea was ridiculed by everybody present.* ▶ **wyśmiewać**

★**ridiculous** /rɪˈdɪkjələs/ adj. very silly; foolish: *That's a ridiculous suggestion!* ○ *It's ridiculous to drive so fast along these lanes.* ○ *They're asking a ridiculous price for that house.* ▶ **śmieszny, absurdalny**
□ **ridiculously** adv.: *She's paid a ridiculously low salary for the work she does.* ▶ **śmiesznie, absurdalnie**

riding → RIDE[2]

rife /raɪf/ adj. (not before a noun) (formal) (used especially about bad things) very common: *The use of drugs was rife among certain groups of students.* ▶ **rozpowszechniony**

rifle[1] /ˈraɪfl/ noun [C] a long gun that you hold against your shoulder to shoot with: *to load/aim/fire a rifle* ▶ **karabin**

rifle[2] /ˈraɪfl/ verb [I,T] to search sth usually in order to steal from it: *I caught him rifling through the papers on my desk.* ▶ **przetrząsać**

rift /rɪft/ noun [C] **1** a serious disagreement between friends, groups, etc.: *a growing rift between the brothers* ▶ **przepaść 2** a crack or split in sth ▶ **szczelina**

rig[1] /rɪg/ verb [T] (**rigging**; **rigged**)
PHRASAL VERB **rig sth up** to make sth quickly, using any materials you can find: *We tried to rig up a shelter, using our rugs and coats.* ▶ **montować, sklecić**
□ **rig** noun [C] (usually in compounds) a large platform, with special equipment for a certain purpose: *an oil rig* platforma wiertnicza ▶ **platforma** | **rigging** noun [U] the ropes, etc. that support a ship's sails ▶ **takielunek**

rig[2] /rɪg/ verb (**rigging**; **rigged**) to arrange or control an event, etc. in an unfair way, in order to get the result you want: *a rigged competition* konkurs, w którym wynik był z góry przesądzony ○ *They claimed that the election had been rigged.* ▶ **ukartowywać, fałszować**

★**right**[1] /raɪt/ adj. on or of the side of the body that faces east when a person is facing north; not left: *I write with my right hand.* ○ *Your seats are on the right side of the theatre.* ▶ **prawy**
□ **right** adv. to the right side; not left: *Turn right at the traffic lights.* ▶ **w prawo** | **right** noun **1** [U] the right side or direction; not left: *We live in the first house on the right.* ○ *If you look slightly to the right* (w kierunku na prawo) *you will see the castle.* ▶ **prawa strona 2** (**the Right**) [sing., with sing. or pl. verb] the people or political parties who support conservative rather than socialist ideas ▶ **prawica**
■ ˈ**right-hand** adj. (only before a noun) of or on the right of sb/sth: *The postbox is on the right-hand side* (po prawej stronie) *of the road.* ○ *a sharp right-hand bend* ▶ **prawostronny** | ˌ**right-ˈhanded** adj. using the right hand more than the left for writing, etc. ▶ **praworęczny** | ˌ**right-hand ˈman** noun [C] (pl. **right-hand men**) the person you rely on most to help and support you in your work ▶ **prawa ręka** | ˌ**right ˈwing** noun [sing.] the people in a political party who support more conservative ideas: *He is on the right wing of the Labour party.* ▶ **prawe skrzydło** | ˌ**right-ˈwing** adj. supporting conservative ideas rather than socialist ones: *a right-wing government* ❶ Antonim: **left-wing**. ▶ **prawicowy**

★**right**[2] /raɪt/ adj. **1** correct; true: *I'm afraid that's not the right answer.* ○ *Have you got the right time* (dokładną godzinę)*?* ❶ **Be right**, kiedy odnosi się do osoby, tłumaczy się zwrotem „mieć rację": *You're quite right – the film does start at 7 o'clock.* ○ *You were right about the weather – it did rain.* ▶ **właściwy, poprawny 2** best; most suitable: *I don't think this is the right colour for the walls.* ○ *I hope I've made the right decision.* ○ *We wouldn't have missed the boat if we'd left at the right time.* ○ *You have to know the right people if you want to join that golf club.* ▶ **słuszny, odpowiedni 3** normal; satisfactory: *Her voice didn't sound quite right on the phone.* ▶ **normalny, dobry 4** (used about behaviour, actions, etc.) good; fair or what the law allows: *It's not right to pay people so badly.* ○ *It was right of her to give you the news at once.* ○ *It's never right to steal.* ▶ **słuszny 5** (Brit., informal) (used for emphasizing sth bad) real or complete: *I'll look a right idiot in that hat!* ▶ **prawdziwy, kompletny**
IDIOMS **all right** → ALL[2] | **get/start off on the right/wrong foot (with sb)** → FOOT[1] | **get on the right/wrong side of sb** → SIDE[1] | **on the right/wrong track** → TRACK | **put/set sth right** to correct sth or deal with a problem: *The cooker's not working. Do you think you'll be able to put it right?* ▶ **naprawić coś** | **right (you are)!** (informal) yes, I will; yes, I agree: *'See you later.' 'Right you are!'* ▶ **zgoda!, dobrze!** | **(as) right as rain** healthy or working properly ▶ **zdrowy; dobrze działający**
□ **rightly** adv. correctly or fairly: *As you rightly said, it's time to decide what we want.* ○ *He's been sacked and quite rightly, I believe.* ▶ **słusznie** | **rightness** noun [U]: *She's always convinced of the rightness of her own opinions.* ▶ **prawość, słuszność**
■ ˈ**right angle** noun [C] an angle of 90°: *A square has four right angles.* ▶ **kąt prosty**

★**right**[3] /raɪt/ adv. **1** correctly; in a satisfactory way: *Have I spelt your name right?* ○ *Nothing seems to be going right for me at the moment.* ▶ **poprawnie, dobrze 2** (used for preparing sb for sth that is about to happen) get ready; listen: *Have you got your seat belts on? Right, off we go.* ▶ **dobrze! 3** exactly: *The train was right on time* (punktualnie). ▶ **dokładnie 4** all the way: *Did you watch the film right to the end* (do samego końca)? ▶ **całkiem** **5** immediately: *He left right after dinner.* ○ *Wait here a minute – I'll be right back.* ▶ **zaraz, natychmiast** **6** (**Right**) (used in some titles): *the Right Honourable James Smith, Foreign Secretary* ○ *the Right Reverend Richard Pearson, Bishop of Gloucester* ▶ (*używane w niektórych tytułach*)

IDIOMS **right/straight away** → AWAY | **right now** at this moment; exactly now: *We can't discuss this right now.* ▶ **w tej chwili** | **serve sb right** → SERVE

★**right**[4] /raɪt/ noun **1** [U] what is morally good and fair: *Children learn about right and wrong at a very early age.* ○ *Does right always win in the end?* ▶ **dobro** **2** [C] a thing that you are allowed to do according to the law: *In Britain everybody has the right to vote at 18.* ○ *Freedom of speech is one of the basic human rights.* ○ *civil rights* prawa obywatelskie ▶ **prawo** **3** [U] **right to sth/to do sth** a moral authority to do sth: *You have no right to tell me what to do.* ▶ **prawo**

IDIOMS **be in the right** to be doing what is correct and fair: *You don't need to apologize. You were in the right and he was in the wrong.* ▶ **mieć rację/słuszność** | **be within your rights (to do sth)** to act in a reasonable or legal way: *You are quite within your rights* (masz pełne prawo) *to demand to see your lawyer.* ▶ **mieć prawo** | **by rights** according to what is fair or correct: *By rights, half the profit should be mine.* ▶ **po sprawiedliwości** | **in your own right** because of what you are yourself and not because of other people: *She's a very wealthy lady in her own right.* ▶ **sam/a**

■ ˌ**right of ˈway** noun **1** [U] (used in road traffic) the right[4](2) to continue while other traffic must stop ▶ **prawo pierwszeństwa** **2** [C] a path across private land that the public may use: *Is there a right of way across this field?* ▶ **prawo przejścia/droga publiczna na prywatnej ziemi**

right[5] /raɪt/ verb [T] **1** to return to a normal position: *The boat tipped over and then righted itself again.* ▶ **wyprostowywać (się)** **2** to correct sth ❶ W tym znaczeniu czasownika **right** używa się prawie wyłącznie z rzeczownikiem **wrong**: *There are many wrongs that need to be righted.* Natomiast ze słowem **mistake** używa się czasownika **correct**, a nie **right**: *Correct any mistakes you find.* ▶ **naprawiać**

righteous /ˈraɪtʃəs/ adj. (formal) morally good or fair ➲ Por. **self-righteous**. ▶ **prawy; sprawiedliwy**

rightful /ˈraɪtfl/ adj. (only before a noun) (formal) fair, proper or legal: *You have a rightful claim to your father's property.* ▶ **słuszny; prawowity**

□ **rightfully** /-fəli/ adv. ▶ **słusznie; prawnie**

rigid /ˈrɪdʒɪd/ adj. **1** not able or willing to change or be changed; strict: *Some students complained about the rigid rules and regulations at the school.* ▶ **surowy** **2** stiff; not easy to bend: *a rigid suitcase* ○ *She was rigid with fear.* ▶ **sztywny**

□ **rigidity** /rɪˈdʒɪdəti/ noun [U] ▶ **surowość; sztywność** | **rigidly** /ˈrɪdʒɪdli/ adv. stiffly, strictly or without any possibility of change: *You don't have to keep rigidly to what I've written – use your imagination.* ▶ **sztywno**

rigour (US) (also **rigor**) /ˈrɪgə(r)/ noun (formal) **1** [U] doing sth carefully with great attention to detail: *The tests were carried out with rigour.* ▶ **dokładność, skrupulatność** **2** [U] the quality of being strict or severe: *the rigour of the law* ▶ **surowość, rygor** **3** [C, usually pl.] severe conditions; difficulties: *the rigours of a hard climate* ▶ **surowość, trudy**

□ **rigorous** /ˈrɪgərəs/ adj. thorough and careful: *Very rigorous tests have been carried out on the drinking water.* ▶ **dokładny, szczegółowy** | **rigorously** adv. ▶ **rygorystycznie, dokładnie** | **rigorousness** noun [U] ▶ **rygor, dokładność**

rim /rɪm/ noun [C] an edge at the top or outside of sth that is round: *the rim of a cup* ○ *spectacles with silver rims* (oprawką) ▶ **brzeg, obrzeże**

rind /raɪnd/ noun [C,U] the thick hard skin on the outside of some fruits and some types of cheese, bacon, etc. ▶ **skór(k)a**

> **Rind** to twarda skóra, której nie można łatwo usunąć palcami. Skórkę cytryny można nazywać **rind** lub **peel**; skórkę pomarańczy – tylko **peel**. Cieńsza lub miększa skórka innych owoców (np. bananów, jabłek, gruszek) nazywa się **skin**.

★**ring**[1] /rɪŋ/ noun [C] **1** a piece of jewellery, a round piece of metal, often of silver or gold, that you wear on your finger: *a wedding/an engagement ring* ○ *a gold/diamond/ruby ring* ▶ **pierścionek, obrączka** **2** (usually in compounds) a round object of any material with a hole in the middle: *a key ring* kółko do kluczy ▶ **kółko** **3** a circle: *Stand in a ring and hold hands.* ▶ **krąg** **4** the space with seats all around it where a performance, match, etc. takes place: *a circus ring* ○ *a boxing ring* ▶ **arena, ring** **5** one of the round parts on the top of an electric or a gas cooker, on which you can put pans: *an electric cooker with an oven, a grill and four rings* ▶ **palnik; płytka** **6** a number of people involved together in sth that is secret or not legal: *a drugs ring* ▶ **szajka**

□ **ring** verb (pt, pp **ringed**) [T] **1** (US **circle**) to draw a circle around sth: *Ring the correct answer with your pencil.* ▶ **okółkowywać, zakreślać** (*kółkiem*) **2** to surround sb/sth: *The whole area was ringed with police.* ▶ **otaczać**

■ ˈ**ring binder** noun [C] (Brit.) a file for holding papers, in which metal rings go through holes in the edges of the paper, holding them in place ▶ **segregator** | ˈ**ringleader** noun [C] a person who leads a group of people who are doing sth wrong or causing trouble: *Who is the ringleader of the group?* ▶ **przywódca** | ˈ**ring road** noun [C] (Brit.) a road that is built all around a town so that traffic does not have to go into the town centre ▶ **obwodnica**

★**ring**[2] /rɪŋ/ verb (pt **rang** /ræŋ/; pp **rung** /rʌŋ/) **1** [I,T] (especially US **call**) **ring (sb/sth) (up)** to telephone (sb/sth): *What time will you ring tomorrow?* ○ *I rang up yesterday and booked the* *hotel.* ○ *Ring the station and ask what time the next train leaves.* ▶ **dzwonić, telefonować 2** [I,T] to make a sound like a bell or to cause sth to make this sound: *Is that the phone ringing?* ○ *We rang the door bell but nobody answered.* ▶ **dzwonić 3** [I] **ring (for sb/sth)** to ring a bell in order to call sb, ask for sth, etc.: *'Did you ring, sir?' asked the stewardess.* ▶ **dzwonić 4** [I] to have a certain effect when you hear it: *Her words didn't ring true.* ▶ **brzmieć 5** [I] **ring (with sth)** to be filled with loud sounds: *When I left the disco my head was ringing with the noise.* ▶ **rozbrzmiewać, tętnić**

IDIOM **ring a bell** to sound familiar or to remind you, not very clearly, of sth: *'Do you know Jane Sykes?' 'Well, her name rings a bell.'* ▶ **mówić (komuś) coś**

PHRASAL VERBS **ring (sb) back** to phone sb again: *'I'm afraid Mary isn't in.' 'Oh well, I'll ring back later.'* ○ *I can't talk now – can I ring you back?* ▶ **dzwonić ponownie** | **ring in** (Brit.) to telephone a television or radio show, or the place where you work: *Mandy rang in sick this morning.* ▶ **zadzwonić** (*do telewizji, radia, miejsca (swojej) pracy*) | **ring off** to end a telephone conversation: *I'd better ring off – supper's ready.* ▶ **kończyć rozmowę telefoniczną** | **ring out** to sound loudly and clearly: *A pistol shot rang out.* ▶ **rozbrzmiewać, rozlegać się**

□ **ring** noun **1** [C] the sound made by a bell: *a ring at the door* ▶ **dzwonek 2** [sing.] **a ring of sth** a feeling or quality of a particular kind: *What the man said had a ring of truth about it.* ▶ **brzmienie**

IDIOM **give sb a ring** to telephone sb: *I'll give you a ring in the morning.* ▶ **zadzwonić, zatelefonować**

rink /rɪŋk/ noun [C] = SKATING RINK

rinse /rɪns/ verb [T] to wash sth in water in order to remove soap or dirt, etc.: *Rinse your hair thoroughly after each shampoo.* ○ *I should rinse the apples before you eat them.* ▶ **płukać**

□ **rinse** noun **1** [C] an act of rinsing: *Give the bath a good rinse after using it.* ▶ **płukanie 2** [C,U] a liquid used for colouring the hair ▶ **płukanka do włosów**

★**riot** /ˈraɪət/ noun [C] fighting and noisy violent behaviour by a crowd of people: *Further riots have broken out in Leeds.* ○ *Police were brought in to deal with the riots.* ▶ **rozruchy**

IDIOM **run riot** to behave in a wild way, without any control: *At the end of the football match, the crowd ran riot.* ○ (figurative) *You really let your imagination run riot when you painted that picture.* ▶ **szaleć; dawać się ponieść fantazji**

□ **riot** verb [I] to take part in a riot: *There is a danger that the prisoners will riot if conditions don't improve.* ▶ **wszczynać bunt, dopuszczać się zamieszek** | **rioter** noun [C] a person who takes part in a riot ▶ **buntownik, uczestnik zamieszek** | **riotous** /-əs/ adj. **1** (formal) wild or violent; lacking in control: *The crowd was becoming increasingly riotous.* ▶ **buntowniczy 2** wild and full of fun: *a riotous party* ▶ **dziki**

RIP /ˌɑːr aɪ ˈpiː/ abbr. (used on graves, etc.) rest in peace ▶ **R.I.P.** (*niech spoczywa w pokoju*)

rip /rɪp/ verb (**ripping**; **ripped**) **1** [I,T] to tear quickly and sharply: *Oh no! The hem of my dress has ripped!* ○ *He ripped the letter in two and threw it in the bin.* ○ *The blast of the bomb ripped the house apart.* ▶ **rozdzierać (się), rozrywać (się) 2** [T] to pull sth quickly and violently: *He ripped the poster from the wall.* ○ *The roof was ripped off in the gale.* ▶ **zrywać 3** [I] to move very quickly: *The house was badly damaged when fire ripped through the roof and first floor.* ▶ **przemieszczać się szybko, pruć**

PHRASAL VERBS **rip sb off** (informal) to cheat sb by asking too much money for sth ▶ **oskubać kogoś** | **rip sth up** to tear sth into small pieces ▶ **rwać na strzępy**

□ **rip** noun [C] a long tear or cut (in material, etc.) ▶ **rozdarcie**

■ **ˈrip-off** noun [C] (informal) an act of charging too much money for sth: *A pound for a cup of coffee is a rip-off!* ▶ **złodziejstwo, oszustwo**

★**ripe** /raɪp/ adj. **1** (used about fruit, grain, etc.) ready to be picked and eaten ▶ **dojrzały 2 ripe (for sth)** ready for sth or in a suitable state for sth: *The country was ripe for a change of leader.* ▶ **dojrzały**

□ **ripen** /ˈraɪpən/ verb [I,T] to make sth ripe or to become ripe ▶ **dojrzewać**

ripple /ˈrɪpl/ noun [C] **1** a very small wave or movement on the surface of water: *The breeze sent tiny ripples across the lake.* ▶ **drobna fala 2** a gentle sound: *A ripple of laughter ran round the room.* ▶ **fala**

□ **ripple** verb [I,T] to move gently: *The branches of the trees rippled in the wind.* ○ *The wind rippled the surface of the sea.* ▶ **falować; marszczyć powierzchnię**

★**rise[1]** /raɪz/ noun **1** [C] an increase: *There has been a rise in the number of people out of work.* ○ *a sharp price rise* ❶ Antonimy: **drop** i **fall**. ▶ **wzrost 2** [C] (US **raise**) an increase in wages, salary, etc.: *I'm hoping to get a rise next April.* ○ *a 10% pay rise* ▶ **podwyżka 3** [sing.] the process of becoming more powerful or important: *His rise to power was remarkable.* ▶ **awans**

IDIOM **give rise to sth** to cause sth: *The news gave rise to considerable anxiety among many people.* ▶ **wywoływać, wzniecać**

★**rise[2]** /raɪz/ verb [I] (pt **rose** /rəʊz/; pp **risen** /ˈrɪzn/) **1** to move upwards, to become higher or to increase: *Smoke was rising from the chimney.* ○ *Cycling became harder as the road began to rise.* ○ *Her voice rose* (podniosła głos) *in anger.* ○ *Do you think inflation will continue to rise?* ○ *The temperature has risen to nearly forty degrees.* ❶ Antonim: **fall**. ▶ **podnosić się 2** to stand up: *The audience rose and applauded the singers.* ▶ **wstawać 3** to get out of bed: *They rose at dawn in order to be in London by eight.* ❶ W tym znaczeniu częściej używa się **get up**. ▶ **wstawać 4** (used about the sun, moon, etc.) to appear above the horizon: *The sun rises in the east and sets in the west.* ▶ **wschodzić 5** to show (as sth tall above the surroundings): *A range of mountains rose in the distance.* ▶ **wznosić się, wyrastać 6** to come from: *Shouts of protest rose from the crowd.* ▶ **podno-**

sić się **7 rise (up) (against sb/sth)** to start opposing or fighting people in authority: *The people were afraid to rise up against the dictator.* ▶ **buntować się 8** to move to a higher position (in rank, society, a career, etc.): *He rose rapidly within the company.* ▶ **awansować**

IDIOM **rise to the occasion, challenge, task, etc.** to deal with or cope with sth successfully: *Do you think she will rise to the demands of the job?* ▶ **stawać na wysokości zadania**

□ **rising** noun [C] fighting by a number of people (against people in authority) ➲ Por. **uprising**. ▶ **powstanie** | **rising** adj. **1** sloping upwards: *The new offices are being built on rising ground outside the town.* ▶ **wznoszący się 2** increasing: *the rising cost of living* ▶ **wzrastający 3** becoming well known or popular: *a rising young rock star* ▶ **nabierający rozgłosu**, (*o gwieździe rocka itp.*) **wschodzący**

★**risk** /rɪsk/ noun **1** [C,U] **risk (of sth/that...)** a possibility (of sth dangerous or unpleasant happening): *The risks involved in the enterprise were considerable.* ○ *Do you think there's any risk of rain?* ▶ **niebezpieczeństwo, ryzyko 2** [sing.] a dangerous or silly thing to do: *It was an unnecessary risk to overtake that lorry there.* ▶ **ryzyko 3** [sing.] a person or thing that might cause danger: *If he knows your real name he's a security risk.* ▶ **zagrożenie**

IDIOMS **at your own risk** having the responsibility for whatever may happen: *This building is in a dangerous condition – enter at your own risk.* ▶ **na własne ryzyko** | **at risk** in danger: *Small children are most at risk from the disease.* ▶ **zagrożony** | **at the risk of doing sth** with the possibility of (sth unpleasant): *At the risk of interfering, may I offer you some advice?* ▶ **narażając się na coś** | **run the risk (of doing sth)** to do sth knowing that the result might be bad or unpleasant; to risk: *If we don't leave early we run the risk of missing the plane.* ▶ **ryzykować** | **take a risk/risks** to do sth that you know might fail or be dangerous, etc.: *You shouldn't take risks when driving.* ○ *We took a risk and gave him a job.* ▶ **ryzykować**

□ **risk** verb [T] **1** to take the chance of sth unpleasant happening: *If you don't work hard now you risk failing your exams.* ▶ **ryzykować 2** to put sth or yourself in a dangerous position: *The man had risked his life to save the little boy.* ▶ **narażać, ryzykować** | **risky** adj. (**riskier**; **riskiest**) dangerous: *It's risky to drive fast when the roads are icy.* ▶ **ryzykowny, niebezpieczny**

rissole /ˈrɪsəʊl/ noun [C] a small flat mass of chopped meat and spices that is cooked by frying ▶ **kotlet mielony**

ritual /ˈrɪtʃuəl/ noun [C,U] an action, a ceremony or a process which is usually repeated in the same pattern: *English people often go through the ritual of talking about the weather when they meet.* ▶ **rytuał, zwyczaj**

□ **ritual** adj. done according to a particular pattern or tradition ▶ **rytualny** | **ritually** adv. ▶ **rytualnie**

★**rival** /ˈraɪvl/ noun [C] a person or thing that is competing with another: *They're business rivals.* ○ *It seems that we're rivals for the sales manager's job.* ○ *A rival shop has set up in the same street.* ▶ **rywal, konkurent**

□ **rival** verb [T] (**rival̲ling**; **rival̲led**; US **rival̲ing**; **rival̲ed**) **rival sb/sth (for/in sth)** to be as good as sb/sth: *This novel doesn't rival his earlier writing.* ○ *Nothing rivals skiing for sheer excitement.* ▶ **dorównywać** | **rivalry** /ˈraɪvlri/ noun [C,U] (pl. **rivalries**) competition between people, groups, etc.: *There was a lot of rivalry between the sisters.* ▶ **rywalizacja, współzawodnictwo**

★**river** /ˈrɪvə(r)/ noun [C] a large natural stream of water that flows across country: *the River Thames* ○ *a picnic on the bank of the river* ▶ **rzeka**

A river **flows** into the sea. Where it joins the sea is the river **mouth**. A boat sails **on** the river. We walk, sail, etc. **up** or **down river**.

■ **ˈriverside** noun [sing.] the land beside the banks of a river: *People were strolling along the riverside.* ○ *a riverside hotel* hotel położony nad rzeką ▶ **brzeg rzeki**

rivet¹ /ˈrɪvɪt/ noun [C] a metal pin for fastening two pieces of metal together ▶ **nit**

rivet² /ˈrɪvɪt/ verb [T] (usually passive) to interest sb greatly: *I was riveted by her story.* ▶ **porywać, przykuwać**

□ **riveting** adj. extremely interesting: *His speech was absolutely riveting.* ▶ **porywający**

RN /ˌɑːr ˈen/ abbr. (Brit.) Royal Navy: *Capt R Wood RN* ▶ **Królewska Marynarka Wojenna**

roach /rəʊtʃ/ noun [C] (US) = COCKROACH

★**road** /rəʊd/ noun **1** [C] a way between places, with a hard surface which cars, buses, etc. can drive along: *Is this the right road to Beckley?* ○ *Take the London road and turn right at the first roundabout.* ○ *Turn left off the main road.* ○ *major/minor roads* ○ *If you get onto the ring road, you'll avoid the town centre.* ○ *road signs* ○ *a road junction* skrzyżowanie ▶ **droga, szosa**

Drogi łączące miasta i wsie to **roads** (US **highways**): *a road map of England*. Droga w mieście lub na wsi, wzdłuż której stoją domy, nazywa się **street**: *a street map* (plan miasta) *of London*. Termin **road** może pojawiać się w nazwach ulic miejskich: *Bayswater Road, London*. Autostrady to **motorways** (US **freeways**, **expressways**). **A-roads** to drogi główne łączące duże miasta. **B-roads** to boczne drogi o mniejszym znaczeniu. **M** oznacza **motorway**.

2 (**Road**) (abbr. **Rd**) [sing.] (used in names of roads, especially in towns): *60 Marylebone Road, London* ▶ **ulica**

IDIOMS **by road** in a car, bus, etc.: *It's going to be a terrible journey by road – let's take the train.* ▶ **samochodem/autobusem itp., drogą lądową** | **on the road** travelling: *We were on the road for 14 hours.* ▶ **(być) w podróży**

■ **ˈroadblock** noun [C] a barrier put across the road by the police or army to stop traffic ▶ **zapora drogowa** | **ˈroadside** noun [C, usually sing.]

the edge of a road: *We had to stop at the roadside and wait for the engine to cool.* ○ *a roadside* (przydrożna) *café* ▶ **pobocze** | **ˈroad tax** noun [C,U] the tax which the owner of a car, etc. must pay to be allowed to drive it on public roads ▶ **podatek drogowy** | **ˈroad test** noun [C] a test to see how a car functions or what condition it is in ▶ **badanie diagnostyczne** (*samochodu*) | **the ˈroadway** noun [C] (formal) the part of the road used by cars, etc.; not the side of the road ▶ **jezdnia** | **ˈroadworks** noun [pl.] work that involves repairing or building roads: *The sign said 'Slow down. Roadworks ahead.'* ▶ **roboty drogowe** | **ˈroadworthy** adj. (used about a vehicle) in good enough condition to be driven on the road ▶ (*o pojeździe*) **sprawny technicznie**

roam /rəʊm/ verb [I,T] to walk or travel with no particular plan or aim: *Groups of youths roamed the city centre, looking for trouble.* ▶ **włóczyć się**

roar /rɔː(r)/ noun [C] a loud, deep sound like that made by a lion: *the roar of heavy traffic on the motorway* ○ *roars of laughter* ▶ **ryk, huk**

□ **roar** verb **1** [I] to make a loud, deep sound: *The river roared past, taking trees and rocks with it.* ○ *She roared with laughter at the joke.* ○ *The engine roared to life* (zastartował z rykiem). ▶ **huczeć, ryczeć 2** [I] to shout very loudly: *I often hear the teacher roaring at the children.* ▶ **wrzeszczeć 3** [I] to make the sound that is typical of a lion: *The lion opened its huge mouth and roared.* ▶ **ryczeć 4** [T] **roar sth (out)** to express sth very loudly: *The audience roared its approval.* ▶ **wywrzeszczeć, wykrzyczeć**

PHRASAL VERB **roar along, down, past, etc.** to move in the direction mentioned, making a loud, deep sound: *A motorbike roared past us.* ▶ **jechać z łoskotem**

roaring /ˈrɔːrɪŋ/ adj. **1** making a very loud noise: *the roaring waves* ▶ **huczący, ryczący 2** (used about a fire) burning very well ▶ **buzujący 3** very great: *a roaring success* ▶ **ogromny**

roast /rəʊst/ verb **1** [I,T] to cook or be cooked in an oven or over a fire: *a smell of roasting meat* ○ *to roast a chicken* ➲ Zob. uwagi przy **cook** i **meat**. ▶ **piec 2** [T] to heat and dry sth: *roasted peanuts* ▶ **prażyć**

□ **roast** adj. (only before a noun) cooked by roasting: *roast beef and roast potatoes* ▶ **pieczony, prażony** | **roast** noun **1** [C,U] a piece of meat that has been roasted ▶ **pieczeń 2** [C] (especially US) an outdoor meal at which food is roasted ➲ Por. **barbecue**. ▶ **przyjęcie na świeżym powietrzu, na którym podaje się potrawy z rożna**

★**rob** /rɒb/ verb [T] (**robbing**; **robbed**) **rob sb/sth (of sth) 1** to take sth (money, property, etc.) from a person or place illegally: *to rob a bank* ○ *Several people on the train were robbed of their money and jewellery.* ➲ Zob. uwaga przy **steal**. ▶ **kraść, okradać 2** to take sth away from sb/sth that they should have: *His illness robbed him of the chance to play for his country.* ▶ **pozbawić**

□ **robber** noun [C] a person who steals from a bank, etc. ➲ Zob. uwaga przy **thief**. ▶ **złodziej** | **robbery** /ˈrɒbəri/ noun [C,U] (pl. **robberies**) the crime of stealing from a bank, etc.: *They were accused of robbery with violence.* ▶ **napad**

robe /rəʊb/ noun [C] **1** a long, loose piece of clothing ▶ **szata, toga 2** (US) = DRESSING GOWN

robin /ˈrɒbɪn/ noun [C] a small brown bird with a bright red breast ▶ **rudzik**

robot /ˈrəʊbɒt/ noun [C] a machine that can move and that can be made to do some of the work that a person does. Some robots are made to look like people. ▶ **robot**

robust /rəʊˈbʌst/ adj. strong and healthy: *a robust child* ▶ **krzepki**

★**rock**[1] /rɒk/ noun **1** [U] the hard, stony part of the earth: *layers of rock formed over millions of years* ▶ **skała 2** [C] a large piece or area of this that sticks out of the sea or the ground: *The ship hit the rocks and started to sink.* ▶ **skała 3** [C] a large, separate stone: *The beach was covered with rocks that had broken away from the cliffs.* ▶ **kamień 4** [C] (US) a small piece of stone that can be picked up: *The boy threw a rock at the dog.* ▶ **kamień 5** [U] (Brit.) a type of hard sweet made in long, round sticks ▶ **rodzaj cukierka**

IDIOM **on the rocks 1** (used about drinks) served with ice but no water: *whisky on the rocks* ▶ (*o napojach alkoholowych*) **z lodem bez wody 2** (used about a marriage, business, etc.) having problems and likely to fail ▶ **rozbity, na skraju przepaści**

□ **rocky** adj. (**rockier**; **rockiest**) full of rocks or not level and smooth: *a rocky road* ○ *a rocky coastline* ▶ **kamienisty**

■ ˌ**rock ˈbottom** noun [U] the lowest point: *House prices have reached rock bottom and will soon start to rise again.* ○ *a rock-bottom price* ▶ **dno, najniższy punkt** | **ˈrock climbing** noun [U] the sport of climbing rocks and mountains with ropes, etc. ▶ **wspinaczka wysokogórska**

rock[2] /rɒk/ verb **1** [I,T] to move backwards and forwards or from side to side; to make sb/sth do this: *fishing boats rocking gently on the waves* ○ *The baby won't go to sleep unless you rock her pram for a while.* ▶ **kołysać (się) 2** [T] to shake sth violently: *The city was rocked by a bomb blast.* ▶ **wstrząsać 3** [T] to cause shock to sb/sth: *The country was rocked by the news of the riots.* ▶ **wstrząsać**

IDIOM **rock the boat** to do sth that causes problems or upsets people: *They employ mainly quiet people who won't complain and rock the boat.* ▶ **stwarzać problemy**

rock[3] /rɒk/ (also **ˈrock music**) noun [U] a type of pop music with a very strong beat, played on electric guitars, etc.: *a rock band/singer* ▶ **rock**

■ ˌ**rock and ˈroll** (also **rock 'n' roll**) noun [U] a type of music with a strong beat that was most popular in the 1950s: *Elvis Presley was the king of rock and roll.* ▶ **rock and roll**

rocket /ˈrɒkɪt/ noun [C] **1** a vehicle shaped like a tube, that is used for travel into space: *a space rocket* ○ *to launch a rocket* ▶ **rakieta 2** an object of a similar shape that is used as a weapon and that carries a bomb ▶ **rakieta 3** a firework that shoots high into the air when you light it, and

then explodes ▶ **rodzaj fajerwerku**
□ **rocket** verb [I] to increase or rise very quickly ▶ **wzrastać gwałtownie**

rod /rɒd/ noun [C] (often in compounds) a thin straight piece of wood or metal: *a fishing rod* wędka ▶ **pręt, drążek**

rode pt of RIDE²

rodent /ˈrəʊdnt/ noun [C] a type of small animal (such as a rat, a rabbit, a mouse, etc.) which has strong sharp front teeth ▶ **gryzoń**

rodeo /ˈrəʊdiəʊ; rəʊˈdeɪəʊ/ noun [C] (pl. **rodeos**) a contest or performance in which people show their skill in riding wild horses, catching cows, etc. ▶ **rodeo**

roe /rəʊ/ noun [U] the eggs or male seed of a fish, which can be eaten as food ▶ **ikra, mlecz**

rogue /rəʊg/ noun [C] (old-fashioned) a person who is not honest or reliable ▶ **szelma**

⋆**role** /rəʊl/ noun [C] **1** a person's part in a play, film, etc.: *Many actresses have played the role of Cleopatra.* ○ *a leading role in the film* ▶ **rola 2** the position and importance of sb/sth: *During her colleague's illness, she took on the role of supervisor.* ○ *Parents play a vital role in their children's education.* ▶ **rola**
■ **ˈrole-play** noun [C,U] an activity, used especially in teaching, in which a person acts a part ▶ **odgrywanie scenki**

⋆**roll¹** /rəʊl/ noun [C] **1** something made into the shape of a tube by winding it around itself: *a roll of film* ▶ **rolka 2** a very small loaf of bread for one person: *a roll and butter for breakfast* ○ *a ham roll* ➲ Ilustr. do **bread**. ▶ **bułka 3** moving or making sth move by turning over and over: *Everything depended on the roll of the dice.* ▶ **(po)toczenie (się) 4** an official list of names: *There are two hundred children on the school roll.* ○ *the electoral roll* ▶ **lista 5** a long, low sound: *a roll of drums* ○ *the roll of thunder* ▶ **werbel, grzmot 6** a movement from side to side: *the roll of a ship* ▶ **kołysanie się**

roll² /rəʊl/ verb **1** [I,T] to move by turning over and over; to make sth move in this way: *The apples fell out of the bag and rolled everywhere.* ○ *He tried to roll the rock up the hill.* ▶ **toczyć (się) 2** [I] to move smoothly (on wheels or as if on wheels): *The car began to roll back down the hill.* ○ *Tears were rolling down her cheeks.* ○ *Big black clouds came rolling across the sky.* ▶ **toczyć się 3** [I,T] to turn over or upwards; to make sb/sth do this: *She rolled over and looked up at him.* ○ *We rolled the mattress onto its other side.* ▶ **przekręcać (się) 4** [I,T] **roll (sth) (up)** to make sth into the shape of a ball or tube; to be made into this shape: *He was rolling himself a cigarette.* ○ *The insect rolled up when I touched it.* ❶ Antonim: **unroll**. ▶ **zwijać (się) 5** [T] to make sth become flat by moving sth heavy over it: *Roll out the pastry.* ▶ **rozwałkować, rozwalcować 6** [I] to rock or swing from side to side: *The ship was beginning to roll in the storm.* ○ *She was rolling about with laughter.* ▶ **kołysać się, tarzać się**
IDIOM **be rolling in money/in it** (slang) to have a lot of money ▶ **leżeć na pieniądzach**
PHRASAL VERBS **roll in** (informal) to arrive in large numbers or quantities: *Offers of help have been rolling in.* ▶ **napływać (masowo)** | **roll up** (informal) (used about a person or a vehicle) to arrive (often late) ▶ **zjawiać się**
■ **ˈrolling pin** noun [C] a piece of wood, etc. in the shape of a tube, that you use for making pastry flat and thin before cooking ➲ Ilustr. do **kitchen**. ▶ **wałek do ciasta**

roller /ˈrəʊlə(r)/ noun [C] **1** a long object in the shape of a tube, which is usually part of a machine or a piece of equipment and can have various uses: *The tins are then crushed between two rollers.* ○ *a roller blind* roleta ▶ **wałek, walec 2** [usually pl.] small plastic tubes that women wind their hair round to make it curl ▶ **wałki**
■ **ˈRollerblade**™ noun [C, usually pl.] a shoe with a row of small wheels on the bottom. It allows you to move quickly over a smooth surface. ▶ **łyżworolka** | **Rollerblade** verb to move over a hard surface wearing Rollerblades ▶ **jeździć na łyżworolkach** ❶ O jeździe na łyżworolkach dla przyjemności zwykle mówi się **go rollerblading**: *We go rollerblading every weekend.* | **ˈroller coaster** noun [C] a narrow metal track at a fairground that goes up and down and round tight bends, and that people ride on in a special vehicle for fun ▶ **kolejka górska** (*w parku rozrywki*) | **ˈroller skate** (also **skate**) noun [C] a shoe with two rows of two small wheels on the bottom. It allows you to move quickly over a smooth surface: *a pair of roller skates* ▶ **wrotka** | **ˈroller skate** verb [I] ▶ **jeździć na wrotkach** | **ˈroller skating** noun [U] ▶ **jazda na wrotkach**

ROM /rɒm/ noun [U] the abbreviation for 'read-only memory' (computer memory that contains instructions or data that cannot be changed or removed) ➲ Por. **CD-ROM**. ▶ **pamięć ROM**

Roman /ˈrəʊmən/ adj. connected with ancient Rome: *the remains of a Roman villa* ○ *Roman coins* ▶ **rzymski**
□ **Roman** noun [C] a citizen of Rome ▶ **Rzymian-in/ka**
■ **the ˌRoman ˈalphabet** noun [sing.] the letters A to Z, used especially in West European languages ▶ **alfabet łaciński** | **ˌRoman ˈCatholic** (also **Catholic**) noun [C], adj. (a member) of the Christian Church which has the Pope as its head: *She's (a) Roman Catholic.* ▶ **osoba wyznania rzymskokatolickiego** | **ˌRoman Caˈtholicism** (also **Catholicism**) noun [U] the beliefs of the Roman Catholic Church ▶ **wyznanie rzymskokatolickie** | **ˌRoman ˈnumerals** noun [pl.] the letters used by the ancient Romans as numbers ▶ **cyfry rzymskie**

> Cyfry rzymskie są obecnie w ang. rzadko używane, jednak spotyka się je czasami, np. w numeracji stron i rozdziałów w książkach lub na tarczach zegarów.

Romance /rəʊˈmæns/ adj. (only before a noun) of those languages which are descended from Latin: *French, Italian and Spanish are Romance languages.* ▶ **romański**

romance /rəʊ'mæns/ noun **1** [C] a love affair: *The film was about a teenage romance.* ▶ **romans 2** [U] a feeling or atmosphere of love or of sth new, special and exciting: *The stars were out and romance was in the air.* ▶ **romantyczność 3** [C] a novel about a love affair: *She writes historical romances.* ▶ **romans**

Romanesque /ˌrəʊmə'nesk/ noun [U] the style of architecture used in Europe between the 10th and 13th centuries, with round arches, thick walls and tall pillars ❶ W Anglii ten sam styl zwykle nazywa się **Norman**. ▶ **styl romański**
□ **Romanesque** adj. ▶ **romański**

★**romantic** /rəʊ'mæntɪk/ adj. **1** having or showing ideas about life and love that are emotional rather than real or practical: *He has a romantic idea that he'd like to live on a farm.* ▶ **romantyczny 2** involving a love affair; describing situations involving love: *Reports of a romantic relationship between the two film stars have been strongly denied.* ○ *a romantic novel* ▶ **romantyczny 3** having a quality that strongly affects your emotions or makes you think about love; showing feelings of love: *a romantic candlelit dinner* ▶ **romantyczny**
□ **romantic** noun [C] a person who has ideas that are not based on real life or that are not very practical ▶ **romanty-k/czka** | **romantically** /-kli/ adv. ▶ **romantycznie** | **romanticize** (also **-ise**) /rəʊ'mæntɪsaɪz/ verb [I,T] to make sth seem more interesting, exciting, etc. than it really is ▶ **koloryzować; fantazjować**

romp /rɒmp/ verb [I] (used about children and animals) to play in a noisy way with a lot of running, jumping, etc. ▶ **dokazywać**
IDIOM **romp home/to victory** to win easily: *United romped to a 4-0 victory over Juventus.* ▶ **wygrać z łatwością**
□ **romp** noun [C] ▶ **dokazywanie**

★**roof** /ru:f/ noun [C] (pl. **roofs**) **1** the part of a building, vehicle, etc. which covers the top of it: *the roof of the school* ○ *a flat roof* ○ *The coach had windows in the roof which allowed some air in.* ○ *The library and the sports hall are under one roof* (w tym samym budynku). ○ *We can store a lot of things in the roof* (na strychu). ▶ **dach 2** the highest part of sth: *The roof of the cave had collapsed.* ▶ **strop**
IDIOM **a roof over your head** somewhere to live: *I might not have any money, but at least I've got a roof over my head.* ▶ **dach nad głową**
■ **'roof rack** noun [C] a structure that you fix to the roof of a car and use for carrying luggage or other large objects ➲ Ilustr. do **rack**. ▶ **bagażnik na dachu samochodu** | **'rooftop** noun [C, usually pl.] the outside of the roofs of buildings: *From the tower we looked down over the rooftops of Florence.* ▶ **dach**

rook /rʊk/ noun [C] a large black bird. Rooks build their nests in groups. ▶ **gawron**

★**room** /ru:m; rʊm/ noun **1** [C] a part of a house or building that is separated from the rest by its own walls, floor and ceiling: *The house has three rooms downstairs and four bedrooms.* ○ *a sitting/dining room* ○ *a spare room* pokój gościnny ○ *a students' common room* ○ *a changing room* szatnia (na basenie itp.) lub przymierzalnia ○ *a fitting room* przymierzalnia ○ *a dressing room* garderoba (w teatrze itp.) ○ *to book a room at a hotel* ○ *a single/double room* ▶ **pokój 2** [U] **room (for sb/sth)**; **room (to do sth)** space; enough space: *There isn't room for any more furniture in here.* ○ *The table takes up too much room.* ○ *They're pulling down those old factories to make room for new development.* ○ *There were so many people that there wasn't any room to move.* ▶ **miejsce 3** [U] **room (for sth)** the opportunity or need for sth: *There's room for improvement in your work.* Twoja praca mogłaby być lepsza. ➲ Zob. uwaga przy **place**[1]. ▶ **możliwość**
□ **roomful** /-fʊl/ noun [C] the amount or number that a room can contain: *There was a roomful of reporters waiting to interview him.* ▶ **pełen pokój, pełna sala** | **roomy** adj. (**roomier**; **roomiest**) having plenty of space: *a roomy house/car* ▶ **przestronny**
■ **'room-mate** noun [C] a person that you share a room with in a flat, etc. ▶ **współlokator/ka**

roost /ru:st/ noun [C] a place where birds rest or sleep ▶ **grzęda**

rooster /'ru:stə(r)/ noun [C] (US) = COCK[1](1)

★**root**[1] /ru:t/ noun **1** [C] the part of a plant that grows under the ground and takes in water and food from the soil ▶ **korzeń 2** [C] the part of a hair or tooth that is under the skin and that attaches it to the rest of the body ▶ **korzeń, cebulka 3** (**roots**) [pl.] the place where you feel that you belong, because you grew up there, live there or your relatives once lived there ▶ **korzenie 4** [C] the cause or source of sth: *Let's try and get to the root of the problem.* ▶ **sedno, źródło**

root[2] /ru:t/ verb
PHRASAL VERBS **root about/around (for sth)** to search through things, especially in an untidy or careless way: *What are you rooting around in my desk for?* ▶ **grzebać** | **root for sb/sth** to give support to sb who is in a competition, etc.: *Good luck in the match – we'll all be rooting for you.* ▶ **dopingować** | **root sb/sth out** to find and destroy sth bad completely ▶ **wykorzeniać**

★**rope** /rəʊp/ noun [C,U] very thick, strong cord, that is used for tying or lifting heavy things, climbing up, etc.: *We need some rope to tie up the boat with.* ○ *a skipping rope* skakanka ▶ **lina, sznur**
IDIOM **show sb/know/learn the ropes** to show sb/know/learn how a job should be done ▶ **pouczać/wtajemniczać kogoś; zaznajamiać się, zapoznawać się**
□ **rope** verb [T] to tie sb/sth with a rope: *The climbers were roped together when they crossed the glacier.* ▶ **wiązać**
PHRASAL VERBS **rope sb in (to do sth)** (informal) to persuade sb to help in some activity: *I've been roped in to help at the school play.* ▶ **wciągać** | **rope sth off** to put ropes round or across an area in order to keep people out of it ▶ **odgradzać**
■ **'rope ladder** noun [C] a ladder made of two

long ropes and steps of rope, wood or metal ▶ **drabinka sznurowa**

rosary /ˈrəʊzəri/ noun [C] (pl. **rosaries**) a string of beads used for counting prayers ▶ **różaniec**

rosé /ˈrəʊzeɪ; US rəʊˈzeɪ/ noun [U] pink wine ▶ **rosé** (*wino*)

rose[1] pt of RISE[2]

★**rose**[2] /rəʊz/ noun [C] a flower with a sweet smell, that grows on a bush and usually has thorns on its stem ▶ **róża**

rosemary /ˈrəʊzməri; US -meri/ noun [U] a bush with narrow sweet-smelling leaves which are used to give flavour to food ▶ **rozmaryn**

rosette /rəʊˈzet/ noun [C] a large badge made from coloured ribbons. You may get one as a prize in a show or you may wear one to show that you support a sports team, political party, etc. ▶ **rozetka**

roster /ˈrɒstə(r)/ noun [C] (especially US) = ROTA

rostrum /ˈrɒstrəm/ noun [C] (pl. **rostrums** or **rostra** /-trə/) a platform that sb stands on to make a public speech, etc. ▶ **mównica**

rosy /ˈrəʊzi/ adj. (**rosier**; **rosiest**) **1** deep pink in colour and (used about a person) healthy-looking: *rosy cheeks* ➲ Por. **pink**. ▶ **różowy; zaróżowiony** **2** (used about a situation) full of good possibilities: *The future was looking rosy.* ▶ **różowy**

rot /rɒt/ verb (**rotting**; **rotted**) **1** [I] to go bad (as part of a natural process); to decay: *Wood will rot in damp conditions.* ▶ **gnić** **2** [T] to make sth go bad or decay: *Too many sweets will rot your teeth!* ▶ **psuć**

□ **rot** noun [U] **1** the condition of being bad or rotten: *The floorboards have got rot in them* (są spróchniałe). ▶ **gnicie, rozkład** **2** (Brit., old-fashioned, informal) nonsense ▶ **bzdura**

rota /ˈrəʊtə/ noun [C] (pl. **rotas**) (US also **roster**) a list of people who share a certain job or task and the times that they are each going to do it: *I have a rota with some other mothers for taking the children to school.* ▶ **rozkład** (*zajęć*)

rotary /ˈrəʊtəri/ adj. moving in circles round a central point ▶ **obrotowy**

rotate /rəʊˈteɪt/ verb [I,T] **1** to turn in circles round a central point; to make sth do this: *The earth rotates around the sun.* ○ *You can see the parts that rotate the hands of the clock.* ▶ **obracać (się)** **2** to happen in turn or in a particular order; to make sth do this: *The position of president is rotated* (zajmowane jest kolejno) *among all the member countries.* ▶ **zmieniać (się) kolejno**

□ **rotation** /rəʊˈteɪʃn/ noun **1** [U] movement in circles: *the earth's rotation* ▶ **ruch obrotowy** **2** [C] one complete turn around sth: *one rotation every 24 hours* ▶ **obrót**

rotor /ˈrəʊtə(r)/ noun [C] a part of a machine that turns round, especially the blades on top of a helicopter ▶ **wirnik**

rotten /ˈrɒtn/ adj. **1** (used about food and other substances) old and not fresh enough or good enough to use: *rotten vegetables* ○ *Some of the stairs were rotten and not safe.* ▶ **zgniły, spróchniały** **2** (informal) very bad: *We had rotten weather all week.* ▶ **paskudny, kiepski** **3** (informal) unfair, unkind or unpleasant: *That was a rotten thing to say to you!* ▶ **wstrętny, paskudny** **4** (informal) (used for emphasizing that you are angry): *He spent all weekend working on his rotten car!* ▶ **cholerny, przeklęty**

Rottweiler /ˈrɒtvaɪlə(r)/ noun [C] a large, often fierce, black and brown dog ▶ **pies rasy rottweiler**

rouge /ruːʒ/ noun [U] a red powder or cream used for giving more colour to the cheeks ▶ **róż**

★**rough**[1] /rʌf/ adj. **1** not smooth or level: *It's not easy to walk over such rough ground.* ○ *Her hands were rough with too much work.* ▶ **nierówny, szorstki** **2** moving or behaving with too much force and not enough care; not gentle or calm: *There was rather a rough game of football going on.* ○ *The ferry was cancelled because the sea was so rough* (wzburzone). ○ *I wouldn't walk alone in that part of London at night. It's very rough* (niebezpieczna). ▶ **brutalny** **3** made or done quickly or without much care; approximately correct: *a rough estimate of what the work would cost* ○ *Can you give me a rough idea of what time you'll be arriving?* ▶ **przybliżony** **4** (informal) rather ill; unwell: *You look a bit rough* (źle wyglądasz) – *are you feeling all right?* ▶ **wykończony, skacowany** **5** difficult and unpleasant: *He's had a really rough time* (przeżywa ciężkie chwile) *recently.* ▶ **ciężki**

IDIOM **be rough (on sb)** be unpleasant or unlucky (for sb) ▶ **układać się (dla kogoś) niekorzystnie/pechowo**

□ **roughly** adv. **1** in a violent way; not gently: *He grabbed her roughly by her arm.* ▶ **brutalnie** **2** not exactly; approximately: *It took roughly three hours, I suppose.* ▶ **w przybliżeniu** | **roughness** noun [U] the quality or state of being rough: *The roughness of the material irritated my skin.* ▶ **szorstkość, brutalność**

rough[2] /rʌf/ adv. **1** in a rough way: *One of the boys was told off for playing rough.* ▶ **brutalnie** **2** (informal) in a difficult or unpleasant way: *He's had it rough* (przeżywał ciężkie chwile) *since she left.*

IDIOM **live/sleep rough** to live or sleep outdoors, usually because you have no home or money ▶ (*zwykle o bezdomnych*) **mieszkać/spać byle gdzie**

rough[3] /rʌf/ noun

IDIOMS **in rough** in an early form, not finished properly: *Write out your essay in rough first.* ▶ **na brudno** | **take the rough with the smooth** to accept difficult or unpleasant things as well as pleasant things ▶ **pogodzić się z przeciwnościami losu**

rough[4] /rʌf/ verb

IDIOM **rough it** to live without the usual comforts of life: *She never goes camping because she hates roughing it.* ▶ **żyć w warunkach spartańskich**

roughage /ˈrʌfɪdʒ/ noun [U] the types or parts of food which help you to digest other foods ▶ **otręby**

roughen /ˈrʌfn/ verb [T] to make sth rough: *Her*

skin was roughened by the wind and cold. ▶ **stracić gładkość, stać się szorstkim**

roulette /ru:ˈlet/ noun [U] a game in which a ball is dropped onto a moving wheel that has holes with numbers on it. The players bet on which number hole the ball will be in when the wheel stops. ▶ **ruletka**

★**round**[1] /raʊnd/ adj. having the shape of a circle or a ball: *a round table* ○ *People used to think the earth was flat, not round.* ○ *a round face* ▶ **okrągły**

IDIOM **in round figures/numbers** given to the nearest 10, 100, 1 000, etc.; not given in exact figures or numbers ▶ **w zaokrągleniu**

■ ˌ**round ˈtrip** noun [C] **1** a journey to one or more places and back again, often by a different route ▶ **objazd** **2** (US) = RETURN[2](5): *a round-trip ticket* bilet powrotny ▶ **podróż w obie strony**

★**round**[2] /raʊnd/ adv. ❶ **Round** używa się w czasownikach złożonych. ➲ Zob. hasła przy odpowiednich czasownikach, np. **come**, **get**, **go**. **1** in a circle or curve to face another way or the opposite way: *She moved her chair round* (odwróciła krzesło) *so that she could see out of the window.* ○ *Don't look round* (nie odwracaj się) *but the teacher's just come in.* ▶ **dookoła** **2** in a full circle: *The wheels spun round and round but the car wouldn't move.* ▶ **w kółko** **3** measuring or marking a circle or the edge of sth: *You can't get in because there's a fence all round.* ▶ **naokoło, dookoła, wkoło** **4** from one place, person, etc. to another: *Pass the photographs round* (puść zdjęcia obiegiem) *for everyone to see.* ○ *I've been rushing round all day.* ▶ **z miejsca na miejsce** **5** to a particular place, especially where sb lives: *I'll pop round* (wpadnę do ciebie) *at about 8 o'clock.* ▶ **dokądś, do kogoś**

IDIOMS **round about** in the area near a place: *We've been to most of the pubs round about.* ▶ **w okolicy** | **the other way round** in the opposite way or order: *I'm not going to go to Paris then Brussels – I'll do it the other way round.* ❶ **Around** znaczy to samo co **round** i jest częściej spotykane w Amer. ang. ▶ **odwrotnie, w odwrotnej kolejności**

★**round**[3] /raʊnd/ prep. **1** (used about movement) in a circle round a fixed point: *Chichester sailed round the world in a yacht.* ▶ **dookoła** **2** to or on the other side of sth: *There's a postbox just round the corner.* ○ (figurative) *It wasn't easy to see a way round the problem* (sposób rozwiązania). ▶ **za, po drugiej stronie** **3** on all sides of sth; surrounding sth: *He had a bandage right round his head.* ○ *We sat round the table, talking late into the night.* ▶ **dookoła, wokół** **4** in the area near a place: *Do you live round here?* ▶ **w okolicy** **5** in or to many parts of sth: *Let me show you round* (pokazać) *the house.* ○ *We drove round France* (objechaliśmy), *stopping here and there.* ▶ **po** **6** **round about sth** approximately: *We hope to arrive round about 6.* ❶ **Around** znaczy to samo co **round** i jest częściej spotykane w Amer. ang. ▶ **około**

★**round**[4] /raʊnd/ noun [C] **1** a number or set of events, etc.: *a further round of talks with other European countries* ▶ **runda** **2** a regular series of visits, etc., often as part of a job: *The postman's round takes him about three hours.* ▶ **obchód, objazd** **3** a number of drinks (one for all the people in a group): *I'll buy the first round.* ○ *It's my round.* Moja kolej, (żeby zamówić trunki). ▶ **kolejka** **4** one part of a game or competition: *the third round of the boxing match* ○ *The winners of the first round will go on to the second stage of the competition.* ▶ **runda** **5** (in golf) one game: *to play a round of golf* ▶ **partia** **6** a bullet or a number of bullets, fired from a gun: *He fired several rounds at us.* ▶ **nabój, seria** **7** a short sudden period of loud noise: *a round of applause* ▶ **burza**

round[5] /raʊnd/ verb [T] to go round sth: *The police car rounded the corner at high speed.* ▶ **brać zakręt, okrążać**

PHRASAL VERBS **round sth off** to end or complete sth in a satisfactory way: *We rounded off the meal with coffee and chocolates.* ▶ **zakończyć** | **round sb/sth up** to gather sb/sth in one place: *The teacher rounded up the children.* ▶ **zbierać, spędzać** | **round sth up/down** to increase/decrease a number, price, etc. to the nearest whole number: *Please round the price up to the nearest penny.* ▶ **zaokrąglać** (*w górę/w dół*)

roundabout[1] /ˈraʊndəbaʊt/ adj. longer than necessary, or usual; not direct: *We got lost and came by rather a roundabout route.* ▶ **okrężny**

roundabout/ merry-go-round

merry-go-round/ roundabout (US carousel)

roundabout

roundabout[2] /ˈraʊndəbaʊt/ noun [C] **1** a circular area where several roads meet. You drive round it until you come to the exit you want: *Give way to traffic that is already on the roundabout.* ▶ **rondo** **2** (also **merry-go-round**; US **carousel**) a big round platform at a fair, etc. that turns round and round mechanically. It has model animals, etc. on it for children to ride on: *to have a ride on a roundabout* ▶ **karuzela** **3** a round platform in a playground. Children sit or stand on it and sb pushes it round. ▶ **karuzela**

rounders /ˈraʊndəz/ noun [U] (Brit.) a game for two teams played with a bat and ball. Players have to hit the ball and then run round the outside of four posts arranged in a square. ▶ **rodzaj palanta**

rouse /raʊz/ verb [T] **1** (formal) to make sb wake up: *She was sleeping so soundly that I couldn't rouse her.* ▶ **budzić** **2** to make sb/sth very angry, excited, interested, etc.: *He can get very angry when he's roused.* ▶ **podniecać, pobudzać**

□ **rousing** adj. exciting and powerful: *a rousing speech* ▶ **porywający, podniecający**

rout /raʊt/ noun [C] a complete defeat, ending in disorder ▶ **pogrom, klęska**

□ **rout** verb [T] to defeat sb completely ▶ **rozgromić**

⋆**route** /ru:t; US raʊt/ noun [C] **1** a way from one place to another: *We took the fastest and most direct route to the coast.* ○ *I got a leaflet about the bus routes from the information office.* ○ *Thousands of people were waiting beside the route that the President's car would take.* ▶ **droga, trasa 2** a way of achieving sth: *Hard work is the only route to success.* ▶ **droga, sposób**

⋆**routine** /ru:'ti:n/ noun **1** [C,U] the fixed and usual way of doing things: *If you work out a routine you will get things done more quickly.* ○ *Children like routine. They like to know what to expect.* ▶ **ustalony porządek 2** [U] tasks that have to be done again and again and so are boring: *I gave up the job because I couldn't stand the routine.* ▶ **rutyna 3** [C] a series of movements, jokes, etc. that are part of a performance: *a dance/comedy routine* ▶ **układ**

□ **routine** adj. **1** normal and regular; not unusual or special: *The police would like to ask you some routine questions.* ▶ **zwyczajowy, rutynowy 2** boring; not exciting: *It's a very routine job, really.* ▶ **rutynowy** | **routinely** adv. very often; regularly; as part of a routine: *The machines are routinely checked every two months.* ▶ **rutynowo**

⋆**row[1]** /rəʊ/ noun [C] **1** a line of people or things: *a row of books* ○ *The children were all standing in a row at the front of the class.* ▶ **rząd, szereg 2** a line of seats in a theatre, cinema, etc.: *Our seats were in the back row.* ○ *a front row seat* ▶ **rząd**

IDIOM **in a row** one after another; without a break: *It rained solidly for four days in a row.* ▶ **z rzędu**

⋆**row[2]** /rəʊ/ verb **1** [I,T] to move a boat through the water using oars: *We often go rowing* (często pływamy łódką) *on the Thames.* ○ *He rowed the boat slowly down the river.* ▶ **wiosłować 2** [T] to carry sb/sth in a boat that you row: *Could you row us over to the island?* ▶ **przeprawiać kogoś (łódką)**

□ **row** noun [sing.] a trip in a boat that you row: *We went for a row on the river.* ▶ **przejażdżka łódką**

■ **'rowing boat** (US **'rowboat**) noun [C] a small boat that you move through the water using oars ▶ **łódź wiosłowa**

row[3] /raʊ/ noun **1** [C] a noisy argument between two or more people: *Lucy has had a row with her boyfriend.* ▶ **kłótnia 2** [C] a public argument especially among politicians: *There have been new developments in the row about the future of the National Health Service.* ▶ **awantura 3** [sing.] a loud noise: *What a row! Could you be a bit quieter?* ▶ **hałas**

□ **row** verb [I] to quarrel noisily: *My husband and I are always rowing about money!* ▶ **kłócić się**

rowan /'rəʊən; 'raʊən/ (also **rowan tree**) noun [C] a type of tree that has red berries in the autumn ▶ **jarzębina**

rowdy /'raʊdi/ adj. (**rowdier**; **rowdiest**) noisy and uncontrolled: *rowdy behaviour among a group of football fans* ▶ **hałaśliwy, awanturniczy**

□ **rowdily** adv. ▶ **hałaśliwie, awanturniczo** | **rowdiness** noun [U] ▶ **awanturowanie się, hałaśliwość**

⋆**royal** /'rɔɪəl/ adj. **1** connected with a king, queen or a member of their family: *the royal family* ○ *the royal visit to New Zealand* ▶ **królewski 2** (used in the names of organizations) supported by a member of the royal family: *the Royal Society for the Protection of Birds* ▶ **królewski**

□ **royal** noun [C] (informal) a member of the royal family ▶ **członek rodziny królewskiej**

■ ˌ**royal 'blue** adj. deep bright blue in colour ▶ **ciemnoniebieski** | ˌ**Royal 'Highness** noun [C] (used when you are speaking to or about a member of the royal family): *their Royal Highnesses, the King and Queen of Spain* ▶ **Królewska Mość**

royalty /'rɔɪəlti/ noun (pl. **royalties**) **1** [U] members of the royal family ▶ **człon-ek/kowie rodziny królewskiej 2** [C] an amount of money that is paid to the person who wrote a book, piece of music, etc. every time their work is sold or performed ▶ **tantiema**

rpm /ˌɑ: pi: 'em/ abbr. revolutions per minute: *engine speed 2 500 rpm* ▶ **obr/min**

RSI /ˌɑ:r es 'aɪ/ noun [U] repetitive strain injury; pain and swelling, especially in the wrists and hands, caused by doing the same movement many times in a job or an activity ▶ **uszkodzenie przeciążeniowe**

RSVP /ˌɑ:r es vi: 'pi:/ abbr. (used on invitations) please reply ▶ **uprasza się o odpowiedź**

Rt Hon abbr. Right Honourable; a title for Cabinet ministers and some members of the nobility ▶ **Wasza Wysokość**

⋆**rub** /rʌb/ verb (**rubbing**; **rubbed**) **1** [I,T] to move your hand, a cloth, etc. backwards and forwards on the surface of sth while pressing firmly: *Ralph rubbed his hands together* (zacierał ręce) *to keep them warm.* ○ *Rub hard and the mark should come out.* ○ *The cat rubbed against my leg.* ○ *The cat rubbed its head against my leg.* ○ *He rubbed his face with his hand.* ○ *He rubbed his hand across his face.* Przeciągnął ręką po twarzy. ○ *He rubbed the sweat off his face* (starł pot z twarzy) *with his hand.* ▶ **pocierać, ocierać (się) 2** [T] to put a cream, liquid, etc. onto a surface by rubbing(1): *Apply a little of the lotion and rub it into the skin.* ▶ **wcierać 3** [I] **rub (on/against sth)** to press on/against sth (often causing pain or damage): *These new shoes are rubbing my heels.* ▶ **obcierać**

IDIOMS **rub salt into the wound/sb's wounds** to make a difficult experience even more difficult for sb ▶ **jątrzyć czyjeś rany** | **rub shoulders with sb** to meet and spend time with famous people: *As a journalist you rub shoulders with the rich and famous.* ▶ **przebywać w towarzystwie znanych ludzi, ocierać się o kogoś**

PHRASAL VERBS **rub it/sth in** to keep reminding sb of sth embarrassing that they want to forget: *I know it was a stupid mistake, but there's no need to rub it in!* ▶ **wypominać coś komuś** | **rub off (on/onto sb)** (used about a good quality) to be transferred from one person to another: *Let's hope some of her enthusiasm rubs off onto her brother.* ▶ **udzielać się komuś** | **rub sth out** to remove the marks made by a pencil, chalk, etc. using a rubber, cloth, etc.: *That answer is wrong. Rub it out.* ▶ **ścierać, wymazywać**
□ **rub** noun [C] an act of rubbing(1): *Give your shoes a rub* (wyczyść buty) *before you go out.* ▶ **polerowanie, nacieranie**

★**rubber** /ˈrʌbə(r)/ noun **1** [U] a strong substance that is made chemically or from the juice of a tropical tree. Rubber is elastic (= it can stretch and then return to its original shape) and it is also waterproof: *Car tyres are made of rubber.* ○ *foam rubber* ○ *rubber gloves for washing up* ▶ **guma 2** [C] (especially US **eraser**) a small piece of rubber that you use for removing pencil marks from paper ▶ **gumka 3** [C] (informal) = CONDOM ▶ **gumka**
□ **rubbery** /ˈrʌbəri/ adj. like rubber ▶ **gumowy**
■ ˌ**rubber ˈband** (also **elastic band**) noun [C] a thin circular piece of rubber that is used for holding things together: *Her hair was tied back with a rubber band.* ▶ **gumka** | ˌ**rubber ˈstamp** noun [C] a piece of equipment with rubber letters on it that you use for printing a name, date, etc. on a document ▶ **pieczątka** | ˌ**rubber-ˈstamp** verb [T] (usually used about sb with authority) to agree to sth without thinking about it carefully ▶ **zatwierdzać, zgadzać się w ciemno**

★**rubbish** /ˈrʌbɪʃ/ (US **garbage**; **trash**) noun [U] **1** things that you do not want any more; waste material: *The dustmen collect the rubbish every Monday.* ○ *a rubbish bin* ○ *It's only rubbish – throw it away.* ➲ Ilustr. do **bin**. ▶ **śmieć, śmieci 2** something that you think is bad, silly or wrong: *Don't talk such rubbish.* ▶ **bzdura, głupstwo**
■ ˈ**rubbish tip** = TIP[1](4)

rubble /ˈrʌbl/ noun [U] pieces of broken brick, stone, etc., especially from a damaged building ▶ **gruz**

rubella /ruːˈbelə/ noun [U] = GERMAN MEASLES

ruby /ˈruːbi/ noun [C] (pl. **rubies**) a type of precious stone that is red ▶ **rubin**

rucksack /ˈrʌksæk/ → BACKPACK

rudder /ˈrʌdə(r)/ noun [C] a piece of wood or metal that is used for controlling the direction of a boat or an aeroplane ▶ **ster**

★**rude** /ruːd/ adj. **1** not polite: *It's rude* (to niegrzecznie) *to interrupt when people are speaking.* ○ *He's often rude to his mother.* ○ *I think it was rude of them* (niegrzecznie z ich strony) *not to phone.* ❶ Synonim: **impolite**. ▶ **niegrzeczny, nieuprzejmy 2** connected with sex, using the toilet, etc.: *a rude joke* ○ *a rude word* ▶ **sprośny, wulgarny 3** sudden and unpleasant: *If you're expecting any help from him, you're in for a rude shock* (to czeka cię gorzkie rozczarowanie). ▶ **gwałtowny**
□ **rudely** adv. ▶ **niegrzecznie; wulgarnie** | **rudeness** noun [U] ▶ **niegrzeczność; grubiaństwo**

rudimentary /ˌruːdɪˈmentri/ adj. basic or very simple ▶ **podstawowy, elementarny**

ruffle /ˈrʌfl/ verb [T] **1** to make sth untidy or no longer smooth: *The bird ruffled up its feathers.* ○ *to ruffle sb's hair* ▶ **stroszyć 2** (often passive) to make sb annoyed or confused ▶ **irytować**

rug /rʌg/ noun [C] **1** a piece of thick material that covers a small part of a floor ➲ Por. **carpet** i **mat**. ▶ **dywanik, kilim 2** a type of blanket that you put over your legs or around your shoulders ▶ **pled**

rugby /ˈrʌgbi/ (also ˌ**rugby ˈfootball**) noun [U] a form of football that is played by two teams of 13 or 15 players with an oval ball that can be carried or kicked ▶ **rugby**

> W Wlk. Br. **Rugby League** to gra w drużynach 13-osobowych, natomiast **Rugby Union** – w drużynach 15-osobowych.

rugged /ˈrʌgɪd/ adj. **1** (used about land) rough and rocky with few plants: *a rugged coastline* ▶ **skalisty, dziki, poszarpany 2** (used about a man) looking strong ▶ **krzepki 3** strong and made for difficult conditions ▶ **twardy**

★**ruin** /ˈruːɪn/ noun **1** [U] a state of destruction, when sth is completely spoilt: *The city was in a state of ruin* (w ruinie). ▶ **ruina 2** [U] the cause or state of having lost all your money, hope of being successful, etc.: *Many small companies are facing financial ruin.* ▶ **ruina, upadek 3** [C] a building, town, etc. that has been badly damaged or destroyed; the parts of a building, town, etc. that are left when it has been almost completely destroyed: *The old house is now a ruin.* ○ *We went to look at the ruins of the castle.* ○ *the ruins of the ancient city of Pompeii* ▶ **rudera, ruina**
IDIOMS **go to rack and ruin** → RACK[3] | **in ruin(s)** badly damaged or destroyed: *After the accident her life seemed to be in ruins.* ○ *The city of Berlin was in ruins at the end of the war.* ▶ **w gruzach**
□ **ruin** verb [T] **1** to damage sth badly, to destroy: *a ruined building* ○ *The crops were ruined by the late frost.* ▶ **niszczyć (doszczętnie) 2** to spoil sth so that it is no longer good: *Much of the coast has been ruined by tourism.* ○ *My dress was ruined when I spilled wine over it.* ▶ **niszczyć, rujnować 3** to cause sb to lose all their money, hope of being successful, etc.: *The cost of the court case nearly ruined them.* ▶ **doprowadzać do ruiny** | **ruinous** /ˈruːɪnəs/ adj. costing much more money than you can afford to spend ▶ **rujnujący, zgubny**

★**rule** /ruːl/ noun **1** [C] an official statement that tells you what you can or cannot do, say, etc.: *to obey/break a rule* ○ *Do you know the rules of chess?* ○ *It's against the rules* (niezgodne z regulaminem) *to smoke in this area.* ○ *rules and regulations* regulamin ▶ **przepis, reguła 2** [C] a piece of advice about what you should do in a particular situation: *When you run a marathon, the golden rule is: don't start too fast.* ▶ **zasada**

3 [sing.] what is usual: *Large families are the exception rather than the rule nowadays.* ▶ **reguła 4** [C] (in a language) a description of what is usual or correct: *What is the rule for forming the past tense?* ▶ **reguła, zasada 5** [U] government; control: *Indonesia was formerly under Dutch rule.* ○ *the rule of law* rządy prawa ▶ **panowanie**

IDIOMS **as a (general) rule** (formal) usually: *Women, as a rule, live longer than men.* ▶ **z reguły** | **bend the rules** → BEND[1] | **a rule of thumb** a simple piece of practical advice, not involving exact details or figures ▶ **praktyczna zasada** | **work to rule** a form of industrial protest in which you follow the rules of your employment very closely so that your work takes longer than usual ▶ **strajk włoski**

□ **rule** verb [I,T] **1 rule (over sb/sth)** to have the power over a country, etc.: *Britain once ruled over a vast empire.* ○ *The Congress Party ruled India for almost 40 years.* ○ (figurative) *His whole life was ruled by his ambition to become Prime Minister.* ▶ **panować; dominować 2 rule (on sth); rule (in favour of/against sb/sth)** to make an official decision: *The judge ruled that the police officers had not acted unlawfully.* ▶ **orzekać, postanawiać**

PHRASAL VERB **rule sb/sth out** to say that sb/sth is not thought to be possible: *The government has ruled out further increases in train fares next year.* ▶ **wykluczać**

★**ruler** /ˈruːlə(r)/ noun [C] **1** a person who rules a country, etc. ▶ **wład-ca/czyni 2** a straight piece of wood, plastic, etc. marked with inches or centimetres, that you use for measuring sth or for drawing straight lines ▶ **linijka**

ruling[1] /ˈruːlɪŋ/ adj. (only before a noun) with the most power in an organization, a country, etc.: *the ruling socialist coalition* ▶ **rządzący, panujący**

ruling[2] /ˈruːlɪŋ/ noun [C] an official decision: *a ruling of the European Court of Justice* ▶ **orzeczenie, postanowienie**

rum /rʌm/ noun [U] a strong alcoholic drink that is made from the juice of the sugar cane plant ▶ **rum**

rumble /ˈrʌmbl/ verb [I] to make a deep heavy sound: *Thunder was rumbling in the distance.* ○ *I was so hungry that my stomach was rumbling.* ▶ **dudnić, grzmieć, burczeć** (*w brzuchu*)

□ **rumble** noun: *the distant rumble of thunder* ▶ **dudnienie, grzmot, burczenie** (*w brzuchu*)

rummage /ˈrʌmɪdʒ/ verb [I] to move things and make them untidy while you are looking for sth: *Nina rummaged through the drawer looking for the tin-opener.* ▶ **szperać, przetrząsać**

★**rumour** (US **rumor**) /ˈruːmə(r)/ noun [C,U] (a piece of) news or information that many people are talking about but that is possibly not true: *There's a rumour going round that the firm is going to close.* ○ *Rumour has it that* (podobno) *Len has resigned.* ○ *to confirm/deny a rumour* potwierdzić/zaprzeczyć pogłosce ▶ **pogłoska, plotka**

□ **rumoured** (US **rumored**) adj. said in an unofficial way (but perhaps not true): *It is rumoured that* (krąży pogłoska, że) *they are getting divorced.* ○ *They are rumoured to be getting divorced* (mówią, że oni mają zamiar się rozwieść). ▶ **będący przedmiotem pogłoski**

rump /rʌmp/ noun [C] the back end of an animal: *rump steak* krzyżowa ▶ **zad, krzyż, comber**

★**run[1]** /rʌn/ (pres. part. **running**; pt **ran** /ræn/; pp **run**) **1** [I,T] to move using your legs, going faster than when you walk: *I had to run to catch the bus.* ○ *The children came running* (przybiegły) *to meet us.* ○ *She's running in the 100 metres* (w wyścigu na setkę). ○ *I ran nearly ten kilometres this morning.* ▶ **biegać, biec 2** [I,T] to move, or move sth, quickly in a particular direction: *The car ran downhill and crashed into a wall.* ○ *She ran her finger* (przebiegła palcem) *down the list of passengers.* ▶ **jechać, toczyć się; przesuwać 3** [I] to go in a particular direction: *The road runs along the side of a lake.* ▶ **biec 4** [I] (used about water, a liquid, or a river, etc.) to flow: *When it's really cold, my nose runs.* ○ *I can hear a tap running somewhere* (cieknie z kranu). ▶ **cieknąć, rozlewać się 5** [T] to start water flowing, e.g. in a bath: *She's running the children's bath.* ▶ **nalewać 6** [I] (used about the colour in material, etc.) to spread (e.g. when the material is washed): *Don't put that red shirt in the washing machine. It might run.* ▶ **farbować 7** [I] (used about buses, trains, etc.) to travel at regular times: *All the trains are running late* (są opóźnione) *this morning.* ▶ **kursować 8** [I] (used about a machine, an organization, a system, etc.) to work or function: *The engine is running very smoothly now.* ▶ **funkcjonować, działać 9** [T] to start a machine, etc. and make it work: *Run the engine for a few minutes before you start.* ○ *We're running a new computer program today.* ▶ **uruchamiać 10** [T] to organize or be in charge of sth: *They run a restaurant in Bath.* ▶ **prowadzić, kierować 11** [T] to use and pay for sth: *It costs a lot to run a car.* Utrzymanie samochodu dużo kosztuje. ▶ **utrzymywać, eksploatować 12** [I] to be one of the candidates in an election: *He's running for president.* ▶ **kandydować 13** [I] to continue for a time: *The play ran for nearly two years in a London theatre.* ▶ **iść, być granym 14** [T] to publish sth in a newspaper or magazine: *'The Independent' is running a series of articles on pollution.* ▶ **publikować**

IDIOMS **be running at sth** to be at a certain level: *The interest rate is now running at 10%.* ▶ **być na określonym poziomie** | **be rushed/run off your feet** → FOOT[1] | **run for it** to run in order to escape ▶ **szybko uciekać** | **up and running** → UP ❶ **Run** występuje w innych idiomach, np. **run in the family**. ➲ Zob. hasła odpowiednich rzeczownikach, przymiotnikach itp.

PHRASAL VERBS **run across sb/sth** to meet or find sb/sth by chance ▶ **wpadać na kogoś/coś (przypadkiem)**

run after sb/sth to try to catch sb/sth ▶ **biec za kimś/czymś**

run away to escape from somewhere: *He's run away from school.* ▶ **uciekać**

run (sth) down to stop functioning gradually;

to make sth do this: *Turn the lights off or you'll run the battery down.* ▶ **przestawać działać/ funkcjonować; sprawiać, że coś przestaje działać** | **run sb/sth down 1** to hit a person or an animal with your vehicle: *She was run down by a bus.* ▶ **przejechać 2** to criticize sb/ sth: *He's always running his children down.* ▶ **ostro krytykować, oczerniać**

run into sb to meet sb by chance ▶ **natknąć się na kogoś (przypadkiem)** | **run into sth** to have difficulties or a problem: *If you run into any problems, just let me know.* ▶ **natrafiać na coś** | **run (sth) into sb/sth** to hit sb/sth with a car, etc.: *He ran his car into a brick wall.* ▶ **wjeżdżać na/w kogoś/coś**

run sth off to copy sth, using a machine: *Could you run me off ten copies please?* ▶ **odbijać, kopiować** | **run off with sth** to take or steal sth: *The treasurer had run off with the club's funds.* ▶ **uciekać z czymś**

run out (of sth) to finish your supply of sth; to come to an end: *We've run out of coffee.* Skończyła nam się kawa. ○ *Time is running out.* ▶ **kończyć się, brakować**

run sb/sth over to hit a person or an animal with a car, etc.: *The child was run over as he was crossing the road.* ▶ **przejechać**

run through sth to discuss or read sth quickly: *She ran through the names on the list.* ▶ **przebiegać przez coś, omawiać**

■ **'runaway** adj. **1** out of control: *a runaway train* ▶ **uciekający, wymykający się spod kontroli 2** happening very easily: *His first novel was a runaway success.* ▶ **spektakularny** | **'runaway** noun [C] a person, especially a child, who has left or escaped from somewhere ▶ **zbieg, uciekinier** | **,run-'down** adj. **1** in bad condition: *a run-down block of flats* ▶ **zaniedbany, zapuszczony 2** not healthy: *You're looking very run-down* (ledwo żywy). ▶ **wyczerpany, osłabiony** | **'run-up** noun [sing.] **1** the period of time before a certain event: *the run-up to the election* okres przedwyborczy ▶ **okres ostatnich przygotowań 2** (in sport) a run that people do in order to be going fast enough to be able to do an action ▶ **bieg** (*typu rozgrzewka*)

★**run²** /rʌn/ noun **1** [C] an act of running on foot: *Kate goes for a three-mile run every morning.* ○ *a cross-country run* bieg przełajowy ▶ **bieg, wyścig 2** [C] a journey by car, train, etc.: *We went for a very pleasant run through the Cotswolds.* ▶ **przejażdżka, mała wycieczka 3** [C] a continuous series of performances of a play, film, etc.: *Agatha Christie's 'Mousetrap' has had a run of* (nie schodzi z afisza od) *more than twenty years.* ▶ **okres wystawiania** (*sztuki*)/ **wyświetlania** (*filmu*) **4** [sing.] a series of similar events or sth that continues for a very long time: *We've had a run of bad luck* (mieliśmy złą passę) *recently.* ▶ **seria 5** [sing.] **a run on sth** a sudden great demand for sth: *There's always a run on ice-cream in the warmer weather.* ▶ **(nagły i masowy) popyt 6** [C] a point in the games of baseball and cricket ▶ **punkt zdobyty po przebiegnięciu określonej odległości 7** (US) = LADDER(2)

IDIOMS **in the long run** → LONG¹(2) | **on the run** hiding or trying to escape from sb/sth: *The escaped prisoner is still on the run* (jest nadal na wolności). ▶ **uciekający, zbiegły** | **the ordinary, average, etc. run of sth** the ordinary, average, etc. type of sth ▶ **przeciętny człowiek, przeciętna rzecz, norma**

rung¹ /rʌŋ/ noun [C] one of the bars that form the steps of a ladder ▶ **szczebel** (*drabiny*), **stopień**

rung² pp of RING²

★**runner** /'rʌnə(r)/ noun [C] **1** a person or an animal that runs, especially in a race: *a long-distance runner* ▶ **biegacz/ka 2** a person who takes guns, drugs, etc. illegally from one country to another ▶ **przemytnik**

■ **runner-up** /,rʌnər 'ʌp/ noun [C] (pl. **runners-up** /,rʌnəz 'ʌp/) the person or team that finished second in a race or competition: *The English team finished runners-up behind Sweden.* ▶ **zdobyw-ca/czyni drugiego miejsca**

★**running** /'rʌnɪŋ/ noun [U] **1** the act or sport of running: *Ian goes running* (biega) *every morning.* ○ *running shoes* buty z kolcami ▶ **bieganie 2** the management of a business or other organization: *She's not involved in the day-to-day running of the office.* ○ *the running costs* (koszty eksploatacji) *of a car* ▶ **prowadzenie, kierowanie**

IDIOM **be in/out of the running (for sth)** (informal) to have/not have a good chance of getting or winning sth ▶ **mieć widoki/szanse (na coś); nie mieć widoków/szans**

□ **running** adj. **1** (only before a noun) not stopping; continuous: *a running battle between two rival gangs* ▶ **nieustający, ciągły 2** (used after a number and a noun) one after another, without a break: *Our school has won the competition for four years running.* ▶ **z rzędu 3** (only before a noun) flowing or available from a tap (used about water): *There is no running water in many villages in India.* ▶ **bieżący**

■ **,running 'commentary** noun [C] a spoken description of sth while it is happening ▶ **komentarz na żywo** | **'running time** noun [usually sing.] the amount of time that a film/movie, a journey, etc. lasts: *The new service will cut 14 minutes off the running time of the journey.* ▶ **czas trwania**

runny /'rʌni/ adj. (**runnier**; **runniest**) (informal) **1** containing more liquid than is usual or than you expected: *runny jam* ▶ **(zbyt) rzadki 2** (used about your eyes or nose) producing too much liquid: *Their children always seem to have runny noses.* ▶ **cieknący, łzawiący**

runway /'rʌnweɪ/ noun [C] a long piece of ground with a hard surface where aircraft take off and land ▶ **pas startowy**

rupture /'rʌptʃə(r)/ noun [C,U] **1** a sudden breaking or tearing ▶ **zerwanie, pęknięcie, przepuklina 2** = HERNIA

□ **rupture** verb [I,T] to break or tear ▶ **zrywać, pękać; przerywać się**

rural /'rʊərəl/ adj. connected with the country, not the town: *We spent our holiday exploring rural France* (zwiedzając francuską wieś). ○ *a museum of rural life* skansen ○ *They said that* *the new road would spoil the rural character of the area.* ❶ Antonim: **urban**. ▶ **wiejski**

ruse /ruːz/ noun [C] a trick or clever plan ▶ **fortel, podstęp**

★**rush[1]** /rʌʃ/ verb **1** [I] to go or come very quickly: *Don't rush – take your time.* ○ *The children rushed out* (wybiegły) *of school.* ○ *I rushed back home when I got the news.* ○ *Don't rush off* (nie uciekaj) *– I want to talk to you.* ▶ **śpieszyć się, pędzić (dokądś) 2** [I] **rush to do sth** to do sth without delay: *The public rushed to buy shares in the new company.* ▶ **rzucać się na coś 3** [T] to take sb/sth to a place very quickly: *He suffered a heart attack and was rushed to hospital* (został natychmiast zabrany do szpitala). ▶ **zabierać (kogoś/coś) pośpiesznie dokądś 4** [I,T] **rush (sb) (into sth/into doing sth)** to do sth in a hurry or without enough thought; to make sb act in this way: *I'm afraid that we rushed into buying the house – it was a mistake.* ○ *Don't rush your food* (nie jedz tak szybko) *– there's plenty of time.* ○ *Don't let yourself be rushed into marriage.* ▶ **pochopnie decydować się na coś, pośpiesznie coś robić; ponaglać**

IDIOM **be rushed/run off your feet** → FOOT[1]

★**rush[2]** /rʌʃ/ noun **1** [sing.] a sudden quick movement: *At the end of the match there was a rush for the exits* (wszyscy rzucili się do wyjścia). ▶ **pośpiech, pęd 2** [sing., U] (a need for) hurry: *I can't stop now. I'm in a terrible rush* (strasznie się śpieszę). ○ *Don't hurry your meal. There's no rush.* ▶ **pośpiech 3** [sing.] a time when many people try to get sth: *There's been a rush to buy petrol before the price goes up.* ▶ **nagły popyt, masowy wykup** (*towarów*) **4** [sing.] a time when there is a lot of activity and people are very busy: *There is always a rush in the shops before Christmas.* ▶ **tłok, pośpiech**

■ **'rush hour** noun [C] the time each day when the traffic is busy because people are travelling to or from work: *rush-hour traffic* ▶ **godzina szczytu**

rush[3] /rʌʃ/ noun [C] a type of tall grass that grows near water. Rushes can be dried and then used for making the seats of chairs, baskets, etc. ▶ **sitowie**

★**rust** /rʌst/ noun [U] a reddish-brown substance that forms on the surface of iron, etc., caused by the action of air and water ▶ **rdza**

□ **rust** verb [I,T] to (cause sth to) be attacked by rust: *Some parts of the car had rusted quite badly.* ○ *The sea air had rusted the car quite badly.* ▶ **rdzewieć; poddawać (coś) działaniu rdzy** | **rusty** adj. (**rustier**; **rustiest**) **1** covered with rust: *rusty tins* ▶ **zardzewiały 2** (used about a skill) of poor quality because you have not used it for a long time: *I'm afraid my French is rather rusty.* ▶ **zaniedbany, zardzewiały**

rustic /ˈrʌstɪk/ adj. typical of the country (and therefore simple and unspoilt): *The whole area is full of rustic charm.* ○ *The rooms are decorated in a rustic style.* ➲ Por. **rural** i **urban**. ▶ **wiejski, rustykalny**

rustle /ˈrʌsl/ verb [I,T] to make a sound like dry leaves moving together; to cause sth to make this sound: *There was a rustling noise in the bushes.* ○ *Somebody behind me was rustling his newspaper all through the concert.* ▶ **szeleścić (czymś)**

PHRASAL VERB **rustle sb/sth up** (informal) to find sb or prepare sth in a short time: *to rustle up a quick snack* ▶ **przygotowywać (coś) naprędce**

□ **rustle** noun [sing.] the sound that dry leaves, etc. make when they move ▶ **szelest**

rut /rʌt/ noun [C] a deep track that a wheel makes in soft ground ▶ **koleina, bruzda**

IDIOM **be in a rut** to have a boring way of life that is difficult to change ▶ **popaść w rutynę**

ruthless /ˈruːθləs/ adj. showing no pity or sympathy towards other people; thinking first about yourself and what you want: *You have to be ruthless to succeed in politics.* ▶ **bezlitosny, bezwzględny**

□ **ruthlessly** adv. ▶ **bezlitośnie, bezwzględnie** | **ruthlessness** noun [U] ▶ **bezlitosne postępowanie, bezwzględność**

rye /raɪ/ noun [U] a plant that is grown in colder countries for its grain, which is used to make flour and also whisky ▶ **żyto**

Ss

S, s /es/ noun [C] (pl. **S's**; **s's**) the nineteenth letter of the English alphabet ▶ **litera** *s*

S abbr. **1** small (size) ▶ **mały 2** (US **So**) south; southern: *S Yorkshire* ▶ **płd.**

sabbath /ˈsæbəθ/ noun [sing.] (also **the Sabbath**) the day of the week for rest and worship in certain religions (Sunday for Christians, Saturday for Jews) ▶ **szabas**

sable /ˈseɪbl/ noun [U] the fur of a small Arctic animal, used for making coats or artist's brushes ▶ **soból**

sabotage /ˈsæbətɑːʒ/ noun [U] damage that is done on purpose and secretly in order to prevent an enemy or competitor being successful, e.g. by destroying machinery, roads, bridges, etc. or by spoiling plans: *There has been an explosion at the oil refinery, and sabotage is suspected.* ▶ **sabotaż**

□ **sabotage** verb [T] to destroy or damage sth by

using sabotage: *There are rumours that the plane which crashed has been sabotaged.* ▶ **sabotować**

saccharin /ˈsækərɪn/ noun [U] a very sweet substance that can be used instead of sugar ▶ **sacharyna**

sachet /ˈsæʃeɪ; US sæˈʃeɪ/ noun [C] a small (often plastic) packet that contains a small amount of a product: *a sachet of shampoo* ▶ **saszetka**

sack[1] /sæk/ noun [C] a large bag made from rough heavy material, paper or plastic, used for carrying or storing things (e.g. vegetables, flour, coal, etc.): *sacks of flour* ○ *We threw away several sacks of rubbish when we moved house.* ▶ **worek**

sack[2] /sæk/ verb [T] (Brit.) to say that sb can no longer work for you (because of bad work, bad behaviour, etc.): *Her boss has threatened to sack her if she's late again.* ▶ **wyrzucać z pracy**

IDIOMS **get the sack** (Brit.) to be told by your employer that you can no longer continue working for them (usually because you have done sth wrong): *Tony got the sack for poor work.* ▶ **zostać wyrzuconym z pracy** | **give sb the sack** (Brit.) to tell an employee that they can no longer continue working for you (because of bad work, behaviour, etc.): *Tony's work wasn't good enough and he was given the sack.* ▶ **wyrzucać kogoś z pracy**

sacrament /ˈsækrəmənt/ noun **1** [C] a ceremony in the Roman Catholic, Anglican and other Christian Churches, through which Christians believe they are specially blessed by God ▶ **sakrament 2** (also **the sacrament; the Holy Sacrament**) [sing.] (in Christianity) the bread and wine of the Eucharist: *to receive the sacrament* ▶ **Najświętszy Sakrament**

□ **sacramental** adj. (usually before a noun) connected with the sacraments: *sacramental wine* wino mszalne ▶ **sakramentalny**

sacred /ˈseɪkrɪd/ adj. **1** connected with God, a god or religion; having a special religious meaning: *sacred* (sakralna) *music* ○ *The Koran is the sacred book of Muslims.* ▶ **święty 2** too important and special to be changed or harmed: *a sacred tradition* ▶ **nienaruszalny**

sacrifice /ˈsækrɪfaɪs/ noun **1** [U] the act of offering sth, e.g. an animal that has been killed, to a god ▶ **ofiara 2** [C] the thing that has been offered in this way: *They killed a lamb as a sacrifice.* ▶ **ofiara 3** [C,U] the act of giving up sth that is important or valuable in order to achieve sth; the thing that you give up in this way: *If we're going to have a holiday this year, we'll have to make some sacrifices.* ○ *He was willing to make any sacrifice in order to succeed.* ▶ **wyrzeczenie**

□ **sacrifice** verb **1** [I,T] to offer sth to a god, often by killing it ▶ **składać w ofierze 2** [T] to give up sth important or valuable in order to achieve sth: *to sacrifice your life for your country* ○ *She is not willing to sacrifice her career in order to have children.* ▶ **składać w ofierze, poświęcać**

sacrilege /ˈsækrəlɪdʒ/ noun [U] treating sth that is considered holy or very special without the respect that it deserves ▶ **świętokradztwo**

★**sad** /sæd/ adj. **(sadder; saddest) 1** unhappy or causing unhappiness: *I was sad to hear of the death of your father.* ○ *I'm very sad* (bardzo mi przykro) *that you don't trust me.* ○ *That's one of the saddest stories I've ever heard!* ▶ **smutny 2** bad or unsatisfactory: *It's a sad state of affairs when your best friend doesn't trust you.* ▶ **smutny**

□ **sadden** /ˈsædn/ verb [T] to cause sb to feel sad: *The news of your father's death saddened me greatly.* ▶ **zasmucać** | **sadly** adv. **1** in a way that shows unhappiness: *He spoke sadly about the death of his father.* ▶ **ze smutkiem 2** unfortunately: *I'd love to come to your party but sadly I'm busy that night.* ▶ **niestety 3** in a way that is wrong: *If you think that I've forgotten what you did, you're sadly mistaken.* ▶ **wielce** | **sadness** noun [C,U] the feeling of being sad or a thing that causes unhappiness ▶ **smutek**

saddle /ˈsædl/ noun [C] **1** a seat, usually made of leather, that you put on a horse so that you can ride it ▶ **siodło 2** a seat on a bicycle or motor cycle ▶ **siodełko**

□ **saddle** verb [I,T] to put a saddle on a horse, etc. ▶ **siodłać**

PHRASAL VERB **saddle sb with sth** to give sb a responsibility or task that they do not want: *I've been saddled with organizing the office party.* ▶ **obarczać**

sadism /ˈseɪdɪzəm/ noun [U] getting enjoyment or sexual pleasure from being cruel or causing pain ▶ **sadyzm**

□ **sadist** /ˈseɪdɪst/ noun [C] a person who gets enjoyment or sexual pleasure from being cruel or causing pain ▶ **sadyst-a/ka** | **sadistic** /səˈdɪstɪk/ adj. showing or involving sadism ▶ **sadystyczny** | **sadistically** /-kli/ adv. ▶ **sadystycznie**

sae /ˌes eɪ ˈiː/ abbr. stamped addressed envelope: *enclose sae for reply* ▶ **zaadresowana koperta ze znaczkiem**

safari /səˈfɑːri/ noun [C,U] (pl. **safaris**) a trip, especially in Africa, for hunting or looking at wild animals ▶ **safari**

★**safe[1]** /seɪf/ adj. **1 safe (from sb/sth)** free from danger; not able to be hurt: *You shouldn't walk home alone at night. You won't be safe.* ○ *Do you think my car will be safe in this street?* ○ *Keep the papers where they will be safe from fire.* ▶ **bezpieczny, zabezpieczony 2** not causing danger, harm or risk: *Don't sit on that chair, it isn't safe.* ○ *I left my suitcase in a safe place and went for a cup of coffee.* ○ *Is this drug safe for children?* ○ *He hid from the police until it was safe to come out.* ○ *She's a very safe* (ostrożnym) *driver.* ○ *I thought it would be a safe investment but I lost everything.* ○ *Is it safe to drink the water here?* Czy ta woda nadaje się do picia? ○ *I think it's safe to say* (można powiedzieć) *that the situation is unlikely to change for some time.* ▶ **bezpieczny 3** not hurt or damaged: *After the accident he checked that all the passengers were safe* (sprawdził, czy nikomu nic się nie stało). ▶ **cały, zdrowy**

IDIOMS **in safe hands** with sb who will take good care of you ▶ **w dobrych rękach** | **on the safe side** not taking risks; being very careful: *I think this is enough money to pay for the meal, but I'll take a bit more to be on the safe side.* ▶ **na wszelki wypadek** | **safe and sound** not hurt or damaged: *The missing child was found safe and sound by the police.* ▶ **cały i zdrowy**
□ **safely** adv.: *I rang my parents to tell them I had arrived safely.* ▶ **bezpiecznie**

safe² /seɪf/ noun [C] a strong metal box or cupboard with a special lock that is used for keeping money, jewellery, documents, etc. in ▶ **sejf**

safeguard /ˈseɪfɡɑːd/ noun [C] **a safeguard (against sb/sth)** something that protects against possible dangers: *Make a copy of all your computer disks as a safeguard against accidents.* ▶ **zabezpieczenie**
□ **safeguard** verb [T] **safeguard sb/sth (against sb/sth)** to keep sb/sth safe; to protect sb/sth: *When parents get divorced the children's rights must be safeguarded.* ▶ **zabezpieczać, chronić**

★**safety** /ˈseɪfti/ noun [U] the state of being safe; not being dangerous or in danger: *In the interests of safety, smoking is forbidden.* ○ *road safety* bezpieczeństwo na drogach ○ *She has been missing for several days and police now fear for her safety* (obawia się o jej życie). ○ *After Chernobyl people questioned the safety of nuclear energy.* ○ *New safety measures have been introduced on trains.* ▶ **bezpieczeństwo**
■ **ˈsafety belt** noun [C] = SEAT BELT | **ˈsafety net** noun [C] **1** a net that is placed to catch sb who is performing high above the ground if they fall ▶ **siatka zabezpieczająca przed upadkiem na ziemię** **2** something that will help you (usually with money) in a difficult situation ▶ **zabezpieczenie** | **ˈsafety pin** noun [C] a metal pin that is used for fastening things together. The pin is bent round and the point goes under a cover so that it cannot be dangerous. ▶ **agrafka** | **ˈsafety valve** noun [C] a device in a machine that allows steam, gas, etc. to escape if the pressure becomes too great ▶ **zawór bezpieczeństwa**

saffron /ˈsæfrən/ noun [U] a bright orange powder that comes from certain crocus flowers, and is used in cooking to give colour and flavour to food ▶ **szafran**

sag /sæɡ/ verb [I] (**sagging**; **sagged**) to hang loosely or to sink down, especially in the middle: *The skin on your face starts to sag as you get older.* ▶ **obwisać**

saga /ˈsɑːɡə/ noun [C] a very long story; a long series of events ▶ **saga**

sage /seɪdʒ/ noun [U] a small plant with sweet-smelling greyish-green leaves that are used in cooking: *sage and onion stuffing* rodzaj nadzienia do kurczaka ▶ **szałwia**

Sagittarius /ˌsædʒɪˈteəriəs/ noun [C,U] the ninth sign of the zodiac, the Archer; a person who was born under this sign ▶ **Strzelec; zodiakalny Strzelec**

said pt, pp of SAY¹

sail¹ /seɪl/ noun **1** [C] a large piece of strong material that is fixed onto a ship or boat. The wind blows against the sail and drives the ship along. ▶ **żagiel** **2** [sing.] a trip on water in a ship or boat with a sail: *Would you like to go for a sail* (popływać) *in my boat?* ▶ **przejażdżka łodzią** **3** [C] any of the long parts that the wind moves round that are attached to a windmill ▶ **śmiga**
IDIOM **set sail** → SET²
■ **ˈsailboard** noun [C] = WINDSURFER

★**sail²** /seɪl/ verb **1** [I] to travel on water in a ship or boat of any type; to move on water: *On the cruise we sailed all along the coast of Norway.* ○ *I stood at the window and watched the ships sailing by.* ▶ **pływać** **2** [I,T] to travel in and control a boat with sails, especially as a sport: *My father is teaching me to sail.* ○ *I've never sailed this kind of yacht before.* ❶ Gdy mowa o żeglowaniu jako formie spędzania czasu wolnego, wówczas często używa się formy **go sailing**: *We often go sailing at weekends.* ▶ **żeglować** **3** [I] to begin a journey on water: *When does the ship sail?* ○ *We sail for Santander at six o'clock tomorrow morning.* ▶ **odpłynąć, wyruszyć (w drogę)** **4** [I] to move somewhere quickly in a smooth or proud way: *The ball sailed over the fence and into the neighbour's garden.* ○ *Mary sailed into the room and sat down at the head of the table.* ▶ **szybować, wchodzić/poruszać się energicznym krokiem**
IDIOM **sail through (sth)** to get through a test or exam easily: *He was a clever boy and sailed through all his exams.* ▶ **łatwo sobie (z czymś) radzić**

sailing /ˈseɪlɪŋ/ noun **1** [U] the sport of being in, and controlling, small boats with sails: *They do a lot of sailing.* ▶ **żeglowanie, żeglarstwo** **2** [C] a journey made by a ship or boat carrying passengers from one place to another: *Could you tell me the times of sailings to Ostend?* ▶ **rejs**
■ **ˈsailing boat** (US **sailboat**) noun [C] a boat that uses a sail or sails ▶ **żaglówka**

★**sailor** /ˈseɪlə(r)/ noun [C] a member of the crew of a ship (usually not an officer): *soldiers, sailors and airmen* ▶ **marynarz**
IDIOM **a good/bad sailor** a person who is not often/often sick when travelling on a boat ▶ **osoba (nie) zapadająca na chorobę morską**

★**saint** /seɪnt; snt/ noun [C] **1** a very good or holy person who is given special respect after death by the Christian church ❶ Jako nazwa własna **saint** pisane jest dużą literą: *Saint Patrick.* W nazwach placów, kościołów itp. używa się zwykle formy skróconej **St**: *St Andrew's Church.* Przed imionami **saint** wymawia się /snt/. ➲ Por. **patron saint**. ▶ **święt-y/a** **2** a very good, kind person ▶ **święt-y/a**

★**sake** /seɪk/ noun [C]
IDIOMS **for Christ's, God's, goodness', Heaven's, pity's etc. sake** (used as part of a question or order, to make it stronger or to show that you are angry): *Why have you taken so long, for God's sake?* ○ *For Christ's sake, don't be so stupid!* ○ *For goodness' sake, hurry up!* ❶ **For Christ's sake** oraz **For God's sake** to wyrażenia dosadne i mogą niektórych razić.

▶ **na litość/miłość boską!** | **for the sake of sb/sth; for sb's/sth's sake** in order to help sb/sth: *Don't go to any trouble for my sake.* ○ *They only stayed together for the sake of their children/for their children's sake.* ▶ **ze względu na kogoś/coś** | **for the sake of sth/of doing sth** in order to get or keep sth; for the purpose of sth: *It's not worth complaining for the sake of a few pence* (dla paru groszy). ○ *You're just arguing for the sake of arguing* (tylko po to, żeby się kłócić). ▶ **dla**

★**salad** /'sæləd/ noun [C,U] a mixture of vegetables, usually uncooked, that you often eat together with other foods: *a green salad* ○ *I had chicken salad* (sałatka z kurczakiem) *for lunch.* ○ *a salad bar* bar sałatkowy ➲ Por. **lettuce**. ▶ **sałatka**

salami /sə'lɑːmi/ noun [U, C] (pl. **salamis**) a type of large spicy sausage served cold in thin slices ▶ **salami**

★**salary** /'sæləri/ noun [C,U] (pl. **salaries**) the money that a person receives (usually every month) for the work they have done: *a high/low salary* ○ *an increase in salary of £500* ➲ Zob. uwaga przy **pay**. ▶ **pensja**

★**sale** /seɪl/ noun **1** [C,U] the act of selling or being sold; the exchange of an item for money; the occasion when sth is sold: *The sale of alcohol to anyone under the age of 18 is forbidden.* ○ *Business is bad. I haven't made a sale* (nic nie sprzedałem) *all week.* ○ *a sale of used toys* ▶ **sprzedaż; wyprzedaż** **2** (**sales**) [pl.] the amount sold: *Sales of personal computers have increased rapidly.* ▶ **sprzedaż, ogół transakcji** **3** (**sales**) [U] (also '**sales department**) the part of a company that deals with selling its products: *a sales assistant/rep* ▶ **dział sprzedaży** **4** [C] a time when shops sell things at prices that are lower than usual: *Sale! All this week! Everything at half price.* ○ *I got these trousers cheap in a sale.* ○ *I got several bargains in the sales* (na wyprzedaży). ▶ **przecena, wyprzedaż**

IDIOMS **for sale** offered for sb to buy: *This painting is not for sale.* ▶ **na sprzedaż** | **on sale** **1** available for sb to buy, especially in shops: *This week's edition is on sale now at your local newsagents.* ▶ **w sprzedaży** **2** (US) offered at a lower price than usual ▶ **przeceniony**

■ '**sales clerk** (also **clerk**) noun [C] (US) = SHOP ASSISTANT | '**salesman** /-mən/ '**saleswoman**; '**salesperson** noun [C] a person whose job is selling things to people ▶ **sprzedaw-ca/czyni**

salient /'seɪliənt/ adj. (only before a noun) most noticeable or important; main: *the salient points of a speech* ▶ **wydatny, główny**

saliva /sə'laɪvə/ noun [U] the liquid that is produced in the mouth ▶ **ślina**

salmon /'sæmən/ noun [C,U] (pl. **salmon**) a large fish with silver skin and pink flesh: *smoked salmon* ▶ **łosoś**

salmonella /,sælmə'nelə/ noun [U] a type of bacteria that causes food poisoning ▶ **salmonella**

salon /'sælɒn; US sə'lɑːn/ noun [C] a shop where a hairdresser works or where you can have beauty treatment, etc.: *a hairdressing salon* ○ *a beauty salon* ▶ **salon**

salad

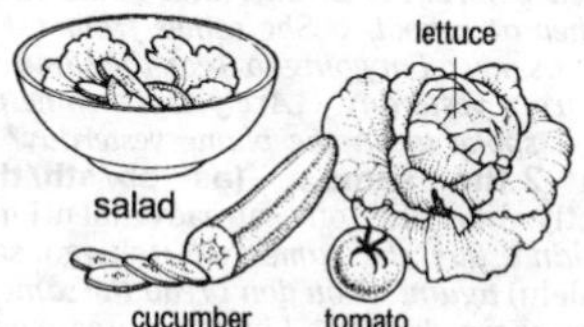

saloon /sə'luːn/ noun [C] **1** (US **sedan**) a car with a fixed roof and a separate area for luggage ▶ **limuzyna, samochód osobowy** **2** (US, old-fashioned) a place where you can buy drinks; a bar ▶ **bar**

■ **sa'loon bar** noun [C] = LOUNGE BAR

★**salt** /sɔːlt/ noun [U] a common white substance that is found in sea water and the earth, that is used especially for flavouring and preserving food: *Season* (doprawić do smaku) *with salt and pepper.* ○ *Pass the salt, please.* ○ *Add a pinch of salt.* ▶ **sól**

IDIOMS **rub salt into the wound/sb's wounds** → RUB | **take sth with a pinch of salt** → PINCH

□ **salt** verb [T] to put salt on or in sth: *salted* (solone) *peanuts* ▶ **solić** | **salt** adj. having the taste of or containing salt: *salt water* ▶ **słony** | **salty** adj. (**saltier**; **saltiest**) having the taste of or containing salt: *I didn't like the meat, it was too salty* (przesolone). ▶ **słony**

■ '**saltwater** adj. living in the sea: *a saltwater fish* ➲ Por. **freshwater**. ▶ **morski**

salute /sə'luːt/ noun [C] **1** a sign that a soldier, etc. makes to show respect, by raising their hand to the forehead: *to give a salute* salutować ▶ **honory wojskowe** **2** an action that shows respect for sb: *The next programme is a salute to one of the world's greatest film stars.* ▶ **hołd**

□ **salute** verb [I,T] to show respect with a salute(1,2): *The soldiers saluted as they marched past the general.* ○ *The soldiers saluted the general.* ○ *This is the day on which we salute those who died in the war.* ▶ **salutować; oddawać honory wojskowe**

salvage /'sælvɪdʒ/ noun [U] the act of removing things from a damaged ship, building, etc.; the things that are removed: *a salvage operation* operacja ratunkowa ▶ **ratowanie** (*np. dobra, mienia*), **ocalałe dobro/mienie**

□ **salvage** verb [T] to rescue sth from a damaged building or ship; to rescue sth from a disaster: *They salvaged as much as they could from the house after the fire.* ○ (figurative) *The team has only 20 minutes left in which to salvage something from the game.* ▶ **ratować**

salvation /sæl'veɪʃn/ noun **1** [U, sing.] a thing or a person that saves sb/sth from danger or a difficult situation ▶ **ratunek** **2** [U] (in the Christian religion) the state of being saved from evil ▶ **zbawienie**

★**same**[1] /seɪm/ adj. **1 the same... (as sb/sth/that...)** not different, not another or other;

exactly the one or ones that you have mentioned before: *My brother and I had the same teacher at school.* ○ *She comes from the same town as me.* ○ *I'm going to wear the same clothes as I wore yesterday.* ○ *Are you the same person that I spoke to on the phone yesterday?* ▶ **ten sam** **2 the same... (as sb/sth/that...)** exactly like the one already mentioned: *I wouldn't buy the same car* (takiego samego (modelu) *again.* ○ *You don't read the same newspaper as me, do you?* ○ *I had the same experience as you some time ago.* ○ *I've had the same experience that you've had.* ❶ Nie można powiedzieć ~~*a same*~~. W tym znaczeniu używa się **the same sort of**: *I'd like the same sort of job as my father.* ▶ **taki sam**

IDIOMS **at the same time 1** together; at one time: *I can't think about more than one thing at the same time.* ▶ **jednocześnie 2** on the other hand; however: *It's a very good idea, but at the same time it's rather risky.* ▶ **zarazem** | **on the same wavelength** able to understand sb because you have similar ideas and opinions ▶ **podobny, identycznie myślący**

□ **the same** adv. in the same way; not differently: *We treat all the children in the class the same.* ▶ **tak samo**

★**same²** /seɪm/ pron. **the same (as sb/sth/...)** the same thing, person, situation, etc.: *Is there another word that means the same as this?* ○ *Look at what I'm doing and then do the same.* ○ *Things will never be the same again* (nic nie będzie już takie, jak dawniej) *now that my father has died.* ▶ **to samo**

IDIOMS **all/just the same** nevertheless; in spite of this/that; anyway: *I understand what you're saying. All the same, I don't agree with you.* ○ *I don't need to borrow any money but thanks all the same for offering.* ▶ **mimo wszystko, w każdym razie** | **much the same** → MUCH² | **(the) same again** (a request to be served or given the same drink as before): *'What would you like to drink?' 'Same again, please.'* ▶ **to samo** | **same here** (informal) the same thing is also true for me: *'I'm bored.' 'Same here.'* ▶ **i ja też** | **(the) same to you** (used as an answer when sb says sth rude to you or wishes you sth): *'You idiot!' 'Same to you!'* ○ *'Have a good weekend.' 'The same to you.'* ▶ **nawzajem!**

sample /ˈsɑːmpl; US ˈsæmpl/ noun [C] **1** a small quantity of sth that is typical of the rest of it: *She sent a sample of her work in an attempt to get a job.* ○ *a blood sample* ▶ **próbka, wzór 2** a small number of people who are asked questions in order to find out information about a larger group ▶ **reprezentatywna grupa** (*do badań*) **3** a small amount of a product, that is given free to the public in order to show what it is like: *a free sample of a chocolate bar* ▶ **próbka**

□ **sample** verb [T] to taste or use a small amount of sth (in order to find out what it is like or to decide whether you like it or not): *You are welcome to sample any of our wines before making a purchase.* ▶ **próbować**

sanatorium /ˌsænəˈtɔːriəm/ noun [C] (pl. **sanatoriums** or **sanatoria** /-riə/) (US **sanitarium** /ˌsænəˈteəriəm/) a type of hospital where patients who need a long period of treatment for an illness can stay ▶ **sanatorium**

sanction /ˈsæŋkʃn/ noun **1** [U] official permission to do sth ▶ **zezwolenie 2** [C] a punishment for breaking a rule or law: *Many people feel that the death penalty is the best sanction against murder.* ▶ **kara 3** [C, usually pl.] an action, especially the stopping of trade, that is taken by other countries against a country that has broken an international law: *The United Nations imposed economic sanctions on South Africa.* ○ *The sanctions on South Africa have been lifted.* ▶ **sankcja**

□ **sanction** verb [T] to give official permission for sth: *They won't sanction a further cut in interest rates.* ▶ **zezwalać**

sanctuary /ˈsæŋktʃuəri; US -ueri/ noun (pl. **sanctuaries**) **1** [C] a place where birds or animals are protected from hunters and other dangers: *a wildlife sanctuary* ▶ **rezerwat** (*przyrody*) **2** [C,U] a place where sb can be safe from enemies, the police, etc. ▶ **sanktuarium, azyl**

★**sand** /sænd/ noun **1** [U] a powder consisting of very small grains of rock, found in deserts and on beaches: *You need sand to make concrete.* ○ *It was so hot that I couldn't walk on the sand without shoes.* ○ *When we go on holiday all we want is sun, sea and sand.* ▶ **piasek 2** (**the sands**) [pl.] a large area of sand ▶ **piaski**

□ **sandy** adj. (**sandier**; **sandiest**) covered with sand or with a lot of sand in it: *miles of sandy beach* ○ *sandy soil* ▶ **piaszczysty**

■ **'sandcastle** noun [C] a pile of sand that looks like a castle, made by children playing on a beach ▶ **zamek z piasku** | **'sand dune** noun [C] = DUNE | **'sandpaper** noun [U] strong paper with sand on it that is used for rubbing surfaces in order to make them smoother ▶ **papier ścierny**

sandal /ˈsændl/ noun [C] a type of light, open shoe with straps that people wear when the weather is warm ➲ Ilustr. do **shoe**. ▶ **sandał/ek**

★**sandwich** /ˈsænwɪdʒ; US -wɪtʃ/ noun [C] two slices of bread with food between them: *a ham sandwich* ○ *What's in that sandwich?* ▶ **kanapka**

□ **sandwich** verb [T] **sandwich sb/sth (between sb/sth)** to place sb/sth in a very narrow space between two other things or people: *I had a most uncomfortable flight, sandwiched between two very large people.* ▶ **wciskać kogoś/coś (pomiędzy kogoś/coś)**

sane /seɪn/ adj. **1** (used about a person) mentally normal; not mad ▶ **przy zdrowych zmysłach 2** (used about a person or an idea, a decision, etc.) sensible; showing good judgement: *I had to accept the offer. It was the only sane thing to do.* ▶ **rozsądny** ❶ Antonim: **insane**. Rzeczownik: **sanity**.

sang pt of SING

sanitarium (US) = SANATORIUM

sanitary /ˈsænətri; US -teri/ adj. for or connected with the protection of health, e.g. how

human waste is removed: *Sanitary conditions in the refugee camps were terrible.* ➲ Por. **insanitary**. ▶ **sanitarny, higieniczny**
■ **'sanitary towel** noun [C] a thick pad that women use to soak up blood during their period(3) ▶ **podpaska**

sanitation /ˌsænɪ'teɪʃn/ noun [U] a system for protecting public health, especially by removing waste ▶ **kanalizacja**

sanity /'sænəti/ noun [U] **1** the state of being sane(1); the ability to think and behave in a normal way ▶ **zdrowie psychiczne 2** the quality of being sane(2); sensible or normal thought or behaviour: *I tried to introduce some sanity into the discussion.* ▶ **(zdrowy) rozsądek** ❶ Antonim: **insanity**.

sank pt of SINK[1]

Santa Claus /'sæntə klɔːz/ = FATHER CHRISTMAS

sap[1] /sæp/ noun [U] the liquid in a plant or tree ▶ **sok**

sap[2] /sæp/ verb [T] (**sapping**; **sapped**) to make sth weak or to destroy it ▶ **nadwątlać; niszczyć**

sapling /'sæplɪŋ/ noun [C] a young tree ▶ **drzewko**

sapphire /'sæfaɪə(r)/ noun [C,U] a bright blue precious stone ▶ **szafir**

sarcasm /'sɑːkæzəm/ noun [U] the use of words or expressions to mean the opposite of what they actually say. People use sarcasm in order to criticize other people or to make them look silly: *'No, you didn't take long to get ready. Only two hours,' she said with heavy sarcasm.* ▶ **sarkazm**
□ **sarcastic** /sɑː'kæstɪk/ adj.: *a sarcastic sense of humour* ○ *a sarcastic comment* ➲ Por. **ironic**. ▶ **sarkastyczny** | **sarcastically** /-kli/ adv. ▶ **sarkastycznie**

sardine /ˌsɑː'diːn/ noun [C] a type of very small fish: *a tin of sardines* ▶ **sardynka**

sari /'sɑːri/ noun [C] a dress worn by Indian women that consists of a long piece of material that is wrapped around the body ▶ **sari**

sash /sæʃ/ noun [C] a long piece of material that is worn round the waist or over the shoulder, often as part of a uniform, etc. ▶ **szarfa**

Sat. abbr. Saturday: *Sat. 2 May* ▶ **sobota**

sat pt, pp of SIT

Satan /'seɪtn/ a name for the Devil ▶ **szatan**

satchel /'sætʃəl/ noun [C] a bag, often carried over the shoulder, used by schoolchildren for taking books to and from school ▶ **teczka (szkolna)**

★**satellite** /'sætəlaɪt/ noun [C] **1** a natural object in space that goes round a bigger object, usually a planet ▶ **satelita 2** a man-made object that has been sent into space and that moves around a planet for a particular purpose: *satellite pictures of today's weather* ▶ **satelita**
■ **'satellite dish** (also **dish**) noun [C] a large, circular piece of equipment that people have on the outside of their houses, that receives signals from a satellite(1) so that they can receive satellite television ▶ **antena satelitarna** | **'satellite television** (also **'satellite TV**) noun [U] television programmes that are broadcast by means of a satellite ▶ **telewizja satelitarna**

satin /'sætɪn; US 'sætn/ noun [U] a type of cloth that is smooth and shiny ▶ **satyna, atłas**

satire /'sætaɪə(r)/ noun **1** [U] the use of humour to attack a person, an idea or behaviour that you think is bad or foolish ▶ **satyra 2** [C] **satire (on sb/sth)** a piece of writing or a play, film, etc. that uses satire: *a satire on university life* ▶ **satyra (na kogoś/coś)**
□ **satirical** /sə'tɪrɪkl/ adj. using satire: *a satirical magazine* ▶ **satyryczny** | **satirically** /-kli/ adv. ▶ **satyrycznie**

★**satisfaction** /ˌsætɪs'fækʃn/ noun **1** [U] the feeling of pleasure that you have when you have done, got or achieved what you wanted: *Gwen stood back and looked at her work with a sense of satisfaction.* ○ *We finally made a decision that was to everyone's satisfaction* (która wszystkich zadowoliła). ❶ Antonim: **dissatisfaction**. ▶ **zadowolenie, satysfakcja 2** [C] something that gives you a feeling of pleasure: *It was a great satisfaction to me to know that I had done the job well.* ▶ **zadowolenie, satysfakcja**

★**satisfactory** /ˌsætɪs'fæktəri/ adj. **1** good enough (but not very good): *This piece of work is not satisfactory. Please do it again.* ▶ **dostateczny 2** giving satisfaction; suiting a particular purpose: *It will be much more satisfactory if we all travel together.* ▶ **zadowalający** ❶ Antonim: **unsatisfactory**.
□ **satisfactorily** /-tərəli/ adv.: *Work is progressing satisfactorily.* ▶ **zadowalająco**

★**satisfy** /'sætɪsfaɪ/ verb [T] (pres. part. **satisfying**; 3rd pers. sing. pres. **satisfies**; pt, pp **satisfied**) **1** to make sb pleased by doing or giving them what they want: *No matter how hard I try, my piano teacher is never satisfied.* ○ *Nothing satisfies him – he's always complaining.* ▶ **zadowalać, satysfakcjonować 2** to have or do what is necessary for sth: *She satisfied all the entrance requirements for university.* ○ *I had a quick look inside the parcel just to satisfy my curiosity.* ▶ **spełniać; zaspokajać 3 satisfy sb (that...)** to show or prove to sb that sth is true or has been done: *Once the police were satisfied that they were telling the truth, they were allowed to go.* ○ *She checked the room once again to satisfy herself that everything was ready.* ▶ **przekonywać (że)**
□ **satisfied** adj. **satisfied (with sb/sth)** pleased because you have had or done what you wanted: *a satisfied smile* uśmiech zadowolenia ○ *a satisfied customer* ○ *I hope you're satisfied with what you've done!* ❶ Antonim: **dissatisfied**. ▶ **zadowolony, usatysfakcjonowany** | **satisfying** adj. pleasing, giving satisfaction: *It was a very satisfying feeling knowing that we'd finished the job on time.* ▶ **zadowalający, satysfakcjonujący**

satsuma /sæt'suːmə/ noun [C] a type of small orange with a loose skin ▶ **satsuma, rodzaj mandarynki**

saturate /ˈsætʃəreɪt/ verb [T] **1** to make sth very wet: *Her clothes were completely saturated.* ▶ **przemoczony 2** to fill sth completely: *The market is saturated* (rynek jest zarzucony) *with cheap imports.* ▶ **nasycać, przesiąkać, przepełniać**

□ **saturation** /ˌsætʃəˈreɪʃn/ noun: *The market for cars has reached saturation point* (punkt nasycenia). ▶ **nasycenie, przepełnienie**

★**Saturday** /ˈsætədeɪ; -di/ noun [C,U] (abbr. **Sat.**) the day of the week after Friday and before Sunday ➲ Zob. przykł. użycia nazw dni tygodnia w zdaniach przy **Monday**. ▶ **sobota**

Saturn /ˈsætɜːn; -tən/ noun [sing.] the planet that is sixth in order from the sun and that has rings around it ▶ **Saturn**

★**sauce** /sɔːs/ noun [C,U] a thick liquid (that can be hot or cold) that you eat on or with other food: *tomato sauce* ➲ Por. **gravy**. ▶ **sos**

saucepan /ˈsɔːspən; US -pæn/ noun [C] a round metal pot that is used for cooking things on top of a stove. A saucepan usually has a lid and one or more handles. ➲ Ilustr. do **pan**. ▶ **rondel**

★**saucer** /ˈsɔːsə(r)/ noun [C] a small round plate that you put under a cup: *a cup and saucer* ▶ **spodek**

sauerkraut /ˈsaʊəkraʊt/ noun [U] cabbage that has been cut into small pieces and pickled ▶ **kapusta kiszona**

sauna /ˈsɔːnə/ noun [C] a type of bath where you sit in a room that is very hot and full of steam; a room or building where there is a sauna: *to have a sauna* ▶ **sauna**

saunter /ˈsɔːntə(r)/ verb [I] to walk without hurrying ▶ **przechadzać się, iść powolnym krokiem**

★**sausage** /ˈsɒsɪdʒ; US ˈsɔːs-/ noun [C,U] a mixture of chopped meat, spices, etc. that is made into a long thin shape. Some sausage is eaten cold in slices; other types are cooked and then served whole: *garlic sausage* ○ *liver sausage* ○ *We had sausages and chips for lunch.* ▶ **kiełbas(k)a**

■ **ˌsausage ˈroll** noun [C] a piece of sausage meat that is covered in pastry ▶ **pasztecik z nadzieniem z farszu kiełbasianego**

savage /ˈsævɪdʒ/ adj. very cruel or fierce: *a savage attack by a big dog* ○ *The book has received some savage criticism.* ▶ **bestialski, okrutny, druzgocący**

□ **savage** verb [T] to attack sb/sth fiercely ▶ **rzucać się/napadać z furią na kogoś/coś** | **savagely** adv. ▶ **bestialsko, okrutnie** | **savagery** /ˈsævɪdʒri/ noun: *The savagery of the punishment disgusted them.* ▶ **bestialstwo, okrucieństwo**

★**save** /seɪv/ verb **1** [T] **save sb/sth (from sth/from doing sth)** to make or keep sb/sth safe from changes, loss, death, etc.: *to save sb's life* ○ *to save sb from drowning* ○ *a campaign to save the whale* ○ *We are trying to save the school from closure.* ▶ **ratować, ocalać 2** [I,T] **save (sth) (up) (for sth)** to keep or not spend money, etc. so that you can use it later: *Carol is saving up for a holiday in Greece.* ○ *We try and save £50 a month.* ▶ **oszczędzać (na coś); odkładać** (*pieniądze*) **na coś 3** [T] to keep sth for future use: *I'll be home late so please save me some dinner.* ○ *Save that box. It might come in useful.* ○ *If you get there first, please save me a seat* (zajmij mi miejsce). ▶ **zostawiać (coś na później), nie wyrzucać 4** [T] to store information in a computer by giving it a special instruction: *Don't forget to save the file before you close it.* ▶ **zachowywać 5** [I,T] to prevent the spending or waste of time or money: *You can save on petrol by getting a smaller car.* ○ *This car will save you a lot on petrol.* ▶ **oszczędzać 6** [T] to make sth unnecessary; to make it unnecessary for sb to use sth, spend sth, etc.: *You could save yourself a lot of time and effort if you organized your work better.* ○ *Can you lend me your bike? It'll save me having to walk.* ▶ **zaoszczędzić 7** [T] to stop a goal being scored in football, etc. ▶ **bronić**

IDIOMS **keep/save sth for a rainy day** → RAINY | **save face** to prevent yourself losing the respect of other people: *The remarks he made were an attempt to save face in a difficult situation.* ▶ **zachować twarz**

□ **save** noun [C] (in football, etc.) an act of preventing a goal from being scored: *The goalkeeper made a great save* (wspaniale obronił). ▶ **obrona** | **saver** noun [C] **1** a person who saves money for future use: *The rise in interest rates is good news for savers.* ▶ **osoba oszczędzająca 2** (often used in compounds) a thing that helps you save time, money, or the thing mentioned ▶ **urządzenie itp. oszczędzające czas**

★**saving** /ˈseɪvɪŋ/ noun **1** [C] an amount of time, money, etc. that you do not have to use or spend: *The sale price represents a saving of 25%.* ▶ **oszczędność 2** (**savings**) [pl.] money that you have saved for future use: *All our savings are in the building society.* ▶ **oszczędności**

saviour (US **savior**) /ˈseɪviə(r)/ noun [C] a person who rescues or saves sb/sth from danger, loss, death, etc.: *In Christianity Jesus Christ is the Saviour.* ▶ **zbawca, wybawiciel**

savoury (US **savory**) /ˈseɪvəri/ adj. (used about food) having a salty or spicy taste; not sweet ▶ **pikantny**

saw¹ pt of SEE

saw² /sɔː/ noun [C] a tool that is used for cutting wood, etc. A saw has a long metal blade with sharp teeth on it.: *an electric chainsaw* piła łańcuchowa ➲ Ilustr. do **tool**. ▶ **piła**

□ **saw** verb [I,T] (pt **sawed**; pp **sawn** /sɔːn/) to cut sth with a saw: *to saw through the trunk of a tree* ○ *Paula sawed the branch off the tree.* ○ *He sawed the log up into small pieces.* ❶ W Amer. ang. *past participle* tego czasownika to **sawed**. ▶ **piłować, rżnąć**

■ **ˈsawdust** noun [U] very small pieces of wood that fall like powder when you are sawing ▶ **trociny**

sax /sæks/ noun [C] (informal) = SAXOPHONE

saxophone /ˈsæksəfəʊn/ (informal **sax**) noun [C] a metal musical instrument that you play by blowing into it. Saxophones are usually used for playing jazz. ▶ **saksofon**

★**say**[1] /seɪ/ verb (3rd pers. sing. pres. **says** /sez/; pt, pp **said** /sed/) **1** [T] **say sth (to sb)** to speak words: *'Please come back,' she said.* ○ *The teacher said we should hand in our essays on Friday.* ○ *to say goodbye* żegnać się ○ *to say your prayers* mówić pacierz ○ *He said to his mother that he would phone back later.* ○ *They just sat there without saying anything* (w milczeniu). ○ *'This isn't going to be easy,' she said to herself* (pomyślała). ▶ **mówić, powiedzieć**

Say czy **tell**? **Say** zwykle używa się, gdy przytacza się czyjąś wypowiedź, albo w mowie zależnej przed **that**: *'I'll catch the 9 o'clock train,' he said.* ○ *He said that he would catch the 9 o'clock train.* Zwróć uwagę, że używa się przyimka **to**, żeby określić, do kogo się mówi: *He said to me that he would catch the 9 o'clock train.* **Tell** zawsze łączy się z rzeczownikiem lub zaimkiem oznaczającym osobę, z którą się rozmawia: *He told me that he would catch the 9 o'clock train.* Przytaczając polecenia lub porady, używa się **tell**: *I told them to hurry up.* ○ *She's always telling me what I ought to do.*

2 [T] (used about a book, notice, etc.) to give information: *What time does it say on that clock?* ○ *The map says the hotel is just past the railway bridge.* ▶ **pokazywać, być napisanym** **3** [I,T] to express a thought, feeling, answer, opinion, etc.: *'What time is she coming?' 'I don't know – she didn't say.'* ○ *I should like to say how happy I am to be here today.* ○ *He is said to be* (mówią, że on jest) *very rich.* ○ *What is the artist trying to say in this painting?* ○ *Well, what do you say* (co ty na to)*? Do you think it's a good idea?* ▶ **mówić, wyrażać** **4 say sth (to sb)** to show a feeling, a situation, etc. without using words: *His angry look said everything about the way he felt.* ▶ **mówić** **5** [T] to suppose sth: *We will need, say, £5 000 for a new car.* ○ *Say you don't get a place at university, what will you do then?* ▶ **przypuśćmy/powiedzmy (że)**

IDIOMS **go without saying** to be clear, so that you do not need to say it: *It goes without saying that the children will be well looked after at all times.* ▶ **to się rozumie (samo przez się)** | **have a lot, nothing, etc. to say for yourself** to have a lot, nothing, etc. to say in a particular situation: *Late again! What have you got to say for yourself?* ▶ **mieć dużo/nie mieć nic do powiedzenia** (*np. na swoją obronę*) | **I must say** (spoken) (used to emphasize your opinion): *I must say, I didn't believe him at first.* ▶ **muszę stwierdzić** | **I wouldn't say no** (spoken) (used to say that you would like sth): *'Coffee?' 'I wouldn't say no.'* ▶ **chętnie** | **Say when** (spoken) (used to tell sb to say when you have poured enough drink in their glass or put enough food on their plate) ▶ **powiedz, ile** (*nalać, nałożyć na talerz*) | **that is to say...** which means...: *We're leaving on Friday, that's to say in a week's time.* ▶ **czyli**

say[2] /seɪ/ noun [sing., U] **say (in sth)** the power or right to decide sth: *I'd like to have some say in the arrangements for the party.* ▶ **głos** (*w decyzji*), (*mieć*) **coś do powiedzenia**

IDIOM **have your say** to express your opinion: *Thank you for your comments. Now let somebody else have their say.* ▶ **wypowiadać swoje zdanie/opinię**

saying /ˈseɪɪŋ/ noun [C] a well-known phrase that gives advice about sth: *'A stitch in time saves nine' is an old saying.* ➲ Por. **proverb**. ▶ **powiedzenie, przysłowie**

scab /skæb/ noun [C,U] a mass of dried blood that forms over a part of the body where the skin has been cut or broken ➲ Por. **scar**. ▶ **strup**

scaffold /ˈskæfəʊld/ noun [C] a platform on which criminals were killed, e.g. by hanging ▶ **szafot**

scaffolding /ˈskæfəldɪŋ/ noun [U] long metal poles and wooden boards that form a structure which is put next to a building so that builders, painters, etc. can stand and work on it ▶ **rusztowanie**

scald /skɔːld/ verb [T] to burn sb/sth with very hot liquid ▶ **o/parzyć**
□ **scald** noun [C] a burn that was caused by very hot liquid ▶ **oparzenie** | **scalding** adj.: *scalding hot water* ▶ **wrzący**

★**scale**[1] /skeɪl/ noun **1** [C] a series of marks on a tool or piece of equipment that you use for measuring sth: *The ruler has one scale in centimetres and one scale in inches.* ▶ **podziałka, skala** **2** [C] a series of numbers, amounts, etc. that are used for measuring or fixing the level of sth: *The earthquake measured 6.5 on the Richter scale.* ○ *the new pay scale for nurses* ▶ **skala; tabela** **3** [C] the relationship between the actual size of sth and its size on a map or plan: *The map has a scale* (jest w skali) *of one centimetre to the kilometre.* ○ *a scale of 1: 50 000* ○ *We need a map with a larger scale.* ○ *a scale model* model (w skali) ○ *The plan of the building is not drawn to scale* (nie jest narysowany według skali). ▶ **skala** **4** [C,U] the size or extent of sth when compared to other things: *We shall be making the product on a large scale next year.* ○ *I think we have only just realized the scale of the problem.* ▶ **skala, rozmiar** **5** [C] a series of musical notes which go up or down in a fixed order. People play or sing scales to practise their musical technique: *the scale of C major* ▶ **gama**

PHRASAL VERB **scale sth up/down** to increase/decrease the size, number, importance, etc. of sth: *Police have scaled up their search for the missing boy.* ▶ **(proporcjonalnie) zwiększać/zmniejszać**

scale[2] /skeɪl/ noun [C] one of the small flat pieces of hard material that cover the body of some fish and animals: *the scales of a snake* ▶ **łuska**

scale[3] /skeɪl/ verb [T] to climb up a high wall, steep cliff, etc. ▶ **wspinać się/wchodzić na coś**

scales /skeɪlz/ noun [pl.] a piece of equipment that is used for weighing sb/sth: *I weighed it on the kitchen scales.* ▶ **waga**

scalp /skælp/ noun [C] the skin on the top of

your head that is under your hair ▶ **skóra głowy, skalp**

scalpel /ˈskælpəl/ noun [C] a small knife that is used by surgeons when they are doing operations ▶ **skalpel**

scam /skæm/ noun [C] (informal) a dishonest scheme: *a betting/currency scam* ▶ **oszustwo**

scamper /ˈskæmpə(r)/ verb [I] (often used about a child or small animal) to run quickly ▶ **pędzić, pierzchnąć**

scampi /ˈskæmpi/ noun [pl.] large prawns that have been fried in a mixture of flour and milk (batter) ▶ **panierowane krewetki**

scan /skæn/ verb [T] (**scanning**; **scanned**) **1** to examine sth carefully because you are looking for sth: *The sailors scanned the horizon for signs of land.* ▶ **badać** (*wzrokiem*) **2** to look at or read sth quickly: *Vic scanned the list until he found his own name.* ▶ **przebiegać wzrokiem po czymś 3** (used about a machine) to examine what is inside a person's body or inside an object such as a suitcase: *Machines scan all the luggage for bombs and guns.* ▶ **prześwietlać**

□ **scan** noun [C] an act of scanning: *The scan showed the baby was in the normal position.* ▶ **badanie ultrasonograficzne, prześwietlenie** | **scanner** noun [C] a machine that scans(3) ▶ **ultrasonograf, skaner**

scandal /ˈskændl/ noun **1** [C,U] an action, a situation or behaviour that shocks people; the public feeling that is caused by such behaviour: *There has been another major financial scandal involving a bank in London.* ○ *There was no suggestion of scandal in his private life.* ○ *The poor state of school buildings is a real scandal.* ▶ **skandal 2** [U] talk about sth bad or wrong that sb has or may have done: *to spread scandal about sb* ▶ **plotki, oszczerstwo**

□ **scandalize** (also **-ise**) /ˈskændəlaɪz/ verb [T] to cause sb to feel shocked by doing sth that they think is bad or wrong ▶ **gorszyć (kogoś), oburzać** | **scandalous** /ˈskændələs/ adj. very shocking or wrong: *It is scandalous that so much money is wasted.* ▶ **skandaliczny, oburzający**

Scandinavia /ˌskændɪˈneɪviə/ noun [U] the group of countries in northern Europe that consists of Denmark, Norway and Sweden. Sometimes Finland and Iceland are also said to be part of Scandinavia. ▶ **Skandynawia**

□ **Scandinavian** adj. ▶ **skandynawski**

scant /skænt/ adj. (only before a noun) not very much; not as much as necessary: *They paid scant attention* (prawie nie zwracali uwagi) *to my advice.* ▶ **skąpy, niewystarczający**

scanty /ˈskænti/ adj. (**scantier**; **scantiest**) too small in size or quality: *We didn't learn much from the scanty information they gave us.* ▶ **skąpy, niewystarczający**

□ **scantily** adv.: *She was scantily dressed in a short nightgown.* ▶ **kuso, niewystarczająco**

scapegoat /ˈskeɪpgəʊt/ noun [C] a person who is blamed for sth that sb else has done ▶ **kozioł ofiarny**

scar /skɑː(r)/ noun [C] a mark on the skin that is caused by a cut or wound that has now healed: *The operation didn't leave a very big scar.* ○ (figurative) *The city centre still bears the scars of the recent fighting.* ➲ Por. **scab**. ▶ **blizna, szrama; ślad**

□ **scar** verb [I,T] (**scarring**; **scarred**) to leave a scar on sb/sth: *William's face was scarred for life in the accident.* ▶ **zostawiać bliznę, pokiereszować**

★**scarce** /skeəs/ adj. not existing in large quantities; hard to find: *Food for birds and animals is scarce in the winter.* Zimą brakuje pożywienia zwierzętom i ptakom. ❶ Antonim: **plentiful**. ▶ **niewystarczający**

□ **scarcity** /ˈskeəsəti/ noun [C,U] (pl. **scarcities**): *There will be food scarcities in most regions.* ○ *The scarcity of building land has forced the price up.* ▶ **brak, niedostatek**

scarcely /ˈskeəsli/ adv. **1** only just; almost not: *Scarcely had I sat down* (ledwie usiadłem), *when the phone rang.* ○ *There was scarcely a car in sight.* Prawie nie było samochodów w zasięgu wzroku. ○ *She's not a friend of mine. I scarcely know her.* ➲ Por. **hardly**. ▶ **zaledwie, prawie wcale 2** surely not: *You can scarcely expect* (nie możesz oczekiwać) *me to believe that after all you said before.* ▶ **zaledwie, prawie wcale**

★**scare** /skeə(r)/ verb [I,T] to make a person or an animal frightened; to become frightened: *The sudden noise scared us all.* ○ *I don't scare easily, but when I saw the gun I was terrified.* ▶ **przestraszyć (się)**

PHRASAL VERB **scare sb/sth away/off** to make a person or an animal leave or stay away by frightening them: *Don't make any noise or you'll scare the birds away.* ▶ **płoszyć, odstraszać**

□ **scare** noun [C] **1** a feeling of being frightened: *It wasn't a serious heart attack but it gave him a scare* (przestraszył). ▶ **strach 2** a situation where many people are afraid or worried about sth: *Last night there was a bomb scare* (alarm o podłożonej bombie) *at Victoria Station.* ▶ **panika** | **scared** adj. **scared (of sb/sth)**; **scared (of doing sth/to do sth)** frightened: *Are you scared of* (czy boisz się) *the dark?* ○ *She's scared of walking home alone.* ○ *Everyone was too scared to move.* ▶ **przestraszony** | **scary** /ˈskeəri/ adj. (**scarier**; **scariest**) (informal) rather frightening: *a scary ghost story* ○ *It was a bit scary driving in the mountains at night.* ▶ **straszny, przerażający**

■ ˈ**scarecrow** noun [C] a model of a person that is dressed in old clothes and put in a field to frighten away the birds ▶ **strach na wróble**

scarf /skɑːf/ noun [C] (pl. **scarfs** /skɑːfs/ or **scarves** /skɑːvz/) **1** a long thin piece of cloth, usually made of wool, that you wear around your neck to keep warm: *He wrapped a scarf around his neck and set off.* ▶ **szalik 2** a square piece of cloth that (usually) women wear around their neck or shoulders or over their heads to keep warm or for decoration: *She tied a scarf around her neck and set off.* ▶ **chust(k)a, apaszka**

scarlet /ˈskɑːlət/ adj., noun [U] (of) a bright red

colour ➲ Por. **crimson** i **maroon**. ▶ **szkarłatny; szkarłat**

scathing /ˈskeɪðɪŋ/ adj. expressing a very strong negative opinion about sb/sth; very critical: *a scathing attack on the new leader* ○ *scathing criticism* ▶ **ostry, zjadliwy**

scatter /ˈskætə(r)/ verb **1** [I] (used about a group of people or animals) to move away quickly in different directions: *The deer scattered when they heard us approaching.* ▶ **rozbiegać się, rozpraszać się 2** [T] to drop or throw things in different directions over a wide area: *The wind scattered the papers all over the room.* ▶ **rozrzucać, rozsypywać**
□ **scattered** adj. spread over a large area or at intervals: *There will be sunny intervals with scattered showers* (przejaśnienia i przelotne opady) *today.* ▶ **rozproszony, rozrzucony**

scavenge /ˈskævɪndʒ/ verb [I,T] to look for food, etc. among waste and rubbish ▶ **wygrzebywać ze śmieci** (*np. żywność*)
□ **scavenger** noun [C] a person or an animal that scavenges ▶ **żebra-k/czka; padlinożerca**

SCE /ˌes siː ˈiː/ abbr. Scottish Certificate of Education. Pupils in Scotland take the SCE at Standard grade at the age of about 16 and at Higher grade at about 17. ▶ **egzaminy szkolne maturalne**

scenario /səˈnɑːriəʊ; US -ˈnær-/ noun [C] (pl. **scenarios**) **1** a description of what happens in a play or film ▶ **scenariusz 2** one way that things may happen in the future: *The doctor described a scenario in which the disease spread rapidly across the whole country.* ▶ **scenariusz**

★**scene** /siːn/ noun **1** [C] the place where sth happened: *the scene of a crime/accident* ▶ **miejsce** (*np. zbrodni*) **2** [C] an occasion when sb expresses great anger or another strong emotion in public: *There was quite a scene when she refused to pay the bill.* ○ *There were emotional scenes at the dock side as the boat pulled away.* ▶ **scena, awantura 3** [C] one part of a book, play, film, etc. in which the events happen in one place: *The first scene of 'Hamlet' takes place on the castle walls.* ▶ **scena 4** [C,U] what you see around you in a particular place: *Constable painted many scenes of rural life.* ○ *Her new job was no better, but at least it would be a change of scene.* ▶ **scena, otoczenie 5** (**the scene**) [sing.] the way of life or present situation in a particular area of activity: *The political scene in Eastern Europe is very confused.* ○ *the fashion scene* świat mody ▶ **scena, arena**

★**scenery** /ˈsiːnəri/ noun [U] **1** the natural features that you see around you in the country: *The scenery is superb in the mountains.* ▶ **krajobraz, sceneria 2** the furniture, painted cloth, boards, etc. that are used on the stage in a theatre: *The scenery is changed during the interval.* ▶ **dekoracje**

Jeśli pewien teren jest malowniczo położony i miły dla oka, stosuje się rzeczownik **scenery**. Mówiąc o naturalnych cechach pewnego obszaru, używa się słowa **landscape**: *Trees and hedges are a typical feature of the British landscape.* Widok z okna lub wieży określa się mianem **view**: *There was a marvellous view of the sea from our hotel room.*

scenic /ˈsiːnɪk/ adj. having beautiful scenery: *a scenic route through the country lanes* ▶ **malowniczy**

scent /sent/ noun **1** [C,U] a pleasant smell: *This flower has no scent.* ➲ Zob. uwaga przy **smell**[1]. ▶ **zapach, aromat 2** [U] (especially Brit.) = PERFUME(2) **3** [C,U] the smell that an animal leaves behind and that some other animals can follow ▶ **trop** (*zwierzęcia*) **4** [sing.] the feeling that sth is going to happen: *The scent of victory was in the air.* ▶ **powiew**
□ **scented** adj. ▶ **pachnący, perfumowany**

sceptic (US **skeptic**) /ˈskeptɪk/ noun [C] a person who doubts that sth is true, right, etc. ▶ **scepty-k/czka**
□ **sceptical** (US **skeptical**) /-kl/ adj. **sceptical (of/about sth)** doubting that sth is true, right, etc.: *Many doctors are sceptical about the value of alternative medicine.* ▶ **sceptyczny, sceptycznie nastawiony** | **scepticism** (US **skepticism**) /ˈskeptɪsɪzəm/ noun [U] a general feeling of doubt about sth; a feeling that you are unwilling to believe sth: *They listened with scepticism to the President's promises of reform.* ▶ **sceptycyzm**

schedule /ˈʃedjuːl; US ˈskedʒuːl/ noun **1** [C,U] a plan of things that will happen or of work that must be done: *Max has a busy schedule for the next few days.* ○ *to be ahead of/behind schedule* (przed czasem/po czasie) ○ *to be on schedule* (zgodnie z harmonogramem) ▶ **harmonogram, plan 2** (US) = TIMETABLE
□ **schedule** verb [T] **schedule sth (for sth)** to arrange for sth to happen or be done at a particular time: *We've scheduled the meeting for Monday morning.* ○ *The train was scheduled to arrive* (według rozkładu powinien przyjechać) *at 10.07.* ○ *Is it a scheduled flight* (lot planowy/według rozkładu)? ▶ **planować, sporządzać rozkład**

★**scheme** /skiːm/ noun [C] **1** an official plan or system for doing or organizing sth: *a new scheme to provide houses in the area* ○ *Are you paying into a private pension scheme?* ▶ **plan, program 2** a clever plan to do sth: *He's thought of a new scheme for making money fast.* ➲ Por. **colour scheme**. ▶ **projekt, plan**
□ **scheme** verb [I,T] to make a secret or dishonest plan ▶ **knuć, spiskować**

schizophrenia /ˌskɪtsəˈfriːniə/ noun [U] a serious mental illness in which a person confuses the real world and the world of the imagination and often behaves in strange and unexpected ways ▶ **schizofrenia**
□ **schizophrenic** /ˌskɪtsəˈfrenɪk/ adj., noun [C] (of) a person who is suffering from schizophrenia ▶ **schizofreni-k/czka**

scholar /ˈskɒlə(r)/ noun [C] **1** a person who studies and has a deep knowledge of a particular subject: *a leading Shakespeare scholar* (szekspirolog) ▶ **uczony; ekspert 2** a person who has passed an exam or won a competition and has been given a scholarship to help pay for their studies: *a British Council scholar* ➲ Por. **student**. ▶ **stypendyst-a/ka**

scholarship /ˈskɒləʃɪp/ noun **1** [C] an amount of money that is given to a person who has passed an exam or won a competition, in order to help pay for their studies: *to win a scholarship to Yale* ▶ **stypendium (naukowe) 2** [U] serious study; the work of scholars ▶ **nauka, uczoność**

★**school** /skuːl/ noun **1** [C] the place where children go to be educated: *Paul goes to the local school.* ○ *Do you have to wear school uniform?* ○ *We go on the school bus.* ○ *a summer school* kurs wakacyjny ▶ **szkoła 2** [U] the time you spend at a school; the process of being educated in a school: *Children start school at 4 or 5 in Britain and can leave school at 16.* ○ *School starts at 9 o'clock and finishes at about 3.30.* ○ *After school we usually have homework to do.* ○ *Because of the snow there will be no school today.* ▶ **szkoła, lekcje**

Mówiąc o szkole jako miejscu nauki dla uczniów lub pracy dla nauczycieli, używa się **school** bez **the**: *Where do your children go to school?* ○ *I enjoyed being at school.* ○ *Do you walk to school?* Natomiast **the school** używa się w każdej innej sytuacji, np. gdy rodzice idą na zebranie: *I have to go to the school on Thursday to talk to John's teacher.* Kiedy dodaje się więcej informacji o szkole, wtedy należy użyć **a** lub **the**: *Pat goes to the local school.* ○ *She teaches at a school in Leeds.*

3 [sing., with sing. or pl. verb] all the pupils and teachers in a school: *The whole school cheered the winner.* ▶ **szkoła 4** [C] a place where you go to learn a particular subject: *a driving/language school* ▶ **szkoła 5** [C] (US) a college or university ▶ **szkoła wyższa, (wyższa) uczelnia 6** [C] a department of a university that teaches a particular subject: *the school of geography at Leeds University* ▶ **instytut, wydział 7** [C] a group of writers, painters, etc. who have the same ideas or style: *the Flemish school of painting* ▶ **szkoła 8** a large group of fish swimming together ▶ **ławica**

IDIOM **a school of thought** the ideas or opinions that one group of people share: *There are various schools of thought on this matter.* ▶ **szkoła naukowa**

□ **schooling** noun [U] the time that you spend at school; your education: *Jo's schooling was interrupted because she was ill so often.* ▶ **nauka**

■ **ˈschool age** noun [U] the age when a child must go to school, e.g. in Britain, between 5 and 16 ▶ **wiek szkolny** | **ˈschoolboy**; **ˈschoolgirl**; **ˈschoolchild** noun [C] a boy/girl/child who goes to school ▶ **ucze-ń/nnica** | **ˈschool days** noun [pl.] the period of your life when you go to school ▶ **lata szkolne** | **ˌschool-ˈleaver** noun [C] (Brit.) a person who has just left school ▶ **absolwent/ka, maturzyst-a/ka** | **ˈschoolteacher** noun [C] a person who teaches in a school ▶ **nauczyciel/ka**

★**science** /ˈsaɪəns/ noun **1** [U] the study of and knowledge about the physical world and natural laws: *science and technology* ○ *Modern science has discovered a lot about the origin of life.* ○ *to study science at university.* ○ *a science teacher* nauczyciel przedmiotów ścisłych ➲ Zob. uwaga przy **art**(4). ▶ **nauki przyrodnicze/ścisłe 2** [C,U] one of the subjects into which science can be divided: *Biology, chemistry and physics are all sciences.* ○ *Is mathematics a science?* ❶ **Social science** to nauki społeczne. ▶ **nauka ścisła, przedmiot ścisły**

□ **scientist** /ˈsaɪəntɪst/ noun [C] a person who studies or teaches science, especially biology, chemistry or physics ▶ **naukowiec** (*specjalista od nauk ścisłych*), **uczony**

■ **ˌscience ˈfiction** (informal **sci-ˈfi**) noun [U] books, films, etc. about events that take place in the future, especially connected with travel in space ▶ **fantastyka naukowa**

★**scientific** /ˌsaɪənˈtɪfɪk/ adj. **1** connected with science: *We need more funding for scientific research.* ▶ **naukowy 2** using the methods that are used in science(1) (= observing facts and testing ideas with experiments): *a scientific study of the way people use language* ▶ **naukowy**

□ **scientifically** /-kli/ adv.: *It will be hard to prove the idea scientifically.* ▶ **naukowo**

★**scissors** /ˈsɪzəz/ noun [pl.] a tool for cutting things that consists of two flat sharp blades that are joined together ❶ **Scissors** to rzeczownik występujący tylko w lm: *These scissors are blunt.* Nie można powiedzieć **a scissors**. Używa się zamiast tego **a pair**: *I need a new pair of scissors.* ▶ **nożyce, nożyczki**

scoff /skɒf/ verb **1** [I] **scoff (at sb/sth)** to speak about sb/sth without respect ▶ **szydzić, kpić 2** [T] (Brit., informal) to eat a lot of sth quickly ▶ **wsuwać**

scold /skəʊld/ verb [I,T] **scold sb (for sth/for doing sth)** to speak angrily to sb because he/she has done something bad or wrong: *The teacher scolded her for being late.* ❶ **Tell off** jest częściej używane. ▶ **skrzyczeć, skarcić**

scone /skɒn; skəʊn/ noun [C] a small plain cake made from fat and flour. You often put butter and jam on scones. ▶ **rodzaj bułeczki**

scoop /skuːp/ noun [C] **1** a tool like a spoon used for picking up ice-cream, flour, grain, etc. ▶ **łyżka do lodów, szufelka 2** the amount that one scoop contains: *apple pie served with a scoop of ice-cream* ▶ **kulka, szufelka 3** an exciting piece of news that is reported by one newspaper, TV or radio station before it is reported anywhere else ▶ **sensacyjna wiadomość** (*podana wcześniej niż w konkurencyjnych gazetach*)

□ **scoop** verb [T] **1 scoop sth (out/up)** to make a hole in sth or to take sth out by using a scoop(1) or sth similar: *Scoop out the middle of the pineapple.* ▶ **wydłubać, wygrzebać 2 scoop sb/sth (up)** to move or lift sb/sth using a continuous action: *He scooped up the child and ran.* ▶ **nabierać, zagarniać, podnosić 3** to win a big or important prize: *The film* *has scooped all the awards this year.* ▶ **zgarniać** **4** to get a story before all the other newspapers ▶ **wyprzedzać** (*inne dzienniki w podaniu jakiejś wiadomości*)

scooter /ˈskuːtə(r)/ noun [C] **1** a light motor cycle with a small engine ▶ **skuter** **2** a child's toy with two wheels that you stand on and move by pushing one foot against the ground ▶ **hulajnoga**

scope /skəʊp/ noun **1** [U] **scope (for sth/to do sth)** the chance or opportunity to do sth: *The job offers plenty of scope for creativity.* ▶ **możliwość, sposobność** **2** [sing.] the range of subjects that are being discussed or considered: *The government was unwilling to extend the scope of the inquiry.* ○ *It is not within the scope of this book to discuss these matters in detail.* ▶ **zakres**

scorch /skɔːtʃ/ verb [T] to burn sth slightly so that its colour changes but it is not destroyed: *I scorched my blouse when I was ironing it.* ○ *the scorched landscape of the Arizona desert* spalona słońcem pustynia Arizony ▶ **przypalać, przypiekać**

□ **scorching** adj. very hot: *It was absolutely scorching on Tuesday.* ▶ **skwarny**

★**score¹** /skɔː(r)/ noun **1** [C] the number of points, goals, etc. that sb/sth gets in a game, competition, examination, etc.: *What was the final score?* ○ *The score is 3-2 to Oxford.* ○ *Graf won the match with a score of 6-4, 6-1.* ○ *The top score in the test was 80%.* ▶ **wynik** **2** (**scores**) [pl.] very many: *Scores of people have written to offer their support.* ▶ **mnóstwo** **3** [C] the written form of a piece of music ▶ **nuty, partytura**

IDIOM **on that score** about that: *Len will be well looked after. Don't worry on that score.* ▶ **pod tym względem**

■ ˈ**scoreboard** noun [C] a large board that shows the score during a game, competition, etc. ▶ **tablica wyników**

★**score²** /skɔː(r)/ verb [I,T] to get points, goals, etc. in a game, competition, examination, etc.: *The team still hadn't scored by half-time.* ○ *Louise scored the highest marks in the exam.* ○ *He scored an easy victory in the new Honda.* ○ *England scored three goals against France.* ▶ **zdobywać punkty, osiągać sukces, strzelać bramkę**

scorn /skɔːn/ noun [U] **scorn (for sb/sth)** the strong feeling that you have when you do not respect sb/sth: *She looked at him with scorn and contempt.* ▶ **pogarda**

□ **scorn** verb [T] **1** to feel or show scorn for sb/sth: *The President scorned his critics.* ▶ **gardzić** **2** to refuse to accept help or advice, especially because you are too proud: *The old lady scorned all offers of help.* ▶ **wzgardzić** | **scornful** /-fl/ adj. feeling or showing scorn: *a scornful look/smile* ▶ **pogardliwy** | **scornfully** /-fəli/ adv. ▶ **pogardliwie**

Scorpio /ˈskɔːpiəʊ/ noun [C,U] (pl. **Scorpios**) the eighth sign of the zodiac, the Scorpion; a person who was born under this sign ▶ **Skorpion, zodiakalny Skorpion**

scorpion /ˈskɔːpiən/ noun [C] a creature which looks like a large insect and lives in warm climates. A scorpion has a long tail with a poisonous sting in it. ▶ **skorpion**

★**Scot** /skɒt/ noun [C] a person who comes from Scotland ▶ **Szkot/ka**

Scotch /skɒtʃ/ noun **1** [U] whisky that is made in Scotland ▶ **szkocka whisky** **2** [C] a glass of Scotch: *Two Scotches, please.* ▶ **whisky** ➲ Zob. uwaga przy **Scottish**.

★**Scots** /skɒts/ adj. of or connected with people from Scotland ➲ Zob. uwaga przy **Scottish**. ▶ **szkocki**

■ ˈ**Scotsman** /-mən/ ˈ**Scotswoman** /-wʊmən/ noun [C] a man or woman who comes from Scotland ▶ **Szkot/ka**

★**Scottish** /ˈskɒtɪʃ/ adj. of or connected with Scotland, its people, culture, etc. ▶ **szkocki**

> **Scots** używa się tylko w odniesieniu do osób: *a Scots piper*. **Scottish** używa się zarówno w odniesieniu do osób, jak i rzeczy pochodzących ze Szkocji: *Scottish law/dancing/lochs* ○ *She speaks with a Scottish accent.* ○ *The Scottish Highlands.* **Scotch** używa się tylko w odniesieniu do **whisky** i niektórych szkockich potraw; nigdy w odniesieniu do osób.

scoundrel /ˈskaʊndrəl/ noun [C] (old-fashioned) a man who behaves very badly towards other people, especially by being dishonest ▶ **łotr**

scour¹ /ˈskaʊə(r)/ verb [T] to clean sth by rubbing it hard with sth rough: *to scour dirty pots and pans* ▶ **szorować**

scour² /ˈskaʊə(r)/ verb [T] to search a place very carefully because you are looking for sb/sth: *Helen scoured the shops for a suitable dress.* ▶ **przeszukiwać, przetrząsać**

scourge /skɜːdʒ/ noun [C] (written) a person or thing that causes a lot of trouble or suffering: *the scourge of unemployment* ▶ **plaga, dopust, utrapienie**

scout /skaʊt/ noun [C] **1** a soldier who is sent on in front of the rest of the group to find out where the enemy is or which is the best route to take ▶ **zwiadowca** **2** (**Scout**) (also **Boy** ˈ**Scout**) a member of an organization that teaches boys how to look after themselves and encourages them to help others. Scouts do sport, learn useful skills, go camping, etc. ➲ Por. **Girl Guide**. ▶ **skaut**

scowl /skaʊl/ noun [C] a look on your face that shows you are angry or in a bad mood ➲ Por. **frown**. ▶ **gniewne spojrzenie**

□ **scowl** verb [I] ▶ **patrzeć wilkiem**

scrabble /ˈskræbl/ verb [I] to move your fingers around, trying to find sth or get hold of sth: *She scrabbled about in her purse for some coins.* ▶ **grzebać**

scramble /ˈskræmbl/ verb [I] **1** to climb quickly up or over sth using your hands to help you: *to scramble up a steep hill/over a wall* ▶ **drapać się, przedzierać się** (*w pośpiechu*) **2** to move or do something quickly because you are in a hurry: *She scrambled into some clean clothes.* Włożyła na siebie w pośpiechu czyste ubranie. ▶ **robić coś w pośpiechu** **3 scramble (for sth)** to struggle to get sth which a lot of people want: *Everyone was scrambling to get the best bargains.* ▶ **walczyć**

□ **scramble** noun [sing.] an act of scrambling: *There was a real scramble as everyone rushed for the best seats.* ▶ **szarpanina**

■ **,scrambled 'egg** noun [U] eggs that are mixed together with milk and then cooked in a pan ▶ **jajecznica**

scrap[1] /skræp/ noun **1** [C] a small piece or amount of sth: *a scrap of paper* ○ *scraps of food* ○ (figurative) *There is not a scrap of truth* (nie ma odrobiny prawdy) *in what she told me.* ▶ **kawałek, resztka; krzta 2** [U] something that you do not want any more but that is made of material that can be used again: *The old car was sold for scrap.* ○ *scrap paper* makulatura ▶ **złom, odpady**

□ **scrap** verb [T] (**scrapping**; **scrapped**) to get rid of sth that you do not want any more: *the government's decision to scrap nuclear weapons* ○ *I think we should scrap that idea.* ▶ **wyrzucać** | **scrappy** adj. (**scrappier**; **scrappiest**) not neat or well-organized: *a scrappy letter* ▶ **fragmentaryczny, niejednolity**

■ **'scrapbook** noun [C] a large book with blank pages that you can stick pictures, newspaper articles, etc. in ▶ **album** (*np. na wycinki prasowe*) | **'scrap heap** noun [C] a large pile of rubbish ▶ **śmietnisko**

IDIOM **on the scrap heap** not wanted any more: *Many of the unemployed feel that they are on the scrap heap.* ▶ **niepotrzebny**

scrap[2] /skræp/ noun [C] (informal) a fight or quarrel which is not very serious ▶ **utarczka**

scrape[1] /skreɪp/ verb **1** [T] **scrape sth (down/out/off)** to make sth clean or smooth by moving a sharp edge across it firmly: *to scrape a pan clean* ▶ **skrobać 2** [T] to remove sth by moving a sharp edge across a surface: *Scrape all the mud off your boots before you come in.* ▶ **zeskrobywać 3** [T] **scrape sth (against/along/on sth)** to damage or hurt sth by rubbing it against sth rough or hard: *Mark fell and scraped his knee.* ○ *Jenny scraped the car against the gatepost.* ▶ **zadrapać, zarysowywać 4** [I,T] **scrape (sth) against/along/on sth** to rub (sth) against sth and make a sharp unpleasant noise: *The branches scraped against the window.* ▶ **zgrzytać; chrobotać, szurać**

PHRASAL VERBS **scrape by** to manage to live on the money you have, but with difficulty: *We can just scrape by on my salary.* ▶ **ledwo wiązać koniec z końcem** | **scrape through sth** to succeed with difficulty in doing sth: *to scrape through an exam* ▶ **przebrnąć (przez coś)** | **scrape sth together/up** to get or collect sth together with difficulty: *We just managed to scrape enough money together for a week's holiday.* ▶ **wyskrobać**

scrape[2] /skreɪp/ noun [C] **1** an act of scraping or the sound of sth scraping on/against sth: *the scrape of a spoon on a metal pan* ▶ **zgrzyt 2** damage or an injury caused by rubbing against sth rough: *I got a nasty scrape on my knee.* ▶ **zadrapanie 3** (informal) a difficult situation that was caused by your own foolish behaviour: *The children are always getting into scrapes.* ▶ **tarapaty**

scrappy → SCRAP[1]

★**scratch**[1] /skrætʃ/ verb **1** [I,T] to make a mark on a surface or a small wound on a person's skin with sth sharp: *The cat will scratch if you annoy it.* ○ *I've scratched myself quite badly on the rose bush.* ○ *The table was badly scratched.* ▶ **zadrapać, podrapać 2** [T] to put sth somewhere or to take it away by scratching: *He scratched his name on the top of his desk.* ○ *I tried to scratch the paint off the table.* ▶ **wydrapać; zdrapywać 3** [I] to make a sound by rubbing a surface with sth sharp: *The dog was scratching at the door to come inside.* ▶ **drapać 4** [I,T] to rub a part of the body, often to stop it itching: *I put some lotion on his skin to try and stop him scratching.* ○ *Could you scratch my back for me?* ○ *She sat and thought about the problem, scratching her head occasionally.* ▶ **drapać (się)**

scratch[2] /skrætʃ/ noun **1** [C] a cut, mark or sound that was made by sb/sth scratching sb/sth else: *They survived the accident without even a scratch.* ○ *There's a scratch on the car door.* ▶ **zadrapanie, rysa 2** [sing.] an act of scratching(3): *The dog had a good scratch* (porządnie się podrapał). ▶ **drapanie**

IDIOMS **from scratch** from the very beginning: *I'm learning Spanish from scratch.* ▶ **od zera** | **(be/come) up to scratch** (informal) to be/become good enough: *Karen's singing isn't really up to scratch.* Prawdę mówiąc, śpiew Karen nie jest na (wysokim) poziomie. ▶ **być na poziomie; spełniać wymogi**

scrawl /skrɔːl/ verb [I,T] to write in an untidy and careless way ▶ **bazgrać**

□ **scrawl** noun [sing.]: *Her signature was just a scrawl.* ▶ **gryzmoły, bazgranina** ➲ Por. **scribble**.

★**scream** /skriːm/ verb [I,T] **scream (sth) (out) (at sb)** to cry out loudly in a high voice because you are afraid, excited, angry, in pain, etc.: *She saw a rat hiding in the corner of the room and screamed.* ○ *'Don't touch that,' he screamed.* ○ *She screamed at the children to stop.* ○ *The horse screamed with pain.* ○ *He clung to the edge of the cliff, screaming for help.* ➲ Por. **shout**. ▶ **krzyczeć, wrzeszczeć**

□ **scream** noun **1** [C] a loud cry in a high voice: *a scream of pain* ▶ **krzyk, wrzask 2** [sing.] (informal) a person or thing that is very funny: *She's a real scream.* ▶ **śmieszna osoba; coś śmiesznego**

screech /skriːtʃ/ verb [I,T] to make an unpleasant loud high sound: *The car's brakes screeched as it came to a halt.* ○ *'Get out of here,' she screeched at him.* ➲ Por. **shriek**. ▶ **piszczeć, skrzeczeć**

□ **screech** noun [sing.] an unpleasant high sound: *the screech of brakes* ▶ **pisk, skrzek**

★**screen** /skriːn/ noun **1** [C] a flat vertical surface that is used for dividing a room or keeping sb/sth out of sight: *There was only a screen between* *the two desks.* ○ *The house was hidden by a screen of tall trees.* ▶ **parawan, zasłona 2** [C] the blank surface on which films are shown ▶ **ekran 3** [C] the glass surface of a television or computer where the picture or information appears ▶ **ekran 4** (**the screen**) [sing.] cinema films: *a star of stage and screen* ▶ **kino, film**

□ **screen** verb [T] **1 screen sb/sth (off) (from sb/sth)** to hide or protect sb/sth from sb/sth: *The bed was screened off while the doctor examined him.* ○ *to screen your eyes from the sun* ▶ **zasłaniać 2 screen sb (for sth)** to examine or test sb to find out if he/she has a particular disease or if he/she is suitable for a particular job: *All women over 50 should be screened for breast cancer.* ○ *The Ministry of Defence screens all job applicants.* ▶ **monitorować, sprawdzać 3** to show sth on TV or in a cinema: *The programme was too violent to be screened before 9 o'clock.* ▶ **pokazywać** (*np. w telewizji*), **wyświetlać** | **'screen saver** noun [C] a computer program that replaces what is on the screen with a moving image if the computer is not used for a certain amount of time ▶ **wygaszacz ekranu**

screw /skruː/ noun [C] a small piece of metal with a sharp end and a round head used for fixing two things, e.g. pieces of wood, together. A screw is like a nail but you fix it into sth by turning it round with a screwdriver. ➲ Ilustr. do **tool**. ▶ **śruba**

□ **screw** verb **1** [T] to fasten sth with a screw or screws: *The bookcase is screwed to the wall.* ▶ **przykręcać, przyśrubowywać 2** [I,T] to fasten sth, or to be fastened, by turning: *The legs screw into holes in the underside of the seat.* ○ *Make sure that you screw the top of the jar on tightly.* ▶ **zakręcać (się), nakręcać (się)**

PHRASAL VERBS **screw (sth) up** (slang) to ruin sth or cause sth to fail: *You'd better not screw up this deal.* ▶ **rujnować** | **screw sth up** to make paper, cloth, etc. into a tight ball: *Joanne screwed up the letter and threw it in the bin.* ▶ **zgniatać w kulkę** | **screw your eyes, face, etc. up** to change the expression on your face by nearly closing your eyes, in pain or because the light is strong ▶ **mrużyć oczy, wykrzywiać twarz**

■ **'screwdriver** noun [C] a tool that you use for turning screws ➲ Ilustr. do **tool**. ▶ **śrubokręt**

scribble /ˈskrɪbl/ verb [I,T] **1** to write sth quickly and carelessly: *to scribble a note down on a pad* ➲ Por. **scrawl**. ▶ **pisać w pośpiechu i niestarannie 2** to make marks with a pen or pencil that are not letters or pictures: *The children had scribbled all over the walls.* ▶ **bazgrać**

□ **scribble** noun [C,U] something that has been scribbled ▶ **bazgranina**

script /skrɪpt/ noun **1** [C] the written form of a play, film, speech, etc. ▶ **scenariusz, tekst 2** [C,U] a system of writing: *Arabic/Cyrillic/Roman script* ▶ **pismo**

scripture /ˈskrɪptʃə(r)/ noun [U] (also **the scriptures** [pl.]) the holy books of religion, such as the Bible ▶ **Biblia, Pismo Święte**

scroll /skrəʊl/ noun [C] a long roll of paper with writing on it ▶ **zwój pergaminu/papieru**

□ **scroll** verb [I,T] to move text up or down on a computer screen until you find the part you want ▶ **przewijać** | **scrollbar** noun [C] a tool on a computer screen that you use to move the text up and down or left and right ▶ (*na ekranie monitora*) **pasek do przewijania**

scrounge /skraʊndʒ/ verb [I,T] **scrounge (sth) (from/off sb)** (informal) to get sth by asking another person to give it to you instead of making an effort to get it for yourself: *She scrounged ten pounds off her sister.* ▶ **pasożytować, naciągać**

scrub[1] /skrʌb/ noun [U] small trees and bushes that grow in an area that has poor soil or low rainfall ▶ **zarośla**

scrub[2] /skrʌb/ verb (**scrubbing**; **scrubbed**) [I,T] **scrub (sth) (down/out)** to clean sth with soap and water by rubbing it hard, often with a brush: *to scrub down the floor/walls* ▶ **szorować**

PHRASAL VERB **scrub sth off** to remove sth by scrubbing: *to scrub the dirt off* ▶ **ścierać** (*zwl. szczotką*), **szorować**

□ **scrub** noun [sing.] an act of scrubbing: *This floor needs a good scrub.* Trzeba podłogę mocno wyszorować. ▶ **szorowanie**

scruff /skrʌf/ noun

IDIOM **by the scruff (of the/sb's neck)** by the back of the/your neck: *She picked up the puppy by the scruff of the neck.* ▶ **(brać) za kark**

scruffy /ˈskrʌfi/ adj. (**scruffier**; **scruffiest**) dirty and untidy: *He always looks so scruffy.* ○ *scruffy jeans* ▶ **niechlujny**

scrum /skrʌm/ noun [C] the part of a game of rugby when several players put their heads down in a circle and push against each other in order to try to get the ball ▶ **młyn**

scrunchy (also **scrunchie**) /ˈskrʌntʃi/ noun [C] (pl. **scrunchies**) a circular band of elastic covered with fabric used for fastening the hair ▶ **elastyczna opaska do ściągania włosów**

scruple /ˈskruːpl/ noun [usually pl.] a moral belief which stops you from doing sth that you think is wrong: *Haven't you any scruples?* ○ *I've got no scruples about asking them for money.* ▶ **skrupuł**

scrupulous /ˈskruːpjələs/ adj. **1** very careful or paying great attention to detail: *a scrupulous investigation into the causes of the disaster* szczegółowe badanie przyczyn ▶ **skrupulatny 2** careful to do what is right or honest: *Even the most scrupulous businessman might have been tempted.* ❶ Antonim: **unscrupulous**. ▶ **sumienny**

□ **scrupulously** adv.: *scrupulously clean/honest* ▶ **skrupulatnie; sumiennie**

scrutinize (also **-ise**) /ˈskruːtənaɪz/ verb [T] to look at or examine sth carefully ▶ **badać szczegółowo**

scrutiny /ˈskruːtəni/ noun [U] a careful examination or observation of sb/sth: *The police kept all the suspects under close scrutiny* (pod dokładną kontrolą). ▶ **badanie szczegółowe**

scuba-diving /ˈskuːbə daɪvɪŋ/ noun [U] swimming underwater using special equipment for breathing ▶ **nurkowanie**

scuff /skʌf/ verb [T] to make a mark on your shoes or with your shoes, e.g. by kicking sth or by dragging your feet along the ground ▶ **zdzierać** (*buty*); **kaleczyć** (*np. podłogę*)

scuffle /ˈskʌfl/ noun [C] a fight in which people try to push each other roughly: *scuffles between police and demonstrators* ▶ **utarczka**

sculptor /ˈskʌlptə(r)/ noun [C] a person who makes figures or objects from stone, wood, etc. ▶ **rzeźbia-rz/rka**

sculpture /ˈskʌlptʃə(r)/ noun **1** [U] the art of making figures or objects from stone, wood, clay, etc. ▶ **rzeźbiarstwo 2** [C,U] a work or works of art that were made in this way: *'The King and Queen' is a sculpture by Henry Moore.* ▶ **rzeźba**

scum /skʌm/ noun [U] **1** a covering of a dirty or unpleasant substance on the surface of a liquid ▶ **kożuch** (*z brudu*) **2** (slang) (an insulting word for people that you have no respect for): *Drug dealers are scum.* ▶ **szumowiny**

scurry /ˈskʌri/ verb [I] (pres. part. **scurrying**; 3rd pers. sing. pres. **scurries**; pt, pp **scurried**) to run quickly with short steps; to hurry ▶ **biec drobnymi krokami, pędzić**

scuttle /ˈskʌtl/ verb [I] to run quickly with short steps; to hurry ▶ **biec drobnymi krokami, pędzić**

scythe /saɪð/ noun [C] a tool with a long handle and a long curved blade. You use a scythe to cut long grass, corn etc. ▶ **kosa**

SE abbr. south-east(ern): *SE Asia* ▶ **płd.-wsch.**

***sea** /siː/ noun **1** [U](often **the sea**) the salt water that covers large parts of the surface of the earth: *Do you live by the sea?* ○ *The sea is quite calm/rough today.* ○ *The Thames flows into the sea at Gravesend.* ○ *There were several people swimming in the sea.* ○ *We finally sighted land after we had been at sea for several days.* ▶ **morze 2** [C](often **Sea**) a particular large area of salt water. A sea may be part of the ocean or may be surrounded by land: *the Mediterranean Sea* ○ *the Black Sea* ▶ **morze 3** [sing.] (also **seas** [pl.]) the state or movement of the waves of the sea: *The captain said that we would not sail in heavy seas* (na wzburzone morze). ▶ **morze, wody morskie 4** [sing.] a large amount of sth: *a sea of people* ▶ **morze**

IDIOM **at sea 1** sailing in a ship: *They spent about three weeks at sea.* ▶ **na morzu 2** not understanding or not knowing what to do: *When I first started this job I was completely at sea.* ▶ **zagubiony**

■ ˈ**sea bed** noun [C] the floor of the sea ▶ **dno morskie** | ˈ**seafood** noun [U] fish and shellfish from the sea that can be eaten as food ▶ **owoce morza** | ˈ**sea front** (**the sea front**) [sing.] the part of a town facing the sea: *The hotel is right on the sea front.* ○ *to walk along the sea front* ▶ **zabudowania/ulica i miejsce spacerów wzdłuż plaży** | ˈ**seagull** noun [C] = GULL | ˈ**sea level** noun [sing.] the level of the sea when it is halfway between high tide and low tide (used for measuring the height of things on land): *50 metres above/below sea level* ▶ **poziom morza** | ˈ**sea lion** noun [C] a type of large seal ▶ **lew morski** | ˈ**seaman** /-mən/ noun [C] (pl. **seamen** /-mən/) a sailor ▶ **marynarz** | ˈ**seashell** noun [C] the empty shell of a small animal that lives in the sea ▶ **muszla** | ˈ**seashore** (usually **the seashore**) noun [U] the part of the land that is next to the sea ▶ **brzeg morski, wybrzeże** | ˈ**seasick** adj. feeling sick or vomiting because of the movement of a boat or ship: *to feel/get/be seasick* ➲ Por. **airsick**, **carsick** i **travel-sick**. ▶ **cierpiący na chorobę morską** | ˈ**seaside** noun [sing.](often **the seaside**) an area on the coast, especially one where people go on holiday: *It's a lovely day. Let's go to the seaside* (nad morze). ○ *a seaside hotel* hotel nad morzem ▶ **wybrzeże** | ˈ**seaweed** noun [U] a plant that grows in the sea ▶ **wodorosty**

seal[1] /siːl/ noun [C] a grey animal with short fur that lives in and near the sea and that eats fish. Seals have no legs and swim with the help of flippers. ▶ **foka**

seal[2] /siːl/ noun [C] **1** a piece of wax, etc. that you put on an important piece of paper or letter to show that it is genuine and that it has not been opened ▶ **pieczęć 2** a small piece of paper, metal, plastic, etc. on a packet, bottle, etc. that you must break before you can open it ▶ **plomba, szczelne zamknięcie 3** something that stops air or liquid from getting in or out of something: *The seal has worn and oil is escaping.* ○ *the rubber seal in the lid of a jar* ▶ **uszczelnienie, uszczelka**

□ **seal** verb [T] **1 seal sth (up/down)** to close or fasten a parcel, envelope, etc.: *The parcel was sealed with tape.* ○ *to seal (down) an envelope* ▶ **zamykać, zaklejać 2 seal sth (up)** to fill a hole or cover sth so that air or liquid does not get in or out ▶ **uszczelniać 3** to show formally that you have agreed sth: *to seal an agreement* ▶ **przypieczętować**

PHRASAL VERB **seal sth off** to stop any person or thing from entering or leaving an area or building: *The building was sealed off by the police.* ▶ **odcinać** (*dostęp*)

seam /siːm/ noun [C] **1** the line where two pieces of cloth are sewn together ▶ **szew 2** a layer of coal under the ground ▶ **pokład**

seance (also **séance**) /ˈseɪɒ̃s; US ˈseɪɑːns/ noun [C] a meeting at which people try to talk to the spirits of dead people ▶ **seans**

***search** /sɜːtʃ/ verb [I,T] **search (sb/sth) (for sb/sth)**; **search (through sth)(for sth)** to examine sb/sth carefully because you are looking for something; to look for sth that is missing: *to search sb for drugs* ○ *The police searched the area for clues.* ○ *They are still searching for the missing child.* ○ *She searched through the papers* (przerzuciła papiery) *on the desk, looking for the letter.* ▶ **rewidować, przeszukiwać**

□ **search** noun [C] an act of searching: *the search for the missing boy* ▶ **poszukiwanie, przeszukiwanie**

IDIOM **in search of sb/sth** looking for sb/sth: *The early explorers went in search of gold.* ▶ **w**

poszukiwaniu | **searcher** noun [C] **1** a person who is looking for sb/sth ▶ **poszukiwacz/ka** **2** a program that allows you to look for particular information on a computer ▶ **wyszukiwarka** | **searching** adj. (used about a look, question, etc.) trying to find out the truth: *The customs officers asked a lot of searching questions about our trip.* ▶ **drobiazgowy, przenikliwy**

■ **'search engine** noun [C] a program for finding information, files or documents in a database or network, especially the Internet ▶ **wyszukiwarka** | **'search party** noun [C] a group of people who look for sb who is lost or missing: *to send out a search party* ▶ **wyprawa poszukiwawcza** | **'search warrant** noun [C] an official piece of paper that gives the police the right to search a building, etc. ▶ **nakaz rewizji**

searchlight /'sɜːtʃlaɪt/ noun [C] a powerful lamp whose beam can be turned in any direction, for example to look for enemy aircraft at night ▶ **reflektor, szperacz**

★**season¹** /'siːzn/ noun [C] **1** one of the four periods into which the year is divided (spring, summer, autumn and winter) ▶ **pora roku** **2** the period of the year when sth is common or popular or when sth usually happens or is done: *the football season* ○ *the dry/rainy season* ○ *the height of the holiday season* ○ *the high season* szczyt sezonu ○ *the low season* sezon ogórkowy ▶ **sezon, pora**

IDIOMS **in season 1** (used about fresh foods) available in large quantities at the time of year when they grow naturally: *Tomatoes are cheapest when they are in season* (kiedy jest na nie sezon). **2** (used about a female animal) ready to mate ▶ **w rui** | **out of season 1** (used about fresh foods) not available in large quantities because it is not the time when they grow naturally ▶ **po sezonie** **2** (of a holiday destination) at the time of year when it is least popular with tourists: *It's much cheaper to go to Spain out of season.* ▶ **poza sezonem**

■ **'season ticket** noun [C] a ticket that allows you to make a particular journey by bus, train, etc. as often as you like for a fixed period of time ▶ **bilet okresowy**

season² /'siːzn/ verb [T] to add salt, pepper, spices, etc. to food in order to make it taste better ▶ **doprawiać do smaku**

seasonal /'siːzənl/ adj. happening or existing at a particular time of the year: *There are a lot of seasonal jobs in the summer.* ▶ **sezonowy**

seasoned /'siːznd/ adj. having a lot of experience of sth: *a seasoned traveller* ▶ **doświadczony**

seasoning /'siːzənɪŋ/ noun [C,U] salt, pepper, spices, etc. that you add to food to make it taste better ▶ **przyprawa**

★**seat¹** /siːt/ noun [C] **1** something that you sit on: *Please take a seat* (proszę usiąść). ○ *the back seat of a car* ○ *The seats for the ballet* (bilety na balet) *cost £30 each.* ▶ **siedzenie** **2** the part of a chair, etc. that you sit on ▶ **siedzenie** **3** the part of a piece of clothing that covers your bottom ▶ **siedzenie** **4** a place on a council or in a parliament that you win in an election: *The Conservatives have a majority of 21 seats.* ○ *to win/lose a seat* ▶ **mandat**

IDIOMS **be in the driving seat** to be the person, group, etc. that has the most powerful position in a particular situation ▶ **mieć najsilniejszą pozycję** | **take a back seat** → BACK²

■ **'seat belt** (also **'safety belt**) noun [C] a belt that you wear in a car or an aeroplane to protect you from injury if there is an accident ▶ **pas bezpieczeństwa**

seat² /siːt/ verb [T] **1** (often passive) (formal) to sit down: *Please be seated.* Proszę usiąść. ▶ **sadzać** **2** to have seats or chairs for a particular number of people: *The hall can seat about 500 people.* ▶ **mieścić**

□ **seating** noun [U] the seats or chairs in a place or the way that they are arranged: *The seating will need to be changed.* ○ *a seating plan* plan rozmieszczenia gości przy stole ▶ **krzesła** (*ustawione w pewien sposób*)

sec /sek/ noun [C] (informal) = SECOND³(2)

secluded /sɪ'kluːdɪd/ adj. far away from other people, roads, etc.; very quiet: *secluded beaches* ○ *a secluded garden* ▶ **zaciszny, ustronny**

□ **seclusion** /sɪ'kluːʒn/ noun [U] ▶ **zacisze, ustronie**

★**second¹** /'sekənd/ pron., det., adv. 2nd; next after first: *We are going on holiday in the second week in July.* ○ *Birmingham is the second largest* (drugie co do wielkości) *city in Britain.* ○ *She poured herself a second glass of wine.* ○ *Our team finished second* (na drugim miejscu). ○ *I came second* (byłem drugi) *in the competition.* ▶ **drugi**

□ **secondly** adv. (used when you are giving your second reason or opinion) also: *Firstly, I think it's too expensive and secondly, we don't really need it.* ▶ **po drugie**

■ **ˌsecond-'best** adj. not quite the best but the next one after the best: *the second-best time in the 100 metres race* ▶ **drugi** | **ˌsecond-'best** noun [U] something that is not as good as the best, or not as good as you would like: *I'm not prepared to accept second-best.* ▶ **coś gorszego (z dwóch), coś podrzędnego** | **ˌsecond 'class** noun [U] **1** ordinary accommodation in a train, boat, aeroplane, etc.: *You can never get a seat in the second class.* ▶ **druga klasa** **2** the type of postage that is cheaper but that takes longer than first class ▶ **druga klasa** | **ˌsecond-'class** adj. **1** (used about ordinary accommodation in a train, aeroplane, etc.): *a second-class ticket/compartment* ▶ **drugiej klasy** **2** connected with letters, etc. that you pay less to send and that are delivered less quickly: *a second-class letter* ▶ **drugiej klasy** **3** (used about a university degree) of the level that is next after first-class: *a second-class honours degree in geography* ▶ (*dyplom*) **drugiej klasy** **4** of little importance: *Old people should not be treated as second-class citizens.* ▶ **drugiej kategorii** | **ˌsecond-'class** adv. using second-class accommodation or postage: *to travel second-class* ○ *to send a letter second-class* ▶ **drugą klasą** | **ˌsecond 'cousin** noun [C] the child of your mother's or father's cousin ▶ **kuzyn/ka** | ˌ**second 'floor** noun [C] the floor in a building that is next above the first floor (= two floors above the ground): *I live on the second floor.* ○ *a second-floor flat* ❶ W Amer. ang. **the second floor** to pierwsze piętro. ▶ **drugie piętro** | ˌ**second-'hand** adj., adv. **1** not new; owned by sb else before: *a second-hand car* ○ *I bought this camera second-hand.* ○ *a second-hand shop* sklep z używanymi artykułami ▶ **używany, z drugiej ręki 2** (used about news or information) that you heard from sb else (= that you did not see or experience yourself) ▶ **z drugiej ręki** | ˌ**second 'language** noun [C] a language that is not your native language but which you learn because it is used, often for official purposes, in your country: *French is the second language of several countries in Africa.* ▶ **drugi język** | ˌ**second 'nature (to sb)** noun [U] something that has become a habit or that you can do easily because you have done it so many times: *With practice, typing becomes second nature.* ▶ **druga natura** | ˌ**second-'rate** adj. of poor quality: *a second-rate poet* ▶ **drugorzędny** | **second 'thoughts** noun [pl.] a change of mind or opinion about sth; doubts that you have when you are not sure if you have made the right decision: *On second thoughts* (po namyśle), *let's go today, not tomorrow.* ○ *I'm having second thoughts* (chyba zmienię zdanie) *about accepting their offer.* ▶ **namysł**

⋆**second²** /'sekənd/ noun, pron. **1** (**the second**) [sing.] a person or thing that comes next after the first: *Queen Elizabeth the Second* ○ *Terry was the second to arrive.* ▶ **drugi 2** [C] **second (in sth)** a second-class university degree: *to get an upper/lower second in physics* ▶ **(dyplom) drugiej klasy 3** [U] the second gear of a car, etc.: *Don't try to start the car in second.* ▶ **drugi bieg 4** [C, usually pl.] something that has a small fault and that is sold cheaply: *The clothes are all seconds.* ▶ **odrzut**

⋆**second³** /'sekənd/ noun [C] **1** one of the 60 parts into which a minute is divided ▶ **sekunda 2** (informal **sec**) a short time: *Wait a second, please.* ▶ **sekunda**

■ **'second hand** noun [C] the hand on some clocks and watches that records seconds ▶ **sekundnik**

second⁴ /'sekənd/ verb [T] to support sb's proposal or idea at a meeting so that it can then be discussed and voted on ▶ **popierać** (*np. wniosek*)

second⁵ /sɪ'kɒnd/ verb [T] **second sb (from sth)(to sth)** to move sb from their job for a fixed period of time to do another job: *Our teacher has been seconded to another school for a year.* ▶ **przenosić** (*na inne stanowisko, do innego działu*)

□ **secondment** noun: *to be on secondment* ▶ **przeniesienie tymczasowe**

⋆**secondary** /'sekəndri; US -deri/ adj. **1** of less importance than sth else: *Other people's opinions are secondary, it's my opinion that counts.* ▶ **drugorzędny 2** caused by or developing from sth else: *She developed a secondary infection following a bad cold.* ▶ **wtórny**

■ **'secondary school** noun [C] (Brit.) a school for children aged from eleven to eighteen ▶ **szkoła średnia**

secrecy /'siːkrəsi/ noun [U] the state of being or keeping sth secret: *The negotiations took place in the strictest secrecy.* ○ *I must stress the importance of secrecy in this matter.* ▶ **tajemnica, dyskrecja**

⋆**secret** /'siːkrət/ adj. **1 secret (from sb)** that is not or must not be known by other people: *The file was marked 'Top Secret'* (ściśle tajne). ○ *a secret address* ○ *secret talks between the government and the ANC* ○ *a secret love affair* ▶ **tajny 2** doing sth that you do not tell anyone else about: *a secret drinker* ○ *She's got a secret admirer.* ▶ **cichy, robiący coś po cichu/ukradkiem**

□ **secret** noun **1** [C] something that is not or must not be known by other people: *to keep a secret* ○ *to tell sb a secret* ○ *I can't tell you where we're going – it's a secret.* ○ *It's no secret* (to nie tajemnica) *that they don't like each other.* ▶ **tajemnica 2** [sing.] the only way or the best way of doing or achieving sth: *What is the secret of your success?* ▶ **tajemnica**

IDIOM **in secret** without other people knowing: *to meet in secret* ▶ **w tajemnicy**

secretly adv. without other people knowing: *The government secretly agreed to pay the kidnappers.* ○ *The couple were secretly engaged for years.* ▶ **w tajemnicy**

■ ˌ**secret 'agent** (also **agent**) noun [C] a person who tries to find out secret information especially about the government of another country ➲ Por. **spy**. ▶ **tajny agent** | ˌ**secret 'service** noun [C] the government department that tries to find out secret information about other countries and governments ▶ **tajne służby**

⋆**secretary** /'sekrətri; US -teri/ noun [C] (pl. **secretaries**) **1** a person who works in an office. A secretary types letters, answers the telephone, makes appointments, etc.: *the director's personal secretary* ▶ **sekreta-rz/rka 2** a person who does similar work for a club or other organization: *The secretary must take the minutes of the meetings.* ▶ **sekreta-rz/rka 3** (US) the head of a government department, chosen by the President ▶ **sekretarz 4** (Brit.) = SECRETARY OF STATE(1)

□ **secretarial** /ˌsekrə'teəriəl/ adj. connected with the work that a secretary(1) does: *secretarial skills* ▶ (*o czynnościach itp.*) **sekreta-rki/rza**

■ ˌ**Secretary of 'State** noun [C] **1** (also **Secretary**) (in Britain) the political head of one of the main government ministries: *the Secretary of State for Defence* ▶ **minister 2** (in the US) the head of the government department that deals with foreign affairs ▶ **sekretarz stanu**

secrete /sɪ'kriːt/ verb [T] **1** (used about a part of a plant, an animal or a person) to produce a liquid: *a hormone secreted by the female of the species* ▶ **wydzielać 2** (formal) to hide sth in a secret place ▶ **chować**

□ **secretion** /sɪ'kriːʃn/ noun (formal) **1** [C] a

liquid that is produced by a plant or an animal ▶ **wydzielina** **2** [U] producing this liquid ▶ **wydzielanie**

secretive /ˈsiːkrətɪv/ adj. liking to keep things secret from other people: *Wendy is very secretive about her private life.* ▶ **tajemniczy, skryty** □ **secretively** adv. ▶ **w tajemnicy** | **secretiveness** noun [U] ▶ **tajemniczość**

sect /sekt/ noun [C] a group of people who have a particular set of religious or political beliefs. A sect has often broken away from a larger group. ▶ **sekta**

sectarian /sekˈteəriən/ adj. connected with one particular sect or the differences between sects: *sectarian violence* ▶ **sekciarski**

★**section** /ˈsekʃn/ noun [C] **1** one of the parts into which something can be or has been divided: *The final section of the road will be open in June.* ○ *the string section of an orchestra* ○ *the financial section of a newspaper* ○ *The library has an excellent reference section* (dział podręczny). ▶ **odcinek (drogi), sekcja, dział** **2** a view or drawing of sth as if it was cut from the top to the bottom and seen from the side ▶ **przekrój**

sector /ˈsektə(r)/ noun [C] **1** a part of the business activity of a country: *The manufacturing sector has declined in recent years.* ○ *the public/private sector* ▶ **sektor** **2** a part of an area or of a large group of people: *the Christian sector of the city* ○ *All sectors of the community should be consulted before a decision is made.* ▶ **dzielnica, sektor**

secular /ˈsekjələ(r)/ adj. not concerned with religion or the church ▶ **świecki**

★**secure** /sɪˈkjʊə(r)/ adj. **1** free from worry or doubt; confident: *to feel secure about the future* ○ *Children need to feel secure.* ○ *to be financially secure* ❶ Antonim: **insecure**. ▶ **bezpieczny, zabezpieczony** **2** not likely to be lost; safe: *Business is good so his job is secure.* ○ *a secure investment* ▶ **bezpieczny** **3** not likely to fall or be broken; firmly fixed: *That ladder doesn't look very secure.* ▶ **bezpieczny** **4 secure (against/from sth)** well locked or protected: *Make sure the house is secure before you go to bed.* ○ *a country with secure borders* ▶ **zabezpieczony, bezpieczny**
□ **secure** verb [T] **1** to fix or lock sth firmly: *The load was secured with ropes.* ○ *Secure the rope to a tree or a rock.* ▶ **przymocowywać** **2 secure sth (against/from sth)** to make sth safe: *The sea wall needs strengthening to secure the town against flooding.* ▶ **zabezpieczać (przed czymś/przeciw czemuś)** **3** to obtain or achieve sth, especially by having to make a big effort: *The company has secured a contract to build ten planes.* ▶ **uzyskiwać** | **securely** adv.: *All doors and windows must be securely fastened.* ▶ **solidnie**

★**security** /sɪˈkjʊərəti/ noun (pl. **securities**) **1** [U] the state of feeling safe and being free from worry: *Children need the security of a stable home environment.* ○ *financial security* dobrobyt ❶ Antonim: **insecurity**. ▶ **poczucie bezpieczeństwa** **2** [U] things that you do to protect sb/sth from thieves, attack, war, etc.: *Security was tightened at the airport before the president arrived.* ○ *a maximum security prison* więzienie pod specjalnym nadzorem ○ *the security forces* siły bezpieczeństwa ▶ **środki bezpieczeństwa** **3** [U] the section of a large company or organization that deals with the protection of buildings, equipment and staff: *If you see a suspicious bag, contact airport security immediately.* ▶ **ochrona** **4** [C,U] something of value that you use when you borrow money. If you cannot pay the money back then you lose the thing you gave as security: *You may need to use your house as security for the loan.* ▶ **zabezpieczenie**

sedan /sɪˈdæn/ noun [C] (US) = SALOON(1)

sedate¹ /sɪˈdeɪt/ adj. quiet, calm and well-behaved ▶ **spokojny, stateczny**

sedate² /sɪˈdeɪt/ verb [T] to give sb a drug or medicine to make them calm or sleepy ▶ **podawać komuś środek uspokajający/usypiający**
□ **sedation** /sɪˈdeɪʃn/ noun: *The doctor put her under sedation* (podał jej środki usypiające). ▶ **działanie środków usypiających/uspokajających** | **sedative** /ˈsedətɪv/ noun [C] a drug or medicine that makes you calm or sleepy ➲ Por. **tranquillizer**. ▶ **środek uspokajający/usypiający**

sedentary /ˈsedntri; US -teri/ adj. spending a lot of time sitting down: *a sedentary lifestyle* ▶ **siedzący**

sediment /ˈsedɪmənt/ noun [C,U] a solid substance that forms at the bottom of a liquid ▶ **osad**

seduce /sɪˈdjuːs; US -ˈduːs/ verb [T] **1** to persuade sb to do sth they would not usually agree to do: *shops attempting to seduce customers into parting with their money* ▶ **kusić** **2** to persuade sb to have sex with you, especially sb young and without much experience ▶ **uwodzić**
□ **seducer** noun [C] a person who seduces(2) sb ▶ **uwodziciel/ka** | **seduction** /sɪˈdʌkʃn/ noun [C,U] ▶ **pokusa; uwiedzenie, uwodzenie** | **seductive** /sɪˈdʌktɪv/ adj. **1** sexually attractive, especially referring to a woman: *a seductive smile* ▶ **uwodzicielski** **2** very attractive or appealing: *a novel set in the seductive atmosphere of 19th century Florence* ○ *a seductive argument/opinion* ▶ **nęcący, kuszący**

★**see** /siː/ verb (pt **saw** /sɔː/; pp **seen** /siːn/) **1** [I,T] to become aware of sth, using your eyes: *It was so dark that we couldn't see.* ○ *I can't see the number of that bus without my glasses.* ○ *I've just seen a rat!* ○ *He looked for her but couldn't see her in the crowd.* ➲ Zob. uwaga przy **can**. ▶ **widzieć** **2** [T] to look at or watch a film, play, television programme, etc.: *Did you see that programme on Dickens on television last night?* ○ *Have you seen Spielberg's latest film?* ▶ **widzieć, oglądać** **3** [T] to get information: *Go and see if the postman has been yet.* ○ *I saw in the paper that they're building a new theatre.* ▶ **zobaczyć** **4** [I,T] to meet or visit sb: *I saw Alan at the weekend.* ○ *You should see a doctor* (pójść do lekarza) *about that cough.* ○ *I'm seeing a lot of* (często widuję się z) *Paul these days.* ▶ **widzieć się z** kimś **5** [T] to go with or accompany sb: *He asked me if he could see me home, but I said no.* ▶ **odprowadzać** **6** [T] to understand sth; to realize sth: *Do you see what I mean?* ○ *Everybody laughed, but I couldn't see the joke.* ○ *She doesn't see the point in spending so much money on a car.* ○ *I thought he was a gentleman, but now I see I'm wrong.* ○ *'You have to press the shift key first.' 'Oh, I see* (aha!).*'* ▶ **rozumieć** **7** [T] to have an opinion about sth; to imagine: *How do you see the situation developing?* ○ *I can't see her changing her mind now.* ▶ **wyobrażać sobie** **8** [T] to do what is necessary in a situation; to make sure that sb does sth: *I'll see that he gets the letter.* ○ *Please see that the children clean their teeth.* ▶ **dopilnować** **9** [T] to be the time when an event happens: *Last year saw huge changes* (w ubiegłym roku zaszły olbrzymie zmiany) *in the education system.* ▶ **być świadkiem czegoś**

IDIOMS **as far as I can see** → FAR² | **as far as the eye can see** → FAR² | **I'll see** I'll think about what you have asked me and give you my decision later: *'Can we go swimming today, Dad?' 'I'll see.'* ❶ Używa się też zwrotu z **we**: *We'll see.* ▶ **zobaczymy** | **let me see**; **let's see** → LET¹ | **see eye to eye (with sb)** to agree with sb; to have the same opinion as sb: *We don't always see eye to eye on political matters.* ▶ **zgadzać się z kimś** | **see for yourself** to find out or look at sth yourself in order to be sure that what sb is saying is true: *If you don't believe me, go and see for yourself!* ▶ **zobaczyć samemu/samej** | **see if...** to try: *I'll see if I can find time to do it.* ▶ **zobaczyć, czy** | **see you around** (used for saying goodbye to sb you have made no arrangement to see again) ▶ **do zobaczenia** | **see you (later)** (used for saying goodbye to sb you expect to see soon or later that day) ▶ **na razie** | **you see** (used for giving a reason): *She's very unhappy. He was her first real boyfriend, you see.* ▶ **rozumie-sz/cie**

PHRASAL VERBS **see about sth/doing sth** to deal with sth: *I've got to go to the bank to see about my traveller's cheques.* ▶ **zajmować się czymś, załatwiać coś** | **see sb off** to go with sb to the railway station, the airport, etc. in order to say goodbye to them ▶ **odprowadzać kogoś** | **see through sb/sth** to be able to see that sb/sth is not what he/she/it appears: *The police immediately saw through his story.* ▶ **przejrzeć** | **see to sb/sth** to do what is necessary in a situation; to deal with sb/sth: *Can you see to the sandwiches for the meeting, please?* ▶ **zajmować się czymś, dopilnować**

★**seed** /si:d/ noun **1** [C,U] the small hard part of a plant from which a new plant of the same kind can grow: *a packet of sunflower seeds* ○ *Grass seed should be sown in the spring.* ▶ **nasienie, ziarno** **2** [C] the start of a feeling or event that continues to grow ▶ **zaranie** **3** [C] a player in a sports competition, especially in tennis, who is expected to finish in a high position at the end of the competition: *Courier was the top seed.* ▶ **zawodnik rozstawiony na korzystnej pozycji**

□ **seed** verb [T] (in a sports competition, especially tennis) to arrange the matches for a good player so that they have a better chance of winning; to give a good player a number saying which position you expect them to finish in: *She was seeded second at Wimbledon.* ▶ **umieszczać w rankingu** (*na określonej pozycji*) | **seedless** adj. having no seeds: *seedless grapes* ▶ **bezpestkowy** | **seedling** /ˈsi:dlɪŋ/ noun [C] a very young plant that has grown from a seed ▶ **sadzonka**

seedy /ˈsi:di/ adj. (**seedier**; **seediest**) looking untidy, dirty, or in bad condition; not respectable: *a seedy nightclub* spelunka ▶ **podrzędny; podejrzany**

seeing /ˈsi:ɪŋ/ (also **seeing that**; **seeing as**) conj. (informal) because: *Seeing as we're going the same way, I'll give you a lift.* ▶ **skoro**

★**seek** /si:k/ verb [T] (formal) (pt, pp **sought** /sɔ:t/) **1** to try to find or get sth: *Dick went to London to seek his fortune* (szukać szczęścia). ○ *Politicians are still seeking a peaceful solution.* ▶ **szukać** **2** **seek sth (from sb)** to ask sb for sth: *You should seek advice from a solicitor about what to do next.* ○ *to seek help* ▶ **szukać** (*np. pomocy, porady*) **u kogoś** **3** **seek (to do sth)** to try to do sth: *They are still seeking to find a peaceful solution to the conflict.* ▶ **próbować**

□ **-seeking** (used to form compound adjectives) looking for or trying to get the thing mentioned: *attention-seeking behaviour* ○ *a heat-seeking missile* ▶ **poszukujący**

★**seem** /si:m/ linking verb [I] **seem (to sb) (to be) sth**; **seem like sth** (not in the continuous tenses) to give the impression of being or doing sth; to appear: *Emma seems like a very nice girl.* ○ *Emma seems to be a very nice girl.* ○ *It seems to me that we have no choice.* ○ *Keith seems very interested in a career in farming.* ○ *It doesn't seem as if/though* (że) *they will find a solution to the problem.* ▶ **wydawać się (komuś), wyglądać**

□ **seeming** adj. (only before a noun) appearing to be sth: *Despite her seeming enthusiasm, Sandra didn't really help much.* ▶ **widoczny; pozorny** | **seemingly** adv.: *a seemingly endless list of complaints* ▶ **pozornie**

seen pp of SEE

seep /si:p/ verb [I] (used about a liquid) to flow very slowly through sth: *Water started seeping in through small cracks.* ▶ **przeciekać**

see-saw /ˈsi: sɔ:/ noun [C] an outdoor toy for children that consists of a long piece of wood, etc. that is balanced in the middle. One child sits on each end of the see-saw and one goes up while the other is down. ▶ **huśtawka (na desce)**

seethe /si:ð/ verb [I] **1** to be very angry: *I was absolutely seething.* ▶ **kipieć z gniewu** **2** to be very crowded: *The streets were seething with people.* ○ *a seething mass of people* ▶ **roić się, kłębić się**

segment /ˈsegmənt/ noun [C] **1** a section or part of sth: *a segment of a circle* ○ *a segment of the population* ▶ **segment, wycinek, odcinek** **2** one of the parts into which an orange can be divided ▶ **cząstka**

segregate /ˈsegrɪgeɪt/ verb [T] **segregate sb/sth (from sb/sth)** to separate one group of people or things from the rest: *The two groups of football fans were segregated to avoid trouble.* ➲ Por. **integrate**. ▶ **rozdzielać, oddzielać**
□ **segregation** /ˌsegrɪˈgeɪʃn/ noun: *racial segregation* ➲ Por. **integration**. ▶ **segregacja, podział**

★**seize** /siːz/ verb [T] **1** to take hold of sth suddenly and firmly: *The thief seized her handbag and ran off with it.* ○ *to seize sb by the arm* ○ (figurative) *Mark was seized by a strong desire to laugh.* ▶ **chwycić; zawładnąć (czymś) 2** to take control or possession of sb/sth: *The police seized 50 kilos of illegal drugs.* ○ *to seize power* ○ *Rebel forces seized the radio station early this morning.* ▶ **przechwycić; objąć coś siłą**
PHRASAL VERBS **seize (on/upon) sth** to recognize an opportunity and to use it eagerly: *The Opposition seized upon any opportunity to embarrass the Government.* ▶ **skorzystać (skwapliwie) z czegoś** | **seize up** (used about a machine) to stop working because it is too hot, does not have enough oil, etc. ▶ **zaciąć się**
□ **seizure** /ˈsiːʒə(r)/ noun **1** [U, C] seizing or being seized: *the seizure of 30 kilos of heroin by French police* ▶ **przechwycenie, przejęcie 2** [C] a sudden strong attack of an illness, especially one affecting the brain ▶ **napad, atak**

★**seldom** /ˈseldəm/ adv. not often: *There is seldom snow in Athens.* ○ *We very seldom go to the theatre.* ▶ **rzadko**

select /sɪˈlekt/ verb [T] to choose sb/sth from a number of similar things: *You may select whatever you want from the prizes on display.* ○ *The best candidates will be selected for interview.* ❶ **Select** jest słowem bardziej formalnym niż **choose** i sugeruje, że decyzja o wyborze została dokładnie przemyślana. ▶ **wybierać**
□ **select** adj. **1** carefully chosen: *a select audience of academics* ▶ **doborowy, ekskluzywny 2** consisting of or available to only a small group of special people: *A university education is no longer the privilege of a select few.* ○ *a select neighbourhood* ▶ **wybrany, ekskluzywny**

★**selection** /sɪˈlekʃn/ noun **1** [U] choosing or being chosen: *All candidates must go through a rigorous selection procedure.* ○ *the selection of the England cricket team* ▶ **selekcja, wybór 2** [C] a number of people or things that have been chosen: *a selection of hits from the fifties and sixties* ▶ **wybór 3** [C] a collection of goods in a shop that are for sale: *This shop has a very good selection of toys.* ▶ **wybór**

selective /sɪˈlektɪv/ adj. **1** careful when choosing: *She's very selective about who she invites to her parties.* ▶ **wymagający 2** of or concerning only some people or things; not general: *By using selective breeding, the quality of the herd has increased greatly over the years.* ▶ **selektywny, wybiórczy**
□ **selectively** adv. ▶ **wybiórczo**

self /self/ (pl. **selves** /selvz/) noun [C] a person's own nature or qualities: *It's good to see you back to your old self again* (w dobrej formie). ○ *Her spiteful remark revealed her true self.* ▶ **osobowość, natura**

ˌ**self-addressed ˈenvelope** noun [C] an empty envelope with your own name and address on it that you send to a company, etc. when you want sth sent back to you ▶ **zaadresowana do siebie koperta**

self-assured /ˌself əˈʃʊəd; Brit. also -ˈʃɔːd/ adj. = ASSURED
□ ˌ**self-asˈsurance** noun [U] = ASSURANCE(1)

self-catering /ˌself ˈkeɪtərɪŋ/ adj. (used about a holiday or accommodation) where meals are not provided for you but you cook them yourself ▶ **bez wyżywienia**

self-centred (US **self-centered**) /ˌself ˈsentəd/ adj. thinking only about yourself and not about other people ➲ Por. **selfish**. ▶ **egocentryczny**

self-confessed /ˌself kənˈfest/ adj. admitting that you are sth or do sth that most people consider to be bad: *a self-confessed drug user* ▶ **otwarcie przyznający się do czegoś**

self-confident /ˌself ˈkɒnfɪdənt/ adj. feeling sure about your own value and abilities ▶ **pewien siebie**
□ **self-confidence** /-dəns/ noun: *Many women lack the self-confidence to apply for senior jobs.* ▶ **pewność siebie**

self-conscious /ˌself ˈkɒnʃəs/ adj. too worried about what other people think about you: *Men are often very self-conscious about losing their hair.* ▶ **przewrażliwiony, skrępowany**
□ **self-consciously** adv. ▶ **z zażenowaniem** | **self-consciousness** noun [U] ▶ **zakłopotanie; nieśmiałość**

self-contained /ˌself kənˈteɪnd/ adj. (used about a flat, etc.) having its own private entrance, kitchen, bathroom, etc. ▶ **z osobnym wejściem**

self-control /ˌself kənˈtrəʊl/ noun [U] the ability to control your emotions and appear calm even when you are angry, afraid, excited, etc.: *to lose/keep your self-control* ▶ **samokontrola**

self-defence /ˌself dɪˈfens/ noun [U] the use of force to protect yourself or your property: *Lee is learning karate for self-defence.* ○ *to shoot sb in self-defence* (w obronie własnej) ▶ **opanowanie, samoobrona**

ˌ**self-desˈtruct** verb [I] (used especially about an explosive device, a machine, etc.) to destroy itself, usually by exploding ▶ **ulegać samozniszczeniu**
□ **self-destructive** adj.: *attempts to stop her self-destructive behaviour* ▶ **samobójczy, skierowany przeciwko sobie** | **self-destruction** noun [U]: *She wanted him to give up his life of alcohol and self-destruction.* ▶ (*przen.*) **samobójstwo**

self-determination /ˌself dɪˌtɜːmɪˈneɪʃn/ noun [U] **1** the right of a nation, country, etc. to decide what form of government it will have or whether it will be independent of another country or not ▶ **samostanowienie 2** the right or opportunity of individuals to control their own lives ▶ **wolna wola**

ˌself-ˈdiscipline noun [U] the ability to make yourself do sth difficult or unpleasant: *It takes a lot of self-discipline to give up smoking.* ▶ **dyscyplina wewnętrzna**

self-employed /ˌself ɪmˈplɔɪd/ adj. working for yourself and earning money from your own business ▶ **pracujący na własne konto, posiadający własną firmę**

self-esteem /ˌself ɪˈstiːm/ noun [U] a good opinion of your own character and abilities: *a man with high/low self-esteem* ○ *to undermine/raise sb's self-esteem* ▶ **poczucie własnej wartości/godności**

self-evident /ˌself ˈevɪdənt/ adj. that does not need proving or explaining; clear ▶ **oczywisty, widoczny gołym okiem**

self-explanatory /ˌself ɪkˈsplænətri; US -tɔːri/ adj. that does not need explaining; clear: *a self-explanatory diagram* ○ *The book's title is self-explanatory.* ▶ **zrozumiały sam przez się**

self-indulgent /ˌself ɪnˈdʌldʒənt/ adj. allowing yourself to have or do things you enjoy (sometimes when it would be better to control yourself): *a self-indulgent morning* (leniwy poranek) *spent relaxing in the bath* ▶ **pobłażający sobie**
□ **self-indulgence** /-dʒəns/ noun [C,U] ▶ **pobłażanie sobie**

self-interest /ˌself ˈɪntrəst/ noun [U] concern for what is best for yourself rather than for other people ▶ **interesowność**

★**selfish** /ˈselfɪʃ/ adj. thinking only about your own needs or wishes and not about other people's needs or wishes: *a selfish attitude* ❶ Antonim: **unselfish**. ➲ Por. **self-centred**. ▶ **samolubny**
□ **selfishly** adv. ▶ **samolubnie** | **selfishness** noun [U] ▶ **samolubstwo**

selfless /ˈselfləs/ adj. (formal) thinking about other people's needs or wishes rather than your own: *his years of selfless devotion to his sick wife* ▶ **bezinteresowny**

self-made /ˌself ˈmeɪd/ adj. having become rich or successful by your own efforts: *a self-made millionaire* ▶ **zawdzięczający wszystko samemu sobie**

self-pity /ˌself ˈpɪti/ noun [U] the state of thinking too much about your own problems or troubles and feeling how unlucky you are ▶ **rozczulanie się nad sobą**

ˌself-ˈportrait noun [C] a picture that you draw or paint of yourself ▶ **autoportret**

self-raising flour /ˌself ˈreɪzɪŋ flaʊə(r)/ (US **self-rising flour** /-ˈraɪzɪŋ/) noun [U] flour that contains a substance that makes it rise up during cooking (used for cakes, etc.) ➲ Por. **plain flour**. ▶ **mąka zawierająca środek spulchniający**

self-reliant /ˌself rɪˈlaɪənt/ adj. not depending on help from sb/sth else ▶ **polegający na sobie samym**

self-respect /ˌself rɪˈspekt/ noun [U] the feeling of pride in yourself: *Old people need to keep their dignity and self-respect.* ▶ **poczucie własnej godności**
□ **self-respecting** adj. (in negative sentences): *No self-respecting Elvis Presley fan should be without this book.* ▶ **szanujący się**

self-righteous /ˌself ˈraɪtʃəs/ adj. believing that you are always right and other people are wrong; thinking that you are better than other people ▶ **zarozumiały**
□ **self-righteously** adv.: *'I have never been in debt,' she said self-righteously.* ▶ **z wyższością** | **self-righteousness** noun [U] ▶ **poczucie wyższości**

self-sacrifice /ˌself ˈsækrɪfaɪs/ noun [U] not having or doing what you want, in order to help others: *Rebuilding the country after the war demanded hard work and self-sacrifice.* ▶ **wyrzeczenie**

self-service /ˌself ˈsɜːvɪs/ adj. in a self-service shop or restaurant, you serve yourself and then pay at a cash desk ▶ **samoobsługowy**

self-sufficient /ˌself səˈfɪʃənt/ adj. able to produce or provide everything that you need without help from or having to buy from others ▶ **samowystarczalny**

★**sell** /sel/ verb (pt, pp **sold** /səʊld/) **1** [I,T] **sell (sb) (sth); sell (sth) (to sb)** to give sth to sb who pays for it and is then the owner of it: *We are going to sell our car.* ○ *I sold my guitar for £200.* ○ *Would you sell me your ticket?* ○ *I was too late, the car had already been sold.* ○ *I offered them a lot of money but they wouldn't sell* (nie chcieli sprzedać). ○ *He sold his business at an enormous profit.* ▶ **sprzedawać, odsprzedawać** **2** [T] to offer for sale: *Excuse me, do you sell stamps?* ▶ **sprzedawać** **3** [I] **sell (for/at sth)** to be sold or available for sale at a particular price: *These watches sell at £1 000 each in the shops but you can have this one for £500.* ▶ **sprzedawać się** (*po pewnej cenie*) **4** [I] to be sold to or bought by many people; to attract buyers: *Her books sell well abroad.* ▶ **sprzedawać się** **5** [T] to be sold in a particular quantity: *This newspaper sells over a million copies a day.* ▶ **sprzedawać się, mieć (duży/mały) zbyt** **6** [T] to cause people to want to buy sth; to help sth to attract buyers: *They rely on advertising to sell their products.* ▶ **sprzedawać** ❶ Rzeczownik odpowiadający znaczeniom 1-6: **sale**. **7** [T] **sell sth to sb** to persuade sb to accept sth: *to sell an idea to sb* ▶ **sprzedawać (coś komuś)**
IDIOM **be sold on sth** (informal) to be very enthusiastic about sth: *She's completely sold on the idea* (kupiła pomysł) *of moving to France.*
PHRASAL VERBS **sell sth off** to sell sth that is not wanted or is not popular with buyers, often at a low price, in order to get rid of it: *The shops sell their winter clothes off in the spring.* ▶ **wyprzedawać** | **sell out; be sold out** to be sold completely so that no more are available for sale: *By the time I got to the shop, all the newspapers had sold out.* ○ *The concert was sold out weeks ago.* ▶ **zostać wyprzedanym** | **sell out (of sth); be sold out (of sth)** to sell all of sth so that no more is/are available to be bought: *I'm afraid we've sold out of that book.* ▶ **wyprzedawać** (*cały zapas czegoś*) | **sell up** to sell everything you own, especially your

house, your business, etc. (in order to start a new life, move to another country, retire, etc.): *When his wife died he sold up and moved to the coast.* ▶ **wyprzedawać się, sprzedawać cały dobytek**

■ **'sell-by date** noun [C] the date after which an item of food or drink should not be offered for sale ▶ **termin, do kiedy towar może być wystawiony do sprzedaży**

seller /'selə(r)/ noun [C] **1** (often in compounds) a person or business that sells: *a bookseller* ▶ **sprzedaw-ca/czyni 2** something that is sold (especially in the amount described): *This magazine is a big seller in the 25-40 age group.* ➲ Por. **best-seller**. ▶ **coś, co dobrze się sprzedaje**

Sellotape™ /'seləteɪp/ noun [U] (Brit.) a type of clear tape that is sold in rolls and used for sticking things ▶ **(przezroczysta) taśma klejąca**

□ **sellotape** verb [T] to put or hold sth together with Sellotape; to attach by using Sellotape ▶ **kleić/przyklejać coś taśmą klejącą**

selves pl. of SELF

semblance /'sembləns/ noun [sing., U] (formal) **(a) semblance of sth** the appearance of being sth or of having a certain quality: *After the war, life is now returning to some semblance of normality.* ▶ **pozór**

semen /'si:men/ noun [U] the liquid containing sperm that is produced by the male sex organs ▶ **sperma, nasienie**

semester /sɪ'mestə(r)/ noun [C] (especially in the US) one of the two periods that the school or college year is divided into: *the spring/fall semester* ▶ **semestr**

semi /'semi/ noun [C] (pl. **semis** /'semiz/) (Brit., informal) a semi-detached house ▶ **bliźniak**

semibreve /'semibri:v/ (US **whole note**) noun [C] (used in music) a note that lasts four times as long as a crotchet ➲ Zob. uwaga przy **crotchet**. ▶ **cała nuta**

semicircle /'semisɜ:kl/ noun [C] one half of a circle; something that is arranged in this shape: *I want you all to sit in a semicircle.* ▶ **półkole**

semicolon /ˌsemi'kəʊlən; US 'semik-/ noun [C] a mark (;) used in writing or printing for separating parts of a sentence or items in a list ▶ **średnik**

semi-detached /ˌsemi dɪ'tætʃt/ adj. (used about a house) joined to another house with a shared wall on one side forming a pair of houses ▶ **dotyczący domu typu bliźniak**

semi-final /ˌsemi 'faɪnl/ noun [C] one of the two matches after which the winners play in the final ▶ **półfinał**

□ **semi-finalist** /-'faɪnəlɪst/ noun [C] a player or team that plays in a semi-final ▶ **półfinalist-a/ka**

seminar /'semɪnɑ:(r)/ noun [C] **1** a class at a university, college, etc. in which a small group of students discuss or study a subject with a teacher ▶ **seminarium 2** a short business conference in which working methods, etc. are taught or discussed: *a seminar on becoming self-employed* ▶ **seminarium**

seminary /'semɪnəri/ noun [C] (pl. **seminaries**) a college for training priests or rabbis ▶ **seminarium duchowne**

semiquaver /'semikweɪvə(r)/ (US **sixteenth note**) noun [C] (used in music) a note that lasts half as long as a quaver ➲ Zob. uwaga przy **crotchet**. ▶ **szesnastka**

semitone /'semitəʊn/ (US **half step, half-tone**) noun [C] the shortest step between notes in a musical scale, for example between C♯ and D, or B♭ and B ▶ **półton**

Sen. abbr. Senator ▶ **Sen.**

senate /'senət/ noun [C, with sing. or pl. verb](often **the Senate**) the upper body of government in some countries, e.g. the USA: *the Senate Foreign Affairs Committee* ➲ Por. **Congress** i **House of Representatives**. ▶ **senat**

□ **senator** /'senətə(r)/ noun [C](often **Senator**) (abbr. **Sen.**) a member of a Senate: *Senator McCarthy* ▶ **senator**

★**send** /send/ verb [T] (pt, pp **sent** /sent/) **1 send sth/sb (to sb/sth); send (sb) sth** to cause sth/sb to go or be taken somewhere without going there yourself: *to send a letter/parcel* ○ *to send a message to sb* ○ *If you are not satisfied with these goods, send them back within 7 days.* ○ *We sent out the invitations two months before the wedding.* ○ *She sent the children to bed* (kazała dzieciom iść do łóżka) *early.* ○ *My company is sending me on a training course next month.* ○ *He sent me in the wrong direction.* ○ *to send sb to prison* wsadzać kogoś do więzienia ○ *Her parents sent her to a private school when she was 11.* ○ *I'll send someone round* (poślę kogoś) *to collect you at 10.00.* ▶ **wysyłać, odsyłać 2** to cause sb/sth to move in a particular direction, often quickly or as a reaction that cannot be prevented: *I accidentally pushed the table and sent all the drinks flying* (spowodowałem, że wszystkie szklanki i kieliszki znalazły się w powietrzu). ○ *This year's poor harvest has sent food prices up* (wywołały podwyżkę cen żywności). ▶ **powodować, wywoływać 3** to cause sb to have a particular feeling or to enter a particular state: *The movement of the train sent me to sleep.* ▶ **wprawiać kogoś** (*w jakiś stan*)

IDIOM **give/send sb your love** → LOVE[1]

PHRASAL VERBS **send away (to sb) (for sth)** = SEND OFF (FOR STH) | **send for sb/sth** to ask for sb to come to you; to ask for sth to be brought or sent to you by telephone, message, letter, etc.: *I sent for the manager so that I could make a complaint.* ○ *Quick! Send for an ambulance!* ▶ **posyłać po kogoś/coś, wzywać** | **send sth in** to send sth to a place where it will be officially dealt with: *I sent my application in three weeks ago but I still haven't had a reply.* ▶ **nadsyłać, wysyłać** | **send off/away (to sb) (for sth)** to write to sb and ask for sth to be sent to you: *Let's send off for some holiday brochures.* ▶ **pisać do kogoś z prośbą o coś** | **send sb off** (Brit.) (used about a referee in a sports match) to order a player who has broken a rule to leave the game and not to return: *Two players were sent off for fighting.* ▶ **odsyłać z boiska** | **send sth off** to post sth: *I'll send the information off today.* ▶ **wysyłać pocztą** | **send sth out 1** to send sth to a lot of different people or places: *We sent out the invitations two months before the wedding.* ▶ **wysyłać 2** to produce sth, for example light, heat, sound, etc. ▶ **wysyłać, emitować, wydzielać** | **send sb/sth up** (Brit., informal) to make sb/sth look ridiculous or foolish especially by imitating them in a way that is intended to be amusing ▶ **parodiować**

senile /ˈsiːnaɪl/ adj. confused, unable to remember things or to look after yourself properly (because of old age) ▶ **zdziecinniały, starczy**
□ **senility** /səˈnɪləti/ noun [U] ▶ **zdziecinnienie**

⋆**senior** /ˈsiːniə(r)/ adj. **1 senior (to sb)** having a high or higher rank in a company, an organization, etc.: *a senior managerial position* kierownicze stanowisko ○ *He's senior to me.* ○ *a meeting of senior government ministers* ▶ **starszy 2** older: *This common room is for the use of senior pupils only.* ▶ **starszy 3** (especially US) (often **Senior**) (abbr. **Sr**; Brit. also abbr. **Snr.**) (used to show that a person is the parent of sb with the same name): *John Brown Senior* ➲ Por. **junior**. ▶ (*po nazwisku*) **senior**
□ **senior** noun [C] **1** somebody who is older or of higher rank (than one or more other people): *My oldest sister is ten years my senior.* ▶ **osoba starsza o kilka lat; osoba wyższa rangą 2** an older pupil at a school ▶ **uczeń z wyższej klasy 3** (US) a student in the final year of school, college or university ▶ **student/ka ostatniego roku studiów** | **seniority** /ˌsiːniˈɒrəti/ noun [U] the rank or importance that a person has in a company, an organization, etc. in relation to others: *The names are listed below in order of seniority.* ▶ **starszeństwo**
■ **ˌsenior ˈcitizen** noun [C] = OLD-AGE PENSIONER

sensation /senˈseɪʃn/ noun **1** [C] a feeling that is caused by sth affecting the body or part of the body: *a pleasant/an unpleasant sensation* ○ *I felt a burning sensation on my skin.* ▶ **uczucie 2** [U] the ability to feel when touching or being touched: *For some time after the accident he had no sensation in his legs.* ▶ **czucie 3** [C] a feeling or impression in the mind or body that is not caused by anything definite and may be false: *I had the peculiar sensation that I was floating in the air.* ▶ **uczucie, wrażenie 4** [C] a feeling of great excitement, surprise or interest among a group of people or people in general; something that causes this: *The young American caused a sensation by beating the top seed.* ○ *The show got wonderful reviews and was an overnight sensation* (stał się sensacją z dnia na dzień). ▶ **sensacja**
□ **sensational** /-ʃənl/ adj. **1** causing, or trying to cause, a feeling of great excitement, surprise or interest among people: *sensational events* ○ *the most sensational murder trial this century* ○ *This magazine specializes in sensational stories about the rich and famous.* ▶ **rewelacyjny, sensacyjny 2** (informal) extremely good; beautiful; very exciting: *You look sensational!* ▶ **rewelacyjny** | **sensationalism** noun [U] a way of getting people's interest by using shocking words or by presenting facts and events as worse or more shocking than they really are: *the sensationalism of the popular press* ▶ **pogoń za sensacją** | **sensationalist** /-ʃənəlɪst/ adj.: *sensationalist headlines/newspapers* ▶ **goniący za sensacją** | **sensationally** adv.: *He is sensationally rich.* ▶ **strasznie; nadając czemuś nadmierny rozgłos**

⋆**sense** /sens/ noun **1** [C] one of the five natural physical powers that make it possible for a person or an animal to get information about the world around: *I've got a cold and I've lost my sense of smell.* ▶ **poczucie, zmysł 2** [U, sing.] the ability to understand or appreciate sth; the ability to recognize what sth is: *She seems to have lost all sense of reality.* ○ *I like him – he's got a great sense of humour.* ○ *I'm always getting lost. I've got absolutely no sense of direction.* ▶ **poczucie, zmysł 3** [U, sing.] a natural ability to do or produce sth well: *Good business sense* (smykałka do interesów) *made her a millionaire.* ○ *He's got absolutely no dress sense* (nie ma gustu). ▶ **wyczucie 4** [U, sing.] a feeling or consciousness of sth: *I felt a tremendous sense of relief when the exams were finally over.* ○ *She only visits her family out of a sense of duty.* ▶ **uczucie, poczucie 5** [U] the ability to think or act in a reasonable or sensible way; practical intelligence: *At least he had enough sense to stop when he realized he was making a mistake.* ○ *I think there's a lot of sense in what you're saying.* ○ *They buy the most ridiculous things. They've got more money than sense.* ➲ Por. **common sense**. ▶ **zdrowy rozsądek, rozum 6** [U] good reason; use or point: *There's no sense in going any further – we're obviously lost.* ○ *What's the sense in making things more difficult for yourself?* ▶ **sens 7** [C] (used about a word, phrase, etc.) a meaning or possible meaning: *This word has two senses.* ○ *This is an epic film in every sense of the word.* ▶ **znaczenie**
IDIOMS **come to your senses** to finally realize that you should do sth because it is the most sensible thing to do ▶ **opamiętać się** | **in a sense** in one particular way but not in other ways; partly: *In a sense you're right, but there's more to the matter than that.* ▶ **w pewnym sensie** | **make sense 1** to be possible to understand; to have a clear meaning: *What does this sentence mean? It doesn't make sense to me.* ▶ **mieć sens 2** (used about an action) to be sensible or logical: *I think it would make sense to wait for a while before making a decision.* ▶ **być sensownym/logicznym** | **make sense of sth** to manage to understand sth that is not clear or is difficult to understand: *I can't make sense of these instructions.* ▶ **rozumieć** | **talk sense** → TALK[1](6)
□ **sense** verb [T] to realize or become aware of sth; to get the feeling that sth is the case: *I sensed that something was wrong.* ❶ Czasownika **sense** nie używa się w czasach *continuous*. Natomiast często spotyka się go w *present participle* (formie *-ing*): *Sensing a scandal, the tabloid photographers rushed to the star's hotel.* ▶ **czuć instynktownie**

senseless /'sensləs/ adj. **1** having no meaning or purpose: *The police described the murder as 'a senseless act of violence'.* ▶ **bezsensowny, bezcelowy 2** unconscious ▶ **nieprzytomny**

sensibility /ˌsensə'bɪləti/ noun **1** [U, C, usually pl.] the ability to experience feelings deeply and to appreciate beauty, etc.: *artistic sensibilities* ▶ **wrażliwość 2 sensibilities** [pl.] the tendency to be easily offended or shocked: *to wound/offend/outrage readers' sensibilities* ▶ **wrażliwość uczuć** ➲ Por. **sensitivity**.

★**sensible** /'sensəbl/ adj. having or showing the ability to think or act in a reasonable way; having or showing good judgement: *a sensible man/decision* ○ *Stop joking and give me a sensible answer.* ○ *I think it would be sensible* (byłoby rozsądnie) *to leave early.* ▶ **rozsądny**

> Por. **sensible** z **sensitive**. **Sensible** odnosi się do zdrowego rozsądku, racjonalnego podejścia i dobrego osądu. **Sensitive** łączy się z uczuciami i emocjami, a także z odczuciami zmysłowymi.

□ **sensibly** /-əbli/ adv.: *Let's sit down and discuss the matter sensibly.* ▶ **rozsądnie**

★**sensitive** /'sensətɪv/ adj. **1** easily hurt or damaged; painful, especially if touched: *a new cream for sensitive skin* ▶ **wrażliwy 2 sensitive (about/to sth)** easily upset, offended or annoyed, perhaps because of having strong feelings about a particular matter: *Don't be so sensitive! I was only joking.* ○ *She's still a bit sensitive about her divorce.* ○ *He's very sensitive to criticism.* ▶ **wrażliwy (na coś/na punkcie czegoś) 3 sensitive (to sth)** showing that you are aware of and understand people's feelings, problems, etc.: *It wasn't exactly sensitive of you to keep mentioning her boyfriend. You know they've just split up.* ○ *to be sensitive to sb's feelings/wishes* ▶ **wrażliwy (na coś)** ❶ Antonim do znaczeń 1-3: **insensitive**. **4** (used about a scientific instrument, a piece of equipment, etc.) able to measure very small changes ▶ **precyzyjny, czuły 5** (used about a subject, a situation, etc.) needing to be dealt with carefully because it is likely to cause anger or trouble: *Religion is often a sensitive subject.* ○ *This is a sensitive period in the negotiations between the two countries.* ▶ **delikatny**

□ **sensitively** adv.: *The investigation will need to be handled sensitively.* ▶ **delikatnie, z wyczuciem** | **sensitivity** /ˌsensə'tɪvəti/ noun [U] the quality of being sensitive: *I think your comments showed a complete lack of sensitivity.* ➲ Por. **sensibility**. ▶ **wrażliwość, wyczucie**

sensual /'senʃuəl/ adj. connected with physical or sexual pleasure: *the sensual rhythms of Latin music* ○ *a life devoted to sensual pleasure and luxury* ➲ Por. **sensuous**. ▶ **zmysłowy**

□ **sensuality** /ˌsenʃu'æləti/ noun [U] ▶ **zmysłowość**

sensuous /'senʃuəs/ adj. giving pleasure to or affecting the mind or body through the senses: *the sensuous feel of pure silk* ➲ Por. **sensual**. ▶ **zmysłowy**

□ **sensuously** adv. ▶ **zmysłowo** | **sensuousness** noun [U] ▶ **zmysłowość**

sent pt, pp of SEND

★**sentence** /'sentəns/ noun **1** [C] a group of words containing a subject and a verb, that expresses a statement, a question, etc. When a sentence is written it begins with a capital letter and ends with a full stop: *a grammatically correct sentence* ○ *You don't need to write a long letter. A couple of sentences will be enough.* ▶ (*gram.*) **zdanie 2** [C,U] the punishment given by a judge to sb who has been found guilty of a crime: *20 years in prison was a very harsh sentence.* ○ *He is serving his sentence in a maximum security prison.* ○ *the death sentence* ▶ **wyrok**

□ **sentence** verb [T] **sentence sb (to sth)** (used about a judge) to tell sb who has been found guilty of a crime what the punishment will be: *The judge sentenced her to three months in prison for shoplifting.* ○ *He was sentenced to life imprisonment for murder.* ▶ **skazywać (na coś)**

sentiment /'sentɪmənt/ noun **1** [C,U] (often plural) an attitude or opinion that is often caused or influenced by emotion: *His comments expressed my sentiments exactly.* ○ *Nationalist sentiment is quite strong throughout the country.* ▶ **uczucie, opinia 2** [U] gentle feelings such as sympathy, love, happy memories, etc. that influence action or behaviour (sometimes in situations where this is not suitable): *There's no room for sentiment in business.* ▶ **sentyment**

sentimental /ˌsentɪ'mentl/ adj. **1** caused by or connected with gentle feelings such as sympathy, love, happy memories, etc.: *The jewellery had great sentimental value to me.* ▶ **sentymentalny 2** having or showing these gentle emotions, sometimes in a silly way: *How can you be sentimental about an old car!* ○ *a sentimental love song* ▶ **sentymentalny**

□ **sentimentality** /ˌsentɪmen'tæləti/ noun [U] ▶ **sentymentalność, sentymentalizm** | **sentimentally** /-təli/ adv. ▶ **z sentymentem**

sentry /'sentri/ noun [C] (pl. **sentries**) a soldier who stands outside a building and guards it ▶ **wartowni-k/czka**

separable /'sepərəbl/ adj. able to be separated ❶ Antonim: **inseparable**. ▶ **rozłączny, dający się rozdzielić, odłączny**

★**separate**[1] /'seprət/ adj. **1 separate (from sth/sb)** apart; not joined or together: *You should always keep your cash and credit cards separate* (oddzielnie). ▶ **oddzielny 2** different: *A lot of married couples have separate bank accounts.* ○ *We stayed in separate rooms in the same hotel.* ▶ **osobny**

□ **separately** adv. apart; not together; at different times or in different places: *Shall we pay separately or all together?* ○ *Let's deal with each matter separately.* ▶ **oddzielnie, osobno**

★**separate**[2] /'sepəreɪt/ verb **1** [I,T] **separate (sb/sth) (from sb/sth)** to stop being together; to cause people or things to stop being together; to divide people or things: *I think we should separate into two groups.* ○ *The friends separated at the airport.* ○ *I got separated from my friends in the crowd.* ○ *Separate the egg yolk from the* *white.* ▶ **rozdzielać (się), oddzielać (się) 2** [T] **separate sb/sth (from sb/sth)** to keep people or things apart, or to be between people or things with the result that they are apart: *I always try to separate business from pleasure.* ○ *When the players started fighting, the referee moved in to separate them.* ○ *The two sides of the city are separated by the river.* ○ *Often the language barrier separates different parts of a community.* ▶ **oddzielać, rozdzielać 3** [I] (used about a married couple, etc.) to stop living together: *His parents separated when he was still a baby.* ▶ **rozchodzić się**

□ **separated** adj. (used about a married couple) not living together any more but not divorced: *My wife and I are separated.* ▶ *(być)* **w separacji**

★**separation** /ˌsepəˈreɪʃn/ noun **1** [C,U] the act of separating or being separated; a situation or period of being apart: *Separation from family and friends made me very lonely.* ▶ **rozłąka 2** [C] a decision that a husband and wife make to live apart while they are still legally married: *a trial separation* ▶ **separacja**

Sept. abbr. September: *2 Sept. 1920* ▶ **wrzesień**

★**September** /sepˈtembə(r)/ noun [C,U] (abbr. **Sept.**) the ninth month of the year, coming before October ➲ Zob. przykł. użycia miesięcy w zdaniach przy **January**. ▶ **wrzesień**

septic /ˈseptɪk/ adj. infected with poisonous bacteria: *The wound went septic.* ▶ **septyczny**

sequel /ˈsiːkwəl/ noun [C] **1** a book, film, etc. that continues the story of the previous one ▶ **dalszy ciąg 2** something that happens after, or is the result of, a previous event ▶ **następstwo**

sequence /ˈsiːkwəns/ noun **1** [C] a number of things (actions, events, etc.) that happen or come one after another: *the sequence of events leading to war* ○ *Complete the following sequence: 1, 4, 8, 13,…* ▶ **ciąg 2** [U] the order in which a number of things happen or are arranged: *The photographs are in sequence.* ▶ **kolejność**

sequin /ˈsiːkwɪn/ noun [C] a small shiny round piece of metal or plastic that is sewn onto clothing as decoration ▶ **cekin**

□ **sequinned** adj. ▶ **wyszywany cekinami**

serene /səˈriːn/ adj. calm and peaceful: *a serene smile* ▶ **pogodny**

□ **serenely** adv. ▶ **pogodnie** | **serenity** /səˈrenəti/ noun [U] ▶ **pogoda ducha**

sergeant /ˈsɑːdʒənt/ noun [C] (abbr. **Sergt**; **Sgt**) **1** an officer of low rank in the army or air force ▶ **sierżant 2** an officer in the police with a rank below that of inspector ▶ **sierżant**

serial /ˈsɪəriəl/ noun [C] a single story in a magazine or on television or radio that is told in a number of parts over a period of time: *the first part of a six-part drama serial* ➲ Zob. uwaga przy **series**. ▶ **serial**

□ **serialize** (also **-ise**) /-riəlaɪz/ verb [T] to broadcast a story or publish a book in the form of a serial ▶ **wydawać w odcinkach**

■ ˌ**serial ˈkiller** noun [C] a person who murders several people one after another ▶ **seryjny morderca** | ˈ**serial number** noun [C] the number marked on sth to identify it and to distinguish it from other things of the same type: *the serial numbers of travellers' cheques* ▶ **numer serii**

★**series** /ˈsɪəriːz/ noun [C] (pl. **series**) **1** a number of things that come one after another and are of the same type or connected: *a series of events* ○ *The orchestra is visiting Britain for a series of concerts next month.* ○ *There has been a series of burglaries in this district recently.* ▶ **szereg 2** a number of programmes on radio or television which have the same main characters and each tell a complete story ▶ **cykl programów**

> Por. **series** z **serial**. **Series** to film w odcinkach, w którym występują ci sami bohaterowie, lecz każdy odcinek ma inną fabułę i stanowi odrębną całość. **Serial** to film, w którym ta sama fabuła ciągnie się przez wiele odcinków.

★**serious** /ˈsɪəriəs/ adj. **1** (used about problems, situations, etc.) bad; important; causing worry: *a serious accident* ○ *a serious illness* ○ *Pollution is a very serious problem.* ○ *serious crime* ▶ **poważny 2** needing to be treated as important, not just for fun: *Don't laugh, it's a serious matter.* ○ *a serious discussion* ○ *She's had a number of boyfriends but only one serious relationship.* ▶ **poważny, (na) serio 3** (used about a person) not joking; thoughtful: *Are you serious* (czy mówisz poważnie) *about starting your own business?* ○ *He's terribly serious. I don't think I've ever seen him laugh.* ○ *You're looking very serious. Was it bad news?* ▶ **poważny**

□ **seriousness** noun [U] the quality of being serious: *It would be unwise to underestimate the seriousness of this situation.* ▶ **powaga**

seriously /ˈsɪəriəsli/ adv. **1** in a serious way: *Three people were seriously injured in the accident.* ○ *My mother is seriously ill.* ○ *It's time you started to think seriously about the future.* ▶ **poważnie 2** (used for indicating that you are not joking or that you really mean what you are saying): *Seriously, I do appreciate all your help.* ○ *Seriously, you've got nothing to worry about.* ▶ **poważnie, naprawdę 3** (used for expressing surprise at what someone has said and asking whether it is really true): *'I'm 40 today.' 'Seriously? You look a lot younger.'* ▶ **poważnie**

IDIOM **take sb/sth seriously** to treat sb or sth as important: *He's such a fool that nobody takes him seriously.* ○ *You take everything too seriously! Relax and enjoy yourself.* ▶ **traktować poważnie**

sermon /ˈsɜːmən/ noun [C] a speech on a religious or moral matter that is given as part of a service in church ▶ **kazanie**

serrated /səˈreɪtɪd/ adj. having a row of points in V-shapes along the edge: *a knife with a serrated edge* ▶ **ząbkowany, zębaty**

★**servant** /ˈsɜːvənt/ noun [C] a person who is paid to work in sb's house, doing work such as cooking, cleaning, etc. ➲ Por. **civil servant**. ▶ **służący/-a**

★**serve** /sɜːv/ verb **1** [I,T] to work for a country, a

company, an organization, the army, etc.; to be useful to sb: *The role of the police is to serve the community.* ○ *She has served on a number of committees.* ○ *During the war, he served in the Army.* ○ *During his long political career he served under three different Prime Ministers.* ▶ **służyć**, **zasiadać** (*np. w komisji*) **2** [T] to give food or drink to sb during a meal; to take an order and then bring food or drink to sb (in a restaurant, bar, etc.): *Breakfast is served from 7.30 to 9.00 am.* ○ *We waited for half an hour until a waiter finally served us.* ▶ **podawać** (*do stołu*), **obsługiwać 3** [I,T] (in a shop) to take a customer's order; to give help, sell goods, etc.: *Excuse me madam. Are you being served?* Czym mogę służyć? ▶ **obsługiwać 4** [T] to provide sb (especially the public) with sth necessary or useful in daily life: *The town is served by three hospitals.* ▶ **zaopatrywać 5** [I,T] **serve (sb) (as sth)** to be good enough for or suitable for a particular purpose; to perform a particular function: *The smallest bedroom serves as my office.* ○ *His pathetic excuses only served to make me even angrier* (tylko coraz bardziej mnie denerwowały). ▶ **służyć (za/jako coś) 6** [T] to spend a period of time in prison as punishment: *He is currently serving a ten-year sentence for fraud.* ▶ **odsiadywać** (*wyrok*) **7** [T] (used about an amount of food) to be enough for a certain number of people: *According to the recipe, this dish serves four* (to porcja dla czworga). ▶ **wystarczać** (*dla określonej liczby osób*) **8** [I,T] (in tennis and similar sports) to start play by hitting the ball ▶ **serwować**

IDIOMS **first come, first served** → FIRST[2] | **serve your/the purpose** to have or be what you need: *It's an old car but it will serve our purpose for a few months.* ▶ **wystarczyć na czyjeś potrzeby** | **serve sb right** (used when sth unpleasant happens to sb and you have no sympathy) to be deserved by sb: *'I feel sick.' 'It serves you right for eating so much.'* ▶ **dobrze mu, ci itp. tak!**

server /ˈsɜːvə(r)/ noun [C] a computer that stores information that a number of computers can share ➲ Por. **client**(2). ▶ **serwer**

★**service** /ˈsɜːvɪs/ noun **1** [U] working for a country, a company, an organization, the army, etc.: *The minister was thanked for his years of service to the party.* ○ *Military service is no longer compulsory.* ○ *He left the police force after thirty years' service.* ▶ **służba 2** [C] a system or an organization that provides the public with sth necessary or useful in daily life; the job that an organization does: *We offer a number of financial services.* ○ *the train/bus service* ○ *the postal service* ○ *room service* obsługa kelnerska do pokoju hotelowego ○ *The airline is starting a new international service.* ▶ **usługi**, **komunikacja**, **połączenie 3** [C, usually sing.] one of certain government departments or public institutions: *the National Health Service* ➲ Por. **Civil Service**. ▶ **służba 4** (**the services**) [pl.] the armed forces; the army, navy or air force ▶ **siły zbrojne 5** [U] the work or the quality of work done by sb when serving a customer: *I enjoyed the meal but the service was terrible.* ○ *We offer after sales service on all our photocopiers.* ○ *Is service included in the bill?* ▶ **obsługa**, **serwis (gwarancyjny) 6** [C, usually pl.] work done for sb; help given to sb: *He was given an award for his services to the film industry.* ▶ **zasługi 7** [C,U] the examination (and, if necessary, repair) of a car, machine, etc. to make sure that it is working properly: *We take our car for a service every six months.* ▶ **przegląd (techniczny) 8** [C] a religious ceremony, usually including prayers, singing, etc.: *a funeral service* ▶ **nabożeństwo**, **msza 9** [C] (in tennis and similar sports) the act of hitting the ball at the start of play; a player's turn to serve: *She's not a bad player but her service is weak.* ▶ **serwis 10** (**services**) [C] (usually with a plural verb) (pl. **services**) a place at the side of a motorway where there is a petrol station, a shop, toilets, a restaurant, etc.: *It's five miles to the next services.* ▶ **kompleks przy autostradzie**

□ **service** verb [T] to examine and, if necessary, repair a car, machine, etc.: *All cars should be serviced at regular intervals.* ▶ **robić przegląd** | **serviceable** adj. suitable to be used: *The carpet is worn but still serviceable.* ▶ **zdatny do użycia**

■ **'service charge** noun [C] the amount of money that is added to a restaurant bill for the service given by the waiters and waitresses ▶ **opłata za obsługę** | **'service station** noun [C] = PETROL STATION

serviette /ˌsɜːviˈet/ noun [C] a square of cloth or paper that you use when you are eating to keep your clothes clean and to wipe your mouth or hands ❶ Synonim: **napkin**. ▶ **serwetka**

session /ˈseʃn/ noun [C] **1** a meeting or series of meetings of an official body (a court, a parliament, etc.) ▶ **sesja**, **posiedzenie 2** a period of doing a particular activity: *The whole tape was recorded in one session.* ○ *She has a session on a sunbed every week.* ▶ **posiedzenie**, **seans**

IDIOM **be in session** (used about an official body) to be holding a meeting; to be doing its official work; to not be on holiday: *Silence! This court is now in session.* ▶ **obraduje**, **obradowało**

★**set**[1] /set/ noun **1** [C] a number of things that belong together: *a set of kitchen knives* ○ *In the first set of questions, you have to fill in the gap.* ○ *a set of instructions* ▶ **komplet**, **zestaw 2** [C] a piece of equipment for receiving television or radio: *a television set* ▶ **odbiornik 3** [C] the scenery for a play or film on the stage or in the studio: *a musical with spectacular sets* ▶ **dekoracje 4** [C] (in tennis) a group of games forming part of a match: *game, set and match* ▶ **set**

★**set**[2] /set/ verb (pres. part. **setting**; pt, pp **set**) **1** [T] to put sb/sth in a particular position; to place sth somewhere: *He set a large bowl of soup in front of me.* ○ *The hotel is set* (jest położony) *in beautiful grounds.* ▶ **umieszczać 2** [T] (often passive) to place the action of a book, play, film, etc. in a particular time, situation, etc.: *The film is set in 16th-century Spain.* ▶ **osadzać**, **rozgrywać się 3** [T] to cause a particular state or event; to start sth happening: *The new govern-*

ment set the prisoners free (uwolnił więźniów). ○ *The rioters set a number of cars on fire* (podpalili kilka samochodów). ○ *Her comment set him thinking* (zmusiła go do myślenia). ▶ **zapoczątkować jakieś działania 4** [T] to prepare or arrange sth for a particular purpose: *I set my alarm for 6.30.* ○ *to set the table* nakrywać do stołu ○ *Did you set the video to record that film?* ▶ **nastawiać 5** [T] to fix or establish sth: *Try to set a good example* (dawać dobry przykład) *to the younger children.* ○ *Can we set a limit of £100 for the cost of materials?* ○ *They haven't set the date of the next meeting yet.* ○ *He has set a new world record.* ▶ **ustanawiać, wyznaczać 6** [T] to give sb a piece of work: *We've been set a lot of homework this weekend.* ▶ **zadawać** (*pracę*) **7** [I] to become firm or hard: *Put the jelly in the fridge for two hours to set.* ▶ **zsiadać się, krzepnąć 8** [T] to fix a precious stone, etc. in a piece of jewellery: *The brooch had three diamonds set in gold.* ▶ **osadzać 9** [T] to arrange sb's hair while it is wet so that it becomes curly, wavy, etc.: *She went to the hairdresser's to have her hair set* (uczesać się). ▶ **układać włosy 10** [T] to write music to go with words: *She writes the words of the song and Harry sets them to music.* ▶ **komponować muzykę do tekstu 11** [T] to put a broken bone in a position (and often to fix it in plaster) so that it can heal: *The doctor set her broken leg.* ▶ **nastawiać (złamaną kość), zakładać gips 12** [I] (used about the sun, etc.) to go down below the horizon ❶ Antonim: **rise**. ▶ **zachodzić**

IDIOMS **put/set your/sb's mind at rest** → MIND[1] | **put/set sth right** → RIGHT[1] | **set eyes on sb/sth** to see sb/sth: *He loved the house the moment he set eyes on it.* ▶ **ujrzeć** | **set foot (in/on sth)** to visit, enter or arrive at/in a place: *No woman has ever set foot in the temple.* ▶ **przekraczać próg** | **set your heart on sth**; **have your heart set on sth** → HEART | **set sail** to begin a journey by sea: *Columbus set sail for India.* ▶ **wyruszać w rejs**

PHRASAL VERBS **set about sth** to start doing sth, especially dealing with a problem or task: *How would you set about tackling this problem?* ▶ **zabierać się do czegoś** | **set sth aside** to keep sth to use later: *I try to set aside part of my wages every week.* ▶ **odkładać, rezerwować** | **set sb/sth back** to delay sb/sth: *The bad weather has set our plans back six weeks.* ▶ **opóźniać** | **set forth** (formal) to start a journey ▶ **wyruszać** | **set sth forth** (formal) to show or tell sth to sb or to make sth known ▶ **przedstawiać** (*np. opinię*) | **set in** to arrive and remain for a period of time: *I'm afraid that the bad weather has set in.* ▶ **ustalać się, nastawać** | **set off** to leave on a journey: *We set off at 3 o'clock this morning.* ▶ **wyruszać** | **set sth off** to do sth which starts a reaction: *When this door is opened, it sets off an alarm.* ▶ **powodować włączenie się** (*np. alarmu*), **doprowadzać do czegoś** | **set sb off (doing sth)** to make sb start doing sth such as laughing, crying or talking: *The smallest thing can set her off laughing* (potrafi ją rozśmieszyć). ▶ **powodować** (*np. płacz*) | **set out** to leave on a journey: *They set out at dawn.* ▶ **wyruszać** (*w podróż*) | **set out to do sth** to decide to achieve sth: *She set out to become Britain's first woman Prime Minister.* ▶ **stawiać sobie jakiś cel** | **set (sth) up** to start; to establish a business: *The company has set up a new branch in Wales.* ○ *After she qualified as a doctor, she set up in practice* (rozpoczęła praktykę) *in Yorkshire.* ▶ **organizować, zakładać**

set[3] /set/ adj. **1** placed in a particular position: *Our house is set back quite a long way from the road.* ○ *deep-set eyes* ▶ **ustawiony, położony, osadzony 2** fixed and not changing; firm: *There are no set hours in my job.* ○ *He's getting more and more set in his ways* (coraz trudniej przystosowuje się do nowych warunków) *as he gets older.* ▶ **ustalony, sztywny 3 set (for sth)**; **set (to do sth)** ready, prepared or likely to do sth: *Okay, I'm all set – let's go!* ○ *I was all set to leave when the phone rang.* ○ *The England team look set for victory.* ▶ **gotowy, zdecydowany**

IDIOMS **be set against sth/doing sth** to be opposed to sth: *She's set against moving house.* ▶ **być przeciwnym** | **be set on sth/doing sth** to be determined to do sth: *She's set on a career in acting.* ○ *My heart was set on that house* (bardzo mi na tym domu zależało). ▶ **upierać się przy czymś**

■ ˌ**set 'book** noun [C] a book that must be studied in a course for an exam ▶ **lektura obowiązkowa**

setback /'setbæk/ noun [C] a difficulty or problem that stops you progressing as fast as you would like ▶ **przeszkoda, trudność**

settee /se'ti:/ noun [C] a long soft seat with a back and arms that more than one person can sit on ▶ **sofa**

setter /'setə(r)/ noun [C] a breed of dog with long hair that can be trained to find animals or birds in a hunt: *an Irish/a red setter* ▶ **seter**

★**setting** /'setɪŋ/ noun [C] **1** surroundings; the place where sth happens: *The hotel is in a beautiful setting, close to the sea.* ○ *They decided that the village church would be the perfect setting for their wedding.* ▶ **sceneria, tło 2** one of the positions of the controls of a machine: *Cook it in the oven at a moderate setting* (w średnio gorącym piekarniku). ▶ **nastawienie**

★**settle** /'setl/ verb **1** [I] to go and live permanently in a new country, an area, a town, etc.: *A great many immigrants have settled in this country.* ▶ **osiedlać się 2** [T] to reach an agreement about sth; to end an argument; to find a solution to a disagreement: *They settled the dispute* (doszli do porozumienia) *without going to court.* ▶ **rozstrzygnąć, rozwiązać 3** [T] to decide or arrange sth finally (e.g. a plan, an action, etc.): *Everything's settled. We leave on the nine o'clock flight on Friday.* ▶ **załatwić 4** [I,T] to get into or put sb into a comfortable position: *I settled in front of the television for the evening.* ○ *She settled herself beside him on the sofa.* ▶ **sadowić (się) 5** [I,T] to become or to make sb/sth calm or relaxed: *The baby wouldn't settle.* ○ *Have a drink. It might settle* *your stomach.* ▶ **uspokajać (się) 6** [T] to pay sth (a bill, a debt, etc.): *to settle a bill* ○ *The insurance company settled the claim very quickly.* ▶ **wyrównać 7** [I] to come to rest after falling on sth; to land: *A flock of birds settled on the roof.* ○ *The snow didn't settle* (nie leżał długo) *for long.* ▶ **o/siadać, osadzać się 8** [I] (used about a liquid) to become clear or still ▶ **ustawać się**

PHRASAL VERBS **settle down 1** to get into a comfortable position, sitting or lying: *I made a cup of tea and settled down with the newspapers.* ▶ **siadać wygodnie, rozłożyć się 2** to start having a quieter way of life, especially by staying in the same place or getting married, etc.: *She had a number of jobs abroad before she eventually settled down.* ▶ **ustatkować się 3** to become calm and quiet: *Settle down* (spokój)*! It's time to start the lesson.* ▶ **uspokajać się** | **settle down to sth** to start concentrating on sth: *Before you settle down to your work, could I ask you something?* ▶ **brać się do czegoś** | **settle for sth** to accept sth that is not as good as you hoped it would be: *You'll have to settle for something cheaper.* ▶ **zadowalać się czymś** | **settle in/into sth** to get used to or start feeling comfortable in a new home, job, etc.: *How are the children settling in at their new school?* ▶ **przystosowywać się** (*np. do nowych warunków*) | **settle on sth** to choose sth after considering many different things; to decide on sth ▶ **zdecydować się na coś** | **settle up (with sb)** to pay money that you owe sb ▶ **zapłacić**

settled /'setld/ adj. **1** not changing or not likely to change: *More settled weather is forecast* (przewiduje się mniej zmienną pogodę) *for the next few days.* ▶ **ustabilizowany 2** comfortable; feeling that you belong (in a home, a job, a way of life, etc.): *We feel very settled here.* Jest nam tu bardzo dobrze. ▶ **zakorzeniony**

⋆**settlement** /'setlmənt/ noun **1** [C,U] (an) agreement, usually official, that ends an argument; the act of reaching this kind of agreement: *The strike lasted for several weeks until a settlement was reached.* ▶ **porozumienie 2** [C] a place that a group of people have built and live in, where few or no people lived before: *a settlement in the jungle* ▶ **osada**

settler /'setlə(r)/ noun [C] a person who goes to live permanently in a new country, particularly an undeveloped one or one with a small population: *the first settlers in Australia* ▶ **osadnik**

⋆**seven** /'sevn/ number 7; one more than 6 ➲ Zob. przykł. użycia liczebników w zdaniach przy **six**. ▶ **siedem**

□ **seven-** (in compounds) having seven of the thing mentioned: *a seven-sided coin* ▶ **siedmio-** | **seventh** pron., det., adv. 7th, next after sixth ▶ **siódmy** | **seventh** noun [C] the fraction $\frac{1}{7}$; one of seven equal parts of sth ➲ Zob. przykł. przy **sixth**. ▶ **(jedna) siódma**

⋆**seventeen** /ˌsevn'tiːn/ number 17; one more than sixteen ➲ Zob. przykł. użycia liczebników w zdaniach przy **six**. ▶ **siedemnaście**

□ **seventeenth** /ˌsevn'tiːnθ/ pron., det., adv. 17th; next after sixteenth ➲ Zob. przykł. przy **sixth**. ▶ **siedemnasty**

⋆**seventy** /'sevnti/ number 70; one more than sixty-nine ➲ Zob. przykł. użycia liczebników w zdaniach przy **six**. ▶ **siedemdziesiąt**

□ **seventieth** /'sevntiəθ/ pron., det., adv. 70th; next after sixty-ninth ➲ Zob. przykł. przy **sixth**. ▶ **siedemdziesiąty**

sever /'sevə(r)/ verb [T] **1** to break, separate or divide by cutting: *The builders accidentally severed* (uszkodzili) *a water pipe.* ▶ **przerywać, odłączać 2** to end sth (a relationship, etc.): *He has severed all links with his former friends.* ▶ **zrywać**

⋆**several** /'sevrəl/ pron., det. more than two but not very many; some: *It took her several days to recover from the shock.* ○ *There were lots of applications for the job – several of them from very well-qualified people.* ○ *I've asked him several times for the money.* ▶ **kilka**

⋆**severe** /sɪ'vɪə(r)/ adj. **1** not kind or gentle: *Such terrible crimes deserve the severest punishment.* ○ *a severe teacher* ○ *a severe expression* ○ *I think your criticism of her work was too severe.* ▶ **surowy 2** very bad; causing unpleasant results or feelings: *The company is in severe financial difficulty.* ○ *a severe cold/headache/illness/pain* ○ *a severe winter* sroga zima ▶ **poważny, ciężki**

□ **severely** adj.: *The roof was severely damaged in the storm.* ○ *The report severely criticizes the Minister.* ▶ **poważnie, surowo** | **severity** /sɪ'verəti/ noun: *I don't think you realize the severity of the problem.* ▶ **powaga**

⋆**sew** /səʊ/ verb (pt **sewed**; pp **sewn** /səʊn/ or **sewed**) [I,T] to join pieces of cloth, or to join sth to cloth, using a needle and thread and forming stitches: *I can't sew.* ○ *to sew a new button on a shirt* ▶ **szyć, przyszywać**

PHRASAL VERB **sew sth up 1** to join two things by sewing; to repair sth by sewing two things together: *to sew up a hole* ○ *The surgeon sewed up the wound.* ▶ **z(a)szywać 2** to arrange or organize sth so that it is certain to happen or be successful: *I think we've got the deal sewn up.* ▶ **zapinać na ostatni guzik**

□ **sewing** noun [U] **1** using a needle and thread to make or repair things: *Do you like sewing?* Czy lubisz szyć? ▶ **szycie 2** something that is being sewn: *Have you seen my sewing?* ▶ **szycie**

■ **'sewing machine** noun [C] a machine that is used for sewing ▶ **maszyna do szycia**

sewage /'suːɪdʒ; Brit. also 'sjuː-/ noun [U] the waste material from people's bodies that is carried away from their homes in water in sewers ▶ **ścieki**

sewer /'suːə(r); Brit. also 'sjuː-/ noun [C] an underground pipe that carries waste to a place where it can be treated ▶ **ściek, kanał (ściekowy)**

sewn pp of SEW

⋆**sex** /seks/ noun **1** [U] the state of being either male or female: *Applications are welcome from anyone, regardless of sex or race.* ○ *Do you mind what sex your baby is?* ▶ **płeć 2** [C] one of the two groups consisting of all male people or all female people: *the male/female sex* ○ *He's always found it difficult to get on with the opposite sex.* ▶ **płeć** **3** (formal **intercourse**; **sexual intercourse**) [U] the physical act in which the sexual organs of two people touch and which can result in a woman having a baby: *to have sex with somebody* ○ *It's against their religion to have sex before marriage.* ▶ **stosunek (płciowy)** **4** [U] activities or matters connected with this act: *There's too much sex and violence on TV.* ▶ **seks**

□ **sexy** adj. (**sexier**; **sexiest**) (informal) sexually attractive: *a sexy man/dress* ➲ Por. **sexual**. ▶ **seksowny**

sexism /'seksɪzəm/ noun [U] treating a person unfairly, or thinking that they are inferior, because of their sex, e.g. thinking that only men can do certain jobs, such as being an engineer ▶ **dyskryminacja człowieka ze względu na jego płeć**

□ **sexist** /'seksɪst/ adj. connected with or showing sexism: *a sexist attitude to women* ○ *sexist jokes* ▶ **dyskryminujący** (*ze względu na płeć*)

★**sexual** /'sekʃuəl/ adj. connected with sex: *sexual problems* ○ *the sexual organs* ○ *a campaign for sexual equality* (o równouprawnienie pod względem płci) ▶ **seksualny, płciowy**

□ **sexuality** /ˌsekʃu'æləti/ noun [U] the nature of sb's sexual activities or desires: *He found it difficult to come to terms with his sexuality.* ▶ **seksualność, orientacja seksualna** | **sexually** /-əli/ adv.: *to be sexually attracted to sb* ▶ **seksualnie, płciowo**

■ ˌ**sexual 'intercourse** noun [U] (formal) = SEX(3)

Sgt abbr. sergeant; a rank in the British and American armies and police forces ▶ **sierż.**

sh /ʃ/ exclam. be quiet!: *Sh! People are trying to sleep in here.* ▶ **sza!**

shabby /'ʃæbi/ adj. (**shabbier**; **shabbiest**) **1** in bad condition because of having been used or worn too much: *a shabby suit* ▶ **wyświechtany, sfatygowany** **2** (used about people) dressed in an untidy way; wearing clothes that are in bad condition: *a shabby little man* ▶ **obdarty** **3** (used about the way that sb is treated) unfair; not generous: *She tried to make up for her shabby treatment of him.* ▶ **podły**

□ **shabbily** adv.: *shabbily dressed* ○ *shabbily treated* ▶ **nędznie; podle**

shack /ʃæk/ noun [C] a small, roughly built shed or hut ▶ **szałas, chałupa**

★**shade** /ʃeɪd/ noun **1** [U] an area that is out of direct sunlight and is darker and cooler than areas in the sun: *It was so hot that I had to go and sit in the shade.* ▶ **cień**

shade/shadow

Shade to zacienione miejsce lub obszar, gdzie można schować się przed słońcem. **A shadow** (rzeczownik policzalny) to cień przedmiotu lub osoby utworzony przez odbite światło. **Shadow** (rzeczownik niepoliczalny) oznacza półmrok lub ciemność, w których trudno odróżnić kształty i przedmioty.

2 [C] something that keeps out light or makes it less bright: *a lampshade* ▶ **abażur, zasłona** **3** (**shades**) [pl.] (informal, especially US) = SUNGLASSES **4** [C] **a shade (of sth)** a type of a particular colour: *a shade of green* ○ *I'd prefer a darker shade if you have one.* ○ *a pale shade of grey* ▶ **odcień** **5** [C] a small difference or variation in the form or nature of sth: *a word with various shades of meaning* ▶ **odcień** **6** [sing.] a little bit: *I feel a shade more optimistic now.* ▶ **odrobina**

□ **shade** verb [T] **1** to protect sth from direct light; to give shade to sth: *The sun was so bright that I had to shade my eyes.* ▶ **zasłaniać, osłaniać** **2 shade sth (in)** to make an area of a drawing darker, for example with a pencil ▶ **cieniować** | **shading** noun [U] the use of or the result of using pencil, etc. in part of a picture to create an effect of darkness ▶ **cieniowanie**

★**shadow** /'ʃædəʊ/ noun **1** [C] a dark shape on a surface that is caused by sth being between light and that surface: *The dog was chasing its own shadow.* ○ *The shadows lengthened as the sun went down.* ○ (figurative) *He has always lived in the shadow of his older brother.* ○ (figurative) *News of the tragedy cast a shadow over the day.* ▶ **cień** **2** [U] an area that is dark because sth prevents direct light from reaching it: *His face was in shadow.* ▶ **cień** ➲ Zob. uwaga przy **shade**. Ilustr. do **shade**. **3** [sing.] a very small amount: *There isn't a shadow of doubt that he's lying.* ▶ **cień**

□ **shadow** verb [T] to follow and watch the actions of sb, often secretly: *The police shadowed the suspect for three days.* ▶ **śledzić** | **Shadow** adj. (in British politics) belonging to the opposition party, with special responsibility for a particular subject, e.g. education or defence. Shadow ministers would probably become government ministers if their party won the next election.: *the Shadow Cabinet* ▶ **gabinet cieni** | **shadowy** adj. **1** having many shadows; dark: *a shadowy forest* ▶ **cienisty** **2** difficult to see or identify clearly: *a shadowy figure coming towards me* ▶ **niewyraźny** **3** mysterious; difficult to know much about: *the shadowy world of the secret police* ▶ **tajemniczy**

shady /'ʃeɪdi/ adj. (**shadier**; **shadiest**) **1** giving shade; giving shelter from the sun: *We ate our picnic in a shady spot.* ▶ **zacieniony** **2** (informal) not completely honest or legal: *She's made a lot of money from some rather shady deals.* ▶ **podejrzany, mętny**

shaft /ʃɑːft; US ʃæft/ noun [C] **1** a long, narrow hole in which sth can go up and down or enter or leave: *a lift shaft* ○ *a mine shaft* ▶ **szyb** (*np.*

kopalni, windy) **2** a long thin line of light: *a shaft of light* ▶ **promień, snop** *(światła)* **3** a bar that connects parts of a machine so that power can pass between them ▶ **wał/ek**

shaggy /ˈʃæɡi/ adj. (**shaggier**; **shaggiest**) **1** (used about hair, material, etc.) long, thick and untidy ▶ **kosmaty, zmierzwiony** **2** covered with long, thick, untidy hair: *a shaggy dog* ▶ **kudłaty**

★**shake**[1] /ʃeɪk/ verb (pt **shook** /ʃʊk/; pp **shaken** /ˈʃeɪkən/) **1** [I,T] to move from side to side or up and down with short, quick movements: *I was so nervous that I was shaking.* ○ *The whole building shakes when big lorries go past.* ○ *Shake the bottle before taking the medicine.* ○ *She shook him to wake him up.* ○ (figurative) *His voice shook with emotion as he described the tragedy.* ▶ **trząść (się), potrząsać; drżeć** *(np. z wrażenia, emocji)* **2** [T] to disturb or upset sb/sth: *The scandal has shaken the whole country.* ▶ **wstrząsać** **3** [T] to cause sth to be less certain; to cause doubt about sth: *Nothing seems to shake her belief that she was right.* ▶ **osłabiać**

IDIOMS **shake sb's hand/shake hands (with sb)/shake sb by the hand** to take sb's hand and move it up and down (as a greeting, to show that you have agreed on sth, etc.) ▶ **podawać komuś rękę, uścisnąć komuś dłoń** | **shake your head** to move your head from side to side, as a way of expressing that you mean 'No' ▶ **potrząsać głową**

PHRASAL VERB **shake sb/sth off** to escape from sb/sth; to remove by shaking: *I don't seem to be able to shake off this cold.* ○ *Shake the crumbs off the tablecloth.* ▶ **pozbywać się kogoś/czegoś; strząsać coś**

■ **ˈshake-up** noun [C] a complete change in the structure or organization of sth: *a massive shake-up in the government* ▶ **przetasowanie**

shake[2] /ʃeɪk/ noun [C] the act of shaking or being shaken physically: *a shake of the head* ○ *You'll have to give the bottle a few shakes.* ▶ **potrząśnięcie, wstrząśnięcie**

shaky /ˈʃeɪki/ adj. (**shakier**; **shakiest**) **1** shaking or feeling weak because you are frightened or ill ▶ **trzęsący się, słaby** **2** not firm; weak or not very good: *The table's a bit shaky so don't put anything heavy on it.* ○ *They've had a shaky start to the season and have lost most of their games.* ▶ **chwiejny, niepewny**

□ **shakily** /-ɪli/ adv. ▶ **drżąco; niepewnie**

★**shall** /ʃəl; strong form ʃæl/ modal verb (negative **shall not**; short form **shan't** /ʃɑːnt/) **1** (used with 'I' and 'we' in future tenses, instead of 'will'): *I shall be* (będę) *very happy to see him again.* ○ *We shan't be arriving* (nie przyjedziemy) *until ten o'clock.* ○ *At the end of this year, I shall have been working here for five years* (upłynie pięć lat, odkąd tutaj pracuję). **2** (used for asking for information or advice): *What time shall I come?* O której godzinie mam przyjść? ○ *Where shall we go* (dokąd pojedziemy) *for our holiday?* ❶ W pytaniach wyraża bycie obowiązanym do czegoś, zamiar, przewidywanie itp. ▶ **mieć** **3** (used for offering to do sth): *Shall I help you carry that box?* ○ *Shall we drive you home?* ▶ **czy** **4** (**shall we**) (used for suggesting that you do sth with the person or people that you are talking to): *Shall we go out for a meal this evening?* ▶ **czy** **5** (formal) (used for saying that sth must happen or that sb must/must not do sth): *In the rules it says that a player shall be sent off for using bad language.* ○ *If you really want a pony, you shall have one* (to będziesz go miał). ▶ **musieć**

shallot /ʃəˈlɒt/ noun [C] a vegetable like a small onion, with a very strong taste ▶ **szalotka**

★**shallow** /ˈʃæləʊ/ adj. **1** not deep; with not much distance between top and bottom: *The sea is very shallow here.* ○ *Put in a shallow dish and bake for 20 minutes.* ▶ **płytki** **2** not having or showing serious or deep thought: *rather a shallow young man* ▶ **płytki**

□ **shallowness** noun [U] ▶ **płytkość; powierzchowność**

★**shame** /ʃeɪm/ noun **1** [U] the guilty feeling that you have when you think that you have done sth morally wrong, sth that causes other people to have a bad opinion of you, or sth extremely embarrassing: *She was filled with shame at the thought of how she had lied to her mother.* ❶ Przymiotnik odnoszący się do tego uczucia to **ashamed**. ▶ **wstyd** **2** [U] the ability to have this feeling: *He doesn't care how he behaves in public. He's got no shame!* ▶ **wstyd** **3** [U] loss of respect from others; loss of honour: *the shame of defeat* ○ *His actions have brought shame on his whole family.* ▶ **wstyd** **4** (**a shame**) [sing.] a fact or situation that makes you feel disappointed: *It's a shame you can't come. I was looking forward to seeing you.* ○ *'I failed my exam.' 'Oh, what a shame!'* ○ *What a shame you have to leave so soon.* ▶ **szkoda**

□ **shame** verb [T] to make sb feel ashamed ▶ **zawstydzać** | **shameful** adj. which sb should be ashamed of: *a shameful waste of public money* ▶ **haniebny** | **shamefully** adv.: *I think you have behaved shamefully.* ▶ **haniebnie** | **shameless** adj. not having or showing the feeling of shame that people would expect you to have in a particular situation: *a shameless display of greed and bad manners* ▶ **bezwstydny** | **shamelessly** adv. ▶ **bezwstydnie**

shampoo /ʃæmˈpuː/ noun (pl. **shampoos**) **1** [C,U] a liquid that you use for washing your hair: *a shampoo for greasy hair* ▶ **szampon** **2** [C] the act of washing sth with shampoo ▶ **mycie szamponem**

□ **shampoo** verb [T] (pres. part. **shampooing**; 3rd pers. sing. pres. **shampoos**; pt, pp **shampooed**) to wash with shampoo ▶ **myć szamponem**

shamrock /ˈʃæmrɒk/ noun [C,U] a plant with three leaves on each stem, which is the national symbol of Ireland ▶ **koniczyna biała**

shandy /ˈʃændi/ noun [C,U] (pl. **shandies**) a drink that is a mixture of beer and lemonade ➲ Zob. uwaga przy **beer**. ▶ **piwo z lemoniadą**

shan't short for SHALL NOT

shanty town /ˈʃænti taʊn/ noun [C] a small town or part of a town where poor people live in bad conditions in badly built huts, etc. ▶ **slumsy**

★**shape**[1] /ʃeɪp/ noun **1** [C,U] the physical outline or outer form of sth: *a round/square/oblong shape* ○ *an ashtray in the shape of a hand* ○ *to change shape* ○ *clothes to fit women of all shapes and sizes* ▶ **kształt**, **figura 2** [C] something that has a particular outline or outer form: *Squares, circles and triangles are all different shapes.* ▶ **kształt 3** [U] the condition of sb or sth; the good or bad state of sb or sth: *The economy has been in bad shape for some time.* ○ *She was in such bad shape that she had to be taken to hospital.* ▶ **stan 4** [sing.] **the shape (of sth)** the organization, form or structure of sth: *Recent developments have changed the shape of the company.* ▶ **kształt**

IDIOMS in shape healthy and physically fit: *Regular exercise will keep your body in shape.* ▶ **w dobrej kondycji** | **out of shape 1** not in the usual or correct shape: *My sweater's gone out of shape* (powyciągał się) *now that I've washed it.* ▶ **zniekształcony 2** not physically fit: *You're out of shape. You should get more exercise.* ▶ **w złej kondycji** | **take shape** to start to develop well: *Plans to expand the company are beginning to take shape.* ▶ **przybierać kształt**

□ **shapeless** adj. not having a definite or attractive shape: *a shapeless dress* ▶ **bezkształtny**

★**shape**[2] /ʃeɪp/ verb [T] **1 shape sth (into sth)** to make sth into a particular form: *Shape the mixture into small balls.* ▶ **kształtować 2** to influence the way in which sth develops; to cause sth to have a particular form or nature: *His political ideas were shaped by his upbringing.* ▶ **kształtować**

□ **-shaped** (in compounds) having a certain shape; having the shape of the thing mentioned: *an L-shaped room* ▶ **w kształcie czegoś**

★**share** /ʃeə(r)/ noun **1** [sing.] **share (of sth)** a part or amount of sth that has been divided between several people: *We each pay a share of the household bills.* ○ *I'm willing to take my share of the blame.* ▶ **część 2** [C, usually pl.] **shares (in sth)** one of the equal parts into which the ownership of a company is divided. Shares in a company can be bought and sold. ▶ **akcje**

IDIOM (more than) your fair share of sth → FAIR[1]

□ **share** verb **1** [T] **share sth (out)** to divide sth and give shares to others: *We shared the pizza between the four of us.* ▶ **dzielić 2** [I,T] **share (sth) (with sb)** to have, use, do or pay sth together with another person or other people; to have sth that sb else also has: *I share a flat with four other people.* ○ *There's only one room available so we'll have to share.* ○ *We share the same interests.* Mamy te same zainteresowania. ▶ **dzielić (się) 3** [T] **share sth (with sb)** to tell sb about sth; to allow sb to know sth: *Sometimes it helps to share your problems.* ▶ **dzielić się**

■ **'shareholder** noun [C] an owner of shares in a company ▶ **akcjonariusz/ka**

shark /ʃɑːk/ noun [C,U] a large, often dangerous, sea fish that has many sharp teeth ▶ **rekin**

★**sharp** /ʃɑːp/ adj. **1** having a fine edge or point; that can cut or make a hole in sth easily: *a sharp knife* ○ *sharp teeth* ❶ Antonim: **blunt**. ▶ **ostry 2** (used about a change of direction) very great and sudden: *a sharp rise/fall in inflation* ○ *a sharp bend* ▶ **gwałtowny**, **ostry 3** clear; allowing details to be seen clearly: *the sharp outline of the hills* ○ *a sharp contrast* ▶ **ostry**, **wyraźny 4** able to think, act, understand, see or hear quickly: *a sharp mind* ○ *sharp eyesight* ▶ **inteligentny**, **bystry 5** (used about actions or movements) quick and sudden: *One short sharp blow was enough to end the fight.* ▶ **ostry**, **mocny 6** (used about words, remarks, etc.) angry or severe; intended to upset or be critical: *During the debate there was a sharp exchange of views between the two parties.* ▶ **ostry 7** (used about pain) very strong and sudden: *a sharp pain in the chest* ❶ Antonim: **dull**. ▶ **ostry 8** (used about sth that affects the senses) not mild or gentle, often causing an unpleasant feeling: *a sharp taste/wind* ▶ **ostry**, **pikantny 9** (symbol ♯) (in music) half a tone higher than the stated note: *F sharp minor* fis-moll ➲ Por. **flat**[2](7). ▶ **podwyższony o pół tonu**, **-is 10** (in music) higher than the correct note: *That last note was sharp. Can you sing it again?* ➲ Por. **flat**. ▶ **podwyższony**

□ **sharp** noun [C] (symbol ♯) (in music) a note that is half a tone higher than the note with the same letter ➲ Por. **flat**[4]. ▶ **nuta z krzyżykiem** | **sharp** adv. **1** (used about a time) exactly, punctually: *Be here at three o'clock sharp.* ▶ **punktualnie 2** in a sharp(2) way: *Go to the traffic lights and turn sharp right.* ▶ **ostro** (*np. skręcać*) **3** (in music) slightly higher than the correct note ➲ Por. **flat**[3]. ▶ **powyżej tonacji** | **sharpen** /ˈʃɑːpən/ verb [I,T] to become, or to make sth sharp or sharper: *to sharpen a knife* ○ *The campaign sharpened public awareness of the problem.* ▶ **ostrzyć**, **zaostrzać** | **sharpener** /ˈʃɑːpnə(r)/ noun [C] an object or tool that is used for making sth sharp: *a pencil sharpener* ▶ **temperówka**, **ostrzałka** | **sharply** adv. in a sharp way: *The road bends sharply to the left.* ○ *'Mind your own business!' she said sharply.* ○ *Share prices fell sharply this morning.* ▶ **ostro**, **gwałtownie** | **sharpness** noun [U] ▶ **ostrość**; **bystrość (umysłu)**; **złośliwość**; **ostry smak**

shatter /ˈʃætə(r)/ verb **1** [I,T] (of glass, etc.) to break into very small pieces: *I dropped the glass and it shattered on the floor.* ○ *The force of the explosion shattered the windows.* ▶ **roztrzaskiwać (się) 2** [T] to destroy completely: *Her hopes were shattered by the news.* ▶ **niweczyć**

□ **shattered** adj. **1** very upset because of sth shocking that has happened ▶ **przygnębiony**, **przybity 2** (informal) very tired: *I'm absolutely shattered.* ▶ **wykończony**

★**shave** /ʃeɪv/ verb [I,T] **shave (sth) (off)** to remove hair from the face or another part of the body with a razor: *He's too young to shave.* ○ *I was shaving when the doorbell rang.* ○ *I cut myself shaving* (przy goleniu) *this morning.* ○ *When did you shave off your moustache?* ▶ **golić (się)**

PHRASAL VERB **shave sth off (sth)** to cut very thin pieces from a surface (in order to make it smooth or to make it fit sth): *We'll have to shave a bit off the door to make it close properly.* ▶ **strugać, wiórkować**

□ **shave** noun [C, usually sing.] the act of shaving: *to have a shave* golić się ▶ **golenie (się)**

IDIOM **a close shave/thing** → CLOSE[1]

shaven /ˈʃeɪvn/ adj. having been shaved: *clean-shaven* gładko wygolony ▶ **ogolony** | **shaver** (also **electric razor**) noun [C] an electric tool that is used for shaving hair ▶ **elektryczna maszynka do golenia**

shawl /ʃɔːl/ noun [C] a large piece of cloth, made of wool, etc. that is worn by a woman round the shoulders or head or that is wrapped round a baby ▶ **szal, chusta**

⋆**she** /ʃiː/ pron. (the subject of a verb) the female person or animal who has already been mentioned ➲ Zob. uwaga przy **he**. ▶ **ona**

sheaf /ʃiːf/ noun (pl. **sheaves** /ʃiːvz/) **1** a number of papers, etc. lying one on top of the other and often tied together: *a sheaf of notes* ▶ **plik 2** a bunch of stalks of corn, wheat, etc. tied together after being cut, and left standing up so that they dry ▶ **snop**

shear /ʃɪə(r)/ verb [T] (pt **sheared**; pp **sheared** or **shorn**) to cut the wool off a sheep ▶ **strzyc**

shears /ʃɪəz/ noun [pl.] a tool that is like a very large pair of scissors and that is used for cutting things in the garden ➲ Ilustr. do **garden**. ▶ **nożyce (ogrodnicze)**

sheath /ʃiːθ/ noun [C] (pl. **sheaths** /ʃiːðz/) the cover for a knife or other sharp weapon ▶ **pochwa** (*np. na miecz, nóż*)

shed[1] /ʃed/ noun [C] a small building that is used for keeping things or animals in: *a garden shed* ○ *a bicycle shed* ▶ **szopa**

shed[2] /ʃed/ verb [T] (pres. part. **shedding**; pt, pp **shed**) **1** to lose sth because it falls off: *This snake sheds its skin every year.* ○ *Autumn is coming and the trees are beginning to shed their leaves.* ○ *A lorry has shed its load.* ▶ **zrzucać, tracić 2** to get rid of or remove sth that is not wanted: *She was forced to shed some of her responsibilities through illness.* ○ *Firms in the area have shed thousands of jobs in the past year.* ▶ **pozbywać się, redukować**

IDIOMS **shed blood** to kill or injure people: *Much blood was shed during the war.* ▶ **przelewać krew** | **shed light on sth** to make sth clear and easy to understand ▶ **rzucać światło na coś** | **shed tears** (formal) to cry: *It was a sad occasion and many tears were shed.* ▶ **lać łzy**

she'd /ʃiːd/ short for SHE HAD, SHE WOULD

⋆**sheep** /ʃiːp/ noun [C] (pl. **sheep**) an animal with a coat of wool that is kept on farms and used for its wool or meat: ➲ Zob. uwaga przy **meat**. ▶ **owca**

> A male sheep is a **ram**, a female sheep is a **ewe** and a young sheep is a **lamb**. Sheep **bleat**. This sound is written as **baa**.The meat from sheep is called **mutton**.

■ **ˈsheepdog** noun [C] a dog that has been trained to control sheep ▶ **owczarek** | **ˈsheepskin** noun [U] the skin of a sheep, including the wool, from which coats, etc. are made: *a sheepskin coat* kożuch ▶ **owcza skóra**

sheepish /ˈʃiːpɪʃ/ adj. feeling rather ashamed or embarrassed because you have done sth silly: *a sheepish grin* ▶ **zawstydzony, zażenowany**

□ **sheepishly** adv. ▶ **z zażenowaniem**

sheer /ʃɪə(r)/ adj. **1** (only before a noun) complete, absolute; involving nothing else except: *It's sheer stupidity to drink and drive.* ○ *It was sheer luck that I happened to be in the right place at the right time.* ○ *Her success is due to sheer hard work.* ▶ **czysty 2** very steep; almost vertical: *Don't walk near the edge. It's a sheer drop to the sea.* ▶ **stromy**

⋆**sheet** /ʃiːt/ noun [C] **1** a large piece of material used on a bed. Sheets are used in pairs and you sleep between the top and bottom sheet. ❶ Zwróć uwagę, że **sheet** oznacza prześcieradło i górne przykrycie, na którym zwykle położone są koce. ➲ Ilustr. do **bed**. ▶ **prześcieradło 2** a piece of paper (usually of a particular size) that is used for writing, printing, etc. on: *a sheet of notepaper/A4* ○ *Write each answer on a separate sheet.* ➲ Por. **balance sheet**. ▶ **kartka** (*papieru*) **3** a flat, thin piece of any material, especially glass or metal ▶ **arkusz** (*np. blachy*), **płyta** (*np. szklana*) **4** a wide, flat area of sth: *a sheet of ice* ▶ **tafla**

sheikh (also **shaikh**) /ʃeɪk/ noun [C] an Arab ruler ▶ **szejk**

⋆**shelf** /ʃelf/ noun [C] (pl. **shelves** /ʃelvz/) a long flat piece of wood, glass, etc. that is fixed to a wall or in a cupboard, used for standing things on: *I put up a shelf in the kitchen.* ○ *a bookshelf* ▶ **półka**

⋆**shell** /ʃel/ noun [C,U] **1** a hard covering that protects eggs, nuts and some animals: *a collection of sea shells* ○ *an empty shell* ○ *a piece of eggshell* ▶ **skorupa, muszla, pancerz** (*żółwia*) **2** the walls of a building that is not finished or that has been seriously damaged by fire, etc. ▶ **szkielet, zrąb** (*budynku*) **3** a metal container filled with explosives that is fired by a large gun ▶ **pocisk artyleryjski**

IDIOMS **come out of your shell** to become less shy and more confident when talking to other people ▶ **nabierać pewności siebie** | **go, retreat, etc. into your shell** to suddenly become shy and stop talking ▶ **zamykać się w sobie**

□ **shell** verb [T] **1** to take the shell(1) off sth that can be eaten: *to shell peas* ▶ **łuskać 2** to fire shells(3) ▶ **ostrzeliwać** (*pociskami*)

■ **ˈshellfish** noun (pl. **shellfish**) **1** [C] a type of animal that lives in water and has a shell ▶ **skorupiak, mięczak 2** [U] these animals used as food: *I love shellfish.* ▶ **skorupiak**

she'll /ʃiːl/ short for SHE WILL

⋆**shelter** /ˈʃeltə(r)/ noun **1** [U] **shelter (from sth)** protection from danger or bad weather: *to give somebody food and shelter* ○ *I took shelter under his umbrella.* ▶ **schronienie 2** [C] a small building that gives protection or cover, e.g. from bad weather or attack: *a bus shelter* wiata na przystanku autobusowym ○ *an air-raid shelter* schron przeciwlotniczy ▶ **miejsce schronienia**

□ **shelter** verb **1** [I] **shelter (from sth)** to find protection or shelter: *Let's shelter from the rain under that tree.* ○ *There are 100 refugees sheltering in foreign embassies.* ▶ **chronić się 2** [T] **shelter sb/sth (from sb/sth)** to protect sb/sth; to give sb/sth shelter: *The trees shelter the house from the wind.* ○ *The embassy is now sheltering nearly 100 refugees.* ▶ **osłaniać, chronić** | **sheltered** adj. **1** (used about a place) protected from bad weather: *The campers found a sheltered spot for their tent.* ▶ **osłonięty 2** protected from unpleasant things in your life: *a sheltered childhood in the country* ▶ **bezpieczny**

shelve[1] /ʃelv/ verb [T] to decide not to continue with a plan, etc.: *Plans for a new motorway have been shelved.* ▶ **odkładać coś na półkę** (*nie nadawać sprawie dalszego biegu*)

shelve[2] /ʃelv/ verb [I] (used about land) to slope in one direction: *The beach shelves down to the sea.* ▶ (*o terenie*) **opadać**

shelves /ʃelvz/ pl. of SHELF

shelving /ˈʃelvɪŋ/ noun [U] a set of shelves ▶ **regał** (*np. na książki*)

shepherd /ˈʃepəd/ noun [C] a person who looks after sheep ▶ **paste-rz/rka**

□ **shepherd** verb [T] to guide and look after people so that they do not get lost: *She shepherded the children onto the train.* ▶ **pilotować, prowadzić** | **shepherd's 'pie** (also **cottage pie**) noun [C] a type of meal made from meat covered with a layer of mashed potato ▶ **rodzaj zapiekanki**

sheriff /ˈʃerɪf/ noun [C] an officer of the law in an American county ▶ **szeryf**

sherry /ˈʃeri/ noun [C,U] (pl. **sherries**) a type of strong Spanish wine; a glass of this wine: *sweet/dry sherry* ○ *Would you like a sherry?* ▶ **rodzaj hiszpańskiego wina białego, sherry**

she's /ʃiːz/ short for SHE IS, SHE HAS

shield /ʃiːld/ noun [C] **1** a large piece of metal or wood that soldiers used to carry to protect themselves. Now certain policemen carry shields: *riot shields* policyjna tarcza obronna ▶ **tarcza 2** a person or thing that is used for protection: *The metal door acted as a shield against the explosion.* ▶ **osłona 3** an object or drawing in the shape of a shield, sometimes used as a school or team badge or as a prize in a sports competition ▶ **tarcza, odznaka**

□ **shield** verb [T] **shield sb/sth (against/from sb/sth)** to protect sb/sth from danger or damage: *I shielded my eyes from the bright light with my hand.* ▶ **osłaniać, chronić**

shift[1] /ʃɪft/ verb **1** [T] to move sb/sth from one position to another: *She shifted the furniture around.* ▶ **przesuwać 2** [I] to change position or direction: *The captain waited for the wind to shift.* ▶ **zmieniać położenie/kierunek**

IDIOM **shift the blame/responsibility (for sth) (onto sb)** to make sb else responsible for sth you should do or for sth bad you have done ▶ **przerzucać na kogoś odpowiedzialność; zrzucać winę na kogoś**

shift[2] /ʃɪft/ noun [C] **1 a shift (in sth)** a change in the position or nature of sth: *There has been a shift in public opinion away from war.* ○ *a shift in policy/a policy shift* ▶ **zmiana** (*np. kierunku, położenia*) **2** (in a factory, etc.) a division of the working day; the group who work this period: *an eight-hour shift* ○ *Firemen do shift work* (pracują na zmiany). ○ *the day/night shift* ▶ **zmiana robocza, szychta**

■ **'shift key** noun [C] one of the keys that you use for writing on a computer, etc. that allows you to write a capital letter ▶ **klawisz „shift"** (*na klawiaturze komputera*), **klawisz zmiany małych liter na wielkie** (*na maszynie do pisania*)

shifty /ˈʃɪfti/ adj. (**shiftier; shiftiest**) (used about a person or their appearance) giving the impression that you cannot trust them: *shifty eyes* ▶ **chytry, cwany**

shilling /ˈʃɪlɪŋ/ noun [C] **1** the basic unit of money in some countries, for example Kenya ▶ **szyling 2** a British coin that is no longer in use and that was worth 5p ▶ **szyling**

shimmer /ˈʃɪmə(r)/ verb [I] to shine with a soft light that seems to be moving: *The tears shimmered in her eyes.* ○ *moonlight shimmering on the sea* ▶ **migotać, lśnić**

shin /ʃɪn/ noun [C] the front part of your leg above your ankle and below your knee ▶ **goleń**

■ **'shin pad** noun [C] a thick piece of material used to protect the shin when playing football, etc. ▶ **nagolennik**

★**shine** /ʃaɪn/ verb (pt, pp **shone** /ʃɒn; US ʃəʊn/) **1** [I] to give out or to reflect light: *moonlight shining on the sea* ○ *The sea shone in the light of the moon.* ○ (figurative) *The child's eyes shone with happiness.* ▶ **jaśnieć, świecić (się) 2** [T] to point the light of a torch, etc. at sb/sth: *The policeman shone a torch on the stranger's face.* ▶ **oświetlać 3** [I] **shine (at/in sth)** to do a school subject, a sport, etc. very well: *She has always shone at languages.* ▶ **błyszczeć** (*np. w nauce*)

□ **shine** noun [sing.] **1** the bright quality that sth has when light is reflected on it: *There's a lovely shine on that table.* ▶ **połysk 2** the act of polishing sth so that it shines: *He gave his shoes a shine.* Wypucował buty. ▶ **pucowanie, polerowanie** | **shiny** adj. (**shinier; shiniest**) bright; reflecting light: *The shampoo leaves your hair soft and shiny.* ○ *a shiny new car* ▶ **błyszczący**

shingle /ˈʃɪŋgl/ noun [U] small pieces of stone lying in a mass on a beach ▶ **żwirek (na plaży)**

★**ship**[1] /ʃɪp/ noun [C] a large boat used for carrying passengers or cargo by sea: *to travel by ship* ○ *to launch a ship* wodować okręt ○ *The captain went on board ship.* ○ *The ship sails at noon.* ○ *The ship sank.* ▶ **statek, okręt**

Boat jest mniejszy niż **ship**. Słowa **liner** używa się w odniesieniu do statku służącego do przewożenia ludzi na duże odległości, natomiast **ferry** to prom, statek przewożący ludzi na małe odległości. W oficjalnej angielszczyźnie statek określa się słowem **vessel**.

■ **'shipbuilder** noun [C] a person or company who makes or builds ships ▶ **stoczniowiec; stocznia** | **'shipbuilding** noun [U] the building of ships ▶ **okrętownictwo** | **'shipwreck** noun [C,U] an accident at sea in which a ship is destroyed by a storm, rocks, etc. ⓘ Osobę lub statek poszkodowanych w katastrofie morskiej określa się słowem **shipwrecked**: *shipwrecked sailors.* ▶ **rozbicie statku** | **'shipyard** noun [C] a place where ships are repaired or built ▶ **stocznia**

ship² /ʃɪp/ verb [T] (**shipping**; **shipped**) to send or carry by ship: *All their furniture was shipped to Australia when they emigrated.* ▶ **posyłać (towary) morzem**

□ **shipment** /ˈʃɪpmənt/ noun **1** [C] a quantity of goods sent by ship: *a shipment of grain* ▶ **fracht morski 2** [U] the transport of goods by ship: *cargo ready for shipment* ▶ **wysyłka** (*towarów*) **drogą morską** | **shipping** /ˈʃɪpɪŋ/ noun [U] **1** ships considered as a group or as traffic: *'Attention all shipping' is part of a warning given on the radio about bad weather.* ▶ **jednostki pływające 2** the transport of goods by ship ▶ **transport wodny**

shirk /ʃɜːk/ verb [I,T] to avoid doing sth that is difficult or unpleasant: *to shirk your responsibilities* ▶ **wymigiwać się**

⋆**shirt** /ʃɜːt/ noun [C] a piece of clothing made of cotton, etc., worn (especially by men) on the upper part of the body: *He wears a shirt and tie for work.* ▶ **koszula**

A shirt usually has a **collar** at the neck, long or short **sleeves**, and **buttons** down the front.

shiver /ˈʃɪvə(r)/ verb [I] to shake slightly, especially because you are cold or frightened: *shivering with cold/fright* ▶ **drżeć**

□ **shiver** noun [C] an act of shivering: *The thought sent a shiver down my spine.* Na samą myśl o tym ciarki mi przeszły po plecach. ▶ **drżenie**

shoal /ʃəʊl/ noun [C] a large group of fish that feed and swim together ▶ **ławica**

⋆**shock¹** /ʃɒk/ noun **1** [C,U] the feeling that is caused by sth unpleasant happening suddenly; the situation that causes this feeling: *The sudden noise gave him a shock* (wstrząsnął nim). ○ *The bad news came as a shock to her.* ○ *I'm still suffering from shock at the news.* ▶ **wstrząs 2** [C] = ELECTRIC SHOCK: *Don't touch that wire – you'll get a shock.* ▶ **porażenie prądem 3** [C] a violent blow or shaking (from a crash, explosion, etc.): *the shock of the earthquake* ▶ **cios, wstrząs 4** [U] (in medicine) a condition of extreme weakness caused by damage to the body: *He was in/went into shock after the accident.* ▶ **wstrząs**

shock² /ʃɒk/ verb [T] **1** to cause an unpleasant feeling of surprise in sb: *We were shocked by his death.* ○ *It shocks you when something like that happens.* ▶ **wstrząsnąć 2** to make sb feel disgust and anger: *The pictures of the starving children shocked the world.* ▶ **oburzać**

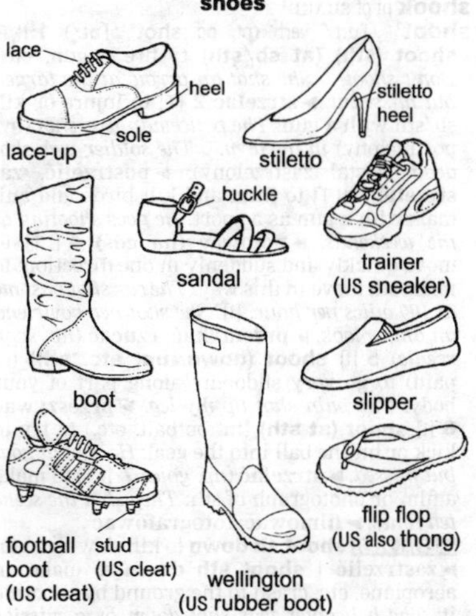

□ **shocked** adj.: *a shocked expression/look* ▶ **zszokowany** | **shocking** adj. **1** making you feel worried, upset or angry: *a shocking accident* ○ *shocking behaviour* ▶ **wstrząsający, skandaliczny 2** (informal) very bad: *The weather has been absolutely shocking.* ▶ **okropny**

shod pt, pp of SHOE

shoddy /ˈʃɒdi/ adj. (**shoddier**; **shoddiest**) made carelessly or with poor quality materials: *shoddy goods* ○ (figurative) *He received shoddy treatment.* Kiepsko go potraktowali. ▶ **tandetny**

□ **shoddily** adv. ▶ **tandetnie**

⋆**shoe** /ʃuː/ noun [C] **1** a type of covering for the foot, usually made of leather or plastic: *a pair of shoes* ○ *running shoes* buty do biegania/sportowe ○ *What size are your shoes?* ○ *I tried on a nice pair of shoes but they didn't fit.* ○ *Wait for me – I've just got to do my shoes up* (zasznurować buty). ○ *a shoe shop* ▶ **but 2** = HORSESHOE

IDIOM **in my, your, etc. place/shoes** → PLACE¹

□ **shoe** verb [T] (pt, pp **shod** /ʃɒd/) to fit a shoe (on a horse) ▶ **podkuwać**

■ **'shoelace** (especially US **shoestring**) noun [C] a long piece of cord used to fasten a shoe: *to tie/untie a shoelace* ▶ **sznurowadło** | **'shoestring** noun [C] (especially US) = SHOELACE

IDIOM **on a shoestring** using very little money: *My mother brought up five children on a shoestring.* ▶ **cienko przędąc**

shone pt, pp of SHINE

shoo /ʃuː/ interj. (usually said to animals or small children) Go away! ▶ **a sio!**

□ **shoo** verb (pt, pp **shooed**)

PHRASAL VERB **shoo sb/sth away, off, out, etc.** to make sb/sth go away by saying 'shoo' and waving your hands: *I shooed the birds away from the seeds.* ▶ **płoszyć**

shook pt of SHAKE[1]

★**shoot[1]** /ʃuːt/ verb (pt, pp **shot** /ʃɒt/) **1** [I,T] **shoot (sth) (at sb/sth)** to fire a gun, etc.: *Don't shoot!* ○ *She shot an arrow at the target, but missed it.* ▶ **strzelać 2** [T] to injure or kill sb/sth with a gun: *The policeman was shot* (był postrzelony) *in the arm.* ○ *The soldier was shot dead* (został zastrzelony). ▶ **postrzelić, zastrzelić 3** [I,T] to hunt and kill birds and animals with a gun as a sport: *He goes shooting at the weekends.* ▶ **polować (na coś) 4** [I,T] to move quickly and suddenly in one direction; to make sth move in this way: *The car shot past me at 100 miles per hour.* [I]: *She shot her boyfriend an angry look.* ▶ **przemykać; rzucać** (*np. spojrzenie*) **5** [I] **shoot (down, up, etc. sth)** (of pain) to go very suddenly along part of your body: *The pain shot up my leg.* ▶ **przeszywać 6** [I] **shoot (at sth)** (in football, etc.) to try to kick or hit the ball into the goal: *He shot at goal but missed.* ▶ **strzelać** (*np. gola*) **7** [I,T] to make a film or photograph of sth: *They shot the scene ten times.* ▶ **filmować; fotografować**

PHRASAL VERBS **shoot sb down** to kill sb with a gun ▶ **zastrzelić** | **shoot sth down** to make an aeroplane, etc. crash to the ground by shooting it: *The helicopter was shot down by a missile.* ▶ **zestrzelić** | **shoot up** to increase very quickly: *Prices have shot up in the past year.* ▶ (*o cenie*) **podskoczyć**

■ **'shooting star** noun [C] a piece of rock that burns with a bright light as it travels through space ▶ **spadająca gwiazda**

shoot[2] /ʃuːt/ noun [C] a new part of a plant or tree ▶ **pęd**

★**shop** /ʃɒp/ noun [C] **1** (US **store**) a building or part of a building where things are bought and sold: *a shoe shop* ○ *a corner shop* sklep na rogu ○ *When do the shops open?* ○ *a butcher's/baker's shop* ❶ Zwykle mówi się **at the butcher's** itp. zamiast *at the butcher's shop* itp. ▶ **sklep 2** = WORKSHOP(1)

IDIOM **talk shop** → TALK[1]

□ **shop** verb [I] (**shopping; shopped**) to go to a shop or shops in order to buy things: *I prefer to shop on my own.* ○ *He's shopping for some new clothes.* ❶ Częściej niż **to shop** używa się wyrażenia **to go shopping**.: *We go shopping* (chodzimy na zakupy) *every Saturday.* ○ *to go Christmas shopping* ▶ **robić zakupy**

PHRASAL VERB **shop around (for sth)** to look at the price and quality of an item in different shops before you decide where to buy it: *If you want a bargain you'd better shop around.* ▶ **porównywać ceny w kilku sklepach przed dokonaniem zakupu**

shopper noun [C] a person who is shopping ▶ **klient/ka** | **shopping** noun [U] **1** the food, clothing, etc. that you have bought in a shop: *Can you help me to put away the shopping?* ▶ **zakupy 2** the activity of shopping: *She did the shopping.* ○ *a shopping basket* ▶ **zakupy**

■ **'shop assistant** (US **'sales clerk; clerk**) noun [C] a person who works in a shop ▶ **sprzedawca/czyni** | **ˌshop 'floor** noun [sing.] (the workers in) an area of a factory where things are made ▶ **załoga (fabryki)** | **'shopkeeper** (US **'storekeeper**) noun [C] a person who owns or manages a small shop ▶ **sklepika-rz/rka** | **'shoplift** verb [I,T] to steal sth from a shop while pretending to be a customer: *shoplifted goods* ▶ **kraść** | **'shoplifter** noun: *Shoplifters will be prosecuted.* ➲ Zob. uwaga przy **thief**. ▶ **osoba kradnąca towary ze sklepu** | **'shoplifting** noun: *He was arrested for shoplifting.* ▶ **kradzież towarów ze sklepu** | **'shopping centre** noun [C] a place where there are many shops, either outside or in a covered building ▶ **centrum handlowe** | **'shopping mall** (also **mall**) noun [C] (US) a covered area or building where there are many shops ▶ **zadaszone centrum handlowe**

★**shore** /ʃɔː(r)/ noun [C,U] the land along the edge of a sea or lake: *The swimmer kept close to the shore.* ○ *The sailors went on shore* (zeszli na ląd). ❶ Można też używać słowa **ashore** wymiennie z **on shore**. ▶ **brzeg, wybrzeże**

shorn pp of SHEAR

★**short[1]** /ʃɔːt/ adj. **1** not measuring much from one end to the other: *a short line/distance* ○ *This essay is rather short.* ○ *short hair* ❶ Antonim: **long**. ▶ **krótki 2** less than the average height ❶ Antonim: **tall**. ▶ **niski, niewysoki 3** not lasting a long time: *a short visit* ○ *She left a short time ago.* Ona niedawno wyszła. ○ *to have a short memory* ▶ **krótki 4 short (of sth)** not having enough of what is needed: *Because of illness, the team is two players short* (o dwóch zawodników za mało). ○ *Good secretaries are in short supply.* Trudno znaleźć dobrą sekretarkę. ○ *We're a bit short of money at the moment.* ▶ **niewystarczający, za mało 5 short for sth** used as a shorter way of saying sth: *'Bill' is short for 'William'.* ▶ **skrót (od czegoś) 6** (used about a person) speaking in an impatient and angry way to sb ❶ Przysłówek: **shortly**. ▶ **nieuprzejmy i szorstki**

IDIOMS **for short** as a short form: *She's called 'Diana', or 'Di' for short.* ▶ **w zdrobnieniu** | **in the long/short term** → TERM | **in short** in a few words; briefly: *Einstein had one of the greatest minds the world has ever known: in short, he was a genius.* ▶ **krótko mówiąc** | **the short answer is...** (used just before you give sb a short, often blunt, answer, usually to a question involving sth difficult or complicated) ▶ **krótko mówiąc** | **short of sth/doing sth** apart from; except for: *Nothing short of a miracle will save the business now.* ▶ **z wyjątkiem**

■ **ˌshort 'circuit** (informal **short**) noun [C] a bad electrical connection that causes a machine to stop working properly ▶ **zwarcie elektryczne** | **ˌshort-'circuit** verb [I,T] to have a short circuit or to cause a machine to have one: *The lights short-circuited.* ▶ **zwierać** (*np. obwód*) | **'shortcoming** noun [C, usually pl.] a fault or weakness: *As a leader, she had many shortcomings.* ▶ **wada** | **ˌshort 'cut** noun [C] a quicker, easier or more direct way to get somewhere or to do sth: *He took a short cut* (poszedł na skróty) *to school through the park.* ▶ **skrót** | **'shorthand** noun [U] a method of writing quickly that uses signs or short forms of words: *to write in shorthand* ○ *a shorthand typist* stenotypist-a/ka ▶ **stenografia** | **'shortlist** noun [C] a list of the best people for a job, etc., chosen from a larger number of people ▶ **lista najlepszych** (*np. kandydatów*) | ˈ**shortlist** verb [T]: *Six candidates were shortlisted for the post.* ▶ **umieszczać kogoś na liście najlepszych** | ˌ**short-ˈlived** adj. lasting only for a short time ▶ **krótkotrwały** | ˌ**short-ˈsighted** adj. **1** (US ˌ**near-ˈsighted**) only able to see things clearly when they are close ❶ Antonim: **long-sighted**. ▶ **krótkowzroczny** **2** not considering what will probably happen in the future: *a short-sighted attitude* ▶ **krótkowzroczny** | ˌ**short-ˈstaffed** adj. (used of an office, a shop, etc.) not having enough staff ▶ **cierpiący na braki personelu** | ˌ**short ˈstory** noun [C] a piece of writing that is shorter than a novel: *a collection of short stories by Thomas Hardy* ▶ **nowela, opowiadanie** | ˌ**short-ˈterm** adj. lasting for a short period of time from the present: *short-term plans* ▶ **krótkoterminowy** | ˈ**short wave** noun [U] (abbr. **SW**) the system of broadcasting radio using sound waves of less than 100 metres ▶ **fale krótkie**

short² /ʃɔːt/ adv. suddenly: *She stopped short when she saw the accident.* ▶ **nagle**

IDIOMS **cut sth/sb short** to interrupt: *I tried to explain but he cut me short.* ▶ **przerywać** | **fall short (of sth)** to not be enough; to not reach sth: *The pay rise fell short of the workers' demands.* ○ *Peter shot the arrow as hard as he could, but it fell short of the target by three metres.* ▶ **zawodzić** (*np. czyjeś zaufanie*), **nie dosięgać** (*np. poziomu, celu*) | **go short (of sth)** to be without enough (of sth): *He made sure his family never went short of food.* ▶ **zabraknąć** | **run short (of sth)** to have used up most of sth so there is not much left: *We're running short of coffee.* ▶ **brakować** | **short of sth** except for: *He's tried to make money by every means, short of stealing it.* ▶ **z wyjątkiem** | **stop short of sth/doing sth** → STOP¹

short³ /ʃɔːt/ noun [C] **1** (informal) = SHORT CIRCUIT **2** a small drink of strong alcohol ▶ **maluch** (*kieliszek mocnego alkoholu*)

shortage /ˈʃɔːtɪdʒ/ noun [C] a situation where there is not enough of sth: *a food/housing/water shortage* ○ *a shortage of physics teachers* ▶ **brak**

shortbread /ˈʃɔːtbred/ noun [U] a sweet biscuit made with sugar, flour and butter ▶ **kruche ciastko**

shorten /ˈʃɔːtn/ verb [I,T] to become shorter or to make sth shorter: *I'll have to shorten these trousers – they're much too long.* ▶ **skracać (się)**

shortfall /ˈʃɔːtfɔːl/ noun [C] **shortfall (in sth)** an amount by which sth is less than what is needed or expected: *a shortfall in the annual budget* ○ *shortfalls in funding* ▶ **ubytek, brak**

shortly /ˈʃɔːtli/ adv. **1** soon; in a short time: *The manager will see you shortly.* ▶ **wkrótce** **2** in an impatient, impolite way: *She spoke rather shortly to the customer.* ▶ (*o sposobie mówienia*) **sucho**

★**shorts** /ʃɔːts/ noun [pl.] **1** a type of short trousers ending above the knee that you wear in hot weather, while playing sports, etc. ❶ Zwróć uwagę, że **shorts** występuje tylko w lm. Dlatego nie można powiedzieć, np. ~~*a new short*~~. Można natomiast powiedzieć: *I need to get some new shorts.* ○ *I need to get a new pair of shorts.* ▶ **szorty** **2** (US) men's underpants ▶ **slipy**

★**shot¹** /ʃɒt/ noun [C] **1** an act of firing a gun, etc., or the noise that this makes: *to take a shot at the target* strzelić do tarczy ○ *The policeman fired a warning shot into the air.* ▶ **strzał** **2 a shot (at sth/at doing sth)** (informal) an attempt to do sth: *Let me have a shot* (próbować) *at it.* ▶ **próba** **3** (in sport) an act of kicking or hitting a ball: *to have a shot at goal* ▶ **strzał** (*do bramki*) **4** a photograph or a picture in a film: *I got some good shots of the runners as they crossed the line.* ▶ **zdjęcie**; **ujęcie** **5** an injection of a drug: *a shot of penicillin* ▶ **zastrzyk** **6** (often **the shot**) a heavy metal ball that is thrown as a sport: *to put the shot* pchać kulą ▶ **kula** (*sprzęt sportowy*)

IDIOMS **call the shots/tune** → CALL² | **like a shot** (informal) very quickly; without stopping to think about it: *If someone invited me on a free holiday, I'd go like a shot.* ▶ **migiem** | **a long shot** → LONG¹

■ ˈ**shotgun** noun [C] a gun used for shooting small animals and birds that fires small metal balls ▶ **dubeltówka**

shot² pt, pp of SHOOT¹

★**should** /ʃəd; strong form ʃʊd/ modal verb (negative **should not**; short form **shouldn't** /ˈʃʊdnt/) **1** (used for saying that it is right for sb to do sth, or for sth to happen): *The police should do something about it.* ○ *Children shouldn't be left on their own.* ▶ **powinien** **2** (used for giving or asking advice): *You should try that new restaurant.* ○ *He really shouldn't work so hard.* ○ *Should I try again?* Czy mam spróbować jeszcze raz? ▶ **powinien** **3** (used with 'have' to say that sb did the wrong thing): *I'm tired. I shouldn't have gone to bed so late/I should have gone to bed earlier.* ▶ **powinien raczej** **4** (used for saying that you expect sth is true or will happen): *It's 4.30. They should be in New York by now.* ○ *He should have arrived by now.* Chyba już dojechał. ▶ **chyba** **5** (formal) (used with 'I/we' instead of 'would' in 'if' sentences): *I should be most grateful* (byłbym ogromnie zobowiązany) *if you could send me…* **6** (used after 'if' and 'in case' when you think that sth is not likely to happen): *If you should decide to accept* (jeżeli zaakceptuje pan (naszą propozycję), *please phone us.* ○ *Should you decide to accept…* ▶ **jeżeli, gdyby** **7** (used as the past tense of 'shall' when we report what sb says): *He asked me if he should come today.* ▶ **powinien (w mowie zależnej)** **8** (formal) (used after 'so that' and 'in order that'): *In order that there should be no delay* (aby uniknąć zwłoki), *we took action immediately.* **9** (used after certain verbs, e.g. when sth is arranged or suggested): *We arranged that they should book the hotel* (że oni mają zarezerwować pokój/hotel). ○ *I suggested that he should cancel the meeting* (że powinien odwołać to spotkanie). ▶ **powinien** **10** (used after certain adjectives): *It's shocking that something like this should happen* (mogło się wydarzyć). ○ *It's strange that you should mention that* (że o tym wspomniałeś)... ○ *Is it important that we should all go* (żebyśmy wszyscy poszli)?

IDIOMS **I should...** (used when you are giving advice): *I should get to bed early if I were you.* Na twoim miejscu poszedłbym wcześnie spać. | **I should think** my opinion is: *This picture is worth a lot of money, I should think.* ▶ **moim zdaniem**

★**shoulder** /ˈʃəʊldə(r)/ noun **1** [C] the part of the body between the neck and the top of the arm: *He hurt his shoulder.* ○ *to shrug your shoulders* wzruszyć ramionami ○ *a shoulder blade* łopatka ▶ **ramię 2** [C] a part of a dress, coat, etc. that covers this part of the body ▶ **ramię** (*np. płaszcza*) **3** (**shoulders**) [pl.] the part of your body between your two shoulders: *He carried his little girl on his shoulders.* ▶ **barki**

IDIOMS **have a chip on your shoulder** → CHIP[1] | **rub shoulders with sb** → RUB | **a shoulder to cry on** (used to describe a person who listens to your problems and understands how you feel) ▶ **osoba, której można się wypłakać**

□ **shoulder** verb [T] **1** to accept the responsibility for sth: *She shouldered all the blame for the accident.* ▶ **brać na swe barki** (*np. odpowiedzialność*) **2** to push sb/sth with your shoulder: *He shouldered everybody aside and disappeared out of the door.* ▶ **rozpychać się** | **-shouldered** (used to form compound adjectives) having the type of shoulders mentioned: *a broad-shouldered* (barczysty) *man* ▶ (*określa cechy ramion*)

■ ˈ**shoulder bag** noun [C] a type of bag that you carry over one shoulder with a long strap ▶ **torba na ramię** | ˈ**shoulder blade** noun [C] either of the two large flat bones on each side of your back, below your shoulders ▶ **łopatka**

★**shout** /ʃaʊt/ noun [C] a loud call or cry: *She gave a warning shout.* ▶ **okrzyk**

□ **shout** verb **1** [I] **shout (at/to sb); shout (out)** to speak or cry out in a very loud voice: *There's no need to shout – I can hear you.* ○ *The teacher shouted angrily at the boys.* ○ *to shout out in pain/excitement* ➲ Por. **scream**. ▶ **krzyczeć 2** [T] **shout sth (at/to sb); shout sth out** to say sth in a loud voice: *'Look out,' she shouted.* ○ *The captain shouted out instructions to his team.* ▶ **krzyczeć**

PHRASAL VERB **shout sb down** to prevent sb from being heard by shouting at them (often in a public meeting): *to shout a speaker down* ▶ **zakrzyczeć**

shove /ʃʌv/ verb [I,T] to push with a sudden, rough movement: *They pushed and shoved to the front of the queue* (przepchnęli się na początek kolejki). ○ *The policeman shoved the thief through the door.* ○ (informal) *'What should I do with this box?' 'Oh, just shove it over here* (wsadź to tam).*'* ▶ **pchać (się), wpychać (się)**

□ **shove** noun [C, usually sing.] a sudden, rough push: *to give sb/sth a shove* ▶ **pchnięcie**

shovel /ˈʃʌvl/ noun [C] a tool, like a spade, used for moving earth, snow, sand, etc. ➲ Ilustr. do **garden**. ▶ **szufla**

□ **shovel** verb [I,T] (**shove<u>ll</u>ing; shove<u>ll</u>ed**; US **shove<u>l</u>ing; shove<u>l</u>ed**) to move sth with a shovel ▶ **szuflować**

★**show**[1] /ʃəʊ/ noun **1** [C] a type of entertainment that has singing, dancing, acting, etc. in the theatre or on television, etc.: *a comedy show on TV* ○ *We've booked tickets to see a show in London.* ▶ **widowisko 2** [C] a collection of things for people to look at, often in a special large building: *a dog show* ○ *the motor show* pokaz samochodowy ▶ **pokaz, wystawa 3** [C,U] the outward expression of an emotion that is not what you really feel or that does not have much meaning: *Although she hated him, she put on a show of politeness* (była uprzedzająco grzeczna). ○ *His bravery is all show* (jest na pokaz). ▶ **pokaz 4** [sing.] a sign of sth: *The parade of weapons was a show of strength by the government.* ▶ **pokaz**

IDIOMS **for show** intended to impress people; not to be used: *Those books are only for show – nobody ever reads them.* ▶ **na pokaz** | **on show** put in a place where people can see it: *The collection is on show at the British Museum.* ▶ **na wystawie**

■ ˈ**show business** (informal **showbiz** /ˈʃəʊbɪz/) noun [U] the business of entertaining people, in the theatre, in films, on television, etc. ▶ **przemysł rozrywkowy** | ˈ**showdown** noun [C] a final argument at the end of a long disagreement: *I think it's time for a showdown.* ▶ **ostateczna rozgrywka** (*w długim sporze*) | ˈ**showjumping** noun [U] a competition in which people ride horses over a series of fences called jumps ▶ **konkurs jazdy konnej z przeszkodami** | ˈ**showroom** noun [C] a type of shop where goods such as cars and electrical items are displayed ▶ **salon** (*np. samochodowy, sprzętu grającego*)

★**show**[2] /ʃəʊ/ verb (pt **showed**; pp **shown** /ʃəʊn/ or **showed**) **1** [T] **show sb/sth (to sb)** to make it possible for other people to see sb/sth: *I showed the letter to him.* ○ *I showed him the letter.* ○ *She showed me what she had bought.* ○ *They're showing his latest film at our local cinema.* ▶ **pokazywać 2** [T] to lead or guide sb to a place: *Shall I show you to your room?* ○ *A guide showed us round the museum.* ▶ **prowadzić 3** [T] to help sb to do sth by doing it yourself; to explain sth: *Can you show me how to put the disk in the computer?* ▶ **demonstrować 4** [T] to make sth clear; to give information about sth: *Research shows that most people get too little exercise.* ○ *The picture showed the effects of the storm.* ▶ **wykazywać, przedstawiać 5** [I] to be able to be seen; to appear: *Her anger showed in her eyes.* ○ *I've got a hole in my sock but it doesn't show* (ale jej nie widać). ○ *His latest film is showing* (jest grany) *at the local cinema.* ▶ **ukazywać się 6** [T] to allow sth to be seen: *These brown trousers don't show the dirt.* Na tych brązowych spodniach nie widać brudu. ▶ **widać 7** [T] to have a particular quality: *She was showing* (było po niej widać) *signs of stress.* ▶ **widać 8** [T] to cause people to notice a particular quality: *She was the only one who ever showed him any kindness.* ○ *She didn't want to show what she was really thinking.* ▶ **okazywać, pokazywać**

IDIOM **show your face** to appear among your

friends or in public: *She stayed at home, afraid to show her face.* ► **pokazać się publicznie**

PHRASAL VERBS **show sb around/round (sth)** to be a guide for sb when they visit sth for the first time and to show them what is interesting ► **oprowadzać kogoś (po czymś)** | **show (sth) off** (informal) to try to impress people by showing them how clever you are or by showing them sth that you are proud of: *John drove his new car very fast in order to show off.* ○ *She wanted to show off her new bike.* ► **popisywać się** | **show up** (informal) to arrive, especially when sb is expecting you: *I thought you'd never show up.* ► **pojawiać się** | **show (sth) up** to allow sth to be seen: *The sunlight shows up those dirty marks on the window.* ► **uwidaczniać** | **show sb up** (informal) to make someone feel ashamed or embarrassed by behaving badly: *He showed her up by shouting at the waiter.* ► **zawstydzać**

□ **showing** noun **1** [C] an act of showing a film, etc.: *The second showing of the film begins at 8 o'clock.* ► **pokaz 2** [sing.] how sb/sth behaves; how successful sb/sth is: *On its present showing* (według obecnych notowań)*, the party should win the election.* ► **notowania, stan rzeczy**

■ **'show-off** noun [C] a person who tries to impress others by showing them how clever they are: *She's such a show-off.* ► **pozer/ka**

★**shower** /ˈʃaʊə(r)/ noun [C] **1** a way of washing the body by standing under running water: *He had a shower* (wziął prysznic) *after the tennis match.* ► **prysznic 2** the apparatus used for washing yourself in this way; the small room or part of a bathroom where it is fixed: *The shower doesn't work.* ○ *She's in the shower.* ○ *I'd like a room with a shower, please.* ► **prysznic 3** a short period of rain or snow ► **opady przelotne 4** a lot of very small objects that fall together: *a shower of dust* ► **chmura** (*np. pyłu*), **grad** (*np. kamieni*)

□ **shower** verb **1** [T] **shower sb with sth** to cause a great number of very small objects to fall on sb/sth: *to be showered with leaves/dust/water* ○ (figurative) *He was showered with praise for his excellent work.* ► **zasypywać czymś 2** [I] to have a shower(1) ► **brać prysznic**

shown pp of SHOW[2]

shrank pt of SHRINK

shrapnel /ˈʃræpnəl/ noun [U] small pieces of metal that are thrown in various directions from an exploding bomb or shell(3) ► **odłamki**

shred /ʃred/ noun **1** [C] a small thin piece of material that has been cut or torn off: *He tore the letter to shreds.* ► **strzęp 2 a shred of sth** [sing.] (in negative sentences) a very small amount of sth: *There wasn't a shred of truth in her story.* ► **krzta**

□ **shred** verb [T] (**shre<u>dd</u>ing**; **shre<u>dd</u>ed**) to tear or cut sth into shreds: *shredded cabbage* ► **szatkować, targać/ciąć na strzępy**

shrewd /ʃruːd/ adj. able to make good decisions because you understand a situation well: *a shrewd thinker* ○ *a shrewd decision* ► **przenikliwy, trafny**

□ **shrewdly** adv. ► **przenikliwie, trafnie**

shriek /ʃriːk/ verb **1** [I] to give a sudden scream in a high voice: *She shrieked in fright.* ○ *The children were shrieking with laughter.* ► **piszczeć 2** [T] to scream sth in a high voice: *'Stop it!' he shrieked.* ► **wrzeszczeć** ⮌ Por. **screech**.

□ **shriek** noun: *She gave a loud shriek of pain.* ► **pisk, wrzask**

shrill /ʃrɪl/ adj. (used about a sound) high and unpleasant: *a shrill cry* ► **piskliwy**

shrimp /ʃrɪmp/ noun [C] a small sea creature with a shell that turns pink when you cook it. Shrimps are smaller than prawns. ► **krewetka**

shrine /ʃraɪn/ noun [C] a place that is holy for members of a religion, because it is associated with a special person or thing ► **sanktuarium**

shrink /ʃrɪŋk/ verb (pt **shrank** /ʃræŋk/or **shrunk** /ʃrʌŋk/; pp **shrunk**) **1** [I,T] to become smaller, often after being washed; to make sth smaller: *Oh no! My T-shirt's shrunk!* ○ *I've shrunk my T-shirt* (skurczyła mi się koszulka). *The water must have been too hot.* ○ *Television has shrunk the world.* ○ *The rate of inflation has shrunk to 4%.* ► **kurczyć się, zmniejszać (się) 2** [I] to move back because you are frightened or shocked: *We shrank back against the wall when the dog appeared.* ► **cofnąć się**

PHRASAL VERB **shrink from sth/doing sth** to be unwilling to do sth because you find it unpleasant ► **wzdragać się**

shrivel /ˈʃrɪvl/ verb [I,T] (**shrive<u>ll</u>ing**; **shrive<u>ll</u>ed**; US **shrive<u>l</u>ing**; **shrive<u>l</u>ed**) **shrivel (sth) (up)** to dry up and become smaller and wrinkled, usually in hot or dry conditions; to make sth do this ► **wysuszać (się)**

shroud /ʃraʊd/ noun [C] a cloth or sheet used to wrap a dead body before it is buried ► **całun**

□ **shroud** verb [T] (usually passive) to cover or hide sth with sth: *The tops of the mountains were shrouded in mist.* ○ *His past is shrouded in mystery.* ► **okrywać, zasłaniać**

Shrove Tuesday /ˌʃrəʊv ˈtjuːzdeɪ; -di; US ˈtuːz-/ noun [C] the day before the beginning of a period called Lent when some Christians do not eat certain foods, etc. ► **wtorek przed Popielcem, ostatki**

> Kulturowo dzień ten jest odpowiednikiem tłustego czwartku w Polsce. W Wlk. Brytanii tego dnia je się naleśniki – **pancakes**.

shrub /ʃrʌb/ noun [C] a small bush ► **krzew**

□ **shrubbery** /ˈʃrʌbəri/ noun [C] (pl. **shrubberies**) an area planted with shrubs ► **zarośla**

shrug /ʃrʌɡ/ verb [I,T] (**shru<u>gg</u>ing**; **shru<u>gg</u>ed**) to raise your shoulders as a way of showing that you do not know or do not care about sth: *'Who knows?' he said and shrugged.* ○ *'It doesn't matter to me,' he said, shrugging his shoulders.* ► **wzruszać** (*ramionami*)

shrug

'How should I know?' he shrugged.

PHRASAL VERB **shrug sth off** to treat sth as if it is not important to you ▶ **machać na coś ręką**
□ **shrug** noun [C, usually sing.] a movement of shrugging the shoulders: *He answered his mother with a shrug.* ▶ **wzruszenie** (*ramion*)

shrunk → SHRINK

shudder /ˈʃʌdə(r)/ verb [I] to shake with fear, etc.: *Just to think about the accident makes me shudder* (przyprawia mnie o dreszcze). ○ *I shudder to think* (ciarki mnie przechodzą na myśl) *how much this meal is going to cost.* ▶ **wzdrygać się**
□ **shudder** noun [C] ▶ **dreszcz, ciarki**

shuffle /ˈʃʌfl/ verb **1** [I] to walk by sliding your feet along instead of lifting them from the ground: *The child shuffled past, wearing her mother's shoes.* ▶ **szurać nogami** **2** [I,T] to move your body or feet around because you are uncomfortable or nervous: *The audience were so bored that they began to shuffle in their seats.* ▶ **wiercić się** **3** [I,T] to mix a pack of playing cards before a game: *It's your turn to shuffle.* ○ *He shuffled the cards carefully.* ▶ **tasować**
□ **shuffle** noun [C, usually sing.] **1** a shuffling way of walking ▶ **szuranie nogami** **2** an act of shuffling cards ▶ **tasowanie**

shun /ʃʌn/ verb [T] (**shunning**; **shunned**) to avoid sb/sth; to keep away from sb/sth: *The film star shunned publicity.* ○ *The tennis tournament has been shunned by all the world's leading players.* ▶ **unikać**

shunt /ʃʌnt/ verb [T] **1** to move a railway train from one track to another ▶ **przetaczać** (*wagony*) **2** to move a person from one place to another: *He was shunted around from one hospital to another.* ▶ **przemieszczać** (*kogoś z miejsca na miejsce*)

★**shut** /ʃʌt/ verb (pres. part. **shutting**; pt, pp **shut**) **1** [T] to change the position of sth so that it covers a hole, etc.; to fold sth together; to close: *Could you shut the door, please?* ○ *I can't shut my suitcase.* ○ *Shut your books, please.* ○ *He shut his eyes and tried to go to sleep.* ▶ **zamykać** **2** [I] to move or be moved into a closed position: *This window won't shut properly.* ▶ **zamykać się** **3** [I,T] (used about a shop, restaurant, etc.) to stop being open; to close sth (a shop, restaurant, etc.): *What time do the shops shut on Saturday?* ○ *I shut the shop early and went home.* ▶ **zamykać (się)** **4** [T] to prevent sb/sth from leaving or moving; to trap sth: *She shut herself in her room and refused to come out.* ○ *Tony shut his fingers in the door of the car.* ▶ **zamykać, przytrzaskiwać**
PHRASAL VERBS **shut sb/sth away** to keep sb/sth in a place where people cannot find or see them/it ▶ **chować** | **shut (sth) down** (used about a factory, etc.) to be closed for a long time or for ever; to close sth (a factory, etc.) for a long time or for ever: *Financial problems forced the business to shut down.* ○ *They have shut down the factory for reasons of safety.* ▶ **zamykać (się)** | **shut sb/sth off (from sth)** to keep sb/sth apart from sth: *He shuts himself off from the rest of the world.* ▶ **odcinać, odizolować** | **shut sb/sth out** to keep sb/sth out: *He tried to shut out all thoughts of the accident.* ▶ **nie dopuszczać** | **shut (sb) up** (informal) **1** to stop talking; to be quiet: *I wish you'd shut up!* ▶ **zamykać gębę** **2** to make sb stop talking: *Nothing can shut him up once he's started.* ▶ **zamykać gębę (komuś)** | **shut sb/sth up (in sth)** to put sb/sth somewhere and stop them leaving: *He was shut up in prison for nearly ten years.* ▶ **zamykać**
□ **shut** adj. (not before a noun) **1** in a closed position: *Make sure the door is shut properly before you leave.* ❶ Pamiętaj, że **close** można użyć przed rzeczownikiem: *a closed door*, natomiast **shut** nie można. ▶ **zamknięty** **2** not open to the public: *The restaurant was shut so we went to one round the corner.* ▶ **zamknięty**
IDIOM **keep your mouth shut** → MOUTH[1] | **shut up!** interj. (informal) a way of telling sb (rather rudely) that you want them to be quiet: *Shut up! Can't you see I'm working?* ▶ **zamknij się!**

shutter /ˈʃʌtə(r)/ noun [C] **1** a wooden or metal cover that is fixed outside a window and that can be open or shut. A shop's shutter usually slides down from the top of the shop window. ▶ **żaluzja** **2** the part at the front of a camera that opens for a very short time to let light in so that a photograph can be taken ▶ **migawka**

shuttle /ˈʃʌtl/ noun [C] an aeroplane or bus that travels regularly between two places: *I'm catching the seven o'clock shuttle to Glasgow.* ▶ **wahadłowiec**
■ **ˈshuttle service** noun [C] a regular air, bus or train service between two places ▶ **stała komunikacja między dwoma miejscami**

shuttlecock /ˈʃʌtlkɒk/ noun [C] the small light object that is hit over a net in the sport of badminton ▶ **lotka**

★**shy** /ʃaɪ/ adj. (**shyer**; **shyest**) **1** nervous and uncomfortable with other people. Shy people do not usually say very much to people they do not know: *She's very shy with strangers.* ○ *a shy smile* ▶ **nieśmiały** **2 be shy (of/about sth/doing sth)** to be frightened to do sth or to become involved in sth: *She's not shy of telling people what she thinks.* ▶ **unikać czegoś**
□ **shy** verb (pres. part. **shying**; 3rd pers. sing. pres. **shies**; pt, pp **shied**) [I] (used about a horse) to move back or sideways suddenly in fear ▶ **płoszyć się**
PHRASAL VERB **shy away from sth/from doing sth** to avoid doing sth because you are afraid: *He shied away from telling her the truth.* ▶ **obawiać się**
shyly adv. in a shy way: *The girl walked shyly into the room.* ▶ **nieśmiało** | **shyness** noun: *He didn't overcome his shyness till he had left school.* ▶ **nieśmiałość**

sibling /ˈsɪblɪŋ/ noun [C] (formal) a brother or a sister: *Jealousy between siblings* (zazdrość między rodzeństwem) *is very common.* ❶ W języku codziennym używa się raczej **brother(s) and sister(s)**: *Have you got any brothers and sisters?* ▶ **brat/siostra**

★**sick** /sɪk/ adj. **1** not well; ill: *a sick child* ○ *She's been off work sick for the past week.* ▶ **chory**

W Br. ang. **to be sick** zwykle oznacza „wymiotować". W Amer. ang. **to be sick** może znaczyć „być chorym": *She's been sick for several weeks now.* Zazwyczaj nie spotyka się tego zwrotu w powyższym znaczeniu w Br. ang. Można użyć **sick** przed rzeczownikiem: *a sick child* ○ *his sick mother*. Zbiorowo o ludziach chorych mówi się **the sick**.

2 sick (at/about sth) very annoyed or disgusted by sth: *He felt sick at the sight of so much waste.* ▶ **wściekły**, **zdegustowany** **3 be sick of sb/sth** to feel bored or annoyed because you have had too much of a person or thing: *I'm sick of my job.* ○ *I'm sick of tidying up your mess!* ▶ **znudzić się**, **mieć dosyć** **4** (informal) cruel or in bad taste: *a sick joke about blind people* ▶ **okrutny**, **niezdrowy** (*np. pogląd, upodobanie*)

IDIOMS **be sick** to throw up food from the stomach; vomit: *How many times have you been sick?* ▶ **wymiotować** | **feel sick** to feel ill in your stomach so that any food in it may be thrown up through your mouth: *I feel sick – I think it was that fish I ate.* ▶ **mieć nudności** | **make sb sick** to make sb very angry: *Oh, stop complaining. You make me sick!* ▶ **rozwścieczać** | **sick to death of sb/sth** feeling tired of or annoyed by sb/sth: *I'm sick to death of his grumbling.* ▶ **zanudzony na śmierć**

□ **sick** noun **1** [U] (informal) vomit: *There was sick all over the car seat.* ▶ **rzygowiny** **2** **(the sick)** [pl.] people who are ill ▶ **chorzy** | **-sick** (in compounds) feeling sick(1) as a result of travelling: *I get carsick* (cierpię na chorobę lokomocyjną) *on long journeys.* ○ *to be seasick* chorować na chorobę morską ▶ **chory**

■ **'sick leave** noun [U] a period spent away from work, etc. because of illness: *Mike's been off on sick leave since March.* ▶ **zwolnienie lekarskie**

sicken /'sɪkən/ verb [T] to make sb feel disgusted: *Even the smell of the place sickens me.* ▶ **wywoływać obrzydzenie**

□ **sickening** adj. disgusting; very unpleasant: *It was a sickening sight.* ▶ **obrzydliwy**

sickle /'sɪkl/ noun a tool with a curved blade on a short handle, that is used for cutting grass, corn, etc. ▶ **sierp**

sickly /'sɪkli/ adj. (**sicklier**; **sickliest**) **1** (used about a person) weak, unhealthy and often ill: *a sickly child* ▶ **chorowity**, **słabowity** **2** unpleasant; causing a feeling of sickness(2): *the sickly smell of rotten fruit* ▶ **wstrętny**; **przyprawiający o mdłości**

sickness /'sɪknəs/ noun **1** [U] the state of being ill: *A lot of workers are absent because of sickness.* ▶ **choroba** **2** [U] a feeling in your stomach that may make you throw up food through your mouth: *sickness and diarrhoea* ▶ **nudności** **3** [C,U] a particular type of illness: *seasickness pills* tabletki na chorobę morską ▶ **(określony) rodzaj choroby**

★**side**[1] /saɪd/ noun [C] **1** any of the flat outer surfaces of an object: *A cube has six sides.* ○ *this side up* tą stroną do góry ▶ **strona** **2** [C] any of the flat outer surfaces of an object except the top or the bottom: *A box has a top, a bottom and four sides.* ▶ **bok** **3** any of the surfaces of sth except the top, bottom, front or back: *I went round to the side of the building.* ○ *The side of the car was damaged.* ▶ **strona**, **bok** **4** the edge or boundary of sth; the area near this: *A triangle has three sides.* ○ *She sat at the side of his bed/at his bedside* (przy łóżku). ○ *He waited at the side of the road.* ▶ **bok**, **pobocze** **5** either of the two flat surfaces of sth thin: *Write on both sides of the paper.* ▶ **strona** **6** the right or the left part of your body, especially from under your arm to the top of your leg: *She lay on her side.* ○ *The soldier stood with his hands by his sides.* ▶ **bok** **7** either of the two parts of a place or object, separated by a real or an imaginary line or boundary: *We drive on the left side of the road in Britain.* ○ *He was sitting at the far side of the room* (w głębi pokoju). ○ *I live on the other side of the city.* ○ *on the other side of the wall* ○ (figurative) *She has a generous side to her nature.* Ma w sobie pewną wielkoduszność. ▶ **strona** **8** either of two teams or groups of people who fight or play against each other: *The two sides agreed to stop fighting.* ○ *the winning/losing side* ○ *Whose side are you on?* ▶ **strona** **9** the position, opinion or attitude of a person or group of people that is different from that held by another person or group of people: *Do you believe his side of the story?* ▶ **wersja** **10** your mother's or your father's family: *There is no history of illness on his mother's side.* ▶ **strona**

IDIOMS **get on the right/wrong side of sb** to please/annoy sb : *He tried to get on the right side of his new boss.* ▶ **schlebiać komuś/denerwować kogoś** | **look on the bright side** → LOOK[1] | **on/from all sides**; **on/from every side** in/from all directions; generally: *The army was attacked from every side.* ○ *There was agreement on all sides.* ▶ **ze wszystkich stron**, **ogólnie** | **on the big, small, high, etc. side** (informal) slightly too big, small, high, etc. ▶ **nieco** (*np. za mały/duży*) | **on the safe side** → SAFE[1](4) | **put sth on/to one side**; **leave sth on one side** to leave or keep sth so that you can use it or deal with it later: *You should put some money to one side for the future.* ○ *I'll put this problem on one side until later.* ▶ **odkładać**, **odsuwać na bok** | **side by side** next to each other; close together: *They walked side by side along the road.* ▶ **obok siebie** | **take sides (with sb)** to show that you support one person rather than another: *Parents should never take sides when their children are quarrelling.* ▶ **stawać po czyjejś stronie**

□ **-sided** (in compounds) having a certain number or type of sides: *a six-sided coin* ▶ **-boczny**, **-stronny**

■ **'sideburns** noun [pl.] → SIDEBOARD | **'side effect** noun [C] the unpleasant effect that sth may have in addition to the effects it is supposed to have; an unexpected effect of sth that happens in addition to the intended effect: *unpleasant side effects of the drug* ○ *One of the side effects when the chemical factory closed was that fish returned to the river.* ▶ **skutek uboczny** | **'sidelong** adj. directed from the side; sideways: *a sidelong glance* ▶ **z boku**, **na bok**, boczny | 'side road noun [C] a road which leads from a main road and which is less important or busy ▶ **boczna droga** | **'side show** noun [C] **1** a separate small show or attraction at a fair or a circus where you pay to see a performance or take part in a game ▶ **dodatkowy występ lub inna atrakcja** (*np. w cyrku*) **2** an activity or event that is much less important than the main activity or event ▶ **działalność uboczna; wydarzenie mniejszej rangi** | **'side street** noun [C] a narrow or less important street that usually joins a main street ▶ **boczna ulica** | **'sidetrack** verb [T] to make sb forget what they are supposed to be doing or talking about and start doing or talking about sth less important ▶ **kierować uwagę/sprawę na boczny tor** | **'sidewalk** noun [C] (US) = PAVEMENT | **'sideways** adj., adv. **1** to, towards or from one side: *a sideways glance* ○ *He jumped sideways to avoid being hit.* ▶ **boczny; na bok 2** with one of the sides at the top: *We'll have to turn the sofa sideways to get it through the door.* ▶ **na bok**

side[2] /saɪd/ verb

PHRASAL VERB **side with sb (against sb)** to support sb in an argument: *She always sides with her son against her husband.* ▶ **stawać po czyjejś stronie**

sideboard /'saɪdbɔːd/ noun **1** [C] a type of low cupboard about as high as a table, that is used for storing plates, etc. in a dining-room ▶ **kredens 2 (sideboards)** (also **sideburns**) [pl.] hair that grows down a man's face in front of his ears ▶ **baczki**

sideline /'saɪdlaɪn/ noun **1** [C] something that you do in addition to your regular job, usually to earn extra money: *He's an engineer, but he repairs cars as a sideline* (dodatkowo). ▶ **praca dodatkowa 2 (sidelines)** [pl.] the lines that mark the two long sides of a football pitch or tennis court; the area behind this: *The team's manager was giving orders from the sidelines.* ▶ **linia autowa/boczna**

IDIOM **on the sidelines** not involved in an activity; not taking part in sth ▶ (*stać, obserwować itp.*) **z boku**

siding /'saɪdɪŋ/ noun [C] a short track at the side of a main railway line ▶ **bocznica**

sidle /'saɪdl/ verb [I] **sidle up/over (to sb/sth)** to move towards sb/sth in a nervous way, as if you do not want anybody to notice you: *She sidled up to me and whispered something in my ear.* ▶ **iść bokiem**

siege /siːdʒ/ noun [C,U] **1** the situation in which an army surrounds a town in order to capture it. When there is a siege nobody is allowed into or out of the town: *the siege of Troy* ▶ **oblężenie 2** a situation in which a building containing a criminal is surrounded by police for a long period of time: *The house was under siege for several hours, until the man released the prisoners.* ▶ **oblężenie przestępcy** (*przez policję w jakimś budynku*)

siesta /si'estə/ noun [C] a short sleep or rest that people take after lunch, especially in hot countries: *to have/take a siesta* ▶ **sjesta**

sieve /sɪv/ noun [C] a type of kitchen tool that has a metal or plastic net, used for separating solids from liquids or very small pieces of food from large pieces ▶ **sito**

□ **sieve** verb: *Sieve the flour before adding it to the mixture.* ▶ **przesiewać**

sift /sɪft/ verb **1** [T] to pass a fine substance through a sieve: *to sift flour/sugar* ▶ **przesiewać 2** [I,T] **sift (through) sth** (figurative) to examine sth very carefully: *It took weeks to sift through all the evidence.* ▶ **przesiewać** (*np. fakty*)

★**sigh** /saɪ/ verb **1** [I] to let out a long, deep breath that shows you are tired, sad, relieved, etc.: *She sighed with disappointment at the news.* ▶ **wzdychać 2** [I] to make a sound like sighing: *The wind sighed in the trees.* ▶ **szeptać 3** [T] to say sth with a sigh: *'I'm so tired,' he sighed.* ▶ **westchnąć**

□ **sigh** noun [C] the act or sound of sighing: *'Well, that's over,' she said, with a sigh of relief.* ▶ **westchnienie**

★**sight**[1] /saɪt/ noun **1** [U] the ability to see: *He lost his sight in the war.* ○ *My grandmother has very poor sight.* ▶ **wzrok 2** [sing.] **sight of sb/sth** the act of seeing sb/sth: *We flew over Paris and had our first sight of the Eiffel Tower* (i po raz pierwszy zobaczyliśmy Wieżę Eiffla). ○ *Throw that dress out. I can't stand the sight of it any more.* ▶ **widok 3** [U] a position where sb/sth can be seen: *They waited until the plane was within sight and then fired.* ○ *She didn't let the child out of her sight.* ○ *'Get out of my sight* (zejdź mi z oczu)*!' he shouted, angrily.* ▶ **zasięg wzroku 4** [C] something that you see: *It was good to be back home, amid all the familiar sights and sounds.* ▶ **widok 5 (sights)** [pl.] places of interest that are often visited by tourists: *When you come to New York I'll show you the sights.* ▶ **ciekawe miejsca 6 (a sight)** [sing.] (informal) a person or thing that looks untidy or that makes you laugh: *Look at that girl with green hair. What a sight!* ▶ **widok 7** [C, usually pl.] a part of a weapon that you look through in order to aim it: *the sights of a gun* ▶ **celownik**

IDIOMS **at first glance/sight** → FIRST[1] | **catch sight/a glimpse of sb/sth** → CATCH[1](9) | **in sight** likely to happen or come soon: *A peace settlement is in sight.* ▶ **na widoku** | **know sb by sight** → KNOW | **lose sight of sb/sth** → LOSE(9) | **on sight** as soon as sb/sth is seen: *The soldiers were ordered to shoot the enemy on sight.* ▶ **na widok**

□ **-sighted** (in compounds) having a certain type of eyesight: *I'm short-sighted* (krótkowidzem). ▶ **-wzroczny**

■ **'sightseeing** noun [U] visiting the sights of a city, etc. as a tourist: *We did some sightseeing in Rome.* ▶ **zwiedzanie** | **'sightseer** noun [C] a person who does this ➲ Por. **tourist**. ▶ **zwiedzając-y/a**

sight[2] /saɪt/ verb [T] to see sb/sth, especially after looking out for them/it: *After many weeks at sea, they sighted land.* ○ *The wanted man has been sighted in Spain.* ▶ **dostrzec, zobaczyć**

□ **sighting** noun [C] an occasion when sb/sth is

seen: *the first sighting of a new star* ▶ **dostrzegalność**

★**sign¹** /saɪn/ noun [C] **1** a type of shape, mark or symbol that has a particular meaning: *In mathematics, a cross is a plus sign.* ▶ **znak 2** a board, notice, etc. that gives you a piece of information, an instruction or a warning: *What does that sign say?* ○ *a road sign* ○ *Follow the signs to Banbury.* ▶ **napis, znak, szyld 3** a movement that you make with your head, hands or arms that has a particular meaning: *I made a sign for him to follow me.* ▶ **znak 4 sign (of sth)** something that shows that sb/sth is present or exists or may happen: *The patient was showing some signs of improvement.* ○ *There are some signs that things are getting better.* ○ *As we drove into the village there wasn't a sign of life anywhere.* ▶ **znak, oznaka, ślad 5** (also ˌ**sign of the ˈzodiac**) one of the twelve divisions or symbols of the zodiac: *I'm a Leo. What sign are you?* ▶ **znak zodiaku**

□ ˈ**sign language** noun [U] a language, used especially by deaf and dumb people, using signs instead of spoken words ▶ **język migowy**

■ ˈ**signpost** noun [C] a sign at the side of a road that gives information about directions and distances to towns ▶ **drogowskaz**

★**sign²** /saɪn/ verb **1** [I,T] to write your name on a letter, document, etc. to show that you have written it or that you agree with what it says. When you sign your name you always write it in the same way.: *'Could you sign here, please?'* ○ *I forgot to sign the cheque.* ○ *The two presidents signed the treaty.* ▶ **podpisywać (się) 2** [T] **sign sb (up)** to get sb to sign a contract to work for you ▶ **zawierać kontrakt z kimś 3** [I] to communicate using sign language ▶ **posługiwać się językiem migowym**

PHRASAL VERBS **sign in/out** to write your name to show you have arrived at or left a hotel, club, etc. ▶ **wpisywać się; wypisywać się** | **sign up (for sth)** to agree formally to do sth: *I've signed up for evening classes.* ▶ **zapisywać się**

★**signal** /ˈsɪgnəl/ noun [C] **1** a sign, an action or a sound that sends a particular message: *The army waited for the signal to attack.* ○ *The flag went down as a signal for the race to begin.* ▶ **sygnał, znak 2** an event, an action or a fact that shows that sth exists or is likely to happen: *The fall in unemployment is a clear signal that the economy is improving.* ▶ **sygnał 3** a set of lights used to give information to train drivers ▶ **kolejowe znaki świetlne 4** a series of radio waves, etc. that are sent out or received: *a signal from a satellite* ▶ **sygnał (radiowy)**

□ **signal** verb [I,T] (**signa<u>ll</u>ing**; **signa<u>ll</u>ed**; US **signa<u>l</u>ing**; **signa<u>l</u>ed**) to make a signal; to send a particular message using a signal: *She was signalling wildly that something was wrong.* ○ *He signalled his disapproval* (okazał dezaprobatę) *by leaving the room.* ○ *The policeman signalled to the driver to stop.* ▶ **sygnalizować, dawać znak/sygnał**

signatory /ˈsɪgnətri; US -tɔːri/ noun [C] (pl. **signatories**) **signatory (to sth)** any of the people or countries that sign an agreement, etc.: *a signatory to the Berne Convention.* ▶ **sygnatariusz/ka**

★**signature** /ˈsɪgnətʃə(r)/ noun [C] a person's name, written by that person and always written in the same way: *I couldn't read his signature.* ▶ **podpis**

■ ˈ**signature tune** noun [C] (Brit.) a short tune played at the beginning and end of a particular television or radio programme, or one that is connected with a particular performer ▶ **sygnał programu**

significance /sɪgˈnɪfɪkəns/ noun [U] the importance or meaning of sth: *Few people realized the significance of the discovery.* ○ *The drug has great significance for the treatment of the disease.* ▶ **znaczenie, ważność**

★**significant** /sɪgˈnɪfɪkənt/ adj. **1** important: *Police said that the time of the murder was extremely significant.* ▶ **ważny 2** so large that you notice it: *There has been a significant increase in the number of crimes reported this year.* ▶ **znaczny 3** having a particular meaning: *She gave me a significant smile.* ▶ **znaczący**

□ **significantly** adv. **1** in a noticeable way: *Attitudes have changed significantly since the 1960s.* ▶ **znacznie 2** in a way that shows a particular meaning: *He thanked almost everybody but, significantly, he did not mention Terry.* ▶ **znacząco**

signify /ˈsɪgnɪfaɪ/ verb [T] (pres. part. **signifying**; 3rd pers. sing. pres. **signifies**; pt, pp **signified**) (formal) **1** to be a sign of sth; to mean: *What do those lights signify?* ▶ **oznaczać, znaczyć 2** to express or indicate sth: *They signified their agreement by raising their hands.* ▶ **wyrażać**

Sikh /siːk/ noun [C] a member of one of the religions of India, Sikhism, that developed from Hinduism but teaches that there is only one god ▶ **Sikh**

□ **Sikhism** /ˈsiːkɪzm/ noun [U] ▶ **Sikhizm**

★**silence** /ˈsaɪləns/ noun **1** [U] complete quietness; no sound: *A loud crash broke the silence.* ○ *There must be silence during examinations.* ▶ **cisza 2** [C] a period when nobody speaks or makes a noise: *There was a silence immediately after the explosion.* ○ *My question was met with an awkward silence.* ▶ **milczenie 3** [U] not making any comments on sth: *I can't understand his silence on the matter.* ▶ **milczenie**

IDIOM **in silence** without talking or making a noise: *They finished their meal in total silence.* ▶ **w milczeniu**

□ **silence** verb [T] to make sb/sth be silent or quiet: *He silenced the crowd by raising his hand.* ▶ **uciszać**

silencer /ˈsaɪlənsə(r)/ (US **muffler**) noun [C] **1** the part of a car which reduces the noise made by an exhaust pipe ▶ **tłumik 2** the part of a gun that reduces the noise when it is fired ▶ **tłumik**

★**silent** /ˈsaɪlənt/ adj. **1** making no noise; very quiet: *The house was empty and silent.* ▶ **cichy 2** not speaking; not using spoken words: *The policeman told her she had the right to remain silent* (prawo do milczenia). ○ *a silent prayer* ○ *So far he has remained silent on* (nie wspomina) *his future plans.* ▶ **cichy 3** (used about a letter) not pronounced: *The 'b' in 'comb' is silent.* ▶ **niemy**

□ **silently** adv. ▶ **cicho, milcząco**

silhouette /ˌsɪlu'et/ noun [C] the dark outline or black shape of sth seen against a light background ▶ **sylwetka**

□ **silhouetted** adj. seen as a silhouette: *the spire of the cathedral, silhouetted against a bright blue sky* ▶ **rysujący się**

silicon chip /ˌsɪlɪkən 'tʃɪp/ noun [C] a piece of a chemical element (silicon) that is used in computers, etc. ▶ **krzemowy układ scalony**

silk /sɪlk/ noun [U] the soft smooth cloth that is made from threads produced by the silkworm: *a silk shirt* ▶ **jedwab**

silky /'sɪlki/ adj. (**silkier**; **silkiest**) smooth, soft and shiny; like silk: *silky hair* ▶ **jedwabisty**

sill /sɪl/ noun [C] a long thin piece of wood or stone that is at the bottom of a window, either inside or outside: *a window sill* ▶ **parapet**

★**silly** /'sɪli/ adj. (**sillier**; **silliest**) **1** not showing thought or understanding; foolish: *a silly mistake* ○ *What a silly thing to say!* ○ *Don't be so silly!* ▶ **głupi, niemądry 2** appearing ridiculous, so that people will laugh: *I'm not wearing that hat – I'd look silly in it.* ▶ **głupio**

□ **silliness** noun [U] ▶ **brak rozsądku**

silt /sɪlt/ noun [U] sand, soil or mud that is carried along by a river and then left somewhere when the river flows more slowly ▶ **muł**

★**silver** /'sɪlvə(r)/ noun [U] **1** a valuable grey-white metal that is used for making jewellery, ornaments, coins, etc.: *a silver spoon* ○ *That's a nice ring. Is it silver?* ▶ **srebro 2** coins made from silver or sth that looks like silver: *Could you change £10 of silver for a £10 note please?* ▶ **srebrna moneta 3** objects that are made of silver, e.g. knives, forks, spoons, dishes: *The thieves stole some jewellery and some valuable silver.* ▶ **srebra**

IDIOM **every cloud has a silver lining** → CLOUD[1]

□ **silver** adj. **1** having the colour of silver: *a silver sports car* ▶ **srebrny 2** celebrating the 25th anniversary of sth: *a silver jubilee/wedding* ▶ **srebrny** (*dwudziestopięciolecie*) | **silvery** /'sɪlvəri/ adj. having the appearance or colour of silver: *an old lady with silvery hair* ○ *silvery light over the lake* ▶ **srebrzysty, srebrny**

■ **ˌsilver 'medal** noun [C] a small flat round piece of silver that is given to the person or team that comes second in a sports competition: *to win a silver medal* ▶ **srebrny medal** | **ˌsilver 'medallist** noun [C] a person who wins a silver medal ▶ **srebrn-y/a medalist-a/ka**

★**similar** /'sɪmələ(r)/ adj. **similar (to sb/sth)** the same in a way or in some ways but not completely the same: *All the books he writes are very similar.* ○ *Your handwriting is very similar to mine.* ➲ Por. **alike**. ▶ **podobny**

□ **similarly** adv. also; in a similar way: *The plural of 'shelf' is 'shelves'. Similarly, the plural of 'wolf' is 'wolves'.* ▶ **podobnie** | **similarity** /ˌsɪmə'lærəti/ noun (pl. **similarities**) **1** [U] the quality of being similar: *I noticed the similarity in the way the two sisters thought and spoke.* ▶ **podobieństwo 2** [C] a way in which people or things are similar: *Although there are some similarities between the two towns, there are a lot of differences too.* ▶ **podobieństwo**

simmer /'sɪmə(r)/ verb [I,T] to cook gently in a liquid that is just below boiling point: *Let the vegetables simmer for a few more minutes.* ○ *Simmer the soup for 30 minutes.* ▶ **gotować (się) na wolnym ogniu**

★**simple** /'sɪmpl/ adj. **1** easy to understand, do or use; not difficult or complicated: *This dictionary is written in simple English.* ○ *a simple task* ○ *I can't just leave the job. It's not as simple as that.* ▶ **prosty, nieskomplikowany 2** without decoration or unnecessary extra things; plain: *a simple black dress* ○ *The food is simple but perfectly cooked.* ▶ **prosty 3** (used about a person or a way of life) natural and uncomplicated: *a simple life in the country* ▶ **zwyczajny, prosty 4** unintelligent; slow to understand ▶ **prosty 5** (used for saying that the thing you are talking about is the only thing that is important or true): *I'm not going to buy it for the simple reason that I haven't got enough money.* ▶ **prosty**

□ **simply** /'sɪmpli/ adv. **1** (used to emphasize how easy or basic sth is): *Simply add hot water and stir.* ▶ **po prostu 2** in a way that makes sth easy to understand: *Could you explain it more simply?* ▶ **prosto 3** in a plain way; without decoration or unnecessary extra things: *They live simply, with very few luxuries.* ▶ **prosto 4** (used for emphasis) absolutely; completely: *What a simply marvellous idea!* ▶ **po prostu 5** only; just: *There's no need to get angry. The whole problem is simply a misunderstanding.* ▶ **po prostu**

simplicity /sɪm'plɪsəti/ noun [U] **1** the quality of being uncomplicated and easy to understand, do or use: *We all admired the simplicity of the plan.* ▶ **prostota, łatwość 2** the quality of having no decoration or unnecessary extra things; plainness: *I like the simplicity of her paintings.* ▶ **prostota, naturalność**

simplify /'sɪmplɪfaɪ/ verb [T] (pres. part. **simplifying**; 3rd pers. sing. pres. **simplifies**; pt, pp **simplified**) to make sth easier to do or understand; to make sth less complicated: *The process of applying for visas has been simplified.* ▶ **upraszczać, ułatwiać**

□ **simplification** /ˌsɪmplɪfɪ'keɪʃn/ noun [C,U] ▶ **uproszczenie, ułatwienie**

simplistic /sɪm'plɪstɪk/ adj. making sth that is complicated seem simpler than it really is ▶ **uproszczony**

simulate /'sɪmjuleɪt/ verb [T] to create the effect or appearance of sth else: *The astronauts trained in a machine that simulates conditions in space.* ▶ **symulować**

□ **simulation** /ˌsɪmju'leɪʃn/ noun [C,U] the act of simulating or a simulated form of a real situation, event, etc.: *a computer simulation of a nuclear attack* ▶ **symulacja**

simultaneous /ˌsɪml'teɪniəs; US ˌsaɪml-/ adj. happening at exactly the same time: *There were simultaneous demonstrations in London, Paris*

and Bonn. ▶ **równoczesny, jednoczesny**
□ **simultaneously** adv. ▶ **równocześnie, jednocześnie**

sin /sɪn/ noun [C,U] an act or way of behaving that breaks a religious law: *He believes it is a sin for two people to live together without being married.* ○ *They confess their sins to the priest every week.* ▶ **grzech**
□ **sin** verb [I] (**sinning**; **sinned**) to do sth that breaks a religious law ▶ **grzeszyć** | **sinful** /-fl/ adj. breaking a religious law; immoral ▶ **grzeszny** | **sinner** /ˈsɪnə(r)/ noun [C] a person who sins ▶ **grzeszni-k/ca**

★**since** /sɪns/ prep. from a particular time in the past until a later time in the past or until now: *It was the first time they'd won since 1974.* ○ *I haven't seen him since last Tuesday.* ○ *Where have you been? I've been waiting for you since 5.30.* ○ *She has had a number of jobs since leaving university.* ▶ **od**

> **Since** używane jest w czasie *present perfect*, aby podkreślić, że coś ma miejsce od pewnego określonego momentu w przeszłości do chwili obecnej: *He has been in prison since 1970.* **Ago** jest także używane, żeby wskazać kiedy coś się wydarzyło lub rozpoczęło, ale tylko w czasie *past simple*: *He went to prison 20 years ago.*

> Zarówno **since**, jak i **for** używa się w celu określenia, jak długo coś trwa. **Since** stosuje się, kiedy mówimy o początku odcinka czasu (roku, tygodnia, godziny itp.), a **for**, gdy mówimy o długości odcinka czasu: *I've known her since 1983.* ○ *I've known her for ten years.*
> Uwaga! „Od…(do)" tłumaczy się **from…(to)**, gdy okres opisanego działania już się skończył: *He lived in London from 1980 to 1995.* ○ *Mozart played the piano from an early age.* Gdy okres jeszcze trwa, używa się **since**: *He has been living here since 1980.* Zwróć uwagę na użycie czasu *present perfect* lub *present perfect continuous* w zdaniach zawierających słowo **since**.

□ **since** conj. **1** from the time when sth happened until a later time in the past or until now: *He hasn't written to us since he arrived in Britain.* ○ *I've been working in a bank ever since I left school.* Pracuję w banku od ukończenia szkoły ○ *It was strange to see my old house again because I hadn't been there since I was a child.* ▶ **od (czasu, kiedy), odkąd 2** because; as: *Since they've obviously forgotten to phone me, I'll have to phone them.* ▶ **ponieważ, skoro** | **since** adv. **1** from a particular time in the past until a later time in the past or until now: *He had come to see us a few weeks earlier but he hadn't been back since* (ale od tamtego czasu więcej się już nie pokazał). ○ *We went out for dinner together about six months ago but I haven't seen her since.* ○ *My parents bought this house in 1975 and we've been living here ever since.* ▶ **odtąd, od tamtego/tego czasu 2** at a time after a particular time in the past: *We were divorced two years ago and she has since married someone else.* ○ *He had left school at the age of 16 and had since got a job in a hotel.* ▶ **od tamtego/tego czasu, po czym**

★**sincere** /sɪnˈsɪə(r)/ adj. **1** (used about a person) really meaning or believing what you say; honest; not pretending: *Do you think she was being sincere when she said she admired me?* ▶ **szczery 2** (used about sth that a person says or feels) true; that is really meant: *Please accept our sincere apologies.* ▶ **szczery** ❶ Antonim: **insincere**.
□ **sincerely** adv.: *I am sincerely grateful to you for all your help.* ○ *Yours sincerely,* Z wyrazami szacunku (zwrot grzecznościowy stosowany na zakończenie listu) ▶ **szczerze** | **sincerity** /sɪnˈserəti/ noun [U] the quality of being sincere; honesty: *Nobody doubts the sincerity of her political views.* ❶ Antonim: **insincerity**. ▶ **szczerość**

★**sing** /sɪŋ/ verb [I,T] (pt **sang** /sæŋ/; pp **sung** /sʌŋ/) to make musical sounds with the voice: *He always sings when he's in the bath.* ○ *The birds were singing outside my window.* ○ *She sang all her most popular songs at the concert.* ▶ **śpiewać**
□ **singer** noun [C] a person who sings, especially in public ▶ **śpiewa-k/czka, piosenka-rz/rka** | **singing** noun [U] the act of singing: *singing lessons* ▶ **śpiew**

singe /sɪndʒ/ verb [I,T] (pres. part. **singeing**) to burn or to make sth burn slightly on the edge or tip: *He leaned over the candle and accidentally singed his eyebrows.* ▶ **osmalać, opalać**

★**single** /ˈsɪŋgl/ adj. **1** (only before a noun) only one: *He gave her a single red rose.* ○ *I managed to finish the whole job in a single afternoon.* ▶ **pojedynczy, jeden 2** (only before a noun) (used for emphasis when you are thinking about the individual things which together form a group): *You answered every single question correctly. Well done!* ○ *He couldn't see a single person* (ani jednej osoby) *that he knew.* ▶ **każdy** (*bez wyjątku*) **3** not married: *Are you married or single?* ○ *a single woman* ▶ **nieżonaty, niezamężna 4** (only before a noun) for the use of only one person: *I'd like to book a single room, please.* ○ *a single bed* ➲ Por. **double**. ▶ **pojedynczy, jednoosobowy 5** (also **one-way**) (only before a noun) only to a place, not to a place and back from it (used about a ticket or the cost of a ticket for a journey): *How much is the single fare to Rome, please?* ➲ Por. **return**. ▶ **w jedną stronę**
IDIOM **in single file** → FILE[3]
□ **single** noun **1** [C] a ticket for a journey to a place only, not to a place and back from it: *Two singles to Hull, please.* ➲ Por. **return**[2](5). ▶ **bilet w jedną stronę 2** [C] a bedroom for one person only in a hotel, etc.: *The hotel has 25 bedrooms: 10 singles and 15 doubles.* ▶ **pokój jednoosobowy 3** [C] a small record that has only one song on each side: *Seal's new single* ➲ Por. **album**. ▶ **syngiel 4** (**singles**) [pl.] people who are not married and do not have a romantic relationship with sb else ▶ **samotni 5** (**singles**) [pl.] a game of tennis, etc. in which one player plays

against one other player: *the final of the women's singles.* ➲ Por. **doubles**. ▶ **gra pojedyncza** | **single** verb

PHRASAL VERB **single sb/sth out (for sth)** to give special attention or treatment to one person or thing from a group: *He singled Sue Taylor out for praise.* ▶ **wyróżniać**

singly /ˈsɪŋgli/ adv. one by one; individually: *You can buy the tapes either singly or in packs of three.* ▶ **pojedynczo**

■ ˌ**single-ˈhanded** adj., adv. done by one person; done without help from anybody else: *a single-handed yacht race* regaty samotników ▶ **w pojedynkę** | ˌ**single-ˈminded** adj. having one clear aim or purpose: *I admired her single-minded determination to win.* ▶ **mający jeden (wytyczony) cel** | ˌ**single ˈparent** noun [C] a parent who looks after their child or children alone: *a single-parent family* ▶ **samotny rodzic**

singlet /ˈsɪŋglət/ noun [C] (Brit.) **1** a piece of clothing for a man, without sleeves, worn under or instead of a shirt ▶ **podkoszulek 2** a similar piece of clothing worn by runners, etc. ▶ **koszulka, podkoszulek**

singular /ˈsɪŋgjələ(r)/ adj. **1** in the form that is used for talking about one person or thing only: *'Table' is a singular noun; 'tables' is a plural noun.* ▶ **pojedynczy 2** (formal) unusual: *a person of singular intelligence* ▶ **niezwykły, osobliwy**

□ **singular** noun [sing.] the singular form: *The word 'clothes' has no singular.* ○ *What's the singular of 'people'?* ▶ **liczba pojedyncza** | **singularly** adv. (formal) unusually; particularly: *The government has been singularly unsuccessful in its policy against terrorism.* ▶ **niezwykle, szczególnie**

sinister /ˈsɪnɪstə(r)/ adj. making you feel that sth bad will happen; frightening: *a sinister atmosphere* ○ *There's something sinister about him. He frightens me.* ▶ **złowieszczy, złowrogi**

⋆**sink**[1] /sɪŋk/ verb (pt **sank** /sæŋk/; pp **sunk** /sʌŋk/) **1** [I,T] to go down or make sth go down under the surface or to the bottom of water, etc.: *If you throw a stone into water, it sinks.* ○ *The boat sank to the bottom of the sea.* ○ *Three ships were sunk by enemy planes.* ○ *My feet sank into the mud.* ▶ **tonąć, zapadać się, pogrążać się; zatapiać, zanurzać 2** [I] to get lower; to fall to a lower position or level: *After a few days the flood water began to sink.* ○ *We watched the sun sink slowly below the horizon.* ▶ **opadać, obniżać się 3** [I] (used about a person) to move or fall to a lower position, usually because you are tired or weak: *I came home very tired and sank into a chair.* ▶ **opadać, upadać 4** [I] to decrease in value, number, amount, strength, etc.: *The share price has sunk from over £2 to 65p.* ▶ **spadać**

IDIOM **your heart sinks** → HEART

PHRASAL VERBS **sink in** (used about information, an event, an experience, etc.) to be completely understood; to become clear in the mind: *It took a long time for the terrible news to sink in.* ▶ **docierać do świadomości** | **sink in**; **sink into sth** (used about a liquid) to go into sth solid; to be absorbed: *Quick! Clean up that wine before it sinks into the carpet.* ▶ **wsiąkać**

sink[2] /sɪŋk/ noun [C] a basin in a kitchen that is connected to the water supply with pipes and taps and used for washing dishes, vegetables, etc. ➲ Por. **washbasin**. ▶ **zlewozmywak, zlew**

sinus /ˈsaɪnəs/ noun [C] (often plural) one of the spaces in the bones of the face that are connected to the nose: *I've got a terrible cold and all my sinuses are blocked.* ○ *a sinus infection* ▶ **zatoka** (*czołowa, szczękowa*)

sip /sɪp/ verb [I,T] (**sipping**; **sipped**) to drink, taking only a very small amount of liquid into your mouth at a time: *We sat in the sun, sipping lemonade.* ▶ **popijać** (*małymi łykami*)

□ **sip** noun: *a sip of water* ▶ **łyczek**

siphon /ˈsaɪfn/ verb [T] **1 siphon sth into/out of sth; siphon sth off/out** to remove a liquid from a container (or to transfer it from one container to another) through a tube ▶ **przelewać syfonem/rurką 2 siphon sth off**; **siphon sth (from/out of sb/sth)** to take money from a company illegally over a period of time ▶ **odprowadzać** (*pieniądze, niezgodnie z przeznaczeniem*)

⋆**sir** /sɜː(r)/ noun **1** (used as a formal or very polite way of speaking to a man, especially one of higher rank in the armed forces, or a male customer in a restaurant or shop): *You should always address a superior officer as 'sir'.* ○ *I'm afraid we haven't got your size, sir.* ▶ **proszę pana, panie** (*np. poruczniku*) **2** (**Sir, Sirs**) (used at the beginning of a formal letter to a male person or male people): *Dear Sir...* Szanowny panie ○ *Dear Sirs...* Szanowni panowie ▶ **pan/panowie** (*zwrot grzecznościowy w liście do mężczyzny lub mężczyzn*) ➲ Por. **madam**. **3** (**Sir**) /sə(r)/ the title that is used in front of the name of a man who has received one of the highest British honours: *Sir Laurence Olivier* ❶ **Sir** stawia się przed imieniem i nazwiskiem w całości lub przed samym imieniem. Nie można go stawiać przed nazwiskiem nie poprzedzonym imieniem. ▶ **sir**

siren /ˈsaɪrən/ noun [C] a machine that makes a long, loud sound in order to warn people about sth, e.g. on an ambulance, fire engine or police car: *an air-raid siren* ▶ **syrena (alarmowa)**

sis /sɪs/ noun [C, sing.] (informal) = SISTER ❶ Często używa się jako formy zwracania się do siostry.

⋆**sister** /ˈsɪstə(r)/ noun [C] **1** a girl or woman who has the same parents as another person: *I've got one brother and two sisters.* ○ *We're sisters.* ➲ Por. **half-sister** i **stepsister**. W jęz. ang. nie ma powszechnie używanego słowa na zbiorowe określenie braci i sióstr (odpowiednika polskiego „rodzeństwo"): *Have you got any brothers and sisters?* Słowo **sibling** jest bardzo formalne. ▶ **siostra 2** (often **Sister**) a senior hospital nurse ▶ **siostra (przełożona) 3** (**Sister**) a member of certain female religious groups; a nun ▶ **siostra (zakonna) 4** a company, an organization or a ship, etc. that belongs to the same group: *We have a sister company in Japan.* ○ *a sister ship* ▶ **bliźniaczy 5** (informal) a woman who you feel close to because she is a member of the same society, group, etc. as you ▶ **siostra**

□ **sisterly** adj. of or like a sister: *sisterly love* ▶ **siostrzany**

■ **'sister-in-law** noun [C] (pl. **sisters-in-law**) **1** the sister of your husband or wife ▶ **szwagierka 2** the wife of your brother ▶ **bratowa**

★**sit** /sɪt/ verb (pres. part. **sitting**; pt, pp **sat** /sæt/) **1** [I] to be in a position on a chair, etc. in which the upper part of your body is upright and your weight is supported at the bottom of your back: *We sat in the garden all afternoon.* ○ *She was sitting on the sofa, talking to her mother.* ▶ **siedzieć 2** [I] **sit (down)** to lower the body into the position of sitting: *Come and sit next to me. I want to talk to you.* ▶ **siadać, usiąść 3** [T] **sit sb (down)** to put sb into a sitting position; make sb sit down: *He picked up his daughter and sat her down on a chair.* ○ *She sat me down and offered me a cup of tea.* ▶ **sadzać 4** [I] to be in a particular place or position: *The letter sat* (leżał) *on the table for several days before anybody opened it.* ▶ **przebywać (w jakimś miejscu) 5** [T] (Brit.) to take an examination: *If I fail, will I be able to sit the exam again?* ▶ **zdawać** (*egzamin*), **przystępować** (*do egzaminu*) **6** [I] (formal) (used about an official group of people) to have a meeting or series of meetings: *Parliament was still sitting at 3 am.* ▶ **obradować**

IDIOM **sit on the fence** to be unwilling to decide between two things: *He tends to sit on the fence at meetings* ▶ **nie mieć ochoty podjąć dezycji**

PHRASAL VERBS **sit about/around** (informal) to sit and do nothing active for a period of time: *people sitting around chatting* ▶ **przesiadywać, siedzieć sobie** | **sit back** to relax and not take an active part in what other people are doing: *Sit back and take it easy while I make dinner.* ▶ **relaksować się, odprężać się** | **sit sth out 1** to stay in a difficult or unpleasant situation until the end, without taking any action ▶ **odsiedzieć, wysiedzieć 2** to not take part in a dance, game, etc. ▶ **nie brać w czymś udziału** | **sit through sth** to stay in your seat until sth has finished (especially if it is boring): *I don't think I can sit through another two hours of this film.* ▶ **wysiedzieć** | **sit up 1** to move into a sitting position when you have been lying down or leaning back: *Sit up straight or you'll hurt your back!* ○ (figurative) *The news made them all sit up and take notice.* Ta wiadomość pobudziła ich do zwrócenia większej uwagi na problem. ▶ **podnosić się 2** to not go to bed although it is very late: *We sat up all night talking.* ▶ **siedzieć do późna w nocy**

■ **'sitting room** noun [C] (especially Brit.) = LIVING ROOM | **'sit-up** noun [C] an exercise for the stomach muscles in which you lie on your back with your legs bent, then lift the top half of your body from the floor: *to do sit-ups* ▶ **rodzaj ćwiczenia na mięśnie brzucha**

sitcom /'sɪtkɒm/ (formal **situation comedy**) noun [C] (informal) situation comedy; a comedy programme on television or radio, based on a number of characters in an amusing situation ▶ **rodzaj programu rozrywkowego opartego na komedii sytuacyjnej**

★**site** /saɪt/ noun [C] **1** a piece of land that is used or will be used for building on or for another special purpose: *a building site* plac budowy ○ *The company is looking for a site for its new offices.* ○ *a caravan site* ▶ **teren, miejsce, plac 2** a place where sth happened or existed in the past: *the site of a famous battle between the English and the Scots* ▶ **miejsce**

□ **site** verb [T] to put or build sth in a particular place: *The new sports centre is to be sited in Church Street.* ▶ **umiejscawiać**

sitting /'sɪtɪŋ/ noun [C] **1** a period of time during which a meal is served to a number of people, when it is not possible to serve everybody at the same time: *Dinner will be in two sittings.* ▶ **zmiana 2** a period during which an official group of people meets and does its work ▶ **sesja, posiedzenie**

situated /'sɪtʃueɪtɪd/ adj. (formal) in a particular place or position: *The hotel is conveniently situated close to the beach.* ○ *Sydney is situated* (znajduje się) *on the coast.* ▶ **usytuowany, umiejscowiony**

★**situation** /ˌsɪtʃu'eɪʃn/ noun [C] **1** the things that are happening in a particular place or at a particular time: *The situation in the north of the country is extremely serious.* ○ *Tim is in a difficult situation at the moment.* ○ *the economic situation* ▶ **sytuacja, położenie 2** the position of a building, town, etc. in relation to the area around it: *The house is in a beautiful situation on the edge of a lake.* ▶ **położenie 3** (formal) a job: *Situations Vacant* Praca/Dam pracę. (rubryka ogłoszeń w gazecie) ▶ **stanowisko, posada**

■ **ˌsituation 'comedy** noun [C] (pl. **situation comedies**) (formal) → SITCOM

★**six** /sɪks/ number 6; one more than five: *The answers are on page six.* ○ *She invited twenty people, but only six came.* ○ *Six (of the pupils) are absent today.* ○ *There are six of us for dinner tonight.* ○ *They have six cats.* ○ *My son is six (years old)* (skończy sześć lat) *next month.* ○ *She lives at 6 Elm Drive.* ○ *a birthday card with a big six on it* ▶ **sześć**

□ **six-** (in compounds) having six of the thing mentioned: *a six-day week* ▶ **sześcio-** | **sixth** /sɪksθ/ pron., det., adv. 6th; next after fifth: *I've had five cups of tea already, so this is my sixth.* ○ *This is the sixth time I've tried to phone him.* ○ *Mahler's Sixth Symphony* ○ *George VI* ▶ **szósty** ❶ Inne informacje na temat stosowania liczebników w datach, miarach, cenach itp. znajdują się w Dodatku 3. | **sixth** noun [C] the fraction $\frac{1}{6}$; one of six equal parts of sth ▶ **jedna szósta**

■ **'sixth form** noun [C, usually sing., with sing. or pl. verb] (Brit.) the classes of pupils in the final year(s) of secondary school, usually from the age of 16 to 18 and often studying for A level examinations ▶ **szósta klasa** | **'sixth-former** noun [C] a pupil in the sixth form ▶ **szóstoklasist-a/ka**

★**sixteen** /ˌsɪks'tiːn/ number 16; one more than fifteen ➲ Zob. przykł. użycia liczebników w zdaniach przy **six**. ▶ **szesnaście**

□ **sixteenth** /ˌsɪksˈtiːnθ/ pron., det., adv. 16th; next after fifteenth ➲ Zob. przykł. przy **six**. ▶ **szesnasty**

★**sixty** /ˈsɪksti/ number **1** 60; one more than fifty-nine: *Sixty people went to the meeting.* ○ *There are sixty pages in the book.* ○ *He retired at sixty/when he was sixty.* ➲ Zob. przykł. użycia liczebników w zdaniach przy **six**. ▶ **sześćdziesiąt** **2** (**the sixties**) [pl.] the numbers, years or temperatures between 60 and 69: *The most famous pop group of the sixties was The Beatles.* ○ *I don't know the exact number of members, but it's in the sixties.* ○ *The temperature tomorrow will be in the high sixties.* ▶ **lata sześćdziesiąte, zakres liczb/temperatury od 60 do 69**

IDIOM **in your sixties** between the age of 60 and 69: *I'm not sure how old she is but I should think she's in her sixties.* ○ *in your early/mid/late sixties* po sześćdziesiątce/około 65 lat/pod siedemdziesiątkę ▶ **w wieku między 60 i 69 lat**

□ **sixtieth** /ˈsɪkstiəθ/ pron., det., adv. 60th; next after fifty-ninth ➲ Zob. przykł. przy **sixth**. ❶ Inne informacje na temat stosowania liczebników w datach, miarach, cenach itp. znajdują się w Dodatku 3. ▶ **sześćdziesiąty**

★**size** /saɪz/ noun **1** [U] the amount by which sth is big or small: *I was surprised at the size of the hotel. It was enormous!* ○ *The British 5p piece is about the same size as the old sixpence.* ○ *The planet Uranus is about four times the size of Earth.* ▶ **rozmiar, wielkość** ❶ W pytaniach o wielkość czegoś, mówi się **How big...?**: *How big is your house?*. Zwrot **What size...?** stosuje się, kiedy pytanie dotyczy rozmiaru ubrania itp.: *What size shoes do you take?* **2** [C] one of a number of fixed measurements in which sth is made: *Have you got this dress in a bigger size?* ○ *What size pizza would you like? Medium or large?* ▶ **rozmiar, format**

□ **size** verb

PHRASAL VERB **size sb/sth up** to think carefully about sb/sth in order to form an opinion: *She looked at the man in the white suit for a long time, trying to size him up.* ▶ **oceniać**

sizeable (also **sizable**) /-əbl/ adj. quite large: *a sizeable flat* ○ *a sizeable sum of money* ▶ **sporych rozmiarów** | **-sized** (also **-size**) (in compounds) of the size that is mentioned: *a medium-sized flat* mieszkanie o średnim metrażu ▶ **rozmiaru**

sizzle /ˈsɪzl/ verb [I] to make the sound of food frying in hot fat: *I could hear the bacon sizzling in the kitchen.* ▶ **skwierczeć**

skate /skeɪt/ noun [C] **1** (also **ice skate**) a boot with a thick metal blade on the bottom that is used for skating ▶ **łyżwa** **2** = ROLLER SKATE

□ **skate** verb [I] **1** (also **ice-skate**) to move over ice on skates: *Can you skate?* ○ *They skated across the frozen lake.* ❶ **Go skating** to często używany zwrot oznaczający jazdę na łyżwach w celu rekreacyjnym: *We go skating every week.* ▶ **jeździć na łyżwach** **2** = ROLLER SKATE | **skater** noun [C] a person who skates ▶ **łyżwia-rz/rka** | **skating** noun **1** (also **ice skating**) [U] the activity or sport of moving over ice on skates ▶ **jazda na łyżwach** **2** = ROLLER SKATING

■ **ˈskateboard** noun [C] a narrow board with wheels attached to it that you can stand on and ride ▶ **deskorolka** | **ˈskateboarding** noun [U] ▶ **jazda na deskorolce** | **ˈskating rink** (also **ice rink**; **rink**) noun [C] a large area of ice, or a building containing a large area of ice, that is used for skating on ▶ **lodowisko**

skeleton /ˈskelɪtn/ noun [C] the structure formed by all the bones in a human or an animal body: *a dinosaur skeleton in the Natural History Museum* ○ *the human skeleton* ▶ **szkielet**

□ **skeleton** adj. (used about an organization, a service, etc.) having the smallest number of people that is necessary for it to operate: *On Sundays, the office is kept open by a skeleton staff.* ▶ **dyżurny, niezbędny**

skeptic, skeptical, skepticism (US) = SCEPTIC, SCEPTICAL, SCEPTICISM

sketch /sketʃ/ noun [C] **1** a simple, quick drawing without many details: *He drew a rough sketch of the new building on the back of an envelope.* ▶ **szkic** **2** a short description without any details: *a sketch of life in Paris in the 1920s* ▶ **zarys, szkic** **3** a short comedy scene, usually part of a television or radio programme ▶ **skecz**

□ **sketch** verb [I,T] to draw a sketch: *I sat on the grass and sketched the castle.* ▶ **szkicować** | **sketchy** adj. (**sketchier**; **sketchiest**) not having many or enough details: *He only gave me a sketchy account of the accident.* ▶ **szkicowy, fragmentaryczny**

ski /skiː/ noun [C] one of a pair of long, flat, narrow pieces of wood, metal or plastic that are fastened to boots and used for moving over snow: *a pair of skis* ▶ **narta**

□ **ski** verb [I] (pres. part. **skiing**; pt, pp **skied**) to move over snow on skis: *When did you learn to ski?* ❶ **Go skiing** to często używany zwrot oznaczający jazdę na nartach w celach rekreacyjnych: *They go skiing in France every year.* ▶ **jeździć na nartach** | **ski** adj. connected with skiing: *a ski resort/instructor* ▶ **narciarski** | **skier** /ˈskiːə(r)/ noun [C] a person who skis: *a good skier* ▶ **narcia-rz/rka** | **skiing** noun [U] the activity of moving on skis; the sport of racing on skis ▶ **narciarstwo**

■ **ˈski lift** noun [C] a machine for taking skiers up a slope so that they can then ski down ▶ **wyciąg narciarski**

skid /skɪd/ verb [I] (**skidding**; **skidded**) (used about a vehicle) to be out of control and move or slide sideways on the road: *I skidded on a patch of ice.* ▶ **wpadać w poślizg**

□ **skid** noun: *The car went into a skid and came off the road.* ▶ **poślizg**

★**skilful** (US **skillful**) /ˈskɪlfl/ adj. **1** (used about a person) very good at doing sth: *a skilful painter/politician* ○ *He's very skilful with his hands.* ▶ **wprawny, zręczny** **2** done very well: *skilful guitar playing* ▶ **zręczny, umiejętny**

□ **skilfully** /-fəli/ adv.: *The play was skilfully directed by a young student.* ▶ **wprawnie, umiejętnie**

★**skill** /skɪl/ noun **1** [U] the ability to do sth well, especially because of training, practice, etc.: *It takes great skill to make such beautiful jewellery.* ○ *This is an easy game to play. No skill is required.* ▶ **wprawa, zręczność 2** [C] an ability that is required in order to do a job, an activity, etc. well: *The course will help you to develop your reading and listening skills.* ○ *management skills* ○ *Typing is a skill I have never mastered.* ▶ **umiejętność**

□ **skilled** adj. **1** (used about a person) having skill; skilful: *a skilled worker* ▶ **wykwalifikowany, fachowy 2** (used about work, a job etc.) requiring skill or skills; done by people who have been trained: *Skilled work is difficult to find in this area.* ○ *a highly skilled job* ▶ **wymagający umiejętności/kwalifikacji** ❶ Antonim: **unskilled**.

skim /skɪm/ verb (**skimming**; **skimmed**) **1** [T] to remove sth from the surface of a liquid: *to skim the cream off the milk* ▶ **zbierać (z powierzchni), szumować 2** [I,T] to move quickly over a surface, near it but without touching it, or without touching it very often: *The plane flew very low, skimming the tops of the buildings.* ○ *I watched a big bird skim across the water.* ▶ **muskać; ślizgać się** (*np. po wodzie*) **3** [I,T] **skim (through/over) sth** to read sth quickly in order to get the main idea, without paying attention to the details and without reading every word: *I usually just skim through the newspaper in the morning.* ▶ **przerzucać** (*strony*)

■ ˌ**skimmed** ˈ**milk** noun [U] milk from which the cream has been removed ▶ **mleko odtłuszczone**

skimp /skɪmp/ verb [I,T] **skimp (on sth)** to use or provide less of sth than is necessary: *I don't think we should skimp on books. The students must have one each.* ▶ **skąpić, żałować (komuś czegoś)**

□ **skimpy** adj. (**skimpier**; **skimpiest**) using or having less than is necessary: *a skimpy meal* ○ *a skimpy swimsuit* ▶ **skąpy, kusy**

★**skin** /skɪn/ noun [C,U] **1** the natural outer covering of a human or an animal body: *to have fair/dark/sensitive skin* ○ *skin cancer* ▶ **skóra 2** (often in compounds) the skin of an animal that has been removed from its body and that is often used for making things: *a sheepskin jacket* kożuch ▶ **z (określonej) skóry 3** the natural outer covering of some fruits or vegetables; the outer covering of a sausage: *a banana skin* ➲ Zob. uwaga przy **rind**. ▶ **skórka, łupina 4** the thin solid surface that can form on a liquid: *Drink your hot chocolate before it gets a skin on it.* ▶ **kożuszek**

IDIOMS **by the skin of your teeth** (informal) (used about a successful action) only just; with very little time, space, etc. to spare: *I ran into the airport and caught the plane by the skin of my teeth.* ▶ **ledwo ledwo** | **have a thick skin** → THICK[1] | **skin-deep** (used about a feeling or an attitude) not as important or as strongly felt as it appears to be; superficial: *I knew his concern about me was only skin-deep.* ▶ **powierzchowny**

□ **skin** verb [T] (**skinning**; **skinned**) to remove the skin from sth ▶ **obdzierać ze skóry**

IDIOM **keep your eyes peeled/skinned (for sb/sth)** → EYE[1]

-skinned (used to form compound adjectives) mentioned: *dark/fair-skinned* ciemnej/jasnej karnacji ▶ (*określa cechę skóry*) | **skinny** adj. (**skinnier**; **skinniest**) (informal) (used about a person) too thin ➲ Zob. uwaga przy **thin**. ▶ **wychudzony**

■ ˈ**skin diving** noun [U] the sport of swimming under water with a simple breathing apparatus but without a special diving suit ▶ **nurkowanie bez pianki** | ˈ**skinhead** noun [C] a young person with shaved or extremely short hair. Skinheads are often associated with violent behaviour. ▶ **skin** | ˌ**skin**ˈ**tight** adj. (used about a piece of clothing) fitting very tightly and showing the shape of the body ▶ **obcisły**

skip[1] /skɪp/ verb (**skipping**; **skipped**) **1** [I] to move along quickly and lightly in a way that is similar to dancing, with little jumps and steps, from one foot to the other: *A little girl came skipping along the road.* ▶ **podskakiwać 2** [I] to jump over a rope that you or two other people hold at each end, turning it round and round over the head and under the feet ▶ **skakać przez skakankę 3** [T] to not go to sth that you should go to; to not have sth that you should have: *I skipped my French class today and went swimming.* ○ *I got up rather late, so I skipped breakfast.* ▶ **opuszczać, pomijać 4** [T] (used about part of a book, story, etc.) to miss sth out; to not read or talk about sth and move to the next part: *I think I'll skip the next chapter. It looks really boring.* ▶ **opuszczać, przeskakiwać**

□ **skip** noun [C] a skipping movement ▶ **podskok**

■ ˈ**skipping rope** noun [C] a rope, often with handles at each end, that is used for skipping ▶ **skakanka**

skip[2] /skɪp/ noun [C] a very large, open metal container for rubbish, often used during building work ▶ **kontener na śmieci**

skipper /ˈskɪpə(r)/ noun [C] (informal) the captain of a boat or ship, or of a sports team ▶ **kapitan**

skirmish /ˈskɜːmɪʃ/ noun [C] a small fight or battle ▶ **potyczka, utarczka**

★**skirt** /skɜːt/ noun [C] a piece of clothing that is worn by women and girls and that hangs down from the waist: *a short skirt* ▶ **spódnica**

□ **skirt** verb [I,T] to go around the edge of sth ▶ **przemieszczać się wzdłuż brzegu**

PHRASAL VERB **skirt round sth** to avoid talking about sth directly: *The manager skirted round the subject of our pay increase.* ▶ **omijać** (*np. temat*)

skittle /ˈskɪtl/ noun **1** [C] a wooden object in the shape of a bottle that is used as one of the targets in the game of skittles ▶ **kręgiel 2** (**skittles**) [U] a game in which players try to knock down as many skittles as possible by throwing or rolling a ball at them ➲ Por. **bowling** i **tenpin bowling**. ▶ **kręgle**

skive /skaɪv/ verb [I] (Brit., slang) **skive (off)** to avoid work, especially by staying away from the place of work or leaving it without permission when you should be working: *I don't think he was ill – he was skiving.* ▶ **bumelować**

skulk /skʌlk/ verb [I] to stay somewhere quietly and secretly, hoping that nobody will notice you, usually because you are planning to do sth bad: *a strange man skulking behind a tree* ▶ **czaić się, czyhać**

skull /skʌl/ noun [C] the bone structure of a human or an animal head: *a fractured skull* ▶ **czaszka**

★**sky** /skaɪ/ noun [C,U] (pl. **skies**) the space that you can see when you look up from the earth, and where you can see the sun, moon and stars: *a clear blue sky* ○ *I saw a bit of blue sky between the clouds.* ▶ **niebo**

> **Sky** zwykle używa się z przedimkiem **the**: *I saw a plane high up in the sky.* ○ *The sky's gone very dark. I think it's going to rain.* Kiedy jednak **sky** jest poprzedzone przymiotnikiem, wówczas stosuje się przedimek **a/an** lub czasami formę lm bez przedimka: *a cloudless sky* ○ *cloudless skies.*

■ ˌ**sky-ˈhigh** adj., adv. very high ▶ **do samego nieba** | ˈ**skyline** noun [C] the shape that is made by tall buildings, etc. against the sky: *the Manhattan skyline* ▶ **panorama** (*np. miasta*) | ˈ**skyscraper** noun [C] a very tall building ▶ **drapacz chmur**

slab /slæb/ noun [C] a thick, flat piece of sth: *huge concrete slabs* ○ *a slab of bread* ▶ **płyta, pajda**

slack /slæk/ adj. **1** loose; not tightly stretched: *Leave the rope slack.* ▶ **luźny, obwisły 2** (used about a period of business) not busy; not having many customers or much activity: *Trade is very slack* (jest zastój w handlu) *here in winter.* ▶ **słaby 3** not carefully or properly done: *Slack security made terrorist attacks possible.* ▶ **słaby, rozluźniony 4** (used about a person) not doing your work carefully or properly: *You've been rather slack about your homework lately.* ▶ **niedbały**

slacken /ˈslækən/ verb [I,T] **1** to become or make sth less tight: *The rope slackened and he pulled his hand free.* ○ *After a while she slackened her grip on my arm.* ▶ **rozluźniać (się), obluzowywać (się) 2 slacken (sth) (off)** to become or make sth slower or less active: *Industrial production has slackened off in recent months.* ○ *His pace slackened towards the end of the race.* ▶ **zwalniać, zmniejszać (się)**

slacks /slæks/ noun [pl.] trousers (especially not very formal ones): *a pair of slacks* ▶ **spodnie**

slag¹ /slæg/ verb

PHRASAL VERB **slag sb off** (Brit., slang) to say cruel or critical things about sb ▶ **obgadywać kogoś**

slag² /slæg/ noun [U] the waste material that is left after metal has been removed from rock ▶ **żużel**

■ ˈ**slag heap** noun [C] a hill made of the waste material that remains when metal has been removed from rock ▶ **hałda żużlowa**

slag³ /slæg/ noun [C] (Brit., slang) (an offensive word for a woman, used to suggest she has a lot of sexual partners) ❶ W języku młodzieżowym to słowo odnosi się też do mężczyzn. ▶ **kurwa, zdzira**

slain pp of SLAY

slalom /ˈslɑːləm/ noun [C] a race (in skiing, canoeing, etc.) along a course on which competitors have to move from side to side between poles ▶ **slalom**

slam /slæm/ verb (**slamming**; **slammed**) **1** [I,T] to shut or make sth shut very loudly and with great force: *I heard the front door slam.* ○ *She slammed her book shut and rushed out of the room.* ▶ **zatrzaskiwać (się), zamknąć z trzaskiem 2** [T] to put sth somewhere very quickly and with great force: *He slammed my letter on the table and stormed out.* ▶ **rzucić** (*z trzaskiem*) ➲ Por. **grand slam**.

slander /ˈslɑːndə(r); US ˈslæn-/ noun [C,U] an untrue spoken statement about sb that is intended to damage the good opinion that other people have of them; the crime of making this kind of statement: *If you repeat that in public, I shall take legal action for slander.* ▶ **zniesławienie, oszczerstwo**

□ **slander** verb [T] ▶ **zniesławiać** | **slanderous** /-dərəs/ adj. ▶ **oszczerczy**

★**slang** /slæŋ/ noun [U] very informal words and expressions that are more common in spoken language. Slang is sometimes used only by a particular group of people (e.g. schoolchildren, soldiers) and often stays in fashion for a short time. Some slang is not polite: *'The nick' is slang for 'the police station'.* ▶ **slang, gwara**

slant /slɑːnt; US slænt/ verb **1** [I,T] to lean or make sth lean in a particular direction; to be not straight: *My handwriting slants backwards.* ▶ **nachylać (się), być pochyłym 2** [T] (usually passive) to describe information, events, etc. in a way that supports a particular group or opinion: *All the political articles in that newspaper are slanted towards the government* (mają prorządowe nastawienie). ▶ **naginać**

□ **slant** noun **1** [sing.] a position that leans in a particular direction ▶ **nachylenie 2** [C] a way of thinking about sth, especially one that supports a particular group or opinion: *There is a left-wing slant to all his writing.* ▶ **zapatrywanie, nastawienie** | **slanting** adj. leaning in a particular direction; not straight ▶ **ukośny, pochyły**

slap /slæp/ verb [T] (**slapping**; **slapped**) **1** to hit sb/sth with the inside of your hand: *to slap sb on the back* ○ *She slapped him across the face.* Spoliczkowała go. ▶ **klepać 2** to put sth onto a surface quickly and carelessly: *to slap some paint* (chlapnąć trochę farby) *onto a wall* ▶ **rzucić, ciskać**

□ **slap** noun: *I gave him a slap across the face.* Wymierzyłem mu policzek. ▶ **klaps, klepnięcie** | **slap** (also ˌ**slap ˈbang**) adv. (informal) **1** directly and with great force: *I hurried round the corner and walked slap into* (wpadłem na) *someone coming the other way.* ▶ **prosto 2** exactly; right: *The phone rang slap bang in the middle* (w samym środku) *of my favourite programme.* ▶ **dokładnie**

■ **'slap-up** adj. (Brit., informal) (used about a meal) very large and very good ▶ **obfity i bardzo smaczny**

slapdash /'slæpdæʃ/ adj. careless, or done quickly and carelessly: *slapdash building methods* ▶ **niedbały**

slapstick /'slæpstɪk/ noun [U] a type of comedy that is based on simple jokes, e.g. people falling over or hitting each other ▶ **rodzaj komedii**

slap-up /'slæp ʌp/ adj. (Brit., informal) (used about a meal) very large and very good: *a slap-up meal* wyżerka ▶ **pierwszorzędny, super**

slash /slæʃ/ verb [T] **1** to make a long cut in sth with a violent action: *Several cars have had their tyres slashed in that car park.* ▶ **pociąć, ciachnąć 2** to reduce an amount of money, etc. very much: *The price of coffee has been slashed by about 20%.* ▶ **znacznie obniżać**

slat /slæt/ noun [C] one of the long narrow pieces of wood, metal or plastic in a cupboard door, venetian blind, etc. ▶ **listewka**

slate /sleɪt/ noun **1** [U] a type of dark grey rock that can easily be split into thin flat pieces ▶ **łupek 2** [C] one of the thin flat pieces of slate that are used for covering roofs ▶ **dachówka łupkowa**

slaughter /'slɔːtə(r)/ verb [T] **1** to kill an animal, usually for food ▶ **zarzynać (zwierzęta) 2** to kill a large number of people at one time, especially in a cruel way or when they cannot defend themselves: *Men, women and children were slaughtered and whole villages destroyed.* ▶ **masakrować** ➲ Zob. uwaga przy **kill**.
□ **slaughter** noun: *the slaughter of innocent people during the war* ▶ **rzeź**
■ **'slaughterhouse** (also **abattoir**) noun [C] the place where animals are killed for food ▶ **rzeźnia**

Slav /slɑːv/ noun [C] a member of any of the peoples of Central and Eastern Europe who speak Slavonic languages ▶ **Słowian-in/ka**
□ **Slavic** /'slɑːvɪk/ (especially Brit. **Slavonic** /slə'vɒnɪk/) adj. of or connected with Slavs or their languages, which include Russian, Polish and Czech: *the School of Slavonic and East European Studies in London* ▶ **słowiański**

★**slave** /sleɪv/ noun [C] a person who is owned by another person and has to work for that person ▶ **niewolni-k/ca**
□ **slave** verb [I] **slave (away)** to work very hard ▶ **harować, tyrać** | **slavery** /'sleɪvəri/ noun [U] **1** the system of having slaves: *the abolition of slavery in America* ▶ **niewolnictwo 2** the situation of being a slave: *The two boys were captured and sold into slavery.* ▶ **niewolnictwo, niewola**

Slavonic (especially Brit.) = SLAVIC

slay /sleɪ/ verb [T] (pt **slew** /sluː/; pp **slain** /sleɪn/) to kill violently; to murder: *Many young soldiers were slain in the battle.* ❶ **Slay** jest słowem przestarzałym w Br. ang., ale występuje jeszcze w Amer. ang. ▶ **uśmiercać**

sleazy /'sliːzi/ adj. (**sleazier**; **sleaziest**) (often used about a place) dirty, in poor condition and having an immoral or criminal atmosphere: *a sleazy nightclub* ▶ **podejrzany, obskurny, podły**

sledge /sledʒ/ (US also **sled** /sled/) noun [C] a vehicle without wheels that is used for travelling on snow. You can slide down a hill on a small sledge. Large sledges are often pulled by dogs. ➲ Por. **sleigh** i **toboggan**. ▶ **sanie, sanki**
□ **sledge** verb [I] to go down hills on a sledge ▶ **zjeżdżać na sankach**

sledgehammer /'sledʒhæmə(r)/ noun [C] a large heavy hammer with a long handle ▶ **młot kowalski**

sleek /sliːk/ adj. **1** (used about hair or fur) smooth and shiny because it is healthy ▶ **lśniący 2** (used about a vehicle) having an elegant, smooth shape: *a sleek new sports car* ▶ **opływowy, zgrabny**

★**sleep**[1] /sliːp/ noun **1** [U] the natural condition of rest when your eyes are closed and your mind and body are not active or conscious: *Most people need about eight hours' sleep every night.* ○ *I didn't get much sleep last night.* ○ *Do you ever talk in your sleep?* ▶ **sen 2** [sing.] a period of sleep: *You'll feel better after a good night's sleep.* ○ *Did you have a good sleep?* ▶ **sen**
IDIOMS **get to sleep** to succeed in sleeping: *I couldn't get to sleep last night.* ▶ **usypiać, zasypiać** | **go to sleep 1** to start sleeping; to enter the state of sleep: *He got into bed and soon went to sleep.* ○ *Go to sleep* (idź spać). *Everything will seem better in the morning.* ▶ **zasnąć 2** (used about an arm, leg, etc.) to lose the sense of feeling in it ▶ **cierpnąć, drętwieć** | **put (an animal) to sleep** to kill an animal that is ill or injured because you want to stop it suffering ▶ **usypiać**
□ **sleepless** adj. (used about a period, usually the night) without sleep ▶ **bezsenny** | **sleeplessness** noun [U] ➲ Por. **insomnia**. ▶ **bezsenność**
■ **'sleepwalk** verb [I] to walk around while you are asleep ▶ **chodzić we śnie**

★**sleep**[2] /sliːp/ verb (pt, pp **slept** /slept/) **1** [I] to be in a state of sleep for a period of time: *Did you sleep well last night?* ○ *I only slept for a couple of hours last night.* ▶ **spać**

> Używa się zwrotu **to sleep**, mówiąc ogólnie o spaniu, ale **to be asleep**, kiedy chodzi o okres spania, w którym zdarza się coś innego: *I was asleep when the telephone rang.* Mówiąc o zasypianiu, stosuje się wyrażenie **to go to asleep:** *I went to sleep at ten o'clock last night* (nie ~~*I slept at ten o'clock last night*~~).

2 [T] (used about a place) to have enough beds for a particular number of people: *an apartment that sleeps four people* (w którym mogą przenocować cztery osoby) ▶ **pomieścić**
IDIOM **sleep/live rough** → ROUGH[2]
PHRASAL VERBS **sleep in** to sleep until later than usual in the morning because you do not have to get up ▶ **późno wstać** | **sleep over** to stay the night at sb else's home ▶ **(prze)nocować** (*u kogoś*) | **sleep together**; **sleep with sb** to have sex with sb (usually when you are not married

to or living with that person): *Do you think she's slept with him?* ▶ **sypiać z kimś**

■ **'sleeping bag** noun [C] a large soft bag that you use for sleeping in when you go camping, etc. ▶ **śpiwór** | **'sleeping pill** noun [C] a pill that helps you to sleep ▶ **tabletka nasenna**

sleeper /ˈsliːpə(r)/ noun [C] **1** (with an adjective) a person who sleeps in a particular way. If you are a light sleeper you wake up easily: *a light/heavy sleeper* osoba, która ma lekki/twardy sen ▶ **osoba śpiąca** (*w określony sposób*) **2** a bed on a train; a train with beds: *I've booked a sleeper on the night train.* ○ *The midnight train to Edinburgh? Yes, that's a sleeper.* ▶ **miejsce sypialne w pociągu; pociąg z wagonami sypialnymi**

sleepy /ˈsliːpi/ adj. (**sleepier**; **sleepiest**) **1** tired and ready to go to sleep: *These pills might make you feel a bit sleepy.* ▶ **senny, śpiący 2** (used about a place) very quiet and not having much activity: *a sleepy little village* ▶ **senny**

□ **sleepily** /-ɪli/ adv. ▶ **sennie**

sleet /sliːt/ noun [U] a mixture of rain and snow ➲ Zob. uwaga przy **weather**. ▶ **deszcz ze śniegiem**

★**sleeve** /sliːv/ noun [C] **1** one of the two parts of a piece of clothing that cover the arms or part of the arms: *a blouse with long sleeves* ▶ **rękaw 2** (US **jacket**) a record cover ▶ **okładka** (*na płytę gramofonową*)

□ **-sleeved** (in compounds) with sleeves of a particular kind: *a short-sleeved shirt* koszula z krótkimi rękawami ▶ (*określa rodzaj rękawa*) | **sleeveless** adj. without sleeves ▶ **bez rękawów**

sleigh /sleɪ/ noun [C] a vehicle that is used for travelling on snow and that is usually pulled by horses ➲ Por. **sledge**. ▶ **sanie**

slender /ˈslendə(r)/ adj. **1** (used about a person or part of sb's body) thin in an attractive way: *long slender fingers* ▶ **smukły 2** smaller in amount or size than you would like: *My chances of winning are very slender.* ▶ **znikomy, mały**

slept pt, pp of SLEEP

slew pt of SLAY

★**slice** /slaɪs/ noun [C] **1** a flat piece of food that is cut from a larger piece: *a thick/thin slice of bread* ➲ Ilustr. do **bread**. ▶ **kromka, plaster 2** a part of sth: *The directors had taken a large slice of the profits.* ▶ **udział**

□ **slice** verb **1** [T] to cut into slices: *Peel and slice the apples.* ○ *thinly sliced ham* ▶ **krajać, ciąć na plasterki 2** [I,T] to cut through or into sth: *He sliced through the rope with a knife.* ▶ **przecinać 3** [T] (in ball sports) to hit the ball on the bottom or side so that it does not travel in a straight line ▶ **podcinać**

slick¹ /slɪk/ adj. **1** done smoothly and well, and seeming to be done without any effort: *The actors gave a slick, highly professional performance.* ▶ **zręczny, zgrabny 2** clever at persuading people but perhaps not completely honest: *slick advertising* ▶ **zręczny, przebiegły**

slick² /slɪk/ noun [C] = OIL SLICK

★**slide¹** /slaɪd/ verb (pt, pp **slid** /slɪd/) **1** [I,T] to move or make sth move smoothly along a surface: *She fell over and slid along the ice.* ○ *A large drop of rain slid down the window.* ○ *'Here you are,' he said, sliding the keys across the table.* ○ *a sliding door* rozsuwane drzwi ▶ **pośliznąć się, ślizgać się, sunąć 2** [I,T] to move or make sth move quietly without being noticed: *I slid out of the room* (wyśliznąłem się z pokoju) *when nobody was looking.* ○ *She slid her hand into* (wsunęła) *her pocket and took out a gun.* ▶ **posuwać się; sunąć 3** [I] (used about prices, values, etc.) to go down slowly and continuously: *The pound is sliding against* (traci na wartości względem) *the dollar.* ▶ **zniżkować, spadać powoli 4** [I] to move gradually towards a worse situation: *The company slid into debt.* ▶ **popadać** (*np. w długi*)

★**slide²** /slaɪd/ noun [C] **1** a small piece of photographic film in a plastic or cardboard frame ➲ Por. **transparency**. ▶ **przeźrocze**

> You show slides using a **projector** and **screen**.

2 a small piece of glass that you put sth on when you want to examine it under a microscope ▶ **szkiełko mikroskopowe 3** a long piece of metal, etc. that children use for sliding down (e.g. in a playground) ▶ **zjeżdżalnia 4** a continuous slow movement down (e.g. of prices, values, levels, etc.): *a slide in the value of the pound* ▶ **stopniowe spadanie** (*np. na wartości*)

★**slight** /slaɪt/ adj. **1** very small; not important or serious: *I've got a slight problem, but it's nothing to get worried about.* ○ *a slight change/difference/increase/improvement* ○ *I haven't the slightest idea* (nie mam najmniejszego pojęcia) *what you're talking about.* ▶ **drobny, mały 2** (used about a person's body) thin and delicate: *his slight figure* ▶ **drobny, filigranowy**

IDIOM **not in the slightest** not at all: *'Are you angry with me?' 'Not in the slightest.'* ▶ **ani trochę**

□ **slightly** adv. **1** a little: *I'm slightly older than her.* ▶ **trochę, nieco 2** a slightly built person is small and thin: *She is slightly built* (ma drobną budowę).

slim /slɪm/ adj. (**slimmer**; **slimmest**) **1** thin in an attractive way: *a tall, slim woman* ➲ Zob. uwaga przy **thin**. ▶ **szczupły 2** not as big as you would like: *Her chances of success are very slim.* ▶ **słaby, mały**

□ **slim** verb [I] (**slimming**; **slimmed**) to become or try to become thinner and lighter by eating less food, taking exercise, etc.: *'Another piece of cake?' 'No thanks. I'm slimming.'* ➲ Por. **diet**. ▶ **odchudzać się**

slime /slaɪm/ noun [U] a thick unpleasant sticky liquid: *The pond was covered with slime and had a horrible smell.* ▶ **szlam, muł, śluz**

□ **slimy** /ˈslaɪmi/ adj. (**slimier**; **slimiest**) **1** covered with slime ▶ **mulisty, śluzowaty 2** (used about a person) very friendly, but in a way that you do not trust or like ▶ **podlizujący się**

sling¹ /slɪŋ/ noun [C] a piece of cloth that you put

under your arm and tie around your neck to support a broken arm, wrist, etc. ▶ **temblak**

sling² /slɪŋ/ verb [T] (pt, pp **slung**) **1** to put or throw sth somewhere in a rough or careless way: *Don't just sling your clothes on the floor!* ▶ **rzucać, ciskać 2** to put sth into a position where it hangs loosely: *She was carrying her bag slung over her shoulder.* ▶ **przewiesić**

slingshot /ˈslɪŋʃɒt/ (US) = CATAPULT

slink /slɪŋk/ verb [I] (pt, pp **slunk**) to move somewhere slowly and quietly because you do not want anyone to look at you, often when you feel guilty, embarrassed or ashamed ▶ **skradać się, przemieszczać się chyłkiem**

★**slip¹** /slɪp/ verb (**slipping**; **slipped**) **1** [I] **slip (on sth)** to slide accidentally, lose your balance and fall or nearly fall: *Don't slip on that floor. I've just washed it.* ○ *His foot slipped on the step and he fell down.* ▶ **pośliznąć się 2** [I] to slide accidentally out of the correct position or out of sb's hand: *This hat's too big. It keeps slipping down over my eyes.* Opada mi na oczy. ○ *The glass slipped out of my hand and smashed on the floor.* ○ (figurative) *I didn't intend to tell them. It just slipped out.* ▶ **wyślizgiwać się**, (*o uwadze itp.*) **wymykać się 3** [I] to move or go somewhere quietly, quickly, and often without being noticed: *While everyone was dancing we slipped away and went home.* ▶ **wyśliznąć się 4** [T] **slip sth (to sb)**; **slip (sb) sth** to put sth somewhere or give sth quietly and often without being noticed: *She picked up the money and slipped it into her pocket.* ▶ **wsuwać 5** [I,T] **slip into/out of sth; slip sth on/off** to put on or take off a piece of clothing quickly and easily: *I'm just going to slip into something cooler.* ○ *I slipped off my shoes.* ▶ **narzucać (coś na siebie)**; **zrzucać** (*np. buty*) **6** [I] to fall a little (in value, level, etc.): *Sales have been slipping slightly over the last few months.* ▶ **nieco opadać, nieco zmniejszać się**

IDIOMS **let sth slip** to tell a secret, some information, etc. without intending to: *He let slip that he had been in prison.* ▶ **wypsnąć się, wygadać się** | **slip your mind** to be forgotten: *I'm sorry, the meeting completely slipped my mind.* ▶ **wypaść z głowy** | **a slip of the tongue** something that you say that you did not mean to say ▶ **przejęzyczenie się**

PHRASAL VERB **slip up** (informal) to make a mistake: *I'm afraid somebody must have slipped up. Your name isn't on the list.* ▶ **pomylić się**

■ **ˌslipped ˈdisc** noun [C] one of the discs of the spine (in a person's back) that has moved out of its correct position, causing pain ▶ **obsunięty dysk kręgosłupa** | **ˈslip road** (US **entrance/exit ramp**) noun [C] a road that leads onto or off a motorway ▶ **wjazd; zjazd**

slip² /slɪp/ noun [C] **1** an act of slipping(1): *Be careful when you go up onto the roof. One slip and you could fall off.* ▶ **pośliźnięcie się 2** a small mistake: *to make a slip* ▶ **pomyłka 3** a small piece of paper: *I made a note of her name on a slip of paper.* ▶ **kartka, świstek 4** a piece of clothing with no sleeves that is worn by a woman under a dress or skirt ▶ **halka**

IDIOM **give sb the slip** (informal) to escape from sb who is following or chasing you ▶ **zwiewać/wymykać się komuś**

slipper /ˈslɪpə(r)/ noun [C] a light soft shoe that is worn in the house: *a pair of slippers* ➲ Ilustr. do **shoe**. ▶ **pantofel**

slippery /ˈslɪpəri/ adj. (used about a surface or an object) difficult to move over or hold because it is smooth, wet, greasy, etc.: *a slippery floor* ○ *The fish was cold and slippery.* ▶ **śliski**

slit /slɪt/ noun [C] a long narrow cut or opening: *We could see into the room through a slit in the curtains.* ▶ **szpara, szczelina, rowek**

□ **slit** verb [T] (**slitting**; pt, pp **slit**) to make a long narrow cut in sth: *She slit the envelope open with a knife.* ○ *He slit his wrists* (podciął sobie żyły) *in a suicide attempt.* ▶ **rozcinać, nacinać**

slither /ˈslɪðə(r)/ verb [I] to slide along in an unsteady or twisting way: *I slithered along the pavement in the snow and ice.* ○ *I saw a snake slithering down a rock.* ▶ **ślizgać się** (*z trudem łapiąc równowagę*)

sliver /ˈslɪvə(r)/ noun [C] a small, thin or narrow piece of sth cut or broken off from a larger piece: *slivers of wood* ○ *Please cut me a small sliver of cheese.* ▶ **plasterek**

slob /slɒb/ noun [C] (informal) (used as an insult) a very lazy or untidy person ▶ **wałkoń, flejtuch**

slog /slɒg/ verb [I] (**slogging**; **slogged**) **1 slog (away) at sth** (informal) to work hard for a long period at sth difficult or boring: *I've been slogging away at this homework for hours.* ▶ **ślęczeć/mozolić się nad czymś 2 slog down, up, along, etc.** to walk or move in a certain direction with a lot of effort: *Part of their training involves slogging up and down hills with packs on their backs.* ▶ **brnąć, wlec się**

□ **slog** noun [sing.] a period of long, hard, boring work or a long, tiring journey ▶ **mozolna praca/wędrówka, ślęczenie**

slogan /ˈsləʊgən/ noun [C] a short phrase that is easy to remember and that is used in politics or advertising: *Anti-government slogans had been painted all over the walls.* ○ *'Faster than light' is the advertising slogan for the new car.* ▶ **hasło**

slop /slɒp/ verb (**slopping**; **slopped**) **1** [I] (used about a liquid) to spill over the edge of its container: *He filled his glass too full and beer slopped onto the table.* ▶ **rozlewać się, przelewać się 2** [T] to cause a liquid to do this ▶ **rozlewać**

★**slope** /sləʊp/ noun **1** [C] a piece of land that goes up or down: *We walked down a slope and came to the river.* ○ *a steep/gentle slope* ○ *ski slopes* ▶ **zbocze, pochyłość, wzniesienie 2** [sing.] the amount that a surface is not level; the fact of not being level: *a slope of 20 degrees* ○ *The slope of the pitch makes it quite difficult to play on.* ▶ **pochyłość, spadek**

□ **slope** verb [I] to not be level or upright; to have a slope(2): *The road slopes down to the river.* ○ *a sloping roof* spadzisty dach ▶ **nachylać się, pochylać się**

sloppy /ˈslɒpi/ adj. (**sloppier**; **sloppiest**) **1** (used about a piece of work, etc.) not done carefully, tidily or thoroughly ▶ **niedbały** **2** (used about a person) careless or untidy: *a sloppy worker* ▶ **niedbały, rozmamłany** **3** showing emotions in a silly or embarrassing way: *I can't stand sloppy love songs.* ➲ Por. **sentimental.** ▶ **ckliwy, rzewny**

slosh /slɒʃ/ verb (informal) **1** [I] (used about a liquid) to move around noisily inside a container: *The water sloshed around in the bucket.* ▶ **chlupotać** **2** [T] to put liquid somewhere in a careless and untidy way: *Careful! You're sloshing water all over the floor!* ▶ **rozchlapywać, rozpryskiwać**
□ **sloshed** adj. (slang) drunk: *She won't remember what she said. She was completely sloshed.* ▶ **zalany**

slot /slɒt/ noun [C] **1** a long, straight, narrow opening in a machine, etc.: *Put your money into the slot and take the ticket.* ▶ **szczelina, otwór** **2** a place in a timetable, a system, an organization, etc.: *Oxford students have been given a new half-hour slot on our local radio station.* ▶ **przedział czasu, czas antenowy**
IDIOM **fall/slot into place** → PLACE[1]
□ **slot** verb [I,T] (**slotting**; **slotted**) to fit into a particular space: *These two metal bits slot in here.* ▶ **pasować, wpasowywać**
■ **'slot machine** noun [C] a machine that sells drinks, cigarettes, etc. or on which you can play games. You work it by putting money into a slot. ▶ **automat na monety** (*np. do gry, sprzedający napoje*)

slouch /slaʊtʃ/ verb [I] to sit, stand or walk in a lazy way, with your head and shoulders hanging down ▶ **trzymać się niedbale, garbić się**

slovenly /'slʌvnli/ adj. lazy, careless and untidy ▶ **niechlujny**

★**slow**[1] /sləʊ/ adj. **1** moving, doing sth or happening without much speed; not fast: *The traffic is always very slow in the city centre.* ○ *Haven't you finished your homework yet? You're being very slow!* ○ *a slow improvement in his condition* ▶ **powolny, wolny** **2 slow to do sth; slow (in/about) doing sth** not doing sth immediately: *Jane was slow to react to the news.* ○ *They've been rather slow in replying* (zwlekali z odpowiedzią) *to my letter!* ▶ **powolny** **3** not busy, lively or exciting: *Business is very slow at the moment.* ▶ **ślamazarny, niemrawy** **4** not quick to learn or understand: *I'm afraid I don't understand what you mean. I must be a bit slow.* ○ *a slow learner* ▶ **niepojętny, tępy** **5** showing a time that is earlier than the real time: *That clock is five minutes slow.* Ten zegar spóźnia się pięć minut. ▶ **chodzący za wolno**
IDIOM **quick/slow on the uptake** → UPTAKE
□ **slowly** adv. at a slow speed; not quickly: *He walked slowly along the street.* ▶ **wolno, powoli** | **slowness** noun [U] ▶ **powolność, niemrawość**
■ **,slow 'motion** noun [U] (in a film or on television) a method of making action appear much slower than in real life: *They showed the winning goal again, this time in slow motion.* ▶ **zwolnione tempo**

slow[2] /sləʊ/ adv. at a slow speed; slowly ▶ **powoli, wolno**

> W języku codziennym częściej używa się przysłówka **slowly**. **Slow** jednak często występuje w wyrazach złożonych: *slow-moving traffic.* Przysłówki w stopniu wyższym **slower** i **more slowly** można stosować wymiennie: *Could you drive a bit slower/ more slowly please?*

★**slow**[3] /sləʊ/ verb [I,T] to start to move, do sth or happen at a slower speed; to cause sth to do this: *Jane ran along the path for a few minutes and then slowed to a walk.* ▶ **zwalniać**
PHRASAL VERB **slow (sb/sth) down/up** to start to move, do sth or happen at a slower speed; to cause sth to do this: *Can't you slow down a bit? You're driving much too fast.* ○ *These problems have slowed up the whole process.* ▶ **zwalniać, spowolniać**

sludge /slʌdʒ/ noun [U] thick, soft mud ▶ **muł, szlam**

slug /slʌg/ noun [C] a small animal like a snail without a shell. Slugs have long slimy bodies, move slowly along the ground and eat plants. ▶ **ślimak nagi**

sluggish /'slʌgɪʃ/ adj. slow-moving; not lively: *This hot weather is making me feel very sluggish.* ○ *sluggish economic growth* ▶ **niemrawy, powolny, zwolniony**

slum /slʌm/ noun [C] (also **the slums** [pl.]) an area of a city where living conditions are extremely bad, and where the buildings are dirty and have not been repaired for a long time ▶ **slumsy**

slumber /'slʌmbə(r)/ verb [I] (old-fashioned) to be asleep; to sleep peacefully ▶ **drzemać**
□ **slumber** noun [C] (old-fashioned) sleep: *The princess fell into a deep slumber.* ▶ **spokojny sen, drzemka**

slump /slʌmp/ verb [I] **1** to fall or sit down suddenly when your body feels heavy and weak, usually because you are tired or ill: *Her face went very white, and then suddenly she slumped over the table.* ▶ **opadać** **2** (used about trade, prices, the value of sth, etc.) to fall suddenly and by a large amount: *Shares in BP slumped 33p to 181p yesterday.* ▶ **gwałtownie spadać, załamywać się**
□ **slump** noun [C] **1** a sudden large fall in trade, the value of sth, etc.: *a slump in house prices* ▶ **krach, gwałtowny spadek** **2** a period when a country's economy is doing very badly and there is a lot of unemployment ▶ **zastój** (*gospodarczy*)

slung pt, pp of SLING[2]

slunk pt, pp of SLINK

slur /slɜː(r)/ verb [T] (**slurring**; **slurred**) to speak words in a way that is not clear, often because you are drunk ▶ **bełkotać**
□ **slur** noun [C] **a slur (on sb/sth)** a false statement or an insult that could damage sb's reputation: *The suggestion that our teachers are racist is a slur on the good name of the school.* ▶ **zniewaga**

slurp /slɜːp/ verb [I,T] (informal) to drink noisily: *I hate the way he slurps when he drinks his tea.* ▶ **siorbać, chlipać**

slush /slʌʃ/ noun [U] **1** snow that has partly melted and that is often watery and dirty ▶ **breja 2** (informal) films, books, feelings, etc. that are considered to be silly because they are too romantic and emotional ▶ (*o filmach itp.*) **sentymentalne bzdury**
□ **slushy** adj. (**slushier**; **slushiest**) **1** covered in melting snow: *slushy roads* roztopy ▶ **grząski 2** romantic or sentimental in a silly way: *a slushy love song* ▶ **ckliwy, płaczliwy**

slut /slʌt/ noun [C] (informal) a woman who has many sexual partners; a very lazy or untidy woman ❶ To słowo jest bardzo obraźliwe. W slangu młodzieżowym używa się go także w odniesieniu do mężczyzn. ▶ **kurwa**, **zdzira**; **flejtuch**

sly /slaɪ/ adj. **1** (used about a person) good at deceiving people or doing things in secret ▶ **cwany, chytry 2** (used about an action) suggesting that you know sth secret: *a sly smile* ▶ **cwany, chytry**
□ **slyly** adv. ▶ **przebiegle**, **chytrze**

smack[1] /smæk/ verb [T] to hit sb/sth with the inside of your hand: *I never smack my children.* ▶ **dawać klapsa**
□ **smack** noun [C] an act of smacking ▶ **klaps**

smack[2] /smæk/ verb
PHRASAL VERB **smack of sth** to make you think that sb/sth has an unpleasant attitude or quality: *Her remarks about your new car smacked of jealousy.* ▶ **mieć posmak, pachnieć czymś**

★**small** /smɔːl/ adj. **1** not large in size, number, amount, etc.: *a small group of people* ○ *a small amount of money* ▶ **mały 2** young: *He has a wife and three small children.* ○ *When I was small we lived in a big old house.* ▶ **mały 3** not important or serious; slight: *Don't worry. It's only a small problem.* ▶ **mały**

> **Small** jest najczęściej używanym antonimem przymiotników **big** lub **large**. **Little** używa się z innymi przymiotnikami w celu wyrażenia emocji oraz podkreślenia, że coś/ktoś jest mały: *a horrible little man* ○ *a lovely little girl* ○ *a nice little house.* **Small** często występuje z takimi słowami jak **rather**, **quite** i **very**: *My flat is smaller than yours.* ○ *The village is quite small.* ○ *a very small car.* **Little** rzadko występuje z tymi słowami i zwykle nie podlega stopniowaniu.

IDIOM **in a big/small way** → WAY[1]
□ **small** adv. in a small size: *She's painted the picture far too small.* ▶ **w małym rozmiarze**
■ **'small ads** noun [pl.] (Brit., informal) = CLASSIFIED ADVERTISEMENTS | **ˌsmall 'change** noun [U] coins that have a low value ▶ **drobne (pieniądze)** | **'small hours** noun [pl.] the early morning hours soon after midnight: *We sat up into the small hours discussing the problem.* ▶ **godziny po północy** | **'small print** (US **'fine print**) noun [U] a part or parts of a legal contract, document, etc. that contain important details that you might not notice: *Make sure you read the small print before you sign anything.* ▶ **mały druk, ważne szczegóły umowy itp.** | **ˌsmall-'scale** adj. (used about an organization or activity) not large; limited in what it does: *a small-scale business* ▶ **na małą skalę** | **'small talk** noun [U] polite conversation, e.g. at a party, about unimportant things at social events ▶ **pogaduszka, pogawędka**

smallpox /'smɔːlpɒks/ noun [U] a serious infectious disease that causes a high fever and leaves marks on the skin. In the past many people died from smallpox. ▶ **ospa**

★**smart**[1] /smɑːt/ adj. **1** (used about a person) clean, tidy and well-dressed; wearing formal or fairly formal clothes: *You look smart. Are you going somewhere special?* ▶ **elegancki**, **wytworny 2** (used about a piece of clothing, etc.) clean, tidy and new-looking: *a smart suit* ▶ **szykowny**, **elegancki 3** fashionable and usually expensive: *a smart restaurant* ▶ **wytworny 4** (especially US) clever; able to think quickly: *He's not smart enough to be a politician.* ▶ **bystry**, **inteligentny 5** (used about a movement or an action) quick: *The race began at a smart speed.* ▶ **szybki**, **żywy**
□ **smarten** /'smɑːtn/ verb
PHRASAL VERB **smarten (yourself/sb/sth) up** to make yourself, sb or sth look smarter ▶ **wystroić (się), dodawać szyku**
smartly adv. in a smart way: *She's always smartly dressed.* ▶ **elegancko, wytwornie**
■ **'smart card** noun [C] a plastic card, for example a credit card, on which information can be stored in electronic form ▶ **karta magnetyczna**

smart[2] /smɑːt/ verb [I] to feel a stinging pain in your body: *The smoke made her eyes smart.* ○ (figurative) *He was still smarting from her insult.* Nadal boleśnie odczuwał jej zniewagę. ▶ **piec**, **szczypać**

smash /smæʃ/ verb **1** [I,T] **smash sth (up)**; **smash sth open** to break violently into many pieces: *The glass smashed into a thousand pieces.* ○ *The police had to smash the door open.* ▶ **rozbijać (się), rozwalać (się) 2** [T] **smash sth (up)** to crash sth (a car, etc.), usually causing a lot of damage: *I smashed up my father's car.* ▶ **rozbijać** (*np. samochód*) **3 smash (sth) against, into, through, etc.** [I,T] to move with great force in a particular direction.: *The car smashed into a tree.* ○ *He smashed his hand through the window.* ▶ **walnąć (się)** (*np. w coś/o coś*), **rąbnąć (się) 4** [T] (in tennis) to hit a ball that is high in the air down and over the net, making it travel very fast ▶ **smeczować**
□ **smash** noun **1** [sing.] an act or the noise of sth breaking violently: *I heard the smash of breaking glass.* ▶ **rozbijanie, roztrzaskiwanie 2** [C] (also **'smash-up**) a car crash ▶ **kraksa 3** [C] (in tennis) a way of hitting a ball that is high in the air down and over the net, making it travel very fast ▶ **smeczowanie 4** [C] (also **smash 'hit**) (informal) a song, play, film, etc. that is very successful ▶ **przebój** | **smashing** adj. (Brit., informal) extremely good; wonderful: *We had a*

smashing time at the party. ▶ **kapitalny, bombowy**

smear /smɪə(r)/ verb [T] **smear sth on/over sth/sb**; **smear sth/sb with sth** to spread a sticky substance across sth/sb: *The child had smeared chocolate over his clothes.* ○ *Her face was smeared with grease.* ▶ **smarować, paćkać**
□ **smear** noun [C] **1** a mark made by smearing: *a smear of paint on her dress* ▶ **maźnięcie, plama** **2** something untrue that is said in a newspaper, etc. about an important person: *a smear against the prime minister* ▶ **potwarz**

★**smell¹** /smel/ noun **1** [U] the ability to smell: *Dogs have a very good sense of smell.* ▶ **węch, powonienie** **2** [C] the impression that you get of sth by using your nose; the thing that is smelled: *What's that smell?* ○ *There's a smell of gas.* ○ *a strong smell* ▶ **zapach, woń**

Stink, **stench**, **odour** i **pong** oznaczają nieprzyjemne zapachy. **Aroma**, **fragrance**, **perfume** i **scent** oznaczają przyjemne zapachy.

3 [sing.] an unpleasant smell: *Ugh! What's that smell?* ▶ **nieprzyjemny zapach** **4** [usually sing.] an action of putting your nose near sth to smell it: *Have a smell of this milk* (powąchaj to mleko)*; is it all right?* ▶ **wąchanie**
□ **smelly** adj. (**smellier**; **smelliest**) (informal) having a bad smell: *smelly feet* ▶ **śmierdzący**

★**smell²** /smel/ verb (pt, pp **smelt** /smelt/ or **smelled**) **1** [T] to notice, identify or examine sb/sth by using your nose: *He could smell something burning.* ○ *Can you smell gas?* ➲ Zob. uwaga przy **can**. ▶ **czuć zapach** **2** [T] to put your nose near sth and breathe in so that you can discover or identify its smell: *I smelt the milk to see if it had gone off.* ▶ **wąchać** **3** [I] to be able to smell: *I can't smell properly because I've got a cold.* ▶ **czuć zapach** **4** [I] **smell (of sth)** to have a particular smell: *Dinner smells good!* ○ *This perfume smells of roses.* ➲ Zob. uwaga przy **feel** see also [1]. ▶ **pachnieć** **5** [I] to have a bad smell: *Your feet smell.* ▶ **śmierdzieć**

★**smile** /smaɪl/ noun [C] an expression on your face in which the corners of your mouth turn up, showing happiness, pleasure, etc.: *to have a smile on your face* ○ *'It's nice to see you,' he said with a smile.* ▶ **uśmiech**
□ **smile** verb **1** [I] **smile (at sb/sth)** to have or give a smile: *She smiled at the camera.* ○ *He was smiling with happiness.* ▶ **uśmiechać się** **2** [T] to express sth by means of a smile: *I smiled a greeting to them.* Przywitałem ich uśmiechem. ▶ **wyrażać coś uśmiechem**

smirk /smɜːk/ noun [C] a silly or unpleasant smile which you have when you are pleased with yourself or think you are very clever ▶ **uśmieszek samozadowolenia**
□ **smirk** verb [I] ▶ **uśmiechać się** (*z samozadowoleniem*)

smock /smɒk/ noun [C] a type of long loose shirt that was once worn by farmers but is now usually worn by women who are expecting a baby ▶ **kitel, luźna bluza** (*dla kobiety w ciąży*)

smog /smɒg/ noun [U] a mixture of fog and smoke, caused by pollution, that is in the air over some industrial cities ▶ **smog**

★**smoke¹** /sməʊk/ noun **1** [U] the gas that you can see in the air when something is burning: *Thick smoke poured from the chimney.* ○ *a room full of cigarette smoke* ▶ **dym** **2** [C, usually sing.] (informal) an act of smoking a cigarette, etc.: *He went outside for a quick smoke* (wyszedł na papierosa). ▶ **palenie** (*papierosa*)
IDIOM **go up in smoke 1** to be completely burnt: *The whole house went up in smoke.* ▶ **pójść z dymem** **2** if your plans, hopes, etc. go up in smoke, they fail completely: *Hopes of an early end to the dispute have gone up in smoke.* ▶ **spełznąć na niczym**

★**smoke²** /sməʊk/ verb **1** [I,T] to breathe in smoke through a cigarette, etc. and let it out again; to have the habit of smoking cigarettes, etc.: *Do you mind if I smoke?* ○ *I used to smoke 20 cigarettes a day.* ▶ **palić (tytoń)** **2** [I] to give out smoke: *The factory chimneys were smoking.* ▶ **dymić**
□ **smoked** adj. (used of certain types of food) preserved and given a special taste by being hung in smoke: *smoked salmon* ▶ **wędzony** | **smoker** noun [C] a person who smokes cigarettes, etc.: *She's a chain smoker.* Pali jednego papierosa za drugim. ❶ Antonim: **non-smoker**. ▶ **palacz/ka** (*papierosów*) | **smoking** noun [U] the act or habit of smoking cigarettes, etc.: *My doctor has advised me to give up smoking.* ▶ **palenie** (*tytoniu*) | **smoky** adj. (**smokier**; **smokiest**) **1** full of smoke; producing a lot of smoke: *a smoky room* ○ *a smoky fire* ▶ **zadymiony; dymiący** **2** with the smell, taste or appearance of smoke: *This cheese has a smoky flavour.* ▶ **wędzony, zadymiony**

smolder (US) = SMOULDER

★**smooth¹** /smuːð/ adj. **1** having a flat surface with no lumps or holes: *smooth skin* ○ *a smooth piece of wood* ▶ **gładki, wygładzony** **2** (of a liquid mixture) without lumps: *Stir the sauce until it is smooth.* ▶ (*o płynie*) **rzadki** **3** (of a journey in a car, etc.) with an even, comfortable movement: *You get a very smooth ride in this car.* ▶ **gładki, miękki** **4** without difficulties: *The transition from the old method to the new has been very smooth.* ▶ **gładki** **5** too pleasant or polite to be trusted ❶ Słowa tego używa się w znaczeniu krytycznym, zwykle w odniesieniu do mężczyzny. ▶ **gładki, słodki**
IDIOM **take the rough with the smooth** → ROUGH[3]
□ **smoothly** adv. without any difficulty: *My work has been going quite smoothly.* ▶ **gładko** | **smoothness** noun [U] ▶ **gładkość**

smooth² /smuːð/ verb [T] **smooth sth (away, back, down, out, etc.)** to move your hands in the direction mentioned over the surface of sth to make it smooth: *She smoothed her hair away from her face.* ○ *I smoothed the tablecloth out.* ▶ **wygładzać, wyrównywać**

smother /ˈsmʌðə(r)/ verb [T] **1** to kill sb by not allowing them to breathe: *She was smothered with a pillow.* ▶ **dusić** **2** to cover sth (with too much of a substance): *He smothered* (oblał) *his* *cake with cream.* ▶ **pokrywać** **3** to stop sth burning by covering it: *to smother the flames with a blanket* ▶ **tłumić** **4** to hide a feeling, etc.: *She managed to smother a yawn.* ▶ **tłumić** (*np. uczucie*)

smoulder (US **smolder**) /ˈsməʊldə(r)/ verb [I] to burn slowly without a flame: *a cigarette smouldering in the ashtray.* ○ (figurative) *Her eyes were smouldering with rage.* ▶ **tlić się**

smudge /smʌdʒ/ noun [C] a dirty or untidy mark: *The child's homework was covered in smudges of ink.* ▶ **plama, kleks**
□ **smudge** verb **1** [T] to make sth dirty or untidy by touching it: *Leave your painting to dry or you'll smudge it.* ▶ **plamić, paćkać** **2** [I] to become untidy, without a clean line around it: *Her lipstick smudged when she kissed him.* ▶ **rozmazywać się**

smug /smʌg/ adj. (**smugger**; **smuggest**) too pleased with yourself: *Don't look so smug.* ▶ **zadowolony z siebie**
□ **smugly** adv. ▶ **z samozadowoleniem** | **smugness** noun [U] ▶ **samozadowolenie**
🛈 Słowa tego używa się w znaczeniu krytycznym.

smuggle /ˈsmʌgl/ verb [T] to take things into or out of a country in a way which is against the law; to take a person into or out of a place in secret: *The drugs had been smuggled through customs.* ○ *The refugees were smuggled across the border.* ▶ **przemycać**
□ **smuggler** /ˈsmʌglə(r)/ noun: *a drug smuggler* ▶ **przemytnik** | **smuggling** /ˈsmʌglɪŋ/ noun [U] ▶ **przemyt**

★**snack** /snæk/ noun [C] a small meal, e.g. a sandwich, that you eat quickly between main meals: *I had a snack on the train.* ➲ Zob. uwaga przy **meal**. ▶ **przekąska**
□ **snack** verb [I] (informal) to eat a snack instead of a meal or between meals: *I snacked on a chocolate bar instead of having lunch.* ▶ **przekąsić**
■ **ˈsnack bar** noun [C] a type of small café where you can buy a snack ▶ **bar szybkiej obsługi**

snag¹ /snæg/ noun [C] a small difficulty or disadvantage that is often unexpected or hidden: *His offer is very generous – are you sure there isn't a snag?* ▶ **haczyk**

snag² /snæg/ verb [T] (**snagging**; **snagged**) to catch a piece of clothing, etc. on sth sharp and tear it ▶ **rozdzierać** (*np. na wystającym gwoździu*)

snail /sneɪl/ noun [C] a type of animal with a soft body without legs that is covered by a shell. Snails move very slowly. ▶ **ślimak**
■ **ˈsnail mail** noun [U] (informal) (used by people who use e-mail to describe the system of sending letters by ordinary post) ▶ **zwykła poczta**

★**snake** /sneɪk/ noun [C] a type of long thin animal without legs that slides along the ground by moving its body from side to side: *a poisonous snake* ○ *a snake bite* ▶ **wąż**
□ **snake** verb [I] (also **snake its way**) to move like a snake: *The road snakes its way through mountain villages.* ▶ **wić się**

★**snap¹** /snæp/ verb (**snapping**; **snapped**) **1** [I,T] to break suddenly with a sharp noise: *The branch snapped.* ○ *The weight of the snow snapped the branch in two.* ○ (figurative) *Suddenly something just snapped* (nagle coś we mnie po prostu pękło) *and I lost my temper with him.* ▶ **łamać (się) z trzaskiem** **2** [I,T] to close quickly with a sharp noise: *The lid of the box snapped shut.* ▶ **zamykać (się) z trzaskiem, klapać** **3** [I,T] to speak or say sth in a quick angry way: *Why do you always snap at me?* ▶ **warczeć (na kogoś)** **4** [I,T] to try to bite sb/sth: *The dog snapped at the child's hand.* ▶ **kłapać zębami** **5** [T] (informal) to take a quick photograph of sb/sth ▶ **pstrykać** (*zdjęcia*)
IDIOM **snap your fingers** to make a sharp noise by moving your middle finger quickly against your thumb, especially when you want to attract sb's attention ▶ **pstrykać** (*palcami*)
PHRASAL VERB **snap sth up** to buy or take sth quickly, especially because it is very cheap ▶ **rwać** (*kupować*)

snap² /snæp/ noun **1** [C] an act or the sound of snapping: *The piece of wood broke with a snap.* ▶ **trzask, pstryknięcie** **2** [C] (also **ˈsnapshot**) a photograph that is taken quickly and informally: *I showed them some holiday snaps.* ▶ **fotka** **3** [U] (Brit.) a type of card game where players call out 'Snap' when two cards that are the same are put down by different players ▶ **rodzaj gry w karty**
□ **snap** adj. (informal) done quickly and suddenly, often without much careful thought: *a snap decision* ▶ **pośpieszny** | **snap** interj. (Brit.) said when two similar things appear together: *We've got the same skirt on. Snap!*

snapshot /ˈsnæpʃɒt/ noun [C] **1** = SNAP²(2) **2** [usually sing.] a short description or a small amount of information that gives you an idea of what sth is like: *The play offers a snapshot of life in Britain under the Romans.* ▶ **migawki**

snare /sneə(r)/ noun [C] a trap used to catch birds or small animals ▶ **sidła**
□ **snare** verb [T] ▶ **zastawiać sidła**

snarl /snɑːl/ verb [I,T] (used about an animal) to make an angry sound while showing the teeth: *The dog snarled at the stranger.* ○ (figurative) *'Get out of here!' he snarled.* ▶ **warczeć, burczeć**
□ **snarl** noun [C, usually sing.] ▶ **warczenie, burczenie**

snatch /snætʃ/ verb **1** [I,T] to (try to) take or pull sth/sb away quickly: *It's rude to snatch.* ○ *He snatched the gun from her hand.* ○ *My bag was snatched.* Wyrwali mi torebkę. ○ (figurative) *The team snatched a 2-1 victory.* Zespołowi cudem udało się wygrać dwa do jednego. ➲ Por. **grab**. Ma podobne znaczenie. ▶ **wyrywać, chwytać, łapać** **2** [T] to take or get sth quickly when you have just enough time to do so: *I managed to snatch some sleep on the train.* ▶ **łapać** (*np. trochę snu*)
PHRASAL VERB **snatch at sth** to (try to) take hold of sth eagerly: *to snatch at somebody's hand* ○ (figurative) *He snatched at the opportunity to travel abroad.* ▶ **chwytać, łapać; rwać się do**
□ **snatch** noun **1** [sing.] an act of snatching(1) at sth: *I made a snatch at the ball.* Chwyciłem

piłkę. ▶ **chwytanie, łapanie 2** [C, usually pl.] a short part or period of something: *I heard snatches of conversation from the next room.* ▶ **strzęp, urywek**

sneak /sni:k/ verb **1** [I] **sneak into, out of, past, etc. sth; sneak in, out, away, etc.** to go very quietly in the direction mentioned, so that no one can see or hear you: *Instead of working, he sneaked out to play football.* ○ *The prisoner sneaked past the guards.* ▶ **wymykać się, przekradać się 2** [T] (informal) to take sth secretly or without permission: *She sneaked a chocolate when no one was looking.* ▶ **zwędzić, gwizdnąć**

PHRASAL VERB **sneak up (on sb/sth)** to approach sb very quietly, especially so that you can surprise them ▶ **podkradać się (do)**

□ **sneak** noun [C] (informal) a person who tells an official or a person in authority about the bad things sb has done ❶ Słowa tego używa się w znaczeniu krytycznym. ▶ **kabel** | **sneaking** adj. (of feelings, etc.) not expressed; secret: *I've a sneaking suspicion that he's lying.* ▶ **utajony, skrywany**

sneaker /'sni:kə(r)/ noun [C] (US) = PLIMSOLL, TRAINER

sneer /snɪə(r)/ verb [I] **1** to smile unpleasantly with one side of your mouth raised to show that you dislike sb/sth ▶ **uśmiechać się drwiąco/szyderczo 2 sneer (at sb/sth)** to behave or speak as if sth is not good enough for you: *She sneered at his attempts to speak French.* ▶ **drwić, szydzić**

□ **sneer** noun [C] an unpleasant smile or remark ▶ **drwiący/szyderczy uśmiech; szyderstwo**

★**sneeze** /sni:z/ noun [C] a sudden burst of air coming out through your nose and mouth that happens, for example, when you have a cold: *He gave a loud sneeze.* ▶ **kichnięcie**

□ **sneeze** verb [I] to give a sneeze: *Dust makes me sneeze.* ▶ **kichać**

snide /snaɪd/ adj. (of an expression or remark) critical in an unpleasant way ▶ **uszczypliwy**

sniff /snɪf/ verb **1** [I] to breathe air in through the nose in a way that makes a sound, especially because you have a cold or you are crying: *Stop sniffing and blow your nose.* ▶ **pociągać nosem 2** [I,T] **sniff (at) sth** to smell sth by sniffing: *'I can smell gas,' he said, sniffing the air.* ○ *The dog sniffed at the bone.* ▶ **węszyć, wąchać**

□ **sniff** noun [C] an act or the sound of sniffing ▶ **pociąganie nosem; węszenie**

sniffle /'snɪfl/ verb [I] to sniff continuously, especially because you have a cold or you are crying ▶ **siąkać nosem**

snigger /'snɪgə(r)/ verb [I] **snigger (at sb/sth)** to laugh quietly to yourself in an unpleasant way: *They sniggered at his old clothes.* ▶ **chichotać**

□ **snigger** noun [C] ▶ **chichot**

snip[1] /snɪp/ verb [I,T] (**snipping**; **snipped**) to cut using scissors, with a short quick action ▶ **ciachać nożyczkami**

snip[2] /snɪp/ noun [C] **1** a small cut ▶ **ciachnięcie nożyczkami 2** (Brit., informal) something that is surprisingly cheap: *It's a snip at only £25!* ▶ **wyjątkowa okazja**

snippet /'snɪpɪt/ noun [C] a small piece of sth, especially information or news ▶ **skrawek, urywek**

snivel /'snɪvl/ verb [I] (**snivelling**; **snivelled**; US **sniveling**; **sniveled**) to keep crying in a way that is annoying ▶ **pochlipywać**

snob /snɒb/ noun [C] a person who thinks they are better than sb of a lower social class and who admires people who have a high social position: *Don't be such a snob!* ▶ **snob/ka**

□ **snobbery** /'snɒbəri/ noun [U] behaviour or attitudes that are typical of a snob ▶ **snobizm** | **snobbish** adj. of or like a snob: *She had a snobbish attitude towards her husband's family.* ▶ **snobistyczny** | **snobbishly** adv. ▶ **snobistycznie** | **snobbishness** noun [U] ▶ **snobowanie się**

snog /snɒg/ verb [I] (**snogging**; **snogged**) (Brit., informal) (used about a couple) to keep kissing each other for a period of time: *A teenage couple were snogging in the corner.* ▶ **całować się**

□ **snog** noun [sing.] ▶ **całowanie się**

snooker /'snu:kə(r)/ noun [U] a game in which two players try to hit a number of coloured balls into pockets at the edges of a large table using a long stick called a cue: *to play snooker* ➲ Por. **billiards** i **pool**. ▶ **rodzaj bilardu** (*z użyciem 22 bil o różnych barwach*)

snoop /snu:p/ verb [I] (informal) to look around secretly and without permission in order to find out information, etc.: *If I catch you snooping around here again, I'll call the police!* ▶ **myszkować**

snooty /'snu:ti/ adj. (**snootier**; **snootiest**) (informal) acting in a rude way because you think you are better than other people ▶ **bubkowaty, nadęty**

snooze /snu:z/ verb [I] (informal) to have a short sleep, especially during the day ▶ **zdrzemnąć się**

□ **snooze** noun [C, usually sing.]: *I had a bit of a snooze on the train.* ➲ Por. **nap**. ▶ **drzemka**

snore /snɔ:(r)/ verb [I] to breathe noisily through your nose and mouth while you are asleep: *She heard her father snoring in the next room.* ▶ **chrapać**

□ **snore** noun [C] ▶ **chrapanie**

snorkel /'snɔ:kl/ noun [C] a short tube that a swimmer who is just below the surface of the water can use to breathe through ❶ Mówiąc o pływaniu połączonym z tego typu nurkowaniem, używa się zwrotu **go snorkelling**. ▶ **rurka do nurkowania**

snort /snɔ:t/ verb [I] **1** (used about animals) to make a noise by blowing air through the nose: *The horse snorted in fear.* ▶ **parskać 2** (used about people) to do this as a way of showing that you do not like sth, or that you are impatient ▶ **prychać**

□ **snort** noun [C] ▶ **prychnięcie**

snot /snɒt/ noun [U] (informal) the liquid produced by the nose ▶ **glut/y, smark/i**

snout /snaʊt/ noun [C] the long nose of certain animals: *a pig's snout* ▶ **ryj, pysk**

★**snow**[1] /snəʊ/ noun [U] small, soft, white pieces of frozen water that fall from the sky in cold weather: *Three inches of snow fell during the night.* ○ *The snow melted before it could settle.* ○ *a snowstorm* ▶ **śnieg**

■ ˈ**snowball** noun [C] a lump of snow that is pressed into the shape of a ball and used by children for playing ▶ **śnieżka** | ˈ**snowball** verb [I] to quickly grow bigger and bigger or more and more important: *Business has just snowballed so that we can hardly keep up with demand.* ▶ **rosnąć lawinowo** | ˈ**snowboard** noun [C] a type of board that you fasten to both your feet and use for moving down mountains that are covered with snow ▶ **snowboard** | ˈ**snowboarding** noun [U] the sport of moving over snow on a long wide board called a snowboard: *Have you ever been snowboarding?* ▶ **snowboarding** | ˈ**snowdrift** noun [C] a deep pile of snow that has been made by the wind ▶ **zaspa śnieżna** | ˈ**snowdrop** noun [C] a type of small white flower that appears at the end of winter ▶ **śnieżyczka** | ˈ**snowfall** noun **1** [C] the snow that falls on one occasion: *heavy snowfalls* ▶ **opad śnieżny 2** [U] the amount of snow that falls in a particular place: *What is the average snowfall in Scotland?* ▶ **opady śnieżne** | ˈ**snowflake** noun [C] one of the small, soft, white pieces of frozen water that fall together as snow ▶ **płatek śniegu** | ˈ**snowman** /-mæn/ noun [C] (pl. **snowmen**) /-men/ the figure of a person made out of snow, usually by children ▶ **bałwan śniegowy** | ˈ**snowplough** (US **snowplow**) noun [C] a type of vehicle that is used to clear snow away from roads or railways ▶ **pług śnieżny**

★**snow**[2] /snəʊ/ verb [I] (used of snow) to fall from the sky: *It snowed all night.* ▶ (*o śniegu*) **padać**

□ ˌ**snowed** ˈ**in** adj. not able to leave home or travel because the snow is too deep ▶ **zasypany śniegiem** | ˌ**snowed** ˈ**under** adj. with more work, etc. than you can deal with ▶ **zawalony** (*np. pracą*) | **snowy** adj. (**snowier**; **snowiest**) with a lot of snow: *snowy weather* ○ *a snowy scene* ▶ **śnieżny, śniegowy**

Snr abbr. see also SENIOR

snub[1] /snʌb/ verb (**snubbing**; **snubbed**) [T] to treat sb rudely, e.g. by refusing to look at or speak to them: *She snubbed them by not inviting them to the party.* ▶ **ucierać komuś nosa, robić komuś afront**

□ **snub** noun [C]: *When they weren't invited to the party, they felt it was a snub.* ▶ **afront**

snub[2] adj. (only before a noun) (used about a nose) short, flat and turned up at the end ▶ **zadarty**

□ ˌ**snub-**ˈ**nosed** adj.: *a snub-nosed child* ▶ **z zadartym nosem**

snuff /snʌf/ noun [U] tobacco which people breathe up into the nose in the form of a powder: *to take a pinch of snuff* ▶ **tabaka**

snuffle /ˈsnʌfl/ verb [I] (used of people and animals) to make a noise through your nose: *The dog snuffled around the lamp post.* ▶ **mówić przez nos, węszyć**

snug /snʌg/ adj. (**snugger**; **snuggest**) **1** warm and comfortable: *a snug little room* ○ *The children were snug in bed.* ▶ **przytulny, wygodny 2** fitting sb/sth closely: *Adjust the safety belt to give a snug fit.* ▶ **(dobrze) dopasowany**

□ **snugly** adv. **1** warmly and comfortably: *The baby was wrapped snugly in a blanket.* ▶ **przytulnie, ciepło 2** tidily and tightly: *The present fitted snugly into the box.* ▶ **jak ulał**

snuggle /ˈsnʌgl/ verb [I] **snuggle (up to sb)**; **snuggle (up/down)** to get into a position that makes you feel safe, warm and comfortable, usually next to another person: *She snuggled up to her mother.* ○ *I snuggled down under the blanket to get warm.* ▶ **przytulać się, układać się wygodnie**

★**so**[1] /səʊ/ adv. **1** (used to emphasize an adjective or adverb, especially when there is a particular result) to the extent (that); to a great degree: *She's so ill (that) she can't get out of bed.* ○ *He was driving so fast that he couldn't stop.* ○ *I haven't enjoyed myself so much for years.* ○ *So many people came to the concert that some couldn't get in.* ➲ Zob. uwaga przy **such**. ▶ **tak 2** (used in negative sentences for comparing people or things): *She's not so clever as we thought.* ▶ **(nie) tak (…jak) 3** very: *You've been so kind. How can I thank you?* ▶ **tak 4** (used in place of something that has been said already, to avoid repeating it): *Are you coming by plane? If so, I can meet you at the airport.* ○ *'I failed, didn't I?' 'I'm afraid so* (obawiam się, że tak), *Susan.'* ❶ W języku formalnym, nawiązując do tego, co ktoś zrobił, stosuje się **do** razem z **so**: *He asked me to write to him and I did so* (zrobiłem to). ▶ **tak 5** (not with verbs in the negative) also, too: *He's a teacher and so is his wife.* ○ *'I've been to New York.' 'So have I.'* ○ *I like singing and so does Helen.* ➲ Por. **neither** w zdaniach przeczących. ▶ **też 6** (used to show that you agree that sth is true, especially when you are surprised): *'It's getting late.' 'So it is. We'd better go.'* ▶ **tak jest, rzeczywiście 7** (formal) (used when you are showing sb sth) in this way: *Raise your right hand, so.* ▶ **właśnie tak**

IDIOMS **and so on (and so forth)** (used at the end of a list to show that it continues in the same way): *They sell pens, pencils, paper and so on.* ▶ **i tak dalej** | **I told you so** (used to tell sb that they should have listened to your advice): *'I missed the bus.' 'I told you so. I said you needed to leave earlier.'* ▶ **mówiłem ci, że tak będzie** | **it (just) so happens** (used to introduce a surprising fact) by chance: *It just so happened that we were going the same way, so he gave me a lift.* ▶ **tak się zdarzyło (że)** | **just so** → JUST[2] | **or so** (used to show that a number, time, etc. is not exact): *A hundred or so people came to the meeting.* ▶ **mniej więcej** | **so as to do sth** with the intention of doing sth; in order to do sth: *We went early so as to get good seats.* ▶ **tak, żeby** | **so much for** (used for expressing that sth is finished or not helpful): *So much for that diet* (koniec z dietą)*! I didn't lose any weight at all.* ▶ **i tyle!** | **that is so** (formal) that is true: *'Mr Jones, you were in Lincoln on May 14. Is that so?' 'That is so.'* ▶ **tak jest!**

■ 'so-and-so noun [C] (pl. so-and-so's) (informal) 1 a person who is not named: *Imagine a Mrs So-and-so telephones. What would you say?* ▶ **taki a taki** 2 a person that you do not like: *He's a bad-tempered old so-and-so.* ▶ **taki owaki, jak mu tam** | **'so-called** adj. 1 (used to show that the words you describe sb/sth with are not correct): *Her so-called friends only wanted her money.* ▶ **tak zwany** 2 (used to show that a special name has been given to sb/sth): *artists from the so-called 'School of London'* ▶ **tak zwany**

★**so²** /səʊ/ conj. 1 with the result that; therefore: *She felt very tired so she went to bed early.* ▶ **(a) więc** 2 **so (that)** with the purpose that; in order that: *She wore dark glasses so that nobody would recognize her.* ▶ **tak, żeby** 3 (used to show how one part of a story follows another): *So that's how I first met your mother.* ▶ **tak więc**

IDIOM **so what?** (informal) (showing that you think sth is not important) Why should I care?: *'It's late.' 'So what? We don't have to go to school tomorrow.'* ▶ **(i) co z tego?**

soak /səʊk/ verb 1 [I,T] to become or make sth completely wet: *Leave the dishes to soak for a while.* ○ *I'm going to soak these trousers in hot water to get the stain out.* ▶ **moczyć (się)** 2 [I] **soak into/through sth**; **soak in** (used about a liquid) to pass into or through sth: *Blood had soaked through the bandage.* ▶ **przesiąkać**

PHRASAL VERB **soak sth up** to draw sth in (especially a liquid): *I soaked the water up with a cloth.* ○ (figurative) *She loves to lie on a beach, soaking up the sunshine* (kąpać się w słońcu). ▶ **wchłaniać**

□ **soaked** /səʊkt/ adj. (not before a noun) extremely wet: *I got soaked waiting for my bus in the rain.* ▶ **przemoczony, zmoknięty** | **soaking** /'səʊkɪŋ/ (also ˌ**soaking 'wet**) adj. extremely wet ▶ **przemoczony do suchej nitki**

★**soap** /səʊp/ noun [U] a substance that you use for washing and cleaning: *He washed his hands with soap.* ○ *a bar of soap* ○ *soap powder* proszek do prania ▶ **mydło**

□ **soapy** adj. full of soap: *Wash in plenty of warm soapy water.* ▶ **mydlany**

■ **'soap opera** (informal **soap**) noun [C] a story about the lives and problems of a group of people which continues every day or several times a week on television or radio: *'Coronation Street' is our longest running soap opera.* ▶ **opera mydlana** (*serial telewizyjny*)

soar /sɔː(r)/ verb [I] 1 to fly high in the air: *There were sea birds soaring overhead.* ▶ **szybować** 2 to rise very fast: *The plane soared into the air.* ○ (figurative) *Prices are soaring because of inflation.* ▶ **wzbijać się; zwyżkować**

sob /sɒb/ verb [I] (**sobbing**; **sobbed**) to cry loudly while taking in sudden, sharp breaths; to speak while you are crying: *The child was sobbing because he'd lost his toy.* ▶ **łkać, szlochać**

□ **sob** noun [C] an act or the sound of sobbing ▶ **łkanie, szlochanie**

■ **'sob story** noun [C] (informal) a story that sb tells you just to make you feel sorry for them, especially one that does not have that effect or is not true ▶ **(często nieprawdziwa) historia mająca na celu wzbudzenie czyjegoś współczucia**

sober /'səʊbə(r)/ adj. 1 (used about a person) not drunk; not affected by alcohol ▶ **trzeźwy** 2 (used about a person or attitude) serious or thoughtful: *a sober expression* ○ *a sober reminder of the dangers of drugs* ▶ **poważny, zamyślony** 3 (used about a colour) not bright or likely to be noticed: *a sober grey suit* ▶ **dyskretny, stonowany**

□ **sober** verb

PHRASAL VERB **sober (sb) up** to become, or to make sb, sober(1): *I need a cup of black coffee to sober me up.* ▶ **otrzeźwić (się)**

sobering adj. making you feel serious ▶ **otrzeźwiający**

Soc. abbr. Society: *Amateur Dramatic Soc.* ▶ **tow.**

soccer /'sɒkə(r)/ noun [U] = FOOTBALL(1)

sociable /'səʊʃəbl/ adj. enjoying the company of other people, friendly ▶ **towarzyski**

★**social** /'səʊʃl/ adj. 1 concerning the relations between people or groups of people; relating to the organization of society: *The 1980s were a period of social change.* ○ *social problems* ▶ **społeczny, socjalny** 2 concerning the rank of people in society: *We share the same social background.* ○ *social class* ▶ **społeczny** 3 to do with meeting people and enjoying yourself: *a social club* ○ *She has a busy social life.* ▶ **towarzyski** 4 (used about animals) living and looking for food together: *Lions are social animals.* ▶ **stadny, gromadny**

□ **socially** /-ʃəli/ adv.: *We work together but I don't know him socially.* ▶ **towarzysko, na stopie towarzyskiej**

■ ˌ**social 'science** noun [C,U] the study of people in society, including economics, politics and sociology ▶ **nauki społeczna** | ˌ**social se'curity** (especially US **welfare**) noun [U] money paid regularly by the government to people who are poor, old, ill, or who have no job: *to live on social security* ▶ **opieka społeczna** | ˌ**social 'services** noun [pl.] a group of services organized by local government to help people who have social problems (e.g. with housing, child care, etc.) ▶ **świadczenia socjalne** | **'social work** noun [U] work that involves giving help to people with problems because they are poor, ill, etc. ▶ **praca społeczna** | **'social worker** noun [C] a person whose job is to do social work ▶ **pracownik socjalny**

★**socialism** /'səʊʃəlɪzəm/ noun [C] the political theory and practice that is based on the belief that all people are equal and that wealth should be equally divided ▶ **socjalizm**

□ **socialist** /'səʊʃəlɪst/ noun [C] a person who believes in socialism; a member of a socialist party ▶ **socjalist-a/ka** | **socialist** adj. ▶ **socjalistyczny**

★**society** /sə'saɪəti/ noun (pl. **societies**) 1 [C,U] the people in a country or area, thought of as a group, who have shared customs and laws: *a civilized society* ○ *in Western society* ○ *The aim is to create a classless society in Britain.* ○ *Society's attitude to women has changed considerably this* *century.* ▶ **społeczeństwo 2** [C] an organization of people who share a particular interest or purpose; a club: *a drama society* kółko dramatyczne ○ *The Royal Society for the Prevention of Cruelty to Animals* ▶ **towarzystwo**

sociology /ˌsəʊsiˈɒlədʒi/ noun [U] the study of human societies and social behaviour ▶ **socjologia**

□ **sociological** /ˌsəʊsɪəˈlɒdʒɪkl/ adj. ▶ **socjologiczny** | **sociologist** /ˌsəʊsiˈɒlədʒɪst/ noun [C] a student of or an expert in sociology ▶ **socjolog**

★**sock** /sɒk/ noun [C] a piece of clothing that you wear on your foot and lower leg, inside your shoe: *a pair of socks* ▶ **skarpet(k)a**

IDIOM **pull your socks up** (Brit., informal) (to try) to work harder, do better, etc. than before ▶ **brać się w garść, przysiąść fałdów**

socket /ˈsɒkɪt/ noun [C] **1** (also **power point**, informal **plug**) a place in a wall where an electrical appliance can be connected to the electricity supply ▶ **gniazdko (elektryczne) 2** a hole in a piece of electrical equipment where another piece of equipment can be connected ▶ **wejście 3** a hollow place where sth fits: *your eye socket* oczodół ▶ **wklęsłość, łożysko**

soda /ˈsəʊdə/ (also **soda water**) noun [C,U] water that has bubbles in it and is used for mixing with other drinks: *a whisky and soda* ▶ **woda sodowa**

sofa /ˈsəʊfə/ noun [C] a comfortable seat with a back and arms. It is long enough for two or more people to sit on: *a sofa bed* wersalka ▶ **sofa, kanapa**

★**soft** /sɒft; US sɔːft/ adj. **1** not hard or firm: *a soft bed* ○ *The ground is very soft after all that rain.* ▶ **miękki 2** smooth and nice to touch; not rough: *soft skin/hands* ○ *a soft towel* ▶ **miękki, delikatny 3** (used about sounds, voices, words, etc.) quiet or gentle; not loud or angry: *She spoke in a soft whisper.* ▶ **cichy 4** (used about light, colours, etc.) gentle and pleasant; not bright: *The room was decorated in soft pinks and greens.* ▶ **łagodny, stonowany 5** (used about people and animals) (too) kind and gentle; not hard or strict: *A good manager can't afford to be too soft.* ▶ **łagodny 6** (used about illegal drugs) less dangerous and serious than the type of illegal drugs which can kill people: *soft drugs such as marijuana* ▶ **miękki**

IDIOM **have a soft spot for sb/sth** (informal) to be especially fond of sb/sth: *I've got rather a soft spot for my old teacher.* ▶ **mieć do kogoś/czegoś słabość**

□ **softly** adv. gently or quietly: *'Don't wake the children,' she whispered softly.* ▶ **cicho** | **softness** noun [U] the quality of being soft ▶ **miękkość, delikatność**

■ ˌ**soft ˈdrink** noun [C] a cold drink that contains no alcohol ▶ **napój bezalkoholowy** | ˌ**soft-ˈhearted** adj. kind and able to sympathize with other people's feelings ❶ Antonim: **hard-hearted**. ▶ **o miękkim sercu** | ˌ**soft ˈoption** noun [C] the easier thing to do of two or more possibilities, but not always the best one: *The government has taken the soft option of agreeing to their demands.* ▶ **łatwiejsze wyjście** (*z sytuacji*) | ˌ**soft-ˈspoken** adj. having a gentle, quiet voice: *He was a kind, soft-spoken man.* ▶ **o łagodnym głosie**

soften /ˈsɒfn; US ˈsɔːfn/ verb **1** [I,T] to become softer or gentler; to make sb/sth softer or gentler: *First soften the butter in a bowl.* ○ *The teacher's expression softened as I explained why I was late.* ▶ **zmiękczać; łagodnieć, mięknąć 2** [T] to make sth seem less severe: *to try to soften the effect of bad news* ▶ **łagodzić**

software /ˈsɒftweə(r); US ˈsɔːftwer/ noun [U] programs that you use to operate a computer: *There's a lot of new educational software available now.* ➲ Por. **hardware**. ▶ **oprogramowanie**

soggy /ˈsɒgi/ adj. (**soggier**; **soggiest**) very wet; having too much liquid in it ▶ **rozmokły**

★**soil** /sɔɪl/ noun **1** [C,U] the substance that plants, trees, etc. grow in; earth: *poor soil* ➲ Zob. uwaga przy **earth**. ▶ **gleba, ziemia 2** [U] the land that is part of a country: *to set foot on British soil* ▶ **ziemia**

□ **soil** verb [T] (formal) to make sth dirty ▶ **brudzić, plamić**

solace /ˈsɒləs/ noun [C,U] (something that gives you) comfort or relief when you are sad ▶ **pocieszenie, ukojenie**

solar /ˈsəʊlə(r)/ adj. **1** of or relating to the sun: *solar energy* ▶ **słoneczny 2** using the sun's energy: *solar heating* ▶ **słoneczny**

■ **the ˈsolar system** noun [sing.] the sun and the planets that move around it ▶ **układ słoneczny**

sold pt, pp of SELL

★**soldier** /ˈsəʊldʒə(r)/ noun [C] a member of an army: *The soldiers marched past.* ▶ **żołnierz**

★**sole**[1] /səʊl/ adj. (only before a noun) **1** only; single: *His sole interest is football.* ▶ **jedyny 2** belonging to one person only; not shared: *Do you have sole responsibility for the accounts?* ▶ **wyłączny**

□ **solely** /ˈsəʊlli/ adv. only: *I agreed to come solely on account of your mother.* ▶ **jedynie, wyłącznie**

sole[2] /səʊl/ noun [C] **1** the flat part of your foot that you walk on ▶ **stopa, podeszwa 2** the part of a shoe or sock that covers the bottom surface of your foot: *These shoes have leather soles and man-made uppers.* ➲ Ilustr. do **shoe**. ▶ **podeszwa, zelówka**

sole[3] /səʊl/ noun [C,U] (pl. **sole**) a small flat sea fish that can be eaten as food ▶ **sola**

solemn /ˈsɒləm/ adj. **1** very serious: *Her solemn face told them that the news was bad.* ▶ **poważny, namaszczony 2** sincere; done or said in a formal way: *to make a solemn promise* ○ *a solemn warning* ▶ **uroczysty, poważny**

□ **solemnity** /səˈlemnəti/ noun [U] ▶ **powaga, namaszczenie** | **solemnly** adv. in a serious or sincere way: *'I have something very important to tell you,' she began solemnly.* ▶ **z powagą**

solicit /səˈlɪsɪt/ verb **1** [T] (formal) to ask sb for money, help, support, etc.: *They tried to solicit support for the proposal.* ▶ **zabiegać o coś, starać się o coś 2** [I,T] to approach sb, especially in a public place, and offer sex in return for money ▶ **nagabywać**

solicitor /sə'lɪsɪtə(r)/ noun [C] (Brit.) a person whose job is to give legal advice, prepare legal documents and speak in the lower courts ➲ Zob. uwaga przy **lawyer**. ▶ **notariusz, adwokat**

★**solid** /'sɒlɪd/ adj. **1** hard and firm; not in the form of liquid or gas: *It was so cold that the village pond had frozen solid* (zamarzł na dobre). ○ *Our central heating runs on solid fuel* (paliwo stałe). ▶ **stały 2** having no holes or spaces inside; not hollow: *a solid mass of rock* ○ *The briefcase was packed solid* (wypchana) *with £50 notes.* ▶ **jednolity, solidny 3** (only before a noun) made of the same substance inside and outside: *a solid gold chain* ▶ **lity, masywny 4** strong, firm and therefore reliable: *a solid little car* ▶ **solidny 5** reliable; of sufficient quality and amount: *The police cannot make an arrest without solid evidence.* ▶ **konkretny 6** without a break or pause: *I was so tired that I slept for twelve solid hours/twelve hours solid* (dwanaście bitych godzin). ▶ **bez przerwy**

□ **solid** noun [C] **1** a substance or object that is hard; not a liquid or gas: *Liquids become solids when frozen.* ▶ **ciało stałe 2** an object that has length, width and height, not a flat object: *A cube is a solid.* ▶ **bryła** | **solidity** /sə'lɪdəti/ noun [U] the quality or state of being solid ▶ **solidność, masywność** | **solidly** adv. **1** strongly: *a solidly built house* ▶ **solidnie, masywnie 2** continuously: *It rained solidly all day.* ▶ **bez przerwy**

solidarity /ˌsɒlɪ'dærəti/ noun [U] the support of one group of people for another, because they agree with their aims: *Many local people expressed solidarity with the strikers.* ▶ **solidarność**

solidify /sə'lɪdɪfaɪ/ verb [I] (pres. part. **solidifying**; 3rd pers. sing. pres. **solidifies**; pt, pp **solidified**) to become hard or solid ▶ **krzepnąć, tężeć**

solitaire /ˌsɒlɪ'teə(r); US 'sɑ:ləter/ noun [U] (US) = PATIENCE(2)

solitary /'sɒlətri; US -teri/ adj. **1** living alone, without other people: *She lives a solitary life in a remote part of Scotland.* ▶ **samotny, odludny 2** done alone: *Writing novels is a solitary occupation.* ▶ **samotny, samotniczy 3** (only before a noun) one on its own with no others around: *a solitary figure walking up the hillside* ▶ **pojedynczy, samotny 4** (only before a noun) only one; single: *I can't think of a solitary example.* ▶ **pojedynczy**

■ ˌ**solitary con'finement** noun [U] a punishment in which a person in prison is kept completely alone ▶ **osadzenie w separatce**

solitude /'sɒlɪtju:d; US -tu:d/ noun [U] the state of being alone: *to live in solitude* ▶ **samotność, osamotnienie**

solo /'səʊləʊ/ noun [C] (pl. **solos**) a piece of music for only one person to play or sing: *a piano solo* ○ *to sing/play a solo* ➲ Por. **duet**. ▶ **solo, solówka**

□ **solo** adj., adv. **1** (done) alone; by yourself: *a solo flight* ○ *to fly solo* ▶ **w pojedynkę 2** connected with or played as a musical solo ▶ **solowy** | **soloist** noun [C] a person who plays or sings a piece of music alone ▶ **solist-a/ka**

soluble /'sɒljəbl/ adj. **1** that will dissolve in liquid: *These tablets are soluble in water.* ▶ **rozpuszczalny 2** that has an answer ▶ **rozwiązywalny** ❶ Antonim: **insoluble**.

★**solution** /sə'lu:ʃn/ noun **1** [C] **a solution (to sth)** a way of solving a problem, dealing with a difficult situation, etc.: *a solution to the conflict in the Middle East* ▶ **rozwiązanie 2** [C] **solution (to sth)** the answer (to a puzzle, etc.): *The solution to the competition will be published next week.* ▶ **rozwiązanie 3** [C,U] (a) liquid in which sth solid has been dissolved ▶ **roztwór**

★**solve** /sɒlv/ verb [T] to find an answer to or a way of dealing with a problem, question, difficulty, etc.: *The government is trying to solve the problem of inflation.* ○ *The police have not managed to solve the crime.* ○ *to solve a puzzle/mystery* ❶ Rzeczownik: **solution**. ▶ **rozwiązywać**

solvent /'sɒlvənt/ noun [C,U] a liquid that can dissolve another substance ▶ **rozpuszczalnik**

sombre (US **somber**) /'sɒmbə(r)/ adj. **1** dark and dull: *sombre colours* ▶ **ciemny, mroczny 2** sad and serious: *a sombre mood* ▶ **ponury, posępny**

□ **sombrely** adv. ▶ **ciemno; ponuro**

★**some** /səm; strong form sʌm/ det., pron. **1** a certain amount or number: *We need some butter and some potatoes.* ○ *I don't need any more money – I've still got some.* ▶ **trochę, nieco**

> W zdaniach przeczących i pytających zamiast **some** używa się **any**: *Do we need any butter?* ○ *I need some more money. I haven't got any.* Zob. przykł. w znaczeniu 2, gdzie **some** jest użyte w zdaniach pytających (gdy spodziewana jest odpowiedź twierdząca).

2 (used in questions when you expect or want the answer 'yes'): *Would you like some more cake?* ○ *Can I take some of this paper?* ▶ **trochę 3** (used when you are referring to certain members of a group or certain types of a thing and not all of them): *Some pupils enjoy this kind of work, some don't.* ○ *Some of his books are very exciting.* ▶ **niektóry 4** (also **some...or other**) (used for talking about a person or thing whose name you do not know): *There's some woman at the door.* ○ *I read about it in some newspaper or other.* ▶ **jakiś, taki lub inny**

★**somebody** /'sʌmbədi/ (also **someone** /'sʌmwʌn/) pron. a person (not known or not mentioned by name): *How are you? Somebody said that you'd been ill.* ○ *She's getting married to someone she met at work.* ○ *There's somebody at the door.* ○ *I think you should talk to someone else* (z kimś innym) *about this problem.* ▶ **ktoś**

> **Somebody**, **anybody** i **everybody** łączą się z czasownikiem w lp, ale w języku codziennym często występuje po nich zaimek dzierżawczy w lm: *Somebody is coming.* ○ *Somebody has left their coat behind.* ○ *Has everybody got something to eat?* ○ *I'll see*

everybody concerned and tell them the news. Różnica między **somebody** i **anybody** jest taka sama, jak między **some** i **any**. Zob. uwaga przy **some**.

some day /ˈsʌmdeɪ/ adv. (also **someday**) at some time in the future: *I hope you'll come and visit me someday.* ▶ **któregoś dnia, kiedyś**

★**somehow** /ˈsʌmhaʊ/ adv. **1** in a way that is not known or certain: *The car's broken down but I'll get to work somehow.* ○ *Somehow we had got completely lost.* ▶ **jakoś 2** for a reason you do not know or understand: *I somehow get the feeling that I've been here before.* ▶ **jakoś, z jakiejś przyczyny**

★**someone** /ˈsʌmwʌn/ pron. = SOMEBODY

someplace /ˈsʌmpleɪs/ adv. (US) = SOMEWHERE

somersault /ˈsʌməsɔːlt/ noun [C] a movement in which you roll right over with your feet going over your head: *to do a forward/backward somersault.* ▶ **salto, koziołek**

★**something** /ˈsʌmθɪŋ/ pron. **1** a thing that is not known or not named: *I've got something in my eye.* ○ *Wait a minute – I've forgotten something.* ○ *Would you like something else* (coś innego) *to drink?* ❶ Różnica między **something** i **anything** jest taka sama, jak między **some** i **any**. Zob. uwaga przy **some**. ▶ **coś 2** a thing that is helpful, useful or worth considering: *There's something in what your mother says.* ▶ **coś 3** (used to show that a description, an amount, etc. is not exact): *a new comedy series aimed at thirty-somethings* (ludzi w wieku 30-40 lat) ▶ **około**

IDIOMS **or something** (informal) (used for showing that you are not sure about what you have just said): *'What's his job?' 'I think he's a plumber, or something.'* ▶ **coś w tym rodzaju** | **something like** similar to: *A loganberry is something like a raspberry.* ▶ **coś w rodzaju (czegoś)** | **something to do with sth** connected or concerned with sth: *The programme's something to do with the environment.* ▶ (*mieć*) **związek z czymś**

sometime /ˈsʌmtaɪm/ adv. (also **some time**) at a time that you do not know exactly or have not yet decided: *I'll phone you sometime this evening.* ○ *I must go and see her sometime.* ▶ **któregoś dnia, kiedyś**

★**sometimes** /ˈsʌmtaɪmz/ adv. on some occasions; now and then: *Sometimes I drive to work and sometimes I go by bus.* ○ *I sometimes watch television in the evenings.* ▶ **czasem, czasami**

★**somewhat** /ˈsʌmwɒt/ adv. rather: *We missed the train, which was somewhat unfortunate.* ○ *Somewhat to my surprise he apologized.* ▶ **nieco**

★**somewhere** /ˈsʌmweə(r)/ (US also **someplace**) adv. **1** at, in, or to a place that you do not know or name exactly: *I've seen your glasses somewhere downstairs.* ○ *'Have they gone to France?' 'No, I think they've gone somewhere else* (gdzie indziej) *this year.'* ❶ Różnica między **somewhere** i **anywhere** jest taka sama, jak między **some** i **any**. Zob. uwaga przy **some**. ▶ **gdzieś 2** (used when you do not know the exact time, number, etc.): *Your ideal weight should probably be somewhere around 9 stone.* ▶ **gdzieś około**

★**son** /sʌn/ noun [C] a male child ▶ **syn**

■ **'son-in-law** noun [C] (pl. **sons-in-law**) your daughter's husband ▶ **zięć**

sonata /səˈnɑːtə/ noun [C] a piece of music written for the piano, or another instrument with a piano accompanying it ▶ **sonata**

★**song** /sɒŋ; US sɔːŋ/ noun **1** [C] a piece of music with words that you sing: *a folk song* ▶ **piosenka, pieśń 2** [U] the act of singing: *to burst into song* zaśpiewać ▶ **śpiew 3** [C,U] the musical sounds that a bird makes: *birdsong* ▶ **śpiew**

■ **'songwriter** noun [C] a person whose job is to write songs ▶ **twórca piosenek**

sonic /ˈsɒnɪk/ adj. connected with sound waves ▶ **dźwiękowy**

★**soon** /suːn/ adv. **1** not long after the present time or the time mentioned: *It will soon be dark.* ○ *He left soon after me.* ○ *We should arrive at your house soon after twelve.* ▶ **wkrótce, niedługo, zaraz 2** early; quickly: *Don't leave so soon. Stay for tea.* ○ *How soon can you get here?* ▶ **szybko**

IDIOMS **as soon as** at the moment (that); when: *Phone me as soon as you hear some news.* ○ *I'd like your reply as soon as possible* (jak najwcześniej). ▶ **gdy tylko** | **no sooner...than** immediately when or after: *No sooner had I shut the door than I realized I'd left my keys inside.* ▶ **gdy tylko... wówczas/wtedy...** | **sooner or later** at some time in the future; one day: *I suppose I'll hear from her sooner or later.* ▶ **wcześniej czy później**

soot /sʊt/ noun [U] black powder that comes from burning things and collects in chimneys ▶ **sadza**

soothe /suːð/ verb [T] **1** to make sb calmer or less upset; to comfort sb: *to soothe a crying child* ▶ **koić, uspokajać 2** to make aches or pains less severe: *The doctor gave me some skin cream to soothe the irritation.* ▶ **łagodzić, uśmierzać**

□ **soothing** adj.: *soothing music* ○ *a soothing massage* ▶ **kojący, uspokajający** | **soothingly** adv. ▶ **łagodnie, uspokajająco**

sophisticated /səˈfɪstɪkeɪtɪd/ adj. **1** having or showing a lot of experience of the world and social situations; knowing about things such as fashion, new ideas, etc.: *She's a very sophisticated young woman* (światowa młoda dama). ▶ **wytworny, bywały 2** able to understand difficult or complicated things: *Voters are much more sophisticated these days.* ▶ **wyrobiony, doświadczony 3** (used about machines, systems, etc.) advanced and complicated: *sophisticated computer equipment* ▶ **skomplikowany** ❶ Antonim: **unsophisticated**.

□ **sophistication** /səˌfɪstɪˈkeɪʃn/ noun [U] ▶ **wyrafinowanie; wyrobienie**

sophomore /ˈsɒfəmɔː(r)/ noun [C] (US) **1** a student in the second year of a course of study at a college or university ▶ **student/ka drugiego**

roku 2 a high school student in the 10th grade ▶ **uczeń klasy dziesiątej szkoły średniej**

soppy /ˈsɒpi/ adj. (**soppier**; **soppiest**) (informal) full of unnecessary emotion; silly: *a soppy romantic film* ▶ **ckliwy**

soprano /səˈprɑːnəʊ; US -ˈpræn-/ noun [C] (pl. **sopranos** /-nəʊz/) the highest singing voice; a woman, girl, or boy with this voice ▶ **sopran**

sordid /ˈsɔːdɪd/ adj. **1** unpleasant; not honest or moral: *We discovered the truth about his sordid past.* ▶ **niecny, nikczemny 2** dirty and depressing: *a sordid backstreet* ▶ **obskurny, nędzny**

★**sore** /sɔː(r)/ adj. aching or painful: *to have a sore throat* ○ *I feel all right after the operation but my stomach is still very sore* (brzuch jeszcze bardzo mnie boli). ▶ **bolący, bolesny**

IDIOMS **a sore point** a subject that is likely to make sb upset or angry when mentioned ▶ **czułe miejsce** | **stand/stick out like a sore thumb** to be extremely obvious, especially in a negative way: *A big new office block would stand out like a sore thumb in the old part of town.* ▶ **zbytnio rzucać się w oczy** (*w sposób negatywny*)

□ **sore** noun [C] a painful place on the body where the skin or flesh is infected ▶ **owrzodzenie** | **sorely** adv. (formal) very greatly; severely: *You'll be sorely missed when you leave.* ▶ **srodze, wielce** | **soreness** noun: *You might get some soreness of the skin.* ▶ **zaczerwienienie, obrzmienie**

sorrow /ˈsɒrəʊ/ noun (formal) **1** [U] great sadness: *I'd like to express my sorrow at the death of your father.* ▶ **smutek, żal 2** [C] an event, etc. that causes great sadness: *His decision to leave home was a great sorrow to his parents.* ▶ **bolesny cios**

□ **sorrowful** adj. ▶ **zasmucony, żałosny** | **sorrowfully** adv. ▶ **ze smutkiem, żałośnie**

★**sorry** /ˈsɒri/ adj. (**sorrier**; **sorriest**) **1** (not before a noun) **be sorry (for/about sth)**; **be sorry (to do sth/that...)** (used for apologizing for sth that you have done): *I'm sorry I've kept you all waiting.* ○ *I'm awfully sorry for spilling that wine.* ○ *I'm sorry to be so late.* ○ *I'm so sorry that I woke you.* ▶ **przepraszać, przykro mi itp. 2** (not before a noun) **be sorry (to do sth/that)**; **be sorry (about sth)** to be sad or disappointed: *I was sorry not to get the job.* ○ *'Simon's mother died last week.' 'Oh, I am sorry.'* ▶ **przykro mi itp., jaka szkoda, (bardzo) współczuć 3 be sorry** (used for politely saying 'no' to sth, disagreeing with sth or introducing bad news): *'Would you like to come to supper on Friday?' 'I'm sorry, I'm busy that evening.'* ○ *I'm sorry, I don't agree with you.* ○ *I'm sorry to tell you that your application has been unsuccessful.* ▶ **przykro mi itp. 4** (only before a noun) very bad: *The house was in a sorry state when we first moved in.* ▶ **opłakany**

IDIOM **be/feel sorry for sb** to feel sympathy or pity for sb: *I feel very sorry for* (bardzo współczuję) *the families of the victims.* ○ *Stop feeling sorry for yourself!* ▶ **żałować kogoś, użalać się nad kimś**

□ **sorry** interj. **1** (used for apologizing, making excuses, etc.): *Sorry, I didn't see you standing behind me.* ○ *Sorry I'm late – the bus didn't come on time.* ▶ **przepraszam 2** (used for asking sb to repeat sth you have not heard properly): *'My name's Maggie Wiseman'. 'Sorry? Maggie who?'* ▶ **przepraszam, słucham? 3** (used for correcting yourself when you have said sth wrong): *Take the second turning, sorry, the third turning on the right.* ▶ **przepraszam**

★**sort**[1] /sɔːt/ noun **1** [C] a type or kind: *What sort of music do you like?* ○ *That's the sort of car I'd like to have.* ○ *different sorts of people* ○ *She's got all sorts of problems at the moment.* ▶ **gatunek, rodzaj 2** [sing.] a type of character; a person: *You can ask him for help – he's a good sort.* ▶ **gość, facet**

IDIOMS **a sort of sth** (informal) a type of sth; sth similar to sth: *Can you hear a sort of ticking noise?* ▶ **coś w rodzaju** | **sort of** (informal) rather; in a way: *I feel sort of sick.* ○ *I'd sort of like to go, but I'm not sure.* ▶ **trochę, jakoś**

★**sort**[2] /sɔːt/ verb [T] **1** to put things into different groups or places so that they are properly organized: *I'm just sorting these papers into the correct files.* ○ *The computer will sort the words into alphabetical order.* ▶ **segregować, porządkować 2** (informal) to find an answer to a problem or difficult situation: *I'll have more time when I've got things sorted at home* (kiedy uporządkuję sprawy domowe). ▶ **doprowadzać do ładu, porządkować**

PHRASAL VERBS **sort sth out 1** to tidy or organize sth: *The toy cupboard needs sorting out.* ▶ **porządkować 2** to find an answer to a problem: *I haven't found a flat yet but I hope to sort something out soon.* ▶ **organizować, kombinować** | **sort through sth** to go through a number of things, in order to tidy them or find sth that you are looking for ▶ **przeglądać, porządkować**

□ **sorted** adj. (Brit., informal) organized; arranged: *'And what about the money?' 'Sorted!'* ▶ **zrobione!**

so-so /ˌsəʊ ˈsəʊ/ adj., adv. (informal) all right but not particularly good/well: *'How are you?' 'So-so.'* ▶ **jako tako, tak sobie**

soufflé /ˈsuːfleɪ; US suːˈfleɪ/ noun [C,U] a type of food made mainly from egg whites, flour and milk, beaten together and baked: *a cheese soufflé* ▶ **suflet**

sought pt, pp of SEEK

sought after /ˈsɔːt ɑːftə(r)/ adj. that people want very much, because it is of high quality or rare ▶ **poszukiwany, wzięty**

★**soul** /səʊl/ noun **1** [C] the part of a person that is believed to continue to exist after the body is dead: *Christians believe that your soul goes to heaven when you die.* ▶ **dusza 2** [sing.] the part of a thing or a place that shows its true nature: *You will find the real soul of France in the countryside.* ▶ **duch, dusza 3** [C,U] deep feeling and thought: *The music was performed perfectly but it lacked soul.* ▶ **uczucie 4** [C] (used with adjectives expressing affection or pity) person: *She's a kind old soul.* ▶ **dusza 5** [sing.] (in negative statements) a person: *There wasn't a soul in sight* (ani żywego ducha). ▶ **dusza 6** [U] (also **'soul music**) a type of popular Black American music: *a soul singer* ▶ **muzyka soul**

IDIOM heart and soul → HEART

□ **soulful** /-fl/ adj. having or showing deep feeling: *a soulful expression* ▶ **pełen uczucia/wyrazu** | **soulless** /'səʊlləs/ adj. without feeling, warmth or interest: *soulless industrial towns* ▶ **bezduszny**

★**sound**[1] /saʊnd/ verb **1** [I] linking verb to give a particular impression when heard or heard about; to seem: *That sounds like a child crying.* ○ *She sounded upset and angry on the phone.* ○ *The rain sounds heavy.* ○ *You sound like my mother!* ○ *He sounds a very nice person from his letter.* ○ *Does she sound like the right person for the job?* ○ *It doesn't sound as if* (nie wygląda na to, że) *he's very reliable.* ❶ W języku mówionym, zwłaszcza w Amer. ang., często używa się **like** zamiast **as if** lub **as though**. W Br. ang. pisanym jest to uważane za nieprawidłowe. ➲ Zob. uwaga przy **feel**[1]. ▶ **brzmieć 2** [T] to cause sth to make a sound: *to sound the horn* (naciskać klakson) *of your car* ▶ **włączać coś, co wydaje dźwięk**

PHRASAL VERB sound sb out (about sth) to ask sb questions in order to find out what they think or intend: *Do you mind if I sound you out about these new proposals?* ▶ **sondować (kogoś), wybadać**

★**sound**[2] /saʊnd/ noun **1** [C] something that you hear or that can be heard: *the sound of voices* ○ *She opened the door without a sound* (bezszelestnie). ▶ **dźwięk, odgłos 2** [U] what you hear; impressions received by hearing: *Light travels faster than sound.* ○ *sound waves* ▶ **dźwięk 3** (**the sound**) [sing.] the volume on a television, radio, etc.: *Can you turn the sound up/down* (przygłośnić/przyciszyć)*?* ▶ **fonia**

IDIOM by the sound of it/things judging from what sb has said or what you have read about sb/sth: *She must be an interesting person, by the sound of it.* ▶ **z tego co słyszę, wygląda na to, że**

■ **'sound effect** noun [C, usually pl.] sounds other than speech or music that are used in a play, film or computer game to create the required effect ▶ **efekt dźwiękowy** | **'soundproof** adj. made so that no sound can get in or out ▶ **dźwiękoszczelny, wyciszony** | **'soundtrack** noun [C] the recorded sound and music from a film or computer game ▶ **ścieżka dźwiękowa**

★**sound**[3] /saʊnd/ adj. **1** healthy and strong; in good condition: *a sound state of health* ○ *The structure of the bridge is basically sound.* ▶ **dobry, w dobrym stanie 2** sensible; that you can rely on: *sound advice* ▶ **rozsądny; pewny**

IDIOM safe and sound → SAFE[1]

□ **sound** adv.

IDIOM be sound asleep to be deeply asleep ▶ **spać głęboko**

soundly adv. thoroughly or deeply: *Our team was soundly beaten this afternoon.* ○ *The children were sleeping soundly.* ▶ **dotkliwie; głęboko** | **soundness** noun [U] ▶ **wytrzymałość, dobry stan**

★**soup** /su:p/ noun [U] liquid food made by cooking meat, vegetables, etc. in water: *chicken soup* rosół ○ *a tin of soup* ▶ **zupa**

★**sour** /'saʊə(r)/ adj. **1** having a sharp taste like that of a lemon: *We had pork with a sweet and sour sauce.* ▶ **kwaśny 2** (used especially about milk) tasting or smelling unpleasant because it is no longer fresh ▶ **skwaśniały; zsiadły 3** having or showing a bad temper; unpleasant: *a sour expression* kwaśna mina ▶ **w złym humorze**

IDIOMS go/turn sour to become unpleasant or unsatisfactory: *Their relationship turned sour after a few months.* Po paru miesiącach w ich związku coś się popsuło. ▶ **psuć się** | **,sour 'grapes** pretending to dislike or not to want sth when you secretly want it but cannot have it: *She said she didn't want to come to the party anyway, but I think that was just sour grapes.* ▶ **kwaśne winogrona**

□ **sourly** adv. in a sour(3) way ▶ **kwaśno, zgorzkniale** | **sourness** noun [U] ▶ **cierpkość; zgorzknienie**

■ **,sour 'cream** noun [U] cream that has been deliberately made sour by the addition of bacteria, and is used in cooking ▶ **kwaśna śmietana**

★**source** /sɔ:s/ noun [C] **1** a place, person or thing where sth comes or starts from or where sth is obtained: *Britain's oil reserves are an important source of income.* ○ *the source of the Nile* ▶ **źródło 2** a person, book, etc. that supplies information: *Police have refused to reveal the source of their information.* ○ *Government sources indicated yesterday that cuts may have to be made.* ▶ **źródło**

★**south** /saʊθ/ noun [sing.] (abbr. **S**) **1** (also **the south**) one of the four main points of the compass; the direction that is on your right when you face the sunrise: *warm winds from the south* ○ *Which way is south?* ▶ **południe 2** (**the south**; **the South**) the part of any country, city, etc. that lies further towards the south than other parts: *Winchester is in the South of England.* ▶ **południe**

□ **south** (also **South**) adj. in or towards the south, or from the south: *the south coast of Cornwall* ○ *The new offices will be in South Oxford.* ○ *a south wind* ▶ **południowy, z południa** | **south** adv. to or towards the south: *If you keep going south, you will soon join the motorway.* ○ *We live just south of Birmingham.* ○ *The house faces south.* ▶ **na południe** | **southerly** /'sʌðəli/ adj. **1** to, towards or in the south: *Keep going in a southerly direction.* ▶ **południowy 2** (used about winds) coming from the south: *a southerly wind* ▶ **południowy, z południa** | **southward** /'saʊθwəd/ adj. towards the south: *in a southward direction* ▶ **południowy** | **southward** /'saʊθwəd/ (also **southwards**) adv. towards the south: *We're flying southward at the moment.* ▶ **na południe, ku południu**

■ **'southbound** adj. travelling or leading towards the south: *the southbound carriageway* *of the M1* ► (jadący/idący itp.) **w kierunku południowym/na południe** | **ˌsouth-ˈeast** noun [sing.] (abbr. **SE**) **1** (also **the south-east**) the direction or point of the compass that is between south and east ► **południowy wschód** **2** (also **the south-east**; **the South-East**) a region that is towards the south-east: *the South-East of England* ► **południowy wschód** | **ˌsouth-ˈeast** adj., adv. in, from or to the south-east of a place or country: *the coast of south-east Spain* ○ *Continue south-east for about ten miles.* ► **południowo-wschodni; w kierunku południowo-wschodnim** | **ˌsouth-ˈeasterly** adj. **1** towards the south-east: *in a south-easterly direction* ► **południowo-wschodni** **2** (used about a wind) coming from the south-east ► **południowo-wschodni** | **ˌsouth-ˈeastern** /-ˈiːstən/ adj. in or from the south-east of a place or country: *the south-eastern states of the US* ► **południowo-wschodni** | **ˌsouth-ˈeastward** /-ˈiːstwəd/ (also **ˌsouth-ˈeastwards**) adv. towards the south-east: *Follow the A423 south-eastward.* ► **w kierunku południowo-wschodnim** | **the ˌSouth ˈPole** noun [sing.] the point on the surface of the Earth which is furthest south ► **biegun południowy** | **ˌsouth-ˈwest** noun [sing.] (abbr. **SW**) **1** (also **the south-west**) the direction or point of the compass that is between south and west ► **południowy zachód** **2** (also **the south-west**; **the South-West**) a region that is towards the south-west: *Devon is in the South-West.* ► **południowy zachód** | **ˌsouth-ˈwest** adj., adv. in, from or to the south-west of a place or country: *the south-west coast of France* ○ *If you look south-west you can see the sea.* ► **południowo-zachodni, w kierunku południowo-zachodnim** | **ˌsouth-ˈwesterly** adj. **1** towards the south-west: *in a south-westerly direction* ► **południowo-zachodni** **2** (used about a wind) coming from the south-west ► **południowo-zachodni** | **ˌsouth-ˈwestern** /-ˈwestən/ adj. in or from the south-west of a place or country: *south-western Italy* ► **południowo-zachodni** | **ˌsouth-ˈwestward** /-ˈwestwəd/ (also **ˌsouth-ˈwestwards**) adv. towards the south-west: *Follow the B409 south-westward.* ► **w kierunku południowo-zachodnim**

★**southern** (also **Southern**) /ˈsʌðən/ adj. of, in or from the south of a place: *Greece is in southern Europe.* ○ *the Southern hemisphere* ► **południowy**

□ **southerner** noun [C] a person who was born in or lives in the southern part of a country ► **południowiec**

souvenir /ˌsuːvəˈnɪə(r); US ˈsuːvənɪər/ noun [C] something that you buy and keep to remind you of somewhere you have been on holiday or of a special event ► **pamiątka**

sovereign /ˈsɒvrɪn/ noun [C] a king or queen ► **monarch-a/ini**

□ **sovereign** adj. **1** (used about a country) not controlled by any other country; independent ► **suwerenny** **2** (used about power) without limit; highest ► **nieograniczony; najwyższy** | **sovereignty** /ˈsɒvrənti/ noun [U] the power that a country has to control its own government ► **suwerenność**

sow[1] /saʊ/ noun [C] an adult female pig ➲ Zob. uwaga przy **pig**. ► **maciora**

sow[2] /səʊ/ verb [T] (pt **sowed**; pp **sown** /səʊn/ or **sowed**) **sow A (in B)**; **sow B (with A)** to plant seeds in the ground: *to sow seeds in pots* ○ *to sow a field with wheat* obsiać pole pszenicą ► **siać**

soya bean /ˈsɔɪə biːn/ (US **soy bean** /ˈsɔɪ biːn/) noun [C] a type of bean that can be cooked and eaten or used to make flour, oil and a sort of milk ► **fasola sojowa, soja**

■ **ˌsoy ˈsauce** (also **ˌsoya ˈsauce**) noun [U] a dark brown sauce that is made from soya beans and that you add to food to make it taste better ► **sos sojowy**

spa /spɑː/ noun [C] (pl. **spas**) a place where mineral water comes out of the ground and where people go to drink this water because it is considered to be healthy ► **uzdrowisko, zdrój**

★**space** /speɪs/ noun **1** [C,U] an area that is empty or not used: *Is there enough space for me to park the car there?* ○ *a parking space* ○ *We're a bit short of space.* ○ *There's a space here for you to write your name.* ○ *wide open spaces* otwarte przestrzenie ➲ Por. **room**. Zob. uwaga przy **place**. ► **miejsce, przestrzeń** **2** [U] (also **ˌouter ˈspace**) the vast area which surrounds the planet Earth and the other planets and stars: *Yuri Gagarin was the first man to go into space.* ○ *space travel* ► **przestrzeń kosmiczna, kosmos** **3** [C, usually sing.] a period of time: *Mandy had been ill three times in the space of four months.* ► **okres** **4** [U] time and freedom to think and do what you want: *I need some space to think.* ► **czas**

□ **space** verb [T] **space sth (out)** to arrange things so that there are spaces between them ► **rozstawiać, rozkładać**

■ **ˈspacecraft** noun [C] (pl. **spacecraft**) a vehicle that travels in space ► **pojazd kosmiczny** | **ˈspaceman**; **ˈspacewoman** noun [C] a person who travels in space ► **kosmonaut-a/ka** | **ˈspaceship** noun [C] a vehicle in which people can travel in space ► **statek kosmiczny** | **ˈspace shuttle** noun [C] a spacecraft that is designed to be used more than once, e.g. between the earth and a space station ► **prom kosmiczny**

spacious /ˈspeɪʃəs/ adj. having a lot of space or room; large in size ► **obszerny, przestronny**

□ **spaciousness** noun [U] ► **obszerność**

★**spade**[1] /speɪd/ noun [C] a tool that you use for digging. A spade has a long wooden handle and a blade at one end. ➲ Por. **shovel**. ► **łopata**

spade[2] /speɪd/ noun **1** (**spades**) [pl.] the group (suit) of playing cards with pointed black leaves on them: *the king of spades* ► **piki** **2** [C] one of the cards from this suit: *Have you got a spade?* ► **pik**

spaghetti /spəˈgeti/ noun [U] a type of Italian food (pasta) made from flour and water that looks like long strings: *I'll cook some spaghetti.* ► **spaghetti**

span /spæn/ noun [C] **1** the length of sth from one end to the other: *the wingspan of a bird*

▶ **rozpiętość 2** the length of time that sth lasts or continues: *Young children have a short attention span* (małą rozpiętość uwagi). ▶ **okres, długość** (*czasu, życia*)

□ **span** verb [T] (**spanning**; **spanned**) **1** to stretch right across sth, from one side to the other: *a series of bridges spanning the river* ▶ **łączyć brzegi, rozciągać się 2** to last or continue for a particular period of time: *Her career in politics spanned more than fifty years.* ▶ **obejmować**

spaniel /'spænjəl/ noun a dog with large ears which hang down. There are several breeds of spaniel: *a cocker spaniel* ▶ **spaniel**

spank /spæŋk/ verb [T] to hit a child on its bottom with an open hand as a punishment ▶ **dawać klapsa**

spanner /'spænə(r)/ (US **wrench**) noun [C] a metal tool with an end shaped so that it can be used for turning nuts ➲ Ilustr. do **tool**. ▶ **klucz (płaski)**

★**spare**[1] /speə(r)/ adj. **1** not needed now but kept because it may be needed in the future: *The spare tyre is kept in the boot.* ○ *a spare room* ▶ **zapasowy 2** not used for work: *What do you do in your spare time?* ▶ **wolny 3** not being used; free: *There were no seats spare so we had to stand.* ▶ **wolny, zbywający**

□ **spare** noun [C] an extra thing of the same kind that you can use: *The fuse has blown. Where do you keep your spares?* ▶ **zapasowy bezpiecznik itp.**

■ ˌ**spare 'part** noun [C] a part for a machine, engine, etc. that you can use to replace an old part which is damaged or broken ▶ **część zapasowa**

★**spare**[2] /speə(r)/ verb [T] **1** to be able to give sb/sth to sb: *Can you spare any money?* ○ *I am very grateful for you sparing the time to see me.* ▶ **darowywać, poświęcać 2** to not hurt or damage sb/sth: *to spare sb's life* ▶ **oszczędzać, darowywać 3** to use as little as possible of sth: *No expense was spared at the wedding.* Nie pożałowano pieniędzy na wesele. ▶ **oszczędzać 4** to stop sb from having an unpleasant experience: *I told him what happened but spared him all the details.* ▶ **oszczędzać**

IDIOM **to spare** more than is needed: *There's no time to spare. We must leave straight away.* ▶ (*mieć*) **do stracenia,** (*mieć*) **na zbyciu**

□ **sparing** /'speərɪŋ/ adj. (formal) using only a little of sth; careful: *Try to be sparing with the salt.* Nie używaj zbyt dużo soli. ▶ **oszczędny** | **sparingly** adv.: *to use sth sparingly* ▶ **oszczędnie**

spark /spɑːk/ noun [C] **1** a small bright piece of burning material ▶ **iskra 2** a flash of light that is caused by electricity ○ (figurative) *a spark of anger* ▶ **iskra; błysk 3** an exciting quality that sb/sth has ▶ **polot, przebłysk**

□ **spark** verb

PHRASAL VERB **spark sth off** (informal) to cause sth: *Eric's comments sparked off a tremendous argument.* ▶ **wywoływać**

■ '**spark plug** (also '**sparking plug**) noun [C] the small piece of equipment that produces sparks in an engine ▶ **świeca zapłonowa**

sparkle /'spɑːkl/ verb [I] to shine with many small points of light: *The river sparkled in the sunlight.* ○ (figurative) *Trudy's eyes sparkled with excitement.* ▶ **skrzyć się, iskrzyć się**

□ **sparkle** noun [C,U] ▶ **iskra** | **sparkling** /'spɑːklɪŋ/ adj. **1** that sparkles: *sparkling blue eyes* ▶ **iskrzący (się) 2** (used about wine) with bubbles in it: *sparkling white wine* ➲ Por. **fizzy** i **still**. ▶ **musujący 3** full of life; appearing interesting and intelligent: *a sparkling, witty speech* ▶ **ognisty, pełen werwy**

sparrow /'spærəʊ/ noun [C] a small brown bird that is very common ▶ **wróbel**

sparse /spɑːs/ adj. small in quantity or amount: *a sparse crowd* ▶ **rzadki**

□ **sparsely** adv.: *a sparsely populated area* ▶ **rzadko** | **sparseness** noun [U] ▶ **rzadkość**

spartan /'spɑːtn/ adj. (formal) very simple and not comfortable: *spartan living conditions* ▶ **spartański**

spasm /'spæzəm/ noun [C,U] a sudden tightening of a muscle that you cannot control: *painful muscular spasms in the leg* ▶ **kurcz, skurcz**

spastic /'spæstɪk/ adj., noun [C] (of) a person who is suffering from a disease of the brain (cerebral palsy) and who cannot control their movements properly ❶ Uwaga! To słowo jest używane jako formalny termin medyczny. W języku codziennym jest uważane za przestarzałe. Por. **disabled**, które jest powszechnie używane i akceptowane. ▶ **spastyczny**

spat pt, pp of SPIT

spate /speɪt/ noun [sing.] a sudden large number or amount of sth: *a spate of burglaries in the area* nasilenie się włamań w tej okolicy ▶ **napływ, natłok**

spatial /'speɪʃl/ adj. (formal) connected with the size or position of sth ▶ **przestrzenny**

spatter /'spætə(r)/ verb [T] to cover sb/sth with small drops of liquid: *to spatter sb with water* ○ *to spatter water on sb* ▶ **opryskiwać**

spatula /'spætʃələ/ noun [C] **1** a tool with a wide flat blade used for mixing and spreading things, especially in cooking and painting ➲ Ilustr. do **kitchen**. ▶ **łopatka, szpachelka 2** (especially US) = FISH SLICE

★**speak** /spiːk/ verb (pt **spoke** /spəʊk/; pp **spoken** /'spəʊkən/) **1 speak (to sb) (about sb/sth)** [I] to talk or say things: *Could you speak more slowly?* ○ *I was so angry I could hardly speak.* ○ *I'd like to speak to the manager, please.* ▶ **mówić, rozmawiać**

> **Speak** i **talk** mają prawie takie samo znaczenie, chociaż **speak** jest nieco bardziej formalne. **Talk** odnosi się raczej do rozmowy, podczas gdy **speak** często używa się w sytuacji, kiedy mówi tylko jedna osoba: *Speaking personally, I'm all in favour of the idea.* ○ *We talked all night.* ○ *I must speak to Ben's parents about his bad behaviour.*

2 [T] to know and be able to use a language: *Does anyone here speak German?* ○ *a French-*

speaking guide ▶ **mówić 3** [I] **speak (on/about sth)** to make a speech to a group of people: *Professor Hurst has been invited to speak on American foreign policy.* ▶ **przemawiać (na jakiś temat) 4** [I] **speak (to sb)** (informal) (usually in negative sentences) to be friendly with sb: *They had an argument and now they're not speaking to each other.* ▶ **rozmawiać (z kimś)**

IDIOMS **be on speaking terms (with sb)** to be friendly with sb (after an argument): *Thankfully they are back on speaking terms again.* ▶ **pogodzić się** | **so to speak** (used when you are describing sth in an unusual way or in a way which is not strictly true): *She turned green, so to speak, after watching a television programme about the environment.* ▶ **że tak powiem** | **speak for itself** to be very clear so that no other explanation is needed: *The statistics speak for themselves.* ▶ **mówić samo za siebie** | **speak/talk of the devil** → DEVIL | **speak your mind** to say exactly what you think, even though you might offend sb ▶ **wypowiadać swoje zdanie** (*bez ogródek*)

PHRASAL VERBS **speak for sb** to express the thoughts or opinions of sb else: *I cannot speak for my colleagues.* ▶ **mówić za kogoś** | **speak out (against sth)** to say clearly and publicly that you think sth is bad or wrong ▶ **mówić otwarcie (przeciwko czemuś)** | **speak up** to speak louder ▶ **mówić głośniej**

□ **speaker** noun [C] **1** a person who makes a speech to a group of people: *Tonight's speaker is a well-known writer and journalist.* ▶ **mówca/czyni 2** (informal) = LOUDSPEAKER(2) **3** a person who speaks a particular language: *a Japanese speaker* ▶ **osoba mówiąca określonym językiem**

spear /spɪə(r)/ noun [C] a long pole with a sharp point at one end, used for hunting or fighting ▶ **włócznia**

■ **'spearhead** noun [C, usually sing.] a person or group that begins or leads an attack, etc. ▶ **czołówka** (*np. atakująca*) | **'spearhead** verb [T] to lead an attack: *The RSPCA is spearheading the campaign.* ▶ **przewodzić, stawać na czele**

spearmint /'spɪəmɪnt/ noun [U] a type of leaf with a fresh taste that is used in sweets, etc.: *spearmint chewing gum* ➲ Por. **peppermint**. ▶ **mięta zielona**

***special** /'speʃl/ adj. **1** not usual or ordinary; important for some particular reason: *He shouldn't get special treatment just because he is famous.* ○ *a special occasion* ○ *Are you doing anything special tonight?* ▶ **specjalny, szczególny 2** (only before a noun) for a particular purpose: *The little boy goes to a special school for the deaf.* ○ *There's a special tool for doing that.* ▶ **specjalny**

□ **special** noun [C] something that is not of the usual or ordinary type: *the all-night election special* (specjalny program wyborczy) *on TV* ▶ **nadzwyczajne wydarzenie** | **specialist** /-ʃəlɪst/ noun [C] a person with special or deep knowledge of a particular subject: *She's a specialist in diseases of cattle.* ○ *to give specialist advice* udzielić specjalistycznej porady ▶ **specjalist-a/ka** | **specially** /-ʃəli/ (also **especially**) adv. **1** for a particular purpose or reason: *I made this specially for you.* ▶ **specjalnie 2** particularly; very; more than usual: *The hotel was clean but the food was not specially good.* ○ *It's not an especially difficult exam.* ▶ **szczególnie**

■ ˌ**special ef'fects** noun [pl.] unusual or exciting pieces of action in films/movies or television programmes, that are created by computers or clever photography to show things that do not normally exist or happen ▶ **efekty specjalne**

speciality /ˌspeʃi'æləti/ noun [C] (pl. **specialities**) (US **specialty** /'speʃəlti/ (pl. **specialties**)) **1** an area of study or a subject that you know a lot about ▶ **specjalizacja 2** something made by a person, place, business, etc. that is very good and that they are known for: *The cheese is a speciality of the region.* ▶ **specjalność**

specialize (also **-ise**) /'speʃəlaɪz/ verb [I] **specialize (in sth)** to give most of your attention to one subject, type of product, etc.: *This shop specializes in clothes for taller men.* ○ *a lawyer who specializes in divorce cases* ▶ **specjalizować się (w czymś)**

□ **specialization** (also **-isation**) /ˌspeʃəlaɪ'zeɪʃn; US -lə'z-/ noun [U] ▶ **specjalizacja** | **specialized** (also **-ised**) adj. **1** to be used for a particular purpose: *a specialized system* ▶ **wyspecjalizowany 2** having or needing deep or special knowledge of a particular subject: *We have specialized staff to help you with any problems.* ▶ **wyspecjalizowany**

specialty (US) = SPECIALITY

***species** /'spiːʃiːz/ noun [C] (pl. **species**) a group of plants or animals that are very similar to each other and that can breed together: *an endangered species* ▶ **gatunek**

***specific** /spə'sɪfɪk/ adj. **1** detailed or exact: *You must give the class specific instructions on what they have to do.* ▶ **ścisły, szczegółowy 2** particular; not general: *Everyone has been given a specific job to do.* ▶ **specyficzny**

□ **specifically** /-kli/ adv.: *a play written specifically for television* ○ *I specifically asked you not to do that.* ▶ **specjalnie**

specification /ˌspesɪfɪ'keɪʃn/ noun [C,U] detailed information about how sth has been or must be built or made: *The kitchen was designed to our own specification.* ▶ **specyfikacja**

specify /'spesɪfaɪ/ verb [T] (pres. part. **specifying**; 3rd pers. sing. pres. **specifies**; pt, pp **specified**) to say or name sth clearly or in detail: *Please specify any dates that you are not available.* ○ *The regulations specify the maximum number of people allowed in.* ▶ **wymieniać, precyzować**

specimen /'spesɪmən/ noun [C] **1** an example of a particular type of thing, often studied by experts or scientists: *There is a fine specimen of that type of tree in the Botanical Gardens.* ▶ **okaz 2** a small amount of sth that is tested for medical or scientific purposes: *Specimens of the patient's blood were tested in the hospital laboratory.* ▶ **próbka**

speck /spek/ noun [C] a very small spot or mark: *a speck of dust* ○ *The car was just a tiny speck on the horizon.* ▶ **pyłek, punkcik**

speckled /ˈspekld/ adj. with small marks or spots: *a speckled hen* ○ *speckled eggs* ▶ **nakrapiany**

specs /speks/ noun [pl.] (informal) = GLASSES

spectacle /ˈspektəkl/ noun [C] something that is grand, interesting or unusual to look at: *The London Marathon is a popular sporting spectacle.* ▶ **widowisko**

spectacles /ˈspektəklz/ noun [pl.] = GLASSES

spectacular /spekˈtækjələ(r)/ adj. very grand, interesting or attractive: *The view from the top of the hill is quite spectacular.* ○ *a spectacular display of fireworks* ▶ **widowiskowy, okazały**
□ **spectacularly** adv. ▶ **widowiskowo, okazale**

★**spectator** /spekˈteɪtə(r); US ˈspekteɪtər/ noun [C] a person who watches a show, game, sport, etc. ▶ **widz**

spectre (US **specter**) /ˈspektə(r)/ noun [C] **1** = GHOST **2** an idea that frightens you because of sth bad that might happen in the future: *the spectre of unemployment* ▶ **widmo, upiór**

spectrum /ˈspektrəm/ noun [C, usually sing.] (pl. **spectra** /ˈspektrə/) **1** the set of seven colours into which white light can be separated: *You can see the colours of the spectrum in a rainbow.* ▶ **widmo** (*fizyczne*) **2** a full or wide range of sth: *speakers representing the whole spectrum of political opinions* ▶ **spektrum**

speculate /ˈspekjuleɪt/ verb **1** [I,T] **speculate (about/on sth)** to think about sth without having all the facts or information: *to speculate about the result of the next election* ▶ **spekulować 2** [I] to buy and sell with the aim of making money but with the risk of losing it: *to speculate on the stock market* ▶ **spekulować**
□ **speculator** noun [C] ▶ **spekulant/ka**

speculation /ˌspekjuˈleɪʃn/ noun [C,U] an act of speculating(1,2): *There was a lot of speculation about the date of the election.* ○ *He bought some shares as a speculation.* ▶ **spekulacja**

sped pt, pp of SPEED

★**speech** /spiːtʃ/ noun **1** [U] the act of speaking or the state of being able to speak: *to lose the power of speech* ○ *freedom of speech* wolność słowa ▶ **mowa 2** [U] the particular way of speaking of a person or group of people: *She's doing a study of children's speech.* ▶ **mowa 3** [C] a formal talk that you give to a group of people: *The Chancellor is going to make a speech* (wygłosić mowę) *to city businessmen.* ○ *an after-dinner speech* ▶ **przemówienie, mowa 4** [C] a group of words that one person must say in a play: *the King's speech in Act II* ▶ **mowa**
□ **speechless** adj. not able to speak, e.g. because you are shocked, very angry, etc. ▶ **oniemiały**

★**speed** /spiːd/ noun **1** [U] fast movement: *to gather/pick up speed* ○ *With a final burst of speed, Christie won the race.* ▶ **szybkość, prędkość 2** [C,U] the rate at which sb/sth moves or travels: *The car was travelling at a speed of 40 miles an hour.* ○ *to travel at top speed* ▶ **prędkość, szybkość**
□ **speed** verb [I] (pt, pp **sped** /sped/) **1** to go or move very quickly: *He sped round the corner on his bicycle.* ○ *The holiday seemed to speed by.* ▶ **pędzić, mknąć 2** (only used in the continuous tenses) to drive a car, etc. faster than the legal speed limit: *The police said she had been speeding.* ▶ **przekraczać dozwoloną przepisami szybkość**
PHRASAL VERB **speed (sth) up** (pt, pp **speeded**) (to cause sth) to go faster: *plans to speed up production in the factory* ○ *The traffic speeded up once it reached the motorway.* ▶ **przyśpieszać**
speeding noun [U] the act of driving a car, etc. faster than the legal speed limit ▶ **przekraczanie dozwolonej przepisami prędkości**
□ **speedy** adj. (**speedier**; **speediest**) fast; quick: *to make a speedy recovery from an illness* szybko wyzdrowieć ▶ **szybki** | **speedily** adv. ▶ **szybko** | **speediness** noun [U] ▶ **szybkość, prędkość**
■ **ˈspeedboat** noun [C] a small fast boat with an engine ▶ **ślizgacz** | **ˈspeed limit** noun [C, usually sing.] the highest speed that you may drive without breaking the law on a particular piece of road ▶ **ograniczenie prędkości** | **ˈspeedway** noun [U] the sport of racing on motor bikes ▶ **żużel**

speedometer /spiːˈdɒmɪtə(r)/ noun [C] a piece of equipment in a car, etc. that tells you how fast you are travelling ▶ **szybkościomierz**

★**spell**[1] /spel/ verb (pt, pp **spelled** /speld/or **spelt** /spelt/) **1** [I,T] to write or say the letters of a word in the correct order: *I find that children today just can't spell.* ○ *How do you spell your surname?* ○ *His name is spelt P-H-I-L-I-P.* ▶ **literować 2** [T] (used about a set of letters) to form a particular word: *A-I-S-L-E spells aisle.* ▶ **pisać (się) 3** [T] to mean; to have sth as a result: *Another poor harvest would spell disaster for the region.* ▶ **znaczyć**
PHRASAL VERB **spell sth out 1** to write or say the letters of a word or name in the correct order ▶ **przeliterowywać 2** to explain sth in detail or in a very clear way ▶ **precyzować**
□ **spelling** noun **1** [C,U] the way that a word is spelt: *'Center' is the American spelling of 'centre'.* ▶ **pisownia 2** [U] the act of spelling or the state of being able to spell: *Roger is very poor at spelling.* ▶ **ortografia**
■ **ˈspell check** verb [I,T] to use a computer program to check your writing to see if your spelling is correct ▶ **sprawdzać pisownię** (*za pomocą odpowiedniego programu komputerowego*) | **ˈspellchecker** (also **ˈspell check**) noun [C] a computer program that checks your writing to see if your spelling is correct ▶ (*w komputerze*) **program do sprawdzania pisowni**

spell[2] /spel/ noun [C] a short period of time: *a spell of cold weather* ▶ **krótki okres**

spell[3] /spel/ noun [C] **1** [usually sing.] (in stories, etc.) a state or condition that was caused by magic: *The witch put a spell on the prince.* Wiedźma rzuciła urok na księcia. ○ (figurative) *He's completely under her spell.* ▶ **urok, czar**

2 a set of words that are believed to have magic power ▶ **zaklęcie**

spelt pt, pp of SPELL[1]

★**spend** /spend/ verb (pt, pp **spent** /spent/) **1** [I,T] **spend (sth) (on sth)** to give or pay money for sth: *How much do you spend on food each week?* ○ *You shouldn't go on spending like that.* ▶ **wydawać 2** [T] to pass time: *I spent a whole evening writing letters.* ○ *I'm spending the weekend at my parents' house.* ○ *He spent two years in Rome.* ▶ **spędzać**

spending /ˈspendɪŋ/ noun [U] the giving of large amounts of money by an organization to pay for services such as education: *The government wants to increase spending on health care.* ▶ **nakłady**

sperm /spɜːm/ noun **1** [C] a very small cell that is produced by a male animal and that can join with a female egg to create a new life ▶ **plemnik 2** [U] the liquid that contains sperms ▶ **sperma, nasienie**

sphere /sfɪə(r)/ noun [C] **1** any round object shaped like a ball ▶ **kula 2** an area of interest or activity: *Many countries are having difficulties in the economic sphere.* ▶ **zakres, dziedzina**
□ **spherical** /ˈsferɪkl/ adj. ▶ **kulisty**

spice /spaɪs/ noun **1** [C,U] a substance (especially a powder) that is made from part of a plant and used to give flavour to food: *I use a lot of herbs and spices in my cooking.* ○ *Pepper and paprika are two common spices.* ▶ **przyprawa 2** [U] excitement and interest: *to add spice to a situation* ▶ **pikanteria**
□ **spice** verb [T] **spice sth (with sth) 1** to add spice to food ▶ **doprawiać (potrawę) 2** to add excitement to sth ▶ **nadawać (pikanterii)** | **spicy** adj. (**spicier**; **spiciest**) containing spice: *Indonesian food is rather spicy.* ▶ **ostry, pikantny**

spider /ˈspaɪdə(r)/ noun [C] a type of small animal (like an insect) with eight legs ▶ **pająk**

Spiders **spin webs** to catch insects for food.

spike /spaɪk/ noun [C] a piece of metal, wood, etc. that has a sharp point at one end: *metal railings with spikes on the top* ▶ **szpic, kolec**

★**spill** /spɪl/ verb [I,T] (pt, pp **spilt** /spɪlt/ or **spilled**) (to cause a liquid) to pour out from sth by accident: *I've spilt some wine on the carpet.* ○ (figurative) *There were so many people that the party spilled over into the garden* (że aż wysypywali się do ogrodu). ▶ **rozlewać (się)**
IDIOM **spill the beans** (informal) to tell a person sth when you are supposed to be keeping it secret ▶ **wygadać się, puszczać farbę**

★**spin** /spɪn/ verb (**spinning**; pt, pp **spun** /spʌn/) **1** [I,T] **spin (sth) (round)** to turn or make sth turn round quickly: *Mary spun round when she heard someone call her name.* ○ *to spin a coin* podrzucać monetę (żeby zawirowała) ○ (figurative): *After three glasses of whisky my head was spinning* (kręciło mi się w głowie). ▶ **obracać (się) 2** [I,T] to make thread from a mass of wool, cotton, etc. ▶ **prząść 3** [T] = SPIN-DRY
PHRASAL VERB **spin sth out** to make sth last as long as possible: *I managed to spin the discussion out until lunchtime.* ▶ **rozciągać, przedłużać**
□ **spin** noun **1** [C,U] an act of spinning(1): *to put some spin on a ball* trochę podkręcać piłkę ▶ **wirowanie, kręcenie się 2** [sing., U] (especially in politics) a way of talking publicly about a difficult situation, a mistake, etc. that makes it sound positive for you ▶ **przekręt**
IDIOM **go/take sb for a spin** to go/take sb out in a car or other vehicle ▶ **jechać/zabierać kogoś na przejażdżkę**
■ ˈ**spin doctor** noun [C] (especially in politics) a person who finds ways of talking about difficult situations, mistakes, etc. in a positive way ▶ **osoba, która zawsze usprawiedliwia czyjeś błędy, znajduje pozytywne strony trudności itp.** | ˌ**spin-ˈdry** (also **spin**) verb [T] to remove water from clothes by spinning(1) them round very fast in a machine called a spin dryer ▶ **wirować** | ˌ**spin ˈdryer** noun [C] (Brit.) a machine that removes water from wet clothes by turning them round and round very fast ▶ **wirówka** | ˈ**spin-off** noun [C] a useful result that you did not expect ▶ **efekt uboczny**

spinach /ˈspɪnɪtʃ; -ɪdʒ/ noun [U] a plant with large green leaves that can be cooked and eaten as a vegetable ▶ **szpinak**

spinal /ˈspaɪnl/ adj. connected with the bones of the spine ▶ **kręgowy, rdzeniowy**
■ ˌ**spinal ˈcord** noun [C, usually sing.] a mass of nerve fibres that are in the spine, connecting all parts of the body with the brain ▶ **rdzeń kręgowy**

spine /spaɪn/ noun [C] **1** the bones of the back of a person or an animal; the backbone ▶ **kręgosłup 2** one of the sharp points on some plants and animals ➲ Por. **prickle**. ▶ **kolec, cierń 3** the narrow part of a book that you can see when it is on a shelf ▶ **grzbiet**
□ **spineless** adj. weak and easily frightened ▶ (*o osobie*) **bez kręgosłupa**

spinster /ˈspɪnstə(r)/ noun [C] (old-fashioned) a woman who has never been married ❶ Mówiąc o nieżonatym mężczyźnie lub niezamężnej kobiecie, obecnie najczęściej używa się słowa **single**. ▶ **stara panna**

spiral /ˈspaɪrəl/ noun [C] a long curve that moves upwards going round and round a central point ▶ **spirala**
□ **spiral** adj.: *a spiral staircase* kręcone schody ▶ **spiralny** | **spiral** verb [I] (**spiralling**; **spiralled**; US **spiraling**; **spiraled**) to move upwards or downwards in a spiral, especially very quickly: *Food prices are spiralling up.* ▶ **skakać, szybko spadać**

spire /ˈspaɪə(r)/ noun [C] a tall pointed tower on the top of a church, etc. ▶ **iglica**

★**spirit** /ˈspɪrɪt/ noun **1** [sing.] the part of a person that is not physical; your thoughts and feelings, not your body: *On the lonely island I saw another world, another life, the life of the spirit.* ▶ **duch 2** [C] the part of a person that many people believe still exists after their body is dead: *the spirits of the dead* ▶ **duch 3** [C] a ghost or being that exists but that does not have a body: *the Holy Spirit* Duch Święty

▶ **duch 4** [U] energy, strength of mind or liveliness: *The constant setbacks finally broke his spirit.* ▶ **duch, animusz 5** [C] the mood or attitude of mind of sb/sth: *the spirit of goodwill at Christmas* ○ *to be in high/low spirits* być w dobrym/złym nastroju ○ *Everyone entered into the spirit of the party.* Wszyscy poddali się nastrojowi przyjęcia. ○ *the 16th-century spirit of exploration* ▶ **duch, nastrój 6** [U] the real and intended meaning of a rule, agreement, etc.: *Judges should consider the spirit as well as the letter of the law.* ▶ **duch 7 (spirits)** [pl.] strong alcoholic drinks, e.g. whisky: *I never drink spirits.* ▶ **napój wyskokowy**

□ **spirit** verb

PHRASAL VERB **spirit sb/sth away/off** to take sb/sth away secretly ▶ **zabierać/wywozić (kogoś/coś) po kryjomu**

spirited /ˈspɪrɪtɪd/ adj. lively, energetic or having strength of mind: *The Prime Minister gave a spirited defence of his policies.* ○ *a spirited debate* ▶ **ożywiony, porywający** | **-spirited** (in compounds) having a particular mood or attitude of mind: *a group of high-spirited teenagers* grupa pełnych werwy nastolatków ▶ (*określa nastrój*)

spiritual /ˈspɪrɪtʃuəl/ adj. **1** concerning your deep thoughts, feelings or emotions: *to fulfil your spiritual needs* ➲ Por. **material**. ▶ **duchowy 2** concerning the Church or religion: *Tibet's exiled spiritual leader, the Dalai Lama* ▶ **duchowy**

□ **spiritually** /-tʃuəli/ adv. ▶ **duchowo**

spiritualism /ˈspɪrɪtʃuəlɪzəm/ noun [U] the belief that you can get messages from the spirits(2) of people who are dead ▶ **spirytyzm**

□ **spiritualist** /-ɪst/ noun [C] a person who believes in or who is involved with spiritualism ▶ **spirytyst-a/ka**

★**spit** /spɪt/ verb [I,T] (**spitting**; pt, pp **spat** /spæt/) **spit (sth) (out)** to send liquid, food, etc. out from your mouth: *No spitting allowed!* ○ *He took one sip of the wine and spat it out.* ❶ W Amer. ang. czas przeszły i imiesłów bierny czasu przeszłego też mogą przyjmować formę **spit**. ▶ **pluć**

□ **spit** noun **1** [U] (informal) the liquid in your mouth ➲ Por. **saliva**. ▶ **ślina, plwocina 2** [C] a long thin piece of land that sticks out into the sea, a lake, etc. ▶ **cypel, mierzeja 3** a long thin metal stick that you put through meat to hold it when you cook it over a fire: *chicken roasted on a spit* ▶ **rożen**

★**spite** /spaɪt/ noun [U] the desire to hurt or annoy sb: *He stole her letters out of spite.* ▶ **złośliwość**

□ **in spite of** prep. (used for introducing sth that may be unexpected or surprising): *The match was played in spite of the awful weather.* ○ *In spite of all her hard work, Sue failed her exam.* ▶ **pomimo, wbrew** | **spite** verb [T] to try to hurt or annoy sb: *I think he only said it to spite me* (na złość). ▶ **urażać** | **spiteful** /-fl/ adj. feeling or showing spite(1); unkind: *He's been saying spiteful things about his ex-girlfriend.* ▶ **złośliwy** | **spitefully** adv. /-fəli/ ▶ **złośliwie**

★**splash** /splæʃ/ verb [I,T] (to cause a liquid) to fly about in drops and make sb/sth wet: *The children were splashing each other with water.* ○ *They were splashing around in the pool.* ○ *Be careful not to splash paint onto the floor.* ▶ **chlapać**

PHRASAL VERB **splash out (on sth)** (informal) to spend money on sth that is an expensive luxury or that you do not really need ▶ **wykosztować się**

□ **splash** noun [C] **1** an act or sound of splashing: *Paul jumped into the pool with a big splash.* ▶ **plusk 2** a mark or spot that was made by sth splashing: *splashes of oil on the cooker* ▶ **plama 3** a bright area of colour: *Flowers add a splash of colour to a room.* ▶ **plama**

splatter /ˈsplætə(r)/ verb [I,T] (used about a liquid) to splash and make sb/sth wet or dirty; to make a liquid do this: *The paint was splattered all over the floor.* ▶ **ochlapywać, obryzgiwać**

splay /spleɪ/ verb [I,T] (to cause sth) to spread out or become wider at one end: *splayed fingers* ▶ **rozczapierzać, rozszerzać**

★**splendid** /ˈsplendɪd/ adj. **1** very good; excellent: *What a splendid idea!* ▶ **doskonały, wspaniały 2** of fine or grand appearance: *the splendid royal palace* ▶ **okazały, świetny**

□ **splendidly** adv. ▶ **doskonale, wspaniale**

splendour (US **splendor**) /ˈsplendə(r)/ noun [U] beauty that is grand and that impresses people: *the splendour of the Swiss Alps* ▶ **wspaniałość, okazałość**

splint /splɪnt/ noun [C] a piece of wood or metal that is used to keep a broken bone in the right position ▶ **szyna chirurgiczna, łupek**

splinter /ˈsplɪntə(r)/ noun [C] a small thin sharp piece of wood, metal or glass that has broken off a larger piece: *I've got a splinter in my finger.* ▶ **drzazga, odłamek**

□ **splinter** verb [I,T] to break into small thin sharp pieces ▶ **rozłupywać (się), rozszczepiać (się)**

★**split** /splɪt/ verb (pres. part. **splitting**; pt, pp **split**) **1** [I,T] **split (sth) (up) (into sth)** to break into two or more parts, usually from end to end, making a long line: *My jeans have split (open).* ▶ **rozdzierać (się), rozłupywać (się) 2** [I,T] **split (sb) (up) (into sth)** (to cause people) to divide into different groups: *Let's split into two groups.* ○ *The children have been split into five groups according to their ability.* ▶ **dzielić (się) 3** [T] to divide or share sth: *We split the cost of the meal between the six of us.* ▶ **dzielić (się) (czymś)**

IDIOMS **split the difference** to agree on an amount or figure that is halfway between the two amounts or figures already mentioned ▶ **wypośrodkować różnicę** (*np. w koszcie*) | **split hairs** to try to find small differences between things that are almost the same ❶ Zwykle używa się w znaczeniu krytycznym. ▶ **dzielić włos na czworo**

PHRASAL VERB **split up (with sb)** to end a marriage or relationship: *He's split up with his girlfriend.* ▶ **rozchodzić się (z kimś)**

□ **split** noun [C] **1** a division in a group: *Disagreement about European policy led to a* *split within the Conservative party.* ► **rozłam, podział 2** a long cut or hole in sth ► **rysa, pęknięcie**

■ ˌ**split 'second** noun [C] a very short period of time: *It only took me a split second to decide.* ► **ułamek sekundy** | ˌ**split-'second** adj. (only before a noun) done very quickly or very accurately: *She had to make a split-second decision.* ► **błyskawiczny; bardzo dokładny**

splutter /'splʌtə(r)/ verb **1** [I,T] to speak with difficulty e.g. because you are very angry or excited: *'How dare you!' she spluttered indignantly.* ► **wykrztusić 2** [I] to make a series of sounds like a person spitting or coughing: *He fell into the pool and came up coughing and spluttering.* ► **prychać**

□ **splutter** noun [C] ► **bełkot, prychanie**

★**spoil** /spɔɪl/ verb (pt, pp **spoilt** /spɔɪlt/ or **spoiled** /spɔɪld/) **1** [T] to make sth useless or unsuccessful, or not as good as before: *The new office block will spoil the view.* ○ *Our holiday was spoilt by bad weather.* ○ *Eating between meals will spoil your appetite.* ► **psuć 2** [T] to do too much for sb, especially a child, so that you have a bad effect on their character: *a spoilt child* ► **psuć, rozpieszczać 3** [T] to treat sb/ yourself very well for a certain period of time in order to make this person/yourself happy: *Why not spoil yourself with one of our new range of beauty products?* ► **dogadzać, rozpieszczać**

□ **spoils** noun [pl.] things that have been stolen, or taken in a war or battle ► **łup, zdobycz**

■ '**spoilsport** noun [C] a person who tries to stop other people enjoying themselves ► **osoba psująca innym zabawę**

spoke[1] /spəʊk/ noun [C] one of the thin pieces of metal that connect the centre of a wheel (the hub) to the outside edge (the rim) ► **szprycha**

spoke[2] pt of SPEAK

spoken pp of SPEAK

spokesman /'spəʊksmən/ noun [C] (pl. **spokesmen** /-mən/) a person who is chosen to speak for a group or an organization ❶ Obecnie istnieje tendencja do używania słowa **spokesperson**, ponieważ można je używać zarówno w odniesieniu do kobiety, jak i mężczyzny. ► **rzecznik**

★**spokesperson** noun [C] (pl. **spokespersons**; **spokespeople** /'spəʊkspi:pl/) a person who is chosen to speak for a group or an organization ► **rzeczni-k/czka**

spokeswoman /'spəʊkswʊmən/ noun [C] (pl. **spokeswomen** /-wɪmɪn/) a woman who is chosen to speak for a group or an organization ➲ Por. **spokesperson.** ► **rzeczniczka**

sponge /spʌndʒ/ noun [C,U] **1** a piece of rubber or plastic (or of a natural substance also called 'sponge'). Sponges have many small holes, soak up water and are used for cleaning things or for washing yourself. ► **gąbka 2** [C,U] = SPONGE CAKE

□ **sponge** verb [T] to clean sth with a wet sponge or cloth ► **myć/wycierać gąbką**

PHRASAL VERB **sponge on/off sb** (informal) to get money, food, etc. from sb without doing or giving anything in return: *It's about time you stopped sponging off your parents!* ► **pasożytować na kimś**

■ '**sponge bag** noun [C] (Brit.) a bag in which you put soap, toothpaste, etc. when you are travelling ► **kosmetyczka** | '**sponge cake** (also **sponge**) noun [C,U] a light cake made with eggs, flour and sugar, and sometimes fat ► **biszkopt**

★**sponsor** /'spɒnsə(r)/ noun [C] **1** a person or an organization that helps to pay for a special sports event, etc. (usually so that it can advertise its products) ► **sponsor/ka 2** a person who agrees to pay money to a charity if sb else completes a particular activity: *I need sponsors for a bike ride to Brighton in aid of Cancer Research.* ► **sponsor/ka**

□ **sponsor** verb [T] to be a sponsor(1,2) for sb/ sth: *A large cigarette company is sponsoring the next football tournament.* ○ *a sponsored walk to raise money for handicapped children* ► **sponsorować** | **sponsorship** noun: *Many theatres depend on industry for sponsorship.* ► **sponsorowanie**

spontaneous /spɒn'teɪniəs/ adj. done or happening naturally; not planned: *a spontaneous burst of applause* ► **spontaniczny**

□ **spontaneously** adv. ► **spontanicznie** | **spontaneity** /ˌspɒntə'neɪəti/ noun [U] ► **spontaniczność**

spooky /'spu:ki/ adj. (**spookier**; **spookiest**) (informal) frightening: *It's spooky* (strasznie) *in the house alone at nights.* ► **straszny**

spool /spu:l/ noun [C] a round object which thread, film, wire, etc. are wound around when you buy them ➲ Por. **reel.** ► **szpula, szpulka**

★**spoon** /spu:n/ noun [C] **1** an object with a round end and a long handle that you use for eating, stirring or serving food: *Give each person a knife, fork and spoon.* ○ *a wooden spoon for cooking* ➲ Ilustr. do **kitchen.** ► **łyżka 2** (also '**spoonful**) the amount that one spoon can hold: *Two spoons of sugar in my coffee, please.* ○ *Add a teaspoonful of salt.* ► **(pełna) łyżka/łyżeczka**

□ **spoon** verb [T] to lift or serve sth with a spoon ► **czerpać/nalewać/nakładać łyżką**

sporadic /spə'rædɪk/ adj. not done or happening regularly: *There have been sporadic outbursts of gunfire during the night.* ► **sporadyczny, rzadki**

□ **sporadically** /-kli/ adv. ► **sporadycznie, rzadko**

★**sport** /spɔ:t/ noun **1** [U] a physical game or activity that you do for exercise or because you enjoy it: *John did a lot of sport when he was at school.* ○ *amateur/professional sport* ○ *And now with the news, sport and weather here's Mark Foster.* (mówiono w radiu/TV) ► **sport 2** [C] a particular game or type of sport: *Which sports do you like playing?* ○ *the sports page of a newspaper* ○ *a sports centre* ○ *winter sports* sporty zimowe ► **sport 3** [C] (informal) a person who does not get angry or upset if they lose a game or if sb plays a joke on them ➲ Por. **spoilsport.** ► **równy facet, równa dziewczyna**

□ **sporting** adj. connected with sport: *a sporting*

achievement ▶ **sportowy** | **sporty** adj. (**sportier**; **sportiest**) (informal, especially Brit.) liking or good at sport ▶ **wysportowany**

■ **'sports car** noun [C] a low, fast car often with a roof that you can open ▶ **sportowy samochód** | **'sportsman** /-mən/ noun [C] (pl. **sportsmen** /-mən/) a man who plays sports: *a keen sportsman* ▶ **sportowiec** | **'sportsmanlike** adj. behaving well and fairly when you are playing sport ▶ **godny prawdziwego sportowca** | **'sportsmanship** noun [U] the quality of being sportsmanlike ▶ **godne sportowe zachowanie** | **'sportswoman** /-wʊmən/ noun [C] (pl. **sportswomen** /-wɪmɪn/) a woman who plays sports ▶ **sportsmenka**

★**spot**[1] /spɒt/ noun [C] **1** a small round mark of a different colour on sth: *Leopards have dark spots.* Lamparty są w ciemne cętki ○ *a blue skirt with red spots on it* ▶ **plamka, kropka 2** a small dirty mark on sth: *You've got a spot of gravy on your shirt.* ▶ **plama 3** a small red mark on your skin, sometimes caused by a disease: *Many teenagers get spots on their face.* ▶ **krosta, pryszcz 4** a particular place or area: *a nice spot for a picnic* ▶ **miejsce 5** = SPOTLIGHT(1) **6** [usually sing.] **a spot of sth** (informal) a small amount of sth: *Can you help me? I'm having a spot of trouble.* ▶ **odrobina, krzta**

IDIOMS **have a soft spot for sb/sth** → SOFT | **on the spot 1** immediately: *Paul was caught stealing money and was dismissed on the spot.* ▶ **z miejsca, natychmiast 2** at the place where sth happened or where sb/sth is needed: *The fire brigade were on the spot within five minutes.* ▶ **na miejscu** | **put sb on the spot** to make sb answer a difficult question or make a difficult decision without having much time to think ▶ **stawiać kogoś w kłopotliwym położeniu, zadając trudne pytanie lub wymagając natychmiastowej decyzji bez zastanowienia**

□ **spotted** adj. marked or covered with spots(1): *a spotted blouse* ▶ **cętkowany, nakrapiany** | **spotless** adj. having no spots(2) or marks; very clean: *Her house is always spotless.* ▶ **nieskazitelny** | **spotty** adj. (**spottier**; **spottiest**) having spots(3) on your skin: *a spotty young man* ▶ **krostowaty, pryszczaty**

■ **ˌspot 'check** noun [C] a test on one of a group of people or things which is not planned or expected ▶ **wyrywkowa kontrola** | **ˌspot 'on** adj. (informal) exactly right: *Your estimate was spot on.* ▶ **dokładny, precyzyjny**

spot[2] /spɒt/ verb [T] (**spotting**; **spotted**) to see or notice sb/sth: *I've spotted a couple of spelling mistakes.* ❶ Czasownika **spot** nie używa się w czasach *continuous*. Natomiast często spotyka się go w *present participle* (formie *-ing*): *Spotting a familiar face in the crowd, he began to push his way towards her.* ▶ **spostrzegać, zauważać**

spotlight /'spɒtlaɪt/ noun **1** [C] (also **spot**) a lamp that can send a strong beam of light onto a small area. Spotlights are often used in theatres. ▶ **reflektor punktowy (wąskostrumieniowy) 2** (**the spotlight**) [sing.] the centre of public attention or interest: *to be in the spotlight* ▶ **centrum uwagi/powszechnego zainteresowania**

spouse /spaʊs; spaʊz/ noun [C] your husband or wife ❶ **Spouse** jest formalnym słowem, używanym w formularzach, dokumentach itp. ▶ **małżon-ek/ka**

spout /spaʊt/ noun [C] a tube or pipe through which liquid comes out: *the spout of a teapot* ▶ **dziób, rura spustowa**

□ **spout** verb [I,T] **1** (used about a liquid) to come out from sth with force; to make a liquid do this: *Water spouted out from the broken pipe.* ▶ **tryskać, sikać 2** (informal) to say sth, using a lot of words, in a way that is not interesting: *She was spouting poetry at me.* ▶ **zalewać potokiem słów**

sprain /spreɪn/ verb [T] to injure part of your body by bending or turning it suddenly: *to sprain your ankle* ▶ **zwichnąć, skręcić**

□ **sprain** noun: *Your wrist isn't broken. It's just a bad sprain.* ▶ **zwichnięcie**

sprang pt of SPRING[3]

sprawl /sprɔːl/ verb [I] **1** to sit or lie with your arms and legs spread out in an untidy way: *People lay sprawled out in the sun.* ▶ **rozwalać się** (*np. na krześle*) **2** to cover a large area of land (in an unplanned way): *The city sprawls along the coast.* ▶ **rozciągać (chaotycznie)**

□ **sprawling** adj.: *the sprawling city suburbs* ▶ **rozwlekły, rozciągnięty**

spray /spreɪ/ noun **1** [U] liquid in very small drops that is blown through the air: *clouds of spray from the waves* ▶ **rozpylona ciecz, pył wodny 2** [C,U] liquid in a special container (aerosol) that is forced out under pressure when you push a button: *hair spray* ▶ **spray**

□ **spray** verb [I,T] (used about a liquid) to be sent out in very small drops with great force; to send a liquid out in this way: *The water sprayed out from the hole in the pipe.* ○ *Somebody's sprayed paint on my door!* ○ *Somebody's sprayed my door with paint.* ▶ **rozpylać (się), pryskać**

★**spread** /spred/ verb (pt, pp **spread**) **1** [T] **spread sth (out) (on/over sth)** to open sth so that you can see all of it: *Spread out the map on the table so we can all see it!* ▶ **rozkładać 2** [T] **spread A on B**; **spread B with A** to cover a surface with a soft substance: *to spread jam on bread* ○ *to spread bread with jam* ▶ **smarować, rozsmarować 3** [I,T] to affect a larger area or a bigger group of people; to make sth do this: *Fear spread through* (strach ogarnął) *the village.* ○ *Rats and flies spread disease.* ▶ **rozprzestrzeniać (się), roznosić (się) 4** [I] to continue for a great distance: *The swamp spreads for several miles along the coast.* ▶ **ciągnąć się 5** [T] **spread sth (over sth)** to divide sth so that it continues for a longer period of time: *You can spread your repayments over a period of three years.* ▶ **rozkładać**

PHRASAL VERB **spread (sb/yourself) out** to move away from the others in a group of people: *The police spread out to search the whole area.* ▶ **rozpraszać się**

□ **spread** noun **1** [U] the act of spreading sth or being spread: *Dirty drinking water encourages* *the spread of disease.* ▶ **rozszerzanie (się), rozprzestrzenianie (się) 2** [C,U] soft food that you eat on bread: *Don't eat butter. Use a low-fat spread.* ○ *cheese spread* serek topiony ▶ **produkt do smarowania na chlebie 3** [C] a newspaper or magazine article that covers one or more pages: *a double-page spread* ▶ **rozkładówka**

spreadsheet /ˈspredʃiːt/ noun [C] a computer program for working with rows of numbers, used especially for doing accounts ▶ **arkusz kalkulacyjny**

spree /spriː/ noun [C] (informal) a time when you go out and enjoy yourself ▶ **hulanka, szaleństwo**

sprig /sprɪɡ/ noun [C] a small piece of a plant with leaves on it ▶ **gałązka**

★**spring**[1] /sprɪŋ/ noun [C] **1** a place where water comes up naturally from under the ground: *a hot spring* ▶ **źródło 2** a long piece of thin metal or wire that is bent round and round. After you push or pull a spring it goes back to its original shape and size: *the springs of a bed* ▶ **sprężyna 3** an act of springing[3](1) or jumping up: *With one spring the cat landed on the table.* ▶ **skok**
□ **springy** adj. able to go back to its original shape or size after being pushed, pulled, etc.: *soft springy grass* ▶ **sprężysty**
■ ˈ**springboard** noun [C] **1** a low board that bends and that helps you jump higher, for example before you jump into a swimming pool ▶ **trampolina 2 a springboard (for/to sth)** something that helps you start an activity, especially by giving you ideas ▶ **odskocznia**

★**spring**[2] /sprɪŋ/ noun [C,U] the season of the year which follows winter and comes before summer. In spring the weather gets warmer and plants begin to grow.: *Daffodils bloom in the spring.* ○ *There's a feeling of spring in the air.* ▶ **wiosna**
■ ˌ**spring-ˈclean** verb [T] to clean a house thoroughly ▶ **wiosenne porządki** | ˌ**spring ˈonion** noun [C] (US **scallion**) a small young onion with a thin white round part at the bottom and a green stem and leaves, that is usually eaten raw ▶ **młoda cebula** (*ze szczypiorkiem*) | ˈ**springtime** noun [U] the period of spring ▶ **wiosna**

★**spring**[3] /sprɪŋ/ verb (pt **sprang** /spræŋ/; pp **sprung** /sprʌŋ/) [I] **1** to jump or move quickly: *When the alarm went off, Ray sprang out of bed.* ○ *to spring to your feet* ○ (figurative) *Everyone sprang to her defence when the boss started criticizing her.* ▶ **skakać; rzucać się** (*np. na pomoc*) **2** (used about an object) to move suddenly and violently: *The door sprang open* (gwałtownie się otworzyły) *and Bella walked in.* ○ *The branch sprang back* (nagle odskoczyła) *and hit him in the face.* ▶ **nagle i/lub gwałtownie wykonać jakiś ruch 3** to appear or come somewhere suddenly: *Where did you just spring from?* ○ *Tears sprang to her eyes.* ▶ **nagle przybyć/ pojawić się 4 spring from sth** (written) to be the result of: *Her behaviour springs from fear.* ▶ **wynikać z czegoś**
IDIOM **come/spring to mind** → MIND[1]
PHRASAL VERBS **spring sth on sb** (informal) to tell sb sth that is a surprise or not expected: *I hate to spring this on you, but can you get me those figures by tomorrow?* ▶ **zaskakiwać (czymś kogoś), zastrzelić** (*np. wiadomością*) | **spring up** to appear or develop quickly or suddenly: *Video rental shops are springing up everywhere.* ▶ **wyskakiwać** (*np. jak grzyby po deszczu*)

sprinkle /ˈsprɪŋkl/ verb [T] **sprinkle A (on/ onto/over B); sprinkle B (with A)** to throw drops of water or small pieces of sth over a surface: *to sprinkle sugar on a cake* ○ *to sprinkle a cake with sugar* ▶ **posypywać, kropić**
□ **sprinkler** /ˈsprɪŋklə(r)/ noun [C] a piece of equipment that sends out water in small drops. Sprinklers are used in gardens and for putting out fires in buildings. ▶ **zraszacz, instalacja tryskaczowa** (*do gaszenia pożaru*)

sprint /sprɪnt/ verb [I,T] to run a short distance as fast as you can ▶ **biec sprintem**
□ **sprint** noun [C] a short run or a short fast race ▶ **sprint**

sprout /spraʊt/ verb [I,T] (used about a plant) to begin to grow or to produce new leaves: *The seeds are sprouting.* ▶ **kiełkować, puszczać pędy**
□ **sprout** noun [C] **1** a new part that has grown on a plant ▶ **kiełek, pęd 2** = BRUSSELS SPROUT

spruce[1] /spruːs/ verb
PHRASAL VERB **spruce (sb/yourself) up** to make sb/yourself clean and tidy: *She spruced herself up for the job interview.* ▶ **wyelegantować (się)**

spruce[2] /spruːs/ noun [C] a fir tree with many leaves like needles ▶ **świerk**

sprung pp of SPRING[3]

spud /spʌd/ noun [C] (informal) a potato ▶ **ziemniak, kartofel**

spun pp of SPIN

spur /spɜː(r)/ noun [C] **1** a sharp piece of metal that a rider wears on the back of their boots to help control a horse and to make it go faster ▶ **ostroga 2** something that encourages you or that makes sth happen more quickly ▶ **bodziec, zachęta**
IDIOM **on the spur of the moment** without planning; suddenly: *I decided to go on the spur of the moment.* ▶ **spontanicznie, bez namysłu**
□ **spur** verb [T] (**spurring; spurred**) **1** to make a horse go faster by using spurs ▶ **spinać ostrogami** (*konia*) **2 spur sb/sth (on/onto sth)** to encourage sb or make sb work harder or do sth more quickly: *The general spurred on his men to a fresh attack.* ▶ **zagrzewać (kogoś do czegoś), przynaglać**

spurn /spɜːn/ verb [T] (formal) to refuse sth that sb has offered to you: *to spurn an offer of friendship* ▶ **odtrącać/odrzucać z pogardą**

spurt /spɜːt/ verb **1** [I,T] (used about a liquid) to come out with great force; to make a liquid do this: *Blood spurted from the wound.* ▶ **tryskać 2** [I] to increase your speed or effort ▶ **wzmagać** (*np. prędkość, wysiłek*)
□ **spurt** noun [C] **1** when a liquid comes out in a spurt, it comes out suddenly and with great force ▶ **struga, fontanna** (*np. krwi z rany*) **2** a

sudden increase in speed or effort: *She put on a spurt to catch up with the other runners.* ▶ **zryw**

spy /spaɪ/ noun [C] (pl. **spies**) a person who tries to get secret information about another country, person or organization ▶ **szpieg**

□ **spy** verb (pres. part. **spying**; 3rd pers. sing. pres. **spies**; pt, pp **spied**) **1** [I] **spy (on sb/sth)** to try to get (secret) information about sb/sth ➲ Por. **espionage**. ▶ **szpiegować 2** [T] (formal) to see: *They spied a horseman in the distance.* ▶ **dostrzegać, wypatrywać**

■ **spyhole** noun [C] a small hole in a door for looking at the person on the other side before deciding to let them in ▶ **wizjer**

Sq. abbr. Square: *6 Hanover Sq.* ▶ **pl.**

sq abbr. square (measurement): *10 sq cm* ▶ **kw.**

squabble /ˈskwɒbl/ verb [I] to quarrel or argue in a noisy way about sth that is not very important ▶ **handryczyć się**

□ **squabble** noun [C] ▶ **handryczenie się**

squad /skwɒd/ noun [C, with sing. or pl. verb] a group of people who work as a team: *the police drugs squad* ▶ **oddział, brygada**

squadron /ˈskwɒdrən/ noun [C, with sing. or pl. verb] a group of soldiers, military ships or aeroplanes, etc. ▶ **szwadron, eskadra**

squalid /ˈskwɒlɪd/ adj. very dirty, untidy and unpleasant: *squalid housing conditions* ▶ **nędzny, niechlujny**

squall /skwɔːl/ noun [C] a sudden storm with strong winds ▶ **nawałnica**

squalor /ˈskwɒlə(r)/ noun [U] the state of being very dirty, untidy or unpleasant: *to live in squalor* ▶ **nędza, niechlujstwo**

squander /ˈskwɒndə(r)/ verb [T] to waste time, money, etc.: *Karen squandered everything she earned on clothes and records.* ▶ **trwonić, marnotrawić**

★**square[1]** /skweə(r)/ adj. **1** having four straight sides of the same length: *a square tablecloth* ▶ **kwadratowy 2** shaped like a square: *a square face* ○ *square shoulders* barczyste ramiona ▶ **kwadratowy 3** not owing any money: *Here is the £10 I owe you. Now we're all square.* ▶ **(być) kwita 4** having equal points (in a game, etc.): *The teams were square at half-time.* ▶ (*o wyniku*) **remisowy 5** fair or honest, especially in business matters: *a square deal* ▶ **sprawiedliwy i uczciwy 6** (used for talking about the area of sth): *If a room is 5 metres long and 4 metres wide, its area is 20 square metres.* ▶ **kwadratowy 7** (used about sth that is square(1) in shape) having sides of a particular length: *The picture is twenty centimetres square* (jest kwadratem o długości boku wynoszącej 20 cm). ▶ **kwadratowy**

IDIOM a square meal a good meal that makes you feel full ▶ **solidny posiłek**

□ **square** (also **squarely**) adv. directly: *to look sb square in the eye* ○ *I think the blame falls squarely on her.* ▶ **prosto, bezpośrednio**

■ **ˌsquare ˈroot** noun [C] a number that produces another particular number when it is multiplied by itself: *The square root of four is two.* ➲ Por. **square[2]**(3). ▶ **pierwiastek kwadratowy**

★**square[2]** /skweə(r)/ noun [C] **1** a shape that has four sides of the same length and four angles of 90 degrees: *There are 64 squares* (pola) *on a chess board.* ▶ **kwadrat, czworobok 2** (also **Square**) an open space in a town or city that has buildings all around it: *The American Embassy is in Grosvenor Square.* ○ *the market square* rynek ▶ **plac 3** the number that you get when you multiply another number by itself: *Four is the square of two.* ➲ Por. **square root**. ▶ **kwadrat**

square[3] /skweə(r)/ verb [I,T] **square (sth) with sth** to agree, or make sth agree, with sth else: *Your conclusion doesn't really square with the facts.* ▶ **zgadzać się**

PHRASAL VERB square up (with sb) to pay sb the money that you owe them ▶ **rozliczać się (z kimś)**

□ **squared** adj. (used about a number) multiplied by itself: *Four squared is sixteen.* ➲ Por. **square root**. ▶ **podniesiony do kwadratu**

squash[1] /skwɒʃ/ verb **1** [T] to damage sth by pressing it hard so that it becomes flat: *My hat got squashed when somebody sat on it.* ○ (figurative) *to squash a plan/an idea/a revolt* ▶ **gnieść; dławić 2** [I,T] to go into a place, or move sb/sth to a place, where there is not much space: *We all squashed into the back of the car.* ▶ **tłoczyć (się)**

squash[2] /skwɒʃ/ noun **1** [C, usually sing.] a lot of people in a small space: *We can get ten people around the table, but it's a bit of a squash.* ▶ **tłok, ścisk 2** [C,U] (Brit.) a drink that is made from fruit juice and sugar. You add water to squash before you drink it: *orange squash* ▶ **napój z soku wygniecionego owocu**

squash[3] /skwɒʃ/ noun [U] a game for two people, played in a special room called a court. You play squash by hitting a small rubber ball with a racket against any one of the walls of the room: *Let's have a game of squash.* ▶ **squash**

squat[1] /skwɒt/ verb [I] (**squatting**; **squatted**) **1** to sit down with your feet on the ground and your legs bent and your bottom just above the ground ➲ Ilustr. do **kneel**. ▶ **kucać 2** to go and live in an empty building without permission from the owner ▶ **mieszkać na dziko**

□ **squatter** noun [C] a person who squats(2) ▶ **osoba osiedlająca się bezprawnie w niezamieszkałym budynku**

squat[2] /skwɒt/ adj. (**squatter**; **squattest**) short and fat or thick: *a squat and ugly building* ▶ **przysadzisty, pękaty**

squawk /skwɔːk/ verb [I] (used especially about a bird) to make a loud unpleasant noise ▶ **skrzeczeć, gdakać**

□ **squawk** noun [C] ▶ **skrzek**

squeak /skwiːk/ noun [C] a short high noise that is not very loud: *the squeak of a mouse* ○ *a little squeak of surprise* ▶ **(cichy) pisk/kwik**

□ **squeak** verb [I,T] ▶ **(cicho) piszczeć/kwiczeć** | **squeaky** adj. (**squeakier**; **squeakiest**): *a squeaky voice* ○ *a squeaky floorboard* ▶ **piskliwy, skrzypiący**

squeal /skwi:l/ verb [I,T] to make a loud high noise that is a sign of pain, fear or enjoyment: *The baby squealed in delight at the new toy.* ▶ **piszczeć**

□ **squeal** noun: *The car stopped with a squeal of tyres.* ▶ **pisk**

Squeal jest głośniejszy i dłuższy od **squeak**, ale nie tak głośny jak **scream**.

squeamish /ˈskwi:mɪʃ/ adj. (used about a person) easily upset by sth unpleasant, e.g. the sight of blood ▶ **delikatny, wrażliwy** (*np. na widok krwi*)

★**squeeze** /skwi:z/ verb **1** [T] **squeeze sth (out)**; **squeeze sth (from/out of sth)** to press sth hard for a particular purpose: *She squeezed his hand as a sign of affection.* ○ *to squeeze a tube of toothpaste* ○ *to squeeze an orange/a lemon* ○ *to squeeze a cloth dry* ▶ **ściskać, wyciskać, zgniatać** **2** [I,T] **squeeze (sb/sth) into, through, etc. sth; squeeze (sb/sth) through, in, past, etc.** to go or move sth into, through, etc. a place where there is not much space: *Excuse me, please. Can I squeeze past?* ○ *We can squeeze another person into the back of the car.* ○ (figurative) *Do you think you can squeeze in another appointment this afternoon?* ▶ **przeciskać (się), wciskać (się)**

□ **squeeze** noun **1** [C] an act of squeezing(1) sb/sth, e.g. as a sign of love or affection: *to give someone a squeeze* ➲ Por. **hug**. ▶ **uścisk** **2** [C] the amount of liquid that you get from squeezing an orange, lemon, etc.: *a squeeze of lemon* ▶ **parę wyciśniętych kropli** **3** [sing.] a situation where there is not much space: *It was a tight squeeze to get everybody in the car.* ▶ **ścisk, tłok** **4** [C, usually sing.] a difficult situation in which there is not enough money, time, etc.: *a government squeeze on spending* ograniczenie wydatków rządowych ▶ **przyciśnięcie (do muru)**

squelch /skweltʃ/ verb [I] to make the sound your feet make when you are walking in deep wet mud ▶ **chlupotać, chlupać** (*nogami*)

squid /skwɪd/ noun [C,U] (pl. **squid** or **squids**) a sea animal that we eat with a long soft body and ten tentacles ▶ **kałamarnica**

squiggle /ˈskwɪgl/ noun [C] (informal) a short curly line, e.g. in sb's handwriting ▶ **zakrętas**

squint /ˈskwɪnt/ verb [I] **1** to have eyes that do not move together properly and appear to look in different directions at the same time ▶ **zezować** **2** to look at sth with your eyes almost closed: *to squint in bright sunlight* ▶ **patrzeć spod przymkniętych powiek**

□ **squint** noun [C] the condition in which your eyes do not move together properly: *to have a squint* ▶ **zez**

squire /ˈskwaɪə(r)/ noun [C] (in the past) a man who owned land in a country area ▶ **dziedzic**

squirm /skwɜ:m/ verb [I] to move your body in a way which shows you are uncomfortable, ashamed or embarrassed ▶ **kręcić się, wiercić się**

squirrel /ˈskwɪrəl; US ˈskwɜ:rəl/ noun [C] a small red or grey animal with a long thick tail that lives in trees and eats nuts ▶ **wiewiórka**

squirt /skwɜ:t/ verb [I,T] (used about a liquid) to be forced out from sth in a thin fast stream; to make a liquid move in this way; to hit sb/sth with a liquid in this way: *I squeezed the bottle and oil squirted out.* ○ *He squirted water at me from a water pistol.* ○ *He squirted me with water.* ▶ **tryskać, sikać**

Sr. abbr. see also SENIOR

St abbr. **1** Saint: *St Peter* ▶ **Św.** **2** street: *20 Clifford St* ▶ **ul.**

stab /stæb/ verb [T] (**sta**__**bb**__**ing**; **sta**__**bb**__**ed**) to push a knife or other pointed object into sb/sth: *The man had been stabbed in the back.* ▶ **kłuć, dźgać**

□ **stab** noun [C] **1** an injury that was caused by a knife, etc.: *a stab in the back* ○ *a stab wound* rana kłuta ▶ **pchnięcie nożem** **2** a sudden sharp pain: *a stab of pain* kłujący ból ○ (figurative) *a stab of guilt* ▶ **ukłucie, dźgnięcie**

IDIOM **have a stab at sth/doing sth** (informal) to try to do sth: *I'll have a stab at painting your portrait.* ▶ **próbować (czegoś)**

stabbing adj. (used about a pain) sudden and strong ▶ **kłujący** | **stabbing** noun [C] an occasion when sb stabs sb else: *Following last night's stabbing, police are looking for a tall blond man.* ▶ **sztyletowanie, zadawanie kłutej rany**

★**stable**[1] /ˈsteɪbl/ adj. not likely to move, change or end: *This ladder doesn't seem very stable.* ○ *The patient is in a stable condition.* ○ *a stable relationship* ❶ Antonim: **unstable**. ▶ **stabilny, trwały**

□ **stability** /stəˈbɪləti/ noun [U] the state or quality of being stable: *After so much change we now need a period of stability.* ▶ **stabilizacja, stabilność** | **stabilize** (also **-ise**) /ˈsteɪbəlaɪz/ verb [I,T] to become or to make sth stable ❶ Antonim: **destabilize**. ▶ **stabilizować**

stable[2] /ˈsteɪbl/ noun [C] a building where horses are kept ▶ **stajnia**

stack /stæk/ noun [C] **1** a tidy pile of sth: *a stack of plates/books* ▶ **stos** **2** (often plural) (informal) a lot of: *I've still got stacks of work to do.* ▶ **mnóstwo, kupa**

□ **stack** verb [T] **stack sth (up)** to put sth into a pile: *Could you stack those chairs for me?* ▶ **układać w stos** | **stacked** /stækt/ adj. full of; covered in: *The floor was stacked with books.* ▶ **założony/pokryty (czymś)**

★**stadium** /ˈsteɪdiəm/ noun [C] (pl. **stadiums** or **stadia** /-diə/) a large sports ground with rows of seats around it: *a football stadium* ○ *the Olympic stadium in Barcelona* ▶ **stadion**

★**staff** /stɑ:f; US stæf/ noun [C, usually sing., U] the group of people who work for a particular organization: *The hotel staff were very helpful.* ○ *Two members of staff will accompany the students on the school trip.* ○ *Our London office has a staff of 28.* ○ *All staff must attend the meeting on Friday.* ○ *a staffroom* pokój nauczycielski ❶ **Staff** zwykle używa się tylko w lp i przeważnie z czasownikiem w lm: *The staff all speak good English.* Mówi się **a member of staff** (nie

~~a staff~~), w odniesieniu do jednej osoby z personelu. ▶ **personel**
□ **staff** verb [T] (usually passive): *The school is staffed by highly qualified teachers.* ▶ **obsadzać** (*personelem*)

stag /stæg/ noun [C] an adult male deer ▶ **jeleń**
■ **'stag night** (also **'stag party**) noun [C] a party for men only that is given for a man just before his wedding day ➲ Por. **hen party**. ▶ **wieczór kawalerski**

★**stage**[1] /steɪdʒ/ noun [C] one part of the progress or development of sth: *The first stage of the course lasts for three weeks.* ○ *I suggest we do the journey in two stages.* ○ *the early stages of the match* ○ *At this stage it's too early to say what will happen.* ▶ **etap, faza**

★**stage**[2] /steɪdʒ/ noun **1** [C] a raised floor in a theatre or concert hall, etc. on which actors, musicians, etc. perform: *to go on stage* ▶ **scena, estrada 2** (**the stage**) [sing.] the world of theatre; the profession of acting: *After starring in several films he has decided to return to the stage.* ▶ **scena, teatr**
□ **stage** verb [T] **1** to organize a performance of a play, concert, etc. for the public ▶ **wystawiać 2** to organize an event: *They have decided to stage a 24-hour strike.* ▶ **organizować** | ˌ**stage 'manager** noun [C] the person who is responsible for the stage and scenery during a theatre performance ▶ **inspicjent/ka**

stagger /'stægə(r)/ verb [I] to walk in an unsteady way, as if you could fall at any moment, e.g. because you are ill, drunk or carrying sth heavy ▶ **zataczać się**
□ **staggered** adj. **1** very surprised; shocked: *I was absolutely staggered when I heard the news.* ▶ **oszołomiony 2** (used about a set of times, payments, etc.) arranged so that they do not all happen at the same time: *staggered working hours* ▶ **niejednoczesny** (*rozłożony w czasie*) | **staggering** adj. that you find difficult to believe: *a staggering £2 billion profit* ▶ **niewiarygodny** | **staggeringly** adv. ▶ **niewiarygodnie**

stagnant /'stægnənt/ adj. **1** (used about water) not flowing and therefore dirty and having an unpleasant smell ▶ **stojący 2** (used about business, etc.) not active; not developing: *a stagnant economy* ▶ **w zastoju**

stagnate /stæg'neɪt; US 'stægneɪt/ verb [I] **1** to be inactive; not to develop or change: *a stagnating economy* ▶ **być w stagnacji 2** (used about water) to be or become stagnant ▶ **stojący**
□ **stagnation** /stæg'neɪʃn/ noun [U] ▶ **zastój**

staid /steɪd/ adj. (used about a person) serious, old-fashioned and rather boring ▶ **stateczny**

★**stain** /steɪn/ verb [I,T] to leave a coloured mark that is difficult to remove: *Don't spill any of that red wine. It'll stain the carpet.* ▶ **plamić (się)**
□ **stain** noun: *The blood had left a stain on his shirt.* ▶ **plama**
■ ˌ**stained 'glass** noun [U] pieces of coloured glass that are used in church windows, etc.: *a stained glass window* ▶ **witraż** | ˌ**stainless 'steel** noun [U] steel that does not stain or rust: *a stainless steel pan* ▶ **stal nierdzewna**

★**stair** /steə(r)/ noun **1** (**stairs**) [pl.] a series of steps inside a building that lead from one level to another: *The lift wasn't working so I had to use the stairs.* ○ *at the bottom/top of the stairs* ○ *two flights of stairs* dwie kondygnacje schodów ○ *I heard somebody coming down the stairs.* ○ *She ran up the stairs.* ➲ Por. **downstairs** i **upstairs**. ▶ **schody 2** [C] one of the steps in this series: *She sat down on the bottom stair to read the letter.* ▶ **schodek**
■ **'staircase** (also **'stairway**) noun [C] a set of stairs with rails on each side that you can hold on to ➲ Por. **escalator**. ▶ **klatka schodowa**

> Por. **stair** z **step**. **Stairs** lub **flights of stairs** są zwykle w budynkach. **Steps** zazwyczaj znajdują się poza budynkami i są zrobione z kamienia lub betonu.

★**stake**[1] /steɪk/ noun **1** (**stakes**) [pl.] the things that you might win or lose in a game or in a particular situation: *We play cards for money, but never for very high stakes.* ▶ **stawka 2** [C] a part of a company, etc. that you own, usually because you have invested money in it: *Foreign investors now have a 20% stake in the company.* ▶ **udział (w firmie)**
IDIOM **be at stake** to be in danger of being lost; to be at risk: *He thought very carefully about the decision because he knew his future was at stake.* ▶ **wchodzić w grę, być zagrożonym**
□ **stake** verb [T] **stake sth (on sth)** to put your future, etc. in danger by doing sth, because you hope that it will bring you a good result: *He is staking his political reputation on this issue.* ▶ **ryzykować (coś)**
IDIOM **stake a/your claim (to sth)** to say that you have a right to have sth: *Both companies have staked their claim to the same piece of land.* ▶ **rościć sobie prawo do czegoś**

stake[2] /steɪk/ noun [C] a wooden or metal pole with a point at one end that you push into the ground, e.g. to support a young tree ▶ **palik**
PHRASAL VERB **stake sth out 1** to clearly mark an area of land that you are going to use ▶ **palikować, wytyczać granicę 2** to make your position, opinion, etc. clear to everyone: *In his speech, the President staked out his position on tax reform.* ▶ **wytyczać 3** to watch a place secretly for a period of time: *The police had been staking out the house for months.* ▶ **obserwować** (*z ukrycia*)

★**stale** /steɪl/ adj. **1** (used about food or air) old and not fresh any more: *The bread had gone stale.* ○ *stale cigarette smoke* ▶ **czerstwy, stęchły 2** not interesting or exciting any more: *She says her marriage has gone stale* (się zużyło). ▶ **już nieciekawy, oklepany, stary**

stalemate /'steɪlmeɪt/ noun [sing., U] a situation in an argument in which neither side can win or make any progress; (in chess) a position in which a game ends without a winner because neither side can move ▶ **sytuacja patowa; pat**

stalk[1] /stɔːk/ noun [C] one of the long thin parts of a plant which the flowers, leaves or fruit grow on ▶ **łodyga**

stalk[2] /stɔːk/ verb **1** [T] to follow an animal

quietly, closely and secretly in order to catch or kill it: *a lion stalking its prey* ▶ **podchodzić** (*zwierzynę*) **2** [T] to follow a person over a period of time in a frightening or annoying way ▶ **śledzić 3** [I] to walk stiffly in an angry or arrogant way: *He got up and stalked angrily out of the room.* ▶ **kroczyć sztywno** (*z dumą/złością*)

stall¹ /stɔːl/ noun **1** [C] a small shop with an open front or a table with things for sale in a market, street, railway station, etc.: *a stall in the market* ○ *a bookstall on Victoria Station* ▶ **stragan, stoisko 2** (**stalls**) [pl.] the level of seats nearest the front in a theatre or cinema ▶ **miejsca na parterze**

stall² /stɔːl/ verb [I,T] **1** (used about a vehicle) to stop suddenly because the engine fails; to make a vehicle do this accidentally: *A bus had stalled in the middle of the road.* ○ *I kept stalling the car.* Tak jechałem, że ciągle gasł mi silnik. ▶ **stawać, gasnąć; powodować stawanie/gaśnięcie silnika/pojazdu 2** to avoid doing sth or to try to stop sth happening until a later time: *I've asked them several times for the money but they keep stalling.* ▶ **działać/odpowiadać wymijająco**

stallion /ˈstæliən/ noun [C] an adult male horse, especially one that is kept for breeding ➲ Zob. uwaga przy **horse**. ▶ **ogier**

stalwart /ˈstɔːlwət/ adj. loyal and hard-working: *a stalwart member of the Labour Party* ▶ **oddany, wierny**

stamina /ˈstæmɪnə/ noun [U] the ability to do sth that requires a lot of physical or mental effort for a long time: *You need a lot of stamina to run long distances.* ▶ **wytrzymałość**

stammer /ˈstæmə(r)/ verb **1** [I] to speak with difficulty and sudden pauses, repeating the same sounds or words again and again, because you have a speech problem or because you are nervous ▶ **jąkać się 2** [T] to say sth in this way: *He stammered an apology and left quickly.* ▶ **wyjąkiwać**

□ **stammer** noun: *to have a stammer* jąkać się ▶ **jąkanie się**

⋆**stamp¹** /stæmp/ noun [C] **1** (also **postage stamp**) a small piece of paper that you stick onto a letter or parcel to show that you have paid for it to be posted: *Three 26p stamps, please.* ▶ **znaczek pocztowy**

> Poczta brytyjska stosuje dwa rodzaje znaczków na przesyłki krajowe: **first-class** i **second-class**. Przesyłki ofrankowane znaczkami pierwszej klasy są droższe i szybciej dostarczane.

2 a small object that prints some words, a design, the date, etc. when you press it onto a surface: *a date stamp* datownik ▶ **stempel, pieczęć 3** the mark made by a stamp(2): *a stamp in my passport* ▶ **stempel, pieczęć 4 the stamp of sth** [usually sing.] something that shows a particular quality or that sth was done by a particular person: *Her novels have the stamp of genius.* ▶ **piętno (czegoś)**

■ **ˈstamp album** noun [C] a book in which you put stamps that you have collected ▶ **klaser** | **ˈstamp collecting** noun [U] the hobby of collecting stamps ▶ **filatelistyka**

stamp² /stæmp/ verb **1** [I,T] **stamp (on sth)** to put your foot down very heavily on the ground or on sth else: *He stamped on the spider and squashed it.* ○ *It was so cold that I had to stamp my feet to keep warm.* ▶ **tupać 2** [I] to walk with loud heavy steps usually because you are angry: *She stamped around the room, shouting angrily.* ▶ **ciężko stąpać 3** [T] **stamp A (on B); stamp B (with A)** to print some words, a design, the date, etc. by pressing a stamp¹(2) onto a surface: *to stamp a passport* ○ *The date is stamped on the receipt.* ▶ **stemplować, pieczętować**

PHRASAL VERB **stamp sth out** to put an end to sth completely: *The police are trying to stamp out this kind of crime.* ▶ **wykorzeniać coś**

□ **stamped** adj. with a stamp(1) on it: *Please enclose a stamped addressed envelope with your application.* ▶ **z naklejonym znaczkiem**

■ **ˌstamped addressed ˈenvelope** noun [C] (abbr. **sae**) an empty envelope with your own name and address and a stamp on it that you send to a company, etc. when you want sth sent back to you ▶ **zaadresowana do siebie koperta ze znaczkiem**

stampede /stæmˈpiːd/ verb [I,T] (used about a group of animals or people) to rush in a particular direction in a wild and uncontrolled way ▶ **w popłochu pędzić na oślep**

stance /stæns; stɑːns/ noun [C, usually sing.] **1** the position in which somebody stands (especially in sport when you are preparing to hit the ball) ▶ **pozycja 2 stance (on sth)** an attitude (especially moral or political) towards sth: *the Prime Minister's stance on foreign affairs* ▶ **stanowisko** (*w sprawie*)

⋆**stand¹** /stænd/ verb [I,T] (pt, pp **stood** /stʊd/) **1** [I] to be on your feet; to be upright: *He was standing near the window.* ▶ **stać 2** [I] **stand (up)** to rise to your feet from another position: *He stood up when I entered the room.* ▶ **wstawać 3** [T] to put sb/sth in a particular place or position: *She stood her wet umbrella in the corner of the office.* ▶ **stawiać 4** [I] to be or to remain in a particular position or situation: *The castle stands on a hill.* ○ *The house has stood empty for ten years.* ○ *He was very critical of the law as it stands* (w obecnej formie). ▶ **stać 5** [I] (used about an offer, a decision, etc.) to be or to remain unchanged: *Does your decision still stand?* ▶ **pozostawać bez zmian 6** [I] to be of a particular height, level, amount, etc.: *The world record stands at* (wynosi) *6·59 metres.* ▶ **pozostawać (na czymś) 7** [I] to have an opinion or view (about sth): *I don't know where I stand on abortion.* ▶ **stać na stanowisku/zajmować stanowisko** (*w jakiejś sprawie*) **8** [I] to be in a situation where you are likely to do sth: *If he has to sell the company, he stands to lose a lot of money.* ▶ **mieć szanse wygrania/coś do stracenia 9** [I] to be a candidate in an election: *She's standing for the European Parliament.* ▶ **kandydować 10** [T] (in negative sentences and questions, with *can/could*) to be able to bear sb/sth: *I can't stand that woman – she's so rude.* ▶ **móc znieść** **11** [T] to buy a meal or drink for sb: *He stood me lunch.* ▶ **stawiać**

PHRASAL VERBS **stand around** to stand somewhere not doing anything: *A lot of people were just standing around outside.* ▶ **stać sobie** | **stand aside** to move to one side: *People stood aside to let the police pass.* ▶ **odsuwać się na bok** | **stand back** to move back: *The policeman told everybody to stand back.* ▶ **cofać się** | **stand by 1** to be present, but do nothing in a situation: *How can you stand by and let them treat their animals like that?* ▶ **stać bezczynnie** **2** to be ready to act: *The police are standing by in case there's trouble.* ▶ **stać/być w gotowości** | **stand for sth 1** to be a short form of sth: *What does BBC stand for?* ▶ **oznaczać** **2** to support sth (e.g. an idea or opinion): *I hate everything that the party stands for.* ▶ **popierać** | **stand in (for sb)** to take sb's place for a short time: *Mr Jones is standing in for Miss Evans this week.* ▶ **zastępować (kogoś) czasowo** | **stand out** to be easily seen or noticed ▶ **wyróżniać się** | **stand up** to be or become vertical: *You'll look taller if you stand up straight.* ▶ **wstawać, powstawać** | **stand sb up** (informal) to deliberately not meet sb you have arranged to meet, especially sb you are having a romantic relationship with: *She never came! I'd been stood up.* ▶ **nie dotrzymywać terminu spotkania** | **stand up for sb/sth** to say or do sth which shows that you support sb/sth: *I admire him. He really stands up for his rights.* ▶ **stawać w obronie** | **stand up to sb/sth** to defend yourself against sb who is stronger or more powerful ▶ **stawiać czoło**

■ **'standby** noun [C] (pl. **standbys**) a person or thing that is ready to be used if necessary: *I've got a word processor now, but I still keep my old typewriter as a stand-by.* ○ *a stand-by ticket* tani bilet lotniczy do nabycia bezpośrednio przed wylotem, jeśli w samolocie są jeszcze wolne miejsca ▶ **zapas, rezerwa**

IDIOM **on standby** ready; waiting to do sth: *When fighting began, the hospitals were put on standby.* ▶ **w gotowości**

'standby adj. (only before a noun): *a standby ticket/passenger* ▶ **zapasowy, awaryjny**

★**stand²** /stænd/ noun [C] **1** a table or small shop in the street or in a large public building from which you can buy things or get information: *a news-stand* ○ *a company stand at a trade fair* ▶ **stoisko, stragan** **2** a piece of furniture that you can put things on or in: *a music stand* ▶ **stojak, podstawa** **3** a large building at a sports ground that is open at the front and where people sit or stand in rows to watch the sport ▶ **trybuna**

IDIOMS **make a stand (against sb/sth)** to defend yourself, your opinion, etc. strongly against sb/sth ▶ **stawiać opór** | **take a stand (on sth)** to say publicly what you think and intend to do about sth ▶ **zajmować stanowisko**

★**standard** /'stændəd/ noun [C] **1** a level of quality: *We complained about the low standard of service in the hotel.* ○ *the high standard of teaching* ○ *We need to improve educational standards in this country.* ○ *This work is not up to your usual standard.* ▶ **poziom, standard** **2** a level of quality that you compare sth else with: *By European standards this is a very expensive city.* ○ *He is a brilliant player by any standard.* ▶ **kryterium** **3** [usually pl.] a level of behaviour that is morally acceptable: *Many people are worried about falling standards in modern society.* ▶ **norma zachowania**

□ **standard** adj. **1** of the normal type; without anything special or extra: *This is the standard model of the car. The de luxe version costs more.* ▶ **podstawowy** **2** part of the normal situation; not unusual in any way: *It is standard practice to ask students to fill in this form when they arrive.* ▶ **typowy** **3** (used about language) that people generally accept as normal and correct: *standard English* ▶ **standardowy** **4** (used about a book, etc.) that people most often read when they are studying a particular subject: *the standard work on the legal system* ▶ **wzorcowy**

■ **,standard of 'living** noun [C] the level of wealth and comfort that a person, group or country has in everyday life: *There is a higher standard of living in the north than in the south.* ❶ Zwrot o podobnym znaczeniu to **living standards**, którego używa się w lm: *Living standards have improved.* ▶ **stopa życiowa**

standardize (also **standardise**) /'stændədaɪz/ verb [T] to make things that are different the same: *The EU intends to standardize public holidays in Europe.* ▶ **normalizować, ujednolicać**

□ **standardization** /stændədaɪ'zeɪʃn/ (also **standardisation**) noun [U] ▶ **normalizacja, ujednolicenie**

standing /'stændɪŋ/ noun [U] **1** the opinion that other people (in public life) have of you: *The consequences for Britain's international standing could be extremely serious.* ▶ **pozycja** **2** the amount of time during which sth has continued to exist: *a problem of many years' standing* wieloletni problem ▶ **czas trwania**

□ **standing** adj. continuing to exist; permanent: *I have a standing invitation to go and stay with them whenever I like.* ▶ **stały**

■ **,standing 'order** noun [C] an instruction that you give to your bank to pay sb a fixed amount of money from your account on the same day each week/month, etc. ➲ Por. **direct debit**. ▶ **zlecenie stałe**

standpoint /'stændpɔɪnt/ noun [C] a particular way of thinking about sth: *The television programme looked at the problems of education from the standpoint of the teacher.* ▶ **punkt widzenia**

standstill /'stændstɪl/ noun [sing.] a situation of no movement, progress or activity: *The traffic came to a complete standstill* (stanął w miejscu). ▶ **unieruchomienie, martwy punkt**

IDIOM **grind to a halt/standstill** → GRIND¹

stank pt of STINK

stanza /'stænzə/ noun [C] a group of lines that form a unit in some types of poetry; a verse ❶ **Stanza** to termin fachowy. Powszechnie na określenie strofy wiersza stosuje się słowo **verse**. ▶ **strofa**

staple¹ /ˈsteɪpl/ noun [C] a small thin piece of bent wire that you push through pieces of paper in order to fasten them together using a stapler ▶ **zszywka**

□ **staple** verb [T]: *Staple the letter to the application form.* ▶ **zszywać** (*zszywaczem*) | **stapler** /ˈsteɪplə(r)/ noun [C] ▶ **zszywacz**

staple² /ˈsteɪpl/ adj. (used especially about food) forming the main part of what people eat: *a staple diet of rice and fish* ▶ **podstawowy**

★**star** /stɑː(r)/ noun **1** [C] a large ball of burning gas in outer space that you see as a small point of light in the sky at night: *It was a clear night and the stars were shining brightly.* ▶ **gwiazda** **2** [C] a shape with a number of points sticking out in a regular pattern: *The children decorated the classroom with paper stars.* ▶ **gwiazd(k)a** **3** [C] a printed shape of this type that is used for indicating a level of quality: *a five-star hotel* ▶ **gwiazdka** **4** [C] a famous person in acting, music or sport: *a film star* ▶ **gwiazd-or/a** **5** (**stars**) [pl.] = HOROSCOPE: *Your stars say you're going to be very lucky this month.* ▶ **gwiazdy** (*horoskop*)

□ **star** verb (**starring**; **starred**) **1** [I] **star (in sth)** to be one of the main actors in a play, film, etc.: *Michelle Pfeiffer is to star in an exciting new adventure film.* ▶ **grać główną rolę** **2** [T] to have sb as a star: *The film stars* (w filmie występuje) *Jane Fonda as a teacher in Mexico.* ▶ **występować w głównej roli** | **stardom** /ˈstɑːdəm/ noun [U] the position of being a famous person in acting, music or sport ▶ **gwiazdorstwo** | **starry** (**starrier**; **starriest**) adj. full of stars: *a starry night* ▶ **gwiaździsty**

■ ˈ**starlight** noun [U] the light that is given out by stars ▶ **światło gwiazd**

starboard /ˈstɑːbəd/ noun [U] the side of a ship that is on the right when you are facing towards the front of it ❶ Antonim: **port**. ▶ **prawa burta**

starch /stɑːtʃ/ noun [C,U] **1** a white substance with no taste in foods such as potatoes, rice and bread ▶ **skrobia** **2** a substance that is used for making cloth stiff ▶ **krochmal**

□ **starched** adj. made stiff with starch: *a starched shirt collar* ▶ **krochmalony**

★**stare** /steə(r)/ verb [I] **stare (at sb/sth)** to look at sb or sth continuously for a long time because you are interested, surprised, etc.: *Everybody stared at his hat.* ○ *'I'm going to get married,' he said. I stared at him in disbelief.* ○ *He didn't reply, he just stared into the distance.* ▶ **gapić się, patrzeć uporczywie, wpatrywać się**

stark /stɑːk/ adj. **1** very bare and plain and therefore not attractive: *a stark landscape* ▶ **nagi, surowy** **2** clearly unpleasant: *the stark realities of a life of poverty* ▶ **niemiły** **3** very clear: *In stark contrast to the old buildings in the area are five enormous new tower blocks.* ▶ **wyraźny, zupełny**

□ **stark** adv. completely: *stark naked* ▶ **zupełnie**

starling /ˈstɑːlɪŋ/ noun [C] a small noisy bird with dark shiny feathers ▶ **szpak**

starry → STAR

★**start¹** /stɑːt/ verb **1** [I,T] **start (sth/to do sth/doing sth)** to begin doing sth: *Turn over your exam papers and start now.* ○ *We'll have to start early* (wcześnie wyruszyć) *if we want to be in Dover by 10.* ○ *Prices start at £5.* ○ *After waiting for an hour, the customers started to complain.* ○ *She started playing the piano when she was six.* ○ *What time do you have to start work in the morning?* ▶ **zaczynać (się), rozpoczynać** **2** [I,T] to begin to happen or to make sth begin to happen: *What time does the concert start?* ○ *I'd like to start the meeting now.* ○ *The fight started when the boys were leaving the disco.* ○ *The police think a young woman may have started the fire* (wywołać pożar). ➲ Zob. uwaga przy **begin**. ▶ **rozpoczynać (się)** **3** [I,T] **start (sth) (up)** to create a company, an organization, etc.; to be created: *They've decided to start their own business.* ○ *There are a lot of new companies starting up in that area now.* ▶ **uruchamiać, rozpoczynać (się)** **4** [I,T] **start (sth) (up)** (used about an engine, a car, etc.) to begin to work; to make an engine, a car, etc. begin to work: *The car won't start.* ○ *We heard an engine starting up in the street.* ○ *He got onto his motor bike, started the engine and rode away.* ▶ **uruchamiać (się); zabierać się** (*do robienia czegoś*) **5** [I] to make a sudden, quick movement because you are surprised or afraid: *A loud noise outside made me start.* ▶ **wzdrygać się**

IDIOMS **to start (off) with 1** in the beginning; at first: *To start with everything was fine but then there were problems.* ▶ **na początku** **2** (used for giving your first reason for sth): *'Why are you so angry?' 'Well, to start off with you're late, and secondly you've lied to me.'* ▶ **po pierwsze** | **set/start the ball rolling** → BALL¹ | **get/start off on the right/wrong foot (with sb)** → FOOT¹

PHRASAL VERBS **start off** to begin in a particular way: *I'd like to start off by welcoming you all to Oxford.* ▶ **zaczynać od czegoś** | **start on sth** to begin doing sth that needs to be done: *Haven't you started on the washing-up yet?* ▶ **zaczynać (coś robić)** | **start out** to begin your life, career, etc. in a particular way: *She started out as a teacher in Glasgow.* ▶ **rozpoczynać** (*np. karierę*) | **start over** (US) to begin again: *I've made a lot of mistakes – I'd better start over.* ▶ **zaczynać od początku/na nowo**

■ ˈ**starting point** noun [C] **1** an idea or topic that you use to begin a discussion with ▶ **punkt wyjścia** **2** the place where you begin a journey: *This town is a good starting-point for a tour of the area.* ▶ **miejsce rozpoczęcia**

★**start²** /stɑːt/ noun **1** [C, usually sing.] the beginning or first part of sth: *The chairman made a short speech at the start of the meeting.* ○ *I told you it was a bad idea from the start.* ▶ **początek** **2** [C, usually sing.] an act of starting: *We've got a lot of work to do today, so let's make a start.* ○ *a fresh start in life* ▶ **początek, rozpoczęcie** **3** (**the start**) [sing.] the place where a race starts: *The athletes are now lining up at the* *start.* ▶ **start 4** [C, usually sing.] an advantage that you give to a weaker person at the beginning of a race, game, etc. ▶ **for 5** [C, usually sing.] a sudden quick movement that your body makes because you are surprised or afraid ▶ **drygnięcie**

IDIOMS **for a start** (used for giving your first reason for sth): *'Why can't we go on holiday?' 'Well, for a start we can't afford it...'* ▶ **po pierwsze** | **get off to a good, bad, etc. start** to start well, badly, etc.: *My day got off to a good start – I was told I'd got a pay rise.* ▶ **dobrze/źle rozpoczynać się**

starter /'stɑːtə(r)/ noun [C] a small amount of food that you eat as the first part of a meal ➲ Por. **hors d'oeuvre.** ▶ **przystawka**

startle /'stɑːtl/ verb [T] to make sb/sth suddenly surprised or frightened ▶ **przestraszyć, zaskoczyć** (*tak, że aż drgnie*)

□ **startled** adj.: *He had a startled look on his face.* ▶ **przestraszony, wstrząśnięty** | **startling** /'stɑːtlɪŋ/ adj.: *I've got some startling news for you!* ▶ **wstrząsający**

⋆**starve** /stɑːv/ verb [I,T] to suffer very badly or die from hunger; to make sb/sth suffer or die in this way: *Millions of people are starving in the poorer countries of the world.* ○ *That winter many animals starved to death.* ○ *You must eat more – you're starving yourself.* ▶ **głodować, głodzić (się)**

IDIOMS **be starved of sth** to suffer because you are not getting enough of sth that you need: *The children had been starved of love for years.* ▶ **być spragnionym czegoś** | **be starving** (informal) to be extremely hungry: *When will dinner be ready? I'm starving!* ▶ **umierać z głodu**

□ **starvation** /stɑː'veɪʃn/ noun [U] suffering or death because there is not enough food: *to die of starvation* ▶ **głód, śmierć z głodu**

⋆**state¹** /steɪt/ noun **1** [C] the condition that sb/sth is in at a particular time: *the state of the economy* ○ *a state of shock* ○ *The house is in a terrible state.* ▶ **stan 2** [C] (also **State**) a country with its own government: *Pakistan has been an independent state since 1947.* ➲ Zob. uwaga przy **country.** ▶ **państwo 3** [C] (also **State**) a part of a country that has its own government: *California is one of the biggest states in the US.* ▶ **stan 4** [U](especially **the State**) the government of a country: *the relationship between the Church and the State* ○ *State schools* ○ *heads of State* głowy państw ▶ **państwo 5 (the States)** [pl.] (informal) the United States of America: *We lived in the States for about five years.* ▶ **Stany 6** [U] very formal events and behaviour connected with governments and the leaders of countries: *The Queen is going on a state* (z wizytą państwową) *visit to China.* ○ *The President was driven in state* (uroczyście) *through the streets.* ▶ **państwo**

IDIOMS **be in/get into a state** (especially Brit., informal) to be or become very nervous or upset: *Now don't get into a state! I'm sure everything will be all right.* ○ *She was in a real state about her exams.* ▶ **mocno z/denerwować się** | **state of affairs** a situation: *This state of affairs must not be allowed to continue.* ▶ **stan rzeczy** | **state of the art** using the most modern or advanced techniques or methods; as good as it can be at the present time: *The system was state of the art.* ○ *a state-of-the-art system* najnowocześniejszy system ▶ **zgodny z najnowszymi osiągnięciami wiedzy** | **state of mind** mental condition: *She's in a very strange state of mind.* ▶ **stan umysłu**

⋆**state²** /steɪt/ verb [T] to say or write sth, often formally: *Your letter states that you sent the goods on 31 March, but we have never received them.* ○ *As I stated earlier, I do not believe that this information is accurate.* ▶ **oznajmiać, oświadczać**

□ **statement** noun [C] **1** something that you say or write, often formally: *The Prime Minister will make a statement about the defence cuts today.* ○ *After the accident I had to go to the police station to make a statement.* ▶ **oświadczenie 2** = BANK STATEMENT

stately /'steɪtli/ adj. (**statelier**; **stateliest**) formal and dignified: *a stately old building* ▶ **majestatyczny**

■ ˌ**stately 'home** noun [C] (Brit.) a large old house that has historical interest and can be visited by the public ▶ **budynek o historycznym znaczeniu, dostępny dla zwiedzających**

statesman /'steɪtsmən/ noun [C] (pl. **statesmen** /-mən/) an important and experienced politician who has earned public respect ▶ **mąż stanu**

static /'stætɪk/ adj. not moving or changing: *House prices are static.* ▶ **statyczny**

□ **static** (also ˌ**static elec'tricity**) noun [U] **1** electricity that collects on a surface ▶ **elektryczność statyczna 2** sudden loud noises on a radio or television, caused by electricity in the atmosphere ▶ **zakłócenia atmosferyczne** (*w radiu/TV*)

⋆**station** /'steɪʃn/ noun [C] **1** (also **railway station**) a building on a railway line where trains stop so that passengers can get on and off: *I got to the station two minutes before my train left.* ○ *Which station are you getting off at?* ▶ **dworzec kolejowy 2** a building from which buses or coaches begin and end journeys: *The coach leaves Victoria Coach Station at 9.30 am.* ▶ **dworzec autobusowy 3** a building where a particular service or activity is based: *a fire station* remiza strażacka ○ *a petrol station* stacja benzynowa ○ *a police station* komenda/posterunek policji ○ *a power station* elektrownia ▶ **budynek specjalnego (określonego nazwą) przeznaczenia 4** a company that broadcasts programmes on a particular frequency on the radio or on television: *a local radio station* ➲ Por. **channel.** ▶ **stacja**

□ **station** verb [T] (often passive) to send soldiers, etc. to a particular place: *During his time in the army, he was stationed in Germany.* ○ *Guards stationed themselves at every entrance to the building.* ▶ **stacjonować, rozstawiać** (*wojsko*)

■ **'station wagon** noun [C] (US) = ESTATE CAR

stationary /'steɪʃənri; US -neri/ adj. not moving: *He crashed into the back of a stationary vehicle.* ▶ **nieruchomy**

★**stationery** /ˈsteɪʃənri; US -neri/ noun [U] equipment for writing, e.g. pens, pencils, paper, envelopes ▶ **przybory/materiały piśmienne**
□ **stationer** noun [C] a person that sells stationery: *A stationer works in a stationer's.* ▶ **osoba zajmująca się sprzedażą przyborów/materiałów piśmiennych** | **stationer's** noun [sing.] a shop that sells writing equipment, such as paper, pens, envelopes, etc. ▶ **sklep papierniczy**

★**statistics** /stəˈtɪstɪks/ noun **1** [pl.] numbers that have been collected in order to provide information about sth: *Statistics indicate that 90% of homes in this country have a television.* ○ *crime statistics* ▶ **dane statystyczne** **2** [U] the science of collecting and analysing these numbers ▶ **statystyka**
□ **statistical** /stəˈtɪstɪkl/ adj.: *statistical information/evidence* ▶ **statystyczny** | **statistically** /-kli/ adv. ▶ **statystycznie** | **statistician** /ˌstætɪˈstɪʃn/ noun [C] a person who studies or works with statistics ▶ **statystyk**

★**statue** /ˈstætʃuː/ noun [C] the figure of a person or an animal, that is made of stone or metal and usually put in a public place: *the Statue of Liberty (*Statua Wolności*) in New York* ▶ **posąg**

stature /ˈstætʃə(r)/ noun [U] (formal) **1** the height of a person: *He's quite small in stature.* ▶ **wzrost** **2** the importance that sb has because people have a high opinion of their skill or achievement: *Her research has given her considerable stature in the scientific world.* ▶ **(ważna/wysoka) pozycja, format/kaliber** (*człowieka*)

★**status** /ˈsteɪtəs/ noun **1** [sing.] your social or professional position in relation to other people: *Teachers don't have a very high status in this country.* ▶ **pozycja społeczna/zawodowa** **2** [U] a high social position: *The new job gave him much more status.* ▶ **pozycja społeczna** **3** [U] your legal position: *Please indicate your name, age and marital status.* ▶ **stan (cywilny)**
■ ˈ**status symbol** noun [C] a possession that people think shows their high social status and wealth ▶ **oznaka statusu społecznego**

status quo /ˌsteɪtəs ˈkwəʊ/ noun [sing.] (**the status quo**) the situation that exists at a particular time ▶ **istniejący stan rzeczy**

statute /ˈstætʃuːt/ noun [C] (formal) a rule or law ▶ **ustawa, prawo**
□ **statutory** /ˈstætʃətri; US -tɔːri/ adj. (formal) decided by law: *a statutory right* ▶ **ustawowy**

staunch /stɔːntʃ/ adj. believing in sth or supporting sb/sth very strongly; loyal: *a staunch supporter of the Liberal Democrats* ▶ **zagorzały; oddany**

stave /steɪv/ verb
PHRASAL VERB **stave sth off** to stop sth unpleasant from happening now, although it may happen at a later time: *to stave off a financial crisis* ▶ **oddalać**

★**stay** /steɪ/ verb [I] **1** to continue to be somewhere and not go away: *Patrick stayed in bed until 11 o'clock.* ○ *I can't stay long.* ○ *Stay on this road until you get to Wells.* ▶ **zostawać** **2** to continue to be in a particular state or situation without change: *I can't stay awake any longer.* ❶ **Remain** i **stay** mają podobne znaczenie, ale **remain** jest bardziej formalne. ▶ **zostawać, pozostawać** **3** to be somewhere as a visitor or guest: *We stayed with friends in France.* ○ *to stay at a hotel* ○ *Can you stay for lunch?* ○ *Why don't you stay the night?* ▶ **zatrzymywać się, zostawać**
IDIOM **stay put** (informal) to remain in one place: *We like this flat so we'll probably stay put for a few years.* ▶ **zostawać na miejscu**
PHRASAL VERBS **stay away (from sb/sth)** to not go near a particular person or place: *I want you to stay away from my daughter.* ▶ **trzymać się z daleka** | **stay behind** to remain in a place after other people have gone ▶ **pozostawać** (*np. w tyle*) | **stay in** to remain at home: *I'm going to stay in and watch TV.* ▶ **zostawać w domu** | **stay on (at...)** to remain at a place of work or study longer than necessary or normal: *I've decided to stay on at school to do A levels.* ▶ **przedłużać pobyt (gdzieś)** | **stay out** to remain out, especially late at night ▶ **pozostawać (do późna) poza domem** | **stay up** not go to bed: *I'm going to stay up to watch the film on BBC 1.* ▶ **nie kłaść się/czuwać** (*do późna w nocy*)
□ **stay** noun [C] a period of time that you stay(3) somewhere: *Did you enjoy your stay in Crete?* ▶ **pobyt**

STD /ˌes tiː ˈdiː/ abbr. **1** (Brit.) subscriber trunk dialling; the system by which you can make long-distance telephone calls direct ▶ **rozmowa międzymiastowa w systemie automatycznym** **2** sexually transmitted disease ▶ **choroba weneryczna**

★**steady** /ˈstedi/ adj. (**steadier**; **steadiest**) **1** not moving or shaking: *You need a steady hand to take good photographs.* ❶ Antonim: **unsteady**. ▶ **pewny, ustabilizowany, nie chwiejący się** **2** developing or happening at a regular rate: *a steady increase in exports* ▶ **równomierny** **3** staying the same; not changing: *If you drive at a steady 50 miles an hour, you will use less petrol.* ▶ **niezmienny**
□ **steadily** /ˈstedɪli/ adv.: *Unemployment has risen steadily since April 1991.* ▶ **równomiernie** | **steady** verb [I,T] (pres. part. **steadying**; 3rd pers. sing. pres. **steadies**; pt, pp **steadied**) to make sth steady or to become steady: *She thought she was going to fall, so she put out a hand to steady herself.* ▶ **łapać równowagę; stabilizować, mocno osadzać/stawiać**

★**steak** /steɪk/ noun [C,U] a thick flat piece of meat or fish: *a piece of steak* ○ *a salmon steak* ➲ Por. **chop**. ▶ **płat, stek**

★**steal** /stiːl/ verb (pt **stole** /stəʊl/; pp **stolen** /ˈstəʊlən/) **1** [I,T] **steal (sth) (from sb/sth)** to take sth that belongs to another person secretly and without permission: *The terrorists were driving a stolen car.* ▶ **kraść**

> Dopełnieniami czasownika **steal** są przedmioty – a czasownika **rob** osoby lub instytucje, np. banki: *My camera has been stolen!*

○ *I've been robbed!* ○ *They robbed me of all my money!* Zob. uwaga przy **thief**.

2 [I] **steal away, in, out, etc.** to move somewhere secretly and quietly ▶ **wynosić się ukradkiem; wkradać się**

stealth /stelθ/ noun [U] (formal) behaviour that is secret or quiet: *The terrorists operate by stealth.* Terroryści działają skrycie. ▶ **potajemne działanie**

□ **stealthy** adj. (**stealthier**; **stealthiest**): *to make a stealthy approach* ▶ **ukradkowy** | **stealthily** adv. ▶ **ukradkowo**

★**steam** /sti:m/ noun [U] **1** the hot gas that water changes into when it boils: *Steam was rising from the coffee.* ▶ **para** (*wodna*) **2** the power that can be produced from steam: *a steam engine* silnik parowy ▶ **energia parowa**

IDIOMS **let off steam** (informal) to release energy or express strong feeling by behaving in a noisy or uncontrolled way ▶ **wyładowywać się** | **run out of steam** (informal) to have no more energy ▶ **oklapnąć**

□ **steam** verb **1** [I] to send out steam: *steaming hot soup* ▶ **parować** **2** [T] to cook sth in steam: *steamed vegetables* ➲ Zob. uwaga przy **cook**. ▶ **gotować na parze**

IDIOM **be/get steamed up** (informal) to be/become very angry or worried about sth ▶ **wściec się; z/denerwować się**

PHRASAL VERB **steam (sth) up** to cover sth or become covered with steam: *My glasses have steamed up.* ▶ **zaparować**

steamer noun [C] a ship that is driven by steam ▶ **parowiec**

■ **'steamroller** noun [C] a big heavy vehicle that is used for making the surface of a road flat ▶ **walec drogowy**

★**steel** /sti:l/ noun [U] a very strong metal that is made from iron mixed with carbon. Steel is used for making knives, tools, machines, etc. ▶ **stal**

□ **steel** verb [T] **steel yourself** to prepare yourself for sth difficult or unpleasant: *Steel yourself for a shock.* ▶ **nastawiać się (na coś)**

■ **'steelworks** noun [C, with sing. or pl. verb] (pl. **steelworks**) a factory where steel is made ▶ **huta stali**

★**steep** /sti:p/ adj. **1** (used about a hill, mountain, street, etc.) rising or falling quickly: *I don't think I can cycle up that hill. It's too steep.* ▶ **stromy** **2** (used about an increase in sth) very big ▶ **ostry** **3** (informal) too expensive ▶ (*o koszcie itp.*) **wygórowany**

□ **steeply** adv.: *House prices have risen steeply this year.* ▶ **gwałtownie** | **steepness** noun [U] ▶ **stromość**

steeped /sti:pt/ adj. having a lot of; full of: *The city of Oxford is steeped in history.* ▶ **przesiąknięty, nasycony**

steeple /'sti:pl/ noun [C] a church tower that has a pointed top called a spire ▶ **strzelista wieża, iglica**

★**steer** /stɪə(r)/ verb [I,T] to control the direction that a vehicle is going in, by using a wheel, etc.: *to steer a car/boat/bicycle/motor bike* ○ (figurative) *She tried to steer the conversation away from the subject of money.* ▶ **kierować, sterować; sprowadzać** (*np. na inny temat*)

□ **steering** /'stɪərɪŋ/ noun [U] the mechanical parts that control the direction that a vehicle is going in ▶ **układ kierowniczy**

■ **'steering wheel** (also **wheel**) noun [C] the wheel in a car, etc. that you use for steering ▶ **kierownica**

★**stem**[1] /stem/ noun [C] **1** one of the long thin parts of a plant which the leaves or flowers grow on ▶ **łodyga** **2** the main part of a word onto which other parts are added: *'Writ-' is the stem of the words 'write', 'writing', 'written' and 'writer'.* ▶ **temat**

□ **stem** verb (**stemming**; **stemmed**)

PHRASAL VERB **stem from sth** to be caused by sth; to have sth as an origin: *His interest in Egypt stems from the time he spent there when he was a child.* ❶ Czasownika **stem** nie używa się w czasach *continuous*. Natomiast często spotyka się go w *present participle* (formie *-ing*): *He was treated for depression stemming from his domestic and business difficulties.* ▶ **wywodzić się**

stem[2] /stem/ verb [T] (**stemming**; **stemmed**) to stop sth that is increasing or spreading: *Leaders of the party are trying to stem the tide of anti-government feeling.* ▶ **tamować**

stench /stentʃ/ noun [C, usually sing.] (formal) a very unpleasant smell ➲ Zob. uwaga przy **smell**[1]. ▶ **odór**

★**step**[1] /step/ verb [I] (**stepping**; **stepped**) to lift one foot and put it down in a different place when you are walking: *Be careful! Don't step in the mud.* ○ *to step forward/back* ▶ **stąpać, kroczyć**

PHRASAL VERBS **step down** to give up a position of authority: *Anne is stepping down as chairperson at the end of the year.* ▶ **ustępować z czegoś** | **step in** to become involved in a difficult situation, usually in order to help ▶ **wkraczać w coś** | **step sth up** to increase sth: *The Army has decided to step up its security arrangements.* ▶ **podnosić (stopniowo), intensyfikować**

■ **'stepping stone** noun [C] **1** one of a line of flat stones that you can step on in order to cross a river, etc. ▶ **płaski kamień, umożliwiający przejście przez rzekę itp.** **2** something that allows you to make progress or begin to achieve sth ▶ **odskocznia**

★**step**[2] /step/ noun [C] **1** the act of lifting one foot and putting it down in a different place: *Nick took two steps forwards and then stopped.* ○ *I heard steps outside the window.* ▶ **krok** **2** one action in a series of actions that you take in order to achieve sth: *the first step towards peace* ▶ **krok do czegoś** **3** one of the surfaces on which you put your foot when you are going up or down stairs, a ladder, etc.: *the top/bottom step* ○ *a flight of steps* kondygnacja schodów ➲ Zob. uwaga przy **stair**. ▶ **schodek**

IDIOMS **be in/out of step (with sb/sth)** to (not) move your feet at the same time as other people when you are marching, dancing, etc. ▶ **iść w takt; gubić krok** | **step by step** (used for talking about a series of actions) moving slowly and gradually from one action or stage to the next: *clear step-by-step instructions* ▶ **stopniowo, krok po kroku** | **take steps to do sth** to take action in order to achieve sth: *to take steps to reduce unemployment* ▶ **podejmować kroki** | **watch your step 1** to be careful about where you are walking ▶ **uważać jak się idzie** **2** to be careful about how you behave ▶ **uważać co się robi**

■ **'stepladder** noun [C] a short ladder with two parts that can stand on its own. You can fold it up when you are not using it. ▶ **drabina składana**

step- /step/ (in compounds) related through one parent ▶ **przyrodni, spokrewniony po linii jednego rodzica**

■ **'stepbrother**; **'stepsister** noun [C] the child of your stepmother or stepfather from an earlier marriage ▶ **przyrodni/a brat/siostra** | **'stepchild** noun [C] (pl. **stepchildren**) the child of your husband or wife from an earlier marriage ▶ **pasierb/ica** | **'stepfather** noun [C] the man who has married your mother after the death or divorce of your father ▶ **ojczym** | **'stepmother** noun [C] the woman who has married your father after the death or divorce of your mother ▶ **macocha** | **'stepson**; **'stepdaughter** noun [C] the child of your husband or wife from an earlier marriage ▶ **pasierb/ica**

★**stereo** /'steriəʊ/ noun **1** [U] the system for playing recorded music, speech, etc. in which the sound is directed through two channels: *This programme is in stereo.* ➲ Por. **mono**. ▶ **stereo(fonia)** **2** [C] (also **'stereo system**) a piece of equipment for playing recorded music, etc. that has two speakers: *a car stereo* ○ *a personal stereo* ▶ **zestaw stereo(foniczny)**

□ **stereo** adj.: *a stereo television* ▶ **stereofoniczny**

stereotype /'steriətaɪp/ noun [C] a fixed idea about a type of person or thing, which is often not true in reality: *the stereotype of the London businessman as a man with a black hat and umbrella* ▶ **stereotyp**

□ **stereotype** verb [T] to have or show a fixed idea about a type of person or thing: *In advertisements, women are often stereotyped as housewives.* ▶ **myśleć/przedstawiać stereotypowo**

sterile /'steraɪl; US 'sterəl/ adj. **1** not able to produce young animals or babies ▶ **bezpłodny** **2** completely clean and free from bacteria: *All equipment used during a medical operation must be sterile.* ▶ **sterylny** **3** with no interest or life: *a sterile discussion* ▶ **jałowy**

□ **sterility** /stə'rɪləti/ noun [U] ▶ **bezpłodność** | **sterilize** (also **-ise**) /'sterəlaɪz/ verb [T] **1** to make sb/sth completely clean and free from bacteria ▶ **sterylizować** **2** (usually passive) to carry out an operation on a person or an animal so that they cannot have babies ▶ **sterylizować** | **sterilization** (also **-isation**) /ˌsterəlaɪ'zeɪʃn; US -lə'z-/ noun [U] ▶ **sterylizacja**

sterling /'stɜːlɪŋ/ noun [U] the system of money that is used in Britain: *the pound sterling* ▶ **szterling**

□ **sterling** adj. of very high quality: *sterling work* ▶ **doskonały, rzetelny**

stern¹ /stɜːn/ adj. very serious and severe; not smiling: *a stern expression/warning* ▶ **srogi; surowy**

□ **sternly** adv. ▶ **srogo, surowo**

stern² /stɜːn/ noun [C] the back end of a ship or boat ➲ Por. **bow**. ▶ **rufa**

steroid /'sterɔɪd; 'stɪərɔɪd/ noun [C] a chemical compound such as a hormone or a vitamin, that is produced naturally in the body. Steroids are also used as drugs. ▶ **steryd**

stethoscope /'steθəskəʊp/ noun [C] the piece of equipment that a doctor uses for listening to your breathing and heart ▶ **słuchawka lekarska**

stew /stjuː; US stuː/ noun [C,U] a type of food that you make by cooking meat and/or vegetables in liquid for a long time ▶ **gulasz**

□ **stew** verb [I,T] to cook sth slowly in liquid: *stewed apple* ➲ Zob. uwaga przy **cook**. ▶ **dusić**

steward /'stjuːəd; US 'stuːərd/ noun [C] **1** a man who looks after the passengers on an aeroplane, a ship, a train, etc. ▶ **steward** **2** a person who helps to organize a large public event, e.g. a race ▶ **osoba utrzymująca porządek na publicznych imprezach lub nadzorująca ich organizację**

stewardess /ˌstjuːə'des; US 'stuːərdəs/ noun [C] a woman who looks after the passengers on an aeroplane, a ship, a train, etc. ▶ **stewardesa**

★**stick¹** /stɪk/ noun [C] **1** a small thin piece of wood from a tree ▶ **patyk** **2** = WALKING STICK **3** (in some sports) a long thin piece of wood that you use for hitting the ball: *a hockey stick* ➲ Por. **bat²**, **club²**(2) i **racket¹**. ▶ **kij** **4** a long thin piece of sth: *a stick of celery* ▶ **laska**

IDIOM **get (hold of) the wrong end of the stick** → WRONG¹

★**stick²** /stɪk/ verb (pt, pp **stuck** /stʌk/) **1** [I,T] **stick (sth) in/into (sth)** to push a pointed object into sth; to be pushed into sth: *Stick a fork into the meat to see if it's ready.* ○ *I can't move. There's a piece of wire sticking in my leg.* ▶ **wbijać, wtykać** **2** [I,T] to attach sth to sth else or to become attached to sth else by using glue, etc.: *to stick a stamp on an envelope* ○ *Jam sticks to your fingers.* ▶ **lepić (się)** **3** [I] **stick (in sth)** (used about sth that can usually be moved) to become fixed in one position so that it cannot be moved: *The car was stuck in the mud.* ▶ **tkwić, grząść** **4** [T] (informal) to put sth somewhere: *Can you stick these plates on the table?* ▶ **kłaść** **5** [T] (informal) (often in negative sentences and questions) to stay in a difficult or unpleasant situation: *I can't stick this job much longer.* ▶ **znosić**

IDIOMS **poke/stick your nose into sth** → NOSE¹ | **stick/put your tongue out** → TONGUE

PHRASAL VERBS **stick around** (informal) to stay or wait somewhere ▶ **być/kręcić się w pobliżu** | **stick at sth** (informal) to continue working at sth even when it is difficult ▶ **wytrwale dalej coś robić** | **stick by sb** (informal) to continue to give sb help and support even in difficult times ▶ **pozostawać (komuś) wiernym, nie opuszczać** (*kogoś w kłopotach*) | **stick out** (informal) to be very noticeable: *The new office block really* *sticks out from the older buildings around it.* ▶ **sterczeć** | **stick (sth) out** to be further out than sth else or to push sth further out than sth else: *The boy's head was sticking out of the window.* ○ *Don't stick your tongue out.* ▶ **wystawiać** | **stick it/sth out** (informal) to stay in a difficult or unpleasant situation until the end ▶ **znosić do końca** | **stick to sth** (informal) to continue with sth and not change to anything else: *I'm sticking to orange juice tonight because I'm driving.* ▶ **trzymać się (czegoś)** | **stick together** (informal) (used about a group of people) to stay friendly and loyal to each other ▶ **trzymać się razem** | **stick up** to point upwards: *You look funny. Your hair's sticking up!* ▶ **sterczeć do góry** | **stick up for sb/yourself/sth** (informal) to support or defend sb/yourself/sth: *Don't worry. I'll stick up for you if there's any trouble.* ▶ **bronić (się), ujmować się za kimś**

sticker /ˈstɪkə(r)/ noun [C] a piece of paper with writing or a picture on one side that you can stick onto a car window, book, file, etc. ▶ **nalepka**

★**sticky** /ˈstɪki/ adj. (**stickier**; **stickiest**) **1** (used for describing a substance that can stick to sth else, or sth that is covered with this kind of substance): *These sweets are very sticky.* ○ *I've got sticky fingers after eating that ice-cream.* ○ *sticky tape* taśma klejąca ▶ **lepki, lepiący się 2** (informal) (used about a situation) difficult or unpleasant ▶ **kłopotliwy**

★**stiff** /stɪf/ adj. **1** (used about material, paper, etc.) quite hard and not easy to bend: *My new shoes feel rather stiff.* ▶ **sztywny**, **twardy 2** (used about a handle, door, etc.) not easy to turn or move: *This door's very stiff. Can you open it for me?* ▶ **ciężko chodzący/działający 3** (used about parts of the body) not easy to move: *My arm feels really stiff after playing tennis yesterday.* ▶ **zesztywniały 4** (used about a liquid) very thick; almost solid: *Beat the egg whites until they are stiff.* ▶ **ścięty 5** difficult or strong: *a stiff exam* ○ *stiff opposition to the plan* zaciekły sprzeciw wobec planu ▶ **trudny**, **silny 6** (used about sb's behaviour) not relaxed or friendly; formal: *She's often a bit stiff with strangers.* ▶ **sztywny 7** (used about an alcoholic drink) strong: *a stiff whisky* ▶ **mocny**
□ **stiff** adv. (informal) extremely: *to be bored/frozen/scared stiff* ▶ **śmiertelnie** | **stiffly** adv. in a stiff(6) way: *He smiled stiffly.* ▶ **sztywno** | **stiffness** noun [U] ▶ **sztywność, zesztywnienie**

stiffen /ˈstɪfn/ verb **1** [I] (used about a person) to suddenly become very still, usually because you are afraid or angry : *Alison stiffened as she heard a noise outside the door.* ▶ **sztywnieć 2** [I,T] to become stiff; to make sth stiff: *a stiffened shirt collar* ▶ **sztywnieć; usztywniać**

stifle /ˈstaɪfl/ verb **1** [I,T] to be or to make sb unable to breathe easily: *Richard was almost stifled by the smoke.* ▶ **dusić (się) 2** [T] to stop sth from happening, developing or continuing: *to stifle a yawn* ○ *Her strict education had stifled her natural creativity.* ▶ **tłumić; dławić**
□ **stifling** /ˈstaɪflɪŋ/ adj.: *The heat was stifling.* ▶ **duszący, dławiący**

stigma /ˈstɪgmə/ noun [C,U] a bad reputation that sth has because a lot of people have a fixed idea that it is wrong, often unfairly: *There is still a lot of stigma attached to being unemployed.* ▶ **piętno**

stiletto /stɪˈletəʊ/ noun [C] (pl. **-os** or **-oes**) (especially Brit.) a woman's shoe with a very high narrow heel; the heel on such a shoe ➲ Ilustr. do **shoe**. ▶ **szpilka** (*but lub obcas*)

★**still**[1] /stɪl/ adv. **1** (used for talking about sth that started at an earlier time) continuing until now or until the time you are talking about: *Do you still live in London?* ○ *It's still raining.* ○ *In 1984 Rob was still a student.* ▶ **nadal**, **wciąż 2** in addition; more: *There are still ten days to go until my holiday.* ▶ **jeszcze 3** (used for making a comparative adjective stronger): *It was very cold yesterday, but today it's colder still.* ▶ **jeszcze/nawet bardziej, więcej itp. 4** (used for talking about an action or opinion that you do not expect, because sth else makes it surprising) even so: *He had a bad headache but he still went to the disco.* ▶ **mimo to**

★**still**[2] /stɪl/ adj., adv. **1** without moving: *Stand still! I want to take a photograph!* ▶ **nieruchomy**; **nieruchomo 2** quiet or calm: *The water was perfectly still.* ▶ **nie zmącony 3** (used about a drink) not containing gas: *still orange* ➲ Por. **fizzy** i **sparkling**. ▶ **niegazowany**
□ **still** noun [C] a single photograph that is taken from a cinema film ▶ **kadr z filmu** | **stillness** noun [U] the quality of being still: *the stillness of the air on a cold winter's night* ▶ **bezruch**
■ **ˈstillborn** adj. (used about a baby) dead when it is born ▶ (*o dziecku*) **martwo urodzony** | **ˌstill ˈlife** noun **1** [U] the representation in painting or drawing of objects which are not living, e.g. fruit, flowers, etc. ▶ **martwa natura 2** [C] (pl. **still lifes**) a picture of this type ▶ **martwa natura**

stilt /stɪlt/ noun [C] **1** one of two long pieces of wood, with places to rest your feet on, on which you can walk above the ground: *a pair of stilts* ▶ **szczudło 2** one of a set of poles that support a building above the ground or water ▶ **pal**

stilted /ˈstɪltɪd/ adj. (used about a way of speaking or writing) unnatural and very formal ▶ (*o wypowiedzi, tekście*) **sztywny**, **bardzo formalny**

stimulant /ˈstɪmjələnt/ noun [C] a drug or medicine that makes you feel more active: *Caffeine is a mild stimulant.* ▶ **środek pobudzający**

stimulate /ˈstɪmjuleɪt/ verb [T] **1** to make sth active or more active: *Exercise stimulates the blood circulation.* ○ *The government has decided to cut taxes in order to stimulate the economy.* ▶ **pobudzać**, **ożywiać 2** to make sb feel interested and excited about sth: *The teaching he gets doesn't really stimulate him.* ▶ **podniecać**
□ **stimulating** adj. interesting and exciting: *a stimulating discussion* ▶ **pobudzający** | **stimulation** /ˌstɪmjuˈleɪʃn/ noun [U] ▶ **stymulacja**, **bodziec**

stimulus /ˈstɪmjələs/ noun [C,U] (pl. **stimuli** /-laɪ/) something that causes activity, development or interest: *The Spanish Civil War was a great stimulus for Picasso's art.* ▶ **bodziec**

★**sting**[1] /stɪŋ/ verb [I,T] (pt, pp **stung** /stʌŋ/) **1** (used about an insect, a plant, etc.) to make sb/sth feel a sudden pain by pushing sth sharp into their skin and injecting poison into them: *Ow! I've been stung by a bee!* ○ *Those plants sting.* ➲ Por. **bite**[1](2). ▶ **żądlić, parzyć** **2** to make sb/sth feel a sudden, sharp pain: *Soap stings if it gets in your eyes.* ▶ **szczypać, kłuć** **3** to make sb feel very hurt and upset because of sth you say: *Kate was stung by her father's words.* ▶ **ranić, dotykać**

★**sting**[2] /stɪŋ/ noun [C] **1** the sharp pointed part of some insects and animals that is used for pushing into the skin of a person or another animal and injecting poison ▶ **żądło** **2** the pain that you feel when an animal or insect pushes its sting into you: *a wasp sting on the leg* ▶ **użądlenie** **3** a sharp pain that feels like a sting: *the sting of soap in your eyes* ▶ **szczypanie, kłucie, parzenie**

stink /stɪŋk/ verb [I] (pt **stank** /stæŋk/or **stunk** /stʌŋk/; pp **stunk**) (informal) **1** to have a very strong and unpleasant smell: *to stink of fish* ▶ **śmierdzieć** **2** to seem to be very bad, unpleasant or dishonest: *The whole business stinks of corruption.* ▶ **śmierdzieć (czymś)**

□ **stink** noun [C] (informal) a very unpleasant smell ➲ Zob. uwaga przy **smell**[1]. ▶ **smród**

■ **'stink bomb** noun [C] a container that produces a very bad smell when it is broken. Stink bombs are used for playing tricks on people. ▶ **pojemnik z gazem cuchnącym**

stint /stɪnt/ noun [C] a fixed period of time that you spend doing sth: *Then I had a two-year stint as a security officer in Hong Kong.* ▶ **okres jakiejś działalności**

stipulate /'stɪpjuleɪt/ verb [T] (formal) to say exactly and officially what must be done: *The law stipulates that all schools must be inspected every three years.* ▶ **zastrzegać**

□ **stipulation** /ˌstɪpju'leɪʃn/ noun: (formal) *One of the stipulations is that all team members must be British nationals.* ▶ **wymóg**

★**stir** /stɜ:(r)/ verb (**stirring**; **stirred**) **1** [T] to move a liquid, etc. round and round, using a spoon, etc.: *She stirred her coffee with a teaspoon.* ▶ **mieszać** **2** [I,T] to move or make sb/sth move gently: *The boy stirred in his sleep.* ○ *A sudden wind stirred the leaves.* ▶ **lekko poruszać (się)** **3** [T] to make sb feel a strong emotion: *The story stirred Carol's imagination.* ○ *a stirring speech* poruszająca przemowa ▶ **poruszyć (kogoś)**

PHRASAL VERB **stir sth up** to cause a strong feeling in other people: *The manager accused him of stirring up trouble.* ▶ **wzniecać**

□ **stir** /stɜ:(r)/ noun **1** [C] the action of stirring: *Give the soup a stir.* ▶ **mieszanie; poruszanie** **2** [sing.] general excitement or shock: *Short skirts caused quite a stir when they first appeared in the 1960s.* ▶ **(ogólne) poruszenie, (ogólne) podniecenie**

stirrup /'stɪrəp/ noun [C] one of the two metal objects that you put your feet in when you are riding a horse ▶ **strzemię**

★**stitch** /stɪtʃ/ noun [C] **1** one of the small lines of thread that you can see on a piece of material after it has been sewn ▶ **ścieg** **2** one of the small pieces of thread that a doctor uses to sew your skin together if you cut yourself very badly, or after an operation ▶ **szew (chirurgiczny)** **3** one of the small circles of wool that you put round a needle when you are knitting ▶ **oczko** **4** [usually sing.] a sudden pain that you get in the side of your body, e.g. after you have been running ▶ **kłujący ból**

IDIOM **in stitches** (informal) laughing so much that you cannot stop ▶ **pokładający się ze śmiechu**

□ **stitch** verb [I,T] to sew: *This handle of this bag needs stitching.* ▶ **szyć**

stoat /stəʊt/ noun [C] a small animal with brown fur that turns mainly white in winter. The white fur is called ermine. ▶ **gronostaj**

★**stock**[1] /stɒk/ noun **1** [C,U] the supply of things that a shop, etc. has for sale: *The new shop has a large stock of records, tapes and CDs.* ○ *We'll have to order extra stock if we sell a lot more this week.* ▶ **towar, zapas** (*towaru*) **2** [C] a supply or store of sth that is ready to be used: *Food stocks in the village were very low.* ▶ **zapas** **3** [C,U] a share in the capital of a company; money that you lend to a company: *to invest in stocks and shares* ▶ **udział, obligacja** **4** [C,U] a liquid that you use to make soups, sauces, etc. It is made by boiling meat, bones, vegetables, etc. in water. ▶ **wywar**

IDIOMS **in/out of stock** in/not in the supply of things that a shop, etc. has for sale ▶ **(nie) na składzie (towaru)** | **take stock (of sth)** to think about sth very carefully before deciding what to do next: *Let's see how things go for a week or so and then take stock of the situation.* ▶ **zastanawiać się (nad czymś)**

□ **stock** adj. (only before a noun) (used for describing sth that sb says) used so often that it does not have much meaning: *the usual stock answers* ▶ **szablonowy**

■ **'stockbroker** (also **broker**) noun [C] a person whose job it is to buy and sell stocks(3) and shares(2) for other people ▶ **makler/ka giełdow-y/a** | **'stock exchange** noun [C] **1** a place where stocks(3) and shares(2) are bought and sold: *the London Stock Exchange* ▶ **giełda** (*papierów wartościowych*) **2** (also **'stock market**) the business or activity of buying and selling stocks and shares ▶ **rynek papierów wartościowych** | **'stocktaking** noun [U] the activity of counting the total supply of things that a shop or business has at a particular time ▶ **remanent, inwentaryzacja**

stock[2] /stɒk/ verb [T] **1** (usually used about a shop) to have a supply of sth: *They stock food from all over the world.* ▶ **mieć na składzie** **2** to provide sth with a supply of sth: *a well stocked bookshop* ▶ **zaopatrywać**

PHRASAL VERB **stock up (on/with sth)** to collect a large supply of sth for future use: *to stock up with food for the winter* ▶ **gromadzić** (*np. zapasy*)

□ **stockist** noun [C] a shop that sells goods of a particular type or made by a particular company ▶ **sklep prowadzący sprzedaż towarów określonego asortymentu/określonej firmy**

stocking /ˈstɒkɪŋ/ noun [C] one of a pair of thin pieces of clothing that fit tightly over a woman's foot and leg: *a pair of stockings* ➲ Por. **tights**. ▶ **pończocha**

stocky /ˈstɒki/ adj. (used about a person's body) short but strong and heavy ▶ **krępy**

stoic /ˈstəʊɪk/ (also **stoical** /-kl/) adj. (formal) suffering pain or difficulty without complaining ▶ **stoicki**

□ **stoically** /-kli/ adv. ▶ **stoicko** | **stoicism** /ˈstəʊɪsɪzəm/ noun [U] ▶ **stoicyzm**

stole pt of STEAL

stolen pp of STEAL

stolid /ˈstɒlɪd/ adj. (used about a person) showing very little emotion or excitement ▶ **powściągliwy**

□ **stolidly** adv. ▶ **powściągliwie**

★**stomach** /ˈstʌmək/ (informal **tummy**) noun [C] **1** the part of your body where food is digested after you have eaten it ▶ **żołądek** **2** the front part of your body below your chest and above your legs: *a fat stomach* ○ *She turned over onto her stomach.* ▶ **brzuch**

□ **stomach** verb [T] (informal) (usually in negative sentences and questions) to be able to watch, listen to, accept, etc. sth that you think is unpleasant: *I can't stomach too much violence in films.* ▶ **znosić**

■ ˈ**stomach ache** noun [C,U] a pain in your stomach: *I've got terrible stomach ache.* ➲ Zob. uwaga przy **ache**. ▶ **ból żołądka**

stomp /stɒmp/ verb [I] (informal) to walk with heavy steps ▶ **chodzić jak słoń, ciężko stąpać**

★**stone** /stəʊn/ noun **1** [U] a hard solid substance that is found in the ground: *The house was built of grey stone.* ○ *a stone wall* ▶ **kamień** **2** [C] a small piece of rock: *The boy picked up a stone and threw it into the river.* ▶ **kamyk** **3** [C] = PRECIOUS STONE **4** [C] the hard seed inside some fruits, e.g. peaches, plums, cherries and olives ▶ **pestka** **5** [C] (pl. **stone**) a measure of weight; 6·35 kilograms. There are 14 pounds in a stone. ▶ **kamień**

□ **stone** verb [T] to throw stones at sb/sth, e.g. as a punishment: *The two women were stoned to death.* ▶ **kamieniować** | **stoned** adj. (slang) under the influence of drugs, or very drunk ▶ **naćpany; zalany (w pestkę)**

■ ˈ**stonework** noun [U] the parts of a building that are made of stone ▶ **robota kamieniarska**

stonemason /ˈstəʊnmeɪsn/ noun [C] a person who cuts and prepares stone or builds with stone ▶ **kamieniarz**

stony /ˈstəʊni/ adj. (**stonier**; **stoniest**) **1** (used about the ground) having a lot of stones in it, or covered with stones ▶ **kamienisty** **2** not friendly: *There was a stony silence as he walked into the room.* ▶ **kamienny**

stood pt, pp of STAND[1]

stool /stuːl/ noun [C] a seat that does not have a back or arms: *a piano stool* ▶ **stołek, taboret**

stoop /stuːp/ verb [I] to bend your head and shoulders forwards and downwards: *Cathy had to stoop to get through the low doorway.* ▶ **schylać się**

PHRASAL VERB **stoop to sth/doing sth** to do sth bad or wrong (that you would normally not do): *I would never stoop to cheating.* ▶ **poniżać się**

□ **stoop** noun: *to walk with a stoop* ▶ **przygarbienie**

★**stop**[1] /stɒp/ verb (**stopping**; **stopped**) **1** [I] to finish moving, happening or operating: *He walked along the road for a bit, and then stopped.* ○ *Does this train stop at Oxford?* ○ *I think the rain has stopped.* ○ *Oh no! My watch has stopped.* ▶ **stawać, zatrzymywać się** **2** [T] to make sb/sth finish moving, happening or operating: *I stopped someone in the street to ask the way to the station.* ○ *Can you stop the car, please?* ▶ **zatrzymywać** **3** [T] to end or finish an activity: *Stop making that terrible noise!* ○ *We stopped work for half an hour to have a cup of coffee.* ○ *It's stopped raining now.* ○ *Stop it* (przestań)*! You're hurting me.* ❶ **Stop to do sth** oznacza zatrzymanie się w celu zrobienia czegoś: *On the way home I stopped to buy a newspaper.* **Stop doing sth** oznacza przestanie robienia czegoś: *Stop talking and listen to me!* ▶ **przestawać** **4** [T] **stop sb/sth (from) doing sth** to make sb/sth end or finish an activity; prevent sb/sth from doing sth: *Can't you stop the car making that noise?* Zrób coś, żeby ten samochód przestał tak hałasować. ○ *Nothing will stop me from loving you.* ▶ **kłaść kres; powstrzymywać od czegoś** **5** [T] to prevent money from being paid: *The bank stopped the cheque because there was no money in his account.* ▶ **wstrzymywać** (*np. wypłatę czeku*)

IDIOMS **stop at nothing** to do anything to get what you want, even if it is wrong or dangerous ▶ **nie cofać się przed niczym** | **stop short of sth/doing sth** to almost do sth, but then decide not to do it at the last minute: *They were very rude but they stopped short of calling her a liar.* ▶ **powstrzymywać się w ostatniej chwili**

PHRASAL VERBS **stop off (at/in...)** to stop during a journey to do sth: *We stopped off in Paris to see some friends before coming home.* ▶ **przerywać podróż gdzieś** | **stop over (at/in...)** to stay somewhere for a short time during a long journey ▶ **zatrzymać się** (*na krótki postój*)

□ **stoppage** /ˈstɒpɪdʒ/ noun [C] **1** the act of refusing to work because of a disagreement with your employers; a strike ▶ **przestój w pracy** **2** (in sport) an interruption in a game for a particular reason ▶ **wstrzymanie gry**

■ ˈ**stopgap** noun [C] a person or a thing that does a job for a short time until sb/sth can be found ▶ **zatkajdziura** | ˈ**stopover** noun [C] a short stop in a journey: *a stopover in Singapore on the way to Australia* ▶ **przerwa w podróży** | ˈ**stopwatch** noun [C] a watch which can be started and stopped by pressing a button, so that you can measure exactly how long sth takes ▶ **stoper**

★**stop**[2] /stɒp/ noun [C] **1** an act of stopping or state of being stopped: *Our first stop will be in Edinburgh.* ○ *The lift came to a stop* (winda zatrzymała się) *on the third floor.* ▶ **postój, zatrzymanie się** **2** the place where a bus, train, etc. stops so that people can get on and off: *a bus stop* ▶ **przystanek, stacja**

IDIOMS **pull out all the stops** → PULL[1] | **put a stop to sth** to prevent sth bad or unpleasant from continuing ▶ **kłaść kres**

stopper /ˈstɒpə(r)/ noun [C] an object that you put into the top of a bottle in order to close it. A stopper can be made of glass, plastic or cork. ▶ **zatyczka**

★**storage** /ˈstɔːrɪdʒ/ noun [U] the keeping of things until they are needed; the place where they are kept: *This room is being used for storage at the moment.* ○ *storage space* ○ *to keep meat in cold storage* ▶ **magazynowanie**

★**store** /stɔː(r)/ noun **1** [C] a large shop: *a department/furniture store* ➲ Por. **chain store.** ▶ **dom towarowy, magazyn** **2** (US) = SHOP(1) **3** [C,U] a supply of sth that you keep for future use; the place where it is kept: *a good store of food for the winter* ○ *We'll have to put our furniture into store while we're in Australia.* ▶ **zapas; skład**

IDIOMS **be in store (for sb/sth)** to be going to happen in the future: *There's a surprise in store for you* (czeka cię niespodzianka) *when you get home!* ▶ **być przygotowanym (dla kogoś)**, (*o czymś*) **mieć nastąpić w przyszłości** | **set... store by sth** to think that sth has a particular amount of importance or value: *Nigel sets great store by his mother's opinion.* ▶ **przywiązywać wielką wagę do czegoś**

□ **store** verb [T] to keep sth or a supply of sth for future use: *to store information on a computer* ○ *The rice is stored in a large building near the village.* ▶ **przechowywać** (*np. w komputerze, magazynie*)

■ **ˈstorekeeper** noun [C] (US) = SHOPKEEPER | **ˈstoreroom** noun [C] a room where things are kept until they are needed ▶ **składnica**

storey /ˈstɔːri/ (US **story**) noun [C] (pl. **storeys**; US **stories**) one floor or level of a building: *The building will be five storeys high.* ○ *a two-storey house* ○ *a multi-storey car park* parking wielopoziomowy ▶ **piętro**

stork /stɔːk/ noun [C] a large white bird with a long beak, neck and legs. Storks often make their nests on the top of a building. ▶ **bocian**

★**storm** /stɔːm/ noun [C] very bad weather, with heavy rain, strong winds, etc.: *I think there's going to be a storm.* ○ *a thunderstorm* burza z piorunami ○ *a snowstorm* śnieżyca ○ (figurative) *a storm of protest* ▶ **burza**

> **Storm** jest ogólnym słowem oznaczającym bardzo złą pogodę. Wichura nazywa się **gale**. Silna zamieć śnieżna to **blizzard**. Trąba powietrzna ma kilka nazw: **cyclone**, **hurricane**, **tornado**, lub **whirlwind**.

□ **storm** verb **1** [I,T] to enter or leave somewhere in a very angry and noisy way: *He threw down the book and stormed off.* ▶ **wpadać/wypadać (skądś) z hałasem/furią** **2** [T] to attack a building, town, etc. suddenly and violently in order to take control of it: *to storm a castle* ▶ **szturmować** | **stormy** adj. (**stormier**; **stormiest**) **1** (used for talking about very bad weather, with strong winds, heavy rain, etc.): *a stormy night* ▶ **burzowy**, (*o morzu*) **wzburzony** **2** involving a lot of angry argument and strong feeling: *a stormy debate in Parliament* ○ *a stormy relationship* ▶ **burzliwy**

★**story[1]** /ˈstɔːri/ noun [C] (pl. **stories**) **1** a description of people and events that are not real: *He always reads the children a bedtime story.* ○ *a detective story* kryminał ○ *a fairy story* bajka ○ *a ghost story* opowieść o duchach ○ *a love story* romans ○ *a short story* nowela/opowiadanie ▶ **opowieść** **2** an account, especially a spoken one, of sth that has happened in the past: *The police didn't believe his story.* ▶ **relacja** **3** a description of true events that happened in the past: *the story of the Russian Revolution* ○ *his life story* ▶ **historia** (*prawdziwa relacja*) **4** an article or report in a newspaper or magazine: *The plane crash was the front-page story in most newspapers.* ▶ **relacja (prasowa)**

story[2] (US) = STOREY

stout /staʊt/ adj. **1** (used about a person) rather fat ▶ **tęgi** **2** strong and thick: *stout walking boots* ▶ **solidny**

stove /stəʊv/ noun [C] **1** the top part of a cooker that is fitted with gas or electric rings: *He put a pan of water to boil on the stove.* ▶ **kuchenka** (*elektryczna/gazowa*) **2** a type of heater. A stove is a closed metal box in which you burn wood, coal, etc.: *a wood-burning stove* ▶ **piec/yk metalowy**

stow /stəʊ/ verb [T] **stow sth (away)** to put sth away in a particular place until it is needed ▶ **chować** (*na później*)

■ **ˈstowaway** noun [C] a person who hides in a ship or aeroplane so that they can travel without paying ▶ **pasażer/ka na gapę**

straddle /ˈstrædl/ verb [T] **1** (used about a person) to sit or stand with your legs on each side of sth: *to straddle a chair* ▶ **stać/siedzieć okrakiem** **2** (used about a building, bridge, etc.) to be on both sides of sth: *The village straddles the border* (leży na samej granicy) *between the two states.* ▶ **obejmować dwie części/połowy czegoś**

straggle /ˈstrægl/ verb [I] **1** to grow or cover sth in an untidy or irregular way: *a straggling moustache* sumiaste wąsy ▶ **rosnąć dziko, zarastać** **2** to walk, etc. more slowly than the rest of the group: *The children straggled along behind their parents.* ▶ **wlec się w tyle za innymi**

□ **straggler** /ˈstræglə(r)/ noun [C] a person who straggles(2) ▶ **maruder** | **straggly** /ˈstrægli/ adj. untidy: *long straggly hair* ▶ **rozczochrany**

★**straight[1]** /streɪt/ adj. **1** not bent or curved: *a straight line* ○ *straight hair* ○ *Keep your back straight!* ➲ Ilustr. do **hair** ▶ **prosty** **2** (not before a noun) in a level or upright position: *That picture isn't straight.* ▶ **prosty** **3** honest, truthful and direct: *Politicians never give straight answers.* ○ *Are you being straight with me?* ▶ **prosty, szczery** **4** tidy or organized as it should be: *It took ages to put the room straight* (aby doprowadzić pokój do porządku) *after we'd decorated it.* ▶ **uporządkowany** **5** (informal) attracted to people of the opposite sex; heterosexual ❶ Antonim: **gay**. ▶ **heteroseksualny** **6** (informal) (used to describe a person who you think is too serious and boring) ▶ **sztywny**

IDIOMS **get sth straight** to make sure that you understand sth completely: *Let's get this straight. You're sure that you've never seen this man before?* ▶ **wyjaśniać coś** | **keep a straight face** to stop yourself from smiling or laughing ▶ **zachowywać powagę** | **put/set the record straight** → RECORD[1]

□ **straighten** /ˈstreɪtn/ verb [I,T] **straighten (sth) (up/out)** to become straight or to make sth straight: *The road straightens out at the bottom of the hill.* ○ *to straighten your tie* ▶ **prostować (się)**

PHRASAL VERBS **straighten sth out** to remove the confusion or difficulties from a situation ▶ **wyjaśniać coś, doprowadzać do porządku** | **straighten up** to stand up straight and tall ▶ **prostować się**

★**straight[2]** /streɪt/ adv. **1** in a straight line: *Go straight on for about two miles.* ○ *He was looking straight ahead.* ○ *to sit up straight* siadać prosto ▶ **prosto** **2** without stopping; directly: *I took the children straight home after school.* ○ *to walk straight past sb/sth* iść bez zatrzymywania się koło/obok kogoś/czegoś ▶ **prosto** (*nie zbaczając*), **bezpośrednio** **3** in an honest and direct way: *Tell me straight, doctor – is it serious?* ▶ **uczciwie, otwarcie**

IDIOMS **go straight** to become honest after being a criminal ▶ **wstępować na uczciwą drogę** | **right/straight away** → AWAY | **straight out** in an honest and direct way: *I told Tom straight out that I didn't want to see him any more.* ▶ **prosto z mostu**

straightforward /ˌstreɪtˈfɔːwəd/ adj. **1** easy to do or understand; simple: *straightforward instructions* ▶ **łatwy (do zrozumienia), prosty** (*nieskomplikowany*) **2** honest and open: *a straightforward person* ▶ **prostolinijny**

★**strain[1]** /streɪn/ noun **1** [C,U] the condition of being pulled or stretched too tightly: *The rope finally broke under the strain.* ○ (figurative) *The war has put a great strain on the country's economy.* ▶ **napięcie**; **obciążenie** **2** [C,U] a state of worry and tension: *to be under a lot of strain at work* ○ *Mum's illness has put a strain on the whole family.* ▶ **napięcie (emocjonalne)** **3** [C] something that makes you feel worried and tense: *I always find exams a terrible strain.* ▶ **napięcie (emocjonalne)** **4** [C,U] an injury to part of your body that is caused by using it too much: *a back strain* ▶ **nadwerężenie, naciągnięcie** (*np. mięśnia*) **5** [C] one type of animal, plant or disease that is slightly different from the other types ▶ **odmiana, szczep**

strain[2] /streɪn/ verb **1** [I,T] to make a great effort to do sth: *I had to strain my ears* (wytężać słuch) *to catch what they were saying.* ▶ **wytężać, wysilać się** **2** [T] to injure a part of your body by using it too much: *Don't read in the dark. You'll strain your eyes.* ○ *to strain a muscle* ▶ **nadwerężać, naciągać** (*np. mięsień*) **3** [T] to put a lot of pressure on sth: *Money problems have strained their relationship.* ▶ **napinać** **4** [T] to separate a solid and a liquid by pouring them into a special container with small holes in it: *This tea hasn't been strained.* ▶ **cedzić**

□ **strained** adj. **1** not natural or friendly: *Relations between the two countries are strained.* ▶ (*o wzajemnych stosunkach itp.*) **napięty** **2** worried and tense: *Martin looked tired and strained.* ▶ **napięty (emocjonalnie)**

strait /streɪt/ noun **1** [C, usually pl.] a narrow piece of sea that joins two larger seas: *the straits of Gibraltar* ▶ **cieśnina** **2** (**straits**) [pl.] a very difficult situation, especially one caused by having no money: *The company is in financial straits.* ▶ **tarapaty**

IDIOM **be in dire straits** → DIRE

straitjacket (also **straightjacket**) /ˈstreɪtdʒækɪt/ noun [C] a type of strong jacket that is used to stop mental patients, etc. from moving their arms, so that they cannot hurt themselves or other people ▶ **kaftan bezpieczeństwa**

strand /strænd/ noun [C] **1** a single piece of cotton, wool, hair, etc. ▶ **włos, nić** **2** one part of a story, situation or idea: *At the end of the film all the different strands of the story are brought together.* ▶ **wątek, splot** (*np. zagadnień*)

stranded /ˈstrændɪd/ adj. left in a place that you cannot get away from, e.g. because you have no money or transport ▶ **pozostawiony** (*np. na lodzie*)

★**strange** /streɪndʒ/ adj. **1** unusual or unexpected: *A very strange thing happened to me on the way home.* ○ *a strange noise* ○ *She usually wears jeans. It's really strange to see her in a skirt.* ▶ **dziwny, niezwykły** **2** that you have not seen, visited, met, etc. before: *a strange town* ○ *My mother told me not to talk to strange men.* ▶ **dziwny, obcy**

> Mówiąc o osobie lub rzeczy pochodzącej z innego kraju nie używa się **strange**, lecz **foreign**.

□ **strangely** adv.: *The streets were strangely quiet.* ○ *Tim's behaving very strangely at the moment.* ▶ **dziwnie, niezwykle** | **strangeness** noun [U] ▶ **obcość, nowość, osobliwość**

★**stranger** /ˈstreɪndʒə(r)/ noun [C] **1** a person that you do not know: *I had to ask a complete stranger to help me with my suitcase.* ▶ **obca osoba, nieznajom-y/a**

> Mówiąc o osobie pochodzącej z innego kraju nie używa się **stranger**, lecz **foreigner**.

2 a person who is in a place that they do not know: *I'm a stranger to this part of the country.* Zupełnie nie znam tej części kraju. ▶ **obcy**

strangle /ˈstræŋɡl/ verb [T] **1** to kill sb by squeezing their neck or throat with your hands, a rope, etc. ▶ **dusić** **2** to prevent sth from developing ▶ **tłumić** (*np. inicjatywę*)

★**strap** /stræp/ noun [C] a long narrow piece of leather, cloth, plastic, etc. that you use for carrying sth or for keeping sth in position: *a*

watch strap ○ *a dress with thin shoulder straps* ➲ Ilustr. do **bag**. ▶ **pasek, rzemyk, uchwyt**
□ **strap** verb [T] to keep sb/sth in position by using a strap or straps: *The racing driver was securely strapped into the car.* ▶ **przymocowywać** (*pasem*)

strategic /strəˈtiːdʒɪk/ (also **strategical**) adj. **1** helping you to achieve a plan; giving you an advantage ▶ **strategiczny 2** connected with a country's plans to achieve success in a war or in its defence system: *strategic planning* ▶ (*o planach wojskowych*) **strategiczny 3** (used about bombs and other weapons) intended to hit places of military or economic importance in an enemy country ▶ **strategiczny**
□ **strategically** /-kli/ adv.: *The island is strategically important.* ▶ **strategicznie**

strategy /ˈstrætədʒi/ noun (pl. **strategies**) **1** [C] a plan that you use in order to achieve sth: *a strategy to reduce inflation* ▶ **strategia 2** [U] the act of planning how to do or achieve sth: *military strategy* ▶ **strategia**

⋆**straw** /strɔː/ noun **1** [U] the long stems of plants (e.g. wheat) that are dried and then used for animals to sleep on or for making baskets, mats, etc.: *a straw hat* ▶ **słoma 2** [C] one piece of straw ▶ **źdźbło słomy 3** [C] a long plastic or paper tube that you can use for drinking through ➲ Ilustr. do **container**. ▶ **słomka**
IDIOM **the last/final straw** an extra problem that is added to a difficult or unpleasant situation, and which makes you think you cannot tolerate the situation any longer ▶ **ostatnia kropla** (*przepełniająca miarę*)
■ ˌ**straw ˈpoll** noun [C] a survey of public opinion that is not official: *A straw poll taken among local people last night showed that most did not want the new road to be built.* ▶ **nieoficjalny sondaż**

strawberry /ˈstrɔːbəri; US -beri/ noun [C] (pl. **strawberries**) a soft red fruit with small yellow seeds in it: *strawberries and cream* ○ *strawberry jam* ○ *a wild strawberry* poziomka ▶ **truskawka**

stray /streɪ/ verb [I] **1** to go away from the place where you should be for no particular reason: *The sheep had strayed onto the road.* ▶ **błąkać się, zbaczać 2** not keeping to the subject you should be thinking about or discussing: *My thoughts strayed for a few moments.* ▶ **zbaczać z tematu**
□ **stray** adj. (only before a noun) lost from home: *a stray dog* ▶ **zabłąkany** | **stray** noun [C] an animal that is lost from home ▶ **zabłąkane zwierzę**

streak /striːk/ noun [C] **1 streak (of sth)** a thin line or mark: *The cat had brown fur with streaks of white in it.* ▶ **pasek 2** a part of a person's character that sometimes shows in the way they behave: *a selfish streak* ▶ **cecha charakteru 3** a continuous period of good or bad luck in a game of sport: *a winning/losing streak* ▶ **passa** (*dobra/zła*)
□ **streak** verb [I] (informal) to run fast ▶ **pędzić** | **streaked** adj. **streaked (with sth)** having streaks(1) of sth: *black hair streaked with grey* ▶ **z domieszką (czegoś), pręgowany**

⋆**stream** /striːm/ noun [C] **1** a small river ▶ **strumień 2** the constant movement of a liquid or gas: *a stream of blood* ▶ **przepływ** (*np. wody, gazu*) **3** a constant movement of people or things: *a stream of traffic* ▶ **strumień 4** a large number of things which happen one after another: *a stream of letters/telephone calls/questions* ▶ **rzeka 5** a group of schoolchildren who are in the same class because they have similar abilities ▶ **klasa profilowana**
□ **stream** verb **1** [I] (used about a liquid, gas or light) to flow in large amounts: *Tears were streaming down his face.* ○ *Sunlight was streaming in through the windows.* ▶ **przepływać, lać się** (*strumieniem*) **2** [I] (used about people or things) to move somewhere in a continuous flow: *People were streaming out of the station.* ▶ **lać się** (*np. lawą/lawiną*) **3** [T] (usually passive) to put schoolchildren into groups of similar ability ▶ **przydzielać uczniów do klasy profilowanej** | **streamer** noun [C] a long piece of coloured paper that you use for decorating a room before a party, etc.: *a room decorated for a party with balloons and streamers* ▶ **serpentyna** (*papierowa*)

streamline /ˈstriːmlaɪn/ verb [T] **1** to give a vehicle, etc. a long smooth shape so that it will move easily through air or water ▶ **nadawać (czemuś) kształt/linię opływow-y/ą 2** to make an organization, a process, etc. work better by making it simpler and more efficient: *The company has decided to streamline its production processes.* ▶ **odchudzać, optymalizować**
□ **streamlined** adj. ▶ **opływowy**

⋆**street** /striːt/ noun [C] **1** a road in a town, village or city that has shops, houses, etc. on one or both sides: *to walk along/down the street* iść ulicą ○ *to cross the street* ○ *I met Karen in the street* (na ulicy) *this morning.* ○ *a narrow street* ○ *a street map* plan miasta ➲ Zob. uwaga przy **road**. ▶ **ulica 2** (**Street**) (abbr. **St**) [sing.] (used in names of streets): *64 High Street* ○ *to go shopping in Oxford Street* ▶ **ulica**
IDIOMS **the man in the street** → MAN[1] | **streets ahead (of sb/sth)** (informal) much better than sb/sth ▶ **o niebo lepszy** | **(right) up your street** (informal) (used about an activity, subject, etc.) exactly right for you because you know a lot about it, like it very much, etc. ▶ **dokładnie (czyjaś) działka, ulubiony** (*np. temat*)
■ ˈ**streetcar** noun [C] (US) = TRAM

⋆**strength** /streŋθ/ noun **1** [U] the quality of being physically strong; the amount of this quality that you have: *a woman of great physical strength* ○ *He pulled with all his strength but the rock would not move.* ▶ **siła; siły 2** [U] the ability of an object to hold heavy weights or not to break or be damaged easily: *All our suitcases are tested for strength before they leave the factory.* ▶ **wytrzymałość 3** [U] the quality of being powerful: *Germany's economic strength* ▶ **potęga 4** [U] how strong a feeling or opinion is: *There is great strength of feeling against* (jest silny sprzeciw opinii publicznej przeciwko) *nuclear weapons in this country.* ▶ **siła** **5** [C,U] the good qualities and abilities of a person or thing: *His greatest strength is his ability to communicate with people.* ○ *the strengths and weaknesses of a plan* ▶ **mocna strona**

IDIOMS **at full strength** (used about a group) having the number of people it needs or usually has ▶ **w pełnej obsadzie** | **below strength** (used about a group) not having the number of people it needs or usually has ▶ **nie w pełnej obsadzie** | **on the strength of** as a result of information, advice, etc.: *She was given the job on the strength of your recommendation.* ▶ **w oparciu o coś**

□ **strengthen** /ˈstreŋθn/ verb [I,T] to become stronger or to make sth stronger: *exercises to strengthen your muscles* ○ *Support for the President seems to be strengthening.* ▶ **wzmacniać (się)**

strenuous /ˈstrenjuəs/ adj. needing or using a lot of effort or energy: *a strenuous effort to improve her English* ▶ **mozolny**

□ **strenuously** adv. ▶ **mozolnie**

★**stress** /stres/ noun **1** [C,U] a state of worry and tension that is caused by difficulties in your life, having too much work, etc.: *He's been under a lot of stress since his wife went into hospital.* ○ *The doctor told her that she was suffering from stress.* ○ *the stresses and strains of life in a big city* ▶ **stres** **2** [U] **stress (on sth)** the special force or emphasis that you give to sth because you think it is important: *There should be more stress on learning foreign languages in schools.* ▶ **nacisk** **3** [U] the force or emphasis that you put on a word or part of a word when you say it: *In the word 'dictionary' the stress is on the first syllable, 'dic'.* ▶ **akcent** **4** [C,U] **stress (on sth)** a physical force that may cause sth to bend or break ▶ **nacisk**

□ **stress** verb [T] to give sth special force or emphasis because you think it is important: *The minister stressed the need for a peaceful solution.* ▶ **podkreślać** | **stressful** /-fl/ adj. causing stress(1): *a stressful job* ▶ **stresujący**

★**stretch**[1] /stretʃ/ verb **1** [I,T] to pull sth so that it becomes longer or wider; to become longer or wider in this way: *The artist stretched the canvas tightly over the frame.* ○ *My T-shirt stretched when I washed it.* ▶ **rozciągać (się)** **2** [I,T] to push out your arms, legs, etc. as far as possible: *He got out of bed and stretched before going into the bathroom.* ○ *She stretched out her arm to take the book.* ▶ **przeciągać się**; **wyciągać** **3** [I] (used about a piece of land or water, etc.) to cover a large area: *The long white beaches stretch for miles along the coast.* ▶ **rozciągać się (dokądś)** **4** [T] to make use of all the money, ability, time, etc. that sb has available for use: *I need a job that will stretch me.* ○ *The influx of refugees has stretched the country's resources to the limit.* ▶ **zmuszać do wysiłku, wyczerpywać**

IDIOMS **stretch your legs** to go for a walk after sitting down for a long time ▶ **rozprostowywać nogi** | **stretch a point** to agree to sth that you do not normally allow ▶ **robić ustępstwo, robić wyjątek**

PHRASAL VERB **stretch (yourself) out** to relax by lying down with all your body flat: *to stretch out in front of the fire* ▶ **wyciągać się**

stretch[2] /stretʃ/ noun **1** [C] **stretch (of sth)** an area of land or water: *a beautiful stretch of countryside* ▶ **obszar**, **przestrzeń**, **odcinek** (*drogi*) **2** [C, usually sing.] the act of stretching(2): *Stand up, everybody, and have a good stretch* (i rozprostujcie kości). ▶ **przeciąganie się**

IDIOMS **at a stretch** without stopping: *six hours at a stretch* ▶ **bez przerwy** | **at full stretch** → FULL

stretcher /ˈstretʃə(r)/ noun [C] a piece of cloth supported by two poles that is used for carrying a person who has been injured in an accident, etc. ▶ **nosze**

★**strict** /strɪkt/ adj. **1** not allowing people to break rules or behave badly: *Tom's always very strict with his children.* ○ *a strict teacher* ○ *I went to a very strict school.* ▶ **surowy, srogi** **2** that must be obeyed completely: *I gave her strict instructions to be home before 9.* ▶ **ścisły** **3** exactly correct; precise: *a strict interpretation of the law* ▶ **ścisły**

□ **strictly** adv. in a strict way: *Smoking is strictly forbidden.* ▶ **surowo; ściśle**

IDIOM **strictly speaking** to be exactly correct or precise: *Strictly speaking* (ściśle mówiąc), *the tomato is not a vegetable. It's a fruit.*

stride /straɪd/ verb [I] (pt **strode** /strəʊd/; pp **stridden** /ˈstrɪdn/) to walk with long steps, often because you are feeling very confident or determined.: *He strode up to the house and knocked on the door.* ▶ **stawiać wielkie kroki**

□ **stride** noun [C] a long step ▶ **wielki krok**

IDIOMS **get into your stride** to start to do sth confidently and well after an uncertain beginning ▶ **wciągać się** (*w normalny tok pracy*) | **make great strides** to make very quick progress ▶ **robić wielkie postępy** | **take sth in your stride** to deal with a new or difficult situation easily and without worrying ▶ **radzić sobie** (*z łatwością*)

strident /ˈstraɪdnt/ adj. (used about a voice or a sound) loud and unpleasant ▶ **ostry, przeraźliwy**

strife /straɪf/ noun [U] (formal) trouble or fighting between people or groups ▶ **zmagania, niesnaski**

★**strike**[1] /straɪk/ noun [C] **1** a period of time when people refuse to go to work, usually because they want more money or better working conditions: *a one-day strike* ○ *to go on strike* (rozpocząć strajk) *for better working conditions* ○ *The workers have been on strike* (strajkują) *for two weeks now.* ○ *to take strike action* podejmować akcję strajkową ▶ **strajk** **2** a sudden military attack, especially by aircraft ▶ **uderzenie**

★**strike**[2] /straɪk/ verb (pt, pp **struck** /strʌk/) **1** [T] to hit sb/sth: *The stone struck me on my face.* ○ *to strike sb with your hand* ○ *The boat struck a rock and began to sink.* ❶ W sytuacjach takich jak w powyższych przykładach w języku codziennym częściej używa się czasownika **hit**: *The stone hit me on my face*; ale mówiąc o uderzeniu pioruna, stosuje się czasownik **strike**: *The building had* *been struck by lightning.* ▶ **uderzać, walić** **2** [I,T] to attack sb/sth suddenly: *The enemy aircraft struck just after 2 am.* ○ *The earthquake struck Armenia in 1988.* ▶ **atakować, uderzać** **3** [T] **strike sb (as sth)** to give sb a particular impression, often a strong one: *Does anything here strike you as unusual?* ▶ **uderzać, wywierać wrażenie** **4** [T] (used about a thought or an idea) to come suddenly into sb's mind: *It suddenly struck me that she would be the ideal person for the job.* ▶ **wpadać do głowy** **5** [T] to produce fire: *to strike a match* ▶ **zapalać, krzesać** **6** [I,T] (used about a clock) to ring a bell so that people know what time it is.: *The church clock struck three.* ▶ **wybijać** (*godziny*) **7** [T] to discover gold, oil, etc. ▶ **natrafiać na coś** **8** [I] to go on strike¹(1): *The workers voted to strike for more money.* ▶ **zaczynać strajk**

IDIOMS **strike a balance (between A and B)** to find a middle way between two extremes ▶ **znajdować złoty środek** | **strike a bargain (with sb)** to make an agreement with sb ▶ **dobijać targu** | **strike a chord (with sb)** to say or do sth that makes other people feel sympathy, excitement, etc. ▶ **uderzyć w czyjąś czułą/właściwą strunę** | **within striking distance** near enough to be reached or attacked easily ▶ **w zasięgu ręki/strzału itp.**

PHRASAL VERBS **strike back** to attack sb/sth that has attacked you: *The President threatened to strike back if the army attacked the capital.* ▶ **odpłacać się** | **strike up sth (with sb)** to start a conversation or friendship with sb ▶ **nawiązywać rozmowę; zawierać znajomość**

striker /ˈstraɪkə(r)/ noun [C] **1** a person who is on strike¹(1) ▶ **(pracownik) strajkujący** **2** (in football) an attacking player ▶ **napastni-k/czka**

striking /ˈstraɪkɪŋ/ adj. very noticeable; making a strong impression: *There was a striking similarity between the two men.* ▶ **uderzający**
□ **strikingly** adv.: *strikingly attractive* ▶ **uderzająco**

★**string¹** /strɪŋ/ noun **1** [C,U] the thin cord that you use for tying things, etc.; a piece of this: *I need some string to tie round this parcel.* ○ *a ball of string* ○ *a balloon on the end of a string* ▶ **sznurek** **2** [C] a piece of thin wire, etc. on a musical instrument: *A guitar has six strings.* ▶ **struna** **3** [C] one of the pieces of thin material that is stretched across a tennis racket ▶ **struna** **4** (**the strings**) [pl.] the musical instruments in an orchestra, etc. that have strings(2) ▶ **instrumenty smyczkowe** **5** [C] **a string of sth** a line of things that are joined together on the same piece of thread: *a string of beads* ▶ **sznur** **6** [C] **a string of sth** a series of people, things or events that follow one after another: *a string of visitors/complaints* ▶ **sznur, ciąg**

IDIOMS **(with) no strings attached**; **without strings** with no special conditions: *We will send you a free copy of the magazine, with no strings attached.* ▶ **bez warunków** | **pull strings** → PULL¹

string² /strɪŋ/ verb [T] (pt, pp **strung** /strʌŋ/) **string sth (up)** to hang up a line of things with a piece of string, etc.: *Coloured lights were strung up along the front of the hotel.* ▶ **nawlekać**

PHRASAL VERBS **string sb/sth out** to make people or things form a line with spaces between each person or thing ▶ **rozstawiać (kogoś/coś) z odstępami w rzędzie** | **string sth together** to put words or phrases together to make a sentence, speech, etc. ▶ **budować** (*np. zdania*)

stringent /ˈstrɪndʒənt/ adj. (used about a law, rule, etc.) very severe and strict ▶ **surowy, ścisły**

★**strip** /strɪp/ noun [C] a long narrow piece of sth: *a strip of paper/water* ▶ **pasek, pasmo**
□ **strip** verb (**stripping**; **stripped**) **1** [I,T] **strip (sth) (off)** to take off your clothes; to take off sb else's clothes: *The doctor asked him to strip.* ○ *I was stripped and searched at the airport by two customs officers.* ▶ **rozbierać (się)** **2** [T] **strip sb/sth (of sth)** to take sth away from sb/sth: *They stripped the house of all its furniture.* ○ *The President has been stripped of most of her power.* ▶ **pozbawiać (kogoś/coś) czegoś** **3** [T] **strip sth (off)** to remove sth that is covering a surface: *to strip the paint off a door* ▶ **zdzierać, zdejmować** (*np. farbę, warstwę*) | **stripper** noun [C] a person whose job is to take off their clothes in order to entertain people ▶ **striptizer/ka**
■ **ˈstrip cartoon** noun [C] (Brit.) = COMIC STRIP | **ˈstriptease** noun [C,U] entertainment in which sb takes off their clothes, usually to music ▶ **striptiz**

★**stripe** /straɪp/ noun [C] a long narrow band of colour: *Zebras have black and white stripes.* ▶ **pasek, pręga, lampas**
□ **striped** /straɪpt/ adj. having stripes: *a red and white striped dress* ▶ **w paski, pręgowany**

strive /straɪv/ verb [I] (pt **strove** /strəʊv/; pp **striven** /ˈstrɪvn/) (formal) **strive (for sth)** to try very hard to do or get sth: *The company always strives to satisfy its customers.* ▶ **usiłować**

strode pt of STRIDE

stroke¹ /strəʊk/ verb [T] **1** to move your hand gently over sb/sth: *She stroked his hair affectionately.* ○ *to stroke a dog* ▶ **gładzić** **2** to move sth somewhere with a gentle movement: *She stroked away his tears.* Delikatnie otarła mu łzy. ▶ **delikatnie przesuwać**

★**stroke²** /strəʊk/ noun **1** [C] one of the movements that you make when you are writing or painting: *a brush stroke* ▶ **pociągnięcie** (*np. pióra, pędzla*) **2** [C] one of the movements that you make when you are swimming, rowing, playing tennis, etc.: *a forehand stroke* ▶ **ruch** (*rąk w pływaniu*), **uderzenie** (*np. wiosłem, rakietą*) **3** [C,U] one of the styles of swimming: *backstroke* ➲ Por. **crawl**. ▶ **styl** (*pływania*) **4** [C] a sudden illness which attacks the brain and can leave a person unable to move part of their body, speak clearly, etc.: *to have a stroke* ▶ **wylew krwi do mózgu** **5** [sing.] **a stroke of sth** something that happens unexpectedly: *a stroke of luck* uśmiech losu ▶ **niespodziewane zdarzenie**

IDIOMS at a/one stroke with a single action: *You can't change people's opinions at a stroke.* ▶ **jednym pociągnięciem** | **not do a stroke (of work)** not do any work at all ▶ **nie kiwnąć palcem**

stroll /strəʊl/ noun [C] a slow walk for pleasure: *to go for a stroll along the beach* ▶ **przechadzka**
□ **stroll** verb [I] ▶ **przechadzać się**

⋆**strong** /strɒŋ; US strɔːŋ/ adj. **1** (used about a person) physically powerful; able to lift or carry heavy things: *I need someone strong to help me move this bookcase.* ○ *to have strong arms/muscles* ▶ **silny 2** (used about an object) able to hold heavy weights; not easily broken or damaged: *That chair isn't strong enough for you to stand on.* ○ *a pair of strong walking boots* ▶ **wytrzymały; solidny 3** intense; felt deeply: *There was strong opposition to the idea.* ○ *strong support for the government's plan* ○ *He has strong views on the subject.* ○ *strong feelings* ▶ **silny; stanowczy 4** powerful and likely to succeed: *She's a strong candidate for the job.* ▶ **mający duże szanse 5** (used about a smell, taste, etc.) powerful and intense: *a strong smell of garlic* ○ *strong tea* ○ *a strong drink* ▶ **intensywny, mocny 6** powerful and moving quickly: *strong winds* ▶ **silny** ❶ Rzeczownik dla znaczeń 1-6: **strength**. **7** (used after a noun) having a particular number of people: *The army was 50 000 strong.* ▶ **w sile**
IDIOMS going strong (informal) continuing, even after a long time.: *The company was formed in 1851 and is still going strong.* ▶ **być nadal w dobrej formie** | **sb's strong point** something that a person is good at: *Maths is not my strong point.* ▶ **mocna strona**
□ **strongly** adv. very much; to a great degree: *The directors are strongly opposed to the idea.* ○ *to feel very strongly about sth* ▶ **silnie, głęboko**
■ ˌ**strong-ˈminded** adj. having firm ideas or beliefs ▶ **zdecydowany**

stroppy /ˈstrɒpi/ adj. (**stroppier**; **stroppiest**) (Brit., slang) (used about a person) bad-tempered; not helpful ▶ **humorzasty; nieużyty**

strove pt of STRIVE

struck pt, pp of STRIKE²

⋆**structure** /ˈstrʌktʃə(r)/ noun **1** [C,U] the way that the parts of sth are put together or organized: *the structure of the brain* ○ *the political and social structure of a country* ▶ **budowa, struktura 2** [C] a building or sth that has been built or made from a number of parts: *The old office had been replaced by a modern glass structure.* ▶ **budowla, struktura**
□ **structure** verb [T] to arrange sth in an organized way: *a carefully structured English course* ▶ **konstruować** | **structural** /ˈstrʌktʃərəl/ adj.: *Several windows were broken in the explosion but there was no structural damage.* ▶ **strukturalny**

⋆**struggle** /ˈstrʌgl/ verb [I] **1** to try very hard to do sth although it is difficult: *We struggled along the road with our heavy suitcases.* ○ *Maria was struggling with her English homework.* ▶ **szarpać się 2** to make violent movements when you are trying to escape from sb/sth: *He shouted and struggled but he couldn't get free.* ▶ **szamotać się**
PHRASAL VERB struggle on to continue to do sth although it is difficult: *I felt terrible but managed to struggle on to the end of the day.* ▶ **z trudem dalej coś robić**
□ **struggle** noun [C] **1** a fight: *All countries should join together in the struggle against terrorism.* ▶ **walka 2** [usually sing.] a great effort: *After a long struggle she finally managed to complete the course.* ▶ **wysiłek**

strum /strʌm/ verb [I,T] (**strumming**; **strummed**) to play a guitar by moving your hand up and down over the strings ▶ **brzdąkać**

strung pt, pp of STRING²

strut /strʌt/ verb [I] (**strutting**; **strutted**) to walk in a proud way ▶ **chodzić dumnie jak paw**

stub /stʌb/ noun [C] a short piece of a cigarette or pencil that remains after the rest of it has been used ▶ **niedopałek; resztka**
□ **stub** verb [T] to hurt your toe by accidentally hitting it against sth hard ▶ **uderzyć się** (*w palec u nogi*)
PHRASAL VERB stub sth out to stop a cigarette, etc. from burning by pressing the end against sth hard: *He stubbed out his cigarette in the ashtray.* ▶ **gasić** (*np. papierosa*)

stubble /ˈstʌbl/ noun [U] **1** the short stems that are left in a field after corn, wheat, etc. has been cut ▶ **ścierń 2** the short hairs that grow on a man's face when he has not shaved for some time ➲ Ilustr. do **hair**. ▶ **szczecina** (*na brodzie*)

stubborn /ˈstʌbən/ adj. not wanting to do what other people want you to do; refusing to change your plans or decisions: *She's too stubborn to apologize.* ○ *a stubborn refusal* ▶ **uparty; nieustępliwy**
□ **stubbornly** adv. ▶ **uparcie; nieustępliwie** | **stubbornness** noun [U] ▶ **upór; nieustępliwość**

stucco /ˈstʌkəʊ/ noun [U] plaster or cement that is used for covering or decorating walls or ceilings ▶ **stiuk**

stuck¹ pt, pp of STICK²

stuck² /stʌk/ adj. **be/get stuck 1** to not be able to move: *This drawer's stuck.* ▶ **zacinać się, zaklinowywać się 2** to not be able to continue with an exercise, etc. because it is too difficult: *If you get stuck, ask your teacher for help.* ▶ **utknąć**

stud¹ /stʌd/ noun [C] **1** a small round earring that you wear through a hole in your ear ▶ **kolczyk** (*kuleczka*) **2** a small round piece of metal on the surface of sth: *a black leather jacket with studs all over it* ○ *the studs* (korki) *on the bottom of football boots* ▶ **ćwiek, spinka** (*do kołnierzyka*)
□ **studded** adj. **1 studded (with sth)** covered or decorated with studs or other small objects: *The crown is studded with diamonds.* ▶ **wysadzany, nabijany (czymś) 2 studded with sth** containing a lot of sth: *a sky studded with stars* niebo usiane gwiazdami ○ *a star-studded cast* gwiazdorska obsada ▶ **pełen czegoś**

stud² /stʌd/ noun **1** [C,U] a number of horses or

other animals that are kept for breeding young animals (of high quality): *to keep a stallion at stud* (w stadninie) ▶ **stadnina** **2** (also **'stud farm**) [C] a place where such horses are kept ▶ **stadnina**

★**student** /'stju:dnt; US 'stu:-/ noun [C] a person who is studying at a college or university: *Julia is a medical student at Bristol university.* ○ *a full-time/part-time student* ○ *a student teacher* ➲ Por. **pupil**, **graduate** i **undergraduate**. ▶ **student/ka**

studied /'stʌdɪd/ adj. (formal) carefully planned or done, especially when you are trying to give a particular impression ▶ **wystudiowany** (*np. gest, uśmiech*)

★**studio** /'stju:diəʊ; US 'stu:-/ noun [C] (pl. **studios**) **1** a room where an artist or photographer works ▶ **pracownia**, **atelier** **2** a room or building where radio or television programmes are made ▶ **studio** **3** a room or building where cinema films or records are made: *a recording studio* ▶ **studio**, **atelier**

studious /'stju:diəs; US 'stu:-/ adj. (used about a person) spending a lot of time studying ▶ **pilny**
□ **studiously** adv. with great care: *It was a question that I had studiously avoided.* ▶ **starannie**, **skrupulatnie**

★**study**[1] /'stʌdi/ noun (pl. **studies**) **1** [U] the act of learning about sth: *One hour every afternoon is left free for quiet study.* ○ *study skills* umiejętności uczenia się ▶ **nauka**, **uczenie się** **2** (**studies**) [pl.] the subjects that you study: *the School of Oriental and African Studies at London University* ▶ **studia**, **badania** **3** [C] scientific research into a particular subject and a book or article that a person writes after studying it: *a scientific study of the causes of heart disease in Britain* ▶ **praca naukowa**, **studium** **4** [C] a room in a house where you go to read, write or study ▶ **gabinet**, **pracownia**

★**study**[2] /'stʌdi/ verb (pres. part. **studying**; 3rd pers. sing. pres. **studies**; pt, pp **studied**) **1** [I,T] to spend time learning about sth: *Leslie has been studying hard for his exams.* ○ *to study French at university* ▶ **uczyć się**, **studiować** **2** [T] to look at sth very carefully: *to study a map* ▶ **wpatrywać się (w coś)**

★**stuff**[1] /stʌf/ noun [U] (informal) **1** (used to refer to sth without using its name): *What's that green stuff at the bottom of the bottle?* ○ *The shop was burgled and a lot of stuff was stolen.* ○ *They sell stationery and stuff (like that).* ○ *I'll put the swimming stuff in this bag.* ▶ **rzeczy**, **coś** **2** (used to refer in general to things that people do, say, think, etc.): *I've got lots of stuff* (mnóstwo rzeczy) *to do tomorrow.* ○ *I don't believe all that stuff* (w to wszystko) *about him being robbed.* ○ *I like reading and stuff* (i tego rodzaju rzeczy). ▶ **rzeczy**

stuff[2] /stʌf/ verb **1** [T] **stuff sth (with sth)** to fill sth with sth: *The pillow was stuffed with feathers.* ▶ **wypychać (coś czymś)**, **napychać (coś czymś)** **2** [T] **stuff sth into sth** (informal) to put sth into sth quickly or carelessly: *He quickly stuffed a few clothes into a suitcase.* ▶ **wpychać** **3** [I,T] **stuff (yourself) (with sth)** to eat a lot: *The children have been stuffing themselves with sweets and chocolate all afternoon.* ▶ **obżerać się** **4** [T] **stuff sth (with sth)** to put stuffing into a chicken, vegetable, etc. before you cook it: *stuffed vine leaves* ▶ **faszerować**, **nadziewać** **5** [T] to fill the body of a dead bird or animal with special material so that it continues to look as if it is alive ▶ **wypychać**
IDIOM **get stuffed** (slang) (a rude expression used when you are angry with sb): *He offered to drive me home but I told him to get stuffed.* ▶ **wypchać się**
□ **stuffing** noun [U] **1** a mixture of small pieces of food that you put inside a chicken, vegetable, etc. before you cook it ▶ **farsz**, **nadzienie** **2** the material that you put inside cushions, soft toys, etc. ▶ **wypełnienie**, **wyściółka**

stuffy /'stʌfi/ adj. (**stuffier**; **stuffiest**) **1** (used of a room, etc.) having air that is not fresh ▶ **duszny** **2** (informal) (used of a person, of behaviour, etc.) formal and old-fashioned ▶ **staroświecki**, **nudny**

stumble /'stʌmbl/ verb [I] **1** to hit your foot against sth when you are walking or running and almost fall over: *I stumbled as I was getting out of the boat.* ▶ **potykać się** **2** to make a mistake when you are speaking, playing music, etc.: *The newsreader stumbled over the name of the Polish tennis player.* ▶ **zająknąć się**, **dukać**
PHRASAL VERB **stumble across/on sb/sth** to meet or find sb/sth by chance ▶ **natykać się na kogoś/coś**
■ **'stumbling block** noun [C] something that causes trouble or a difficulty, so that you cannot get what you want ▶ **szkopuł**, **przeszkoda**

stump[1] /stʌmp/ noun [C] the part that is left after sth has been cut down, broken off, etc.: *a tree stump* ▶ **pniak**, **kikut**

stump[2] /stʌmp/ verb **1** [I] to walk with slow heavy steps ▶ **stąpać** (*sztywno*) **2** [T] (informal) to cause sb to be unable to answer a question or find a solution for a problem: *I was completely stumped by question* (zbaraniałem przy pytaniu numer)*14.* ▶ **zbić z tropu**

stun /stʌn/ verb [T] (**stunning**; **stunned**) **1** to make a person or an animal unconscious or confused by hitting them/it on the head ▶ **ogłuszać** **2** to make a person very surprised by giving them some unexpected news: *His sudden death stunned his friends and colleagues.* ▶ **ogłuszać**, **oszałamiać**
□ **stunned** adj.: *There was a stunned silence* (zapadła grobowa cisza) *after Margaret announced her resignation.* ▶ **oszołomiony** | **stunning** adj. (informal) very attractive or impressive: *a stunning woman* ○ *a stunning new novel by the author of…* ▶ **olśniewający**, **urzekający**

stung pt, pp of STING[1]

stunk pp of STINK

stunt[1] /stʌnt/ noun [C] **1** something that you do to get people's attention: *a publicity stunt* chwyt reklamowy ▶ **sztuczka**, **trik** **2** a very difficult or dangerous thing that sb does to entertain people: *His latest stunt was walking on a tightrope over Niagara Falls.* ▶ **wyczyn**

■ **'stuntman**; **'stuntwoman** noun [C] a person who does a stunt(2) in a film in the place of an actor or actress ▶ **kaskader/ka**

stunt² /stʌnt/ verb [T] to stop sb/sth growing or developing properly: *A poor diet can stunt a child's growth.* ▶ **hamować** (*rozwój czegoś*), **powstrzymywać**

stupendous /stjuː'pendəs; US stuː-/ adj. very large, grand or impressive: *a stupendous achievement* ▶ **niesłychany, zdumiewający**

★**stupid** /'stjuːpɪd; US 'stuː-/ adj. **1** not clever or intelligent; foolish: *Don't be so stupid, of course I'll help you!* ○ *He was stupid to trust her.* ○ *It was stupid of him to trust her.* ▶ **głupi, idiotyczny** **2** (only before a noun) (informal) a word that shows that you do not like sb/sth: *I'm tired of hearing about his stupid car.* ▶ **głupi**

□ **stupidity** /stjuː'pɪdəti; US stuː-/ noun [U] ▶ **głupota** | **stupidly** adv. ▶ **głupio, idiotycznie**

stupor /'stjuːpə(r); US 'stuː-/ noun [sing., U] the state of being nearly unconscious or being unable to think properly: *a drunken stupor* stan nietrzeźwości ▶ **zamroczenie, otępienie**

sturdy /'stɜːdi/ adj. (**sturdier**; **sturdiest**) strong and healthy; that will not break easily: *a sturdy child* ○ *sturdy shoes* ▶ **krzepki; mocny, wytrzymały**

□ **sturdily** adv. ▶ **mocno, z oporem, śmiało** | **sturdiness** noun [U] ▶ **żywotność; wytrzymałość**

sturgeon /'stɜːdʒən/ noun [C] a large fish found in rivers. Sturgeons are eaten as food and also caught for their eggs (caviar). ▶ **jesiotr**

stutter /'stʌtə(r)/ verb [I,T] to have difficulty when you speak, so that you keep repeating the first sound of a word ▶ **jąkać się**

□ **stutter** noun: *to have a stutter* ▶ **jąkanie się**

sty (also **stye**) /staɪ/ noun [C] (pl. **sties** or **styes**) **1** a large and painful spot on the eyelid ▶ **jęczmień** (*na powiece*) **2** = PIGSTY

★**style** /staɪl/ noun **1** [C,U] the way that sth is done, built, etc.: *a new style of architecture* ○ *a cathedral in Gothic style* ○ *The Japanese adopted an American-style education system.* ▶ **styl** **2** [C,U] the way that sb usually writes, behaves, etc.: *Chekhov's style is very clear and simple.* ○ *I'm afraid going to nightclubs isn't my style.* ▶ **styl** **3** [U] the state of being of very good quality in appearance or behaviour: *a dress with style* ○ *They don't have many parties but when they do, they do it in style.* ▶ **(dobry) styl, szyk** **4** [C,U] the fashion, shape or design of sth: *We stock all the latest styles.* ○ *a hairstyle* fryzura ○ *Swedish-style pine furniture* ▶ **styl (mody), fason**

□ **stylish** adj. fashionable and attractive ▶ **stylowy, szykowny**

suave /swɑːv/ adj. (usually used about a man) very polite, charming and well behaved (sometimes too much so) ▶ **szarmancki, z ogładą**

subconscious /ˌsʌb'kɒnʃəs/ (also **unconscious**) noun [sing.] (**the subconscious**) the hidden part of your mind that can affect the way that you behave, even though you do not know it exists ▶ **podświadomość**

□ **subconscious** adj.: *the subconscious mind* ▶ **podświadomy** | **subconsciously** adv. ▶ **podświadomie**

subdivide /ˌsʌbdɪ'vaɪd/ verb [I,T] to divide or be divided into smaller parts ▶ **dzielić (się)** (*na mniejsze części/jednostki*)

□ **subdivision** /ˌsʌbdɪ'vɪʒn/ noun [C,U] ▶ **podział** (*na mniejsze części/jednostki*)

subdue /səb'djuː; US -'duː/ verb [T] to defeat or bring sb/sth under control: *to subdue a rebel army* ○ *She tried hard to subdue her emotions.* ▶ **ujarzmiać, poskramiać**

□ **subdued** /səb'djuːd; US -'duːd/ adj. **1** not very loud or bright: *subdued lighting* ▶ **przyćmiony, stonowany** **2** (used about a person) sad or quiet ▶ **przygnębiony, przygaszony**

★**subject¹** /'sʌbdʒɪkt; -dʒekt/ noun [C] **1** a person or thing that is being considered, shown or talked about: *the subject of an essay* ○ *What are your views on this subject?* ○ *to change the subject* ○ *I've tried several times to bring up the subject of money.* ▶ **temat, przedmiot** **2** an area of knowledge that you study at school, university, etc.: *She's studying three subjects at A-level.* ▶ **przedmiot** **3** the person or thing that performs the action described by the verb in a sentence: *In the sentence 'The cat sat on the mat', 'the cat' is the subject.* ▶ **podmiot** **4** a person from a particular country; a citizen: *a British subject* ▶ **poddan-y/a**

■ **'subject matter** noun [U] the idea, problem, etc. that a book, film, play, etc. is about ▶ **temat**

subject² /səb'dʒekt/ verb

PHRASAL VERB **subject sb/sth to sth** to cause sb/sth to experience sth unpleasant ▶ **narażać (kogoś/coś na coś), poddawać (kogoś czemuś)**

subject³ /'sʌbdʒekt; -dʒɪkt/ adj. (not before a noun) **1** controlled by or having to obey sb/sth: *Everyone is subject to the law.* ▶ **podlegający, podległy** **2** often experiencing or suffering from sth unpleasant: *The area is subject to regular flooding.* ▶ **narażony, podatny** **3** **subject to sth** depending on sth as a condition: *The plan for new housing is still subject to approval by the minister.* ▶ **uwarunkowany czymś**

subjective /səb'dʒektɪv/ adj. influenced by your own feelings and opinions instead of by facts alone ❶ Antonim: **objective**. ▶ **subiektywny**

□ **subjectively** adv. ▶ **subiektywnie**

subjunctive /səb'dʒʌŋktɪv/ noun [sing.] the form of a verb that expresses doubt, possibility, a wish, etc. in certain languages ▶ **tryb łączący**

□ **subjunctive** adj. ▶ **łączący**

sublime /sə'blaɪm/ adj. wonderful; having a quality that makes you admire it very much ▶ **wzniosły, podniosły**

□ **sublimely** adv. ▶ **wzniośle, podniośle**

submarine /ˌsʌbmə'riːn; 'sʌbməriːn/ noun [C] a type of boat that can travel under the water as well as on the surface ▶ **łódź podwodna**

submerge /səb'mɜːdʒ/ verb [I,T] to go or make sth go under water: *The whale spouted out a jet* *of water before submerging.* ○ *The fields were submerged by the floods.* ▶ **zanurzać (się), zalewać**

□ **submerged** adj. under water: *submerged rocks just below the surface* ▶ **zanurzony**

submission /səbˈmɪʃn/ noun **1** [U] the state of accepting sb else's power or control ▶ **uległość, pokora 2** [C,U] the act of sending a plan or statement to an official organization so that it can be discussed; the plan or statement that you send: *The council requires submission of plans for the new buildings by the end of the year.* ▶ **przedłożenie, złożenie**

submissive /səbˈmɪsɪv/ adj. willing to obey other people ▶ **uległy, pokorny**

submit /səbˈmɪt/ verb (**submitting; submitted**) **1** [I] **submit (to sb/sth)** to accept sb/sth's power or control: *After a bitter struggle the rebels were forced to submit.* ▶ **poddawać się, ulegać 2** [T] **submit sth (to sb/sth)** to give or propose sth to sb/sth so that it can be discussed or considered: *Applications must be submitted by 31 March.* ▶ **przedkładać, składać**

subnormal /ˌsʌbˈnɔːml/ adj. having a very low level of intelligence: *a school for educationally subnormal children* ▶ **opóźniony w rozwoju, niedorozwinięty (umysłowo)**

subordinate /səˈbɔːdɪnət; US -dənet/ adj. less important than sth else ▶ **drugorzędny, drugoplanowy**

□ **subordinate** noun [C] a person who is of lower rank or position ▶ **podwładn-y/a** | **subordinate** /səˈbɔːdɪneɪt; US -dəneɪt/ verb [T] **subordinate sth (to sth)** to treat sth as less important than sth else ▶ **podporządkowywać sobie, uzależniać**

■ **suˌbordinate ˈclause** noun [C] a phrase with a verb that usually begins with a conjunction and that adds information to the main part of the sentence: *In the sentence 'We left early because it was raining', 'because it was raining' is the subordinate clause.* ▶ **zdanie podrzędne**

subscribe /səbˈskraɪb/ verb [I] **1 subscribe (to sth)** to pay for a newspaper or magazine to be sent to you regularly: *Do you subscribe to 'Private Eye'?* ▶ **prenumerować 2 subscribe to sth** to agree with an idea, belief, etc.: *I don't subscribe to the view that all war is wrong.* ▶ **zgadzać się z czymś, podpisywać się pod czymś**

□ **subscriber** noun [C] **1** a person who pays to receive a newspaper or magazine regularly ▶ **prenumerator/ka 2** a person who uses a particular service: *a telephone subscriber* ▶ **abonent/ka 3** a person who has a particular opinion: *I'm not a subscriber to the view that all war is wrong.* ▶ **zwolennik** (*jakiejś koncepcji*) | **subscription** /səbˈskrɪpʃn/ noun [C] an amount of money that you pay to receive a newspaper or magazine regularly or to belong to a particular society or organization ▶ **prenumerata**

subsequent /ˈsʌbsɪkwənt/ adj. (only before a noun) (formal) coming after or later: *I thought that was the end of the matter, but subsequent events proved me wrong.* ▶ **dalszy, późniejszy**

□ **subsequently** adv. afterwards: *The Queen visited the new museum and subsequently attended a banquet in the Town Hall.* ▶ **następnie, później**

subservient /səbˈsɜːviənt/ adj. **1** (formal) too ready to obey other people ▶ **służalczy 2** considered to be less important than sb/sth else ▶ **pomocniczy**

□ **subservience** /-əns/ noun [U] ▶ **wiernopoddańczość, służalczość**

subside /səbˈsaɪd/ verb [I] **1** (used about land, a building, etc.) to sink down ▶ **obsuwać się, osiadać 2** to become less strong: *The storm seems to be subsiding.* ▶ **uciszać się, ustawać**

□ **subsidence** /səbˈsaɪdns/ noun [U] the sinking of land, buildings, etc. ▶ **obsunięcie się, zapadnięcie się**

subsidiary /səbˈsɪdiəri; US -dieri/ adj. connected to but less important than sth else: *You must study two subsidiary subjects as well as your main subject.* ▶ **pomocniczy, dodatkowy**

□ **subsidiary** noun [C] (pl. **subsidiaries**) a business company that belongs to a larger and more important company ▶ **filia** (*spółki*)

★**subsidy** /ˈsʌbsədi/ noun [C,U] (pl. **subsidies**) money that the government, etc. pays to help an organization or to help keep the cost of sth low: *The price of bread was kept low by subsidy.* ▶ **dotacja, subwencja**

□ **subsidize** (also **-ise**) /ˈsʌbsɪdaɪz/ verb [T] (of a government, etc.) to pay money in order to keep prices or the cost of a service low: *Public transport should be subsidized.* ▶ **dotować, subsydiować**

subsist /səbˈsɪst/ verb [I] (formal) to manage to live with very little food or money ▶ **egzystować, trwać**

□ **subsistence** /-təns/ noun: *to live at subsistence level* ▶ **egzystencja, przetrwanie**

★**substance** /ˈsʌbstəns/ noun **1** [C] a solid or liquid material: *poisonous substances* ○ *The cloth is coated in a new waterproof substance.* ▶ **substancja, tworzywo, masa 2** [U] the most important points or ideas of sth: *Don't repeat everything. Just tell me the substance of what they said.* ▶ **sedno, sens 3** [U] importance, value or truth: *There's little substance to the film, but it's very entertaining.* ▶ **treść, istota** (*rzeczy*)

sub-standard /ˌsʌb ˈstændəd/ adj. of poor quality; not as good as usual or as it should be ▶ **podrzędny, lichy**

★**substantial** /səbˈstænʃl/ adj. **1** large in amount: *The storms caused substantial damage.* ○ *a substantial sum of money* ▶ **znaczny, pokaźny 2** large or strong: *The furniture was cheap and not very substantial.* ▶ **solidny, trwały**

□ **substantially** /-ʃəli/ adv. **1** by a large amount: *House prices have fallen substantially.* ▶ **znacznie, pokaźnie 2** generally; in most points: *The landscape of Wales has remained substantially the same for centuries.* ▶ **ogólnie, przeważnie**

substitute /ˈsʌbstɪtjuːt; US -tuːt/ noun [C] **substitute (for sb/sth)** a person or thing that takes the place of sb/sth else: *One player was* *injured so the substitute* (gracz/zawodnik rezerwowy) *was sent on to play.* ▶ **namiastka, zastęp-ca/czyni**

□ **substitute** verb **1** [T] **substitute sb/sth (for sb/sth)** to put a person or thing in the place of sb/sth else: *You can substitute margarine for butter.* ▶ **zastępować (kogoś/coś kimś/czymś innym) 2** [I] **substitute (for sb/sth)** to be used instead of sb/sth ▶ **zastępować, pełnić czyjąś funkcję** | **substitution** /ˌsʌbstɪ'tju:ʃn; US -'tu:ʃn/ noun [C,U] ▶ **zastępowanie (kogoś/czegoś kimś/czymś)**

subtitle /'sʌbtaɪtl/ noun [C, usually pl.] the words at the bottom of the picture on television or at the cinema. The subtitles translate the words of a foreign film or programme, or show the words that are spoken, to help deaf people. ▶ **napisy** (*na filmie*)

subtle /'sʌtl/ adj. **1** not very noticeable; not very strong or bright: *subtle colours* ○ *I noticed a subtle difference in her.* ▶ **subtelny, delikatny 2** very clever, e.g. at deceiving or persuading people: *Advertisements persuade us to buy things in very subtle ways.* ▶ **wyrafinowany, subtelny**

□ **subtlety** /'sʌtlti/ noun [C,U] (pl. **subtleties**) ▶ **subtelność, wyrafinowanie** | **subtly** /'sʌtli/ adv. ▶ **subtelnie, ledwo zauważalnie**

★**subtract** /səb'trækt/ verb [T] **subtract sth (from sth)** to take one number or quantity away from another: *If you subtract five from nine you get four.* ▶ **odejmować**

□ **subtraction** /səb'trækʃn/ noun [C,U] ▶ **odejmowanie**

★**suburb** /'sʌbɜ:b/ noun [C] an area where people live that is outside the central part of a town or city: *Most people live in the suburbs and work in the centre of town.* ○ *an industrial suburb* ▶ **przedmieście, peryferie**

□ **suburban** /sə'bɜ:bən/ adj.: *suburban life* ❶ Życie podmiejskie często uważa się za nudne, stąd też **suburban** często oznacza „nudny". ▶ **podmiejski** | **suburbia** /sə'bɜ:biə/ noun [U] the suburbs of towns and cities ▶ **przedmieścia, mieszkańcy przedmieść**

subversive /səb'vɜ:sɪv/ adj. trying to weaken or destroy a government, religion, etc., or to challenge accepted ideas ▶ **wywrotowy**

□ **subversive** noun [C] a person who is subversive ▶ **wywrotowiec**

subvert /səb'vɜ:t/ verb [T] to try to weaken or destroy a government, religion, etc., or to challenge accepted ideas ▶ **obalać, wywracać**

□ **subversion** /səb'vɜ:ʃn; US -'vɜ:rʒn/ noun [U] ▶ **działalność wywrotowa**

subway /'sʌbweɪ/ noun [C] **1** a passage under a busy road or railway that is for pedestrians ▶ **przejście podziemne 2** (US) = UNDERGROUND

★**succeed** /sək'si:d/ verb **1** [I] **succeed (in sth/in doing sth)** to manage to achieve what you want; to do well: *Our plan succeeded.* ○ *He succeeded in* (udało mu się) *getting a place at art school.* ○ *If you keep on trying you will succeed in the end.* ○ *A good education will help you succeed in life.* ➲ Por. **fail**. ▶ **powieść się, odnosić sukces 2** [I,T] to have a job or important position after sb else: *Blair succeeded Major as Prime Minister in 1997.* ▶ **następować po kimś**

★**success** /sək'ses/ noun **1** [U] achieving what you want; doing well: *Hard work is the key to success.* ○ *Her attempts to get a job for the summer have not met with much success* (nie powiodły się). ▶ **powodzenie, sukces 2** [C] something that achieves what it wants to, or becomes very popular: *You must try to make a success of your marriage* (żeby twoje małżeństwo było udane). ○ *The film was a huge success* (cieszył się olbrzymim powodzeniem). ➲ Por. **failure**. ▶ **sukces**

□ **successful** /-fl/ adj. having achieved what was wanted; having become popular: *a successful attempt to climb Mount Everest* ○ *a successful actor* wzięty aktor ▶ **pomyślny, dobrze prosperujący, zwycięski, udany** | **successfully** /-fəli/ adv. ▶ **pomyślnie, szczęśliwie**

succession /sək'seʃn/ noun **1** [C] a number of people or things that follow one after another: *We've had a succession of hot dry summers.* ▶ **szereg, seria 2** [U] the right to have an important position after sb else: *Prince William is second in succession to the throne.* ▶ **następstwo tronu, sukcesja**

IDIOM **in succession** following one after another: *There have been three deaths in the family in quick succession* (w krótkich odstępach czasu). ▶ **pod rząd, kolejno, raz za razem**

successive /sək'sesɪv/ adj. (only before a noun) coming one after the other without a break: *This was their fifth successive win.* ▶ **kolejny**

★**successor** /sək'sesə(r)/ noun [C] a person who has a job or important position after sb else ➲ Por. **predecessor**. ▶ **następ-ca/czyni, spadkobier-ca/czyni**

succinct /sək'sɪŋkt/ adj. said clearly, in a few words ▶ **zwięzły, treściwy**

□ **succinctly** adv. ▶ **zwięźle, treściwie**

succulent /'sʌkjələnt/ adj. (used about food) very good to eat because it is not dry ▶ **soczysty, mięsisty**

succumb /sə'kʌm/ verb [I] **succumb (to sth)** (formal) to stop fighting against sth: *He succumbed to temptation and took another cake.* ○ *to succumb to an illness* umrzeć ▶ **ulegać** (*np. pokusie*)

★**such** /sʌtʃ/ det. **1** (used for referring to sb/sth that you are talking about or that you mentioned earlier) of this or that type: *'Can I speak to Mr Wallis?' 'I'm sorry, there's no such person here.'* ○ *I don't believe in ghosts. There's no such thing.* ▶ **taki 2** (used for emphasizing the degree of sth): *It was such a boring film that I fell asleep.* ○ *Let's have lunch in the garden. It's such a lovely day.* ○ *It seems such a long time since we last met.* ▶ **taki** (*np. nudny*)

> **Such** występuje przed rzeczownikiem lub przed rzeczownikiem poprzedzonym przymiotnikiem: *Tommy is such a darling!* ○ *Susan is such a good athlete.* **So** występuje przed przymiotnikiem (bez rzeczownika): *Don't be so silly!* Por. następujące zdania: *It*

was so cold we stayed at home. ○ *It was such a cold night that we stayed at home.*

3 (used for talking about the result of sth): *The statement was worded in such a way that it did not upset anyone.* ▶ **taki**

□ **such** pron. (used for referring to sb/sth that you are talking about or that you mentioned earlier) this or that type of person or thing: *The economic situation is such that we all have less money to spend.* ▶ **taki**

IDIOMS **as such** in the exact meaning of the word: *I don't believe in God as such, but I do believe in the power of good.* ▶ **jako taki, sam w sobie** | **such as** for example: *Fatty foods such as chips are bad for you.* ▶ **jak na przykład; taki jak**

suck /sʌk/ verb **1** [I,T] to pull a liquid into your mouth, by making your lips into a round shape and pulling your cheeks in: *to suck milk up through a straw* ▶ **ssać, wsysać, wysysać** **2** [T] to pull sth in a particular direction, using force: *Vacuum cleaners suck up the dirt.* ▶ **wsysać, pochłaniać** **3** [I,T] to have sth in your mouth and keep touching it with your lips and tongue: *All my children sucked their thumbs.* ▶ **ssać**

sucker /ˈsʌkə(r)/ noun [C] **1** (informal) a person who believes everything that you tell them and who is easy to cheat ▶ **naiwnia-k/czka, frajer/ka** **2** a part of some plants, animals or insects that is used for helping them stick onto a surface ▶ **odrost korzeniowy, ssawka** (*np. owada*)

suction /ˈsʌkʃn/ noun [U] **1** the act of removing air from a space so that another substance is pulled in: *A vacuum cleaner works by suction.* ▶ **ssanie, wsysanie** **2** the act of making two surfaces stick together by removing the air between them: *The hook is attached to the wall by a suction pad* (za pomocą przyssawki). ▶ **przyssanie się**

★**sudden** /ˈsʌdn/ adj. done or happening quickly, or when you do not expect it: *a sudden decision* ○ *a sudden loud noise* ▶ **nagły, niespodziewany**

IDIOMS **all of a sudden** suddenly; unexpectedly: *All of a sudden the lights went out.* ▶ **nagle** | **sudden death** a way of deciding who wins a game where the score is equal by playing one more point or game: *a sudden-death play-off* ▶ (*przy remisie*) **dogrywka do pierwszego punktu**

□ **suddenly** adv.: *Suddenly, everybody started shouting.* ▶ **nagle, niespodziewanie** | **suddenness** noun [U] ▶ **raptowność, nagłość**

suds /sʌdz/ noun [pl.] the bubbles that you get when you mix soap and water ▶ **mydliny**

sue /suː; Brit. also sjuː/ verb [I,T] **sue (sb) (for sth)** to go to a court of law and ask for money from sb because they have done sth bad to you, or said sth bad about you ▶ **skarżyć (kogoś o coś), podawać kogoś do sądu**

suede /sweɪd/ noun [U] a type of soft leather which does not have a smooth surface and feels rather like cloth ▶ **zamsz**

suet /ˈsuːɪt; Brit. also ˈsjuːɪt/ noun [U] a type of hard animal fat that is used in cooking ▶ **łój**

★**suffer** /ˈsʌfə(r)/ verb **1** [I,T] to experience sth unpleasant, e.g. pain, sadness, difficulty, etc.: *Mary often suffers from severe headaches.* ○ *Our troops suffered heavy losses.* ○ *In a recession it's the poor who suffer most.* ▶ **cierpieć (z powodu czegoś)** **2** [I] to become worse in quality: *If you have problems at home, your work will suffer.* ▶ **ucierpieć** (*na skutek czegoś*), **pogarszać się**

□ **sufferer** /ˈsʌfərə(r)/ noun [C]: *cancer sufferers* chorzy na raka ▶ **osoba cierpiąca, osoba chora** (*na jakąś chorobę*) | **suffering** /ˈsʌfərɪŋ/ noun [U]: *The famine caused great hardship and suffering.* ▶ **cierpienie, ból**

★**sufficient** /səˈfɪʃnt/ adj. (formal) as much as is necessary; enough: *We have sufficient oil reserves to last for three months.* ❶ Antonim: **insufficient**. ▶ **wystarczający, dostateczny**

□ **sufficiently** adv. ▶ **wystarczająco, dostatecznie**

suffix /ˈsʌfɪks/ noun [C] a letter or group of letters that you add at the end of a word, and that change its meaning or the way it is used: *To form the noun from the adjective 'sad', add the suffix 'ness'.* ➲ Por. **prefix**. ▶ **przyrostek**

suffocate /ˈsʌfəkeɪt/ verb [I,T] to die because there is no air to breathe; to kill sb in this way ▶ **dusić (się)**

□ **suffocating** adj.: *The heat is suffocating.* ▶ **duszący, dławiący** | **suffocation** /ˌsʌfəˈkeɪʃn/ noun [U] ▶ **uduszenie (się)**

★**sugar** /ˈʃʊgə(r)/ noun **1** [U] a sweet substance that you get from certain plants: *Do you take sugar in tea?* Czy słodzisz herbatę? ○ *caster sugar* rodzaj drobnego cukru ○ *icing sugar* cukier puder ▶ **cukier** **2** [C] one spoonful or lump of sugar (in a cup of tea, coffee, etc.): *Two sugars, please.* ▶ **łyżeczka/kostka cukru**

□ **sugary** /ˈʃʊgəri/ adj. very sweet ▶ **przesłodzony, (obficie) ocukrzony**

■ **ˈsugar beet** noun [U] a plant with a large round root from which sugar is made ▶ **burak cukrowy** | **ˈsugar cane** noun [U] a tall tropical grass with thick stems from which sugar is made ▶ **trzcina cukrowa**

★**suggest** /səˈdʒest; US səgˈdʒ-/ verb [T] **1 suggest sth (to sb)** to propose a plan or idea for sb to discuss or consider: *Can anybody suggest ways of raising more money?* ○ *Tony suggested going out for a walk.* ○ *Tony suggested that we go out for a walk.* ○ *Tony suggested a walk.* ○ *How do you suggest* (jak, twoim zdaniem) *we get out of this mess?* ▶ **proponować, sugerować** **2** to say that a person or thing is suitable, especially a person or thing that you know about from your own experience: *Can you suggest someone for the job?* ○ *Ann suggested Egypt as a good place for a winter holiday.* ▶ **proponować**

> Uwaga! Jedyna poprawna konstrukcja z tym czasownikiem to **suggest something to somebody**. Nie można powiedzieć ~~*suggest somebody something*~~.

3 to say or show sth in an indirect way: *Are you suggesting the accident was my fault?* ○ *Fore-*

casts suggest that inflation will fall by the end of next year. ▶ **sugerować**
□ **suggestive** /-ɪv/ adj. **1** making you think of sth: *music that was suggestive of Asia* ▶ **przypominający 2** making you think about sex: *a suggestive dance* ▶ **dwuznaczny** | **suggestively** adv. ▶ **dwuznacznie**

★**suggestion** /səˈdʒestʃən; US səgˈdʒ-/ noun **1** [C] a plan or idea that sb proposes or suggests: *May I make a suggestion?* ▶ **propozycja 2** [U] putting an idea into a person's mind; giving advice about what to do: *I came here at my friend's suggestion.* ▶ **porada**, **sugestia 3** [sing.] a small amount or sign of sth: *He spoke with a suggestion of a Scottish accent.* ▶ **naleciałość, odrobina**

★**suicide** /ˈsuːɪsaɪd; Brit. also ˌsjuːɪ-/ noun **1** [U] the act of killing yourself: *Ben has tried to commit suicide several times.* ▶ **samobójstwo 2** [C] an example of this: *There have been nine suicides from this bridge this year.* ▶ **samobójstwo**
□ **suicidal** /ˌsuːɪˈsaɪdl; Brit. also ˈsjuːɪ-/ adj. **1** (used about a person) wanting to kill themselves: *to feel suicidal* ▶ **samobójczy 2** that will probably result in your being killed: *a suicidal risk* ▶ **samobójczy**

★**suit**[1] /suːt; Brit. also sjuːt/ noun [C] **1** a set of clothes that are made of the same material and that are rather formal. A man's suit usually consists of a jacket and trousers, and a woman's suit of a jacket and skirt. ▶ **garnitur** (*męski*), **kostium** (*damski*) **2** an article of clothing or set of clothes that you wear for a particular activity: *a spacesuit* kombinezon kosmonauty ○ *a tracksuit* dres ○ *a suit of armour* zbroja ▶ **kombinezon 3** one of the four sets of thirteen playing cards (= hearts, clubs, diamonds and spades) ➲ Zob. uwaga przy **card**. ▶ **kolor** (*w kartach*)
IDIOM **follow suit** → FOLLOW

★**suit**[2] /suːt; Brit. also sjuːt/ verb **1** [T] to look attractive on sb: *That dress really suits you.* ➲ Zob. uwaga przy **match**[3]. ▶ **pasować, być do twarzy 2** [I,T] to be convenient or suitable for sb/sth: *Would Thursday at 9.30 suit you?* ○ *Living in the country wouldn't suit me at all.* ▶ **odpowiadać, być dogodnym**
□ **suited** adj. **suited (for/to sb/sth)** suitable or right for sb/sth: *She and her husband are very well suited.* ▶ **dobrany, odpowiedni**

★**suitable** /ˈsuːtəbl; Brit. also ˈsjuː-/ adj. **suitable (for sb/sth)** right or convenient for sb/sth: *The film isn't suitable for children.* ❶ Antonim: **unsuitable**. ▶ **odpowiedni, stosowny**
□ **suitability** /ˌsuːtəˈbɪləti; Brit. also ˌsjuː-/ noun [U] ▶ **stosowność, właściwość** | **suitably** /-əbli/ adv.: *to be suitably dressed for the party* ▶ **stosownie, właściwie**

★**suitcase** /ˈsuːtkeɪs; Brit. also ˈsjuː-/ (also **case**) noun [C] a flat box with a handle that you use for carrying your clothes, etc. in when you are travelling ➲ Ilustr. do **bag**. ▶ **waliz(k)a**

suite /swiːt/ noun [C] **1** a set of two or more pieces of furniture of the same style or covered in the same material: *a three-piece suite* kanapa i dwa fotele ▶ **zestaw wypoczynkowy 2** a set of rooms in a hotel (= a bedroom, sitting room and bathroom) ▶ **apartament**

suitor /ˈsuːtə(r); Brit. also ˈsjuː-/ noun [C] (old-fashioned) a man who wants to marry a particular woman ▶ **konkurent**

sulfur (US) = SULPHUR

sulk /sʌlk/ verb [I] to be very quiet or bad-tempered because you are angry with sb about sth ▶ **dąsać się**
□ **sulky** adj. ▶ **nadąsany** | **sulkily** /-ɪli/ adv. ▶ **z naburmuszoną miną**

sullen /ˈsʌlən/ adj. looking bad-tempered and not speaking to people: *a sullen face/expression* ▶ **posępny**
□ **sullenly** adv. ▶ **posępnie**

sulphur (US **sulfur**) /ˈsʌlfə(r)/ noun [U] (symbol **S**) a yellow substance with a strong unpleasant smell ▶ **siarka**

sultan (also **Sultan**) /ˈsʌltən/ noun [C] the ruler in some Muslim countries: *the Sultan of Brunei* ▶ **sułtan**

sultana /sʌlˈtɑːnə; US -tænə/ noun [C] a dried grape with no seeds in it that is used in cooking ➲ Por. **raisin**. ▶ **rodzynka sułtańska**

sultry /ˈsʌltri/ adj. **1** (used about the weather) hot and damp ▶ **parny 2** (used about a woman) very attractive sexually ▶ **ponętna**

★**sum** /sʌm/ noun [C] **1** When children do sums they add or subtract, multiply or divide numbers: *I've got some sums to do for homework.* ▶ **rachunki 2** an amount of money: *The industry has spent huge sums of money modernizing its equipment.* ▶ **suma 3** [usually sing.] the amount that you get when you add two or more numbers together: *The sum of two and five is seven.* ▶ **suma**
□ **sum** verb (**su<u>mm</u>ing**; **su<u>mm</u>ed**)
PHRASAL VERBS **sum (sth) up** to describe in a few words the main ideas of what sb has said or written: *to sum up the main points of an argument* ▶ **reasumować** | **sum sb/sth up** to form an opinion about sb/sth: *He summed the situation up immediately.* ▶ **oceniać**
■ ˌ**summing-ˈup** noun [C] (pl. **summings-up**) a speech in which a judge sums up what has been said in a court of law before a verdict is reached ▶ **podsumowanie**

★**summary**[1] /ˈsʌməri/ noun [C] (pl. **summaries**) a short description of the main ideas or events of sth: *A brief summary of the experiment is given at the beginning of the report.* ○ *a news summary* ▶ **streszczenie, skrót**
□ **summarize** (also **-ise**) /ˈsʌməraɪz/ verb [T,I]: *Could you summarize the story so far?* ▶ **streszczać**

summary[2] /ˈsʌməri/ adj. (formal) done quickly and without taking time to think about whether it is the right thing to do: *summary arrests and executions* ▶ **doraźny**

★**summer** /ˈsʌmə(r)/ noun [C,U] the second season of the year, after spring and before autumn. Summer is the warmest season of the year: *Are you going away this summer?* ○ *a summer's day* ○ *the summer holidays* ▶ **lato**
□ **summery** /ˈsʌməri/ adj.: *summery weather* ○ *a*

light summery dress ▶ **letni**
■ **'summer house** noun [C] a small building in a park or garden where you can sit and relax in good weather ▶ **altan(k)a** | **'summertime** noun [U] the season of summer: *It's busy here in the summertime.* ▶ **sezon letni**

★**summit** /'sʌmɪt/ noun [C] **1** the top of a mountain ▶ **szczyt 2** an important meeting between the leaders of two or more countries: *the EC summit in Madrid* ▶ **szczyt**

summon /'sʌmən/ verb [T] **1** (formal) to order a person to come to a place: *The boys were summoned to the headmaster's office.* ▶ **wzywać 2 summon sth (up)** to find strength, courage or some other quality that you need, even though it is difficult for you to do so: *She couldn't summon up the courage to leave him.* ▶ **zbierać** (*np. siły*)

summons /'sʌmənz/ noun [C] (pl. **summonses**) an order to go somewhere, especially to a court of law ▶ **wezwanie**

Sun. abbr. Sunday: *Sun. 5 April* ▶ **niedziela**

★**sun** /sʌn/ noun **1 (the sun)** [sing.] the star that shines in the sky during the day and that gives the earth heat and light: *The sun rises in the east and sets in the west.* ○ *the rays of the sun* ▶ **słońce 2 (the sun)** [sing., U] light and heat from the sun: *Don't sit in the sun too long.* ○ *Too much sun can be harmful.* ▶ **słońce, promienie słoneczne**
IDIOM **catch the sun** → CATCH[1]
□ **sun** verb [T] (**sunning; sunned**) **sun yourself** to sit or lie in the sun(2) in order to enjoy the heat ▶ **opalać się** | **sunny** adj. (**sunnier; sunniest**) having a lot of light from the sun: *a sunny garden* ○ *a sunny day* ▶ **słoneczny**
■ **'sunbathe** verb [I] to take off most of your clothes and sit or lie in the sun in order to make your skin go brown ▶ **opalać się** | **'sunbeam** noun [C] a ray of sunlight ▶ **promień słońca** | **'sunburn** noun [U] red painful skin which you get after sitting or lying too long in strong sunlight ▶ **oparzenie słoneczne** | **'sunburned** (also **'sunburnt**) adj. suffering from sunburn ▶ **poparzony** (*po intensywnym opalaniu*) | **sundial** /'sʌndaɪəl/ noun [C] a piece of equipment that uses shadow to show what the time is ▶ **zegar słoneczny** | **'sunflower** noun [C] a tall plant that has a very large yellow flower with a black centre ▶ **słonecznik** | **'sunglasses** (also **ˌdark 'glasses**) (informal **shades**) noun [pl.] glasses that have dark glass in them to protect your eyes from bright sunlight ▶ **okulary przeciwsłoneczne** | **'sunlight** noun [U] the light from the sun ▶ **światło słoneczne** | **'sunlit** adj. having bright light from the sun: *a sunlit terrace* ▶ **nasłoneczniony** | **'sunrise** noun [U] the time when the sun comes up and the day begins: *to get up at sunrise* ➲ Por. **dawn**. ▶ **wschód słońca** | **'sunset** noun [C,U] the time when the sun goes down and night begins: *The park closes at sunset.* ○ *a beautiful sunset* ▶ **zachód słońca** | **'sunshine** noun [U] heat and light from the sun: *warm spring sunshine* ▶ **światło słoneczne, słońce** | **'sunstroke** noun [U] an illness that is caused by spending too much time in strong sunlight ▶ **porażenie słoneczne** | **'suntan** (also **tan**) noun [C] when you have a suntan, your skin is brown because you have spent time in the sun: *to have a suntan* ○ *suntan oil* olejek do opalania ▶ **opalenizna** | **'suntanned** (also **tanned**) adj.: *suntanned bodies on the beaches* ▶ **opalony**

sundae /'sʌndeɪ; -di/ noun [C] a type of food that consists of ice-cream with fruit, nuts, etc. on the top ▶ **lody z owocami, orzechami itp.**

★**Sunday** /'sʌndi/ noun [C,U] (abbr. **Sun.**) the first day of the week, coming before Monday ➲ Zob. przykł. użycia nazw dni tygodnia w zdaniach przy **Monday**. ▶ **niedziela**

sundry /'sʌndri/ adj. (only before a noun) of various kinds: *a shop selling toys, games and sundry gift items* ▶ **rozmaity**
IDIOM **all and sundry** (informal) everyone ▶ **wszyscy (bez wyjątku)**

sung pp of SING

sunk pp of SINK[1]

sunken /'sʌŋkən/ adj. **1** below the water: *a sunken ship* ▶ **zatopiony 2** (used about cheeks or eyes) curving inwards and making you look ill ▶ **zapadnięty 3** at a lower level than the surrounding area: *a luxury bathroom with a sunken bath* ▶ **wpuszczony** (*np. w podłogę*)

★**super** /'su:pə(r); Brit. also 'sju:-/ adj. (informal) **1** very good; wonderful: *We had a super time.* ○ *You've done a super job.* ▶ **wspaniały 2** bigger or better than other things which are similar: *a new super computer* ▶ **wspaniały**
□ **super** adv. (informal) especially; particularly: *She's super fit.* ▶ **wspaniale, super**

superb /su:'pɜ:b; Brit. also sju:-/ adj. very good, excellent ▶ **znakomity**
□ **superbly** adv. ▶ **znakomicie**

supercilious /ˌsu:pə'sɪliəs; Brit. also ˌsju:-/ adj. showing that you think that you are better than other people: *a supercilious smile* ▶ **wyniosły**
□ **superciliously** adv. ▶ **wyniośle**

superficial /ˌsu:pə'fɪʃl; Brit. also ˌsju:-/ adj. **1** (used about people) not caring about serious or important things: *He's a very superficial sort of person.* ▶ **powierzchowny 2** only on the surface, not deep: *Don't worry. It's only a superficial wound.* ▶ **powierzchowny 3** not deep, complete or thorough: *a superficial knowledge of the subject* ▶ **powierzchowny**
□ **superficiality** /ˌsu:pəˌfɪʃi'æləti; Brit. also ˌsju:-/ noun [U] ▶ **powierzchowność** (*np. zainteresowań*) | **superficially** /-ʃəli/ adv. ▶ **powierzchownie**

superfluous /su:'pɜ:fluəs; Brit. also sju:-/ adj. more than is wanted; not needed: *Any further explanation is superfluous.* ▶ **zbyteczny**

superhuman /ˌsu:pə'hju:mən; Brit. also ˌsju:-/ adj. greater than is usual for human beings: *superhuman strength* ▶ **nadludzki**

superimpose /ˌsu:pərɪm'pəʊz; Brit. also ˌsju:-/ verb [T] **superimpose sth (on sth)** to put sth on top of sth else so that what is underneath can still be seen ▶ **nakładać** (*jedno na drugie*)

superintendent /ˌsu:pərɪn'tendənt; Brit. also ˌsju:-/ noun [C] **1** a police officer of high rank: *Detective Superintendent Ron Marsh* ▶ **nadinspektor 2** a person who looks after a building, etc. ▶ **dozor-ca/czyni**

★**superior** /su:'pɪəriə(r); Brit. also sju:-/ adj. **1** better than usual or than sb/sth else: *He is clearly superior to all the other candidates.* ❶ Antonim: **inferior**. ▶ (*o wiele*) **lepszy 2** higher in rank: *a superior officer* ▶ **wyższy** (*rangą*) **3** thinking that you are better than other people: *There's no need to be so superior.* ▶ **wyniosły**

□ **superior** noun [C] a person of higher rank or position ▶ **przełożon-y/a** | **superiority** /su:ˌpɪəri'ɒrəti; Brit. also sju:-/ noun: *the superiority of the new method* ▶ **wyższość**

superlative /su'pɜ:lətɪv; Brit. also sju:-/ noun [C] the form of an adjective or adverb that expresses its highest degree: *'Most beautiful', 'best' and 'fastest' are all superlatives.* ▶ **stopień najwyższy przymiotnika i przysłówka**

★**supermarket** /'su:pəmɑ:kɪt; Brit. also 'sju:-/ noun [C] a large shop that sells food, drink, things for cleaning your house, etc. You choose what you want from the shelves in a supermarket and pay for everything when you leave. ▶ **supersam**

supernatural /ˌsu:pə'nætʃrəl; Brit. also ˌsju:-/ adj. that cannot be explained by the laws of science: *a creature with supernatural powers* ▶ **nadprzyrodzony**

□ **the supernatural** noun [sing.] things that are supernatural: *I don't believe in the supernatural.* ▶ **zjawiska/siły nadprzyrodzone**

superpower /'su:pəpaʊə(r); Brit. also ˌsju:-/ noun [C] one of the countries in the world that has very great military or economic power and a lot of influence, for example the US ➲ Por. **power**(5). ▶ **supermocarstwo**

supersede /ˌsu:pə'si:d; Brit. also ˌsju:-/ verb [T] to take the place of sb/sth which was present or used before and which has become old-fashioned: *Records have been almost completely superseded by CDs and cassettes.* ▶ **wypierać**

supersonic /ˌsu:pə'sɒnɪk; Brit. also ˌsju:-/ adj. faster than the speed of sound ▶ **po/naddźwiękowy**

superstar /'su:pəstɑ:(r); Brit. also 'sju:-/ noun [C] (informal) a singer, film star, etc. who is very famous and popular ▶ **wielka gwiazda**

superstition /ˌsu:pə'stɪʃn; Brit. also ˌsju:-/ noun [C,U] a belief that cannot be explained by reason or science: *the superstition that horseshoes are lucky* ▶ **przesąd**

□ **superstitious** /-'stɪʃəs/ adj.: *I never do anything important on Friday the 13th – I'm superstitious.* ▶ **przesądny**

superstore /'su:pəstɔ:(r); Brit. also 'sju:-/ noun [C] a very large shop that sells food or a wide variety of one type of goods: *a giant superstore on the edge of town* ▶ **wielki dom handlowy**

★**supervise** /'su:pəvaɪz; Brit. also 'sju:-/ verb [I,T] to watch sb/sth to make sure that work, etc. is being done properly and that people are behaving correctly: *Your job is to supervise the building work.* ▶ **nadzorować**

□ **supervision** /ˌsu:pə'vɪʒn; Brit. also ˌsju:-/ noun [U]: *Children should not play here without supervision* (bez opieki). ▶ **nadzór** | **supervisor** noun [C] a person who supervises ▶ **nadzorca, kierowni-k/czka**

★**supper** /'sʌpə(r)/ noun [C,U] the last meal of the day, either a cooked meal in the evening or a small meal that you eat quite late, not long before you go to bed ➲ Zob. uwagi przy **dinner**, **meal** i **tea**. ▶ **kolacja**

supple /'sʌpl/ adj. that bends or moves easily; not stiff ▶ **giętki, elastyczny**

□ **suppleness** noun [U] ▶ **giętkość, elastyczność**

supplement /'sʌplɪmənt/ noun [C] **a supplement (to sth)** something that is added to sth else: *There is a £10 supplement* (dopłata) *for a single room.* ○ *a Sunday newspaper with a colour supplement* (z ilustrowanym magazynem) ▶ **dodatek**

□ **supplement** /'sʌplɪmənt/ verb [T] **supplement sth (with sth)** to add sth to sth else: *to supplement your diet with vitamins* ▶ **uzupełniać**

supplementary /ˌsʌplɪ'mentri/ adj. added to sth else; extra: *supplementary exercises at the back of the book* ▶ **dodatkowy**

★**supply** /sə'plaɪ/ verb [T] (pres. part. **supplying**; 3rd pers. sing. pres. **supplies**; pt, pp **supplied**) **supply sth (to sb)**; **supply sb (with sth)** to give or provide sth: *The farmer supplies eggs to the surrounding villages.* ○ *He supplies the surrounding villages with eggs.* ▶ **zaopatrywać**

□ **supplier** /sə'plaɪə(r)/ noun [C] a person or company that supplies sth ▶ **dostawca** | **supply** noun (pl. **supplies**) **1** [C] something that is supplied: *The water supply was contaminated.* ▶ **zasób, dostawa 2** [C,U] a store or amount of sth: *Supplies of food were dropped by helicopter.* ○ *In many parts of the country water is in short supply* (występują przerwy w dostawach wody). ▶ **dostawa, podaż**

★**support** /sə'pɔ:t/ verb [T] **1** to carry the weight of sb/sth: *Large columns support the roof.* ▶ **podtrzymywać 2** to agree with the aims of sb/sth and to give them/it help, money, etc.: *I'll support you as much as I can.* ○ *Which political party do you support?* ▶ **popierać 3** to have a particular sports team as your favourite: *Which football team do you support?* ▶ **kibicować 4** to show that sth is true or correct: *What evidence do you have to support what you say?* ▶ **popierać 5** to give or provide sb with the money they need for food, clothes, etc.: *Jim has to support two children from his previous marriage.* ▶ **utrzymywać** (*np. rodzinę*)

□ **support** noun **1** [U] **support (for sth)** help that you give to a person or thing (often sth that is encouraging in a difficult situation): *public support for the campaign* ○ *The theatre closed because of lack of support.* ○ *Thank you for your support at this difficult time.* ▶ **poparcie, wsparcie 2** [C,U] something that carries the weight of sb/sth: *a roof support* ▶ **podpora 3** [U] money to buy food, clothes, etc.: *She has* *no job, no home and no means of support.* ▶ **utrzymanie**

IDIOMS **in support of sb/sth** supporting or agreeing with sb/sth: *Steve spoke in support of the proposal.* ▶ **na rzecz, na znak poparcia** | **moral support** → MORAL[1]

□ **supporter** noun [C] a person who supports a political party, sports team, etc.: *football supporters* ▶ **kibic, stronni-k/czka** | **supportive** /səˈpɔːtɪv/ adj. giving help or sympathy ▶ **pomocny**

★**suppose** /səˈpəʊz/ verb [T] **1** to think, believe or consider that sth is probable: *I suppose he seems unfriendly because he is shy.* ○ *What do you suppose* (co, twoim zdaniem) *could have happened?* ○ *I don't suppose that they're coming now.* ▶ **przypuszczać, sądzić 2** to pretend that sth will happen or is true: *Suppose you won a million pounds. What would you do?* ▶ **gdyby; przypuśćmy, że**

IDIOMS **be supposed to do sth 1** to be expected to do sth or to have to do sth: *The train was supposed to arrive* (miał przyjechać) *ten minutes ago.* ○ *This is secret and I'm not supposed to talk about it* (mam o tym nie mówić). **2** (informal) to be considered or thought to be sth: *I haven't seen it, but it's supposed to be* (to ma być) *a good play.* ○ *This is supposed to be* (to podobno jest) *the oldest pub in London.* ▶ **przypuszcza się, że** | **I suppose 1** (used to show that you are not certain about sth): *I suppose it's all right, but I'm not sure.* ○ *It's about ten years old, I suppose.* ▶ **chyba, o ile się nie mylę 2** (used when you agree with sth, but are not very happy about it): *'Can we give Andy a lift?' 'Yes, I suppose so, if we must.'* ▶ **chyba**

□ **supposedly** /səˈpəʊzɪdli/ adv. as people believe or suppose: *Supposedly, this is the place where St George fought the dragon.* ▶ **podobno** | **supposing** conj. if sth happens or is true: *Supposing the plan goes wrong, what will we do then?* ▶ **a jeśli**

supposition /ˌsʌpəˈzɪʃn/ noun [C,U] an idea that a person thinks is true but which has not been proved ▶ **domniemanie**

suppress /səˈpres/ verb [T] **1** to stop sth by using force: *The army suppressed the rebellion.* ▶ **tłumić 2** to stop sth from being seen or known: *to suppress the truth* ▶ **taić 3** to stop yourself from expressing your feelings, etc.: *to suppress a yawn* ○ *suppressed anger* ▶ **tłumić**

□ **suppression** /səˈpreʃn/ noun [U] ▶ **s/tłumienie; zatajenie; powstrzymywanie**

★**supreme** /suːˈpriːm; Brit. also sjuː-/ adj. **1** highest in rank or position: *a supreme ruler* ▶ **najwyższy 2** greatest or most important: *a moment of supreme joy* ▶ **najwyższy, olbrzymi**

□ **supremacy** /suːˈpreməsi; Brit. also sjuː-/ noun [U] **supremacy (over sb/sth)** the state of being most powerful: *the military supremacy of the United States* ▶ **przewaga** | **supremely** /suːˈpriːmli; Brit. also sjuː-/ adv. very: *to be supremely happy* ▶ **niezwykle**

surcharge /ˈsɜːtʃɑːdʒ/ noun [C] an extra amount of money that you have to pay for sth: *a surcharge for excess baggage* ▶ **dopłata**

★**sure** /ʃʊə(r); Brit. also ʃɔː(r)/ adj. **1** (not before a noun) having no doubt about sth; certain: *I'm not sure what to do next.* ○ *You must be sure of your facts before you make an accusation.* ○ *Craig was sure that he'd made the right decision.* ▶ **pewny**

> **Sure** i **certain** mają bardzo podobne znaczenie. Jednak w wyrażeniu **It is certain that...** nie można stosować ich wymiennie: *It is certain that* (na pewno) *there will be an election next year.* Chcąc użyć **sure** należy powiedzieć: *There is sure to be an election next year.*

2 (not before a noun) **sure of sth** certain to get sth: *If you go and see them you can be sure of* (możesz liczyć na) *a warm welcome.* ▶ **pewny 3 sure to do sth** certain to happen or do sth: *If you work hard you are sure to pass* (na pewno zdasz) *the exam.* ▶ **niezawodnie mający coś zrobić/osiągnąć itp. 4** that you can trust: *A noise like that is a sure sign of engine trouble.* ▶ **pewny**

IDIOMS **be sure to do sth** Don't forget to do sth: *Be sure to write and tell me what happens.* ▶ **koniecznie coś zrobić** | **for sure** without doubt: *Nobody knows for sure what happened.* ▶ **z (całą) pewnością, na pewno** | **make sure 1** to find out whether sth is in a certain state or has been done: *I must go back and make sure I closed the window.* ▶ **sprawdzać, czy 2** to take the action that is necessary to make sth happen: *Make sure you are back home by 11 o'clock.* Koniecznie wróć przed jedenastą. ○ *Our staff will do their best to make sure you enjoy your visit.* ▶ **upewniać się** | **sure of yourself** confident about your opinions, or about what you can do ▶ **pewien siebie** | **sure (thing)** (US, informal) yes: *'Can I borrow this book?' 'Sure thing.'* ▶ **pewnie!**

□ **sure** adv.

IDIOM **sure enough** as was expected: *I expected him to be early, and sure enough he arrived five minutes before the others.* ▶ **rzeczywiście**

★**surely** /ˈʃʊəli; Brit. also ˈʃɔːli/ adv. **1** without doubt: *This will surely cause problems.* ▶ **z (całą) pewnością 2** (used for expressing surprise at sb else's opinions, plans, actions, etc.): *Surely you're not going to* (chyba nie zamierzasz) *walk home in this rain?* ○ *'Tom's looking for another job.' 'Surely not* (chyba żartujesz).*'* ▶ **chyba 3** (US, informal) yes; of course ▶ **pewnie**

surf /sɜːf/ noun [U] the white part on the top of waves in the sea: *The children splashed about in the surf for an hour.* ▶ **czoło fali morskiej**

□ **surf** verb [I] to stand or lie on a surfboard and ride on a wave towards the shore ▶ **pływać na desce**

IDIOM **surf the net** to search for sth or look around on the Internet ▶ **szperać po Internecie**

surfer noun [C] a person who surfs ▶ **osoba pływająca na desce**

■ **ˈsurfboard** noun [C] a long narrow board used for the sport of surfing ▶ **deska surfingowa**

★**surface** /ˈsɜːfɪs/ noun **1** [C] the outside part of sth: *the earth's surface* ○ *a new cleaning product for all your kitchen surfaces* ▶ **zewnętrzna warstwa, powierzchnia, nawierzchnia 2** [C, usually sing.] the top part of an area of water: *The* *submarine slowly rose to the surface* (powoli wypływała na powierzchnię). ▶ **powierzchnia** **3** [C] the flat top part of a piece of furniture, used for working on: *a work surface* ○ *kitchen surfaces* ▶ **blat** **4** [sing.] the qualities of sb/sth that you see or notice, that are not hidden: *Everybody seems very friendly but there are a lot of tensions beneath the surface* (istnieje wiele skrywanych napięć). ▶ **powierzchowność, wygląd zewnętrzny**

□ **surface** verb **1** [T] to cover the surface(1) of sth: *to surface a road with tarmac* asfaltować drogę ▶ **pokrywać** (*nawierzchnię*) **2** [I] to come to the surface of a liquid: *The submarine surfaced quickly.* ▶ **wynurzać się** **3** [I] (informal) to appear again: *All the old arguments surfaced again in the discussion.* ▶ **wyłaniać się**

■ **'surface mail** noun [U] letters, parcels, etc. that go by road, rail or sea, not by air ▶ **poczta lądowo-morska**

surfeit /ˈsɜːfɪt/ noun [sing.] (formal) **a surfeit (of sth)** too much of sth ▶ **nadmiar**

surge /sɜːdʒ/ verb [I] to move forwards with great strength: *The crowd surged forward* (ruszył naprzód). ▶ **wzbierać**

□ **surge** noun [C, usually sing.] **a surge (of/in sth)** **1** a forward movement of a large mass: *a surge forward* ○ (figurative) *a surge* (nagły wzrost) *in the demand for electricity* ▶ **nagłe poruszenie się; nagły skok** **2** a sudden strong feeling: *a surge of pity* ▶ **nagły przypływ**

surgeon /ˈsɜːdʒən/ noun [C] a doctor who performs surgery: *a brain surgeon* neurochirurg ▶ **chirurg**

★**surgery** /ˈsɜːdʒəri/ noun (pl. **surgeries**) **1** [U] medical treatment in which your body is cut open so that part of it can be removed or repaired: *to undergo emergency surgery* przechodzić natychmiastową operację ➲ Por. **plastic surgery**. ▶ **operacja, zabieg chirurgiczny** **2** [C,U] the place or time when a doctor or dentist sees patients: *Her surgery is in Mill Lane.* ○ *Surgery hours are from 9.00 to 11.30 in the morning.* ▶ **gabinet (lekarski); godziny przyjęć**

surgical /ˈsɜːdʒɪkl/ adj. used in surgery(1) or connected with surgery: *surgical instruments* ▶ **chirurgiczny**

□ **surgically** /-kli/ adv. ▶ **chirurgicznie**

surly /ˈsɜːli/ adj. (**surlier**; **surliest**) unfriendly and rude: *a surly expression* ▶ **gburowaty, opryskliwy**

surmount /səˈmaʊnt/ verb [T] to overcome a problem or difficulty ➲ Por. **insurmountable**. ▶ **pokonywać**

★**surname** /ˈsɜːneɪm/ (also **last name**) noun [C] the name that you share with other people in your family. Your surname is usually your last name: *'What's your surname?' 'Jones.'* ➲ Zob. uwaga przy **name**. ▶ **nazwisko**

surpass /səˈpɑːs; US -ˈpæs/ verb [T] (formal) do sth better than sb/sth else or better than expected ▶ **przewyższać**

surplus /ˈsɜːpləs/ noun [C,U] an amount that is extra or more than you need: *the food surplus in Western Europe* ▶ **nadwyżka**

□ **surplus** adj. ▶ **nadmierny**

★**surprise** /səˈpraɪz/ noun **1** [U] the feeling that you have when sth happens that you do not expect: *They looked up in surprise when she walked in.* ○ *To my surprise, the boss agreed.* ▶ **zdziwienie** **2** [C] something that you did not expect: *What a pleasant surprise to see you again!* ○ *a surprise visit/attack* ○ *'What's my present?' 'It's a surprise.'* ▶ **niespodzianka**

IDIOM **take sb by surprise** to happen or do sth when sb is not expecting it: *His remarks took me by surprise.* ▶ **zaskakiwać**

□ **surprise** verb [T] **1** to cause sb to feel surprise: *It wouldn't surprise me if you get the job.* ▶ **dziwić, zaskakiwać** **2** to attack or find sb suddenly and unexpectedly: *We surprised the burglars just as they were leaving our house.* ▶ **zaskakiwać** | **surprised** adj. feeling or showing surprise: *I was very surprised to see Carol there. I thought she was still abroad.* ▶ **zdziwiony, zaskoczony** | **surprising** adj. that causes surprise: *It's surprising how many adults can't read or write.* ▶ **zadziwiający, zaskakujący** | **surprisingly** adv. ▶ **zadziwiająco, zaskakująco**

surreal /səˈriːəl/ (also **surrealistic** /səˌrɪəˈlɪstɪk/) adj. very strange, like a dream ▶ **surrealistyczny**

surrender /səˈrendə(r)/ verb **1** [I,T] **surrender (to sb)** to stop fighting and admit that you have lost ▶ **poddawać się** **2** [T] **surrender sb/sth (to sb)** (formal) to give sb/sth to sb else: *The police ordered them to surrender their weapons* (oddać broń). ▶ **zrzekać się (czegoś)**

□ **surrender** noun [C,U] ▶ **poddawanie się, oddawanie (się)**

surreptitious /ˌsʌrəpˈtɪʃəs/ adj. done secretly ▶ **ukradkowy**

□ **surreptitiously** adv. ▶ **ukradkiem**

surrogate /ˈsʌrəgət/ noun [C], adj. (a person or thing) that takes the place of sb/sth else: *a surrogate mother* matka zastępcza ▶ **zastępca; namiastka**

★**surround** /səˈraʊnd/ verb [T] **surround sb/sth (by/with sth)** to be or go all around sb/sth: *The garden is surrounded by a high wall.* ○ *Troops have surrounded the parliament building.* ○ (figurative) *He is surrounded by friends.* ▶ **otaczać, okrążać**

□ **surrounding** adj. (only before a noun) that is near or around sth: *Oxford and the surrounding villages* ▶ **okoliczny, otaczający** | **surroundings** noun [pl.] everything that is near or around you; the place where you live: *to live in pleasant surroundings* ○ *animals living in their natural surroundings* ➲ Por. **environment**. ▶ **otoczenie, środowisko**

surveillance /sɜːˈveɪləns/ noun [U] a careful watch on sb who may have done sth wrong: *The suspect was under police surveillance.* ▶ **nadzór**

★**survey** /səˈveɪ/ verb [T] **1** to look at the whole of sth from a distance: *We stood at the top of the hill and surveyed the countryside.* ○ (figurative) *Her new book surveys the problems of the Third*

World in the 1990s. ▶ **obserwować; analizować** **2** to carefully measure and make a map of an area of land ▶ **dokonywać pomiarów** **3** to examine a building carefully in order to find out if it is in good condition ▶ **przeprowadzać ekspertyzę**

□ **survey** /ˈsɜːveɪ/ noun [C] **1** a study of sth: *Surveys have shown that more and more people are getting into debt.* ▶ **badanie** **2** an act of examining an area of land and making a map of it ▶ **pomiary** **3** an act of examining a building in order to find out if it is in good condition ▶ **ekspertyza**

★**survival** /səˈvaɪvl/ noun **1** [U] the state of continuing to live or exist: *the struggle for survival* ▶ **przetrwanie**, **przeżycie** **2** [C] a person or thing that has continued to exist from an earlier time: *The festival is a survival from pre-Christian times.* ▶ **relikt**

★**survive** /səˈvaɪv/ verb **1** [I,T] to continue to live or exist, in or after a difficult or dangerous situation: *More than a hundred people were killed in the crash and only five passengers survived.* ○ *to survive a plane crash* ○ *How can she survive on such a small salary?* ▶ **przeżyć** **2** [T] to live longer than sb/sth: *The old man survived all his children.* ▶ **przeżyć**

□ **survivor** noun [C]: *There were five survivors of* (pięć osób przeżyło) *the crash.* ▶ **osoba pozostała przy życiu** (*np. po wypadku*)

susceptible /səˈseptəbl/ adj. (not before a noun) **susceptible to sth** easily influenced, damaged or affected by sb/sth: *The young are susceptible to advertising.* ○ *The plant is highly susceptible to frost.* ▶ **podatny** (*np. na wpływy*), **wrażliwy na coś**

★**suspect** /səˈspekt/ verb [T] **1** to believe that sth may happen or be true: *The situation is worse than we first suspected.* ▶ **podejrzewać** **2** to have doubts about whether you can trust sb or believe sth: *I rather suspect his motives for offering to help.* ▶ **podejrzewać** **3 suspect sb (of sth)** to believe that sb is guilty of sth: *I suspect Laura of taking the money.* ○ *She strongly suspected that he was lying.* ▶ **podejrzewać (kogoś o coś)** ➲ Por. **suspicion**.

□ **suspect** /ˈsʌspekt/ noun [C] a person who is thought to be guilty of a crime ▶ **podejrzan-y/a** | **suspect** /ˈsʌspekt/ adj. possibly not true or to be trusted: *to have suspect motives* ○ *a suspect parcel* ▶ **podejrzany**

suspend /səˈspend/ verb [T] **1 suspend sth (from sth)** to hang sth: *to suspend sth from the ceiling* ▶ **zawieszać** **2** to stop or delay sth for a time: *Some rail services were suspended during the strike.* ○ *a suspended sentence* wyrok w zawieszeniu ▶ **zawieszać**, **wstrzymywać**, **odraczać** **3 suspend sb (from sth)** to send sb away from their school, job, position, etc. for a period of time, usually as a punishment for doing sth bad: *to be suspended from school* ▶ **zawieszać** ❶ Rzeczownik: **suspension**.

suspender /səˈspendə(r)/ noun **1** [C, usually pl.] (Brit.) a short piece of elastic that women use to hold up a stocking by its top ▶ **podwiązka** **2** (**suspenders**) [pl.] (US) = BRACES

■ **suˈspender belt** noun [C] (US **ˈgarter belt**) a piece of women's underwear like a belt, with fastenings for holding stockings up ▶ **pas do pończoch**

suspense /səˈspens/ noun [U] the feeling that you have when you are waiting for news or for sth exciting or important to happen: *Don't keep us in suspense. Tell us what happened.* ▶ **niepewność**, **napięcie**

suspension /səˈspenʃn/ noun [U] **1** delaying sth for a period of time: *the suspension of the train service* ▶ **zawieszenie**, **wstrzymywanie**, **odraczanie** **2** not being allowed to do your job for a period of time, usually as a punishment: *suspension on full pay* ▶ **zawieszenie** (*kogoś w czynnościach służbowych*) **3** the parts that are attached to the wheels of a car, etc. that make it more comfortable to ride in ▶ **zawieszenie**

★**suspicion** /səˈspɪʃn/ noun **1** [C,U] a feeling or belief that sth is wrong or that sb has done sth wrong: *He always treats new situations with suspicion.* ○ *She was arrested on suspicion of murder* (pod zarzutem morderstwa). ▶ **podejrzliwość**, **podejrzenie** **2** [C] a feeling that sth may happen or be true: *We have a suspicion they're not happy together.* ▶ **podejrzenie**

IDIOM **under suspicion** (used about a person) believed to have done sth wrong ▶ **podejrzany o coś**

★**suspicious** /səˈspɪʃəs/ adj. **1** that makes you feel or believe that sth is wrong or that sb has done sth wrong: *The old man died in suspicious circumstances.* ○ *It's very suspicious that she was not at home on the evening of the murder.* ○ *a suspicious-looking person* ▶ **podejrzany** **2 suspicious (of/about sb/sth)** not trusting sb/sth: *His strange behaviour made the police suspicious* (wzbudziło podejrzenia policji). ▶ **podejrzliwy**

□ **suspiciously** adv.: *The house was suspiciously quiet.* W domu było podejrzanie cicho. ○ *to behave suspiciously* ▶ **podejrzanie**

sustain /səˈsteɪn/ verb [T] **1** to keep sb/sth alive or healthy: *Oxygen sustains life.* ○ *His belief in God sustained him through his long illness.* ▶ **podtrzymywać** **2** to cause sth to continue for a long period of time: *It's hard to sustain interest for such a long time.* ▶ **podtrzymywać** **3** (formal) to suffer an injury, etc.: *The victim sustained multiple bruises.* ▶ **odnosić**

SW abbr. south-west(ern): *SW Australia* ▶ **płd.-zach.**

swagger /ˈswægə(r)/ verb [I] to walk with a swinging movement that shows that you are too confident or proud of yourself ▶ **kroczyć buńczucznie/dumnie**

□ **swagger** noun [sing.] ▶ **buńczuczne/dumne kroczenie**

★**swallow**[1] /ˈswɒləʊ/ verb **1** [T] to make food, drink, etc. pass from your mouth down your throat: *It's easier to swallow pills if you take them with water.* ○ (figurative) *The rent swallows up most of our monthly income.* ▶ **połykać**; **pochłaniać** **2** [I] to make a movement in your throat, often because you are afraid or surprised, etc.: *She swallowed hard and tried to* *speak, but nothing came out.* ▶ **przełykać 3** [T] to accept or believe sth, often too easily: *You shouldn't swallow everything they tell you!* ▶ **dawać wiarę 4** [T] to accept an insult, etc. without protest: *I find her criticisms very hard to swallow.* ▶ **chować do kieszeni** (*np. obrazę*), **przełknąć**

□ **swallow** noun [C] ▶ **połykanie, przełykanie**

swallow² /ˈswɒləʊ/ noun [C] a small bird that eats insects and has long wings and a forked tail ▶ **jaskółka**

swam pt of SWIM

swamp¹ /swɒmp/ noun [C,U] (an area of) soft wet land ▶ **bagno, moczary**

swamp² /swɒmp/ verb [T] **1** to cover or fill sth with water: *The fishing boat was swamped by enormous waves.* ▶ **zalewać 2** (usually passive) **swamp sb/sth (with sth)** to give sb so much of sth that they cannot deal with it: *We've been swamped with applications for the job.* ▶ **zalewać, zasypywać**

swan /swɒn/ noun [C] a large, usually white, bird with a very long neck that lives on lakes and rivers ▶ **łabędź**

swap (also **swop**) /swɒp/ verb [I,T] (**swapping**; **swapped**) (informal) to give sth for sth else; to exchange: *When we finish these books shall we swap?* ○ *Would you swap jobs with me?* ○ *I'd swap my job for hers any day.* ▶ **zamieniać (się), wymieniać**

IDIOM **change/swap places (with sb)** → PLACE¹

□ **swap** noun [C] an act of exchanging: *Let's do a swap.* ▶ **zamiana, wymiana**

swarm /swɔːm/ noun [C] **1** a large group of insects, especially bees, moving around together ▶ **rój 2** a large number of people together ▶ **mrowie**

□ **swarm** verb [I] to fly or move in large numbers: *When the gates opened the fans swarmed into the stadium.* ▶ **wyrajać się, wylegać**

PHRASAL VERB **swarm with sb/sth** to be too crowded or full: *London is swarming with tourists at the moment.* ▶ **roić się od czegoś**

swat /swɒt/ verb [T] (**swatting**; **swatted**) to hit sth, especially an insect, with sth flat ▶ **pacnąć coś czymś płaskim**

sway /sweɪ/ verb **1** [I,T] to move or swing slowly from side to side ▶ **kołysać (się) 2** [T] to influence: *Many people were swayed by his convincing arguments.* ▶ **wywierać wpływ na kogoś, przechylać szalę na (jakąś/swoją) stronę**

★**swear** /sweə(r)/ verb (pt **swore** /swɔː(r)/; pp **sworn** /swɔːn/) **1** [I] **swear (at sb/sth)** to use rude or bad language: *Why did he swear at me like that?* ➲ Por. **curse**. ▶ **kląć, przeklinać 2** [I,T] to make a serious promise: *When you give evidence in court you have to swear to tell the truth.* ○ *Will you swear not to tell anyone?* ○ *I could have sworn I heard a knock at the door.* ▶ **przysięgać**

PHRASAL VERBS **swear by sth** to believe completely in the value of sth ▶ **być zagorzał-ym/ą zwolenni-kiem/czką czegoś** | **swear sb in** (usually passive) to make sb declare that they will accept the responsibility of a new position: *The President will be sworn in next week.* ▶ **zaprzysięgać kogoś**

■ **ˈswear word** noun [C] a word that is considered rude or bad and that may offend people ▶ **przekleństwo, ordynarne słowo**

★**sweat** /swet/ noun [U] the liquid that comes out of your skin when you are hot, ill or afraid: *He wiped the sweat from his forehead.* ➲ Por. **perspiration**. ▶ **pot**

IDIOM **in a cold sweat** → SWEAT

sweat verb [I] **1** to produce sweat through your skin ▶ **pocić się 2 sweat (over sth)** to work hard: *I've been sweating over that problem all day.* ▶ **pocić się (nad czymś)**

IDIOM **work/sweat your guts out** → GUT

sweaty adj. (**sweatier**; **sweatiest**) **1** wet with sweat: *I was hot and sweaty after the match and needed a shower.* ▶ **spocony, oblany potem 2** causing you to sweat: *a hot, sweaty day* ▶ **parny, gorący** (*powodujący pocenie się*)

★**sweater** /ˈswetə(r)/ noun [C] a warm piece of clothing with long sleeves, often made of wool, which you put over your head ▶ **sweter**

> **Sweater**, **jumper**, **pullover** i **jersey** wszystkie oznaczają „sweter". Swetry są najczęściej wykonane z wełny lub innej dzianiny. **Sweatshirt** to bluza sportowa, zwykle bawełniana, zaś **cardigan** to sweter rozpinany.

sweatshirt /ˈswetʃɜːt/ noun [C] a sweater made from thick cotton or a mixture of cotton and another material ➲ Zob. uwaga przy **sweater**. ▶ **bluza (sportowa)**

swede /swiːd/ noun [C,U] a large, round, yellow vegetable that grows under the ground ▶ **brukiew**

★**sweep¹** /swiːp/ verb (pt, pp **swept** /swept/) **1** [I,T] to clean the floor, etc. by moving dust, dirt, etc. away with a brush: *to sweep the floor* ○ *I'm going to sweep the leaves off the path.* Zmiotę liście ze ścieżki. ➲ Zob. uwaga przy **clean²**. ▶ **zamiatać 2** [T] to remove sth from a surface using your hand, etc.: *He swept the money into his pocket and went out.* ▶ **zgarniać 3** [I,T] to move quickly and smoothly over the area or in the direction mentioned: *Fire swept through the building.* ○ *The epidemic swept the country within weeks.* ▶ **rozprzestrzeniać się; ogarniać 4** [T] to move or push sb/sth with a lot of force: *The huge waves swept her overboard.* ○ *He was swept along by the huge crowd.* ▶ **porywać, znosić** (*np. z pokładu*) **5** [I] to move in a way that impresses or is intended to impress people: *Five big black Mercedes swept past us.* ○ *She swept angrily out of the room.* Z gniewnym majestatem opuściła pokój. ▶ **poruszać się dumnie/majestatycznie 6** [I,T] to move over an area, especially in order to look for sth: *The army were sweeping* (przeczesywało) *the fields for mines.* ○ *His eyes swept quickly* (wodziła wzrokiem) *over the page.* ▶ **przesuwać się**

PHRASAL VERBS **sweep sb/sth aside** to not allow

sb/sth to affect your progress or plans ▶ **odsuwać kogoś/coś** | **sweep sth out** to remove dirt and dust from the floor of a room or building using a brush ▶ **wymiatać** | **sweep over sb** (used about a feeling) to suddenly affect sb very strongly ▶ **ogarniać kogoś** | **sweep (sth) up** to remove dirt, dust, leaves, etc. using a brush ▶ **zamiatać**

sweep[2] /swi:p/ noun [C] **1** [usually sing.] the action of moving dirt and dust from a floor or surface using a brush: *I'd better give the floor a sweep.* ▶ **zamiatanie 2** a long, curving shape or movement: *a bay with a broad sweep of golden sand* ○ *He showed us which way to go with a sweep of his arm.* ▶ **długi łuk** (*np. plaży, drogi*), **szeroki zamaszysty ruch 3** a movement over an area, especially in order to look for sth ▶ **przeczesywanie** (*terenu*) **4** = CHIMNEY SWEEP

IDIOM **a clean sweep** → CLEAN[1]

sweeper /'swi:pə(r)/ noun [C] **1** a person or thing that sweeps[1](1): *road sweepers* ○ *a carpet sweeper* szczotka do wykładzin ▶ **zamiatacz/ka; zamiatarka 2** (in football) the defending player who plays behind the other defending players and who can come forward to attack ▶ **obrońca**

sweeping /'swi:pɪŋ/ adj. **1** (used about statements, etc.) too general and perhaps not accurate ▶ **uogólniający, generalizujący 2** having a great and important effect: *sweeping reforms* ▶ (*o zmianach itp.*) **gruntowny/generalny**

★**sweet**[1] /swi:t/ adj. **1** tasting of or like sugar; not sour: *Children usually like sweet things.* ➲ Por. **savoury**. ▶ **słodki 2** attractive; lovely: *What a sweet little cottage!* ○ *Isn't that little girl sweet?* ▶ **słodki; przemiły 3** (used about a person) kind and thoughtful: *It's very sweet* (bardzo miło) *of you to remember my birthday!* ▶ **miły 4** (used about a smell or a sound) pleasant: *The garden was full of the sweet smells of summer.* ○ *the sweet sound of children singing* ▶ **słodki, melodyjny, rozkoszny**

IDIOM **have a sweet tooth** to like eating sweet things ▶ **lubić słodycze**

□ **sweetly** adv. in an attractive, kind or pleasant way: *She smiled sweetly.* ○ *sweetly scented flowers* ▶ **słodko** | **sweetness** noun [U] ▶ **słodycz**

■ **'sweet corn** noun [U] yellow grains of maize that taste sweet and are eaten as a vegetable ▶ **kukurydza** | **'sweetheart** noun [C] **1** (used when speaking to sb, especially a child, in a very friendly way) ▶ **skarbie, kochanie 2** (old-fashioned) a boyfriend or girlfriend: *They were childhood sweethearts.* W dzieciństwie byli parą narzeczonych. ▶ **sympatia**

★**sweet**[2] /swi:t/ noun **1** [C] (US **candy**) a small piece of boiled sugar, chocolate, etc., often sold in a packet: *He was sucking a sweet.* ○ *a sweet shop* sklep ze słodyczami ▶ **cukierek 2** [C,U] sweet food often served at the end of a meal: *As a sweet you can have ice-cream or chocolate mousse.* ○ *I won't have any sweet, thank you.* ➲ Por. **pudding** i **dessert**. ▶ **deser**

sweeten /'swi:tn/ verb [T] to make sth sweet by adding sugar, honey, etc. ▶ **słodzić**

□ **sweetener** /'swi:tnə(r)/ noun [C,U] a substance used instead of sugar for sweetening food or drink: *artificial sweeteners* ▶ **słodzik**

★**swell** /swel/ verb (pt **swelled** /sweld/; pp **swollen** /'swəʊlən/or **swelled**) **1** [I,T] **swell (up)** to become or to make sth bigger, fuller or thicker: *After the fall her ankle began to swell up.* ○ *His eyes swelled with tears.* ○ *Heavy rain had swollen the rivers* (spowodował wezbranie rzeki). ▶ **puchnąć**; (*o rzece*) **wzbierać, przybierać 2** [I,T] to increase: *The crowd swelled to 600 by the end of the evening.* ▶ **powiększać się 3** [I] (formal) (used about feelings or sound) to become stronger or louder suddenly: *Hatred swelled inside him.* ▶ **wzmagać się, wzmacniać się**

□ **swell** noun [sing.] the slow movement up and down of the surface of the sea ▶ **(łagodne) falowanie morza**

★**swelling** /'swelɪŋ/ noun **1** [C] a place on the body that is bigger or fatter than usual because of an injury or illness: *a swelling on my knee* ▶ **obrzęk, opuchlizna 2** [U] the condition of being swollen: *The disease often causes swelling of the ankles and knees.* ▶ **obrzęk, opuchlizna**

swelter /'sweltə(r)/ verb [I] (informal) to be very hot in a way that makes you feel uncomfortable: *Passengers sweltered in temperatures of over 90°F.* ▶ **umierać z gorąca**

□ **sweltering** adj. (informal) much too hot: *It was sweltering* (strasznie gorąco) *in the office today.* ▶ **upalny**

swept pt, pp of SWEEP[1]

swerve /swɜ:v/ verb [I] to change direction suddenly: *The car swerved to avoid the child.* ▶ **nagle/gwałtownie skręcić** (*np. z drogi*)

□ **swerve** noun [C] ▶ **nagłe/gwałtowne skręcanie** (*np. z drogi*)

swift /swɪft/ adj. quick or fast; happening without delay: *a swift runner* ○ *a swift reaction* ▶ **szybki, rychły**

□ **swiftly** adv. ▶ **szybko, rychle**

swig /swɪg/ verb [I,T] (**swigging**; **swigged**) (informal) to take a drink, especially of alcohol, quickly and in large amounts: *He swigged the whisky down and poured another glass.* ▶ **żłopać**

□ **swig** noun [C] ▶ **żłopanie**

swill /swɪl/ verb [T] **swill sth (out/down)** to wash sth by pouring large amounts of water, etc. into, over or through it ▶ **płukać, zmywać**

★**swim** /swɪm/ verb (pres. part. **swimming**; pt **swam** /swæm/; pp **swum** /swʌm/) **1** [I] to move your body through water: *How far can you swim?* ○ *Hundreds of tiny fish swam past.* ❶ **Go swimming** jest potocznym zwrotem oznaczającym pływanie rekreacyjne: *We go swimming every Saturday.* ○ *They went swimming before breakfast.* Można też powiedzieć **go for a swim**, mówiąc o jednorazowym zażywaniu kąpieli: *I went for a swim this morning.* ▶ **pływać 2** [T] to cover or cross a distance, etc. by swimming: *I swam 25 lengths of the pool.* ▶ **przepływać** (*odległość*) **3** [I] to seem to be moving or turning: *The floor began to swim before my eyes and I fainted.* ▶ **wirować** (*np.*

przed oczami) **4** [I] (used about your head) to feel unclear or confused: *My head was swimming with so much new information.* ▶ **kręcić się** (*w głowie*)

□ **swim** noun: *Would you like to have a swim?* ▶ **pływanie** | **swimmer** noun: *a strong swimmer* ▶ **pływa-k/czka**

■ **'swimming bath** noun [C] (also **swimming baths** [pl.]) a public swimming pool, usually indoors ▶ **pływalnia** | **'swimming pool** (also **pool**) noun [C] a pool that is built especially for people to swim in: *an indoor/outdoor/open-air swimming pool* ▶ **basen** | **'swimming trunks** noun [pl.] a piece of clothing like shorts that a man wears to go swimming: *a pair of swimming trunks* ▶ **kąpielówki** | **'swimsuit** (also **swimming costume**) noun [C] a piece of clothing that a woman wears to go swimming ➲ Por. **bikini**. ▶ **kostium kąpielowy**

swindle /'swɪndl/ verb [T] **swindle sb/sth (out of sth)** to cheat sb (in order to get money, etc.): *He swindled his sister out of her inheritance.* ▶ **wyłudzać**

□ **swindle** noun [C]: *a tax swindle* oszustwo podatkowe ▶ **szwindel, szachrajstwo** | **swindler** /'swɪndlə(r)/ noun [C] a person who swindles ▶ **oszust/ka; szachraj/ka**

swine /swaɪn/ noun **1** [pl.] (old-fashioned) pigs ▶ **świnie** **2** [C] (informal) a very unpleasant person: *Her husband's an absolute swine.* ▶ **świnia**

★**swing¹** /swɪŋ/ verb (pt, pp **swung** /swʌŋ/) **1** [I,T] to move backwards and forwards or from side to side, while hanging from sth; to make sb/sth move in this way: *The rope was swinging from a branch.* ○ *She sat on the wall, swinging her legs.* ▶ **huśtać (się), kołysać (się)** **2** [I,T] to move in a curve or to make sb/sth move in this way: *The window swung open and a head peeped out.* ○ *He swung the child up onto his shoulders.* ▶ **obracać się** **3** [I] to turn quickly: *She swung round when she heard the door open.* ○ (figurative) *His moods swing from one extreme to the other.* ▶ **obracać się** (*np. na pięcie*), **wahać się** **4** [I,T] **swing (at sb/sth)** to try to hit sb/sth: *He swung violently at the other man but missed.* ▶ **zamachnąć się ręką (na kogoś/coś)**

★**swing²** /swɪŋ/ noun **1** [sing.] a swinging movement or action: *He took a swing at the ball.* ▶ **zamachnięcie się** **2** [C] a seat that you can swing backwards and forwards on, e.g. in a children's playground ▶ **huśtawka** **3** [C] a change (in public opinion, etc.): *Opinion polls indicate a significant swing towards the right.* ▶ **zwrot**

IDIOM **in full swing** → FULL

swipe /swaɪp/ verb **1** [I,T] **swipe (at) sb/sth** (informal) to (try to) hit sb/sth in an uncontrolled way: *He swiped at the wasp with a newspaper but missed.* ○ *She swiped the ball into the neighbours' garden.* ▶ **(próbować) walić (w kogoś/coś) na oślep/na chybił trafił** **2** [T] (informal) to steal sth ▶ **podwędzić, gwizdnąć** **3** [T] to pass the part of a plastic card on which information is stored through a special machine for reading it: *The receptionist swiped my credit card and handed me the slip to sign.* ▶ **wczytywać**

□ **swipe** noun [C] a careless blow ▶ **cios na oślep/na chybił trafił**

■ **'swipe card** noun [C] a small plastic card on which information is stored which can be read by an electronic machine ▶ **karta magnetyczna**

swirl /swɜːl/ verb [I,T] to move round and round quickly; to make sth do this: *Her long skirt swirled round her legs as she danced.* ▶ **wirować, kręcić (się)**

□ **swirl** noun [C] ▶ **wirowanie, kręcenie (się)**

★**switch** /swɪtʃ/ noun [C] **1** a small button or sth similar that you press up or down in order to turn on electricity: *the light switch* ▶ **przełącznik** **2** a sudden change: *a switch in policy* ▶ **nagła zmiana**

□ **switch** verb **1** [I,T] **switch (sth) (over) (to sth)** to change or be changed from one thing to another: *We've switched from reading 'The Times' to 'The Independent' now.* ○ *The match has been switched from Saturday to Sunday.* ▶ **przerzucać się (z czegoś na coś), przenosić coś** (*np. na inny termin*) **2** [I,T] **switch (sth) (with sb/sth)**; **switch (sth) (over/round)** to exchange positions, activities, etc.: *This week you can have the car and I'll go on the bus, and next week we'll switch over.* ○ *Someone switched the signs round* (ktoś odwrócił znaki) *and everyone went the wrong way.* ▶ **zamieniać się**

PHRASAL VERBS **switch (sth) off/on** to press a switch in order to connect/disconnect electric power: *Don't forget to switch off the cooker.* ▶ **wyłączać; włączać** | **switch (sth) over** to change to a different television programme ▶ **przełączać (się/coś)**

■ **switchboard** /'swɪtʃbɔːd/ noun [C] the place in a large office, etc. where all the telephone calls are connected ▶ **centrala telefoniczna**

swivel /'swɪvl/ verb [I,T] (**swivelling**; **swivelled**; US **swiveling**; **swiveled**) **swivel (sth) (round)** to turn around a central point; to make sth do this: *She swivelled round to face me.* ○ *He swivelled his chair towards the door.* ▶ **obracać (się)** (*np. na osi*)

swollen¹ pp of SWELL

swollen² /'swəʊlən/ adj. thicker or wider than usual: *Her leg was badly swollen after the accident.* ▶ **spuchnięty**

swoop /swuːp/ verb [I] **1** to fly or move down suddenly: *The bird swooped down on its prey.* ▶ **runąć, rzucać się (na kogoś/coś)** **2** (used especially about the police or the army) to visit or capture sb/sth without warning: *Police swooped at dawn and arrested the man.* ▶ **zrobić nalot**

□ **swoop** noun [C] **swoop (on sb/sth)** a swooping movement or a sudden attack: *The troops made a swoop on the capital last night.* ▶ **napaść**

swop = SWAP

★**sword** /sɔːd/ noun [C] a weapon with a handle and a long thin metal blade ▶ **miecz, szpada**

swore pt of SWEAR

sworn pp of SWEAR

swot /swɒt/ verb [I,T] (**swotting**; **swotted**) **swot (up) (for/on sth)**; **swot sth up** (informal) to study sth very hard, especially to prepare for an exam: *She's swotting for her A levels.* ▶ **wkuwać** (*np. do egzaminu*)

□ **swot** noun [C] (informal) a person who studies too hard ▶ **kujon**

swum pp of SWIM

swung pt, pp of SWING[1]

sycamore /ˈsɪkəmɔː(r)/ noun [C] **1** (especially Brit.) a large tree of the maple family ▶ **jawor** **2** (especially US) a plane tree ▶ **platan**

syllable /ˈsɪləbl/ noun [C] a word or part of a word which contains one vowel sound: *'Mat' has one syllable and 'mattress' has two syllables.* ▶ **sylaba**

syllabus /ˈsɪləbəs/ noun [C] (pl. **syllabuses**) a list of subjects, etc. that are included in a course of study: *Does the syllabus cover modern literature?* ▶ **program nauczania**

★**symbol** /ˈsɪmbl/ noun [C] **1 a symbol (of sth)** a sign, object, etc. which represents an idea or an aspect of life: *The cross is the symbol of Christianity.* ○ *Some people think a fast car is a symbol of power and strength.* ▶ **symbol** **2 symbol (for sth)** a letter, number or sign that has a particular meaning: *O is the symbol for oxygen.* ▶ **symbol/znak (czegoś)**

□ **symbolic** /sɪmˈbɒlɪk/ (also **symbolical** /-kl/) adj. used or seen as a symbol: *The violent sea is symbolic of the character's emotions.* ▶ **symboliczny, umowny** | **symbolically** /-kli/ adv. ▶ **symbolicznie** | **symbolism** /ˈsɪmbəlɪzəm/ noun [U] the use of symbols to represent things, especially in art and literature ▶ **symbolizm** | **symbolize** (also **-ise**) /ˈsɪmbəlaɪz/ verb [T] to be a symbol of sth: *The deepest notes in music often symbolize danger or despair.* ▶ **symbolizować, oznaczać**

symmetry /ˈsɪmətri/ noun [U] the state of having two halves that match each other exactly in size, shape, etc. ▶ **symetria**

□ **symmetric** /sɪˈmetrɪk/ (also **symmetrical** /-rɪkl/) adj. having two halves that are exactly the same in size and shape: *the symmetrical arrangement of the garden* ▶ **symetryczny** | **symmetrically** /-kli/ adv. ▶ **symetrycznie**

★**sympathetic** /ˌsɪmpəˈθetɪk/ adj. **1** showing that you understand other people's feelings, especially their problems: *When Sandra was ill, everyone was very sympathetic.* ○ *I felt very sympathetic towards him.* ○ *He gave me a sympathetic smile.* ▶ **współczujący, pełen zrozumienia/sympatii**

> Uwaga! W jęz. ang. **sympathetic** nie oznacza „sympatyczny". Mówiąc o osobie, że jest sympatyczna, używa się słowa **nice**: *I met Alex's sister yesterday. She's very nice.*

2 sympathetic (to sb/sth) being in agreement with or willing to support sb/sth: *I explained our ideas but she wasn't sympathetic to them.* ▶ **życzliwy, popierający** ❶ Antonim: **unsympathetic**.

□ **sympathetically** /-kli/ adv. ▶ **współczująco; życzliwie**

★**sympathy** /ˈsɪmpəθi/ noun (pl. **sympathies**) **1** [U] **sympathy (for/towards sb)** an understanding of other people's feelings, especially their problems: *Everyone feels great sympathy for the victims of the attack.* ○ *I don't expect any sympathy from you.* ○ *When his wife died he received dozens of letters of sympathy* (listów kondolencyjnych). ▶ **współczucie** **2** [pl.] feelings of support or agreement: *Some members of the party have nationalist sympathies.* ▶ **inklinacja**

IDIOM **be in sympathy (with sb/sth)** to be in agreement, show that you support or approve of sb/sth: *He is not in sympathy with all the ideas of the party.* ▶ **podzielać**

□ **sympathize** (also **-ise**) /ˈsɪmpəθaɪz/ verb [I] **sympathize (with sb/sth) 1** to understand and share sb's feelings: *I sympathize with her, but I don't know what I can do to help.* ▶ **współczuć** **2** to be in agreement with sb/sth: *I find it difficult to sympathize with his opinions.* ▶ **podzielać** | **sympathizer** noun [C] a person who agrees with and supports an idea or aim: *a Communist sympathizer* ▶ **sympaty-k/czka, zwolenni-k/czka**

symphony /ˈsɪmfəni/ noun [C] (pl. **symphonies**) a long piece of music written for a large orchestra ▶ **symfonia**

★**symptom** /ˈsɪmptəm/ noun [C] **1** a change in your body that is a sign of illness: *What are the symptoms of flu?* ▶ **symptom, objaw** (*choroby*) **2** a sign (that sth bad is happening or exists): *The riots are a symptom of a deeper problem.* ▶ **symptom, objaw**

□ **symptomatic** /ˌsɪmptəˈmætɪk/ adj. ▶ **symptomatyczny, znamienny**

synagogue /ˈsɪnəɡɒɡ/ noun [C] a building where Jewish people go to pray or to study their religion ▶ **synagoga**

synchronize (also **-ise**) /ˈsɪŋkrənaɪz/ verb [T] to make sth happen or work at the same time or speed ▶ **synchronizować**

syndicate /ˈsɪndɪkət/ noun [C] a group of people or business companies that join together for a common purpose ▶ **syndykat**

syndrome /ˈsɪndrəʊm/ noun [C] **1** a group of signs or changes in the body that are typical of an illness: *Down's syndrome* ○ *Acquired Immune Deficiency Syndrome (AIDS)* ▶ **syndrom** (*zespół objawów choroby*) **2** a group of events, actions, attitudes, etc. that are typical of a particular state or condition ▶ **syndrom**

synonym /ˈsɪnənɪm/ noun [C] a word or phrase that has the same meaning as another word or phrase in the same language ▶ **synonim**

□ **synonymous** /sɪˈnɒnɪməs/ adj. **synonymous (with sth)**: figurative) *Wealth is not always synonymous with happiness.* ▶ **tożsamy z czymś, jednoznaczny z czymś**

synopsis /sɪˈnɒpsɪs/ noun (pl. **synopses** /-siːz/) a summary of a book, play, etc.: *The programme gives a brief synopsis of the plot.* ▶ **streszczenie**

syntax /ˈsɪntæks/ noun [U] the system of rules for the structure of a sentence ▶ **składnia**

synthesis /ˈsɪnθəsɪs/ noun (pl. **syntheses** /-siːz/) **1** [U] the combining of separate things, esp ideas, to form a complex whole ▶ **synteza**

2 [C] a thing that is produced in this way; a composition: *Her art is a synthesis of modern and traditional techniques.* ▶ **synteza**

synthesizer (also **synthesiser**) /'sɪnθəsaɪzə(r)/ noun [C] an electronic musical instrument that can produce a wide range of different sounds ▶ **syntetyzator**

synthetic /sɪn'θetɪk/ adj. made by a chemical process; not natural ▶ **syntetyczny, sztuczny** □ **synthetically** /-kli/ adv. ▶ **syntetycznie; sztucznie**

syphilis /'sɪfɪlɪs/ noun [U] a serious disease that passes from one person to another by sexual contact ▶ **syfilis**

syphon = SIPHON

syringe /sɪ'rɪndʒ/ noun [C] an instrument that consists of a tube and a needle. It is used for taking a small amount of blood out of the body or for giving injections. ▶ **strzykawka**

syrup /'sɪrəp/ noun [U] **1** thick sweet liquid made by boiling sugar with water or fruit juice: *peaches in syrup* ▶ **syrop 2** thick liquid food made from sugar that you buy in a tin ▶ **syrop z trzciny cukrowej**

*****system** /'sɪstəm/ noun **1** [C] a set of ideas or rules for organizing sth: *We have a new computerized system in the library.* ○ *the metric system* ○ *The government is planning to reform the education system.* ▶ **system 2** [C] a group of things or parts that work together: *a central heating system* ▶ **system, układ 3** [C] the body of a person or an animal; parts of the body that work together: *We must get him to hospital before the poison gets into his system.* ○ *the central nervous system* ▶ **organizm** (*człowieka*), **system/układ** (*np. nerwowy*) **4** (**the system**) [sing.] the traditional methods and rules of a society ▶ **ustrój/system (społeczny)**

IDIOM **get sth out of your system** (informal) to free yourself of a strong feeling about sth ▶ **mieć (coś) z głowy**

□ **systematic** /ˌsɪstə'mætɪk/ adj. done using a fixed plan or method: *a systematic search* ▶ **systematyczny** | **systematically** /-kli/ adv. ▶ **systematycznie**

'systems analyst noun [C] a person whose job is to look carefully at the needs of a business company or an organization and then design the best way of working and completing tasks using computer programs ▶ **analityk systemów**

Tt

T, t /ti:/ noun [C] (pl. **T's; t's**) the twentieth letter of the English alphabet ▶ **litera** *t*

■ **'T-junction** noun [C] a place where two roads join to form the shape of a T ▶ **skrzyżowanie dwóch dróg w kształcie litery** *T* | **'T-shirt** noun [C] a shirt with short sleeves and without buttons or a collar ▶ **koszulka z krótkim rękawem bez guzików i kołnierza**

t (US **tn**) abbr. ton(s), tonne(s): *5t coal* ▶ **tona**

ta /tɑ:/ interj. (Brit., slang) thank you ▶ **dzięki**

tab /tæb/ noun [C] **1** a small piece of cloth, metal or paper that is fixed to sth to help you open, hold or identify it: *You open the tin by pulling the metal tab.* ▶ **języczek** (*np. do otwierania puszki*) **2** (US) a bill: *I'll pick up the tab.* ▶ **rachunek**

IDIOM **keep tabs on sb/sth** (informal) to watch sb/sth carefully; to check sth: *The company keeps tabs on private phone calls made by members of staff.* ▶ **mieć kogoś/coś na oku**

tabby /'tæbi/ noun [C] (pl. **tabbies**) a cat with grey or brown fur and dark stripes ▶ **bury kot**

*****table** /'teɪbl/ noun [C] **1** a piece of furniture with a flat top on one or more legs: *a dining table* stół w jadalni ○ *a bedside table* szafka nocna ○ *a kitchen table* stół kuchenny ○ *a coffee table* stolik do kawy ○ *Could you lay/set the table* (nakryć stół) *for lunch?* ○ *to clear the table* posprzątać ze stołu ○ *Don't read the newspaper at the table* (przy stole). ❶ Kładziemy rzeczy **on the table**, ale siadamy lub siedzimy **at the table**. ▶ **stół, stolik 2** a list of facts or figures, usually arranged in rows down a page: *a table of contents* ○ *Table 3 shows the results.* ▶ **tabela**

■ **'tablecloth** noun [C] a piece of cloth that you put over a table, especially when having a meal ▶ **obrus** | **'table manners** noun [pl.] the way you behave while you are eating ▶ **maniery przy stole/jedzeniu** | **'tablespoon** noun [C] **1** a large spoon used for serving or measuring food ▶ **łyżka stołowa 2** (also **'tablespoonful**) the amount that a tablespoon holds: *Add two tablespoons of sugar.* ▶ **pełna łyżka stołowa** | **'table tennis** (informal **ping-pong**) noun [U] a game with rules like tennis in which you hit a light plastic ball across a table with a small round bat ▶ **tenis stołowy, ping-pong**

tablet /'tæblət/ noun [C] a small amount of medicine in solid form, that you swallow: *Take two tablets every four hours.* ➲ Por. **pill**. ▶ **tabletka, pastylka**

tabloid /'tæblɔɪd/ noun [C] a newspaper with small pages, a lot of pictures and short simple articles ▶ **brukowiec**

taboo /tə'bu:/ noun [C] (pl. **taboos**) a religious or social custom that forbids certain actions or words ▶ **tabu**

□ **taboo** adj.: *a taboo subject* ▶ **tabu, zakazany**

tacit /'tæsɪt/ adj. (formal) understood but not

actually said: *They haven't replied. I think that's a tacit admission that they were wrong.* ▶ **milczący, nie wypowiedziany**
□ **tacitly** adv. ▶ **milcząco**

tack /tæk/ noun **1** [C] a small nail with a broad head ▶ **pinezka, pluskiewka 2** [U, sing.] a way of achieving sth: *If people won't listen we'll have to try a different tack.* ▶ **taktyka**
□ **tack** verb [T] **1** to fasten sth with tacks(1) ▶ **przymocowywać pinezkami/pluskiewkami 2** to sew with loose stitches ▶ **fastrygować**
PHRASAL VERB **tack sth on (to sth)** to put sth extra on the end of sth: *Restaurants sometimes tack extra charges on to the bill.* ▶ **doczepiać, dołączać**

★**tackle** /ˈtækl/ verb **1** [T] to deal boldly with sth difficult: *The government must tackle the problem of rising unemployment.* ○ *Firemen were brought in to tackle the blaze* (opanować pożar). ▶ **rozprawiać się z czymś 2** [I,T] (used in football, etc.) to try to take the ball from sb in the other team ▶ **próbować odebrać piłkę przeciwnikowi 3** [T] (used in rugby, etc.) to stop another player by pulling him down ▶ **przytrzymywać/blokować przeciwnika 4** [T] **tackle sb about/over sth** to speak to sb about a difficult subject: *Somebody should tackle Simon about the amount he drinks.* ▶ **konfrontować czyjeś stanowisko** (*w jakiejś sprawie*)
□ **tackle** noun **1** [C] the act of tackling(2, 3): *a skilful tackle by Walker* ▶ **przytrzymywanie/blokowanie/odbieranie piłki 2** [U] the equipment you use in a sport: *fishing tackle* ▶ **sprzęt sportowy**

tacky /ˈtæki/ adj. (**tackier**; **tackiest**) (informal) **1** cheap and of poor quality: *tacky souvenirs* ▶ **tandetny 2** (used about paint, glue, etc.) not quite dry; sticky ▶ **lepki, kleisty**

tact /tækt/ noun [U] the ability to deal with people without offending or upsetting them: *He had the tact not to mention my divorce.* ▶ **takt**
□ **tactful** /-fl/ adj. careful not to say or do things that could offend people: *Talking about his ex-wife like that wasn't very tactful!* ▶ **taktowny** | **tactfully** /-fəli/ adv. ▶ **taktownie** | **tactless** adj.: *It was rather tactless of you to ask him how old he was.* ○ *a tactless suggestion* ▶ **nietaktowny** | **tactlessly** adv. ▶ **nietaktownie**

★**tactic** /ˈtæktɪk/ noun **1** [C, usually pl.] a way of achieving sth: *We must decide what our tactics are going to be at the next meeting.* ○ *I don't think this tactic will work.* ▶ **taktyka, metoda działania 2** (**tactics**) [U, with sing. or pl. verb] the skilful arrangement and use of military forces in order to win a battle ▶ **taktyka wojskowa**
□ **tactical** /-kl/ adj. **1** connected with tactics(2): *a tactical error* ▶ **taktyczny 2** designed to bring a future advantage: *a tactical decision* ▶ **taktyczny, przebiegły** | **tactically** /-kli/ adv. ▶ **taktycznie**

tadpole /ˈtædpəʊl/ noun [C] a young form of a frog, when it has a large black head and a long tail ▶ **kijanka**

tag /tæg/ noun [C] **1** a small piece of card, material, etc. fastened to sth to give information about it; a label: *a name tag* ○ *How much is this dress? There isn't a price tag on it.* ➲ Ilustr. do **label**. ▶ **metka, etykieta 2** = QUESTION TAG
□ **tag** verb [T] (**tagging**; **tagged**) to fasten a tag to sth ▶ **przymocowywać metkę/etykietę**
PHRASAL VERB **tag along** to follow or go with sb: *The little boy tagged along with the older children when they went to the playground.* ▶ **iść (za kimś) jak cień**

★**tail** /teɪl/ noun **1** [C] the long thin part at the end of the body of an animal, a bird, a fish, etc.: *The dog barked and wagged its tail.* ▶ **ogon 2** [C] a thing like an animal's tail in its shape or position: *the tail of an aeroplane* ▶ **ogon 3** (**tails**) [pl.] a man's coat, short at the front but with a long, divided piece at the back. It is worn on very formal occasions, such as weddings. ▶ **frak 4** (**tails**) [pl.] the side of a coin that does not have the head of a person on it: *'We'll toss a coin to decide,' said my father. 'Heads or tails?'* ▶ **reszka 5** [C] a person who is sent to follow sb secretly to get information about them ▶ **tajniak**
IDIOM **make head or tail of sth** → HEAD[1]
□ **tail** verb [T] to follow sb closely, especially to watch where they go, etc. ▶ **śledzić** (*krok po kroku*)
PHRASAL VERB **tail away/off** (especially Brit.) to become less, smaller, quieter, etc.: *His voice tailed off into a whisper.* ▶ **zamierać, słabnąć**

tailor /ˈteɪlə(r)/ noun [C] a person whose job is to make clothes, especially for men ▶ **krawiec** (*męski*)
□ **tailor** verb [T] (usually passive) **1** to make clothes: *a well tailored coat* ▶ **szyć ubrania 2** to make or design sth for a special purpose: *We specialize in holidays tailored to meet your individual needs.* ▶ **projektować coś na specjalne zamówienie, przystosowywać**
■ ˌ**tailor-ˈmade** adj. very suitable; perfect: *I knew the house was tailor-made for me as soon as I saw it.* ▶ **zrobiony na miarę, w sam raz**

taint /teɪnt/ noun [sing.] (formal) a sign of some bad quality or that sth is no longer fresh, pure, etc.: *the taint of corruption.* ▶ **skaza, ślad**
□ **taint** verb [T] (usually passive) to have a bad effect on sth; to spoil sth: *Her reputation was tainted by the scandal.* ▶ **plamić; psuć**

★**take** /teɪk/ verb [T] (pt **took** /tʊk/; pp **taken** /ˈteɪkən/) **1** to carry sb/sth or to go with sb from one place to another: *Take your coat with you – it's cold.* ○ *Could you take this letter home to your parents?* ○ *The ambulance took him to hospital.* ○ *I'm taking the children swimming this afternoon.* ➲ Ilustr. do **bring**. ▶ **brać, zabierać 2** to put your hand round sth and hold it (and move it towards you): *She held out the keys, and I took them.* ○ *He took a sweater out of the drawer.* ○ *She took my hand/me by the hand.* ▶ **brać 3** to remove sth without permission: *Who's taken my pen?* ▶ **zabierać** (*bez pozwolenia*) **4** to accept or receive sth: *Will you take £2 000 for the car?* ○ *Do you take traveller's cheques?* ○ *I'm not taking the blame for the accident.* ○ *She's not going to take the job.* ▶ **brać, przyjmować 5** to need or require sth: *It takes* *about an hour to drive to Oxford from here.* ○ *I took three years to learn to drive.* ○ *It took a lot of courage to say that.* ▶ **zabierać, wymagać 6** to have enough space for sth: *How many passengers can this bus take?* ▶ **zabierać 7** to use a form of transport; to go by a particular road: *I always take the train to York.* ○ *Which road do you take to Hove?* ▶ **jechać**; **wybierać 8** to swallow sth: *Take two tablets four times a day.* ▶ **brać 9** to write or record sth: *She took notes* (robiła notatki) *during the lecture.* **10** to measure sth: *I took his temperature and it was nearly 40.* ▶ **mierzyć 11** (used with nouns to say that sb is performing an action): *Take a look at this article.* Zerknij na ten artykuł. ○ *We have to take a decision.* Musimy podjąć decyzję. **12** to photograph sth: *I took some nice photos of the wedding.* ▶ **robić zdjęcia 13** to have a particular feeling or opinion: *I wish you would take things more seriously.* ○ *He takes great pleasure in his grandchildren.* Wnuki sprawiają mu wiele radości. ▶ **brać 14** to understand sth in a particular way: *She took what he said as a compliment.* ▶ **brać 15** to be able to bear sth: *I find his criticism a bit hard to take.* ▶ **znosić 16** to capture a place by force: *The Allies took the enemy's capital last night.* ▶ **brać 17** to give lessons to sb: *Who takes you for History?* Kto cię uczy historii? **18** to study a subject for an exam; to do an exam: *I'm taking the advanced exam this summer.* ▶ **uczyć się do egzaminu**; **zdawać egzamin 19** to have a certain size of shoes or clothes: *What size shoes do you take?* ▶ **nosić 20** (not used in the continuous tenses) to have or need a word to go with it in a sentence or other structure: *The verb 'depend' takes the preposition 'on'.* ▶ **występować z czymś**

IDIOMS **be taken with sb/sth** to find sb/sth attractive or interesting ▶ **polubić kogoś/coś, zainteresować się kimś/czymś** | **I take it (that...)** I suppose: *I take it that you're not coming?* ▶ **zakładać, że** | **take it from me** believe me: *Take it from me, she's going to resign.* ▶ **wierz mi** | **take a lot out of sb** to make sb very tired ▶ **wyczerpywać kogoś** | **take a lot of/some doing** to require a lot of work or effort ▶ **wymagać dużo pracy/wysiłku** ❶ **Take** występuje w innych idiomach, np. **take place**. ➲ Zob. hasła odpowiednich rzeczowników, przymiotników itp.

PHRASAL VERBS **take sb aback** to surprise or shock sb ▶ **zaskakiwać**

take after sb to look or behave like an older member of your family ▶ **być podobnym (do kogoś w rodzinie)**

take sth apart to separate sth into the different parts it is made of: *I'll have to take the bell apart to mend it.* ▶ **rozkładać na części**

take sb/sth away (from sb) to remove sb/sth: *She took the scissors away from the child.* ▶ **zabierać/odbierać (kogós/coś komuś)** | **take sth away 1** to cause a feeling, etc. to disappear: *These aspirins will take the pain away.* ▶ **usuwać 2** to buy cooked food at a restaurant, etc. and carry it out to eat somewhere else, e.g. at home ❶ Rzeczownik: **takeaway**. ▶ **kupować posiłek na wynos**

take sth back 1 to return sth to the place that you got it from ▶ **oddawać, zwracać 2** to admit that sth you said was wrong ▶ **cofać** (*np. pomówienie*)

take sth down 1 to remove a structure by separating it into the pieces it is made of: *They took the fence down and put up a wall.* ▶ **rozbierać 2** to write down sth that is said: *She took down every word of my speech.* **notować**

take sb in 1 to deceive sb: *I was completely taken in by her story.* ▶ **nabierać (kogoś na coś) 2** to invite sb who has no home to live with you ▶ **przyjmować kogoś pod swój dach** | **take sth in** to understand what you see, hear or read: *There was too much in the museum to take in at one go.* ▶ **zrozumieć, obejmować** (*np. umysłem*)

take off 1 (used about an aeroplane, etc.) to leave the ground and start flying: *The plane takes off from Heathrow.* ❶ Antonim: **land.**[2] ▶ **startować 2** to become successful or popular: *The new magazine has really taken off.* ▶ **chwytać, odnosić sukces** | **take sb off** to copy the way sb speaks or behaves ▶ **naśladować, parodiować** | **take sth off 1** to remove sth, especially clothes: *Come in and take your coat off.* ▶ **zdejmować 2** to have the period of time mentioned as a holiday: *I'm going to take a week off.* ▶ **brać urlop**

take sb on to start to employ sb: *Local businesses didn't take on any new staff during the recession.* ▶ **zatrudniać** | **take sth on** to accept or decide to do sth: *He's taken on a lot of extra work.* ▶ **brać na siebie**

take sb out to go out with sb (for a social occasion): *I'm taking Sarah out for a meal tonight.* ▶ **zabierać kogoś** (*np. na przyjęcie*) | **take sth out** to remove a part of the body: *He's having two teeth taken out.* ▶ **usuwać** | **take sth out (of sth)** to remove sth: *He took a notebook out of his pocket.* ○ *I'd like to take £50 out.* Chciałbym wypłacić (z konta) £50. ▶ **wyjmować** | **take it out on sb** to behave badly towards sb because you are angry or upset about sth, even though it is not this person's fault: *I know you don't feel well but don't take it out on me!* ▶ **wyładowywać się (na kimś)**

take (sth) over to get control of sth or responsibility for sth: *The firm is being taken over by a large company.* ○ *Who's going to take over as assistant* (przejąć obowiązki asystenta) *when Tim leaves?* ▶ **przejmować**

take to sb/sth to feel a liking for sb/sth: *I took to his parents immediately.* ▶ **polubić** | **take to sth/doing sth** to begin doing sth regularly: *We've taken to getting up very late on Sundays.* ▶ **nabierać zwyczaju**

take up sth to use or fill an amount of time or space: *All her time is taken up looking after the new baby.* ▶ **zajmować** | **take sth up** to start doing sth regularly (e.g. as a hobby): *I've taken up yoga recently.* ▶ **brać się (za coś), podejmować** | **take sb up on sth 1** to say that you disagree with sth that sb has just said, and ask them to explain it: *I must take you up on that last point.* ▶ **zgłaszać zastrzeżenia wobec czyjejś wypowiedzi 2** to accept an offer, etc. that sb has made: *'Come and stay with us any time.' 'We'll take you up on that!'* ▶ **trzymać za słowo** | **take sth up with sb** to ask or complain about sth: *I'll take the matter up with my manager.* ▶ **poruszać temat (z kimś); składać skargę u kogoś**

be taken with sb/sth to find sb/sth attractive or interesting: *He was rather taken with the idea.* ▶ **być zauroczonym/zainteresowanym (kimś/czymś)**

■ **'takeaway** (US **takeout**; **carryout**) noun [C] **1** a restaurant that sells food that you can eat somewhere else: *There's an Indian takeaway in the village.* ▶ **restauracja oferująca potrawy na wynos** **2** the food that such a restaurant sells: *Let's get a takeaway.* ▶ **potrawy na wynos** | **'take-off** noun [C,U] the time when an aeroplane leaves the ground: *The plane crashed on take-off.* ❶ Anontim: **landing**. ▶ **start** | **'takeover** noun [C] the act of taking control of sth: *the takeover of a company* ○ *a military takeover* przewrót wojskowy ▶ **przejęcie**

takings /ˈteɪkɪŋz/ noun [pl.] the amount of money that a shop, theatre, etc. gets from selling goods, tickets, etc. ▶ **wpływy kasowe**

talcum powder /ˈtælkəm paʊdə(r)/ (also **talc** /tælk/) noun [U] a soft powder which smells nice. People put it on their skin after a bath. ▶ **talk kosmetyczny**

tale /teɪl/ noun [C] **1** a story about events that are not real: *fairy tales* bajki ▶ **o/powiastka, baśń** **2** a report or description of sb/sth that is not necessarily true : *I've heard a lot of tales about the people who live in that house.* ▶ **opowieść, bajda**

⋆**talent** /ˈtælənt/ noun [C,U] **talent (for sth)** a natural skill or ability: *She has a talent for painting.* ○ *His work shows great talent.* ▶ **talent, zdolność**

□ **talented** adj.: *a talented musician* ▶ **utalentowany, zdolny**

⋆**talk¹** /tɔːk/ verb **1** [I] **talk (to/with sb)**; **talk (about/of sb/sth)** to say things; to speak: *I could hear them talking downstairs.* ○ *Can I talk to you for a minute?* ○ *Anne is not an easy person to talk to.* ○ *We need to talk about the plans for the weekend.* ○ *I didn't understand what she was talking about.* ○ *He's been talking of going to Australia for some time now.* ○ *Their little boy is just learning to talk.* ➲ Zob. uwaga przy **speak**. ▶ **rozmawiać, mówić** **2** [I] to discuss people's personal affairs: *His strange lifestyle started the local people talking.* ▶ **mówić, plotkować** **3** [T] to discuss sth: *Could we talk business after dinner?* ▶ **rozmawiać** **4** [I] **talk on/about sth** to give a lecture or speech to a group of people about a certain subject: *Mrs Phipps will be talking about Byzantine Art.* ▶ **mówić/przemawiać (na temat/o czymś)** **5** [I] to give information: *'He hasn't talked yet', said the detective, 'but he will.'* ▶ **mówić**

IDIOMS **know what you are talking about** → KNOW | **talk sense** to say things that are correct and sensible ▶ **mówić do rzeczy/z sensem** | **talk shop** to talk about work with colleagues outside working hours ▶ **rozmawiać o sprawach zawodowych (poza pracą)** | **talk/speak of the devil** → DEVIL

PHRASAL VERBS **talk down to sb** to talk to sb as if they are less clever, important, etc. than you ▶ **mówić (do kogoś) protekcjonalnie/z lekceważeniem** | **talk sb into/out of doing sth** to persuade sb to do/not to do sth: *I didn't really want to go with them, but they talked me into it.* ▶ **namawiać (kogoś do czegoś); wyperswadowywać (coś komuś)** | **talk sth over (with sb)** to discuss sth with sb, especially in order to reach an agreement or make a decision ▶ **przedyskutować coś (z kimś)**

□ **talkative** /ˈtɔːkətɪv/ adj. liking or tending to talk a lot ▶ **rozmowny, gadatliwy**

⋆**talk²** /tɔːk/ noun **1** [C] a conversation or discussion: *Tim and I had a long talk about the problem.* ▶ **rozmowa** **2** (**talks**) [pl.] formal discussions: *The Foreign Ministers of the two countries will meet for talks next week.* ▶ **rozmowy** **3** [U] talking, especially without action, results or the right information: *'Alan says they're going to get married.' 'Don't believe it! It's only talk.'* ▶ **gadanie, (puste) słowa** **4** [C] a lecture or speech: *He's giving a talk on 'Our Changing World'.* ▶ **prelekcja, wykład**

⋆**tall** /tɔːl/ adj. **1** (used about people or things) of more than average height; not short: *a tall young man* ○ *a tall tree/tower/chimney* ○ *Nick is taller than his brother.* ▶ **wysoki** **2** (used about people) of a particular height: *Claire is five feet tall.* Claire ma pięć stóp wzrostu. ○ *How tall are you?* Jakiego jesteś wzrostu? ▶ **wysoki**

> **Tall** i **high** mają podobne znaczenia. **Tall** używa się w celu opisania ludzkiego wzrostu: *He is six foot three inches tall*; wysokości drzew: *A tall oak tree stood in the garden*; a także często do określenia wąskich i wysokich przedmiotów: *the tall skyscrapers of Manhattan.*

tambourine /ˌtæmbəˈriːn/ noun [C] a small round musical instrument with a skin like a drum and metal discs round the edge. You can hit it or shake it. ▶ **tamburyn**

⋆**tame** /teɪm/ adj. **1** (used about animals or birds) not wild or afraid of people: *The birds are so tame they will eat from your hand.* ▶ **oswojony** **2** boring; not interesting or exciting: *After the big city, you must find village life very tame.* ▶ **nudny, nijaki**

□ **tame** verb [T] to bring sth wild under your control ▶ **oswajać**

tamper /ˈtæmpə(r)/ verb [I] **tamper with sth** to use, touch, change, etc. sth when you should not: *Don't eat the sweets if the packaging has been tampered with* (zostało naruszone). ▶ **dobierać się (do czegoś), manipulować**

tampon /ˈtæmpɒn/ noun [C] a tightly rolled piece of cotton wool that a woman puts inside her body to collect blood during her period(3) ▶ **tampon**

tan /tæn/ noun **1** [C] = SUNTAN **2** [U] a colour between yellow and brown: *Have you got this handbag in tan?* ▶ **kolor jasnobrązowy** (*naturalnej skóry*)

□ **tan** adj. of this colour: *tan shoes* ▶ **koloru jasnobrązowego** | **tan** verb [I,T] (**tanning**; **tanned**) to become or to let sth become brown with the effect of sunshine: *Do you tan easily?* ○ *I'm trying to tan my legs.* ▶ **opalać (się)** | **tanned** adj.: *You're looking very tanned – have you been on holiday?* ▶ **opalony**

tandem /'tændəm/ noun [C] a bicycle with seats for two people, one behind the other ▶ **tandem**

IDIOM **in tandem (with sb/sth)** working together with sb/sth else; happening at the same time as sth else ▶ **w parze (z kimś/czymś); jednocześnie (z czymś)**

tang /tæŋ/ noun [usually sing.] a sharp taste, flavour or smell: *a sauce with a tang of lemon juice* ▶ **posmak**

□ **tangy** /'tæŋi/ adj.: *a tangy aroma/sauce/flavour* ▶ **kwaskowy**

tangent /'tændʒənt/ noun [C] a straight line that touches a curve but does not cross it ▶ **styczna**

IDIOM **go/fly off at a tangent**; US **go off on a tangent** to change suddenly from one subject, action, etc. to another ▶ **nagle zmieniać** (*np. temat*)

tangerine /ˌtændʒə'riːn; US 'tændʒəriːn/ noun [C] a fruit like a small sweet orange with a skin that is easy to take off ▶ **rodzaj mandarynki**

tangible /'tændʒəbl/ adj. clear and definite: *There are tangible benefits in the new system.* ▶ **namacalny, dotykalny, faktyczny**

tangle /'tæŋgl/ noun [C] a confused mass, especially of threads, hair, branches, etc. that cannot easily be separated from each other: *My hair's full of tangles.* ○ *This string's in a tangle.* ▶ **kołtun, plątanina**

□ **tangled** adj.: *The wool was all tangled up.* ▶ **poplątany, skołtuniony**

★**tank** /tæŋk/ noun [C] **1** a container for holding liquids or gas: *How many litres does the petrol tank* (bak) *hold?* ○ *a water tank* ▶ **zbiornik, cysterna** **2** a large, heavy military vehicle covered with steel and armed with guns, that moves on special wheels: *Hundreds of tanks have crossed the desert ready to attack.* ▶ **czołg**

□ **tanker** noun [C] **1** a ship for carrying petrol, etc. in large amounts: *an oil tanker* ▶ **tankowiec, zbiornikowiec** **2** (US **'tank truck**) a heavy road vehicle with a big round tank for carrying large amounts of oil, milk, etc. ▶ **cysterna**

Tannoy™ /'tænɔɪ/ noun [C] a system used for giving spoken information in a public place: *They announced over the Tannoy* (przez megafon) *that our flight was delayed.* ▶ **system nagłaśniający**

tantalizing (also **-ising**) /'tæntəlaɪzɪŋ/ adj. (used about sth that you cannot have) attractive or tempting: *A tantalizing smell of cooking was coming from the kitchen.* ▶ **pociągający, kuszący**

□ **tantalizingly** (also **-isingly**) adv.: *tantalizingly close* ▶ **dręcząco, pociągająco**

tantamount /'tæntəmaʊnt/ adj. (not before a noun) **tantamount to sth** equal in effect to sth: *Her statement is tantamount to a confession of guilt.* ▶ **równoznaczny (z czymś), sprowadzający się (do czegoś)**

tantrum /'tæntrəm/ noun [C] a sudden burst of anger, especially in a child ▶ **napad złości**

★**tap**[1] /tæp/ (US **faucet**) noun [C] **1** a type of handle that you turn to let water, gas, etc. out of a pipe or container: *Turn the hot tap on.* ○ *Don't leave the taps running!* ▶ **kran, kurek** **2** a device that is fitted to sb's telephone so that their calls can be listened to secretly ▶ **podsłuch**

□ **tap** verb [T] (**tapping**; **tapped**) **1** to make use of sth from a supply or reserve: *to tap the skills of young people* ▶ **wykorzystywać** (*zasoby*) **2** to fit a piece of equipment to sb's telephone wires so that you can listen to telephone conversations on that line ▶ **zakładać podsłuch telefoniczny**

■ **'tap water** noun [U] water that comes out of taps, not water sold in bottles ▶ **woda z kranu**

★**tap**[2] /tæp/ verb (**tapping**; **tapped**) [I,T] **tap (at/on sth)**; **tap sb/sth (on/with sth)** to touch or hit sb/sth quickly and gently: *Their feet were tapping in time to the music.* ○ *They won't hear if you only tap on the door – knock harder!* ○ *She tapped me on the shoulder and said, 'Excuse me, I think you dropped this notebook.'* ▶ **(lekko) stukać/pukać**

□ **tap** noun [C] a light hit with your hand or fingers: *a tap on the shoulder* ▶ **puknięcie, stuknięcie, pukanie**

■ **'tap dance** noun [C] a dance in which you tap the rhythm with your feet, wearing special shoes ▶ **stepowanie** | **'tap dance** verb [I] to do a dance in which you tap the rhythm with your feet, wearing special shoes ▶ **stepować**

★**tape** /teɪp/ noun **1** [U] magnetic material used for recording sound, pictures or information: *I've got the whole concert on tape.* ▶ **taśma magnetofonowa/magnetowidowa/magnetyczna** **2** [C] a cassette with magnetic material wound round it, which is used for recording or playing music, videos, etc.: *a blank* (pusta) *tape* ○ *I've got a new tape of Madonna. Shall I put it on?* ○ *We've made a tape* (nakręciliśmy film) *of the children playing in the garden.* ○ *to rewind/fast forward a tape* ▶ **taśma magnetofonowa/magnetowidowa/magnetyczna** **3** [C,U] a narrow piece of cloth used for tying or labelling things or in sewing, etc.: *We have to sew name tapes into school clothes.* ▶ **tasiemka** **4** [C] a piece of material stretched across a race track to mark where the race finishes ▶ **taśma** **5** [U] sticky paper or plastic used for wrapping parcels, covering electric wires, etc.: *sticky tape* ○ *insulating tape* ▶ **taśma**

□ **tape** verb [T] **1** to record sound, music, television programmes, etc. using a cassette: *There's a film on TV tonight that I'd like to tape.* ▶ **nagrywać na taśmę, nakręcać** **2** **tape sth (up)** to fasten sth with sticky tape ▶ **przymocowywać taśmą klejącą**

■ **'tape deck** noun [C] the part of a hi-fi system on which you play tapes ▶ **magnetofon** (*bez wzmacniacza*) | **'tape measure** (also **'measuring tape**) noun [C] a long thin piece of plastic or cloth with centimetres or inches marked on it. It is used for measuring things. ▶ **taśma miernicza** | **'tape recorder** noun [C] a machine that is used for recording or playing back music or other sounds ▶ **magnetofon** | **'tape-recording** noun [C]: *We made a tape-recording of our voices.* ▶ **nagranie na taśmę**

tapestry /'tæpəstri/ noun [C,U] (pl. **tapestries**) a piece of heavy cloth with pictures or designs sewn on it in coloured thread ▶ **gobelin, arras**

tar /tɑ:(r)/ noun [U] **1** a thick black sticky liquid that becomes hard when it is cold. It is used for making roads, etc. ▶ **smoła 2** a similar substance formed by burning tobacco: *low-tar cigarettes* ▶ **substancja smolista** (*w papierosie*)

★**target** /'tɑ:gɪt/ noun [C] **1** a person or thing that you aim at when shooting or attacking: *Attacks have been launched on military targets such as airfields.* ○ *The bomb missed its target and fell into the sea.* ○ *The politician was a likely target for terrorist attacks.* ▶ **cel 2** an object, often a round board with circles on, that you aim at in shooting practice: *I hit the target twice but missed it once.* ▶ **tarcza (strzelnicza) 3** a person or thing that people blame, criticize, laugh at, etc.: *The education system has been the target of heavy criticism.* ▶ **cel 4** a result that you are aiming at: *Our target is to raise £10 000 for 'Save the Children'.* ○ *So far we're right on target* (dążymy prosto do wyznaczonego celu). ▶ **cel**
□ **target** verb [T] (usually passive) **target sth (at/ on sb/sth)** to aim sth: *They targeted the product at teenagers.* ▶ **obierać (kogoś/coś) za cel** (*np. działania, ataku*)

tariff /'tærɪf/ noun [C] **1** a tax that has to be paid on goods brought into a country ▶ **cło 2** a list of prices ▶ **taryfa**

Tarmac™ /'tɑ:mæk/ noun **1** [U] a material used for making the surfaces of roads ▶ **rodzaj asfaltowej nawierzchni drogowej 2** (**tarmac**) [sing.] an area covered with a Tarmac surface: *The plane waited for two hours on the tarmac.* ▶ **nawierzchnia pokryta tarmakadamem**

tarnish /'tɑ:nɪʃ/ verb **1** [I,T] (used about a mirror, metal, etc.) to become less bright; to make less bright ▶ **matowieć; czynić matowym 2** [T] (used about a reputation) to spoil: *His reputation was tarnished by the scandal.* ▶ **plamić/szargać reputację**

tarpaulin /tɑ:'pɔ:lɪn/ noun [C] a large piece of strong, waterproof material that is used for covering things ▶ **brezent**

tart¹ /tɑ:t/ noun [C,U] an open pie with a sweet filling such as fruit or jam ➲ Zob. uwaga przy **pie**. ▶ **ciasto/placek z owocami**

tart² /tɑ:t/ noun [C] (Brit., informal) a woman who dresses or behaves in a way that people think is immoral ▶ **dziwka**
PHRASAL VERBS **tart sth up** (Brit., informal) to decorate and improve the appearance of sth, often in a way that people do not think is attractive ▶ **odstawiać** (*mieszkanie, pokój*) | **tart yourself up** (Brit., informal) (used especially about a woman) to make yourself more attractive by putting on nice clothes, jewellery, make-up, etc. ▶ **odstawiać się**

tartan /'tɑ:tn/ noun [C,U] **1** a traditional Scottish pattern with coloured squares and stripes that cross each other ▶ **wzór szkockiej kraty 2** material made from wool with this pattern on it: *a tartan skirt* ▶ **materiał w szkocką kratę**

★**task** /tɑ:sk; US tæsk/ noun [C] a piece of work that has to be done, especially an unpleasant or difficult one: *Your first task will be to type these letters.* ○ *I found learning Arabic an almost impossible task.* ○ *You have three minutes to complete the three tasks.* ○ *They gave me the task of organizing the school trip.* ▶ **zadanie, przedsięwzięcie**

★**taste¹** /teɪst/ noun **1** [U] the ability to recognize the flavour of food or drink: *Taste is one of the five senses.* ○ *taste buds* kubki smakowe ▶ **zmysł smaku 2** [sing.] the flavour of food or drink: *I don't like the taste of this coffee.* ▶ **smak 3** [C, usually sing.] **a taste (of sth)** a small amount of sth to eat or drink that you have in order to see what it is like: *Have a taste of this cheese to see if you like it.* ▶ **kosztowanie, próbowanie 4** [sing.] a short experience of sth: *That was my first taste of success.* ▶ **posmakowanie 5** [sing.] **a taste (for sth)** a liking for sth: *She has developed a taste for modern art.* ▶ **smak 6** [U] the ability to make good choices about whether things are suitable, of good quality, etc.: *He has excellent taste in music.* ▶ **wyczucie, gust**
IDIOM **(be) in bad, poor, etc. taste** (used about sb's behaviour) (to be) unsuitable and unpleasant: *Some of his comments were in very bad taste.* ▶ **(być) w złym guście**
□ **tasteful** /-fl/ adj. attractive and well-chosen: *The furniture was very tasteful.* ▶ **w dobrym guście** | **tastefully** /-fəli/ adv. ▶ **gustownie** | **tasteless** adj. **1** unattractive; not well-chosen: *She was wearing a lot of rather tasteless jewellery.* ▶ **bez gustu 2** likely to offend sb: *His joke about the funeral was particularly tasteless.* ▶ **w złym guście, bez wyczucia 3** having little or no flavour: *We had some tasteless cheese sandwiches for lunch.* ▶ **niesmaczny** | **tasty** adj. (**tastier**; **tastiest**) having a good, strong flavour: *spaghetti with a tasty mushroom sauce* ▶ **smaczny, smakowity**

★**taste²** /teɪst/ verb **1** linking verb [T] to be aware of or recognize the flavour of food or drink: *Can you taste the garlic in this soup?* ➲ Zob. uwaga przy **can**. ▶ **czuć/rozpoznawać smak 2** [T] to try a small amount of food and drink; to test: *Can I taste a piece of that cheese to see what it's like?* ▶ **kosztować, próbować 3** [I] **taste (of sth)** to have a particular flavour: *The pudding tasted of oranges.* ○ *to taste sour/sweet/delicious* ➲ Zob. uwaga przy **feel**. ▶ **mieć smak (czegoś), smakować**

tattered /'tætəd/ adj. old and torn: *a tattered coat* ▶ **w strzępach**

tatters /'tætəz/ noun
IDIOM **in tatters** badly torn or damaged: *Her dress was in tatters.* ○ (figurative) *After the divorce my life seemed to be in tatters.* ▶ **w strzępach**

tattoo /tə'tu:; US tæ'tu:/ noun [C] (pl. **tattoos**) a picture or pattern on sb's body that is made by pricking their skin with a needle and filling the holes with coloured liquid ▶ **tatuaż**
□ **tattoo** verb [T] to make a tattoo on sb's body: *She had the word 'love' tattooed on her left hand.* ▶ **tatuować**

tatty /'tæti/ adj. (**tattier**; **tattiest**) (informal) in bad condition: *tatty old clothes* ▶ **sfatygowany**

taught pt, pp of TEACH

taunt /tɔ:nt/ verb [T] to try to make sb angry or unhappy by saying unpleasant or cruel things: *They taunted him with the words 'You're scared!'* ▶ **szydzić**
□ **taunt** noun [C] ▶ **szyderstwo**

Taurus /'tɔ:rəs/ noun [C,U] the second sign of the zodiac, the Bull; a person who was born under this sign ▶ **Byk**; **zodiakalny Byk**

taut /tɔ:t/ adj. (used about rope, wire, etc.) stretched very tight; not loose ▶ **naprężony**

tavern /'tævən/ noun [C] (old-fashioned) a pub ▶ **tawerna**

★**tax** /tæks/ noun [C,U] the money that you have to pay to the government so that it can provide public services: *income tax* ○ *You do not have to pay tax on books in this country.* ○ *tax cuts* ○ *a taxpayer* ○ *a tax inspector* ○ *the tax office* urząd skarbowy ▶ **podatek**
□ **tax** verb [T] (often passive) **1** to take tax from a sum of money or from the price of goods and services: *Income is taxed at a rate of 25p in the pound.* ○ *Alcohol, cigarettes and petrol are heavily taxed.* ▶ **opodatkowywać 2** to make a person or an organization pay tax: *Husbands and wives are taxed separately in Britain.* ▶ **opodatkowywać** | **taxable** adj. on which you have to pay tax: *taxable income* ▶ **podlegający opodatkowaniu** | **taxation** /tæk'seɪʃn/ noun [U] **1** the system by which a government takes money from people so that it can pay for public services: *direct/indirect taxation* ▶ **opodatkowanie 2** the amount of money that people have to pay in tax: *to increase/reduce taxation* ○ *high/low taxation* ▶ **opodatkowanie**
■ ˌ**tax-'free** adj. on which you do not have to pay tax ➲ Por. **duty-free**. ▶ **wolny od podatku**

★**taxi¹** /'tæksi/ (also '**taxicab**; especially US **cab**) noun [C] a car with a driver, whose job is to take you somewhere in exchange for money: *Shall we go by bus or take a taxi?* ○ *I'll phone for a taxi to take us to the airport.* ▶ **taksówka**

> The amount of money that you have to pay (your **fare**) is shown on a **meter**. People often give the taxi driver a **tip**.

■ '**taxi rank** (US '**cab stand**) noun [C] a place where taxis park while they are waiting to be hired ▶ **postój taksówek**

taxi² /'tæksi/ verb [I] (used about an aircraft) to move slowly along the ground before or after flying ▶ **kołować**

taxing /'tæksɪŋ/ adj. difficult; needing a lot of effort: *a taxing problem* ▶ **wyczerpujący**, **wystawiający na próbę**

TB /ˌti: 'bi:/ abbr. tuberculosis ▶ **TB** (*gruźlica*)

tbsp abbr. tablespoonful(s): *Add 3 tbsp sugar.* ▶ **łyżka stołowa**

★**tea** /ti:/ noun **1** [U] a hot brown drink that you make by pouring boiling water onto the dried leaves of a bush grown in hot countries such as India and China.: *a cup/pot of tea* ○ *I'll make some tea.* ○ *weak/strong tea* ❶ Z wyrażeniem **a cup of tea** używa się zwykle czasownika **have**, a nie **drink**: *I had three cups of tea this morning.* ▶ **herbata 2** [U] the dried leaves that are used for making tea: *A packet of Earl Grey tea, please.* ▶ **herbata 3** [C] a cup of tea: *Two teas and one coffee, please.* ▶ **herbata 4** [U] a drink that you make by pouring hot water onto the leaves of other plants: *herb tea* ▶ **herbata 5** [C,U] (especially Brit.) a small afternoon meal of cakes, biscuits, etc. and a cup of tea: *The hotel serves afternoon teas.* ▶ **podwieczorek**, **herbatka**

> Czasem stosuje się nazwę **tea** do określenia głównego posiłku wieczornego, spożywanego o godzinie 17 lub 18. **Supper** i **dinner** to posiłki spożywane w porze późniejszej. Zob. też uwagi przy **dinner** i **meal**.

IDIOM **(not) sb's cup of tea** → CUP¹

■ '**tea bag** noun [C] a small paper bag with tea leaves in it, that you use for making tea ▶ **torebka herbaty** | '**tea cloth** noun [C] (Brit.) = TEA TOWEL | '**teacup** noun [C] a cup that you drink tea from ▶ **filiżanka do herbaty** | '**tea leaf** noun [C, usually pl.] one of the small leaves that are left in a cup or pot after you have drunk the tea ▶ **listek herbaty** | '**teapot** noun [C] a container that you use for making tea in and for pouring tea into cups. It has a lid, a handle and a spout that the tea is poured out of. ➲ Ilustr. do **pot**. ▶ **imbryczek** | '**tea shop** (also '**tea room**) noun [C] a small restaurant which serves tea, coffee, etc., also cakes and light meals ▶ **herbaciarnia** | '**teaspoon** noun [C] **1** a small spoon that is used for stirring tea, etc. ▶ **łyżeczka do herbaty 2** (also **teaspoonful** /-fʊl/) the amount that a teaspoon can hold ▶ **(pełna) łyżeczka do herbaty** | '**teatime** noun [C] the time in the afternoon when people usually have tea: *We'll expect to arrive at about teatime.* ▶ **pora podwieczorku** | '**tea towel** (also **tea cloth**) noun [C] a small towel that is used for drying plates, knives, forks, etc. ▶ **ścierka do naczyń**

★**teach** /ti:tʃ/ verb (pt, pp **taught** /tɔ:t/) **1** [I,T] to give sb lessons or instructions so that they know how to do sth: *Jeremy is teaching us how to use the computer.* ○ *My mother taught me to play the piano.* ○ *He teaches English to foreign students.* ▶ **uczyć 2** [T] to make sb believe sth or behave in a certain way: *The story teaches us that history often repeats itself.* ○ *My parents taught me always to tell the truth.* ▶ **uczyć**, **nauczać 3** [T] to make sb have a bad experience so that they are careful not to do the thing that caused it again: *A week in prison? That'll teach him to drink and drive!* ▶ **dawać komuś nauczkę**

IDIOM **teach sb a lesson** to make sb have a bad experience so that they will not do the thing that caused it again ▶ **dawać komuś nauczkę**
□ **teaching** noun **1** [U] the work or profession of

a teacher: *My son went into teaching and my daughter became a doctor.* ○ *part-time teaching* ○ *teaching methods* ▶ **nauczanie, zawód nauczyciela** **2** [C, usually pl.] ideas and beliefs that are taught by sb/sth: *the teachings of Gandhi* ▶ **nauki**

★**teacher** /ˈtiːtʃə(r)/ noun [C] a person whose job is to teach, especially in a school or college: *a French teacher* ▶ **nauczyciel/ka**

★**team** /tiːm/ noun [C] **1** a group of people who play a sport or game together against another group: *a football team* ○ *Are you in the team?* ▶ **drużyna, zespół** **2** a group of people who work together: *a team of medical workers* ❶ Jeżeli słowo **team** występuje w lp, następujący po nim czasownik może mieć formę lp lub lm: *The team play/plays two matches every week.* ▶ **zespół**

PHRASAL VERB **team up (with sb)** to join sb in order to do sth together ▶ **łączyć siły/się**

■ ˈ**teamwork** noun [U] the ability of people to work together: *Good teamwork between nurses and doctors is very important.* ▶ **praca zespołowa, współpraca**

★**tear¹** /tɪə(r)/ noun [C, usually pl.] a drop of water that comes from your eye when you are crying, etc.: *She wiped away his tears.* ○ *I was in tears at the end of the film.* ○ *The little girl burst into tears* (wybuchnęła płaczem). ▶ **łza**

□ **tearful** /-fl/ adj. crying or nearly crying ▶ **zapłakany; płaczliwy, łzawy**

■ ˈ**tear gas** noun [U] a type of gas that makes people's eyes fill with tears. It is used by the police, etc. to control large groups of people. ▶ **gaz łzawiący**

★**tear²** /teə(r)/ verb (pt **tore** /tɔː(r)/; pp **torn** /tɔːn/) **1** [T] to pull paper, cloth, etc. so that it comes apart, goes into pieces or gets a hole in it: *I tore my shirt on that nail.* ○ *Tear the paper along the dotted line.* ○ *She tore the letter in half.* ○ *I tore a page out* (wydarłem kartkę) *of my notebook.* ▶ **drzeć, rwać** **2** [I] to become torn: *This material doesn't tear easily.* ▶ **drzeć się, rwać się** **3** [T] to remove sth by pulling it violently and quickly: *Paul tore the poster down from the wall.* ▶ **zrywać** **4** [I] to move very quickly in a particular direction: *An ambulance went tearing past.* ▶ **pędzić**

IDIOM **wear and tear** → WEAR²

PHRASAL VERBS **tear sth apart** **1** to pull sth violently into pieces: *The bird was torn apart by the two dogs.* ▶ **rozdzierać, rozszarpywać** **2** to destroy sth completely: *The country has been torn apart by the war.* ▶ **niszczyć, rozdzierać** | **tear yourself away (from sb/sth)** to make yourself leave sb/sth or stop doing sth: *Tim can't tear himself away from that computer game.* ▶ **odrywać się (od kogoś/czegoś)** | **be torn between A and B** to find it difficult to choose between two things or people ▶ **być w rozterce między jednym a drugim** | **tear sth down** (used about a building or monument) to bring it to the ground: *They tore down the old houses and built a shopping centre.* ▶ **burzyć** | **tear sth up** to pull sth (usually sth made of paper) into pieces: *'I hate this photograph,' she said, tearing it up.* ▶ **drzeć, rwać na kawałki**

□ **tear** noun [C] a hole in paper, cloth, etc. that is caused by tearing ▶ **rozdarcie**

tease /tiːz/ verb [I,T] to try and provoke someone in an unkind or playful way by saying things about them: *They teased her about being fat.* ○ *I didn't mean to hurt his feelings – I was only teasing.* ▶ **drażnić, droczyć się**

★**technical** /ˈteknɪkl/ adj. **1** involving detailed knowledge of the machines, materials, systems, etc. that are used in industry or science: *They haven't got the technical knowledge to develop nuclear weapons.* ▶ **techniczny, fachowy** **2** (used about sb's practical ability in a particular activity): *The pianist performed with great technical skill but without much feeling.* ▶ **techniczny** **3** (only before a noun) relating to a particular subject: *the technical terms connected with computers* ▶ **fachowy, techniczny**

□ **technicality** /ˌteknɪˈkæləti/ noun [C] (pl. **technicalities**) one of the details of a particular subject or activity ▶ **szczegół techniczny/fachowy** | **technically** /-kli/ adv. **1** following a very exact interpretation of facts or laws: *Technically, you should pay by May 1st, but it doesn't matter if it's a few days late.* ▶ **formalnie, ściśle mówiąc** **2** in a way that involves detailed knowledge of the machines, etc. that are used in industry or science: *The country is technically* (w zakresie wiedzy fachowej) *not very advanced.* ▶ **technicznie** **3** (used about sb's practical ability in a particular activity): *technically brilliant* ▶ **technicznie**

technician /tekˈnɪʃn/ noun [C] a person whose work involves practical skills, especially in industry or science: *a laboratory technician* ▶ **technik**

★**technique** /tekˈniːk/ noun **1** [C] a particular way of doing sth: *new techniques for teaching languages* ▶ **technika, sposób** **2** [U] your practical ability in sth: *She's still not very good at tennis, but her technique has improved over the past season.* ▶ **technika**

★**technology** /tekˈnɒlədʒi/ noun (pl. **technologies**) **1** [U] the study and use of science for practical purposes in industry, etc. ▶ **technika** **2** [C,U] the scientific knowledge that is needed for a particular industry, etc.: *developments in computer technology* ▶ **technologia, technika**

□ **technological** /ˌteknəˈlɒdʒɪkl/ adj.: *technological developments* ▶ **techniczny, technologiczny** | **technologist** /tekˈnɒlədʒɪst/ noun [C] a person who is an expert in technology ▶ **technolog**

teddy bear /ˈtedi beə(r)/ (also **teddy** (pl. **teddies**)) noun [C] a toy for children that looks like a bear ▶ **miś** (*pluszowy*)

tedious /ˈtiːdiəs/ adj. boring and lasting for a long time: *a tedious train journey* ▶ **długi, nudny, nużący**

teem /tiːm/ verb [I] **teem with sth** (used about a place) having a lot of people or things moving about in it: *The streets were teeming with people.* ▶ **roić się; obfitować**

★**teenager** /ˈtiːneɪdʒə(r)/ noun [C] a person who

is between 13 and 19 years old: *Her music is very popular with teenagers.* ➲ Por. **adolescent**. ▶ **nastolat-ek/ka**

□ **teenage** /ˈtiːneɪdʒ/ adj. (only before a noun) **1** between 13 and 19 years old: *teenage children* ▶ **nastoletni 2** typical of or suitable for people between 13 and 19 years old: *teenage fashion* ▶ **dla nastolatków**

teens /tiːnz/ noun [pl.] the period of a person's life between the ages of 13 and 19: *to be in your late/early teens* mieć około osiemnastu lat/kilkanaście lat ▶ **„naście" lat, wiek dojrzewania** *(od 13 do 19 lat)*

□ **teen** /tiːn/ adj. (only before a noun) of or relating to teenagers: *a teen idol* ▶ **nastoletni**

teeth pl. of TOOTH

teethe /tiːð/ verb [I] (usually in the *-ing* forms) (used about a baby) to start growing its first teeth ▶ **ząbkować**

■ **ˈteething troubles** (also **ˈteething problems**) noun [pl.] the problems that can develop when a person, system, etc. is new ▶ **problemy okresu ząbkowania**

teetotal /ˌtiːˈtəʊtl/ adj. (used about a person) never drinking alcohol: *Simon is teetotal* (jest abstynentem). ▶ **nie używający napojów alkoholowych**

□ **teetotaller** (US **teetotaler**) /-tlə(r)/ noun [C] a person who never drinks alcohol ▶ **abstynent/ka**

TEFL /ˈtefl/ abbr. Teaching English as a Foreign Language ▶ **nauka języka angielskiego jako języka obcego**

tel. abbr. telephone (number): *tel. 0865-56767* ▶ **tel.**

telecommunications /ˌtelikəˌmjuːnɪˈkeɪʃnz/ noun [pl.] the process of communicating over long distances by using electronic equipment, e.g. by radio, television or telephone ▶ **telekomunikacja**

telegram /ˈtelɪɡræm/ noun [C] a message that you can send very quickly to sb over a long distance. The message is sent for you by a telephone company, etc. and delivered on a printed form ❶ W Wlk. Br. telegram nazywa się obecnie **telemessage**. ▶ **telegram**

telegraph /ˈtelɪɡrɑːf; US -ɡræf/ noun [U] a system of sending messages by using radio or electrical signals ▶ **telegraf**

■ **ˈtelegraph pole** noun [C] a tall wooden pole that is used for supporting telephone wires ▶ **słup telegraficzny**

telemarketing /ˈtelimɑːkɪtɪŋ/ = TELESALES

telepathy /təˈlepəθi/ noun [U] the communication of thoughts between people's minds without speaking, etc. ▶ **telepatia**

★**telephone** /ˈtelɪfəʊn/ (informal **phone**) noun **1** [U] an electrical system for talking to sb in another house, town, country, etc. by speaking into a special piece of equipment: *Can I contact you by telephone?* ○ *to make a telephone call* ○ *What's your telephone number?* ❶ Częściej używa się słowa **phone**, zwł. w języku mówionym. ▶ **telefon**

> When you make a telephone call you first **pick up the receiver** and **dial** the number. The telephone **rings** and the person at the other end **answers** it. If they are already using the telephone, it is **engaged** (US **busy**). When you finish speaking you **put down the receiver** and **ring off**.

2 [C] (also **handset**) the piece of equipment that you use when you talk to sb by telephone: *Could I use your telephone?* ○ *a portable telephone* ○ *a public telephone* automat telefoniczny ▶ **telefon**

IDIOM **on the phone/telephone** → PHONE

□ **telephone** (also **phone**) verb [I,T] to use a telephone in order to speak to sb: *Sarah telephoned. She's going to be late.* ▶ **dzwonić** | **telephonist** /təˈlefənɪst/ noun [C] a person whose job is to answer the telephone and make telephone connections in an office or telephone exchange ▶ **telefonist-a/ka**

■ **ˈtelephone box** (also **ˈphone box**; **ˈcall box**) noun [C] a small covered place in a street, etc. that contains a telephone for public use ▶ **budka telefoniczna** | **ˈtelephone directory** (informal **ˈphone book**) noun [C] a book that gives a list of the names, addresses and telephone numbers of the people in a particular area ▶ **książka telefoniczna** | **ˈtelephone exchange** (also **exchange**) noun [C] a place belonging to a telephone company where telephone lines are connected so that people can speak to each other ▶ **centrala telefoniczna** | **ˈtelephone number** (informal **ˈphone number**) noun [C] the number that you dial when you speak to sb on the telephone ▶ **numer telefonu**

telesales /ˈteliseɪlz/ (also **telemarketing**) noun [U] a method of selling things by telephone: *He works in telesales.* ▶ **zakupy przez telefon**

telescope /ˈtelɪskəʊp/ noun [C] an instrument in the shape of a tube with special glass inside it. You look through it to make distant things appear bigger and nearer. ▶ **teleskop**

teletext /ˈtelitekst/ noun [U] a service that provides news and other information in written form on television ▶ **telegazeta**

★**television** /ˈtelɪvɪʒn/ (also **TV**; Brit., informal **telly**) noun **1** [C] (also **ˈtelevision set**) a piece of electrical equipment in the shape of a box. It has a glass screen which shows programmes with moving pictures and sounds: *to turn the television on/off* ▶ **telewizor 2** [U] the electrical system and business of sending out programmes so that people can watch them on their television sets: *Television and radio have helped people to learn more about the world they live in.* ○ *cable/satellite television* ○ *She works in television.* ▶ **telewizja 3** [U] the programmes that are shown on a television set: *Paul's watching television.* ▶ **telewizja**

IDIOM **on television** being shown by television: *What's on television tonight?* ▶ **w telewizji**

□ **televise** /ˈtelɪvaɪz/ verb [T] to show sth on television: *a televised concert* ▶ **nadawać w telewizji**

telex /ˈteleks/ noun **1** [U] a system of sending written messages using special machines. The message is typed on a machine in one place, and then sent by telephone to a machine in another place, which immediately prints it out. ▶ **teleks** **2** [C] a machine for sending out such messages; a message that is sent or received by telex ➲ Por. **fax**. ▶ **teleks**

★**tell** /tel/ verb (pt, pp **told** /təʊld/) **1** [T] **tell sb (sth)**; **tell sth (to sb)** to give information to sb by speaking or writing: *She told me her address but I've forgotten it.* ○ *He wrote to tell me that his mother had died.* ○ *Tell us about your holiday.* ○ *Tell me what you did yesterday.* ○ *to tell the truth/a lie* ○ *to tell* (opowiadać) *a story* ○ *Excuse me, could you tell me where the station is?* ➲ Zob. uwaga przy **say**. ▶ **powiedzieć, mówić, informować** **2** [T] **tell sb (to do sth)** to order or advise sb to do sth: *The policewoman told us to get out of the car.* ○ *Dad told me not to worry about my exams.* ○ *Please tell me what to do.* ○ *You'll be all right if you do as you're told.* ▶ **powiedzieć, kazać, poradzić** **3** [I,T] to know, see or judge (sth) correctly: *'What do you think Jenny will do next?' 'It's hard to tell.'* ○ *I could tell* (widziałem) *that he had enjoyed the evening.* ○ *I can't tell which coat is mine. They look exactly the same.* ▶ **powiedzieć, wiedzieć, orientować się** **4** [T] (used about a thing) to give information to sb: *This book will tell you all you need to know.* ▶ **dostarczać informacji** **5** [I] to not keep a secret: *Promise you won't tell!* ▶ **zdradzić** (*sekret*) **6** [I] **tell (on sb/sth)** to have a noticeable effect: *Your age is beginning to tell* (być widocznym)*!* ▶ **wywierać widoczny skutek**

IDIOMS **all told** with everybody or everything counted and included: *The holiday cost over £1 000, all told.* ▶ **w sumie** | **I told you (so)** (informal) I warned you that this would happen ▶ **mówiłem ci (że tak będzie)** | **tell A and B apart** → APART | **tell the time** to read the time from a clock or watch: *She's only five – she hasn't learnt to tell the time yet.* ▶ **podawać czas** | **(I'll) tell you what** (informal) (used to introduce a suggestion): *I'll tell you what – let's ask Diane to take us.* ▶ **posłuchaj**

PHRASAL VERBS **tell sb off (for sth/for doing sth)** to speak to sb angrily because they have done sth wrong ▶ **ganić** | **tell on sb** to tell a parent, teacher, etc. about sth bad that sb has done ▶ **skarżyć na kogoś**

□ **telling** adj. **1** having a great effect: *a telling argument* ▶ **skuteczny** **2** showing your real feelings or thoughts: *a telling remark* ▶ **wymowny**

■ **'telltale** adj. giving information about sth secret or private: *the telltale signs of worry on his face* ▶ **zdradzający**

telly /ˈteli/ noun [C,U] (pl. **tellies**) (Brit., informal) = TELEVISION

temp /temp/ noun [C] (informal) a temporary employee, especially a secretary, who works somewhere for a short period of time when sb else is ill or on holiday ▶ **pracownik tymczasowy zastępujący osobę chorą lub przebywającą na urlopie**

temp abbr. temperature: *temp 15°C* ▶ **temp.**

★**temper** /ˈtempə(r)/ noun **1** [C,U] If you have a temper you are often angry and impatient, and you cannot control your behaviour.: *Be careful of Paul. He's got quite a temper!* ○ *You must learn to control your temper.* (panować nad sobą) ▶ **gwałtowny charakter, wybuchy złości** **2** [C] the way you are feeling at a particular time: *Leave her alone. She's in a bad temper.* ○ *I went for a long walk and came back in a better temper.* ▶ **humor**

IDIOMS **in a temper** feeling very angry and not controlling your behaviour ▶ **rozzłoszczony, nie panujący nad sobą** | **keep/lose your temper** to stay calm/to become angry ➲ Por. **bad-tempered**. ▶ **zachowywać spokój; złościć się**

temperament /ˈtemprəmənt/ noun [C,U] a person's character, especially as it affects the way they behave and feel: *to have a calm temperament* ▶ **usposobienie**

□ **temperamental** /ˌtemprəˈmentl/ adj. often and suddenly changing the way you behave ▶ **ulegający nastrojom, wybuchowy**

temperate /ˈtempərət/ adj. (used about a climate) not very hot and not very cold ▶ **umiarkowany**

★**temperature** /ˈtemprətʃə(r); US -tʃʊr/ noun **1** [C,U] how hot or cold sth is: *Heat the oven to a temperature of 200°C.* ○ *Temperatures in some parts of Britain will fall below freezing tomorrow.* ○ *a high/low temperature* ▶ **temperatura** **2** [C] how hot or cold a person's body is ▶ **temperatura**

IDIOMS **have a temperature** to have a temperature of the body that is higher than normal (when you are ill) ▶ **mieć gorączkę** | **take sb's temperature** to measure the temperature of sb's body with a thermometer ▶ **mierzyć temperaturę**

template /ˈtempleɪt/ noun [C] a piece of card, metal or thin wood that is made in a particular shape and used as a guide for cutting metal, stone, wood, cloth, etc. ▶ **szablon, forma**

temple[1] /ˈtempl/ noun [C] a building where people pray to and worship a god or gods: *a Buddhist temple* ▶ **świątynia**

temple[2] /ˈtempl/ noun [C] one of the flat parts on each side of your forehead ▶ **skroń**

tempo /ˈtempəʊ/ noun (pl. **tempos** /ˈtempəʊz/) **1** [sing., U] the speed of an activity or event ▶ **tempo** **2** [C,U] the speed of a piece of music ▶ **tempo**

★**temporary** /ˈtemprəri; US -pəreri/ adj. lasting for a short time; not permanent: *a temporary job* ○ *This arrangement is only temporary.* ▶ **tymczasowy, prowizoryczny**

□ **temporarily** /ˈtemprərəli; US ˌtempəˈrerəli/ adv. ▶ **tymczasowo, prowizorycznie**

★**tempt** /tempt/ verb [T] to try to persuade or attract sb to do sth, especially sth that is wrong or silly: *His dream of riches had tempted him into a life of crime.* ○ *She was tempted to stay in bed all morning.* ○ *I'm very tempted by the idea of working in another country.* ▶ **kusić**

□ **tempting** adj. attractive: *a tempting offer* ○

That chocolate cake looks very tempting! ▶ **kuszący**

temptation /temp'teɪʃn/ noun **1** [U] a feeling that you want to do sth, although you know that it is wrong or silly: *I resisted the temptation to have another glass of wine.* ▶ **pokusa 2** [C] a thing that attracts you to do sth wrong or silly: *All that money is certainly a big temptation.* ▶ **pokusa**

★**ten** /ten/ number 10; one more than nine ➲ Zob. przykł. użycia liczebników w zdaniach przy **six**. ▶ **dziesięć**

tenacious /tə'neɪʃəs/ adj. very determined about sth; not likely to give up or accept defeat: *a tenacious defender of human rights* ▶ **nieustępliwy**

□ **tenacity** /tə'næsəti/ noun [U] ▶ **nieustępliwość**

★**tenant** /'tenənt/ noun [C] a person who pays rent to the owner of a room, flat, building or piece of land so that they can live in it or use it: *The previous tenants of the flat were university students.* ▶ **lokator/ka; dzierżaw-ca/czyni**

□ **tenancy** /-ənsi/ (pl. **tenancies**) noun [C,U] the use of a room, flat, building or piece of land, for which you pay rent to the owner: *a six-month tenancy* ○ *a tenancy agreement* ▶ **najem; dzierżawa**

★**tend[1]** /tend/ verb [I] **1** to often or normally do or be sth: *Women tend to live longer than men.* ○ *There tends to be a lot of heavy traffic on that road.* ○ *My brother tends to talk a lot when he's nervous.* ❶ Często tłumaczy się „zwykle" + czasownik. ▶ **mieć skłonność/tendencję 2** (used for giving your opinion in a polite way): *I tend to think that we shouldn't interfere.* ▶ **skłaniać się**

□ **tendency** /'tendənsi/ noun [C] (pl. **tendencies**) something that a person or thing does; a way of behaving: *He has a tendency to be late for appointments.* ○ *The dog began to show vicious tendencies.* ○ *She seems to have a tendency towards depression.* ○ *There's a growing tendency for people to travel to work by bicycle.* ▶ **skłonność, tendencja**

tend[2] /tend/ verb [T] (formal) to look after sb/sth: *He tended the child day and night throughout his illness.* ▶ **opiekować się, pielęgnować**

tender[1] /'tendə(r)/ adj. **1** kind and loving: *She whispered a few tender words in his ear.* ▶ **czuły 2** (used about meat) soft and easy to cut or bite; not tough ▶ **kruchy, miękki 3** (used about a part of the body) painful when you touch it ▶ **wrażliwy 4** young and without much experience of life: *She went to live in London at the tender age of 15.* ▶ **młody, niedojrzały**

□ **tenderly** adv. ▶ **czule** | **tenderness** noun [U] ▶ **czułość; wrażliwość**

tender[2] /'tendə(r)/ verb [I,T] (formal) to offer or give sth formally: *After the scandal the Foreign Minister was forced to tender her resignation.* ○ *Five different companies tendered for the building contract.* ▶ **składać** (*rezygnację*), **przedkładać** (*ofertę*), **brać udział w przetargu**

□ **tender** (also **bid**) noun [C] a formal offer to supply goods or do work at a certain price. ▶ **oferta** (*przetargowa*)

tendon /'tendən/ noun [C] a strong cord in your body that joins a muscle to a bone ▶ **ścięgno**

tenement /'tenəmənt/ noun [C] a large building that is divided into small flats, especially in a poor area of a city ▶ **dom czynszowy**

★**tennis** /'tenɪs/ (also **lawn tennis**) noun [U] a game for two or four players who hit a ball to each other over nets with rackets: *Let's play tennis.* ○ *to have a game of tennis* ○ *a tennis court/match/racquet* ▶ **tenis**

tenor /'tenə(r)/ noun [C] the highest normal singing voice for a man; a man with this voice: *a lovely tenor voice* ○ *Pavarotti is a famous Italian tenor.* ▶ **tenor**

□ **tenor** adj. (used about a musical instrument) with the same range as a tenor voice: *a tenor saxophone* ▶ **tenorowy**

tenpin bowling /ˌtenpɪn 'bəʊlɪŋ/ noun [U] a game in which you roll a heavy ball towards ten objects called tenpins and try to knock them down ▶ **gra w kręgle**

★**tense[1]** /tens/ adj. **1** (used about a person) not able to relax because you are worried or nervous: *She looked pale and tense.* ▶ **spięty 2** (used about a person's body) having stiff muscles because you are not relaxed ▶ **naprężony, spięty 3** (used about an atmosphere or situation) making people feel worried and not relaxed: *Reporters described the atmosphere in the capital as 'very tense'.* ▶ **napięty**

□ **tense** verb [I,T] to become tense or to make your body tense ▶ **stawać się spiętym; naprężać**

★**tense[2]** /tens/ noun [C,U] a form of a verb that shows whether sth happens in the past, present or future ▶ (*gram.*) **czas**

★**tension** /'tenʃn/ noun **1** [C,U] the condition of not being able to relax that is caused by worry or nervousness: *I could hear the tension in her voice as she spoke.* ▶ **napięcie 2** [C,U] a condition of bad feeling and lack of trust between people, countries, etc.: *There are signs of growing tensions between the two countries.* ▶ **napięcie 3** [U] (used about a rope, wire, etc.) how tightly it is stretched ▶ **naprężenie**

★**tent** /tent/ noun [C] a shelter made of nylon or canvas that is held up by poles and ropes. You use a tent to sleep in when you go camping. ➲ Por. **marquee**. ▶ **namiot**

tentacle /'tentəkl/ noun [C] a long thin flexible part extending from the body of certain animals, used for feeling or holding things or for moving: *Snails and octopuses have tentacles.* ▶ **macka, czułek**

tentative /'tentətɪv/ adj. **1** (used about plans, etc.) uncertain; not definite: *I've made a tentative arrangement to meet Paul for lunch next week, but it's not definite yet.* ▶ **prowizoryczny 2** (used about a person or a person's behaviour) not confident about what you are saying or doing: *a tentative smile* ▶ **niepewny**

□ **tentatively** adv. ▶ **tytułem próby; niepewnie**

tenterhooks /ˈtentəhʊks/ noun [pl.]
IDIOM **(be) on tenterhooks** to be in a very nervous or excited state because you are waiting to find out what is going to happen ▶ **umierać z ciekawości**

tenth /tenθ/ pron., det., adv. 10th; next after ninth ▶ **dziesiąty**
□ **tenth** noun [C] the fraction 1/10; one of ten equal parts ➲ Zob. przykł. przy **sixth**. ▶ **(jedna) dziesiąta**

tenuous /ˈtenjuəs/ adj. (used about a connection or an idea) very small and weak and possibly not really existing: *My father says we are related to the Churchill family, but actually the link is extremely tenuous.* ▶ **wątły, nieistotny**

tenure /ˈtenjə(r)/ noun [U] a legal right to live in a place, hold a job, use land, etc. for a certain time ▶ **tytuł prawny posiadania (nieruchomości); piastowanie (urzędu)**

tepid /ˈtepɪd/ adj. (used about liquids) only slightly warm ▶ **letni**

★**term** /tɜːm/ noun **1** [C] a word or group of words, especially one that is used in connection with a particular subject: *What exactly do you mean by the term 'racist'?* ○ *a technical term* ▶ **określenie, termin 2 (terms)** [pl.] **in... terms; in terms of...** (used for indicating which particular way you are thinking about sth or from which point of view): *The flat would be ideal in terms of* (pod względem) *size, but it is very expensive.* ○ *We must think about this in political terms.* ○ *Let's talk in terms of opening a new office in June.* ▶ **w kategoriach 3 (terms)** [pl.] the conditions of an agreement: *Under the terms of the contract you must give a week's notice.* ○ *peace terms* ▶ **warunki 4** [C,U] a period of time into which a school or university year is divided: *the autumn/spring/summer term* ▶ **semestr, okres, trymestr 5** [C] a period of time for which sth lasts: *The US President is now in his second term of office.* ▶ **kadencja**
IDIOMS **be on equal terms (with sb)** → EQUAL | **be on good, friendly, etc. terms (with sb)** to have a friendly relationship with sb ▶ **być w dobrych, przyjaznych stosunkach** | **come to terms with sth** to accept sth unpleasant or difficult ▶ **pogodzić się z czymś** | **in the long/short term** over a long/short period of time in the future: *We're aiming at a tax rate of 20% in the long term.* ▶ **w dłuższym/krótszym okresie**
□ **term** verb [T] to describe sb/sth by using a particular word or expression: *the period of history that is often termed the 'Dark Ages'* ▶ **określać, nazywać**

terminal[1] /ˈtɜːmɪnl/ adj. (used about an illness) slowly causing death: *terminal cancer* ▶ **nieuleczalny, śmiertelny**
□ **terminally** /-nəli/ adv.: *a terminally ill patient* ▶ **nieuleczalnie, śmiertelnie**

★**terminal**[2] /ˈtɜːmɪnl/ noun [C] **1** a large railway station, bus station or building at an airport where journeys begin and end: *the bus terminal* ○ *British Airways flights depart from Terminal 1 at Heathrow.* ▶ **dworzec, terminal 2** a piece of computer equipment (usually a keyboard and screen) that you use for getting information from a central computer or for putting information into it ▶ **terminal**

terminate /ˈtɜːmɪneɪt/ verb [I,T] (formal) to end or to make sth end: *to terminate a contract* ▶ **kończyć (się), rozwiązywać** (*umowę*)
□ **termination** (formal) noun [U] ▶ **zakończenie, rozwiązanie**

terminology /ˌtɜːmɪˈnɒlədʒi/ noun [C,U] (pl. **terminologies**) the special words and expressions that are used in a particular profession, subject or activity: *computer terminology* ▶ **terminologia**

terminus /ˈtɜːmɪnəs/ noun [C] (pl. **terminuses** /-nəsɪz/) the last stop or station at the end of a bus route or railway line ▶ **końcow-a/y stacja/przystanek**

terrace /ˈterəs/ noun [C] **1** a flat area of stone next to a restaurant or large house where people can have meals, sit in the sun, etc.: *lunch on the terrace* ➲ Por. **patio** i **veranda**. ▶ **taras 2** a line of similar houses that are all joined together ▶ **domy jednorodzinne w zabudowie szeregowej 3** [usually pl.] one of a series of steps that are cut into the side of a hill so that crops can be grown there ▶ **taras 4** [pl.] the wide steps that people stand on to watch a football match ▶ **trybuny** (*z miejscami stojącymi*)

terraced /ˈterəst/ adj. **1** (Brit.) (used about a house) forming part of a line of similar houses that are all joined together ▶ **szeregowy 2** (used about a hill) having steps cut out of it so that crops can be grown there ▶ **tarasowy, tarasowaty**

terracotta /ˌterəˈkɒtə/ noun [U] **1** clay that has been baked but not glazed, used for making pots, etc.: *a terracotta vase* ▶ **terakota 2** the reddish-brown colour of terracotta ▶ **koloru terakoty**

terrain /təˈreɪn/ noun [U] a type of land: *rough terrain* ▶ **teren**

terrestrial /təˈrestriəl/ adj. **1** (used about animals and plants) living on the land or on the ground, rather than in water, in trees or in the air ▶ **lądowy 2** connected with the planet Earth: *terrestrial life* ▶ **ziemski 3** (used about television and broadcasting systems) operating on earth rather than from a satellite ▶ **naziemny**

★**terrible** /ˈterəbl/ adj. **1** very unpleasant or serious: *a terrible accident* ○ *What a terrible thing to do!* ▶ **straszny, okropny 2** ill or very upset: *He felt terrible* (czuł się podle) *when he realized what he had done.* ○ *I feel terrible. I think I'm going to be sick.* ▶ **okropny; straszny 3** very bad; of poor quality: *The hotel was terrible.* ▶ **straszny, okropny 4** (only before a noun) great: *It was a terrible shame* (wielka szkoda) *that you couldn't come.* ▶ **wielki**
□ **terribly** /-əbli/ adv. **1** very: *I'm terribly sorry.* Ogromnie mi przykro. ▶ **ogromnie, bardzo 2** very badly: *I played terribly.* ▶ **strasznie, okropnie**

terrier /'teriə(r)/ noun [C] a type of small dog: *a Scotch terrier* ▶ **terier**

terrific /tə'rɪfɪk/ adj. **1** (informal) extremely nice or good; excellent: *You're doing a terrific job!* ▶ **wspaniały, świetny 2** (only before a noun) very great: *The food was terrific value.* ▶ **wspaniały, świetny**

□ **terrifically** /-kli/ adv. (informal) extremely: *terrifically expensive* ▶ **strasznie, przeraźliwie**

terrify /'terɪfaɪ/ verb [T] (pres. part. **terrifying**; 3rd pers. sing. pres. **terrifies**; pt, pp **terrified**) to frighten sb very much ▶ **przerażać, straszyć**

□ **terrified** adj. **terrified (of sb/sth)** very afraid: *to be terrified of* (przeraźliwie bać się) *spiders* ○ *a terrified face* ▶ **przerażony, przestraszony** | **terrifying** adj. ▶ **przerażający**

★**territory** /'terətri; US -tɔːri/ noun (pl. **territories**) **1** [C,U] an area of land that belongs to one country or ruler: *former French territories in Africa* ○ *to fly over enemy territory* ▶ **terytorium, obszar 2** [C,U] an area that an animal has as its own ▶ **terytorium 3** [U] an area of knowledge or responsibility: *Computer programming is Frank's territory.* ▶ **teren**

□ **territorial** /ˌterə'tɔːriəl/ adj. (only before a noun) connected with the land or area of sea that belongs to a country or ruler: *territorial waters* ▶ **terytorialny**

★**terror** /'terə(r)/ noun **1** [U] very great fear: *He screamed in terror* (przerażony) *as the rats came towards him.* ▶ **przerażenie, paniczny strach 2** [C] a person or thing that makes you feel afraid: *the terrors of the night* ▶ **strach, postrach 3** [U] violent action (e.g. bombing, killing) for political purposes: *a terror campaign* kampania terrorystyczna ▶ **terror 4** [C] a person or an animal, especially a child, that is difficult to control: *Joey's a little terror.* ▶ **diabełek**

□ **terrorize** (also **-ise**) /'terəraɪz/ verb [T] to make sb feel frightened by using or threatening to use violence against them ▶ **terroryzować**

★**terrorism** /'terərɪzəm/ noun [U] the use of violent action (e.g. bombing, killing) for political purposes: *an act of terrorism* ▶ **terroryzm**

□ **terrorist** /'terərɪst/ noun [C] a person who is involved in terrorism ▶ **terroryst-a/ka** | **terrorist** adj. ▶ **terrorystyczny**

terse /tɜːs/ adj. said in few words and in a not very friendly way: *a terse reply* ▶ **lapidarny, zwięzły**

tertiary /'tɜːʃəri; US -ʃieri/ adj. (used about education) after primary and secondary: *a tertiary college* szkoła pomaturalna ▶ **pomaturalny**

TESL /'tesl/ abbr. Teaching English as a Second Language ▶ **nauka języka angielskiego jako drugiego języka**

★**test[1]** /test/ noun [C] **1** a short examination to measure sb's knowledge or skill in sth: *to do a test* ○ *a spelling test* test ortograficzny ➲ Por. **exam.** ▶ **test, egzamin**

> When you **take** a test you can either **pass** it or **fail** it.

2 a short medical examination of a part of your body: *an eye test* badanie wzroku ▶ **badanie 3** an experiment to find out whether sth works or to find out more information about it: *Tests show that the new drug is safe and effective.* ▶ **test, badanie 4** a situation or event that shows how good, strong, effective, etc. sb/sth is: *The local elections will be a good test of the government's popularity.* ▶ **test, próba**

IDIOM **put sb/sth to the test** to do sth to find out how good, strong, etc. sb/sth is ▶ **poddawać kogoś/coś próbie**

★**test[2]** /test/ verb [T] **1 test sb/sth (for sth); test sth (on sb/sth)** to try, use or examine sth carefully to find out if it is working properly or what it is like: *These cars have all been tested for safety.* ○ *Do you think drugs should be tested on animals?* ▶ **sprawdzać, wypróbowywać, testować 2** to examine a part of the body to find out if it is healthy: *to have your eyes tested* przechodzić badanie wzroku ▶ **badać 3 test sb (on sth)** to examine sb's knowledge or skill in sth ▶ **egzaminować (z czegoś)**

■ **'test tube** noun [C] a thin glass tube that is used in chemical experiments ▶ **probówka** | **'test-tube baby** noun [C] a baby that develops from an egg which has been taken out of the mother's body. The egg is fertilized and then put back inside to develop normally. ▶ **dziecko z probówki**

testament /'testəmənt/ noun [C, usually sing.] (formal) **a testament (to sth)** something that shows that sth else exists or is true: *Her new film is a testament to* (świadczy o) *her talent and experience.* ➲ Por. **testimony.** ▶ **świadectwo, dowód**

testicle /'testɪkl/ noun [C] one of the two male sex organs that produce sperm ▶ **jądro**

testify /'testɪfaɪ/ verb (pres. part. **testifying**; 3rd pers. sing. pres. **testifies**; pt, pp **testified**) [I,T] to make a formal statement that sth is true, especially as a witness in a court of law ▶ **zeznawać**

testimony /'testɪməni; US -məʊni/ noun (pl. **testimonies**) **1** [C,U] a formal statement that sth is true, especially one that is made in a court of law ➲ Por. **testament.** ▶ **zeznanie 2** [U, sing.] (formal) something that shows that sth else exists or is true: *The design was testimony to her architectural skill.* ▶ **świadectwo, dowód**

tetanus /'tetənəs/ noun [U] a serious disease that makes your muscles, especially the muscles of your face, become stiff. It is caused by bacteria entering the body when a cut becomes infected. ▶ **tężec**

tether /'teðə(r)/ verb [T] to tie an animal to sth with a rope, etc. ▶ **pętać**

□ **tether** noun [C]

IDIOM **at the end of your tether** → END[1]

★**text** /tekst/ noun **1** [U] the main written part of a book, newspaper, etc. (not the pictures, notes, index, etc.) ▶ **tekst 2** [C] the written form of a speech, interview, article, etc.: *The newspaper printed the complete text of the interview.* ▶ **tekst 3** [C] a book or a short piece of writing that people study as part of a literature and language course: *a set text* lektura obowiązkowa ▶ **lektura**

□ **text** verb [T] to send sb a written message using a mobile phone ▶ **przesyłać wiadomość tekstową (SMS)**
■ ˈ**textbook** noun [C] a book that teaches a particular subject and that is used especially in schools ▶ **podręcznik** | ˈ**text message** noun [C] a written message that is sent from one mobile phone to another ▶ **wiadomość tekstowa, SMS**

textile /ˈtekstaɪl/ noun [C] (in industry) a material that is made by weaving or knitting: *cotton textiles* ▶ **tkanina**

texture /ˈtekstʃə(r)/ noun [C,U] the way that sth feels when you touch it: *material with a silky texture* (jedwabisty w dotyku) ▶ **faktura, wrażenie w dotyku**

★**than** /ðən; strong form ðæn/ conj., prep. **1** (used when you are comparing two things): *He's taller than me.* ○ *He's taller than I am.* ○ *London is more expensive than Warsaw.* ○ *You speak French much better than she does.* ▶ **niż, od** **2** (used with 'more' and 'less' before numbers, expressions of time, distance, etc.): *He earns more than £20 000 a year.* ▶ **niż, od** **3** (used after 'would rather' to say that you prefer one thing to another): *I'd rather go to France than to Italy.* ▶ **niż**

★**thank** /θæŋk/ verb [T] **thank sb (for sth/for doing sth)** to tell sb that you are grateful: *I'm writing to thank you for the present you sent me.* ▶ **dziękować**

> Zarówno **thank you**, jak i **thanks** używa się, aby komuś za coś podziękować. **Thanks** jest mniej formalne: *Thank you very much for your letter.* ○ *'How are you, Rachel?' 'Much better, thanks.'* Obu wyrażeń można też użyć, aby podziękować komuś za poczęstunek: *'Have a piece of cake.' 'Thank you. That would be nice.'* Jeśli chce się grzecznie odmówić, wówczas można powiedzieć **no, thank you** lub **no, thanks**: *'Would you like some more tea?' 'No, thanks.'*

IDIOM **thank God/goodness/heavens** (used for expressing relief): *Thank goodness it's stopped raining!* ▶ **dzięki Bogu!**
□ **thankful** /-fl/ adj. (not before a noun) pleased and grateful: *We were thankful when the winter was over that year.* ▶ **wdzięczny** | **thankfully** /-fəli/ adv. **1** in a pleased or thankful way ▶ **z wdzięcznością** **2** fortunately: *Thankfully, no one was injured.* ▶ **na szczęście** | **thankless** adj. involving hard work that other people do not notice or thank you for: *Being a housewife can sometimes be a thankless task.* ▶ **niewdzięczny** | **thanks** noun [pl.] words which show that you are grateful: *I'd like to express my thanks to all of you for coming here today.* ▶ **podziękowanie**
IDIOMS **thanks to sb/sth** because of sb/sth: *We're late, thanks to you!* ▶ **dzięki komuś/czemuś** | **a vote of thanks** → VOTE
■ **Thanksgiving (Day)** noun [U] a public holiday in the USA and in Canada ▶ **Święto Dziękczynienia**

> **Thanksgiving Day** wypada w ostatni czwartek listopada w USA i w drugi poniedziałek października w Kanadzie. Początkowo był to dzień, w którym ludzie dziękowali Bogu za pomyślne zbiory, a także za pomoc, jakiej Indianie udzielili białym podczas pierwszych zasiewów.

| ˈ**thank you** noun [C] an expression of thanks: *Let's have a big thank-you* (podziękujmy gorąco) *to everybody who worked so hard.* ▶ **podziękowanie**

★**that**[1] /ðæt/ det., pron. (pl. **those** /ðəʊz/) **1** (used for describing a person or thing, especially when it is not near the person speaking): *I like that house over there.* ○ *What's that* (a cóż to takiego) *in the road?* ○ *'Could you pass me the book?' 'This one?' 'No, that one over there.'* ▶ **ten/tamten (wskazując na coś)** **2** (used for talking about a person or thing already known or mentioned): *That was the year* (to był ten rok, kiedy) *we went to Sicily, wasn't it?* ○ *Can you give me back that money I lent you last week?* ▶ **to, ten**
IDIOMS **that is (to say)** (used when you are giving more information about sb/sth): *I'm on holiday next week – that's to say, from Tuesday.* ▶ **to znaczy, to jest** | **that is that** there is nothing more to say or do: *I'm not going and that's that* (i tyle). ▶ **to tyle (na razie)** | **that/this is it** that/this is the answer: *Just move it a little bit to the right – that's it, you've done it.* ▶ **tak jest!, dobrze!**

★**that**[2] /ðət; strong form ðæt/ pron. (used for introducing a relative clause) the person or thing already mentioned: *I'm reading the book that won the Booker prize.* ○ *The people that live next door are French.* ❶ Kiedy **that** jest dopełnieniem zdania względnego, wówczas można je pominąć: *I want to see the doctor (that) I saw last week.* ○ *I wore the dress (that) I bought in Paris.* ▶ **który**

★**that**[3] /ðət; strong form ðæt/ conj. (used after certain verbs, nouns and adjectives to introduce a new part of the sentence): *She told me that she was leaving.* ○ *It's funny that you should say that.* ❶ W zdaniach typu: *I thought (that) you would like it.* **that** jest często pomijane. ▶ **że**

★**that**[4] /ðæt/ adv. (used with adjectives and adverbs) to that degree or extent: *30 miles? I can't walk that far.* ○ *She can't play the piano that well.* ▶ **(aż) tak**

thatched /θætʃt/ adj. (used about a building) having a roof made of straw: *a thatched cottage* ▶ **pokryty strzechą**

thaw /θɔː/ verb [I,T] **thaw (sth) (out)** to become or to make sth become soft or liquid again after freezing: *Is the snow thawing?* ○ *It's starting to thaw.* Zaczyna się odwilż. ○ *Always thaw chicken thoroughly before you cook it.* ➲ Por. **melt.** ▶ **topnieć; rozmrażać**
□ **thaw** noun [C, usually sing.] ▶ **odwilż**

★**the** /ðə; ði; strong form ðiː/ definite article ❶ Najczęściej nie tłumaczy się. **1** (used for talking about a person or thing that is already known or that has already been mentioned): *I took the children to the dentist.* ○ *We met the man who bought your house.* ○ *The milk is in the fridge.* **2** (used when there is only one or only one group): *The sun is very strong today.* ○ *Who won the World Cup?* **3** (used with numbers and dates): *This is the third piece of cake I've had.* ○ *Friday the thirteenth* ○ *I grew up in the sixties.* **4** (used with adjectives to name a group of people): *the French* Francuzi ○ *the poor* biedni ❶ Nadaje przymiotnikowi funkcję rzeczownika w lm. **5** (used with a singular noun when you are talking generally about sth): *The dolphin is an intelligent animal.* **6** (with units of measurement, meaning 'every'): *The car does forty miles to the gallon.* ▶ **na, za 7** (with musical instruments): *Do you play the piano?* **8** most well-known or important: *You don't mean you met the Tom Cruise?* ❶ **The** wymawia się /ðiː/w tym znaczeniu. ▶ **ten (sławny) 9 the... the...** (used for saying that two things change to the same extent): *The more you eat, the fatter you get.* ▶ **im...tym...**

★**theatre** /'θɪətə(r)/ (US **theater** /'θiːətər/) noun **1** [C] a building where you go to see plays, musicals, etc.: *I'm going to the theatre this evening.* ▶ **teatr 2** [U] plays in general; drama: *to study modern British theatre* ▶ **teatr, dramat 3** [sing., U] the work of acting in or producing plays: *He's worked in the theatre for thirty years.* ▶ **teatr 4** [C] = OPERATING THEATRE

□ **theatrical** /θi'ætrɪkl/ adj. **1** (only before a noun) connected with the theatre ▶ **teatralny, dramatyczny 2** (used about behaviour) unnatural and dramatic because you want people to notice it: *a theatrical gesture* ▶ **teatralny, dramatyczny**

theft /θeft/ noun [C,U] the crime of taking sth that belongs to another person secretly and without permission: *There have been a lot of thefts in this area recently.* ○ *The woman was arrested for theft.* ➲ Zob. uwaga przy **thief**. ▶ **kradzież**

★**their** /ðeə(r)/ det. **1** of or belonging to them: *What colour is their car?* ○ *The children opened their books.* ▶ **ich, swój 2** (informal) (used instead of *his* or *her*): *Has everyone got their book?* ▶ **jego, jej, swój**

□ **theirs** /ðeəz/ pron. of or belonging to them: *Our flat isn't as big as theirs.* ▶ **ich**

★**them** /ðəm; strong form ðem/ pron. (the object of a verb or preposition) **1** the people, animals or things mentioned earlier: *I'll phone them now.* ○ *We have students from several countries but most of them are Italian.* ▶ (*przypadek zależny słowa* **they**)

> Czasem spotyka się pisownię **'em**, która odzwierciedla wymowę **them** w języku potocznym.

2 (informal) him or her: *If anyone phones, tell them* (to powiedz) *I'm busy.* ▶ (*przypadek zależny słów* **he/she**)

theme /θiːm/ noun [C] **1** a subject of a talk or piece of writing: *The theme of today's discussion will be 'Our changing cities'.* ▶ **temat 2** an idea that is developed or repeated in the work of a writer or artist: *The theme of hell was very common in paintings of this period.* ▶ **motyw**

□ **'theme park** noun [C] a park with a lot of things to do, see, ride on, etc., which are all based on a single idea ▶ **park rozrywki** (*oparty na jednym pomyśle/temacie*)

★**themselves** /ðəm'selvz/ pron. **1** (used as the object of a verb or preposition when the people or animals who do an action are affected by it): *They seem to be enjoying themselves.* ○ *People often talk to themselves when they are worried.* ▶ **się, siebie 2** (used for emphasis): *They themselves say that the situation cannot continue.* ○ *Did they paint the house themselves?* ▶ **sami, osobiście**

IDIOM **(all) by themselves 1** alone: *The boys are too young to go to the shops by themselves.* ➲ Zob. uwaga przy **alone**. ▶ **sami, samotnie 2** without help: *The children cooked the dinner all by themselves.* ▶ **sami, samodzielnie**

★**then** /ðen/ adv. **1** (at) that time: *I was at university then.* ○ *I'm afraid I'll be on holiday then.* ○ *I haven't seen him since then* (od tamtej pory). ○ *I'm going tomorrow. Can you wait until then* (do tego czasu)? ▶ **wtedy, wówczas 2** next; after that: *We're going to France for a week and then down to Spain.* ○ *There was silence for a minute. Then he replied.* ▶ **potem, następnie 3** in that case; therefore: *'I don't feel at all well.' 'Then why don't you go to the doctor?'* ▶ **w takim razie, wobec tego 4** (used for emphasis after words like *now, okay, right,* etc.): *Now then, are we all ready to go?* ○ *Right then, I'll see you tomorrow.* ▶ **dobra**

IDIOM **but then/there; then/there again; but then/there again** (used to say that sth you have just said may not happen or be true): *She might pass her test, but then again she might not.* ▶ **ale z drugiej strony, ale przecież**

theology /θi'ɒlədʒi/ noun [U] the study of religion ▶ **teologia**

□ **theological** /ˌθiːə'lɒdʒɪkl/ adj.: *a theological college* ▶ **teologiczny**

theoretical /ˌθɪə'retɪkl/ adj. based on ideas and principles, not on practical experience; based on ideas about sth which may not be true in reality: *The course was too theoretical.* ○ *a theoretical possibility* ▶ **teoretyczny**

□ **theoretically** /-kli/ adv.: *Theoretically, we could still win, but I don't think we will.* ▶ **teoretycznie**

★**theory** /'θɪəri/ noun (pl. **theories**) **1** [C] an idea or set of ideas that try to explain sth; an opinion or belief that has not been shown to be true: *the theory about how life on earth began* ▶ **teoria, koncepcja 2** [U] the general ideal or principles of a particular subject: *political theory* ▶ **teoria**

IDIOM **in theory** as a general idea which may not be true in reality: *Your plan sounds fine in theory, but I don't know if it'll work in practice.* ▶ **teoretycznie**

therapeutic /ˌθerə'pjuːtɪk/ adj. **1** helping you to relax and feel better: *I find listening to music very therapeutic.* ▶ **kojący, leczniczy 2** helping you to recover from an illness: *therapeutic drugs* ▶ **leczniczy, terapeutyczny**

therapy /'θerəpi/ noun [U] treatment to help or

cure a mental or physical illness, usually without drugs or operations: *speech therapy* logopedia ▶ **terapia, leczenie**

□ **therapist** /ˈθerəpɪst/ noun [C]: *a speech therapist* logopeda ▶ **terapeut-a/ka**

★**there**[1] /ðeə(r)/ adv. **1** in, at or to that place: *Could you put the table there, please?* ○ *Have you been to Bath? We're going there next week.* ○ *Have you looked under there?* ▶ **tam 2** at that point (in a conversation, story, etc.): *Could I interrupt you there for a minute?* ▶ **tutaj, w tym momencie 3** available: *The money's there if you need it.* ▶ **dostępny, do dyspozycji**

IDIOMS **be there for sb** to be available to help and support sb when they have a problem: *Whenever I'm in trouble, my sister is always there for me.* ▶ **być gotowym komuś pomóc** | **(but) then/there (again)** → THEN | **there and then**; **then and there** immediately; at that time and place ▶ **od ręki, z miejsca** | **there you are 1** (used when you give sth to sb): *There you are. I've bought you a newspaper.* ▶ **proszę, masz 2** (used when you are explaining sth to sb): *There you are – just press the switch and it starts.* ▶ **i proszę 3** (used for saying that you are not surprised): *'He's left his wife.' 'There you are – I knew he would.'* ▶ **masz ci los, no i proszę**

★**there**[2] /ðə(r); strong form ðeə(r)/ pron. **1** (used as the subject of *be, seem, appear*, etc. to say that sth exists): *Is there a god?* Czy Bóg istnieje? ○ *There's a man at the door.* ○ *There wasn't* (nie było) *much to eat.* ○ *There seems to be* (wygląda na to, że jest) *a mistake here.* ❶ **There is/are** często tłumaczy się „jest/są". **2** (used for calling attention to sth): *Oh look, there's Kate!* ▶ **oto**

thereabouts /ˌðeərəˈbaʊts/ (US **thereabout** /ˌðeərəˈbaʊt/) adv. (usually after *or*) somewhere near a number, time or place: *There are 100 students, or thereabouts.* ○ *She lives in Oxford, or thereabouts.* ▶ **mniej więcej, w pobliżu**

thereafter /ˌðeərˈɑːftə(r); US -ˈæf-/ adv. (formal) after that: *You will receive £1 000 in May, and £650 per month thereafter.* ▶ **od tego czasu, później**

thereby /ˌðeəˈbaɪ/ adv. (formal) in that way: *We started our journey early, thereby avoiding most of the traffic.* ▶ **tym samym, w ten sposób**

★**therefore** /ˈðeəfɔː(r)/ adv. for that reason: *The new trains have more powerful engines and are therefore faster.* ▶ **dlatego, zatem**

therein /ˌðeərˈɪn/ adv. (formal) because of sth that has just been mentioned: *The school is too big. Therein lies the problem.* ▶ **w tym/nim itp.**

thereupon /ˌðeərəˈpɒn/ adv. (formal) immediately after that and often as the result of sth: *The minister refused to help her. Ms Short thereupon went to the Prime Minister.* ▶ **po czym, wskutek tego**

thermal /ˈθɜːml/ adj. **1** of heat: *thermal energy* ▶ **cieplny, termiczny 2** (used about clothes) made to keep you warm in cold weather: *thermal underwear* ▶ **ciepły, ocieplany**

□ **thermals** noun [pl.] clothes, especially underwear, made to keep you warm in cold weather ▶ **bielizna ocieplana, ubranie ocieplane**

★**thermometer** /θəˈmɒmɪtə(r)/ noun [C] an instrument for measuring the temperature of sb's body or of a room (= how hot or cold it is) ▶ **termometr**

Thermos™ /ˈθɜːməs/ noun [C] (pl. **Thermoses**) (also ˈ**Thermos flask**) a type of container used for keeping a liquid hot or cold ▶ **termos**

thermostat /ˈθɜːməstæt/ noun [C] a device that controls the level of heat in a house or machine by switching it on and off as necessary ▶ **termostat**

thesaurus /θɪˈsɔːrəs/ noun [C] (pl. **thesauruses**) a book that contains lists of words and phrases with similar meanings ▶ **leksykon, tezaurus**

these → THIS

thesis /ˈθiːsɪs/ noun [C] (pl. **theses** /ˈθiːsiːz/) **1** a long piece of writing on a particular subject that you do as part of a university degree ➲ Por. **dissertation**. ▶ **praca dyplomowa/magisterska 2** a statement of an idea or theory ▶ **teza**

★**they** /ðeɪ/ pron. (the subject of a verb) **1** the people, animals or things that have been mentioned ➲ Zob. uwaga przy **he**. ▶ **oni, one 2** people in general or people whose identity is not known or stated: *They say* (podobno) *it's going to be a hard winter.* ▶ **ludzie 3** (informal) (used instead of *he* or *she*): *Somebody phoned for you but they didn't leave their name.* ▶ **ta osoba**

they'd /ðeɪd/ short for THEY HAD, THEY WOULD

they'll /ðeɪl/ short for THEY WILL

they're /ðeə(r)/ short for THEY ARE

they've /ðeɪv/ short for THEY HAVE

★**thick**[1] /θɪk/ adj. **1** (used about sth solid) having a large distance between its opposite sides; not thin: *a thick black line* ○ *These walls are very thick.* ▶ **gruby 2** (used for saying what the distance is between the two opposite sides of something): *The ice was six inches thick* (miał trzy cale grubości). ▶ **gruby 3** having a lot of things close together: *a thick forest* ○ *thick hair* ▶ **gęsty 4** (used about a liquid) stiff; that doesn't flow easily: *thick cream* ○ *This paint is too thick.* ❶ Antonim dla znaczeń 1-4: **thin**. ▶ **gęsty 5** (used about fog, smoke, etc.) difficult to see through ▶ **gęsty 6 thick (with sth)** containing a lot of sth/sb close together: *The air was thick with dust.* ○ *The streets were thick with shoppers.* ▶ **pełen (czegoś), zapchany (czymś) 7** (used about sb's accent) very strong ▶ **silny 8** (informal) slow to learn or understand; stupid: *He's thick.* On jest głupolem. ▶ **głupi, tępy**

IDIOM **have a thick skin** to be not easily upset or worried by what people say about you ▶ **mieć grubą/twardą skórę**

□ **thick** adv.: *snow lying thick* (leżący grubą warstwą) *on the ground* ▶ **grubo, gęsto** | **thicken** /ˈθɪkən/ verb [I,T] to become thicker or to make sth thicker: *Tonight the cloud will thicken and more rain will move in from the south-west.* ○ *Add flour to thicken the sauce.* ▶ **gęstnieć, zagęszczać (się)** | **thickly** adv.: *Spread the butter thickly.* ○ *a thickly wooded* (gęsto zalesiony) *area* ▶ **grubo, gęsto** | **thickness** noun [U] the quality of being thick, or how thick sth is ▶ **grubość, gęstość**

■ ˌ**thick-'skinned** adj. not easily worried or upset by what other people say about you ▶ **mający grubą/twardą skórę, odporny na krytykę**

thick² /θɪk/ noun

IDIOMS in the thick of sth in the most active or crowded part of sth; very involved in sth: *She always likes to be in the thick of things.* ▶ **w wirze (czegoś), u szczytu (czegoś)** | **through thick and thin** through difficult times and situations ▶ **na dobre i na złe**

thief /θi:f/ noun [C] (pl. **thieves** /θi:vz/) a person who steals things from another person ➲ Zob. uwaga przy **steal**. ▶ **złodziej/ka**

> **Thief** to ogólne słowo określające złodzieja, osobę, która kradnie, zwykle potajemnie i bez użycia przemocy. Zwykła kradzież to **theft**. **Robber** okrada bank lub sklep, często z użyciem przemocy lub groźby. **Burglar** włamuje się do domu, sklepu itp., zwykle w nocy. **Shoplifter** kradnie towary ze sklepu w czasie gdy jest on otwarty dla klientów.

thigh /θaɪ/ noun [C] the top part of the leg, above the knee ▶ **udo, udko**

thimble /'θɪmbl/ noun [C] a small object made of metal or plastic that you wear on the end of your finger to protect it when you are sewing ▶ **naparstek**

★**thin** /θɪn/ adj. (**thinner**; **thinnest**) **1** (used about sth solid) having a small distance between the opposite sides; not thick: *a thin brown book* ○ *a thin cotton shirt* ○ *a thin slice of meat* ▶ **cienki** **2** having very little flesh on the body; not fat: *You need to eat more. You're too thin!* ▶ **chudy**

> **Thin**, **skinny**, **slim** i **underweight** mają podobne znaczenie. **Thin** to najbardziej ogólne określenie ludzi szczupłych. **Slim** odnosi się do osób, które są szczupłe i przez to atrakcyjne. Jeśli natomiast mówi się o kimś, że jest **skinny**, oznacza to, że dana osoba jest bardzo chuda i przez to nieatrakcyjna. **Underweight** to słowo bardziej formalne; często używa się go w odniesieniu do ludzi z niedowagą z punktu widzenia medycznego.

3 (used about a liquid) that flows easily; not stiff or thick: *a thin sauce* ▶ **rzadki, wodnisty** **4** (used about mist, smoke, etc.) not difficult to see through ▶ **rzadki, rozrzedzony** **5** having only a few people or things with a lot of space between them: *The population is rather thin in this part of the country.* Ta część kraju jest dość rzadko zaludniona. ▶ **rzadki**

IDIOMS thin on the ground → GROUND¹ | **through thick and thin** → THICK² | **vanish, etc. into thin air** to disappear completely ▶ **znikać jak kamfora** | **wear thin** → WEAR¹

□ **thin** adv. thinly: *I don't like bread that's cut too thin.* ▶ **cienko, rzadko** | **thin** verb [I,T] (**thinning**; **thinned**) **thin (sth) (out)** to become thinner or fewer in number; to make sth thinner: *The fog was beginning to thin.* ○ *The trees thin out towards the edge of the forest.* ○ *Thin the sauce by adding milk.* ▶ **rzednąć, przerzedzać się; rozrzedzać** | **thinly** adv.: *thinly sliced bread* ○ *thinly populated areas* ▶ **cienko, rzadko**

★**thing** /θɪŋ/ noun **1** [C] an object that is not named: *What's that red thing on the table?* ○ *A pen is a thing you use for writing with.* ○ *I need to get a few things at the shops.* ▶ **rzecz, przedmiot** **2** [C] a quality or state: *There's no such thing as evil.* Zło nie istnieje. ○ *The best thing about my job is the way* (najlepsze w mojej pracy jest to, że) *it changes all the time.* ▶ **rzecz, coś** **3** [C] an action, event or statement: *When I get home the first thing I do* (pierwsze, co robię) *is have a cup of tea.* ○ *A strange thing* (coś dziwnego) *happened to me yesterday.* ○ *What a nice thing to say!* Jak to miło z twojej (jego itd.) strony! ▶ **coś** **4** [C] a fact, subject, etc.: *He told me a few things that I didn't know before.* ▶ **rzecz, fakt** **5** (**things**) [pl.] your clothes or personal possessions: *I'll just go and pack my things.* ▶ **rzeczy, odzież** **6** (**things**) [pl.] the circumstances or conditions of your life: *Things seem to be going very well for him at the moment.* Chwilowo wszystko układa się (dla niego) pomyślnie. ○ *How are things?* Co słychać? ○ *to talk things over* omawiać sprawy ▶ **sytuacja, okoliczności** **7** [C] (used for expressing your feelings about a person or an animal): *Look how thin that cat is! Poor little thing* (biedactwo)*!* **8** (**the thing**) [sing.] what is very suitable or popular: *A week in our hotel is just the thing* (to jest to) *for tired business people.* ▶ **to, co jest wskazane lub modne**

IDIOMS a close shave/thing → CLOSE¹ | **be a good thing (that)** be lucky that: *It's a good thing you remembered your umbrella.* ▶ **na szczęście** | **do your own thing** to do what you want to do, independently of other people ▶ **robić swoje** | **first/last thing** as early/late as possible: *I'll telephone her first thing tomorrow morning* (z samego rana). ○ *I saw him last thing on Friday evening* (tuż przed snem). ▶ **jak najwcześniej; jak najpóźniej** | **for one thing** (used for introducing a reason for something): *I think we should go by train. For one thing, it's cheaper.* ▶ **po pierwsze** | **have a thing about sb/sth** (informal) to have strong feelings about sb/sth ▶ **mieć bzika na czyimś/jakimś punkcie** | **make matters/things worse** → WORSE | **take it/things easy** → EASY²

★**think¹** /θɪŋk/ verb (pt, pp **thought** /θɔ:t/) **1** [I] **think (about sth)** to use your mind to consider sth or to form connected ideas: *Think before you speak.* ○ *What are you thinking about?* ○ *He had to think hard* (intensywnie pomyśleć) *about the question.* ▶ **myśleć** **2** [T] to consider or believe; to have as an opinion: *'Do you think it's going to snow?' 'No, I don't think so.'* ○ *'Sue's coming tomorrow, isn't she?' 'Yes, I think so.'* ○ *I think that they've moved to York but I'm not sure.* ○ *What did you think of* (jak ci się podobał) *the film?* ○ *I don't think they are very good musicians.* ▶ **myśleć, sądzić** **3** [I] **think of/about doing sth** to intend or plan to do sth: *We're thinking of moving house.* ▶ **zamierzać** **4** [I] to form an idea of sth; to imagine sth: *Just think what we could do with all that money!* ▶ **pomyśleć, wyobrazić sobie 5** [I] **think about/of sb** to consider the feelings of sb else: *She never thinks about anyone but herself.* ▶ **myśleć o kimś, troszczyć się o kogoś 6** [T] (used in negative sentences after *can* or *could*) to remember or understand sth: *I couldn't think what he meant.* ▶ **przypominać sobie 7** [T] to expect sth: *The job took longer than we thought.* ▶ **spodziewać się, oczekiwać 8** [I] to think in a particular way: *If you want to be successful, you have to think big.* ○ *We've got to think positive.* ▶ **myśleć**

IDIOMS **think better of (doing) sth** to decide not to do sth; to change your mind ▶ **rozmyślić się, zmienić zdanie** | **think highly, a lot, not much, etc. of sb/sth** to have a good, poor, etc. opinion of sb/sth ▶ **mieć o kimś dobre/złe itp. zdanie** | **think the world of sb** to love and admire sb very much ▶ **świata poza kimś nie widzieć**

PHRASAL VERBS **think of sth** to create an idea in your imagination: *Who first thought of the plan?* ▶ **wymyślić coś** | **think sth out** to consider carefully all the details of a plan, idea, etc.: *a well-thought-out scheme* dobrze obmyślony plan ▶ **obmyślać coś** | **think sth over** to consider sth carefully: *I'll think your offer over and let you know tomorrow.* ▶ **przemyśleć coś** | **think sth through** to consider every detail of sth carefully: *He made a bad decision because he didn't think it through.* ▶ **przemyśleć coś** | **think sth up** to create sth in your mind; to invent: *to think up a new advertising slogan* ▶ **wymyślić coś**

★**think²** /θɪŋk/ noun [sing.] an act of thinking: *I'm not sure. I'll have to have a think about it.* Będę musiał to sobie przemyśleć. ▶ **rozważanie**

thinker /ˈθɪŋkə(r)/ noun [C] **1** a person who thinks about serious and important subjects ▶ **myśliciel/ka, intelektualist-a/ka 2** a person who thinks in a particular way: *a clear/creative/quick thinker* ▶ **osoba myśląca w określony sposób**

thinking /ˈθɪŋkɪŋ/ adj. intelligent and using your mind to think about important subjects: *a newspaper for thinking people* ▶ **myślący, inteligentny**

□ **thinking** noun [U] **1** the act of using your mind to think about sth: *clear thinking* klarowność myślenia ▶ **myślenie 2** an opinion: *This accident will make them change their thinking on safety matters.* ❶ Por. **wishful thinking**. ▶ **opinia, zdanie**

★**third** /θɜːd/ pron., det., adv. 3rd; next after second ❶ Zob. przykł. przy **sixth**. ▶ **trzeci**

□ **third** noun [C] **1** the fraction ⅓; one of three equal parts of sth ▶ **(jedna) trzecia 2** (Brit.) a grade in final university exams, below first and second class degrees ▶ **dyplom trzeciej kategorii** | **thirdly** adv. (used to introduce the third point in a list): *We have made savings in three areas: firstly, defence, secondly, education and thirdly, health.* ▶ **po trzecie**

■ **ˌthird ˈparty** noun [C] a person who is not one of the two main people or groups involved in sth ▶ **ktoś/osoba trzeci/a, osoba postronna** | **the ˌThird ˈWorld** noun [sing.] the poorer countries of Asia, Africa and South America ▶ **trzeci świat**

★**thirst** /θɜːst/ noun **1** [U, sing.] the feeling that you have when you want or need to drink: *Cold tea really quenches your thirst.* ○ *to die of thirst* ▶ **pragnienie 2** [sing.] **a thirst for sth** a strong desire for sth ▶ **pragnienie, żądza**

□ **thirsty** adj. (**thirstier**; **thirstiest**) wanting or needing a drink: *I'm thirsty. Can I have a drink of water, please?* ▶ **spragniony** | **thirstily** /-ɪli/ adv. ▶ **łapczywie**

★**thirteen** /ˌθɜːˈtiːn/ number 13; one more than twelve ➲ Zob. przykł. użycia liczebników w zdaniach przy **six**. ▶ **trzynaście**

□ **thirteenth** /ˌθɜːˈtiːnθ/ pron., det., adv. 13th; next after twelfth ➲ Zob. przykł. przy **sixth**. ▶ **trzynasty**

★**thirty** /ˈθɜːti/ number 30; one more than twenty-nine ➲ Zob. przykł. użycia liczebników w zdaniach przy **sixty**. ▶ **trzydzieści**

□ **thirtieth** /ˈθɜːtiəθ/ pron., det., adv. 30th; next after twenty-ninth ➲ Zob. przykł. przy **sixth**. ▶ **trzydziesty**

★**this** /ðɪs/ det., pron. (pl. **these** /ðiːz/) **1** (used for talking about sb/sth that is close to you in time or space): *Have a look at this photo.* ○ *These boots are really comfortable. My old ones weren't.* ○ *Is this the book you asked for?* ○ *These are the letters to be filed, not those over there.* ▶ **ten 2** (used for talking about sth that was mentioned or talked about before): *Where did you hear about this?* ▶ **to 3** (used for introducing sb or showing sb sth): *Charles, this is my wife, Claudia, and these are our children, David and Vicky.* ▶ **to 4** (used with days of the week or periods of time) of today or the present week, year, etc.: *Are you busy this afternoon?* ○ *this Friday* ▶ **ten 5** (informal) (used when you are telling a story) a certain: *Then this woman said…* ▶ **ten**

IDIOM **this and that**; **this, that and the other** various things: *We chatted about this and that.* ▶ **to i owo**

□ **this** adv. (used when you are describing sth) so; as much as this: *The road is not usually this busy.* ▶ **(aż) tak**

thistle /ˈθɪsl/ noun [C] a wild plant with purple flowers and prickles on its leaves ❶ **Thistle** to godło Szkocji. ▶ **oset**

thong /θɒŋ; US θɔːŋ/ (US) = FLIP-FLOP

thorn /θɔːn/ noun [C] one of the hard sharp points on the stem of some plants and bushes, e.g. on rose bushes ▶ **cierń, kolec**

□ **thorny** adj. **1** having thorns ▶ **ciernisty, kolczasty 2** (used about a problem, etc.) difficult ▶ **drażliwy**

★**thorough** /ˈθʌrə; US ˈθɜːrəʊ/ adj. **1** careful and complete: *The police made a thorough search of the house.* ▶ **gruntowny, drobiazgowy 2** doing things in a very careful way, making sure that you look at every detail: *Pam is slow but she is very thorough.* ▶ **sumienny**

□ **thoroughly** adv. **1** in a thorough way: *to study*

a subject thoroughly ► **gruntownie, drobiazgowo 2** completely; very; very much: *We thoroughly enjoyed our holiday.* ► **całkowicie, zupełnie** | **thoroughness** noun [U] ► **drobiazgowość; sumienność**

those pl. of THAT[1]

★**though** /ðəʊ/ conj. **1** in spite of the fact that; although: *Though he had very little money, Alex always managed to dress smartly.* ○ *She still loved him even though he had treated her so badly.* ► **chociaż, choć 2** but: *I'll come as soon as I can, though I can't promise to be on time.* ► **chociaż, choć**

IDIOMS **as if/though** → AS | **as though** → AS

□ **though** adv. (informal) however: *I quite like him. I don't like his wife, though.* ➲ Zob. uwaga przy **although**. ► **chociaż, niemniej jednak**

thought[1] pt, pp of THINK[1]

★**thought**[2] /θɔːt/ noun **1** [C,U] the act of thinking: *Irene sat, deep/lost in thought* (pogrążona w rozmyślaniach), *looking at the old photographs.* ► **myśl, pomysł 2** [U] the power or process of thinking: *I need to give this problem some thought.* Zastanowię się nad tym problemem. ► **zastanowienie, namysł 3** (**thoughts**) [pl.] a person's mind and all the ideas that are in it: *You are always in my thoughts.* Zawsze o tobie myślę. **4** [U] particular ideas or a particular way of thinking: *a change in medical thought on the subject* ► **opinia, zdanie 5** [sing.] an act of being kind or caring about sb/sth: *They sent me flowers. What a kind thought* (jak to miło z ich strony)*!* ► **intencja, pomysł 6** [C] an idea or opinion: *What are your thoughts on this subject?* ○ *The thought of living alone filled her with fear.* ► **zdanie, pomysł**

IDIOMS **a school of thought** → SCHOOL | **second thoughts** → SECOND[1]

□ **thoughtful** /-fl/ adj. **1** thinking deeply: *a thoughtful expression* ► **zamyślony, zadumany 2** thinking about what other people want or need: *It was very thoughtful of you* (to bardzo miło z twojej strony) *to send her some flowers.* ► **troskliwy, uważający** | **thoughtfully** /-fəli/ adv. ► **w zamyśleniu; troskliwie** | **thoughtfulness** noun [U] ► **troskliwość** | **thoughtless** adj. not thinking about what other people want or need or what the result of your actions will be ► **bezmyślny, nieprzemyślany** | **thoughtlessly** adv. ► **nierozważnie, bezmyślnie** | **thoughtlessness** noun [U] ► **brak rozwagi, bezmyślność**

★**thousand** /ˈθaʊznd/ number 1 000; one more than nine hundred and ninety-nine ❶ Zwróć uwagę, że mówiąc o liczbach używa się **thousand** w lp. **Thousands** oznacza „mnóstwo": *She earns eighteen thousand pounds a year.* ○ *Thousands of people attended the meeting.* Więcej informacji o liczebnikach znajduje się w Dodatku 3. ► **tysiąc**

□ **thousandth** /ˈθaʊznθ/ det. 1 000th; next after nine hundred and ninety-ninth ► **tysięczny** | **thousandth** noun [C] the fraction $^1/_{1000}$; one of a thousand equal parts of sth ► **(jedna) tysięczna**

thrash /θræʃ/ verb **1** [T] to hit sb/sth many times with a stick, whip, etc. ► **bić, chłostać 2** [I] **thrash (about/around)** to move your arms, legs, etc. in an uncontrolled way, e.g. because you are in pain ► **rzucać się, wić się 3** [T] to defeat sb easily in a game, competition, etc. ► **rozgromić** (*przeciwnika*), **pokonać**

PHRASAL VERB **thrash sth out** to talk about sth until you reach an agreement ► **debatować nad czymś, dochodzić do porozumienia**

□ **thrashing** noun [C] an act of thrashing(1,3) sb/sth ► **lanie, rozgromienie przeciwnika**

★**thread** /θred/ noun **1** [C,U] a long thin piece of cotton, etc. that you use for sewing, etc.: *a needle and thread* ► **nić, nitka 2** [C] the connection between ideas, the parts of a story, etc.: *I've lost the thread of this argument.* ► **wątek**

□ **thread** verb [T] **1** to put thread through the hole in a needle: *to thread a needle* ► **nawlekać 2** to link things together by putting them onto a string, etc. ► **nizać 3** to pass sth narrow through a space and into a particular position: *He threaded the belt through the loops on the trousers.* ► **przewlekać (coś przez coś)**

IDIOM **thread your way through sth** to pass through sth with difficulty, moving around things or people that are in your way ► **brnąć/przedostawać się przez coś,**

■ **ˈthreadbare** /ˈθredbeə(r)/ adj. (used about material or clothes) old and very thin ► **wytarty**

★**threat** /θret/ noun **1** [C,U] a warning that sb may hurt, kill or punish you if you do not do what they want: *Under threat of death, he did as they asked.* ○ *to carry out a threat* ► **groźba, pogróżka 2** [U, usually sing.] the possibility of trouble or danger: *The forest is under threat* (zagrożony) *from building developments.* ► **zagrożenie 3** [C, usually sing.] a person or thing that may damage sth or hurt sb; something that indicates future danger: *a threat to national security* ► **zagrożenie**

★**threaten** /ˈθretn/ verb **1** [T] **threaten sb (with sth); threaten (to do sth)** to warn that you may hurt, kill or punish sb if they do not do what you want: *to threaten sb with a knife* ○ *She was threatened with dismissal.* ○ *The man threatened to kill her if she didn't tell him where the money was.* ► **grozić, straszyć 2** [I,T] to seem likely to do sth unpleasant: *The oil slick is threatening the coastline with pollution.* ► **zagrażać, grozić**

□ **threatening** adj. ► **grożący, groźny** | **threateningly** adv. ► **groźnie, surowo**

★**three** /θriː/ number 3; one more than two ➲ Zob. przykł. użycia liczebników w zdaniach przy **six**. ► **trzy**

□ **three-** (in compounds) having three of the thing mentioned: *a three-bedded room* pokój z trzema łóżkami ► **trzy-, trój-**

■ ˌ**three-diˈmensional**; **3-D** /ˌθriː ˈdiː/ adj. having length, width and height: *a three-dimensional model* ► **trójwymiarowy**

threshold /ˈθreʃhəʊld/ noun [C] **1** the bottom part of a doorway; the entrance to a building: *She stood on the threshold* (w przedsionku). ► **próg; przedsionek 2** the level at which sth starts to happen: *Children have a low boredom threshold.* ▶ **próg 3** the time when you are just about to start sth or find sth: *on the threshold of a scientific breakthrough* ▶ **próg, granica**

threw pt of THROW[1]

thrift /θrɪft/ noun [U] the quality of being careful not to spend too much money ▶ **oszczędność**

□ **thrifty** adj. (**thriftier**; **thriftiest**) ▶ **oszczędny**

thrill /θrɪl/ noun [C] a sudden strong feeling of pleasure or excitement ▶ **dreszcz(yk)** (*np. rozkoszy, emocji*), **mocne wrażenie**

□ **thrill** verb [T] to make sb feel a thrill: *His singing thrilled the audience.* ▶ **wzruszać, zachwycać** | **thrilled** adj.: *He was absolutely thrilled with my present.* ▶ **zachwycony, urzeczony** | **thriller** noun [C] a play, film, book, etc. with a very exciting story, often about a crime ▶ **dreszczowiec** | **thrilling** adj. very exciting ▶ **porywający, pasjonujący**

thrive /θraɪv/ verb [I] (pt **thrived** or **throve**; pp **thrived** or **thriven**) to grow or develop well ▶ **doskonale prosperować, doskonale się rozwijać**

□ **thriving** adj.: *a thriving industry* ▶ **doskonale prosperujący, kwitnący**

★**throat** /θrəʊt/ noun [C] **1** the front part of your neck: *The attacker grabbed the man by the throat.* ▶ **gardło 2** the back part of your mouth and the passage down your neck through which air and food pass: *She got a piece of bread stuck in her throat.* ○ *I've got a terrible sore throat.* Strasznie boli mnie gardło. ▶ **gardło**

IDIOM **have/feel a lump in your throat** → LUMP[1]

throb /θrɒb/ verb [I] (**throbbing**; **throbbed**) to make strong regular movements or noises; to beat strongly: *His heart was throbbing.* ○ *Her finger throbbed with pain.* Czuła rwący ból w palcu. ▶ **tętnić, pulsować**

□ **throb** noun: *the throb of the ship's engines* ▶ **warkot, pulsowanie**

throne /θrəʊn/ noun **1** [C] the special chair where a king or queen sits ▶ **tron 2** (**the throne**) [sing.] the position of being king or queen: *The Queen came to the throne in 1952.* ▶ **tron**

throng /θrɒŋ/ noun [C] a large crowd of people ▶ **tłok, ciżba**

□ **throng** verb [I,T] (used about a crowd of people) to move into or fill a particular place: *Crowds thronged to the palace gates.* ▶ **zapełniać** (*np. ulice*), **tłoczyć się**

throttle[1] /'θrɒtl/ verb [T] to hold sb tightly by the throat and stop them breathing ▶ **dusić, dławić**

throttle[2] /'θrɒtl/ noun [C] the part in a vehicle that controls the speed by controlling how much fuel goes into the engine ▶ **przepustnica**

★**through** (US also **thru**) /θru:/ prep. **1** from one end or side of sth to the other: *We drove through the centre of London.* ○ *She could see the outline of a tree through the mist.* ○ *to look through a telescope* ○ *James cut through the rope* (przeciął linę). ○ *to push through a crowd of people* ▶ **przez, poprzez 2** from the beginning to the end of sth: *Food supplies will not last through the winter.* ○ *We're halfway through the book* (w połowie książki). ▶ **przez 3** (US) until and including: *They are staying Monday through Friday.* ▶ **(aż) do 4** because of; with the help of: *Errors were made through bad organization.* ○ *David got the job through his uncle.* ▶ **za pośrednictwem, przez**

□ **through** (US also **thru**) adv. **1** from one end or side to the other: *The gate was opened and they ran through.* 🛈 Wyrażenie **through train** oznacza pociąg bezpośredni. Znak **No through road** oznacza ulicę bez przejazdu. ▶ **przez 2** from the beginning to the end of sth: *He read the letter through and handed it back.* ▶ **od początku do końca 3** (Brit.) connected by telephone: *Can you put me through to extension* (połączyć z numerem wewnętrznym) *5678, please?* ▶ **połączony**

PHRASAL VERB **be through (with sb/sth)** to have finished with sb/sth ▶ **skończyć z kimś/czymś**

★**throughout** /θru:'aʊt/ adv., prep. **1** in every part: *The house is beautifully decorated throughout.* ▶ **na wskroś, wszędzie 2** from the beginning to the end of sth: *We didn't enjoy the holiday because it rained throughout.* ○ *The match can be watched live on television throughout the world.* ○ *Food was scarce throughout the war.* ▶ **przez cały** (*np. czas*), **wszędzie**

throve pt of THRIVE

★**throw[1]** /θrəʊ/ verb (pt **threw** /θru:/; pp **thrown** /θrəʊn/) **1** [I,T] to send sth through the air by pushing it out of your hand: *How far can you throw?* ○ *Throw the ball to Wayne.* ○ *Throw Wayne the ball.* ○ *Don't throw stones at people.* ▶ **rzucać 2** [T] to put sth somewhere quickly or carelessly: *He threw his bag down in a corner.* ▶ **rzucać, ciskać 3** [T] to move your body or part of it quickly or suddenly: *Jenny threw herself onto the bed and sobbed.* ○ *Lee threw back his head* (odrzucił głowę do tyłu) *and roared with laughter.* ▶ **rzucać 4** [T] to cause sb to fall down: *The bus braked and we were thrown to the floor.* ▶ **rzucać, ciskać 5** [T] (informal) to make sb feel upset, confused or surprised: *The question threw me and I didn't know what to reply.* ▶ **zbijać z tropu 6** [T] to put sb in a particular (usually unpleasant) situation: *Many people were thrown out of work in the recession.* ▶ **rzucać, wyrzucać 7** [T] to send light or shade onto sth: *The house threw a shadow across the lawn.* ▶ **rzucać**

PHRASAL VERBS **throw sth away 1** to get rid of sth that you do not want, e.g. by putting it in a dustbin: *That's rubbish. You can throw it away.* ▶ **wyrzucać 2** to waste or not use sth useful: *to throw away a good opportunity* ▶ **przepuszczać** | **throw sth in** (informal) to include sth else without increasing the price ▶ **dorzucać (coś gratis)** | **throw sb out** to force sb to leave ▶ **wyrzucać** | **throw sth out 1** to refuse to accept sb's idea or suggestion ▶ **odrzucać 2** = THROW STH AWAY | **throw up** to send out the food in your stomach through your mouth; to be sick ▶ **wymiotować** | **throw sth up 1** to vomit food ▶ **wymiotować 2** to produce or show sth: *Our research has thrown up some* *interesting facts.* ▶ **przynosić, dawać 3** to give up your job, position, studies, etc. ▶ **rezygnować z czegoś**

throw² /θrəʊ/ noun [C] **1** an act of throwing ▶ **rzut 2** the distance that sb throws sth: *a record throw of 75 metres* ▶ **rzut**

thru (US) = THROUGH

thrush /θrʌʃ/ noun [C] a bird with a brownish back and brown spots on its breast ▶ **drozd**

thrust /θrʌst/ verb [I,T] (pt, pp **thrust**) **1** to push sb/sth/yourself suddenly and with force: *The man thrust her out of the way and ran off.* ▶ **popychać, wpychać 2** to make a sudden forward movement with a knife, etc. ▶ **dźgać, pchać**
PHRASAL VERB **thrust sb/sth upon sb** to force sb to accept sb/sth ▶ **narzucać (coś/kogoś komuś)**
□ **thrust** noun **1** [C] a strong push ▶ **pchnięcie; dźgnięcie 2** [U] the main part or ideas of sth: *The main thrust of our research is to find ways of preventing cancer.* ▶ **cel, istota**

thud /θʌd/ noun [C] the low sound that is made when sth heavy falls down ▶ **głuchy odgłos, łomot**
□ **thud** verb [I] (**thudding**; **thudded**): *A snowball thudded against the window.* ▶ **uderzać w coś** (*z głuchym odgłosem*), **łomotać**

thug /θʌg/ noun [C] a violent person who may harm other people ▶ **zbir, opryszek**

★**thumb** /θʌm/ noun [C] **1** the short thick finger at the side of each hand ▶ **kciuk 2** the part of a glove, etc. that covers your thumb ▶ **kciuk**
IDIOMS **have a green thumb** → GREEN¹ | **a rule of thumb** → RULE | **stand/stick out like a sore thumb** → SORE | **the thumbs up/down** a sign or an expression that shows approval/disapproval: *The proposals were given the thumbs down.* ○ *I got the thumbs up.* ▶ **znak aprobaty/dezaprobaty** | **under sb's thumb** (used about a person) completely controlled by sb: *She's got him under her thumb.* ▶ **być pod czyimś pantoflem**
□ **thumb** verb [I,T] **thumb (through) sth** to turn the pages of a book, etc. quickly ▶ **przerzucać (szybko) kartki, kartkować**
IDIOM **thumb a lift** to hold out your thumb to cars going past, to ask sb to give you a free ride ➲ Por. **hitch-hike**. ▶ **zatrzymywać samochód (prosząc o podwiezienie)**
■ **'thumbtack** (US) = DRAWING PIN

thump /θʌmp/ verb **1** [T] to hit sb/sth with sth heavy, usually your fist ▶ **uderzać, grzmocić 2** [I] to make a loud sound by hitting or beating heavily: *His heart was thumping with excitement.* ▶ **walić, bić**
□ **thump** noun [C] an act or the sound of thumping ▶ **uderzenie, walnięcie**

thunder /ˈθʌndə(r)/ noun [U] the loud noise that comes after lightning when there is a storm ▶ **grzmot, grom**
□ **thunder** verb **1** [I] (used with *it*) to make the sound of thunder: *The rain poured down and it started to thunder.* ▶ **grzmieć 2** [I,T] to make a loud noise like thunder: *Traffic thundered across the bridge.* ▶ **grzmieć, przejeżdżać itp. z hukiem**
■ **'thunderstorm** noun [C] a storm with thunder and lightning ▶ **burza z piorunami**

Thur. (also **Thurs.**) abbr. Thursday: *Thurs. 26 June* ▶ **czwartek**

★**Thursday** /ˈθɜːzdeɪ; -di/ noun [C,U] (abbr. **Thur.**; **Thurs.**) the day of the week after Wednesday and before Friday ➲ Zob. przykł. użycia nazw dni tygodnia w zdaniach przy **Monday**. ▶ **czwartek**

★**thus** /ðʌs/ adv. (formal) **1** like this; in this way: *Thus began the series of incidents which changed her life.* ▶ **w ten sposób, tak 2** because of or as a result of this: *I had been driving very carefully. I was thus very surprised when the police stopped me.* ▶ **a zatem, tak więc**

thwart /θwɔːt/ verb [T] to stop sb doing what they planned to do; to prevent sth happening ▶ **krzyżować (plany); udaremniać**

thyme /taɪm/ noun [U] a plant with sweet-smelling leaves that are used in cooking ▶ **tymianek**

tic /tɪk/ noun [C] a sudden quick movement of a muscle, especially in your face or head, that you cannot control: *He has a nervous tic.* ▶ **tik**

tick¹ /tɪk/ noun [C] **1** the regular short sound that a watch or clock makes when it is working ▶ **tykanie 2** (informal) a moment: *Hang on a tick, please.* ▶ **moment, chwilka 3** (US **check**) a mark (✓) that shows sth is correct or has been done: *Put a tick after each correct answer.* ❶ W Amer. ang. postawienie fajki na marginesie wypracowania lub testu może oznaczać, że w tym miejscu jest błąd. W Br. ang. fajka zwykle oznacza, że dany fragment tekstu jest poprawny, a błąd zaznacza się krzyżykiem ×. ▶ **fajka**
□ **tick** verb **1** [I] (used about a clock or watch) to make regular short sounds: *I could hear the clock ticking all night.* ▶ **tykać 2** [T] **tick sth (off)** to mark sth with a tick: *Tick off each job on the list when you've finished it.* ➲ Zob. uwaga przy **tick** (*noun*)(3). ▶ **odfajkowywać**
IDIOM **what makes sb/sth tick** the reasons why sb behaves or sth works in the way he/she/it does: *He has a strong interest in people and what makes them tick.* ▶ **co jest motywem/motorem czegoś/czyjegoś działania**
PHRASAL VERBS **tick away/by** (used about time) to pass: *The minutes ticked by but there was still no sign of Zoe.* ▶ **mijać** | **tick sb/sth off** to put a mark (✓) next to a name, an item on a list, etc. to show that sth has been done or sb has been dealt with ▶ **odhaczać kogoś/coś** | **tick over** (informal) (usually used in the continuous tenses) **1** (used about an engine) to run slowly while the vehicle is not moving ▶ **chodzić na jałowym biegu 2** (used about a business, an activity, etc.) to keep working slowly without producing or achieving very much: *Just keep things ticking over while I'm on holiday.* ▶ **chodzić na zwolnionych obrotach**

tick² /tɪk/ noun [C] a small insect that sucks blood ▶ **kleszcz**

★**ticket** /ˈtɪkɪt/ noun [C] **1** a piece of paper or card that shows you have paid for a journey, or to enter a place of entertainment, etc.: *a single/*

return ticket bilet w jedną stronę/powrotny ○ *two tickets for the concert* ➲ Por. **season ticket**. Ilustr. do **label**. ▶ **bilet 2** a piece of paper or card that shows the price, size, etc. of sth that is for sale ▶ **metka 3** an official piece of paper that you get when you have parked in the wrong place, driven too fast, etc. ▶ **mandat**
IDIOM **just the job/ticket** → JOB

tickle /ˈtɪkl/ verb **1** [T] to touch sb lightly with your fingers or with sth soft so that they laugh: *She tickled the baby's toes.* ▶ **łaskotać 2** [I,T] to feel or to cause the sensation of sth touching you lightly: *My nose tickles/is tickling.* Swędzi mnie nos. ○ *The woollen scarf tickled her neck.* ▶ **swędzić, łaskotać 3** [T] (informal) to amuse sb ▶ **bawić, cieszyć**
□ **tickle** noun: *I've got a tickle* (swędzi mnie) *in my throat.* ▶ **swędzenie, łaskotanie** | **ticklish** /ˈtɪklɪʃ/ adj. if a person is ticklish, they laugh a lot when sb tickles them ▶ **mający łaskotki, łaskotliwy**

tidal /ˈtaɪdl/ adj. connected with the tides in the sea ▶ **pływowy, dotyczący przypływu/odpływu**
■ ˌ**tidal ˈwave** noun [C] a very large wave in the sea, often caused by earthquakes ▶ **fala pływowa**

tide /taɪd/ noun [C,U] the regular change in the level of the sea. At high tide the sea is closer to the shore, at low tide it is farther away: *The tide is in/out.* Jest przypływ/odpływ. ○ *The tide is coming in/going out.* Nadchodzi przypływ/odpływ. ○ (figurative) *The tide* (opinia publiczna) *seems to have turned in the government's favour.* ▶ **przypływ, odpływ**
□ **tide** verb
PHRASAL VERB **tide sb over** to give sb sth to help them through a difficult time ▶ **pomagać komuś przetrwać trudne chwile**

⋆**tidy** /ˈtaɪdi/ adj. (**tidier**; **tidiest**) **1** arranged in good order; neat: *If you keep your room tidy it is easier to find things.* ▶ **uporządkowany, czysty 2** (used about a person) liking to keep things neat and in good order: *Mark is a very tidy boy.* ▶ **staranny**
□ **tidy** verb [I,T] (pres. part. **tidying**; 3rd pers. sing. pres. **tidies**; pt, pp **tidied**) **tidy (sb/sth/yourself) (up)** to make sb/sth/yourself tidy: *We must tidy this room up before the visitors arrive.* ▶ **doprowadzać do porządku, sprzątać**
PHRASAL VERB **tidy sth away** to put sth into the drawer, cupboard, etc. where it is kept ▶ **odkładać (coś) na miejsce**
tidily adv. ▶ **porządnie, starannie** | **tidiness** noun [U] ▶ **staranność, schludność**

⋆**tie**[1] /taɪ/ noun [C] **1** (US **necktie**) a long thin piece of cloth that you wear round your neck with a shirt ➲ Por. **bow tie.** ▶ **krawat 2** [usually pl.] something that connects you with a particular group of people: *Our school has ties with another school in America.* ○ *family ties* ▶ **więź 3** something that limits your freedom: *He never married because he didn't want any ties.* ▶ **więzy, skrępowanie 4** a game or competition in which two or more teams or players get the same score: *There was a tie for first place.* ▶ **remis**

⋆**tie**[2] /taɪ/ verb (pres. part. **tying**; 3rd pers. sing. pres. **ties**; pt, pp **tied**) **1** [T] to fasten sb/sth or fix sb/sth in position with rope, string, etc.: *The prisoner was tied to a chair.* ○ *Kay tied her hair back with a ribbon.* ○ *to tie sth in a knot* ○ *to tie your shoelaces* ▶ **przywiązywać, związywać** (*włosy*) **2** [T] **tie sb (to sth/doing sth)** (usually passive) to limit sb's freedom and make them unable to do everything they want to: *I don't want to be tied to staying in this country permanently.* ▶ **ograniczać kogoś (do czegoś) 3** [I] **tie (with sb) (for sth)** to have the same score as another player or team in a game or competition: *England tied with Italy for third place.* ▶ **remisować (z kimś)**
IDIOM **have your hands tied** → HAND[1]
PHRASAL VERBS **tie sb/yourself down** to limit sb's/your freedom: *Having young children really ties you down.* ▶ **krępować (się), wiązać (się)** | **tie in (with sth)** to agree with other facts or information that you have ▶ **wiązać się (z czymś)** | **tie sb/sth up 1** to fix sb/sth in position with rope, string, etc.: *The dog was tied up in the back garden.* ▶ **uwiązywać, przywiązywać 2** (usually passive) to occupy or keep sb busy: *Mr Jones is tied up in a meeting.* ▶ **być zajętym, być uwiązanym**

tier /tɪə(r)/ noun [C] one of a number of levels: *a stadium with many tiers of seats* ▶ **kondygnacja, rząd**

tiger /ˈtaɪɡə(r)/ noun [C] a large wild cat that has yellow fur with black stripes. Tigers live in Asia ▶ **tygrys**

A female tiger is called a **tigress** and a young tiger is called a **cub**.

⋆**tight** /taɪt/ adj. **1** firm and difficult to move: *a tight* (mocno zaciśnięty) *knot* ○ *Keep a tight hold on this rope.* ▶ **mocny, zwarty 2** fitting very closely: *These shoes hurt. They're too tight.* ❶ Antonim: **loose**. ▶ **ciasny, wąski 3** (in compounds) not allowing sth to get in or out: *an airtight* (hermetyczna) *tin* ▶ **szczelny 4** not having much spare time or space: *My schedule this week is very tight.* ▶ **napięty, naprężony 5** stretched or pulled hard: *When you're towing another car, keep the rope between the two cars tight.* ▶ **napięty, naprężony 6** controlled very strictly: *Security is very tight at Heathrow Airport.* ▶ **zaostrzony, ściśle kontrolowany**
□ **tight** adv. firmly; closely: *Hold tight please!* (w autobusie) Proszę trzymać się poręczy! ❶ Przed imiesłowem biernym używa się **tightly**, a nie **tight**: *The van was packed tight with boxes.* ○ *The van was tightly packed with boxes.* ▶ **mocno, ciasno** | **tighten** /ˈtaɪtn/ verb [I,T] **tighten (sth) (up)** to become tighter; to make sth tighter: *His grip on her arm tightened.* ○ *He tightened the screws as far as they would go.* Dokręcił śruby aż do oporu. ▶ **zaciskać, zacieśniać**
IDIOM **tighten your belt** to spend less money because you have less than usual available ▶ (*przen.*) **zacisnąć pasa**

PHRASAL VERB **tighten up (on) sth**: to become stricter or more careful: *Laws on gambling have tightened up recently.* ○ *The police have tightened up on under-age drinking.* ▶ **zaostrzyć** (*np. restrykcje*); **zaostrzyć się**
tightly adv. firmly; closely: *Screw the lid on tightly.* ○ *She kept her eyes tightly closed.* ▶ **mocno, ciasno** | **tightness** noun [U] ▶ **napięcie, ściśnięcie**

tight-fisted adj. not willing to spend or give much money ▶ **skąpy**

tightrope /ˈtaɪtrəʊp/ noun [C] a rope stretched high above the ground on which people walk, e.g. in a circus ▶ **lina**

★**tights** /taɪts/ (US **pantihose**; **pantyhose**) noun [pl.] a piece of thin clothing, usually worn by women, that fits tightly from the waist over the legs and feet: *a pair of tights* ➲ Por. **stocking**. ▶ **rajstopy**

★**tile** /taɪl/ noun [C] one of the flat, square objects that are arranged in rows to cover roofs, floors, bathroom walls, etc.: *The wind had blown several tiles off the roof.* ○ *carpet tiles* kwadraty wykładziny dywanowej ▶ **dachówka, płytka, kafel**
□ **tile** verb [T]: *a tiled bathroom* ▶ **wykładać kafelkami, pokrywać dachówką**

till[1] → UNTIL

till[2] /tɪl/ noun [C] the drawer or box where money is kept in a shop, etc. ▶ **kasa**

tilt /tɪlt/ verb [I,T] to have one end or side higher than the other; to put sth in this position: *The front seats of the car tilt forward.* ○ *She tilted her head to one side.* ▶ **nachylać (się), przechylać (się)**
□ **tilt** noun [sing.] ▶ **nachylenie, przechylenie**

timber /ˈtɪmbə(r)/ noun **1** [U] (especially US **lumber**) wood that is going to be used for building ▶ **drewno, budulec 2** [C] a large piece of wood: *a ship's timbers* ▶ **belka**

★**time**[1] /taɪm/ noun **1** [U, sing.] a period of minutes, hours, days, etc.: *As time passed and there was still no news, we got more worried.* ○ *to waste time* ○ *to save time* ○ *She doesn't have much free/spare time.* ○ *I've been waiting a long time* (długo). ○ *Learning a language takes time.* ▶ **czas 2** [C] a particular point in the day or night: *What's the time?* Która godzina? ○ *Can Mark tell the time* (umie powiedzieć, która godzina) *yet?* ○ *Can you tell me the times* (godziny odjazdu) *of trains to Bristol, please?* ○ *It's time to go home.* ○ *Look at the time!* Spójrz, która godzina! ○ *By the time I get home* (gdy dotrę do domu), *Alex will have cooked the dinner.* ▶ **czas, pora, godzina 3** [C] a period in the past: *Did you enjoy your time in Spain?* ○ *In Shakespeare's times, few people could read.* ▶ **czas/y 4** [C,U] an occasion when sth happens: *I phoned them three times.* ○ *I'll do it better next time.* ○ *Last time I saw him, he looked ill.* ▶ **raz 5** [sing.] a system for measuring time in a particular part of the world: *Central European Time* ○ *We arrive in Atlanta at eleven, local time* (miejscowego czasu). ▶ **czas 6** [C,U] the number of minutes, etc., taken to complete sth, especially a race: *What was his time in* (jaki miał czas na) *the hundred metres?* ▶ **czas**
IDIOMS **(and) about time (too); (and) not before time** (spoken) (used to say that sth should already have happened) ▶ **najwyższy czas** | **ahead of your time** → AHEAD | **all the time**; **the whole time** during the time that sb was doing sth or that sth was happening: *I searched everywhere for my keys, and they were in the door all the time.* ▶ **(przez) cały czas** | **at the same time** → SAME[1] | **at a time** on each occasion: *The lift can hold six people at a time.* ▶ **jednocześnie, na raz** | **at one time** in the past; previously ▶ **kiedyś, dawno temu** | **at the time** at a particular moment or period in the past: *I agreed at the time but later changed my mind.* ▶ **wtedy, wówczas** | **at times** sometimes: *At times I wish we'd never had children.* ▶ **czasami, niekiedy** | **beat time (to sth)** → BEAT[1] | **before your time** before you were born ▶ **kiedy cię jeszcze na świecie nie było** | **behind the times** not modern or fashionable ▶ **zacofany** | **buy time** → BUY | **for the time being** just for the present; not for long ▶ **na razie, chwilowo** | **from time to time** sometimes; not often ▶ **czasami, od czasu do czasu** | **give sb a hard time** → HARD[1] | **have a good, great, etc. time** to enjoy yourself: *We had a wonderful time at the party.* ▶ **dobrze się bawić** | **have a hard time doing sth** → HARD[1] | **have no time for sb/sth** to not like sb/sth: *I have no time for people who aren't prepared to work.* ▶ **nie mieć czasu dla** | **have the time of your life** to enjoy yourself very much ▶ **świetnie się bawić** | **in good time** early; at the right time: *We arrived in good time.* ▶ **przed czasem; na czas** | **in the nick of time** → NICK[1] | **in time (for sth/to do sth)** not late; at the right time: *We'll get to the station in time for your train.* ▶ **na czas, przed czasem** | **It's about/high time** (spoken) (used to say that you think sb should do sth very soon): *It's about time you told him what's going on.* ▶ **najwyższy czas** | **kill time, an hour, etc.** → KILL | **once upon a time** → ONCE | **one at a time** → ONE[1] | **on time** not late or early ▶ **na czas** | **take your time** to do sth without hurrying ▶ **nie śpieszyć się** | **tell the time** → TELL | **time after time**; **time and (time) again** again and again; many times ▶ **raz za razem**
■ **ˈtime-consuming** adj. that takes or needs a lot of time ▶ **czasochłonny** | **ˈtime lag** noun [C] = LAG | **ˈtime limit** noun [C] a time during which sth must be done: *We have to set a time limit for the work.* ▶ **(określony) termin** | **ˈtime machine** noun [C] (in science fiction stories) a machine that enables you to travel in time to the past or the future ▶ **wehikuł czasu** | **ˈtime signature** noun [C] a sign at the start of a piece of music, usually in the form of numbers, showing the number of beats in each bar ▶ **oznaczenie taktowe** | **ˈtimetable** noun [C] a list that shows the times when sth happens ▶ **rozkład, plan lekcji**

time[2] /taɪm/ verb [T] **1** to choose or arrange the time that sth happens: *They timed their journey to avoid the rush-hour.* ▶ **wybierać czas, synchronizować czas** (*jakiegoś wydarzenia z* *czymś*) **2** to measure how long sb/sth takes ▶ **mierzyć czas**

□ **timer** noun [C] a person or machine that measures time: *an egg timer* klepsydra (do mierzenia czasu na gotowanie jajek) ▶ **chronometrażyst-a/ka; regulator czasowy** | **timing** noun [U] **1** the act of choosing or arranging when sth will happen: *The timing of the meeting is not convenient for many people.* ▶ **(określony/proponowany) czas** (*np. spotkania*) **2** your skill at choosing or arranging the best time for sth ▶ **umiejętność planowania w czasie**

timeless /'taɪmləs/ adj. (formal) that does not seem to be changed by time ▶ **wieczny**

timely /'taɪmli/ adj. happening at just the right time: *The accident was a timely reminder of the dangers involved.* Wypadek ten wydarzył się w samą porę, aby przypomnieć o zagrożeniach związanych z motoryzacją. ▶ **zachodzący w samą porę**

times /taɪmz/ prep. (used when you are multiplying one figure by another): *Three times four is twelve.* ▶ **razy**

□ **times** noun [pl.] (used for comparing things): *Tea is three times as/more expensive* (trzy razy droższa) *in Spain than in England.* ▶ **razy**

timid /'tɪmɪd/ adj. easily frightened; shy ▶ **bojaźliwy, nieśmiały**

□ **timidity** /tɪ'mɪdəti/ noun [U] ▶ **bojaźliwość, nieśmiałość** | **timidly** adv. ▶ **bojaźliwie, nieśmiało**

★**tin** /tɪn/ noun **1** [U] a soft whitish metal that is often mixed with other metals ▶ **cyna 2** [C] a closed container in which food is stored and sold, made of tin: *a tin of peas* ➲ Ilustr. do **container**. ▶ **(blaszana) puszka 3** [C] a metal container for food, etc., with a lid: *a biscuit tin* ▶ **(blaszana) puszka z przykrywką**

□ **tinned** adj. (used about food) that is in a tin(2) so that you can keep it for a long time: *tinned peaches* ▶ **konserwowany w puszkach**

■ **tinfoil** = FOIL[1] | **'tin-opener** noun [C] a tool that you use for opening a tin(2) ➲ Ilustr. do **kitchen**. ▶ **otwieracz do konserw**

tinge /tɪndʒ/ noun [usually sing.] a small amount of a colour or a feeling: *blue with a tinge of green* ○ *a tinge of sadness* ▶ **zabarwienie; odcień**

□ **tinged** adj.: *Her joy at leaving was tinged with regret.* ▶ **zabarwiony; z odcieniem**

tingle /'tɪŋgl/ verb [I] to have a slight stinging or prickling feeling in the skin: *His cheeks tingled as he came in from the cold.* ▶ **odczuwać mrowienie, świerzbić**

□ **tingle** noun: *a tingle of excitement* ▶ **mrowienie, lekkie szczypanie**

tinker /'tɪŋkə(r)/ verb [I] to try to repair or improve sth without having the proper skill or knowledge: *He's been tinkering with the car all afternoon but it still won't start.* ▶ **majstrować**

tinkle /'tɪŋkl/ verb [I] to make a light, ringing sound, like that of a small bell ▶ **lekko dzwonić**

□ **tinkle** noun [C, usually sing.] ▶ **lekkie dzwonienie**

tinsel /'tɪnsl/ noun [U] strings covered with little pieces of shiny paper, used as a Christmas decoration ▶ **lameta**

tint /tɪnt/ noun [C] a type or shade of a colour: *cream paint with a pinkish tint* ▶ **zabarwienie**

□ **tint** verb [T] to add a little colour to sth: *tinted glass* ○ *She had her hair tinted.* ▶ **barwić, farbować**

★**tiny** /'taɪni/ adj. (**tinier**; **tiniest**) very small: *the baby's tiny fingers* ▶ **malutki**

★**tip[1]** /tɪp/ noun [C] the thin or pointed end of sth: *the tips of your toes/fingers* ○ *the southernmost tip* (najbardziej na południe wysunięty punkt) *of South America* ▶ **koniuszek/koniec** (*np. palca*)

IDIOMS **(have sth) on the tip of your tongue** to be about to remember or say sth that you have forgotten for the moment: *Their name is on the tip of my tongue. It'll come back to me in a moment.* ▶ **(mieć coś) na końcu języka** | **the tip of the iceberg** a small part of a problem that is much larger ▶ **wierzchołek góry lodowej**

★**tip[2]** /tɪp/ verb [I,T] (**tipping**; **tipped**) **1 tip (sth) (up)** to move so that one side is higher than the other; to make sth move in this way: *When I stood up, the bench tipped up and the person on the other end fell off.* ▶ **przechylać/podnosić (się) jednym końcem w górę**, (*o ławce, desce itp.*) **przeważać 2 tip (sth) (over)** to fall or turn over; to make sth turn over: *The tractor turned the corner too fast and the trailer tipped over.* ○ *The baby leaned out of his pushchair and tipped it over.* ▶ **wywracać (się) 3** to empty or pour sth out of a container: *Tip the dirty water down the drain.* ○ *The child tipped all the toys onto the floor.* ▶ **wylewać; wysypywać**

□ **tip** noun [C] **1** a place where you can take rubbish: *We took the broken furniture to the tip.* ▶ **śmietnisko 2** (informal) a place that is very dirty or untidy ▶ **śmietnik**

★**tip[3]** /tɪp/ verb (**tipping**; **tipped**) to give a small amount of money (in addition to the normal charge) to a waiter, taxi driver, etc. to thank them ▶ **dawać napiwek**

□ **tip** noun: *Service wasn't included so we left a tip for the waitress.* ▶ **napiwek**

tip[4] /tɪp/ verb [T] (**tipping**; **tipped**) **tip sb/sth (as sth/to do sth)** to think that sb/sth is likely to do sth: *This horse is tipped to win the race.* Ten koń jest typowany na zwycięzcę. ○ *He is widely tipped as* (prawie wszyscy typują go na) *the next Prime Minister.* ▶ **typować**

□ **tip** noun [C] a piece of useful advice ▶ **dobra rada, wskazówka**

tip[5] /tɪp/ verb (**tipping**; **tipped**)

PHRASAL VERB **tip sb off** to give sb secret information: *The police had been tipped off and were waiting when the burglars broke in.* ▶ **udzielać poufnej informacji**

□ **'tip-off** noun: *Acting on a tip-off, the police searched the flat for drugs.* ▶ **poufna informacja**

Tipp-Ex™ /'tɪpeks/ noun [U] (Brit.) a liquid, usually white, that you use to cover mistakes that you make when you are writing or typing, and

that you can write on top of; a type of correction fluid ▶ **korektor** (*w płynie*)
□ **tippex** verb [T] **tippex sth (out)**: *I tippexed out the mistakes.* ▶ **poprawić coś za pomocą korektora**

tiptoe /ˈtɪptəʊ/ noun
IDIOM **on tiptoe** standing or walking on the ends of your toes with your heels off the ground ▶ (*stawać/chodzić*) **na palcach**
□ **tiptoe** verb [I] to walk quietly and carefully on tiptoe ▶ **chodzić na palcach**

★**tire**[1] /ˈtaɪə(r)/ verb **1** [I,T] to feel that you need to rest or sleep; to make sb feel like this: *However hard he works, he never seems to tire.* ○ *The long walk tired us all out.* ▶ **męczyć (się) 2** [I] **tire of sth/sb** to become bored or not interested in sth/sb: *I never tire of this view.* ▶ **nudzić się (czymś/kimś)**
PHRASAL VERB **tire sb/yourself out** to make sb/yourself very tired; to exhaust sb/yourself: *The long walk tired us all out.* ▶ **wyczerpywać kogoś; przemęczać się**
□ **tired** /ˈtaɪəd/ adj. feeling that you need to rest or sleep: *She was tired after a hard day's work.* ▶ **zmęczony**
IDIOMS **be tired of sb/sth/doing sth** to be impatient with or annoyed by sb/sth/doing sth: *I'm tired of this game. Let's play something else.* ○ *I'm sick and tired of listening to the same thing again and again.* ▶ **być zmęczonym (kimś/czymś/robieniem czegoś)** | **tired out** very tired ▶ **wymęczony**
tiredness noun [U] the state of being tired ▶ **zmęczenie** | **tireless** adj. not stopping for rest ▶ **niezmordowany** | **tiresome** /ˈtaɪəsəm/ adj. (formal) that makes you a little angry or bored ▶ (*o osobie*) **męczący, nieznośny** | **tiring** /ˈtaɪərɪŋ/ adj. making you tired: *a long and tiring journey* ▶ **męczący**

tire[2] (US) = TYRE

tissue /ˈtɪʃuː/ noun **1** [C,U] the material that the bodies of animals and plants are made of: *brain tissue* ○ *Radiation can destroy the body's tissues.* ▶ **tkanka 2** [C] a thin piece of soft paper that you use as a handkerchief and throw away after you have used it: *a box of tissues* ▶ **chusteczka higieniczna 3** [U] (also **tissue paper**) thin soft paper that you use for wrapping things that may break ▶ **bibuł(k)a**

tit[1] /tɪt/ noun
IDIOM **tit for tat** something unpleasant that you do to sb because they have done sth to you ▶ **wet za wet**

tit[2] /tɪt/ noun [C] (slang) a woman's breast ❶ To słowo jest uważane za obraźliwe. ▶ **cyc/ek**

tit[3] /tɪt/ noun [C] a small bird, often with a dark top to the head. There are several types of tit: *a blue tit* ▶ **sikorka**

titbit /ˈtɪtbɪt/ (US **tidbit**) noun [C] **1** a small but very nice piece of food ▶ **smakowity kąsek 2** an interesting piece of information ▶ **rodzynek**

★**title** /ˈtaɪtl/ noun [C] **1** the name of a book, play, film, picture, etc. ▶ **tytuł 2** a word that shows a person's rank or profession: *'Lord', 'Doctor', 'Reverend', 'Mrs' and 'General' are all titles.* ▶ **tytuł 3** the position of champion in a sport: *Sue is playing this match to defend her title.* ▶ **tytuł**
□ **titled** /ˈtaɪtld/ adj. having a noble rank, e.g. 'Duke' ▶ (*o arystokracie*) **utytułowany**
■ ˈ**title-holder** noun [C] the champion in a sport: *the current 400-metres title-holder* ▶ **rekordzist-a/ka, medalist-a/ka** | ˈ**title role** noun [C] the part in a play or film that is used as the title of it ▶ **tytułowa rola**

titter /ˈtɪtə(r)/ noun [C] a short silly or nervous laugh ▶ **chichot**
□ **titter** verb: *The speaker dropped his notes and the audience tittered.* ▶ **chichotać**

★**to**[1] /tə; before vowels tu; strong form tuː/ prep. **1** in the direction of; as far as: *She's going to London.* ○ *Turn to the left* (w lewo). ○ *This road goes to Dover.* ○ *Pisa is to the west of* (na zachód od) *Florence.* ○ *He has gone to school.* ▶ **do 2** (used before the person or thing that receives, sees, etc. sth): *Give that to me.* Daj mi to. ○ *You must be kind to animals.* Musisz być dobry dla zwierząt. ❶ Często nie tłumaczy się. Wówczas w tłumaczeniu stosuje się rzeczownik w celowniku. **3** (nearly) touching sth: *He put his hands to his ears.* Zatkał uszy rękami. ○ *They sat back to back.* Siedzieli plecami do siebie. ▶ **przy, do 4** (used about time) before: *It's two minutes to three.* Jest za dwie minuty trzecia. ▶ **za 5** (used before the upper limit of a range): *from Monday to Friday* od poniedziałku do piątku ○ *from beginning to end* ○ *Hypermarkets sell everything from matches to washing machines.* ▶ **do, po 6** (used for expressing a reaction to sth): *To my surprise, I saw two strangers coming out of my house.* ▶ **ku, z 7** as far as sb is concerned; in sb's opinion: *To me, it was the wrong decision.* ▶ **według 8** (used when comparing things): *I prefer Italy to Spain.* ▶ **od, niż 9** (used for expressing quantity) for each unit of money, measurement, etc.: *It's 2.67 Swiss francs to the pound at the moment.* ▶ **(w stosunku) do**

★**to**[2] /tə; before vowels tu; strong form tuː/ (used with verbs to form the infinitive): *I want to go* (iść) *home now.* ○ *Don't forget to write.* ○ *She's learning English in order to get a better job.* ○ *Do you know which button to press?* ○ *I didn't know what to do.* ○ *He asked me to go* (poprosił, żebym sobie poszła) *but I didn't want to.* ❶ Nie tłumaczy się.

to[3] /tuː/ adv. (used about a door) in or into a closed position: *Push the door to.* Zamknij drzwi.
IDIOM **to and fro** backwards and forwards ▶ **tam i z powrotem**

toad /təʊd/ noun [C] a small cold-blooded animal that looks similar to a frog but that is bigger, has a rough skin and lives mainly on land ▶ **ropucha**

toadstool /ˈtəʊdstuːl/ noun [C] a type of poisonous fungus ➲ Por. **fungus** i **mushroom**. ▶ **muchomor, grzyb trujący**

★**toast**[1] /təʊst/ noun [U] a thin piece of bread that is heated to make it brown: *toast and marmalade* ○ *fried egg on toast* ▶ **grzanka**
□ **toast** verb [I,T] ➲ Zob. uwaga przy **cook**. ▶ (*o*

kromce chleba itp.) **przypiekać się; piec grzanki** | **toaster** noun [C] an electrical machine for making toast ▶ **toster**

toast² /təʊst/ verb [T] to hold up your glass and wish sb success, happiness, etc. before you drink: *Everyone stood up and toasted the bride and groom.* ▶ **wznosić toast**

□ **toast** noun [C]: *a toast to the Queen* ▶ **toast**

⋆**tobacco** /təˈbækəʊ/ noun [U] the substance that people smoke in cigarettes and pipes (the dried leaves of the tobacco plant) ▶ **tytoń**

□ **tobacconist** /təˈbækənɪst/ noun [C] a person who sells cigarettes, tobacco, etc. ❶ Zwróć uwagę, że **tobacconist** oznacza osobę prowadzącą sklep z wyrobami tytoniowymi, a **tobacconist's** to sklep z wyrobami tytoniowymi. ➲ Zob. uwaga przy **chemist**. ▶ **osoba prowadząca sklep z/handlująca wyrobami tytoniowymi**

toboggan /təˈbɒgən/ noun [C] a type of flat board, often with metal strips underneath, that people use for travelling downhill on snow for fun ❶ **Sledge** to zwykłe sanki lub sanie. ▶ **saneczki**

⋆**today** /təˈdeɪ/ noun [U], adv. **1** (on) this day: *Today is Monday.* ○ *What shall we do today?* ○ *School ends a week today.* Szkoła kończy się od dziś za tydzień. ○ *Where is today's paper* (dzisiejsza gazeta)*?* ▶ **dziś, dzisiaj 2** (in) the present age: *Young people have more freedom today than in the past.* ○ *Today's* (dzisiejsze) *computers are much smaller than the early models.* ▶ **teraz**

toddle /ˈtɒdl/ verb [I] to walk with short unsteady steps, like a young child ▶ **chodzić niepewnym krokiem**

□ **toddler** /ˈtɒdlə(r)/ noun [C] a child who has only just learnt to walk ▶ **małe dziecko dopiero uczące się chodzić**

⋆**toe** /təʊ/ noun [C] **1** one of the five small parts like fingers at the end of each foot: *my big toe* ▶ **palec 2** the part of a sock, shoe, etc. that covers your toes ▶ **palce** ➲ Por. **finger**.

□ **toe** verb (pres. part. **toeing**; pt, pp **toed**)

IDIOM **toe the (party) line** to obey the orders of your group, party, etc. ▶ **iść po linii** *(np. partyjnej)*

■ **ˈtoenail** noun [C] one of the hard pieces that cover the end of your toes ▶ **paznokieć u nogi**

TOEFL /ˈtəʊfl/ abbr. (US) Test of English as a Foreign Language; the examination for foreign students who want to study at an American university ▶ **egzamin języka angielskiego dla obcokrajowców pragnących studiować w USA**

toffee /ˈtɒfi/ noun [C,U] a hard sticky sweet that is made by cooking sugar and butter together with milk or water ▶ **toffi**

⋆**together** /təˈgeðə(r)/ adv. **1** with each other; in or into the same place as, or near to sb/sth else: *Can we have lunch together?* ○ *They walked home together.* ○ *I'll get all my things together tonight because I want to leave early.* ○ *Stand with your feet together.* Stań ze złączonymi stopami. ▶ **razem, wspólnie 2** so that two or more things are mixed with, joined to or added to each other: *Mix the butter and sugar together.* Zmieszaj masło z cukrem. ○ *Tie the two ends together.* ○ *Add these numbers together to find the total.* ▶ **razem (z) 3** at the same time: *Don't all talk together.* ▶ **na raz**

IDIOMS **get your act together** → ACT² | **together with** in addition to; as well as: *I enclose my order together with a cheque for £15.* ▶ **razem z kimś/czymś**

□ **together** adj. (informal) (used about a person) organized, capable ▶ **zorganizowany, zdolny** | **togetherness** noun [U] a feeling of friendship ▶ **wspólnota** *(np. rodzinna)*

toil /tɔɪl/ verb [I] (formal) to work very hard or for a long time at sth ▶ **mozolić się**

□ **toil** noun [U] (formal) ▶ **trud**

⋆**toilet** /ˈtɔɪlət/ noun [C] a large bowl with a seat, attached to a drain, that you use when you need to get rid of waste material or water from your body; the room containing this: *I'm going to the toilet.* ○ *Could I use your toilet, please?* ○ *to flush the toilet* spuścić wodę w ubikacji ▶ **toaleta; ubikacja**

> O ubikacji w domu mówi się zwykle **toilet** (lub potocznie **loo**). **Lavatory** i **WC** to słowa używane w języku formalnym, które wychodzą z użycia. Toalety w miejscach publicznych to **Public Conveniences** lub **ladies/gents**. W Amer. ang. używa się też słowa **bathroom** (o ubikacji w domu), natomiast o toaletach w miejscach publicznych mówi się **restroom** lub **ladies'/men's room**.

□ **toiletries** /ˈtɔɪlətriz/ noun [pl.] things such as soap, toothpaste, etc. that you use when you are getting washed, doing your hair, etc. ▶ **przybory toaletowe**

■ **ˈtoilet bag** (also **sponge bag**) noun [C] a bag that you use when travelling to carry toiletries (i.e. soap, toothpaste, etc.) ▶ **kosmetyczka** | **ˈtoilet paper** noun [U] paper that you use to clean your body after going to the toilet ▶ **papier toaletowy** | **ˈtoilet roll** noun [C] a long piece of toilet paper rolled round a tube ▶ **rolka papieru toaletowego**

token /ˈtəʊkən/ noun [C] **1** something that represents or is a sign of sth else: *Please accept this gift as a token of our gratitude.* ▶ **znak 2** a piece of metal, plastic, etc. that you use for a particular purpose, often instead of a coin ▶ **żeton 3** a piece of paper or card that you can use to buy sth of a certain value in a particular shop. Tokens are often given as presents: *a gift token* prezent w postaci bonu towarowego ➲ Por. **voucher**. ▶ **bon towarowy**

□ **token** adj. (only before a noun) **1** small, but done or given as a sign that sth larger or more serious could follow: *a token payment* ▶ **wpłata symboliczna 2** done, chosen, etc. to give the impression that you are interested in sth when you do not intend it sincerely: *The troops put up only token resistance.* Oddziały stawiły tylko pozorny opór. ○ *There is a token woman on the board.* W radzie nadzorczej znajduje się jedna figurantka. ▶ **na pokaz; pozorny**

told pt, pp of TELL

tolerate /ˈtɒləreɪt/ verb [T] **1** to allow or accept sth that you do not like or agree with: *In a democracy we must tolerate opinions that are different from our own.* ▶ **tolerować 2** to accept or stand sb/sth unpleasant without complaining: *The noise was more than she could tolerate.* ▶ **znosić**

□ **tolerable** /ˈtɒlərəbl/ adj. quite good, but not of the best quality; of a level that you can tolerate: *Drugs can reduce the pain to a tolerable level.* ▶ **znośny** | **tolerance** /ˈtɒlərəns/ noun [U] the ability or willingness to allow or accept sth that is unpleasant or that you do not like or agree with: *religious tolerance* ❶ Antonim: **intolerance**. ▶ **tolerancja** | **tolerant** /-rənt/ adj. **tolerant (of/towards sb/sth)** having or showing tolerance ❶ Antonim: **intolerant**. ▶ **tolerancyjny (dla/w stosunku do kogoś/czegoś)** | **toleration** /ˌtɒləˈreɪʃn/ noun [U] = TOLERANCE

toll /təʊl/ noun [C] **1** money that you pay to use a road, bridge, etc. ▶ **myto, opłata targowa 2** [usually sing.] the amount of damage done or the number of people who were killed or injured by sth: *The death toll* (liczba ofiar śmiertelnych) *from the earthquake was 35.* ▶ **liczba** (*np. ofiar*)

IDIOM **take a heavy toll/take its toll (on sth)** to cause loss, damage, suffering, etc. ▶ **zbierać obfite żniwo**

tom /tɒm/ noun [C] = TOMCAT

★**tomato** /təˈmɑːtəʊ; US təˈmeɪtəʊ/ noun [C] (pl. **tomatoes**) a soft red fruit that is often eaten raw in salads or cooked as a vegetable: *tomato juice* ▶ **pomidor**

tomb /tuːm/ noun [C] a place made of stone where a body is buried: *the tomb of the unknown soldier* ➲ Por. **grave**. ▶ **grobowiec**

■ **ˈtombstone** noun [C] a stone over a grave that shows the name of the person who is buried there ▶ **kamień nagrobny**

tomboy /ˈtɒmbɔɪ/ noun [C] a young girl who likes to play games traditionally played only by boys ▶ **chłopczyca**

tomcat /ˈtɒmkæt/ (also **tom**) noun [C] a male cat ▶ **kot, kocur**

★**tomorrow** /təˈmɒrəʊ/ noun [U], adv. **1** (on) the day after today: *Today is Friday so tomorrow is Saturday.* ○ *The advertisement will appear in tomorrow's papers* (w jutrzejszych gazetach). ○ *See you tomorrow.* ○ *I'm going to bed. I've got to get up early tomorrow morning.* ○ *Tomorrow night's concert has been cancelled.* ○ *a week tomorrow* od jutra za tydzień ❶ Zwróć uwagę, że mówi się **tomorrow morning**, **tomorrow afternoon** itp., a nie **tomorrow in the morning** itp. ➲ Zob. uwaga przy **morning**. ▶ **jutro 2** the future: *The schoolchildren of today are tomorrow's workers* (jutrzejsi pracownicy). ▶ **jutro**

IDIOM **the day after tomorrow** → DAY

★**ton** /tʌn/ noun **1** [C] a measure of weight; 2 240 pounds ❶ Nie należy mylić **ton** z **tonne** (tj. toną metryczną = 1000 kg). **Ton** odpowiada 1,016 tony metrycznej. Tona amer. odpowiada 2 000 funtów ang. lub 0,907 tony metrycznej. ▶ **tona** (= *2200 funtów ang.*) **2** (**tons**) [pl.] (informal) a lot: *tons of homework* ▶ **kupa**

★**tone**[1] /təʊn/ noun **1** [C,U] the quality of a sound, especially of the human voice: *'Do you know each other?' she asked in a casual tone of voice.* ○ *His tone changed. He was angry now.* ▶ **ton 2** [sing.] the general quality or style of sb/sth: *The tone of the meeting was optimistic.* ▶ **atmosfera** (*np. zebrania*) **3** [C] one of the shades of a colour: *warm tones of red and orange* ▶ **odcień** (*koloru*) **4** [C] a sound that you hear on the telephone: *the dialling tone* ▶ **sygnał telefoniczny**

■ **ˌtone-ˈdeaf** adj. not able to sing or hear the difference between notes in music ▶ **mający drewniane ucho**

tone[2] /təʊn/ verb

PHRASAL VERB **tone sth down** to change sth that you have said, written, etc., to make it seem less strong ▶ **stonować, złagodzić**

tongs /tɒŋz/ noun [pl.] a tool that looks like a pair of scissors but that you use for holding or picking things up ➲ Ilustr. do **kitchen**. ▶ **szczypce**

★**tongue** /tʌŋ/ noun **1** [C] the soft part inside your mouth that you can move. You use your tongue for speaking, tasting things, etc. ▶ **język 2** [C,U] the tongue of an animal, e.g. a cow, which can be eaten: *ham and tongue salad* ▶ **ozór, ozorek 3** [C] (formal) a language: *your mother tongue* język ojczysty ▶ **język**

IDIOMS **on the tip of your tongue** → TIP[1] | **put/stick your tongue out** to put your tongue outside your mouth, for the doctor to examine or to be rude to sb ▶ **pokazywać język** | **a slip of the tongue** → SLIP[1] | **(with) tongue in cheek** done or said as a joke; not meant seriously ▶ (*mówić/robić coś*) **ironicznie**

■ **ˈtongue-tied** adj. not saying anything because you are shy or nervous ▶ **oniemiały** | **ˈtongue-twister** noun [C] a phrase or sentence that is difficult to say correctly when you are speaking quickly ▶ **zdanie/wyraz trudny do wypowiedzenia, łamaniec językowy**

tonic /ˈtɒnɪk/ noun [C,U] something that makes you feel stronger, healthier, happier, etc.: *A relaxing holiday is a wonderful tonic.* ▶ **środek tonizujący** (*np. wzmacniający/ożywiający*)

□ **ˈtonic water** (also **tonic**) noun [U] a type of water with bubbles in it and a rather bitter taste that is often added to alcoholic drinks: *Gin and tonic, please.* ▶ **tonik**

★**tonight** /təˈnaɪt/ noun [U], adv. (on) the evening or night of today: *Tonight is the last night of our holiday.* ○ *tonight's weather forecast* ○ *What's on TV tonight?* ○ *We are staying with friends tonight and travelling home tomorrow.* ▶ **dzisiejsz-y/a wieczór/noc, dziś wieczorem**

★**tonne** /tʌn/ noun [C] a measure of weight; 1 000 kilograms ➲ Por. **ton**. ▶ **tona** (*metryczna*)

tonsil /ˈtɒnsl/ noun [C] one of the two soft lumps in your throat on each side of the back of your tongue ▶ **migdał/ek**

□ **tonsillitis** /ˌtɒnsəˈlaɪtɪs/ noun [U] an illness in which the tonsils become very sore ▶ **zapalenie migdałków**

tools

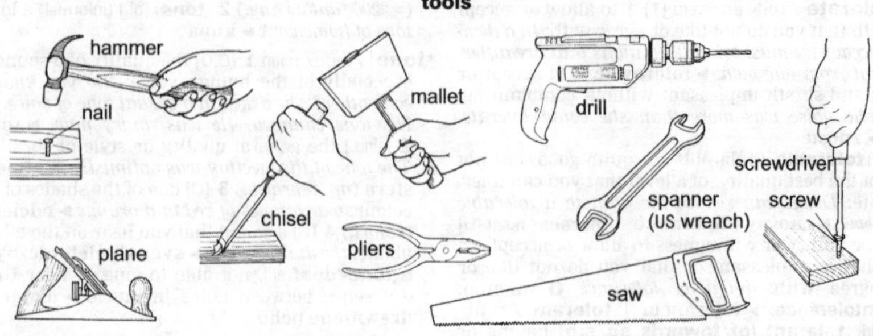

★**too** /tu:/ adv. **1** in addition; also: *Red is my favourite colour but I like blue, too.* ○ *Phil thinks you're right and I do too.* ❶ Zwróć uwagę, że mówi się: *There were lions and tigers at the zoo. There were elephants, too*; ale: *There were no zebras and there were no giraffes, either.* ➲ Zob. uwaga przy **also**. ▶ **też, także 2** (used for expressing surprise or disappointment): *Her purse was stolen. And on her birthday too* (i to w dniu jej urodzin.). ▶ **na dodatek 3** (used before adjectives and adverbs) more than is good, allowed, possible, etc.: *These boots are too small.* ○ *too slowly* ○ *It's too long a journey* (to zbyt długa podróż) *for you to make alone.* ❶ Zwróć uwagę, że nie można powiedzieć ~~*It's a too long journey*~~. ▶ **za, zbyt 4** (usually used in negative sentences) very: *The weather is not too bad* (nie najgorsza) *today.* ▶ **(nie) zbyt**

took pt of TAKE

★**tool** /tu:l/ noun [C] a piece of equipment that you use to help you do a particular type of job: *Hammers, screwdrivers and saws are all carpenter's tools.* ○ *garden tools* ○ *A word processor is an indispensable tool for a journalist.* ▶ **narzędzie** (*np. pracy*)

> **Tool** oznacza zwykle coś, co można trzymać w ręce, np. klucz lub młotek. **Implement** oznacza narzędzie często używane poza domem, np. w rolnictwie lub ogrodnictwie. **Machine** to narzędzie zasilane energią elektryczną, wyposażone w silnik, mające ruchome części itp. **Instrument** często używa się, mówiąc o narzędziach stosowanych w pracy technicznej lub precyzyjnej: *a dentist's instruments* ○ *precision instruments*. **Device** to słowo ogólne oznaczające jakieś przydatne urządzenie: *The machine has a safety device which switches the power off if there is a fault.*

■ **toolbar** noun [C] a row of symbols on a computer screen that shows the different things that the computer can do ▶ **pasek narzędzi**

toot /tu:t/ noun [C] the short sound that a whistle, horn, etc. makes ▶ **gwizd; trąbienie**

□ **toot** verb: *Michael tooted the horn* (zatrąbił) *as he drove away.* ▶ **trąbić; gwizdać**

★**tooth** /tu:θ/ noun [C] (pl. **teeth** /ti:θ/) **1** one of the hard white parts in your mouth that you use for biting: *to have a tooth out* wyrywać ząb ○ *The old man took out his false teeth* (sztuczne zęby). ○ *wisdom teeth* zęby mądrości ▶ **ząb**

> You **brush/clean** your teeth to remove bits of food. If a tooth is **decayed**, the dentist may **fill** it or **extract** it/**take** it **out**. If you have had all your teeth out you can have **false teeth** or **dentures**.

2 one of the long pointed parts of a comb, saw, etc. ▶ **ząb**

IDIOMS **by the skin of your teeth** → SKIN | **grit your teeth** → GRIT | **have a sweet tooth** → SWEET[1]

■ **'toothache** noun [C,U] a pain in your tooth or teeth ➲ Zob. uwaga przy **ache**. ▶ **ból zęba** | **'toothbrush** noun [C] a small brush with a handle that you use for cleaning your teeth ➲ Ilustr. do **brush**. ▶ **szczoteczka do zębów** | **'toothpaste** noun [U] a substance that you put on your toothbrush and use for cleaning your teeth ▶ **pasta do zębów** | **'toothpick** noun [C] a short pointed piece of wood that you use for getting pieces of food out from between your teeth ▶ **wykałaczka**

★**top[1]** /tɒp/ noun **1** [C] the highest part of sth: *The flat is at the top of the building.* ○ *the top of the stairs* ○ *Start reading at the top of the page.* ▶ **szczyt, góra 2** [C] the upper surface of sth: *a desk top* blat biurka ▶ **wierzch 3** [sing.] **the top (of sth)** the highest or most important rank or position: *to be at the top of your profession* ▶ **szczyt 4** [C] the cover that you put onto sth in order to close it: *Put the tops back on the felt-tip pens.* ○ *a bottle top* ➲ Por. **cap** i **lid**. Ilustr. do **container**. ▶ **zatyczka, zakrętka, skuwka 5** [C] a piece of clothing that you wear on the top part of your body: *I need a top to match my new skirt.* ▶ **bluzka, koszula itp.**

IDIOMS **at the top of your voice** as loudly as possible ▶ **na całe gardło** | **get on top of sb** (informal) to make sb feel sad or depressed: *I've got so much work to do. It's really getting on top of me.* ▶ **wchodzić (komuś) na głowę** | **off the top of your head** (informal) without preparing or thinking about sth before you speak ▶ **prosto z głowy** | **on top 1** on or onto the highest point: *There's a pile of books on the* *desk. Please put this one on top.* ▶ (*kłaść/leżeć itp.*) **na wierzch/u** **2** stronger or better: *Throughout the match Liverpool were on top.* ▶ **(być) górą** | **on top of sb/sth** **1** on or onto sb/sth else: *Several demonstrators stood on top of the tank, waving flags and shouting.* ▶ **na** **2** in addition to sb/sth else: *On top of all our other problems the car's broken down.* ▶ **w dodatku** **3** (informal) very close to sb/sth: *modern houses built on top of each other* nowoczesne domy stoją prawie jeden na drugim ▶ **stłoczony** | **over the top**; **OTT** (informal, especially Brit.) stronger or more extreme than necessary ▶ **przegięcie (pały)**

□ **top** adj. highest in position, rank or degree: *the top floor of the building* ○ *one of Britain's top businessmen* ○ *at the top speed* z największą szybkością ▶ **najwyższy, najlepszy** | **topless** adj., adv. not covering the breasts; with the breasts not covered: *a topless swimsuit* kostium kąpielowy typu toples ○ *to sunbathe topless* opalać się bez stanika ▶ **toples(s)**

■ ˌ**top 'hat** noun [C] the tall black or grey hat that a man wears on formal occasions ▶ **cylinder** | ˌ**top-'heavy** adj. heavier at the top than the bottom and likely to fall over ▶ **przeciążony u góry** | **'topmost** /-məʊst/ adj. (only before a noun) highest: *the topmost branches of the tree* ▶ **najwyższy** | ˌ**top 'secret** adj. that must be kept very secret ▶ **ściśle tajny**

top² /tɒp/ verb [T] (**topping**; **topped**) **1** to be or form a top for sth: *cauliflower topped with cheese sauce* (polany sosem serowym) ▶ **nakrywać** **2** to be higher or greater than sth: *Inflation has topped* (przekroczyła) *the 10% mark.* ▶ **przewyższać, przerastać**

PHRASAL VERB **top sth up** to fill sth that is partly empty: *We topped up our glasses.* ▶ **dopełniać**

□ **topping** noun [C,U] something such as cream or a sauce that is put on the top of food to decorate it or make it taste nicer ▶ **wierzch, dekoracja**

top³ /tɒp/ noun [C] a child's toy that spins round quickly, balancing on a point ▶ **bąk**

⋆**topic** /'tɒpɪk/ noun [C] a subject that you talk, write or learn about ▶ **temat**

□ **topical** /-kl/ adj. connected with sth that is happening now; that people are interested in now ▶ **aktualny**

topple /'tɒpl/ verb **1** [I] **topple (over)** to become unsteady and fall over: *Don't add another book to the pile or it will topple over.* ▶ **przewracać się** **2** [T] to cause a government or leader of a country to lose power: *A coup by the army has toppled the country's president.* ▶ **obalać**

⋆**torch** /tɔːtʃ/ noun [C] **1** (US **flashlight**) a small electric light that you carry in your hand. A torch runs on batteries: *Shine the torch under the sofa and see if you can find my ring.* ▶ **latarka (elektryczna)** **2** a long piece of wood with burning material at the end that you carry to give light ▶ **pochodnia**

tore pt of TEAR²

torment /'tɔːment/ noun [C, usually pl., U] great pain in your mind or body; sth that causes this pain: *to be in torment* cierpieć katusze ▶ **męka**

□ **torment** /tɔː'ment/ verb [T] to cause sb great pain or unhappiness: *The older boys were always tormenting Richard in the school playground.* ○ *She was tormented by nightmares.* ▶ **dręczyć**

torn pp of TEAR²

tornado /tɔː'neɪdəʊ/ noun [C] (pl. **tornadoes**) a violent storm with a very strong wind that blows in a circle ➲ Zob. uwaga przy **storm**. ▶ **tornado**

torpedo /tɔː'piːdəʊ/ noun [C] (pl. **torpedoes**) a bomb, shaped like a tube, that is fired from a ship or submarine and can travel underwater ▶ **torpeda**

torrent /'tɒrənt/ noun [C] a strong fast stream of sth, especially water: *When the snow melts, this little river becomes a torrent.* ○ (figurative) *She poured out a torrent of abuse at him.* ▶ **potok** (*wody, obelg*)

□ **torrential** /tə'renʃl/ adj. (used about rain) very heavy ▶ **ulewny**

torso /'tɔːsəʊ/ noun [C] (pl. **torsos**) the main part of the body, not the head, arms and legs ▶ **tułów**

tortoise /'tɔːtəs/ (US **turtle**) noun [C] a small animal with a hard shell that moves very slowly ➲ Por. **turtle**. ▶ **żółw** (*lądowy*)

tortuous /'tɔːtʃuəs/ adj. **1** complicated, not clear and simple: *a tortuous explanation* ▶ **kręty** **2** (used about a road, etc.) with many bends ▶ **kręty**

torture /'tɔːtʃə(r)/ noun [C,U] **1** the act of causing very great pain to a person, as a punishment or to make them give some information ▶ **tortury** **2** mental or physical suffering: *It's torture having to sit here and listen to him.* ▶ **męczarnie**

□ **torture** verb [T]: *Most of the prisoners were tortured into making a confession.* ○ (figurative) *She was tortured by the thought that the accident was her fault.* ▶ **torturować; dręczyć** | **torturer** /'tɔːtʃərə(r)/ noun [C] a person who tortures other people ▶ **dręczyciel/ka**

Tory /'tɔːri/ noun [C] (pl. **Tories**), adj. a member or supporter of the British Conservative Party; connected with this party ➲ Zob. uwaga przy **party**. ▶ **torys**

toss /tɒs; US tɔːs/ verb **1** [T] to throw sth carelessly, not using all your strength: *Bob opened the letter and tossed the envelope into the paper bin.* ▶ **rzucać (lekko)** **2** [T] to move your head back quickly: *I asked her to stay but she just tossed her head and walked away.* ▶ **odrzucać** (*głowę do tyłu*) **3** [I,T] to keep moving up and down or from side to side; to make sb/sth do this: *He lay tossing and turning, unable to sleep.* ○ *The rough seas tossed the ship about.* ▶ **rzucać się** (*z boku na bok*), **kołysać (się)** **4** [I,T] **toss (up) (for sth)** to throw a coin into the air in order to decide sth. The person who guesses correctly which side of the coin will face upwards when it lands has the right to choose. ▶ **grać w orła i reszkę**

Por. **heads** i **tails**. Słowa te znaczą „orzeł" i „reszka". Rzucając monetę, mówi się **heads** lub **tails** zgadując, którą stroną moneta upadnie: *Let's toss to see who does the washing-up.* ○ *to toss a coin* ○ *There's only one cake left. I'll toss you for it.* Zagrajmy o nie w orła i reszkę.

□ **toss** noun [C] an act of tossing: *an angry toss of the head* (potrząśnięcie głową) ▶ **rzucenie, podrzucenie**

IDIOM **win/lose the toss** to guess correctly/incorrectly which side of a coin will face upwards when it lands: *Miss Williams won the toss and chose to serve first.* ▶ **zgadywać/nie zgadywać, czy wypadnie orzeł, czy reszka**

tot[1] /tɒt/ noun [C] **1** a small child ▶ **berbeć 2** a small glass of a strong alcoholic drink ▶ **szklaneczka** (*np. whisky*)

tot[2] /tɒt/ verb (**totting**; **totted**)

PHRASAL VERB **tot (sth) up** (informal) to add up numbers ▶ **zliczać**

★**total** /ˈtəʊtl/ adj. counting everything; complete: *the total number of people killed* ○ *a total failure* ○ *They ate in total silence.* ▶ **całkowity, kompletny**

□ **total** noun [C] the number that you get when you add two or more numbers or amounts together ▶ **ogólna suma**

IDIOM **in total** when you add two or more numbers or amounts together: *The appeal raised £4 million in total.* ▶ **w sumie**

total verb [T] (**totalling**; **totalled**; US also **totaling**; **totaled**) to add up to a certain amount or number; to make a total of: *His debts totalled more than £10 000.* ▶ (*o sumie*) **wynosić; sumować** | **totally** /ˈtəʊtəli/ adv. completely: *I totally agree with you.* ▶ **całkowicie**

totter /ˈtɒtə(r)/ verb [I] to stand or move in an unsteady way as if you are going to fall ▶ **stać/iść na chwiejnych nogach**

★**touch**[1] /tʌtʃ/ verb **1** [I,T] (used about two or more things, surfaces, etc.) to be or go so close together that there is no space between them: *They were sitting so close that their heads touched.* ○ *This bicycle is too big. My feet don't touch the ground.* ▶ **dotykać (się), stykać (się) 2** [T] to put a part of your body, usually your hand or fingers onto sb/sth: *The police asked us not to touch anything.* ○ (figurative) *June never touches alcohol.* ▶ **dotykać 3** [T] to make sb feel sadness, sympathy, thanks, etc.: *a sad story that touched our hearts* ➲ Por. **touched**. ▶ **wzruszać 4** [T] (in negative sentences) to be as good as sb/sth: *He's a much better player than all the others. No one else can touch him.* ▶ **(nie) dorównywać (komuś)**

IDIOM **touch wood** → WOOD

PHRASAL VERBS **touch down** (used about an aeroplane, helicopter, etc.) to land ▶ **lądować** | **touch on/upon sth** to talk or write about sth for only a short time ▶ **dotykać czegoś**

★**touch**[2] /tʌtʃ/ noun **1** [C, usually sing.] an act of touching(2) sb/sth: *I felt the touch of her hand on my arm.* ▶ **dotknięcie 2** [U] one of the five senses; the ability to feel: *the sense of touch* ▶ **dotyk 3** [sing.] the way sth feels when you touch it: *Marble is cold to the touch* (zimny w dotyku). ▶ **dotyk 4** [C] a small detail: *The flowers on our table were a nice touch.* ▶ **dodatek 5** [sing.] a way or style of doing sth: *She writes her letters by hand for a more personal touch.* ▶ **efekt 6** [sing.] **a touch (of sth)** a small amount of sth: *He's not very ill. It's just a touch of flu.* To tylko lekka grypa. ▶ **odrobina**

IDIOMS **in/out of touch (with sb)** (not) being in contact with sb by speaking or writing to them: *They kept in touch by letter.* ▶ (*być/nie być*) **w kontakcie** | **in/out of touch with sth** having/not having recent information about sth: *We're out of touch with what's going on.* ▶ (*być/nie być*) **na bieżąco** | **lose touch** → LOSE | **lose your touch** → LOSE

■ **'touch screen** noun [C] a computer screen which shows information when you touch it: *touch screen technology* ▶ **ekran dotykowy**

touchdown /ˈtʌtʃdaʊn/ noun [C,U] the moment when a plane or spacecraft lands: *a smooth touchdown* ▶ **lądowanie**

touched /tʌtʃt/ adj. (not before a noun) made to feel sadness, sympathy, thanks, etc.: *We were very touched by your kind offer.* ▶ **wzruszony**

touching /ˈtʌtʃɪŋ/ adj. that makes you feel sadness, sympathy, thanks, etc. ▶ **wzruszający**

touchy /ˈtʌtʃi/ adj. **1** easily upset or made angry: *Don't ask about her first marriage. She's very touchy about it.* ▶ **drażliwy 2** (used about a subject, situation, etc.) that may easily upset people or make them angry ▶ **drażliwy, obraźliwy**

★**tough** /tʌf/ adj. **1** not easily broken or cut; very strong: *tough boots/plastic* ▶ **solidny, bardzo mocny 2** not easily weakened by pain or difficulty; very strong: *You need to be tough to go climbing in winter.* ▶ **wytrzymały, bardzo mocny 3** difficult to cut and eat: *This meat is tough.* ▶ **żylasty 4** strict; firm: *The government is introducing tough new laws about drinking and driving.* ▶ **surowy 5** difficult: *It will be a tough decision to make.* ○ *He's had a very tough time recently.* ▶ **ciężki 6 tough (on sb)** (informal) unfortunate; bad luck: *That's tough!* Trudno! ▶ **kiepski; pech**

□ **toughen** /ˈtʌfn/ verb [I,T] **toughen (sb/sth) up** to become tough; to make sb/sth tough ▶ **wzmacniać (się); utwardzać (się); hartować (się)** | **toughness** noun [U] ▶ **wytrzymałość; twardość; trudność; surowość**

★**tour** /tʊə(r)/ noun **1** [C] a journey that you make for pleasure during which you visit many places: *a ten-day coach tour of Scotland* ▶ **wycieczka turystyczno-krajoznawcza 2** [C] a short visit around a city, famous building, etc.: *a guided tour round St Paul's Cathedral* ➲ Zob. uwaga przy **travel**. ▶ **wycieczka, zwiedzanie 3** [C,U] a series of visits that you make to play sports matches, give concerts, etc.: *Phil Collins is on tour in America.* ▶ **tournée**

□ **tour** verb [I,T] to go on a journey during which you visit many places: *We spent three weeks touring in southern Italy.* ○ *We toured southern Italy for three weeks.* ▶ **jechać na wycieczkę objazdową; objeżdżać** | **tourism** /ˈtʊərɪzəm/

noun [U] the business of providing and arranging holidays and services for people who are visiting a place ▶ **turystyka** | **tourist** /ˈtʊərɪst/ noun [C] a person who visits a place for pleasure: *a foreign tourist* ○ *the Tourist Information Office* ▶ **turyst-a/ka**

tournament /ˈtʊənəmənt; ˈtɔːn-; ˈtɜːn-; US ˈtʊrn-/ noun [C] a competition in which many players or teams play games against each other ▶ **zawody sportowe**

tousle /ˈtaʊzl/ verb (usually passive) to make sth untidy, especially hair ▶ **targać, mierzwić**
□ **tousled** adj. (used about hair) untidy, often in an attractive way: *a girl with blue eyes and fair tousled hair* ▶ **potargany**

tow /təʊ/ verb [T] to pull a car, etc. along by a rope or chain ▶ **holować**
□ **tow** noun [sing., U] an act of towing: *Can you give me a tow?* ○ *a car on tow* ▶ **holowanie**
IDIOM **in tow** (informal) following behind: *He arrived with his wife and five children in tow.* ▶ **holując (kogoś za sobą)**

★**towards** /təˈwɔːdz; US tɔːrdz/ (also **toward** /təˈwɔːd; US tɔːrd/) prep. **1** in the direction of sb/sth: *I saw Ken walking towards the station.* ○ *She had her back towards me.* Była odwrócona do mnie tyłem. ○ *a first step towards world peace* ▶ **w kierunku, ku 2** (used when you are talking about your feelings about sb/sth) in relation to: *Pat felt very protective towards her younger brother.* ○ *What is your attitude towards private education?* ▶ **(w stosunku) do kogoś/czegoś 3** as part of the payment for sth: *The money will go towards the cost of a new minibus.* ▶ **na 4** near a time or date: *It gets cool towards evening.* ▶ **koło, pod**

★**towel** /ˈtaʊəl/ noun [C] a piece of cloth or paper that you use for drying sb/sth/yourself: *a bath towel* ○ *paper towels* ❶ Por. **sanitary towel** i **tea towel**. ▶ **ręcznik**

★**tower** /ˈtaʊə(r)/ noun [C] a tall narrow building or part of a building such as a church or castle: *the Eiffel Tower* ○ *a church tower* ○ *a control tower* wieża kontrolna ▶ **wieża**
■ ˈ**tower block** noun [C] (Brit.) a very tall block of flats or offices ▶ **wieżowiec**

★**town** /taʊn/ noun **1** [C] a place with many streets and buildings. A town is larger than a village but smaller than a city: *Romsey is a small market town.* ▶ **miasto 2** [sing.] all the people who live in a town: *The whole town was on the streets celebrating.* ▶ **miasto 3** [U] the main part of a town, where the shops, etc. are: *I've got to go into town this afternoon.* ▶ **miasto, centrum**
IDIOMS **go to town (on sth)** (informal) to spend a lot of time or money on sth ▶ **zaszaleć** (*np. z zakupami*) | **(out) on the town** (informal) going to restaurants, theatres, clubs, etc., for entertainment, especially at night ▶ (*np. ruszać*) **w miasto,** (*bawić się*) **w mieście**
■ ˌ**town** ˈ**council** noun [C] (Brit.) a group of people who are responsible for the local government of a town ▶ **rada miejska** | ˌ**town** ˈ**hall** noun [C] a large building that contains the local government offices and often a large room for public meetings, concerts, etc. ▶ **ratusz** | ˌ**town** ˈ**planner** noun [C] = PLANNER | ˌ**town** ˈ**planning** noun [U] the control of the growth and development of a town, including its buildings, roads, etc. ▶ **urbanistyka**

township /ˈtaʊnʃɪp/ noun [C] (in South Africa) a town or part of a town where non-white people were forced to live ▶ **dzielnica kolorowych w RPA**

toxic /ˈtɒksɪk/ adj. poisonous: *Toxic chemicals had leaked into the water.* ▶ **trujący**

★**toy¹** /tɔɪ/ noun [C] an object for a child to play with: *a toy car* samochodzik ○ *a toy soldier* żołnierzyk ○ *a toy farm* model gospodarstwa wiejskiego do zabawy ○ *a toyshop* sklep z zabawkami ▶ **zabawka**

★**toy²** /tɔɪ/ verb
PHRASAL VERB **toy with sth 1** to think about doing sth, perhaps not very seriously: *She's toying with the idea of going abroad for a year.* ▶ **przemyśliwać o/nad czymś 2** to move sth about without thinking about what you are doing: *He toyed with his food* (podziobał widelcem w jedzeniu) *but hardly ate any of it.* ▶ **ruszać czymś bezwiednie**

★**trace¹** /treɪs/ noun **1** [C,U] a mark or sign that shows that sb/sth existed or happened: *traces of a bronze age village* ○ *The man disappeared without trace.* ▶ **ślad 2** [C] a very small amount of sth: *Traces of blood were found under her fingernails.* ▶ **pozostałość, resztka**

★**trace²** /treɪs/ verb [T] **1** to find out where sb/sth is by following marks, signs or other information: *The wanted man was traced to an address in Amsterdam.* ▶ **odszukiwać 2** to find out or describe the development of sth: *She traced her family tree* (wywiodła swoje drzewo genealogiczne) *back to the 16th century.* ▶ **iść śladem, dochodzić do źródła 3** to make a copy of sth by placing a piece of transparent paper over it and drawing over the lines ▶ **kalkować**

★**track** /træk/ noun [C] **1** (usually plural) a line or series of marks that are left behind by a car, a person, an animal, etc.: *The hunter followed the tracks of a deer.* ○ *tyre tracks* ➲ Por. **footprint**. ▶ **trop 2** a path or rough road: *The road became just a muddy track.* ▶ **szlak 3** the two metal rails on which a train runs: *The train stopped because there was a tree across the track.* ▶ **tor** (*kolejowy, tramwajowy*) **4** a special path, often in a circle, for racing: *a running track* ▶ **tor wyścigowy 5** one song or piece of music on a cassette, CD or record ▶ **jeden utwór muzyczny**
IDIOMS **keep/lose track of sb/sth** to know/not know what is happening somewhere or to sb/sth: *As a journalist, he has to keep track of events all over the Middle East.* ▶ **śledzić**; **tracić ślad/kontakt** | **off the beaten track** → BEAT¹ | **on the right/wrong track** having the right/wrong sort of idea about sth: *That's not the answer but you're on the right track.* ▶ **na dobrym/złym tropie**
□ **track** verb [T] **track sb/sth (to sth)** to follow tracks or signs in order to find sb/sth: *to track enemy planes on a radar screen* ▶ **śledzić**

PHRASAL VERB **track sb/sth down** to find sb/sth after searching for them/it ▶ **wytropić kogoś/coś**

■ **'track event** noun [C] an athletic event that involves running ➲ Por. **field events**. ▶ **bieg lekkoatletyczny** | **'track record** noun [C] what a person or an organization has achieved that other people know about ▶ **osiągnięcia w pracy jednostki/organizacji** | **'tracksuit** noun [C] a suit that consists of loose trousers and a jacket or sweater. You wear a tracksuit for sports practice or when you are relaxing at home. ▶ **dres**

⋆**tractor** /'træktə(r)/ noun [C] a large vehicle that is used on farms for pulling heavy pieces of machinery ▶ **traktor**

⋆**trade**[1] /treɪd/ noun **1** [U] the buying or selling of goods or services: *Trade is not very good at this time of year.* ○ *an international trade agreement* ➲ Por. **commerce**. ▶ **handel 2** [C] **trade (in sth)** a particular type of business: *Many seaside resorts depend on the tourist trade* (zależy od rozwoju turystyki). ○ *We do quite a good trade in second-hand books.* ○ *the book trade* księgarstwo ▶ **działalność gospodarcza 3** [C,U] a job for which you need special skill, especially with your hands: *Jeff is a plumber by trade.* ○ *to learn a trade* ➲ Zob. uwaga przy **work**. ▶ **fach, rzemiosło**

■ **'trademark** noun [C] a special mark or name that a company can put on its products and that cannot be used by any other company ▶ **chroniony znak handlowy** | **'tradesman** /-zmən/ noun [C] (pl. **tradesmen** /-mən/) a person who delivers goods to people's homes or who has a shop ▶ **dostawca; kupiec** | **ˌtrade 'union** (also **ˌtrades 'union**; **union**) noun [C] an organization for people who all do the same type of work. Trade unions try to get better pay and working conditions for their members. ▶ **związek zawodowy**

⋆**trade**[2] /treɪd/ verb **1** [I] **trade (in sth) (with sb)** to buy or sell goods or services: *The shop ceased trading last week.* ○ *More and more countries are trading with China.* ○ *to trade in arms* handlować bronią ▶ **handlować 2** [T] **trade sth for sth** to exchange sth for sth else: *The explorer traded his watch for food.* ▶ **przehandlowywać**

PHRASAL VERB **trade sth in (for sth)** to give sth old in part payment for sth new or newer ▶ **handlować wymiennie** (*np. kupić nowy samochód, pozostawiając w rozliczeniu stary*)

□ **trader** noun [C] a person who buys and sells things, especially in a market ▶ **handla-rz/rka** | **trading** noun [U] ▶ **handel**

⋆**tradition** /trə'dɪʃn/ noun [C,U] a custom or belief that has continued from the past to the present: *It's a tradition to play tricks on people on 1 April.* ○ *Vienna has a great musical tradition.* ○ *By tradition, the bride's family pays the costs of the wedding.* ▶ **tradycja**

□ **traditional** /-ʃənl/ adj.: *It is traditional to eat turkey at Christmas.* ▶ **tradycyjny** | **traditionally** /-ʃənəli/ adv. ▶ **tradycyjnie**

⋆**traffic** /'træfɪk/ noun [U] **1** the cars, etc. that are on a road: *heavy/light traffic* ○ *The traffic is at a standstill.* ▶ **ruch 2** the movement of ships, aeroplanes, etc.: *Cross-channel traffic was affected by a strike at the French ports.* ○ *air traffic controllers* ▶ **ruch 3 traffic (in sth)** the illegal buying and selling of sth: *the traffic in arms* ▶ **nielegalny handel**

□ **traffic** verb [I] (pres. part. **trafficking**; pt, pp **trafficked**) **traffic (in sth)** to buy and sell sth illegally: *drug trafficking* (nielegalny) handel narkotykami ▶ **nielegalnie handlować**

■ **'traffic island** (also **island**) noun [C] a raised area in the middle of the road, where you can stand when you are crossing ▶ **wysepka uliczna** | **'traffic jam** noun [C] a long line of cars, etc. that cannot move or that can only move very slowly ▶ **korek** (*uliczny*) | **'traffic light** noun [C, usually pl.] a sign with three coloured lights (red, amber and green) that is used for controlling the traffic at a road junction: *When the traffic lights are red you must stop.* ▶ **światło sygnalizacyjne** (*na skrzyżowaniu*) | **'traffic warden** noun [C] a person who checks whether cars are parked in the wrong place or for longer than is allowed ▶ **kontroler poprawnego parkowania pojazdów**

⋆**tragedy** /'trædʒədi/ noun (pl. **tragedies**) **1** [C,U] an event or situation that causes great sadness: *A trip to Brighton ended in tragedy for a local couple when they were involved in a car crash on the M23.* ○ *It's a tragedy that so many children leave school without any qualifications.* ▶ **tragedia 2** [C] a serious play that has a sad ending ▶ **tragedia**

tragic /'trædʒɪk/ adj. **1** that causes great sadness: *It's tragic that he died so young.* ○ *a tragic accident* ▶ **tragiczny 2** (only before a noun) with a sad ending or in the style of tragedy: *a tragic novel* ▶ **tragiczny**

□ **tragically** /-kli/ adv. ▶ **tragicznie**

⋆**trail** /treɪl/ noun [C] **1** a series of marks in a long line that a person or thing leaves behind: *a trail of muddy footprints* ○ *The storm left behind a trail of destruction.* ▶ **ślad 2** a path through the country: *a nature trail through the woods* ▶ **szlak 3** the tracks or smell that you follow when you are hunting sb/sth: *The dogs ran off on the trail of the fox.* ○ (figurative) *The burglar got away in a stolen car with the police on his trail.* ▶ **trop**

□ **trail** verb **1** [I,T] to be pulled or dragged along behind you; to make sth do this: *Her long hair trailed behind her in the wind* (powiewały za nią jak tren na wietrze). ○ *Joe sat in the boat trailing a stick in the water.* ▶ **ciągnąć (się) za kimś/czymś 2** [I] **trail along behind (sb/sth)** to move or walk slowly behind sb/sth else, usually because you are tired ▶ **wlec się za kimś/czymś 3** [I,T] to have a lower score than the other player or team during a game or competition: *At half-time Everton were trailing by two goals to three.* ▶ **pozostawać w tyle** (*w punktacji*), **przegrywać 4** [I] (used about plants) to grow over a surface: *ivy trailing over the wall* ○ (figurative) *wires from the stereo trailing across the floor* ▶ **piąć się; wlec się**

PHRASAL VERB **trail away/off** (used about sb's

voice) to gradually become quieter and then stop ▶ **zanikać**

trailer /ˈtreɪlə(r)/ noun [C] **1** a vehicle with no engine that is pulled by a car, lorry, etc. ▶ **przyczepa 2** (US) = CARAVAN(1) **3** a series of short pieces taken from a cinema film and used to advertise it ▶ **zwiastun**

★**train¹** /treɪn/ noun [C] **1** a number of carriages or wagons that are pulled by an engine along a railway line: *a passenger train* pociąg osobowy ○ *a goods/freight train* pociąg towarowy ○ *a fast/slow train* pociąg pośpieszny/normalny ○ *an express/a stopping train* pociąg ekspresowy/osobowy ○ *to catch/get/take a train* ○ *the 12 o'clock train to Bristol* ○ *to get on/off a train* ○ *Hurry up or we'll miss the train.* ○ *You have to change trains* (masz przesiadkę) *at Reading.* ○ *The train pulled into/out of the station.* ❶ Zwróć uwagę, że podróżuje się **by train**. Można też powiedzieć **on the train**. ▶ **pociąg 2** [usually sing.] a series of thoughts or events that are connected: *A knock at the door interrupted my train of thought.* ▶ **ciąg**

★**train²** /treɪn/ verb **1** [T] **train sb (as sth/to do sth)** to teach a person or an animal to do sth which is difficult or which needs practice: *There is a shortage of trained teachers.* ○ *The organization trains guide dogs for the blind.* ▶ **szkolić; tresować 2** [I] **train (as sth) (to do sth)** to learn how to do a job: *She's training as an engineer.* ○ *He's training to be a doctor.* ▶ **szkolić się 3** [I,T] to prepare for a race or match by exercising; to help a person or an animal to do this: *I'm training for the London Marathon.* ○ *to train racehorses* ▶ **trenować; tresować 4** [T] to point a gun, camera, etc. at sb/sth ▶ **wycelować**

□ **trainee** /ˌtreɪˈniː/ noun [C] a person who is being trained(1): *a trainee manager* ▶ **osoba będąca w trakcie szkolenia** | **trainer** noun [C] **1** a person who trains(3) animals or sportsmen and sportswomen ▶ **trener/ka; treser/ka 2** (US **sneaker**) [usually pl.] a type of soft shoe that you wear for running ➲ Ilustr. do **shoe**. Por. **plimsoll**. ▶ **but sportowy do biegania** | **training** noun [U] the preparation for a sport or job: *staff training* ○ *to be in training for the Olympics* ▶ **szkolenie, trening**

trainspotter /ˈtreɪnspɒtə(r)/ noun [C] (Brit.) **1** a person who collects the numbers of railway engines as a hobby ▶ **kolekcjoner/ka numerów lokomotyw 2** a person who has a boring hobby or who is interested in the details of a subject that other people find boring ▶ **osoba o nieciekawych zainteresowaniach lub nieinteresującym hobby**

□ **trainspotting** noun [U] **1** ▶ **kolekcjonowanie numerów lokomotyw 2** ▶ **nudne hobby, nieciekawe zainteresowania**

trait /treɪt/ noun [C] a quality; part of sb's character ▶ **cecha, rys charakteru**

traitor /ˈtreɪtə(r)/ noun [C] a person who is not loyal to their country, friends, etc. and harms them ➲ Por. **betray** i **treason**. ▶ **zdraj-ca/czyni**

tram /træm/ (US **ˈstreetcar**) noun [C] a type of bus that works by electricity and that runs on special rails in the road ▶ **tramwaj**

tramp¹ /træmp/ noun [C] a person who has no home or job and who moves from place to place ▶ **włóczęga**

tramp² /træmp/ verb [I,T] to walk with slow heavy steps ▶ **stąpać ciężkimi krokami**

□ **tramp** noun [sing.] the sound of people walking with heavy steps ▶ **stąpanie ciężkimi krokami**

trample /ˈtræmpl/ verb [I,T] **trample sth/sb (down); trample on sb/sth** to walk on sb/sth and damage or hurt them/it: *The cows trampled the corn.* ○ *The child was trampled to death by the crowd.* ○ *The boys trampled on the flower beds.* ▶ **deptać**

trampoline /ˈtræmpəliːn/ noun [C] a piece of equipment for jumping up and down on, made of a piece of strong material fixed to a metal frame by springs ➲ Por. **springboard**. ▶ **batut**

trance /trɑːns; US træns/ noun [C] a condition of the mind in which you do not notice what is going on around you, or in which you move and speak as if you were being controlled by another person or force ▶ **trans**

tranquil /ˈtræŋkwɪl/ adj. (formal) calm and quiet ▶ **spokojny, cichy**

□ **tranquillizer** (also **tranquilliser**; US also **tranquilizer**) noun [C] a drug that is used for making people sleepy or calmer ➲ Por. **sedative**. ▶ **środek uspokajający**

transaction /trænˈzækʃn/ noun [C] a piece of business: *financial transactions* ▶ **operacja handlowa**

transatlantic /ˌtrænzətˈlæntɪk/ adj. to or from the other side of the Atlantic; across the Atlantic: *a transatlantic flight* ▶ **transatlantycki**

transcend /trænˈsend/ verb [T] (formal) to go beyond the limits of sth; to be greater or more important than sb/sth: *Environmental issues transcend national boundaries.* ▶ **przekraczać; przewyższać**

transcript /ˈtrænskrɪpt/ noun [C] a written copy of what sb said ▶ **zapis** (*rozmowy*)

★**transfer¹** /trænsˈfɜː(r)/ verb (**transferring; transferred**) **1** [I,T] **transfer (sb/sth) (from...) (to...)** to move, or to make sb/sth move, from one place to another: *He wants to transfer to our Tokyo branch.* ○ *I want to transfer £1000 from my deposit to my current account.* ○ *Transfer the data onto floppy disk.* ▶ **przenosić (się), przelewać** (*pieniądze*) **2** [T] to change the ownership of sth from one person to another ▶ **przenosić prawo własności**

□ **transferable** /-ˈfɜːrəbl/ adj.: *This ticket is not transferable.* ▶ **z prawem odstąpienia drugiej osobie**

★**transfer²** /ˈtrænsfɜː(r)/ noun **1** [C,U] moving or being moved from one place, job or state to another: *Paul is not happy here and has asked for a transfer.* ○ *the transfer of power from a military to a civilian government* ▶ **przeniesienie, transfer 2** [U] changing to a different vehicle, route, etc. during a journey ▶ **zmiana 3** [C] (US) a ticket that allows you to travel on two or more buses, etc. during one journey ▶ **bilet przesiadkowy** **4** [C] (especially Brit.) a piece of paper with a picture or writing on it that you can stick onto another surface by pressing or heating it ▶ **kalkomania**

★**transform** /træns'fɔːm/ verb [T] **transform sb/sth (from sth) (into sth)** to change sb/sth completely: *The arrival of electricity transformed people's lives.* ▶ **odmieniać, przekształcać**

□ **transformation** /ˌtrænsfə'meɪʃn/ noun [C,U] ▶ **odmiana, przekształcenie**

transfusion /træns'fjuːʒn/ noun [C] the act of putting one person's blood into another person's body: *a blood transfusion* ▶ **transfuzja krwi**

transistor /træn'zɪstə(r); -'sɪst-/ noun [C] **1** a small piece of electrical equipment that is used in radios and televisions ▶ **tranzystor** **2** (also ˌ**transistor 'radio**) a small radio that you can carry easily ▶ **tranzystor**

transit /'trænzɪt; -sɪt/ noun [U] **1** the process of being moved or carried from one place to another: *The goods had been damaged in transit* (podczas transportu). ▶ **przewóz** **2** the act of going through a place on the way to somewhere else: *the transit lounge* hala tranzytowa ▶ **tranzyt**

transition /træn'zɪʃn/ noun [C,U] **transition (from sth) (to sth)** a change from one state or form to another: *the transition from childhood to adolescence* ▶ **przejście, przemiana**

□ **transitional** /-ʃənl/ adj.: *We're still in a transitional stage.* ▶ **przejściowy**

transitive /'trænsətɪv/ adj. (used about a verb) that has a direct object ❶ W niniejszym słowniku czasowniki przechodnie są oznaczone [T]. Antonim: **intransitive**. ▶ **przechodni**

★**translate** /træns'leɪt/ verb [I,T] **translate (sth) (from sth) (into sth)** to change sth spoken or written from one language to another: *This book has been translated from Polish into English.* ➲ Por. **interpret**. ▶ **przekładać, (prze)tłumaczyć**

□ **translation** /-'leɪʃn/ noun [C,U]: *a word-for-word* (dosłowny) *translation* ○ *an error in translation* ▶ **przekład, tłumaczenie** | **translator** noun [C] a person who translates sth that has been written ➲ Por. **interpreter**. ▶ **tłumacz/ka**

transmission /træns'mɪʃn/ noun **1** [U] sending out or passing on: *the transmission of television pictures by satellite* ○ *the transmission of disease* ▶ **transmisja, przenoszenie** **2** [C] a TV or radio programme ▶ **transmisja** **3** [C,U] the set of parts of a car, etc. that take power from the engine to the wheels ▶ **napęd**

★**transmit** /træns'mɪt/ verb [T] (**transmitting**; **transmitted**) **1** to send out television or radio programmes, electronic signals, etc.: *The match was transmitted live all over the world.* ▶ **transmitować** **2** to send or pass sth from one person or place to another: *a sexually transmitted disease* ▶ **przenosić**

□ **transmitter** noun [C] a piece of equipment that sends out television or radio programmes, electronic signals, etc. ▶ **nadajnik**

★**transparent** /træns'pærənt/ adj. that you can see through: *Glass is transparent.* ▶ **przezroczysty**

□ **transparency** /-rənsi/ noun [C] (pl. **transparencies**) a type of photograph that is printed on transparent plastic, or a piece of plastic on which you can write or draw. You look at a transparency by putting it in a projector and shining light through it: *a transparency for the overhead projector* ➲ Por. **slide**. ▶ **przeźrocze, folia do rzutnika**

transplant /træns'plɑːnt; US -'plænt/ verb [T] **1** to take a plant out of the soil and plant it in another place ▶ **przesadzać** **2** to take out an organ or other part of sb's body and put it into another person's body ➲ Por. **graft**. ▶ **przeszczepiać**

□ **transplant** /'trænsplɑːnt; US -plænt/ noun [C] an operation in which an organ, etc. is transplanted: *a heart transplant* ▶ **przeszczep**

★**transport¹** /træn'spɔːt/ verb [T] to move sb/sth from one place to another in a vehicle ▶ **transportować**

★**transport²** /'trænspɔːt/ (especially US **transportation**) noun [U] **1** moving sb/sth from one place to another by vehicle: *road/rail/sea transport* ▶ **przewóz**, **transport** **2** vehicles that you travel in: *Do you have your own transport?* ○ *I travel to school by public transport.* ▶ **środek transportu**

transvestite /trænz'vestaɪt/ noun [C] a person who likes to wear the clothes of sb of the opposite sex ▶ **transwestyt-a/ka**

★**trap** /træp/ noun [C] **1** a piece of equipment that you use for catching animals: *a mousetrap* ○ *The rabbit's leg was caught in the trap.* ○ (figurative) *He thought of marriage as a trap.* ▶ **pułapka** **2** something that tricks or deceives you: *He fell into the trap of thinking she would always be there.* ▶ **pułapka**

□ **trap** verb [T] (**trapping**; **trapped**) **1** to catch an animal, etc. in a trap ▶ **łapać w pułapkę** **2** to keep sb in a place from which they cannot move or escape: *The door closed behind them and they were trapped.* ○ *Many people are trapped* (uwięzionych) *in low-paid jobs.* ▶ **łapać w pułapkę** **3** to catch and keep or store sth: *Special glass panels trap heat from the sun.* ▶ **zatrzymywać** **4 trap sb (into sth/into doing sth)** to make sb do sth by tricking or deceiving them ▶ **usidlać**

■ **'trapdoor** noun [C] a door in a floor or ceiling ▶ **drzwi zapadowe, zapadnia**

trapeze /trə'piːz; US træ-/ noun [C] a bar hanging from two ropes high above the ground, used as a swing by gymnasts and acrobats ▶ **trapez**

trappings /'træpɪŋz/ noun [pl.] clothes, possessions, etc. which are signs of a particular rank or position: *a large car, expensive clothes and all the other trappings of success* ▶ **oznaki** (*np. urzędu, zamożności*)

trash /træʃ/ noun [U] (US) = RUBBISH

□ **trashy** adj. of poor quality: *trashy novels* ▶ **lipny**

■ **'trash can** noun [C] (US) = DUSTBIN

trauma /'trɔːmə; US 'traʊmə/ noun [C,U] (an

event that causes) a state of great unhappiness or shock ➲ Por. **stress**. ▶ **trauma**

□ **traumatic** /trɔːˈmætɪk; US traʊ-/ adj.: *Getting divorced can be a traumatic experience.* ▶ **traumatyczny**

★**travel** /ˈtrævl/ verb (**travelling**; **travelled**; US **traveling**; **traveled**) **1** [I] to make a journey: *Charles travels a lot on business.* ○ *to travel by sea/air* ○ *They travelled overland from Turkey.* ○ *travelling expenses* wydatki na podróż ○ (figurative) *News travels fast* (wiadomości szybko się rozchodzą) *in the village.* ▶ **podróżować 2** [T] to make a journey of a particular distance: *They travelled 60 kilometres to come and see us.* ▶ **przebywać** (*daną odległość*)

IDIOM **travel light** to take very few things with you when you travel ▶ **podróżować z małą ilością bagażu**

□ **travel** noun **1** [U] the act of travelling: *Air travel has made the world seem a smaller place.* ○ *a travel book* ▶ **podróż 2** (**travels**) [pl.] journeys, especially to places that are far away: *You must have seen lots of interesting places on your travels.* ▶ **podróże**

> **Travel** jest rzeczownikiem niepoliczalnym i można go używać tylko do mówienia o ogólnym procesie przenoszenia sie z miejsca na miejsce: *Foreign travel is very popular these days.* Mówiąc o przenoszeniu się z jednego określonego miejsca na drugie, używa się rzeczownika **journey** oznaczającego podróż, która może być długa (*the journey across Canada*) lub krótka, ale powtarzająca się (*the journey to work*). **Tour** to wycieczkowa podróż lub spacer, kiedy odwiedza się różne miejsca – po kraju, mieście, lub innym ciekawym miejscu: *We went on a three-week tour around Italy.* ○ *a guided tour of the castle.* Często używa się **trip** w znaczeniu całej wizyty, wliczając w to pobyt na miejscu i podróż w obie strony: *They're just back from a trip to Japan.* (Por. użycie słowa **journey** w następnym pytaniu: *'How was the journey back?' 'Awful – the plane was delayed!'*) **Trip** może być krótka (*a day trip*) lub dłuższa (*a trip round the world*), i może odbywać się dla interesów lub przyjemności: *How about a trip to the seaside this weekend?* ○ *He's on a trip to New York to meet a client.* **Excursion** to zorganizowana, wieloosobowa wycieczka: *The holiday includes a full day excursion by coach to the Lake District.*

| **traveller** (US **traveler**) /ˈtrævələ(r)/ noun [C] **1** a person who is travelling or who often travels ▶ **podróżnik 2** (Brit.) a person who travels around the country in a large vehicle and does not have a permanent home anywhere ▶ **wędrowiec**

■ **ˈtravel agency** noun [C] (pl. **travel agencies**) a company that makes travel arrangements for people (booking tickets, making hotel reservations, etc.) ▶ **biuro podróży** | **ˈtravel agent** noun [C] **1** a person who works in a travel agency ▶ **pracownik biura podróży 2** (**the travel agent's**) [sing.] the shop where you can go to make travel arrangements, buy tickets, etc. ▶ **biuro podróży** | **ˈtraveller's cheque** (US **ˈtraveler's check**) noun [C] a cheque that you can change into foreign money when you are travelling abroad: *to cash a traveller's cheque* ▶ **czek podróżny** | **ˈtravel-sick** adj. feeling sick or vomiting because of the movement of the vehicle you are travelling in ➲ Por. **airsick**, **carsick** i **seasick**. ▶ **cierpiący na chorobę lokomocyjną**

★**tray** /treɪ/ noun [C] **1** a flat piece of wood, plastic, metal, etc. with raised edges that you use for carrying food, drink, etc. on ▶ **taca 2** a shallow container in which you put papers, etc. on a desk ▶ **płaski, otwarty pojemnik**

treacherous /ˈtretʃərəs/ adj. **1** that you cannot trust ▶ **zdradziecki 2** full of hidden danger: *The roads are treacherous this morning. There are icy patches.* ▶ **zdradliwy**

□ **treachery** /ˈtretʃəri/ noun [U] the act of causing harm to sb/sth that trusts you ▶ **zdradliwość**

treacle /ˈtriːkl/ noun [U] a thick, dark, sticky liquid that is made from sugar ▶ **melasa**

tread /tred/ verb (pt **trod** /trɒd/; pp **trodden** /ˈtrɒdn/) **1** [I] to step or put your foot down: *Don't tread in the puddle!* ○ *He trod on my toe* (nadepnął mi na palec) *and didn't even say sorry!* ○ (figurative) *We must tread carefully* (postępować dyplomatycznie) *or we'll offend him.* ▶ **stąpać 2** [T] **tread sth (in/down/out)** to press sth with your foot: *The cake crumbs had been trodden into the carpet.* ○ *She planted the seeds and trod the earth down.* ▶ **wdeptać, przydeptać 3** [T] to walk on sth: *He walked down the path he had trodden so many times before.* ▶ **przemierzać**

□ **tread** noun **1** [sing.] the sound you make when you are walking: *the heavy tread of soldiers' boots* ▶ **odgłos kroków 2** [C,U] the raised pattern on the outside surface of a tyre ▶ **bieżnik**

treason /ˈtriːzn/ noun [U] the act of causing harm to your country, e.g. by helping its enemies ▶ **zdrada**

★**treasure** /ˈtreʒə(r)/ noun **1** [C,U] a collection of very valuable objects, e.g. made of gold, silver, etc.: *to find buried treasure* ▶ **skarb 2** [C] something that is very valuable: *the nation's art treasures* (bezcenne dzieła sztuki) ▶ **skarb, bogactwa**

□ **treasure** verb [T] to consider sb/sth to be very special or valuable: *I will treasure those memories forever.* ▶ **zachowywać w sercu, cenić**

■ **ˈtreasure hunt** noun [C] a game in which people try to find sth by clues ▶ **zabawa w poszukiwanie skarbów**

treasurer /ˈtreʒərə(r)/ noun [C] the person who looks after the money that belongs to a club, an organization, etc. ▶ **skarbni-k/czka**

treasury /ˈtreʒəri/ noun [sing., with sing. or pl. verb] (**the Treasury**) the government department that controls public money ▶ **ministerstwo skarbu państwa**

★**treat** /triːt/ verb [T] **1** to act or behave towards sb/sth in a particular way: *Teenagers hate being treated like children.* ○ *You should treat* *older people with respect.* ○ *to treat sb badly* ▶ **traktować 2 treat sth as sth** to consider sth in a particular way: *The bomb scare was not taken seriously. It was treated as a hoax.* ▶ **traktować 3** to deal with or discuss: *This book treats the subject in great detail.* ▶ **traktować 4 treat sb (for sth)** to use medicine or medical care to try to make a sick or injured person well again: *a new drug to treat cancer* (na leczenie raka) ○ *The boy was treated for burns at the hospital.* ▶ **leczyć 5 treat sth (with sth)** to put a substance onto sth in order to protect it from damage: *Most vegetables are treated* (spryskuje się) *with insecticide.* ▶ **zabezpieczać (coś czymś) 6 treat sb/yourself (to sth)** to give sb/yourself sth that is very special or enjoyable: *Clare treated the children to an ice-cream.* ▶ **fundować (sobie/komuś), częstować**

□ **treat** noun [C] something that is very special or enjoyable: *I've brought some cream cakes as a treat for tea.* ○ *It's a real treat for me to stay in bed late.* ▶ **poczęstunek, duża przyjemność**

IDIOM **trick or treat** → TRICK

★**treatment** /'tri:tmənt/ noun **1** [U] the way that you behave towards sb or deal with sth: *The treatment of the prisoners of war was very harsh.* ▶ **traktowanie 2** [C,U] the use of medicine or medical care to try to make a sick or injured person well again: *a new treatment for cancer* ○ *In Britain medical treatment is provided free on the NHS.* ▶ **leczenie 3** [U, C] a process by which sth is cleaned, protected from damage, etc.: *sewage treatment* ○ *a treatment for dry rot* ▶ **oczyszczanie, ochrona (przed czymś)**

★**treaty** /'tri:ti/ noun [C] (pl. **treaties**) a written agreement between two or more countries: *to sign a peace treaty* ▶ **traktat**

treble¹ /'trebl/ verb [I,T] to become or to make sth three times bigger: *Prices have trebled in the past ten years.* ▶ **potrajać (się)**

□ **treble** det.: *This figure is treble* (trzykrotnie większy od) *the number five years ago.* ▶ **potrójny**

treble² /'trebl/ noun [C] **1** a high singing voice, especially that of a young boy ▶ **dyszkant 2** a boy who has a high singing voice ▶ **dyszkant**

★**tree** /tri:/ noun [C] a tall plant with a thick wooden stem from which branches grow: *an oak tree* dąb ○ *The house was surrounded by tall trees.* ○ *to climb a tree* ○ *to plant/cut down a tree* ➲ Por. **Christmas tree** i **family tree.** ▶ **drzewo**

> The stem of a tree is called a **trunk**. The outer surface of this is **bark**. The **branches** grow out from the trunk. A tree may have **leaves** or **needles**.

trek /trek/ noun [C] a long hard walk lasting several days or weeks, usually in the mountains ▶ **długa piesza wędrówka**

□ **trek** verb [I] (**trekking**; **trekked**) ❶ Mówiąc o długiej pieszej wędrówce dla przyjemności, używa się zwrotu **go trekking.** ▶ **wędrować**

★**tremble** /'trembl/ verb [I] to shake, e.g. because you are cold, frightened, weak, etc.: *His hand was trembling.* ○ *Sue's voice trembled with excitement.* ▶ **drżeć**

□ **tremble** noun [C]: *There was a tremble in his voice as he told them the sad news.* ▶ **drżenie**

tremendous /trə'mendəs/ adj. **1** very large or great: *a tremendous amount of work* ○ *a tremendous difference/explosion* ▶ **olbrzymi 2** (informal) very good: *You were tremendous.* ▶ **kapitalny**

□ **tremendously** adv. very; very much: *tremendously exciting* ○ *Prices vary tremendously from one shop to another.* ▶ **niesamowicie, ogromnie**

tremor /'tremə(r)/ noun [C] a slight shaking or trembling: *a tremor in his voice* ○ *an earth tremor* lekki wstrząs ziemi ▶ **drżenie**

trench /trentʃ/ noun [C] a long narrow hole in the ground for water to flow along or for soldiers to hide in ▶ **rów; okop**

★**trend** /trend/ noun [C] a general movement or direction: *The current trend is towards smaller families.* ○ *There is a trend for people to retire earlier.* ○ *He always followed the latest trends in fashion.* ▶ **trend**

IDIOM **set a/the trend** to start a new style or fashion ▶ **nadawać styl, ustalać modę**

□ **trendy** adj. (**trendier**; **trendiest**) (informal) fashionable ▶ **modny**

trespass /'trespəs/ verb [I] to go onto sb's land without permission ▶ **wkraczać bez pozwolenia na czyjś grunt**

□ **trespasser** noun [C]: *Trespassers will be prosecuted.* ▶ **osoba wkraczająca bez pozwolenia na czyjś grunt**

★**trial** /'traɪəl/ noun **1** [C,U] the process in a court of law where a judge, etc. listens to evidence and decides if sb is guilty of a crime or not: *a fair trial* ○ *He was on trial* (miał proces) *for murder.* ○ *trial by jury* sądzenie przez ławę przysięgłych ▶ **rozprawa sądowa 2** [C,U] an act of testing sb/sth: *New drugs must go through extensive trials.* ○ *a trial period of three months* ○ *We've got the car on trial for a week.* ▶ **próba**

IDIOM **trial and error** trying different ways of doing sth until you find the best one ▶ **metoda prób i błędów**

■ ˌ**trial 'run** noun [C] an occasion when you practise doing sth in order to make sure you can do it correctly later on ▶ **próba (czegoś)**

★**triangle** /'traɪæŋgl/ noun [C] **1** a shape that has three straight sides and three angles: *a right-angled triangle* ▶ **trójkąt 2** a metal musical instrument in the shape of a triangle that you play by hitting it with a metal stick ▶ **trójkąt**

□ **triangular** /traɪ'æŋgjələ(r)/ adj. shaped like a triangle ▶ **trójkątny**

★**tribe** /traɪb/ noun [C] a group of people that have the same language and customs and that are ruled by a chief or chiefs ▶ **plemię**

□ **tribal** /'traɪbl/ adj. ▶ **plemienny**

tribunal /traɪ'bju:nl/ noun [C] a court or group of officials who have the authority to decide who is right in particular types of dispute: *an industrial tribunal* komisja arbitrażu przemysłowego ▶ **trybunał, sąd (trybunalski)**

tributary /ˈtrɪbjətri; US -teri/ noun [C] (pl. **tributaries**) a river or stream that flows into a larger river ▶ **rzeka/strumień dopływow-a/y**

tribute /ˈtrɪbjuːt/ noun **1** [C,U] something that you say or do to show that you respect or admire sb/sth: *A special concert was held as a tribute to the composer on his 80th birthday.* ▶ **hołd 2** [sing.] **a tribute (to sth)** a sign of how good sb/sth is: *The success of the festival is a tribute to the organizers.* ▶ **wyraz uznania**
IDIOM pay tribute to sb/sth → PAY[2]

★**trick** /trɪk/ noun [C] **1** something that you do to deceive sb, in order to make them look stupid or to cheat them: *The children played a trick on the teacher.* ▶ **psikus; podstęp 2** something that confuses you so that you see, remember, understand, etc. things in the wrong way: *a trick question* podchwytliwe pytanie ▶ **coś sprytnego 3** a clever or the best way of doing sth: *I can't get the top off this jar. Is there a trick to it* (czy jest na to jakiś sposób)*?* ▶ **sztuka (robienia czegoś) 4** an act that uses special skills to make people believe sth which is not true: *The magician performed a trick in which he made a rabbit disappear.* ▶ **trik, sztuczka (magiczna)**
IDIOMS do the job/trick → JOB | **play a joke/trick on sb** → JOKE | **trick or treat** (especially US) a tradition in which children dressed as witches, etc. go to people's houses at Hallowe'en. The children may do sth bad to you if you do not give them sweets, money, etc. ▶ **tradycja przestrzegana w wigilię Wszystkich Świętych**
□ **trick** verb [T] **trick sb (into sth/doing sth); trick sb out of sth** to deceive sb in order to make them do or believe sth: *He tricked me into lending him money.* ○ *Stella was tricked out of her share of the money.* ▶ **naciągać (kogoś na coś)** | **trickery** /-əri/ noun [U] the use of a trick(1) in order to deceive sb ▶ **oszukaństwo**

trickle /ˈtrɪkl/ verb [I] (used about a liquid) to flow in a thin stream: *Tears trickled down his cheek.* ○ (figurative) *At first no one came, but then people began to trickle in* (zaczęli powoli napływać)*.* ▶ **sączyć się**
□ **trickle** noun [C]: *The stream was only a trickle.* ○ (figurative) *The flood of refugees had been reduced to a trickle* (ograniczono do małego strumienia)*.* ▶ **wąska struga**

tricky /ˈtrɪki/ adj. (**trickier**; **trickiest**) difficult to do or deal with: *a tricky situation* ▶ **zawiły, delikatny, trudny**

tricycle /ˈtraɪsɪkl/ (informal **trike**) noun [C] a bicycle that has one wheel at the front and two at the back ▶ **trójkołowiec**

trifle /ˈtraɪfl/ noun **1** [C] something that is of little value or importance ▶ **błahostka 2** [C,U] a type of cold dessert made from cake with fruit in jelly covered with custard and cream ▶ **ciasto deserowe z owocami w galaretce, pokryte kremem i bitą śmietaną**
IDIOM a trifle rather: *It's a trifle odd that they didn't phone.* ▶ **trochę**
□ **trifling** adj. very small or unimportant ▶ **błahy**

trigger /ˈtrɪgə(r)/ noun [C] **1** the piece of metal that you press to fire a gun: *to pull the trigger* ▶ **cyngiel 2** the cause of a particular reaction or event, especially a bad one ▶ **powód**
□ **trigger** verb [T] **trigger sth (off)** to cause sth to start or happen: *The smoke from her cigarette triggered off the fire alarm.* ▶ **uruchamiać**

trike /traɪk/ noun [C] (informal) = TRICYCLE

trillion /ˈtrɪljən/ number one million million ❶ Inne informacje na temat liczb znajdują się w Dodatku 3. ▶ **trylion**

trilogy /ˈtrɪlədʒi/ noun [C] (pl. **trilogies**) a group of three books, plays, etc. that form one set ▶ **trylogia**

trim[1] /trɪm/ adj. **1** in good order; tidy ▶ **uporządkowany; schludny 2** not fat: *a trim figure* ▶ **szczupły**

trim[2] /trɪm/ verb [T] (**trimming**; **trimmed**) **1** to cut sth so that it is neat and tidy: *to trim a beard* ▶ **przycinać 2 trim sth (off sth/off)** to cut sth off because you do not need it: *Trim the fat off the meat.* ▶ **odcinać 3 trim sth (with sth)** to decorate the edge of sth with sth: *a skirt trimmed with lace* ▶ **ozdabiać brzegi, garnirować potrawę**
□ **trim** noun [C, usually sing.] an act of cutting sth in order to make it neat and tidy: *My hair needs a trim.* ▶ **podstrzyganie** | **trimming** noun **1** [C,U] material that you use for decorating the edge of sth ▶ **przybieranie 2** (**trimmings**) [pl.] extra things which you add to sth to improve its appearance, taste, etc.: *turkey with all the trimmings* ▶ **przybranie, garnirunek** (*potrawy*)

trinity /ˈtrɪnəti/ noun [sing.] (**the Trinity**) (in the Christian religion) the three forms of God; the Father, Jesus the Son and the Holy Spirit ▶ **Trójca Święta**

trio /ˈtriːəʊ/ noun (pl. **trios**) **1** [C, with sing. or pl. verb] a group of three people who play music or sing together ▶ **trio 2** [C] a piece of music for three people to play or sing ▶ **trio**

★**trip** /trɪp/ verb (**tripping**; **tripped**) **1** [I] **trip (over/up)** to knock your foot against sth when you are walking and fall or nearly fall over: *Don't leave your bag on the floor. Someone might trip over it.* ○ *She caught her foot in the root of a tree and tripped up.* ▶ **potykać się (o coś) 2** [T] **trip sb (up)** to cause sb to fall or nearly fall over: *Lee stuck out his foot and tripped John up.* ▶ **podstawiać nogę**
PHRASAL VERB trip (sb) up to make a mistake; to make sb say sth that they did not want to say: *The journalist asked a difficult question to try to trip the Minister up.* ▶ **łapać (kogoś) na błędzie/pomyłce; popełniać błąd/pomyłkę**
□ **trip** noun [C] a journey during which you visit a place and return: *a trip to the mountains* ○ *a business trip* (podróż służbowa) *to Brussels* ➲ Zob. uwaga przy **travel**. ▶ **wycieczka, podróż** | **tripper** noun [C]: *Brighton was full of day trippers from London.* ▶ **wycieczkowicz**

tripe /traɪp/ noun [U] **1** the lining of a cow's stomach used as food: *boiled tripe and onions* ▶ **flaki 2** (old-fashioned, slang) nonsense: *Don't talk tripe!* ▶ **bzdury 3** (slang) writing, music, etc. of low quality: *I don't read any old tripe* (byle co). ▶ **miernota**

triple /'trɪpl/ adj. **1** made up of three parts: *the triple jump* ▶ **potrójny 2** happening three times or containing three times as much as usual: *a triple world champion* ○ *a triple whisky* ▶ **trzykrotny, potrójny**

□ **triple** verb [I,T] to make sth, or to become, three times greater ▶ **potrajać (się)**

triplet /'trɪplət/ noun [C] one of three children or animals that are born to one mother at the same time ▶ **trojaczek**

tripod /'traɪpɒd/ noun [C] a piece of equipment with three legs that you use for putting a camera, etc. on ▶ **statyw**

★**triumph** /'traɪʌmf/ noun [C,U] success, especially in a competition or battle; the feeling of joy that you have because of this: *The soldiers returned home in triumph.* ○ *The fans gave a shout of triumph.* ○ *Putting a man on the moon was one of the triumphs of the twentieth century.* ▶ **tryumf; tryumfowanie**

□ **triumph** verb [I] **triumph (over sb/sth)** to achieve success; to defeat sb/sth: *Hull triumphed over Stoke in the championship.* ○ *Although he was blind, he triumphed over his disability to become an MP.* ▶ **tryumfować (nad kimś); odnosić zwycięstwo (nad kimś/czymś)** | **triumphant** /traɪ'ʌmfənt/ adj. feeling or showing great happiness because you have won or succeeded at sth: *a triumphant cheer* ▶ **tryumfalny** | **triumphantly** adv. ▶ **tryumfalnie**

trivia /'trɪviə/ noun [U] **1** unimportant matters, details or information: *We spent the whole evening discussing domestic trivia.* ▶ **błahostki 2** (usually in compounds) facts about many subjects that are used in a game to test people's knowledge: *a trivia quiz* teleturniej wiedzy ogólnej

trivial /'trɪviəl/ adj. of little importance ▶ **trywialny**

□ **triviality** /ˌtrɪvi'æləti/ noun [C,U] (pl. **trivialities**) ▶ **trywialność** | **trivialize** (also **-ise**) /'trɪviəlaɪz/ verb [T] to make sth seem unimportant ▶ **trywializować**

trod pt of TREAD

trodden pp of TREAD

trolley /'trɒli/ noun [C] (pl. **trolleys**) **1** a cart on wheels that you use for carrying things: *a supermarket trolley* ▶ **wózek 2** (US) = TRAM

trolleybus /'trɒlibʌs/ noun [C] a bus that gets power from an electric cable above the street ▶ **trolejbus**

trombone /trɒm'bəʊn/ noun [C] a large brass musical instrument that you play by blowing into it and moving a long tube backwards and forwards ▶ **puzon**

★**troop** /tru:p/ noun **1** [C] a large group of people or animals ▶ **gromada 2** (**troops**) [pl.] soldiers ▶ **wojsko**

□ **troop** verb [I] to move in a large group: *When the bell rang everyone trooped from one classroom to another.* ▶ **przemieszczać się gromadnie**

trophy /'trəʊfi/ noun [C] (pl. **trophies**) a silver cup, etc. that you get for winning a competition or race ▶ **trofeum**

★**tropic** /'trɒpɪk/ noun **1** [C, usually sing.] one of the two lines of latitude that are 23° 7' north and south of the equator: *the tropic of Cancer* ○ *the tropic of Capricorn* ▶ **zwrotnik 2** (**the tropics**) [pl.] the part of the world that is between these two lines, where the climate is hot ▶ **tropik**

□ **tropical** /-kl/ adj.: *tropical rainforest* tropikalny las deszczowy ▶ **tropikalny**

trot /trɒt/ verb (**trotting**; **trotted**) [I] (used about a horse) to move fairly quickly, lifting the feet quite high off the ground: (figurative) *The child trotted along behind his father.* ➲ Zob. uwaga przy **canter**. ▶ **kłusować, biec truchtem**

PHRASAL VERB **trot sth out** (informal) to repeat an old idea rather than thinking of sth new to say: *to trot out the same old story* ▶ **odgrzebywać** (*stare pomysły*)

□ **trot** noun [sing.] the speed that a horse goes when it is trotting; a ride at this speed ▶ **kłus; jazda kłusem**

IDIOM **on the trot** (informal) one after another; without a break: *We worked for six hours on the trot.* ▶ **ciągiem**

★**trouble** /'trʌbl/ noun **1** [C,U] (a situation that causes) problems, difficulty, worry, etc.: *If I don't get home by 11 o'clock I'll be in trouble.* ○ *I'm having trouble getting the car started.* ○ *financial troubles* ○ *It's a very good school. The only trouble is it's rather a long way away.* ▶ **kłopot 2** [sing., U] extra work or effort: *Let's eat out tonight. It will save you the trouble of cooking.* ○ *Why don't you stay the night with us? It's no trouble.* ○ *I'm sorry to put you to so much trouble.* ▶ **kłopot 3** [C,U] a situation where people are fighting or arguing with each other: *There's often trouble in town on Saturday night after the pubs have closed.* ▶ **rozróba 4** [U] illness or pain: *I've got back trouble again.* ▶ **dolegliwość**

IDIOMS **ask for trouble** → ASK | **get into trouble** to get into a situation which is dangerous or in which you may be punished ▶ **wikłać się w kłopoty** | **go to a lot of trouble (to do sth)** to put a lot of work or effort into sth: *They went to a lot of trouble to make us feel welcome.* ▶ **zadawać sobie wiele trudu** | **take trouble over/with sth**; **take trouble to do sth/doing sth** to do sth with care ▶ **bardzo się starać** | **take the trouble to do sth** to do sth even though it means extra work or effort: *He took the trouble to write and thank everyone for his presents.* ▶ **zadawać sobie trud**

□ **trouble** verb [T] **1** to cause sb worry, problems, etc. ▶ **kłopotać 2 trouble sb (for sth)** (formal) (used when you are politely asking sb for sth or to do sth): *I'm sorry to trouble you, but would you mind answering a few questions?* ○ *Could I trouble you for some change?* Czy mógłbym pana prosić o drobne? ▶ **fatygować (kogoś)** | **troublesome** /-səm/ adj. that causes trouble(1) ▶ **kłopotliwy**

■ **'troublemaker** noun [C] a person who often causes trouble(1,3) ▶ **kłopotliwa osoba**

trough /trɒf; US trɔːf/ noun [C] **1** a long narrow container from which farm animals eat or drink ▶ **żłób, koryto 2** a low area or point, between two higher areas: *a trough of low pressure* ▶ **dolina**

★**trousers** /ˈtraʊzəz/ (US **pants**) noun [pl.] a piece of clothing that covers both legs and reaches from your waist to your ankles ❶ Zwróć uwagę, że słowo **trousers** występuje tylko w lm, a zatem nie można powiedzieć, np. ~~*a new trouser*~~. Można stosować następujące formy: *I need some new trousers.* ○ *I need a new pair of trousers.* Słowa **trouser** używa się w roli przymiotnika: *a trouser leg.* ▶ **spodnie**

trout /traʊt/ noun [C,U] (pl. **trout**) a type of fish that lives in rivers and that is eaten as food ▶ **pstrąg**

trowel /ˈtraʊəl/ noun [C] **1** a small tool with a flat blade, used for spreading cement, plaster, etc. ▶ **kielnia 2** a small garden tool with a curved blade for lifting plants, digging holes, etc. ➲ Ilustr. do **garden**. ▶ **rydelek ogrodniczy**

truant /ˈtruːənt/ noun [C] a pupil who stays away from school without permission ▶ **wagarowicz/ka**

IDIOM **play truant**; US, informal **play hooky** (old-fashioned) to stay away from school without permission ▶ **chodzić na wagary**

□ **truancy** /-ənsi/ noun [U]: *Truancy is on the increase in some schools.* ▶ (*chodzenie na*) **wagary**

truce /truːs/ noun [C] an agreement to stop fighting for a period of time ➲ Por. **ceasefire**. ▶ **zawieszenie broni**

★**truck** /trʌk/ noun [C] **1** (especially US) = LORRY **2** (Brit.) an open railway wagon that is used for carrying goods ▶ **odkryty wagon kolejowy, platforma kolejowa 3** (in compounds) a large heavy vehicle, used for a particular purpose: *a fork-lift truck* podnośnik widłowy ▶ **pojazd specjalnego przeznaczenia**

trudge /trʌdʒ/ verb [I] to walk with slow, heavy steps, e.g. because you are very tired ▶ **iść ciężkimi krokami/z trudem**

★**true** /truː/ adj. **1** that really happened: *The novel was based on a true story.* ▶ **prawdziwy 2** right or correct; agreeing with fact: *Is it true that Adam is leaving?* ○ *I didn't think the film was at all true to life* (pokazywał prawdziwe życie). ○ *Read the statements and decide if they are true or false.* ▶ **prawdziwy 3** real or genuine: *How do you know when you have found true love?* ○ *the true value of the house* ▶ **prawdziwy 4 true (to sth)** behaving as expected or as promised: *to be true to your word* ▶ **zgodny z oczekiwaniami, dotrzymujący** (*np. słowa*) ❶ Rzeczownik: **truth**.

IDIOMS **come true** to happen in the way you hoped or dreamed: *My dream has come true!* ▶ **spełniać się** | **too good to be true** (used to say that you cannot believe that sth/sb is as good as it/he/she seems): *'I'm afraid you were quoted the wrong price.' 'I thought it was too good to be true.'* ▶ **zbyt piękne, aby było prawdziwe** | **true to form** typical; as usual: *True to form, Carol started organizing everything straight away.* ▶ **w sposób charakterystyczny dla kogoś**

truly /ˈtruːli/ adv. **1** really: *We are truly grateful to you for your help.* ○ *'I'm sorry, truly I am,' he whispered.* ▶ **prawdziwie, naprawdę 2** completely: *With her passport in her hand she at last felt truly American.* ▶ **zupełnie 3** expressing the truth: *I cannot truly say that I was surprised at the news.* ▶ **naprawdę**

> **Yours truly** ...(szczerze oddany) jest zwrotem grzecznościowym używanym na zakończenie listu.

IDIOM **well and truly** → WELL[3]

trump /trʌmp/ noun [C] (in some card games) a card of the suit that has a higher value than the other three suits during a particular game: *Spades are trumps.* ▶ **atut**

■ **ˈtrump card** noun [C] a special advantage that you keep secret until the last moment ▶ **atut**

trumpet /ˈtrʌmpɪt/ noun [C] a brass musical instrument that you play by blowing into it. There are three buttons on it which you can press to make different notes. ➲ Zob. uwaga przy **piano**. ▶ **trąbka**

truncheon /ˈtrʌntʃən/ (also **baton**) noun [C] a short thick stick that a police officer carries as a weapon ▶ **pałka policyjna**

trundle /ˈtrʌndl/ verb **1** [I] to move slowly: *A lorry trundled down the hill.* ▶ **toczyć się 2** [T] to push or pull sth along slowly on wheels ▶ **wolno popychać/ciągnąć** (*coś na kołach*)

★**trunk** /trʌŋk/ noun **1** [C] the thick main stem of a tree ▶ **pień 2** [C] the main part of your body (= not including your head, arms and legs) ▶ **tułów 3** [C] a large box, like a large suitcase, that you use for storing or transporting things ▶ **kufer 4** [C] an elephant's long nose ▶ **trąba słonia 5** (**trunks**) [pl.] short trousers that men or boys wear when they go swimming ▶ **kąpielówki 6** [C] (US) = BOOT[1](2)

★**trust[1]** /trʌst/ noun **1** [U] **trust (in sb/sth)** the feeling that you have when you know that you can rely on sb/sth to do what he/she/it is supposed to do: *Our marriage is based on love and trust.* ○ *I put my trust in him* (zaufałem mu), *but he failed me.* ▶ **zaufanie 2** [U] responsibility: *As a teacher you are in a position of trust.* ▶ **odpowiedzialność 3** [C,U] an arrangement by which a person or an organization looks after money and property for sb else: *The money was put into a trust for the children.* ▶ **powiernictwo**

IDIOMS **take sth on trust** to believe what sb says without having proof that it is true: *I can't prove it. You must take it on trust.* ▶ **wierzyć komuś na słowo**

□ **trustworthy** adj. that you can trust ▶ **godny zaufania**

★**trust[2]** /trʌst/ verb [T] to believe that you can rely on sb/sth to do what he/she/it is supposed to do; to believe that sb/sth will not harm you: *I just don't trust him.* ○ *Can I trust you to behave sensibly while I am out?* ○ *You can't trust her with money.* Nie można jej powierzać pieniędzy. ○ *She is not to be trusted with money.* ▶ **ufać**

IDIOM **Trust sb (to do sth)** It is typical of sb to do sth: *Trust Alice to be late.* (Możesz być pewien, że Alice się spóźni.) *She's never on time!* ▶ **być spokojnym/pewnym (że ktoś coś zrobi)**

□ **trusting** adj. having or showing trust ▶ **ufny**

trustee /trʌ'sti:/ noun [C] a person who looks after money or property for sb else ▶ **powierni-k/czka**

★**truth** /tru:θ/ noun (pl. **truths** /tru:ðz/) **1** [U] the state or quality of being true: *There's a lot of truth in what she says.* ▶ **prawda 2** [sing.] what is true: *Please tell me the truth.* ○ *the whole truth* ▶ **prawda 3** [C] a fact or idea that is true: *scientific truths* ▶ **prawda**

□ **truthful** /-fl/ adj. **1** true or correct: *a truthful account* ▶ **zgodny z prawdą, prawidłowy 2** (used about a person) who tells the truth; honest ▶ **prawdomówny** | **truthfully** /-fəli/ adv. ▶ **zgodnie z prawdą; prawdziwie**

★**try**[1] /traɪ/ verb (pres. part. **trying**; 3rd pers. sing. pres. **tries**; pt, pp **tried**) **1** [I] to make an effort to do sth: *I tried to phone you but I couldn't get through.* ○ *She was trying hard not to laugh.* ○ *to try your best/hardest* próbować z całych sił ○ *I'm sure you can do it if you try.* ❶ W języku codziennym często używa się zwrotu **try and** zamiast **try to**: *I'll try to get there on time.* ○ (informal) *I'll try and get there on time.* Nie można używać zwrotu **try and** w czasie przeszłym. W tym czasie poprawna forma to **try to**: *I tried to get there on time.* ▶ **próbować, starać się 2** [T] to do, use or test sth in order to see how good or successful it is: *I've tried everything but I can't get the baby to sleep.* ○ *Have you ever tried raw fish?* ○ *We tried the door* (próbowaliśmy otworzyć drzwi) *but it was locked.* ○ *He tried several bookshops.* Sprawdzał w kilku księgarniach. ▶ **próbować, sprawdzać 3** [T] to examine sb in a court of law in order to decide if he/she is guilty of a crime or not: *He was tried for murder.* ▶ **sądzić za coś**

IDIOMS **try sb's patience** to make sb feel impatient ▶ **nadużywać czyjejś cierpliwości** | **try your hand at sth** to do sth such as an activity or a sport for the first time ▶ **próbować coś robić po raz pierwszy**

PHRASAL VERBS **try sth on** to put on a piece of clothing to see if it fits you properly: *Can I try these jeans on, please?* ▶ **przymierzać** | **try sb/sth out** to test sb/sth by using them/it ▶ **wypróbowywać**

□ **trying** adj. that makes you tired or angry: *a trying journey* ▶ **męczący; dokuczliwy**

★**try**[2] /traɪ/ noun [C] (pl. **tries**) an occasion when you make an effort to do sth; an attempt: *I'll give it a try.* Spróbuję. ▶ **próba**

T-shirt → T

tsp abbr. teaspoonful(s): *Add 1 tsp salt.* ▶ **łyżeczka do herbaty**

tub /tʌb/ noun [C] **1** a large round container with a flat bottom and no lid: *On the terrace there were several tubs with flowers in them.* ▶ **balia, kadź, wanienka (na coś) 2** a small plastic container with a lid that is used for holding food: *a tub of margarine/ice-cream* ➲ Ilustr. do **container**. ▶ **plastikowe pudełko z przykrywką**

tuba /'tju:bə; US 'tu:-/ noun [C] a large brass musical instrument that makes a low sound ▶ **tuba**

★**tube** /tju:b; US tu:b/ noun **1** [C] a long hollow pipe made of glass, metal, rubber, etc.: *Blood flowed along the tube into the bottle.* ○ *the inner tube of a bicycle tyre* dętka rowerowa ○ *a laboratory test-tube* probówka ▶ **rur(k)a, wąż/wężyk 2** [C] a long thin soft container with a cap at one end made of plastic or metal. Tubes are used for holding soft substances such as toothpaste and you squeeze them to get the substance out. ➲ Ilustr. do **container**. ▶ **tubka 3** (Brit., informal) = UNDERGROUND

□ **tubing** noun [U] a long piece of metal, rubber, etc. in the shape of a tube ▶ **rur-y/ki**

tuberculosis /tju:ˌbɜ:kju'ləʊsɪs; US tu:-/ noun [U] (abbr. **TB**) a serious disease that especially affects the lungs ▶ **gruźlica**

TUC /ˌti: ju: 'si:/ abbr. Trades Union Congress; the association of British trades unions ▶ **Zjednoczenie Brytyjskich Związków Zawodowych**

tuck /tʌk/ verb [T] **1** to put or fold the ends or edges of sth into or round sth else so that it looks tidy: *Tuck your shirt in* (włóż koszulę w spodnie) – *it looks untidy like that.* ○ *He tucked the blanket round the old man's knees.* ▶ **owijać, podwijać 2** to put sth away tidily or in a safe or hidden place: *He tucked his wallet away in his inside pocket.* ○ *The letter was tucked behind a pile of books.* ▶ **chować (starannie/ dokładnie), wtykać**

PHRASAL VERBS **tuck sth away** (informal) (usually passive) **1** to store sth: *They've got a lot of money tucked away.* ▶ **zamelinować coś gdzieś 2** to hide sth: *Their house is tucked away behind the church.* ▶ **chować** | **tuck into sth; tuck in** (informal, especially Brit.) to eat with pleasure ▶ **wcinać** (*jedzenie*) | **tuck sb in/up** to make sb feel comfortable in bed by pulling the covers up around them ▶ **otulać kogoś**

Tue. (also **Tues.**) abbr. Tuesday: *Tue. 9 March* ▶ **wtorek**

★**Tuesday** /'tju:zdeɪ; -di; US 'tu:-/ noun [C,U] (abbr. **Tue.**; **Tues.**) the day of the week after Monday and before Wednesday ➲ Zob. przykł. użycia dni tygodnia w zdaniach przy **Monday**. ▶ **wtorek**

tuft /tʌft/ noun [C] a small bunch of hair, grass, etc. ▶ **kępka**

tug /tʌg/ verb [I,T] (**tugging**; **tugged**) to pull sth hard and quickly ▶ **szarpać**

□ **tug** noun [C] **1** a sudden hard pull: *She gave the rope a tug.* Szarpnęła za sznur. ▶ **szarpnięcie 2** (also '**tugboat**) a small strong boat that is used for pulling larger ships into a harbour ▶ **holownik**

tuition /tju'ɪʃn; US tu-/ noun [U] (formal) teaching, especially to a small group of people: *private tuition in Italian* ○ *tuition fees* czesne ▶ **nauczanie, korepetycje**

tulip /'tju:lɪp; US 'tu:-/ noun [C] a brightly-coloured flower, shaped like a small cup, that grows from a bulb in the spring ▶ **tulipan**

tumble /ˈtʌmbl/ verb [I] **1** to fall suddenly in a heavy way, without control: *He tripped and tumbled all the way down the steps* (stoczył się ze schodów). ▶ **upaść, runąć 2** (used about prices, etc.) to become lower: *Hotel prices have tumbled.* ▶ **gwałtownie spadać 3** to move in a particular direction in an untidy way: *I got undressed and tumbled into bed.* ○ *She opened her suitcase and all her things tumbled out of it.* ▶ **gramolić się, wysypywać się**

PHRASAL VERB **tumble down** to fall down; to collapse: *The walls of the old house were tumbling down.* ▶ **przewracać się** (*z hukiem*), **walić się**

□ **tumble** noun [C] a sudden fall ▶ **gwałtowny upadek**

■ **ˌtumble-ˈdryer** (also **tumble-drier**) noun [C] a machine that dries clothes by moving them about in hot air ▶ **suszarka do bielizny**

tumbler /ˈtʌmblə(r)/ noun [C] a drinking glass with straight sides that has no handle or stem ▶ **szklanka**

tummy /ˈtʌmi/ noun [C] (pl. **tummies**) (informal) = STOMACH: *I've got (a) tummy ache.* ▶ **brzuch**

tumour (US **tumor**) /ˈtjuːmə(r); US ˈtuː-/ noun [C] a mass of diseased cells that are growing abnormally in the body: *a brain tumour* ▶ **guz**

tumultuous /tjuːˈmʌltʃuəs/ adj. very noisy, because people are excited: *a tumultuous welcome* ▶ **wrzaskliwy**

tuna /ˈtjuːnə; US ˈtuːnə/ noun (pl. **tuna**) **1** [C] a large sea fish ▶ **tuńczyk 2** [U] (also **tuna fish**) the flesh of the fish, which is often sold in tins ▶ **mięso z tuńczyka**

★**tune** /tjuːn; US tuːn/ noun [C,U] a series of musical notes that are arranged in a pleasant pattern: *The children played us a tune on their recorders.* ○ *I can't remember the tune of that song.* ○ *a signature tune* sygnał rozpoznawczy (programu telewizyjnego/radiowego) ○ *Some people complain that modern music has no tune to it.* ▶ **melodia**

IDIOMS **call the shots/tune** → CALL[2] | **change your tune** → CHANGE[1] | **in/out of tune 1** at/not at the correct musical level (pitch): *You're singing out of tune.* ▶ (*śpiewać/grać*) **czysto/nieczysto 2** in/not in agreement with sb/sth: *The President doesn't seem to be in tune with what ordinary people are thinking.* ▶ **(nie) w zgodzie z kimś/czymś**

□ **tune** verb [T] **1** to adjust a musical instrument so that it is at the correct musical level (pitch) ▶ **stroić 2** to adjust an engine so that it runs well ▶ **regulować**

IDIOM **tuned (in) to sth** listening to a particular radio station: *Stay tuned to this station for the latest news.* ▶ **nastawiony na jakąś stację**

PHRASAL VERBS **tune in (to sth)** to move the controls of a radio or television so that you can listen to or watch a particular station ▶ **nastrajać na daną stację/kanał** | **tune up** to adjust a group of musical instruments so that they play together in tune ▶ **zestrajać się**

tuneful /-fl/ adj. (used about music) pleasant to listen to ▶ **melodyjny**

tunic /ˈtjuːnɪk; US ˈtuː-/ noun [C] **1** the jacket that is part of the uniform of a policeman, soldier, etc. ▶ **górna część munduru 2** a piece of loose clothing without sleeves that is like a dress ▶ **tunika**

★**tunnel** /ˈtʌnl/ noun [C] a passage under the ground or sea, river, etc.: *The train disappeared into a tunnel.* ○ *the Channel Tunnel* ▶ **tunel**

□ **tunnel** verb [I,T] (**tunnelling**; **tunnelled**; US **tunneling**; **tunneled**) to dig a tunnel ▶ **drążyć tunel**

turban /ˈtɜːbən/ noun [C] a covering for the head worn by Muslim and Sikh men. A turban is made by wrapping a long piece of cloth around the head. ▶ **turban**

turbulent /ˈtɜːbjələnt/ adj. **1** in a state of disorder and confusion when things are changing fast ▶ **burzliwy 2** (used about water or air) moving in a violent way ▶ **rwący**

□ **turbulence** noun [U] (*podczas lotu samolotem*) ▶ **turbulencja**; (*o sytuacji politycznej*) **niepokój, zamieszki**

turf /tɜːf/ noun [U] short thick grass and the layer of soil underneath it ▶ **darń**

□ **turf** verb [T] to cover ground with turf ▶ **pokrywać darnią**

PHRASAL VERB **turf sb out (of sth)** (Brit., informal) to force sb/sth to leave a place ▶ **wywalać (kogoś skądś)**

turkey /ˈtɜːki/ noun [C,U] (pl. **turkeys**) a large bird that is kept on farms ▶ **indyk**

> W Wlk. Brytanii indyka je się w Boże Narodzenie, a w USA w Święto Dziękczynienia.

IDIOM **cold turkey** → COLD[1]

turmoil /ˈtɜːmɔɪl/ noun [C, usually sing., U] a state of great excitement, noise or confusion ▶ **zgiełk, zamieszanie**

★**turn**[1] /tɜːn/ verb **1** [I] to move or go round a fixed point: *The wheels turned faster and faster.* ▶ **kręcić się 2** [T] to hold and move sth round a central point; to make sth go round: *She turned the handle on the door.* ○ *Turn the steering wheel to the right.* ▶ **obracać 3** [I,T] to move your body, or part of your body, so that you are facing in a different direction: *He turned (round) when he heard my voice.* ○ *She turned her back on me.* ▶ **odwracać (się) 4** [T] to change the position of sth: *I turned the box upside down.* ○ *He turned the page and started the next chapter.* ▶ **przekręcać, odwracać, przewracać 5** [T] to point or aim sth in a particular direction: *She turned her attention back to the television.* ▶ **skierować 6** [I,T] to change direction when you are moving: *Go straight on and turn left at the church.* ○ *The car turned the corner* (skręcił na rogu). ○ *He turned the lorry into the yard.* ▶ **skręcać 7** [I,T] (to cause) to become: *He turned very red when I asked him about the money.* ○ *The fairy waved her wand and the prince turned into a frog.* ○ *She turned him into a frog.* ▶ **stawać się; zamieniać (kogoś/się w coś) 8** [T] (not used in the continuous tenses) to reach or pass a particular age or time: *It's turned midnight.* Minęła północ. ▸ **mijać; skończyć** (*ileś lat*) ❶ **Turn** występuje w zwrotach. ➲ Zob. hasła odpowiednich rzeczowników i przymiotników, np. w celu wyjaśnienia zwrotu **turn a blind eye** zob. **blind**.

PHRASAL VERBS **turn (sth) around/round** to change position or direction in order to face the opposite way, or to return the way you came; to make sth do this: *This road is a dead end. We'll have to turn round and go back to the main road.* ○ *He turned the car around and drove off.* ▸ **zawracać, odwracać się, obracać się**

turn away to stop looking at sb/sth: *She turned away in horror at the sight of the blood.* ▸ **odwracać się** | **turn sb away** to refuse to allow a person to go into a place: *Hundreds of fans were turned away from the match.* ▸ **odprawiać**

turn back to go back in the same direction as you came ▸ **zawracać** (*z drogi*)

turn sb/sth down to refuse an offer, etc. or the person who makes it: *Why did you turn that job down?* ○ *He asked her to marry him, but she turned him down.* ▸ **odrzucać, odmawiać** | **turn sth down** to reduce the sound or heat that sth produces: *Turn the television down!* ○ *Do you mind if I turn the heating down?* ▸ **przyciszać, zmniejszać**

turn off (sth) to leave one road and go on another: *We turn off the motorway at junction 10.* ▸ **skręcać/zjeżdżać z czegoś** | **turn sth off** to move the switch, etc. on a piece of machinery, etc. to stop it working: *He turned the TV off.* ▸ **wyłączać**

turn sb on (informal) to make sb excited or interested, especially sexually ▸ **podniecać kogoś** | **turn sth on** to move the switch, etc. on a piece of machinery, etc. to start it working: *Turn the lights on!* ▸ **włączać**

turn out (for sth) to be present or appear for sth: *Thousands of people turned out to welcome the team home.* ▸ **wylegać** (*np. na ulice*), **pojawiać się** | **turn out (to be sth)** to be sth in the end: *The weather turned out fine.* ○ *The house that they had promised us turned out to be a tiny flat.* ▸ **okazać się** | **turn sth out** to move the switch, etc. on a light so that it is no longer shining: *Turn the lights out before you go to bed.* ▸ **gasić**

turn over 1 to change position so that the other side is facing out or upwards: *He turned over and went back to sleep.* ▸ **przewracać się** (*na drugi bok*) **2** (used about an engine) to start or to continue to run ▸ **zapalać** ▸ (*przen.*) **chodzić** | **turn over (to sth)** (Brit.) to change to another programme when you are watching television ▸ **przełączać się (na coś)** | **turn sth over 1** to make sth change position so that the other side is facing out or upwards: *You may now turn over your exam papers and begin.* ▸ **odwracać 2** to keep thinking about sth carefully: *She kept turning over what he'd said in her mind.* ▸ **przemyśliwać**

turn to sb to go to sb to get help ▸ **zwracać się (z prośbą)** | **turn to sth** to find a page in a book: *Turn to page 45.* ▸ **otwierać książkę na danej stronie**

turn up 1 to arrive: *What time did they finally turn up?* ▸ **pojawiać się 2** to be found: *I lost my glasses a week ago and they haven't turned up yet.* ▸ **znaleźć się** | **turn sth up** to increase the sound or heat that sth produces: *Turn the heating up – it's freezing!* ▸ **zwiększać** (*np. głośność*)

■ **'turn-off** noun [C] the point where a road leads away from a larger or more important one: *This is the turn-off for York.* ▸ **zjazd z głównej drogi** | **'turnout** noun [C, usually sing.] the number of people who go to a meeting, match, etc. ▸ **frekwencja** | **'turnover** noun [sing.] **a turnover (of sth) 1** the amount of business that a company does in a particular period of time: *The firm has an annual turnover of £50 million.* ▸ **obrót** (*handlowy*) **2** the rate at which workers leave a company and are replaced by new ones: *a high turnover of staff* ▸ **rotacja pracowników** | **'turnstile** noun [C] a gate that goes round and that allows one person at a time to enter a place ▸ **kołowrót u wejścia**

★**turn²** /tɜːn/ noun [C] **1** an act of turning sb/sth round: *Give the screw another couple of turns to make sure it is really tight.* ▸ **obrót 2** a change of direction: *to make a left/right turn* ○ *a U-turn* zwrot o 180 stopni ▸ **skręt 3** a bend or corner in a road, river, etc.: *Take the next turn* (skręć w następną ulicę) *on the left.* ▸ **ulica, zakręt 4** [usually sing.] the time when you must or may do sth: *Please wait in the queue until it is your turn.* ○ *to miss a turn* stracić kolejkę ○ *to take turns* zmieniać się ▸ **kolej 5** a change: *The patient's condition has taken a turn for the worse* (pogorszył się). ▸ **zmiana**

IDIOMS **do sb a good turn** to do sth helpful for sb ▸ **wyświadczać komuś przysługę** | **in turn** one after the other: *I spoke to each of the children in turn.* ▸ **po kolei** | **take turns (at sth)** to do sth one after the other: *You can't both play on the computer at the same time. You'll have to take turns.* ▸ **robić coś kolejno** | **the turn of the century/year** the time when a new century/year starts ▸ **przełom wieku, koniec roku** | **wait your turn** → WAIT¹

★**turning** /'tɜːnɪŋ/ noun [C] a place where one road joins or leads off from another: *Take the third turning* (skręć w trzecią ulicę) *on the right.* ▸ **ulica, przecznica**

□ **'turning point** noun [C] **a turning point (in sth)** a time when an important change happens ▸ **punkt zwrotny**

turnip /'tɜːnɪp/ noun [C,U] a round white vegetable that grows under the ground ▸ **rzepa**

turntable /'tɜːnteɪbl/ noun [C] the round surface on a record player that you place the record on to be played ▸ **talerz obrotowy**

turpentine /'tɜːpəntaɪn/ noun [U] a clear liquid with a strong smell that you use for removing paint or for making paint thinner ▸ **terpentyna**

turquoise /'tɜːkwɔɪz/ adj., noun [U] (of) a greenish-blue colour ▸ **(kolor) turkusowy**

turret /'tʌrət/ noun [C] a small tower on the top of another tower ▸ **wieżyczka**

turtle /'tɜːtl/ noun [C] **1** a reptile with a soft body and a thick shell that lives in the sea ▶ **żółw morski 2** (US) = TORTOISE

tusk /tʌsk/ noun [C] one of the two very long pointed teeth of an elephant, etc.: *Elephants' tusks are made of ivory.* ▶ **kieł**

tussle /ˈtʌsl/ noun [C] (informal) a rough fight, e.g. between two or more people who want to have the same thing ▶ **szamotanina**

tut /tʌt/ (also ˌ**tut-ˈtut**) interj. the way of writing the sound that people make when they think that sth is bad, foolish, etc. ▶ (*wyrażenie w formie pisemnej odgłosu oznaczającego dezaprobatę itp.*)

tutor /ˈtjuːtə(r); US ˈtuː-/ noun [C] **1** a private teacher who teaches one person or a very small group ▶ **korepetytor/ka 2** (Brit.) a teacher who is responsible for a small group of pupils at school, or students at college or university. A tutor advises students on their work or helps them if they have problems in their private life. Sometimes tutors teach small groups. ▶ **wychowaw-ca/czyni, opiekun/ka grupy (studentów)**
□ **tutorial** /tjuːˈtɔːriəl; US tuː-/ noun [C] a lesson given by a tutor(2) to a student or a small group of students ▶ **korepetycja**

tuxedo /tʌkˈsiːdəʊ/ noun [C] (pl. **tuxedos** /-dəʊz/) (informal **tux**) (US) = DINNER JACKET

TV /ˌtiː ˈviː/ abbr. television (set) ▶ **TV; telewizor**

twang /twæŋ/ noun [C] the sound that you make when you pull a tight string or wire and then let it go ▶ **brzdęk**
□ **twang** verb [I,T] ▶ **brzdąkać**

tweed /twiːd/ noun [U] thick woollen cloth with a rough surface ▶ **tweed**

tweezers /ˈtwiːzəz/ noun [pl.] a small tool consisting of two pieces of metal that are joined at one end. You use tweezers for picking up or pulling out very small things.: *a pair of tweezers* pęseta ▶ **pęseta**

★**twelve** /twelv/ number 12; one more than eleven ▶ **dwanaście** ➲ Por. **dozen**. Zob. przykł. użycia liczebników w zdaniach przy **six**.
□ **twelfth** /twelfθ/ pron., det., adv. 12th; next after eleventh ➲ Zob. przykł. przy **sixth**. ▶ **dwunasty**

★**twenty** /ˈtwenti/ number 20; one more than nineteen ➲ Zob. przykł. użycia liczebników w zdaniach przy **sixty**. ▶ **dwadzieścia**
□ **twentieth** /ˈtwentiəθ/ pron., det., adv. 20th; next after nineteenth ➲ Zob. przykł. przy **sixth**. ▶ **dwudziesty**

★**twice** /twaɪs/ adv. two times: *I've been to Egypt twice – once last year and once in 1984.* ○ *The film will be shown twice daily.* ○ *Take the medicine twice a day.* ○ *Prices have risen twice as fast in this country as in Japan.* ▶ **dwa razy, podwójnie**

twiddle /ˈtwɪdl/ verb [I,T] to keep turning or moving sth with your fingers ▶ **kręcić palcami** (*np. nerwowo/w roztargnieniu*), **bawić się (czymś) używając palców**

twig /twɪg/ noun [C] a small thin branch on a tree or bush ▶ **gałązka**

twilight /ˈtwaɪlaɪt/ noun [U] the time after the sun has set and before it gets completely dark ▶ **zmrok**

★**twin** /twɪn/ noun [C] **1** one of two children or animals that are born to the same mother at the same time: *They're very alike. Are they twins?* ○ *a twin brother/sister* ○ *identical twins* ▶ **bliźnia-k/czka 2** one of a pair of things that are the same or very similar: *twin beds* dwa takie same/pojedyncze łóżka ○ *a twin-bedded room* pokój z dwoma pojedynczymi łóżkami
□ **twin** verb [T] (**twinning; twinned**) to join two towns in different countries together in a special relationship: *Oxford is twinned with Bonn.* ▶ **tworzyć bliźniacze miasta**
■ ˌ**twin ˈtown** noun [C] one of two towns in different countries that have a special relationship ▶ **miasto bliźniacze**

twinge /twɪndʒ/ noun [C] **a twinge (of sth) 1** a sudden thought or feeling: *a twinge of fear* ▶ **nagłe uczucie** (*np. strachu*) **2** a sudden short pain ▶ **nagły ból**

twinkle /ˈtwɪŋkl/ verb [I] **1** to shine with a light that seems to be moving: *Stars twinkled in the night sky.* ▶ **migotać 2** (used about your eyes) to look bright because you are happy ▶ **iskrzyć się**
□ **twinkle** noun [C]: *From the twinkle in her eyes we knew she was joking.* ▶ **iskrzenie się**

twirl /twɜːl/ verb **1** [I] to spin or turn around, e.g. when you are dancing ▶ **wirować 2** [T] to twist or turn sth ▶ **wirować (czymś)**

★**twist**[1] /twɪst/ verb **1** [I,T] to turn yourself or a part of your body: *She twisted round to see where the noise was coming from.* ○ *He kept twisting his head from side to side.* ▶ **kręcić (się), wykręcać (się) 2** [I,T] to turn or make sth turn into a shape or position that is not normal: *The metal twisted into strange shapes.* ○ *He twisted his knee while he was playing squash.* ▶ **wykręcać (się), wykrzywiać (się), skręcać (się) 3** [T] to turn sth in a particular direction: *Twist the dial as far as it will go.* ○ *Most containers have twist-off caps.* ▶ **kręcić 4** [I] (used about a road, etc.) to change direction often: *a narrow twisting lane* ▶ **kręcić 5** [T] to wind sth round and round an object: *I twisted the bandage round her knee.* ▶ **okręcać 6** [T] to change the meaning of what sb said: *Journalists often twist your words.* ▶ **przekręcać** (*znaczenie*)
IDIOM **twist sb's arm** (informal) to force or persuade sb to do sth ▶ **przyciskać kogoś** (*żeby coś zrobił*)

twist[2] /twɪst/ noun [C] **1** an act of twisting sth: *She killed the chicken with one twist of its neck.* ▶ **skręcenie, wykręcenie 2** a place where sth has become twisted: *Straighten out the wire so that there are no twists in it.* ▶ **skręt 3** a place where a road, river, etc. bends or changes direction: *the twists and turns of the river* ▶ **skręt, kolano** (*rzeki*) **4** a change or development (especially one that you do not expect): *an unexpected twist at the end of the book* ▶ **(nieoczeki-**

wan-a/y) zmiana/zwrot w wydarzeniach/ sprawach

twit /twɪt/ noun [C] (Brit., informal) a stupid person ▶ **głupek**

twitch /twɪtʃ/ verb [I,T] to make a sudden movement; to cause sth to make a sudden movement: *The rabbit twitched and then lay still.* ○ *Can you twitch* (ruszać) *your ears?* ▶ **drgać**

□ **twitch** noun [C] ▶ **drgnięcie**

twitter /ˈtwɪtə(r)/ verb [I] (used about birds) to make a series of short high sounds ▶ **ćwierkać**

★**two** /tu:/ number 2; one more than one ➲ Por. **second**. Zob. przykł. użycia liczebników w zdaniach przy **six**. ▶ **dwa**

IDIOMS **in two** in or into two pieces: *The plate fell on the floor and broke in two.* ▶ **na dwoje** | **be in two minds (about sth/about doing sth)** → MIND[1]

□ **two-** (in compounds) having two of the thing mentioned: *a two-week holiday* ▶ **dwu-, dwa**

tycoon /taɪˈku:n/ noun [C] (informal) a person who is very successful in business and who is rich and powerful ▶ **magnat/ka** (*np. handlowy*), **potentat/ka**

★**type[1]** /taɪp/ noun [C] **1 a type (of sth)** a group of people or things that share certain qualities and that are part of a larger group; a kind or sort: *Which type of paint should you use on metal?* ○ *Spaniels are a type of dog.* ○ *There are several different types of apartment to choose from.* ○ *That's just the type of situation that you should avoid.* ○ *You meet all types of people in this job.* ○ *the first building of its type in the world* ▶ **rodzaj 2** a person of a particular kind: *He's the careful type.* ○ *She's not my type.* ▶ **typ** (*człowieka*) **3 (-type)** (used to form compound adjectives) having the qualities, etc. of the group, person or thing mentioned: *a ceramic-type material* ▶ **typu**

★**type[2]** /taɪp/ verb [I,T] to write sth using a typewriter, word processor, etc.: *Can you type?* ○ *to type a letter* ▶ **pisać na maszynie/komputerze itp.**

□ **type** noun [U] the letters that you use when you are typing or printing: *The type is too small to read.* ▶ **litery drukowane** | **typing** noun [U] **1** the act of typing: *typing skills* ▶ **pisanie na maszynie 2** work that has been or must be typed: *There is still a lot of typing to be done.* ▶ **maszynopis** | **typist** /ˈtaɪpɪst/ noun [C] a person who types, especially as a job ▶ **maszynist-a/ka**

■ **ˈtypewriter** noun [C] a machine that you use for writing in print ▶ **maszyna do pisania** | **ˈtypewritten** adj. written using a typewriter or word processor ▶ **napisany na maszynie lub komputerze**

typhoid /ˈtaɪfɔɪd/ noun [U] a serious disease that can cause death. People get typhoid from bad food or water. ▶ **tyfus**

typhoon /taɪˈfu:n/ noun [C] a violent tropical storm with very strong winds ▶ **tajfun**

★**typical** /ˈtɪpɪkl/ adj. **typical (of sb/sth)** having or showing the usual qualities of a particular person, thing or type: *a typical Italian village* ○ *It was absolutely typical of him not to reply to my letter.* ▶ **typowy**

□ **typically** adv. **1** in a typical case: *Typically, it is the girls who offer to help, not the boys.* ▶ **zwykle, typowo 2** in a typical manner: *typically British* ▶ **typowo**

typify /ˈtɪpɪfaɪ/ verb [T] (pres. part. **typifying**; 3rd pers. sing. pres. **typifies**; pt, pp **typified**) to be a typical mark or example of sb/sth: *The film typified the Hollywood westerns of that time.* ▶ **być typowym przykładem/znakiem/wzorem**

★**typist** → TYPE[2]

tyranny /ˈtɪrəni/ noun [U] the cruel and unjust use of power by a person or small group to govern a country or state ▶ **tyrania**

□ **tyrannical** /tɪˈrænɪkl/ adj.: *a tyrannical ruler* ▶ **tyrański** | **tyrannize** (also **-ise**) /ˈtɪrənaɪz/ verb [I,T] to use power over other people in a cruel and unjust way ▶ **tyranizować**

tyrant /ˈtaɪrənt/ noun [C] a cruel ruler who has complete power over the people in their country ▶ **tyran**

★**tyre** (US **tire**) /ˈtaɪə(r)/ noun [C] the thick rubber ring that fits around the outside of a wheel: *a flat tyre* ○ *Remember to check your tyre pressure.* ▶ **opona**

Uu

U,u /ju:/ noun [C] (pl. **U's**; **u's** /ju:z/) the twenty-first letter of the English alphabet ▶ **litera** ***u***

U /ju:/ abbr. (Brit.) (used about films that are suitable for anyone, including children) universal ▶ **kategoria filmu „Dozwolony bez ograniczeń wieku"**

ubiquitous /ju:ˈbɪkwɪtəs/ adj. (usually before a noun) (formal) seeming to be everywhere or in several places at the same time ▶ **wszechobecny**

udder /ˈʌdə(r)/ noun [C] the part of a female cow, goat, etc. that hangs like a bag between its legs and produces milk ▶ **wymię**

UEFA /juˈeɪfə/ abbr. Union of European Football Associations: *the UEFA cup* ▶ **Europejski Związek Piłki Nożnej**

UFO (also **ufo**) /ˌju :ef ˈəʊ or ˈju:fəʊ/ abbr. unidentified flying object, especially a flying saucer ▶ **UFO, latający talerz**

ugh /ɜː/ interj. (used in writing to express the sound that you make when you think sth is very unpleasant) ▶ **fuj!**

★**ugly** /ˈʌɡli/ adj. (**uglier**; **ugliest**) **1** unpleasant to look at or listen to; unattractive ▶ **brzydki** **2** (used about a situation) dangerous or threatening: *The situation became ugly when people started throwing stones.* ▶ **niebezpieczny**
□ **ugliness** noun [U] ▶ **brzydota**

UHT /ˌjuː eɪtʃ ˈtiː/ abbr. ultra heat treated; used about dairy products that are treated to last longer ▶ **poddany działaniu bardzo wysokiej temperatury**

UK /ˌjuː ˈkeɪ/ abbr. United Kingdom; England, Scotland, Wales and Northern Ireland: *a UK citizen* ▶ **Zjedn. Król.**

ulcer /ˈʌlsə(r)/ noun [C] a painful area on your skin or inside your body. Ulcers may produce a poisonous substance and sometimes bleed: *a mouth/stomach ulcer* ▶ **wrzód**

ulterior /ʌlˈtɪəriə(r)/ adj. (formal) that you keep hidden or secret: *Why is he suddenly being so nice to me? He must have an ulterior motive.* ▶ **ukryty**

ultimate /ˈʌltɪmət/ adj. (only before a noun) **1** being or happening at the end; last or final: *Our ultimate goal is complete independence.* ▶ **ostateczny**; **ostatni** **2** the greatest, best or worst: *For me the ultimate luxury is to stay in bed till ten o'clock on a Sunday.* ▶ **krańcowy**
□ **ultimate** noun [sing.] **the ultimate (in sth)** (informal) the greatest or best: *This new car is the ultimate in comfort.* ▶ **szczyt** (*np. wygody*) | **ultimately** adv. **1** in the end: *Whatever decision we ultimately take will be in the best interests of the school.* ▶ **ostatecznie** **2** at the most basic level: *Ultimately, this discussion is not about quality but about money.* ▶ **w zasadzie**

ultimatum /ˌʌltɪˈmeɪtəm/ noun [C] (pl. **ultimatums**) a warning to a person or country that, if they do not do what you ask, you will use force or take action against them ▶ **ultimatum**

ultra- /ˈʌltrə/ (in compounds) extremely: *ultramodern* ultranowoczesny ▶ **ultra-**

ultrasound /ˈʌltrəsaʊnd/ noun [U] ultrasonic sound: *an ultrasound scan* badanie ultrasonograficzne ▶ **ultradźwięk**

ultraviolet /ˌʌltrəˈvaɪələt/ adj. of a type of light that causes your skin to turn darker and that can be dangerous in large amounts ▶ **ultrafioletowy**

umbilical cord /ʌmˌbɪlɪkl ˈkɔːd/ noun [C] the tube that connects a baby to its mother before it is born ▶ **pępowina**

★**umbrella** /ʌmˈbrelə/ noun [C] an object that you carry to keep you dry when it is raining. An umbrella consists of a piece of cloth on a frame and a long handle. You can fold an umbrella up when you are not using it: *to put an umbrella up/down* otwierać/zamykać parasol ▶ **parasol/ka** (*od deszczu*)

umpire /ˈʌmpaɪə(r)/ noun [C] a person who watches a game such as tennis or cricket to make sure that the players obey the rules ➲ Por. **referee**. ▶ **sędzia sportowy**
□ **umpire** verb [I,T] ▶ **sędziować** (*np. w tenisie/krykiecie*)

umpteen /ˌʌmpˈtiːn/ pron., det. (informal) very many; a lot: *I've told you umpteen times to phone me if you're going to be late.* ▶ **x razy**
□ **umpteenth** /ˌʌmpˈtiːnθ/ pron., det.: *For the umpteenth time – phone if you're going to be late!* ▶ (*po raz*) **setny**

UN /ˌjuː ˈen/ abbr. United Nations: *the UN secretary general* ▶ **ONZ**

★**unable** /ʌnˈeɪbl/ adj. (not before a noun) **unable to do sth** not having the time, knowledge, skill, etc. to do sth; not able to do sth: *Thank you for the invitation. I regret that I shall be unable to attend.* ❶ Rzeczownik: **inability**. ▶ **niezdolny (do zrobienia czegoś)**

unacceptable /ˌʌnəkˈseptəbl/ adj. that you cannot accept or allow ▶ **nie do przyjęcia**
□ **unacceptably** /-bli/ adv. ▶ **w sposób niemożliwy do przyjęcia**

unaccompanied /ˌʌnəˈkʌmpənid/ adj. alone, without sb/sth else going too: *unaccompanied children* ▶ **bez opieki, bez towarzystwa**

unaffected /ˌʌnəˈfektɪd/ adj. **1** not changed by sth: *Our department will be unaffected by the decision.* ▶ **nie dotknięty** **2** natural in the way you behave ▶ **nie afektowany**

unaided /ʌnˈeɪdɪd/ adv. without any help ▶ **nie wspomagany**

unanimous /juˈnænɪməs/ adj. **1** (used about a group of people) all agreeing about sth: *The members of the jury were unanimous in their decision.* ▶ **jednomyślny** **2** (used about a decision, etc.) agreed by everybody ▶ **jednomyślny**
□ **unanimously** adv. ▶ **jednomyślnie**

unarmed /ˌʌnˈɑːmd/ adj. having no guns, knives, etc.; not armed ▶ **nie uzbrojony**

unashamed /ˌʌnəˈʃeɪmd/ adj. feeling or showing no guilt ▶ **bezwstydny**
□ **unashamedly** adv.: *The film was unashamedly sentimental.* ▶ **bezwstydnie**

unassuming /ˌʌnəˈsjuːmɪŋ; US ˌʌnəˈsuː-/ adj. not wishing to be noticed by other people ▶ **bezpretensjonalny**

unattached /ˌʌnəˈtætʃt/ adj. **1** not connected to sb/sth else: *This group is unattached to any political party.* ▶ **nie związany, nie złączony** **2** not married; without a regular partner ▶ **nieżonaty, niezamężna; samotny**

unattended /ˌʌnəˈtendɪd/ adj. not watched or looked after: *Young children should not be left unattended.* ▶ **bez dozoru; bez opieki**

unattractive /ˌʌnəˈtræktɪv/ adj. not attractive or pleasant to look at ▶ **nieatrakcyjny, nieładny**

unauthorized /ʌnˈɔːθəraɪzd/ adj. done without permission ▶ **nie upoważniony**

unavoidable /ˌʌnəˈvɔɪdəbl/ adj. that cannot be avoided or prevented ▶ **nieunikniony**

□ **unavoidably** /-əbli/ adv.: *We were unavoidably delayed.* ▶ **niechybnie**

unaware /ˌʌnəˈweə(r)/ adj. (not before a noun) **unaware (of sb/sth)** not knowing about or not noticing sb/sth: *She seemed unaware of all the trouble she had caused.* ▶ **nieświadomy**

□ **unawares** /-ˈweəz/ adv. by surprise; without expecting sth or being prepared for it: *I was taken completely unawares by his suggestion.* Zostałem całkowicie zaskoczony jego sugestią. ▶ **niespodziewanie**

unbalanced /ˌʌnˈbælənst/ adj. **1** (used about a person) rather mad ▶ **niezrównoważony 2** not fair to all ideas or sides of an argument: *an unbalanced newspaper report* ▶ **niewyważony**

unbearable /ʌnˈbeərəbl/ adj. too unpleasant, painful, etc. for you to accept ▶ **nieznośny**

□ **unbearably** /-əbli/ adv.: *It was unbearably hot.* ▶ **nieznośnie**

unbeatable /ʌnˈbiːtəbl/ adj. that cannot be defeated or improved on: *A few years ago Steffi Graf seemed unbeatable.* ○ *We offer you quality at unbeatable prices.* ▶ **niepokonany**, (*o cenie itp.*) **nie do pobicia**

unbeaten /ʌnˈbiːtn/ adj. that has not been beaten or improved on: *Her world record remains unbeaten.* ▶ **nie pobity**

unbelievable /ˌʌnbɪˈliːvəbl/ adj. very surprising; difficult to believe ➲ Por. **incredible**. ▶ **nieprawdopodobny; niewiarygodny**

□ **unbelievably** adv.: *unbelievably bad* ▶ **nieprawdopodobnie; niewiarygodnie**

unblemished /ʌnˈblemɪʃt/ adj. not spoiled, damaged or marked in any way: *The new party leader has an unblemished reputation.* ▶ **nieposzlakowany**

unborn /ˌʌnˈbɔːn/ adj. not yet born: *Smoking can damage the unborn child.* ▶ **nie narodzony**

unbroken /ʌnˈbrəʊkən/ adj. **1** continuous; not interrupted: *a period of unbroken silence* ▶ **nieprzerwany 2** that has not been beaten: *His record for the 1500 metres remains unbroken.* ▶ **nie pobity**

unbutton /ˌʌnˈbʌtn/ verb [T] to undo the buttons on a piece of clothing ▶ **rozpinać**

uncalled for /ʌnˈkɔːld fɔː(r)/ adj. not necessary or right: *That comment was quite uncalled for.* ▶ **niestosowny, nie zasłużony**

uncanny /ʌnˈkæni/ adj. strange and mysterious; that you cannot easily explain ▶ **niesamowity, zagadkowy**

★**uncertain** /ʌnˈsɜːtn/ adj. **1 uncertain (about/of sth)** not sure; not able to decide: *She was still uncertain of his true feelings for her.* ○ *Chris seemed uncertain about what to do next.* ▶ **niepewny, niezdecydowany 2** not known exactly or not decided: *He's lost his job and his future seems very uncertain.* ▶ **niepewny, nieokreślony**

□ **uncertainly** adv.: *Kate stood uncertainly, waiting for someone to speak to her.* ▶ **niepewnie, niezdecydowanie** | **uncertainty** /ʌnˈsɜːtnti/ noun [C,U] (pl. **uncertainties**) the state of being uncertain: *Today's decision will put an end to all the uncertainty.* ▶ **niepewność, niezdecydowanie**

unchanged /ʌnˈtʃeɪndʒd/ adj. staying the same; not changed: *The town has remained almost unchanged since the eighteenth century.* ▶ **nie zmieniony**

uncharacteristic /ˌʌnˌkærəktəˈrɪstɪk/ adj. not typical or usual ▶ **nietypowy**

□ **uncharacteristically** adv. ▶ **nietypowo**

★**uncle** /ˈʌŋkl/ noun [C] **1** the brother of your father or mother: *Uncle Steven* ▶ **stryj/ek; wuj/ek 2** the husband of your aunt ▶ **wuj/ek**

★**uncomfortable** /ʌnˈkʌmftəbl/ adj. **1** not pleasant to wear, sit in, lie on, etc.: *The chairs are hard and very uncomfortable.* ▶ **niewygodny 2** not able to sit, lie, etc. in a position that is pleasant: *I was very uncomfortable* (było mi bardzo niewygodnie) *for most of the journey.* ▶ **niewygodny 3** feeling or causing worry or embarrassment: *I felt very uncomfortable when they started arguing in front of me.* ▶ **nieswój, skrępowany**

□ **uncomfortably** /-əbli/ adv. ▶ **niewygodnie**

uncommon /ʌnˈkɒmən/ adj. unusual: *Red squirrels are uncommon in England.* ▶ **niezwykły**

uncompromising /ʌnˈkɒmprəmaɪzɪŋ/ adj. not willing to discuss sth or change a decision ▶ **bezkompromisowy**

unconcerned /ˌʌnkənˈsɜːnd/ adj. not interested in sth or not worried about it ▶ **obojętny**

unconditional /ˌʌnkənˈdɪʃənl/ adj. without limits or conditions: *an unconditional surrender* ▶ **bezwarunkowy**

□ **unconditionally** /-ʃənəli/ adv. ▶ **bezwarunkowo**

★**unconscious** /ʌnˈkɒnʃəs/ adj. **1** in a state that is like sleep. You may be unconscious after an accident if you hit your head: *He was found lying unconscious on the kitchen floor.* ▶ **nieprzytomny 2 unconscious of sb/sth** not knowing or aware of sb/sth: *He seemed unconscious of everything that was going on around him.* ▶ **nieświadomy 3** done, spoken, etc. without you thinking about it or being aware of it: *The article was full of unconscious humour.* ▶ **niezamierzony, nie uświadomiony**

□ **the unconscious** noun [sing.] = SUBCONSCIOUS | **unconsciously** adv. ▶ **nieświadomie** | **unconsciousness** noun [U] the state of being unconscious ▶ **nieprzytomność**

uncontrollable /ˌʌnkənˈtrəʊləbl/ adj. that you cannot control: *an uncontrollable urge to giggle* ▶ **niepohamowany, nieopanowany**

□ **uncontrollably** adv. ▶ **niepohamowanie, nieopanowanie**

uncountable /ʌnˈkaʊntəbl/ adj. an uncountable noun cannot be counted and so does not have a plural. In this dictionary uncountable nouns are marked '[U]'. ▶ **niepoliczalny**

W celu oznaczenia ilości rzeczy niepoliczalnych używa się takich słów jak **piece** i **bit** z przyimkiem **of**: *a piece of cake* ○ *some bits of* *paper*. Niektóre rzeczowniki występują w specyficznym połączeniu z jeszcze innymi słowami: *a bar of soap* ○ *a drop of water* ○ *a loaf of bread* ○ *a speck of dust*.

uncover /ʌnˈkʌvə(r)/ verb [T] **1** to remove the cover from sth ▶ **odkrywać, odsłaniać 2** to find out or discover sth ▶ **demaskować; odkrywać** (*np. tajemnicę*)

undecided /ˌʌndɪˈsaɪdɪd/ adj. **1** not having made a decision: *I'm still undecided about whether to take the job or not.* ▶ **niezdecydowany 2** without any result or decision; not decided: *The future of our jobs is still undecided.* ▶ **niepewny**

undeniable /ˌʌndɪˈnaɪəbl/ adj. clear, true or certain: *The charm of the city is undeniable.* ▶ **niezaprzeczalny**

□ **undeniably** /-əbli/ adv. ▶ **niezaprzeczalnie**

⋆**under** /ˈʌndə(r)/ prep. **1** in or to a position that is below or beneath sth: *Put the suitcase under the bed.* ○ *to hide under the table* ○ *The dog crawled under the gate and ran into the road.* ➲ Ilustr. na str. 874. ▶ **pod**

Por. **under**, **below**, **beneath** i **underneath**. **Under** używa się w celu powiedzenia, że jakaś rzecz znajduje się bezpośrednio pod drugą. Między nimi może być jakiś odstęp (*The cat is asleep under the table.*) lub jedna rzecz może dotykać bądź przykrywać inną rzecz (*I think your letter is under that book*). Słowa **below** można użyć w celu powiedzenia, że jedna rzecz znajduje się poniżej innej rzeczy, wówczas gdy są w tym samym budynku, na tym samym wzgórzu, w tej samej części ciała itp.: *They live on the floor below us.* ○ *We could see a few houses below the castle.* ○ *It hurts here – just below the knee.* Należy użyć **under** (nie **below**), mówiąc o ruchu z jednej strony czegoś na drugą: *We swam under the bridge.* Czasem stosuje się **beneath** w celu powiedzenia, że jedna rzecz znajduje się bezpośrednio pod drugą, ale **under** jest częściej używane. **Beneath** jest słowem literackim. Można zastosować **underneath** zamiast **under**, kiedy chce się podkreślić, że coś jest przykryte inną rzeczą lub schowane pod nią: *Have you looked underneath the sofa as well as behind it?*

2 below the surface of sth; covered by sth: *Most of an iceberg is under the water.* ○ *Are you wearing a vest under your shirt?* ▶ **poniżej; pod 3** younger than: *Nobody under eighteen is allowed to buy alcohol.* ▶ (*o wieku*) **poniżej 4** less than: *People earning under £10 000 a year will pay no extra tax.* ▶ (*zarabiać itp.*) **poniżej/mniej niż 5** working for or in the control of sb: *This hotel is under new management.* ▶ **pod 6** ruled or governed by sb/sth: *The country is now under martial law.* ○ *the Soviet Union under Gorbachev* ▶ **pod** (*np. kierownictwem*) **7** according to a law, agreement, system, etc.: *Under English law you are innocent until you are proved guilty.* ▶ **stosownie** (*np. do prawa*) **8** in a particular state or condition: *under the influence of alcohol* ○ *a building under construction* (w trakcie budowy) ○ *I was under the impression that Bill was not very happy here.* ▶ **pod 9** using a particular name: *to travel under a false name* ▶ **pod 10** found in a particular part of a book, list, etc.: *You'll find some information on Budapest under 'Hungary'.* ▶ **pod** (*np. hasłem*)

□ **under** adv. **1** under water: *How long can you stay under for?* ▶ **pod wodą 2** less; younger: *The prices quoted are for children aged 12 and under.* ▶ (*o wieku*) **poniżej**

under- /ˈʌndə(r)/ (in compounds) **1** lower in rank or position: *the minister's undersecretary* podsekretarz stanu ▶ **pod- 2** not enough: *underdeveloped countries* kraje słabo/mało rozwinięte ▶ **nie, nie wystarczająco**

underclothes /ˈʌndəkləʊðz/ noun [pl.] = UNDERWEAR

undercover /ˌʌndəˈkʌvə(r)/ adj. working or happening secretly: *an undercover agent* ▶ **tajny**

undercut /ˌʌndəˈkʌt/ verb [T] (pres. part. **undercutting**; pt, pp **undercut**) to sell at a lower price than other shops, etc.: *Supermarkets can undercut smaller shops.* ▶ **podcinać działalność konkurencji metodą wojny cenowej**

underdog /ˈʌndədɒg; US -dɔːg/ noun [C] a person who is in a weak position ▶ **osoba na przegranej pozycji**

underestimate /ˌʌndərˈestɪmeɪt/ verb [T] **1** to guess that the amount, etc. of sth will be less than it really is: *We underestimated the amount of food we would need.* ▶ **za nisko szacować 2** to think that sb/sth is not as strong, etc. as he/she/it really is: *Don't underestimate your opponent. He's a really good player.* ▶ **nie doceniać**

□ **underestimate** /-mət/ noun [C] ▶ **niedocenianie**

underfoot /ˌʌndəˈfʊt/ adv. under your feet; where you are walking: *It's very wet underfoot.* ▶ **pod stopami/nogami**

undergo /ˌʌndəˈgəʊ/ verb [T] (pt **underwent** /-ˈwent/; pp **undergone** /-ˈgɒn/) to have a difficult or unpleasant experience: *She underwent a five-hour operation at Harefield Hospital.* ▶ **przechodzić, poddawać się (czemuś)**

undergraduate /ˌʌndəˈgrædʒuət/ noun [C] a university or college student who has not yet taken their first degree ➲ Por. **graduate** i **postgraduate**. ▶ **student/ka**

⋆**underground** /ˈʌndəgraʊnd/ adj. **1** under the surface of the ground: *an underground car park* ▶ **podziemny 2** secret or illegal: *an underground radio station* ▶ **podziemny**

□ **underˈground** adv. **1** under the surface of the ground: *The cables all run underground.* ▶ **pod ziemią 2** into a secret place: *She went underground to escape from the police.* ▶ **w podziemie/iu** | **ˈunderground** (US **subway**) noun [sing.] an underground railway system: *We travel to work by underground.* ○ *an underground station*

ℹ Metro londyńskie nazywa się **the underground** lub **the tube**. ▶ **metro**

undergrowth /ˈʌndəɡrəʊθ/ noun [U] bushes and plants that grow around and under trees ▶ **podszycie** (*lasu*)

underhand /ˌʌndəˈhænd/ adj. secret or not honest ▶ **potajemny, podstępny**

★**underline** /ˌʌndəˈlaɪn/ verb [T] **1** to draw a line under a word, etc. ▶ **podkreślać 2** to show clearly or to emphasize sth: *This accident underlines the need for greater care.* ▶ **podkreślać**

underlying /ˌʌndəˈlaɪɪŋ/ adj. important but hidden: *the underlying causes of the disaster* ▶ **ukryty, leżący u podstaw**

undermine /ˌʌndəˈmaɪn/ verb [T] to make sth weaker: *The public's confidence in the quality of our drinking water has been undermined.* ▶ **podrywać** (*np. autorytet*)

★**underneath** /ˌʌndəˈniːθ/ prep., adv. under or below: *The coin rolled underneath the chair.* ○ *a flat with a shop underneath* ○ *I've got a T-shirt on underneath.* ➲ Zob. uwaga przy **under**. ▶ **pod**

□ **the underneath** noun [sing.] the bottom or lowest part of something: *There is a lot of rust on the underneath of the car.* ▶ **spód, dół**

underpants /ˈʌndəpænts/ (Brit. **pants**) noun [pl.] a piece of clothing that men or boys wear under their trousers ▶ **slipy męskie**

underpass /ˈʌndəpɑːs; US -pæs/ noun [C] a road or path that goes under another road, railway, etc. ▶ **przejazd podziemny; przejście podziemne**

underpay /ˌʌndəˈpeɪ/ verb [T] (pt, pp **underpaid**) to pay a person too little: *Teachers in this country are underpaid.* ▶ **źle wynagradzać**

underprivileged /ˌʌndəˈprɪvəlɪdʒd/ adj. having less money, rights, opportunities, etc. than other people in society ▶ **nie uprzywilejowany**

underrate /ˌʌndəˈreɪt/ verb [T] to think that sb/sth is less clever, important, good, etc. than he/she/it really is ▶ **nie doceniać**

undershirt noun [C] (US) = VEST

★**understand** /ˌʌndəˈstænd/ verb (pt, pp **understood** /-ˈstʊd/) **1** [I,T] to get the meaning of sb/sth: *I'm not sure that I really understand.* ○ *I didn't understand the instructions.* ○ *Please speak more slowly. I can't understand you.* ○ *He can understand Italian but he can't speak it.* ○ *Can Italians and Spaniards understand each other?* ▶ **rozumieć 2** [T] to know how or why sth happens: *I can't understand why the engine won't start.* ▶ **rozumieć 3** [T] to know why sb behaves in a particular way and to feel sympathy: *It's easy to understand why she felt so angry.* ○ *His parents don't understand him.* ▶ **rozumieć 4** [T] (formal) to have heard or been told sth: *I understand that you have decided to leave.* ▶ **rozumieć 5** [T] to judge a situation, etc.: *As far as I understand it, the changes won't affect us.* ▶ **rozumieć, wnioskować**

IDIOMS give sb to believe/understand (that) → GIVE[1] | **make yourself understood** to make your meaning clear: *I can just about make myself understood in Russian.* ▶ **porozumiewać się** (*np. w obcym języku*)

□ **understandable** /-əbl/ adj. that you can understand ▶ **zrozumiały** | **understandably** /-əbli/ adv.: *She was understandably angry* (to zrozumiałe, że była zła) *at the decision.* ▶ **w sposób zrozumiały**

★**understanding** /ˌʌndəˈstændɪŋ/ noun **1** [U] the ability to think or learn about sth: *The book is beyond the understanding of most ten-year-olds.* ▶ **zdolność pojmowania 2** [U, sing.] knowledge of a subject, how sth works, etc.: *A basic understanding of physics is necessary for this course.* ▶ **znajomość** (*tematu*) **3** [U, sing.] the ability to feel sympathy and trust for sb: *understanding between nations* ▶ **zrozumienie 4** [U] the way in which you think sth is meant: *My understanding of the arrangement is that* (rozumiem umowę w ten sposób, że) *he will only phone if there is a problem.* ▶ **zrozumienie 5** [C, usually sing.] an informal agreement: *We came to an understanding about the money I owed him.* ▶ **porozumienie**

IDIOM on the understanding that... only if...; because it was agreed that...: *We let them stay in our house on the understanding that it was only for a short period.* ▶ **pod warunkiem, że**

□ **understanding** adj. kind; showing sympathy towards sb ▶ **wyrozumiały**

understate /ˌʌndəˈsteɪt/ verb [T] to say that sth is smaller or less important than it really is ▶ **pomniejszać** (*np. fakty*)

□ **understatement** noun [C,U]: *'Is she pleased?' 'That's an understatement* (to za mało powiedziane). *She's delighted.'* ▶ **umniejszanie** (*np. faktów*)

understudy /ˈʌndəstʌdi/ noun [C] (pl. **understudies**) an actor who learns the role of another actor and replaces them if they are ill ▶ **dubler/ka** (*w teatrze*)

undertake /ˌʌndəˈteɪk/ verb [T] (pt **undertook** /-ˈtʊk/; pp **undertaken** /-ˈteɪkən/) **1** to agree or promise to do sth: *The firm undertook to deliver the machines by Friday.* ▶ **podejmować się (wykonania czegoś), zobowiązywać się 2** to carry out: *The zoo is undertaking a major programme of modernization.* ▶ **przeprowadzać**

□ **undertaking** /ˌʌndəˈteɪkɪŋ/ noun [C, usually sing.] **1** a piece of work or business: *a risky undertaking* ▶ **przedsięwzięcie 2 undertaking (that.../to do sth)** a formal or legal promise (to do sth): (formal) *He gave an undertaking that* (zaręczył, że) *he would not leave the country.* ▶ **zobowiązanie**

undertaker /ˈʌndəteɪkə(r)/ (also **funeral director**; US also **mortician**) noun [C] a person whose job is to prepare bodies to be buried and to arrange funerals ▶ **osoba prowadząca przedsiębiorstwo pogrzebowe**

undertone /ˈʌndətəʊn/ noun [C] **1** a feeling or attitude that is not directly expressed ▶ **podtekst, zabarwienie 2** a low, quiet voice ▶ **półgłos**

IDIOM **in an undertone**; **in undertones** in a quiet voice ▶ **półgłosem**

undervalue /ˌʌndəˈvæljuː/ verb [T] to place too low a value on sb/sth ▶ **nie doceniać**

underwater /ˌʌndəˈwɔːtə(r)/ adj., adv. existing, happening or used below the surface of water: *underwater exploration* ○ *an underwater camera* ○ *Can you swim underwater?* ▶ **podwodny**; **pod wodą**

★**underwear** /ˈʌndəweə(r)/ noun [U] clothing that is worn next to the skin under other clothes ❶ **Underclothes** ma to samo znaczenie i występuje tylko w lm. ▶ **bielizna**

underweight /ˌʌndəˈweɪt/ adj. weighing less than is normal or correct ➲ Zob. uwaga przy **thin**. ▶ (*o osobie*) **mający niedowagę**

underworld /ˈʌndəwɜːld/ noun [sing.] (**the underworld**) people who are involved in crime ▶ **świat przestępczy**

undesirable /ˌʌndɪˈzaɪərəbl/ adj. unwanted or unpleasant; likely to cause problems ▶ **niepożądany**

undid pt of UNDO

undignified /ʌnˈdɪɡnɪfaɪd/ adj. clumsy, embarrassing or unsuitable: *Everyone rushed for the food in a most undignified way!* ▶ **pozbawiony godności, żenujący**

undivided /ˌʌndɪˈvaɪdɪd/ adj.

IDIOMS **get/have sb's undivided attention** to receive sb's full attention ▶ **skupiać na sobie czyjąś całkowitą uwagę** | **give your undivided attention (to sb/sth)** to concentrate fully on sth ▶ **poświęcać (komuś/czemuś) całkowitą uwagę**

★**undo** /ʌnˈduː/ verb [T] (3rd pers. sing. pres. **undoes**; pt **undid**; pp **undone**) **1** to open sth that was tied or fastened: *He undid his shoelaces and took off his shoes.* ○ *to undo a knot* ▶ **rozwiązywać, rozpinać** **2** to destroy the effect of sth that has already happened: *The damage cannot be undone.* ▶ **naprawiać** (*zło*), **unieważniać**

□ **undone** adj. **1** open; not fastened or tied: *My zip was undone.* ▶ **rozpięty, rozwiązany** **2** not done: *I left the housework undone.* ▶ **nie zrobiony**

undoubted /ʌnˈdaʊtɪd/ adj. definite; accepted as being true ▶ **niewątpliwy**

□ **undoubtedly** adv. ▶ **niewątpliwie**

★**undress** /ʌnˈdres/ verb **1** [I] to take off your clothes: *I undressed and the doctor examined me.* ❶ Częściej używa się zwrotu **get undressed** niż **undress**: *He got undressed and had a shower.* ▶ **rozbierać się** **2** [T] to take off sb's clothes: *She undressed the child and put her into bed.* ▶ **rozbierać**

□ **undressed** adj. wearing no or few clothes ▶ **rozebrany**

undue /ˌʌnˈdjuː; US -ˈduː/ adj. more than is necessary or reasonable ▶ **nadmierny**

□ **unduly** adv.: *She didn't seem unduly worried by their unexpected arrival.* ▶ **nadmiernie**

unearth /ʌnˈɜːθ/ verb [T] to dig sth up out of the ground; to discover sth that was hidden: *Archaeologists have unearthed a Roman villa.* ○ (figurative) *A journalist unearthed the true facts of the case.* ▶ **wykopywać**; **wydobywać na światło dzienne**

unearthly /ʌnˈɜːθli/ adj. **1** strange or frightening ▶ **niesamowity, nie z tej ziemi** **2** (informal) (used about a time) very early or very late: *I can't get up at such an unearthly hour as 5 am!* ▶ **nieprzyzwoity** (*bardzo wczesny lub późny*)

uneasy /ʌnˈiːzi/ adj. **1** worried; not feeling relaxed or comfortable ▶ **zaniepokojony, niespokojny** **2** not settled; unlikely to last: *an uneasy compromise* ▶ **wątpliwy**

□ **unease** /ʌnˈiːz/ (also **uneasiness**) noun [U] an anxious or uncomfortable feeling ▶ **zaniepokojenie, skrępowanie** | **uneasily** /ʌnˈiːzɪli/ adv. ▶ **z zakłopotaniem**

uneconomic /ˌʌnˌiːkəˈnɒmɪk; ˌʌnˌek-/ adj. (used about a company, etc.) not making or likely to make a profit ▶ **nieopłacalny**

uneconomical /ˌʌnˌiːkəˈnɒmɪkl; ˌʌnˌek-/ adj. wasting money, time, materials, etc. ▶ **nieoszczędny**

□ **uneconomically** /-kli/ adv. ▶ **nieoszczędnie**

uneducated /ʌnˈedʒukeɪtɪd/ adj. having had little or no formal education at a school; showing a lack of education: *an uneducated point of view* ❶ Antonim: **educated**. ▶ **niewykształcony, bez wykształcenia**

★**unemployed** /ˌʌnɪmˈplɔɪd/ adj. not having a job; out of work: *She lost her job six months ago and has been unemployed ever since.* ▶ **bezrobotny**

□ **the unemployed** noun [pl.] the people who do not have a job: *What does the government do to help the unemployed?* ▶ **bezrobotni**

★**unemployment** /ˌʌnɪmˈplɔɪmənt/ noun [U] **1** the situation of being unemployed: *If the factory closes, many people face unemployment.* ▶ **bezrobocie** **2** the number of people who are unemployed: *Unemployment is rising.* ○ *unemployment benefit* zasiłek dla bezrobotnych ➲ Por. **dole**. ▶ **bezrobocie**

unending /ʌnˈendɪŋ/ adj. having or seeming to have no end ▶ **nie kończący się**

unequal /ʌnˈiːkwəl/ adj. **1** different in size, amount, level, etc. ▶ **nierówny** **2** not fair or balanced: *It was an unequal contest because he's a far better player than me.* ▶ **nierówny**

□ **unequally** /-kwəli/ adv. ▶ **niejednakowo**

uneven /ʌnˈiːvn/ adj. **1** not completely smooth, level or regular: *The sign was painted in rather uneven letters.* ▶ **nierówny** **2** not always of the same level or quality ▶ **nierówny**

□ **unevenly** adv.: *The country's wealth is unevenly distributed.* ▶ **nierówno**

★**unexpected** /ˌʌnɪkˈspektɪd/ adj. not expected and therefore causing surprise: *His death was quite unexpected.* ▶ **niespodziewany**

□ **unexpectedly** adv.: *I got there late because I was unexpectedly delayed.* ▶ **niespodziewanie**

★**unfair** /ˌʌnˈfeə(r)/ adj. **1 unfair (on/to sb)** not dealing with people as they deserve; not treating each person equally: *It was unfair to blame her for something that was not her fault.* ○ *This law is unfair to women.* ▶ **niesprawiedliwy**

2 not following the rules and therefore giving an advantage to one person, team, etc.: *unfair play* ▶ **nieuczciwy**
□ **unfairly** adv. ▶ **niesprawiedliwie; nieuczciwie** | **unfairness** noun [U] ▶ **niesprawiedliwość; nieuczciwość**

unfaithful /ʌnˈfeɪθfl/ adj. **unfaithful (to sb/sth)** having a sexual relationship with sb who is not your husband, wife or partner: *Have you ever been unfaithful to your husband?* ○ *She discovered that her husband was being unfaithful to her* (zdradzał ją). ▶ **niewierny**
□ **unfaithfulness** noun [U] ▶ **niewierność**

unfamiliar /ˌʌnfəˈmɪliə(r)/ adj. **1 unfamiliar (to sb)** not well-known to you: *an unfamiliar part of town* ▶ **nieznany 2 unfamiliar (with sth)** not having knowledge or experience of sth ▶ **nieobeznany z czymś**

unfashionable /ʌnˈfæʃnəbl/ adj. not popular: *unfashionable ideas* ➲ Por. **old-fashioned**. ▶ **niemodny**

unfasten /ʌnˈfɑːsn/ verb [T] to open sth that was fastened: *to unfasten a belt/button/chain/lock* ❶ Synonim: **undo**. Antonim: **fasten**. ▶ **rozpinać**

unfavourable (US **unfavorable**) /ʌnˈfeɪvərəbl/ adj. **1** showing that you do not like or approve of sb/sth ▶ **nieprzychylny 2** not good and likely to cause problems or make sth difficult ▶ **niekorzystny**, (*o pogodzie*) **niesprzyjający** ❶ Antonim: **favourable**. ➲ Por. **adverse**.

unfit /ʌnˈfɪt/ adj. **1 unfit (for sth/to do sth)** unsuitable or not good enough for sth: *If goods are unfit for use, you should take them back to the shop.* ▶ **nie nadający się 2** not in good physical health (especially because you do not get enough exercise): *The doctor said I was overweight and unfit.* ▶ **w słabej kondycji**

unfold /ʌnˈfəʊld/ verb [I,T] **1** to open out and become flat; to open out sth that was folded: *The sofa unfolds into a spare bed.* ○ *I unfolded the letter and read it.* ▶ **rozkładać (się) 2** to become known, or to allow sth to become known a little at a time: *As the story unfolded* (w miarę rozwoju akcji), *more and more surprising things were revealed.* ▶ **rozwijać (się)**

unforeseen /ˌʌnfɔːˈsiːn/ adj. not expected: *an unforeseen problem* ▶ **nieprzewidziany**

unforgettable /ˌʌnfəˈgetəbl/ adj. making such a strong impression that you cannot forget it ▶ **niezapomniany**

★**unfortunate** /ʌnˈfɔːtʃənət/ adj. **1** unlucky: *The unfortunate people* (ci pechowcy) *who lived near the river lost their homes in the flood.* ▶ **nieszczęśliwy 2** that you regret: *I would like to apologize for this unfortunate mistake.* ▶ **niefortunny**
□ **unfortunately** adv. unluckily; it is a pity that...: *I'd like to help you, but unfortunately there's nothing I can do.* ▶ **niestety**

unfounded /ʌnˈfaʊndɪd/ adj. not based on or supported by facts: *He said that the rumour was completely unfounded.* ▶ **bezpodstawny**

unfriendly /ʌnˈfrendli/ adj. unpleasant or impolite to sb; not friendly ▶ **nieprzyjazny, nieżyczliwy**

ungainly /ʌnˈgeɪnli/ adj. moving in a way that lacks grace ▶ **niezdarny**

ungrateful /ʌnˈgreɪtfl/ adj. not feeling or showing thanks (to sb) ▶ **niewdzięczny**
□ **ungratefully** /-fəli/ adv. ▶ **niewdzięcznie**

unguarded /ʌnˈgɑːdɪd/ adj. **1** not protected or guarded ▶ **nie strzeżony 2** careless; saying more than you wanted to: *He admitted the truth in an unguarded moment* (w chwili nieuwagi). ▶ **nierozważny**

★**unhappy** /ʌnˈhæpi/ adj. (**unhappier**; **unhappiest**) **1 unhappy (about sth)** sad or miserable; not happy: *She's terribly unhappy about losing her job.* ○ *a very unhappy childhood* ▶ **przygnębiony, nieszczęśliwy 2 unhappy (about/at sth)** not satisfied or pleased; worried: *I'm unhappy about the work you did for me.* ▶ **niezadowolony, zmartwiony**
□ **unhappily** /-ɪli/ adv. **1** sadly ▶ **nieszczęśliwie 2** unfortunately: *Unhappily, we are unable to help.* ▶ **niestety** | **unhappiness** noun [U] ▶ **nieszczęście**

unhealthy /ʌnˈhelθi/ adj. (**unhealthier**; **unhealthiest**) **1** not having or showing good health: *He looks unhealthy.* ▶ **niezdrowy 2** likely to cause illness or poor health: *unhealthy conditions* ▶ **niezdrowy 3** not natural: *an unhealthy interest in torture* ▶ **niezdrowy**

unheard /ʌnˈhɜːd/ adj. not listened to or given attention: *My suggestions went unheard* (przeszły nie zauważone). ▶ **nie wysłuchany**
■ **unheard-of** /ʌnˈhɜːd ɒv/ adj. not known; never having happened before: *Years ago it was unheard-of for women to do jobs like that.* ▶ **niesłychany, niespotykany**

unicorn /ˈjuːnɪkɔːn/ noun [C] an imaginary animal that looks like a white horse and has one horn growing out of its forehead ▶ **jednorożec**

unidentified /ˌʌnaɪˈdentɪfaɪd/ adj. whose identity is not known: *An unidentified body has been found in the river.* ▶ **niezidentyfikowany**

uniform[1] /ˈjuːnɪfɔːm/ adj. not varying; the same in all cases or at all times ▶ **jednolity**
□ **uniformity** /ˌjuːnɪˈfɔːməti/ noun [U]: *Tests are standardized to ensure uniformity.* ▶ **identyczność**

★**uniform**[2] /ˈjuːnɪfɔːm/ noun [C,U] the set of clothes worn at work by the members of certain organizations or groups and by some schoolchildren: *Did you have to wear a uniform when you were at school?* ○ *I didn't know he was a policeman because he wasn't in uniform.* ▶ **mundurek (szkolny), mundur**
□ **uniformed** adj.: *uniformed policemen* ▶ **umundurowany**

unify /ˈjuːnɪfaɪ/ verb [T] (pres. part. **unifying**; 3rd pers. sing. pres. **unifies**; pt, pp **unified**) to join or link separate parts together to make one unit, or to make them similar to each other ▶ **jednoczyć, łączyć**
□ **unification** /ˌjuːnɪfɪˈkeɪʃn/ noun [U]: *the unification of Germany* ▶ **zjednoczenie**

unilateral /ˌjuːnɪˈlætrəl/ adj. done or made by one of the sides involved without the agreement of the other side or sides: *a unilateral declaration of independence* ▶ **jednostronny**
□ **unilaterally** /-rəli/ adv.: *The decision was taken unilaterally.* ▶ **jednostronnie**

uninhabitable /ˌʌnɪnˈhæbɪtəbl/ adj. not possible to live in ▶ **nie nadający się do zamieszkania**

uninhabited /ˌʌnɪnˈhæbɪtɪd/ adj. (used about a place or a building) with nobody living in it 🛈 Antonim: **inhabited**. ▶ **niezamieszkały, bezludny**

uninhibited /ˌʌnɪnˈhɪbɪtɪd/ adj. behaving in a free and natural way, showing what you feel without worrying what other people think of you ▶ **bez zahamowań**

unintelligent /ˌʌnɪnˈtelɪdʒənt/ adj. not intelligent ▶ **nieinteligentny**

unintelligible /ˌʌnɪnˈtelɪdʒəbl/ adj. impossible to understand ▶ **niezrozumiały, nieczytelny**

uninterested /ʌnˈɪntrəstɪd/ adj. **uninterested (in sb/sth)** having or showing no interest in sb/sth: *She seemed uninterested in anything I had to say.* ➲ Por. **disinterested**. ▶ **obojętny**

⋆**union** /ˈjuːniən/ noun **1** [U, sing.] the act of joining or the situation of being joined: *the union of the separate groups into one organization* ▶ **zjednoczenie** **2** [C] a group of states or countries that have been joined together to form one country: *the former Soviet Union* ▶ **związek** **3** [C] = TRADE UNION **4** [C] an organization for a particular group of people: *the Athletics Union* ▶ **związek**
■ **the ˌUnion ˈJack** noun [C] the national flag of the United Kingdom, with red and white crosses on a dark blue background ▶ **flaga brytyjska**

⋆**unique** /juˈniːk/ adj. **1** unlike anything else; being the only one of its type: *Shakespeare made a unique contribution to the world of literature.* ▶ **unikatowy** **2 unique to sb/sth** connected with only one place, person or thing: *This dance is unique to this region.* ▶ **jedyny w swym rodzaju** **3** (informal) very unusual: *There's nothing unique about that sort of crime.* ▶ **niezwykły**

unisex /ˈjuːnɪseks/ adj. designed for and used by both sexes: *unisex fashions* ▶ **dla kobiet i mężczyzn**

unison /ˈjuːnɪsn; ˈjuːnɪzn/ noun
IDIOM **in unison** saying, singing or doing the same thing at the same time as sb else: *'No, thank you,' they said in unison.* ○ *The chorus should be sung in unison.* ▶ **zgodnie, unisono**

⋆**unit** /ˈjuːnɪt/ noun [C] **1** a single thing which is complete in itself, although it can be part of sth larger: *The book is divided into ten units.* ▶ **część** **2** a fixed amount or number used as a standard of measurement: *a unit of currency* ▶ **jednostka** **3** a group of people who perform a certain special function in a larger organization: *the intensive care unit of a hospital* ▶ **oddział** **4** a small machine that performs a particular task or that is part of a larger machine: *The heart of a computer is the central processing unit.* ▶ **mechanizm** **5** a piece of furniture that fits with other pieces of furniture and has a particular use: *matching kitchen units* ▶ **element**

⋆**unite** /juˈnaɪt/ verb **1** [I,T] to join together and act in agreement; to make this happen: *Unless we unite, our enemies will defeat us.* ○ *The leader united the party behind him.* ▶ **jednoczyć (się)** **2** [I] **unite (in sth/in doing sth)** to join together for a particular purpose: *We should all unite in seeking a solution to this terrible problem.* ▶ **jednoczyć się**
□ **united** adj. joined together by a common feeling or aim: *Throughout the crisis, the whole country remained united.* ▶ **zjednoczony**
■ **the UˌnitedˈKingdom** noun [sing.] (abbr. **UK**) England, Scotland, Wales and Northern Ireland ▶ **Zjednoczone Królestwo**

> **The UK** składa się z Anglii, Szkocji, Walii i Irlandii Północnej, ale bez Republiki Irlandii (Eire), która stanowi odrębne państwo. **Great Britain** to Anglia, Szkocja i Walia. **The British Isles** to Anglia, Szkocja, Walia, Irlandia Północna i Republika Irlandii.

| **the UˌnitedˈNations** noun [sing., with sing. or pl. verb] (abbr. **UN**) the organization formed to encourage peace in the world and to deal with problems between nations ▶ **Organizacja Narodów Zjednoczonych** | **the UˌnitedˈStates (of Aˈmerica)** noun [sing., with sing. or pl. verb] (abbr. **US**; **USA**) a large country in North America made up of 50 states and the District of Columbia ▶ **Stany Zjednoczone**

⋆**unity** /ˈjuːnəti/ noun [U] the situation in which people are united or in agreement ▶ **jedność; zgoda**

⋆**universal** /ˌjuːnɪˈvɜːsl/ adj. connected with, done by or affecting everybody in the world or everybody in a particular group: *The environment is a universal issue.* ○ *There was universal agreement that it was a splendid wedding.* ➲ Zob. uwaga przy **PG**. ▶ **powszechny**
□ **universally** /-səli/ adv. ▶ **powszechnie**

⋆**universe** /ˈjuːnɪvɜːs/ noun [sing.] (**the universe**) everything that exists, including the planets, stars, space, etc. ▶ **wszechświat**

⋆**university** /ˌjuːnɪˈvɜːsəti/ noun [C] (pl. **universities**) the highest level of educational institution, in which students study for degrees and in which academic research is done: *Which university did you go to?* ○ *a university lecturer* ○ *He studied at Hull University/the University of Hull.* ➲ Por. **red-brick**. ▶ **uniwersytet**

> Wyrażeń **at university** i **to go to university** używa się bez przedimka, jeśli mówimy o kimś, kto uczęszcza na uniwersytet jako student: *He's hoping to go to university next year.*; w sytuacjach, gdy ktoś udaje się na teren uniwersytetu stosuje się przedimek **the**: *I'm going to a conference at the university in July.*

⋆**unkind** /ˌʌnˈkaɪnd/ adj. not friendly or thoughtful; cruel: *That was an unkind thing to say.* ▶ **niegrzeczny; okrutny**
□ **unkindly** adv. ▶ **niegrzecznie**; **okrutnie** |

unkindness noun [C,U] ▶ **nieżyczliwość, niegrzeczność**

★**unknown** /ˌʌn'nəʊn/ adj. **1 unknown (to sb)** not known (by sb): *She left the job for unknown reasons.* ○ *Unknown to the boss,* (bez wiedzy szefa) *she went home early.* ▶ **nieznany 2** not famous or familiar to other people: *an unknown actress* ▶ **nieznany**

IDIOM **an unknown quantity** a person or thing that you know very little about ▶ **niewiadoma**

□ **unknown** noun **1** (usually **the unknown**) [sing.] a place or thing that you know nothing about: *a fear of the unknown* ▶ **nieznane 2** [C] a person who is not well known: *A complete unknown* (zupełnie nieznany zawodnik) *won the tournament.* ▶ **nieznajom-y/a**

unleaded /ˌʌn'ledɪd/ adj. not containing lead: *unleaded petrol* ▶ **bezołowiowy**

★**unless** /ən'les/ conj. if… not; except if: *Unless something unexpected happens, I'll see you next week.* ○ *I was told that unless my work improved, I would lose the job.* ○ *'Would you like a cup of coffee?' 'Not unless you've already made some.'* ○ *Unless anyone has anything else to say, the meeting is closed.* ○ *Don't switch that on unless I'm here.* ○ *That's what I've decided to do – unless there are any objections?* ▶ **jeżeli nie, o ile nie, chyba że**

★**unlike** /ˌʌn'laɪk/ adj. not like; different from: *She's unlike anyone else I've ever met.* ○ *My new job is completely unlike my previous one.* ○ *The film is not unlike* (trochę przypomina) *several others I've seen.* ▶ **inny niż**

□ **unlike** prep. **1** in contrast to; differing from: *Unlike all the others, I wasn't very keen on the idea.* ○ *He's extremely ambitious, unlike me.* ○ *This is an exciting place to live, unlike my home town.* ▶ **w przeciwieństwie do kogoś/czegoś 2** not typical of; unusual for: *It's unlike him to be so rude, he's usually very polite.* ▶ **niepodobne do kogoś**

★**unlikely** /ʌn'laɪkli/ adj. (**unlikelier**; **unlikeliest**) **1** not likely to happen; not expected; not probable: *He is seriously ill and unlikely to recover* (nie zanosi się na to, żeby wyzdrowiał). ○ *I suppose she might win, but I think it's very unlikely.* ○ *It's unlikely that I'll have any free time next week.* ▶ **mało prawdopodobny, nieprawdopodobny 2** difficult to believe: *an unlikely excuse* ▶ **mało prawdopodobny, nieprawdopodobny**

unlimited /ʌn'lɪmɪtɪd/ adj. without limit; as much or as great as you want ▶ **nieograniczony**

★**unload** /ˌʌn'ləʊd/ verb **1** [I,T] **unload (sth) (from sth)** to take things that have been transported off or out of a vehicle: *to unload goods* ○ *I unloaded the car when I got home from the shops.* ▶ **wyładowywać, rozładowywać 2** [I,T] (used about a vehicle) to have the things removed that have been transported: *Parking here is restricted to vehicles that are loading or unloading.* ▶ **rozładowywać 3** [T] **unload sth (on/onto sb)** (informal) to get rid of sth you do not want or to pass it to sb else ▶ **zrzucać na kogoś** (*np. obowiązki*)

★**unlock** /ˌʌn'lɒk/ verb [T] to open the lock on sth using a key ▶ **otwierać kluczem**

★**unlucky** /ʌn'lʌki/ adj. (**unluckier**; **unluckiest**) having or causing bad luck; not lucky: *They were unlucky to lose* (mieli pecha, że przegrali) *because they played so well.* ○ *Thirteen is often thought to be an unlucky number.* ▶ **pechowy, nieszczęśliwy**

□ **unluckily** adv. as a result of bad luck; unfortunately: *Unluckily, I arrived just too late to meet them.* ▶ **na nieszczęście, niestety**

unmarried /ˌʌn'mærid/ adj. not married; single: *unmarried mothers* ▶ **niezamężna, nieżonaty**

unmistakable /ˌʌnmɪ'steɪkəbl/ adj. that cannot be mistaken for anything else ▶ **niewątpliwy**

□ **unmistakably** adv. ▶ **niewątpliwie**

unmoved /ˌʌn'mu:vd/ adj. not affected emotionally; feeling no sympathy, pity, sadness etc. ▶ **niewzruszony**

unnatural /ʌn'nætʃrəl/ adj. different from what is normal or expected; not natural: *This hot dry weather is unnatural for April.* ▶ **nienaturalny**

□ **unnaturally** /-rəli/ adv.: *unnaturally quiet* ○ *Not unnaturally* (jak można było się spodziewać), *she was delighted by the news.* ▶ **nienaturalnie**

★**unnecessary** /ʌn'nesəsəri; US -seri/ adj. not necessary; more than is needed or acceptable: *It was unnecessary to ask because I already knew the answer.* ○ *unnecessary expense* ▶ **niekonieczny, niepotrzebny**

□ **unnecessarily** /ˌʌn'nesəsərəli; US ˌʌnˌnesə'serəli/ adv.: *unnecessarily rude* ▶ **niekoniecznie; niepotrzebnie**

unnoticed /ˌʌn'nəʊtɪst/ adj. not noticed or seen: *All your hard work has not gone unnoticed.* ▶ **nie zauważony**

unobtrusive /ˌʌnəb'tru:sɪv/ adj. avoiding being noticed; not attracting attention ▶ **dyskretny; nie rzucający się w oczy**

□ **unobtrusively** adv.: *He tried to leave as unobtrusively as possible.* ▶ **dyskretnie**

unofficial /ˌʌnə'fɪʃl/ adj. not accepted or approved by a person or people in authority; not known publicly: *an unofficial strike* ○ *The news of the divorce is still unofficial.* ▶ **nieoficjalny; nie potwierdzony** (*urzędowo*)

□ **unofficially** /-ʃəli/ adv. ▶ **nieoficjalnie**

unorthodox /ʌn'ɔ:θədɒks/ adj. different from what is generally accepted, usual or traditional: *Some of his methods are rather unorthodox.* ▶ **nieszablonowy, niekonwencjonalny**

unpack /ˌʌn'pæk/ verb [I,T] to take out the things that were in a bag, suitcase, etc.: *When we arrived at the hotel we unpacked and went to the beach.* ○ *to unpack a suitcase* ▶ **rozpakowywać (się)**

unpaid /ˌʌn'peɪd/ adj. **1** not yet paid: *an unpaid bill* ▶ **nie zapłacony 2** not receiving money for work done: *an unpaid assistant* ▶ **nie opłacany 3** (used about work) done without payment: *unpaid overtime* ▶ **niepłatny**

★**unpleasant** /ʌn'pleznt/ adj. **1** causing you to have a bad feeling; not pleasant: *This news has come as an unpleasant surprise.* ▶ **niemiły** **2** unfriendly; impolite: *There's no need to get unpleasant* (nie ma sensu się kłócić), *we can discuss this in a friendly way.* ▶ **nieprzyjemny; niegrzeczny**
□ **unpleasantly** adv. ▶ **nieprzyjemnie**

unplug /ˌʌn'plʌg/ verb [T] (**unplugging**; **unplugged**) to disconnect a piece of electrical equipment by removing the plug from the socket: *Could you unplug the cassette recorder and bring it here, please?* ▶ **wyłączać wtyczkę z kontaktu**

★**unpopular** /ʌn'pɒpjələ(r)/ adj. **unpopular (with sb)** not popular; not liked by many people ▶ **niepopularny**
□ **unpopularity** /ˌʌnˌpɒpju'lærəti/ noun [U]: *What is the reason for her unpopularity?* ▶ **brak/utrata popularności**

unprecedented /ʌn'presɪdentɪd/ adj. never having happened or existed before ▶ **bez precedensu, niespotykany**

unprovoked /ˌʌnprə'vəʊkt/ adj. not caused by an earlier action: *an unprovoked attack* ▶ **niczym nie sprowokowany**

unqualified /ʌn'kwɒlɪfaɪd/ adj. **1** not having the qualifications or knowledge for sth: *Being unqualified, she found her job opportunities were limited.* ○ *I'm unqualified to offer an opinion on this matter.* ▶ **niewykwalifikowany, niekompetentny** **2** complete; absolute: *an unqualified success* ▶ **pełny, zupełny**

unquestionable /ʌn'kwestʃənəbl/ adj. certain; that cannot be doubted ▶ **bezsprzeczny**
□ **unquestionably** /-əbli/ adv.: *She is unquestionably the most famous opera singer in the world.* ▶ **bezsprzecznie**

unravel /ʌn'rævl/ verb (**unravelling**; **unravelled**; US **unraveling**; **unraveled**) [I,T] **1** (used about threads which are knitted or woven) to come undone: *The knitting I was doing started to unravel* (zaczęła się pruć). ▶ **rozplątywać (się)** **2** (used about a complicated story, etc.) to become or to make sth become clear: *Eventually the mystery unravelled and the truth came out.* ▶ **wyjaśniać (się)**

unreal /ˌʌn'rɪəl/ adj. **1** very strange and seeming to be imagined ▶ **nieprawdziwy, nierzeczywisty** **2** not connected with reality: *unreal expectations of marriage* ▶ **nierealny**

unreasonable /ʌn'ri:znəbl/ adj. **1** not willing to listen to other people; acting without good reasons: *I think she is being totally unreasonable.* ▶ **nierozsądny, niedorzeczny** **2** too great, expecting too much: *He makes unreasonable demands on his staff.* ▶ **wygórowany**
□ **unreasonably** /-əbli/ adv. ▶ **nierozsądnie, niedorzecznie**

unrelenting /ˌʌnrɪ'lentɪŋ/ adj. continuously strong, not becoming weaker or stopping: *unrelenting hard work* ▶ **bezustanny, nieustępliwy**

unreliable /ˌʌnrɪ'laɪəbl/ adj. that cannot be trusted or depended on: *The trains are notoriously unreliable.* ▶ **niesolidny, zawodny**

unreserved /ˌʌnrɪ'zɜ:vd/ adj. **1** (used about seats in a theatre, etc.) not kept for use of a particular person ▶ **nie zarezerwowany** **2** without limit; complete: *The government's action received the unreserved support of all parties.* ▶ **nieograniczony; zupełny**
□ **unreservedly** /ˌʌnrɪ'zɜ:vɪdli/ adv.: *We apologize unreservedly for our mistake and will refund your money.* ▶ **bez zastrzeżeń, całkowicie**

unrest /ʌn'rest/ noun [U] a situation in which people are angry or dissatisfied and likely to protest or fight: *social unrest* niezadowolenie społeczne ▶ **niepokój, zamieszki**

unrivalled (US **unrivaled**) /ʌn'raɪvld/ adj. better than any other of the same type; having no rival: *He had an unrivalled knowledge of Greek theology.* ▶ **niezrównany**

unroll /ʌn'rəʊl/ verb [I,T] to open from a rolled position: *He unrolled the poster and stuck it on the wall.* ▶ *(o czymś zwiniętym)* **rozwijać (się)**

unruly /ʌn'ru:li/ adj. difficult to control; without discipline: *an unruly crowd* ▶ **nieposłuszny, nieopanowany, awanturniczy**
□ **unruliness** noun [U] ▶ **chuligańskie zachowanie, krnąbrność**

unsavoury (US **unsavory**) /ʌn'seɪvəri/ adj. unpleasant; that you do not trust: *a rather unsavoury individual* ▶ **nieprzyjemny; podejrzany**

unscathed /ʌn'skeɪðd/ adj. not hurt, without injury: *He came out of the fight unscathed.* ▶ **bez szwanku**

unscrew /ˌʌn'skru:/ verb [T] **1** to remove the screws from sth ▶ **odkręcać śruby, odśrubowywać** **2** to open or undo sth by turning it: *Could you unscrew the top of this bottle for me?* ▶ **odkręcać**

unscrupulous /ʌn'skru:pjələs/ adj. willing to be dishonest, cruel or unfair in order to get what you want ▶ **niegodziwy**

unselfish /ʌn'selfɪʃ/ adj. giving more time or importance to other people's needs, wishes, etc. than to your own: *unselfish motives* ▶ **bezinteresowny**

unsightly /ʌn'saɪtli/ adj. very unpleasant to look at; ugly: *an unsightly new building* ▶ **szpetny**

unskilled /ˌʌn'skɪld/ adj. not having or requiring special skill or training: *an unskilled job* ▶ **niewykwalifikowany**

unsolicited /ˌʌnsə'lɪsɪtɪd/ adj. not asked for: *unsolicited praise* ▶ **spontaniczny**

unsound /ˌʌn'saʊnd/ adj. **1** in poor condition; weak: *The building is structurally unsound* (ma niepewną konstrukcję). ▶ **niepewny, niesolidny** **2** based on wrong ideas and therefore mistaken ▶ **wadliwy**

unstable /ʌn'steɪbl/ adj. **1** likely to fall down or move; not firmly fixed ▶ **niepewny, chwiejny** **2** likely to change or fail: *a period of unstable government* ▶ **niestabilny** **3** (used about a person's moods or behaviour) likely to change suddenly or frequently: *She has such an unstable personality that you never know what she's going to do next.* ▶ **chwiejny**

unstuck /ˌʌnˈstʌk/ adj. no longer stuck together or glued down: *The label on the parcel came unstuck* (odkleiła się). ▶ **odklejony**
IDIOM **come unstuck** to fail badly; to be unsuccessful ▶ **nie powieść się**

unsuitable /ʌnˈsuːtəbl/ adj. not right or appropriate for sb/sth: *This film is unsuitable for children under 12.* ❶ Antonim: **suitable**. ➲ Por. **inappropriate**. ▶ **nieodpowiedni**

unsure /ˌʌnˈʃʊə(r); -ʃɔː(r); US -ˈʃʊr/ adj. **1 unsure of yourself** not feeling confident about yourself: *He's young and still quite unsure of himself.* ▶ **niepewny siebie 2 unsure (about/of sth)** not certain; having doubts: *I didn't argue because I was unsure of the facts.* ▶ **niepewny (czegoś)**

unsuspecting /ˌʌnsəˈspektɪŋ/ adj. not aware of danger: *He came up quietly behind his unsuspecting victim.* ▶ **niczego nie podejrzewający**

unsympathetic /ˌʌnˌsɪmpəˈθetɪk/ adj. **unsympathetic (to/towards sb)** not feeling or showing any sympathy ▶ **obojętny**

untangle /ˌʌnˈtæŋgl/ verb [T] to separate threads which have become tied together in a confused way: *The wires got mixed up and it took me ages to untangle them.* ▶ **rozplątywać**

unthinkable /ʌnˈθɪŋkəbl/ adj. (used of an event, etc.) impossible to imagine or consider, especially because it is too painful or difficult ▶ **nie do pomyślenia**

unthinking /ʌnˈθɪŋkɪŋ/ adj. done, said, etc. without thinking carefully ▶ **bezmyślny**
□ **unthinkingly** adv. ▶ **bezmyślnie**

★**untidy** /ʌnˈtaɪdi/ adj. (**untidier**; **untidiest**) **1** not neat or well arranged: *an untidy bedroom* nie posprzątana sypialnia ○ *untidy hair* rozczochrane włosy ▶ **nieporządny 2** (used about a person) not keeping things neat or in good order ▶ **niechlujny**
□ **untidily** /-ɪli/ adv. ▶ **niechlujnie** | **untidiness** noun [U] ▶ **nieład**

untie /ʌnˈtaɪ/ verb [T] (pres. part. **untying**; 3rd pers. sing. pres. **unties**; pt, pp **untied**) to undo a knot; to free sb by undoing a rope, etc. ▶ **rozwiązywać; uwalniać**

★**until** /ənˈtɪl/ (also **till** /tɪl/) conj. up to the time when: *She waited until he had finished.* ○ *We won't leave until the police get here.* ▶ **dopóki (nie)**
□ **until** (also **till**) prep. up to the time or the event mentioned: *The restaurant is open until midnight.* ○ *Until that moment she had been happy.* ○ *We can't leave until 10 o'clock.* Nie możemy stąd wyjść przed dziesiątą. ▶ **(aż) do**

> **Until** można użyć zarówno w formalnej, jak i codziennej angielszczyźnie. **Till** częściej występuje w codziennej angielszczyźnie i zwykle nie na początku zdania. Trzeba pamiętać, że w zwrotach dotyczących czasu używa się wyłącznie **till** i **until**. Z kolei **as far as** używa się w odniesieniu do odległości: *I walked as far as the shops.* Mówiąc o jakiejś liczbie, używa się **up to**: *You can take up to 20 kilos of luggage.*

untold /ˌʌnˈtəʊld/ adj. very great; so big, etc. that you cannot count it: *untold suffering/wealth* ▶ **niewypowiedziany; niezliczony**

untoward /ˌʌntəˈwɔːd; US ʌnˈtɔːrd/ adj. (formal) (used about an event, etc.) unexpected and unpleasant ▶ **niefortunny**

untrue /ʌnˈtruː/ adj. not true; not based on facts ▶ **nieprawdziwy**

untruth /ˌʌnˈtruːθ/ noun [C] (pl. **untruths**) /-ˈtruːðz/ (formal) something that is not true; a lie: *to tell an untruth* ▶ **nieprawda**
□ **untruthful** /ʌnˈtruːθfl/ adj.: *I don't like being untruthful.* Nie lubię mijać się z prawdą. ▶ **mijający się z prawdą**

untypical /ʌnˈtɪpɪkl/ adj. **untypical (of sb/sth)** not typical or usual: *Schools in this area are untypical of schools in the rest of the country.* ○ *an untypical example* ❶ Antonim: **typical**. ➲ Por. **atypical**. ▶ **nietypowy**

unused[1] /ʌnˈjuːzd/ adj. that has not been used: *an unused stamp* ▶ **(jeszcze) nie używany**

unused[2] /ˌʌnˈjuːst/ adj. (not before a noun) not having any experience of sth; not accustomed to sth: *She was unused to such a lot of attention.* ▶ **nie przyzwyczajony**

★**unusual** /ʌnˈjuːʒuəl/ adj. **1** not expected or usual: *It's unusual for Joe to be late.* Rzadko się zdarza, żeby Joe się spóźnił. ▶ **rzadki 2** interesting because it is different: *What an unusual hat!* ▶ **niezwykły**
□ **unusually** /-ʒəli/ adv. **1** more than is common; extremely: *an unusually hot summer* ▶ **wyjątkowo 2** in a way that is not normal or typical of sb/sth: *Unusually for her, she forgot his birthday.* Wyjątkowo tak się zdarzyło, że zapomniała o jego urodzinach. ▶ **nietypowo**

unveil /ˌʌnˈveɪl/ verb [T] to remove a type of cloth or curtain in order to show a new painting, etc. to the public: *The Queen unveiled a plaque and opened the museum.* ▶ **odsłaniać**

unwanted /ˌʌnˈwɒntɪd/ adj. not wanted: *an unwanted pregnancy* ○ *a cream to remove unwanted hair* ▶ **niechciany, zbyteczny**

unwarranted /ʌnˈwɒrəntɪd/ adj. that is not deserved or for which there is no good reason ▶ **(niczym) nie usprawiedliwiony, bezpodstawny**

unwell /ʌnˈwel/ adj. (not before a noun) ill; sick: *She's feeling rather unwell.* ➲ Zob. uwaga przy **sick**. ▶ **niezdrów**

unwieldy /ʌnˈwiːldi/ adj. difficult to move or carry because it is too big, heavy, etc.: *an unwieldy parcel* ▶ **(zbyt) ciężki, nieporęczny**

unwilling /ʌnˈwɪlɪŋ/ adj. not wanting to do sth but often forced to do it by other people ▶ **niechętny, nieskłonny**

unwind /ˌʌnˈwaɪnd/ verb (pt, pp **unwound** /-ˈwaʊnd/) **1** [I,T] (used of sth that is wound round sth else) to become undone or to be pulled out: *The bandage had unwound.* ▶ **rozwijać (się) 2** [I] (informal) to relax, especially after working hard: *After a hard day at the office, it takes me a couple of hours to unwind.* ▶ **rozluźniać się**

unwise /ˌʌnˈwaɪz/ adj. showing a lack of good judgement; foolish: *It would be unwise to tell anyone about our plan yet.* ▶ **niemądry**
□ **unwisely** adv. ▶ **niemądrze**

unwitting /ʌnˈwɪtɪŋ/ adj. not realizing sth; not intending to do sth: *an unwitting accomplice to the crime* ▶ **nieświadomy; mimowolny**
□ **unwittingly** adv.: *The bank may have unwittingly broken the law.* ▶ **nieświadomie; mimowolnie**

unwrap /ʌnˈræp/ verb [T] (**unwrapping**; **unwrapped**) to take off the paper, etc. that covers or protects sth ▶ **rozpakowywać**

unzip /ˌʌnˈzɪp/ verb [I,T] (**unzipping**; **unzipped**) if a bag, piece of clothing, etc. unzips, or you unzip it, you open it by pulling on the zip that fastens it ❶ Antonim: **zip (up)**. ▶ **rozpinać** (*zamek błyskawiczny*)

★**up** /ʌp/ prep., adv. ❶ **Up** używa się w czasownikach złożonych. ➲ Zob. hasła przy odpowiednich czasownikach, np. **pick sth up**. **1** to a high or higher level or position: *The monkey climbed up the tree* (wspięła się na drzewo). ○ *I carried her suitcase up to the third floor.* ○ *Put your hand up if you know the answer.* ○ *I walked up the hill.* ▶ **do góry 2** into an upright position: *Stand up, please.* Proszę wstać. ○ *Is he up yet?* Czy już wstał (z łóżka)? ○ *I had to get up early* (wcześnie wstać). **3** (used for showing that an action continues until it is completed): *Eat up* (zjedzcie wszystko), *everybody – I want you to finish everything on the table.* ▶ **do końca 4** (used with verbs of closing or covering): *Do up your coat* (zapnij płaszcz). ○ *She tied the parcel up* (związała paczkę) *with string.* **5** very close to a person or thing: *She ran up to* (podbiegła do) *her mother and kissed her.* ▶ **blisko (do) 6** coming or being put together: *The teacher collected up* (zebrała) *our exam papers.* ○ *Asif and Joe teamed up* (połączyli siły) *in the doubles competition.* **7** (used about a period of time) finished: *Stop writing. Your time's up.* Skończył się czas. ▶ **zakończony 8** in a particular direction: *I live just up the road* (trochę dalej na tej samej ulicy). ○ *Move up* (posuń się) *a little.* ▶ **dalej 9** on or to the north: *My parents have just moved up north.* ○ *We're going up to Leeds tomorrow.* Jutro jedziemy do Leeds. ▶ **do** (*w kierunku północnym*), **na 10** into pieces: *We chopped the old table up and used it for firewood.* ▶ **na kawałki 11** (used for showing that sth is increasing): *Prices have gone up.* ○ *Turn the volume up.* Nastaw głośniej. ▶ **w górę 12** (used about computers) working; in operation: *Are the computers back up yet?* Czy komputery już działają? ▶ **działający 13** (informal) (used for showing that sth is spoiled): *I really messed up* (zawaliłem sprawę) *when I told the interviewer I liked sleeping.*
IDIOMS **be up against sth/sb** to face sth/sb that causes problems ▶ **stawić czoła czemuś/komuś** | **be up for sth 1** to be available to be bought or chosen: *That house is up for sale.* ○ *How many candidates are up for election?* ▶ **być na sprzedaż/do wyboru 2** (informal) to be enthusiastic about doing sth: *Is anyone up for a swim?* ▶ **mieć wielką ochotę na coś** | **be up to sb** to be sb's responsibility: *I can't take the decision. It's not up to me.* ▶ **zależeć od kogoś** | **not up to much** (informal) not very good: *The programme wasn't up to much.* ▶ **niewiele wart** | **up and down** backwards and forwards, or so as to rise and fall: *He was running up and down the road screaming with pain.* ▶ **tam i z powrotem; do góry i na dół** | **up and running** (used about sth new) working well: *The new system is already up and running* (już jest sprawny). ▶ **działający** | **up to sth 1** as much/many as: *We're expecting up to 100 people at the meeting.* ▶ **aż do** (*pewnej sumy*) **2** not further or later than sth; until sth: *Up to now, things have been easy.* ▶ **dotychczas 3** capable of sth: *I don't feel up to cooking this evening. I'm too tired.* ▶ **na siłach, w stanie 4** doing sth secret and perhaps forbidden: *What are the children up to* (co te dzieci nam szykują)*? Go and see.* ▶ **robiący coś potajemnie** | **what's up?** (informal) what's the matter? ▶ **co jest (grane)?**
□ **ups** noun
IDIOM **ups and downs** both good and bad luck: *Our marriage is happy but we've had our ups and downs.* ▶ **powodzenia i klęski**

upbringing /ˈʌpbrɪŋɪŋ/ noun [sing.] the way a child is treated and taught how to behave by their parents: *a religious upbringing* ▶ **wychowanie**

update /ˌʌpˈdeɪt/ verb [T] **1** to make sth more modern ▶ **unowocześniać 2** to put the latest information into sth; to give sb the latest information: *Our database of addresses is updated regularly.* ○ *Shall I update you on what happened at the meeting?* ▶ **uaktualniać; podawać ostatnie/aktualne wiadomości**
□ **update** /ˈʌpdeɪt/ noun [C]: *an update on a news story* aktualizacja wiadomości ▶ **aktualizacja**

upgrade /ˌʌpˈɡreɪd/ verb [T] to change sth so that it is of a higher standard; to purchase a new, improved or expanded version of a computer program ▶ **ulepszać; nabywać udoskonaloną wersję programu komputerowego**
□ **upgrade** /ˈʌpɡreɪd/ noun [C] a new, improved, expanded, amended version of a computer program ▶ **nowa wersja programu komputerowego**

upheaval /ʌpˈhiːvl/ noun [C,U] a sudden big change, especially one that causes a lot of trouble ▶ **wstrząs**

uphill /ˌʌpˈhɪl/ adj., adv. **1** going up a slope, towards the top of a hill: *a long walk uphill* ❶ Antonim: **downhill**. ▶ **pod górę 2** needing a lot of effort: *It was an uphill struggle to find a job.* ▶ **uciążliwy; uciążliwie**

uphold /ʌpˈhəʊld/ verb [T] (pt, pp **upheld** /-ˈheld/) to support sth (a decision, etc.) especially when other people are against it: *We must uphold the court's decision.* ▶ **podtrzymywać**

upholstered /ʌpˈhəʊlstəd/ adj. (used about a

chair, etc.) fitted with a layer of soft material and covered with cloth ▶ **obity**

upholstery /ʌp'həʊlstəri/ noun [U] the thick soft materials used to cover chairs, car seats, etc. ▶ **obicie**

upkeep /'ʌpki:p/ noun [U] the cost or process of keeping sth in a good condition, or of providing children or animals with what they need to live: *The landlord pays for the upkeep of the building.* ▶ **utrzymanie/koszt utrzymania**

upland /'ʌplənd/ adj. situated on a hill or mountain: *an upland area* ▶ **wyżynny**
□ **upland** noun [C, usually pl.] high areas of land ▶ **wyżyna**

uplifting /ˌʌp'lɪftɪŋ/ adj. producing a feeling of hope and happiness: *an uplifting speech* ▶ **podnoszący na duchu**

upmarket /ˌʌp'mɑ:kɪt/ adj. designed to appeal to or to satisfy people in the higher social classes ➲ Por. **downmarket**. ▶ **ekskluzywny**
□ **upmarket** adv.: *to go/move upmarket* ▶ (*o sklepach, klientach itp.*) **piąć się w górę**

upon /ə'pɒn/ prep. (formal) = ON

★**upper** /'ʌpə(r)/ adj. in a higher position than sth else; situated above sth: *the upper floors of a building* ○ *the upper lip* ▶ **wyższy**
IDIOM **get, have, etc. the upper hand** to get into a stronger position than another person; to gain control over sb ▶ **zdobywać przewagę/kontrolę**
■ ˌ**upper 'case** noun [U] letters that are written or printed in a large form; capital letters: *'BBC' is written in upper case.* ❶ Antonim: **lower case**. ▶ **duże litery** | ˌ**upper 'class** adj., noun [C, with sing. or pl. verb] (of) the social class that is above the middle class; people with a lot of money and land and sometimes special titles ▶ **klasa wyższa społeczeństwa**

uppermost /'ʌpəməʊst/ adj. in the most important or highest position: *Concern for her family was uppermost in her mind.* ▶ **najważniejszy, najwyższy**

★**upright** /'ʌpraɪt/ adj. **1** with a straight back; standing vertically: *Please put the back of your seat in an upright position.* ○ *an upright piano* pianino ▶ **pionowy 2** honest and responsible: *an upright citizen* ▶ **prawy, odpowiedzialny**
IDIOM **bolt upright** → BOLT[3]
□ **upright** adv. with a straight back; into a vertical position: *to stand upright* ▶ **prosto, pionowo**

uprising /'ʌpraɪzɪŋ/ noun [C] a situation in which a group of people start to fight against the people in power in their country: *an armed uprising* ▶ **powstanie**

uproar /'ʌprɔ:(r)/ noun [sing., U] a loud noise of excitement, confusion, anger, etc.; an angry discussion about sth: *The meeting ended in uproar.* ▶ **zgiełk; awantura**
□ **uproarious** /ʌp'rɔ:riəs/ adj. very noisy: *uproarious laughter* ▶ **wrzaskliwy**

uproot /ˌʌp'ru:t/ verb [T] to tear up a plant by the roots: *Strong winds had uprooted the tree.* ○ (figurative) *Many people have to uproot themselves* (przesiedlać się) *when they change jobs.* ▶ **wykorzeniać**

★**upset** /ˌʌp'set/ verb [T] (pres. part. **upsetting**; pt, pp **upset**) **1** to make sb worry or feel unhappy: *The pictures of starving children upset her.* ○ *I was quite upset at losing my purse.* ▶ **niepokoić, wytrącać kogoś z równowagi 2** to make sth go wrong: *to upset someone's plans* ▶ **pokrzyżować** (*plany*), **psuć** (*np. zabawę*) **3** to knock sth over: *I upset a bottle of wine all over the tablecloth.* ▶ **przewracać 4** to make sb ill in the stomach: *Rich food usually upsets me.* ▶ **rozstrajać żołądek**
□ **upset** /'ʌpset/ noun **1** [C,U] a situation in which there are unexpected problems or difficulties: *The company survived the recent upset in share prices.* ▶ **zawirowanie 2** [C] a slight illness in your stomach: *a stomach upset* ▶ **rozstrój żołądka 3** [C,U] a situation that causes worry and sadness: *I've had quite a few upsets recently.* ▶ **zmartwienie, wytrącenie z równowagi** | **upset** /ˌʌp'set/ adj. **1** worried and unhappy: *She was looking very upset about something.* ▶ **zaniepokojony, wytrącony z równowagi 2** slightly ill: *I've got an upset stomach.* ▶ (*o żołądku*) **rozstrojony**

> Zwróć uwagę, że przymiotnik **upset** wymawia się /'ʌpset/ w pozycji przed rzeczownikiem, ale /ˌʌp'set/ w każdej innej pozycji w zdaniu.

upshot /'ʌpʃɒt/ noun [sing.] **the upshot (of sth)** the final result, especially of a conversation or an event ▶ **wynik**

★**upside down** /ˌʌpsaɪd 'daʊn/ adv. **1** with the top part turned to the bottom: *She was hanging upside down.* ➲ Ilustr. do **back to front**. ▶ **do góry nogami 2** (informal) in or into a very untidy state: *He turned the house upside down looking for his keys.* ▶ **do góry nogami**

★**upstairs** /ˌʌp'steəz/ adv. to or on the upper floor of a building: *to go upstairs* ○ *She's sleeping upstairs.* ▶ **na górę/górze**
□ **upstairs** adj.: *an upstairs window* ▶ **na górnym piętrze** | **upstairs** noun [sing.] (informal) **the upstairs** the upper floor of a house: *We're going to paint the upstairs.* ▶ **górne piętro**

upstream /ˌʌp'stri:m/ adv. moving against the direction that a river flows: *He swam slowly upstream.* ▶ **pod prąd**
□ **upstream** adj. (not before a noun) situated nearer to the place that a river flows from ▶ **w górnym biegu rzeki**

upsurge /'ʌpsɜ:dʒ/ noun [C, usually sing.] a sudden increase of sth: *an upsurge in violent crime* ▶ **nagły wzrost**

uptake /'ʌpteɪk/ noun
IDIOM **be quick/slow on the uptake** to be quick/slow to understand the meaning of sth: *I gave him a hint but he's slow on the uptake.* ▶ **szybko/powoli pojmować**

uptight /ˌʌp'taɪt/ adj. (informal) **1** nervous: *He gets uptight before an exam.* ▶ **spięty 2** angry: *Don't get so uptight – it's only a game.* ▶ **zły**

★**up to date** /ˌʌptə'deɪt/ adj. **1** modern: *up-to-date* *fashions* ▶ **nowoczesny** **2** having the most recent information: *The report will bring you up to date with the latest news.* ○ *Are you up to date with your homework?* ○ *Keep the membership lists up to date.* ○ *an up-to-date dictionary* ▶ **aktualny, na bieżąco**

up-to-the-minute /ˌʌp tə ðə ˈmɪnɪt/ adj. having the most recent information possible: *an up-to-the-minute news report* ▶ **najświeższy**

upturn /ˈʌptɜːn/ noun [C] an improvement or gain in sth: *an upturn in support for the government* ▶ **poprawa**

upturned /ˌʌpˈtɜːnd/ adj. **1** pointing upwards: *an upturned nose* ▶ **zadarty** **2** turned upside down: *an upturned boat* ▶ **do góry dnem/ nogami, wywrócony**

★**upward** /ˈʌpwəd/ adj. moving or directed towards a higher place: *an upward glance* ○ *an upward trend* (tendencja zwyżkowa) *in exports* ▶ **w górę, skierowany ku górze**

□ **upward** (also **upwards** /-wədz/) adv. moving towards, or in the direction of, a higher place: *I looked upwards.* ▶ **w górę** | ˈ**upwards of** prep. more than (the number mentioned): *They've invited upwards of a hundred guests.* ▶ **ponad**

uranium /juˈreɪniəm/ noun [U] (symbol **U**) a radioactive metal that can be used to produce nuclear energy ▶ **uran**

Uranus /ˈjʊərənəs; jʊˈreɪnəs/ noun [sing.] the planet that is seventh in order from the sun ▶ **Uran**

★**urban** /ˈɜːbən/ adj. of a town or city: *urban development* ▶ **miejski, wielkomiejski**

★**urge** /ɜːdʒ/ verb [T] **1** to try hard to persuade sb to do sth: *I urged him to fight the decision.* ▶ **usilnie namawiać** **2** to advise strongly, especially that sth is necessary: *Drivers are urged to take care on icy roads.* ▶ **zalecać** **3** to force or drive sb/sth in a certain direction: *He urged his horse over the fence.* ▶ **zmuszać do przemieszczenia się, kierować w określonym kierunku**

PHRASAL VERB **urge sb on** to encourage sb: *The captain urged his team on.* ▶ **dopingować**

□ **urge** noun [C] a strong need or desire: *sexual urges* ▶ **pobudka**

★**urgent** /ˈɜːdʒənt/ adj. needing immediate attention: *an urgent message* ○ *It's not urgent; I'll tell you about it later.* ▶ **pilny**

□ **urgency** /-dʒənsi/ noun: *a matter of the greatest urgency* ▶ **nagła potrzeba** | **urgently** adv.: *I must see you urgently.* ▶ **pilnie**

urine /ˈjʊərɪn/ noun [U] the yellow liquid that is passed from your body when you go to the toilet ▶ **mocz**

□ **urinate** /ˈjʊərɪneɪt/ verb [I] (formal) to pass urine from the body ▶ **oddawać mocz**

urn /ɜːn/ noun [C] **1** a type of vase, especially one in which the ashes of a dead person are kept ▶ **urna** **2** a large metal container used for making a large quantity of tea or coffee and for keeping it hot ▶ **termos (bufetowy)**

US /ˌjuː ˈes/ abbr. United States (of America): *the US Secretary of State* ▶ **USA**

★**us** /əs; strong form ʌs/ pron. (used as the object of a verb, or after *be*) me and another person or other people; me and you: *Hello, it's us again!* ○ *Leave us alone.* ○ *Will you write to us?* ▶ (*przypadek zależny od* **we**)

USA /ˌjuː es ˈeɪ/ abbr. United States of America: *in the USA* ▶ **USA**

usage /ˈjuːsɪdʒ; ˈjuːzɪdʒ/ noun **1** [U] the way that sth is used; the amount that sth is used: *With normal usage, the machine should last for years.* ▶ **użytkowanie; zużycie** **2** [C,U] the way that words are normally used in a language: *a guide to English grammar and usage* ▶ **używanie**

★**use**[1] /juːz/ verb [T] (pres. part. **using**; pt, pp **used** /juːzd/) **1** when you use sth, you do sth with it for a purpose: *Could I use your phone* (skorzystać z twojego telefonu)*?* ○ *We used the money to buy a house.* ○ *The building was used as a shelter for homeless people.* ○ *A gun is used for shooting with.* ○ *Use your imagination!* Pobudź swą wyobraźnię! ○ *That's a word I never use.* ▶ **używać** **2** to need or to take sth: *Don't use all the milk.* ▶ **używać, zużywać** **3** to treat sb/sth in a selfish or unkind way: *He just used me to get what he wanted and then forgot about me.* ▶ **wykorzystywać**

PHRASAL VERB **use sth up** to use sth until no more is left ▶ **zużyć**

□ **usable** /ˈjuːzəbl/ adj. that can be used ▶ **używalny**

> Zwróć uwagę na różnicę w wymowie słowa: **use** czasownik = /juːz/; rzeczownik = /juːs/.

★**use**[2] /juːs/ noun **1** [U] using or being used: *The use of computers is now widespread.* ○ *She kept the money for use in an emergency.* ▶ **użycie** **2** [C,U] the purpose for which sth is used: *This machine has many uses.* ▶ **zastosowanie** **3** [U] the ability or permission to use sth: *He lost the use of his hand* (stracił władzę w ręce) *after the accident.* ○ *She offered them the use of her car.* ▶ **(możliwość/prawo) używania** **4** [U] the advantage of sth; how useful sth is: *It's no use* (nie ma sensu) *studying for an exam at the last minute.* ○ *What's the use of trying?* Po co próbować? ▶ **pożytek**

IDIOMS **come into/go out of use** to start/stop being used ▶ **zacząć być używanym, wychodzić z użycia** | **make use of sth/sb** to use sth/sb in a way that will give you an advantage ▶ **wykorzystać, używać**

★**used**[1] /juːzd/ adj. that has had an owner before: *a garage selling used cars* ❶ Inne słowo o tym samym znaczeniu to **second-hand**. ▶ **używany**

★**used**[2] /juːst/ adj. **used to sth/to doing sth** familiar with sth; accustomed to sth: *I'll never get used to getting up at five* (nigdy nie przyzwyczaję się do wstawania o piątej rano). ○ *He's used to the heat.* ▶ **przyzwyczajony**

★**used to** /ˈjuːst tə; before a vowel and in final position ˈjuːst tu/ modal verb (for talking about sth that happened often or continuously in the past or about a situation which existed in the past): *She used to live with her parents.* Ona kiedyś mieszkała z rodzicami. ○ *You used to live in*

Glasgow, didn't you? ○ *Did you use to smoke?* Czy kiedyś paliłeś? ○ *I used not to like him.* Kiedyś go nie lubiłem. ○ *He didn't use to speak to me.* Nie miał zwyczaju ze mną rozmawiać. ▶ **zwykł coś robić** (*kiedyś, ale już nie teraz*)

Do tworzenia przeczeń i pytań z **used to** zwykle używa się **did**: *I didn't use to like jazz.* ○ *Did she use to be in your class?* Następujące formy przeczeń i pytań są bardziej formalne i dość rzadko używane: *He used not to drive a car.* ○ *Used they to work here?*

Należy zwrócić uwagę na różnicę między zwrotem **used to** + bezokolicznik, odnoszącym się tylko do przeszłości, a zwrotem **used to (doing) sth**, który ma inne znaczenie i może odnosić się do przeszłości, teraźniejszości lub przyszłości. Por. **I used to live on my own** (mieszkałem sam) z **I'm used to living on my own** (przyzwyczaiłem się do tego, że mieszkam sam).

★**useful** /ˈjuːsfl/ adj. having some practical use; helpful: *a useful tool* ○ *useful advice* ▶ **użyteczny, pomocny**

IDIOM **come in useful** to be of practical help, especially in a situation where there is no other help available ▶ **przydawać się**

□ **usefully** /-fəli/ adv.: *Make sure your time is spent usefully.* ▶ **pożytecznie** | **usefulness** /-fəlnəs/ noun [U] ▶ **pożytek, przydatność**

★**useless** /ˈjuːsləs/ adj. **1** that does not work well, or is of no use: *This new machine is useless* (do niczego). ○ *It's useless complaining/to complain; you won't get your money back.* ▶ **bezużyteczny, niepotrzebny 2** (informal) (of a person) weak or not successful at sth: *I'm useless at sport.* ▶ **kiepski**

□ **uselessly** adv. ▶ **bezużytecznie, bezcelowo** | **uselessness** noun [U] ▶ **bezużyteczność, bezcelowość**

★**user** /ˈjuːzə(r)/ noun [C] (often in compounds) a person that uses a service, machine, place, etc.: *users of public transport* ▶ **użytkowni-k/czka**

□ **user-friendly** /ˌjuːzə ˈfrendli/ adj. (used of computers, books, machines, etc.) easy or not too complicated to use ▶ **łatwy w użyciu**

usher /ˈʌʃə(r)/ noun [C] a person who shows people to their seats in a cinema, church, etc. ▶ **bileter; mistrz ceremonii**

□ **usher** verb [T] to lead sb carefully in the direction mentioned: *I was ushered to my seat.* ▶ **wprowadzać** (*np. do salonu, sali*)

PHRASAL VERB **usher sth in** to mark the beginning of sth: *The agreement ushered in a new period of peace for the two countries.* ▶ **zapoczątkowywać** (*np. okres pokoju*)

usherette /ˌʌʃəˈret/ noun [C] a woman who shows people to their seats in a cinema or theatre ▶ **bileterka**

USSR /ˌjuː es es ˈɑː(r)/ abbr. (the former) Union of Soviet Socialist Republics ▶ **ZSRR**

★**usual** /ˈjuːʒuəl/ adj. happening or used most often: *It's usual for her to work at weekends.* Ona zwykle pracuje w weekendy. ○ *He got home later than usual* (później niż zwykle). ○ *I sat in my usual seat* (na krześle, na którym zwykle siadam). ▶ **zwykły**

IDIOM **as usual** in the way that has often happened before: *Here's Derek, late as usual!* ▶ **jak zwykle**

□ **usually** /ˈjuːʒuəli/ adv. in the way that is usual; most often: *She's usually home by six.* ○ *Usually, we go out on Saturdays.* ▶ **zwykle, zazwyczaj**

utensil /juːˈtensl/ noun [C] a type of tool or object used in the home: *cooking utensils* ▶ **sprzęt, naczynie**

uterus /ˈjuːtərəs/ noun [C] (pl. **uteruses** or, in scientific use, **uteri** /-raɪ/) (formal) the part of a woman's body where a baby grows ❶ Mniej formalne słowo to **womb**. ▶ **macica**

utility /juːˈtɪləti/ noun (pl. **utilities**) **1** [U] (formal) the usefulness (of a machine, etc.) ▶ **pożytek 2** [C] a useful public service such as the supplying of water or gas ▶ **zakład użyteczności publicznej 3** [C] a computer program or part of a program that does a particular task ▶ **program użytkowy**

■ **u'tility room** noun [C] a small room in a house, often next to the kitchen, where people sometimes keep a washing machine, etc. ▶ **pomieszczenie gospodarcze**

utilize (also **-ise**) /ˈjuːtəlaɪz/ verb [T] (formal) to make use of sth: *to utilize natural resources* ▶ **wykorzystywać**

utmost /ˈʌtməʊst/ adj. (only before a noun) (formal) greatest: *a message of the utmost importance* ▶ **największy**

□ **utmost** noun [sing.] the greatest extent, amount, degree, etc. that is possible: *I did my utmost to help.* ▶ **wszystko co jest w czyjejś mocy**

Utopia /juːˈtəʊpiə/ noun [C,U] an imaginary society or place where everything is perfect ▶ **utopia**

□ **Utopian** /-piən/ adj. ▶ **utopijny**

utter[1] /ˈʌtə(r)/ adj. (only before a noun) complete; total: *That's utter nonsense!* ○ *He felt an utter fool.* ▶ **zupełny, całkowity**

□ **utterly** adv.: *It's utterly impossible.* ▶ **zupełnie**

utter[2] /ˈʌtə(r)/ verb [T] to speak or make a sound with your mouth: *She left without uttering a word.* Wyszła bez słowa. ▶ **mówić, wydawać głos**

□ **utterance** /ˈʌtərəns/ noun [C] (formal) something that is said ▶ **wypowiedź, wyrażenie**

U-turn /ˈjuː tɜːn/ noun [C] **1** a type of movement where a car, etc. turns round so that it goes back in the direction it came ▶ **zawracanie pojazdu 2** a sudden change from one plan to a completely different one ▶ **całkowita zmiana planu**

Vv

V, v /viː/ noun [C] (pl. **V's; v's**) **1** the twenty-second letter of the English alphabet ▶ **litera** *v* **2** the shape of a V: *The birds were flying in a V* (kluczem). ▶ **kształt litery** *v*

V abbr. volt(s): *a 9V battery* ▶ **V**

v abbr. **1** (pl. **vv.**) verse ▶ **wiersz, strofa 2** (also **vs**) versus; against: *Liverpool vs Everton: match postponed* ▶ **kontra 3** (informal) very: *v good* ▶ **b.**

vacancy /ˈveɪkənsi/ noun [C] (pl. **vacancies**) **1** a room in a hotel, etc. that is not being used: *The sign outside the hotel said 'No Vacancies'.* ▶ **wolny pokój** (*np. w hotelu*) **2** a job that has not been filled: *We have a vacancy for a secretary in our office.* ▶ **wakat**

★**vacant** /ˈveɪkənt/ adj. **1** (of a house, room, seat, etc.) not being used ▶ **wolny 2** (of a job, etc.) not filled: *the 'Situations Vacant' page* strona gazety z ogłoszeniami dotyczącymi wolnych miejsc pracy ▶ **wolny, wakujący 3** showing no sign of intelligence or understanding: *a vacant expression* ▶ **bezmyślny**
□ **vacantly** adv.: *She stared vacantly out of the window.* ▶ **bezmyślnie**

vacate /vəˈkeɪt; veɪˈk-; US ˈveɪk-/ verb [T] (formal) to leave a building, a seat, a job, etc. so that it is available for sb else ▶ **zwalniać**

vacation /vəˈkeɪʃn; US veɪ-/ noun **1** [C,U] (US) (a) holiday: *The boss is on vacation.* ➲ Zob. uwaga przy **holiday**. ▶ **wakacje 2** [C] any of the holiday periods when a university is closed: *the Easter vacation* ▶ **ferie uniwersyteckie**

vaccinate /ˈvæksɪneɪt/ verb [T] to give an injection to prevent a person or an animal from getting a disease: *Were you vaccinated against measles as a child?* ➲ Por. **immunize** i **inoculate**. ▶ **szczepić**
□ **vaccination** /ˌvæksɪˈneɪʃn/ noun [C,U] ▶ **szczepienie**

vaccine /ˈvæksiːn; US vækˈsiːn/ noun [C] a substance that is given to people in an injection in order to protect them against a disease ▶ **szczepionka**

vacuum /ˈvækjuəm/ noun [C] **1** a space that contains no substance and no air or gas: (figurative) *a vacuum in her life* ▶ **próżnia; poczucie pustki 2** (informal) = VACUUM CLEANER
□ **vacuum** verb [I,T] to clean sth using a vacuum cleaner ▶ **odkurzać**
■ **ˈvacuum cleaner** noun [C] an electric machine that cleans carpets, etc. by sucking up dirt ▶ **odkurzacz** | **ˈvacuum flask** (also **flask**) noun [C] a type of container used for keeping a liquid hot or cold ➲ Por. **Thermos**. ▶ **termos**

vagina /vəˈdʒaɪnə/ noun [C] the passage in the body of a woman or female animal that connects the outer sex organs to the womb ▶ **pochwa**

vagrant /ˈveɪgrənt/ noun [C] (formal) a person who has no home and no job, especially one who asks people for money ▶ **włóczęga**

vague /veɪg/ adj. **1** not clear or definite: *vague memories of my childhood home* ▶ (*o wspomnieniu itp.*) **mglisty 2** (used about a person) not thinking or understanding clearly: *She looked vague when I tried to explain.* Wyglądało na to, że nie pojmuje tego, co starałem się jej wytłumaczyć. ▶ **nie pojmujący 3** not clearly seen: *a vague shape in the distance* ▶ **niewyraźny**
□ **vaguely** adv. **1** in a way that is not clear; slightly: *Her name is vaguely familiar* (jest mi chyba znane). ▶ **niewyraźnie; nieco 2** without thinking about what is happening: *He smiled vaguely and walked away.* ▶ **nieprzytomnie** | **vagueness** noun [U] ▶ **nieprecyzyjność, nieświadomość**

★**vain** /veɪn/ adj. **1** (used about a person) too proud of your appearance, of what you can do, etc. ❶ Rzeczownik: **vanity**. ▶ **próżny 2** useless; without any hope of success: *a vain attempt* ▶ (*o wysiłku itp.*) **próżny**
IDIOM **in vain** without success: *The firemen tried in vain to put out the fire.* ▶ **na próżno**
□ **vainly** adv. ▶ **bezcelowo, bezskutecznie**

vale /veɪl/ noun [C] a valley: *the Vale of York* ❶ Tego słowa używa się tylko w nazwach miejsc i w poezji. ▶ **dolina**

valentine /ˈvæləntaɪn/ noun [C] **1** (also **ˈvalentine card**) a card that you send, usually secretly, to someone you love or like in a romantic way ▶ **walentynka 2** the person you send this card to: *Be my valentine.* ▶ **osoba otrzymująca walentynkę**

valiant /ˈvæliənt/ adj. (formal) very brave ▶ **mężny**
□ **valiantly** adv. ▶ **mężnie**

★**valid** /ˈvælɪd/ adj. **1** that can be used or accepted legally at a certain time: *This passport is valid for one year only.* ▶ **ważny 2** acceptable in a court of law: *a valid contract* ▶ **ważny (mający moc prawną) 3** (used about a reason, etc.) strong enough to convince sb; acceptable: *I could raise no valid objections to the plan.* ▶ (*o argumencie itp.*) **trafny; uzasadniony** ❶ Antonim: **invalid**.
□ **validity** /vəˈlɪdəti/ noun [U]: *the validity of an argument* ○ *the validity of a law* ▶ **ważność; moc prawna; słuszność**

★**valley** /ˈvæli/ noun [C] the flat land that lies between two lines of mountains or hills and which often has a river flowing through it ▶ **dolina**

valour (US **valor**) /ˈvælə(r)/ noun [U] great bravery, especially in war: *the soldiers' valour in battle* ❶ Tego słowa używa się w starych, formalnych lub poetyckich tekstach. ▶ **męstwo**

★**valuable** /ˈvæljuəbl/ adj. **1** worth a lot of money ▶ **cenny 2** very useful: *a valuable piece* *of information* ▶ **cenny** ❶ Antonim: **valueless** lub **worthless**, ale nie **invaluable** (= bezcenny).

□ **valuables** noun [pl.] the small things that you own that are worth a lot of money, such as jewellery, etc.: *Please put your valuables in the hotel safe.* ▶ **kosztowności**

valuation /ˌvælju'eɪʃn/ noun [C,U] the act of estimating how much sth is worth ▶ **wycena**

⋆**value** /'vælju:/ noun **1** [U] the usefulness or importance of sth: *the value of education* ○ *of great/little value* ▶ **wartość 2** [C,U] the amount of money that sth is worth: *The thieves stole goods with a total value of £10 000.* ○ *IBM shares have increased in value this month.* ○ *to go up/down in value* ➲ Por. **face value**. ▶ **wartość 3** [U] the worth of sth compared with its price: *The hotel was good value at £20 a night.* ▶ **wartość 4** (**values**) [pl.] a set of beliefs about the way people should behave; moral principles: *the traditional values of Western society* ▶ **wartości**

□ **value** verb [T] (pres. part. **valuing**) **1 value sth (at sth)** to decide the amount of money that sth is worth: *The house was valued at £70 000.* ▶ **wyceniać 2** to think sb/sth is very important and worth a lot: *Laura has always valued her independence.* ▶ **cenić** | **valueless** adj. without value or use; worthless ➲ Por. **invaluable**. ▶ **bezwartościowy**

■ ˌ**value 'added tax** noun [U] (abbr. **VAT**) a tax on the increase in value of sth at each stage of its production ▶ **podatek VAT**

valve /vælv/ noun [C] a mechanical device which controls the flow of air, liquid or gas in a pipe or tube: *a radiator valve* ○ *the valve on a bicycle tyre* ▶ **zawór, wentyl**

vampire /'væmpaɪə(r)/ noun [C] (in horror stories) a dead person who comes out of their grave at night and sucks the blood of living people ▶ **wampi-r/rzyca**

⋆**van** /væn/ noun [C] a road vehicle that is used for transporting things ➲ Ilustr. do **lorry**. ▶ **furgon**

vandal /'vændl/ noun [C] a person who damages property (e.g. telephone boxes, cars, shop windows) intentionally and for no purpose ▶ **wandal**

□ **vandalism** /-dəlɪzəm/ noun [U] ▶ **wandalizm** | **vandalize** (also **-ise**) /'vændəlaɪz/ verb [T] (usually passive) to damage property intentionally and for no purpose ▶ **dewastować, niszczyć**

vanilla /və'nɪlə/ noun [U] a substance from a plant that is used for giving flavour to sweet food: *vanilla ice-cream* ▶ **wanilia**

⋆**vanish** /'vænɪʃ/ verb [I] **1** to disappear suddenly and completely: *When he turned round, the two men had vanished.* ○ *His fear vanished when he heard his sister's voice outside the door.* ▶ **znikać 2** (used about types of things) to disappear little by little over a period of time: *This species of plant is vanishing from the British countryside.* ▶ **zanikać**

vanity /'vænəti/ noun [U] the quality of being too proud of your appearance or abilities ❶ Przymiotnik: **vain**. ▶ **próżność, zarozumiałość**

vantage point /'vɑ:ntɪdʒ pɔɪnt/ noun [C] a place from which you have a good view of sth: (figurative) *From our modern vantage point, we can see why the Roman Empire collapsed.* ▶ **punkt obserwacyjny; punkt widzenia**

vapour (US **vapor**) /'veɪpə(r)/ noun [C,U] a substance made of very small drops of liquid which hang together in the air like a cloud or mist: *water vapour* ▶ **para**

variable /'veəriəbl/ adj. not staying the same; changeable ▶ **zmienny**

□ **variability** /ˌveəriə'bɪləti/ noun [U] ▶ **zmienność** | **variant** noun [C] a different form of sth ▶ **wariant**

⋆**variation** /ˌveəri'eɪʃn/ noun **1** [C,U] **variation (in sth)** a difference in quality or quantity between a number of things: *There was a lot of variation in the examination results.* Wyniki egzaminu były zróżnicowane. ○ *There may be a slight variation in price from shop to shop.* ▶ **różnica 2** [C] **variation (on/of sth)** something that is almost the same as another thing but has some small differences: *All his films are just variations on a basic theme.* ▶ **wariant**

varied /'veərid/ adj. having many different kinds of things or activities: *a varied menu* ○ *The work of an English teacher is interesting and varied.* ➲ Por. **different**. ▶ **urozmaicony**

⋆**variety** /və'raɪəti/ noun (pl. **varieties**) **1** [U] the quality of not being the same: *There's so much variety in my new job.* ▶ **urozmaicenie 2** [C] **a variety (of sth)** a number of different kinds of things: *You can take evening classes in a variety of subjects* (z różnych przedmiotów) *including photography, Spanish and computing.* ▶ **rozmaitość 3** [C] **a variety (of sth)** a type of sth: *a new variety of apple called 'Perfection'* ▶ **odmiana, typ 4** (US also **vaudeville**) [U] a form of theatre or television entertainment that consists of a series of short performances, such as singing, dancing and funny acts: *a variety show* program rozrywkowy ○ *a variety theatre* teatr rozrywki ▶ **wodewil**

⋆**various** /'veəriəs/ adj. (used for describing things that are different from each other) more than one; several: *Our shop sells hats in various shapes, colours and sizes.* ○ *I decided to leave London for various reasons.* ➲ Por. **different**. ▶ **rozmaity, różny; wiele**

varnish /'vɑ:nɪʃ/ noun [U] a clear liquid that you paint onto wood or other hard surfaces to protect them and make them shine ➲ Por. **nail varnish**. ▶ **lakier**

□ **varnish** verb [T] ▶ **lakierować**

⋆**vary** /'veəri/ verb (pres. part. **varying**; 3rd pers. sing. pres. **varies**; pt, pp **varied**) **1** [I] (used about a number of things) to be different from each other: *The hotel bedrooms vary in size from medium to very large.* ▶ **różnić się 2** [I] to change; to become different: *The price of the holiday varies from £500 to £1 200, depending on the time of year.* ▶ **zmieniać się, różnić się 3** [T] to make sth different by changing it often in some way: *I try to vary my work as much as possible so I don't get bored.* ▶ **urozmaicać**

★**vase** /vɑːz; US veɪs; veɪz/ noun [C] a glass or china container used for holding cut flowers ▶ **wazon**

vasectomy /vəˈsektəmi/ noun [C] (pl. **vasectomies**) a small medical operation that prevents a man from having children, by cutting the tube that carries sperm ▶ **wycięcie nasieniowodu**

★**vast** /vɑːst; US væst/ adj. extremely big: *a vast sum of money* ○ *a vast country* ▶ **ogromny**
□ **vastly** adv.: *a vastly improved traffic system* ▶ **ogromnie**

VAT (also **Vat**) /ˌviː eɪ ˈtiː or væt/ abbr. value added tax: *prices include VAT* ▶ **VAT**

vault[1] /vɔːlt/ noun [C] **1** a strong underground room in a bank, etc. used for keeping money and other valuable things safe ▶ **skarbiec 2** a room under a church where dead people are buried ▶ **krypta 3** a high roof or ceiling in a church, etc., made from a number of arches joined together at the top ▶ **sklepienie**

vault[2] /vɔːlt/ verb [I,T] **vault (over sth)** to jump over or onto sth in one movement, using your hands or a pole to help you: *The boy vaulted over the wall.* ○ *to pole vault* skok o tyczce ▶ **skakać** (*z podparciem rąk lub tyczki*)

VCR /ˌviː siː ˈɑː(r)/ abbr. video cassette recorder ▶ **magnetowid**

VDU /ˌviː diː ˈjuː/ abbr. visual display unit: *a VDU operator* ▶ **monitor komputera**

veal /viːl/ noun [U] the meat from a calf ➲ Zob. uwaga przy **meat**. ▶ **cielęcina**

veer /vɪə(r)/ verb [I] (used about vehicles) to change direction suddenly: *The car veered across the road and hit a tree.* ▶ **nagle zmieniać kierunek jazdy**

veg[1] /vedʒ/ noun [U] (Brit., informal) vegetables: *a fruit and veg stall* ▶ **warzywa**

veg[2] /vedʒ/ verb (Brit., slang)
PHRASAL VERB **veg out** to relax and do nothing that needs thought or effort: *I'm just going to veg out in front of the telly.* ▶ **obijać się**

vegan /ˈviːgən/ noun [C] a person who does not eat any animal products ➲ Por. **vegetarian**. ▶ **osoba nie jedząca produktów zwierzęcych**

★**vegetable** /ˈvedʒtəbl/ noun [C] a plant which you eat as food, e.g. potatoes, carrots, onions: *green vegetables* ○ *vegetable soup* ○ *a vegetable garden* ▶ **jarzyna**

vegetarian /ˌvedʒəˈteəriən/ noun [C] a person who does not eat meat or fish ▶ **wegetarianin/ka**

vegetation /ˌvedʒəˈteɪʃn/ noun [U] (formal) plant life in general; all the plants that are found in a particular place: *tropical vegetation* ▶ **wegetacja**

veggie /ˈvedʒi/ noun [C] (informal) **1** (Brit.) = VEGETARIAN **2** = VEGETABLE
□ **veggie** adj.: *a veggie burger* ▶ **wegetariański**

vehement /ˈviːəmənt/ adj. showing strong (often negative) feeling: *a vehement attack on the government* ▶ **gwałtowny**

★**vehicle** /ˈviːəkl; US ˈviːhɪkl/ noun [C] (formal) **1** something which transports people or things from place to place, especially on land, e.g. cars, bicycles, lorries, buses: *a motor vehicle* ▶ **pojazd 2** something which is used for communicating particular ideas or opinions: *This newspaper has become a vehicle for Conservative opinion.* ▶ **nośnik, organ**

veil /veɪl/ noun [C] a piece of thin material for covering the head and face of a woman ▶ **welon, woalka**

vein /veɪn/ noun **1** [C] one of the tubes which carry blood from all parts of the body to the heart ➲ Por. **artery**. ▶ **żyła 2** [sing., U] a particular style or quality: *After a humorous beginning, the programme continued in a more serious vein.* ▶ **nastrój**

Velcro™ /ˈvelkrəʊ/ noun [U] a material for fastening parts of clothes together. Velcro is made of nylon and is used in small strips, one rough and one smooth, that stick together. ▶ **rzep** (*rodzaj zapięcia*)

velocity /vəˈlɒsəti/ noun [U] the speed at which sth moves ❶ **Velocity** to termin techniczny. W języku codziennym używa się **speed**. ▶ **prędkość**

velvet /ˈvelvɪt/ noun [U] a kind of material made of cotton, silk or nylon with a soft thick surface on one side only ▶ **aksamit**

vendetta /venˈdetə/ noun [C] a serious argument or quarrel which lasts for a long time (especially between an individual and an organization or between families) ▶ **wendeta**

ˈ**vending machine** noun [C] a machine from which you can buy drinks, cigarettes, etc. by putting coins in it ▶ **automat** (*np. z napojami*)

vendor noun [C] (formal) a person who sells sth ➲ Por. **purchaser**. ▶ **sprzedaw-ca/czyni**

veneer /vəˈnɪə(r)/ noun [C,U] **1** a thin layer of wood or plastic which you stick onto sth made of cheaper material to give it a better appearance ▶ **fornir 2 a veneer (of sth)** (formal) a part of sb's behaviour or of a situation which hides what it is really like: *a thin veneer of politeness* ▶ **warstewka** (*np. ogłady, grzeczności*)

venetian blind /vəˌniːʃn ˈblaɪnd/ noun [C] a covering for a window that is made of horizontal pieces of flat plastic, etc. which can be turned to let in as much light as you want ▶ **żaluzja** (*z poziomych listewek*)

vengeance /ˈvendʒəns/ noun (formal) [U] the act of punishing or harming sb in return for sth bad they have done to you, your friends or family: *The man wanted vengeance for the death of his wife.* ➲ Por. **revenge**. ▶ **zemsta**
IDIOM **with a vengeance** with more force and determination than before or than you expected: *After a week of good weather winter returned with a vengeance today.* ▶ **z podwójną siłą**

venison /ˈvenɪzn/ noun [U] the meat from a deer ▶ **dziczyzna**

venom /ˈvenəm/ noun [U] **1** extreme anger or hatred that you show when you speak ▶ **jad**

2 the poisonous fluid that snakes, etc. inject into you when they bite you ▶ **jad**
□ **venomous** /ˈvenəməs/ adj. ▶ **jadowity**

vent /vent/ noun [C] a hole in the wall of a room or machine which allows air to come in, and smoke, steam or smells to go out: *an air vent* ▶ **otwór wentylacyjny, kanał, wylot**

ventilate /ˈventɪleɪt; US -təleɪt/ verb [T] to allow air to move freely in and out of a room or building: *The office is badly ventilated.* ▶ **wietrzyć**
□ **ventilation** /ˌventɪˈleɪʃn; US -təˈleɪʃn/ noun [U]: *There was no ventilation in the room except for one tiny window.* ▶ **przewietrzenie**

venture /ˈventʃə(r)/ noun [C] a project which is new and often risky, because you cannot be sure that it will succeed: *I wish you luck in your new business venture.* ▶ **(nowe, często ryzykowne) przedsięwzięcie**
□ **venture** verb [I] to do sth or go somewhere new and risky, when you are not sure what will happen: *The company has decided to venture into* (zaryzykować) *computer production as well as design.* ○ *He ventured out into the storm* (odważył się wyjść w czasie burzy) *in a thick coat, hat and scarf.* ▶ **ponosić ryzyko, odważać się**

venue /ˈvenjuː/ noun [C] the place where a concert, sports match, conference, etc. happens: *a change of venue* ▶ **miejsce**

Venus /ˈviːnəs/ noun [sing.] the planet that is second in order from the sun and nearest to the earth ▶ **Wenus**

veranda (also **verandah**) /vəˈrændə/ (US also **porch**) noun [C] a platform attached to the side of a house, with a roof and floor but no outside wall: *to sit on the veranda* ➲ Por. **patio** i **terrace**. ▶ **weranda**

★**verb** /vɜːb/ noun [C] a word or group of words that is used to indicate an action or a state, e.g. *bring, happen, be* ▶ **czasownik**

verbal /ˈvɜːbl/ adj. (formal) **1** spoken, not written: *a verbal warning* ▶ **ustny 2** of words, or the use of words: *verbal skill* ▶ **werbalny**
□ **verbally** /ˈvɜːbəli/ adv. ▶ **ustnie; werbalnie**

verbatim /vɜːˈbeɪtɪm/ adj., adv. exactly as spoken or written; word for word: *a verbatim report* ○ *to report a speech verbatim* ▶ **dosłowny; słowo w słowo**

★**verdict** /ˈvɜːdɪkt/ noun [C] **1** the decision in a court of law about whether a person is guilty or not guilty, or about the facts of a case[1](5): *The jury gave a verdict of 'not guilty'.* ▶ **werdykt 2** your opinion or decision about sth, which you tell to other people: *The general verdict was that the restaurant was too expensive.* ▶ **sąd**

verge /vɜːdʒ/ noun [C] the narrow piece of land at the side of a road, that is usually covered in grass: *a grass verge* ▶ **pobocze drogi**
IDIOM **on the verge of sth/doing sth** very near to doing sth, or to sth happening: *on the verge of an exciting new discovery* ○ *on the verge of discovering a cure for AIDS* ▶ **u progu, na skraju czegoś**
□ **verge** verb
PHRASAL VERB **verge on sth** to be almost the same as sth; to be close to sth: *What they are doing verges on the illegal.* ▶ **graniczyć z czymś, zbliżać się do czegoś**

verify /ˈverɪfaɪ/ verb [T] (pres. part. **verifying**; 3rd pers. sing. pres. **verifies**; pt, pp **verified**) (formal) to check or state that sth is true: *to verify a statement* ▶ **sprawdzać**
□ **verification** /ˌverɪfɪˈkeɪʃn/ noun [C,U] ▶ **sprawdzenie**

vermin /ˈvɜːmɪn/ noun [pl.] small wild animals (e.g. rats) that carry disease and destroy plants and food ▶ **szkodniki**

versatile /ˈvɜːsətaɪl; US -tl/ adj. **1** (used about an object) having many different uses: *a versatile tool that drills, cuts or polishes* ▶ **uniwersalny 2** (used about a person) having many different skills or abilities: *She's so versatile! She can dance, sing, act and play the guitar!* ▶ **wszechstronny**

★**verse** /vɜːs/ noun **1** [U] writing arranged in lines which have a definite rhythm and which often rhyme at the end: *He wrote his Valentine's message in verse.* ▶ **wiersz 2** [C] a group of lines which form one part of a song or poem: *This song has five verses.* ▶ **zwrotka; strofa**

★**version** /ˈvɜːʃn/ noun [C] **1** a thing which is based on sth else but which has some details that are different: *the five-door version of the Ford Escort* ○ *the film version of 'Romeo and Juliet'* ▶ **wersja 2** a person's description of sth that has happened: *The two drivers gave very different versions of the accident.* ▶ **wersja**

versus /ˈvɜːsəs/ prep. **1** (abbr. **v, vs**) (used in sport for showing that two teams or people are playing against each other): *England versus Argentina* ▶ **przeciw 2** (used for showing that two ideas or things are in opposition to each other, especially when you are trying to choose one of them): *It's a question of quality versus price.* ▶ **w opozycji do czegoś**

vertebrate /ˈvɜːtɪbrət/ noun [C] an animal with a backbone ▶ (*biol.*) **kręgowiec**

★**vertical** /ˈvɜːtɪkl/ adj. going straight up at an angle of 90° from the ground: *a vertical line* ▶ **pionowy**
□ **vertically** /-kli/ adv. ▶ **pionowo**

★**very**[1] /ˈveri/ adv. (used with an adjective or adverb to make it stronger): *very small/slowly/much* ○ *'Are you hungry?' 'Not very* (niezbyt).' ▶ **bardzo**

> **Very** używa się z przymiotnikami w stopniu najwyższym: *the very best/youngest*. Natomiast z przymiotnikami w stopniu wyższym używa się **much** lub **very much**: *much/very much better* ○ *much/very much younger*.

IDIOM **very well** (used for showing that you agree to do sth): *Very well, Mrs Dawson, we'll replace your shoes with a new pair.* ▶ **tak jest, zgoda**

very[2] /ˈveri/ adj. (used with a noun for emphasis): *We climbed to the very top* (na sam szczyt) *of the mountain.* ○ *You're the very person* (dokładnie tą osobą) *I wanted to talk to.*

vessel /ˈvesl/ noun [C] **1** (formal) a ship or large boat ▶ **statek, okręt 2** (old-fashioned) a container for liquids, e.g. a bottle, cup or bowl ▶ **naczynie**

★**vest** /vest/ noun [C] **1** (US **undershirt**) a piece of clothing that you wear under your other clothes, on the top part of your body ▶ **podkoszulek 2** (US) = WAISTCOAT

vested interest /ˌvestɪd ˈɪntrəst/ noun [C] a strong and often secret reason for doing sth that will bring you an advantage of some kind (e.g. more money or power) ▶ **żywotny, często skrywany interes**

vestige /ˈvestɪdʒ/ noun [C] a small part of sth that remains after the rest of it has gone; trace: *the last vestige of the old system* ▶ **pozostałość**

★**vet**[1] /vet/ (formal **veterinary surgeon**) noun [C] a person whose job is to give medical help to sick or injured animals; a doctor for animals: *We took the cat to the vet/to the vet's.* ▶ **weterynarz**

vet[2] /vet/ verb [T] (**vetting**; **vetted**) to examine sb/sth carefully before deciding whether to accept them/it or not: *All new employees at the Ministry of Defence are carefully vetted.* ▶ **sprawdzać wnikliwie** (*czyjąś przeszłość itp.*)

veteran /ˈvetərən/ noun [C] **1** a person who has served in the army, navy or air force, especially during a war ▶ **kombatant/ka 2** a person who has very long experience of a particular job or activity ▶ **weteran**

veterinary /ˈvetrənri; US ˈvetərɪneri/ adj. connected with the medical treatment of sick or injured animals: *a veterinary surgeon* **weterynarz** ➲ Por. **vet**. ▶ **weterynaryjny**

veto /ˈviːtəʊ/ verb [T] (pres. part. **vetoing**; 3rd pers. sing. pres. **vetoes**; pt, pp **vetoed**) to refuse to give official permission for an action or a plan, when other people have agreed to it: *The Prime Minister vetoed the proposal to reduce taxation.* ▶ **zakładać weto**

□ **veto** noun (pl. **vetoes**) **1** [C,U] the official power to refuse permission for an action or a plan: *Britain used its veto to block the UN resolution.* ○ *the right of veto* ▶ **sprzeciw 2** [C] the act of vetoing on a particular occasion: *the Government's veto of the European Parliament's proposal* ▶ **weto**

vexed /vekst/ adj. causing difficulty, worry, and a lot of discussion: *the vexed question of our growing prison population* ▶ (*o pytaniu*) **niewygodny**, (*o problemie*) **stale powracający**

via /ˈvaɪə/ prep. **1** going through a place: *We flew from London to Sydney via Bangkok.* ▶ **przez** (*wymienioną miejscowość*) **2** by means of; using: *These pictures come to you via our satellite link.* ▶ **poprzez**

viable /ˈvaɪəbl/ adj. that will be successful: *I'm afraid your idea is just not commercially viable.* ▶ **rokujący powodzenie**

□ **viability** /ˌvaɪəˈbɪləti/ noun [U] ▶ **czynnik rokujący powodzenie**

viaduct /ˈvaɪədʌkt/ noun [C] a long, high bridge which carries a railway or road across a valley ▶ **wiadukt**

vibrant /ˈvaɪbrənt/ adj. **1** full of life and ener[gy;] exciting: *a vibrant city/atmosphere/personali[ty]* ▶ **tętniący życiem, entuzjastyczny, bardz[o] żywy 2** (used about colours) bright and strong ▶ **żywy**

vibrate /vaɪˈbreɪt; US ˈvaɪbreɪt/ verb [I] to move continuously and very quickly from side to side ▶ **wibrować**

□ **vibration** /vaɪˈbreɪʃn/ noun [C,U] ▶ **drganie, wibracja**

vicar /ˈvɪkə(r)/ noun [C] a priest of the Church of England. A vicar looks after a church and the people in the surrounding area (the parish). ➲ Zob. uwaga przy **priest**. ▶ **proboszcz**

□ **vicarage** /ˈvɪkərɪdʒ/ noun [C] the house where a vicar lives ▶ **plebania**

vice[1] /vaɪs/ noun **1** [U] evil or immoral actions: *The authorities are trying to stamp out vice and corruption.* ▶ **występek, rozpusta 2** [C] a moral weakness or bad habit ➲ Por. **virtue**. ▶ **wada**

vice[2] (US **-ise**) /vaɪs/ noun [C] a tool that you use to hold a piece of wood, metal, etc. firmly while you are working on it ▶ **imadło**

vice- /vaɪs/ (in compounds) next in importance to the rank mentioned: *Vice-President* ○ *the vice-captain* ▶ **wice-**

vice versa /ˌvaɪs ˈvɜːsə; ˌvaɪsi-/ adv. in the opposite way to what has just been said: *We can go on the bus and walk back or vice versa.* ▶ **(i) odwrotnie**

vicinity /vəˈsɪnəti/ noun

IDIOM **in the vicinity (of sth)** (formal) in the surrounding area: *There's no bank in the immediate vicinity.* ▶ **sąsiedztwo**

vicious /ˈvɪʃəs/ adj. **1** cruel; done in order to hurt sb/sth: *a vicious attack* ▶ **okrutny; zjadliwy 2** (used about an animal) dangerous ▶ **niebezpieczny**

IDIOM **a vicious circle** a situation in which one problem leads to another and the new problem makes the first problem worse ▶ **błędne koło**

□ **viciously** adv. ▶ **okrutnie; zjadliwie**

★**victim** /ˈvɪktɪm/ noun [C] a person or an animal that is injured, killed or hurt by sb/sth: *a murder victim* ○ *The children are often the innocent victims of a divorce.* ▶ **ofiara**

victimize (also **-ise**) /ˈvɪktɪmaɪz/ verb [T] to punish or make sb suffer unfairly ▶ **gnębić, stosować represje**

□ **victimization** (also **-isation**) /ˌvɪktɪmaɪˈzeɪʃn; US -məˈz-/ noun [U] ▶ **tyranizowanie, stosowanie represji, gnębienie**

victor /ˈvɪktə(r)/ noun [C] (formal) the person who wins a game, competition, battle, etc. ▶ **zwycię-zca/żczyni**

Victorian /vɪkˈtɔːriən/ adj. **1** connected with the time of Queen Victoria (1837-1901): *Victorian houses* ▶ **wiktoriański 2** having the qualities of middle-class people during this time (= believing in hard work, religion, strict discipline and moral behaviour) ▶ **wiktoriański**

□ **Victorian** noun [C] a person who lived during this time ▶ **osoba żyjąca w epoce wiktoriańskiej**

★**victory** /ˈvɪktəri/ noun [C,U] (pl. **victories**) success in winning a battle, game, competition, etc.: *Hannibal's victory over the Roman army* ○ *Labour won a decisive victory in the by-election.* ▶ **zwycięstwo**

IDIOM **romp home/to victory** → ROMP

□ **victorious** /vɪkˈtɔːriəs/ adj.: *the victorious team* ▶ **zwycięski**

★**video** /ˈvɪdiəʊ/ noun (pl. **videos**) **1** [U] the system of recording moving pictures and sound by using a camera, and showing them by using a recorder and a television: *We recorded the wedding on video.* ○ *The film is coming out on video* (na wideokasecie) *in May.* ▶ **wideo 2** [C] a tape or cassette on which you record moving pictures and sound or on which a film or television programme has been recorded: *Would you like to see the video we made on holiday?* ○ *a video (rental) shop* wypożyczalnia kaset wideo ▶ **wideokaseta 3** [C] = VIDEO RECORDER

□ **video** verb [T] (3rd pers. sing. pres. **videos**; pres. part. **videoing**; pt, pp **videoed**) to record moving pictures and sound or a film or television programme onto a video(2): *We hired a camera to video the school play.* ○ *I'm going out tonight, so I'll have to video that programme I wanted to watch.* ▶ **rejestrować na wideo**

■ **ˈvideo recorder** (also **video**; **ˌvideo casˈsette recorder**) noun [C] (abbr. **VCR**) a machine that is connected to a television on which you can record or play back moving pictures and sound or a film or television programme ▶ **magnetowid** | **ˈvideotape** noun [C,U] tape used for recording moving pictures and sound ▶ **taśma wideo** | **ˈvideotape** verb [T] = VIDEO

★**view**[1] /vjuː/ noun **1** [U] the ability to be seen from a particular place: *The garden was hidden from view behind a high wall.* ○ *to come into/disappear from view* ▶ **widok 2** [C] what you can see from a particular place. A view usually means sth pleasant to look at, e.g. beautiful natural scenery: *There are breathtaking views from the top of the mountain.* ○ *a room with a sea view* (z widokiem na morze) ➲ Zob. uwaga przy **scenery**. ▶ **widok 3** [sing.] the ability to see sth from a particular place: *A large lorry was blocking her view of the road.* ▶ **pole widzenia, widok 4** [C] **a view (about/on sth)** an opinion or idea about sth: *The poet was jailed for his political views.* ○ *He expressed the view that standards were falling.* ○ *In my view* (moim zdaniem), *she has done nothing wrong.* ○ *strong views on the subject* ▶ **pogląd, opinia**

IDIOMS **have, etc. sth in view** (formal) to have sth as a plan or idea in your mind ▶ **mieć coś na celu** | **in full view** → FULL | **in view of sth** because of sth; as a result of sth: *In view of her apology we decided to take no further action.* ▶ **ze względu na coś** | **a point of view** → POINT[1] | **with a view to doing sth** (formal) with the aim or intention of doing sth ▶ **mając na celu zrobienie czegoś**

■ **ˈviewpoint** noun [C] = POINT OF VIEW

★**view**[2] /vjuː/ verb [T] (formal) **1 view sth (as sth)** to consider or think about sth: *She viewed holidays as a waste of time.* ○ *He views these changes with suspicion.* ▶ **uważać (za coś), zapatrywać się 2** to watch or look at sth: *Viewed from this angle, the building looks much taller than it really is.* ▶ **oglądać, patrzeć**

■ **viewer** /ˈvjuːə(r)/ noun [C] a person who watches television ▶ **telewidz**

vigil /ˈvɪdʒɪl/ noun [C,U] a period when you stay awake all night for a special purpose: *a candlelit vigil for peace* ○ *All night she kept vigil over the sick child.* ▶ **czuwanie całonocne**

vigilant /ˈvɪdʒɪlənt/ adj. (formal) careful and looking out for danger ▶ **czujny**

□ **vigilance** /-əns/ noun [U] ▶ **czujność**

vigilante /ˌvɪdʒɪˈlænti/ noun [C] a member of an unofficial organization (not the police) that tries to prevent crime in a particular area ▶ **członek (nieoficjalnej) straży obywatelskiej**

vigour (US **vigor**) /ˈvɪgə(r)/ noun [U] strength or energy: *After the break we started work again with renewed vigour.* ▶ **energia**

□ **vigorous** /ˈvɪgərəs/ adj. strong or energetic: *vigorous exercise* ▶ **energiczny** | **vigorously** adv.: *Campaigners have protested vigorously about the plans to close the local railway line.* ▶ **energicznie**

vile /vaɪl/ adj. very bad or unpleasant: *She's in a vile mood.* ○ *a vile smell* ▶ **parszywy, ohydny**

villa /ˈvɪlə/ noun [C] a house that people rent and stay in on holiday; a large house in the country, especially in Southern Europe ▶ **letni dom do wynajęcia; duży dom na wsi**

★**village** /ˈvɪlɪdʒ/ noun **1** [C] a group of houses with other buildings, e.g. a church, shop, school, etc., in a country area. A village is smaller than a town: *a small fishing village* ○ *the village pub* ▶ **wieś 2** [sing., with sing. or pl. verb] all the people who live in a village: *All the village is/are taking part in the carnival.* ▶ **wieś** (*mieszkańcy wsi*)

□ **villager** /ˈvɪlɪdʒə(r)/ noun [C] a person who lives in a village ▶ **osoba mieszkająca we wsi**

villain /ˈvɪlən/ noun [C] **1** an evil person, especially in a book or play: *In the play 'Othello', Iago is the villain.* ➲ Por. **hero**. ▶ **czarny charakter 2** (informal) a criminal: *The police caught the villains who robbed the bank.* ▶ **zbir, łot-r/rzyca**

vindictive /vɪnˈdɪktɪv/ adj. wanting or trying to hurt sb without good reason ▶ **mściwy, złośliwy**

□ **vindictiveness** noun [U] ▶ **mściwość, złośliwość**

vine /vaɪn/ noun [C] the climbing plant that grapes grow on ▶ **winorośl**

vinegar /ˈvɪnɪgə(r)/ noun [U] a liquid with a strong sharp taste that is made from wine, etc. Vinegar is often mixed with oil and put onto salads. ▶ **ocet**

vineyard /ˈvɪnjəd/ noun [C] a piece of land where vines are grown ❶ Zwróć uwagę na inną wymowę tego słowa w porównaniu z rzeczownikiem **vine**. ▶ **winnica**

vintage /ˈvɪntɪdʒ/ noun [C] the wine that was made in a particular year ▶ **rocznik** (*wina*)

□ **vintage** adj. **1** (used about wine) that was produced in a particular year and district: *a bottle of vintage champagne* ▶ **danego rocznika i obszaru** **2** of very high quality: *a vintage performance by Dustin Hoffman* ▶ **doskonały**

vinyl /ˈvaɪnl/ noun [C,U] a type of strong plastic that is used for making raincoats, records, floor coverings, etc. ▶ **winyl**

viola /viˈəʊlə/ noun [C] a musical instrument with strings that looks like a violin but is slightly larger ➲ Zob. uwaga przy **piano**. ▶ **altówka**

violate /ˈvaɪəleɪt/ verb [T] **1** to break sth (e.g. a rule or agreement): *to violate a peace treaty* ▶ **naruszać, gwałcić** **2** to disturb sth, not to respect sth: *to violate sb's privacy/rights* ▶ **zakłócać, naruszać**

□ **violation** /ˌvaɪəˈleɪʃn/ noun [C,U]: *violation of human rights* ▶ **naruszenie**

★**violent** /ˈvaɪələnt/ adj. **1** using physical strength, often in an uncontrolled way, to hurt or kill sb; caused by this behaviour: *a violent man, who abused his children* ○ *The demonstration started peacefully but later turned violent.* ○ *a violent death* ▶ **gwałtowny; zadany przemocą** **2** very strong; uncontrolled: *He has a violent temper.* ○ *a violent storm* gwałtowna burza ▶ **gwałtowny, nieokiełznany**

□ **violence** /-əns/ noun [U] **1** violent behaviour: *They threatened to use violence if we didn't give them the money.* ○ *Is there too much violence on TV?* ○ *an act of violence* ▶ **przemoc, gwałtowne zachowanie** **2** great force or energy ▶ **gwałtowność, pasja** | **violently** adv. ▶ **gwałtownie, niepohamowanie**

violet /ˈvaɪələt/ noun **1** [C] a small plant that grows wild or in gardens and has purple or white flowers and a pleasant smell ▶ **fiołek** **2** [U] a bluish purple colour ▶ **kolor fioletowy**

□ **violet** adj. ▶ **fioletowy**

★**violin** /ˌvaɪəˈlɪn/ noun [C] a musical instrument with strings, that you hold under your chin and play with a bow: *He plays the violin.* ➲ Zob. uwaga przy **piano**. ▶ **skrzypce**

□ **violinist** noun [C] a person who plays the violin ▶ **skrzypek**

VIP /ˌviː aɪ ˈpiː/ abbr. (informal) very important person: *the VIP lounge at the airport* ○ *give someone the VIP treatment* ▶ **VIP**

virgin /ˈvɜːdʒɪn/ noun [C] a person, especially a girl or woman, who has never had sexual intercourse ▶ **dziewica, prawiczek**

□ **virgin** adj. that has not yet been used, touched, damaged, etc.: *virgin forest* ▶ **dziewiczy** | **virginity** /vəˈdʒɪnəti/ noun [U] the state of being a virgin: *to keep/lose your virginity* ▶ **dziewictwo**

Virgo /ˈvɜːɡəʊ/ noun (pl. **Virgos**) [C,U] the sixth sign of the zodiac, the Virgin; a person who was born under this sign ▶ **Panna; zodiakalna Panna**

virile /ˈvɪraɪl; US ˈvɪrəl/ adj. (used about a man) strong and having great sexual energy ▶ **męski, jurny**

□ **virility** /vəˈrɪləti/ noun [U] the sexual power of men ▶ **męskość**

virtual /ˈvɜːtʃuəl/ adj. (only before a noun) **1** being almost or nearly sth: *Her disability has made her a virtual prisoner in her own home.* ▶ **faktyczny** **2** made to appear to exist by computer ▶ **wirtualny**

□ **virtually** /-tʃuəli/ adv.: *The building is virtually finished* (prawie skończony). ▶ **prawie (że)**

■ ˌ**virtual reˈality** noun [U] images created by a computer that appear to surround the person looking at them and seem almost real: *virtual reality video games* ▶ **wirtualna rzeczywistość**

★**virtue** /ˈvɜːtʃuː/ noun **1** [U] behaviour which shows high moral standards; goodness: *to lead a life of virtue* ▶ **cnota** **2** [C] a good quality or habit: *Patience is a great virtue.* ➲ Por. **vice**. ▶ **zaleta** **3** [C,U] **the virtue (of sth/of being/doing sth)** an advantage or a useful quality of sth: *This new material has the virtue of being strong as well as very light.* ▶ **zaleta**

IDIOM **by virtue of** (formal) because of ▶ **z powodu, z racji**

□ **virtuous** /ˈvɜːtʃuəs/ adj. behaving in a moral or good way ▶ **cnotliwy, zacny**

virtuoso /ˌvɜːtʃuˈəʊsəʊ; -ˈəʊzəʊ/ noun [C] (pl. **virtuosos** or **virtuosi**) a person who is unusually good at sth (often singing or playing a musical instrument) ▶ **wirtuoz/ka**

virulent /ˈvɪrələnt; -rjəl-/ adj. **1** (used about a poison or a disease) very strong and dangerous: *a particularly virulent form of influenza* ▶ **bardzo silny; złośliwy** **2** (formal) very strong and full of anger: *a virulent attack on the leader* ▶ **jadowity**

★**virus** /ˈvaɪrəs/ noun [C] (pl. **viruses**) **1** a living thing, too small to be seen without a microscope, that causes disease in people, animals and plants: *HIV, the virus that is thought to cause AIDS* ➲ Por. **bacteria** i **germ**. ▶ **wirus** **2** instructions that are put into a computer program in order to cause errors and destroy information ▶ **wirus komputerowy**

visa /ˈviːzə/ noun [C] an official mark in your passport that shows you are allowed to enter, leave or travel through a country: *She applied for an extension when her visa expired.* ○ *a tourist visa* ▶ **wiza**

viscount /ˈvaɪkaʊnt/ noun [C] a member of the British aristocracy who is higher in rank than a baron but lower than an earl ▶ **wicehrabia**

vise (US) = VICE[2]

★**visible** /ˈvɪzəbl/ adj. that can be seen or noticed: *The church tower was visible from the other side of the valley.* ○ *a visible improvement* ❶ Antonim: **invisible**. ▶ **widoczny**

□ **visibility** /ˌvɪzəˈbɪləti/ noun [U] the distance that you can see in particular light or weather conditions: *In the fog visibility was down to 50 metres.* ○ *poor/good visibility* ▶ **widoczność** | **visibly** /-əbli/ adv. noticeably or clearly: *Tom was visibly upset.* ▶ **widocznie, wyraźnie**

★**vision** /ˈvɪʒn/ noun **1** [U] the ability to see; sight: *to have good/poor/normal/perfect vision* ▶ **wzrok** **2** [U] the ability to make great plans for the future: *a statesman of great vision* ▶ **po-**

lot, **wizja 3** [C] a picture in your imagination: *They have a vision of a world without weapons.* ○ *I had visions of being left behind, but in fact the others had waited for me.* ▶ **wyobrażenie, wizja 4** [C] a dreamlike state often connected with a religious experience: *God appeared to Paul in a vision.* ▶ **objawienie 5** [U] the picture on a television or cinema screen: *a temporary loss of vision* ▶ **wizja**

visionary /ˈvɪʒənri/ adj. having great plans for the future: *a visionary leader* ▶ **wizjonerski**
□ **visionary** noun [C] ▶ **wizjoner/ka**

★**visit** /ˈvɪzɪt/ verb [I,T] to come or go to see a person or place and to spend a short time there: *We often visit relatives at the weekend.* ○ *She's going to visit her son in hospital.* ○ *I don't live here. I'm just visiting.* ○ *When you go to London you must visit Madame Tussaud's.* ➲ Zob. uwaga przy **know**. ▶ **składać wizytę, odwiedzać, zwiedzać**
□ **visit** noun [C] a short stay with sb or in a particular place: *The Prime Minister is on an official visit to Germany.* ○ *We had a visit from Richard on Sunday.* ○ *They paid us a flying visit.* Złożyli nam przelotną wizytę. ▶ **wizyta**

★**visitor** /ˈvɪzɪtə(r)/ noun [C] a person who visits sb/sth: *We're not free on Sunday. We're having visitors.* ○ *visitors to London from overseas* ▶ **gość, przyjezdny**

visor /ˈvaɪzə(r)/ noun [C] **1** the part of a helmet that you can pull down to protect your eyes or face ▶ **przyłbica 2** a piece of plastic, cloth, etc. on a cap or in a car, which keeps the sun out of your eyes ▶ **daszek** (*u czapki*), **osłona przeciwsłoneczna** (*w samochodzie*)

★**visual** /ˈvɪʒuəl/ adj. connected with seeing: *the visual arts* (np. malarstwo, rzeźba, sztuka filmowa) ▶ **wzrokowy, wizualny**
□ **visualize** (also **-ise**) /-aɪz/ verb [T] to imagine or have a picture in your mind of sb/sth: *It's hard to visualize what this place looked like before the factory was built.* ○ *I can't visualize Liz as a mother.* ▶ **uzmysławiać sobie** | **visually** /ˈvɪʒuəli/ adv.: *to be visually handicapped* być niewidomym ▶ **wzrokowo; widocznie**
■ ˌ**visual** ˈ**aid** noun [C] a picture, film, map, etc. that helps a pupil to learn sth ▶ **pomoc wizualna**

★**vital** /ˈvaɪtl/ adj. **1** very important or necessary; essential: *Practice is vital if you want to speak a language well.* ○ *vital information* ▶ **niezbędny; podstawowy 2** full of energy; lively ▶ **witalny**
□ **vitally** /ˈvaɪtəli/ adv.: *vitally important* ▶ **niezbędnie**

vitality /vaɪˈtæləti/ noun [U] the state of being lively or full of energy ▶ **witalność**

★**vitamin** /ˈvɪtəmɪn; US ˈvaɪt-/ noun [C] one of several substances that are found in certain types of food and that are very important for growth and good health: *Oranges are rich in vitamin C.* ○ *a vitamin deficiency* ▶ **witamina**

vivacious /vɪˈveɪʃəs/ adj. (used about a person, usually a woman) full of energy; lively and cheerful ▶ **pełen życia**

vivid /ˈvɪvɪd/ adj. **1** (used about light or a colour) strong and bright: *the vivid reds and yellows of the flowers* ▶ **żywy 2** having or producing a strong, clear picture in your mind: *a vivid description/dream* ▶ **barwny**
□ **vividly** adv. ▶ **barwnie**

vivisection /ˌvɪvɪˈsekʃn/ noun [U] doing scientific experiments on live animals ▶ **wiwisekcja**

vixen /ˈvɪksn/ noun [C] a female fox ▶ **lisica**

viz. /vɪz/ (often read out as *namely*) abbr. that is to say; in other words ▶ **tj., tzn.**

★**vocabulary** /vəˈkæbjələri; US -leri/ noun (pl. **vocabularies**) **1** [sing.] all the words in a language: *New words are always coming into the vocabulary.* ▶ **słownictwo 2** [C,U] all the words that sb knows or that are used in a particular book, subject, etc.: *He has an amazing vocabulary for a five-year-old.* ○ *There are many ways to increase your English vocabulary.* ▶ **słownictwo**

vocal /ˈvəʊkl/ adj. **1** connected with the voice: *vocal music* ▶ **głosowy 2** expressing your ideas or opinions loudly or freely: *a small but vocal group of protesters* ▶ **głośno/swobodnie wyrażający swe poglądy, wymowny**
□ **vocalist** /ˈvəʊkəlɪst/ noun [C] a singer, especially in a pop or jazz group ▶ **wokalist-a/ka**

vocation /vəʊˈkeɪʃn/ noun [C,U] the feeling that you are especially suited for a particular kind of work, often one which involves helping other people; the ability to do this kind of work: *Peter followed his vocation to become a priest.* ○ *She has no vocation for teaching.* ▶ **powołanie**
□ **vocational** /-ʃənl/ adj. connected with the skills or qualifications that you need to do a particular job: *vocational training* szkolenie zawodowe ▶ **zawodowy**

vociferous /vəˈsɪfərəs/ adj. (formal) expressing your opinions or feelings in a loud and confident way ▶ **głośny, krzykliwy**
□ **vociferously** adv. ▶ **głośno, krzykliwie**

vodka /ˈvɒdkə/ noun [U] a strong clear alcoholic drink ▶ **wódka**

vogue /vəʊg/ noun [C, usually sing.] **vogue (for sth)** a current fashion: *a vogue for unusual pets/large families/health foods* ○ *Short hair is back in vogue.* ▶ **moda, wzięcie**

★**voice** /vɔɪs/ noun **1** [C] the sounds that you make when you speak or sing; the ability to make these sounds: *to speak in a loud/soft/low/hoarse voice* mówić głośnym/miękkim/cichym/ochrypłym głosem ○ *He had a bad cold and lost his voice.* ○ *Keep your voice down!* Mów cicho! ○ *to raise/lower your voice* ○ *Alan's voice is beginning to break* (zaczyna przechodzić mutację). ▶ **głos 2** [U, sing.] **voice (in sth)** (the right to express) your ideas or opinions: *The workers want more voice in the running of the company.* ▶ **prawo głosu 3** [C] a particular feeling, attitude or opinion that you have or express: *You should listen to the voice of reason and apologize.* ▶ **głos 4** [sing.] the form of a verb that shows whether a sentence is active or passive: *'Keats wrote this poem' is in the active voice.* ○ *'This poem was written by Keats' is in* *the passive voice.* ▶ **strona** (*bierna/czynna*)

IDIOM at the top of your voice → TOP[1]

□ **voice** verb [T] to express your opinions or feelings: *The party voiced its objections to the leader's plans.* ▶ **wyrażać (pogląd)** | **-voiced** (used to form compound adjectives) having a voice of the type mentioned: *husky-voiced* o chrypiącym głosie ▶ (*określa rodzaj głosu*)

■ **'voicemail** noun [U] an electronic system which can store telephone messages, so that sb can listen to them later ▶ **poczta głosowa** | **'voice-over** noun [C] information or comments in a film/movie, television programme, etc. that are given by a person who is not seen on the screen: *She earns a lot of money doing voice-overs* (pracując jako lektorka) *for TV commercials.* ▶ **komentarz/dialog czytany przez lektora**

void /vɔɪd/ noun [C, usually sing.] (formal) an empty space: (figurative) *Her death left a void in their lives.* ▶ **próżnia, pustka**

□ **void** adj. **1** (used about a ticket, contract, decision, etc.) that can no longer be accepted or used: *The agreement was declared void.* ▶ **nieważny** **2** (formal) **void (of sth)** completely lacking sth ▶ **próżny; pozbawiony czegoś**

IDIOM null and void → NULL

vol. abbr. **1** (pl. **vols**) volume: *The Complete Works of Byron, Vol. 2* ▶ **tom** **2** volume: *vol. 333 ml* ▶ **obj.**

volatile /'vɒlətaɪl; US -tl/ adj. **1** (used about a liquid) that can easily change into a gas ▶ **lotny** **2** that can change suddenly: *The situation in the Middle East is still very volatile.* ○ *a volatile personality* ▶ **zmienny**

★**volcano** /vɒl'keɪnəʊ/ noun [C] (pl. **volcanoes**) a mountain with a hole (crater) at the top through which steam, hot rocks (lava), fire, etc. sometimes come out: *an active/dormant/extinct volcano* czynny/drzemiący/wygasły wulkan ○ *When did the volcano last erupt?* ▶ **wulkan**

□ **volcanic** /vɒl'kænɪk/ adj. ▶ **wulkaniczny**

★**volley** /'vɒli/ noun [C] (pl. **volleys**) **1** a number of stones, bullets, etc. that are thrown, shot, etc. at the same time: *The soldiers fired a volley over the heads of the crowd.* ○ (figurative) *a volley of abuse* ▶ **salwa; stek** (*np. przekleństw*) **2** (in tennis, etc.) a stroke in which you hit the ball before it touches the ground ▶ **wolej**

□ **volley** verb [I,T] (in tennis) to hit the ball before it touches the ground ▶ **uderzać piłkę z woleja**

■ **'volleyball** noun [U] a game in which two teams try to hit a ball over a high net with their hands and not let it touch the ground ▶ **siatkówka**

★**volt** /vəʊlt/ noun [C] (abbr. **V**; **v**) a unit for measuring electrical force ▶ **wolt**

□ **voltage** /'vəʊltɪdʒ/ noun [C,U] the electrical force that is measured in volts: *Danger! High voltage.* ○ *The voltage in Great Britain is 240 volts, but in the United States it is 110 volts.* ▶ **napięcie, woltaż**

★**volume** /'vɒljuːm; US -jəm/ noun **1** [C] a book, especially one of a set or series: *The library has over 10 000 volumes.* ○ *The dictionary comes in three volumes.* ▶ **książka, tom** **2** [C,U] the amount of space that sth contains or occupies: *What is the volume of this sphere?* ○ *A kilo of feathers is greater in volume than a kilo of gold.* ▶ **objętość** **3** [U] the quantity or amount of sth: *the volume of traffic* (natężenie) *on the roads* ▶ **ilość, wielkość** **4** [U] the strength or degree of sound that sth makes: *to turn the volume on a radio up/down* ▶ **natężenie, siła** (*dźwięku*)

★**voluntary** /'vɒləntri; US -teri/ adj. **1** done or given willingly, not because you have to do it: *Overtime is voluntary where I work.* ○ *voluntary contributions to the fund* ▶ **dobrowolny** **2** done or working without payment: *voluntary work at the local hospital* ○ *a voluntary organization* ▶ **ochotniczy** **3** (used about movements of the body) that you can control ▶ **świadomy**

□ **voluntarily** /'vɒləntrəli; US ˌvɒlən'terəli/ adv.: *She left the job voluntarily.* ▶ **dobrowolnie**

★**volunteer** /ˌvɒlən'tɪə(r)/ noun [C] **1** a person who offers or agrees to do sth without being forced or paid to do it ▶ **ochotni-k/czka** **2** a person who joins the armed forces without being ordered to ▶ **ochotni-k/czka do wojska**

□ **volunteer** verb **1** [I,T] **volunteer (sth)**; **volunteer (to do sth)** to offer sth or to do sth which you do not have to do or for which you will not be paid: *They volunteered their services free.* ○ *She frequently volunteers for extra work.* ○ *One of my friends volunteered to take us all in his car.* ▶ **ofiarowywać się (z czymś); samorzutnie proponować** **2** [I] **volunteer (for sth)** to join the armed forces without being ordered to ▶ **ochotniczo wstępować do wojska** **3** [T] to give information, etc. or make a comment or suggestion without being asked to: *I volunteered a few helpful suggestions.* ▶ **dobrowolnie udzielać informacji**

vomit /'vɒmɪt/ verb [I,T] to bring food, etc. up from the stomach and out of the mouth: *How many times did the patient vomit this morning?* ❶ W języku codziennym mówi się **to be sick**: *I ate too much last night and I was sick.* ▶ **wymiotować**

□ **vomit** noun [U]: *the smell of vomit* ▶ **wymiociny**

★**vote** /vəʊt/ noun **1** [C] a method of deciding sth by asking people to express their choice and finding out what the majority want: *to take a vote* poddać coś pod głosowanie ○ *Let's have a vote* (zagłosujmy). *All those in favour, raise your hands.* ▶ **głosowanie** **2** [C] **a vote (for/against sb/sth)** an expression of your choice in an election, etc., which you show by raising your hand or writing on a piece of paper: *The votes are still being counted.* ○ *The Tory candidate got nearly 20 000 votes.* ▶ **głos** **3** (**the vote**) [sing.] the votes given or received by a certain group in an election: *They were elected with 42% of the vote.* ▶ **liczba głosów** **4** (**the vote**) [sing.] the legal right to vote in political elections: *In some countries, women don't have the vote.* ▶ **prawo głosu**

IDIOM a vote of thanks a short speech to thank sb, usually a guest at a meeting, dinner, etc.: *The club secretary proposed a vote of thanks to the speaker.* ▶ **krótka mowa dziękczynna**

□ **vote** verb **1** [I,T] **vote (for/against sb/sth); vote (on sth)** to show a choice of opinion with a vote: *Who did you vote for in the last general election?* ○ *Very few MPs voted against the new law.* ○ *We voted on the proposal.* ○ *They voted to change the rules of the club.* ○ *I voted Liberal Democrat.* ▶ **głosować 2** [T] to choose sb for a particular position or honour: *He was voted best actor.* ▶ **ogłaszać (kogoś czymś) 3** [T] (informal) to decide and state that sth is/was good or bad: *We all voted the trip a success.* ▶ **orzekać** | **voter** noun [C] a person who votes or has the right to vote in a political election ▶ **wybor-ca/czyni**

vouch /vaʊtʃ/ verb [I] **vouch (for sb/sth)** to state that a person is honest or good or that sth is true or genuine; to guarantee ▶ **ręczyć (za kogoś/coś)**

voucher /ˈvaʊtʃə(r)/ noun [C] a piece of paper that you can exchange for certain goods or services: *luncheon vouchers* ➲ Por. **token.** ▶ **kwit, bon**

vow /vaʊ/ noun [C] a formal promise (especially in a religious ceremony): *marriage vows* ○ *a vow of silence* ▶ **przysięga**

□ **vow** verb [T] to make a serious promise: *We vowed never to discuss the subject again.* ▶ **ślubować, przyrzekać**

★**vowel** /ˈvaʊəl/ noun [C] a sound that you make with your lips and teeth open; the sounds represented in English by the letters 'a', 'e', 'i', 'o' or 'u' ▶ **samogłoska**

voyage /ˈvɔɪɪdʒ/ noun [C] a long journey by sea or in space: *Magellan's voyages of discovery* ○ *a spacecraft on a voyage to Jupiter* ➲ Zob. uwaga przy **journey.** ▶ **podróż** (*morska lub w kosmos*)

□ **voyager** /ˈvɔɪɪdʒə(r)/ noun [C] a person who makes a voyage ▶ **podróżni-k/czka**

VSO /ˌviː es ˈəʊ/ abbr. (Brit.) Voluntary Service Overseas; a scheme for young people to work in developing countries ▶ **Ochotnicza Służba Zagraniczna**

vulgar /ˈvʌlgə(r)/ adj. **1** not having or showing good taste[1](5) or good manners; not educated: *vulgar decorations* ○ *She found their laughter and noisy games vulgar.* ▶ **prostacki; niewykształcony 2** rude or likely to offend people: *a vulgar joke/gesture* ▶ **wulgarny**

□ **vulgarity** /vʌlˈgærəti/ noun [C,U] (pl. **vulgarities**) ▶ **wulgarność**

vulnerable /ˈvʌlnərəbl/ adj. **vulnerable (to sth/sb)** easy to attack, hurt or defeat; open to danger: *Poor organization left the troops vulnerable to enemy attack* (pozostawiła żołnierzy bez zabezpieczenia przed atakiem wroga). ❶ Antonim: **invulnerable.** ▶ **nie zabezpieczony, podatny (na coś)**

□ **vulnerability** /ˌvʌlnərəˈbɪləti/ noun [U]: *the vulnerability of old people living alone* ▶ **brak zabiezpieczenia, podatność (na coś)**

vulture /ˈvʌltʃə(r)/ noun [C] a large bird that has no feathers on its head or neck and that eats the flesh of dead animals ▶ **sęp**

Ww

W, w /ˈdʌbljuː/ noun [C] (pl. **W's; w's**) the twenty-third letter of the English alphabet ▶ **litera** *w*

W abbr. **1** watt(s): *a 60W light bulb* ▶ **W 2** west; western: *W Cumbria* ▶ **zach.**

wacky /ˈwæki/ adj. (**wackier; wackiest**) (informal) exciting, new and rather crazy: *a wacky comedian/hat* ▶ **zwariowany; niesamowity**

wad /wɒd/ noun [C] **1** a lump or ball of soft material that is used for blocking sth, keeping sth in place, etc.: *The nurse used a wad of cotton wool to stop the bleeding.* ▶ **tampon, podkład** (*np. z waty*) **2** a large number of papers or banknotes in a pile or rolled together ▶ **plik, zwój**

waddle /ˈwɒdl/ verb [I] to walk with short steps, leaning to one side then the other, like a duck ▶ **chodzić (drobnymi kroczkami) kolebiąc się**

wade /weɪd/ verb [I] to walk with difficulty through fairly deep water, mud, etc.: (figurative) *She had to wade through three thick books before she could write the essay.* ▶ **brnąć**

wafer /ˈweɪfə(r)/ noun [C] a very thin, crisp biscuit ▶ **cienki wafel, opłatek**

waffle[1] /ˈwɒfl/ noun [C] a small, crisp cake that has a pattern of squares on it and is often eaten warm with syrup ▶ **gofr**

waffle[2] /ˈwɒfl/ verb [I] (Brit., informal) to talk or write for much longer than necessary without saying anything important: *Don't waffle – get to the point.* ▶ **lać wodę**

□ **waffle** noun [U]: *The last two paragraphs of your essay are just waffle.* ▶ **lanie wody**

waft /wɒft; US wæft/ verb [I,T] to move lightly through the air; to make sth move in this way: *The smell of her perfume wafted through the room.* ▶ **unosić się; nieść** (*w powietrzu*)

wag /wæg/ verb [I,T] (**wagging; wagged**) to shake up and down or move from side to side: *The dog is wagging his tail.* ▶ **merdać, machać**

★**wage**[1] /weɪdʒ/ noun **1** [sing.] the amount of money paid for a week's work: *What's the average wage in this country?* ▶ **zapłata tygodnio-**

wa 2 [pl.] the pay you receive: *Our wages are paid every Thursday.* ▶ **wypłata**

Wage w lp używa się zwykle, mówiąc o sumie zapłaconych pieniędzy, lub kiedy słowo to łączy się z innym, np. **wage packet**, **wage rise** itp. **Wages** w lm oznacza same pieniądze (zarobki): *I have to pay the rent out of my wages.* Zob. uwaga przy **pay**.

wage² /weɪdʒ/ verb [T] **wage sth (against/on sb/sth)** to begin and continue sth, especially a war: *to wage war* ○ *The police are waging a campaign against illegal drugs.* ▶ **prowadzić**

waggle /ˈwægl/ verb [I,T] (informal) to move up and down or from side to side with quick, short movements; to make sth move in this way: *Can you waggle your ears?* ▶ **trząść (się)**

wagon (also **waggon**) /ˈwægən/ noun [C] **1** a vehicle with four wheels that is pulled by horses, etc. and used for transporting things ▶ **fura, wóz 2** (US **freight car**) an open railway truck used for transporting goods: *coal transported in goods wagons* ▶ **wagon towarowy**

waif /weɪf/ noun [C] a child or an animal who has nowhere to live and is not looked after ▶ **porzucone dziecko/zwierzę**

wail /weɪl/ verb **1** [I,T] to cry or complain in a loud, high voice: *the sound of children wailing* ○ *'Won't somebody help me?', she wailed.* ▶ **jęczeć 2** [I] to make a sound like this: *sirens wailing in the streets outside* ▶ **wyć, brzmieć żałośnie**
□ **wail** noun [C] a loud cry of pain or sadness; a sound similar to this: *the wails of a siren/child* ▶ **jęk, wycie**

★**waist** /weɪst/ noun [C, usually sing.] **1** the part around the middle of the body between the stomach and the hips (and often narrower than them): *What's your waist measurement?* ○ *a 26-inch waist* ○ *She put her arms around his waist.* ▶ **talia 2** the part of a piece of clothing that goes round the waist ▶ **talia, pas**
■ **waistband** noun [C] the narrow piece of material at the waist of a piece of clothing, especially trousers or a skirt ▶ **pasek** (*wszyty*) | ˈ**waistline** noun [C, usually sing.] **1** the measurement or size of the body around the waist: *a slim waistline* ▶ **rozmiar w talii 2** the part of a piece of clothing that fits around or close to the waist: *a dress with a high waistline* sukienka wysoka w talii ▶ **talia, pas, stan**

waistcoat /ˈweɪskəʊt; US ˈweskət/ (US **vest**) noun [C] a piece of clothing with buttons down the front and no sleeves that is often worn under a jacket as part of a man's suit ▶ **kamizelka**

★**wait¹** /weɪt/ verb [I] **1 wait (for sb/sth) (to do sth)** to remain in a particular place, and not do anything until sb/sth arrives or until sth happens: *Wait here. I'll be back in a few minutes.* ○ *Can you wait for me?* ○ *I'm still waiting for a reply.* ○ *I'm waiting to see the doctor.* ○ *He's waiting for them to tell him whether he got the job or not.* ○ *I can't wait* (nie mogę doczekać się) *to find out what happens at the end.* ▶ **czekać**

Por. **wait** z **expect**: *I was expecting him to be there at 7.30 but at 8 I was still waiting.* ○ *I'm waiting for the exam results but I'm not expecting to pass.*

2 to be left or delayed until a later time; not to be done or dealt with immediately.: *Is this matter urgent or can it wait?* ▶ **czekać**
IDIOMS **can't wait/can hardly wait** (used when you are emphasizing that sb is very excited and enthusiastic about doing sth): *The kids can't wait to see their father again.* ▶ **nie móc się doczekać** | **(just) you wait** (used to emphasize a threat, warning or promise): *I'll be famous one day – just you wait!* ▶ **zobaczysz!** | **keep sb waiting** to make sb wait: *I'm sorry if I've kept you waiting.* ▶ **kazać komuś (na siebie itp.) czekać** | **wait and see** to wait and find out what will happen (perhaps before deciding to do sth): *Let's wait and see.* Poczekamy, zobaczymy. ▶ **czekać cierpliwie** | **wait your turn** to wait until the time when you are allowed to do sth ▶ **czekać na swoją kolej**
PHRASAL VERBS **wait about/around** to stay in a place doing nothing because sb or sth is late ▶ **czekać bezczynnie** (*ponieważ ktoś/coś się spóźnia*) | **wait behind** to stay in a place after others have left it ▶ **zostawać** (*gdzieś po odejściu innych*) | **wait in** to stay at home because you are expecting sb to come or sth to happen: *I waited in all evening but she didn't phone.* ▶ **zostawać w domu** (*w oczekiwaniu na coś*) | **wait on sb** to bring food, drink, etc. to sb, usually in a restaurant ▶ **podawać do stołu** (*zwykle w restauracji*), **usługiwać przy stole** | **wait up (for sb)** not go to bed because you are waiting for sb to come home: *I won't be back until very late, so don't wait up.* ▶ **czekać do późna**
■ ˈ**waiting list** noun [C] a list of people who are waiting for sth that will be available in the future: *to put sb's name on the waiting list* ▶ **lista osób oczekujących (na coś)** | ˈ**waiting room** noun [C] a room at a doctor's surgery, railway station, etc. where people can sit and wait ▶ **poczekalnia**

★**wait²** /weɪt/ noun [C, usually sing.] **a wait (for sth/sb)** a period of time when you wait: *a short/long wait* ▶ **oczekiwanie**
IDIOM **lie in wait (for sb)** → LIE²

★**waiter** /ˈweɪtə(r)/ noun [C] a man whose job is to serve customers at their tables in a restaurant, etc. ▶ **kelner**

★**waitress** /ˈweɪtrəs/ noun [C] a woman whose job is to serve customers at their tables in a restaurant, etc. ▶ **kelnerka**

waive /weɪv/ verb [T] (formal) to state that a rule, etc. need not be obeyed; to give up a right to sth: *The management waived the no-smoking rule in the office for the annual party.* ○ *She signed a contract in which she waived all rights to her husband's money.* ▶ **uchylać; zrzekać się**

★**wake¹** /weɪk/ verb (pt **woke** /wəʊk/; pp **woken** /ˈwəʊkən/) **1** [I] **wake (up)** to stop being asleep: *Wake up! It's nearly 8 o'clock!* ▶ **budzić się 2** [T] **wake sb (up)** to make sb stop sleeping ▶ **budzić 3** [T] **wake sb/sth up** to make sb/sth become more lively or active: *She always has some coffee to wake her up* (na rozbudzenie) *when she gets to work.* ▶ **ożywiać, przytomnieć**

PHRASAL VERB **wake up to sth** to become aware of sth: *By the time he had woken up to the danger, it was too late.* ▶ **uprzytamniać sobie**

□ **waken** /ˈweɪkən/ verb [I,T] (formal, old-fashioned) to stop sleeping or to make sb/sth stop sleeping: *She wakened from a deep sleep.* ▶ **budzić (się)**

wake² /weɪk/ noun [C] the track that a moving ship leaves behind on the surface of the water ▶ **kilwater**

IDIOM **in the wake of sb/sth** following or coming after sb/sth: *The floods left a great deal of suffering in their wake* (pozostawiły po sobie wiele cierpienia). ○ *A group of reporters followed in her wake.* ▶ **śladem kogoś/czegoś**

wake³ /weɪk/ noun [C] an occasion before a funeral when people meet to remember the dead person, traditionally held at night to watch over the the body before it is buried ▶ **czuwanie** (*przy zwłokach*)

⋆**walk¹** /wɔːk/ verb **1** [I] to move along on foot at a fairly slow speed: *Our little girl is just learning to walk.* ○ *The dog walked in.* ○ *'How did you get here? By bus?' 'No, I walked* (przyszedłem piechotą).*'* ○ *The children ran ahead as we walked to the beach.* ○ *He walked with a limp.* Kulał. ○ *Are the shops within walking distance* (daleko)*?* ▶ **chodzić, iść** **2** [I] to move in this way for exercise or pleasure 🛈 **Go walking** to częsty zwrot oznaczający odbywanie długich pieszych wycieczek: *I often go walking in the Alps in the summer.* ➲ Zob. uwaga przy **walk**. ▶ **przechadzać się** **3** [T] to walk with sb/sth; to guide or help sb to walk: *I'll walk you home* (odprowadzę cię do domu) *if you don't want to go on your own.* ○ *The park was full of people walking their dogs.* ▶ **chodzić (z kimś/czymś); prowadzić** **4** [T] to go along or through sth on foot: *He walked the streets all night.* ▶ **chodzić po czymś**

PHRASAL VERBS **walk off with sth** **1** to win sth easily: *She walked off with all the prizes.* ▶ **odnieść łatwe zwycięstwo** **2** to steal sth; to take sth that does not belong to you by mistake: *When I got home I realized that I had walked off with her pen.* ▶ **kraść; zabierać cudzą rzecz przez pomyłkę** | **walk out (of sth)** to leave suddenly and angrily: *She walked out of the meeting in disgust.* ▶ **wychodzić ostentacyjnie** | **walk out on sb** (informal) to leave sb for ever: *He walked out on his wife and children after 15 years of marriage.* ▶ **rzucać kogoś** | **walk (all) over sb** (informal) **1** to treat sb badly, without considering their needs or feelings: *I don't know why she lets her husband walk all over her like that.* ▶ **poniewierać kimś** **2** to defeat sb completely: *He played brilliantly and walked all over his opponent.* ▶ **zniszczyć kogoś** | **walk up (to sb/sth)** to approach (sb/sth): *He walked up to her and asked her if she wanted to dance.* ▶ **podchodzić (do kogoś/czegoś)**

□ **walker** noun [C] a person who walks: *a fast walker* ○ *an area popular with walkers* ▶ **piechur, spacerowicz/ka**

■ ˈ**walking stick** (also **stick**) noun [C] a stick that you use to lean on if you have difficulty walking ▶ **laska** | ˈ**Walkman**™ noun [C] (pl. **Walkmans** /-mənz/) (also ˌ**personal** ˈ**stereo**) a small cassette player with earphones that you can carry round with you ▶ **walkman** | ˈ**walkover** noun [C] an easy win ▶ **łatwa wygrana**

⋆**walk²** /wɔːk/ noun **1** [C] a trip on foot for pleasure, exercise, etc.: *We went for a walk in the country.* ○ *I'm just going to take the dog for a walk.* ▶ **spacer**

> Zwrotu **go for a walk** używa się, mówiąc o krótkim spacerze dla przyjemności. Mówiąc o długim spacerze lub o parodniowej pieszej wycieczce, używa się zwrotu **go walking**.

2 [sing.] the time taken to go somewhere on foot; the distance to a place on foot: *The hotel is five minutes' walk* (w odległości pięciu minut piechotą) *from the station.* ▶ **spacer** **3** [sing.] a way or style of walking: *He has a funny walk.* ▶ **chód** **4** [sing.] the speed of walking: *She slowed to a walk.* ▶ **krok spacerowy** **5** [C] a route for walking for pleasure: *From here there's a lovely walk through the woods.* ▶ **trasa spacerowa**

IDIOM **a walk of life** position in society: *She has friends from many different walks of life.* ▶ **sfera społeczna**

walkie-talkie /ˌwɔːki ˈtɔːki/ noun [C] (informal) a small radio that you can carry with you and use to talk and listen to sb: *The policeman called for help on his walkie-talkie.* ▶ **krótkofalówka**

⋆**wall** /wɔːl/ noun [C] **1** a solid, upright structure made of stone, brick, etc. that is built round an area of land to protect it or to show a boundary: *There is a high wall all around the prison.* ▶ **mur** **2** one of the sides of a room or building joining the ceiling and the floor: *He put the poster up on the wall.* ▶ **ściana**

IDIOM **up the wall** extremely angry: *She went up the wall* (strasznie się wściekła) *when I turned up an hour late.* ○ *to drive sb up the wall* doprowadzać kogoś do szału ▶ **wściekły**

□ **walled** adj. surrounded by a wall: *an ancient walled city* ▶ **obwarowany murem**

■ ˈ**wallpaper** noun [U] paper with a pattern on it that you stick to the walls of a room ▶ **tapeta** | **wallpaper** verb [T,I] ▶ **tapetować** | ˌ**wall-to-**ˈ**wall** adj., adv. (used especially about a carpet) covering the whole floor of a room ▶ **od ściany do ściany**

⋆**wallet** /ˈwɒlɪt/ (US **billfold**; **pocketbook**) noun [C] a small, flat, folding case in which you keep banknotes, credit cards, etc. ➲ Por. **purse**. ▶ **portfel**

wallop /ˈwɒləp/ verb [T] (informal) to hit sb/sth very hard ▶ **walić**

wallow /ˈwɒləʊ/ verb [I] **wallow (in sth)** **1** to lie and roll around in water, etc.: *I spent an hour wallowing in a hot bath.* ▶ **pławić się** **2** to take great pleasure in sth (a feeling, situation, etc.): *He seems to wallow in self-pity.* ▶ **pławić się (w czymś)**

wally /ˈwɒli/ noun [C] (pl. **wallies**) (Brit., informal) a silly person; a fool ▶ **głupek, głupiec**

walnut /ˈwɔːlnʌt/ noun **1** [C] a nut that you can eat, with a hard brown shell that is in two halves ▶ **orzech włoski 2** (also ˈ**walnut tree**) [C] the tree on which these nuts grow ▶ **orzech włoski** (*drzewo*) **3** [U] the wood of the walnut tree, used in making furniture ▶ **orzech włoski** (*drewno*)

walrus /ˈwɔːlrəs/ noun [C] a large animal that lives in the sea in Arctic regions. It is similar to a seal but has tusks. ▶ **mors**

waltz /wɔːls; US wɔːlts/ noun [C] a dance that you do with a partner, to music which has a rhythm of three beats; the music for this dance ▶ **walc**
□ **waltz** verb [I] **1** to dance a waltz: *They waltzed around the floor.* ▶ **tańczyć walca 2** (informal) to go somewhere in a confident way: *You can't just waltz in* (nie możesz tak sobie wejść do pokoju) *and expect your meal to be ready for you.* ▶ **chodzić nonszalancko**

wan /wɒn/ adj. very pale and looking ill or tired ▶ **mizerny, blady, wyczerpany**

wand /wɒnd/ noun [C] a thin stick that magicians, etc. hold when they are doing magic: *I wish I could wave a magic wand and make everything better.* ▶ **różdżka**

★**wander** /ˈwɒndə(r)/ verb **1** [I,T] to move slowly around a place or to go from place to place with no particular purpose: *We spent the day wandering around the town.* ○ *He was found in a confused state, wandering the streets.* ▶ **wędrować, tułać się 2** [I] **wander (away/off)**; **wander (from/off sth)** to leave a place or the path that you were on: *We must stay together, so I don't want anybody to wander off.* ○ (figurative) *I seem to have wandered off the subject.* ▶ **zbaczać z właściwej drogi**; **odbiegać od tematu 3** [I] (used about sb's mind, thoughts, etc.) to stop concentrating; to be unable to stay on one subject: *The lecture was so boring that my attention began to wander.* ▶ **błądzić**

wane /weɪn/ verb [I] **1** (used about the moon) to appear to become smaller ▶ **ubywać 2** to become less powerful, less important, smaller or weaker: *Britain's influence on world events has been waning for years.* ▶ **maleć, słabnąć**
□ **wane** noun
IDIOM **on the wane** (written) becoming smaller, less important or less common: *The singer's popularity seems to be on the wane these days.* ▶ **w zaniku**

wangle /ˈwæŋgl/ verb [T] (informal) to get sth by finding a way of persuading or tricking sb: *Somehow he wangled a day off to meet me.* ▶ **wyłudzić, kantować**

wanna /ˈwɒnə/ (informal) a way of writing 'want to' or 'want a' to show that sb is speaking in an informal way or with a special accent: *I wanna go home now.* ❶ Skrócona forma zwrotu **want to** lub **want a**. ➲ Zob. uwaga przy **gonna**.

★**want¹** /wɒnt/ verb [T] ❶ Czasownika **want** nie używa się w czasach *continuous*. Natomiast często spotyka się go w *present participle* (formie *-ing*): *She kept her head down, not wanting to attract attention.* **1** to desire; to wish for: *Do you want anything else?* ○ *I want you to phone me* (chcę, żebyś do mnie zadzwonił) *when you get there.* ○ *The boss wants this letter typed.* ○ *I don't want Emma going out on her own at night.* ○ *They want Stevens as captain.* Chcą, żeby Stevens był kapitanem. ▶ **chcieć**

> **Want** i **would like** mają podobne znaczenie, ale **would like** jest grzeczniejsze: *'I want a drink!' screamed the child.* ○ *'Would you like some more tea, Mrs Jones?'*

2 to need or require sth: *The button on my shirt wants sewing on* (wymaga przyszycia). ○ *The house wants a new coat of paint.* ▶ **wymagać, potrzebować 3** (informal) (used as a warning, as advice, etc.) should or ought to: *He wants to be more careful about* (powinien bardziej uważać na to) *what he tells people.* ○ *If you're bored, you want to go out more often* (to musisz częściej wychodzić z domu). ▶ **potrzebować, musieć 4** (usually passive) to need sb to be in a particular place or for a particular reason: *Mrs Lewis, you are wanted on the phone* (proszą panią do telefonu). ○ *She is wanted* (jest poszukiwana) *by the police.* ▶ **chcieć 5** to feel sexual desire for sb ▶ **pragnąć kogoś**

★**want²** /wɒnt/ noun **1** [C] desire or need for sth; sth you desire or need: *All our wants were satisfied.* ▶ **potrzeba, wymaganie 2** [U, sing.] **want of sth** (formal) a lack of sth: *Want of a proper water supply has resulted in disease and death.* ▶ **brak, niedostatek**
IDIOM **for (the) want of sth** because of a lack of sth; because sth is not available: *I took the job for want of a better offer.* ▶ **z braku czegoś**

wanting /ˈwɒntɪŋ/ adj. (formal) (not before a noun) **1 be wanting (in sth)** to not have enough of sth; to be lacking: *The children were certainly not wanting in enthusiasm.* ▶ **brakować 2 wanting (in sth)** not good enough: *The new system was found wanting.* ▶ **niedoskonały**

wanton /ˈwɒntən/ adj. (used about an action) done in order to hurt sb or damage sth for no good reason ▶ **złośliwy, nieusprawiedliwiony**

WAP /wæp/ abbr. wireless application protocol; a technology that connects devices such as mobile phones to the Internet. It consists of rules for changing Internet information so that it can be shown on a very small screen.: *a WAP phone* ▶ **WAP** (*system telefonii*)

★**war** /wɔː(r)/ noun **1** [U] a state of fighting between different countries or groups within countries, using armies and weapons: *war and peace* ○ *The Prime Minister announced that the country was at war* (że państwo jest w stanie wojny). ○ *to declare war* wypowiadać wojnę ○ *When war broke out* (kiedy wybuchła wojna), *thousands of men volunteered for the army.* ○ *civil war* wojna domowa ▶ **wojna 2** [C] a period of military fighting: *the Second World War* ○ *He was killed in the war* (na wojnie). ○ *to fight a war* toczyć wojnę ▶ **wojna 3** [C,U] a struggle; very strong competition between groups of people: *a price war among oil companies* ▶ **zmaganie, wojna** (*np. cenowa*) **4** [sing.] **a war (against sb/sth)** efforts to end sth: *the war against organized crime* ▶ **walka (z czymś)**

■ **'war crime** noun [C] a cruel act that is committed during a war and that is against the international rules of war ▶ **zbrodnia wojenna** | **warfare** /'wɔːfeə(r)/ noun [U] methods of fighting a war; types of war: *guerrilla warfare* wojna partyzancka ○ *biological/nuclear warfare* wojna biologiczna/jądrowa ▶ **działania wojenne; rodzaj akcji wojennej** | **warlike** /'wɔːlaɪk/ adj. liking to fight or good at fighting: *a warlike nation* ▶ **wojowniczy** | **'warpath** noun

IDIOM **(be/go) on the warpath** (informal) to be very angry and ready to quarrel or fight ▶ **zadzierać ze wszystkimi, być wojowniczo usposobionym**

'warship noun [C] a ship for use in war ▶ **okręt wojenny** | **'wartime** noun [U] a period of time during which there is a war: *wartime Britain* ▶ **okres wojenny**

warble /'wɔːbl/ verb [I] (used usually about a bird) to sing gently, varying the notes up and down ▶ **wywodzić trele, świergotać**

★**ward** /wɔːd/ noun [C] **1** a separate part or room in a hospital often for a particular group of patients: *the children's ward* ▶ **oddział szpitalny, izolatka 2** one of the sections into which a town is divided for elections ▶ **okręg wyborczy 3** a child who is under the protection of a court of law; a child whose parents are dead and who is cared for by a guardian ▶ **dziecko znajdujące się pod kuratelą; wychowan-ek/ka**

□ **ward** verb

PHRASAL VERB **ward sb/sth off** to keep away sb/sth that is dangerous or unpleasant: *They lit a fire to ward off wild animals.* ▶ **odpędzać, chronić (się) przed niebezpieczeństwem/nieprzyjemnością**

warden /'wɔːdn/ noun [C] **1** a person whose job is to check that rules are obeyed or to look after the people in a particular place: *a traffic warden* osoba kontrolująca poprawne parkowanie samochodów ○ *the warden of a youth hostel* ▶ **inspektor/ka, nadzor-ca/czyni 2** (US) the governor of a prison ▶ **naczelnik więzienia**

warder /'wɔːdə(r)/ noun [C] (Brit.) a prison guard ▶ **strażnik więzienny**

wardrobe /'wɔːdrəʊb/ noun **1** [C] a large cupboard in which you can hang your clothes ▶ **szafa** (*na ubrania*) **2** [C] a person's collection of clothes: *I need a whole new wardrobe.* ▶ **garderoba 3** [usually sing.] the department in a theatre or television company that takes care of the clothes that actors wear ▶ **garderoba**

ware /weə(r)/ noun **1** [U] (in compounds) made from a particular type of material or suitable for a particular use: *a hardware shop* sklep z towarami żelaznymi (np. narzędziami) ○ *an earthenware pot* gliniany garnek ❶ **Ware** używa się do tworzenia wyrazu złożonego, nabierającego konkretnego znaczenia w zależności od określającego go rzeczownika. ▶ **towary, wyroby 2** (**wares**) [pl.] (old-fashioned) goods offered for sale ▶ **towary na sprzedaż**

□ **warehouse** /'weəhaʊs/ noun [C] a building where large quantities of goods are stored before being sent to shops ▶ **magazyn**

warfare → WAR

warily, wariness → WARY

★**warm¹** /wɔːm/ adj. **1** having a temperature that is fairly high, between cool and hot: *Are you warm enough* (czy jest ci dość ciepło) *or would you like me to put the heating on?* ○ *I jumped up and down to keep my feet warm* (żeby mi było ciepło w nogi). ➲ Zob. uwaga przy **hot**. ▶ **ciepły 2** (used about clothing) preventing you from getting cold: *Take plenty of warm clothes.* ▶ **ciepły 3** friendly; kind and pleasant; sincere: *I was given a very warm welcome.* ▶ **ciepły, serdeczny 4** creating a pleasant, comfortable feeling: *warm colours* ▶ **ciepły**

□ **warmly** adv.: *warmly dressed* ○ *She thanked him warmly for his help.* ▶ **ciepło; gorąco** | **warmth** /wɔːmθ/ noun [U] **1** a fairly high temperature or effect created by this, especially when it is pleasant: *She felt the warmth of the sun on her face.* ▶ **ciepło 2** friendliness or kindness: *I was touched by the warmth of their welcome.* ▶ **ciepło**

■ **,warm-'hearted** adj. kind and friendly ▶ **serdeczny**

★**warm²** /wɔːm/ verb [I,T] **warm (sb/sth) (up)** to become or to make sb/sth become warm or warmer: *It was cold earlier but it's beginning to warm up now.* ○ *I sat in front of the fire to warm up.* ○ *There's some meat left over from lunch, so we can warm it up tonight.* ▶ **ocieplać (się), ogrzewać się, podgrzewać**

PHRASAL VERBS **warm to/towards sb** to begin to like sb ▶ **polubić (kogoś)** | **warm to sth** to become more interested in sth ▶ **polubić** | **warm up** to prepare for sth by practising gently: *The team warmed up before the match.* ▶ **rozgrzewać się**

warm³ /wɔːm/ noun [sing.] **(the warm)** a warm place or atmosphere: *It's awfully cold out here – I want to go back into the warm.* ▶ **ciepło, ciepłe miejsce**

★**warn** /wɔːn/ verb [T] **1 warn sb (of sth); warn sb about/against sb/sth; warn sb against doing sth** to tell sb to be careful or aware of sth, often unpleasant or dangerous, that exists or might happen: *When I saw the car coming I tried to warn him, but it was too late.* ○ *The government is warning (the public) of possible terrorist attacks.* ○ *The radio warned people about delays on the roads this morning.* ○ *She warned me that he was not an easy man to work for.* ▶ **ostrzegać 2** to advise sb (not) to do sth: *I warned you not to trust him.* ▶ **ostrzegać**

□ **warning** noun [C,U] something that tells you to be careful or tells you about sth before it happens: *There was a warning on the gate: 'Beware of the dog'.* ○ *Your employers can't dismiss you without warning.* ○ *He gave me no warning of his arrival.* ▶ **ostrzeżenie, uprzedzenie (o czymś)**

warp /wɔːp/ verb [I,T] to become bent and out of

shape (because of heat or damp); to make sth become like this: (figurative) *His view of life had been warped by his unhappy experiences.* ▶ **paczyć (się); wypaczać**
□ **warped** adj.: *the killer's warped mind* ▶ **wypaczony**

warrant /ˈwɒrənt/ noun [C] a written statement that gives sb the authority to do sth: *a search warrant* nakaz rewizji ▶ **nakaz, upoważnienie**
□ **warrant** verb [T] (formal) to make sth seem right or necessary; to deserve: *I don't think her behaviour warrants such criticism.* ▶ **dawać podstawę do czegoś, zasługiwać** | **warranty** /ˈwɒrənti/ noun [C,U] (pl. **warranties**) a written statement that you get when you buy sth, which promises to repair or replace it if it is broken or does not work ➲ Por. **guarantee**. ▶ **gwarancja** (*na zakupiony towar*)

warrior /ˈwɒriə(r)/ noun [C] (old-fashioned, formal) a person who fights in battle ▶ **wojownik**

wart /wɔːt/ noun [C] a small hard dry lump that sometimes grows on the face or body ▶ **kurzajka**

wary /ˈweəri/ adj. (**warier**; **wariest**) **wary (of sb/sth)** careful because you are uncertain or afraid of sth: *He was wary of* (wystrzegał się) *accepting the suggestion in case it meant more work for him.* ▶ **ostrożny**
□ **warily** /-rəli/ adv. ▶ **ostrożnie**

was → BE

★**wash¹** /wɒʃ/ verb **1** [I,T] to clean sb/sth/yourself with water and often soap: *You'll have to wash this jumper by hand.* ○ *Wash and dress quickly or you'll be late!* ○ *I'll wash* (pozmywam), *you dry.* ➲ Zob. uwaga przy **clean**. ▶ **prać; myć (się); zmywać** **2** [I] (used about water) to flow in the direction mentioned: *I let the waves wash over my feet.* ▶ **oblewać** **3** [T] to carry sth by the movement of water: *The current washed the ball out to sea.* ▶ **porywać** **4** [I] to be able to be washed without being damaged: *Does this material wash well?* ▶ **prać się**
IDIOM **wash your hands of sb/sth** to refuse to be responsible for sb/sth any longer ▶ **umywać ręce**
PHRASAL VERBS **wash sb/sth away** (used about water) to carry sb/sth away: *The floods had washed away the path.* ▶ **znosić** | **wash (sth) off** to (make sth) disappear from sth by washing: *Go and wash that make-up off!* ▶ **zmywać** | **wash out** to be removed from a material by washing: *These grease marks won't wash out* (nie dają się sprać). ▶ **sprać się** | **wash sth out** to wash sth or the inside of sth in order to remove dirt: *I'll just wash out these jeans so that they're ready for tomorrow.* ▶ **wyprać; wypłukiwać** | **wash (sth) up** **1** (Brit.) to wash the plates, knives, forks, etc. after a meal: *Whose turn is it to wash up?* ○ *Don't forget to wash the saucepans up.* ▶ **zmywać** **2** (US) to wash your face and hands: *Go and wash up quickly and put on some clean clothes.* ▶ **myć twarz i ręce** **3** (often passive) (used about water) to carry sth to land and leave it there: *Police found the girl's body washed up on the beach.* ▶ **wyrzucać na brzeg**
□ **washable** /-əbl/ adj. that can be washed without being damaged ▶ **nadający się do prania**
■ ˈ**washbasin** (also **basin**) noun [C] a large bowl for water that has taps and is fixed to a wall, in a bathroom, etc. ➲ Por. **sink**. ▶ **umywalka** | ˈ**washcloth** noun [C] (US) = FACECLOTH | ˌ**washed ˈout** adj. tired and pale: *They arrived looking washed out after their long journey.* ▶ **wymęczony** | ˈ**washout** noun [C] (informal) a person or thing that is a complete failure ▶ **ofiara losu; klapa**

★**wash²** /wɒʃ/ noun **1** [C, usually sing.] an act of cleaning or being cleaned with water: *I'd better go and have a wash before dinner.* ▶ **mycie się, pranie, zmywanie** **2** [sing.] the waves caused by the movement of a ship through water ▶ **kilwater**
IDIOM **in the wash** being washed: *'Where's my red T-shirt?' 'It's in the wash.'* ▶ **w praniu**

★**washing** /ˈwɒʃɪŋ/ noun [U] **1** clothes that need to be washed or are being washed: *Could you put the washing in the machine?* ○ *a pile of dirty washing* ▶ **pranie** (*brudna bielizna*) **2** the act of cleaning clothes, etc. with water: *I usually do the washing on Mondays.* ▶ **pranie**
■ ˈ**washing machine** noun [C] an electric machine for washing clothes ▶ **pralka** | ˈ**washing powder** noun [U] soap in the form of powder for washing clothes ▶ **proszek do prania** | ˌ**washing-ˈup** noun [U] the work of washing the plates, knives, forks, etc. after a meal: *I'll do the washing-up.* ○ *washing-up liquid* płyn do zmywania naczyń ▶ **zmywanie naczyń**

wasn't short for WAS NOT

wasp /wɒsp/ noun [C] a black and yellow flying insect that can sting ▶ **osa**

wastage /ˈweɪstɪdʒ/ noun [U] (formal) using too much of sth; the amount that is lost ▶ **marnotrawstwo; straty**

★**waste¹** /weɪst/ verb [T] **1** **waste sth (on sb/sth)** to use or spend sth in a careless way or for sth that is not necessary: *She wastes a lot of money on cigarettes.* ○ *He wasted his time at university because he didn't work hard.* ▶ **trwonić** **2** (usually passive) to be too good, intelligent, etc. for sb/sth: *Expensive wine is wasted on me. I don't know anything about it.* ▶ **marnować**
□ **wasted** adj. **1** not necessary or successful: *a wasted journey* ▶ **zmarnowany** **2** very thin, especially because of illness ▶ **wychudzony, wymizerowany** **3** (slang) strongly affected by alcohol or drugs ▶ **zmarnowany**

★**waste²** /weɪst/ noun **1** [sing., U] an action that involves not using sth carefully or using sth in an unnecessary way: *If he gives up acting it will be a waste of great talent.* ○ *The seminar was a waste of time – I'd heard it all before.* ▶ **strata** **2** [U] material, food, etc. that is not needed and is therefore thrown away: *chemical/nuclear waste* ○ *A lot of household waste can be recycled and reused.* ➲ Por. **rubbish**. ▶ **odpady, odpadki** **3** (**wastes**) [pl.] (formal) large areas of land that are not lived in and not cultivated: *the wastes of the Sahara desert* ▶ **nieużytki**

IDIOM go to waste to be unused, thrown away and wasted: *I can't bear to see good food going to waste!* ▶ **marnować się**
□ **wasteful** /-fl/ adj. using more of sth than necessary; causing waste: *a costly and wasteful advertising campaign* ▶ **marnotrawny**

waste[3] /weɪst/ adj. (only before a noun) **1** (used about land) not used or not suitable for use; not looked after: *There's an area of waste ground* (nie wykorzystany teren) *outside the town where people dump their rubbish.* ▶ **leżący odłogiem, nieuprawny; zapuszczony 2** no longer useful; to be thrown away: *waste material* ▶ **odpadkowy; wybrakowany**
■ ˌ**waste 'paper** noun [U] paper that is not wanted and is to be thrown away ▶ **zużyty papier** | ˌ**waste-'paper basket** (US '**wastebasket**; '**waste bin**) noun [C] a basket or other container in which you put paper, etc. which is to be thrown away ➲ Ilustr. do **bin**. ▶ **kosz na śmieci**

★**watch**[1] /wɒtʃ/ noun [C] a small instrument that shows you what time it is. You wear it on a strap on your wrist: *a digital watch* ○ *to wind up/set your watch* nakręcać/nastawiać zegarek ○ *My watch is a bit fast/slow* (trochę się śpieszy/spóźnia). ▶ **zegarek na rękę**

★**watch**[2] /wɒtʃ/ verb **1** [I,T] to look carefully at sb/sth: *'Would you like to play too?' 'No thanks. I'll just watch.'* ○ *I watched in horror as the car swerved and crashed.* ○ *We watch television most evenings.* ○ *Watch what she does next.* ○ *We went to watch John rowing.* Poszliśmy zobaczyć, jak John wiosłuje. ○ *I watched him open the door and walk away.* ○ *Detectives are watching the suspect day and night.* ▶ **przyglądać się, patrzeć na kogoś/coś, oglądać 2** [T] to take care of sth for a short time: *Could you watch my bag while I go and get a drink?* ▶ **(po)pilnować 3** [I,T] **watch (for sth)** to pay very careful attention to a situation; to observe: *Doctors are watching for further signs of the disease.* ▶ **baczyć (na coś), obserwować 4** [T] to be careful about sb/sth in order to do the right thing or keep control: *You'd better watch what you say to her.* ▶ **uważać**
IDIOM watch your step → STEP[2]
PHRASAL VERBS watch out to be careful because of possible danger or trouble: *Watch out* (uwaga)*! There's a car coming.* ○ *If you don't watch out, you'll lose your job.* ▶ **uważać** | **watch out for sb/sth** to look carefully and be ready for sb/sth: *Watch out for snakes if you walk through the fields.* ▶ **strzec się** | **watch over sb/sth** to look after or protect sb/sth: *For two weeks she watched over the sick child.* ▶ **czuwać nad kimś/czymś**

watch[3] /wɒtʃ/ noun [sing.] a person or group of people whose job is to guard and protect a place or a person: *The police put a watch on the suspect's house.* ▶ **straż**
IDIOMS keep a close watch on sb/sth → CLOSE[1] | **keep watch** to guard or to look out for danger ▶ **trzymać wartę**
□ **watchful** /-fl/ adj. careful to notice things ▶ **baczny**
■ '**watchdog** noun [C] a person or group whose job is to protect people's rights, especially in relation to large companies: *OFTEL, the telecommunications watchdog* ▶ **organizacja śledząca politykę rynkową, zwł. (dużych) firm, w celu zabezpieczenia praw konsumentów**

★**water**[1] /'wɔːtə(r)/ noun **1** [U] the clear liquid that falls as rain and is in rivers, seas and lakes: *a glass of water* ○ *The bath water's too hot.* ○ *All the rooms have hot and cold running water* (bieżącą wodę). ○ *drinking water* woda pitna ○ *tap water* woda z kranu ○ *mineral water* ▶ **woda**

> When water is **heated** to 100° Celsius, it **boils** and becomes **steam**. When steam touches a cold surface, it **condenses** and becomes water again. When water is **cooled** below 0° Celsius, it **freezes** and becomes **ice**. If the temperature increases, the ice **melts**. When talking about **icy** weather becoming warmer, we say it **thaws**. Frozen food **thaws** or **defrosts** when we take it out of the freezer.

2 [U, pl.] a large amount of water, especially the water in a lake, river or sea: *Don't go too near the edge or you'll fall in the water!* ○ *the clear blue waters of the Mediterranean* ▶ **woda 3** [U] the surface of an area of water: *Can you swim under water?* ○ *I can see my reflection in the water.* ▶ **woda 4** (**waters**) [pl.] the sea near a particular country: *The ship was still in British waters.* ▶ **wody (terytorialne)**
IDIOMS keep your head above water → HEAD[1] | **pass water** → PASS[2] | **under water 1** in and covered by water: *to swim under water* ▶ **pod wodą 2** covered by floods: *After the heavy rain several fields were under water.* ▶ **zalany powodzią**
■ '**watercolour** noun **1** (**watercolours**) [pl.] paints that are mixed with water, not oil ▶ **akwarela 2** [C] a picture that has been painted with watercolours ▶ **akwarela** | '**watercress** noun [U] a type of plant with bunches of green leaves which have a strong taste and are often eaten in salads ▶ **rukiew wodna** | '**waterfall** noun [C] a stream of water that falls down from a cliff, rock, etc. ▶ **wodospad** | '**waterlogged** /-lɒgd/ adj. **1** very wet: *Our boots sank into the waterlogged ground.* ▶ **przepojony wodą 2** (used about a boat) full of water and likely to sink ▶ **pełen wody** | '**watermelon** noun [C] a large, round fruit with a thick, green skin. It is pink or red inside with a lot of black seeds. ▶ **arbuz** | '**waterproof** adj. that does not let water go through ▶ **nieprzemakalny** | '**watershed** noun [C] an event or point which is important because it marks the beginning of sth new ▶ **wydarzenie przełomowe, moment zwrotny** | '**waterski** verb [I] to move across the surface of water standing on waterskis and being pulled by a boat ▶ **jeździć na nartach wodnych** | '**waterski** noun [C] either of a pair of long flat boards on which a person stands in order to waterski ▶ **narta wodna** | '**water sports** noun [pl.] sports that are carried out on water ▶ **sporty wodne** | '**watertight** adj. **1** made so that water cannot get in or out ▶ **wodoszczelny 2** (used about an excuse, an agreement, an argument, etc.)

impossible to prove wrong; without any faults: *His alibi for the night of the murder was absolutely watertight.* ▶ **niezbity** | **'waterway** noun [C] a canal, river, etc. along which boats or ships can travel ▶ **droga wodna**

water[2] /ˈwɔːtə(r)/ verb **1** [T] to give water to plants ▶ **podlewać** **2** [I] (used about the eyes or mouth) to fill with water: *The food smelled so delicious that it made my mouth water* (że aż ślinka napłynęła mi do ust). ▶ **łzawić, ślinić się**

PHRASAL VERB **water sth down 1** to add water to a liquid in order to make it weaker ▶ **rozwadniać** **2** to change a statement, report, etc. so that it is weaker ▶ **osłabiać**

■ **watering can** /ˈwɔːtərɪŋ kæn/ noun [C] a container with a long pipe on one side which is used for watering plants ➲ Ilustr. do **garden**. ▶ **konewka**

watery /ˈwɔːtəri/ adj. **1** (used especially about food or drink) containing too much water; thin and weak ▶ **wodnisty, rzadki** **2** weak and pale: *watery sunshine* ▶ **mglisty, wyblakły**

watt /wɒt/ noun [C] (abbr. **W**) a unit of electrical power: *a 60-watt light bulb* ▶ **wat**

★**wave**[1] /weɪv/ verb **1** [I,T] **wave (your hand) (at/to sb)** to move your hand from side to side in the air, usually to attract sb's attention or as you meet or leave sb: *She waved to me as the train left the station.* ○ *Who are you waving at?* ▶ **machać (ręką)** **2** [T] **wave sth (at sb)**; **wave sth (about)** to hold sth in the air and move it from side to side: *to wave a flag* ○ *She was talking excitedly and waving her arms about.* ▶ **machać** **3** [T] **wave sth (to sb)** to give a greeting (to sb) by waving your hand: *Wave goodbye to Granny, Tim.* ▶ **witać/żegnać machaniem ręki** **4** [I] to move gently up and down or from side to side: *The branches of the trees waved gently in the breeze.* ▶ **kołysać się**

PHRASAL VERBS **wave sth aside** to decide not to pay attention to a comment, etc. because you think it is not important ▶ **machnąć na coś ręką** | **wave sb/sth away, on, etc.** to move your hand in a particular direction to show sb/sth which way to go: *There was a policeman in the middle of the road, waving us on.* ▶ **machnięciem ręki kazać komuś podjechać/podejść lub odjechać/odejść** | **wave sb off** to wave to sb who is leaving ▶ **machać komuś na pożegnanie**

★**wave**[2] /weɪv/ noun [C] **1** a raised line of water moving on the surface of water, especially the sea: *A huge wave swept me off my feet.* ○ *We watched the waves roll in and break on the shore.* ○ (figurative) *a wave of tourists* ▶ **fala** **2** a sudden increase or spread of a feeling or type of behaviour: *There has been a wave of sympathy for the refugees.* ○ *A wave of strikes has hit the industry.* ➲ Por. **heatwave**. ▶ **fala** **3** a form in which some types of energy move, shaped like a wave on the sea: *sound/radio waves* ○ *long/medium/short wave* ○ *shock waves from the earthquake* ▶ **fala** **4** a gentle curve in hair: *Are your waves natural?* ▶ **fala** **5** a movement of sth, especially your hand, from side to side in the air: *With a wave of his hand, he said goodbye and left.* ▶ **machnięcie (ręką)**

□ **wavy** adj. having curves: *wavy hair* ○ *a wavy line* ➲ Ilustr. do **hair** ▶ **falisty**

waveband /ˈweɪvbænd/ (also **band**) noun [C] a set of radio waves of similar length ▶ **zakres fal radiowych**

wavelength /ˈweɪvleŋθ/ noun [C] **1** the distance between two sound waves ▶ **odległość między falami dźwiękowymi** **2** the length of wave on which a radio station broadcasts its programmes ▶ **długość fali radiowej**

IDIOM **on the same wavelength** → SAME[1]

waver /ˈweɪvə(r)/ verb [I] **1** to become weak or uncertain: *He never wavered in his support for her.* ▶ **wahać się** **2** **waver (between sth and sth)** to hesitate, especially when making a decision or choice ▶ **być niezdecydowanym** **3** to move in an unsteady way: *His hand wavered* (zadrżała) *as he reached for the gun.* ▶ **zachwiać się**

wax /wæks/ noun [U] **1** a substance made from fat or oil that melts easily and is used for making candles, polish, etc. ▶ **wosk** **2** a yellow substance like wax that is found in your ears ▶ **woskowina**

■ **'waxwork** noun [C] **1** a model of sb/sth, especially of a famous person, made of wax ▶ **figura woskowa** **2** (**waxworks**) [with sing. or pl. verb] a place where wax models of famous people are shown to the public ▶ **gabinet figur woskowych**

★**way**[1] /weɪ/ noun **1** [C] a path or road along which you can walk or travel: *the way in/out* wejście, wjazd/wyjście, wyjazd ➲ Por. **highway**, **motorway** i **railway**. ▶ **droga** **2** [sing.] the route along which you move or would move if there were space: *There were some cows in the lane, blocking our way.* ○ *Get out of my way!* ▶ **droga** **3** [C, usually sing.] the route you take to reach somewhere: *Can you tell me the way to James Street?* ○ *to lose your way* ○ *These birds find their way* (trafią) *to Africa every winter.* ○ *We stopped on the way to Leeds for a meal.* ○ *Can I drive you home? It's on my way* (jest po drodze). ▶ **droga** **4** [sing.] a direction or position: *Look this way!* ○ *That painting is the wrong way up* (wisi do góry nogami). ○ *Are you sure these two words are the right way round* (w dobrej kolejności)? ○ *Shouldn't you be wearing that hat the other way round* (odwrotnie)? ○ *He thought I was older than my sister but in fact it's the other way round* (odwrotnie). ➲ Por. **back to front**. ▶ **kierunek** **5** [sing.] a distance in space or time: *It's a long way from London to Edinburgh.* ○ *Christmas is still a long way off.* Jeszcze daleko do Świąt Bożego Narodzenia. ▶ **odległość** **6** [C] a method, style or manner of doing sth; a habit: *What is the best way to learn a language?* ○ *They'll have to find the money one way or another.* ○ *He always does things his way.* ○ *She smiled in a friendly way.* ○ *As you get older, it becomes more difficult to change your ways* (zmienić zwyczaje). ▶ **sposób; nawyk** **7** [C] a particular point or part of sth: *In some ways* (pod pewnym względem) *the meeting was very* *useful.* ○ *In a way, I rather like him.* W pewnym sensie nawet go lubię. ○ *Can I help you in any way?* ▶ **sposób**

IDIOMS **be set in your ways** to be unable to change your habits, attitudes, etc. ▶ **mieć ustalone nawyki** | **by the way** (used for adding sth to the conversation) on a new subject: *Oh, by the way, I saw Mary in town yesterday.* ▶ **przy okazji** | **change your ways** → CHANGE[1] | **get/have your own way** to get or do what you want, although others may want sth else ▶ **postawić na swoim, robić po swojemu** | **give way** to break or fall down: *The branch of the tree suddenly gave way and came crashing down.* ▶ **łamać się, spadać** | **give way (to sb/sth) 1** to stop or to allow sb/sth to go first: *Give way to traffic coming from the right.* ▶ **przepuszczać, dawać pierwszeństwo przejazdu 2** to allow sb to have what they want although you did not at first agree with it: *We shall not give way to the terrorists' demands.* ▶ **poddawać się** | **go out of your way (to do sth)** to make a special effort to do sth ▶ **bardzo się starać** | **have a long way to go** → LONG[1] | **in a/one/any way**; **in some ways** to a certain degree but not completely: *In some ways I prefer working in a small office.* ▶ **w pewnym sensie, pod pewnym względem** | **in a big/small way** (used for expressing the size or importance of an activity): *'Have you done any acting before?' 'Yes, but in a very small way.'* ▶ **na małą/dużą skalę** | **in the way 1** blocking the road or path ▶ **na drodze 2** not needed or wanted: *I felt rather in the way* (czułem, że zawadzam) *at my daughter's party.* ▶ **nie na miejscu** | **learn the hard way** → LEARN | **no way** (informal) definitely not: *'Can we swim in the sea?' 'No way! Not in April!'* ▶ **wykluczone!** | **under way** having started and making progress: *Discussions between the two sides are now under way.* ▶ **w toku** | **a/sb's way of life** the behaviour and customs that are typical of a person or group of people ▶ **styl życia**

way² /weɪ/ adv. (informal) (used with a preposition or an adverb) very far: *I finally found his name way down at the bottom of the list* (na samym końcu listy). ▶ **bardzo daleko**

WC /ˌdʌblju: 'si:/ abbr. water closet; toilet ▶ **WC**

★**we** /wi:/ pron. (the subject of a verb; used for talking about the speaker and one or more other people) ▶ **my**

★**weak** /wi:k/ adj. **1** (used about the body) having little strength or energy; not strong: *The child was weak with hunger.* ○ (figurative) *a weak economy* ▶ **słaby 2** likely to break ▶ **słaby 3** (used about a person's character) easy to influence; not firm: *He is too weak to be a good leader.* ▶ **słaby 4** (used about an argument, excuse, etc.) that does not convince you or seem right; not strong: *She made some weak excuse about washing her hair tonight.* ▶ **słaby 5** not easy to see or hear; not definite or strong: *She gave a weak smile.* ▶ **słaby, mdły 6** (used about liquids) containing a lot of water; not strong in taste: *weak tea* ▶ **słaby 7 weak (at/in/on sth)** not able to achieve a high standard in sth: *He's weak at maths./His maths is weak.* On jest słaby z matematyki. ▶ **słaby**

□ **weaken** /'wi:kən/ verb [I,T] **1** to become less strong; to make sb/sth less strong: *The illness had left her weakened.* ○ *The building had been weakened by the earthquake.* ▶ **osłabiać; słabnąć 2** to become less certain about sth: *Their mother was weakening. 'Oh all right,' she said, 'You can go.'* ▶ **ulegać, słabnąć** | **weakly** adv.: *The little kitten struggled weakly to its feet.* ▶ **słabo** | **weakness** noun **1** [U] the state of being weak: *They were relying on the enemy's weakness in the air.* ▶ **słabość 2** [C] a fault or lack of strength, especially in a person's character: *It's important to know your own strengths and weaknesses.* ▶ **słaba strona 3** [C, usually sing.] **a weakness for sth/sb** a special and often foolish liking for sth/sb: *I have a weakness for chocolate.* ▶ **słabość (do czegoś/kogoś)**

■ **'weak form** noun [C] a way of pronouncing a word when it is not emphasized ▶ (*w fonetyce*) **słaba forma**

★**wealth** /welθ/ noun **1** [U] (owning) a lot of money, property, etc.: *They were a family of enormous wealth.* ▶ **zamożność 2** [sing.] **a wealth of sth** a large number or amount of sth: *He has a wealth of experience in this area.* ▶ **bogactwo, mnóstwo**

□ **wealthy** adj. (**wealthier**; **wealthiest**) having a lot of money, etc.; rich ▶ **zamożny**

wean /wi:n/ verb [T] to start feeding a baby or young animal with other food as well as its mother's milk ▶ **odstawiać od piersi**

★**weapon** /'wepən/ noun [C] an object which is used for fighting or for killing people, such as a gun, sword, bomb, etc. ▶ **broń**

★**wear¹** /weə(r)/ verb (pt **wore** /wɔ:(r)/; pp **worn** /wɔ:n/) **1** [T] to have clothes, jewellery, etc. on your body: *He was wearing a suit and tie.* ○ *I wear glasses for reading.* ○ *Would you like to wear my necklace?* ○ *to wear your hair short* mieć krótkie włosy ▶ **nosić 2** [T] to have a certain look on your face: *He was wearing an expression of delight.* ▶ **mieć (jakiś) wyraz twarzy 3** [I] to become thinner or damaged because of being used or rubbed a lot ▶ **zużywać się 4** [T] to make a hole, path, etc. in sth by rubbing, walking, etc.: *Put some slippers on or you'll wear a hole in your socks!* ▶ **wycierać; wydeptywać ścieżkę 5** [I] to last for a long time without becoming thinner or damaged: *This material wears well.* ▶ **nosić się**

IDIOM **wear thin** to have less effect because of being used too much: *We've heard that story so often that it's beginning to wear thin.* ▶ **tracić na znaczeniu**

PHRASAL VERBS **wear (sth) away** to damage sth or to make it disappear over a period of time, by using, touching, etc. it a lot; to disappear or become damaged in this way: *The writing on the floor of the church had worn away over the years.* ○ *The sea had worn* (morze podmyło) *the bottom of the cliffs away.* ▶ **ścierać się, zdzierać (się)** | **wear (sth) down** to become or to make sth smaller or shorter ▶ **zmniejszać (się), skracać (się)** | **wear sb/sth down** to make sb/sth weaker by attacking, persuading, etc.: *They wore him down with constant arguments until he changed his mind.* ▶ **osłabiać** | **wear off** to become less strong or to disappear completely: *The effects of the drug wore off after a few hours.* ▶ **słabnąć; niknąć** | **wear on** (used about time) to pass slowly: *They got to know each other better as the summer wore on.* ▶ **wolno upływać** | **wear (sth) out** to become too thin or damaged to use any more; to cause sth to do this: *Children's shoes wear out very quickly.* ○ *You've worn out two pairs of jeans in the last six months!* ▶ **zdzierać (się)** | **wear sb out** to make sb very tired: *She wore herself out* (wyczerpała się) *walking home with the heavy bags.* ➲ Por. **worn out**. ▶ **wyczerpywać**

wear² /weə(r)/ noun [U] **1** wearing or being worn; use as clothing: *You'll need jeans and jumpers for everyday wear.* ▶ **noszenie (na sobie) 2** (usually in compounds) things that you wear; clothes: *menswear* odzież męska ○ *underwear* bielizna (osobista) ▶ **ubranie 3** long use which damages the quality or appearance of sth ▶ **znoszenie** (*ubrania*), **zdarcie**

IDIOMS **wear and tear** the damage caused by ordinary use: *The insurance policy doesn't cover damage caused by normal wear and tear.* ▶ **zużywanie się** | **the worse for wear** → WORSE

weary /ˈwɪəri/ adj. (**wearier**; **weariest**) tired: *He gave a weary smile.* Uśmiechnął się blado (z powodu zmęczenia). ▶ **zmęczony**

□ **wearily** /ˈwɪərəli/ adv. ▶ **ze zmęczeniem** | **weariness** noun [U] ▶ **zmęczenie**

weasel /ˈwiːzl/ noun [C] a small fierce animal with reddish-brown fur, a long thin body and short legs. Weasels kill and eat other small animals. ▶ **łasica**

⋆**weather¹** /ˈweðə(r)/ noun [U] the climate at a certain place and time; how much wind, rain, sunshine, etc. there is and how hot or cold it is: *What was the weather like on holiday?* ○ *We'll go to the seaside if the weather stays fine.* ○ *They say that the weather won't change for the next few days.* ▶ **pogoda**

IDIOMS **make heavy weather of sth** → HEAVY | **under the weather** (informal) not very well ▶ **pod psem**

■ ˈ**weather-beaten** adj. made rough and often darker by the sun and wind: *the fishermen's weather-beaten faces* ▶ **ogorzały, osmagany** (*wiatrem*) | ˈ**weather forecast** noun [C] a description of the weather that is expected for the next day or few days ▶ **prognoza pogody**

> **Sleet** oznacza deszcz ze śniegiem. **Hail** to grad, natomiast **drizzle** to mżawka. Kiedy leje jak z cebra, mówi się, że **it is pouring**. **Fog** oznacza gęstą mgłę, zaś **mist** – lekką mgłę (np. poranną). Por. także **storm**.

weather² /ˈweðə(r)/ verb **1** [T] (used about a ship or a person) to pass safely through a storm or a difficult time ▶ **przetrwać burzę/trudny okres 2** [I,T] to change in appearance (because of the effect of the sun, air or wind) ▶ **zmieniać wygląd pod wpływem warunków atmosferycznych**, **sezonować** (*drewno*), (*o skałach*) **wietrzeć**

weave /wiːv/ verb [I,T] (pt **wove** /wəʊv/or in sense 2 **weaved**; pp **woven** /ˈwəʊvn/or in sense 2 **weaved**) **1** to make cloth, etc. by passing threads under and over a set of threads that is fixed to a framework called a loom: *woven cloth* ▶ **tkać 2** to change direction often when you are moving so that you are not stopped by anything: *He weaved in and out through the traffic.* ▶ **kluczyć, przewijać się**

web /web/ noun [C] a type of fine net that a spider makes in order to catch small insects: *A spider spins webs.* ➲ Por. **cobweb**. ▶ **pajęczyna**

■ ˈ**Web site** noun [C] a place connected to the Internet, where a company, an organization, etc. puts information that can be found on the World Wide Web ▶ **miejsce internetowe**

Wed. abbr. Wednesday: *Wed. 4 May* ▶ **środa**

we'd /wiːd/ short for WE HAD, WE WOULD

⋆**wedding** /ˈwedɪŋ/ noun [C] a marriage ceremony and often the meal or party that follows it (the wedding reception): *I've been invited to his sister's wedding.* ○ *a wedding dress/guest/present* ○ *a church wedding* ○ *a golden/silver wedding* ○ *a wedding ring* obrączka ślubna ❶ W krajach anglosaskich obrączkę ślubną nosi się na lewej ręce: *a wedding anniversary* ○ *All her friends could hear wedding bells* (dzwony weselne). ▶ **ślub, wesele**

> **Marriage** oznacza pozostawanie w stanie małżeńskim. Słowo to można też stosować w odniesieniu do ceremonii ślubu, podobnie jak **wedding**. Pan młody nazywa się **bridegroom**, a panna młoda **bride**. Inne ważne osoby na ślubie to **best man** (drużba) i **bridesmaids** (druhny). Ślub cywilny odbywa się w **registry office**.

wedge /wedʒ/ noun [C] a piece of wood, etc. with one thick and one narrow end that you can push into a space, in order, for example, to keep things apart: *The door was kept open with a wedge.* ▶ **klin**

□ **wedge** verb [T] **1** to force sth apart or to prevent sth from moving by using a wedge: *to wedge a door open* ▶ **klinować 2** to force sth/sb to fit into a space: *The cupboard was wedged between the table and the door.* ▶ **wciskać**

⋆**Wednesday** /ˈwenzdeɪ; -di/ noun [C,U] (abbr. **Wed.**) the day of the week after Tuesday and before Thursday ➲ Zob. przykł. użycia dni tygodnia w zdaniach przy **Monday**. ▶ **środa**

wee¹ /wiː/ adj. little, small: *a wee boy* ○ *I'm a wee bit* (odrobinę) *tired.* ❶ Słowa tego używają zwłaszcza Szkoci. ▶ **maleńki**

wee² /wiː/ noun [C,U] (informal) (used by young children or when you are talking to them) water that you pass from the body; urine: *to need a wee* ▶ **siusiu**

□ **wee** verb [I] ▶ **siusiać**

weed /wiːd/ noun **1** [C] a wild plant that is not wanted in a garden because it prevents other plants from growing properly: *Our garden is full of weeds.* ▶ **chwast 2** [U] a mass of tiny green plants that floats on the surface of a pond or river ▶ **rzęsa** (*np. na stawie*) **3** [C] (informal) a thin, weak person or sb who has a weak character: *You're not going out with that weed, are you?* ▶ **cherlak; chorągiewka (osoba o słabym charakterze)**

weed verb [I,T] to remove weeds from a piece of ground, etc. ▶ **pielić**

PHRASAL VERB **weed sth/sb out** to remove the things or people that you do not think are good enough: *He weeded out all the letters with spelling mistakes in them.* ▶ **przesiewać** (*np. kandydatów*)

weedy adj. (**weedier**; **weediest**) (informal) thin and weak in appearance; of weak character: *a small weedy man* ▶ **cherlawy; słabego charakteru**

★**week** /wiːk/ noun [C] **1** a period of seven days (usually beginning on Sunday and ending on Saturday, or beginning on Monday and ending on Sunday): *last/next/this week* ○ *He left two weeks ago.* ○ *I haven't seen her for a week.* ○ *I play tennis twice a week.* ○ *They'll be back in a week/in a week's time.* ○ *I was on holiday the week before last.* ○ *My course ends the week after next.* ❶ Okres dwóch tygodni zwykle nazywa się **fortnight**. ▶ **tydzień 2** the part of the week when people go to work, etc., usually from Monday to Friday: *She works hard during the week so that she can enjoy herself at the weekend.* ○ *I work a 40-hour week.* ▶ **tydzień (pracy)**

IDIOMS **today, tomorrow, Monday, etc. week** seven days after today, tomorrow, Monday, etc. ▶ **za tydzień** (*np. od dziś, jutra*) | **week in, week out** every week without a rest or change ▶ **tydzień za tygodniem** | **a week yesterday, last Monday, etc.** seven days before yesterday, last Monday, etc.: *They got married a week last Saturday.* Zeszłej soboty minął tydzień od ich ślubu. ▶ **tydzień przed** (*licząc od wczoraj, zeszłego poniedziałku itp.*)

□ **weekly** adj., adv. happening or appearing once a week or every week: *We are paid weekly.* ○ *a weekly report* ▶ **tygodniowy, cotygodniowy; tygodniowo, co tydzień** | **weekly** noun [C] (pl. **weeklies**) a newspaper or magazine that is published every week ▶ **tygodnik**

■ **'weekday** /-deɪ/ noun [C] any day except Sunday (and usually Saturday): *I only work on weekdays.* ▶ **dzień powszedni** | **ˌweek'end** (US **'weekend**) noun [C] Saturday and Sunday: *What are you doing at the weekend?* ❶ W Amer. ang. mówi się **on the weekend**. ▶ **sobota i niedziela**

weep /wiːp/ verb [I,T] (pt, pp **wept** /wept/) (formal) to let tears fall because of strong emotion; to cry: *She wept at the news of his death.* ○ *to weep for joy* ○ *to weep tears of pity* ▶ **płakać**

★**weigh** /weɪ/ verb **1** [T] to measure how heavy sth is, especially by using scales ▶ **ważyć 2** linking verb [T] to have or show a certain weight: *I weigh 56 kilos.* ▶ **ważyć 3** [T] **weigh sth (up)** to consider sth carefully: *You need to weigh up your chances of success.* ▶ **rozważać 4** [T] **weigh sth (against sb/sth)** to consider whether one thing is better, more important, etc. than another: *We shall weigh the advantages of the plan against the risks.* ▶ **porównywać z czymś 5** [I] **weigh against sb/sth** to be considered important when sb/sth is being judged: *She didn't get the job because her lack of experience weighed against her.* ▶ **zaważyć na czymś**

PHRASAL VERBS **weigh sb down** to make sb feel worried and sad: *weighed down by cares and responsibilities* ▶ **przytłaczać** | **weigh sb/sth down** to make it difficult for sb/sth to move (by being heavy): *I was weighed down by heavy shopping.* ▶ **przytłaczać** | **weigh on sb/sth** to make sb worry ❶ Mówi się też **weigh on sb's mind**: *That problem has been weighing on my mind for a long time.* ▶ **przytłaczać** | **weigh sb/sth up** to consider sb/sth carefully and form an opinion ▶ **szacować**

★**weight**[1] /weɪt/ noun **1** [U] the heaviness of sth or the amount that it weighs, especially as measured in kilos, etc.: *In two months her weight has increased to 65 kilos.* ○ *I need to lose weight* (muszę się odchudzić) *before my holidays.* ○ *He's put on weight.* Utył. ○ *The weight of the snow broke the branch.* Gałąź złamała się pod ciężarem śniegu. ▶ **waga 2** [C] a piece of metal with a certain heaviness that can be used to weigh an amount, especially using scales. Weights are also used by athletes when they are training or in the sport of weightlifting: *a 500-gram weight* ▶ **odważnik 3** [C] a heavy object: *The doctor has told me not to lift heavy weights.* ▶ **ciężar 4** [sing.] the worry that is caused by a problem: *Telling her the truth took a weight off his mind.* Gdy powiedział jej prawdę spadł mu kamień z serca. ▶ **ciężar**

IDIOMS **carry weight** → CARRY | **pull your weight** → PULL[1]

□ **weightless** adj. having no weight, especially when travelling in space ▶ **nic nie ważący** | **weightlessness** noun [U] ▶ **nieważkość** | **weighty** adj. (**weightier**; **weightiest**) serious and important: *a weighty question* ▶ **ważki**

■ **'weightlifting** noun [U] a sport in which heavy metal objects are lifted ▶ **podnoszenie ciężarów** | **'weight training** noun [U] the activity of lifting weights as a form of exercise: *I do weight training to keep fit.* ▶ **ćwiczenia z użyciem ciężarków**

weight[2] /weɪt/ verb [T] **1 weight sth (down) (with sth)** to hold sth down with a heavy object or objects: *to weight down a fishing net* ▶ **obciążać 2** (usually passive) to organize sth so that a particular person or group has an advantage/disadvantage: *The system is weighted in favour of people with children.* ▶ **dawać przewagę**

weir /wɪə(r)/ noun [C] a type of wall that is built across a river to stop or change the direction of the flow of water ▶ **grobla**

weird /wɪəd/ adj. **1** strange and frightening: *a weird noise* ▶ **niesamowity 2** (informal) not normal: *weird clothes/ideas* ▶ **dziwaczny**

□ **weirdly** adv. ▶ **dziwacznie, dziwnie**

★**welcome** /'welkəm/ adj. **1** received with pleasure; giving pleasure: *You're always welcome here.* ○ *welcome news* ▶ **mile widziany, pożądany 2 welcome to sth/to do sth** allowed to do sth: *You're welcome to use our swimming pool.* Proszę korzystać z naszego basenu. ▶ **zapraszać do robienia czegoś/**

korzystania z czegoś 3 we say that sb is welcome to sth if we do not want it ourselves: *Take the car if you want. You're welcome to it. It's always breaking down.* ▶ **jeżeli chcesz, to weź/zrób (to)**

IDIOMS make sb welcome to receive sb in a friendly way ▶ **serdecznie witać, zgotować serdeczne przyjęcie** | **you're welcome** you don't need to thank me: *'Thank you for your help.' 'You're welcome.'* ▶ *(w odpowiedzi na czyjeś podziękowanie)* **proszę bardzo, cała przyjemność po mojej stronie**

□ **welcome** interj. (an expression used for greeting a person who is arriving at a place): *Welcome to London!* ○ *Welcome home!* ▶ **witaj/cie!** | **welcome** noun [C] a greeting to sb who has arrived: *Let's give a warm welcome to our next guest.* ▶ **powitanie** | **welcome** verb [T] **1** to greet sb when he/she arrives: *The children rushed to the door to welcome their father.* ▶ **witać 2** to be pleased to receive or accept sth: *I'd welcome any suggestions.* ▶ **przyjmować (coś) z radością**

weld /weld/ verb [I,T] to join pieces of metal by heating them and pressing them together ▶ **spawać**

★**welfare** /'welfeə(r)/ noun [U] **1** the good health and happiness of a person or group of people: *The doctor is concerned about the child's welfare.* ▶ **pomyślność 2** the help and care that is given to people who have problems with health, money, etc.: *education and welfare services* ▶ **opieka społeczna 3** (US) = SOCIAL SECURITY

■ ˌ**welfare 'state** noun [sing.] (a country which has) a system organized by a government to help people who have no job, who are ill, etc. ▶ **państwo opiekuńcze**

well¹ /wel/ noun [C] **1** a deep hole in the ground from which water is obtained: *to draw water from a well* ▶ **studnia 2** = OIL WELL

□ **well** verb [I] **well (out/up)** (used about a liquid) to come to the surface: *Tears welled up* (pojawiły się) *in her eyes.* ▶ **wypływać**

★**well²** /wel/ adj. (**better** /'betə(r)/, **best** /best/) (not before a noun) **1** (looking or feeling) healthy: *'How are you?' 'I'm very well* (czuję się bardzo dobrze), *thanks.'* ○ *This medicine will make you feel better.* ○ *Get well soon.* (Życzymy) szybkiego powrotu do zdrowia. ▶ **zdrowy, dobrze się czujący/wyglądający 2** in a satisfactory state: *I hope all is well with you* (u ciebie/was wszystko w porządku). ▶ **zadowalający**

IDIOMS all very well (for sb) (informal) (used for showing that you are not happy or do not agree with sth): *It's all very well for her to criticize, but it doesn't help the situation.* ▶ **łatwo/dobrze (komuś coś robić)** | **(just) as well (to do sth)** (used when you are talking about an action that might stop sth bad happening): *It would be just as well to ask his permission.* ➲ Por. **it is just as well (that)** przy **just**. ▶ **dobrze byłoby** | **do well to do sth** (used to say that sth is the right and sensible thing to do): *He would do well to check the facts before accusing people.* ▶ **lepiej by zrobił, gdyby**

★**well³** /wel/ adv. (**better** /'betə(r)/, **best** /best/) **1** in a good or satisfactory way: *You speak English very well.* ○ *I hope your work is going well.* ○ *Well done!* Brawo! ○ *The car is running much better since it was serviced.* ▶ **dobrze 2** thoroughly, completely or carefully: *Shake the bottle well before opening.* ▶ **dobrze, mocno, dokładnie 3** (used with *can, could, may* or *ought* to show that sth is probably true): *He might well be right.* ▶ **prawdopodobnie 4** (used with *can't* and *couldn't* to show that sth is not sensible or reasonable): *I can't very well refuse to help them after all they've done for me.* ▶ **nie (za) bardzo, nie wypada 5** very much: *They arrived home well past midnight* (dobrze po północy). ○ *This book is well worth reading.* ▶ **bardzo**

IDIOMS as well (as sb/sth) in addition (to sb/sth): *Can I come as well?* ○ *He's worked in Japan as well as Italy.* ➲ Zob. uwaga przy **also**. ▶ **też, jak i, także** | **augur well/ill for sb/sth** → AUGUR | **be well out of sth** to be lucky because you are not involved in sth: *They're still arguing – I'm glad we're well out of it* (że nas to już nie dotyczy). ▶ **już kogoś nie dotyczyć** | **bode well/ill (for sb/sth)** → BODE | **do well 1** to be successful: *Their daughter has done well at university.* ▶ **odnosić sukces 2** to be getting better (after an illness): *Mr Brown is doing well after his operation.* ▶ *(o zdrowiu)* **poprawiać się** | **jolly well** → JOLLY | **may/might (just) as well** (used for saying that sth can or should happen, especially when you have no choice): *I may as well tell you the truth – you'll find out anyway.* ▶ **równie dobrze** | **mean well** → MEAN¹ | **very well** → VERY¹ | **well and truly** completely: *We were well and truly lost.* ▶ **zupełnie** | **well/badly off** → OFF¹

■ ˌ**well 'balanced** adj. **1** (used about a person) calm and sensible: *a well-balanced person* ▶ **zrównoważony 2** (used about a meal, etc.) containing enough of the healthy types of food your body needs: *a well-balanced diet* ▶ **dobrze wyważony** | ˌ**well be'haved** adj. behaving in a way that most people think is correct: *a well-behaved child* ▶ **dobrze wychowany, z dobrymi manierami** | **'well-being** noun [U] a state of being healthy and happy ▶ **dobro (czyjeś/ogółu), pomyślność** | ˌ**well 'done** adj. (used about meat, etc.) cooked for a long time ▶ **dobrze wypieczony/wysmażony** | ˌ**well 'dressed** adj. wearing attractive and fashionable clothes: *a well-dressed man* ▶ **dobrze ubrany** | ˌ**well 'earned** adj. that you deserve, especially because you have been working hard: *a well-earned rest* ▶ *(o nagrodzie itp.)* **zasłużony, słuszny** | ˌ**well 'fed** adj. having good food regularly: *a well-fed cat* ▶ **dobrze odżywiony** | ˌ**well in'formed** adj. knowing a lot about one or several subjects: *a well-informed politician* ▶ **dobrze poinformowany** | ˌ**well 'kept** adj. looked after very carefully so that it has a tidy appearance: *a well-kept garden* ▶ **dobrze utrzymany** | ˌ**well 'known** adj. known by a lot of people; famous: *a well-known pianist* ▶ **powszechnie znany; sławny** | ˌ**well 'meaning** adj. (used about a person) wanting to be kind or helpful, but often not having this effect: *a well-meaning person* ▶ **mający jak najlepsze intencje** | ˌ**well 'meant** adj. intended to be kind or helpful but not having this result: *well-meant comments* ▶ **w najlepszej intencji** | ˌ**well-to-ˈdo** adj. wealthy; with a lot of money ▶ **zamożny** | ˈ**well-wisher** noun [C] somebody who hopes that a person or thing will be successful ▶ **życzliwa osoba**

★**well**[4] /wel/ interj. **1** (used for showing surprise): *Well, look who's here!* ▶ **no, no! 2** (used for expressing doubt, hesitation, etc.): *'Do you like it?' 'Well, I'm not really sure.'* ○ *Her new boyfriend seems, well, a little strange.* ▶ **hm, cóż 3** (used for showing that you are relieved): *Well, thank goodness you've arrived.* ▶ **nareszcie! 4** (used when you begin the next part of a story or when you are thinking about what to say next): *Well, the next thing that happened was…* ○ *Well now, let me see…* ▶ **zatem, otóż 5** (used to show that you are waiting for sb to say sth): *Well? Are you going to tell us what happened?* ▶ **a więc 6** (used to show that you want to finish a conversation): *Well, it's been nice talking to you.* ▶ **(no) cóż 7** (also **oh well**) (used for showing that there is nothing you can do to change a situation): *Oh well, there's nothing we can do about it.* ▶ **(no) cóż, niech będzie**

we'll /wiːl/ short for WE SHALL, WE WILL

wellington /ˈwelɪŋtən/ (also ˌ**wellington ˈboot**, informal **welly** /ˈwelɪ/ (pl. **wellies**)) noun [C] (Brit.) one of a pair of long rubber boots that you wear to keep your feet and the lower part of your legs dry: *a pair of wellingtons* ➲ Ilustr. do **shoe**. ▶ **gumiak**

★**Welsh** /welʃ/ adj. of Wales, its people or their language ▶ **walijski; Walij-czyk/ka**

□ **Welsh** noun **1** [U] the language of Wales ❶ **Welsh** jest językiem celtyckim, zupełnie innym niż angielski. ▶ **walijski (język) 2** (**the Welsh**) [pl.] the people of Wales ▶ **Walijczycy**

went pt of GO[1]

wept pt, pp of WEEP

were → BE

we're /wɪə(r)/ short for WE ARE

★**west** /west/ noun [sing.] (abbr. **W**) **1** (also **the west**) one of the four main points of the compass; the direction you look towards in order to see the sun set: *Which way is west?* ○ *Rain is spreading from the west.* ○ *There's a road to the west of here.* ▶ **zachód 2** (**the west; the West**) the part of any country, city, etc. that lies further towards the west than other parts: *I live in the west of Scotland.* ○ *The climate in the West is much wetter than the East.* ▶ **zachód 3** (**the West**) the countries of North America and Western Europe ▶ **Zachód**

□ **west** (also **West**) adj. in or towards the west, or from the west: *West London* ○ *the west wind* ▶ **zachodni, z zachodu** | **west** adv. to or towards the west: *The island is five miles west of here.* ○ *to travel west* ▶ **na zachód, ku zachodowi** | **westerly** /ˈwestəli/ adj. **1** to, towards or in the west: *in a westerly direction* ▶ **zachodni 2** (used about winds) coming from the west ▶ **zachodni, z zachodu** | **westward** /ˈwestwəd/ adj. towards the west: *in a westward direction* ▶ **zachodni** | **westward** (also **westwards**) adv.: *to fly westwards* ▶ **na zachód, ku zachodowi**

■ ˈ**westbound** adj. travelling or leading towards the west: *the westbound carriageway of the motorway* ▶ *(jadący/idący itp.)* **w kierunku zachodnim/na zachód** | **the** ˈ**West Country** noun [U] the south-west part of England ▶ **południowo-zachodnia część Anglii** | **the** ˌ**West** ˈ**End** noun [U] (Brit.) the western part of central London where there are many shops, theatres, cinemas, etc. ▶ **zachodnia część Londynu, gdzie znajdują się eleganckie sklepy, teatry, kina itp.** | ˌ**West** ˈ**Indian** noun [C] a person from the West Indies or whose family was originally from the West Indies ▶ **osoba pochodząca z Indii Zachodnich** | ˌ**West** ˈ**Indian** adj.: *the West Indian cricket team* ▶ **zachodnioindyjski** | **the** ˌ**West** ˈ**Indies** noun [pl., with sing. or pl. verb] a group of islands in the Caribbean Sea that consists of the Bahamas, the Antilles and the Leeward and Windward Islands ▶ **Indie Zachodnie**

★**western** (also **Western**) /ˈwestən/ adj. **1** in or of the west: *the western United States* ▶ **zachodni 2** from or connected with countries of the West: *the Western way of life* ▶ **zachodni**

□ **western** noun [C] a film or book about life in the past in the west of the United States ▶ **western (gatunek filmu)** | **westerner** noun [C] a person who was born or who lives in the West ▶ **osoba pochodząca z Zachodu** | **westernize** (also **-ise**) /-aɪz/ verb [T] to make a country or people more like the West, e.g. in the way people dress and behave: *Young people in our country are becoming westernized* (ulegają wpływowi kultury zachodniej) *through watching American television programmes.* ▶ **szerzyć kulturę Zachodu, europeizować**

★**wet** /wet/ adj. (**wetter; wettest**) **1** covered in a liquid, especially water: *wet clothes* ○ *Don't get your feet wet.* ❶ **Moist** znaczy „lekko wilgotny". **Damp** znaczy „wilgotny w nieprzyjemny sposób…: *Don't sit on the grass. It's damp.* ▶ **mokry 2** (used about the weather, etc.) with a lot of rain: *a wet day* ▶ **słotny 3** (used about paint, etc.) not yet dry or hard ▶ **mokry, wilgotny 4** (used about a person) without energy, strength or courage ▶ **niemrawy, miękki, bojaźliwy**

IDIOMS **a wet blanket** (informal) a person who spoils other people's fun, especially because he or she will not join in ▶ **osoba psująca innym zabawę/nie biorąca udziału w ogólnej zabawie** | **wet through** extremely wet ▶ **przemoczony do suchej nitki**

□ **wet** noun [sing.] (**the wet**) rainy weather: *Come in out of the wet.* Wyjdź spod deszczu. ▶ **deszcz** | **wet** verb (pres. part. **wetting**; pt, pp **wet** or **wetted**) [T] **1** to make sth wet ▶ **moczyć 2** (used especially of young children) to make yourself or your bed, clothes, etc. wet by urinating: *Joe wet his trousers this morning.* ▶ **moczyć się**

■ ˈ**wet suit** noun [C] a rubber suit that covers the whole of the body, used by underwater swimmers and people doing sports in the water ▶ **strój nurka**

we've /wiːv/ short for WE HAVE

whack /wæk/ verb [T] (informal) to hit sb/sth hard ▶ **walić**

whacky = WACKY

whale /weɪl/ noun [C] a very large animal that lives in the sea and looks like a huge fish (but is, in fact, a mammal) ▶ **wieloryb**

□ **whaling** noun [U] hunting whales ▶ **wielorybnictwo**

wharf /wɔːf/ noun [C] (pl. **wharves** /wɔːvz/) a platform made of stone or wood at the side of a river where ships and boats can be tied up ▶ **nabrzeże**

★**what** /wɒt/ det., pron. **1** (used for asking for information about sb/sth): *What time is it?* Która godzina? ○ *What kind of music do you like?* ○ *She asked him what he was doing.* ○ *What's their phone number?* ➲ Zob. uwaga przy **which**. ▶ **jaki, co 2** the things (that); all the...: *What he says is true.* ○ *I believe what he said.* ○ *Is it true what he said?* ○ *I haven't got much, but you can borrow what money I have.* ▶ **(wszystko) to, co 3** (used for emphasizing sth): *What a beautiful day!* ▶ **co (za)? 4** (used to express surprise or to tell sb to say or repeat sth): *'I've just spent a thousand pounds.' 'What!'* ▶ **co takiego?**

IDIOMS **how/what about...?** → ABOUT² | **what for** for what purpose; why: *What's this little switch for?* ○ *What did you say that for?* ▶ **po co, na co, dlaczego** | **what if...?** what would happen if...?: *What if the car breaks down?* ▶ **co będzie, jeżeli**

★**whatever** /wɒt'evə(r)/ det., pron. **1** any or every; anything or everything: *You can say whatever you like.* ○ *He took whatever help he could get.* ▶ **cokolwiek, jakikolwiek, każdy, wszystko (to) co 2** no matter what: *I still love you, whatever you may think.* ○ *Whatever she says, she doesn't really mean it.* ▶ **cokolwiek, bez względu na to co 3** (used for expressing surprise or worry) what: *Whatever's the matter?* ○ *Whatever could have happened to them?* ▶ **co (za), cóż**

IDIOMS **or whatever** (informal) or any other or others of a similar kind: *You don't need to wear anything smart – jeans and a sweater or whatever.* ▶ **czy cokolwiek** (*innego itp.*) | **whatever you do** (used to emphasize that sb must not do sth): *Don't touch the red switch, whatever you do.* ▶ **w żadnym wypadku** (*nie wolno czegoś robić*)

□ **whatever** (also **whatsoever**) adv. at all: *I've no reason whatever to doubt him.* ○ *'Any questions?' 'None whatsoever.'* ▶ **wcale**

★**wheat** /wiːt/ noun [U] **1** a type of grain which can be made into flour ▶ **pszenica 2** the plant which produces this grain: *a field of wheat* ▶ **pszenica**

★**wheel** /wiːl/ noun **1** [C] a circular object that turns around a rod that is fixed to its centre. Wheels are used to make a car, bicycle, etc. move or to make a machine work: *He braked suddenly, causing the front wheels to skid.* ○ (informal) *a set of wheels* cztery kółka ▶ **koło 2** [usually sing.] = STEERING WHEEL: *Her husband was at the wheel when the accident happened.* ▶ **kierownica**

□ **wheel** verb **1** [T] to push along an object that has wheels; to move sb about in/on a vehicle with wheels: *He wheeled his bicycle* (poprowadził rower) *up the hill.* ○ *She was wheeled back to her bed on a trolley.* ▶ **toczyć, wozić 2** [I] to fly round in circles: *Birds wheeled above the ship.* ▶ **krążyć w powietrzu 3** [I] to turn round suddenly: *Eleanor wheeled round, with a look of horror on her face.* ▶ **obracać się**

■ **'wheelbarrow** (also **barrow**) noun [C] a type of small cart with one wheel, two legs and two handles used for carrying small loads, especially in gardens ➲ Ilustr. do **garden**. ▶ **taczka** | **'wheelchair** noun [C] a chair with large wheels that a person who cannot walk can move or be moved about in ▶ **wózek inwalidzki** | **'wheel clamp** (Brit.) = CLAMP(2)

wheeze /wiːz/ verb [I] to breathe noisily with a whistling sound, especially if you have a chest illness: *He was coughing and wheezing all night.* ▶ **charczeć, sapać**

★**when** /wen/ adv. **1** at what time: *When did she arrive?* ○ *I don't know when she arrived.* ▶ **kiedy 2** (used for talking about the time at which sth happens or happened): *Sunday is the day when I can relax.* ○ *I last saw her in May, when she was in London.* ▶ **kiedy**

□ **when** conj. **1** at or during the time that: *He jumped up when the phone rang.* ○ *When we were walking home we saw an accident.* ❶ Zwróć uwagę, że mówiąc o przyszłości używa się po **when** czasu teraźniejszego: *I'll call you when I'm ready.* ▶ **kiedy, gdy 2** since; as; considering that: *Why do you want more money when you've got enough already?* ▶ **kiedy, podczas gdy**

> **When** używa się, gdy mówiący jest przekonany, że to, o czym mówi, na pewno się wydarzy, zaś **if** – gdy takiej pewności nie ma. Porównaj następujące zdania: *I'll ask her when she comes.* (Jestem pewien, że przyjdzie.) ○ *I'll ask her if she comes.* (Nie jestem pewien, czy przyjdzie.)

whence /wens/ adv. (old-fashioned) (from) where: *They returned whence they came.* ▶ **skąd**

★**whenever** /wen'evə(r)/ conj. at any time; no matter when: *Don't worry. You can give it back the next time you see me, or whenever.* ○ *You can borrow my car whenever you want.* ▶ **kiedykolwiek, kiedy tylko**

□ **whenever** adv. (used when you are showing that you are surprised or impatient) when: *Whenever did you find time to do all that cooking?* ○ *Whenever are you going to finish?* ▶ **(a) kiedyż to**

★**where** /weə(r)/ adv., conj. **1** at, in or to what place or position: *Where can I buy a paper?* ○ *I asked him where he lived.* ○ *Where are you going?* ▶ **gdzie, dokąd 2** at, in or to a place or a situation: *the town where you were born* ○ *She* *ran to where* (tam/do tego miejsca) *they were standing.* ○ *I know where we must go.* ○ *Where possible* (kiedy (to) możliwe), *you should travel by bus, not taxi.* ▶ **gdzie, dokąd 3** at which place: *We came to a village, where we stopped for lunch.* ▶ **gdzie**

■ ˌ**whereaˈbouts** adv. where; in or near what place: *Whereabouts did you lose your purse?* ▶ **w jakim miejscu** | ˈ**whereabouts** noun [U, with sing. or pl. verb] the place where sb/sth is: *The whereabouts of the stolen painting is/are unknown.* ▶ **miejsce przebywania** | **whereˈby** adv. (formal) by which: *These countries have an agreement whereby foreign visitors can have free medical care.* ▶ **mocą którego** | ˌ**where-uˈpon** conj. (formal) after which: *He fell asleep, whereupon she walked quietly from the room.* ▶ **po czym**

whereas /ˌweərˈæz/ conj. (used for showing a fact that is different): *He eats meat, whereas she's a vegetarian.* ▶ **podczas gdy**

⋆**wherever** /ˌweərˈevə(r)/ conj. **1** in or to any place: *You can sit wherever you like.* ○ *She comes from Bahia, wherever that is.* ▶ **gdziekolwiek, dokądkolwiek 2** everywhere, in all places that: *Wherever I go, he goes.* ▶ **gdziekolwiek, dokądkolwiek**

□ **wherever** adv. (used for showing surprise): *Wherever did you learn to cook like that?* ▶ **(a) gdzież**

IDIOM **or wherever** or any other place: *The students might be from Sweden, Denmark or wherever* (czy skądkolwiek). ▶ **czy gdziekolwiek**

whet /wet/ verb (**whetting**; **whetted**)

IDIOM **whet sb's appetite** to make sb want more of sth: *Our short stay in Dublin whetted our appetite to spend more time there.* ▶ **pobudzać/zaostrzać apetyt**

⋆**whether** /ˈweðə(r)/ conj. **1** (used after verbs like 'ask', 'doubt', 'know', etc.) if: *He asked me whether we would be coming to the party.* ▶ **czy 2** (used for expressing a choice or doubt between two or more possibilities): *I can't make up my mind whether to go or not.* ○ *There was some doubt as to whether she should go.* ▶ **czy**

> **Whether** i **if** można używać wymiennie w znaczeniu 1. Natomiast tylko **whether** może występować przed **to**+ czasownik: *Have you decided whether to accept the offer yet?* Tylko **whether** używa się po przyimku: *the problem of whether to accept the offer.*

IDIOM **whether or not** (used to say that sth will be true in either of the situations that are mentioned): *We shall play on Saturday whether it rains or not.* ○ *Whether or not it rains, we shall play on Saturday.* ▶ **(bez względu na to) czy…czy też nie**

whew = PHEW

whey /weɪ/ noun [U] the thin liquid that remains after sour milk has formed curds ▶ **serwatka**

⋆**which** /wɪtʃ/ det., pron. **1** (used in questions when there are a number of people or things to choose from): *Which cake would you like?* ○ *She asked me which colour I preferred.* ▶ **który, jaki**

> **Which** czy **what**? Słowa **which** używa się, kiedy wybór dotyczy małej liczby rzeczy: *Which car is yours? The Ford or the Volvo?* Natomiast **what** stosuje się, gdy wybór jest nieograniczony: *What car would you choose, if you could have any one you wanted?*

2 (used for saying what thing or things you are talking about): *We need a car which is reliable.* ○ *Did you see the article which Jenny wrote?* ○ (formal) *The situation in which he found himself was very difficult.* ❶ W codziennej angielszczyźnie to samo zdanie będzie miało formę następującą: *The situation which he found himself in was very difficult.* **Which** często pomija się: *The situation he found himself in…* ▶ **który, jaki 3** (used for giving more information about a thing or an animal): *His best film, which won several awards, was about the life of Gandhi.* ▶ **który** (*w zdaniu wtrąconym*) **4** (used for making a comment on what has just been said): *We had to wait 16 hours for our plane, which was really annoying* (co było bardzo denerwujące). ❶ Uwaga! W tego typu zdaniach zaimek **which** poprzedzony jest przecinkiem. ▶ **co** (*w zdaniu uzupełniającym*)

⋆**whichever** /wɪtʃˈevə(r)/ det., pron. **1** any person or thing : *You can choose whichever book you want.* ▶ **którykolwiek, jakikolwiek 2** (used for expressing surprise) which: *Whichever way did you come?* ▶ **(a) który, (a) jaki(ż)**

whiff /wɪf/ noun [sing.] a smell which only lasts for a short time: *a whiff of perfume* ▶ **(ulotny) zapach**

⋆**while**[1] /waɪl/ (also **whilst** /waɪlst; US hwaɪlst/) conj. **1** during the time that; when: *He always phones while we're having lunch.* ▶ **(podczas) gdy; w czasie, kiedy 2** at the same time as: *He always listens to the radio while he's driving to work* (jadąc do pracy). ▶ **podczas gdy, w czasie 3** (formal) (used when you are contrasting two ideas): *Some countries are rich, while others are extremely poor.* ▶ **podczas gdy, natomiast**

⋆**while**[2] /waɪl; US hwaɪl/ noun [sing.] a period of time (usually short): *Let's sit down here for a while.* ▶ **chwila**

IDIOMS **once in a while** → ONCE | **worth sb's while** → WORTH

□ **while** verb

PHRASAL VERB **while sth away** to pass time in a lazy or relaxed way: *We whiled away the evening chatting and listening to music.* ▶ **zabijać czas, skracać sobie czas**

whim /wɪm/ noun [C] a sudden idea or desire to do sth (often sth that is not sensible) ▶ **kaprys, zachcianka**

whimper /ˈwɪmpə(r)/ verb [I] to cry softly, especially with fear or pain ▶ **kwilić, skomleć**

□ **whimper** noun [C] ▶ **kwilenie, skomlenie**

whine /waɪn/ verb **1** [I] to make a long high unpleasant sound: *The dog is whining to go out.* ▶ **skowyczeć, jęczeć 2** [I,T] to complain about sth in an annoying way: *The children were whining all afternoon.* ▶ **jęczeć**

□ **whine** noun [C] ▶ **jęk, skowyt**

whip[1] /wɪp/ noun [C] **1** a long thin piece of leather, etc. with a handle, that is used for making animals go faster and for hitting people as a punishment ▶ **bat, bicz 2** an official of a political party who has the authority to maintain discipline among its members, especially to make them vote in important debates in Parliament ▶ **osoba wyznaczona przez partię polityczną do przestrzegania dyscypliny partyjnej, zwłaszcza podczas głosowania w parlamencie**

whip² /wɪp; US hwɪp/ verb (**whipping**; **whipped**) **1** [T] to hit a person or an animal with a whip ▶ **biczować, chłostać, zacinać** (*konia*) **2** [T] to mix cream, the white part of an egg, etc. until it is light and stiff: *whipped cream* ▶ **ubijać 3** [T] (Brit., informal) to steal sth: *Somebody's whipped my sweater!* ▶ **gwizdnąć 4** [I,T] (informal) to move quickly or suddenly; to make sth move in this way: *He whipped out a pen* (błyskawicznie wyciągnął pióro) *and made a note of the number.* ▶ **wykonywać błyskawiczny ruch; przemieszczać coś błyskawicznym ruchem**

PHRASAL VERBS **whip sb/sth/yourself up** to deliberately try to make people excited or feel strongly about sth: *to whip up excitement* ○ *He managed to whip himself up into a great rage.* ▶ **wprawiać w stan podniecenia, rozgrzewać** (*np. emocje*) | **whip sth up** (informal) to prepare food quickly: *to whip up a quick snack* ▶ **pichcić coś** | **whip through sth** (informal) to do or finish sth very quickly ▶ **zrobić/zakończyć coś bardzo szybko** (*jak z bicza strzelił*)

whir (especially US) = WHIRR

whirl /wɜːl/ verb [I,T] to move round very quickly; to make sb/sth move in this way: *The dancers whirled round the room.* ○ *The wind whirled the leaves round and round.* ○ (figurative) *I couldn't sleep. My mind was whirling after all the excitement.* ▶ **wirować, kręcić (się)**

□ **whirl** noun [sing.] **1** the act or sound of whirling: *the whirl of the helicopter's blades* ▶ **wirowanie 2** a state of confusion: *My head's in a whirl* (kręci mi się w głowie) *– I'm so excited.* ▶ **wirowanie, wir 3** a number of events or activities happening one after the other: *The week passed in a whirl of activity.* ▶ **wir** (*zdarzeń*)

IDIOM **give sth a whirl** to try sth ▶ **próbować**

whirlpool /ˈwɜːlpuːl/ noun [C] a place in a river or the sea where the water moves quickly round and round ▶ **wir** (*wodny*)

whirlwind /ˈwɜːlwɪnd/ noun [C] a very strong wind that forms a tall column of air moving round and round in a circle as it travels across the land or the sea ➲ Zob. uwaga przy **storm**. ▶ **trąba powietrzna**

whirr (especially US **whir**) /wɜː(r)/ verb [I] to make a continuous low sound: *The noise of the fan whirring kept me awake.* ▶ **furkotać, warkotać**

□ **whirr** (especially US **whir**) noun [C, usually sing.] ▶ **furkot, warkot**

whisk /wɪsk/ noun [C] a tool that you use for beating cream, the white part of an egg, etc. ➲ Ilustr. do **kitchen**. ▶ **trzepaczka** (*np. do piany*)

□ **whisk** verb [T] **1** to move sb/sth quickly: *The prince was whisked away* (błyskawicznie wywieziono księcia) *in a black limousine.* ▶ **przewozić (kogoś/coś) błyskawicznie 2** to beat eggs, cream, etc. very quickly with a whisk ▶ **ubijać**

whisker /ˈwɪskə(r)/ noun **1** [C] one of the long hairs that grow near the mouth of a mouse, cat, etc. ▶ **wąs 2** (**whiskers**) [pl.] (old-fashioned or humorous) the hair that is growing on a man's face ▶ **bokobrody, broda**

whisky /ˈwɪski/ noun (pl. **whiskies**) **1** [U] a strong alcoholic drink that is made from grain: *Scotch whisky* ▶ **whisky 2** [C] a glass of whisky ▶ **whisky** ❶ W USA i Irlandii stosuje się pisownię **whiskey**.

⋆**whisper** /ˈwɪspə(r)/ verb [I,T] to speak very quietly to sb, so that other people cannot hear what you are saying ▶ **szeptać**

□ **whisper** noun [C]: *to speak in a whisper* ▶ **szept**

⋆**whistle** /ˈwɪsl/ noun [C] **1** the long high sound that you make when you force air out between your lips ▶ **gwizd 2** a simple musical instrument that produces a long high sound: *The referee blew his whistle to stop the game.* ▶ **gwizdek**

□ **whistle** verb **1** [I,T] to make sounds by forcing air out between your lips or through a whistle: *He whistled a tune to himself.* ○ *The referee whistled and the game was over.* ▶ **gwizdać 2** [I] to make a sound like a whistle: *A bullet whistled past his head.* ▶ **gwizdać**

Whit /wɪt/ noun [U] = WHITSUN

⋆**white¹** /waɪt/ adj. **1** of the very light colour of snow or milk: *white coffee* kawa z mlekiem ▶ **biały 2** (used about a person) having pale skin; of European origin ▶ **biały 3 white (with sth)** (used about a person) very pale because of illness, fear, etc.: *to be white with shock* ▶ **biały**

IDIOMS **black and white** → BLACK¹ | **in black and white** → BLACK²

■ ˌ**white-ˈcollar** adj. white-collar work is done in an office not a factory, and white-collar workers are people who work in an office ➲ Por. **blue-collar**. ▶ **biurowy** | ˌ**white ˈelephant** noun [sing.] something that you do not need or that is not useful ▶ **piąte koło u wozu** | ˌ**white ˈlie** noun [C] a lie that is not very harmful or serious ▶ **niewinne/nieszkodliwe kłamstwo** | ˌ**White ˈPaper** noun [C] (Brit.) an official government report on a particular subject that will later be discussed in Parliament ▶ **oficjalne sprawozdanie rządowe** | ˈ**whitewash** noun **1** [U] a white liquid that you use for painting walls ▶ **wapno/biała farba** (*do bielenia ścian*) **2** [sing.] trying to hide unpleasant facts about sb/sth: *The opposition claimed the report was a whitewash.* ▶ **wybielenie** | ˈ**whitewash** verb [T] **1** to paint whitewash on a wall ▶ **bielić wapnem 2** to try to hide sth bad or wrong that you have done: *After his death, they tried to whitewash his reputation.* ▶ **wybielać** | ˌ**white ˈwine** noun [U] wine made from green grapes, that is clear or of a very pale yellow colour ▶ **białe wino**

⋆**white²** /waɪt; US hwaɪt/ noun **1** [U] white colour,

paint, etc.: *She was dressed in white.* ▶ **biel, kolor biały** **2** [C] a person with white skin ▶ **człowiek białej rasy** **3** [C,U] the part of an egg that turns white when it is cooked ▶ **białko** **4** [C] the white part of the eye ▶ **białko**

'White House (**the White House**) noun [sing.] **1** the large house in Washington D.C. where the US president lives and works ▶ **Biały Dom** **2** (used to refer to the US president and the other people in the government who work with them) ▶ (*instytucja*) **Biały Dom**

ˌwhite-water 'rafting noun [U] the sport of travelling down a fast rough section of a river, lake, etc. in a rubber boat ▶ **spływ górski**

Whitsun /'wɪtsn/ (also **Whit**) noun [sing.] the seventh Sunday after Easter and the days close to it ▶ **Zielone Święta**

whizz[1] (also **whiz**) /wɪz/ verb [I] (informal) to move very quickly, often making a high continuous sound: *The racing cars went whizzing by.* Samochody wyścigowe przeleciały ze świstem. ▶ **pędzić, lecieć**

whizz[2] (especially US **whiz**) /wɪz; US hwɪz/ noun [sing.] a person who is very good and successful at sth: *She's a whizz at crosswords.* ○ *He's our new marketing whizz-kid.* ▶ **geniusz**

★**who** /hu:/ pron. **1** (used in questions to ask sb's name, etc.): *Who did this?* ○ *Who did you meet at the party?* ○ *Who did you go with?* ▶ **kto** **2** (used in reported questions and after certain verbs): *She wondered who he was.* ▶ **kto** **3** (used for saying which person or what kind of person you are talking about): *I like people who say what they think.* ○ *That's the man who I met at Ann's party.* ○ *The woman who I work for is very nice.* ❶ W ostatnich dwóch przykładach, tzn. kiedy **who** jest dopełnieniem lub gdy występuje z przyimkiem, można je opuścić: *That's the man I met at Ann's party.* ○ *The woman I work for is very nice.* ▶ **(ten) który, (ten) co** **4** used for giving extra information about sb: *My mother, who's over 80* (która ma ponad 80 lat), *still drives a car.* ❶ Zwróć uwagę, że dodatkowa informacja jest oddzielona od reszty zdania przecinkami. ➲ Zob. uwaga przy **whom**. ▶ **który**

■ **ˌwho'dunnit** (Brit.) (also **whodunit**) noun [C] (informal) a story, play, etc. about a murder in which you do not know who did the murder until the end ▶ **kryminał**

who'd /hu:d/ short for WHO HAD, WHO WOULD

★**whoever** /hu:'evə(r)/ pron. **1** the person who: *Whoever is responsible will have to pay for the damage.* ○ *I want to speak to whoever is in charge.* ▶ **ktokolwiek, każdy, kto** **2** it does not matter who: *I don't want to see anybody – whoever it is.* ▶ **ktokolwiek, obojętne kto** **3** (used for expressing surprise) who: *Whoever could be phoning so late at night?* ▶ **kto/któż (to)**

★**whole** /həʊl/ adj. **1** complete; full: *We drank a whole bottle of wine.* ○ *a whole month's holiday* ▶ **cały; pełny** **2** not broken or cut: *Snakes swallow their prey whole* (w całości). ▶ **cały**

□ **whole** noun [sing.] **1** all that there is of sth: *I spent the whole of the morning* (cały ranek) *cooking.* ▶ **całość** **2** a thing that is complete or full: *Two halves make a whole.* ▶ **całość**

IDIOMS **as a whole** as one complete thing or unit: *This is true in Britain, but also in Europe as a whole.* ▶ **w całości** | **on the whole** generally, but not true in every case: *On the whole I think it's a very good idea.* ▶ **na ogół**

□ **wholly** /'həʊlli/ adv. completely; fully: *The government is not wholly to blame for the situation.* ▶ **całkowicie, zupełnie**

■ **'wholefood** noun [U] food that does not contain artificial substances and chemicals and that is as natural as possible ▶ **zdrowa żywność** | **ˌwhole'hearted** adj. complete and without doubt: *to give sb your wholehearted support* (pełne poparcie) ▶ **niekłamany, z głębi serca płynący** | **ˌwhole'heartedly** adv.: *We wholeheartedly agree with you.* ▶ **z całego serca, w pełni** | **'wholemeal** (also **wholewheat**) adj. (made from) flour that contains all the grain: *wholemeal bread* ▶ **razowy**

wholesale /'həʊlseɪl/ adj., adv. **1** connected with buying and selling goods in large quantities: *They get all their building materials wholesale.* ➲ Por. **retail**. ▶ **hurtowy; hurtowo** **2** (usually about sth bad) very great; on a very large scale: *the wholesale destruction of the rainforests* ▶ **masowy**

wholesome /'həʊlsəm/ adj. **1** good for your health: *simple wholesome food* ▶ **zdrowy** **2** (used about a person) looking clean and attractive ▶ **czerstwy, zdrowy** **3** having a moral effect that is good ▶ **(moralnie) zdrowy**

who'll /hu:l/ short for WHO WILL

wholly → WHOLE

★**whom** /hu:m/ pron. (formal) **1** (used in questions as the object form of 'who' to ask sb's name, etc.): *Whom did you meet there?* ○ *To whom did you give the money?* ▶ (*przypadek zależny od* **kto**) **2** (used as the object form of 'who' in reported questions and after certain verbs): *He asked me whom I had met.* ○ *I realized to whom I had been speaking.* ▶ (*przypadek zależny od* **kto**) **3** (used for saying which person or what kind of person the object of a verb or preposition is): *A gentleman whom I had never met sat down beside me.* ▶ (*przypadek zależny od* **który**) **4** (used for giving extra information about the object of a verb or preposition): *This is my wife, to whom I owe everything.* ▶ (*przypadek zależny od* **który**)

> Stosowanie **whom** zamiast **who** jest charakterystyczne dla bardzo formalnego języka. Zwykle takie zdanie jak **He asked me with whom I had discussed it** wyraża się w postaci **He asked me who I had discussed it with.** (Zwróć uwagę, że przyimek stoi wówczas na końcu zdania).

whooping cough /'hu:pɪŋ kɒf; US -kɔ:f/ noun [U] a serious disease, especially of children, in which they have a bad cough and make a loud noise when they breathe in after coughing ▶ **koklusz**

whoops /wʊps/ interj. (informal) (used when

you have, or nearly have, a small accident): *Whoops! I nearly dropped the cup.* ▶ **o rety!**

whoosh /wʊʃ/ verb [I] to move very fast, often with the sound of air rushing: *A motorbike whooshed around the corner.* ○ *The wind whooshed through the trees.* ▶ **przemieszczać się ze świstem**

whopper /ˈwɒpə(r)/ noun (informal) **1** something that is very big for its type ▶ **olbrzym 2** a lie: *She's told some whoppers about her past.* ▶ **wierutne kłamstwo**

whore /hɔː(r)/ noun [C] (old-fashioned) = PROSTITUTE

who're /ˈhuːə(r)/ short for WHO ARE

who's /huːz/ short for WHO IS, WHO HAS

⋆**whose** /huːz/ det., pron. **1** (used in questions when you are asking who sth belongs to) of whom?: *Whose car is that?* ▶ **czyj 2** of whom; of which: *That's the boy whose mother has just died.* ○ *a firm whose most famous product is chocolate* ❶ W niektórych zdaniach za pomocą **whose** wprowadza się dodatkową informację o podmiocie (osobie lub rzeczy). Jest to tzw. zdanie wtrącone (bez niego zdanie główne też będzie miało sens). W takich wypadkach przed **whose** oraz na końcu zdania wtrąconego stawiamy przecinki. ▶ (*przypadek zależny od* **który**)

who've /huːv/ short for WHO HAVE

⋆**why** /waɪ/ adv. **1** for what reason: *Why was she so late?* ○ *I wonder why they went.* ○ *'I'm not staying any longer.' 'Why not?'* ○ *Can you tell me the reason why you are so unhappy?* ▶ **dlaczego, czemu 2** (used for giving or talking about a reason for sth): *The reason why I'm leaving you* (powód, dla którego odchodzę) *is obvious.* ○ *I'm tired and that's why* (i dlatego) *I'm in a bad mood.*

IDIOMS **why ever** (used to show that you are surprised or angry): *Why ever didn't you phone?* ▶ **(a) dlaczego(ż)** | **why not?** (used for making or agreeing to a suggestion): *Why not get fish and chips tonight?* ▶ **dlaczego/czemu nie?, może by**

wick /wɪk/ noun [C] the piece of string in the middle of a candle ▶ **knot**

⋆**wicked** /ˈwɪkɪd/ adj. **1** morally bad; evil: *The man was described as weak and foolish but not wicked.* ➲ Zob. uwaga przy **evil**. ▶ **nikczemny, zły 2** liking to annoy other people in a way that is not serious: *a wicked sense of humour* ▶ **figlarny 3** (slang) very good: *Their new CD is really wicked.* ▶ **odjazdowy, bombowy**

□ **wickedly** adv. ▶ **figlarnie** | **wickedness** noun [U] ▶ **nikczemność, zło**

⋆**wide** /waɪd/ adj. **1** measuring a large amount from one side or edge to the other: *The road was not wide enough for two cars to pass.* ○ *a wide river* ❶ Rzeczownik: **width**. Antonim: **narrow**. ➲ Zob. uwaga przy **broad**. ▶ **szeroki 2** measuring a particular amount from one side or edge to the other: *The box was only 20 centimetres wide.* ○ *How wide is the river?* ▶ **szeroki, mający (x m itd.) szerokości 3** covering a large area or range: *You're the nicest person in the whole wide world!* ○ *This shop sells a wide range of goods.* ▶ **bezmierny, rozległy 4** fully open: *The children's eyes were wide with excitement.* ▶ **szeroko otwarty 5** not near what you wanted to touch or hit: *His first serve was wide.* ▶ **daleko (od celu)**

□ **wide** adv. as far or as much as possible; completely: *Open your mouth wide.* ○ *wide awake* ○ *a wide open door* ▶ **szeroko** | **widely** adv. **1** to a large degree; a lot: *Their opinions differ widely.* ▶ **znacznie; bardzo 2** over a large area or range: *Steve travelled widely* (dużo podróżował) *in his youth.* ▶ **szeroko, rozlegle** | **widen** /ˈwaɪdn/ verb [I,T] to become wider; to make sth wider ▶ **poszerzać (się), rozszerzać (się)**

■ **ˌwide-ˈranging** adj. covering a large area or many subjects: *a wide-ranging discussion* ▶ **obejmujący szeroki zakres** (*np. zagadnień*), **obszerny** | **ˈwidespread** adj. found or happening over a large area; affecting a large number of people: *The storm has caused widespread damage.* ▶ **rozległy**

⋆**widow** /ˈwɪdəʊ/ noun [C] a woman whose husband has died and who has not married again ▶ **wdowa**

widowed /ˈwɪdəʊd/ adj. being a widow or widower: *She's been widowed for ten years now.* ▶ **owdowiał-y/a**

⋆**widower** /ˈwɪdəʊə(r)/ noun [C] a man whose wife has died and who has not married again ▶ **wdowiec**

⋆**width** /wɪdθ/ noun **1** [C,U] the amount that sth measures from one side or edge to the other: *The room is eight metres in width.* ○ *The carpet is available in two different widths.* ▶ **szerokość 2** [C] the distance from one side of a swimming pool to the other ▶ **szerokość (basenu)**

wield /wiːld/ verb [T] **1** to have and use power, authority, etc.: *She wields enormous power in the company.* ▶ **mieć** (*władzę*) **2** to hold and use a weapon: *Some of the men were wielding knives.* ▶ **władać, dzierżyć**

wiener /ˈwiːnə(r)/ noun [C] (US) = FRANKFURTER

⋆**wife** /waɪf/ noun [C] (pl. **wives** /waɪvz/) the woman to whom a man is married ▶ **żona**

wig /wɪɡ/ noun [C] a covering made of real or false hair that you wear on your head, because you are bald or because you want to cover up your own hair ▶ **peruka**

wiggle /ˈwɪɡl/ verb [I,T] (informal) to move from side to side with small quick movements; to make sth do this: *Can you wiggle your ears?* ▶ **poruszać (czymś/się) w prawo i w lewo**

□ **wiggle** noun [C] (informal): *to walk with a wiggle* ▶ **kręcenie biodrami**

⋆**wild** /waɪld/ adj. **1** living or growing in natural conditions, not looked after by people: *wild animals* ▶ **dziki 2** (used about an area of land) not lived on, farmed, etc.: *the wild mountain scenery of Wales* ▶ **dziki 3** (used about the weather) stormy, with strong winds: *It was a wild night last night.* ▶ **burzliwy 4** (used about a person or their behaviour or emotions) not controlled; rather mad: *The crowd went wild* (oszalał) *with excitement.* ○ *He had a wild look* (błędne spojrzenie) *in his eyes.* ▶ **szalony; obłąkany 5 be wild about sb/sth** (informal) to like sb/sth very much: *I'm not wild about their new house.* ▶ **szaleć/przepadać (za kimś/czymś) 6** not carefully done, planned or thought about: *She made rather a wild guess.* ▶ **na ślepo, na chybił trafił**

□ **wild** noun **1 (the wild)** [sing.] natural areas (= not on farms, in zoos, etc.): *the thrill of seeing elephants in the wild* (na wolności) ▶ **naturalne otoczenie/środowisko 2 (the wilds)** [pl.] places that are far away from towns: *They live somewhere out in the wilds.* ▶ **odludzie** | **wildly** adv. in a wild way: *to rush about wildly* ▶ **dziko, szaleńczo** | **wildness** noun [U] ▶ **obłąkanie, dzikość**

■ **'wildlife** noun [U] wild birds, plants, animals, etc. ▶ **dzika fauna i flora**

wilderness /'wɪldənəs/ noun [C, usually sing.] **1** an area of land with very few signs of human life: *The Antarctic is the last great wilderness.* ▶ **pustkowie, pustynia 2** a place where plants are growing in an uncontrolled way ▶ **puszcza, chaszcze**

wilful (US also **willful**) /'wɪlfl/ adj. **1** done on purpose, e.g. to hurt or damage sb/sth: *wilful damage* ▶ **rozmyślny, z premedytacją 2** doing exactly what you want, no matter what other people think or say ▶ **samowolny**

□ **wilfully** /-fəli/ adv. ▶ **rozmyślnie, z premedytacją, samowolnie**

⋆**will¹** /wɪl/ modal verb (short form **'ll**; negative **will not**; short form **won't** /wəʊnt/) **1** (used in forming the future tenses): *He will be* (będzie) *here soon.* ○ *I'm sure you'll pass* (zdasz) *your exam.* ○ *I'll be* (będę) *sitting on the beach this time next week.* ○ *Next Sunday, she will have been in England for a year.* W przyszłą niedzielę minie rok od jej przyjazdu do Anglii. **2** (used for showing that sb is willing to do sth, or that sth is able to do sth): *'We need some more milk.' 'OK, I'll get it* (przyniosę je).*'* ○ *Why won't you tell me* (powiedz mi) *where you were last night?* ○ *I'll carry* (poniosę) *your case for you.* ○ *My car won't start* (nie chce zapalić). **3** (used for asking sb to do sth): *Will you sit down, please?* Proszę usiąść. **4** (used for offering sth to sb): *Will you have a cup of tea?* Czy napijesz się herbaty? **5** (not used in the short forms) (used for talking about sth annoying that sb always or very often does): *He will keep interrupting me when I'm trying to work.* Ciągle mi przeszkadza, kiedy próbuję pracować. **6** (used for saying that you think sth is probably true): *That will be the postman at the door.* To na pewno listonosz.

will² /wɪl/ verb [T] to use the power of your mind to do sth or to make sth happen: *He willed himself to carry on to the end of the race.* ▶ **zmuszać się/kogoś siłą woli**

⋆**will³** /wɪl/ noun **1** [C,U] the power of the mind to choose what actions to take: *Both her children have got very strong wills.* ○ *My father seems to have lost the will to live.* ▶ **wola 2** [sing.] what sb wants or desires: *My mother doesn't want to sell the house and I don't want to go against her will.* ▶ **wola, życzenie 3** [C] a legal document in which you write down who should have your money and property after your death: *Have you made a will?* ○ *Gran left us some money in her will.* ▶ **testament**

IDIOM of your own free will → FREE¹

□ **-willed** (in compounds) having a will(1) of a particular type: *strong-willed* o silnej woli ▶ (*określa wolę*)

⋆**willing** /'wɪlɪŋ/ adj. **1** (not before a noun) prepared to do sth; having no objection to doing sth: *Are you willing to help us?* ○ *I'm not willing to take any risks.* ▶ **skłonny, gotów (coś zrobić) 2** ready or eager: *a willing helper* ▶ **chętny, ochoczy**

□ **willingly** adv. ▶ **chętnie, z własnej woli** | **willingness** noun [U, sing.] ▶ **gotowość, ochota**

willow /'wɪləʊ/ (also **'willow tree**) noun [C] a tree with thin branches and long thin leaves that grows near water: *weeping willow* wierzba płacząca ▶ **wierzba**

will power /'wɪl paʊə(r)/ noun [U] strength of mind; the ability to keep trying to succeed, even when sth is difficult: *It takes a lot of will power to give up smoking.* ▶ **siła woli**

willy /'wɪli/ noun [C] (pl. **willies**) (informal) a penis ❶ Słowo używane przez dzieci lub w rozmowie z dziećmi. ▶ **siusiak**

willy-nilly /ˌwɪli 'nɪli/ adv. (informal) **1** in a careless way without planning: *Don't spend your money willy-nilly.* ▶ **bez ładu i składu 2** if you want to or not: *She was forced willy-nilly to accept the company's proposals.* ▶ **chcąc nie chcąc**

wilt /wɪlt/ verb [I] (used about a plant or flower) to bend and start to die, because of heat or lack of water ▶ **więdnąć, marnieć**

wily /'waɪli/ adj. (**wilier**; **wiliest**) clever at getting what you want ▶ **chytry, przebiegły**

wimp /wɪmp/ noun [C] (informal) a weak person ▶ **słabeusz, mięczak**

□ **wimpish** adj. ▶ **słabowity, mięczakowaty**

⋆**win** /wɪn/ verb (pres. part. **winning**; pt, pp **won** /wʌn/) **1** [I,T] to be the best, first or strongest in a race, game, competition, battle, election, etc.: *to win a game/match/race* ○ *Murphy won and Lewis was second.* ○ *I never win at table tennis.* ○ *Which party do you think will win the next election?* ▶ **wygrywać, zwyciężać 2** [T] to get sth as a result of success in a competition, race, etc.: *How much did you win?* ○ *Who won the gold medal?* ○ *Labour won the seat from the Conservatives.* ▶ **wygrywać 3** [T] to get sth by hard work, great effort, etc.: *Her brilliant performance won her a great deal of praise.* ○ *to win support for a plan* ▶ **zdobywać**

IDIOMS win/lose the toss → TOSS | **you can't win** (informal) there is no way of being completely successful or of pleasing everybody: *Whatever you do you will upset somebody. You can't win.* ▶ **i tak źle, i tak niedobrze**

PHRASAL VERB win sb over/round (to sth) to persuade sb to support or agree with you ▶ **pozyskiwać (kogoś do czegoś)**

□ **win** noun [C] an act of winning a competition, game, race, etc.: *We have had two wins and a* *draw so far this season.* ▶ **wygrana** | **winner** noun [C] **1** a person or an animal that wins a competition, game, race, etc.: *And the winner is…* ▶ **zwycię-zca/żczyni** **2** (informal) something that is likely to be successful: *I think your idea is a winner.* ▶ **pewniak** | **winning** adj.: *The winning ticket is number 65.* ▶ **wygrywający, zwycięski**

wince /wɪns/ verb [I] to make a sudden quick movement (usually twisting the muscles of the face) because of a sharp pain or sth unpleasant ▶ **drgnąć/krzywić się** (*np. z bólu*)

winch /wɪntʃ/ noun [C] a machine that lifts or pulls heavy objects by using a thick chain, etc. that winds round and round a drum ▶ **wciągarka, wyciągarka**

□ **winch** verb [T] to lift or pull sb/sth using a winch: *The injured climber was winched up into a helicopter.* ▶ **wciągać, wyciągać** (*za pomocą w(y)ciągarki*)

⋆**wind**[1] /wɪnd/ noun **1** [C,U] (also **the wind**) air that is moving across the surface of the earth: *There was a strong wind blowing.* ○ *A gust of wind blew his hat off.* ○ *high winds* silne wiatry ○ *a cold north wind* ▶ **wiatr** **2** [U] the breath that you need for doing exercise or playing a musical instrument: *She stopped running to get her wind back.* ▶ **oddech, dech** **3** [U] air that you swallow when you are eating or drinking; gas that is formed in your stomach ▶ **wiatry, wzdęcie**

IDIOM **get wind of sth** to hear about sth that is secret ▶ **wywęszyć**

□ **windy** adj. (**windier**; **windiest**) with a lot of wind: *a windy day* ▶ **wietrzny**

■ **'windfall** noun [C] an unexpected gift or piece of good luck ▶ **gratka, nieoczekiwane szczęście/powodzenie** | **'wind instrument** noun [C] a musical instrument that you play by blowing through it ▶ **instrument dęty** | **'windmill** noun [C] a tall building with long sails that stick out from it and turn in the wind. Windmills are used for grinding corn, producing electricity, etc. ▶ **wiatrak** | **'windpipe** noun [C] the tube that takes air from the throat to the lungs ❶ Określenie naukowe to **trachea**. ▶ **tchawica** | **'windscreen** (US **'windshield**) noun [C] the window in the front of a car, etc. ▶ **przednia szyba** | **'windscreen wiper** (also **wiper**; US **'windshield wiper**) noun [C] one of the two moving blades that remove water, snow, etc. from the windscreen ▶ **wycieraczka (szyby samochodowej)** | **'windsurf** verb [I] to move through water standing on a special board with a sail ❶ Zwykle mówi się **go windsurfing**: *Have you ever been windsurfing?* ▶ **uprawiać windsurfing** | **'windsurfer** noun (also **sailboard**) [C] **1** a board with a sail that you stand on as it moves over the surface of the water, driven by the wind ▶ **deska windsurfingowa** **2** a person who rides on a board like this ▶ **osoba uprawiająca windsurfing** | **'windsurfing** noun [U] the sport of riding on a windsurfer ▶ **windsurfing** | **'windswept** adj. **1** (used about a place) that often has strong winds: *a windswept coastline* ▶ **wystawiony na wiatr, wietrzny** **2** looking untidy because you have been in a strong wind: *windswept hair* ▶ **rozczochrany/potargany (na wietrze)**

wind[2] /wɪnd/ verb [T] to cause sb to have difficulty in breathing: *The punch in the stomach winded her.* ▶ **pozbawiać tchu**

⋆**wind**[3] /waɪnd/ verb (pt, pp **wound** /waʊnd/) **1** [T] to wrap sth long round sth else several times: *Wind the string round your finger or the balloon will fly away.* ▶ **nawijać, zwijać, owijać** **2** [T] to make sth work or move by turning a key, handle, etc.: *He wound the car window down* (opuścił szybę) *and shouted at the other driver.* ○ *Wind the tape on a bit to the next song.* ▶ **kręcić** (*np. korbką*), **przewijać** (*np. taśmę*) **3** [I] (used about a road, path, etc.) to have a lot of bends or curves in it: *The path winds down the cliff to the sea.* ▶ **kręcić się, wić się**

PHRASAL VERBS **wind down** (about a person) to rest and relax after a period of hard work, worry, etc. ➲ Por. **unwind**. ▶ **odprężać się** | **wind up** to be in a place at the end of a journey or in a particular situation after other things have happened: *We wound up in quite a nice hotel near Calais.* ○ *You'll wind up failing your exams if you go on like this.* Jeżeli będziesz tak dalej robił, to w końcu oblejesz egzaminy. ▶ **znaleźć się gdzieś/w pewnej sytuacji** | **wind sb up** (Brit., informal) to annoy sb until they become angry ▶ **rozzłościć kogoś** | **wind sth up** to finish, stop or close sth: *The company was losing money and was soon wound up.* ▶ **kończyć** (*działalność*), **zamykać**

□ **winding** adj. with bends or curves in it: *a winding road through the hills* ▶ **kręty, wijący się**

⋆**window** /ˈwɪndəʊ/ noun [C] **1** the opening in a building, car, etc. that you can see through and that lets light in. A window usually has glass in it: *a shop window* wystawa sklepowa ○ *a window seat* miejsce/siedzenie przy oknie ▶ **okno** **2** the glass in a window: *to break a window* ▶ **szyba** **3** an area on a computer screen that has a particular type of information in it ▶ **okno**

■ **'windowpane** noun [C] one piece of glass in a window ▶ **szyba** | **'window-shopping** noun [U] looking at things in shop windows without intending to buy anything ▶ **oglądanie wystaw sklepowych** | **'window sill** (also **'window ledge**) noun [C] the shelf at the bottom of a window in a building, either inside or outside ▶ **parapet okienny**

windy → WIND[1]

⋆**wine** /waɪn/ noun [C,U] an alcoholic drink that is made from grapes (or sometimes other fruit): *red/white/rosé wine* ○ *sweet* (słodkie)/*dry* (wytrawne) *wine* ○ *German wines* ▶ **wino**

■ **'wine bar** noun [C] a place where you can go to drink wine and have sth to eat ➲ Zob. uwaga przy **bar**. ▶ **winiarnia**

⋆**wing** /wɪŋ/ noun **1** [C] one of the two parts that a bird, insect, etc. uses for flying ➲ Ilustr. do **fairy**. ▶ **skrzydło** **2** [C] one of the two long parts that stick out from the side of an aeroplane and support it in the air ▶ **skrzydło** **3** [C] a part of a building that sticks out from the main part or that was added on to the main part: *the maternity wing of the hospital* ▶ **skrzydło 4** [C] (US **fender**) the part of the outside of a car, etc. that covers the top of the wheels ▶ **błotnik 5** [C, usually sing.] a group of people in a political party that have particular beliefs or opinions: *the right wing of the Conservative Party* ➲ Por. **left-wing** i **right-wing**. ▶ **skrzydło 6** [C] (in football, etc.) the part at each side of the area where the game is played: *to play on the wing* ▶ **skrzydło 7** [C] (also **winger**) (in football, etc.) a person who plays in an attacking position at one of the sides of the field ▶ **skrzydłow-y/a 8** (**the wings**) [pl.] (in a theatre) the area at the sides of the stage where you cannot be seen by the audience ▶ **kulisy**

IDIOM **take sb under your wing** to take care of and help sb who has less experience than you ▶ **wziąć kogoś pod swoje skrzydła**

wink /wɪŋk/ verb [I] **wink (at sb)** to close and open one eye very quickly, usually as a private signal to sb ➲ Por. **blink**. ▶ **mrugać**

IDIOM **forty winks** → FORTY

□ **wink** noun [C]: *to give sb a wink* ○ *I didn't sleep a wink.* Nie zmrużyłem oka. ▶ **mrugnięcie**

winner, winning → WIN

★**winter** /ˈwɪntə(r)/ noun [C,U] the coldest season of the year between autumn and spring: *It snows a lot here in winter.* ○ *a cold winter's day* ○ *We went skiing in France last winter.* ○ *the Winter Olympics* ▶ **zima**

□ **wintry** /ˈwɪntri/ adj.: *wintry weather* ○ *a wintry wind* ▶ **zimowy**

■ ˌ**winter ˈsports** noun [pl.] sports which take place on snow or ice, e.g. skiing and skating ▶ **sporty zimowe** | ˈ**wintertime** noun [U] the period or season of winter ▶ **zima, okres zimowy**

★**wipe** /waɪp/ verb [T] **1** to clean or dry sth by rubbing it with a cloth, piece of paper, etc.: *Wipe your hands on this towel.* ○ *to wipe your nose on a handkerchief* ○ *Could you wipe the table, please?* ➲ Zob. uwaga przy **clean**. ▶ **wycierać, obcierać 2 wipe sth from/off sth**; **wipe sth away/off/up** to remove sth by wiping(1): *Wipe the dirt off your shoes.* ○ *He wiped the sweat from his forehead.* ○ *Wipe up the milk you spilled, please.* ▶ **ścierać, wycierać 3 wipe sth (off/from) (sth)** to remove sound, information or images from sth: *I accidentally wiped the tape.* ○ *I tried to wipe the memory from my mind.* ▶ **wymazać, zmazać**

PHRASAL VERB **wipe sth out** to destroy sth completely: *Whole villages were wiped out in the bombing raids.* ▶ **zmiatać** (*np. z powierzchni ziemi*), **zniszczyć**

□ **wipe** noun [C] **1** the act of wiping: *He gave the table a quick wipe.* ▶ **wytarcie, starcie 2** a piece of paper or thin cloth that has been made wet with a special liquid and is used for cleaning sth: *a box of baby wipes* ▶ **chusteczka higieniczna** (*nasączona emulsją do mycia*), **ściereczka** | **wiper** noun [C] = WINDSCREEN WIPER

★**wire** /ˈwaɪə(r)/ noun [C,U] **1** a long thin piece of metal like strong string that is used for fastening things or in fences, cages, etc.: *a piece of wire* ○ *barbed wire* drut kolczasty ○ *a wire fence* ogrodzenie z siatki metalowej ▶ **drut 2** a piece of wire that is used to carry electricity ▶ **przewód, kabel**

□ **wire** verb [T] **1** to fasten or join two things together using wire ▶ **drutować 2 wire sth (up)** to connect sth to a supply of electricity by using wires ▶ **zakładać przewody elektryczne 3 wire sth (to sb)**; **wire sb sth** to send money to sb's bank account using an electronic system ▶ **przesyłać pieniądze drogą elektroniczną** | **wiring** /ˈwaɪərɪŋ/ noun [U] the system of wires that supplies electricity to rooms in a building ▶ **instalacja elektryczna**

wiry /ˈwaɪəri/ adj. (**wirier**; **wiriest**) (used about a person) small and thin but strong ▶ **żylasty**

★**wisdom** /ˈwɪzdəm/ noun [U] the quality of being wise; the ability to make sensible decisions and judgements because of your knowledge or experience: *Athena was the goddess of wisdom.* ○ *I doubt the wisdom of taking a decision too early.* Wątpię, czy rozsądne jest zbyt wczesne podejmowanie decyzji. ▶ **mądrość**

■ ˈ**wisdom tooth** noun [C] (pl. **wisdom teeth**) one of the four teeth at the back of your mouth that appear when you are about 20 years old ▶ **ząb mądrości**

★**wise** /waɪz/ adj. having or showing the knowledge or experience to make good or sensible decisions or judgements: *It would be wiser to wait for a few days.* ▶ **mądry, roztropny**

□ **wisely** adv. ▶ **mądrze, roztropnie**

★**wish** /wɪʃ/ verb **1** [T] **wish (that)** (often with a verb in the past tense) to want sth that cannot now happen or that probably will not happen: *I wish (that) I had listened more carefully.* Szkoda, że nie słuchałem dokładniej. ○ *I wish (that) I knew what was going to happen.* Szkoda, że nie wiedziałem, co ma się wydarzyć. ○ *My father wishes (that) he had gone to university.* Mój ojciec żałuje, że nie poszedł na studia. ○ *I wish I could help you.* Chciałbym ci pomóc. ❶ Zwróć uwagę, że w formalnym angielskim używa się **were** zamiast **was** z **I** lub **he/she**: *I wish I were rich.* Chciałbym być bogaty. ○ *She wishes she were in a different class.* Chciałaby być w innej klasie. ▶ **życzyć (sobie), chcieć, żałować 2** [I] **wish for sth** to say to yourself that you want sth that can only happen by good luck or magic: *She closed her eyes and wished for her mother to get better.* ▶ **życzyć sobie (żeby) 3** [T] **wish (to do sth)** (formal) to want to do sth: *I wish to make a complaint about one of the doctors.* ▶ **pragnąć, mieć życzenie 4** [T] to say that you hope sb will have sth; to say sth as a greeting: *I rang him up to wish him a happy birthday.* ○ *We wish you all the best for your future career.* ▶ **życzyć (czegoś komuś), składać życzenia**

□ **wish** noun **1** [C] a feeling that you want sth: *a wish for peace* ○ *I have no wish to see her ever again.* ○ *Doctors should respect the patient's wishes.* ▶ **życzenie 2** [C] when you make a wish, you say to yourself secretly that you want to have sth or that you want sth to happen, and you hope that it will: *The prince was granted three wishes by the fairy.* ○ *My wish* *came true.* Spełniło się moje życzenie. ▶ **życzenie 3** (**wishes**) [pl.] a hope that sb will be happy or have good luck: *Please give your parents my best wishes.* ○ *Best Wishes* Wszystkiego dobrego! (formuła kończąca list) ▶ **życzenia**

■ **ˌwishful ˈthinking** noun [U] ideas that are based on what you would like, not on facts ▶ **pobożne życzenia**

wisp /wɪsp/ noun [C] **1** a small thin bunch of hair, grass, etc. ▶ **kosmyk, wiązka 2** a small amount of smoke ▶ **wstęga dymu**

□ **wispy** adj. consisting of small thin pieces; not thick: *wispy hair* ○ *wispy clouds* ▶ (*o włosach*) **cienki i niesforny**; (*o chmurach*) **pierzasty**; (*o mgle*) **zwiewny**

wistful /ˈwɪstfl/ adj. feeling or showing sadness because you cannot have what you want: *a wistful sigh* ▶ **tęskny, pełen tęsknoty**

□ **wistfully** /-fəli/ adv. ▶ **z tęsknotą**

wit /wɪt/ noun [U] **1** the ability to use words in a clever and amusing way ▶ **błyskotliwość 2** (also **wits** [pl.]) cleverness; intelligence: *The game of chess is essentially a battle of wits.* ▶ **bystrość umysłu, rozum**

IDIOMS **be at your wits' end** to not know what to do or say because you are so worried ▶ **znaleźć się w kropce** | **keep your wits about you** to be ready to act in a difficult situation ▶ **nie być w ciemię bitym**

□ **-witted** (in compounds) having a particular type of intelligence: *quick-witted* o bystrym umyśle ▶ (*określa umysł*) | **witty** adj. (**wittier**; **wittiest**) clever and amusing; using words in a clever way: *a very witty speech* ▶ **błyskotliwy, dowcipny** | **wittily** adv. ▶ **błyskotliwie, dowcipnie**

witch /wɪtʃ/ noun [C] (in former times and in stories) a woman who is thought to have magic powers that she uses to do bad things. Pictures of witches in stories show them wearing a black cloak and a tall pointed hat. ➲ Por. **wizard.** ▶ **wiedźma, czarownica**

■ **ˈwitchcraft** noun [U] the use of magic powers to do bad things ▶ **czary**

⋆**with** /wɪð; wɪθ/ prep. **1** in the company or presence of sb/sth: *I live with my parents.* ○ *Are you coming with us?* ○ *I talked about the problem with my tutor.* ○ *Does this tie go with* (pasuje do) *this shirt?* ○ *Could you put this book with* (razem z) *the others?* ▶ **z 2** in the care of sb: *We left the keys with the neighbours.* ▶ **u kogoś (pod czyjąś opieką) 3** having or carrying sth: *a girl with red hair* ○ *a house with a garden* ○ *the man with a suitcase* ▶ **z 4** using sth: *Cut it with a knife* (nożem). ○ *I did it with his help.* ❶ **With** + rzeczownik często tłumaczy się rzeczownikiem w narzędniku. ▶ **za** (*pomocą czegoś*), **przy** (*pomocy kogoś*) **5** (used for expressing what fills, covers, etc. sth): *Fill the bowl with water* (wodą). ❶ **With** + rzeczownik tłumaczy się rzeczownikiem w narzędniku. **6** against: *He's always arguing with his brother.* ○ *I usually play tennis with my sister.* ▶ **(w rywalizacji) z (kimś) 7** agreeing with or supporting: *We've got everybody with us* (wszyscy zgadzają się z nami) *on this issue.* ▶ **(w zgodzie) z (kimś) 8** because of or as a result of sth: *We were shivering with cold.* Drżeliśmy z zimna. ▶ **z 9** (used for expressing how sth happens or is done): *to greet sb with a smile* ○ *Open this parcel with care* (ostrożnie). ▶ **z 10** towards, concerning or compared with sb/sth: *Is he angry with us?* Czy on się na nas gniewa? ○ *There's a problem with my visa.* Jest problem z moją wizą. ○ *Compared with Canada* (w porównaniu z Kanadą), *England has mild winters.* ▶ **z 11** including: *With wine, the meal cost £25.* ▶ **wraz z czymś 12** at the same time as: *I can't concentrate with you watching me all the time.* ▶ **kiedy, podczas gdy 13** because of: *With all the problems we've got, we're not going to finish on time.* ▶ **wobec, ze względu na coś**

IDIOM **be with sb** to be able to follow what sb is saying: *I'm sorry, I'm not quite with you. Say it again.* ▶ **nadążać za kimś** (*w rozumieniu tego, co ktoś mówi*)

⋆**withdraw** /wɪðˈdrɔː/ verb (pt **withdrew** /-ˈdruː/; pp **withdrawn** /-ˈdrɔːn/) **1** [I,T] **withdraw (sb/sth) (from sth)** (to cause sb/sth) to move back or away: *The troops withdrew from the town.* ▶ **wycofywać (się) 2** [T] to remove sth or take sth away: *The suspect yoghurt has been withdrawn from the shops.* ○ *to withdraw an offer/a statement* ▶ **wycofywać, cofać 3** [T] to take money out of a bank account: *I'd like to withdraw a thousand pounds, please.* ➲ Por. **deposit.** ▶ **podejmować, wypłacać** (*pieniądze z banku*) **4** [I] to decide not to take part in sth: *Jackson withdrew from the race at the last minute.* ▶ **wycofywać się**

□ **withdrawal** /-ˈdrɔːəl/ noun **1** [C,U] moving sth back or away: *the withdrawal of troops from the war zone* ▶ **wycofywanie 2** [C] the amount of money that you take out of your bank account ▶ **podejmowanie, wypłacanie 3** [U] the act of stopping doing sth, especially taking a drug: *When he gave up alcohol he suffered severe withdrawal symptoms.* ▶ **odwyk** | **withdrawn** adj. (used about a person) very quiet and not wanting to talk to other people ▶ **zamknięty w sobie, markotny**

wither /ˈwɪðə(r)/ verb [I,T] **wither (away) 1** (used about plants) to become dry and die; to make a plant do this: *The plants withered in the hot sun.* ▶ **usychać, więdnąć; powodować usychanie/więdnięcie 2** to become weaker, until it disappears: *This type of industry will wither away in the years to come.* ▶ **zanikać, więdnąć**

□ **withering** /ˈwɪðərɪŋ/ adj. done to make sb feel silly or ashamed: *a withering look* ▶ **miażdżący** (*np. spojrzenie*), **ośmieszający**

withhold /wɪðˈhəʊld/ verb [T] (pt, pp **withheld** /-ˈheld/) (formal) **withhold sth (from sb/sth)** to refuse to give sth: *to withhold information from the police* ▶ **wstrzymywać, nie udzielać**

⋆**within** /wɪˈðɪn/ prep. **1** in a period not longer than a particular length of time: *I'll be back within an hour.* ▶ **w ciągu 2 within sth (of sth)** not further than a particular distance from sth: *The house is within three minutes' walk of the station.* Dom jest o trzy minuty drogi od stacji. ▶ **w odległości 3** not outside the limits or range of sb/sth: *Each department must keep within its budget.* ▶ **w obrębie, w granicach 4** (formal) inside sb/sth: *The anger was still there deep within him.* ▶ **wewnątrz, w środku**

□ **within** adv. inside: *Cleaner required. Apply within.* ▶ **we wnętrzu, w środku**

★**without** /wɪˈðaʊt/ prep. **1** not having, showing or being with sb/sth: *Don't leave without me.* ▶ **bez 2** (used with a verb in the *-ing* form to mean 'not'): *She left without saying goodbye.* ▶ **bez**

withstand /wɪðˈstænd/ verb [T] (pt, pp **withstood** /-ˈstʊd/) (formal) to be strong enough not to break, give up, be damaged, etc.: *The troops were too weak to withstand another attack.* ▶ **wytrzymywać, opierać się**

★**witness** /ˈwɪtnəs/ noun [C] **1** (also **eye-witness**) a person who sees sth happen and who can tell other people about it later: *There were two witnesses to the accident.* ▶ **świadek 2** a person who appears in a court of law to say what they have seen or what they know about sb/sth: *Each witness was cross-examined.* ○ *a witness for the defence/prosecution* świadek obrony/oskarżenia ▶ **świadek 3** a person who sees sb sign an official document and who then signs it themselves ▶ **świadek, osoba poświadczająca**

IDIOM **bear witness (to sth)** → BEAR[2]

□ **witness** verb [T] **1** to see sth happen and to be able to tell other people about it later: *to witness a murder* ▶ **być świadkiem (czegoś) 2** to see sb sign an official document and then sign it yourself: *to witness a signature* ▶ **poświadczać**

■ **ˈwitness box** (US **ˈwitness stand**) noun [C] the place in a court of law where a witness stands when they are giving evidence ▶ **miejsce dla świadków w sądzie**

witty → WIT

wives pl. of WIFE

wizard /ˈwɪzəd/ noun [C] (in stories) a man who is believed to have magic powers ➲ Por. **witch** i **magician**(2). ▶ **czarodziej, czarnoksiężnik**

wobble /ˈwɒbl/ verb [I,T] to move from side to side in an unsteady way; to make sb/sth do this: *Put something under the leg of the table. It's wobbling.* ○ *Stop wobbling the desk. I can't write.* ▶ **chwiać (się), chybotać (się)**

□ **wobbly** /ˈwɒbli/ adj. (informal): *a wobbly table* ▶ **chwiejny, chybotliwy**

woe /wəʊ/ noun (formal) **1** (**woes**) [pl.] the problems that sb has ▶ **kłopoty 2** [U] (old-fashioned) great unhappiness ▶ **niedola**

IDIOM **woe betide sb** (used as a warning that there will be trouble if sb does/does not do a particular thing): *Woe betide anyone who yawns while the boss is talking.* ▶ **biada temu, kto**

wok /wɒk/ noun [C] a large pan that is shaped like a bowl and used for cooking Chinese food ➲ Ilustr. do **pan**. ▶ **głęboka patelnia używana w kuchni chińskiej**

woke pt of WAKE[1]

woken pp of WAKE[1]

wolf /wʊlf/ noun [C] (pl. **wolves** /wʊlvz/) a wild animal that looks like a dog and that lives and hunts in a pack ▶ **wilk**

★**woman** /ˈwʊmən/ noun [C] (pl. **women**/ˈwɪmɪn/) an adult female person: *a single/married/divorced woman* ○ *I prefer to see a woman doctor.* ▶ **kobieta**

□ **-woman** (in compounds) a woman who does a particular activity: *a businesswoman* kobieta interesu ▶ **kobieta** | **womanhood** noun [U] the state of being a woman ➲ Por. **femininity**. ▶ **kobiecość** | **womanly** adj. of or like a woman ▶ **kobiecy**

womb /wuːm/ noun [C] the part of a woman or female animal where a baby grows before it is born ➲ Por. **uterus**. ▶ **łono**

won pt, pp of WIN

★**wonder** /ˈwʌndə(r)/ verb **1** [I,T] to want to know sth; to ask yourself questions about sth: *I wonder what the new teacher will be like.* ○ *He hadn't heard from Julia for a week and he began to wonder if she was all right.* ○ *I wonder who that woman over there is.* ○ *It was something that she had been wondering about for a long time.* ○ *Sometimes I wonder how they manage to live on the amount he earns.* ▶ **zastanawiać się, być ciekawym (czegoś) 2** [I,T] **wonder (at sth)** to feel great surprise or admiration: *We wondered at the speed with which he worked.* ○ *I don't wonder (that) she was angry – she had a right to be.* ▶ **zdumiewać się, podziwiać 3** [T] (used when you are asking sb politely to do sth): *I wonder if you could help me.* ▶ **czy może**

□ **wonder** noun **1** [U] a feeling of surprise and admiration: *They could do nothing but stand in wonder at the sight.* ▶ **zdumienie, podziw 2** [C] something that causes you to feel surprise or admiration: *the wonders of modern technology* ▶ **cud**

IDIOMS **do wonders (for sb/sth)** to have a very good effect on sb/sth: *Working in Mexico did wonders for my Spanish.* ▶ **doskonale wpływać na kogoś/coś** | **it's a wonder (that)...** it's surprising that...: *It's a wonder we managed to get here on time, with all the traffic.* ▶ **zadziwiający, zdumiewający** | **no wonder** it is not surprising: *You've been out every evening this week. No wonder you're tired.* ▶ **nic dziwnego**

wonderful /-fl/ adj. very good; giving great pleasure: *What wonderful weather!* ○ *It's wonderful to see you again.* ▶ **cudowny** | **wonderfully** /-fəli/ adv. ▶ **cudownie**

won't short for WILL NOT

★**wood** /wʊd/ noun **1** [U] the hard material that the trunk and branches of trees are made of: *He chopped some wood for the fire.* ○ *Most furniture is made of wood.* ▶ **drewno 2** [C] a type of wood: *Pine is a soft wood.* ▶ **gatunek drewna 3** [C] (often plural) an area of land that is covered with trees. A wood is smaller than a forest: *a walk in the woods* ▶ **las**

IDIOM **touch wood**; US **knock on wood** an expression that people use (often while touching a piece of wood) to prevent bad luck: *I've been driving here for 20 years and I haven't had an accident yet – touch wood!* ▶ **odpukać** (*w nie malowane drewno*)

□ **wooded** adj. (used about an area of land) having a lot of trees growing on it: *a heavily wooded valley* ▶ **zalesiony, lesisty** | **wooden** /ˈwʊdn/ adj. made of wood: *wooden toys* ▶ **drewniany**
■ ˈ**woodland** /-lənd/ noun [U] land that has a lot of trees growing on it: *woodland birds* ▶ **las** | ˈ**woodwind** /-wɪnd/ noun [sing., with sing. or pl. verb] the set of musical instruments that are mostly made of wood or metal and that you play by blowing into them ▶ **drewniane instrumenty dęte** | ˈ**woodwork** noun [U] **1** the parts of a building that are made of wood such as the doors, stairs, etc. ▶ **stolarka 2** the activity or skill of making things out of wood ▶ **stolarstwo**

woodpecker /ˈwʊdpekə(r)/ noun [C] a bird that climbs trees and taps them rapidly with its beak to find insects ▶ **dzięcioł**

woof /wuːf/ noun [C] (informal) (used for describing the sound that a dog makes) ➲ Por. **bark**[2]. ▶ **hau, hau!**

⋆**wool** /wʊl/ noun [U] **1** the soft thick hair of sheep, goats, etc. ▶ **wełna 2** thick thread or cloth that is made from wool: *The sweater is 50% wool and 50% acrylic.* ○ *knitting wool* ➲ Por. **cotton wool**. ▶ **wełna**
□ **woollen** (US **woolen**) /ˈwʊlən/ adj. made of wool: *a warm woollen jumper* ▶ **wełniany** | **woolly** (US also **wooly**) /ˈwʊli/ adj. of or like wool: *The dog had a thick woolly coat.* ○ *long woolly socks* ▶ **wełnisty**

⋆**word** /wɜːd/ noun **1** [C] a sound or letter or group of sounds or letters that expresses a particular meaning: *What's the Greek word for 'computer'?* ○ *Several words are spelt wrong.* ○ *There are five letters in the word 'apple'.* ▶ **słowo, wyraz 2** [C] a short statement or conversation: *Could I have a word with you in private?* ○ *a few words of thanks* ○ *Don't say a word* (ani słowa) *about this to anyone.* ▶ **parę słów 3** [sing.] a promise: *I give you my word that I won't let you down.* ▶ **słowo, obietnica**
IDIOMS **a dirty word** → DIRTY[1] | **not get a word in edgeways** to not be able to interrupt when sb else is talking so that you can say sth yourself ▶ **nie dochodzić do słowa** | **have, etc. the last word** → LAST[1] | **in other words** → OTHER | **lost for words** → LOST[2] | **put in a (good) word for sb** to say sth good about sb to sb else: *If you could put in a good word for me, I might stand a better chance of getting the job.* ▶ **szepnąć słówko za kimś** | **take sb's word for it** to believe what sb says without any proof ▶ **wierzyć komuś na słowo** | **word for word 1** repeating sth exactly: *Sharon repeated word for word what he had told her.* ▶ **słowo w słowo, dosłownie 2** (in a translation) dealing with each word separately, not looking at the general meaning: *a word-for-word translation* ▶ **słowo w słowo, dosłownie**
□ **word** verb [T] (often passive) to choose carefully the words that you use to express sth: *The statement was carefully worded so that nobody would be offended by it.* ▶ **formułować, redagować** | **wording** noun [sing.] the words that you use to express sth: *The wording of the contract was vague.* ▶ **sformułowanie, dobór słów**
■ ˌ**word-ˈperfect** adj. able to say sth that you have learnt from memory, without making a mistake ▶ **doskonale wyuczony na pamięć** | ˈ**wordpower** noun [U] the ability to use language well; the number of words you know: *exercises to help you improve your wordpower* ▶ **dobra znajomość języka** | ˈ**word processing** noun [sing.] using a word processor ▶ **komputerowe przetwarzanie/redagowanie tekstu** | ˈ**word processor** noun [C] a computer that runs a word processing program and is usually used for writing letters, reports, etc. ▶ **edytor tekstu**

wore pt of WEAR[1]

⋆**work**[1] /wɜːk/ noun [U] **1** something that requires physical or mental effort. You usually do work because you feel you have to, not for pleasure: *There is still a lot of work to be done.* ○ *Her success is due to sheer hard work.* ○ *Ron never does a stroke of work.* ○ *Much of the heavy work on farms is now done by machines.* ○ *Students do work experience* (odbywają praktykę zawodową) *in local firms.* ▶ **praca 2** what you do to earn money; the place where you go to earn money: *It is very difficult to find work in this city.* ○ *out of work* bez pracy/bezrobotny ○ *a work permit* pozwolenie na pracę ○ *When do you start work?* ○ *I go to work at 8 o'clock.* ○ *The people at work gave me some flowers for my birthday.* ▶ **praca**

> **Work** jest rzeczownikiem niepoliczalnym. W niektórych kontekstach trzeba używać słowa **job**: *I've found work at the hospital.* ○ *I've got a new job at the hospital.* **Employment** jest też rzeczownikiem niepoliczalnym, oznacza posiadanie płatnej pracy i jest słowem bardziej oficjalnym niż **work** lub **job**: *Many married women are in part-time employment.* **Occupation** stosuje się w formularzach/kwestionariuszach przy pytaniach o wykonywane zajęcie lub zawód: *Occupation: student. Occupation: bus driver.* **Profession** oznacza pracę wymagającą specjalnego wykształcenia i studiów wyższych: *the medical profession.* **Trade** oznacza pracę fizyczną wymagającą specyficznych umiejętności: *He's a carpenter by trade.*

3 [U] something that you are working on or have produced: *a piece of written work* ○ *The teacher marked their work.* ○ *Is this all your own work?* ○ *an exhibition of the work of two young photographers* ▶ **praca, zadanie 4** [C] a book, painting, piece of music, etc.: *an early work by Picasso* ○ *the complete works of Shakespeare* ▶ **utwór, dzieło 5** (**works**) [pl.] the act of building or repairing sth: *Danger! Roadworks ahead.* ▶ **roboty** (*np. drogowe*), **prace** (*np. ziemne*) **6** (**works**) [C, with sing. or pl. verb] a factory: *The steelworks* (stalownia) *is/are closing down.* ▶ **fabryka, zakład (produkcyjny)**
IDIOMS **get/go/set to work (on sth)** to begin; to make a start (on sth) ▶ **zabierać się do pracy** | **work/perform miracles** → MIRACLE | **work/sweat your guts out** → GUT

PHRASAL VERB **work sth up** to develop or improve sth with effort: *I'm trying to work up the energy to go out.* Usiłuję zmobilizować się do wyjścia. ▶ **wypracowywać coś**

■ **workaholic** /ˌwɜːkəˈhɒlɪk/ noun [C] a person who loves work and does too much of it ▶ **pracoholi-k/czka** | **'workbook** noun [C] a book with questions and exercises in it that you use when you are studying sth ▶ **podręcznik** | **'workforce** noun [C, with sing. or pl. verb] **1** the total number of people who work in a company, factory, etc. ▶ **załoga**, **personel** **2** the total number of people in a country who are able to work: *Ten per cent of the workforce is unemployed.* ▶ **siła robocza** | **'workload** noun [C] the amount of work that you have to do ▶ **ilość pracy do wykonania** | **'workman** /ˈwɜːkmən/ noun [C] (pl. **workmen**) a man who works with his hands, especially at building or making things ▶ **robotnik** | **'workmanlike** adj. of or like a good workman ▶ **fachowy** | **'workmanship** noun [U] the skill that a workman needs or uses to do or make sth well ▶ **fachowość** | ˌ**work of 'art** noun [C] (pl. **works of art**) a painting, book, piece of music, etc. of high quality ▶ **dzieło sztuki** | **'workout** noun [C] a period of physical exercise, e.g. when you are training for a sport or keeping fit ▶ **trening, zaprawa fizyczna** | **'workplace** noun [C](often **the workplace**) [sing.] the place where people work, e.g. an office or a factory: *introduce new technology into the workplace* ▶ **miejsce pracy** | **'worksheet** noun [C] a piece of paper with questions or exercises on it that you use when you are studying sth ▶ **kartka z ćwiczeniami/zadaniami (do nauki)** | **'workshop** noun [C] **1** a place where things are made or repaired ▶ **zakład** (*produkcyjny/remontowy*), **warsztat** **2** a time when a group of people meet and discuss or learn more about a particular subject ▶ **warsztaty** (*seminarium dyskusyjne*) | **'workstation** noun [C] the desk and computer at which a person works; one computer that is part of a networked computer system ▶ **stanowisko komputerowe** | **'worktop** (also **'work surface**) noun [C] a flat surface in a kitchen, etc. that you use for preparing food, etc. on ▶ **blat (kuchenny)**

★**work²** /wɜːk/ verb **1** [I,T] to do sth which needs physical or mental effort; to do a job, especially in order to earn money: *My teacher said that I wouldn't pass the exam unless I worked harder.* ○ *I've been working in the garden all day.* ○ *They are working to improve health care in the Third World.* ○ *She's working for a large firm in Glasgow.* ○ *I'd like to work as a newspaper reporter.* ○ *He worked till he was 65, then he retired.* ○ *Doctors often work extremely long hours.* ▶ **pracować** **2** [I] (used about a machine, etc.) to do what it is meant to do, correctly; to function: *Our telephone hasn't been working for several days.* ○ *Can you show me how the photocopier works?* ▶ **działać, pracować** **3** [I] to have the result or effect that you want; to be successful: *Your idea sounds good but I don't think it will really work.* ▶ (*o idei itp.*) **działać**, (*o pomyśle*) **wychodzić** **4** [T] to make yourself/sb/sth work; to use or operate sth: *He works all his employees very hard.* ○ *Do you know how to work the fax machine?* ▶ **eksploatować**; **obsługiwać** **5** [I,T] to produce a particular effect; to help sth to happen: *His reputation as a hard worker had obviously worked in his favour.* ○ *Her new hairstyle worked wonders for her confidence.* ▶ **działać**; **powodować** **6** [I,T] to move to a new position or state: *Where's the screwdriver? The hinges on the gate have worked loose* (wyrobiły się). ○ *We worked our way round to the little beach by climbing over the rocks.* ▶ **przedostawać się**

IDIOM **work to rule** → RULE

PHRASAL VERBS **work out** **1** to develop or progress, especially in a good way: *I hope things work out for you.* ▶ **(dobrze komuś) wychodzić** **2** to do physical exercises in order to keep your body fit: *We work out to music at my exercise class.* ▶ **gimnastykować się** | **work out (at)** to come to a particular result or total after everything has been calculated: *The holiday worked out at around £300 each.* ▶ (*o koszcie*) **wynosić** | **work sb out** to understand sb: *I've never been able to work her out.* ▶ **zrozumieć kogoś** | **work sth out** **1** to find the answer to sth; to solve sth: *I can't work out how to do this.* ▶ **wykombinować, znaleźć sposób na coś, rozwiązać** **2** to calculate sth: *I worked out the total cost.* ▶ **obliczać** **3** to plan sth: *Have you worked out the route through France?* ▶ **opracowywać, planować** | **work up to sth** to develop or progress to sth: *Start with 15 minutes' exercise and gradually work up to 30.* ▶ **stopniowo doprowadzać/dochodzić do czegoś** | **work sb/yourself up (into sth)** to make sb/yourself become angry, excited, upset, etc.: *He had worked himself up into a state of anxiety about his interview.* ▶ **stopniowo doprowadzać (się)** (*np. do złości*)

workable /ˈwɜːkəbl/ adj. that can be used or that can operate in an efficient way ❶ Antonim: **unworkable**. ▶ **wykonalny**

★**worker** /ˈwɜːkə(r)/ noun [C] **1** (often in compounds) a person who works, especially one who does a particular type of job or belongs to a certain group of people: *an office worker* ○ *immigrant workers* ○ *factory workers* ▶ **pracowni-k/-ca/-czka, robotni-k/ca** **2** a person who is employed in a business, etc., especially one who does physical work: *manual workers* ○ *Workers' representatives will meet management today to discuss the pay dispute.* ▶ **robotni-k/ca** **3** a person who works in a particular way: *a slow worker* ▶ **pracowni-k/ca**

★**working** /ˈwɜːkɪŋ/ adj. (only before a noun) **1** employed; having a job: *the problems of childcare for working parents* ▶ **pracujący** **2** connected with your job: *He stayed with the same company for the whole of his working life.* ○ *The company offers excellent working conditions* (warunki pracy). ▶ **zawodowy, pracowniczy** **3** good enough to be used, although it could be improved: *We are looking for someone with a working knowledge of French.* ▶ **praktyczny**

IDIOM **in working order** → ORDER¹

□ **workings** noun [pl.] the way in which a

machine, an organization, etc. operates: *It's very difficult to understand the workings of the legal system.* ▶ **działanie, funkcjonowanie**

■ **the ˈworking class** noun [C] (also **the ˈworking classes**) the group of people in a society who usually do physical work especially in industry, and earn weekly wages: *unemployment among the working class* ○ *a working-class area/family* ▶ **klasa robotnicza/pracująca**

***world** /wɜːld/ noun **1** (**the world**) [sing.] the earth with all its countries and people: *I took a year off work to travel round the world.* ○ *a map of the world* ○ *changes in the world's climate* ○ *the most beautiful place in the world* ○ *English is a world language.* ▶ **świat, ziemia 2** [sing.] a particular part of the earth: *the western world* ○ *the English-speaking world* ○ *the Third World* ▶ **świat 3** [sing.] the life and activities of people on earth; their experience: *It is hard to imagine what the world of our grandchildren will be like.* ○ *It's time you learned something about the real world!* ○ *the modern world* ▶ **świat 4** [C] (often in compounds) a particular area of activity or group of people or things: *the world of sport* ○ *the medical world* ○ *the animal world* ○ *the natural world* ▶ **świat 5** [C] a planet with life on it: *Do you believe there are other worlds out there, like ours?* ▶ **świat 6** [sing.] everybody: *The whole world seemed to know the news before me!* ▶ **świat**

IDIOMS **do sb/sth the world of good** (informal) to have a very good effect on sb/sth: *The holiday has done her the world of good.* ▶ **być dla kogoś/czegoś korzystnym** | **in the world** (used to emphasize what you are saying): *He doesn't seem to have a care in the world* (żadnych zmartwień). ○ *There's no need to rush – we've got all the time in the world* (mnóstwo czasu). ○ *What in the world* (u licha) *are you doing?* ▶ | **out of this world** (informal) (used to emphasize how good, beautiful, etc. sth is): *The meal was out of this world!* ▶ **nie z tej ziemi** | **the outside world** people, places, activities, etc. that are beyond the area where you live and your everyday experience ▶ **świat zewnętrzny** | **think the world of sb/sth** → THINK[1]

□ **worldly** adj. **1** connected with ordinary life, not with the spirit: *He left all his worldly possessions to his nephew.* ▶ **materialny, doczesny 2** having a lot of experience and knowledge of life and people: *a sophisticated and worldly man* ▶ **światowy**

■ **ˌworld-ˈfamous** adj. known all over the world: *a world-famous writer* ▶ **światowej sławy** | **ˌworld ˈwar** noun [C] a war that involves a lot of important countries: *the Second World War* ▶ **wojna światowa** | **ˌworldˈwide** adj., adv. (happening) in the whole world: *The situation has caused worldwide concern.* ○ *The product will be marketed worldwide.* ▶ **ogólnoświatowy, na całym świecie** | **ˌWorld Wide ˈWeb** (**the World Wide Web**) (also **the Web**) noun [sing.] (abbr. **WWW**) the international system of computers that makes it possible for you to see information from around the world on your computer: *web pages* strony internetowe ○ *a web site* miejsce internetowe ➲ Por. **the Internet**. ▶ **światowa sieć komputerowa, Internet**

***worm** /wɜːm/ noun **1** [C] a small animal with a long thin body and no bones or legs: *an earthworm* dżdżownica ▶ **robak 2** (**worms**) [pl.] a worm that lives inside a person or an animal and may cause disease ▶ **robaki**

□ **worm** verb

PHRASAL VERB **worm your way/yourself into sth** to win sb's trust, respect or affection, perhaps dishonestly, especially in order to obtain sth you want ▶ **wkradać się** (*np. w czyjeś łaski*)

worn pp of WEAR[1]

worn out /ˌwɔːn ˈaʊt/ adj. **1** too old or damaged to use any more: *a worn-out sweater* ▶ **zdarty, znoszony 2** extremely tired: *I'm worn out.* ▶ **wyczerpany**

***worry** /ˈwʌri/ verb (pres. part. **worrying**; 3rd pers. sing. pres. **worries**; pt, pp **worried**) **1** [I] **worry (about sb/sth)** to be anxious (about sb, a problem, an event, etc.): *'Don't worry, Mum,' said Peter, 'I won't be home late.'* ○ *There's nothing to worry about.* ○ *He worries if I don't phone every weekend.* ▶ **martwić się 2** [T] **worry sb/yourself (about sb/sth)** to make sb/yourself anxious (about sb/sth): *You look depressed. What's worrying you?* ○ *She worried herself sick when he was away in the army.* ▶ **martwić (się) 3** [T] **worry sb (with sth)** to bother or disturb sb: *I'm sorry to worry you with my problems, but I really do need some advice.* ▶ **niepokoić kogoś**

IDIOM **not to worry** it is not important; it doesn't matter ▶ **nieważne**

□ **worried** adj. **worried (about sb/sth)**; **worried (that...)** anxious or unhappy: *Don't look so worried. Everything will be all right.* ○ *I'm worried about Jane.* ○ *We were worried stiff* (strasznie się martwiliśmy) *that you might have had an accident.* ▶ **zmartwiony** | **worry** noun (pl. **worries**) **1** [U] an anxious state or feeling: *His son has caused him a lot of worry recently.* ▶ **zmartwienie 2** [C] something that makes you worry; a problem: *financial worries* ▶ **zmartwienie, kłopot** | **worrying** adj. that makes you worry: *a worrying situation* ▶ **niepokojący**

***worse** /wɜːs/ adj. (the comparative of *bad*) **1** not as good as sth else: *The weather in March was worse than in February.* ○ *The food at school seems to be getting worse and worse.* ▶ **gorszy 2** (not before a noun) more ill; less well: *The doctors say that he's getting worse* (że jego stan się pogarsza). ▶ **(o osobie chorej) czujący się gorzej**

IDIOMS **make matters/things worse** to make a situation, problem, etc. even more difficult or dangerous than before ▶ **pogarszać** | **none the wiser/worse** → NONE | **the worse for wear** (informal) damaged; not in good condition: *This suitcase looks a bit the worse for wear.* ▶ **podniszczony, w kiepskim stanie** | **worse luck!** (informal) unfortunately: *The dentist says I need three fillings, worse luck!* ▶ **na nieszczęście**

□ **worse** adv. (the comparative of *badly*) less well: *She speaks German even worse than I do.* ▶ **gorzej** | **worse** noun [U] something that is worse:

The situation was already bad but there was worse to come. ► **coś gorszego** | **worsen** /ˈwɜːsn/ verb [I,T] to become worse or to make sth worse: *Relations between the two countries have worsened.* ► **pogarszać (się)**

★**worship** /ˈwɜːʃɪp/ noun [U] praying to and showing respect for God or a god: *Different religions have different forms of worship.* ○ *A church is a place of worship.* ► **oddawanie czci boskiej, modlitwa, nabożeństwo**

□ **worship** verb (**worshipping**; **worshipped**; US **worshiping**; **worshiped**) **1** [I,T] to pray to and show respect for God or a god: *People travel from all over the world to worship at this shrine.* ○ *In primitive societies people worshipped the sun.* ► **modlić się, oddawać cześć boską** **2** [T] to love or admire sb/sth very much: *She worshipped her husband.* ► **uwielbiać** | **worshipper** (US **worshiper**) noun [C] ► **wiern-y/a**

★**worst** /wɜːst/ adj. (the superlative of *bad*) the least pleasant or suitable: *It's been the worst winter that I can remember.* ► **najgorszy**

□ **worst** adv. (the superlative of *badly*) least well: *A lot of the children behaved badly but my son behaved worst of all!* ► **najgorzej** | **worst** noun [sing.] (**the worst**) something that is the least satisfactory or desirable: *My parents always expect the worst if I'm late.* ► **najgorsze**

IDIOMS **at (the) worst** if the worst happens or if you consider sb/sth in the worst way: *The problem doesn't look too serious. At worst we'll have to make a few small changes.* ► **w najgorszym razie** | **if the worst comes to the worst** if the worst possible situation develops ► **w najgorszym wypadku**

★**worth** /wɜːθ/ adj. (not before a noun, usually used like a preposition) **1** having a particular value (in money): *'How much is that house worth?' 'It must be worth at least £200 000.'* ► **wart** **2 worth doing, etc.** (used as a way of recommending or advising): *It's already four o'clock. It's not worth going shopping now* (nie warto już iść na zakupy). ○ *That museum's really worth visiting if you have time.* ❶ Można powiedzieć **it isn't worth repairing the car** lub **the car isn't worth repairing**. ► **wart** (*np. odwiedzenia*) **3** enjoyable or useful to do or have, even it it means extra cost, effort, etc.: *Don't bother cooking a big meal. It isn't worth it* (nie warto) – *we're not hungry.* ► **warto** (*np. coś robić*)

IDIOMS **get your money's worth** → MONEY | **worth sb's while** helpful, useful or interesting to sb ► **wart** (*np. czyjegoś czasu*)

□ **worth** noun [U] **1** value or usefulness: *She has proved her worth as a member of the team.* ► **wartość** **2** the amount of sth that the money mentioned will buy: *ten pounds' worth of petrol* paliwo za równowartość dziesięciu funtów ► **równowartość** **3** the amount of sth that will last for the time mentioned: *two days' worth of food* jedzenie na dwa dni ► **równowartość (danego czasu)** | **worthless** adj. **1** having no value or use: *It's worthless – it's only a bit of plastic!* ► **bezwartościowy** **2** (used about a person) having bad qualities ► **bezwartościowy**

■ **worthwhile** /ˌwɜːθˈwaɪl/ adj. enjoyable, useful or satisfying enough to be worth the cost or effort: *Working for so little money just isn't worthwhile.* ○ *Medicine is a very worthwhile career.* ► **wart zachodu, opłacający się**

★**worthy** /ˈwɜːði/ adj. (**worthier**; **worthiest**) **1 worthy of sth/to do sth** good enough for sth, or deserving sth: *The scheme is worthy of our support.* ○ *He felt he was not worthy to accept such responsibility.* ► **wart (czegoś), zasługujący na coś** **2** deserving respect or consideration: *a worthy leader/cause* ► **godny, szanowany**

★**would** /wəd/strong form /wʊd/ modal verb (short form **'d**; negative **would not**; short form **wouldn't** /ˈwʊdnt/) **1** (used when talking about the result of an event that you imagine): *He would be delighted if you went to see him.* ○ *She'd be stupid not to accept.* ○ *I would have done more, if I'd had the time.* ► **byłby** **2** (used as the past form of 'will' when you report what sb says or thinks): *They said that they would help us* (że nam pomogą). ○ *She didn't think that he would do* (że on może zrobić) *a thing like that.* ► (*czas przeszły od* **will**, *używany w mowie zależnej*) **3** (used for asking sb politely to do sth): *Would you come this way, please?* Bardzo proszę iść tędy. **4** (used with 'like' or 'love' as a way of asking or saying what sb wants): *Would you like to* (czy chciałbyś) *come with us?* ○ *I'd love* (bardzo chciałbym) *a piece of cake.* **5** to be willing to do sth: *She just wouldn't* (nie chciała) *do what I asked her.* ► **chcieć** **6** (used after 'wish'): *I wish the sun would come out.* Chciałbym, żeby wyszło słońce. **7** (used for talking about things that often happened in the past): *When he was young he would often walk* (często spacerował) *in these woods.* **8** (not used in the short forms) (used for commenting on behaviour that you think is typical and annoying): *You would say that* (wiedziałem, że to powiesz). *You always support him.* **9** (used when you are giving your opinion): *I'd say* (powiedziałbym) *she's about 40.*

★**wound¹** /wuːnd/ noun [C] an injury to part of your body, especially a cut, often one received in fighting: *Bathe and bandage the wound.* ○ *a bullet wound* ○ *The wound is healing well.* ► **rana**

IDIOM **rub salt into the wound/sb's wounds** → RUB

□ **wound** verb [T] (usually passive) **1** to injure sb's body with a weapon: *He was wounded in the leg during the war.* ➲ Zob. uwaga przy **hurt**. ► **ranić** **2** (formal) to hurt sb's feelings deeply: *I was wounded by his criticism.* ► **urażać** | **wounded** /ˈwuːndɪd/ adj.: *a wounded soldier* ► **ranny** | **the wounded** noun [pl.] wounded people: *the sick and the wounded* ► **ranni**

wound² pt, pp of WIND³

wove pt of WEAVE

woven pp of WEAVE

wow /waʊ/ interj. (informal) (used for expressing how much you admire or are pleasantly surprised by sth): *Wow! What a beautiful boat!* ► **o rany!, ho, ho!**

wrangle /ˈræŋgl/ noun [C] a noisy or complicated argument ► **awantura**

□ **wrangle** verb [I] **wrangle (with sb) (about/over sth)** to argue in a noisy or angry way ▶ **awanturować się**

⋆**wrap** /ræp/ verb [T] (**wrapping**; **wrapped**) **1 wrap sb/sth (up) (in sth)** to put paper or cloth around sb/sth as a cover: *to wrap up a present* ○ *The baby was found wrapped in a blanket on the hospital doorstep.* ▶ **pakować, zawijać 2 wrap sth round/around sb/sth** to tie sth such as paper or cloth around an object or a part of the body: *The man had a bandage wrapped round his head.* ▶ **owijać, zakutać**

IDIOM **be wrapped up in sb/sth** to be deeply involved and interested in sb/sth: *They were completely wrapped up in each other. They didn't notice I was there.* ▶ **być zapatrzonym w kogoś/coś**

PHRASAL VERB **wrap (sb/yourself) up** to put warm clothes on (sb/yourself) ▶ **opatulać (się) (w coś)**

□ **wrapper** noun [C] a piece of paper or plastic which covers a sweet, a book, etc. ▶ **opakowanie, obwoluta, opaska** | **wrapping** noun [C,U] paper or cloth that is used for covering or packing sth: *Remove the outer wrapping before heating the pie.* ▶ **opakowanie**

■ **'wrapping paper** noun [U] paper which is used for wrapping presents: *a sheet of wrapping paper* ▶ **papier pakowy**

wrath /rɒθ; US ræθ/ noun [U] (old-fashioned, formal) very great anger ▶ **wielki gniew**

wreak /ri:k/ verb [T] **wreak sth (on sb/sth)** to carry out or cause sth (a punishment, damage, etc.): *The storm wreaked havoc* (spowodował spustoszenie) *in the forest.* ▶ **wywierać** (*np. zemstę*), **powodować** (*np. szkodę*), **wymierzać** (*np. karę*)

wreath /ri:θ/ noun [C] (pl. **wreaths** /ri:ðz/) a circle of flowers and leaves, especially one that you put on sb's grave ▶ **wieniec**

wreck /rek/ noun **1** [C] a ship that has sunk or been badly damaged at sea: *Divers searched the wreck.* ▶ **wrak statku 2** [C] a car, plane, etc. which has been badly damaged, especially in an accident: *The car was a wreck, but the lorry escaped almost without damage.* ▶ **wrak 3** [C, usually sing.] (informal) a person or thing that is in a very bad condition: *a nervous wreck* ▶ **rozbitek**

□ **wreck** verb [T] to destroy, damage or spoil sth completely: *Vandals had wrecked the phone box.* ○ *The strike wrecked all our holiday plans.* ▶ **rujnować, rozbijać** | **wreckage** /'rekɪdʒ/ noun [U] the broken pieces of sth that has been wrecked ▶ **szczątki, wrak**

wrench /rentʃ/ verb [T] **1 wrench sb/sth (away, off, etc.)** to pull or turn sb/sth strongly and suddenly: *He wrenched the wheel to the left and stopped the car on the grass.* ○ (figurative) *The film was so exciting that I could hardly wrench myself away* (trudno było się oderwać). ▶ **pociągnąć/skręcić gwałtownie 2** to injure your ankle, shoulder, etc. by turning it suddenly ▶ **skręcić/zwichnąć** (*np. nogę*)

□ **wrench** noun **1** [C] a sudden, violent pull or turn: *With a wrench I managed to open the door.* ▶ **gwałtowne szarpnięcie/skręcenie 2** [sing.] an occasion when you feel very sad because you have to leave sb/sth ▶ **ból** (*np. rozstania*) **3** [C] (US) = SPANNER

wrestle /'resl/ verb [I] **1** to fight by trying to get hold of your opponent's body and throw them to the ground. People wrestle as a sport. ▶ **prowadzić walkę** (*w zapasach*) **2 wrestle with sth** to try hard to find an answer to sth; to struggle ▶ **zmagać się (z czymś)**

□ **wrestler** /'reslə(r)/ noun [C] a person who wrestles as a sport ▶ **zapaśnik** | **wrestling** /'reslɪŋ/ noun [U] a sport in which two people fight and try to throw each other to the ground: *a wrestling match* ▶ **zapasy**

wretch /retʃ/ noun [C] (old-fashioned) a poor, unhappy person: *The poor wretch was clearly starving.* ▶ **bieda-k/czka**

wretched /'retʃɪd/ adj. **1** very unhappy; miserable ▶ **nieszczęsny; żałosny 2** (informal) (used for expressing anger): *That wretched dog has chewed up my slippers again!* ▶ **cholerny**

wriggle /'rɪgl/ verb [I,T] **1** to move about, or to move a part of your body, with short, quick movements, especially from side to side: *Sit still and stop wriggling about!* ○ *She wriggled her fingers about in the hot sand.* ▶ **wiercić się, kręcić (się) 2** to move in the direction mentioned by making quick, turning movements: *The worm wriggled back into the soil.* ▶ **wkręcać się**

PHRASAL VERB **wriggle out of sth/doing sth** (informal) to avoid sth by making clever excuses: *It's your turn to wash up – you can't wriggle out of it this time!* ▶ **wykręcać się z czegoś**

wring /rɪŋ/ verb [T] (pt, pp **wrung** /rʌŋ/) **wring sth (out)** to press and squeeze sth in order to remove water from it ▶ **wykręcać** (*bieliznę*)

wrinkle /'rɪŋkl/ noun [C] a small line in sth, often one on the skin of your face which you get as you grow older ▶ **zmarszczka**

□ **wrinkle** verb [I,T] to form wrinkles (in sth): *She wrinkled her nose at the smell.* ▶ **marszczyć (się)** | **wrinkled** /'rɪŋkld/ adj.: *an old lady with a wrinkled face* ▶ **pomarszczony**

⋆**wrist** /rɪst/ noun [C] the part of your body where your arm joins your hand ▶ **nadgarstek**

■ **'wristwatch** noun [C] a watch on a strap which you wear round your wrist ▶ **zegarek na rękę**

writ /rɪt/ noun [C] a legal order to do or not to do sth, given by a court of law or a person in authority ▶ **nakaz sądowy**

⋆**write** /raɪt/ verb (pt **wrote** /rəʊt/; pp **written** /'rɪtn/) **1** [I,T] to make words, letters, etc., especially on paper, using a pen, pencil, etc.: *Some children can read and write before going to school.* ○ *I can't write with this pen.* ○ *Write your name and address on the back of your cheque.* ▶ **pisać 2** [T] to create a book, story, song, etc. and write it on paper: *Tolstoy wrote 'War and Peace'.* ○ *He wrote his wife a poem.* ○ *Who wrote the music for that film?* ▶ **pisać, komponować 3** [I,T] to write and send a letter, etc. to sb: *I'm writing to thank you for the birthday present you sent me.* ○ *I've written a letter to my son./I've* *written my son a letter.* ○ *I've written to him.* ❶ W Amer. ang. można powiedzieć **I've written him**. ▶ **pisać 4** [T] **write sth (out) (for sb)** to fill or complete a form, cheque, document, etc. with the necessary information: *I wrote out a cheque for £10.* ○ *The doctor quickly wrote a prescription for me.* ▶ **wypisywać** (*np. czek, receptę*)

PHRASAL VERBS **write back (to sb)** to send a reply to sb ▶ **odpisywać (komuś)** | **write sth down** to write sth on paper, especially so that you can remember it: *Write down the address before you forget it.* ▶ **zapisywać coś** | **write in/off/away (to sb/sth) (for sth)** to write a letter to an organization, etc. to order sth, give an opinion, etc. ▶ **posyłać komuś/do jakiejś instytucji** (*np. swoją opinię, zamówienie*) | **write sb/sth off** to accept or decide that sb/sth will not be successful or useful: *Don't write him off yet. He could still win.* ▶ **spisywać kogoś/coś na straty** | **write sth off** to accept that you will not get back an amount of money you have lost or spent: *to write off a debt* ▶ **wyksięgować, spisywać coś na straty** | **write sth out** to write the whole of sth on paper: *Have you written out the poem in your exercise book?* ▶ **napisać coś w całości, przepisywać coś** | **write sth up** to write sth in a complete and final form, often using notes that you have made: *to write up lecture notes* ▶ **pisać na czysto**

□ **written** adj. expressed on paper; not just spoken: *a written test* ○ *a written agreement* ▶ **pisemny, na piśmie**

■ **'write-off** noun [C] a thing, especially a vehicle, that is so badly damaged that it is not worth repairing ▶ **przedmiot spisany na straty, wrak** (*samochód nie nadający się do naprawy*)

★**writer** /'raɪtə(r)/ noun [C] a person who writes, especially one whose job is to write books, stories, etc. ▶ **pisa-rz/rka**

writhe /raɪð/ verb [I] to turn and roll your body about: *She lay writhing in pain.* ▶ **wić się**

★**writing** /'raɪtɪŋ/ noun [U] **1** words that have been written or printed; the way a person writes: *This card's got no writing inside. You can put your own message.* ○ *I can't read your writing, it's too small.* ▶ **napis**; **charakter pisma 2** the skill or activity of writing words ▶ **pisanie 3** the books, etc. that sb has written or the style in which sb writes: *Love is a common theme in his early writing.* ○ *Her writing lacks realism.* ▶ **twórczość literacka; pisarstwo** (*charakter literacki*) **3** the activity or job of writing books, etc.: *It's difficult to earn much money from writing.* ▶ **pisarstwo** (*twórczość literacka*)

IDIOM **in writing** in written form: *I'll confirm the offer in writing next week.* ▶ **na piśmie**

■ **'writing paper** noun [U] paper for writing letters on: *writing-paper and envelopes* ▶ **papier listowy**

written pp of WRITE

★**wrong**[1] /rɒŋ; US rɔːŋ/ adj. **1** not true or not correct; not right: *the wrong answer* ○ *What you said was quite wrong.* ○ *You've got the wrong number.* Pomyłka (telefoniczna). ▶ **zły, błędny 2** not the best; not suitable; not right: *That's the wrong way to hold the bat.* ○ *I think she married the wrong man.* ▶ **nieprawidłowy, nieodpowiedni 3** (not before a noun) **wrong (with sb/sth)** not as it should be; not working properly: *You look upset. Is something wrong?* ○ *What's wrong with the car this time?* Co się znowu stało z samochodem? ○ *She's got something wrong with her leg.* ▶ **nie w porządku, niesprawny 4 wrong (to do sth)** bad or against the law; not good or right: *The man said that he had done nothing wrong.* ○ *I think it was wrong of us* (to nieładnie z naszej strony) *not to invite him.* ▶ **zły (nielegalny/przestępczy); nieładny**

IDIOMS **get/start off on the right/wrong foot (with sb)** → FOOT[1] | **get on the right/wrong side of sb** → SIDE[1] | **get (hold of) the wrong end of the stick** (informal) to misunderstand completely what has been said: *You must have got the wrong end of the stick. We're not going there, they are coming here.* ▶ **opacznie coś zrozumieć** | **on the right/wrong track** → TRACK

□ **wrong** verb [T] to do sth to sb which is bad or unfair: *I wronged her when I said she was lying.* ▶ **krzywdzić** | **wrongful** /-fl/ adj. (formal) (only before a noun) not fair, not moral or not legal: *wrongful dismissal (from a job)* ▶ **niesprawiedliwy; bezprawny** | **wrongly** adv. in a wrong or mistaken way: *This letter's been wrongly addressed.* ○ *She claimed, quite wrongly, that the handbag was hers.* ▶ **błędnie**

> Przysłówek **wrong** stawia się po czasowniku lub po dopełnieniu czasownika, zwłaszcza w rozmowie: *He's spelt my name wrong.* Przysłówka **wrongly** używa się zwykle przed imiesłowem biernym czasu przeszłego lub przed czasownikiem: *My name's been wrongly spelt.*

wrong[2] /rɒŋ; US rɔːŋ/ adv. in an incorrect way; not right: *I always pronounce that word wrong.* ▶ **źle**

IDIOMS **get sb wrong** (informal) to misunderstand sb: *Don't get me wrong! I don't dislike him.* ▶ **opacznie kogoś zrozumieć** | **go wrong 1** to make a mistake: *I'm afraid we've gone wrong. We should have taken the other road.* ▶ **mylić się 2** to stop working properly or to stop developing well: *The freezer's gone wrong and all the food has defrosted.* ○ *Everything's gone wrong today.* ▶ **psuć się, źle iść**

wrong[3] /rɒŋ; US rɔːŋ/ noun ❶ [U] what is bad or against the law: *Children quickly learn the difference between right and wrong.* ▶ **zło 2** [C] an action or a situation which is not fair: *A terrible wrong has been done. Those men should never have gone to prison.* ▶ **niesprawiedliwość**

IDIOM **in the wrong** responsible for sth bad that has happened ▶ **winny**

wrote pt of WRITE

wrung pt, pp of WRING

wry /raɪ/ adj. expressing a mixture of disappointment and amusement: *'Never mind,' she said with a wry grin. 'At least we got one vote.'* ▶ (*o uśmiechu itp.*) **kwaśny, krzywy**

□ **wryly** adv. ▶ **kwaśno/krzywo** (*np. uśmiechać się*)

WWW abbr. World Wide Web; a system for finding information on the Internet ▶ **WWW**

X, x /eks/ noun [C] (pl. **X's; x's**) the twenty-fourth letter of the English alphabet ▶ **litera** *x*

> Litera **x** jest używana przez nauczycieli do zaznaczenia błędnej odpowiedzi. Na końcu listu litera **x** symbolizuje przesłany pocałunek: *Lots of love, Mary XX.*

xenophobia /ˌzenəˈfəʊbiə/ noun [U] fear or hatred of foreigners ▶ **ksenofobia**
□ **xenophobic** adj. ▶ **ksenofobiczny**

Xerox™ /ˈzɪərɒks/ noun [C] **1** a machine that produces photocopies ▶ **kserograf** (*fotokopiarka firmy Xerox lub innej*) **2** a photocopy produced by such a machine: *a Xerox of the letter* ▶ **ksero**
□ **xerox** verb [T] ▶ **robić ksero**

XL /ˌeks ˈel/ abbr. extra large (size) ▶ **bardzo duży (rozmiar)**

Xmas /ˈkrɪsməs; ˈeksməs/ noun [C,U] (informal) (used as a short form, especially in writing) Christmas: *a Happy Xmas to all our customers* ▶ **Boże Narodzenie** (*skrót pełnej nazwy*)

X-ray /ˈeks reɪ/ noun [C] **1** [usually pl.] a kind of radiation that makes it possible to see inside solid objects (e.g. the human body) so that they can be examined and a photograph of them can be made ▶ **promieniowanie rentgenowskie** **2** a photograph that is made with an X-ray machine: *The X-ray showed that the bone was not broken.* ▶ **rentgen (zdjęcie rentgenowskie)**
□ **X-ray** verb [T]: *She had her chest X-rayed.* ▶ **robić zdjęcie rentgenowskie**

xylophone /ˈzaɪləfəʊn/ noun [C] a musical instrument that consists of a row of wooden or metal bars of different lengths. You play it by hitting these bars with a small hammer. ▶ **ksylofon**

Y, y /waɪ/ noun [C] (pl. **Y's; y's**) the twenty-fifth letter of the English alphabet ▶ **litera** *y*

yacht /jɒt/ noun [C] **1** a boat with sails used for pleasure: *a yacht race* regaty jachtowe ▶ **jacht** **2** a large boat with a motor, used for pleasure: *The harbour was full of millionaires' yachts.* ▶ **jacht motorowy**
□ **yachting** noun [U] the activity or sport of sailing a yacht ▶ **żeglowanie** (*jachtem*)
■ **ˈyachtsman** /-smən/ noun [C] (pl. **-men** /-smən/; fem. **yachtswoman**) a person who sails a yacht in races or for pleasure: *a round-the-world yachtsman* ▶ **żegla-rz/rka**

Yank /jæŋk/ noun (Brit., informal) a person from the US; an American ❶ Czasami słowa tego używa się w znaczeniu obraźliwym. ▶ **Jankes/ka**

yank /jæŋk/ verb [I,T] (informal) to pull with a sudden quick movement and with great force: *She yanked at the door handle and it came off in her hand.* ▶ **szarpać**
□ **yank** noun [C] ▶ **szarpnięcie**

yap /jæp/ verb [I] (**yapping**; **yapped**) (used about dogs, especially small ones) to bark in an excited way, making short high noises ▶ **szczekać piskliwie**

★**yard**[1] /jɑːd/ noun [C] **1** an area usually of concrete or stone with a wall or fence around it, next to or round a building: *a school yard* ○ *a farmyard* ➲ Por. **courtyard** i **churchyard**. ▶ **podwórze, boisko** **2** (US) = GARDEN **3** an area, usually without a roof, used for a particular type of work or purpose: *a shipyard* stocznia ○ *a builder's yard* skład materiałów budowlanych ▶ **otwarta przestrzeń szczególnego przeznaczenia**

> W Br. ang. przydomowy ogródek nazywa się **garden**, jeżeli jest porośnięty trawą, kwiatami itp., natomiast **yard** oznacza kamienny lub wybetonowany plac przed domem lub wokół domu. W Amer. ang. przydomowy ogródek nazywa się **yard** bez względu na to, czy jest porośnięty trawą, czy nie. Jeżeli jest on duży i pokryty trawą, to można go też nazywać **garden**.

★**yard**[2] /jɑːd/ noun [C] (abbr. **yd**) a measure of length; 0·914 of a metre. There are 3 feet (or 36 inches) in a yard: *How do you buy carpet here? By the yard or by the metre?* ▶ **jard**

yardstick /ˈjɑːdstɪk/ noun [C] a standard by which things can be compared: *Exam results should not be the only yardstick by which pupils are judged.* ▶ **miara**

yarn /jɑːn/ noun **1** [U] thread (usually of wool or cotton) that is used for knitting, etc. ▶ **przędza** **2** [C] (informal) a story that sb tells, especially one that is exaggerated ▶ **historyjka**

*__yawn__ /jɔːn/ verb [I] **1** to open your mouth wide and breathe in deeply, especially when you are tired or bored ▶ **ziewać** **2** (used about a hole, etc.) to be wide open ▶ **zionąć**

□ **yawn** noun [C]: *'How much longer will it take?' he said with a yawn.* ▶ **ziewnięcie**

yd (pl. **yds**) abbr. yard, a measure of length; about 0.914m ▶ **jard**

yeah /jeə/ interj. (informal) yes ▶ **tak**

*__year__ /jɪə(r); jɜː(r)/ noun **1** [C] the time it takes the earth to go once round the sun, about 365 days ▶ **rok** **2** [C] (also ˈ**calendar year**) the period from 1 January to 31 December, 365 or 366 days divided into 12 months or 52 weeks: *last year/this year/next year* ○ *What will the population be by the year 2010?* ○ *We go to France at this time every year.* ○ *Interest is paid on this account once a year.* ○ *the year before last/the year after next* ○ *a leap year* ○ *the New Year* ▶ **rok kalendarzowy** **3** [C] any period of 12 months, measured from any point: *It's been several years since I last saw him.* ○ *She worked here for twenty years.* ○ *He left school just over a year ago.* ○ *In a year's time* (za rok), *you'll be old enough to vote.* ○ *They've been living in Spain for the last few years.* ▶ **rok** **4** [C] a period of a year in connection with schools, the business world, etc.: *The school year runs from September to July.* ○ *the financial year* ▶ **rok** (*np. szkolny, budżetowy*) **5** [C] (used in connection with the age of sb/sth) a period of 12 months: *He's ten years old* (kończy dziesięć lat) *today.* ○ *a six-year-old* (sześcioletnia) *daughter* ○ *This car is nearly five years old.* ○ *The company is now in its fifth year.* ❶ Zwróć uwagę, że można powiedzieć **He's ten** lub **He's ten years old**, ale nie ~~*He's ten years*~~. ➲ Zob. uwaga przy **age**. ▶ **wiek** (*np. osoby, organizacji*) **6** (**years**) [pl.] a long time: *It happened years ago.* ▶ **wiele lat**

IDIOMS **all year round** for the whole year: *Most of the hotels are open all year round.* ▶ **przez cały rok** | **donkey's years** → DONKEY | **take a year out** to go away or stop doing sth for a year, especially between leaving school and starting university, or between leaving university and starting work: *I decided to take a year out of university to travel.* ▶ **mieć rok przerwy** (*np. w nauce*), **wyjechać na rok** | **year after year**; **year in year out** every year for many years ▶ **rok po roku**

□ **yearly** adj., adv. (happening) every year or once a year: *a yearly pay increase* ○ *The conference is held yearly in Sligo.* ▶ **doroczny**; **rokrocznie**

■ ˈ**yearbook** noun [C] **1** a book published once a year, giving details of events, etc. of the previous year, especially those connected with a particular area of activity ▶ **rocznik** **2** (especially US) a book that is produced by the senior class in a school or college, containing photographs of students and details of school activities ▶ **kronika szkolna**

yearn /jɜːn/ verb [I] **yearn (for sb/sth)** ; **yearn (to do sth)** to want sb/sth very much, especially sth that you cannot have ▶ **tęsknić (za kimś/czymś)**

□ **yearning** noun [C,U] ▶ **pragnienie (czegoś)**

yeast /jiːst/ noun [U] a substance used for making bread rise and for making beer, wine, etc. ▶ **drożdże**

yell /jel/ verb [I,T] to shout very loudly, often because you are angry, excited or in pain: *There's no need to yell at me, I can hear you perfectly well.* ▶ **wrzeszczeć, wyć** (*np. z bólu*)

□ **yell** noun [C] ▶ **wrzask, wycie** (*np. z bólu*)

*__yellow__ /ˈjeləʊ/ adj. having the colour of lemons or butter: *dark/light yellow* ○ *a bright/pale yellow dress* ▶ **żółty**

□ **yellow** noun [C,U] the colour yellow; something that has the colour yellow: *a bright shade of yellow* ○ *the yellows and browns of the autumn leaves* ▶ **żółty kolor** | **yellowish** adj. rather yellow ▶ **żółtawy**

■ ˌ**yellow ˈcard** noun [C] (used in football) a card that the referee shows to a player as a warning that they will be sent off the field if they behave badly again ▶ **żółta kartka** | ˌ**yellow ˈline** noun [C] a yellow line at the side of a road to show that parking is restricted ▶ **żółta linia** | ˌ**Yellow ˈPages**™ noun [pl.] (Brit.) a book with yellow pages that gives a list of companies and organizations and their telephone numbers, arranged according to the type of services they offer ▶ **Żółte Książki**

yelp /jelp/ noun [C] a sudden short cry, especially of pain, fear or excitement ▶ **skamlenie**

□ **yelp** verb [I] ▶ **skamleć**

*__yes__ /jes/ interj. **1** (used when answering a question to which another possible answer is 'no'): *'Are you having a good time?' 'Yes, thank you.'* ○ *I asked him if he wanted to come and he said yes.* ▶ **tak, owszem** **2** (used for saying that a statement is correct or for agreeing with one): *'You spend far too much money.' 'Yes, you're right.'* ▶ **tak** **3** (used when agreeing to a request): *'May I sit here?' 'Yes, of course.'* ▶ **tak** **4** (used when accepting an offer): *'More coffee?' 'Yes, please.'* ▶ **tak** **5** (used for showing that you have heard sb or will do what they ask): *'Waiter!' 'Yes, madam.'* ▶ **tak** **6** (used when saying that a negative statement that sb has made is not true): *'You don't care about anyone but yourself.' 'Yes, I do.'* ▶ **tak**

□ **yes** noun [C] (pl. **yeses** /ˈjesɪz/) an answer, statement or vote of 'yes' ▶ **odpowiedź twierdząca**

*__yesterday__ /ˈjestədeɪ; -di/ adv., noun [C,U] (on) the day before today: *Did you watch the film on TV yesterday?* ○ *yesterday morning/afternoon/evening* ○ *I posted the form the day before yesterday* (przedwczoraj). ○ *Did it really happen three weeks ago? It seems like only yesterday.* ○ *yester-*

day's paper wczorajsza gazeta ○ *Yesterday was the best day I've had for ages.* ○ *I spent the whole of yesterday* (cały wczorajszy dzień) *walking round the shops.* ▶ **wczoraj**

★**yet** /jet/ adv. **1** (used with negative verbs or in questions for talking about sth that has not happened but that you expect to happen): *We haven't had any serious problems yet.* Dotychczas nie mieliśmy żadnych poważnych kłopotów. ○ *Has it stopped raining yet?* Czy już przestało padać? ○ *There was a pile of work on my desk which I hadn't yet done* (wciąż jeszcze nie zrobiłem). ○ *I haven't seen that film yet.* ❶ W Amer. ang. można powiedzieć: *I didn't see that film yet.* ▶ **(wciąż) jeszcze** (*w zdaniach przeczących*), **już** (*w pytaniach*) **2** (used with negative verbs) now; as early as this: *You don't have to leave yet – your train isn't for another hour.* ▶ **jeszcze (teraz) 3** (used especially with *may* or *might*) at some time in the future: *With a bit of luck, they may win yet.* ▶ **(wciąż) jeszcze 4** (used after a period of time) longer: *She isn't all that old, she'll live for years yet* (pożyje jeszcze wiele lat). ▶ **jeszcze 5** (used with comparatives or 'another' to emphasize the size or amount of sth): *I'm already busy and now I've been given yet more work to do.* ▶ **jeszcze 6** (used with superlatives) until and including now/then; so far: *This is her best film yet.* ▶ **dotychczas 7** but; in spite of that: *Their plan was simple yet successful.* ▶ **ale, a jednak**

IDIOMS **as yet** until now: *As yet little is known about the disease.* ▶ **dotychczas** | **yet again** (used for emphasizing how often sth happens) once more: *I don't want to discuss this yet again!* ▶ **znowu** | **yet another** (used for expressing surprise that there is one more of sth): *They're opening yet another fast food restaurant in the square.* ▶ **jeszcze jeden** | **yet to do, etc.** if you have yet to do sth, it means that you have not done it but may possibly do it in the future: *The final decision has yet to be made.* ▶ **jeszcze do** (*zrobienia itp.*)

□ **yet** conj. but (when sth is surprising after the first part of the statement): *He seems pleasant, yet there's something about him I don't like.* ▶ **ale (jednak)**

yew /ju:/ noun (also **yew tree**) [C] a small tree which has dark green leaves all through the year, and small red berries. Yews are often planted near churches. ▶ **cis**

YHA /ˌwaɪ eɪtʃ ˈeɪ/ abbr. (Brit.) Youth Hostels Association ▶ **Stowarzyszenie Schronisk Młodzieżowych**

Yiddish /ˈjɪdɪʃ/ noun [U] a Jewish language, originally used in central and eastern Europe, based on a form of German with words from Hebrew and several modern languages ▶ **jidysz**

yield /ji:ld/ verb **1** [T] to produce crops, profits or results: *How much wheat does each field yield?* ○ *Did the experiment yield any new information?* ▶ **dostarczać 2** [I] **yield (to sb/sth)** (formal) to stop resisting sb/sth (so that you do what sb has demanded): *The government refused to yield to the hostage takers' demands.* ❶ Zwrot **to give in** jest mniej formalny. ▶ **ulegać 3** [T] to allow sb to have control of sth that you were controlling: *The army has yielded power to the rebels.* ▶ **oddawać** (*np. władzę*) **4** [I] **yield to sth** to be replaced by sth, especially sth newer: *Old-fashioned methods have yielded to new technology.* ▶ **ustępować** (*np. nowemu*) **5** [I] to bend or break: *The dam finally yielded under the weight of the water.* ▶ **załamywać się 6** [I] **yield (to sb/sth)** to allow other traffic to go first or to join the road in front of you: *You have to yield to traffic from the left here.* ▶ **dawać pierwszeństwo przejazdu** ❶ W znaczeniach 4-6 częstszym zwrotem jest **give way**. W Amer. ang. zwykle używa się **yield** w znaczeniu 6.

□ **yield** noun [C] the amount that is produced: *Wheat yields were down 5% this year.* ○ *This investment has an annual yield of 12%.* ▶ **plon, wydajność, zysk**

yo /jəʊ/ interj. (slang) (used by some people when they see a friend) hello ▶ **cześć!**

yob /jɒb/ noun [C] (also **yobbo** /ˈjɒbəʊ/, pl. **yobbos**) (Brit., slang) a boy or young man who behaves badly in public ▶ **łobuz**

yoga /ˈjəʊgə/ noun [U] a system of exercises for the body, based on Hindu philosophy. Yoga helps you control and relax both your mind and your body. ▶ **joga**

yogurt (also **yoghurt**) /ˈjɒgət; US ˈjəʊgərt/ noun [C,U] a slightly sour, thick liquid food made from milk with bacteria added to it ▶ **jogurt**

yoke /jəʊk/ noun [C] a piece of wood fixed across the necks of two animals when they are pulling a cart, etc.: (figurative) *the yoke of slavery* ▶ **jarzmo**

yolk /jəʊk/ noun [C,U] the yellow part in the middle of an egg: *He ate the yolk and left the white.* ▶ **żółtko**

yonks /jɒŋks/ noun [U] (informal) a very long time: *I haven't been to the theatre for yonks.* ▶ **wieki**

Yorkshire pudding /ˌjɔ:kʃə ˈpʊdɪŋ/ noun [U, C] a type of British food made from batter that is baked until it rises, traditionally eaten with roast beef ▶ **rodzaj potrawy**

★**you** /jə; ju:/ pron. **1** (used as the subject or object of a verb, or after a preposition) the person or people being spoken or written to: *You can come too.* ○ *I love you.* ○ *Bring your photos with you.* ▶ **ty, wy, pan/i, państwo 2** (used with a noun, adjective or phrase when calling sb sth): *You fool! What do you think you're doing?* ▶ **ty, wy 3** a person (not a particular one); people in general: *You don't see many tourists* (nie widzi się wielu turystów) *here at this time of year.* ❶ **One** ma takie samo znaczenie, ale jest o wiele bardziej formalne: *One tries to help as much as one can.* ▶ (*tłumaczy się formą bezosobową*)

you'd /ju:d/ short for YOU HAD, YOU WOULD

you'll /ju:l/ short for YOU WILL

★**young** /jʌŋ/ adj. (**younger** /-ŋgə(r)/, **youngest** /-ŋgɪst/) not having lived or existed for very long: *They have two young children* (dwoje małych dzieci). ○ *The film is about the United*

States, when it was still a young nation. ○ *young plants* ○ *I'm a year younger than her.* ○ *My father was the youngest of eight children.* ○ *young fashion* moda młodzieżowa ▶ **młody**

IDIOM **young at heart** behaving or thinking like a young person, even if you are not young ▶ **młody duchem**

□ **young** noun [pl.] **1** young animals: *Swans will attack to protect their young.* ▶ **młode** (*zwierząt*) **2** (**the young**) young people when you are thinking about them as a group: *The young of today are the adults of tomorrow.* ▶ **młodzież** | **youngish** adj. quite young ▶ **dość młody** | **youngster** /-stə(r)/ noun [C] a young person: *There is very little entertainment for youngsters in this town.* ▶ **młoda osoba**

⋆**your** /jɔ:(r); US jʊər/ det. **1** belonging to or connected with the person or people being spoken to: *What's your flat like?* ○ *It would be helpful if you could all give me your addresses* (swoje adresy). ▶ **twój, wasz, pan-a/i, pański, państwa** **2** belonging to or connected with people in general: *When your life is* (kiedy czyjeś życie jest) *as busy as mine, you have little time to relax.* ▶ **czyjś** (*używa się w znaczeniu bezosobowym*) **3** (used for saying that sth is well-known to people in general): *So this is your typical English pub, is it?* ▶ **taki, ten słynny** **4** (also **Your**) (used in some titles): *your Majesty* wasza królewska mość ▶ **(w tytułach) wasza** (*wysokość itp.*)

□ **yours** /jɔ:z; US jʊərz/ pron. **1** belonging to or connected with you: *Is this bag yours or mine?* ○ *I was talking to a friend of yours* (z jednym z twoich znajomych) *the other day.* ▶ **twój, wasz, pan-a/i, pański, państwa** **2** (**Yours**) (used at the end of a letter): *Yours sincerely/faithfully/truly...* ○ *Yours...* ❶ **Yours sincerely** używa się, kiedy nazwisko adresata jest znane i wymienione na początku listu, np. **Dear Mrs Smith**. **Yours faithfully** stosuje się, kiedy nazwisko adresata nie jest znane. Wówczas list zaczyna się zwrotem **Dear Sir**, **Dear Madam** lub **Dear Sir/Madam**. ▶ **z poważaniem**

you're /jʊə(r); jɔ:(r)/ short for YOU ARE

⋆**yourself** /jɔ:'self weak form jə-; US jʊr'self/ pron. (pl. **yourselves** /-'selvz/) **1** (used as the object of a verb or preposition when you are speaking to sb and talking about this person/these people doing an action and also being affected by it): *Be careful or you'll hurt yourself.* ○ *Buy yourselves a present.* ○ *You're always talking about yourself!* ▶ **się, siebie** **2** (used for emphasis): *You yourself told me there was a problem last week.* ○ *Did you repair the car yourselves?* ▶ **sam, osobiście** **3** in your normal state; healthy: *You don't look yourself today.* Wyglądasz dziś nieswojo. ▶ **taki jak zwykle; zdrowy**

IDIOM **(all) by yourself/yourselves** **1** alone: *Do you live by yourself?* ▶ **sam** (*bez towarzystwa*) **2** without help: *You can't cook dinner for ten people by yourself. Let me help you.* ▶ **samemu**

⋆**youth** /ju:θ/ noun (pl. **youths** /ju:ðz/) **1** [U] the period of your life when you are young, especially the time between being a child and an adult: *He was quite a good sportsman in his youth.* ▶ **młodość** **2** [U] the fact or state of being young: *I think that his youth will be a disadvantage in this job.* ➲ Por. **age**[1](3). ▶ **młodość** **3** [C] a young person (usually a young man, and often one that you do not have a good opinion of): *There were gangs of youths standing around on the street corners.* ▶ **młody człowiek, młodzieniec** **4** (**the youth**) [pl., with sing. or pl. verb] young people as a group: *What kind of future does/do the youth of this country have?* ▶ **młodzież**

□ **youthful** /-fl/ adj. **1** having the qualities that are typical of young people: *She was nearly fifty but still full of youthful enthusiasm.* ▶ **młodzieńczy** **2** young or relatively young: *a piece of music by the youthful Mozart* ▶ **młodociany, młody**

■ **'youth hostel** noun [C] a type of cheap and simple hotel which people (especially young people) can stay at when they are travelling around on holiday ▶ **schronisko młodzieżowe**

you've /ju:v/ short for YOU HAVE

Yo Yo™ (also **yo-yo**) /'jəʊ jəʊ/ noun [C] (pl. **Yo Yos**; **yo-yos**) a toy which is a round piece of wood or plastic with a string round the middle. You put the string round your finger and can make the yo-yo go up and down it. ▶ **jo-jo**

yr (pl. **yrs**) abbr. year ▶ **r.**

yuck /jʌk/ interj. (informal) (used for saying that you think sth is very unpleasant): *Oh no, not cabbage! Yuck!* ▶ **fu!**

□ **yucky** adj. (**yuckier**; **yuckiest**) (informal) disgusting; very unpleasant; horrible: *What a yucky colour!* ▶ **paskudny**

yummy /'jʌmi/ adj. (**yummier**; **yummiest**) (informal) tasting very good; delicious ▶ **pyszny**

yuppie (also **yuppy**) /'jʌpi/ noun [C] (pl. **yuppies**) a successful young professional person who earns a lot of money and spends it on fashionable things ▶ **yuppie**

Zz

Z, z /zed; US ziː/ noun [C] (pl. **Z's**; **z's**) the twenty-sixth letter of the English alphabet 🛈 Zwróć uwagę na inną wymowę amerykańską. ▶ **litera** *z*

zany /ˈzeɪni/ adj. funny in an unusual and crazy way: *a zany comedian* ▶ **zwariowany**

zap /zæp/ verb [T] (**zapping**; **zapped**) (informal) to kill sb, usually with a gun or other weapon: *It's a computer game where you have to zap aliens with a laser.* ▶ **załatwiać kogoś**

zeal /ziːl/ noun [U] (formal) great energy or enthusiasm: *religious zeal* ▶ **gorliwość**

□ **zealous** /ˈzeləs/ adj. using great energy and enthusiasm ▶ **gorliwy** | **zealously** adv. ▶ **gorliwie**

zebra /ˈzebrə; US ˈziːbrə/ noun [C] (pl. **zebra** or **zebras**) an African wild animal that looks like a horse, with black and white stripes all over its body ▶ **zebra**

■ ˌ**zebra ˈcrossing** noun [C] (Brit.) a place where the road is marked with white lines to show that people can cross in safety because cars must stop there to let them over ▶ **zebra** (*przejście dla pieszych*)

⋆**zero** /ˈzɪərəʊ/ pron. **1** 0; one less than one; nought ▶ **zero 2** freezing point; 0°C: *The temperature is likely to fall to five below zero.* ▶ **zero 3** nothing at all; none at all: *My chances of passing the exam are zero.* ▶ **zerowy**

> W Br. ang. cyfra **0** ma kilka różnych nazw. **Zero** najczęściej używa się w języku naukowym lub technicznym, **nil** najczęściej spotyka się w języku mówionym przy podawaniu wyników sportowych. **Nought** używa się w odniesieniu do cyfry **0** tworzącej jakąś liczbę: *a million is one followed by six noughts.* **0** (wymawiane /əʊ/) na ogół używa się w języku mówionym przy podawaniu numeru telefonu, autobusu itp.

■ ˈ**zero hour** noun [U] the time when an important event, an attack, etc. is planned to start: *It's five minutes to zero hour.* ▶ **godzina zero**

zest /zest/ noun [U, sing.] **zest (for sth)** a feeling of excitement, pleasure and interest: *She is a very active person, with a great zest for life.* ▶ **werwa, zapał**

zigzag /ˈzɪɡzæɡ/ noun [C] a line with left and right turns, one after the other at sharp angles: *a zigzag path down the cliff* ○ *curtains with a zigzag pattern* ▶ **zygzak**

□ **zigzag** verb [I] (**zigzagging**; **zigzagged**): *We took a road that zigzagged through the mountains.* ▶ **ciągnąć się/posuwać się zygzakiem**

zinc /zɪŋk/ noun [U] a whitish metal, often put on the surface of iron and steel as protection against water ▶ **cynk**

⋆**zip** /zɪp/ noun [C] (also ˈ**zip-fastener**; especially US **zipper**) a device for fastening clothes, bags, etc. which consists of two rows of metal or plastic teeth, one on each side of an opening. You can join these rows together to close the opening: *Your zip's undone!* ○ *Do your zip up.* ▶ **zamek błyskawiczny**

□ **zip** verb [T] (**zipping**; **zipped**) **zip sth (up)** to fasten sth with a zip: *There was so much in the bag that it was difficult to zip it up.* ▶ **zapinać na zamek błyskawiczny**

ZIP code (also **Zip code**) /ˈzɪp kəʊd/ noun [C] (US) = POSTCODE

zodiac /ˈzəʊdiæk/ noun [sing.] (**the zodiac**) a diagram of the positions of the sun, moon and planets, which is divided into twelve equal parts, each with a special name and symbol: *'Which sign of the zodiac are you?' 'I'm Leo.'* ▶ **zodiak**

zone /zəʊn/ noun [C] an area that is different from those around it e.g. because sth special happens there: *the war zone* ○ *We're crossing into a new time zone.* ▶ **strefa**

zoo /zuː/ noun [C] (pl. **zoos**) (formal ˌ**zoological ˈgardens**) a park where many kinds of living (especially wild) animals are kept so that people can look at them: *to go to the zoo* ○ *She thinks that it's wrong to keep animals in zoos.* ▶ **zoo**

zoology /zəʊˈɒlədʒi; zuˈɒl-/ noun [U] the scientific study of animals ▶ **zoologia**

□ **zoological** /ˌzəʊəˈlɒdʒɪkl/ adj. ▶ **zoologiczny** | **zoologist** /zəʊˈɒlədʒɪst/ noun [C] a person who studies or is an expert on zoology ▶ **zoolog**

zoom /zuːm/ verb [I] to move very quickly and with a loud noise: *A motor cycle zoomed past.* ▶ **mknąć z hałasem**

PHRASAL VERB **zoom in (on sb/sth)** to make an object that you are filming appear bigger by using a special lens: *The camera zoomed in on a face in the crowd.* ▶ **robić najazd/zbliżenie** (*kamerą flimową*)

■ ˈ**zoom lens** noun [C] a camera lens that can make an object being photographed appear gradually bigger or smaller so that it seems to be getting closer or further away ▶ **obiektyw ze zmienną ogniskową**

zucchini /zuˈkiːni/ noun [C] (pl. **zucchini**; **zucchinis**) (especially US) = COURGETTE

Study pages

Przyimki określające miejsce

The lamp is **above** the table.

The meat is **on** the table.

The cat is **under** the table.

The lorry is **in front of** the car.

The car is **behind** the lorry.

The bird is **in**/**inside** the cage.

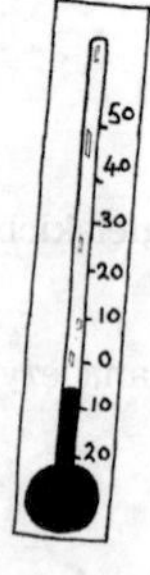

The temperature is **below** zero.

Kim is **next to**/**beside** Sam.

Sam is **between** Tom and Kim.

Tom is **opposite** Kim.

The house is **among** the trees.

The girl is leaning **against** the wall.

Przyimki określające ruch

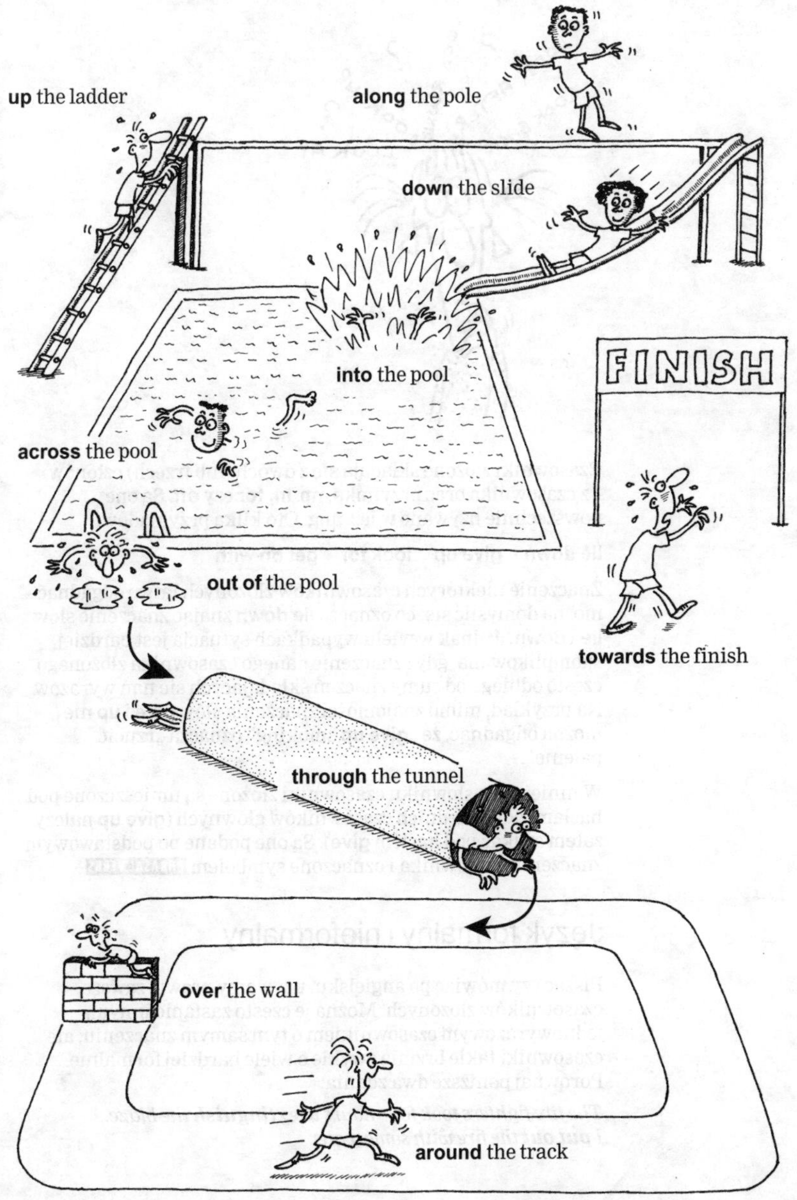

Czasowniki złożone

Czasowniki złożone składają się z dwóch (lub trzech) członów – z czasownika oraz przyimka, np. **in, for** czy **off**. Są one powszechnie używane w jęz. ang. Oto kilka przykładów:

lie down **give up** **look for** **get on with**

Znaczenie niektórych czasowników złożonych łatwo odgadnąć – można domyślić się, co oznacza **lie down** znając znaczenie słów **lie** i **down**. Jednak w wielu wypadkach sytuacja jest bardziej skomplikowana, gdyż znaczenie danego czasownika złożonego często odbiega od sumy znaczeń składających się nań wyrazów. Na przykład, mimo znajomości znaczenia słów **give** i **up** nie można odgadnąć, że „**give up** smoking" oznacza „rzucić palenie".

W niniejszym słowniku czasowniki złożone są umieszczone pod hasłami odpowiednich czasowników głównych (**give up** należy zatem szukać pod hasłem **give**). Są one podane po podstawowym znaczeniu czasownika i oznaczone symbolem **PHRASAL VERBS**.

Język formalny i nieformalny

Pisząc czy mówiąc po angielsku, używamy prawie zawsze czasowników złożonych. Można je często zastąpić innym, jednowyrazowym czasownikiem o tym samym znaczeniu, ale czasowniki takie brzmią zwykle o wiele bardziej formalnie. Porównaj poniższe dwa zdania:

*The fire fighters took four hours to **extinguish** the blaze.*
*I **put out** the fire with some water.*

Cztery rodzaje czasowników złożonych

Czasowniki złożone dzielą się na cztery główne grupy.

1 Czasowniki złożone, po których nie występuje dopełnienie

*The fire **went out**.*
*My car **broke down** on the motorway.*

W słowniku przyjęto następujący zapis dla tego typu czasowników:

go out ***break down***

2 Czasowniki złożone, których poszczególne człony mogą być rozdzielone dopełnieniem

a) Jeśli dopełnieniem jest rzeczownik, to może on znajdować się *po* drugim członie czasownika złożonego lub *między* jego członami:

*She **tried on** the red dress.*
*She **tried** the red dress **on**.*

b) Jeśli dopełnieniem jest zaimek, to musi on znajdować się *między* członami czasownika złożonego:

*She **tried** it **on**.* (a NIE ~~*She tried on it.*~~)

W słowniku ten typ czasowników złożonych jest zapisany w formie następującej: **try sth on**. Jeśli między członami czasownika złożonego pojawi się **sth** lub **sb**, oznacza to, że obydwa człony mogą być rozdzielone dopełnieniem.

3 Czasowniki złożone, których poszczególne elementy nie mogą być rozdzielone dopełnieniem

Obydwa człony muszą znajdować się obok siebie:

*John's **looking after** the children.*
(a NIE ~~*John's looking the children after.*~~)
*John's **looking after** them.*
(a NIE ~~*John's looking them after.*~~)

W słowniku ten typ czasowników złożonych jest zapisany w formie następującej: **look after sb**. Jeśli na końcu czasownika złożonego pojawi się **sb** lub **sth,** oznacza to, że poszczególne człony nie mogą być rozdzielone dopełnieniem.

4 Czasowniki złożone składające się z trzech członów

Wszystkie trzy człony muszą znajdować się obok siebie:

*I can't **put up with** this noise any longer.*

W słowniku ten typ czasowników złożonych jest zapisany w formie następującej: **put up with sb / sth**. Również w tym wypadku pojawienie się **sb** lub **sth** na końcu czasownika złożonego oznacza, że poszczególne człony muszą znajdować się obok siebie.

Action Verbs

He punched him in the stomach.

She slapped her across the face.

He pinched him on the arm.

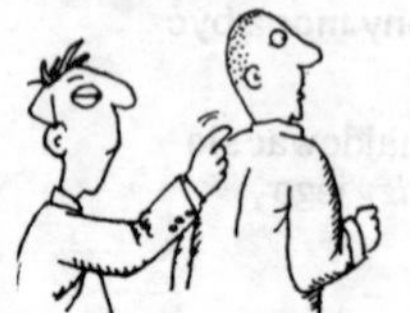
He tapped him on the shoulder.

She nudged her.

He elbowed past.

He nodded his head.

He shook his head.

He shrugged his shoulders.

They held hands.

They shook hands.

She waved goodbye to him.

She poked the fire with a stick.

He poked the stick down the hole.

They walked arm in arm.

He folded his arms.

He sat cross-legged.

She crossed her legs.

Związki wyrazowe

Niektóre słowa bardzo często występują w parach czy nawet większych grupach z innymi wyrazami. Takie pary czy grupy nazywamy związkami wyrazowymi (**collocations**). Popatrz na hasło rzeczownika **work**, aby zobaczyć, jak w tym słowniku są podane najczęściej spotykane związki wyrazowe. Im częściej będziesz używać takich związków wyrazowych, tym bardziej naturalnie będą brzmieć twoje wypowiedzi. Zbieraj pary i grupy wyrazów, które cię szczególnie zainteresują lub które uznasz za przydatne.

★ **work**[1] /wɜːk/ noun [U] **1** something that requires phyiscal or mental effort. You usually do work because you feel you have to, not for pleasure: *There is still a lot of work to be done.* ○ *Her success is due to sheer hard work.* ○ *Ron never does a stroke of work.* ○ *Much of the heavy work on farms is now done by machines.* ○ *Students do work experience* (odbywają praktykę zawodową) *in local firms.* ▶ **praca** **2** what you do to earn money; the place where you go to earn money: *It is very difficult to find work in this city.* ○ *out of work* bez pracy/bezrobotny ○ *a work permit* pozwolenie na pracę ○ *When do you start work?* ○ *I go to work at 8 o'clock.* ○ *The people at work gave me some flowers for my birthday.* ▶ **praca**

Wyrażenia z czasownikami **do, make i give**

Jedyną skuteczną metodą opanowania tych wyrażeń jest zbieranie ich i ciągłe ich powtarzanie, ale podajemy tu kilka wskazówek, które mogą być pomocne w wyborze prawidłowego czasownika.

Do używa się często w wypadku czynności czy obowiązków, które – choć wymagają wykonania – to jednak nie mają charakteru czynności twórczych, a także w wyrażeniach zawierających słowa **thing**, **nothing**, **anything** itd.:

do the cleaning
do an exam
do a job
do something wrong
do things your own way
nothing to do

Make używa się często, kiedy wykonujesz czynność lub tworzysz coś, wykorzystując swoje umiejętności, zdolności czy mowę:

make dinner
make a movie
make a model
(ale *do a painting*)
make a decision
make a judgement
make a guess
make a comment
make an excuse
make a suggestion
make a promise

Give używa się w wielu wyrażeniach związanych z mową (użyciem słów), a także w wyrażeniach opisujących czynności fizyczne:

give (sb) advice
give (sb) your word
give a reason
give a lecture
give evidence
give sth a kick/a twist/a push
give sb a slap/a kiss/a hug

Wydziel część zeszytu-słowniczka na swój własny zbiór związków wyrazowych. Najlepiej utwórz dwie listy: wyrażeń, które według ciebie mają wydźwięk pozytywny, oraz takich, które twoim zdaniem mają znaczenie negatywne. Decydując, na którą listę wpisać dany związek wyrazowy, lepiej go zapamiętasz.

Na którą listę wpisałbyś związek **take a risk**?

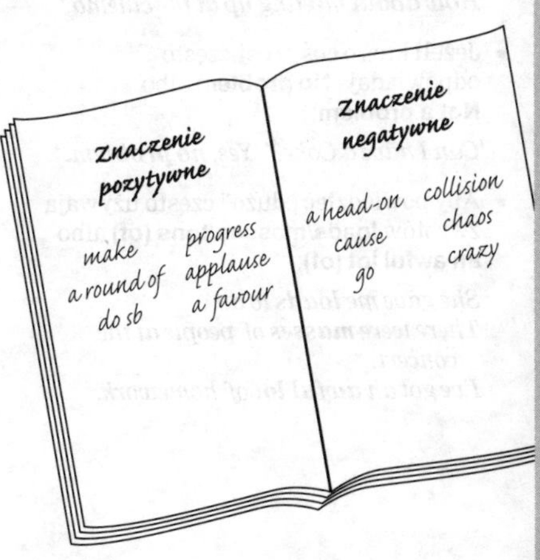

W towarzystwie angielskich znajomych

W tym rozdziale zobaczymy, jak naprawdę mówią Anglicy i jakich zwrotów czy słów (przynajmniej niektórych) najczęściej używają w rozmowie, szczególnie ludzie młodzi. Pamiętaj, że jest to sekcja poświęcona językowi mówionemu. Większość z podanych tu zwrotów używana jest wyłącznie w języku potocznym, a nie w bardziej formalnych sytuacjach, takich jak pisanie listów czy rozmowy kwalifikacyjne.

Jak mówią młodzi Anglicy

- Pytając „dlaczego?" często mówią **How come?** albo **How's that?**:

  How come *you didn't tell me?*
  'I'm going home early today.'
  'How's that?'

- Wyrażając opinię, używają zwrotów **I reckon** albo **I bet**:

  I reckon *she'll pass the exam.*
  I bet *they're late.*

- Sugerując/proponując coś, mówią **Do you fancy?** albo **How about?**:

  Do you fancy *going for a pizza?*
  How about *meeting up at the cinema?*

- Jeżeli ktoś o coś prosi,często odpowiadają **No problem** albo **Not a problem**:

  'Can I have a Coke?' 'Yes, ***no problem.****'*

- Aby powiedzieć „dużo" często używają zwrotów **loads/masses/tons (of)** albo **an awful lot (of)**:

  She gave me ***loads*** *to do.*
  There were ***masses*** *of people at the concert.*
  I've got an ***awful lot*** *of homework.*

Jak powiedzieć:

Tak!	Yeah! OK! You bet!	Yep! Right! Sure!
(Absolutnie) nie!	No way! You must be joking!	Nope!
Dziękuję!	Thanks! Cheers!	Ta!
W porządku!	No problem!	
Cześć! (na powitanie)	Hi (there)! What's new!	Hiya!
Na razie!	See you (in a bit)! See you later!	
Cześć! (na pożegnanie)	Bye!	Cheers!

Kiedy Anglikom coś się podoba

- Aby powiedzieć, że coś jest dobre, wspaniałe itp. mówią:

Cool! *It's brilliant!*
Excellent!
It's magic! *Wicked!*

- Jeżeli uważają, że ktoś jest wspaniały, naprawdę zna się na czymś czy dobrze pracuje, wtedy mówią:

  *You're a **star**! She's a **genius**!*

- Jeżeli podoba im się jakiś pomysł czy plan, używają wyrażeń **cool** albo **great**:

  *'Let's go and see a film.' '**Cool!**'*
  *'I'll ring you tonight.' '**Great!**'*

- Opisując coś modnego, często mówią:

  *I know a really **hip/cool** bar.*
  *Those shoes are very **trendy**.*
  *What a **groovy** jacket!*

- O osobie, która im się podoba, mówią:

  *He's **drop-dead** gorgeous!*
  *She's **fit**!*

Kiedy Anglicy czegoś nie lubią

- Jeżeli coś nie jest dobre albo coś się im nie podoba, mówią często:

  It's **rubbish**/**(a pile of) pants**/**(a load of) crap**. (Zwróć uwagę, że niektórzy uważają słowo **crap** za obraźliwe).

- Aby stwierdzić, że ktoś źle pracuje lub nie ma o czymś pojęcia, mówią:

  *You're **useless**!*
  *What a **loser**!*
  *She's a real **waste of space**!*

- Jeżeli ktoś lub coś jest niemodne lub nieciekawe, używają przymiotnika **naff**. Aby określić niemodne, nudne zajęcie czy osoby, często stosują **sad**:

  *That's a rather **naff** shirt!*
  *He's just a **sad** old man.*
  *Staying at home all weekend watching TV is pretty **sad**.*

- Aby powiedzieć, że ktoś jest głupi, to często używają wyrażeń:

  You dummy! *What a moron!*

- Jeżeli nudzi ich wykonywane zajęcie mówią:

  *It's a **pain in the neck** having to stay indoors and work!*
  *That's a real **drag**.*

Trochę słownictwa

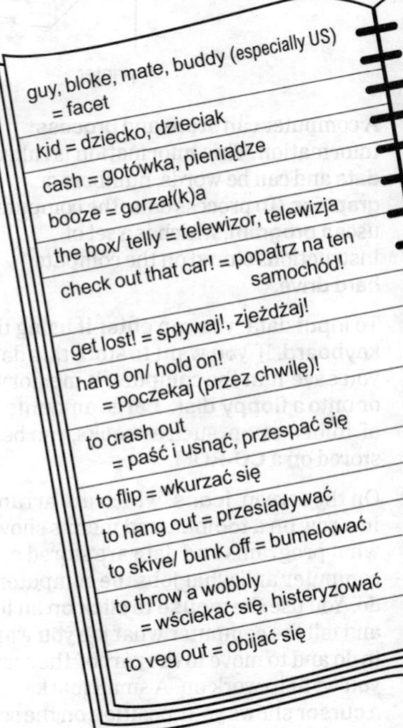

Computers

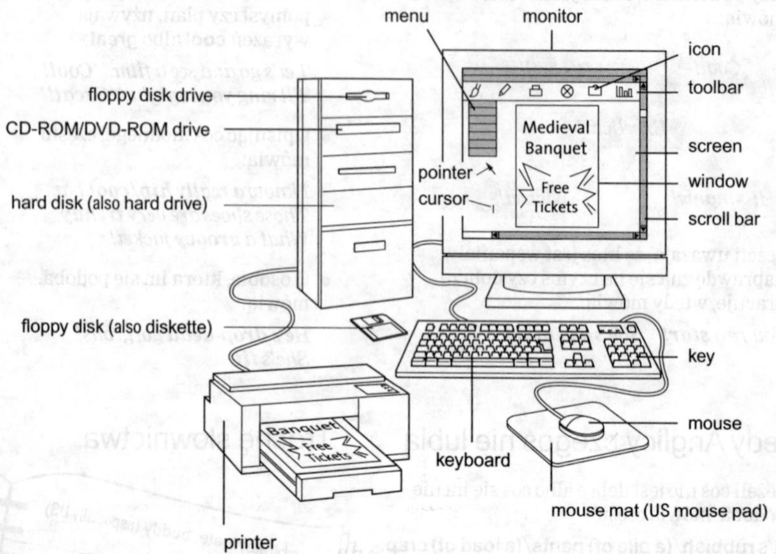

A computer can **store** and **process** information. This information is called **data** and can be words, numbers or **graphics**. To process data, the computer uses a **program**, which is a set of instructions stored on the computer's **hard drive**.

To **input** data, you can **enter** it using the **keyboard**. If you want to store this data, you **save** it in the computer's memory or onto a **floppy disk**. Large amounts of information, such as books, can be stored on a **CD-ROM**.

On the screen, **icons**, which are arranged in a row on a **toolbar**, and menus show you what programs and data are stored on the computer and what jobs the computer can do. You use the **mouse** to **click on** an icon and tell the computer what job you want it to do and to move to the part of the screen you want to work on. A small marker called a **cursor** shows your position on the screen.

Computers can be connected to other computers to form a **network**. This allows different people to have access to the same information and to communicate with each other using **e-mail** (electronic mail). To communicate with someone using e-mail, you send your message to their **e-mail address**. For example, *john.jones@aol.com* is a typical e-mail address. To say this address, you say 'John dot Jones at A O L dot com'.

The **Internet** or the **Net** is an enormous network that covers the world. People who want to make information available to the whole world can pay for their own space on the Internet. This is called a **Web site**. The **Web** or the **World Wide Web** (**WWW**) is the system which lets you **download** information on the Internet. You can enter a subject and find all the Web sites that have information about it. This is called **surfing** the net. **Online** services are ones that are available on the Internet.

Amerykańska odmiana języka angielskiego

I just saw a man fall on the sidewalk in front of my neighbor's house!

Czy to mówi Anglik czy Amerykanin? Słysząc daną wypowiedź, można to na ogół rozpoznać po akcencie. Ale nie tylko wymowa jest w stanie zdradzić pochodzenie autora wypowiedzi. Słownictwo, gramatyka oraz pisownia również bywają pomocne.

Słownictwo

Słownik podaje wiele przykładów słów używanych wyłącznie w amerykańskiej angielszczyźnie. Podane są również słowa, które w obu odmianach mają różne znaczenie, np.:

US **elevator** = Brit. **lift**
US **gas** = Brit. **petrol**

Sprawdź w słowniku znaczenie następujących wyrazów: **expressway, cab, rest room, purse, flat**[1]**, pants.**

Pisownia

Słownik podaje różnice w pisowni między angielszczyzną brytyjską i amerykańską. Oto przykłady najczęściej spotykanych wyrazów o odmiennej pisowni:

	Brit.	US
a)	travelled	traveled
	cancelling	canceling
b)	metre	meter
	centre	center
c)	colour	color
	honour	honor
d)	defence	defense
	licence	license
e)	dialogue	dialog
	catalogue	catalog

Gramatyka

1 Tam gdzie w brytyjskiej angielszczyźnie używa się czasu **Present Perfect**, w odmianie amerykańskiej najczęściej stosuje się czas **Simple Past:**

Brit. *I've just **seen** her.*
US *I just **saw** her.*
Brit. ***Have** you **heard** the news?*
US ***Did** you **hear** the news?*

2 Amerykanie często używają **have** w zdaniach, w których Brytyjczycy stosują wyrażenie **have got**:

Brit. ***I haven't got** much time.*
US ***I don't have** much time.*
Brit. ***Have** you **got** a camera?*
US ***Do** you **have** a camera?*

3 W obu odmianach występują drobne różnice w użyciu przyimków i przysłówków:

Brit. *stay **at** home*
US *stay home*
Brit. *Monday **to** Friday*
US *Monday **through** Friday*

Wymowa

W wypadku występującej różnicy w wymowie jakiegoś słowa, wymowa amerykańska podana jest w słowniku po wymowie brytyjskiej:

tomato /təˈmɑːtəʊ; US təˈmeɪtəʊ/

A oto najważniejsze różnice dotyczące wymowy:

1 Samogłoski akcentowane są zwykle dłuższe w Amer. ang. niż w Br. ang., np. dźwięk /æ/ w słowie **packet**. Litera „o", np. w słowie **shop**, jest najczęściej wymawiana jako /ɑ:/:

shop /Brit. ʃɒp; US ʃɑ:p/

Tego typu regularne różnice wymowy nie są pokazane w słowniku.

Czasami litera „o" także wymawia się jako /ɔ:/:

off /Brit. ɒf; US ɔ:f, ɑ:f/

2 Litera „r" w Br. ang. wymawiana jest tylko przed samogłoską (np. w słowie **red** czy **bedroom**), natomiast w pozostałych wypadkach jest niema (np. w słowie **learn**). W standardowym Amer. ang. „r" jest zawsze wymawiane.

3 Wymowa „t" i „d" w pozycji między dwiema samogłoskami w Amer. ang. jest prawie identyczna i brzmi jak /d/. Tak więc słowa **writer** i **rider** brzmią prawie identycznie.

A zatem, kto jest autorem zdania przytoczonego na początku rozdziału? Amerykanin!

False friends

Mimo znacznych różnic między językiem polskim i angielskim, w obu językach występują słowa, które wyglądają (a czasem również brzmią) bardzo podobnie, jednak różnią się całkowicie (lub przynajmniej częściowo) znaczeniem. Takie pary wyrazów określa się nazwą **false friends** (fałszywi przyjaciele). Oto kilka przykładów.

Angielskie słowo **adaptor** wygląda jak polskie słowo „adapter", lecz ma zupełnie inne znaczenie. Prawidłowy polski odpowiednik angielskiego **adaptor** to „rozgałęziacz". Podobnie słowa **conductor** i „konduktor": obydwa mogą oznaczać osobę sprzedającą bilety, np. w autobusie, jednak słowo angielskie znaczy także „dyrygent". Angielskie słowo **marmalade** kojarzy się Polakom ze słowem „marmolada", jednak oznacza dżem z owoców cytrusowych.

Zamieszczone poniżej tabele zawierają pary **false friends** z podaniem różnic znaczeniowych.

A	Słowo	Nie oznacza	Oznacza
	accord	akord	porozumienie
	actual	aktualny	rzeczywisty, faktyczny
	actually	aktualnie	faktycznie, prawdę powiedziawszy
	adaptor	adapter	rozgałęziacz
	agenda	agenda	porządek dzienny
	audition	audycja	przesłuchanie do roli
	baton	baton	batuta; pałeczka sztafetowa
	boot	but	but z cholewą, botek
	brunette	brunetka	szatynka
	caravan	karawan	przyczepa kempingowa
	carnation	karnacja	goździk
	census	cenzus	spis ludności
	central	centrala	centralny, środkowy
	chalet	szalet	domek letniskowy/kempingowy
	chef	szef	szef kuchni
	civil	cywil	poprawny, uprzejmy
	closet	klozet	szafa w ścianie
	combatant	kombatant	żołnierz, bojownik
	complement	komplement	uzupełnienie; komplet; dopełnienie
	confectionery	konfekcja	słodycze, wyroby cukiernicze
	consequent	konsekwentny	wynikający, następujący
	consequently	konsekwentnie	w konsekwencji, wskutek (czegoś)
	cymbals	cymbały	czynele
	data	data	dane
	demoralize	demoralizować	działać demobilizująco, zniechęcać do dalszego działania
	divan	dywan	tapczan
	diversion	dywersja	odwrócenie kierunku; objazd
	dress	dres	suknia, sukienka
	economy	ekonomia	gospodarka; oszczędność
	eventual	ewentualny	końcowy, ostateczny
	eventually	ewentualnie	w końcu, ostatecznie
	example	egzemplarz	przykład; wzór
	expertise	ekspertyza	biegłość, znawstwo
	fabric	fabryka	tkanina, materiał
	genial	genialny	dobroduszny, towarzyski
	gymnasium	gimnazjum	sala gimnastyczna, siłownia
	lecture	lektura	wykład
	lunatic	lunatyk	wariat/ka
	manifestation	manifestacja	dowód (czegoś/na coś), ujawnienie (się)
	mark	marka	plama, znak, ślad
	marmalade	marmolada	dżem pomarańczowy/cytrynowy
	novel	nowela	powieść
	obscure	obskurny	niejasny; nieznany
	operator	operator	telefonist-a/ka

ordinary	ordynarny	zwykły, normalny
pamphlet	pamflet	broszura, prospekt
pantomime	pantomima	przedstawienie dla dzieci urządzane po Bożym Narodzeniu
paragraph	paragraf	akapit, nowy wiersz (*w tekście*)
pasta	pasta	makaron
pension	pensja	emerytura, renta
preservative	prezerwatywa	środek konserwujący
prospect	prospekt	szansa; perspektywa (na coś); widoki
receipt	recepta	pokwitowanie, paragon
rent	renta	czynsz, komorne
revenge	rewanż	zemsta
rumour	rumor	pogłoska, plotka
smoking	smoking	palenie (*tytoniu*)
speaker	spiker *(w radiu/ telewizji)*	mów-ca/czyni; głośnik
sympathetic	sympatyczny	współczujący
tobacco	tabaka	tytoń
wagon	wagon	fura, wóz

B

Angielskie słowo	Nie zawsze oznacza	Może też oznaczać
advocate	adwokat	zwolenni-k/czka
affair	afera	romans
argument	argument	sprzeczka, spór
chips	czipsy	frytki (*Br. ang.*)
conductor	konduktor	dyrygent; przewodnik
hysterical	histeryczny	bardzo śmieszny
interpret	interpretować	tłumaczyć na żywo
invalid	inwalida	nieważny; nieprawidłowy
medicine	medycyna	lekarstwo
pathetic	patetyczny	żałosny; żenująco kiepski
propose	proponować	oświadczać się
romance	romans	romantyczność

C

Polskie słowo	Nie zawsze oznacza	Może też znaczyć
artysta	**artist**	**actor, performer**
gabinet	**cabinet**	**study; surgery**
kadencja	**cadence**	**term of office**
kalendarz(yk)	**calendar**	**diary**
klient	**client**	**customer**
kolega	**colleague**	**friend**
komunikacja	**communication**	**public transport**
dekada	**decade**	**ten days**
delegacja	**delegation**	**business trip**
dyplom	**diploma**	**degree**
emisja	**emission**	**broadcast**
fatalny	**fatal**	**abysmal**
golf	**golf**	**polo neck**
hazard	**hazard**	**gambling**
historia	**history**	**story**
humor	**humour**	**mood**
mandat	**mandate**	**fine**
okazja	**occasion**	**bargain**
perspektywa	**perspective**	**prospect**
problem	**problem**	**concern, reponsibility**
proces	**process**	**trial, lawsuit**
prognoza	**prognosis**	**(weather) forecast**
program	**programme**	**(TV) channel**
rasa	**race**	**breed**
scena	**scene**	**stage**
technika	**technique**	**technology**
trywialny	**trivial**	**common, vulgar**

Użyteczne słowa i zwroty

My life

Personal details

- *My surname* (lub *family name) is …*
- *My first name/middle name is …*
- *I'm sixteen years old.*
- *My birthday is 11th November.* (mówi się: *My birthday is the 11th of November.*)
- *I was born in Warsaw in 1985.*
- *My date of birth is …*
- *I'm Polish.*
- *I come fromPoland.*
- *My family originally came from Latvia.*
- *I'm half Polish and half Ukrainian.*
- *I speak Polish, English and German.*
- *Polish is my mother tongue.*
- *I'm fluent in two languages.*
- *I speak fluent Italian*
- *I have some knowledge of French.*
- *I'm bilingual (in Polish and Czech).*

My appearance

- *I'm tall/short.*
- *I'm 5 foot 6 inches/1.67 metres tall.*
- *I weigh 8 stone 5 pounds/53 kilos.*
- *I've got*
  — long/short/shoulder-length/cropped
  — black/brown/dark/blond/fair/red
  — straight/wavy/ curly/frizzy hair.
- *I've got fair/dark skin.*
- *I've got freckles.*

My home

- *I live in Lublin.*
- *My address is …*
- *I live in the country/on a farm/in a city/in an industrial town/in a village.*
- *I live in the centre of town/in the suburbs/in a quiet residential area/ on the outskirts of town.*
- *I live in a large/small one-/two-/three-bedroom flat/house.*
- *My family owns our flat/house.*
- *We rent a furnished/unfurnished flat.*
- *We have a small garden/a lot of land/ an allotment.*
- *I share a bedroom with my brother/sister.*
- *I have my own bedroom.*

My family

- *I come from a large/small family.*
- *I've got one brother and one sister.*
- *I haven't got any brothers or sisters. I'm an only child.*
- *I am the youngest/the oldest/ in the middle.*
- *I was adopted.*
- *My parents are divorced/separated.*
- *I live with my mother/father/ grandparents.*
- *I've got lots of cousins.*
- *My maternal/paternal grandparents are still alive.*
- *I often/never fight with my brothers and sisters.*
- *We (don't) get on very well.*
- *We often argue/fall out with each other.*
- *We are (not) very close.*
- *We look after each other.*
- *I get on well with my parents.*
- *My parents are very understanding and supportive.*
- *I can/can't talk to my parents about my problems.*
- *My parents are too strict.*
- *My mother/father is a doctor/plumber/ civil servant.*
- *She/he works for a big company/a local firm/from home.*
- *My sister is training to be a nurse.*
- *My elder brother is studying law at university.*
- *My younger/elder brother is in the army.*

Pets

- *I have a pet dog/cat/rabbit.*
- *Every day I have to take it for a walk/feed it/clean its cage.*

My daily routine

- *Every day I get up at 6 o'clock.*
- *I wash/have a shower and get dressed.*
- *After breakfast I go to school.*
- *After school I play football/go swimming/meet my friends.*
- *In the evening I do my homework and then watch TV.*
- *Twice a week I go out with my friends.*
- *I visit my grandparents every other weekend.*
- *I have a part-time job on a Saturday.*
- *At home I help with the cooking/cleaning/washing-up/housework.*
- *I help look after my younger brothers/sisters.*
- *It's my job to clean the car/dust the living room/weed the garden.*

My personality

- *I would describe myself as adventurous/ambitious/energetic/extrovert/lively.*
- *I'm rather introverted/quiet/shy.*
- *I like to be the leader.*
- *I don't like making decisions.*
- *I'm flexible/friendly/sociable/easy to get on with.*
- *I'm a bit stubborn.*
- *I think my strongest point is ... and my weakest point is ... .*
- *People like me because I'm funny/interesting.*
- *I like to make people laugh.*

My friends

- *I have lots of/a few friends.*
- *My friends are important to me because ...*
- *My best friend is .... I like him/her because ...*
- *We've been friends since 1995/for five years.*
- *His/her best characteristic is ...*
- *He/she is very funny/generous/honest/kind/loyal/trustworthy/understanding.*
- *I'd say his/her faults are ...*
- *We tell each other everything/share secrets/enjoy doing the same things.*
- *We have a lot of things in common.*
- *I know I can turn to ... when I have a problem.*
- *I have an American penfriend.*

My aims and ambitions

- *The most important thing in my life is ...*
- *It is important to me because ...*
- *I think we are on this earth to ...*
- *It is everyone's duty to ...*
- *My aim in life is to ...*
- *I am ambitious. My ambitions are to ...*

My feelings

- *What I enjoy most in life is ...*
- *The happiest/saddest time in my life was when ...*
- *My greatest worry/fear is that ...*
- *My biggest achievement/disappointment has been ...*
- *I'm most proud of ...*
- *The thing I'm most ashamed of is ...*

Special times

- *My favourite time of year is spring/summer/autumn/winter.*
- *I like this season because it's warm/hot/cold and I can go hiking/swimming/skiing.*
- *Christmas/Easter is a special time in my country/for my family.*
- *My whole family gets together.*
- *We give each other presents.*

Lifestyle

Free time

- *What do you do in your free time? Do you have any hobbies? What are your interests?*
- *I like reading/painting/hiking in the mountains/fishing.*
- *My hobbies are stamp-collecting/mountain biking/acting.*
- *I'm in the school football/badminton/hockey team.*
- *I go bowling/sailing/camping/skiing every week/in the summer/twice a year.*
- *I spend a lot of time with my friends/family/at the library/in the park.*
- *I sometimes go out to a restaurant with my family.*
- *I love shopping/going to the cinema/going camping.*
- *I'm interested in acting/animals/science.*
- *I'm a member of the Scouts/Guides.*
- *In the evenings I often watch TV/go out with my friends/go dancing/read a book.*
- *My favourite TV programme/film/book/magazine/actor/writer is ...*
- *I particularly like comedies/horror films/romances /thrillers.*
- *I find reading/watching TV/making models very relaxing.*
- *I do voluntary work at an old people's home. I help out at a kindergarten/vet's.*
- *I have a part-time job at ...*

Do

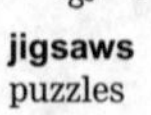

jigsaws
puzzles

flower arranging
embroidery

aerobics
karate
judo

Make

models
clothes

Keeping fit

She's doing **sit ups.**

He's doing **press-ups** (US **push-ups**).

She's **bending.** He's **stretching.** She's **touching her** toes.

Swimming

the crawl

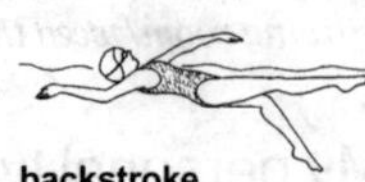

backstroke

breaststroke

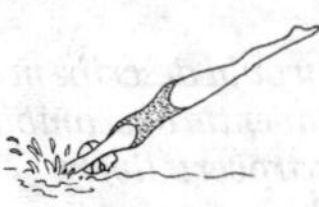

diving

Play

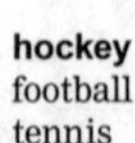

cards
games

hockey
football
tennis

the flute
the piano
the saxophone

Go

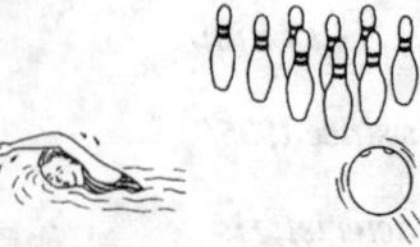

swimming
running
climbing

bowling
skating
fishing

mountain biking
sailing
skiing

She **paints.**

He **works out.**

He **collects stamps.**

They **act.**

She **knits.**

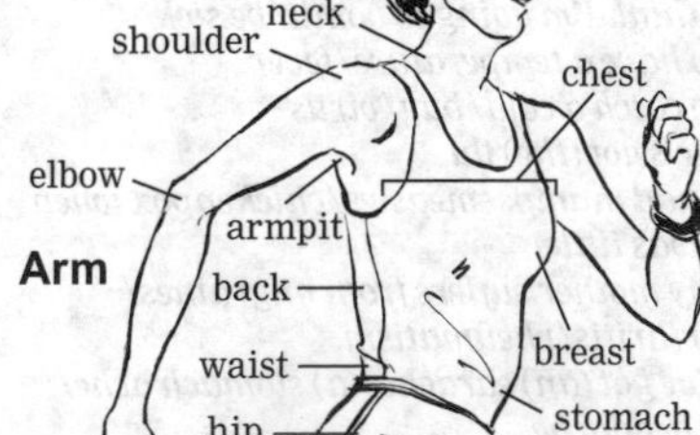
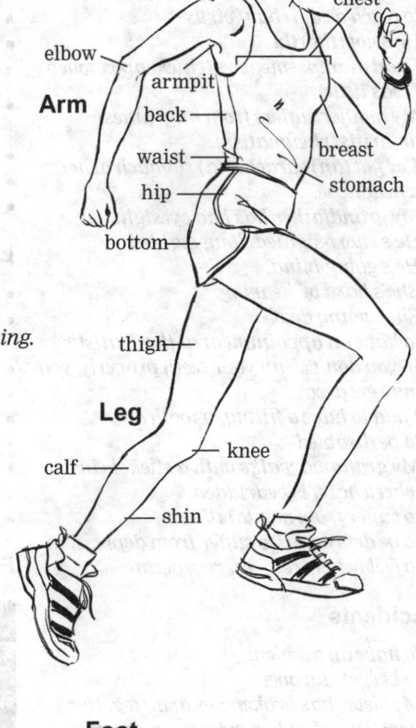

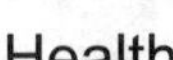

Health

Keeping fit

- *I go jogging/running/swimming/climbing.*
- *I exercise regularly/keep fit/ do a lot of exercise.*
- *He's out of shape/unfit.*
- *She's a fitness fanatic.*
- *He works out/goes to the gym.*
- *He plays football/tennis/squash/ badminton.*
- *She does aerobics/karate/judo.*
- *to warm up/stretch/cool down*
- *to tone (up) your muscles /increase your strength*

Personal appearance

- *to have a bath/shower*
- *to wash regularly*
- *to brush your teeth/hair*
- *to wash your hair*
- *to use deodorant/antiperspirant*
- *to care for your appearance*
- *He always dresses smartly.*
- *He's untidy/a slob.*
- *I like to wear fashionable/designer clothes.*
- *She wears a lot of/too much make-up.*
- *I prefer to look natural/a natural look.*

Head

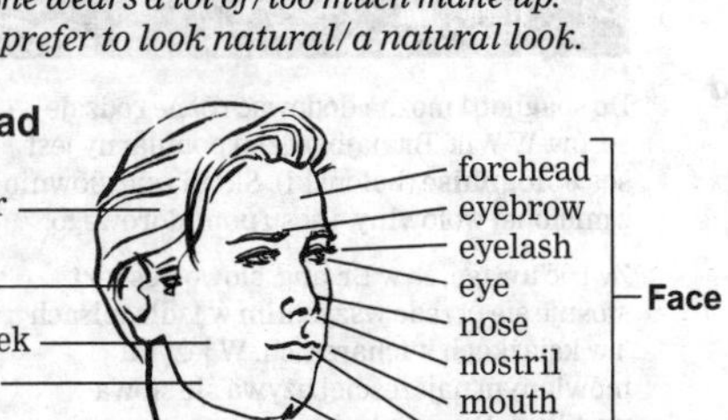

Hand

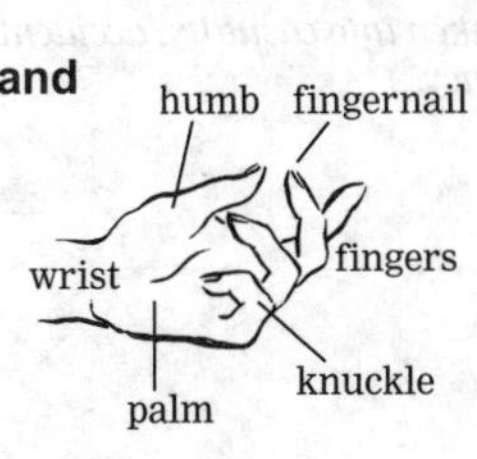

Illness

- *I feel ill/sick/unwell/feverish.*
- *I think I'm going to vomit/be sick.*
- *to have a temperature/fever*
- *to catch a cold/bug/virus*
- *He's got (the) flu.*
- *I had mumps/measles/chickenpox when I was little.*
- *My mother suffers from migraines/ arthritis/rheumatism.*
- *I've got (an) earache/(a) stomach ache/ a headache.*
- *My grandfather has bad eyesight*
- *He's short-sighted/long-sighted. He's going blind.*
- *She's hard of hearing. She's going deaf.*
- *to have an appointment at the dentist's*
- *If you don't clean your teeth properly, you may get decay.*
- *I had to have a filling/a tooth out.*
- *to be disabled*
- *My grandma walks with a stick/is in a wheelchair/is bedridden.*
- *to suffer from mental illness*
- *to be depressed/to suffer from depression*
- *to feel better/recover/recuperate*

Accidents

- *to have an accident*
- *to be/get run over*
- *My sister has broken her arm/leg. Her arm/leg is in plaster. She's on crutches.*
- *My brother has sprained his elbow/ ankle.*
- *His arm is in a sling. His ankle is bandaged up.*
- *a dislocated shoulder*
- *to have stitches*
- *to see a doctor/go to the doctor's surgery/go to hospital/be taken to hospital*
- *I was taken into casualty/accident and emergency.*

Food

Meals

- *breakfast*
- *lunch*
- *tea*
- *snack*
- *coffee break*
- *dinner*
- *supper*

- *I eat/have toast, cereal and a boiled egg for breakfast.*
- *We have a coffee break at 11 o'clock.*
- *I eat/have lunch at 1 o'clock*
- *I often/rarely eat snacks between meals.*

Likes and dislikes

- *I like Polish/Italian/Chinese food.*
- *My favourite food is pasta/ hamburgers/ice cream.*
- *I love home-made cakes and biscuits.*
- *I like spicy/hot food.*
- *I don't like ... because it tastes too ...*
- *That smells/looks/tastes delicious.*
- *I'm a vegetarian/vegan. I don't eat meat or fish.*
- *I'm hungry/a bit peckish/starving/full.*

Eating out

TODAY'S MENU

STARTER	MAIN COURSE
soup of the day	grilled fish of the day
prawn cocktail	roast lamb
smoked salmon	spaghetti bolognaise*
	mushroom quiche

SIDE DISHES	DESSERT**
new potatoes	chocolate mousse
French beans	apple pie
carrots	fruit salad
green salad	

* Do spaghetti można dodawać różne rodzaje sosów. W Wlk. Br. najbardziej popularny jest sos **bolognaise** (boloński). Składa się głównie z mielonej wołowiny i sosu pomidorowego.

Zwróć uwagę, że w Br. ang. słowo **dessert stosuje się przede wszystkim w jadłospisach i w książkach kucharskich. W języku mówionym najczęściej używa sie słowa **pudding**. Powszechnie używane jest także słowo **sweet.**

- *I sometimes eat out/go to a restaurant.*
- *to order a meal*
- *to ask for the bill*
- *to leave a tip/to tip the waiter*

- *We sometimes get/order a takeaway.*
- *The most popular fast food in my country is ...*
- *In Britain, a popular type of fast food is fish and chips/a Chinese takeaway.*

Drinks

- *Would you like something to drink?*
- *Yes, please. I'd like:*
  — a cold/hot drink
  — a coffee/tea
  — a milkshake
  — a cocoa/hot chocolate
  — a soft drink/non-alcoholic drink
  — some sparkling/still water
  — a fizzy drink
  — a glass of red/white/dry/sweet wine
  — a gin and tonic
  — a cocktail.

- *a cup of instant/filter/ decaffeinated coffee*
- *I take my coffee black/white.*
- *Do you take sugar/milk in your tea?*
- *tea with milk/lemon*
- *alcohol/an alcoholic drink*
- *I don't drink (= alcohol).*
- *He's teetotal/a teetotaller.*
- *She's a heavy drinker.*

Diet

- *I have/eat a healthy/balanced/ unhealthy diet. I eat plenty of ... / too much ...*
- *I don't eat much fast food/junk food.*
- *Fruit and vegetables are nutritious/good for you.*
- *Too many fatty foods are unhealthy/bad for you.*
- *If you want to lose weight, you should eat low-fat/low-calorie foods.*
- *to put on weight*
- *Meat contains a lot of protein.*
- *You get vitamins from fresh foods such as fruit and vegetables.*
- *Eggs and spinach are high in iron.*
- *Tea and coffee can be bad for you because they contain a lot of caffeine.*
- *dairy products*
- *carbohydrates*
- *food containing a lot of fibre, such as wholemeal bread*

Cooking

- *I like cooking./I'm (not) a good cook./ I can't cook.*
- *The main ingredient in this recipe is ...*
- *The ingredients I need to make this dish are:*

a packet/tin/sachet of ...
a kilo/500 grams of pork
200 millilitres of water
a tablespoon of flour
a teaspoon of sugar
a pinch of salt

Mix the ingredients.
Melt the butter.
Heat the oil.
Stir gently.
Bring to the boil.
Cover the pan.
Simmer for10 minutes.
Sift the flour.
Beat the egg.
Allow to cool.
Whip the cream.
Decorate the cake.

➲ Zob. też uwaga przy **cook**.

Education and work

The British education system

Children usually start **primary school** at the age of five and move on to **secondary school** at eleven. Compulsory education ends at sixteen but many students stay on until they are eighteen to gain further qualifications.

Secondary schools

Most secondary schools are **comprehensive schools**. They offer a general education to children of all abilities. There are **grammar schools** in some parts of the country. They select their pupils according to ability and aim to provide a more academic education.

Education in Britain is free, and most children go to state schools. However, some parents pay to send their children to **independent schools.** In England and Wales some of the more traditional independent schools are called **public schools**, though they are in fact private. Many of these are **boarding schools**, where children live and sleep during term.

The curriculum

The **national curriculum** is the group of subjects that must be taught in schools in England and Wales. The core subjects are English, Mathematics and Science. The non-core subjects are History, Geography, Modern Foreign Languages, Art and Design, Music, Design and Technology, Information and Communication Technology, PE and Citizenship.

Exams

In England, Wales and Northern Ireland pupils take **GCSEs** at the age of 16. At 17 they take **AS levels** and the following year **A2 levels**. AS and A2 levels together form **A levels**, which are needed for entrance to university. Scotland has a different system with exams called **National Qualifications**. Students sit exams at Standard Grade at about 16 and progress to other levels such as Intermediate 1, Intermediate 2, Higher or Advanced Higher. Students in their final year **do their highers**.

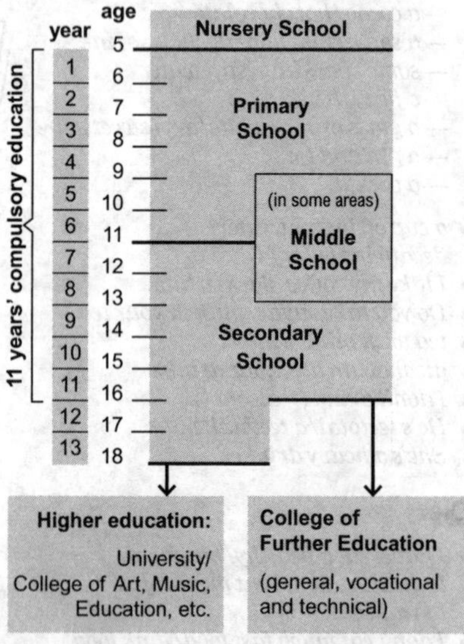

This chart shows how education is organized in England and Wales. The system is a little different in Scotland and Northern Ireland.

The American education system

Schools

Education is compulsory in the US for children between the ages of 6 and 16.

Most children go to **public schools,** which are free. (Don't confuse them with British public schools!) There are some **private schools,** which charge fees, as well as **parochial schools,** which are supported by local religious organizations and churches.

Assessment

There are no national exams, although some schools and states have their own exams. Students receive **grades** based on how well they do in tests, in classroom discussions and in their homework throughout the year. If students want to go on to higher education, most colleges and universities require them to take the **SAT** (**Scholastic Aptitude Test**).

Graduation

Students **graduate** from high school if they have enough **credits**, which they receive when they pass a course. Students usually take a combination of basic subjects called **requirements** (e.g. English and Mathematics) and a smaller number of specialized subjects called **electives** (e.g. a foreign language and art).

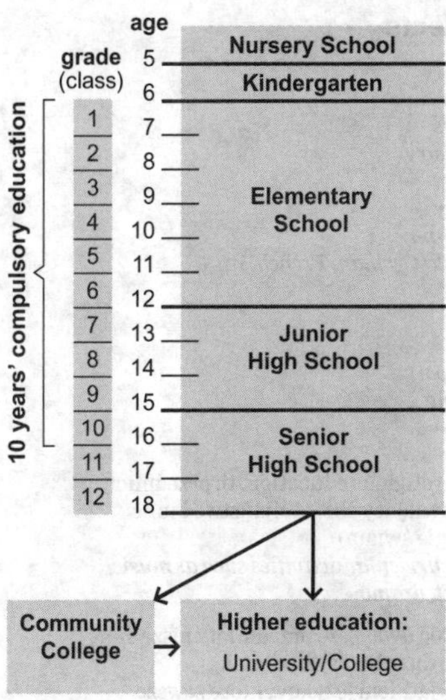

This chart shows how education is organized in the US, although in some states the system may be different.

My school

- *I'm a secondary school/college/ university student.*
- *I'm at secondary school/college/ university.*
- *I go to Warsaw University/Chopin Grammar School/Copernicus College.*
- *I'm in year/grade three.*

ℹ Nauka w szkole podstawowej i pełnej średniej w Wlk. Br. trwa 13 lat. Odpowiednik klasy jako kolejnego etapu nauki to **year**. Czternastoletni uczeń powie: *I'm in year ten* i *I'm a year-ten student.* Słowa **year** używa się także, mówiąc o studiach wyższych, ale student powie: *I'm in my second year* (nie ~~*I'm in year two*~~) i *I'm a second-year student.*

My school day

- *I go to school by bus/car/bike.*
- *I walk to school.*
- *My lessons start at 8.00 a.m. three days a week and at 8.50 p.m. on the other two days.*
- *Students go to their class when they arrive and the teacher takes the register.*
- *Lessons last forty-five minutes.*
- *There are breaks of five or ten minutes between lessons and a longer break for lunch.*
- *I have lunch in the school canteen/cafeteria.*
- *I chat with my friends in the playground/in the corridor/in the common room during breaks.*
- *We are given homework most days.*
- *I do about one hour's homework a night.*

The school year

- *The autumn/winter term starts on ....*
- *We break up for the summer holidays on ....*
- *We have mock matura exams in April.*
- *We sit our matura exams in May.*
- *I revised for my exams during the Easter holidays.*
- *In some subjects we are graded by continuous assessment.*

Subjects

Polish
Maths
Physics
Chemistry
Biology
History
Geography
English/German/French, itp.
Music
Art
Craft
Woodwork
Cooking
PE
IT
RE (= religious education, tj. przedmiot omawiający chrześcijaństwo i inne religie świata)
extra-curricular activities such as music, sport, drama

ℹ Zwróć uwagę, że przedmioty pisze się albo dużą literą, albo małą, a wyjątkiem języków, które zawsze pisze się dużą literą.

- *I'm good at Maths and English.*
- *I'm not very good at History.*
- *My favourite/best subject is Chemistry.*
- *My worst/weakest subject is Physics.*
- *I like studying German literature but I hate grammar.*
- *I've been studying English for six years.*

Places in a school

a classroom	*a tennis court*
the library	*a gymnasium*
a science laboratory	*the playground*
a music room	*the school/main hall*
a workshop	*the common room*
a sports field	*the staff room*
a football pitch	*a corridor*
a language laboratory	

ℹ Sala wykładowa/aula to **lecture theatre**.

Students

ℹ Słowa **pupil** używa się jeszcze w Wlk. Br. w odniesieniu do dzieci w szkołach podstawowych, ale powoli wychodzi ono z użycia. **Student** stosuje się na każdym szczeblu wykształcenia.

School staff

head teacher	*deputy head teacher*
secretary	*school counsellor*
caretaker	

head of English/Science/Maths, etc.
English/Maths/Chemistry, etc. teacher

ℹ W szkołach brytyjskich, oprócz dyplomowanych nauczycieli, zajęcia z języków obcych prowadzą także asystenci, zwani **language assistants.** Są to obcokrajowcy, najczęściej studenci uniwersytetu lub kolegium, którzy uczą swojego ojczystego języka w szkole.

- *My favourite teacher is the English/Maths/Geography teacher.*
- *I think it's important for a teacher to be approachable/respected /strict/understanding.*

School clubs/teams

- *I'm a member of the chess/model/music club.*
- *I'm in the school choir.*
- *I'm in the school football/badminton/running team.*
- *We meet once a week/every Tuesday/once a month.*
- *We practise twice a week/on Thursdays.*
- *This year we took part in an inter-schools competition. We came first/second/third. We won the cup./We are the under-17s champions.*

Problems in school

- *The main problems that students in my school have are …*
- *Bullying is a problem in some schools. I think school bullies should be suspended/excluded/given detention/punished.*
- *There's nowhere to study at school.*
- *There aren't enough books.*
- *The teachers set too much homework.*
- *The teachers expect too much of us.*
- *The teachers aren't very understanding/are too strict/are too lenient.*
- *Discipline is poor.*
- *If you have a problem, you should talk to your class teacher/the school counsellor/your parents/your classmates/your friends.*

Work

- *When I leave school, I want to be a teacher/ farmer/fashion designer.*
- *I want to study English/Maths/Chemistry at university.*
- *I'd like to take a year off/travel/get some work experience.*
- *If you want to be a ..., you have to be good at .../you need to study ....*
- *The best university to study Maths/Medicine/ Physics at is ....*
- *It takes six years to train to be a doctor/ an architect/a lawyer.*

Some jobs

architect
bank manager
businessman/ businesswoman
chef
civil servant
dentist
doctor
editor
electrician
engineer
farmer
gardener
interpreter
journalist
lawyer
nurse
pilot
plumber
researcher
scientist
secretary
shopkeeper
surgeon
surveyor
teacher
translator
vet
writer

- *The minimum wage in Poland is ....*
- *I'd like a starting salary of ....*
- *Lawyers/stockbrokers, etc. are well-paid in Poland.*
- *Nurses/teachers/office workers don't earn much.*
- *It's easy/difficult to find work as a ....*
- *There's a lot of competition to become a ....*

- *to look for a job*
- *to apply for a job*
- *to write a job application*
- *to enclose your CV*
- *My qualifications are ...*
- *The best place to look for a job is at the job centre/in the newspaper/on the Internet.*

- *I want to work full-time/part-time/freelance.*
- *I'd like to be part of a team/work independently/work from home.*

- *to get promoted*
- *to get an annual pay rise/a bonus/ benefits/perks*
- *The perks of this job are ...*

- *Unemployment is high/low in my region.*
- *If you are unemployed, you can get state benefits/the dole.*

CURRICULUM VITAE

Name	Peter James Green
Address	26 Windmill Road, Bristol BS2 6DP
Telephone	0117 945649
Nationality	British
Date of birth	11 March 1977
Marital status	Single
Education / Qualifications	
1996–99	Anglia Polytechnic University: BA in Graphic Design (First Class Hons)
1988–95	Clifton School, 3 A levels: Art (A); Design and Technology (A); Mathematics (C) 10 GCSEs
Employment to date	
1999–present	EMS Corporate Imaging, Design Department, Riverside House, 22 Charles St, Bristol
Skills	Computer literate: familiar with a number of design and DTP packages; clean driving licence
Foreign languages	French
Interests	Tennis, swimming, jazz

Politics and the economy

Poland: some facts and figures

- *The population of Poland is approximately 39 million.*
- *The capital of Poland is Warsaw. It has a population of approximately two million people.*
- *Other large cities include Łódź, Katowice, Gdańsk, Wrocław, Poznań and Kraków.*
- *The main religion in Poland is Catholicism.*
- *The currency of Poland is the złoty.*
- *Poland has a system of social security.*
- *The State provides benefits for the unemployed and housing for people with low incomes.*
- *There is a public health care system.*
- *Education is compulsory until the age of 18.*
- *Men between the ages of 19 and 24 have to do one year's military service.*

Politics

	Poland	**Britain**	**US**
Political system	Democracy/Republic	Democracy/ Constitutional Monarchy	Democracy/Republic
Parliamentary structure			
— lower house:	Sejm	House of Commons	House of Representatives
— upper house:	Senate	House of Lords	Senate
General elections	every 4 years	every 5 years	Presidential elections: every 4 years House of Representatives and Senate elections: every 2 years (one third of senators are elected to the Senate every two years for a six-year term)
Leaders			
— head of state	President	Queen/King	President
— head of government	Prime Minister	Prime Minister	President

Britain

General elections are held every five years in Britain. You are eligible to vote once you are 18. Voting in Britain is not compulsory.

There are three main political parties: the Labour Party, the Conservative Party and the Liberal Democrats.

There are two Houses of Parliament: the House of Commons and the House of Lords. Elections are held every five years to choose Members of Parliament who will sit in the House of Commons. The members of the House of Lords are called peers. They are not elected. There are hereditary peers and life peers, who are appointed by the government. The Labour Government under Tony Blair has begun reforming the House of Lords by phasing out hereditary peers. The issue of how future peers will be selected is still being debated.

The head of the government is the Prime Minister. Some other important politicians are: the Chancellor of the Exchequer (Minister Finansów/Skarbu), the Home Secretary (Minister Spraw Wewnętrznych), the Foreign Secretary (Minister Spraw Zagranicznych) and the Speaker (Marszałek) of the House of Commons. The most senior politicians in the government form the Cabinet.

The United States

The US system of government is divided between the federal and state governments as laid down in the US constitution. The federal government has three branches: the Legislative (ustawodawcza) (i.e. Congress), the Executive (wykonawcza) (led by the President), and the Judicial (sądowa) (i.e. the Supreme Court and other federal courts). Each state also has its own government.

The two main political parties in the United States are the Democratic Party and the Republican Party. The US parliament is called the Congress and is made up of the House of Representatives and the Senate.

The President is the Head of State and head of the executive branch of government. He decides US policy on foreign affairs and is the commander-in-chief of the armed forces.

Some other important politicians are the Vice President, who is second in command and presides over the Senate, the Secretary of State (Minister Spraw Zagranicznych) and the Speaker of the House of Representatives.

The heads of government departments are called secretaries, with the exception of the head of the Justice Department, who is the attorney general. Together the heads of departments make up the Cabinet.

Poland

- *The party currently in power is the ..... Party.*
- *It is a left-wing/right-wing/centre-left/centre-right party.*
- *The main policies of the party are ...*
- *The government has a large/small majority.*
- *The ... Party has formed a coalition with the ... Party.*
- *Poland has a coalition government.*
- *The main opposition party is ...*
- *It has/holds X seats in parliament.*

Economy

- *Economic growth will be at the rate of 2% this year.*
- *The economy is growing/slowing.*
- *The economy is in recession.*
- *a strong/weak economy*
- *The rate of inflation is ...*
- *8% of the workforce is unemployed.*
- *The government intends to raise/lower taxes.*
- *The government plans to increase/reduce spending on health and education.*
- *the defence/transport/education budget*
- *a budget/trade deficit*

Industry and agriculture

- *The main industries in Poland are iron, ...*
- *It also manufactures machines, ... and build ships, ...*
- *Poland exports coal, ...*
- *Its exports include ham, ...*
- *Poland trades with the EU, ...*
- *The main crops are grain, ...*
- *Poland farms dairy cattle, sheep, pigs and poultry.*
- *Poland expects to join the European Union in the near future.*

Shopping

Types of shops

- *a clothes/furniture/hardware/shoe/ souvenir, etc. shop*
- *a bookshop*
- *a baker's/butcher's/greengrocer's*
- *a chemist's/chemist shop/pharmacy*
- *a flower shop/florist's*
- *a supermarket*
- *a clothes boutique*
- *a department store*
- *a market*
- *a book/computer/ski, etc. fair*

- *a shopping area for pedestrians*
- *a shopping arcade*
- *a shopping centre*
- *a (shopping) mall*

- *I usually shop at the market/ supermarket.*
- *Take this prescription to the chemist's.*

- *Hello, can I help you?*
- *I'm just looking/browsing.*
- *I'm looking for ...*
- *This shirt is available in small/medium/ large/extra large.*
- *I'm a size 40.*
- *I take size 38 shoes.*
- *Do you have this in a different size/ colour?*
- *Would you like to pay with cash or by credit card?*

- *There's a special offer on soap: buy one pack, get one free.*
- *Oranges are on offer this week.*
- *Can I have a discount?*
- *This skirt is a bargain - it only costs £10.*
- *There's a sale at the department store.*
- *You can get up to 50% off.*

- *I'd like to exchange this shirt for a bigger size/different colour.*
- *I'd like a refund.*
- *This dress is torn/stained/ the wrong size.*
- *The zip is broken.*
- *There's a button missing.*

- *How much are cherries per pound/kilo?*
- *I'd like 500 grams/half a kilo/a pound of minced beef.*
- *Can I have ten rashers of bacon?*
- *Can I have a litre/pint of milk?*
- *a bag of flour/potatoes/sugar*
- *a bottle of water/beer/wine*
- *a box of cereal/tissues/washing powder*
- *a carton of cream/juice/milk*
- *a jar of coffee/honey/jam*
- *a packet of biscuits/crisps/spaghetti*
- *a tin/can of beans/peaches/tomatoes*

- *We had to queue at the checkout.*
- *The till was out of order.*

Services

- *Can I send this letter (by) airmail?*
- *How much is a stamp for the US?*
- *I'd like to send this letter/parcel/package to Paris.*

➲ Zob. uwaga przy **first**[1] o kategoriach znaczków w Wielkiej Brytanii.

- *My watch is broken. Can you mend it?*
- *I need a new strap/battery.*

- *I'd like this film developed in an hour/overnight.*
- *I'd like two sets of colour prints.*
- *I want slides.*
- *Can I have this photo enlarged?*
- *I need a passport photo.*

- *I'd like a haircut/a trim/a cut and blow-dry.*
- *Can you take about three centimetres off?*
- *I want a completely new style.*
- *I'd like a perm.*
- *I'd like highlights.*
- *I want my hair coloured.*
- *Do you want conditioner/hairspray/ mousse on your hair?*

- *I'd like to report a crime.*
- *I've witnessed a robbery/a mugging/ an accident.*
- *I'd like to make a statement.*
- *I've found a wallet and I'd like to hand it in.*
- *I've lost my purse. Has it been handed in here?*
- *The police arrested him for burglary.*
- *She was caught shoplifting.*
- *The police patrol the streets at night.*

- *I'd like 100 black-and-white/colour copies, please.*
- *I want this picture enlarged.*
- *I'd like to fax this document to Munich.*

- *I have a bank account at ... Bank.*
- *I bank with ... Bank/Building Society.*
- *I'd like to open/close an account.*
- *I want to open a current/deposit/savings account.*
- *I have a joint account with my wife/ husband.*
- *I'd like to deposit/withdraw £100, please.*
- *Can you tell me my balance?*
- *I need a new cheque book.*
- *I'd like a statement, please.*
- *What's the rate of interest on a savings account?*
- *I'd like to arrange a mortgage/loan.*
- *I have an overdraft of £100.*
- *I have to pay back my overdraft.*
- *My account is in credit/is overdrawn.*

The world around us

Climate

- *The climate in Poland is temperate.*
- *Some other types of climate are: continental, tropical, dry, wet, humid, mild.*
- *Poland is cold in winter and warm in summer.*
- *In January temperatures are usually below freezing.*
- *Summer temperatures are generally moderate/ warm/ mild.*
- *The Polish climate is similar to/ warmer than/ colder than the climate in Britain/ Florida/ Alaska.*
- *This region gets a lot of snow/ floods/ strong winds/ rain/ storms.*

Geography

- *Poland has borders with the Russian Federation, Lithuania, Belarus, Ukraine, Slovakia, the Czech Republic and Germany.*
- *Poland is on the Baltic Sea.*
- *Two thirds of the country is flat/ a plain.*
- *Forests cover about one quarter of the country.*
- *Most of the trees are evergreens.*
- *One of the common deciduous trees is the birch.*
- *In the south there are hills and mountains, including the Tatra and western Carpathian Mountains.*
- *The longest river in Poland is the Vistula. It is 664 miles long. It flows through Warsaw.*

Nature

- *There are 22 national parks in Poland with a total area of about 300,000 hectares.*
- *In the national parks, you can go hiking, skiing, mountain-climbing, canoeing and cycling.*
- *Poland also has areas of protected natural landscape.*
- *There are many wild animals in Poland, including deer, wild boar, beavers, elk and bears.*
- *European bison are a protected species in Poland.*
- *If we don't protect endangered species, they will die out/ become extinct.*

Threats to the modern world

Threats to the environment

- *Natural disasters include: floods, droughts, earthquakes, cyclones, bush fires.*
- *The last major natural disaster in Poland was in ... It was a ...*
- *Many natural habitats were destroyed.*
- *People were killed/ injured/ lost their homes.*
- *Threats to the environment in Poland include: pollution, acid rain, global warming, the hole in the ozone layer, deforestation.*
- *The Polish countryside/ forest/ wildlife is being harmed by ...*
- *Air/ water pollution is mainly caused by emissions from factories, ...*
- *Farmers should use organic fertilizers instead of chemical ones.*

- *Organic farming is more eco-friendly.*
- *We should use renewable sources of energy such as wind power and solar power.*
- *Soon there won't be any fossil fuels left to burn.*
- *Burning fossil fuels releases carbon dioxide into the atmosphere, which adds to global warming.*
- *I think the Kyoto Agreement on climate change is good/bad because ...*
- *Burying rubbish in landfills is bad for the environment.*
- *We should use more biodegradable products that won't pollute the environment.*
- *We should recycle our rubbish.*
- *Genetic engineering is a good/bad thing because ...*
- *GM crops produce a higher yield but can contaminate organic crops.*

Threats to people's health

- *alcoholism*
- *drug-taking*
- *smoking*
- *dangerous driving*

- *Many people die of alcohol-related problems each year.*
- *Heavy drinking can lead to violence/car accidents.*
- *In Britain, you can legally buy alcohol when you are eighteen; in the US you have to be twenty-one. I think this is better/worse than the law in Poland because ...*

- *Smoking is bad for you because it can cause lung cancer and heart disease.*
- *Smoking should (not) be allowed in public places.*
- *Many restaurants in Britain have non-smoking areas.*
- *to give up smoking*
- *to be a heavy smoker/a chain-smoker*

- *Drug addiction can harm people's health and ruin their lives.*
- *Swapping needles can spread diseases such as HIV.*
- *Drugs-related crimes include mugging/burglary/robbery.*
- *There are rehabilitation centres to help people overcome their addictions.*
- *Some of the reasons people take drugs are ...*
- *hard drugs such as heroin, cocaine, crack*
- *soft drugs such as marihuana, Ecstasy*

- *Dangerous driving is the cause of many deaths/injuries each year.*
- *Drink driving/driving under the influence of alcohol is especially dangerous.*
- *The speed limit on main roads/motorways/in towns is ...*
- *to break the speed limit*
- *to wear a seat belt/a helmet*

Threats to society

- *There is little/a lot of crime in my area/town/city.*
- *The most common type of crime is burglary/shoplifting/theft/violence/mugging/vandalism.*
- *The punishment for this crime is a fine/prison sentence.*
- *I think this is too lenient/severe because ...*
- *Acts of terrorism include bombing/hijacking/kidnapping/taking hostages.*

Science

- *Scientific advances over the last century mean we now know much more than our ancestors about ...*
- *In my opinion, the most important scientific discovery of the last century was ...*
- *Scientists are still looking for a cure for cancer/AIDS/Alzheimer's disease.*
- *They are doing research into the causes of CJD.*
- *It is now possible to clone animals and humans.*
- *The computer and the Internet have revolutionized the way we live and work.*
- *Ethical questions relating to the use of science, e.g. in the areas of genetics, are being hotly debated.*

Travel

Holidays

- *Every summer I go on holiday with my family/friends.*
- *The summer holidays start in July and go on till September.*
- *I get fifteen days' holiday a year. My annual leave is fifteen days.*
- *We usually go abroad/stay in Poland/go to the seaside/go to the mountains.*
- *We go by bus/car/coach/ferry/plane/train.*
- *I like beach/cycling/skiing/walking holidays.*
- *I enjoy camping.*
- *I'd like to go on a cruise.*
- *We usually stay in a hotel/hostel/guest house/bed and breakfast.*
- *We normally stay at a campsite.*
- *I want to go backpacking around Europe/in the Far East.*

Booking a holiday

- *We normally book our holiday through a travel agent.*
- *I'm looking for a package holiday/an all-inclusive holiday.*
- *I'd like to book a flight to London.*

- *Can you tell me the single/return air fare to Paris?*
- *How much is an adult/child/student ticket?*
- *I'd like an economy/a business/a first-class seat.*
- *a long-haul flight with a stopover in Hong Kong*
- *I'd like to book a sleeper on the overnight train to Istanbul.*
- *Can I confirm my reservation, please?*
- *a one/two/five-, etc. star hotel*
- *I'd like a double/twin/single room with an en suite bathroom.*
- *Does the room have a sea/mountain view?*

Getting there

- *At the airport, first you queue up to check in.*
- *You need your passport and ticket.*
- *I always ask for an aisle/window seat.*
- *You are given a boarding card.*
- *Then you go into the departure lounge.*
- *There you can sometimes buy duty-free goods such as alcohol and perfume.*
- *Next you go to the departure gate and board the plane.*
- *During the flight, there may be in-flight entertainment such as radio, films and TV programmes.*
- *The flight attendants serve you a meal and sell duty-free goods.*
- *If there is turbulence, you have to fasten your seat belt.*
- *When you arrive at your destination, you go through passport control.*
- *Then you collect your luggage from the carousel in the baggage hall and go through customs.*
- *When you get into the arrivals hall, a holiday rep may greet you and take you to your hotel.*
- *At the hotel, you check in at reception.*
- *Then you can go to your room and unpack (your suitcase).*
- *It is a good idea to have travel insurance to cover accidents or lost luggage.*

At your holiday destination

- *Excuse me, can you tell me the way to the tourist office?*
- *I need to change some money.*
- *Can you tell me the exchange rate?*
- *I'd like a street map of the city, please.*
- *Do you have a train timetable?*
- *Can you tell me what time the next bus to the town centre leaves?*
- *Can you give me some information on excursions?*

- *Can you recommend any museums/monuments/churches/historical sites we could visit?*
- *Where can I hire a car/motorbike/bike?*
- *Do you sell postcards and stamps?*
- *On holiday, I like to relax on the beach/go sightseeing/go swimming/go snorkelling/visit museums.*
- *I always send postcards to my friends/buy souvenirs/take lots of photos.*
- *It's fun to try the local food/dishes/delicacies.*
- *Some traditional British foods are roast beef and Yorkshire pudding, fish and chips, Cornish pasties, steak and kidney pie, and haggis.*
- *Some traditional American foods are hot dogs, hamburgers and pecan pie.*

Culture

The Arts

- *to go to the cinema/theatre/opera/ballet*
- *to go to see a film/a play/an opera/a ballet*
- *to go to a concert/a show/a musical/an exhibition*
- *There are lots of shows and musicals in the West End of London.*
- *If I go to New York, I'd like to see a show on Broadway.*
- *a theatre/an opera/a ballet company*
- *U2 is currently touring the country.*
- *Our band is doing a gig at the local pub on Saturday.*
- *Is this film out on video/DVD yet?*

- *Tickets for the play are available at the box office.*
- *I'd like to book tickets for next Saturday's performance of 'Chicago'.*
- *I'd like to reserve two seats for the 5 o'clock showing of 'Lord of the Rings'.*

- *My favourite writer/actor/singer/band/composer/artist is ...*
- *What kind of music do you like?*
- *I like classical music/jazz/pop/rock.*
- *I read a lot of fiction/non-fiction/historical novels/romances/detective stories/science fiction/poetry/comics.*
- *I play the guitar/violin/saxophone.*
- *I go to dancing/drawing classes.*
- *I write poetry.*
- *I'm a member of the local drama club.*

Festivals and celebrations

In Britain

- **Valentine's Day** (14th February) People send cards and gifts to people they love.
- **Shrove Tuesday** (the last day before Lent) People eat pancakes.
- **Good Friday** (March or April) People eat hot cross buns.
- **Easter** (March or April) Christians celebrate Christ's resurrection. People give each other Easter eggs. Some children believe the Easter Bunny brings Easter eggs.

- **April Fool's Day** (1st April) Before noon, people play tricks on each other.
- **May Day** (1st May) In the past there was a tradition of dancing around a tall pole with ribbons (a May Pole) to celebrate the spring.
- **Halloween** (31st October) Children dress up as witches, ghosts, monsters, etc. and go to people's houses and say 'Trick or treat'. If the people do not give them sweets, the children play tricks on them.
- **Bonfire Night** (5th November) People light big fires, let off fireworks and burn a model of a man, called a guy, to celebrate the failure of Guy Fawkes to blow up the Houses of Parliament in the 17th century.
- **Christmas** (25th December) Christians celebrate the birth of Christ. People give each other gifts and eat a special meal of roast turkey and Christmas pudding.

- **New Year's Eve** (31st December) People go to parties with friends and family. In Scotland this day is called **Hogmanay.** Chinese New Year is an important and festive time for the Chinese community. It was on 12th February in 2002.

➲ Zob. też **Ramadan**, **Passover** i **Diwali**.

In the United States

- **Valentine's Day** jak wyżej
- **Easter** jak wyżej
- **Independence Day** (4th July) People celebrate the anniversary of the day in 1776 when America declared itself independent from Britain.
- **Halloween** jak wyżej

- **Thanksgiving** (4th Thursday in November). This celebration is associated with the time Europeans first came to North America. They arrived at the beginning of a very hard winter. The original thanksgiving celebration was to thank God and the native Americans for the fact that they had survived. People celebrate with a special meal of roast turkey and pumpkin pie.
- **Christmas** jak wyżej
- **New Year's Eve** jak wyżej

Indeks
polsko–angielski

Indeks

A

a: litera ~ A, a[1]; (*w muzyce*) **A/a** A; (*spójnik*) and, but[1], whereas; **~ (ty, on itp.)?** how/what about…?; **à propos** incidentally
abażur shade, lampshade
abdykacja abdication
abdykować abdicate
abecadło ABC
abonent/ka subscriber
aborcj|a abortion; **dokonać ~i** abort
aborygen Aboriginal
absencja absenteeism
absolutnie absolutely; **~ nie!** no way
absolutny absolute, out-and-out, stark
absolwent/ka: (*z tytułem akademickim*) graduate[1]; (*liceum i/lub technikum*) school-leaver
abstrahować digress
abstrakcyjny abstract[1], theoretical
abstrakt abstract[2]
abstynencja abstinence
abstynent/ka teetotaller
absurd absurdity, nonsense
absurdalnie absurdly, ridiculously, ludicrously
absurdalny absurd, nonsensical, ridiculous, ludicrous, preposterous
aby in order to do sth
ach: **~!** ah
aczkolwiek although, albeit
adaptacja adaptation
adapter record player
adaptować/zaadaptować adapt
adekwatność adequacy
adidas trainer
administracja administration; **~ państwowa** the Civil Service; **zarządzanie i ~** business studies
administracyjny administrative
administrator/ka trustee
admirał admiral
adnotacja note[1]; **z ~mi** annotated
adopcja adoption
adoptować/zaadoptować adopt
adoptowany adopted
adoracja adoration
adrenalina adrenalin
adres address[1]; **~ e-mail** email address; **nowy ~** forwarding address
adresować/zaadresować address[2]
adwent advent
adwokat barrister, solicitor, counsel[2], advocate
aerobik aerobics
aerodynamiczny aerodynamic
aerodynamika aerodynamics
aerozol aerosol
afektacja affectation, pose
afektowany affected; **nie ~** unaffected
afisz poster, placard, bill[1]
afiszować się pose
Afro-Amerykan-in/ka African American
afro-amerykański African American
Afro-Karaib/ka Afro-Caribbean
afro-karaibski Afro-Caribbean
afront affront, insult, snub; **robić komuś ~** snub
agencja agency; (*np. turystyczna*) operator
agent/ka agent; **tajn-y/a ~** secret agent, spy, tail
agitacja agitation
agitować agitate
agnostyk agnostic
agonia agony
agrafka safety pin
agresja aggression
agresor aggressor
agrest gooseberry
agresywnie aggressively
agresywny aggressive, offensive
aha: **~!** aha, oh, I see
ais: (*w muzyce*) **Ais, ais** A sharp
akademia academy
akademicki academic
akademik: (*dom studencki*) dormitory, hall of residence
akapit paragraph; **zaczynać** (*wiersz*) **wcięciem akapitowym** indent
akcent accent; (*np. na sylabę*) stress; (*dodatek*) touch[2]
akcentować/zaakcentować accentuate, stress
akceptacja acceptance, assent
akceptować/zaakceptować accept, come to terms with sth
akcesoria accessory
akcj|a action, operation; **~a odwetowa** reprisal; **~a wojenna** warfare; **w ~i** in action; (*np. powieści, filmu*) action, plot[1]; (*np. firmy*) share; **~e nieuprzywilejowane** (*przynoszące dywidendę*) equity; **wystawiać ~e na sprzedaż** go public
akcjonariusz/ka shareholder
akcyjn|y: **spółka ~a** public company
akcyza excise
aklimatyzacja acclimatization
aklimatyzować/zaaklimatyzować (się) acclimatize
akompaniament accompaniment
akompaniować accompany
akord chord
akordeon accordion
akr acre
akrobat-a/ka acrobat
akrobatyczny acrobatic
akrobatyka acrobatics
akronim acronym
akrylowy acrylic
aksamit velvet
aksamitny velvet; (*o sosie itp.*) creamy; (*o dźwięku*) mellow
akt: (*np. dobroci; prawny; utworu scenicznego*) act[2]; **~ oskarżenia** indictment; (*o obrazie, fotografii*) nude
akt|a file[1]; **w ~ach** on file; **włączać do ~** file[1]
aktor/ka actor, player; **aktorka** actress
aktówka briefcase
aktualizacja update
aktualizować/zaktualizować update
aktualnie currently
aktualnoś|ć: **~ci** current affairs
aktualny current[1], present[1], up to date, up to the minute; (*o temacie*) topical; **być ~m** hold[1]
aktyw hard core
aktywa asset
aktywista activist
aktywny active
akumulator battery
akupunktura acupuncture
akuratny neat
akustyczny acoustic
akustyka acoustics
akuszerka midwife
akuszerstwo midwifery
akwarela watercolour
akwarium aquarium
akwedukt aqueduct
akwizytor/ka broker
alarm alarm, alert; **~ pożarowy** fire alarm; **~ przeciwwłamaniowy** burglar alarm; **~ o podłożonej bombie** bomb scare; **próbny ~** (*np. przeciwpożarowy*) drill[2]
alarmować/zaalarmować alarm
alarmow|y: **urządzenie ~e** alarm
albinos/ka albino
albo or, or else; **~…~** either
album: (*np. fotograficzny*) album
ale but[1], although, yet; **no ~** mind you
aleja avenue, boulevard
alejka lane
alergia allergy
alergiczny allergic
alfabet alphabet, ABC; **~ łaciński** Roman alphabet; **~ Braille'a** Braille
alfabetycznie alphabetically
alfabetyczny alphabetical
alfons pimp
alga algae
algebra algebra
aliancki allied
aliant ally
alibi alibi
alienacja alienation
alienować/wyalienować alienate
aligator alligator
alimenty alimony, maintenance
alkaliczny alkaline
alkohol alcohol, drink
alkoholi-k/czka alcoholic
alkoholizm alcoholism
alkoholometr: **kontrola**

trzeźwości kierowcy za pomocą ~u breath test
alkoholow|y alcoholic; **napój ~y** liquor; **odurzenie ~e** intoxication
alkowa alcove
Allach Allah
alpejski alpine
alpinist-a/ka climber, mountaineer
alpinizm mountaineering
alt alto
altan(k)a summer house
alternatywa alternative, option
alternatywnie alternatively
alternatywny alternative
altówka viola
altruistyczny selfless
aluminiowy aluminium
aluminium aluminium
aluzj|a allusion, hint; **robić ~ę** (*do kogoś/czegoś*) allude, hint
amator/ka amateur; **~ jedzenia** a big, etc. eater
amatorski amateur
amatorszczyzn|a: **mający cechy ~y** amateur
amazonka horsewoman
ambasada embassy
ambasador/ka ambassador
ambicja ambition; (*niepohamowana*) pride
ambitny ambitious
ambiwalencja ambivalence
ambiwalentny ambivalent
ambona pulpit
ambulans ambulance
ambulatoryjn|y: **pacjent/ka ~y/a** outpatient
amen amen
Amerykan-in/ka American
amerykanka: (*kanapa*) sofa
amerykański American
amfiteatr amphitheatre
amnestia amnesty, pardon[1]
amnezja amnesia
amoralny amoral
amortyzować/zamortyzować: (*np. cios*) cushion
amper amp
amplifikator amplifier
amplitud|a amplitude
amputacja amputation
amputować amputate
amulet charm[1]
amunicja ammunition, munitions
anagram anagram
analfabet-a/ka illiterate
analfabetyzm illiteracy
analityczny analytic
analityk analyst; **~ systemów** systems analyst
analiz|a analysis, breakdown; **robić ~ę** analyse; **przeprowadzić gruntowną ~ę** overhaul
analizować/zanalizować analyse, examine, survey
analogi|a analogy, parallel; **przez ~ę** by analogy
analogicznie by analogy
analogiczny analogous, parallel, corresponding
ananas pineapple
ananasowy pineapple
anarchia anarchy
anarchiczny anarchic
anarchist-a/ka anarchist
anarchizm anarchism
anatomia anatomy
anatomiczny anatomical
anchois anchovy
anegdota anecdote
aneksja annexation
anektować/zaanektować annex
anemia anaemia
anemiczny anaemic
anestezjolog anaesthetist
angażować/zaangażować engage; involve □ **angażować/zaangażować się** commit yourself (on sth); (*w działalność, która jest modna, przynosi zyski itp.*) be/get in on the act[2]; **nie angażujący się** non-committal
angielski English; **język ~** English
angielsko- Anglo-
angina tonsillitis
Angli|k Englishman; **~cy** the English
anglikanizm: **wyznawca ~u** Anglican
anglikański Anglican; **Kościół ~** the Church of England
Anglosas/ka Anglo-Saxon
anglosaski Anglo-Saxon
ani neither, nor, or; **~ jeden, ~ drugi, ~ ten, ~ tamten** neither (of them), either (of them); **~ trochę** no, not at all, not a bit, not in the slightest
anielski angelic
anielsko angelically
animacja: **~ filmowa** animation
animowany animated
animozja bad/ill feeling
animusz spirit, zest; **pełen ~u** bright, breezy; **dodawać ~u** invigorate, perk sb/sth up; **nabrać ~u** perk up
anioł/ek: **anioł** angel; (*przen. o osobie*) darling; **aniołek** cherub
ankieta survey
anomalia anomaly
anonimowo anonymously
anonimowość anonymity
anonimowy anonymous, faceless, nameless
anoreksj|a anorexia; **chory na ~ę** anorexic
anormalny abnormal
antagonizm antagonism
antagonizować/zantagonizować antagonize
antałek keg
antarktyczny Antarctic
Antarktyka the Antarctic
antena aerial[1]; **~ satelitarna** satellite dish
antena|t/ka ancestor; **~ci** ancestry
antidotum antidote
antologia anthology, collection
antonim antonym, opposite
antrakt interval, intermission, interlude
antropologia anthropology
antropologiczny anthropological
antybiotyk antibiotic
antybohater anti-hero
antyczny antique
antyk antique, antiquity
antykoncepcja contraception
antykoncepcyjny: **środek ~** contraceptive
antylopa antelope
antypati|a antipathy; **sympatie i ~e** likes and dislikes
antysemicki anti-Semitic
antysemityzm anti-Semitism
antyseptyczny antiseptic; **środek ~** antiseptic
antyteza antithesis
apanaż fringe benefit
aparat instrument, machine; **~ fotograficzny** camera; **~ ortodontyczny** brace[1]; **~ słuchowy** hearing aid
apartament apartment; (*w hotelu*) suite
aparycja good looks
apaszka scarf
apatia apathy
apatycznie dully, listlessly
apatyczny apathetic, listless
apel appeal, plea; (*w szkole*) assembly
apelacj|a appeal; **wnosić ~ę** appeal
apelować/zaapelować appeal
apetyczny appetizing
apetyt appetite
aplauz applause, ovation
apodyktycznie bossily
apodyktyczność bossiness
apodyktyczny authoritarian, bossy
apolityczny apolitical
apologetycznie apologetically
apologetyczny apologetic
apostoł apostle
apostrof apostrophe
aprilis: **prima ~** April Fool's Day
aprobata approval, endorsement
aprobować/zaaprobować approve, authorize, condone; **nie ~** disapprove
aprobująco approvingly
aprobujący approving
aprowizacja provision
apteka pharmacy
apteka-rz/rka chemist
Arab/ka Arab
arabski Arab; **język ~** Arabic
aranżacja arrangement
aranżować/zaaranżować: **~ w tajemnicy** engineer[2]
arbiter judge[1]; (*sportowy*) referee
arbitralnie arbitrarily
arbitralny arbitrary
arbitraż arbitration
arbitrować conciliate
arbuz watermelon
archaiczny archaic
archeolog archaeologist
archeologia archaeology
archeologiczny archaeological
architekt architect
architektoniczny architectural
architektura architecture
archiwaln|y: **materiały ~e** archives
archiwum: **archiw-um/a** archives, file[1]; **w ~** on file; **włączać do ~** file[1]
arcybiskup archbishop
arcydzieło masterpiece

arena arena, ring[1]; ~ **sportowa** circuit; (*np. polityczna*) scene
aresz|t arrest, detention, custody; **w ~cie** on remand; **zatrzymywać w ~cie** remand
aresztować/zaaresztować arrest
aresztowany under arrest
argument point[1], argument, contention; **~y** case[1]
argumentować/ uargumentować argue, rationalize
arkada arcade
arktyczny Arctic
Arktyka the Arctic
arkusz: (*np. blachy*) sheet, plate; ~ **kalkulacyjny** spreadsheet
armata cannon
armia army
arogancja arrogance
arogancki arrogant
arogancko arrogantly
aromat aroma, fragrance, perfume, scent
aromatyczny fragrant
aromatyzowany scented
arras tapestry
arszenik arsenic
artretyzm arthritis
artykuł: (*np. w gazecie*) article, piece[1], feature; ~ **od redakcji** editorial; (*rzecz*) article; ~ **żywnościowy** foodstuff; **~y spożywcze** groceries
artyleria artillery
artyst-a/ka artist; (*np. estradow-y/a*) performer
artystycznie artistically
artystyczny artistic
arystokracja aristocracy, nobility
arystokrat-a/ka aristocrat, noble
arystokratyczny aristocratic, noble
arytmetyczn|y: **zadanie ~e** sum
arytmetyka arithmetic, figures
as ace; (*w muzyce*) **As**, as A flat
ascetyczny austere
asekuracja insurance; safety net
asekurować/zaasekurować się hedge your bets
asfalt asphalt
asortyment selection, choice
aspekt aspect, dimension, facet; **we wszystkich (jego) ~ach** in its entirety
aspiracj|a aspiration; **mieć ~e** (*do czegoś*) aspire
aspiryna aspirin
aspołeczny antisocial
astma asthma
astmaty-k/czka asthmatic
astrolog astrologer
astrologia astrology
astronauta astronaut
astronom astronomer
astronomia astronomy
astronomiczny astronomical
asygnować/wyasygnować allocate, allot; ~ **fundusze** budget
asymilacja assimilation
asymilować/zasymilować assimilate
asystent/ka assistant
atak attack, offensive, onslaught; (*militarny, zwł. lotniczy*) strike[1]; ~ **z zasadzki** ambush; **być w ~u** be on the offensive; **przystępować do ~u** take the offensive; (*na kogoś*) attempt; (*choroby*) attack, bout, seizure; (*np. epilepsji*) fit[4]; ~ **serca** heart attack
atakować/zaatakować attack, assault, strike[2], hit out (at sb/sth)
ateist-a/ka atheist
ateizm atheism
atelier studio
atlas atlas
atłas satin
atłasowy satin
atmosfer|a atmosphere, air[1], climate, aura; (*np. zebrania*) tone[1]; **oczyścić ~ę** clear the air
atmosferyczny atmospheric
atom atom
atomowy atomic, nuclear
atrakcja attraction, enticement
atrakcyjnie attractively, prettily
atrakcyjność attractiveness
atrakcyjny attractive, desirable, enticing; handsome
atrament ink
atrapa dummy
atut: (*karta*) trump; (*przen.*) trump card; **mieć wszystkie ~y w ręku** have a lot going for you
au: ~! ouch
audiencja audience
audiowizualny audio-visual
audycja broadcast, programme; (*w cyklu programów*) edition
audytorium auditorium
aukcja auction
aukcjoner auctioneer
aura: (*pogoda*) weather[1]
aureola halo
auspicj|e: **pod ~ami** under the auspices of sb/sth
aut out
autentycznie genuinely
autentyczność authenticity
autentyczny authentic, genuine, real, bona fide, original
autentyk the real thing
autobiografia autobiography
autobiograficzny autobiographical
autobus bus; ~ **piętrowy** double-decker; **~em** by bus, by road
autochton/ka native
autograf autograph; **składać** ~ (*np. na zdjęciu*) autograph
autokar coach[1]
automat: (*wydający coś, np. pieniądze*) dispenser; (*np. z napojami*) vending machine; ~ **na monety** (*np. do gry, sprzedający napoje*) slot machine
automatycznie automatically, (all) by itself
automatyczn|y automatic; **urządzenie ~e, samochód z ~ą skrzynią biegów** automatic; (*np. praca*) mindless
automatyzacja automation
automatyzować/ zautomatyzować automate
autonomia autonomy
autonomiczny autonomous
autoportret self-portrait
autopsja autopsy, post-mortem
autor/ka author
autorstwo authorship
autorytatywnie conclusively
autorytet authority
autostop: **jechać ~em** hitch[1], hitch-hike
autostopowicz/ka hitch-hiker
autostrada motorway
autow|y: **linia ~a** (*boiska*) sidelines
autsajder outsider
autystyczny autistic
autyzm autism
awangarda avant-garde, spearhead
awangardowy avant-garde; **zbyt** ~ ahead of your time
awans promotion, rise; **~e** approach
awansować promote, rise[2]
awantur|a row[3], scene; disturbance, uproar, wrangle; fuss; **robić (komuś) ~ę** make, kick up, etc. a fuss (about/over sth), let fly (at sb/sth)
awanturniczo rowdily
awanturniczy rowdy, unruly
awanturować się brawl, wrangle
awanturowanie się rowdiness, unruliness
awaria breakdown, crash, failure; emergency
awaryjn|y standby; **lądowanie ~e** crash-landing; **lądować w trybie ~ym** crash-land
awersja aversion, dislike
awiacja aviation
awokado avocado
azbest asbestos
Azjat-a/ka Asian
azjatycki Asian
azot nitrogen
azyl refuge, sanctuary; ~ **polityczny** political asylum; (*miejsce*) retreat
aż: ~ **do** until; (*o sumie*) ~ **do** up to sth; ~ **tak** that[4], this

B

b: **litera** ~ B, b; (*w muzyce*) **B/b** B flat
baba bag; ~ **z wozu, koniom lżej!** good riddance (to sb/sth); **~-jaga** witch
babcia grandma, granny, gran
babka grandmother
babski: ~ **wieczór** hen party
babsztyl bag, cow
babunia grandma, granny, gran
bachor brat
baczenie: **dawać** ~ (*na coś*) watch[2]
baczki sideboards
bacznie intently
baczność|ć attention; (*mieć się*) **na ~ci** on your guard, on the alert (for sth); **mieć się na ~ci** beware, look out (for sb/sth)
baczny watchful, intent
baczyć: (*na coś*) watch[2]
bać się fear[2], fear for sb/sth, get/have cold feet; **bojący się** (*kogoś/czegoś*) frightened, scared, fearful

badacz/ka researcher, investigator, explorer

badać/zbadać examine, inspect, enquire, look into sth, explore, test[2]; ~ **opinie** canvass, poll[2]; ~ **sondą** probe; ~ **szczegółowo** scrutinize; ~ **wzrokiem** scan; **gruntownie zbadać** overhaul

badani|e examination, investigation, exploration, survey, test[1]; ~**a** study[1], research; ~**a w terenie** fieldwork; **drobiazgowe** ~**e** going-over; ~**e szczegółowe** scrutiny; ~**e diagnostyczne** (*samochodu*) road test; ~**e lekarskie** check-up, medical; ~**e opinii publicznej** poll[1]; ~**e rynku** market research; ~**e ultrasonograficzne** ultrasound scan

badawczo inquiringly

badawczy inquiring, investigative; (*o pytaniu, wzroku*) probing

badminton badminton

bagatela trifle

bagatelizować/zbagatelizować belittle

bagaż baggage, luggage; ~ **podręczny** hand luggage; **półka na** ~ luggage rack; **bez ciężkiego/dużego** ~**u** light

bagażnik boot; (*na dachu samochodu*) roof rack, rack[1]

bagażowy: (*pracownik kolei*) porter

bagienny marshy

bagietka baguette

bagnet bayonet

bagnisty marshy, boggy

bagno marsh, swamp[1], bog

bagrować: (*np. rzekę*) dredge

bajda tale

bajeczny fabulous; (*o bogactwie, cierpieniu*) untold

bajer gimmick

bajgiel bagel

bajka fairy tale/story, fable

bajt byte

bak tank

bakałarz: ~ **nauk humanistycznych** BA; ~ **nauk pedagogicznych** BEd; ~ **nauk ścisłych** BSc

bakcyl germ

baki whiskers

bakier: **na** ~ at an angle

bakłażan aubergine

bakterie bacteria

bal ball[2], dance[1]

balanga do[3]

baldachim canopy

balerina ballerina

balet ballet

baletnica ballet dancer, dancer

balia tub

balkon balcony; (*w teatrze*) balcony, circle; **najwyższy** ~ (*w teatrze*) gallery

ballada ballad

balon balloon; **robić z kogoś** ~**a** pull sb's leg

balonik balloon

balustrada banister, handrail, rail

bałagan mess[1], muddle; **robić** ~ mess sth up

bałaganiarsko haphazardly

bałaganić/nabałaganić mess[1], mess sth up

bałtycki Baltic

bałwan: ~ **śniegowy** snowman; (*osoba*) dummy, twit

bambus bamboo

bambusowy bamboo

banalny banal, commonplace

banał cliché

banan banana

bananowy banana

banda band, gang, pack, ring[1]

bandaż bandage

bandażować/zabandażować bandage

bandyta bandit, gangster; **uzbrojony** ~ gunman

bandzior villain

banicj|a: **skazywać na** ~**ę** banish

banita outlaw

bank bank[1]

bankier banker

bankiet banquet, dinner; (*w porze południowej*) luncheon

banknot note[1]

bankomat cash machine

bankowość banking

bankructw|o bankruptcy; **doprowadzać do** ~**a** bankrupt

bankrutować/zbankrutować go bankrupt, collapse, crash[2], fold

bańka: (*np. mydlana*) bubble

baptyst-a/ka Baptist

bar bar[1], saloon; ~ **hotelowy** lounge bar; ~ **szybkiej obsługi** snack bar, fast-food restaurant

baran ram[1]; **B**~ (*znak zodiaku*) Aries; (*nosić*) **na** ~**a** piggyback

baranek: (*sztuczny*) fleece

baranina mutton

baraszkować/pobaraszkować romp

barbarzyńca barbarian

barbarzyński barbaric, barbarous

barbarzyństwo barbarism

barczysty broad-shouldered

bardziej more[2], far[2]; **coraz** ~ more and more; **a tym** ~ let alone

bardzo very[1]; a lot[3], most[2], much[2], well[3], really, real, all[2], hard[2], mighty, dearly, nicely, widely, positively, simply, terribly, jolly, dead, ever so/ever such a; (*np. chcieć, potrzebować*) badly; **nie** ~ not really/quite; **nie (tak/za)** ~ not all that...; ~ **dużo** a good/great many; ~ **mocno/ciężko/szybko itp.** like anything

barek coffee bar

bariera barrier, handrail; (*o przegrodzie*) crash barrier; (*przen.*) discouragement

bark: ~**i** shoulder; **brać na swe** ~**i** (*np. odpowiedzialność*) shoulder

barka barge

barman barman

barmanka barmaid

barokowy baroque

barometr barometer

baron baron

baronowa baroness

barwa colour[1]

barwić/zabarwić dye[1], tint

barwnie: (*opisać*) vividly

barwnik dye[2]; (*szczeg. w żywności*) colouring

barwny colourful, coloured; (*o opisie itp.*) vivid

barykada barricade

barykadować/zabarykadować barricade □ **barykadować/zabarykadować się** barricade yourself in

baryłka keg, barrel

baryton baritone

bas bass

baseball baseball; **mecz** ~**owy** ball game

basen: (*kryty/odkryty*) swimming pool; (*kryty*) bath; (*portowy*) dock[1]; (*geogr.*) basin

basowo low[2]

basowy bass, low[1]

bastard bastard

baszta tower

baśń fairy tale, tale

bat whip[1]

batalion battalion

bateria battery

baton bar[1]

batut trampoline

batuta baton

bawełna cotton[1]

bawełniany cotton[1]

bawić entertain, keep sb amused, tickle □ **bawić się** have fun, play[1], keep yourself amused; **dobrze się bawić** enjoy; **świetnie się bawić** have the time of your life[1]; **dobrze/źle się bawić** have a good, great, etc. time; (*czymś*) dabble; (*w coś*) play at sth/being sth; ~ **czymś** (*bezwiednie*) fiddle[2], twiddle

bawół buffalo

baz|a base[1], basis; ~**a lotnicza** airbase; ~**a wyrzutni rakietowej** pad[1]; **zakładać** ~**ę** base[2]; ~**a danych** database

bazar bazaar

bazgrać/nabazgrać scrawl, scribble

bazgranina scrawl, scribble

bazgroły scribble; (*np. na ścianie*) graffiti

bazylia basil

bażant pheasant

bąb|el bubble; (*na skórze*) blister; **pokrywać (się)** ~**lami** blister

bąbel|ek: ~**ek** bubble; ~**ki** fizz; **z** ~**kami** bubbly

bądź: ~ **co** ~ at any rate

bąk: (*zabawka*) top[3]; **zbijać** ~**i** laze

bąkać/bąknąć bleat

bąknięcie bleat

beczeć/zabeczeć: (*o owcy, kozie*) bleat

beczenie: (*owcy*) baa

beczka barrel, cask, drum

beczułka cask

bedłka pushover

begonia begonia

bek bleat, baa

bekać/beknąć burp, belch

bekhend backhand

beknięcie burp, belch

bekon bacon

bela bale

beletrystyczny fictional

beletrystyka fiction

belka timber, beam; ~ **główna** girder
bełkot splutter
bełkot gibberish
bełkotać slur
bełt: (*o winie*) plonk
bemol flat[4]; **z ~em** flat[2]
benzyna petrol
berbeć tot[1]
beret beret
bestia beast, brute
bestialski savage, ferocious
bestialsko savagely, ferociously
bestialstwo savagery, ferocity, inhumanity
besztać/zbesztać scold, rap
beton concrete[2]
betonować/zabetonować concrete[2]
bez without, minus, less[2], out of; excluding, exclusive; (*roślina*) lilac; **owoc czarnego bzu** elderberry
bez- non-
beza meringue
bezalkoholowy non-alcoholic; **napój ~** soft drink
bezbarwnie blandly
bezbarwny colourless, drab, insipid, lacklustre, nondescript
bezbłędny faultless
bezbolesny painless
bezbramkowy: (*o wyniku*) goalless
bezbronny defenceless, unarmed
bezcelowo aimlessly, pointlessly, uselessly, vainly
bezcelowość futility, pointlessness, uselessness
bezcelowy aimless, pointless, senseless, vain
bezcenny priceless, invaluable
bezceremonialny offhand
bezchmurny cloudless
bezcłowy duty-free
bezczelnie cheekily, impertinently, impudently, insolently, brazenly
bezczelność cheek, impertinence, impudence, insolence, nerve
bezczelny cheeky, impertinent, impudent, insolent, brazen, presumptuous
bezczynnie idly; **stać ~** stand by
bezczynność inaction, inactivity, idleness
bezczynny inactive, idle
bezdenny bottomless; (*beznadziejny*) abysmal, crass
bezdomność homelessness
bezdomn|y homeless, down and out
bezduszność insensitivity
bezduszny insensitive, callous, soulless
bezdzietny childless
bezgranicznie immensely
bezgraniczność immensity
bezgraniczny boundless, immense
bezimienny nameless, faceless
bezinteresowny selfless, unselfish; disinterested
bezkompromisowy uncompromising
bezkres infinity
bezkręgowiec invertebrate
bezkrwawy bloodless
bezkształtny shapeless
bezlitosny merciless, pitiless, ruthless, remorseless, hard-hearted, cold-blooded
bezlitośnie mercilessly, pitilessly, ruthlessly, remorselessly
bezludny uninhabited
bezładnie incoherently; frantically
bezładny disordered, incoherent; frantic
bezmiar immensity
bezmierny wide
bezmyślnie thoughtlessly, unthinkingly, absently, inanely; (*o spoglądaniu itp.*) vacantly
bezmyślność thoughtlessness, inconsiderateness
bezmyślny thoughtless, unthinking, mindless, absent; inane; crass; (*o spojrzeniu itp.*) vacant
beznadziejnie hopelessly, desperately; abysmally
beznadziejność hopelessness
beznadziejny hopeless, desperate, dismal, abysmal; crass
beznamiętnie impassively, drily
beznamiętny impassive
bezokolicznik infinitive
bezołowiowy unleaded
bezosobowy impersonal
bezowocnie vainly
bezowocny fruitless, futile
bezpestkowy seedless
bezpieczeństw|o safety; **poczucie ~a, środki ~a** security; **służby ~a** secret service
bezpiecznie safely, comfortably
bezpiecznik fuse[3]
bezpieczny safe[1], secure, sheltered, alright; **w ~m miejscu** out of harm's way
bezpłatnie free[1], for nothing; **dawany ~** complimentary
bezpłatny free[1]
bezpłodność infertility, sterility
bezpłodny infertile, sterile
bezpodstawny groundless, unfounded, unwarranted; unprovoked
bezpośredni direct[1], immediate; (*o osobie*) candid, plain[1], outgoing; (*o środku transportu*) non-stop; (*o doświadczeniu*) first-hand, hands-on; (*o wystrzale*) point-blank
bezpośrednio directly, direct[1], immediately, straight[2]; (*transmitowany*) live[1]; (*mówić*) candidly; (*np. podróżować*) non-stop; (*doświadczać*) first-hand
bezpośredniość candour
bezprawie lawlessness
bezprawny illegal, illegitimate, illicit, wrongful
bezpretensjonalny unassuming
bezprocentow|y: **pożyczka ~a** interest-free loan
bezprzewodowy cordless
bezradnie helplessly
bezradność helplessness
bezradny helpless; **być/czuć się ~m** be/feel out of it
bezrobocie unemployment, joblessness
bezrobotn|y unemployed, jobless, out of a job, out-of-work; **zasiłek dla ~ych** dole[2]
bezruch stillness; **w ~u** at rest
bezsenność sleeplessness, insomnia; **osoba cierpiąca na ~** insomniac
bezsenny sleepless, restless
bezsens double Dutch
bezsensownie pointlessly
bezsensowność pointlessness
bezsensowny senseless, pointless
bezsilność impotence
bezsilny powerless, impotent
bezskutecznie vainly, in vain, to little/no avail
bezskuteczność futility
bezskuteczny futile, of little/no avail
bezspornie unquestionably, undoubtedly, patently
bezsporny unquestionable, indisputable, undoubted, patent[1]
bezsprzecznie unquestionably
bezsprzeczny unquestionable, indisputable
bezstronnie impartially
bezstronność impartiality, neutrality, objectivity
bezstronny impartial, neutral, disinterested
bezszelestnie noiselessly
bezszelestny noiseless
beztroski carefree, easygoing, happy-go-lucky; complacent
bezustannie continually, incessantly, perpetually; **~ coś robić** keep on (doing sth), keep sth up
bezustanny continual, incessant, perpetual, unrelenting
bezużytecznie uselessly
bezużyteczność uselessness
bezużyteczny useless; **być ~m** be no good (doing sth)
bezwartościowy worthless, valueless
bezwarunkowo unconditionally, implicitly
bezwarunkowy unconditional, implicit
bezwiednie unwittingly
bezwiedny unwitting
bezwietrzny calm
bezwład paralysis
bezwładność inertia
bezwładny inert; **~ ruch** flop
bezwłosy hairless
bezwonny odourless
bezwstydnie shamelessly, unashamedly, brazenly
bezwstydny shameless, unashamed, brazen
bezwzględnie ruthlessly, heartlessly, strictly; (*np. ufać*) implicitly
bezwzględność ruthlessness, heartlessness
bezwzględny ruthless, heartless, heavy-handed, cut-throat; (*zaufanie*) implicit; (*o większości głosów*) absolute

bezzwłocznie forthwith, promptly, immediately
bezzwłoczny prompt[1], immediate
beż beige
beżowy beige
bęb|en drum; **grać na ~nie** drum; (*do nawijania*) reel[1], spool
bębenek: (*baskijski*) tambourine; (*w uchu*) eardrum
bębnić/zabębnić drum; (*np. na fortepianie*) belt sth out
bęc: ~! (*odgłos ciężko upadającego przedmiotu*) plonk[1]
bękart bastard
biada: ~ **temu, kto** woe betide sb
biadolenie gripe
biadolić gripe
białaczka leukaemia
białawy off-white
białko protein; (*oka/jajka*) white[2]
biał|y: (**kolor**) ~ white[1,2]; **człowiek ~ej rasy** white[2], Caucasian; **B~y Dom** White House; (**w**) **~y dzień** (in) broad daylight
bibelot ornament
Biblia bible, scripture
biblijny biblical
bibliografia bibliography
biblioteka library
biblioteka-rz/rka librarian
bibuła tissue, blotting paper
bibułka tissue
biceps biceps
bicie beat[2]; ~ **serca** heartbeat; (*dzwonów*) peal; (*np. osoby*) beating
bicz whip[1]
biczować whip[2]
bić beat[1], thump, thrash, clobber, beat sb up; ~ **młotem** hammer[2]; (*monetę*) mint[2]; (*rekord*) break[1]; **bije od kogoś** (*np. pewność siebie*) ooze; **nie być w ciemię bitym** keep your wits about you □ **bić się** fight[1]
bidet bidet
biec → BIEGAĆ
bie|da poverty, need[3]; **w ~dzie** needy
biedactwo thing
biedaczysko poor devil
bieda-k/czka wretch
biedny poor, penniless, poverty-stricken
biedota the poor
biedronka ladybird
bieg run[2]; (*w wyścigu*) race[1]; ~ **dla zdrowia** jog; ~ **lekkoatletyczny** track event; ~ **przez płotki** hurdles; **nierozstrzygnięty** ~ dead heat; (*np. historii*) course; ~ **wydarzeń** sequence of events; ~ **próbny** trial run; (*silnika*) motion; (*auta*) gear; **pierwszy** ~ first gear; ~ **wsteczny** reverse[2]; **w górnym ~u rzeki** upstream
biegacz/ka runner
biegać/biec/pobiec run[1]; (*za kimś/czymś*) run after sb/sth; **ciężko** ~ pound[2]; **biegać dla zdrowia** jog; ~ **drobnymi krokami** scuttle; ~ **susami** bound[3]; ~ **truchtem** trot
bieganie running
bieganina bustle
biegle expertly; (*np. mówić*) fluently
biegłoś|ć expertise, mastery, proficiency; (*np. mowy*) fluency; **nabierać ~ci w czymś** master[2]
biegły: (*w czymś*) adept, conversant, expert, proficient; (*w języku*) fluent
biegun pole[1]; ~ **południowy** the South Pole; ~ **północny** the North Pole
biegunka diarrhoea
biel white[2]
bielić: ~ (*np. ścianę*) **wapnem** whitewash
bielizna underwear; ~ **damska** lingerie; ~ **ocieplana** thermals; (*pościelowa, stołowa*) linen; ~ **do prania** laundry
biernie passively
bierność inactivity
biern|y passive, inactive, inert; **~y opór** passive resistance; (*gram.*) **strona ~a** passive voice
bierzmować confirm
bierzmowanie confirmation
bieżąc|y current[1], present[1]; **na ~o** up to date, clued up; (*być/nie być*) **na ~o** in/out of touch with sth; **być na ~o** keep up (with sth), be/keep abreast of sth; (*o wodzie*) running
bieżnik: (*opony*) tread
bigamia bigamy
bigamist-a/ka bigamist
bigos: (*bałagan*) jumble; **narobić ~u** make a hash of sth
bijatyka brawl, punch-up; (*o coś*) tussle
bikini bikini
bila ball[1]
bilans: ~ **płatniczy** balance of payments
bilansować/zbilansować się balance[1]
bilansow|y: **zestawienie ~e** balance sheet
bilard billiards
bilet ticket; (*np. na balet*) seat[1]; ~ **bezpłatny/okresowy** (*np. na autobus, pociąg*) pass[1]; ~ **okresowy** (*np. miesięczny*) season ticket; ~ **w jedną stronę** single; ~ **powrotny** return[2]; ~ **przesiadkowy** transfer[2]
bileter usher
bileterka usherette
binarny binary; **system** ~ binary
biochemia biochemistry
biodr|o hip[1]; **kręcenie ~ami** wiggle
biograf biographer
biografia biography, life
biograficzny biographical
biolog biologist
biologia biology
biologiczny biological
bis: ~! encore
biseksualny bisexual
biskup bishop
biszkopt sponge cake
bit bit[3]
bitw|a battle; **pole ~y** battleground
bity: **dwanaście ~ch godzin** for twelve hours solid
biuletyn bulletin; ~ **informacyjny** newsletter
biurko desk
biuro office, bureau; ~ **bukmacherskie** bookmaker's; ~ **podróży** travel agency, travel agent's; ~ **pośrednictwa pracy** employment agency
biurokracja bureaucracy, red tape
biurokrat-a/ka bureaucrat
biurokratyczny bureaucratic
biurowiec office block
biurowy clerical, white-collar
biust bust[1]
biustonosz bra
biwakować camp
biwakowanie camping
biwakowicz camper
biznes business; **wielki** ~ big business; **dla ludzi ~u** executive
biznesmen businessman
biznesowy executive
bizon bison
biżuteria jewellery
blacha brass; ~ **falista** corrugated iron[1]
bladość pallor
blady pale, pallid, bloodless, wan, green[1]; ~ **świt** the crack of dawn
blaknąć/wyblaknąć fade, dim
blankiet form[1]
blask glow, gleam, glitter, glint, blaze[1]; brightness; **oślepiający** ~ glare; ~ **księżyca** moonlight; ~ **ognia** firelight; (*chwały*) glory; (*np. sławy*) glamour
blaszan|y: **instrumenty ~e** brass
blat: (*kuchenny*) surface, worktop; (*biurka*) desktop
blednąć/zblednąć go pale, go green
blef bluff
blefować/zablefować bluff
blezer blazer
blisk|i close[1], near[1]; **z ~a** close up (to sb/sth); (*łatwo dostępny*) handy; (*o czasie*) imminent; (*o znajomości itp.*) intimate; **~i sercu** close/dear/near to sb's heart
blisko close[1,2], close by, near[2], nearby, (close/near) at hand; ~ **usytuowany** convenient; (*w czasie*) imminently; ~ **czegoś/zrobienia czegoś** on the verge of sth/doing sth; (*ścigać*) hotly; (*np. znać kogoś*) intimately
bliskość closeness, proximity; (*duchowa*) affinity, communion
blizn|a scar; **zostawiać ~ę** scar
bliźniacz|y twin; sister; **miasto ~e** twin town; **tworzyć miasta ~e** twin
bliźnia-k/czka: (*dziecko*) twin; ~ **jednojajow-y/a** identical twin; **Bliźnięta** (*znak zodiaku*) Gemini; **bliźniak** (*dom*) semi, semi-detached
bloczek book[1]; (*do podciągania ciężarów*) pulley
blok block[1]; ~ **mieszkalny** apartment block; ~ **papieru** pad[1]; (*nauczania*) module; (*grupa*) bloc; (*do podciągania ciężarów*) pulley
blokad|a blockade; (*na koła*) clamp; **nakładać ~ę kół** clamp
blokować/zablokować block[2],

block sth off, cut sth off, jam[2], lock[2], box sb/sth in, blockade; ~ **przeciwnika w grze** tackle □ **blokować/zablokować się** lock[2]
blokowanie: ~ **piłki** tackle
blondyn/ka blond
bluszcz ivy
bluza: **luźna** ~ (*np. noszona przez kobiety w ciąży*) smock; ~ **sportowa** sweatshirt
bluzgać/bluz(g)nąć spurt
bluzka blouse
bluźnierczy blasphemous
bluźnierstwo blasphemy
błagać: (*o coś*) beg, plead, entreat, implore
błagalnie appealingly
błagalny appealing
błahostka trifle, trivia, irrelevancy
błahość triviality, insignificance
błahy trivial, insignificant, immaterial, trifling, petty
bławatek cornflower
błazen clown, hoot
błazeństwa antics
błaznować/pobłaznować clown, fool about/around, fool
błaźnić/zbłaźnić się make a fool of yourself
błąd mistake[1], error, slip[2]; (*np. w myśleniu*) flaw; ~ **drukarski** misprint; **robić/popełniać** ~ make[1] a mistake, err, trip up; **robić głupi** ~ goof; **łapać (kogoś) na błędzie** trip sb up; **wprowadzać** (*kogoś*) **w** ~ mislead; **wprowadzony w** ~ misguided; **wprowadzenie w** ~ deception; (*o rachunku*) **zawierać** ~ be out; **metoda prób i błędów** trial and error
błądzić: (*o umyśle, myślach*) wander
błąkać się stray, meander; (*o uśmiechu itp.*) play[1]
błędnie incorrectly; mistakenly, wrongly
błędn|y wrong[1], false, flawed; mistaken, misguided; **~e pojęcie/zrozumienie** misconception; **~e przekonanie** fallacy; **~e koło** a vicious circle
błękit blue[2]
błękitny blue[1]
błogi blessed, blissful
błogo blissfully
błogosławić/pobłogosławić bless
błogosławieństwo blessing
błogosławiony blessed
błogość bliss
błona membrane; ~ **bębenkowa** eardrum; ~ **filmowa** film[1]
błonica diphtheria
błonie: (*gminne*) common[2]; (*wiejskie*) green[2]
błonnik fibre
błota marsh, swamp[1]
błotnik: (*samochodowy*) wing; (*roweru*) mudguard
błotnisty muddy, marshy
błoto mud, muck[1]
błysk flash[1], flare, glint, twinkle; (*np. złości*) spark
błyskać/błysnąć flash[2], glint; (*o uśmiechu, myśli itp.*) **zabłysnąć** flicker □ **błyskać/błysnąć się** flash[2]
błyskawica flash[1]; flash of lightning; ~ **płaska** sheet lightning; ~ **zygzakowata** forked lightning; (szybko) **jak** ~ (as) quick as a flash
błyskawicznie in/like a flash[1]
błyskawiczny lightning[2], split-second; (*o potrawie*) instant[1]; (*o odpowiedzi itp.*) pat; **zamek** ~ zip
błyskotka bauble
błyskotliwie wittily
błyskotliwość wit
błyskotliwy brilliant, bright, witty; (*o karierze, przedstawieniu itp.*) glittering
błyszcząco brilliantly
błyszczący shiny, gleaming, bright, brilliant, glittering, glossy
błyszczeć shine, gleam, glisten, blaze[2]; ~ **w słońcu** catch the sun; (*o oczach*) twinkle; (*np. w nauce*) shine
bo because; ~ **jak nie** or else
boa boa
bobas tot[1]
bob|ek: **~ki** droppings
bobslej bobsleigh
bochenek loaf
bocian stork
boczek bacon
bocznica siding
boczn|y sideways, sidelong; -**boczny** -sided; **~a droga** side road; **~a ulica** side street; **~y tor** siding; **kierować uwagę/sprawę na ~y tor** sidetrack
boczyć się sulk
bodziec stimulus, stimulation, impetus, impulse, incentive, spur; **być bodźcem** (*do czegoś*) motivate
bogactw|o wealth, riches, richness; **~a naturalne** resources; **~a** (*drogocenne przedmioty*) treasures
bogato richly
boga|ty rich, wealthy
bogini goddess
bohater/ka: **bohater** hero; **bohaterka** heroine; (*np. powieści*) character; **bohater pozytywny** goody
bohaterski heroic
bohatersko heroically
bohaterstwo heroism
boisko field[1], ground[1], pitch[2], playing field, playground; ~ **baseballowe** ballpark; (*zwykle betonowe/kamienne*) yard[1]
boja buoy
bojaźliwie timidly
bojaźliwość timidity
bojaźliwy fearful, timid, faint-hearted; wet
bojkot boycott
bojkotować/zbojkotować boycott; (*towarzysko*) ostracize
bojler boiler
bojowni-k/czka fighter, combatant; ~ **o wolność** freedom fighter
bojowość militancy
bojowy militant
bojówka militia
bok side[1]; (*zwierzęcia*) flank; **na** ~ sideways; **z ~u** sidelong; (*stać, obserwować itp.*) **z ~u** on the sidelines; (*odkładać*) **na** ~ aside; **odsuwać na** ~ leave sth on one side; **iść ~iem** sidle; **wyłazić ~iem** (*komuś*) be sick of sb/sth
bokobrody whiskers, sideboards
boks boxing
bokser/ka boxer, fighter
bokserki boxer shorts
boksować box[2]
bolący sore, bad
boleć/zaboleć hurt, ache, be sore; (*cholernie*) kill
bolesny painful, sore; (*o wyrazie twarzy*) pained; ~ **cios** sorrow; (*o uwadze itp.*) hurtful
boleś|ć anguish; **pełen ~ci** agonized
boleśnie painfully, acutely
bomba bomb; ~ **atomowa** atomic bomb; **~-pułapka** booby trap; (*np. reporterska*) scoop, dynamite, bombshell; ~ **pękła** he dropped the bombshell
bombardować/zbombardować bomb, bombard
bombardowanie bombardment
bombka: (*na choinkę*) bauble
bombowiec bomber
bombowy smashing
bon voucher; ~ **towarowy** token
bonifikat|a: **z ~ą** off
boom: (*np. gospodarczy*) boom[1]
borówka: ~ **amerykańska** blueberry; ~ **czarna** bilberry
borsuk badger
borykać się struggle, grapple
boski divine, heavenly
bosko divinely
boso barefoot
bosy barefoot
botaniczny botanical
botanik botanist
botanika botany
bożek idol, god
Boże Narodzenie Christmas
bożnica synagogue
boż|y divine; **po ~emu** divinely
bożyszcze cult
bób broad bean
bóbr beaver
bóg god; **Pan B~** God, lord; **Boże!** my God!; **broń Boże** God forbid!; **dzięki Bogu** thank God!; **na Boga!** gosh!; **o Boże!** good grief!; **wielki Boże!** (Good) Lord!
bój fight[2], fighting
bójka fight[2], fighting, scrap[2], scuffle; (*o coś*) tussle
ból ache, pain; (*lekki*) discomfort; **nagły** ~ twinge; **kłujący** ~ stitch; ~ **głowy** headache; ~ **ucha** earache; ~ **zęba** toothache; ~ **żołądka** stomach ache; (*psychiczny*) pain, suffering; (*np. rozstania*) wrench
bóstwo deity
bractwo fraternity, brotherhood
brać/wziąć take; ~ **lekarstwo** take medicine, dose yourself with medicine, etc.; (*za kogoś/coś*) mistake[2]; (*za kogoś/coś innego*) mix sb/sth up (with sb/sth); (*o chorobie*)

~ **kogoś** come down with sth, come on; ~ **coś na siebie** take care of sth, take sth on □ **brać/wziąć się**: (*do czegoś*) settle down to sth; ~ **wspólnie do roboty** pitch in; (*za coś*) take sth up; ~ **do kogoś/czegoś** clamp down on sb/sth, crack down (on sb/sth); ~ **w garść** get/keep/take a grip/hold (on yourself)
brak absence, lack, scarcity, shortage, want²; ~**i** wastage; **z ~u** (*np. lepszej oferty*) for (the) want of sth
brakować/braknąć: **brakować** (*komuś*) be lacking (in sth), go/run short (of sth), run out (of sth); **brakować** be wanting (in sth); **nic mu nie brakuje** there's nothing the matter with it
brakujący missing
brama gate; ~ **wjazdowa** gateway
bramka goal
bramka-rz/rka goalkeeper
bransoleta bangle
bransoletka bracelet
branża industry; (*biznesu*) line
brat brother; **~/siostra** sibling; ~ **cioteczny/stryjeczny** cousin; **przyrodni** ~ half-brother, step-brother; **bracia** (*w nazwie firmy*) Bros
bratanek nephew
bratanica niece
bratek pansy
braterski brotherly, fraternal
braterstwo brotherhood, fraternity, comradeship
bratni fraternal; **~a dusza** sb after your own heart
bratowa sister-in-law
braw|o bravo; **~a** applause; **~o!** good for you, hear! hear!; **bić ~o** applaud
brawura bravado
brawurowo recklessly, rashly
brawurowy reckless, rash²
brąz brown, bronze
brązowieć/zbrązowieć (turn) brown
brązowy brown, bronze; ~ **medal** bronze medal
bredzić ramble, wander; **bredzący** delirious
breja slush
brew eyebrow; **marszczyć brwi** frown; **unosić brwi** raise your eyebrows
brezent tarpaulin
brnąć flounder, plough (through sth), slog, thread your way through sth; (*np. w błocie, przez książkę*) wade; **przebrnąć** (*np. przez egzamin*) scrape through sth
broda beard, whiskers; **kozia bródka** goatee; (*anat.*) chin
brodaty bearded
brodawka wart; ~ **sutkowa** nipple
brodzić paddle², wade
brokuł broccoli
bronchit bronchitis
bronić/obronić defend, protect, stick up for sb/sth; (*np. bramkę*) save; **broń Boże!** not likely □ **bronić/obronić się**: (*przed kimś/czymś*) fend sb/sth off, stick up for yourself; ~ **słowami** answer back
bro|ń weapon, arms, ammunition, hardware; **~ń jądrowa/nuklearna** nuclear weapon; **~ń palna** firearm, gun; **~ń ręczna** handgun; **zawieszenie ~ni** ceasefire, truce; **oddać ~ń** surrender
brosz(k)a brooch
broszura booklet, pamphlet; (*np. szkoły, firmy*) prospectus; ~ **reklamowa** brochure
broszurowany: (*o książce*) paperback
browar brewery
bród ford; **w** ~ galore
brud dirt, filth, grime, muck¹
brudno: **na** ~ in rough; **pisać na** ~ draft²
brudnopis draft¹
brudny dirty¹, grimy, messy; murky; sordid; **bardzo** ~ filthy; (*nieprzyzwoity*) impure
brudzić dirty², soil, mess¹, mess sth up □ **brudzić/ubrudzić się** dirty²
brukiew swede
brukować pave
brukowany cobbled
brukowiec tabloid
brukow|y: **kostka ~a** cobble¹
brukselka Brussels sprout
brunatny bronze
brutal brute
brutalnie brutally, ferociously, roughly, rough²
brutalność brutality, ferocity, roughness
brutalny brutal, brute, ferocious, rough¹
brutto gross
bruzda furrow, rut; **pokryty ~mi** lined
bryczesy jodhpurs
brydż bridge²
brygada brigade, gang, squad
brykać buck⁴; frisk
brylant diamond
brylantow|y diamond
brylantyna grease
bryła solid, lump¹
bryłowaty lumpy
brystol card
Brytyj-czyk/ka Briton, Brit; **Brytyjczycy** the British
brytyjski British
brytyjsko- Anglo-
bryzgać/bryznąć splash
brzask daybreak, break of day, the crack of dawn
brzdąc tot¹
brzdąkać/brzdąknąć strum; (*o napiętej strunie/drucie itp.*) twang
brzdęk ping; (*np. napiętej struny/drutu*) twang
brzeg edge¹, border, rim; **przemieszczać się ~iem** skirt; (*naczynia*) brim; (*filiżanki, naczynia*) lip; (*morza*) coast¹, seashore, shore; (*rzeki, kanału*) bank²; ~ **rzeki** riverside; **wystąpić z ~ów** overflow; **ku ~owi** inshore; **na** ~ ashore; ~ **strony** margin
brzemienn|y: **~a** pregnant; **~y w skutki** fateful, fraught
brzemię burden
brzeszczot blade
brzezina birch forest
brzęczeć/zabrzęczeć clang, clink, chink², jingle, hum; **lekko** ~ tinkle, ping; (*o pszczole itp.*) buzz
brzęczyk buzzer, bleeper
brzęk clang, clash, clink, chink²; **lekki** ~ ping; (*np. pszczoły*) buzz
brzmieć/zabrzmieć sound¹, ring²; (*o bębnach*) beat¹
brzmienie ring²; (*np. głosu*) tone¹
brzoskwinia peach
brzoskwiniowy: **kolor** ~ peach
brzoza birch
brzozowy birch
brzuch belly, tummy, abdomen, stomach, inside(s)
brzuszny abdominal
brzydki ugly, grim; **~e słowa** bad language
brzydota ugliness
brzytwa razor
bubkowaty snooty
buchać/buchnąć belch; ~ **płomieniem** blaze²; (*pot. ukraść*) sneak, knock sth off
buczeć/zabuczeć hum, drone; boom²; (*na znak dezaprobaty*) boo
buczenie hum, drone; ~ **publiczności** (*na znak dezaprobaty*) boo
buda shed¹; **psia** ~ kennel; (*np. samochodu*) hood
buddyjski Buddhist
buddyst-a/ka Buddhist
buddyzm Buddhism
budka kiosk, booth, box¹; ~ **telefoniczna** telephone box
budow|a construction, structure, erection; composition; **plac ~y** building site; **w ~ie** under construction; (*ciała*) build, frame, physique
budować/zbudować build, construct, erect², found²; (*na coś*) build on sth, build sth on sth; (*np. zdania*) string sth together
budowanie formation
budowla construction, structure, edifice
budowlany building
budownictwo building
budowniczy builder
budujący educational
budulec timber
budyn|ek building; **w/do ~ku** indoors; **w tym samym ~ku** under one roof
budzenie (się): (*np. uczuć*) awakening
budzić/obudzić wake¹, get sb up, awake¹, waken, awaken, rouse; ~ **na nowo** (*np. pragnienie, zainteresowanie*) revive; ~ **wstręt** repel □ **budzić/obudzić się** wake¹, awake¹, waken, awaken; (*o pragnieniu, zainteresowaniu*) ~ **na nowo** revive
budzik alarm clock
budżet budget; ~ **domowy** housekeeping
bufet buffet¹, cafeteria, snack bar

bufetowy: (*o sali itp.*) buffet[1]
bufiasty full
bufor buffer
bujać dangle, swing[1]; (*np. po świecie*) knock about/around; (*kłamać*) fib; (*oszukiwać*) kid[2]
□ **bujać się** dangle, swing[1]
bujda fib
bujnie profusely
bujn|y profuse; (*o roślinach*) lush; (*o przeszłości itp.*) colourful
buk beech
bukiet bunch, bouquet
bukmacher bookmaker
bukmacherski: **punkt** ~ bookmaker's
bukować/zabukować book[2]
bukowy beech
buldog bulldog
buldożer bulldozer
bulgot gurgle
bulgotać/zabulgotać bubble, gurgle
bulić/zabulić fork out, cough (sth) up, foot the bill (for sth)
bulwar boulevard
bulwiasty bulbous
bułeczka roll[1]; **słodka** ~ bun
bułka roll[1]; ~ **tarta** breadcrumbs
bumelować skive
bumerang boomerang
bunkier bunker
bunt rebellion, revolt, mutiny; defiance; **wszczynać** ~ rebel, riot
buntować/zbuntować się rebel, revolt, rise[2] (up) (against sb/sth), mutiny
buntowniczość insubordination
buntowniczy rebellious, defiant, insubordinate, riotous, bolshie
buntownik rebel, rioter
buńczucznie: **kroczyć** ~ swagger
bura reprimand
burak beetroot; ~ **cukrowy/pastewny** beet; ~ **cukrowy** sugar beet
burbon bourbon
burczeć/zaburczeć snarl; (*w brzuchu*) rumble
burczenie snarl; (*w brzuchu*) rumble
burd|a brawl, wrangle; **robić ~y** rampage
burdel brothel
burkliwie gruffly
burkliwość gruffness
burkliwy gruff
burmistrz mayor, lord mayor
burmistrzyni mayoress
bursztyn amber
bursztynowy: (**kolor**) ~ amber
burt|a: **lewa ~a** (*statku*) port[2]; **prawa ~a** (*statku*) starboard; **silnik (znajdujący się) za ~ą** outboard motor
bury: ~ **kot** tabby
burz|a: (*z piorunami*) thunderstorm; (*np. atmosferyczna, protestów*) storm; **~a oklasków** round of applause; **jak ~a** fast and furious[1]; **wywołać ~ę** stir up a hornet's nest
burzliwy: (*o pogodzie*) stormy, wild, foul[1]; (*o sytuacji itp.*) turbulent, tumultuous, uproarious
burzowy stormy
burzyć/zburzyć pull/tear sth down
burżuazja bourgeoisie
burżuazyjny bourgeois
busola compass
busz the bush
but shoe; ~ **sportowy do biegania** trainer
buta insolence; pride
butan: **gaz propan** ~ Calor gas
butelka bottle; **w ~ch** bottled
butelkować bottle
butik boutique
buzi|a face[1]; mouth[1]; **zamknij ~ę!** shut up!
buzujący roaring
być be[1,2]; **nie było** there wasn't/weren't; **będę itp.** will[1], shall; (*o zabudowaniach, wzgórzach itp.*) lie[2]; (*dojechać, móc wziąć udział*) make[1]; (*na/w czymś*) attend; (*np. drugim*) come; **to ma** ~ be supposed to do sth; **tak jest!** that/this is it!
bydlak bastard
bydlęcy bovine
bydło cattle; ~ **mleczne** dairy cattle
byk bull; **B~** (*znak zodiaku*) Taurus; (*błąd*) boob[1]; **strzelić ~a** boob[1]
byle any old; ~ **jak** carelessly, anyhow; **robić** ~ **jak** cobble sth together; ~ **co** tripe
były former[1], ex-
bynajmniej: ~ **(nie)** not nearly; ~ **nie** none, anything but, not anything like sb/sth, (not) at all, not in the least (bit), far from sth/from doing sth
bystro keenly
bystrość: ~ **umysłu** wit, sharpness, penetration
bystry smart[1], sharp, astute, perceptive, on the ball; ~ **umysł** wit; **o ~m umyśle** quick-thinking
bystrzyna rapids
byt existence; **zapewniać** ~ provide for sb
bywały sophisticated
bzdur|a: **~a/y** nonsense, rubbish, rot, baloney, gibberish, tripe
bzdurny preposterous
bzik fixation; **mieć ~a na czyimś/jakimś punkcie** have a thing about sb/sth
bzyczeć/zabzyczeć buzz
bzyczenie buzz
bzyk buzz

C

c: **litera** ~ C,c; (*w muzyce*) **C/c** C; **C°** C
cal inch
całkiem all[2], altogether, enough[2], quite, right[3]; **nie** ~ not really/quite; (*np. duży, długi*) plenty
całkowicie absolutely, completely, entirely, fully, totally, wholly, altogether, quite, perfectly, purely, thoroughly, unreservedly, downright, heartily, outright; (*pot.*) just[2], clean[1], dead, (up) to the hilt
całkowitość completeness
całkowity absolute, complete[1], entire, total, downright, perfect[1], pure, outright, overall[1], utter[1]; (*pot.*) blind[1], all out
całodzienny nine to five, full-time
całościowo in its entirety
całościowy global, overall[1], all-in, all out
całoś|ć whole, lot[1]; **w ~ci** completely, wholly, in full, as a whole, at large
całować/pocałować kiss
□ **całować/pocałować się** kiss, snog
całun shroud
całus kiss
cał|y all[1], complete[1], entire, whole, in one piece[1]; **na ~ego** to the full, in full swing; **iść na ~ego** go all out to do sth, go the whole hog; **~ymi** (*godzinami, dniami itp.*) on end; **po ~ym** (*np. domu*) high and low; **(przez) ~y czas** all the time; (*o osobie*) safe[1]; **~y i zdrowy** safe and sound; **~a nuta** semibreve
cebula onion
cebulka bulb; (*włosowa*) root[1]
cebulowy onion
cecha characteristic, feature, quality, attribute[2], trait; ~ **charakterystyczna** hallmark; ~ **charakteru** streak
cedować cede
cedr cedar
cedrow|y: **drewno ~e** cedar
cedzak colander
cedzić/przecedzić strain[2]; **cedzić słowa** drawl
cegła brick
cekin sequin
cel aim[1], direction, end[1], goal, intent, object[1], objective[2], purpose, thrust; (*np. dążeń; krytyki; strzału; ataku*) target; (*np. strzału*) mark; ~ **podróży** destination; **dążący do ~u** purposeful; **mieć coś na ~u** be aimed at sth, look to do sth, have sth in view; **mając na ~u zrobienie czegoś** with a view to doing sth; **środek do osiągnięcia ~u** a means to an end; **stawiać sobie jakiś** ~ set out to do sth; **chodzić bez ~u** drift, mill about/around; **być (zorganizowanym itp.) w szlachetnym ~u** be for/in a good cause; **osiągać podwójny** ~ kill two birds with one stone
cela cell
celebrować celebrate
celibat celibacy
celn|y: **odprawa ~a** customs
celofan Cellophane
celować/wycelować aim[2], point[2], train[2]; **wyceluj!** take aim!; (*np. krytykę*) level sth at sb/sth; **celować** (*w czymś*) excel
celownik sight[1]; **na ~u** at gunpoint
celowo deliberately, intentionally, purposely, on purpose
celowy deliberate[1], intentional
Celsjusz: **skala ~a** Celsius

celtycki Celtic; (*o języku lub kulturze Irlandii/Szkocji*) Gaelic
celująco excellently, with flying colours
celujący: (*o stopniach w szkole*) A; **~ stopień** distinction
cement cement
cementować/scementować cement
cen|a price, cost[1], rate[1], figure[1]; **~a biletu** fare[1]; **~a detaliczna** retail/selling price; **~a minimalna** the bottom line; **~a własna** cost price; **podawać ~ę** offer; **za wszelką ~ę** at any price, at all costs; **za żadną ~ę** not at any price; **za (wysoką) ~ę** at a price
cenić value, prize[1], treasure
cennik price list, tariff
cenny valuable, precious
cent cent
centow|y: **moneta 25-~owa** quarter
centrala: **~ telefoniczna** switchboard, telephone exchange
centralizacja centralization
centralizować/scentralizować centralize
centralnie centrally
centraln|y central; **~e biuro** the head[1] office; **~e ogrzewanie** central heating; **C~a Agencja Wywiadowcza** CIA
centrum centre; (*np. uwagi*) focus, focal point; **~ uwagi/powszechnego zainteresowania** spotlight; **(nie) w ~ zainteresowania** in/out of the limelight; **~ handlowe** shopping centre; **zadaszone ~ handlowe** shopping mall; (*miasta*) town; (*kraju*) heartland
centylitr centilitre
centymetr centimetre
cenzor censor
cenzura censorship
cenzurować/ocenzurować censor
cera complexion
ceramiczny ceramic
ceramika ceramic, ceramics
ceremoni|a ceremony; **bez ~i** free and easy
ceremonialnie ceremonially
ceremonialny ceremonial
cerować/zacerować darn, mend
ces: (*w muzyce*) **Ces, ces** C flat
cesarski imperial; **cięcie ~e, cesarka** Caesarean
cesarstwo empire
cesarz emperor
cesarzowa empress
cetnar: **~ angielski** hundredweight
cewka reel[1]
cętk|a spot[1]; **w ~i** spotted
cętkowany spotted, dotted with
CFC CFC
cha: **~, ~, ~!** ha
chaber cornflower
chabrowy royal blue
chałupa cottage, hut, shack
cham bastard
chand|ra the blues; **poddawać się ~rze** mope; **mający ~rę** down in the dumps, in the doldrums
chaos chaos, confusion
chaotycznie incoherently, disjointedly
chaotyczność incoherence
chaotyczny chaotic, disorganized, incoherent, hit-and-miss
charakter character, nature, make-up; **czarny ~** (*np. w książce*) baddy, villain; **cecha ~u** streak; **rys ~u** trait; **~ pisma** writing
charakterystycznie characteristically, typically, distinctively
charakterystyczny characteristic, typical, distinctive; **w sposób ~** (*dla kogoś*) true to form
charakteryzacja make-up
charakteryzować (się) characterize
charczeć wheeze
chart greyhound
charytatywn|y charitable; **organizacja ~a** charity
charyzma charisma
charyzmatyczny charismatic
chaszcze wilderness
chata cottage, hut, cabin
chcieć want[1], would like[1], wish, choose, please; **jeżeli chcesz** if you like; **bardzo chcemy, żebyś** we would love[2] you to…; **jeżeli chcesz, to weź/zrób (to)** you're welcome to sth/to do sth; **(bardzo) ~** love[2]; **bardzo ~ czegoś** hanker after/for sth; **~ jak najlepiej** mean well; **~, żeby ktoś coś zrobił** intend; **to było niechcący** it was an accident; **chcąc nie chcąc** willy-nilly
chciwie greedily, hungrily
chciwość greed, greediness
chciwy greedy, grasping
chełpić się boast
chełpliwie gloatingly
chełpliwy boastful
chemia chemistry
chemicznie chemically; **czyścić ~** dry-clean
chemiczn|y chemical; **substancja ~a** chemical; **skład ~y** chemistry
chemik chemist
chemikalia chemical
cherlak weed
cherlawy weedy
chęć willingness, readiness; **mieć ~** feel like sth/doing sth
chętnie willingly, happily, gladly, eagerly, I wouldn't say no[1]
chętniej preferably
chętny willing, happy, eager, keen, amenable, open[1], ready; **być ~m** be prepared to do sth
chichot chuckle, giggle, snigger; (*głupi/nerwowy*) titter
chichotać/zachichotać chuckle, giggle, snigger; (*głupio/nerwowo*) titter
chichotanie giggle
chińszczyzna double Dutch
chips crisp[2]
chirurg surgeon
chirurgia surgery; **~ plastyczna** plastic surgery
chirurgicznie surgically
chirurgiczny surgical; **zabieg ~** surgery
chlać booze, swig
chlanie swig
chlapać splash, splatter; (*np. farbę*) slap
chleb bread
chlew pigsty
chlipać slurp
chlor chlorine
chlub|a credit[1], boast; **przynosić komuś ~ę** do sb credit
chlubny creditable, glorious
chlupać slosh; (*nogami*) squelch
chlupotać/zachlupotać lap[3], slosh, squelch
chlust gush
chlustać/chlusnąć gush, spout
chłam crap
chłeptać lap[3]
chłodnica radiator
chłodno coldly, coolly
chłodny cold[1], cool[1]; (*o pogodzie*) **~ i wietrzny** fresh; (*o osobie*) clinical, distant
chłodziarka fridge
chłodzić/ochłodzić (się) cool[2], chill
chłonąć/pochłonąć: (*o ogniu*) consume
chłonny receptive
chłop peasant; (*przen.*) guy
chłopak guy, lad; boyfriend, date[1]; **~i** the boys
chłop|iec boy[1], lad; **~cy** the boys
chłopięc|y boyish; **~e lata** boyhood
chłopisko: **(wielkie) ~** hunk
chłopski rustic
chłosta beating, flogging
chłostać/wychłostać flog, lash[2], thrash, whip[2], cane
chłód coldness, coolness, cool, chill
chmara host[2]
chmiel hop[2]
chmielina hop[2]
chmur|a cloud[1]; **oberwanie ~y** cloudburst; (*np. pyłu*) shower
chochlik goblin, imp, pixie
chociaż although, though[1], even though, albeit
choć although, though
choćby even if
chodliwy: **~ towar** seller
chodnik pavement
chodzić/iść/pójść go[1]; walk[1]; **chodzić na palcach** tiptoe; **chodzić jak słoń** stomp; **chodzić ciężkimi krokami/z trudem** trudge; **chodzić we śnie** sleepwalk; (*w kierunku opisanym*) head[2]; **~ gdzieś** (*w jakimś celu*) go towards sth; (*za/wzdłuż, drogą*) follow; **iść prosto przed siebie** follow your nose; **~ za kimś jak cień** tag along; **~ dalej** continue; **chodzić bez celu** drift, mill about/around; **(no) chodź/cie!** come on; **muszę iść** I must be off[1]; (*o sprawach, pracy, słowach, melodii piosenki*) go[1]; **jak ci poszło?** how did you get on/along?, how did you fare[3]?; (*do kogoś/czegoś, na coś*) attend; (*np.

do lekarza) see; *(np. do sklepu, teatru, zwł. często do tego samego)* patronize; **chodzić** *(z kimś)* date[2], go out with sb; go out (together); *(o maszynie itp.)* work[2]; *(o sztuce, filmie)* run[1]; **gdy chodzi o coś** when it comes to sth/to do sth; **jeśli chodzi o coś** as/so far as sb/sth is concerned; **jeśli o to chodzi** for that matter; **jeżeli o mnie/ciebie itp. chodzi** for my, your, etc. part; **o co chodzi?** what's up?; **to, o co właśnie chodzi** just the job/ticket; **jak dobrze pójdzie, to** hopefully
choinka Christmas tree
cholera: *(choroba)* cholera; **~!** damn[1], hell
cholernie damn[2], bloody[2]
cholerny bloody[2], blasted, damn, flaming, flipping, rotten, wretched, a/one hell of a…
cholesterol cholesterol
chomik hamster
chorągiew flag[1]
chorągiewka: *(osoba o słabym charakterze)* weed
choreograf choreographer
choreografi|a choreography; **układać ~ę** choreograph
chorob|a disease, illness, sickness, condition[1], ailment; **~ Alzheimera** Alzheimer's disease; **~a Creutzfeldta-Jakoba** CJD; **~a Heine-Medina** polio; **~a morska** seasickness; **cierpiący na ~ę morską** seasick; **cierpiący na ~ę lokomocyjną** airsick, carsick, travel-sick
chorobliwie pathologically
chorobliwy unhealthy, pathological, morbid
chorować: *(na coś)* have[2]
chorowity sickly
chory ill[1], sick, -sick, ailing; *(o częściach ciała)* diseased, bad
chować/schować hide[1]; **~ pod kluczem** lock sth away, shut sb/sth away; *(starannie/dokładnie)* tuck, tuck sth away, secrete; **~ na miejsce** put sth away; **~ na później** stow, hoard; *(zmarłego)* bury; **~ do kieszeni** *(np. dumę)* swallow □ **chować/schować się** hide[1], lurk
chowan|y: **zabawa w ~ego** hide-and-seek
chód walk[2], gait; *(maszyny)* motion
chór choir, chorus
chóralny choral; **utwór ~** chorus
chrapać snore
chrapanie snore
chrapliwie hoarsely
chrapliwy hoarse, harsh
chrobotać scrape[1]
chrom chrome
chromosom chromosome
chronicznie chronically
chroniczny chronic
chronić/ochronić protect, guard[1], safeguard, shelter, shield, cushion; conserve, preserve, save; **~ przed niebezpieczeństwem/nieprzyjemnością** ward sb/sth off □ **chronić/ochronić się** shelter
chroniony: *(prawnie itp.)* immune; **nie ~** unguarded
chronologicznie chronologically
chronologiczny chronological
chronometrażyst-a/ka timer
chropowacieć/schropowacieć coarsen
chropowatość roughness
chropowaty coarse, ragged, rugged
chrupać/schrupać crunch, munch
chrupiący crisp[1], crispy, crunchy; *(o skórce chleba itp.)* crusty
chrypieć croak
chrypka croak
Chrystus Christ
chryzantema chrysanthemum
chrzan horseradish
chrząkać: **(od)chrząknąć** clear your throat; *(jak świnia)* grunt
chrząknięcie grunt
chrząstka cartilage; *(o mięsie)* gristle
chrząstkowaty gristly
chrząszcz beetle
chrzcić/ochrzcić baptize, christen
chrzciny christening
chrzest baptism, christening
chrzestn|y: **matka ~a** godmother; **ojciec ~y** godfather; **rodzic ~y** godparent
chrześcijan-in/ka Christian
chrześcijański Christian
chrześcijaństwo Christianity
chrześniaczka god-daughter
chrześniak godson
chrzęst crunch; jangle
chrzęścić/zachrzęścić crunch
chuchro weed
chudy thin; *(o mięsie)* lean[1]
chuligan hooligan; *(slang)* yob
chuliganić rampage
chuliganizm hooliganism
chuligański disorderly; **~e zachowanie** unruliness
chusta shawl; scarf
chusteczka hanky; **~ higieniczna** tissue
chustka scarf; **~ do nosa** handkerchief
chwalebny praiseworthy, commendable, creditable
chwalić/pochwalić praise[1], commend □ **chwalić/pochwalić się** boast
chwała praise[2], glory, boast
chwast weed
chwiać/zachwiać wobble □ **chwiać/zachwiać się** wobble, waver, falter; *(o osobie)* **~ na nogach** totter; **nie chwiejący się** steady
chwiejność indecision
chwiejny unstable, shaky, rickety, wobbly; **na ~ch nogach** groggy; **stać/iść na ~ch nogach** totter; *(o osobie)* indecisive
chwil|a moment, minute[1], instant[2], while[2]; **ostatnia ~a** the last minute/moment; **~a wytchnienia** breather; **w tej ~i** at the moment, right now, this minute[1]; **w każdej ~i** (at) any minute/moment (now); **przed ~ą** just[2]; **od tej ~i** hence, hereafter; **przez ~ę** for a little; **po ~i** after a little; **za ~ę** in a moment, in a minute; **do tej ~i** up to sth
chwileczk|a moment; **~ę** just a minute
chwilka tick
chwilowo momentarily, briefly, temporarily, for the moment/present, for the time being, in the interim
chwilowy momentary, temporary, passing
chwyt hold[2], catch[2]; *(np. reklamowy)* gimmick
chwytać/chwycić catch[1], catch, get, grab, take, etc. hold (of sb/sth)[2], get, grab, grasp, grip, seize, snatch; **próbować ~** grasp at sth, snatch at sth; *(o kurczu)* crick; *(rozumieć)* catch on; *(odnosić sukces)* take off
chwytanie snatch
chwytliwy catchy
chyba perhaps, surely; **~ (nie)** hardly; **~ tak** I expect so; **~, że** unless; **jej imię jest mi ~ znane** her name is vaguely familiar; *(służy do wyrażenia przypuszczenia)* should, I suppose
chybić miss[1]; **na chybił trafił** wild, at random
chybienie miss[2]
chybotać/zachybotać (się) wobble
chybotliwy wobbly, rickety
chylić się: **~ ku upadkowi** decay
chyłkiem: **przemieszczać się ~** slink
chytrość cunning
chytry cunning, crafty, sly, wily, shifty
chytrze cunningly, craftily, deviously, slyly
ciachać/ciachnąć slash
ciachnięcie: **~ nożyczkami** snip[2]
ciało body, flesh; **~ stałe** solid
ciarki shudder; **przechodzą komuś ~** give sb the creeps, make sb shudder
ciasno tightly, tight
ciasnota tightness, narrowness; **~ poglądów** insularity
ciasny tight; *(o pokoju itp.)* poky; **~ w poglądach** insular; **o ~m umyśle** narrow-minded
ciastko cake, pastry; **kruche ~** shortbread
ciasto dough, pastry; **~ naleśnikowe** batter[2]; *(upieczone)* cake; **~ z owocami** tart
ciąć/pociąć cut[1], slash; **~ na kawałki** cut sth up; **~ na plasterki** slice; **~ na strzępy** shred
ciąg series; *(np. wydarzeń lub liczbowy)* sequence; *(np. skarg)* string[1]; *(myśli, zdarzeń)* train[1]; **~ dalszy** continuation; **dalszy ~** sequel; **w ~u** by[2], within, in[2]; **jednym ~iem** at a stretch, on the trot
ciągle constantly, continually, continuously, endlessly, always, ever, forever, perpetually, still[1]; **~ coś robić** keep[1] doing sth
ciągłość continuity, permanence

ciągły constant, continual, continuous, continued, endless, ongoing, perpetual, persistent, running; **czas ~** continuous tense
ciągnący się gooey
ciągnąć pull[1], drag[2], draw[2], haul; (*gwałtownie*) wrench; (*z trudem*) heave; (*w górę*) hoist; (*np. samochód*) tow; **wolno ~** (*coś na kołach*) trundle; (*za kimś/czymś*) trail; **ciągnąć kogoś za sobą** with sb in tow; (*za coś*) pick at sth; **~ losy** draw lots □ **ciągnąć się** spread; (*o czasie*) go[1]; **~ dalej** wear on; (*za kimś/czymś*) trail
ciągnienie haul
ciągnięcie: (*z trudem*) heave
ciągnik tractor
ciąż|a pregnancy; **w ~y** pregnant, expectant
cichaczem surreptitiously, on the quiet
cichnąć/ucichnąć die away/down
cicho quietly, silently, softly; (*zgodzić się na coś*) tacitly; **siedzieć ~** keep your head down[1]; **robiący coś po cichu** secret
cichy quiet[1], silent, soft; calm, tranquil; low-key; (*tajny*) secret; (*o zgodzie na coś itp.*) tacit
ciec trickle
ciecz liquid, fluid; **rozpylona ~** spray
cieczk|a: **mieć ~ę** be on heat
ciekawić/zaciekawić interest[2], intrigue
ciekawie interestingly, curiously
ciekawostka curiosity
ciekawoś|ć curiosity; **umierać z ~ci** be on tenterhooks
ciekawski curious, inquisitive
ciekawstwo inquisitiveness
ciekaw|y interesting, exciting; (*o osobie*) interested, curious; **być ~ym** (*czegoś*) wonder; **co ~e** interestingly, curiously
ciekły liquid; (*o metalu, skale*) molten
cieknący: (*o nosie*) runny
cieknąć run[1]
cielesny bodily, physical, material[2]
cieleśnie physically
cielę calf[1]
cielęcina veal
cielsko bulk
ciemię crown[1]; **nie być w ~ bitym** keep your wits about you
ciemiężca persecutor
ciemnia: **~ fotograficzna** darkroom
ciemnieć dim
ciemno sombrely; **zgadzać się w ~** rubber-stamp
ciemno- dark[2]
ciemność darkness, blackness, dark[1], gloom
ciemn|y dark[2], murky, sombre; (*o kolorze*) deep[1]
cieniować shade
cieniowanie shading
cienisty shadowy, shady
cienki thin, fine[1], weak, flimsy; (*o głosie*) high[1]; (*o zupie itp.*) watery; (*o włosach*) **~ i niesforny** wispy
cienko thinly, thin; **~ przędąc** on a shoestring
cie|ń shadow; shade; **~ń do powiek** eyeshadow; **gabinet ~ni** the Shadow Cabinet; **pozostawać w ~niu** take a back seat[2]; **usuwać w ~ń** offset; **usuwać kogoś w ~ń** overshadow; **iść za kimś jak ~ń** tag along, tag; **rzucać ~ń, kłaść się ~niem** cast a shadow (across/over sth)
cieplarnia greenhouse, hothouse, conservatory
cieplny thermal
ciepławy lukewarm
ciepło: (*rzecz.*) heat[1], warmth; (*przysłówek*) warm[3], warmly, snugly
ciepłota temperature
ciepły warm[1]; (*bieliźnie itp.*) thermal; (*o kolorze*) mellow
ciernisty prickly, thorny
cierń prickle, spine, thorn
cierpiący anguished
cierpieć suffer, go through sth, be afflicted with sth, be hit[1] by sth; **najbardziej ucierpieć od czegoś** bear the brunt of sth; **nie ucierpieć** (*w wyniku czegoś*) be none the worse (for sth); (*znosić*) endure, bear[2]; **nie ~** detest, hate, can't/couldn't abide sb/sth/doing sth
cierpieni|e suffering, pain, affliction, misery; **~a** anguish; (*umysłu*) hurt; **skrócić czyjeś ~e** put sb out of their misery
cierpki crisp[1], caustic
cierpko crisply
cierpkość sourness
cierpliwie patiently
cierpliwoś|ć patience, endurance; **nadużywać czyjejś ~ci** try sb's patience; **uzbrajać się w ~ć** bide your time
cierpliwy patient[1], long-suffering
cierpnąć go to sleep; **sprawiać, że komuś cierpnie skóra** make your flesh creep
cieszyć/ucieszyć please, delight[2], tickle; **ucieszyć kogoś** make sb's day □ **cieszyć się** be glad; **bardzo się cieszyć** be delighted, be happy; (*na coś*) look forward to sth/doing sth, relish[1]; **~ z cudzego nieszczęścia** gloat
cieśla carpenter, joiner
cieśnina strait
cietrzew grouse
cięcie cut[2]; **głębokie ~** gash; **~ cesarskie** Caesarean; (*np. w budżecie*) cutback
cięgi hiding
cięt|y scathing; **~a odpowiedź** retort; **być ~ym na kogoś** have (got) it in for sb
ciężar heaviness; burden, load[1], weight[1]; (*coś nudnego, nieprzyjemnego*) bind, liability; **~ właściwy** density; **podnoszenie ~ów** weightlifting; **zrzucić ~ z serca** get sth off your chest
ciężar|ek: **ćwiczenia z użyciem ~ków** weight training
ciężarn|y: **~a** pregnant
ciężarowy: **samochód ~** lorry
ciężarówka lorry
ciężki heavy; **zbyt ~** (*np. do przeniesienia*) unwieldy; (*trudny*) hard[1], rough, tough; (*o zadaniu itp.*) severe, stiff, crippling; (*o atmosferze*) oppressive; (*o jedzeniu*) rich
ciężko heavily; hard[2], ill[2]; **będzie ~** it will be hard going[1]; **~ ranny** badly hurt; **~ chodzący/działający** stiff
ciężkostrawny heavy
cios blow[2], knock[1], bang[2]; **mocny ~** bash; **~ na oślep/na chybił trafił** swipe; **bolesny ~** shock[1], sorrow; **wymierzać ~** deal a blow to sb/sth
ciosać hew
ciota queer
ciotka aunt
cis yew; (*w muzyce*) **Cis, cis** C sharp
ciskać/cisnąć fling[1], hurl, throw[1], cast[2], dash[2], slap, sling[2]; (*np.w kąt*) bundle; (*naciskać*) press[2]; (*np. na hamulec*) jam on the brakes; (*np. nerw, nogę*) pinch
cisz|a silence, quiet[2], quietness, hush; **chwilowa ~a** lull; **w ~y** in silence
ciśnienie pressure; **~ krwi** blood pressure; **(atmosferyczne) wysokie ~** high pressure; **utrzymujący odpowiednie dla ludzi ~ atmosferyczne** pressurized; (*fizyczne*) stress; **pod ~m** under pressure
ciuchy things
ciułacz saver
ciżba throng
ckliwy sloppy, slushy, soppy; (*mdły*) insipid
cł|o duty, tariff; **bez ~a** duty-free
cmentarz cemetery, graveyard
cmoknąć peck
cmoknięcie peck
cnota virtue, chastity
cnotliwy virtuous, chaste
co what; **~ (za)?** what, whatever; (*jakiś czas*) every; (*w zdaniu uzupełniającym*) which; **(ten) ~** who; **~ do** as for, as/so far as sb/sth is concerned; **~ do tego** on that score; **~ do mnie/ciebie itp.** for my/your, etc. part; **~ do mnie, to** personally; **~ ty na to?** what do you say[1]?; **na/po ~** what for; **(i) ~ z tego?** so what?; **~ będzie, jeżeli** what if...?; **no ~ ty!** come off it; (*wykrzyknik*) huh
codziennie daily; day in, day out
codzienny daily, everyday, day-to-day; (*o ubiorze*) casual
cofać/cofnąć pull sth away/back; (*samochód*) back[4] (up), back (sth) up, reverse[3]; (*np. pomówienie*) take sth back, withdraw; (*wskazówki zegara*) put sth back □ **cofać/cofnąć się** back[4], back away (from sb/sth), retreat, move back[3], pull away/back, recede, shrink back, stand back; flinch; (*do czegoś*) retrace; **nie ~ przed niczym** stop at nothing

cogodzinny hourly
cokolwiek whatever, anything; ~ **innego** otherwise; **czy** ~ **(innego itp.)** or whatever
cokół pedestal
comber: (*np. barani*) rump
comiesięczny monthly
conocny nightly
contra versus
coraz and; ~ **bardziej** increasingly; ~ **mniej** less and less
coroczny annual, yearly
coś something, anything; thing, stuff[1]; ~ **innego** something else; ~ **koło tego** thereabouts; ~ **takiego!** good gracious!, fancy[3]; ~ **w rodzaju** (*czegoś*) something like, a sort of sth; ~ **w tym rodzaju** or something
cotygodniowy weekly
country: **muzyka** ~ country-and-western
córka daughter, girl
cóż whatever; **no** ~ well[4]; **a** ~ **to takiego?** what's that[1]?
cuchnący smelly, foul[1]
cuchnąć stink, pong, reek
cucić/ocucić revive, bring sb round
cud miracle; wonder, marvel; **czynić/działać ~a** work/perform miracles; (*dziecko*) prodigy; **jakim ~em** however
cudaczny quirky, weird
cudo beauty, marvel
cudownie miraculously, magically; marvellously, wonderfully, gorgeously
cudown|y miraculous, magic; fabulous, marvellous, wonderful, gorgeous; **~e dziecko** whizz[2]
cudzołóstwo adultery
cudzoziem-iec/ka foreigner, alien
cudzoziemski foreign, alien
cudzysł|ów: **~owy** inverted commas, quotation marks
cugiel bridle
cukier sugar; ~ **puder** icing sugar
cukier|ek sweet[2]; **~ki** candy; **~ek miętowy** mint[1], peppermint
cukierkowy sugary
cukiernicz|y: **wyroby ~e** confectionery
cukinia courgette
cukrzyca diabetes
cukrzycowy diabetic
cukrzyk diabetic
cumować/zacumować moor[2]; (*np. w doku*) dock[1]
cumowani|e: **miejsce do ~a** mooring
cwany shifty, sly
cybernetyczn|y: **przestrzeń ~a** cyberspace
cyc(ek) boob[2], tit[2]
cydr cider
cyferblat dial[2]
cyfr|a numeral, figure[1], digit; **~y rzymskie** Roman numerals
cyfrowy numerical, digital
Cygan/ka gypsy
cygaro cigar
cyjanek cyanide
cykl cycle; ~ **życia** life cycle
cyklicznie periodically
cykliczny cyclic, periodic
cyklon cyclone
cykoria chicory
cylinder: (*w silniku*) cylinder; (*kapelusz*) top hat
cylindryczny cylindrical
cymbał prat, twit, wally
cyna tin
cynamon cinnamon
cyngiel trigger
cynicznie cynically
cyniczny cynical
cynik cynic
cynizm cynicism
cynk zinc; **dawać** ~ tip sb off
cypel headland; **długi** ~ spit
cyrk circus
cyrkiel compass
cyrylica Cyrillic alphabet
cysta cyst
cysterna tank; (*pojazd samochodowy*) tanker
cytadela citadel
cytat quotation
cytować/zacytować quote, cite
cytrusowy: **owoc** ~ citrus fruit
cytryna lemon
cywil civilian
cywilizacja civilization
cywilizować civilize
cywilizowany civilized
cywiln|y civil[2]; **urzędni-k/czka stanu ~ego** registrar; **stan ~y** marital status; **ubrany po ~emu** in plain clothes
czaić się lurk, prowl, skulk; **przy/** ~ (*na kogoś/coś*) lie in wait (for sb)
czajniczek teapot
czajnik kettle
czapka cap
czapla heron
czar spell[3]; **~y** magic, witchcraft
czarno-biały black and white
czarnoksiężnik wizard
czarnoskóry black[1]
czarnuch/a nigger
czarn|y black[1]; **~y jak kruk/węgiel** jet-black; **~y jak smoła** pitch-black; **~y charakter** (*np. w książce*) baddy, villain; **~a lista** blacklist; **pogrążać się w ~ych myślach** mope; **~o na białym** in black and white; **odkładać coś na ~ą godzinę** keep/save sth for a rainy day
czarodziej/ka magician; **czarodziej** wizard
czarodziejski magic, magical
czarownica witch
czarownik wizard
czart devil
czarter charter
czarterować charter
czarterowy charter; **lot** ~ charter flight
czarujący captivating, enchanting, enthralling
czas time[1]; ~ **antenowy** slot; ~ **miejscowy** local time; **ruchomy** ~ **pracy** flexitime; ~ **trwania** duration, length, standing, running time; ~ **wolny** leisure; (*określany/proponowany*) ~ (*np. spotkania*) timing; (*poświęcony czemuś*) bout; **doliczony** ~ (*w zawodach sportowych z powodu przerw spowodowanych kontuzjami*) injury time; **mierzyć** ~ time[2]; **podawać** ~ tell the time; **wybierać** ~ (*np. podróży*) time[2]; **miło spędzać** ~ enjoy; **nie mieć ~u dla kogoś/czegoś** have no time for sb/sth, be pushed for sth; **zyskiwać na ~ie** buy time; **zabijać** ~ kill time; **obecne ~y** the present day; **w dzisiejszych ~ach** these days; **dużo ~u** long[2]; **kawał ~u** donkey's years; **(przez) cały** ~ all the time, all along; **w ~ie** while[1]; **w ~ie kiedy** with; **w ~ie** (*trwanie czegoś*) in the process (of sth/doing sth); **do tego ~u** then; **od tego ~u** from now/then on, thereafter; **od ~u do ~u** occasionally, on and off, every so often, (every) now and again/then, once in a while, from time to time; **co jakiś** ~ (every) now and again/then; **z ~em** in (the) course of time; **w miarę upływu ~u** as you go along, as time went by/on; **na** ~ on time, in time (for sth/to do sth), in good time; **na ~ie** timely; **z perspektywy ~u** in retrospect; **we właściwym ~ie** in due course; **przed ~em/po ~ie** ahead of/behind schedule; **nie na ~ie** dated; **do ~u** pending; **pod presją ~u** against the clock[1]; **najwyższy** ~ it's about/high time, (and) about time (too), (and) not before time; (*gram.*) tense[2]; ~ **ciągły** continuous tense; ~ **dokonany** perfect tense; ~ **przeszły** past[1]; ~ **przeszły ciągły** past continuous; ~ **przeszły dokonany** past perfect; ~ **przeszły dokonany ciągły** past perfect continuous; ~ **przeszły niedokonany** imperfect; ~ **przyszły** future; ~ **przyszły dokonany** the future perfect; ~ **teraźniejszy** present tense; ~ **teraźniejszy dokonany** present perfect; ~ **teraźniejszy prosty** present simple
czasami sometimes, at times, from time to time, occasionally, on occasion(s)
czasochłonny time-consuming
czasopismo periodical, magazine; (*zwł. monotematyczne*) journal
czasownik verb; ~ **posiłkowy** auxiliary verb; ~ **złożony** phrasal verb
czaszka skull, cranium
czaszkowy cranial
czatować keep watch[3]; skulk
czat|y watch[3]; **stać na ~ach** look out (for sb/sth)
cząsteczka molecule; particle
cząstka fraction, particle, segment
cząstkowy piecemeal
czcić/uczcić commemorate, celebrate; honour[2]; worship
czcigodny honourable
czcionk|a: **~i** type[2]
czczy: (*o słowach, groźbach itp.*) empty[1]
czek cheque; ~ **in blanco** blank

cheque; ~ **podróżny** traveller's cheque
czekać wait[1], await, hold on; (*w rozmowach telefonicznych*) hold[1], hold the line; ~ **na swoją kolej** wait your turn; ~ **na coś lepszego** hold out for sth; ~ **cierpliwie** bear with sb/sth, wait and see; **bardzo na coś** ~ look forward to sth/doing sth; **czekaj!** hold it!
czekolada chocolate; ~ **mleczna** milk chocolate
czekoladka chocolate
czekoladowy chocolate
czekow|y: **książeczka ~a** chequebook
czelność nerve
czemu why; ~ **nie?** why not?
czepek cap, bonnet
czepiać się: (*kogoś*) get at sb, have a go at sb[2]
czepny clingy
czercowy June
czereda host[2]
czereśnia cherry
czernić blacken
czerń black[2], blackness
czerpać: (*np. przyjemność*) derive, get sth out of sb/sth; ~ **łyżką** spoon
czerstwy stale; (*o osobie*) wholesome
czerwiec June
czerwienić/zaczerwienić się redden, flush[1]
czerwień red[2]
czerwonawy reddish
czerwonka dysentery
czerwonoś|ć: **rozpalony do ~ci** red-hot
czerwon|y red[1]; **~y chodnik** red carpet; **~a kartka** (*w piłce nożnej itp.*) red card; **~e wino** red wine
czesać/uczesać comb □ **czesać/uczesać się** do[2] your hair; **uczesać się** have your hair set[2]
czesne fee
cześć honour[1]; reverence; **na** ~ in sb/sth's honour; **pełen czci** reverent, homage; **oddawanie czci boskiej** worship; **~!** (*na powitanie*) hallo, hi, hiya, yo; **~!** (*na pożegnanie*) bye, cheerio
często often, frequently, a lot[3], regularly, repeatedly; **bardzo** ~ more often than not
częstość frequency
częstotliwość frequency
częstować/poczęstować treat, help[1] sb (to sth); ~ **wszystkich** hand sth round; **natarczywie** ~ ply sb with sth □ **częstować/poczęstować się** help[1] yourself (to sth)
częsty frequent[1], repeated, perennial
częściowo partly, partially, in part, part[1], up to a point
częściowy partial, qualified
częś|ć part[1]; piece[1], element, portion, proportion, unit; instalment; (*wydzielona z całości lub należna komuś*) share; **kolejna ~ć** sequel; **~ć składowa** component; **~ć zapasowa** spare part; **na ~ci** apart, piecemeal; **na dwie ~ci** in two; **po ~ci** partly; **w ~ci** up to a point; **stanowić ~ć** form[2]; **rozkładać na ~ci** take sth apart; (*utworu muzycznego*) movement; (*gram.*) **~ć mowy** part of speech
czips crisp[2]
czkać hiccup
czkawka hiccup
człon-ek/kini member, insider; **~-założyciel** founder member; **liczba członków** membership; ~ **rodziny królewskiej** royal; **członek męski** penis
członkostwo membership
człowieczy human
człowiek person, human (being), individual, man[1]; **szary** ~ the man in the street
czmychać/czmychnąć flee
czołg tank
czołgać się crawl, creep[1]; grovel about/around; worm
czoł|o forehead, brow; head[1]; ~ **fali morskiej** surf; **stawiać** ~, **stawić czoła czemuś/komuś** confront, face[2], face up to sth, stand up to sb/sth, be up against sth/sb; (*pozycja*) lead[2]; **na czele** at the forefront; **być na czele** head[2], be/come to the fore; **~em!** cheers
czołow|y frontal, leading, foremost; (*o zderzeniu*) head-on; **~a pozycja** forefront; **na ~ą pozycję** ahead
czołówka lead[2]; (*np. atakująca*) spearhead
czop: (*osi*) pivot
czosnek garlic
czółenko pump[2]
czółno canoe
czterdziesty fortieth
czterdzieści forty
czternasty fourteenth
czternaście fourteen
cztero- four-
czterokrotnie: **powiększać (się)** ~ quadruple
cztery four; **mnożyć przez** ~ quadruple; **w ~ oczy** one-to-one
czubek point[1], top[1]; ~ **głowy** crown[1]
czuci|e feeling, sensation, touch[2]; **bez ~a** numb; **brak ~a** numbness
czuć/poczuć feel[1]; ~ **instynktownie** sense; ~ **smak** taste[2]; ~ **zapach** smell[2] □ **czuć/poczuć się** feel[1]; **źle się czuć** not feel yourself[1]
czujka lookout
czujnik: ~ **alarmowy** detector
czujność vigilance
czujny: (*na coś*) alert, vigilant, watchful; **być ~m** keep watch; (*nie być/być*) **~m** off/on your guard; (*o śnie*) light[3]
czule affectionately, fondly, tenderly
czułek antenna, tentacle
czułość tenderness
czuły affectionate, fond, tender[1]; (*wrażliwy*) keen, responsive, sensitive; **~e miejsce** a sore point
czuwać: (*nad kimś/czymś*) watch over sb/sth; ~ **do późna w nocy** stay up
czuwanie: ~ **całonocne** vigil; (*przy zwłokach*) wake
czwartek Thursday
czwartkowy Thursday
czwart|y fourth
czworak: **na ~ach** on all fours; **chodzić na ~ach** grovel about/around
czworo- four-
czworobok square[2]
czwór- four-
czwórka: (*do gry/zabawy*) foursome
czy: (*w pytaniach zależnych*) whether, if; **(bez względu na to)** **~...~ też nie** whether or not; (*oferując pomoc; w sugestiach*) shall; ~ **może** (*wyraża uprzejmą prośbę*) I wonder if; ~ **(też)** or; ~ **ktoś taki/coś takiego/gdzieś** or sb/sth/somewhere
czyhać skulk
czyj whose
czyjś somebody's, someone's; (*używa się w znaczeniu bezosobowym*) your
czyli that is to say…
czyn deed; ~ **bohaterski** exploit[2]
czynel: **~e** cymbals
czynić/uczynić do[2], work[2]; (*coś/kogoś, np. nieważnym*) render
czynnik factor; **rozkładać na ~i** break sth down
czynność activity
czynn|y: (*o stronie*) active; **strona ~a** active voice
czynsz rent
czyrak boil[2], ulcer
czystk|a purge; **przeprowadzać ~ę** (*np. w partii*) purge; **~i etniczne** ethnic cleansing
czysto cleanly; (*śpiewać/grać*) in tune; **zarabiać/przynosić na** ~ net[2]
czystość cleanliness, purity; ~ **moralna** chastity
czyst|y clean[1]; tidy, neat; clear[1]; blank; (*o alkoholu*) neat; (*o przypadku; dźwięku; przedmiocie, np. studiów*) pure; **~a głupota** sheer stupidity; (*o zysku itp.*) net[2]; ~ **moralnie** chaste, pure; (*legalny*) above board
czyszczeni|e: (*szczotką*) brush[1]; **substancja/przyrząd do ~a** cleaner
czyścić/wyczyścić clean[2]; **wyczyścić** clean (sth) up; (*wnętrze czegoś*) clean sth out; (*szczotką*) brush[2], brush sth away/off; ~ **chemicznie** dry-clean
czytać/przeczytać read, look at sth; **przeczytać** read sth through; ~ **dalej** read on; **szybko przeczytać** (have a quick, etc.) read of sth; **pobieżnie** ~ skim; ~ **na głos** read sth out; **źle** ~ misread; ~ **z ruchów ust** lip-read; (*np. w myślach, oczach*) read
czytani|e reading, read; **umiejętność ~a i pisania** literacy

czytanka reader
czytelnie legibly
czytelni-k/czka reader; **liczba czytelników** readership
czytelność legibility
czytelny legible, readable, intelligible
czyż: ~ **nie** not
czyżby: ~? really, indeed

Ć

ćma moth
ćwiartka quarter
ćwiczeni|e exercise[1], practice, drill[2]; ~**e gimnastyczne** (keep-fit) exercise[1]; **robić ~a gimnastyczne** work out; ~**a wojskowe** military exercises, manoeuvres; ~**a w terenie** fieldwork
ćwiczyć exercise[2], practise, drill[2]; (*np. mięśnie*) flex[2]
ćwiek nail, stud[1]
ćwierć quarter
ćwierćfinał quarter-final
ćwierćnuta crotchet
ćwierkać chirp, twitter
ćwierkanie chirp

D

d: **litera** ~ D, d; (*w muzyce*) D
dach roof, rooftop; ~ **nad głową** a roof over your head; **pod ~em** covered
dachówka tile; ~ **łupkowa** slate
dać → DAWAĆ
daktyl date[3]
dal: **z ~a** from afar; **z ~a od kogoś/czegoś** away, clear[2] (of sth); **skok w** ~ long jump
dalej further, farther, onward; (*niż zwykle*) further afield, far afield; (*położony*) beyond; ~ **leżący** outlying; **nie** ~ **niż** within; **prowadzić/robić coś** ~ proceed; **i tak** ~ and so forth, and so on (and so forth); **no** ~! come on, go on
daleki far[1], distant, faraway, remote; (*o locie itp.*) long-haul; ~**ego zasięgu** long-range; (*od celu*) wide; **D~ Wschód** the Far East
dalek|o far[1,2], far afield; **bardzo** ~ (*na samym dole czegoś*) way[2] (down); **tak** ~ **jak** as/so far as; ~ **od (uzyskania/osiągnięcia) czegoś** nowhere near; **z ~a** (*od czegoś*) aloof; **trzymać się z ~a** keep/stay/steer clear (of sb/sth), stay away (from sb), keep your distance[1]; **zajść ~o** go far[2]; **za ~o się posunąć** go too far
dalekopis telex
dalekosiężny far-reaching
dalekowidzący far-sighted
dalekowzroczny long-sighted; far-sighted; **o ~ch planach** forward looking
dalmatyńczyk Dalmatian
dalsz|y: (*bardziej oddalony*) further, farther, outlying; subsequent; **dopełnienie ~e** indirect object; ~**y ciąg** sequel
daltonizm: **cierpiący na** ~ colour-blind
dama lady; ~ **dworu** courtier; (*w kartach*) queen
damaszka: (*śliwka*) damson
dane data; **dokładne** ~ particulars, facts and figures; (*wprowadzane do komputera*) input; (*z komputera*) output; ~ **statystyczne** statistics; **wprowadzać ~ do komputera** input
danie course, dish[1]
dany: (*o czasie, chwili*) given
dar gift; boon; flair; ~ **z nieba** godsend
darczyńca donor
daremnie vainly, in vain, to little/no avail
daremność futility
daremny vain, futile, of little/no avail
darmo: **za** ~ free[1], for nothing
dar|ń turf; **pokrywać ~nią** turf
darować/podarować donate, present[3]; ~ **winę** pardon[2], forgive, let sb off; ~ **sobie** skip[1]
darowanie: ~ **winy** forgiveness
darowizna donation
darowywać spare[2]
daszek shade, hood; (*czapki*) peak[1], visor
data date[1]; **nieprzekraczalna** ~ (*czegoś*) deadline; ~ **ważności** expiry
datek donation
datować (się) date[2]
dawać/dać give[1], offer, give sth in; administer; (*rezultaty*) throw sth up; **(móc)** ~ spare[2]; (*o sobie jakieś wyobrażenie*) project[2]; ~ **komuś znać** let sb know; ~ **do zrozumienia** give sb to believe/understand (that)… □ **dawać/dać się**: **nie dać się** battle on; ~ **we znaki** play (sb) up
daw-ca/czyni donor
dawka dose; **za duża** ~ overdose
dawkować dose
dawkowanie dosage
dawniej formerly
dawno a long time, long[3]; ~ **temu** a long time ago, at one time, far[2] back; (*np. w bajkach*) once upon a time
dawny past[1], former[1], long-standing; **(staro)~** old
dąb oak; **stawać dęba** bristle; rear (up); **sprawiać, że komuś włosy stają** ~ make sb's hair stand on end
dąć blow
dąsać się sulk
dążenie aspiration; drift
dążność pursuit; drive[2]
dążyć aim[2], aspire, pursue, target
dbać/zadbać care[1], take care of yourself/sb/sth, look after sb/sth/yourself; (*o siebie*) fend for yourself; **nie dbać** (*o coś*) not be fussed (about sb/sth); ~ **(szczególnie) o to, żeby** make a point of doing sth
dbałość thoughtfulness
dbały thoughtful
debata debate
debatować debate; ~ **nad** thrash sth out
debel double[4]; **mieszany** ~ mixed doubles
debet debit; **mieć** ~ (*w banku*) be in the red
debetować debit
debiut début
dech breath, wind[1]; **bez tchu** puffed; **pozbawiać tchu** wind[2]; **z zapartym tchem** breathlessly, with bated breath; **zapierać** ~ catch your breath; **zapierać** ~ **w piersiach** take your breath away[1]; **odczytywać jednym tchem** reel sth off
decybel decibel
decydować/zdecydować decide, determine □ **decydować/zdecydować się** decide, choose, make up your mind; (*na coś*) go/opt/plump for sb/sth, settle on sth; **pochopnie** ~ (*na coś*) rush[1]
decydująco conclusively, crucially; **nie** ~ inconclusively
decydujący decisive, conclusive, crucial; **nie** ~ inconclusive
decyzja decision
dedukcja deduction
dedukować deduce, piece sth together
dedykacja dedication
dedykować/zadedykować dedicate
defekt defect[1], fault
defensyw|a defence; **w ~ie** on the defensive
defensywny defensive
defetyst-a/ka defeatist
defetyzm defeatism
deficyt deficit, shortage
defilada parade
defilować march[1]
definicja definition
definiować/zdefiniować define
definitywny definite
deformacja deformity
deformować/zdeformować deform
defraudacja embezzlement
defraudować/zdefraudować defraud, embezzle
degeneracj|a degeneration; **ulegać ~i** degenerate
degenerować/zdegenerować degenerate
degradacja degradation
dekada decade
dekadencja decadence
dekadencki decadent
deklamować/wydeklamować recite
deklaracja declaration
deklarować/zdeklarować declare □ **deklarować/zdeklarować się** commit
dekoder decoder
dekolt: (*u kobiety*) cleavage
dekoracj|a decoration, ornament; (*np. tortu*) topping; ~**e** scenery, set[1]
dekoracyjny decorative
dekorator: ~ **wnętrz** decorator

dekorować decorate; ~ **brzegi** (*np. sukienki, firanki*) trim[2]
dekret decree
delegacja delegation, deputation, contingent; posting; business trip
delegat/ka delegate[1]
delegować/wydelegować / oddelegować delegate[2]; (*do pracy w innym miejscu*) post[2]
delegowanie delegation
delfin dolphin; (*styl pływacki*) butterfly
deliberacja deliberation
deliberować deliberate[2]
delikates delicacy
delikatesy delicatessen
delikatnie delicately, daintily, gently, mildly, sensitively, tenderly; ~ **mówiąc** to say the least[1]
delikatność delicacy, gentleness, mildness, softness, subtlety
delikatny delicate, dainty, fragile; gentle, sensitive, considerate; soft, light[3], subtle, mild; tricky, thorny; (*wrażliwy, np. na widok krwi*) squeamish
delta delta
demaskować/zdemaskować uncover, expose
demaskowanie exposure
demilitaryzować/ zdemilitaryzować disarm
demokracja democracy
demokrat-a/ka democrat; **Liberalni Demokraci** the Liberal Democrats
demokratycznie democratically
demokratyczn|y democratic
demon demon
demonstracja demonstration
demonstrant/ka demonstrator
demonstrować/ zademonstrować demonstrate, show[2]
demonstrowanie: (*uczuć*) display[2]
demontować/zdemontować dismantle
demoralizacja demoralization; corruption
demoralizować/ zdemoralizować demoralize; corrupt
demoralizujący demoralizing
denerwować/zdenerwować annoy, irritate, aggravate, exasperate, grate[2], bug; disturb, faze, upset, get on the right/wrong side of sb □ **denerwować/ zdenerwować się** flap[2], be in/get into a flap, be/get steamed up; **mocno** ~ be in/get into a state, faze
denerwujący annoying, exasperating; (**bardzo**) ~ nerve-racking
denko: (*kapelusza*) crown[1]
denny abysmal
dentyst-a/ka dentist
dentystyczn|y dental; **płyta ~a** plate
denuncjować inform (on sb)
departament department, office
deponować/zdeponować deposit[1]
deportacja deportation
deportować deport
depozyt deposit[2]; **oddawać do ~u** deposit[1]
deprawować/zdeprawować pervert
deprecjacja depreciation
deprecjonować/ zdeprecjonować debase □ **deprecjonować/zdeprecjonować się** depreciate
depresj|a depression, dejection; **w ~i** depressed
deprymujący discouraging
deptać/zdeptać tread, trample
derywacja derivation
derywat derivative
des: (*w muzyce*) **Des, des** D flat
deseń design, pattern
deser dessert, pudding, sweet[2]
desk|a board[1], plank; **~a do krojenia** chopping board; **~a do pływania** float[2]; **~a podłogowa** floorboard; **~a do prasowania** ironing board; **~a surfingowa** surfboard; **~a windsurfingowa** windsurfer; **zabijać ~ami** board sth up; **od ~i do ~i** from cover to cover[2]
deskorolka skateboard
deskryptywny descriptive
desperacja desperation
despotycznie: **rządzić/władać itp.** ~ take a hard line (on sth)[1]
despotyczny authoritarian, domineering
destabilizować destabilize
destrukcyjny destructive
destylarnia distillery
destylować/wydestylować distil
deszcz rain[1], wet; shower, downpour; ~ **ze śniegiem** sleet; ~ **radioaktywny** fallout; **kwaśny** ~ acid rain
deszczowiec raincoat
deszczowy rainy; **las** ~ rainforest
detal: (*w handlu*) retail
detaliczn|y: **cena ~a** retail/selling price; **handel ~y** retail; **sprzedawca ~y** retailer
detektyw detective
detektywistyczn|y: **powieść ~a** detective story
detergent detergent
determinacja determination, grit
detonować/zdetonować detonate
dewaluacja devaluation, depreciation
dewaluować/zdewaluować devalue □ **dewaluować/ zdewaluować się** depreciate
dewastować/zdewastować devastate, ravage, vandalize, play havoc with sth
dewiacja deviation
dewiz|a currency; **~y** foreign exchange[1]; (*życiowa*) motto
dezaprobat|a disapproval, censure; **z ~ą** disapprovingly; **w atmosferze ~y** under a cloud
dezaprobować/ zdezaprobować disapprove (of sb/sth), frown on/upon sth
dezercja desertion
dezerter/ka deserter
dezerterować/zdezerterować desert[1]
dezodorant deodorant; ~ **antyperspiracyjny** antiperspirant
dezorganizacja disorganization
dezorganizować/ zdezorganizować upset
dezorientacja disorientation, bewilderment
dezorientować/ zdezorientować disorientate, baffle, bewilder
dezorientujący baffling, bewildering
dezynfekcja disinfection
dezynfekować/zdezynfekować disinfect; **środek dezynfekujący** disinfectant
dębina oak
dębowy oak
dętka: **przebita** ~ puncture
dęt|y: **orkiestra ~a** brass band
diabelnie fiendishly
diab|eł devil, demon; fiend; **do ~ła!, niech to ~li wezmą!** damn[1], blow[1]; **do ~ła** why, etc. the devil; **jak ~li** like hell; **gdzie ~eł mówi dobranoc** in the middle of nowhere
diabełek imp; (*przen.*) terror
diabety-k/czka diabetic
diaboliczny fiendish
diagnostyczny: (*o badaniach lekarskich*) exploratory
diagnoz|a diagnosis; **stawiać ~ę** diagnose
diagram diagram, figure[1]; ~ **kołowy** pie chart
diakon/isa deacon
dialekt dialect
dialog dialogue
dialogow|y: **okno ~e** dialogue box
diament diamond
diapozytyw slide[2]
diecezja diocese
die|ta diet; **stosować ~ę** diet; **być na ~cie** diet, be on a diet; **przechodzić na ~ę** go on a diet
dietetyczny dietary
dinozaur dinosaur
dis: (*w muzyce*) **Dis, dis** D sharp
diuna dune
dla for[1]; (*czegoś*) for the sake of sth/of doing sth; (*np. zasady*) on
dlaczego why, what for; (**a**) **~(ż)** why ever; ~ **nie?** why not?; ~ (**to się stało**)? how did you come to...?
dlatego: **~, że**, therefore; ~ (**też**) accordingly
dławiący suffocating
dławić crush[1], squash[1], quash, quell; (*kogoś*) choke, throttle[1]; (*np. inicjatywę*) strangle; (*np. łzy*) choke sth back □ **dławić się** choke
dławienie (**się**) choke
dłoń palm[1]; **uścisnąć komuś** ~ shake sb's hand
dłubać potter[1], mess[1], mess about/around with sth; tinker; (*np. w zębach, nosie*) pick[1]
dług debt; **mieć ~i, siedzieć w ~ach** be in debt; **mieć ~ wdzięczności wobec kogoś** be in sb's debt

dług|i long[1], lengthy; ~ **i nudny** tedious; **~a droga** a long way, miles
długo long[2,3], a long time[1]; **(bardzo)** ~ ages, at length; ~ **i szczęśliwie** ever after
długodystansowy long-distance, long-haul
długofalowy long-range, long-term
długopis ballpoint
długoś|ć length; (*czasu*) span; ~ **fali radiowej** wavelength; ~ **geograficzna** longitude; **średnia ~ życia** life expectancy; **mieć** *x* **~ci** be x long[1]; **na** ~ lengthways; (*o książce*) **normalnej ~ci** full-length
długoterminowy long-range, long-term
długotrwały prolonged, long-lived, long-standing, long-drawn-out
długowieczny long-lived
długowłosy long-haired
dłuto chisel
dłużnik debtor, borrower
dłużny: **być ~m** owe; **nie pozostawać ~m** hit back (at sb/sth)
dmuchać/dmuchnąć blow[1]; (*o wietrze*) puff[2]
dmuchnięcie blow
DNA DNA
dno bottom, floor[1], bed[1], rock-bottom; ~ **morskie** sea bed
do to[1], towards; into, in; at; by[2]; for[1]; up; **aż** ~ until, as far as, up to sth; ~ **kogoś** round[2]; ~ **tego (jeszcze)** too
dob|a day; **całą ~ę** around/round the clock
dobiegać/dobiec: (*np. końca*) near[3]
dobierać/dobrać się: (*do czegoś*) tamper; (*do kogoś*) be onto sb
dobijać/dobić destroy; ~ **targu** strike a bargain (with sb)
dobitk|a: **i na ~ę** and to add to all the drama
dobitnie distinctly
dobitny distinct
doborowy select
dobosz/ka drummer
dobór: ~ **słów** vocabulary, wording
dobra now/right then
dobrać się → DOBIERAĆ SIĘ
dobranoc good night
dobrany suited; **być dobrze ~m** match[3]
dobro good[2], right[4]; (*czyjeś*) welfare, well-being
dobroby|t prosperity; **w ~cie** prosperous
dobroczynność charity
dobroczynn|y charitable; **na cele ~e** for charity
dobroczyńca benefactor
dobroć goodness, virtue, humanity; **chodząca** ~ dear
dobroduszny good-natured, good-humoured, genial
dobrodziejstwo blessing
dobrosąsiedzki neighbourly
dobrotliwy kind-hearted, kindly[1]; benign
dobrowolnie voluntarily, freely, on a voluntary basis; ~ **udzielać informacji** volunteer
dobrowolny voluntary, optional, unsolicited
dobr|y good[1], right[2], fine[1], sound[3]; (*moralnie*) kind[2], kindly[1]; (*o potrawie itp.*) nice; **dość/wystarczająco ~y** next best; (*w czymś*) good[1]; **nie za ~y** (*w czymś*) not much good (at sth), not up to much, not much of a...; ~ **stan** soundness; **~ego usposobienia** good-natured; **~a wola** goodwill; **dzień ~y** good morning/afternoon; **~y wieczór** good evening; **na ~e** for good; **a to ~e!** I like that!; **na ~e i na złe** through thick and thin; **~e i złe strony** the pros and cons
dobrze well[2,3], good[1], right[3], healthily; **~!** right[2,3], OK, right(you are)!, alright, that/this is it; **no** ~ well[4]; ~ **byłoby** (just) as well (to do sth); **~, że...** it is just as well (that), it's a good job; **równie** ~ may/might (just) as well; **jak dotąd** ~ so far so good[2]; ~ (*coś komuś*) **robić** do you good; ~ **mu/jej itp. tak!** serve sb right; (*komuś coś robić*) all very well (for sb)
dobytek possession, effect; **sprzedać cały** ~ sell up
doceniać/docenić: (*np. przysługę, wartość czegoś*) appreciate; **nie** ~ undervalue, underrate, underestimate, take sb/sth for granted
dochodowy commercial
dochodzenie investigation, inquiry; ~ **przyczyny zgonu** inquest; **prowadzić** ~ investigate
dochodzeniowy investigative
dochodzić/dojść: (*do czegoś*) reach; hit[1]; get up to sth; attain; (*np. do wniosku, władzy*) come, arrive at; **łatwo** ~ (*do czegoś*) coast[2]; (*o nieprzyjemnej sytuacji*) ~ (*do czegoś*), come about, come to sth; (*do porozumienia*) settle, thrash sth out; (*o umowie*) ~ **do skutku** go through; **stopniowo dochodzić** work up to sth; ~ **do źródła** trace[2]; (*do siebie*) come round; **nie ~ do słowa** not get a word in edgeways
doch|ód income; proceeds; yield; **~ody** returns, revenue
dociąć → DOCINAĆ
dociekać/dociec inquire into sth, follow sth up, delve
dociekliwy inquiring, inquistive, probing
docierać/dotrzeć: (*do czegoś*) reach, make[1], get up to sth; (*o myśli, wyjaśnieniu*) ~ (*do kogoś*) penetrate, get through (to sb); ~ **do świadomości** sink in/sink into sth; **nie ~ do kogoś** be lost[2] on sb
docinek dig
doczekać wait[1] □ **doczekać się** rate[2]; **nie móc się doczekać** be unable to wait[1], can't wait/can hardly wait; **nie mogący się doczekać** impatient, raring
doczepiać/doczepić tack sth on (to sth), tag
doczepk|a: **iść** (*z kimś*) **na ~ę** tag along, tag
doczesny worldly
dodać → DODAWAĆ
dodat|ek addition, supplement, accompaniment, insertion, bonus, follow-up, touch[2]; (*np. do słownika*) appendix; **~ek do pensji** allowance, fringe benefit; **~ek** (*do podstawowego uposażenia, np. służbowy samochód*) perk[2]; **~ki** accessories; **bezpłatny ~ek** giveaway; **z ~kiem** (*czegoś*) added; **na ~ek** too, to crown it all, into the bargain; **w ~ku** what's more; **w ~ku** (*do kogoś/czegoś*) in addition (to sth), on top of sb/sth; (*środek dodawany do żywności*) additive
dodatkowo additionally, extra, as a sideline
dodatkow|y additional, added, extra, optional, supplementary, subsidiary, further; **~y koszt** extra; **opłata ~a** surcharge
dodatni positive
dodatnio: **wpłynąć ~ na kogoś/coś** make a, some, etc. difference (to sb/sth)
dodawać/dodać add, add sth on (to sth), put sth in, supplement; impart, lend; ~ **coś za darmo** throw sth in; (*w dodawaniu/rachunkach*) plus
dodawani|e addition; **znak ~a** plus
dodzwonić się get through (to sb)
dofinansowanie grant
dogadywać/dogadać: (*sobie*) bicker □ **dogadywać/dogadać się**: **świetnie** ~ get on like a house of fire; **dogadać się** clinch; **dogadać się** (*od razu*) click[2]
dogadzać/dogodzić please; spoil
doganiać/dogonić catch sb up, gain on sb/sth
doglądać oversee
dogłębnie inherently, at length
dogłębny poignant
dogmat dogma
dogmatycznie dogmatically
dogmatyczny dogmatic
dogodnie: ~ **usytuowany** convenient
dogodn|y convenient, expedient, handy; **być ~m** suit[2]; **w ~ej chwili** at your leisure
dogodzić → DOGADZAĆ
dogonić → DOGANIAĆ, GONIĆ
dogotowany done[2]
dogrywka: (*w grze, przy remisie*) play-off
doholować → HOLOWAĆ
doić/wydoić milk
dojazd accessibility
dojeżdżać/dojechać reach, get; **dojeżdżać do pracy** commute
dojmujący sharp
dojrzałość maturity, manhood
dojrzały mature[1], grown up, grown; ripe
dojrzewać/dojrzeć mature[2], grow up; ripen
dojrzewani|e: **wiek ~a**

adolescence, teens; **okres ~a płciowego** puberty
dojść → DOCHODZIĆ
dok: ~/i dock[1]
dokańczać/dokończyć finish[1]
dokazywać play[1], frisk, romp
dokazywanie romp
dokąd where
dokądkolwiek wherever
dokądś round[2]
dokładać/dołożyć contribute; ~ **(wszelkich) starań** do/try your best, be at (great) pains to do sth, take (great) pains (with/over sth) □ **dokładać/dołożyć się** contribute
dokładnie accurately, exactly, precisely, well[3]; carefully, closely, painstakingly, rigorously; directly, just[2], right[3], plainly, flat[3], sharp, bang[3], slap; (*o czasie, godzinie*) promptly, prompt[1]; ~ **ta osoba** the very[2] person; ~ **mówić** strictly, strictly speaking; ~ **tak** just so; (*wtedy, gdy/kiedy*) just[2]
dokładniej further
dokładność accuracy, exactness, precision, fidelity; carefulness, rigorousness
dokładn|y accurate, exact[1], precise, specific, spot on; careful, close[1], full, painstaking, probing, rigorous; direct[1]; authentic; intimate; **bardzo ~y** split-second; **~a godzina** the right[2] time; (*o rozkazie*) strict
dokoła around[1]
dokonanie accomplishment
dokonany: (*czas*) perfect[1]
dokonywać/dokonać accomplish, effect, pull sth off
dokończony finished; **nie ~** undone
dokończyć → DOKAŃCZAĆ
dokować dock[1]
doktor doctor
doktorant/ka postgraduate
doktorat doctorate
doktryna doctrine
dokuczać/dokuczyć harass, nag, pester, give sb a hard time[1]; tease
dokuczliw|y trying; **rzecz/osoba ~a** nuisance
dokument document; ~y papers
dokumentalny: **film/program ~** documentary
dola fate, lot[4]; (*np. w zysku*) cut[2]
dolać → DOLEWAĆ
dolar dollar
dolegliwość trouble, disorder; complaint, ailment, affliction
dolewać/dolać top sth up; ~ **wody** water sth down
dolina valley, vale; ~ **górska** glen; ~ **górska** (*zwł. w północnej Anglii*) dale; (*np. na wykresie fali dźwiękowej*) trough
doliniarz pickpocket
dolny lower[1], bottom
dołączać/dołączyć put sth in, tack sth on (to sth) □ **dołączać/dołączyć się** join
dołeczek: (*w policzku*) dimple
doł|ek hole; **pokryć ~kami** pit[2]
dołożyć → DOKŁADAĆ
dom house[1], home[1], place[1], accommodation, dwelling; ~ **specjalnego przeznaczenia** (*np. dom dziecka*) home[1]; **rozbity ~** broken home; ~ **czynszowy** tenement; ~ **dziecka** children's home; **wielki ~ handlowy** superstore; ~ **kultury** community centre; ~ **letniskowy** chalet; ~ **modlitwy** chapel; ~ **noclegowy** hostel; ~ **parterowy** bungalow; ~ **publiczny** brothel; ~ **towarowy** store, department store; ~ **wariatów** lunatic asylum; **do/w ~u** home[3], indoors; **w ~u** at home; **wiodący ku ~owi** homeward, homewards; **od ~u do ~u** house-to-house; (*przy nazwisku panieńskim*) **z ~u** née
domagać się claim[1], demand[2], press[2], clamour, cry out for sth
domaganie się insistence
domek cottage; ~ **dla dzieci** playhouse; ~ **kempingowy/letniskowy** chalet; ~ **myśliwski** lodge[1]
domena domain
domiar: **na ~ złego** to make matters/things worse, to cap it all, to crown it all
domieszk|a dash[1]; **z ~ą** streaked; **bez ~i** pure, neat
dominacja domination, dominance
dominium dominion
domino: **kostka do gry w ~** domino
dominować/zdominować dominate, predominate, rule
dominujący dominant, predominant, commanding
domknięty shut
domniemanie guess, conjecture, supposition, presumption
domniemany alleged, implicit
domniemywać conjecture, presume
domokrążca door-to-door salesman
domow|y home[2]; (*o zwierzęciu*) domestic; **~ego wyrobu** homemade; **praca ~a** (*szkolna*) homework; **prace ~e** housework; **~y sposób** a rule of thumb
domysł conjecture, guesswork; **snuć ~y** conjecture
domyślać/domyślić się guess
doniczka pot[1], flowerpot
doniesienie coverage
doniosłość significance, importance
doniosły important, momentous, weighty
donosiciel/ka informer, sneak
donosić/donieść: (*na kogoś*) report[1], inform (on sb); (*o wydarzeniu*) cover[1]
donośny resounding
dookoła around[1,2], round[2,3]
dopasowanie fit[3]; **ponowne ~** readjustment
dopasowan|y fitted, -fitting, compatible; **dobrze ~** snug; **rzecz ~a** (*do innej*) match[2]
dopasowywać/dopasować fit[2]; (*do czegoś*) match sth up (with sth); **ponownie ~** readjust
dopasowywanie harmonization
dopełniać/dopełnić top sth up; integrate
dopełniający complementary
dopełnianie integration
dopełnienie object[1]; ~ **bliższe** direct object; ~ **dalsze** indirect object; (*w zdaniu*) complement
dopiero just[2]; ~ **co** only just, just now, newly, freshly
dopilnowywać/dopilnować see, see to sb/sth
dopingować urge sb on, cheer sb on, root for sb/sth, prod
dopingowanie prodding
dopisek insertion; (*listu*) postscript
dopłata supplement, surcharge, premium
dopływ flow
dopływow|y: **rzeka/strumień ~a/y** tributary
dopóki: ~ **(nie)** until
dopracowany polished
dopraszać się: (*czegoś*) invite
doprawdy just[2], really
doprawiać/doprawić: ~ **do smaku** season[2], salt, spice
doprowadzać/doprowadzić bring, lead[3]; (*do czegoś*) lead up to sth, culminate; ~ **coś do końca** go through with sth; (*np. do szału, rozpaczy*) drive[1]; (*np. do łez, ruiny*) reduce; (*np. do złości/podniecenia*) work sb up (into sth); (*np. do śmiechu, łez, złości*) set sb off; (*do czegoś, często w tajemnicy*) engineer[2]; **stopniowo ~ do czegoś** work up to sth; ~ **do porządku** tidy, straighten, straighten sth out; ~ **do ładu** sort[2]; ~ **do ruiny** ruin □ **doprowadzać/doprowadzić się**: (*np. do złości/podniecenia*) work yourself up (into sth)
dopust scourge
dopuszczać/dopuścić let[1], admit; **być dopuszczonym** pass[2]; **zostać dopuszczonym** be/get in on sth; **nie ~** (*do kogoś/czegoś*) stop[1], shut sb/sth out; **(nie) ~ kogoś do czegoś** (not) give sb a look-in
dopuszczalny permissible
dorad-ca/czyni adviser, counsellor, consultant, aide; ~ **prawny** solicitor
doradczy advisory
doradzać/doradzić advise, counsel[1]
dorastać/dorosnąć grow up, grow into sth; measure up (to sth), match up to sb/sth
doraźny summary[2]
doręczenie delivery
dorobić się chalk sth up
doroczny yearly, annual
dorosłość adulthood, maturity
dorosł|y: (*przym.*) adult, grown up, grown, mature[1]; (*rzecz.*) **~y/a** adult, grown-up
dorosnąć → DORASTAĆ

dorośleć/wydorośleć mature[2]
dorozumiewać/dorozumieć się deduce, figure sth out, read sth into sth
dorównywać/dorównać come up to sth, equal, match[3], match up to sb/sth, rival; **osoba/rzecz dorównująca drugiej** (*w czymś*) match[2]; **(starać się) dorównać komuś** emulate; **(nie) dorównywać** (*komuś*) touch[1]
dorsz cod
dorwać: (*kogoś*) collar
dorywczo on and off
dorywczy casual, seasonal
dorzucać/dorzucić: ~ **coś gratis** throw sth in
dosadnie explicitly; crisply, neatly
dosadność neatness
dosadny terse, crisp[1]; forcible
dosiadać/dosiąść: (*np. konia*) mount[2]
dosięgać/dosięgnąć get at sb/sth; **nie dosięgać** (*np. poziomu, celu*) fall short (of sth)
doskonale excellently, outstandingly, perfectly, splendidly, supremely, admirably, ideally, immaculately, with flying colours
doskonalić/udoskonalić perfect[2], improve
doskonałość perfection, excellence
doskonały excellent, outstanding, perfect[1], splendid, consummate, exquisite, ideal, immaculate, sterling, vintage
dosłownie literally, word for word, verbatim; **brać coś** ~ take sb/sth at (its, his, etc.) face value
dosłowny literal
dosłyszeć catch[1]
dosmażony: **nie** ~ rare[2]
dostać (się) → DOSTAWAĆ (SIĘ)
dostarczać/dostarczyć deliver, supply, provide, offer, serve, yield; ~ **środki** fund; (*np. samolotem*) fly[1]; ~ **informacji** tell; ~ **towar** (*przen.*) come up with/deliver the goods
dostarczanie provision
dostatecznie enough[2], adequately, sufficiently; ~ **dużo** enough[1]
dostateczn|y adequate, sufficient, satisfactory, reasonable, passable, competent; **~a ilość/liczba** enough[1]
dostat|ek affluence; **pod ~kiem** plenty
dostatni affluent
dostawa delivery, consignment, supply
dostawać/dostać get, obtain, receive, get/lay your hands on sb/sth, get hold of sth; ~ **z powrotem** get sth back; ~ **w spadku** inherit; (*np. wysypki*) come out in sth □ **dostawać/dostać się** get; (*dokądś/gdzieś*) get into sth[1]; **dostanie ci się** you'll be in for it
dostawca supplier; (*towarów do domu*) tradesman
dostęp access, accessibility, admission; (*droga*) approach; **(nie) mieć ~/u do czegoś** (not) give sb/get/have a look-in
dostępność accessibility, availability
dostępny accessible, available, there[1], around[1]; **być ~m** come; **uczynić ~m** open sth up; **(łatwo)** ~ within (easy) reach of sth; (*o osobie*) approachable
dostojeństwo dignity
dostosowanie adjustment □ **dostosowanie się** adjustment, conformity
dostosowywać/dostosować adjust □ **dostosowywać/dostosować się** conform, fit in (with sb/sth)
dostosowywanie harmonization
dostrojenie adjustment
dostrzegać/dostrzec detect, perceive, distinguish, discern, sight[2], spy, spot[2], catch sight/a glimpse of sb/sth; **nie** ~ miss[1]
dostrzegalnie perceptibly, distinctly
dostrzegalny perceptible, visible, distinguishable, discernible, appreciable
dostrzeganie perception
dosyć enough[1,2]; quite, rather, fairly, pretty[2]; **~!** that is it; **mieć** ~ be sick of sb/sth
doszlifowany: (*o występie*) polished
dość quite, rather, fairly, reasonably, a little; **mieć** ~ be fed up
dośrodkowanie cross[1]
doświadczać/doświadczyć encounter, get; (*np. śmierci*)
doświadczeni|e experience; **brak ~a** inexperience, newness; (*eksperyment*) experiment, test[1]
doświadczony experienced, practised, seasoned, sophisticated; **być ~m** be an old hand (at sth)
dotacja subsidy
dotąd: **jak** ~ so far, yet, hitherto
dotkliwie acutely, keenly, painfully, badly, soundly
dotkliwość severity
dotkliwy acute, severe, devastating
dotknąć → DOTYKAĆ
dotknięcie touch[2], dab
dotknięty hurt, aggrieved; **nie** ~ unaffected; **czuć się ~m** resent, take offence (at sth)
dotować subsidize
dotrzeć → DOCIERAĆ
dotrzymywać/dotrzymać keep[1], honour[2], abide by sth; ~ **terminu spotkania** keep an appointment; **nie** ~ (*np. obietnicy, terminu*) break[1]; **nie ~ prawnego zobowiązania** default[2]; **dotrzymujący** (*np. słowa*) true; (*o obietnicy itp.*) **nie dotrzymany** broken[2]; ~ **kroku** keep up (with sb), keep pace (with sb/sth)
dotychczas so far, to date, up to sth, yet, as yet, hitherto, now
dotyczący concerning, regarding, applicable
dotyczyć concern[1], involve, apply, deal with sth, be something to do with sth, go for sb/sth; **już kogoś nie** ~ be well out of sth
dotyk touch[2], feel[2]; **wrażenie w ~u** texture; **być w ~u jak** feel[1]
dotykać/dotknąć touch[1], feel[1], finger[2], handle; ~ **czule** fondle; (*szczególnie o zwierzętach*) ~ **nosem** nuzzle; (*mieć wpływ na kogoś/coś*) affect; (*krzywdzić*) hurt; (*o chorobie, nieszczęściu itp.*) afflict; (*tematu*) touch on/upon sth □ **dotykać się** touch[1]
dotykalny tangible
doustnie: (*brać leki*) orally, internally
doważony: (*o towarze*) **nie** ~ underweight
dowcip joke
dowcipkować joke
dowcipnie wittily
dowcipniś joker
dowcipny witty
dowiadywać/dowiedzieć się inquire, find (sth) out, learn, hear, pick sth up
dowiadywanie się inquiry
dowiedzieć się → DOWIADYWAĆ SIĘ
dowierzać: **nie** ~ disbelieve, distrust
dowodzący commanding
dowodzić/dowieść: (*np. wojskiem*) command[1], be in command[2]; (*drużyną*) captain; (*czegoś*) prove, prove your/the case/point, demonstrate; **~, że** argue
dowolny unlimited
dowozić/dowieźć ferry
dowód evidence, proof[1]; demonstration, manifestation; testament, testimony; (*np. uznania*) mark[1]; (*np. wdzięczności*) token; ~ **poszlakowy** circumstantial evidence; ~ **tożsamości** identification, identity card
dowódca commander, chief
dowództwo command[2]
dozgonnie for life
dozgonny lifelong
doznawać/doznać experience, have[2], meet with sth; ~ **zawodu** draw a blank; (*np. obrażeń*) sustain
dozor-ca/czyni caretaker, keeper, superintendent; **dozorc-a/czyni** attendant, watch[3]
dozorować keep watch
doz|ór: **bez ~oru** unattended
dozwalać let[1]; **być dozwolonym** pass[2]
dozwolon|y permissible; **prawnie ~y** legitimate; **~a ilość** (*np. bagażu*) allowance
dożywać/dożyć live[2]
dożywocie life
dożywotni lifelong, life
dół bottom, foot[1]; (*spód*) the underneath; **na/w** ~ down[1,2], downward, downwards, downhill, downstairs; **na dole** down[1,2], downstairs; **w ~ rzeki** downstream; **daleko na samym dole** way[2] down at the

bottom; **być opłacanym z dołu** be paid in arrears; (*dziura*) hole, pit[1]
drabin(k)a ladder; ~ **składana** stepladder; **drabinka sznurowa** rope ladder
drak|a bust-up; **dla ~i** (just) for the hell of it
dramat drama, theatre
dramatopisa-rz/rka playwright, dramatist
dramaturg dramatist
dramatycznie dramatically
dramatyczn|y dramatic, theatrical; **sztuka ~a** drama
dramatyzacja dramatization
dramatyzować dramatize
drapacz: ~ **chmur** skyscraper
drapać/podrapać scratch[1], claw □ **drapać/podrapać się** scratch[1]; (*w pośpiechu*) scramble
drapanie scratch[2]
drapieżnik predator, hunter
drapieżny: **ptak** ~ bird of prey
drapować drape
drastyczny drastic; (*dot. przemocy*) gory
drażliwie irritably
drażliwość irritability
drażliwy irritable, sensitive, edgy, peevish, touchy; (*o sytuacji, problemie itp.*) explosive; thorny
drażniący annoying, exasperating
drażnić/podrażnić annoy, jar[2], grate[2], niggle; tease
drążek bar[1], rod; lever; ~ **sterowy** joystick
drążyć/wydrążyć: (*w ziemi*) excavate; ~ **tunel** tunnel
dredy dreadlocks
drelich denim; (*ochronny*) overall[2]
drelichow|y: **spodnie ~e** jeans
drenaż: ~ **mózgów** brain drain
dres tracksuit
dreszcz shudder, shiver; chill; (*np. rozkoszy, emocji*) thrill
dreszczowiec thriller
dreszczyk: (*np. rozkoszy, emocji*) thrill; **powieść z ~iem** thriller
drewniak clog[1]
drewniany wooden
drewno wood, timber; log[1]; ~ **opałowe** firewood; ~ **cedrowe** cedar; ~ **cisowe** yew; ~ **sosny** pine[1]; ~ **świerkowe** spruce; ~ **wierzbowe** willow; **odpukać w nie malowane** ~ touch wood
dręcząco tantalizingly
dręczący agonizing
dręczyciel/ka tormentor; (*osoba zadająca tortury fizyczne*) torturer
dręczyć harass, torment, torture, do sb's head in; (*o myślach itp.*) prey on sb's mind □ **dręczyć się** agonize[1]
drętwieć/zdrętwieć go to sleep
drgać/drgnąć twitch, start[1]; (*np. z bólu*) wince; (*o płomieniu*) flicker; (*o strunie*) vibrate
drganie twitch, tremor; (*płomienia*) flicker; (*np. powiek*) flutter; (*struny*) vibration
drgawka convulsion
drgnięcie jerk, twitch
drobiazg trifle; novelty; **~i** bits and pieces, odds and ends
drobiazgowo thoroughly, painstakingly, meticulously
drobiazgowość thoroughness
drobiazgowy thorough, meticulous, painstaking, fastidious, minute[2], searching, nit-picking
drobina molecule
drobne: (*pieniądze*) change[2], small change
drobniak copper[1]
drobniutki minute[2]
drobno finely
drobnostka trifle
drobnoustrój germ
drobn|y small, fine[1], slight, diminutive, wee[1], puny; minor, petty, trifling; **mieć ~ą budowę** be slightly built
droczyć się tease
dro|ga road, route, way[1], path; distance[1]; **boczna ~ga** side road, lane; (*np. przez las*) trail; **główna ~ga** highway; **~ga pierwszej kategorii** A-road; **~ga drugiej kategorii** B-road; **~ga szybkiego ruchu/dwupasmowa** dual carriageway; **~ga powietrzna** air[1]; **~ga wodna** waterway; **~gą lądową** by road; **~gą lotniczą** by air freight; **pokazywać komuś ~gę** show[2] sb the way; **po ~dze** on the way[1]; **w ~dze** (*dokądś*) en route; **na ~dze** in the way; **w połowie ~gi** midway; **długa ~ga** a long way, miles; **mieć długą ~gę przed sobą** have a long way to go[1]; **z ~gi!** mind out; **będący w ~dze do czegoś** on his, her etc. way to, bound[2] for, destined; **na dobrej ~dze do** on course to do sth; **na dobrej/złej ~dze** on the right/wrong track; **~gą** by means of
drogeria: (*sprzedająca także przekąski i napoje*) drugstore
drog|i expensive, dear, costly, extravagant; valuable; **za ~i** overpriced; (*o osobie*) dear
drogo expensively, dearly, dear
drogocenny precious
drogomierz speedometer
drogowskaz signpost, post[1]
drogowy: **walec** ~ steamroller
drozd thrush
drożdże yeast
drób fowl, poultry
dróżka lane
drucian|y: **~a siatka** wire mesh/netting
drug|i second[1,2]; (*co do jakości itp.*) second-best, next-best; **~i gatunek** second[2]; (*o końcu, stronie*) far[1]; **z ~iej ręki** second-hand, used[1]; **~a klasa** second class; **~a natura** second nature (to sb); **zdobyw-ca/czyni ~iego miejsca** runner-up; **być ~im** come/finish second[1]; **~i** (*od pary*) other; **~i** (*z dwu wymienionych*) latter; **co ~i** alternate[1]; **po ~ie** secondly, (in the second) place; **po ~iej stronie** round[3] (the corner, etc.); **w ~iej połowie** in the latter half; **jeden za ~im** one by[2] one, in single file; **~i język** second language
drugoplanowy subordinate
drugorzędny minor, secondary, subordinate, second-rate
druhna bridesmaid
druk print[1], printing; **~i** literature; **tłusty** ~ bold; **mały** ~ small print
drukarka: (*komputerowa*) printer
drukarnia printer
drukarz printer
drukować/wydrukować print[2]; (*z komputera*) print sth out
drukowanie printing, press[1]
drut wire; ~ **kolczasty** barbed wire; (*do robót dziewiarskich*) knitting needle; **robić na ~ach** knit; **robienie/robota na ~ach** knitting
drutować wire
druzgocący crushing, savage
druzgotać/zdruzgotać: (*np. wiadomością*) overwhelm
druzgotanie smash
drużba best man
drużyna team, squad, party; ~ **przeciwna** opposition
drwiąco: **uśmiechać się** ~ sneer
drwiący derisive, withering
drwić deride, jeer, sneer
drwina derision, jeer
dryblować dribble
dryfować drift
drzazga chip[1], splinter
drzeć tear[2], tear sth up □ **drzeć się** tear[2]; (*o osobie*) yell
drzemać doze, nap, slumber
drzemk|a doze, nap, slumber, snooze; (*poobiednia*) forty winks; **uciąć sobie ~ę** snooze
drzewko: **młode** ~ seedling
drzewo tree; (*młode*) sapling; ~ **iglaste** conifer; (*materiał drzewny*) wood, timber; ~ **genealogiczne** family tree; **wywodzić swoje ~ genealogiczne** trace[2] your family tree
drzwi door, doorway; (*w samolocie*) hatch[1]; **oszklone** ~ (*np. balkonowe*) French window; ~ **zapadowe/uchylne** trapdoor
drżąco shakily
drżący shaky
drżeć tremble, shiver, shudder, quiver, quake; (*np. z wrażenia, emocji*) shake[1]
drżenie tremble, shiver, tremor
dubbingować/zdubbingować dub
dubeltówka shotgun
dubler/ka: (*w teatrze*) understudy
dublować/zdublować lap[2]
duch spirit, soul; ghost, phantom; **D~ Święty** the Holy Spirit; **ani żywego ~a** not a soul; (*nastawienie*) spirit; (*np. armii, zespołu*) morale; ~ **walki/bojowy** fight[2]; **młody ~em** young at heart; **natchnięty ~em obywatelskim** public-spirited; **w ~u** inwardly; **dodawać ~a** hearten; **podnosić kogoś na ~u** back sb up; **podtrzymywać na ~u** buoy; **podnoszący na ~u** heartening, uplifting; **nie upadać na ~u** bear

up; **tracisz ~a** your heart sinks; **upadł na ~u** his spirits fell; (*np. prawa*) spirit; **iść z ~em czasu** keep up (with sth)
duchowieństwo clergy
duchowny: (*przym.*) clerical, ecclesiastical; **stan ~** ministry; (*rzecz.*) clergyman
duchowo spiritually
duchowy spiritual, inward
dudnić rumble
dudnienie rumble; **~ bębnów** beat[1]
dudy bagpipes
duet duet, duo
dukać stumble
dum|a pride, haughtiness; boast; credit[1]; **robić coś z ~ą** take pride in sth/in doing sth; **powód do ~y** sb's pride and joy
dumać ponder, meditate; brood
dumnie proudly; **poruszać się ~** sweep[1]; **kroczyć ~** swagger
dumny proud, haughty; **być ~m** take (a) pride in sb/sth
duplikat duplicate, replica
dur major[1,2]
dureń fool
durny silly
durszlak colander
dusić/udusić/zdusić: (*kogoś*) asphyxiate, choke, smother, stifle, strangle, suffocate, throttle[1]; **~ w sobie** (*np. emocje*) bottle sth up, choke sth back; (*np. inicjatywę*) strangle; (*np. powstanie*) quash, quell; **zdusić coś złego w zarodku** nip sth in the bud; (*potrawę*) stew, braise □ **dusić/udusić się** choke, stifle, suffocate
dusz|a soul, spirit; **(głęboko) w ~y** deep down; **pragnąć czegoś z całej ~y** have your heart set on sth; **bratnia ~a** after your own heart
duszący suffocating
duszek fairy, elf
duszno close[1]
duszny stuffy, airless, close[1], oppressive; (*o powietrzu*) muggy, sultry; (*powodujący pocenie się*) sweaty
duszpasterski pastoral
dużo a lot of, lots, many, much[1], plenty, heavily; **dość ~** quite a lot (of); **tego już za ~** a bit much
duż|y big, large; high[1]; wide; heavy; hefty; (*o zysku*) handsome; (*o rozmiarze*) **bardzo ~y** king-size; (*o literze*) capital[1]; **~e litery** upper case, block letters; **w ~ej mierze** largely; **na ~ą skalę** in a big way
DVD DVD
dwa two, two-; **~ razy** twice; **~ razy tyle/więcej** double[2]; **na dwie części** in two
dwadzieścia twenty
dwanaście twelve
dwoić się: **~ komuś w oczach** see double[3]
dwoje two
dworzanin courtier
dworzec: **~ kolejowy/autobusowy** station, depot; **~ lotniczy** airport, terminal[2]
dwóchsetlecie bicentenary
dwójkowy binary
dwór mansion, manor; court[1]; **na dworze** out, outdoor(s), outside[2], open-air
dwu- two-
dwuczłonowy binary
dwudziestopięciolecie silver jubilee
dwudziesty twentieth
dwujęzyczny bilingual
dwukropek colon
dwukrotnie doubly
dwuletni biennial
dwulicowo hypocritically
dwulicowość hypocrisy
dwulicowy two-faced, hypocritical
dwunasty twelfth
dwuosobow|y: **łóżko ~e** double bed; **pokój ~y** double[1]
dwuroczny biennial
dwurodzinny: (*o domu*) semi-detached
dwurzędowy: (*o marynarce itp.*) double-breasted
dwusetn|y: **~a rocznica** bicentenary
dwuskładnikowy binary
dwutlenek: **~ węgla** carbon dioxide
dwutygodniowy fortnightly
dwuznacznie ambiguously; suggestively
dwuznacznik pun
dwuznaczność ambiguity
dwuznaczny ambiguous; suggestive
dyfteryt diphtheria
dyftong diphthong
dyg curtsy
dygać/dygnąć curtsy
dygotać tremble, shiver; (*o sercu, żołądku*) flutter
dygotanie tremble, shiver; (*serca, żołądka*) flutter
dygresj|a digression; **robić ~ę** digress, wander
dykcja elocution
dyktando dictation
dyktator dictator
dyktatura dictatorship
dyktować/podyktować dictate
dylemat dilemma, quandary
dyletancki amateur
dyliżans coach[1]
dym smoke[1]; **pójść z ~em** go up in smoke[1]
dymiący smoky
dymić smoke[2]
dymisj|a resignation; **podawać się do ~i** resign
dynamiczny dynamic
dynamit dynamite
dynamizm dynamism
dynamo: (*maszyna*) dynamo
dynastia dynasty
dyndać swing[1], dangle
dynia pumpkin
dyplom diploma; **~ drugiej klasy** second[2], second-class degree; **~ trzeciej kategorii** third; **~ zawodowy** credentials; **otrzymywać ~** qualify; **posiadacz ~u uniwersyteckiego** (*po trzyletnich studiach dyplomowych*) bachelor
dyplomacja diplomacy
dyplomata diplomat
dyplomatycznie diplomatically
dyplomatyczny diplomatic
dyplomowany qualified, chartered
dyplomow|y: **praca ~a** thesis
dyrekcja management
dyrektor/ka director, manager, managing director, president; **dyrektorka** manageress; **~ szkoły** head[1], principal; **dyrektorka szkoły** headmistress; **~ do spraw naukowych** director of studies
dyrektywa directive, instruction
dyrygent conductor
dyrygować: (*orkiestrą*) conduct[2]; (*kimś*) call the shots/tune[2]
dyscyplina discipline; **~ wewnętrzna** self-discipline
dyscyplinarny disciplinary
dysertacja dissertation
dysk disk; **twardy ~** hard disk, hard drive; (*kręgosłupa*) disc; (*w sporcie*) discus
dyskdżokej disc jockey
dyskiet|ka disk, floppy disk; **na ~ce** electronic
dyskoteka disco
dyskrecja discretion, secrecy
dyskredytować/zdyskredytować discredit, disparage, bring sth into disrepute
dyskretnie discreetly, unobtrusively
dyskretny discreet, unobtrusive, low-key; (*o kolorach*) sober
dyskryminacja discrimination; **~ człowieka ze względu na jego płeć** sexism
dyskryminować/zdyskryminować discriminate
dyskryminujący: **~ ze względu na płeć** sexist
dyskusj|a discussion, debate; **bez ~i** without argument; **(możliwy) do ~i** negotiable
dyskusyjn|y debatable, arguable; **sprawa ~a** a matter of opinion
dyskutować discuss; brainstorm; **przedyskutować coś** (*z kimś*) talk sth over (with sb); **lubiący ~** argumentative
dyskutowany in question
dyskwalifikacja disqualification
dyskwalifikować/zdyskwalifikować disqualify
dyskwalifikowanie disqualification
dysleksja dyslexia
dyslektyczny dyslexic
dysonans discord
dyspozycj|a: **do ~i** there[1]; **do czyjejś ~i** at sb's disposal; **być do czyjejś ~i** be at sb's command
dyspozytornia control[1]
dysputa dispute[1]
dystans distance[1], length, haul; **patrzeć na własne problemy z ~u** put your own problems in perspective
dystansować/zdystansować się distance[2]
dystrybucja distribution

dystrybutor distributor
dystyngowany distinguished, refined, ladylike, posh
dystynkcja refinement
dysydencki dissenting
dysydent/ka dissident
dysza nozzle
dyszeć pant, puff[2]
dyszenie pant
dyszkant treble[2]
dywan carpet; **wyłożony ~ami** carpeted
dywanik rug
dywidenda dividend
dywizja division
dyzenteria dysentery
dyżu|r duty; **na/po ~rze** on/off duty; **na ~rze** on call
dyżurn|y: (*rzecz.*) **~y/a** (*odpowiedzialn-y/a za porządek w klasie*) monitor; (*o personelu*) skeleton
dzban pitcher
dzbanek jug; pot[1]; **~ do kawy** coffee pot
dziać knit
dziać się go on, happen; be the matter (with sb/sth); **co się dzieje?** what's up?
dziad: **wyglądasz jak ~!** you look a mess[1]!
dziadek grandfather; **~ do orzechów** nutcrackers
dziadunio grandpa
dziadzio grandpa, grandad
dział department, division, section, desk; **~ personalny** personnel; **~ sprzedaży** sales (department)
działacz activist
działać act[1], take action, function, move[2], operate, come into operation; (*o przyrządach*) go[1], run[1], work[2]; (*o komputerze*) be up; (*o mechanizmie*) perform; (*o idei itp.*) work[2]; (*o urządzeniu*) **działający** operative, in working order; (*o nowym urządzeniu*) **działający** up and running; **nie działający** down[5], out of order; **dobrze działajacy** (as) right as rain; **~ komuś na nerwy** get on sb's nerves, jar[2]
działalność activity; **~ gospodarcza** trade[1]
działani|e action, operation, workings, mechanics; (*mechanizmu*) performance; **~a wojenne** warfare; **podczas ~a** in action; **gotowy do ~a** operational; **rozpocząć ~e** come into operation
działka plot[2], lot[4], enclosure; (*część zysku*) cut[2]; (*np. specjalizacja, znany temat*) (right) up your street
działkowy: **ogródek ~** allotment
działo cannon
działowy departmental
dzianie knitting
dziarski brisk
dziąsło gum[1]
dziczyzna venison
dzida spear
dzidziuś baby
dzieciak kid[1]
dziecięcy childlike
dziecinka babe
dziecinny childish, babyish, infantile, juvenile
dzieciństwo childhood
dzie|cko child; **małe ~cko** baby, infant; **przybrane ~cko** foster child; **~ci** family; **mieć pierwsze ~cko** start a family
dziedzic heir, squire
dziedzictwo heritage, inheritance, legacy; heirloom
dziedziczność heredity
dziedziczny hereditary; **być ~m** run in the family
dziedziczyć/odziedziczyć inherit
dziedzina area, domain, field[1], sphere; (*np. biznesu*) branch, line
dziedziniec courtyard, quadrangle; (*zwykle betonowy/kamienny*) backyard, yard[1]; **~ kościelny** churchyard
dziekan dean
dzielenie division
dzielić/podzielić divide, split, partition; **~ na poddziały** subdivide; (*z kimś*) share; **~ włos na czworo** split hairs □ **dzielić/podzielić się** divide, split; **~ na mniejsze części/jednostki** subdivide; (*z kimś*) share; (*np. wiadomościami*) impart; **~ po połowie** (*kosztem*) go halves with sb
dzielnica district, quarter, sector, borough
dzielnicowy police constable, bobby
dzielnie courageously, fearlessly, valiantly
dzielność courage, pluck
dzielny courageous, fearless, valiant, plucky, gallant
dzieł|o work[1], creation; **~o malarskie** painting; **~o sztuki** work of art; **bezcenne ~o sztuki** treasure; **do ~a!** here goes!
dziennik diary, journal; (*o gazecie*) daily; **~ okrętowy/pokładowy** log[2]; **~ szkolny** register[1]; **prowadzić ~** record[1]
dziennikarstwo journalism
dziennika-rz/rka journalist
dzień day, daytime; daylight; **~ powszedni** weekday; **~ pracy** day; **~ wolny od pracy** day off; **pechowy/zły ~** off-day; **~ dobry!** hallo, good morning, good afternoon; **w ~** by day; **kilka dni temu** the other day, morning, week, etc.; **któregoś dnia** sometime, some day; **po ~ dzisiejszy** to date; **~ w ~, z dnia na ~** day by day, from one day to the next, overnight; **~ po dniu** day in, day out
dzierżawa lease, rental, tenancy
dzierżaw-ca/czyni tenant; (*domu, ziemi, lokalu*) occupier
dzierżawczy possessive
dzierżawić/wydzierżawić rent
dzierżyć wield
dziesiąt|y tenth; **(jedna) ~a** tenth
dziesięć ten
dziesiętny decimal; **ułamek ~** decimal
dziewczę girl
dziewczęcy girlish; **wiek ~** girlhood
dziewczyna girl; adolescent; girlfriend, date[1]
dziewczynka girl
dziewiarstwo knitting; knitwear
dziewiąt|y ninth; **(jedna) ~a** ninth
dziewica virgin
dziewictwo virginity
dziewiczy virgin
dziewięć nine; **ni w pięć ni w ~** irrelevantly
dziewięćdziesiąt ninety
dziewięćdziesiąty ninetieth
dziewiętnasty nineteenth
dziewiętnaście nineteen
dzięcioł woodpecker
dziękczynieni|e: **Święto D~a** Thanksgiving (Day)
dzięki thanks; (*pot.*) cheers, ta; (*komuś/czemuś*) thanks to sb/sth; (*czemuś*) owing to; (*komuś*) through; **~ Bogu!** thank God/goodness/heavens
dziękować/podziękować thank; **dziękuję!** thank you, thanks
dzik boar
dziki wild, frenzied, mad, riotous, rugged
dziko wildly, crazily; **mieszkać na ~** squat[1]
dzikość wildness, craziness
dziobać: (*o ptaku*) peck; (*np. jedzenie*) pick at sth
dziobak platypus
dziób: (*ptasi*) beak, bill[2]; (*np. samolotu*) nose[1]; (*statku*) bow[3]; (*łodzi, statku*) prow; (*np. dzbanka*) spout; **pokryć ~ami** pit[2]
dzisiaj today
dzisiejsz|y today's; **~y/a wieczór/noc** tonight; (*współczesny*) contemporary, modern
dziś today
dziur|a hole, cavity, gap, opening; **wydarta ~a** tear; **szukać ~y w całym** find fault (with sb/sth)
dziurawić/przedziurawić prick[2], puncture, perforate
dziurawienie perforation
dziurk|a: (*od guzika*) buttonhole; (*od klucza*) keyhole; **~i** (*w papierze*) perforation
dziurkacz punch[3]
dziurkować/przedziurkować perforate, punch[3]
dziurkowanie perforation
dziwactwo eccentricity, peculiarity, quirk
dziwacznie peculiarly, weirdly
dziwaczność eccentricity, oddity, peculiarity
dziwaczny eccentric, peculiar, queer, weird, bizarre, outlandish, quirky; incongruous
dziwadło freak
dziwa-k/czka eccentric, character, oddity, crank, freak
dziwić/zdziwić surprise, astonish □ **dziwić/zdziwić się**: **nie dziwię**

się I don't wonder; **nie dziwię ci się** I don't blame you
dziwka tart[2], prostitute; bitch
dziwnie strangely, oddly, peculiarly, weirdly, curiously
dziwn|y strange, funny, odd, peculiar, queer, curious; **nic ~ego** no wonder; **~e, że** funnily
dzwon bell; **od wielkiego ~u** once in a blue moon
dzwonek bell, chime; (*do mieszkania*) doorbell; (*dźwięk*) ring[2]; (*kwiat*) bluebell
dzwonić/zadzwonić ring[2], chime, jingle, buzz; **lekko ~** tinkle; (*telefonować*) telephone, phone, call[2], call sb/sth up, give sb a ring[2], give sb a buzz; **~ ponownie** ring (sb) back, get back to sb; **~ do kogoś na jego koszt** reverse (the) charges; **~ bezpośrednio** dial[1]; (*o budziku itp.*) **zadzwonić** go off; (*np. do miejsca swojej pracy*) ring in
dzwonienie jangle, jingle, clash; **lekkie ~** tinkle
dzwony flared
dźgać/dźgnąć stab, knife, jab, thrust
dźgnięcie stab, jab, thrust
dźwięczeć/zadźwięczeć clash
dźwięk sound[2]; ring; **skąd ~ (nie) dociera do czyichś uszu** (be) out of/within earshot
dźwiękoszczelny soundproof
dźwiękowy audio, sound[2], sonic; **efekt ~** sound effect
dźwig lift, crane[1]
dźwigać/dźwignąć lift, heave, bear[2]
dźwigar girder
dźwigni|a lever; **~a zmiany biegów** gear lever; **siła ~** leverage
dźwignięcie lift, heave
dżdżownica earthworm
dżem jam[1]; (*pomarańczowy/cytrynowy*) marmalade
dżentelmen gentleman
dżin gin
dżinn genie
dżinsowy: **materiał ~** denim
dżinsy jeans, denims
dżokej jockey
dżoker joker
dżudo judo
dżuma plague
dżungla jungle

E

e: **litera ~** E,e; (*w muzyce*) **E/e** E
ech|o echo; **powodować ~o, wracać ~em** echo
edukacja education
edukować educate
edycja edition
edytor: **~ tekstu** word processor
efekt effect, result; (*np. osobisty*) touch; **~ cieplarniany** greenhouse effect; **~ dźwiękowy** sound effect; **~y specjalne** special effects; **~ uboczny** spin-off; **odnosić coraz mniejszy ~** wear thin
efektownie spectacularly
efektowny effective, spectacular, flashy
efektywny effective
egalitarny egalitarian
egocentrycznie selfishly
egocentryczny egocentric, self-centred, selfish
egocentryzm selfishness
egoist-a/ka egoist
egoistycznie selfishly
egoistyczny egoistic, self-centred, selfish
egoizm egoism
egzamin exam(ination), test[1]; **próbny ~** mock[2] (exam); **~ końcowy** final; **~ pisemny** paper; **~ praktyczny** practical; **~ ustny** oral; **pilnować przy ~ie** invigilate
egzaminator/ka examiner
egzaminować/przeegzaminować: (*kogoś*) examine, test[2]
egzekucja execution
egzekwować/wyegzekwować enforce, exact[2]
egzekwowanie enforcement
egzema eczema
egzemplarz copy[1], number, specimen; **w dwu ~ach** in duplicate
egzotyczny exotic
egzystencja existence, subsistence
egzystować exist, subsist, get by (on sth)
eis: (*w muzyce*) **Eis, eis** E sharp
ekipa crew, gang, party
ekolog ecologist
ekologia ecology
ekologicznie ecologically, environmentally
ekologiczny ecological, green[1]
ekonomia economy; economics
ekonomicznie economically
ekonomiczny economic
ekonomika economics
ekonomista economist
ekosystem ecosystem
ekran screen; **~ dotykowy** touch screen; **~ ochronny** shield
ekscelencj|a: **~o** My Lord
ekscentryczność eccentricity
ekscentryczny eccentric
ekscentryk eccentric
ekscytujący exciting
ekskluzywny exclusive, select, upmarket
eksmisja eviction
eksmitować/wyeksmitować evict
ekspansja expansion
ekspedient/ka shop assistant
ekspediować/wyekspediować dispatch
ekspedycja expedition
ekspert expert, scholar; (*w telewizji itp.*) broadcaster
ekspertyz|a survey; **przeprowadzać ~ę** survey
eksperyment experiment
eksperymentalnie experimentally
eksperymentalny experimental
eksperymentować experiment
eksploatacj|a usage; **koszty ~i** running costs
eksploatować/wyeksploatować exploit[1], run[1], work[2]; (*teren przeznaczony do zabudowy*) develop
eksplodować explode, detonate
eksploracja exploration
eksplozja explosion
eksponat exhibit[1]
eksport export[2]
eksporter exporter
eksportować export[1]
eksportow|y: **artykuły ~e** exports
ekspozycja array
ekspres express[2,3]; **~em** express[2]
ekspresja expression
ekspresowy express[2]
ekspresyjny expressive
ekstaz|a ecstasy, rapture; **w ~ie** ecstatic; **wpadać w ~ę** go into raptures (about/over sb/sth)
ekstra super
ekstradować: (*przestępcę*) extradite
ekstradycja extradition
ekstrawagancja extravagance, flamboyance
ekstrawagancki flamboyant
ekstrawagancko extravagantly
ekstrawerty-k/czka extrovert
ekstremalny extreme
ekstremist-a/ka extremist
ekstremizm extremism
ekumeniczny ecumenical
ekwipunek equipment
elastyczność flexibility, suppleness, give[2]
elastyczny elastic, flexible, pliable, supple; adaptable
elegancja elegance, style
elegancki elegant, chic, fashionable, smart[1], stylish; posh
elegancko elegantly, smartly
elektorat electorate
elektroda electrode
elektronicznie electronically
elektroniczn|y electronic; digital
elektronika electronics
elektrownia power station
elektryczność electricity; **~ statyczna** static
elektryczny electric, electrical
elektryfikować/zelektryfikować electrify
elektryk electrician
elektryzować/zelektryzować: (*o wiadomości itp.*) electrify
element element, constituent, unit
elementarny elementary, rudimentary
elf elf
eliminacj|a elimination; **~e** (*w sporcie*) heat[1], knockout
eliminować/wyeliminować eliminate, filter sb/sth out (of sth); (*kogoś z zawodów*) knock sb out (of sth)
elita elite, cream[1]
elitarny elitist, select
elitaryzm elitism
elokwencja eloquence
elokwentnie eloquently
elokwentny eloquent

e-mail email
emalia enamel, glaze
emaliować glaze
emancypacja emancipation
emancypować/ wyemancypować emancipate
emanować radiate
embargo embargo
embrion embryo
embrionalny embryonic
emeryt/ka old-age pensioner
emerytalny retirement
emerytowany retired
emerytu|ra retirement; **na ~rze** retired; **przejście na ~rę** retirement; **odchodzić na ~rę** retire; (*świadczenie pieniężne*) pension
emfatycznie emphatically
emfatyczny emphatic
emfaza emphasis
emigracja emigration; (*polityczna*) exile
emigrant/ka emigrant, exile; **~ polityczn-y/a** defector
emigrować/wyemigrować emigrate, go into exile
emisja emission, issue; (*radiowa/ telewizyjna*) broadcast
emitować emit, discharge, release, send sth out
emocj|a emotion; **~e** feelings
emocjonalnie emotionally
emocjonalny emotional
emocjonować się: **nie emocjonujący się** stolid
empatia empathy
empiryczny empirical
emulsja: (*kosmetyczna*) lotion
encyklopedia encyclopedia
endemiczny endemic
energi|a energy; (*np. elektryczna*) power; **~a jądrowa** atomic energy; **~a parowa** steam; (*u osoby*) drive[2], go[2], vigour; **pełny/wymagający ~i** energetic; **tryskający ~ą** exuberant; **z (dużą) ~ą** energetically; **bez ~i** lifeless
energicznie energetically, briskly, vigorously; aggressively
energiczny energetic, dynamic, vigorous, bouncy; breezy; aggressive, brisk
enigma enigma
enigmatyczny enigmatic
entuzjast-a/ka enthusiast, devotee; **być ~ą/ką czegoś** be into sth
entuzjastycznie enthusiastically
entuzjastyczny enthusiastic; (*o atmosferze*) vibrant
entuzjazm enthusiasm, exuberance, keenness; **pełen ~u** keen; **bez ~u** half-hearted, half-heartedly, coolly
entuzjazmować się go into raptures (about/over sb/sth)
enzym enzyme
epidemia epidemic
epilepsja epilepsy
epileptyczny epileptic
epilepty-k/czka epileptic
epilog epilogue
epitafium epitaph
epizod episode
epoka age, epoch
epokowy epic
epos epic
era era, age; **n.e.** AD; **p.n.e.** BC
erekcj|a erection; **w stanie ~i** erect[1]
erodować/zerodować erode
erotyczny erotic, blue[1]
erozja erosion
es: (*w muzyce*) **Es, es** E flat
esej essay
esencja essence
eskadra squadron
eskalacja escalation
eskapada escapade
eskapistyczny escapist
eskapizm escapism
Eskimos/ka Eskimo
eskorta escort
eskortować escort
estetycznie aesthetically
estetyczny aesthetic
estrada stage[2], platform
esy-floresy doodle; (*machinalnie*) **kreślić ~** doodle
etap stage[1], phase; (*np. podróży*) lap[2], leg
eta|t: (*praca*) **na pełnym ~cie** full-time; (*praca*) **na pół ~tu** part-time
etniczn|y ethnic; **czystki ~e** ethnic cleansing
etyczny ethical
etyka ethics
etykiet|a: (*np. na opakowaniu*) label; (*np. na ubraniu*) tag; **przylepiać komuś ~kę** label; (*reguły zachowania*) etiquette
etymologia etymology
eufemizm euphemism
eufori|a euphoria; **stan ~i** high[3]
euro euro
Europa continent
europeizować/zeuropeizować westernize
Europej-czyk/ka European
europejski European, continental
eutanazja euthanasia
ewakuacja evacuation
ewakuować evacuate
ewangelia gospel
ewangelicki evangelical
ewentualność possibility, option, contingency
ewolucja evolution

F

f: **litera ~** F,f; (*w muzyce*) **F/f** F; **F°** F
fabryka factory, works, plant[1]
fabularny: **film ~** feature
facet guy, bloke, chap, dude
fach trade[1]; **po ~u** by profession
fachowiec professional
fachowo professionally, competently
fachowość professionalism, workmanship, competence
fachowy professional, skilled, workmanlike, competent; technical; **szczegół ~** technicality
fagot bassoon
Fahrenheit: **skala ~a** Fahrenheit
fair fair[1,2]; **być nie ~** be hard on sb/ sth
fajerwerki fireworks
fajka pipe[1]; (*slang*) fag; (*ptaszek*) tick
fajny neat
fajrant: **robić ~** knock off (sth)
faks fax; **~em** by fax; **wysyłać ~** fax
fak|t fact, thing; **~tem jest, że** the fact remains that; **wiedza po ~cie** hindsight
faktura invoice; (*np. tkaniny*) texture
faktycznie actually, indeed, really, as a matter of fact; virtually
faktyczny actual, real, true, factual, effective; tangible; historical; virtual; **stan ~** case[1]
fal|a wave[2]; current[2]; **drobna ~a** ripple; **~a pływowa** tidal wave; **czoło ~i morskiej** surf; **~a upałów** heatwave; **zakres ~ radiowych** waveband; **odległość między ~ami dźwiękowymi** wavelength; **~e długie** long wave; **~e krótkie** short wave; **~e średnie** medium wave; (*jakiegoś uczucia*) surge
falbanka frill; **z ~mi** frilly
falist|y wavy; **z blachy ~ej** corrugated iron[1]
falochron jetty, pier
falować billow, flow, ripple, wave[1]; **ciężko ~** heave
falsyfikat fake, forgery
fałd: **przysiadać ~ów** pull your socks up
fałda fold, pleat, crease
fałdować/pofałdować crinkle; pleat; (*material*) gather
□ **fałdować/pofałdować się** crinkle
fałdowany corrugated
fałsz deceitfulness; phoniness
fałszerstwo forgery
fałszerz fake
fałszować/sfałszować falsify, forge[2], fake, doctor, fiddle[2], rig[2]; (*w muzyce*) be/sing/play flat[2,3]/sharp
fałszyw|y false, fake, bogus, counterfeit, phoney; (*o postępowaniu itp.*) deceitful, underhand; **~y alarm** a false alarm, hoax; **~e mniemanie** misjudgement; **~y obraz** misrepresentation; **udzielać ~ych informacji** misinform
fan fan[2]
fanaberia whim
fanatycznie fanatically
fanatyczny fanatic, bigoted
fanatyk/czka fanatic, maniac, bigot, freak, fiend
fanatyzm fanaticism, bigotry
fanfara fanfare
fantastycznie fantastically
fantastyczny fantastic, sensational, smashing
fantastyka: **~ naukowa** science fiction
fantazja fantasy, whim
fantazjować fantasize, romanticize
farb|a paint[1]; dye[2]; **biała ~a** whitewash; **puszczać ~ę** spill the beans

farbka colouring
farbować/zafarbować dye[1]; *(np. włosy)* tint; *(np. w praniu)* run[1]
farma farm[1]
farmaceutyczny pharmaceutical
farmacja pharmacy
farmerki denims
farsa farce
farsowy farcical
farsz stuffing
fart luck; **(nie) mieć ~/u** be in/out of luck
fartuch: *(kuchenny)* apron; *(okrywający przód ciała)* pinafore; *(z rękawami)* overall[2]; *(np. chirurgiczny)* gown
fasada façade
fascynacja fascination
fascynować/zafascynować fascinate, magnetize; **zafascynować kogoś** capture sb's imagination/interest/attention
fascynujący fascinating, intriguing
faseta facet
fasola bean; ~ **sojowa** soya bean
fasolka: ~ **w sosie pomidorowym** baked beans
fason style
fasonować mould[1]
fastrygować/sfastrygować tack
faszerować/nafaszerować stuff[2]
faszyst-a/ka fascist
faszystowski fascist
faszyzm fascism
fatalnie disastrously, abysmally
fatalny disastrous, abysmal; fatal
fatamorgana mirage
fatyga trouble
fatygować/pofatygować: *(kogoś)* trouble □ **fatygować/pofatygować się** bother
faul foul[3]
faulować/sfaulować foul[3]
fauna fauna; **dzika ~ i flora** wildlife
faworyt/ka favourite[2]
faworyty whiskers
faworytyzm favouritism
faworyzować favour[2], be loaded/weighted in sb's favour
faza phase, stage[1]
fechtunek fencing
federacja federation
federalny federal
felieton column
felietonist-a/ka columnist
feminist-a/ka feminist
feminizm feminism
fenomen phenomenon, marvel
fenomenalnie phenomenally
fenomenalny phenomenal
ferie holiday, recess; ~ **uniwersyteckie** vacation
ferment ferment
fermentacj|a: **powodować ~ę** ferment
fermentować/sfermentować ferment
ferwor fervour
fes: *(w muzyce)* **Fes, fes** F flat
festiwal festival
festyn fête
fetor stench, pong, reek
feudalizm feudalism
feudalny feudal
fiasko fiasco
fig|a fig; **pokazać ~ę** rebuff
figi briefs
fig|iel practical joke, trick, hoax, mischief; **spłatać komuś ~la** joke, play a joke/trick on sb
figlarnie mischievously, wickedly
figlarny mischievous, playful, wicked
figlować play[1]
figowiec fig
figura; figure[1], shape[1]; *(szachowa)* piece[1]; ~ **woskowa** waxwork
figurować figure[2]; *(w planach)* feature
fikcyjny fictitious
filantrop philanthropist
filantropijny humanitarian
filar column, pillar
filatelistyka stamp collecting
filc felt[2]
filet fillet
filia branch, division; *(spółki)* subsidiary
filigranowo daintily
filigranowy dainty, slight
filiżanka cup[1]; ~ **do herbaty** teacup
film film[1], movie, picture; ~ **animowany** cartoon; ~ **dokumentalny** documentary; ~ **fabularny** feature; **makabryczny ~** horror film; **nakręcać ~** make a film/tape; *(kino)* cinema
filmować/sfilmować film[2], shoot[1]
filmow|y: **błona ~a** film[1]; **materiał ~y** footage
filologia: ~ **klasyczna** Classics
filozof/ka philosopher
filozofia philosophy
filozoficznie philosophically
filozoficzny philosophical; *(o osobie)* ~ *(z powodu wieku lub doświadczenia)* mellow
filtr filter
filtrować/przefiltrować filter, strain[2]
filunek panel
finalist-a/ka finalist
finalizować/sfinalizować finalize
finał final, finale
finanse finance
finansować/sfinansować finance
finansowanie grant
finansowo financially
finansow|y financial; **zasoby ~e** means[2]
finisz finish[2]
fioletowy violet, purple; **kolor ~** violet, purple
fiołek violet
fiołkoworóżowy: **(kolor) ~** mauve
fiołkowy: **(kolor) ~** violet
fiord fiord
firanka curtain
firma company, firm[1], business, enterprise; establishment, operation, outfit; ~ **konsultingowa** consultancy; ~ **macierzysta** parent company; ~ **międzynarodowa** multinational
firmowy: **znak ~** brand
fis: *(w muzyce)* **Fis, fis** F sharp
fiszkowy: **katalog ~** index
fizjoterapeuta physiotherapist
fizjoterapia physiotherapy
fizycznie physically, manually
fizyczny physical, manual[1], bodily
fizyk physicist
fizyka physics
flaga flag[1]
flak: *(opona)* flat[4]
flaki tripe, guts; **wypruwać sobie ~** work/sweat your guts out
flakon vase
flamaster felt-pen
flaming flamingo
flanela flannel
flądra flounder
flecist-a/ka flautist
flegma phlegm
flegmatyczny phlegmatic
flejtuch slob, slut
fleksja inflection
fleksyjn|y: **końcówka ~a** inflection
flesz flash[1]
flet flute; ~ **prosty** recorder
flircia-rz/rka flirt
flirtować flirt
flora flora; **dzika fauna i ~** wildlife
floret foil
flota: ~ **lotnicza** fleet; ~ **wojenna** navy
fluktuacja fluctuation
fluorek fluoride
fluoryzujący fluorescent
fobia phobia
foka seal[1]
folgować/pofolgować: ~ **sobie** *(w czymś)* indulge
folia: *(do żywności)* cling film; *(np. aluminiowa)* foil[1]; *(do rzutnika pisma)* transparency
folklor folklore
fonetycznie phonetically
fonetyczny phonetic
fonetyka phonetics
fonia sound[2]
fontanna fountain; *(np. krwi z rany)* spurt
for start[2]; **~y** head start
forhend forehand
form|a form[1], shape[1], pattern, template; **~a odlewnicza** mould[1]; *(gram.)* **słaba ~a** weak form; **(dobra) ~a** fitness; **w (dobrej) ~ie** fit[1]; **znów w dobrej ~ie** back on your feet[1]; **utrzymywać się w (dobrej) ~ie** keep your hand in[1]; **być nadal w dobrej ~ie** going strong; **nie w ~ie** out of condition; *(o biznesie, gospodarce)* **w dobrej ~ie** afloat
formacja formation
formalnie formally, officially, technically
formalnoś|ć formality; **~ci** bureaucracy
formalny formal, official; **b**
stilted
format format, size; *(osoby*
formatować format
formować/sformowa
formowanie formatior

formularz form[1]; ~ **zamówienia** order form

formuła formula

formułka drill[2]

formułować/sformułować formulate; (*na piśmie*) compose, draw sth up, put, word; (*np. pytanie*) frame[2]

fornir veneer

forsa dough

forsować/sforsować force[2], push[1]

forsowny: **nie ~** gentle

fort fort

forteca fortress

fortel manoeuvre, ploy, ruse

fortepian grand piano, piano

fortun|a fortune; **kosztować ~ę** cost (sb) a bomb

fortyfikacja fortification

fortyfikować fortify

forum forum

fosa moat

fotel armchair, easy chair

fotka snap[2]

fotograf photographer

fotografia photography; (*zdjęcie*) photograph, shot[1]

fotograficzny photographic

fotografik photographer

fotografować/sfotografować photograph, shoot[1], picture

fotokopia photocopy, Xerox

fotokopiarka photocopier, Xerox

fotokopiować/sfotokopiować photocopy, xerox

foyer foyer

fracht: (*morski*) shipment

frachtowiec freighter

fragment fragment, extract, snippet; **najciekawszy ~** highlight

fragmentarycznie piecemeal

fragmentaryczny bitty, patchy, piecemeal, scrappy, sketchy

frajer/ka sucker, mug[3]

frak tails

frakcja faction

frakcyjny breakaway

frank franc

frapująco strikingly

frapujący impressive, striking

frekwencja attendance, turnout

fretka ferret

frezja freesia

frędzle fringe

front front; **~ budynku** façade; **~ atmosferyczny** front; **zmieniać ~** change your tune

frontalny frontal

frontowy front

froterowanie shine

frustracja frustration

frustrować/sfrustrować frustrate

frustrujący frustrating

fruwać fly[1], flit, flutter

frytki chips

fryzjer/ka hairdresser; **fryzjer męski** barber

fryzjerski: **zakład ~** the hairdresser's

fryzura hairstyle, haircut

~! yuck

ugh, pooh

fujara wally

fujarka pipe[1]

fular cravat

funciak: (*potoczna nazwa funta szterlinga*) quid

fundacja foundation

fundament: **~y** foundation

fundamentalny fundamental, paramount

fundować fund, lay sth on; (*zakładać*) found[2]; (*sobie/komuś*) treat

fundusz fund; **~e** funds, finance; **asygnowany ~** allowance; **gromadzenie ~y** fund-raising

funkcj|a function, facility; **pełnić ~ę kogoś** act[1] as sb

funkcjonalny functional

funkcjonariusz/ka officer

funkcjonować function, work[2]; (*o maszynie*) run[1]

funkcjonowanie workings

funt: (*szterling*) pound[1]; (*waga*) pound[1]

fura cart, wagon

furgon van

furgonetka van; pickup

furi|a fury, rage; **wpadać w ~ę** rage; **wpadać/wypadać** (*dokądś/skądś*) **z ~ą** storm; **napadać z ~ą** (*na kogoś/coś*) savage

furkot whirr

furkotać whirr

furtka gate; (*przen.*) loophole

fusy dregs; tea leaves

fuszerować/sfuszerować mess sth up, bungle, make a hash of sth

futbol football; **~ amerykański** American football

futerał case[2], holder, holster

futro fur

futrzany furry

futurystyczny futuristic

fuzja fusion

G

g: **litera ~** G, g; (*w muzyce*) **G/g** G

gabinet study[1]; (*lekarski*) surgery; (*np. ministrów*) cabinet; **~ figur woskowych** waxworks

gablotka cabinet

gad reptile

gadać natter

gadanie talk[2]

gadanina talk[2], natter; **urzędowa (niezrozumiała) ~** gobbledegook

gadatliwy talkative, chatty

gadka tale

gaduła: **~ i plociuch** big mouth

gaf|a blunder, faux pas, boob[1]; **popełnić ~ę** blunder, put your foot in it

gajowy gamekeeper

gala gala

galaktyka galaxy

galanteria chivalry

galareta jelly; aspic

galeria gallery

galimatias jumble

galon braid; (*jednostka objętości*) gallon

galop gallop, canter

galopować gallop, canter; (*również o ludziach*) charge[2]

gałązka twig, sprig

gałąź branch, bough; offshoot

gałgan rag; (*osoba*) rascal

gałka ball[1]; (*np. u drzwi*) knob; **~ oczna** eyeball; **~ muszkatołowa** nutmeg

gama range[1]; (*artykułów handlowych*) line[1]; (*w muzyce*) scale[1]

gang gang

gangrena gangrene

gangrenowaty gangrenous

ganić/zganić censure, rebuke, tell sb off (for sth/for doing sth), fault

gapić się stare; (*z otwartymi ustami*) gape, gawp

gar: (*garnek*) pan

garaż garage

garb hump

garbić/zgarbić się hunch[2], slouch

garbus/ka hunchback

garda hilt

garderob|a wardrobe; **część ~y** garment; **niepotrzebna część ~y** cast-off

gardło throat; **na całe ~** at the top of your voice; **mieć ściśnięte ~** have/feel a lump in your throat[1]; **wąskie ~** (*np. w biznesie*) bottle-neck

gardzić/pogardzić despise, scorn, sneer

garncarski: **wyroby ~e, warsztat ~** pottery

garncarstwo pottery

garncarz potter[2]

garnek pot[1], jug; **~ żaroodporny** (*z pokrywką*) casserole

garnirować: (*potrawę*) garnish, trim[2]

garnirunek: (*potrawy*) trimming

garnitur: (*męski*) suit[1]

garnizon garrison

garnuszek mug[1]

garstka handful

garść handful; **brać się w ~** get your act together, get/keep/take a grip/hold (on yourself), pull your-self together, pull your socks up

gasić: (*np. światło*) turn sth off, put sth off; (*światło*) turn sth out; (*np. ogień*) put sth out, extinguish, douse; (*np. papierosa*) stub sth out; (*pragnienie*) quench

gasnąć/zgasnąć: (*o świetle*) go off; (*o świetle itp.*) go out, fade; (*o silniku i pojeździe*) stall[2]; (*o meczu*) fizzle out

gastronomia catering

gastronomiczny gastronomic

gaśnica fire extinguisher

gatun|ek sort[1]; species; brand; quality; **towar drugiego ~ku** second[2]; (*literacki/sztuki itp.*) genre

gawędziarski chatty

gawędzić chat

gaworzyć coo

gawron rook

gaz gas; **~ biologiczny** biogas; **~ bojowy** gas; **~ łzawiący** tear gas; **~ propan butan** Calor gas; **~y**

spalinowe exhaust[1]; (*w napoju*) fizz
gaza gauze
gazecia-rz/rka newspaper boy/girl
gazeta newspaper, paper; **~ wielkoformatowa** broadsheet
gazetka bulletin
gazik pad[1]
gazowany bubbly, fizzy
gazowy gas-fired
gaźnik carburettor
gąbczasty porous
gąbka sponge, foam
gąsiątko gosling
gąsienica caterpillar
gąsior gander
gbur lout
gburowato gruffly
gburowatość gruffness
gburowaty gruff, surly; loutish
gdakać cackle, squawk
gdakanie cackle
gderać nag, go on (at sb) (about sth)
gderliwy disgruntled, crusty
gdy if, when, as; (**podczas**) ~ while[1], when; **~ tylko** as soon as, directly; **~ tylko... wówczas/wtedy...** no sooner...than
gdyby if, should, suppose; **jak ~** like[2]; **~ nie ktoś/coś** but for sb/sth, if it wasn't/weren't for sb/sth
gdyż inasmuch as
gdzie where, whereabouts; **~ indziej** somewhere else, elsewhere; **obojętnie ~** anywhere; **nie ma ~** there's nowhere; **~ bądź, ~ by (nie)** wherever
gdziekolwiek anywhere, wherever
gdzieś somewhere, anywhere; **~ tutaj** hereabouts
gdzież: (a) ~ wherever
gej gay
gejowski gay
gem game[1]
gen gene
genealogia: (*osoby*) pedigree
generacja generation
generalizacja generalization
generalizować generalize
generalizowanie generalization
generalizujący: (*o stwierdzeniu itp.*) sweeping
generalny general[1]; (*o zmianach itp.*) sweeping
generał general[2]; **~ brygady** brigadier, major general; **~ dywizji** (*w armii amerykańskiej*) major general
generator generator
generować generate
genetycznie genetically; **~ modyfikowany** genetically modified
genetyczny genetic
genetyka genetics
geneza origin
genialny brilliant
genitalia genitals
genitalny genital
geniusz genius; (*np. pianista*) prodigy; (*np. w krzyżówkach*) whizz[2]
genom genome
geograf geographer
geografia geography
geograficznie geographically
geograficzny geographic
geolog geologist
geologia geology
geologiczny geological
geometria geometry
geometrycznie geometrically
geometryczny geometric
geotermiczny geothermal
gepard cheetah
geriatria geriatrics
geriatryczny geriatric
germański Germanic
ges: (*w muzyce*) **Ges, ges** G flat
gest gesture; **~ teatralny** flourish; **wykonywać ~** gesture
gestykulować gesticulate
getto ghetto
gęb|a: **zamykać ~ę** (*komuś*) shut (sb) up; (*do wykarmienia*) mouth[1]
gęsi: **~a skórka** gooseflesh; (**iść**) **~ego** in single file
gęstnieć/zgęstnieć thicken, condense; (*o krwi itp.*) coagulate
gęsto thickly, thick[1], densely
gęstość thickness, density; consistency
gęsty thick[1], dense; bushy; creamy
gęś goose
giełda: **~ papierów wartościowych** stock exchange; **~ walutowa** foreign exchange
giętki flexible, pliable, supple; nimble
giętko nimbly
giętkość flexibility, suppleness
gigant giant
gigantyczny gigantic, giant
gilotyn|a guillotine; **ścinać na ~ie** guillotine
gilotynować/zgilotynować guillotine
gimnasty-k/czka gymnast
gimnastyka gymnastics, exercise[1]s, gym
gimnastykować się exercise[2], work out
ginąć/zginąć die, die off, perish; **powoli ~** vanish, disappear; (*gubić się*) go astray
ginekolog gynaecologist; **~-położnik** obstetrician
ginekologia gynaecology
ginekologiczny gynaecological
gips plaster; **zakładać ~** set[2] a broken leg, etc.
gipsować plaster
gis: (*w muzyce*) **Gis, gis** G sharp
gitara guitar; **~ basowa** bass
gitarzyst-a/ka guitarist
gladiator gladiator
gleba soil, earth[1], ground[1]
ględzenie waffle[2]
ględzić ramble, waffle[2], go on (about sb/sth), harp on (about) sth
glina: (*materiał*) clay; (*policjant*) cop[1], copper[2]
glista worm, earthworm
globaln|y global; **~a wioska** the global village
globtroter/ka globetrotter
globulka globule
globus globe
gloryfikować glorify
glosarium glossary
glukoza glucose
glut bogey; **~/y** snot
gładki smooth[1], even[1]; (*o tkaninie*) plain[1]; (*o osobie*) slick[1]
gładko smoothly; (*np. mówić*) glibly
gładkość smoothness; (*mowy*) glibness
gładzić/pogładzić caress, stroke[1]
głaskać/pogłaskać stroke[1]
głaskanie pat[1]
głaz boulder
głąb heart; (*np. kapusty*) stump[1]; **~ kraju** interior; **w ~ kraju** inland; **w głębi pokoju** at the far side[1] of the room
głębi|a depth; (*tonu*) richness; **w ~ serca** at heart; **płynący z ~ serca** heartfelt, wholehearted
głęboki deep[1], profound; (*o dźwięku*) rich
głęboko deeply, deep[2], low[2], strongly, intensely, profoundly; (*spać*) ~ fast, soundly; **spać ~** be sound asleep[3]
głębokoś|ć depth; **mieć (*x* m itd.) ~ci** be (*x* m, etc.) deep[1]
głodny hungry, peckish; **~ jak wilk** famished
głodować starve, go hungry
głodzić/zagłodzić (się) starve
gło|s voice; **na ~s** aloud, out loud; **wydawać ~s** utter[2]; (*o osobie*) **o łagodnym ~sie** soft-spoken; (*w decyzji*) say[2]; (*oddany przy głosowaniu*) vote; **prawo ~su** vote, voice; **oddawać ~s** vote, cast a/your vote
głosić profess
głosować vote
głosowani|e vote; (*w wyborach politycznych*) poll[1], polling; **tajne ~e** ballot; **poddać coś pod ~e** take a vote; **organizować tajne ~e, zapraszać do udziału w tajnym ~u** ballot
głosowy vocal
głośnik loudspeaker
głośno loudly, loud, noisily, vociferously; aloud, out loud
głośność loudness
głośny loud, noisy, vociferous; (*o kimś/czymś znanym*) prominent, noted
głow|a: (*anat.*) head[1]; (*umysł*) mind[1], brain, nut, memory; **tęga ~a** brain; **odwracać ~ę** turn away; **potrząsać ~ą** (*na znak odmowy*) shake your head; **nad ~ą** overhead; **~ą naprzód** head first; (*w sporcie*) **zagrać ~ą** head[2]; **tracić ~ę** lose your head, get flustered; **nie tracić ~y** keep your head; **iść/uderzać do ~y** go to sb's head; **idący do ~y** heady; **~a do góry!** cheer up!; **nosić ~ę wysoko** hold your head high, hold up your head; **przycho**
~y occur; **(nagle) przychod**
~y come/spring to mind[1];
przyszłoby mi to do ~y I
dream of sth; **łamać sob**
czymś) puzzle, rack you
mieszać (*komuś*) **w ~ie**

wbić sobie/komuś coś do ~y put sth into sb's head[1]; **mieć ~ę do czegoś** have a head for sth[1]; **na ~ie** on your mind, on your hands; **z ~y** ad lib, off the cuff, off the top of your head; (*mieć*) **z ~y** off your hands; **mieć coś z ~y** get sth out of your system; **chodzić komuś po ~ie** have sth on the brain; **zawracać ~ę** hassle; **nie chcieć zawracać sobie czymś ~y** can't be bothered (to do sth); **wchodzić komuś na ~ę** get on top of sb, walk over sb
głowica head[1]
głowić się rack your brains
głód hunger, starvation; famine; **umierać z głodu** be ravenous, starve
głóg hawthorn
główka head[1]
główkować: (*w sporcie*) head[2]
głównie mainly, mostly, largely, chiefly, predominantly, primarily, principally, in the main
główn|y main[1], major[1], chief, leading, prime[1], primary[1], principal, head[1], high[1], capital[2], central, staple[2], salient[1], uppermost; **~a część** body; **~y nurt** mainstream; **~a rola** (*np. w filmie*) lead[2]; **~a postać** hero, heroine; **negatyw ~y** master[1]; **~a linia kolejowa** main line; **~a rura wodociągowa/kanalizacyjna/gazowa** main[2]; **~a kwatera** headquarters
głucho dully
głuchota deafness
głuch|y deaf; (*na coś*) impervious; (*o dźwięku*) hollow; **~y odgłos** thud; **~cha cisza** dead
głupawy dopey, dozy
głupek dope, nit, prat, twit, wally
głupi silly, stupid, daft, dumb, foolish, inane, moronic, thick[1], brain-dead, brainless, clueless; **beznadziejnie ~** crass
głup|iec fool, wally; **robić z siebie/kogoś ~ca** make a fool of sb/yourself
głupio stupidly, foolishly, inanely
głupol moron; **on jest ~em** he's thick
głupota stupidity, foolishness, lunacy
głupstw|o nonsense, rubbish, rot; **robić ~a** mess about/around
gmach edifice
gmatwać/zagmatwać confuse, jumble
gmatwanina jumble, mix-up, muddle, tangle
gmerać fumble; potter[1]
gnać/pognać pelt, race[2], streak
gnębiciel/ka oppressor
gnębić oppress, victimize
gnębienie harassment, oppression, victimization
gnębiony oppressed
gniazdko: **~ elektryczne** plug, socket
gniazdo nest
decay, rot
gnić decay, rot
gnida nit
gnieść/zgnieść crumple, crease, crush[1], squash[1], knead □ **gnieść/zgnieść się** crumple, crease
gniew anger, irritation; **wielki ~** wrath; **skory do ~u** irritable; **z ~em** irately; **kipieć z ~u** seethe; **wpadać w ~** fly off the handle
gniewać anger, irritate □ **gniewać się**: (*na kogoś*) fall out (with sb)
gniewnie angrily, crossly, hotly
gniewny angry, black[1]
gnieździć/zagnieździć się: (*o zwierzętach*) nest; (*w wygodnym miejscu*) nestle; (*np. w domu*) be cooped up (in sth)
gnom gnome
gnój manure, dung, muck[1]
go: (*jego*) him, it[1]
gobelin tapestry
godło emblem
godnoś|ć dignity, elevation; **~ć osobista** pride; **poczucie własnej ~ci** self-respect, self-esteem; **pełen ~ci** dignified; **pozbawiony ~ci** undignified; **uwłaczać czyjejś ~ci** be beneath sb
godny worthy
god|y wedding; **miejsce ~ów dzikich zwierząt** breeding ground
godzić/pogodzić conciliate, reconcile; **~ wymagania** balance[1] the demands; (*mieć negatywny wpływ na kogoś/coś*) hit[1] □ **godzić/pogodzić się**: (*z czymś*) accept, reconcile yourself to sth, resign yourself to sth/doing sth, be resigned to sth/doing sth, come to terms with sth, get over sth, lump it; **pogodzić się** (*z kimś*) make (it) up (with sb), be on speaking terms (with sb); (*z myślą, faktem*) live with sth; **~ z przeciwnościami losu** take the rough with the smooth
godzin|a: (*60 minut*) hour; (*przy podawaniu czasu, o pełnych godzinach*) o'clock; (*w szkole*) **~a lekcyjna** lesson, period; **~y nadliczbowe** overtime; **~y odjazdu** times of trains to London, etc.; **~a policyjna** curfew; **~y po północy** small hours; **~y przyjęć lekarza** clinic, surgery; **~y szczytu** rush hour; **~a zamknięcia** closing time; **~a zero** zero hour; **co ~a/ę** hourly; **o pełnej ~ie** on the hour; **do późnych ~** at/till all hours; **po ~ach** off duty; **powiedzieć, która ~a** tell the time; **odkładać coś na czarną ~ę** keep/save sth for a rainy day
godzinowy hourly
gofr waffel[1]
gogle goggles
goić/zagoić się heal
gol goal
goleni|e: **~e (się)** shave; **elektryczna maszynka do ~a** shaver
goleń shin
golf golf; (*np. u swetra*) polo neck
golfowy golf
golić/ogolić się shave
gołąb pigeon; (*często biały*) dove
gołosłowny groundless; (*o groźbach*) empty[1]
goł|y naked, bare; **~e (nie uzbrojone) oko** the naked eye; **widoczny ~ym okiem** self-evident; **pod ~ym niebem** open-air
gonić/dogonić chase, follow, hunt, be after sb/sth; (*konkurencyjnie*) race
goniec messenger, courier
gonitw|a race[1]; **stawiać/zgłaszać do ~y** race[2]
gorąco: (*rzecz.*) heat; **odczuwać ~** burn; **umierać z gorąca** swelter; (*przysłówek*) **jest mi ~** I'm hot; **strasznie mi ~** I'm boiling; **strasznie ~** sweltering; (*z zapałem*) hotly, warmly, fervently; **podziękować ~** give sb a big thank-you
gorąc|y hot, heated; **być ~ym** burn; (*o osobie*) fervent; **~a linia** (*telefoniczna*) hotline
gorączk|a fever; **z ~ą** feverish; **mieć ~ę** have a temperature; (*zapał*) fervour
gorączkować się: **nie ~** keep your hair on
gorączkowo hotly, feverishly, hectically
gorączkowy feverish; (*o wydarzeniach*) hectic
gorejący fiery
gorliwie eagerly, fervently, avidly, zealously; devoutly
gorliwość eagerness, fervour, keenness, zeal
gorliwy eager, fervent, avid, zealous; devout
gorset corset
gorsz|y worse, inferior; **coś ~ego z dwóch** second-best
gorszyć shock[2], scandalize
gorycz bitterness; **z ~ą** bitterly
goryl gorilla; (*ochroniarz*) bodyguard
gorzała booze
gorzej worse
gorzelnia distillery
gorzki bitter; **~e rozczarowanie** rude shock
gospoda inn; (*mała przydrożna restauracja*) diner
gospodarczo economically
gospodarczy economic
gospodarka economy
gospodarnie economically
gospodarny economical
gospodarować farm[2]; **oszczędnie ~** economize
gospodarowanie: (*w domu*) housekeeping, management; (*na ziemi*) farming
gospodarstwo: **~ domowe** household; **~ mleczne** dairy farm; **~ rolne** farm[1]; **~ warzywno-owocowe** market garden
gospodarz host[1]; **pełnić honory/obowiązki ~a** host[1]; (*odnajmujący pokój, mieszkanie itp.*) landlord; (*rolnik*) farmer
gospodyni hostess; **pełnić honory/obowiązki ~** host[1]; (*odnajmująca pokój, mieszkanie*

itp.) landlady; ~ **domowa** housewife; (*rolniczka*) farmer
gosposia housekeeper, maid
gościć/ugościć host[1], put sb up
gościnnie: (*występować/grać*) away
gościnność hospitality
gościnny hospitable
goś|ć guest, visitor; ~**cie** company; **nieproszony ~ć** intruder; (*np. w restauracji, teatrze*) patron; **~ć hotelowy** guest, resident; (*restauracyjny*) diner; (*facet*) fellow, sort, customer
gotować: (*jedzenie*) cook, do the cooking; (*np. wodę*) boil[1]; **zagotować** bring sth to the boil; (*na wolnym ogniu*) simmer; (*w lekko wrzącej wodzie lub mleku*) poach[1]
□ **gotować się**: (*o jedzeniu*) cook; (*w wodzie*) boil[1]; **zagotować się** come to the boil; (*na wolnym ogniu*) simmer; (*na parze*) steam
gotowanie cooking
gotowan|y: **jajko ~e** boiled egg[1]
gotowoś|ć readiness, willingness; **z ~cią** willingly; **okazywać ~ć** offer; **być w ~ci** be on the alert (for sth), be on standby
gotowy ready, in place[1], set[3], game[2], poised; ready-made; **być ~m** (*na coś trudnego/niemiłego*) be prepared for sth
gotów: (*coś zrobić*) willing
gotówka cash
gotycki Gothic
goździk: (*kwiat*) carnation; (*przyprawa*) clove[1]
gó|ra mountain; (*w nazwach*) mount[1]; **~ra lodowa** iceberg; (*górna część czegoś*) top[1]; **na ~rze** overhead; (*kłaść/leżeć itp.*) **na ~rze** on top; **w ~rę, do ~ry** up; **pod ~rę** uphill; **(skierowany) ku ~rze, przemieszczający się w ~rę** upward; **iść w ~rę** go up; **iść do ~ry** climb, ascend; **do ~ry i na dół** up and down; **na ~rę/rze** upstairs; **w ~rę rzeki** upstream; **w/na ~rę** upright; (*być*) **~rą** on top; **do ~ry nogami** upside down, wrong way up, upturned, head over heels; (*czegoś*) mountain, pile[1]; **z ~ry** in advance (of sth); **zakładać z ~ry** take sth for granted; **brać ~rę** prevail; (*o poglądach*) **z ~ry wyrobiony** preconceived; **z ~ry wyrobion-y/e sąd/wyobrażenie** preconception; **patrzeć z ~ry** look down on sb/sth, look down your nose at sb/sth
górnictwo mining
górnik miner; (*w kopalni węgla*) coal miner
górn|y upper, high[1], upstairs; **~e piętro** upstairs; **w ~ym biegu rzeki** upstream
górować predominate
górowanie predominance
górski highland; **stok ~** mountainside
górujący dominant, predominant
górzysty hilly, mountainous; **~ teren** upland
gówniany crappy
gówno crap
gra game[1]; (*sportowa*) play[2]; **~ planszowa** board game; **~ pojedyncza** singles; **~ podwójna** doubles[4]; (*pozorów*) charade; **~ fair** fair play; (*np. w sztuce, filmie*) acting, act[2]; (*w filmie, koncercie itp.*) performance; **robić dobrą minę do złej gry** make the best of sth/a bad job; **wchodzić w grę** be at stake
grabić/zgrabić rake; (*rabować*) plunder
grabie rake
grabież plunder
graca hoe
gracj|a grace, gracefulness; **pełen ~i** graceful; **bez ~i** graceless, gracelessly
gracz player; (*hazardzist-a/ka*) gambler; **~ w golfa** golfer; **~ w krykieta** cricketer
grać/zagrać play[1]; (*w sporcie*) **zagrać głową** head[2]; **~ nieczysto** play dirty[1]; (*np. w sztuce, koncercie*) perform; (*np. w sztuce, filmie*) act[1]; **~ główną rolę** star; **być granym** run[1], be on/showing; (*na instrumencie*) play[1]; **~ na bębnie** drum; **~ ze słuchu** play (sth) by ear; **coś tu nie gra** your story doesn't add up; **co jest grane?** what's up?; (*na czyichś uczuciach itp.*) play on sth
grad hail[1]; (*np. kamieni*) shower; **obsypywać ~em** (*np. kul*) pepper
graficznie graphically
graficzny graphic; **redaktor ~** picture researcher
grafika graphics
grafit: (*w ołówku*) lead[1]
grajek player; **~ uliczny** busker
gram gram
gramatycznie grammatically
gramatyczny grammatical
gramatyka grammar
gramofon record player
gramolić/wygramolić się tumble; climb
granat grenade
granatowy navy blue
grand: (*w nazwach hoteli*) grand[1]
granic|a: (*np. państwa*) border, frontier, boundary; **za ~ę/ą** abroad, overseas; (*linia ograniczająca*) limit[1], line, bounds, confines, dividing line, threshold; **~a możliwości** limitation; **~a słyszalności** hearing; **~a włosów** hairline; **górna/dolna ~a** cut-off; **w ~ach** within; **w ~ach rozsądku** within limits, in/within reason; (*o problemie, epidemii itp.*) **przekraczać ~ę** transcend
graniczyć border, back[4] onto sth; (*np. z cudem*) verge on sth
granie: (*np. sztuki*) performance
granit granite
granulka granule
grań ridge
gratisowy complimentary
gratka windfall
gratulacj|a: **~e** congratulations; **~e!** good for you
gratulować/pogratulować congratulate
graty junk
grawerować/wygrawerować engrave
grawitacja gravity[1]
grawiura engraving
grejpfrut grapefruit
grobla dyke, weir
grobowiec tomb
grobow|y: **~a cisza** stunned silence
groch: **jak ~ z kapustą** higgledy-piggledy
grom thunder
gromada flock, troop
gromadka cluster
gromadnie: **przemieszczać się ~** troop
gromadny social
gromadzić/zgromadzić gather, assemble; (*dużą ilość*) amass; (*np. zapasy*) stock up (on/with sth)
□ **gromadzić/zgromadzić się** gather, assemble, congregate, convene, cluster/be clustered round sb/sth; accumulate, collect, pile up; (*wokół kogoś*) mob, flock
grono cluster
gronostaj stoat; ermine
grosz penny; **~e** peanuts; **bez ~a** penniless, broke[2], down and out; **dla paru ~y** for the sake of sth/of doing sth
grosz|ek: (*warzywo*) pea; **w ~ki** with dots
grota cave
groteskowy grotesque
groz|a threat; (*nastroju*) eeriness
grozić/zagrozić threaten, menace
groźba threat, menace
groźnie threateningly, dangerously; **~ patrzeć na kogoś/coś** glower
groźny threatening, menacing, forbidding, formidable, dangerous, grave[1], nasty; (*o sytuacji*) ugly
grożący threatening, menacing
grób grave[2], tomb; **być jedną nogą w grobie** have one foot in the grave[1]
grubiański coarse, crude, gross, rough[1], vulgar
grubiańsko coarsely
grubiaństwo coarseness, rudeness, vulgarity
grubo coarsely, thickly, thick
gruboskórny heavy-handed
grubość thickness; **mieć** *x* **cm** be x cm thick[1]
gruboziarnisty coarse
grub|y: (*zwl. o osobie*) fat[1], stout; (*o rzeczach*) thick[1], heavy, chunky; **leżący ~ą warstwą** thick; **mający ~ą skórę** thick-skinned; **z ~sza** crudely
gruchać/zagruchać coo
gruchot banger
gruczoł gland
grudka lump[1]
grudkowaty lumpy; chunk
grudniowy December
grudzień December
grunt: (*gleba*) soil, earth

land[1], ground[1]; **wkraczać bez pozwolenia na czyjś ~** trespass; **tracić ~ pod nogami** be/get out of your depth
gruntownie thoroughly, radically, profoundly, heartily, (up) to the hilt
gruntowny deep[1], thorough, radical, profound, probing; (*o zmianach itp.*) sweeping; (*o wiedzy*) intimate
gruntowy dirt
grupa group, band, party, body; lot[4], batch; huddle; bracket, collection; (*muzyczna*) ensemble; **~ krwi** blood group; **~ nacisku** pressure group; **~ zwolenników** following
grupować group, bracket
grupowo across the board
grupowy collective
gruszka pear
gruz rubble; **~y** debris; **w ~ach** in ruins
gruźlica tuberculosis
grymas grimace; **robić ~y** grimace
grymasić pick and choose[1]
grymaśny choosy, difficult, awkward
grypa flu
gryzący: (*np. zapach*) pungent; (*o ubraniu itp.*) prickly
gryzmoły scrawl
gryzoń rodent
gryźć bite[1], gnaw; **lekko ~** nip; (*o zmartwieniach*) bug □ **gryźć się**: (*np. obawami*) **on się gryzie, bo** it bugs him that, be consumed by sth; (*o kolorach*) clash
grzać heat[2] □ **grzać się**: (*o zwierzętach*) be on heat
grzałka element
grzank|a toast[1]; **piec ~i** toast[1]
grządka patch[1]
grząski slushy
grząść/ugrząść stick[2]
grzbiet: (*zwierzęcia*) back[1]; (*np. góry*) crest, ridge; (*książki*) spine
grzbietowy: **styl ~** backstroke
grzebać/pogrzebać: (*zmarłego*) bury; (*w czymś*) meddle, fumble, scrabble, root about/around (for sth) □ **grzebać się**: (*w czymś*) potter[1]
grzebień comb; (*np. koguta, fali*) crest
grzech sin; **popełniać ~** sin; **bez ~u** innocent
grzechot rattle[2]
grzechotać/zagrzechotać rattle[1]
grzechotanie rattle[2]
grzechotka rattle[2]
grzecznie politely, courteously, nicely
grzecznościowy complimentary
grzeczność politeness, courtesy, favour[1]; **wyświadczyć ~** oblige
grzeczny polite, courteous; **bądź ~** keep out of mischief; **~ jak aniołek** (as) good as gold
grzejnik heater, radiator; **~ metalowy** stove
rzeszni-k/ca sinner
szny sinful

grzeszyć/zgrzeszyć sin
grzęda perch, roost
grzęznąć/ugrzęznąć flounder
grzmieć/zagrzmieć rumble, boom[2], thunder
grzmocić/wygrzmocić thump, wallop
grzmot thunder, rumble
grzmotnąć whack
grzmotnięcie thump
grzyb mushroom; fungus; **~ trujący** toadstool
grzyb(k)owy fungal
grzywa mane
grzywka fringe
grzywn|a fine[2], penalty; **karać ~ą** fine[2]
gubernator governor
gubić/zgubić lose, mislay; **~ krok** (*np. w marszu, tańcu*) be out of step (with sb/sth); **~ miejsce** (*np. w książce*) lose your place □ **gubić/zgubić się** get lost, lose your bearings, go astray
gulasz stew
gulgot gurgle
gulgotać gurgle
guma rubber; **~ arabska** gum[2]; **~ do żucia** chewing gum; **~ balonowa** bubble gum; **złapać gumę** (*o oponie*) have a blowout
gumiak wellington
gumka: (*np. do ścierania*) rubber; (*np. w ubraniu*) elastic; (*np. do włosów*) rubber/elastic band
gumowy rubber, rubbery
gusła witchcraft
gu|st taste[1]; **mieć ~st** (*w ubraniu*) have good dress sense; **w dobrym ~ście** tasteful; **w złym ~ście** in bad/poor, etc. taste, tasteless; **bez ~stu** tasteless; **(nie) być w czyimś ~ście** (not) sb's cup of tea; **zadowalać ~sta** cater; **przypadać (sobie) do ~stu** hit it off (with sb); **zbyt... jak na czyjś ~st** too… for your liking
gustowny tasteful
guz bump, lump[1]; (*rakowy*) tumour
guzdrać/wyguzdrać się dawdle
guzdrała straggler
guzik button; (*np. przy aparacie*) knob; **zapinać na ostatni ~** sew sth up
guzowaty lumpy
gwałciciel rapist
gwałcić/zgwałcić rape; (*np. zasadę*) violate; (*np. prawo*) breach, infringe
gwałt rape; **na ~** urgently
gwałtownie violently, fiercely, hotly, sharply, steeply, rapidly; (*np. zatrzymać się*) short[2]
gwałtowność violence, rapidity
gwałtowny violent, vehement, sharp, rapid; jerky; fiendish; flaming; **~ charakter** temper; **~ napływ** upsurge
gwar buzz
gwara slang
gwarancja guarantee, safeguard, safety net; (*na zakupiony towar*) warranty
gwarantować/zagwarantować guarantee, assure, ensure, vouch, safeguard
gwiazd|a star; **spadająca ~a** shooting star; **usiany ~ami** starry; **~y** (*horoskop*) the stars; **~a filmowa** film star; **wielka ~a** superstar
gwiazdka star; (*w tekście*) asterisk
gwiazdor star; **~ filmowy** film star
gwiazdorsk|i: **~a obsada** star-studded cast
gwiazdorstwo stardom
gwiazdozbiór constellation
gwiaździsty starry
gwizd whistle, toot
gwizdać/gwizdnąć whistle, toot; **gwizdnąć** (*pot. ukraść*) nick[2], pinch, sneak, swipe, whip[2]
gwizdek whistle
gwizdnąć → GWIZDAĆ
gwóźdź nail; **przybijać gwoździem** nail

H

h: **litera ~** H, h; (*w muzyce*) **H/h** B
ha: **~!** ha
haczyk hook, catch[2]; (*kłopot*) snag[1]
haczykowaty hooked
hadż: (*w religii muzułmańskiej*) haj
haft embroidery
haftka hook and eye
haftować/wyhaftować embroider
haftowanie embroidery, needlework
haj: **na ~u** high[1] (on sth)
hak hook[1]
hala hall; (*np. dworcowa*) concourse; **~ odlotów** lounge; **~ produkcyjna** shop floor; **~ tranzytowa** transit lounge
halibut halibut
halka petticoat, slip[2]
hall lobby
halo: **~!** hallo, here
halucynacja hallucination
hałas noise, din, racket[2], row[3]; **wpadać/wypadać skądś z ~em** storm
hałasować make a lot of, etc. noise, bang about/around
hałastra mob, rabble
hałaśliwie noisily, rowdily; boisterously
hałaśliwość noisiness, rowdiness
hałaśliwy noisy, loud, rowdy; boisterous, uproarious
hałda mound; **~ żużlowa** slag heap
hamak hammock
hamburger hamburger; (*różnych rodzajów*) (-)burger
hamować/zahamować brake, curb, impede, inhibit; (*rozwój czegoś/kogoś*) stunt[2]
hamulec brake; **~ ręczny** handbrake; (*przen.*) curb, inhibition
handel trade[1], commerce, dealing, trading; **nielegalny ~** traffic; **~ wymienny** barter
handla-rz/rka trader, dealer; **~ narkotykami** drug dealer, pusher
handlować trade[2], deal in sth;

nielegalnie ~ traffic; ~ **narkotykami** deal[2]; ~ **wymiennie** (*np. kupić nowy samochód pozostawiając w rozliczeniu stary*) trade sth in (for sth)
handlowiec dealer, merchant
handlowo commercially
handlow|y commercial; **operacja ~a** transaction; **wielki dom ~y** superstore; **centrum ~e** shopping centre; **zadaszone centrum ~e** shopping mall
handryczenie się squabble
handryczyć/pohandryczyć się squabble
hangar hangar
haniebnie shamefully, ignominiously
haniebny shameful, dishonourable, ignominious; infamous
hańb|a shame, dishonour; **okrywać ~ą** dishonour
harcerka Girl Guide
harcerz scout
hardo insolently
hardość pride, haughtiness
hardy proud, haughty
harem harem
harfa harp
harfia-rz/rka harpist
harfist-a/ka harpist
harmider racket[2], din, uproar, commotion, pandemonium, hullabaloo
harmonia harmony; (*instrument*) accordion
harmoniczny harmonious
harmonijka: ~ **ustna** mouth organ
harmonijnie harmoniously
harmonijny harmonious
harmonizować harmonize, match[3]; **(nie)** ~ (*z czymś*) be in/out of tune
harmonizowanie harmonization
harmonizując|y: **rzecz ~a** (*z inną*) match[2]; **(nie) ~y** (*z czymś*) in/out of keeping (with sth)
harmonogram schedule
harować slave, be hard at it[1]
harówka drudgery, fag, grind
harpun harpoon
hart: (*np. ducha*) toughness
hartować/zahartować toughen, harden □ **hartować/zahartować się** toughen
hasło slogan; **tajne** ~ (*np. do komputera*) password; (*np. w słowniku*) entry, headword
haszysz hashish
hau: (*szczekanie psa*) woof
haust: **pić ~ami** swig
hazard gamble; **uprawiać** ~ gamble
hazardzist-a/ka gambler
heban ebony
hebel plane[3]
heblować/zheblować plane[3]
hebrajski: (język) ~ Hebrew
Heine-Medina: **choroba** ~ polio
hej: ~! hey, here
hektar hectare
helikopter helicopter
hełm helmet, crash helmet
hemofili|a haemophilia; **osoba chora na ~ę** haemophiliac
hemofilik haemophiliac
hemoroidy haemorrhoids
hen over; way[2] down (at the bottom, etc.)
henna henna
heraldyka heraldry
herb coat of arms
herbaciarnia tea shop, café
herbata tea
herbatnik biscuit; (*słodki, kruchy*) shortbread
heretycki heretical
herety-k/czka heretic
herezja heresy
hermetyczny airtight
heroicznie heroically
heroiczny heroic, epic
heroina heroin
herold herald
heterogeniczny heterogeneous
heteroseksualista heterosexual
heteroseksualny straight
hetman: (*w szachach*) queen
hibernacja hibernation
hierarchia hierarchy
hierarchiczny hierarchical
hieroglify hieroglyphics
hifi: (*o sprzęcie elektronicznym*) hifi, high fidelity
higiena hygiene
higienicznie hygienically
higieniczny hygienic, sanitary
hinduizm Hinduism; **wyznawca ~u** Hindu
Hindus/ka Hindu
hinduski Hindu
hip: ~, ~ **(hura)!** hip, hip, hurrah/hurray
hipermarket hypermarket
hipis hippie
hipnotyczny hypnotic
hipnotyzer/ka hypnotist
hipnotyzm hypnotism
hipnotyzować/zahipnotyzować hypnotize; (*np. głosem, wzrokiem*) mesmerize
hipnoza hypnosis
hipochondry-k/czka hypochondriac
hipokryt-a/ka hypocrite
hipokryzja hypocrisy
hipopotam hippopotamus
hipoteczy: **kredyt** ~ mortgage
hipotetycznie hypothetically
hipotetyczny hypothetical
hipoteza hypothesis
his: (*w muzyce*) **His, his** B sharp
histeria hysteria, hysterics
histerycznie hysterically
histeryczny hysterical
histogram bar chart
histori|a history; (*prawdziwa relacja; zmyślone opowiadanie*) story[1]; (*bardzo długa*) saga; **~a miłosna** love story; **~a życia** life story; **tworzyć ~ę** go down in/make history
historycznie historically
historyczny historical; historic
historyjka: (*zmyślone opowiadanie*) story[1], yarn
historyk historian
hm er, hm, well[4]
ho: ~~! gosh, wow
hobby hobby, pastime
hochsztapler cowboy
hodować/wyhodować keep[1], breed, raise[1], rear[2]
hodowca breeder
hodowl|a breeding, culture; **~a koni** stud[2]; **własnej ~i** home-grown
hoho: ~! gee
hojnie generously, handsomely, liberally, profusely
hojność generosity
hojny generous, handsome, lavish, liberal, profuse
hokej: ~ **na lodzie** ice hockey; ~ **na trawie** hockey
hokus: ~ **pokus** trick
hol hall, lounge; **brać na** ~ tow
holenderski Dutch
holocaust holocaust
hologram hologram
holować/doholować tow, haul; **holując kogoś za sobą** with sb in tow
holowanie tow, haul
holownik tug
hołd tribute, salute, homage; **oddawać komuś/czemuś** ~ pay tribute to sb/sth
hołubić pamper
homar lobster
homeopata homeopath
homeopatia homeopathy
homeopatyczny homeopathic
homofon homophone
homogeniczny homogeneous
homonim homonym
homoseksualista homosexual, gay
homoseksualizm homosexuality
homoseksualny homosexual, gay; (*często pejor.*) queer
honor honour[1]; **~y wojskowe** salute; **z wszelkimi ~ami** with great ceremony; **podejmować kogoś z wszelkimi należnymi ~ami** accord sb every respect
honorarium fee
honoris causa honorary degree
honorować/uhonorować recognize; (*np. weksel*) honour[2]
honorowo honourably
honorowy honourable, honorary
horda horde
hormon hormone
horoskop horoscope
horrendalnie horrendously, outrageously
horrendalny horrendous; (*o cenie itp.*) outrageous
horror: (*gatunek filmu*) horror film
horyzont horizon
hospicjum hospice
hotel hotel
hotela-rz/rka hotelier
hrabia count[3], earl
hrabina countess
hrabstw|o county
huczący roaring
huczeć roar, crash[2]; (*na znak dezaprobaty*) boo
huczny uproarious

huk bang[2], thud, clap, roar; **z wielkim ~iem** with a bang[2]; **przejeżdżać itp. z ~iem** thunder
hukanie: (*sowy*) hoot
huknąć → HUCZEĆ
huknięcie boo
hulajnoga scooter
hulanka spree, binge
humanistyczn|y: **przedmioty/nauki ~e** arts, arts subjects
humanistyka: (*przedmioty/nauki humanistyczne*) arts, arts subjects
humanitarnie humanely
humanitarność humanity
humanitarny humanitarian, humane
humo|r humour; **poczucie ~ru** sense of humour; **bez poczucia ~ru** humourless; **zły/dobry ~r** mood, temper; **zły ~r** moodiness; **w złym ~rze** sour, moody
humorystycznie humorously
humorystyczny humorous
humorzasty moody, stroppy
hura: **~!** hurray
huragan hurricane, gale
hurtownia warehouse
hurtownik merchant
hurtowo wholesale, in bulk
hurtowy wholesale
husky husky[2]
huśtać/pohuśtać swing[1] □ **huśtać/pohuśtać się** swing[1]; **~ na wodzie** bob
huśtawka swing[2]; (*na desce*) see-saw
huta foundry; **~ stali** steelworks
hybryd hybrid
hybrydowy hybrid
hydrant hydrant
hydrauliczny hydraulic
hydraulik plumber
hydroelektryczny hydroelectric
hymn hymn, anthem; **~ narodowy** national anthem

I

i: **litera ~** I, i[1]; (*spójnik*) and, plus; both[2]
ich their; theirs
idea idea
idealist-a/ka idealist
idealistyczny idealistic
idealizm idealism
idealizować/wyidealizować idealize, glorify
idealnie ideally
idealny ideal
ideał ideal
identycznie identically, the same, alike; **~ myślący** on the same wavelength
identyczność uniformity
identyczny identical, the same[1], alike, duplicate[1]
identyfikacja identification
identyfikować/zidentyfikować identify □ **identyfikować się** identify with sb
ideologia ideology
ideologiczny ideological
idiom idiom
idiomatyczn|y idiomatic; **wyrażenie ~e** idiom
idiot-a/ka idiot, prat
idiotycznie idiotically, stupidly, inanely
idiotyczny idiotic, stupid
idol idol
idylliczny idyllic
iglast|y coniferous; **drzewo ~e** conifer
iglica: (*np. kościelna*) spire, steeple
igła needle
ignorancja ignorance
ignorant ignorant
ignorować/zignorować ignore, disregard, brush sb/sth aside
igrać: (*np. z niebezpieczeństwem*) court[2]
igrzyska: **~ olimpijskie** the Olympic Games
ikona icon
ikra roe
ile how many/much; **o ~** if, as/so far as, as/so long as; **o ~ nie** unless; **o ~ się nie mylę** I suppose
ilekroć whenever
iloczyn product
iloraz: **~ inteligencji** IQ
ilość quantity, amount, number, volume; **dowolna ~** any number of; **~ zdobytych punktów** score[1]
ilu → ILE
iluminacj|a illumination
iluminować illuminate
ilustracja illustration, figure[1]
ilustrować/zilustrować illustrate, exemplify, picture
ilustrowanie illustration
iluzjonist-a/ka conjurer, magician
iluzoryczny illusory
im: **~...tym...** the... the
imadło vice[2]
imbecyl imbecile
imbir ginger
imbirowy ginger
imbryczek teapot
imienni-k/czka namesake
imiesłów participle; **~ czasu przeszłego** past participle; **~ czasu teraźniejszego** present participle
imi|ę name[1], first name, forename, Christian name; **drugie ~ę** middle name; **nadawać ~ę** christen; **wymieniać ~ę** name[2]; **z ~enia** by name; **w ~ę czegoś** in the name of sth, in the interest(s) of sth; **w ~eniu kogoś** in the name of sb, on sb's behalf; **dobre ~ę** character; **wyrabiać sobie (dobre) ~ę** make a name for yourself, make your name
imigracja immigration
imigrant/ka immigrant
imitacja imitation, mock-up
imitator mimic
imitować imitate
immobilizer immobilizer
immunitet immunity
immunizacja immunization
immunizować immunize
impas stalemate
imperialist-a/ka imperialist
imperializm imperialism
imperialny imperial
imperium empire
impertynencja impertinence
impertynencki impertinent
impertynencko impertinently
impet impetus, momentum
implant implant
implikacja implication
implikować/zaimplikować imply
imponujący impressive, grand[1], imposing, commanding
import import[2]
importer importer
importować import[1]
importowanie import[2]
importowany: **~ towar** import[2]
impotencj|a impotence; **cierpiący na ~ę** impotent
impregnowany waterproof
impresja impression
impresjonizm impressionism
impreza party, bash, do[3]; event; **~ sportowa wyznaczona na dany dzień** fixture
improwizacja improvisation
improwizować/zaimprowizować improvise, ad lib, play it by ear
improwizowany ad lib
impuls impulse, spur, urge
impulsywnie impulsively
impulsywność impulsiveness
impulsywny impulsive, impetuous
inaczej differently, otherwise, to the contrary; or else; **~ niż** other than
inauguracja inauguration, opening
inauguracyjny inaugural
inaugurować/zainaugurować inaugurate
incognito incognito
incydent incident
indagować question[2], interrogate
indeks index; (*np. podejrzanych osób*) blacklist; **umieszczać na ~ie** blacklist
Indian-in/ka: (*rdzenn-y/a*) Native American, Indian
indoktrynacja indoctrination
indoktrynować/zaindoktrynować indoctrinate
industrializacja industrialization
industrializować industrialize
indyjski Indian
indyk turkey
indywidualnie individually
indywidualność individuality; (*cecha i osoba*) personality
indywidualny individual, particular, personal, private; (*o zajęciach itp.*) one-to-one
inercja inertia, inaction
inertny inactive
infantylny infantile
infekcja infection
infekcyjny infectious
infekować/zainfekować infect
infiltracja infiltration
infiltrować/zinfiltrować infiltrate
inflacja inflation
informacj|a information, feedback; **poufna ~a** tip-off; **~a na piśmie**

(*objaśniająca coś na lekcji lub wykładzie*) handout; **dostarczać/udzielać ~i** tell
informacyjn|y informative
informator/ka informant
informatyka information technology
informować/poinformować inform, tell, let sb know, report[1], advise, brief[2]; **~ na bieżąco** liaise; **źle ~** misinform □ **informować się** inquire
informujący się inquirer
infrastruktura infrastructure
ingerencja interference
ingerować/zaingerować intervene, interfere
inicjał initial; **podpisywać się ~ami** initial
inicjatyw|a initiative, enterprise; **wolna ~a** free enterprise; **występować z ~ą** take the initiative; **z własnej ~y** on your own initiative; **z ~ą** enterprising; (*wniosek*) motion
inicjować/zainicjować initiate
iniekcja injection
inkasować/zainkasować collect
inklinacj|a inclination; **~e** sympathies
inkubacja incubation
inkubator incubator
innowacj|a innovation, novelty; **wprowadzać ~e** innovate
innowacyjny innovative
innowator/ka innovator
inny other, alternative, else, otherwise, the odd man/one out; **~ niż** different, unlike, other than; (*jakiś*) **~** another; **taki lub ~** some; **w ~ sposób** otherwise; **~mi słowy** in other words
inscenizować/zainscenizować stage[2]
insekt insect, bug
inspekcj|a inspection, examination; **przeprowadzać ~ę** (*np. budynku*) survey
inspektor/ka inspector, warden; **~ policji** inspector
inspicjent/ka stage manager
inspiracja inspiration
inspirować inspire
inspirujący inspiring
instalacja installation; **~ elektryczna** wiring; **~ wodno-kanalizacyjna** plumbing
instalować/zainstalować install
instrukcj|a: **~e** directions; **~a obsługi** instructions, manual[2]
instruktor/ka instructor, trainer
instrument instrument, implement[1]; **~ muzyczny** instrument; **~y blaszane** brass; **~ dęty** wind instrument; **drewniane ~y dęte** woodwind; **~y smyczkowe** strings
instrumentalny instrumental
instruować/poinstruować brief[2], instruct
instynkt instinct
instynktownie instinctively
instynktowny instinctive
instytucja institution
instytucjonalny institutional
instytut institute[1], school
insulina insulin
insurekcja insurrection, uprising
insynuacja insinuation, innuendo
insynuować insinuate
integracja integration
integralny integral
integrować/zintegrować integrate
intelekt intellect
intelektualist-a/ka intellectual, thinker, highbrow
intelektualnie intellectually
intelektualny intellectual; (*o dziełach sztuki*) highbrow
inteligencja intelligence, brainpower; **sztuczna ~** artificial intelligence; (*warstwa społeczna*) intelligentsia
inteligent/ka intellectual
inteligentnie intelligently
inteligentny intelligent, smart[1], sharp, bright, thinking; (*o wyborze*) informed
intencj|a intention, thought[2]; **w najlepszej ~i** well-meant; **mieć dobre/najlepsze ~e wobec kogoś** have/with sb's interests at heart; **mający najlepsze ~e** well-meaning
intensyfikować raise[1], step sth up
intensywnie intensively, intensely
intensywność intensity
intensywn|y intensive, intense; (*o zapachu*) strong; (*o upale*) blistering; (*o kursie*) crash[1]; **oddział ~ej opieki medycznej** intensive care
interakcyjny interactive
interes business; (*transakcja*) deal[2], transaction, dealing; **ruch w ~ie** business, field day; **dobry ~** big business; **kobieta ~u** businesswoman; **smykałka do ~ów** business sense; **prowadzić ~y z kimś** deal[2] (with sb); **zwijać ~** go out of business; (*osobisty, często skrywany*) vested interest; **w czyimś ~ie** in sb's interest(s), tick[1]
interesować/zainteresować interest[2] □ **interesować/zainteresować się** be interested (in sth/sb), be taken with sb/sth; **~ czymś** (*jako hobby*) go in for sth/doing sth
interesowność self-interest
interesowny mercenary
interesująco interestingly
interesujący interesting
interfejs interface
interkom intercom
interna|t: **szkoła z ~tem** boarding school; **mieszkać w ~cie** board
Internet World Wide Web; **przez ~** online
internetowo online
internetow|y online; **miejsce ~e** web site; **sklep ~y** dot-com; **strony ~e** web pages
internować intern[1]
internowanie internment
interpretacja interpretation; **zła ~** misinterpretation
interpretować/zinterpretować interpret, construe; **źle ~** misinterpret, misread, misconstrue
interpunkcj|a punctuation mark; **stosowanie ~i** punctuation
interwencja intervention
interweniować/zainterweniować intervene, step in
intonacja intonation
intratny profitable, lucrative
introwertyczny introverted
introwerty-k/czka introvert
intruz intruder; (*na przyjęciu*) gatecrasher; **być ~em** intrude, play gooseberry
intryga intrigue, manoeuvre
intrygować scheme; (*kogoś*) puzzle, intrigue
intrygujący intriguing
intuicja intuition
intuicyjnie intuitively
intuicyjny intuitive
intymny intimate
inwalid-a/ka disabled (person), invalid[1]
inwalidztwo disability
inwazj|a invasion; **dokonywać ~i** invade
inwentaryzacja stocktaking
inwentarz inventory; **żywy ~** livestock
inwestor investor
inwestować/zainwestować invest
inwestowanie investment
inwestycja investment; **~ kapitałowa** capital investment
inżynier engineer[1]
inżynieria engineering; **~ genetyczna** genetic engineering
Irland-czyk/ka: **Irlandczyk** Irishman; **Irlandka** Irishwoman; **Irlandczycy** the Irish
irlandzki: **(język) ~** Irish
ironi|a irony; **jak na ~ę** ironically
ironicznie ironically
ironiczny ironic
irracjonalnie irrationally
irracjonalność irrationality
irracjonalny irrational
irygacja irrigation
irys iris
irytacj|a annoyance, irritation, impatience, displeasure; **z ~ą** crossly, impatiently
irytować annoy, irritate, grate[2] (on sb), ruffle; put sb out
irytująco irritatingly, maddeningly
irytujący irritating, annoying, maddening
iskierka sparkle
iskra spark, sparkle
iskrzący (się) sparkling
iskrzenie się twinkle
iskrzyć się sparkle, shimmer, glint; (*o gwiazdach, oczach*) twinkle
islam Islam
islamski Islamic
istnieć exist, be[2], prevail
istniejący existing; **nie ~** non-existent
istnienie existence, being
isto|ta being, creature; **~ta ludzka** human; (*rzecz.*) entity; **~ta (rzeczy)** essence, substance, complexion,

point[1], gist, kernel, thrust; **w ~cie** in (actual) fact, in effect; **uderzający w ~tę sprawy** to the point
istotnie really, indeed, intrinsically
istotn|y essential, intrinsic, material[2], relevant; **rzecz ~a** essential
iść → CHODZIĆ
itd. etc.
itp. etc.
izba: (*ofic.*) chamber; **~ parlamentarna** (*budynek i ludzie*) house[1]; **I~ Gmin** the House of Commons; **I~ Lordów** the House of Lords; **I~ Reprezentantów** the House of Representatives; **~ przyjęć** casualty
izolacja: (*odosobnienie*) isolation; (*np. w więzieniu*) confinement; (*np. w ścianach domu*) insulation
izolatka ward
izolować/odizolować isolate, cut sb/sth off (from sb/sth), shut sb/sth off (from sth); (*np. ściany domu*) insulate
izolowanie insulation

J

j: **litera ~** J, j
ja I[2]; **(to) ~** me
jabłecznik: (*napój*) cider
jabłko apple
jacht yacht
jachtowy yacht
jad venom
jadalnia dining-room
jadalny edible
jadący: (*dokądś*) destined for
jadłospis menu; (*o wybieraniu potraw*) **z ~u** à la carte
jadowity venomous; (*o zwierzęciu, wypowiedzi*) poisonous; (*o ataku itp.*) virulent
jagnię lamb
jagnięc|y: **mięso ~e** lamb
jagoda berry
jaguar jaguar
jaja: **robić (sobie) ~ z kogoś** take the mickey (out of sb)
jajecznica scrambled egg
jajko egg[1]; **~ wielkanocne** Easter egg
jajnik ovary
jajo ball
jajowaty oval
jak: (*w pytaniach*) how; **~ to się stało?** how come; (*w porównaniach*) like[2], -like, as to; **~ na kogoś/coś** as people, things, etc. go, for[1]; **~ gdyby** as though; **~ tylko** the minute/moment (that); **tak...~...** as; **zarówno..., ~ i...** both[2]; **~ i** as well (as sb/sth); **jeszcze ~** you bet; **~ mu tam** so-and-so
jakby like[2]
jaki which, what; **w ~ sposób** how; **~ tylko chcesz** whichever; **~ by nie był** whatever
jakikolwiek any, whichever, whatever
jakiś a[2], one[1], certain[2], some, any; **~ (taki)** a kind of
jakiż: (a) **~** whichever
jakkolwiek however
jako as; **~ że** since; **~ taki** as such; **~ tako** so-so
jakoś somehow, sort of
jakoś|ć quality, grade[1]; **wysoka ~ć** quality; **najwyższej ~ci** de luxe; **niskiej ~ci** downmarket
jakże: **a ~!** surely, sure (thing)
jałmużna handout
jałowcówka gin
jałowość infertility, dryness
jałowy infertile, sterile, barren, arid; **bieg ~** neutral
jama burrow, hole
jamnik dachshund; (*stolik*) coffee-table
Jankes/ka Yank
janowiec gorse
jantar amber
japonka: **klapek** flip-flop
jar ravine
jard yard[2]
jarmark market[1], bazaar
jarzejący luminous
jarzeniowy fluorescent
jarzębina rowan
jarzmo yoke
jarzyć się glow, light up
jarzyna vegetable
jarzynowy vegetable
jaskier buttercup
jaskinia cave, cavern, den
jaskiniowiec cave-man/woman
jaskółka swallow
jaskrawo brightly, brilliantly, glaringly
jaskrawość brightness
jaskrawy bright, glaring, bold; fluorescent; flashy, garish, gaudy
jasno clearly, explicitly, lucidly; **wyrażać się ~** make sth clear/plain (to sb)
jasnoniebieski light blue
jasność brightness, brilliance; clarity, lucidity
jasnowidz/ąca clairvoyant
jasn|y bright, light[3]; (*o włosach, skórze*) fair[1]; **o ~ych włosach** fair-haired; (*oczywisty*) clear[1], evident, plain[1], obvious, lucid; **~e, że** evidently; **~y jak słońce** crystal clear
jastrząb hawk
jaszczurka lizard
jaśmin jasmine
jaśnieć/zajaśnieć shine; (*o oczach*) twinkle
jaśniejący shiny
jatk|a massacre; **urządzać ~ę** massacre
jaw: **wyjść na ~** emerge, get out, come to light, unfold
jaw|a: **śnić na ~ie** daydream
jawnie openly, blatantly
jawny open[1], blatant, patent[1], apparent, public
jawor sycamore
jazd|a drive[2], ride[2]; (*samochodem*) driving[1]; **~a po pijanemu** drink-driving; **~a próbna** trial run; **~a na deskorolce** skateboarding; **~a na łyżwach** skating; **~a na wrotkach** roller skating; **~a kłusem** trot; **konkurs ~y konnej z przeszkodami** showjumping; **no to ~a!** here goes
jazz jazz
jazzowy jazz
ją her[1]; it[1]
jądro nucleus, kernel; (*planety*) core; (*o ludziach w grupie*) hard core; (*anat.*) testicle
jądrowy nuclear, atomic
jąkać/zająknąć się stammer, stutter, stumble over sth
jąkanie się stammer, stutter
jątrzyć aggravate □ **jątrzyć się** fester
jechać → JEŹDZIĆ
jed|en one[1,2]; a[2]; single; **~ (lub drugi)** either; **~ za drugim** one after another/the other, one by[2] one, in single file; **wszystko mi ~no** I don't mind[2]
jedenasty eleventh
jedenaście eleven
jednać conciliate
jednak: **(ale) ~** but[1]; **a ~** yet, however[2], anyhow, after all; **niemniej ~** though, notwithstanding
jednakowo alike, equally
jednakowoż however[2]
jednakowy alike, equal
jednakże however, but, notwithstanding, equally
jednoczesny simultaneous, concurrent, coincidental
jednocześnie at the same time, simultaneously, concurrently, coincidentally, at a time, equally, hand in hand, in tandem (with sb/sth)
jednoczyć/zjednoczyć unite, unify, reunite, rally[2] □ **jednoczyć/zjednoczyć się** unite, reunite, rally[2]; (*wokół kogoś/czegoś*) rally round
jednodolarówka dollar
jednogłośnie unanimously
jednogłośny unanimous
jednojęzyczny monolingual
jednokierunkowy one-way
jednolitość uniformity
jednolity uniform[1], homogeneous, solid; (*o tkaninie*) **~ w kolorze** plain[1]; (*o opłacie*) flat[2]
jednomiejscowy single
jednomyślnie unanimously
jednomyślność consensus
jednomyślny unanimous
jednoosobowy single
jednorazow|y: **do ~ego użycia** disposable; **~a wypłata** lump sum
jednorodny homogeneous
jednorożec unicorn
jednostajnie monotonously
jednostajność monotony
jednostajny monotonous, uniform[1], steady, flat[2]
jednostk|a unit, entity, module; **~a miary minimalnej zmiany** (*np. ceny, stopy procentowej*) point[1]; (*osoba*) individual; **~i** (*np. bojowe*) force[1]; **~i pływające** shipping

jednostronnie unilaterally
jednostronny one-sided, unilateral
jednoszynow|y: **kolej ~a** monorail
jedność unity
jednoznaczny: (*z czymś*) synonymous; (*o słowach*) interchangeable
jedwab silk
jedwabisty silky
jedwabny silk
jedyna-k/czka only child
jedynie only, merely, solely, purely, flat[3]
jedyn|y only[1], sole[1], one[1], lone; exclusive; **~a okazja**, **~y w swoim rodzaju** one-off
jedzeni|e food; **coś do ~a** a bite[2] to eat
jego: (*przymiotnik dzierżawczy*) his; its; (*zaimek*) him; it[1]
jej: (*przymiotnik dzierżawczy*) her[1,2]; (*przysłowek dzierżawczy*) hers; its
jeleń deer, stag
jelito intestine, bowel, gut
jelitowy intestinal
jelonek fawn[1]
jemioła mistletoe
jemu (to) him; (to) it
jeniec captive; **~ wojenny** prisoner of war
jesienny autumnal
jesień autumn
jesion ash[1]
jesionowy ash[1]
jesiotr sturgeon
jeszcze still[1], yet, even[2], more[1], (what/something, etc.) else; **~ (raz)** again, yet again; **~ jeden** (yet) another; **~ (teraz)** already; **~ nie teraz** not just yet[2]; (*np. lepiej, bardziej, trudniej*) all the better/ harder, etc.; **do tego** ~ moreover; **~ jak** you bet; **(zostaje/ma) ~** to go[1]
jeść/zjeść eat; **zjeść** have[2] (a sandwich, etc.); **zjeść wszystko** eat sth up; **jeść łapczywie i głośno** gobble; **~ obiad** dine; **~ obiad w restauracji** dine out, eat out; **nie jeść** be off your food; **jeść komuś z ręki** eat out of your/sb's hand
jeśli if; **a ~** supposing
jezdnia the roadway
jezdny: (*o drodze, szlaku*) passable
jezioro lake; (*szkoc.*) loch
jeździć/jechać/pojechać go[1]; (*w kierunku opisanym*) head for; (*np. drogą*) follow; (*z jednakową prędkością*) cruise; (*samochodem*) drive[1]; (*np. autobusem, samochodem, rowerem, motorem, konno*) ride[2]; (*np. pociągiem, autobusem*) get, take; (*o autobusach, pociągach itp.*) run[1]; **~ na rowerze** cycle; **~ na łyżwach** skate; **~ na wrotkach** roller skate; **~ na nartach** ski; **~ na nartach wodnych** waterski
jeździec rider, horseman
jeździecki equestrian
jeździectwo riding
jeż hedgehog
jeżeli if, should, supposing; **~ nie** unless
jeżyć/zjeżyć się bristle; **sprawiający, że włosy jeżą się na głowie** hair-raising
jeżyna blackberry, bramble
jęczeć groan, moan, wail, whine; (*na jakiś temat*) moan; (*skarżyć się*) whine
jęczenie moan
jęczmienny barley
jęczmień barley; (*na powiece*) sty
jędrność firmness
jędrny firm[2]; (*o wypowiedzi itp.*) pithy
jędza: (*o kobiecie*) bitch, cow
jędzowaty bitchy
jęk groan, moan, wail, whine
języczek: (*np. do otwierania puszki*) tab; **~ u wagi** balance of power
język tongue; **pokazywać ~** put/ stick your tongue out; **mieć coś na końcu ~a** have sth on the tip of your tongue; **trzymać ~ za zębami** keep your mouth shut[1]; (*np. polski*) language, tongue; **drugi ~** second language; **~ nowożytny** modern language; **~ ojczysty** mother tongue; **~ migowy** sign language; **posługiwać się ~iem migowym** sign[2]; **mieć/znajdować wspólny ~** relate to sb/sth
językowy linguistic, language
językoznawca linguist
językoznawczy linguistic
językoznawstwo linguistics
jidysz Yiddish
jod iodine
jodła fir
jodyna iodine
joga yoga
jogging: **uprawiać ~** jog
jogurt yoghurt
jo-jo yo-yo
jot|a: **ani na ~ę** remotely
jowialny jovial, genial; mellow
Jowisz Jupiter
jubel do[3]
jubiler jeweller
jubilerski: **sklep~** the jeweller's
jubileusz anniversary, jubilee
judaizm Judaism
junior: (*po nazwisku*) Junior
jurny virile
juror adjudicator, assessor, juror
jury jury
jurysdykcja jurisdiction
jutro tomorrow
jutrzejszy tomorrow's
już already; ready; (*w pytaniach*) yet; **~ nie** not any more, no/not any longer, no more

K

k: **litera ~** K, k
kabaczek marrow[2]
kabał|a: **wpakować się w ~ę** get into trouble
kabaret cabaret
kabel cable, wire, flex[1]; (*osoba*) sneak
kabina cabin, booth, cubicle; (*do tajnego głosowania*) polling booth; (*pilota*; *w samochodzie wyścigowym*) cockpit
kabinow|y: **torba/walizka ~a** carry-on
kablow|y: **telewizja ~a** cable television
kabłąkowat|y: **~e nogi** bow legs; **o ~ych nogach** bow-legged
kabriolet convertible
kabura holster
kac hangover
kaczan: **~ kukurydzy** corn on the cob
kaczka duck[1]
kadencja term; **~ prezydenta** presidency
kadet cadet
kadłub: **~ samolotu** fuselage; **~ statku** hull
kadr: **~ filmu** still[2]
kadr|a: **~y** personnel
kadzidło incense
kadź tub
kafel tile
kaftan: **~ bezpieczeństwa** straitjacket
kaganiec muzzle; **nałożyć komuś ~** gag
kajak canoe, kayak; **pływać ~iem** canoe
kajdanki handcuffs
kajmak fudge[1]
kajuta cabin
kakao cocoa
kaktus cactus
kalafior cauliflower
kalambur pun; **~y** charade
kalectwo deformity, disability
kaleczyć/skaleczyć cut[1], injure, hurt, maul
kalejdoskop kaleidoscope
kaleka cripple
kalendarz calendar
kalendarzyk diary
kalenica ridge
kaliber calibre; (*osoby*) stature
kalk|a carbon paper; **kopia przez ~ę** carbon copy
kalkomania transfer[2]
kalkować/przekalkować trace[2]
kalkulator calculator
kalkulować/skalkulować calculate, work sth out, project[2]
kaloria calorie
kaloryfer radiator
kalumnia smear
kał faeces, excrement; **oddawać ~** excrete
kałamarnica squid
kałdun gut
kałuża pool[1]; puddle
kamea cameo
kamelia camellia
kamera: **~ filmowa** camera; **~ wideo** camcorder
kameraln|y: **muzyka ~a** chamber music
kamerzyst-a/ka cameraman
kamfora: **znikać jak ~** vanish, etc. into thin air
kamieniarka masonry
kamieniarsk|i: **robota ~a** stonework
kamieniarz mason, stonemason

kamieniołom quarry[1]; **eksploatować ~** quarry[1]
kamienisty stony, rocky
kamienny stony, stone
kamienować/ukamienować stone
kamień stone, rock[1]; **~ brukowy** paving stone; **~ milowy** milestone; **~ nagrobny** gravestone, tombstone; **~ szlachetny** gem, precious stone; **~ do zapalniczki** flint; **~ nazębny** plaque[2]; (*miara ciężaru równa 6.35 kg*) stone
kamizelka: (*np. do garnituru*) waistcoat; **~ ratunkowa** life jacket
kampani|a campaign, drive[2]; **przeprowadzać ~ę, uczestniczyć w ~i** campaign; **uczestni-k/czka ~i** campaigner
kamuflaż camouflage
kamuflować/zakamuflować camouflage
kamyk stone; (*np. na plaży, nad rzeką*) pebble; **~i** grit
kanalizacja drainage; sewer; sanitation
kanał: (*naturalny*) channel; **K~ La Manche** the English Channel; (*sztuczny*) canal; ditch; (*ściekowy*) sewer; (*rurka*) pipe[1], vent, duct
kanapa sofa, couch[1], settee
kanapka sandwich
kanarek canary
kancelaria: **~ adwokacka** practice
kanciasty angular
kanclerz chancellor
kandydat/ka candidate, contender, entrant; (*np. do pracy*) applicant; (*na coś, do czegoś*) nominee
kandydatur|a candidacy; **wysuwać ~ę** propose
kandydować: (*np. na stanowisko, do parlamentu*) run[1], stand[1]
kangur kangaroo
kanibal cannibal
kanibalizm cannibalism
kanion canyon
kanister canister
kanoe canoe
kanonierka gunboat
kanonik canon
kant crease; (*oszustwo*) fiddle[1]; **~y** racket[2]
kantor bureau de change
kantować wangle
kantyna cafeteria, canteen
kapać drip, trickle, dribble
kapanie drip
kapeć slipper
kapela band, group
kapelan chaplain
kapelusz hat; **~ myśliwski** deerstalker
kapelusznictwo millinery
kapitalist-a/ka capitalist
kapitalistyczny capitalist
kapitalizm capitalism
kapitalny tremendous, smashing; **przeprowadzać ~ remont** overhaul
kapitał capital[3]
kapitan captain; (*np. statku*) skipper
kapitulacja capitulation
kapitulować/skapitulować capitulate, give up
kapka touch[2]
kaplica chapel
kapłan/ka priest
kapłaństwo ministry
kapować (się) cotton on, latch on (to sth), get the hang of sth
kapral corporal
kaprawy bleary
kapryfolium honeysuckle
kaprys whim, fad; (*np. losu*) quirk, freak
kapryśny moody, capricious
kapsel cap
kapsuł(k)a capsule
kaptur hood
kapturek diaphragm
kapusta cabbage; **~ kiszona** sauerkraut
kar|a punishment, penalty, fine[2], sanction; (*w sporcie*) penalty; **~a cielesna** corporal punishment; **~a śmierci** death penalty; **zadawać ~ę** punish; **nakładać** (*na kogoś*) **~ę** penalize
karabin gun, rifle[1]; **~ maszynowy** machine-gun
karać/ukarać punish, penalize, discipline; **~ grzywną/mandatem** fine[2]; **~ niesprawiedliwie** victimize
karafka carafe
karaibski Caribbean
Karaiby Caribbean
karalny punishable
karaluch cockroach
karambol: (*np. samochodowy*) pile-up; **tworzyć ~** pile up
karany: **nie ~** clean[1]
karat carat
karawan hearse
karawana caravan
karb notch
karba nick[1]
karbowany corrugated
karcić/skarcić rebuke, scold, censure
karczoch artichoke
kardynał cardinal[1]
karencja grace
kareta carriage, coach[1]
karetka: (*pogotowia ratunkowego*) ambulance
kariera career[1]; **zrobił wielką karierę** he has made/hit the big time
kark neck, nape; (*brać*) **za ~** by the scruff of the/sb's neck; **na złamanie ~u** at breakneck speed
karłowaty dwarf
karmazyn crimson
karmazynowy crimson
karmel(ek) caramel
karmelowy caramel
karmić/nakarmić feed[1], nourish; **~ piersią** breastfeed, nurse
karmienie feed[2]
karnacj|a colouring, complexion; **ciemnej ~i** dark-skinned; **jasnej ~i** fair-skinned
karnawał carnival
karnet book[1]
karnisz rail
karn|y criminal, penal, punitive; **pole ~e** (*w piłce nożnej*) penalty area
karo diamond
karoseria bodywork
karp carp
kart|a card; **~a do bankomatu** cash card; **~a do głosowania** ballot paper; **~a gwarantująca czeki** cheque card; **~a kredytowa** credit card; **~a lądowania** landing card; **~a magnetyczna** smart card; **~a płatnicza** debit card; **~a pokładowa** boarding card; **~a telefoniczna** phonecard; **zielona ~a** green card; (*dań*) menu; (*dokument oficjalny*) charter; **rozdanie ~** hand[1]; **stawiać wszystko na jedną ~ę** put all your eggs in one basket
kartka: (*papieru*) sheet, slip[2]; (*np. w książce*) page[1]; **~ pocztowa** postcard; **~ samoprzylepna** Post-it; **~ świąteczna** (*z okazji Bożego Narodzenia*) Christmas card; (*w sporcie*) **żółta ~** yellow card; **z ~mi do wyjmowania** loose-leaf
kartkować/przekartkować leaf through sth, thumb
kartofel potato; (*pot.*) spud
kartofelkowaty bulbous
karton carton, card
kartote|ka index, file[1]; **w ~ce** on file; **włączać do ~ki** file[1]
karuzela roundabout[2]
karygodnie abominably
karygodny culpable; **czyn ~** crime
karykatura caricature, cartoon
karykaturzysta cartoonist
karzący punitive
ka-rzeł/rzełek/rlica/rliczka dwarf, midget
kasa: (*sklepowa*) till[2], checkout, cash desk; **~ biletowa** (*np. w teatrze, kinie*) box office, booking office; **~ podręczna** petty cash; **~ oszczędnościowa udzielająca pożyczek hipotecznych** building society
kaseta cassette, cartridge; (*zawierająca nagrania jednego artysty*) album
kaseton panel
kasjer/ka cashier
kask crash helmet, helmet
kaskada cascade
kaskader stuntman
kaskaderka stuntwoman
kaskadowo: **opadać ~** cascade
kasta caste
kastowy: **system ~** caste
kastracja castration
kastrować/wykastrować castrate; (*zwierzę*) neuter
kasyno: **~ gry** casino
kaszel cough
kaszleć cough
kaszmir cashmere
kasztan: (*drzewo*) chestnut, horse chestnut; (*owoc*) conker
kasztanowiec: **~ zwyczajny** horse chestnut
kasztanowy chestnut, auburn
kat executioner, hangman

katalizator: (*także przen.*) catalyst; (*w samochodzie itp.*) catalytic converter
katalog catalogue; ~ **fiszkowy** index
katalogować/skatalogować catalogue, list
katapultować się eject
katar cold[2]; (*nieżyt*) catarrh; ~ **sienny** hay fever
katarakta cataract, rapids
katastrofa catastrophe, disaster, calamity; ~ **lotnicza** crash[1]; ~ **morska** shipwreck
katastrofalnie disastrously
katastrofalny catastrophic, disastrous
katechizm catechism
katedra cathedral; (*na uniwersytecie*) faculty, chair
kategori|a category; **drugiej ~i** second-class; **w ~ach** in…terms, in terms of…
kategorycznie categorically, expressly, flatly, point-blank
kategoryczny categorical, express[2], positive, flat[2]
katolicyzm Roman Catholicism
katorga fag
katusze torment
kaucj|a deposit[2]; bail; **zwolnienie za ~ą** bail
kaustyczny caustic
kawa coffee
kawaler bachelor
kawaleria cavalry
kawalerski: **wieczór ~** stag night
kawalerzysta horseman
kawał chunk, hunk; ~ **czasu** donkey's years; (*dowcip*) joke, gag; **opowiadać ~** joke; **robić komuś ~** play a joke/trick on sb
kawałeczek sliver, fraction
kawał|ek piece[1], bit[1], slice, chunk, lump[1], length, scrap[1]; (*pokarmu*) morsel; (*mięsa*) cut[2]; **na ~ki** up, to bits, apart; **po ~ku** piecemeal; **rozkładać na ~ki** take sth apart; **rwać na ~ki** tear sth up; **rozbijać (się) na ~ki** shatter
kawiarenka: ~ **internetowa** cybercafe
kawiarnia café
kawior caviare
kazać order[2], tell, make[1]; ~ **komuś iść dokądś** send; ~ **komuś** (*na siebie itp.*) **czekać** keep sb waiting
kazalnica pulpit
kazani|e sermon; **wygłaszać ~e, prawić** (*komuś*) **~a** preach
kazirodczy incestuous
kazirodztwo incest
kaznodzieja preacher
każd|y each, every; any; whatever, whichever; (*o osobie*) everybody, anybody, all[1]; **~y, kto** whoever; **~emu** apiece
kącik niche, nook
kąpać/wykąpać bath □ **kąpać/wykąpać się**: (*w wannie*) bath; (*np. w morzu, rzece*) bathe; ~ **w słońcu** soak up the sunshine
kąpiel bath; (*np. w morzu*) bathing; **płyn do ~i** bubble bath; **szybka ~** (*np. w morzu*) dip
kąpielówki (swimming) trunks
kąsać/ukąsić bite[1]
kąsek morsel; **smakowity ~** titbit
kąt angle[1]; ~ **ostry** acute angle; ~ **prosty** right angle; **pod (jakimś) ~em** at an angle; (*np. w pokoju*) corner[1]; (*np. widzenia*) angle[1]
kciuk thumb; **trzymać ~i** cross your fingers, keep your fingers crossed
keczup ketchup
kelner waiter
kelnerka waitress
kemping campsite
kempingowanie camping
kędzierzawy frizzy
kępa clump
kępka: (*np. włosów, trawy*) tuft
kęs bite[2], mouthful, morsel
khaki: **kolor ~** khaki
kibel bog
kibic fan[2], supporter
kibicować support
kibić waist
kibuc kibbutz
kichać/kichnąć sneeze
kichnięcie sneeze
kici: (*wołanie kota*) kitty, puss
kicia kitty
kiciuś kitty
kicz kitsch
kiczowaty kitsch
kiedy when, while[1], ever, as, once; ~ **tylko** once, whenever; ~ **(to) możliwe** where possible, etc.
kiedykolwiek whenever, ever
kiedyś once, at one time; (*o przyszłości*) some day, sometime, somewhere along/down the line[1]
kiedyż: (a) ~ **to** whenever
kielich cup[1]
kieliszek glass; (*objętość*) glassful; ~ **do jajek** egg cup
kielnia trowel
kieł: (*np. psa*) fang; (*np. słonia*) tusk
kiełbasa sausage; (*pot.*) banger
kiełek sprout, germ
kiełkować/zakiełkować sprout; germinate
kiełkowani|e germination; **doprowadzać do ~a** germinate
kiep mug[3]
kiepski bad, rotten, dismal, low[1], second-rate, trashy, shoddy, feeble; **żenująco ~** pathetic; (*o osobie*) ~ (*w czymś*) useless, bad, not much good[2]; **w ~m stanie** the worse for wear
kiepsko badly, poorly[1], pathetically, shabbily; (*czuć się*) poorly[2]
kier heart
kiermasz fête
kierować direct[2], lead[3]; head[2], steer; (*pojazdem*) drive[1]; (*kimś*) guide[2]; (*coś do kogoś*) address[2], direct[2], refer, aim[2], angle[1]; (*np. krytykę*) level sth at sb/sth; ~ (*kogoś/coś*) **w określonym kierunku** urge; ~ **uwagę/sprawę na boczny tor** sidetrack; **zręcznie ~** manipulate; (*czymś*) manage, run[1], be in control (of sth); govern; **źle ~** mismanage □ **kierować się**: (*do kogoś/czegoś*) head for, make for sb/sth; (*czymś*) go by sth
kierowanie regulation, conduct[1], administration; (*np. biznesem*) running
kierowca driver, motorist, chauffeur; **pijany ~** drink-driver
kierownica steering wheel, wheel; (*roweru*) handlebar
kierownictwo direction, management; leadership; **złe ~** mismanagement
kierowniczy administrative, managerial; **układ ~** steering
kierowni-k/czka manager; chief; principal; supervisor; (*pociągu*) guard[2]; ~ **sceny** stage manager;
kierowniczka manageress
kierun|ek direction, way[1], bearing; (*działania*) line[1], trend; **w ~ku** towards
kierunkowskaz: (*samochodu*) indicator
kierunkowy: **przedmiot ~** major
kiesze|ń pocket; **wkładać do ~ni** pocket; **znać jak własną ~ń** know sth inside out/like the back of your hand; **na każdą ~ń** budget, to suit every pocket; **chować do ~ni** (*np. obrazę, zarzuty*) swallow
kieszonkowe pocket money
kieszonkowiec pickpocket
kieszonkowy pocket
kij cane, stick; (*baseballowy lub do krykieta*) bat[2]; (*do golfa*) club[2]; (*np. hokejowy*) stick[1]; (*np. bilardowy*) cue[2]; ~ **od miotły** broomstick; **jakby ~ połknął** bolt upright
kijanka tadpole
kijek stick[1]
kikut stump[1]
kil keel
kilim rug
kilka several, a few[2]; a couple of people/things; ~ **dobrych** quite a few; ~ **dni temu** the other day/morning/week, etc.
kilkadziesiąt dozens
kilku a few[2]
kilof pick[3]
kilogram kilo
kilometr kilometre
kilowat kilowatt
kilwater: (*ślad wodny statku*) wake[2], wash[2]
kimać kip
kimanie kip
kinematografia film
kino cinema; the pictures; the screen
kiosk kiosk; (*np. z gazetami, książkami*) bookstall, newsagent
kipieć bubble; **wykipieć** boil over; (*np. ze złości*) boil[1], fume, seethe
kisić: (*np. kapustę*) pickle
kiszka bowel, gut
kiść: (*ręki*) wrist; (*np. winogron*) bunch, cluster
kit: (*szklarski*) putty
kita: ~ **z piór/materiału** (*np. do kapelusza*) plume
kitel overall[2], smock

kiwać/kiwnąć: (*na kogoś*) motion; ~ **głową** (*do kogoś*) nod; **nie kiwnąć palcem** not do a stroke (of work) □ **kiwać się** wobble, waggle
kiwi: (*ptak*; *owoc*) kiwi
kiwnięcie: (*głową*) nod; (*ręką*) wave[2]
klacz mare
klaczka filly
klajster paste[1]
klakson horn
klamerka: (*do bielizny*) peg[1]
klamk|a handle, latch; **na ~ę** on the latch
klamr|a clamp, bracket; **spinać ~ą** clamp; (*zapięcie*) fastener, buckle
klan clan
klap|a: (*np. marynarki*) lapel; (*niepowodzenie*) flop; **robić ~ę** fold
klapać/klapnąć snap[1]; (*ciężko siadać*) flop, plump (yourself) down
klapek flip-flop
klapk|a flap[1]; **~i** (*na oczy*) blinkers
klaps slap, smack[1]; **dawać ~a** smack[1], spank
klarnet clarinet
klarownie lucidly
klarowność purity, lucidity
klarowny lucid
klas|a class, league, rank; **pierwsza ~a** first class; **wysoka ~a** quality; **druga ~a** second class; **dyplom drugiej ~y** second[2]; **~a szkolna** class, form[1], grade[1]; **~a profilowana** stream; (*pokój*) classroom; **~a robotnicza/pracująca** the working class; **~a średnia** middle class; **~a wyższa** upper class
klaser album, stamp album
klaskać/klasnąć clap
klaskanie clap
klasówka test
klasycznie classically
klasyczn|y classic, classical, vintage; **styl ~y** (*w pływaniu*) breaststroke; **filologia ~a** Classics
klasyfikacja classification
klasyfikować/sklasyfikować classify, categorize, grade[2], class
klasyk|a: **dzieło ~i** classic
klasztor: (*męski*) monastery; (*żeński*) convent
klat|ka cage; **(trzymany) w ~ce** caged, captive; (*dla królików itp.*) hutch; **~ka piersiowa** chest; **~ka schodowa** staircase; (*kliszy*) exposure
klaustrofobia claustrophobia
klaustrofobiczny claustrophobic
klauzula clause
klawiatura keyboard
klawisz key[1]; (*w komputerze*) ~ **do określonej funkcji** function key; ~ **szybkiego przewijania** fast forward; ~ **zmiany małych liter na wielkie** (*na maszynie do pisania*) shift key
kląć curse[2], swear
klątw|a curse[1]; **rzucać ~ę** curse[2]
klecić/sklecić cobble sth together, patch sth up, rig sth up
kleić/skleić stick[2], gum[2]; (*taśmą klejącą*) sellotape □ **kleić/skleić się** stick[2]
kleisty sticky, tacky
klej glue, paste[1], gum[2]
klejący: **środek** ~ adhesive □ **klejący się** sticky
klejnot jewel, gem; **~y koronne** crown jewels
klekot rattle[2]
klekotać rattle[1]
klekotanie rattle[2]
kleks blot[1], smudge
klematis clematis
klepać/poklepać slap
klepnięcie slap, pat
klepsydra: (*do mierzenia czasu na gotowanie jajek*) egg timer
kler clergy
klerykalny clerical
kleszcz tick
kleszcz|e pincers; pliers; forceps; (*skorupiaka*) pincers; **w ~ach czegoś** in the grip of sth
klęczk|i: **na ~ach** on your knees
klękać kneel
klęsk|a disaster, calamity, rout; **sromotna ~a** hammering; **~a żywiołowa** natural disaster; **powodzenia i ~i** ups and downs
klient/ka customer, client, guest, shopper, patron; **stracić stałych ~ów** lose custom
klientela clientele
klif cliff
klik click[1]
klika clique
klikować click[2]
klimat climate
klimatyczny climatic
klimatyzacja air-conditioning
klimatyzowany air-conditioned
klin wedge; **wbijać** ~ wedge
klinga blade
klinicznie clinically
kliniczny clinical
klinika clinic
klinować/zaklinować wedge
klips earring; (*do włosów, papieru itp.*) clip
kloc log[1]; block[1]
klomb flower bed
klon: (*drzewo*) maple; (*kopia*) clone
klonować clone
klonowy maple
klop bog
klown clown
klozetow|y: **muszla ~a** toilet, lavatory
klub club[1]
klucz key[1]; **zamykać kogoś na** ~ lock sb in/out; **chować/trzymać pod ~em** lock[2], lock sth away; **pod ~em** under lock and key[1]; (*płaski*) spanner; (*w muzyce*) clef; (*o ptakach*) **leciec ~em** fly in a V
kluczow|y key[3]; **słowo ~e** keyword
kluczyć weave
klusk|a: **rodzaj ~i** dumpling
kłacz|ek: **~ki** fluff
kładka footbridge
kłam: **zadawać** ~ belie
kłamać/skłamać lie[1]
kłam-ca/czucha liar
kłamliwy untruthful, deceitful
kłamstwo lie[1], untruth; **niewinne/nieszkodliwe** ~ white lie; **wierutne** ~ whopper
kłaniać/ukłonić się bow[1]; (*głową*) nod; (*komuś od kogoś*) remember sb to sb
kłapać: ~ **zębami** snap[1]
kłaść/położyć put, lay[1], place[2], stick[2], put sth down; ~ **z powrotem** put sth back, replace □ **kłaść/położyć się** lie[2], lie down; **nie kłaść się do późna w nocy** stay up; ~ **cieniem** cast a shadow (across/over sth)
kłąb cloud[1], puff[1], curl[1]
kłębek: **zwijać (się) w** ~ coil; (*o osobie*) ~ **nerwów** nervous wreck
kłębić się: (*o dymie*) billow; (*ludźmi*) seethe
kłoda log[1]
kłopot problem, difficulty, trouble, bother, worry, hassle, nuisance, inconvenience, predicament, drag[1], headache; **~y** woe; **narobić sobie ~ów, wikłać się w ~y** get into trouble; **wydostawać kogoś z ~ów** get sb off the hook, let sb off the hook; **przysparzać komuś ~u** put sb out; **sprawiać** ~ inconvenience; **zadawać sobie** ~ take the trouble to do sth; **sprawiać sobie dużo ~u** trouble, put yourself out; **mieć w perspektywie ~y** be (in) for it[1]
kłopotać trouble
kłopotliwie inconveniently, embarrassingly
kłopotliw|y difficult, troublesome, awkward, inconvenient, disconcerting, messy; (*o sytuacji itp.*) sticky; **~e położenie** predicament, mess[1]; **~a osoba** troublemaker; **być ~ym** be hard on sb/sth
kłos ear[2]
kłócić/pokłócić się fight, quarrel, argue, row[3], fight[1]; ~ **o drobiazgi** bicker
kłódk|a padlock; **zamykać na ~ę** padlock
kłótni|a quarrel, row[3], hassle; **zaczynać ~ę** come to blows (over sth); **być na krawędzi** ~ be on a collision course (with sb/sth)
kłucie: (*rodzaj bólu*) sting[2]
kłuć/ukłuć prick[2], jab, stab; (*o bólu*) sting[1]
kłujący: (*o bólu*) stabbing; ~ **ból** stitch
kłus trot
kłusować trot; (*polować nielegalnie*) poach[2]
kłusowni-k/czka poacher
kłuty stabbing
kmin cumin
kminek caraway
knebel gag
kneblować/zakneblować gag
kned|el: **rodzaj ~la** dumpling
knocić/sknocić cock sth up
knot wick
knowani|e intrigue; **zbrodnicze ~a** conspiracy
knuć/uknuć conspire, scheme, hatch[2]
knur boar

koagulacja coagulation
koala koala
koalicja coalition
koalicyjny coalition
kobaltowy royal blue
kobiecość womanhood, femininity
kobiecy womanly, feminine
kobierzec carpet
kobieta woman; **~ interesu** businesswoman
kobieta-burmistrz mayoress
kobra cobra
kobylasty jumbo
kobyła mare
kobziarz piper
koc blanket
kochać love[2]; **jak Boga kocham!** cross my heart (and hope to die) □ **kochać się**: **~ w kimś** be in love with sb, be keen on sb; (*mieć stosunek płciowy*) make love (to sb)
kochający loving, affectionate, doting
kochan-ek/ka lover; **kochanek** man[1]; **kochanka** mistress
kochanie darling, dear, love[1], sweetheart
kochan-y/a love[1]
kochany/ukochany beloved, dear; lovable
koci feline
kociątko kitten
kocioł cauldron; furnace; **~ parowy** boiler; **~ erozyjny** pothole
kociołek kettle
kocmołuch slut
kocur tomcat
koczowniczy nomadic
koczowni-k/czka nomad
kod code; **~ kreskowy** bar code; **~ pocztowy** postcode
kodeks code
kodować/zakodować code
koedukacyjny co-educational, mixed
koegzystencja coexistence
koegzystować coexist
kofeina caffeine
kogucik cockerel
kogut cock[1]
koić/ukoić soothe
koja berth, bunk[1]
kojarzyć/skojarzyć associate[2], connect; latch on (to sth); (*np. fakty, informacje*) piece sth together; (*np. ludzi*) match[3]
kojąco soothingly
kojący soothing, restful, therapeutic
kok bun
kokaina cocaine
kokarda bow[2]
koklusz whooping cough
kokon cocoon
kokos coconut
kokosić się fidget
koks coke
koktajl cocktail
kolaboracja collaboration
kolaborant collaborator
kolaborować collaborate
kolacja supper
kolan|o knee; **po ~a** knee-deep; **~a** lap[1]; (*rzeki*) twist[2]
kolarz cyclist
kolaż collage
kolba flask, butt[1]; **~ kukurydzy** corn on the cob
kolczasty prickly, thorny; **drut ~** barbed wire
kolczyk earring; (*kuleczka*) stud[1]; (*wkrętka w nosie*) nose stud
kolebać się: **chodzić kolebiąc się** (*jak kaczka*) waddle
kolebka home[1]
kolec prickle, thorn, spike, spine
kole-ga/żanka friend, mate[1]; (*z pracy*) colleague; (*z klasy*) classmate; **koleżanki i koledzy ze studiów** fellow[2] students
kolegium college
koleina rut
kole|j: (*np. w grze*) go[2], turn[2]; **po ~i** in turn; **w naturalnej ~i rzeczy** in the normal course of events; **czekać na swoją ~j** wait your turn; **robić coś po ~i** take turns (at sth); (*transport*) railway, rail; **~j jednoszynowa** monorail; **~j podziemna** underground
kolej|ka: (*np. w grze*) go[2], round[4]; (*np. w sklepie*) queue; **w ~ce do czegoś** in line for sth; **stać w ~ce** queue, stand in/on line, line up (for sth); **iść bez ~ki** jump the queue; **~ka górska** (*w wesołym miasteczku*) roller-coaster
kolejno consecutively, in succession; **robić coś ~** take turns (at sth); **zmieniać ~** alternate[2]; **zmieniać (się) ~** rotate
kolejnoś|ć sequence; **w odwrotnej ~ci** the other way round, in/into reverse, in/into reverse order; **w pierwszej ~ci** first[12]; **w dobrej ~ci** the right way[1] round
kolejn|y successive, consecutive, alternate[1]; **~a część** sequel
kolejow|y: **sieć ~a** railway, rail
kolekcja collection
kolekcjoner collector
kolekcjonować collect
kolektywnie collectively
kolektywny collective
kolendra coriander
koleś: (*często negatywnie*) crony
koleżeństwo friendship, comradeship, fellowship
kolęda carol
kolidować clash, conflict, impinge
kolisty circular
kolizja collision
kolka stitch; (*zwł. u niemowlęcia*) colic
kolokacja collocate, collocation
kolokwium test[1]
kolonia colony, settlement
kolonializm colonialism
kolonialny colonial
kolonizacja colonization
kolonizator colonist
kolonizować/skolonizować colonize
kolor colour[1]; **~ podstawowy** primary colour; **~y** (*na twarzy*) colour[1]; (*w kartach*) suit[1]
koloratka dog collar
kolorować/pokolorować colour[2]; (*np. obrazki*) colour sth in
kolorow|y colourful, colour[1], coloured
koloryt colour[1]
koloryzować romanticize
kolosalnie vastly
kolosalny colossal, jumbo, tremendous
kolumna column, pillar
kołatać flutter
kołatka: (*u drzwi*) knocker
kołdra quilt, duvet
kołek pin[1]; stake[2]; peg[1]; hook[1]
kołnierz collar, neck; **chwytać za ~** collar
kołnierzyk collar
koło: (*rzecz.*) circle, ring[1], hoop; **zataczać ~o** encircle; **~o ratunkowe** lifebelt; **~o podbiegunowe północne** the Arctic Circle; **~ podbiegunowe południowe** the Antarctic Circle; **~o błędne** vicious circle; (*np. samochodu*) wheel; **napęd na cztery ~a** four-wheel drive; (*przyimek*) near[2], next to, by[2]
kołować taxi[2]
kołowrót: (*u wejścia*) turnstile
kołtun: (*włosów*) tangle
kołysać swing[1], sway, rock[2], toss; **ukołysać** lull □ **kołysać się** swing[1], sway, rock[2], wave[1], roll[2], toss; (*o statku, samolocie*) pitch[1]
kołysanie roll[1] □ **kołysanie się** roll[1]; (*statku, samolotu*) pitch[2]
kołysanka lullaby
kołyska cradle
komandor commander
komandos commando
komar mosquito; gnat
kombajn combine[2]
kombatant/ka veteran
kombi estate car
kombinacja combination
kombinezon overalls, dungarees, suit[1], boiler suit
kombinować concoct, contrive; **wykombinować coś** work sth out, sort sth out
komendant chief
komentarz commentary, comment; **bez ~a** no comment; **~ na żywo** running commentary, live coverage
komentator/ka commentator; **~ radiow-y/a lub telewizyjn-y/a** broadcaster
komentować/skomentować comment, commentate
komercjalizacja commercialization
komercjalizm commercialism
komercjalizować/skomercjalizować commercialize
komercyjnie commercially
komercyjny commercial
kometa comet
kometka badminton
komfort comfort, convenience
komfortowy comfortable
komicznie comically, humorously

komiczny comic, comical, humorous
komik comedian
komiks comic, cartoon
komin chimney; funnel
kominek fireplace; hearth
kominiarz chimney sweep
komisariat police station
komisarz commissioner
komisja commission, committee
komitet committee
komiwojażer/ka rep; **komiwojażer** travelling salesman
komizm comedy, humour
komoda chest of drawers
komodor commodore
komora chamber; ~ **gazowa** gas chamber
komorne rent
komornik bailiff
komórka: (*biol.*) cell; ~ **jajowa** egg[1]
komórkowy cellular
kompas compass
kompatybilność compatibility
kompatybilny compatible
kompensata compensation
kompensować/skompensować compensate, recompense, make up for sth, redeem
kompetencj|a competence; **~a władzy, obszar ~i władzy** jurisdiction
kompetentnie competently
kompetentny competent, qualified, efficient
kompilacja compilation
kompilowanie compilation
kompleks: (*np. sklepów*) complex[2]; ~ **sportowy** park[1]; (*np. niższości*) complex[2], hang-up; ~ **niższości** inferiority complex
komplement compliment; **prawić** (*komuś*) **~y** compliment, pay a compliment to sb
komplet set[1], kit, complement; (*ludzi na spotkanie itp.* quorum
kompletnie completely, totally, entirely, well and truly, clean[1]
kompletny complete[1], total, right[2], direct[1]
kompletować/skompletować complete[2]
komplikować/skomplikować complicate, confuse
komponent component
komponować/skomponować compose, write; ~ **muzykę do tekstu** set[2]
komponowanie composition
kompost compost
kompot compote
kompozycja composition, arrangement
kompozytor composer; songwriter
kompresja compression
kompromis compromise, give and take; **pójść na** ~ compromise
kompromitacja discredit, disrepute
kompromitować/skompromitować disgrace, discredit □ **kompromitować/skompromitować się** disgrace yourself; compromise yourself
kompromitująco disgracefully
kompromitujący disgraceful
komputer computer; **miniaturowy** ~ palmtop; ~ **osobisty** PC; ~ **przenośny** laptop
komputerowo online
komputerowy online; **sprzęt** ~ hardware
komputeryzacja computerization
komputeryzować/skomputeryzować computerize
komuna commune
komunalny municipal
komunał cliché
komunia communion; sacrament
komunikacja: (*miejska*) public transport; the train, etc. service; **stała ~ między dwoma miejscami** shuttle service; (*kontakt między ludźmi, zwł. ustny*) communication
komunikat bulletin, communiqué, release, communication
komunikatywny communicative
komunikować/zakomunikować communicate
komunist-a/ka communist
komunistyczny communist
komunizm communism
konar bough, limb
koncentracja concentration
koncentracyjny: **obóz** ~ concentration camp
koncentrować/skoncentrować concentrate, fix[1] □ **koncentrować/skoncentrować się** concentrate, centre on/around sb/sth, focus
koncentryczny concentric
koncepcja conception, theory
koncern concern[2]
koncert: (*wydarzenie muzyczne*) concert; ~ **muzyków pop lub jazzowych** gig; ~ **promenadowy** promenade concert; (*utwór muzyczny*) concerto
koncertowy: (*o płycie, nagraniu*) live[1]
koncertyna concertina
koncesj|a concession; franchise; **wydawać ~ę** license
kondensować/skondensować condense
kondolencje condolences
kondolencyjny: **list** ~ letter of sympathy
konduktor/ka conductor, guard[2]
kondycj|a fitness; shape[1]; **w dobrej ~i** in shape; **w słabej ~i** unfit, out of shape; **być nadal w dobrej ~i** going strong
kondygnacja floor[1], tier; (*schodów*) flight of stairs
koneksja connection
koneser/ka connoisseur
konewka watering can
konfederacja confederation
konferansjer compère, entertainer
konferansjerk|a: **prowadzić ~ę** compère
konferencja conference, meeting, seminar; ~ **prasowa** press conference
konfetti confetti
konfident/ka informer
konfirmacja confirmation
konfirmować confirm
konfiskata confiscation
konfiskować/skonfiskować confiscate
konfitur-a/y jam[1]
konflikt clash, friction; ~ **pokoleń** the generation gap; **wchodzić w ~ z kimś/czymś** fall foul of sb/sth[1]
konformista conformist
konfrontacja confrontation; (*w celu zidentyfikowania podejrzanego*) identification parade
konfrontować/skonfrontować confront; ~ **czyjeś stanowiska** (*w jakiejś sprawie*) tackle
konglomeracja conglomeration
konglomerat conglomerate
kongres congress, convention
kongresowy congressional
koniak cognac; brandy
koniczyna clover; ~ **biała** shamrock
koniec end[1], ending; (*np. dnia handlowego*) close[5]; (*np. ulicy*) bottom; (*np. książki*) back[1]; (*np. palca*) extremity, tip[1]; **grubszy** ~ (*broni lub narzędzia*) butt[1]; **bez końca** endlessly, indefinitely, interminably; **na końcu** finally, at last[2]; **na samym końcu** lastly; **w końcu** finally, eventually, in the end, after all, in the long run; ~ **końców** at the end of the day[1]; **pod** ~ late; **od początku do końca** through; **doprowadzać coś do końca** finalize; **trzeci/czwarty itd. od końca** the last/next but one, two, etc.; ~ **z czymś** so much for; **~!** that is it; **mieć coś na końcu języka** have sth on the tip of your tongue; **z trudem wiązać ~ z końcem** eke out a living; **ledwo wiązać ~ z końcem** scrape by, keep your head above water[1]; ~ **roku** the turn of the century/year[2]; (*śmierć*) death
koniecznie necessarily, vitally; ~ **coś zrobić** be sure to do sth; ~ **mieć coś do zrobienia** make sure
koniecznoś|ć necessity, must; **~ć życiowa** a fact of life; **w razie ~ci** at a pinch
konieczny necessary, essential, imperative, indispensable, vital
konik: ~ **polny** grasshopper; (*ulubione zajęcie*) hobby; (*ulubiony temat*) pet subject
koniugacja conjugation
koniugować conjugate
koniunktura situation; (*dobra*) prosperity
koniuszek: (*np. palca*) tip[1], extremity; ~ **palca** fingertip; (*ołówka*) stub
konkluzja conclusion
konkret: **~y** nitty-gritty
konkretnie concretely
konkretny particular, concrete[1], solid; (*np. o opisie*) gritty
konkretyzować/skonkretyzować specify

konkubent common-law husband, partner
konkubina common-law wife, partner
konkurencja rivalry; (*sportowa*) event
konkurencyjnie competitively
konkurencyjność competitiveness
konkurencyjny competitive
konkurent competitor, rival; (*mężczyzna starający się o rękę kobiety*) suitor
konkurować compete
konkurs competition, contest; ~ **jazdy konnej z przeszkodami** showjumping
konnica cavalry
konno on horseback
konn|y mounted; **rajd ~y** pony-trekking
konopie hemp
konotacja connotation
konsekracja consecration
konsekrować consecrate
konsekwencj|a consistency; consequence; **w ~i** consequently
konsekwentnie consistently
konsekwentny consistent
konserwacja conservation, maintenance
konserwatyst-a/ka conservative
konserwatywn|y conservative; **człon-ek/kini Partii K~ej** conservative
konserwatyzm conservatism
konserwować/ zakonserwować conserve, preserve, maintain; (*przez suszenie, wędzenie lub solenie*) cure[1]
konserwowany: (*o jedzeniu, w puszkach*) tinned
konserwujący: **środek** ~ preservative
konsolidacja consolidation
konsolidować/skonsolidować consolidate
konsorcjum consortium, syndicate
konspiracja conspiracy
konspirować conspire
konspirowanie conspiracy
konstelacja constellation
konsternacja dismay, consternation
konsternować dismay, rattle[1]
konstrukcja construction, design; ~ **drewniana** woodwork; (*gram.*) construction
konstruktywnie constructively
konstruktywny constructive, positive
konstruować/skonstruować construct, structure
konstytucja constitution
konstytucyjny constitutional
konsul consul
konsularny consular
konsulat consulate
konsultacja consultation; (*firma*) consultancy
konsultant/ka consultant; **lekarz konsultant** consultant
konsultować/skonsultować się: (*z kimś*) consult
konsument/ka consumer, diner
konsumować/skonsumować consume; **skonsumować** (*małżeństwo*) consummate
konsumpcja consumption
konsylium consultation
konsystencja consistency
kontak|t contact, communication, liaison, connection; **~ty** relationship, relations; **nawiązać ~t** contact; **być w ~cie z kimś/czymś** be in communication with sb/sth; (*być/nie być z kimś*) **w ~cie** in/out of touch (with sb); **nawiązać ~ z kimś** get hold of sb; **tracić ~t** (*z kimś/czymś*) lose touch (with sb/sth), lose track of sb/sth; (*elektryczny*) plug
kontaktować/skontaktować click[2] □ **kontaktować/skontaktować się**: (*z kimś*) contact, reach; (*w jakiejś sprawie*) get onto sb (about sth), be onto sb
kontekst context
kontemplacja contemplation
kontemplować contemplate
kontener container; ~ **na butelki do zwrotu** bottle bank
kon|to account[1]; **~to bieżące** current account; **~to depozytowe** deposit account; **stan ~ta** balance[2]; **przekraczanie ~ta bankowego** overdraft; **mający przekroczone ~to bankowe** overdrawn; **mieć na swoim ~cie** have sth to your credit; (**mieć**) **na swoim ~cie** under your belt; **pracujący na własne ~to** self-employed
kontrabas double bass
kontrak|t contract[1]; **zawierać ~t z kimś** sign sb (up); **zawarty w ~cie** contractual
kontraktow|y contractual; **małżeństwo ~e** arranged marriage
kontralt alto, contralto
kontrast contrast[2]; **~/y** juxtaposition
kontrastować contrast[1], juxtapose
kontratak counter-attack
kontratakować counter-attack
kontratenor counter-tenor
kontrol|a supervision; scrutiny; **punkt ~i** control[1]; **~a paszportów** immigration; **~a urodzeń** birth control; **przejąć ~ę** take charge (of sth); (*np. ksiąg rachunkowych*) audit; **pod ~ą** in hand; **pod ścisłą ~ą** under close scrutiny; **poza ~ą** out of your/sb's hands; **wymykać się spod ~i** get out of control
kontroler controller, inspector; ~ **poprawnego parkowania pojazdów** traffic warden; ~ **ruchu powietrznego** air traffic controller
kontroln|y: **punkt ~y** checkpoint; **urządzenie ~e** monitor
kontrolować/skontrolować regulate, inspect, supervise; ~ **coś** (**regularnie**) monitor, check on sb/sth, check on sth, check up on sb
kontrolowanie regulation
kontrolowany: **ściśle** ~ tight; **nie** ~ uncontrollable
kontrowersja controversy
kontrowersyjny controversial, divisive
kontuar counter[1]
kontur contour, outline
kontynent continent, mainland
kontynentalny continental
kontyngent quota; ~ **wojsk** contingent
kontynuacja continuation, follow-up
kontynuować continue, carry on (with sth/doing sth), carry sth on, go on (with sth), go on doing sth, proceed, go along, push ahead/forward (with sth), press ahead/forward/on (with sth)
konurbacja conurbation
konwencja convention
konwencjonalnie conventionally
konwencjonalny conventional
konwersacja conversation
konwojent guard[2]
konwój convoy, fleet, escort
konwulsj|a convulsion; **przyprawiać o ~e** convulse
ko|ń horse; **~ń wyścigowy** racehorse; **hodowla ~ni** stud[2]; **obrządzać ~nia** groom; **~ń mechaniczny** horsepower; **robić kogoś w ~nia** mess sb about/around, pull sb's leg
końcow|y final, ultimate, eventual, latter; **~a/y stacja/przystanek** terminus; **~y termin** cut-off
końcówka end[1], ending; ~ **fleksyjna** inflection
kończyć end[2], finish[1], close[4], terminate, bring sth to a close, conclude, round sth off, call it a day; **skończyć z kimś/czymś** finish with sb/sth; **skończyć** (*na/jako coś*) end up (doing sth); (*np. szkołe, studia*) graduate[2]; **skończyć** (*x lat*) turn; **skończy sześć lat** he will be six; **zakończyć coś** cut[1]; ~ **działalność** wind sth up; ~ **pracę** knock off (sth); **szybko** ~ polish sth off; ~ **z kimś/czymś** (*np. znajomość*) be through (with sb/sth); **kończąc** finally □ **kończyć się** end[2], finish[1], close[4], come/draw to a close, terminate, break up; dry up; ~ **komuś** (*np. mleko*) run out (of sth), run low (on sth)[1]; (*czymś*) culminate; **skończyć się z czymś** pack sth in; **nie kończący się** endless, unending, interminable
kończyna limb
kooperacja cooperation
koordynacja coordination
koordynator coordinator
koordynować/skoordynować coordinate[2]
kopać: (*np. łopatą*) dig; (*w ziemi*) excavate; (*np. norę*) burrow; (*mocno*) boot
kopalnia mine[2], colliery; ~ **odkrywkowa** (*np. piachu*) quarry[1]; ~ **węgla** coal mine; ~ **złota** gold mine
kopcący smoky
koper dill

koperta envelope
kopi|a copy[1], duplicate[1], replica; **wierna ~a** facsimile; **~a kserograficzna** Xerox; **~a przez kalkę** carbon copy; **zapasowa ~a** (*np. pliku*) backup; **robić zapasową ~ę** (*np. pliku*) back sth up
kopiec mound
kopiować/skopiować copy[2], duplicate[2]; **~ na kserografie** photocopy, xerox, run sth off; **nielegalnie ~ w celu sprzedaży** pirate; (*plik*) download
kopiowanie duplication
kopniak kick[2]
kopnięcie kick[2]
kopnięty wacky
koprodukować co-produce
kopulacja copulation
kopulować copulate
kopuła dome
kopyto hoof
kora bark[1]
koral coral; **~e** beads
koralik bead
koralowy coral
koran the Koran
korba handle, arm[1]
korcić/skorcić: (*kogoś*) be bursting to do sth
kordon cordon; **otaczać i zamykać ~em** cordon sth off
korek cork, plug, stopper; (*przy podeszwie buta do piłki nożnej*) stud[1]; (*uliczny*) traffic jam; **~ komunikacyjny** gridlock
korekcyjny corrective
korekta correction, revision; (*strona wydrukowana*) proof
korelacja correlation
korelować correlate
korepetycj|a tutorial; **~e** tuition
korepetytor/ka tutor
korespondencja correspondence, post[3]
korespondent/ka correspondent; (*znajomość korespondencyjna*) penfriend; (*zagraniczn-y/a*) correspondent
korespondować correspond
korkociąg corkscrew
korniszon gherkin
korodować corrode
korona crown[1]; **K~** (*monarcha panujący*) crown[1]
koronacja coronation
koronka lace
koronkowy lacy, lace
koronować/ukoronować crown[2]
korowód pageant
korozj|a corrosion; **powodujący ~ę** corrosive
korporacja corporation
korpus corps; (*ciała*) trunk
korsarstwo piracy
korsarz pirate
kort court[1]
korumpować/skorumpować corrupt
korupcja corruption
korygować/skorygować correct[2], rectify, revise
korygujący corrective
korytarz corridor, passage, hall; (*np. powietrzny*) lane
koryto trough; (*np. rzeki*) bed[1]
korzeń root[1]
korzystać/skorzystać benefit, take advantage of sth, profit from sth, cash in (on sth); (*np. z przywileju*) exercise[2]; **~ z okazji** take the opportunity to do sth/of doing sth; **~ skwapliwie z czegoś** seize (on/upon) sth
korzystanie: (*np. z prawa*) exercise[1]
korzystnie favourably, profitably, highly
korzystny favourable, advantageous, beneficial, profitable; (*o wyglądzie itp.*) flattering; **być dla kogoś/czegoś ~m** do sb/sth the world of good
korzyść advantage, benefit, gain[1], profit, expediency, mileage; **na czyjąś ~** in sb's favour; **przynosić ~** benefit; **odnosić ~** gain[2], profit from sth; **obracać coś na swoją ~** make capital (out) of sth
kos blackbird
kosa scythe
kosaciec iris
kosiarka (lawn)mower
kosić/skosić: (*trawę*) mow
kosmaty hairy, shaggy
kosmetyczka: (*osoba*) beautician; (*torebka*) toilet/sponge bag
kosmetyczny cosmetic
kosmetyk cosmetic
kosmiczny cosmic
kosmonauta spaceman
kosmonautka spacewoman
kosmopolityczny cosmopolitan
kosmos space, cosmos, universe
kosmyk wisp
kostium outfit, costume; (*damski*) suit[1]; **~ kąpielowy** swimsuit; **dwuczęściowy ~ kąpielowy** bikini
kostka bone; (*u ręki*) knuckle; (*u nogi*) ankle; (*np. cukru*) lump[1], bar[1]; **~ brukowa** cobble[1]; **~ lodu** ice cube; **~ do gry w domino** domino
kostnica morgue, mortuary
kostyczny caustic
kosz basket; **~ z pokrywą** hamper[1]; **~ na śmieci** waste-paper basket, litter bin, bin; **przenośny ~ dla niemowląt** carrycot
koszary barracks, quarters
koszerny kosher
koszmar nightmare
koszmarny ghastly
koszt: **~/y** cost[1], expense; price; **dodatkowy ~** extra; **~ utrzymania** (*np. domu*) upkeep; **~y sądowe** costs; **~y stałe** overheads; **~ przewozu** haulage; **~em czegoś** at the expense of sth; **czyimś ~em** at sb's expense
kosztorys quotation; **przedstawiać ~** quote
kosztować cost[2]; **~ fortunę** cost the earth/a fortune[2]; (*potrawę*) taste[2]
kosztowanie taste[1]
kosztownie expensively
kosztownoś|ć: **~ci** valuables, jewellery
kosztowny costly, expensive, pricey
koszula shirt; **~ nocna** nightdress
koszulka T-shirt, singlet; (*o jajkach*) **w ~ch** poached egg[1]
koszyk basket
koszykówk|a basketball; **rodzaj ~i** netball
kościec skeleton
kościelny ecclesiastical
kościół church, chapel; **K~ anglikański** the Church of England
kościsty bony, angular; **~ i wysoki** lanky
koś|ć bone; **~ć policzkowa** cheekbone; **~ć słoniowa** ivory; **~ci do gry** dice; **zmarznąć na ~ć** freeze
koślawy lopsided
kot cat; (*samiec*) tomcat
kotara curtain
kotek pussy
kotlet: (*z kością*) chop[2]; (*zwykle z kością*) cutlet; **~ mielony** rissole; **~ mielony wołowy** beefburger
kotlina valley; hollow
kotłować/zakotłować się seethe
kotwic|a anchor; **rzucać ~ę** anchor
kotwiczyć/zakotwiczyć anchor
kowal blacksmith; (*pot.*) anorak
kowboj cowboy
koza goat
kozi: **zapędzać w ~ róg** stump[2]
kozioł goat; **~ ofiarny** scapegoat
koziołek: (*przewrót*) somersault
Koziorożec: (*znak zodiaku*) Capricorn
koźlę kid[1]
kożuch sheepskin; (*z brudu*) scum
kożuszek: (*np. na mleku*) skin
kółk|o ring[1]; (*kręcić się*) **w ~o** round[2]; **~o na klucze** key ring; **~o i krzyżyk** noughts and crosses; **dwa ~a** bike
kpić/zakpić mock[1], jeer, scoff, poke fun at sb/sth
kpin|a jeer; **~y** ridicule; (*dowcip*) crack[1], farce
krab crab
krach collapse, slump; **~ na giełdzie** crash[1]
kraciasty checked
kradzież theft; **~ z włamaniem** burglary; **~ towarów ze sklepu** shoplifting
kraj country, land[1]; **~ ojczysty** homeland, native land; **~ rozwijający się** developing country; **w ~u** nationally; **do/w ~u** home[3]; **do ~u** homewards; (*skraj*) margin
krajać/kroić cut[1], slice; (*mięso*) carve
krajobraz scenery, landscape, country; **~ wiejski** countryside; **tworzyć ~** landscape
krajowiec native
krajowy domestic, internal, home[2]
krajoznawcz|y: **wycieczka turystyczno-~a** tour; **wycieczka ~a** ramble
krakers cracker
kraksa smash

kran tap[1]
krańce outskirts
krańcowy extreme, ultimate
krasnal gnome
krasnoludek dwarf, elf
krasnomówstwo elocution
krasomów-ca/czyni orator
kraść: **o/~** rob; **u/~** steal, walk off with sth; **~ coś ze sklepu** shoplift; (*cudze myśli*) poach[2]
krat|a bar[1]; grating, grille, grid; **~ a przed kominkiem** fender; **za ~ami** behind bars; (*wzór deseń*) check[3]; **w ~ę** checked
krater crater
kratk|a: (*wzór, deseń*) check[3]; **w ~ę** checked
kratkowany checked
kraul crawl
krawat tie[1]
krawcowa dressmaker
krawędź edge[1], margin; brink; ridge; (*np. kubka, łyżki*) rim; (*np. filiżanki*) lip; **~ drogi** verge
krawężnik kerb
krawiec: (*męski*) tailor; (*damski*) dressmaker
krawiectwo dressmaking
krąg circle; (*osób*) ring[1]
krążek disc; (*blok*) pulley
krążenie: (*np. krwi*) circulation
krążownik cruiser
krążyć circle, go round/around/about, circulate, cruise; **~ w powietrzu** wheel, hover; **krąży pogłoska, że** it is rumoured that
krech|a: **mieć ~ę u kogoś** be in sb's bad books
kreda chalk
kredens dresser, sideboard
kredka coloured pencil; **~ świecowa/woskowa** crayon; **~ do ust** lipstick
kredo creed
kredowy chalk; **na papierze ~m** glossy
kredyt credit[1], loan, account[1]; **~ hipoteczy** mortgage
kredytodawca creditor
krem cream[1], lotion; **~ nawilżający** moisturizer
kremacj|a cremation; **poddawać ~i** cremate
krematorium crematorium
kremowy creamy, cream
Kreol/ka Creole
kreol/ka Creole
kreolski: **język ~** Creole
kreować/wykreować create
kreowanie creation
kres limit[1]; **położyć ~ to** put a stop to sth, put an end to sth; **u ~u wytrzymałości** at the end of your tether
kresk|a mark[1]; (*np. ołówkiem*) stroke[2]; **kłaść na kimś ~ę** give sb up
kreślarz draughtsman
kreślić/nakreślić plot[2]
kretowisko molehill
kretyn/ka cretin, moron, nana
kretyński moronic
krew blood; **ciśnienie krwi** blood pressure; **grupa krwi** blood group; (*o oczach*) **nabiegły krwią** bloodshot; **rozlana/zakrzepła ~** gore[1]; **mrożący ~ w żyłach** chilling, blood-curdling; **zimna ~** nerve; **przelewać ~** shed blood; **we krwi** in your blood; **z zimną krwią** in cold blood; **~ mnie zalała** see red[1]
krewetk|a prawn, shrimp; **panierowane ~i** scampi
krewn|y: **~y/a** relative[1], relation; **~i** kin, folk; **~i żony lub męża** in-laws; **najbliż-szy/si ~y/i** next of kin
kręcenie spin, swirl; **~ biodrami** wiggle □ **kręcenie się** spin, swirl
kręcić twist, twirl, wind[3]; (*włosy*) curl[2]; **~ palcami** (*np. nerwowo/w roztargnieniu*) twiddle; **skręcić gwałtownie** wrench; (*o sposobie mówienia*) fudge[2], hedge, beat about the bush; **~ na coś nosem** turn your nose up at sth □ **kręcić się** twist, twirl, wind[3]; whirl; wriggle, fidget; (*koło kogoś/czegoś*) hover; **~ bez celu** mill about/around; **~ w pobliżu** stick around; (*np. ze wstydu*) squirm; **~ w głowie** reel[2], spin; (*o włosach*) curl[2]
kręcony: (*o włosach*) curly
kręg|iel: **~le** skittle; **gra w ~le** bowling, tenpin bowling
kręgielnia bowling alley
kręgosłup spine, backbone; (*o osobie*) **bez ~a** spineless
kręgowiec vertebrate
kręgowy spinal
krępować/skrępować constrain, tie sb down □ **krępować się** tie yourself down; **nie krępuj się** feel free (to do sth)[1]
krępująco embarrassingly
krępujący embarrassed, awkward
krępy stocky
kręty: (*o drodze itp.*) winding, tortuous; (*o wyjaśnianiu itp.*) devious
krnąbrność unruliness, insubordination
krnąbrny unruly, insubordinate
krochmal starch
krochmalony starched
krocze crotch
kroczenie: **buńczuczne/dumne ~** swagger
kroczyć step[1]; (*miarowo*) pace[2]; (*w sposób zdeterminowany*) march; (*stawiać wielkie kroki*) stride; **~ buńczucznie/dumnie** swagger
kroić/wykroić cut sth out
krok step[2]; **~ spacerowy** walk[2]; **wielki ~** stride; **stawiać wielkie ~i** stride; **odgłos ~ów** tread, footstep; **~ po ~u** step by step; **posuwać (się) ~ po ~u** inch forward, past, through, etc.; **dotrzymywać ~u** keep up (with sb), keep pace (with sb/sth); **gubić ~** (*np. w marszu, tańcu*) be out of step (with sb/sth); (*odległość*) pace[1]; (*działania*) measure, move[1]; **podejmować ~i** take steps to do sth; **podejmować stanowczy ~** (*po długim namyśle*) take the plunge; **podjąć pokojowe ~i** make peace, etc. overtures; **być o ~ od czegoś** be on the brink (of sth/of doing sth)
krokiet croquet
krokiew rafter
krokodyl crocodile
krokus crocus
kromka slice
kronika chronicle; **~ szkolna** yearbook; **~ towarzyska** (*w piśmie*) gossip column
kropelka drop[2]; (*soku, alkoholu*) dash[1]; (*np. whisky*) tot[1]; (*np. rtęci*) globule; (*potu*) bead; (*gęstej cieczy*) blob
kropić/pokropić sprinkle
krop|ka spot[1], dot; (*interpunkcja*) full stop; **znaleźć się w ~ce** be at your wits' end
kropkować/wykropkować dot
kropkowan|y dotted with; **linia ~a** dotted line
kropla drop[2], drip; (*perfum, farby*) dab; (*potu*) bead; **~ deszczu** raindrop; **~ w morzu (potrzeb)** a drop in the bucket[2]; **ostatnia ~** (*przepełniająca miarę*) the last/final straw
kroplówka drip
krosno loom[1]
krosta spot[1], pimple
krostowaty spotty
krowa cow
krócej less[1]
król king
królestwo kingdom, realm; **Zjednoczone K~** the United Kingdom
królewsk|i royal, regal; majestic; **K~a mość** Royal Highness; **(Wasza/Jego/Jej) K~a Mość** Your/His/Her Majesty; **członek rodziny ~iej** royal; **człon-ek/kowie rodziny ~iej** royalty; **po ~u** majestically
króliczek bunny
królik rabbit; **samica ~a** doe; **~ doświadczalny** guinea pig
królowa queen; **~ matka** queen mother
krótki short[1]; (*o wypowiedzi itp.*) brief[1]; (*o rozmowie telefonicznej, spacerze*) quick; **~e spodnie** shorts; **~e spięcie** short circuit
krótko: **na ~** briefly, for a little; **~ mówiąc** in short, the short answer is..., in a nutshell
krótkofalowy short wave
krótkofalówka walkie-talkie
krótkoterminowy short-term
krótkotrwałość brevity
krótkotrwały short-lived
krótkowidz short-sighted
krówka: (*rodzaj cukierka*) fudge
krta|ń: **zapalenie ~ni** laryngitis
kruchta porch
kruchy: (*o szkle itp.*) fragile, flimsy; (*o paznokciu itp.*) brittle; (*o herbatniku itp.*) crisp[1]; (*o serze itp.*) crumbly; (*o pieczeni itp.*) tender[1]
krucjata crusade
krucyfiks crucifix
kruczek snag[1]
kruczy raven
kruk raven; **czarny jak ~** jet-black

kruszyć/rozkruszyć (się) crumble
krwawić bleed
krwawienie bleeding; ~ **z nosa** nosebleed
krwaw|y bloody[1], bloodstained, gory; ~**a plama** bloodstain
krwiobieg bloodstream
krwiodawca blood donor
krwiożerczo ferociously
krwiożerczy bloodthirsty, ferocious
krwotok haemorrhage
kryć/ukryć: (*fakty*) cover sth up; (*przeciwnika w grze sportowej*) mark[2] □ **kryć/ukryć się** lurk; ~ **za czymś** lie behind sth
kryjówka den
krykiet cricket[1]
kryminalistyczny forensic
kryminał: (*książka*) detective story, whodunnit; (*więzienie*) nick[2], **wsadzać** (*kogoś*) **do** ~**u** nick[2]
krypta crypt, vault[1]
krystalicznie: ~ **czysty** crystal clear
krystalizować się: (*także przen.*) crystallize
kryształ crystal
kryształow|y: **kula** ~**a** crystal ball
kryterium criterion, standard, gauge, yardstick
krytycznie crucially
krytyczn|y critical, disapproving, damning; ~**a sytuacja** emergency
krytyk critic, reviewer
krytyka criticism, critique; (*nagana*) flak
krytykować/skrytykować criticize; get at sb; **mocno** ~ bash; **ostro** ~ run sb/sth down; ~ **coś otwarcie** speak out (against sth); (*udzielać oficjalnej nagany*) censure; (*wyszukiwać błędy*) fault; **być ostro krytykowanym** come in for severe criticism
kryzys crisis, depression
krzaczasty bushy
krzak bush
krzątać się bustle
krzemień flint
krzepa brawn
krzepki robust, sturdy, vigorous, hefty; (*o osobie*) burly, rugged
krzepnąć/skrzepnąć set[2], solidify; (*o krwi itp.*) coagulate, congeal
krzepnięci|e coagulation; **temperatura** ~**a** freezing point
krzesać/wykrzesać: (*ogień*) strike[2]
krzesiwo flint
krzesł|o chair; place[1]; (*ustawione w pewien sposób*) seating; ~**o elektryczne** the electric chair
krzew shrub
krzewienie promotion
krzta ounce, spot[1]; (*np. prawdy*) shred, scrap[1]
krztusić choke
krztyna ounce, touch[2]
krzyczący: (*o niesprawiedliwości itp.*) crying
krzyczeć/krzyknąć shout, cry[1], call[2]; (*wrzeszczeć*) scream; (*na kogoś/coś*) let fly (at sb/sth)
krzyk shout, cry[2], call[1], exclamation, hoot; (*wrzask*) scream; (*np. oburzenia*) outcry
krzykliwie: (*pomalowany*) luridly; (*protestować itp.*) vociferously
krzykliwość loudness, flamboyance
krzykliwy: (*o zachowaniu, barwach itp.*) loud, flamboyant, flashy; (*o kolorze*) lurid, gaudy, garish; (*o proteście itp.*) vociferous
krzyknąć → KRZYCZEĆ
krzywa curve
krzywd|a harm, injustice, injury; **doznawać** ~**y** come to harm; **wyrządzać komuś** ~**ę** do sb an injustice, wrong[1]
krzywdzący unfair, wrongful, ill[1]; **być** ~**m dla kogoś/czegoś** be hard on sb/sth
krzywdzenie abuse[2]
krzywdzić/skrzywdzić harm, hurt, injure, abuse[1]; (*psychicznie*) wrong[1]
krzywić/skrzywić się: (*np. z bólu*) wince
krzywo askew, awry; (*np. uśmiechać się*) wryly; ~ **patrzeć na coś** frown on/upon sth
krzywoprzysięgać perjure
krzywoprzysięstwo perjury
krzywy crooked; (*np. uśmiech*) wry
krzyż cross[1]; (*wołowy*) rump
krzyżowa rump
krzyżować/pokrzyżować intersect; (*np. dwa gatunki*) cross[2]; (*komuś plany*) thwart, upset, foil[2] □ **krzyżować/pokrzyżować się** intersect
krzyżowiec crusader
krzyżowy: **w** ~**m ogniu** under fire[1], from all sides; **brać w** ~ **ogień pytań** cross-examine
krzyżówka crossword; (*np. dwóch gatunków*) cross[1]; (*o gatunku*) hybrid
krzyżyk cross[1]; **z** ~**iem** sharp; **nuta z** ~**iem** sharp
ksenofobia xenophobia
ksenofobiczny xenophobic
ksero Xerox; **robić** ~ xerox
kserograf photocopier, Xerox
kserograficzn|y: **kopia** ~**a** Xerox
kserować/skserować photocopy
ksiądz priest; (*tytuł*) Father
książeczka booklet; ~ **czekowa** chequebook
książę prince; duke
książka book[1]; ~ **informacyjna** (*np. słownik, encyklopedia*) reference book; ~ **kucharska** cookery book; ~ **telefoniczna** telephone directory; ~ **telefoniczna firm** Yellow Pages; (*tom*) volume
księg|a: ~**i rachunkowe** the books
księgarnia bookshop
księgarz bookseller
księgowość accountancy, bookkeeping
księgow-y/a accountant
księgozbiór library
księżna princess; duchess
księżniczka princess
księżyc moon; **światło** ~**a** moonlight; **oświetlony światłem** ~**a** moonlit
księżycowy lunar; moonlit
ksylofon xylophone
kształcący educational
kształcić/wykształcić educate; (*np. charakter*) discipline □ **kształcić/wykształcić się**: (*np. na lekarza*) train[2]
kształ|t shape[1], form[1]; **w** ~**cie** -shaped; **przybierać** ~**t** take shape; **nadawać** ~**t** mould[1]
kształtować/ukształtować shape[2], form[2], mould[1]
kształtowanie formation
kształtujący formative
kto who; (*przypadek zależny od* ~) whom; **obojętne** ~, ~ **(to)** whoever
ktokolwiek anybody, whoever
ktoś somebody, anybody, one[3]; ~ **inny** somebody else
który which; that[2]; who; whichever; (*przypadek zależny od* ~) whom, whose; ~ **tylko chcesz** whichever; **po** ~**m** whereby
którykolwiek whichever, any; (*z dwu*) either
któr|yś one[1]; ~**egoś dnia** some day
któż: ~ **(to)** whoever
ku towards; (*np. zdziwieniu*) to[1]
kubatura capacity, measurement
kub|ek mug[1]; **wysoki** ~**ek bez ucha** beaker; ~**ki smakowe** taste buds
kucać/kucnąć squat[1]
kucha-rz/rka cook, chef
kuchenka cooker, stove; ~ **mikrofalowa** microwave (oven)
kuchenny: **robot** ~ food processor
kuchnia kitchen; (*sposób przyrządzania potraw*) cookery, cuisine
kucyk pony; (*o włosach*) ~**i** bunches
kuć hammer[2], pound[2]; (*np. na egzamin*) cram
kudłaty shaggy
kufel mug[1]
kufer trunk
kuglarz conjurer
kujon/ka swot
kukiełka puppet
kuksa|niec clout, clip[2], poke; **dać** (*komuś*) ~**ńca** cuff[2]
kuku: **mieć** ~ (*na punkcie czegoś*) have a hang-up
kukułka cuckoo
kukurydza maize, sweet corn; **prażona** ~ popcorn
kukurydzian|y: **płatki** ~**e** cornflakes
kukuryku: ~! cock-a-doodle-doo
kula ball[1], sphere; (*np. w pistolecie*) bullet; ~ **kryształowa** crystal ball; ~ **śnieżna** snowball; ~ **ziemska** globe; (*sprzęt sportowy*) (the) shot[1]; (*plastikowa lub gumowa*) baton; (*rodzaj laski*) crutch; **gra w kule** bowls; ~ **u nogi** bind
kulawy lame
kuleć hobble

kulejący lame; (*o gospodarce itp.*) ailing
kulić/skulić się huddle; (*ze strachu*) cringe, cower
kulinarn|y culinary; **sztuka ~a** cookery
kulis|a: ~y the wings; **za ~y/ami** backstage
kulisty spherical
kulk|a globule; (*np. z papieru, błota, metalu*) pellet; (*lodów*) scoop; **~a naftalinowa** (*przeciw molom*) mothball; **gra w ~i** marbles
kulminacyjny: **punkt ~** culmination
kuloodporny bulletproof
kult cult; **przedmiot ~u** cult
kultur|a culture; **~a i sztuka** the arts; (*osobista*) good manners, politeness; **brak ~y** bad manners
kulturalnie culturally; (*grzecznie*) politely
kulturalny cultural; cultivated; (*grzeczny*) polite
kulturowo culturally
kulturowy cultural
kulturyst-a/ka bodybuilder
kulturystyka body building
kultywować nourish
kumpel mate[1], pal, buddy, chum
kumulacyjny cumulative
kundel mongrel
kunszt craft[1]
kupa pile[1], heap, stack; (*np. pracy*) ton
kupiec merchant, shopkeeper, tradesman
kupno: **~ na raty** hire purchase
kupon coupon
kupować/kupić buy, get; **kupić kogoś** buy sb off
kupując-y/a buyer, shopper, purchaser
kura hen
kuracja course
kurant chime
kuratel|a: **dziecko znajdujące się pod ~ą** ward
kurator/ka: (*czyichś pieniędzy, majątku*) trustee; **~ sądow-y/a** probation officer
kurcz spasm; (*np. w karku*) crick
kurczak chicken
kurczenie się contraction
kurczę chicken; **o ~!** blast[2], bother, blimey
kurczowo: **trzymać się ~ czegoś** hang on to sth
kurczowy spastic
kurczyć/skurczyć narrow, constrict; (*np. twarz*) twitch □ **kurczyć/skurczyć się** narrow, shrink, contract[3]; (*ze strachu*) cringe
kurek tap[1]
kurier/ka courier, messenger
kuriozum oddity
kuropatwa partridge
kurort resort[3]
kurs course; **~ wakacyjny** summer school; (*działania*) line[1], policy[1]; **~ wymiany** exchange[1] rate
kursor cursor, pointer
kursować run[1], ply
kursyw|a italics
kurtka jacket; **długa ~ przeciwdeszczowa a kapturem** cagoule
kurtuazja courtesy
kurtyna curtain
kurwa slag[3]
kurz dust[1]
kurzajka wart
kusić/skusić tempt, entice, lure, seduce
kuso scantily
kustosz/ka curator, custodian
kusy skimpy
kuszący tempting, enticing, seductive, tantalizing
kuśtykać hobble, limp[2]
kut|y: **z ~ego żelaza** wrought-iron[1]
kuzyn/ka cousin; second cousin
kuźnia forge[1]
kwadrans quarter
kwadrat square[1,2]; **podniesiony do ~u** squared
kwadratowy square[1]
kwakać/zakwakać quack
kwakanie quack
kwalifikacj|a: ~e qualifications, credentials; **dawać/zdobywać ~e** qualify; (*o pracy*) **wymagający ~i** skilled; (*o osobie*) **bez ~i** ineligible; **brak ~i** ineligibility
kwalifikować/zakwalifikować qualify, fit[2] □ **kwalifikować się** qualify
kwapić się: **nie ~** not be in any hurry
kwarantanna quarantine
kwarc quartz
kwart|a quart
kwartalnie quarterly
kwartalny quarterly
kwartał quarter
kwartet quartet
kwas acid; **~ siarkowy** sulphuric acid
kwaskowatość sharpness
kwasowość acidity
kwaśno sourly; (*np. uśmiechać się*) wryly
kwaśn|y acid; sour; **~y deszcz** acid rain; (*np. uśmiech*) wry; **~a mina** pout, long face
kwatera: **~ główna** headquarters
kwaterować/zakwaterować house[2]
kwatery: (*zwł. wojskowe*) quarters
kwestia issue, matter[1], point[1], question[1]; **~ sporna** a matter of opinion; **~ (robienia) czegoś** a matter of sth/doing sth; **to ~ czegoś** be a case of sth/doing sth[1]; **robić z czegoś kwestię** make an issue (out) of sth
kwestionariusz questionnaire
kwestionować/zakwestionować question[2], query, dispute[2], challenge[2], contest
kwestor bursar
kwestować collect
kwiaciarnia florist
kwiacia-rz/rka florist
kwiat flower, bloom; **~/y** (*drzew owocowych*) blossom; (*wieku*) prime[2]
kwiat|ek: (*w butonierce*) buttonhole; **w ~ki** flowery
kwiatowy floral
kwiczeć/zakwiczeć: **(cicho) ~** squeak
kwiecień April
kwiecisty flowery; (*o stylu*) ornate
kwietnik flower bed
kwik: **(cichy) ~** squeak
kwilenie whimper
kwilić/zakwilić whimper
kwintesencja substance
kwintet quintet
kwit receipt; (*który wymienia się na coś, np. obiad w restauracji*) voucher
kwita: **być ~** be square[1], be quits (with sb)
kwit|ek: **odprawić kogoś z ~kiem** give sb the brush-off
kwitnący in bloom, thriving, prosperous; **~ interes** a going concern
kwitnąć/zakwitnąć flower, bloom, blossom, flourish, thrive
kwiz quiz
kwokać cluck; (*o kurze*) **kwoczący** broody
kwokanie cluck
kworum quorum
kwota sum, amount
kysz: **a ~!** shoo

L

l: **litera ~** L, l
labirynt labyrinth, maze
laboratorium laboratory; **~ językowe** language laboratory
lać pour; (*o deszczu*) pour; **~ łzy** shed tears; (*w mowie/piśmie*) **~ wodę** waffle[2], pad sth out □ **lać się** pour, run[1]; (*o świetle*) ~ (*strumieniem*), (*o ludziach, rzeczach*) ~ (*np. ławą/lawiną*) stream
lada counter[1]
laguna lagoon
laicki lay[2]
laik layman
lakier lacquer, varnish; **~ do paznokci** nail varnish; **~ do włosów** hairspray
lakierować/polakierować varnish
lakierowan|y: **skóra ~a** patent leather
lakonicznie laconically, curtly
lakoniczność curtness
lakoniczny laconic, curt
lakować/zalakować seal[2]
lala bird
lalka doll
lament wail
lamentować lament, moan, wail
lameta tinsel
laminowany: (*o drewnie, szkle*) laminated
lamówka binding
lampa lamp; **~ błyskowa** flash[1]; **~ olejowa** oil-burning lamp
lampart leopard

lampas stripe
lampion lantern
lanie beating, hiding, thrashing; (*w mowie/piśmie*) ~ **wody** waffle[2]
lansować/wylansować launch[1], bring sth out; promote
lansowanie promotion
lapidarnie laconically
lapidarny laconic, terse
lapsus faux pas
larwa grub, maggot
las forest, wood, woodland; ~ **deszczowy** rainforest
laser laser
laska cane, walking stick; (*np. selera*) stick[1]; (*o dziewczynie*) babe
lasso lasso; **chwytać na** ~ lasso
latać/lecieć/polecieć fly[1]; (*samolotem*) get; (*o samochodzie itp.*) hurtle, whizz; (*o osobie*) ~ **dokądś na chwilę** nip; (*o czasie*) fly, whizz
latający flying
latanie: (*np. samolotem*) flying
latarka: (*elektryczna*) torch
latarnia lamp, lantern; ~ **morska** lighthouse
latawiec kite
lat|o summer, summertime; **połowa/środek ~a** midsummer
latynoamerykański Latin American
laur laurel
lawa lava
lawenda lavender
lawina avalanche; (*np. kamieni*) shower; (*np. listów*) flood[2]
lazurowy blue[1]
ląd land[1]; ~ **stały** mainland, dry land; **na** ~ ashore; **schodzić na** ~ go on shore; **niedaleko ~u** offshore; **~em** overland
lądować/wylądować land[2]; (*o samolocie itp.*) come down, touch down; ~ **w trybie awaryjnym** crash-land; (*zwł. o osobie*) **wylądować** land up (in...), end up (doing sth)
lądowanie landing, touchdown; ~ **awaryjne** crash-landing
lądowisko airfield; ~ **helikopterów** pad[1]
lądow|y overland, surface, terrestrial; **poczta ~o-morska** surface mail
lecieć → LATAĆ
leczeni|e treatment, therapy; **ordynowanie ~a** prescription
lecznica infirmary
leczniczy medicated, therapeutic; (*o roślinach*) medicinal
leczyć/wyleczyć heal, cure[1]; (*np. kogoś na jakąś chorobę*) treat
ledwie barely, hardly, scarcely, only just
ledwo immediately; ~ ~ narrowly, by the skin of your teeth; ~ **co** just[2]
legalizować/zalegalizować legalize
legalnie legally
legalność legality
legalny legal, lawfu, above board
legenda legend; (*na mapie*) key[1]
legendarny legendary
legia league
leginsy leggings
legion legion
legitymacja identification, identity card
lejce rein
lejek funnel
lek medicine, drug, cure[2]
lekarski medical; **gabinet** ~ surgery
lekarstwo medicine, medication, drug, cure[2], remedy
lekarz doctor, physician; ~ **konsultant** consultant; ~ **pierwszego kontaktu** GP; (*odbywający staż w szpitalu*) house officer
lekceważąco disrespectfully, disdainfully, dismissively, lightly; negligently
lekceważący disrespectful, disdainful, dismissive, disparaging, flippant; (*coś*) negligent
lekceważenie disrespect, disdain; (*czegoś*) neglect, negligence, disregard
lekceważyć/zlekceważyć neglect, ignore, disregard; (*np. przepisy*) flout; (*np. protest*) override; (*odnosić się do kogoś/czegoś z pogardą*) disparage
lekcj|a lesson; **~a indywidualna lub w małej grupie** class, tutorial; **~e** school
lekki light[3]; lightweight; cushy
lekko lightly; (*np. ruszać*) nimbly
lekkoatletyczn|y: **biegi ~e** track events
lekkomyślnie foolishly, irresponsibly, recklessly
lekkomyślność foolishness, irresponsibility; frivolity
lekkomyślny foolish, irresponsible, reckless; frivolous
lekkość lightness
leksykon dictionary; thesaurus
lektor announcer; **komentarz/dialog czytany przez ~a** voice-over; (*na uniwersytecie itp.*) foreign language teacher
lektura reading, read, text; ~ **obowiązkowa** set book
lemoniad|a lemonade; **piwo z ~ą** shandy
len flax
lenieć/wylinieć moult
lenistwo laziness
leniuch layabout
leniuchować laze
leniwie lazily
leniwy lazy, idle
leopard leopard
lepiący się sticky
lepić/zlepić (się) stick[2]
lepiej better[1,2], preferably
lepki sticky, tacky
lepsz|y better[1], preferable; (*o wiele*) ~y superior; **być (o wiele) ~ym** outclass; **nie ma nic ~ego niż** you can't beat[1] sth
lesbijka lesbian, gay
lesbijsk|i lesbian; **miłość ~a** lesbianism
lesisty wooded, woodland
leszczyna hazel
leszczynowy hazel
leśnictwo forestry
leśn|y woodland; **plantacja ~a** plantation
letarg lethargy
letargiczny lethargic
letni summer, summery; **sezon** ~ summertime; (*o płynie*) lukewarm, tepid
letni-k/czka holiday-maker
lew lion; **L**~ (*znak zodiaku*) Leo; ~ **morski** sea lion
lewar lever
lewar|ek jack[1]; **podnosić~kiem** jack sth up
lewica left[2], left wing
lewicowy left-wing
lewo left[2]; **na/w** ~ left[2]
leworęczny left-handed
lew|y left[2]; **po ~ej stronie** on the left; **z/po ~ej stron-y/ie** left-hand; **~y (szybki) pas ruchu** outside lane
leżak deckchair
leżanka couch[1]
leżeć lie[2]; ~ **plackiem** (*twarzą ku ziemi*) lie prostrate; **dłużej poleżeć w łóżku** lie in; ~ **na pieniądzach** be rolling in money/in it
lęgowisko breeding ground
lęk fear[1], anxiety, apprehension; **chorobliwy ~ przestrzeni** agoraphobia; **z ~iem** anxiously
lękać się be afraid for sb/sth, dread
lękliwy apprehensive
lgnąć/przylgnąć cling; **lgnący** clingy
liberalizm liberalism
liberalnie liberally
liberaln|y liberal, permissive; **L~i Demokraci** the Liberal Democrats
liberał liberal
licencj|a licence; **wydawać ~ę** license, charter
liceum grammar school
lich|o devil; **do ~a!** heck; why, etc. the devil; **u ~a** how/why/where/who, etc. on earth/in the world; **po kiego ~a mi coś** what earthly use is sth
lichość mediocrity
lichtarz candlestick
lichwia-rz/rka pawnbroker
lichy crummy, poor, sub-standard; flimsy, paltry
licytacja auction
licytator auctioneer
licytować/wylicytować bid[1]
licytujący bidder
liczba number, figure[1]; ~ **jednocyfrowa** digit; ~ **mieszkańców** population; ~ **urodzeń** birth rate; (*np. ofiar*) toll; ~ **pojedyncza** singular; ~ **mnoga** plural
liczbowy numerical
liczebnik: ~ **główny** cardinal[2]; ~ **porządkowy** ordinal
liczenie figure[1]s; ~ **w pamięci** mental arithmetic
licznie abundantly, in force
licznik meter[1], clock[1], counter; ~ **gazowy** gas meter; ~ **Geigera** Geiger counter; ~ **mil** milometer,

odometer; **mierzyć za pomocą ~a** meter[1]
liczny numerous, plentiful
liczyć/policzyć count[1], number; (*o osobie*) **umiejący liczyć** numerate; **~, że** reckon; (*na kogoś/coś*) count on sb/sth, depend on sb/sth, rely, bank on sb/sth, bargain for/on sth, gamble on sth/on doing sth, reckon on sth; **nie licząc** exclusive of sb/sth; **nie licz na to!** you'll be lucky □ **liczyć się** count[1], carry weight; (*z kimś/czymś*) reckon with sb/sth; **bardzo ~ z czymś** set… store by sth
lider leader
liga legion
lignin|a: **z ~y** paper
lik: **bez ~u** no end of sth
likier liqueur
likwidacja liquidation
likwidować/zlikwidować liquidate; (*np. firmę*) wind sth up
lilia lily
liliowy lilac
limeryk limerick
limit limit[1]
limona lime[3]
limuzyna limousine, saloon
lin|a rope, cable, line[1]; (*np. w cyrku*) tightrope; **~a ratownicza** lifeline; **spuszczać się po ~ie** abseil
linczować/zlinczować lynch
lingwista linguist
lingwistyczny linguistic
lingwistyka linguistics
lini|a line[1]; **równoległa ~a** parallel; **~a kropkowana** dotted line; **w ~e** lined; **~a brzegowa** coastline; **~ włosów** hairline; **~a kolejowa** railway line; **główna ~a kolejowa** main line; **~a lotnicza** airline; **gorąca ~a (telefoniczna)** hotline; **w ~i powietrznej** as the crow flies; **~a postępowania** policy[1]; **~a polityczna/partyjna** platform; **iść po ~i** (*np. partyjnej*) toe the (party) line; **z ~i ojca** paternal
linieć/wylinieć moult
linijka ruler
linoleum linoleum
lipa: (*drzewo*) lime[2]; (*tandeta*) dud
lipcowy July
lipiec July
lipnie shoddily
lipny shoddy, trashy
liryczny lyrical; (*o poezji*) lyric
lis fox; **samiec ~a** dog[1]
lisica vixen
list letter; **~y uwierzytelniające** credentials; **z ~ami kogoś** care of sb
list|a list, register[1], roll[1]; breakdown; **~ a rzeczy** (*do załatwienia*) checklist; **~ a adresowa** (*do rozsyłania informacji lub reklam*) mailing list; **czarna ~ a** blacklist; **~ a najlepszych** (*np. kandydatów*) shortlist; **~ a przebojów** chart; **~ a rezerwowa** waiting list; **tworzyć ~ę**, **umieszczać na liście** list
listek: **~ herbaty** tea leaf
listewka slat
listonosz postman
listopad November
listopadowy November
listowie foliage
listowy: **papier ~** notepaper
listwa strip
liściasty deciduous
liścik note[1]
liś|ć leaf; (*o drzewach*) **zrzucający ~cie** deciduous
liter|a letter; **duża ~a** capital[1], block letter; **duże ~y** upper case; **małe ~y** lower case; **~y drukowane** type[2]
literacki literary
literalnie literally
literalny literal
literat/ka writer
literatura literature; **~ faktu** non-fiction; **~ piękna** fiction
literować/przeliterować spell[1]
litościwie mercifully
litościwy merciful, pitying, humane
litość mercy, pity; **na ~ Boską!** for Christ's/God's/goodness'/Heaven's/pity's, etc. sake; **gdzie, dlaczego itp. na ~ boską…?** how/why/where/who, etc. on earth/in the world
litr litre
liturgia liturgy
lity solid
lizać/polizać lick
lizak lollipop
liznąć → LIZAĆ
lizus creep[2]
liźnięcie lick
lnian|y: **płótno ~e** linen
lobować lob
loch dungeon
locha sow[1]
lodowaty icy, freezing, ice-cold, glacial; (*o manierze*) frosty
lodowcowy glacial
lodowiec glacier
lodowisko skating rink
lodówka fridge
lody ice[1], ice-cream; **~ na patyku** ice lolly; **~ z owocami/orzechami itp.** sundae
logarytm logarithm
logicznie logically, coherently
logiczny logical, coherent; **być ~m** make sense
logika logic; (*wewnętrzna*) coherence
logo logo
logopedia speech therapy
logować/zalogować log in/on
lojalnie loyally
lojalność loyalty, faithfulness
lojalny loyal
lok curl[1]
lokal restaurant; **nocny ~** (night)club
lokalizacja location
lokalizować/zlokalizować locate, localize
lokalnie locally
lokalny local
lokata: **~ kapitału** investment
lokator/ka occupant, tenant, lodger, occupier
lokomocj|a: **środek ~i** vehicle
lokomocyjn|y: **cierpiący na chorobę ~ą** travel-sick, airsick, carsick
lokomotywa locomotive, engine
lokować/ulokować position, locate, plant[2]; (*np. kapitał, pieniądze*) invest □ **lokować/ulokować się** position
lokówka curler, roller
londyński London; (*np. akcent*) cockney
lont fuse[1]
lord: (*tytuł*), **członek Izby L~ów** lord
lordowsk|i: **~a mość** lordship
lornetka binoculars
los fate, destiny, lot[4], fortune, luck; **ofiara ~u** washout; **masz ci ~** there you are; **zostawić kogoś na pastwę ~u** leave sb in the lurch; **na ~ szczęścia** hit-and-miss; **ciągnąć ~y** draw lots
losować/wylosować draw lots
losowanie draw
lot flight[1]
loteria lottery; **~ fantowa** raffle
lotka feather; (*na samolocie*) fin; (*do gry w badmintona*) shuttlecock
lotnia hang-glider
lotniarstwo hang-gliding
lotnictwo aviation; (*o wojsku*) air force
lotnicz|y aerial[2], airborne; airline; **drogą ~ą** by air freight; **pocztą ~ą** airmail
lotnisko airport
lotniskowiec aircraft carrier
lotny: (*o płynie*) volatile
loża: (*w teatrze*) box[1]
lód ice[1]; **kostka lodu** ice cube; **pokrywać (się) lodem** ice (sth) over/up; **przełamywać lody** break the ice[1]
lśniący glittering; (*o włosach, futrze*) sleek
lśnić glitter, glisten, shimmer; (*o oczach*) twinkle
lśnienie glitter, twinkle
lub or
lubiący fond
lubić/polubić like[1], have a liking for sth, care[1] for, enjoy, love[2]; **szczególnie coś ~** be fond of sth; **nie ~** dislike; **polubić kogoś/coś** take to sb/sth, be taken with sb/sth, warm to/towards sb; **dawać się polubić** grow on sb □ **lubić/polubić się**: **polubić się** hit it off (with sb)
lubieżnie lustfully
lubieżny lustful, randy
lud people
ludnoś|ć population, public
ludobójstwo genocide
ludowy folk
ludożerca cannibal
ludożerstwo cannibalism
ludzie people, public, folk, they, one[4], man[1]
ludzk|i human; humane; **po ~u** humanly, humanely; **natura ~a** human nature; **rasa ~a** the human race; **rodzaj ~i** man[1], mankind
ludzko humanly

ludzkość humanity, civilization, mankind
luf|a barrel; **wylot ~y** muzzle
luk hatch[1], porthole
luk|a gap, break[2], blank; (*w prawie*) loophole; (*np. w koncentracji*) lapse; **zapełniać ~ę** bridge a/the gap[1]
lukier icing, glaze
lukrecja liquorice
lukrować/polukrować ice[3], glaze
luksus luxury
luksusowo luxuriously
luksusowy luxurious, de luxe
lulać/ululać lull
lunapark fair[3]
lunąć: (*o deszczu*) pelt
lunch lunch, luncheon; **pora ~u** lunchtime; **jeść/iść na ~** lunch
lustracj|a survey; **przeprowadzać ~ę** (*np. budynku*) survey
lustro mirror
lutnia lute
lutowy February
luty February
luz: **na ~ie** casual, laid-back; (*o samochodzie*) **na ~ie** in neutral
luzować/wyluzować loosen
luźno loosely
luźny loose; (*o linie itp.*) slack; (*o swetrze itp.*) baggy; (*o sukience itp.*) full; (*o przepisie itp.*) lax
lżący insulting
lżejszy lightweight; **stawać się ~m** lighten
lżenie insult
lżyć insult

Ł

łabędziątko cygnet
łabędź swan
łachmany rags
łachy rags
łaciaty patchy
łacina Latin
łaciński Latin
ład order[1]; **bez ~u** randomly; **bez ~u i składu** willy-nilly; **doprowadzać do ~u** sort[2], straighten sth out
ładnie prettily; **bardzo ~ z twojej strony** it was very considerate of you
ładniutki cute
ładny pretty[1], attractive, handsome; (*o pogodzie*) fine[1]; (*o pogodzie, wyglądzie, widoku itp.*) nice
ładować load[2]; **na/~** cram; **władować coś w kogoś/coś** pump sth into sth/sb; (*np. baterię, akumulator*) charge[2]; **ponownie ~** (*np. baterię*) recharge □**ładować się**: (*w coś*) pile into sth/out of sth; **~ w kłopoty** get into trouble
ładownia hold[3], loading bay[2]
ładunek load[1]; (*statku lub samolotu*) cargo, goods; **brać ~** load[2]; (*np. baterii*) charge
łagodnie gently, mildly, meekly, leniently, soothingly
łagodnieć/złagodnieć soften; (*o deszczu itp.*) relent
łagodność gentleness, mildness, meekness, lenience
łagodn|y gentle, mild, soft; **~ego usposobienia** gentle, good-natured, good-tempered, lenient, meek, placid; (*o osobie*) **~y** (*w rezultacie wieku lub doświadczenia*) mellow; (*o chorobie*) benign; (*o smaku*) bland; (*o kolorze*) muted; (*o osobie*) **o ~ym głosie** soft-spoken
łagodzący mitigating
łagodzenie: (*np. bólu*) alleviation
łagodzić/złagodzić lessen, soften; (*np. ból*) alleviate, ease[2], deaden, relieve, soothe; (*kogoś*) placate, mellow; (*np. obawy, strach*) allay, mitigate; (*np. niedostatki*) redeem; **złagodzić** (*np. przepisy*) relax; **złagodzić** (*np. formę wypowiedzi*) qualify, tone sth down
łajać/złajać nag; rap
łajdak scoundrel
łajno dung
łaknąć hanker after/for sb/sth, lust after/for sb/sth
łaknienie appetite
łamać/złamać break[1], fracture; **~ z trzaskiem** snap[1]; (*np. prawo, obietnicę*) break[1], go back on sth; **łamać sobie głowę** (*nad czymś*) puzzle, rack your brains; **~** (**czyjś**) **opór** wear sb/sth down; **~ serce komuś** break sb's heart □**łamać/złamać się** break[1], give way; **~ z trzaskiem** snap[1]; (*o ciężarówce z naczepą*) **~ na złączu** jackknife
łamaniec: **~ językowy** tongue-twister
łamany: (*o języku*) broken[2]
łamigłówka puzzle, quiz
łamliwy brittle, fragile
łania doe
łańcuch chain; (*górski*) range[1]; **przykuwać ~em** chain
łańcuszek chain
łap|a: (*zwierzęcia*) paw; (*o zwierzęciu*) **trącać ~ą** paw
łapać/złapać catch[1]; **złapać** (*kogoś/coś*) catch, get, grab, take, etc. hold (of sb/sth)[2]; capture; **próbować ~** snatch at sth; **ponownie ~** recapture; **~ na hak** hook[2]; **~ w pułapkę/sidła** trap; **~ w sieć** net[1]; (*np. trochę snu*) snatch; (*np. okazję, godzinę snu*) grab; **~ oddech** catch your breath[1]; **~ równowagę** steady; **~ tempo** (*np. pracy*) get into your stride; **~** (*kogoś*) **na błędzie/pomyłce** trip (sb) up; **~ kogoś na gorącym uczynku** catch sb red-handed □**łapać/złapać się**: **~ w pułapkę** get/be trapped
łapanie snatch
łapczywie thirstily
łapownictwo bribery
łapówk|a bribe; **dawać ~ę** bribe
łasica weasel
łas|ka mercy; boon; **akt ~ki** pardon[1]; **na ~ce** at the mercy of sb/sth; **z ~ki** condescendingly
łaskawie kindly, graciously, mercifully
łaskawość kindness, graciousness, benevolence
łaskaw|y kind[2], gracious, benevolent, merciful; **czy byłbyś ~** would you mind[2] (doing sth)
łaskotać/połaskotać tickle
łaskotanie tickle
łaskotk|a: **mający ~i** ticklish
łaskotliwy ticklish
łata patch[1]
łatać/załatać patch[2], patch sth up
łatwiejsz|y: **nie ma nic ~ego** (there's) nothing to it
łatwizna doddle, pushover
łatwo easily, simply, readily; **~ coś zrobić** liable to do sth; **~ powiedzieć** easier said than done; (*komuś coś robić*) all very well (for sb)
łatwopalny flammable, inflammable
łatwoś|ć easiness, simplicity, ease[1]; **z ~cią** easily
łatwowierny gullible, fond
łatw|y easy[1], effortless; (*do zrozumienia*) straightforward, light[3]; **~e wyjście** (*z sytuacji*) soft option
ława bench; **~ oskarżonych** dock[2]; **~ przysięgłych** jury
ławica: (*ryb*) school, shoal; (*piasku*) drift
ławka bench; (*kościelna*) pew
łazić potter[1]
łazienka bathroom
łazik Jeep
łazikować loiter
łaźnia bath; (*parowa*) sauna
łączący: (*gram.*) subjunctive
łącznie: (*z kimś/czymś*) including; (*z czymś*) inclusive (of sth), complete with sth; (all) in one; **wszystko ~** all told
łącznik link; (*znak pisarski*) hyphen; **pisać z ~iem** hyphenate
łączność communication, liaison; **mieć ~ z kimś/czymś** be in communication with sb/sth; **~ duchowa** communion; (*np. radiowa, telewizyjna*) telecommunications
łączny all-in
łączyć/połączyć join, link, unify, combine[1], merge, mix[1], couple[2], bracket, piece sth together; **~ ponownie** reunite; (*np. do komputera*) hook (sb/sth) up (to sth); (*telefonicznie*) connect; **~ z wewnętrznym numerem** put sb through; (*np. organizację*) amalgamate; (*w jedną całość*) integrate; (*w sobie*) incorporate; **~ siły** join forces (with sb)[1], team up (with sb) □**łączyć/połączyć się** join, connect, interconnect, meet, reunite, combine, merge, mix[1], fuse[2]; (*z kimś/czymś*) team up (with sb), link up (with sb/sth); (*z kimś*) contact; (*ze sobą*) communicate; (*o organizacjach itp.*) amalgamate
łąka meadow
łeb: (*zwierzęcy*) head; (*osoby*) nut; **patrzeć spode łba** scowl; **na ~ na szyję** headlong; **~ w ~** neck and neck (with sb/sth)
łechtaczka clitoris
łkać sob
łkanie sob

łobuz yob
łodyga stalk[1], stem[1]
łoić/złoić: ~ **skórę pasem** belt
łok|ieć elbow; **trącać ~ciem** nudge
łom crowbar
łomot crash[1], thud
łomotać/załomotać bang[1], pound[2], thud; (*np. oknem*) batter[1] against sth
łon|o womb; **na ~ie** in the bosom of sth
łonowy pubic
łopat|a shovel, spade[1]; **przerzucać ~ą** shovel
łopatk|a spatula; (*kuchenna*) fishslice; (*np. śmigła*) blade; (*anat.*) shoulder blade; **~a barania** mutton; **kłaść na ~i** walk over sb
łopotać/załopotać flutter
łoskot clatter, crash[1], bump, clap, roar
łoskotać/załoskotać clatter, crash[2]
łosoś salmon
łoś elk; ~ **amerykański** moose
łot-r/rzyca scoundrel, villain
łowca hunter
łowić/złowić hook[2]; ~ **ryby** fish[2]; ~ **w sieć** net[1]
łowienie: ~ **ryb** fishing, angling
łowy hunt[2], hunting
łożysko socket; ~ **kulkowe** ball bearing
łódka boat; **mała** ~ dinghy; **płaskodenna** ~ punt
łódź boat; **(stacjonarna) ~ mieszkalna** houseboat; ~ **motorowa** motor boat, launch[2]; ~ **motorowa z kabiną** cruiser; **płaskodenna** ~ punt[1]; ~ **podwodna** submarine; ~ **ratownicza** lifeboat; ~ **wiosłowa** rowing boat; **przejażdżka łodzią** sail[1]
łój suet
łóżeczko: ~ **dziecinne** cot
łóżk|o bed[1]; **~o dwuosobowe** double bed; **~o jednoosobowe** single bed; **~o piętrowe** bunk[1] (bed); ~ **turystyczne/składane** camp bed; **przykuty do ~a** bedridden; **iść z kimś do ~a** go to bed with sb
łucznictwo archery
łucznik archer
łudzić delude □ **łudzić się** be under an/the illusion (that)
łuk curve, arc; **długi** ~ (*np. plaży, drogi*) sweep[2]; **biec ~iem** curve; (*w architekturze*) arch; (*do strzelania*) bow[2]
łup loot, plunder, spoils, haul, booty
łupek slate; (*chirurgiczny*) splint
łupić/złupić loot, plunder
łupież dandruff
łupina skin
łuska scale[2]
łuskać/wyłuskać shell
łuszczyć/złuszczyć się flake, peel
łyczek sip
łydka calf[2]
łyk mouthful, drop[2], gulp
łykowaty tough; (*o mięsie*) gristly
łypnięcie: ~ **okiem** wink
łysiejący balding
łysy bald
łyżeczka: ~ **do herbaty** teaspoon; ~ **deserowa** dessertspoon
łyżka spoon; ~ **stołowa** tablespoon; ~ **wazowa** ladle; (*np. do lodów*) scoop; (*np. śmietanki*) dollop
łyżwa skate; **jeździć na ~ch** skate
łyżwia-rz/rka skater
łz|a tear[1]; **lać ~y** shed tears
łzawiący runny; **gaz** ~ tear gas
łzawić water[2]
łzawy tearful

M

m: **litera** ~ M, m
macać/pomacać finger[2]; grope
machać/machnąć: (*np. ręką, flagą*) wave[1]; ~ **komuś na pożegnanie** wave sb off; ~ **na kogoś/coś** (*w celu zatrzymania czegoś/kogoś*) flag sb/sth down; (*np. ogonem*) wag; (*szybko coś pokazać*) flash[2]; **machnąć na coś ręką** wave sth aside, shrug sth off
machina machine
machinacj|a: **~e** racket[2]
machinalnie mechanically
machinalny mechanical
machlojk|a fiddle[1]; **~i** monkey business; **~i podatkowe** tax dodge
machnąć → MACHAĆ
machnięcie: (*ręki*) wave[2]; (*pędzlem*) stroke[2]
macic|a uterus; **szyjka ~y** cervix
macierzyński maternal, motherly, maternity
macierzyństwo motherhood
macierzyst|y indigenous; **firma ~a** parent company
maciora sow[1]
mack|a tentacle; **~i** feelers
macocha stepmother
maczać: ~ **w czymś palce** have a hand in sth[1]
maczuga club[2]
magazyn store, storeroom, warehouse, depot; (*do czytania*) magazine, journal; **kolorowy** ~ (*dodatek do gazety*) colour supplement
magazynować/zmagazynować store
magazynowanie storage
magia magic; **czarna** ~ black magic
magicznie magically
magiczn|y magic, magical, enchanted; **sztuczki ~e** conjuring; **zjawiska ~e** the occult
magik magician, conjurer
magist|er: **stopień ~ra** Master's degree; **mgr nauk humanistycznych** MA; **mgr nauk ścisłych** MSc; **mgr zarządzania** MBA
magistersk|i: **praca ~a** thesis
magistrant/ka postgraduate
maglować: (*kogoś*) grill
magnat baron
magnes magnet
magnetofon tape-recorder; ~ **kasetowy** cassette recorder; (*bez wzmacniacza*) tape deck
magnetowid video recorder
magnetyczny magnetic
magnetyzm magnetism
magnetyzować/namagnetyzować magnetize
mahometanizm Islam
mahometańsk|i Islamic; **religia ~a** Islam
mahoń mahogany
maj May; **Święto 1 M~a** May Day
majaczyć: (*o kształcie*) loom[2]; **majaczący** delirious
majątek possessions, fortune, wealth, estate; (*dużo pieniędzy*) packet
majeranek marjoram
majestat majesty, grandeur
majestatycznie majestically; **poruszać się** ~ sweep[1]
majestatyczność grandness
majestatyczny majestic, stately, commanding
majętny wealthy
majonez mayonnaise
major major[2]
majówka picnic
majster: ~ **do wszystkiego** handyman
majstrować/zmajstrować tinker
majtać/pomajtać dangle; (*np. nogami*) swing[1] □ **majtać się** swing[1]
majtki briefs; (*damskie*) knickers, panties
mak poppy
makabra horror
makabryczny macabre, ghastly, grisly, gruesome; **film** ~ horror film
makaron pasta; (*typu nitki*) noodle; (*typu rurki*) macaroni
makieta dummy, mock-up
makijaż make-up; **robić** ~ make (sb) up
makler/ka broker; ~ **giełdow-y/a** stockbroker
makrela mackerel
maksimum maximum
maksyma maxim; adage
maksymalizować/zmaksymalizować maximize
maksymalnie at the outside
maksymalny maximum
makulatur|a: **na ~ę** recyclable
malaria malaria
mala-rz/rka painter
maleć/zmaleć diminish, decline[1], recede, wane, tail away/off
maleńki tiny, minuscule, wee[1]; (*o dziecku*) **stary** ~ precocious
malina raspberry
malinowy raspberry
malować/pomalować: (*na jakiś kolor*) colour[2], paint[2]; ~ **i/lub tapetować** decorate; (*kogoś*) make sb up □ **malować/pomalować się** make (yourself) up
malowanie painting; ~ **i/lub tapetowanie** decoration; (*pomalowana powierzchnia*) paintwork
malowidło: ~ **ścienne** mural
malowniczo graphically

malowniczy picturesque, scenic, graphic
maltretować/zmaltretować maltreat, mistreat; (*fizycznie*) batter[1]
maltretowanie maltreatment, mistreatment, ill-treatment
maluch: (*kieliszek mocnego alkoholu*) short[3]
malunki: (*np. na ścianie*) graffiti
malutki tiny, minute[2]
malwersacja embezzlement
mało little, few[1]; ~ **(co/kto)** hardly; **mieć za** ~ (*czegoś*) lack
małoletni juvenile
małomiasteczkowy provincial
małomówny retiring
małostkowy petty, mean[2], nit-picking
małość sparseness
małoznaczność triviality
małoznaczny trivial
małpa monkey; ~ **bezogonowa** ape; (*o kobiecie*) cow, bag[1]
małpować/zmałpować ape; climb/jump on the bandwagon
mał|y little[1], small, a bit of a; (*o szansach itp.*) slight, slim, slender; (*o pojęciu*) remote; **~e litery** lower case; **~y druk** small print; **~e** baby, young
małż clam[1]; ~ **jadalny** mussel
małżeński married, marital, matrimonial; **stan** ~ matrimony
małżeństw|o marriage, matrimony; **być ~em** be married; **~o kontraktowe** arranged marriage; **mieszane ~o** mixed marriage; **rozbite ~o** broken marriage
małżon-ek/ka partner, spouse; **małżonek** husband; **małżonka** wife
mama mum
mamić/zmamić entice
mamrotać mumble, mutter
mamusia mummy[1]
manatki: **zwijać** ~ pack up
mandarynka mandarin
mandat fine[2], ticket; ~ **za parkowanie w niedozwolonym miejscu** parking ticket; **karać ~em** fine[2]; (*pełnomocnictwo*) mandate; (*np. parlamentarny*) seat[1]
manekin dummy, mannequin
manewr manoeuvre
manewrować/wymanewrować manoeuvre
mango mango
mania: (*czegoś/robienia czegoś*) mania, craze, fixation
mania-k/czka maniac, crank
maniakalny manic
manicure manicure
manier|a: (*właściwa dla danej osoby*) mannerism; **~y** manners; **z dobrymi ~ami** well-behaved; **~y przy stole/jedzeniu** table manners
manieryzm mannerism
manifest: ~ **polityczny** manifesto
manifestacja demonstration, rally[1]
manifestant/ka demonstrator
manifestować/zamanifestować demonstrate
manifestowanie: (*uczuć*) display[2]
manipulacja manipulation
manipulować manipulate, tamper, juggle
manipulowanie manipulation
mankament defect[1]
mankiet: ~ **koszuli** cuff[1]
manow|iec: **sprowadzać** (*kogoś*) **na ~ce** pervert; **zwieść kogoś na ~ce** lead sb astray
manualnie: **sprawny** ~ practical
manuskrypt manuscript
Maorys/ka Maori
maoryski Maori
map|a map, plan; **~a morska** (*lub nieba*) chart; **~a plastyczna** (*dwuwymiarowa*) relief map; **sporządzać ~ę** map
mara: ~ **nocna** nightmare
maraton marathon
maratoński: **bieg** ~ marathon
marcepan marzipan
marchew carrot
marcowy March
margaryna margarine
margines margin; (*o czynności/wypowiedzi*) **na ~ie** in passing
marginesowo marginally
marginesowy marginal, incidental
marihuana marijuana, cannabis
marionetka puppet
marka brand, make[2], mark[2]; (*niemiecka*) mark[3]
marker highlighter
marketing marketing
markier marker
markotnie moodily, glumly
markotność moodiness
markotny moody, glum, morose, withdrawn
marksist-a/ka Marxist
marksistowski Marxist
marksizm Marxism
marmur marble
marmurowy marble
marnie miserably; (*wyglądać*) off colour
marnieć/zmarnieć wilt, go to rack and ruin
marnotrawić/zmarnotrawić squander, waste[1]
marnotrawny wasteful
marnotrawstwo wastage
marnować/zmarnować: (*coś zbyt dobrego dla kogoś*) waste[1]; (*okazję*) lose, blow[1], foul sth up □ **marnować/zmarnować się** go to waste, go down the drain
marny: (*o pensji itp.*) miserable, paltry; (*o wymówce*) flimsy; (*o jakości itp.*) indifferent; (*o pomieszczeniu*) grotty
Mars Mars
marsjan-in/ka Martian
marsz march[2]; **robić coś z ~u** take sth in your stride
marszczony crinkly
marszczyć/zmarszczyć crease, crinkle, shrivel, wrinkle; ~ **brwi** frown; ~ **powierzchnię** (*np. wody*) ripple □ **marszczyć/zmarszczyć się** wrinkle; (*o skórze, skórce owocu*) shrivel
marszowy: **prowadzić** (*kogoś*) **krokiem ~m** march[1]
marszruta itinerary
martwić/zmartwić bother, trouble, worry, grieve □ **martwić/zmartwić się** worry, be worried, fret
martwo: (*o dziecku*) ~ **urodzone** stillborn
martw|y dead, lifeless; **~y punkt** deadlock, stalemate; **~e pole widzenia** blind spot
maruder straggler
marudzić dawdle, linger; (*komuś*) be/go on at sb
Marynark|a: **M~a Handlowa** merchant navy; **M~a Wojenna** navy; **M~i Wojennej** naval
marynarka jacket
marynarz sailor, seaman
marynata marinade, pickle
marynować/zamarynować marinade, pickle
marzec March
marze|nie dream[1]; (*na jawie*) daydream; **obiektem ~ń** to die for
marznąć/zamarznąć freeze
marzyciel/ka dreamer
marzycielski dreamy
marzycielsko dreamily
marzyć/pomarzyć dream[2]; (*na jawie*) daydream, fantasize; (*o czymś*) be dying for sth/to do sth; **o jakim każdy marzy** to die for
marża margin
mas|a: (*fiz.*) mass, substance, bulk; **~a celulozowa** pulp; (*np. na ciasto*) mixture; (*duża ilość, liczba*) heaps, loads, bags; **~y** (*społeczeństwa*) the masses
masakra massacre, slaughter
masakrować/zmasakrować massacre, slaughter, mutilate
masakrowanie mutilation
masaż massage; **robić komuś** ~ massage
masażyst-a/ka masseur; **masażystka** masseuse
mask|a mask; **~a przeciwgazowa** gas mask; **zakładać ~ę** mask; (*przykrywka*) cover[2], cloak, front; **~a samochodu** bonnet
maskonur: (*ptak morski*) puffin
maskotka mascot, charm[1]
maskować/zamaskować mask, disguise, camouflage
masło butter
masochist-a/ka masochist
masochistyczny masochistic
masochizm masochism
mason Freemason
masować/wymasować massage
masowo: **produkować** ~ mass-produce
masow|y mass, broad; (*na dużą skalę*) wholesale; **produkcja ~a** mass production
masturbacja masturbation
masturbować się masturbate
masywnie solidly
masywność solidity
masywny solid

maszerować march[1]
maszt mast
maszyna machine; ~ **do pisania** typewriter; ~ **do szycia** sewing machine
maszyneria machinery, mechanism
maszynist-a/ka engine driver; *(osoba zajmująca się pisaniem na maszynie, komputerze itp.)* typist
maszynka: **elektryczna ~ do golenia** shaver
maszynopis manuscript
maszynow|y: **broń ~a** automatic
maść ointment
maślanka buttermilk
mat: **szach i ~** checkmate
mata mat[1]
matczyny maternal
matematycznie mathematically
matematyczny mathematical
matematyk mathematician
matematyka mathematics, maths
materac mattress; ~ **dmuchany** Lilo
materia matter[1]
materialist-a/ka materialist
materialistyczny materialistic
materializm materialism
materializować/zmaterializować się materialize
materialnie materially
materialny material[2]; *(o dobrach itp.)* worldly
materiał: *(surowiec)* material[1], substance; *(sukno)* cloth, fabric, textile; ~ **dżinsowy** denim; *(w nauce)* ground[1]; **~y** literature
matk|a mother; **~a chrzestna** godmother; **~a przełożona** abbess; **przybrana ~a** foster mother; **samotna ~a** single mother; **bez ~i** motherless; **ze strony ~i** maternal
matkować mother
matowieć/zmatowieć tarnish, dim
matowy matt, opaque, frosted; *(o głosie)* husky[1]
matrona matron
matryca pattern, mould[1]
matrymonialny matrimonial
matur|a: **odpowiednik ~y** A level, A2 level, AS level
maturzyst-a/ka school-leaver
mazać smear
mazak felt-tip pen[1]
maziowaty gooey
maź goo
maźnięcie smear
mącić/zamącić cloud[2]; *(o sposobie mówienia)* fudge[2]; ~ **komuś w głowie** brainwash
mądrala know-all
mądrość wisdom
mądr|y wise, sensible, intelligent; **to dla mnie za ~e** I'm out of my depth
mądrze wisely, sensibly, intelligently; **bardzo ~!** I like that
mąka flour; *(zawierająca środek spulchniający)* self-raising flour; *(bez dodatku proszku do pieczenia)* plain flour; ~ **kukurydziana** cornflour
mąż husband; ~ **stanu** statesman
mdleć/zemdleć faint, black out, pass out
mdlić churn
mdłoś|ć: **~ci** nausea; **mieć ~ci** feel sick, heave; **przyprawiać o ~ci** nauseate, churn
mdły bland, insipid; *(o uśmiechu)* weak
meble furniture
meblować/umeblować furnish
mecenas/ka lawyer; ~ **sztuki** patron
mech moss; **porosły mchem** mossy
mechanicznie mechanically
mechaniczny mechanical
mechanik mechanic
mechanika mechanics, engineering
mechanizacja mechanization, automation
mechanizm mechanism, machinery; ~ **zegarowy** clockwork
mechanizować/zmechanizować mechanize
mecz match[2], game[1]
meczet mosque
medal medal; **brązowy ~** bronze medal; **srebrny ~** silver medal; **złoty ~** gold medal
medalion medallion, locket
medalist-a/ka medallist, title-holder; **brązow-y/a ~** bronze medallist; **srebrn-y/a ~** silver medallist; **złot-y/a ~** gold medallist
media media; **mass ~** mass media
mediacja mediation
mediator mediator
medium medium[1], psychic
meduza jellyfish
medycyna medicine
medyczny medical
medytacja meditation, contemplation
medytować meditate
mega mega
megabajt megabyte
megafon megaphone, loudspeaker; **przez ~** over the Tannoy™
melancholia melancholy
melancholijny melancholy
melasa treacle
meldować/zameldować report[1]
□ **meldować/zameldować się** report[1], book in, check in (at,..), check into...
meldunek report[2]
melina den
melodia melody, tune
melodramat melodrama
melodramatyczny melodramatic
melodyjny tuneful, musical, harmonious, sweet[1]
melon melon
melonik bowler
membrana membrane
memorandum memo
memoriał memorial
menedżer manager; *(np. pubu, małego hotelu)* landlord
menedżerka manageress; *(np. pubu, małego hotelu)* landlady
menedżerski managerial; **studia ~e** business studies
mennica mint[2]
menopauza menopause
menstruacja menstruation
mentalność mentality
mentor guru
merdać waggle; *(np. ogonem)* wag
Merkury Mercury
mesa mess[2]
mesjasz Messiah
met|a finish[2]; *(w baseballu)* base; **na dłuższą ~ę** in the long run
metabolizm metabolism
metafora metaphor, figure of speech
metaforycznie metaphorically
metaforyczny metaphorical, figurative
metal metal; ~ **szlachetny** precious metal
metaliczny metallic
metamorfoza metamorphosis
meteor meteor
meteorolog meteorologist
meteorologia meteorology
meteorologiczny meteorological
metka label, tag, ticket
metoda method, way[1]; ~ **działania** tactic; ~ **prób i błędów** trial and error
metodologia methodology
metodologiczny methodological
metodycznie methodically
metodyczny methodical
metodyst-a/ka Methodist
metr metre
metraż measurement
metro underground
metropolia metropolis
metryczny metric
metryka certificate
mewa gull
męczarni|a agony, ordeal; **~e** torture
męczący: *(o pracy itp.)* tiring, exhausting, gruelling, strenuous, trying; *(o osobie)* tiresome
męczenni-k/ca martyr
męczeństwo martyrdom
męczyć/zmęczyć tire[1], keep on (at sb) (about sb/sth), torture
□ **męczyć/zmęczyć się** tire[1]; *(nad czymś)* toil
męka torment
męski: *(w kontekście płci)* male; *(o cechach, rodzaju)* masculine; *(właściwy mężczyźnie)* manly, virile; **cechy ~e** masculinity; **wiek ~** manhood; **bardzo ~** *(w agresywny sposób)* macho; ~ **szowinista** male chauvinist; ~ **szowinizm** male chauvinism
męskość masculinity, manliness, manhood, virility
męstwo valour
mętnie dimly, inarticulately
mętny cloudy, vague, opaque; *(o oczach, wzroku)* bleary; *(o mowie)* inarticulate; *(o interesach itp.)* shady
męty dregs, scum
mężczyzna man[1], gentleman, male
mężnie valiantly
mężny valiant
mgiełka haze, mist[1]

mglić/zamglić (się) cloud[2], blur
mglistość vagueness
mglist|y foggy, hazy, misty, watery; (*o wspomnieniu itp.*) vague; **~e zarysy/wspomnienia itp.** blur
mgł|a fog, mist[1]; **pokrywać się ~ą** mist up/over
miałki fine[1]
mian|o: **określać kogoś ~em** label
mianować: (*kogoś czymś*) appoint, designate, nominate
mianowanie appointment, nomination
mianowicie namely
miar|a measure[2], measurement; (*stopień*) degree; (*przy porównywaniu*) yardstick; **w ~ę** mildly, in moderation; **w dużej mierze** largely; **żadną ~ą** far from sth/ from doing sth; **zrobiony/uszyty na ~ę** made to measure[2]; **zrobiony na ~ę** tailor-made
miarodajny authoritative
miarowy steady
miasteczko: **wesołe ~** (*oparte na jednym pomyśle/temacie*) theme park
miasto town, city, borough; **~ bliźniacze** twin town; **~ portowe** port[1]; **~-widmo** ghost town; (*np. ruszać*) **w ~**, (*bawić sie*) **w mieście** (out) on the town
miauczeć miaow
miauczenie miaow
miazga pulp
miażdżący crushing; (*np. komentarz, spojrzenie*) withering
miażdżyć/zmiażdżyć crush[1], squash[1], annihilate
miąć/zmiąć (się) crease, crinkle, crumple
miąższ pulp, flesh
miecz sword; **po ~u** paternal
mieć have[2], have got, possess; **~ przy sobie** carry, hold[1], keep[1]; (*coś do zrobienia*) have[2] (got) to, be supposed to do sth; (*w programie itp.*) have (got) sth on; **~ coś robić** be due (to do sth); **~ coś za sobą** get sth over with; **nie ma za co** you're welcome; **masz** there you are □ **mieć się**: (*o sprawach*) go[1]
miednica bowl[1]; (*anat.*) pelvis
miednicowy pelvic
miedziak copper[1]
miedziany copper[1]
miedź copper[1]
miejsc|e place[1]; space, room; position, location, site, spot[1]; (*np. koncertu*) venue; (*np. zbrodni, akcji*) scene; **~e pracy** workplace; **~e spotkania** rendezvous; **~e urodzenia** birthplace; **~e zamieszkania** abode; **ciekawe ~a** sights; **~e siedzące** seat[1], seating; **~e postoju** (*dla statku*), **~e sypialne** berth; **~e sypialne w pociągu** sleeper; **wolne ~e** (*w tekście*) blank; **~e internetowe** website; (*o momencie*) **w tym ~u** here; **na ~u, z ~a** on the spot; **z ~a na ~e** round[2]; **na (swoim) ~u** in place[1]; **nie na (swoim) ~u** out of place, incongruous, in the way; **mieć swoje ~e** belong; **na czyjeś ~e** in sb/sth's place; **na moim/ twoim itp. ~u** in my/your, etc. place; **na twoim ~u** if I were you; **postawić się na czyimś ~u** put yourself in sb else's/sb's place; **zamieniać się ~ami** change/swap places (with sb); **pokazać komuś, gdzie jest jego ~e** put sb in their place[1]; **w ~e** instead of; **zdobyw-ca/czyni drugiego ~a** runner-up
miejscowość: **~ wypoczynkowa** resort[3]
miejscow|y local; indigenous; (*w sporcie*) home[2]; **czas ~y** local time; **rozmowa ~a** local call; (*rzecz.*) **~y/a** local
miejsk|i urban, metropolitan, municipal, civic; **rada ~a** town council
mielon|y: **mięso ~e** mince; **kotlet ~y** rissole
mienić się: **ogród mienił się kolorami** the garden was a blaze[1] of colour
mienie estate
miernie indifferently
miernik gauge, standard
mierność mediocrity
miernota tripe
mierny mediocre, indifferent
mierzeja spit
mierzenie measurement
mierzwić/zmierzwić tousle
mierzyć/zmierzyć measure[1], gauge; **~ czas** time[2]; **~ temperaturę** take sb's temperature; **~** (*kogoś*) **wzrokiem** eye[2] □ **mierzyć/ zmierzyć się**: **~ wzrokiem** glare
miesiąc month; **~ kalendarzowy** calendar month
miesiączk|a period, menstruation; **mieć ~ę** have your period, menstruate
miesiączkować menstruate
miesiączkowanie menstruation
miesięcznie monthly
miesięcznik monthly
miesięczny monthly
mieszać mix[1], stir; (*coś z czymś*) mix sth up, mingle; (*robić bałagan/ nieporządek*) muddle, jumble; **~** (*komuś*) **w głowie** confuse, muddle; (*kogoś w coś*) implicate, involve □ **mieszać się** mingle, merge; (*w coś*) interfere, intervene
mieszanie stir □ **mieszanie się** interference, intervention
mieszaniec hybrid; **mieszaniec** (*np. o psie*) mongrel
mieszanina mixture, mix[2], jumble
mieszanka mixture, mix[2], assortment, blend; (*np. styli*) medley
mieszan|y mixed, assorted; **~ debel** mixed doubles; **~e małżeństwo** mixed marriage; **~e uczucia** ambivalence; **mieć ~e uczucia** have mixed feelings (about sb/sth)
mieszarka mixer
mieszczański bourgeois
mieszczaństwo bourgeoisie
mieszek follicle
mieszkać live[2], inhabit, dwell; **~ w wynajętym pokoju** lodge[2]; **~ byle gdzie** live rough[1]; **~ na dziko** squat[1]
mieszkaln|y inhabitable, habitable; **pomieszczenia ~e** housing
mieszkanie flat[1]; home[1]; accommodation, dwelling, lodging; **~ dwupoziomowe** maisonette; **dawać ~** house[2]
mieszkan-iec/ka occupant, inhabitant, dweller; **stał-y/a ~** resident; **~ miasta** citizen; **mieszkaniec wsi** countryman; **~ okręgu wyborczego** constituent
mieszkaniowy residential
mieścić: (*w sobie*) hold[1]; (*określoną liczbę osób*) seat[2], accommodate, house[2], sleep[2] □ **mieścić się**: (*w czymś*) fit[2]
mięczak: (*zwierzę*) shellfish; (*osoba*) wimp, pushover
mięczakowaty wimpish
między: (*dwoma osobami/ rzeczami*) between; (*wieloma osobami/rzeczami*) among, amid
międzyczas: **w ~ie** in the meantime
międzykontynentalny intercontinental
międzymiastowy long-distance
międzynarodowo internationally
międzynarodow|y international; **firma ~a** multinational
miękki soft, smooth[1]; floppy; (*o skórze itp.*) supple; (*o mięsie*) tender[1]; (*o dźwięku*) mellow; (*o osobie*) wet; **o ~m sercu** soft-hearted
miękko softly; tenderly
miękkość softness; suppleness
mięknąć/zmięknąć soften; (*o sercu itp.*) melt; (*w zachowaniu itp.*) relent
mięsień muscle; **naciągnąć ~** pull[1] a muscle
mięsisty succulent; (*np. pomidor*) meaty
mięsny meaty
mięso meat, flesh; **~ baranie** mutton; **~ jagnięce** lamb; **~ mielone** mince; **~ wieprzowe** pork; **~ wołowe** beef
mięsożerca carnivore
mięsożern|y carnivorous; **zwierzę ~e** carnivore
mięśniowy muscular
mięta mint[1], peppermint; **~ zielona** spearmint
miętowy mint[1], minty
miętus: (*cukierek miętowy*) mint[1]
mig: **~iem** like a shot[1]
migacz indicator
migać/mignąć: (*czymś*) flash[2] □ **migać się**: (*np. od odpowiedzialności*) dodge
migawk|a: (*w aparacie fotograficznym*) shutter; **~i** snapshot
migdał(ek) almond; (*narząd anatomiczny*) tonsil; **zapalenie ~ków** tonsillitis
mignięcie glimpse

migotać/zamigotać flicker, glimmer, shimmer, twinkle, blink
migotanie glimmer, blink
migowy: **język ~** sign language; **posługiwać się językiem ~m** sign[2]
migracja migration
migrena migraine
migrować migrate
mijać/minąć pass[2], pass by (sb/sth); (*słabnąć*) wear off; (*o czasie*) go[1], tick away/by, turn[1] □ **mijać/minąć się** pass[2]
mijanie passing
mikrobus minibus
mikrofala microwave
mikrofalow|y: **kuchenka ~a** microwave (oven)
mikrofilm microfiche
mikrofon microphone, mouthpiece
mikrokomputer microcomputer
mikrokosmos microcosm
mikroskop microscope
mikroskopijny microscopic, minute[2]
mikroukład microchip
mikser mixer, liquidizer, food processor
miksować/zmiksować liquidize
mikstura concoction
mila mile
milcząco silently, dumbly; (*zgodzić się na coś itp.*) tacitly
milczący silent; (*o porozumieniu itp.*) implicit, tacit
milczeni|e silence; **w ~u** in silence, without saying anything; **prawo do ~a** right to remain silent
mile agreeably; **~ widziany** welcome, desirable; **~ wspominać** have fond memories
miliard billion
milicja militia
miligram milligram
mililitr millilitre
milimetr millimetre
milimetrowy: **papier ~** graph paper
milion million
milioner millionaire
milionow|y millionth; **(jedna) ~a** millionth
militarny military
millenium millennium
milor|d: **~dzie** My Lord
milowy mile; **kamień ~** milestone
miło nicely, pleasantly, amiably; **będzie ~** we would be glad (to see you, etc.); **jak to ~** (*z czyjejś strony*) what a nice thought; **~ cię/pana itp. poznać, bardzo mi ~** nice/pleased to meet you; **~ mi** how do you do?
miłosierdzie mercy, charity
miłosiernie mercifully
miłosierny merciful
miłosn|y: **historia ~a** love story
miłościwie graciously
miłościwość graciousness
miłościwy gracious
miłoś|ć love[1]; **z ~cią** lovingly; **na ~ć Boską!** for Christ's/God's/goodness'/Heaven's/pity's, etc. sake; **Wasza M~ć** Your Grace
miłośni-k/czka lover, fan[2]
miły nice, pleasant, sweet[1], agreeable, amiable
mim mime
mimiczn|y: **gra/ekspresja ~a** mime
mimik|a mime, mimicry; **grać/wyrażać (coś) ~ą** mime
mimo: **~ to** nevertheless, regardless, even so, still[1]; **~, że** although, even though[1], though; **~ wszystko** in any case, all/just the same, come what may; (*iść*) past[2]
mimochodem in passing
mimowolnie involuntarily, inadvertently, unwittingly
mimowolny involuntary, inadvertent, unwitting
min|a face, expression, look[2]; **kwaśna ~a** long face; **robić/stroić ~y** (*na coś/do kogoś*) make/pull faces/a face (at sb/sth); **robić dobrą ~ę do złej gry** make the best of sth/a bad job; (*bomba*) mine[2]
minąć (się) → MIJAĆ (SIĘ)
minerał mineral
miniatu|ra miniature; (*zwierzę lub roślina*) dwarf; **w ~rze** in miniature
miniaturowy miniature
minimalizować/zminimalizować minimize, play sth down
minimalny minimal, minimum
minimum minimum
miniony past[1], former[1], bygone
minister minister; **~ finansów/skarbu** chancellor; (*w Wlk. Br.*) **~ spraw wewnętrznych** Home Secretary; (*w Wlk. Br.*) **~ spraw zagranicznych** Foreign Secretary
ministerialny ministerial
ministerstwo ministry, department, office; **~ skarbu państwa** treasury; (*w Wlk. Br.*) **M~ Spraw Wewnętrznych** the Home Office; (*w Wlk. Br.*) **M~ Spraw Zagranicznych** Foreign and Commonwealth Office
minorowy minor
minować/zaminować mine[3]
minus minus, less[2]; **plus ~** give or take
minuta minute[1]; **lada ~** any minute (now)
miodowy: **miesiąc ~** honeymoon
miot litter
miotać hurl, throw[1]; (*o morzu*) **~** (*np. statkiem*) buffet[2]; (*np. ogniem*) belch □ **miotać się** be/go on the rampage
miotła broom, brush[1]
miód honey; **plaster miodu** honeycomb
miraż mirage
misa basin
misja mission
misjona-rz/rka missionary
miska bowl[1]
mistrz/yni: (*np. w rzemiośle*) master[1]; (*w sporcie*) champion; (*duchowy*) guru
mistrzostwo: (*w sporcie*) championship; (*np. w sztuce*) artistry
mistrzowsk|i expert; **po ~u** expertly
mistycyzm mysticism
mistyczny mystical
mistyfikacja myth
misty-k/czka mystic
miś: **~ koala** koala; **~ pluszowy** teddy; (*palto itp.*) **na misiu** with fleece
mit myth
mitologia mythology
mityczny mythical
mizerak weed
mizernie poorly[1]
mizerny measly, paltry, poor, weedy; (*blady*) wan
mknąć/przemknąć speed, streak; **~ z hałasem** zoom
mlecz dandelion; (*rybi*) roe
mleczarnia dairy
mlecza-rz/rka milkman
mleczko milk
mleczn|y milky; **czekolada ~a** milk chocolate
mleć/zemleć grind[1]; (*w młynie/młynku*) mill[2]
mleko milk; **~ odtłuszczone** skimmed milk; **zsiadłe ~** curd
młode baby; (*zwierząt*) young, offspring; (*lisa, niedźwiedzia, lwa, tygrysa lub wilka*) cub; (*np. słonia*) calf[1]
młodociany: (*przym.*) juvenile, youthful; (*rzecz.*) juvenile; **~ przestępca** juvenile delinquent
młodość youth
młodszy younger; (*rangą*) junior; (*po nazwisku*) Junior
mło|dy young, youthful, tender[1]; **~dy duchem** young at heart; **~dy człowiek** youth; **~da osoba** youngster; **~dzi** the young; **~de** offspring; **~de** (*zwierząt*) young
młodzieniec youth, adolescent
młodzieńczy youthful
młodzież youth, the young
młot: **~ kowalski** sledgehammer; **rzut ~em** the hammer[1]
młotek hammer[1]; **drewniany ~** mallet
młyn mill[1]; (*w rugby*) scrum
młynek grinder, mill[1]
mniam-mniam yummy
mnich monk
mniej less[1,2], fewer, minus; **~ więcej** more or less, about[1], or so, in the region of sth; **coraz ~** less and less
mniejszość minority
mniejsz|y lesser; **~e zło** the lesser of two evils; **~a o (to)** neither here nor there
mnogość multitude
mnożenie multiplication
mnożnik factor
mnożyć/pomnożyć multiply; **~ przez cztery** quadruple □ **mnożyć/pomnożyć się** multiply
mnóstwo a lot of, a good/great many, mass(es), million(s), bags
mobile mobile
mobilizować/zmobilizować (się) mobilize
mobilny mobile
moc power, force[1], potency;

~ **prawna** validity; **nabierać ~y** take effect; **w ~y** in effect; **na ~y czegoś** on the strength of sth; **o wysokiej ~y** high-powered; **~ą czegoś** by virtue of sth
mocarstwo power
mocno strongly, powerfully, hard[2], heavily, intensely, tightly, tight; (*np. przymocowany*) securely, well[3]; **trzymać się ~** hold tight
mocn|y strong, sturdy; (*o chwycie itp.*) firm[2]; (*o uścisku itp.*) tight; (*o uderzeniu*) heavy, hefty; (*o opadach*) heavy; (*o bólu*) sharp; (*o napoju*) potent; (*o alkoholu*) stiff; (*o przemówieniu itp*) powerful; **~a strona** strength, strong point
mocować się grapple, wrestle; (*np. z zapięciem*) fumble
mocz urine; **oddawać ~** urinate, pass water
moczary bog, marsh, swamp[1]
moczyć/zmoczyć wet □ **moczyć/zmoczyć się** soak
mo|da fashion, vogue; **chwilowa ~da** fad; **wchodzić w ~dę/być w ~dzie** come into/be in fashion; **wychodzić z ~dy** go out of fashion; **ustalać ~dę** set a/the trend
modalny: (*o czasowniku*) modal
model/ka model[1], mannequin; **praca ~a/ki** modelling
modelować/wymodelować model[2], mould[1]; (*włosy*) blow-dry
modelowanie: (*włosów*) blow-dry
modem modem
modernizacja modernization
modernizować/zmodernizować modernize, update □ **modernizować/zmodernizować się** modernize
modlić/pomodlić się pray, worship
modlitw|a prayer, worship; **M~a Pańska** (*ojcze nasz*) the Lord's Prayer; **~a przed posiłkiem/po posiłku** grace; **odmawiać ~ę** pray; **dom ~y** chapel
modniarstwo millinery
modnie fashionably
modn|y fashionable, in fashion, trendy, up to date, hot; **~e słowo** buzzword; **nie być ~m** be out of fashion
modrzew larch
modrzewiowy larch
modulacja: (*głosu*) inflection, tone[1]
moduł module
modyfikacja modification
modyfikować/zmodyfikować modify
modyfikowany: **genetycznie ~** genetically modified
mogiła grave[2]
moher mohair
mokry wet, humid
molekuła molecule
molestować: (*np. seksualnie*) molest, abuse
molestowanie: **~ seksualne** sexual harassment, abuse
moll: (*w muzyce*) minor
molo jetty, pier, quay
momen|t moment; **w tym ~cie** right now; **~t zwrotny** watershed
momentalnie instantaneously
monarch-a/ini monarch, sovereign
monarchia monarchy
monet|a coin, piece[1]; **za dobrą ~ę** on trust, (*take sth*) at its face value
monetarny monetary
monit reminder
monitor monitor; (*komputera*) VDU
monitorować screen
monofonia mono
monofoniczny mono
monolog monologue
monopol monopoly
monopolizować/zmonopolizować monopolize, hog
monopolowy: **sklep ~** off-licence
monosylaba monosyllable
monotonia monotony
monotonnie monotonously
monotonny monotonous, repetitive; **mówić ~m głosem** drone on
monstrualność monstrosity
monstrualny gross, monstrous
monstrum ogre
monsun monsoon
montaż assembly, erection, installation
montażyst-a/ka editor
montować/zmontować assemble, install, mount[2], put sth together, rig sth up; (*np. film*) edit; (*muzykę*) dub
monument: (*np. kultury*) monument
monumentalny monumental
moped moped
moralizatorski moralistic
moralizować moralize
moralnie morally
moralność morality, morals
moraln|y moral[1], ethical
morał moral[2], message
mord murder, killing
morda muzzle
morder-ca/czyni murderer, killer
morderczo lethally
morderczy murderous, homicidal, deadly, lethal; (*o biznesie itp.*) cut-throat
morderstwo murder, killing
mordęga drudgery, fag
mordować/zamordować murder, kill
morela apricot
morfina morphine
mormorando: **śpiewać ~** hum
mors walrus
morsk|i marine[1], maritime, nautical, naval; (*o rybach itp.*) salt water; **żołnierz piechoty ~iej** marine[2]; **katastrofa ~a** shipwreck; **poczta lądowo-~a** surface mail; **cierpiący na chorobę ~ą** seasick
morświn porpoise
morwa mulberry
morz|e sea, the deep[1]; **M~e Śródziemne** the Mediterranean; **na ~u** at sea; **nad ~e/m** to/at the seaside
mosiądz brass
moskit mosquito
most bridge[1]; **budować ~** bridge[1]; **mówić prosto z ~u** make no bones about sth
mostek: **~ kapitański** bridge[1]
mość: (**Wasza/Jego/Jej**) **Królewska M~** Majesty, Royal Highness
motać/namotać reel[1]
motłoch mob, rabble
motocykl motorbike, cycle
motocyklist-a/ka motorcyclist
motor motor, engine; (*pojazd*) motorbike
motorowy motor, motorized
motorówka motor boat
motyka hoe
motyl butterfly
motylek: (*styl pływacki*) butterfly
motylkowy: **styl ~** butterfly
motyw: (*przyczyna*) motive; (*w obrazie, powieści itp.*) motif, theme
motywacj|a motivation, drive[2]; **dostarczać ~i** motivate
motywować/umotywować motivate, justify
mow|a speech, language; **~a ciała** body language; **~a dodająca animuszu** pep talk; **w ~ie** orally; **nie ma ~y!** no way; (*gram.*) **część ~y** part of speech; **~a niezależna** direct speech; **~a zależna** indirect speech
mozaika mosaic; patchwork
mozolić/namozolić się labour[2], toil, plod, slog
mozolnie uphill, laboriously, strenuously
mozoln|y laborious, strenuous; **~a praca** slog
mozół toil
moździerz: (*broń; naczynie*) mortar[2]
może: (**być**) **~** maybe, perhaps, possibly; **~ by** why not?
możliwie perhaps, possibly, conceivably
możliwoś|ć possibility, chance[1]; (*zdolność*) capability; **granica ~ci** limitation; **nie ma ~ci** no question of sth
możliwy possible, practicable
można: **robić co tylko ~** do/try your best
możność power
możny mighty
móc can[1], may, able[1]; **czy mógłbym itp.?** could, might[1]; **czy mógłbyś itp.?** would you mind[2] (doing sth); **możesz** you are at liberty (to do sth)
mój my; mine[1]
mól moth; **~ książkowy** bookworm
mów-ca/czyni speaker; (**kraso**)~ orator
mówić/powiedzieć talk[1], speak, say[1], tell, utter[2]; (*o czymś*) refer, be on about sth; **chcieć powiedzieć** mean[1]; **mówić dalej** go on; **mówić głośniej** speak up; **mówić cicho** keep your voice down; **mówić przez nos** snuffle; **źle mówić o kimś/czymś** knock[2]; **mówić od rzeczy** wander; **mówić do rzeczy/**

z sensem talk sense; **mówić za siebie** speak for itself; **mówić za kogoś** speak for sb; **mówić** (*komuś*) **coś** ring a bell; **nie mówić o czymś nikomu** keep sth to yourself; **a nie mówiłem?** I told you so; **mówią, że** it is rumoured that, by all accounts; **powiedzmy** let us/let's say; **że tak powiem** so to speak; **ogólnie mówiąc** overall[1]; **ściśle mówiąc** strictly, strictly speaking, technically; **nie mówiąc o kimś/czymś** not to mention, let alone; **nawiasem mówiąc** by the way, incidentally; **można powiedzieć** it's safe to say; **nie ma o czym mówić** don't mention it; **to za mało powiedziane** that's an understatement □ **mówić się** be reported to be/as sth
mównica rostrum, platform
mózg brain; (*np. planu*) mastermind; **drenaż ~ów** brain drain; **gąbczaste zwyrodnienie ~u** BSE; **pranie ~u** brainwashing
mózgow|y cerebral; **w stanie śmierci ~ej** brain-dead; **porażenie ~e** cerebral palsy
mroczny dark[2], dim, murky, sombre
mrok dark[1], darkness, blackness, gloom
mrowić się be crawling with sth
mrowie swarm
mrowienie tingle; (*np. w nodze*) pins and needles
mrozić refrigerate; **mrożący krew w żyłach** chilling, blood-curdling
mroźny frosty, freezing, icy
mrożony freeze
mrówka ant
mróz frost; **mrozy** freeze; **będzie ~** it's going to freeze
mruczeć/mruknąć murmur, mutter; (*o kocie*) purr
mruczenie murmur
mrugać/mrugnąć: (*okiem*) wink; (*oczami*) blink; **nie mrugnąć okiem** not bat an eyelid; **nawet nie mrugnąć** not turn a hair
mruganie: (*oczami*) blink
mrugnięcie: (*okiem*) wink
mrukliwie grumpily
mrukliwość grumpiness
mruknięcie grunt
mrużyć: **~ oczy** screw your eyes/face, etc. up
msza Mass, service
mścić/zemścić się avenge, revenge, get/have/take your revenge (on sb) (for sth)
mściwość vindictiveness
mściwy vindictive
mucha fly[2]
muchomor toadstool
mulisty muddy, slimy
multimedialny multimedia
multipleks multiplex (cinema)
muł mud, sludge, slime, silt; (*zwierzę*) mule
mumia mummy[2]
mundur uniform[2]
mundur|ek: (*szkolny*) uniform[2]; **ziemniak w ~ku** jacket potato
mur wall
murarz bricklayer
murawa: (*obszar krótko przystrzyżonej trawy, np. do gry w golfa*) green[2]
Murzyn/ka black[2]
mus mousse
musieć must, have[2], be obliged to do sth, need[1,2], want[1]
muskać/musnąć brush[2], skim; **~ wargami** peck
muskularny muscular, brawny
musować fizz, bubble
musujący sparkling, fizzy, bubbly
musz|ka: (*owad*) midge; (*rodzaj krawata*) bow tie; **na ~ce** at gunpoint
muszkatołow|y: **gałka ~a** nutmeg
muszla shell, seashell; **~ klozetowa** toilet, lavatory
musztarda mustard
musztra drill[2]
musztrować drill[2]
muśnięcie: **~ wargami** peck
mutacj|a mutation; (*o głosie*) **przechodzić ~ę** break[1]
mutant mutant
muzeum museum
muzułman-in/ka Muslim
muzułmański Muslim, Islamic
muzycznie musically
muzyczny musical
muzyk musician, player
muzyka music; **~ country** country-and-western; **~ jazzowa** jazz; **~ kameralna** chamber music; **~ soul** soul
muzykalnie musically
muzykalny musical
muzykant/ka musician
muzykować: **~ na ulicy** busk
my we
mycie się wash[2]
myć/umyć wash[1]; **~ gąbką** sponge; **~ szamponem** shampoo; (*podłogę zmywakiem na kiju*) mop □ **myć/umyć się** wash[1]
mydlany soapy
mydliny lather, suds
mydło soap
myląco confusingly
mylący confusing, deceptive
mylić/pomylić: (*coś/kogoś z czymś/kimś innym*) confuse, mix sb/sth up (with sb/sth) □ **mylić/pomylić się** go wrong, be mistaken; (*w rachunkach*) be out; **o ile się nie mylę** I suppose
mylnie by mistake, mistakenly, wrongly
mylny incorrect, mistaken; (*o opinii*) misguided
mysz mouse
myszkować burrow, nose about/around, poke about/around, snoop
myśl thought[2], idea; **mieć na ~i** mean[1], refer, be on about sth; **przychodzić na ~** occur to sb; **pogrążać się w czarnych ~ach** mope
myślący thinking
myśleć/pomyśleć think[1], feel[1], make sth of sb/sth, figure[2]; (*sobie*) say to himself/herself etc.; **myśleć o czymś obsesyjnie** be/get hung up (about/on sb/sth)[1]; **identycznie myślący** on the same wavelength; **jasno/trzeźwo myślący** clear-sighted; **niech pomyślę** let's see; **tak właśnie myślałem** it/that figures
myśleni|e thinking, think[2]; **sposób ~a** mentality; **zmusić kogoś do ~a** set sb thinking
myśliciel/ka thinker
myśliwiec fighter
myśliwski: **domek ~** shooting lodge[1]; **kapelusz ~** deerstalker
myśliwy hunter
myślnik dash[1]
myślowy inward, intellectual, notional
myto toll
mżawka drizzle
mżyć drizzle

N

n: **litera ~** N, n
na on, onto, on top of sb/sth; in[2], into; along, at, by[2], due[3], for[1], over, to[1]; a[2], per, the, apiece; towards; aboard; (*jakąś chorobę*) of
nabałaganić → BAŁAGANIĆ
nabawić się: (*choroby*) catch[1], contract[2]
nabazgrać → BAZGRAĆ
nabiał dairy products; **sklep z ~em** dairy
nabierać/nabrać scoop; (*kogoś*) con[1], fool, kid[2], have sb on, take sb in, take sb for a ride; (*przyzwyczania*) develop □ **nabierać/nabrać się** fall for sth
nabijać/nabić: **~ sobie siniaka** bruise; **nabić** (*np. na liczniku*) clock sth up □ **nabijać się**: (*z kogoś/czegoś*) mock[1], poke fun at sb/sth
nabijany: (*np. ćwiekami*) studded
nabity: (*o ulicy itp.*) chock-a-block
nabożeństwo service, worship
nabój cartridge, round[4]
nabór intake
nabrać (się) → NABIERAĆ (SIĘ)
nabrzeże embankment, jetty, quay, wharf
nabrzmiewać/nabrzmieć fester
naburmuszenie grumpiness
naburmuszon|y grumpy; **z ~ą miną** sulkily
nabuzowany: **być ~m** (*np. złością*) be/get steamed up
nabyci|e: (*możliwy*) **do ~a** obtainable, on offer
nabytek purchase[1], acquisition; **cenny ~** asset
nabywać/nabyć purchase[2], buy, acquire, procure
nabywanie purchase[1], acquisition
nabyw-ca/czyni buyer, purchaser
nabzdyczenie grumpiness
nabzdyczony grumpy
nachylać/nachylić slant, tilt, dip □ **nachylać/nachylić się** incline, slant, tilt, dip; (*o terenie*) slope
nachyleni|e slant, tilt; (*góry*) incline; **stopień ~a** gradient
nachylony drooping

naciąć → NACINAĆ
naciągacz cowboy
naciągać/naciągnąć: **naciągnąć** (*mięśień*) pull[1], strain[2]; (*o naparze*) brew; (*kogoś na coś*) trick, scrounge
naciąganie: (*kogoś na coś*) trickery, con[1]; imposition
naciągany far-fetched
naciągnięcie: (*np. mięśnia*) strain[1]
nacierać: (*na kogoś/coś*) charge[2]
nacieranie rub
nacięcie incision, nick[1]
nacinać/naciąć slit, nick[1]
nacisk emphasis, stress, accent, push[2]; **kłaść ~ na coś** emphasize, stress; **wywierać** (*na kogoś*) **~** push[1]; **grupa ~u** pressure group
naciskać/nacisnąć press[2], push[1], depress, bear down (on sb/sth)
nacja people
nacjonalist-a/ka nationalist
nacjonalistyczny nationalistic
nacjonalizacja nationalization
nacjonalizm nationalism
nacjonalizować/ znacjonalizować nationalize
naczelnik chief; **~ więzienia** warden
naczelny head[1], chief, general[1], supreme
naczyn|ie dish[1], receptacle, vessel; utensil; **~a** crockery; **~e krwionośne** blood vessel
naćpany high (on sth); **~ narkotykami** stoned
nad above, over; before[1]; by[2]; into; on; **~e wszystko** first and foremost
nadający się fit[1], eligible; **nie ~** unfit, inadequate; **nie ~ do niczego** useless
nadajnik transmitter
nadal still[1]
nadawać/nadać broadcast; (*o rozgłośni, stacji telewizyjnej*) be on (the) air; **~ przez radio** radio; **~ w telewizji** televise; **~ błyskawicznie** (*np. wiadomość*) flash[2]; (*np. medal*) confer; **~ imię** christen; **~ obywatelstwo** naturalize; **~ styl** set a/the trend; **~ tempo** set the pace; **~ ton** call the shots/tune[2] □ **nadawać się** be fit[1] for sb/sth; (*do czegoś*) lend itself to sth
nadąć → NADYMAĆ
nadąsany sulky
nadążać/nadążyć: (*za czymś/kimś*) keep up (with sth/sb), keep pace (with sb/sth); (*np. za modą*) follow; (*za kimś w rozumieniu tego, co ktoś mówi*) be with sb
nadchodzący forthcoming, incoming, oncoming
nadchodzić/nadejść arrive, come, come in; (*o wydarzeniu*) come round; (*o wiadomościach itp.*) come through
nadciągający imminent
naddźwiękowy supersonic
nadejście coming
nadeptywać/nadepnąć: (*np. komuś na palec*) tread
nader sadly
nadesłać → NADSYŁAĆ
nadęty pompous, snooty
nadfioletowy ultraviolet
nadgarstek wrist
nadgodziny overtime
nadgorliwy officious
nadinspektor superintendent
nadjeżdżający oncoming
nadliczbow|y: **godziny ~e** overtime
nadludzki superhuman
nadmia|r excess[1], surplus, surfeit, glut; **w ~rze** ample
nadmieniać/nadmienić mention
nadmiernie excessively, over-, exceedingly, inordinately, unduly
nadmierny excessive, inordinate, surplus
nadmuchiwać/nadmuchać blow sth up, puff sth out/up
nadmuchiwany inflatable
nadobowiązkowy optional
nadpłat|a: **zwrot ~y** rebate
nadprodukcja surplus
nadprogramowo overtime
nadprzyrodzon|y supernatural, occult; **zjawiska/siły ~e** the supernatural, the occult
nadrabiać/nadrobić: **~ zaległości** catch up on sth
nadrzędny overriding
nadskakiwać: (*komuś*) court[2]
nadsłuchiwać listen (out) for sth
nadstawiać/nadstawić: **~ usz-y/u** prick up your ears
nadsyłać/nadesłać send sth in
nadto: **aż ~** ample
nadużycie: **~ zaufania** breach of confidence
nadużywać/nadużyć abuse[1]; (*np. czasu*) encroach (on/upon sth); **~ czyjejś cierpliwości** try sb's patience
nadużywanie abuse[2]
nadwag|a excess[2] luggage; **z ~ą** overweight
nadwątlać/nadwątlić sap[2]
nadwerężać/nadwerężyć strain[2], shake[1]; (**poważnie**) **~** cripple
nadwerężenie strain[1]
nadwerężony: (*o wzajemnych stosunkach itp.*) strained
nadwozie bodywork
nadwyżka surplus; **~ bagażu** excess[2] baggage
nadymać/nadąć inflate
nadziany: (*o osobie*) loaded
nadzie|ja hope, expectation, expectancy, promise[1]; **mieć ~ję** hope; **w ~i na coś/że** in the hope of sth/that…; **z ~ją** hopefully, expectantly; **pełen ~i** hopeful, expectant; **rokujący ~ję** hopeful
nadzienie filling, stuffing
nadziewać/nadziać stuff[2]; (*na coś*) impale
nadzorca supervisor, warden
nadzorować supervise, oversee, be in charge (of sb/sth); **źle ~** mismanage
nadzór supervision, control[1], surveillance; **mieć ~** oversee; **sprawować ~** be in charge (of sb/sth)
nadzwyczajnie extraordinarily, unusually, exceedingly, extra, greatly, remarkably
nadzwyczajny extraordinary
naelektryzowany electric
nafaszerować → FASZEROWAĆ
nafta paraffin
naftalinow|y: **kulka ~a** (*przeciw molom*) mothball
naftow|y: **pole ~e** oilfield
nagabywać solicit, pester
nagan|a reprimand, rebuke, lecture; **udzielać ~y** reprimand, lecture
nagi bare, naked, nude, in the nude; (*o krajobrazie itp.*) stark
naginać/nagiąć slant; **~ przepisy** bend the rules
nagląco insistently, urgently
naglący imperative, urgent
nagle suddenly, all of a sudden, abruptly, all at once, unexpectedly, overnight; (*zatrzymać się*) short[2]; (*padać/podnosić się*) steeply
naglić: (*o czasie itp.*) **~ kogoś** be pressed for sth
nagłaśnia|ć: **system ~jący** Tannoy™
nagłość suddenness, abruptness, immediacy, urgency
nagłów|ek heading; (*w prasie*) headline; **w ~ku** (*np. stołu, kartki*) at the head[1] of sth
nagł|y sudden, abrupt, dramatic, immediate, instant[1], overnight, unexpected; (*o wzroście cen itp.*) sharp, steep; (*o ruchu itp.*) jerky; **~y popyt** rush[2]; **~y przypływ** (*np. uczuć*) surge; **~e uczucie** (*np. strachu*) twinge; **~y wzrost** upsurge; **~a zmiana** switch
nagminny rife
nagniotek corn[2]
nago in the nude
nagolennik shin pad
nagonk|a: **ofiara ~i** quarry[2]
nagość nudity
nagrać → NAGRYWAĆ
nagradzać/wynagradzać reward
nagranie recording; (*na taśmę*) tape-recording
nagrobek gravestone, headstone
nagrobny: **kamień ~** tombstone
nagroda prize[1], award; (*np. za ujawnienie informacji*) reward; **~ pocieszenia** booby prize
nagrodzony prize[1]
nagromadzenie accumulation
nagrywać/nagrać record[2]; **~ na taśmę** tape; **~ na wideo** video
nagrywanie recording
naiwnia-k/czka mug[3], sucker
naiwnie naively, innocently
naiwność naivety
naiwny naive, innocent, gullible
najazd invasion, raid
najbardziej most[2], best[2]; **jak ~!** by all means[1]
najbliż|szy closest, immediate, next[1]; **~szy/si krewn-y/i** next of kin
najczęściej mostly
najdalej furthest, farthest, at the longest

najdalszy furthest, farthest; (*od centrum*) outermost
najdonioślejszy paramount
najechać → NAJEŻDŻAĆ
najedzony full
najem hire, tenancy
najemca tenant
najemnik mercenary
najeźdźca invader
najeżdżać/najechać invade
najeżony: **być ~m** (*np. problemami*) bristle with sth
najgłębszy deepest, innermost
najgorsz|y worst; **coś ~ego** worst; **nie ~** not too bad; **w ~m razie** at (the) worst, (as) a last resort, if the worst comes to the worst
najgorzej worst
najlepiej best[2,1]; **jak ~** as best you can
najlepsz|y best[1], the best[3], number one, the only[1], premier, top[1]; **~e** the best thing; **~e, co można zrobić to** your best bet; **wyzwolić to, co w ludziach ~e** bring out the best in people; **wszystkiego ~ego!** all the best; **wszystkiego ~ego z okazji urodzin!** happy birthday, many happy returns (of the day); **w ~ym razie** at best, at (the) most
najmniej least[2], the least[1]; **(co) ~** at least, at the (very) least[1]
najmniejsz|y least[1]; **(nawet) ~y** the merest; **w ~ym stopniu** not in the least (bit); **nie mieć ~ego pojęcia** not have the slightest/ faintest idea, not have the foggiest idea
najmować: (*do pracy*) engage, hire
najniższy: (*o cenach*) **~ punkt** rock-bottom
najnowocześniejszy state of the art
najnowszy: (*np. model, wydarzenie*) latest
najpierw first[2], first of all, first off[2], to begin with
najpóźniej at the latest
najprędzej at the earliest
najskrytszy most secret, innermost, intimate
najsłynniejszy most famous, foremost
najstarszy oldest; (*z trojga lub więcej w rodzinie*) eldest
najszybciej fastest; **jak ~** asap
najświeższy freshest; (*o wiadomości*) up-to-the-minute
najtajniejszy most secret, innermost
najważniejszy most important, main[1], principal, paramount, prime[1], uppermost, number one; **być ~m** come first
najwcześniej earliest, at the earliest; **jak ~** as soon as, first thing
najwidoczniej most obviously, apparently
najwięcej most[2], the most[1]
największy greatest
najwyraźniej most distinctly, apparently, evidently, patently
najwyżej highest, at (the) most, at the longest; **co ~** at the outside
najwyższy highest, tallest, top[1], topmost, uppermost; utmost; (*np. sędzia, władca*) supreme; (*o władzy*) sovereign; (*o karze*) capital[2]; (*o ocenach, prędkości itp.*) full; **~ czas** (and) about time (too), (and) not before time, it's about/high time; **stopień ~** (*przymiotnika/ przysłówka*) superlative
nakarmić → KARMIĆ
nakaz warrant; **~ rewizji** search warrant; **~ sądowy** injunction, writ; **~ stawiennictwa** summons
nakazywać/nakazać impose, prescribe
nakazywanie imposition
nakierowywać/nakierować: (*na kogoś/coś*) point[2], direct[2], guide[2], channel
nakład edition; circulation, print run; **~y** spending; (*pieniędzy, kosztów*) outlay
nakładać/nałożyć put sth on sth; (*na siebie*) put sth on, get sth on; **szybko ~** clap; **~ delikatnymi ruchami** (*np. perfumy na skórę*) dab sth on/off (sth); **~ jedno na drugie** (*np. obrazy*) superimpose; (*potrawy na talerze itp.*) dish sth up; (*np. ograniczenie*) impose; (*np. podatek*) levy
nakładanie imposition
nakłaniać/nakłonić prompt[2], coax; **usilnie ~** (*kogoś do czegoś*) urge, dare[2]
nakłucie prick[1]
nakrapiany spotted
nakreślać/nakreślić: **~ w ogólnym zarysie** outline
nakręcać/nakręcić screw; (*np. film*) tape □ **nakręcać/nakręcić się** screw
nakrętka nut, cap
nakryć → NAKRYWAĆ
nakrywać/nakryć cover, top[2]; **~ do stołu** lay[1] the table □ **nakrywać się**: **~ nogami** do a head over heels
nalać → NALEWAĆ
nalany puffy
naleciałość suggestion
nalegać insist; (*na kogoś, żeby*) press[2]; **bardzo ~** be insistent
naleganie insistence
nalepka sticker, label
naleśnik pancake
nalewać/nalać pour; **~ do pełna** fill; **~ łyżką** spoon; **~ wody** (*do wanny*) run[1] the water (for a bath)
należeć belong; (*do tej samej grupy*) go together; (*np. do pewnej kategorii*) come under, fall[1] □ **należeć się**: (*komuś*) be due[1] (to sb); **więcej niż się należy** more than your fair share of sth
należność charge[1]
należny due, owing
należycie duly, properly
należyty due[1], suitable
naliczać/naliczyć: **naliczyć** clock sth up
nalot raid, blitz; (*powietrzny*) air raid; **robić ~** raid, swoop
naładować → ŁADOWAĆ
naładowany loaded; **być ~m** (*np. złością*) be steamed up
nałogowiec addict
nałogowo habitually
nałogowy habitual; (*np. pijak*) compulsive; **on jest ~m fanem piłki nożnej** he's addicted to football
nałożyć → NAKŁADAĆ
nałóg addiction; (*niemoralny*) vice[1]; **w nałogu** addicted
namacalny tangible, empirical
namagnetyzować → MAGNETYZOWAĆ
namalować → MALOWAĆ
namaszczenie solemnly
namaszczony solemn
namawiać/namówić: (*kogoś do czegoś*) talk sb into doing sth, persuade; **usilnie ~** (*kogoś do czegoś*) urge, egg sb on (to do sth)
namawianie persuasion, prodding
namiastka substitute, surrogate
namierzać: (*kogoś/coś*) home in on sb/sth
namiętnie passionately
namiętność passion, lust
namiętny passionate
namiot tent; **duży ~** (*np. wystawowy, bankietowy*) marquee; **rozbijać ~** pitch[1] a tent; **spać pod ~em** camp
namotać → MOTAĆ
namowa prompting, instigation
namówić → NAMAWIAĆ
namy|sł thought, consideration, reflection; afterthought, second thoughts; **bez ~u** off the top of your head, on the spur of the moment, pat[2], glibly, head first; **po ~śle** as an afterthought, on second thoughts, on reflection
namyślać/namyślić się reflect
nanizać → NIZAĆ
nanosić/nanieść: (*np. śniegu, piasku*) drift; (*na mapę*) map, plot[2]
naokoło round[2]
napad attack, raid; **zbrojny ~** hold-up; (*np. na bank*) robbery; (*choroby*) attack, seizure; (*np. kaszlu, gniewu*) fit[4]; **~ złości** (*zwł. u dziecka*) tantrum
napadać/napaść attack, assault, hit out (at sb/sth); **ostro ~** (*na kogoś*) lash out (at/against sb/sth); **~ na coś zbrojnie** hold up sth; **napaść i obrabować kogoś na ulicy** mug[2]; **~ z furią** (*na kogoś/ coś*) savage; **~ z zasadzki** ambush
napalać/napalić się: (*na coś*) get hooked (on sth); **być napalonym** (*na coś*) be hooked (on sth)
naparstek thimble
napastni-k/czka attacker, aggressor, assailant; (*w zespole piłkarskim*) striker; (*np. w zespole piłkarskim*) forward[4]
napaść: (*rzecz.*) assault, invasion, onslaught, swoop; **~ uliczna** mugging; (*czas.*) → NAPADAĆ
napawać się: (*własnym sukcesem lub cudzym nieszczęściem*) gloat
napchać → NAPYCHAĆ
napchany crammed
napełniać/napełnić fill; (*o*

zapachu itp.) pervade; **na nowo ~** refill □ **napełniać się** fill; **~ powietrzem** inflate; (*np. łzami*) brim
napęd: (*pojazdu mechanicznego*) transmission; **~ na cztery koła** four-wheel drive; (*u osoby*) go[2]
napędowy driving[2]
napędzać/napędzić drive[1], propel
napiąć → NAPINAĆ
napić się have[2] a drink
napierać/naprzeć: (*o ludziach, tłumie itp.*) press across/against/around, etc. (sth)
napięci|e tension, strain[1]; pressure; tightness; (*emocjonalne*) strain[1], stress; suspense; (*o sytuacji itp.*) **pełen ~a** electric; (*o elektryczności*) voltage; **pod ~em** live[1]
napięty tense[1], tight, taut; (*o osobie/stosunkach*) strained; (*o sytuacji*) fraught
napinać/napiąć: (*np. stosunki*) strain[2]
napis writing, sign[1]; (*wypisany lub wyryty*) inscription; **~y** (*na filmie*) subtitles; **~y** (*po zakończeniu filmu*) credit[1]s
napiwek tip[3]; **dawać ~** tip[3]
napletek foreskin
napływ influx, intake, spate; **gwałtowny ~** upsurge
napływać/napłynąć: **~ falą** surge; (*o listach itp.*) **~ masowo** flood in, roll in; (*o myślach itp.*) flood[1]; **powoli ~** trickle
napomknienie/napomknięcie allusion, hint, reference
napompowywać/napompować inflate, pump sth up
napomykać/napomknąć mention, allude
napotykać/napotkać come across sb/sth, encounter, face[2]
napowietrzny overhead
napój drink, beverage; **~ alkoholowy** alcohol, liquor; **~ bezalkoholowy** soft drink; **~ cytrynowy** lemonade; **~ gazowany** fizzy drink, pop[1]; **mleczny ~** milk shake; **~ pomarańczowy** orange squash; **~ wyskokowy** spirit; (*o osobie*) **nie używający napojów alkoholowych** teetotal
napór pressure
naprawa repair
naprawdę: ~(?) really, truly, actually, honestly, indeed, seriously; **tak ~** in (actual) fact
naprawiać/naprawić fix[1], mend, repair, rectify, heal; (*np. straty*) remedy; (*coś*) put/set sth right[2]; (*zło*) undo, right[5]
naprawieni|e: **nie do ~a** irreparable; **w sposób nie do ~a** irreparably
naprężać/naprężyć: (*mięśnie, ciało*) tense[1]
naprężenie tension, strain[1]; (*fizyczne*) stress
naprężony tense[1], tight, taut
napromieniowanie exposure
napromieniowywać/napromieniować irradiate, expose
naprzeciw: **znajdować się ~** face[2]
naprzeciwko opposite
naprzeć → NAPIERAĆ
naprzód forward[1], onward, ahead, along; **głową ~** head first; **posuwać się ~** advance[1]; **ruszać ~** surge
naprzykrzać/naprzykrzyć się bother, hassle, molest
napuszony pompous
napychać/napchać: (*coś czymś*) stuff[2], cram, pack sth in/into sth; **~ ludźmi** pack sth out
napytać: **~ sobie zmartwienia** get into trouble
narada consultation
naradzać/naradzić się: (*z kimś nad czymś*) consult, confer, deliberate[2]; **wspólnie ~** put/get your heads together[1]
naradzanie się consultation
narastać/narosnąć mount up
narastający growing, mounting, cumulative
narastanie build-up
naraz at once, all at once
narażać/narazić risk, jeopardize; (*kogoś/coś na coś*) subject sb/sth to sth, expose; **~ na niebezpieczeństwo** endanger □ **narażać się**: (*na coś*) incur, court[2]; **narażając się** (*na coś*) at the risk of doing sth
narażanie się exposure
narażony: (*na coś*) liable, subject[3]
narciarski ski
narciarstwo skiing; **~ przełajowe** cross-country skiing; **~ zjazdowe** downhill skiing
narcia-rz/rka skier
nareszcie at (long) last; **~!** well[4], good riddance
naręcze armful
narkoman/ka drug addict
narkomania drug addiction
narkotyczny narcotic
narkotyk drug, hard drug, narcotic; (*zwł. marihuana*) dope
narkoz|a anaesthetic, sedation; **stosować ~ę** anaesthetize
narodowo nationally
narodowość nationality
narodowy national
narodziny birth
narodzony born; **nie ~** unborn
narosnąć → NARASTAĆ
narośl growth
narowisty: (*o koniu, ośle*) a handful
naród nation, people
narrator narrator
narta ski; **~ wodna** waterski; **jeździć na ~ch** ski; **jeździć na ~ch wodnych** waterski
naruszać/naruszyć breach, contravene, infringe; (*np. prawo*) violate; (*prawa, prywatność*) encroach; (*prawo/zwyczaj*) offend; (*np. towary do sprzedaży*) tamper with sth
naruszanie/naruszenie breach, contravention, infringement; (*np. prawa*) violation; **~ praw człowieka** human rights abuses
narząd organ[1]; **zewnętrzne ~y płciowe** genitals
narzeczeństwo engagement, courtship
narzeczon-y/a: **narzeczony** fiancé; **narzeczona** fiancée
narzekać complain, grumble
narzekanie complaint, grumble
narzędzi|e tool, instrument, implement[1], utensil; **~a** hardware
narzucać/narzucić impose, enforce, inflict, foist sth on/upon sb, thrust sb/sth upon sb; **~ swoją wolę** boss; (*ubranie na siebie*) slip[1] □ **narzucać/narzucić się** impose
narzucanie imposition □ **narzucanie się** imposition, intrusion
narzucenie enforcement
narzuta bedspread
nasadka cap
nasenny narcotic; **środek ~** sleeping pill, sedative
nasiąknięty: **~ wodą** waterlogged
nasienie seed; (*męskie*) semen, sperm
nasieniow|ód: **wycięcie ~odu** vasectomy
nasilać/nasilić się intensify
nasilanie (się) intensification
naskórek cuticle
nasłoneczniony sunlit
nasłuch: **prowadzić ~** (*zagranicznego radia/TV*) monitor
nasłuchiwać prick up your ears
nastanie advent, coming
nastawać/nastać: (*o okresie*) set in
nastawiać/nastawić set[2], regulate; (*na coś*) gear sth to/towards sth; **~ radio/telewizor na daną stację/kanał** tune in (to sth); **głośniej ~** (*np. radio*) turn sth up; (*np. uszy*) cock[2]; **~** (*kogoś*) **uprzedzająco/przychylnie** (*do kogoś/czegoś*) prejudice □ **nastawiać/nastawić się**: (*na coś*) be prepared for sth, psych yourself up; (*np. na szok*) steel
nastawienie: (*maszyny*) setting; (*w jakiejś sprawie*) attitude, position, slant; **wrogie ~** hostility
nastawiony: (*na kimś/czymś*) oriented; (*na coś*) poised
nastąpić → NASTĘPOWAĆ
następ-ca/czyni successor; **następca tronu** heir, Crown prince; **następczyni tronu** heir, Crown princess
następnie next[2], then, subsequently
następn|y next[1], following; **w ~ej kolejności** next[2]
następować/nastąpić: (*po kimś/czymś*) follow, come after; (*po czymś*) ensue; (*po kimś*) succeed; **jak następuje** as follows
następstw|o consequence, aftereffect, sequel; **przykre/niekorzystne ~a** repercussion; (*ważnego lub nieprzyjemnego wydarzenia*) aftermath; **~o tronu** succession; **być ~em czegoś** ensue; **w ~ie** following

następująco as follows
następujący following; (*tuż po/za czymś*) next[1], consequent
nastolat-ek/ka teenager
nastoletni teenage, teen
nastrajać/nastroić: **~ radio/telewizor na daną stację/kanał** tune in (to sth) □ **nastrajać/nastroić się** psych yourself up
nastraszyć frighten
nastr|ój: (*osoby*) mood, spirit, frame of mind; **w ponurym ~oju** moody; **ulegający ~ojom** temperamental; (*sytuacji*) atmosphere, climate, tone[1]; vein
nasuwać/nasunąć suggest
nasycać/nasycić satisfy; (*o rynku*) saturate
nasycenie saturation
nasycony steeped
nasyp bank[2], embankment
nasz our; ours
naszkicować → SZKICOWAĆ
naszpikować: (*lekarstwami*) dose
naszyjnik necklace
naśladować imitate, copy[2], model[2], follow suit, take your cue[1] from sb; (*kogoś*) mimic, take sb off; climb/jump on the bandwagon
naśladowanie imitation, mimicry
naśladowca mimic
naśmiewać się: (*z kogoś*) deride
naśmiewanie się taunt
naświetlać/naświetlić: (*promieniami*) irradiate
natarcie advance[2]
natarczywie insistently, aggressively; **~ częstować/pytać** ply sb with sth
natarczywy insistent, aggressive
natchnąć inspire
natchnienie inspiration, brainwave
natchniony inspired
natężać/natężyć strain[2] □ **natężać się** strain[2]; (*o dźwięku*) swell
natężenie: **~ ruchu** volume of traffic
natłok spate
natłuszczony oily
natomiast whereas, while[1]
natrafiać/natrafić: (*np. na trudności*) come up against sb/sth, hit, run into sth; (*np. na żyłę złota, złoże ropy naftowej*) strike[2]
natręt intruder
natrętny intrusive
natu|ra nature, self; **druga ~** second nature (to sb); **~ ludzka** human nature; **z ~ry** naturally; **wbrew ~rze** unnatural
naturalist-a/ka naturalist
naturalizacja naturalization
naturalizować naturalize
naturalnie naturally, certainly, of course, absolutely
naturalność simplicity
naturaln|y natural; **~e otoczenie/środowisko** wild; (*o osobie*) unaffected; (*o żywności itp.*) organic; (*o wewnętrznej sprzeczności itp.*) built-in; **rzecz ~a** a matter of course
natychmiast immediately, at once, instantly, right[3], right/straight away, this minute[1], on the spot, at the drop of a hat[2]
natychmiastowo instantaneously
natychmiastowość immediacy
natychmiastowy immediate, instant[1], instantaneous
natykać/natknąć się: (*na kogoś/coś*) come across sb/sth, stumble across/on sb/sth; **~ na kogoś** (*przypadkiem*) run into sb; (*na coś*) hit, encounter
nauczać/nauczyć teach, instruct
nauczani|e teaching; (*zwykle małej grupy osób*) tuition; **program ~a** syllabus
nauczk|a lesson; **dawać komuś ~ę** teach sb a lesson
nauczyciel/ka teacher, schoolteacher; (*zwykle w szkole wyższej*) professor; **nauczyciel** (*zwykle w prywatnej szkole*) master[1]; **nauczycielka** (*w szkole prywatnej*) mistress; **zawód nauczyciela** teaching
nauk|a learning, scholarship, study[1]; (*w szkole*) schooling; (*moralna*) moral[2]; **~i** teaching; **~i polityczne** politics; **~i przyrodnicze/ścisłe** science; **~i społeczne** social science
naukowiec scholar; (*specjalista od nauk ścisłych*) scientist
naukowo academically, scientifically
naukow|y academic, learned, scientific; **fantastyka ~a** science fiction
naumyślnie on purpose
nawadniać/nawodnić irrigate
nawadnianie irrigation
nawalić crash[2]
nawa|ł barrage, spate, pressure; **w ~le** (*trudności itp.*) under pressure
nawałnica hurricane, squall
nawet even[2]; **~ jeśli** even if; **~ bardziej/więcej itp.** still[1]
nawiać → NAWIEWAĆ
nawias bracket; **brać w ~** bracket; **w ~ie** in parenthesis; **~em mówiąc** by the way, incidentally; **być/czuć sie poza ~em** be/feel out of it
nawiązać → NAWIĄZYWAĆ
nawiązani|e allusion; **w ~u do kogoś/czegoś** with reference to sb/sth, with respect to sth
nawiązk|a: **z ~ą** with a vengeance
nawiązywać/nawiązać refer; **~ kontakt** contact, get hold of sb; **~ rozmowę** strike up sth (with sb); (*stosunki*) forge[2]
nawiedzać/nawiedzić haunt
nawierzchnia surface
nawiewać/nawiać: **nawiało prawie dwa metry śniegu** the snow drifted up to two metres
nawieźć → NAWOZIĆ
nawigacja navigation
nawigator navigator
nawigować navigate
nawijać/nawinąć wind[3], reel[1]
nawilżający: **krem ~** moisturizer
nawlekać/nawlec: (*igłę*) thread; (*np. korale*) string[2]
nawozić/nawieźć fertilize
nawożenie fertilization
nawóz dung, manure, muck[1]; (*naturalny lub sztuczny*) fertilizer
nawracać/nawrócić (się) convert[1]
nawrócenie conversion
nawrót recurrence; **~ choroby** relapse
nawyk habit, way[1]; **siła ~u** force of habit[1]; **mieć ustalone ~i** be set in your ways
nawykły: (*do czegoś/robienia czegoś*) used[2]
nawzajem each other; **~!** (the) same to you
naziemn|y terrestrial; **załoga ~a** ground crew
naznaczony: **być ~m** bear[2]
nazw|a name[1]; (*np. miasta*) place name; **~a własna** proper name; **nadawać czyjąś ~ę po kimś** name[2] sb after sb; **wymieniać ~ę** name[2]
nazwisk|o surname, family name; **imię i ~o** name[1]; **~o panieńskie** maiden name; **wymieniać ~o** name[2]; **na czyjeś ~o** in sb's name[1]; **z ~a** by name
nazywać/nazwać call[2], name[2], term, dub; (*po kimś*) name[2] sb after sb; **(nazwany) imieniem** after[1] □ **nazywać/nazwać się** be call[2]ed
negatyw: (*fotograficzny*) negative; **~ główny** master[1]
negatywnie negatively
negatywny negative
negocjacj|a: **~e** negotiations; (*o cenie w ofercie*) **do ~i** or near(est) offer
negocjator negotiator
negocjować negotiate
nekrolog obituary
nektar nectar
nektarynka nectarine
neofita convert[2]
neon neon
neonowy neon
Neptun Neptune
nerka kidney
nerw nerve; **szarpiący ~y** nerve-racking; **działać komuś na ~y** get on sb's nerves, fray sb's nerves
nerwic|a neurosis; **cierpiący na ~ę** neurotic
nerwicowy neurotic
nerwowo nervously, irritably, restlessly
nerwowość nervousness, irritability
nerwowy nervous, irritable, jumpy, prickly, restless, highly strung
netto net[2]
neurotyczny neurotic
neutralizować/zneutralizować neutralize, counteract
neutralność neutrality
neutralny neutral
nęcący inviting, seductive
nęcić entice, lure, seduce, tempt
nędza destitution, squalor
nędznie poorly[1], shabbily

nędzny miserable, wretched; sordid, squalid; derisory, measly, paltry
nękać/znękać nag, harass, hassle; (*o wietrze*) batter[1]; (*o problemie itp.*) niggle
nękający niggling
niania nanny, childminder
niańczyć cradle
niby as though, of a kind; **na ~** phoney
nic nothing, none, nil; **do niczego** useless; **na ~** for nothing; **~ tylko** nothing but; **prawie (tyle co) ~** next to nothing
niczyj nobody's; **ziemia ~a** no-man's-land
niczym -like
nić thread, strand; (*do szycia*) cotton[1]
nie no; not; **~ (wolno)** no; **~ (wystarczająco)** under-; **(no) ~?** eh; **tak, czy ~?** true or false; **~ ma za co** not at all; **jak ~, to ~** too bad
nie- non-
nieaktualny out of date
nieaktywny dormant
nieatrakcyjny unattractive, off-putting
niebawem presently, shortly, soon
niebezpieczeństw|o danger, risk, hazard, menace, distress[1]; **wielkie ~** peril; **w ~ie** in jeopardy; **wystawiać na ~o** jeopardize
niebezpiecznie dangerously, precariously
niebezpieczny dangerous, hazardous, perilous, risky, precarious, nasty, rough[1]; (*o sytuacji*) ugly; (*o zwierzęciu*) vicious
niebezpośredni indirect
niebiański heavenly
niebieskawy bluish
niebieski blue[1]; **kolor ~** blue[2]
niebiosa heaven; **w ~ch** on high
nieb|o sky; (*boskie*) heaven; **do samego ~a** sky-high; **pod gołym ~em** open-air; **wielkie ~a!** (good) heavens!; **o ~o lepszy** streets ahead (of sb/sth)
nieboszczyk corpse
niebywały untold
niecałkowicie incompletely
niecałkowity incomplete
niech let[1], may; **a ~ to...!** bother
niechby I suppose
niechcący unwittingly
niechceni|e: **od ~a** nonchalantly; **robić coś od ~a** play at sth/being sth
niechciany unwanted
niechęć dislike, aversion, antipathy, distaste, reluctance; **poczuć ~** take a dislike to sb/sth
niechętnie reluctantly, grudgingly
niechętny reluctant, grudging, unwilling; (*do rozmowy*) coy
niechlujnie untidily
niechlujny scruffy, sloppy, untidy, slovenly, squalid
niechlujstwo squalor
niechwiejny single-minded
niechybnie unavoidably, inevitably
niechybny unavoidable
nieciekawie dully
nieciekawy boring, drab, dry[1]
niecierpliwie impatiently
niecierpliwoś|ć impatience; **z ~cią** impatiently
niecierpliwy impatient
niecka trough
niecny disreputable, sordid, suspect
nieco somewhat, slightly, mildly, vaguely, kind of, a trifle; **~ za mały/duży itp.** on the big/small/high, etc. side
niecodzienny unusual, out of the ordinary; **~ wypadek** freak accident
nieczule heartlessly
nieczułość insensitivity, heartlessness
nieczuły insensitive, heartless, callous, cold-hearted, hard-hearted
nieczynny inactive, out of action; (*o wulkanie*) extinct, dormant
nieczysto: **grać ~** play dirty[1]
nieczystoś|ć impurity; **~ci** filth
nieczysty dirty; impure; (*niesprawiedliwy*) unfair, shady
nieczytelnie illegibly
nieczytelny illegible, unintelligible
niedaleki near[1], nearby
niedaleko near[2]
niedawno recently, lately, newly, freshly, only just; the other day/morning/week, etc.
niedawny recent
niedbale carelessly, negligently, casually
niedbalstwo carelessness, negligence
niedbały careless, negligent, sloppy, slack, casual, slapdash
niedelikatnie crudely
niedługi short[1]
niedługo soon
niedobór shortage, scarcity, dearth, deficiency
niedobry bad, wrong[1]
niedobrze wrong[2]; **i tak źle, i tak ~** you can't win
niedocenianie underestimate
niedociągnięcie shortcoming
niedogodność inconvenience, nuisance
niedogodny awkward
niedojrzały immature, juvenile, tender[1]
niedokładność inaccuracy
niedokładny inaccurate, imprecise
niedola woe
niedołężność infirmity
niedołężny infirm, decrepit
niedopałek butt[1], stub
niedopatrzenie oversight
niedopracowany half-baked
niedorosły immature
niedorozwinięty: (*umysłowo*) subnormal
niedorzecznie absurdly, unreasonably, ludicrously
niedorzeczność absurdity
niedorzeczny absurd, unreasonable, nonsensical, ludicrous, preposterous
niedoskonale imperfectly, incompletely
niedoskonałość deficiency
niedoskonały imperfect, deficient, wanting
niedostatecznie inadequately
niedostateczność inadequacy
niedostateczny inadequate, insufficient
niedostatek lack, deficiency, scarcity; deprivation, need[3], want[2]
niedostępnie prohibitively
niedostępność inaccessibility
niedostępny inaccessible, beyond/out of (sb's) reach, impenetrable, prohibitive
niedostrzegalnie imperceptibly
niedostrzegalny imperceptible
niedościgniony unrivalled
niedoświadczony inexperienced
niedotykalny untouchable, intangible
niedouczony illiterate
niedowag|a: (*o osobie*) **mający ~ę** underweight
niedowierzanie disbelief, distrust
niedozwolony illicit
niedożywienie malnutrition
niedożywiony malnourished
niedrogi inexpensive, affordable
niedrogo inexpensively
nieduży little[1]
niedwuznacznie unambiguously, pointedly
niedwuznaczny unambiguous, explicit, straightforward
niedyskrecja indiscretion
niedyskretnie indiscreetly
niedyskretny indiscreet
niedysponowany unwell
niedziela Sunday; **sobota i ~** weekend
niedzielny Sunday
niedźwiedź bear[1]; **~ polarny** polar bear
nieefektywnie inefficiently
nieefektywność inefficiency
nieefektywny ineffective, inefficient
nieekonomicznie uneconomically
nieekonomiczny uneconomical
nieelastycznie inflexibly
nieelastyczność inflexibility
nieelastyczny inflexible
nieelokwentnie inarticulately
nieelokwentny inarticulate
nieetycznie immorally
nieetyczny immoral
niefałszywy true
nieformalnie informally
nieformalność informality
nieformalny informal
niefortunnie unhappily
niefortunny unfortunate, untoward
niefrasobliwie lightly
niefrasobliwość lightness
niefrasobliwy light-hearted, easygoing, happy-go-lucky

niegazowany still[2]
niegodziwość wickedness
niegodziwy wicked, disreputable, unscrupulous, shabby
niegościnny inhospitable
niegramatyczny illiterate
niegrzecznie rudely, impolitely, unkindly, naughtily
niegrzeczność rudeness, unkindness
niegrzeczny rude, impolite, offhand; unkind, unfriendly; naughty
niegustowny tasteless
nieharmonijny discordant
niehigieniczny insanitary
niehumanitarny inhumane
nieinteligentny unintelligent
nieistotnie insignificantly
nieistotn|y insignificant, negligible, immaterial, academic; tenuous; **rzecz ~a** irrelevancy
niejadalny inedible
niejako as it were
niejasno confusingly, indistinctly
niejasny vague, indistinct, obscure, opaque; confusing; (*o wspomnieniu itp.*) hazy
niejeden many
niejednakowo unequally, unevenly
niejednakowy unequal
niejednoczesny: (*rozłożony w czasie*) staggered
niejednolity uneven, patchy, heterogeneous
niekiedy at times
niekłamany wholehearted
niekompatybilność incompatibility
niekompatybilny incompatible
niekompetencja incompetence
niekompetentnie incompetently
niekompetentny incompetent, unqualified
niekompletny deficient
niekoniecznie unnecessarily
niekonieczny unnecessary, dispensable
niekonsekwencja inconsistency
niekonsekwentnie inconsistently
niekonsekwentny inconsistent
niekonwencjonalny unorthodox
niekorzystnie adversely
niekorzystn|y unfavourable, adverse, disadvantageous; **stawiać kogoś/być w ~ej sytuacji** put sb/be at a disadvantage
niekorzyść disadvantage; **na czyjąś ~** to sb's disadvantage; **być uznawanym na czyjąś ~** count against sb
niektóry certain[2], some, a few[2]
niekwestionowany indisputable
nielegalnie illegally
nielegalny illegal, illicit, improper
nieletni: (*przym.*) under age, juvenile; (*rzecz.*) **~/a** minor, juvenile; **~/a przestępca** delinquent, young offender
nielicznie sparsely
nieliczn|y: **(tylko/bardzo) ~i/e** few[1], sparse
nielogicznie illogically
nielogiczność illogicality
nielogiczny illogical, inconsistent
nielojalność disloyalty
nielojalny disloyal
nieludzki inhuman; **~e czyny** atrocities
nieła|d disorder, untidiness, clutter, disorganization, mess[1]; **w ~dzie** disordered, awry, higgledy-piggledy
nieładnie: **~ z czyjejś strony** wrong[1] of sb (to do sth)
nieładny unattractive, plain; (*zły*) wrong[1]
niełas|ka: **być w ~ce** be out of favour (with sb), be in disgrace (with sb)
niemal: ~**(że)** almost, practically, close on, as good as; ~**(że) nic** next to nothing
niemało quite a lot (of)
niemały considerable, respectable
niemądry foolish, silly, unwise; **nie być tak ~m, żeby** know better (than that/than to do sth)
niemądrze foolishly, unwisely
niemile disagreeably; **~ widziany** unpopular
niemiło unpleasantly, nastily
niemiłosiernie mercilessly, pitilessly
niemiłosierny merciless, pitiless, hard-hearted
niemiły unpleasant, disagreeable, nasty
niemniej: **~ (jednak)** though, nevertheless, nonetheless
niemoc infirmity
niemodny unfashionable, dated, outmoded; **~ i nudny** nerdy
niemoralnie immorally
niemoralność immorality
niemoralny immoral
niemowlę infant, baby, babe
niemowlęctwo infancy
niemowlęcy: **wiek ~** infancy
niemożliwie impossibly
niemożliwość impossibility
niemożliw|y impossible; (*przekleństwo*) blessed; **~e!** not likely!
niemożność inability
niemrawość slowness
niemrawy slow[1], sluggish; (*o osobie*) wet
niemy: (*przestarz. i pej.*) dumb; (*o literze*) silent
nienaganny faultless
nienależycie inadequately
nienależyty inadequate
nienamacalny intangible
nienaruszalny sacred
nienaruszony intact
nienasycony insatiable
nienaturalnie unnaturally
nienaturalny unnatural
nienawidzić hate, detest, loathe
nienawistny hateful
nienawiść hatred, hate, loathing
nienormalny abnormal
nieobecność absence
nieobecn|y: absent, away, gone[2]; (*w pracy/szkole*) off[1]; (*rzecz.*) **~y/a** absentee
nieobeznany unfamiliar
nieobfity insubstantial
nieobliczalny incalculable
nieoceniony invaluable, priceless
nieoczekiwanie unexpectedly, unawares, out of the blue
nieoczekiwan|y unexpected; **~e spotkanie** encounter; **~e szczęście/powodzenie** windfall
nieodległy near[1]
nieodłączny inseparable
nieodnawialny non-renewable
nieodparcie irresistibly, irrepressibly
nieodparty irresistible, irrepressible
nieodpowiedni inappropriate, unsuitable, inadequate, improper, wrong[1], bad; incongruous
nieodpowiednio inadequately, improperly; incongruously
nieodpowiedniość inadequacy
nieodpowiedzialnie irresponsibly
nieodpowiedzialność irresponsibility
nieodpowiedzialny irresponsible
nieodstępny inseparable
nieodwołalnie irreversibly
nieodwołalny irreversible
nieodwracalnie irreversibly
nieodwracalny irreversible
nieodzownie necessarily
nieodzowność necessity
nieodzowny indispensable, necessary
nieoficjalnie unofficially, informally, off the record[1]
nieoficjalność informality
nieoficjalny unofficial, informal, off the record[1]
nieograniczony endless, unlimited, infinite, boundless, unreserved; (*o władzy*) sovereign
nieokiełznany violent, rampant
nieokreślony indefinite, indefinable, uncertain, nondescript; **przedimek ~** a[2]
nieokrzesany loutish
nieomylność infallibility
nieomylny infallible
nieopanowanie uncontrollably
nieopanowany unruly, uncontrollable
nieopatrzny unguarded
nieopisanie indescribably
nieopisany indescribable
nieopłacalny uneconomic
nieopłacany unpaid
nieorganiczny inorganic
nieosiągalny beyond/out of (sb's) reach
nieostrożność carelessness, indiscretion
nieostrożny careless
nieoszczędnie uneconomically
nieoszczędny uneconomical
niepaląc|y: **~y/a** non-smoker; **dla ~ych** non-smoking
nieparzysty odd
niepełnoletni under age
niepełnosprawność disability
niepełnosprawny disabled; **czynić ~m** disable

niepełnowymiarowy: (*o czasie pracy*) part-time
niepewnie uncertainly, insecurely, hesitantly, shakily, tentatively, doubtfully, dubiously
niepewność uncertainty, suspense
niepewny uncertain, unsure, hesitant, doubtful, dubious, tentative, unstable, shaky, unsound; (*o przyszłości itp.*) undecided; (*siebie*) unsure of yourself, insecure, diffident, faint-hearted; (*czegoś/siebie*) mixed-up; (*czegoś*) hazy (about sth)
niepiśmienny illiterate
niepłatny unpaid
niepociągający off-putting
niepodatny immune
niepodlegający: **nie ~** (*czemuś*) immune
niepodległość independence
niepodległy independent
niepodobny unlike, dissimilar
niepodzielny indivisible
niepohamowanie uncontrollably, violently
niepohamowany uncontrollable, irrepressible, violent, compulsive
niepojętny slow[1]
niepojęty inconceivable, incomprehensible, intangible
niepokoić worry, bother, disturb, trouble, upset, concern[1], disconcert, perturb; **nękająco ~** pester
□ **niepokoić się** worry, fret
niepokojąco disconcertingly
niepokojący worrying, disturbing, disconcerting, alarming
niepokojenie intrusion
niepokonany invincible, unbeatable
niepokój anxiety, discomfort, nervousness; (*o sytuacji politycznej*) unrest, turbulence
niepoliczalny uncountable
niepomny: (*czegoś*) oblivious
niepomyślny unfavourable; (*o decyzji*) **być ~m** (*dla kogoś*) go against sb
niepoprawny incorrect, incorrigible
niepopularny unpopular
nieporęczny cumbersome, bulky, unwieldy
nieporozumienie misunderstanding
nieporównywalny incomparable
nieporządek disorder, untidiness, mess[1]; **robić ~** mess sth up
nieporządny disorderly, untidy, messy
nieposkromiony uncontrollable
nieposłuszeństwo disobedience, insubordination, defiance, naughtiness
nieposłusznie disobediently, naughtily
nieposłuszny disobedient, insubordinate, naughty, unruly; (*o osobie*) a handful
nieposzlakowany unblemished
niepotrzebnie unnecessarily, needlessly
niepotrzebny unnecessary, unwanted, needless, useless, redundant, on the scrap heap
niepoważny frivolous
niepowetowany irreparable
niepowodzenie failure, defeat, breakdown; **(z góry) skazany na ~** doomed; **kończyć się ~m** break down
niepowstrzymanie irrepressibly
niepowstrzymany irrepressible
niepowtarzalny unrepeatable, unique
niepozorny inconspicuous
niepożądany undesirable, unwanted
niepraktyczny impractical
nieprawda untruth, lie[1], fib
nieprawdopodobieństwo improbability
nieprawdopodobnie improbably, unbelievably, impossibly
nieprawdopodobny improbable, unlikely, unbelievable
nieprawdziwy untrue, unreal, false, fictitious, phoney
nieprawidłowo incorrectly, improperly, wrong[2]
nieprawidłowość abnormality, impropriety, anomaly
nieprawidłowy incorrect, invalid, anomalous, wrong[1]; improper
nieprawomocny invalid[2]
nieprecyzyjność vagueness
nieprecyzyjny imprecise
nieprofesjonalny amateur
nieproporcjonalnie disproportionately
nieproporcjonalny disproportionate
nieproszony intrusive
nieprzechodni: (*o czasowniku*) intransitive
nieprzejednanie irreconcilably
nieprzejednany irreconcilable
nieprzejezdny impassable
nieprzejrzysty opaque
nieprzekonywający unconvincing, implausible, lame, feeble; inconclusive
nieprzemakalny waterproof
nieprzemyślany facile, thoughtless; **~ do końca** half-baked
nieprzenikliwy impervious
nieprzeparcie overwhelmingly, irresistibly
nieprzeparty overwhelming, irresistible
nieprzepisow|y: **~e zagranie** foul play
nieprzepuszczalny impervious
nieprzerwanie ceaselessly
nieprzerwanie continuously, non-stop
nieprzerwany continuous, non-stop, incessant, ceaseless, unbroken, continued
nieprzewidywalny erratic
nieprzewidziany unforeseen
nieprzezroczysty opaque
nieprzezwyciężony insurmountable
nieprzychylny disapproving, unfavourable
nieprzyjaciel enemy, foe
nieprzyjazny unfriendly, hostile, antagonistic
nieprzyjemnie unpleasantly, disagreeably
nieprzyjemny unpleasant, disagreeable, objectionable, grim
nieprzystępność inaccessibility
nieprzystępny inaccessible
nieprzystosowanie maladjustment
nieprzystosowany maladjusted
nieprzytomnie unconsciously, vaguely, in a daze
nieprzytomność unconsciousness
nieprzytomny unconscious, senseless, dazed, faraway
nieprzyzwoicie indecently, offensively
nieprzyzwoitość indecency, impropriety, obscenity
nieprzyzwoit|y indecent, improper, offensive, obscene; (*o języku, dowcipie itp.*) dirty[1]; (*o czasie, bardzo wczesny lub późny*) unearthly; **~e słowo, ~y czyn** obscenity; **~e słowa/zdjęcia itp.** filth; **~y wyraz** four-letter word
nieracjonalnie irrationally, unreasonably
nieracjonalność irrationality
nieracjonalny irrational, unreasonable
nieraz repeatedly, many a time
nierdzewn|y: **stal ~a** stainless steel
nierealny unreal
nieregularnie irregularly, erratically, on and off
nieregularność irregularity
nieregularny irregular
nierentowny uneconomic
nierozdzielny inseparable
nierozgarnięty dopey
nierozłączny inseparable
nierozpuszczalny insoluble
nierozsądek irrationality
nierozsądnie unreasonably, irrationally
nierozsądny unreasonable, inadvisable, silly
nieroztropnie rashly, indiscreetly
nieroztropny rash[2], indiscreet, inadvisable
nierozumnie irrationally
nierozumny irrational
nierozważnie thoughtlessly, recklessly, headlong
nierozważny rash[2], careless, unguarded
nierozwiązalny insoluble
nierozwiązywalny insurmountable, insuperable
nierozwinięty immature
nierób layabout
nierówno unevenly, unequally, irregularly, jerkily
nierównomiernie irregularly
nierównomierność irregularity
nierównomierny irregular
nierówność inequality, irregularity
nierównowaga imbalance

nierówny irregular
nierówny unequal, uneven, rough[1], ragged
nieruchomo still[2]
nieruchomoś|ć immobility; (*o domu itp.*) property; ~**ci** real estate
nieruchomy motionless, immobile, stationary, static, still[2], at rest
nierzeczywisty unreal
niesamowicie fantastically, tremendously, staggeringly
niesamowity uncanny, creepy, unearthly, weird, fantastic, staggering
niesforny restless; (*o włosach*) **cienki i ~** wispy
nieskalany unblemished
nieskazitelnie impeccably, immaculately
nieskazitelny spotless, impeccable, immaculate, unblemished
niesklonny unwilling
nieskomplikowany simple, light[3]
nieskończenie infinitely
nieskończoność infinity, eternity
nieskończony infinite, everlasting
nieskory: (*np. do rozmowy*) coy
nieskutecznie inefficiently
nieskuteczność inefficiency
nieskuteczny inefficient, ineffective; fruitless
niesłabnący remorseless
niesławny infamous
niesłychanie devastatingly
niesłychany unheard-of, extreme, stupendous, untold, nameless
niesłyszalnie inaudibly
niesłyszalny inaudible
niesmaczny tasteless, distasteful
niesmak distaste
niesnask|a: ~**i** strife
niesolidny unreliable, unsound
niespełna: (*o czasie*) **w ~** inside[2]
niespiesznie deliberately
niespieszny deliberate[1], leisurely
niespodzianka surprise; **ale ~!** fancy[3]
niespodziewanie unexpectedly, suddenly, unawares
niespodziewany unexpected, sudden
niespokojnie restlessly, nervously
niespokojny restless, uneasy, nervous, anxious, fidgety; (*o sytuacji itp.*) turbulent
niespotykany unheard-of, unprecedented
niesprawiedliwie unfairly
niesprawiedliwość injustice, unfairness, wrong[3]
niesprawiedliwy unfair, wrongful, one-sided; (*dla kogoś/w stosunku do czegoś*) hard on sb/sth
niesprawność disability
niesprawny wrong[1]; (*fizycznie*) unfit
niesprzyjająco adversely
niesprzyjający: (*o pogodzie*) unfavourable
niestabilność instability
niestabilny unstable, volatile
niestałość instability, variability
niestały variable, fluid, fickle
niestety unfortunately, regrettably, unluckily, sadly, unhappily; **~!** alas
niestosownie inappropriately, incongruously, irrelevantly
niestosowność incongruity, irrelevance
niestosowny inappropriate, incorrect, improper, uncalled-for, incongruous, out of place
niestrawność indigestion
niestrawny indigestible
niestrudzony tireless
niesubordynacja insubordination
niesubordynowany insubordinate
nieswojo: **czuć się ~** not feel himself/herself, etc.; (*czuć się*) ~ funny, off colour
nieswój uncomfortable
niesymetryczny unequal
niesystematyczny haphazard
nieszablonowy unorthodox
nieszczelność leak
nieszczelny leaky
nieszczerość insincerity
nieszczery insincere; (*np. śmiech, obietnica*) hollow
nieszczerze insincerely
nieszczęsny wretched
nieszczęści|e unhappiness, misfortune, misery, affliction, woe; **na ~e** unfortunately, unluckily, worse luck!; **sprowadzić na kogoś ~e** plague, jinx; **doznawać ~a** come to harm; **szukać ~a** ask for trouble/it
nieszczęśliwie unhappily
nieszczęśliwy unfortunate, unlucky; unhappy, miserable, joyless; poor, wretched
nieszczęśni-k/ca wretch
nieszkodliwie harmlessly, innocuously
nieszkodliwy harmless, inoffensive, innocuous, innocent
nieścieralnie indelibly
nieścieralny indelible
nieścisłość inaccuracy
nieścisły inaccurate
nieść → NOSIĆ
nieślubn|y illegitimate; ~**e pochodzenie** illegitimacy
nieśmiało shyly, timidly, coyly, self-consciously, sheepishly
nieśmiałość shyness, diffidence, timidity, self-consciousness
nieśmiały shy, timid, bashful, coy, diffident, self-conscious, sheepish; modest
nieśmiertelność immortality
nieśmiertelny immortal
nieświadomie unconsciously, unwittingly
nieświadomoś|ć unconsciousness, oblivion, vagueness; **pozostawać w zupełnej ~ci** be in complete ignorance; **trzymać kogoś w ~ci** keep sb in the dark (about sth)
nieświadomy unconscious, unwitting; (*czegoś*) unaware, ignorant
nieświeży stale, off[2]
nietakt bluntness
nietaktownie tactlessly, insensitively, bluntly
nietaktowny tactless, insensitive, blunt, clumsy, heavy-handed
nietknięty intact
nietolerancja intolerance
nietolerancyjnie intolerantly
nietolerancyjny intolerant, bigoted
nietoperz bat[1]
nietowarzyski antisocial
nietrwały insubstantial
nietrzeźwy drunken; **stan ~** intoxication; **w stanie ~m** intoxicated
nietykalność immunity
nietypowo uncharacteristically, unusually
nietypowy uncharacteristic, atypical, untypical, out of character
nieuchronnie inevitably, unavoidably
nieuchronność inevitability
nieuchronn|y inevitable, unavoidable, inescapable, fateful; **rzecz ~a** the inevitable
nieuchwytnie imperceptibly; **~ dla ucha** inaudibly
nieuchwytny elusive, imperceptible, intangible; **~ dla ucha** inaudible
nieuczciwie dishonestly, unfairly
nieuczciwość dishonesty, unfairness
nieuczciwy dishonest, unfair, bent[2], crooked, fraudulent
nieudanie się failure
nieudany abortive
nieudolnie incompetently, inefficiently
nieudolność incompetence, inefficiency, impotence
nieudolny incompetent, incapable, inept, inefficient
nieufnoś|ć distrust, mistrust; **wotum ~ci** censure
nieufny suspicious, distrustful
nieugięcie inflexibly, adamantly, relentlessly
nieugiętość inflexibility
nieugięty inflexible, adamant, relentless; **pozostawać ~m** not budge
nieuleczalnie incurably, terminally
nieuleczalny incurable, terminal[1]
nieumyślnie accidentally, involuntarily, inadvertently
nieumyślny involuntary, inadvertent
nieuniknion|y unavoidable, inevitable, inescapable; **rzecz ~a** the inevitable
nieuprawny waste[3]
nieuprzejmie impolitely, rudely, inconsiderately
nieuprzejmość rudeness,

inconsiderateness, unkindness, meanness
nieuprzejmy impolite, rude, inconsiderate, difficult, mean², unkind, short
nieurodzajność infertility
nieurodzajny infertile, barren; (*o plonach itp.*) lean¹
nieurodziwy: (*zwł. o dziewczynie/ kobiecie*) plain¹
nieurzędowo informally
nieurzędowy informal
nieusprawiedliwiony: (*o czynie, zniszczeniu czegoś*) wanton
nieustająco endlessly, perpetually
nieustający endless, perpetual, incessant, running
nieustannie ceaselessly, endlessly, remorselessly
nieustanny ceaseless, constant, remorseless
nieustępliwie obstinately, stubbornly, relentlessly
nieustępliwość stubbornness, tenacity
nieustępliwy obstinate, stubborn, tenacious, headstrong, unrelenting, relentless
nieustraszenie fearlessly
nieustraszony fearless, intrepid
nieusuwalny indelible
nieuwag|a inattention; **w chwili ~i** in an unguarded moment
nieuważnie inadvertently
nieuważny inattentive, inadvertent
nieuzasadniony unfounded, illogical
nieużyt|ek: **~ki** waste²
nieużyty: (*o osobie*) stroppy
nieużywanie: (*czegoś*) disuse
nieważkość weightlessness
nieważn|y unimportant, insignificant, immaterial; **~e** never mind, not to worry; **to naprawdę ~e** it doesn't matter²; (*o bilecie itp.*) invalid², out of date, void; (*o umowie itp.*) null and void
niewątpliwie undoubtedly, doubtless, no doubt, without (a) doubt, unquestionably, unmistakably
niewątpliwy undoubted, unquestionable, unmistakable
niewdzięcznie ungratefully
niewdzięczność ingratitude
niewdzięczny ungrateful, thankless
niewesoły bleak
niewiadoma an unknown quantity; **wielka ~** anybody's/ anyone's guess
niewiadomy unknown
niewiarygodnie unbelievably, incredibly, staggeringly
niewiarygodny unbelievable, incredible, staggering, implausible
niewiasta woman
niewidocznie invisibly, imperceptibly
niewidoczny invisible, imperceptible
niewidom|y blind¹
niewidzialnie invisibly
niewidzialność invisibility
niewidzialny invisible
niewiele not many, not much, little², few¹
niewielki little¹, small, light³, meagre, a bit of a
niewielu not many, few¹
niewierność disloyalty; (*w małżeństwie*) infidelity, unfaithfulness
niewierny unfaithful, disloyal
niewieści womanly
niewinnie innocently
niewinność innocence
niewinny innocent, blameless, pure, inoffensive, harmless, innocuous
niewłaściwie improperly
niewłaściwość impropriety
niewłaściwy improper, inappropriate, out of place
niewol|a captivity, slavery; **brać do ~i** capture, take sb captive
niewolnictwo slavery
niewolni-k/ca slave; **pracować jak ~** slave
niewrażliwie inconsiderately
niewrażliwy: (*na coś*) insensitive; inconsiderate
niewskazany inadvisable
niewspółmiernie disproportionately
niewspółmierny disproportionate, out of proportion (to sth)
niewybaczalny inexcusable
niewyczerpany infinite, inexhaustible
niewydajnie inefficiently
niewydajność inefficiency
niewydajny inefficient, lean¹
niewygoda inconvenience, discomfort; **duża ~** hardship
niewygodnie uncomfortably, inconveniently
niewygodny uncomfortable, inconvenient, awkward; (*o pytaniu*) vexed; **~ temat** a dirty word; (*np. z powodu pogody*) bumpy
niewygórowany reasonable, affordable
niewyjaśniony inexplicable; **w ~ch okolicznościach** inexplicably
niewykonalność impossibility
niewykonaln|y impossible, impracticable; **rzecz ~a** the impossible
niewykształcony uneducated, vulgar
niewykwalifikowany unskilled, unqualified
niewymagający undemanding, cushy
niewymuszenie naturally
niewyobrażalny inconceivable, mind-boggling
niewypał live¹ bomb; (*o czymś zepsutym itp.*) dud; (*niepowodzenie*) flop, fiasco; **okazać się ~em** fall flat
niewyparzon|y: **o ~ej gębie** loud-mouthed
niewypowiedziany untold
niewyraźnie unclearly, indistinctly, vaguely, dimly, blearily; (*mówić itp.*) inarticulately
niewyraźny unclear, indistinct, vague, imprecise, fuzzy, shadowy, dim; (*o mowie itp.*) inarticulate; (*o fotografii*) out of focus
niewyrobiony: (*towarzysko*) immature
niewysoki short¹; low¹
niewysoko low²
niewystarczająco inadequately, insufficiently, scantily, not quite
niewystarczający inadequate, insufficient, scarce, scant, scanty
niewystawny low-key
niewyszukany plain¹, simple, homely
niewytłumaczalny inexplicable
niewyważony unbalanced
niewzruszenie impassively, adamantly
niewzruszony unmoved, imperturbable, impassive, adamant, confirmed
niezaangażowany: (*o kraju itp.*) non-aligned
niezadowalająco disappointingly
niezadowalający disappointing
niezadowolenie dissatisfaction, displeasure, discontent; **wywoływać ~** displease
niezadowolony dissatisfied, discontented, disgruntled, displeased
niezależnie independently; (*od kogoś/czegoś*) irrespective
niezależność independence
niezależn|y independent, free¹, self-reliant, unattached; **osoba ~a** free agent
niezamężna single, unmarried, unattached; (*rzecz.*) maiden
niezamierzony unintentional, unconscious
niezamieszkały uninhabited
niezamożny badly off
niezapominajka forget-me-not
niezapomniany unforgettable
niezaprzeczalnie undeniably
niezaprzeczalny undeniable
niezasłużony undeserved, unwarranted
niezastąpiony irreplaceable
niezatarcie indelibly
niezatarty indelible
niezauważalnie imperceptibly, inconspicuously
niezauważalny imperceptible
niezawodnie reliably, without fail
niezawodność reliability, infallibility
niezawodny dependable, sure, infallible, foolproof
niezbędnie necessarily, vitally
niezbędność necessity
niezbędn|y indispensable, necessary, essential, vital, crucial, imperative; **rzecz ~a** essential; (*o personelu itp.*) skeleton
niezbity: (*o wymówce, umowie, argumencie itp.*) watertight
niezbyt not very¹, not all that...; **~ szczęśliwy/czysty/zadowolony itp.** none too happy/clean/pleased, etc.
niezdarność awkwardness

niezdarny awkward, clumsy, ungainly
niezdatny unfit
niezdecydowanie: (*rzecz.*) indecision, hesitation, hesitancy, uncertainty; (*przysłówek*) indecisively, hesitantly, uncertainly
niezdecydowany undecided, indecisive, uncertain, hesitant; **być ~** be in two minds (about sth/doing sth)[1]; **być ~m** (*w wyborze*) waver, dither
niezdolność inability; (*do czegoś*) disqualification
niezdoln|y: (*do zrobienia czegoś*) unable, incapable, powerless, ineligible; **uznać kogoś za ~ego** (*do czegoś*) disqualify; **uczynić ~ym** (*do czegoś*) incapacitate
niezdrowy unhealthy, unwell; (*o poglądzie, upodobaniu itp.*) sick; (*o zainteresowaniu itp.*) morbid
niezdyscyplinowany undisciplined, unruly
niezgłębiony impenetrable, bottomless
niezgoda discord, dissidence, friction
niezgodność inconsistency, incongruity, disagreement; (*np. pojęć, usposobień*) incompatibility; **~ z przepisami/zasadami** irregularity
niezgodny inconsistent, incompatible; **~ z przepisami/ zasadami** irregular; **być ~m z czymś** go against sth
niezgrabnie clumsily, gracelessly
niezgrabność clumsiness
niezgrabny clumsy, graceless, ungainly
niezidentyfikowany unidentified
nieziemski sublime, ghostly
nieziemsko sublimely
nieziszczalny fond
niezliczony untold, countless, innumerable
niezły not bad, decent
niezmącony: (*o spokoju itp.*) tranquil
niezmiennie invariably, permanently, consistently
niezmienność permanence
niezmienny invariable, permanent, constant, static, steady, fixed, firm[2]; **~ mimo upływu czasu** timeless
niezmiernie extremely, exceedingly, immensely
niezmierność immensity
niezmierny immense
niezmordowany tireless
nieznacznie insignificantly, modestly, marginally
nieznaczny insignificant, small, modest; (*o szansie itp.*) outside[1]
nieznajomość ignorance
nieznajom-y/a stranger, unknown
nieznany unknown, unfamiliar, obscure
niezniszczalny indestructible, hard-wearing
nieznośnie unbearably, intolerably, insufferably
nieznośny unbearable, intolerable, tiresome, insufferable, horrid, impossible
niezręcznie awkwardly
niezręczny awkward, clumsy
niezrobienie: (*czegoś*) failure
niezrozumiały incomprehensible, unintelligible, inconceivable
niezrozumienie incomprehension
niezrównany unrivalled, incomparable
niezrównoważony unbalanced, unequal, erratic
niezupełnie incompletely, imperfectly, not exactly, not quite
niezupełny incomplete, imperfect
niezwyciężony invincible, indestructible
niezwykle unusually, extraordinarily, strangely, abnormally, singularly, phenomenally
niezwykłość oddness, oddity, rarity, originality
niezwykły unusual, extraordinary, strange, uncommon, singular, phenomenal, remarkable, original, out of the ordinary
nieźle not bad
nieżonaty single, unmarried, unattached
nieżyczliwie unkindly
nieżyczliwy unkind, unfriendly
nieżyt: **~ żołądka** food poisoning
nieżywy lifeless
nigdy never; **na święty ~** once in a blue moon
nigdzie nowhere, anywhere
nijaki featureless, neutral, bland; (*gram.*) **rodzaju ~ego** neuter
nikczemnik villain
nikczemność wickedness
nikczemny dishonourable, despicable, wicked, mean[2], infamous, sordid
nikiel nickel
nikle dully
niklowy nickel
nikły faint; measly; (*o szansie itp.*) outside[1]
niknąć vanish, wear off
nikotyna nicotine
nikt nobody, anybody, none
niniejszy present[1]
nisk|i low[1]; short[1]; **~i poziom** low[3]; (*o głosie itp.*) deep[1]; (*o dźwięku*) **za ~i** flat[2]; **zbyt ~a ocena** underestimate
nisko low[2]; (*grać itp.*) **za ~** flat[3]; **~ płatny** low-paid; **za ~ szacować** underestimate; **zbyt ~ oceniać** undervalue
nisza niche
niszczący devastating
niszczeć decay
niszczyciel/ka destroyer; (*okręt*) destroyer
niszczycielski destructive, devastating
niszczyć/zniszczyć destroy, ruin, wreck, devastate, tear sth apart; **~ doszczętnie** annihilate, obliterate, wipe sth out; **~ umyślnie** vandalize; (*siać spustoszenie/zamęt*) play havoc with sth; (*kogoś*) walk (all) over sb
nit rivet[1]
nitka thread
niuans nuance
niweczyć/zniweczyć shatter, dash[2], put paid to sth
niwelować/zniwelować level[3]
nizać/nanizać: (*np. korale*) thread, string[2]
nizina lowland
nizinny low-lying
niż than, before[2]
niższoś|ć inferiority; **kompleks ~ci** inferiority complex
niższ|y lower[1]; (*o cenach itp.*) down[5]; (*o randze, jakości itp.*) inferior; (*rangą*) junior; **należący do ~ej warstwy społecznej** lower-class
no now; **~, ~!** well[4]; **~ co ty!** come off it
noc night, night-time; **dzisiejsza ~** tonight; **w ~y** by night; **w samym środku ~y** in the/at dead of night; **w ciągu ~y, przez/na ~** overnight; **(powtarzający się) co ~** nightly; **dobrej ~y** good night
nocleg accommodation; **(mały hotel, który oferuje) ~ ze śniadaniem** bed and breakfast; **przyjąć kogoś na ~** put sb up
noclegowy: **dom ~** hostel
nocnik potty[2]
nocn|y night, nocturnal, nightly, overnight; **~y lokal** nightclub; **~a pora** night-time; **~e życie** nightlife
nocować/przenocować sleep[2]; (*u kogoś*) **przenocować** sleep over; **przenocować kogoś** put sb up
nog|a leg; foot[1]; **kabłąkowate/pałąkowate ~i** bow legs; **o kabłąkowatych/pałąkowatych ~ch** bow-legged; **stawiać ~ę** tread; **podstawiać ~ę** trip; **pod ~ami** underfoot; (*przen.*) **pod ~ami** under your feet; **rozprostowywać ~i** stretch your legs; **stać mocno na ~ach** be on a firm footing; **stanąć na ~i** find your feet; **stawać na (własne) ~i** stand on your own (two) feet; **być jedną ~ą w grobie** have one foot in the grave; **być na ~ach** be on the go; **dawać ~ę do a** bunk; **do góry ~ami** the wrong way[1] up, head over heels
nogawka leg
nokaut knockout
nokautować/znokautować knock sb out
nomada nomad
nomenklatura terminology
nominacja nomination
nominaln|y nominal; **wartość ~a** face value
nominować nominate
nominowan-y/a nominee
nonkonformist-a/ka nonconformist
nonkonformistyczny nonconformist
nonsens nonsense, gobbledegook
nonsensownie ludicrously

nonsensowny ludicrous
nonszalancja nonchalance
nonszalancki nonchalant
nonszalancko nonchalantly, casually, negligently
nora burrow, den, hole, nest; (*o mieszkaniu itp.*) dump
norka mink
norm|a norm, standard, normal, the ordinary/average, etc. run of sth; quota; **odbiegający od ~y** abnormal, anomalous; (*o golfie*) par
normalizacja standardization
normalizować/znormalizować standardize, normalize □ **normalizować/znormalizować się** normalize
normalnie normally
normalność normality
normalny normal, ordinary, standard, regular, natural, right[2]; (*psychicznie*) sane
normować się normalize
nos nose[1]; **pociągać ~em** sniff; **wtykać ~ w coś** poke/stick your nose into sth; **kręcić na coś ~em** turn your nose up at sth
nosek: (*buta*) toe
nosiciel: **~ zarazków** carrier
nosić/nieść/ponieść carry, bear[2], cart; (*np. ubranie, biżuterię*) wear[1], have (got) sth on; (*np. rozmiar butów, koszuli*) take; **nieść w powietrzu** waft □ **nosić się**: **~ długo** wear[1]; (*o głosie itp.*) carry
nosorożec rhinoceros
nosowy nasal
nostalgi|a nostalgia; **z ~ą** nostalgically
nostalgicznie nostalgically
nostalgiczny nostalgic
nosze stretcher
noszenie: (*na sobie*) wear[2]
nośnik vehicle
notabene incidentally
notariusz solicitor
notatk|a note[1], record[1]; **~a służbowa** memo; **robić ~i** take notes
notatnik notebook, pocketbook, notepad
notes notebook, pocketbook
notorycznie notoriously
notoryczny notorious
notować/zanotować note sth down, take notes, take sth down, put, chart; (*nazwisko*) book[2]
notowani|e: **~a** showing
notowany: **być ~m** have a criminal record[1]
nowator: **być ~em** pioneer
nowatorski innovative, novel[2]
nowatorstwo novelty
nowela short story
nowicjusz/ka novice, recruit
nowiny news, the latest
nowiusieńki brand-new
now|o newly, new-, new; **~ wybrany** incoming; **od ~a** afresh
nowoczesny modern, up to date
nowomodny newfangled
noworodek infant
nowość newness; novelty, the latest
nowotworowy cancerous
nowotwór cancer, tumour, growth
nowożeńc|y newly-weds; **apartament dla ~ów** bridal suite
nowożytny modern; **język ~** modern language
now|y new, new-; (*o pomyśle itp.*) fresh; (*o rządzie itp.*) incoming; (*o banknocie*) crisp[1]; **coś ~ego** novelty; **N~y Rok** New Year's Day; **na ~o, od ~a** anew, afresh
nozdrze nostril
nożyce scissors, cutter; **~ ogrodnicze** shears
nożyczki scissors; **~ do paznokci** nail scissors
nożyki clippers
nów new moon
nóż knife
nóżka: (*np. pieczonego kurczaka*) drumstick
nucić/zanucić hum
nuda boredom, dullness; bore[1], drag[1]
nudno boringly, dully
nudności nausea, sickness; **mieć ~** feel sick, heave
nudny boring, dull, grey, tame; **długi i ~** tedious; **śmiertelnie ~** deadly; **niemodny i ~** nerdy; (*o osobie*) stuffy
nudyst-a/ka nudist
nudzia-rz/ra bore[1], drag[1]
nudzić/zanudzić bore[1] □ **nudzić/zanudzić się** be bored, tire[1]
nuklearny nuclear
numer number; **~ telefonu** telephone number; **~ wewnętrzny** extension; **~ kierunkowy** dialling code; **~ rejestracyjny samochodu** registration number; **~ serii** serial number; **~ sprawy** reference; (*czasopisma*) issue; (*w kabaracie itp.*) act[2]
numerować/ponumerować number
numerowy porter
nur: **dać ~a** dive[1]
nurek diver
nurkować/zanurkować dive[1], swoop, nosedive
nurkowani|e diving, scuba-diving, plunge; **~e bez pianki** skin diving; **rurka do ~a** snorkel
nurt current[2]; **główny ~** mainstream
nurzać się wallow
nut|a note[1]; **~a z bemolem** flat[3]; **~a z krzyżykiem** sharp; **~y** music, score[1], sheet music
nutka note[1]; **cała ~** semibreve
nużący tiring, tiresome, trying
nużyć/znużyć (się) tire[1]
nylon nylon

O

o: **litera ~** O, o; (*przyimek*) about[2], over; against; at; by[2]; for[1]; with
oaza oasis
oba both[1], either
obaj both[1], either
obalać/obalić knock sb/sth down/over; (*np. władzę*) overthrow, bring sb/sth down, topple, subvert; (*np. decyzję*) overturn; (*np. teorię*) disprove, demolish; (*np. projekt, ustawę*) kill
obaleni|e overthrow; **nie do ~a** watertight
obandażować → BANDAŻOWAĆ
obarczać/obarczyć burden, saddle sb with sth, land sb with sb/sth, lumber[1]
obaw|a concern[2], fear[1], fearfulness, anxiety, misgiving, apprehension; **pełen ~** nervous; **z ~ą** fearfully, anxiously, warily; **nie ma ~y** no fear
obawiać się fear[2], be afraid (of doing sth), be wary, shy away from sth/from doing sth; **obawiam się (że)** I'm afraid (that...); **obawiający się** apprehensive
obcas heel
obcesowo abruptly, brusquely
obcesowość abruptness
obcesowy abrupt, brusque
obcęgi pliers, pincers
obchodzenie się treatment; **złe ~** mistreatment
obchodzić/obejść go/walk round; (*np. teren, budynek*) patrol; (*uroczyście*) celebrate; (*np. rocznicę*) mark[2], commemorate; **kogo to obchodzi?** who cares?; **nic mnie/ciebie itp. to nie obchodzi** I, etc. couldn't care less, not care/give a damn (about sb/sth) □ **obchodzić/obejść się**: (*bez czegoś*) do/go without (sth); **źle ~** (*z czymś*) misuse; **źle ~** (*z kimś/ze zwierzęciem*) mistreat
obch|ód round[4], patrol; **~ody** celebration, festivity; (*np. rocznicy*) commemoration
obciążać/obciążyć load[2], weight[2], weigh sb/sth down; (*zarzutami*) incriminate
obciążający: (*emocjonalnie*) stressful
obciążenie load; demands; (*fizyczne/emocjonalne*) strain[1], stress; (*np. finansowe*) a drain on sb/sth
obciążony loaded, laden, heavy
obcierać/obetrzeć: (*np. skórę*) rub, rub in; (*np. pot z czoła*) wipe
obcinacz: **~ do paznokci** nail clippers
obcinać/obciąć cut[1], cut sth off (sth), lop sth off/away; (*bardzo krótko*) crop; (*np. budżet*) cut back (on sth); (*zarobki*) dock[3]
obcisły skintight, clingy
obcokrajowiec foreigner, alien
obcość strangeness
obcować associate[2]; (*towarzysko*) mix[1]
obc|y foreign, alien, strange, unfamiliar; **~a osoba** stranger, outsider; **~y sobie** estranged
obdarty shabby, ragged
obdarzać/obdarzyć: **~ hojnie kogoś czymś** lavish sth on sb/sth
obdarzony: **być ~m czymś** be blessed with sth

obdzielać/obdzielić dole sth out
obdzierać/obedrzeć: ~ **ze skóry** (*zwierzę*) skin
obecnie at present[1], currently, now, nowadays
obecność presence, attendance
obecn|y: (*na miejscu*) here, present[1], about[1], around[1]; **być ~ym** make it; (*aktualny*) present[1], current; **~e czasy** the present day
obedrzeć → OBDZIERAĆ
obejmować/objąć: (*kogoś*) embrace, hug; (*np. teren*) cover[1]; (*zawierać*) include, range[2]; (*np. okres*) span; (*np. stanowisko, władzę*) assume; (*np. umysłem*) take sth in; **objąć coś siłą** seize
obejmujący inclusive
obejrzeć (się) → OGLĄDAĆ (SIĘ)
obejść (się) → OBCHODZIĆ (SIĘ)
obelg|a: **~i** abuse[2], insults
obelżywy abusive
oberwanie: ~ **chmury** deluge, cloudburst
oberżyna aubergine
obetrzeć → OBCIERAĆ
obeznanie familiarity
obeznany familiar, clued up; (*w czymś*) conversant
obezwładniać/obezwładnić overwhelm; **obezwładniający** overpowering
obeżreć się → OBŻERAĆ SIĘ
obficie abundantly, profusely, copiously, liberally
obfitość abundance, wealth
obfitować teem with sth, abound with sth
obfity abundant, plentiful, copious, profuse, generous, lavish, liberal, hearty
obgadywać/obgadać knock[2]
obgryzać chew (on) sth; (*kogoś*) slag sb off
obiad dinner; lunch, luncheon; **pora ~u** lunchtime; **jeść** ~ lunch, dine; **jeść ~ w restauracji** (*wieczorem*) dine out
obibok slob
obicie upholstery; (*np. drzwi*) padding
obić → OBIJAĆ
obie both[1], either
obiecujący: (*o muzyku itp.*) promising, hopeful, budding
obiecywać/obiecać promise[2]
obieg circulation, currency; **puszczać w** ~ float
obiegowy current[1]
obiekcja objection
obiekt object[1]
obiektyw lens; ~ **ze zmienną ogniskową** zoom lens
obiektywnie objectively
obiektywność objectivity
obiektywny objective[1], disinterested
obieraczka peeler
obierać/obrać: (*np. ziemniaki*) peel; (*np. owoce*) skin; ~ **mięso z kości/rybę z ości** bone; (*kogoś czymś*) appoint; ~ **kogoś/coś za cel** (*np. działania, ataku*) target; ~ **zawód** go into sth, enter
obietnica promise[1], undertaking
obieżyświat globetrotter
obijać/obić bruise; (*meble*) pad[2] □ **obijać się** doss about/around, hang about/around, lounge, veg out
obity: (*o meblu*) upholstered
objadać/objeść się gorge[2] yourself, pig yourself, pig out on sth, binge
objaśniać/objaśnić explain, interpret, enlighten; explain yourself
objaśniający explanatory
objaśnienie explanation, interpretation
objaw symptom; **~y pochorobowe** after-effect
objawienie vision, revelation, eye-opener
objazd detour, diversion, round trip, round[4]; (*np. z koncertami, występami*) tour
objazdow|y itinerant; **wycieczka ~a** tour
objąć → OBEJMOWAĆ
objeść się → OBJADAĆ SIĘ
objeżdżać/objechać go/drive round[3]; (*np. kraj*) tour
objęcie embrace, hug; (*stanowiska*) assumption; (*urzędu*) accession
objętość volume
oblać → OBLEWAĆ
oblamowanie binding
oblamowywać/oblamować edge[2]
oblanie: ~ **egzaminu** fail
oblegać/oblec besiege; smother
oblepiać/oblepić plaster, cake
oblewać/oblać: (*o wodzie*) douse; (*o morzu*) wash[1]; **oblać kogoś przy egzaminie, oblać egzamin** fail
oblewanie: (*mieszkania, domu*) house-warming (party)
oblężenie siege
obliczać/obliczyć calculate, work sth out, compute, estimate[2], project[2]; **źle** ~ miscalculate
obliczanie: (*wymiarów*) measurement
obliczenie calculation, count[2]
obligacja bond, stock[1]
oblodzenie frost
oblodzić (się) ice (sth) over/up
oblodzony icy
obluzowany loose
obluzowywać/obluzować (się) slacken
obładowany laden
obłaskawiać/obłaskawić tame
obław|a raid; **robić ~ę** raid
obłąkanie madness, insanity, wildness
obłąkaniec madman
obłąkan|y: (*przym.*) mad, deranged, insane, wild; (*rzecz.*) **~y/a** lunatic, maniac; **~y** madman; **~a** madwoman; **zakład dla ~ych** asylum
obłąkańczo insanely
obłęd madness, insanity, lunacy
obłok cloud[1]
obłowić się make a killing
obłuda hypocrisy
obłudnie hypocritically
obłudni-k/ca hypocrite
obłudny hypocritical, false
obmierzły nasty
obmurowanie brickwork
obmyślać/obmyśleć: (*coś w szczegółach*) think sth out, devise
obnażony naked
obniżać/obniżyć lower[2], reduce; (*wartość, cenę*) bring sth down, drop[1]; **radykalnie** ~ (*np. koszty*) slash; ~ **cenę** (*o pewną wartość*) knock sth off sth; ~ **wartość czegoś** debase; (*rangę, kategorię*) downgrade; (*np. sprzedaż*) depress □ **obniżać/obniżyć się** fall, drop, descend, sink[1], dip; (*o cenach itp.*) come down
obniżenie fall, reduction, dip, depression; (*lotu*) descent □ **obniżenie się**: ~ **stopy życiowej** comedown
obniżka reduction, drop[2], fall[2]
obojczyk collarbone
oboje both[1], either
obojętnie indifferently, nonchalantly, listlessly, blankly; ~ **co** anything, whatever; ~ **gdzie** anywhere; ~ **który/jaki** whichever; ~ **co itp.** no matter what/who/where, etc.
obojętność indifference, detachment, nonchalance
obojętn|y indifferent, unconcerned, uninterested, unsympathetic, detached, casual, nonchalant, blank, bland; **jest mi to ~e** I'm not bothered
obok near[1,2], next to, beside, by[2], alongside, next door (to sb/sth); ~ **siebie** side by side; **tuż** ~ close by (sb/sth); (*mimo*) past
obolały sore
obopólnie mutually
obopólny mutual, reciprocal
obora barn
obowiązek duty, obligation; (*zadanie do wykonania*) brief[2]
obowiązkow|y obligatory, compulsory, mandatory; **lektura ~a** set book; (*o osobie*) dutiful
obowiązujący valid, operative, in effect; obligatory, binding
obowiązywać be in force, hold[1]
obój oboe
obóz camp; ~ **koncentracyjny** concentration camp; ~ **wakacyjny** holiday camp
obrabować → RABOWAĆ
obracać/obrócić: (*np. korbką, kluczem*) turn[1], turn sth around/round, rotate, spin, twist[1], swing[1], swirl, wheel; (*np. na osi*) swivel; ~ **coś na swoją korzyść** make capital (out) of sth □ **obracać/obrócić się** turn[1], rotate, spin, swing[1], swirl; (*wokół osi*) revolve, swivel, pivot; (*np. na pięcie*) swing[1]; (*wokół kogoś/czegoś*) revolve around sb/sth, turn around/round
obracanie (się) swirl
obrać → OBIERAĆ
obradować debate, sit, be in session

obrady proceedings, debate
obramowanie border
obraz painting, picture, image; **~ olejny** oil painting; **dawać ~** depict; (*na monitorze komputera*) display[2]
obraza offence, insult, affront, outrage; **~ moralności** indecency
obrazowo graphically
obrazowość imagery
obrazowy visual, pictorial, graphic
obraźliwie offensively
obraźliwy offensive, insulting, hurtful, crude, touchy; **~ termin** a dirty word
obrażać/obrazić offend, insult, hurt; **nie chciał-em/am cię obrazić** I didn't mean it personally □ **obrażać/obrazić się** take offence (at sth)
obrażenie injury
obrażony offended, hurt, injured
obrączka ring[1]
obręb confines; **w ~ie** within
obrębiać/obrębić hem
obręcz ring[1], hoop
obrobiony: **nie ~** raw
obrok fodder
obron|a defence, protection; (*w sporcie*) save; **system ~y** defence; **występować w ~ie** defend; **brać w ~ę** stick up for sb/sth; **w ~ie własnej** in self-defence; **nie do ~y** indefensible
obronić (się) → BRONIĆ (SIĘ)
obronny defensive
obroń-ca/czyni defender, protector, guardian; (*w sporcie*) sweeper; **obrońcy** defence
obrotowy rotary, revolving; **ruch ~** rotation
obroża collar
obr|ót: (*dookoła osi*) revolution, rotation; (*silnika*) rev; (*np. spraw*) turn[2]; **~ót handlowy** turnover; **~oty** custom, sales; **chodzić na zwolnionych ~otach** tick over
obrus cloth, tablecloth
obrządek religion
obrządzać/obrządzić: (*konia*) groom
obrzezanie circumcision
obrzezywać/obrzezać circumcise
obrzeża fringe, outskirts
obrzeże rim
obrzęk swelling
obrzmiały swollen[2]
obrzmienie swelling; **zaczerwienienie i ~** soreness
obrzucać/obrzucić: (*np. kamieniami, pomidorami*) pelt; **~ gradem** (*np. kul*) pepper; (*obelgami*) abuse[1]
obrzydliwie disgustingly; (*np. smakować*) foul[1]; **~ bogaty** filthy rich; **~ duży** obscene
obrzydliwość eyesore
obrzydliwy hideous, foul[1], nauseating, sickening, loathsome, abominable
obrzydzenie: **wywoływać ~** sicken

obsa|da cast[1]; (*o grupie/zespole ludzi*) **w pełnej ~dzie** at full strength; **nie w pełnej ~dzie** below strength
obsadzać/obsadzić: (*roślinami*) plant[2]; (*np. posadę*) fill; **~ ludźmi** man[2]; **~ personelem** staff; **~ w roli** cast[2]
obsadzony: (*o stanowiskach pracy itp.*) **nie w pełni ~** short-staffed
obserwacj|a observation, remark; **być pod ~ą** be under observation
obserwator observer, lookout
obserwatorium observatory
obserwować/zaobserwować observe, watch[2], survey, regard[1], remark; (*kogoś*) have (got) your eye on sb[1]; (*np. z ukrycia*) stake sth out
obserwowanie: **~ ptaków** birdwatching
obsesj|a obsession, fixation; **mieć ~ę** (*na punkcie kogoś/czegoś*) be obsessed (by/with sb/sth)
obsesyjnie: **myśleć o czymś ~** be/get hung up (about/on sb/sth)
obsesyjny obsessive
obsiewać/obsiać: (*roślinami*) plant[2]
obskurny dingy, sleazy, sordid
obsług|a service; **członek ~i** attendant; (*w barze itp.*) barstaff; **~a komputera** computing
obsługiwać/obsłużyć serve, help[1] sb (to sth), work[2], operate, man[2] □ **obsługiwać/obsłużyć się** help[1] yourself (to sth)
obstawać: (*przy czymś/robieniu czegoś*) persist, insist, press[2]
obsunięcie się subsidence; **~ ziemi** landslide
obsuwać/obsunąć się subside
obsypywać/obsypać: (*np. pochwałami*) heap, shower, rain[2]
obszar area, territory, region, zone, expanse, extent, stretch[2]; **mały ~** pocket; **~ administracyjny** parish; **~ podzwrotnikowy** tropic; (*zagadnień*) ground[1]
obszarpany ragged
obszernie extensively, widely
obszerność spaciousness
obszerny extensive, spacious, large, ample, loose, wide-ranging
obszycie binding
obszywać/obszyć edge[2]
obtarty: (*o skórze itp.*) raw
obudowa lining
obudować build sth in/on, build sth into/onto sth
obudzić (się) → BUDZIĆ (SIĘ)
oburzać/oburzyć disgust, shock[2], scandalize, outrage
oburzająco outrageously
oburzający outrageous, scandalous, shocking
oburzenie disgust, outrage, indignation; **z ~m** indignantly
oburzony disgusted, indignant
obustronnie mutually
obustronny mutual, reciprocal
obuwie footwear
obwarowany: **~ murem** walled
obwieszczać/obwieścić proclaim, publish

obwieszczenie proclamation, publication
obwiniać/obwinić blame
obwisać/obwisnąć sag
obwisły drooping, slack, flabby
obwodnica bypass, orbital, ring road
obwoluta wrapper
obwód circumference, perimeter; circuit, district, beat[2]
obwódka rim
oby: (*przy wyrażaniu życzeń*) may
obyczaj custom, convention; **~e** morals
obywać/obyć się: (*bez kogoś/czegoś*) do/go without (sth), dispense with sb/sth, forgo
obywatel/ka citizen, national
obywatelski civic; civil; **natchnięty duchem ~m** public-spirited
obywatelstwo citizenship, nationality; **nadawać ~** naturalize
obżarstwo gluttony, binge
obżartuch pig
obżerać/obeżreć się stuff[2] yourself, pig yourself, pig out (on sth)
ocalać/ocalić save
ocala|ły: (*przen.*) **~e dobro/mienie** salvage; (*rzecz.*) **~y/a** survivor
ocean ocean; **za ~** overseas
oceaniczny ocean
ocen|a assessment, evaluation, appraisal, estimation, rating; **zbyt niska ~a** underestimate; **ponowna ~a** reappraisal; **zła ~a** misjudgement; (*w szkole*) mark[1], grade[1], result; **wystawiać ~ę** mark[2]
oceniać/ocenić: (*na podstawie analizy danych*) evaluate, appraise, rate[2], measure[1], gauge; (*np. sytuację*) sum sb/sth up, size sb/sth up; **źle ~** misjudge; **zbyt nisko ~** undervalue; (*np. pracę uczniów*) mark[2], grade[2]
ocenianie assessment; **systematyczne ~** continual assessment
ocenzurować → CENZUROWAĆ
ocet vinegar
och: **~!** oh
ochlapywać/ochlapać splatter
ochłodzić (się) → CHŁODZIĆ (SIĘ)
ochłonąć cool[2]
ochmistrz: (*na statku*) purser
ochoczo gladly, willingly, eagerly
ochoczy willing, eager, game[2]
ochot|a willingness; **mieć ~ę** (*na coś*) feel like sth/doing sth, care[1] for sth, fancy[3]; **jeżeli masz na to ~ę** if you like; **mieć ~ę** (*na coś*) be inclined (to do sth); **mieć wielką ~ę na coś** be up for sth
ochotniczo voluntarily; **~ wstępować do wojska** volunteer
ochotniczy voluntary
ochotni-k/czka volunteer
ochraniacz guard[2]; (*na golenie*) shin pad[1]
ochron|a protection, preservation, conservation; (*przed czymś*) treatment; **~a środowiska** conservation;

zwolenni-k/czka ~y środowiska conservationist, environmentalist; (*grupa ochroniarzy*) bodyguard; (*organizacja*) security; **służba ~y wybrzeża** coastguard
ochroniarz guard[2], bodyguard
ochronić (się) → CHRONIĆ (SIĘ)
ochronny protective
ochrypły hoarse, husky[1], raucous
ochrzaniać/ochrzanić rap
ochrzcić → CHRZCIĆ
ociągać się dawdle, hang back
ociągając się reluctantly
ociągający się reluctant
ociąganie się reluctance
ociekacz draining board
ociekać ooze
ocieplać (się) warm[2]
ocieplan|y thermal; **bielizna ~a, ubranie ~e** thermals
ocieplenie: **globalne ~** global warming
ocierać/otrzeć rub, wipe; graze[2] □ **ocierać/otrzeć się** rub; (*o coś*) graze[2]; (**lekko**) ~ (*o coś*) brush[2]; ~ **o kogoś** rub shoulders with sb
ociężale: **chodzić ~** lumber[2]
ocknąć się wake[1]
ocucić → CUCIĆ
ocukrzony: (*obficie*) sugary
oczarowany enchanted
oczarowywać/oczarować enthral, captivate, charm[2], dazzle, bewitch
oczekiwać expect, hope for sth, await, anticipate, reckon, reckon on sth, bargain for/on sth; **~, że ktoś coś zrobi**, ~ **czegoś od kogoś** look to sb to do sth
oczekiwani|e expectation, expectancy, anticipation, wait[2]; **zgodny z ~ami** true (to sth); **wbrew wszelkim ~om** against/contrary to (all) expectation(s); **zawodzić (czyjeś) ~a** not come up to (sb's) expectations; **w ~u** in the hope of sth/that
oczerniać/oczernić blacken, run sb/sth down
oczko stitch; **lewe ~** purl; **prawe ~** plain[3]; (*np. w rajstopach*) ladder
oczyszczać/oczyścić purify, cleanse, refine; (*np. z zarzutów*) clear[3], exonerate, absolve; **oczyścić atmosferę** clear the air
oczyszczenie clearance
oczyszczony refined; **nie ~** crude
oczywist|y obvious, evident, clear[1], plain[1], apparent, self-evident, patent[1], clear-cut; **to jest ~e** that goes without saying
oczywiście obviously, certainly, absolutely, naturally, of course
od from, since, as from; ~ **momentu kiedy** ever since (...); ~ **tego czasu** from... on
odarniować turf
odbarwiać/odbarwić (się) discolour
odbicie reflection, image, impression, imprint; (*np. światła*) deflection; (*piłki*) return[2], bounce □ **odbicie się** bounce; (*po jedzeniu*) burp
odbiegać/odbiec: ~ **od tematu** wander; **odbiegający od ogólnie przyjętych norm/wzorów itp.** unorthodox
odbierać/odebrać collect, pick sb/sth up, reclaim; (*np. wiadomości*) receive; (*sygnał radiowy/telewizyjny*) pick sth up; (*np. komentarz, krytykę*) perceive, construe; (*telefon*) answer[1]; (*kogoś/coś komuś*) take sb/sth away (from sb); ~ **sobie życie** take your (own) life
odbieranie: ~ **piłki** (*w grze*) tackle
odbijać/odbić reflect; ~ **i zmieniać kierunek lotu** deflect, bounce; (*piłkę do przeciwnika*) return[1]; (*dźwięk*) echo; ~ **obraz** mirror; ~ **coś** (*np. na ksero*) run sth off □ **odbijać/odbić się** deflect, rebound, bounce; **dobrze odbijający (się)** bouncy; ~ **rykoszetem** glance off (sth); (*o dźwięku*) echo; ~ **pozytywnie/negatywnie na** reflect (well/badly, etc.) on sb/sth; (*komuś*) burp, belch
odbijanie: (*np. światła, dźwięku*) reflection
odbior-ca/czyni recipient; (*jakiejś kwoty*) payee
odbiornik: (*radiowy, telewizyjny*) receiver, set[1]
odbiór collection, receipt, reception; **potwierdzać ~** acknowledge; **potwierdzenie odbioru** acknowledgement
odbitk|a print[1]; **~a kserograficzna** photocopy; **robić ~ę fotograficzną** print[2]
odblask gleam
odblaskow|y reflective; fluorescent; **światło ~e** reflector
odbudowa reconstruction, restoration, rehabilitation
odbudowywać/odbudować rebuild, reconstruct
odbyt anus
odbywać/odbyć się take place, go ahead, go off
odcedzać/odcedzić filter
odcedzić filter sb/sth out (of sth)
odchody excrement, droppings
odchodzić/odejść leave[1], go away, walk off[1], quit, go off (with sb); (*o środku komunikacji publicznej*) depart; (*np. od norm, poglądów*) deviate; ~ **na emeryturę** retire; (*umrzeć*) pass away; (*z określonymi wrażeniami*) come away with sth; ~ **płatami** peel
odchrząkiwać/odchrząknąć clear your throat
odchudzać/odchudzić: (*np. proces produkcyjny w celu jego optymalizacji*) streamline □ **odchudzać/odchudzić się** lose weight[1], be/go on a diet
odchwaszczać weed
odchylać/odchylić deflect □ **odchylać/odchylić się** deflect, diverge, deviate; oscillate
odchylenie deviation, deflection
odciągać/odciągnąć drag[2] sb away
odciążać/odciążyć lighten
odcie|ń: (*koloru*) tint, shade, tinge, tone[1], nuance; **z ~niem czegoś** tinged with sth
odcięcie: (*np. kończyny*) amputation
odcinać/odciąć cut sth off, cut sth off (sth), chop sth off (sth), lop sth off/away; (*np. kończynę*) amputate; (*np. tłuszcz, resztki*) trim[2]; (*np. od świata*) cut sb/sth off (from sb/sth), shut sb/sth off (from sth); (*dostęp*) seal sth off; (*np. dopływ gazu*) disconnect □ **odcinać/odciąć się**: (*od czegoś*) dissociate
odcin|ek section, segment; (*serialu*) episode; (*np. książki*) instalment; (*np. czeku*) counterfoil; **wydawać w ~kach** serialize; (*drogi*) stretch[2]; (*podróży*) leg; (*np. zagadnienia*) strand
odcisk imprint, impression; ~ **palca** fingerprint; (*np. na palcu*) corn[2]
odcyfrowywać/odcyfrować decipher, make sb/sth out, puzzle sth out
odczepiać/odczepić unfasten □ **odczepiać/odczepić się**: (*od kogoś*) lay off (sb)
odczepn|y: **na ~ego** offhandedly
odczuwać/odczuć perceive, feel[1]; ~ **swój wiek** feel your age[1]
odczuwalnie perceptibly
odczuwalny perceptible
odczyt reading
odczytywać/odczytać read; **odczytać** make sb/sth out
oddać (się) → ODDAWAĆ (SIĘ)
oddalać/oddalić distance[2]; (*np. niebezpieczeństwo*) stave sth off; (*np. skargę*) reject □ **oddalać/oddalić się** recede
oddaleni|e distance[1], remoteness; **w ~u** in the distance; (*np. skargi*) rejection
oddalony remote, outlying, apart, removed
oddanie devotion, dedication; **z ~m** faithfully, lovingly
oddany devoted, dedicated, staunch, stalwart, loving; (*czemuś*) intent on/upon sth
oddawać/oddać return[1], restore, give sth back (to sb), give sth up (to sb), hand sth in (to sb), bring sb/sth back, take sth back, give sth away; (*np. broń*) surrender; ~ **w czyjeś ręce** give sb up (to sb), hand sb/sth over (to sb), consign; (*np. władzę*) yield; ~ **głos** vote; (*np. nastrój*) recapture; ~ **kał** excrete; ~ **mocz** urinate, pass water; ~ **komuś** (*w bójce*) fight back; ~ **cześć boską** worship; ~ **komuś/czemuś hołd** pay tribute to sb/sth □ **oddawać/oddać się** give yourself up (to sb)
oddawanie surrender □ **oddawanie się** surrender; (*czemuś*) indulgence
oddech breath, breathing, wind[1]; **ciężki ~** heavy breathing; **wstrzymywać ~** hold your breath; **złapać**

~ catch your breath[1]; **wziąć głęboki ~** take a deep breath
oddechowy respiratory
oddelegowanie: (*do pracy w innym kraju*) posting
oddychać breathe; **ciężko ~** wheeze
oddychanie breathing, respiration; **sztuczne ~** resuscitation
oddział unit, branch, squad; **odkomenderowany ~** detachment; **~ szpitalny** ward; **~ intensywnej opieki medycznej** intensive care
oddziaływać: (*na kogoś/coś*) affect, influence; (*wzajemnie na siebie*) interact
oddziaływanie: **wzajemne ~** interaction
oddzielać/oddzielić separate[2], segregate, dissociate, divorce[2]; **~ zasłoną** curtain sth off □ **oddzielać/oddzielić się** separate[2]
oddzielnie separately, individually; **każdy ~** one by one
oddzielny separate[1], distinct, isolated
oddzielony isolated
oddzwonić phone (sb) back[3], return[1] sb's call
oddźwięk response; **wywoływać ~** get sth across (to sb)
odebrać → ODBIERAĆ
odebrany: (*o przedstawieniu itp.*) **zostać** (*dobrze/źle*) **~m** go down (with sb)
odegrać (się) → ODGRYWAĆ (SIĘ)
odegranie portrayal □ **odegranie się**: (*na kimś*) vengeance
odejmować/odjąć subtract, deduct
odejmowani|e subtraction; **znak ~a** minus
odejście departure, going[1]; (*od stylu, przyzwyczajeń*) breakaway
odejść → ODCHODZIĆ
odepchnąć → ODPYCHAĆ
odeprzeć → ODPIERAĆ
oderwać → ODRYWAĆ
oderwanie detachment
oderwan|y detached; (*o organizacji, kraju*) breakaway; **rzecz ~a od tematu** irrelevancy
odesłać → ODSYŁAĆ
odesłanie: **~ z kwitkiem** rebuff
odezwa address[1]
odfajkowywać/odfajkować tick[1]
odfiltrować filter sb/sth out (of sth)
odgadywać/odgadnąć figure[2]
odgałęzieni|e offshoot; **o (kilku) ~ach** -pronged
odganiać/odgonić banish, shoo sb/sth away/off/out, etc.
odgłos sound[2]; **głuchy ~** thud; **~ kroków** footstep, tread
odgonić → ODGANIAĆ
odgradzać/odgrodzić fence, fence sb/sth in, fence sth off; **~ liną** rope sth off
odgrażać się menace
odgrywać/odegrać: (*rolę*) play[3], portray, feature, impersonate, play a part (in sth); **~ znaczną rolę** figure[2] □ **odgrywać/odegrać się** strike back
odgrywanie: (*roli*) impersonation; **~ scenki** (*stosowane w nauczaniu*) role-play
odgryzać/odgryźć się hit back (at sb/sth)
odgrzebywać/odgrzebać: (*np. stare sprawy*) rake sth up; (*stare pomysły*) trot sth out
odhaczać: (*kogoś/coś*) tick sb/sth off
odizolować → IZOLOWAĆ
odizolowany isolated, marooned
odjazd departure, going[1]; **godziny ~u** times (of trains, etc.)
odjazdowy tremendous
odjąć → ODEJMOWAĆ
odjeżdżać/odjechać depart, drive off, move off, draw[2] out, pull away (from sb/sth); (*o pojeździe*) **~ od krawężnika** pull out; (*o pociągu*) **~ ze stacji** pull out (of sth)
odjeżdżający outward
odjęcie deduction
odkaszlnąć cough, clear your throat
odkażać/odkazić disinfect; **środek odkażający** disinfectant
odkażenie disinfection
odkąd since, ever since (...)
odklejać/odkleić się peel, come unstuck
odkładać/odłożyć: (*zrobienie czegoś*) postpone, delay, defer, put off doing sth; (*np. spotkanie*) put sth back; **nie ~ słuchawki** hold[1]; **~ na swoje miejsce** put, etc. sth away, tidy sth away, replace; (*pieniądze*) save, put sth aside/away, put sth by; (*np. pieniądze*) set sth aside; **~ coś na półkę** (*nie nadawać sprawie dalszego biegu*) shelve[1], leave sth on one side
odkłaniać/odkłonić się acknowledge
odkodowywać/odkodować decode
odkopywać/odkopać excavate, dig sth up, dig sb/sth out (of sth)
odkrawać/odkroić cut[1]
odkręcać/odkręcić: (*np. nakrętkę, śrubę*) unscrew
odkrycі|e discovery, find[2], revelation; **dokonywać ~a** break fresh/new ground
odkryty open[1], exposed, naked
odkrywać/odkryć discover, find[1]; (*np. tajemnicę*) uncover
odkryw-ca/czyni explorer, discoverer
odkrywczy investigative, revealing
odkupić: **~ winę** redeem
odkupieni|e redemption; **nie do ~a** beyond redemption
odkurzacz Hoover™, vacuum cleaner
odkurzać/odkurzyć: (*odkurzaczem*) hoover, vacuum
odlać → ODLEWAĆ
odlatywać/odlecieć: (*o samolocie itp.*) depart; (*o guziku*) come off (sth); (*o kapeluszu itp.*) blow away
odległoś|ć distance[1], length, way[1], haul; **w ~ci** within, away; **w pewnej ~ci** off[1]; (*o wystrzale*) **z bliskiej ~ci** point-blank
odległy remote, distant, far[1], faraway
odlew: **robić ~** cast[2]
odlewać/odlać: (*np. posąg*) mould[1], cast[2]
odlewnia foundry
odliczać/odliczyć count sb/sth out
odliczanie: **końcowe ~** (*przed ważnym wydarzeniem*) build-up
odliczenie deduction; (*np. czasu*) countdown
odlot departure; (*poniecenie*) buzz
odlotowo drop-dead
odlotowy smashing
odludny lonely, solitary
odludzie wild, outback
odłam faction
odłam|ek splinter, chip[1]; **~ki** shrapnel
odłamywać/odłamać (się) break (sth) off
odłączać/odłączyć detach, disconnect, sever, cut sb/sth off □ **odłączać/odłączyć się** separate[2], break away (from sb/sth)
odłączny separable
odłożenie postponement
odłożyć → ODKŁADAĆ
odł|óg: **~ogi** waste[2]
odłupywać/odłupać (się) chip[2]
odmawiać/odmówić refuse[1], deny, decline[1], repudiate; **~ przyjęcia** reject; (*np. udzielenia, wydania*) withhold; (*komuś*) turn sb down; **~ wstępu** turn sb away; **~ zrobienia czegoś** dig your heels in; **~ wyjaśnień** remain silent
odmian|a transformation; contrast[2]; variety; (*np. rośliny, zwierzęcia*) strain; **dla ~y** for a change; **stanowić miłą ~ę** make a change; (*np. pisowni*) variant, form[1], inflection; **~a czasownika** conjugation
odmieniać/odmienić transform, alter; **~ czasownik** conjugate □ **odmieniać/odmienić się** alter
odmiennie distinctively
odmienny different, dissimilar; diverse; opposite; distinctive; removed
odmładzać/odmłodzić rejuvenate
odmładzanie rejuvenation
odmowa denial, refusal, rejection, brush-off, negative
odmownie in the negative
odmrażać/odmrozić defrost; (*np. szybę*) de-ice
odmrożenie chilblain, frostbite
odmruknąć grunt
odnajdować/odnaleźć find[1], retrieve
odnawiać/odnowić renew,

restore; (*np. dom, pokój*) renovate, do sth up
odnawialny renewable
odnawianie restoration
odniesieni|e reference; **w ~u do kogoś/czegoś** towards, as regards sb/sth, in this/that/one regard, in/with relation to sb/sth, with reference to sb/sth
odnoga arm[1], fork; **o (kilku) ~ch** -pronged
odnosić/odnieść: (*np. wrażenie*) form[2]; **odnieść sukces** succeed, make the grade, do well; **odnieść zwycięstwo** (*nad kimś/czymś*) triumph; **odnieść łatwe zwycięstwo** walk off with sth; (*np. obrażenia*) sustain □ **odnosić/odnieść się**: (*do kogoś/czegoś*) apply, concern[1], relate to sb/sth, refer; **odnoszący się do kogoś/czegoś** regarding, pertinent, applicable
odnośnie: (*do kogoś/czegoś*) concerning, as regards sb/sth, in/with relation to sb/sth, with respect to sth
odnośnik reference, cross-reference, footnote
odnotowywać/odnotować enter
odnowa renewal
odnoże leg
odosabniać/odosobnić isolate
odosobnienie isolation, privacy, confinement
odosobniony secluded, outlying
odór odour, stench
odpad: **~y** waste[2], scrap[1]
odpadać/odpaść come away (from sth), come off (sth), drop out (of sth); **~ płatami** peel
odpad|ek: **~ki** waste[2], litter, refuse[2]
odpadkowy waste[3]; **~ papier** waste paper
odpalać/odpalić detonate; (*o rakiecie itp.*) blast off
odpalenie: (*rakiety*) blast-off
odparowywać/odparować retort; (*np. argumenty, cios*) counter[3]; (*np. pytania, ciosy*) fend sth/sb off
odpaść → ODPADAĆ
odpędzać/odpędzić banish; (*od kogoś/czegoś*) keep sth off (sb/sth), ward sb/sth off
odpierać/odeprzeć repel; (*np. atak, napaść*) beat sb/sth off; (*np. wywody*) disprove
odpisanie deduction
odpisywać/odpisać copy[2]; (*np. pracę domową*) crib[2]; (*odpowiadać na list*) write back (to sb), reply
odplamiacz stain remover
odpłacać/odpłacić repay, be/get even (with sb); **odpłacić pięknym za nadobne** get/have your own back (on sb) □ **odpłacać/odpłacić się** repay, pay sb back (for sth); strike back
odpłacanie (się): **~ pięknym za nadobne** tit for tat
odpłynięcie departure
odpływ outlet; (*np. w wannie*) plughole; (*morza*) ebb, tide, low tide; **dotyczący ~u** tidal; (*o morzu*) **jest ~** the tide is going out
odpływać/odpłynąć sail[2], depart; (*o wodzie*) drain[2]; (*o morzu*) ebb
odpoczynek relaxation, rest[2]
odpoczywać/odpocząć relax, rest[1], have a rest[2], lie about/around, put your feet up[1]; **dawać odpocząć** rest[1]
odpokutować: (*winę*) redeem
odpokutowani|e: **nie do ~a** beyond redemption
odporność resilience; **~ organizmu** resistance, immunity
odporny resistant, immune; resilient, tough, hardy; (*o ścianie itp.*) proof[2]; **~ na krytykę** thick-skinned
odpowiadać/odpowiedzieć answer[1], reply, respond; (*przed kimś za coś*) answer to sb (for sth); (*za kogoś/coś*) answer for sb/sth; (*czemuś*) represent, correspond, meet, suit[2]; (*np. normom, wymaganiom*) conform; (*np. wymogom*) fit[2]; (*komuś*) come in handy, be to your liking; **nie ~** (*komuś*) not be sb's cup of tea
odpowiadający equivalent
odpowiedni suitable, appropriate, right[2], correct[1], proper, fitting[1], adequate, eligible, fit[1], suited, corresponding, relevant, respectable; **bardziej ~** preferable
odpowiednik equivalent; (*osoba*) counterpart, opposite number
odpowiednio suitably, appropriately, correctly, properly, duly, accordingly, correspondingly, respectively, adequately
odpowiedniość correctness
odpowiedzialnie responsibly
odpowiedzialnoś|ć responsibility, accountability, trust[1]; **przejąć ~ć** take charge (of sth); **ponosić ~ć** be to blame (for sth); **zrzucać ~ć** (*na kogoś*) pass the buck (to sb); **z poczuciem ~ci** responsibly; (*prawn.*) liability; **spółka z ograniczoną ~cią** limited company
odpowiedzialny: (*przed kimś/czymś*) responsible; (*przed kimś, za coś*) accountable, answerable, liable; (*sumienny*) upright; (*o pracy itp.*) responsible
odpowie|dź answer[2], reply, response; **cięta ~dź** retort; **~dź twierdząca** yes; **w ~dzi** (*na coś*) in answer (to sth); (*rozwiązanie*) solution
odpowietrznik vent
odpraw|a rebuff, brush-off; **~a celna** customs; (*np. na lotnisku*) check-in; **przechodzić ~ę** check into...
odprawiać/odprawić turn sb away; (*pracownika*) dismiss; **~ z niczym** rebuff; **odprawić kogoś z kwitkiem** give sb the brush-off
odprawienie: (*pracownika*) dismissal
odprężać/odprężyć się relax, rest[1], unwind, lounge, loosen up, sit back, wind down, let your hair down
odprężający restful, relaxing
odprężanie się relaxation
odprężenie: (*w polityce*) détente
odprężony relaxed
odprowadzać/odprowadzić escort, see; **~ kogoś** (*np. na dworzec*) see sb off; **~ kogoś do domu** walk sb home; (*pieniądze*) siphon
odpruć (się) → PRUĆ (SIĘ)
odpryskiwać: (*o farbie*) blister
odpukać: **~ w nie malowane drewno** touch wood
odpuszczać/odpuścić: (*sobie*) give sth a miss
odpuszczenie: **~ grzechu** forgiveness
odpychać/odepchnąć drive sb/sth off
odpychający repellent, forbidding
odpyskiwać/odpysknąć: **odpysknąć** (*kogoś/komuś*) bite sb's head off[1]
odra measles
odrabiać/odrobić: (*np. zaległości*) retrieve
odraczać/odroczyć postpone, defer, suspend, put off doing sth, adjourn; **~ wykonanie kary śmierci** reprieve; (*kogoś*) put sb off
odraczanie suspension
odradzać/odradzić: (*komuś coś*) discourage
odraz|a repulsion, revulsion, aversion, abhorrence, horror; **budzić ~ę** revolt; **czuć ~ę** loathe, abhor
odrażająco disgustingly, hideously, deplorably
odrażający disgusting, repulsive, revolting, repellent, hideous, abhorrent
odrąbywać/odrąbać chop sth off (sth)
odrestaurować → RESTAUROWAĆ
odrębny distinct
odręcznie freehand
odręczny freehand
odrętwieni|e numbness, stupor; **wprowadzać w stan ~a** numb
odrobin|a particle, speck, spot[1], bit[1], little[3], a little, atom, ounce, shred, scrap[1], hint, suggestion, tinge, shade, shadow, touch[2], dab; (*pokarmu*) morsel; **~ę** fractionally, a trifle, a wee[1] bit
odroczenie adjournment, postponement; **~ wykonania kary śmierci** reprieve
odrodzenie renaissance
odrodzony: (*dot. wiary religii*) born-again
odrost shoot[2]; **~ korzeniowy** sucker
odróżniać/odróżnić distinguish, differentiate, draw a distinction between sth and sth; (*od siebie*) tell

A and B apart □**odróżniać/odróżnić się**: (silnie) ~ contrast[1]
odróżnieni|e distinction, contrast[2]; **w ~u od kogoś/czegoś** unlike; **nie do ~a** indistinguishable
odruch reaction; ~ **warunkowy** reflex
odruchowo involuntarily
odruchowy involuntary, gut
odrywać/oderwać detach; ~ **od życia** divorce[2]; **oderwany od tematu** irrelevant; **oderwanie od tematu** irrelevance □**odrywać/oderwać się** come away (from sth); (*np. od oglądania filmu*) wrench, tear yourself away (from sb/sth)
odrzucać/odrzucić throw[1], discard, cast sb/sth off; repel; (*np. wniosek*) overrule, disallow; (*np. prośbę*) refuse[1], turn sb/sth down, reject, dismiss, repudiate; (*np. czyjś pomysł*) throw sth out; ~ **z pogardą** spurn; (*głowę do tyłu*) toss
odrzucenie rejection, refusal, dismissal; (*bolesnej prawdy*) denial
odrzucon|y: ~ **y/a kandydat/ka** reject
odrzut reject, second[2]
odrzutowiec jet; **wielki** ~ jumbo (jet)
odrzutowy: **silnik** ~ jet engine
odsapnąć get your breath (again/back)
odsączać/odsączyć filter
odseparować → SEPAROWAĆ
odset|ek percentage; ~**ki** interest[1]
odsiadywać/odsiedzieć: (*wyrok*) serve, sit sth out
odskakiwać/odskoczyć bounce; (*o piłce itp.*) rebound
odskocznia stepping stone, springboard
odsłaniać/odsłonić uncover, expose, reveal; (*np. pomnik*) unveil; (*np. zasłonę*) draw[2]
odsprzedawać/odsprzedać sell
odstawać lag
odstawiać tart sth up □**odstawiać się**: (*o osobie*) tart yourself up
odstęp interval; **w ~ach** at intervals; **w krótkich ~ach czasu** in succession
odstępować/odstąpić waive, cede; **nie** ~ (*od czegoś*) keep to sth; (*np. od religii panującej*) dissent[2]
odstępstwo departure, exception; (*np. od religii panującej*) dissent[1]
odstraszać/odstraszyć scare sb/sth away/off, deter
odstraszający deterrent; **środek** ~ deterrent
odstrzeliwać: (*selektywnie*) cull
odsuwać/odsunąć distance[2]; (*np. niebezpieczeństwo*) stave sth off; ~ **na bok** brush sb/sth aside, leave sth on one side, sweep sb/sth aside; ~ **od siebie** (*np. myśl o czymś*) dismiss □**odsuwać/odsunąć się** distance[2] yourself; ~ **na bok** stand aside
odsyłacz cross-reference, link; (*znak*) asterisk
odsyłać/odesłać send back, return[1], refer; ~ **z boiska** send sb off; ~ **z kwitkiem** rebuff
odszczepieniec dropout
odszkodowanie compensation, recompense, award, damages
odszukiwać/odszukać trace[2]
odszyfrowywać/odszyfrować decipher, decode
odśrodkowy outward
odśrubowywać/odśrubować unscrew
odświeżać/odświeżyć refresh, renew, freshen; (*wiedzę*) brush sth up, brush up on sth; ~ **pamięć** refresh your/sb's memory (about sb/sth) □**odświeżać/odświeżyć się** freshen (yourself) up
odświeżający refreshing
odtąd since, from… on, henceforth
odtrącać/odtrącić: ~ **z pogardą** spurn
odtrutka antidote
odtwarzacz: ~ **płyt kompaktowych** CD player
odtwarzać/odtworzyć reconstruct, reproduce; retrace; impersonate, portray; (*np. nagraną taśmę wideo*) play sth back (to sb)
odtwarzanie/odtworzenie reconstruction, reproduction; impersonation
odtwórca impersonator
odurzać/odurzyć: (*podstępnie*) dope
odurzający heady
odurzenie: ~ **alkoholowe** intoxication
odurzony intoxicated, heady; (*np. narkotykami*) dopey
odwadniać/odwodnić (się) drain[2], dehydrate
odwag|a courage, bravery, valour, fearlessness, nerve, guts, grit, pluck; gallantry; **dodawać ~i** hearten; **nie mieć ~i do** shy away from sth/from doing sth; **zbierać się na ~ę** pluck up courage
odwalać/odwalić: ~ **kawał roboty** get through sth
odważać/odważyć się dare[1], venture
odważnie courageously, bravely, valiantly
odważnik weight[1]
odważny courageous, brave, daring, valiant, plucky; (*o krytyce*) hard-hitting
odwdzięczać/odwdzięczyć się: (*komuś*) make it up to sb
odwet retaliation, reprisal
odwetow|y: **akcja ~a** reprisal
odwieczny perennial
odwiedzać/odwiedzić visit, frequent[2]
odwiedzający caller
odwiedziny visit
odwiert: ~ **naftowy** oil well
odwiesić: ~ **słuchawkę** hang up (on sb)
odwieść → ODWODZIĆ
odwieźć → ODWOZIĆ
odwijać/odwinąć (się) unwind
odwilż thaw
odwilżać/odwilżyć dehydrate
odwlekać/odwlec defer
odwodnić (się) → ODWADNIAĆ (SIĘ)
odwodnienie dehydration
odwodzić/odwieść deflect; (*od zrobienia czegoś*) dissuade
odwołani|e cancellation; **do ~a** until further notice; (*np. do wyższej instancji*) appeal
odwołany off[1]
odwoływać/odwołać cancel, call sth off; (*np. czyjąś wizytę*) put sb off; (*np. z posady*) remove, recall □**odwoływać/odwołać się**: (*do kogoś/czegoś*) appeal
odwoływanie się reference
odwozić/odwieźć cart away
odwracać/odwrócić turn[1], turn sth around/round, turn sth over, invert, reverse[3], switch; **odwrócić szybkim ruchem** flip; ~ **kierunek** divert; ~ **oczy** turn away; ~ **(czyjąś) uwagę** distract, deflect □**odwracać/odwrócić się** turn[1], turn around[1]/round[2], turn away; (*od kogoś*) turn your back on sb[1]
odwrotnie to the contrary, conversely, the other way round, backwards; **(i)** ~ vice versa
odwrotność reversal
odwrotn|y reverse[1,2]; **w kierunku ~ym** counter[2]; **w ~ej kolejności** the other way round, in/into reverse order; **pocztą ~ą** by return (of post)
odwrócenie: ~ **kierunku/uwagi** diversion; ~ **uwagi od sedna sprawy** a red herring
odwrócić → ODWRACAĆ
odwrócony reverse[3], upturned
odwr|ót retreat; **dokonywać ~otu** retreat; **na ~ót** back to front; **na ~ocie** (*strony*) overleaf
odwyk withdrawal
odwykowy withdrawal
odwzajemniać/odwzajemnić repay, return[1] □**odwzajemniać/odwzajemnić się** repay; (*czymś nieprzyjemnym*) retaliate
odzew response
odziany clothed, clad
odziedziczyć → DZIEDZICZYĆ
odzież clothing, clothes, wardrobe
odznaczać/odznaczyć się stand out
odznaka badge, shield
odzwierciedlać/odzwierciedlić reflect, mirror
odzwierciedlenie reflection
odzysk: **do ~u** recycle
odzyskanie recovery
odzyskiwać/odzyskać regain, retrieve, reclaim, recapture, recover, get sth back; (*np. przytomność, zdrowie*) recover; ~ **zdrowie** recuperate, pick up; (*np. siły*) build sth up; (*surowce*) recycle
odzyskiwalny recyclable
odzyskiwanie retrieval
odźwierny porter
odżegnywać/odżegnać się distance[2] yourself
odżywać/odżyć rejuvenate
odżywanie rejuvenation

odżywczy nutritious, nutritional
odżywiać/odżywić nourish
odżywianie nutrition
odżywiony: **dobrze** ~ well-fed
odżywka conditioner
ofensyw|a offensive; **przechodzić do** ~**y** take the offensive
ofensywny offensive
oferować/zaoferować offer
ofert|a offer, proposition, bid[2]; (*przetargowa*) tender[2]; **składać** ~**ę** bid[1], tender[2]
ofiar|a offering, sacrifice; ~**a losu** washout; (*np. wypadku, bitwy*) casualty; ~**a śmiertelna** (*np. wypadku, wojny*) fatality; **bez** ~ (*w ludziach*) without loss of life; (*życiowa*) loser; (*np. żartu*) butt[2]; ~**a żartu primaaprilisowego** April Fool; ~ **nagonki** quarry[2]; **składać w ofierze** sacrifice
ofiarodaw-ca/czyni donor
ofiarowywać/ofiarować donate, offer, present[3] □ **ofiarowywać/ofiarować się**: (*z czymś*) volunteer
oficer officer; ~ **okrętowy** mate[1]
oficjalnie officially, formally
oficjalność formality
oficjalny official, formal
oficjel: ~**e** officialdom
oficyna annexe
ofsajd offside
ofsajdowy offside
ogar hound
ogarniać/ogarnąć sweep[1]; (*o uczuciu*) come over sb, sweep over sb
ogarnięty: **być** ~**m** (*czymś*) be overcome (by sth)
ogień fire[1]; heat[1]; light[1]; **blask ognia** firelight; **sztuczne ognie** fireworks; **święto ognia** (*w hinduizmie*) Diwali; (*z broni palnej*) fire[1]; **krzyżowy** ~ crossfire; ~ **zaporowy** barrage; **otwierać** ~ open fire (at/on sb/sth); (*np. pytań*) barrage; **brać w krzyżowy** ~ **pytań** cross-examine; **upiec dwie pieczenie przy jednym ogniu** kill two birds with one stone
ogier stallion
oglądać/obejrzeć watch[2], view[2], see, look round sth; ~ **dużo rzeczy** look round; (*towar*) browse □ **oglądać/obejrzeć się**: (*dokoła*) look round, look behind[1]
oglądanie: ~ **wystaw sklepowych** window-shopping
oględny muted
ogład|a politeness; **z** ~**ą** politely, suave
ogłaszać/ogłosić announce, declare, call[2], publish, put sth out, proclaim; (*np. że się poszukuje*) advertise; (*kogoś/coś za kogoś/coś*) pass sb/sth off (as sb/sth), hail[2]; (*kogoś czymś*) vote
ogłoszeni|e announcement, notice, publication, proclamation; advertisement; ~**a drobne** classified advertisements
ogłupiać/ogłupić brainwash, floor[2]
ogłupiały: (*np. z miłości*) besotted; (*przen.*) brain-dead
ogłupianie brainwashing
ogłuszać/ogłuszyć deafen, stun
ogłuszający deafening
ogniotrwały fireproof
ognisko bonfire; (*promieni*) focus
ogniskować focus
ognisty fiery; (*o kolorze*) flaming; (*o mowie*) sparkling
ogniwo link
ogolić (się) → GOLIĆ (SIĘ)
ogolony shaven, clean-shaven
ogon tail; **koński** ~ ponytail; **mysi** ~**ek** pigtail
ogorzały weather-beaten
ogólnie generally, broadly, globally, altogether, substantially, popularly, on/from every side; ~ **mówiąc** generally, overall[1], by and large
ogólnikowy broad
ogólnokrajowy nationwide
ogólnokształcący: (*o szkolnictwie*) comprehensive
ogólnonarodowy nationwide
ogólnopaństwowy nationwide
ogólnoświatowy global, worldwide
ogóln|y general[1], overall[1], prevailing, prevalent, broad; ~**a suma** total
ogó|ł: **na** ~**ł** on the whole, in the main, at large; **w** ~**le** by and large, in general; **w** ~**le (nie)** (not) at all; ~**łem** altogether, in all; ~**ł transakcji** sale
ogórek cucumber
ogradzać/ogrodzić enclose, fence
ograniczać/ograniczyć restrict, limit[2], confine, constrain, constrict, curb, infringe, control[2], cut down (on sth); (*kogoś*) fence sb in; (*kogoś do czegoś*) tie sb (to sth/doing sth) □ **ograniczać/ograniczyć się** confine yourself to sth
ograniczający restrictive
ograniczenie limit[1], limitation, restriction, restraint, constraint, constriction, curb; ~ **prędkości** speed limit
ograniczoność narrowness
ograniczon|y restricted, limited, confined, qualified; (*w matematyce*) finite; **spółka z** ~**ą odpowiedzialnością** limited company; (*o osobie*) narrow-minded, insular
ogrodnictwo gardening, horticulture
ogrodniczki dungarees
ogrodniczy horticultural
ogrodni-k/czka gardener
ogrodzenie fence[1]; ~ **z metalowych prętów** railing
ogrom enormity, immensity, magnitude
ogromnie enormously, immensely, greatly, vastly, tremendously, terribly, hugely, profoundly
ogromn|y enormous, huge, immense, massive, incredible, formidable, infinite, great, vast, monstrous, fabulous, tremendous, prodigious, monumental, roaring, mountainous, jumbo; (*o sukcesie itp.*) resounding; **w** ~**ym stopniu**, **w** ~**ej mierze** vastly
ogród garden; (*za domem*) backyard; **uprawiać** ~ garden; ~ **zoologiczny** zoo
ogródek: ~ **działkowy** allotment
ogród|ka: **bez** ~**ek** blunt, outspoken, bluntly, straight out, outright, point-blank; **mówienie bez** ~**ek** outspokenness; **mówić** ~**kami** beat about the bush
ogryzać/ogryźć nibble, gnaw
ogryzanie nibble
ogryzek core
ogrzewać/ogrzać się warm[2]
ogrzewanie heating; **centralne** ~ central heating
ogrzewany heated
ohydnie disgustingly, hideously
ohydny disgusting, hideous, monstrous, vile, abominable, atrocious, obnoxious, lousy
ojciec father; ~ **chrzestny** godfather; **przybrany** ~ foster father; **samotny** ~ single father/parent; **po ojcu** paternal
ojcostwo paternity, fatherhood
ojcowski paternal, fatherly
ojczym stepfather
ojczysty native
ojczyzna homeland, mother country, motherland
ojej: ~! oh, boy[2], dear, gee, golly, gosh
okaleczać/okaleczyć: (*osobę*) cripple, maim, mutilate
okaleczenie mutilation
okantować: **zostać okantowanym** be had[2]
okap eaves
okaz specimen, exhibit[1]
okazać (się) → OKAZYWAĆ (SIĘ)
okazale spectacularly, ostentatiously
okazałość grandeur, splendour, grandness
okazały spectacular, splendid, imposing, grand[1], ostentatious
okazanie: **za** ~**m** on production of sth
okaziciel/ka holder, bearer
okazj|a chance[1], occasion, opportunity, opening, break[2]; **z** ~**i** for[1]; **przy** ~**i** by the way; **mieć** ~**ę** get to do sth; **korzystać z** ~**i** take the opportunity to do sth/of doing sth; (*korzystny zakup*) bargain, offer; **wyjątkowa** ~**a** snip[2]
okazywać/okazać produce, show[2], display[1], exhibit[2], manifest; ~ **gotowość** offer; (*np. uprzejmość*) extend; (*np. pomoc*) render; ~ **skruchę** repent □ **okazywać/okazać się** make[1], prove, turn out (to be sth), emerge
okazywanie manifestation
okiełznać tame
okienko hatch[1]
oklapnąć flag[2], run out of steam
oklaski clap, applause; **zbierać** ~ applaud

oklaskiwać applaud, give sb a big hand; **być głośno oklaskiwanym** get a big hand
oklep: **na** ~ bareback
oklepany stale
okład: **z ~em** odd
okładka cover[2]; (*na płytę gramofonową*) sleeve
okładzina lining
okłamać → KŁAMAĆ
okno window; ~ **wykuszowe** bay window; ~ **dialogowe** (*w komputerze*) dialogue box
oko eye[1]; **odwracać oczy** turn away; **zawiązać komuś oczy** blindfold; **na poziomie oczu** eye-level; **rzucać się w oczy** stand out; **rzucający się w oczy** conspicuous; **nie rzucający się w oczy** unobtrusive; **gołe** (*nie uzbrojone*) ~ the naked eye; **widoczny gołym okiem** self-evident; **prosto w oczy** to sb's face; **mówiący prosto w oczy** outspoken; **w cztery oczy** one-to-one; ~ **w** ~ face to face (with sb/sth); **mieć** ~ **na kogoś/coś** keep an eye open/out (for sb/sth); **mieć kogoś/coś na oku** keep tabs on sb/sth; **mieć na coś** ~ have (got) your eye on sth[1]; **wypatrywać oczy** keep your eyes peeled/skinned for sb/sth; **mając oczy otwarte** with your eyes open; **na oczach** in full view (of sb/sth); **na czyichś oczach** before sb's very eyes[1]; **w czyichś oczach** in the eyes of sb/in sb's eyes; **przymykać oczy** turn a blind eye (to sth); **traktować coś z przymrużeniem oka** take sth with a pinch of salt; **rzucać okiem** cast an eye/your eye(s) over sb/sth; **na pierwszy rzut oka** at first glance/sight; **na** ~ at a guess; ~ **za** ~, **ząb za ząb** an eye for an eye[1]; **jak okiem sięgnąć** as far as the eye can see[2]
okolic|a area, neighbourhood, environs, region, countryside; **w najbliższej ~y** locally; **w tej ~y** thereabouts; **w ~y** round about
okolicznoś|ć circumstance, consideration; **zbieg ~ci** coincidence; **w tych ~ciach** in/under the circumstances; **zależnie od ~ci** as the case may be
okoliczny surrounding
około about[1], around[2], round[3], or so, in the region of sth, circa, approximately; **gdzieś** ~ somewhere
okoń perch
okop trench
okólnik circular
okółkowywać/okółkować ring[1]
okpiwać/okpić fool, dupe
okradać/okraść burgle, rob
okrakiem astride; **stać/siedzieć** ~ straddle
okratowanie grating
okrągły round[1], circular, full
okrążać/okrążyć surround, encircle, enclose, ring, round[5]
okrążenie circuit; (*bieżni*) lap[2]
okre|s period, term, phase, space; span, length; season[1]; cycle; (*np. pracy, trwania*) lifespan; **krótki ~s** interval, spell[2]; **~s próbny** trial period; **~s próbny** (*w nowej pracy*) probation; **~s wojenny** wartime; **~s wystawiania** (*sztuki*)/**wyświetlania** (*filmu*) run[2]; **~s ostatnich przygotowań do czegoś** run-up; **w dłuższym/krótszym ~sie** in the long/short term; (*miesiączka*) menstruation; **mieć** ~ menstruate
okresowo periodically
okresowy periodic, cyclic; **bilet** ~ season ticket
określać/określić describe, define, term, determine, mark[2], prescribe, place[2]; (*z maksymalną dokładnością*) pinpoint; ~ **kogoś mianem** label
określenie label, term; determination
określnik determiner
określony: **ściśle** ~ precise; **na czas nie** ~ indefinitely
okręcać/okręcić twist[1]
□ **okręcać/okręcić się** coil
okręg district, sector; ~ **wyborczy** constituency, ward
okręt ship[1], vessel; ~ **wojenny** warship; **budowa ~ów** shipbuilding
okrętować/zaokrętować się embark
okrętownictwo shipbuilding
okrętowy naval
okrężn|y roundabout[1], circular, indirect; **~ą drogą** indirectly; (*o osobie*) devious
okropnie terribly, frightfully, abominably, horribly, horrifically, atrociously, dreadfully; ~ **blado** ghastly
okropność horror, cruelty
okropny terrible, horrible, awful, dreadful, shocking, frightful, atrocious, horrific, hateful, bad, beastly, ghastly, objectionable, gruesome, yucky; **być ~m** be the pits
okruch fragment; (*np. chleba*) crumb
okrucieństw|o cruelty, inhumanity, unkindness, savagery, ferocity, atrocity; **z ~em** cruelly
okruszyna crumb, particle
okrutnie cruelly, unkindly, ferociously, savagely, viciously
okrutnik fiend
okrutny cruel, inhuman, unkind, ferocious, fiendish, savage, vicious
okrywać/okryć cover[1], shroud, envelop
okrzyk shout, exclamation, ejaculation, cheer[2], chant; **wznosić ~i** cheer[1]
oktawa octave
okulary glasses; ~ **dwuogniskowe** bifocals; ~ **ochronne** goggles; ~ **przeciwsłoneczne** sunglasses
okultyzm occult
okup ransom; **porywać kogoś dla ~u** hold sb to ransom
okupacja occupation
okupować occupy, invade
okupowany occupied
olbrzym giant; (*w bajkach*) **zły** ~ ogre; (*coś bardzo dużego*) whopper
olbrzymi enormous, gigantic, huge, giant, colossal, mountainous, mammoth, monstrous, monumental, fantastic, tremendous, untold, king-size, supreme
oleić oil
oleisty oily
olej oil; **~lniany** linseed oil; ~ **napędowy** diesel; ~ **skalny** petroleum
olejny: **obraz** ~ oil painting
olejowy oily
olimpiada the Olympic Games
olimpijski Olympic
oliwa lubricant; ~ **z oliwek** olive oil
oliwić/naoliwić oil, lubricate
oliwienie lubrication
oliwka olive
oliwkowy olive
olstro holster
olśniewać/olśnić dazzle; **olśniło mnie** it hit me
olśniewająco glamorously, brilliantly
olśniewający dazzling, glamorous, stunning, brilliant
ołów lead[1]
ołów|ek pencil; **pisać/rysować ~kiem** pencil; **~ek do powiek** eyeliner
ołtarz altar
omac|ek: **szukać po ~ku** feel[1], grope; **iść po ~ku** blunder, grope (your way) across/along/past, etc. (sth)
omawiać/omówić discuss, go over sth, go through sth, run through sth, talk sth over (with sb); ~ **coś szczegółowo** elaborate; ~ **sprawy** talk things over; (*o książce itp.*) treat
omawiany under discussion
omdlały faint, limp[1]
omdlewać/omdleć droop; ~ **z zachwytu** (*np. na czyjś widok*) drool
omijać/ominąć bypass; ~ **z daleka** keep away from sb/sth; (*np. temat*) skirt round sth
omlet omelette
omówienie: **szczegółowe** ~ coverage
omszały mossy
omylny fallible
on he; it[1]
ona she; it[1]
onanizm masturbation
onanizować się masturbate
ondulacj|a wave[2]; **trwała ~a** permanent wave; **robić trwałą ~ę** perm
one they
oni they
oniemiały speechless, dumb, dumbfounded, tongue-tied, gobsmacked
onieśmielać/onieśmielić overawe
ono it[1]
ONZ UN
opactwo abbey
opacznie: ~ **coś zrozumieć** get

(hold of) the wrong end of the stick; ~ **kogoś zrozumieć** get sb wrong
opad fall[2]; ~**y przelotne** shower; ~ **śnieżny** snowfall; **wysokość ~ów deszczu** rainfall
opadać/opaść fall[1], drop[1], sink[1], slump, subside, droop; **nieco ~** slip[1]; (*o terenie*) shelve[2]; (*o wodzie morskiej podczas odpływu*) ebb
opadający drooping
opak: **na ~** awry
opakowanie packet, packaging, wrapping, wrapper, bag[1], sachet, carton, container
opalać/opalić singe, brown □ **opalać/opalić się** brown, tan, sunbathe, sun
opalenizna suntan
opalony brown, tanned, sun-tanned, bronzed
opał fuel
opamiętać się come to your senses
opamiętani|e: **bez ~a** hectically
opancerzony: (*o pojeździe*) armoured
opanowanie self-control, composure, poise, grip, restraint, nerve; **z ~m** coolly
opanowany composed, calm, collected, poised, cool[1], good-tempered, stolid; (*np. przez zwierzęta, insekty*) infested
opanowywać/opanować invade, overrun; corner[2], bring/keep under control, overpower, overcome, master[2], tackle, grip, come/get to grips, cool sb down/off □ **opanowywać/opanować się** compose yourself, collect yourself, cool down/off, pull yourself together
opar vapour
oparci|e support, back[1]; mainstay, reliance; (*dla nóg*) footing, foothold; **punkt ~a** hold[2]; **w ~u o coś** on the strength of sth
oparzenie burn, scald; ~ **słoneczne** sunburn
oparzyć → PARZYĆ
opaska band; wrapper; **na głowę** headband; ~ **na oczy** blindfold; ~ **na rękę** armband
opasły gross
opasywać/opasać encircle; ~ **ogrodzeniem** enclose
opaść → OPADAĆ
opat abbot
opatentować → PATENTOWAĆ
opatrunek dressing
opatrywać/opatrzyć dress[2]; ~ **datą** date[2]
opatulać/opatulić (się) wrap (sb/yourself) up
opatulony muffled up
opcja option
opera opera; (*budynek*) opera house; ~ **mydlana** (*serial telewizyjny*) soap opera
operacja operation, surgery; ~ **plastyczna** plastic surgery; ~ **plastyczna usuwająca zmarszczki** facelift; ~ **handlowa** transaction
operacyjn|y surgical; **sala ~a** operating theatre; **system ~y** operating system; (*o biznesie, maszynie, systemie itp.*) operational
operacyjnie surgically
operator/ka: (*np. dźwigu*) operator
operować operate
operowy operatic
opętać obsess, possess
opętanie obsession
opieczętować → PIECZĘTOWAĆ
opiek|a care[2], attention; custody; ~**a medyczna** medical care; ~**a społeczna** welfare, social security, social services; ~**a nad dziećmi** childcare; **oddział intensywnej ~i medycznej** casualty, intensive care; **bez ~i** unaccompanied, unattended, (all) by themselves; **roztaczać ~ę nad kimś/czymś** watch over sb/sth; **pod czyjąś ~ą** in your/sb's hands
opiekować/zaopiekować się tend[2], care for sb, look after sb/sth/yourself, take care of yourself/sb/sth, take sb under your wing; (*chorym*) nurse[2]; ~ **dzieckiem** (*podczas krótkiej nieobecności rodziców*) babysit
opiekun/ka guardian, minder, protector, carer, chaperon, custodian, patron, keeper; ~ **do dziecka** childminder; (*dochodząca*)
opiekunka do dziecka babysitter; (*grupy studentów*) tutor
opiekuńcz|y caring, protective; **państwo ~e** welfare state
opierać/oprzeć: (*o coś*) lean[2]; (*o coś/na czymś*) rest[1], rest on sb/sth, prop[1]; (*np. na faktach*) base[2], found[2] □ **opierać/oprzeć się** lean[2], rest; (*komuś/czemuś*) react against sb/sth, resist, withstand; (*np. na czyjejś opinii, zdaniu*) go by sth; (*w postępowaniu/dochodzeniu*) ~ **na czymś** go on sth; **taki, że nie można się** (*czemuś/komuś*) **oprzeć** irresistible
opieszale negligently
opieszałość inertia; negligence
opieszały inert; negligent
opijać się binge
opiłowywać/opiłować file[2]
opini|a opinion, view[1], belief, sentiment, thought[2], thinking, estimation; ~**a publiczna** public opinion; **w (mojej itp.) ~i** to[1] my mind; (*np. użytkownika*) feedback; (*o postępach w nauce*) school report; (*reputacja*) reputation; **cieszący się dobrą ~ą** reputable
opiniodawca reference
opis description, account[1]; specification
opisanie portrayal
opisowy descriptive
opisywać/opisać describe, characterize, depict, portray, represent
opisywanie description
oplewić → PLEWIĆ
opłacać/opłacić się pay[2], pay off; (*o wydatku*) get your money's worth
opłacający się worthwhile
opłacalny commercially viable
opłakany sorry; ~ **stan** dilapidation; **w ~m stanie** dilapidated
opłakiwać mourn, lament
opłat|a payment, charge[1], rate[1]; (*np. za egzamin, wstęp*) fee; (*np. za wstęp, bilet*) fare[1]; ~**a dodatkowa** surcharge; ~**a za obsługę** service charge; ~**a pocztowa** postage; ~**a za przejazd** (*np. autostradą, przez most*), ~**a targowa** toll; ~**a za wstęp** cover charge; ~**a za wypożyczenie** rental; **pobierać ~ę** charge[2]
opłatek wafer
opływow|y: (*np. pojazd*) sleek; (*o kształcie*) streamlined; **nadawać** (*czemuś*) **kształt/linię ~y/ą** streamline
opodatkowani|e taxation; **podlegający ~u** taxable
opodatkowywać/opodatkować tax
opon|a tyre; **przebita ~** puncture; **przebicie/pęknięcie ~y** blowout
oponent/ka opponent
oponować/zaoponować protest[2], oppose
oporny disobedient, resistant
oportunist-a/ka opportunist
oportunistyczny opportunist, expedient
opowiadać/opowiedzieć tell, recount, relate, narrate; ~ **kawał** joke; ~ **wspomnienia** reminisce
opowiadający narrator
opowiadanie story[1], short story, yarn; narration; narrative
opowiastka tale
opowieść story[1], tale
opozycj|a opposition, dissidence; faction; **z ~i** Shadow; **w ~i do czegoś** versus
opozycjonist-a/ka dissident
opór resistance, opposition, reaction, defiance, disobedience; **bierny ~** passive resistance; **stawiać ~** resist, make a stand (against sb/sth); **łamać (czyjś) ~** wear sb/sth down; **z oporem** sturdily
opóźniać/opóźnić delay, set sb/sth back, hold sb/sth up; ~ **coś/robienie czegoś** hold off (sth/doing sth)
opóźnienie delay, hold-up, lag; **mieć ~** run[1] late
opóźniony: (*w rozwoju*) retarded, subnormal; **być ~m** (*w stosunku do kogoś/czegoś*) lag
opracowanie compilation
opracowywać/opracować formulate, work sth out; (*np. publikację*) compile
opraw|a binding, setting; (*okularów*) frame[1]; **książka w twardej ~ie** hardback
oprawiać/oprawić bind; ~ **w ramę** frame[2]
opresj|a: **wychodzić cało z ~i** fall/land on your feet[1]
oprocentowanie interest[1]
oprogramowanie software
oprowadzać lead[3], conduct[2], show sb around/round[1]

oprócz except[1], besides, in addition (to sth), beyond, bar[3], barring, short of sth
opróżniać/opróżnić (się) empty[2]
opryskiwać/opryskać spatter
opryskliwie brusquely, gruffly; **mówić ~** snarl
opryskliwość gruffness
opryskliwy brusque, abrasive, surly, gruff
opryszek thug
oprzeć (się) → OPIERAĆ (SIĘ)
oprzytomnieć → PRZYTOMNIEĆ
optować opt for sb/sth
optyczny optical
optyk optician
optymalizować: (*np. pracę firmy*) streamline
optymist-a/ka optimist
optymistycznie optimistically, hopefully
optymistyczny optimistic
optymizm optimism
opublikować → PUBLIKOWAĆ
opublikowany in print[1]
opuchlizna swelling
opuchnięty bloated
opustoszały desolate, derelict, empty[1]
opustoszeć → PUSTOSZEĆ
opustoszyć → PUSTOSZYĆ
opuszczać/opuścić abandon, desert[1], forsake, skip[1], omit, miss sb/sth out, leave sb/sth out (of sth); (*np. fragment tekstu, audycji*) cut sth out; (*szybę*) wind[3] sth down; (*kogoś*) walk out on sb; **nie ~ kogoś w kłopotach** stick by sb
opuszczanie się: (*w czymś*) negligence
opuszczenie desertion, abandonment, neglect; (*np. fragment tekstu*) omission
opuszczony deserted, desolate, forlorn, friendless
opychać się stuff[2], guzzle
opychani|e się: **okres ~a się** binge
opylić flog
orać/zaorać plough
oranżeria hothouse
oraz and, plus
orbi|ta orbit; **krążyć po ~cie** orbit
orbitalny orbital
orbitować orbit
orchidea orchid
ordynarn|y foul[1], vulgar, loutish; **~e słowo** swear word; **stawać się ~ym** coarsen
ordynować/zaordynować: (*leczenie*) prescribe
ordynowanie: (*leczenia*) prescription
ordynus lout
orędowni-k/czka champion
organ organ[1]; (*np. propagandy*) vehicle
organicznie organically
organiczny organic
organist-a/ka organist
organizacja organization, outfit; **O~ Narodów Zjednoczonych** the United Nations
organizacyjny organizational
organizator/ka organizer; (*o książce, programie komputerowym*) planner
organizm organism; (*osoby*) system, constitution
organizować/zorganizować organize, arrange, set (sth) up, sort sth out; lay sth on, line sth up, (*np. przyjęcie*) hold[1], stage[2], mount[2]
organki mouth organ
organowy organ[2]
organy organ[2]
orgazm orgasm
orgia orgy
orientacj|a orientation; **~a seksualna** sexuality; **nabierać ~i** get/find your bearings; **tracić ~ę** lose your bearings
orientacyjn|y: **liczba/suma itp. ~a** a ballpark figure/estimate[1]
orientalny oriental
orientować się understand, tell, get the hang of sth, make head or tail of sth; **dobrze ~** know what's what; **o ile się orientuję** as far as I can see; **~ w terenie** orient yourself
orientowanie się: (*w czymś*) understanding
orkiestra orchestra
orkiestrowy orchestral
orlica bracken
ornamentalny ornamental
ornitolog ornithologist
ornitologia ornithology
orny arable
ortodoksyjny orthodox
ortodontyczny: **aparat ~** brace[1]
ortografia spelling
oryginalnie originally
oryginalność originality
oryginalny original, novel[2], quaint; **w ~ sposób** originally
oryginał original, master copy[1]
orzec → ORZEKAĆ
orzech nut; **~ brazylijski** Brazil nut; **~ kokosowy** coconut; **~ laskowy** hazelnut; **~ nerkowca** cashew; **~ włoski** walnut; **z ~ami** nutty
orzechowy nutty
orzeczenie judgement, ruling[2]
orzecznikowo predicatively
orzecznikowy predicative
orzekać/orzec rule, adjudicate, vote
orzeł eagle; **~ czy reszka?** heads or tails?; **zgrać w orła i reszkę** toss
orzeszek: **~ ziemny** peanut
orzeźwiać/orzeźwić invigorate
orzeźwiający invigorating, bracing, refreshing
osa wasp
osaczać/osaczyć corner[2], hem sb in
osad sediment, deposit[2], dregs; **pozostawiać** (*coś*) **jako ~** deposit[1]
osada settlement
osadnik settler
osadzać/osadzić set[2], bed[2], embed; (*np. fabułę*) set[2]; **mocno ~** steady □ **osadzać /osadzić się** settle, be deposit[1]ed
osadzenie: **~ w separatce** solitary confinement
osadzony set[3]; (*o akcji itp.*) **być ~m** (*w czymś*) be set[2]
osamotnieni|e solitude, isolation, loneliness; **powodujący uczucie ~a** lonesome; **w ~u** in isolation (from sb/sth)
osamotniony isolated
osąd estimation
osądzać/osądzić judge[2], find[1]
oschle briskly, crisply, stiffly
oschłość briskness
oschły brisk, crisp[1], stiff; dour
oscylacja oscillation
oscylować oscillate, fluctuate, alternate[2]
oscylowanie alternation
oset thistle
osiadać/osiąść settle, subside
osiągać/osiągnąć achieve, accomplish, attain, reach, notch sth up; (*z trudem*) hammer sth out; (*o sprzedaży, powodzeniu*) **~ szczyt** peak[2]; (*cenę*) fetch; **~ oczekiwany poziom** make the grade
osiągalny available, attainable
osiągnięci|e achievement, accomplishment, attainment, discovery, performance; **~a w pracy jednostki/organizacji** track record; **środek do ~a celu** a means to an end
osiąść → OSIADAĆ
osiedlać/osiedlić się settle
osiedle estate; **~ mieszkaniowe** housing estate, development
osiem eight
osiemdziesiąt eighty
osiemdziesiąty eightieth
osiemnasty eighteenth
osiemnaście eighteen
osierocać/osierocić orphan
osierocony orphaned
osiodłać → SIODŁAĆ
osioł donkey, ass
osiwieć → SIWIEĆ
oskard pick[3]
oskarżać/oskarżyć accuse, charge[2], incriminate
oskarżeni|e accusation, charge[1]; **wzajemne ~a** recrimination; **akt ~a** indictment; **wnosić ~e** bring/press charges (against sb)[1]; **fabrykować ~e** frame[2]
oskarżon|y accused; (*rzecz.*) **~y/a** defendant, the accused
oskarżyciel prosecution
oskarżycielski accusing
oskarżycielsko accusingly
oskrobać → SKROBAĆ
oskrzel|a: **zapalenie ~i** bronchitis
oskubać: (*kogoś*) rip sb off
osłabiać/osłabić weaken, impair, lower[2], shake[1], drain[2], depress; (*np. wymowę, oświadczenie*) water sth down; (*np. ból*) alleviate; (*np. twierdzenie*) qualify; (*np. argumentami*) wear sb/sth down
osłabienie: (*np. bólu*) alleviation
osłabiony run-down
osłaniać/osłonić shield, cover[1], protect, shelter, cushion; **~ kogoś**

(*przed odpowiedzialnością*) cover up for sb; (*przed światłem*) shade
osłon|a shield, cover[2], cloak, protection, jacket; (*w samochodzie*) **~a przeciwsłoneczna** visor; **pod ~ą** under (the) cover of sth
osłonięty sheltered; **nie ~** exposed
osłupiały dumbfounded
osłupienie bewilderment
osmagany: (*o twarzy*) **~ wiatrem** weather-beaten
osmalać/osmalić singe
osnuwać/osnuć envelop
osob|a person, individual, figure[1]; **we własnej ~ie** in the flesh, myself; (*gram.*) **pierwsza ~a** the first person
osobistość celebrity, figure[1], name[1], personality
osobisty personal, private, individual, particular
osobiście personally, privately, in person, myself, yourself, himself, herself, ourselves, themselves
osobliwie peculiarly, oddly, strangely, curiously
osobliwość peculiarity, oddity, oddness, strangeness, curiosity, rarity
osobliwy peculiar, odd, strange, curious, quaint, particular, singular
osobnik character, individual
osobno separately, apart, independently
osobnoś|ć: **na ~ci** in private
osobny separate[1], independent, individual
osobowość personality, self
osowiały: **chodzić ~** mope
ospa smallpox; **~ wietrzna** chickenpox
ospale drowsily
ospałość lethargy, drowsiness, dullness
ospały lethargic, sluggish
osprzęt fixture
ostatecznie finally, ultimately, eventually, after all, definitively
ostatecznoś|ć extremity; **w ~ci** (as) a last resort
ostateczny final, ultimate, eventual, definite, definitive; **~ termin** cut-off; **w ~m rachunku** at the end of the day[1]
ostat|ek: **~ki** leftovers; **~ki** (*wtorek przed Środą Popielcową*) Pancake Day, Shrove Tuesday
ostatni last[1], final, ultimate, recent, late, past[1], up to the minute; **ten ~** last[4]; **na ~m piętrze** below; **~a chwila** the last minute/moment; **mieć ~e słowo** have, etc. the last word
ostatnio recently, lately, latterly, newly, last[2]
ostentacja show[1]
ostentacyjnie ostentatiously; **wyjść ~** walk out (of sth)
ostentacyjny ostentatious
ostoja comfort, mainstay, backbone
ostro sharply, drastically, fiercely; (*np. skręcać*) sharp
ostroga spur
ostrokrzew holly
ostrosłup pyramid
ostrość sharpness; harshness; **nastawiać ~** focus
ostrożnie carefully, with care, cautiously, guardedly, warily, delicately, gingerly; (*np. o szacowaniu*) conservatively; **~ z czymś** easy on/with sb/sth
ostrożnoś|ć carefulness, care[2], caution, precaution; **środek ~ci** precautionary measure
ostrożny careful, cautious, wary, guarded; (*np. o obliczeniach*) conservative; **być ~m** watch[2]
ostrugać → STRUGAĆ
ostry sharp; (*o wietrze itp.*) bitter, cutting[2], fierce; (*o bólu*) acute; (*o zapachu*) pungent; (*o jedzeniu*) hot, spicy; (*o dźwięku*) shrill, strident; (*o krytyce itp.*) harsh, pointed, scathing; (*o wzroście*) steep; (*o zmianie itp.*) drastic; (*np. o opisie*) gritty; (*ścierny*) abrasive; **kąt ~** acute angle; **~ smak** sharpness
ostryga oyster
ostrzał bombardment; **być pod ~em krytyki** come/be under fire[1]
ostrzałka sharpener
ostrz|e blade, edge[1]; spike; (*przen.*) prong; **być na ~u noża** come to a head[1]
ostrzegać/ostrzec warn, caution, alert; **ostrzegałem cię** I told you (so)
ostrzegawczy cautionary; **sygnał ~** alarm
ostrzeliwać/ostrzelać bombard; (*pociskami artyleryjskimi*) shell
ostrzeżenie warning, caution, notice
ostrzyc → STRZYC
ostrzyć/naostrzyć grind[1], sharpen
ostrzyżenie haircut
ostudzić → STUDZIC
osuszać/osuszyć: **~ bibułą** blot[2]
osuwać/osunąć się give[1]
oswajać/oswoić tame
oswobadzać/oswobodzić free[2], release, liberate
oswobodzenie freedom, liberation, rescue
oswobodziciel/ka liberator
oswoić → OSWAJAĆ
oswojony tame, domesticated
oszacować → SZACOWAĆ
oszacowanie assessment, appraisal; **~ w przybliżeniu** estimate[1]; **~ wartości** valuation
oszacowywać appraise, value, gauge; **~ w przybliżeniu** estimate[2]
oszalały mad, crazy, raving mad; (*np. z bólu, radości*) frantic; (*np. z powodu narkotyków*) out of/off your head[1]
oszaleć → SZALEĆ
oszałamiać/oszołomić daze, stun, bewilder
oszałamiający bewildering
oszczep javelin
oszczerczy slanderous
oszczerstwo scandal, slander, libel
oszczędnie economically, efficiently, sparingly
oszczędnoś|ć saving, economy, thrift, cut[2], cut back; **~ci** savings
oszczędny thrifty, economical, sparing
oszczędzać save, spare[2], conserve, economize; (*komuś życie*) spare[2]; **oszczędzający pracę** labour-saving
oszklić → SZKLIĆ
oszklon|y: **~e drzwi** (*np. balkonowe*) French window
oszlifować → SZLIFOWAĆ
oszołomić → OSZAŁAMIAĆ
oszołomieni|e bewilderment, dream[1]; **w ~u** in a daze
oszołomiony dazed, staggered, stunned, bewildered, flabbergasted
oszpecić → SZPECIĆ
oszroniony frosty
oszukańczo deceitfully
oszukańczy deceitful, underhand, fraudulent
oszukaństwo trickery
oszukiwać/oszukać cheat, trick, deceive, delude, kid[2]; defraud; fob sb off (with sth); **~ na cenie** overcharge; **~ samego siebie** flatter yourself
oszust/ka cheat, crook, swindler, rogue, fraud, fake, impostor
oszustwo deceit, deception, fraud, scam, con[1], fiddle[1], racket[2], rip-off
oszwindlować → SZWINDLOWAĆ
oś axis, pivot; (*np. w samochodzie*) axle
ościenny neighbouring
ość fish bone
oślepiać/oślepić blind[2]; **~ światłem** dazzle
oślepiający glaring, dazzling; **~ blask** glare
ośli: (*o książce*) **z ~mi uszami** dog-eared
ośmielać się: **nie ośmieliłem się jej powiedzieć** I didn't have the confidence to tell her
ośmieszać/ośmieszyć: (*kogoś*) put sb down
ośmieszający withering
ośmio- eight-
ośmioboczny octagonal
ośmiobok octagon
ośmiokąt octagon
ośmiokątny octagonal
ośmiornica octopus
ośrodek centre; **~ kultury** community centre; **~ zainteresowania** focus
oświadczać/oświadczyć state[2], pronounce, affirm, profess
□ **oświadczać/oświadczyć się** propose
oświadczenie statement, declaration, affirmation
oświadczyny proposal
oświata education
oświecać/oświecić enlighten
oświecony enlightened

oświetlać/oświetlić light[2], light sth up, illuminate, lighten, shine
oświetlenie lighting, illumination, light[1]
oświetlony: **dobrze ~** light[3]; (**zupełnie) nie ~** pitch-black
otaczać/otoczyć encircle, surround, ring[1]; **~ ogrodzeniem** enclose
otaczający surrounding
otaksowanie valuation
otaksowywać/otaksować value
otarcie graze[2]; (*np. łez*) dab
otchłań abyss
otępienie stupor, dullness
oto here, there[2]
otoczak pebble
otoczenie environment, surroundings, scene, atmosphere; **naturalne ~** the wild
otoczyć → OTACZAĆ
otóż well[4]
otręby roughage; **~ pszenne** bran
otrucie poisoning
otruć → TRUĆ
otrząsać/otrząsnąć się: **~ z czegoś nieprzyjemnego** shake sth off
otrzeć (się) → OCIERAĆ (SIĘ)
otrzeźwiać/otrzeźwić (się) sober (sb) up
otrzeźwieć → TRZEŹWIEĆ
otrzymanie receipt
otrzymany forthcoming
otrzymywać/otrzymać receive, get, obtain, acquire; **~ wiadomość** (*od kogoś*) hear from sb
otuch|a comfort; **dodawać ~y** cheer[1], comfort; **dodający ~y** uplifting; **nabierać ~y** take heart (from sth), buck up; **nabraliśmy ~y** our spirits lifted; **tracisz ~ę** your heart sinks
otulać/otulić wrap; (*kogoś*) tuck sb in/up
otulina jacket
otumanienie haze
otwarcie: (*rzecz.*) opening; (*przysłówek*) openly, frankly, candidly, outright, plainly, straight
otwartość openness, outspokenness, frankness, candour, bluntness
otwart|y open[1]; (*o osobie*) outspoken, frank, candid, forthright; demonstrative; receptive; (*o krytyce itp.*) hard-hitting; (*na zewnątrz*) open-air; **o ~ym umyśle** open-minded; **z ~ymi ramionami** with open arms; **dzień ~ych drzwi** open day
otwieracz opener; **~ do butelek** bottle-opener; **~ do konserw** tin-opener
otwierać/otworzyć open[2], open sth up; (*drzwi*) answer[1]; **~ drzwi** open up; **~ kluczem** unlock; (*np. plik komputerowy*) access[2]; **~ książkę na danej stronie** turn to sth; **~ ogień** open fire (at/on sb/sth) □ **otwierać/otworzyć się** open[2], open up, swing[1] open; **gwałtownie ~** burst open[1]
otwór opening, gap, hole, slot; **~ wentylacyjny** vent; **~ w ścianie** hatch[1]
otyłość obesity
otyły overweight, obese, stout
otynkować → TYNKOWAĆ
owacja ovation
owad insect
owadobójczy: **środek ~** insecticide
owalny oval
owca sheep; (*samica*) ewe
owczarek: **~ niemiecki** Alsatian; **~ szkocki** collie
owcz|y: **~a skóra** sheepskin
owdowiały widowed
owerol overall[2]
owies oats
owijać/owinąć wrap, wind[3], drape, tuck; **~ w bawełnę** beat about the bush
owładnąć: **być owładniętym** (*czymś*) be overcome (by sth); **owładnięty panicznym strachem** panic-stricken
owłosiony hairy
owoc fruit; **~ cytrusowy** citrus fruit; **~e morza** seafood; **~e** (*pracy*) fruit
owocny fruitful, productive
owrzodzenie sore; soreness
owsianka porridge
owszem yes
ozdabiać/ozdobić decorate, adorn; **~ brzegi** (*np. sukienki, firanki*) trim[2]
ozdabianie trimming
ozdoba decoration, ornament, frill
ozdobny decorative, ornate, ornamental, fancy[2]
ozdrowieć → ZDROWIEĆ
ozięble coldly
oziębłość coldness
oziębły chilly, cold[1], cool[1]; (*zwykle o kobiecie*) frigid
oznaczać/oznaczyć mean[1], signify, denote, represent, stand for sth; symbolize; (*np. miejsce*) mark[2], mark sth out; (*np. własnym inicjałem, imieniem, znakiem*) personalize; (*np. naszywką, etykietką*) label
oznaczenie: **~ taktowe** time signature
oznajmiać/oznajmić state[2]; **~ podniesionym głosem** announce
oznak|a sign[1], indication, mark[1]; (*czegoś*) stamp[1]; **być ~ą** indicate; **~i** (*np. urzędu, zamożności*) trappings
oznakowywać mark[2]
ozon ozone
ozonow|y: **warstwa ~a** ozone layer
ozorek tongue
ozór tongue
ożenić się → ŻENIĆ SIĘ
ożeniony married
ożywać/ożyć come alive
ożywczy bracing, inspiring
ożywiać/ożywić liven sb/sth up, revive, wake[1], stimulate, jazz sth up; exhilarate □ **ożywiać/ożywić się** liven up, come to life, light up; (*o oczach*) light up, perk up
ożywiający refreshing, exhilarating
ożywienie animation, activity; **radosne ~** exhilaration; (*podniesienie na duchu*) lift; (*np. zainteresowania lub ekonomiczne*) revival
ożywiony lively, alive, animated, bright, bubbly, heated, spirited, brisk, frisky

Ó

ósemka figure of eight; (*w muzyce*) quaver
ósm|y eighth; **(jedna) ~a** eighth
ówczesny contemporary
ówdzie: **tu i ~** here and there

P

p: **litera ~** P, p
pa: **~!** bye
pacha: (*anat.*) armpit; (*w ubraniu*) armhole
pachnący scented, fragrant
pachnieć smell[2]; (*czymś nieprzyjemnym*) smack of sth
pachołek cone
pachwina groin
pacierz prayer; **odmawiać ~** pray
pacierzowy spinal
paciorek bead
pacjent/ka patient[2]; **~ ambulatoryjn-y/a** outpatient
packa trowel
pacnąć swat
pacyfist-a/ka pacifist, conscientious objector
pacyfizm pacifism
paczk|a parcel, package, pack[1], packet; **robić ~ę** parcel sth up; (*ludzi*) bunch, crowd[1], gang
paczkować: (*towar*) parcel sth up
paczuszka packet
paczyć/spaczyć warp
paćkać smear, smudge
padaczka epilepsy
padać/paść fall, flop; (*z wyczerpania*) collapse; (*o deszczu*) rain[2]; (*o śniegu*) snow[2]; (*o gradzie*) hail[1]; **paść trupem** drop dead
padlina carcass
padlinożerca scavenger
padok paddock
pagórek hill
pagórkowaty hilly
pająk spider
pajda hunk, slab
pajęczyna web, cobweb
paka crate
pakiet package
pakowacz/ka packer
pakować pack[2], package, wrap; (*np. do pudełka, skrzyni*) box[1] □ **pakować się** pack[2]
pakowanie (się) packing
pakowy: **papier ~** wrapping paper, brown paper
pakt pact
pakunek package, parcel, pack[1]

pal pole[2], prop[1]; ~ **wspornikowy budynku** stilt; **wbijać na** ~ impale
palacz/ka: (*papierosów*) smoker
palant jerk
palący: (*o jedzeniu*) hot, burning; (*o uczuciach*) burning; (*o problemach itp.*) burning
pal|ec finger[1]; thumb; **~ec wskazujący** forefinger, index finger; **koniuszek ~ca** fingertip; **~ec u nogi** toe; **chodzić na ~cach** tiptoe; **patrzeć przez ~ce** overlook, connive; **nie kiwnąć ~cem** not do a stroke (of work); **mieć coś w małym ~cu** have sth at your fingertips
palenie: (*tytoniu*) smoking; (*papierosa*) smoke[1]
palenisko hearth, fireplace; grate[1]
paleta palette
pal|ić burn; ~ **doszczętnie** burn sth down; (*tytoń*) smoke[2]; ~ **nałogowo** chain-smoke; (*np. papierosa*) puff; **~ą kogoś uszy** sb's ears are burning[1] □ **palić się** burn, be on fire[1]; ~ **doszczętnie** burn down; (*o świetle itp.*) burn; ~ **do czegoś** be bursting to do sth; **palący się do kogoś/czegoś** anxious, keen on sb/sth
palik stake[2]
palikować stake sth out
paliwo fuel; (*płynne*) petrol; ~ **stałe** solid
palma palm[2]
palnik ring[1]
paln|y: **łatwo ~y** flammable, inflammable; **broń ~a** gun
palto (over)coat
paluszki: ~ **rybne** fish fingers
pała nut
pałac palace, mansion
pałąkowat|y: **~e nogi** bow legs; **o ~ych nogach** bow-legged
pałeczk|a: **~a sztafetowa** baton; (*do gry na perkusji*) drumstick; (*do jedzenia chińskich itp. potraw*) **~i** chopsticks
pałka: ~ **policyjna** truncheon
pamflet satire
pamiątk|a memento, souvenir, reminder, relic, novelty; **~i** memorabilia; **~a rodzinna** heirloom
pamię|ć memory, recollection; **na ~ć** by heart; **uczyć się na ~ć** memorize; **pobudzać czyjąś ~ć** jog sb's memory; **wymazać z ~ci** block sth out; **zachowywać w ~ci** treasure; **uczczenie ~ci** remembrance; **ku ~ci kogoś** in memory of sb/to the memory of sb; **świętej ~ci** late; **bez ~ci** head over heels; (*komputerowa*) memory; **~ć ROM** ROM
pamiętać/zapamiętać remember, bear/keep sb/sth in mind, bear in mind (that); **nie** ~ forget
pamiętanie recollection
pamiętnie memorably
pamiętnik diary, journal; **~i** memoirs
pamiętny memorable
pan Mr, master[1]; gentleman; you; **~owie** Messrs; (**wielki**) ~ lord, noble; **proszę ~a, ~ie** (*zwrot grzecznościowy w liście*), **~ie** (*poruczniku, majorze itp.*) sir; ~ **młody** bridegroom
pancernik battleship; (*zwierzę*) armadillo
pancerz: (*żółwia*) shell
panda panda
panew|ka: **spalić na ~ce** come unstuck, fall flat
pani Mrs, Miss, Ms; lady; mistress; you; **wielka** ~ lady, noble; **proszę** ~ madam, ma'am; (*zwrot grzecznościowy w liście*) madam
panicz master[1]
panienka girl, lass
panieński: **nazwisko ~e** maiden name; ~ **wieczór** hen party
panika panic, scare
panikować/spanikować panic
panna maiden; (*tytuł*) Miss; ~ **młoda** bride; **stara** ~ spinster; **P**~ (*znak zodiaku*) Virgo
panorama panorama; (*np. miasta*) skyline
panoramiczny panoramic
panować rule, reign; control[2], master[2], predominate, prevail; ~ **nad sobą** keep your temper; **nie panujący nad sobą** in a temper
panowanie rule, reign, dominion; control[1], mastery, grip; **tracić** ~ (*nad sobą*) go to pieces
pantera panther
pantof|el slipper; (*o mężu*) **pod ~lem** henpecked; **być pod czyimś ~em** under sb's thumb
pantoflarz henpecked husband
pantomima mime
panujący prevalent; ruling[1]
państwo state[1], nation; ~ **opiekuńcze** welfare state; ~ **policyjne** police state; (*osoby*) you
państwowo nationally
państwowy national, state[1]
papaja papaya
paparazzi paparazzi
papier paper; ~ **listowy** writing paper, notepaper; ~ **milimetrowy** graph paper; ~ **pakowy** wrapping paper, brown paper; ~ **ścierny** sandpaper; ~ **toaletowy** toilet paper; ~ **woskowany** greaseproof/wax paper; **zużyty** ~ waste paper; **blok ~u** pad[1]; **na papierze** on paper; **~y** papers, paperwork
papierniczy: **sklep** ~ stationer's
papieroch fag
papieros cigarette
papież pope
papilot curler
papka pulp
papkowaty gooey
paplać chatter, natter, babble
paplanina chatter, natter, babble
paprać/spaprać mess sth up, mess[1]
paproć fern
paprotka fern
papryka: (*przyprawa*) paprika; (*warzywo*) pepper; ~ **chilli** chilli
papuga parrot; **jak** ~ parrot-fashion
papużka: ~ **falista** budgerigar
par: (*o mężczyźnie i kobiecie*) peer[1]; **~owie, godność ~a** peerage
pa|ra pair; **nie do ~ry** odd; **~rami, w ~rach** in pairs; **w ~rze z czymś** hand in hand; **w ~rze (z kimś/czymś)** in tandem (with sb/sth); **dobierać do ~ry** pair (sb/sth) off (with sb); (*o ludziach*) couple[1]; (*wodna*) steam, vapour; **gotować na ~rze** steam; **nie puszczać ~ry z ust** not breathe a word (of/about sth) (to sb); **pełną ~rą** at full stretch
parabola parabola
parać się: (*czymś*) dabble
parada parade, pomp, pageantry
paradoks paradox
paradoksalny paradoxical
parafia parish
parafian-in/ka parishioner; **parafianie** congregation
parafować/zaparafować initial
parafraza paraphrase
parafrazować paraphrase
paragon receipt
paragraf clause
paralela parallel
paraliż paralysis; ~ **dziecięcy** polio; ~ **komunikacyjny** gridlock
paraliżować/sparaliżować paralyse, cripple; numb
paraliżujący crippling
paralotniarstwo paragliding
paramilitarny paramilitary
paranoiczny paranoid
paranoidalny paranoid
paranoja: (*choroba*) paranoia
parapet sill, ledge; ~ **okienny** window sill
parapetówka house-warming (party)
parasol/ka: (*od deszczu*) umbrella; (*od słońca*) parasol
parawan cover[2], screen
parcela lot[4], plot[2]
parcelować/rozparcelować partition
parcie pressure
park park[1], garden, grounds; ~ **narodowy** national park; ~ **rozrywki** theme park
parkan fence[1]
parking car park; ~ **wielopoziomowy** multi-storey car park
parkometr parking meter
parkować/zaparkować park[2]; ~ **na drugiego** double park
parkowanie parking
parlament parliament
parlamentarny parliamentary
parny sultry, muggy
parodia parody, impression
parodiować imitate, parody, send sb/sth up, take sb off
parodiowanie mimicry, impression
parować steam
parowanie evaporation
parowiec steamer
parowóz engine
parow|y: **energia ~a** steam
parów ravine

parówka: (*kiełbaska*) frankfurter
parskać/parsknąć snort; **parsknąć śmiechem** crack up
parsknięcie snort; (*śmiechem*) hoot
parszywy lousy, vile
partacz cowboy
partaczyć/spartaczyć mess sth up, botch, bungle, muck sth up, cock sth up, make a hash of sth
partanina cock-up
parte|r ground floor; **rzędy na ~rze** stalls
parterowy downstairs
partia round[4]; (*rzeczy*) lot[4]; (*np. towaru*) batch, consignment; (*polityczna*) party; **P~ Konserwatywna** (*w Wlk. Br.*) Conservative Party; **P~ Demokratyczna** (*w USA*) Democratic Party; **P~ Pracy** (*w Wlk. Br.*) the Labour Party; **P~ Republikańska** (*w USA*) the Republican Party
partner/ka partner
partnerski domesticated
partnerstwo partnership
partycypować participate
partykuła particle
partytura score[1]
partyzant/ka guerrilla
parzyć burn, scald; (*zwierzęta*) mate[2] □ **parzyć się** burn; (*o zwierzętach i ptakach*) mate[2]
parzysty even[1]
pas: (*np. do ubrania*) belt; **~ bezpieczeństwa** seat belt; **~ ratunkowy** lifebelt; **~y** (*na ulice*) zebra crossing; **~ ruchu** lane, carriageway; **~ startowy/do lądowania** airstrip; **~ startowy** runway; (*środkowa część ciała*) waist, middle; (*np. sukienki, spodni*) waist, waistband, waistline; (*np. koloru*) band; **w ~y** striped; **poniżej ~a** below the belt; **zacisnąć ~a** tighten your belt
pasaż: (*między budynkami*) alley
pasażer/ka passenger; **~ na gapę** stowaway
Pasch|a: **święto ~y** (*w religii żydowskiej*) Passover
pasek band, strip; stripe; **w paski** striped; (*np. koloru*) streak; (*ubranie*) strap, belt, waistband; **~ klinowy** fan belt; **~ narzędzi** (*na ekranie komputera*) toolbar; **~ do przewijania** scrollbar
pasemka highlight
pasiasty striped
pasierb/ica stepchild; **pasierb** stepson; **pasierbica** stepdaughter
pasikonik grasshopper
pasja passion, violence
pasjans patience
pasjonat fiend
pasjonować absorb
pasjonująco compulsively
pasjonujący absorbing, compulsive, consuming, gripping, mind-blowing, thrilling
paskudnie nastily
paskudny nasty, rotten, horrible, horrific, ugly, foul[1], wretched, yucky; **być ~m** be the pits
paskudzić/spaskudzić: (*coś*) mess[1]
paskudztwo mess[1]
pasmo strip; (*ruchu*) lane
pasować suit[2], fit[2], go[1], go with sth, go together, match[3], harmonize, blend, blend in (with sth), slot, be in line with sth; (*do siebie*) match up; (**nie**) **pasujący** (*do czegoś*) in/out of keeping (with sth); **nie ~** (*do czegoś*) be at odds (with sth); **nie pasujący** the odd man/one out
pasożyt parasite
pasożytować scrounge; (*na kimś*) sponge on/off sb
passa: **dobra/zła~** (*w grze/sporcie*) streak; **dobra ~** boom[1]; **zła ~** a bad patch
pasta: **~ do polerowania** polish; **~ do zębów** toothpaste; (*spożywcza*) paste[1]
pastelowy pastel, muted, delicate
pasternak parsnip
pasterski: **pies ~** sheepdog
pasteryzowany pasteurized
paste-rz/rka shepherd
pastor minister
pastoralny pastoral
pastuch cowboy
pastwisko pasture
pastylka lozenge, tablet
pasywnie passively
pasywny passive
pasza fodder
paszcza jaw
paszkwil libel; **napisać ~** libel
paszport passport
pasztecik pie, pastry
pasztet pâté
paść → PADAĆ
paść się graze[1]
pat stalemate
patelnia frying pan
patent patent; **nadawać ~** charter; **uzyskać ~** patent[2]
patentować/opatentować patent[2]
patolog pathologist
patologia pathology
patologiczny pathological
patow|y: **sytuacja ~a** stalemate
patriot-a/ka patriot
patriotycznie patriotically
patriotyczny patriotic
patriotyzm patriotism
patrochy guts
patrol patrol; **na ~u** on patrol
patrolować patrol; (*np. przez policję*) police
patron/ka patron; **święt-y/a ~** patron saint
patronat: **pod ~em** under the auspices of sb/sth
patroszyć/wypatroszyć gut
patrzeć look[1], look at sth, view[2], watch[2]; **~ uważnie** follow; **~ w górę** look up; **~ wytrzeszczonymi oczami** stare; **~ w przeszłość** look back (on sth); **patrząc wstecz** in retrospect; **~ w przyszłość** look ahead; **groźnie ~** (*na kogoś*) glower, glare; **~ wilkiem** scowl; **~ komuś prosto w oczy** look sb in the eye[1]; **~ na kogoś/coś z góry** look down on sb/sth, look down your nose at sb/sth; **~ na kogoś/coś** (*ze złością, z radością itp.*) look on sb/sth with sth; **~ przez palce** overlook, connive
patyczkowani|e się: **mówiący bez ~a się** outspoken
patyk stick[1]; (*o pieniądzach*) grand[2]
pauza recess, pause; **~ między lekcjami w szkole** playtime
pauzować pause
paw peacock; **chodzić jak ~** strut
pawilon annexe
paznokieć nail; **~ u ręki** fingernail; **~ u nogi** toenail
pazur claw
październik October
październikowy October
pączek doughnut
pączkować bud
pąk bud
pchać/pchnąć push[1], shove, thrust; **~ do przodu** propel; **~ nożem** knife □ **pchać/pchnąć się** shove, shoulder
pchli: **~ targ** flea market
pchła flea
pchnięcie push[2], shove, thrust; **~ nożem** stab
pecet personal computer
pech misfortune, jinx; **mieć ~a** be unlucky, be bad/hard luck (on sb); **przynosić ~a** jinx; **a to ~!** hard luck!
pechowiec unfortunate
pechowy unlucky, unfortunate, jinxed; **~ dzień** off day
pedagogiczny pedagogical
pedał: **~ gazu** accelerator; (*np. roweru, fortepianu*) pedal; (*homoseksualista*) queer
pedałować: (*na rowerze*) pedal
pedantycznie pedantically
pedantyczny pedantic, precise
pediatra paediatrician
pediatria paediatrics
pediatryczny paediatric
pedikiurzyst-a/ka chiropodist
pedofil paedophile
pejzaż landscape
pelargonia geranium
peleryna cloak, cape[1]
pelikan pelican
pełen → PEŁNY
pełni|a full moon; (*np. życia, możliwości*) prime[2]; **w ~i** fully, richly, wholeheartedly
pełnić: **~ czyjąś funkcję** substitute; **pełniący obowiązki** acting
pełnoetatowy full-time
pełnoletność the age of consent[1]; **osiągnąć ~** come of age[1]
pełnometrażowy full-length
pełnomocnictwo proxy; **dawać ~** empower
pełnomocnik: (*np. rządu*) commissioner
pełnoprawny: (*o członku organizacji, bez zaległych składek*) paid-up
pełnowartościow|y: **~a dieta** balanced diet

pełnoziarnisty: **chleb** ~ granary bread
pełny full, complete[1], whole, hearty, unqualified; (*czegoś*) full, ridden[2], riddled, studded, thick; (*niebezpieczeństw*) fraught; (*o poparciu*) wholehearted; ~ **po brzegi** chock-a-block
pełzać crawl, creep[1]; (*przed kimś*) grovel
pełznąć/spełznąć: **spełznąć na niczym** not come to anything
penicylina penicillin
penis penis
pens penny
pensj|a salary; **dodatek do ~i** fringe benefit
pensjonariusz/ka inmate, guest
pensjonat guest house, boarding house
pentagon pentagon
peonia peony
percepcja perception
perfekcja perfection
perfekcjonist-a/ka perfectionist
perfidia treachery
perfidny treacherous
perforacja perforation
perforować perforate
perfumowany scented
perfumy perfume, scent
periodycznie periodically
periodyczny periodic
periodyk periodical
perkal chintz
perkaty snub-nosed
perkusist-a/ka drummer
perkusj|a: **na ~i** drum
perkusyjn|y: **sekcja ~a** (*w orkiestrze*) percussion
perła pearl
perłowy pearl
permanentnie permanently
permanentny permanent
peron platform
perski: **~e oko** wink
personalny: **dział** ~ personnel
personel staff, personnel, workforce
personifikacja personification
personifikować personify
perspektyw|a: (*np. w rysunku*) perspective; ~y outlook, prospects; **w ~ie** on the horizon; **z ~y czasu** in retrospect
perswazja persuasion
pertraktacj|a: ~e negotiations
pertraktować negotiate
peruka wig
perwersja perversion
perwersyjnie perversely
perwersyjność perversity
perwersyjny perverse
peryferie fringe; (*miasta*) outskirts, suburbs
peryferyjny outer
perymetr perimeter
pestka stone, kernel; (*np. jabłka, pomarańczy*) pip[1]; (*coś łatwego*) a piece of cake
pestycyd pesticide
pesymist-a/ka pessimist
pesymistycznie pessimistically
pesymistyczny pessimistic
pesymizm pessimism
peszyć/speszyć overawe
pet end[1], stub
petarda banger
petycja petition
pewien one[1], certain[2]; (*siebie*) self-confident, sure of yourself
pewniak winner
pewnie surely, most/very likely, confidently, reliably; **a ~!** sure (thing), you bet
pewnik certainty
pewno: **na** ~ absolutely, certainly, definitely, for certain, sure, for sure; **na** ~ (*z odcieniem złośliwości*) jolly well
pewnoś|ć certainty, reliability; **z (całą) ~cią** certainly, for sure, for certain, bound[1], surely, God/goodness/Heaven knows; **z ~cią** (*zwł. używane ze złością*) jolly well; (*komuś/siebie*) confidence; (*siebie*) self-confidence, assertiveness, assurance; **brak ~ci siebie** insecurity, diffidence; **zachowywać się z ~cią siebie** assert yourself
pewn|y certain[1], clear[1], positive, sound[3], sure; (*o ręce*) steady; **rzecz ~a** certainty; (*siebie/czegoś*) confident; (*siebie*) assured; (*o osobie*) reliable, dependable, trustworthy; **być ~ym** (*że ktoś coś zrobi*) trust sb (to do sth)
pęcherz blister; ~ **moczowy** bladder
pęcherzyk: ~ **żółciowy** gall bladder
pęczek wisp
pęd rush[2]; **biec ~em** dash[2]; (*rośliny*) shoot[2], sprout; **puszczać ~y** sprout
pędzel paintbrush
pędzić rush[1], speed, chase, race[2], tear[2], career[2], pelt, hurtle, whizz, streak, scamper, scurry, nip; ~ **na oślep** stampede, herd
pęk bunch
pękać/pęknąć burst[1], crack[2], rupture, snap[1]; ~ **z trzaskiem** pop[2]; ~ **ze śmiechu** laugh/scream, etc. your head off
pękaty squat[2]
pęknięcie burst[2], crack[1], break[2], split, flaw, rupture; (*kości*) fracture; ~ **opony** blowout
pępek navel
pępowina umbilical cord
pęseta tweezers
pętać/spętać tether
pętl|a loop, noose; **zawiązywać ~ę** loop
phi: **~!** phew
piach sand
piać/zapiać: (*o kogucie*) crow[2]
pian|a froth, foam; (*z mydła*) lather; **pokrywać się ~ą** froth
pianino piano
pianist-a/ka pianist
pianka foam, froth, mousse
piasek sand; ~ **złotonośny** gold dust
piasta hub
piastować cradle
piastowanie: (*urzędu*) tenure
piastunka nanny
piaszczysty sandy
piąć się: (*o roślinach, np. po murze*) trail
piątek Friday; **Wielki P~** Good Friday
piątka A
piąt|y fifth; **(jedna) ~a** fifth; **~e koło u wozu** white elephant
pichcić whip sth up, concoct
pici|e: (*alkoholu*) drinking; **coś do ~a** drink
pić/wypić drink; **wypić, dopić** drink (sth) up; **wypić do dna** down[3], drain[2]; ~ **haustami** swig; ~ **czyjeś zdrowie** drink to sb/sth
pidżama pyjamas
piec: (*rzecz.*) fire[1]; ~ **metalowy** cooker, stove, furnace; ~ **do spalania nieczystości** incinerator
piec/upiec: (*czas.*) roast, bake; ~ **grzanki** toast[1]; ~ **na ruszcie w piecyku** grill; (*o oczach*) smart[2]
□ **piec/upiec się** bake; ~ **na ruszcie w piecyku** grill; **upiec się** (*coś komuś*) get away with sth/with doing sth
piechot|a infantry; **~ą** on foot; **przychodzić ~ą** walk[1]
piechur walker
piecyk fire[1]; ~ **metalowy** stove
piecz|a: **sprawować nad kimś/czymś ~ę** watch over sb/sth
pieczara cavern
pieczarka mushroom
pieczątka stamp[1], rubber stamp
piecze|ń roast, joint[1]; **upiec dwie ~nie przy jednym ogniu** kill two birds with one stone
pieczęć stamp[1], seal[2]
pieczętować/opieczętować stamp[2], seal[2]
pieczony roast
pieczywo: ~ **chrupkie** crispbread
pieg freckle
piegowaty freckled
piekarnia bakery
piekarnik oven
piekarz baker
piekielnie fiendishly; (*np. znudzony, przemarznięty, wystraszony*) stiff; **to ~ długa droga** it's a heck of a long way
piekielny: (*o gorącu*) baking, blasted, raging, hellish, a/one hell of a…
pieklić się rave
piekło hell; **robić komuś** ~ give sb hell; **rozpętało się** ~ all hell broke loose
pielęgnacja: ~ **rąk** manicure
pielęgniarstwo nursing
pielęgnia-rz/rka nurse[1]
pielęgnować nurse[2], tend[2]; (*rośliny*) cultivate
pielęgnowanie cultivation
pielgrzym pilgrim
pielgrzymka pilgrimage
pielić/wypielić weed
pieluszka nappy
pieniądz|e money, cash; **promocyjny zwrot ~y** cashback; **leżeć na ~ach** be rolling in money/it

pienić churn □ **pienić się** foam, froth; (*ze złości*) bristle
pie|niek: **mieć z kimś na ~ńku** have a bone to pick with sb
pieniężny monetary
pienisty frothy
pień trunk
pieprz pepper
pieprzyć/popieprzyć: (*pieprzem*) pepper
pieprzyk mole[1]
pierdnięcie fart
pierdzieć fart
piernik gingerbread
piersiówka flask
pier|ś; chest; (*kobieca*) breast; (*zwł. u kobiety*) bosom; **karmić ~sią** breastfeed, nurse
pierścień ring[1]
pierścionek ring[1]
pierwiastek element; **~ kwadratowy** square root; **~ trzeciego stopnia** cube root
pierwiosnek cowslip, primrose
pierwotnie originally
pierwotny original, primitive
pierwszeństw|o priority, precedence, preference; **mieć ~o** come before sb/sth, override; **prawo ~a** right of way; **dawać ~o przejazdu** give way (to sb/sth), yield
pierwszoroczniak fresher, freshman
pierwszorzędny first class, first-rate, high-class, first rank, prime[1], super, crack[1]; (*o przyczynie itp.*) primary[1]; (*o posiłku*) slap-up
pierwsz|y first[1,3], premier; **~y (z dwu)** former[2]; **po ~e, po raz ~y** first[2], firstly, to begin with, for one thing, to start (off) with, for a start, in the first place; **z ~ej ręki** first-hand; **~y bieg** first gear; **~a klasa** first class; **~a osoba** the first person; **~a pomoc** first-aid; **~e piętro** first floor; **z ~ej strony** (*gazety*) front-page; **kto ~y, ten lepszy** first come, first served[2]
pierzasty wispy
pierzchać/pierzchnąć scamper
pierzyć/wypierzyć się moult
pierzyna eiderdown, duvet
pies dog[1]; **samiec psa** dog[1]; **~ eskimoski** husky[2]; **~ gończy** hound; **~ pasterski** sheepdog; (*czuć się itp.*) **pod psem** under the weather; **schodzić na psy** go to rack and ruin
pieszczoch pet
pieszczota caress
piesz|y pedestrian; **~y turysta** hiker; **~a wycieczka** hike; **robić ~e wycieczki** walk[1]
pieścić caress, fondle; cherish; (*zwierzę*) pet □ **pieścić się** pet
pieśń song; chant; **~ religijna** hymn
pietruszka parsley
pięciobok pentagon
pięciobój pentathlon
pięciocentówka nickel
pięciokąt pentagon
pięć five; **pięcio-** five-; **ni w ~ ni w dziewięć** irrelevantly
pięćdziesiąt fifty
pięćdziesiąty fiftieth
pięknie beautifully
piękno beauty
piękność beauty
piękny beautiful, handsome; fine[1]
pięś|ć fist; **uderzać ~cią** punch[1]
pięta heel; **~ Achillesa** Achilles' heel
piętnasty fifteenth
piętnaście fifteen
piętno stigma; mark; (*czegoś*) stamp[1]
piętnować/napiętnować brand; (*np. bydło*) brand
piętro floor[1], storey, level[2]; (*w autobusie*) deck
piętrow|y storey; **autobus ~y** double-decker; **łóżko ~e** bunk[1] bed[1]
pif-paf: ~! bang[2]
pigment pigment
pigułka pill; **~ antykoncepcyjna** the pill, contraceptive
pijacki drunken
pijacko drunkenly
pija-k/czka drinker; (*nałogow-y/a*) drunk[2], drunkard
pijan|y drunk[2], drunken; **po ~emu** drunkenly; **~y kierowca** drink-driver; **jazda po ~emu** drink-driving; (*np. szczęściem*) elated
pijaństwo drinking, drunkenness, alcoholism
pijatyka binge
pik spade[2]
pika spear
pikanteri|a spice
pikantnoś|ć: **nadawać ~ci** spice
pikantny savoury; sharp, spicy; (*o pogłoskach itp.*) juicy
pikieta picket
pikietować picket
piknik picnic
pikować nosedive, dive[1]
pikowanie nosedive
piktogram icon
pilnie urgently
pilnik file[2]; **~ do paznokci** nailfile
pilność immediacy
pilnować (keep) watch, keep a close watch on sb/sth, guard[1], mind, keep an eye on sb/sth; (*kogoś*) have (got) your eye on sb[1]; **~ interesów** look after sb/sth/yourself; **~ własnego nosa** mind your own business; **~ podczas egzaminu** invigilate
pilnowany: **nie ~** unattended
pilny urgent, immediate, pressing; (*o potrzebie itp.*) crying; (*o osobie*) conscientious, studious
pilot pilot, courier; (*np. do telewizora*) remote (control)
pilotażowo: **wprowadzać ~** pilot
pilotażowy pilot
pilotować pilot, shepherd; (*np. statek*) navigate
pilśń felt[2]
piła saw[2]
piłk|a ball[1]; **~a nożna** football; **podawać ~ę** (*współzawodnikowi*) pass[2]
piłkarz footballer
piłować saw[2]
pinakiel pinnacle
pinceta tweezers
pinezka tack, drawing pin
ping-pong table tennis
pingwin penguin
pionek counter[1]; (*w szachach*) pawn[1]; (*np. w warcabach*) piece[1]; (*o osobie*) **~ w czyichś rękach** pawn[1]
pionier/ka pioneer, settler; **być pionierem/pionierką** pioneer
pionierski pioneering
pionowo vertically, upright
pionowy vertical, upright, perpendicular
piorun lightning[1]; **~em** like a shot[1]
piorunochron lightning conductor
piorunujący lightning[2]; (*o wzroku*) glaring
piosenka song
piosenka-rz/rka singer
piórnik pencil case
pióro: (*ptaka*) feather; (*duże i często kolorowe*) **~ ptasie** plume; (*do pisania*) pen; **wieczne ~** fountain pen
pióropusz: (*dymu*) plume
pi-pip: (*dźwięk klaksonu*) peep[2]
piractwo piracy; **praktykować ~ komputerowe** hack[2]
piramida pyramid
pirat pirate; **~ komputerowy** hacker
pisać/napisać write; **napisać w całości** write sth out; **~ na czysto** write sth up; (*nie łącząc liter*) print[2]; (*w pośpiechu i niestarannie*) scribble; **szybko (coś) napisać** dash sth off; **~ na maszynie/komputerze itp.** type[2]; **~ z łącznikiem** hyphenate; **~ do kogoś z prośbą** (*np. o informacje, foldery*) send off (for sth); **napisać parę słów** (*do kogoś*) drop sb a line; **pisany ręcznie** handwritten; **być napisanym** (*np. w książce, na wywieszce*) say[1]; **być komuś pisanym, że** be destined (to do sth) □ **pisać/napisać się** spell[1]
pisani|e writing; **umiejętność czytania i ~a** literacy; **~e na maszynie** typing; **~e z łącznikiem** hyphenation; **maszyna do ~a** typewriter
pisanka Easter egg
pisarstwo writing
pisa-rz/rka writer
pisemnie in writing
pisemny written
pisk screech, squeal, shriek; (*cichy*) squeak
pisklę: (*zwł. kurczę*) chick
piskliwy: (*o dźwięku*) shrill, squeaky
pism|o script; **charakter ~a** writing; **P~o Święte** scripture; **~o pochyłe** italics; **~o drukarskie** type[2]; **na piśmie** in writing, in black and white
pisnąć → PISZCZEĆ
pisownia spelling

pistolet pistol
pisywać: (*np. artykuły do pisma*) contribute
piszczałka pipe[1]
piszczeć/pisnąć screech, shriek, squeal; (*cicho*) squeak, peep[2]; whimper; **nie pisnąć ani słowa** not breathe a word (of/about sth) (to sb)
piszczenie peep[2]
piśmienn|y literate; **przybory/materiały ~e** stationery
piwnica cellar, basement
piwny: (*kolor oczu*) hazel, brownish
piwo beer, ale; ~ **jasne** lager; ~ **beczkowe** draught; ~ **o łagodnym smaku** mild; ~ **gorzkie** (*ciemne*) bitter; ~ **z lemoniadą** shandy; **nawarzyć sobie piwa** get into trouble
piwonia peony
piżama pyjamas
plac square[2]; field[1]; (*np. zabaw*) ground[1]; (*przed budynkiem*) forecourt; ~ **budowy** building site; ~ **gier** playing field; ~ **targowy** market place; ~ **zabaw** playground; (*na którym odbywają się targi/na który przyjeżdża wesołe miasteczko*) fairground
placek cake; **nadziewany** ~ pie; ~ **z owocami** tart[1]; ~ **nadziewany jajami/serem/szynką itp.** quiche; (*upaść*) **plackiem** flat[3]
plag|a pest; (*np. mrówek*) plague; (*np. bezrobocia*) scourge; **dotknąć ~ą** plague
plagiat plagiarism; **dokonywać ~u** plagiarize
plagiatorstwo plagiarism
plajtować/splajtować go under, go bust[2]
plakat poster, placard, broadsheet
plam|a mark[1], spot[1], stain, blemish, blot[1], blotch, taint, smudge, smear; (*np. oleju*) splash; **krwawa ~a** bloodstain; (*mała część powierzchni*) patch[1]; **~y** (*na skórze/futrze zwierzęcia*) marking; **~a ropy** oil slick; (*światła*) pool[1]; **dać ~ę** put your foot in it
plamić/splamić blot[2], mark, stain, soil, smudge, taint; ~ **reputację** tarnish □ **plamić/splamić się** stain
plamisty patchy
plamka spot[1], fleck, speck
plan plan, scheme, schedule, programme, project[1], blueprint; ~ **lekcji** timetable; ~ **podróży** itinerary; (*o osobie*) **o dalekowzrocznych ~ach** forward-looking; **iść zgodnie z ~em** go according to plan; **przedni** ~ foreground; **wysuwać się na pierwszy** ~ come to the fore; ~ **miasta** street map; **sporządzać** ~ map;
planeta planet
planetarium planetarium
planista planner
planować plan, arrange, organize, programme, project[2], schedule, figure on sth/on doing sth, propose, design, work sth out, have, etc. sth in view
planowanie planning, organization; ~ **rodziny** family planning
plansza board[1], plate
planszow|y: **gra ~a** board game
plantacja plantation
plaster plaster, adhesive; (*np. szynki*) slice; ~ **miodu** honeycomb
plasterek slice, sliver; (*bekonu*) rasher
plastycznie vividly
plastyczn|y vivid; **oprawa ~a** artwork; **chirurgia/operacja ~a** plastic surgery
plastyk plastic
plastykowy plastic
platan sycamore
platforma: ~ **kolejowa** wagon, truck; ~ **wiertnicza** rig[1]; (*wyborcza*) platform
platoniczny platonic
platyna platinum
platynowy platinum
plaża beach
plądrować/splądrować plunder, loot
plądrowanie plunder
plątać/poplątać: (*coś z czymś*) mix sth up, muddle
plątanina mix-up, muddle, tangle
plebania vicarage
plecak backpack, rucksack
plecionka plait
plec|y back[1]; **zgarbione ~y** stoop; **za czyimiś ~ami** behind sb's back
pled rug
plemienny tribal
plemię tribe
plemnik sperm
plene|r: **w ~rze** on location; **program zrealizowany w ~rze** outside broadcast
pleść natter; (*warkocz*) plait
pleśń mould[2], mildew
plewić/oplewić weed
plik file[1], folder; (*np. banknotów, papierów*) wad, bundle, sheaf
plisa pleat, frill
plisować/splisować pleat
plisowany frilly
plociuch: **gaduła i** ~ big mouth
plomba filling; seal[2]
plon yield, crop; **~y** harvest; **dawać ~y** crop
plotk|a gossip; **~i** rumour, scandal
plotkarstwo gossip
plotka-rz/rka gossip
plotkować gossip, talk[1]
plotkowanie gossip
pluć spit; ~ **krwią** cough blood
plugastwo filth
plugawić/splugawić taint
plugawy foul[1], squalid, filthy
plus plus; (*o ocenach szkolnych*) **z ~em** plus; ~ **minus** give or take; **mieć ~u kogoś** be in sb's good books
plusk plop, splash
pluskać dabble
pluskanie splash
pluskiewka tack, drawing pin
pluskw|a bug; (*mikrofon*) bug; **podłożyć ~ę** bug
plusnąć plop
Pluton Pluto
pluton plutonium; (*wojskowy*) platoon; ~ **egzekucyjny** firing squad
plwocina spit
płaca pay[1]
płacić give[1], pay[2]; **za mało** ~ underpay; **do zapłacenia** payable; ~ **rachunek** foot the bill (for sth); **zapłacić** (*np. dług, rachunek*) settle, settle up (with sb)
płacz cry[2]
płaczliwie plaintively
płaczliwy tearful, plaintive, slushy
płakać/zapłakać cry[1], weep
płaski flat[2], level[1], even[1]
płasko flat[3]
płaskorzeźba carving
płaskowyż plateau
płastuga: (*ryba*) plaice
płaszcz coat, jacket; ~ **nieprzemakalny** mackintosh, raincoat
płaszczyć się: (*przed kimś*) grovel, crawl; **płaszczący się** grovelling
płaszczyk: **pod ~iem** (*o ukrywaniu prawdy*) in/under the guise of sb/sth
płaszczyzna plane[2]
płat: (*mięsa*) cut[2]; (*np. mięsa, ryby*) steak; (*bekonu*) rasher; (*np. lodu*) patch[1]
płatać/spłatać: ~ (*komuś*) **psikusa** play[1] a joke/trick (on sb)
płat|ek flake; **~ek śniegu** snowflake; **~ek kwiatka** petal; **~ki zbożowe** cereal; **~ki kukurydziane** cornflakes; **~ek ucha** (ear) lobe
płatniczy: **bilans** ~ balance of payments
płatny: (*o rachunku itp.*) due[1], payable; **nisko** ~ low-paid
pławić się wallow; (*np. w blasku sławy*) bask; (*np. w bogactwie, szczęściu*) wallow; (*w czymś przyjemnym*) revel in sth/in doing sth
pławność buoyancy
pławny buoyant
płaz amphibian
płciowo sexually
płciow|y sexual; **zewnętrzne narządy ~e** genitals
płeć sex, gender; **płci męskiej** male; **płci żeńskiej** female
płetwa fin, flipper
płetwonurek frogman
płochliwość shyness
płochliwy shy
płochy fickle
płodność fertility
płodny fertile, productive, prolific
płody: ~ **rolne** (farm) produce
płomiennie fervently
płomienny fiery, fervent
płomie|ń flame, blaze[1]; **w ~niach** ablaze; **stanąć w ~niach, wybuchać ~niem** burst into flame
płonący ablaze, alight[1], flaming
płonąć burn, blaze[2], flare; (*np. gniewem, miłością*) burn with sth

płonny vain
płoszyć/spłoszyć scare/frighten/shoo sb/sth away/off □ **płoszyć/spłoszyć się**: (*o koniu*) shy
płot fence[1]
płot|ek: (*w sporcie*) hurdle; **bieg przez ~ki** hurdles
płowy: (**kolor**) ~ fawn[2]
płód foetus
płótno cloth; ~ **lniane** linen; (*w malarstwie*) canvas, painting
płuc|o lung; **zapalenie ~** pneumonia
pług plough; ~ **śnieżny** snowplough
płukać/wypłukać rinse, wash sth out, swill; ~ **gardło** gargle
płukanie rinse
płukanka: ~ **do włosów** rinse
płycina panel
płyn liquid, fluid; ~ **po goleniu** aftershave; ~ **do kąpieli** bubble bath; ~ **do płukania ust** mouthwash; ~ **do polerowania** polish; ~ **do zmywania twarzy** cleanser
płynąć → PŁYWAĆ
płynnie fluently
płynność fluency
płynny liquid; fluid; (*o metalach*) molten; (*o języku*) fluent
płyta plate; (*np. betonowa*) slab; (*np. szklana*) sheet; (*powlekana złotem/srebrem*) plate; ~ **gramofonowa** record[1]; ~ **kompaktowa** CD, compact disc; ~ **długogrająca** long-playing record, album; ~ **nagrobna** gravestone; ~ **pamiątkowa** plaque[1]; ~ **kuchenna** hob; ~ **dentystyczna** plate
płytka: (*kuchenki*) ring[1], hob; (*np. glazury, ceramiczna*) tile
płytki shallow, flat[2], superficial
płytkość shallowness
pływać/płynąć/popłynąć swim, sail[2], float[1], flow; (*w danym kierunku*) head for[2]; ~ **na desce** surf
pływając|y: **jednostki ~e** shipping
pływa-k/czka swimmer; (*u wędki*) float[2]
pływalnia swimming pool, pool, swimming bath
pływalność buoyancy
pływow|y tidal; **fala ~a** tidal wave
pnącze creeper
pneumatyczny inflatable
pniak stump[1]
po after[1,2], following, on, past[2]; (*np. ulicy*) along; (*np. mieście*) about[1,2], around[2]; by[2]; at, apiece; to[1]; ~ **czym** since, thereupon, whereupon; (*mówić*) ~ in[2]; **jak jest ~ polsku...?** what is the Polish for[1]...?; (*np. żołniersku*) -like; **tylko ~ to, żeby** for the sake of sth/of doing sth
pobaraszkować → BARASZKOWAĆ
pobici|e battery; (*o cenie itp.*) **nie do ~a** unbeatable
pobić (się) → BIĆ (SIĘ)
pobiec → BIEGAĆ
pobierać/pobrać: (*opłaty*) collect; ~ **opłatę** charge[2]; (*np. podatek*) levy, pick sth up □ **pobierać/pobrać się** get married, marry
pobieżnie superficially; ~ **czytać** skim
pobieżność superficiality
pobieżny superficial, cursory
pobity: (*o rekordzie itp.*) **nie ~** unbeaten, unbroken
pobliski nearby, neighbouring
pobliże in the vicinity (of sth), within (sb's) reach, around[2], thereabouts
pobłaznować → BŁAZNOWAĆ
pobłażać humour, indulge, connive; **pobłażający sobie** self-indulgent
pobłażanie: ~ **sobie** (self-) indulgence
pobłażliwie indulgently, leniently
pobłażliwość indulgence
pobłażliwy indulgent, lenient, permissive
pobłąkać się → BŁĄKAĆ SIĘ
pobłogosławić → BŁOGOSŁAWIĆ
pobocze: ~ **drogi** roadside, lay-by, hard shoulder; (*zwykle trawiaste*) verge
poborowy conscript
pobożnie piously, religiously
pobożność piety, devotion
pobożn|y pious, devout, religious; ~**e życzenia** wishful thinking
pob|ór recruitment; (*do wojska*) conscription; **przeprowadzać ~ór** (*do wojska*) draft[2]; ~**ory** wages, salary, pay[1]
pobrać (się) → POBIERAĆ (SIĘ)
pobrzękiwać jingle, jangle, clink, clatter
pobrzękiwanie jingle, jangle
pobud|ka urge, motive; **być ~ką** (*do czegoś*), **dostarczać ~ek** motivate
pobudliwy excitable; prickly
pobudzać/pobudzić excite, rouse, stir, stimulate, prompt[2], goad; ~ **apetyt** whet sb's appetite; ~ **czyjąś pamięć** jog sb's memory
pobudzający stimulating; **środek ~** stimulant
pobudzenie arousal
pobyt stay; residence; **prawo stałego ~u** right of abode
pocałować (się) → CAŁOWAĆ (SIĘ)
pocałunek kiss
pocenie się perspiration
pochlapać → CHLAPAĆ
pochlebca flatterer; (*w stosunku do kogoś bogatego/ważnego*) hanger-on
pochlebiać flatter
pochlebnie flatteringly, glowingly
pochlebny flattering, complimentary, glowing
pochlebstwo flattery
pochlipywać snivel
pochłaniać/pochłonąć absorb, swallow, devour, suck; (*np. książkę*) lap sth up; ~ **ofiary** claim[1]; ~ **umysł** preoccupy; ~ **uwagę** enthral
pochłonąć → CHŁONĄĆ
pochłonięcie absorption; ~ **umysłu** preoccupation
pochłonięty absorbed, engrossed, preoccupied, full; **być ~m** (*np. żądzą*) be consumed by sth
pochmurny cloudy, dull
pochodnia torch
pochodny derivative
pochodzący: (*skądś*) native
pochodzenie origin, ancestry, descent, extraction; (*społeczne*) background; (*osoby, zwierzęcia*) pedigree; (*wyrazu*) etymology, derivation
pochodzić: (*skądś*) come from; derive, go back (to sth), stem from sth, result; ~ **od kogoś** be descended from sb; (*z danego okresu*) date[2]
pochopnie rashly; ~ **decydować się na coś** rush[1]; ~ **wysnuwać wnioski** jump to conclusions
pochopny rash[2], hasty, premature
pochować → CHOWAĆ
pochód march[2], procession; (*kolorowy*) pageant; **iść w pochodzie** march[1]; **zamykać ~** bring up the rear
pochwa: (*anat.*) vagina; (*np. na miecz, nóż*) sheath, holster
pochwalać/pochwalić praise[1], approve, commend
pochwalić (się) → CHWALIĆ (SIĘ), POCHWALAĆ
pochwalnie approvingly
pochwalny appreciative, approving
pochwał|a praise[2], approval, a pat on the back (for sth/doing sth)[1]; **godny ~y** praiseworthy
pochylać/pochylić się lean[2], bend[1], slope
pochyłość slope, incline
pochył|y sloping, slanting; **pismo ~e** italics
pociąć → CIĄĆ
pociąg train[1]; ~ **pospieszny** express[3]; ~ **sypialny** sleeper; (*do kogoś/czegoś*) attraction
pociągać/pociągnąć pull, draw[2]; magnetize; (*za sobą*) involve, entail; ~ **za sznurki** (*używać wpływów, protekcji*) pull strings; ~ **nosem** sniff
pociągająco appealingly, tantalizingly
pociągający appealing, attractive, inviting, tantalizing
pociąganie: ~ **nosem** sniff
pociągnąć → CIĄGNĄĆ, POCIĄGAĆ
pociągnięcie pull[2]; (*np. pióra, pędzla*) stroke[2]; **jednym ~m** at a/one stroke
pocić/spocić się perspire, sweat
pociecha consolation, comfort
pocierać/potrzeć rub
pocieszać/pocieszyć console, comfort, cheer[1], hold sb's hand
pocieszający heartening
pocieszenie consolation, solace
pocisk missile; bullet; ~ **artyleryjski** shell; (*plastikowy lub gumowy*) baton

począć: (*dziecko*) conceive
począt|ek beginning, start[2], opening; appearance, birth, onset; **od (samego) ~ku** from the (very) first[3], at/from the outset (of sth), to start (off) with, from scratch; **od ~ku do końca** through; **znowu od ~ku** all over again; **na ~ku** at first[2]; **na/z ~ku** early on; **z ~ku** at first, to begin with
początkowo initially, to start (off) with
początkowy initial, early, opening
początkując-y/a beginner; (*w zawodzie*) entrant
poczekać → CZEKAĆ
poczekalnia waiting room
poczekani|e: **na ~u** pat[2]
poczęcie conception
poczęstować (się) → CZĘSTOWAĆ (SIĘ)
poczęstunek treat
poczt|a post[3], mail; **~a elektroniczna** email; **przesyłać ~ą elektroniczną** email; **~a głosowa** voicemail; **~a lądowo-morska** surface mail; **~a lotnicza** airmail; **~ą odwrotną** by return (of post); (*budynek*) post office
pocztow|y postal; **urząd ~y** post office; **skrytka ~a** PO box
pocztówka postcard, card
poczucie feeling, sense; (*np. węchu, smaku, humoru*) sense; **~ własnej godności** self-respect; **~ własnej wartości** ego; **~ wyższości** superiority; **~ bezpieczeństwa** security
poczuć (się) → CZUĆ (SIĘ)
poczwara monster, ogre
poczwarka chrysalis
poczytać: (*na jakiś temat*) read up on sth
poczytywać: (*za coś*) deem
pod under, below, beneath; (*spodem*) underneath; (*np. miastem*) outside[2]; **~ stopami/nogami** underfoot; **~ ziemią** underground; (*np. wieczór*) towards
pod- under-, up
podać (się) → PODAWAĆ (SIĘ)
podający się impersonator
podanie application; **składać/wnosić ~** apply; **~ piłki** (*współzawodnikowi*) pass[1]
podaniowy application
podarować give[1]
podarować → DAROWAĆ
podarty tattered
podarunek gift, present[2]
podat|ek tax; **~ akcyzowy** excise; **~ek dochodowy** income tax; **~ek drogowy** road tax; **~ek komunalny** poll tax; **~ek wolny od ~ku** tax-free
podatkowy: **urząd ~** tax office, Inland Revenue
podatność: (*na coś*) vulnerability
podatny subject[3], liable, vulnerable, susceptible, impressionable, receptive, manageable, pliable
podawać/podać pass[2], give[1], hand[2], hold sth out; (*lekarstwo*) dose; **~ komuś rękę** shake sb's hand, shake hands (with sb), shake sb by the hand; **~ czas** tell the time; **~ piłkę** (*współzawodnikowi*) pass[2]; **~ do stołu** serve, dish sth up; (*np. jedzenie*) hand sth round; (*zwykle w restauracji*) wait on sb; **~ do (publicznej) wiadomości** disclose; **~ kogoś do sądu** sue; (*za kogoś/coś*) pass sb/sth off (as sb/sth) □ **podawać/podać się**: (*za kogoś/coś*) make yourself out to be sth, masquerade, impersonate; **nie ~** bear up
podaż supply
podążać/podążyć: (*za kimś*) follow suit
podbicie: (*np. palta*) lining, padding; (*stopy*) arch
podbić conquer
podbiec run up to
podbiegunow|y polar; **koło ~e** the Arctic Circle
podbijać make a hit (with sb)
podbit|y: **~y obszar** conquest; **~e oko** black eye
podbój conquest
podbródek chin; **podwójny ~** double chin
podburzać/podburzyć incite
podburzanie incitement
podchmielony merry
podchodzić/podejść walk up (to sb/sth), approach; (*zwierzynę*) stalk[2]; (*np. do problemu*) approach
podchwytliwy: (*o pytaniu itp.*) loaded
podcinać/podciąć slit; (*nogę*) trip; **~ działalność konkurencji metodą wojny cenowej** undercut; (*piłkę*) slice
podcinanie trim[2]
podczas during, over; **~ gdy** while[1], when, whereas
poddać (się) → PODDAWAĆ (SIĘ)
poddan|y: **być ~ym czemuś** (*np. krytyce*) come in for sth; (*rzecz.*) **~y/a** subject[1]
poddasz|e attic, loft
poddawać/poddać: **~ komuś pomysł** put it to sb that…; **~ próbie** try sb/sth out; (*kogoś czemuś*) subject sb to sth □ **poddawać/poddać się** give up, give in (to sb/sth), surrender, submit, yield; (*czemuś*) undergo; (*np. czyimś żądaniom*) give way (to sb/sth); (*np. w sporze*) cave in
poddawanie się surrender
podejmować/podjąć take sth (up); **~ na nowo** resume; **~ gości** entertain; (*pieniądze z banku*) withdraw; **podjąć** (*np. decyzję*) arrive at; **~ kroki** take steps to do sth; **~ stanowczy krok** take the plunge; (*np. ćwiczenia*) take sth up □ **podejmować/podjąć się**: (*wykonania czegoś*) undertake
podejmowanie: (*pieniędzy z banku*) withdrawal
podejrzanie suspiciously
podejrzan|y suspicious, suspect, dubious, shady, disreputable, unsavoury, seedy, sleazy, fishy; **być ~ym** (*o coś*) be under suspicion; (*rzecz.*) **~y/a** suspect
podejrzeni|e suspicion, hunch[1]; **wzbudzić czyjeś ~a** make sb suspicious
podejrzewać: (*kogoś o coś*) suspect; **niczego nie podejrzewający** unsuspecting
podejrzliwość suspicion
podejrzliwy suspicious, distrustful
podejście approach
podejść → PODCHODZIĆ
podenerwowanie flutter
podeprzeć → PODPIERAĆ
podeptać → DEPTAĆ
poderwać (się) → PODRYWAĆ (SIĘ)
podest landing
podeszły: **w ~m wieku** elderly
podeszwa sole[2]
podgarniać/podgarnąć tuck
podgrzewać/podgrzać warm[2], heat[2]
podium podium, platform
podjazd: (*przed domem*) drive[2]
podjąć (się) → PODEJMOWAĆ (SIĘ)
podjeżdżać/podjechać draw up; **~ po kogoś** pick sb up
podjudzać/podjudzić incite, instigate, egg sb on (to do sth)
podjudzanie incitement, instigation
podkład lining; (*np. z waty*) wad; (*podpaska*) sanitary towel
podkładać/podłożyć: (*np. bombę*) plant[2]
podkładka pad[1]; (*pod mysz komputerową*) mouse mat
podkochiwać się: (*w kimś*) have a crush[2]
podkopywać/podkopać: (*np. autorytet*) undermine; (*np. znaczenie, wartość czegoś*) erode
podkoszulek vest
podkowa horseshoe
podkradać/podkraść się: (*do kogoś/czegoś*) sneak up (on sb/sth); (*do zwierzyny*) stalk[2]
podkreślać/podkreślić underline, accentuate, emphasize, highlight, stress
podkuwać/podkuć shoe
podlać → PODLEWAĆ
podle shabbily; **czuć się ~** feel terrible
podlegać be bound[1] by sth; **~ komuś** report to sb
podlegający subject[3], liable
podległy subject[3]
podlewać/podlać water[2]
podliczać/podliczyć add (sth) up, tot (sth) up
podlizujący się slimy
podlizywać/podlizać się crawl
podłączać/podłączyć install, connect
podłączony: **~ do sieci komputerowej** on line
podłoga floor[1]
podłoże base[1]
podłożenie installation
podłożyć → PODKŁADAĆ

podłużać/podłużyć let sth out/ down
podłużny oblong
podły low[1], shabby, dishonourable, foul[1], sordid, sleazy, grotty
podmiejski suburban
podmiot: (*zdania*) subject[1]
podmuch: (*gwałtowny*) gust, blast[1]
podmywać/podmyć eat sth away/eat away at sth, wear sth away
podniebienie palate
podniecać/podniecić excite, stir, rouse, stimulate, turn sb on □ **podniecać/podniecić się** get excited/flustered; **podniecić się** flip; **zbytnio ~** go overboard (on/ about/for sb/sth)
podniecający exciting, rousing, provocative
podnieceni|e excitement, drama, elation, fluster; (*ogólne*) stir; **w ~u** excitedly
podniecony excited, elated
podniesienie lift; (*z trudem*) heave; **~ na duchu** lift
podniesiony erect[1]
podnieść (się) → PODNOSIĆ (SIĘ)
podnieta stimulus, stimulation, impulse, prompting, kick[2]
podniosły sublime
podniośle sublimely
podniszczony the worse for wear
podnosić/podnieść pick sb/sth up, lift, elevate; (*np. rękę; głos; kwestię; alarm*) raise[1]; (*stopniowo*) step sth up; (*z trudem*) heave; (*np. cenę*) put sth up, mark sth up; (*np. żagle, ładunek*) hoist; **~ na duchu** comfort; **~ do trzeciej potęgi** cube; **podnieście ręce!** hands up □ **podnosić/podnieść się** get up, stand[1], rise[2]; (*z pozycji leżącej*) sit up, mount[2], climb; (*o mgle*) lift
podnoszenie: **~ ciężarów** weight-lifting
podnośnik jack[1]
podnóż|e foot, bottom
podobać się appeal, like[1], enjoy; (*o tym, co ktoś zobaczył/usłyszał*) like the look/sound of sb/sth
podobieństwo resemblance, similarity, likeness, affinity
podobizna likeness
podobnie similarly, likewise; (*do kogoś/czegoś*) -like, along/on the same, etc. lines
podobno apparently, supposedly, rumour has it, they (say)
podobn|y similar, like[3], alike, akin, on the same wavelength, much the same; **bardzo ~y** of a kind; **być ~ym** resemble; **być ~ym** (*do kogoś w rodzinie*) take after sb; **coś ~ego!** good gracious, good grief, good heavens, etc.; **i tym ~e** and so forth
podoficer junior
podołać cope
podołek lap[1]
podorędzi|e: **na ~u** ready
podpalacz arsonist
podpalać/podpalić set light to sth, set fire[1]
podpalenie arson
podparcie reinforcement
podpaska: **~ higieniczna** sanitary towel
podpatrywać/podpatrzeć peep[1]
podpierać/podeprzeć support, prop (sb/sth) (up), prop[1], keep sth up, bolster
podpis signature; (*pod obrazkiem*) caption
podpisywać/podpisać sign[2]; (*własne dzieło*) autograph □ **podpisywać/podpisać się** sign[2]; **~ inicjałami** initial; (*np. własnym inicjałem, imieniem, znakiem*) personalize; (*pod czymś*) subscribe
podpity merry
podpora support, pillar
podporządkowywać/ podporządkować: **~ sobie** subordinate
podpowiadać/podpowiedzieć prompt[2]
podpowiedź prompt
podpórka prop[1], bracket
podprowadzić: (*ukraść*) swipe
podpuchnięty puffy
podrabiać/podrobić fake, forge[2]
podrabianie forgery
podrapać (się) → DRAPAĆ (SIĘ)
podrażniać/podrażnić irritate
podrażnić → DRAŻNIĆ; PODRAŻNIAĆ
podrażnienie irritation
podręcznik textbook, coursebook, handbook, manual[2]
podręczny: **dział ~** reference section
podrobiony fake, counterfeit; bogus, dummy, **~ obraz/ dokument/podpis** forgery
podroby offal
podrożeć → DROŻEĆ
podróbka fake, imitation
podróż journey; **~(e)** travel; **~ morska** crossing; (*morska lub w kosmos*) voyage; **~ służbowa** business trip; **w ~y służbowej** on business; **w ~y** on the road; **biuro ~y** travel agency, tour operator; **plan ~y** itinerary
podróżniczy travel
podróżnik traveller, voyager
podróżny travel
podróżować travel; **dużo ~** get about/around
podrywać/poderwać: (*kogoś*) chat sb up, pick sb up; (*np. autorytet*) undermine □ **podrywać/ poderwać się** jump[1]
podrzędn|y inferior, sub-standard, seedy; **coś ~ego** second-best; **zdanie ~e** subordinate clause
podrzucać/podrzucić jolt; (*np. przesyłkę*) drop[1], dump, pop; (*np. monetę*) flip
podrzucenie toss
podskakiwać/podskoczyć jump (up), leap, skip[1], bob, bounce; (*np. z radości, dumy*) prance; (*o cenach itp.*) **podskoczyć** jump[1], shoot up
podskok jump[2], leap, skip[1]; (*na jednej nodze*) hop[1]
podskórny hypodermic
podsłuch: (*radiowy, telefoniczny*) interception; (*przyrząd*) tap; **na ~u** bugged; **zakładać ~ telefoniczny** tap[1]
podsłuchiwać/podsłuchać: (*specjalnie*) eavesdrop; (*przypadkowo*) overhear; (*czyjąś rozmowę*) listen in (on/to sth)
podstaw|a base[1], basis, foundation, grounding, framework; (*meble*) stand[2]; (*przyczyna*) ground[1]; **~y** fundamentals, ABC; **na ~ie czegoś** on the strength of sth; **być ~ą czyjegoś powodzenia** be the making of sb
podstawiać/podstawić: **~ nogę** trip
podstawka: (*np. pod talerz*) mat[1]
podstawowo basically
podstawow|y basic, elementary, primary[1], rudimentary, principal, vital; **szkoła ~a** (*dla dzieci w wieku od 9 do 13 lat*) middle school; **wykształcenie ~e** primary education; **kolor ~y** primary colour; **~e produkty/zasady itp.** basics
podstemplować → STEMPLOWAĆ
podstęp trick, deception, ruse, trap, manoeuvre; **~em** on/under false pretences; **używać ~u** outwit
podstępny devious, underhand, deceitful, wily
podstrzyganie trim[2]
podsumowanie summing-up, précis
podsumowywać/podsumować sum (sth) up, recap; **podsumowując** in conclusion
podsycać/podsycić fuel; (*ogień*) fan; (*np. uczucia*) foster
podszept instigation
podszewk|a lining; **~ą na zewnątrz** inside out
podszycie: (*lasu*) undergrowth; (*np. palta*) padding
podszyt: (*lasu*) undergrowth
podszywać/podszyć line[2] □ **podszywać/podszyć się**: (*pod kogoś/coś*) pass yourself off (as sb/ sth)
podświadomie subconsciously
podświadomoś|ć subconscious; **w ~ci** at/in the back of your mind[1]
podświadomy subconscious
podtekst undertone, overtone
podtrzymywać/podtrzymać support, sustain, maintain, keep sth up; (*np. decyzję*) uphold; (*np. wysoki poziom*) keep it up; **~ na duchu** buoy
podupadać/podupaść decay, go to rack and ruin; (*na zdrowiu*) fail
podupadły derelict
poduszczenie instigation
poduszka pillow; (*np. ozdobna, powietrzna*) cushion; **~ powietrzna** (*np. w samochodzie*) air bag; (*np. łapy kota; usztywniająca ramiona marynarki*) pad[1]

poduszkowiec hovercraft
podwajać/podwoić (się) double[5]
podwaliny groundwork
podważać/podważyć: (*np. łomem*) prise, lever; (*np. autorytet*) devalue, shake[1]
podwędzić swipe
podwiązka suspender
podwieczor|ek tea; **pora ~ku** teatime
podwiezienie lift; **prosić o ~** hitch[1]
podwijać/podwinąć tuck
podwładn-y/a subordinate, inferior
podwodn|y underwater; **łódź ~a** submarine
podwozić/podwieźć drive[1], give a lift
podwozie chassis
podwójnie doubly, twice, double[3]
podwójn|y double[1], dual; **~e szyby w oknach** double-glazing; **~a stawka/kwota, gra ~a** double[4]; **~e obywatelstwo** dual nationality; **~e dno** false bottom; **z ~ą siłą** with a vengeance
podwórko ground[1]; (*za domem*) backyard
podwórze: (*zwykle betonowe/kamienne*) yard[1], courtyard; (*przy gospodarstwie*) farmyard
podwyżka rise[1], increase[2]
podwyższać/podwyższyć step sth up
podwyższony: (*o nucie*) sharp
podyktować → DYKTOWAĆ
podyplomowy postgraduate
podział division, split, segregation; (*na mniejsze części/jednostki*) subdivision; (*państwa*) partition; **powodujący ~y** divisive
podziałka scale[1]; (*na szyjce gitary*) fret
podzielać share, sympathize, be in sympathy (with sb/sth); (*czyjeś zdanie*) concur with; **(nie) ~** (*np. czyichś poglądów*) be in/out of tune
podzielić (się) → DZIELIĆ (SIĘ)
podzielny divisible
podziemi|e: **w ~u** underground
podziemn|y underground, clandestine; **kolej ~a** underground
podziękować → DZIĘKOWAĆ
podziękowani|e thanks, thank you; **~e/a** acknowledgement
podziobać: (*np. widelcem w jedzeniu*) toy with sth
podziw admiration, wonder; **godny ~u** admirable; **pełen ~u** admiring; **z ~em** admiringly; **wprawiać w ~** bowl sb over
podziwiać admire, wonder, marvel; (*kogoś*) look up to sb
podzwaniać jingle, jangle
podzwanianie jangle
podzwrotnikowy tropical; **obszar ~** tropic
podżegać incite
podżeganie incitement
poemat poem
poet-a/ka poet
poetycki poetic
poetycznie poetically
poetyczny poetic
poezj|a poetry; **pełen ~i** poetic
pofałdować (się) → FAŁDOWAĆ (SIĘ)
pofałdowany crinkly
pofatygować (się) → FATYGOWAĆ (SIĘ)
pofolgować → FOLGOWAĆ
pogaduszka chat, small talk
poganin heathen
pogański pagan
pogard|a contempt, scorn, disdain; **odrzucać z ~ą** scorn; **zasługujący na ~ę** despicable
pogardliwie scornfully, disdainfully, dismissively
pogardliwy scornful, contemptuous, disdainful, derogatory, dismissive
pogardzać/pogardzić despise
pogardzić → GARDZIĆ
pogarszać/pogorszyć worsen, aggravate, make matters/things worse, compound[2] □ **pogarszać/pogorszyć się** deteriorate, decline[1]; **~ znacznie** go from bad to worse, take a turn[2] for the worse, go downhill
pogawędka chat, small talk
pogięty mangled
pogląd view[1]; **~y polityczne** politics; **~ na świat** outlook
pogładzić → GŁADZIĆ
pogłaskać → GŁASKAĆ
pogłębiać/pogłębić (się) deepen, intensify
pogłoska rumour, hearsay
pogmatwany confused, muddled, involved, garbled; (*o tekście*) rambling
pognać → GNAĆ
pognębiać/pognębić get on top of sb
pogniecony creased
pogniewać się → GNIEWAĆ SIĘ
pogod|a weather[1]; **~a ducha** cheerfulness, serenity
pogodnie cheerfully, serenely, placidly
pogodny bright, cheerful, serene, placid; (*o pogodzie*) fair[1]
pogodzeni|e; conciliation; **nie do ~a** irreconcilable □ **pogodzenie się**: (*z czymś*) acceptance, resignation
pogodzić (się) → GODZIĆ (SIĘ)
pogo|ń chase[2]; **ruszać w ~ń** (*za kimś/czymś*) go after sb/sth; **rzucić się w ~ń** give chase; **w ~ni za** in pursuit (of sb/sth); **być w ~ni** (*np. za sukcesem*) be out to do sth
pogorszenie (się) deterioration, decline[2], aggravation; (*sytuacji*) comedown
pogorszyć (się) → POGARSZAĆ (SIĘ)
pogotowi|e: (*alarm/larum*) alert; **w ~u** ready, on call; **być w ~u** be on the alert (for sth); (*ratunkowe*) ambulance
pogranicze borderline
pogrążać/pogrążyć plunge □ **pogrążać/pogrążyć się** sink[1], immerse yourself (in sth)
pogrążony plunged; (*w czymś*) deep[1], wrapped up in sb/sth; (*w smutku*) overcome (by sth)
pogrom rout
pogróżka threat
pogrzeb funeral, burial
pogrzebacz poker[1]
pogrzebowy: **przedsiębiorca ~** funeral director
pogwałcenie: (*np. praw*) infringement, violation
pohandryczyć się → HANDRYCZYĆ SIĘ
pohuśtać (się) → HUŚTAĆ (SIĘ)
poinformowany informed; **dobrze ~** well-informed
poinstruować → INSTRUOWAĆ
pointa: (*np. dowcipu*) punchline
poirytowany in a huff
pojawiać/pojawić się appear, turn up, emerge, show up, arise, be born; (*np. na defiladzie, wiecu*) turn out (for sth); (*o trudnościach itp.*) crop up; **ponownie ~** reappear; **~ znienacka** pop up, poke out of/through sth, poke out/through/up
pojawianie się: **ponowne ~** reappearance
pojawienie się appearance
pojazd vehicle; **~ kosmiczny** spacecraft
pojąć → POJMOWAĆ
pojechać → JECHAĆ
pojednać reconcile
pojednanie reconciliation, conciliation
pojednawczo peacefully
pojednawczy conciliatory
pojedynczo individually, singly, one at a time[1], one by one
pojedynczy single, individual, solitary; **pokój ~** single; (*gram.*) singular
pojedynek duel
pojemnik container, holder
pojemność capacity, volume
pojęci|e concept, idea; (*wartości*) appreciation; (*o czymś*) grasp; **nie mieć ~a** not have a clue; **nie mam ~a** (it) beats me[1]; **nie mam ~a** your guess is as good as mine
pojęciowy notional, conceptual
pojętność capacity
pojętny intelligent
pojmać capture
pojmanie capture
pojmować/pojąć comprehend, understand, grasp, fathom, catch on, get the idea, make sense of sth; **pojąć** take sb's point
pojmowani|e comprehension; **zdolność ~a** understanding
pojutrze the day after tomorrow
pokarm nourishment, feed[2]
pokarmowy: **składnik ~** nutrient
pokaz display[2], show[1], demonstration, exhibition; (*np. filmu*) showing; **wystawiać na ~** flaunt; **na ~** for show
pokazywać/pokazać show[2], indicate; (*o zegarze, mapie itp.*) say[1]; (*o przyrządzie pomiarowym*) register[2]; (*np. bilet*) produce; (*np. uczucia*) manifest; (*w telewizji*)

screen; ~ **swoją wartość** do yourself justice; ~ **figę** rebuff; **niczego po sobie nie** ~ not turn a hair □ **pokazywać/pokazać się** appear; (*publicznie*) show your face
pokaźnie substantially, widely
pokaźny substantial, appreciable, respectable, fair[1]
poker poker[2]
pokierować (się) → KIEROWAĆ (SIĘ)
poklask applause
poklepać → KLEPAĆ
poklepywać/poklepać pat[1]
pokła|d seam; (*na statku*) deck; **na ~d/~dzie** on deck, on board; **wchodzić na ~d statku** go aboard
pokładać: ~ **w kimś swoje zaufanie** place/put your trust[1] in sb □ **pokładać się**: ~ **ze śmiechu** be in stitches
pokłócić się → KŁÓCIĆ SIĘ
pokłócony: (*w niezgodzie z kimś*) be at loggerheads (with sb)
pokojowo peacefully
pokojowość peacefulness
pokojow|y peaceful, non-violent
pokojówka maid, chambermaid
pokole|nie generation; **konflikt ~ń** the generation gap
pokolorować → KOLOROWAĆ
pokonani|e: **do ~a** (*drogą negocjacji/dyskusji*) negotiable; **nie do ~a** insurmountable, insuperable
pokonany: (*o rekordzie itp.*) **nie** ~ unbeaten
pokonywać/pokonać defeat, conquer, overcome, overpower; (*np. rywala*) beat[1], thrash; (*np. trudności, zakręty, nierówności terenu*) negotiate; (*np. problemy, trudności*) surmount; (*odległość*) cover[1]; ~ **przepaść** bridge a/the gap[1]
pokora humility, submission
pokornie humbly
pokorny humble, submissive
pokost varnish
pokostować varnish
pokój: (*np. w mieszkaniu*) room; **wolny** ~ (*np. w hotelu*) vacancy; ~ **pojedynczy** single; ~ **dzienny** living-room; ~ **stołowy** dining-room; ~ **nauczycielski** common room; **pok-ój/oje do wynajęcia** lodging; ~ **ze śniadaniem** B and B; (*o sytuacji na świecie*) peace; **okres pokoju** peacetime
pokrewieństwo relationship
pokrewny allied; (*czemuś*) akin
pokrętło knob
pokroić → KRAJAĆ
pokropić → KROPIĆ
pokrój: (*osoby*) mould[1]
pokrótce in short
pokruszyć (się) → KRUSZYĆ (SIĘ)
pokryć (się) → POKRYWAĆ (SIĘ)
pokryty covered
pokrywa cover[2], covering, carpet
pokrywać/pokryć cover[1], coat, cap; ~ **coś (grubą) warstwą** plaster; (*w nadmiarze*) smother; (*o kosztach itp.*) cover[1] □ **pokrywać/pokryć się**: (*częściowo*) overlap; **pokryć się** (*o skórze, twarzy itp.*) break out in sth
pokrywanie się: (*częściowe*) overlap
pokrywka lid
pokrzepiający refreshing
pokrzywa nettle
pokrzyżować (się) → KRZYŻOWAĆ (SIĘ)
pokurczyć → KURCZYĆ
pokusa temptation, enticement, seduction, lure, bait, compulsion
pokuszenie się: ~ **o** bid[2]
pokuta penance
pokwitowanie receipt
polać (się) → LAĆ (SIĘ), POLEWAĆ
polakierować → LAKIEROWAĆ
polana glade, clearing
polano log[1]
polar fleece
polarn|y polar; **koło ~e** the Arctic Circle
pol|e field[1]; **~e minowe** minefield; **~e naftowe** oilfield; **~e bitwy** battleground; (*do gier sportowych*) course; **~e karne** (*w piłce nożnej*) penalty area; **~e widzenia** view[1]; **martwe ~e widzenia** blind spot; **tracić z ~a widzenia** lose sight of sb/sth; **wywodzić w ~e** outwit
polec: (*np. w bitwie*) fall
polecać/polecić recommend, instruct, direct[2]
poleceni|e instruction, recommendation; **~e służbowe** delegation; **~e zapłaty** (*z konta*) direct debit; **godny ~a** commendable; (*w komputerze*) keyword
polecieć → LATAĆ
polecon|y: **przesyłka ~a** registered post
polegać: (*składać sie*) consist in sth, lie (in sth); (*liczyć na kogoś/coś*) count on sb/sth, depend on sb/sth (for sth), rely; **polegający na sobie samym** self-reliant
poleganie: (*na kimś/czymś*) reliance
polepszać/polepszyć improve, enhance, raise[1] □ **polepszać/polepszyć się** improve, look up; (*o zdrowiu*) on the mend
polerować/wypolerować polish
polerowanie polish, shine, rub
polewa glaze
polewać: (*np. sosem*) top[2]
policja police; (*danego okręgu*) constabulary; **tajna** ~ secret police
policjant/ka police officer, officer; **policjant** policeman, bobby; **policjantka** policewoman
policyjn|y: **godzina ~a** curfew; **państwo ~e** police state
policzalny countable; **rzeczownik** ~ countable noun
policzek cheek
policzyć (się) → LICZYĆ (SIĘ)
poliester polyester
polietylen polythene
poliniować → LINIOWAĆ
polio polio
polisa: ~ **ubezpieczeniowa** insurance policy[2]
polistyren polystyrene
politologia politics
politowani|e pity; **godny ~a** pitiful, sad
politycznie politically
polityczn|y political; **z ~ego punktu widzenia** politically
polityk politician
polityk|a politics; **interesujący się ~ą** political; (*zasada postępowania*) policy[1]
polizać → LIZAĆ
polo: (*sport*) polo
polor refinement
polot flair, spark; vision
polować: (*na kogoś*) hunt[1]; (*na coś*) shoot[1], prey on sth; (*np. na darmowy bilet*) fish for sth, angle[2]
polowanie hunt[2], hunting, blood sport, kill; ~ **na lisa** fox-hunting
polubić (się) → LUBIĆ (SIĘ)
polubownie amicably
polubowny amicable
polukrować → LUKROWAĆ
połapać się: ~ **w czymś** get the hang of sth
połaskotać → ŁASKOTAĆ
połatać → ŁATAĆ
połączeni|e union, combination, link(-up), association; **ponowne ~e** reunion; (*np. organizacji*) amalgamation; (*w komunikacji*) connection, service; (*w komunikacji*) **mieć ~e** (*z czymś*) connect; **w ~u z kimś/czymś** in conjunction with sb/sth □ **połączenie się**: (*dwóch lub więcej firm*) merger
połączony joined, combined, (all) in one; (*np. umową, unią, przymierzem*) allied; ~ **ze sobą** interconnected
połączyć (się) → ŁĄCZYĆ (SIĘ)
połknąć → POŁYKAĆ
połknięcie gulp
połow|a half[1,2]; middle; **~a lata** midsummer; (*meczu*) half-time; **do ~y, w ~ie** half[3]; **w ~ie** mid-, half-way along; **w ~ie drogi** midway; **w ~ie tygodnia** midweek; **w ~ie** (*np. książki*) half-way through; **w drugiej ~ie** in the latter half; **po ~ie** fifty-fifty
położenie: (*miejsce*) position, location; (*z kompasu*) bearing; (*sytuacja*) position, situation, circumstance; **kłopotliwe** ~ predicament, plight, mess[1], need[3]
położna midwife
położniczy maternity
położnik: **ginekolog-** ~ obstetrician
położyć (się) → KŁAŚĆ (SIĘ)
połów catch[2], haul
południ|e midday, noon; **przed ~em** in the morning; **przed ~em** (*przy podawaniu czasu*) a.m.; **po ~u** (*przy podawaniu czasu*) p.m.; (*kierunek*) south; **na ~e** south, southward, southbound; **z ~a** south, southerly
południk meridian

południowiec southerner
południowo-wschodni south-east, south-easterly, south-eastern
południowo-zachodni south-west, south-westerly, south-western
południowy south, southern, southerly, southward; ~ **wschód** south-east; ~ **zachód** south-west
połykać/połknąć swallow; (*w pośpiechu*) gulp
połykanie swallow[1]
połysk gloss, shine; **nadawać** ~ polish
połyskiwać gleam
połyskujący glossy
pomacać → MACAĆ
pomachać → MACHAĆ
pomadka: ~ **do ust** lipstick
pomagać/pomóc help[1], assist, aid, help (sb) out, hold sb's hand; lend (sb) a hand/lend a hand (to sb); ~ **komuś przejść przez coś** get sb through sth; (*coś osiągnąć*) make for sth
pomajtać → MAJTAĆ
pomalować (się) → MALOWAĆ (SIĘ)
pomamrotać → MAMROTAĆ
pomarańcza orange
pomarańczowy: (**kolor**) ~ orange; **sok** ~ orange juice; **napój** ~ orange squash
pomarszczony lined, wrinkled
pomarszczyć (się) → MARSZCZYĆ (SIĘ)
pomarzyć → MARZYĆ
pomasować → MASOWAĆ
pomaturalny tertiary
pomazać → MAZAĆ
pomerdać → MERDAĆ
pomiar: ~/y measurement; ~**y** survey; **dokonywać** ~**u** gauge; **dokonywać** ~**ów** (*np. gruntów*) survey
pomiatać: (*kimś*) push sb about/around
pomidor tomato
pomidorowy tomato
pomieszać → MIESZAĆ
pomieszczeni|e: ~**a mieszkalne** housing
pomieścić (się) → MIEŚCIĆ (SIĘ)
pomiędzy between; among, amid
pomięty: **w** ~**m ubraniu** dishevelled
pomijać/pominąć omit, disregard, discount[2], leave sb/sth out (of sth), miss sb/sth out, overlook, put sth aside, skip[1]; ~ **milczeniem** brush sb/sth aside; **pomijając inne sprawy** apart from
pomimo in spite of, despite, for all, notwithstanding; ~ **to** yet
pominięcie omission, disregard
pomnażać/pomnożyć (się) multiply
pomniejszać/pomniejszyć diminish, lessen, dwarf; (*np. fakty, zasługi*) understate □ **pomniejszać/pomniejszyć się** diminish
pomniejszający disparaging
pomniejszy lesser, petty
pomnik memorial; ~ **przeszłości** monument
pomnożyć (się) → MNOŻYĆ (SIĘ), POMNAŻAĆ (SIĘ)
pomoc help[2], assistance, aid, helpfulness, backup, hand[1]; (*finansowa/żywnościowa*) relief; **pierwsza** ~ first-aid; ~ **wizualna** visual aid; ~ **audiowizualna** audio-visual; ~**y!** help[1]; **przychodzić komuś z** ~**ą** come/go to the/sb's rescue, come forward; **do** ~**y** on hand; **bez** ~**y** unaided; **bez niczyjej** ~**y** out on a limb, (all) on your, etc. own, (all) by oneself, (all) by themselves; **za** ~**ą** by means of, via; **za** ~**ą którego** whereby
pomocniczy auxiliary, subsidiary, subservient
pomocnie helpfully
pomocni-k/ca/czka helper, assistant, aid
pomocn|y helpful, useful, cooperative, supportive, instrumental, forthcoming; ~**a dłoń** a helping hand
pomodlić się → MODLIĆ SIĘ
pomóc → POMAGAĆ
pomór plague
pomp|a pump; **na** ~**ę** pump-action; (*ceremonia*) pomp, pageantry; **z wielką** ~**ą** (*przen.*) with a bang[2]
pompatyczny pompous
pompk|a pump; **na** ~**ę** pump-action; (*ćwiczenie gimnastyczne*) press-up
pompować/napompować pump
pomruk murmur, hum
pomrukiwać murmur
pomrukiwanie murmur
pomścić → MŚCIĆ
pomyleniec loony, nut
pomylić (się) → MYLIĆ (SIĘ)
pomylony mad, deranged, loony, nutty
pomył|ka mistake[1], error, slip[2], confusion; ~**ka sądowa** a miscarriage of justice; **przez** ~**kę** by mistake, mistakenly; **popełniać** ~**kę** trip up; **łapać kogoś na** ~**ce** trip sb up
pomyłkowo mistakenly
pomysł idea, thought[2], conception; **nagły/dobry** ~ inspiration; **genialny** ~ brainwave, brainchild; **pełen** ~**ów** inventive; **mieć** ~ conceive
pomysłowo ingeniously, cleverly, creatively
pomysłowość ingenuity, cleverness, creativity, initiative, inventiveness
pomysłowy ingenious, clever, inventive, resourceful, artful, creative
pomyśleć → MYŚLEĆ
pomyśleni|e: **nie do** ~**a** unthinkable
pomyślnie successfully
pomyślność (good) luck, fortune, well-being, welfare
pomyślny auspicious, successful, bright
ponad over, above, upwards of, in excess of; (*po wymienionej liczbie*) odd
ponaddźwiękowy supersonic
ponadto moreover, furthermore, besides, additionally, in addition (to sth), either
ponadwymiarowy outsize
ponaglać/ponaglić rush[1], hasten
ponawiać/ponowić renew
poncz punch[2]
ponętny tempting, enticing, inviting, seductive
poniedział|ek Monday
poniekąd in a way[1]
ponieść (się) → PONOSIĆ (SIĘ)
ponieważ because, as, since, for[2], inasmuch as
poniewczasie belatedly
poniewierać/sponiewierać maltreat, walk (all) over sb; buffet[2] □ **poniewierać się**: (*np. po podłodze*) lie around[1]
poniewieranie maltreatment
poniżać/poniżyć degrade □ **poniżać/poniżyć się** stoop to sth/doing sth
poniżający degrading, derogatory
poniżej below, beneath; (*o wieku/zarobkach itp.*) under
poniżenie degradation
ponosić/ponieść: (*np. koszt*) incur; (*np. odpowiedzialność, koszt*) bear[2] □ **ponosić/ponieść się**: **dawać się ponieść** (*uczuciom*) be/get carried away, let yourself go
ponowić → PONAWIAĆ
ponownie: **napisać/porozmawiać** ~ get back to sb; ~ **wykorzystywać** recycle, anew; ~ **dopasowywać/regulować** readjust; **załadowywać** ~ reload
ponown|y: ~**e przystosowanie/dopasowanie** readjustment
ponumerować → NUMEROWAĆ
ponuro gloomily, sombrely, sullenly, grimly, bleakly
ponurość bleakness
ponur|y gloomy, glum, sombre, sullen; bleak, dismal, dreary, grey, grim, dim; **z** ~**ą miną** glumly
pończocha stocking
poorany: ~ **bruzdami/zmarszczkami** lined
pop: (*muzyka*) pop[3]
popadać: (*w złe nawyki*) lapse; (*np. w długi*) slide
poparci|e support, backing, backup, encouragement, following; **na znak** ~**a** in support of sb/sth
poparzenie burn
poparzony: (*po intensywnym opalaniu*) sunburnt
popatrzeć look[2]; **ale popatrz!** look here
popchnąć → POPYCHAĆ
popchnięcie prod
popełniać/popełnić commit; ~ **grzech** sin; ~ **błąd/pomyłkę** trip up; ~ **gafę** blunder
popęd drive[2]
popędliwie impulsively, headlong
popędliwość impulsiveness
popędliwy impulsive, impetuous, fiery

popędzać/popędzić hurry, hasten, dart[2]; (*kogoś*) bustle
popić → POPIJAĆ
popielniczka ashtray
popieprzyć → PIEPRZYĆ
popierać/poprzeć support, back[4], back sb/sth up, endorse, encourage, foster, stand for sth, believe in sb/sth, believe in doing sth; (*np. wniosek*) second[4]
popierający sympathetic
popiersie bust[1]
popijać drink; (*małymi łykami*) sip
popijawa booze-up
popiół ash[2]
popis display[2]; ~**y** antics
popisywać/popisać się flaunt, show off
poplamiony stained, blotched
poplątać → PLĄTAĆ
poplątany tangled, muddled, confused
popleczni-k/czka supporter; **poplecznik** henchman
popłoch panic; **wpadać w ~** panic
popłynąć → PŁYWAĆ
popływać go for a sail[1]
popołudnie afternoon
popołudniowy afternoon
popołudniówka matinée
poporodowy post-natal
poprawa improvement, recovery, upturn
poprawczy corrective
poprawiać/poprawić improve, rectify, revise; (*błędy*) correct[2]; (*np. jakość*) upgrade □ **poprawiać/poprawić się** improve, reform, pick up, look up; (*o zdrowiu*) do well
poprawk|a correction, amendment, revision, adjustment; **wnosić ~i** amend
poprawnie correctly, right[3]; **wyjątkowo ~** primly
poprawność correctness
poprawny correct[1], right[2], civil[1]; **wyjątkowo ~** prim; **politycznie ~** politically correct
poprosić → PROSIĆ
poprowadzić → PROWADZIĆ
poprzeczka crossbar
poprzeć → POPIERAĆ
poprzedni previous, prior, former[2], old
poprzedni-k/czka predecessor
poprzednio previously
poprzedzać/poprzedzić precede, head[2]
poprzedzający previous, prior
poprzek: **w ~** over
poprzestawać/poprzestać: (*na czymś*) confine
poprzestawiać rearrange
poprzez through, via
popsuć (się) → PSUĆ (SIĘ)
populacja population
popularnie fashionably
popularnoś|ć popularity; **brak/utrata ~ci** unpopularity
popularny popular, fashionable, hot
popularyzować/spopularyzować popularize
popuszczać/popuścić ease off
popychać/popchnąć prod, poke; thrust, jostle, hustle; (*np. drzwi*) push[2]; **wolno ~** (*coś na kołach*) trundle
popychadło dogsbody, doormat
popyt demand[1], market[1]; **nagły ~** rush[2]; (*nagły i masowy*) ~ (*na coś*) run[2]; **cieszący się olbrzymim ~em** best-selling
por: (*anat.*) pore[1]; (*warzywo*) leek
por|a time[1]; **~a deszczowa** rains; **~a roku** season[1]; **~a snu** bedtime; **do tej ~y** to date, up till now, yet; **od tamtej ~y** then; **o różnych ~ach** at/till all hours; **w samą ~ę** in the nick of time; **będący w samą ~ę** timely
porada advice, guidance, counsel[2], suggestion, pointer, hint; consultation, counselling
poradnictwo guidance
poradnik handbook
poradzić (się) → RADZIĆ (SIĘ)
poranek morning
poratować się: (*czymś*) fall back on sth
porazić → PORAŻAĆ, RAZIĆ
porażać/porazić paralyse
porażenie paralysis; **~ mózgowe** cerebral palsy; **~ prądem** electric shock; **(śmiertelne) ~ prądem elektrycznym** electrocution; **~ słoneczne** sunstroke
porażka defeat, beating
porąbać → RĄBAĆ
porcelana porcelain, china; (*stołowa i kuchenna*) crockery
porcelanowy porcelain, china
porcja portion; (*np. jedzenia*) helping
poręba glade
poręcz handrail, rail; (*przy schodach*) banister; (*np. fotela*) arm[1]
poręczenie guarantee
poręczny handy
poręczyć → RĘCZYĆ
pornografia pornography
pornograficzny pornographic, blue[1]
poronić miscarry
poronienie miscarriage
porowaty porous
porozmawiać → ROZMAWIAĆ
porozumieni|e understanding, agreement, accord[1], settlement, consensus; rapport; **dochodzić do ~a** thrash sth out; **dojść do ~a** settle
porozumiewać/porozumieć się communicate; (*np. w obcym języku*) make yourself understood
porozumiewawczo meaningfully
porozumiewawczy meaningful
poród birth, childbirth, delivery, labour[1]; **odbierać/przyjmować ~** deliver
porównani|e comparison, parallel, contrast[2]; **bez ~a** without comparison, by far; **w ~u** (*z kimś/czymś*) by/in comparison (with sb/sth), compared with sb/sth, as people/things, etc. go; **w ~u do kogoś/czegoś** in/with relation to sb/sth
porównawczy comparative
porównywać/porównać compare, draw a comparison/a parallel, liken, weigh sth (against sb/sth); **nie dawać się porównać** not be a patch on sb/sth
porównywalny comparable
poróżnić divide, come between sb and sb
port port[1], harbour
portfel wallet
portier/ka porter, receptionist
portiernia reception, lodge[1]
portmonetka purse[1]
porto port[3]
portret portrait
portretować/sportretować portray
portretowanie portrayal
portwajn port[3]
porucznik lieutenant
poruszać: (*kogoś*) affect, move[2], stir; (*np. temat*) bring sth up; (*delikatny temat*) broach; **~ temat z kimś** take sth up with sb □ **poruszać się**: **~ w kierunku** (*czegoś/kogoś*) make for sb/sth
poruszający moving, emotional □ **poruszający się** moving
poruszanie movement, stir □ **poruszanie się** movement, motion
poruszenie: (*ogólne*) stir, flurry □ **poruszenie się**: **nagłe ~** surge
poruszony touched
porwać (się) → PORYWAĆ (SIĘ)
porwanie: (*dla okupu*) kidnapping; (*np. samolotu*) hijacking
porwanie się: (*na coś*) clutch
poryw: (*wiatru*) gust
porywacz/ka captor, kidnapper; (*np. samolotu*) hijacker
porywać/porwać grab, make off with sth; (*o wodzie*) sweep, wash[1]; (*dla okupu*) kidnap; (*np. samolot*) hijack; **~ kogoś dla okupu** hold sb to ransom; (*ogromnie zainteresować*) rivet[2] □ **porywać/porwać się**: (*na coś*) clutch at sth
porywająco irresistibly
porywający rousing, riveting, thrilling
porywczo impetuously, passionately
porywczy impetuous, passionate, fiery, violent
porząd|ek order[1], sequence; neatness; **ustalony ~ek** routine; **~ek dzienny** (*zebrania*) agenda; **wiosenne ~ki** spring-clean; **robić ~ek** tidy; **doprowadzać do ~ku** straighten, straighten sth out; **w ~ku** alright, very[1] well, OK; **nie w ~ku** wrong[1], amiss
porządkować/uporządkować tidy, sort[2], sort through sth; (*myśli*) compose
porządkowy: **liczebnik ~** ordinal
porządnie tidily, neatly
porządny neat
porzeczka currant; **czarna ~** blackcurrant; **czerwona ~** redcurrant
porzucać/porzucić leave[1],

abandon, turn your back on sb/sth[1], forsake, cast sb/sth off, dump, ditch; (*np. pracę, zajęcie*) quit
porzucenie desertion
porzucon|y abandoned, marooned; **~e dziecko/zwierzę** waif
posada post[2], position, appointment; **wolna ~** vacancy
posadzić → SADZAĆ
posag dowry
posapywać puff[2]
posąg statue
posegregować → SEGREGOWAĆ
poselstwo deputation
pos-eł/łanka Member of Parliament; **szeregow-y/a ~** backbencher
posępnie gloomily, sombrely, sullenly
posępność gloominess
posępny sombre, morose, sullen, dismal
posiadacz/ka possessor, proprietor, holder
posiadać possess, hold[1]; **nie ~** lack □ **posiadać się**: **nie ~** (*np. z radości*) be beside yourself (with sth), burst[1]
posiadani|e possession, ownership; **w ~u** in possession (of sth)
posiadłość estate, property
posiedzenie session, sitting, meeting
posiekać → SIEKAĆ
posił|ek meal; **pora ~ku** mealtime; **~ki** reinforcements
posiłkowy: **czasownik ~** auxiliary verb
posiniaczony black and blue
posiniaczyć bruise
poskramiać suppress, subdue, repress
posłanie message
posłaniec courier; go-between
posłannictwo vocation, mission
posłanni-k/czka messenger
posłodzić → SŁODZIĆ
posłuch authority, clout
posłuchać → SŁUCHAĆ
posługiwać/posłużyć się use[1], make use of sth/sb
posługiwanie się use[2]
posłuszeństwo obedience; (*np. królowej*) allegiance
posłusznie obediently
posłuszny obedient, submissive, docile; **być ~m** obey
posłużyć → SŁUŻYĆ
posmak flavour, tang, tinge; **mieć ~ czegoś** smack of sth
posmakowanie taste
posmarować → SMAROWAĆ
posoka gore[1]
posolić → SOLIĆ
posortować → SORTOWAĆ
pospiech → POŚPIECH
pospieszać → POŚPIESZAĆ
pospiesznie → POŚPIESZNIE
pospieszny → POŚPIESZNY
pospolity common[1], mundane; (*o pracy, zajęciu*) menial
posprzątać → SPRZĄTAĆ
posprzeczać się → SPRZECZAĆ SIĘ
post fast; **Wielki P~** Lent
posta|ć figure[1], form[1]; character; **główna ~ć** protagonist, hero, heroine; (*o portrecie, lustrze*) **w całej ~ci** full-length
postanawiać/postanowić: **~ coś zrobić** resolve, determine, set out to do sth
postanowienie decision, resolution, ruling[2]
postarać się → STARAĆ SIĘ
postarzać age[2]
postawa posture
postawić → STAWIAĆ
postawienie erection
posterunek post[2]; **~ policji** police station
postęp progress, progression, development, improvement, advance[2]; **robić ~y** progress, get ahead, get on/along, gain ground; **robić wielkie ~y** make great strides; **robić** (*z trudem*) **~y** make headway
postępować/postąpić behave; **~ z kimś** deal with sb
postępowani|e conduct, behaviour; **złe/nieprofesjonalne ~e** misconduct; **~e prawne** proceedings; **sposób ~a** procedure; **normalny tok ~a** a matter of course
postępowo progressively
postępowy progressive
postój stop[2]; **~ taksówek** taxi rank
postrach fright, terror; **siać ~** terrorize
postradać forfeit
postraszyć → STRASZYĆ
postronn|y: **osoba ~a** third party
postrzał gunshot
postrzegać conceive; **~ kogoś/coś jako** look on sb/sth as sth
postrzeganie perception
postrzelić shoot[1], gun sb down
postrzelony: (*zwariowany*) potty[1]
postrzępiony frayed, ragged, jagged
postscriptum postscript
postument: (*np. kolumny, pomnika*) pedestal
postura posture, frame[1]
posunąć → POSUWAĆ, SUNĄĆ
posunięci|e move[1]; **~a** movements
posuwać/posunąć: (*coś naprzód*) get sth moving; **~ ostrożnie/pomału** edge[2]; **~ naprzód** (*np. wskazówki zegara*) put sth forward □ **posuwać się**: (*do przodu*) move[2], progress, advance[1], get somewhere (with sb/sth), make headway, push ahead/forward (with sth); **~ dalej/naprzód** move on (to sth); **~ ostrożnie/pomału** edge[2]; **~ powoli** creep[1]; (*np. dalej*) move across/along/down/over/up; **za daleko się posunąć** go too far
posuwanie się: (*do przodu*) move[1], progress, advance[2]
posyłać/posłać send; (*kogoś*) send sb round; (*po kogoś/coś*) send for sb/sth; **~** (*towary*) **morzem** ship[2]; (*np. swoją opinię, zamówienie*) write in (to sb/sth) (for sth), write off/away (to sb/sth) (for sth)
posypać → POSYPYWAĆ, SYPAĆ
posypywać/posypać sprinkle
poszanowanie respect, observance
poszarpać → SZARPAĆ
poszarpany ragged; (*o terenie*) rugged
poszatkować → SZATKOWAĆ
poszczególny individual, respective
poszczycić się → SZCZYCIĆ SIĘ
poszerzać/poszerzyć broaden, widen; **~ działalność** branch out (into sth); (*np. sukienkę*) let sth out/down □ **poszerzać/poszerzyć się** broaden, widen, open out
poszewka pillowcase
poszkodowan|y injured
poszlakowy: **dowód ~** circumstantial
poszperać → SZPERAĆ
poszukiwacz/ka searcher
poszukiwać search, seek, be after sb/sth; **poszukiwany** wanted, sought after
poszukiwani|e search, quest, exploration; **w ~u** in search of sb/sth
poszukiwawcz|y exploratory; **ekspedycja ~a** search party
poszybować → SZYBOWAĆ
pościć fast[3]
pościel bedding, bedclothes
pościg chase[2]
pośladek buttock
pośledni inferior
pośledniość inferiority
poślizg skid; **wpadać w ~** skid
poślizgnąć się slip[1], slide[1]
pośliźnięcie się slip[2]
poślubiony married; **świeżo ~** newly-wed
pośmiertnie posthumously
pośmiertny posthumous
pośmiewisko laughing stock, butt[2] of sb's jokes
pośpiech haste, hurry, rush[2]; **w ~u** in a hurry, in haste; **w wielkim ~u** against the clock[1]
pośpieszać/pośpieszyć hasten
pośpiesznie hastily, hurriedly, in a hurry; **~ coś robić** rush[1]
pośpieszny hasty, hurried; (*o pociągu*) through train
pośpieszyć się → ŚPIESZYĆ SIĘ
pośredni indirect, intermediate, circumstantial
pośrednictw|o: (*w rozwiązywaniu sporu*) mediation; **za ~em** through, by means of, via, care of sb; **biuro ~a pracy** employment agency
pośredniczyć: (*w rozwiązywaniu sporu*) mediate; **pośredniczący w czymś** instrumental
pośredni-k/czka middleman; (*w rozwiązywaniu sporu*) mediator, intermediary; **~ w handlu nieruchomościami** real estate agent
pośrednio indirectly
pośrodku between
pośród amid, among, midst

poświadczać/poświadczyć certify, witness, corroborate
poświęcać/poświęcić sacrifice, devote, dedicate, commit, give[1]; (*np. pieniądze, czas, energię*) expend
poświęcający się self-sacrificing; (*czemuś*) dedicated
poświęcenie devotion, commitment; (*relig.*) consecration □ **poświęcenie się** devotion, dedication, self-sacrifice
poświęcić → ŚWIĘCIĆ
pot sweat, perspiration; **zapach ~u** BO; **oblany ~em** sweaty; **oblany zimnym ~em** in a cold sweat
potajemnie secretly, furtively
potajemn|y clandestine, furtive, underhand; **~e działanie** stealth
potargać → TARGAĆ
potargany: (*na wietrze*) windswept, tousled
potasować → TASOWAĆ
potem then, afterwards, later on, next[2]
potencja potency
potencjalnie potentially
potencjalny potential
potencjał potential
potentat/ka: (*np. handlow-y/a*) tycoon
potęga power, might[2], force[1], strength; **trzecia ~** (*w matematyce*) cube
potępiać/potępić condemn, denounce, damn[1], deplore, frown on/upon sth
potępienie condemnation, denunciation; **skazywać na ~** damn[1]
potężnie powerfully
potężny powerful, mighty
potknąć się → POTYKAĆ SIĘ
potknięcie blip; **drobne ~** hiccup
potłuc → TŁUC
potoczenie (się) roll
potocznie colloquially
potoczny colloquial
potoczyć (się) → TOCZYĆ (SIĘ)
potok: (*np. wody, ludzi*) stream; (*np. wody, obelg*) torrent; **wyrzucać/wylewać ~i czegoś** gush
potomek descendant, offspring
potomność posterity
potomstwo offspring
potop deluge
potrafić can[1], know how (to do sth), manage
potrajać/potroić (się) triple, treble[1]
potraktować → TRAKTOWAĆ
potrawka casserole
potrącać/potrącić: **~ kogoś** (*np. samochodem*) knock sb down; (*podatki*) deduct
potrącenie poke, push; (*odjęcie*) deduction; **przed ~m** gross
potrójny triple, treble[1]
potrzask trap
potrząsać/potrząsnąć shake[1], brandish; **~ głową na znak odmowy** shake your head
potrząśnięcie shake[2]; **~ głową** toss
potrzeb|a need[3], necessity, requirement, want[2]; **~y** purposes; **nagła ~a** urgency; **w razie ~y** at a pinch
potrzebny necessary
potrzebować need[1,2], require, want[1]
potrzebujący needy, deprived
potrzeć → POCIERAĆ, TRZEĆ
potrzymać → TRZYMAĆ
potulnie meekly
potulność meekness
potulny meek
potwarz slander, smear
potwierdzać/potwierdzić confirm, affirm, support, verify, corroborate, back sb/sth up; **~ czyjeś słowa/zdanie** bear sb/sth out
potwierdzenie confirmation, affirmation, verification, corroboration, endorsement
potwornie desperately
potworność monstrosity, enormity
potworny monstrous, ghastly, gruesome
potwór monster, ogre
potyczka skirmish
potykać/potknąć się: (*o coś*) stumble, trip
pouczać: (*kogoś*) preach; show sb the ropes
pouczający informative, instructive
poufale intimately
poufałość familiarity
poufały familiar
poufność confidentiality
poufn|y confidential, private, inside[1]; **~a informacja** tip-off
powab lure, attraction, enticement
powabny enticing, sultry
powag|a seriousness, gravity[2], enormity; dignity; (*np. problemu, sytuacji*) severity; **zachowywać ~ę** keep a straight face
poważać respect[2]
poważanie respect[1], deference; **z ~m** respectfully; (*w listach*) yours
poważany respectable
poważnie seriously, earnestly, in earnest, severely, badly; (*np. chory*) gravely; **czy mówisz ~?** are you serious?; **traktować ~** take sb/sth seriously
poważny serious, grave[1], earnest, solemn, severe, bad, grim, dire; (*o ofercie*) firm[2]; (*muzyka*) classical
powąchać → WĄCHAĆ
powątpiewanie doubt; **z ~m** dubiously
powiadamiać/powiadomić inform, notify
powiadomienie notification
powiadomiony notified; **nie ~** unaware
powiastka tale
powiązani|e link, relation, affiliation; **bez ~a** disjointedly
powiązany related; **wzajemnie ~** interrelated; **nie ~** disjointed
powiązywać/powiązać bind, relate, interrelate □ **powiązywać/powiązać się** interrelate
powiedzeni|e saying, adage; catchphrase, byword; **mieć coś do ~a** have something to say[2]
powiedzieć → MÓWIĆ
powieka eyelid
powielać/powielić duplicate[2]
powiel-anie/enie duplication, reproduction
powiernictwo trust[1]
powierni-k/czka trustee
powierzać/powierzyć: (*np. coś czyjejś opiece*) entrust, consign
powierzchni|a surface, area; **wypływać na ~ę** surface
powierzchownie superficially
powierzchowność exterior, surface; superficiality, shallowness
powierzchowny superficial, shallow, cosmetic, cursory, skin-deep
powiesić → WIESZAĆ
powieszenie: (*kara śmierci*) hanging
powieściopisa-rz/rka novelist
powieściowy fictional
powieść novel[1]; **~ detektywistyczna** detective story; **~ z dreszczykiem** thriller
powieść się succeed; **nie ~** come unstuck
powietrz|e air[1]; **podmuch ~a** blast[1]; **wypuszczać ~e** deflate; **wysadzać w ~e** explode; **wisieć w ~u** be in the air, be brewing; **świeże ~e** a breath of fresh air; **na świeżym ~u** in the open air, outdoor, out of doors
powietrzny aerial[2]; (*np. desant*) airborne
powiew: **~ świeżego powietrza** a breath of fresh air; (*np. zwycięstwa*) scent
powiewać: (*o fladze itp.*) fly[1], flutter; (*o włosach, ubraniu*) flow; (*jak tren na wietrze*) trail
powiększać/powiększyć enlarge, expand, magnify, extend, escalate, heighten; (*np. obraz*) blow sth up □ **powiększać/powiększyć się** enlarge, expand, escalate, heighten, swell
powiększenie enlargement, magnification □ **powiększenie się** increase[2], escalation
powijak|i: **w ~ach** in its infancy
powikłanie complication
powikłany intricate, complicated
powinien should, ought to; you, etc. had better; **~ był** should have
powinność duty
powinowat-y/a relative[1], relation; **powinowaci** kin
powitać → WITAĆ
powitanie greeting, welcome
powlekać/powlec coat
powłoczka pillowcase
powłoka coating; **cienka ~** film[1]
powłóczenie: **~ nogami** shuffle
powłóczyć: **~ nogami** shuffle
powodować/spowodować cause, induce, produce, trigger, bring about, bring sth on, be responsible

powodzenie success, luck, joy; **osiągać ~** get on, good luck (to sb)
powodzić się succeed[1] (in sth/in doing sth); **dobrze ~** prosper, get on/along; **dobrze/źle się komuś powodzi** be well/badly off
powojenny post-war
powojnik clematis
powoli slowly, slow[2]
powolnie lazily
powolność slowness
powolny slow[1], sluggish
powołanie vocation; ~ (*czegoś*) **do życia** creation
powoływać/powołać: (*np. do wojska*) call sb/sth up, conscript □ **powoływać/powołać się** refer
powonienie smell[1]
powód cause, reason[1], call[1], trigger; **z powodu** because of, owing to, for[1]; (*prawn.*) **powód/ka** plaintiff
powództwo complaint; (*prawn.*) **odpierać ~** defend
powódź flood[2]
powóz carriage
powracać/powrócić return[1]; (*np. do poprzedniego stanu, właściciela*) revert; **~ do zdrowia** (*np. w sanatorium*) convalesce; **~ do poprzedniego stanu po okresie poprawy** relapse
powracający recurrent
powrotny return[2], homeward; **bilet ~** return[2]
powrót return[2]; **~ do zdrowia** recovery; (*np. na scenę*) comeback; **~ do domu/ojczyzny** homecoming; **tam i z powrotem** to and fro
powróżyć → WRÓŻYĆ
powstanie rising, uprising, insurrection
powstaniec rebel
powstawać/powstać stand up; (*pojawiać się*) emerge; (*przeciw komuś/czemuś*) rebel, rise[2]
powstrzymanie (się) restraint; (*od czegoś*) abstinence
powstrzymywać/powstrzymać: (*kogoś/coś od czegoś*) restrain; (*kogoś*) inhibit; (*np. ziewnięcie*) suppress, hold sth back; **~ kogoś przed czymś/robieniem czegoś** keep sb from sth/from doing sth □ **powstrzymywać/powstrzymać się**: (*od czegoś*) abstain, refrain[1]
powstrzymywanie restraint, suppression
powstrzymywany: (*o uczuciach itp.*) pent up
powszechnie commonly, universally
powszechny common[1], universal
powszedni everyday; **dzień ~** weekday
powściągliwie stolidly
powściągliwość restraint, reserve[2], moderation
powściągliwy restrained, reserved
powtarzać/powtórzyć repeat; (*materiał do egzaminu*) revise; **~ jak echo** echo □ **powtarzać/powtórzyć się** recur
powtarzający się repetitive, recurrent, repeated
powtarzanie (się) repetition
powtórka repetition; (*materiału*) revision; (*np. programu TV*) repeat
powyciągać się → WYCIĄGAĆ SIĘ
powyciągany shapeless
powykręcany twisted, mangled
powyżej above, plus, overhead
poz|a: (*rzecz.*) pose, front; **przybierać (jakąś) ~ę** pose; (*przyimek*) beyond, past; **~a tym** besides, otherwise, moreover
pozalekcyjny extra-curricular
pozamykać → ZAMYKAĆ
pozaszkolny extra-curricular
pozazdroszczeni|e: **godny ~a** enviable
pozbawiać/pozbawić deprive, rob, do sb out of sth
pozbawienie deprivation, denial
pozbawiony devoid, void (of sth)
pozbierać: (*myśli*) collect □ **pozbierać się** recover, bounce back
pozbycie się: (*czegoś*) disposal
pozbywać/pozbyć się dispose of sb/sth, dispense with sb/sth; do away with sb/sth, be/get rid of sb/sth
pozdrawiać/pozdrowić greet, give/send sb your love
pozdrowieni|e greeting; (*oficjalnie*) **~a** regards[2]; (*w nieformalnych listach*) **~a** love[1]; **przesyłać ~a** give/send sb your love
pozer/ka show-off
poziom level[2], standard; plane[2]; **~ morza** sea level; **być na ~ie** be/come up to scratch; **być na ~ie** (*kogoś/czegoś*) be pitched; (*o przedstawieniu itp.*) **na wysokim ~ie** polished
poziomo horizontally
poziomować/wypoziomować level[3]
poziomy level[1], horizontal
pozłota gilt
pozmieniać rearrange
pozmywać wash, wash up
poznawać/poznać recognize, know; (*kogoś*) meet, get to know sb
poznawanie recognition; (*uczenie się*) learning
pozornie seemingly, apparently
pozorny seeming, apparent
pozorować pretend
pozostałoś|ć remnant, residue; **~ci** remains
pozostały remaining, other
pozostawać/pozostać remain, stay; (*np. na stanowisku*) continue; (*np. na wysokości, poziomie*) stand[1]; (*np. w tyle*) stay behind; **~ komuś wiernym** stick by sb
pozostawić leave (sb/sth), leave (sb/sth) behind
pozostawiony left, abandoned; (*np. na lodzie*) stranded
pozować: (*na kogoś/coś*) pose
poz|ór pretence, semblance, façade; **~ory** make-believe; **na ~ór** outwardly, apparently; **pod żadnym ~orem** not on any account, on no condition
pozwać: **~ do sądu** summon, sue, take sb to court
pozwalać/pozwolić let[1], allow, permit; (*na coś*) consent, sanction; **(nie) móc (sobie) pozwolić** (*na coś*) afford
pozwan|y: **strona ~a** defence; (*rzecz.*) **~y/a** defendant
pozwolenie permission, permit, consent, sanction, licence; **~, żeby coś zacząć** go-ahead; **otrzymać ~** get the green light
pozycja position, place[1], lot, post[2]; (*społeczna*) status, standing, stature; (*ciała*) posture; (*np. w spisie*) item; (*np. w konkursie*) entry
pozyskiwać/pozyskać gain; (*sobie*) endear; **~kogoś** buy sb off; **~ kogoś do czegoś** win sb over/round (to sth)
pozytywnie positively
pozytywny positive
pożałować → ŻAŁOWAĆ
pożałowani|e regret; **godny ~a** unfortunate, regrettable
pożar fire[1], blaze[1]
pożądać desire[2], lust, covet, hunger for/after sth
pożądanie desire[1], lust, craving
pożądany desirable, welcome
pożądliwie lustfully, hungrily
pożądliwy lustful, randy
pożegnać się → ŻEGNAĆ SIĘ
pożegnalny farewell
pożegnanie farewell, parting
pożerać/pożreć devour, gobble
pożyci|e: **łatwy w ~u** easygoing
pożyczać/pożyczyć: (*komuś*) lend, loan; (*od kogoś*) borrow
pożyczając-y/a: (*komuś*) lender; (*od kogoś*) borrower
pożyczk|a loan; credit[1]; **~a bezprocentowa** interest-free loan
pożyczkodawca lender
pożyczony loaned, on loan
pożytecznie usefully
pożyteczność usefulness
pożyteczny useful, profitable
pożytek benefit, use[2], usefulness, utility, mileage, good[2]; **odnosić ~** profit from sth
pożywienie nourishment
pożywny nutritious
pójść → CHODZIĆ
pół half[2]; **dzielić na ~** halve; **~ na ~** fifty-fifty
półfinalist-a/ka semi-finalist
półfinał semi-final
półgłos undertone; **~em** in undertones; **mówić ~em** murmur
półka shelf; (*na bagaż, np. w wagonie*) rack[1]; **~ nad kominkiem** mantelpiece
półkole semicircle
półkula hemisphere
półmisek dish[1]
półmrok dusk
północ midnight; (*kierunek*) north; **na ~** north, northward, northbound; **z ~y** north, northerly

północno-wschodni north-east, north-easterly, north-eastern
północno-zachodni north-west, north-westerly, north-western
północny north, northern, northerly; ~ **wschód** north-east; ~ **zachód** north-west
północ minim
półpiętro landing
półprodukt: ~y convenience food
półszept undertone
półszeptem in undertones
półton semitone
półwysep peninsula
późnić się: (*o zegarze*) be slow
później next[2], afterwards, after, later on, subsequently, thereafter
późniejszy later, latter, subsequent
późno late; **dość** ~ latish; **za** ~ belatedly; **robi się** ~ it's getting on
późny late; **dość** ~ latish
pra- great-
prababka great-grandmother
prac|a work[1], job, labour[1]; **miejsce** ~y workplace; (*naukowa*) study[1]; (*badawcza/naukowa*) research; (*np. magisterska*) dissertation, thesis; ~e proceedings; (*komputera, maszyny*) operation; **dorywcze** ~e odd jobs; **mozolna** ~a slog; ~a **dodatkowa** sideline; ~e **domowe** housework; ~a **domowa** (*zadana w szkole*) homework; ~a **przygotowawcza** groundwork; ~e **remontowe** restoration; ~a **społeczna** social work, community service; ~e **wykopaliskowe** excavation; ~a **zespołowa** teamwork; **bez** ~y unemployed
pracodaw-ca/czyni employer
pracoholi-k/czka workaholic
pracować work[2]; (*ciężko*) labour[2]; **pracujący na własne konto** self-employed
pracowicie laboriously, busily
pracowity hard-working, industrious
pracownia study[1]; (*artysty*) studio
pracowniczy working
pracowni-k/czka/ca employee, worker; ~ **działu zakupów** buyer; **pracownik fizyczny** blue-collar worker; **pracownik naukowy** academic; **pracownik paramedyczny** paramedic; **pracownik socjalny** social worker; **pracownik umysłowy** (*urzędnik*) white-collar worker
pracując|y working; **klasa** ~a the working class
prać/wyprać wash[1] □ **prać / wyprać się** wash[1]
pradziadek great-grandfather
pragmatyczny pragmatic
pragnąć/zapragnąć desire[2], want, crave, lust, be dying for sth/ to do sth
pragnienie thirst, desire[1], craving, longing, yearning; (*być*) **obiektem pragnień/marzeń** to die for
praktycznie practically
praktyczn|y practical, functional, businesslike, down-to-earth; (*o przedmiotach*) non-academic; **strona** ~a practicalities; ~a **zasada** a rule of thumb
praktyk practitioner
praktyka experience, practice; (*np. praca lekarza, adwokata*) practice; ~ **zawodowa** work experience
praktykować practise; ~ **w przychodni** be in general practice
praktykując|y: ~y **lekarz/ adwokat** practitioner; **osoba** ~a (*religijna*) churchgoer
pralka washing machine
pralnia laundry; ~ **samoobsługowa** launderette; ~ **chemiczna** dry-cleaner's
prani|e: **bielizna do** ~a laundry; (*czynność prania*) washing; ~e **mózgu** brainwashing
prapremiera preview
prasa press[1]; ~ **drukarska** printing press
prasować iron[2], press[2]
prasowanie press[1]; (*rzeczy do prasowania lub wyprasowane*) ironing
prasow|y press[1]; **konferencja** ~a press conference
praw|da truth; **święta** ~**da** gospel; ~**dę powiedziawszy** actually; ~**dę mówiąc** as a matter of fact; **spójrzmy** ~**dzie w oczy** let's face it
prawdomówny truthful
prawdopodobieństwo probability, likelihood, odds
prawdopodobnie probably, most/ very likely
prawdopodobny probable, likely, possible, on the cards
prawdziwie truly, genuinely
prawdziwy true, authentic, genuine, real, for real
prawica right[1]
prawicowy right-wing
prawicz-ek/ka virgin
prawidłowo correctly, properly
prawidłowość correctness
prawidłowy correct[1], proper
prawie: ~ (**że**) almost, nearly; ~ (**nigdy/nikt/wcale nie**) hardly
prawniczy legal
prawnie rightfully, legally
prawni-k/czka lawyer, attorney; **prawnicy** the legal profession
prawnuczka great-granddaughter
prawnuk great-grandson
prawn|y legal; **moc** ~a validity; **nie mający mocy** ~**ej** null and void
praw|o law, legislation; principle; ~**o autorskie** copyright; ~**o zwyczajowe** common law; (*uprawnienie*) right[4], power (to do sth); (*do czegoś*) claim[2]; ~**a człowieka** human rights; ~**o głosu** vote; ~**o jazdy** driving licence; ~**a obywatelskie** civil rights; ~**o opieki** custody; ~**o przejścia** (*droga publiczna na prywatnej ziemi*) right of way; ~**o pierwszeństwa** right of way; **w granicach** ~**a** legitimately; **według** ~**a** legally; **zgodność z** ~**em** legality; **mieć** ~**o** be within your rights (to do sth); **otrzymywać** ~**a** qualify; **nie mający** ~**a** ineligible; **na równych** ~**ach** be on equal terms (with sb); (*kierunek*) **na** ~**o** to the right
prawodawstwo legislation
prawomyślny law-abiding
praworęczny right-handed
praworządność law and order
praworządny law-abiding
prawosławny orthodox; **kościół** ~ Orthodox Church
prawostronny right-hand
prawość honesty, integrity
prawowierny orthodox
prawowity lawful, legitimate, rightful
praw|y right[1]; righteous, honest; ~**a strona** right[1]; **po** ~**ej stronie** on the right, right-hand
prażony roast
prażyć roast
prącie penis
prąd: (*elektryczny*) current[2], electricity; (*np. rzeczny*) current[2]; **z** ~**em** downstream; **pod** ~ upstream; (**śmiertelne**) **porażenie** ~**em** electrocution
prądnica generator, dynamo
prążek stripe
prążkowany striped
precedens precedent; **stwarzać** ~ set a precedent; **bez** ~**u** unprecedented
precjoza valuables
precyzja precision, accuracy, exactness
precyzować/sprecyzować specify, establish, pinpoint, spell sth out, get sth straight
precyzyjnie finely
precyzyjny precise, exact; (*o rozkazie*) strict
preferencja preference
preferencyjny preferential
preferować prefer
prehistoryczny prehistoric
prekursor forerunner
prelekcja lecture, talk[2]
preludium prelude
premedytacj|a: **z** ~**ą** premeditated, wilfully
premia bonus
premier premier, prime minister
premiera première
prenatalny antenatal
prenumerata subscription
prenumerator/ka subscriber
prenumerować/ zaprenumerować subscribe
preparować/spreparować: (*np. lekarstwo, miksturę*) mix, concoct; **spreparować** (*nieprawdę*) cook sth up
preria prairie
prerogatywa prerogative
presj|a pressure; **wywierać** ~**ę** pressurize, put pressure on sb (to do sth); **pod** ~**ą** under pressure
prestiż prestige
prestiżowy prestigious, prestige
pretekst pretext
pretendent/ka contender; (*do stanowiska*) challenger
pretensja claim, demand, pretence

pretensjonalny pretentious; (*w odniesienu do sztuki*) arty
prewencyjny preventive
prezencj|a appearance, presence; **mający dobrą ~ę** presentable
prezent gift, present[2]
prezentacja presentation
prezenter/ka: (*programu radiowego/telewizyjnego*) presenter, announcer; (*wiadomości radiowych/telewizyjnych*) newscaster
prezentować: (*np. program radiowy/telewizyjny*) present[3]; (*strój na pokazie mody*) model[2]
prezerwatywa condom
prezes/ka president, chairperson, chairman, chairwoman
prezesura chairmanship
prezydencki presidential
prezydent president
prezydentura presidency
prędki quick, swift, speedy
prędko quickly, swiftly, speedily
prędkość speed, velocity
pręg|a stripe; **w ~i** striped; **pokryty ~ami** streaked
pręgowany striped, streaked
pręt rod
prężność suppleness, buoyancy; (*działania*) dynamism
prężny supple, buoyant
prima: (*jakość*) prime; **~ aprilis** April Fool's Day
primaaprilisow|y: **ofiara żartu ~ego** April Fool
priorytet priority
probierz gauge, yardstick
problem issue, problem, liability, bug; concern[2], responsibility; **stwarzać ~y** rock the boat[2]
problematyczny problematic
proboszcz: (*w Kościele Anglikańskim*) vicar, rector
probówka test tube
proc|a catapult; **strzelać z ~y** catapult
procedura procedure
procent per cent, percentage, interest[1]
procentowo per cent
procentow|y per cent; **stopa ~a** interest[1]; **stosunek ~y** percentage
proces process; **~ sądowy** trial, lawsuit
procesja procession
procesować się sue
proch powder; **~y** ash[2]es; **~ strzelniczy** gunpowder
producent/ka producer, manufacturer, maker
produkcja production, manufacture, output; (*np. sztuka, film*) production
produkować/wyprodukować produce, make[1]; (*maszynowo*) manufacture; (*szybko i w dużych ilościach*) churn sth out
produkowanie making
produkt product; **~ końcowy** end product; **~ uboczny** by-product; **~y mleczne** dairy products; **~y zbożowe** grain[1]; **~ krajowy brutto** GDP; **~ narodowy brutto** GNP
produktywność productivity
produktywny productive
profesja occupation, profession
profesjonalist-a/ka professional
profesjonalizm professionalism
profesjonalnie professionally
profesor professor
profil profile; (*techn.*) section
profilaktyczny preventive
profilaktyka prevention
profilowany moulded
prognoza projection, forecast; **~ pogody** weather forecast
prognozować forecast
program: (*np. telewizyjny*) programme, broadcast; **~ dokumentalny** documentary; **~ rozrywkowy** variety show; (*kanał*) channel; (*np. koncertu*) bill[1]; (*np. teatralny*) programme; (*np. działania*) programme, scheme; **~ komputerowy** program; **~ nauczania** curriculum, syllabus; **~ użytkowy** utility
programist-a/ka programmer
programować/zaprogramować programme; (*komputer*) program
projekcja projection, showing
projekt plan, proposal, design, project[1]; **~ ustawy** bill[1]
projektant/ka designer; **~ wnętrz** interior designer
projektor projector
projektować/zaprojektować design, plan, project[2], lay sth out, engineer[2]; (*krajobraz*) landscape
projektowanie design; **~ wnętrz** interior design
proklamacja proclamation
proklamować proclaim
prolog prologue
prolongata extension
prom ferry
promenada promenade
promienieć shine
promieniejący radiant
promieniotwórczość radioactivity
promieniotwórczy radioactive
promieniować radiate; (*szczęściem, zdrowiem*) glow, beam
promieniowanie radiation, radioactivity; **~ rentgenowskie** X-ray
promieniście radiantly; **rozchodzić się ~** radiate
promienny radiant
promień ray; **~ słońca** sunbeam; **~ światła** shaft; (*okręgu*) radius
promocja: (*towaru*) promotion
promotor/ka supervisor
promować promote; **publicznie** (*coś*) **~** plug
promowanie promotion
propaganda propaganda
propagować/rozpropagować popularize
propan propane; **gaz ~ butan** Calor gas
proponować/zaproponować suggest, propose, put sth to sb, offer
proporcja proportion; **widzieć coś we właściwych ~ch** in perspective
proporcjonalny proportional; **system ~** (*w wyborach politycznych*) proportional representation
propos: **à ~** incidentally
propozycja suggestion, proposal, proposition, offer
proroctwo prophecy
proroczy prophetic
prorok/ini prophet
prorokować/wyprorokować prophesy, predict
prosiak piglet
prosić/poprosić ask; **usilnie ~** entreat □ **prosić się**: **(aż) się prosić o coś** cry out for sth
proso millet
prospekt prospectus, brochure, pamphlet
prosperity prosperity
prosperować prosper; **doskonale ~** thrive, boom[1]
prosperujący: **dobrze ~** successful
prostacki common[1], coarse, gross
prostactwo vulgarity
prosto direct[1], straight[2]; upright; **iść ~ przed siebie** follow your nose; (*zwyczajnie*) simply; (*np. ubrany*) plainly
prostodusznie naively, innocently
prostoduszność naivety
prostoduszny naive, innocent
prostokąt rectangle
prostokątny rectangular
prostolinijny straight[1], straightforward, forthright
prostopadły perpendicular
prostota simplicity
prostować align, straighten □ **prostować się** straighten
prostowanie alignment
prost|y straight[1]; direct[1]; erect[1]; (*łatwy*) simple; (*o odpowiedzi itp.*) straight, straightforward; bald; (*o osobie*) simple, plain[1], homely; **po ~u** simply, merely; **kąt ~y** right angle
prostytucja prostitution
prostytutka prostitute
prosz|ek powder, mix[2]; **~ek do prania** washing powder; **w ~ku** powdered, dried
proszę please; **tak, ~** yes, please; (*podając coś*) there you are, here; **i ~** (*przy objaśnieniach*) there you are; **~ bardzo** you're welcome, be my guest
prośb|a request; **usilna ~a** plea; **~a o informację** inquiry; **pisemna ~a** petition; **pisać do kogoś z ~ą** (*np. o informacje, foldery*) send off (for sth); **na ~ę** at sb's request/at the request of sb
protagonista protagonist
proteina protein
protekcja favouritism
protekcjonalnie patronizingly, condescendingly; **traktować** (*kogoś*) **~** patronize, condescend
protekcjonalność condescension
protekcjonalny patronizing, condescending
protektor/ka protector, patron; (*bieżnik opony*) tread

protest protest[1]
protestancki Protestant
protestant/ka Protestant
protestować/zaprotestować protest[2], object[2]; **zażarcie ~** be up in arms; **protestując** under protest
protestując-y/a protester, objector
proteza: **~ zębowa** false teeth
protokół record[1], minute[1]
prototyp prototype
prowadząc-y/a coordinator
prowadzenie conduct[1], lead[2]; (*np. biura*) running; **wychodzić na ~** forge ahead
prowadzić lead[3], guide[2], shepherd, walk[1]; **~** (*kogoś*) **krokiem marszowym** march[1]; (*o drodze itp.*) go[1]; **dalej ~** continue, pursue, follow sth up; (*pojazd mechaniczny*) drive[1]; (*np. sklep*) manage, run[1], keep[1]; (*np. czas*) pass[2]; **~ prace badawcze/naukowe** research; **~ dochodzenie** investigate; (*np. interesy, usługi*) operate; (*np. wojnę, akcję*) wage[2]; (*np. zapiski*) keep[1]; (*rozmowę*) hold[1], carry sth on; **~ sprawę sądową** prosecute; **~ czyjąś sprawę** (*w sądzie*) plead □ **prowadzić się** conduct[2]
prowincja province; (*wieś*) country
prowincjonalny provincial
prowizja commission
prowizorycznie provisionally, temporarily
prowizoryczny provisional, temporary, makeshift, tentative
prowokacja provocation, instigation
prowokacyjnie provocatively
prowokacyjny provocative
prowokować/sprowokować provoke, instigate, induce, goad
prowokowanie provocation
proza prose
prozaiczny mundane, commonplace, pedestrian
prób|a attempt, try[2], endeavour, test[1], trial, trial run, shot[1], go[2]; (*metali szlachetnych*) hallmark; **poddawać kogoś/coś ~ie** put sb/sth to the test[1]; **poddawać ~ie** try sb/sth out; **wystawiający na ~ę** taxing; **tytułem ~y** tentatively; **metoda ~ i błędów** trial and error; (*np. sztuki*) rehearsal; **robić ~ę** rehearse
próbka sample, specimen
próbn|y pilot; (*o egzaminie itp.*) mock[2]; **okres ~y** (*w nowej pracy*) probation; **bieg ~y** trial run
próbować try[1], attempt, endeavour, to have a go (at sth/doing sth), have a stab at sth/doing sth, have a bash (at sth), give sth a whirl, seek (to do sth); **spróbować sił** have a crack (at sth/at doing sth); (*potrawę/napój*) taste[2], sample; (*np. sztukę*) rehearse; **~ coś robić po raz pierwszy** try your hand at sth[1]
próchnica rot
próchnieć/spróchnieć decay
prócz: **~ tego** except[1]
pr|óg threshold, on your doorstep; **u ~ogu** on the verge of sth/doing sth; **przekraczać ~óg** set foot (in/on sth); **~ogi** (*na rzece*) rapids
prószyć: (*o śniegu*) snow[2]
próżnia vacuum, void
próżniactwo laziness
próżniaczy lazy
próżniak bum[2]
próżno: **na ~** in vain
próżność vanity
próżnować lie back
próżny vain; (*o wysiłku itp.*) vain, idle; (*pusty*) void
pruć belt, rip, bomb along/down/up, etc., bomb □ **pruć się** come apart
pruderyjny prudish
prychać snort, splutter; **pogardliwie ~** blow a raspberry at sb
prychanie splutter
prychnięcie snort
prym lead[2]
prymitywnie crudely
prymitywny primitive, crude
pryskać/prysnąć splash, spray
pryszcz spot[1], pimple
pryszczaty spotty
prysznic shower; **brać ~** have a shower
prywatka party, get-together
prywatnie privately, in private, personally, informally
prywatność privacy
prywatny private, personal
prywatyzacja privatization
prywatyzować/sprywatyzować privatize
prząść/uprząść spin
prze- over-
przeanalizować → ANALIZOWAĆ
przebaczać/przebaczyć forgive, pardon[2]
przebaczenie forgiveness
przebarwiać/przebarwić (się) discolour
przebici|e: **nie do ~a** impenetrable; **~e opony** blowout
przebić → PRZEBIJAĆ
przebiegać/przebiec proceed; **~ wzrokiem po** scan; (*np. przez punkty programu*) run through sth; **~ palcem** run[1] your finger down, etc. sth
przebiegle cunningly, slyly, craftily, deviously
przebiegłość cunning
przebiegły cunning, crafty, wily, artful, devious, fiendish, slick[1], tactical
przebierać/przebrać disguise; (*wybredzać*) pick and choose □ **przebierać się**: (*w coś*) change[1], dress[2]; (*za kogoś/coś*) disguise yourself, dress up
przebieralnia changing room
przebieranie się: (*o mężczyźnie*) **~ za kobietę** drag[1]
przebijać/przebić pierce, puncture, punch[3], penetrate, pop[2] □ **przebijać/przebić się** penetrate
przebijak punch[3]
przebijanie się: (*przez coś*) penetration
przebiśnieg snowdrop
przebitka carbon copy
przebit|y: **~a opona/dętka** puncture
przebłysk glimmer, gleam; (*uczucia*) flicker; (*np. talentu*) flash[1] of inspiration, spark; **~ nadziei** a ray of hope
przebojowy pushy
przeboleć: **~ coś** get over sth
przeb|ój hit[2], blockbuster; (*np. piosenka, film*) smash; **lista ~ojów** the charts
przebrani|e disguise; **~e na bal maskowy itp.** fancy dress; **w ~u** in disguise
przebrnąć → BRNĄĆ
przebudowa redevelopment
przebudowywać/przebudować redevelop, convert[1]
przebudzenie awakening
przebyci|e: (**możliwy**) **do ~a** passable; **nie do ~a** impassable
przebywać reside, sit, cover[1]; (*daną odległość*) travel
przebywani|e: **miejsce ~a** habitation
przecedzić → CEDZIĆ
przecena sale
przeceniać/przecenić overrate, overestimate; (*np. cenę odzieży*) mark sth down
przeceniony cut-price, on sale
przechadzać się stroll, saunter, walk[1]
przechadzka stroll, walk[2]
przechodni: (*o czasowniku*) transitive
przechodzący passing
przechodzić/przejść: (*przez coś*) cross[2]; (*przez coś, obok czegoś*) pass[2], pass by (sb/sth), go by; **~ na wyższy poziom** graduate[2]; (*ciężkie chwile*) go through sth; (*np. operację*) undergo; **~ przegląd** service; (*o chorobie*) clear up; (*o bólu itp.*) go[1]; (*o cechach, nastroju itp.*) **~** (*na kogoś*) rub off (on/onto sb); **~ z rąk do rąk** change hands; **~ do czegoś/na coś innego** go over to sth; (*np. do nowego tematu*) move on (to sth); **~ na inną wiarę** convert[1]; **~ nad czymś do porządku dziennego** gloss over sth; **~ samego siebie** excel yourself; (*o ustawie, uchwale*) go through
przechodzień passer-by
przechowalnia storeroom, store, left-luggage office
przechowywać keep[1], store □ **przechowywać się** keep[1]
przechowywanie storage
przechrzta convert[2]
przechwalać overrate □ **przechwalać się** brag, crow[2], glory in sth
przechwałka boast
przechwycenie seizure
przechwytywać/przechwycić seize, intercept
przechwytywanie interception
przechylać/przechylić tilt, tip[2];

~ szalę na (jakąś/swoją) stronę sway □ **przechylać/przechylić się** tilt, tip[2], lurch[2], pitch[1]
przechylenie tilt
przechył lurch[2]
przechytrzyć outwit, double-cross
przeciąć → PRZECINAĆ
przeciąg draught; **z ~ami** draughty
przeciągać/przeciągnąć drag[2] □ **przeciągać/przeciągnąć się** stretch[1], extend, drag[2]
przeciągający się (long)-drawn-out
przeciąganie się stretch[2]
przeciążać/przeciążyć overload; overwork □ **przeciążać/przeciążyć się** overwork
przeciążenie congestion; **~ pracą** overwork
przeciążony congested; **~ u góry** (*łatwo wywrotny*) top-heavy
przeciek: **~ informacji** leak; **powodować ~ informacji** leak
przeciekać leak, filter, seep; (*o wodzie*) escape[1]; (*o informacji*) leak out, leak
przeciekający leaky
przecier purée
przecierać/przetrzeć: **lekko ~** dab; **~ szlak** (*w jakiejś dziedzinie*) break fresh/new ground □ **przecierać się** clear[3], clear up
przecież but, mind you, (but) then/ there (again)
przecięci|e: **punkt ~a się** intersection
przeciętna average
przeciętny average
przecinać/przeciąć cut[1], slice, intersect; (**wielokrotnie**) **~** (*np. o licznych drogach, liniach*) criss-cross □ **przecinać się** intersect, cross[2]; (**wielokrotnie**) **~** (*np. o licznych drogach, liniach*) criss-cross
przecinak cutter
przecinek comma
przeciskać/przecisnąć (się) squeeze
przeciw against, versus; **za i ~** the pros and cons
przeciwbólowy: **środek ~** painkiller
przeciwciało antibody
przeciwdziałać counteract
przeciwieństw|o opposite, antithesis; contrast[2], contradiction; **w ~ie do czegoś** contrary to, unlike, as opposed to
przeciwko: (*czemuś*) against, averse (to sth); **mieć coś ~** mind[2]
przeciwlegle opposite
przeciwległy opposite
przeciwnie: (*do czegoś*) counter[2]; **wprost ~** on the contrary, conversely; **wprost/wręcz ~** far from it
przeciwni-k/czka opponent, adversary, enemy
przeciwnoś|ć: **~ć losu** adversity; **pogodzić się z ~ciami losu** take the rough with the smooth; **pomimo wszystkich ~ci** against (all) the odds
przeciwn|y opposite, contrary[1], reverse[1,2]; **być ~ym** be set against sth/ doing sth, be opposed to sth; **w ~ym razie** otherwise, failing[2]; **być ~ym czyjejś naturze/usposobieniu** be against the grain; **drużyna ~a** opposition
przeciwsłoneczn|y: **okulary ~e** sunglasses; (*w samochodzie*) **osłona ~a** visor
przeciwstawiać/przeciwstawić contrast[1], pit sb/sth against sb/sth □ **przeciwstawiać/przeciwstawić się** oppose
przeciwuderzenie counter-attack
przeciwwiatrowy windproof
przeczący negative
przeczenie negative
przeczesywać/przeczesać: (*np. teren*) comb, sweep[1]
przecznica turning, turn[2]
przeczucie intuition, feeling, hunch[1], inkling; **złe ~** premonition, foreboding
przeczulony: **być ~m na punkcie kogoś/czegoś** be/get hung up (about/on sb/sth)[1]
przeczytać → CZYTAĆ
przed before[1,2], prior to; in front of, ahead, past[2], from; **~e wszystkim** above all, for a start
przedhistoryczny prehistoric
przedimek: **~ nieokreślony** indefinite article; **~ określony** definite article
przedkładać/przedłożyć submit, bring sth forward; put sb/ sth before/above sb/sth; (*ofertę*) tender[2]
przedkładanie: (*czegoś nad coś*) preference
przedłożenie submission
przedłużać/przedłużyć extend, prolong, spin sth out; (*np. kontrakt*) renew; **~ pobyt** (*np. w szkole, pracy*) stay on (at …) □ **przedłużać/przedłużyć się** extend
przedłużający się prolonged
przedłużeni|e extension, continuation; (*np. umowy*) renewal; **do ~a** renewable
przedmieści|e suburb; **~a** suburbia
przedmiot object[1], thing, article, body; (*nauki*) subject[1]; **~ kierunkowy** major; **~ ścisły** science; (*rozmowy*) subject[1], subject matter; **poza ~em** (*np. rozmowy*) beside the point
przedmowa introduction, foreword, preface
przedni front, forward[2], foremost; **~a część** front; (*w samochodzie*) **~e światło** headlamp
przedostatni penultimate, the last/next but one
przedostawać/przedostać się work[2] your way round sth, thread your way through sth; (*do czegoś*) penetrate; **~ chyłkiem** sneak
przedpokój hall
przedpołudnie morning
przedpołudniowy morning
przedramię forearm
przedrostek prefix
przedrzeć się → PRZEDZIERAĆ SIĘ
przedsiębiorca entrepreneur
przedsiębiorczość entrepreneurship, enterprise, initiative
przedsiębiorczy enterprising, go-ahead, entrepreneurial
przedsiębiorstwo enterprise, firm[1], corporation; **~ handlu detalicznego** retailer
przedsięwzięcie undertaking, enterprise, task, proposition; (*nowe, często ryzykowne*) venture
przedsionek threshold; porch
przedstawiać/przedstawić present[3], show[2], produce, feature, represent, depict, portray; (*kogoś komuś*) introduce, present[3]; (*obrazowo*) picture; (*np. opinię*) set sth forth; **fałszywie ~** misrepresent; (*np. propozycję*) put sth forward; (*np. czyjąś kandydaturę*) put sb forward; (*sztukę itp.*) perform
przedstawianie presentation
przedstawiciel/ka agent, representative; **być przedstawiciel-em/ką** represent
przedstawicielstwo representation, subsidiary
przedstawienie show[1], exhibition; (*kogoś/czegoś*) representation, portrayal; (*kogoś komuś*) introduction; **złe ~** misrepresentation; (*np. sztuki*) performance
przedszkole kindergarten, nursery school
przedtem before[3], beforehand, formerly
przedwczesny premature
przedwcześnie prematurely; **~ rozwinięty** (*np. talent*) precocious; **robić coś ~** jump the gun[1]
przedwczoraj the day before yesterday
przedział compartment; **~ czasowy** slot; (*np. wiekowy*) bracket
przedział|ek parting; **czesać się z ~kiem** part[2]
przedzierać/przedrzeć się force[2] your way through sth, thread your way through sth; **przedrzeć się** break through (sth), burst into/ through; (*w pośpiechu*) scramble
przedziurawiać/przedziurawić pierce → DZIURAWIĆ
przedziurkować → DZIURKOWAĆ
przedziwny extraordinary, weird
przeegzaminować → EGZAMINOWAĆ
przefiltrować → FILTROWAĆ
przeforsować: **~ własne zdanie** get/have your own way
przegapić miss[1]
przegięcie: **~ pały** over the top
przegląd review, survey; (*techniczny*) service; **dokładny ~** a good going-over; **robić ~** review
przeglądać/przejrzeć look through sth, see through sb/sth,

browse, sort through sth; (*np. dane w komputerze*) call sth up
przeglądanie browse
przeglądarka browser
przegotowywać/przegotować overdo
przegran|y: **~a sprawa** a lost cause; **~a bitwa** a losing battle; (*osoba*) loser
przegroda partition
przegródka compartment; (*np. w biurku*) pigeon-hole
przegrywać/przegrać lose, trail
przegrywający loser
przegub joint[1]; (*ręki*) wrist
przegubowy articulated
przehandlowywać/przehandlować: (*coś za coś*) trade[2] → HANDLOWAĆ
przeholować go too far
przeinaczać/przeinaczyć put a wrong interpretation on sth
przejadać/przejeść się overeat; (*komuś*) pall on sb
przejaśnienie sunny interval
przejaw: **~y** (*np. piastowania urzędu, zamożności*) trappings
przejazd: (*np. kolejowy*) crossing; **~ kolejowy** level crossing; **~ podziemny** underpass; (*miejsce*) clearance
przejażdżk|a drive[2], ride[1], run[2]; **~a łodzią** sail[1]; **~a łódką** row[2]; (*zwykle ukradzionym pojazdem*) joyride; **jechać/zabierać kogoś na ~ę** go/take sb for a spin
przejąć (się) → PRZEJMOWAĆ (SIĘ)
przejeść się → PRZEJADAĆ SIĘ
przejezdny open[1]; **uczynić ~m** open[2]
przejeżdżać/przejechać cross[2]; **przejechać kogoś** (*samochodem*) run sb/sth down/over
przejeżdżający passing
przejęcie seizure; (*np. firmy, rządów*) takeover; **z ~m** intently
przejęty earnest
przejęzyczenie się a slip of the tongue[1]
przejmować/przejąć seize, intercept; (*np. kontrolę, firmę*) take (sth) over, succeed; **nie ~** take it/things easy □ **przejmować/przejąć się** flap[2]; **~ drobiazgami** fuss; **nie ~ czymś** never mind (about sth)
przejmowanie: (*np. wiadomości*) interception
przejmująco poignantly
przejmujący sharp, poignant; (*o zimnie itp.*) cutting[2]
przejrzeć → PRZEGLĄDAĆ
przejrzystość lucidity, clarity
przejrzysty lucid, clear[1]
przejrzyście lucidly
przejści|e: (*np. dla pieszych, graniczne*) crossing; **~e dla pieszych** pedestrian crossing; (*np. w budynku*) passage; **~e podziemne** subway, underpass; (*między rzędami krzeseł*) gangway; (*między rzędami krzeseł/ławek, np. w teatrze, kościele*) aisle; **wąskie ~e** (*między budynkami*) alley; **sklepione ~e** archway; (*zmiana*) transition; **ciężkie ~a** ordeal
przejściowy passing, transitional, interim; (*o opadach itp.*) intermittent
przejść → PRZECHODZIĆ
przekalkowywać/przekalkować trace[2] → KALKOWAĆ
przekartkować → KARTKOWAĆ
przekaz: **~ pocztowy** postal order; **środek ~u** medium[1]; **środki ~u** media
przekazanie: (*np. obrazu TV*) transmission; **~ władzy** (*zwł. samorządom lokalnym*) devolution
przekazywać/przekazać: (*kogoś/coś komuś*) hand sb over to sb, hand (sth) over (to sb), hand sth on (to sb); **~ dalej** (*komuś*) pass sth on (to sb), convey; (*np. wiadomości*) communicate; (*np. obraz TV*) transmit; (*program radiowy/TV*) relay[2]; (*potomności*) hand sth down (to sb); **~ w spadku** pass sth down; (*młodszemu rodzeństwu*) hand sth down (to sb); **~ pozdrowienia** remember sb to sb
przekąsić snack
przekąska snack, hors d'oeuvre
przekątn|y diagonal; **po ~ej** diagonally
przekimać doss down
przekleństwo curse[1], oath, swear word
przeklęty damn, blasted, blessed, rotten, flaming, flipping
przeklinać/przekląć swear, curse[2]
przekład translation
przekładać/przełożyć: (*inaczej układać, ustawiać*) move, shift; **~ coś na później** postpone, put sth off; **~ coś na wcześniejszy termin** bring sth forward; (*tłumaczyć z jednego języka na drugi*) translate
przekładnia gear
przekłuwać/przekłuć pierce, perforate
przekłuwanie perforation
przekomarzać się banter
przekomarzanie się banter
przekonać → PRZEKONYWAĆ
przekonani|e conviction, belief, persuasion; **błędne ~e** fallacy; **być w błędnym ~u** to be under a/the misapprehension
przekonany convinced, certain[1], sure, positive, confident
przekonująco/przekonywająco convincingly, persuasively
przekonujący/przekonywający convincing, persuasive, compelling; forcible
przekonywać/przekonać: **przekonać** (*do czegoś/o czymś*) persuade, convince, satisfy, bring sb round (to sth), bring sth home to sb, get round/around sb, get sth across (to sb); **usilnie przekonywać** (*kogoś do czegoś*) urge □ **przekonać się**: (*do czegoś*) come round (to sth)
przekonywanie persuasion
przekora perversity
przekornie perversely
przekorny perverse
przekór: **na ~** in defiance of sb/sth
przekraczać/przekroczyć: (*np. granicę*) cross[2]; **~ próg** set foot (in/on sth); (*przewyższać*) cut across sth, exceed, transcend; (*np. liczbę*) pass[2]; (*np. oczekiwania*) go beyond; **~ czyjeś pojęcie itp.** be beyond sb; **~ dozwoloną prędkość** speed; (*np. przepis*) contravene; (*wyznaczony czas*) overrun; **przekraczający (normę)** excess[2]
przekraczanie: **~ dozwolonej prędkości** speeding; **~ konta bankowego** overdraft
przekradać/przekraść się sneak
przekreślać/przekreślić cross sth out
przekręcać/przekręcić roll[2], turn[1]; (*znaczenie*) twist[1], distort □ **przekręcać/przekręcić się** roll[2]
przekręcenie distortion, perversion
przekręt spin
przekroczeni|e: (*np. przepisu*) contravention; **~e prawa** guilt; **po ~u** beyond
przekroczyć → PRZEKRACZAĆ
przekrój section, cross section
przekrzywiony askew
przekształcać/przekształcić transform
przekształcenie transformation
przekupny corrupt
przekupstwo corruption
przekupywać/przekupić: (*kogoś*) bribe, buy sb off
przelatywać/przelecieć fly[1]
przelew draft
przelewać/przelać: (*pieniądze*) transfer[1]; **~ syfonem/rurką** siphon; **~ krew** shed blood □ **przelewać/przelać się** overflow, slop
przeliczać/przeliczyć count[1], convert[1], count sb/sth out □ **przeliczać/przeliczyć się** miscalculate
przeliczenie conversion □ **przeliczenie się** miscalculation
przeliterowywać/przeliterować spell sth out
przelot flight[1]
przelotn|y short-lived; (*o opadach*) scattered; **opady ~e** shower
przeludniony crowded
przeładowanie: **~ pracą** overwork
przeładowany: (*np. wzór, ornament*) fussy
przeładowywać/przeładować overload; (*np. pracą*) overwork
przełaj: **na ~** cross-country
przełajowy cross-country
przełamywać/przełamać break sth off; (*impas*) break[1]
przełączać/przełączyć switch sth over □ **przełączać/przełączyć się** switch over; (*na coś*) turn over (to sth)
przełącznik switch
przełęcz pass[1]
przełknąć → PRZEŁYKAĆ
przełknięcie gulp

przełom crisis, breakthrough; (*rzeki*) gorge[1]; ~ **wieku** the turn of the century/year[2]
przełomowo crucially
przełomow|y crucial; ~**e wydarzenie** watershed
przełożon-y/a superior; **przełożona** (*pielęgniarek*) matron
przełożyć → PRZEKŁADAĆ
przełykać/przełknąć swallow; (*z emocji*) gulp
przełykanie swallow[1]
przemaczać/przemoczyć drench
przemakać/przemoknąć get drenched
przemarzać/przemarznąć: ~ **do kości** freeze
przemawiać speak, talk[1]; (*o pomyśle itp.*) ~ **do kogoś** appeal; ~ **do rozsądku** reason with sb, make sb see reason
przemądrzały big-headed
przemęczać/przemęczyć się tire yourself out, overdo it/things; **nie** ~ go easy
przemęczenie exhaustion
przemian: **występować/robić coś itp. na** ~ alternate[2], take turns (at sth)
przemiana transformation, conversion, transition, metamorphosis; ~ **materii** metabolism
przemieniać/przemienić transform, change[1], convert[1] □ **przemieniać/przemienić się** change[1], convert[1]
przemiennie alternately
przemienny alternate[1]
przemierzać/przemierzyć tread, pace[2], cover[1]
przemieszczać/przemieścić move[2], displace; (*np. kość przy złamaniu*) dislocate; (*kogoś z miejsca na miejsce*) shunt □ **przemieszczać/przemieścić się**: (*w danym kierunku*) pass[2]; ~ **wzdłuż czegoś** skirt; ~ **gromadnie** troop; ~ **ze świstem** whoosh
przemieszczanie się movement, passage; (*np. kości*) dislocation
przemijać/przeminąć blow over
przemijający passing, short-lived
przemilczać/przemilczeć suppress
przemiły sweet[1]
przemknąć → MKNĄĆ, PRZEMYKAĆ
przemoc violence; ~**ą** forcibly
przemoczony soaked, saturated, soggy, bedraggled; ~ **do suchej nitki** soaking, wet through
przemoknąć → PRZEMAKAĆ
przemożny overpowering, compelling
przemówić → PRZEMAWIAĆ
przemówienie speech, address[1]; **wygłosić** ~ address[2]
przemycać/przemycić smuggle; **przemycany towar** contraband
przemyć → PRZEMYWAĆ
przemykać/przemknąć shoot[1], breeze along/in/out, etc., breeze, flit □ **przemykać się** flit

przemysł industry; ~ **ciężki** heavy industry; ~ **rozrywkowy** show business
przemysłowiec industrialist
przemysłowy industrial
przemyślany: **nie** ~ rash[2]
przemyśleć: (*coś*) think sth over, think sth through; ~ **ponownie** rethink
przemyśliwać ponder, mull sth over, turn sth over; (*nie całkiem serio*) toy with sth
przemyślony premeditated
przemyt smuggling
przemytnik smuggler, runner
przemywać/przemyć: (*np. rany*) bathe
przeniesienie transfer[2]; (*tymczasowe*) secondment
przenieść (się) → PRZENOSIĆ (SIĘ)
przenigdy never ever
przenikać/przeniknąć: (*przez coś*) penetrate, infiltrate, pervade, permeate, filter in/out/through, etc.
przenikający pervasive
przenikanie: (*przez coś*) penetration
przenikliwie shrewdly, keenly
przenikliwość penetration
przenikliwy penetrating, searching, shrewd; (*o dźwięku*) shrill, piercing
przeniknięcie infiltration
przenocować → NOCOWAĆ
przenosić/przenieść carry, move[2], transfer[1], shift[1]; (*coś z czegoś na coś*) switch; (*np. chorobę*) transmit; ~ **prawo własności** transfer[1]; ~ **kogoś na wyższe stanowisko** promote; ~ **kogoś/coś na niższe miejsce/stanowisko** relegate; ~ **kogoś na inne stanowisko, do innego działu** second[5]; ~ **na kogoś** (*np. odpowiedzialność*) hand (sth) over (to sb) □ **przenosić/przenieść się** move[2], transfer[1]
przenoszenie: (*np. choroby*) transmission; (*na niższe miejsce/stanowisko*) relegation
przenośni|a metaphor, figure of speech; **w** ~ metaphorically
przenośny portable; (*o języku*) figurative; **w znaczeniu** ~**m** figuratively
przeobrażać/przeobrazić transform
przeobrażenie (się) transformation, transition
przeoczenie omission, oversight
przeoczyć miss[1], overlook
przeogromny almighty
przepadać perish; (*za kimś/czymś*) be wild (about sb/sth); **nie przepadam za...** I'm not a great fan[2] of...
przepalać/przepalić blow[1] □ **przepalać/przepalić się** blow[1], fuse[3]
przepaska: (*na oko*) patch[1]
przepaś|ć precipice, abyss, chasm; (*przen.*) divide, rift, chasm, gap, gulf; **na skraju** ~**ci** on the rocks; **pokonywać** ~**ć** bridge a/the gap
przepchnąć sie → PRZEPYCHAĆ SIĘ
przepełniać/przepełnić crowd[2], saturate □ **przepełniać/przepełnić się** brim over (with sth)
przepełniony overcrowded, chock-a-block
przepiekać/przepiec overdo
przepierzenie partition
przepięknie gorgeously
przepiękny exquisite, gorgeous
przepijać: (*do kogoś*) toast[2]
przepiłowywać/przepiłować file[2] → też PIŁOWAĆ
przepiórka quail
przepis instruction, regulation, rule; formula; (*kulinarny*) recipe
przepisywać/przepisać copy[2], rewrite, write sth out; (*czyjś tekst jako swój*) lift; (*lek*) prescribe
przeplatać/przepleść intersperse
przepłacać overpay
przepływ flow, stream
przepływać/przepłynąć flow, stream, swim, sail by[1]
przepływający passing
przepojony: ~ **wodą** waterlogged
przepoławiać/przepołowić halve
przepona diaphragm; ~ **brzuszna** midriff
przepowiadać/przepowiedzieć foretell, forecast, prophesy
przepracowanie overwork
przepracowany overworked
przepracowywać/przepracować się overwork
przepraszać apologize, be sorry; **przepraszam** excuse[2] me, sorry, pardon[2], I beg your pardon; **przepraszam, że przeszkadzam** I hate to bother you; **przepraszam, że** (*w wyrażeniach grzecznościowych*) forgive me (for doing sth)
przepraszająco apologetically
przepraszający apologetic
przeprawa crossing; (*przen.*) ordeal
przeprawiać/przeprawić ferry; ~ **kogoś łódką** row[2]
przeprosić → PRZEPRASZAĆ
przeprosiny apologies
przeprowadzać/przeprowadzić: (*np. program*) undertake, execute; ~ (*np. akcję*) **z ukrycia** engineer[2]; (*np. testy, badania*) conduct[2]; (*kogoś przez coś*) pilot; ~ **rozmowę kwalifikacyjną do pracy** interview □ **przeprowadzać/przeprowadzić się** move[2], move house
przeprowadzeni|e execution; **do** ~**a** practicable; **nie do** ~**a** impracticable
przeprowadzka move[1], removal
przepuklina hernia, rupture
przepustka pass[1], permit; (*np. do sławy*) passport
przepustnica throttle
przepuszczać/przepuścić let sth/sb get/go by; (*np. samochody*)

give way (to sb/sth); (*kogoś/coś*) clear[3]; (*ciecz lub gaz*) leak; (*np. na egzaminie*) pass[2]; (*np. okazję*) lose; (*np. dobrą okazję*) throw sth away; (*pieniądze*) blow[1]

przepuszczający: **nie** ~ impermeable

przepuszczalny porous, permeable

przepych splendour, luxury, pomp

przepychać/przepchnąć się push[1], barge, jostle; **przepchnąć się na początek kolejki** shove to the front of the queue

przepytywać/przepytać grill, quiz

przerabiać/przerobić alter, adapt; rewrite; process; (*na kogoś/coś*) make sb/sth into sb/sth

przeradzać/przerodzić się: (*w coś*) develop, deteriorate

przerastać/przerosnąć top[2]

przeraźliwie deplorably, terrifically, eerily; ~ **bać się** be terrified

przeraźliwy fearful, eerie; (*o dźwięku*) strident, shrill

przerażać/przerazić horrify, terrify, alarm, appal, dismay, rattle[1], make sb's hair stand on end □ **przerażać/przerazić się** daunt

przerażająco horrifically, appallingly, luridly

przerażający frightening, horrible, horrific, horrifying, scary, terrifying, appalling, alarming, creepy, daunting, ghastly, grisly, hairy, harrowing, lurid

przerażenie terror, horror, fright, dismay, alarm

przerażony terrified, frightened, alarmed

przerodzić się → PRZERADZAĆ SIĘ

przerosnąć → PRZERASTAĆ

przerw|a break[2], interruption, gap, pause, interlude, breather; (*np. w koncercie*) interval; (*w filmie*) intermission; (*między lekcjami*) recess, playtime; **~a w dopływie prądu** power cut; **~a na kawę** coffee break; **~a obiadowa** lunch hour; **~a w podróży** stopover; **robić ~ę** take a break[1], interrupt; **robić (krótką) ~ę** pause; **robić ~ę w podróży** stop off (at/in...); **wywoływać ~ę** disrupt; **z ~ami** at intervals, intermittently; **bez ~y** continuously, incessantly, on and on, solidly, flat out, at a stretch, on the trot

przerwanie disruption

przerywać/przerwać break[1], interrupt, discontinue, disrupt, sever, punctuate, cut sth/sb short; (*czyjąś wypowiedź*) intervene, cut into sth; ~ **mówcy** (*niegrzecznymi pytaniami/uwagami*) heckle; ~ **połączenie telefoniczne** cut sb off; ~ **podróż** stop off (at/in...); ~ **ciążę** abort □ **przerywać/przerwać się** rupture

przerywanie interruption; ~ **ciąży** abortion

przerywany broken[2], intermittent

przerzedzać/przerzedzić się thin

przerzucać/przerzucić: ~ **kartki** (*np. w książce*) flick/flip through sth, skim □ **przerzucać/przerzucić się**: (*z czegoś na coś*) switch

przesada exaggeration; excess[1]

przesadnie excessively, inordinately, unduly

przesadny exaggerated, excessive, extravagant, inordinate, undue

przesadzać/przesadzić exaggerate, overstate, magnify, make heavy weather of sth; (*np. z pracą*) overdo it/things; **nie ~ z czymś** go easy on/with sb/sth; **nie przesadzaj** come off it; (*roślinę*) transplant

przesadzony exaggerated, far-fetched

przesąd superstition

przesądny superstitious

przesądzać: **~, że ktoś jest** mark sb/sth down as/for sth

przesądzić decide

przesądzony doomed, a foregone conclusion

przesiać → PRZESIEWAĆ

przesiadać/przesiąść się change[1]

przesiadanie się: (*do innego pociągu*) transfer[2]

przesiadk|a: **mieć ~ę** have to change trains

przesiadkowy: **bilet** ~ transfer[2]

przesiadywać sit about/around, hang out

przesiąkać/przesiąknąć soak, saturate; (*o cieczach itp.*) permeate

przesiedlać/przesiedlić się get uprooted

przesiewać/przesiać sift, sieve; (*np. kandydatów*) weed sth/sb out

przeskakiwać/przeskoczyć jump[1], hop, leap, skip[1], clear[3]

przeskok jump[2]

przesłanie message

przesłanka reason[1]

przesłodzony sugary

przesłuchani|e: **przeprowadzać** ~ (*np. teatralne*) audition; **uczestniczyć w ~u** audition

przesłuchiwać/przesłuchać interrogate, cross-examine, interview

przesłuchiwanie/przesłuchanie interrogation; (*biorąc kogoś w krzyżowy ogień pytań*) cross-examination; (*przed występem, koncertem itp.*) audition

przesmażać/przesmażyć overdo

przesolony salty

przespać oversleep

przestankowy intermittent; **znak** ~ punctuation mark; **stawianie znaków ~ch** punctuation

przestarzały dated, outdated, out of date, archaic, antiquated, obsolete

przestawać/przestać stop[1], cease, quit, cut sth out; ~ **pracować** give out; ~ **o czymś mówić** let the subject rest; **nie ~ czegoś robić** keep at it/sth, keep on (doing sth), keep sth up; **przestawać z kimś** go round/around/about with sb

przestawiać/przestawić move[2]; (*godzinę na zegarze*) put the clock/clocks forward/back

przestęp-ca/czyni criminal, crook, offender, lawbreaker; (*nieletni/a*) delinquent

przestępczość: (*młodocianych*) delinquency

przestępczy criminal, delinquent; **świat** ~ underworld

przestępny: **rok** ~ leap year

przestępstwo crime, offence

przestój: ~ **w pracy** (*strajk*) stoppage

przestraszony frightened, terrified, afraid, scared, startled

przestraszyć scare, give sb a scare, frighten, give sb a fright, frighten sb/sth away/off, startle □ **przestraszyć się** scare

przestroga caution; **zalecenia i przestrogi** do[3]s and don'ts

przestronny spacious, roomy, ample

przestrzegać caution; (*np. prawa*) comply, observe, abide by sth

przestrzegani|e: (*np. reguł*) conformity, observance; **domagać się ~a** (*czegoś*) enforce

przestrzenny spatial

przestrze|ń space, expanse, stretch[2], elbow room; **duża ~ń** spaciousness; **~ń kosmiczna** space; **~ń powietrzna** airspace; **na ~ni** (*np. 10 km*) for[1]; **~ń cybernetyczna** cyberspace

przesunięcie shift[2]; (*w czasie*) postponement

przesuwać/przesunąć move[2], move across/along/down/over/up, move[2], shift[1], budge; run; (*w oznaczonym kierunku*) pass[2]; ~ **ostrożnie** ease[2]; (*w czasie*) post-pone, put off doing sth □ **przesuwać/przesunąć się** move[2]

przesuwanie (się) movement

przesyłać/przesłać: ~ **na nowy adres** forward[3]; ~ **pocztą elektroniczną** email

przesyłka parcel, consignment; ~ (*towarów*) **drogą morską** shipment; ~ **na koszt adresata** Freepost

przesyt surfeit, glut

przeszczep transplant; **dokonywać ~u** transplant; (*np. skóry, kości*) graft

przeszczepiać/przeszczepić transplant; (*np. skórę*) graft

przeszkadzać/przeszkodzić disturb, interfere, hamper[2], impede, hinder, handicap, prevent; (*komuś*) mind[2]

przeszko|da obstacle, bar[1], block[1], disturbance, handicap, hindrance, hitch[2], hurdle, impediment, setback, stumbling block; **na ~dzie** in

the way; **stawać na ~dzie** prevent; (*w golfie*) **piaszczysta ~da** bunker
przeszłoś|ć past[1]; **w ~ci** formerly, back[3]; **w ~ć** backwards; **spoglądać/patrzeć w ~ć** look back (on sth); **należący do ~ci** over and done with; **~ć** (*czegoś/kogoś*) record[1]
przeszły past[1]; (*czas*) **~ niedokonany** imperfect
przeszmuglować → SZMUGLOWAĆ
przeszukiwać/przeszukać search, scour[2], examine, go through sth
przeszukiwanie search
przeszywać/przeszyć: (*o dźwięku*) pierce; (*o bólu*) shoot[1]; **~** (*kogoś*) **wzrokiem** glare
przeszywający: (*o głosie itp.*) piercing, penetrating; (*o bólu*) sharp
prześcieradło sheet
prześcigać/prześcignąć outdo, surpass, improve on/upon sth; (**starać się**) **~ kogoś** emulate
prześladować haunt, obsess; harass; (*np. politycznie, religijnie*) persecute; (*o nieszczęściach*) beset
prześladowanie persecution; harassment
prześladow-ca/czyni pursuer, persecutor
prześladujący haunting, oppressive
prześledzić chart
prześmiesznie hilariously
prześmieszny hilarious
przeświadczenie conviction, confidence
przeświadczony convinced, positive, confident
prześwietlać/prześwietlić scan; (*kliszę*) expose; **~ promieniami Roentgena** X-ray
prześwietlenie scan
prześwit clearance
przetaczać/przetoczyć: (*wagony*) shunt
przetak sieve
przetapiać/przetopić melt sth down
przetarg: **brać udział w ~u** tender[2]
przetasowanie shake-up
przeterminowany out of date
przetestować → TESTOWAĆ
przetłumaczyć → TŁUMACZYĆ
przeto therefore
przetoczyć → PRZETACZAĆ
przetopić → PRZETAPIAĆ
przetransportować → TRANSPORTOWAĆ
przetrawiać digest
przetrwać outlast, last[3], live on; (*coś*) survive; (*np. ciężką chorobę*) pull through (sth); (*burzę/trudny okres*) weather[2]
przetrwanie survival, subsistence
przetrząsać/przetrząsnąć rifle[2], rummage, scour[2]
przetrzeć → PRZECIERAĆ
przetrzymywać/przetrzymać endure; (*np. w areszcie*) detain
przetwarzacz processor
przetwarzać/przetworzyć process
przetwarzanie: **komputerowe ~ tekstu** word processing
przewag|a superiority, advantage, lead[2], predominance, supremacy, initiative; **~a** (*większość*) majority; **~a nad kimś/czymś** an/the edge on/over sb/sth; **mający ~ę** ahead; **z niewielką ~ą** close[1]; **dawać ~ę** weight[2]; **mieć ~ę liczebną** outnumber
przeważać/przeważyć predominate, prevail, outweigh, overbalance; **~ szalę na (czyjąś/swoją) stronę** sway; (*o ławce, desce itp.*) tip[2]
przeważając|y predominant, prevailing, prevalent; **~a część** most[1], the best/better part of sth; **w ~ej części** mostly
przeważnie predominantly, principally, mainly, mostly, substantially, in the main, for the most part
przewentylować: (*np. kwestię*) air[2]
przewertować → WERTOWAĆ
przewidujący far-sighted; **mało ~** short-sighted; **być ~m** have the foresight (to do sth)
przewidywać/przewidzieć foresee, forecast, foretell, predict, anticipate; (*np. w umowie*) stipulate; **~ wydatki** budget
przewidywalnie predictably
przewidywalny foreseeable, predictable
przewidywani|e prediction, expectation, anticipation, forethought; **zdolność ~a** foresight
przewidzeni|e: **możliwy do ~a** foreseeable
przewiercień honeysuckle
przewiesić sling[2]
przewietrzenie ventilation
przewietrzony: **dobrze ~** airy
przewietrzyć się get a breath of fresh air
przewiew: (*w pokoju*) draught
przewiewny airy
przewieźć → PRZEWOZIĆ
przewijać/przewinąć: (*np. taśmę*) wind[3]; (*taśmę*) rewind; (**szybko**) **~** (*taśmę*) **do przodu** fast forward; (*na komputerze*) scroll □ **przewijać się** weave
przewijani|e: **klawisz szybkiego ~a** fast forward
przewinienie offence
przewlekać: (*coś przez coś*) thread; (*pobyt*) linger
przewlekle chronically
przewlekły chronic, long-drawn-out
przewodni: **list ~** covering letter
przewodnictwo leadership, chairmanship
przewodnicząc-y/a leader, governor; **~ zebrania** chairperson, chair; **przewodniczący** chairman; **przewodnicząca** chairwoman
przewodniczyć preside over sth; (*np. zebraniu*) chair
przewodnik: (*osoba*) **przewodni-k/czka** guide[1]; **z ~iem** guided; **zwiedzanie z ~iem** a conducted tour; **służyć za ~a** pilot; (*książka*) guide[1]; (*ciepła, elektryczności*) conductor
przewodzeni|e: **umiejętność ~a** leadership
przewodzić lead[3], head[2]; (*np. kampanii, akcji, atakowi*) spearhead; (*np. elektryczność, ciepło*) conduct[2]
przewozić/przewieźć transport[1], convey, carry, ferry; (*np. samolotem*) fly[1]; **~** (*kogoś/coś*) **błyskawicznie** whisk
przewoźnik carrier
przewód wire, line[1]; **~ elektryczny** flex[1], lead[2]; **główny ~ elektryczny** main[2]; (*rura*) pipe[1]; **~ wentylacyjny** air duct; (*np. trawienny*) canal, passage
przewóz transport[2], haulage, freight, carriage; transit
przewracać/przewrócić overturn, roll[2], turn[1], turn sth over, invert, upset; (*kogoś/coś*) push sb/sth over; (*kogoś/coś na ziemię*) knock sb down, knock sb/sth over □ **przewracać/przewrócić się** fall[1], overturn, roll[2], topple, come a cropper; (*z hukiem*) tumble down; (*np. w wyniku omdlenia*) keel over; (*na drugi bok*) turn over
przewrażliwiony touchy, highly-strung, prickly, self-conscious
przewrotnie perversely
przewrotność perversity
przewrotny perverse
przewrócenie się fall[2]
przewrócony upturned
przewrót coup, overthrow, upheaval; subversion
przewyższać/przewyższyć surpass, exceed, outdo, transcend, improve on/upon sth, top[2]; **~ liczebnie** outnumber; **~ o klasę** outclass; **~ kogoś** get the better of sb/sth
przez across, over; through, via; for[1]; into; by[2]; **~ cały** (*np. czas*) throughout
przeziębiać/przeziębić się catch/get a cold[2]
przeziębienie cold[2], chill
przeznaczać/przeznaczyć intend, designate, earmark; commit; allow; **~ coś do czegoś** mark sb/sth down as/for sth; (*np. do rozbiórki*) condemn
przeznaczeni|e destiny, fate, doom; **miejsce ~a** destination
przeznaczony destined
przezorność foresight, forethought
przezroczysty transparent, glassy
przezwisko nickname
przezwyciężać/przezwyciężyć overcome, surmount
przezwyciężeni|e: **nie do ~a** insuperable, insurmountable
przezywać/przezwać dub
przeźrocze transparency, slide[2]
przeżegnać się cross[2]
przeżerać/przeżreć corrode

przeżuwać chew
przeżycie experience; (*np. katastrofy*) survival
przeżytek survival
przeżywać/przeżyć experience; ~ **na nowo** relive; (*żyć dłużej*) outlast, live on; (*o jakiś czas*) outlive, live out sth; (*np. wypadek, katastrofę*) survive; (*np. o chlebie*) get by (on sth); (*np. wojnę*) live through sth
przędza yarn
przod|ek ancestor; **~kowie** ancestry
prz|ód front, head[1], face[1]; **w ~ód/do ~odu** forward[1]; **z/do ~odu** ahead; **na ~edzie** in the foreground; **tył na ~ód/do ~odu** back to front; (*buta*) toe
prztyczek flick, clip[2]
prztykać flick
przy by[2], along, alongside, against; in front of; at; to[1]; on; off[1]; (*pomocy kogoś*) with; ~ **tym** moreover
przybiegać/przybiec come running
przybierać/przybrać: ~ **kształt** take shape; ~ **na sile** intensify; ~ **na wadze** put on weight; (*o rzece*) swell; (*np. nazwisko, tożsamość*) assume; (*np. potrawę*) garnish; (*dekorować, np. sukienkę, firankę*) trim[2]
przybieranie trimming
przybijać/przybić: ~ **gwoździem** nail; ~ **kogoś** get on top of sb
przybity despondent, downcast, downhearted, shattered
przybliżać/przybliżyć bring sth forward
przybliżeni|e: **w ~u** approximately, roughly, or so; **(nawet) nie w ~u** nowhere near
przybliżony approximate, rough[1]
przyblokować → BLOKOWAĆ
przybojow|y: **fala ~a** surf
przyb|ór: **~ory** paraphernalia; **~ory toaletowe** toiletries
przybrać → PRZYBIERAĆ
przybranie trimming; (*np. tortu, pizzy*) topping, garnish
przybrany adoptive
przybrzeżny coastal, inshore, offshore
przybudówka extension, annexe
przybycie arrival, appearance
przybyły: **nowo** ~ arrival; **świeżo/niedawno** ~ new
przybysz newcomer, arrival; ~ **z innej planety** alien
przybywać/przybyć arrive, turn up; reach
przybywający incoming
przychodnia health centre; ~ **lekarska** general practice
przychodzić/przyjść come, arrive, come in, get in, come over (to...) (from...); (*z wizytą*) come round (to...); ~ **po kogoś/coś** call for sb/sth; (*o dzieciach*) ~ **na świat** arrive; ~ **do siebie** recover, come round; ~ **do siebie po czymś** get over sth; ~ **do głowy** cross your mind, occur (to sb); **(nagle)** ~ **do głowy** come/spring to mind[1]; **łatwo** ~ **komuś** come easily, etc. to sb; **jak/kiedy przyjdzie co do czego** if/when it comes to the point, if/when the crunch comes
przychód proceeds
przychylnie favourably
przychylnoś|ć favour[1]; **(nie) cieszyć się czyjąś ~cią** be in/out of favour (with sb)
przychylny favourable
przyciąć → PRZYCINAĆ
przyciągać/przyciągnąć attract, draw[2]
przyciągający magnetic
przyciąganie pull; ~ **ziemskie** gravity[1]
przyciemniać/przyciemnić dim
przycięcie clip[2]
przycinać/przyciąć: (*np. włosy, paznokcie, żywopłot*) clip[2]; (*np. brodę*) trim[2]; (*np. gałęzie drzew*) prune[2]; **przyciąć sobie palec** catch[1] your finger (in sth)
przycisk button
przyciskać/przycisnąć press[2], push[1], depress; (*coś do siebie*) hug; (*kogoś*) push[1]; ~ **kogoś** (*żeby coś zrobił*) twist sb's arm
przyciskanie press[1]
przyciszać/przyciszyć: (*np. radio*) turn sth down
przyciszony soft
przyciśnięcie: (*do muru*) squeeze
przycumowywać/przycumować lash[2], make sth fast[2]
przycupnąć crouch; (*o ptaku*) perch
przyczaić się → CZAIĆ SIĘ
przyczepa trailer; ~ **kempingowa** caravan
przyczepiać/przyczepić pin[2]; anchor; link; hitch[1]; (*klamerkami*) peg[2] □ **przyczepiać/przyczepić się**: (*do kogoś*) collar, pick on sb
przyczyn|a reason[1], cause, ground[1], root[1]; **z jakiejś (bliżej nieznanej) ~y** somehow; **być ~ą** be at the bottom of sth
przyczyniać/przyczynić się contribute; make for sth; **przyczyniający się** contributory, instrumental
przyćmienie eclipse
przyćmiewać/przyćmić overshadow, eclipse
przyćmiony dim; subdued
przydarzyć się: (*komuś*) be liable (to do sth)
przydatnie helpfully
przydatnoś|ć usefulness, fitness; **termin ~ci do spożycia** expiry
przydatny useful, helpful; **okazać się ~m** come in handy
przydawać/przydać impart □ **przydawać/przydać się**: (*kiedyś*) come in handy, come in useful, not come/go amiss; come into your own
przydawkowo attributively
przydawkowy attributive
przydeptać tread
przydługi long-winded
przydomek nickname
przydrożny roadside
przydział allocation, allowance, ration, issue
przydzielać/przydzielić allocate, allot, assign, issue; (*kogoś do czegoś*) attach
przygarbienie stoop
przygarbiony bent[2]
przygaszać/przygasić fade; (*kogoś*) deflate
przygaszony subdued
przyglądać/przyjrzeć się look at sth, survey, watch[2], gaze; **bacznie/badawczo** ~ **się** (*komuś/czemuś*) peer[2]
przygnębiać/przygnębić depress, get sb down, get on top of sb
przygnębiająco depressingly, gloomily
przygnębiający depressing, disheartening, gloomy, melancholy, harrowing, black[1]
przygnębieni|e depression, gloom, gloominess, melancholy, glumness, despondency, dejection; **z ~em** dejectedly; **poddawać się ~u** mope
przygnębiony depressed, gloomy, miserable, dejected, despondent, disheartened, dispirited, down[5], downhearted, low[1], crestfallen, morose, shattered, subdued, in the doldrums, down in the dumps
przygniatać/przygnieść: (*np. popularnością*) overwhelm
przygniatająco overwhelmingly
przygniatający overwhelming
przyg|oda adventure, experience; **pełen ~ód** adventurous
przygotowa|nie preparation, readiness, groundwork, arrangement; **w trakcie ~ń** in the pipeline
przygotowany ready, poised; ready-made; **być ~m** (*na coś trudnego/niemiłego*) be prepared for sth
przygotowawcz|y preparatory; **praca ~a** groundwork
przygotowywać/przygotować prepare; lay[1]; gear sb/sth up (for sb/sth); (*np. coś do jedzenia/picia*) get, fix[1]; ~ **(coś) naprędce** rustle sb/sth up □ **przygotowywać/przygotować się** prepare, get ready, gear up (for sb/sth); (*na coś trudnego/przykrego*) brace[2] yourself (for sth)
przygotowywanie się homework
przygważdżać/przygwoździć pin sb/sth against/under sth, pin sb down
przyhamować: (*o pracy*) ease up
przyimek preposition
przyjaci-el/ółka friend, pal; **przyjaciel** boyfriend; **przyjaciółka** girlfriend; ~ **korespondencyjn-y/a** penfriend; **serdeczn-y/a** ~ bosom friend
przyjazd arrival
przyjazny friendly, amicable, neighbourly; ~ **środowisku**

environmentally friendly, eco-friendly
przyjaźnić/zaprzyjaźnić się be/make friends (with sb)
przyjaźnie amicably
przyjaźń friendship; friendliness; **okazywać ~** befriend
przyjąć (się) → PRZYJMOWAĆ (SIĘ)
przyjemnie agreeably, pleasantly, nicely
przyjemnoś|ć pleasure, enjoyment, fun; **duża ~ć** treat; **wielka ~ć** kick[2]; **znajdowanie** (*w czymś*) **~ci** appreciation; **znajdować ~ć** enjoy; **znajdować ~ć/nie znajdować ~ci** (*w czymś*) take (no) pleasure in sth/doing sth; **sprawiać ~ć** please, gratify; **z ~cią** with pleasure, delighted; **przyjmuję z wielką ~cią** I would be pleased to accept…; **cała ~ć po mojej stronie** (*w odpowiedzi na czyjeś podziękowanie*) you're welcome; **dla ~ci** (just) for fun/for the fun of it
przyjemny pleasant, nice, likeable, pleasing, enjoyable, pleasurable, congenial, comfortable; (*o zapachu*) rich
przyjezdny visitor
przyjeżdżać/przyjechać come, arrive, get in, come over (to…) (from…); (*o samochodzie*) draw[2] up; **~ po kogoś/coś** call for sb/sth
przyjęci|e acceptance, reception, adoption; (*władzy*) assumption; **godziny przyjęć** surgery; **możliwy do ~a** plausible; **do ~a** acceptable, acceptably; **nie do ~a** unacceptable, not on; (*np. sztuki, wystawy*) reception; **zgotować serdeczne ~** make sb welcome; (*impreza*) reception, party; **wielkie ~e** blowout
przyjęty customary; **ogólnie ~** orthodox
przyjmować/przyjąć accept, take, admit, greet; (*np. wniosek*) adopt, pass[2]; (*np. wiadomości*) receive; **~ do wiadomości** accept; **~** (*coś*) **z radością** welcome; (*w głosowaniu*) carry; (*np. do pracy*) take on; (*np. o przodzie samochodu*) absorb □ **przyjmować/przyjąć się** catch on, come in, gain currency
przyjście coming
przyjść → PRZYCHODZIĆ
przykazanie commandment
przyklaskiwać/przyklasnąć applaud
przyklejać/przykleić glue, paste[2], gum[2]; **~ coś taśmą klejącą** sellotape
przyklejony: (*do czegoś*) glued to sth
przykład example; instance; commentary, cue[1]; **być typowym ~em** exemplify, typify; **iść za czyimś ~em** follow sb's example; **dawać** (*komuś*) **dobry/zły ~** set a good/bad, etc. example (to sb); **na ~** for example, for instance, such as
przykładać/przyłożyć apply □ **przykładać/przyłożyć się**: (*do czegoś*) address[2]; (*np. do pracy*) apply
przykładanie się: (*np. do pracy*) application
przykręcać/przykręcić screw, bolt[1] □ **przykręcać/przykręcić się** screw
przykro: **~ mi** I'm sorry
przykroś|ć bitterness, regret[1]; (*obraza*) offence; **sprawiać** (*komuś*) **~ć** pain; **z ~cią coś zrobić** regret[2]
przykr|y unpleasant, nasty, troublesome, trying, distasteful, offensive, harsh, painful, bitter, messy; **~a sytuacja** jam[2]; **~o mi** I'm sad that…, I'm sorry
przykrycie cover[2]
przykryty covered
przykrywać/przykryć cover[1], blanket, bury; (*np. tkaniną*) drape
przykucać/przykucnąć crouch
przykuty: **~ do łóżka** bedridden
przykuwać/przykuć: (*uwagę*) engage, rivet[2]; **~ łańcuchem** chain
przylądek headland, cape[2]
przylegać/przylec cling, adhere, nestle; **przylegający** (*np. sweter*) clingy
przyległy adjoining
przylepiać/przylepić: **~** (*komuś*) **etykietkę** label
przylepiec plaster; adhesive
przylepny adhesive
przylgnąć → LGNĄĆ
przyłapać: **~ kogoś na czymś** find sb out
przyłączać/przyłączyć annex □ **przyłączać/przyłączyć się** join, attach, associate[2], join in (sth/doing sth)
przyłbica: (*hełmu*) visor
przymierzać/przymierzyć try sth on □ **przymierzać się**: (*do robienia czegoś*) have a crack (at sth/at doing sth)
przymierze alliance, league
przymilać/przymilić się ingratiate yourself, pander to sb/sth
przymilnie ingratiatingly
przymilny ingratiating
przymiot quality
przymiotnik adjective
przymiotnikowy adjectival
przymocowany fast[2]
przymocowywać/przymocować fasten, attach, secure, fix[1]; **~ taśmą klejącą** tape; **~ pinezkami/pluskiewkami** tack; **~ metkę/etykietę** tag; **~ pasem** strap
przymrużenie: **traktować coś z ~m oka** take sth with a pinch of salt
przymus compulsion, coercion, constraint; **pod ~em** under protest, under duress; **bez ~u** freely
przymusowy enforced
przymuszać/przymusić compel, coerce, constrain
przymykać/przymknąć: **~ oczy** turn a blind eye (to sth); **przymknąć kogoś** (*aresztować*) bust[2]
przynaglać/przynaglić hurry, hasten, spur
przynajmniej at least, anyhow, at any rate
przynależność membership; **~ państwowa** nationality; **~ etniczna/rasowa** ethnicity
przynęta bait, lure, enticement, decoy
przynosić/przynieść bring, get; **pójść i przynieść** fetch; **~ z powrotem** bring sb/sth back; (*np. dochód*) generate, fetch; (*zysk*) earn; **~ na czysto** net[2]; (*owoce*) bear[2]; **~ w rezultacie** result in sth; (*wyniki*) throw sth up
przypadać/przypaść fall[1]; **~** (*sobie*) **do gustu** hit it off (with sb)
przypad|ek instance, case[1]; chance[1]; **w wielu ~kach** often
przypadkiem by accident, by any chance
przypadkowo accidentally, by accident, randomly, haphazardly; by any chance; **zrobić coś ~** chance[2], happen
przypadkowy accidental, random, haphazard, occasional, incidental, odd; (*o świadku, ofierze*) innocent
przypalać/przypalić scorch □ **przypalać/przypalić się** burn
przypatrywać/przypatrzyć się contemplate, gaze, regard[1]; (*biernie*) look on
przypatrywanie się contemplation
przypiąć → PRZYPINAĆ
przypieczętować seal[2]
przypiekać/przypiec scorch □ **przypiekać/przypiec się**: (*o kromce chleba itp.*) toast[1]; **~ na słońcu** catch the sun
przypierać/przyprzeć: (*np. kogoś do muru*) corner[2], pin sb/sth against/under sth, pin sb down
przypilnować → PILNOWAĆ
przypinać/przypiąć: **~ spinaczem** clip[1], fasten; **~ szpilką** pin[2]
przypis footnote, note[1]; **zaopatrzony w ~y** annotated
przypisek note[1]
przypisywać/przypisać: (*coś komuś*) ascribe, credit[2]; (*coś komuś/czemuś*) attribute[1]; (*coś czemuś*) put sth down to sth
przypływ influx, tide, high tide; **nagły ~** (*np. uczuć*) surge; (*np. sił*) burst[2]; **~ emocji** flurry; **~ energii** fit[4]
przypodobać się ingratiate yourself (with sb); pander to sb/sth
przypominać/przypomnieć: (*kogoś/coś*) resemble, be reminiscent of sb/sth; (*komuś o czymś*) remind; **~ sobie** remember, recall, recollect, bring sth back; **~ sobie coś** bring/call sb/sth to mind[1] □ **przypominać/przypomnieć się** come back (to sb)
przypominający reminiscent, suggestive
przypomnienie reminder
przypora buttress
przypowieść parable

przyprawa spice, seasoning, flavouring
przyprawiać/przyprawić: (*jedzenie*) flavour; (*np. o ból głowy*) give[1]
przyprowadzać/przyprowadzić bring, get, fetch
przyprzeć → PRZYPIERAĆ
przypuszczać/przypuścić suppose, presume, assume, expect, imagine, believe, guess, conjecture, reckon, think; **przypuszcza się, że...** be supposed to do sth, I take it (that...); **przypuszczam** I dare say
przypuszczalnie presumably, allegedly, at a guess
przypuszczalny hypothetical, alleged
przypuszczenie presumption, assumption, supposition, guess, hypothesis, conjecture, inkling
przyroda nature
przyrodni: ~ **po linii jednego rodzica** step-; ~ **brat** stepbrother, half-brother; ~**a siostra** stepsister, half-sister
przyrodnicz|y: **nauki** ~**e** science
przyrodnik naturalist
przyrodoznawstwo natural history
przyrodzony natural
przyrost growth, increase[2]
przyrostek suffix, ending
przyrząd instrument, device, implement[1]; (*drobny*) gadget; (*w gospodarstwie domowym*) appliance; (*do przymocowania*) attachment
przyrzeczenie pledge, promise[1], undertaking
przyrzekać promise[2], vow
przysadzisty chunky, squat[2]
przysiadać/przysiąść: **przysiąść fałdów** pull your socks up
przysięg|a vow, oath; **zeznawać pod** ~**ą** be on/under oath
przysięgać/przysiąc swear
przysięgły: **ława** ~**ch** jury; **członek ławy** ~**ch** juror
przysłaniać/przysłonić obscure
przysłowie proverb, saying, adage
przysłówek adverb
przysłówkowy adverbial
przysług|a favour[1], kindness; **zła** ~**a** disservice; **wyświadczać komuś** ~**ę** do sb a good turn
przysługiwać/przysłużyć się do sb a good turn[2]; **źle się komuś przysłużyć** do (a) disservice to sb/sth
przysmak delicacy
przysparzać/przysporzyć: ~ **komuś kłopotu** put sb out
przysposobienie preparation
przyssanie się suction
przyssawka suction pad
przystający: **nie** ~ the odd man/one out
przystanek stop[2]; ~ **końcowy** terminus
przystań harbour, port[1], pier; ~ **jachtowa** marina; ~ **pływająca** landing stage
przystawać/przystanąć pause, halt
przystawka starter, hors d'oeuvre
przystępność accessibility
przystępny accessible, approachable; (*łatwy dla laików*) popular
przystępować/przystąpić proceed, enter, join; ~ **do czynu** move[2]; (*do negocjacji*) enter into sth (with sb); (*do egzaminu*) sit; (*np. do zawodów, konkurencji*) go in for sth
przystojniak hunk
przystojny handsome, good-looking
przystosowanie adaptation; **ponowne** ~ readjustment
przystosowan|y adapted; **osoba nie** ~**a** misfit
przystosowywać/przystosować: (*coś do czegoś*) adapt, gear sth to/towards sth □ **przystosowywać/przystosować się** adapt, adjust, conform; (*np. do nowych warunków*) settle in/into sth; **ponownie** ~ readjust; **łatwo przystosowujący się** adaptable
przystrzygać/przystrzyc: (*np. brodę*) trim[2]
przysuwać/przysunąć draw[2]
przyswajać/przyswoić: ~ **sobie** absorb, assimilate
przyswajanie: ~ **sobie** assimilation, absorption
przysypiać nod off
przyszłościowy forward[2]
przyszłoś|ć future; fortune; **patrzeć/spoglądać w** ~**ć** look ahead; **w** ~**ci** in future, to come, hereafter; **na** ~**ć** henceforth; **w** ~**ć** forward[1]
przyszły future, next[1], -to-be; **czas** ~ future
przyszpilać/przyszpilić pin[2]
przyszykować → SZYKOWAĆ
przyszywać/przyszyć sew
przyśpieszać/przyśpieszyć speed (sth) up, accelerate, hasten, increase[1] your speed
przyśpieszenie acceleration
przyśrubowywać/przyśrubować screw
przytaczać/przytoczyć quote
przytłaczać/przytłoczyć overcome, overwhelm, weigh on sb/sth, weigh sb down
przytłaczająco overwhelmingly
przytłaczający overpowering, overwhelming; (*zwycięstwo/porażka*) landslide
przytłumiać/przytłumić offset
przytłumiony muffled, dull, muted
przytomnieć/oprzytomnieć wake[1]
przytomnoś|ć consciousness; **brak** ~**ci** unconsciousness; **tracić** ~**ć** black out, pass out; **przywracać do** ~**ci** bring sb round; **odzyskiwać** ~**ć** come round
przytomny conscious
przytrafiać/przytrafić się happen, befall; (*komuś*) become of sb
przytrzaskiwać/przytrzasnąć shut
przytrzymywać/przytrzymać: (*przeciwnika w grze*) tackle
przytrzymywanie: ~ **piłki** tackle
przytulać/przytulić hug, cuddle □ **przytulać/przytulić się** snuggle, cuddle up (together)
przytulenie hug, cuddle
przytulnie snugly
przytulny cosy, snug, homely, intimate
przytułek hostel
przytwierdzać/przytwierdzić fasten, secure, put, pin[2]
przytyk dig
przywiązanie attachment, devotion, affection; **czujący** ~ **do kogoś** fond
przywiązany attached
przywiązywać/przywiązać tie[2], tie sb/sth up, bind, attach, tether; ~ (*np. wielką*) **wagę do czegoś** set... store by sth; ~ **najwyższą wagę** treasure
przywilej privilege, prerogative
przywłaszczać/przywłaszczyć: ~ **sobie** appropriate
przywodzić: ~ **coś na myśl** bring/call sb/sth to mind[1]
przywoływać/przywołać hail[2]; ~ **wspomnienie** evoke; ~ **kogoś za pomocą brzęczyka** bleep
przywozić/przywieźć import[1], bring, get; **pojechać i przywieźć** fetch; ~ **z powrotem** bring sb/sth back
przywód-ca/czyni leader, protagonist; (*np. szajki*) ringleader
przywództwo leadership
przywóz import[2]
przywracać/przywrócić restore, bring sth back, reinstate; ~ **do życia** resuscitate
przywracanie restoration
przywrócenie reinstatement
przywykły: (*do czegoś/do robienia czegoś*) used[2]
przyziemny mundane, pedestrian
przyznanie się admission, confession; (*w procesie sądowym*) **formalne (nie)** ~ **do winy** plea; ~ **do błędu** climbdown
przyznawać/przyznać admit, acknowledge, allow, concede, recognize; (*rację*) grant; **trzeba przyznać, że** admittedly; (*np. nagrodę*) award, confer, mete sth out (to sb) □ **przyznawać/przyznać się**: (*do czegoś*) plead, confess, own up (to sth), come clean (with sb) (about sth); (*w procesie sądowym*) **formalnie (nie)** ~ **do winy** admit
przyzwalać/przyzwolić: (*na coś*) acquiesce
przyzwoicie decently, properly
przyzwoitk|a chaperon; **towarzyszyć jako** ~**a** chaperon
przyzwoitoś|ć decency; **mieć na tyle** ~**ci, żeby** have the grace to do sth
przyzwoity decent, proper; clean[1];

być na tyle ~m, żeby have the grace to do sth

przyzwolenie acquiescence

przyzwolić → PRZYZWALAĆ

przyzwyczajać/przyzwyczaić: (*kogoś do czegoś*) accustom □ **przyzwyczajać/przyzwyczaić się** become accustomed, get used[2] to sth/sb, adjust, take to sth/doing sth, make a habit of sth

przyzwyczajeni|e habit; **nabrać ~a** get into sth

przyzwyczajony used[2], accustomed; **nie ~** unused[2]

pseudonim pseudonym, alias

psi canine

psik: **a ~!** atishoo

psikus trick, hoax, practical joke; **płatać** (*komuś*) **~a** play[1]

psota trick, mischief

psotnie mischievously

psotny mischievous

pstrąg trout

pstryczek flick

pstryk click[1]

pstrykać/pstryknąć click[2]; (*zdjęcia*) snap[1]; (*czymś*) flick; **~ palcami** snap your fingers

pstryknięcie snap[2]

psuć break[1], damage, spoil, taint, cloud[2], blemish, rot, mess sth up, foul sth up; **~ szyki** thwart; (*np. zabawę*) upset; (*np. charakter*) pervert □ **psuć się** break[1], break down, decay, go wrong, go/turn sour; (*o żywności*) go off; (*o żywności itp.*) **nie ~** keep[1]; (*o towarze*) **łatwo psujący się** perishable; (*o urządzeniu*) go[1]; **zepsuć się** fail; (*o komputerze*) crash[2]; **zepsuć się całkowicie** have had it

psychiatra psychiatrist

psychiatria psychiatry

psychiatryczny psychiatric; **zakład ~** lunatic asylum

psychicznie mentally

psychiczn|y mental; **zdrowie ~e** sanity

psychika psyche

psychoanalityk psychoanalyst

psychoanaliz|a psychoanalysis; **przeprowadzać ~ę** psychoanalyse

psychodeliczny psychedelic

psycholog psychologist

psychologia psychology

psychologicznie psychologically

psychologiczny psychological

psychometryczny psychometric

psychopat-a/ka psychopath

psychoterapia psychotherapy

psychotyczny psychotic

psychoza psychosis

pszczelarstwo bee-keeping

pszczelarz bee-keeper

pszczoła bee

pszenica wheat

ptak bird, fowl; **~ drapieżny** bird of prey; (*o osobie*) **wolny ~** free agent; **obserwowanie ~ów** birdwatching

ptaszarnia aviary

ptaszek: **ranny ~** an early riser; (*w pisaniu*) tick; (*anat.*) willy

publicystyka comment

publicznie publicly, in public; **wypowiadać ~** (*np. poglądy, problemy*) air[2]

publiczność audience

publiczny public

publikacja publication

publikować/opublikować publish; (*np. serię*) run[1]

publikowanie publishing

puch down[6], fluff

puchar cup[1], beaker

puchaty fluffy

puchnąć/spuchnąć swell, puff up

pucołowaty chubby

pucowanie shine

pudel poodle

pudełko box[1], case[2], packet; **plastikowe ~ z przykrywką** tub; **~ od zapałek** matchbox; **~ z farbami** paintbox

puder powder

pud|ło box[1]; (*więzienie*) nick[2]; **wsadzać** (*kogoś*) **do ~ła** nick[2]; **w ~le** inside[2]

pudrować/upudrować powder

pukać/zapukać knock[2], rap; (*lekko*) tap[2]

pukanie knock[1], tap[2]

pukiel curl[1]

puknięcie tap[2]

pula pool[2], kitty, jackpot, stake[1]

pulchny plump[1]

pulower pullover

pulpet meatball

pulpit: (*na ekranie monitora*) desktop

pul|s pulse; **trzymać rękę na ~sie** be/keep abreast of sth

pulsować throb

pulsowanie throb

pulsujący pulsate

pułap ceiling, mark[1], pitch[2]

pułapk|a trap; **bomba-~** booby-trap; (*przen.*) pitfall, catch[2]; **łapać w ~ę** trap

pułk regiment

pułkownik colonel

pułkowy regimental

punk punk

punkowy punk

punk|t point[1]; dot; (*w grze*) point[1]; (*w baseballu i krykiecie*) run[2]; **zdobywać ~ty** score[2]; (*cen*) **najniższy ~t** rock-bottom; **~t nasycenia** saturation; **~t charakterystyczny/orientacyjny** (*w terenie*), **~t zwrotny** (*w historii*) landmark; **~t zwrotny** turning point; **~t kulminacyjny** climax, culmination; **~t wyjścia** (*w dyskusji*) starting point; **~t kontrolny** checkpoint; **~t sprzedaży detalicznej** outlet; **~t widzenia** perspective, (point of) view[1], standpoint, angle[1]; **~t obserwacyjny/widzenia** vantage point; **~t programu** item, act[2], event; **~t zaczepienia** foothold; **słaby ~t** flaw; **mieć mocne ~ty** have your, etc. (good) points[1]; **mieć dobre ~ty** have your good, etc. points; **mieć bzika na czyimś/jakimś ~cie** have a thing about sb/sth; **martwy ~t** standstill; **martwy ~t** (*podczas jazdy samochodem*) blind spot

punktualnie punctually, sharp, on the dot

punktualność punctuality

punktualny punctual

pupa bum[1], rear[1]

purée: (*np. ziemniaczane*) purée

purpura purple, red

purpurowy: **(kolor) ~** purple, red

purytan-in/ka puritan

purytański puritan

pustelni-k/ca hermit

pustk|a emptiness, void, desolation; **poczucie ~i** vacuum

pustkowie wilderness, outback, desolation

pusto vacantly

pustoszeć/opustoszeć empty[2]

pustoszyć ravage, devastate

pusty empty[1], hollow, blank, void, bare, vacant; inane; (*o osobie*) vain, idle; (*wrócić skądś*) **z ~mi rękami** empty-handed

pustynia desert[2], wilderness

puszcza wilderness

puszczać/puścić let go of sb/sth, release; **~ w obieg** circulate; (*np. kasetę, płytę*) put sth on, play[1]; (*np. nagraną taśmę wideo*) play sth back (to sb); (*np. latawca*) fly[1]; **~ pędy** sprout; **~ farbę** spill the beans

puszka: **~ blaszana** tin, can[2], pot[1]; **~ metalowa** canister

puszkować can[2]

puszysty fluffy, furry

puzon trombone

puzzle jigsaw

pycha pride, haughtiness, vanity

pykać: (*np. fajkę*) puff[2]

pyknięcie puff[1]

pył dust[1]; **~ wodny** spray

pyłek speck, fleck; (*kwiatowy*) pollen

pysk muzzle, snout; **stul ~!** shut up!

pyskówka uproar

pysznić się pride yourself on sth/doing sth

pyszny haughty; (*o jedzeniu*) gorgeous, yummy

pytać/zapytać ask, enquire, question[2]; **~ o kogoś** ask after sb; **~ o czyjeś zdrowie** enquire after sb □ **pytać/zapytać się** enquire; **~ o czyjeś zdrowie** enquire after sb

pytająco enquiringly, quizzically

pytając|y interrogative; (*o spojrzeniu, uśmiechu itp.*) quizzical; (*rzecz.*) **~y/a** enquirer

pytajnik question mark

pytajny interrogative

pytanie question[1], query; **~ retoryczne** rhetorical question; **zadawać ~** question[2], query

pyton python

pyzaty chubby

Q

q: **litera ~** Q, q

R

r: litera ~ R, r
rabarbar rhubarb
rabat discount[1]
rabin rabbi
rabować/obrabować rob; **napaść i obrabować kogoś na ulicy** mug[2]
rabunek: ~ **uliczny** mugging
rabuś robber; ~ **uliczny** mugger
rachować count[1]
rachub|a: **brać w** ~**ę** allow for sb/sth, make allowances for sb/sth; **nie brać w** ~**ę** discount[2], count sb/sth out; **nie wchodzący w** ~**ę** out of the question; **stracić** ~**ę** lose count (of sth)
rachun|ek account[1], bill[1], count[2], tab; ~**ki** arithmetic, sums; **prowadzić** ~**ek czegoś** keep count of sth; **w ostatecznym** ~**ku** at the end of the day[1]; **na (czyjś)** ~**ek** at sb's expense; **na** ~**ek firmy** on the house
rachunkowość bookkeeping, accountancy
racica hoof
racj|a reason[1]; point[1]; **mieć** ~**ę** be in the right; **z** ~**i** by virtue of; ~**!** hear! hear!; (*żywnościowa*) ration
racjonalizacja rationalization
racjonalizować/zracjonalizować rationalize
racjonalnie rationally, reasonably
racjonalny rational, reasonable, sane
racjonować ration
racjonowanie rationing
raczej rather, preferably; **a** ~ or rather; ~ **(nie)** hardly; (*dość*) rather, pretty[2], kind of
raczyć deign, condescend
rad|a advice, counsel[2]; **dobra** ~**a** tip[4]; **dawać sobie** ~**ę** manage, get on/along, fend for yourself, stand on your own (two) feet; (*np. ministrów*) council; ~**a miejska** town council; (*miejska lub państwowa*) cabinet
radar radar
radca counsellor
radiacja radiation
radio radio
radioaktywność radioactivity
radioaktywny radioactive
radiolog radiographer
radiolokator radar
radioodbiornik radio
radiostacja radio
radiowy radio
radn-y/a councillor
radosny joyful, jolly, bubbly, gleeful, happy-go-lucky; (*o wiadomości itp.*) glad
radoś|ć joy, delight[1], joyfulness, glee, gladness, merriment, rejoicing; relish; **uniesienie** ~**ci** jubilation; (*np. z powodzenia, zwycięstwa*) triumph; **przyjmować** (*coś*) **z** ~**cią** welcome; **nie posiadający się z** ~**ci** overjoyed, delirious, over the moon, jubilant, exuberant
radośnie joyfully, gleefully
radować gladden, delight[2], exhilarate □ **radować się** rejoice
radowanie się jubilation
radykalist-a/ka radical
radykalnie radically
radykalny radical
radykał radical
radzić/poradzić advise, tell, recommend, counsel[1], preach; (*sobie*) manage, cope, do[2], get by (on/in) with sth, get on/along (with sth), bear up; ~ **sobie** (*z łatwością*) take sth in your stride; ~ **sobie** (*np. po wypadku*) bear up, sail through (sth); ~ **sobie** (*z trudnym zadaniem*) contrive; ~ **sobie z kimś/czymś** deal with sb/sth; ~ **sobie bez czegoś** do without (sth); **taki, z którym można sobie poradzić** manageable □ **radzić/poradzić się** consult, refer
rafa reef
rafineria refinery
rafinować refine, purify
rafinowany refined
raj paradise; heaven
rajd rally[1]; ~ **konny** pony-trekking
rajfur pimp
rajski heavenly
rajstopy tights
rak: (*choroba*) cancer; **R**~ (*znak zodiaku*) Cancer
rakieta rocket, flare; (*do gry*) racket[1]
rakietka: (*do tenisa stołowego*) bat[2]
rakotwórczy carcinogenic
rakowy cancerous
rama frame[1]; (*roweru*) crossbar
ramadan: (*w religii muzułmańskiej*) Ramadan
ramię arm[1]; shoulder; **wzruszać** ~**onami** shrug; **wzruszenie** ~**on** shrug; ~**ę w** ~**ę** abreast; ~**ę przy** ~**eniu** side by side; **z otwartymi** ~**onami** with open arms; ~**ona** tentacles
ramka: (*w formularzu*) box[1]
rampa ramp
ran|a wound[1], injury; (*cięta*) cut[2]; (*głęboka*) gash; (*otwarta*) sore; **zadawać** ~**y** wound[1]; **o** ~**y!** golly, wow, good grief; ~**y boskie!** gosh; **jątrzyć czyjeś** ~**y** rub salt into the wound/sb's wounds
rancho ranch
randka date[1]; ~ **w ciemno** blind date
ranek morning
rang|a rank, league; **osoba równa** ~**ą** peer[1]; **niższy/młodszy** ~**ą** junior
ranić/zranić wound[1], injure; (*uczucia*) hurt, cut, sting
ranking: (*w tenisie*) **umieszczać w** ~**u** seed
rann|y wounded, hurt, injured; ~**y ptaszek** an early riser
ran|o morning; **z** ~**a** in the morning; **z samego** ~**a** the first thing
rap: **muzyka/utwór w stylu** ~ rap; **wokalizować w stylu muzyki** ~ rap
raport report[2]; **składać** ~ report back (on sth) (to sb)
raptem all of a sudden
raptowność suddenness
raptowny heady
rasa race[3], colour[1], breed; ~ **ludzka** the human race
rasist-a/ka racist
rasistowski racist
rasizm racism
rasowo racially
rasow|y racial, pedigree; **stosunki** ~**e** race relations
rat|a instalment; **zakup na** ~**y** hire purchase
ratalny: **sprzedaż** ~**a** hire purchase
ratować/uratować save, rescue, help[1]; (*np. sytuację*) retrieve, salvage
ratowanie rescue; (*np. dobra, mienia*) salvage
ratownicz|y: **służby** ~**e** emergency services; **lina** ~**a** lifeline
ratowni-k/czka rescuer; (*na plaży/basenie*) lifeguard
ratun|ek rescue, help[2], salvation, godsend; **pośpieszyć komuś na** ~**ek** come/go to the/sb's rescue; ~**ku!** help[1]
ratusz town hall
rausz high[3]
raut bash
raz time[1]; once; **tylko ten (jeden)** ~ just this once; **po** ~ **pierwszy/ostatni itp.** for[1] the first time, etc.; **wiele** ~**y** repeatedly; **x** ~**y** umpteen times; **jeszcze** ~ once again/more; ~ **na zawsze** once and for all; **od** ~**u** outright, offhand, at once; **na** ~ (*w tym samym czasie*) together, at a time, for the time being, meanwhile; ~ **za** ~**em** time and (time) again; **w** ~**ie** (*czegoś*) in the event of sth, in case (of sth), then; **w takim** ~**ie** in that case; **w każdym** ~**ie** in any case, at any rate, all/just the same, anyhow; **(bo) w przeciwnym** ~**ie** or, or else, failing[2]; **w najlepszym** ~**ie** at best; **w najgorszym** ~**ie** (as) a last resort; **na** ~**ie** for the moment/present; (*cześć*, **na** ~**ie** see you (later); **w sam** ~ tailor-made; ~ **kozie śmierć!** here goes
razem together, altogether, (all) in one; (*z kimś/czymś*) together with, along with sb/sth, in conjunction with sb/sth, in common with sb/sth, in concert (with sb/sth), cum; **wszystko** ~ **wziąwszy** altogether, in all, all told; ~ **wzięty** put together
razić/porazić: ~ **(śmiertelnie) prądem** electrocute
razowy wholemeal
rażąco grossly, glaringly
rażący gross, flagrant; (*o błędzie; blasku itp.*) glaring
rąbać chop[1], hack[1], hew, smash □ **rąbnać się**: (*uderzyć się*) smash
rąbanie chop[2]
rąbek hem
rąbnięty wacky
rączka handle
rączo swiftly

rączy swift
rdza rust
rdzeniowy spinal
rdzeń core
rdzewieć/zardzewieć rust
reagować/zareagować react, respond
reagujący: **żywo ~ na coś** responsive
reakcja reaction, response; (*silna*) backlash; **~a łańcuchowa** chain reaction
reakcjonist-a/ka reactionary
reakcyjny reactionary
reaktor reactor; **~ jądrowy** nuclear reactor
realist-a/ka realist
realistycznie realistically
realistyczny realistic
realizacja realization
realizm realism
realizować/zrealizować realize, fulfil; (*np. swoje plany*) go through with sth; (*czek*) cash, clear[3]; (*np. marzenia*) live out sth
realnie: **~ myślący** practical
realny workable, practical
reanimacja resuscitation
reanimować resuscitate, revive
reasumować/zreasumować sum (sth) up, summarize, recap
rebelia rebellion
rebeliant/ka rebel
rebus puzzle
recenzja review, critique
recenzować/zrecenzować review
recepcja reception
recepcjonist-a/ka receptionist
recept|a prescription; **wypisywanie ~y** prescription; (*np. na sukces*) formula; (*potrawy*) recipe
receptura formula
recesja recession, depression
rechot: (*np. żaby*) croak; (*śmiech*) cackle
rechotać/zarechotać cackle
recital recital
recytować/wyrecytować recite, reel sth off
redagować/zredagować edit, word
redagowanie: **komputerowe ~ tekstu** word processing
redakcja editing; **~ tekstu** wording
redaktor/ka editor; **redaktor graficzny** picture researcher
redukcja reduction, cut[2], cutback
redukować/zredukować reduce, cut[1], cut back (on sth), axe, shed[2]
redystrybucja redistribution
reedukować: (*społecznie*) reform
refektarz refectory
referat paper
referencje reference; credentials
referendum referendum
referować/zreferować relate
refleks reflex
refleksja afterthought, second thoughts
refleksyjny reflective
reflektor searchlight, reflector; (*samochodu*) headlamp; **~ punktowy** (*wąskostrumieniowy*) spotlight; **światło ~ów** floodlight; **oświetlony ~ami** floodlit
reforma reform; (*gruntowna*) overhaul
reformator/ka reformer
reformować/zreformować reform
refren chorus, refrain[2]
regał bookcase, shelving
regaty regatta
regenerować/zregenerować: (*surowce*) recycle, reclaim
regenerowalny recyclable
region region
regionalny regional, provincial
regulacja control[1]
regulamin regulation; **zgodnie z ~em** by the book
regulaminowo fair play
regularnie regularly, on a regular basis, religiously
regularność regularity
regularny regular
regulować regulate, control[2], adjust; **ponownie ~** readjust; (*silnik*) tune
regulowanie setting
reguł|a rule, norm, principle; **z ~y** as a (general) rule, substantially
rehabilitacja rehabilitation
rehabilitować/zrehabilitować rehabilitate
reinkarnacja reincarnation
rejest|r record[1], register[1]; **być w ~rze** be on sb's books[1]
rejestracja registration, recording; enrolment
rejestrować/zarejestrować register[2], record[2]; enrol; **~ na wideo** video; **~ godzinę przyjścia do pracy/wyjścia z pracy** clock in/on, clock off □ **rejestrować/zarejestrować się** register[2]; (*w systemie komputerowym*) log in/on
rejon area; (*np. szkolny, szpitalny*) catchment area
rejonowy provincial
rejs cruise, sailing; **~ dziewiczy** maiden voyage; **wyruszać w ~** set sail
rekin shark
reklama advertisement, advertising, publicity, promotion, exposure; **~ radiowa/telewizyjna** commercial
reklamować/zareklamować advertise, publicize, plug, bill[1]
reklamowanie advertising
reklamowy advertising
reklamówka carrier bag
rekolekcje retreat
rekomendacja recommendation
rekomendować/zarekomendować recommend, interest[2]
rekompensata compensation, recompense
rekompensować/zrekompensować make amends
rekonesans reconnaissance
rekonstrukcja reconstruction
rekonstruować/zrekonstruować reconstruct
rekonwalescencja convalescence, recuperation
rekonwalescent|ka convalescent
rekord record[1]; **pobić ~** break[1] a record
rekordowy record[1], record-breaking, bumper[2]
rekordzist-a/ka title-holder
rekreacja recreation
rekreacyjny: **ośrodek ~** leisure centre
rekrut/ka recruit, conscript
rekrutacja recruitment
rekrutować recruit
rektor president
rekwirować/zarekwirować commandeer
rekwizyt prop[2]
relacja report[2], account[1], relation, coverage; **~ prasowa** story[1]
relacjonować/zrelacjonować report[1], report back (on sth) (to sb)
relaks relaxation
relaksować/zrelaksować się relax, rest[1], sit back, put your feet up[1]
relaksujący relaxing
religia religion, faith; **~ mahometańska** Islam
religijnie religiously
religijny religious
relikt relic, survival
remanent stocktaking
remedium remedy
remis draw[1], tie[1]
remisować/zremisować draw[2], tie[2], equalize
remisowy: (*o wyniku*) square[1]; **wynik ~** draw[1]
remiza depot; **~ strażacka** fire station
remont renovation, repair, decoration; **kapitalny ~** overhaul; **przeprowadzać kapitalny ~** overhaul
remontować/wyremontować renovate, decorate
remontow|y: **prace ~e** restoration
renesans renaissance
renifer reindeer
renkloda greengage
renowacj|a renovation; **prowadzić ~ę** renovate
renta pension; **~ starcza** old-age pension
rentgen X-ray
rentgenogram X-ray
rentgenolog radiographer
rentownie efficiently
rentowność profitability, efficiency
rentowny profitable, economic, productive
reorganizacja reorganization
reorganizować/zreorganizować reorganize
repatriacja repatriation
repatriować repatriate
reperacja repair
reperkusj|a: **~e** repercussions
reperować/zreperować repair, mend
repertuar repertoire
replika replica, carbon copy

reporter/ka reporter
represj|a repression; **stosować ~e** victimize; **stosowanie ~i** victimization
represjonowanie victimization
represyjny repressive
reprezentacja representation
reprezentatywn|y: **~a grupa** (*do badań*) sample
reprezentować represent
reprodukcja reproduction
reprodukować reproduce, copy[2]
reprymend|a rebuke, reprimand; **dawać ~ę** reprimand; **udzielić ~y** tell sb off (for sth/for doing sth)
republika republic
republikan-in/ka republican
republikańsk|i republican; **partia ~a** (*w USA*) the Republican Party
reputacja reputation, name[1]; **zła ~** disrepute
resor suspension
respekt respect[1]; **budzący ~** formidable
respektować respect[2]
restauracj|a restaurant; (*oferująca potrawy na wynos*) takeaway; **pójść do ~i** eat out
restaurować/odrestaurować restore, do sth up
restrykcja restriction, restraint
reszka head[1]; **orzeł czy ~?** heads or tails?; **(nie) zgadnąć, czy wypadnie orzeł, czy ~** win/lose the toss
reszt(k)a remainder, remnant, rest[3], end[1], scrap[1], residue, trace[1], balance[2]; (*pieniędzy*) change[2]; (*ołówka*) stub; **resztki** remains, oddments; **resztki** (*jedzenia*) leftovers
retorta flask
retorycznie rhetorically
retoryczny rhetorical
retoryka rhetoric
retrospekcja flashback
retrospektywnie retrospectively
retrospektywny retrospective
rety: **o ~!** good gracious!, whoops
reumatyzm rheumatism
rewanżować/zrewanżować się: **zrewanżować się** (*komuś*) be/get even (with sb)
rewanżowy: **mecz ~** match[2]
rewelacja revelation, eye-opener; sensation
rewelacyjny sensational
rewident auditor
rewidować/zrewidować search, frisk; (*np. opinię*) revise; (*np. decyzję*) reconsider
rewir beat[2]
rewizj|a search; (*np. ksiąg podatkowych*) audit; **nakaz ~i** search warrant; (*np. polityki*) review; **poddawać ~i** review, reconsider
rewizyt|a: **zapraszać na ~ę** invite sb back
rewolt|a revolt, mutiny; **wszczynać ~ę** mutiny
rewolucja revolution
rewolucjonist-a/ka revolutionary
rewolucjonizować/zrewolucjonizować revolutionize
rewolucyjny revolutionary
rewolwer revolver, gun
rezerw|a reserve[2], stock[1]; standby; (*w zespole sportowym*) reserve[2]; **w ~ie** in reserve; (*osoby*) reserve, coolness; **z ~ą** distant; **odnoszący się z ~ą** aloof
rezerwacja reservation, booking
rezerwat reserve[2]; (*przyrody*) sanctuary
rezerwować/zarezerwować reserve[1], book[2]; set sth aside; **~ komuś pokój** book sb in
rezerwow|y spare[1]; (*np. bilet*) standby; **~y/a** (*zawodni-k/czka*) reserve[2]; **lista ~a** waiting list
rezerwuar reservoir; (*klozetowy*) cistern
rezolucja resolution
rezulta|t result, outcome, consequence, effect, upshot, product; finding; **w ~cie** effectively, consequently; **być ~tem czegoś** come from (doing) sth; **przynosić w ~cie** result, result in sth
rezydencj|a residence, mansion; **~a wiejska** country house; **mieć ~ę** reside
rezydować reside
rezygnacja resignation, renunciation
rezygnować/zrezygnować abandon, renounce, surrender, give up, throw sth up, pack sth in, opt out (of sth); (*z pracy, stanowiska*) resign, bow out (of sth); (*np. ze studiów*) drop out (of sth)
reżim regime
reżyser director
reżyseria direction
reżyserować/wyreżyserować direct[2]
ręcznie manually, by hand; **pisany ~** handwritten
ręcznik towel
ręczn|y manual[1]; **~ej roboty** handmade
ręczyć: (*za kogoś/coś*) vouch, pledge, guarantee, answer for sb/sth; **zaręczyć, że** give an undertaking
ręk|a arm[1]; hand[1]; **podawać komuś ~ę** shake sb's hand/shake hands (with sb)/shake sb by the hand; **podnieście ~ce!, ~ce do góry!** hands up; **pod ~ę** arm in arm; **trzymając się za ~ce** hand in hand; **założyć ~ce** cross/fold your arms; **gołymi ~kami** with your bare hands; **~ce przy sobie!** hands off (sb/sth); **pielęgnacja rąk** manicure; **z pierwszej ~ki** (at) first-hand; **z drugiej ~ki** second-hand, used[1]; **przechodzić z rąk do rąk** change hands; **silna ~ka** hold[2]; **twarda/żelazna ~ka** a firm hand[2]; **rządzić/władać itp. twardą ~ką** take a hard line (on sth)[1]; **pod ~ką** handy, ready, on/to hand; **w zasięgu ~ki** to hand; **na własną ~kę** off your own bat; (*wrócić skądś*) **z pustymi ~kami** empty-handed; **machać na coś ~ką** shrug sth off, wave sth aside; **w czyichś ~kach** in your/sb's hands; **w dobrych ~kach** in safe hands[1]; **od ~ki** then and there; **mieć pełne ~ce roboty** have your hands full, be rushed/run off your feet[1]; **umywać od kogoś/czegoś ~ce** wash your hands of sb/sth; **mieć/dostać wolną ~kę** get/have, etc. a free hand; **mieć związane ~ce** have your hands tied[1]; (*osoba*) **prawa ~ka** right-hand man
rękaw sleeve, arm[1]; **bez ~ów** sleeveless
rękawica glove; (*z jednym palcem*) mitten
rękawiczka glove
rękawk|a: **nadmuchiwane ~i** armbands
rękoczyn: **posunąć się do ~u** come to blows (over sth)
rękodzieło handicraft
rękojeść handle; (*np. szpady*) hilt
rękopis manuscript
ring: (*bokserski*) ring[1]
riposta retort
ripostować/zripostować retort
robak worm
robić/zrobić make[1], do[2]; **~ dalej** get on with sth, proceed; **~ (coś) tak dalej** keep it up; **zróbmy to!** go for it[1]; **~ na poczekaniu** improvise; **nie zrobić czegoś** fail, give sth a miss; **nic nie ~** lie about/around; (*zwł. coś niewłaściwego/złego*) get up to sth; **bezustannie coś ~** keep on (doing sth), keep sth up; **dobrze coś komuś ~** do you good; (*kurs*) do[2]; **~ swoje** do your own thing; **zrobić po swojemu** get/have your own way □ **robić się** get; **robi się późno** it's getting on
robienie making
robocz|y: **siła ~a** labour[1]
robot robot; **~ kuchenny** food processor
robot|a job, work[1], chore, labour[1]; **papierkowa ~a** paperwork; **~y drogowe** roadworks; **~a kamieniarska** stonework; **ręcznej ~y** handmade; (*przen., zwł. o czymś złym*) handiwork
robotnicz|y: **klasa ~a** the working class
robotni-k/ca worker, labourer, hand[1]; **robotnik** workman
robótka: **~ szydełkowa** crochet
rock rock[3]; **~ and roll** rock and roll
rockowy rock[3]
rocznica anniversary; **setna ~** centenary; **dwusetna ~** bicentenary
rocznie annually
rocznik annual, yearbook; (*wina*) vintage
roczny annual, yearly
roda-k/czka compatriot; **rodak** countryman; **rodaczka** countrywoman
rodowód pedigree
rodzaj kind[1], type[1], sort[1], form[1], brand, description, nature, species; **(coś) w ~u** a kind of, something

like, a sort of sth, of a kind; **coś w tym ~u** or something; **tego samego ~u** of a kind; **wszelkiego ~u** all manner of…; (*gram.*) gender; (*w sztuce*) genre
rodzeństwo siblings, kin
rodzice parents, folks; **~ chrzestni** godparents
rodzicielski parental; **stan ~** parenthood
rodzić/urodzić give birth (to sb/sth); go into labour[1], (*dziecko; owoce, kwiaty*) bear[2] □ **rodzić/urodzić się** be born
rodzimy natural; (*o zwierzęciu, roślinie*) native
rodzin|a family, kin; **~a niepełna** one-parent family; **człon-ek/kowie ~y królewskiej** royalty; **członek ~y królewskiej** royal; **własna ~a** your (own) flesh and blood
rodzinny home[2], native, domestic
rodzynek raisin; currant; (*np. interesująca informacja*) titbit
rodzynka: ~ sułtańska sultana
rogalik croissant
roić/zaroić się: (*od czegoś*) bustle, be infested with sth, be overrun, seethe, teem, swarm with sb/sth, be crawling with sth
rok year; **raz do ~u, raz na ~** yearly; **co ~u** annually; **w przyszłym ~u** next[1] year; **przez cały ~** all year round; **~ po ~u** year after year; **lata całe** yonks; **~ kalendarzowy** calendar year; **~ przestępny** leap year; **~ świetlny** light year; **lata szkolne** school days; **~ szkolny** school year; **Nowy R~** New Year's Day; **„naście" lat** teens
rokrocznie annually, yearly
rol|a role, function; consideration; (*np. w filmie*) part[1]; (*aktora*) line[1]; **~a tytułowa** (*np. w filmie*) title role; **odgrywać znaczną ~ę** figure[2]; (*o pieniądzach itp.*) **nie odgrywać ~i** money, etc. is no object; **praca na ~i** farming
roleta blind[3]
rolka roll[1], reel[1]; **~ papieru toaletowego** toilet roll
rolnictwo agriculture
rolniczy agricultural
rolni-k/czka farmer
ROM: pamięć ~ ROM
Rom/ka gypsy
romans romance, relationship, affair, love affair, liaison; (*powieść*) love story; **zacząć ~** get off with sb
romansować court[2]
romantycznie romantically
romantyczność romance
romantyczny romantic
romanty-k/czka romantic
romantyzm romanticism
romański Romanesque; Romance, Latin
romb diamond
rondel saucepan, pan
rondo roundabout[2]; (*kapelusza*) brim
ropa pus; **~ naftowa** oil, petroleum
ropieć fester
ropień abscess, ulcer
ropucha toad
rosa dew
rosnąć grow; pile up; (*o przyjaźni*) grow up; (*lawinowo*) snowball; (*dziko*) straggle; (*w siłę*) rally[2];
rosnący growing, rising
roszczeni|e claim[2]; **osoba zgłaszająca ~a** claimant
rościć: ~ sobie prawo stake a/your claim (to sth)[1]
roślina plant[1]; **~ doniczkowa** pot plant
roślinność vegetation, flora
roślinożern|y herbivorous; **zwierzę ~e** herbivore
rotacja rotation; **~ pracowników** turnover
rotacyjny rotary
rotor rotor
rowek groove, slit, slot, nick[1]
rowe|r bicycle, bike, cycle; **~r na trzech kołach** tricycle; **jeździć na ~rze** cycle
rowerzyst-a/ka cyclist, rider
rowkować nick[1]
rozbawiać/rozbawić amuse
rozbawienie amusement
rozbawiony amused
rozbicie breakage; **~ statku** shipwreck
rozbić → ROZBIJAĆ
rozbiegać się diverge, scatter
rozbierać/rozebrać dismantle; (*np. płot*) take sth down; (*np. dom*) knock sth down, pull sth down, demolish; (*osobę*) undress, strip □ **rozbierać/rozebrać się** undress, strip
rozbieżność discrepancy; **~ zdań** disagreement, dissent[1]
rozbijać/rozbić break[1], break sth up, smash, crack[2], wreck; (*np. samochód*) smash; **~ na kawałki** shatter; **~ obóz** set up camp □ **rozbijać/rozbić się** break[1], break up, smash; **~ na kawałki** shatter; (*o falach*) break[1]
rozbijanie smash
rozbiór: (*np. problemu*) analysis; (*państwa*) partition
rozbiórka: (*budynku*) demolition
rozbitek wreck; **~ życiowy** down and out, castaway
rozbit|y broken[2]; **~y dom** broken home[1]; **~e małżeństwo** broken marriage; (*o małżeństwie itp.*) on the rocks
rozbójnik: ~ morski pirate
rozbrajać/rozbroić disarm; (*ładunek wybuchowy*) defuse □ **rozbrajać/rozbroić się** disarm
rozbrojenie disarmament
rozbrykany frisky
rozbrzmiewać/rozbrzmieć ring[2], ring out; (*np. śmiechem*) echo
rozbrzmiewający resounding
rozbudowywać/rozbudować extend
rozbudzać/rozbudzić awaken; (*na nowo*) revive
rozbudzony: zupełnie ~ wide awake[2]
rozchlapywać/rozchlapać slosh
rozchmurzać/rozchmurzyć się buck up
rozchodzić/rozejść się separate[2], diverge, disperse; (*np. z żoną, narzeczonym*) split up (with sb); **ich drogi się rozeszły** they drifted apart; (*o wiadomości*) travel, get about/around/round
rozchód outgoings
rozchwiany loose
rozchwytywany in demand
rozciągać/rozciągnąć stretch[1], spin sth out, eke sth out □ **rozciągać się** stretch[1], span, extend, range[2]; (*o zabudowaniach itp.*) **~ (chaotycznie)** sprawl
rozciągnięty sprawling
rozcieńczać/rozcieńczyć dilute, water sth down
rozcieńczony dilute; **nie ~** neat
rozcięcie slit
rozcinać/rozciąć cut[1], slit, cut sth open; **głęboko ~** gash
rozczapierzać/rozczapierzyć splay
rozczarowanie disappointment, disillusionment, disenchantment, anticlimax; **gorzkie ~** a rude awakening; **przynoszący ~** disappointing
rozczarowany disappointed, disenchanted, disillusioned; bitter
rozczarowywać/rozczarować disappoint, disillusion
rozczłonkowywać/rozczłonkować dismember, partition
rozczochrany straggly; (*na wietrze*) windswept
rozczulać/rozczulić się melt
rozczulający moving
rozczulanie się: ~ nad sobą self-pity
rozdając-y/a dealer
rozdanie: (*kart*) deal, hand[1]
rozdarcie tear[2], rip, split
rozdawać/rozdać distribute, dispense, give sth out, give sth away, dish sth out, deal sth out; (*karty*) deal[2]
rozdawanie distribution
rozdmuchany grandiose
rozdmuchiwać/rozdmuchać build sth up
rozdrabniać/rozdrobnić fragment; liquidize □ **rozdrabniać/rozdrobnić się** fragment
rozdrażniać/rozdrażnić exasperate
rozdrażnienie annoyance, exasperation; **z ~m** peevishly
rozdrażniony annoyed, peeved, edgy, fraught, het up, in a huff; **być ~m** be on edge
rozdział: (*np. w książce*) chapter; (*np. funduszy*) allocation; **ponowny ~** redistribution
rozdzielać/rozdzielić: (*na części/między ludzi*) divide, separate[2], segregate; part[2], divorce[2]; (*np. pieniądze*) distribute, allocate, allot, dole sth out; **~ ponownie** redistribute □ **rozdzielać/rozdzielić się** separate[2], divide,

part[2], diverge, fork; **dający ~** separable
rozdzielcz|y: **tablica ~a** panel
rozdzierać/rozedrzeć rip, split, tear sth apart; (*np. na wystającym gwoździu*) snag[2] □ **rozdzierać/rozedrzeć się** rip, split
rozdzierający agonizing, piercing; (*o bólu*) excruciating; **~ serce** heartbreaking, heart-rending
rozdźwięk discord
rozebrać (się) → ROZBIERAĆ (SIĘ)
rozebrany undressed
rozedrzeć (się) → ROZDZIERAĆ (SIĘ)
rozegrać się → ROZGRYWAĆ SIĘ
rozejść się → ROZCHODZIĆ SIĘ
rozentuzjazmowany enthusiastic
rozeprzeć się → ROZPIERAĆ SIĘ
roześmiać się laugh
roześmiany laughing
rozetka rosette
rozeznać się make head or tail of sth
rozeznanie discrimination
rozgałęziacz adaptor
rozgałęziać/rozgałęzić się branch off, fork
rozgardiasz mess[1], clutter, pandemonium
rozgarnięty brainy
rozglądać/rozejrzeć się look round; (*w sklepie*) browse
rozgłos fame, prominence; publicity; **nabierający ~u** rising; **bez ~u** low-key; **nadawać ~** publicize; **nadając czemuś nadmierny ~** sensationally
rozgłośnia station
rozgniatać/rozgnieść crush[1]
rozgniewany irate
rozgorączkowanie fever
rozgorączkowany feverish
rozgoryczenie glumness
rozgramiać/rozgromić: (*przeciwnika*) thrash, rout
rozgrywać/rozegrać się set[2]
rozgrywk|a: **~i** game[1]; **~i sportowe** tournament; **ostateczna ~a** (*w długim sporze*) showdown
rozgryźć: (*problem*) crack[2]
rozgrzeszać/rozgrzeszyć absolve
rozgrzewać/rozgrzać: (*np. emocje*) whip sth/sb up □ **rozgrzewać/rozgrzać się** warm up, hot up
rozgrzewk|a: **robić ~ę** warm up
roziskrzyć się → ISKRZYĆ SIĘ
rozjarzyć się → JARZYĆ SIĘ
rozjaśniać/rozjaśnić lighten, brighten; freshen; bleach □ **rozjaśniać/rozjaśnić się** lighten, brighten, clear[3]; (*o twarzy*) light up
rozjazd: **być w ~ach** be on the move[1]
rozjątrzenie aggravation
rozjemczy conciliatory
rozjuszony: **być ~m** be up in arms
rozkaz instruction, order[1], command[2]; **na ~** at/by sb's command
rozkazujący authoritative; **tryb ~** imperative
rozkazywać/rozkazać instruct, order[2], command[1]; order sb about/around
rozklekotany shaky, rickety, ramshackle
rozkład distribution; (*np. zajęć, jazdy*) timetable, rota; **sporządzać ~** schedule; (*biol.*) rot, disintegration; **ulega ~owi** biodegradable
rozkładać/rozłożyć lay sth out, unfold; (*np. mapę*) spread; (*np. wagę*) distribute; (*np. spłaty*) spread; (*na części/kawałki*) take sth apart, dismantle; (*na czynniki*) break sth down □ **rozkładać/rozłożyć się** unfold; (*o materii*) decompose, rot; **rozkładający się naturalnie** biodegradable; (*o osobie*) settle down
rozkładany convertible; (*o siedzeniu, fotelu*) reclining
rozkładówka spread
rozkopywać/rozkopać: (*np. ulicę*) dig sth up
rozkosz bliss; relish
rozkosznie luxuriously, delightfully; (*np. ciepły*) lovely and warm/peaceful/fresh, etc.
rozkoszny adorable; (*o smaku, zapachu*) delightful, delicious; (*o zapachu, dźwięku*) sweet[1]
rozkoszować się delight/revel in sth/in doing sth, relish[1], bask/glory in sth, gloat (about/over sth)
rozkruszyć (się) → KRUSZYĆ (SIĘ)
rozkwitać/rozkwitnąć: (*o drzewie itp.*) blossom; (*o kwiecie*) be out
rozlać (się) → ROZLEWAĆ SIĘ
rozlatujący się broken-down
rozlatywać/rozlecieć się disintegrate, fall apart
rozlegać/rozlec się ring out
rozlegle widely, extensively
rozległość breadth, spaciousness
rozległy wide, vast, extensive, widespread, rambling, sprawling
rozlew: **~ krwi** bloodshed, blood bath
rozlewać/rozlać spill, slop; (*napoje*) pour; **~ do butelek** bottle □ **rozlewać/rozlać się** spill, slop, run[1]
rozliczać/rozliczyć: (*czek*) clear[3] □ **rozliczać/rozliczyć się**: (*z kimś*) square up (with sb)
rozluźniać/rozluźnić relax, loosen, slacken □ **rozluźniać/rozluźnić się** relax, loosen, slacken; (*o osobie*) let your hair down
rozluźnianie/rozluźnienie (się) relaxation
rozluźniony lax, slack
rozładowywać/rozładować unload; (*sytuację*) defuse
rozłam split, break-up
rozłączać/rozłączyć: (*kogoś z kimś*) part[2]; (*połączenie telefoniczne*) cut sb off
rozłączny separable
rozłąka separation
rozłożyć (się) → ROZKŁADAĆ (SIĘ)
rozłupywać/rozłupać crack[2], split, splinter □ **rozłupywać/rozłupać się** split, splinter
rozmach: **z ~em** big, grandly
rozmaitość variety
rozmaity diverse, various, miscellaneous
rozmamłany sloppy
rozmaryn rosemary
rozmarzony: (*o spojrzeniu*) faraway
rozmawiać/porozmawiać speak, talk[1], converse, chat; **~ szczerze** open up; **~ o sprawach zawodowych** (*poza pracą*) talk shop
rozmazywać/rozmazać się smudge
rozmiar size, dimension, proportion, measurement, scale[1], extent; **duży ~** bulk; **mieć ~** measure[1]; **dużych ~ów** large-scale; **sporych ~ów** sizeable; (*dobry/zły itp.*) fit[3]; **~u** (*w wyrazach złożonych*) -sized; **~y** incidence
rozmieniać/rozmienić change[1]
rozmieszczać/rozmieścić distribute
rozmijać/rozminąć się cross[2]
rozmiłowany infatuated; **~ w nauce** studious
rozmnażać/rozmnożyć się multiply, proliferate, reproduce; (*o zwierzętach i roślinach*) breed
rozmnażanie się reproduction, proliferation
rozmokły soggy
rozmontowywać/rozmontować take sth apart
rozmow|a conversation, discussion; **~y** talk[2]s, negotiations; **twarde ~y** hard[1] talks; **~a kwalifikacyjna do pracy** interview; **przeprowadzać ~ę kwalifikacyjną do pracy** interview; **~a miejscowa** local call; **nawiązywać ~ę** strike up sth (with sb)
rozmowny talkative, communicative
rozmówki: **~ obcojęzyczne** phrase book
rozmrażać/rozmrozić thaw, defrost
rozmyślać brood, meditate □ **rozmyślać/rozmyślić się**: **rozmyślić się** think better of (doing) sth
rozmyślani|e contemplation, meditation; **pogrążony w ~ach** lost in thought
rozmyślnie deliberately, wilfully
rozmyślny deliberate[1], wilful
roznegliżowany undressed
rozniecać/rozniecić: (*ogień*) fan
roznosić/roznieść distribute □ **roznosić/roznieść się**: (*o chorobie*) spread
roznoszenie: (*np. poczty*) delivery
rozogniony heated
rozpacz despair, desperation, distress[1]; **doprowadzony do ~y** desperate; **szaleć z ~y** go frantic
rozpaczać grieve, despair, be distressed[2]
rozpaczliwie hopelessly

rozpaczliwość hopelessness
rozpaczliwy desperate, distressing, despairing
rozpad break-up, disintegration
rozpadać/rozpaść się come apart, fall apart, disintegrate, crumble; (*o serze*) **rozpadający się** crumbly; (*o stosunkach*) break up (with sb)
rozpadający się decrepit, dilapidated
rozpadlina chasm
rozpakowywać/rozpakować unpack, unwrap □ **rozpakowywać/rozpakować się** unpack
rozpalony: ~ **do czerwoności** red-hot
rozparcelować → PARCELOWAĆ
rozpasany rampant
rozpaść się → ROZPADAĆ SIĘ
rozpatrywać/rozpatrzyć: (*sprawę w sądzie*) hear
rozpatrywany in hand, in question
rozpęd impetus, momentum
rozpędzać/rozpędzić disperse
rozpętywać/rozpętać się: (*o burzy*) break[1]
rozpiąć → ROZPINAĆ
rozpierać/rozeprzeć się lounge
rozpieszczać/rozpieścić pamper, spoil, dote on sb
rozpiętość range[1], span; ~ **uwagi** attention span
rozpięty open[1], undone
rozpinać/rozpiąć unbutton, undo, unfasten; (*zamek błyskawiczny*) unzip
rozplanowywać/rozplanować lay sth out
rozplątywać/rozplątać untangle, unravel, disentangle; (*materiał, ciało*) gash □ **rozplątywać się** unravel
rozpłatać split
rozpływać/rozpłynąć się: (*nad kimś/czymś*) gush
rozpoczęci|e start[2], commencement; **miejsce ~a** starting point
rozpoczynać/rozpocząć start[1], commence, open[2], launch[1], go ahead (with sth), enter into sth (with sb), embark on sth; (*np. karierę*) start out □ **rozpoczynać się** start[1]; **dobrze/źle** ~ get off to a good/bad, etc. start
rozpoczynając-y/a: ~ **studia** entrant
rozpolitykowany political
rozporek fly[3]
rozporządzać/rozporządzić decree
rozporządzenie decree
rozpostarty outstretched; (*o domu*) rambling
rozpowszechniony widespread, rife; (*o wiadomości itp.*) **zostawać ~m** break[1]
rozpoznanie: (*np. choroby*) diagnosis; (*np. sytuacji*) reconnaissance
rozpoznawać/rozpoznać recognize, know, place[2], distinguish, make sb/sth out; (*np. chorobę*) diagnose; (*wśród czegoś/ludzi*) pick sb/sth out; ~ **smak** taste[2]
rozpoznawalnie recognizably
rozpoznawalny recognizable, distinguishable, identifiable
rozpoznawanie recognition
rozpraszać/rozproszyć dispel, disperse, remove, allay; (*np. tłum*) break sth up; ~ **uwagę** distract, put sb off (sth) □ **rozpraszać się** disperse, scatter, spread yourself out
rozpraszający disruptive
rozprawa paper; ~ **naukowa** dissertation; ~ **sądowa** trial, hearing
rozprawiać: (*o książce itp.*) treat □ **rozprawiać się**: (*z czymś*) tackle
rozpromieniać/rozpromienić brighten, beam □ **rozpromieniać/rozpromienić się** brighten
rozpromieniony radiant
rozpropagować → PROPAGOWAĆ
rozprostowywać/rozprostować: ~ **nogi** stretch your legs; ~ **kości** have a (good) stretch → TEŻ PROSTOWAĆ (SIĘ)
rozproszony scattered, distracted
rozprowadzać/rozprowadzić distribute
rozprowadzenie distribution
rozpruć (się) → PRUĆ (SIĘ)
rozpryskiwać/rozpryskać slosh
rozprzestrzeniać/rozprzestrzenić spread □ **rozprzestrzeniać/rozprzestrzenić się** spread, sweep[1]
rozprzestrzenianie spread □ **rozprzestrzenianie się** spread, proliferation
rozpusta vice[1]
rozpuszczać/rozpuścić (się) dissolve, melt
rozpuszczalnik solvent
rozpuszczalny soluble
rozpychać się jostle, shoulder; ~ **łokciami** elbow; **rozpychający się łokciami** pushy
rozpylać/rozpylić (się) spray
rozradowany overjoyed
rozrodczy reproductive
rozróba trouble
rozróżniać/rozróżnić distinguish, differentiate, discriminate; **dający się** ~ distinguishable
rozróżnieni|e distinction; (**dokonany**) **bez ~a** indiscriminate; **bez ~a** indiscriminately
rozruch: **~y** riot, disorder
rozruszać/rozruszyć: (*silnik*) rev
rozrusznik pacemaker
rozrywać/rozerwać rip, tear sth apart; burst[1]; ~ **na części** dismember; (*zabawić*) **rozerwać kogoś** amuse □ **rozrywać/rozerwać się** rip; burst[1]
rozrywk|a amusement, entertainment, recreation, pastime, play[2]; **park ~i** theme park
rozrywkowy entertaining, light-hearted
rozrzedzać/rozrzedzić thin
rozrzedzony thin, watery
rozrzewniający moving, touching, pathetic
rozrzucać/rozrzucić scatter
rozrzucony scattered
rozrzutnie extravagantly
rozrzutność extravagance
rozrzutny extravagant, lavish, wasteful
rozsadzać/rozsadzić burst[1]; (*o bólu głowy*) **rozsadzający** splitting
rozsąd|ek reason[1]; judgement; prudence; sanity; **głos ~ku** reason[1]; **zdrowy ~ek** sense, common sense, good sense; **brak ~ku** silliness; **w granicach ~ku** in/within reason; **przemawiać do ~ku** reason with sb, make sb see reason
rozsądnie reasonably, sensibly, logically, prudently, justly, judiciously
rozsądny reasonable, sensible, rational, logical, prudent, just[1], judicious, sane, down-to-earth
rozsądzać/rozsądzić arbitrate
rozsiany dotted about
rozstać się → ROZSTAWAĆ SIĘ
rozstaj fork
rozstajn|y: **~e drogi** crossroads
rozstanie parting
rozstaw: (*torów*) gauge
rozstawać/rozstać się: (*z kimś/czymś*) part[2], part company (with sb/sth); (*zakończyć znajomość*) ~ **z kimś** give sb the push
rozstawiać/rozstawić space, lay sth out; ~ **kogoś/coś z odstępami** (*w rzędzie*) string sb/sth out; (*wojsko*) station; (*np. wojsko lub broń*) deploy
rozstawienie deployment
rozstrajać/rozstroić upset
rozstrojony upset
rozstrzygać/rozstrzygnąć adjudicate, settle; ~ (**polubownie**) arbitrate
rozstrzygająco conclusively; **nie** ~ inconclusively
rozstrzygający final, conclusive; **nie** ~ inconclusive
rozstrzygnięty: **nie** ~ pending, open[1]
rozsunąć (się) → ROZSUWAĆ (SIĘ)
rozsunięty open[1]
rozsupływać/rozsupłać undo, untie; disentangle
rozsuwać/rozsunąć (się) part[2], open
rozsypywać/rozsypać scatter
rozsypywać/rozsypać się: **rozsypujący się** crumbly
rozszaleć się blow up, run riot
rozszarpywać/rozszarpać tear sth apart
rozszczepiać/rozszczepić (się) split, splinter
rozszczepienie: ~ **jądra atomowego** nuclear fussion
rozszerzać/rozszerzyć widen, enlarge, expand; splay; (*np. komentarz*) amplify; (*np. działalność*)

diversify □ **rozszerzać/rozszerzyć się** widen, enlarge, expand
rozszerzanie się spread
rozszerzany: (*o spodniach i spódnicy*) ~ **dołem** flared
rozszerzenie enlargement; (*np. komentarza*) amplification; (*działalności*) diversification
rozszerzyć (się) → ROZSZERZAĆ (SIĘ)
rozśmieszać/rozśmieszyć amuse
rozśmieszony amused
rozśmiewać kill
roztaczać/roztoczyć: ~ **opiekę nad kimś/czymś** watch over sb/sth
roztargnieni|e absent-mindedness; **w ~u** absent-mindedly
roztargniony absent-minded, dozy
rozter|ka: **być w ~ce** be torn between A and B
roztoczyć → ROZTACZAĆ
roztrajać upset
roztropnie wisely, prudently
roztropność prudence
roztropny wise, prudent, clear-headed
roztrwonić → TRWONIĆ
roztrwoniony misspent
roztrzaskiwać/roztrzaskać (się) smash, shatter
roztrzaskiwanie smash
roztwór solution
rozum sense, reason[1], judgement; mind[1], intellect, brain; **bystry ~** wit; **mieć więcej ~u w głowie** know better (than that/than to do sth)
rozumieć/zrozumieć understand, comprehend, follow, see, interpret, make sb/sth out, make sense of sth, figure sb/sth out, catch[1], get the idea, get the message, see/take sb's point; **rozumiesz** you see, you know; (*kogoś*) work sb out; (*coś jako coś*) construe; **nie ~** miss[1]; **błędnie/źle ~** mistake[2], misconstrue, misunderstand, misinterpret; **źle zrozumiany** mistaken; **to się rozumie (samo przez się)** that goes without saying, reason □ **rozumieć się**: **nie ~** be/talk at cross purposes
rozumienie understanding, insight; (*sytuacji*) reading; **złe ~** misinterpretation
rozumnie rationally, intelligently, judiciously
rozumny rational, intelligent, judicious
rozumować reason[2]
rozumowanie reasoning
rozumowy intellectual
rozwadniać/rozwodnić dilute, water sth down
rozwag|a carefulness, caution, deliberation, consideration; respect[1]; poise; **brak ~i** carelessness, thoughtlessness
rozwalać/rozwalić smash, bust[2] □ **rozwalać się** smash; (*np. na krześle*) lounge, sprawl
rozwalcować roll[2]
rozwalony bust[2]
rozwałkować roll[2]
rozwarty: **kąt ~** obtuse angle
rozważać/rozważyć consider, contemplate, debate; balance[1], weigh
rozważanie think[2]
rozważany in question, afoot
rozważnie deliberately, prudently
rozważny deliberate[1], prudent, clear-headed
rozweselać/rozweselić amuse, cheer sb/sth up, perk sb/sth up □ **rozweselać/rozweselić się** cheer up
rozweselenie amusement
rozweselony amused
rozwiać (się) → ROZWIEWAĆ (SIĘ)
rozwiązani|e answer[2], solution, fix, course (of action); resolution, termination; **nie do ~a** insoluble
rozwiązany undone
rozwiązywać/rozwiązać undo; (*węzeł*) untie; (*np. problem, zagadkę*) solve, work sth out; (*np. problemy*) resolve, settle, clear sth up, iron sth out; (*problem*) get over sth; (*np. zagadkę*) puzzle sth out; (*umowę*) terminate; (*np. ugrupowanie, stowarzyszenie*) disband
rozwiązywalny soluble
rozwichrzony: **z ~mi włosami** dishevelled
rozwidlać/rozwidlić się branch off, fork
rozwidlenie fork
rozwiedziony divorced
rozwieść się → ROZWODZIĆ SIĘ
rozwiewać/rozwiać: (*np. obawy*) dispel; (*nadzieje*) dash[2] □ **rozwiewać się** clear[3], lift
rozwijać/rozwinąć: (*coś zwiniętego*) unroll, unwind, unfold, unwrap; (*np. talent*) develop, evolve, build; (*np. komentarz*) amplify, expand on sth; (*temat, myśl*) enlarge on sth, build sth up □ **rozwijać się**: (*o czymś zwiniętym*) unroll, unwind, unfold; (*o sytuacji, osobie itp.*) evolve, develop, progress; **dobrze ~** flourish; **~ pomyślnie** get ahead; **kraj rozwijający się** developing country
rozwikływać/rozwikłać (się) unravel
rozwinięcie deployment; (*np. komentarza*) amplification
rozwinięty developed, advanced, mature[1]; **w pełni ~** fully-fledged, full-blown; **nad wiek ~** forward[2]; **kraj słabo/mało ~** underdeveloped country
rozwlekły lengthy, long-winded
rozwodnić → ROZWADNIAĆ
rozw-odnik/ódka divorcee
rozwodniony dilute
rozwodzić/rozwieść się divorce[2]; (*nad czymś*) go into sth, dwell on/upon sth
rozwolnienie diarrhoea
rozwód divorce[1]; **wziąć ~** divorce[2]
rozw|ój growth, expansion, development, evolution; **w miarę ~oju akcji** as the story/events unfold(s)
rozwścieczać/rozwścieczyć enrage, infuriate, make sb sick
rozzłoszczony angry, in a temper
rozzłościć enrage; (*kogoś*) wind sb up
rozzłościć (się) → ZŁOŚCIĆ (SIĘ)
rozżalony resentful
rożek crescent
rożen barbecue, grill; spit
ród family, kin, ancestry, birth
róg corner[1]; **(zaraz) za rogiem** (just) round the corner; (*np. byka*) horn; (*jelenia*) antler; **zapędzać w kozi ~** stump[2]; (*instrument muzyczny*) horn, French horn
rój swarm
rów ditch, trench, channel; **~ odwadniający** dyke
rówieśnik peer[1]
równać: (*spychaczem*) bulldoze □ **równać się** equal, make[1], amount to sth, represent, compare
równanie equation
równi|a: **na ~** on an equal footing, on a par with sb/sth
równie equally; **~ dobrze** may/might (just) as well; **być ~ silnym/dobrym jak** hold your own (against sb/sth)
również also; **nie tylko... ale ~** not only... (but) also
równik equator
równina plain[2]
równo evenly, equally, fifty-fifty; (*o czasie, godzinie*) promptly, prompt[1]
równoczesny simultaneous, coincidental
równocześnie simultaneously, at once, coincidentally
równolegle parallel; **biec ~** (*do czegoś*) follow
równoległobok parallelogram
równoległ|y parallel; **~a linia** parallel
równomiernie steadily
równomierny even[1], steady
równorzędny equivalent
równość equality
równouprawnienie equality; **~ pod względem płci** sexual equality
równowa|ga balance[2], equilibrium; footing; (*w tenisie*) deuce; **~ga sił** balance of power; **brak ~gi** imbalance; **utrzymywać ~gę/coś w ~dze** balance[1]; **utrzymywać/tracić ~gę** keep/lose your balance; **tracić ~gę** overbalance; **łapać ~gę** steady; **wytrącać z ~gi** upset; **wytrącenie z ~gi** upset; **wyprowadzać kogoś z ~gi** put sb out
równowartość: (*kwoty, czasu*) worth
równoważny equivalent
równoważyć/zrównoważyć balance[1]; compensate, offset
równoznacznik equivalent

równoznaczny tantamount; **być ~m** amount
równ|y: (*płaski*) even[1], level[1], flat[2]; (*tej samej sumy/liczby*) equal, fifty-fifty; (*o kształcie itp.*) regular; (*o osobie*) **~y sobie** equal; **~y facet, ~a dziewczyna** sport
róż: (*kolor*) pink; (*do makijażu*) blusher, rouge
róża rose[2]
różaniec rosary
różdżka wand
różnic|a difference, distinction, variation; **zasadnicza ~a** contrast[2]; **~a zdań** dissent[1]; **sprawiać/stanowić ~ę** make a/some, etc. difference (to sb/sth); **nie robić ~y** not make any difference; **dostrzegać ~ę** discriminate; **(dokonany) bez ~y** indiscriminate; **bez ~y** indiscriminately
różnić się differ, be different, vary, diverge; **bardzo ~** be far removed; **~ w zapatrywaniach** dissent[2]
różnorodność variety, diversity; **~ w przyrodzie** biodiversity
różnorodny various, varied, assorted, miscellaneous, heterogeneous
różny: (*rozmaity*) various, miscellaneous; (*odmienny*) different, dissimilar, distinct
różowawy pinkish
różowy: **(kolor) ~** pink; rosy
różyczka German measles
rtęć mercury
rubin ruby
rubinowy ruby
rubryka column
ruch movement, motion, move[1]; activity, exercise[1]; (*ręką, ciałem*) gesture; (*rąk w pływaniu*) stroke[2]; (*np. w szachach*) move[1]; **~ obrotowy** rotation; (*drogowy, morski, powietrzny*) traffic; **~ w interesie** business, field day; **bez ~u** still[2], motionless; **być w ~u** be on the go; **wykonywać ~** (*np. w szachach*) move[2]; **zażywać ~u** exercise[2]
ruchliwość mobility
ruchliwy busy, fidgety; agile
ruchomości belongings, property, effects
ruchom|y moving, movable, mobile, adjustable, floating; **~e schody** escalator; **być ~ym** come off; **~ czas pracy** flexitime
ruda ore
rudawobrązowy maroon
rudera ruin, dump
rudy red[1], ginger
rudzielec redhead
rudzik robin
rufa stern[2]
ruin|a ruin, wreck; dilapidation, destruction; downfall; **w ~ie** in ruins; **doprowadzać do ~y** ruin
ru|ja: **w ~i** in season
rujnować/zrujnować ruin, wreck, screw (sth) up
rujnujący ruinous
rukiew: **~ wodna** watercress
ruletka roulette
rulon roll[1]
rumb: (*róży kompasowej*) point[1]
rumianek camomile
rumienić: (*np. kotlety*) brown ▫ **rumienić się**: (*o kotletach itp.*) brown; (*o osobie*) blush, flush[1], glow
rumie|niec blush, flush[1], glow; **~ńce** colour[1]; **nabierać ~ńców** take shape
rumowisko debris
runąć collapse, come down, tumble; (*na kogoś/coś*) swoop
runda round[4]
runięcie collapse; (*np. na wroga*) swoop
runo fleece
rupiecie junk, odds and ends, jumble
rur|a pipe[1], tube; **~y** tubing; **główna ~a wodociągowa/kanalizacyjna/gazowa** main[2]; **~a spustowa** spout; **~a wydechowa** exhaust[1]
rurk|a tube; **~i** tubing; **~a do nurkowania** snorkel; **~a do picia** straw
rurociąg pipeline
rustykalny rustic
ruszać/ruszyć move[2], make a move[1]; **lekko ~** stir; **~ z miejsca** dislodge, get off the ground; **~ naprzód** surge ▫ **ruszać się** move[2], get moving, get cracking; **lekko ~** stir; **szybciej ~** get a move on
ruszt grate[1]; (*w piecyku*) grill
rusztowanie scaffolding
rutyn|a routine; **popaść w ~ę** be in a rut
rutynowo routinely
rutynowy routine
rwać tear[2]; **~ na kawałki** tear sth up; (*o wodzie/powietrzu*) **rwący** turbulent; (*kupować*) snap sth up ▫ **rwać się** tear[2]; (*do czegoś*) snatch at sth; **rwący się** (*do czegoś*) impatient, keen on sb/sth, raring
rwanie: (*bólu*) twinge
rwetes pandemonium
ryb|a fish[1]; **R~y** (*znak zodiaku*) Pisces; **łowienie ~** fishing, angling
rybak fisherman
rybi fish[1], fishy
rybka fish; **złota ~** goldfish
rybny fish[1]; **sklep ~** the fishmonger's
rybołówstwo fishing
rycerski chivalrous, gallant
rycerskość chivalry, gallantry
rycerz knight
rychle swiftly, promptly
rychły quick, swift, prompt[1]
rycina print[1], engraving
ryczący roaring
ryczeć/ryknąć growl, roar, yell, bellow; (*o krowie*) moo; (*o ludziach*) hoot; (*np. na fortepianie*) belt sth out
ryć/wyryć burrow; **~ napis** engrave, inscribe
rydelek: **~ ogrodniczy** trowel
rydwan chariot
rygiel bolt[1]
ryglować/zaryglować bolt[1]
rygor rigour, rigorousness
rygorystycznie rigorously, rigidly
ryj snout, muzzle
ryk roar, growl, bellow, yell; (*np. protestu*) howl
ryknąć → RYCZEĆ
rykoszet: **odbić się ~em** ricochet, glance off (sth)
rykowisko breeding ground
rym rhyme
rymować (się) rhyme
ryn|ek market[1]; (*także w gospodarce*) market place; **czarny ~ek** black market; **~ek papierów wartościowych** stock exchange; **na ~ku** on the market; **wprowadzać** (*towar*) **na ~ek** (*za pomocą reklamy*) market[2]; **badanie ~ku** market research
rynna gutter; pipe[1], chute; **~ odpływowa** drainpipe
rynsztok gutter, ditch
rynsztunek kit
rys: **~ charakteru** trait
rysa: (*zadrapanie*) scratch[2]; (*pęknięcie*) crack[1], split; (*wada*) flaw
rysować/narysować draw[2]
rysowanie drawing
rysownik cartoonist
rysujący się silhouetted
rysunek picture, drawing; cartoon; diagram, figure[1]; **~ techniczny** graph
rysunkowy: (*o filmie*) animated
rytm rhythm
rytmicznie rhythmically
rytmiczność regularity
rytmiczny rhythmic; regular
rytualnie ritually
rytualny ritual
rytuał ritual
rywal/ka rival, competitor, challenger, opposition
rywalizacj|a rivalry, competition; **oparty na ~i, skory do ~i** competitive; **chęć do ~i** competitiveness
rywalizować compete, contend; emulate
ryzykant/ka gambler
ryzyko risk, chance[1], hazard; **ponosić ~** venture; **lubiący ~** adventurous; **na własne ~** at your own risk
ryzykować/zaryzykować risk, take a risk/risks, run the risk (of doing sth), take a gamble (on sth), chance[2], venture; (*czymś*) stake[1]; (*np. stwierdzenie*) hazard
ryzykownie precariously
ryzykowny risky, hazardous, perilous, precarious, dodgy; foolhardy
ryż rice
ryży ginger, red[1]
rzadk|i rare[1], uncommon, unusual, infrequent, sporadic; **z ~a** once in a while; (*o włosach itp.*) sparse, thin; (*o zupie itp.*) watery; (*o konsystencji*) runny; (*o płynie*) smooth[1]
rzadko rarely, infrequently, seldom, sporadically; **~ (kiedy)** hardly; **~ spotykany** rare[1], thin on the ground[1]; (*nie gęsto*) thin, thinly, sparsely
rzadkość rarity, sparseness

rząd row[1], tier; **rzędy na parterze** stalls; **z rzędu** in a row, consecutively, running; **pod ~** in a row, in succession; **w jednym rzędzie** abreast; **przechodzić/maszerować rzędem** file[3]; **ustawiać/kłaść/wieszać rzędami** line[2]; (*polit.*) government, administration; **~y** regime
rządowy governmental
rządzący ruling[1]
rządzenie rule
rządzić govern; (*kimś*) order sb about/around
rzecz thing, object[1], article, matter[1]; **~y** belongings, property, stuff; **~y zagubione** lost property; **~ jasna** naturally; **~ niepojęta** marvel; **~ pewna** certainty; **~ sporna** a matter of opinion; **na ~** (*kogoś/czegoś*) on behalf of sb, in support of sb/sth; **od ~y** irrelevant, irrelevantly; **mówić od ~y** wander; **być nie od ~y** not come/go amiss; **~ nie mniej ważna** last but not least; **praktycznie ~ biorąc** to/for all intents and purposes[2]; **ściśle ~ biorąc** technically
rzeczni-k/czka spokesperson, mouthpiece, advocate; **rzecznik** spokesman; **rzeczniczka** spokeswoman; **rzecznik praw obywatelskich** ombudsman
rzeczownik noun; **~ niepoliczalny** uncountable noun; **~ odczasownikowy** gerund; **~ policzalny** countable noun
rzeczowy businesslike, hard-headed, matter-of-fact
rzeczpospolita republic
rzeczywistoś|ć reality, fact, hard facts; **w ~ci** in reality, in (actual) fact, as a matter of fact, in effect, effectively; **wirtualna ~ć** virtual reality
rzeczywisty real, actual, factual, truthful, tangible; intrinsic
rzeczywiście really, truly, actually, indeed, so[1], sure enough; intrinsically
rzednąć/zrzednąć thin; (*o męskich włosach*) recede
rzeka river; **~ dopływowa** tributary; (*np. pytań, ludzi, samochodów*) stream
rzekomo supposedly, reputedly
rzekomy reputed
rzemieślnik craftsman
rzemiosło craft[1], handicraft, trade[1]; craftsmanship
rzemyk strap
rzep: (*rodaj zapięcia*) Velcro
rzepa turnip
rzepka: (*część stawu kolanowego*) kneecap
rzesza mass
rzeszoto sieve
rześki fresh, crisp[1]
rzetelnie reliably
rzetelny: (*o rozwiązaniu itp.*) credible; (*o pracy itp.*) sterling; (*o osobie*) straight[1]
rzewny sloppy, slushy
rze|ź slaughter, massacre, butchery; **dokonać ~zi** slaughter; **urządzać ~ź** massacre
rzeźba sculpture, carving
rzeźbiarstwo sculpture
rzeźbia-rz/rka sculptor
rzeźbić/wyrzeźbić carve
rzeźnia slaughterhouse
rzeźnik butcher
rzeżucha cress
rzęs|a eyelash; **tusz do ~** mascara; (*np. na stawie*) weed
rzodkiewka radish
rzucać/rzucić throw[1], fling[1], sling[2], chuck, cast[2]; (*z trzaskiem*) slam, slap; (*niedbale*) dump; (*lekko*) toss, drop[1]; (*coś ciężkiego*) heave; (*np. piłką, oszczepem*) pitch[1]; (*głową naprzód*) pitch[1]; **~ kotwicę** anchor; (*np. światło, cień*) throw[1]; (*np. światło, slajdy*) project[2]; (*np. spojrzenie*) shoot[1], flash[2]; **~ okiem** cast an eye/your eye(s) over sb/sth; **~ światło** (*na coś*) illuminate, shed light on sth; **~ cień** cast a shadow (across/over sth); (*np. pracę*) chuck, jack sth in; (*nałóg*) kick the habit[1]; (*np. nałóg*) cut sth out; **~ robienie czegoś** give up sth; (*kogoś*) dump, walk out on sb; (*np. przyjaciela*) ditch □ **rzucać się** dart[2], dive[1]; (*gwałtownie się ruszać w sposób niekontrolowany*) thrash, flail; **~ z boku na bok** toss; **~ do przodu** lunge; **~ w wir** (*czegoś*) plunge; (*na kogoś/coś*) pounce, savage, scramble, grab; (*tłumnie na kogoś*) mob; (*np. na pomoc*) spring[3]; (*np. na kupno czegoś*) rush[1]; **~ w oczy** stand out; **rzucający się w oczy** conspicuous; **nie rzucający się w oczy** inconspicuous, unobtrusive
rzucanie: (*np. slajdów*) projection
rzucenie toss □ **rzucenie się**: (*w kierunku czegoś*) dive[2]
rzucić → RZUCAĆ
rzut throw[2], ball; (*czymś ciężkim*) heave; (*piłką*) return[2]; **~ wolny** (*w futbolu*) free kick; **~ karny** penalty; **~ rożny** corner[1]; **~ młotem** hammer[1]; **~ oka** glance, peek; **na pierwszy ~ oka** at first glance/sight, at a (single) glance
rzutki go-ahead
rzutnik projector, pointer
rzygać puke
rzygowiny puke, sick
Rzymian-in/ka Roman
rzymski Roman
rzymskokatolicki: **wyznanie ~e** Roman Catholicism; **osoba wyznania ~ego** Roman Catholic
rżeć/zarżeć neigh
rżenie: (*konia*) neigh
rżnąć/zarżnąć saw[2]; (*mordować*) massacre

S

s: **litera ~** S, s
sabotaż sabotage; **dokonywać ~u** sabotage
sabotować sabotage
sacharyna saccharin
sad orchard
sadowić/usadowić (się) settle
sadyst-a/ka sadist
sadystycznie sadistically
sadystyczny sadistic
sadyzm sadism
sadza soot
sadzać sit, sit sb (down), seat[2], install
sadzawka pool[1], pond
sadzić/zasadzić plant[2]; **~ w doniczce** pot[2]
sadzonka plant[1], seedling; cutting[1]
sadzon|y: **~e jajko** fried egg
saga saga
sakiewka pouch
sakralny sacred
sakrament sacrament; **Najświętszy S~** sacrament
sakramentalny sacramental
saksofon saxophone
sala hall; (*np. konferencyjna*) chamber; **~ balowa** ballroom; **~ gimnastyczna** gymnasium; **~ klubowa** lounge bar; **~ konferencyjna** boardroom; **~ operacyjna** operating theatre; **~ sądowa** courtroom; **~ sypialna** dormitory; **~ szkolna** classroom
salami salami
salaterka salad bowl
saldo balance[2]; **~ kredytowe** credit[1]
salmonella salmonella
salon: (*np. fryzjerski, piękności*) salon; (*np. samochodowy, sprzętu grającego*) showroom; (*np. w hotelu/mieszkaniu*) lounge; (*np. w mieszkaniu*) living room, drawing room; **~ gier** amusement arcade
salowa orderly
salto somersault
salutować/zasalutować salute
salwa volley; (*śmiechu*) peal
sałata lettuce
sałatka salad
sam yourself, myself itp.; alone; (all) by yourself/myself itp.; (all) on your, etc. own, in your/his/its own right, number one; **(już) ~** mere, the merest; **ten ~** one[1], same[1], identical; **taki ~** same[1], like[3], alike, identical; **~ w sobie** as such; **samemu** personally; **tym ~ym** thereby; **~ (szczyt itp.)** very[2]; **z ~ego rana** the first thing; **(w) ~ym (środku)** bang[3]
sama herself, yourself, itself, (all) by herself/yourself/itself, in her/your/its own right
samczy male
sami yourselves, ourselves, themselves, (all) by yourselves/ourselves/themselves
samica female; mate[1]; (*np. słoni, wielorybów*) cow; (*ptaków*) hen; (*owcy*) ewe; (*królika/zająca*) doe
samiec male; mate[1]; (*np. słoni, wielorybów*) bull; (*psa/lisa*) dog[1]; (*ptaków*) cock[1]; (*jelenia/królika*) buck[2]
samo itself; (all) by itself; **to ~** the same[2], alike, identically; ditto

samobójczy suicidal; *(np. o zachowaniu)* self-destructive
samobójstwo suicide, self-destruction
samochodowy motoring
samochód car; ~ **ciężarowy** lorry; ~ **kempingowy** camper; **sportowy** ~ sports car; ~ **terenowy** Jeep; ~**em** by car/road
samodzielnie (all) by himself/herself/itself/themselves
samogłoska vowel
samokontrola self-control
samolot aeroplane, plane[1], aircraft; ~ **pasażerski** airliner; ~ **myśliwski** fighter; ~**em** by air[1]
samolubnie selfishly
samolubny selfish, self-centred, egoistic
samolubstwo selfishness
samoobrona self-defence
samoobsługowy self-service
samorealizacja fulfilment
samorząd local government
samorzutnie voluntarily, of your own accord; ~ **proponować** volunteer
samosąd: **dokonywać** ~**u** lynch
samostanowienie self-determination
samotniczy solitary
samotnie alone, (all) on your, etc. own, (all) by myself/himself, itp.
samotnik loner
samotność loneliness, solitude
samotn|y single, solitary, lone, unattached; lonely, friendless; ~**a matka** single parent/mother; ~**y ojciec** single parent/father
samowolnie wilfully
samowolny wilful
samowystarczalny self-sufficient
samozadowolenie smugness; **z** ~**m** smugly
samozadowolony smug
samozniszczeni|e: **ulegać** ~**u** self-destruct
sanatorium sanatorium
sandał(ek) sandal
saneczki toboggan
sanie sledge, sleigh
sanitariusz/ka orderly[2]
sanitarny sanitary
sankcj|a sanction; ~**e** crackdown; ~**a karna** penalty; **stosować** ~**e** crack down (on sb/sth)
sank|i sledge; **zjeżdżać na** ~**ach** sledge
sanktuarium sanctuary, shrine
sapać gasp, pant, wheeze, puff[2]; *(o maszynie)* chug
sapanie pant
sapnięcie: *(np. ze zdziwienia, bólu)* gasp
sardela pilchard
sardynka sardine
sarkastycznie sarcastically, pointedly
sarkastyczny sarcastic, pointed
sarkazm sarcasm
saszetka sachet
satelita satellite
satelitarn|y satellite; **antena** ~**a** satellite dish
Saturn Saturn
satyna satin
satynowy satin
satyra satire
satyrycznie satirically
satyryczny satirical
satysfakcja satisfaction, fulfilment; reward
satysfakcjonować/ usatysfakcjonować satisfy
satysfakcjonujący satisfying, fulfilling, rewarding
sauna sauna
sączyć dribble □ **sączyć się** drip, trickle, seep, ooze
sąd: *(miejsce)* court[1], law court; ~ **najwyższy** High Court; ~ **trybunalski** tribunal; ~ **wojskowy** court martial; *(sędzia)* court[1]; ~ **konkursowy** jury; *(opinia)* verdict; **wydawać ~ o czymś** judge[2]; **podawać kogoś do ~u** sue
sądow|y judicial, forensic; **pomyłka** ~**a** a miscarriage of justice
sądzić suppose, think[1], consider, judge[2], make sth of sb/sth; *(sprawę)* judge[2]; *(za coś)* try[1]; **sądząc z wyglądu** by/from the look of sb/sth
sąsiad/ka neighbour
sąsiadować: *(o tyłach np. budynku)* back[4] onto sth
sąsiadujący neighbouring
sąsiedni neighbouring, next[1], adjacent, nearby, surrounding
sąsiedzk|i: *(bezpośrednio)* next door; **po** ~**u** next door (to sb/sth)
sąsiedztw|o neighbourhood; proximity; **w** ~**ie** near[1,2], in the vicinity (of sth)
scalać/scalić integrate, merge, put sth together
scalanie integration; *(dwóch lub więcej firm)* merger
scalony: ~ **układ silikonowy** silicon chip
scementować → CEMENTOWAĆ
scena scene; *(teatr)* stage[2]; *(np. sztuki)* scene; ~ **z przeszłości** *(np. w filmie)* flashback; *(np. polityczna)* arena
scenariusz script, scenario
sceneria setting, scenery
scentralizować → CENTRALIZOWAĆ
sceptycyzm scepticism
sceptyczny sceptical
scepty-k/czka sceptic
schamieć → CHAMIEĆ
scharakteryzować → CHARAKTERYZOWAĆ
scheda heirloom, inheritance
schema: ~**t (działania)** flow chart
schemat pattern, plan
schizofrenia schizophrenia
schizofreni-k/czka schizophrenic
schlać się → CHLAĆ
schlebiać flatter; *(fałszywie)* pander to sb/sth; ~ **komuś** get on the right side of sb
schlebianie flattery
schludnie neatly
schludność neatness, tidiness
schludny neat, tidy, trim[1]
schodek step[2], stair
schodnia gangway
schod|y stairs; **ruchome** ~**y** escalator; **rząd** ~**ów** flight[1] of stairs; **ze** ~**ów** downstairs
schodzić/zejść get off, descend; *(z pokładu)* disembark; ~ **z kogoś/czegoś** get off (sb/sth); *(o plamie)* come out (of sth) □ **schodzić/zejść się** meet, coincide; *(tłumnie)* flock
schować (się) → CHOWAĆ (SIĘ)
schowek compartment; *(np. na bagaż, ubranie)* locker
schronić (się) → CHRONIĆ (SIĘ)
schronieni|e shelter, refuge, retreat, cover[2]; **dawać** ~**e** harbour; **udzielać** ~**a** shelter; **zapewniać** ~**e** house[2]
schronisko hostel; ~ **młodzieżowe** youth hostel
schropowacieć → CHROPOWACIEĆ
schrupać → CHRUPAĆ
schrzanić → CHRZANIĆ
schwytać → CHWYTAĆ
schylać/schylić: *(np. głowę)* incline □ **schylać się** stoop
schyłek fall[3]; decadence; ~ **wieku** the turn of the century/year
schyłkowy decadent
scyzoryk penknife; **duży** ~ jackknife
sczepiać/sczepić piece sth together
sczyszczać/sczyścić: *(szczotką)* brush sth away/off
seans session, seance
sedes toilet
sedn|o: *(sprawy, rzeczy)* point[1], substance, root[1], heart, kernel; **dochodzić do ~a sprawy** get to the bottom of sth; **trafiać w (samo) ~o rzeczy** hit the nail on the head
segment segment, section
segregacja segregation
segregator file[1], binder
segregować/posegregować sort[2], group, grade[2], segregate
sejf safe[2]
sekciarski sectarian
sekcj|a section, desk; ~**a** *(czegoś)* dissection; ~**a zwłok** post-mortem, autopsy; **robić** ~**ę** *(czegoś)* dissect
sekre|t secret; secrecy; **w** ~**cie** confidentially
sekretarka secretary, PA; ~ **automatyczna** answering machine
sekretarz secretary, PA; ~ **stanu** *(US)* Secretary of State
sekretarzyk bureau
sekretny: *(o motywie itp.)* ulterior
seks sex; **pełen** ~**u** sexy
seksizm sexism
seksowny sexy
seksualnie sexually
seksualność sexuality
seksualn|y sexual; **orientacja** ~**a** sexuality
sekta sect
sektor sector

sekunda second[3]; (*krótka chwila*) while[2]
sekundnik second hand
selekcja selection, pick[2]
selekcjonować/ wyselekcjonować select, pick[1], cream sb/sth off
selektywnie selectively
selektywny selective
seler celery
semestr term, semester
seminarium seminar; ~ **duchowne** seminary
sen sleep[1]; **spokojny** ~ slumber; **pora snu** bedtime; **zapaść w** ~ go to sleep; **we śnie** asleep; **tuż przed snem** last thing; (*marzenie*) dream[1]; ~ **na jawie** daydream; ~ **zimowy** hibernation; **zapadać w** ~ **zimowy** hibernate
senacki senate
senat senate
senator senator
senior senior, veteran; (*przy nazwiskach*) Senior
sennie sleepily, drowsily
senność drowsiness
senny sleepy, drowsy
sen|s sense, meaning, point[1], substance; **ogólny ~s** gist; **w tym ~sie** to this/that effect; **w pewnym ~sie** in a sense, in some ways[1]; **bez ~su** meaningless; **mieć ~s** make sense; **nie ma ~su** it's no use
sensacj|a sensation, hit[2]; **pogoń za ~ą** sensationalism
sensacyjny sensational
sensownie sensibly, logically, rationally
sensowny sensible, reasonable, rational; **być ~m** make sense
sentencja maxim
sentyment sentiment, affinity; **z ~em** sentimentally; **mający ~** (*do kogoś/czegoś*) partial
sentymentalizm sentimentality
sentymentalnie sentimentally
sentymentalny sentimental, soppy
separacj|a separation; **w ~i** separated; **żyjący w ~i** estranged
separować/odseparować separate[2]
seplenić lisp
seplenienie lisp
septyczny septic
ser cheese
serc|e heart; **bicie /uderzenie ~a** heartbeat; **atak ~a** heart attack; **złamanie ~a** heartbreak; **ze złamanym ~em** heartbroken; **łamać ~e komuś** break sb's heart; **rozdzierający ~e** heart-rending, heartbreaking; **z całego ~a** wholeheartedly; **całym ~em** with your whole heart; **w głębi ~a** at heart, deep down, in your heart (of hearts); **z głębi ~a** from the (bottom of your) heart; **z głębi ~a płynący** wholehearted, heartfelt; **dobre ~e** goodness; **mieć złote ~e** have a heart of gold; **z ~em** kind-hearted; **o miękkim ~u** soft-hearted; **bez ~a** heartless, heartlessly; **brać do ~a** take sth to heart; **bliski ~u** close/ dear/near to sb's heart; **zachowywać w ~u** treasure; **nie mieć ~a** (*do czegoś/ robienia czegoś*) not have the heart (to do sth), your heart is not in sth; **tracić ~e** lose heart; **otworzyć ~e** (*przed kimś*) pour your heart out (to sb)
sercowy cardiac
serdecznie cordially
serdeczność warmth
serdeczny warm-hearted, warm[1], cordial, hearty, intimate; ~ **przyjaciel** bosom friend
serduszko heart
serek: ~ **wiejski** cottage cheese
seri|a series, succession, set[1], round[4], run[2], catalogue, course; **numer ~i** serial number
serial serial
serio: **na** ~ seriously, serious, in earnest, for real; **traktować kogoś/coś** ~ take sb/sth seriously
sernik cheesecake
serpentyna: (*papierowa*) streamer; (*drogi*) hairpin bend
serwatka whey
serwer server
serwetka serviette, napkin
serwis service; (*gwarancyjny*) service; ~ **informacyjny** bulletin
serwować/zaserwować serve; (*w krykiecie*) bowl[2]
seryjnie: **produkować** ~ mass-produce
seryjn|y: **produkcja ~a** mass production
sesja session, sitting
set set[1]
seter setter
setn|y hundredth; **(jedna) ~a** hundredth; **~a rocznica** centenary; (*po raz*) **~y** umpteenth
sezon season[1]; **szczyt ~u** high season; ~ **letni** summertime; ~ **ogórkowy** low season; **po ~ie / poza ~em** out of season
sezonować: (*np. drewno*) weather[2]
sezonowy seasonal; casual
sędzia judge[1]; (*w tytułach*) justice; (*w zawodach sportowych*) referee, umpire, adjudicator, judge[1]; ~ **liniow-y/a** linesman; **sędzia pokoju** Justice of the Peace
sędziować judge[2], referee; (*np. w tenisie/krykiecie*) umpire
sędziowski judicial
sękaty gnarled
sęp vulture
sfabrykować → FABRYKOWAĆ
sfałszować → FAŁSZOWAĆ
sfałszowany: ~ **wynik** fix[2]
sfastrygować → FASTRYGOWAĆ
sfatygowany shabby, tatty
sfaulować → FAULOWAĆ
sfer|a sphere, quarter; **~a społeczna** a walk of life; ~ **urzędowe** officialdom; **wyższe ~y** upper class; **z wyższych** ~ high-class
sfermentować → FERMENTOWAĆ
sferyczny spherical
sfilmować → FILMOWAĆ
sfinalizować → FINALIZOWAĆ
sfinansować → FINANSOWAĆ
sfingowany: ~ **wynik** fix[2]
sflaczały floppy, flabby
sformować → FORMOWAĆ
sformułować → FORMUŁOWAĆ
sformułowanie wording
sforsować → FORSOWAĆ
sfotografować → FOTOGRAFOWAĆ
sfotokopiować → FOTOKOPIOWAĆ
sfrustrować → FRUSTROWAĆ
sfrustrowany frustrated
siać/zasiać sow[2], plant[2]; ~ **postrach** terrorize
siadać/usiąść sit, seat[2]; (*np. na rower*) mount[2]; (*o ptaku*) perch[1]; **osiadać** settle
siak: **tak czy** ~ at all events/in any event
siano hay
siarka sulphur
siarkowy: **kwas** ~ sulphuric acid
siatk|a net[1]; netting, mesh, grid; **z drucianej ~i** netting, mesh; **trafiać** (*np. piłką*) **w ~ę** net[1]; **~a geograficzna** grid
siatkówka: (*gra*) volleyball; (*anat.*) retina
siąkać: ~ **nosem** sniffle
sidł|o snare, trap; **zastawiać ~a** snare, trap; **być w ~ach** (*czegoś*) be/get hooked (on sth)
siebie myself, yourself, oneself, herself, himself, itself, ourselves, themselves, each other; ~ **(wzajemnie)** one another; **od** ~ apart; **być sobą** be yourself; **nie bierz tego do** ~ don't take it personally
sie|ć net[1]; netting, mesh; (*np. sklepów*) chain; (*np. przedsiębiorstw, kolejowa*) network; **~ć elektryczna** main[2]; **~ć energetyczna** grid; **~ć telewizyjna/ radiowa/komputerowa** network; **~ć wewnętrzna** Intranet; **światowa ~ć komputerowa** World Wide Web; **łowić w ~ć** net[1]
siedem seven
siedemdziesiąt seventy
siedemdziesiąty seventieth
siedemnasty seventeenth
siedemnaście seventeen
siedlisko breeding ground
siedmio- seven-
siedzący: (*np. tryb życia*) sedentary
siedzenie seat[1]; (*u osoby*) bottom, backside; (*np. spodni*) seat[1]
siedziba headquarters, residence, base[2]
siedzieć sit; ~ **sobie** sit around; ~ **dalej** (*np. przy pracy*) stick at sth; ~ **do późna w nocy** sit up; ~ **w długach** be in debt
siekać/posiekać chop[1], cut sth up, hack[1]; ~ **przez maszynkę** (*mięso*) mince
siekiera axe
siekierka hatchet
sielankowy pastoral, idyllic
sielski rural, pastoral
sień hall
sierociniec orphanage

sierota orphan
sierp sickle; ~ **księżyca** crescent
sierpień August
sierpniowy August
sierpowy: **cios** ~ hook[1]
sierść fur, coat, bristle
sierżant sergeant
się myself, yourself, oneself, himself, herself, itself, ourselves, themselves; each other, one another
sięgać/sięgnąć: (*po coś*) reach, stretch[1], grasp at sth, dive into sth/ in, delve, range[2]; (*wstecz*) go back (to sth); ~ **(w dół) do czegoś** come down to sth; (*np. do pewnego poziomu, wysokości*) come up to sth; (*np. oszczędności*) dip into sth
sikacz: (*tanie wino*) plonk[2]
sikać spout, squirt, pee
sikorka tit
siku: **robić** ~ pee
silikonowy: **scalony układ** ~ silicon chip
silnie strongly, powerfully, intensively, hard[2], heavily
silnik engine, motor; ~ **odrzutowy** jet engine; ~ **wysokoprężny** diesel; ~ **spalinowy** internal combustion engine; ~ **doczepny** outboard motor
siln|y strong, powerful, mighty, forceful, hefty; resilient; intense, acute; (*o akcencie*) thick[1]; (*o truciźnie*) **bardzo ~y** virulent; **~a ręka** hold[2]; **być równie ~ym jak** hold your own (against sb/sth)
sił|a strength, power, energy, force[1], might[2], potency, intensity, poignancy; **~a robocza** labour[1], manpower, workforce; **~a woli** will power; **~a nawyku** force of habit[1]; **~a dźwigni** leverage; **~y zbrojne** service; **łączyć ~y** join forces (with sb)[1]; **~y nadprzyrodzone** the supernatural; **brak** ~ weakness; **użycie ~y** violence; **tracić ~y** flag[2]; **na** ~ę forcibly, at a pinch, pinch, at a push; **na ~ach** up to sth; **w sile** strong; **zdany na własne ~y** unaided; **zmuszać się/kogoś ~ą woli** will[2]; **robić coś na ~ę** force[2]
siłować się grapple
siłownia power station
siniak bruise; **nabijać sobie ~a** bruise
sio: a ~! shoo
siodełko saddle; **tylne** ~ **motocykla** pillion
siodłać/osiodłać saddle
siodło saddle
siorbać slurp
siostra sister; **przyrodnia** ~ step-sister, half-sister; ~ **stryjeczna/ cioteczna** cousin; ~ **zakonna/ przełożona** sister
siostrzany sisterly
siostrzenica niece
siostrzeniec nephew
siódm|y seventh; **(jedna) ~a** seventh
sito sieve
sitowie rush[3], bulrush
siusiać pee, wee[2]
siusiak willy
siusianie pee, wee[2]
siusiu pee, wee[2]; **robić** ~ pee, wee[2]
siwieć/osiwieć grey
siwy grey
sjesta siesta
skacowany rough[1]
skafander anorak
skakać/skoczyć leap, jump[1], spring[3], bounce; (*dokądś*) nip; (*np. do sklepu*) pop across/down/out, etc.; (*szybko pójść/pobiec*) hop[1]; (*o ptaku lub innym zwierzęciu*) hop[1]; (*o cenach itp.*) spiral; (*do wody*) dive[1]; (*do/z czegoś*) plunge; **~ koło kogoś/czegoś** make a fuss of/over sb/sth; (*na kogoś/coś*) pounce; (*na jednej nodze*) hop[1]; (*przez skakankę*) skip[1]; (*przez płotki*) hurdle; (*z tematu na temat*) jump[1]; (*z samolotu ze spadochronem*) parachute; (*z podparciem rąk lub tyczki*) vault[2]; ~ **komuś po głowie** walk (all) over sb; (*z radości*) jump for joy
skakanka skipping rope
skal|a scale[1], range[1]; **~a Fahrenheita** Fahrenheit; **na małą/dużą ~ę** in a big/small way; **na dużą ~ę** full-scale; **na wielką ~ę** large-scale; **na małą ~ę** small-scale
skaleczon|y wounded; **~e miejsce** wound[1]
skaleczyć (się) → KALECZYĆ (SIĘ)
skalisty rocky, rugged, craggy
skalkulować → KALKULOWAĆ
skalp scalp
skalpel scalpel
skała rock[1]
skamielina fossil
skamieniały: ~ **ze strachu** petrified
skamleć yelp
skamlenie yelp
skandal scandal, disgrace
skandalicznie outrageously, disgracefully, shamefully, grossly
skandaliczny scandalous, outrageous, disgraceful, flagrant, shameful, gross
skandować/wyskandować chant
Skandynawia Scandinavia
skandynawski Scandinavian
skaner scanner
skapitulować → KAPITULOWAĆ
skapować (się) → KAPOWAĆ (SIĘ)
skarb treasure, hoard; (*o przedmiocie lub osobie*) gem, find[2]; **ministerstwo ~u państwa** treasury; **~ie** sweetheart
skarbiec: (*np. bankowy*) vault[1]
skarbni-k/czka treasurer
skarbonka money box; (*w kształcie świnki*) piggy bank
skarbowy: **urząd** ~ Inland Revenue, tax office
skarcić → KARCIĆ
skarg|a complaint, grievance; **składać ~ę** report[1]
skarpa slope
skarpet(k)a sock
skarżyć/oskarżyć complain; (*kogoś o coś*) sue; (*na kogoś*) tell on sb □ **skarżyć się** complain
skasować → KASOWAĆ
skatagolować → KATAGOLOWAĆ
skaut scout; **członkini ~owskiej drużyny dla dziewcząt** brownie
skaz|a blemish, flaw, taint; **ze ~ą** flawed; **bez ~y** flawless, immaculate, immaculately
skazanie conviction
skazaniec convict
skazan-y/a convict
skazić → SKAŻAĆ
skazywać/skazać convict, sentence, condemn; ~ **na wygnanie** exile
skażać/skazić contaminate
skażenie contamination
skąd whence
skąpany bathed
skąpić skimp
skąpiec miser
skąpo grudgingly
skąpstwo meanness
skąpy mean[2], grudging, tight-fisted; (*mały*) scant, skimpy, meagre, miserly
skecz sketch
skierować (się) → KIEROWAĆ (SIĘ)
skierowany: (*do kogoś/czegoś*) oriented
skierowywać/skierować direct, divert, turn
skin skinhead
skinąć: ~ **głową** nod; (*na kogoś*) beckon
skinienie sign[1]; ~ **głowy** nod; **na każde** ~ at sb's beck and call
sklasyfikować → KLASYFIKOWAĆ
sklecić → KLECIĆ
skleić (się) → KLEIĆ (SIĘ)
sklejka plywood
sklep shop; ~ **danej sieci** chain store; ~ **internetowy** dot-com; ~ **jubilerski** jeweller's; ~ **papierniczy** stationer's; ~ **zoologiczny** petshop
sklepienie vault[1]
sklepika-rz/rka shopkeeper
sklepion|y: **~e przejście** archway
skła|d stock[1]; warehouse; **~d wojskowy** depot; (*o towarze*) **(nie) na ~dzie** in/out of stock; composition, constitution
składać/złożyć put sth together, assemble; deposit[1], submit; ~ **wizytę** visit; ~ **życzenia** wish; (*zamówienie*) place[2]; ~ **prośbę** request; ~ **podanie** apply; ~ **ofertę** bid[1]; (*rezygnację*) tender[2]; ~ **urząd** resign; ~ **skargę** (*u kogoś*) complain, report[1], take sth up with sb; ~ **do kupy** patch sth up; (*np. datki do wspólnej kasy*) pool[2]; (*np. papier*) fold □ **składać/złożyć się** fold; **tak się składa/złożyło, że** as it happens/ happened; (*z czegoś*) comprise, consist of sth; **składający się** (*z czegoś*) composed; (*na coś*) make

sth up; *(robić składkę)* chip in (with sth), club together (to do sth), club[1]
składanka compilation; *(w muzyce)* medley
składany: *(o stoliku itp.)* collapsible
składk|a collection; *(członkowska)* fee; **~a ubezpieczeniowa** premium; **robić ~ę** chip in (with sth)
składnia syntax
składnica store, storeroom
składnik ingredient, constituent; **~ pokarmowy** nutrient
składować store
składowanie storage
składow|y component; **część ~a** component
skłamać → KŁAMAĆ
skłaniać/skłonić induce, prompt[2], decide; *(np. głowę)* bow[1] □ **skłaniać/skłonić się** incline, tend[1]
skłonność inclination, tendency; **mieć ~** tend[1]; **mający ~** inclined, prone, liable
skłonny inclined, prone; amenable, willing
sknera miser
sknocić → KNOCIĆ
skoczek jumper; *(do wody)* diver
skocznia diving board
skoczyć → SKAKAĆ
skojarzenie association
skojarzyć → KOJARZYĆ
skok jump[2], spring[1], bound[3], plunge; **nagły ~** surge; *(np. cen/wartości)* jump[2]; *(naprzód)* leap; *(do wody)* dive[2]; **~ na linie gumowej** bungee jumping; **~ w dal** long jump; **~ wzwyż** high jump; **~ o tyczce** the pole vault; **gotować się do ~u** crouch
skolonizować → KOLONIZOWAĆ
skołtuniony tangled
skombinować → KOMBINOWAĆ
skomentować → KOMENTOWAĆ
skomercjalizować → KOMERCJALIZOWAĆ
skomleć whine, whimper
skomlenie whimper
skompensować → KOMPENSOWAĆ
skompletować → KOMPLETOWAĆ
skomplikować → KOMPLIKOWAĆ
skomplikowany complicated, complex[1], elaborate, sophisticated; hot
skomponować → KOMPONOWAĆ
skompromitować → KOMPROMITOWAĆ
skompromitowany compromised; **być ~m** be in disgrace (with sb)
skomputeryzować → KOMPUTERYZOWAĆ
skonany washed out
skoncentrować (się) → KONCENTROWAĆ (SIĘ)
skoncentrowany concentrated
skondensować → KONDENSOWAĆ
skonfiskować → KONFISKOWAĆ
skonfrontować → KONFRONTOWAĆ
skonkretyzować → KONKRETYZOWAĆ
skonsolidować (się) → KONSOLIDOWAĆ (SIĘ)
skonstruować → KONSTRUOWAĆ
skonsultować się → KONSULTOWAĆ SIĘ
skonsumować → KONSUMOWAĆ
skonsumowanie: *(małżeństwa)* consummation
skontaktować (się) → KONTAKTOWAĆ (SIĘ)
skontrolować → KONTROLOWAĆ
skończony finished, done[2], over, at an end, past[1], over and done with, dead; *(w matematyce)* finite
skończyć (się) → KOŃCZYĆ (SIĘ)
skoordynować → KOORDYNOWAĆ
skopiować → KOPIOWAĆ
skorcić → KORCIĆ
skoro directly, now, since, seeing, inasmuch as
skoroszyt file[1], folder
skorowidz index
skorpion scorpion; **S~** *(znak zodiaku)* Scorpio
skorumpować → KORUMPOWAĆ
skorumpowanie corruption
skorumpowany corrupt
skorupa shell, crust
skorupiak shellfish
skorupka: *(jajka)* eggshell
skory prompt[1]; **~ do gniewu** bad-tempered; **nie ~** *(np. do rozmowy)* coy
skorygować → KORYGOWAĆ
skorygowanie correction
skorzystać → KORZYSTAĆ
skos slant
skosić → KOSIĆ
skostniały numb
skosztować → KOSZTOWAĆ
skośny slanting
skowronek lark
skowyczeć yelp, whine
skowyt whine, yelp
skó|ra skin; leather; **~ra głowy** scalp; *(zwierzęcia)* hide[2]; **owcza ~ra** sheepskin; **~ra lakierowana** patent leather; *(np. niektórych owoców, sera, boczku)* rind; **oparzenie ~ry (w wyniku intensywnego opalania)** sunburn; **mieć grubą/twardą ~rę** have a thick skin; **mający grubą/twardą ~rę** thick-skinned; **na własnej ~rze** to your, etc. cost
skórka: *(przy paznokciu)* cuticle; *(jarzyn/owoców)* skin, peel; *(np. niektórych owoców, sera, boczku)* rind; *(chleba)* crust; **gęsia ~** gooseflesh
skórzany leather
skra sparkle
skracać/skrócić shorten, abbreviate, condense, contract[3], lessen, curtail, wear sth down; *(np. tekst)* cut sth down; **~ sobie czas** while sth away, while[2] □ **skracać się** shorten, draw in, wear down
skracanie curtailment
skradać się creep[1], slink, prowl, be on the prowl
skradający się prowler
skraj edge[1], margin; *(drogi)* verge; *(np. przepaści)* brink; **ciągnąć się ~em** skirt; **na ~u** on the verge of sth/doing sth; **na ~u przepaści** on the rocks
skrajnie intensely
skrajność extreme, extremity
skrajny extreme, far, radical; dire
skraplać/skroplić (się) condense
skrawek snippet
skreślać/skreślić delete, count sb/sth out; *(w tekście)* cross sth out; *(z listy)* cross sth off (sth)
skreślenie deletion
skręcać/skręcić twist[1]; bend[1]; fork; *(np. nogę)* wrench, sprain; *(w prawo/lewo)* turn[1], bear[2]; **~ w bok** deflect; *(np. z głównej drogi)* turn off (sth); **~ nagle/gwałtownie** swerve □ **skręcać się** twist[1], writhe
skręcenie twist[2]; **gwałtowne ~** wrench
skręcić → SKRĘCAĆ
skrępowanie tie[1], constraint; awkwardness, unease, discomfort
skrępowany self-conscious, uncomfortable
skręt twist[2], turn[2]; *(np. drutu)* kink
skrobać scrape[1]; shave sth off (sth)
skrobia starch
skromnie modestly, conservatively; **~ mówiąc** to say the least[1]
skromność modesty, humility
skromny modest, humble, unassuming, demure; meagre; conservative
skroń temple[2]
skroplenie condensation
skrócić → SKRACAĆ
skrócony abridged
skró|t abbreviation, contraction; summary[1]; **~t** *(od czegoś)* short[1] for; **w ~cie** in brief; **iść na ~ty** cut across, along, through, etc. (sth), take a short cut; **~t najważniejszych wiadomości** headline
skrótowiec acronym
skrótowo for short
skruch|a remorse, repentance; **okazywać ~ę** repent; **ze ~ą** apologetically
skrupiać/skrupić się: *(na czymś)* bear the brunt of sth
skrupulatnie conscientiously, scrupulously, meticulously, studiously, religiously
skrupulatność rigour
skrupulatny conscientious, scrupulous, meticulous, precise; **być ~m** have an eye[1] for detail
skrupuł: **~y** scruples, qualms; **bez ~ów** unscrupulous
skruszony penitent, remorseful, repentant, apologetic

skrycie inwardly, stealthily
skryć → SKRYWAĆ
skrypt: ~ **dłużny** IOU
skrytka safe[2]; ~ **pocztowa** post office box, PO box
skrytość reserve[2]
skryty reserved, mysterious, private, secretive, underhand; inward, inner
skrytykować → KRYTYKOWAĆ
skrywać/skryć hide[1], conceal; (*o uczuciach*) harbour
skrywany below the surface
skrzący (się) sparkling
skrzeczeć screech, squawk
skrzek croak, screech, squawk
skrzele gill
skrzep clot
skrzepnąć → KRZEPNĄĆ
skrzepnięcie: **powodować** ~ clot
skrzętnie busily
skrzyczeć: (*kogoś*) scold
skrzyć się glitter, sparkle
skrzydło wing; (*oddziału wojska*) flank; **nowe ~o** (*budynku*) extension; (*boczna część boiska*) wing; **prawe/lewe ~o** (*boiska*) right/left wing; **wziąć kogoś pod swoje ~a** take sb under your wing
skrzydłow-y/a wing
skrzynia crate, chest; ~ **biegów** gearbox; ~ **do pakowania** packing case
skrzynka box[1], case[2]; ~ **pocztowa** letter box, postbox, pillar box; (*w emailu*) mailbox; (*na butelki*) crate
skrzyp creak
skrzypce violin, fiddle[1]
skrzypek violinist
skrzypiący creaky, squeaky
skrzypieć/zaskrzypieć creak, crunch
skrzypienie creak, crunch
skrzypki fiddle[1]
skrzywdzić → KRZYWDZIĆ
skrzywdzony harmed, injured; **nie** ~ all right
skrzywiać/skrzywić contort
skrzywić się → KRZYWIĆ SIĘ
skrzywienie kink
skrzywiony lopsided
skrzyżować → KRZYŻOWAĆ
skrzyżowanie junction, crossing, intersection, crossroads; (*o gatunku*) hybrid
skserować → KSEROWAĆ
skubać/oskubać nibble; (*np. drób*) pluck
skubanie nibble
skudłacony matted
skulić się → KULIĆ SIĘ
skulony huddled; ~ **z zimna** hunched up with cold
skumulowany cumulative
skupiać/skupić compress, concentrate; (*np. uwagę, wzrok*) focus □ **skupiać się** converge, bunch; (*na*) concentrate, focus, keep your mind on sth, centre on/around sb/sth; (*nad*) apply yourself (to sth/to doing sth)
skupienie concentration
skupiony collected
skupisko concentration

skurcz cramp, spasm, twitch; ~ **porodowy** contraction
skurczenie constriction
skurczyć (się) → KURCZYĆ (SIĘ)
skusić → KUSIĆ
skutecznie effectively, efficiently
skutecznoś|ć effectiveness, efficiency; **tracić na ~ci** wear thin
skuteczny effective, efficient; telling; **bardzo** ~ powerful
skut|ek effect, consequence, result; **~ek uboczny** side effect, by-product; **~kiem tego** as a result; **dochodzić do ~ku** materialize; **nie dochodzić do ~ku** fall through
skuter scooter; ~ **wodny** Jet Ski
skutkować/poskutkować take effect
skuwka: (*np. do flamastra*) top[1]
skwapliwie enthusiastically; ~ **coś zrobić** hasten; ~ **korzystać** jump at sth, leap at sth
skwapliwy keen, prompt
skwarny scorching, sweltering
skwaśniały sour
skwierczeć/zaskwierczeć sizzle
slajd slide[2], transparency
slang slang
slipy briefs; ~ **męskie** underpants, shorts
slogan slogan, catchphrase
slumsy slum, shanty town
słabeusz/ka wimp
słabiej weaker, worse
słabnąć weaken, die down, slacken, dwindle, ebb, recede, moderate[2], tail away/off, wear off
słabo weakly, poorly[1], shakily; ~ **mi** I feel faint/giddy; (*czuć się*) poorly[2]; (*lekko*) lightly
słabość weakness, frailty, infirmity, failing[1], indulgence; (*do czegoś*) weakness; **mieć** ~ (*do kogoś/czegoś*) be attracted (to sb), have a soft spot for sb/sth; **mający** ~ **do** (*kogoś/czegoś*) partial
słabowity sickly, puny
słab|y weak, feeble, frail, infirm; limp[1], lame, shaky; poor; slack, flimsy, faint; (*o głosie itp.*) muted; (*o możliwościach itp.*) slim, slender; **~a strona** weakness, disadvantage, shortcoming; **~y punkt** flaw; **~ego charakteru** weedy; **w ~ej kondycji** unfit; **~a forma** (*nie akcentowany wyraz*) weak form
słać się: (*o roślinach*) trail
słaniać się stagger; **słaniający się** groggy; **słaniając się** giddily
sław|a fame, glory, celebrity, name[1], renown; (*znana osoba*) name[1]; (*o karierze*) big time; **przebrzmiała ~a** has-been; **zła ~a** notoriety; **światowej ~y** world-famous
sławić praise[1]
sławn|y famous, well-known, prominent, illustrious, renowned, celebrated, glorious; **ten ~y** the; **stawać się ~ym** make a name for yourself, make your name
słodki: (*o smaku, zapachu, dźwięku*) sweet[1]; (*o wodzie*) fresh; (*uroczy*) sweet[1], cute, smooth[1]

słodko sweetly
słodycz sweetness; **~e** confectionery; **lubić ~e** have a sweet tooth
słodzić/posłodzić: (*np. herbatę*) sweeten, take sugar
słodzik sweetener
słoik jar[1]
słoma straw
słomiany straw
słomka: (*do picia*) straw
słonecznik sunflower
słoneczn|y sunny; (*o elektryczności itp.*) solar; **światło ~e** sunlight, sunshine; **promienie ~e** sun; **udar ~y** sunstroke; **układ ~y** the solar system; **zegar ~y** sundial
słonica cow
słoniow|y: **kość ~a** ivory
słono dearly; ~ **(za coś) policzyć/płacić** charge, cost, pay, etc. (sb) the earth
słony salty, salt; (*o dowcipie*) crude
słoń elephant
słońc|e sun, sunshine; **promień ~a** sunbeam; **wschód ~a** sunrise; **zachód ~a** sunset; **zalany ~em** sunlit; **jasny jak ~e** crystal clear
słotny wet
Słowian-in/ka Slav
słowiański Slavic, Slavonic
słowik nightingale
słownictwo vocabulary
słownie verbally
słownik dictionary; glossary; ~ **synonimów** thesaurus
słowny verbal
słow|o word; **~a** (*piosenki*) lyrics; **~o wstępne** foreword; **(puste) ~a** talk[2]; **brzydkie ~a** bad language; **modne ~o** buzzword; **ordynarne ~o** swear word, four-letter word; **parę słów** word, note[1]; **~o kluczowe** keyword; **wolność ~a** freedom of expression; **mieć ostatnie ~o** have, etc. the last word; **nie znajdować słów** lost for words[2]; **nie dochodzić do ~a** not get a word in edgeways; **wierzyć komuś na ~o** take sb's word for it; **ubierać w ~a** couch[2]; **~o w ~o** word for word, verbatim; **bez ~a** dumbly; **innymi ~ami** in other words
słód malt
słój jar[1]; (*np. w drzewie, kamieniu*) grain[2]
słówko: **szepnąć ~ za kimś** put in a (good) word for sb
słuch hearing, ear[1]; **zasięg ~u** hearing; **w zasięgu ~u** in/within sb's hearing; **być poza zasięgiem/w zasięgu ~u** (be) out of/within earshot; **o słabym/przytępionym ~u** hard of hearing[1]; **grać ze ~u** play (sth) by ear; **wytężać** ~ prick up your ears
słuchacz/ka listener
słuchać/posłuchać listen; ~ **uważnie** follow; **słucham!** hallo; **słucham?** sorry, pardon[2], I beg your pardon; **słuchaj!** look here; **posłuchaj** listen, look[1], (I'll) tell you what; (*np. polecenia*) obey; **nie posłuchać** disobey

słuchanie listen
słuchawk|a: (*telefoniczna*) receiver; ~**i** earphones, headphones; ~**a lekarska** stethoscope; **odkładać ~ę** hang up
słuchawkowy: **zestaw ~** headset
słuchowy aural; **aparat ~** hearing aid
sługus creep[2]
słup column, post[1], pole[2]; ~ **latarni** lamp post; ~ **sieci elektrycznej** pylon; ~ **telegraficzny** telegraph pole
słupek: ~ **drogowy** bollard; ~ **bramki** goalpost
słusznie rightly, rightfully, justly, fairly, legitimately, deservedly, correctly; ~! hear! hear!
słuszność rightness, justice; (*np. argumentu*) validity; **mieć ~** be in the right
słuszny right[2], rightful, fair[1], just[1], legitimate, valid, correct[1]; (*o nagrodzie itp.*) well-earned
służalczość subservience
służalczy subservient
służąc-y/a servant; **służąca** maid
służb|a service, office, duty; ~**a państwowa** the Civil Service; ~**a wojskowa** military service; **zasadnicza ~a wojskowa** national service; ~**y bezpieczeństwa** secret service; ~**a zdrowia** health service; ~**y ratownicze** emergency services; ~**a ochrony wybrzeża** coastguard; **na/po ~ie** on/off duty; **w ~ie czynnej** on active service
służbow|y: **w podróży ~ej** on business
służyć serve, oblige; ~ **do jakiegoś celu** serve your/the purpose
słychać: **a co ~ u...?** how/what about...?
słynąć/zasłynąć: **słynie z czegoś** is notable/noted/notorious
słynny famous, well-known; (*z czegoś*) noted; ~ **na cały świat** world-famous
słyszalnie audibly
słyszalnoś|ć: **granica ~ci** hearing
słyszalny audible
słyszeć/usłyszeć hear; **usłyszeć** come to sb's notice; (*złapać*) get; **nie słyszeć** miss[1]; (*o kimś/czymś*) hear of sb/sth; **nie chcieć słyszeć o czymś** won't/wouldn't hear of sth; **z tego, co słyszę** by the sound of it/things
smaczn|y tasty; ~**ego!** bon appetit
smagać lash[2]
smak flavour, taste[1]; **ostry ~** sharpness; **mieć ~ (czegoś)** taste[2]; **bez ~u** bland; **doprawiać do ~u** season[2]; (*upodobanie*) taste[1]; **obejść się ~iem** do without (sth)
smakołyki goodies
smakosz/ka gourmet
smakować: (*np. kwaśno*) taste[2]; (*o potrawach*) to your liking, enjoy
smakowity tasty, delicious, appetizing, mouth-watering
smar grease, lubricant
smark: ~/**i** snot, bogey
smarkaty juvenile
smarować/posmarować: (*coś czymś*) smear, apply, spread, glaze; ~ **tłuszczem** grease; ~ **olejem** oil, lubricate; (*np. w samochodzie*) bomb along, down, up, etc.
smarowanie lubrication
smażyć/usmażyć (się) fry
smecz smash
smeczować smash
smeczowanie smash
smętny dismal; (*o nastroju*) blue
smoczek: (*dla niemowląt*) dummy
smog smog
smok dragon
smoking dinner jacket
smolist|y: **substancja ~a** (*w papierosie*) tar
smoła tar; **czarny jak ~** jet-black
smród reek, stink, pong
SMS text message
smucić (się) grieve
smuga: (*np. koloru*) streak; (*brudu*) smudge; (*np. dymu*) plume
smukły slender
smut|ek sadness, sorrow, melancholy, heartache; **ze ~kiem** sadly, sorrowfully, regretfully
smutno dolefully
smutny sad, melancholy, joyless, doleful, down[5], blue[1], regretful
smycz lead[2]
smycz|ek: **smyczek** bow[2]; ~**ki** strings; **instrumenty ~kowe** strings
smyczkow|y: **sekcja ~a** string[1] section
smykałka: ~ **do interesów** good business sense
snajper marksman
snob/ka snob
snobistycznie snobbishly
snobistyczny snobbish
snobizm snobbery
snobowanie się snobbishness
snop sheaf; ~ **światła** shaft, beam
snowboard snowboard
snowboarding snowboarding
snuć: ~ **domysły** (*na temat czegoś*) speculate
sobie itself, yourself; ~ **(nawzajem)** each other; **tak ~** so-so
sobkostwo selfishness
sobota Saturday; ~ **i niedziela** weekend
sobotni Saturday
sobowtór double[4], lookalike
soból sable
socha plough
socjalist-a/ka socialist
socjalistyczny socialist
socjalizm socialism
socjaln|y social; **pracownik ~y** social worker
socjolog sociologist
socjologia sociology
socjologiczny sociological
soczewica lentil
soczewk|a lens; ~**i** bifocals
soczystość juiciness, richness
soczysty juicy, succulent, mellow; (*o kolorze*) rich
sodow|y: **woda ~a** soda
sofa sofa, settee
soja soya bean
sojusz alliance
sojusznik ally
sok: (*owocowy/warzywny*) juice; (*rośliny*) sap[1]; (*z mięsa*) juice; ~ **pomarańczowy** orange; ~ **trawienny** juice
sokół falcon
sola: (*gatunek ryby*) sole[3]
solić/posolić salt
solidarność solidarity
solidnie solidly, securely
solidność solidity, reliability; toughness
solidny solid, strong, reliable, businesslike, substantial; tough, stout, chunky; ~ **posiłek** a square meal
solist-a/ka soloist
solony salted
solowy solo
solówka solo
sond|a: (*instrument medyczny*) probe; (*np. śledztwo, badanie sprawy*) probe; **badać ~ą** probe
sondować/wysondować: ~ **kogoś** sound sb out (about sth); (*np. opinię*) probe
sopel: ~ **lodu** icicle
sopran soprano
sortować/posortować sort[2], pick[1], grade[2]
sos sauce; ~ **pomidorowy** tomato sauce, ketchup; (*sałatkowy*) dressing; ~ **sojowy** soy sauce
sosna pine[1]
sosnowy pine[1]
sośnina pine[1]
soul: **muzyka ~** soul
soulowy soul
sowa owl
sól salt
spacer(ek) walk[2], stroll
spacerować walk[1], stroll
spacerowicz/ka walker
spaczyć → PACZYĆ
spać sleep[2]; **iść ~** go to sleep; ~ **głęboko** be sound asleep; (*zywkle o bezdomnych*) ~ **byle gdzie** sleep rough[1]; **śpiąc** asleep; **nie ~** be/keep awake[2]
spadać/spaść fall[1], drop[1], plunge, decrease, give way; ~ **powoli** slide[1]; (*o cenach itp.*) go down, spiral; (*o cenach, akcjach itp.*) **gwałtownie ~** slump, tumble; ~ **z czegoś** come off (sth); (*o temperaturze*) ~ **poniżej zera** freeze; ~ **na kogoś** befall; **spadaj!** hop it!; ~ **na cztery łapy** fall/land on your feet[1]
spadanie: **stopniowe ~** (*np. na wartości*) slide[2]
spadek fall[2], drop[2], downturn, decrease, decline[2], plunge; **gwałtowny ~** slump; (*np. terenu*) slope, drop[2], dip; (*dziedzictwo*) inheritance, bequest, legacy
spadkobier-ca/czyni heir, successor
spadkowy inheritance
spadochron parachute
spadochron: **skakać z samolotu ze ~em** parachute
spajać/spoić join, piece sth together; (*klejem*) cement

spakować (się) → PAKOWAĆ (SIĘ)
spalać/spalić bake, incinerate; burn sth out, burn (sth) off; ~ **doszczętnie** burn sth up; **spalić na panewce** fall flat □ **spalać/spalić się** bake; ~ **doszczętnie** burn up
spalanie combustion
spalić (się) → PALIĆ (SIĘ)
spalinowy: **silnik** ~ internal combustion engine
spaliny exhaust[1], fumes
spalony: **na ~m** offside
spanikować → PANIKOWAĆ
spaprać → PAPRAĆ
sparaliżować → PARALIŻOWAĆ
sparaliżowany paralysed; (*ze strachu*) petrified
spartaczyć → PARTACZYĆ
spartański spartan; **żyć w warunkach ~ch** rough it
spaskudzić → PASKUDZIĆ
spastyczny spastic
spaść → SPADAĆ
spawać/zespawać weld
spazm spasm
spazmatycznie jerkily
specjalist-a/ka expert, specialist
specjalistyczny technical
specjalizacja speciality, specialization
specjalizować/wyspecjalizować się: (*w czymś*) specialize, major in sth
specjalnie especially, specially, specifically, expressly; peculiarly; ~ **dla kogoś** for sb's benefit
specjalność speciality
specjaln|y special; particular; **nic ~ego** nothing much
specyficznie peculiarly, expressly
specyficzność peculiarity
specyficzny specific, particular; (*dla kogoś/jakiegoś miejsca*) individual, peculiar
specyfikacja specification
spektakularny spectacular; (*o sukcesie*) runaway
spektrum spectrum
spekulacja speculation
spekulant/ka speculator
spekulować: (*np. na giełdzie*) speculate
speleologia potholing
spelunka seedy nightclub/hotel, etc.
spełniać/spełnić fulfil, consummate, discharge; ~ **obietnice** deliver; ~ **oczekiwania** live up to sth, match up to sb/sth; (*rozkaz*) comply; (*wymagania*) satisfy; (*np. zadanie*) perform; (*czyjeś życzenia*) accommodate □ **spełniać się** come true
spełnianie/spełnienie fulfilment, realization, fruition; (*np. obowiązków*) performance
spełznąć: ~ **na niczym** misfire
sperma sperm, semen
speszony mixed-up
speszyć → PESZYĆ
spędzać/spędzić round sb/sth up; ~ **czas** spend, pass[2]; **miło ~ czas** enjoy
spętać → PĘTAĆ
spiąć (się) → SPINAĆ (SIĘ)
spiczasty → POINTED
spieczony parched
spieniężać/spieniężyć cash
spierać się argue, quarrel
spieszyć się → ŚPIESZYĆ SIĘ
spięcie: **krótkie** ~ short circuit
spięty tense[1], inhibited, fraught; **stawać się ~m** tense[1]
spięty uptight
spiker/ka announcer
spiłować → PIŁOWAĆ
spinacz clip[1], paper clip
spinać/spiąć couple[2]; (*szpilką*) pin[2]; (*spinaczem*) clip[1]; (*klamrą*) buckle; ~ **konia ostrogami** spur; ~ **na krótko** short-circuit
spinka clip[1]; (*do włosów*) hairpin, hairgrip; (*do kołnierzyka*) stud[1]; ~ **do mankietów** cufflink
spirala spiral, curl[1]; ~ **domaciczna** coil
spiralny spiral
spirytusowy alcoholic
spirytyst-a/ka spiritualist
spirytyzm spiritualism
spi|s list, register[1]; **~s alfabetyczny** index; (*np. instytucji, ulic miasta*) directory; **~s ludności** census; **~s towarów** inventory; **tworzyć ~s, umieszczać w ~sie** list
spisek plot[1], conspiracy
spiskować conspire, plot[1], scheme
spiskowiec conspirator
spisywać/spisać list; (*nazwisko*) book[2]; ~ **na straty** write sb/sth off □ **spisywać/spisać się** acquit yourself; **dobrze się spisywać** carry it/sth off
spiż bronze
spiżarnia pantry, larder
splajtować → PLAJTOWAĆ
splamić (się) → PLAMIĆ (SIĘ)
splatać/spleść plait
splatać się intertwine
splądrować → PLĄDROWAĆ
spleciony: **być ~m** (*np. w uścisku*) be locked together, be locked in sth
spleśniały mouldy, musty
splisować → PLISOWAĆ
splot tangle, twist[2]; ~ **zagadnień** strand
splugawić → PLUGAWIĆ
spłacać/spłacić repay, redeem; (*kogoś*) square up (with sb); ~ **dług** pay sth back (to sb), pay up, pay sth off; **spłacony** paid-up; ~ **kogoś** buy sb out
spłaszczać/spłaszczyć (się) flatten
spłata payment, repayment
spłatać → PŁATAĆ
spławny navigable
spłonąć → PŁONĄĆ
spłoszyć (się) → PŁOSZYĆ (SIĘ)
spłukany broke[2]; **być ~m** be hard up
spłukiwać/spłukać flush[2]; rinse
spłycać/spłycić: (*np. zagadnienie*) oversimplify
spływ: ~ **górski** white-water rafting
spływać/spłynąć drain[2]; (*o włosach*) ~ **miękko** flow; **spływaj!** clear off, get lost
spocić się → POCIĆ SIĘ
spocony sweaty
spoczynek: **udawać się na** ~ retire
spodek saucer
spodnie trousers; **krótkie** ~ shorts; ~ **drelichowe** jeans; ~ **sztruksowe** cords; (*od piżamy, dresu itp*) bottom; (*na co dzień*) slacks
spodobać się take sb's fancy
spodziewać się expect, hope, think[1]; be due (to do sth); gamble on sth/on doing sth
spodziewany prospective, in the offing
spoglądać/spojrzeć glance; ~ **w górę** look up; ~ **w przyszłość** look ahead; ~ **w przeszłość** look back (on sth); **spojrzeć w twarz** face[2]; **spójrzmy prawdzie w oczy** let's face it
spoić → SPAJAĆ
spoina joint[1]
spojrzenie glance, look[2], peep; **przelotne** ~ glimpse; ~ **pełne gniewu/nienawiści itp.** glare; ~ **na świat** outlook
spokojnie calmly, coolly, peacefully, placidly
spokojny calm, peaceful, tranquil, quiet[1]; (*o wodzie itp.*) still[2]; (*o osobie*) cool[1], easy[1], poised, imperturbable, sedate[1], phlegmatic, placid; orderly[1]; (*o kolorze*) mellow; **być/czuć się ~m** be/feel at (your) ease; **być ~m (że ktoś coś zrobi)** trust sb (to do sth); **bądź** (*o to*) ~ no fear
spokój peace, peacefulness, quiet[2], calm, calmness, stillness, quietness, coolness, composure, poise; **zachowywać** ~ keep your temper; **tracić** ~ lose your cool; **dawać komuś** ~ get off sb's back; **daj ~!** come off it; **nie dawać (komuś) spokoju** keep on (at sb) (about sb/sth), nag, persecute
spokrewniony related
społeczeństwo society
społeczność community
społeczn|y social, civil; **opieka ~a** welfare, social security; **praca ~a** social work, community service; **nauki ~e** social science
sponiewierać → PONIEWIERAĆ
sponiewierany: (*o osobie*) downtrodden
sponsor/ka sponsor, backer, promoter
sponsorować sponsor
sponsorowanie sponsorship
spontanicznie spontaneously, on (an) impulse, on the spur of the moment
spontaniczność spontaneity
spontaniczny spontaneous, unsolicited
spopielać/spopielić incinerate
spopularyzować → POPULARYZOWAĆ

sporadycznie sporadically, intermittently
sporadyczny sporadic, occasional, intermittent, few and far between
sporn|y debatable, contentious, arguable; **kwestia rzecz/sprawa ~a** a matter of opinion
sporo much[1], many, quite a lot (of), a good/great deal (of sth), quite a few
sport sport, game[1]; **~y wodne** water sports; **~y zimowe** winter sports; **~ ekstremalny** extreme sport; **~y walki** martial arts
sportowiec sportsman, athlete
sportowo: (*ubrany*) casually
sportow|y sporting, athletic; **rozgrywki ~e** tournament
sportretować → PORTRETOWAĆ
sportsmenka sportswoman, athlete
spory considerable
sporządzać/sporządzić make, prepare, concoct, make sth out; (*lekarstwa*) dispense; (*np. dokument*) draw sth up; **~ indeks/skorowidz** index; (*np. mapę, wykres*) plot[2]; **~ rozkład** (*np. jazdy*) schedule
sporządzanie concoction
sposobność opportunity, occasion, scope, place[1]
spos|ób way[1], manner, means[1], method, fashion, technique, mode, device, plan, route; **~ób postępowania** procedure; **w ten ~ób** so[1], thus, thereby, like[2] this; **w inny ~ób** otherwise; **w jaki ~ób, jakim ~obem** however[1]; **w żaden ~ób!** by no means, not by any means, no way
spostrzegać/spostrzec spot[2]
spostrzegawczo perceptively
spostrzegawczość observation
spostrzegawczy observant, perceptive
spostrzeżenie observation, remark
spośród: (*jakiejś grupy*) out of
spotkanie meeting, get-together; **umówione ~** appointment, engagement, rendezvous, date[1]; **~ towarzyskie** party; **~ na szczycie** summit meeting
spotykać/spotkać: (*kogoś gdzieś*) meet; **niespodziewanie ~** encounter □ **spotykać/spotkać się** meet up (with sb), get together (with sb); **(chodzić z kimś/ze sobą)** go out with sb, go out (together), date[2]; (*zwł. na rozmowy*) meet with sb; (*z czymś*) meet with sth, encounter; (*np. z ostrą krytyką*) come in for sth
spotykany: **rzadko ~** thin on the ground[1]
spowalniać/spowolnić slow (sb/sth) down/up
spowiadać/wyspowiadać się confess
spowiedź confession
spowijać/spowić envelop
spowinowacony related
spowodować → POWODOWAĆ
spowodowany due[1]
spowszedniały commonplace
spożycie consumption, intake
spożytkować utilize
spożywać/spożyć consume
spożywanie intake
spód bottom, foot[1], the underneath
spódnica skirt
spódnico-spodnie culottes
spójnie coherently
spójnik conjunction
spójność cohesion, coherence
spójny coherent
spółdzielczy cooperative
spółdzielnia cooperative, collective
spółgłoska consonant
spółk|a: (*firma*) partnership, corporation; **~a akcyjna** public company; **~a zarejestrowana** (*oznaczenie spółki z o.o.*) Inc; **~a z ograniczoną odpowiedzialnością** limited company; **zawiązać ~ę** go into partnership; **do ~i** between
spółkować copulate
spółkowanie copulation
sp|ór argument, dispute[1], debate, feud; contention, strife, hassle; **(będąc) przedmiotem ~oru** in dispute; **toczyć ~ór** feud
spóźniać/spóźnić się be late; **spóźnić się** (*na coś*) miss[1]
spóźnialsk-i/a latecomer
spóźnienie delay, hold-up
spóźnion|y belated, overdue, behind[2]; (*rzecz*) **~y/a** latecomer
sprać się wash out
spragniony thirsty; **bardzo ~** parched; (*np. miłości*) hungry, starved of sth
sprasować → PRASOWAĆ
spraw|a affair, matter[1], issue, question[1], concern[2], business, case[1], cause; **~a dyskusyjna/sporna** a matter of opinion; (*sądowa*) case[1], proceedings, prosecution; **prowadzić ~ę sądową** prosecute; **prowadzić czyjąś ~ę** (*w sądzie*) plead; **~y wewnętrzne** (*kraju*) the Interior; (*w Wlk. Br.*) **Ministerstwo S~ Wewnętrznych** the Home Office; (*w Wlk. Br.*) **Ministerstwo S~ Zagranicznych** the Foreign and Commonwealth Office; **nie czyjaś ~a** it's nothing to do with sb; **nie ma ~y** problem, fair enough; **robić** (*z czegoś*) **dużą ~ę** make an issue (out) of sth; **~a życia lub śmierci** a matter of life and/or death[1]; **to inna ~a** another/a different matter[1]; **zdawać sobie ~ę** realize, appreciate, wake up to sth; **nie zdający sobie ~y** (*z kogoś/czegoś*) unaware, unconscious; **w ~ie** in connection with sb/sth, in/with relation to sb/sth, in this/that/one regard
sprawdzać/sprawdzić verify, test[2], inspect, check[1], screen; (*czyjąś wiedzę/znajomość tematu*) examine; **~ coś w słowniku itp.** look sth up; (*np. tekst*) go over sth, check on sb/sth, check up on sb; **~ ponownie/dokładnie** double-check; **~ kogoś** (*np. czy nie blefuje*) call sb's bluff[2] □ **sprawdzać/sprawdzić się** make, come true; (*żeby coś się stało*) prove yourself
sprawdzenie verification
sprawdzian test[1], check[2], listening/reading comprehension
sprawiać/sprawić: (*np. ból*) cause; (*wrażenie*) give[1]; have; **~** (*komuś*) **przykrość** pain
sprawiedliwie justly, fairly, deservedly
sprawiedliwoś|ć justice, fairness; **oddawać komuś ~ć** give sb his/her due, do sb/sth justice; **po ~ci** by rights[4]
sprawiedliwy just[1], fair[1], righteous, balanced; (*o interesie itp.*) **~ i uczciwy** square
sprawnie efficiently
sprawność efficiency, proficiency
sprawny efficient, proficient, functional, operational, in working order; (*o komputerze*) up
sprawować: **~ nad kimś/czymś pieczę** watch over sb/sth
sprawowanie conduct[1]; **złe ~** misdemeanour
sprawozdanie report[2], commentary; (*o postępach w nauce*) report[2]; **szczegółowe ~** a blow-by-blow account, description, etc. (of sth); **zdawać ~** report back (on sth) (to sb)
sprawozdaw-ca/czyni reporter, commentator
sprawunki shopping
sprecyzować → PRECYZOWAĆ
sprecyzowany precise; **nie ~** indefinite
spreparować → PREPAROWAĆ
sprężenie compression
sprężyna spring[1]
sprężysty springy, nimble
sprężyście nimbly
sprint sprint; **biec ~em** sprint
sprostać: (*np. zadaniu*) meet; **nie sprostający wymaganiom** inadequate
sproszkowany powdered
sprośność obscenity
sprośn|y obscene, rude, foul[1], dirty[1]; **~e słowa, zdjęcia itp.** filth
sprowadzać/sprowadzić bring, import[1]; **~ kogoś** bring sb in; **~ nieszczęście** jinx; **~ z pamięci** (*komputera*) retrieve; (*np. na inny temat*) steer □ **sprowadzać/sprowadzić się**: **~ do czegoś** come down to sth/to doing sth, be tantamount to sth, boil down to sth
sprowokować → PROWOKOWAĆ
sprowokowany: **niczym nie ~** unprovoked
spróbować → PRÓBOWAĆ
spróchniały rotten, rot
spróchnieć → PRÓCHNIEĆ
spruć (się) → PRUĆ (SIĘ)
spryt cunning
sprytnie cunningly, craftily
sprytny sharp, cunning, crafty

sprywatyzować → PRYWATYZOWAĆ
sprzączka buckle
sprzątacz/ka cleaner
sprzątać/posprzątać tidy, clear (sth) up, clean[2], clean (sth) up; **posprzątać ze stołu** clear the table
sprzątnąć: ~ **kogoś** zap
sprzeciw objection, opposition, resistance, protest[1], veto; **głośny** ~ outcry
sprzeciwiać/sprzeciwić się oppose, object[2], protest[2], react against sb/sth, defy, go against sb/sth, contradict; ~ **komuś** cross[2]
sprzeciwiający się resistant
sprzeczać/posprzeczać się argue, quarrel, disagree
sprzeczka quarrel, argument, disagreement, contention, difference
sprzeczność contradiction, discrepancy, conflict, clash
sprzeczn|y contradictory, inconsistent; **być ~m** conflict, disagree, go against sth; **ze sobą ~e** mutually exclusive
sprzedajny crooked
sprzedawać/sprzedać: (*coś komuś*) sell; **sprzedać cały dobytek** sell up; ~ **po cenie niższej niż konkurencja** undercut; **sprzedać** (*np. mecz, wyścig*) fix[1] □ **sprzedawać/sprzedać się**: (*po pewnej cenie*) sell (for/at sth)
sprzedaw-ca/czyni seller, shop assistant, salesperson, vendor; (*w sieci detalicznej*) retailer
sprzedaż sale; ~ **wysyłkowa** mail order; **dział ~y** sales (department); **na** ~ for sale, available; **w ~y** on sale, on the market; **być na ~/do wyboru** be up for sth
sprzedażny marketable
sprzeniewierzać/sprzeniewierzyć embezzle
sprzeniewierzenie embezzlement
sprzęgło clutch
sprzęt apparatus, implement[1], gear, paraphernalia; **ciężki** ~, ~ **komputerowy** hardware; ~ **sportowy** tackle
sprzyjać be loaded in favour of sb/sth, promote
sprzyjający favourable, conducive, happy; **nie** ~ adverse, not conducive
sprzyjanie promotion
sprzykrzyć się pall
sprzymierzeniec ally
sprzymierzony allied
sprzysięgać/sprzysiąc się conspire
sprzysiężeni|e: **w ~u** in league (with sb)
spuchnięty swollen[2]
spust trigger
spustoszenie devastation, desolation; **spowodować** ~ wreak havoc
spustoszony devastated
spustoszyć → PUSTOSZYĆ
spuszczać/spuścić lower[2]; ~ **wodę** (*w toalecie*) flush[2]; **nie** ~ **z oka** keep a close watch on sb/sth; ~ **się po linie** abseil
spuszczony: (*o oczach*) downcast
spuścizna heritage, inheritance
spychacz bulldozer; **równać ~em** bulldoze
srebrn|y silver, silvery; **~a moneta** silver; **~y medal** silver medal; **~y/a medalist-a/ka** silver medallist
srebro silver
srebrzysty silvery
srodze sorely
srogi strict, severe, stern[1], cruel, hard[1]
srogo sternly, ferociously
srogość ferocity
sroka magpie
sromotnie ignominiously
sromotn|y ignominious; **~a klęska** hammering
ssać suck
ssak mammal
ssanie suction; (*w samochodzie*) choke
ssawka: (*np. owada*) sucker
stabilizacja stability
stabilizować/ustabilizować stabilize, steady
stabilność stability
stabilny stable[1]
stacja station; ~ **benzynowa** petrol station; ~ **kolejowa** station; **końcowa** ~ terminus; ~ **obsługi** garage; (*radiowa/TV*) station, channel; ~ **dysków** (disk) drive
stacjonarny stationary
stacjonować station
staczać/stoczyć się: (*np. ze schodów*) tumble
stać stand[1]; (*na stałym miejscu*) go[1]; ~ **bezczynnie** stand by; ~ **przed**, ~ **sobie** stand around, face[2]; ~ **w miejscu** get nowhere (with sb/sth); **Stój!** Hold it!; (*o umowie*) **stoi!** done[2]; ~ **za czymś** be at the bottom of sth; ~ **kogoś na coś** afford
stadion stadium
stadium stage[1], phase
stadko: ~ **piskląt** brood
stadnina stud[2]
stadny social
stado herd, flock; (*np. wilków*) pack[1]
stagnacj|a stagnation, depression, plateau; **być w ~i** stagnate
stagnacyjny stagnant
stajenny groom
stajnia stable[2], barn
stal steel; ~ **nierdzewna** stainless steel
stale constantly, persistently, permanently, always, forever
stalownia steelworks
stalówka nib
stałość permanence, persistence
stał|y solid; permanent; fixed, constant, ongoing; (*np. dochód*) regular; **ciało ~e** solid; **~y ląd** dry land; **paliwo ~e** solid fuel; (*o komisji*) standing; **bez ~ego miejsca zamieszkania** (of) no fixed abode/address; **prawo ~ego pobytu** right of abode; (*np. klient*) regular
stan state[1], status, shape[1]; ~ **faktyczny** case[1]; ~ **rzeczy** state of affairs; **istniejący** ~ **rzeczy** status quo; (*np. zdrowia*) condition[1]; ~ **umysłu** state of mind; ~ **wojenny** martial law; ~ **wyjątkowy** emergency; **ciężki** ~ plight; **w ~ie wojny** at war; **w ~ie budowy** under construction; ~ **konta** balance[2]; ~ **cywilny** marital status; **urzędni-k/czka ~u cywilnego** registrar; (*np. sukienki, spodni*) waistline; **być w ~ie** (*coś zrobić*) be able[1], be in a position (to do sth), capable of (doing) sth, up to sth; **nie być w ~ie (czegoś zrobić)** be unable; **utrzymywać w dobrym ~ie** keep sth up; **w dobrym ~ie** sound[3]; **w dobrym/złym itp. ~ie** in good, bad, etc. repair; in good, bad, etc. nick; **w złym ~ie** out of condition, the worse for wear; **niskiego ~u** humble; (*jednostka administracyjna*) state[1]; **S~y Zjednoczone** the United States (of America)
stanąć → STAWAĆ
stancj|a lodgings; **na ~i** in rented accomodation
standard standard, norm, benchmark
standardowy standard
standaryzacja standardization
stanik bra
stanowczo flatly, firmly, decisively, positively, resolutely, emphatically, definitively, assertively; ~ **nie** by no means
stanowczość resolution, firmness, decisiveness, assertiveness
stanowczy flat[2], firm[2], resolute, emphatic, categorical, decisive, assertive, positive
stanowić constitute, comprise, account for sth
stanowisko: (*pracy*) position, post[2]; ~ **komputerowe** workstation, appointment; (*w jakiejś sprawie*) position, stance, standpoint; **twarde** ~ hard line; **zajmować** ~ take a stand (on sth)
stapiać/stopić fuse[2]
starać/postarać się try[1], endeavour; **bardzo** ~ take trouble over sth/with sth/to do sth/doing sth, go to great lengths, go out of your way (to do sth), go all out to do sth; ~ **o coś** seek, solicit
stara|nie effort, endeavour; **dokładać wszelkich ~ń** do/try your best; **dokładać (wszelkich) ~ń, żeby** be at (great) pains to do sth, take (great) pains (with/over sth)
starannie carefully, painstakingly, studiously; tidily, neatly
staranności|ć care[2], tidiness, neatness; **brak ~ci** negligence
staranny careful, thoughtful, painstaking, tidy, neat
staranować → TARANOWAĆ
starcie clash; (*szmatą*) wipe
starczać/starczyć last[3]

starczy senile; **uwiąd** ~ senility
staro: (*wyglądać itp.*) old
starocie bric-à-brac
starodawny ancient, old
staromodny old-fashioned, old hat
starość old age; age[1]; antiquity
staroświecki old-fashioned, stuffy, quaint, old hat
starożytność antiquity
starożytny ancient
starszeństwo seniority
starszy older; (*z dwojga rodzeństwa*) elder; (*brat/siostra*) big; (*np. rangą, stanowiskiem*) senior; **starsi ludzie** the elderly, the aged, elders
start start[2]; (*samolotu*) take-off; (*rakiety*) lift-off; **miejsce ~u** starting point; **do ~u, gotowi, hop!** on your marks, get set, go!
starter: (*o jedzeniu*) appetizer
startować/wystartować start[1]; (*o samolocie itp.*) take off; (*o rakiecie*) lift off
startowy: **pas** ~ runway
staruszkowie the old
sta|ry old; **bardzo ~ry** ancient; **~rzy ludzie** the elderly, the old; (*o dziecku*) **~ry maleńki** precocious; **~rej daty** old-fashioned
starzeć/zestarzeć się: (*o osobie*) age[2], get on; (*o rzeczach*) date[2]
starzyzna junk
statecznik fin
stateczny staid, sedate[1]
stat|ek ship[1]; craft[2], vessel; **~ek dalekomorski** liner[1]; **~ek kosmiczny** spaceship; **rozbicie ~ku** shipwreck
statua statue
status: ~ **społeczny** status
statut charter, statute
statyczn|y static; **elektryczność ~a** static
statyst-a/ka extra
statystycznie statistically
statystyczny statistical
statystyk statistician
statystyka: (*dane*) statistics; (*dziedzina nauki*) statistics
statyw tripod
staw pond; (*anat.*) joint[1]; (*palca*) knuckle
stawać/stanąć stop[1], come to a halt, give out; (*o silniku i pojeździe*) stall[2], peter out; ~ **twarzą w twarz (z kimś)**, ~ **przed** (*np. problemem*) confront; ~ **po czyjejś stronie** side with sb (against sb), take sides (with sb); ~ **w obronie czyjeś/czegoś** stand up for sb/sth; ~ **na (własne) nogi** stand on your own (two) feet, find your feet; ~ **dęba** rear[2], bristle; ~ **na wysokości zadania** rise to the occasion, challenge, task, etc.; ~ **na czele** spearhead; **stanąć w płomieniach** burst into sth, go up in flames
□ **stawać/stać się** get, grow, go[1], become, happen, turn[1]; ~ **z kogoś/czegoś** become of sb/sth; **co mu się stało?** What's the matter with him?, What's got into him?; **jak to się stało, że...?** how come...?; **nic się nie stało!** no harm done
stawiać/postawić put, place[2], stand, erect[2]; (*np. płot*) put sth up; **mocno** ~ steady; ~ **na miejsce czegoś** replace; (*na posterunku/straży*) post; ~ **nogę** tread; ~ **czoło komuś/czemuś** confront, stand up to sb/sth; (*np. opór*) put up sth; ~ **opór komuś/czemuś** make a stand (against sb/sth); ~ **na swoim** get/have your own way, put your foot down; (*pytanie*) pose; (*na coś/kogoś*) bet, back[4], gamble, put sth on sth; ~ **(kogoś/coś)** (*np. w złym/dobrym świetle*) project[2]; (*komuś, np. piwo*) stand[1], be on sb; ~ **sobie jakiś cel** set out to do sth
stawiennictw|o: **nakaz ~a** summons
stawka stake[1], rate[1]; **zwyczajowa** ~ (*za coś*) the going rate (for sth)
stąd from here, hence, away
stąpać/stąpnąć tread, step[1], pace[2]; **ciężko** ~ stamp[2], stomp, plod, tramp[2]; ~ **sztywno** stump[2]
stąpani|e: **odgłos ~a** tread; (*ciężkimi krokami*) tramp[2]
stchórzyć → TCHÓRZYĆ
stek: (*np. kłamstw*) pack[1], crop; (*np. przekleństw*) volley; (*mięso*) steak
stempel stamp[1]; ~ **pocztowy** postmark
stemplować/podstemplować stamp[2]
stenografia shorthand
stepować tap dance[2]
stepowanie tap dance[2]
ster rudder, helm; **u** ~ at the helm; **być u ~u** be in control (of sth)
sterany jaded
sterburta starboard
sterczeć stick out, jut out, protrude, overhang; ~ **do góry** stick up
sterczyna pinnacle
stereo: **zestaw** ~ stereo
stereofonia stereo
stereofoniczny stereo; **zestaw** ~ stereo
stereotyp stereotype
stereotypowo conventionally; **przedstawiać** (*kogoś/coś*) ~ stereotype
stereotypowy conventional
sterować steer; (*np. samolotem*) fly[1]; (*statkiem*) navigate; ~ **sprawami z ukrycia** engineer[2]
sterownia control[1]
sterownicz|y: **urządzenie ~e** controls
sterowy: **drążek** ~ joystick
sterroryzować → TERRORYZOWAĆ
sterta heap, mound, mountain
steryd steroid
sterylizacja sterilization
sterylizować/wysterylizować sterilize
sterylny sterile
stetoskop stethoscope
steward (air) steward, flight attendant
stewardesa stewardess, air hostess, flight attendant
stęchły musty, stale, mouldy
stępiać/stępić blunt
stępka keel
stęskniony: ~ **za domem/ojczyzną** homesick
stężeć → TĘŻEĆ
stężenie concentration
stężony: (*np. roztwór*) concentrated
stiuk stucco
stłaczać/stłoczyć jam[2]
□ **stłaczać/stłoczyć (się)** huddle → TŁOCZYĆ
stłoczony huddled, on top of sb/sth
stłoczyć (się) → STŁACZAĆ (SIĘ)
stłuczenie break[2]
stłuczka breakage
stłumić → TŁUMIĆ
stłumienie suppression
stłumiony muted, muffled
sto hundred; ~ **razy** umpteen times; ~ **lat!** (*w życzeniach urodzinowych*) many happy returns (of the day)
stocznia shipyard, dock[1], shipbuilder
stoczniowiec: (*o osobie*) shipbuilder
stoczyć (się) → STACZAĆ (SIĘ)
stodoła barn
stoicki stoic
stoicko stoically
stoicyzm stoicism
stoisko stand[2], stall[1]
stojak stand[2], prop[1]
stojący upright, standing; (*o wodzie*) stagnant
stok slope; ~ **górski** mountainside, hillside
stokrotka daisy
stolarka carpentry; (*budowlane elementy z drewna*) woodwork
stolarstwo woodwork
stolarz carpenter; ~ **budowlany** joiner
stolec faeces; **oddawać** ~ defecate
stolica capital[1]
stolik table; **niski** ~ coffee-table
stołek stool
stołówka canteen, cafeteria; ~ **wojskowa** mess[2]
stomatolog dentist
stomatologiczny dental
stonować → TONOWAĆ
stonowany subdued, sober, soft
stop alloy
stopa foot[1], sole[2]; **pod ~mi** underfoot; **pokazujący osobę od stóp do głów** full length; (*miara długości*) foot[1]; (*np. podatkowa*) rate[1]; ~ **procentowa** interest[1], rate[1]; ~ **życiowa** standard of living
stoper stopwatch
stopić → STAPIAĆ
stop|ień degree, extent, measure[2], rank; **~ień nachylenia** gradient; (*skali*) notch; (*np. schodów*) stair, step, rung[1]; **szereg ~ni** flight[1] of stairs; (*ocena*) grade[1], mark[1]; **~ień naukowy** degree; **wystawiać ~nie** mark[2]; **~ień wyższy** (*przymiotnika, przysłówka*) comparative; **~ień**

najwyższy (*przymiotnika, przysłówka*) superlative; **do jakiego ~nia** to what extent; **do pewnego ~nia** to a certain/to some extent, up to a point, in a sense, as it were; **w najmniejszym ~niu** remotely; **w większym ~niu** further; **w wysokim ~niu** highly, remarkably
stopnieć → TOPNIEĆ
stopniowo: **stopniowy** gradually; **stopniowy** progressively, bit by bit, step by step, little by little
stopniowy gradual, progressive
storczyk orchid
stos stack, pile[1], crop, heap, mountain
stosować/zastosować employ, apply, use[1]; **źle** ~ misuse □ **stosować/zastosować się**: (*np. do reguł*) adhere, follow, keep to sth
stosowanie usage, introduction; **złe** ~ misuse □ **stosowanie się** adherence
stosowany applied
stosownie suitably, appropriately, properly, accordingly; (*do czegoś*) according to; (*np. do prawa*) under
stosowność suitability, adequacy
stosowny suitable, appropriate, proper, fitting[1]
stosun|ek relation, relationship; **~ki** (*np. zażyłe, przyjacielskie*) footing; **~ek płciowy** sex, sexual intercourse; **mieć dobre/przyjazne ~i z kimś** get on/along (together); **być w dobrych/przyjaznych ~kach** be on good, friendly etc. terms (with sb); (*proporcja*) proportion, ratio; **~ek** (*do kogoś/czegoś*) attitude; **w ~ku** (*do kogoś/czegoś*) towards, in proportion to sth, as regards sb/sth, in/with relation to sb/sth, by/in comparison (with sb/sth)
stosunkowo relatively, comparatively
stosunkowy relative[2]
stowarzyszać/stowarzyszyć: (*o organizacji*) affiliate
stowarzyszenie association
stowarzyszony: (*o organizacji*) affiliated
stożek cone
stożkowaty conical
stożkowy conical
stół table; bench; **nakryć** ~ lay the table; **przy stole** at the table
stracenie: (*kogoś*) execution
strach fear[1], fright, dread, scare, fearfulness; **paniczny** ~ terror; **owładnięty panicznym ~em** panic-stricken; ~ **na wróble** scarecrow
stracić → TRACIĆ
stracon|y wasted; **~a sprawa** a lost cause
stragan stall[1], stand[2]
strajk strike[1], industrial action; ~ **głodowy** hunger strike; ~ **włoski** work to rule; **zaczynać** ~ go on strike[2]
strajkować/zastrajkować strike[1]
strapienie dejection, heartache, desolation; **ze ~m** dejectedly
strapiony dejected, crestfallen
straszliwie horrendously, fearfully
straszliwy horrendous, fearful, horrible, horrific
strasznie dreadfully, terribly, horribly, horrifically, awfully, frightfully, terrifically; eerily; (*np. bogaty*) ever so/ever such a, sensationally, mega; ~ **nam się śpieszy** we're in a frightful hurry
straszny scary, frightening, spooky, eerie; horrid, horrible, terrible, awful, frightful, dire, dreaded
straszyć scare, frighten, terrify; (*o duchach*) haunt; (*kogoś czymś*) threaten
straszydło bogey
strat|a loss, waste[2]; (*np. materiałowa*) wastage; **~a całkowita** loss; **~y w ludziach** casualties; **ponosić ~y** lose; **przedmiot spisany na ~y** write-off; **spisywać na ~y** write sb/sth off
strategia strategy
strategicznie strategically
strategiczny strategic
strawić → TRAWIĆ
straż guard[2], escort; ~ **pożarna** fire brigade
strażak fireman, firefighter
strażni-k/czka guard[2]; ~ **więzienn-y/a** warder, jailer
strącać/strącić knock[2] off/onto the floor
strąk pod
strefa zone, area, belt
stremowany nervous, jittery
stres stress, pressure, strain[1]
stresujący stressful
streszczać/streścić summarize, compress, recap
streszczenie summary[1], synopsis, précis, abstract[2]; compression
stręczyciel pimp
striptiz striptease
striptizer/ka stripper
strofa verse, stanza
strofować rebuke
stroić: (*instrument*) tune □ **stroić się** dress up; **wystroić się** smarten yourself up
stroik reed
stromość steepness
stromy steep, sheer
stron|a side[1], facet; quarter; aspect; (*np. sprawy, osobowości*) point[1]; **mocna ~a** strength, strong point; **słaba ~a** disadvantage, shortcoming, blind spot; **zła/negatywna ~a** downside; **dobre i złe ~y** the pros and cons; **dobra ~a** compensation; **mieć dobra ~y** have your good points; , (*matki/ojca*) side[1]; **ze ~y ojca** paternal; **ze ~y matki** maternal; (*kierunek*) direction; **w ~ę** towards; (*o bilecie*) **w jedną ~ę** one-way, single; **po lewej ~ie** left-hand; **po drugiej ~ie** across, over, round[3]; **na drugą ~ę** over; **ze wszystkich** ~ on/from every side; **na lewą ~ę** on the left, inside out; **kwestia wypowiadana na ~ie** aside; **stawać po czyjejś ~ie** side with sb (against sb), take sides (with sb); **~a pozwana** defence; **z czyjejś ~y** on the part of sb/on sb's part; **to bardzo miło z twojej strony** it was very thoughtful/considerate of you; (*np. umowy, sporu*) party; **(ale) z drugiej strony** (but) then (again), at the same time; **z jednej ~y…z drugiej ~y** on the one hand… on the other (hand); **w tę czy w tamtą ~ę** give or take; (*np. w książce*) page[1]; ~ **tytułowa/domowa** (*w Internecie*) home page; **z pierwszej ~y** (*gazety*) front-page; (*gram.*) voice
stronica page[1]
stronniczość bias, partiality
stronniczy biased, one-sided, unbalanced
stronni-k/czka supporter, follower, sympathizer, adherent
-stronny -sided
strop roof
stroszyć/nastroszyć (się) ruffle
strój costume, wear[2], ensemble; ~ **nurka** wet suit
stróż/ka guardian, keeper; ~ **nocny** nightwatchman
stróżować keep watch, keep a close watch on sb/sth
stróżówka lodge[1]
strug plane[3]
struga spurt; **wąska** ~ trickle
strugaczka pencil sharpener
strugać/ostrugać shave sth off (sth), plane[3]
struktura structure, framework; fabric
strukturalny structural
strumień stream; jet; ~ **dopływowy** tributary; (*np. ludzi, samochodów*) stream
strumyk creek, brook
strun|a string[1]; **uderzyć w czyjąś czułą/właściwą ~ę** strike a chord (with sb)
strup scab
struś ostrich
strych loft, attic; **na ~u** in the roof/attic
stryczek noose
stryj/ek uncle
strywializować → TRYWIALIZOWAĆ
strzał shot[1], gunshot; (*do bramki*) shot[1]; ~ **w dziesiątkę** bullseye
strzała arrow
strzałka arrow; (*np. do rzucania do tarczy*) dart[1]
strząsać/strząsnąć shake sb/sth off
strzec/ustrzec guard[1]; (*przed czymś*) guard against sth □ **strzec/ustrzec się** beware, watch out for sb/sth
strzech|a: **pokryty ~ą** thatched
strzelać/strzelić shoot[1], fire[2]; ~ **z rewolweru** gun; ~ **z procy** catapult; (*np. gola*) shoot[1]; ~ **bramkę** score[2]; (*np. pytaniami*) fire[2]; (*o myśli*) flash; ~ **palcami**

snap your fingers; *(o gaźniku)* backfire; ~ **byka** boob[1]
strzelanie gunfire
strzelanin|a: **podczas ~y** crossfire
strzelba gun
strzelec shooter; ~ **wyborowy** marksman; **S~** *(znak zodiaku)* Sagittarius
strzemiączko strap
strzemię stirrup
strzepywać/strzepać brush sth away/off, flick sth off sth
strzeżony guarded; **nie ~** unguarded
strzęp shred, snippet, snatch; **na ~y** to bits; **rwać na ~y** rip sth up; **w ~ach** tattered, in tatters
strzępić/wystrzępić (się) fray
strzyc/ostrzyc cut[1], clip[2]; *(na krótko)* crop; *(trawę)* mow; *(owce)* shear
strzykanie: *(bólu)* twinge
strzykawka syringe
strzyżeni|e cut[2], clip[2]; **~e na zapałkę** crew cut; **maszynka do ~a** clippers; **maszyna do ~a trawy** mower
student/ka student, undergraduate; ~ **drugiego roku** sophomore; ~ **ostatniego roku studiów** senior
studio studio
studiować study[2], read
studium study[1]; ~ **przypadku** case study; **studia wyższe** higher education
studnia well[1]
studzić/ostudzić cool[2]; *(o emocji)* damp[2], dampen
studzienka manhole
stukać hit[1], knock[2], hammer[2], bang[1], rap; *(lekko)* tap[2], patter
stukanie hammering, tap[2]
stuknięcie knock[1], tap[2]
stuknięty wacky, potty[1], daft
stukot clatter, rattle[2], tap[2], patter
stukotać clatter, rattle[1]
stulecie century, centenary
stulić: **stul pysk!** shut up!
stwardnieć → TWARDNIEĆ
stwardnienie: ~ **rozsiane** multiple sclerosis
stwarzać/stworzyć: *(np. problemy)* pose; *(np. kłopot, okazję)* present[3]
stwierdzać/stwierdzić ascertain, determine, affirm; **muszę ~** I must say[1] → TWIERDZIĆ
stwierdzenie: *(stanowcze)* assertion
stworzenie: *(robienie czegoś)* creation; *(ludzie/zwierzęta)* creature, being
stworzony: **być ~m** *(do/dla czegoś, na coś)* be cut out to be sth; **być ~m dla kogoś/siebie** be made for sb/each other
stworzyć (się) → STWARZAĆ, TWORZYĆ (SIĘ)
stwór creature
stwórca creator
styczeń January
styczna tangent
styczniowy January
styczność contact
stygnąć/wystygnąć cool[2]
styk joint[1]; **na ~** end to end
stykać/zetknąć touch[1] □ **stykać/zetknąć się** touch[1]; border on sth
styl style, fashion, look[2]; ~ **życia** a/sb's way of life; ~ **pisma** handwriting; ~ **pływania** stroke[2]; ~ **grzbietowy** backstroke; ~ **klasyczny** breaststroke; ~ **motylkowy** butterfly; **nadawać ~** set a/the trend
stylist-a/ka hairstylist
stylowo elegantly
stylowy stylish, elegant
stymulacja stimulation
stymulator: ~ **serca** pacemaker
stymulować stimulate
stymulujący stimulating
stypendium: *(naukowe)* scholarship, bursary, grant
stypendyst-a/ka scholar, fellow
styranizować → TYRANIZOWAĆ
subiektywnie subjectively
subiektywny subjective
sublokator/ka boarder
subskrypcja subscription
substancja substance, matter[1]; ~ **zanieczyszczająca** pollutant
subsydiować subsidize
subtelnie subtly, delicately
subtelność subtlety, delicacy
subtelny subtle, delicate, fine[1]
subwencja subsidy, grant
sucho drily; *(mówić)* shortly; **uchodzić na ~** get away with sth/with doing sth
suchość dryness
such|y dry[1], arid; **~y jak pieprz** bone dry; **~y prowiant** packed lunch; **~e fakty** bare facts
sufit ceiling
suflerować prompt[2]
suflet soufflé
sugerować/zasugerować suggest, put sth to sb, get at sth, insinuate
sugestia suggestion
sugestywnie suggestively, expressively
sugestywny suggestive, expressive
suka bitch
sukces success; **odnosić ~** succeed, do well, make it, make the grade; **wielki ~** big time
sukcesja succession
sukienka dress[1], frock
sukinsyn bastard
suknia dress[1], gown
sułtan sultan
sum|a sum, amount; **ogólna ~** total; **w ~ie** in total, in all, on aggregate, all told, on balance
sumieni|e conscience; **wyrzuty ~a** remorse, guilt, qualms; **mieć coś na ~u** have sth on your conscience
sumiennie conscientiously, scrupulously
sumienność thoroughness
sumienny conscientious, scrupulous, thorough, dutiful
sumować/zsumować total; *(np. wyniki)* pool[2]
sumowanie addition
sunąć/posunąć glide, slide[1]
supeł knot[1]
super super, awesome; *(o posiłku)* slap-up
superata surplus
superlatyw: *(mówić, pisać)* **w samych ~ach** glowingly
supermocarstwo superpower
supernowoczesny high-tech
supersam supermarket
suplement supplement
surfing: **uprawiać ~** surf
surfingowy: **deska surfingowa** surfboard
surogat surrogate
surowiec material[1]
surowo harshly, severely, strictly, sternly, threateningly
surowość harshness, toughness, rigidity, austerity, rigour
surowy harsh, severe, strict, rigid, tough, hard[1], stark, austere, crude; *(o wyrazie twarzy itp.)* dour, stern[1]; *(o przepisie, prawie itp.)* stringent; *(o klimacie)* inhospitable; *(o żywności)* raw
surówka salad
surrealistyczny surreal
sus leap, bound[3], dash[1]; **biegać ~ami** bound[3]; **dawać ~a** dash[2]
susza drought
suszarka dryer; ~ **do włosów** hairdryer; ~ **do bielizny** tumble-dryer; ~ **do naczyń** draining board
suszony dried
suszyć/wysuszyć (się) dry[2], dry (sth) out; **wietrzyć i ~** air[2]
sutek nipple
suterena basement
suto richly
suty lavish, generous
suwenir souvenir
suwerenność sovereignty
suwerenny sovereign
swatać/wyswatać match[3]
swawolić play[1]
swawolny playful, frisky
sweter: *(nie rozpinany)* jumper, sweater; *(rozpinany)* cardigan; ~ **wełniany** jersey
swędzący itchy
swędzenie itch, itchiness, tickle
swędzić itch; tickle
swędzieć itch
swoboda freedom, liberty
swobodnie freely, free[1], loosely; naturally
swobodny free[1], free and easy, loose
swojski homely
sworzeń bolt[1], pivot
sw|ój my, mine itp.; own[1]; **postawić na ~oim, zrobić po ~ojemu** get/have your own way; *(w sporcie)* home[2]
syczeć/zasyczeć hiss
syczenie hiss
syfilis syphilis
syfon: **przelewać ~em** siphon
sygnalizować/zasygnalizować signal, indicate, point sth out (to sb)
sygnalizujący telltale

sygnał signal, indication; ~ **programu** signature tune; ~ **telefoniczny** tone[1], dialling tone; ~ **ostrzegawczy** alarm; ~ **świetlny** flare; (*do rozpoczęcia działania, zwykle dla aktora na scenie*) cue[1]; **dawać** ~ signal
sygnatariusz/ka signatory
syk hiss
sylaba syllable
sylwester: **S**~ New Year's Eve; (*szkocka nazwa*) Hogmanay
sylweta silhouette
sylwetka silhouette, outline; (*ludzka*) figure[1]
symbol symbol, emblem, icon; (*czegoś*) byword
symboliczn|y symbolic, nominal; **wpłata ~a** token
symbolizm symbolism
symbolizować symbolize
symetria symmetry
symetrycznie symmetrically
symetryczny symmetrical
symfonia symphony
sympati|a sweetheart, boyfriend, girlfriend; **czujący ~ę** fond; **poczuć ~ę** (*do kogoś*) fancy[3]; **zdobywać ~ę** endear; **~e i antypatie** likes and dislikes
sympatycznie amiably, kindly, pleasantly
sympatyczny nice, lovable, amiable, congenial, likeable, kind[2], pleasant, agreeable
sympaty-k/czka sympathizer
symptom symptom
symptomatyczny symptomatic
symulacja simulation, mock-up
symulować simulate, pretend
syn son
synagoga synagogue
synchronizować/zsynchronizować synchronize; (*czas jakiegoś wydarzenia z czymś*) time[2]
syndrom syndrome
syndykat syndicate
syngiel: (*mała płyta gramofonowa*) single
synonim synonym; (*czegoś*) byword
synonimiczny synonymous
synowa daughter-in-law
syntetycznie synthetically
syntetyczny synthetic, man-made
syntetyzator: (*np. muzyczny, mowy*) synthesizer
synteza synthesis; ~ **jądrowa** nuclear fusion
sypać sprinkle; (*o śniegu*) snow[2]; ~ **jak z rękawa** reel sth off □ **sypać się**: (*o ludziach, rzeczach*) rain[2], stream
sypialnia bedroom
sypnąć → SYPAĆ
syrena mermaid; ~ **alarmowa** siren
syrop syrup; ~ **na kaszel** cough mixture
system system; ~ **operacyjny** operating system; ~ **monetarny** coinage; ~ **dwójkowy** binary system; ~ **binarny** binary
systematycznie systematically, methodically, regularly, neatly
systematyczność neatness
systematyczny systematic, methodical, neat, orderly[1]
sytuacj|a situation, position; **krytyczna ~a** emergency; **trudna/przykra ~a** plight, jam[2]; **(nowa) ~a** (a new) ball game; **w dobrej/złej ~i materialnej** well/badly off; **korzystać z ~i** cash in (on sth)
sytuować/usytuować set[2]
sytuowany: **dobrze** ~ better off; **źle** ~ badly off
syty full
sza: ~! sh, hush
szabas sabbath
szablon template, pattern
szablonowy stock[1]
szach check[2]; **~y** chess
szachownica chessboard; (*np. pól*) patchwork
szachraj/ka swindler
szachrajstwo swindle
szacować/oszacować assess, rate[2]; ~ **kogoś** weigh sb up; ~ **koszt** cost[2]; **za nisko** ~ underestimate
szacun|ek respect[1], esteem, regard[2], deference; **pełen ~ku** respectful; **z ~kiem** respectfully; **powszechny ~ek** respectability; **brak ~ku** disrespect, irreverence; **bez ~ku** irreverently, disrespectfully; **utrata ~ku** sb's fall from grace; **zbyt niski ~ek** underestimate; **przez ~ek dla kogoś/czegoś** in deference to sb/sth
szafa cupboard; ~ **w ścianie** closet; (*przeznaczona do wietrzenia i suszenia odzieży*) airing cupboard; ~ (*na ubrania*) wardrobe; ~ **grająca** jukebox
szafir sapphire
szafirowy sapphire, royal blue
szafka cabinet, locker
szafot scaffold
szafran saffron
szafująco: **nie** ~ sparingly
szajbnięty bonkers, nutty
szajka ring[1], gang
szal shawl
szal|a: **przechylać ~ę na jakąś/swoją stronę** sway
szaleć/oszaleć go mad/crazy, crack up, go wild; (*za kimś/czymś*) be wild (about sb/sth); (*o uczuciach, nastrojach*) run high[2]; (*na punkcie czegoś*) rave; (*o walce, chorobie itp.*) rage, run riot
szalenie madly, extremely, hectically, bitterly
szaleniec lunatic, maniac, madman, madwoman; (*ryzykant/ka*) daredevil
szaleńczo wildly, crazily, insanely
szaleńczy lunatic, manic
szaleństw|o madness, craziness, insanity, lunacy; wildness, frenzy; nonsense; (*dot. dużego wydatku, zachcianki itp.*) folly; (*na punkcie czegoś*) craze; **do ~a** to distraction
szalik scarf
szalony mad, crazy, insane, wild, foolhardy, round the bend; (*o wydarzeniach*) hectic, frenzied
szalotka shallot
szalupa dinghy
szał wildness, frenzy; (*na punkcie czegoś*) craze, mania; **doprowadzać kogoś do ~u** drive sb nuts, drive sb up the wall; **wpaść w** ~ flip, go berserk, do your nut
szałas shack, hut
szałwia sage
szamotać się struggle
szamotanina tussle
szampan champagne
szampon shampoo; **myć ~em** shampoo
szanować respect[2], look up to sb □ **szanować się**: **szanujący się** self-respecting
szanowany respected, worthy
szanowny: (*w liście*) dear
szans|a chance[1], opportunity, possibility, prospect, break[2], odds, likelihood; **duże ~e** strong chance; **znikoma ~a** off chance; **wyrównane ~e** a level playing field[1]; **coś/ktoś bez** ~ (*na powodzenie*) non-starter; **mieć ~e** stand a chance (of sth/of doing sth); **mieć ~ę wygrania** stand[1] to win; **mający ~ę na wygraną** prize[1]; **nie mieć ~y na coś** be out of the running (for sth); **mieć wszelkie ~e** have a lot going for you; **dać komuś ~ę** give sb a break[2]
szantaż blackmail, extortion
szantażować/zaszantażować blackmail
szantażyst-a/ka blackmailer
szarańcza locust
szarawy greyish
szarfa sash
szargać/zaszargać: (*reputację*) tarnish
szarmancki chivalrous, suave
szarość grey
szarpać/szarpnąć pull[1], tug, yank, pluck, jerk, jolt; (*niszczyć*) mangle, maul; (*struny*) pluck; **szarpiący nerwy** nerve-racking □ **szarpać/szarpnąć się** struggle; **szarpnąć się** (*na coś*) splash out (on sth)
szarpanina scramble
szarpany jerky
szarpnięcie pull[2], tug, yank, jerk, jolt, heave; **gwałtowne** ~ wrench
szary grey; (*nieciekawy*) bland, mundane; ~ **człowiek** the man in the street
szarż|a charge[1]
szarżować/zaszarżować charge[2], overdo it/things
szata robe
szatan Satan, devil, fiend
szatkować/poszatkować shred
szatnia cloakroom, changing room
szatynka brunette
szcząt|ek fragment; **~ki** remains, debris, wreckage
szczebel rank, notch; (*drabiny*) rung[1]
szczebiot chirp

szczebiotać/zaszczebiotać chirp, warble, twitter
szczecina bristle; (*na brodzie*) stubble
szczególnie particularly, especially, specially, peculiarly, notably, singularly, in particular
szczególnoś|ć: **w ~ci** in particular
szczególny particular, especial, special
szczegół detail[1]; **~y** particulars, the ins and outs (of sth); **~ techniczny/fachowy** technicality; **podawać ~y** detail[2]; **wdawać się w ~y** go into detail(s)
szczegółowo in detail, in depth, at length
szczegółowość rigorousness
szczegółowy detailed, specific, descriptive, fine[1], minute[2], rigorous
szczekać/zaszczekać bark[2]; **~ piskliwie** yap
szczekanie bark[2]
szczelina slit, chink[1], crevice, cranny, split, rift, leak, slot; (*lodowca*) crevasse
szczelnie tight, tightly
szczeln|y tight, airtight, (sound-/bullet- etc.) proof[2]; **~e zamknięcie** seal[2]
szczeniak puppy
szczenię pup, puppy
szczep: (*grupa etniczna*) tribe; (*rośliny*) graft; (*np. rośliny, wirusa*) strain
szczepić/zaszczepić vaccinate, inoculate, immunize
szczepienie vaccination, inoculation, immunization
szczepionka vaccine
szczepowy tribal
szczerba chip[1], nick[1]
szczerość sincerity, frankness, openness, outspokenness
szczery sincere, honest, genuine, frank, open[1], straight[1], direct[1], plain[1], forthright, outspoken, heartfelt, hearty
szczerze sincerely, honestly, genuinely, openly, outright, plainly; (*mówiąc*) frankly
szczerzyć: **~ zęby w uśmiechu** grin
szczędzić: **nie ~ wysiłku** pull your weight
szczęk clank
szczęk|a: **~a/i** jaw; **sztuczna ~a** plate, false teeth
szczękać/zaszczękać clank; (*zębami*) chatter
szczęścia-rz/ra lucky devil
szczęści|e luck, fortune, blessing; **mający ~e** lucky; **na ~e** luckily, fortunately, happily, thankfully, mercifully, be a good thing (that); **(nie) mieć ~e/a** be in/out of luck; **wiele lat ~a!** many happy returns (of the day); (*radość*) happiness, gladness; **nie posiadający się ze ~a** over the moon; **całe ~e, że** it's a good job
szczęśliwie luckily, fortunately, successfully; happily
szczęśliw|y lucky, fortunate, blessed; happy; **S~ego Nowego Roku!** Happy New Year!
szczodrość generosity
szczodry generous, handsome
szczodrze generously, handsomely
szczoteczka: **~ do paznokci** nail-brush; **~ do zębów** toothbrush
szczotk|a brush[1]; **~a do włosów** hairbrush; **czyszczenie ~ą** brush[1]
szczotkować/wyszczotkować brush[2]
szczudło stilt
szczupak pike
szczupły slim, slender, trim[1], lean[1]
szczur rat
szczwany sly, devious
szczycić/poszczycić się: (*czymś*) boast, pride yourself on sth/doing sth, pride, take (a) pride in sb/sth
szczypać/uszczypnąć nip, pinch; (*o odczuwaniu bólu*) sting[1], smart[2]; (*o mrozie itp.*) **lekko ~** tingle
szczypanie sting[2]; **lekkie ~** tingle
szczypce pliers, pincers, tongs
szczypiorek chives
szczypta pinch; **~ prawdy** a grain[1] of truth
szczy|t: (*góra*) mount[1], hilltop; (*np. górski*) peak[1], summit, pinnacle; (*np. wzgórza*) crest, brow, crown[1]; (*dachu*) gable; (*najwyższy punkt*) top[1], height, high[3], peak[1], pinnacle; (*np. wygody*) ultimate; **osiągnąć ~t** culminate, climax; (*o sprzedaży, powodzeniu*) **osiągać ~t** peak[2]; **na ~cie** at the head[1], high-level; **spotkanie na ~cie** summit meeting; **u ~tu czegoś** in the thick of sth; (*np. kariery*) heyday, prime[2]; **u ~tu formy** at its/your best; (*np. natężenia*) peak[1]; **godzina ~tu** rush hour; **poza godzinami ~tu** off-peak
szczytnie nobly
szczytny noble
szczytować climax
szczytowy definitive; (*o momencie, osiągnięciu itp.*) crowning; (*o sezonie, kondycji*) peak
szef/owa chief, boss, supervisor; **szef służby domowej** butler; **~ kuchni** chef
szejk sheikh
szelest rustle
szeleszczący crisp[1]
szeleścić/zaszeleścić rustle
szelk|a: **~i** braces; (*zabezpieczające*) harness
szelma rogue, rascal
szemrać/zaszemrać murmur, babble
szemranie murmur, babble
szept whisper; **~em** softly; **mówić ~em** say sth, speak, etc. under your breath
szeptać/szepnąć whisper; **szepnąć słówko za kimś** put in a (good) word for sb
szereg series, succession, line[1], row[1], rank; (*wydarzeń*) chain; **~ stopni** flight[1] of stairs; **kłaść/wieszać w ~u** line[2], align
szeregow|y: (*przym.*) associate[1]; (*rzecz.*) private; **~i** (*żołnierze, członkowie*) the ranks; **~i członkowie organizacji** the rank and file; (*o zabudowie*) terraced
szermierk|a fencing; **uprawiać ~ę** fence[2]
szeroki wide, broad; **~ zamaszysty ruch** sweep[2]
szeroko wide, widely; (*np. rozpowszechniony*) globally; (*o oczach itp.*) **~ otwarty** wide
szerokoś|ć width, breadth; **~ć geograficzna** latitude; **mający** (*x m itd.*) **~ci** wide
szerszeń hornet
szeryf sheriff
szerzyć/rozszerzyć się pervade; **szerzący się** pervasive
szesnastka: (*w muzyce*) semiquaver
szesnasty sixteenth
szesnaście sixteen
sześcian cube
sześcienny cubic
sześcio- six-
sześciokąt hexagon
sześciokątny hexagonal
sześć six
sześćdziesiąt sixty
sześćdziesiąt|y sixtieth; **lata ~e** the sixties
szew seam; (*chirurgiczny*) stitch
szewc cobbler
szkaradność ugliness
szkaradny ugly, unsightly
szkaradzieństwo eyesore
szkarłat scarlet, purple
szkarłatny scarlet, purple
szkic sketch, draft[1]
szkicować/naszkicować sketch, draft[2], draw[2], design; **~ w ogólnym zarysie** outline; **szybko coś naszkicować** dash sth off
szkicowo in rough
szkicowy sketchy
szkielet skeleton, framework; (*budynku*) shell; (*konstrukcji*) frame[1]
szkiełko: **~ mikroskopowe** slide[2]
szklaneczka: (*np. whisky*) tot[1]
szklanka glass, tumbler; (*objętość*) glassful
szklany glassy, glass
szklarnia greenhouse, glasshouse, conservatory
szklarz glazier
szklić/oszklić glaze
szklisty glassy, glazed; (*o wzroku*) **stawać się ~m** glaze over
szkliwo enamel
szkło glass; **~ kontaktowe** contact lens; **~ powiększające** magnifying glass; (*np. stołowe, kuchenne*) glassware
szkocki Scottish, Scots
szkod|a harm, damage; wrong[3]; disservice; **wyrządzać ~ę** harm; **wyrządzać ~ę** do (a) disservice to sb/sth; **wynagradzać ~ę** make amends; **ze ~ą dla kogoś/czegoś** to the detriment of sb/sth; **~a (że)**

pity, shame; **jaka ~a** I'm sorry; **wielka ~a!** too bad
szkodliwy harmful, damaging, detrimental, bad, unhealthy, noxious
szkodnik pest; **~i** (*np. szczury*) vermin
szkodzić/zaszkodzić be bad for sb/sth, prejudice; **(nic) nie szkodzi** it doesn't matter[2], never mind; **nie zaszkodzi** it won't /wouldn't hurt (sb/sth) (to do sth), there is no harm in doing sth; (*o jedzeniu*) **zaszkodzić** disagree with sb, not agree with sb
szkolenie (się) training, instruction
szkolić (się) train[2]
szkoln|y school; **lata ~e** school days
szkoła school; **~ podstawowa** primary school, elementary school; **~ średnia** secondary school, high school; (*dla dzieci w wieku od 7 do 11 lat*) junior school; **~ podstawowa** (*dla dzieci w wieku od 9 do 13 lat*) middle school; **~ średnia ogólnokształcąca** comprehensive school, grammar school; **płatna ~ prywatna** (*dla dzieci w wieku od 11 do 18 lat*), **~ publiczna** (*w USA*) public school; **prywatna ~ (podstawowa), prywatna ~** (*przygotowująca uczniów do dalszej nauki na wyższej uczelni*) preparatory school; **~ z internatem** boarding school; **~ wieczorowa** night school; **~ wyższa** school, college, academy; **~ jazdy** (*samochodem*) driving school; (*np. malarstwa*) school; (*jako społeczność*) school; **~ naukowa** a school of thought
szkopuł hitch[2], stumbling block
Szkot Scot
Szkotka Scotswoman
szkółka: (*ogrodnicza*) nursery
szkwał flurry, squall
szlachcic noble
szlachecki noble; **~e urodzenie** gentility; **tytuł/stan ~** knighthood
szlachectwo nobility
szlachetnie nobly
szlachetność nobility
szlachetny noble; **kamień ~** gem, precious stone; **metal ~** precious metal; **być (zorganizowanym itp.) w ~m celu** be for/in a good cause
szlachta nobility
szlaczek strip
szlafrok dressing gown
szlag: (*telewizor itp.*) **~ trafił** (the television, etc.) has had it
szlak trail, track, lane, way[1]; **przecierać ~** (*w jakiejś dziedzinie*) break fresh/new ground
szlam slime, sludge, mud, silt
szlamowaty slimy
szlauch hose
szlem: **wielki ~** grand slam
szlifierka grinder
szlifować/oszlifować polish, grind[1]
szloch sob
szlochać/zaszlochać sob
szlochanie sob
szmal: **zarabiać mnóstwo ~u** rake sth in
szmaragd emerald
szmaragdowy: **(kolor) ~** emerald
szmata rag
szminka: **~ do ust** lipstick
szmugiel smuggling
szmuglować/przeszmuglować smuggle
sznur rope, cord, string[1]; **~ do suszenia bielizny** clothes line; (*np.perel; gości*) string[1]
sznurek string[1], line[1]
sznurować/zasznurować lace; (*buty*) do your shoes up; (*usta*) purse[2] □ **sznurować/zasznurować się** lace
sznurowadło shoelace
sznurowany: (*np. obuwie*) lace-up
sznurówka lace
szofer chauffeur
szoferka cab
szok shock[1]; **~ kulturowy** culture shock; **wywołać ~** deal a blow to sb/sth
szokować/zaszokować shock[2]
szokujący shocking, lurid
szopa shed[1]
szorować/wyszorować scrub[2] sth off, scour[1]
szorowanie scrub[2]
szorstki rough[1], coarse, abrasive; abrupt, curt, rude, short; **stać się ~m** roughen, coarsen
szorstko curtly
szorstkość roughness, curtness
szorty shorts
szosa road; **główna ~** (*między miastami*) highway; **~ szybkiego ruchu** dual carriageway
szowinist-a/ka chauvinist; **męski szowinista** male chauvinist
szowinistyczny chauvinistic
szowinizm chauvinism; **męski ~** male chauvinism
szóstoklasist-a/ka sixth-former
szóst|y sixth; **(jedna) ~a** sixth; **~a klasa** sixth form
szpachelka spatula
szpada sword
szpak starling
szpakowaty greyish
szpalta column
szpanerski posh
szpanować/zaszpanować pose
szpara crack[1], crevice, slit, chink[1], cranny, rift
szparag asparagus
szpecić/oszpecić blemish; (*np. napisami powierzchnię budynku*) deface
szperacz searchlight
szperać/poszperać dig sb/sth out (of sth), rummage, snoop, poke about/around; (*po Internecie*) browse, surf the net
szpetny unsightly, ugly
szpetota ugliness
szpic spike, point[1]; (*buta*) toe; **wycięcie w ~** V-neck
szpicel spy, tail
szpiczasty pointed
szpieg spy
szpiegostwo espionage
szpiegować spy
szpik: **~ kostny** bone marrow; **do ~u kości** to the core
szpilka pin[1]; (*but lub obcas*) stiletto
szpilkowy coniferous
szpinak spinach
szpital hospital, infirmary
szpon claw; **~y** clutches; **być w ~ach** (*czegoś*) be hooked (on sth)
szpryca fix[2]
szprycha spoke[1]
szpul(k)a reel[1], spool
szpunt bung
szrama scar
szrapnel shrapnel
szron frost; **pokrywać się ~em** frost over/up, frost
sztab headquarters
sztaba bar[1]; (*złota lub srebra*) bullion
sztafeta relay[1]
sztaluga easel
sztandar banner
szterling sterling
sztruks corduroy
sztruksow|y corduroy; **spodnie ~e** cords
sztuczk|a: (*w celu osiągnięcia czegoś*) ploy, stunt[1], gimmick; (*magiczna*) trick; **robić ~i magiczne** conjure
sztucznie artificially, synthetically
sztuczność artificially, affectation, phoniness
sztuczn|y artificial, man-made, synthetic, false, mock[2], contrived, dummy; **~a skóra** imitation leather; **~e tworzywo** plastic; **~e zęby** false teeth; **~a szczęka** plate; **~a inteligencja** artificial intelligence; **~e zapłodnienie** artificial insemination; **~e oddychanie** resuscitation; **~e ognie** firework; (*o osobie*) affected
sztućce cutlery
sztuk|a art; craft[1]; artistry; **dzieło ~i** artwork; **kultura i ~a** the arts; **~ aktorska** acting; **~ dramatyczna** drama; **~a kulinarna** cookery; (*robienia czegoś*) knack, trick; (*np. teatralna, telewizyjna*) play[3], drama; (*kawałek*) piece[1]; (*np. materiału*) length; **na ~i** singly
sztukmistrz conjurer
sztukmistrzostwo magic
sztukować/zesztukować piece sth together, eke sth out
szturchać/szturchnąć poke, prod, jab, jog, jostle, hustle
szturchaniec poke, clip[2], cuff
szturchnięcie prod, jab, dig, jog
szturm attack; **brać ~em** storm
szturmować storm
sztych print[1], engraving
sztyft nail, pin[1]
sztylet dagger
sztywnieć/zesztywnieć stiffen
sztywno stiffly, rigidly, inflexibly; **kroczyć ~** (*z dumą/złością*) stalk[2]
sztywność stiffness, rigidity, inflexibility

sztywny stiff, rigid, inflexible, set[3]; (*o zachowaniu itp.*) stiff, prim; (*o osobie*) straight; (*o wypowiedzi, tekście*) stilted

szubienica gallows

szufelka dustpan; (*np. mąki*) scoop

szufl|a shovel; **przerzucać ~ą** shovel

szuflada drawer

szuflować shovel

szukać/poszukać look[1] for sb/sth, hunt, seek, fish[2] for sb/sth, burrow, cast around/about for sth; **~ po omacku** feel[1] (about) (for sb/sth), grope (about) (for sb/sth); **~ nieszczęścia** ask for trouble/it; **szukać dziury w całym** find fault (with sb/sth)

szum hum, hype[1]; **robić ~** (*wokół czegoś*) hype[2]

szumieć bustle, buzz

szumować skim

szumowiny scum

szurać/zaszurać scrape[1]; **~ nogami** shuffle

szuranie: **~ nogami** shuffle

szwadron squadron

szwagier brother-in-law

szwagierka sister-in-law

szwajcar porter

szwank: **bez ~u** intact, unscathed

szwendać się potter[1]

szwindel swindle, fiddle[1]

szwindlować/oszwindlować cheat sb (out) of sth, wangle

szyb: (*np. kopalni, windy*) shaft; **~ naftowy** oil well

szyb|a pane, windowpane; **przednia ~a** (*np. samochodu*) windscreen; **podwójne ~y w oknach** double-glazing

szybki fast[1], quick, swift, rapid, speedy, prompt[1], smart[1]

szybko fast, quickly, quick, swiftly, rapidly, speedily, prompt[1], soon

szybkościomierz speedometer

szybkość speed, velocity, pace[1], speediness, rapidity

szybkowar pressure cooker

szybować/poszybować glide, soar, float[1], sail[2], flutter

szybowiec glider

szybownictwo gliding

szychta shift[2]

szyci|e sewing, needlework; **maszyna do ~a** sewing machine

szyć/uszyć sew, stitch; **~ ubrania** tailor

szydełkować crochet

szydełkowanie crochet

szydełkow|y: **robótka ~a** crochet

szyderczo: **uśmiechać się ~** sneer

szyderczy derisive

szyderstwo sneer, taunt, jeer, ridicule

szydzić/wyszydzić sneer, taunt, scoff

szyfon chiffon

szyfr code

szyj|a neck; **na łeb na ~ę** headlong; **po ~ę w czymś** up to your neck in sth

szyjka: (*np. butelki*) neck

szyjkowy cervical

szyjny cervical

szyk style, elegance; **dodawać ~u** smarten, smarten (yourself/sb/sth) up; **psuć ~i** thwart

szykanować persecute, discriminate, harass

szykanowanie persecution, discrimination

szykować line sth up; **co te dzieci nam szykują** what are the children up to?

szykownie smartly

szykowny stylish, smart[1], chic, plush

szyld sign[1]

szyling shilling

szympans chimpanzee

szyna: (*kolejowa*) rail; **~** (*chirurgiczna*) splint

szynk tavern

szynka ham, gammon

szyszka cone; **~ jodły** fir cone

Ś

ścian|a wall; **zza ~y** next door; (*o dywanie itp.*) **od ~y do ~y** wall-to-wall; **~a skalna** cliff

ścianka partition, facet

ściąć (się) → ŚCINAĆ (SIĘ)

ściągać/ściągnąć copy[2]; (*od kogoś*) crib[2]; (*np. podatek*) levy; **~ najlepszych ludzi/co najlepsze** cream sb/sth off

ściągnięty: (*o twarzy*) pinched

ścieg stitch; **zwykły ~** plain[3]; **~ na wywrót** purl

ściek drain[1], gutter, sewer; **~i** sewage; (*np. chemiczny*) effluent

ściemniać/ściemnić (się) darken

ścienn|y: **malowidło ~e** mural

ścierać/zetrzeć wipe, rub, grate[2]; (*zwł. szczotką*), **~ kurze** (*z czegoś*) dust[2]; (*np. ślady*) obliterate; (*np. gumką*) rub sth out □ **ścierać/zetrzeć się** wear down; (*np. w dyskusji*) clash

ściereczka wipe; **~ do twarzy** facecloth

ścierka: **~ do kurzu** duster; **~ do naczyń** tea towel, cloth

ściernisko stubble

ścierny: **papier ~** sandpaper, abrasive

ścierń stubble

ścierpieć tolerate, stomach, stick[2]

ścierpnąć: (*np. ze strachu*) give sb the creeps

ścierpnięty numb, dead

ścieśniać/ścieśnić constrict, narrow □ **ścieśniać/ścieśnić się** narrow, bunch

ścieśniony confined

ścieżka path, footpath, avenue; **~ dźwiękowa** soundtrack

ścięcie chop[2]

ścięgno tendon

ścięty: (*o białku itp.*) stiff

ścigać chase[1], pursue, be after sb/sth, hunt[1], follow; (*sądownie*) prosecute □ **ścigać się** race[2]

ścigający pursuer

ścinać/ściąć: (*np. drzewo*) cut sth down, chop sth down; **~ głowę** decapitate; **~ na gilotynie** guillotine; (*o krwi itp.*) congeal; **~ krew w żyłach** curdle □ **ścinać/ściąć się** set[2], congeal, clot

ścinek snippet

ścisk squeeze, squash[2], crush[2]

ściskać/ścisnąć squeeze, grip, clasp[2], press[2], squash[1], clamp, compress □ **ściskać/ścisnąć się** squash[1]

ścisłość precision

ścisł|y exact[1], precise, specific; strict; **nauki ~e** sciences; (*o rozkazie*) strict; (*o przepisie, prawie itp.*) stringent

ściśle strictly, precisely; **~ mówiąc** to be exact[1], strictly, strictly speaking, technically; **~ tajne** top secret; **~ kontrolowany** tight

ściśnięcie tightness

ściśnięt|y: **mieć ~e gardło** have/feel a lump in your throat[1]

ślad trace[1], mark[1], sign[1], track, imprint, print[1]; scar, lead[2]; (*wlokący się za czymś*) trail; **~ palca** fingermark; **~ stopy** footprint, footstep; (*np. zepsucia*) taint; **~ wodny statku** wash[2]; **iść ~em** trace[2]; **zostawiać ~** (*np. kopnięcia, szurania nogami*) scuff; **iść w czyjeś ~y** follow in sb's footsteps; **tracić ~** lose track of sb/sth; **~em kogoś/czegoś** in the wake of sb/sth

ślamazarny slow[1]

śledzić follow, track, track sb/sth down, shadow, stalk[2], trace[2], get hold of sb/sth; **~ krok po kroku** tail, dog[2]; **~ z zainteresowaniem** (*np. rozgrywki*) follow; (*np. czyjeś losy, rozwój wypadków*) keep track of sb/sth

śledztwo inquiry, investigation; **prowadzić ~** investigate

śledź herring; (*do namiotu*) peg[1]

ślepo: **na ~** wild, at random, blindly; **iść na ~** grope (your way) across, along, past, etc. (sth)

ślepota blindness

ślep|y blind[1]; **~a uliczka** cul-de-sac, a dead end; **~y zaułek** corner[1]

ślęczeć: (*nad czymś*) slog, plod, pore over sth

ślęczenie slog

ślicznotka beauty

śliczny lovely, cute

ślimak snail; **~ nagi** slug

ślina saliva, spit

śliniak bib

ślinić się dribble, drool, water[2]

ślinka: **powodujący, że ~ komuś cieknie** mouth-watering; **napływa komuś ~ do ust** make sb's mouth water[2]

śliski slippery

śliwka plum; **suszona ~** prune[1]

ślizgacz speedboat

ślizgać się slide[1], glide, slither; (*np. po wodzie*) skim

ślub wedding, marriage; **brać ~, udzielać ~u** marry

ślubny bridal; (*o żonie/mężu*) lawful; (*o dziecku*) legitimate
ślubować pledge, vow
ślubowanie: (*np. małżeńskie, zakonne*) vow
ślusarz locksmith
śluz mucus, slime
śluza lock[1]
śluzowaty slimy
śmiać się laugh; **dobrze się uśmiać** have a good laugh; (*z kogoś/czegoś*) laugh at sb/sth; ~ **do rozpuku** laugh your head off
śmiałek daredevil
śmiało boldly, sturdily; ~ **coś zrobić** not hesitate to do sth
śmiałoś|ć courage, boldness, pluck, guts; **nabierać ~ci** pluck up courage
śmiały daring, bold, adventurous, plucky
śmiech laughter, laugh; **zduszony** ~ chuckle; **histeryczny** ~ hysterics; **umierać ze ~u** die laughing; **pękać ze ~u** laugh your head off; **zanosić się od ~u** laugh, scream, etc. your head off; **~u wart** laughable; **dla ~u** for a laugh
śmieciarz dustman
śmiecić/zaśmiecić litter
śmieciuch litter lout
śmieć: (*czas.*) dare[1]; **jak śmiesz** how dare you; (*rzecz.*) rubbish, litter, refuse[2]; **śmieci papierowe** waste paper; **pojemnik na ~ci** bin
śmiercionośny murderous
śmier|ć death, demise; ~ **głodowa** starvation; **w stanie ~ci mózgowej** brain-dead; (*kwestia*) **życia i ~ci** life-and-death; **na ~ć** (*np. obrazić się*) mortally; **zanudzony na ~ć** sick to death of sb/sth; **raz kozie ~ć!** here goes
śmierdzący smelly
śmierdzieć smell[2], stink, pong, reek; (*np. korupcją*) stink
śmiertelnie deadly, mortally, fatally, lethally, incurably, terminally; (*np. znudzony, przemarznięty, wystraszony*) stiff
śmiertelni-k/czka mortal
śmiertelność mortality
śmiertelny deadly, deathly, mortal, fatal, lethal; (*o chorobie*) incurable, terminal
śmiesznie funnily, comically, humorously, ridiculously, ludicrously; (*np. mały*) derisory
śmieszn|y funny, comic, comical, humorous, amusing, laughable, ridiculous, ludicrous, preposterous; **bardzo ~y** hysterical; **nie bądź ~y** don't be absurd; **~a osoba, coś ~ego** scream
śmietan(k)a cream[1]; **kwaśna śmietana** sour cream; **śmietanka towarzyska** cream[1]
śmietankowy creamy
śmietanowy creamy
śmietniczka dustpan
śmietnik: (*duży*) dustbin; (**jak**) ~ mess[1]; (*brudne miejsce*) tip[2]
śmietnisko tip[2], scrap heap; (*brudne miejsce*) tip[2]

śmiga: (*wiatraka*) sail
śmigać/śmignąć flick
śmigło propeller
śniadanie breakfast
śnić: ~ **na jawie** daydream □ **śnić się** dream[2]
śnieg snow[1]; **zasypany ~iem** snowed in
śniegowy snowy
śnieżny snowy
śnieżyca snowfall, flurry
śnieżyczka snowdrop
śnieżyć snow[2]
śpiący sleepy, dozy, drowsy; ~ **jak zabity** comatose
śpiączk|a coma; **w stanie ~i** comatose
śpieszyć się hurry, be in a hurry, hurry up, rush[1], get a move; **strasznie się śpieszę** I'm in a terrible rush; **nie** ~ not be in any hurry, take your time; (*o zegarze*) gain[2], be fast[1]
śpiew song, singing; (*ptaków*) song, call[1]
śpiewać sing; ~ **mormorando** hum
śpiewa-k/czka singer
śpiwór sleeping bag
średni average, mean[3], mid, moderate, mediocre; (*o rozmiarze itp.*) medium[2]; ~ **wiek** middle age; **w ~m wieku** middle-aged; **szkoła ~a** secondary school, high school; **fale ~e** medium wave
średnia average
średnica diameter
średnik semicolon
średnio moderately; ~ **zaawansowany** intermediate; **osiągać** ~ average; **wynosić** ~ average out (at sth), average
średniofalowy medium wave
Średniowiecze the Middle Ages
średniowieczny medieval
środa Wednesday
środ|ek middle, centre, heart, interior; **~ek owocu** core; **~ek lata** midsummer; **~ek zimy** midwinter; **w ~ku** inside[2], within, midst, between; **do ~ka** inside[2], inward; (*sposób*) mode; **~ki** measure[2], means[1], funds, resource; **asygnowane ~ki finansowe** allowance; (*np. komunikacji*) medium[1]; **~ki przekazu** mass media; **~ek transportu** transport[2]; **~ek lokomocji** vehicle; **~ek zaradczy** remedy; **~ek pobudzający** stimulant; **~ek znieczulający** anaesthetic; **~ek tonizujący** (*np. wzmacniający/ożywiający*) tonic; **~ek uspokajający/nasenny** tranquillizer, sedative; **~ek przeciwbólowy** painkiller
środkowy middle, mid, central, intermediate; **Ś~ Wschód** the Middle East; **Ś~ Zachód** (*część USA*) the Midwest
środowisk|o environment, surroundings, community; **~o naturalne** environment, habitat, the wild; **ochrona ~a** conservation; **przyjazny ~u** eco-friendly; **zwolenni-k/czka ochrony ~a** conservationist, environmentalist; (*ważny, szkodliwy itp.*) **dla ~a** environmentally
środowiskowo environmentally
środowiskowy environmental
śródlądowy inland
śródmieści|e centre; **w ~u** central
śródziemnomorski Mediterranean
śruba screw; (*okrętowa*) propeller
śrubokręt screwdriver
śrutówka shotgun
świadczenie benefit
świadczyć/zaświadczyć testify, bear witness (to sth), be a testament to sth
świadectw|o testament, testimony, evidence, certificate, credentials; **~o urodzenia** birth certificate; **~o pracy** reference; **być ~em** (*czegoś*) bear witness (to sth)
świad|ek witness; **przypadkowy ~ek** bystander, onlooker; **być ~kiem (czegoś)** witness
świadomie consciously, knowingly
świadomoś|ć consciousness; **~ć czegoś** awareness; **z pełną ~cią** with your eyes open
świadomy conscious, aware; (*o ruchach ciała*) voluntary
świat world, universe; ~ **przestępczy** underworld; **trzeci** ~ the Third World; ~ **zewnętrzny** the outside world; **na całym świecie** worldwide; **spojrzenie na** ~ outlook; **nie widzieć ~a poza kimś** dote, think the world of sb; **kiedy cię jeszcze nie było na świecie** before your time
światło light[1]; ~ **dzienne** daylight; ~ **słoneczne** sunlight, sunshine; ~ **księżyca** moonlight; ~ **gwiazd** starlight; ~ **odblaskowe** reflector; ~ **świec** candlelight; ~ **reflektorów** floodlight; ~ **ostrzegawcze** beacon; ~ **sygnalizacyjne** (*na skrzyżowaniu*) traffic light; ~ **stopu** brake light; **w świetle** in the light of; **w dobrym/złym świetle** in a good, bad, etc. light; **rzucać ~ na coś** shed light on sth, cast light on sth; **wychodzić na ~ dzienne** come to light; **wyciągać coś na ~ dzienne** bring sth to light[1]; **wydobywać na ~ dzienne** unearth
światły cultured; (*o człowieku, umyśle*) enlightened
światow|y world, global, worldwide; **~ej sławy** world-famous; (*o osobie*) worldly, sophisticated
świąteczny festive
świątynia temple[1]
świdrować bore[2]
świdrujący piercing
świeca candle; ~ **zapłonowa** spark plug
świecący (się) luminous, shiny; ~ **jasno** flaming
świecić (się) shine, burn, flash[2]; (*oślepiającym blaskiem*) glare
świecki secular, lay[2]

świeczka candle
świecznik candlestick
świergotać/zaświergotać twitter, warble
świerk spruce
świerszcz cricket²
świerzbić tingle
świetlany bright
świetlica common room
świetlik porthole
świetln|y: **~e ozdoby** illumination; **rok ~y** lightyear
świetnie excellently, magnificently, famously; ~! excellent, nice one
świetność excellence, splendour, magnificence
świetny fine¹, great, excellent, brilliant, fantastic, magnificent, splendid; (*pot.*) terrific, crack¹
świeżo freshly, newly; ~ **przybyły** fresh
świeżość freshness
świeży: (*o jedzeniu, kwiatach*) fresh; (*o sałacie; powietrzu*) crisp¹; (*niedawny*) recent; **na ~m powietrzu** in the open air, out of doors; **~e powietrze** a breath of fresh air
święcić: (*relig.*) consecrate
święto festival; (*dzień wolny od pracy*) holiday
świętokradztwo sacrilege
świętosz-ek/ka prude, goody-goody
świętość holiness
świętować celebrate
świętowanie festivity
święt|y holy, sacred, blessed; (*rzecz.*) **~y/a** saint; **~y/a patron/ka** patron saint; **Ś~y Mikołaj** Father Christmas, Santa Claus; **Dzień Ś~ego Szczepana** (*drugi dzień Świąt Bożego Narodzenia*) Boxing Day; **~ej pamięci** late; **~a prawda** gospel
świni|a pig; (*o osobie*) pig; **~a/e** swine
świnka: ~ **morska** guinea pig; (*choroba*) mumps
świrnięty bonkers
świsnąć go off with sth, pinch
świstek slip²
świt dawn¹, sunrise, daybreak, break of day; **blady** ~ the crack of dawn
świt|a: **członek ~y** attendant
świtać/zaświtać dawn², break¹; ~ **komuś w głowie** dawn² (on sb)

T

t: **litera** ~ T, t
ta this, that
tabaka snuff
tabela table, scale¹
tabletka tablet, pill, lozenge; ~ **nasenna** sleeping pill
tablica board¹, plate; ~ **szkolna** blackboard; ~ **ogłoszeń** notice-board; ~ **przyjazdów** arrivals board; ~ **wyników** scoreboard; **duża ~ reklamowa** hoarding; ~ **rejestracyjna** number plate; ~ **rozdzielcza** instrument panel; ~ **rozdzielcza** (*w samochodzie*) dashboard
tabliczka bar¹
taboret stool
tabu taboo
taca tray
taczka wheelbarrow
tafla plate; (*np. jeziora*) surface; (*lodu*) sheet
taić/zataić suppress
tajać thaw
tajemnic|a secret, secrecy, mystery; **w ~y** secretly, secretively, in secret, surreptitiously, on the quiet; **w (wielkiej/największej) ~y** in strict confidence; **ujawniać ~ę** leak sth (to sb); **zdradzać ~ę** give the game away; **trzymać w ~y** keep sth quiet, keep it/sth dark (from sb); **być publiczną ~ą** be common/public knowledge
tajemniczo mysteriously, cryptically
tajemniczość mystery, secretiveness
tajemniczy secretive, mysterious, cagey, shadowy, uncanny
tajemny: (*o motywie itp.*) ulterior, occult
tajenie suppression
tajfun typhoon
tajniak tail
tajnie covertly
tajnik: **~i** the ins and outs (of sth)
tajn|y secret, covert, confidential, classified; (*pot.*) hush-hush; (*np. agent*) undercover; **~y agent** secret agent; **~a policja** secret police; **ściśle ~y** top secret; **~e służby** secret service; **~e głosowanie** ballot
tak yes; (*pot.*) yeah; ~ **jest** yes, that is so, that/this is it, very well, OK, so¹, thus; ~ **jak** as, like²; **~...jak...** as...as...; (**aż**) ~ this, that⁴; ~, **żeby** so as to do sth; ~ **samo** the same, likewise, alike, identically, along/on the same, etc. lines; ~ **sobie** so-so, not much good²; **nie** ~ amiss; ~, **czy nie?** true or false; ~ **więc** so²
taki such; ~, **jak** such as, like²; **sam** same¹, identical, alike; **jako** ~ as such, so-so; ~ **lub inny** some; ~ **a** ~, ~ **owaki** so-and-so; **coś ~ego!** good gracious!
takielunek rigging
taksów|ka taxi¹, cab; **postój ~ek** taxi rank
takt tact, diplomacy; **brak ~u** insensitivity; (*w muzyce*) beat², bar¹; **iść w** ~ be in/out of step (with sb/sth)
taktownie tactfully
taktowny tactful
taktowy: **oznaczenie taktowe** time signature
taktycznie tactically
taktyczny tactical
taktyka tactic, tack
także also, too, as well (as sb/sth); (*w zdaniach przeczących*) either; **nie tylko..., ale** ~ not only... (but) also
talent talent, gift, genius, bent³
talerz plate; **pełny** ~ (*czegoś*) plateful; ~ **obrotowy** turntable; **~e perkusyjne** cymbals; **latający** ~ UFO
tali|a waist, middle; **rozmiar w ~i** waistline; **~a kart** pack¹
talizman charm¹
talk: ~ **kosmetyczny** talcum powder
talon coupon
tam there¹, over there; **tu i** ~ around¹, about¹; ~ **i z powrotem** up and down, to and fro, back and forth, backwards, backward(s) and forward(s)
tam|a dam, dyke, weir; **zbudować ~ę** dam
tamburyn tambourine
tamować/zatamować stem², plug, obstruct, interfere; dam
tamowanie obstruction
tampon wad, pad¹; (*np. higieniczny*) tampon
tamten: (*wskazując na coś*) that¹
tamujący obstructive
tance-rz/rka dancer
tandeta dud
tandetnie shoddily
tandetny cheap, crummy, shoddy, tacky
tani cheap, inexpensive; (*o towarach itp.*) downmarket; ~ **jak barszcz** dirt cheap
ta|niec dance¹, dancing; **tradycyjny ~niec towarzyski** ballroom dancing; **~ńce** dance¹, dancing
tanio cheap, cheaply
tankowiec tanker
tantiema royalty
tańczenie dancing
tańczyć dance²
tapczan divan
tapeta wallpaper
tapetować/wytapetować wallpaper; **malować i/lub** ~ decorate
tapetowanie: **malowanie i/lub** ~ decoration
tapicerka upholstery
tapicerowany upholstered
taplać dabble
taranować/staranować ram²
tarapaty trouble, scrape², straits; **wpadać w** ~ get into trouble; **być w tarapatach** be in dire straits; **wyjść z ~ów** get off the hook; **wyciągać kogoś z ~ów** get/let sb off the hook
taras terrace
tarasować/zatarasować obstruct
tarasowanie obstruction
tarasowaty terraced
tarasowy terraced
tarcie friction
tarcz|a disc; shield; (*np. zegara, telefonu, przyrządu do mierzenia*) dial²; (*strzelnicza*) target; **środek ~y** (*np. strzelniczej*) bull's-eye

targ market[1]; **~i** fair[3]; **dobijać ~u** strike a bargain (with sb)
targać/potargać tousle; **~ na strzępy** shred
targować się bargain, haggle
targowanie się bargaining
targowy: **plac ~** market place
tarka grater
taryfa tariff
tarzać się: (*np. ze śmiechu*) roll[2]
tasak chopper
tasiemka tape
tasować/potasować: (*karty*) shuffle
tasowanie: (*kart*) shuffle
taszczyć cart, lug
taśma band; (*np. klejąca, izolująca*) tape; (*przezroczysta*) **~ klejąca** Sellotape™; (*do maszyny*) ribbon; (*na bieżni*) tape; **~ miernicza** tape measure; **~ magnetofonowa/magnetowidowa/magnetyczna** tape; **~ wideo** videotape; **~-matka** master[1]; (*w maszynie*) belt; **~ montażowa** assembly line; **~ do bagaży** (*na lotnisku*) carousel
taśmowy: **transporter ~** conveyor belt
tato dad
tatuaż tattoo
tatuować/wytatuować tattoo
tatuś daddy, pop[4]
tawerna tavern
tchawica windpipe
tchórz coward
tchórzliwy cowardly
tchórzostwo cowardice
tchórzyć/stchórzyć chicken out (of sth), chicken
teatr theatre, playhouse; **~ rozrywki** variety theatre
teatralny theatre, theatrical
technicznie technically
techniczny technical, technological; **szczegół ~** technicality; (*o przedmiotach*) non-academic
technik technician, engineer[1]
technika technology, technique, engineering
technolog technologist
technologia technology
technologiczny technological
teczka holder; (*np. na papiery*) folder, file[1]; (*szkolna*) satchel; (*aktówka*) briefcase
teflonowy non-stick
tekst text, script; (*piosenki*) lyrics
tekstylny textile
tektura cardboard
tekturowy cardboard
telefon telephone, phone; **~ komórkowy** cellular phone; **~ komórkowy w samochodzie** car phone; **~ wewnętrzny** intercom; (*rozmowa*) call[1]
telefoniczny telephone
telefonist-a/ka operator, telephonist
telefonować/zatelefonować telephone, phone, ring[2]; **zatelefonować** give sb a ring[2]
telegazeta teletext
telegraf telegraph
telegram telegram
telekomunikacja telecommunications
teleks telex
telemaniak couch potato
telepać jiggle □ **telepać się** jolt, jerk
telepatia telepathy
teleskop telescope
teleturniej game show
telewidz viewer
telewizj|a television; (*pot.*) box[1]; **~a kablowa** cable television; **~a satelitarna** satellite television; **~a przemysłowa** closed-circuit television; **w ~i** on television; **nadawać w ~i** televise
telewizor television; (*pot.*) box[1]
temat topic, subject[1], theme; (*np. sztuki, filmu*) subject matter; **~ dnia** lead story; **zmieniać ~** change the subject; **odchodzić od ~u** digress; **poruszać delikatny ~** broach a subject; **na ~** over, to the point; **nie na ~** beside the point; **oderwany od ~u** irrelevant; **oderwanie od ~u** irrelevance; (*wyrazu*) stem[1]
tematyka theme
temblak sling[1]
temperament temperament
temperatur|a temperature; **~a topnienia** melting point; **~a wrzenia** boiling point; **~a krzepnięcia** freezing point; **wysoka ~a** fever; **mierzyć ~ę** take sb's temperature
temperówka sharpener, pencil sharpener
temp|o tempo, pace[1], rate[1], going[1]; **zwolnione ~o** (*np. w filmie, TV*) slow motion; **nadawać ~o** set the pace; **łapać ~o** (*np. pracy*) get into your stride; **nabierać ~a** hot up
temu: (*w okolicznikach czasu*) ago, back[3]
ten this, that[1]; **(to) ~** the one[3]; **~ a ~** so-and-so
tendencj|a tendency, trend, drift; **mieć ~ę** tend[1]; **mający ~ę** (*np. do zapominania*) apt
tenis tennis; **~ stołowy** table tennis
tenisówka plimsoll
tenor tenor; **~ altowy** counter-tenor
tenorowy tenor
teologia theology
teologiczny theological
teoretycznie theoretically, in theory, in the abstract
teoretyczny theoretical, abstract[1]; (*czysto*) **~** academic
teoria theory, a school of thought
terakota terracotta
terapeut-a/ka therapist
terapeutyczny therapeutic
terapi|a therapy; **oddział intensywnej ~i** intensive care[2]
terasa terrace
teraz now, at present[1], presently; (*w obecnych czasach*) today; **~, gdy** now; **właśnie ~** just now
teraźniejszość present[1]
teraźniejszy present[1]
teren terrain, ground[1], land[1], area, country, site, precinct; **~ z tyłu domu** backyard; **górzysty ~** upland; **~ zabudowany** development; (*uczelni*) campus; **w ~ie** away; (*wiedzy, odpowiedzialności*) territory
terenowo geographically
termiczny thermal
termin term; **obraźliwy ~** a dirty word; (*data*) date[1]; (*określony*) time limit; **ostateczny ~** deadline; **~ przydatności do spożycia** expiry date; **ostateczny ~ upływa** cut-off; (*do kiedy towar może być wystawiony do sprzedaży*) sell-by date; (*nauka rzemiosła*) apprenticeship; **w krótkim ~ie** at short notice
terminal terminal[2]
terminarz diary, planner
terminator/ka apprentice
terminologia terminology
termofor hot-water bottle
termometr thermometer
termos Thermos; **~ bufetowy** urn
termostat thermostat
terpentyna turpentine
terror terror
terroryst-a/ka terrorist, bomber
terrorystyczny terrorist
terroryzm terrorism
terroryzować/sterroryzować terrorize
terytorialny territorial
terytorium territory
test test[1]
testament will[3]; **Stary T~** the Old Testament
testować/przetestować experiment; (*kogoś*) test[2]
teściowa mother-in-law
teściowie in-laws
teść father-in-law
teza thesis
tezaurus thesaurus
też also, too, as well (as sb/sth), so[1]; (*w zdaniach przeczących*) either; **i ja ~** same here; **~ nie** nor, neither
tęcza rainbow
tęczówka iris
tęg|i stout, burly; **~a głowa** brain
tępak clot, dope
tępić/wytępić: (*np. gryzonie*) exterminate, eradicate; **wytępić** kill sth off
tępienie: (*np. gryzoni*) extermination
tępo dully
tępota dullness
tępy blunt; (*o osobie*) dim, slow[1], dull, dense, thick
tęsknić/zatęsknić: (*za kimś/czymś*) yearn, miss[1], long[4] for sth
tęsknie longingly
tęsknot|a longing, yearning, nostalgia; **~a za domem/ojczyzną** homesickness; **pełen ~y** wistful; **z ~ą** wistfully; **usychać z ~y** pine[2]
tęskny wistful
tętniący: (*o mieście*) **~ życiem** vibrant
tętnica artery

tętnić throb, pulsate; (*dzwonić*) ring[2]
tężec tetanus
tężeć/stężeć solidify
tężyzna brawn
tik tic
tkać/utkać weave
tkanina textile, fabric, cloth, material[1], fibre
tkanka tissue
tkwić stick[2]; ~ **gdzieś bez celu** loiter, linger; (*w czymś*) lie (in sth)
tlen oxygen
tlenek: ~ **węgla** carbon monoxide
tlić się smoulder
tło background, setting
tłoczyć press[2], squash[1] □ **tłoczyć się** squash[1], crowd[2], press across, against, around, etc. (sth), crush (sb/sth) into, past, through, etc. sth; (*wokół kogoś*) mob
tłok throng, crush[2], squash[2], squeeze, rush[2]; (*w maszynie*) piston
tłuc/potłuc smash, break[1], pound[2], hammer[2], mash, jar[2]; (*kogoś*) clobber □ **tłuc/potłuc się** smash, break[1], jar[2]
tłum crowd[1], mob, flock, horde
tłumacz/ka translator; (*przekładając-y/a na żywo*) interpreter
tłumaczenie translation, interpretation
tłumaczyć: (*z jednego języka na drugi*) translate; ~ **na żywo** interpret; (*wyjaśniać*) explain, account for sth; ~ **czymś** (*np. sukces*) credit[2]; ~ **w zawiły sposób** lose sb; **wytłumaczyć** explain sth away □ **tłumaczyć/wytłumaczyć się** excuse[2] yourself, explain yourself
tłumiący: (*o namiętności itp.*) repressed
tłumić/stłumić suppress, stifle, muffle, deaden, damp[2], dampen; (*np. uczucie, ziewnięcie*) smother, repress; ~ **w sobie** bottle sth up; (*np. inicjatywę*) strangle; (*np. płomień*) smother; (*np. protest*) repress, crush[1], put sth down, keep sth down, quell, quash; **zdusić coś złego w zarodku** nip sth in the bud
tłumienie suppression
tłumik silencer
tłumiony: (*o emocjach itp.*) repressed, pent up
tłumnie: **schodzić się** ~ flock
tłumok pack[1]
tłusty fatty, greasy, rich; (*o druku*) bold
tłuszcz grease, fat[2]; **bez ~u** lean[1]
tłuszcza horde
tłuściutki plump[1]
to this, that, it[1,2]; (*w zdaniu uzupełniającym*) which; ~ **jest** it's, that is (to say); **tj.** i.e., viz; (~ **jest właśnie**) ~ the real thing; ~ **jest** ~ it's just the thing; ~ **i owo** this, that and the other; **z tym, że** provided
toaleta toilet, bathroom; ~ **publiczna** rest room, public convenience; ~ **męska** Gents; ~ **damska** Ladies
toaletka dresser, dressing table
toaletow|y: **papier ~y** toilet paper; **przybory ~e** toiletries
toast toast[2]; **wznosić ~** toast[2], drink to sb/sth
tobół pack[1]
toczenie (się) roll
toczyć wheel, roll[2]; (*np. wojnę*) wage[2] □ **toczyć się** roll[2], trundle; (*o wojnie itp.*) run[1], proceed
toffi toffee
toga gown, robe
tok process; **w ~u** under way, in progress, afoot, pending; **normalny ~ postępowania** a matter of course
tokarka lathe
tokować crow[2]
toksyczny toxic, poisonous
tolerancja tolerance
tolerancyjny tolerant, broad-minded
tolerować tolerate, stomach, connive at sth
tom volume
ton tone[1]; (*nuta*) note[1]; **nadawać ~** call the shots/tune[2]
tona: (*metryczna*) tonne; (= *2200 funtów ang.*) ton
tonacja key[1]; ~ **kolorystyczna** colour scheme
tonąć/utonąć sink[1], go down, go under; (*o osobie*) drown
tonik: (*napój*) tonic water
tonizujący: **środek** ~ (*np. wzmacniający/ożywiający*) tonic
tonować/stonować: (*np. oświadczenie, raport*) water sth down, tone sth down
topić drown; (*np. lód*) melt □ **topić się** drown; (*o lodzie itp.*) thaw, melt
toples(s) topless
topnieć/stopnieć melt, thaw
topnieni|e: **temperatura ~a** melting point
topola poplar
toporek hatchet
toporny crude
tor path; (*kolejowy, tramwajowy*) track, line[1], rail; **boczny ~** siding; (*na bieżni*) lane; ~ **wyścigowy** track, course; ~ **wyścigów konnych** racecourse; **kierować uwagę/sprawę na boczny ~** sidetrack
torba bag[1], grip; ~ **na ramię** shoulder bag; **~-reklamówka** carrier bag[1]; **~/walizka kabinowa** carry-on; ~ **podróżna** holdall; (*np. kangura*) pouch
torbiel cyst
toreador bullfighter
torebka bag[1], packet; ~ **damska** handbag; ~ **herbaty** tea bag
torf peat
tornado tornado
tornister satchel
torować/utorować: ~ **drogę** pioneer; ~ **sobie drogę** nose[2] about/around
torpeda torpedo
tors trunk, torso
tort gâteau
tortur|a: **~y** torture
torturować torture
tost toast[1]; **robić ~y** toast[1]
toster toaster
totalnie totally
totalny total, all out, out-and-out
tournée tour
towar merchandise, commodity, stock; **~y** goods, ware, freight; **importowany** ~ import[2]; **chodliwy** ~ seller; **~y żelazne** hardware; **spis ~ów** inventory; **dostarczać** ~ (*wypełnić zobowiązanie*) come up with/deliver the goods
towarowy freight
towarzysk|i social, sociable, outgoing, gregarious, genial; **na stopie ~iej** socially; **kronika ~a** (*w piśmie*) gossip column; **mecz ~i** friendly
towarzysko socially
towarzystw|o: (*np. naukowe*) society; (*ludzi*) company, companionship, fellowship; **bez ~a** unaccompanied; **dotrzymywać ~a** keep sb company
towarzysz/ka: (*np. broni*) comrade, companion; ~ **życia** partner, common-law husband/wife
towarzyszący attendant
towarzyszyć accompany, escort, dog[2]; (*czemuś*) go with sth
towotnica grease gun
tożsamość identity
tożsamy: (*z czymś*) synonymous
tracić/stracić lose, shed[2], forfeit, waste[1]; (*na czymś*) miss out (on sth), lose out (on sth/to sb); ~ **kolejkę** miss a turn; ~ **wzrok** go[1] blind; ~ **z pola widzenia** lose sight of sb/sth; ~ **na wadze** lose weight; ~ **kontakt** lose touch (with sb/sth); ~ **równowagę** overbalance; ~ **nadzieję** despair; ~ **(specjalną) umiejętność** lose your touch; ~ **głowę** lose your head, get flustered; **nie ~ głowy** keep your head; ~ **serce** lose heart; ~ **twarz** lose face; ~ **panowanie nad sobą** go to pieces; ~ **siły** flag[2]; ~ **na gwałtowności/sile** moderate[2]; ~ **na wartości** depreciate; ~ **na skuteczności** wear thin; ~ **życie** lose your life; ~ **ważność** lapse; **nic nie tracić** (*na czymś*) be none the worse (for sth); (**mieć**) **do stracenia** to spare; **stracić** (*kogoś*) execute
tradycja tradition
tradycyjnie traditionally, conventionally
tradycyjny traditional, conventional
traf luck, chance[1]; **szczęśliwy ~** fluke
trafiać/trafić: ~ **(na coś)** hit[1]; (*np. piłką*) ~ **w siatkę** net[1]; **trafić (gdzieś)** find (your way), land up (in...); **nie ~** miss[1]; ~ **w (samo) sedno rzeczy** hit the nail on the head
trafnie aptly, shrewdly
trafność relevance
trafny apt, pertinent, to the point,

shrewd; (*o argumencie itp.*) valid; (*o rozwiązaniu itp.*) neat
tragarz porter
tragedia tragedy
tragicznie tragically
tragiczny tragic
trajkotać chatter
trajkotanie chatter
trak|t: **w ~cie czegoś/robienia czegoś** in the process (of sth/of doing sth); **być w ~cie czegoś/ robienia czegoś** be in the middle of sth/doing sth, in the course of sth, in the course of sth, in the act (of doing sth)
traktat treaty
traktor tractor
traktować/potraktować treat, deal with sth, regard[1], look on sb/ sth as sth; **źle ~** maltreat, ill-treat; **~ poważnie** take sb/sth seriously; **~ (*kogoś*) protekcjonalnie** patronize; **nie ~ kogoś/czegoś poważnie** mess with sb/sth
traktowanie treatment, deal; **złe ~** maltreatment, ill-treatment
trampolina springboard, diving board
tramwaj tram
trans trance
transakcj|a transaction, deal[1]; **ogół ~i** sale
transatlantycki transatlantic
transatlantyk liner[1]
transfer transfer[2]
transferować transfer[1]
transfuzja: **~ krwi** blood transfusion
transmisja transmission
transmitować transmit, broadcast, beam
transparent banner
transplantacja transplant
transplantować transplant
transport transport[2], haulage, carriage; **~ wodny** shipping
transporter: (*o samolocie*) freighter; **~ taśmowy** conveyor belt
transportować/ przetransportować transport[1]
transportowiec carrier
tranwestyt-a/ka transvestite
tranzystor transistor
tranzyt transit
trap gangway
trapez trapeze
trapiący worrying
trapić plague, torment, torture □ **trapić się** worry, agonize
trasa route, way[1], road; **~ space-rowa** walk[2]
tratować trample
tratwa raft
trauma trauma
traumatyczny traumatic
trawa grass
trawiasty grassy
trawiący consuming
trawić/strawić: (*np. pokarm*) digest; (*o ogniu*) consume; (*kolory*) fade; (*kogoś*) prey on sb's mind
trawienie digestion
trawienny digestive
trawiony: **być ~m (*np. silnym* *pragnieniem*)** be consumed (with sth)
trawka: (*narkotyk*) dope
trawnik lawn
trawożerny herbivorous; **zwierzę roślinożerne** herbivore
trąba horn; (*słonia*) trunk; **~ powietrzna** whirlwind
trąbić/zatrąbić: **~ klaksonem** honk, hoot, blow[1] your horn, beep, peep, toot
trąbienie: **~ klaksonu** hoot, toot
trąbka trumpet
trącać/trącić jog; **~ łokciem** nudge; (*zwl. o zwierzęciu*) **~ nosem** nuzzle; (*o zwierzęciu*) **~ łapą** paw
trącenie jog
trąd leprosy
trądzik acne
trefl club[3]
trel: **wywodzić ~e** warble
trema nervousness, jitters; **mieć ~ę** to have butterflies (in your stomach)
trend trend
trener/ka trainer
trening training, workout
trenować train[2], coach[2]
treser/ka trainer
tresować/wytresować train[2]
treściwie meaningfully, succinctly
treściwy meaningful, succinct, concise, pithy; (*o produktach mięsnych*) meaty
treś|ć content[2], (subject) matter, substance; (*znaczenie*) meaning; **ogólna ~ć** gist; **o podobnej ~ci** to this/that effect
trędowat-y/a leper
trik trick, stunt[1]
trio trio
triumf triumph; **pełen ~u** jubilant
triumfalnie triumphantly
triumfalny triumphant
triumfować: (*nad kimś*) triumph, prevail
triumfowanie triumph, jubilation
trochę a little, a bit, little[1,3], slightly, sort of, kind of, some, a trifle; **ani ~** no, any, (not) at all; **po ~** little by little[3], bit by bit
trocin|a: **~y** sawdust
trofeum: (*np. sportowe, myśliwskie*) trophy
trojaczek: (*jedno dziecko/zwierzę z trojaczków*) triplet
trojaki triple
trolejbus trolley bus
tron throne
trop trail, track, clue, lead[2]; (*zwierzęcia*) scent; **zbić z ~u** throw[1], stump[2], deflate; **zbity z ~u** baffled, mystified; **na ~ie (*kogoś/czegoś*)** in pursuit (of sb/sth); **być na ~ie** be onto sb/sth; **na dobrym/ złym ~ie** on the right/wrong track
tropić hound, pursue, dog[2], trace[2], track sb/sth down; **~ (*kogoś*) niezmordowanie** be in hot pursuit (of sb)
tropik tropic
tropikalny tropical; **las deszczowy ~** rainforest
troska care[2], regard[2]; **nieustająca ~** preoccupation
troskliwie thoughtfully
troskliwość thoughtfulness
troskliwy thoughtful, friendly, considerate, attentive, caring
troszczyć się: (*o kogoś/coś*) care for sb, concern[1] yourself with sth; cater, think[1] about/ of sb; **~ o siebie** fend for yourself
troszeczkę a trifle
trotuar pavement
trój- three-
trójca: **T~ Święta** trinity
trójkąt triangle
trójkątny triangular
trójkołowiec: (*rower*) tricycle
trójnóg tripod
trójwymiarowy three-dimensional
truchtem: **biec ~** trot
truciciel/ka poisoner
trucizn|a poison; **dodawać (*do czegoś*) ~ę** poison; **zaprawiony ~ą** poisoned
truć/otruć poison
trud difficulty, effort, trouble, toil; **~y** rigour; **z ~em** with difficulty; **zadawać sobie ~** get to a lot of trouble (to do sth), take the trouble to do sth; be at/take (great) pains to do sth, put yourself out; **z ~em dalej coś robić** struggle on
trudno with difficulty; (*np. spodziewać się, uwierzyć, zrobić*) hardly
trudnoś|ć difficulty, hardship, toughness, hitch[2], setback, stumbling block; **z ~cią** with difficulty
trudn|y difficult, hard[1], tough, tricky, stiff, heavy, awkward; **~y do zrozumienia** baffling; **~y do uchwycenia** fiddly; **być zbyt ~ym** defeat; **nic ~ego** a piece of cake
trudzić się toil
trujący toxic, noxious, poisonous
trumna coffin
trunek liquor, drink
trup corpse; **(zmierzający) po ~ach do celu** cut-throat
trupa: (*teatralna*) company
truskawka strawberry
truskawkowy strawberry
trwać last[3], go on, continue, progress, endure, persist, subsist, remain, hold[1]; **~ przy czymś** cling
trwale permanently, persistently, indelibly, fast
trwał|a: (*ondulacja*) permanent wave; **robić ~ą** perm
trwałość permanence, durability, persistence
trwały lasting, permanent, durable, persistent, substantial, stable[1], tough, heavy-duty, hardy, enduring; (*o kolorach*) fast[2]
trwani|e: **czas ~a (czegoś)** duration; **w trakcie ~a** in progress; **powodować dalsze ~e czegoś** perpetuate
trwonić/roztrwonić waste[1], squander, fritter sth away (on sth)
trwożyć/zatrwożyć alarm, perturb

tryb: (*np. życia, postępowania*) mode, course; ~ **życia** lifestyle; (*gram.*) ~ **łączący** subjunctive; ~ **rozkazujący** imperative

trybun|a stand[2], platform; **kryte ~y** grandstand; (*z miejscami stojącymi*) terrace

trybunał tribunal

trycykl tricycle

tryk ram[1]

trylion trillion

trylogia trilogy

trymestr term

tryskać gush, spurt, squirt, spout; (*np. radością*) burst[1], bubble, brim over (with sth), brim; **tryskający** gushing; **tryskający radością/energią** exuberant

tryśnięcie gush

tryumf → TRIUMF

tryumfalnie → TRIUMFALNIE

tryumfalny → TRIUMFALNY

tryumfować → TRIUMFOWAĆ

tryumfowanie → TRIUMFOWANIE

trywializować/strywializować trivialize

trywialność triviality

trywialny trivial; (*ordynarny*) common, vulgar

trzask crash[1], crack[1], snap[2], pop[1], clap; **lekki** ~ click[1]; **zwalać się/przebijać się z ~iem** crash[2]

trzaskać/trzasnąć crack[2], bang[1], whack, rap; **lekko** ~ click[2]; (*np. drzwiami*) slam; ~ **coś czymś płaskim** (*np. muchę łapką*) swat

trzaskająco pop

trzaskanie crackle

trzaśnięcie snap[2]

trząść shake[1], waggle □ **trząść się** shake[1], quiver, tremble, shiver, quake, waggle, jerk, jolt

trzcina reed, cane

trzeba: ~ **coś zrobić** sth needs doing/to be done; ~ **koniecznie** it's imperative (that you do sth)

trzeci third; **(jedna)** ~**a** third; **po ~e** thirdly; **ktoś/osoba ~/a** third party; ~ **świat** the Third World

trzeć grate[2], rub; (*np. pokarm*) mash

trzepaczka: (*np. do piany*) whisk

trzepnięcie cuff

trzepotać: (*skrzydłami*) flap[2], flutter, beat[1]; ~ **z boku na bok** wiggle □ **trzepotać się** flap[2], wriggle

trzepotanie flicker

trzeszczeć crackle

trzeźwieć/wytrzeźwieć sober up, sober

trzeźwo: ~ **myślący** practical, clear-sighted, hard-headed

trzeźwy sober; (*o umyśle*) lucid

trzęsący się shaky

trzęsienie: ~ **ziemi** earthquake

trzmiel bumblebee

trzoda herd

trzonowy: **ząb** ~ molar

trzpień pin[1], pivot

trzpiotka tomboy

trzy three; **trzy-** three-

trzydziesty thirtieth

trzydzieści thirty

trzykrotny triple, treble[1]

trzymać keep[1], hold[1]; **mocno** ~ grasp; ~ **kurczowo** clutch; ~ **w niewoli** hold sb captive; ~ **pod kluczem** lock sth away; **trzymany w klatce** captive; ~ **z dala** keep sb/sth out (of sth), hold/keep sb at bay; (*o ruchu*) **zatrzymany** (*w powietrzu*) poised; ~ **kciuki** keep your fingers crossed; ~ **za słowo** take sb up on sth; ~ **rękę na pulsie** be/keep abreast of sth □ **trzymać się** hold on (to sb/sth), hold onto sb/sth, hang (on) in there[1]; ~ **z dala** keep out (of sth), keep away from sb/sth, stay away (from sb/sth), keep off sth; ~ **z daleka** keep your distance[1]; (*np. lewej strony jezdni*) keep[1]; **(blisko)** ~ (*czegoś*) hug; ~ **niedbale** slouch; (*czegoś*) keep to sth, stick to sth, adhere; ~ **razem** stick together; ~ **za ręce** hold hands (with sb); take care (that…/to do sth)

trzymanie: (*szczególnie w przenośni*) **w ręce/garści** grasp □ **trzymanie się**: (*np. zasad, reguł*) adherence

trzynasty thirteenth

trzynaście thirteen

tu here; ~ **i tam** here and there, about[1], around[1]

tuba megaphone; (*instrument muzyczny*) tuba

tubka tube

tubylczy indigenous, Aboriginal

tubylec native

tuczący fattening

tuczyć/utuczyć fatten

tulić nurse[2] □ **tulić się**: (*do kogoś/czegoś*) nestle

tulipan tulip

tułaczka migration

tułać się wander

tułów body, trunk, torso

tuman cloud[1]

tunel tunnel; **drążyć** ~ tunnel

tunika tunic

tuńczyk tuna

tupać stamp[2]

tupet nerve, self-confidence; **z ~em** self-confident, forward; impertinently

tupot patter

turban turban

turbina propeller

turbulencja: (*podczas lotu samolotem*) turbulence

turbulentny: (*o wodzie, powietrzu*) turbulent

tureck|i Turkish; **(siedzieć) po ~u** cross-legged

turkot rattle[2]

turkotać rattle[1]

turkotanie rattle[2]

turkus turquoise

turkusowy: **(kolor)** ~ turquoise

turnia crag

turniej quiz

turyst-a/ka tourist; (*piesz-y/a*) hiker; ~ **uprawiający wędrówkę z plecakiem** backpacker

turystyczn|y tourist; **wycieczka ~o-krajoznawcza** tour

turystyk|a tourism; **uprawiać ~ę pieszą z plecakiem** backpack

tusz ink; ~ **do rzęs** mascara

tuszować/zatuszować: (*np. sprawę*) hush sth up, gloss over sth

tutaj here

tuzin dozen

tuż immediately

twardnieć/stwardnieć harden, coarsen

twardo firmly

twardość hardness, toughness, firmness

tward|y hard[1], firm[2], tough, rugged stiff; (*o osobie*) hard-headed; (*o jajku*) **ugotowane na ~o** hard-boiled; **~y dysk** hard disk; **~a waluta** hard currency; (*o regułach*) hard and fast; **~a ręka** a firm hand[2]; **~e stanowisko** hard line; **rządzić/władać itp. ~ą ręką** take a hard line (on sth)[1]; **mający ~ą skórę** thick-skinned; **mieć ~ą skórę** have a thick skin

twaróg curd, cottage cheese

twarz face[1]; **być do ~y** suit[2]; **~ą w ~** face to face (with sb/sth), to sb's face; **stawać ~ą w ~ (z kimś)** confront; **zachować** ~ save face; **dla zachowania ~y** face-saving; **tracić** ~ lose face

twarzowy facial

twierdza fortress

twierdząc|y affirmative; **odpowiedź ~a** yes

twierdzenie claim[2], contention, allegation

twierdzić/stwierdzić maintain, claim[1], profess, contend, affirm, allege; ~ **stanowczo** assert; ~ (*coś*) **kategorycznie** protest[2]

tworzenie creation, making, formation

tworzyć/stworzyć create, form[2], found[2], establish; ~ **całość** compose, make sth up, constitute, go together □ **tworzyć/stworzyć się** form[2]

tworzyw|o substance; **sztuczne ~o** plastic; **ze sztucznego ~a** plastic

twój your, yours

twór creation

twórca creator, artist; ~ **piosenek** songwriter

twórczo creatively, constructively

twórczość: ~ **literacka** writing

twórczy creative, formative, constructive

ty you

tycz|ka pole[2], perch; **skok o ~ce** the pole vault

tyczkowaty lanky

tyczyć się: **co się tyczy** as for

tydzień week; **co** ~ weekly; **dwa tygodnie** fortnight; **raz na dwa tygodnie** fortnightly; **połowa tygodnia** midweek; **w połowie tygodnia** midweek; **za** ~ (*np. od dziś, jutra*) today, tomorrow, Monday, etc. week; ~ **przed** (*licząc od wczoraj, zeszłego poniedziałku itp.*) a week yesterday, last Monday,

etc.; ~ **za tygodniem** week in, week out
tyfus typhoid
tygiel melting pot
tygodnik weekly
tygodniowo weekly
tygodniowy weekly
tygrys tiger
tykać tick[1]
tykanie tick
tyle: ~**...co...** as...as...; ~**, ile** as much[1] as; **o** ~ **(że)** inasmuch as; **i** ~ that is that; **i** ~**!** so much for sth/sb
tylko only[2,3], just[2], merely; **gdy** ~ as soon as; **jak** ~ immediately; ~ **(sam)** alone; **nie** ~**...ale także** not only ... but also; **nic** ~ nothing but
tylny back[2], rear[1], hind
tył back[1], rear[1]; **w** ~ backward; **w** ~**, do** ~**u** backwards; ~ **na przód**, ~ **do przodu** back to front; **pozostawać w tyle** drop behind (sb)
tyłek behind[3], rear[1], backside, butt[1]
tymczasem meanwhile, in the meantime, in the interim
tymczasowo temporarily, provisionally, in the interim
tymczasowy temporary, provisional, interim, tentative
tymianek thyme
tynk plaster
tynkować/otynkować plaster
typ type[1], variety, sort[1]; ~ **człowieka** type[1], chap, mould
typować/wytypować tip[4]
typowo typically; ~ **(dla kogoś)** true to form
typowy typical, standard, normal, representative, prime[1], like[2], in character, unique; **być** ~**m wzorem** typify
tyrać slave
tyralier|a: **rozwijać** ~**ę** spread (sb/yourself) out
tyran tyrant, bully
tyrania tyranny
tyranizować/styranizować tyrannize
tyranizowanie victimization
tyrański tyrannical
tysiąc thousand
tysiąclecie millennium
tysięczn|y thousandth; **(jedna)** ~**a** thousandth; **(po raz)** ~**y** for the umpteenth time
tytan: **ona jest** ~**em pracy** she's a glutton for hard work
tytoń tobacco
tytularny nominal
tytuł title; **posiadacz/ka** ~**u sportowego** title-holder; **pod** ~**em** entitled; ~**em próby** tentatively
tytułować/zatytułować address[2]; **zatytułować** head[2]
tytułow|y: ~**a rola** title role

U

u: **litera** ~ U,u; (*przyimek*) at; ~ **nas** at our place[1]; ~ **kogoś** (*pod czyjąś opieką*) with
uaktualniać/uaktualnić update
uargumentować → ARGUMENTOWAĆ
uatrakcyjniać/uatrakcyjnić glamorize
ubaw hoot
ubezpieczać/ubezpieczyć insure, cover[1]
ubezpieczenie insurance; (*od czegoś*) cover[2]
ubezpieczeniow|y: **składka** ~**a** premium
ubić → UBIJAĆ
ubiegać forestall; ~ **kogoś** beat sb to sth □ **ubiegać się**: (*o coś*) contest
ubiegły past[1], last[1]
ubierać/ubrać clothe, dress[2], get sth on; (*o wypowiedzi*) ~ **w słowa** couch[2] □ **ubierać/ubrać się** dress[2], get sth on; ~ **ciepło** wrap yourself up
ubieranie (się) dressing
ubijać/ubić beat[1]; (*zabijać*) slay; (*np. śmietanę*) whip[2], whisk; *masło* churn; (*interes*) clinch
ubikacja toilet, lavatory, loo, bathroom; ~ **dla panów** Gents; ~ **dla pań** Ladies
ubiór dress[1], costume
ubliżający insulting
ubliżenie insult
ubłocony bedraggled
uboczn|e: **na** ~**u** off the beaten track
uboczny incidental; **produkt** ~ by-product; **skutek** ~ side effect
ubo|gi poor, deprived, poverty-stricken
ubolewać regret[2]
ubolewający regretful
ubolewani|e regret[1]; **z** ~**em** regretfully; **godny** ~**a** deplorable; **wyrażać** ~**e** deplore
ubóstwiać idolize, cherish
ubóstwo poverty, need[3], deprivation
ubóść gore[2]
ubrać (się) → UBIERAĆ (SIĘ)
ubranie clothes, clothing, wear[2], outfit, garment
ubrany clothed; **dobrze** ~ well-dressed; **być** ~**m** be dressed in sth
ubrudzić (się) → BRUDZIĆ (SIĘ)
ubyć → UBYWAĆ
ubytek loss, shortfall; (*w zębie*) cavity
ubywać/ubyć: (*o księżycu*) wane
ubzdurać: ~ **coś sobie** put sth into sb's head[1]
uch: ~**!** ugh
ucharakteryzować (się) make (sb) up
uchlać się → CHLAĆ
ucho ear[1]; ~ **środkowe** inner ear; **ból ucha** earache; **muzykalne** ~ ear[1]; **wpadający w** ~ catchy; (*np. dzbanka*) handle; (*igły*) eye[1]; **nadstawiać usz-y/u** prick up your ears; **być po uszy** (*w czymś*) be up to your eyes in sth; **mieć (kogoś/czegoś) powyżej uszu** be fed up with sb/sth; **palą kogoś uszy** sb's ears are burning[1]; **wpadać jednym uchem, wypadać drugim** go in one ear and out the other[1]
uchodzić/ujść elude; (*uwadze*) escape[1]; ~ **za kogoś** pass for sb/sth; ~ **na sucho** get away with sth/with doing sth
uchodźca exile, refugee
uchodźstwo exile
uchwalać/uchwalić: (*np. ustawę*) pass[2]
uchwała resolution
uchwycić get hold[2] of sth □ **uchwycić się** clutch at sth
uchwyt grip, grasp; (*np. torby*) strap, handle
uchybiać/uchybić insult
uchybiająco irreverently
uchybiający insulting, irreverent
uchybianie irreverence
uchybić → UCHYBIAĆ
uchybienie insult
uchylać/uchylić: (*ustawę*) repeal, lift; (*np. decyzję*) overrule; (*np. przepis, prawo*) waive □ **uchylać/uchylić się**: ~ **od czegoś** evade, dodge, shirk, flinch
uchylenie się evasion
uchylić (się) → UCHYLAĆ (SIĘ)
uchyln|y: **drzwi** ~**e** trapdoor
uchylony: (*o drzwiach*) ajar
uciąć → UCINAĆ
uciążliwie uphill, inconveniently
uciążliw|y inconvenient, arduous, cumbersome, uphill, bumpy; **rzecz/osoba** ~**a** nuisance
ucichnąć → CICHNĄĆ
uciec (się) → UCIEKAĆ (SIĘ)
uciech|a joy, enjoyment, joyfulness, merriment, rejoicing, fling[2]; **z** ~**ą** joyfully, gleefully
ucieczk|a escape[2], flight[2], getaway; **zmuszać do** ~**i** put sb to flight
uciekać/uciec escape[1], make off, get away (from...), get out (of sth), run away, flee, break away (from sb/sth); (*np. z więzienia*) break out (of sth); ~ **z kraju** (*z powodów politycznych*) defect; ~ **z czymś** abscond, run off with sth; **szybko** ~ run for it[1] □ **uciekać/uciec się** resort[1]; ~ **do czegoś/kogoś** (*o pomoc*) have recourse to sb/sth
uciekający runaway, on the run
uciekinier/ka fugitive, runaway; ~ **polityczn-y/a** defector
ucieleśniać/ucieleśnić embody, personify
ucieleśnienie embodiment
ucierać/utrzeć: ~ **komuś nosa** snub
ucierpieć (się) → CIERPIEĆ
ucieszony pleased, joyful, gleeful
ucieszyć (się) → CIESZYĆ (SIĘ)
ucięcie curtailment
ucinać/uciąć curtail
ucisk oppression, pressure
uciskać/ucisnąć oppress
uciskający oppressive
uciskany oppressed
uciszać/uciszyć quieten, silence, quieten sb/sth down, lull □ **uciszać/uciszyć się** quieten down, subside
uczący/a się learner
uczcić → CZCIĆ
uczciwie honestly, honourably, fair[2], straight

uczciwość honesty, integrity
uczciw|y honest, honourable, upright, straight[1]; (*o interesie itp.*) **sprawiedliwy i ~** square; **wstępować na ~ą drogę** go straight
uczczeni|e commemoration, celebration; **dla ~a** celebratory
uczelnia college; **wyższa ~** university, polytechnic, school
uczenie się learning, study[1]
ucze-ń/nnica pupil[1], schoolchild; **starsz-y/a ~** prefect; **~ z wyższej klasy** senior; (*do specjalnych poruczeń w klasie*) monitor; (*np. u stolarza*) apprentice; (*zwolennik*) follower, disciple
uczesać (się) → CZESAĆ (SIĘ)
uczesany: **nie ~** straggly
uczestnictwo participation
uczestniczyć participate, take part (in sth)
uczestni-k/czka participant, entrant, entry
uczęszczać frequent[2]
uczoność scholarship
uczony scholar, scientist; (*przym.*) learned
uczta feast
ucztować feast
uczuci|e feeling, emotion, sentiment, affection, soul; **pełen ~a** soulful; **z ~em** sentimentally; **mieszane ~a** ambivalence; **mieć mieszane ~a** have mixed feelings (about sb/sth), sensation, sense; (*ostre, nagłe*) **~e** (*np. bólu, głodu, winy*) pang; **nagłe ~e** (*np. strachu*) twinge
uczuciowo emotionally
uczuciowość sentimentality
uczuciowy emotional, sentimental
uczulać/uczulić: (*kogoś na coś*) alert
uczulenie allergy
uczuleniowy allergic
uczulony sensitive, allergic
uczyć/nauczyć teach □ **uczyć/nauczyć się** learn, study[2]; **~ na pamięć** memorize, learn by heart; **nauczyć się czegoś** get the knack of sth, pick sth up
uczyn|ek act[2]; **na gorącym ~ku** in the act (of doing sth); **łapać kogoś na gorącym ~ku** catch sb red-handed
uczynić → CZYNIĆ
udanie successfully
udany successful, happy
udar stroke[2]; **~ słoneczny** sunstroke
udaremniać/udaremnić thwart, frustrate, foil[2], upset, defeat
udawać/udać pretend, fake, put sth on; (*kogoś*) pose; **~, że** make yourself out to be sth □ **udawać/udać się**: (*komuś*) succeed; come off, get to do sth; **udawać się** make a go of sth[2]; **(móc) się udać (gdzieś)** make[1]; **nie ~** (*komuś*) fail; **nie udać się** miscarry; **nie udać się** not come to anything; **~ na spoczynek** retire
udawanie act[2], make-believe, phoniness
udawany mock[2], phoney
udeptać tread
uderzać/uderzyć hit[1], strike[2], bang[1], beat[1], get; (*zwł. pięścią*) thump, punch[1]; **~ w/o coś** knock[2], bang[2]; **~ czymś o coś** bump; **~ w coś** (*z głuchym odgłosem*) thud; **lekko ~ otwartą dłonią** cuff[2]; (*batem*) whip[2]; (*w coś*) jab; **~ głową** butt[3]; (*wywierać wrażenie*) strike[2]; **~ do głowy** go to sb's head; **uderzyć kogoś** deal sb/sth a blow; deal a blow to sb/sth; **uderzyć w czyjąś czułą/właściwą strunę** strike a chord (with sb) □ **uderzać/uderzyć się** hit[1]; **~ w/o coś** knock[2]; **~ o coś** bump; (*w palec u nogi*) stub
uderzająco strikingly, blatantly
uderzający striking, blatant
uderzenie hit[2], bang[2], knock[1], thump, bump, crack[1], impact; **~ pięścią** punch[1]; (*batem, biczem*) lash[1]; (*militarne, zwł. lotnicze*) strike[1]; (*np. na wroga*) swoop; (*np. wiosłem, rakietą*) stroke[2]; **~ serca** heartbeat
udławić → DŁAWIĆ
udo thigh
udobruchać: (*kogoś*) placate, humour, disarm
udogadniać/udogodnić facilitate
udogodnieni|e: **~a** amenities, conveniences, facilities
udomowiony domesticated
udoskonalać/udoskonalić improve, enhance, refine, upgrade, reform □ **udoskonalać/udoskonalić się** improve
udoskonalenie refinement, improvement
udowadniać/udowodnić prove, prove your/the case/point
udowodnienie proof[1]
udowodniony proven
udręczony anguished
udręka anguish, pain, agony, torment, martyrdom
udusić → DUSIĆ
uduszenie (się) suffocation, asphyxiation
udział participation, part; **brać ~** participate, take part (in sth), engage in sth, be/get in on sth; **brać ~ w przetargu** tender[2]; (*część*) part[1], share, contribution, interest[1], stock[1], slice; **mieć w czymś ~** have a hand in sth[1]; (*w firmie*) stake[1]
udziałowiec shareholder
udziec joint[1]; (*mięso*) gammon
udzielać/udzielić give[1], grant, allow, accord[2], lend; **~ informacji** tell; **~ odpowiedzi** respond; **~ wyczerpujących informacji** prime[3]; **~ nagany** lecture; **udzielić reprymendy** tell sb off (for sth/for doing sth); **~ schronienia** shelter; **nie ~** withhold □ **udzielać/udzielić się**: **~ komuś** rub off (on/onto sb)
UE: (*Unia Europejska*) EU
uf: **~!** phew
ufać trust[2]; **nie ~ (komuś/czemuś)** mistrust, distrust; **~, że** hope
ufnoś|ć confidence; **z ~cią** confidently
ufny trusting, hopeful
ufundowanie foundation
ugasić → GASIĆ
ugaszczać/ugościć entertain
uginać/ugiąć się: (*np. przed żądaniami*) give way (to sb/sth), bow[1]; **ugiąć się (pod kimś)** (*o nogach*) turn to jelly
ugniatać/ugnieść knead
ugoda agreement, settlement
ugościć → GOŚCIĆ, UGASZCZAĆ
ugotować → GOTOWAĆ □ **ugotować się**: **można się tutaj ugotować** it's boiling hot in here
ugrupowanie group
ugryzienie: (*i ślad po nim*) bite[2]
ugryźć → GRYŹĆ
ugrzęzły bogged down
uhonorowywać/uhonorować honour[2], cap → HONOROWAĆ
uiszczać/uiścić: (*rachunki*) pay[2]
uiszczenie payment
ujarzmiać/ujarzmić subdue
ujawniać/ujawnić reveal, disclose, release, manifest; (*tajemnicę*) let sth out, give sth/sb away, bring sth to light[1] □ **ujawniać/ujawnić się** manifest itself/themselves, come out into the open; (*o wadach, usterkach itp.*) develop
ujawniający revealing
ujawnianie exposure, manifestation; **~ faktów** disclosure □ **ujawnianie się** manifestation
ujawniony: **~ fakt** disclosure
ująć (się) → UJMOWAĆ (SIĘ)
ujednolicać/ujednolicić standardize
ujednolicenie standardization
ujemnie negatively
ujemn|y negative, minus; **~a strona** disadvantage
ujęcie shot[1]
ujma injury, disgrace, reflection
ujmować/ująć detract; (*w dłoń*) cup[2] □ **ujmować/ująć się**: **~ za kimś/sobą/czymś** stick up for sb/yourself/sth, stand up for sb/sth
ujmująco endearingly
ujmujący endearing
ujrzeć set eyes on sb/sth
ujście outlet; (*rzeki*) mouth[1], estuary
ujść → UCHODZIĆ
ukamienować → KAMIENOWAĆ
ukarać → KARAĆ
ukaranie punishment
ukartowywać/ukartować rig[2]
ukatrupić bump sb off
ukazywać/ukazać reveal; **~ czyjeś zalety** do sb/sth justice □ **ukazywać/ukazać się** show[2]; (*np. w druku*) appear; (*o słońcu, nowej książce*) come out; (*w gazetach*) break[1]; **ponownie ~** reappear
ukazywanie się: **ponowne ~** reappearance
ukąsić → KĄSAĆ

ukąszenie: (*i ślad po nim*) bite[2]
układ system, order[1]; ~ **nerwowy** nervous system; ~ **naczyniowy** bloodstream; ~ **słoneczny** the solar system; ~ **kierowniczy** steering; (*np. tańcu*) routine; (*polityczny*) convention, treaty, constitution; ~ **scalony** microchip; **krzemowy** ~ **scalony** silicon chip
układać/ułożyć arrange, lay[1]; (*warunki*) negotiate; ~ **w stos** pile sth up, heap; ~ **choreografię** choreograph □ **układać/ułożyć się**: ~ **wygodnie** snuggle; (*o czymś trudnym do rozwiązania itp.*) ~ **w głowie** fall/slot into place
układanka puzzle, jigsaw
ukłon bow[1], nod; **głęboki** ~ **dworski** curtsy
ukłuci|e prick[1], jab, stab; **czuć** ~**a** (*np. na skórze*) prickle
ukłuć (się) → KŁUĆ (SIĘ)
uknuć → KNUĆ
ukochan-y/a beloved, darling, sweetheart
ukoić → KOIĆ
ukojenie solace
ukończenie: ~ **wyższych studiów** graduation
ukoronować → KORONOWAĆ
ukośny diagonal, slanting
ukracać/ukrócić to put a stop to sth
ukradkiem surreptitiously, covertly; ~ **spojrzeć** steal a glance
ukradkowo furtively, stealthily
ukradkowy furtive, surreptitious, stealthy
ukraść → KRAŚĆ
ukryci|e concealment; ~**e prawdy** cover-up; **w** ~**u** on the quiet; **trzymać się/pozostawać w** ~**u** be in/go into hiding; **pozostawać w** ~**u** lie low[2]
ukryć (się) → KRYĆ (SIĘ), UKRYWAĆ (SIĘ)
ukryty latent, implicit; (*o emocjach itp.*) repressed; (*o powodach itp.*) underlying; (*o motywie itp.*) ulterior
ukrywać/ukryć hide[1], conceal, suppress, harbour; (*informację*) hold sth back; (*fakty*) cover (sth) up □ **ukrywać/ukryć się** hide[1], be in/go into hiding
ukrywający: (*np. namiętności*) repressed
ukrywany hidden; **nie** ~ open[1]
ukrzyżować crucify
ukrzyżowanie crucifixion
ukształtować → KSZTAŁTOWAĆ
ukucnąć → KUCAĆ
ukuć: (*powiedzenie*) coin
ukwiecony flowery
ul beehive
ulać: **pasować jak ulał** fit snugly
ulatniać/ulotnić się escape[1], leak, melt away
ulatniający się volatile
ulec → ULEGAĆ
uleczalny curable
ulegać/ulec yield, submit, be overcome, relent, weaken; (*pokusie*) succumb; (*komuś/życzeniom*) indulge; **łatwo ulegający** indulgent; ~ **samozniszczeniu** self-destruct; **ulegający nastrojom** temperamental
uległość submission
uległy submissive, docile, amenable
ulepszać/ulepszyć improve, upgrade □ **ulepszać/ulepszyć się** improve
ulepszenie improvement, refinement
ulewa downpour, cloudburst, flurry
ulewny: (*o deszczu*) torrential
ulg|a relief, release, exemption; (*w bólu*) alleviation; ~**a podatkowa** tax relief; **odczuwający** ~**ę** relieved; **przynosić** ~**ę** relieve; **sprawiać** ~**ę** ease[2]
ulgowy concessionary
ulica street, road, avenue, drive; **główna** ~ high street; **boczna** ~ side street, turn[2], turning
uliczka: **wąska** ~ alley; **ślepa** ~ a dead end
ulistniony: **bogato** ~ leafy
ulokować (się) → LOKOWAĆ (SIĘ)
ulokowany situated; **źle** ~ misplaced
ulotka leaflet, handout
ulotnić (się) → ULATNIAĆ (SIĘ)
ultimatum ultimatum
ultra- ultra-
ultradźwięk ultrasound
ultradźwiękowy supersonic
ultrafioletowy ultraviolet
ultrasonograf scanner
ultrasonograficzn|y: **badanie** ~**e** scan
ulubien-iec/ica favourite[2], pet
ulubiony favourite[1]; (*np. temat*) (right) up your street
ululać → LULAĆ
ulżyć relieve; (*np. w bólu*) alleviate; ~ **sobie** get sth off your chest
ułamek fraction; ~ **dziesiętny** decimal; (*np. sekundy*) split second; **o** ~ **sekundy** fractionally
ułatwiać/ułatwić simplify, facilitate, promote, encourage
ułatwienie simplification
ułomność disability
ułożenie arrangement
ułożyć (się) → UKŁADAĆ (SIĘ)
ułuda delusion
umacniać/umocnić strengthen, fortify; ~ **sworzniem** bolt[1] □ **umacniać/umocnić się** rally[2]
umawiać/umówić się agree
umeblować → MEBLOWAĆ
umeblowany furnished
umęczony harassed
umiar moderation; **z** ~**em** in moderation
umiarkowanie: (*rzecz.*) moderation, mildness; (*przysłówek*) moderately, mildly, in moderation
umiarkowany moderate[1], mild, temperate, restrained, reasonable; **osoba o** ~**ch poglądach** moderate[1]
umieć can[1], know how to do sth
umiejętnie skilfully
umiejętnoś|ć skill, ability, capability, power, art; ~**ć czytania i pisania** literacy; **cenna** ~**ć** asset; **wrodzona** ~**ć** gift; (*o pracy*) **wymagający** ~**ci** skilled; **mieć** ~**ć wykonywania czegoś** turn your hand to sth[1]
umiejętny skilful
umiejscawiać/umiejscowić locate, site, localize
umiejscowienie location
umiejscowiony situated
umierać/umrzeć die, pass away; ~ **z głodu** be starving, be ravenous, be famished; ~ **z ciekawości** be on tenterhooks; ~ **ze śmiechu** kill yorself laughing, die laughing
umieszczać/umieścić place[2], put, locate, position, set[2], deposit[1], house[2]; ~ **obok siebie** juxtapose; ~ **na liście/w spisie** list, register[2]; ~ **w rankingu** (*na określonej pozycji, w tenisie*) seed; (*np. w szpitalu psychiatrycznym*) commit
umięśniony muscular, beefy
umiłowany precious
umknąć → UMYKAĆ
umniejszać/umniejszyć minimize, detract, belittle
umniejszający derogatory
umniejszanie: (*np. faktów*) understatement
umocnić (się) → UMACNIAĆ (SIĘ)
umocnieni|e fortification; ~**a** defence
umocowany fast[2]
umocowywać/umocować fix[1], anchor
umoralniać/umoralnić moralize
umoralniający elevating
umorusany grubby
umotywować → MOTYWOWAĆ
umow|a agreement, arrangement, bargain, contract[1], treaty; **na** ~**ę** freelance
umowny symbolic
umożliwiać/umożliwić enable, facilitate, empower, permit
umówić się → UMAWIAĆ SIĘ
umówion|y: ~**e spotkanie** appointment
umrzeć → UMIERAĆ
umundurowany uniformed
umykać/umknąć elude
umy|sł mind[1], intellect, brain; **pochłaniać** ~**sł** preoccupy; **o otwartym** ~**śle** open-minded; **mieć otwarty** ~**sł** have/keep an open mind (about/on sth)
umysłowo mentally, intellectually; **człowiek** ~ **chory** mentally ill
umysłowość mentality, psychology
umysłowy mental, intellectual
umyślnie intentionally, purposely, knowingly, on purpose
umyślny intentional, wilful
umywać: ~ **od kogoś/czegoś ręce** wash your hands of sb/sth □ **umywać się**: **nie** ~ **do kogoś/czegoś** not be a patch on sb/sth
umywalka basin, washbasin

unarodawiać/unarodowić nationalize
unarodowienie nationalization
uncja ounce; ~ **objętości płynu** fluid ounce
unia: **U~ Europejska** the European Union; **UGW** Economic and Monetary Union
unicestwiać/unicestwić annihilate, exterminate
unicestwienie annihilation
uniemożliwiać/uniemożliwić prevent, block[2]
unieruchamiać/unieruchomić immobilize, ground[2]
unieruchomienie standstill
uniesienie elation, rapture, high[3]
unieszkodliwiać/unieszkodliwić neutralize
unieść (się) → UNOSIĆ (SIĘ)
unieśmiertelniać/unieśmiertelnić immortalize
unieważniać/unieważnić cancel, undo, quash, disallow
unieważniony null and void
uniewinniać/uniewinnić acquit
uniewinnienie acquittal
uniezależnić się: ~ **od czegoś** opt out (of sth)
unik dodge, cop-out; **robić** ~ duck[2]; **robiący ~i** cagey
unikać/uniknąć avoid, evade, escape[1], dodge, miss, shun, avert, be shy (of/about sth/doing sth); **uniknąć poważnych kłopotów/kary** get off lightly
unikalny unique
unikanie avoidance
unikatowy unique, one-off
uniknięci|e escape[2], evasion; **~e o włos** a near miss; **możliwy do ~a** avoidable, preventable
unisono in unison
uniwersalnie universally
uniwersalny universal; (*o przedmiocie*) versatile
uniwersytecki university
uniwersytet university
uniżenie: (*przysłówek*) humbly
uniżoność humility
unosić/unieść raise[1]; ~ **brwi** raise your eyebrows; **być unoszonym z prądem** drift □ **unosić/unieść się** waft, hover; ~ **na wodzie** float[1]; (*o zapachu*) **długo** ~ linger; (*o wodzie*) boil over; ~ **gniewem** fly off the handle
unoszony: (*o łodzi*) ~ na fali adrift
unowocześniać/unowocześnić modernize, update □ **unowocześniać/unowocześnić się** modernize
unowocześnianie modernization
uodparniać/uodpornić immunize
uodpornienie immunization
uodporniony immune
uogólniać/uogólnić generalize
uogólniający: (*o stwierdzeniu, oświadczeniu itp.*) sweeping
uogólnianie/uogólnienie generalization
uosabiać/uosobić personify, embody
uosobienie embodiment, personification
upadać/upaść fall[1], crash[2], collapse, sink[1], keel over, keel, tumble; (*z hukiem*) tumble down; (*głową naprzód*) pitch[1] forward; (*o firmie*) go under; (*przen.*) come a cropper; **nie ~ na duchu** bear up
upad|ek fall[2], collapse, downfall, decline[2], demise, death, overthrow, comedown, decadence, decay, ruin; **gwałtowny ~ek** tumble; **wzloty i ~ki** the ebb and flow (of sth), ups and downs
upadłoś|ć: **być na skraju ~ci** flounder
upajać się: ~ **czymś** revel in sth/in doing sth, go into raptures (about/over sb/sth)
upalny scorching, sweltering
upał heat[1]; **~y** heatwave
upamiętniać/upamiętnić commemorate, record[2]
upamiętnienie record[1], commemoration
upaństwawiać/upaństwowić nationalize
upaństwowienie nationalization
uparcie obstinately, stubbornly, doggedly
uparty obstinate, stubborn, wilful, headstrong, dogged, pig-headed
upaść → UPADAĆ
upewniać/upewnić się ensure, make certain (that...); ~ **(co do czegoś)** ascertain
upiec (się) → PIEC (SIĘ)
upierać/uprzeć się insist, be set on sth/doing sth
upieranie się insistence
upiększać/upiększyć embroider
upiększenie frill
upiększony glorified
upiorny ghostly
upiór phantom, spectre
upływ passing; (*czasu*) lapse, passage; ~ **krwi** loss of blood; **przed ~em** within; **z ~em czasu** in (the) course of time; **w miarę ~u czasu** as time went on
upływać/upłynąć intervene; (*o czasie*) elapse, go on, go by; **wolno** ~ wear on
upływający intervening
upodobać: ~ **sobie** have a liking for sth, take a fancy to sb/sth
upodobani|e preference; **~a i uprzedzenia** likes and dislikes
upojenie rapture
upojony intoxicated
upokarzać/upokorzyć humiliate, humble, put sb down
upokarzający humiliating
upokorzenie humiliation
upolować → POLOWAĆ
upominać/upomnieć lecture
upominek gift, present[2]
upomnienie lecture, reminder
uporać się handle, get through (sth)
uporczywie persistently, insistently, obstinately
uporczywość persistence
uporczywy persistent, constant, unrelenting, insistent, obstinate
uporządkować → PORZĄDKOWAĆ
uporządkowany orderly[1], tidy, trim[1]
upośledzenie disability
upośledzon|y disabled; (*rzecz.*) **~y/a** cripple; (*o warstwie społecznej itp.*) underprivileged
upoważniać/upoważnić empower, authorize, entitle
upoważnienie authorization, authority, empowerment, power, proxy
upoważniony: **nie** ~ unauthorized
upór stubbornness, obstinacy, perversity
upragnienie: **z ~m** longingly
upraszać/uprosić entreat, request
upraszczać/uprościć simplify; **nadmiernie** ~ oversimplify
uprawa cultivation, culture, production
uprawiać: (*np. roślinę*) grow, cultivate; (*rolę*) farm[2], cultivate; (*np. hobby*) pursue; (*np. sport*) practise; ~ **jogging** jog; ~ **surfing** surf
uprawniać/uprawnić entitle, empower
uprawnie|nie right, authority; **brak ~ń** ineligibility
uprawniony eligible
uprawny cultivated
uprosić → UPRASZAĆ
uproszczenie simplification
uproszczony simplistic
uprościć → UPRASZCZAĆ
uprowadzać/uprowadzić abduct; (*dla okupu*) kidnap
uprowadzenie abduction; ~ **dla okupu** kidnapping
uprząść → PRZĄŚĆ
uprzątać/uprzątnąć put sth away, clear[3] away
uprząż harness; **nakładać** ~ harness
uprzedni previous
uprzednio previously, formerly, beforehand, once, ready
uprzedzać/uprzedzić: (*coś*) forestall
uprzedze|nie prejudice, preconception, bias; **bez ~ń** open-minded; **upodobania i ~nia** likes and dislikes; **~nie** (*kogoś o czymś*) warning
uprzedzony prejudiced
uprzejmie courteously, civilly, politely, kindly
uprzejmoś|ć courtesy, politeness, kindness, niceness; **dzięki ~ci** (by) courtesy of sb
uprzejmy courteous, civil[1], polite, obliging, attentive, kind[2], accommodating, nice
uprzemysławiać/uprzemysłowić industrialize
uprzemysłowienie industrialization
uprzemysłowiony industrial

uprzytamniać/uprzytomnić: ~ **sobie** realize, wake up to sth
uprzytomnienie: ~ **sobie** realization
uprzywilejowanie preference
uprzywilejowany privileged, preferential; (*o warstwie społecznej itp.*) **nie** ~ underprivileged, disadvantaged
upudrować → PUDROWAĆ
upust off[1]
upuszczać/upuścić drop[1]
uradować (się) → RADOWAĆ (SIĘ)
uradowanie joy
uradowany joyful
Uran Uranus
uran uranium
uratować → RATOWAĆ
uraz trauma
uraz|a grudge, resentment, offence, hurt, bad/ill feeling; **bez ~y** no hard feelings
urazowy traumatic
urażać/urazić hurt, wound[1], offend, spite, displease
urażony hurt, injured, resentful
urbanista planner
uregulować → REGULOWAĆ
urlop leave[2], holiday; ~ **macierzyński** maternity leave; **brać** ~ take sth off
urlopowicz/ka holidaymaker
urna urn; ~ **wyborcza** ballot box
uroczo charmingly, endearingly
uroczy lovely, charming, adorable, endearing
uroczystość ceremony, festivity, celebration, function, gala
uroczysty ceremonial, solemn
uroczyście ceremonially
uroda beauty, prettiness, looks
urodzajność fertility
urodzajny fertile
urodzenie birth
urodzić (się) → RODZIĆ (SIĘ)
urodziny birthday
urodzony born
urojony imaginary
urok charm[1], appeal, loveliness; **dodawać ~u** glamorize; (*magiczny*) spell[3], curse[1]
urosnąć → ROSNĄĆ
urozmaicać/urozmaicić vary, intersperse
urozmaicenie variety, diversity, diversification
urozmaicony varied, eventful
uruchamiać/uruchomić activate, trigger, initiate; (*np. samochód; firmę*) start[1]; (*np. maszynę, silnik*) run[1]; ~ **ponownie** (*komputer*) reboot
urwis rascal
urwisko cliff, precipice
urwisty craggy
urywany jerky
urywek fragment, snippet, snatch
urywkowy piecemeal
urząd office; ~ **pocztowy** post office; ~ **stanu cywilnego** registry office; ~ **skarbowy** Inland Revenue, tax office; **składać** ~ resign; **piastowanie urzędu** tenure
urządzać/urządzić arrange
urządzeni|e device; (*w gospodarstwie domowym*) appliance; **nietypowe ~e** contraption; **~a** fittings[2]; **~e kontrolne** monitor; **~e sterownicze** control[1]; **~e alarmowe** alarm
urzec → URZEKAĆ
urzeczenie fascination
urzeczony thrilled
urzeczywistniać/urzeczywistnić realize; (*np. marzenia*) live out sth □ **urzeczywistniać/urzeczywistnić się** materialize, come true
urzeczywistnienie realization, fruition
urzekać/urzec fascinate, charm[2], thrill
urzekający fascinating, stunning
urzędniczy clerical
urzędni-k/czka clerk; **(wyższy)** ~ (*np. państwowy, kościelny*) official, officer; ~ **państwowy** civil servant
urzędowani|e: **w czasie godzin ~a** during office hours
urzędowo officially, formally
urzędowy official, formal, bureaucratic
usadawiać/usadowić plant[2] □ **usadawiać/usadowić się** install yourself; **wygodnie** ~ nestle → SADOWIĆ SIĘ
usadzić → SADZAĆ
usamodzielniać/usamodzielnić emancipate
usamodzielnienie emancipation
usatysfakcjonować → SATYSFAKCJONOWAĆ
usatysfakcjonowany satisfied
uschnąć → USYCHAĆ
USG ultrasound
usiany: ~ **gwiazdami** starry, studded with stars
usiąść → SIADAĆ
usidlać/usidlić trap
usilnie really
usiłować endeavour, attempt, strive
usiłowanie endeavour, attempt, bid[2]
uskuteczniać/uskutecznić effect
usług|a: **~i** service; **~i pocztowe** mail
usługiwać: ~ **przy stole** wait on sb
usłużny obliging, accommodating
usłyszeć → SŁYSZEĆ
usmażyć (się) → SMAŻYĆ (SIĘ)
usnąć → USYPIAĆ
uspokajać/uspokoić quieten, quieten sb/sth down, calm, pacify, placate, reassure, soothe, settle, disarm, cool sb down/off, put/set sb's mind at rest □ **uspokajać/uspokoić się** quieten down, settle, settle down, moderate[2], cool down/off
uspokajająco soothingly, reassuringly
uspokajający soothing, reassuring; **środek** ~ sedative, tranquillizer; **podawać komuś środek** ~ sedate[2]
uspokojony relieved
usposabiać/usposobić się psych yourself up
usposobieni|e temperament, nature; mood, frame of mind; **łagodne ~e** serenity; **dobrego ~a** good-natured; **zmiennego ~a** moody
usprawiedliwiać/usprawiedliwić justify, rationalize, excuse[2], exonerate □ **usprawiedliwiać/usprawiedliwić się** explain sth away
usprawiedliwieni|e justification, excuse[1]; **przytaczać coś na ~e** plead; **nie do ~a** indefensible
usprawiedliwiony justifiable; **(niczym) nie** ~ unwarranted; **nie** ~ uncalled-for
usprawniać/usprawnić reform, rationalize
usprawniający: ~ **pracę** labour-saving
usprawnienie rationalization
ust|a mouth[1]; **płyn do płukania** ~ mouthwash; **całować kogoś w ~a** kiss sb on the lips; **czytać z ruchów** ~ lip-read; **nie puszczać pary z** ~ not breathe a word (of/about sth) (to sb)
ustabilizować → STABILIZOWAĆ
ustabilizowany settled; (*o meblu itp.*) steady
ustać (się) → USTAWAĆ (SIĘ)
ustalać/ustalić fix[1], establish, arrange, determine, identify; (*np. datę*) appoint; ~ (*np. cenę*) **na pewnym poziomie** peg[2]; ~ **modę** set a/the trend □ **ustalać/ustalić się** set in
ustalenie determination
ustalon|y set[3], settled, fixed; **mieć ~e nawyki** be set in your ways
ustanawiać/ustanowić set[2], establish, put; ~ **prawo** legislate; ~ (*przepis*) lay sth down; (*kogoś czymś*) appoint
ustanowienie establishment
ustatkować się settle down
ustaw|a act[2], law, statute; **~y** legislation; **wydawać ~y** legislate
ustawać/ustać subside; **nie** ~ persist, persevere □ **ustawać/ustać się** settle
ustawiać/ustawić deploy, arrange, position, set[2]; (*np. automat*) programme □ **ustawiać/ustawić się**: (*wg parametrów standardowych*) default[2]
ustawicznie incessantly
ustawiczny continual, incessant
ustawienie deployment; (*standardowe*) default[1]
ustawiony set[3]
ustawodawstwo legislation
ustawowy statutory
ustąpienie resignation
usterka fault; ~ **techniczna** hitch[2]
ustęp: (*np. w książce*) passage; (*z dzieła*) excerpt; (*ubikacja*) lavatory; ~ **publiczny** cloakroom

ustępliwy flexible
ustępować/ustąpić concede, relent, climb down (over sth), budge; (*np. nowemu*) yield; (*komuś*) give sth up (to sb), humour; (*pod naciskiem*) give[1]; (*np. z posady*) step down
ustępowanie climbdown
ustępstw|o concession; **robić ~o** stretch a point; **wzajemne ~a** give and take; **nie godzić się na ~a** hold/keep/stand your ground[1]
ustępujący outgoing
ustnie verbally, orally
ustnik mouthpiece
ustny verbal, oral; **egzamin ~** oral
ustronie seclusion
ustronny secluded
ustrój: **~ społeczny** system
ustrzec → STRZEC
usunięcie removal, disposal, elimination, clearance, deletion; (*zęba*) extraction; **~ w cień** eclipse
ususzać/ususzyć (się) shrivel
usuwać/usunąć remove, eliminate, dispose of sb/sth, exclude, dislodge, drop[1], eject; **~ stopniowo** phase sth out; (*np. ząb*) take sth out, extract; **usuwać** have sth out; (*np. ból*) take sth away; **~ ze stanowiska** depose; **~ w cień** offset; **~ kogoś w cień** overshadow
usychać/uschnąć wither, shrivel; **~ z tęsknoty** pine[2]
usypiać/uśpić get to sleep; (*narkotykami*) drug; **~ kogoś** (*np. do operacji*) anaesthetize; (*np. czujność*) lull; (*zwierzę*) put sth down, put (an animal) to sleep; **uśpić** put sth out of its misery
usypiający: **środek ~** sedative; **podawać komuś środek ~** sedate[2]
usypywać/usypać: **~ w kopiec** pile sth up
usytuować → SYTUOWAĆ
usytuowany situated
uszanować → SZANOWAĆ
uszczelka seal[2]
uszczelniać/uszczelnić seal[2]
uszczelnianie insulation
uszczelnienie seal[2], insulation
uszczerb|ek: **przynosić ~ek** prejudice; **bez ~ku** unscathed; **z ~kiem dla kogoś/czegoś** to the detriment of sb/sth
uszczęśliwiać/uszczęśliwić: (*kogoś*) make sb happy; (*np. prezentem, który nam samym nie odpowiada*) offload
uszczęśliwiony as happy, quick, etc. as anything
uszczuplać/uszczuplić deplete
uszczuplenie depletion
uszczypać → SZCZYPAĆ
uszczypliwie pointedly
uszczypliwość sharpness
uszczypliwy: (*o uwadze itp.*) cutting[2], pointed, sharp, caustic, snide
uszczypnąć → SZCZYPAĆ
uszczypnięcie pinch
uszkadzać/uszkodzić damage, impair
uszkodzenie damage; **~ przeciążeniowe** RSI
uszkodzony broken-down; **nie ~** intact
usztywniać/usztywnić stiffen; (*o stanowisku*) harden □ **usztywniać/usztywnić się** harden
uszyć → SZYĆ
uścisk grip, squeeze, hug, embrace; (*dłoni*) handshake; (*w liście*) **serdeczne ~i** love[1]
uściskać/uścisnąć hug; **~ komuś dłoń** shake sb's hand/shake hands (with sb)/shake sb by the hand
uśmiać się → ŚMIAĆ SIĘ
uśmiech smile; **szeroki ~** grin; **promienny ~** beam; **drwiący/szyderczy ~** sneer; **wyrażać coś ~em** smile; **z ~em na twarzy** gracefully, with good grace; **~ losu** a stroke[2] of luck
uśmiechać/uśmiechnąć się smile; **~ szeroko** grin; **~ drwiąco/szyderczo** sneer; **~ głupio/niemile** smirk; **~ od ucha do ucha** smile broadly
uśmiercać/uśmiercić slay
uśmierzać/uśmierzyć ease[2], mitigate, soothe
uśmierzający mitigating
uśmieszek: **głupi/niemiły ~** (*samozadowolenia*) smirk
uśpić → USYPIAĆ
uśpiony dormant
uświadamiać/uświadomić: **~ sobie** realize, perceive, wake up to sth; (*komuś, że*) awaken sb to sth
uświadomienie: **~ sobie** realization
uświadomiony aware; (*o humorze sytuacji itp.*) **nie ~** unconscious
uświęcić → ŚWIĘCIĆ
utajony sneaking, latent
utalentowany talented, gifted, accomplished, clever, able[2]
utarczka scuffle, brush[1], scrap[2], skirmish, encounter
utarty: **~ zwrot** cliché
utkać → TKAĆ
utknąć: (*np. w rozmowie*) get bogged down; **~ w korku** get caught in a traffic jam; (*np. w trudnym miejscu*) get stuck[2]; **~ w martwym punkcie** grind to a halt/standstill
utkwić lodge[2], fix[1]; **~ wzrok** stare
utonąć → TONĄĆ
utopia Utopia
utopić (się) → TOPIĆ (SIĘ)
utopijny Utopian
utorować → TOROWAĆ
utożsamiać/utożsamić identify □ **utożsamiać/utożsamić się** identify with sb; (*np. z czyjąś sytuacją*) empathize
utożsamianie się identification
utracić forfeit
utrapienie annoyance, pain, cross[1], scourge; (*o osobie*) pest
utrata loss; **~ pamięci** amnesia; **chwilowa ~** (*np. pamięci*) lapse; **~ bliskiej osoby** bereavement; **~ wartości** depreciation
utrudniać/utrudnić impede, handicap
utrudnienie impediment, handicap
utrudzony harassed
utrwalać/utrwalić record[2], cement, consolidate, perpetuate □ **utrwalać/utrwalić się** consolidate
utrwalanie consolidation
utrzeć → UCIERAĆ
utrzymani|e keep[2], living[2], support; **środki ~a** livelihood; **~e/koszt ~a** (*np. domu*) upkeep; **osoba będąca na czyimś ~u** dependant; **mieć u kogoś ~e** board; **na ~u** dependent; **mieć na ~u** maintain; **dawać na ~e** keep[1]; **być na ~u** depend on sb/sth (for sth)
utrzymany: **dobrze ~** well-kept
utrzymywać/utrzymać keep[1], maintain, hold[1], bear[2]; **~ w dobrym stanie** maintain, keep sth up, condition[2]; **~ na niskim poziomie** keep sth down; **~ w mocy** uphold; **~** (*np. cenę*) **na pewnym poziomie** peg[2]; (*kogoś*) maintain; (*np. rodzinę*) support, raise[1], provide for sb; (*np. samochód*) run[1]; **~, że** profess, insist □ **utrzymywać/utrzymać się** keep[1], persist, hold[1]; **~ przy życiu** exist, subsist; (*z czegoś*) earn; (*upierać się przy czymś*) persist; **~ na swojej pozycji** hold your own (against sb/sth)
utrzymywanie retention, preservation; **~ w dobrym stanie** maintenance □ **utrzymywanie się** continuation; **~ przy życiu** subsistence
utuczyć → TUCZYĆ
utwardzać/utwardzić (się) harden, toughen
utworzenie creation
utwór work[1], composition, number; (*np. muzyczny, literacki*) piece[1]; **jeden ~ muzyczny** (*np. na płycie*) track; (*geolog.*) formation
utykać: **~ na nogę** limp[2], hobble
utykanie limp[2]
utylizacja recycling
utyskiwać grumble
utyskiwanie grumble
utytłany grubby
utytułowany titled
uwag|a attention; **zwracać ~ę na kogoś/czegoś** pay attention to sb/sth, take heed (of sb/sth); **zwracać na siebie ~ę** adopt/keep/maintain a high profile; **zwrócić czyjąś ~ę** catch sb's attention/eye, draw sb's attention to sth; **nie zwracać ~i na kogoś/coś** take no notice/not take any notice (of sb/sth), overlook; **brać kogoś/coś pod ~ę** take sth into account/consideration, take note/notice (of sth), note[2], balance[1]; **nie brać kogoś/czegoś pod ~ę** count sb/sth out; **~!** attention, watch out; **U~a! Już!** Here goes!; **nie zwracając ~i** oblivious; **biorąc pod ~ę** considering, in view of sth; **wziąwszy wszystko pod ~ę**

on balance; **odwracać czyjąś ~ę od czegoś** take sb's mind off sth; **odwrócenie ~i od sedna sprawy** a red herring; **skupiać na sobie czyjąś całkowitą ~ę** get/have sb's undivided attention; **poświęcać (komuś/czemuś) całkowitą ~ę** give your undivided attention (to sb/sth); **godny ~i** notable, noteworthy, remarkable; **brak ~i** negligence; *(mediów)* exposure; *(np. w rozmowie)* comment, observation, remark, caution; **dobra ~a** point[1]; **robić ~ę** remark, observe, comment
uwalić (się) plonk
uwalniać/uwolnić free[2], set[2] free, release, liberate; *(np. kogoś z więzów)* untie, rid □ **uwalniać/uwolnić się** get away (from...)
uwarunkowany: *(czymś)* subject[3] to sth
uważać: *(za coś)* consider, view[2], regard[1], count[1], reckon, deem; **~, że** hold[1], reckon, find[1], be of the opinion that...; **uważam** I (should) think; *(na kogoś/coś)* watch[2], watch out (for sb/sth), mind[2], look out, look out (for sb/sth), beware, heed, take heed (of sth), take care (that.../to do sth), pay attention (to sb/sth); **~ na siebie** take care of yourself/sb/sth; **~ jak się idzie** watch your step
uważający considerate, thoughtful
uważnie carefully, cautiously, gingerly, attentively, closely, intently
uważny careful, cautious, watchful, attentive, observant, intent
uwertura overture
uwiąd: **~ starczy** senility
uwiązany: *(o psie)* **nie ~** loose; **być ~m** be tied up
uwiązywać/uwiązać tie sb/sth up, tie sb down, lash[2] □ **uwiązywać/uwiązać się** tie yourself down
uwidaczniać/uwidocznić show (sth) up
uwieczniać/uwiecznić immortalize
uwiedzenie seduction
uwielbiać adore, love[2], worship; **~ coś robić** delight in sth/in doing sth; **uwielbiający** *(kogoś)* adoring
uwielbienie adoration; **z ~m** lovingly
uwieńczyć → WIEŃCZYĆ
uwierać pinch
uwierzyć → WIERZYĆ
uwieść → UWODZIĆ
uwięzić imprison, commit
uwięzienie imprisonment
uwięziony captive
uwijać/uwinąć się bustle
uwikłać (się) → WIKŁAĆ (SIĘ)
uwikłany entangled
uwłaczać: **~ czyjejś godności** be beneath sb
uwłaczający derogatory
uwodzenie seduction
uwodziciel/ka seducer
uwodzicielski seductive
uwodzić/uwieść seduce, lure
uwolnić (się) → UWALNIAĆ (SIĘ)
uwolnienie freedom, liberation
uwspółcześniać update
uwydatniać/uwydatnić stress, emphasize, heighten, enhance □ **uwydatniać/uwydatnić się** heighten
uwydatnienie emphasis
uwypuklać/uwypuklić accentuate, enhance
uwzględniać/uwzględnić cover[1], allow for sb/sth; *(np. chorobę, brak doświadczenia)* make allowances for sb/sth; **nie ~** exclude
uwziąć się: **~ (na kogoś)** pick on sb
uzależniać/uzależnić subordinate
uzależnienie dependency, reliance; **powodujący ~** addictive
uzależniony dependent, reliant, addicted
uzasadniać/uzasadnić rationalize, justify, warrant
uzasadnienie justification
uzasadniony justifiable, valid; **prawnie ~** legitimate
uzbrojenie armaments, munitions
uzbrojony armed; **nie ~** unarmed; **~ bandyta** gunman
uzda bridle
uzdatniać/uzdatnić purify
uzdolnienie aptitude, accomplishment
uzdolniony talented, capable, inclined; **~ artystycznie** artistic
uzdrawiać/uzdrowić cure[1]; *(np. małżeństwo)* repair
uzdrowiciel healer
uzdrowienie cure[2], rehabilitation
uzdrowisko spa
uzgadniać/uzgodnić make an arrangement
uzgodnienie arrangement
uziemiać/uziemić earth[2], ground[2]
uziemienie earth
uzmysławiać/uzmysłowić: **~ sobie** realize, visualize; **~ coś komuś/sobie** bring sth home to sb, hit
uzmysłowienie: **~ sobie** realization
uznani|e credit, recognition, acknowledgement; *(krytyki)* acclaim; **dowód/wyrazy ~a** accolade; **wyraz ~a** tribute; **wyrażać ~e za coś** acknowledge; **wyrażać komuś swoje ~e** pay tribute to sb; **przyjmować z ~em** acclaim; **według czyjegoś ~a** at sb's discretion
uznany celebrated
uznawać/uznać recognize, acknowledge, accept, concede; **nie ~** repudiate; **~ za nieważne** dismiss
uzupełniać/uzupełnić supplement, make sth up, follow sth up □ **uzupełniać/uzupełnić się** complement
uzupełniający supplementary, subsidiary
uzupełnienie complement
uzyskani|e: **(możliwy) do ~a** obtainable
uzyskiwać/uzyskać raise[1] make[1], enlist, obtain, draw[2]; *(np. kontrakt)* secure
użalać się: **~ nad kimś** be/feel sorry for sb
użądlenie sting[2]
użądlić → ŻĄDLIĆ
użyci|e use[2], employment; **w ~u** functional; **wychodzić z ~a** go out of use, fall into disuse; **~e siły** violence
użyć → UŻYWAĆ
użytecznoś|ć usefulness, utility, helpfulness; **zakład ~ci publicznej** utility
użyteczny useful, helpful
użytek application; **powszechny ~** currency
użytkować utilize
użytkowanie usage, use[2], exercise[1]
użytkowni-k/czka user
używać/użyć use[1], employ, make use of sth/sb; **niewłaściwie ~** misuse; **~ sobie** live it up
używalny usable
używanie usage, use[2]; **niewłaściwe ~** misuse
używany used[1]; *(o ubraniu itp.)* second-hand; **(jeszcze) nie ~** unused[1], disused; **zacząć być ~m** come into use; **także ~ jako** cum
użyźniać fertilize
użyźnianie fertilization

V

v: **litera ~** V, v
verte!: *(odwróć kartkę na drugą stronę)* PTO
video video
VIP: *(bardzo ważna osobistość)* VIP
vitro: **in ~** in vitro
volt volt

W

w: **litera ~** W, w; *(przyimek)* in[1], inside[2], into; therein; aboard, on; to[1]; during; by[2]; at; about[2]; a[2]
wabić/zwabić attract, entice, lure
wabik lure, decoy, ploy, gimmick
wachlarz fan[1]; **rozstawiać się ~em** fan, fan out; *(zagadnień)* range[1]
wachlować fan
wada disadvantage, shortcoming, failing[1], deficiency, drawback, flaw, fault, defect[1]; **~ wymowy** speech impediment; *(med.)* failure; *(osoby)* vice[1]
wadliwie imperfectly
wadliwy flawed, faulty, defective, imperfect, unsound
wafel: **cienki ~** wafer
wa|ga weight[1]; **tracić na ~dze** lose weight; *(przyrząd)* scales, balance[2]; *(bokser)* **~gi lekkiej** lightweight; *(w boksie)* **~ga ciężka** heavyweight;

przywiązywać dużą ~gę value; przywiązywać (wielką) ~gę do czegoś set... store by sth; W~ (*znak zodiaku*) Libra
wagarowicz/ka truant
wagary: **chodzenie na ~** truancy; **chodzić na ~** play truant
wagon car, carriage; **~ towarowy** wagon; **odkryty ~ kolejowy** truck
wagonik: (*kolejki linowej*) cable car
wahać się hesitate, dither, waver, falter; fluctuate; (*przed czymś*) baulk; (*np. fale radiowe*) oscillate; (*między A i B*) alternate[2]; (*o nastroju itp.*) swing[1]
wahadło pendulum
wahadłowiec shuttle
wahani|e hesitation, hesitancy, indecision, fluctuation; (*np. igły kompasu*) oscillation; **bez ~a** readily, at the drop of a hat[2] □ **wahanie się**: (*między A i B*) alternation
wakacje holiday(s), vacation; **~ w siodle** pony-trekking
wakat vacancy, opening
wakujący vacant
walący się decrepit, ramshackle
walc waltz; **tańczyć ~a** waltz
walcowaty cylindrical
walczyć fight[1], battle; **~ przeciw komuś/czemuś** combat, contest, contend; (*o coś*) scramble
walczyk waltz
walec cylinder, roller; **~ drogowy** steamroller
waleczność valour
walenie hammering
walentynka valentine
walet jack[1]
walić/walnąć bang, thump, pound[2], hammer[2], batter[1]; **~ w kogoś/coś** bash, smash, dash[2], whack, wallop; **~ ciężkim przedmiotem** club[2]; (**próbować**) ~ (*w kogoś/coś*) **na oślep/na chybił trafił** swipe □ **walić/walnąć się** smash, come down, tumble down
Walij-czyk/ka: **Walijczyk** Welshman; **Walijka** Welshwoman; **Walijczycy** the Welsh
walijski: (**język**) ~ Welsh
walizeczka briefcase, grip
waliz(k)a suitcase, case; **torba/~ka kabinowa** carry-on
walka battle, fight[2], fighting, combat, conflict, struggle, contest, contention; (*np. z przestępcami*) war; **~ byków** bullfight(ing)
walkman personal stereo
walkowerem by default
walnięcie thump
waltornia French horn
walut|a currency; **~a obca, system wymiany ~** foreign exchange; **punkt wymiany ~** bureau de change; **twarda ~a** hard currency
walutowy monetary
wał bank[2], shaft
wał|ek rollers, shaft; **~ek do ciasta** rolling pin; **~ki** (*do włosów*) rollers
wałęsać się loiter, hang about/around, gad about/around
wałkonić się muck about/around
wałkoń slob
wampi-r/rzyca vampire
wandal vandal
wandalizm vandalism
wanienka tub
wanilia vanilla
waniliowy vanilla
wanna bath; **~ z masażem wodnym** Jacuzzi
WAP: (*system telefonii*) WAP
wapień limestone
wapno calcium, lime[1]; **~ do bielenia** whitewash
warcaby draughts
warczeć growl, snarl, drone; (*na kogoś*) snap[1]
warczenie growl, snarl
warga lip; **muśnięcie ~mi** peck
wariacja variation
wariacki loony, lunatic
wariactw|o: **~a** nonsense, craziness
wariant variant, variation
wariat/ka lunatic, loony; **wariat** madman; **wariatka** madwoman; **dom wariatów** lunatic asylum
wariograf lie detector
wariować/zwariować go crazy, go mad
warkocz: (*o fryzurze*) plait, braid
warkoczyk pigtail
warkot whirr, drone, throb
warkotać whirr
warstewka coating; (*np. ogłady, grzeczności*) veneer
warstw|a layer, covering; **zewnętrzna ~a** surface; (*np. farby, lakieru*) coat; (*np. pyłu*) film[1]; (*w torcie*) **~ kremu/bitej śmietany itp.** filling; **~a ozonowa** ozone layer; **należący do niższej ~y społecznej** lower-class; **należący do średniej ~y społecznej** middle-class; **należący do wyższej ~y społecznej** upper-class; **leżący grubą ~ą** thick
warstwica contour
warsztat workshop; **~y** plant[1]; **~ garncarski** pottery; **~ tkacki** loom[1]; **~y** (*seminarium dyskusyjne*) workshop
wart worth, worthy; **~ zachodu** worthwhile; (*np. czyjegoś czasu*) worth sb's while; **nic nie ~** worthless; **niewiele ~** not up to much
wart|a guard[2], watch[3]; **trzymać ~ę** keep watch
warto: (*coś robić*) worth doing sth; **nie ~** (*czegoś robić*) be no good (doing sth)
wartościowy precious, valuable
wartoś|ć value, worth, merit; **~ć nominalna** face value; **wzrost ~ci** appreciation; **poczucie własnej ~ci** self-esteem, ego; **pokazywać swoją ~ć** do yourself justice
wartowni-k/czka sentry, guard
warun|ek condition[1], term, requirement; **wstępny ~ek** prerequisite; **~ki** (*do czegoś*) facilities; **pod ~kiem, że** on condition (that...), on the understanding that..., as/so long as, provided; **bez żadnych ~ków** without strings
warunkować condition[2]
warunkowo conditionally
warunkow|y conditional; **zwolnienie ~e** (*z więzienia*) parole, probation
warzyć/zwarzyć: (*piwo*) brew □ **warzyć/zwarzyć się** curdle
warzywa vegetables, veg[1]; **~ zielone** (*np. kapusta, groszek*) greens
wasz your, yours
waśnić się feud
waśń feud, quarrel
wat watt
wata cotton wool
watować pad[2]
wawrzyn laurel
wazektomia vasectomy
wazon vase
ważący: **nic nie ~** weightless
ważka dragonfly
ważki weighty
ważniak: (*ironicznie*) big-head
ważnoś|ć significance, importance, magnitude; (*np. dokumentu*) validity; **data ~ci** expiry; **tracić ~ć** lapse
ważn|y important, significant, momentous, grand[1], high-powered, material[2]; (*ironicznie*) big-headed; **być ~iejszym** (*od kogoś/czegoś*) come before sb/sth; **rzecz nie mniej ~a** last but not least; (*mający moc prawną*) valid, good; **być ~ym** be in force
ważyć weigh □ **ważyć się**: (*o losach*) be in the balance; **nie waż się** don't you dare
wąchać/powąchać smell, sniff
wąchanie smell[1]; **~ kleju** (*odurzanie się*) glue-sniffing
wągier/wągr blackhead
wąs: **~/y** moustache; (*np. kota*) whisker
wąski narrow, tight
wąskość narrowness
wątek strand, thread; (*myśli*) drift; (*np. powieści*) plot[1]
wątły tenuous, delicate, frail
wątpić doubt[2]
wątpieni|e doubt[1]; **bez ~a** easily
wątpliwoś|ć doubt[1], question[1]; **mający ~ci** in doubt; **podawać coś w ~ć** cast doubt on sth, question[2]
wątpliwy doubtful, questionable, in doubt, uneasy
wątrob|a liver; **zapalenie ~y** hepatitis
wątróbka liver
wąwóz ravine, canyon
wąż: (*zwierzę*) snake; (*gumowy*) tube, hose
wbijać/wbić stick[2] (sth) in/into sth, drive[1], embed, dig sth into sth; **~ klin** wedge; **~ na pal** impale; **~** (**komuś coś**) **do głowy** drum sth into sb, drum, hammer sth into sb, drive sth home (to sb) □ **wbijać/wbić się** dig in
wbrew despite, in spite of, against, in defiance of sb/sth; **postępować ~ czemuś** compromise

wbudowany built-in
wbudowywać/wbudować build sth in/on, build sth into/onto sth
wcale: ~ **nie** not at all; ~ **nie** nothing like, not a bit, not in the slightest, not nearly, either, whatever, any, anything like sb/sth; **prawie** ~ scarcely; ~ **nie jest szczęśliwy** he's far from happy; ~ **nie jestem mądrzejszy** I'm still none the wiser
wchłaniać/wchłonąć absorb, soak sth up
wchłaniający absorbent
wchłanianie absorption
wchodzić/wejść come/go in, enter; **wejść na (jakiś) rynek** penetrate a market; (*np. na górę*) climb, mount[2], scale[3]; (*np. w szczegóły*) enter into sth; ~ **w życie** bring sth/come into force; ~ **(komuś) w zwyczaj** make a habit of sth; ~ **komuś na głowę** walk (all) over sb, get on top of sb
wciągać/wciągnąć involve, implicate; (*flagę na maszt*) hoist; (*za pomocą wciągarki*) winch; (*kogoś*) rope sb in (to do sth); ~ **na listę** register[2] ◻ **wciągać/wciągnąć się**: ~ **na listę** register[2]; ~ **w normalny tok pracy** get into your stride
wciągarka winch
wciąż still[1], always, ever; ~ **coś robić** keep[1] doing sth
wcielać/wcielić incorporate
wcielenie incarnation; **wcielanie** incorporation; **ponowne** ~ reincarnation
wcierać/wetrzeć rub, grind[1]
wcinać: (*jedzenie*) tuck in
wciskać/wcisnąć squeeze, crowd sb/sth in, crush (sb/sth) into, past, through, etc. sth, cram, grind[1], jam[2], fit sb/sth in; fit sb/sth in/into sth; (*kogoś/coś pomiędzy kogoś/coś*) sandwich, wedge; ~ **komuś** (*np. tandetny towar*) fob sb off with sth, palm sth off (on sb), palm sb off (with sth) ◻ **wciskać się** squeeze, crowd in; (*gdzieś*) penetrate
wczesny early
wcześniak premature baby
wcześnie early; ~ **rozwinięty** (*np. talent*) precocious; **jest za** ~ (*by coś wiedzieć*) it's early days (yet)
wcześniej earlier; ~ **czy później** sooner or later
wcześniejszy earlier, prior
wczoraj yesterday
wczorajszy yesterday's; ~ **dzień** yesterday
wczuwać się: (*np. w czyjąś sytuację*) empathize
wczuwanie się empathy
wczytywać: (*kartę magnetyczną*) swipe
wdawać/wdać się: ~ **w szczegóły** go into sth
wdech breath
wdeptać tread
wdowa widow
wdowiec widower
wdrapywać/wdrapać się clamber, climb
wdrażać/wdrożyć institute[2], implement[2]
wdrożenie implementation
wdychać inhale
wdzierać/wedrzeć się: ~ **do czegoś** burst into sth; (*gdzieś*) penetrate
wdzięcznie gracefully
wdzięcznoś|ć gratitude, appreciation, debt; **z** ~**cią** gratefully, thankfully; **mieć dług** ~**ci wobec kogoś** be in sb's debt
wdzięczny grateful, appreciative, thankful, indebted, glad
wdzięk grace, gracefulness, charm[1], loveliness; **pełen** ~**u** graceful; **bez** ~**u** graceless, gracelessly
według according to, in accordance with sth, under, by[2]
wedrzeć się → WDZIERAĆ SIĘ
wegetacja vegetation
wegetarian-in/ka vegetarian
wegetariański veggie
wehikuł: ~ **czasu** time machine
wejście entrance, entry, access[1], doorway; ~ **na statek** embarkation; (*w urządzeniu elektrycznym*) socket
wekować preserve
welon veil
welwet velvet
wełna wool, fleece
wełniany woollen
wełnisty woolly
wendeta vendetta
wenta bazaar, jumble sale
wentyl valve
wentylacja ventilation
wentylacyjny: **przewód** ~ duct
wentylator fan[1]
wentylować ventilate, air[2] ◻ **wentylować się** air[2]
Wenus Venus
wepchnąć (się) → WPYCHAĆ (SIĘ)
weranda veranda
werbalnie verbally
werbalny verbal
werbel roll[1]
werbować/zwerbować recruit, poach
werbunek recruitment
werdykt verdict
werniks varnish
werniksować varnish
wersja version, side[1]
wertować/przewertować browse; (*np. książkę*) dip into sth
wertowanie browse
werw|a zest, spirit, gusto; **z** ~**ą** with gusto, drive, heartily; **pełen** ~**y** sparkling, bright, breezy; bouncy; **odzyskiwać** ~**ę** buck (sb) up
weryfikacja verification
weryfikować/zweryfikować verify
wesele wedding
weselny bridal
wesołek laugh
wesoło merrily, cheerfully, gaily, cheerily
wesołość gaiety, cheerfulness, merriment, mirth, glee, hilarity
wesoł|y happy, cheerful, merry, jolly, gay, buoyant, cheery, playful, light-hearted, festive; **W**~**ych Świąt!** happy (Christmas, Easter); ~**e miasteczko** fair[3], funfair; ~**e miasteczko** (*oparte na jednym pomyśle/temacie*) theme park
wesprzeć (się) → WSPIERAĆ (SIĘ)
westchnąć → WZDYCHAĆ
westchnienie sigh
wesz louse
wet: ~ **za** ~ tit for tat; **oddawać** ~ **za** ~ retaliate
weteran/ka veteran
weterynaryjny veterinary
weterynarz vet[1]
wetknąć → WTYKAĆ
weto veto; **zakładać** ~ veto
wetować veto
wetrzeć → WCIERAĆ
wewnątrz inside[2], within; **do** ~ inside[2]
wewnętrznie internally
wewnętrzn|y internal, inner, inside[1], inward, home[2]; ~**a strona** inside[1]; **numer** ~**y** extension; **sprawy** ~**e** (*kraju*) the Interior; (*w Wlk. Br.*) **Minister Spraw W**~**ych** Home Secretary; (*w Wlk. Br.*) **Ministerstwo Spraw W**~**ych** the Home Office
wezbrać → WZBIERAĆ
wezwać → WZYWAĆ
wezwanie summons, appeal
węch smell[1]
wędka fishing rod
wędkarstwo angling, fishing
wędka-rz/rka angler
wędkować fish[2]
wędrować wander, roam, ramble, hike, trek, migrate
wędrowiec hiker, traveller
wędrownik hiker
wędrowny itinerant, nomadic
wędrówka hike, ramble; (*długa piesza*) trek, migration
wędzidło bit[2]
wędzony smoked, smoky
węg|iel: (*opał*) coal; ~**iel drzewny** charcoal; **czarny jak** ~**iel** jet-black; ~**ielki** coals; (*pierwiastek chemiczny*) carbon; **tlenek** ~**la** carbon monoxide; **dwutlenek** ~**la** carbon dioxide
węglowodan carbohydrate
węgorz eel
węszenie sniff
węszyć/zwęszyć sniff, snuffle, nose about/around; (*przen.*) get wind of sth
węzeł knot[1]; (*miara*) knot[2]; ~ **kolejowy** junction
węzłowato: (*mówiąc*) **krótko i** ~ in a nutshell
wężyk tube
wgięcie dent
wginać/wgiąć dent
wgląd insight; **mieć** ~ **do czegoś**, **nie mieć do czegoś** ~**u** (not) give/have a look-in
wgłębienie depression

wgrywać/wgrać: (*program komputerowy*) load[2]
wiać: (*o wietrze*) blow[1]; ~ **porywiście** gust
wiadomo: **nie** ~ God/goodness/ Heaven knows; **nigdy nie** ~ you never know
wiadomoś|ć communication, message, information; **~ci** news; **sensacyjna ~ć** scoop; **skrót najważniejszych ~ci** headline; **otrzymywać ~ć od kogoś** hear from sb; **przyjmować do ~ci** accept; **podawać do (publicznej) ~ci** disclose
wiadomy: ~ **z góry** a foregone conclusion
wiadro bucket, pail
wiadukt viaduct; (*w przejeździe dwupoziomowym*) flyover
wiar|a faith, belief; **w dobrej wierze** in good faith, on trust; **dawać ~ę** swallow; **nie do wiary** hard to swallow
wiarygodnie reliably
wiarygodność credibility, reliability
wiarygodny credible, believable, reliable, plausible, authoritative
wiatr wind[1]; ~ **monsunowy** monsoon; **podmuch ~u** blast[1]; **pod** ~ against the wind; **wystawiony na** ~ windswept
wiatraczek fan[1]
wiatrak windmill
wiatrówka: (*kurtka*) jacket, parka; (*strzelba*) gun
wiąz elm
wiązać/związać tie, bind, join, connect, hitch[1], bunch; (*liną*) rope; ~ **ze sobą** couple[2]; **wiążący** binding; (*kogoś*) tie sb down, tie yourself down; ~ **koniec z końcem** make ends meet; **z trudem wiązać koniec z końcem** eke out a living; **ledwo** ~ **koniec z końcem** keep your head above water[1], scrape by □ **wiązać/związać się**: (*z kimś/ czymś*) tie in (with sth), relate to sb/ sth
wiązadło ligament
wiązanie: (*na nartach*) binding
wiązanka: (*kwiatów*) bouquet; (*w muzyce*) medley
wiązka bundle; (*np. trawy*) wisp; (*promieni*) beam
wiążący valid
wibracja vibration
wibrować vibrate
wice- vice-
wicehrabia viscount
wicher gale
wichrzyć (się): (*o włosach*) ruffle
wić się: (*o włosach*) curl[2]; (*o drodze itp.*) twist[1], wind[3], meander, snake; (*o osobie*) writhe; (*z bólu*) thrash; **wijący się** curly
widać show[2]; **nie tylko to, co** ~ there is more to sb/sth than meets the eye
widelec fork
wideo video; **taśma** ~ videotape; **rejestrować na** ~ video
wideokaseta video
widły fork, pitchfork
widmo phantom, spectre, ghost; (*fizyczne*) spectrum
widmowy ghostly
widny light
widocznie visibly, noticeably, prominently, conspicuously, outwardly, visually
widoczność visibility, prominence
widoczny visible, noticeable, conspicuous, prominent, outward, apparent, seeming; **(być) ~m** (to be) in evidence; **~ gołym okiem** self-evident; **~ z budynku** in full view (of sb/sth)
widok view[1], sight[1]; **na** ~ on sight; **na ~u** in sight, in full view (of sb/ sth); **~i na coś** prospect, probability, outlook; **nie mieć ~ów na coś** be out of the running (for sth)
widokówka postcard
widomy blatant
widowisko show[1], spectacle, exhibition
widowiskowo spectacularly
widowiskowość pageantry
widowiskowy spectacular
widownia audience, auditorium; (*ludzie i miejsce*) house[1]
widywać się: **często ~ z kimś** see a lot of sb
widz spectator, onlooker
widzeni|e: **pole ~a** view[1]; **znać kogoś z ~a** know sb by sight; (*np. z dziećmi*) access[1]; **punkt ~a** standpoint; **do ~a** goodbye
widzialny visible
widziany: **mile** ~ welcome; **niemile** ~ unpopular; **(nie) być mile ~m** be in/out of favour (with sb)
widzieć/zobaczyć see, sight[2], glimpse, catch sight/a glimpse of sb/sth; **zobaczysz!** (just) you wait!; **zobacz sam!** see for yourself; ~ **we śnie** dream[2]; **do zobaczenia** goodbye, bye, see you (around); **świata poza kimś nie widzieć** think the world of sb □ **widzieć się**: ~ **z kimś** see sb
wiecznie eternally, ever, forever
wieczność eternity, infinity
wieczny eternal, everlasting, perpetual, timeless
wieczorowo nightly
wieczorowy nightly
wiecz|ór evening, night; **dzisiejszy ~ór** tonight; **(dziś) ~orem** in the evening, tonight; **dobry ~ór** good evening; **(powtarzający się) co ~ór** nightly; **panieński** ~ hen party; **~ór kawalerski** stag night
wiedz|a knowledge, scholarship, learning; **~a tajemna**, **o dużej ~y** learned; **~a po fakcie** hindsight
wiedzieć know, know of sb/sth; **dużo wiedzący** knowledgeable; **nie wiedzący** ignorant; ~ **o czym się mówi** know what you are talking about; ~ **co i jak** know what's what; **powinienem** ~**, że** I might have known; **nic nie** ~ (*o czymś*) (be/keep sb) in the dark (about sth); **wiem tyle, co ty** your guess is as good as mine; **kto wie** God/goodness/Heaven knows; **no wiesz** you know; **no wiesz!** come on; **wiesz co** (I'll) tell you what; **o ile wiem** to my knowledge
wiedźma witch
wiejski rural, village, pastoral, rustic
wiek age[1]; **średni** ~ middle age; **w średnim ~u** middle-aged; ~ **szkolny** school age; **przedział ~u** age group; **w ~u** aged; **odczuwać swój** ~ feel your age[1]; **~i całe** donkey's years; **na ~i** eternally; (*sto lat*) century
wieko lid
wiekopomność immortality
wiekopomny immortal
wiekow|y: **grupa ~a** age group
wielbiciel/ka admirer, devotee, enthusiast, buff
wielbić worship
wielbłąd camel
wielce enormously, remarkably, much[2], sadly, sorely
wiele many, much[1], a lot[2], a good/ great deal (of sth), various; **o** ~ much[2], a lot[3], mile(s); **o** ~ (*np. mocniej, dalej*) far[2], by far; ~ **razy** umpteen times; **tego już za** ~ a bit much
wielebny Reverend
Wielkanoc Easter
wielk|i great, large, big, grand[1], grandiose, massive; intense, profound, terrible; **(bardzo) ~i** almighty; **na ~ą skalę** large-scale; **W~a Brytania** Great Britain; **W~i Piątek** Good Friday; **nic ~iego** nothing much
wielkodusznie generously, nobly
wielkoduszność generosity
wielkoduszny generous, noble, magnanimous
wielkolud giant, ogre
wielkomiejski urban, metropolitan
wielkopańsko grandly
wielkoś|ć size, magnitude, volume, scale[1], greatness, grandeur; **~ci** -sized; **sporej ~ci** sizeable; **~ci naturalnej** full-scale
wielo- many-
wielofunkcyjny multi-purpose
wielokrotnie repeatedly, again and again
wielokrotność multiple
wielokrotny multiple, repeated
wielokulturowy multicultural
wielonarodowy multinational, cosmopolitan
wielonienasycony: (*o tłuszczu, oleju*) polyunsaturated
wielopaństwowy multinational
wielopiętrowy multi-storey, high-rise
wieloraki multiple
wielorasowy multiracial
wieloryb whale
wielorybnictwo whaling
wieloskładnikowy: (*o diecie*) omnivorous

wielostronny multilateral; (*o kształcie*) many-sided
wieloznacznie ambiguously
wieloznaczność ambiguity
wieloznaczny ambiguous
wielu many
wieniec wreath
wieńcowy coronary
wieńczyć/uwieńczyć crown[2], top[2], cap
wieprz hog
wieprzowina pork
wiercić bore[2], drill[1] □ **wiercić się** fidget, shuffle, wriggle, jig; (*np. ze wstydu*) squirm
wiergotać warble
wiernie faithfully, loyally
wiernopoddańczość subservience
wierność faithfulness, fidelity, loyalty, allegiance
wiern|y faithful, loyal, stalwart; **~a kopia** facsimile; (*rzecz.*) **wiern-y/a** worshipper; **~i** congregation
wiersz poem, line[1], verse; **nowy ~** (*w tekście*) paragraph; **~em** in rhyme
wierszyk rhyme; **~ dla dzieci** nursery rhyme
wiertarka drill[1]
wiertło drill
wierutn|y: **~e kłamstwo** whopper
wierząc-y/a believer
wierzba willow
wierzbina willow
wierzch top[1]; (*np. pizzy*) topping; (*leżeć itp.*) **na ~u** on top
wierzchołek top[1], peak[1]; **~ góry lodowej** the tip of the iceberg
wierzgać kick[1], buck[4]
wierzyciel creditor
wierzyć/uwierzyć believe, accept, credit[2]; (*w kogoś/coś*) believe in sb/sth, believe in doing sth; **nie ~** disbelieve; **wierz mi** take it from me; **choć trudno w to uwierzyć** believe it or not; **wierzyć komuś na słowo** take sb's word for it, take sth on trust[1]
wieszać/powiesić hang[1]; (*pranie*) hang sth out; (*np. płaszcz*) hang sth up; (*np. ogłoszenie*) put sth up
wieszak hanger, peg[1]; **poziomy ~** rail
wieś country; (*jednostka administracyjna*) village
wieś|ć: **~ci** news, lead[3], hearsay
wieść się: (*w danej sytuacji*) fare[2]; **nie ~** go wrong
wieśniaczka countrywoman
wieśniak countryman
wietrzeć: (*o skałach itp.*) weather[2]
wietrzny windy, breezy, windswept; (*o dniu*) **bardzo ~** blustery; **chłodny i ~** fresh
wietrzony aired; **nie ~** stuffy
wietrzyć/wywietrzyć air[2], ventilate □ **wietrzyć/wywietrzyć się** air[2]
wietrzyk breeze
wiewiórka squirrel
wieża tower; **strzelista ~** steeple
wieżowiec tower block
wieżyczka turret, pinnacle
więc therefore, then; **tak ~** thus, so[2], hence; **a ~** well[4]
więcej more[12], extra, further, over; (*w zakazie*) again; **co ~** what's more, moreover; **mniej ~** more or less; **coraz ~** more and more
więdnąć/zwiędnąć wilt, droop, wither
większoś|ć majority, most[1]; **być w ~ci** be in the/a majority; **ogromna ~ć** bulk; **w ~ci** mainly, mostly
większy major[1]
więzieni|e prison, jail, gaol, penitentiary; **wtrącać do ~a** imprison, jail
wię-zień/źniarka prisoner, convict, inmate
więź bond, tie[1], link
wigilia eve; **W~ Bożego Narodzenia** Christmas Eve
wigor vigour, stamina; **pełen ~u** vigorous, active; **z ~em** vigorously
wijący się winding
wikary: (*w kościele anglikańskim*) curate
wiklina rush[3]
wikłać/uwikłać confuse, involve □ **wikłać/uwikłać się** get entangled; **~ w kłopoty** get into trouble
wiktoriański Victorian
wilczo: (*głodny*) ravenously
wilczur Alsatian
wilgoć moisture, damp[1], humidity
wilgotność humidity
wilgotny moist, damp[1], humid, wet, clammy
wilk wolf; **patrzeć ~iem** scowl; **głodny jak ~** famished; **o ~u mowa (a ~ tuż)** speak/talk of the devil
willa villa
win|a fault, guilt, blame; **z poczuciem ~y** guiltily; **ponosić ~ę za coś** be at fault; **zwalać ~ę na kogoś** shift the blame/responsibility (for sth) (onto sb)[1]
winda lift
winiarnia wine bar
winić blame, reproach
winnica vineyard
winny guilty, culpable, in the wrong; **być ~m** be at fault, be to blame (for sth); **być ~m** (*komuś, np. pieniądze*) owe
wino wine; **białe ~** white wine; **czerwone ~** red wine; **~ firmowe** house wine
winogrono grape
winorośl vine
winowaj-ca/czyni offender, culprit
winyl vinyl
wiolonczela cello
wiolonczelist-a/ka cellist
wiosenn|y spring[2]; **~e porządki** spring-clean
wioska village; **mała ~** hamlet; **globalna ~** the global village
wiosło oar; **krótkie ~** (*o szerokim piórze*) paddle[1]
wiosłować row[2]; (*krótkim wiosłem*) paddle[1]
wiosna spring[2], springtime
wiórkować shave sth off (sth)
wi|r whirl; (*np. wody, wiatru*) eddy; (*wodny*) whirlpool; **w ~rze** (*czegoś*) in the thick of sth; **rzucać się w ~** (*czegoś*) plunge
wirnik rotor
wirować twirl, whirl, swirl, spin; (*bieliznę w pralce*) spin-dry; (*np. przed oczami*) swim, reel[2]
wirowanie swirl, spin; (*ruch i dźwięk*) whirl
wirówka spin dryer
wirtualn|y virtual; **~a rzeczywistość** virtual reality
wirtuoz/ka virtuoso
wirus virus, bug
wisieć hang[1]; (*o groźbie*) **~ nad kimś/czymś** loom[2]; **~ w powietrzu** hover, be in the offing, be brewing; **wiszący w powietrzu** impending; **~ nad kimś** hang over sb
wisielec: **gra w wisielca** hangman
wisior pendant
wisiorek pendant, necklace
wiszący hanging; (*nad czymś/kimś*) imminent
wiśnia cherry
witać greet, welcome; **witaj/cie!** welcome, hi; **serdecznie ~** make sb welcome
witalność vitality
witalny vital
witamina vitamin
witaminowy vitamin
witraż stained glass
witryna: **~ internetowa** website
wiwat cheer[2]
wiwatować cheer[1]
wiwisekcja vivisection
wiza visa
wizerunek image, picture, portrait
wizja vision
wizjer spyhole
wizjoner|ka visionary
wizjonerski visionary
wizualn|y visual; **pomoc ~a** visual aid
wizyt|a visit, call[1]; **krótka ~a** flying visit; (*u lekarza*) consultation; **składać ~ę** visit
wizytówka card
wjazd entry, entrance; (*na autostradę*) slip road
wjeżdżać/wjechać: (*o pociągu*) **~ na stację** pull into sth; **~ w/na coś** crash[2], go into sth, run (sth) into
wklejać/wkleić paste[2]
wklęsłość socket; **~ terenu** hollow
wklęsły concave, hollow
wklęśnięcie dent
wkład contribution, input; cartridge; **wymienny ~** (*chroniący pojemnik, wnętrze czegoś*) liner[2]
wkładać/włożyć put sth in sth, insert; (*np. dyskietkę, film, nabój*) load[2]; (*na siebie*) put sth on, get sth on; (*np. koszulę*) tuck sth in; **~ do kieszeni** pocket; (*np. czas, pracę*) put sth into sth/into doing sth; (*np. kapitał, czas, energię*) invest
wkładanie insertion
wkładka: **~ wewnątrzmaciczna** IUD
wkoło round[2]
wkraczać/wkroczyć enter, step

in, set foot (in/on sth); (*w sposób zdeterminowany*) march in; (*np. na teren, obszar*) invade; ~ **bez pozwolenia na czyjś grunt** trespass; (*np. w prawa kogoś*) impinge
wkradać/wkraść się steal, creep in; (*w czyjeś łaski*) ingratiate, worm your way/yourself into sth
wkręcać/wkręcić się wriggle
wkroczenie entry
wkrótce soon, presently, shortly, directly
wkurzyć się flip
wkuwać/wkuć cram; (*np. do egzaminu*) swot
wlać → WLEWAĆ
wlatywać/wlecieć fly into/through sth; (*tłumnie/gromadnie*) swarm
wlec drag[2], haul, lug, trail; **wlekąc kogoś za sobą** with sb in tow □ **wlec się** drag[2], crawl, plod, trail, slog; ~ **z tyłu za kimś/czymś** lag, straggle; (*o czasie*) wear on
wlecieć → WLATYWAĆ
wleczenie haul □ **wleczenie się** crawl, slog
wlewać/wlać pour
wliczać/wliczyć count[1], include, add sth on (to sth); **nie wliczać** exclude
wliczając including
władać rule; (*np. szablą*) wield; (*jakimś językiem*) speak
władani|e reign, command[2]; **we ~u** in your/sb's hands
wład-ca/czyni ruler; **władca** lord
władczo bossily
władczy domineering; (*np. ton*) commanding
władować się → ŁADOWAĆ SIĘ
władz|a authority, power, control[1], hold[2]; **mieć ~ę** have/wield power; (*nad kimś/czymś*) mastery (over sb/sth); **mieć ~ę nad** control[2]; **stracić ~ę w ręce** lose the use[2] of your hand; ~e authorit-y/ies; **~e lokalne** local authority, local government; **przekazanie ~y** (*zwł. samorządom lokalnym*) devolution
włamanie break-in; **kradzież z ~m** burglary
włamywacz/ka burglar
włamywać/włamać się break in/into sth, force an entry, burgle
własnoręcznie (all) by yourself/yourselves/ourselves, etc.
własnoręczn|y: **~e dzieło** handiwork
własność property, ownership; **na ~** of your, etc. own, for keeps; **mieć na ~** own[2]; (*cecha*) quality
własn|y own[1], of your, etc. own, personal; **nazwa ~a** proper name; **swoje ~e** particulars; **z ~ej woli** of your own accord, of your own free will; **~ego wyrobu** home-made
właściciel/ka owner, possessor, proprietor, bearer, holder; **właściciel** master[1]; **właścicielka** mistress; ~ (*np. pubu, małego hotelu, domu czynszowego*) landlord/landlady
właściwie correctly, suitably, actually, in (actual) fact
właściwość property, quality, feature, peculiarity; (*odpowiedniość*) suitability, correctness
właściwy right[2], correct[1], proper, appropriate, legitimate; (*komuś/czemuś*) unique, inherent, peculiar; **we ~m czasie** in due course
właśnie exactly, precisely, just[2], bang[3]; ~ **ten** the very one[1]; ~ **tak** just so, precisely; **no,** ~ quite; **w tym ~ czasie** at that particular time; ~ **mieć zamiar coś zrobić** be about to do sth
właz hatch[1]; ~ **kanalizacyjny** manhole
włączać/włączyć include, incorporate; ~ **do akt/kartoteki/archiwum** file[1], engage; (*np. światło*) put sth on, turn sth on, switch (sth) on, switch □ **włączać/włączyć się** join in (sth/doing sth); (*o pojeździe*) ~ **do ruchu** pull out; (*o ogrzewaniu itp.*) go on; ~ **do czegoś** get in on sth
włączenie inclusion □ **włączenie się**: **powodować** ~ activate, set sth off
włącznie: (*od czegoś do czegoś*) inclusive; ~ **z czymś** down[1] to sth
włączony on
włochaty shaggy, hairy
włos a hair, a strand of hair; **~y** hair; **granica ~ów, linia ~ów** hairline; **o jasnych ~ach** fair-haired; **sprawiający, że ~y jeżą się na głowie** hair-raising; **o mały ~** by the skin of your teeth, narrowly; **uniknięcie nieszczęścia o mały ~** a close shave/thing, narrow escape; **być o ~** (*od czegoś/zrobienia czegoś*) come close (to sth/to doing sth)[2]; **sprawiać, że komuś ~y stają dęba** make sb's hair stand on end
włosie bristle
włoski Italian; **strajk ~** work to rule
włożyć → WKŁADAĆ
włóczęga tramp[1], bum[2], down and out, nomad, vagrant
włócznia spear
włóczyć się roam, wander, loiter, hang about/around, gad about/around
włókno fibre; ~ **lniane** flax; ~ **szklane** fibreglass
wmasować → MASOWAĆ
wmawiać/wmówić: (*łagodną perswazją*) coax; (*coś komuś*) palm sb off (with sth), palm[1]
wmieszać: (*kogoś do czegoś wbrew jego woli*) dupe □ **wmieszać się**: (*w coś*) be/get mixed up in sth; (*np. w tłum*) mingle
wmontowywać/wmontować build sth into sth
wmurowany built-in
wmurowywać/wmurować build sth in/on, build sth into/onto sth, embed
wnęka bay[2]; (*w pokoju*) recess; (*zwykle z półką*) niche
wnętrz|e inside[1], interior; **we ~u** within; **skierowany do ~a** inward
wnętrzności offal, guts
wniebogłosy at the top of your voice
Wniebowstąpienie Ascension Day
wnieść → WNOSIĆ
wnikać/wniknąć inquire into sth
wnikliwie acutely; (*np. analizować*) in depth
wnikliwość penetration, discrimination
wnikliwy penetrating, acute, astute, discerning, inquiring
wnios|ek conclusion, deduction, inference; **pochopnie wysuwać ~ki** jump to conclusions; (*propozycja*) motion, proposition; **wysuwać ~ek** propose
wnioskować/wywnioskować conclude, deduce, gather, infer, piece sth together
wnioskowanie deduction
wnosić/wnieść carry in, bring, get; ~ **swój udział**; ~ **wkład do czegoś** contribute; ~ **apelację** appeal; ~ **oskarżenie** bring/press charges (against sb)[1]; ~ **podanie** apply; (*np. podanie*) put sth in; (*skargę*) lodge[2]
wnuczka granddaughter
wnuk grandson, grandchild
woalka veil
wobec: ~ **tego** then, in that case; ~ **tego, że** since
wo|da water[1]; **~dy** (*terytorialne*) waters; **~da kolońska** eau de cologne; **~da z kranu** tap water; **~da mineralna** mineral water; **~dy morskie** sea; **~da pitna** drinking water; **~da sodowa** soda; **na ~dzie** afloat; **pod ~dą** underwater; **lać ~dę** pad sth out
Wodnik: (*znak zodiaku*) Aquarius
wodnisty watery, thin, weak
wodny aquatic; **transport ~** shipping
wodolot hovercraft
wodoodporny waterproof
wodorost algae; **~y** seaweed
wodospad waterfall, cascade
wodoszczelny watertight, waterproof
wodotrysk fountain
wodować: (*statek*) launch
wodowanie: (*statku*) launch[1]
wodór hydrogen
wodz|a: **~e** reins
wodzić: ~ **wzrokiem** sweep[1]
wojak soldier
wojenn|y martial; **działania ~e** warfare, hostility; **zbrodnia ~a** war crime; **okres ~y** wartime; **stan ~y** martial law
wojewoda governor
województwo province
wojna war; ~ **biologiczna** biological warfare; ~ **jądrowa** nuclear warfare; **~a krzyżowa** crusade; **~a domowa** civil war; **~a światowa** world war; **na ~ie** at war; **czas ~y** wartime; **~a wybuchła** war broke out

wojowniczość militancy
wojowniczy militant, warlike; **~a osoba** militant
wojownik warrior
wojsk|o army; troop; **~a spadochronowe** paratroops; **wstąpić do ~a** join army, join up
wojskow|y military; **służba ~a** military service
wokalist-a/ka vocalist
wokalny vocal
wokoło around[1,2]
wokół round[3]
wol|a will[3]; **dobra ~a** goodwill; **wolna ~a** self-determination; **żelazna ~a** iron[1], will; **z własnej ~i** willingly, of your own accord, of your own free will
woleć prefer, favour[2], have a preference for sth, choose, would rather… (than)
wolej: (*np. w tenisie*) volley
wolno free[1]; **~ (ci/mi itp.)** at liberty (to do sth); **~ komuś coś robić** be allowed to do sth; **nie ~** you must not (do sth); **nie ~ fotografować** photography is not allowed; (*powoli*) slowly, slow[2], loosely
wolnocłowy duty-free
wolnomularz Freemason
wolnoś|ć freedom, liberty; **~ć słowa** free speech, freedom of expression; **na ~ci** free[1], at large, on the loose, on the run; **na ~ci** (*o zwierzętach*) in the wild
woln|y free[1], open[1]; (*od czegoś*) clear[1]; (*o domu, posadzie itp.*) vacant; (*np. czas, miejsce*) spare[1]; **czas ~y** leisure; **~e miejsce, ~a inicjatywa** free enterprise; **rzut ~y** (*w futbolu*) free kick; **~y ptak** free agent; **~y pokój** (*np. w hotelu*), **~a posada** vacancy; **~y od czegoś** immune; **~y od podatku** tax-free; **dzień ~y od pracy** day off; (*o czymś do korzystania*) odd; **wybrany w ~ych wyborach** freely elected; **mieć/dostać ~ą rękę** get, have, etc. a free hand; **w ~ej chwili** at your leisure; **(mieć coś) ~ego** to spare; (*o tempie*) slow[1]
wolt volt
woltaż voltage
wołać/zawołać call[2], hail[2]
wołanie call[1]
wołowina beef
wołowy bovine; **kotlet mielony ~** beefburger
woń odour, smell[1], perfume; **mieć ~** smell[2]
wor|ek sack[1], bag[1], pouch; **wrzucać do jednego ~ka** lump sth together
workowaty baggy
wosk wax; **~ do polerowania** polish
woskowany: **papier ~** greaseproof/wax paper
woskowina: (*uszna*) wax
woskow|y: **figura ~a** waxwork
wotum: **~ nieufności** censure, a vote of no confidence
wozić drive[1], wheel; **~ (zawodowo) samochodem** chauffeur
wódka vodka
wódz: (*plemienia*) chief, chieftain
wół ox
wówczas then, at the time; **gdy tylko… ~…** no sooner…than
wóz cart, wagon; **~ strażacki** fire engine
wózek: (*handlarza*) barrow; (*np. na zakupy w sklepie*) trolley; **~ dziecinny** pram; **składany ~ dziecinny** pushchair; **~ inwalidzki** wheelchair
wpadać/wpaść fall into sth, collide, bang[1], bash; **~ (z nagła/z impetem) do czegoś** plunge; **~ do głowy** strike[2]; (*gdzieś*) breeze in, breeze, burst in on sb/sth; (*do kogoś*) call by, drop in on sb, pop round[2]/in; (*gdzieś na chwilę*) go round (to…); **~ na kogoś/coś** (*przypadkiem*) run across sb/sth, bump into sb; **~ na coś** hit on sth; (*np. do sklepu*) pop across; **~ na siebie** pile up; **~ w tarapaty** get into trouble; **~ jednym uchem, wypadać drugim** go in one ear and out the other[1]
wpajać/wpoić impress, instil, drum sth into sb, drum
wpakowywać/wpakować się: **~ w kabałę** get into trouble
wpasowywać/wpasować slot, blend
wpaść → WPADAĆ
wpatrywać: **wpatrzony w siebie** introverted □ **wpatrywać się** stare, peer[2], study[2]
wpis entry
wpisywać/wpisać write sth in sth, put sth in, enter, inscribe; **~ do komputera** key[2], feed[1]; **~ kogoś/coś wstępnie** pencil sth/sb in; **~ do rejestru** register[2] □ **wpisywać/wpisać się**: **~ do rejestru** register[2], sign in
wplątany: **być ~m w coś** be concerned in sth
wplątywać/wplątać implicate □ **wplątywać/wplątać się**: (*w coś*) be/get mixed up in sth
wpłacać/wpłacić credit[2]; (*część należnej kwoty*) put sth down; **~ na konto** deposit[1]; **wpłacony** paid-up
wpłata payment, credit[1]; **~ symboliczna** a token, payment
wpływ influence, hold[2], control[1], pull; **wywierać ~** influence, sway, get to sb; **wywierający ~** influential; **~y** income; (*z czegoś/za coś*) revenue; **~y kasowe** takings
wpływać/wpłynąć sail in, swim in; **~ do portu** dock[1]; (*wywierać wpływ*) influence, affect, govern, impinge, colour[2]; **~ na konto** credit[2]; **doskonale ~ na kogoś/coś** do wonders (for sb/sth)
wpływowy influential, powerful, forceful
wpoić → WPAJAĆ
w pojedynkę solo, single-handed
wpół: (*do jakiejś godziny*) half past…
wpraszać/wprosić się intrude
wpraw|a skill, mastery; **nabierać ~y** master[2]; **wyjść z ~y** be/get out of practice
wprawiać/wprawić: (*kogoś w coś*) put, send; **~ w zakłopotanie** disconcert
wprawnie skilfully
wprawny skilful, skilled, practised, familiar
wprost direct[1], square(ly), straight; **~ przeciwnie** far from it
wprowadzać/wprowadzić lead in; (*np. ustawę*) bring sth in, implement[2], impose; **~ w świat** bring sth out; **~ w życie** bring sth/come into force, introduce; **~ pilotażowo** pilot; **~ stopniowo** phase sth in, phase; (*np. do salonu, sali*) usher; (*kogoś w coś*) introduce, initiate; **~ na urząd** install; **~ uroczyście na stanowisko** inaugurate; **~ dane do komputera** input, feed[1]; **~ w błąd** mislead □ **wprowadzać/wprowadzić się** move in
wprowadzający introductory
wprowadzanie/wprowadzenie introduction; (*np. planu*) implementation, institution; (*np. w temat*) grounding; (*np. w tajemnicę*) initiation, induction
wprzęgać harness
wpuszczać/wpuścić let sb/sth in
wpuszczony: (*np. w podłogę*) sunken
wpychać/wepchnąć stuff[2], cram, shove, thrust, crowd sb/sth in, jab, plunge □ **wpychać/wepchnąć się** shove, thrust, crowd in; **~ bez kolejki** push in
wrabiać/wrobić: (*kogoś w coś*) frame[2]
wracać/wrócić: **~ do/z kogoś** return[1], get back, come back, come back (to sb); (*dokądś*) go back (to…); **~ ponownie** (*np. do tematu*) get back to sth; (*do przerwanej czynności*) go back to sth/to doing sth; (*o modzie*) come back; **~ do zdrowia** recover, recuperate; (*do formy*) return[2]; (*do równowagi*) recover; (*np. do pracy*) resume; **~ tą samą drogą** backtrack
wrak wreck, wreckage; (*samochód nie nadający się do naprawy*) write-off
wraz: **~ z kimś/czymś** together with, along with sb/sth; **~ z tym** herewith
wrażenie impression, effect, impact, air[1], excitement, sensation; **mocne ~** thrill; **wywierający ~** impressive; **wywierać ~** impress, deal a blow to sb/sth; **sprawiać ~** come across/over; **mieć ~, że** feel[1], fancy[3]; **mieć/odnosić ~** get the idea that…, have an idea that…
wrażliwość sensibility, feeling, sensitivity, tenderness, delicacy
wrażliwy sensitive, impressionable, susceptible, tender[1], keen, allergic; (*np. na widok krwi*) squeamish
wrąb nick[1]
wreszcie finally, at (long) last

wręcz directly; ~ **przeciwnie** far from it, the reverse[2]
wręczać/wręczyć hand sb/sth over (to sb), hand sth in (to sb), give sth in, present[3]
wręczani|e: **ceremonia ~a** presentation
wrodzony natural, innate, inherent, congenital, built-in
wrogi hostile, antagonistic; **~e nastawienie** hostility
wrogość hostility, enmity
wrona crow[1]
wrota: (*np. do sławy, sukcesu*) gateway
wrotka roller skate
wróbel sparrow
wrócić → WRACAĆ
wróg enemy, foe
wróżb|a omen; **być dobrą/złą ~ą** augur well/ill for sb/sth
wróżbita fortune teller
wróżka fairy; (*wróżbiarka*) fortune teller
wróżyć foretell; **~komuś** tell sb's fortune; ~ **dobrze/źle** bode well/ill (for sb/sth)
wrzask yell, scream, shriek, shout, cry[2], bellow; **podnosić ~** clamour
wrzaskliwy tumultuous, uproarious; (*o głosie*) raucous
wrzasnąć → WRZESZCZEĆ
wrzawa clamour, uproar, turmoil, racket[2], hullabaloo, hubbub
wrzący boiling, scalding; (*o sytuacji itp.*) turbulent
wrzeć boil[1], come to the boil; (*np. w kraju*) be in ferment; (*o pracy itp.*) hum
wrzeni|e: **doprowadzać do ~a** bring sth to the boil
wrzesień September
wrzeszczeć/wrzasnąć yell, scream, shriek, shout, bellow, roar, rave, bawl
wrześniowy September
wrzos heather
wrzosowisko heath, moor[1]
wrzód ulcer, abscess
wrzucać/wrzucić throw in, bung, stuff[2]; ~ **do jednego worka** lump[1]; (*o biegu w samochodzie*) engage
wsadzać/wsadzić poke, shove; ~ **do kieszeni** pocket; ~ **do więzienia** imprison, jail; ~ (*kogoś*) **do pudła** nick[2]; ~ **kogoś do paki** put sb away
wschodni eastern, east, easterly, eastward
wschodzący: (*o gwieździe rocka itp.*) rising
wschodzenie germination
wschodzić/wzejść rise[2]; (*o roślinach*) come up, germinate; (*o słońcu, księżycu*) come up
wschód east; **na ~** east, eastward, eastbound; **ze wschodu** east, easterly; **północny ~** north-east; **Daleki W~** the Far East, orient; **Bliski/Środkowy W~** the Middle East; **~ słońca** sunrise
wsiadać/wsiąść: ~ **do czegoś/na coś** get on/onto sth, get in/into sth; (*np. do czegoś/na coś*) board[2]; ~ **na statek** embark; ~ **na kogoś** be onto sb
wsiąkać/wsiąknąć sink in/sink into sth, soak sth up
wskakiwać/wskoczyć: (*do/z autobusu itp.*) hop on/onto/in/into sth
wskazać → WSKAZYWAĆ
wskazani|e indication; **~a** (*np. przyrządu pomiarowego*) reading
wskazan|y advisable; **~e byłoby** it would be (just) as well (to do sth)
wskazówk|a guide[1], pointer, guideline, clue, hint, tip[4]; **~i** directions; (*zegara*) hand[1]
wskazujący: **palec ~** index finger
wskazywać/wskazać: (*na kogoś/coś*) indicate, point[2], gesture, designate; (*o znaku itp.*) read; (*coś komuś/na coś*) point sth out (to sb); **wskazujący** indicative; ~ **dokładnie** pinpoint
wskaźnik indicator, gauge, index, rate[1], rating; (*np. do poakazywania na mapie*) pointer
wskoczyć → WSKAKIWAĆ
wskórać: **swoimi przeprosinami nic u mnie nie wskórał** his excuses cut no ice with me
wskroś: **na ~** through
wskrzeszać/wskrzesić revive, resurrect
wskutek: ~ **tego** thereupon; (*czegoś*) consequently, owing to
wspaniale brilliantly, splendidly, magnificently, superbly, gloriously, gorgeously, admirably, delightfully, glamorously, richly, super; (*np. świeży*) lovely and warm, peaceful, fresh, etc.
wspaniałomyślnie generously
wspaniałomyślność generosity
wspaniałomyślny generous, magnanimous
wspaniałość splendour, magnificence, glory, grandness, grandeur
wspaniały splendid, magnificent, superb, glorious, gorgeous, grand[1], great, imposing, admirable, fine[1], delightful; (*pot.*) terrific, super
wsparcie support, backing; ~ **duchowe** moral support
wspiąć się → WSPINAĆ SIĘ
wspierać/wesprzeć support, further, back[4], reinforce
□ **wspierać/wesprzeć się** lean[2]
wspinaczk|a climb; **~a górska** mountaineering, rock climbing; **uprawiając-y/a ~ę górską** climber
wspinać/wspiąć się: (*na coś*) climb, ascend, mount[2], scale[3]
wspinanie się climb, ascent
wspomagający auxiliary
wspomagany: **nie ~** unaided
wspominać/wspomnieć reminisce, look back (on sth); (*o czymś*) mention, note[2]; **wspominać** cast your mind back[2]
wspomnienie memory, recollection
wspólnie jointly, collectively, together; ~ **z kimś/czymś** in common with sb/sth
wspólni-k/czka partner
wspólnota communion; (*np. rodzinna*) togetherness; community; **W~ Brytyjska** the Commonwealth; **W~ Niepodległych Państw** CIS
wspóln|y common[1], joint[2]; mutual; cooperative; (*np. wysiłek*) concerted; (*o pomieszczeniu itp.*) communal; **~e zainteresowania/poglądy itp.** common ground; **mieć coś ~ego z kimś/czymś** be/have to do with sb/sth, have sth in common (with sb/sth); **nie mieć nic ~ego z kimś/czymś** be/have nothing to do with sb/sth; **taki, który nie ma nic ~ego z czymś** a far cry from sth/from doing sth
współ-: (*np. towarzysz, obywatel*) fellow[2]
współczesn|y: (*przym.*) contemporary, modern; (*rzecz.*) **~y/a** contemporary
współczuci|e sympathy, compassion, pity; **wyrazy ~a** condolences; **wyrażać ~e** sympathize, commiserate
współczuć sympathize, pity, be/feel sorry for sb; ~ **komuś** feel for sb
współczująco sympathetically
współczujący sympathetic, compassionate, pitying
współczynnik ratio; ~ **umieralności** mortality
współdziałać cooperate, associate[2], pull together; (*np. w zbrodni*) connive
współdziałanie cooperation, coordination, interaction
współgrać blend in (with sth)
współistnieć coexist
współistnienie coexistence
współlokator/ka room-mate
współmiernie in proportion (to sth)
współmierny proportional
współpraca cooperation, collaboration, association, teamwork
współpracować cooperate, collaborate, team up (with sb)
współpracowni-k/czka associate[1], collaborator; (*np. pisma*) contributor
współrzędna coordinate[1]
współsprawca: (*np. zbrodni*) accessory, accomplice
współśrodkowy concentric
współuczestniczyć participate; (*w przestępstwie*) aid and abet
współudział partnership; (*w przestępstwie*) complicity
współwykonaw-ca/czyni: (*o aktorze*) ~ **głównych ról** co-star
współzależność interdependence, correlation
współzależny interdependent; **być ~m** correlate
współzawodnictw|o rivalry; contention; **chęć do ~a** competitiveness

współzawodniczyć contend, race[2], emulate
wstawać/wstać get up, stand[1], stand up, rise[2]; **późno** ~ sleep in
wstawiać/wstawić put sth in □ **wstawiać/wstawić się**: ~ **za kimś** put in a (good) word for sb
wstawianie insertion
wstawka insertion
wstąpić → WSTĘPOWAĆ
wstąpienie: (*na tron*) accession
wstążka ribbon, band
wstecz backward, backwards; **działający** ~ retrospective; **patrząc** ~ in retrospect; **sięgać myślą** ~ think back[3]
wsteczny: **bieg** ~ reverse[2]
wstęga: (*np. dymu*) wisp
wstęp entry, entrance, admission, admittance; ~ **wzbroniony** no entry/admittance, keep out; **bilet** ~**u** admission; **umożliwiać** ~ admit; **odmawiać** ~**u** turn sb away; (*początek*) introduction, prelude, preliminary; (*w książce*) preface
wstępniak editorial
wstępnie initially
wstępn|y introductory, preliminary, initial, opening; **słowo** ~**e** foreword; ~**y warunek** prerequisite
wstępować/wstąpić: (*do czegoś*) enter, join; ~ **do wojska** join the army, enlist, join up; ~ **na uczciwą drogę** go straight; ~ **w kogoś** get into sb
wstręt disgust, revulsion, repulsion, abhorrence, loathing, horror; **napawać** ~**em** disgust; **budzić** ~ revolt, repel; **żywić** ~ abhor; **czuć** ~ loathe
wstrętny revolting, repulsive, repellent, loathsome, horrid, hateful, obnoxious, vile, foul[1], nasty, rotten, sickly, shocking, beastly; (*pot.*) lousy, yucky
wstrząs shock[1], jolt, impact, upheaval; ~ **mózgu** concussion; **wywoływać** ~ shock[2]; **powodować** ~ **mózgu** concuss
wstrząsać/wstrząsnąć shake[1], jolt, rock[2], jar[2], convulse, shock[2]; (*kimś*) rattle[1], appal □ **wstrząsać się** convulse
wstrząsająco appallingly
wstrząsający shocking, startling, appalling, devastating, distressing
wstrząśnięcie shake[2]
wstrząśnięty shocked, startled, staggered, flabbergasted, devastated
wstrzemięźliwie sparingly
wstrzemięźliwy moderate[1], sparing
wstrzykiwać inject
wstrzymanie: ~ **gry** stoppage
wstrzymanie się: (*od głosu*) abstention
wstrzymywać impede, inhibit, suspend, hold off sth/doing sth, withhold; (*wypłatę czeku*) stop[1] □ **wstrzymywać się** hold off (sth/doing sth); (*od głosu*) abstain
wstrzymywanie suspension
wstyd shame, disgrace, self-consciousness; **bez** ~**u** unashamed; **było mu** ~ he was ashamed; ~ **mi za ciebie** I'm ashamed of you
wstydliwie coyly
wstydliwy bashful, diffident
wstydzić się be ashamed
wsuwać/wsunąć insert, slip[1] sth into sth, slide[1] sth into sth, poke sth into sth, pop sth in/into sth; **ostrożnie** ~ ease[2]; (*jedzenie*) scoff, tuck in
wsuwanie insertion
wsysać/wessać suck
wsysanie suction
wszczynać/wszcząć: ~ **bunt** rebel
wszechmocny almighty
wszechmogący almighty
wszechobecny ubiquitous
wszechstronnie comprehensively
wszechstronn|y comprehensive; (*o osobie*) versatile, all-round
wszechświat universe, cosmos
wszelki every; **na** ~ **wypadek** on the off chance, on the safe side
wszerz across; **wzdłuż i** ~ the length and breadth of sth
wszędobylsk-i/a busybody
wszędzie everywhere, all over, throughout, high and low; ~ **tam, gdzie** wherever, all over the place[1]
wszyscy all[1], everybody, everyone; ~ **(razem)** the (whole) lot[1]; ~ **(bez wyjątku)** all and sundry
wszystkie all[1]
wszystk|o all[1], everything; ~**o (razem)** the (whole) lot[1]; ~**o (to) co** whatever, what; ~**o razem wziąwszy** altogether; **przede** ~**im** above all, basically, primarily; **nade** ~**o** first and foremost; ~**o mi jedno** I'm easy, I'm not fussed (about sb/sth); ~**o jedno** (*gdzie itp.*) no matter who, what, where, etc.; ~**iego najlepszego z okazji urodzin!** happy birthday; ~**iego najlepszego!** all the best
wszystkożern|y omnivorous; **zwierzę** ~**e** omnivore
wścibiać: ~ **nos w nie swoje sprawy** pry, meddle
wścibsk|i: (*przym.*) inquisitive, interfering, nosy; (*rzecz.*)~**i/a** busybody
wścibsko inquisitively
wścibstwo inquisitiveness
wściekać/wściec się get angry, lose your temper, rage, go crazy, rave, be/get steamed up; **strasznie** ~ go up the wall, see red[1]
wściekle madly, furiously, irately
wścieklizna rabies
wściekłoś|ć rage, fury; **doprowadzać do** ~**ci** enrage
wściekły: (*na kogoś*) mad, furious, berserk, irate, incensed, glaring, sick, up the wall
wśród among, amid, between
wtajemniczać initiate; **osoba wtajemniczona** insider; **pouczać/** ~ **kogoś** show sb/know/learn the ropes
wtajemniczenie initiation
wtajemniczony initiated, in the know
wtargnąć: (*do kraju*) invade; (*na czyjąś ziemię, teren*) encroach; (*przerywać, np. rozmowę*) burst in on sb/sth
wtargnięcie invasion, intrusion
wtedy then, at the time
wtłaczać: (*kogoś/coś pomiędzy kogoś/coś*) sandwich; (*coś*) pack sth in/into sth □ **wtłaczać się** cram, pile into sth
wtorek Tuesday
wtórny secondary
wtrącać/wtrącić put sth in; (*np. słowo*) get sth in; ~ **do więzienia** lock sb up □ **wtrącać/wtrącić się** interfere, meddle, pry (into sth); (*np. do rozmowy*) break in, break in (on sth), butt in (on sb/sth), cut into sth, chime/chip in (with sth); ~ **do kogoś/czegoś/w czyjeś sprawy** mess with sb/sth; **nie** ~ mind your own business
wtrącanie interjection □ **wtrącanie się** interference, intervention
wtryniać: (*coś komuś*) palm sth off (on sb), palm sb off (with sth)
wtulony: (*np. w dolinie*) nestling
wtyczk|a plug; **nasadka na** ~**ę** (*dopasowana do innego typu gniazdka*) adaptor
wtykać/wetknąć stick[2], poke, tuck, pop sth in/into sth; ~ **nos w coś** poke/stick your nose into sth
wuj/ek uncle
wulgarnie rudely
wulgarność vulgarity
wulgarny vulgar, rude
wulkan volcano
wulkaniczny volcanic
wwiercać/wwiercić się wriggle
wy you
wyalienować → ALIENOWAĆ
wyasygnować → ASYGNOWAĆ
wybaczać/wybaczyć forgive, pardon[2], excuse[2]; **łatwo wybaczający** forgiving
wybaczalny forgivable, pardonable, excusable
wybaczenie forgiveness
wybadać sound sb out (about sth)
wybaw-ca/czyni rescuer
wybawiać rescue; ~ **kogoś z kłopotu** bail sb out
wybawianie/wybawienie rescue, salvation; **wybawienie** godsend
wybawiciel saviour
wybełkotać → BEŁKOTAĆ
wybetonować → BETONOWAĆ
wybić → BIĆ
wybieg device; (*dla koni*) paddock; (*np. dla świń, owiec*) pen[2]
wybiegać run out of sth, rush[1] out of sth, range[2]; (*nagle*) burst out of sth
wybielacz bleach
wybielać bleach, fade; (*oczyścić z zarzutów*) whitewash
wybierać/wybrać choose, pick[1], select, go/opt/plump for sb/sth; (*np. informacje*) cull; (*drogę*) take;

(*w głosowaniu*) elect; ~ **na stanowisko** make[1]; ~ **czas** (*np. podróży*) time[2]; **wybrać: albo-albo** you can't have your cake and eat it
wybieralny: (*w wyborach*) eligible
wybijać: ~ **piłkę** (*np. w krykiecie lub baseballu*) bat[2]; ~ **takt** beat time (to sth); ~ **godziny** chime, strike[2]
wybijający się outstanding
wybiórczo selectively
wybiórczy selective
wybitnie outstandingly
wybitność distinction, prominence
wybitny outstanding, leading, prominent, eminent, distinguished; (*o cechach itp.*) salient[1]
wyblakły dim, watery
wyblaknąć → BLAKNĄĆ
wyboisty bumpy
wybor-ca/czyni elector, voter, constituent
wyborczy electoral; **okręg** ~ constituency
wyborowy choice, prime[1]
wybory election, polling; ~ **powszechne** general election; ~ **dodatkowe** by-election; ~ **głównego kandydat-a/ki** (*np. na prezydenta*) **partii politycznej** primary[2], ballot box
wybój bump, pothole
wyb|ór choice, selection, pick[2], option, collection, assortment; **~ór na stanowisko** appointment; **z (własnego) ~oru** out of/from choice
wybrakowany waste[3], defective; ~ **towar** reject
wybrany select; **być ~m** (*np. w wyborach*) get in; get into sth
wybredny particular, fastidious, fussy, picky, choosy
wybredzać pick and choose
wybrnąć: **starać się ~ z trudnej sytuacji** make the best of sth/a bad job
wybronić → BRONIĆ
wybryk: ~ **natury** freak; (*moralnie podejrzane*) **~i** goings-on
wybrzeże coast[1], shore, seashore, seaside
wybrzuszać/wybrzuszyć (się) bulge
wybrzuszony bulging
wybuch explosion, blast[1], eruption; (*np. epidemii, wojny*) outbreak; (*np. entuzjazmu*) burst[2]; (*np. gniewu, śmiechu*) outburst; **~y złości** temper
wybuchać explode, blow up, go off, detonate, erupt; (*o wojnie, epidemii itp.*) break out; ~ **gniewem** blow up, flare up; ~ **płomieniem** flare up; (*np. płaczem*) burst into sth; ~ **śmiechem** burst out laughing
wybuchowy explosive; **materiał** ~ explosive; (*o osobie*) bad-tempered, temperamental
wybujać run riot
wyburzać demolish; (*budynek*) knock sth down
wyburzenie demolition
wycelować → CELOWAĆ
wycena estimate[1], valuation
wyceniać/wycenić cost[2], price, value
wychłostać → CHŁOSTAĆ
wychodzić/wyjść go out, leave, exit, get out (of sth); ~ **z pracy** get off (sth); (*np. na scenę*) come on; ~ **pośpiesznie** make off; (*np. z opresji*) emerge; (*o oknie, pokoju*) ~ **na coś** look[1], overlook, face[2], open into/onto sth; ~ **cało** come through (sth); ~ **z czegoś** (*w sprawie sądowej*) get off (with sth); ~ (*z wypadku*) **cało** get off (with sth); **dobrze komuś** ~ work out; ~ **na czymś** (*dobrze/źle*) come off, come of sth/of doing sth; ~ **na jaw** come to light; **nie wyjść** fall through; (*o pomyśle*) work[2]; (*o zdjęciu*) ~ (**dobrze/źle**) come out; (*drukiem*) come out; (*o słońcu*) ~ **zza chmur** come out; ~ **z użycia** fall into disuse; (*z mody/użycia*) go out; ~ **za mąż** marry; **wyjść na swoje** break even; **wyjść na dobre** be (all) for the best; ~ **cało z opresji** fall/land on your feet[1]; ~ (**z kimś**) go off (with sb)
wychodźstwo exile
wychowan-ek/ka pupil[1]; (*osierocone dziecko wychowywane przez kogoś*) ward
wychowanie upbringing; **dobre** ~ politeness, good manners
wychowany: **dobrze** ~ well-behaved, polite
wychowaw-ca/czyni: (*osoba nauczająca i pomagająca w sprawach prywatnych*) tutor
wychowawczy educational
wychowywać bring sb up, raise[1], rear[2]
wychudzenie emaciation
wychudzony emaciated, gaunt, skinny, wasted
wychwalać glorify
wychylać/wychylić się lean[2] out/over, hang[1] out
wyciąg essence; ~ **z konta** bank statement
wyciągać/wyciągnąć pull sth out, drag sth out, draw[2], fish sth out (of sth); (*np. rękę*) stretch[1], extend; ~ **rękę** reach; ~ **szyję** crane[2]; (*za pomocą wyciągarki*) winch; (*od kogoś*) drag sth out (of sb); (*od kogoś, np. fakty*) nail sb down (to sth); ~ **coś z przeszłości** dredge sth up; ~ **coś na światło dzienne** bring sth to light[1]; (*np. wniosek*) draw[2]; ~ **wnioski** reason[2]; ~ **z czegoś jak najwięcej korzyści** make the most of sth □ **wyciągać/wyciągnąć się**: (*np. na łóżku*) stretch yourself out
wyciągarka winch
wyciągnięty outstretched
wycie howl, blare, wail; (*syreny statku*) hoot; (*np. z bólu*) yell
wycieczk|a excursion, trip, outing; (*np. po mieście*) tour; **~a piesza** walk[2], hike; **~a krajoznawcza** ramble; **~a morska** cruise; **mała ~a** run[2]; **jechać na ~ę objazdową** tour; **iść na pieszą ~ę** hike
wycieczkowicz tripper
wyciek leak, leakage; (*np. gazu*) escape[2]; (*np. płynu z rany*) discharge
wyciekać/wyciec leak
wycieńczony gaunt
wycieraczka doormat; (*szyby samochodowej*) windscreen wiper
wycierać/wytrzeć wipe; (*np. dziurę*) wear[1]; (*np. ręce, naczynia*) dry[2]; (*naczynia*) dry (sth) up; ~ **gąbką** sponge; ~ (**coś**) **z kurzu** dust[2]; (*np. podłogę, czoło*) mop; ~ **nos** blow your nose □ **wycierać/wytrzeć się**: (*o materiale*) fray
wycięcie: ~ **nasieniowodu** vasectomy; (*o swetrze itp.*) **z ~m w szpic** V-necked
wycięty: **głęboko** ~ (*np. kostium kąpielowy*) revealing
wycinać cut[1], cut sth out (of sth), carve
wycinanie: ~ **lasów** deforestation
wycinek segment; (*prasowy*) cutting[1]
wycisk: (*przen.*) going-over
wyciskać/wycisnąć press[2], squeeze
wyciszony soundproof
wycofanie się retirement, withdrawal
wycofywać/wycofać withdraw, pull sb/sth out (of sth); (*ze sprzedaży itp.*) recall □ **wycofywać/wycofać się** withdraw, pull out (of sth), retreat, back down, back out (of sth), retire, backtrack; (*pieniądze*) withdraw; (*np. zeznania, skargę*) retract
wycofywanie withdrawal □ **wycofywanie się** retreat
wycyganić wangle
wyczarowywać/wyczarować conjure sth up (from/out of sth)
wyczekujący expectant
wyczerpanie exhaustion, depletion
wyczerpany exhausted, worn-out, run-down, tired (out), drawn[1]; (*o baterii, akumulatorze*) flat[2]; ~ **nakład książki** out of print
wyczerpująco comprehensively, profoundly
wyczerpujący exhausting, gruelling, taxing, punishing; (*o sprawozdaniu itp.*) exhaustive, comprehensive, profound
wyczerpywać/wyczerpać exhaust[2]; (*np. zapas*) use sth up, deplete, stretch; (*np. akumulator*) run sth down; (*kogoś*) tire sb/yourself out, wear sb out, take a lot out of sb □ **wyczerpywać/wyczerpać się** dry up, peter out; (*o akumulatorze*) run down
wyczucie sense, sensitivity; **z ~m** sensitively, tactfully
wyczulony acute; (*na coś*) alert
wyczuwać sense
wyczyn feat, exploit[2], stunt[1], coup
wyczynowo competitively
wyczyścić → CZYŚCIĆ

wyć howl, blare, wail, scream your head off; (*np. z bólu*) yell
wydać (się) → WYDAWAĆ (SIĘ)
wydajnie efficiently
wydajność efficiency, performance, yield, productivity, capacity
wydajny productive, efficient
wydalać expel, deport
wydalenie expulsion, deportation
wydanie edition, issue; (*przestępcy/zbiega*) extradition
wydany out
wydarzać/wydarzyć się occur, happen, intervene
wydarzeni|e event, incident, happening, occurrence, affair, occasion; **nowe ~e** development; **~e przełomowe** landmark; **bogaty w ~a** eventful; **wielkie/małe ~e** a big deal/no big deal
wydat|ek expense, outlay; **~ki** expenditure, spending
wydatkować expend
wydatny salient[1]
wydawać issue, hand sth out (to sb), dispense; **~ w odcinkach** serialize; **~ na świat** produce, bear[2]; **~ pieniądze** spend, expend, get through sth; (*o pieniądzach itp.*) **nie wydany** in hand; (*np. gaz*) emit; (*np. przyjęcie*) give[1], hold[1]; (*np. wyrok, opinię*) pass[2]; (*przestępcę/zbiega*) extradite; **~ głos** utter[2]; (*drukiem*) publish, bring sth out; (*tajemnicę*) give sth away, let sth out □ **wydawać się**: (*komuś*) seem, feel[1], believe, imagine, get the idea that…, have an idea that…; **jest więcej niż się wydaje** there is more to sth than meets the eye; (*o informacji*) leak out, leak; (*o tajemnicy*) get out
wydawanie issue; (*drukiem*) publishing
wydawca publisher, editor
wydawnictwo publishing house, publisher, press
wydech breath
wydedukować figure sb/sth out
wydeklamować → DEKLAMOWAĆ
wydekoltowany: (*o ubiorze*) revealing
wydelegować → DELEGOWAĆ
wydeptywać: (*ścieżkę*) wear[1]
wydestylować → DESTYLOWAĆ
wydębić wangle; **próbować coś ~** fish for sth
wydęcie: **~ ust** pout
wydłubywać/wydłubać scoop
wydłużać lengthen, prolong □ **wydłużać się** lengthen, draw out
wydłużony elongated
wydma dune
wydmuchiwać blow[1]
wydobycie production; (*górnictwo*) mining
wydobywać/wydobyć extract, get sth out (of sth), dig sb/sth out (of sth), excavate, fish sth out (of sth); (*np. węgiel, rudę*) mine[3]; (*z kopalni odkrywkowej*) quarry[1]; (*np. informacje*) elicit, get sth out of sb; **~ na światło dzienne** unearth □ **wydobywać/wydobyć się** issue
wydobywanie extraction, excavation, retrieval
wydoić → DOIĆ
wydorośleć → DOROŚLEĆ
wydostawać/wydostać get sth out (of sth), disentangle
wydra otter
wydrapywać/wydrapać scratch[1]
wydrążać/wydrążyć hollow sth out, hollow
wydrążenie cavity, socket
wydrążony hollow
wydrążyć → DRĄŻYĆ, WYDRĄŻAĆ
wydruk: **~ komputerowy** printout
wydrukować → DRUKOWAĆ
wydrzeć → WYDZIERAĆ
wydumany invented
wyduszać/wydusić: **~ (z siebie)** (*np. pieniądze, informacje*) cough (sth) up
wydychać exhale
wydymać/wydąć: **~ usta** pout □ **wydymać/wydąć się** billow
wydział department; (*na uniwersytecie*) faculty, school
wydziałowy departmental
wydzielać give sth off; (*np. ropę*) discharge; (*o gruczołach itp.*) secrete, send sth out
wydzielanie emission, secretion
wydzielina discharge, secretion; **~ z nosa** (*spowodowana nieżytem górnych dróg oddechowych*) catarrh
wydzierać/wydrzeć tear[2]; **~ sobie** scramble; (*coś komuś*) extort □ **wydzierać/wydrzeć się** blare, bellow, scream your head off
wydzierżawić → DZIERŻAWIĆ
wydzwaniać chime
wyegzekwować → EGZEKWOWAĆ
wyeksmitować → EKSMITOWAĆ
wyekspediować → EKSPEDIOWAĆ
wyeksploatować → EKSPLOATOWAĆ
wyelegantować (się) spruce (sb/yourself) up
wyeliminować → ELIMINOWAĆ
wyemancypować → EMANCYPOWAĆ
wyemigrować → EMIGROWAĆ
wyfroterowany: (*o podłodze*) polished
wyga: **stary ~** an old hand (at sth)
wygadać się: (*zdradzić tajemnicę*) blurt sth out, let sth slip, spill the beans, get sth off your chest
wygadany glib
wyganiać banish
wygasać/wygasnąć: (*o świecy itp.*) go out; (*o bilecie itp.*) expire, lapse
wygasły extinct
wygaszacz: **~ ekranu** (*w komputerze*) screen saver
wygaśnięcie expiry, extinction
wygięcie bend[2], dent
wyginać/wygiąć warp, curve, dent, mangle, crumple; **~ w łuk** arch, curve □ **wyginać/wygiąć się** warp, crumple, give[1]; **~ w łuk** arch
wyginięcie extinction
wygląd look[2], appearance; **~ zewnętrzny** surface, semblance
wyglądać look[1], seem, sound[1]; **~ nieswojo** not look yourself; (*skądś/zza czegoś*) peep[1]; **wygląda na to, że** evidently, by the sound of it/things; **~ na to, że** look[1] like sth; **~ dobrze** look good, the chances are (that)…
wygładzać/wygładzić smooth[2]
wygładzony smooth[1]
wygłaszać/wygłosić: (*np. przemówienie*) give[1], deliver
wygłodniały ravenous, famished
wygłodzenie starvation
wygłupiać/wygłupić się fool about/around, fool, mess about/around, mess[1], muck about/around, goof
wygnanie exile; **skazywać na ~** exile
wyg|oda comfort, convenience, expediency; **bez ~ód** basic
wygodnie comfortably, conveniently, snugly
wygodny comfortable, convenient, snug; **~ w użyciu** handy
wygon pasture; (*dla koni*) paddock
wygórowanie prohibitively
wygórowany unreasonable, excessive, exorbitant, extortionate, prohibitive, steep, inordinate
wygrać → WYGRYWAĆ
wygran|a win, victory; **największa ~a w grze** jackpot; **całkowita ~a** a clean sweep; **łatwa ~a** walkover; **dawać za ~ą** give up
wygrywać/wygrać win, get the better of sb/sth; **~ kogoś przeciw komuś** play A off against B
wygrzebywać/wygrzebać dig sth up, dig sb/sth out (of sth), unearth, scoop; **~ (*żywność*) ze śmieci** scavenge
wygrzewać się sun
wygwieżdżony starry
wygwizdanie boo
wygwizdywać/wygwizdać hiss, boo
wyhodować → HODOWAĆ
wyidealizować → IDEALIZOWAĆ
wyidealizowany glorified
wyimaginowany imaginary, unreal
wyizolować → IZOLOWAĆ
wyjadacz: **być starym ~em** be an old hand (at sth)
wyjaławiać/wyjałowić sterilize
wyjaśniać/wyjaśnić explain, clarify, illuminate, clear sth up, spell sth out, account for sth, straighten, straighten sth out, get sth straight; explain yourself; **~ nieporozumienie** put/set the record straight □ **wyjaśniać/wyjaśnić się** fall/slot into place
wyjaśniający explanatory, illuminating
wyjaśnienie explanation, clarification, illumination
wyjawiać/wyjawić reveal, expose,

divulge; **nie wyjawiać** keep sth from sb, keep sth back (from sb) □ **wyjawiać/wyjawić się** come out into the open
wyjazdowy: (*o meczu*) away
wyjąć → WYJMOWAĆ
wyjąkiwać/wyjąkać stammer
wyjąt|ek exception; **z ~kiem** except; **z ~kiem** short of sth/doing sth[1], with the exception of, excluding, bar[3], barring, short of sth; (*z dzieła*) excerpt; **bez ~ku** without exception; **każdy bez ~ku** every single; **zrobić (dla kogoś) ~** to make an exception (of sb/sth); **robić ~** stretch a point
wyjątkowo exceptionally, unusually, specially
wyjątkowy exceptional, unusual, special, especial; **być ~m** take a lot of/some beating
wyjąwszy excepting
wyjeżdżać/wyjechać leave[1], go out, quit; (*np. na weekend*) go away
wyjmować get sth out (of sth), take sth out (of sth)
wyjści|e exit; **~e ewakuacyjne** fire escape; (*na lotnisku*) gate; (*z sytuacji*) option, course; **łatwiejsze ~e** (*z sytuacji*) soft option; **sytuacja bez ~a** corner[1]; (*z partii itp.*) breakaway; **punkt ~a** (*w dyskusji*) starting point
wyjść → WYCHODZIĆ
wykałaczka toothpick
wykańczać/wykończyć finish sb/sth off; **~ (coś)** put paid to sth
wykastrować → KASTROWAĆ
wykaz list, index, register[1]
wykazywać/wykazać show[2], manifest, demonstrate
wykąpać (się) → KĄPAĆ (SIĘ)
wykipieć → KIPIEĆ
wykitować drop dead
wyklepywać/wyklepać: (*metal*) hammer sth out; (*np. listę imion*) rattle off, reel sth off, reel[1]
wykluczać/wykluczyć exclude, rule sb/sth out, rule, except[2], eliminate, draw the line at sth
wykluczenie exclusion
wykluczon|y out of the question; **~e!** no way, no chance
wykluwać/wykluć się hatch[2]
wykład lecture, talk[2]
wykładać/wyłożyć: (*coś czymś*) line[2], surface; **~** (*np. płytami, kamieniami*) pave; **~ kafelkami** tile; **wyłożony dywanami** carpeted; (*prowadzić wykłady*) lecture □ **wykładać/wyłożyć się**: (*na czymś*) trip up
wykładow-ca/czyni lecturer, professor
wykłócać się fight[1]
wykolejać/wykoleić derail
wykolejenie derailment
wykombinować → KOMBINOWAĆ
wykonać → WYKONYWAĆ
wykonalność practicality, feasibility
wykonalny practicable, feasible, workable
wykonani|e: (*np. planu, polecenia*) execution; **możliwość ~a** practicality
wykonaw-ca/czyni contractor; (*np. estradow-y/a*) performer
wykonawczy executive
wykonywać/wykonać do[2], perform, carry sth out, execute, undertake; (*np. pracę*) get through sth; (*receptę*) dispense; (*np. piosenkę*) perform
wykonywanie performance
wykończenie finish[2]
wykończony completed; (*o osobie*) rough[1], shattered
wykończyć → WYKAŃCZAĆ
wykop ball
wykopaliskow|y: **prace ~e** excavation
wykopywać/wykopać dig sth up, unearth; (*kogoś skądś*) kick sb out (of sth), turf sb out (of sth), turf
wykorzeniać/wykorzenić uproot, root sb/sth out, eradicate, stamp sth out; **nie dawać się łatwo wykorzenić** die hard
wykorzystany: **nie ~ teren** waste[3] ground
wykorzystywać/wykorzystać utilize, use[2], capitalize on sth, take advantage of sth; (*do czegoś*) harness; (*kogoś do czegoś*) use[1]; (*np. źródła energii*) exploit[1], tap[1]; **ponownie ~** recycle; **~, jak się tylko da** make the most of sth
wykorzystywanie exploitation
wykosić: **~ kogoś** mow sb down
wykosztować się splash out (on sth)
wykraczać offend
wykrawać cut sth out
wykreować → KREOWAĆ
wykres diagram, chart, graph, figure[1]; **~ kolumnowy** bar chart
wykreślać/wykreślić cross sth off (sth)
wykręcać/wykręcić twist[1]; (*bieliznę*) wring; (*numer telefonu*) dial[1]; (*znaczenie*) twist[1] □ **wykręcać/wykręcić się** twist[1]; (*od czegoś*) get out of sth/doing sth, back out (of sth), wriggle out of sth/doing sth, cop out (of sth), shirk, dodge, duck[2]
wykręcenie twist[2]
wykręt device, dodge
wykroczenie offence; **drobne ~** misdemeanour
wykroić → KROIĆ
wykropkować → KROPKOWAĆ
wykrój pattern
wykrycie detection
wykrywacz detector; **~ kłamstw** lie detector
wykrywać/wykryć detect
wykrzesać → KRZESAĆ
wykrztusić: (*np. w podnieceniu, złości*) splutter
wykrzyczeć roar □ **wykrzyczeć się** let off steam
wykrzykiwać shout, exclaim, ejaculate, burst out, bawl, bark[2]
wykrzyknik interjection; (*znak interpunkcyjny*) exclamation mark
wykrzywiać/wykrzywić contort, distort, warp, curve, twist[1], buckle; **~ twarz w grymasie** (*np. bólu*) grimace; **~ twarz** screw your eyes, face, etc. up; (*twarz*) screw sth up, screw; (*usta*) curl[2] □ **wykrzywiać/wykrzywić się** contort, curve, twist[1]; (*pod wpływem ciepła*) buckle; (*o osobie*) make/pull faces; **~ na widok czegoś** make/pull faces/a face (at sb)
wykrzywienie contortion, distortion
wykrzywiony gnarled
wyksięgować write sth off
wykształceni|e education, schooling; **bez ~a** uneducated
wykształcić (się) → KSZTAŁCIĆ (SIĘ)
wykształcony educated, literate
wykup: (*akcji przedsiębiorstwa*) buyout; **masowy ~** (*towarów*) rush[2]
wykupiony: (*o towarze*) sold out, gone[2]
wykupywać redeem
wykupywanie: **masowe ~** (*towarów*) rush[2]
wykwalifikować (się) → KWALIFIKOWAĆ (SIĘ)
wykwalifikowany qualified, skilled, certified
wykwintnie daintily
wykwintny posh, plush, gracious; dainty
wylansować → LANSOWAĆ
wylansowanie launch[1]
wylatywać/wylecieć: **wyleciało mi z głowy** it slipped my memory, my mind was a complete blank
wylądować → LĄDOWAĆ
wyląg brood
wyleczenie cure[2]
wyleczyć → LECZYĆ
wylegać swarm; (*np. na ulicę*) turn out (for sth)
wylegiwać się: (*na słońcu*) bask
wylew: **~ krwi do mózgu** stroke[2], cerebral haemorrhage
wylewać/wylać pour sth out, empty[2], tip[2], flood[1], overflow; **~ potoki czegoś** gush; (*o rzece*) burst[1]; **~ łzy** shed tears; **~ z pracy** fire[2]; (*przed kimś swój ból, żal itp.*) pour sth out □ **wylewać/wylać się** flood[1]
wylewność exuberance
wylewny expansive, exuberant, demonstrative, gushing
wylęg: **przechodzić/poddawać proces/owi ~u** incubate
wylęgać się: (*o pisklętach*) hatch[2]; (*o chorobie*) incubate
wylęganie incubation
wylęgarka incubator
wylęgarnia breeding ground
wyliczać/wyliczyć się: **wyliczyć się z czegoś** account for sth
wylinieć → LINIEĆ
wylizać się pull through (sth)
wylogować log off/out
wylosować → LOSOWAĆ
wylot outlet, vent; **~ lufy** muzzle; **~ rury** nozzle; (*znać*) **na ~** inside out
wyludniony desolate
wyluzować → LUZOWAĆ

wyładowywać/wyładować unload, land[2] □ **wyładowywać się**: (*na kimś*) take it out on sb, let off steam
wyłamywać/wyłamać break sth down □ **wyłamywać/wyłamać się** break away (from sb/sth)
wyłaniać/wyłonić się emerge, surface
wyłaniający się emergent
wyławiać/wyłowić: (*skądś/spośród*) pick sb/sth out
wyłazić: ~ **bokiem komuś** be sick of sb/sth
wyłączać/wyłączyć cut sb/sth off, disconnect, turn sth off, switch (sth) off/on, switch, put sth off; (*światło*) turn sth out; ~ **wtyczkę z kontaktu** unplug; (*np. ze spisu*) except[2]; **wyłączając** excepting □ **wyłączać/wyłączyć się**: (*o urządzeniu itp.*) go off
wyłączenie exclusion
wyłącznie exclusively, solely, purely, nothing but
wyłączny exclusive, sole[1]
wyłączony off[1]
wyłom break[2], breach; **robić** ~ breach
wyłonienie się emergence
wyłowić retrieve
wyłudzać/wyłudzić cheat sb (out) of sth, swindle, wangle, cadge, coax sth out of/from sb
wyłudzanie trickery
wyłudzenie swindle
wyłupiać gouge sth out
wyłupiasty bulging
wyłuskać → ŁUSKAĆ
wyłysieć go bald
wymachiwać brandish, flail, flourish, wave[1]
wymachiwanie flourish
wymagać demand[2], expect, ask, call for sth, exact[2], want[1], need[1], require, necessitate, involve, entail; (*np. odwagi*) take; ~ **wysiłku** make demands on sb; ~ **dużo pracy/wysiłku** take a lot of/some doing
wymagający demanding, exacting, challenging, particular, selective, fastidious
wymagani|e want[2], need[3]; ~**a** demands, purposes
wymamrotać → MAMROTAĆ
wymanewrować → MANEWROWAĆ
wymarcie extinction; **zagrożony** ~**m** endangered
wymarły extinct, dead
wymasować → MASOWAĆ
wymawiać/wymówić pronounce; **wyraźnie** ~ articulate[2]; **niepoprawnie** ~ mispronounce
wymazywać/wymazać rub sth out, erase, blot sth out, wipe; ~ **z pamięci** block sth out
wymeldować się check out (of...)
wymęczony tired, tired out, washed out
wymian|a exchange[1], swap, replacement; **system** ~**y walut** foreign exchange; **punkt** ~**y walut** bureau de change
wymiar dimension
wymiarowy -dimensional
wymiatać sweep sth out
wymieniać/wymienić exchange[2], swap, change[1]; (*np. poglądy*) compare notes (with sb); (*coś na coś*) replace; (*sprecyzować*) specify; ~ **imię/nazwisko/nazwę** name[2]; ~ (*kogoś*) **w testamencie** remember □ **wymieniać się**: (*towar na towar*) barter
wymienialny convertible
wymiennie interchangeably; **handlować** ~ trade sth in (for sth)
wymienny interchangeable
wymierać die out, disappear, die off
wymierzać/wymierzyć wreak; ~ **komuś** (*np. karę*) mete sth out (to sb)
wymię udder
wymigiwać/wymigać się: (*od czegoś*) shirk, flinch, get out of sth/doing sth
wymijać/wyminąć overtake
wymijająco: **odpowiadać/działać** ~ stall[2]
wymijający indirect, evasive, noncommittal
wymiociny vomit
wymiotować vomit, throw (sth) up, bring sth up, be sick
wymizerowany wasted
wymknąć się → WYMYKAĆ SIĘ
wymodelować → MODELOWAĆ
wymowa pronunciation; **zła** ~ mispronunciation
wymowność eloquence
wymowny eloquent, vocal, telling
wym|óg requirement, stipulation, qualification, need[3]; **spełniać** ~**ogi** be/come up to scratch
wymówienie notice
wymówk|a excuse[1], reproach, reproof; **robić** ~**i** reproach
wymuskać się spruce yourself up
wymuszać/wymusić: (*coś na kimś*) extort, force; (*przymilaniem się*) coax sth out of/from sb; **wymuszony** enforced
wymuszanie/wymuszenie coercion, extortion, extraction
wymuszony half-hearted
wymykać się elude, sneak, steal, dodge; (*o uwadze itp.*) slip[1]; ~ **komuś** give sb the slip; **wymykający się spod kontroli** runaway; ~ **z rąk** get out of hand
wymysł invention, concoction, make-believe
wymyślać/wymyślić invent, concoct, contrive, devise, dream sth up, think sth up; ~ **komuś** call sb names[2]
wymyślny fancy[2]
wymyślony contrived
wynagradzać: (*stratę*) compensate, recompense, remedy; ~ **komuś** make it up to sb; ~ **szkodę/zło** make amends; **źle** ~ underpay
wynagrodzenie pay[1], compensation, reward
wynajdować/wynaleźć discover, invent, devise
wynajęci|e hire; **do** ~**a** available
wynajmować/wynająć hire, rent, let[2]; ~ **kogoś** (*na podstawie umowy*) contract[2]
wynalazca inventor
wynalazczość invention
wynalazczy inventive
wynalazek invention, discovery, brainchild
wynalezienie invention
wynaleźć → WYNAJDOWAĆ
wynegocjować → NEGOCJOWAĆ
wynegocjowani|e: **(możliwy) do** ~**a** negotiable
wynędzniały pinched
wyniesienie elevation
wynik result, outcome, score[1], product, upshot; ~**i** form[1]; (*np. sondażu*) findings; **być** ~**iem czegoś** result; **w** ~**u** in view of sth
wynikać: (*z czegoś*) come from (doing) sth, come of sth/of doing sth, ensue, follow, spring[3]; (*o trudnościach itp.*) develop
wynikający consequent
wyniosłość haughtiness, insolence
wyniosły superior, haughty, proud, supercilious, aloof
wyniośle haughtily, superciliously, insolently
wynos: (*restauracja oferująca*) **potrawy na** ~ takeaway
wynosić/wynieść put sth out; , (*na wyższe stanowisko*) elevate; (*o sumie*) amount, total, add up to sth, work out (at), come to sth, make[1] □ **wynosić się** get out (of sth); ~ **ukradkiem** steal; **wynoś się!** hop it!
wynurzać/wynurzyć się surface
wyobcowanie alienation
wyobcowywać/wyobcować alienate
wyobraźni|a imagination, fantasy; **obdarzony** ~**ą** imaginative; **z** ~**ą** imaginatively
wyobrażać: ~ **sobie** imagine; conceive, visualize, picture, envisage, see, think
wyobrażalny imaginable, conceivable
wyobrażeni|e idea, notion, image, picture, representation, vision; **być nie do** ~**a** be beyond sb
wyodrębniać isolate
wyolbrzymiać exaggerate, magnify, overstate, make heavy weather of sth
wyolbrzymienie exaggeration, magnification
wyolbrzymiony grandiose
wypaczać distort, pervert; (*np. poglądy*) warp
wypaczenie distortion, perversion
wypaczony warped
wypad outing
wypadać/wypaść fall[1]; **nie wypada...** I can't very well[3]...; (*z pamięci*) escape[1]; ~ **z głowy** slip your mind; ~ **z gry** be out; **dobrze** ~ carry it/sth off; **on kiepsko wypada** (*np. na egzaminach*) he's

a poor performer; (*o imprezie*) go off; **wypaść** pop up; (*o osobie*) breeze out
wypad|ek accident; **nagły ~ek** emergency; **niefortunny ~** mishap; **nieprzewidziany ~ek** contingency; **na ~ek czegoś** in case; **w ~ku czegoś** in case of sth; **na wszelki ~** (just) in case, on the off chance, at all events/in any event; **w żadnym ~ku** in/under no circumstances; **w najgorszym ~ku** if the worst comes to the worst
wypalać/wypalić: (*np. dziurę*) burn, burn sth out, burn (sth) off; (*o przedsięwzięciu*) pull sth off □ **wypalać się** burn sth out; (*przen. o osobie*) burn yourself out
wypaplać blurt sth out
wyparcie się denial
wyparowanie evaporation
wyparowywać/wyparować evaporate
wypaść → WYPADAĆ
wypatroszyć → PATROSZYĆ
wypatrywać spy; **~oczy** keep your eyes peeled/skinned (for sb/sth)[1]
wypchać się get stuffed
wypchany bulging
wypełniać/wypełnić fill; **~ całkowicie** fill (sth) up, crowd[2], choke; **~ ludźmi** pack sth out; (*formularz*) fill sth in, complete[2]; (*wykonać*) carry sth out, fulfil
wypełnienie filling, stuffing
wyperswadowywać: (*komuś robienie czegoś*) dissuade, talk sb into/out of doing sth
wypędzać banish
wypić → PIĆ
wypieczony: **dobrze ~** well done
wypiek: **~i** flush[1]; **z ~ami na twarzy** flushed
wypiekać/wypiec (się) bake
wypielić → PIELIĆ
wypierać/wyprzeć displace, supersede, crowd sb out (of sth) □ **wypierać się** disown, disclaim, deny
wypierzyć się → PIERZYĆ SIĘ
wypis extract; (*książka*) **~y** reader
wypisanie: (*np. ze szpitala*) discharge
wypisywać/wypisać: (*np. ze szpitala*) discharge; (*np. czek, receptę*) write, make sth out □ **wypisywać się** sign out
wypisywanie: **~ recepty** prescription
wyplątywać/wyplątać disentangle, extricate
wypluć → PLUĆ
wypłacać/wypłacić: (*za dużo*) overpay; (*pieniądze z banku*) withdraw
wypłacanie: (*pięniędzy z banku*) withdrawal
wypłakać się have a good cry[2]
wypłakiwać/wypłakać: **~ oczy** cry your eyes out[1]
wypłata pay[1], wage; **~ jednorazowa** lump sum
wypłukać → PŁUKAĆ
wypływać well[1]; **~ na** powierzchnię surface; (*np. w dyskusji*) come up
wypływający consequent
wypoczęty fresh
wypoczynek recreation
wypoczynkowy: (*o meblach*) **zestaw ~** suite
wypolerować → POLEROWAĆ
wypolerowany polished
wypominać: **~ coś komuś** rub it/sth in
wyposażać/wyposażyć equip, kit sb out/up (with sth)
wyposażenie equipment; **~ stałe** fixture; **~ ruchome** fitting[2]; **~ wnętrza** furnishings
wypośrodkować: **~ różnice** split the difference
wypowiadać/wypowiedzieć articulate[2], express[1], formulate; (*słowa*) utter[2], phrase; (*wojnę*) declare; **~ swoje zdanie** (*bez ogródek*) speak your mind, have your say □ **wypowiadać się** express[1], pronounce; **~ przeciw czemuś** come out against sth
wypowiedzenie: (*o wojnie*) declaration
wypowiedziany: **nie ~** tacit
wypowiedź utterance
wypoziomować → POZIOMOWAĆ
wypożyczać/wypożyczyć loan, hire, rent
wypracowanie essay, composition
wypracowany elaborate
wypracowywać/wypracować: (*coś*) hammer sth out, work sth up
wyprać (się) → PRAĆ (SIĘ)
wyprasować → PRASOWAĆ
wypraw|a expedition; **~y** travel; (*na zakupy*) errand; **~a poszukiwawcza** search party
wyprodukować → PRODUKOWAĆ
wypromować → PROMOWAĆ
wyprorokować → PROROKOWAĆ
wyprostować (się) → PROSTOWAĆ (SIĘ), WYPROSTOWYWAĆ (SIĘ)
wyprostowany straight[1]
wyprostowywać/wyprostować (się) right[5]
wyprowadzać/wyprowadzić się: (*skądś*) move out, leave[1], vacate
wypróbować → PRÓBOWAĆ, WYPRÓBOWYWAĆ
wypróbowywać/wypróbować test[2], try sb/sth out
wypróżniać deplete
wypruwać: **~ sobie flaki** work/sweat your guts out
wyprysk: (*na skórze*) blemish, spot[1]
wyprzedawać/wyprzedać: (*cały zapas czegoś*) sell sth off, sell out (of sth); **zostać wyprzedanym** sell out □ **wyprzedawać/wyprzedać się** sell up
wyprzedaż sale, clearance sale
wyprzedzać overtake, lead[3], beat sb to sth; (*przeciwnika o całe okrążenie toru*) lap[2]; **wyprzedzający swoją epokę** ahead of your time
wypsnąć się let sth slip
wypukłość bulge
wypukły convex, bulging
wypuszczać/wypuścić release, let go of sb/sth; (*np. gaz, płyn*) discharge; (*np. płytę, film*) release; (*kogoś*) let sb off
wypuszczony: **~ na rynek** on (general) release
wypychać/wypchać stuff[2], bundle
wypytywać/wypytać question[2]
wyrabiać/wyrobić: (*opinię, pogląd*) form[2]; (*pozycję*) establish; **wyrobić sobie opinię człowieka, który...** acquire a reputation for being/doing sth; **~ sobie (dobre) imię** make a name for yourself; make your name; **~ (*w kimś*) posłuszeństwo/charakter itp.** discipline
wyrachowanie calculation
wyrachowany calculating, mercenary
wyrafinowanie sophistication, subtlety
wyrafinowany subtle, discerning, cultured
wyrajać/wyroić się swarm
wyrastać/wyrosnąć rise[2], come up; **~ z czegoś** grow out of sth, grow, outgrow; **~ na coś** grow into sth
wyraz expression; **~ twarzy** look[2]; **~ uznania** tribute; **~ szacunku/pozdrowienia** compliment; **~y szacunku** regards; **z ~ami szacunku** yours; (*np. wdzięczności*) token; **pełen ~u** soulful; **bez ~u** blankly, featureless, dead pan; (*słowo*) word; **~ pochodny** derivative; **~ złożony** compound[1]; **nieprzyzwoity ~** four-letter word
wyraziciel/ka mouthpiece
wyrazisty expressive, forcible
wyraziście expressively
wyrazowy: **związki wyrazowe** collocation
wyraźnie clearly, clear[2], plainly, distinctly, explicitly, expressly, visibly, legibly
wyraźny clear[1], distinct, definite, explicit, marked, pronounced, express[2], bold, sharp, tangible, stark, broad, positive; (*o fotografii*) in focus
wyrażać/wyrazić express[1], phrase, formulate, put, say, signify; **~ jasno** put sth across/over; (*pogląd*) voice; (*o twarzy itp.*) register[2]; (*np. podziękowanie*) extend; **~ (komuś) swoje uznanie** pay tribute to sb/sth □ **wyrażać się** make yourself understood
wyrażenie phrase, expression, utterance, figure of speech
wyrąbywać/wyrąbać: (*drzewo*) fell[2]
wyrecytować → RECYTOWAĆ
wyregulować → REGULOWAĆ
wyrejestrowywać/

wyrejestrować się: ~ **z systemu (komputerowego)** log off/out, log[2]
wyremontować → REMONTOWAĆ
wyreżyserować → REŻYSEROWAĆ
wyręka: **chwilowa** ~ stopgap
wyrobić (się) → WYRABIAĆ (SIĘ)
wyrobienie sophistication
wyrobiony sophisticated
wyrok sentence, judgement, conviction; ~ **sądowy w zawieszeniu** probation
wyrost|ek: ~**ek robaczkowy** appendix; **zapalenie ~ka robaczkowego** appendicitis
wyrozumiałość tolerance
wyrozumiały understanding, forgiving, tolerant; **bądź dla niego** ~ go easy on sb[2]
wyr|ób manufacture; ~**oby** ware; ~**oby cukiernicze** confectionery
wyrównać: (*np. rachunek*) settle
wyrównanie alignment; (*w sporcie*) ~ **szans** handicap
wyrównany even[1]
wyrównawczy: (*o lekcjach*) remedial
wyrównywać/wyrównać flatten, level[3], smooth[2], align; (*np. braki*) redeem □ **wyrównywać/wyrównać się** flatten, level off/out, cancel out; (*np. dług*) pay up
wyrównywanie trim[2]
wyróżniać/wyróżnić differentiate, distinguish, single sb/sth out (for sth), single □ **wyróżniać/wyróżnić się** stand out, distinguish yourself
wyróżniający się distinctive
wyróżnienie distinction; **dyplom ukończenia studiów z ~m** first[3]
wyróżniony privileged
wyruszać/wyruszyć: (*w drogę*) set off, set out, set forth; (*po krótkim postoju*) draw out; ~ **w rejs** set sail
wyrw|a breach; **robić ~ę** breach
wyryć → RYĆ
wyrywać/wyrwać extract; (*coś komuś z ręki*) grab, snatch, pluck; (*np. rękę*) pull sth away; ~ **z korzeniami** uproot; (*np. ząb*) have sth out □ **wyrywać/wyrwać się** pull away, bolt[2]; ~ **z czymś** come out with sth
wyrywkowo at random
wyrywkow|y random; ~**a kontrola** spot check
wyrządzać: ~ **komuś krzywdę** do sb an injustice
wyrzeczenie sacrifice, self-sacrifice
wyrzekać się forgo; ~ **związku z czymś** dissociate
wyrzekanie się renunciation
wyrzeźbić → RZEŹBIĆ
wyrzucać/wyrzucić throw sth away, discard, drop[1], dump, scrap[1], empty[2], eject, chuck, boot sb/sth out; **gwałtownie** ~ catapult; (*kogoś*) throw sb out, kick/chuck sb out (of sth); ~ **potoki czegoś** gush; ~ **coś z siebie** come clean (with sb) (about sth); ~**kogoś z pracy** give sb the sack, fire[2]
wyrzut reproof; ~ **sumienia** remorse, qualm; **z ~em** reproachfully; **pełen ~u** reproachful
wyrzutek outcast
wysadzać: ~ **w powietrze** explode, blow sth up, blast[2]; (*kogoś z samochodu*) drop[1]; (*np. drogę drzewami*) edge[2]
wysadzany: (*np. kamieniami szlachetnymi*) studded
wysapywać gasp
wyschnąć → WYSYCHAĆ
wyselekcjonować → SELEKCJONOWAĆ
wyselekcjonowany hand-picked
wysepka: ~ **uliczna** traffic island
wysforowywać/wysforować się forge ahead
wysiadać/wysiąść: (*np. z autobusu, pociągu*) get off (sth), alight[2]; (*ze statku lub samolotu*) disembark
wysiadanie: (*ze statku/samolotu*) disembarkation
wysiadywać: ~ **jaja** hatch[2], sit on eggs, incubate, brood
wysiedlać/wysiedlić displace, evict
wysiedlenie eviction
wysiedzieć sit through sth, sit sth out
wysilać/wysilić się exert, strain[2], take trouble over sth/with sth/to do sth/doing sth, go out of your way (to do sth), pull out all the stops[1]; **nie** ~ go easy, take it/things easy
wysił|ek effort, endeavour, exertion, struggle; **z ~kiem** hard[2], laboured; **bez ~ku** effortlessly; **(pozornie) nie wymagający ~ku** effortless; **wymagający ~ku** formidable; **pełen ~ku** strenuous; **czynić ~ki** strive; **nie szczędzić ~ku** pull your weight
wyskakiwać/wyskoczyć poke out of/through sth, poke out/through/up; (*np. jak grzyby po deszczu*) spring up; (*z autobusu itp.*) hop off sth, hop out/out of sth
wyskokowy alcoholic
wyskrobać scrape sth together/up
wysłać → WYSYŁAĆ
wysłannik envoy
wysławiać: (*wychwalać*) praise[1] □ **wysławiać się** express[1]; **umiejący dobrze się wysławiać** articulate[1]
wysłuchanie hearing
wysłuchany: **nie** ~ unheard
wysmażony: **dobrze** ~ well done
wysoce highly
wysoki high[1], tall; **kościsty i** ~ lanky; **w ~m stopniu** highly; (*o pensji itp.*) hefty; ~**e ciśnienie** high pressure; ~**ej mocy** high-powered
wysoko high[1,2], highly; ~ **postawiony** high-class
wysokogórski alpine
wysokościowiec tower block
wysokoś|ć height; **mający** *x*~**ci** x cm high[1]; (*wysokie miejsce*) altitude; (*nad poziomem morza*) elevation, altitude; (*tonu/głosu*) pitch[2]; ~**ć opadów deszczu** rainfall; **(Jego/Jej) W~ć** Highness; **na ~ci** on high; **stawać na ~ci zadania** rise to the occasion, challenge, task, etc.
wysondować → SONDOWAĆ
wysp|a island, isle; **bezludna ~a** desert island; **W~y Brytyjskie** the British Isles
wyspecjalizować się → SPECJALIZOWAĆ SIĘ
wyspecjalizowany specialized
wyspiarski insular; ~**e nastawienie** insularity
wyspia-rz/rka islander
wysportowany athletic, sporty
wyspowiadać się → SPOWIADAĆ SIĘ
wysprzątać → SPRZĄTAĆ
wysprzątany trim[1]
wyssać → WYSYSAĆ
wystający prominent
wystarczać/wystarczyć be enough, do[2], go far[2], hold out; (*o potrawie, dla określonej liczby osób*) serve; (*dla wszystkich/na wszystko*) go round; ~ **na zaspokojenie** meet sb's needs; ~ **na czyjeś potrzeby** serve your/the purpose; ~ **na długo** go a long way; **wystarczy na dzisiaj** let's call it a day
wystarczająco sufficiently, enough[2], adequately, amply, reasonably; ~ **dużo** enough[1]; (*np. duży, długi*) plenty; **nie** ~ under-
wystarczając|y sufficient, adequate, ample, fine[1]; ~**a (ilość/liczba)** enough[1]
wystartować → STARTOWAĆ
wystawa exhibition, show[1], display[2], array
wystawać project[2], protrude, jut out, overhang
wystaw-ca/czyni exhibitor
wystawiać/wystawić put sth out; (*np. głowę*) stick sth out; ~ **do góry** stick up; ~ **na pokaz** exhibit[2], display[1]; (*np. na pokaz*) expose; (*np. sztukę*) stage[2], present[3]; ~ **coś na licytację** auction; ~ **stopień/ocenę** mark[2]; ~ **na niebezpieczeństwo** jeopardize; (*np. język*) stick sth out
wystawiający: ~ **na próbę** taxing
wystawiani|e: **okres ~a sztuki** run[2]
wystawiony: ~ **na działanie czynników zewnętrznych** exposed
wystawnie ostentatiously
wystawny ostentatious, grand[1]
wystąpić → WYSTĘPOWAĆ
wystąpienie presentation; ~ **o coś** claim[2]
występ appearance; (*w filmie, koncercie itp.*) performance; ~ **na żywo** (*muzyków pop lub jazzowych*) gig; (*np. okna*) ledge
występek vice[1]
występować/wystąpić be found, occur, appear; (*np. w filmie*) feature; ~ **razem** (*o wyrazach*)

collocate; ~ **w głównej roli** star; (*o czasowniku itp.*) **z czymś** take; ~ **w zastępstwie** deputize; ~ **o coś** claim[1]; ~ **o coś** (*poprzez napisanie podania*) apply; (*wystawać*) jut out; ~ **z brzegów** overflow
występowanie incidence
wystroić się → STROIĆ SIĘ
wystrój decoration, décor
wystrzał shot[1], gunshot, gunfire, pop[1]
wystrzegać się beware, be wary, shun
wystrzelenie: (*rakiety*) launch[1]
wystrzelić: (*rakietę*) launch[1]
wystrzępić (się) → STRZĘPIĆ (SIĘ)
wystudiowany: (*np. gest, uśmiech*) studied
wystygnąć → STYGNĄĆ
wysubtelniać refine
wysuszać/wysuszyć dry[2], shrivel □ **wysuszać/wysuszyć się** shrivel → SUSZYĆ (SIĘ)
wysuszony: ~ **na pieprz** parched
wysuwać/wysunąć eject, protrude, poke; ~ **ostrożnie** ease[2]; (*wniosek*) propose; (*np. propozycję*) put sth forward; (*np. czyjąś kandydaturę*) put yourself/sb forward □ **wysuwać/wysunąć się** eject, get ahead; ~ **naprzód** forge ahead; ~ **na pierwszy plan** be/come to the fore
wyswatać → SWATAĆ
wysychać/wyschnąć dry out; (*o rzece itp.*) dry up
wysyłać/wysłać send, send sth in, send sth off, send sth out, dispatch; ~ **pocztą** post[4]; (*np. swoją opinię, prośbę*) write off/away (to sb/sth) (for sth); (*towar*) consign; ~ **przez radio** radio
wysyłka: (*towaru*) consignment; ~ **towarów drogą morską** shipment
wysyłkow|y: **sprzedaż ~a** mail order
wysypisko: ~ **śmieci** rubbish dump, tip[2], landfill
wysypka rash[1]
wysypywać/wysypać tip[2] □ **wysypywać/wysypać się** tumble; (*z czegoś*) pile out of sth, spill over
wysysać/wyssać suck, siphon
wyszarpywać/wyszarpać/wyszarpnąć pull sth out
wyszczególniać/wyszczególnić itemize, detail[2]
wyszczekany glib
wyszczerbiać/wyszczerbić chip[2], nick[1] □ **wyszczerbiać/wyszczerbić się** chip[2]
wyszczerbienie chip[1]
wyszczerbiony jagged
wyszczerzyć → SZCZERZYĆ
wyszczotkować → SZCZOTKOWAĆ
wyszorować → SZOROWAĆ
wyszperać → SZPERAĆ
wyszukany cultured, fancy[2]
wyszukiwać browse, search engine
wyszukiwarka searcher
wyszumieć się let off steam
wyszydełkować → SZYDEŁKOWAĆ
wyszydzać/wyszydzić jeer
wyszydzić → SZYDZIĆ
wyszywanka embroidery
wyścielać/wyścielić pad[2]
wyściełany upholstered
wyścig race[1], run[2]; ~ **w robieniu kariery** rat race; ~**i** racing; ~**i konne** the races, horse racing, the horses; **być w ~u** run a race; **stawiać/zgłaszać do ~u** race[2]
wyściółka pad[1], padding, stuffing
wyśledzenie detection
wyśledzić → ŚLEDZIĆ
wyślizgiwać/wyśliz(g)nąć się slip[1]; (*np. z pokoju*) slide[1]
wyśmienity fabulous, luscious, exquisite
wyśmiewać/wyśmiać laugh at sb/sth, deride, jeer, mock[1] □ **wyśmiewać się**: (*z kogoś/czegoś*) make fun of sb/sth, laugh at sb/sth, mock[1]
wyśmiewanie się derision
wyświadczać/wyświadczyć: (*np. przysługę*) render; ~ **komuś przysługę** do sb a good turn
wyświechtany shabby, threadbare; (*o dowcipie*) corny
wyświetlać/wyświetlić: (*np. film*) project[2], screen
wyświetlani|e: (*np. filmu*) projection; **okres ~a** (*filmu*) run[2]
wyświęcać/wyświęcić: (*na księdza*) ordain
wytapetować → TAPETOWAĆ
wytarcie wipe, wear[2]
wytarty threadbare, shabby; (*o dowcipie*) corny; ~ **frazes** cliché
wytatuować → TATUOWAĆ
wytchnąć get your breath (again/back)
wytchnieni|e respite; **chwila ~a** breather; **bez ~a** on the trot
wytępić → TĘPIĆ
wytępienie eradication
wytężać/wytężyć: (*np. słuch*) strain[2]; ~ **słuch** prick up your ears □ **wytężać/wytężyć się** exert
wytężenie exertion
wytężony exacting
wytłumaczalny explicable
wytłumaczenie explanation
wytłumaczyć (się) → TŁUMACZYĆ (SIĘ)
wytrajkotać rattle off
wytrawny dry[1]; (*np. specjalista*) practised, discerning
wytrącać/wytrącić: ~ (*kogoś*) **z równowagi** upset
wytrącenie: ~ (*kogoś*) **z równowagi** upset
wytrącony: ~ **z równowagi** upset
wytresować → TRESOWAĆ
wytropić → TROPIĆ
wytrwać persevere
wytrwale persistently; ~ **coś robić** stick at sth, keep sth up; (*o osobie*) ~ **znoszący coś** long-suffering
wytrwałość persistence, perseverance, stamina
wytrwały persistent, dogged
wytrych: **otwierać zamek ~em** pick a lock[1]
wytrysk jet; (*nasienia*) ejaculation
wytryskiwać/wytrysnąć ejaculate
wytrzeć → WYCIERAĆ
wytrzeszczać/wytrzeszczyć: (*o oczach*) pop[2]
wytrzeźwieć → TRZEŹWIEĆ
wytrzymałoś|ć durability, strength, soundness, toughness, sturdiness; (*osoby*) endurance, stamina; **u kresu ~ci** at the end of your tether
wytrzymały strong, sturdy, hard-wearing, durable, heavy-duty; (*o osobie*) tough
wytrzymani|e: **nie do ~a** unbearable
wytrzymywać/wytrzymać bear[2], withstand, hold on; ~ **do końca** stick it/sth out
wytwarzać/wytworzyć make[1], produce, generate; (*maszynowo*) manufacture
wytwarzanie production, generation, manufacture
wytwornie smartly
wytworność refinement; (*manier*) gentility
wytworny refined, sophisticated, smart[1], classy, fashionable; ladylike; (*przesadnie*) genteel
wytwór creation, product; ~ **działalności człowieka** artefact
wytwór-ca/czyni maker, manufacturer
wytwórczość output
wytwórnia: ~ **płyt** record label
wytyczać/wytyczyć mark sth out, stake sth out
wytyczna line[1], guideline
wytypować → TYPOWAĆ
wyuczony: **doskonale ~ na pamięć** word-perfect
wywabiać/wywabić: (*np. zwierzę skądś*) coax
wywalać/wywalić empty[2]; (*kogoś skądś*) turf sb out (of sth), turf; ~ **kogoś z posady** give sb the push
wywar stock[1]
wyważać/wyważyć prise open, etc.
wyważony balanced; **dobrze ~** well-balanced
wywęszyć get wind of sth
wywiad intelligence; (*np. dziennikarski*) interview; **telewizyjny/radiowy ~ ze znanymi ludźmi** chat show; **przeprowadzać ~** interview
wywiązywać/wywiązać się: (*z czegoś*) carry sth out, deliver; (*np. z obowiązku*) discharge; **źle/dobrze ~ z czegoś** make a bad, good, etc. job of sth; ~ **doskonale** (*z pracy itp.*) do nothing/not do anything by halves[1]; **nie ~ z płatności** default[2]
wywiązywanie/wywiązanie się performance
wywierać/wywrzeć exert; ~ **wpływ na kogoś** get to sb, sway; ~ **pewien efekt** do[2] sb good, etc.;

(*np. zemstę*) wreak; ~ **presję** pressurize
wywieść → WYWODZIĆ
wywietrzyć (się) → WIETRZYĆ (SIĘ)
wywieźć → WYWOZIĆ
wywijać/wywinąć: (*ogonem*) lash[2] □ **wywijać/wywinąć się** wriggle out of sth/doing sth
wywikłać extricate
wywnioskować → WNIOSKOWAĆ
wywodzić/wywieść: ~ **w pole** outwit □ **wywodzić/wywieść się** derive, stem from sth, stem[1]
wywoływać/wywołać give rise to sth, bring about, make[1], breed, spark sth off, spark, instigate, induce, produce, provoke, send; (*np. pożar*) start[1]; ~ **obrzydzenie** sicken; (*np. wrażenie*) evoke; (*np. obrazy w myślach*) conjure sth up; (*film, zdjęcia*) develop, process, print[2]
wywozić/wywieźć take away; ~ **(kogoś/coś) po kryjomu** spirit sb/sth away/off, spirit; **błyskawicznie** ~ **kogoś** whisk away
wywracać/wywrócić tip[2], upset, subvert; ~ **kogoś** bowl sb over; (*o łodziach*) capsize; ~ **do góry nogami** turn sth upside down □ **wywracać/wywrócić się** tip[2]; (*o łodziach*) capsize
wywrotowiec subversive
wywrotow|y subversive; **działalność ~a** subversion
wywrócić (się) → WYWRACAĆ (SIĘ)
wywrócony upturned
wywrót: **ścieg na** ~ purl
wywróżyć → WRÓŻYĆ
wywrzeć → WYWIERAĆ
wywrzeszczeć roar
wyzbywać/wyzbyć się get rid of sth, discard
wyzdrowieć → ZDROWIEĆ
wyzdrowienie recovery
wyzierać: (*skądś/zza czegoś*) peep[1]
wyziewy fumes
wyznaczać/wyznaczyć assign, set[2], nominate, denote, earmark; (*kogoś na stanowisko*) make[1], designate; (*np. dzień, cenę*) name[2]; (*np. datę*) appoint
wyznacznik measure[2]
wyznanie religion, creed, confession; (*religijne*) denomination, faith, persuasion
wyznawać/wyznać confess; (*winę*) own up (to sth)
wyznaw-ca/czyni follower
wyzwać → WYZYWAĆ
wyzwalać/wyzwolić liberate, release; ~ **najlepsze/najgorsze** bring out the best/worst in sb □ **wyzwalać/wyzwolić się** break away (from sb/sth)
wyzwanie challenge[1], dare[3]; **rzucać** ~ challenge[2]; **stanowiący** ~ challenging
wyzwisk|o: **obrzucać kogoś ~ami** call sb names[2]
wyzwolenie liberation, emancipation
wyzwoliciel/ka liberator
wyzwolić → WYZWALAĆ
wyzwolony liberated
wyzysk exploitation
wyzyskiwać/wyzyskać exploit[1]
wyzywać/wyzwać: (*do zrobienia czegoś*) defy, challenge, dare[2]; ~ **kogoś** call sb names[2]
wyzywająco provocatively
wyzywający provocative, defiant, flamboyant; ~ **styl** flamboyance
wyż high[3]; ~ **demograficzny** population explosion; ~ **demograficzny** baby boom
wyżebrać cadge
wyżej: ~ **wymieniony** above
wyżerać/wyżreć eat sth away/eat away at sth; (*o rdzy*) erode
wyżerka: (*np. na przyjęciu*) blowout
wyżłabiać/wyżłobić gouge sth out, hollow sth out, hollow
wyżłobienie groove
wyżłopać → ŻŁOPAĆ
wyższoś|ć superiority, predominance; **z ~cią** self-righteously
wyższ|y upper; (*rangą*) superior; **z ~ych sfer** high-class; **klasa ~a społeczeństwa** upper class; **studia ~e** higher education
wyżyć: (*z czegoś*) live on sth
wyżymać/wyżąć wring
wyżyn|a upland; **~y** (*zwł. w południowej Anglii*) downs; **~y** (*np. kariery*) high point[1]
wyżynny upland
wyżywieni|e food, diet, board[1]; **z pełnym ~em** full board; **z częściowym ~em** half board; **bez ~a** self-catering
wzajemnie mutually
wzajemn|y mutual, reciprocal; **~e ustępstwa** give and take
wzbierać/wezbrać: (*o uczuciu; rzece*) swell
wzbijać/wzbić się soar
wzbogacać/wzbogacić enrich, enhance
wzbraniać prohibit □ **wzbraniać się** shrink from sth/doing sth
wzbronion|y prohibited, forbidden; **wstęp ~y** keep out (of sth); **palenie ~e** no smoking
wzbudzać/wzbudzić arouse, inspire, excite, awake[1], awaken; (*np. szacunek*) command[1]
wzburzać/wzburzyć infuriate, fluster, churn sth up □ **wzburzać/wzburzyć się** churn up; (*o uczuciach, nastrojach itp.*) run high[2]
wzburzenie ferment
wzburzony: (*o morzu*) stormy, rough[1]; **lekko** ~ choppy
wzdęcie wind[1]
wzdłuż along, alongside, down[2], lengthways; **~ i wszerz** the length and breadth of sth
wzdragać się flinch, recoil, shrink from sth/doing sth
wzdrygać/wzdrygnąć się shudder, start[1], flinch
wzdrygnięcie się start[2]
wzdychać/westchnąć sigh; ~ **głęboko** heave a sigh; (*za kimś/czymś*) pine[2]
wzejść → WSCHODZIĆ
wzgardzać/wzgardzić spurn, scorn
wzgl|ąd respect[1], regard[2]; (*np. na czyjeś uczucia*) consideration; **mieć ~ąd** (*na kogoś/coś*) consider; **ze ~ędu na kogoś/coś** in view of sth, for sb's/sth's sake, with; **przez ~ąd na kogoś/coś** for sb's/sth's sake; **pod ~ędem** in terms of; **pod pewnymi ~ędami** in some ways[1]; **pod tym ~ędem** in this/that/one regard, on that score; **pod każdym ~ędem** on all counts; **bez ~ędu na coś/to** however[1], whatever, no matter who, what, where, etc., regardless of, irrespective, whatever; **zaskarbiać sobie czyjeś ~ędy** cultivate (friendship with sb, etc.)
względnie comparatively, relatively
względność relativity
względny relative[2], comparative; (*o zaimku*) relative[2]
wzgórze hill, hilltop, fell
wziąć (się) → BRAĆ (SIĘ)
wzięcie vogue □ **wzięcie się**: (*do kogoś/czegoś*) clampdown
wzięty in demand, sought after; (*o aktorze*) successful
wzlot: **~y i upadki** the ebb and flow (of sth), ups and downs, highs and lows
wzmacniacz amplifier
wzmacniać/wzmocnić strengthen, toughen, build sth up, reinforce, bolster, enrich, consolidate, intensify; (*dźwięk*) amplify □ **wzmacniać/wzmocnić się** strengthen, toughen, intensify, consolidate, rally[2]; (*o dźwięku*) swell
wzmacniający refreshing, invigorating
wzmacnianie (się) intensification
wzmagać/wzmóc heighten, escalate, intensify; (*np. prędkość, wysiłek*) spurt □ **wzmagać/wzmóc się** heighten, escalate, intensify, build up; (*o uczuciu*) swell; (*o wietrze*) freshen
wzmianka mention, reference
wzmiankować mention, touch on/upon sth
wzmiankowanie reference
wzmocnić (się) → WZMACNIAĆ (SIĘ)
wzmocnienie reinforcement, boost, consolidation; (*dźwięku*) amplification
wzmożony intensive; ~ **akcent** emphasis
wzmóc (się) → WZMAGAĆ (SIĘ)
wznawiać/wznowić resume, renew, revive, resurrect
wznawianie/wznowienie renewal, resumption, resurrection; (*np. sztuki, musicalu*) revival
wzniecać/wzniecić give rise to

sth, excite, stir sth up; (*np. uczucia*) fire[2]
wzniesienie slope, elevation; (*terenu*) ascent
wznieść → WZNOSIĆ
wzniosłość elevation
wzniosły high[1], sublime, noble
wzniośle sublimely
wznosić/wznieść erect[2]; ~ **toast** toast[2] □ **wznosić/wznieść się** rise[2], ascend
wznoszący się rising
wznoszenie: (*np. gmachu*) erection
wznowić → WZNAWIAĆ
wznowienie → WZNAWIANIE
wzorcowy standard
wzornictwo: ~ **przemysłowe** design
wzorować: (*na kimś/czymś*) model[2] □ **wzorować się** imitate
wzorowo outstandingly
wzorowy model, exemplary, outstanding
wzorzec model[1]
wzorzysty patterned
wz|ór: (*np. na tapecie*) pattern, design, motif, model[1], example, sample; benchmark; (*np. chemiczny*) formula; **być ~orem** typify
wzrastać/wzrosnąć grow, increase[1], be on the increase, escalate, build up; **nagle** ~ surge; ~ **gwałtownie** rocket; (*o cenach itp.*) go up
wzrastająco progressively
wzrastający growing, rising, ascending, progressive, buoyant
-wzroczny -sighted
wzrok vision, sight[1], eyesight, eye[1]; **zasięg ~u** sight[1]; **utrata ~u** blindness; **nieruchomy** ~ gaze; **utkwić ~ w kogoś/coś** stare, fasten on sb/sth; **przyciągający** ~ eye-catching; **odwrócić** ~ look away
wzrokowo visually
wzrokowy visual, optical
wzrosnąć → WZRASTAĆ
wzrost: (*osoby*) height, stature, growth, increase[2], rise[1], gain[1], boost; **gwałtowny** ~ explosion; **nagły** ~ surge, upsurge; ~ **wartości** appreciation
wzruszać/wzruszyć: (*kogoś*) touch[1], move[2], thrill; ~ **ramionami** shrug (your shoulders) □ **wzruszać/wzruszyć się** become emotional, be overcome with emotion
wzruszający touching, moving, emotive
wzruszenie emotion; ~ **ramion** shrug (of the shoulders)
wzruszony touched
wzwyż up; **skok** ~ high jump
wzywać/wezwać call[2], call for sth, call sb out, summon, send for sb/sth; (*np. fachowca*) get sb in; (*kogoś do zrobienia czegoś*) appeal to sb (for sth)

X

x: **litera** ~ X, x; ~ **razy** umpteen times

Y

y: **litera** ~ Y, y
yuppy yuppy

Z

z: **litera** ~ Z, z; (*przyimek*) with, from, of, out of, off[1], at, on, in[2], against, by[2]
za behind[1,2], beyond; for[1]; as; in[2], after[1]; past[2]; round[3]; to[1]; a[2]; (*wznosząc toast*) here's to sb/sth; (*być*) ~ **kimś/czymś** in favour of sb/sth; (*przysłówek*) too; ~ **i przeciw** the pros and cons
zaabsorbować się preoccupy
zaabsorbowanie preoccupation
zaabsorbowany preoccupied, absorbed, engrossed
zaadoptować → ADOPTOWAĆ
zaadresować → ADRESOWAĆ
zaakcentować → AKCENTOWAĆ
zaakceptować → AKCEPTOWAĆ
zaakceptowani|e: **nie do ~a** unacceptable
zaaklimatyzować (się) → AKLIMATYZOWAĆ (SIĘ)
zaalarmować → ALARMOWAĆ
zaanektować → ANEKTOWAĆ
zaangażować (się) → ANGAŻOWAĆ (SIĘ)
zaangażowanie involvement, commitment, dedication
zaangażowany involved, committed, dedicated; (*np. uczuciowo*) involved; ~ **politycznie** political
zaapelować → APELOWAĆ
zaaprobować → APROBOWAĆ
zaaranżować → ARANŻOWAĆ
zaaresztować → ARESZTOWAĆ
zaasekurować się → ASEKUROWAĆ SIĘ
zaatakować → ATAKOWAĆ
zaawansowany advanced; **średnio** ~ intermediate
zabałaganić → BAŁAGANIĆ
zabandażować → BANDAŻOWAĆ
zabarwić → BARWIĆ
zabarwienie tint, tinge, undertone; (*słowa*) connotation
zabarwiony tinged
zabarykadować (się) → BARYKADOWAĆ (SIĘ)
zabaw|a fun, amusement, play[2], game; fling[2]; dance[1]; **dla ~y** for a laugh, (just) for fun/for the fun of it, for the heck of it; **robić sobie ~ę (z czegoś)** play at sth/being sth
zabawiać/zabawić entertain, amuse
zabawka toy[1], plaything
zabawnie humorously
zabawn|y funny, fun, amusing, humorous, entertaining, light-hearted; **~a osoba/rzecz** laugh
zabeczeć → BECZEĆ
zabełkotać → BEŁKOTAĆ
zabetonować → BETONOWAĆ
zabezpieczać/zabezpieczyć safeguard, guard against sth, protect, preserve; (*przed kimś/czymś, przeciw komuś/czemuś*) secure; (*coś czymś*) treat □ **zabezpieczać/zabezpieczyć się** provide for sth
zabezpieczanie prevention, provision □ **zabezpieczanie się** provision
zabezpieczeni|e security, safeguard, safety net, insurance; **bez ~a** vulnerable; **~e spłaty długu** collateral; **brak ~a** vulnerability □ **zabezpieczenie się** insurance
zabezpieczony safe[1], secure; **nie** ~ insecure, vulnerable
zabębnić → BĘBNIĆ
zabicie kill
zabić → ZABIJAĆ
zabieg: ~ **chirurgiczny** surgery; **~i** endeavours
zabiegać: (*o coś*) solicit; ~ **o czyjeś względy** court[2]; (*o głosy wyborców*) canvass; **usilnie** ~ **o coś** push for sth
zabieganie: ~ **o czyjeś względy** overtures
zabierać/zabrać take; ~ **kogoś** (*np. samochodem*) pick sb up; ~ **kogoś** (*np. na przyjęcie, kolację*) take sb out; ~ (*kogoś/coś*) **pospiesznie dokądś** rush[1]; (*coś komuś*) take sb/sth away (from sb); ~ **(kogoś/coś) po kryjomu** spirit sb/sth away/off, spirit □ **zabierać/zabrać się** pack up; (*za coś*) get down to sth/doing sth; (*do robienia czegoś*) start; ~ **do czegoś** get doing sth, get round/around to sth/doing sth, go about sth/doing sth, be on the point of doing sth; ~ **do czegoś** set about sth; (*do pracy*) get/go/set to work (on sth), get down to business, get busy, get cracking; **ostro ~ do pracy** have a blitz on sth
zabijać/zabić kill, destroy, liquidate; ~ **czas** while sth away, while[2], kill time, an hour, etc.; ~ **deskami** board sth up
zablokować (się) → BLOKOWAĆ (SIĘ)
zablokowany bunged up
zabłąkać się → BŁĄKAĆ SIĘ
zabłąkan|y stray; **~e zwierzę** stray
zabłocony muddy
zabłysnąć → BŁYSKAĆ, BŁYSZCZEĆ
zabłyszczeć → BŁYSZCZEĆ
zaboleć → BOLEĆ
zaborczy possessive
zabój-ca/czyni killer
zabójczy homicidal
zabójstwo killing, homicide, manslaughter
zabór annexation, partition
zabrać (się) → ZABIERAĆ (SIĘ)
zabraknąć → BRAKOWAĆ

zabraniać/zabronić prohibit, forbid, bar[2]
zabrnąć → BRNĄĆ
zabrzęczeć → BRZĘCZEĆ
zabrzmieć → BRZMIEĆ
zabuczeć → BUCZEĆ
zabudować build sth in/on, build sth into/onto sth
zabudowany fitted; (*o obszarze*) built-up
zabukować → BUKOWAĆ
zabulgotać → BULGOTAĆ
zabulić → BULIĆ
zaburczeć → BURCZEĆ
zaburzać/zaburzyć: (*porządek*) disturb
zaburzeni|e disorder; **z ~ami** (*psychicznymi*) disturbed
zaburzony disordered
zabytek relic
zabytkowy antique
zabzyczeć → BZYCZEĆ
zacerować → CEROWAĆ
zachcianka whim
zachcieć → CHCIEĆ
zachęcać/zachęcić encourage, promote, cheer sb on; (*do czegoś*) invite
zachęcający encouraging; **być ~m** look good
zachęta encouragement, incentive, inducement, spur, carrot
zachichotać → CHICHOTAĆ
zachlupotać → CHLUPOTAĆ
zachłannie greedily
zachłanność greed, greediness
zachłanny greedy, grasping
zachmurzać/zachmurzyć się cloud over
zachmurzony cloudy, overcast
zachodni west, western, westerly, westward
zachodnioindyjski West Indian
zachodzący: (*między wydarzeniami, przedmiotami itp.*) intervening
zachodzenie: (*jednej rzeczy/ czynności na drugą*) overlap
zachodzić/zajść: (*o słońcu*) go down; (*o słońcu itp.*) set[2]; **~ za chmurę** go in; **~ do kogoś** (*w odwiedziny*) go round (to...); (*jedno na drugie*) overlap; (*o wydarzeniu*) take place; **~ w ciążę** conceive; **zajść daleko** go far[2]
zachorować: (*na coś*) be/go down with sth, come down with sth, develop, get, be taken ill
zachowani|e behaviour, conduct[1]; **sposób ~a** manner; **złe ~e** misbehaviour; **niemądre ~e** silliness; **niegrzeczne/brzydkie ~** naughtiness; **dla ~a twarzy** face-saving
zachowywać/zachować keep[1], maintain, retain, preserve; (*coś dla siebie*) hold sth back, keep sth to yourself; **~ świeżość** keep[1]; (*dane w komputerze*) save; **~ powagę** keep a straight face; **~ twarz** save face; **~ spokój** keep your temper; **~ w sercu** treasure □ **zachowywać/ zachować się** behave, conduct[2]; **~ jak** act[1]; **~ naturalnie** be yourself; **źle ~** misbehave
zachowywanie preservation, retention
zach|ód west; **na ~ód** west, westward, westbound; **z ~odu** west, westerly; **północny ~** north-west; **Środkowy Z~ód** (*część USA*) the Midwest; **~ód słońca** sunset; **przed ~odem/po ~odzie słońca** before/ after dark
zachrzęścić → CHRZĘŚCIĆ
zachwiać (się) → CHWIAĆ (SIĘ)
zachwycać/zachwycić charm[2], delight[2], fascinate, thrill; **coś, co zachwyca** delight[1] □ **zachwycać/ zachwycić się** go into raptures (about/over sb/sth) , rave
zachwycająco delightfully
zachwycający delightful, fascinating, enchanting
zachwycony delighted, thrilled, enchanted
zachwyt delight[1], rapture, fascination, ecstasy; **pełen ~u** ecstatic; **wpadać w ~** go into raptures (about/over sb/sth); **z ~em** joyfully
zachybotać (się) → CHYBOTAĆ (SIĘ)
zaciąć się → ZACINAĆ SIĘ
zaciągać/zaciągnąć: (*o wymowie*) drawl □ **zaciągać/zaciągnąć się**: (*papierosem*) take a drag[1], pull; (*do wojska*) enlist
zaciągnięcie: (*papierosem*) drag[1]
zaciekawić → CIEKAWIĆ
zaciekawienie curiosity
zaciekawiony curious, interested
zaciekle furiously
zaciekły furious
zaciemniać/zaciemnić obscure
zaciemnienie blackout
zacieniony shady
zacierać: (*np. ręce*) rub
zacieśniać/zacieśnić tighten, tighten up (on sth)
zacięcie: **z ~m** competitively, gritty
zacięty competitive
zacinać/zaciąć: (*konia*) whip[2] □ **zacinać/zaciąć się** get stuck[2], jam[2]; (*o silniku itp.*) pack up; (*o maszynie*) seize up; (*w mowie*) stammer; (*skaleczyć się*) cut yourself
zacinający driving[2]
zacisk catch[2], vice[2]
zaciskać/zacisnąć tighten, clench; (*usta*) purse[2]; **~ zęby** grit your teeth; **zacisnąć pasa** tighten your belt
zacisze seclusion, privacy, retreat
zaciszny secluded
zaciśnięty: **mocno ~** tight
zacnie nobly
zacny respectable, virtuous, worthy, noble
zacofany old-fashioned, backward, behind the times
zacumować → CUMOWAĆ
zacytować → CYTOWAĆ
zaczaić się → CZAIĆ SIĘ
zaczarować charm
zaczarowany enchanted, magic, magical
zacząć → ZACZYNAĆ
zaczątek nucleus
zaczekać → CZEKAĆ
zaczepiać/zaczepić catch[1], hook[2]; (*kogoś*) accost □ **zaczepiać/ zaczepić się** hook[2]
zaczepieni|e: **punkt ~a** foothold
zaczepny offensive
zaczernić → CZERNIĆ
zaczerwienić się → CZERWIENIĆ SIĘ
zaczerwienienie: **~ i obrzmienie** soreness
zaczerwieniony red[1]
zaczynać/zacząć start[1], begin, go, set/start the ball rolling; (*od kogoś/czegoś*) start off; **~ od początku/na nowo** start over; (*coś robić*) start on sth; **~ coś robić** get into sth □ **zaczynać/zacząć się** start[1], begin
zaćma cataract
zaćmienie eclipse; **~ umysłu** brainstorm; **poczuć ~ umysłu** to have a block (about sth); **poczułem ~ umysłu** my mind went blank
zaćmiewać/zaćmić eclipse, overshadow
zad: (*zwierzęcia*) rump
zadanie task, job, work[1], brief[2], problem; (*wymagające wysiłku*) challenge[1]; **~ specjalne** mission; (*szkolne*) exercise[1], project[1]; (*do wykonania*) assignment; **~ domowe** homework
zadarty: (*np. nos*) snub, upturned; **z ~m nosem** snub-nosed
zadaszony covered
zadat|ek deposit[2]; **wpłacać ~** deposit[1]; **mieć ~i na coś** make[1], have the makings of sth
zadawać/zadać assign; (*pracę*) set[2]; (*np. pytanie*) put, put sth to sb; **~ sobie trud, żeby** take the trouble to do sth, be at/take (great) pains to do sth; (*ból*) inflict; **~ rany** wound[1] □ **zadawać/zadać się**: (*z kimś*) go round/around/about with sb
zadbać → DBAĆ
zadecydować → DECYDOWAĆ
zadedykować → DEDYKOWAĆ
zadekretować decree
zadeptywać/zadeptać tread
zadęcie blast[1]
zadłużenie debt
zadłużony: (**nie**) **być ~m** be in/out of debt
zadośćuczynić: **~ czemuś** meet
zadośćuczynienie compensation, retribution; **jako ~** in return (for sth)
zadowalać/zadowolić please, satisfy, gratify; (*gusta*) cater for sth; **~ kogoś** be to one's satisfaction □ **zadowalać/zadowolić się**: **~ czymś** content yourself with sth, settle for sth, make do with sth
zadowalająco satisfactorily
zadowalający satisfactory, pleasing, satisfying, gratifying, reasonable, well[2]
zadowolenie contentment,

satisfaction, pleasure, content[1], enjoyment; **z ~m** contentedly; **~ z siebie** complacency; **z (bezpodstawnym) ~m** complacently
zadowolony pleased, glad, happy, satisfied, content[1], contented, fine[1]; **~ z siebie** smug; (*z siebie lub sytuacji*) complacent; (*z powodu spełnienia marzeń itp*) fulfilled
zadrapać scrape[1], scratch[1], graze[2]
zadrapanie graze[2], scrape[2], scratch[2]
zadrasnąć graze[2]
zadręczony: **~ na śmierć** sick to death of sb/sth
zadrżeć waver
zadufanie complacency
zadufany: (*we własne siły*) complacent, full of yourself
zadumany thoughtful, reflective
zadurzenie infatuation
zadurzony infatuated
zadymiony smoky
zadyszany breathless, out of/short of breath
zadyszk|a: **z ~ą** breathlessly
zadziałać take effect; (*o pomyśle, przedsięwzięciu itp.*) do the job/trick
zadzierać: **~ ze wszystkimi** be/go on the warpath; **~ nosa** look down your nose at sb/sth
zadziwiać/zadziwić surprise, astonish, bowl sb over
zadziwiająco surprisingly, astonishingly, extraordinarily
zadziwiając|y surprising, astonishing, extraordinary; **~e, że** it's a wonder (that)…
zadzwonić → DZWONIĆ
zadźwięczeć → DŹWIĘCZEĆ
zafałszować fudge[2]
zafarbować → FARBOWAĆ
zafascynować → FASCYNOWAĆ
zagadka problem, puzzle, enigma, riddle
zagadkow|y enigmatic, cryptic; **~a osoba/sprawa** riddle; **zagadkowo** cryptically
zagadnienie issue
zagajnik copse, shrubbery
zaganiać/zagonić drive[1]
zagarniać scoop
zagazowywać/zagazować gas
zagęszczać/zagęścić (się) thicken, condense
zagięcie fold, crease, crook, kink
zagięty crooked
zaginać/zagiąć: **~ kogoś** catch sb out
zaginięcie disappearance
zaginiony lost[2]
zaglądać/zajrzeć: (*potajemnie*) peep[1], peek; (*do kogoś*) call[2], call by; (*np. do słowników*) refer to sth, consult; (*np. do książki*) dip into sth
zagłada extermination, holocaust
zagłębiać/zagłębić się immerse yourself (in sth); **~ w coś** enter into sth; (*np. w książce*) pore over sth
zagłębie field[1]
zagłębienie hollow, trough; (*terenu*) dip
zagłodzić (się) → GŁODZIĆ (SIĘ)
zagłuszać/zagłuszyć deafen, drown; (*np. fale radiowe*) jam[2]
zagmatwać (się) → GMATWAĆ (SIĘ)
zagmatwany tangled
zagnieździć się → GNIEŹDZIĆ SIĘ
zagoić się → GOIĆ SIĘ
zagon patch[1]
zagorzale fervently, fanatically
zagorzalec fanatic
zagorzałość fanaticism
zagorzał|y fervent, staunch, fanatic; **być ~ym/ą zwolennikiem/czką** swear by sth
zagotować (się) → GOTOWAĆ (SIĘ)
zagradzać/zagrodzić block sth off, obstruct; (*drogę*) bar[2]
zagranic|a: **za ~ą/ę** overseas
zagraniczny foreign, overseas, alien
zagrażać/zagrozić threaten, endanger
zagrażający menacing, impending
zagroda farmhouse, enclosure; (*np. dla świń, owiec*) pen[2]
zagrożeni|e danger, risk, menace, threat, distress[1]; **w ~u** at stake
zagrożony at risk, under threat; **~ wyginięciem** endangered; **być ~m** at stake
zagrywka service
zagrzewać: (*kogoś do czegoś*) spur
zagubion|y lost[2], at sea; **rzeczy ~e** lost property
zahaczać/zahaczyć (się) catch[1], hook[2]
zahamowa|nie inhibition, check[2]; **mający ~nia** inhibited; **bez ~ń** uninhibited
zahartować (się) → HARTOWAĆ (SIĘ)
zahipnotyzować → HIPNOTYZOWAĆ
zahuczeć → HUCZEĆ
zaimek pronoun; **~ osobowy** personal pronoun; **~ pytajny** interrogative
zaimplikować → IMPLIKOWAĆ
zaimprowizować → IMPROWIZOWAĆ
zaimprowizowany impromptu
zainaugurować → INAUGUROWAĆ
zaindoktrynować → INDOKTRYNOWAĆ
zainfekować → INFEKOWAĆ
zaingerować → INGEROWAĆ
zainicjować → INICJOWAĆ
zainicjowanie initiation
zainkasować → INKASOWAĆ
zainscenizować → INSCENIZOWAĆ
zainspirować → INSPIROWAĆ
zainstalować → INSTALOWAĆ
zainteresować (się) → INTERESOWAĆ (SIĘ)
zainteresowani|e interest[1]; **wzbudzać ~e** (*w kimś do czegoś*) interest[2]; **namiętne ~e** (*czymś*) bug; **(nie) w centrum ~a** in/out of the limelight; **bez ~a** flatly, offhandedly
zainteresowan|y interested; **nie ~y** uninterested; **być ~ym** (*kimś/czymś*) be taken with sb/sth; **wszyscy ~i** all concerned
zainterweniować → INTERWENIOWAĆ
zaintrygować → INTRYGOWAĆ
zainwestować → INWESTOWAĆ
zaiskrzyć (się) → ISKRZYĆ (SIĘ)
zaistnieć → ISTNIEĆ
zaizolowanie insulation
zajadać tuck in
zajarzyć się → JARZYĆ SIĘ
zajaśnieć → JAŚNIEĆ
zajazd inn
zając hare; **samica ~a** doe
zająć (się) → ZAJMOWAĆ (SIĘ)
zająknąć się → JĄKAĆ SIĘ
zajątrzyć (się) → JĄTRZYĆ (SIĘ)
zajezdnia depot, terminus
zajęci|e pursuit, engagement, occupation; **~a** (*zazwyczaj rekreacyjne*) activities; **dorywcze ~a** odd jobs; (*szkolne*) lesson, class
zajęty occupied, busy, engaged, engrossed; **nie ~** free[1]; **być bardzo ~m** have your hands full; (*o linii*) busy, engaged
zajmować/zająć engage, occupy, fill; (*czas/przestrzeń*) take up sth; (*o powierzchni*) cover[1]; **~ czyjeś/czegoś miejsce** displace; **~ miejsce komuś** save a place for sb; **~ pozycję** rank; **~ stanowisko** take a stand (on sth) □ **zajmować/zająć się** occupy yourself (in doing sth/with sth), busy yourself with sth/doing sth, attend to sb/sth, concern[1] yourself with sth, handle, engage in sth, see to sb/sth, see about sth/doing sth, deal with sth; **zacząć ~ czymś** go into sth; (*stałą czynnością*) go about sth
zajmujący interesting, compelling, enthralling
zajrzeć → ZAGLĄDAĆ
zajście incident
zajść → ZACHODZIĆ
zakamarek nook; **każdy ~** every nook and cranny
zakańczać/zakończyć complete[2]
zakaz ban, prohibition; (*importu, wywozu*) embargo; **~ sądowy** injunction; (*w napisach*) no…
zakazany illicit, taboo
zakazywać/zakazać prohibit, ban, outlaw, forbid
zakaźny infectious, contagious, septic
zakażenie infection, contagion
zakątek corner[1]; **uroczy ~** beauty spot; **cichy ~** backwater
zakiełkować → KIEŁKOWAĆ
zaklejać/zakleić seal[2]
zaklepywać/zaklepać: (*np. miejsce*) bag[2]
zaklęcie spell[3]
zaklinować → KLINOWAĆ
zaklinowywać/zaklinować się be/get stuck[2]
zakład establishment, institution; (*produkcyjny*) works; (*produkcyjny/*

remontowy) workshop; ~ **fryzjerski** the hairdresser's; ~ **przemysłowy** plant[1]; ~ **użyteczności publicznej** utility; ~ **optyczny** the optician's; ~ **dla nieuleczalnie chorych** hospice; ~ **dla obłąkanych** asylum, lunatic asylum; ~ **o coś** bet; **~y ligi piłkarskiej** football pools
zakładać/założyć put, lay[1]; ~ **ręce** cross/fold your arms; (*zwł. instytucję, organizację*) establish, found[2]; (*np. firmę*) set (sth) up; (*np. złamaną nogę*) set[2]; ~ **instalację elektryczną** wire; **~, że** assume, figure on sth/on doing sth; **zakładam, że** I take it (that…); **założywszy, że** provided □ **zakładać/założyć się** bet
zakładka: (*także w komputerze*) bookmark
zakładni-k/czka hostage; **brać/trzymać zakładni-ka/czkę** take/hold sb hostage
zakładowy institutional
zakłopotanie confusion, bewilderment, embarrassment, self-consciousness; **z ~m** uneasily; **wprawiać w ~** baffle, puzzle, disconcert, embarrass
zakłopotany perplexed, bemused, embarrassed, puzzled, confused, nonplussed
zakłócać/zakłócić violate; disturb, hijack
zakłóceni|e: (*porządku publicznego*) disturbance, disruption; **~a** (*np. atmosferyczne*) interference; (*w radiu/TV*) static
zakneblować → KNEBLOWAĆ
zakochać się → ZAKOCHIWAĆ SIĘ
zakochany in love (with sb), infatuated; ~ **w kimś do szaleństwa** crazy/nuts about sb
zakochiwać/zakochać się: (*w kimś*) fall in love (with sb), fall for sb
zakodować → KODOWAĆ
zakomunikować → KOMUNIKOWAĆ
zakonnica nun
zakonserwować → KONSERWOWAĆ
zakonspirowany mysterious, secretive
zakończenie ending, conclusion, termination, completion; **na ~** in conclusion, lastly; (*spiczaste*) point[1]; (*np. palca*) tip[1]
zakończony complete[1]; (*o okresie czasu*) up
zakończyć → KOŃCZYĆ
zakopcony smoky
zakopywać/zakopać bury
zakorkowany: (*np. o ruchu ulicznym*) gridlocked
zakorzeniony ingrained, settled; **głęboko ~** deep-rooted
zakotłować się → KOTŁOWAĆ SIĘ
zakotwiczyć → KOTWICZYĆ
zakotwiczyć się stay put
zakpić → KPIĆ
zakradać/zakraść się creep[1], sneak
zakres sphere, field[1], extent, range[1], scope; (*wiedzy, działalności*) domain; ~ **fal radiowych** waveband; **w małym/dużym ~ie** in a big/small way
zakreślacz highlighter
zakreślać/zakreślić check[1], circle, ring[1]
zakręcać/zakręcić (się) screw
zakręt bend[2], turn[2], turning, corner[1]; **brać ~** round[5]; (*niespodziewany rozwój wypadków*) twist[2]
zakrętas squiggle
zakrętka: (*np. do flamastra*) top[1]
zakrwawiony bloody[1], bloodstained
zakrywać/zakryć blot sth out
zakrztusić się: (*o silniku itp.*) falter
zakrzyczeć shout sb down, shout
zakrzywiony hooked
zaktualizować → AKTUALIZOWAĆ
zakulisowy inside[1]
zakup purchase[1], buy; **~y** shopping; **dokonywać ~u** purchase[2]; **robić ~y** shop, go shopping, do the shopping
zakurzony dusty
zakutać wrap
zakutany muffled up
zakwakać → KWAKAĆ
zakwalifikować (się) → KWALIFIKOWAĆ (SIĘ)
zakwaterować → KWATEROWAĆ
zakwaterowanie accommodation, lodging
zakwaterowywać/zakwaterować accommodate
zakwestionować → KWESTIONOWAĆ
zakwiczeć → KWICZEĆ
zakwilić → KWILIĆ
zakwitnąć → KWITNĄĆ
zalać → ZALEWAĆ
zalakować → LAKOWAĆ
zalany: ~ **powodzią** under water; ~ **wodą** awash; ~ **słońcem** sunlit; (*pijany*) sloshed; **~ w trupa** (*pijany*) comatose; ~ **w pestkę** stoned
zalecać/zalecić recommend, direct[2], advocate, urge, preach □ **zalecać się** chat sb up, chat, court[2]
zalecanie: (*np. robienia czegoś*) prescription
zalece|nie recommendation, guideline; **według ~ń** as directed; **~nia i przestrogi** dos and don'ts[3]
zaleczyć → LECZYĆ
zaledwie mere, scarcely, just[2]
zalegać: ~ **z czymś** get behind (with sth)
zalegalizować → LEGALIZOWAĆ
zaległoś|ć: **~ci** arrears, backlog
zaległ|y: (*o zapłacie itp.*) outstanding, back[2]; **~a wypłata** arrears; **mieć ~ci** be in arrears
zalesiony wooded
zalet|a virtue, merit, quality, advantage; **mieć ~y** have your, etc. points; **ukazywać czyjeś ~y do sb/sth justice**
zalew reservoir, deluge
zalewać/zalać flood[1], deluge, submerge; (*np. listami*) swamp[2]; ~ **potokiem słów** spout; (*rozprzestrzeniać się*) sweep[1]; **krew mnie zalała** see red[1]
zależeć depend on sth; **to zależy** that depends; it (all) depends; ~ **od kogoś** be up to sb, be down to sb; ~ **od czegoś** hang on sth; ~ **od czegoś** hinge on sth, be conditioned by; **bardzo na czymś ~** be set on sth/doing sth; ~ **komuś na czymś** be anxious to do sth
zależnie: ~ **od okoliczności** as the case may be
zależność dependence
zależn|y dependent, conditional; **być ~ym** depend on sb/sth (for sth) rely; **mowa ~a** indirect speech
zalicytować → LICYTOWAĆ
zaliczać/zaliczyć: (*do czegoś*) put, rank, rate[2] □ **zaliczać/zaliczyć się** rank
zaliczka advance[2], deposit[2]
zaloty courtship
zaludniać/zaludnić populate
zaludnienie population
załadować → ŁADOWAĆ
załadowany loaded
załadowywać: ~ **ponownie** (*np. broń*) reload
załagodzić: (*spór*) patch sth up
załamać się → ZAŁAMYWAĆ SIĘ
załamanie: (*fizyczne lub nerwowe*) collapse; ~ **nerwowe** nervous breakdown □ **załamanie się** breakdown
załamany desolate, crestfallen
załamywać/załamać się falter, slump; (*np. pod ciężarem*) yield; (*o dyskusji itp.*) break down; (*o osobie*) break down, go to pieces, crack[2]
załapywać/załapać get the hang of sth, get the message
załatać → ŁATAĆ
załatwiać/załatwić deal with sth, see about sth/doing sth; (*sprawy*) settle; (*coś z kimś*) clear sth (with sb); (*coś komuś*) fix sb up (with sth); ~ **kogoś** zap, bump sb off
załatwion|y **~e!**, it's a deal
załączać/załączyć accompany
załączeni|e: **w ~u** herewith; **przesyłać w ~u** enclose
załącznik enclosure
załog|a workforce, crew; **członek ~i** crewman; ~ **naziemna** ground crew; (*fabryki*) shop floor
załomotać → ŁOMOTAĆ
załopotać → ŁOPOTAĆ
załoskotać → ŁOSKOTAĆ
założenie: (*zwł. instytucji, organizacji*) establishment, foundation; (*domniemanie*) presumption
założyciel founder; **członek-~** founder member
założyć (się) → ZAKŁADAĆ (SIĘ)
zamach: (*na kogoś*) assassination; ~ **stanu** coup; **dokonywać ~u** (*na*

kogoś) assassinate; **za jednym ~em** at a/one stroke
zamachnąć się: (*ręką na kogoś*) swing[1]
zamachnięcie się swing[2]
zamachowiec assassin
zamamrotać → MAMROTAĆ
zamanifestować → MANIFESTOWAĆ
zamarynować → MARYNOWAĆ
zamarzać/zamarznąć freeze, frost over/up, frost, ice over/up; **~ na dobre** freeze solid; (*o krwi itp.*) congeal; **zamarznąć na śmierć** catch your death (of cold)[1]
zamarznąć → MARZNĄĆ
zamaskować → MASKOWAĆ
zamaskowany covert
zamaszysty: **szeroki ~ ruch** sweep[2]
zamawiać/zamówić order[2], commission
zamazany fuzzy, blurred
zamazywać (się) blur
zamącić → MĄCIĆ
zameczek: (*np. naszyjnika, bransoletki*) clasp[1]
zamek castle; **~ z piasku** sandcastle; (*np. w drzwiach*) catch[2], lock[1]; **~ błyskawiczny** zip; **zapinać na ~ błyskawiczny** zip
zameldować (się) → MELDOWAĆ (SIĘ)
zamelinować: (*coś gdzieś*) tuck sth away
zamerdać → MERDAĆ
zamęczać/zamęczyć torment, drive[1], be/go on at sb
zamęt muddle
zamężna married
zamglić (się) → MGLIĆ (SIĘ)
zamglony misty, shadowy; (*o wzroku, oczach*) blurred
zamian: **w ~** (*za coś*) in return (for sth)
zamiana exchange[1], swap; (*np. mil na kilometry*) conversion
zamiar intention, intent, purpose, plan; **mieć ~** intend, mean[1]; **mając ~ zrobienia czegoś** with a view to doing sth; **w najlepszych ~ach** well-meant
zamiast instead (of), rather than, in sb/sth's place; **~ coś robić** far from doing sth
zamiatacz/ka sweeper
zamiatać/zamieść sweep[1], sweep (sth) up
zamiatanie sweep[2]
zamiatarka sweeper
zamieć blizzard
zamiejscowy long-distance
zamieniać/zamienić exchange[2], swap, switch, change[1], convert[1]; (*w kogoś/coś*) make sb/sth into sb/sth; (*kogoś w coś*) turn[1] □ **zamieniać/zamienić się** swap, switch, convert[1]; **~ miejscami** (*z kimś*) change/swap places (with sb); (*w coś*) turn[1]; (*np. rolami*) reverse[3]
zamiennie interchangeably
zamienn|y interchangeable; **część ~a** spare part[1]
zamierać: (*o głosie*) tail away/off, tail; **serce zamiera** your heart sinks
zamierający: (*np. ze strachu*) breathless
zamierzać intend, plan, aim[2], mean[1], be going to do sth, think[1] (of/about) doing sth; (*planować*) propose
zamierzenie intention
zamierzony intentional, wilful
zamieszać → MIESZAĆ
zamieszanie confusion, commotion, turmoil, havoc, fuss; (*kogoś w coś*) implication
zamieszany: **być/zostać ~m w coś** be connected, be/get caught up in sth
zamieszkani|e: **miejsce ~a** residence, abode; **nie nadający się do ~a** uninhabitable; **bez stałego miejsca ~a** (of) no fixed abode/address
zamiesz|ki unrest, riot, disorder, disturbance; **uczestnik ~ek** rioter; **dopuszczać się ~ek** riot; **~ki** (*o sytuacji politycznej*) turbulence
zamieszkiwać/zamieszkać inhabit, occupy, dwell
zamieszkiwanie occupation
zamieszkujący resident
zamieść → ZAMIATAĆ
zamigotać → MIGOTAĆ
zamiłowanie fondness, love[1]
zaminować → MINOWAĆ
zamknąć (się) → ZAMYKAĆ (SIĘ)
zamknięcie closure
zamknięty closed, shut; (*o pomieszczeniu*) enclosed; (*o grupie ludzi*) incestuous; **~ w sobie** private, withdrawn, repressed, introverted
zamocowywać/zamocować fix[1]
zamordować → MORDOWAĆ
zamorski overseas
zamortyzować → AMORTYZOWAĆ
zamożność wealth, affluence, means[2]
zamożny wealthy, affluent, well-to-do
zamówić → ZAMAWIAĆ
zamówieni|e order[1], commission; **formularz ~a** order form
zamraczać/zamroczyć daze
zamrażać/zamrozić (się) freeze
zamrażalnik freezer
zamrażarka freezer
zamrozić → MROZIĆ, ZAMRAŻAĆ
zamrożenie: (*np. cen, płac*) freeze; (*otępienie*) stupor
zamrożony frozen
zamsz suede
zamykać/zamknąć close[4], shut, seal[2]; **~ z trzaskiem** snap[1]; **~ na klucz/zatrzask** lock[2]; **~ na kłódkę** padlock; **~ kogoś (w pomieszczeniu) na klucz** lock sb in; **~ wszystkie drzwi i okna** lock (sth) up; (*np. w więzieniu, klasztorze*) shut sb/sth up (in sth); (*w czymś*) confine; (*kończyć*) bring sth to a close; (*program komputerowy*) quit; (*np. fabrykę*) shut/close sth down; (*np. firmę*) wind sth up; (*np. ulicę*) close sth off; **~ gębę (komuś)** shut sb up; **~ pochód** bring up the rear □ **zamykać się** close[4], shut; **~ z trzaskiem** snap[1]; (*kończyć się*) come/draw to a close; (*o fabryce itp.*) shut/close down; **zamknij się!** shut up!; **~ w sobie** clam up; **~ się w sobie** go, retreat, etc. into your shell
zamysł idea
zamyślać/zamyślić plan, intend
zamyśleni|e: **w ~u** thoughtfully
zamyślony thoughtful, distant; (*bardzo poważny*) sober
zanadrz|e: **w ~u** ready-made
zanadto too
zanalizować → ANALIZOWAĆ
zaniechać abandon, relinquish, abort
zaniechanie abandonment
zanieczyszczać/zanieczyścić pollute, contaminate, foul[2]
zanieczyszczając|y: **substancja ~a** pollutant
zanieczyszczenie pollution, contamination, impurity
zanieczyszczony impure; (*substancją toksyczną*) poisoned
zaniedbanie neglect, negligence, inattention; (*np. budynku*) disrepair
zaniedbany neglected, run-down, untidy; (*o umiejętności*) rusty
zaniedbujący się: **~ w czymś** negligent
zaniedbywać/zaniedbać neglect, omit, fail, let sth go □ **zaniedbywać/zaniedbać się** let yourself go
zaniemówić to become dumb, dry up; **zapierać dech/~** catch your breath[1]
zaniepokojenie worry, unease; **z ~m** anxiously
zaniepokojony worried, anxious, upset, concerned, uneasy, alarmed, perturbed
zanik: **w ~u** on the wane
zanikać die away, die out, fade, vanish, wither; (*o głosie*) trail away/off
zanim before[2]
zaniżać/zaniżyć understate
zanosić/zanieść carry, take, convey; (*na coś*) be in the air, be brewing, get □ **zanosić/zanieść się**: **zanosi się na coś** it feels as if it is going to…; **nie ~ na to, żeby** be unlikely; **~ od śmiechu** laugh your head off, be in hysterics
zanotować → NOTOWAĆ
zanotowywać/zanotować write sth down, jot sth down
zantagonizować → ANTAGONIZOWAĆ
zanucić → NUCIĆ
zanudzać/zanudzić: (*kogoś*) keep on (at sb) (about sb/sth) → NUDZIĆ
zanudzony: **~ na śmierć** sick to death of sb/sth
zanurkować → NURKOWAĆ
zanurzać/zanurzyć immerse,

submerge, dip, duck □ **zanurzać/zanurzyć się** submerge
zanurzony submerged; (*np. w historii*) steeped
zaobserwować → OBSERWOWAĆ
zaoferowani|e: **do ~a** on offer
zaoferowany forthcoming
zaogniać/zaognić się fester
zaogniony inflamed
zaokrąglać/zaokrąglić: (*w górę/w dół*) round sth up/down
zaokrągleni|e: **w ~u** in round figures/numbers
zaokrętować się → OKRĘTOWAĆ SIĘ
zaokrętowanie się embarkation
zaopatrywać/zaopatrzyć supply, equip, stock², serve; **~ w żywność** cater
zaopatrywanie się: **stałe ~ w danym sklepie** custom
zaopatrzenie provision; (*wojenne*) munitions
zaopiekować się → OPIEKOWAĆ SIĘ
zaoponować → OPONOWAĆ
zaorać → ORAĆ
zaordynować → ORDYNOWAĆ
zaostrzać/zaostrzyć sharpen, tighten; (*np. restrykcje*) tighten up (on) sth; **~ apetyt** whet sb's appetite □ **zaostrzać/zaostrzyć się**: (*pogarszać się*) fester; (*o restrykcjach itp.*) tighten up
zaostrzony tight
zaoszczędzać/zaoszczędzić save → OSZCZĘDZAĆ
zapach smell¹, scent, perfume, fragrance, aroma, odour; (*ulotny*) whiff; **mieć ~** smell²; **nieprzyjemny ~ z ust** bad breath; **~ potu** body odour
zapadać/zapaść: (*w coś*) fall¹, lapse; **zapaść w sen** go to sleep; (*na jakąś chorobę*) catch¹ □ **zapadać/zapaść się** sink¹, cave in, cave
zapadając|y: **~a ciemność** the gathering darkness
zapadły: (*o miejscu*) godforsaken
zapadnia trapdoor
zapadnięcie się subsidence
zapadnięty: (*np. policzek*) hollow, sunken
zapadowy: **drzwi ~e** trapdoor
zapakować → PAKOWAĆ
zapalać/zapalić light², set light to sth, ignite; (*zapałkę*) strike²; (*np. światło*) put sth on, turn sth on; (*papierosa*) light (sth) up, have² a cigarette; (*np. silnik*) start¹, turn over □ **zapalać/zapalić się** light², catch fire, be on fire¹, be alight¹; (*o świetle*) go on; (*o oczach*) light up
zapalający incendiary
zapalanie ignition
zapalczywie impetuously, passionately
zapalczywy impetuous, passionate, fiery, fierce
zapalenie inflammation; **~ migdałków** tonsillitis; **~ płuc** pneumonia; **~ wyrostka robaczkowego** appendicitis; **~ krtani** laryngitis; **~ wątroby** hepatitis; **~ opon mózgowych** meningitis
zapaleniec freak
zapalić (się) → ZAPALAĆ (SIĘ)
zapalniczka cigarette lighter
zapalnik fuse¹
zapalny: **w stanie ~m** inflamed
zapalony alight¹; (*o osobie*) avid; (*do czegoś*) keen
zapał eagerness, keenness, zest, fervour, enthusiasm, drive; **z ~em** with gusto, avidly, enthusiastically; **pełen ~u** enthusiastic; **z wielkim ~em** heart and soul; **bez ~u** lukewarm
zapałk|a match¹, matchstick, a light¹; **strzyżenie na ~ę** crew cut
zapamiętywać/zapamiętać memorize → PAMIĘTAĆ
zaparafować → PARAFOWAĆ
zaparcie constipation
zaparkować → PARKOWAĆ
zaparowywać/zaparować mist over/up, steam up
zaparzać/zaparzyć: (*np. herbatę*) brew
zapas supply, reserve², store; (*np. towaru*) stock¹; **~y żywności** provision; **nowy ~** (*czegoś*) refill; **w ~ie** in reserve; **robić ~y** hoard; **na ~** for good measure²
zapasow|y spare¹; **~ bezpiecznik itp.** spare¹; **część ~a** spare part; (*np. bilet*) standby; **~a kopia** (*np. pliku*) backup; **robić ~ą kopię** (*np. pliku*) back sth up
zapasy wrestling
zapaść → ZAPADAĆ
zapaśnik wrestler
zapatrywać się view²
zapatrywani|e slant, view¹; **~a polityczne** politics
zapatrzony: (*w kogoś/coś*) be wrapped up in sb/sth
zapchać → ZAPYCHAĆ
zapchany crammed, thick
zapełniać/zapełnić crowd sb out (of sth); (*np. ulice*) throng; **~ lukę** bridge a/the gap
zapełniony full
zapewne surely
zapewniać/zapewnić assure, reassure, ensure, provide; (*o czymś*) assert; **~ sobie** make certain (that...)
zapewniająco reassuringly
zapewnienie assertion, assurance, reassurance
zapędzać/zapędzić: **~ w pułapkę** trap; **~ w kozi róg** stump²
zapętlać/zapętlić loop
zapiać → PIAĆ
zapiąć → ZAPINAĆ
zapierać: **~ dech/zaniemówić** catch your breath¹
zapierający: **~ dech w piersiach** breathtaking
zapięcie fastener
zapinać/zapiąć: (*np. płaszcz*) do up, fasten, buckle; **~ na zamek błyskawiczny** zip; **~ pasy** (*w samochodzie*) belt up, belt; **~ na ostatni guzik** sew sth up □ **zapinać się** fasten, buckle
zapinka clasp¹, buckle, fastener
zapis entry; (*rozmowy*) transcript; (*w testamencie*) bequest; **~y** (*np. do szkoły, organizacji*) registration, enrolment
zapiski record¹
zapisywać write/note/get/put sth, make a note, enter, record², register², enrol; **~ coś w dzienniku okrętowym/pokładowym** log²; (*w testamencie*) bequeath □ **zapisywać się**: (*np. na listę*) register², enrol, sign up (for sth)
zaplanować → PLANOWAĆ
zaplanowany: (*o występku, zbrodni*) premeditated
zaplatać/zapleść plait
zaplątać get/become entangled; (*o mowie*) flounder → też PLĄTAĆ
zaplątany entangled; **być ~m** (*np. w kłótnię*) be locked in/into sth
zapleść → PLEŚĆ
zapleśniały mouldy
zapłacić → PŁACIĆ
zapłacony paid; **nie ~** unpaid
zapładniać/zapłodnić fertilize
zapłakać → PŁAKAĆ
zapłakany tearful
zapłata payment; **~ tygodniowa** wage¹
zapłodnienie fertilization; **sztuczne ~** artificial insemination
zapłon ignition
zapłonąć → PŁONĄĆ
zapobiegać/zapobiec prevent, avert
zapobieganie prevention
zapobiegawczy preventive, protective, deterrent; **środek ~** deterrent
zapobiegliwość foresight, forethought
zapoczątkować: (*np. stosunek, działalność*) enter, originate, inaugurate
zapoczątkowanie initiation
zapoczątkowywać/zapoczątkować initiate; (*np. okres pokoju*) usher sth in, usher
zapodziewać/zapodziać mislay
zapominać/zapomnieć forget, lose sight of sb/sth; **~ o różnych rzeczach** be forgetful; **~ coś przynieść/kogoś przyprowadzić** leave sb/sth behind □ **zapominać/zapomnieć się** forget
zapominalski forgetful
zapomnienie obscurity, oblivion
zapomnienie się: (*chwilowe*) lapse
zapomoga relief
zapora: **~ przeciwpowodziowa** dyke; **~ wodna** dam; **~ drogowa** roadblock
zapotrzebowanie demand¹
zapowiadać/zapowiedzieć: (*program*) introduce; (*czyjś występ*) introduce □ **zapowiadać się** promise²
zapowiadający się: **dobrze się zapowiadający** promising, budding
zapowiedziany prospective

zapoznany: (*o osobie*) acquainted
zapoznawać/zapoznać: (*z kimś*) meet; (*kogoś z czymś*) introduce □ **zapoznawać/zapoznać się** familiarize; (*z kimś/czymś*) know/learn the ropes
zapożyczać/zapożyczyć borrow, adopt
zapracowany busy; **być bardzo ~m** have your hands full
zapracowywać/zapracować: (*na coś*) earn
zapragnąć → PRAGNĄĆ
zapraszać/zaprosić invite, ask, invite sb in; (*kogoś do odwiedzenia w domu*) invite sb over/round, invite sb back; **~ kogoś do wspólnego wyjścia** ask sb out, invite sb out
zapraszający inviting
zaprawa: **~ fizyczna** workout; **~ murarska** mortar[1]
zaprawiać/zaprawić: (*np. potrawę, żartem*) spice
zaprawiony seasoned
zaprenumerować → PRENUMEROWAĆ
zaprezentować → PREZENTOWAĆ
zaprogramować → PROGRAMOWAĆ
zaprojektować → PROJEKTOWAĆ
zaproponować → PROPONOWAĆ
zaprosić → ZAPRASZAĆ
zaproszenie invitation
zaprotestować → PROTESTOWAĆ
zaprowadzić lead[3]
zaprowiantowanie provision
zaprząść → ZAPRZĘGAĆ
zaprzeczać/zaprzeczyć deny, contradict, quarrel; **~ pogłosce** deny a rumour
zaprzeczenie denial, contradiction
zaprzepaszczać/zaprzepaścić muck sth up
zaprzestanie withdrawal
zaprzestawać/zaprzestać cease; (*np. produkcji czegoś*) discontinue
zaprzęgać/zaprząść harness
zaprzyjaźniać/zaprzyjaźnić się be/make friends (with sb); (*szybko*) click[2]
zaprzyjaźniony: (*z kimś*) friendly
zaprzysięgać/zaprzysiąc swear sb in
zaprzysięgły confirmed
zapuszczać/zapuścić: (*włosy*) grow, grow (sth) out
zapuszczony run-down; (*o terenie*) waste[3]
zapychać/zapchać clog[2], jam[2], block[2]
zapylać/zapylić: (*o roślinach*) fertilize
zapylenie fertilization
zapylić → ZAPYLAĆ
zapytać (się) → PYTAĆ (SIĘ)
zapytani|e inquiry; **stawiać pod znakiem ~a** question[2]

zarabiać/zarobić earn, make[1], make money; **~ na czysto** net[2]
zaradczy remedial
zaradny resourceful
zaranie dawn[1], seed
zarastać/zarosnąć straggle; (*o fryzurze*) grow out
zaraz immediately, directly, presently, soon; **~, ~** now, let's see
zaraza bug, contagion, plague
zaraz|ek germ; **pełen ~ków** septic
zarazem at the same time
zaraźliwy infectious, contagious
zarażać/zarazić infect □ **zarażać/zarazić się** catch[1], contract[2]
zardzewiały rusty
zardzewieć → RDZEWIEĆ
zareagować → REAGOWAĆ
zarechotać → RECHOTAĆ
zarejestrować (się) → REJESTROWAĆ (SIĘ)
zarejestrowany: (*o towarzystwie, firmie*) incorporated
zareklamować → REKLAMOWAĆ
zarekomendować → REKOMENDOWAĆ
zarekwirować → REKWIROWAĆ
zarezerwować → REZERWOWAĆ
zarezerwowany reserved; **nie ~** unreserved
zaręczać/zaręczyć assure, give an undertaking, undertaking □ **zaręczyć się** become engaged
zaręczony engaged
zaręczyć → RĘCZYĆ, ZARĘCZAĆ
zaręczyny engagement
zarob|ek: **~ki** earnings; **~ek** living[2]; **~ek tygodniowy** wage
zarobić → ZARABIAĆ
zarodek germ, embryo, foetus; **zdusić coś złego w zarodku** nip sth in the bud
zarodkowy embryonic
zaroić się → ROIĆ SIĘ
zarosnąć → ZARASTAĆ
zarost growth
zarośla shrubbery, scrub[1], wilderness
zarośnięty: (*o trawniku itp.*) overgrown
zarozumiale self-righteously
zarozumiałość conceit, vanity
zarozumiały conceited, haughty, self-righteous
zarówno: **~... (jak i...)** both[2]
zaróżowiony rosy
zarumieniony flushed
zaryglować → RYGLOWAĆ
zaryglowany barred
zarys outline, contour, profile, sketch, draft[1]; (*np. teorii*) outline
zarysowywać/zarysować scrape[1]
zaryzykować → RYZYKOWAĆ
zarząd management, administration, authority, council, committee, executive, board of directors; **~ miasta** corporation; **~ główny** headquarters
zarząd-ca/czyni administrator, manager, governor

zarządzać manage, administer, govern
zarządzani|e management, administration; **w ~u** in your/sb's hands; **~e i administracja** business studies
zarzucać/zarzucić reproach, allege, drop[1]; (*wędkę*) cast[2]
zarzuceni|e: **coś do ~a** quarrel
zarzut reproach, allegation, charge[1], accusation, criticism; **bez ~u** impeccable; **pod ~em** (*np. morderstwa*) suspicion
zarzynać/zarżnąć: (*zwierzęta*) slaughter; (*ludzi*) butcher → też RŻNĄĆ
zarżeć → RŻEĆ
zasa|da principle, law, rule, maxim, concept; (*wg której coś jest zorganizowane*) basis; **~dy** fundamentals; **~dy postępowania** policy[1]; **w ~dzie** basically, ultimately; **z ~dy** as a (general) rule; **praktyczna ~da** a rule of thumb; (*chem.*) alkali
zasadka booby-trap
zasadniczo fundamentally, in principle, essentially, radically
zasadnicz|y fundamental, basic, integral; radical; **sprawy ~e** nitty-gritty; **z ~ych względów** on principle
zasadowy alkaline
zasadzić → SADZIĆ
zasalutować → SALUTOWAĆ
zasądzać/zasądzić convict
zaserwować → SERWOWAĆ
zasiać → SIAĆ
zasiadać/zasiąść: (*np. w komisji*) serve
zasięg range[1], reach, radius, breadth; **w ~u** within (sb's) reach; **w ~u ręki/strzału itp.** within striking distance, within their grasp; **poza ~iem** beyond/out of (sb's) reach; **dalekiego ~u** long-range
zasilać/zasilić boost
zasilany powered
zasiłek benefit, allowance; **~ na dziecko** child benefit; **~ dla bezrobotnych** dole[2]
zaskakiwać/zaskoczyć surprise, amaze, take sb by surprise, take sb aback; (*czymś kogoś*) spring sth on sb; (*pot. zrozumieć*) click[2], cotton on
zaskakująco surprisingly, amazingly
zaskakujący surprising, amazing
zaskarbiać/zaskarbić: **~ sobie czyjeś względy** cultivate
zaskarżać/zaskarżyć: **~ do sądu** prosecute
zaskoczeni|e surprise, amazement; **z ~a** unawares
zaskoczony surprised, amazed; **(być) ~m** off/on your guard
zaskoczyć → ZASKAKIWAĆ
zaskrzypieć → SKRZYPIEĆ
zaskutkować → SKUTKOWAĆ
zaskwierczeć → SKWIERCZEĆ
zasłaniać/zasłonić screen,

block[2], shroud; (*np. kurtynę*) draw[2]; (*np. oczy*) shade
asłona screen, shade, curtain; **~ dekoracyjna w głębi sceny** (*w teatrze*) backdrop
zasług|a credit[1], merit; **~i** service; **przynosić komuś ~ę** do sb credit; **to ~a kogoś** have (got) to hand it to sb[2]
zasługiwać/zasłużyć: (*na coś*) deserve, merit, earn, warrant
zasługujący: (*na coś*) worthy (of sth); **~ na potępienie** deplorable
zasłużony well-earned; **nie ~** uncalled-for
zasłużyć → ZASŁUGIWAĆ
zasłynąć → SŁYNĄĆ
zasmucać/zasmucić sadden, grieve, pain
zasmucenie sadness
zasmucony sorrowful, pained
zasnąć → ZASYPIAĆ
zasobny prosperous
zas|ób resource, supply; **~ób słów** vocabulary; **~oby finansowe** means[2]
zaspa drift, bank[2]; **~ śnieżna** snowdrift
zaspać oversleep
zaspokajać/zaspokoić: (*potrzeby*) fulfil, cater for sth; (*np. ciekawość, apetyt*) satisfy; (*czyjeś życzenia*) accommodate
zaspokojony fulfilled; **nie~** insatiable
zassać → ZASYSAĆ
zastanawiać/zastanowić się wonder, consider, contemplate, reflect, look at sth, take stock (of sth), give sth some thought
zastanowieni|e thought, deliberation; **bez ~a** offhand, at the drop of a hat[2] □ **zastanowienie się** reflection
zastaw deposit[2], security, collateral; **osoba pożyczająca pieniądze pod ~** pawnbroker
zastawiać/zastawić: (*pułapkę*) lay[1]; **~ sidła** snare; (*w lombardzie*) pawn[2]
zastąpieni|e: **możliwy do ~a** replaceable
zastęp-ca/czyni substitute, replacement, deputy
zastępczy alternative, surrogate
zastępować/zastąpić substitute, replace, supersede, deputize; **~ (kogoś) czasowo** stand in (for sb)
zastępstwo substitution
zastosowanie use[2], application; **znajdować ~** operate
zastosowywać/zastosować implement[2] → STOSOWAĆ
zast|ój stagnation, recession, slump; (*np. w handlu*) slack; **w ~oju** stagnant, in the doldrums
zastrajkować → STRAJKOWAĆ
zastraszenie intimidation
zastraszyć intimidate
zastrzegać/zastrzec stipulate
zastrzelić shoot[1], shoot sb down, gun sb down, gun; (*np. wiadomością*) spring sth on sb
zastrzeże|nie reservation, limitation, qualification; **z ~niem, że** provided; **bez ~ń** unreservedly, unconditionally
zastrzeżony: (*o informacji*) classified
zastrzyk injection; **dawać ~** inject
zastukać → STUKAĆ
zastygać/zastygnąć: (*np. z przerażenia*) freeze
zasugerować → SUGEROWAĆ
zasuw|a bolt[1]; **zamykać na ~ę** bar[2]
zasuwać: (*pot. dużo pracować*) be on the go
zasyczeć → SYCZEĆ
zasygnalizować → SYGNALIZOWAĆ
zasymilować → ASYMILOWAĆ
zasypiać/zasnąć go to sleep, fall[1] asleep, get to sleep
zasypywać/zasypać: (*np. gradem, pytań, komplementami*) shower; (*np. listami*) swamp[2], deluge, overwhelm, inundate
zasysać/zassać: (*przez rurkę*) siphon
zaszaleć: **zaszalej sobie!** be a devil; (*np. z zakupami*) go to town (on sth)
zaszantażować → SZANTAŻOWAĆ
zaszargać → SZARGAĆ
zaszargany: (*np. o włosach*) bedraggled
zaszarżować → SZARŻOWAĆ
zaszczebiotać → SZCZEBIOTAĆ
zaszczekać → SZCZEKAĆ
zaszczepiać vaccinate; (*coś komuś*) impress
zaszczepić → SZCZEPIĆ
zaszczękać → SZCZĘKAĆ
zaszczycać/zaszczycić honour[2], flatter
zaszczycony privileged
zaszczyt honour[1], privilege; **przynosić komuś ~** do sb credit
zaszczytnie with flying colours
zaszczytny creditable
zaszeleścić → SZELEŚCIĆ
zaszemrać → SZEMRAĆ
zaszkodzić → SZKODZIĆ
zaszlochać → SZLOCHAĆ
zasznurować → SZNUROWAĆ
zaszokować → SZOKOWAĆ
zaszokowany shocked, staggered, shocked
zasztyletować stab
zaszumieć → SZUMIEĆ
zaszurać → SZURAĆ
zaszywać/zaszyć sew sth up; (*np. dziurę*) mend
zaś whereas
zaścianek backwater
zaściankowość insularity
zaściankowy insular, provincial
zaśmiać się → ŚMIAĆ SIĘ
zaśmiecać/zaśmiecić clutter → ŚMIECIĆ
zaśmiecony cluttered
zaśmiewać się kill yourself laughing
zaświadczenie certificate
zaświadczyć → ŚWIADCZYĆ
zaświecać/zaświecić light[2]
zaświecić (się) → ŚWIECIĆ (SIĘ)
zaświergotać → ŚWIERGOTAĆ
zaświtać → ŚWITAĆ
zataczać/zatoczyć się stagger, reel[2]
zatajać/zataić keep sth from sb, keep sth back (from sb) → też TAIĆ
zatajenie cover-up
zatamować → TAMOWAĆ
zatapiać/zatopić sink[1], immerse, inundate, bury; (*np. nóż*) plunge
zatarasować → TARASOWAĆ
zatelefonować → TELEFONOWAĆ
zatem therefore, thus, accordingly; well[4]
zatęchły: (*o serze, mięsie itp.*) high[1]
zatęsknić → TĘSKNIĆ
zatkajdziura stopgap
zatkanie blockage
zatłoczenie congestion
zatłoczony crowded, overcrowded, cramped, congested
zatoczka cove; **wąska ~** creek
zatoczyć się → ZATACZAĆ SIĘ
zatoka bay[12], gulf; (*czołowa, szczękowa*) sinus
zatonąć → TONĄĆ
zatopić → ZATAPIAĆ
zator blockage, obstruction, jam[2]; **~ ruchu** traffic jam
zatracenie doom
zatrąbić → TRĄBIĆ
zatroskany concerned
zatrucie poisoning; **~ pokarmowe** food poisoning
zatruć → ZATRUWAĆ
zatrudniać/zatrudnić engage, employ, take sb on; (*np. specjalistę*) bring sb in
zatrudnienie employment, occupation
zatruty poisoned
zatruwać/zatruć poison
zatrważająco alarmingly
zatrważający frightening, hairy
zatrwożony alarmed
zatrwożyć → TRWOŻYĆ
zatrzask lock[1], latch, catch[2]; (*do odzieży*) popper
zatrzaskiwać/zatrzasnąć (się) slam
zatrzaśnięty on the latch
zatrzymanie: **~ w areszcie** detention, remand
zatrzymani|e się stop[2], halt; **bez ~a się** at a stretch
zatrzymywać/zatrzymać stop[1], halt, detain, keep[1], keep sb/sth back, hold[1], hold sb/sth back/up; (*dla siebie*) hold on to sth, hang on to sth; (*np. ciepło*) retain, trap; (*o policji*) pick sb up; **~ kogoś w areszcie** to remand sb in custody; **~ samochód** (*prosząc o podwiezienie*) thumb a lift; **zatrzymać kogoś/coś** flag sb/sth down; **~ na rozmowę** buttonhole □ **zatrzymywać/zatrzymać się** stop[1], come to a stop; (*o pojeździe*) be at rest, come to rest, pull up; **~ w podróży** stop off (at/in…); **zatrzymać się** (*na krótki postój*) stop over (at/in…)
zatuszować → TUSZOWAĆ

zatwardzenie constipation
zatwardziale obstinately
zatwardziałość obstinacy, bloody-mindedness
zatwardziały obstinate, incorrigible, confirmed, bloody-minded
zatwierdzać/zatwierdzić approve; (*kogoś*) pass[2]
zatyczka stopper, plug, bung; (*np. do flamastra*) top[1]
zatykać/zatkać plug, jam[2], choke
zatytułować → TYTUŁOWAĆ
zatytułowany entitled
zaufani|e trust[1], faith, reliance, confidence; **w ~u** confidentially; **z pełnym ~em** confidently; **z całym ~em** on trust; **mieć ~e** rely; **godny ~a** trustworthy; **brak ~a** mistrust, distrust; **naruszenie/nadużycie** (*czyjegoś*) **~a** breach of confidence
zaufany trustworthy
zaułek lane
zauroczony: **być ~m kimś/czymś** be taken with sb/sth
zautomatyzować → AUTOMATYZOWAĆ
zautomatyzowany high-tech
zauważać/zauważyć notice, note[2], observe, remark, spot[2], come to sb's notice; **nie ~** (*kogoś/czegoś*) take no notice/not take any notice (of sb/sth); **~ brak** miss[1]
zauważalnie noticeably, perceptibly
zauważalny noticeable, perceptible, appreciable
zawada obstruction, hindrance, handicap, impediment
zawadzać obstruct, be in the way
zawadzający obstructive
zawahać (się) → WAHAĆ (SIĘ)
zawalenie się collapse
zawalić się collapse
zawalony: (*np. podaniami*) inundated; (*np. pracą*) snowed under
zawał: **~ serca** heart attack, coronary
zawarcie: (*np. umowy*) conclusion
zawarowywać/zawarować stipulate
zaważyć: **~ na czymś** weigh
zawdzięczać owe
zawdzięczający: **~ wszystko samemu sobie** self-made
zawężać/zawęzić narrow, narrow sth down
zawiadamiać/zawiadomić notify, inform, report[1]; (*zwl. o czymś przykrym*) break the news (to sb)
zawiadomienie notice, notification, announcement
zawias hinge[1]
zawiązek germ
zawiązywać/zawiązać tie[2], do sth up, knot[1], bundle; **~ komuś oczy** blindfold
zawiedziony disappointed, frustrated
zawierać/zawrzeć contain, hold[1], include, embody, incorporate; **~ kontrakt z kimś** sign sb up; **zawrzeć** (*np. umowę*) conclude; **zawrzeć znajomość** strike up sth (with sb)
zawierający inclusive
zawieszać/zawiesić suspend; **~ wykonanie kary śmierci** reprieve
zawieszeni|e suspension; **~e wyroku sądowego** probation; **~e wykonania kary śmierci** reprieve; **~e broni** armistice, truce, ceasefire; **wyrok w ~u** suspended sentence
zawieść → ZAWODZIĆ
zawieźć drive[1]
zawijać/zawinąć fold, wrap, drape, curl[2] □ **zawijać/zawinąć się** drape, curl[2]
zawile intricately
zawilgocony dank
zawiłość intricacy
zawiły intricate, tricky, involved, rambling, tortuous
zawinąć → ZAWIJAĆ
zawiniątko pack[1], parcel
zawirowanie eddy; (*przen.*) upset
zawistnie jealously, enviously
zawistny jealous, envious
zawiść jealousy, envy
zawładnąć: (*czymś*) seize; (*umysłem, wyobraźnią*) grip; (*innym krajem*) annex, catch, get, grab, take, etc. hold (of sb/sth)[2]
zawłaszczać/zawłaszczyć: **~** (*dla siebie*) **pieniądze** pocket
zawodni-k/czka contestant, contender, player
zawodny fallible, unreliable
zawodowiec professional
zawodowo professionally
zawodowy professional, working, occupational, vocational; (*np. żołnierz*) regular
zawody contest; **~ sportowe** games, tournament; **~ eliminacyjne** knockout; **~ międzynarodowe** international; **iść w ~** race[2]
zawodzenie wail
zawodzić/zawieść disappoint, fail, lapse; **~** (*czyjeś*) **oczekiwania** not come up to (sb's) expectations; (*np. czyjeś zaufanie*) fall short (of sth); (*kogoś*) let sb down, mess sb about/around, mess[1]; (*o nerwach*) fray; (*o dźwięku*) wail
zawojowywać/zawojować: (*kogoś*) make a hit (with sb)
zawołać → WOŁAĆ
zawołanie: **jak na ~** (right) on cue; **na każde ~** at sb's beck and call
zaw|ód profession, occupation, career[1]; **z ~odu** by profession; (*roczarowanie*) disappointment, anticlimax; **nie zrobić ~odu** be/come up to scratch
zawór valve; **~ bezpieczeństwa** safety valve
zawracać/zawrócić: (*z drogi*) turn back, turn (sth) around/round; **~ komuś głowę** worry, hassle; **nie chcieć ~ sobie czymś głowy** can't be bothered (to do sth)
zawracanie: **~ pojazdu** U-turn
zawrotny dizzy; (*o szybkości*) breakneck
zawrócenie diversion
zawrót: **~ głowy** dizziness, giddiness
zawrzeć → ZAWIERAĆ
zawstydzać/zawstydzić shame, show sb up
zawstydzony ashamed, abashed, sheepish
zawsze always; **na ~** forever, for keeps; **już na ~** ever after
zawziąć się put your foot down
zawzięcie fiercely; (*np. pracować*) away
zawziętość obstinacy
zawzięty fierce, bitter; (*w robieniu czegoś*) intent on/upon sth/doing sth
zazdrosny jealous, envious
zazdrościć envy
zazdrość jealousy, envy
zazdrośnie jealously, enviously
zazgrzytać → ZGRZYTAĆ
zaznaczać/zaznaczyć mark[2]; **~ markerem** highlight; **~ pozycję w spisie** check sth off
zaznajamiać/zaznajomić: (*kogoś z kimś*) introduce □ **zaznajamiać/zaznajomić się** familiarize yourself (with sth), know/learn the ropes
zaznajamianie: (*kogoś z kimś*) introduction
zaznajomiony acquainted
zaznawać/zaznać know
zazwyczaj usually, normally, ordinarily, habitually, mostly, more often than not
zażalenie complaint, grievance
zażartować crack[2] a joke
zażarty blistering, bitter
zażądać → ŻĄDAĆ
zażenować → ŻENOWAĆ
zażenowanie embarrassment, self-consciousness; **odczuwać ~** cringe
zażenowany self-conscious, awkward, embarrassed, uncomfortable
zażerać się guzzle
zażyłość intimacy
zażyły intimate; (*o grupie ludzi*) **zbyt ~** incestuous
zażywać: **~ ruchu** exercise[2]
zażywny plump[1]
ząb tooth; **~ mądrości** wisdom tooth; **~ trzonowy** molar; **ból zęba** toothache; **~ jadowy** (*węża*) fang; **sztuczne zęby** false teeth; **zaciskać zęby** grit your teeth; (*w kole zębatym*) cog; (*np. grzebienia, piły*) tooth; (*np. widelca, wideł*) prong; **coś na ~** a bite to eat; **o (kilku) zębach** -pronged
ząbek: (*czosnku*) clove[2]
ząbkować teethe
ząbkowani|e: **problemy okresu ~a** teething troubles
ząbkowany serrated, jagged
zbaczać/zboczyć stray, deviate, wander; **~ z tematu** (*np. rozmowy*) stray
zbadać → BADAĆ
zbadanie inspection, examination

zbagatelizować → BAGATELIZOWAĆ
zbankrutować → BANKRUTOWAĆ
zbankrutowany bankrupt
zbaranieć be stumped
zbawca saviour
Zbawiciel saviour
zbawienie redemption
zbesztać → BESZTAĆ
zbędnie needlessly
zbędny dispensable, expendable, needless, unwanted, redundant
zbić → BIĆ
zbić (się) → ZBIJAĆ (SIĘ)
zbiec (się) → ZBIEGAĆ (SIĘ)
zbieg fugitive, deserter; (*np. o dziecku*) runaway; ~ **okoliczności** coincidence
zbiegać/zbiec flee, abscond □ **zbiegać/zbiec się** converge, shrink; (*o okolicznościach*) coincide
zbiegły escaped, on the loose/run
zbieracz collector
zbierać/zebrać collect, gather, assemble, get sb/sth together, round sb/sth up; (*np. informacje*) cull; (*np. kwiaty*) pick[1]; ~ **i porządkować informacje** compile; (*plony z pól*) harvest; (*np. plony, korzyści*) reap; ~ **obfite żniwo** take a heavy toll/take its toll (on sth); ~ **z powierzchni** skim; (*np. siły*) summon; ~ **okłaski** applaud □ **zbierać/zebrać się** gather, assemble, congregate, meet; (*o rzeczach*) accumulate; (*w sobie*) brace[2] yourself; ~ **na odwagę** pluck up courage
zbieranie accumulation
zbieżność correspondence; ~ **stanowisk** (*np. partii, państw*) alignment
zbieżn|y concurrent; **być ~ym** coincide
zbijać/zbić: ~ **z tropu** throw[1]; ~ **bąki** laze □ **zbijać/zbić się**: (*w grupę*) huddle
zbilansować się → BILANSOWAĆ SIĘ
zbiornik container, receptacle, tank; ~ **na wodę** cistern, reservoir
zbiornikowiec tanker
zbiorowy collective, concerted, corporate
zbiór collection, conglomeration, hoard; (*np. warzyw, owoców*) crop; ~/**zbiory** harvest
zbiórka assembly; ~ **pieniędzy** collection
zbir thug, villain
zbiurokratyzowany bureaucratic
zblednąć → BLEDNĄĆ
zbliżać/zbliżyć bring nearer/together, bridge a/the gap □ **zbliżać/zbliżyć się** approach, near[3], come up, close in (on sb/sth), gain on sb/sth; (*np. ulicą*) come along; (*o przypływie*) come in; (*o wieku, czasie*) ~ **do jakiejś godziny itp.** get on for; (*o czymś strasznym*) bear down (on sb/sth); (*do czegoś*) verge on sth, verge
zbliżający się forthcoming, impending
zbliżanie się approach
zbliżenie: (*o zdjęciu*) close-up; **robić ~ kamerą filmową** zoom in (on sb/sth)
zbliżony similar; (*o godzinie itp.*) approximate
zbłaźnić (się) → BŁAŹNIĆ (SIĘ)
zbocze slope, hillside, incline
zboczenie deviation, perversion; (*np. w kierunku piłki*) deflection
zboczeniec pervert
zboczyć → ZBACZAĆ
zbojkotować → BOJKOTOWAĆ
zbombardować → BOMBARDOWAĆ
zboże cereal, grain[1], corn[1]
zbożow|y: **płatki ~e** cereal; **produkty ~e** grain[1]
zbrązowiały: (*od słońca/wiatru*) weather-beaten
zbrązowieć → BRĄZOWIEĆ
zbrodnia crime; ~ **wojenna** war crime
zbrodnia-rz/rka criminal
zbroić/uzbroić (się) arm[2]
zbroja armour
zbrojenia armaments
zbrojn|y armed; **siły ~e** the services
zbrzydnąć: (*komuś*) pall
zbudować → BUDOWAĆ
zbudowany built; (*o osobie*) **dobrze ~** athletic, beefy
zbulwersowany indignant
zbuntować się → BUNTOWAĆ SIĘ
zbuntowany rebellious
zburzyć → BURZYĆ
zbutwiały musty
zbyci|e: **mieć na ~u** have sth to spare; **możliwy do ~a** marketable
zbyć → ZBYWAĆ
zbyt: (*przysłówek*) too, rather; (*rzecz.*) market[1]
zbytecznie needlessly, uselessly
zbyteczność uselessness
zbyteczny needless, unwanted, expendable, avoidable, redundant, superfluous
zbytek luxury
zbytkownie luxuriously
zbytkowny luxurious, gracious
zbywać/zbyć: (*kogoś*) fob sb off (with sth), put sb off
zbywający odd, spare[1]
zbzikowany loony, nutty, potty[1]
zciągać: (*o pliku*) download
zdać (się) → ZDAWAĆ (SIĘ)
zdaln|y: **~e sterowanie** remote control
zdani|e opinion, view[1], thinking, judgement; **moim/twoim itp. ~em** in my/your, etc. opinion, as/so far as sb/sth is concerned; **moim ~em** to my mind[1], in my view, I should think, if you ask me; **zmieniać ~e** change your mind, think better of doing sth; **mieć (*o kimś/czymś*) dobre/złe itp. ~e** have a good/bad/high/low, etc. opinion of sb/sth, think highly/a lot/not much, etc. of sb/sth; **mieć inne ~e** differ; **być innego ~a** dissent[2]; (*gram.*) sentence, clause; **~e podrzędne** subordinate clause
zdarcie wear[2]
zdarty: (*np. sweter*) worn-out
zdarzać/zdarzyć się happen, take place, come about; **tak się zdarzyło (że)** it (just) so happens
zdarzenie incident
zdatność fitness
zdatny: ~ **do użycia** serviceable
zdawać/zdać: **zdawać** (*egzamin*) sit, take; **zdać** (*egzamin*) pass[2]; **nie zdać** (*egzaminu*) fail; (*np. sprawę*) relate; ~ **sobie sprawę** realize, appreciate, wake up to sth; **nie ~ sobie sprawy z czegoś** be unconscious of sth □ **zdawać się** appear, fancy[3]
zdawkowo blandly
zdawkowy bland
zdążyć: (*np. na autobus*) catch[1]; ~ **gdzieś na czas** make it
zdechły dead
zdecydować → DECYDOWAĆ
zdecydowani|e: (*rzecz.*) decision, decisiveness; **brak ~a** uncertainty; (*przysłówek*) certainly, definitely, convincingly, decidedly, decisively
zdecydowany: (*o sprawie, wyniku*) decided; (*o postępowaniu*) decisive, determined; (*o osobie*) strong-minded
zdefiniować → DEFINIOWAĆ
zdeformować → DEFORMOWAĆ
zdeformowany deformed, out of shape, gnarled
zdefraudować → DEFRAUDOWAĆ
zdegenerować → DEGENEROWAĆ
zdegenerowany degenerate
zdegustowany disgusted, sick
zdejmować/zdjąć remove, pick[1] sth off sth; (*np. ubranie*) take sth off, get sth off (sth); (*np. farbę, warstwę*) strip
zdeklarować → DEKLAROWAĆ
zdemaskować → DEMASKOWAĆ
zdemilitaryzować → DEMILITARYZOWAĆ
zdemontować → DEMONTOWAĆ
zdemoralizować → DEMORALIZOWAĆ
zdenerwować (się) → DENERWOWAĆ (SIĘ)
zdenerwowanie irritation, nervousness, agitation, jitters
zdenerwowany agitated, edgy, jittery; **być ~m** be on edge, be in/get into a flap
zdeponować → DEPONOWAĆ
zdeprawować → DEPRAWOWAĆ
zdeprecjonować → DEPRECJONOWAĆ
zdeptać → DEPTAĆ
zderzać/zderzyć clash □ **zderzać/zderzyć się** crash[2], clash, collide, bump
zderzak bumper[1], buffer
zderzenie collision; (*o pojeździe*) crash[1]
zdeterminowany determined,

intent; **być ~m** be set on sth/doing sth
zdetonować → DETONOWAĆ
zdewaluować → DEWALUOWAĆ
zdewastować → DEWASTOWAĆ
zdewastowany devastated
zdezaktualizowany obsolete
zdezaprobować → DEZAPROBOWAĆ
zdezelowany ramshackle
zdezorganizować → DEZORGANIZOWAĆ
zdezorganizowany disorganized
zdezorientować → DEZORIENTOWAĆ
zdezorientowany bewildered, baffled
zdezynfekować → DEZYNFEKOWAĆ
zdjąć → ZDEJMOWAĆ
zdjęcie photograph, shot[1]; **robić ~** take a photo, photograph, photograph; **robić ~ rentgenowskie** X-ray
zdławić → DŁAWIĆ
zdławiony: (*o gniewie itp.*) pent up
zdmuchiwać/zdmuchnąć blow sth out, blow (sb/sth) down/off/over, etc.
zdobycie capture
zdobycz acquisition, plunder, spoils, haul; **~ zwierzęcia** prey, kill
zdobywać/zdobyć: (*np. dostęp do czegoś, sławę*) gain[2], win, acquire, capture, conquer, take possession of, get hold of sth, come by sth, notch sth up, notch; **~ przewagę/kontrolę** get, have, etc. the upper hand □ **zdobywać/zdobyć się**: **~ na odwagę** pluck up courage
zdobyw-ca/czyni conqueror; **~ drugiego miejsca** runner-up
zdolnie capably
zdolnoś|ć ability, capability, power, talent; **~ć (do czegoś)** capacity; **~ć** (*np. myślenia, odczuwania*) faculty; **~ci** flair; **wybitna ~ć** prowess
zdolny capable, able[2], clever, talented; **~ zmierzyć się** (*np. z zadaniem*) equal to sth; **uważać, że ktoś jest ~ zrobić coś złego** not put it past sb (to do sth)
zdołać manage, bring sth off
zdominować → DOMINOWAĆ
zdrada betrayal; treason
zdradliwość treachery
zdradliwy treacherous
zdradzać/zdradzić betray, be unfaithful, cheat on sb; (*np. tajemnicę*) give sth/sb away, let on (about sth) (to sb), tell; **~ tajemnicę** give the game away; **wyraz twarzy ją zdradzał** her face was a dead giveaway
zdradzający: (*o znaku, wyrazie twarzy itp.*) telltale
zdradziecki treacherous
zdraj-ca/czyni traitor
zdrapywać/zdrapać scratch[1]
zdrętwiały numb, dead
zdrętwieć → DRĘTWIEĆ
zdrętwienie crick
zdrobnieni|e: **w ~u** for short
zdrowi|e health; **~e psychiczne** sanity; **na ~e!** cheers; **na ~e!** (*po kichnięciu*) bless you!
zdrowieć/wyzdrowieć: **zdrowieć** recover, get better; **zdrowieć** recuperate, be on the mend; **wyzdrowieć** pull through (sth)
zdrowo healthily
zdrowszy better[1]
zdrow|y healthy, well[2], fine[1], (as) right as rain; (*fizycznie*) able-bodied; (*o żywności, klimacie itp.*) wholesome; **~a żywność** health food, wholefood; (*moralnie*) wholesome; **przy ~ych zmysłach** sane; **~y rozsądek** sense, good sense; (*o osobie*) safe[1]; **całkowicie ~y** back on your feet[1]; **cały i ~y** safe and sound
zdrój spa
zdruzgotać → DRUZGOTAĆ
zdrzemnąć się doze off, drop off, snooze
zdublować → DUBLOWAĆ
zdumienie amazement, astonishment, wonder
zdumiewać/zdumieć amaze, astonish, astound, floor □ **zdumiewać/zdumieć się** wonder, marvel
zdumiewająco amazingly, astonishingly
zdumiewając|y amazing, astonishing, astounding, marvellous, stupendous; **~e** it's a wonder (that)..., the mind boggles
zdumiony amazed, astonished, astounded
zdusić → DUSIĆ
zduszony: **~ śmiech** chuckle
zdyskredytować → DYSKREDYTOWAĆ
zdyskredytowanie discredit
zdyskryminować → DYSKRYMINOWAĆ
zdyskwalifikować → DYSKWALIFIKOWAĆ
zdystansować się → DYSTANSOWAĆ SIĘ
zdziecinnienie senility
zdzielić deal a blow to sb/sth, catch sb (e.g. on the head)
zdzierać/zedrzeć wear sth away/down/out, strip; (*buty*) scuff □ **zdzierać/zedrzeć się** wear away/down/out
zdzira slag, slut
zdziwić (się) → DZIWIĆ (SIĘ)
zdziwienie surprise, astonishment, wonder
zdziwiony surprised, astonished
zebra zebra; (*przejście dla pieszych*) zebra crossing
zebrać (się) → ZBIERAĆ (SIĘ)
zebranie meeting, gathering
zechcieć → CHCIEĆ
zedrzeć (się) → ZDZIERAĆ (SIĘ)
zegar clock[1]; **~ stojący** (*szafkowy*) grandfather clock; **~ słoneczny** sundial; **przestawiać ~** (*przy zmianie czasu*) put the clock/clocks forward/back
zegarek: **~ ręczny** watch[1], wristwatch
zejście descent; (*z pokładu*) disembarkation
zejść → SCHODZIĆ
zelektryfikować → ELEKTRYFIKOWAĆ
zelówka sole[2]
zelżeć ease[2], ease off
zemdleć → MDLEĆ
zemleć → MLEĆ
zemst|a revenge, vengeance; **z ~y** (*za coś*) out of/in revenge (for sth)
zemścić się → MŚCIĆ SIĘ
zenit height
zepsuci|e: **nie do ~a** foolproof
zepsuć (się) → PSUĆ (SIĘ)
zepsuty broken[2], broken-down, decayed; (*o jedzeniu*) bad, off[2]; (*o osobie*) corrupt
zerkać/zerknąć peek, peep[1], glance
zerknięcie peek, peep, glance
zer|o zero, nought, nil; (*w tenisie*) love[1]; (*o temperaturze*) freezing point; **poniżej ~a** minus; **od ~a** from scratch; (*o osobie*) nobody
zerodować → ERODOWAĆ
zerowy zero
zerwać → ZRYWAĆ
zerwanie break[2], rupture; **~ stosunków** breach
zeskrobywać/zeskrobać scrape[1] → SKROBAĆ
zesłać → ZSYŁAĆ
zespalać/zespolić join
zespawać → SPAWAĆ
zespołowy corporate; **praca ~a** teamwork
zespół team, band, crew, party; (*np. specjalistów*) panel; **~ muzyczny** group; **~ muzyczny/taneczny/aktorski** ensemble; **~ Downa** Down's syndrome
zestarzeć się → STARZEĆ SIĘ
zestaw set[1], kit, package, collection; **~ stereo(foniczny)** stereo; **~ wypoczynkowy** suite
zestawiać/zestawić juxtapose, field[2]
zestawienie: **zestawianie** juxtaposition; **~ bilansowe** balance sheet
zestrajać się/zestroić się: (*o orkiestrze itp.*) tune up, tune
zestrajanie harmonization
zestresowany strained
zestrzelić shoot sth down
zeszły past[1]
zesztukować → SZTUKOWAĆ
zesztywniały: (*o kończynie itp.*) stiff
zesztywnieć → SZTYWNIEĆ
zeszyt exercise book[1]
ześlizgnąć się glance off (sth)
ześrodkowywać (się) focus
zetknąć (się) → STYKAĆ (SIĘ)
zetknięcie się encounter
zetrzeć (się) → ŚCIERAĆ (SIĘ), TRZEĆ
zeuropeizować → EUROPEIZOWAĆ
zewnątrz: **(na/z) ~** outside[1,2]; **na ~** outside[2], outdoors, out of doors;

(*o kierunku*) **na** ~ outwards; **osoba z** ~ outsider
zewnętrznie outwardly
zewnętrzn|y external, exterior, outer, outside[1], outward; **~a strona** outside[1]; **~a warstwa** surface; **silnik ~y** outboard motor
zewrzeć → ZWIERAĆ
zez squint
zeznanie testimony
zeznawać/zeznać testify
zezować squint
zezowaty cross-eyed
zezwalać/zezwolić permit, grant, sanction, clear[3]
zezwolenie permission, sanction, clearance, permit, licence; **wydawać** ~ license
zębaty serrated
zgadywać/zgadnąć guess, hazard; **(nie) ~, czy wypadnie orzeł, czy reszka** win/lose the toss
zgadywanie guesswork
zgadzać/zgodzić się agree, be agreeable, concur; (*na coś*) consent; (*z kimś/czymś*) go along with sb/sth; **~ z czymś** subscribe to sth; **~ z kimś** see eye to eye with sb; **nie ~ się z kimś (co do czegoś)** be at odds (with sb) (over sth); **nie ~** disagree; **~ w ciemno** rubber-stamp; (*z czymś*) correspond, accord[2]; (*o faktach itp.*) square[3]
zganić → GANIĆ
zgarbić się → GARBIĆ SIĘ
zgarbion|y: **~e plecy** stoop
zgarniać/zgarnąć scoop, sweep[1]; **~ co najlepsze** cream sb/sth off
zgasić → GASIĆ
zgasnąć → GASNĄĆ
zgaszony: (*o świetle*) out
zgęstnieć → GĘSTNIEĆ
zgiąć (się) → ZGINAĆ (SIĘ)
zgiełk uproar, turmoil, commotion, bustle, hullabaloo, hubbub
zgiełkliwy tumultuous
zgięcie crook
zginać/zgiąć bend[1], flex[2]
□ **zginać/zgiąć się** double up
zginąć → GINĄĆ
zgłaszać/zgłosić report[1]; **~ do oclenia** declare; **~ udział** enter
□ **zgłaszać/zgłosić się** report[1]
zgłębiać/zgłębić fathom, follow sth up; **zgłębić** (*np. tajniki czegoś*) penetrate
zgłodniały famished
zgłoszeni|e application, entry
zgnębiony harassed
zgniatać/zgnieść squeeze; **~ w kulkę** screw sth up
zgnić → GNIĆ
zgnieść (się) → GNIEŚĆ (SIĘ)
zgniły rotten, decayed
zgo|da agreement, harmony, unity, reconciliation; **~da na coś** consent, approval, assent, consensus; **~da!** all right, right (you are)!; **za ~dą** (by) courtesy of sb; **(nie) w ~dzie** (*z kimś/czymś*) in/out of tune; **wyrażać ~dę** agree, assent
zgodnie in unison; **~ z czymś** according to, in accordance with sth, in keeping (with sth)
zgodność consistency, compatibility, correspondence; **wykazywać** ~ agree; (*np. z przepisami*) compliance
zgodny: (*z czymś*) consistent, harmonious; in accord, in keeping (with sth); (*np. z przepisami*) compliant; (*o grupie ludzi*) ~ (*w czymś/co do czegoś*) unanimous; **być ~m z czymś** be in line with sth; **~ z prawdą** truthful
zgodzić się → ZGADZAĆ SIĘ
zgolić → GOLIĆ
zgon death, demise
zgorzel gangrene
zgorzelinowy gangrenous
zgorzkniale sourly
zgorzkniały: (*o osobie*) sour, bitter
zgorzknienie sourness
zgotować accord[2]; (*coś komuś*) put sb through sth
zgrabnie gracefully, daintily
zgrabny graceful, dainty; (*o rozwiązaniu itp.*) neat, slick[1]
zgranie: (*rzecz.*) cohesion; (*przysłówek*) harmoniously
zgromadzenie assembly, gathering
zgryzota unhappiness
zgryźliwy pointed
zgrzybiały decrepit
zgrzyt scrape[2], creak
zgrzytać grate[2], scrape[1], creak; **~ zębami** grind/gnash your teeth
zgrzytanie creak
zguba loss, doom
zgubiony lost[2], missing
zgubnie fatally
zgubny fatal, ruinous
zheblować → HEBLOWAĆ
ziać: (*o otworze, dziurze itp.*) gape
ziarenko grain[1], granule
ziarnko: (*np. kawy*) bean; **~ prawdy** an element of truth
ziarno seed, grain[1], kernel; **~ prawdy** a grain[1] of truth
zidentyfikować → IDENTYFIKOWAĆ
zieleniak the greengrocer's
zieleniarka greengrocer
zieleniarz greengrocer
zielenieć turn green
ziele|ń green[2], greenery; **pas/strefa ~ni** green belt
zielonkawy greenish
zielon|y green[1]; **wiecznie ~y** evergreen; **Z~e Święta** Whitsun; **~a karta** green card; (*dolar*) buck[1]; (*przen.*) **zapalać dla kogoś ~e światło** give sb the green light; **dostać ~e światło** get the green light, green[1]; **dostać ~e światło** the thumbs up/down; **nie mieć ~ego pojęcia** not have the faintest/foggiest (idea); **~y** (*przen.*) clueless
zielsko weed
ziemi|a land[1], ground[1], soil, dirt; **nad/pod ~ą** above/below ground; **pod ~ą** underground; **~a niczyja** no-man's-land; (*o stroju*) **do ~i** full-length; (*świat*) world; **Z~a** earth[1], the planet; **nie z tej ~i** out of this world, unearthly
ziemniak potato; (*pot.*) spud; **~ w mundurku** jacket potato
ziemsk|i earthly, worldly; terrestrial; **półkula ~a** hemisphere
ziewać/ziewnąć yawn
ziewnięcie yawn
zięba finch
zięć son-in-law
zignorować → IGNOROWAĆ
zilustrować → ILUSTROWAĆ
zim|a winter, wintertime; **środek ~y** midwinter
zimno cold[2], cool; **jest mi** ~ I'm cold[1]; **strasznie mi** ~ I'm freezing
zimnokrwisty cold-blooded
zimn|y cold[1], cool, chilly; **bardzo ~y** freezing; (*o osobie*) cold-hearted; (*o atmosferze*) impersonal; **z ~ą krwią** in cold blood
zimowy wintry, winter
zindustrializować → INDUSTRIALIZOWAĆ
zinfiltrować → INFILTROWAĆ
zintegrować → INTEGROWAĆ
zinterpretować → INTERPRETOWAĆ
zioło herb
ziołowy herbal
zionąć: (*o otworze, dziurze*) yawn
zirytować (się) → IRYTOWAĆ (SIĘ)
zirytowany annoyed, peeved
zjadać eat
zjadliwie viciously
zjadliwy vicious, scathing, caustic, pointed
zjawa ghost, phantom
zjawiać/zjawić się appear, turn up, show up, roll up
zjawisko phenomenon, occurrence
zjazd convention, conference, congress, reunion; **~ z głównej drogi** turn-off; **~ z autostrady** exit, slip road
zjechać → ZJEŻDŻAĆ
zjednoczenie union, unification
zjednoczon|y united; **Z~e Królestwo** the United Kingdom
zjednoczyć (się) → JEDNOCZYĆ (SIĘ)
zjednywać/zjednać: (*poparcie*) enlist; (*klientów*) drum sth up
zjełczały rancid
zjeść → JEŚĆ
zjeżdżać/zjechać: (*np. z głównej drogi*) pull of (sth), turn off (sth); (*np. na pobocze*) pull into sth; **~ na bok** pull over; **~ na wolnym biegu** coast[2]; **~ na sankach** sledge; **zjeżdżaj!** get lost, hop it!; **zjechać** (*krytykować*) blast
zjeżdżalnia slide[2]
zjeżyć się → JEŻYĆ SIĘ
zlać się → ZLEWAĆ SIĘ
zlecać/zlecić commission, delegate[2], contract sth out (to sb)
zlecenie commission, delegation; **~ stałe** standing order; **na** ~ freelance
zlekceważyć → LEKCEWAŻYĆ
zlepek conglomeration
zlepić (się) → LEPIĆ (SIĘ)
zlew sink[2]

zlewać/zlać się: ~ **w jedno** blend; (*o rzekach itp.*) merge, meet
zlewanie się fusion
zlewka beaker
zlewozmywak sink[2]
zliczać/zliczyć tot (sth) up; zliczyć reckon sth up
zlikwidować → LIKWIDOWAĆ
zlikwidowany defunct
zlinczować → LINCZOWAĆ
zlokalizować → LOKALIZOWAĆ
zlokalizowanie location
złachmaniony ragged
złagodnieć → ŁAGODNIEĆ
złagodzić → ŁAGODZIĆ
złajać → ŁAJAĆ
złamać (się) → ŁAMAĆ (SIĘ)
złamanie break[2], fracture; ~ **serca** heartbreak; ~ **prawa** infringement; **na ~ karku** breakneck
złamany broken[2]; **ze ~m sercem** heartbroken
złapać (się) → ŁAPAĆ (SIĘ)
złapanie: **nie** ~ miss[2]
złącze join, joint[1], connection, interface
złączyć → ŁĄCZYĆ
zł|o evil, wickedness, wrong[3]; **mniejsze ~o** the lesser of two evils; **na dobre i na ~e** through thick and thin; **na domiar ~ego** make matters/things worse; **mieć coś komuś za ~e** hold sth against sb
złocenie gilt
złocisty golden
złoczyńca offender
złodziej/ka thief, robber, burglar
złodziejstwo theft; (*pot. zbyt wysoka cena*) rip-off
złoić → ŁOIĆ
złom scrap[1]
złościć/rozzłościć anger, irritate □ **złościć/rozzłościć się** get angry, lose your temper, get cross[3]
złoś|ć anger, irritation; **na ~ć komuś** to spite sb; **wybuchy ~ci** temper; **napad ~ci** (*zwłaszcza u dziecka*) tantrum; **ze ~cią** angrily, crossly
złośliwie maliciously, spitefully
złośliwość malice, spite, vindictiveness
złośliwy malicious, spiteful, vindictive, wicked, bitchy; (*o czynie, zniszczeniu czegoś*) wanton; (*o chorobie*) virulent; (*o guzie*) malignant
złotnik jeweller
złoto gold
złotonośny: **piasek** ~ gold dust
złot|y gold, golden; **~y medal** gold medal; **~y/a medalist-a/ka** gold medallist; **~a rączka** handyman; **znajdować ~y środek** strike a balance (between A and B)
złowić → ŁOWIĆ
złowieszczy sinister, ominous
złowrogi sinister
złowróżbny sinister, ominous, inauspicious
złoże field[1]
złożenie: (*np. wniosku*) submission
złożonoś|ć complexity, intricacy; **w całej ~ci** in depth
złożony complex[1], intricate, composite, multiple; **czasownik ~** phrasal verb
złożyć → SKŁADAĆ
złuda illusion
złudny illusory
złudzenie illusion, delusion, mirage, phantom; ~ **optyczne** optical illusion
złupić → ŁUPIĆ
złuszczyć się → ŁUSZCZYĆ SIĘ
zł|y bad, evil, wicked, wrong[1], fierce; **~y** (*na kogoś/coś*) angry, annoyed, grumpy, cross[3]; **mieć za ~e** resent, mind[2]; **mieć komuś za ~e** blame; **być ~ym na siebie** kick yourself[1]
zmachany tired, tired (out)
zmagać się struggle; (*z czymś*) wrestle; (*np. w wodzie*) flounder
zmagani|e: **~a** struggle, strife, war □ **zmaganie się** struggle
zmagazynować → MAGAZYNOWAĆ
zmajstrować → MAJSTROWAĆ
zmaleć → MALEĆ
zmaltretować → MALTRETOWAĆ
zmałpować → MAŁPOWAĆ
zmamić → MAMIĆ
zmarły dead, deceased, late
zmarnieć → MARNIEĆ
zmarnotrawić → MARNOTRAWIĆ
zmarnotrawiony wasted
zmarnować (się) → MARNOWAĆ (SIĘ)
zmarnowany wasted
zmarszczenie: ~ **brwi** frown
zmarszczka line[1], crease, wrinkle, furrow; **pokryty ~mi** lined
zmarszczyć (się) → MARSZCZYĆ (SIĘ)
zmartwić (się) → MARTWIĆ (SIĘ)
zmartwienie worry
zmartwieni|e worry; **napytać sobie ~a** get into trouble; **sprawiać ~e** play (sb) up; **żadnych zmartwień** in the world
zmartwiony worried, bothered, distraught
Zmartwychwstanie resurrection
zmarznąć get cold; **strasznie zmarzłem** I'm frozen; ~ **na kość** (*przen.*) catch your death (of cold)[1]
zmarznięty frozen
zmasakrować → MASAKROWAĆ
zmaterializować się → MATERIALIZOWAĆ SIĘ
zmatowieć → MATOWIEĆ
zmawiać/zmówić się: (*przeciwko komuś/czemuś*) plot[1], conspire, gang up on sb
zmazać wipe
zmącić → MĄCIĆ
zmącony: (*o wodzie itp.*) **nie** ~ still[2]
zmechanizować → MECHANIZOWAĆ
zmęczenie tiredness, weariness, fatigue
zmęczony tired, weary
zmęczyć (się) → MĘCZYĆ (SIĘ)
zmian|a change[2], changeover; (*np. kierunku, położenia*) shift[2]; (*np. stanu zdrowia, warunków*) turn[2]; **ciągłe ~y** flux; **nagła ~a** switch; **(drobna) ~a** alteration; **~a na lepsze/gorsze** a change for the better/worse[2]; **(nieoczekiwana) ~a rozwoju wydarzeń** twist[2]; **~a w sposobie myślenia/patrzenia** a change of heart; **~a kierunku** (*np. polityki*) reversal; (*np. trasy, samochodu*) transfer[2]; **~a robocza** shift[2]; (*w stołówce*) sitting; **na ~y** in relays; **występować itp. na ~ę** alternate[2]; **wprowadzać ~y** innovate
zmiatać/zmieść: (*np. z pokładu do wody*) sweep[1]; (*np. z powierzchni ziemi*) wipe sth out; (*jedzenie z talerza*) gobble
zmiażdżyć → MIAŻDŻYĆ
zmiąć (się) → MIĄĆ (SIĘ)
zmielony ground[3]
zmieniać/zmienić change[1], alter, vary, rearrange, reverse[3]; (*w coś*) form[2], change over (from sth) (to sth); ~ **położenie/kierunek** shift[1]; ~ **kolejno** rotate, alternate[2]; (*np. głos, charakter pisma*) disguise; ~ **temat** change the subject; **nagle** ~ (*np. temat, postępowanie*) go/fly off at a tangent; ~ **front** change your tune; **zmienić zdanie** change your mind, think better of (doing) sth, have second thoughts; ~ **czyjeś zdanie** budge; ~ **zdanie/decyzję** backtrack; ~ **decyzję** dig your heels in □ **zmieniać/zmienić się** change[1], alter, fluctuate; ~ **w coś** grow into sth; ~ **na lepsze** change your ways[1]; ~ **kolejno** rotate, take turns
zmieniony: **nie** ~ unchanged
zmienność variability
zmienny changeable, unstable, variable, uneven, fluid, floating, volatile, fickle
zmierzać/zmierzyć: (*o samochodzie itp.*) ~ (*do czegoś, w jakimś kierunku*) head for; (*o osobie*) ~ **do czegoś** get at sth, be driving at sth □ **zmierzać/zmierzyć się**: **zdolny ~** (*np. z zadaniem*) equal to sth
zmierzch twilight, dusk
zmierzwić → MIERZWIĆ
zmierzwiony shaggy
zmierzyć (się) → MIERZYĆ (SIĘ)
zmieszać blend; (*kogoś*) muddle → też MIESZAĆ
zmieszany confused, perplexed, bemused, mixed-up
zmieścić (się) → MIEŚCIĆ (SIĘ)
zmieść → ZMIATAĆ
zmiękczać/zmiękczyć soften
zmięknąć → MIĘKNĄĆ
zmiksować → MIKSOWAĆ
zminimalizować → MINIMALIZOWAĆ
zmizerowany haggard
zmniejszać/zmniejszyć decrease, lessen, diminish, lower[2], reduce, shrink, contract[3], minimize, slacken, allay, wear sth down, cut down (on sth); (*np. temperaturę*) turn sth down; (*np. ból*) alleviate, mitigate; ~ **ciężar** lighten; **(proporcjonalnie)** ~ scale

sth down □**zmniejszać/zmniejszyć się** decrease, fall[1], lessen, diminish, decline[1], dwindle, contract[3], shrink, slacken, wear down; **nieco** ~ slip[1]; *(o księżycu)* wane
zmniejszanie/zmniejszenie decrease, reduction, decline[2], downturn, contraction; *(np. bólu)* alleviation □**zmniejszanie/zmniejszenie się** decrease
zmobilizować (się) → MOBILIZOWAĆ (SIĘ)
zmoczony wet
zmoczyć (się) → MOCZYĆ (SIĘ)
zmodernizować (się) → MODERNIZOWAĆ (SIĘ)
zmodyfikować → MODYFIKOWAĆ
zmoknięty soaked
zmonopolizować → MONOPOLIZOWAĆ
zmontować → MONTOWAĆ
zmora: ~ **nocna** nightmare
zmordowany tired (out)
zmotoryzowany: *(rzecz.)* motorist; *(przym.)* motorized
zmow|a conspiracy, plot[1], collusion; **w ~ie z kimś** in league (with sb)
zmrok twilight
zmrożony iced
zmuszać/zmusić force[2], make[1], enforce, compel, oblige, coerce; ~ **siłą woli** will[2] sb to do sth, bully sb into doing sth, bully □**zmuszać/zmusić się** bring yourself to do sth; ~ **siłą woli** will[2] yourself to do sth
zmuszony bound[1]
zmyć (się) → MYĆ (SIĘ), ZMYWAĆ (SIĘ)
zmykać scuttle
zmylić belie
zmysł sense, faculty; ~ **smaku** taste[1]; **przy zdrowych ~ach** sane; **postradać ~y** be/go out of your mind
zmysłowo sensuously, lustfully
zmysłowość sensuality, sensuousness
zmysłowy sensual, sensuous, lustful
zmyślać/zmyślić fib, make sth up, cook sth up
zmyślenie make-believe
zmyślony imaginary, unreal, fictitious, far-fetched; **nie** ~ true
zmywacz remover
zmywać/zmyć swill; *(naczynia)* wash (sth) up; *(np. makijaż)* wash sth off
zmywak: ~ **do podłogi** *(na kiju)* mop
zmywanie wash[2]; ~ **naczyń** washing-up
zmywarka: ~ **do naczyń** dishwasher
znacjonalizować → NACJONALIZOWAĆ
znacząco meaningfully, significantly
znaczący meaningful, significant, noteworthy, telling; **mało** ~ secondary, negligible
znacz|ek: **~ek pocztowy** stamp[1]; **z naklejonym ~kiem** stamped
znaczeni|e meaning, sense; significance, importance, consequence, value; **ukryte ~e** implication; **bez ~a** meaningless, immaterial, negligible; **mieć ~e** mean[1], matter[2], carry weight; **nie mieć ~a** not make any difference; **mieć większe ~e** outweigh; **przywiązywać ~e** value; **tracić na ~u** wear thin
znacznie significantly, considerably, substantially, a lot[3], much[2], widely; *(lepiej itp.)* miles, heaps better/more/older, etc.
znacznik marker
znaczny significant, considerable, substantial, marked, appreciable
znaczyć mean[1], signify, spell[1], matter[2]; **to znaczy** that is to say…
znać know, know of sb/sth; ~ **kogoś z widzenia** know sb by sight; **dawać komuś** ~ let sb know; ~ **jak własną kieszeń** know sth inside out/like the back of your hand □**znać się**: *(z kimś)* know; **dobrze** ~ *(na czymś)* be hot at/on sth, know what you are talking about
znajdować/znaleźć find[1], get/lay your hands on sb/sth[1], track sb/sth down, track; **znaleźć** hit[1]; ~ **czas na coś** get round/around to sth/doing sth; ~ **sposób na coś** get round/around sth, work sth out, come up with sth □**znajdować/znaleźć się** be[2], lie[2], be situated; **znaleźć się** turn up, wind up
znajomość: *(np. przedmiotu)* knowledge; *(np. języka obcego)* command[2]; ~ **rzeczy** know-how; *(tematu)* understanding, familiarity; ~ **powierzchowna** acquaintance, connection, contact; **zawierać** ~ strike up sth (with sb)
znajomy: *(przym.)* familiar; *(rzecz.)* acquaintance, friend
znak sign[1], signal, marker; *(czegoś)* symbol; *(np. wdzięczności)* token, trace[1], vestige, omen; *(litera itp.)* character; **dawać** ~ signal, indicate, motion; **być typowym ~iem** typify; **dawać się we ~i** bite[1], mark[1]; ~ **dziesiętny** point[1]; ~ **firmowy** brand; **chroniony** ~ **handlowy/firmowy** trademark; ~ **firmowy** logo; ~ **przestankowy** punctuation mark; **stawianie ~ów przestankowych** punctuation; **~i przykluczowe** key signature; ~ **zapytania** question mark; ~ **dodawania** plus; ~ **diakrytyczny** accent; ~ **zachęty/systemu** prompt; ~ **zodiaku** sign of the zodiac; **stawiać pod ~iem zapytania** question[2]
znakomicie outstandingly, excellently, splendidly, gloriously, superbly, eminently, famously
znakomitość excellence, brilliance
znakomity excellent, outstanding, remarkable, superb, brilliant, fine[1], glorious, grand[1], splendid, fabulous, first class, high-class, distinguished, accomplished, illustrious
znalazca finder
znalezienie discovery
znaleźć (się) → ZNAJDOWAĆ (SIĘ)
znamienny symptomatic
znamię: *(na ciele)* birthmark
znamionować distinguish
znan|y: **powszechnie ~y** well-known; **~y z czegoś** famed, familiar, noted; **~y też** *(jako/pod pseudonimem)* alias; **być rzeczą powszechnie ~ą** be common/public knowledge
znaw-ca/czyni expert, connoisseur, judge[1]
znawstw|o expertise; **ze ~em** knowledgeably
zneutralizować → NEUTRALIZOWAĆ
znęcać się ill-treat, mistreat; *(nad słabszym)* bully
znęcanie się ill-treatment, mistreatment; ~ **nad słabszymi** bullying
znękać → NĘKAĆ
znękany harassed
zniechęcać/zniechęcić discourage; *(do kogoś)* put sb off (sb/sth/doing sth), alienate
zniechęcający disheartening, demoralizing, discouraging
zniechęcanie/zniechęcenie discouragement, dejection, despondency; **ze zniechęceniem** dejectedly
zniechęcony discouraged, disheartened, dispirited, dejected, despondent
zniecierpliwienie impatience; **ze ~m** impatiently
zniecierpliwiony impatient
znieczulać/znieczulić anaesthetize; *(kogoś na coś)* harden □**znieczulać się** harden
znieczulający: **środek** ~ anaesthetic
znieczulenie anaesthetic; ~ **ogólne** general anaesthetic
zniekształcać/zniekształcić distort, deform, disfigure
zniekształcenie distortion, deformity
zniekształcony deformed, out of shape, battered
znienacka unawares, out of the blue
znienawidzić take a dislike to sb/sth
znieruchomiały immobile
znieruchomienie immobility
zniesieni|e abolition; **nie do ~a** insufferable
zniesławiać/zniesławić slander, libel
zniesławienie: *(słowne)* slander; *(np. w gazecie)* libel
znieść → ZNOSIĆ
zniewaga insult, affront, slur, outrage
znieważać/znieważyć insult

znieważający insulting, outrageous
znieważenie: **czynne ~ policjanta** assault
zniewieściały effeminate
znikać/zniknąć disappear, vanish; **~ jak kamfora** vanish, etc. into thin air, evaporate, melt away, get lost; (*o plamie, bólu*) go away
zniknięcie disappearance, evaporation
znikomość insignificance
znikom|y insignificant, slender, trifling; (*o możliwości itp.*) outside[1]; **~a szansa** off chance; **~e znaczenie** insignificance; **o ~ym znaczeniu** insignificantly
zniszczeni|e destruction, devastation, damage; **stan ~a** disrepair, dilapidation, ruin
zniszczony ruined, in ruin(s), devastated, dilapidated, decrepit, tatty, battered
zniszczyć → NISZCZYĆ
zniweczenie annihilation
zniweczyć → NIWECZYĆ
zniwelować → NIWELOWAĆ
zniżać/zniżyć drop[1], dip, lower[2] □ **zniżać/zniżyć się** drop[1], dip; (*do czyjegoś poziomu*) condescend; **nie zniżać się** be above (doing sth)
zniżka discount[1], concession
zniżkować sink[1], slide[1]
zniżkowy concessionary
znokautować → NOKAUTOWAĆ
znosić/znieść bear[2]; **móc znieść** (*kogoś/coś*) stand[1], put up with sb/sth, tolerate, endure, withstand, stomach; **~ do końca** stick it/sth out, stick[2]; (*np. krytykę*) take; **nie znosić** hate; (*np. z plaży do morza*) sweep[1], wash[1]; (*ustawę*) repeal, lift, abolish, do away with sth; (*jaja*) lay[1]
znoszenie: (*ubrania*) wear[2]
znoszony: (*np. sweter*) worn-out
znośny tolerable, bearable, passable
znowu again, yet again, once again/more, anew
znój toil
znudzić się be sick of sb/sth, pall
znudzony bored; **~ brakiem zajęcia** at a loose end
znużenie tiredness, weariness; **ze ~m** wearily
znużony tired, weary; **być ~m** (*kimś/czymś/robieniem czegoś*) tired, be tired of sb/sth/doing sth
znużyć (się) → NUŻYĆ (SIĘ)
zobaczyć (się) → WIDZIEĆ (SIĘ)
zobojętniać/zobojętnić neutralize
zobojętniały listless
zobowiązanie obligation, commitment, undertaking, pledge, debt
zobowiązany obliged, bound[1], indebted
zobowiązywać/zobowiązać oblige, bind □ **zobowiązywać/zobowiązać się**: (*do czegoś*) commit, undertake, pledge
zodiak zodiac; **znak ~u** sign[1]
zona zone
zoo zoo
zoolog zoologist
zoologia zoology
zoologiczny zoological; **sklep ~** pet shop
zorganizować → ORGANIZOWAĆ
zorganizowany organized; (*o osobie*) together
zorientować się → ORIENTOWAĆ SIĘ
zorientowany aware, clued up; **być dobrze ~m** be hot at/on sth, be on the ball
zostawać/zostać remain, be[1], be left/over, stay; **zostało nam jeszcze pięćdziesiąt mil do przejechania** we've still got fifty miles to go[1]; **~ w domu** stay in; (*gdzieś po odejściu innych*) wait behind; **~ w domu** (*w oczekiwaniu na coś*) wait in; **~ w tyle** lag behind; (*kimś*) become
zostawiać/zostawić leave[1], leave/let go (of sth); **~ kogoś/coś w spokoju** leave sb/sth alone; **~ kogoś w spokoju** give sb a break[2]; **~ kogoś na pastwę losu** leave sb in the lurch; (*coś na później*) save
zrabować → RABOWAĆ
zracjonalizować → RACJONALIZOWAĆ
zracjonować → RACJONOWAĆ
zranić → RANIĆ
zraniony injured; (*o uczuciach*) hurt
zraszacz sprinkler
zraszać/zrosić sprinkle
zrażać/zrazić antagonize, alienate; (*kogoś do czegoś*) prejudice
zrażający: (*do siebie*) off-putting
zrąb framework; (*budynku*) shell
zrealizować (się) → REALIZOWAĆ (SIĘ)
zrealizowanie fulfilment, completion
zreasumować → REASUMOWAĆ
zrecenzować → RECENZOWAĆ
zredagować → REDAGOWAĆ
zredukować → REDUKOWAĆ
zreferować → REFEROWAĆ
zreformować → REFORMOWAĆ
zregenerować → REGENEROWAĆ
zrehabilitować → REHABILITOWAĆ
zrekompensować → REKOMPENSOWAĆ
zrekonstruować → REKONSTRUOWAĆ
zrelacjonować → RELACJONOWAĆ
zrelaksować się → RELAKSOWAĆ SIĘ
zrelaksowany relaxed; **być ~m** be/feel at (your) ease
zremisować → REMISOWAĆ
zremisowany drawn[2]
zreorganizować → REORGANIZOWAĆ
zreperować → REPEROWAĆ
zresztą: **a ~** anyhow, but then
zrewanżować się → REWANŻOWAĆ SIĘ
zrewidować → REWIDOWAĆ
zrewolucjonizować → REWOLUCJONIZOWAĆ
zrezygnować → REZYGNOWAĆ
zrezygnowany discouraged, resigned
zręcznie cleverly, ably, deftly; **~ kierować** manipulate
zręczność dexterity, skill, cleverness
zręczny skilful, clever, deft, handy, practical, slick[1]
zripostować → RIPOSTOWAĆ
zrobić (się) → ROBIĆ (SIĘ)
zrobion|y done[2]; **~e!** sorted; **nie ~y** undone
zrosić → ZRASZAĆ
zrozpaczony desperate, despairing, devastated, distraught, distressed, frantic
zrozumiale plainly
zrozumiał|y intelligible, comprehensible, understandable, plain[1]; **~ sam przez się** self-explanatory; **to ~e, że** understandably
zrozumieć → ROZUMIEĆ
zrozumieni|e understanding, comprehension, interpretation, grasp, appreciation, feeling, perception; (*np. kłopotów*) sympathy; **wzajemne ~e** rapport; **być nie do ~a** be beyond sb; **dawać do ~a** give sb to believe/understand (that)…, imply, hint, insinuate; **pełen ~a** knowing, sympathetic, understanding; **ze ~em** knowingly, sympathetically
zrównoważony balanced, well-balanced, poised, level-headed, sedate[1]
zrównoważyć → RÓWNOWAŻYĆ
zrównywać/zrównać equate □ **zrównywać/zrównać się** level off/out; (*z czymś*) draw level[1]
zróżnicowanie division
zróżnicowany varied; **nie ~** flat[2]
zrujnować → RUJNOWAĆ
zrujnowany ramshackle
zryw burst[2], spurt
zrywać/zerwać break sth off, tear[2], rip, rupture; (*np. umowę, kontrakt*) break[1]; (*z nałogiem*) break[1], kick the habit[1]; (*z kimś*) break up (with sb), finish with sb; (*np. przyjaźń, stosunki*) sever; (*z czymś*) break with sth, finish with sth; (*np. kwiaty*) pick[1]
zrzeczenie się abdication
zrzednąć → RZEDNĄĆ
zrzekać/zrzec się renounce, surrender, abdicate, opt out (of sth), waive
zrzekanie się renunciation
zrzędny crusty
zrzędzić nag
zrzucać/zrzucić drop[1], shed[2]; (*np. obowiązki na kogoś*) unload, shift the blame/responisbility (for sth) (onto sb), pass the buck (to sb); (*np. buty*) slip[1] sth off; **zrzucić ciężar z serca** get sth off your chest;

(*o drzewach*) **zrzucający liście** deciduous □ **zrzucać/zrzucić się**: (*zbierać pieniądze*) chip in (with sth)
zrzutka collection
zsiadać/zsiąść: (*z czegoś*) get off (sth), dismount □ **zsiadać/zsiąść się**: (*o mleku itp.*) curdle, set[2]
zsiadł|y sour; **~e mleko** curd
zsikać się wet
zsumowywać/zsumować tot (sth) up; **zsumować** reckon sth up → SUMOWAĆ
zsychać się shrivel
zsyłać/zesłać exile
zsynchronizować → SYNCHRONIZOWAĆ
zsyp chute
zszokowany shocked
zszywacz stapler
zszywać/zszyć sew sth up; (*zszywaczem*) staple[1]
zszywanka: (*z różnych materiałów*) patchwork
zszywka staple[1]
zubożać/zubożyć impoverish
Zuch Cub, Brownie
zuchwale impudently, impertinently, insolently, boldly
zuchwalstwo impudence, nerve, impertinence, insolence, brashness, boldness
zuchwałość → ZUCHWALSTWO
zuchwały impudent, impertinent, insolent, bold, brash
zupa soup
zupełnie completely, absolutely, altogether, entirely, simply, thoroughly, wholly, all, utterly, perfectly, truly, purely, positively, plain[1], stark, well and truly
zupełnoś|ć: **w ~ci** plenty, wholly, quite
zupełny absolute, perfect[1], pure, utter[1], unqualified, unreserved, outright, stark, all out
zużycie: (*np. paliwa*) consumption, usage
zużyty gone[2]; **~ papier** waste paper; (*np. o małżeństwie*) stale
zużywać/zużyć use[1], use sth up, exhaust[2], consume, drain[2], wear sth away, wear sth down □ **zużywać/zużyć się** wear[1], wear away, wear down; (*np. o małżeństwie*) go stale
zużywanie się: (*normalne*) wear and tear
zwabić → WABIĆ
zwalać/zwalić: **~ z nóg** knock sb out; **~ na kupę** pile[2]; (*coś na kogoś*) lumber[1], land sb with sb/sth
zwalczać/zwalczyć fight[1], combat
zwalić → ZWALAĆ
zwalniać/zwolnić release, discharge, let sb off; (*np. budynek, miejsce, posadę*) vacate; (*pracownika*) dismiss, lay sb off, fire[2], sack[2]; (*np. z lekcji do domu*) dismiss; (*np. hamulec*) release; (*z odpowiedzialności*) exonerate; (*kogoś, np. z obowiązku*) excuse[2], relieve sb of sth, exempt; (*szybkość*) slacken, slow[3], slow (sb/sth) down/up
zwał pile[1]
zwałka landfill
zwany: **tak ~** so-called; **inaczej ~** alias
zwarcie: (*rzecz.*) **~ elektryczne** short circuit; (*przysłówek*) densely
zwariować be/go out of your mind, lose it
zwariowany crazy, mad; (*na czyimś/jakimś punkcie*) potty[1], nuts, nutty, zany, round the bend; (*o wydarzeniach*) hectic
zwarty dense, tight
zwarzyć (się) → WARZYĆ (SIĘ)
zważać: (*na kogoś/coś*) heed, allow for sb/sth; **nie ~ na kogos/coś** ignore; **nie zważając na kogos/coś** notwithstanding; **nie zważający** (*np. na czyjeś potrzeby, uczucia*) inconsiderate, inconsiderately; **nie ~** (*np. na protest*) override
zważyć (się) → WAŻYĆ (SIĘ)
zważywszy: (*na coś*) considering
zwątpienie despondency
zwerbować → WERBOWAĆ
zweryfikować → WERYFIKOWAĆ
zwędzić nick[2], pinch, knock sth off, whip[2], lift, sneak
zwęglony charred
zwęszyć → WĘSZYĆ
zwężać/zwężyć narrow □ **zwężać/zwężyć się** narrow
zwiać → ZWIEWAĆ
zwiad reconnaissance
zwiadowca scout
zwiadowczy exploratory
zwiastować herald
Zwiastowanie Annunciation
zwiastun forerunner, bearer; (*filmu*) clip[2], trailer
związać (się) → WIĄZAĆ (SIĘ), ZWIĄZYWAĆ
związany: (*z czymś*) relevant, pertinent, bound up with sth; **być ~m** (*z czymś*) to be concerned in sth, involve; **nie ~** unattached
związ|ek connection, bond, bearing, correlation; (*z kimś/czymś*) relevance, relation, relationship; (*z kimś*) liaison; **mający ~ek** (*z czymś*) pertinent; **mieć ~ek** refer, be something to do with; **ustalać ~ek** relate; **w ~ku z kimś/czymś** in connection with sb/sth; **w ~ku z tym** in this/that connection; **bez ~ku** disjointed, disjointedly; **brak ~ku z tematem** irrelevance; (*organizacja*) association, union; **~ek zawodowy** trade union; (*chemiczny*) compound[1]; **~ki wyrazowe** collocation
związywać/związać tie[2], knot[1], bundle □ **związać się** identify (yourself) with sb/sth
zwichnąć dislocate; (*np. nogę*) sprain, wrench
zwichnięcie dislocation, sprain
zwiedzać/zwiedzić visit, tour, look round sth; (*gruntownie*) explore
zwiedzając-y/a sightseer
zwiedzanie: (*np. pałacu*) tour, sightseeing
zwielokrotniać/zwielokrotnić multiply □ **zwielokrotniać/zwielokrotnić się** multiply
zwierać/zewrzeć: (*np. obwód*) short-circuit
zwierak pet
zwierz beast
zwierzać/zwierzyć się: (*komuś*) confide in sb, take sb into your confidence
zwierzchnictwo dominion
zwierzchni-k/czka superior
zwierzę animal, beast; **~ stadne** (social) animal; **~ mięsożerne** carnivore; **~ roślinożerne** herbivore; **~ wszystkożerne** omnivore; **~ domowe** pet; **zabłąkane ~** stray
zwierzęcy animal, brute
zwierzyć się → ZWIERZAĆ SIĘ
zwierzyna: **~ łowna** game[3], quarry[2]
zwieść → ZWODZIĆ
zwietrzały: (*o napoju gazowanym*) flat[2]
zwietrzyć get wind of sth
zwiewać/zwiać blow (sb/sth) down, off, over, etc.; (*komuś*) give sb the slip, do a bunk
zwiewny: (*o mgle*) wispy
zwiędnąć → WIĘDNAĆ
zwiększać/zwiększyć increase[1], raise[1], boost, gather; (*np. ogrzewanie*) turn sth up; (**proporcjonalnie**) **~** scale sth up □ **zwiększać/zwiększyć się** increase[1], mount[2]; **zwiększający się** ascending
zwięzłość brevity, conciseness
zwięzły brief[1], concise, terse, pithy, succinct
zwięźle briefly, concisely, succinctly; **ujmować ~** compress
zwijać/zwinąć twist[1], wind[3], roll[2]; **~ interes** go out of business; **~ manatki** pack up, pack sth in □ **zwijać/zwinąć się** twist[1], roll[2]; **~ w kłębek** huddle, curl up
zwilżać/zwilżyć moisten, dampen, wet □ **zwilżać/zwilżyć się** moisten
zwilżony moist
zwinięty huddled
zwinnie nimbly
zwinność agility, dexterity
zwinny agile, nimble
zwiotczały flabby
zwisać overhang, dangle, sag, flop
zwitek roll[1]
zwlekać linger; (*np. z odpowiedzią*) be slow[1] to do sth/(in/about) doing sth; **nie ~/~ ze zrobieniem czegoś** quick, slow, etc. off the mark[1]
zwlekający slow[1]
zwłaszcza especially, particularly, primarily, notably; **~ nie** (*np. ty*) least of all; **~ (że)** inasmuch as
zwłok|a delay, lag; **nie cierpiący ~i** urgent
zwłoki body, corpse, remains
zwodniczo deceptively, deceitfully
zwodniczość deceitfulness

zwodniczy deceitful, deceptive, misleading
zwodzić/zwieść: (*kogoś tak, że/aby*) deceive, mislead
zwolenni-k/czka follower, sympathizer, advocate; **zwolennik** protagonist, disciple; **grupa zwolenników** following; ~ **ochrony środowiska** conservationist, environmentalist; (*jakiejś koncepcji*) subscriber; **być (wielk-im/ą) zwolenni-kiem/czką czegoś** be a (great/firm) believer in sth, believe in sb/sth, believe in doing sth
zwolnić → ZWALNIAĆ
zwolnienie release, discharge, exemption; ~ **lekarskie** sick leave; (*wymówienie z pracy*) dismissal, redundancy; ~ **warunkowe z więzienia** probation, parole; ~ **za kaucją** bail
zwolnion|y: (*z pracy*) redundant; (*z czegoś*) exempt; **~e tempo** (*np. w filmie, TV*) slow motion; (*spowolniony*) sluggish
zwoływać/zwołać: (*zebranie*) convene
zwój curl[1], coil, twist[2]; ~ **pergaminu/papieru** scroll; (*np. banknotów, papierów*) wad
zwracać/zwrócić take sth back, give sth back (to sb), bring sb/sth back, restore; (*np. dług*) repay; ~ **pieniądze** refund; ~ **koszty/wydatki** reimburse; ~ **coś komuś** hand sth back (to sb); ~ **uwagę na kogoś/coś** notice, take notice (of sth), take heed (of sb/sth); **nie zwracać uwagi na kogoś/coś** take no notice/not take any notice (of sb/sth); ~ **czyjąś uwagę na coś** draw sb's attention to sth, catch sb's attention/eye; **nie zwracający na siebie uwagi** inconspicuous
□ **zwracać/zwrócić się** face[2], point[2]; (*do kogoś o pomoc itp.*) appeal, approach, have recourse to sb/sth, turn to sb
zwracanie się approach
zwrot return[2]; (*np. długu*) repayment; ~ **pieniędzy** refund; ~ **nadpłaty** rebate; **promocyjny ~ pieniędzy** (*w supermarketach*) cashback; **podlegający ~owi** repayable; (*np. terytorium, mienia*) restoration, recovery; (*ruch*) turn[2], swing; **nieoczekiwany ~ w wydarzeniach/sprawach** twist[2]; ~ **o 180°, w tył** ~ about-turn; (*wyrażenie*) expression, phrase
zwrotka verse
zwrotnica point[1]
zwrotnik tropic
zwrotny returnable; (*o długu*) repayable; (*o zadatku itp.*) refundable; **punkt** ~ turning point; **moment** ~ watershed; (*o zaimku itp.*) reflexive
zwrócić (się) → ZWRACAĆ (SIĘ)
zwycięski victorious, winning, triumphant, prize[1], successful
zwycięsko triumphantly
zwycięstwo victory; **odnosić** ~ (*nad kimś/czymś*) triumph; **odnieść łatwe** ~ walk off with sth
zwycię-zca/żczyni winner, victor
zwyciężać/zwyciężyć win, defeat, prevail
zwyciężony loser
zwyczaj custom, tradition, ritual, practice, convention, institution, habit; **nabierać ~u** take to sth/doing sth; **zmienić swoje ~e** change your ways[1]
zwyczajnie plainly
zwyczajny usual, common[1], commonplace, simple, plain[1]; (*o ubraniu*) casual
zwyczajowo routinely, traditionally
zwyczajow|y customary, habitual, accustomed, routine, traditional; **~a stawka** (*za coś*) the going rate (for sth)
zwykle usually, generally, in general, ordinarily, commonly, typically, mostly, normally, habitually; **jak** ~ as usual
zwykł: ~ **coś robić** (*kiedyś, ale już nie teraz*) used to
zwykły usual, normal, habitual, ordinary, plain[1]
zwyrodnieni|e degeneration; **ulegać ~u** degenerate; **gąbczaste ~e mózgu** BSE
zwyżkować: (*o cenach*) soar
zwyżkow|y: **tendencja ~a** upward
zygzak zigzag; **ciągnąć się/posuwać się ~iem** zigzag
zygzakowaty criss-cross
zysk profit[1], gain[1], yield, proceeds, return[2]; ~ **całkowity** the bottom line; **przynoszący** ~ economic; **osiągać** ~ make money
zyskiwać/zyskać profit from sth, gain[2]; (*na czymś*) gain in sth, come off (well); ~ **na czasie** buy time
zyskownie profitably
zyskowność profitability
zyskowny profitable, lucrative
zżółknąć → ŻÓŁKNĄĆ
zżyty -knit

Ź

źdźbło blade; ~ **słomy** straw
źle badly, wrongly, wrong[2], ill[2]; ~ **iść** go wrong; ~ **sytuowany** badly off; (*np. wyglądać*) rough[1]; ~ **wywiązywać się z czegoś** make a bad job of sth; **i tak ~, i tak niedobrze** you can't win
źrebak colt
źrebię foal
źrenica pupil[2]
źródł|o source, root[1]; **dochodzić do ~a** trace[2], spring[1]
źródłosłów etymology

Ż

żaba frog
żabka: (*styl pływacki*) breaststroke
żad|en no, none; (*z dwóch*) neither; (*w zdaniach przeczących*) ~ (*z dwóch*) either, any; **~ą miarą** far from sth/from doing sth
żag|iel sail[1]; **podnosić ~le** set sail
żaglówka sailing boat
żal grief, sorrow, regret[1], remorse, repentance, shame, grudge; **mieć ~** resent; **z ~em** regretfully; **być pogrążonym w ~u** grieve
żaluzja blind[3]; (*z poziomych listewek*) venetian blind, shutter
żałob|a grief, mourning, bereavement; **być w ~ie** grieve; **w ~ie** bereaved
żałobnie mournfully
żałobnik mourner
żałobny mournful
żałosny sorrowful, forlorn, pathetic, wretched, pitiful, piteous, doleful, plaintive
żałośnie sorrowfully, pitifully, piteously, dolefully, plaintively, miserably; **brzmieć** ~ wail
żałować regret[2], wish; ~ **kogoś** be/feel sorry for sb; (*czegoś*) repent; ~ **komuś czegoś** grudge, begrudge, skimp
żar heat[1]; glow; ember; (*np. przekonań*) zeal, fervour; **z ~em** heatedly
żarcie grub
żargon jargon
żarliwie zealously, fervently, passionately, ardently, devoutly
żarliwość fervour
żarliw|y ardent, committed, fervent, passionate, zealous; **być ~ym/ą zwolenni-kiem/czką kogoś/czegoś** swear by sb/sth
żarłocznie greedily, ravenously
żarłoczność greed, greediness, gluttony
żarłoczny greedy
żarłok glutton
żarówka bulb
żart joke, gag; **bez ~ów** seriously; **na ~y** (just) in fun; **robić (sobie) ~y z kogoś** take the mickey (out of sb)
żartobliwie (just) in fun, facetiously
żartobliwy playful, facetious
żartować joke, fool, kid[2]; **chyba żartujesz!** you must be joking; ~ **z kogoś/czegoś** poke fun at sb/sth
żartowniś joker
żarzyć się glow; **żarzące się węgle** ember
żąć/pożąć reap
żądać/zażądać demand[2], require
żądanie demand[1], call[1]; **na ~** on request, on demand
żądlić/użądlić sting[1], bite
żądło sting[2]
żądny avid
żądza thirst, appetite, lust
że that[3]
żebrać beg
żebra-k/czka beggar, bum[2], scavenger
żebro rib
żeby in order to do sth; **tak,** ~ so[2], so as to do sth; ~ **tylko** if only
żeglarski nautical
żeglarstwo sailing, yachting

żegla-rz/rka sailor, navigator; żeglarz yachtsman
żeglować sail[2], cruise, navigate
żeglowanie sailing, navigation; (*jachtem*) yachting
żeglowny navigable
żegluga shipping, navigation
żegnać/pożegnać bid sb goodbye; **żegnaj** farewell □ **żegnać/pożegnać się**: (*np. ze stanowiskiem*) bow out (of sth)
żel gel
żelatyna gelatin
żelazko iron[2]
żelazn|y iron[1], cast-iron; **towary ~e** hardware; (*o regułach*) hard and fast[1]; **~a ręka** a firm hand[2]; **~a wola** an iron[1] will
żelazo iron[1]
żeliwny cast-iron
żeliwo cast iron
żenić/ożenić się marry
żenować/zażenować: (*kogoś*) embarrass, show sb up
żenująco embarrassingly, pathetically
żenujący embarrassing, undignified
żeńsk|i: **płci ~iej** female; (*o formie, rodzaju*) feminine; (*np. okaz, kwiat*) female
żer prey
żerdź perch, pole[2], stake[2]
żerować prey on sth, prey
żeton token, counter[1], chip[1]
żłobek crèche, nursery
żłopać/wyżłopać swig
żłób trough
żmija adder
żmudnie uphill, strenuously
żmudny heavy, strenuous, laborious, uphill
żniw|o: **~a** harvest; **zbierać obfite ~o** take a heavy toll/take its toll (on sth)
żołądek stomach, inside[1]
żołądź acorn
żołnierz soldier, fighter, combatant; **~ zawodowy** regular; **~ piechoty morskiej** marine[2]; (*poniżej stopnia oficerskiego*) man[1]; **~ najemny** mercenary
żona wife
żonaty married
żongler/ka juggler
żonglować juggle
żonkil daffodil
żółknąć/zżółknąć turn yellow; (*od tytoniu, ze starości*) discolour
żółtaczka jaundice
żółtawy yellowish
żółtko yolk
żółtodziób novice
żółtozielony lime[3]
żółt|y yellow; **kolor ~y** yellow, amber; (*z zazdrości*) green[1]; (*w sporcie*) **~a kartka** yellow card; **dać komuś ~ą kartkę** book[2]; **Ż~e Książki** Yellow Pages
żółw: (*lądowy*) tortoise; (*morski*) turtle
żółwi: **~e tempo** crawl
żrący: (*o substancji, środku*) corrosive
żubr bison
żuć chew
żuraw crane[1]
żurawina cranberry
żużel cinder, slag[2]; (*w sporcie*) speedway
żwawo briskly
żwawość briskness
żwawy brisk
żwir gravel; **ziarnka ~u** grit
żwirek: (*na plaży*) shingle
żwirowaty gritty
życi|e life, lifetime, lifespan; **średnia długość ~a** life expectancy; **na całe ~e** lifelong, living[2]; **tryb ~a** living[2]; **styl ~a** a/sb's way of life, lifestyle; **nocne ~e** nightlife; **~e intymne** love life; **~e zawodowe** career[1]; **tracić ~e** lose your life, perish; **odbierać sobie ~e** take your (own) life; **przywracać do ~a** resuscitate; **utrzymywać przy ~u** keep sth/sb alive; (*kwestia*) **~a i śmierci** life-and-death; **pełen ~a** lively, vivacious, full of beans/life; **bez ~a** lifeless; **prowadzić** (*np. spokojne, ciche*) **~e** live[2]; **używać ~a na całego** to the full; **zarabiać na ~e** earn; **nigdy w ~u!** no fear!; **wprowadzać w ~e** enforce; **wchodzić w ~e** take effect, come into effect, come into operation
życiorys life story, curriculum vitae
życiowy life; (*o pasji itp.*) consuming
życzeni|e wish, request, will[3]; **~a** greetings; **mieć ~e** wish; **na ~e** at sb's request/at the request of sb, on request
życzliwie kindly, sympathetically, cordially
życzliwość friendliness, kindness, benevolence, charity, goodwill, favour[1]; **okazywać ~** befriend
życzliwy friendly, kind[2], sympathetic, kind-hearted, warm-hearted, kindly[1], cordial, benevolent, charitable, neighbourly
życzyć wish; **~ sobie** care[1]; (*przy powitaniach i pożegnaniach*) bid[1]; (*o cenie*) **~ sobie** ask
żyć live[2]; **~ dalej** live on; (*ze sobą*) live together; **dobrze z kimś ~** get on/along (together); (*np. o chlebie, z ziemi*) live off/on sth, live off sb/sth; **(wy)żyć** (*z czegoś*) live on sth, live by doing sth; **~ cudzym kosztem** live off sb, scrounge; **~ zgodnie z czymś** live by sth, live up to sth; (*dla kogoś/czegoś*) live for sb/sth
Żyd/ówka Jew, Hebrew
żydowski Jewish, Hebrew
żyjący alive, living[1]
żylasty tough, wiry
żyletka razor blade
żyła vein
żyrafa giraffe
żyrandol chandelier
żytni rye
żyto rye
żywiciel/ka: **~ rodziny** breadwinner
żywić nourish; (*np. nadzieję*) cherish, nurse[2]; (*uczucia*) bear[2] □ **żywić się** feed[1]
żywieniowy dietary
żywio|ł: **~ły** the elements; **(nie) w swoim ~le** in/out of your element
żywiołow|y: **klęska ~a** natural disaster
żywnościowy: **artykuł ~** foodstuff
żywność food; **zdrowa ~** health food, wholefood
żywo vividly, boisterously; **na ~** live[1]; **komentarz na ~** running commentary, live coverage
żywopłot hedge, hedgerow
żywość brightness
żywot life
żywotność vitality, sturdiness
żywy alive, living[1], live[1], lively, boisterous; (*o świetle/barwie*) vivid; (*o kolorze*) vibrant; (*o osobowości*) vibrant, vivacious; (*o tempie itp.*) smart[1]; (*o wyobraźni itp.*) fertile; **jak ~** lifelike; **ledwo ~** run-down
żyzność richness, fertility
żyzny rich, fertile

Dodatki

Dodatek 1
Nazwy geograficzne i mapy

Nazwy geograficzne

Poniższa lista zawiera angielską pisownię i wymowę nazw geograficznych, oraz odpowiadające im przymiotniki. Jeśli przymiotnik nie oznacza także osoby, podane są dwie formy, np. **Denmark** (Dania); **Danish** (duński); **Dane** (Duńczyk, Dunka).

Słowa oznaczające osoby z danego kraju tworzą liczbę mnogą przez dodanie **-s**. Wyjątkiem jest słowo **Swiss**, słowa kończące się na **-ese** (np. **Japanese**), które pozostają nie zmienione, a także słowa zakończone na **-man** lub **-woman**, które zamienia się na **-men** lub **-women**, np. *three Frenchmen, two Englishwomen*.

Jeśli istnieje odrębne słowo dla całej grupy narodowościowej, jest ono podane w nawiasie: **France** (Francja); **French** (francuski); **Frenchman** (Francuz), **Frenchwoman** (Francuzka), (**the French**) (Francuzi).

Nie wszystkie wymienione tutaj kraje są niezależnymi państwami.

Kraj	*Przymiotnik/Rzeczownik*
Afghanistan /æf'gænɪstɑ:n/	Afghan /'æfgæn/
Africa /'æfrɪkə/	African /'æfrɪkən/
Albania /æl'beɪniə/	Albanian /æl'beɪniən/
Algeria /æl'dʒɪəriə/	Algerian /æl'dʒɪəriən/
America /ə'merɪkə/	→ (THE) UNITED STATES OF AMERICA
Angola /æŋ'gəʊlə/	Angolan /æŋ'gəʊlən/
Antarctica /æn'tɑ:ktɪkə/	Antarctic /æn'tɑ:ktɪk/
(the) Arctic /'ɑ:ktɪk/	Arctic /'ɑ:ktɪk/
Argentina /ˌɑ:dʒən'ti:nə/	Argentine /'ɑ:dʒəntaɪn/, Argentinian /ˌɑ:dʒən'tɪniən/
Armenia /ɑ:'mi:niə/	Armenian /ɑ:'mi:niən/
Asia /'eɪʃə, 'eɪʒə/	Asian /'eɪʃn, 'eɪʒn/
Australia /ɒ'streɪliə/	Australian /ɒ'streɪliən/
Austria /'ɒstriə/	Austrian /'ɒstriən/
Azerbaijan /ˌæzəbaɪ'dʒɑ:n/	Azerbaijani /ˌæzəbaɪ'dʒɑ:ni/, an Azeri /ə'zeəri/
(the) Bahamas /bə'hɑ:məz/	Bahamian /bə'heɪmiən/
Bahrain /bɑ:'reɪn/	Bahraini /bɑ:'reɪni/
Bangladesh /ˌbæŋglə'deʃ/	Bangladeshi /ˌbæŋglə'deʃi/
Barbados /bɑ:'beɪdɒs/	Barbadian /bɑ:'beɪdiən/
Belarus /ˌbelə'ru:s/	Belorussian /ˌbelə'rʌʃn/
Belgium /'beldʒəm/	Belgian /'beldʒən/
Benin /be'ni:n/	Beninese /ˌbenɪ'ni:z/

Kraj	*Przymiotnik/Rzeczownik*
Bolivia /bə'lɪviə/	Bolivian /bə'lɪviən/
Bosnia-Herzegovina /ˌbɒzniə ˌhɜ:tsəgə'vi:nə/	Bosnian /'bɒzniən/
Botswana /bɒt'swɑ:nə/	Botswanan /bɒt'swɑ:nən/, jedna osoba: Motswana /mɒt'swɑ:nə/, wielu ludzi: Batswana /bæt'swɑ:nə/
Brazil /brə'zɪl/	Brazilian /brə'zɪliən/
Brunei Darussalam /ˌbru:naɪ dæ'ru:sælæm/	Bruneian /bru:'naɪən/
Bulgaria /bʌl'geəriə/	Bulgarian /bʌl'geəriən/
Burkina /bɜ:'ki:nə/	Burkinese /ˌbɜ:kɪ'ni:z/
Burma /'bɜ:mə/ (dawniej Myanmar)	Burmese /bɜ:'mi:z/
Burundi /bʊ'rʊndi/	Burundian /bʊ'rʊndiən/
Cambodia /kæm'bəʊdiə/	Cambodian /kæm'bəʊdiən/
Cameroon /ˌkæmə'ru:n/	Cameroonian /ˌkæmə'ru:niən/
Canada /'kænədə/	Canadian /kə'neɪdiən/
Central African Republic /ˌsentrəl ˌæfrɪkən rɪ'pʌblɪk/	Central African /ˌsentrəl 'æfrɪkən/
Cape Verde /ˌkeɪp 'vɜ:d/	Cape Verdean /ˌkeɪp 'vɜ:diən/
Chad /tʃæd/	Chadian /'tʃædiən/
Chile /'tʃɪli/	Chilean /'tʃɪliən/
China /'tʃaɪnə/	Chinese /tʃaɪ'ni:z/
Colombia /kə'lɒmbiə/	Colombian /kə'lɒmbiən/

Kraj	Przymiotnik/Rzeczownik
Congo /ˈkɒŋɡəʊ/	Congolese /ˌkɒŋɡəˈliːz/
Costa Rica /ˌkɒstə ˈriːkə/	Costa Rican /ˌkɒstə ˈriːkən/
Côte d'Ivoire /ˌkəʊt diːˈvwɑː/	Ivorian /aɪˈvɔːriən/
Croatia /krəʊˈeɪʃə/	Croatian /krəʊˈeɪʃən/
Cuba /ˈkjuːbə/	Cuban /ˈkjuːbən/
Cyprus /ˈsaɪprəs/	Cypriot /ˈsɪpriət/
(the) Czech Republic /ˌtʃek rɪˈpʌblɪk/	Czech /tʃek/
(the) Democratic Republic of the Congo /deməˌkrætɪk rɪˌpʌblɪk əv ðə ˈkɒŋɡəʊ/	Congolese /ˌkɒŋɡəˈliːz/
Denmark /ˈdenmɑːk/	Danish /ˈdeɪnɪʃ/, a Dane /deɪn/
Djibouti /dʒɪˈbuːti/	Djiboutian /dʒɪˈbuːtiən/
(the) Dominican /dəˈmɪnɪkən/	Dominican Republic /dəˈmɪnɪkən rɪˈpʌblɪk/
Ecuador /ˈekwədɔː(r)/	Ecuadorian /ˌekwəˈdɔːriən/
Egypt /ˈiːdʒɪpt/	Egyptian /iˈdʒɪpʃn/
El Salvador /el ˈsælvədɔː(r)/	Salvadorean /ˌsælvəˈdɔːriən/
England /ˈɪŋɡlənd/	English /ˈɪŋɡlɪʃ/, an Englishman /ˈɪŋɡlɪʃmən/, an Englishwoman /ˈɪŋɡlɪʃwʊmən/ (the English)
Eritrea /ˌerɪˈtreɪə/	Eritrean /ˌerɪˈtreɪən/
Estonia /eˈstəʊniə/	Estonian /eˈstəʊniən/
Ethiopia /ˌiːθiˈəʊpiə/	Ethiopian /ˌiːθiˈəʊpiən/
Europe /ˈjʊərəp/	European /ˌjʊərəˈpiːən/
Fiji /ˈfiːdʒiː/	Fijian /fɪˈdʒiːən/
Finland /ˈfɪnlənd/	Finnish /ˈfɪnɪʃ/, a Finn /fɪn/
France /frɑːns/	French /frentʃ/, a Frenchman /ˈfrentʃmən/, a Frenchwoman /ˈfrentʃwʊmən/ (the French)
(the) Former Yugoslav Republic of Macedonia /ˌfɔːmə ˌjuːɡəʊslɑːv rɪˈpʌblɪk əv mæsəˈdəʊniə/	Macedonian /ˌmæsəˈdəʊniən/
Gabon /ɡæˈbɒn/	Gabonese /ˌɡæbəˈniːz/
(the) Gambia /ˈɡæmbiə/	Gambian /ˈɡæmbiən/
Georgia /ˈdʒɔːdʒə/	Georgian /ˈdʒɔːdʒən/
Germany /ˈdʒɜːməni/	German /ˈdʒɜːmən/
Ghana /ˈɡɑːnə/	Ghanaian /ɡɑːˈneɪən/
Great Britain /ˌɡreɪt ˈbrɪtn/	British /ˈbrɪtɪʃ/, a Briton /ˈbrɪtn/ (the British)

Kraj	Przymiotnik/Rzeczownik
Greece /ɡriːs/	Greek /ɡriːk/
Grenada /ɡrəˈneɪdə/	Grenadian /ɡrəˈneɪdiən/
Guatemala /ˌɡwɑːtəˈmɑːlə/	Guatemalan /ˌɡwɑːtəˈmɑːlən/
Guinea /ˈɡɪni/	Guinean /ˈɡɪniən/
Guyana /ɡaɪˈænə/	Guyanese /ˌɡaɪəˈniːz/
Haiti /ˈheɪti/	Haitian /ˈheɪʃn/
Holland /ˈhɒlənd/	→ (THE) NETHERLANDS
Honduras /hɒnˈdjʊərəs/	Honduran /hɒnˈdjʊərən/
Hungary /ˈhʌŋɡəri/	Hungarian /hʌŋˈɡeəriən/
Iceland /ˈaɪslənd/	Icelandic /aɪsˈlændɪk/, an Icelander /ˈaɪsləndə(r)/
India /ˈɪndiə/	Indian /ˈɪndiən/
Indonesia /ˌɪndəˈniːʒə/	Indonesian /ˌɪndəˈniːʒn/
Iran /ɪˈrɑːn/	Iranian /ɪˈreɪniən/
Iraq /ɪˈrɑːk/	Iraqi /ɪˈrɑːki/
Ireland /ˈaɪələnd/	Irish /ˈaɪrɪʃ/, an Irishman /ˈaɪrɪʃmən/, an Irishwoman /ˈaɪrɪʃwʊmən/ (the Irish)
Israel /ˈɪzreɪl/	Israeli /ɪzˈreɪli/
Italy /ˈɪtəli/	Italian /ɪˈtæliən/
(the) Ivory Coast /ˌaɪvəri ˈkəʊst/	→ CÔTE D'IVOIRE
Jamaica /dʒəˈmeɪkə/	Jamaican /dʒəˈmeɪkən/
Japan /dʒəˈpæn/	Japanese /ˌdʒæpəˈniːz/
Jordan /ˈdʒɔːdn/	Jordanian /dʒɔːˈdeɪniən/
Kazakhstan /ˌkæzækˈstɑːn/	Kazakh /kəˈzæk/
Kenya /ˈkenjə/	Kenyan /ˈkenjən/
Korea, North /ˌnɔːθ kəˈriə/	North Korean /ˌnɔːθ kəˈriən/
Korea, South /ˌsaʊθ kəˈriə/	South Korean /ˌsaʊθ kəˈriən/
Kyrgyzstan /ˌkɪəɡɪˈstɑːn/	Kyrgyz /ˈkɪəɡɪz/
Kuwait /kʊˈweɪt/	Kuwaiti /kʊˈweɪti/
Laos /laʊs/	Laotian /ˈlaʊʃn/
Latvia /ˈlætviə/	Latvian /ˈlætviən/
Lebanon /ˈlebənən/	Lebanese /ˌlebəˈniːz/
Lesotho /ləˈsuːtuː/	Sotho /ˈsuːtuː/, jedna osoba: Mosotho /məˈsuːtuː/, wielu ludzi: Basotho /bəˈsuːtuː/
Liberia /laɪˈbɪəriə/	Liberian /laɪˈbɪəriən/
Libya /ˈlɪbiə/	Libyan /ˈlɪbiən/
Liechtenstein /ˈlɪktənstaɪn/	Liechtenstein, a Liechtensteiner /ˈlɪktənstaɪnə(r)/
Lithuania /ˌlɪθjuˈeɪniə/	Lithuanian /ˌlɪθjuˈeɪniən/

Kraj	*Przymiotnik/Rzeczownik*
Luxembourg /ˈlʌksəmbɜːɡ/	Luxembourg, a Luxembourger /ˈlʌksəmbɜːɡə(r)/
Madagascar /ˌmædəˈɡæskə(r)/	Madagascan /ˌmædəˈɡæskən/, a Malagasy /ˌmæləˈɡæsi/
Malawi /məˈlɑːwi/	Malawian /məˈlɑːwiən/
Malaysia /məˈleɪʒə/	Malaysian /məˈleɪziən/
(the) Maldives /ˈmɔːldiːvz/	Maldivian /mɔːlˈdɪviən/
Mali /ˈmɑːli/	Malian /ˈmɑːliən/
Malta /ˈmɔːltə/	Maltese /mɔːlˈtiːz/
Mauritania /ˌmɒrɪˈteɪniə/	Mauritanian /ˌmɒrɪˈteɪniən/
Mauritius /məˈrɪʃəs/	Mauritian /məˈrɪʃn/
Mexico /ˈmeksɪkəʊ/	Mexican /ˈmeksɪkən/
Moldova /mɒlˈdəʊvə/	Moldovian /mɒlˈdəʊvən/
Mongolia /mɒŋˈɡəʊliə/	Mongolian /mɒŋˈɡəʊliən/, a Mongol /ˈmɒŋɡl/
Morocco /məˈrɒkəʊ/	Moroccan /məˈrɒkən/
Mozambique /ˌməʊzæmˈbiːk/	Mozambican /ˌməʊzæmˈbiːkən/
Myanmar /miˌænˈmɑː(r)/	→ BURMA
Namibia /nəˈmɪbiə/	Namibian /nəˈmɪbiən/
Nauru /ˈnaʊruː/	Nauruan /ˌnaʊˈruːən/
Nepal /nɪˈpɔːl/	Nepalese /ˌnepəˈliːz/
(the) Netherlands /ˈneðələndz/	Dutch /dʌtʃ/, a Dutchman /ˈdʌtʃmən/, a Dutchwoman /ˈdʌtʃwʊmən/
New Zealand /ˌnjuː ˈziːlənd/	New Zealand, a New Zealander /ˌnjuː ˈziːləndə(r)/
Nicaragua /ˌnɪkəˈræɡjuə/	Nicaraguan /ˌnɪkəˈræɡjuən/
Niger /ˈnaɪdʒə(r)/	Nigerien /naɪˈdʒɪəriən/
Nigeria /naɪˈdʒɪəriə/	Nigerian /naɪˈdʒɪəriən/
Northern Ireland /ˌnɔːðən ˈaɪələnd/	Northern Irish /ˌnɔːðən ˈaɪrɪʃ/, a Northern Irishman /ˌnɔːðən ˈaɪrɪʃmən/, a Northern Irishwoman /ˌnɔːðən ˈaɪrɪʃwʊmən/
Norway /ˈnɔːweɪ/	Norwegian /nɔːˈwiːdʒən/
Oman /əʊˈmɑːn/	Omani /əʊˈmɑːni/
Pakistan /ˌpɑːkɪˈstɑːn/	Pakistani /ˌpɑːkɪˈstɑːni/
Panama /ˈpænəmɑː/	Panamanian /ˌpænəˈmeɪniən/
Papua New Guinea /ˌpæpuə ˌnjuː ˈɡɪni/	Papuan /ˈpæpuən/
Paraguay /ˈpærəɡwaɪ/	Paraguayan /ˌpærəˈɡwaɪən/
Peru /pəˈruː/	Peruvian /pəˈruːviən/
(the) Philippines /ˈfɪlɪpiːnz/	Philippine /ˈfɪlɪpiːn/, a Filipino /ˌfɪlɪˈpiːnəʊ/

Kraj	*Przymiotnik/Rzeczownik*
Poland /ˈpəʊlənd/	Polish /ˈpəʊlɪʃ/, a Pole /pəʊl/
Portugal /ˈpɔːtʃʊɡl/	Portuguese /ˌpɔːtʃʊˈɡiːz/
Qatar /ˈkʌtɑːr/	Qatari /kʌˈtɑːri/
Romania /ruˈmeɪniə/	Romanian /ruˈmeɪniən/
Russia /ˈrʌʃə/, **the Russian Federation** /ˌrʌʃən fedəˈreɪʃn/	Russian /ˈrʌʃn/
Rwanda /ruˈændə/	Rwandan /ruˈændən/
Samoa /səˈməʊə/	Samoan /səˈməʊən/
Saudi Arabia /ˌsaʊdi əˈreɪbiə/	Saudi /ˈsaʊdi/, Saudi Arabian /ˌsaʊdi əˈreɪbiən/
Scotland /ˈskɒtlənd/	Scottish /ˈskɒtɪʃ/, Scots /skɒts/, a Scot /skɒt/, a Scotsman /ˈskɒtsmən/, a Scotswoman /ˈskɒtswʊmən/ (the Scots)
Senegal /ˌsenɪˈɡɔːl/	Senegalese /ˌsenɪɡəˈliːz/
Serbia /ˈsɜːbiə/	Serbian /ˈsɜːbiən/
(the) Seychelles /seɪˈʃelz/	Seychellois /ˌseɪʃelˈwɑː/
Sierra Leone /siˌerə liˈəʊn/	Sierra Leonean /siˌerə liˈəʊniən/
Singapore /ˌsɪŋəˈpɔː(r)/	Singaporean /ˌsɪŋəˈpɔːriən/
Slovakia /sləʊˈvækiə/	Slovak /ˈsləʊvæk/
Slovenia /sləʊˈviːniə/	Slovene /ˈsləʊviːn/, Slovenian /sləʊˈviːniən/
(the) Solomon Islands /ˈsɒləmən aɪləndz/	Solomon Islander /ˈsɒləmən aɪləndə(r)/
Somalia /səˈmɑːliə/	Somali /səˈmɑːli/
South Africa /ˌsaʊθ ˈæfrɪkə/	South African /ˌsaʊθ ˈæfrɪkən/
Spain /speɪn/	Spanish /ˈspænɪʃ/, a Spaniard /ˈspænɪəd/
Sri Lanka /sri ˈlæŋkə/	Sri Lankan /sri ˈlæŋkən/
St Lucia /snt ˈluːʃə/	St Lucian /snt ˈluːʃən/
Sudan /suˈdɑːn/	Sudanese /ˌsuːdəˈniːz/
Suriname /ˌsʊərɪˈnæm/	Surinamese /ˌsʊərɪnəˈmiːz/
Swaziland /ˈswɑːzilænd/	Swazi /ˈswɑːzi/
Sweden /ˈswiːdn/	Swedish /ˈswiːdɪʃ/, a Swede /swiːd/
Switzerland /ˈswɪtsələnd/	Swiss /swɪs/
Syria /ˈsɪriə/	Syrian /ˈsɪriən/
Taiwan /taɪˈwɑːn/	Taiwanese /ˌtaɪwəˈniːz/
Tajikistan /tæˌdʒiːkɪˈstɑːn/	Tajik /tæˈdʒiːk/
Tanzania /ˌtænzəˈniːə/	Tanzanian /ˌtænzəˈniːən/
Thailand /ˈtaɪlænd/	Thai /taɪ/
Tonga /ˈtɒŋə, ˈtɒŋɡə/	Tongan /ˈtɒŋən, ˈtɒŋɡən/

Kraj	Przymiotnik/Rzeczownik
Togo /'təʊgəʊ/	Togolese /ˌtəʊgə'li:z/
Trinidad and Tobago /ˌtrɪnɪdæd ən tə'beɪgəʊ/	Trinidadian /ˌtrɪnɪ'dædiən/, Tobagonian /ˌtəʊbə'gəʊniən/
Tunisia /tju'nɪziə/	Tunisian /tju'nɪziən/
Turkey /'tɜ:ki/	Turkish /'tɜ:kɪʃ/, a Turk /tɜ:k/
Turkmenistan /tɜ:kˌmenɪ'stɑ:n/	Turkmen /'tɜ:kmen/
Uganda /ju'gændə/	Ugandan /ju'gændən/
Ukraine /ju'kreɪn/	Ukrainian /ju'kreɪniən/
(the) United Arab Emirates /juˌnaɪtɪd ˌærəb 'emɪrəts/	Emirian /ɪ'mɪəriən/
(the) United Kingdom /juˌnaɪtɪd 'kɪŋdəm/	British /'brɪtɪʃ/ a Briton /'brɪtn/ (the British)
(the) United States of America /juˌnaɪtɪd ˌsteɪts əv ə'merɪkə/	American /ə'merɪkən/
Uruguay /'jʊərəgwaɪ/	Uruguayan / jʊərə'gwaɪən/
Uzbekistan /ʊzˌbekɪ'stɑ:n/	Uzbek /'ʊzbek/
Vanuatu /ˌvænu'ɑ:tu:/	Vanuatuan /ˌvænuɑ:'tu:ən/
Venezuela /ˌvenə'zweɪlə/	Venezuelan /ˌvenə'zweɪlən/
Vietnam /ˌvjet'næm/	Vietnamese /ˌvjetnə'mi:z
Wales /weɪlz/	Welsh /welʃ/, a Welshman /'welʃmən/, a Welshwoman /'welʃwʊmən/ (the Welsh)
(the) West Indies /ˌwest 'ɪndiz/	West Indian /ˌwest 'ɪndiən/
(the)Yemen Republic / jemən rɪ'pʌblɪk/	Yemeni /'jeməni/
Yugoslavia / ju:gəʊ'slɑ:viə/	Yugoslavian / ju:gəʊ'slɑ:viən/
Zambia /'zæmbiə/	Zambian /'zæmbiən/
Zimbabwe /zɪm'bɑ:bwi/	Zimbabwean /zɪm'bɑ:bwɪən/

Wielkie miasta całego świata

Amsterdam /'æmstədæm/
Athens /'æθɪnz/
Bangkok /bæŋ'kɒk/
Barcelona /ˌbɑ:sə'ləʊnə/
Beijing /beɪ'(d)ʒɪŋ/
Beirut /beɪ'ru:t/
Berlin /bɜ:'lɪn/
Brussels /'brʌslz/ (Bruksela)
Budapest /'bu:dəpest/
Buenos Aires /ˌbweɪnəs 'aɪri:z/
Cairo /'kaɪrəʊ/
Cape Town /'keɪp taʊn/
Frankfurt /'fræŋkfət/
Geneva /dʒə'ni:və/
Hanoi /hæ'nɔɪ/
The Hague /ðə 'hɑ:g/
Helsinki /hel'sɪŋki/
Istanbul /ɪstæn'bʊl/
Jakarta /dʒə'kɑ:tə/
Jerusalem /dʒə'ru:sələm/
Johannesburg /dʒəʊ'hænɪsbɜ:g/
Kabul /'kɑ:bʊl/
Lagos /'leɪgɒs/
Lisbon /'lɪzbən/
Madrid /mə'drɪd/
Mexico City /ˌmeksɪkəʊ 'sɪti/
Moscow /'mɒskəʊ/
Munich /'mju:nɪk/ (Monachium)
Nairobi /naɪ'rəʊbi/
New Delhi /ˌnju: 'deli/
Paris /'pærɪs/
Prague /prɑ:g/
Rio de Janeiro /ˌriəʊ dɪ dʒə'neərəʊ/
Rome /rəʊm/ (Rzym)
Saigon /saɪg'ɒn/
Seoul /səʊl/
Stockholm /'stɒkhəʊm/
St. Petersburg /ˌsnt 'pi:təzbɜ:g/
Tokyo /'təʊkɪəʊ/
Venice /'vənɪs/ (Wenecja)
Vienna /vi'enə/ (Wiedeń)
Warsaw /'wɔ:sɔ:/
Zurich /'zurɪk/

The British Isles

Wielka Brytania – **Britain** lub **Great Britain** /ˌgreɪt ˈbrɪtn/ (**GB**) – jest wyspą, składającą się z Anglii – **England** /ˈɪŋglənd/, Szkocji – **Scotland** /ˈskɒtlənd/ i Walii – **Wales** /weɪlz/ (ale bez Irlandii – **Ireland** /ˈaɪələnd/).

Nazwa **Britain** jest czasem nieprawidłowo stosowana w odniesieniu do politycznej nazwy państwa, formalnie zwanego **the United Kingdom of Great Britain and Northern Ireland** (Zjednoczone Królestwo Wielkiej Brytanii i Irlandii Północnej). Nazwę tę pisze się skrótowo **the United Kingdom** lub **UK**.

The British Isles to grupa wysp, do której należy Irlandia i kilka mniejszych wysp. **The Republic of Ireland** (także zwana **the Irish Republic**, dawniej **Eire** /ˈeərə/) jest niepodległym państwem, zajmującym większą część wyspy Irlandii.

Specjalne przymiotniki lub rzeczowniki opisują ludzi pochodzących z niektórych miast, np. osoba z Londynu zwana jest **Londoner** /ˈlʌndənə(r)/, z Dublina – **Dubliner** /ˈdʌblɪnə(r)/, z Glasgow – **Glaswegian** /glɑːzˈwiːdʒən; US glæs-/, z Manchesteru – **Mancunian** /mænˈkjuːniən/, a z Liverpoolu – **Liverpudlian** /ˌlɪvəˈpʌdliən/. Rdzenni Londyńczycy o charakterystycznej miejscowej wymowie są też nazywani **Cockney** /ˈkɒkni/. Zaś **Brummie** /ˈbrʌmi/ to potoczna nazwa osoby pochodzącej z Birmingham.

The United Kingdom dzieli się na **counties** (okręgi administracyjne), a od stycznia 1995 także na **unitary authorities** (zarządy jednostkowe). Niektóre **counties** i ich nazwy, np. **Devon** i **Cumbria**, pozostają bez zmian. Inne dawne **counties** dzieli się teraz na kilka mniejszych **unitary authorities**. Wiele osób nadal używa nazw byłych **counties**.

Towns and cities in the British Isles

Aberdeen /ˌæbəˈdiːn/
Bath /bɑːθ/
Belfast /ˌbelˈfɑːst, ˈbelfɑːst/
Berwick-upon-Tweed /ˌberɪk əpɒn ˈtwiːd/
Birmingham /ˈbɜːmɪŋəm/
Blackpool /ˈblækpuːl/
Bournemouth /ˈbɔːnməθ/
Bradford /ˈbrædfəd/
Brighton /ˈbraɪtn/
Bristol /ˈbrɪstl/
Caernarfon /kəˈnɑːvn/
Cambridge /ˈkeɪmbrɪdʒ/
Canterbury /ˈkæntəbəri/
Cardiff /ˈkɑːdɪf/
Carlisle /kɑːˈlaɪl/
Chester /ˈtʃestə(r)/
Colchester /ˈkəʊltʃestə(r)/
Cork /kɔːk/
Coventry /ˈkɒvəntri/
Derby /ˈdɑːbi/
Douglas /ˈdʌgləs/
Dover /ˈdəʊvə(r)/
Dublin /ˈdʌblɪn/
Dundee /dʌnˈdiː/
Durham /ˈdʌrəm/
Eastbourne /ˈiːstbɔːn/
Edinburgh /ˈedɪnb(ə)rə/
Ely /ˈiːli/
Exeter /ˈeksɪtə(r)/
Galway /ˈgɔːlweɪ/
Glasgow /ˈglɑːzgəʊ/
Gloucester /ˈglɒstə(r)/
Hastings /ˈheɪstɪŋz/
Hereford /ˈherɪfəd/
Holyhead /ˈhɒlihed/
Inverness /ˌɪnvəˈnes/
Ipswich /ˈɪpswɪtʃ/
Keswick /ˈkezɪk/
Kingston (upon Hull) /ˌkɪŋstən əpɒn ˈhʌl/
Leeds /liːdz/
Leicester /ˈlestə(r)/
Limerick /ˈlɪmərɪk/
Lincoln /ˈlɪŋkən/
Liverpool /ˈlɪvəpuːl/
London /ˈlʌndən/
Londonderry /ˈlʌndənderi/
Luton /ˈluːtn/
Manchester /ˈmæntʃɪstə(r)/
Middlesbrough /ˈmɪdlzbrə/
Newcastle upon Tyne /ˌnjuːkɑːsl əpɒn ˈtaɪn/
Northampton /nɔːθˈhæmptən/
Norwich /ˈnɒrɪdʒ/
Nottingham /ˈnɒtɪŋəm/
Oxford /ˈɒksfəd/
Plymouth /ˈplɪməθ/
Poole /puːl/
Portsmouth /ˈpɔːtsməθ/
Ramsgate /ˈræmzgeɪt/
Reading /ˈredɪŋ/
Salisbury /ˈsɔːlzbəri/
Sheffield /ˈʃefiːld/
Shrewsbury /ˈʃrəʊzbəri/
Southampton /saʊˈθæmptən/
St Andrews /ˌsnt ˈændruːz/
St David's /ˌsnt ˈdeɪvɪdz/
Stirling /ˈstɜːlɪŋ/
Stoke(-on-Trent) /ˌstəʊk ɒnˈtrent/
Stratford(-upon-Avon) /ˌstrætfəd əpɒn ˈeɪvn/
Swansea /ˈswɒnzi/
Taunton /ˈtɔːntən/
Warwick /ˈwɒrɪk/
Worcester /ˈwʊstə(r)/
York /jɔːk/

international boundary
national boundary
capital city
city or town
river
lake
mountain
land over 200 metres above sea level
0
50
100 km
Shetland Islands
Orkney Islands
John o'Groats
Outer Hebrides
The Minch
NORTHWEST HIGHLANDS
Moray Firth
SCOTLAND
Skye
Inverness
Loch Ness
Spey
Aberdeen
Dee
Inner Hebrides
1344m
Ben Nevis
GRAMPIAN MOUNTAINS
Tiree
Coll
Mull
Tay
Dundee
Atlantic Ocean
Jura
Loch Lomond
Forth
St Andrews
Stirling
Firth of Forth
Glasgow
Edinburgh
NORTHERN IRELAND
Islay
Clyde
SOUTHERN UPLANDS
Berwick-upon-Tweed
Firth of Clyde
Tweed
CHEVIOT HILLS
ANTRIM MOUNTAINS
Londonderry
Lough Neagh
Carlisle
Tyne
Newcastle upon Tyne
North Sea
Donegal Bay
Belfast
Solway Firth
LAKE DISTRICT
Eden
PENNINES
Durham
Middlesbrough
Lough Conn
Erne
ISLE OF MAN
Keswick
978m
Scafell Pike
Tees
NORTH YORK MOORS
852m
Slieve Donard
Douglas
Lough Mask
Irish Sea
Ouse
Lough Corrib
Blackpool
Leeds
York
Kingston upon Hull
Bradford
Aire
Galway
Galway Bay
Lough Ree
Shannon
Boyne
Liffey
Anglesey
Manchester
Humber
Dublin
Holyhead
Liverpool
Sheffield
Mersey
Lincoln
ENGLAND
WICKLOW MOUNTAINS
Caernarfon
1085m
Snowdon
Chester
Lough Derg
Dee
Stoke-on-Trent
Trent
Derby
Nottingham
The Wash
Limerick
Barrow
Saint George's Channel
Shrewsbury
THE FENS
Wensum
CAMBRIAN MOUNTAINS
Severn
Birmingham
Leicester
Norwich
Dingle Bay
Blackwater
WALES
Coventry
Warwick
Great Ouse
Ely
Worcester
Cambridge
Cork
Wye
Stratford-upon-Avon
Avon
Ipswich
1041m
Carrauntoohill
Hereford
REPUBLIC OF IRELAND
Usk
Gloucester
Luton
Stour
BRECON BEACONS
COTSWOLD HILLS
Colchester
Oxford
Swansea
CHILTERN HILLS
Thames
London
Cardiff
Thames Estuary
Ramsgate
Bristol
Avon
Reading
NORTH DOWNS
Canterbury
Bristol Channel
Bath
SALISBURY PLAIN
Dover
EXMOOR
Salisbury
Strait of Dover
Taunton
Hastings
Southampton
SOUTH DOWNS
Exe
Exeter
Bournemouth
Brighton
Eastbourne
Poole
Portsmouth
DARTMOOR
Isle of Wight
Plymouth
English Channel
Isles of Scilly
Land's End

The United States and Canada

The states of the United States of America

Alabama /ˌæləˈbæmə/
Alaska /əˈlæskə/
Arizona /ˌærɪˈzəʊnə/
Arkansas /ˈɑːkənsɔː/
California /ˌkæləˈfɔːniə/
Colorado /ˌkɒləˈrɑːdəʊ/
Connecticut /kəˈnetɪkət/
Delaware /ˈdeləweə(r)/
Florida /ˈflɒrɪdə/
Georgia /ˈdʒɔːdʒə/
Hawaii /həˈwaɪi/
Idaho /ˈaɪdəhəʊ/
Illinois /ˌɪləˈnɔɪ/
Indiana /ˌɪndiˈænə/
Iowa /ˈaɪəwə/
Kansas /ˈkænzəs/
Kentucky /kenˈtʌki/
Louisiana /luˌiːziˈænə/
Maine /meɪn/
Maryland /ˈmeərilənd/
Massachusetts /ˌmæsəˈtʃuːsɪts/
Michigan /ˈmɪʃɪgən/
Minnesota /ˌmɪnɪˈsəʊtə/
Mississippi /ˌmɪsɪˈsɪpi/
Missouri /mɪˈzʊəri/
Montana /mɒnˈtænə/
Nebraska /nəˈbræskə/
Nevada /nəˈvɑːdə/
New Hampshire /ˌnjuː ˈhæmpʃə(r)/
New Jersey /ˌnjuː ˈdʒɜːzi/
New Mexico /ˌnjuː ˈmeksɪkəʊ/
New York /ˌnjuː ˈjɔːk /
North Carolina /ˌnɔːθ kærəˈlaɪnə/
North Dakota /ˌnɔːθ dəˈkəʊtə/
Ohio /əʊˈhaɪəʊ/
Oklahoma /ˌəʊkləˈhəʊmə/
Oregon /ˈɒrɪgən/
Pennsylvania /ˌpenslˈveɪniə/
Rhode Island /ˌrəʊd ˈaɪlənd/
South Carolina /ˌsaʊθ kærəˈlaɪnə/
South Dakota /ˌsaʊθ dəˈkəʊtə/
Tennessee /ˌtenəˈsiː/
Texas /ˈteksəs/
Utah /ˈjuːtɑː/
Vermont /vəˈmɒnt/
Virginia /vəˈdʒɪniə/
Washington /ˈwɒʃɪŋtən/
West Virginia /ˌwest vəˈdʒɪniə/
Wisconsin /wɪsˈkɒnsɪn/
Wyoming /waɪˈəʊmɪŋ/

The provinces and territories of Canada

Alberta /ælˈbɜːtə/
British Columbia /ˌbrɪtɪʃ kəˈlʌmbiə/
Manitoba /ˌmænɪˈtəʊbə/
New Brunswick /ˌnjuː ˈbrʌnzwɪk/
Newfoundland /ˈnjuːfəndlənd/
Northwest Territories /ˌnɔːθwest ˈterətriz/
Nova Scotia /ˌnəʊvə ˈskəʊʃə/
Nunavut /ˈnʊnəvʊt/
Ontario /ɒnˈteəriəʊ/
Prince Edward Island /ˌprɪns ˈedwəd aɪlənd/
Québec /kwɪˈbek/
Saskatchewan /səˈskætʃəwən/
Yukon Territory /ˈjuːkɒn terətri/

Towns and cities

Atlanta /ətˈlæntə/
Anchorage /ˈæŋkərɪdʒ/
Baltimore /ˈbɔːltɪmɔː(r)/
Boston /ˈbɒstən/
Chicago /ʃɪˈkɑːgəʊ/
Cincinnati /ˌsɪnsɪˈnæti/
Cleveland /ˈkliːvlənd/
Dallas /ˈdæləs/
Denver /ˈdenvə(r)/
Detroit /dɪˈtrɔɪt/
Honolulu /ˌhɒnəˈluːluː/
Houston /ˈhjuːstən/
Indianapolis /ˌɪndiəˈnæpəlɪs/
Kansas City /ˌkænzəs ˈsɪti/
Los Angeles /ˌlɒs ˈændʒəliːz/
Miami /maɪˈæmi/
Milwaukee /mɪlˈwɔːkɪ/
Minneapolis /ˌmɪniˈæpəlɪs/
Montréal /ˌmɒntriˈɔːl/
New Orleans /ˌnjuː ɔːˈliːənz/
New York /ˌnjuː ˈjɔːk/
Ottawa /ˈɒtəwə/
Philadelphia /ˌfɪləˈdelfiə/
Pittsburgh /ˈpɪtsbɜːg/
Québec /kwɪˈbek/
San Diego /ˌsæn diˈeɪgəʊ/
San Francisco /ˌsæn frənˈsɪskəʊ/
Seattle /siˈætl/
St Louis /snt ˈluːɪs/
Toronto /təˈrɒntəʊ/
Vancouver /vænˈkuːvə(r)/
Washington D.C. /ˈwɒʃɪŋtən diː ˈsiː/
Winnipeg /ˈwɪnɪpeg/

ALASKA
0 1000 km

Arctic Ocean

6194m Mt. McKinley
ALASKA
Anchorage
YUKON TERRITORY
NORTHWEST TERRITORIES
NUNAVUT
BRITISH COLUMBIA
ALBERTA
C A N A D A
Hudson Bay
NEWFOUNDLAND
4042m Mt. Waddington
MANITOBA
SASKATCHEWAN
QUÉBEC
Vancouver
Seattle
Mt. Rainier 4392m
WASHINGTON
ONTARIO
Winnipeg
PRINCE EDWARD I.
NEW BRUNSWICK
Québec
NOVA SCOTIA
MONTANA
NORTH DAKOTA
OREGON
Montréal
MAINE
Ottawa
MINNESOTA
MICHIGAN
VERMONT
NEW HAMPSHIRE
4316m Mt. Shasta
IDAHO
SOUTH DAKOTA
Minneapolis
WISCONSIN
Toronto
Boston
WYOMING
NEW YORK
MASSACHUSETTS
CONN.
R.I.
NEVADA
Milwaukee
Detroit
PENN.
UTAH
NEBRASKA
IOWA
Chicago
Cleveland
New York
San Francisco
N.J.
UNITED STATES
Pittsburgh
Baltimore
Philadelphia
CALIFORNIA
4418m Mt. Whitney
4399m Mt. Elbert
Denver
ILLINOIS
INDIANA
Indianapolis
OHIO
DELAWARE
Washington D.C.
MARYLAND
COLORADO
KANSAS
Kansas City
St. Louis
Cincinnati
W. VIRGINIA
VIRGINIA
Atlantic Ocean
MISSOURI
KENTUCKY
Los Angeles
ARIZONA
TENNESSEE
NORTH CAROLINA
San Diego
OKLAHOMA
ARKANSAS
SOUTH CAROLINA
NEW MEXICO
Atlanta
MISSISSIPPI
ALABAMA
GEORGIA
Dallas
Pacific Ocean
TEXAS
LOUISIANA
Houston
New Orleans
FLORIDA
Miami
Gulf of Mexico

HAWAII
Honolulu
0 250 km

Caribbean Sea

international boundary
internal boundary
capital city
city or town
lake
mountain
land over 1500 metres above sea level
0 500 1000 km

Australia and New Zealand

The states and territories of Australia

Australian Capital Territory /ɒˌstreɪliən kæpɪtl ˈterətri/
New South Wales /ˌnjuː saʊθ ˈweɪlz/
Northern Territory /ˌnɔːðən ˈterətri/
Queensland /ˈkwiːnzlənd/
South Australia /ˌsaʊθ ɒˈstreɪliə/
Tasmania /tæzˈmeɪniə/
Victoria /vɪkˈtɔːriə/
Western Australia /ˌwestən ɒˈstreɪliə/

Towns and cities of Australia and New Zealand

Adelaide /ˈædəleɪd/
Auckland /ˈɔːklənd/
Brisbane /ˈbrɪzbən/
Canberra /ˈkænbərə/
Darwin /ˈdɑːwɪn/
Hobart /ˈhəʊbɑːt/
Melbourne /ˈmelbən/
Perth /pɜːθ/
Sydney /ˈsɪdni/
Wellington /ˈwelɪŋtən/

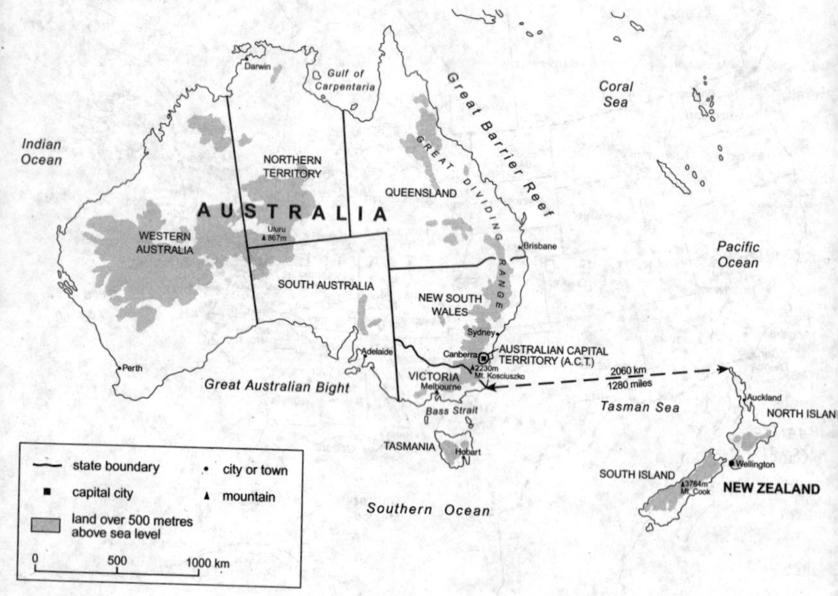

Dodatek 2
Czasowniki nieregularne

Uwaga! Dla niektórych czasowników podano dwie możliwe formy czasu przeszłego lub imiesłowu biernego. Czasem różnią się one znaczeniem, dlatego zawsze sprawdź w słowniku, w jakich sytuacjach dana forma jest stosowana.

Bezokolicznik	Czas przeszły	Imiesłów bierny
arise	arose	arisen
awake	awoke	awoken
be	was/were	been
bear	bore	borne
beat	beat	beaten
become	became	become
befall	befell	befallen
begin	began	begun
bend	bent	bent
beset	beset	beset
bet	bet, betted	bet, betted
bid	bid, bade	bid, bidden
bind	bound	bound
bite	bit	bitten
bleed	bled	bled
blow	blew	blown, blowed
break	broke	broken
breed	bred	bred
bring	brought	brought
broadcast	broadcast	broadcast
build	built	built
burn	burnt, burned	burnt, burned
burst	burst	burst
bust	bust, busted	bust, busted
buy	bought	bought
cast	cast	cast
catch	caught	caught
choose	chose	chosen
cling	clung	clung
come	came	come
cost	cost	cost
creep	crept	crept
cut	cut	cut
deal	dealt /delt/	dealt /delt/
dig	dug	dug
dive	dived, (US) dove	dived
do	did	done
draw	drew	drawn
dream	dreamt /dremt/, dreamed /dri:md/	dreamt /dremt/, dreamed /dri:md/
drink	drank	drunk
drive	drove	driven
dwell	dwelt, dwelled	dwelt, dwelled
eat	ate	eaten
fall	fell	fallen
feed	fed	fed
feel	felt	felt
fight	fought	fought
find	found	found
flee	fled	fled
fling	flung	flung
fly	flew	flown
forbid	forbade, forbad	forbidden
forecast	forecast, forecasted	forecast, forecasted
foresee	foresaw	foreseen
forget	forgot	forgotten
forgive	forgave	forgiven
forgo	forwent	forgone
forsake	forsook	forsaken
freeze	froze	frozen
get	got	got, (US) gotten
give	gave	given
go	went	gone
grind	ground	ground
grow	grew	grown
hang	hung, hanged	hung, hanged

Bezokolicznik	Czas przeszły	Imiesłów bierny
have	had	had
hear	heard /hɜːd/	heard /hɜːd/
hide	hid	hidden
hit	hit	hit
hold	held	held
hurt	hurt	hurt
input	input, inputted	input, inputted
keep	kept	kept
kneel	knelt, (especially US) kneeled	knelt, (especially US) kneeled
know	knew	known
lay	laid	laid
lead	led	led
lean	leant /lent/, leaned /liːnd/	leant /lent/, leaned /liːnd/
leap	leapt /lept/, leaped /liːpt/	leapt /lept/, leaped /liːpt/
learn	learnt, learned	learnt, learned
leave	left	left
lend	lent	lent
let	let	let
lie	lay	lain
light	lighted, lit	lighted, lit
lose	lost	lost
make	made	made
mean	meant /ment/	meant /ment/
meet	met	met
mislay	mislaid	mislaid
mislead	misled	misled
misread	misread /ˌmɪsˈred/	misread /ˌmɪsˈred/
misspell	misspelt, misspelled	misspelt, misspelled
mistake	mistook	mistaken
misunderstand	misunderstood	misunderstood
mow	mowed	mown, mowed
outdo	outdid	outdone
outgrow	outgrew	outgrown
overcome	overcame	overcome
overdo	overdid	overdone
overhang	overhung	overhung
overhear	overheard /-ˈhɜːd/	overheard /-ˈhɜːd/
overpay	overpaid	overpaid

Bezokolicznik	Czas przeszły	Imiesłów bierny
override	overrode	overridden
overrun	overran	overrun
oversee	oversaw	overseen
oversleep	overslept	overslept
overtake	overtook	overtaken
overthrow	overthrew	overthrown
pay	paid	paid
prove	proved	proved, proven
put	put	put
quit	quit, quitted	quit, quitted
read	read /red/	read /red/
rebuild	rebuilt	rebuilt
repay	repaid	repaid
rethink	rethought	rethought
rewind	rewound	rewound
rewrite	rewrote	rewritten
rid	rid	rid
ride	rode	ridden
ring	rang	rung
rise	rose	risen
run	ran	run
saw	sawed	sawn, (US) sawed
say	said	said
see	saw	seen
seek	sought	sought
sell	sold	sold
send	sent	sent
set	set	set
sew	sewed	sewn, sewed
shake	shook	shaken
shear	sheared	shorn, sheared
shed	shed	shed
shine	shone	shone
shoe	shod	shod
shoot	shot	shot
show	showed	shown, showed
shrink	shrank, shrunk	shrunk
shut	shut	shut
sing	sang	sung
sink	sank	sunk
sit	sat	sat
slay	slew	slain
sleep	slept	slept
slide	slid	slid
sling	slung	slung

Bezokolicznik	Czas przeszły	Imiesłów bierny
slink	slunk	slunk
slit	slit	slit
smell	smelt, smelled	smelt, smelled
sow	sowed	sown, sowed
speak	spoke	spoken
speed	sped, speeded	sped, speeded
spell	spelt, spelled	spelt, spelled
spend	spent	spent
spill	spilt, spilled	spilt, spilled
spin	spun	spun
spit	spat, (US also) spit	spat, (US also) spit
split	split	split
spoil	spoilt, spoiled	spoilt, spoiled
spread	spread	spread
spring	sprang	sprung
stand	stood	stood
steal	stole	stolen
stick	stuck	stuck
sting	stung	stung
stink	stank, stunk	stunk
stride	strode	stridden
strike	struck	struck
string	strung	strung
strive	strove	striven
swear	swore	sworn
sweep	swept	swept
swell	swelled	swollen, swelled
swim	swam	swum
swing	swung	swung

Bezokolicznik	Czas przeszły	Imiesłów bierny
take	took	taken
teach	taught	taught
tear	tore	torn
tell	told	told
think	thought	thought
thrive	thrived, throve	thrived
throw	threw	thrown
thrust	thrust	thrust
tread	trod	trodden, trod
undercut	undercut	undercut
undergo	underwent	undergone
underpay	underpaid	underpaid
understand	understood	understood
undertake	undertook	undertaken
undo	undid	undone
unwind	unwound	unwound
uphold	upheld	upheld
upset	upset	upset
wake	woke	woken
wear	wore	worn
weave	wove, weaved	woven, weaved
weep	wept	wept
wet	wet, wetted	wet, wetted
win	won	won
wind[3]	wound	wound
withdraw	withdrew	withdrawn
withhold	withheld	withheld
withstand	withstood	withstood
wring	wrung	wrung
write	wrote	written

Dodatek 3
Wyrażenia liczbowe

Liczebniki

Główne		Porządkowe	
1	one	**1st**	first
2	two	**2nd**	second
3	three	**3rd**	third
4	four	**4th**	fourth
5	five	**5th**	fifth
6	six	**6th**	sixth
7	seven	**7th**	seventh
8	eight	**8th**	eighth
9	nine	**9th**	ninth
10	ten	**10th**	tenth
11	eleven	**11th**	eleventh
12	twelve	**12th**	twelfth
13	thirteen	**13th**	thirteenth
14	fourteen	**14th**	fourteenth
15	fifteen	**15th**	fifteenth
16	sixteen	**16th**	sixteenth
17	seventeen	**17th**	seventeenth
18	eighteen	**18th**	eighteenth
19	nineteen	**19th**	nineteenth
20	twenty	**20th**	twentieth
21	twenty-one	**21st**	twenty-first
22	twenty-two	**22nd**	twenty-second
30	thirty	**30th**	thirtieth
40	forty	**40th**	fortieth
50	fifty	**50th**	fiftieth
60	sixty	**60th**	sixtieth
70	seventy	**70th**	seventieth
80	eighty	**80th**	eightieth
90	ninety	**90th**	ninetieth
100	a/one hundred	**100th**	hundredth
101	a/one hundred and one	**101st**	hundred and first
200	two hundred	**200th**	two hundredth
1 000	a/one thousand	**1 000th**	thousandth
10 000	ten thousand	**10 000th**	ten thousandth
100 000	a/one hundred thousand	**100 000th**	hundred thousandth
1 000 000	a/one million	**1 000 000th**	millionth

Przykłady

528 *five hundred and twenty-eight*
2 976 *two thousand, nine hundred and seventy-six*
50 439 *fifty thousand, four hundred and thirty-nine*

Uwaga! W jęz. ang. tysiące oddziela się spacją lub przecinkiem, np. *25 000* lub *25,000*. Kropką oddziela się liczby dziesiętne, np. 7.63. Szczegółowo zagadnienie to jest wyjaśnione w punkcie „Ułamki i liczby dziesiętne". Liczby *100, 1 000* itp. można wyrazić słowami *one hundred* lub *a hundred*, *one thousand* lub *a thousand*.

W mowie najczęściej używa się **a**, chyba że chce się podkreślić, iż chodzi właśnie o *jeden*, a nie na przykład o *dwa* lub *trzy* tysiące. **0** (zero) czyta się **nought** /nɔːt/, **zero** /ˈzɪərəʊ/, **nothing** /ˈnʌθɪŋ/ lub /əʊ/. W dalszych punktach Dodatku przedstawiono najczęściej spotykane sposoby nazywania zera w różnych zwrotach.

Ułamki i liczby dziesiętne

$\frac{1}{2}$	a half	$\frac{1}{10}$	a tenth	**0.1**	(nought) point one
$\frac{1}{3}$	a third	$\frac{1}{16}$	a sixteenth	**0.25**	(nought) point two five
$\frac{1}{4}$	a quarter	$1\frac{1}{2}$	one and a half	**0.33**	(nought) point three three
$\frac{2}{5}$	two fifths	$2\frac{3}{8}$	two and three eighths	**1.75**	one point seven five
$\frac{1}{8}$	an eighth			**3.976**	three point nine seven six

Procenty i stosunki proporcjonalne

Przykłady

90% of all households have a television.
Nine out of ten households have a television.
Nine tenths of all households have a television.

Wyrażenia matematyczne

+	plus	3^2	three squared
–	minus	5^3	five cubed
×	times *lub* multiplied by	6^{10}	six to the power of ten
÷	divided by		
=	equals		
%	per cent		

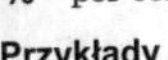

Przykłady

6 + 9 = 15 — *six plus nine equals* (lub *is*) *fifteen*
5 × 6 = 30 — *five times six equals thirty* lub *five sixes are thirty* lub *five multiplied by six is thirty*

Jednostki masy

	brytyjskie i amerykańskie		oparte na systemie metrycznym	
	1 ounce	(oz)	= 28.35 grams	(g)
16 ounces	= **1 pound**	(lb)	= 0.454 kilogram	(kg)
14 pounds	= **1 stone**	(st)	= 6.356 kilograms	
112 pounds	= **1 hundredweight**	(cwt)	= 50.8 kilograms	
20 hundredweight	= **1 ton**	(t)	= 1.016 tonnes	(t)

Przykłady

The baby weighed 7lb 4oz (seven pounds four ounces).
For this recipe you need 500g (five hundred grams) of flour.

Uwaga! W USA **hundredweight** równa się stu funtom, a **ton** to 2 000 funtów lub 0.907 tony metrycznej. Wyrazu **stone** nie używa się, a zatem kiedy Brytyjczyk mówi *She weighs eight stone ten*, Amerykanin powie *She weighs 122 pounds.*

Jednostki długości

	brytyjskie i amerykańskie		oparte na systemie metrycznym	
	1 inch	(in)	= 25.4 millimetres	(mm)
12 inches	= **1 foot**	(ft)	= 30.48 centimetres	(cm)
3 feet	= **1 yard**	(yd)	= 0.914 metre	(m)
1 760 yards	= **1 mile**		= 1.609 kilometres	(km)

Przykłady

Height: 5 ft 9 in (five foot nine lub *five feet nine)*
The hotel is 30 yds (thirty yards) from the beach.
The car was doing 50 mph (fifty miles per hour).
The room is 11' × 9' 6"
(eleven feet by nine feet six lub *eleven foot by nine foot six).*

Jednostki powierzchni

		brytyjskie i amerykańskie			oparte na systemie metrycznym
		1 square inch	(sq in)	=	6.452 square centimetres
144 square inches	=	**1 square foot**	(sq ft)	=	929.03 square centimetres
9 square feet	=	**1 square yard**	(sq yd)	=	0.836 square metre
4 840 square yards	=	**1 acre**		=	0.405 hectare
640 acres	=	**1 square mile**		=	2.59 square kilometres *lub* 259 hectares

Przykłady

They have a 200-acre farm. *The fire destroyed 40 square miles of woodland.*

Jednostki objętości

		brytyjskie		amerykańskie		oparte na systemie metrycznym
20 fluid ounces (fl oz)	=	**1 pint** (pt)	=	1.201 pints	=	0.568 litre (ℓ)
2 pints	=	**1 quart** (qt)	=	1.201 quarts	=	1.136 litres
4 quarts	=	**1 gallon** (gal.)	=	1.201 gallons	=	4.546 litres

Przykłady

I asked the milkman to leave three pints of milk. *The petrol tank holds 40 litres.*

Jednostki sześcienne

		brytyjskie i amerykańskie			oparte na systemie metrycznym	
		1 cubic inch	(cu in)	=	16.39 cubic centimetres	(cc)
1728 cubic inches	=	**1 cubic foot**	(cu ft)	=	0.028 cubic metre	(m^3)
27 cubic feet	=	**1 cubic yard**	(cu yd)	=	0.765 cubic metre	

Przykład *The car has a 1200 cc engine.*

Podawanie czasu

	w języku codziennym	w języku oficjalnym
06.00	six o'clock	(o) six hundred (hours)
06.05	five past six	(o) six o five
06.10	ten past six	(o) six o ten
06.15	(a) quarter past six	(o) six fifteen
06.20	twenty past six	(o) six twenty
06.30	half past six	(o) six thirty
06.35	twenty-five to seven	(o) six thirty-five
06.40	twenty to seven	(o) six forty
06.45	(a) quarter to seven	(o) six forty-five
06.50	ten to seven	(o) six fifty
06.55	five to seven	(o) six fifty-five
10.12	twelve minutes past ten	ten twelve
13.10	ten past one	thirteen ten
19.56	four minutes to eight	nineteen fifty-six

W Amer. ang. czasem używa się słowa **after** zamiast **past** oraz słowa **of** zamiast **to**.

Uwaga! W jęz. codziennym na ogół nie używa się określeń czasu w systemie dwudziestoczterogodzinnym. Jeśli chce się podkreślić, że chodzi o godzinę 6.00, a nie o 18.00, można powiedzieć *six o'clock in the morning*. O godzinie 22.00 mówi się wówczas *ten o'clock in the evening*, a o 15.30 – *half past three in the afternoon*. W nieco bardziej formalnym języku można użyć skrótu **a.m.** w celu określenia godzin przedpołudniowych, zaś **p.m.** – godzin popołudniowych.

Przykłady

The train leaves at 06.56.
Something woke me up at two o'clock in the morning.
Office hours are 9 a.m. to 4.30 p.m.

Daty

Daty zapisuje się samymi liczbami lub liczbami i słowami:

15/4/02 (US *4/15/02*) *15 April 2002* *April 15th, 2002* (zwł. w Amer. ang.)

czyta się:

April the fifteenth, two thousand and two lub
the fifteenth of April, two thousand and two
(w Amer. ang.) *April fifteenth, two thousand and two*

Przykłady

Her birthday is 9th April (April the ninth/the ninth of April).
The restaurant will be closed May 3–June 1 (mówi się *from May the third to June the first).*

Jednostki temperatury

W Wielkiej Brytanii oficjalnie mierzy się temperaturę w stopniach Celsjusza, jednak wielu ludzi nadal używa w mowie skali Fahrenheita. W USA powszechnie stosuje się skalę Fahrenheita, z wyjątkiem języka naukowego. Aby przeliczyć stopnie Fahrenheita na stopnie Celsjusza, należy od podanej temperatury odjąć 32, następnie pomnożyć wynik przez 5 i podzielić go przez 9, np.:

68°F – 32 = 36 × 5 = 180 ÷ 9 = 20°C

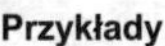

Przykłady

Water freezes at 32°F and boils at 212°F.
The maximum temperature this afternoon will be 68°F.
Overnight, temperatures below zero are expected, possibly reaching –10 (minus ten) before morning.
He's got a temperature of 101°. I think he's got flu.

Numery telefoniczne

Podając numer telefonu, wymawia się każdą cyfrę oddzielnie, często dzieląc długi szereg cyfr na grupy trzycyfrowe, np.:

295013: *two nine five – o one three.*
59433 czyta się *five nine four three three* lub *five nine four double three.*

Kiedy dzwoni się do innego miasta, należy dodać numer kierunkowy – **area code**:

01865 is the code for Oxford.

Kiedy dzwoni się do osoby pracującej w dużej firmie, często należy podać telefonistce numer wewnętrzny – **extension number**:

(01865) 556767 x 4840 (extension 4840)

Jednostki monetarne

Wlk.Br.	Suma	Moneta/ Banknot
1p	a penny (one p)	a penny
2p	two pence (two p)	a two-pence piece
5p	five pence (five p)	a five-pence piece
10p	ten pence (ten p)	a ten-pence piece
20p	twenty pence (twenty p)	a twenty-pence piece
50p	fifty pence (fifty p)	a fifty-pence piece
£1	a pound	a pound (coin)
£5	five pounds	a five-pound note
£10	ten pounds	a ten-pound note

Przykłady

£5.75: five pounds seventy-five
25p: twenty-five pence (lub *p*)
The apples are 65p a pound.
We pay £250 a month in rent.

USA	Suma	Moneta/ Banknot
1c	one cent	a penny
5c	five cents	a nickel
10c	ten cents	a dime
25c	twenty-five cents	a quarter
$1.00	one dollar	a dollar bill

Przykłady

$3.35: Three dollars thirty-five
59c: fifty-nine cents
Do you have a quarter for the phone?
The apartment costs $500 (five hundred dollars) a month.

Dodatek 4
Spis przedrostków i przyrostków

Przedrostki

a- przeczenie: *atypical*
Anglo- angielski: *Anglo-German relations*
ante- poprzedni, poprzedzający, przed: *antenatal*
anti- przeciw, opozycyjny: *anti-European, antisocial*
auto- własny, sam, dotyczący tej samej osoby: *autobiography*
bi- dwa, podwójnie: *bicycle, bilingual, bimonthly*
cent-, centi- sto: *centenary, centimetre*
circum- dookoła, wkoło: *circumnavigate*
co- z, razem: *copilot, coexist, cooperation*
con- z, razem: *context*
contra- przeciw, przeciwieństwo: *contradict, contraflow*
counter- w przeciwnym kierunku: *counter-revolution, counter-productive*
de- pozbawienie czegoś, przeczenie: *defrost, decentralize*
deci- dziesiąta część: *decilitre*
dis- odwrotność, przeciwieństwo: *displease, disembark, discomfort*
Euro- europejski: *Euro-MP*
ex- były, dawny: *ex-wife, ex-president*
extra- 1 bardzo, ponad normę, dodatkowo: *extra-thin, extra-special* **2** poza, na zewnątrz: *extraordinary, extra-terrestrial*
fore- 1 przed, z wyprzedzeniem: *foretell, foreword* **2** z przodu: *foreground, forehead*
in- (il-, im-, ir-) zaprzeczenie: *incorrect, invalid, illegal, illegible, immoral, impatient, impossible, irregular, irrelevant*
inter- pomiędzy: *international, interracial*
kilo- tysiąc: *kilogram, kilowatt*
maxi- największy, najwięcej: *maximum*
mega- milion, ogromny, wielki: *megabyte, megastar*
micro- jedna milionowa, bardzo mały, drobny: *microgram, micro-organism*
mid- w środku: *mid-afternoon, mid-air*
milli- tysięczny: *milligram, millilitre*
mini- mały: *miniskirt, minibus, miniseries*
mis- źle, przeczenie: *misunderstand, misbehave, miscalculate*
mono- jeden, pojedynczy: *monolingual, monorail*
multi- wiele, wielokrotny, dużo: *multinational*
non- przeczenie: *nonsense, non-resident, non-smoker*
out- więcej, w większym stopniu: *outdo, outrun*
over- więcej niż zwykle, zbyt wiele: *overeat, oversleep, overestimate*
post- po, następny, późniejszy: *postwar*
pre- przed, wcześniejszy: *prepaid, preview*
pro- po czyjejś stronie, za czymś: *pro-European, pro-democracy*
quad- cztery, z czterech części: *quadruple*
re- powtórnie, jeszcze raz: *rewrite, rebuild*
semi- połowa: *semicircle, semi-detached*
sub- 1 poniżej, mniej niż: *subzero, subsonic* **2** pod: *subway, subtitles*
super- ponad, przewyższający: *superhuman, supersonic*
tele- odległy, oddalony: *telecommunications, television, telephoto lens*
trans- przez, poprzez, za: *transatlantic, transcontinental*
tri- trzy, z trzech części: *triangle, tricycle*
ultra- nadzwyczaj, nadmiernie, poza, przekraczający: *ultra-modern, ultraviolet*
un- przeczenie, przeciwieństwo: *uncertain, uncomfortable, unsure, undo, undress*
uni- jeden, pojedynczy: *uniform*

Przyrostki

-able, **-ible**, **-ble** (tworzą przymiotniki) możliwy, nadający się: *acceptable, noticeable, convertible, divisible, irresistible*

-age (tworzy rzeczowniki) proces lub stan: *shortage, storage*

-al (tworzy przymiotniki) związany z kimś/czymś: *experimental, accidental, environmental*

-ance, **-ence**, (**-ancy**, **-ency**) (tworzą rzeczowniki) czynność, proces lub stan: *appearance, performance, elegance, importance, existence, intelligence, patience*

-ant, **-ent** (tworzą rzeczowniki) dotyczy osoby wykonującej jakąś czynność: *assistant, immigrant, student*

-ation (tworzy rzeczowniki) stan lub czynność: *examination, imagination, organization*

-ble zob. **-able**

-ee (tworzy rzeczowniki) osoba wykonująca jakąś czynność: *employee, trainee*

-en (tworzy czasowniki) dodaje szczególnej cechy, zwiększa stopień: *shorten, widen, blacken, sharpen, loosen,* (uwaga! *lengthen*)

-ence (**-ency**) zob. **-ance**

-ent zob. **-ant**

-er (tworzy rzeczowniki) osoba wykonująca jakąś czynność: *rider, painter, baker, builder, driver, teacher*

-ese (tworzy przymiotniki) pochodzący od pewnego miejsca: *Japanese, Chinese, Viennese*

-ess (tworzy rzeczowniki) kobieta wykonująca jakąś czynność: *waitress, actress*

-ful (tworzy przymiotniki) mający określoną cechę: *helpful, useful, thankful, beautiful*

-hood (tworzy rzeczowniki) stan, często dotyczący szczególnego okresu: *childhood, motherhood*

-ian (tworzy rzeczowniki) osoba zajmująca się czymś zawodowo lub jako hobby: *historian, comedian, politician*

-ible zob. **-able**

-ical (tworzy przymiotniki od rzeczowników zakończonych na **-y** lub **-ics**) związany z kimś/czymś: *economical, mathematical, physical*

-ify (tworzy czasowniki) dotyczący wytworzenia stanu bądź cechy: *beautify, simplify, purify*

-ise zob. **-ize**

-ish (tworzy przymiotniki) **1** odnoszący się do narodowości lub języka: *English, Polish* **2** mający cechy czegoś, podobny do czegoś: *babyish, foolish* **3** dość, całkiem: *longish, youngish, brownish*

-ist (tworzy rzeczowniki) **1** osoba zajmująca się czymś zawodowo lub naukowo: *artist, scientist, typist* **2** osoba o określonych przekonaniach lub należąca do jakiejś grupy: *capitalist, pacifist, feminist*

-ion (tworzy rzeczowniki) stan lub proces: *action, connection, exhibition*

-ive (tworzy przymiotniki) zdolny do czegoś, charakteryzujący się jakąś cechą: *attractive, effective*

-ize, **-ise** (tworzą czasowniki) czynności prowadzące do czegoś, jakiegoś stanu: *magnetize, standardize, modernize, generalize*

-less (tworzy przymiotniki) nie mający czegoś: *hopeless, friendless*

-like (tworzy przymiotniki) podobny do kogoś/czegoś: *childlike*

-ly (tworzy przysłówki) w pewien sposób: *badly, beautifully, completely*

-ment (tworzy rzeczowniki) stan, czynność lub cecha: *development, arrangement, excitement, achievement*

-ness (tworzy rzeczowniki) stan lub cecha: *kindness, sadness, happiness, weakness*

-ology (tworzy rzeczowniki) dziedzina nauki: *biology, psychology, zoology*

-or (tworzy rzeczowniki) osoba wykonująca jakąś czynność, często zawodowo: *actor, conductor, sailor*

-ous (tworzy przymiotniki) charakteryzujący się jakąś cechą: *dangerous, religious, ambitious*

-ship (tworzy rzeczowniki) wskazujący stan: *friendship, membership, citizenship*

-wards (tworzy przysłówki) w kierunku: *backwards, upwards*

-wise (tworzy przysłówki) w kierunku, w dany sposób: *clockwise*

-y (tworzy przymiotniki) mający cechę odpowiedniego rzeczownika: *cloudy, rainy, fatty, thirsty, greeny*

Dodatek 5
Wymowa

Jeżeli przy jakimś słowie podano dwie wersje wymowy, oznacza to, że obie formy są poprawne oraz, że pierwsza z nich jest częściej używana. Jeśli jakieś słowo wymawia się inaczej w amerykańskiej angielszczyźnie niż w brytyjskiej, wówczas podana jest wymowa amerykańska poprzedzona skrótem US.

/-/ Łącznik oznacza alternatywny sposób wymowy i jest stosowany, w sytuacjach, gdy tylko część danego słowa wymawia się inaczej. Część wymawianą bez zmian zastępuje się wtedy łącznikiem.

/ˈ/ Symbol ten oznacza akcent główny padający na następną sylabę. Na przykład, w słowie *any* /ˈeni/ akcent pada na pierwszą sylabę; w *depend* /dɪˈpend/ akcent pada na drugą sylabę.

/ˌ/ Symbol ten oznacza akcent poboczny (słabszy) padający na następną sylabę. W słowie *pronunciation* /prəˌnʌnsiˈeɪʃn/ akcent główny pada na sylabę /ˈeɪʃn/, a akcent poboczny – na sylabę /ˌnʌn/.

(r) W mówionej brytyjskiej angielszczyźnie nie wymawia się litery *r* na końcu słowa lub w formie końcówki *-re* (jak w *fire*), jeżeli kolejne słowo zaczyna się na spółgłoskę. Jeśli jednak kolejne słowo zaczyna się na samogłoskę, wówczas literę *r* się wymawia. Na przykład, nie wymawia się *r* w zdaniu *His car was sold*, ale wymawia się w zdaniu *His car isn't old*. W słowniku zaznaczono to, umieszczając *r* w nawiasie okrągłym, tj. (r), w wymowie słów kończących się na *-r* lub *-re*.

W standardowej amerykańskiej [illegible]elszczyźnie literę *r* zawsze się [illegible]a.

Formy mocne i słabe

Niektóre często spotykane słowa, np. *an*, *as*, *that*, *of* można wymawiać na kilka sposobów: mają one tzw. formę mocną oraz jedną lub kilka form słabych. W języku mówionym częściej używa się form słabych. Na przykład, *from* wymawia się /frəm/ w *He comes from Spain*. Formę mocną stosuje się, kiedy dane słowo występuje na końcu zdania lub jeśli wymawia się je z dużą emfazą. W zdaniu *The ˌpresent's not ˈfrom John, it's ˈfor him*, słowo *from* wymawia się /frɒm/.

Wymowa wyrazów pochodnych i złożonych

Wiele wyrazów pochodnych tworzy się przez dodanie przyrostka. W wyrazach takich przyrostek wymawia się po prostu po wymówieniu danego słowa. Na przykład, *slowly* /ˈsləʊli/ wymawia się, łącząc przyrostek *-ly* /li/ ze słowem *slow* /sləʊ/.

Jeżeli jednak istnieje wątpliwość co do wymowy danego wyrazu pochodnego, to słownik podaje wymowę. Część wyrazu wymawiana bez zmian zostaje wtedy zastąpiona łącznikiem.

W wyrazach złożonych nie powtarza się wymowy poszczególnych słów. Słownik pokazuje, jak należy akcentować dany wyraz złożony za pomocą symboli /ˈ/ i /ˌ/. W ˈ*bus-stop* akcent pada na pierwsze słowo. W ˌ*jacket-poˈtato*, akcent poboczny pada na pierwszą sylabę słowa *jacket*, a akcent główny na drugą sylabę słowa *potato*.